U0896299

南宁市林业

“爱鸟周”期间，南宁市林业局领导组织干部职工到邕宁那兰开展植树活动，为白鹭鸟保护基地营造良好的栖息之地。图为南宁市林业局党组书记罗承国（右一）和局长卢礼杰（中）在植树　（南宁市林业局供稿）

由自治区林业局和南宁市政府主办、南宁市林业局承办的广西南宁春节花卉交易会会场　（南宁市林业局供稿）

南宁市林业局和广西林业局联合开展以“保护野生动物，让我们一起行动”为主题的宣传月活动　（南宁市林业局供稿）

南宁市林业局宣传大篷车赴七县开展林业宣传活动。图为南宁市林业局副局长李孔全（右三）在隆安那桐镇接受群众的咨询　（南宁市林业局供稿）

南宁市速生丰产林示范基地　（横县林业局供稿）

南宁市退耕还林工程　（南宁市林业局供稿）

中国茉莉之乡：横县　（横县林业局供稿）

专家现场研究速丰桉发展情况

森防队员在训练　（南宁市林业局供稿）

柳州市林业

Xian LinYe FengCai

柳州市林业局领导班子　（覃星供稿）

柳州市国有林场工作会议　（柳州市林业局供稿）

柳州市退耕还林作业设计评审会　（柳州市林业局供稿）

柳州市森林病虫害防治工作会议　（柳州市林业局供稿）

位于柳州市的广西第二大沼气池　（覃星供稿）

农户使用的沼气照明灯 （鹿寨县林业局供稿）

低产毛竹改造成果显著 （融水县林业局供稿）

柳州市生态农家庭院 （覃星供稿）

柳州市林产工业 （融安县林业局供稿）

柳州市生态示范村 （鹿寨县林业局供稿）

元宝山冷杉群 （融水县林业局供稿）

丰收在望的桉树基地一角 （鹿寨县林业局供稿）

元宝山奇景：金钩倒挂 （融水县林业局供稿）

梧州市林业

团结奋进的梧州市林业局领导班子　（梧州市林业局供稿）

梧州市森林覆盖率达到72.3%　（梧州市林业局供稿）

招商引资建设速丰林基地　（梧州市林业局供稿）

梧州“百里八角长廊”工程　（梧州市林业局供稿）

长势喜人的速丰林基地　（岑溪市林业局供稿）

苍翠的森林资源 （梧州市林业局供稿）

招商引资推动梧州林业产业化发展 （岑溪市林业局供稿）

优质的松脂资源使梧州成为我国乃至东南亚重要的松香生产基地 （梧州市林业局供稿）

林业与农业协调发展 （梧州市林业局供稿）

松树林基地 （苍梧县林业局供稿）

梧州机关庭院绿化工作成果一角 （岑溪市林业局供稿）

北海市林业

北海市林业局领导班子　（北海市林业局供稿）

国家林业局、广西林业局领导检查北海市退耕还林工程　（北海市林业局供稿）

北海市领导视察海防林建设　（北海市林业局供稿）

自治区林业局局长黎梅松（右四）考察北海市外资造林　（北海市林业局供稿）

退耕还林一角　（合浦县林业局供稿）

速丰桉基地　（合浦县林业局供稿）

北海市花卉交易市场　（北海市林业局供稿）

海防林基地建设一角　（北海市林业局供稿）

北海市花卉长廊　（北海市林业局供稿）

北海市林业局领导检查花卉基地　（北海市林业局供稿）

北海市花卉长廊一角　（北海市林业局供稿）

玉林市林业

玉林市林业局领导到基地考察

玉林市领导和林业局领导视察林业生产（玉林市林业局供稿）

局领导与农户一起商讨沼气池的建设（北流市林业局供稿）

局领导到一线检查计划落实情况 （玉林市林业局供稿）

退耕还林一角 （玉林市林业局供稿）

八角林基地 （玉林市林业局供稿）

长势喜人的速丰桉 （陆川县林业局供稿）

绿色通道工程一角：容岑一级公路 （容县林业局供稿）

中密度纤维板生产线 （玉林市林业局供稿）

珠江防护林工程 （玉林市林业局供稿）

森工产品 （玉林市林业局供稿）

速丰桉种苗培植一角 （陆川县林业局供稿）

大容山国家森林公园莲花湖 （玉林市林业局供稿）

贵港市林业

贵港市已经建成广西最大的蝴蝶兰生产基地。图为自治区林业局领导和贵港市领导视察基地建设（贵港市林业局供稿）

贵港市林业工作会议得到自治区林业局、贵港市领导的高度重视　（贵港市林业局供稿）

贵港市领导视察长势喜人的速丰桉　（贵港市林业局供稿）

贵港市领导与群众一起义务植树　（贵港市林业局供稿）

贵港市退耕还林林权登记发证工作会议（贵港市林业局供稿）

贵港市经济的新亮点：森林旅游业　（贵港市林业局供稿）

一年生速丰桉　（贵港市林业局供稿）

速丰桉基地一角　（贵港市林业局供稿）

5个月的速丰桉　（贵港市林业局供稿）

贺州市林业

贺州市林业局领导班子与各县区林业局局长在研究工作　（贺州市林业局供稿）

市四大班子的领导参加的贺州市林业暨林产工业工作会议　（贺州市林业局供稿）

贺州市政府领导在果场考察　（贺州市林业局供稿）

自治区领导和贺州市领导考察贺州市林业系统的机关庭院绿化工作　（八步区林业局供稿）

贺州市的名优水果与特产：八角、沙田柚、桂皮、龙眼、手工编织品　（富川县林业局供稿）

种苗繁殖基地育苗一角　（富川县林业局供稿）

局领导与技术人员一起测量三年生桉树生长情况　（富川县林业局供稿）

自治区绿化检查组在检查工作　（昭平县林业局供稿）

种植速丰桉树示范现场　（钟山县林业局供稿）

国外专家在考察桉树种植发展情况　（贺州市林业局供稿）

森林防火队　（富川县林业局供稿）

河池市林业

开拓进取的河池市林业局领导班子　（河池市林业局供稿）

国家林业局局长周生贤（前中）、自治区林业局局长黎梅松（后排中）到河池考察林业工作（河池市林业局供稿）

河池市领导积极参加植树造林活动　（河池市林业局供稿）

河池市3年完成退耕还林100多万亩　（河池市林业局供稿）

杉木商品材基地一瞥　（河池市林业局供稿）

石漠化治理工程成效初显　（河池市林业局供稿）

珠江防护林二期工程一角　（河池市林业局供稿）

各级林业局大力推进木材加工业发展　（金城江区林业局供稿）

森防站人员深入基层调查枯立木　（宜州市林业局供稿）

金城江区召集林业站技术员到速丰桉基地开现场会　（河池市林业局供稿）

封山育林景色秀　（东兰县林业局供稿）

来宾市林业

广西壮族自治区党委书记曹伯纯视察毛竹基地 （来宾市林业局供稿）

国家林业部原部长、区林业厅副厅长和地区专员视察来宾桉树基地 （来宾市林业局供稿）

在柳州地区（现来宾市）举行的森林旅游登山节 （来宾市林业局供稿）

国家林业局九万大山贫困地区扶贫培训班（来宾市林业局供稿）

综合治理石山区显成效 （来宾市林业局供稿）

速丰桉基地一角　（忻城县林业局供稿）

苏　铁　（象州县林业局供稿）

封山育林效果显　（兴宾区林业局供稿）

金秀林区一角　（来宾市林业局供稿）

武宣县百崖槽大瀑布　（来宾市林业局供稿）

来宾市大瑶山风光：无限风光在顶峰　（来宾市林业局供稿）

崇左市林业

团结务实的崇左市林业局领导班子深入一线调研 （崇左市林业局供稿）

国家林业局党组成员、中国林科院院长江泽慧在自治区林业局领导和崇左市领导的陪同下到崇左市考察林业工作 （崇左市林业局供稿）

市领导与群众一起参加义务植树 （崇左市林业局供稿）

自治区林业局局长黎梅松到崇左市检查退耕还林工作 （崇左市林业局供稿）

封山育林成效显 （崇左市林业局供稿）

加强技术培训，确保沼气池建设质量　（扶绥县林业局供稿）

引进民间资本、以公司形式营造的尾叶桉（凭祥市林业局供稿）

利用山地育八角苗　（天等县林业局供稿）

国家二级保护动物猕猴群　（崇左市林业局供稿）

苦丁茶苗圃一角　（大新县林业局供稿）

加强护林防火宣传　（崇左市林业局供稿）

广西壮族自治区党委书记、人大常委会主任曹伯纯（前右）与自治区林业局局长黎梅松（前左）参加植树造林　（蒋卫民供稿）

广西壮族自治区党委副书记、自治区主席陆兵对林业工作做重要指示　（蒋卫民供稿）

广西壮族自治区党委副书记马铁山对广西林业工作做重要指示（蒋卫民供稿）

广西壮族自治区林业局党组书记、局长黎梅松在林业工作会议上做重要讲话 （蒋卫民供稿）

参加林业工作会议的广西壮族自治区林业局副局长廖培来 （蒋卫民供稿）

参加林业工作会议的广西壮族自治区林业局副局长罗永魁 （蒋卫民供稿）

参加林业工作会议的广西壮族自治区林业局副局长裴安道 （蒋卫民供稿）

参加林业工作会议的广西壮族自治区林业局纪检组长黎先甫（蒋卫民供稿）

参加林业工作会议的广西壮族自治区林业局副局长金大刚 （蒋卫民供稿）

参加林业工作会议的广西壮族自治区林业局副局长（挂任）王志高　（蒋卫民供稿）

参加林业工作会议的广西壮族自治区林业局纪检组长王力生（蒋卫民供稿）

参加林业工作会议的广西壮族自治区林业局助理巡视员肖超（蒋卫民供稿）

领导带头学习贯彻《中共中央国务院关于加快林业发展的决定》（蒋卫民供稿）

广西林业招商引资洽谈会 （蒋卫民供稿）

多种形式宣传贯彻《中共中央国务院关于加快林业发展的决定》（蒋卫民供稿）

自治区林业系统为成功举办第一届中国—东盟博览会献群力 （蒋卫民供稿）

广西林业工作会议 （蒋卫民供稿）

广西营造林保质提效现场会 （隆林县林业局供稿）

安全生产重于泰山：广西秋冬季森林防火工作电视电话会议 （蒋卫民供稿）

上级的支持与关怀：国家林业局局长周生贤（前右二）到环江毛南族自治县林业局检查工作（伍荔霞供稿）

广西特色水果：木波萝 （蒋卫民供稿）

广西水果园：龙眼果园一角 （蒋卫民供稿）

广西特色水果：杨桃 （蒋卫民供稿）

广西特色水果：沙田柚 （黄冕林场供稿）

广西特色水果：芒果 （覃星供稿）

广西特色水果：荔枝 （博白林场供稿）

广西特色水果：龙眼 （蒋卫民供稿）

广西名优水果：柑橘 （东门林场供稿）

广西名优水果：番石榴 （蒋卫民供稿）

广西生态能源建设成果一角：沼气进农家（蒋卫民供稿）

广西名优水果：月柿 （蒋卫民供稿）

东巴凤（东兰、凤山、巴马）林业生态项目大会战沼气池开工仪式 （河池市林业局供稿）

广西特产：干八角 （梧州市林业局供稿）

广西野生动物保护活动一角 （蒋卫民供稿）

广西特产：桂皮 （蒋卫民供稿）

野生动物保护与森林资源保护关系一角：啄木鸟保护下的树干 （蒋卫民供稿）

重点保护动物：山龟 （雅长林场供稿）

国家一级保护动物：白头叶猴 （崇左市林业局供稿）

重点保护动物：锦鸡 （雅长林场供稿）

国家一级保护动物：黑叶猴 （崇左市林业局供稿）

珍稀动物：瑶山鳄蜥 （大桂山林场供稿）

博白江宁白鹭岛 （玉林市林业局供稿）

珍稀动物：大鲵 （蒋得斌供稿）

又一个自然保护区成立 （昭平县林业局供稿）

生态保护与生态旅游开发成果一角 （蒋卫民供稿）

黄猄洞天坑 （蒋卫民供稿）

国家级自然保护区大瑶山风光：日出 （来宾市林业局供稿）

中外游客喜游黄猄洞天坑国家森林公园（雅长林场供稿）

国家级自然保护区大瑶山风光：无限风光在顶峰 （来宾市林业局供稿）

黄猄洞天坑攀岩与速降 （雅长林场供稿）

国家级自然保护区大瑶山风光：古松 （来宾市林业局供稿）

铁杉荟萃 （猫儿山自然保护区供稿）

生长在海边的红树林 （蒋卫民供稿）

位于南宁市区的名树一角：佛肚树 （蒋卫民供稿）

国家二级保护植物桫椤 （隆林县林业局供稿）

绿化美化协调发展：位于南宁市区的古树园一角 （蒋卫民供稿）

猫儿山云海 （猫儿山自然保护区供稿）

阳朔的千年樟树 （蒋卫民供稿）

生态保护与秀丽山河 （灵川县林业局供稿）

千年古榕 （荔浦县林业局供稿）

龙州枧木王 （崇左市林业局供稿）

退耕还林与石漠化治理成果显著 （贵港市林业局供稿）

通过退耕还林工程开发的万亩山野毛葡萄基地 （河池市林业局供稿）

桂江两岸珠江防护林一角 （昭平县林业局供稿）

中外专家共同商讨广西速丰林发展 （蒋卫民供稿）

一望无际的林地 （来宾市林业局供稿）

成熟的竹材林 （灵川县林业局供稿）

茂密的竹材林基地　（灵川县林业局供稿）

林产工业的纸板生产线一角　（蒋卫民供稿）

丰收在望的速丰林　（桂平市林业局供稿）

准备外运的森工产品：纸板　（蒋卫民供稿）

现代化的广西林产工业厂房一角　（蒋卫民供稿）

等待包装外运的木衣架　（荔浦县林业局供稿）

现代化的生产车间　（广西三威林产工业集团莫勇供稿）

广西的高档牛皮纸　（荔浦县林业局供稿）

各市县蓬勃兴起的木杉加工业　（河池市林业局供稿）

位于港口的木片专用堆场　（区林场开发公司供稿）

松脂厂一角　（昭平县林业局供稿）

自治区林业局领导上街头宣传林业法规（蒋卫民供稿）

森林防火队在进行演练　（桂平市林业局供稿）

森林公安在进行训练　（钟山县林业局供稿）

中国文联和广西文联组织作家到广西林业企业采风　（蒋卫民供稿）

中国文联和广西文联的部分作家对广西林业系统的机关庭院绿化建设进行考察　（蒋卫民供稿）

GuangXi LinYe FengCai

广西林业系统献爱心　（蒋卫民供稿）

永无止境　（局办公室供稿）

新的起点　（局办公室供稿）

广西高峰林浆纸业集团有限责任公司

广西高峰林浆纸业集团办公楼

速丰林

高峰集团速丰林

高峰集团板厂

广西三威林产工业集团

集团公司大门 （地址：广西梧州市西堤三路63号）

集团公司现代化的厂房：塘源外景

集团公司的浸渍纸生产线

集团公司的强化地板基材生产线外景

集团公司的产品：刨花板

集团公司设在岑溪市的基地林

集团公司设在藤县的基地林

集团公司的产品：强化地板

强化地板的效果

广西国发林业造纸有限责任公司

公司大门 （地址：广西鹿寨县雒容镇）

公司的实力

公司的产品：高级双胶纸

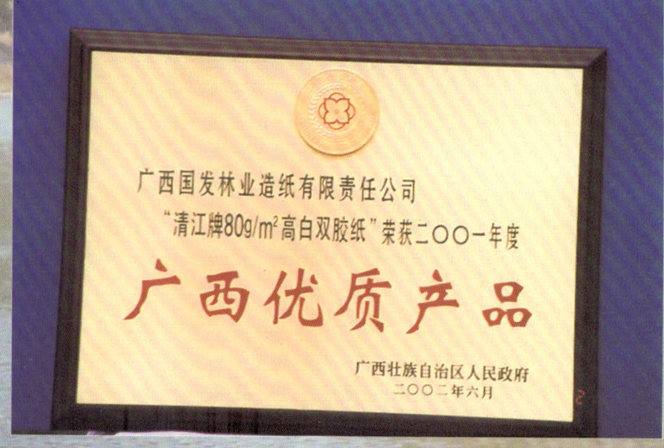

公司的品质

公司的产品：高级静电复印纸

公司的产品：挂面纸

公司的产品：纸卷

公司的汽轮发电机组

公司小公园

公司先进的造纸设备

公司生活区夜景

公司办公区

博白林场

博白林场领导班子 （地址：广西博白县亚山镇）

广西壮族自治区党委书记曹伯纯（右二）到博白林场调研

市、县领导陪同美国国际纸业公司代表到博白林场林木种苗基地考察

自治区林业局局长黎梅松（左一）、副局长裴安道（左二）到博白林场检查指导工作

博白林场生产的松香产品

博白林场胶合板厂生产车间

博白林场科技含量极高的林木组培工厂

博白林场复合化肥厂生产的桉树专用肥

林场桉树林基地一角

博白林场挂满枝头的荔枝

博白林场运动会

六 万 林 场

六万林场花园式的办公区 （地址：广西玉林市兴业县）

南宁市市委书记李纪恒（右二）、方权辉（右一）等领导到六万林场调研

美国、中科院专家在六万林场研究杉木苗圃

自治区林业局局长黎梅松（中）到六万林场调研

六万林场丰富的森林资源

八角花开满枝头

六万林场的纺织袋厂车间

六万林场的木材综合加工厂家具车间一角

六万林场的水泥厂

六万林场的龙眼基地

三门江林场

三门江林场大门 （地址：广西柳州市桂柳路）

三门江林场领导班子

三门江林场的森林公园大门

三门江林场的绿有缘宾馆一号楼外貌

三门江林场的红椎家系试验基地

三门江森林公园小溪瀑布

三门江林场职工自营经济柑橙基地

三门江森林公园榕园一景：望江亭

三门江林场的水果：黄帝柚

三门江林场女子拔河队曾获全国第二名

维都林场

维都林场领导班子　（地址：广西来宾市维林大道）

维都林场总部一角

自治区林业局局长黎梅松（右一）与林场领导班子座谈

维都林场的一年速丰桉

维都林场的两年速丰桉

维都林场的三年速丰桉

维都林场水泥厂

高峰林场

林场大门 （地址：广西南宁市北郊）

高峰林场的品质

自治区林业局领导深入高峰林场调研

高峰林场的实力

高峰林场的现代化厂房

高峰林场领导班子在研究工作

高峰林场的生活区

雅长林场

雅长林场领导班子　（地址：广西乐业县花坪镇）

有辉煌历程的雅长林场

雅长林场的水果：三华李

雅长林场的民主管理

雅长林场的冬天也是果实累累

雅长林场的水果：桃子

雅长林场的文娱活动

黄冕林场

雄伟气派的黄冕林场新场部办公楼

2003年3月，区党委常委、区政法委书记彭祖意（右一）到黄冕林场调研，场长刘涛（右二）、书记叶双年（左二）、副场长吴树刚（左一）陪同。

七坡林场

七坡林场总场 （地址：广西邕宁县吴圩镇）

广西速丰林工作会议现场会在七坡林场召开

七坡林场在上思县建设的速丰桉基地

七坡林场与广西高峰集团合资建设的纤维板厂

七坡林场职工自营经济基地

七坡林场综合加工厂生产的胶合板

七坡林场职工自营经济基地出产的优质杂交柑

钦廉林场

钦廉林场总部大门 （地址：广西合浦县乌家镇）

钦廉林场办公大楼外景

钦廉林场的两年生桉树

钦廉林场与外商合作建设的冠华人造板公司远景

钦廉林场的速丰桉基地一角

钦廉林场的合作造林一角

相思树长势喜人的钦冠科技园一角

派阳山林场

派阳山林场大门　（地址：广西宁明县县城）

派阳山林场的生八角

派阳山林场的基因库苗

派阳山林场的荔枝

派阳山林场的松香厂

派阳山林场的龙眼

派阳山林场的职工住宅楼

大桂山林场

大桂山林场桉树林基地一角　（地址：广西贺州市八步区）

大桂山林场的两年生桉树

大桂山林场的松树林基地一角

大桂山林场旅游区一角：瀑布

大桂山林场的优质水果：三华李

大桂山林场旅游区一角：木桥

东门林场

东门林场的速丰桉基地一角 （林场地址：广西扶绥县东门镇）

东门林场场长李宏伟（右二）向国外专家介绍林场情况

东门林场的温棚育苗

东门林场组培室

东门林场名优水果：东门柑

广西林业年鉴

(1950～2003)

《广西林业年鉴》编委会　编

广西人民出版社

责任编辑　韦秀琼
封面设计　瑛　子

广西林业年鉴

(1950～2003)

《广西林业年鉴》编委会　编

出版发行　广西人民出版社
社　　址　南宁市桂春路 6 号
邮　　编　530028
网　　址　http//:www.gxpph.cn
印　　刷　广西林业勘测设计院劳动服务公司印刷厂
开　　本　889 毫米×1194 毫米　1/16
印　　张　65
字　　数　2200 千字
版　　次　2008 年 1 月第 1 版
印　　次　2008 年 1 月第 1 次印刷
印　　数　1—1500 册

书　　号　ISBN978-7-219-06042-1/K・1132
定　　价　180.00 元

《广西林业年鉴》编辑委员会

《广西林业年鉴》编辑委员会

《广西林业年鉴》课题项目研究组

顾　　问：阳国亮（桂林工学院党委书记、研究员）

组　　长：李敦祥（桂林工学院经济发展与规划研究所所长、管理学院教授）

副 组 长：关 琼（桂林工学院宣传统战部）

纪 明（广西师范学院法商学院）

赵子键（广西财经学院经济系）

邓敬贵（广西财经学院财金系）

王兴中（桂林工学院管理学院）

组　　员：薛建宇（广西师范大学03级硕士生）

俞开江（广西师范大学03级硕士生）

刘青林（广西师范大学03级硕士生）

岑树田（广西师范大学01级硕士生）

米文通（广西师范大学02级硕士生）

王　亮（广西师范大学03级硕士生）

吴　琦（广西师范大学03级硕士生）

殷瑞普（广西师范大学03级硕士生）

目　录

特　辑

广西林业概述

广西重要林业法律法规、重要文件

森林资源培育与生态环境建设

林业产业

森林资源保护与林政管理

森林防火

森林公安工作

林业法制建设与体制改革

对外开放

林业科学技术

林业教育

国有林场、苗圃建设

林业工作站建设

林业统计

机关以及行业建设

人事劳动

社会团体与其他组织机构

林业大事记

广西各市县林业

实施绿色工程 改善生态环境 建设山川秀美的八桂大地

——在全区实施绿色工程动员暨林业工作会议上的讲话

广西壮族自治区党委副书记 陆 兵

(1999 年 1 月 11 日)

同志们:

不久前召开的自治区党委七届六次全会提出了“1234610”农业和农村发展的工作思路。这个工作思路,立足当前,着眼长远,符合广西实际,具有很强的针对性和操作性,对发展我区农业乃至林业都具有十分重要的指导意义,自治区党委七届六次全会提出要实施六大基础工程,其中第一项就是绿色工程,这充分体现了自治区党委、政府对绿色工程及林业工作的高度重视,同时说明实施绿色工程、大力发展林业在我区生态环境建设以及国民经济建设和社会发展中具有重要的作用。今天我们在这里召开的绿色工程动员暨林业工作会议,是全面实施六大基础工程的第一个重要会议,自治区党委书记曹伯纯、自治区人民政府主席李兆焯对这个会议十分重视,并作了重要指示。

为了全面实施绿色工程,发展林业,改善生态环境,建设山川秀美的八桂大地,我谈几点意见。

一、实施绿色工程,发展林业在我区国民经济与社会发展中具有重要的地位和作用

大家都知道,可持续发展是当今人类面临的共同课题,实现可持续发展,关键是解决好资源和环境两大问题。实施绿色工程,发展林业,目的就是解决好资源和环境问题。林业是生态环境建设的主体,作为林业重要组成部分的森林又是陆地生态系统的主体,是地球生命系统的支撑,是人类赖以生存与发展的重要资源,是实现环境与发展相统一的关键和纽带。森林是生态平衡的主要调节器,在生物世界和非生物世界之间的能量和物质交换中扮演主要角色,在保持生态系统的整体功能上起着中枢和杠杆的作用;森林能够蓄水保土,防止江河水库淤积,能够有效遏制土地沙漠化,保护人类的生存空间,改善农业和水利生态环境,促进农业稳产高产。同时森林还能有效地防止物种减少,净化空气,治理污染,促进人体健康。从世界范围来看,森林已成为全球生态环境问题的核心。全球范围内的一系列环境问题,如水土流失、淡水资源短缺和水环境恶化、土地荒漠化、气候干旱、温室效应、生物多样性锐减以及洪涝灾害等无不与森林植被的急剧减少紧密相关。为此,在 1992 年世界环境与发展大会上专家们一致呼吁,要“赋予林业以首要地位”,强调“在世界最高级会议要解决的问题中没有任何问题比林业更重要了。”

我国第三代领导人江泽民、李鹏、朱镕基对林业建设十分重视,作出了“大抓植树造林,绿化荒漠,建设生态农业”,“再造一个山川秀美的西北地区”等重要批示。这些批示,从历史和现实的角度深刻地揭示我国生态环境发展演变的内在规律,阐述植树造林、绿化荒漠、建设生态农业的重要性和紧迫性。刚刚召开不久的党的十五届三中全会提出:“改善生态环境是关系中华民族生存和发展的长远大计,也是防御旱涝等自然灾害的根本措施,要大力提高森林覆盖率,使适宜治理水土流失的地区基本得到整治。”林业作为生态环境建设的主体,在自然治理方面的地位和作用是其他部门无法代替的。林业既是基础产业又是社会公益事业,肩负着优化生态环境与促进国民经济发展的双重使命,因此,我们要从维护生态环境建设和促进经济发展出发,不断深化对林业地位与作用的认识，把林业工作放在整个国民经济发展和社会进步的全局上来考虑，放在优先发展的位置，增强广大人民群众绿化观念使植树造林，绿化祖国，改善生态环境成为人们的自觉行动。

实施绿色工程，发展林业，在国民经济建设特别在，广西的经济与社会发展中也同样具有重要作用。林业是经济与社会赖以发展的重要的物质基础，林业为社会提供1100多种产品，其中不少林产品是无法替代的生活必需品。广西素有“八山一水一分田”之称，80％的土地为山地和丘陵，山区人民脱贫致富要走综合开发之路，而山区的综合开发必须以发展林业为主。广西林业用地约2亿亩，占全区土地总面积的56.6％，是我国南方主要林区之一，是我国林业大省区。它占据广西的半壁江山，森林面积1.6亿亩，蓄积量3.1亿立方米，年生产商品木材350万立方米，是一个具有巨大发展潜力的绿色银行；在广西森林中还生长着8000多种植物，1694种野生动物，这些动植物资源又构成了一个巨大的绿色宝库。由此可见，广西林业经营的好坏，直接影响山区人民脱贫致富，影响广西经济建设和社会发展。广西的林产化工在全国具有举足轻重的地位，其中松香、栲胶、八角、玉桂、茴油均居全国第一，热带亚热带水果和林副产品也在全国占有重要位置，为构建广西林产工业大省奠定了坚实的基础。因此，对广西林业在我区国民经济和社会发展中的地位与作用要有一个正确评估，才能做好广西的全局工作，真正发挥广西资源优势，加快广西经济的发展。

二、着眼未来，理顺关系，确保绿色工程实施和林业的健康发展

当前，我国生态环境建设面临的形势十分严峻，无论是治理水土流失，还是防治土地荒漠化，局部治理，整体恶化的趋势还没有根本扭转，各种灾害频频发生，据统计，全国水土流失面积达367万平方公里，占国土面积的38.2％；全国荒漠化面积达262.2万平方公里，占国土面积的27.3％.全国平均每年新增水土流失面积1万平方公里，新增沙化土地2460平方公里，每年各类自然灾害造成的直接经济损失高达2000亿元。我们广西的形势也不容乐观，仅1991～1995年之间，每年就减少林地151万亩，生态环境整体亦趋恶化，水土流失面积日益扩大，江河断流，库水减少，干旱、洪涝灾害现象频频发生，直接威胁和影响我区国民经济和社会可持续发展，我们决不能等闲视之。

实施绿色工程，培育和保护森林资源，绿化国土，改善生态环境，是实施自治区党委“三大战略、六大突破”决策以及实施可持续发展战略的一个跨世纪的伟大工程，必须全党动员，全民动手，共同参与，同时还要正确处理好几个关系：

（一）正确处理好长远利益和眼前利益的关系。

周恩来总理曾尖锐地指出：“工业犯错误，一两年就可以扭转过来，林业和水利犯错误，多少年也翻不过身来。”林业与其他行业相比，其生产周期长、回收期长，一些领导为了在任期内追求短平快、立竿见影的效果，往往对林业重视不够，投入不足，使林业发展滞后，生态环境恶化，结果农业、水利事业均在不同程度上遭受自然的惩罚。一些地方为了眼前的利益，贪图一时经济发展，大面积地毁林开荒、毁林种蔗。这是一种以破坏生态环境为代价换取短期经济利益的鼠目寸光的行为，结果造成水土流失日益严重，生态环境日益恶化，洪水泛滥，农田被毁，颗粒无收，损失惨重，农民欲哭无泪，极大地挫伤了他们的积极性。为此，各级领导必须高瞻远瞩，以社会经济可持续发展的战略眼光，以造福子孙后代的博大胸怀，大力培育和保护森林资源，保护生态环境，绝不能急功近利，杀鸡取蛋。对这种短期行为，恩格斯在《自然辩证法》中亦作了尖锐的批评。他说，我们不要过分陶醉于我们对自然界的胜利，对于每一次这样的胜利，自然界都报复了我们。古希腊人为了想得到耕地把森林都砍了，结果这些地方因此成为不毛之地，也失去积蓄和贮存水分的能力，因而连畜牧业的基础也给摧毁了。这些深刻的历史教训，应成为我们的前车之鉴。

（二）正确处理好治水与治山的关系。

近年来，我国水灾频繁，险情环生，损失惨重，其根本原因是植被锐减、水土流失和江河淤积。水患问题与生态息息相关，而陆地的生态问题关键在于森林。民主革命先驱孙中山先生早就指出：“近来水灾为什么是一年多过一年呢？古时的水灾为什么少呢？这个原因，就是古代有很多森林，现在人民采伐木料过多，采伐之后又不补种，所以森林便很少，许多山岭是童山，一遇大雨，山上没有森林来吸收阻截雨水，山上的水便马上流到河里去，河水便马上泛涨起来，即成水灾。”这说明缺少森林植被蓄水，地表径流汇集加快是大雨必成灾的主要原因。1966年周恩来总理说过：

"我最担心的,一个是治水治错,一个是林子砍多了。治水治错了,树砍多了,下一代也要说你。"三十多年过去,周总理担心的事情终于发生了。

治理水灾要标本兼治,去年长江和松花江、嫩江流域的大水灾,将人、水与树的关系演示了一遍,使人们看到,虽然洪水的发生在天,防洪减灾在人,但人力抗洪只是权宜之计,加强堤防只是治标,治本之计在于治山兴林。孙中山先生在《民生主义》中指出:"要防水灾,种植森林是很有关系的,多种森林便是防水灾的治本方法"。孙中山先生学贯中西,具有长远的发展眼光,所以他能如此精辟地看到由于森林缺乏,生态出现危机这个深刻问题。日本历届政府都把"治水之本在治山"和"先治山后治国"作为治山治水事业的基本政策和指导思想,一以贯之。

我们过去一贯很注重建坝蓄水、筑堤防洪等水利工程的建设。这固然十分重要,然而治山兴林,蓄水于山等生物工程措施同样不可忽视;前者是因害设防,化害为利;后者是防患未然,重在治本,两者相辅相成,不可偏废。因此应把林业生态环境建设工程与兴修水利工程放在同等重要的位置,实行"林水结合,标本兼治",这才是顺应自然规律,从根本上治理水患,安民兴邦的良策。

(三)正确处理好森林资源保护和开发利用的关系。

根据中央制定的可持续发展战略和自治区党委、自治区人民政府制定的"三大战略、六大突破"的决策,必须加强森林资源的培育和保护,扩大森林资源的总量和提高森林资源的质量。按照森林分类经营的要求及时调整林种、树种结构,改造和补植低产林和疏残林,增加有林面积,拓展林业发展的空间,提高林业的生长量和蓄积量,同时要优化林业的产业结构、品种结构,在不过量采伐和破坏生态环境的前提下,抓好林业资源的合理开发利用。在经营好第一产业的同时,按照林业产业的要求,大力发展具有现代技术装备水平的林产品加工企业,延长林产品的增值链,提高产品的附加值,创办一批具有广西特色的林业支柱产业、大型骨干企业和名牌产品,提高市场的占有率,以及林业整体效益。

(四)正确处理好林业生态效益、社会效益和经济效益的关系。

实施林业可持续发展战略,是一条使人口、经济、社会、环境和资源互相协调,兼顾当代人和子孙后代利益的发展道路,今后林业一定要以生态效益为重点,大力发展生态公益林。区林业局提出的七大林业生态建设、"152"生态能源建设就是充分体现这个思想。社会也要根据"谁受益,谁担负"的市场法则,给林业部门一定的生态补偿费,以调动林业部门和全社会兴办生态公益林的积极性。林业部门在优先考虑生态效益的同时,也要兼顾经济效益,大力发展商品林。我认为区林业局提出的建设具有广西特色的十大商品林基地,就是实现森林的生态效益、社会效益和经济效益的统一。

(五)正确处理好部门办林业与全社会办林业的关系。

早在1991年,中央就提出了"全社会办林业,全民搞绿化"的方针,为加快国土绿化进程指明了方向。林业既是基础产业,又是社会公益事业,肩负着优化生态环境与促进国民经济发展的双重使命。除了林业部门必须把林业建设好之外,全社会均要支持和兴办林业,要形成强大的兴办林业、改善环境的合力,建设好一批高标准,造福子孙后代的"绿色工程"。水利部门要以大中型水库为重点,建设高标准的绿化库区,进一步搞好水土保持工作,农业部门要把农田防护林建设放在重要位置上,建设好农业生态屏障,铁路、交通、城建部门要建设绿色通道工程。石油、煤炭、冶金、石化、轻工造纸、民航、教育也要搞好造林绿化工作。人民解放军、武警部队要继续走在植树造林、绿化祖国的前列,为建设山川秀美的八桂大地再立新功。总之,要充分调动社会各方面的力量投身到植树造林、改善生态环境的工作中,使林业由部门行为变成全社会的行为。

三、深刻领会和贯彻自治区党委七届六次全会精神,实施绿色工程,大力发展林业

自治区党委七届六次全会提出的"1234610"农业和农村发展工作思路,是具有战略眼光的思路。它既明确了农业和农村工作的重要战略地位,提出了跨世纪的发展目标,又制定了推进农业和农村工作重大政策措施;既突出了农业和农村工作的重点,提出要实施六大基础工程,又统筹兼顾,要求认真抓好十项工作。这一思路,符合党的十五大和十五届三中全会精神,符合"三大战略、六大突破"决策精神,符合广西实际。所提出的政策措施以及要努力抓好的各项工作都是事关我区农业和农村长远发展的大事。认真贯彻这一思路，对解决我区农业和农村工作的突出问题，加强农业基础地位，加快农村经济乃至整个国民经济和社会的发展，都具有重要的意义。实施六大基础工程之首的绿色工程，是一项功在当代、利在千秋的伟大事业，是优化生态环境，实现经济社会可持续发展的重要举措，是关系到广西全局工作的大事，必须引起各级党委、政府的高度重视。

(一)切实加强对实施绿色工程的领导。

自治区党委七届六次全会指出：大力发展林业，保护森林，改善生态环境，是实现可持续发展的根本大计。加强珠江流域及沿海防护林体系建设，搞好石山地区封山育林，种竹种树，今后3～5年内实现沿江河两岸各宽2公里，公路、铁路两旁各宽1公里以及房前屋后100米宜林荒山荒地的造林绿化，并把植树造林与种果、种竹、种草等结合起来，改造残次林，大种水果、竹子、茶叶和其他经济林，建成长期稳定、层次分明的绿色保护涵养林带和经济林带。依法治林，停止天然林、水源林、防护林采伐，严禁毁林开垦，今后几年内25°以上的坡耕地要退耕还林、还竹、还草。到2010年，森林覆盖率达到50%以上。这就是绿色工程建设的具体任务和具体要求。实施绿色工程的目的就是大力发展林业，扩大森林面积，改善生态环境。森林除了为国家为社会提供木材和各种林副产品之外，更重要的是森林具有涵养水源、保持水土、防风固沙、改良水土、调节气候、吸尘防燥、净化空气等多种功能。森林在保证农业稳产高产，保障水利充分发挥效益，加快山区脱贫致富奔小康，以及促进我区经济发展和社会的全面进步等方面均具有十分重要的意义。绿色工程能否顺利实施，将直接影响全区的“三农”工作，影响到农业和农村跨世纪发展目标的实现，影响到全区各民族的繁荣和稳定。为此，各级党委政府必须以改善生态环境，提高人民生活水平，实现可持续发展为目标，把绿色工程建设与经济发展紧密结合起来，正确处理好长远与当前、全局与局部的关系，促进生态效益、经济效益与社会效益的协调发展；以高度的历史责任感，把绿色工程建设作为一件大事，列入党委、政府议事日程，切实加强领导，采取有效措施，确保规划目标的实施。在实施绿色工程时，要坚持统筹规划，突出重点，分步实施的原则；坚持从实际出发，因地制宜，讲求实效的原则；坚持把绿色工程建设与产业开发、农民脱贫致富、区域经济发展相结合的原则与依靠广大群众，动员全社会力量共同参与。各地、市、县、乡镇党政一把手要作为工程的总负责人，分管领导具体抓，并把任务层层分解，把该绿化的山头、地块(地段)落实到乡(镇)、村(屯)、单位和个人(农户)，层层签订责任状。这次会上自治区人民政府要跟地市领导签订绿色工程建设目标责任状，以保证绿色工程的顺利实施。同时我们制定了绿色工程建设检查验收及奖惩办法，以确保工程质量。各地也要建立严格检查验收奖惩制度，把绿色工程建设情况列入领导干部政绩考核内容。对在绿色工程建设中有突出贡献的单位和个人，予以表彰，对不完成任务的要追究领导责任。

(二)做好规划，搞好示范，以点带面，全面推进。

自治区党委要求用3～5年时间完成绿色工程建设，这是一项时间紧、任务重的工程。各级党委、政府必须振奋精神，集中精力，克服困难，以造林灭荒、绿化达标的精神和干劲，投入绿色工程建设。当前最主要的工作就是及早做好规划，选好良种，搞好树种优化配置，使之形成立体防护屏障，充分提高绿色工程的生态效益、社会效益和经济效益。各地在绿色工程建设过程中，要通过抓重点、抓示范，以点带面，全面推进绿色工程的实施。

(三)全党动员，全民动手，加大投入，确保工程的顺利实施。

绿色工程建设是一项造福人类的公益事业，是一项跨世纪的复杂的社会系统工程。它点多、线长、面广、量大，必须坚持国家、地方、部门、集体、个人一起上的办法，多渠道、多层次、多形式筹集工程建设资金。自治区和地方各级财政要将绿色工程建设资金列入预算，加大对绿色工程建设的投入。银行要优先安排用于绿色工程建设的贷款，并适当延长贷款偿还年限，要积极争取利用国内外资金，投入绿色工程建设项目。按“谁投资，谁经营，谁受益”的原则，鼓励社会上的各投资主体向绿色工程建设投资。同时要充分利用广播、电视、报刊、杂志等各种宣传媒体，广泛深入宣传实施绿色工程的重要意义，使全社会各阶层对绿色工程的重要性、必要性、长期性、艰巨性有一个正确的认识，从而充分发挥广大群众在绿色工程建设中的主体作用，大力开展全民义务植树、栽花、种草活动。林业、交通、水利、电力、铁路、城建等部门要紧密配合，在当地政府统一领导下，按各自管辖的范围，做好计划，组织实施，按要求完成任务。各级绿化委员会要做好督促、检查、指导、协调工作。

（四）加大执法力度，保护森林资源，造福子孙后代。

俗话说：十年树木，百年树人。广西林业经过全区各族人民五十年的共同努力，终于有了长足的发展，消灭了宜林荒山，实现了绿化达标这个阶段性目标。我区森林面积已达1.6亿亩，森林蓄积量达3.1亿立方米，年产木材350万立方米，是广西最大的绿色水库、绿色银行、绿色粮仓，为我区经济建设和社会发展作出了巨大的贡献。为了保护和发展这来之不易的森林资源，各级人民政府必须坚决贯彻《森林法》、《环境保护法》、《水土保持法》、《国务院关于保护森林资源制止毁林开垦和乱占林她的通知》和自治区人民政府《关于坚决制止乱侵滥占林地的通知》以及自治区主席李兆焯的五点指示，结合本地实际，制定切实可行的保护森林资源和生态环境的措施，严禁毁林开垦，毁林种蔗，加大退耕还林的力度，在2000年以前完成退耕还林任务。对占用国家（地方）铁路、公路、渠道、堤防用地和通道范围内的林业用地的情况要进行一次清理，该退的一定要退出来。从现在开始一律不准打着“山区综合开发”、“农业综合开发”、“低产林改造”等旗号进行新一轮的毁林开荒、毁林种蔗。违者将就地免职，从严处理。对破坏森林资源的违法行为要狠狠地打击，该曝光的曝光，该判刑的判刑，决不手软。

同志们，实施绿色工程，大力发展林业，改善生态环境，建设八桂秀美山川，是跨世纪的伟大工程。让我们立即行动起来，高举生态环境建设的大旗，艰苦创业，把一个山川秀美的新八桂带入二十一世纪！

加强法制建设　坚持依法治林
促进林业建设持续发展

——在全区实施绿色工程动员暨林业工作会议上的讲话

广西壮族自治区人大
副主任　丁廷模

（1999年1月11日）

同志们：

这次全区实施绿色工程动员暨林业工作会议是一次很重要的会议，是落实自治区党委提出的我区农业和农村跨世纪发展的“1234610”工作思路的重要举措。区党委在强调突出重点，抓好农业和农村工作“六大基础工程”中，把实施绿色工程放在首位，这是由我区区情决定的具有战略意义的选择。关于林业的重要性和今后一个时期林业的工作任务及要求，自治区党委和自治区人民政府的领导都作了强调，现在我就强化林业法制建设谈几点意见：

一、按照《森林法》的要求，继续做好与之相配套的地方立法工作，为我区林业发展提供法律保障

林业是国民经济的重要组成部分，既是一项重要的基础产业，又是一项社会性很强的公益事业，肩负着改善生态环境和为社会提供各种林产品的双重任务。新中国成立以来，特别是改革开放以来，我国制定了《森林法》等一系列保护森林、发展林业的法律、法规。我国林业已经走上了依法治林的轨道。从去年7月1日起施行的修改后的《森林法》，为在社会主义市场经济条件下依法保护、培育和合理利用森林资源，推进国土绿化，改善生态环境，实现可持续发展战略提供了重要的法律保障。自治区对依法治林的问题也十分重视，在大力宣传、贯彻执行《森林法》和《野生动物保护法》的同时，自治区人大常委会结合广西实际情况，先后审议通过了《自治区森林管理办法》、《自治区陆生野生动物保护管理规定》、《自治区木材运输管理条例》、《关于修改〈自治区陆生野生动物保护管理规定〉的决定》。这些法规的颁布施行，对依法保护、发展和合理利用我区的森林资源，推动林业建设的发展起到了重要的作用。

党的十五大提出“依法治国，建设社会主义法治国家”的治国方略，区党委作出了依法治桂的决定，自治区人大常委会也作出了关于全面推进依法治桂的决议。立法工作是依法治国、依法治桂的前提。最近，自治区人大常委会召开了全区立法工作会议，对进一步加强我区的立法工作、提高立法质量、实施自治区1999～2002年立法规划等问题作了研究和部署。我区林业建设需要通过强化法律手段、经济手段来管理。在自治区1999～2002年的立法规划中，需要由区林业局调研、起草的法规有《广西壮族自治区森林公园管理条例》、《广西壮族自治区林地管理条例》、《广西壮族自治区林化产品管理条例》和修改《广西壮族自治区森林管理办法》等。此外，还要根据《绿色工程建设的实施方案》要求，制定《广西壮族自治区生态公益林建设管理和效益补偿条例》、《广西壮族自治区松脂管理条例》和《广西壮族自治区林副产品管理条例》等政府规章，希望林业局领导班子认真贯彻全区立法工作会议的精神，切实加强领导，做到定领导、定任务、定时限，抓紧起草工作，要不断提高立法队伍的政治、思想和专业素质。起草法规草案，要从广西的区情出发，加强调查研究和论证工作。自治区人大常委会将及时审议有关林业的地方性法规，完善林业的法律体系，为我区林业建设的可持续发展提供法律保障。

二、认真学习、宣传、执行林业法规，增强法制观念，提高全社会对保护森林资源的自觉性

去年的特大洪水过后，党中央、国务院更加高度重视林业建设和森林资源保护管理工作，国务院适时发出了《关于保护森林资源制止毁林开垦和乱占林地的通知》，林业问题也普遍受到全社会前所未有的关注，要求加强森林资源保护、改善生态环境的呼声越来越高。众所周知，我国近几年水旱灾害频繁的原因，主要是森林减少、生态环境遭受破坏，尤其是大江大河上游山区植被受破坏，导致水土流失，河道淤积，河床抬高，蓄洪泄洪能力减弱。实践证明:治水之本，在于治山。不彻底解决生态环境问题，许多治水措施都只能是事倍功半，有的甚至是劳而无功。因此，保护和发展森林资源，提高森林覆盖率，从根本上改善生态环境和生存条件，才是强基固本的根本措施。但是，我们有相当一部分同志，包括一些领导同志，对这个问题认识还不到位。去年下半年，自治区人大常委会组织人员对《中华人民共和国水土保持法》的实施情况进行检查，发现在林地保护方面存在一些突出问题:一是随着经济的发展，重点工程建设与林地资源保护之间的矛盾越来越突出。在一些地方因重点工程建设征占用林地导致的非法砍伐林木现象十分突出，甚至相当部分的工程乱侵滥占林地，先占后办，少批多占，不批也占，占了林地之后也不缴纳森林植被恢复费，造成森林资源大量流失。二是一些地方生态意识和法制观念淡薄，不惜以破坏森林资源和牺牲生态环境来换取短期的经济增长，毁林开垦的现象较为普遍，特别是在25°以上陡坡林地开垦种植农作物的现象依然存在，造成水土流失严重。这些问题必须引起我们高度重视。因此，各地要在前段宣传《森林法》的基础上，继续充分利用各种宣传舆论工具，采取多种生动有效的形式，大张旗鼓地向各级领导干部以及广大人民群众宣传林业法律、法规，不断提高全体公民的林业法制观念。首先要认真学习、贯彻执行林业法规，领导干部要带头，要从依法治国、建设社会主义法治国家的高度，做学法、知法、守法的榜样。其次要加强对林业行政执法人员和管理人员进行法律、法规知识培训，提高林业行政执法人员和管理人员依法行政的水平，认真执法，秉公执法，杜绝执法犯法的行为。三是在向全社会普及林业知识的活动中，重点要向林农、木材经营者普及林业法规，使他们懂得在林业生产经营中，什么是合法行为，什么是违法行为，从而提高遵纪守法的自觉性，减少和杜绝违反林业法规行为，达到保护森林资源的目的。

三、加大执法力度，严厉打击各种破坏森林资源的违法犯罪行为，依法保护森林资源

邓小平同志在1978年中央工作会议上首次完整地提出我国法制建设的基本要求，就是要做到有法可依、有法必依、执法必严、违法必究。法律是人们行为规范，是社会活动的准则。法律能否得到有效的实施，直接关系到社会主义法治国家能否建立起来。因此，各级国家机关和执法部门要在组织执法人员学法、知法、守法的基础上，做到严格执法。为了保护森林资源，我区当前要做好三件事:

(一)要继续开展打击破坏森林资源违法犯罪活动的专项斗争。

最近，最高人民检察院、最高人民法院、监察部、公安部和国家林业局联合下发了《关于开展严厉打击破坏森林资源违法犯罪活动专项斗争的通知》，各地都要加大执法力度，形成打击合力，严格履行法律赋予的职责，依据《森林法》和国务院的有关文件精神，把打击破坏森林资源的违法犯罪行为作为一项经常性的工作来抓。各地、市、县要结合当地情况，对超限额采伐林木、毁林开荒、乱占林地、乱捕滥猎野生动物，以及侵占国有林地和侵犯林农合法权益等严重的违法犯罪活动予以打击，并选择一批典型案件公开曝光，以震慑罪犯，教育群众。各级林业主管部门要真正担负起保护森林资源的神圣职责，敢于碰硬。对大案要案，不管涉及什么人，都要一查到底，决不能姑息迁就。

(二)要依法治理乱占林地、毁林开垦和超限额采伐林木的现象。

近年来，我区在森林资源保护管理工作上虽

然取得了较好的成绩，但是也要清醒地认识到，目前我区森林资源保护管理工作面临的形势仍十分严峻。非法征用林地及擅自改变林地用途、超限额采伐林木的问题还比较突出。对这些问题，各地一定要高度重视，要进一步加大林业法规、政策的宣传力度，增强各级领导和人民群众依法保护森林资源的自觉性，为林业执法创造一个良好的社会环境。坚决刹住乱占林地和毁林开垦及超限额采伐林木的歪风。同时，要维护林权证的法律地位，集体或个人非法侵占的国有林地，必须依法归还。

（三）要依法规范木材经营、加工和运输的管理工作。

对违法经营、加工和运输木材的行为，要依法坚决打击，防止非法采伐的木材进入流通领域，防止国家的税款和林业“两金一费”的流失。

同志们，当前我国的林业建设正面临着十分有利的法制环境，九届全国人大常委会通过的第一部法律就是《森林法修正案》。这对新形势下的林业发展必将产生巨大的推动作用。《刑法》中直接涉及森林资源保护的条款就有十几条，这加大了对林业刑事犯罪行为的打击力度。可以说，林业发展的法制环境越来越好，依法治林有了强有力的保障。我们一定要认真贯彻党的十五大提出的依法治国的方略落实依法治桂，推动全区依法治林工作再上新水平，为全面实施绿色工程，保护森林资源，改善生态环境，促进林业健康发展和国民经济可持续发展作出更大的贡献。

在全区林业工作会议上的讲话

广西壮族自治区主席　陆　兵

（2004 年 2 月 3 日）

同志们：

这次会议的主要任务是，传达贯彻《中共中央国务院关于加快林业发展的决定》和全国林业工作会议精神，总结我区林业建设的成绩和经验，研究部署今后一个时期的林业工作，表彰奖励全区绿化先进集体、模范个人和森林消长目标责任制优秀城市，动员全区广大干部群众积极投身林业建设，全力推进我区林业的跨越式发展。下面，我讲几点意见：

一、进一步树立加快我区林业发展的紧迫感和责任感

自治区党委、自治区人民政府历来高度重视林业工作，就我区林业发展问题作出了一系列重要决策和部署，制定了相应的政策和措施。1987年，作出了《关于保护森林，发展林业，力争十五年基本绿化我区的决定》，开始执行县级领导干部任期造林绿化目标责任制；1999 年，自治区党委七届六次全会提出实施“1234610”农业和农村工作思路，把实施绿色工程作为六大工程之首；2000年，在实施西部大开发战略中，又强调要做好生态文章，全面推进退耕还林、珠江防护林、沿海防护林、石漠化治理、农村生态能源等重点工程，再造八桂秀美山川。通过全区人民多年的不懈努力，林业建设坚持“造、封、管、节、用”协调发展，生态建设和产业建设同步推进，森林资源得到迅速恢复和发展，林业生态体系和产业体系主体框架已开始构建。从 1991 年起实现了森林资源面积和蓄积量“双增长”，分别于 1994 年和 1997 年实现了“造林灭荒达标”和“绿化达标”；全区有林地面积从 1990 年的 1.02 亿亩增加到 1.48 亿亩，森林覆盖率（不含灌木）从 27.4％提高到 41.33％，活立木蓄积量从 2.98 亿立方米增加到 4.03 亿立方米，林业总产值从 26.4 亿元增长到 195 亿元。林业事业的快速发展，为全区经济社会发展做出了很大贡献。对这些年来我区林业建设取得的成绩和经验，我们要认真进行总结，并在新的形势下加以发展和创新。同时，我们也应该看到，目前我区林业发展中还面临着许多困难和问题，主要是：森林整体生态功能不强，水土流失和石漠化严重，森林资源保护形势严峻，生态状况尚未根本改善；林业产业规模小，效益不高；林业管理体制转轨缓慢，机制不活；社会对林业的多样化需求与落后的林业生产之间的矛盾比较突出，等等。对这些困难和问题，我们要高度重视，并采取有力措施逐步加以解决。

保护森林、发展林业，事关人类社会的生存和发展，事关全面建设小康社会的大局。林业作为生态建设的主体，承担着改善生态和满足社会对林产品需求的双重任务，是一项重要的公益事业和基础产业，是经济社会可持续发展的重要基础。党的十六大和十六届三中全会确立了科学的发展观，将加快林业发展、改善生态环境提到了事关中华民族生存与可持续发展的战略高度。党中央、国务院并为此作出了《关于加快林业发展的决定》，明确提出了新形势下加快发展林业的指导思想、奋斗目标和主要任务。我们一定要深入学习贯彻党中央、国务院《决定》精神，把思想统一到《决定》精神上来。经过充分的调查研究，结合我区实际，自治区党委、政府制定了《关于实现林业跨越式发展的决定(讨论稿)》，提交这次会议讨论，经进一步修改后，将下发各地执行。自治区党委、政府这个《决定(讨论稿)》，提出了今后一个时期我区林业建设的目标任务和保障措施，并强调要把林业工作放在更加突出的位置，提出“在生态建设中，要赋予林业以首要地位；在实现富民兴桂新跨越中，要赋予林业以基础地位；在经济建设中，要赋予林业以支柱地位。”这是自治区党委、政府对林业在国民经济和社会发展中地位的科学判断和准确定位，我们一定要认真领会和把握，进一步认清在新形势下加快林业发展的重大意义。

(一)林业的跨越式发展是全面建设小康社会的基础。

全面建设小康社会的最终目标是“实现人与自然的和谐，推动整个社会走上生产发展、生活富裕、生态良好的文明发展道路”。这就要求我们一方面要大力发展生产，以满足人民群众日益增长的物质需要；另一方面要建设生态文明，以满足人民群众对优美环境和丰富多彩的文化需要。林业承担着改善生态和满足社会对林产品需求的双重任务，对实现全面建设小康社会目标至关重要。当前，我区的生态状况还相当脆弱，水土流失面积达4500多万亩，特别是大石山区石漠化日益严重。这是我区贫困之根、灾害之源。因此，必须加快发展林业，从根本上改变我区的生态状况，实现人与自然的和谐相处，夯实全面建设小康社会的基础。

(二)林业的跨越式发展是实现富民兴桂新跨越的重要途径。

我区“八山一水一分田，还有一片海”，有优越的自然条件、丰富的林业资源和较好的林业产业基础。要实现富民兴桂新跨越，必须做好“八山”这篇文章，将资源优势转化为经济优势。近几年，林业工程建设每年为全区农民每人增收达20～30元，特别是退耕还林工程每年就给数百万农民带来近10亿元的收入。实践证明，林业已经成为许多地方农业结构调整和农民增收的新亮点，成为解决“三农”问题的一个重要措施，在国民经济特别是农村经济发展中发挥着重要的作用。

(三)林业的跨越式发展是推进工业化、城镇化的重大举措。

林业不仅对维护国土生态安全发挥着不可替代的作用，而且对新阶段统筹城乡发展，推进工业化、城镇化进程，扩大城乡就业，发挥着越来越重要的作用。目前，全区有以森林资源为原料的林产工业企业13000多家，形成了以竹木加工、林产化工、木浆造纸、林副产品加工、森林旅游、花卉为主体的林产工业框架体系。这些林业企业以及在其拉动下的相关产业，安排就业人数高达1000多万人。随着我区速生丰产工业原料林基地建设和林浆纸一体化进程的加快，特别是在沿海建立两个100万吨大型林浆纸厂，将极大地拉动当地服务业、运输业、农产品市场和农村种植业的发展，扩大就业人数，推动城镇化进程，促进当地城乡经济发展和社会全面进步。

二、努力推进林业跨越式发展，把我区建成林业生态大省和产业强省

当前，我区加快林业发展正面临着前所未有的大好机遇。党中央、国务院把生态建设作为一项基本国策，把林业工作放到了生态建设的首要位置；全社会对保护森林、植树造林和加强生态建设，正在形成一种广泛的共识，并向更自觉的方向发展；国家对林业的投入大幅度增加，实施西部大开发战略，为加快发展林业提供了重要的契机。我们必须抓住机遇，乘势而上，努力推进林业跨越式发展，把我区建成林业生态大省和产业强省。

(一)进一步明确我区林业跨越式发展的指导思想和目标任务。

当前和今后一个时期，我区林业工作要以邓小平理论和“三个代表”重要思想为指导，深入贯彻十六大和中共中央、国务院《关于加快林业发展的决定》以及自治区第八次党代会精神，以支持经济社会可持续发展为宗旨，以加强生态建设、确保生态安全、建设生态文明为重点，深化改革，扩大开放，发挥优势，优化结构，突出特色，构建比较完备的森林生态体系和比较发达的林业产业体系，实现林业跨越式发展，促进富民兴桂新跨越，全面建设小康社会。按照这一指导思想，我区林业要以重点生态工程和产业项目建设为突破口，实施林业发展“三步走”战略，加强生态建设，加快发展林业产业，提高生态效益，增加林产品供给，提高农民和林业职工收入水平。力争到2010年，全区森林覆盖率达到46%以上，生态状况进一步好转，主要江河流域的水土流失和岩溶石山区石漠化得到有效遏制，林业产业总产值达到500亿元以上；到2020年，全区森林覆盖率达到50%以上，重点区域的生态问题基本解决，全区生态状况明显改善，初步实现山川秀美，林业产业总产值达到1000亿元以上，林业产业综合实力显著增强，成为全国林业强省；到2050年，全区森林覆盖率达到并稳定在55%以上，山川更加秀美，林业产业更加发达，基本实现建设山川秀美的生态文明社会的战略目标，最终把我区建成全国林业生态大省和产业强省。围绕上述目标，必须大力推进林业生态工程建设，全面提高城乡绿化水平和森林质量；必须加强用材林和经济林基地建设，加速发展以林产工业为主体的林业产业；必须深化改革，扩大开放，创新林业管理体制和经营机制；必须加大投入力度，深入实施科技兴林，强化依法治林，调动社会各方面加快发展林业的积极性，实现由部门办林业向全社会办林业的转变。

（二）突出重点，全面推进我区林业的跨越式发展。

林业跨越式发展内涵丰富，包括发展阶段的跨越、发展速度的提升、发展质量和效益的提高。这就要求我们必须善于抓住重点，在全面推进的同时，实行重点突破，确保总体目标的实现。生态建设是林业建设的首要任务。在生态建设中，要全面实施重点工程带动战略，通过大力推进退耕还林、生态公益林保护、重点区域防护林建设、野生动植物保护区建设、石漠化治理、农村生态能源建设六大生态工程，着力构建比较完备的森林生态体系。对与农村、农民密切相关的退耕还林工程、农村生态能源建设工程，更要突出重点、连片治理，在确保实现生态目标的前提下，结合林业产业发展，解决好退耕农民的生计问题，巩固退耕还林成果。要切实落实对退耕农民的有关补偿政策，维护其合法权益，维护农村社会稳定。农村生态能源建设必须坚持以沼气建设为主体，实行分类指导，根据各地的发展水平，推广不同的建设模式，实现协调发展。特别是在经济较发达的地方，要推广生态家园型建设模式，大力推进生态文明村建设，促进农村全面建设小康社会。林业产业建设是我区经济新的支柱，是林业跨越式发展的突破口，必须下大力气抓好。要充分发挥我区的资源优势，大力建设速生丰产用材林和名特优新经济林两大基地，着力打造林浆纸和林产化工、竹藤加工、森林食品和药材、生态旅游、花卉、野生动物驯养利用等支柱产业，构建比较发达的林业产业体系。林浆纸是林业产业发展的重中之重，要切实加大招商引资力度，创造宽松环境，强化协调服务，加快原料基地建设，努力把沿海地区建成集原料林培育、制浆造纸于一体的大型林浆纸产业区，形成新的经济支柱。对原料用量大的人造板和家具制造中小企业要限产或关闭，对未审批的不能再批，以保证大型林浆纸企业有充足的原料。

（三）进一步处理好林业发展中的几个关系。

林业关系到经济社会可持续发展大局，是一项涉及面广、艰巨复杂的社会系统工作。在全面推进林业跨越式发展的进程中，我们必须树立全面、协调、可持续的科学发展观，正确处理好四个关系，确保林业健康快速发展。一是要处理好生态建设和产业发展的关系。建立比较完备的生态体系和比较发达的林业产业体系是林业跨越式发展的“一鸟两翼”。生态建设是基础，产业建设是重点。没有生态保障，产业难以持续发展；没有产业发展，生态建设无以支撑。只抓生态是短视的林业，没有希望的林业；只抓产业是功能倒置的林业，没有前途的林业。在林业建设中，既不能片面强调生态效益而忽视林业产业发展，更不能以牺牲生态为代价来换取产业的一时发展，要始终坚持“两手抓”，全面协调推进。二是要处理好森林资源保护和利用的关系。林业发展既要遵循自然规律，也要遵循经济规律。森林资源保护是利用的基础，森林资源利用是保护的最终目的。在我区森林资源总量不足，生态状况局部好转整体恶化的情况下，必须保护为先，在确保森林面积和蓄积稳定增长的前提下，要积极开展资源利用，始终坚持“在保护中利用，在利用中保护”的原则。三是要处理好林业建设速度和质量的关系。林业跨越式发展既是速度的提升，更是质量和效益的提高。我区林业发展的现状以及经济社会发展的要求，决定了林业必须坚持高效益发展，克服片面追求速度和数量的倾向，将速度与效益、数量与质量有机地统一起来，实现经济增长方式的转变，走内涵式发展道路。质量是速度的前提，速度是质量和效益的扩张。只讲数量不讲质量，等于蛮干冒进；只讲质量不讲速度，跨越式发展难以实现。高质量、快速度才是林业跨越式发展的本质要求。一个地方林业建设搞得好不好，既要看数量，更要看质量。四是要处理好林业改革发展与林区稳定的关系。稳定是基础，改革是动力，发展是目的。深化改革是实现林业跨越式发展的必然要求，加快发展是维护林区稳定的根本措施。不改革就难发展，不发展更难稳定。要正确处理改革、发展和稳定的关系，既不能因为改革而影响林区的稳定，更不能片面强调稳定而不改革、不发展。总之，实现我区林业的跨越式发展，必须调动一切积极因素，创新机制，统筹兼顾，发挥优势，优化结构，突出特色，实现点上突破与全面推进的有机结合。

三、加强领导，为林业跨越式发展提供强有力保障

《中共中央　国务院关于加快林业发展的决定》是新时期党中央、国务院加强林业的重大战略举措，是指导我区林业工作的纲领性文件。我们要以《决定》精神统一思想认识，强化领导，创新机制，加大投入，按《决定》要求落实好各项工作部署，努力推进林业的跨越式发展。

（一）认真落实目标责任制，切实加强组织领导。

林业工作地位重要、任务艰巨、责任重大，加强领导是关键。各级党委和政府要从实践“三个代表”重要思想的高度，从全区经济社会可持续发展的大局出发，切实加强对林业工作的领导。要把林业工作放在更加突出的位置，纳入各级党委、政府工作的重要议事日程，认真研究，抓好落实。要明确政府主要负责同志是林业建设的第一责任人，分管领导是林业建设的主要责任人，严格实行任期目标责任制，由同级人民代表大会监督执行。各级党委组织部门和纪检监察机关，要把责任制的落实情况作为干部政绩考核、选拔任用和奖惩的重要依据。林业是一项社会公益事业，需要社会各界的大力支持和广泛参与。各有关部门、各行业要认真履行职责，共同支持林业的发展。各级工会、妇联、共青团和民兵、青年、学生组织及其他社会团体，要发挥各自作用，积极参与林业建设。要将全民义务植树纳入法制化管理轨道，落实部门和单位绿化分工负责制，以提高义务植树尽责率为核心，不断丰富义务植树内容，完善义务植树形式，提高义务植树实效。各级新闻媒体要加大宣传力度，不断增强全民的林业意识。

（二）深化改革，创新机制。

历史包袱沉重，改革相对滞后，体制不顺、机制不活是我区林业的突出问题。必须进一步解放思想，大胆探索，坚定不移地把林业各项改革引向深入。要以改革森林采伐管理制度为突破口，改革、完善与分类经营相适应的林地、林木和流通管理制度，严格保护公益林，进一步放宽商品林采伐管理。要深化林权制度改革，建立归属清晰、权责明确、保护严格、流转顺畅的现代林业产权制度，抓紧制定森林资源产权转让的有关规定，建立规范的产权市场，发挥市场机制在资源配置中的基础性作用，推动各种所有制林业的健康发展。要进一步增强公有制林业经济的活力，大力发展国有资本、集体资本和非公有资本等参股的混合所有制经济，清理和修订限制非公有制林业发展的法规和政策，实行统一的税费政策、资源利用政策和投融资政策，鼓励非公有制主体参与林业建设，实现林业投资主体多元化。要积极引进和吸收国内外资金、资源、良种、技术、人才和管理经验，鼓励国内外投资者到我区投资造林和发展林产品加工业。特别是要抓住新一轮全球生产要素优化重组的重大机遇和我区作为中国—东盟自由贸易区前沿的有利条件，扩大林业利用外资规模，建立一批大型林产品加工、流通企业，扩大林产品出口。要切实加强林业机构和队伍建设，进一步理顺各级林政、森林公安管理体制，加快完善各级林业科研、森林资源监测、调查规划、种苗管理、技术推广、山林纠纷调处、森林防火、森林病虫害防治等工作体系。

（三）加大投入，强化管理。

林业既是以发挥生态效益为主的公益性很强的事业，也是直接涉及广大农民切身利益的基础产业。目前我区林业的基础还比较薄弱，发展的任务非常艰巨。搞好林业建设，也必须贯彻“多予、少取、放活”的方针。一是要增加对林业的财政和金融支持。要加快建立林业建设的公共财政支持体系，按照森林分类经营管理的要求，把公益林建设、管理和重要基础设施建设投资，纳入公共财政预算体系，形成长期稳定的投资渠道。要根据林业建设的特点，加大林业建设的金融政策支持力度。制订发展商品林、林产工业等方面的优惠投资政策，对实行林业产业化经营的龙头企业予以扶持，推进森林资源资产化管理进程，推行森林资源资产抵押贷款办法，扩大面向农户和林业职工的小额信贷和联保贷款。要重视自然保护区移民安置工作，做好贫困国有林场、苗圃及自然保护区中的贫困人口的扶助解困工作。要积极争取国际组织、外国政府及民间组织等各种无偿资金和优惠贷款，拓宽融资渠道。二是进一步减轻林业经营者的负担。建设周期长、投资回收慢，是林业建设的特点。税费过重，是制约林业发展的一个突出问题。收益分配不合理，导致经营者收益微薄。因此，要不折不扣地落实国家和自治区有关林业税收优惠政策，清理废除不合理的法规文件，取消对林农和其他林业生产经营者的不合理收费。三是要不断提高林业的科技创新能力。加快林业发展，要靠政策、靠投入、靠机制，最根本的还是要靠科学技术。要加快科技成果推广，特别要在速丰林培育技术和林产品加工技术等重要、关键领域取得大的突破。四是要依法治林。要逐步完善林业政策法规，推进林业执法体制改革，不断加大执法力度，提高执法水平。要严厉打击乱砍滥伐林木、乱垦滥占林地、乱捕滥猎野生动物、乱采滥挖野生植物等破坏森林资源的违法犯罪行为，抓好森林病虫害防治和森林防火工作，切实保护好森林资源。

同志们，新时期林业建设的任务光荣而艰巨。我们要高举邓小平理论伟大旗帜，认真实践“三个代表”重要思想，紧密团结在以胡锦涛同志为总书记的党中央周围，开拓创新，扎实工作，为推进林业跨越式发展、实现富民兴桂新跨越而努力奋斗！

提高认识 坚定信心 加快我区速生丰产林发展步伐

——在全区速生丰产林发展现场会上的讲话

广西壮族自治区林业局局长 黎梅松

（2001年8月17日）

同志们：

近年来，广西速丰林发展较快，初步形成了国家、集体、企业、个人、外商等多元化发展速丰林的格局。但总体来讲，发展的规模还不够大，范围还不够广，速度还不够快，与我区蕴藏的发展速丰林的巨大潜力以及经济社会发展的要求还有很大差距。为此，我们在这里召开全区速生丰产林发展现场会。会议的主要任务是：贯彻落实全国林业厅局长会议精神，总结交流近年来我区速丰林建设的经验，研究部署全区速丰林建设工作，进一步动员全区各地全面加快速丰林建设步伐，为推进我区林业产业化进程，实现我区林业跨越式发展而努力奋斗。会议当中，大家参观了钦州市钦北区、合浦县山口林场、北海市银海森源林场等不同所有制、不同类型的速丰林基地，相信大家一定受益匪浅。下面，我就全区速丰林建设问题讲四个方面的意见。

一、必须从促进全区经济发展和林业跨越式发展的战略高度，充分认识加快速生丰产林发展的必要性和重大意义

速生丰产用材林，是通过使用良种壮苗和实行集约化经营，缩短林木培育周期，提高单位面积产量，获取最佳经济效益，为制浆、造纸、人造板等林产工业提供原材料的用材林。速丰林要求生长周期短，每亩年蓄积生长量达1立方米以上。我区加快速丰林的发展具有十分重要的意义。

（一）加快发展速丰林是国家林业发展的战略部署，是林业未来的“希望工程”。

在今年年初全国林业厅局长会上，国家林业局提出我国林业要实现跨越式发展，必须走以大工程带动大发展之路，并决定举全局之力抓好整合后的六大重点工程，其中第六项重点工程就是重点地区以速生丰产用材林为主的林业产业基地建设工程。在此之前，国家林业局还提出了“分类经营，分区突破”的林业发展战略，将全国分为四个区域。我区被划归第四区域，林业建设的主要任务是在继续加速推进生态林建设的同时，大力发展商品林业，努力满足国家建设和人民生活的需要。我区自然成为全国速丰林基地建设重点省区。国家林业发展的战略调整无疑是正确的，它既保证了生态林重点地区的生态林建设，又鼓励、放手商品林地区的商品林发展；既增加了商品林面积，又避免因木材紧缺对公益林进行违法采伐，保障公益林的安全；既促进商品林地区经济的发展，又解决了因国家实施天然林保护工程之后全国木材供求的矛盾。我区要和其他重点商品林省区一起勇敢承担发展速丰林，为国家提供充足木材和林产品的重任，扬长避短，发挥优势，把我区建设成为重要的速丰林生产基地，为全国的林业产业发展作出应有的贡献。

（二）加快发展速丰林是推进农村经济结构调整，培植我区新的经济增长点和支柱产业的重要途径。

我区的经济结构长期以来是以水电、有色金属和糖业等为支柱。而以木材为原料的林浆、林纸、林板、林化等林产工业本可以成为全区经济的一大支柱，但发展缓慢，致使我区大量商品木材流向外省，无法在区内加工增值，资源优势没有转换成经济优势。有鉴于此，我区国民经济和社会发展第十个五年计划纲要提出“大力发展林浆纸结合工业，建设造林制浆、造纸和加工一体化的产业体系”，明确将林浆纸结合项目作为重大工程来建设。据有关规划，至2005年，我区的木浆年生产能力将达116万吨，新增80万吨；人造板年生产能力达到110万立方米，新增60万立方米。按目前木浆平均价4500元/吨、人造板平均价2000元/立方米计，这两项年产值达74亿元，加上原木产值23.4亿元，合计可达97.4亿元，新增各种税费10亿元以上。这将对我区国民经济发展产生显著的拉动作用，增加财政收入。但这两项每年消耗竹木原料780万立方米以上，每年至少需砍伐亩出材5立方米以上的森林156万亩。按目前我区的木材生产能力，根本不可能满足，原料缺口相当大。如果建立原料林基地，总规模至少要达到1000万亩。这给我们发展速丰林带来了难得的机遇。我们必须加快发展速丰林，确保林浆、林板等林产工业发展对原料的需求，为全区经济发展作贡献。同时，发展速丰林，有利于提高土地使用价值，并为农村劳动力提供更广泛的就业机会，从而增加农民的收入，促进农民脱贫致富和农村经济发展。

（三）加快发展速丰林是我区林业实现跨越式发展的突破口。

我区林业事业在“九五”期间取得了长足的发展。据2000年全区第六次森林资源连续清查初步统计结果，全区有林地面积从1995年的12250万亩增至14811万亩，森林覆盖率从34.37%提高到41.33%；活立木蓄积量从3.1亿立方米增加至4.03亿立方米。但相对于全区2亿亩林业用地而言，我区的森林资源总量不足，分布不均，结构失衡，效益不高，存在“三多三少”现象，即中幼林多、成熟林少，松杉等针叶林多、阔叶林少，低产低效林多、速丰林少。特别是用材林蓄积量平均每亩仅3.3立方米，是世界平均水平的43%。可见我区的林业还处于较低层次的发展阶段，而按常规的发展模式和速度，不仅无法满足经济社会发展对森林多种效益的需求，而且将拉大我区与发达地区的差距。因此，必须采取超常规发展的模式和措施，实现林业的跨越式发展。林业的跨越式发展内涵丰富，涉及发展阶段、经营目标、结构水平、增长方式和科学技术等多方面的跨越，但最根本的应该是森林资源的数量、质量的跨越和发展速度的提升。而要实现森林资源的跨越式增长，只有加快发展速丰林，短期内大幅度增加森林资源，提高森林的整体质量，进而带动林产工业迅速崛起，提高林业的整体经济效益。这是我区林业实现跨越式发展的突破口，也是目前和今后我区林业建设的重要任务。

（四）加快发展速丰林是林业部门履行职责、壮大自身实力的必然选择。

植树造林，培育森林资源是林业建设上一项长期而重要的任务，是林业部门的重要职责。但我区林业系统过去为了造林灭荒和绿化达标，超前投入、借贷投入，背上了沉重的债务，导致现在经济困难。国有林场和苗圃有2/3处在勉强维持或十分贫困的状态；林业系统工业企业资产负债率高，竞争乏力。这些都制约了林业的进一步发展，影响了林业的社会地位。而要摆脱这一困境，唯一的出路就是牢牢把握发展这一主题，真正领会“大发展，小困难；小发展，大困难；不发展，真困难”的含义，扬长避短，发挥优势，大力发展速丰林，建立自己的速丰林基地，走以林致富的道路。博白林场、东门林场、高峰林场、合浦山口林场通过发展速丰林，摆脱经济困境，促进林场经济发展的事实便是有力的证明。同时我们不少的林业部门发挥自身技术和管理优势，积极筹措资金，以自营或联营、股份合作等方式开发速生丰产林，转眼几年就有成效，为机关创收，解决机关办公和福利等方面的困难发挥了作用。更可喜的是，他们的开创精神带动了周边群众种树的积极性。我认为这样的林业单位，这样的领导是有远见的，是实干的，值得称道。因此，从某种意义上讲，有条件发展而不发展速丰林的林业局局长、林场场长，是不称职的局长和场长。

总之，无论是从推进林业实现跨越式发展，还是从推动全区经济建设和国民经济发展的战略高度，加快速丰林发展都有着十分重要的意义。各级各地林业部门必须进一步解放思想，统一认识，理清思路，坚定不移地推进速丰林建设。

二、充分认识我区发展速丰林的巨大优势，增强加快发展的信心和决心

我区发展速丰林具有巨大的优势。这些优势表现在：

(一)有得天独厚的自然条件。

我区地处亚热带湿润季风气候区,热量丰富,雨量充沛,雨热同季。年均降雨量达1250～1750毫米。与世界上美国、巴西、澳大利亚等人工速丰林大国同处于低纬度地区。全区土地资源丰富,山地和丘陵占土地总面积的68.4%。其中林业用地面积2.05亿亩,占土地总面积的57.7%,在全国省(区、市)中列第五位,在南方速丰林发展重点省区中列第一位。全区适宜发展各种速丰林的林地面积广阔,潜力巨大。

同时,我区有丰富的速丰林树种资源。全区目前发现的植物有280多科,1670多属,8000余种,仅次于云南、海南省,居全国第三位。在丰富的树种资源中,有许多可供发展速丰林,全区从南到北都有适宜的发展树种或品种。南部有速生桉树、相思、红椎、柚木等;北部有耐寒桉、拟赤杨、西南桦、杨树、毛竹等;石山区有任豆、香椿等。此外,还有适宜全区种植的各种丛生竹。而且随着科技的不断发展,树种的选育、组培无性繁育技术将不断创新和进步,速丰林品种、品系将更为丰富。速丰林树种的丰富多样性和气候的复杂多样性,扩大了我区速丰林的栽培地域,为加快发展速丰林创造了极为有利的条件。

(二)有较好的经济效益和广阔的市场前景。

种植速丰林应该说是目前效益较好的种植项目。首先,产量高,周期短,快的四年,慢的六七年就有收益,相对于其他非速丰林见效快。其次,成本相对较低。虽然速丰林每亩投资需要400元左右(包括人工费),在林业生产中确实比较高,但与种植经济作物特别是种植水果每亩上千元甚至五六千元的投资相比少得多了。而且大量的投入集中在前两三年,以后只需管护就可以了,不像种水果那样年年都要投那么多,否则就不结果。再次,管理较粗放,技术容易掌握。种水果和经济作物,一年四季都有工作,技术复杂细致难掌握。而种植速丰林相对较粗放,只需注意定植、施肥等几个关键环节的技术就可以了,一般人都可以掌握。按目前短轮伐期速丰林6年采伐、亩产6立方米、每立方米现场交易价280元计算(税费已另计),每亩收入达1680元,扣除营林成本、采伐成本,每亩至少获纯利润980元以上。因此,现在很多行业的能人、老板开始把目光转向发展速丰林,这些人绝不是头脑发热,而是看中了速丰林的经营效益和木材市场的巨大潜力。

从区内市场来看,我区现有以森林资源为原料的林产工业企业已发展到1400多家,形成了竹木加工、林产化工、木浆造纸、林副产品加工为主体的林产工业体系,每年消耗木材300万立方米左右。随着这些林产工业的不断发展壮大,为我区速丰林的发展提供了广阔的原料市场。

从国内市场来看,我国属森林资源短缺的国家,每年只能提供商品木材1.31亿立方米,而社会需求量为2.05亿立方米,缺口为7000万立方米,每年约进口4580万立方米,需外汇53亿美元,每年进口纸浆350万吨,需外汇20亿美元。加上近年来启动天然林保护工程之后,全国以年均500万立方米左右的速度调减木材产量,四川、云南等一些原产材大省木材产量锐减,木材供求缺口和结构性矛盾更为突出,特别是纸材、大径材紧缺,很多林产工业企业陷入了原料紧缺"无米下锅"的境地。解决这一矛盾,如果靠进口木材,既受制于国际市场,又要消耗大量的外汇,增加国家负担。因此唯一的出路就是加快速丰林的发展,以增加后备资源的供应。这些都为我们发展速丰林提供了更为广阔的市场。

(三)有成熟的栽培技术经验和大面积推广的成功典型。

经过多年的努力,我区的速丰林良种繁育和栽培技术已经成熟,并处于全国领先地位。特别是以中澳合作东门造林示范项目为基础,引进桉树树种及家系174个,选育出东门巨尾桉等6个桉树良种,在全区建立了桉树组培苗厂6个,年产组培苗能力达3000万株以上。桉树良种覆盖率达95%以上。近年来我们又成功引进马占相思、厚荚相思等新的速丰林树种,并在良种选育和组织培养繁育方面取得重大突破,在全区推广种植面积20多万亩。同时在耐寒桉、西南桦、拟赤杨、任豆等速丰林栽培技术方面也取得了重大进展。目前我区拥有林业科研机构36个,林业技术推广机构100多个,形成了区、地、县三级林业科研、技术推广网络,人员达2300多人。40多年来共取得林业科研成果350多项,1991年以来取得160多项,其中8项达国际先进水平,56项达国内领先水平,85项达国内先进水平。这些科技成果正在林业生产上推广应用,为进一步加快速丰林的发展奠定了坚实的科技基础。

在栽培技术成熟的基础上,近10年来我区的速丰林有了长足发展,出现了大面积推广种植速丰林的成功典型。特别是今年速丰林发展取得历史性突破,全区出现了不同经济成分、不同所有制和经营主体大面积种植速丰林的成功典型。区直的高峰林场、博白林场、东门林场短轮伐期速丰林面积现已分别发展到18万亩、10万亩和8万亩,而且还在通过辐射造林不断向外扩张。合浦县山口林场速丰林发展到了3.5万亩。一些林产工业企业也开始大规模规划和营造速丰原料林基地,凤凰纸业、三元公司、贺达纸业、国发林业造纸有限责任公司的原料林基地现已分别达到10万亩、5万亩、4万亩和2.4万亩。金光集团、嘉汉木业有限公司等境外企业也在我区营造速丰林基地35万亩和20万亩。个体造林方面,营造速丰林总规模万亩以上的大户就有凭祥市梁子雄、北海市张正东、博白县黄鑫兰等。全县现有桉树、相思等速丰林面积较大的有博白县24万亩、合浦县18万亩、扶绥县13万亩、岑溪市6万亩、武鸣县5万亩。这些单位和个人的经验,值得各地学习借鉴。

(四)有国家的政策扶持和各级政府、部门的支持。

我区属于西部地区,并已被国家列为速丰林发展重点省区,国家关于西部大开发的优惠政策及有关的产业政策我区都可以享受。如国家计委、财政部、林业局今年2月联合下发了《关于加快造纸工业原料林基地建设的若干意见》,对造纸林基地实行了包括延长贷款宽限期、增加贴息比重、提取造纸基地建设资金、年度木材生产计划实行单列下达、育林基金由企业自提自用等多项优惠政策。国家开发银行、国家林业局也明确大力支持我区速生丰产工业原料林基地项目,今年我区高峰林场中纤板厂20万亩原料林基地项目已获得国家开发银行贷款8000万元。梧州木材厂、国发林业造纸有限公司的原料林基地项目也经过了国家开发银行的评估论证,预计明年将得到扶持。

自治区对速丰林建设一直都很重视,将林纸结合、林板结合作为新的经济增长点来抓。在国民经济和社会发展第十个五年计划纲要中,将林浆纸结合项目作为重大工程项目来建设,并组织有关部门编制了我区造纸工业原料林基地建设规划,主要建设内容是营造速生丰产造纸原料林700万亩。自治区计委、财政厅等有关部门,都积极支持林产工业企业发展速丰林,建立原料林基地,走林工一体化道路。农业银行广西区分行、开发银行广西区分行等金融部门,近年都安排贷款扶持速丰林项目建设。至于以木材为原料的广大林产工业企业,对发展速丰林更是热烈欢迎,大力支持。不少地方的党委、政府也根据本地优势,调整经济发展战略,将速丰林发展作为重点来抓,制定和落实了一系列的优惠政策。这些都为我们加快速丰林发展创造良好的社会氛围。国家有这么好的政策扶持,有各级政府与部门大力支持,我们没有理由不抓住机遇,加快速丰林的发展步伐。虽然我区的速丰林发展有很多优势,但是这些优势目前并没有得到充分发挥,速丰林的发展仍很缓慢。分析起来主要有以下原因:

第一,思想观念上存在问题。有些同志没有认识到速丰林树种选择的广泛性,没有经过实践就认定本地不宜发展速丰林。有的受传统思想禁锢,看不到山的潜力,看不到速生丰产林的经济作用。特别是对速丰林的前景缺乏信心,担心种得太多木材销不出去。有的片面强调发展速丰林的困难,认为投资大、成本高,不如种一般的林省事。有的"等、靠、要"思想严重,一谈到发展速丰林,就要求上级解决资金补助和优惠政策,没有发挥主观能动作用。总的就是无所作为的思想起阻碍作用。

第二,宣传推广工作滞后。一些地方林业主管部门没有很好地抓林业科技推广示范工作,速丰林示范点少。有的地方一届甚至几届局长都没有种出一亩速丰林试验林或示范林,造成当地领导特别是广大群众对速丰林知之甚少,无法形成发展速丰林的社会氛围。

第三,粗放经营,广种薄收。有些地方发展速丰林只注重面积规模和形式,没有采用速丰林的集约经营措施,没有从增加投入、提高产出方面下功夫,仍然按一般措施经营,名为速丰林,实为低产林,并将失败通通归因于树种问题,给速丰林的发展带来消极的负面影响。

第四,林地分户承包经营机制与速丰林的集约经营矛盾突出。速丰林必须集约经营,而集约经营必须有规模连片的土地作基础。但我区很多地方发展速丰林不是没有土地,而是大部分的土地过去都已分散承包给了农民,使用权掌握在农民手中。现在要将这些土地集中起来集约经营速丰林有一定难度。

第五,速丰林发展资金严重不足。速丰林必

须高投入才能高产出,平均每亩营林投入在300元以上,是一般造林的几倍。而目前速丰林发展资金的渠道窄、数量少,金融部门扶持对象也只是大企业、大项目,许多单位和个人想发展速丰林却苦于没有资金。

第六,配套政策不完善,影响社会发展速丰林的积极性。木材税费过高和木材限额采伐已成为当前制约速丰林发展的障碍。特别是一些地方政府和部门乱收费,造成木材生产和经营者得利甚少,积极性受到影响。同时,由于国家执行木材限额采伐,受采伐计划的控制,业主对自己所经营的速丰林没有处置权,不能按市场需求安排采伐,实现最大经济效益,其投资不能及时变现投入再生产,也影响了投资者的积极性。

这些问题,应引起各级的高度重视,在今后的工作中认真加以研究解决。

三、落实任务,强化措施,努力完成各年度速丰林发展计划

根据全区林业发展"十五"计划,我区2001～2005年要发展速丰林1000万亩,平均每年要完成200万亩以上。今年由于多方面的原因,未能完成200万亩的任务。明年是速丰林发展的关键一年。根据各地市和区直林场上报的数据,自治区林业局进行了调整,确定明年全区速丰林造林计划为220万亩左右,这个任务只能超额完成,不能打折扣,要将今年拉下的任务补回来,并保证今后每年以200万亩以上推进,否则5年完成1000万亩的计划就会落空。各地一定要采取强有力的措施,保证任务完成。

(一)坚持分类经营原则,做好速丰林发展的规划设计。

第一,要坚持分类经营原则,科学规划利用好各种土地。按分类经营区划,在商品林区都可大力发展速丰林。目前我区可用于发展速丰林的土地还很多,必须充分利用好。先利用宜林荒山荒地、采伐迹地、火烧迹地、"四旁"地等无林地,以及农业结构调整出来的农业荒地、退耕还林地,再利用改造低产林、疏残林地。要继续坚持以路为中心进行造林绿化的原则,沿路、沿江的商品林区在种好基干林带的前提下,要大力发展速丰林,加快绿色通道建设步伐。

第二,要因地制宜,扬长避短,发展有地方特色的速丰林。我区的速丰林树种十分丰富。各地要坚持因地制宜,适地适树原则,从本地资源优势、产业优势出发,扬长避短,选准选好自己的主栽树种、优良品种、优势品种。桂南、桂东重点发展桉树、相思、红椎、柚木;桂北、桂西重点发展耐寒桉、拟赤杨、西南桦、任豆、杂交松等。另外,全区各地都要注意发展各种竹子速丰林。但不可人云亦云,盲目引进不适合本地的树种。

第三,要统筹兼顾,抓好珍贵用材、大径材培育和经济林建设。我区商品林建设内容广泛,在加快发展速丰林的同时,不要忽视珍贵树种用材林、大径级用材林和名特优经济林的发展,应该将其作为发展速丰林的有益补充。要善于在冷门中爆热门。要分析市场,按市场需求合理调整发展布局,发挥本地优势,因地制宜适当发展金丝李、枧木、柚木、格木等珍贵用材林树种,发展桉树、松树和杉树大径材,大力发展八角、玉桂、黄柏、杜仲等名特优经济林,实行大小兼顾、长短结合、优势互补,满足社会对林产品的多方面需求。

(二)要充分发动群众,调动全社会发展速丰林的积极性。

群众是真正的英雄。不依靠广大群众的力量,我区的速丰林不可能有太大的发展。为此,各级各地都必须大力宣传发展速丰林的经济效益、市场前景及典型事例,广泛发动各种所有制林场、林产工业企业、各种经济实体、区外及国外投资主体、个体经济能人投资建设速丰林。要根据我区林权为集体和农户所有的特点,本着既尊重和照顾农民群众靠山吃山的现实,又要达到速丰林建设规模化、集约化的要求,采取"龙头企业集团＋农民合作经济组织＋农户"、"公司＋基地＋农户"、"林场＋基地＋农户"等模式,探索租地独资经营、合股联营、股份制等有效的速丰林经营模式,实现土地、资金、技术等生产要素的最佳组合,进一步提高林业的生产力水平。全区国有林场、林业企事业单位和各级林业主管部门要用活用够国家的有关政策,带头积极投资兴办自己的速丰林基地,促使全社会形成发展速丰林的浓厚氛围。

(三)制定和落实速丰林发展的配套政策。

如何制定和落实相关政策,调动社会各方面及广大群众参与速丰林建设的积极性,促使外部生产要素向林业流动是加快速丰林发展的关键。各级各地都要争取在这方面有新的突破。

第一,要实行尽可能满足速丰林采伐指标的优惠政策。自治区在国家政策规定和计划允许情况下,切块优先满足低产林改造发展速丰林所需,同时确保现有速丰林的砍伐指标。今年我们已开始试行,效果较好。各地也要按这一原则进行指标调剂,确保速丰林发展需要。今后,对达到一定规模的短轮伐期速丰林基地,在林地清理、间伐、主伐等各阶段所需的采伐指标,可实行据实报批制。比较大的基地可试行单独编限、单列计划下达采伐指标办法。另外,要按照《森林法》第三十二条及《森林法实施条例》第二十九条的有关规定,对农村居民采伐自留山上个人所有的薪炭林和自留地、房前屋后个人所有的零星林木,可以不纳入国家年度木材生产计划,不需申请采伐许可证,以鼓励农民利用这些土地发展速丰林。

第二,要逐步实行轻税薄费政策。“竭泽而渔”不如“放水养鱼”。森林是可再生资源,只要政策适当就可以调动全社会的造林积极性,实现良性循环、永续利用。针对目前林业税费过重问题,对林业实行轻税薄费政策就是“放水养鱼”,绝不是权宜之计,而是一项长远战略。自治区林业局1999年就已下发文件,对生产桉木片材减半征缴林业“两金一费”,2000年又在印发的《关于加快速生丰产林发展的意见》中,对桉树、相思等短轮伐期工业原料林减半征收林业“两金一费”。这次会议我们又提出了新的政策意见,对营造不同规模、不同类型的短轮伐期速丰林实行不同档次的“两金一费”优惠办法,是否妥当,大家可以提意见。各地也应在职权范围内,对林业的税费政策进行改革,并坚决取消各种乱收费项目,以减轻生产经营者负担,提高其积极性。

第三,要以增加活力和吸引力为着力点,调整和完善与分类经营相适应的林地管理政策、林木管理政策、流通管理政策,所有制结构政策,尤其要稳定所有权,放活使用权,促进速丰林发展。要建立健全林木所有权和林地使用权的流转、承包、租赁、股份合作、抵押、继承、转让、拍卖等机制,积极培育和规范多层次的活立木市场,缩短林木变现周期,切实保护好速丰林经营者的合法权益,减少投资风险。

(四)多渠道筹措速丰林发展资金。

速丰林是高度集约经营的用材林,单靠农民千家万户投入,发展规模和速度有限,必须依靠组建大的企业集团、大的股份公司为业主,实施大的原料林基地项目,向银行贷大额资金,建成一批林板、林纸、林浆、林化一体化经营的大型林产工业企业,走“以工促林、以林保工、林工一体”的产业化道路。这方面我们已有了一定基础,但还不够。今后要继续筹划组建国有林场集团或林产工业集团,对现有林产工业企业实行技改或资产重组,千方百计再铸“龙头”,做大“龙头”,争取通过银行贷款,推动工业原料林基地的发展。同时,要争取上新的、科技含量高的、竞争力强的优势产业项目,如以木材为原料的纸浆、造纸和人造板加工企业,扩大生产能力,带动原料林基地的大规模建设。自治区每年将从国家安排的林业治沙贴息贷款中切块用于速丰林造林项目。并通过开放引进区外、国外资金和项目,增加我区速丰林发展资金。

(五)切实依靠科技进步和创新,实行集约经营。

江总书记“七一”讲话指出,科学技术是第一生产力,而且是先进生产力的集中体现和主要标志。速丰林要大发展,出奇制胜之策在科技创新和进步。世界各国以及近几年我区的经验已雄辩地证明了这一点。如巴西不断开发和推广先进适用技术,极大地提高了土地生产力,降低了成本。该国桉树每亩年生长量由1966年以前的0.83立方米,迅速提高到1975年的1.5立方米,1985年的3立方米和1995年的4立方米。虽然我区桉树栽培技术不断提高,亩产量也由60年代的2～3立方米提高至现在的平均6立方米左右,高的可达10多立方米,但增产的潜力还较大。因此,必须高度重视科技进步和创新,提高速丰林集约经营强度。一是要加强科研,力争在生物技术、信息技术、良种选育技术等研究领域不断取得突破,为速丰林跨越式发展创造条件。目前首先要加强邓恩桉、杂交松的组培育苗攻关。二是要加强先进实用技术的推广,加速优质速生丰产树种推广、工厂化育苗等领域的产业化步伐。要利用基因工程技术、组织培养技术等生物技术,改进种苗选育工作,提高种苗质量和造林成效。三是要运用生化技术,实施配方施肥、丰产栽培,实行高度集约经营,提高速丰林经营效益。四是要制定和完善有关速丰林的管理办法、技术规程、标准和制度,建立系统、科学的速丰林管理体系,提高管理的制度化、规范化、现代化水平。

(六)切实抓好今冬明春的造林整地备耕工作。

第一,各地要认真开展调查和规划设计,抓好任务落实。要将速丰林造林计划逐级分解落实到具体的项目实施单位或个人,明确业主,建立详细的项目档案,弄清项目资金来源、造林组织形式、经营模式,增加项目实施的可信度。属于承包、租赁土地经营的,各级林业主管部门要协助业主落实土地,按规定办理有关的用地手续。涉及低产林改造的项目,要按规定审批,及时安排采伐计划,保证造林用地。

第二,要抓好种苗这一造林的基础工作。明年营造速丰林220万亩,最少需要2.5亿株苗。各级林业主管部门要严格按市场经济规律引导种苗准备工作。社会各育苗单位与用苗单位要搞好种苗与造林的衔接,供需双方要签订协议,实行“订单育苗”,避免苗木生产的盲目性。今年速丰桉扦插育苗的母株供应紧张,各组培厂要开足马力,满负荷生产,尽可能多供应一些母株组培苗。要保证速丰林造林的苗木质量。各级林业主管部门要加强种子、苗木检验检疫工作,及时发现和制止生产、销售不合格苗木。加强苗木生产全过程质量管理、检查监督、检验检疫,杜绝伪劣、带病虫害等不合格苗木造林。要坚决制止垄断种苗市场、哄抬种苗价格的行为,严厉打击种苗销售中的不法行为。

第三,要抓好整地备耕工作。造林计划落实之后,各地要制定详细周密的实施方案,精心组织整地备耕和造林各环节工作,确保计划顺利执行。要采取有效的造林组织形式,实行专业队培训持证上岗制度,提高造林质量。

(七)强化森林“三防”和林地保护工作,为速丰林发展提供有力保障。

要正确处理森林资源培育和保护的关系,坚持两手抓、两手都要硬,在大力造林营林的同时,加强森林资源和林地的保护工作。一要加强和改进采伐限额管理。特别是要改进商品林采伐管理,在总量控制的前提下,适当进行年度计划调剂。对新造林依法制定有利于调动经营者积极性的采伐限额管理方式。二要加大林地管护力度。要继续深入贯彻国发明电〔1998〕8号、国办发明电〔1999〕9号通知精神,巩固和扩大林地保护的成果,特别是要做好国家林业局督办林地案件的查处跟踪和汇报工作。三要坚决执行森林防火行政领导负责制,切实抓好森林防火和森林病虫害防治工作。要切实抓好病虫害防治工作的目标管理,由“重治”转向“重预防”,由一般防治转向工程防治,由药物防治转向生物防治和综合防治。对松毛虫、桉树青枯病、相思树白粉病等危险性病虫害,要采取措施遏制其蔓延势头。四要严厉打击各种破坏森林的违法犯罪行为。各级林政、森林公安要真正担负起保护森林资源的职责,依法严厉惩处乱砍滥伐林木、乱侵占用林地、毁林开垦等违法犯罪行为,确保营林、造林取得预想效果。

四、加强领导,真抓实干,确保各项工作措施落到实处

“千难万难,领导重视就不难”,速丰林的发展也一样。因此,各地要将发展速丰林作为当前及今后的一项重要工作来抓,列入重要议事日程,加强领导,落实措施,确保各项工作顺利开展。

(一)必须将加快速丰林发展作为实践“三个代表”重要思想的具体行动。

江泽民总书记今年7月1日在庆祝中国共产党成立八十周年大会上的重要讲话,进一步强调要正确认识和全面贯彻“三个代表”要求。而林业是生态环境建设的主体,是经济社会可持续发展的一项基础产业和公益事业,发达的林业是一个国家和地区富足文明的象征。加快林业发展,搞好生态环境保护和建设与中国先进生产力的发展要求、先进文化的前进方向、最广大人民的根本利益是完全一致的。首先,“保护资源环境就是保护生产力,改善生态环境就是发展生产力”,发展速丰林增加了高质量的森林,有利于改善生态环境,保障生产力的发展。同时,速丰林应用了组织培养、分子生物技术等现代尖端科技,运用了集约经营等最先进的生产经营手段,达到速生丰产目的,为浆纸等优势产业提供原料,代表了最先进的林业生产力发展方向。其次,江总书记提出“要促进人和自然的协调和谐,使人们在优美的生态环境中工作和生活”,也就是说山川秀美、生态和谐是人类文明的一个重要标志。随着经济社会的发展,新世纪将是一个高度重视生态环境质量的时代,一个可以称为生态文明、绿色文明的时代,其标志之一就是生态文化、绿色文化。我们大力倡导发展速丰林,就是在倡导生态文明,倡导可持续发展观念,用绿色文化唤起全社会的生态意识、环境意识,就是代表了新世纪中国先进文化乃至世界先进文化的一个重要方面。再次,速丰林以短周期、高产量为标志,以追求最大经济效益为目标,短期内可增加广大林农群众收入、促进林农群众脱贫致富。同时,速丰林与生态林一样发挥着重大的生态作用,显著改善生产条件和生活环境,保障人民群众的生命财产安全,真正体现了最广大人民群众的根本利益。因此，各级林业主管部门必须从讲政治的高度，努力按照"三个代表"要求，加快推进速丰林建设。

（二）各级林业主管部门必须充分发挥职能作用，狠抓速丰林建设。

前面已经讲过，发展速丰林是林业主管部门的职能要求，也是增强林业部门实力的需要。有这么好的自然条件，有这么好的机遇和扶持政策，林业部门不抓速丰林绝对是失职的。因此，各级各地必须将这项工作作为头等大事来抓。

第一，要认真抓好速丰林试种点和推广示范点，而且都要在这一届政府任期内抓出成效。各地、市、县林业局和区直国有林场都要开展这项工作，试验面积不小于10亩，示范面积不小于50亩。试种树种5个以上，示范树种三个以上。并注意做好栽培技术方面的试验和总结工作，为今后的推广提供经验。而且示范点建设要布局在道路两边，按高起点、高标准、高质量、高效益的目标进行建设，采用目前国内、区内或本地最好的种苗、最先进的丰产栽培技术和最佳经营管理模式，使之成为当地速丰林建设的精品和典范，并树立固定宣传牌，整理出典型材料，通过宣传和组织观摩，有力地带动当地速丰林的发展。

第二，要加强速丰林发展过程中的协调和服务工作。速丰林的发展涉及面广、政策性强，要确保速丰林造林计划的完成，需要各级共同做好协调和服务工作。自治区林业局主要是协调各有关部门做好项目的评估、论证，帮助业主争取国家投资和银行贷款，协调落实林产工业企业跨地市造林用地。同时，制定和完善扶持速丰林发展的政策措施，从宏观上指导全区速丰林的发展。地市林业局主要是指导本辖区内各县速丰林的发展工作，指导各县选择发展树种和布局，帮助业主协调落实跨区域的造林用地，做好本区域的种苗调剂，并落实本地市速丰林发展扶持政策措施。县级林业局主要是分解落实速丰林造林计划，帮助业主协调落实造林用地，根据计划和市场组织供应足够的良种壮苗；将自治区、地市关于扶持发展速丰林的政策落实，协助当地政府制定落实速丰林扶持政策；建立本县速丰林建设项目档案，搞好检查验收，为兑现各方面政策提供基础材料。乡镇林业工作站要认真按照县林业局的部署，具体搞好造林的组织实施工作。

（三）加强管理和检查监督，积极稳妥地推进速丰林建设。

我区速丰林发展是一项长期而艰巨的工作，必须采取有效的管理措施才能确保规划任务的完成。自治区林业局营林管理部门，要制定管理办法，加强项目管理工作。一是要办好速丰林建设简报，加强信息管理，为领导决策提供依据，并为各地交流经验、通报情况提供载体。二是要制定速丰林造林督查制度，组织督查队伍，加强督查工作。督查内容主要是各地速丰林造林任务落实情况、造林进度情况、种苗质量、整地、造林质量等。对督查中发现的问题要限期整改，否则予以通报批评。三是要制定速丰林建设标准，提高速丰林建设的科学性。各地、市、县也要按此要求，层层加强速丰林的管理，确保速丰林发展工作有条不紊地开展，确保全区"十五"速丰林发展规划全面完成。

同志们，大力发展速丰林是治理八桂河山，振兴广西经济的重要战略，是林业"十五"计划确定的奋斗目标，是历史赋予我们当代林业人的光荣使命。让我们以江泽民总书记"三个代表"重要思想为指针，以昂扬奋发、开拓进取的精神风貌，精心组织、科学安排、踏实工作，为加快广西速丰林的发展而努力奋斗！

不违农时　真抓实干　切实抓好以营造速丰林为主的备耕工作

——在全区速生丰产林造林备耕现场会上的讲话

广西壮族自治区林业局局长　黎梅松

（2001年12月24日）

同志们：

今年8月全区速生丰产林发展现场会在北海召开之后，各地及时传达贯彻会议精神，认真组织开展工作，速丰林的发展势头良好。但是，与此同时一些地方也出现了任务和资金落实困难，备耕整地进度缓慢等问题。为了掌握速丰林造林工作的主动权，进一步动员各地抓紧时间，强化措施，加快备耕进度，全面完成明年220万亩速丰林造林任务，自治区林业局决定在玉林市召开全区速丰林造林备耕现场会。一年内两次召开有关速丰林的现场会，充分说明了自治区对发展速丰林的高度重视。这次会议的主要内容是:贯彻“三个代表”重要思想,落实中央经济工作会议,以及自治区党代会和经济工作会议精神,分析当前全区速丰林造林备耕形势,总结交流发展速丰林的经验,参观造林备耕现场,研究加快速丰林发展的措施,同时对下一步工作进行部署。会议期间,大家参观了一批速丰林造林备耕现场、育苗基地、速丰林基地和花卉基地,感受到了以发展速丰林为主的商品林建设的热烈气氛。下面,我就全区速丰林发展问题讲几点意见。

一、当前全区以发展速丰林为主的商品林建设形势

(一)近年来以发展速丰林为主的商品林建设势头迅猛。

近年来,全区各地围绕发展地方经济,促进农民增收,认真贯彻国家林业局提出的“分类经营、分区突破”的林业发展战略,大做林种树种结构调整和低产林改造文章,大力加强以发展速丰林为主的商品林建设,已成为农村经济发展新热点。

第一,短轮伐期速丰林基地蓬勃发展。据统计,1999 年全区共营造用材林 162 万亩,其中速丰林 23.2 万亩,分别占人工造林面积和用材林面积的 8.3%、14.3%。2000 年,全区营造用材林 154 万亩,其中速丰林 58.8 万亩,分别占人工造林面积和用材林面积的 20.2%、38.2%。2001 年 9 月的造林进度统计显示,今年全区共营造用材林 155 万亩,其中桉树、相思等短轮伐速丰林 85.1 万亩,分别占人工造林面积和用材林面积的 39.4%、54.9%,如加上竹子面积,则今年速丰林达到 132 万亩,分别占人工造林面积和用材林面积的 61.1%、85.2%,实现了一年一个新台阶。从各地发展的树种看,有桉树、良种相思、杂交松、西南桦、任豆树、拟赤杨、竹子等,品种、品系不断丰富。特别是,原来短轮伐期速丰林树种比较少的地区,如西林、隆林、天峨、龙胜等高寒山区也在逐步发展西南桦、拟赤杨;平果、凤山、巴马等石山地区也在大力发展任豆等短轮伐树种。从发展区域看,已打破以往主要集中在桂南地区发展的格局,大幅度向北、向西扩展,如速丰桉已发展到东至贺州、富川,北至阳朔、荔浦、永福、河池、环江,西至田林、百色一线。从造林主体看,已打破以往主要以林业部门投资造林或林业部门提供种苗群众造林的格局,一批大中型国有林场和林业企业及经济能人开始投资发展速丰林。全区已经形成了一个全面的多元化发展速丰林的新态势。

第二,名特优高效经济林基地建设方兴未艾。我区发展经济林条件优越,具有优良的传统,也具有较好的基础。近年来,随着部分经济林产品价格提升和农村经济进一步挖潜,一些名优高效经济林项目越来越受到各地干部群众的重视,如八角、竹子、油茶以及花卉等品种发展速度加快。据统计,1999 年全区营造竹子 33.15 万亩、八角 14.13 万亩,改造竹子低产林 11.8 万亩、八角 8.64 万亩;2000 年营造竹子 27.05 万亩、八角 20.1 万亩,改造竹子低产林 17.35 万亩、八角 14.84 万亩;2001 年营造竹子 39 万亩、八角 30 万亩,改造竹子低产林 50 万亩、八角低产林 80 万亩。

(二)北海会议后各地行动迅速。

第一,及时传达会议精神。8 月 17 日北海会议结束后,各地、市及时进行了传达贯彻。玉林市、桂林市、百色地区、贺州地区均召开了县林业局局长会议进行传达。玉林市 10 月 17～18 日召开了有各县(市、区)政府办公室主任、林业局局长、林场场长参加的造林备耕工作现场会,加快了造林备耕进度,现全市已完成备耕 1.2 万亩。

第二,抓紧开展林地落实和造林备耕工作。从各地、市上报的情况看,目前全区已落实明年的速丰林造林任务 130 万亩,占 220 万亩的 59%。其中面积较大的有百色地区 14 万亩,柳州地区 11 万亩,玉林市 10.3 万亩,博白林场 10 万亩,南宁市 9.2 万亩。其中,3 万亩以上的县有 9 个,2 万亩以上的共 17 个县。在林地落实方面,玉林市、南宁市行动最快,现已分别落实速丰林用地 9.3 万亩、9 万亩。陆川县、博白县分别落实林地 3 万亩、5.7 万亩。目前百色地区、玉林市、柳州地区、南宁市、防城港市等地市已开始造林备耕,全区已备耕 15 万亩。其中进度较快的陆川县完成砍山 2.25 万亩,炼山 1.5 万亩,挖坎整地 6000 亩,育苗 550 万株,准备基肥 100 吨。博白林场进行了大规模的造林整地,种苗和造林资金也基本落实到位。

(三)当前存在的主要问题。

从总体情况看,明年我区速丰林的发展势头是好的,但也存在不少问题,阻碍了造林计划的落实。

第一,对发展速丰林认识不到位,群众植树积极性未充分发动起来。一些地方的领导仍没有充分认识到发展速丰林的良好机遇及其重大意义和作用，甚至片面强调发展速丰林的困难，如投资大、成本高、树种少等，以致发展速丰林的积极性不高，紧迫感不强。现在的行为多为政府在操作。

第二，政策不兑现，乱收费严重。有的地方没有用心去研究如何发展林业，但眼睛却死死盯住砍倒一棵树后如何收费，随意征收、处罚，群众看不到种树的好处，扼杀了群众的积极性。

第三，营造速丰林的土地难落实。全区发展速丰林的土地是充足的，但是难以落实。一方面是大部分林地过去已分户承包，使用权零星分散，要逐家逐户协商集中起来进行造林有一定困难。另一方面是一些适宜发展速丰林的低产林地，因受采伐指标所限和税费负担过重，难以及时进行采伐更新。有的地方即便落实了计划，备耕进度也比较缓慢。

第四，速丰林造林资金筹措困难。发展速丰林属于高投入、高产出的项目，平均每亩投入在300元以上，是一般造林的好几倍。按第一年投资每亩200元计，明年营造220万亩速丰林需投资4.4亿元。由于没有积累，造林规模偏小，难于在银行贷款，资金筹措渠道窄落实资金比较困难。

第五，林木种苗基础工作薄弱。随着速丰林发展步伐的加快，种苗基础工作薄弱问题日趋突出，良种壮苗生产量明显满足不了需要。由于种苗供应不足，去年有的地方出现了群众挖桉树萌芽条造林的令人啼笑皆非的现象。而据各地报来的可供明年营造速丰林的苗木看，总体上可以满足造林所需，但在个别树种和个别地方，仍会出现缺苗现象。

第六，宣传服务工作滞后。一方面是由于宣传推广工作做得不够。不少地方的群众对发展速丰林的效益、政策知之甚少，再加上高标准、高质量的速丰林示范样板也少，群众看不见一片像样的林子，不知道种什么好。另一方面是服务工作不到家。一些地方没有积极主动帮助业主协调、落实造林用地，良种壮苗供应不足，技术指导不到位，低改指标不解决、审批手续繁琐、收费较重等等，难以提高社会的造林积极性。

以上这些存在问题，需要我们在今后的工作中尽快努力加以解决，以确保我区速丰林的快速健康发展。

二、各地发展速丰林的基本经验

近年来，我区速丰林发展迅速，一些地方在实践中摸索出许多好的经验和做法，值得各地借鉴和推广。这些经验归纳起来有以下几个方面。

（一）党委、政府重视，切实加强领导。

发展速丰林涉及土地、资金、政策等方方面面，需要各级党委、政府的高度重视和大力支持。实践证明，凡是当地党委、政府重视的地方，速丰林发展速度就快，反之则慢。在这方面，陆川、博白、岑溪、邕宁、田林等县（市）为各地作出了很好的榜样。为保证速丰林基地建设用地，陆川县委、县政府今年6月成立了征用林地指挥部，县委书记、县长亲任指挥长，各乡镇成立相应的机构，县、乡、村层层签订责任状。博白县委、县政府将博白林场50万亩速丰林基地建设作为该县调整林业产业结构的一项重要内容，列入党委、政府的年度工作计划，并多次召开办公会议和四家班子领导会议，专题研究扶持博白林场建设50万亩工业原料林基地问题。邕宁县委、县政府今年7月召集各乡镇党委书记、乡镇长及部分开发公司老板共60多人，到县政府专门研讨速丰林发展投资问题，并于民歌节期间通过招商洽谈和网上招商引资。田林县县委书记、县长亲自召开县林业局班子会议，研究落实15万亩林纸结合原料基地建设工作。各地政府和林业主管部门还积极做好发展速丰林的项目研究论证工作。目前，全区已有14个单位投资的15个大面积发展速丰林的项目通过了可行性论证，总造林面积达354万亩，今年或明年相继动工，并将成为我区速丰林的骨干，加快我区速丰林的发展步伐。

（二）制定优惠政策，加强政策引导。

速丰林生长周期短，但投入大、成本高、税费重，如果没有相应的优惠政策，很难提高社会的造林积极性。一些速丰林发展较快的县（市），正是将制定和落实政策作为突破口的。如扶绥、宾阳、邕宁以县委、县政府文件出台了关于加快发展速丰林的决定或意见。岑溪市政府今年相继出台了《岑溪市发展速丰林优惠办法》等4个优惠政策文件。这些县（市）的优惠政策归纳起来有以下几个方面：一是优先帮助协调落实林地，延长林地承包期限；二是优先安排低产林改造采伐指标和林业专项贴息贷款，优先办理有关审批手续；三是减半征收或返还部分林业“两金一费”，减免或返还部分农业特产税；四是速丰林采伐指标依法保证满足；五是保证做好种苗供应和技术指导；六是对营造速丰林面积较大的单位或个人给予一定的补助或奖励等，从而吸引和引导单位和个人投资营造速丰林。如邕宁县委、县政府今年9月作出的《关于加快营造速生丰产林的决定》(邕发〔2001〕35号),共提出了10个方面的优惠政策,其中:林业“两金一费”返还幅度按速丰林的轮伐期和基地规模大小分档确定,返还比例从35%～60%不等;速丰林主伐时,农林特产税由县财政局按所上交的特产税征税的40%安排给县林业局作为速生丰产林发展资金,原投资者以报账方式由县林业局将财政局退还的特产税部分全额返还给投资者用于更新造林。这些政策充分调动了各方面的投资造林积极性,推动了速丰林的发展。

(三)强化服务意识,及时排忧解难。

发展速丰林涉及土地、政策、资金等诸多方面,许多地方都十分注意为业主做好服务工作,及时为他们解决遇到的困难和问题,调动和保护他们的造林积极性。

第一,积极协助落实造林用地。这是发展速丰林的关键工作之一。陆川、邕宁、博白县以协助落实造林用地为突破口,吸引了众多的投资者。如陆川县按“林地一步到位,营林分步实施”的原则,专门成立县、乡镇征用林地指挥部,县、乡、村层层签订责任状,加强林地征用工作的领导,并与业主协商,实行先付款后用地的办法,取信于民,确保征地工作顺利开展。邕宁县林业技术推广站自觉承担起协助投资者签订租地合同的工作,并规定不完成征地任务的同志年底不能领取岗位奖。

第二,加强造林的指导和服务。陆川县林业部门成立林地清理工作组,由县林业局一名副局长负责,为办理有关林地报批提供一条龙服务,并检查督促砍伐、清山工作,确保不误造林季节。博白县在造林的各个阶段工作中,县四家班子都组织督查组,深入到有造林任务的乡镇进行督查。各有关乡镇也安排专门工作队跟踪服务,及时积极协调解决造林工作中遇到的各种困难和问题。每年造林施工期间,县林业局都安排30多名技术人员组成5～7个组,分别由局领导带队深入到现场进行指导,把好造林质量关。

第三,认真及时落实有关政策。扶绥县在速丰林发展过程中,认真落实林业政策,对凡规划营造速丰林的林地还没有山界林权证书的,经核查后补发山界林权证书,努力创造良好的投资环境,吸引了不少单位和个人进行投资,现该县已签订了营造12万亩速丰桉的意向书,投资总额4800万元。

(四)推广先进科技,提高造林质量。

科学技术是第一生产力。各地在发展速丰林过程中,十分注意利用现有的先进林业科技成果进行组装配套,确保达到速生、丰产、高效的目的。

第一,推广应用良种壮苗。种苗是造林的物质基础,是决定能否速生丰产的关键,各地对此都有深刻认识,因此都十分注重使用良种壮苗。博白林场在这方面深有体会。该场1997年刚开始试种速丰桉时,由于经验不足,以实生苗为主,分化十分明显。后来改用优良无性系组培苗和扦插苗造林,在种苗费上每亩只增加10多元,但林相非常整齐,生长量明显提高,采伐时每亩可增加产量1～2立方米,投入产出比达1∶20,显示出科技的巨大作用。于是该场于1998年在资金紧缺的情况下,建立了中心苗圃,确保从1999年开始,全场造林全部采用优良无性系扦插苗。另外,近几年来我区的良种桉扦插育苗全部采用ABT生根粉处理插条,生根率达95%以上,大大加快了良种桉苗的繁育速度。同时,造林所用苗木基本是容器苗,大大提高了造林的成活率,延长了造林季节。

第二,推广先进的种植方法。整地方面各地推广科学的带状整地、穴状整地,既保护生态,又促进林木生长。为减少白蚁危害桉树苗,博白林场使用白蚁药水浸苗后种植,或提前在造林地上撒放毒饵,并在苗木出圃时喷药,有效地提高了造林成活率。平果县林业科技人员为解决过去石山种竹成活率低问题,发明了“竹篓带土移植造林”法,使造林成活率提高到95%以上,而且不受造林季节限制。田阳县对土山造林采取“等高环山挖大坑,浆根定植,淋定根水,覆盖地膜”,对石山种竹采取“竹苗顶节留长灌水,盖膜包扎防止水分散失”等实用技术,使造林成活率大大提高。

第三,使用化学促进剂和配方施肥促进生长。各地在速丰林造林过程中普遍推广应用ABT生根粉。为了充分发挥速丰桉的生长潜力,博白林场与广西林科院协作,通过对桉树林地的土壤进行化验分析,根据土壤分析结果及良种桉的生理特性,制定科学的施肥配方,生产桉树专用复合肥,对桉树进行配方施肥。目前,桉树配方施肥技术已在我区广泛推广应用。

第四,积极开展各种技术培训。各地通过印发技术材料、举办培训班、现场指导等方式,做好育苗、整地、种植、施肥等技术指导和服务，大力推广细致整地、良种壮苗、合理密植、适时抚育等营林措施，提高造林质量。

（五）加强宣传发动，营造社会氛围。

针对过去人们对发展速丰林了解不多的实际，许多地方注意广泛宣传发展速丰林的重要意义。博白县林业局为推动速丰桉的发展，由局领导亲自挂帅，带领工作组分别深入各有关乡镇、村屯，召开宣传动员会议，宣传发展速丰桉对财政增税、农民增收的重要作用。通过宣传发动，使农民群众提高了认识，消除了思想顾虑，积极支持发展速丰桉，主动配合签订林地使用权转让合同，确保了全县速丰桉造林用地的落实。为了推动当地速丰林的发展，环江县组织各乡镇领导到沿海地区参观学习发展速丰林。宾阳县组织本县经济能人到北海参观考察，开阔他们的视野，增强发展速丰林的信心。

以上这些经验和做法，在今后我区的速丰林发展工作中，仍然具有重要的指导和借鉴意义。

三、强化措施，狠抓落实，千方百计完成明年220万亩速丰林造林任务

速生丰产用材林，是通过使用良种壮苗和实行集约化经营，缩短林木培育周期，提高单位面积产量，获取最佳经济效益的用材林。速丰林一般要求每亩年蓄积生长量达1立方米以上。目前要扭转一提到速丰林就是桉树、相思树的狭隘、片面的认识。事实上我区可培育速丰林的树种非常丰富，除良种桉、良种相思外，还有西南桦、拟赤场、任豆、香椿、大叶栎、竹类及杂交松等，且全区各地都可以选择出适宜的发展树种，关键是要解放思想，勇于开拓。

今年是我区大力发展速丰林的起步之年，明年则是全面推进的关键一年。按照北海会议的要求，明年全区要完成速丰林220万亩，并且今后几年每年都要以200万亩以上的速度发展，否则“十五”期间发展1000万亩的计划就难以实现。这是一项硬任务，不能打折扣。为此，各地一定要清醒认识当前的形势，提高思想认识，增强责任感和紧迫感，强化措施，狠抓落实，尽最大努力千方百计完成明年220万亩的速丰林造林任务。

（一）进一步加强宣传发动，提高各级干部群众的认识，增强发展速丰林的紧迫感和责任感。

要将一项工作变成各级干部和广大群众的自觉行动，就必须大张旗鼓地宣传这项工作的重要意义。鉴于目前很多干部群众对速丰林的树种、主伐年龄的长短、投入成本、经济效益、市场前景等缺乏足够的了解，对发展速丰林在推动我区农村经济结构的调整、增加财政税收、促进农民增收方面的作用和意义认识不够，甚至不必要地担心桉树对环境的影响。因此，各地必须进一步加强宣传发动工作。

第一，要通过宣传，使各级领导干部充分认识到发展速丰林是调整我区农村经济结构，培植新的经济增长点，促进财政增税、农民增收以及扩大内需、拉动经济发展，提供农村富余劳动力就业机会的必然选择，是实践“三个代表”重要思想、为农民办实事办好事的具体行动，从而增强工作的主动性和责任感。自治区政府有关领导最近在听取区林业局的工作汇报后指出，明年林业部门要重点抓好六项工作，其中第二项就是营造速丰林220万亩，并期望林业在促进农民增收中挑重担。各级林业主管部门的干部对此要有充分的认识，为发展速丰林而努力工作。现在有一种关于桉树破坏环境的论调，不可轻视，其直接关系桉树发展问题。我们要通过多年的成功实践事例，大张旗鼓地宣传桉树的生态和经济效益，鼓励放手发展。

第二，要加强对社会特别是广大群众的宣传教育。群众是发展速丰林的主力军，但如果等到群众普遍自觉种植速丰林，恐怕要等三五年甚至更长。因此，必须通过加大宣传迅速提高群众的积极性，形成巨大的生产力。各地要利用电视、报纸、标语、宣传车、文艺表演等各种形式，深入乡镇、村屯、农户大力宣传发展速丰林的政策和好处，特别是要帮助农民算经济账，让他们知道短轮伐期速丰林六七年就可以采伐有收益，跟种龙眼、荔枝差不多，而且种速丰林容易管理，用工少、投入少、风险低，收入稳定，平均每亩每年纯收入150元左右，每家种十几亩，收入就十分可观。从而调动起广大群众参与发展速丰林的积极性，推动全区速丰林的全面发展。

（二）用心研究政策，切实解决植树造林经济效益问题。

群众为什么对种树的积极性不高，其中有个经济效益问题，最直接的影响因素是在费税、土地及采伐等政策环节上。如果税费高，土地使用期不长，采伐手续不畅，群众种树的热情是不高的，所以在这里提出这问题，要求我们上至区局，下至各级林业部门，会同有关部门，作些调查研究，从大局着想，克服部门利益，争取在政策上有大的突破，否则要大发展还是一句空话。当然有好的政策，还要认真地去执行。

(三)全面加快步伐，抓紧抓好今冬明春的造林备耕工作。

第一，做好良种壮苗的培育工作。根据最近各地上报的苗木生产数字，可供明年造林用的苗木有4.1亿多株，可供育苗的林木种子有78万多公斤，总体上看能满足明年造林所需。但树种结构不合理，存在结构性余缺，特别是良种壮苗比例偏低。因此，各地要采取得力的补救措施，利用一切可以利用的条件，做好速丰林苗木的培育工作。对于苗木较小，可能影响明年出圃造林的，要加强苗圃管理，通过科学多施水、肥和盖薄膜保温的办法促进苗木生长，确保如期出圃造林，或提高扦插母株的产量，提高苗木生产能力。对于苗木缺口较大的，除做好调配工作外，要充分利用已建成的中心苗圃的塑料大棚，加紧培育营养杯苗。对组培苗不足的，要考虑用优质种子育苗，提高产苗量。

第二，抓紧抓好造林整地备耕工作。现已进入冬季农闲季节，正是造林备耕的大好时机，各地要抢时间、赶速度，争取主动权，督促、协助造林单位和发动广大群众开展造林整地工作。同时，要严格把好各个环节的质量关，确保每个工序的质量。

(四)进一步转变工作作风，搞好各项服务工作。

事实证明，各级政府特别是林业部门良好的工作作风、优质的服务，是吸引社会各方面投资营造速丰林，推进速丰林快速发展的法宝。但有的地方在发展速丰林方面，还没有出台什么优惠政策，没有积极主动地采取措施招商引资，造林土地落实困难，各种审批手续繁杂，乱收费乱摊派严重等等，极大地影响了速丰林的发展进程。为了加快速丰林的发展步伐，各级各部门一定要按照党的十六届六中全会的要求，切实转变工作作风，做好速丰林发展的各项服务工作。要着眼长远，通过出台有关优惠政策，鼓励和吸引单位和个人投资营造速丰林。要清理整顿收费项目，特别是对于造林、木材采伐等方面的设计费、调拨费等能降则降，能取消则取消，让投资者有利可图。要优先办理并简化有关速丰林造林的审批手续，提高办事效率。要帮助业主协调落实土地，提供充足优质种苗，搞好技术指导和咨询等。从而为发展速丰林营造一个良好的投资环境，推动速丰林的快速发展。

(五)多渠道筹措资金，增加速丰林的投入。

发展速丰林投入大、成本高，需要大量的资金。没有足够的资金投入，即使造上林也很难达到预期效益。针对目前速丰林发展资金紧缺的局面，各地必须采取更有力的措施，多渠道筹措发展速丰林的资金。一是广泛招商引资。各地、市可以地(市)或县为单位，统一规划落实一定规模的发展速丰林用地，并出台相应的优惠政策，提供良好的投资环境，把发展速丰林作为一个项目对外进行招商引资，吸引国内外在我区开办加工企业的公司、大企业前来投资。二是鼓励经济能人投资开发，放手发展私有林业。三是鼓励党政机关、企事业单位投资开发速丰林。四是争取金融部门贷款。现在用于林业的贴息贷款没有充分发挥作用，因此各地要多报项目，尽量把发展速丰林作为一个项目编制可行性报告，通过评估论证后，争取金融部门的贷款支持。五是将速丰林建设与其他林业重点工程建设结合起来，利用重点项目的投资发展速丰林。如退耕还林、珠防林、海防林项目可以在确保生态效益的前提下，营造一定比例的速丰林。六是要通过组建企业集团，以雄厚的资产作抵押，贷到巨额资金用于原料发展，这是一条必然的最有效的融资途径。

(六)加强引种试验示范，推动面上造林步伐。

我区近几年来速丰林发展很快，但各地发展不平衡，有的县甚至还是空白。从区域来看，桂中、桂北地区发展较慢，这与目前速丰林的树种选择余地少，一时未找到合适的树种有关。因此，各地尤其是桂中和桂北地区要加强速丰林树种的引种试验和示范，从中选择出适合本地发展的树种。而且对当地领导和广大群众来说，示范是最好、最直接、最有说服力的宣传，对带动面上速丰林的快速发展有不可替代的作用。各地、市、县林业局和区直林场都要按照北海会议的要求，加强这方面的工作，每个单位的试验面积不少于10亩，示范面积不少于50亩，试种树种5个以上，示范树种3个以上。

实践证明，通过试验示范，一定能选择出适合当地发展的速丰树种、品种，从而打开速丰林发展的新局面。如地处桂中的象州县国有茶花山林场，为了打破巨尾桉和尾叶桉一统桉树天下的局面，寻找最适合本地生长的桉树品种，1994 年 6 月开始引种巨桉、圆角桉、粗皮桉、大花序桉等耐寒桉品种，经跟踪观察测定，在经营管理较粗放的情况下，大花序桉表现仍非常出色，至 2001 年 6 月七年生时，通过间伐后每亩保留 42 株，平均高达 22.4 米、胸径达 20.5 厘米，每亩材积可达 9 立方米以上。若培育大径材，到 12 年主伐时平均高度达 28 米、胸径达 30 厘米，亩产可达 21.5 立方米。而且大花序桉在 1999 年出现的－4℃的低温冰冻中，没有受冻害，耐寒性极强。同时它还是优良的实木用材，经济价值很高，值得在桂中地区大力推广。另外，要大力发展竹子，因为竹子更是典型的速丰林，快的三四年就开始采伐有收益，而且年年有收，可连续采伐几十年，比一般的阔叶速丰林产量和效益要高几十倍。讲这些，还是想说明一个问题，不是一提到发展速丰林，就是指巨尾桉、尾叶桉和马占相思这么几个树种，而是可以并且一定要多树种，以满足市场的多元化需求，减少树种单一带来的市场风险。

(七)统筹兼顾，抓好珍贵用材、大径材培育和经济林花卉建设。

我区自然条件优越，商品林建设内容丰富，各地在加快发展速丰林的同时，也要大力发展珍贵树种用材林、大径级用材林、名特优经济林和花卉，应将其作为速丰林的有益补充和配套建设。要分析市场，按市场需求合理调整发展布局，发挥本地优势，因地制宜大力发展金丝李、枧木、柚木、格木等珍贵用材林树种，发展桉树、松树和杉树大径材，发展八角、玉桂、黄柏、杜仲等名特优经济林。同时，要向玉林市学习，调整林业产业结构，大力发展花卉苗木，形成规模生产，在全国竞争激烈的花卉市场中争一席之地。总之，要发挥林业的行业优势，走多领域、多树种、多品种、多元化开发之路，实现长短结合、优势互补，满足社会对林产品的多元需求，提高林业的整体效益和经济实力，为当地经济发展和农民增收作出应有的贡献。

四、2002 年林业重点工作安排

即将过去的 2001 年，是实施“十五”计划的第一年，这一年，全区林业工作可以说跃上了一个新的台阶，为实施“十五”的目标开了一个好头，得到自治区领导的肯定，他说，2001 年全区林业工作全面推进，有所创新，重点突出，发展较快，各项林业工作都得到了全面发展。对于明年林业工作自治区领导从我区经济和社会发展的全局出发，作出了以林业生态建设为重点，围绕农民增收，优化生态环境，增强林业发展乃至整个经济发展后劲，以退耕还林、荒山造林、发展速生丰产林为突破口，带动相关工作，为林业两大体系建设和富民兴桂新跨越作出贡献的重要指示。

根据自治区领导的指示，以及最近召开的全国经济工作会议精神和我国加入 WTO 后的林业面临的挑战，我们制定了 2002 年林业工作思路：即以江泽民同志“三个代表”重要思想为指导，全面贯彻实施党中央和自治区党委西部大开发战略以及中共中央十五届六中全会、区党委第八次党代会和全区经济工作会议精神，实施国家林业局“六大工程”带动战略，以改革统揽全局，围绕农民增收，以林业生态环境建设为重点，以大力发展速生丰产用材林为突破口，走大工程带动大发展之路，积极推进林业两大体系建设，为实现富民兴桂以及林业跨越式发展战略目标做好各项工作。

2002 年着重抓好八项工作：

(一)全面实施退耕还林工程，加快生态建设步伐。

由于我区两个试点县退耕还林工作做得比较扎实，有成效，2002 年国家林业局已同意安排我区退耕还林和荒山造林 240 万亩，其中退耕地 120 万亩，宜林荒山造林 120 万亩，安排项目县 60 个。退耕还林不仅是生态建设问题，也是调整农业产业结构增加农民收入的大问题，是实施富民兴桂新跨越战略目标的重要组成部分，各地、市、县必须站在可持续发展的战略高度和农民脱贫致富的高度看待这个问题。因为林业部门是这项工程的主要实施者和责任者，要做好这项工作，必须做到：第一，在认识上，要解决这项工程是我区生态建设的重中之重，要全力抓好，认为实施这项工程林业部门没得什么好处，而且有风险，因而不积极是不对的，要纠正。第二，要赶快组织机构，着手培训，并抓好宣传发动和规划工作。第三，要考虑适地适树问题。退下来种什么？要超前考虑备好苗，力争所种的树种能为群众日后在保持水土的前提下经营收入有保证，有的地方还可与速丰林种植相结合，这是我区的一个特点。这项工作要作动员和启动工作。

(二)继续搞好石漠化治理、绿色工程以及珠防林、海防林二期工程建设。

根据自治区第八次党代会的要求，继续搞好大石山区石漠化治理和绿色工程建设。续建平果等13个自治区石漠化治理试点县，切实做好2001年度人工造林剩余任务的补植及400万亩封山育林的续封。绿色工程建设重点在桂海等高速公路基干林带的营建，形成绿色长廊，同时一期工程中遗留的宜林区域和尚未达到目标要求的地方继续进行种植绿化。珠防林二期工程要完成人工造林30万亩，封山育林150万亩，沿海防护林二期工程也要按质按量完成人工造林10万亩的任务。

(三)认真搞好3500万亩的生态公益林补助试点和自然保护区建设。

生态公益林补助是一项政策性很强而且牵涉到千家万户的十分复杂的工作，必须扎扎实实做好试点工作。自然保护区要做好规范管理和升级申报工作，争取国家投入更多的资金，加快自然保护区基础设施建设，充分发挥自然保护区功能作用。

(四)继续抓好新建30万座沼气池生态能源工程。

实践证明在农村推广以沼气为重点的生态能源是保护森林资源最有效最根本的办法，也是节约燃料、肥料开支，促进种养业发展，提高农民收入的行之有效的途径。为此，一方面我们争取把生态能源列入西部大开发生态重点工程；另一方面我们争取国家把广西列入生态能源的试点省区，争取更多的资金投入生态能源建设。各地、市、县一定要保质保量完成沼气建设任务。贫困地区要加大力度，加快建设步伐。全国8个小型公益沼气项目以及我区8个重点沼气生态家园示范县一定要抓出成效，真正起到示范作用，以带动全区面上工作的开展。

(五)千方百计完成220万亩速丰林造林任务。

这是实现广西林业跨越发展和富民兴桂新跨越战略的突破口，是能否发挥第四区域重要作用的关键所在，也是实现农业产业结构战略调整，增加农民收入的重要举措。必须全面按照北海会议的要求，做好宣传发动，让更多的企业、更多的个体户参与速丰林基地建设。各地、市、县、林场要把任务落实山头地块，落实到单位、到人，不能有丝毫的闪失。我们要吸取今年的教训，我们欢迎外资造林，但不要过分地依赖外资，以确保“十五”期间营林1000万亩这个目标的实现。

(六)加快花卉产业的发展以及低产经济林改造。

林业花卉苗木是我区的一项优势产业。自治区已把这个任务交给我们林业部门，我们也要撑起这个产业。这要有一个培育、启动的过程，我们要以创新的精神，利用我们的机制来发展这项产业。林业科技示范园要加紧建设，花卉产业的产值要在2000年4.2亿元的基础上有较大的增长，力争达到5亿元产值，成为林业又一个亮点，一个重要支柱。经济林低改要加快步伐，要达到250万亩，重点是毛竹、八角、玉桂、板栗等。通过2～3年的努力，使我区名特优经济果木林无论在产量、质量、效益上均有新的突破。

(七)加快林业企业集团的组建，带动林业产业的发展。

根据自治区的要求，要把我区林业优势变为一项重要经济支柱，为便于操作，要求我们按林工一体化要求，组建林业企业集团，在此基础上，发展原料基地、上市融资，寻求林业的新发展。并且吸引各方面的资金和技术，组建林浆等大型企业以适应入世后经济发展和林业发展的需要，为此将地处我区南部的高峰林场、七坡林场 、东门林场、派阳山林场、钦廉林场、六万林场、博白林场、良凤江国家森林公园等八家区直林场以及广西国有林场开发公司和武鸣栲胶厂依照《中华人民共和国公司法》和有关政策法规，以资产为纽带，共同组建广西林业企业集团有限责任公司。为早日实现这一任务，我们做了大量的调查研究，制定了较为详尽的组建方案，很快要与八个林场的领导见面，共同商讨如何搞好这个项目。要求我们各林场领导，要解放思想，摒弃部门各种私心杂念，顾全大局，排除干扰，齐心协力组建好这个集团。要相信我们的指导思想，立足点是为整个林场、林业的发展，是为着一个共同的目标。为此，要求在集团操作过程中，禁止转让、拍卖林地等优良资产，禁止扩大自营用地，这一关要从党性高度作出保证。

(八)以科技作支撑，加强森林资源保障体系建设。

科技兴林，是林业发展的重要措施。今起至明年，继续抓好林业科技的推广工作，继续抓好示范点，区局已决定建立以科研、育苗、试验加工为一体的现代林业科技示范园区。同时要抓好林政资源管理的基础工作，进一步加大林政执法力度，继续签订县级领导干部森林资源消长任期目标责任状。加强森林防火和森林病虫害防治工作。要依法从严治火，确保无重大森林火灾发生。病虫害防治方面要及时地除治松材线虫的疫情，并切实加强森林病虫害监测预报预防和植物检疫工作。

(九)要按照“严管林、慎用钱、质为先”的要求，保证资金安全使用和造林管林效果。

明年，我们将得到国家和自治区财政大力支持，争取到一定的资金，但一个严峻的问题是如何用好钱。我们要根据国家林业局周局长的指示，做到严管林 、慎用钱、质为先。在严管林方面，我区的情况较严峻，有的没有依法管理，执法犯法；有的案件不认真查处，互相包庇，致使案件久拖不决，造成了被动局面。以后对一些案件查处不力，该查不查的，要进行制裁。在资金管理方面，制定资金的使用细则，加强监督，强化质监检查，保证资金用得出，用得好，有效果。

(十)抓好机构改革，加强作风建设。

各级林业部门要在同级党政的领导下，搞好机构改革，首要的是要把县级林业局和乡镇的林业工作站保留下来，这是搞好林业的先决条件。希望地市林业局要积极协助县里做争取工作，有的可以变通，办法还是有的。同时借机构改革的机遇，组织好班子和队伍，这是事业是否兴旺的首要条件，如果大家只忙于事务的话，建议大家用心考虑班子和队伍问题，这是为政之道，是最管用的。

无论是当前的备耕工作，还是明年的工作安排，我们都面临较好的发展条件，同时也遇到许多困难，需要我们各级林业部门认真地贯彻十五届六中全会提出的加强作风建设的要求，保持高昂的工作斗志，克服困难的良好精神状态，认真扎实地工作，把我区的林业工作推上一个新水平。

同志们！我区的林业建设迎来了前所未有的机遇，历史赋予了我们光荣而艰巨的任务，让我们按照江泽民同志提出的“三个代表”的重要思想和党的十六届六中全会的要求，切实转变工作作风，以饱满的工作热情，扎实的工作作风，同心协力，开拓进取，奋力拼搏，为全面推进我区速丰林发展，建立比较发达的林业产业体系而努力奋斗！

加快速丰林发展步伐
推进我区国有林场建设新跨越

——在全区国有林场发展
速丰林现场会上的讲话

广西壮族自治区林业局局长 黎梅松

(2002 年 3 月 15 日)

同志们：

在春耕春种最繁忙的时候，今天我们在这里召开全区国有林场发展速丰林现场会。这是去年以来召开的第三次全区性的速丰林会议。会议的主要任务是：贯彻落实全区经济工作会议和全区农村工作会议精神，总结交流近年来全区国有林场速丰林建设的经验，进一步动员全区国有林场加快结构调整，加快发展速丰林步伐，促进国有林场增资源、增效益，推进全区林业产业化进程，实现我区林业建设新跨越。今天上午，大家参观了茶花山林场的速丰桉基地和引种试验林，刚才又听取了几个林场的经验介绍，相信大家一定收获不少。下面，我就国有林场速丰林建设问题讲四个方面的意见。

一、必须从增资源、增效益、增实力，促进国有林场建设新跨越的高度，充分认识大力发展速丰林的紧迫性和重大意义

速丰林即速生丰产用材林，是通过使用良种壮苗和实行集约化经营，缩短林木培育周期，提高单位面积产量，获取最佳经济效益，为制浆、造纸、人造板等林产工业提供原材料的用材林。速丰林要求生长周期短，每亩年蓄积生长量达 1 立方米以上。大力发展速丰林，是国有林场生存的本业、发展的希望。

(一)大力发展速丰林，是国有林场适应全国和全区林业跨越式发展的形势所迫。

近两年来，国家林业局审时度势，根据我国生态环境建设和加入 WT0 后国内外经济发展的形势，提出了“分类经营，分区突破”和“以大工程带动大发展”的林业发展战略，决定以实施系统整合后的六大林业重点工程，带动我国林业的跨越式发展。目前，已先后启动了天然林保护工程、退耕还林工程、野生动植物保护和自然保护区建设工程、环北京治沙工程，其余的长江中下游等防护林工程、重点地区速生丰产林基地建设工程也即将启动。国家已将广西列为全国速生丰产林基地建设工程的重点省区和首批三个试点省区之一。我区结合实际提出了实现广西林业跨越式发展的具体思路，将速丰林基地建设工程作为林业跨越式发展的突破口。按照我区林业"十五"规划，2001～2005年全区要新造速丰林1000万亩，平均每年完成200万亩。当前，全区正以实施退耕还林工程、珠防林海防林工程、野生动植物和自然保护区建设工程、速丰林基地建设工程为重点，全面加快广西林业发展步伐。去年，我们还分别在北海市和玉林市召开了全区性的速丰林工作会议，对速丰林发展作了专门动员和部署。通过大力宣传引导，去年全区共营造速丰林133万亩(含竹子)，虽然没有完成200万亩的预定计划，但已出现了社会各方面积极发展速丰林的热潮，为实施速丰林发展规划创造了良好开端。但要实现全区速丰林发展目标，除了必须发动全社会积极参与外，我认为国有林场是我们最可依靠的力量，应该动员全区151个国有林场全面行动起来。

国有林场是广西林业的"半壁江山"。全区现有国有林场151个，干部职工4万多人，经营总面积1900多万亩，其中有林地面积1200多万亩，活立木蓄积量5000多万立方米。多年来，国有林场以占全区8%的有林地面积和占全区14%的林分活立木蓄积量，每年为社会提供了占全区30%～40%的商品材，年木竹产品销售收入4亿多元，为广西的造林绿化、生态环境保护和建设及经济发展作出了巨大贡献。但是，近年我区国有林场资源增长和经济增长的步伐缓慢。"九五"期末与"八五"期末相比，全区国有林场的活立木蓄积量仅增加3万多立方米，工农业总产值和产品销售收入没有大的增长，有的年份还出现负增长。这明显落后于全社会的经济发展速度，与全国林业快速发展的形势不相称。国有林场历来是我区林业建设的"排头兵"，在全国林业加速发展的新形势下，如何紧跟潮流，发扬传统，实现跨越式发展呢？林业的跨越式发展内涵丰富，但最根本的应该是森林资源数量、质量的跨越和发展速度的提升。而要实现森林资源的跨越式增长，只有加快发展速丰林，短期内大幅度增加森林资源。特别是，在目前我区国有林场资源增长缓慢，经济状况不良的严峻情况下，更应从资源培育入手，以发展速丰林作为突破口，进而推动林产工业的发展，才有可能实现林场建设的新跨越。

(二)加快发展速丰林，是国有林场贯彻"以林为本"方针，摆脱经济困境的必然选择。

"以林为本，合理开发，综合经营，全面发展"是国有林场的办场方针。其中最重要的是"以林为本"。这既是基础好的林场发展壮大的必由之路，也是贫困林场摆脱困境的必然选择。以林为本，坚定不移地把国有林场的森林资源搞上去，这一点我们任何时候都不能动摇和偏离。近年来，我区部分国有林场由于长期经济结构单一，经营管理不善，结构调整迟缓，资源培育滞后，砍得多、种得少，甚至只砍不种，致使森林资源增长缓慢，林分质量降低，且呈现低龄化，可利用的成过熟林减少，加上木材市场的不稳定，林场陷入了资源危机和经济危困的"两危"境地。据统计，2000年全区151个国有林场亏损7024万元，已连续多年亏损。全区尚有贫困林场57个，有的脱贫场也还不稳定，很容易返贫。一些林场目前已无法正常经营，职工生活极为艰难，成为影响当地的社会不稳定因素。

要从根本上解决这些困难和问题，必须从发展入手，深刻理解"大发展，小困难；小发展，大困难；不发展，真困难"的内涵，认真贯彻"以林为本"的方针，大力发展速丰林，做大做强林场的资源。一方面，要着眼于林场内部挖潜提质，加强对现有林的经营管理，提高林分质量，同时，充分利用场内现有宜林荒山荒地和低产低效林地，加快发展速丰林。另一方面，要放眼全区广阔的林地资源，通过租赁土地或联营形式，迅速抢占资源培育的"立足点"，向场外扩张发展速丰林.通过场内场外齐头并进，就一定能够做大、做强林场资源，实现增资源、增效益、增实力，逐步摆脱经济困境。

(三)大力调整结构，重视资源培育，是国有林场始终立于不败之地的根本法宝。

纵观我区国有林场的发展历史，我们不难发现，凡是坚持"以林为本"的办场方针，重视资源培育的林场，始终在波涛汹涌的市场经济大潮中立于不败之地，长盛不衰。我们得出了几个重要结论。

第一，森林资源较丰富的林场远比资源枯竭的林场经济稳定。全区活立木蓄积量在100万立方米以上的有13个林场，如区直的高峰、七坡、黄冕、大桂山以及县属的大脑山、金钟山等.活立木蓄积量在50万～100万立方米之间的有17个林场,如县属的林朵、南丹山口、广运和平广林场等.这些林场一直是我区国有林场当中实力较强、经济稳定的林场。相反,不少林场长期忽视资源培育,"山大无材",一直处于穷熬苦过的境地。

第二,在森林资源较丰富的林场中,短轮伐期速丰林多的远比长周期用材林多的林场其经济更具实力和活力。如我区速丰林建设的"领头雁"——东门林场,近10多年来以实施中澳合作东门造林示范项目为契机,选育出东门巨尾桉等6个桉树良种,推广种植面积达8万亩,使全场活立木总蓄积量保持在70多万立方米以上,每年采伐量达15万多立方米,其采伐量远超过许多活立木总蓄积量在100万立方米以上的林场,是七坡林场的163%、是派阳山林场的155%,总收入达4000多万元,林场经济长期保持稳定发展,成为我区发展速丰林最为成功的典范。合浦县山口林场,商品林地只有4万亩,但桉树、相思等速丰林就占了3.5万亩,活立木蓄积量11万立方米,年采伐量达1.5万立方米,相当于许多活立木蓄积量在50万立方米以上的林场的采伐量,年采伐木材收入400多万元,实现了资源的永续利用。

第三,种下速丰林能种出林场的希望,种出林场的凝聚力。博白林场近几年速丰林发展迅猛,到去年底已发展到10万亩,今年又新造近10万亩,而且今后还要通过辐射造林不断向外扩张,成为我区发展速丰林的"新旗帜"。地处桂西北偏远山区、条件恶劣的特困林场——雅长林场也不甘落后,克服种种困难,去冬今春种下西南桦速丰林1万多亩,结束了该场长期以来"只会砍树,不会育苗,不会种树"的历史。这两个场在发展速丰林前,经济贫困,贷款无门,干部职工忧心忡忡。前几年,博白林场不少职工要求调走或外出打工,新分配来的大学生到场不到两个月就不辞而别。但是,这两年发展速丰林后,这两个林场干部职工看到了希望,精神面貌焕然一新,林场充满了勃勃生机,银行愿意贷款,大中专毕业生踊跃应聘。再如我们今天参观的茶花山林场,不迷信桉树不能北扩的论调,从1994年6月开始引种巨桉、圆角桉、粗皮桉、大花序桉等耐寒桉品种,至2001年6月,间伐后的大花序桉平均高达22.4米、胸径达20.5厘米,每亩材积可达9立方米以上。若培育大径材,到12年主伐时预计平均高度达28米、胸径达30厘米,亩产可达21.5立方米。现全场速丰桉面积已达2700多亩,开拓了林场发展新方向,正逐步培育壮大新的经济增长点,林场发展呈现出了新希望。

事实证明,国有林场要在日益发展的市场经济大潮中站稳脚跟,必须扬长避短,发挥自身优势,大力发展速丰林,走以林兴场的道路。

总之,发展速丰林,既是实现全区林业跨越式发展目标的需要,也是国有林场自身生存和发展的希望。加快速丰林发展步伐,有利于国有林场固本强基和不断发展壮大,有利于林场干部职工尽快摆脱贫困走向富裕,有利于加速广西林业产业化进程,有利于从速优化全区生态环境,实现全区经济社会的可持续发展。全区国有林场必须从全局的、战略的高度,充分认识发展速丰林的重要性和紧迫性,进一步解放思想,开拓进取,坚定不移地加快速丰林建设。

二、必须充分认识国有林场发展速丰林的巨大优势,进一步增强加快发展的信心和决心

就全区而言,我区发展速丰林具有巨大的优势,这些优势国有林场同样具备。这些优势表现在:

(一)有得天独厚的自然条件。

第一,我区的气候资源和土地资源丰富,十分适宜发展速丰林。我区地处亚热带湿润季风气候区,与世界上美国、巴西、澳大利亚等人工速丰林大国同处于低纬度地区,热量丰富,雨量充沛,年均降雨量达1250~1750毫米。且雨热同季,植物生长迅速。全区山地和丘陵占土地总面积的68.4%,其中林业用地面积2.05亿亩,占土地总面积的57.7%,在全国省(区、市)中列第五位,在南方速丰林发展重点省区中列第一位。全区适宜发展各种速丰林的林地面积广阔。

第二,我区速丰林树种资源极为丰富。全区目前发现的植物有280多科,1670多属,8000余种,仅次于云南、海南省,居全国第3位。全区从南到北都有适宜发展速丰林的树种或品种。南部有各类桉树、相思、红椎、柚木等;北部有耐寒桉、拟赤杨、西南桦、杨树、毛竹等;石山区有任豆、香椿等。此外,还有适宜全区种植的麻竹、撑绿杂交竹等丛生竹。而且随着科技的发展,树种的选育、组培无性繁育技术将不断创新和进步,速丰林树种、品种将更为丰富。这为加快发展速丰林创造了极为有利的条件。

(二)有较好的经济效益和广闻的市场前景。

种植速丰林效益较好。首先,产量高,周期

短,见效快,风险小。快的四年,慢的六七年就有收益。其次,成本相对较低。虽然速丰林每亩投资需要400元左右(包括人工费),但与种植经济作物特别是种植水果每亩上千元甚至五、六千元的投资相比少得多了。而且投入主要在前两三年,以后只需管护就可以了,不像种水果那样年年都要投那么多。再次,技术容易掌握,管理较粗放。种水果和经济作物,技术复杂难掌握,一年四季工不断。而种植速丰林相对较粗放,只需注意定植、施肥等几个关键环节的技术就可以了。按目前短轮伐期速丰林6年采伐、亩产6立方米、每立方米现场交易价280元计算(税费已另计),每亩收入达1680元,扣除营林成本、采伐成本,每亩至少获纯利润968元以上。现在很多机关企事业单位、个体老板、经济能人发展速丰林的积极性很高,正是看中了速丰林的经营效益。

从区内市场来看,优质木材供不应求,前景看好。我区现有以森林资源为原料的林产工业企业已发展到1400多家,形成了竹木加工、林产化工、木浆造纸、林副产品加工为主体的林产工业体系,每年消耗木材300万立方米左右。而且随着现有企业的技改、扩建扩产,新的企业不断建成,原料木材供应日趋紧张。特别是,我区国民经济和社会发展第十个五年计划纲要已明确将林浆纸结合项目作为重大工程来建设,至2005年,全区的木浆年生产能力将达116万吨,新增80万吨;人造板年生产能力达到110万立方米,新增60万立方米。这两项每年消耗竹木原料780万立方米以上,每年至少需砍伐亩出材5立方米以上的森林156万亩。按目前我区的木材生产能力根本不可能满足,原料缺口相当大。这就是我们发展速丰林的巨大市场,也是我们的信心所在。

从国内市场来看,我国属森林资源短缺的国家,每年只能提供商品木材1.31亿立方米,而社会需求量为2.05亿立方米,缺口为7000万立方米,每年约进口4580万立方米,需外汇53亿美元,每年进口纸浆350万吨,需外汇20亿美元。加上前几年启动天然林保护工程之后,全国以年均500万立方米左右的速度调减木材产量,我区周边的四川、云南等一些原产材大省木材产量锐减,木材供求缺口和结构性矛盾更为突出,特别是纸材、大径材紧缺,很多林产工业企业原料频频告急。解决这一矛盾,如果靠进口木材,既受制于国际市场,又要消耗大量的外汇,增加国家负担。唯一的出路就是加快速丰林的发展,以增加后备资源的供应。这些都为我们发展速丰林提供了更为广阔的国内市场。

(三)有成熟的栽培技术和大面积推广的成功经验。

经过多年的努力,我区的速丰林良种繁育和栽培技术已经成熟,并处于全国领先地位。特别是以中澳合作东门造林示范项目为基础,引进桉树树种及家系174个,选育出东门巨尾桉等6个桉树良种,在全区建立了桉树组培苗厂6个,年产组培苗能力达3000万株以上。桉树良种覆盖率达95%以上。近年来我们又成功引进马占相思、厚荚相思等新的速丰林树种,并在良种选育和组织培养繁育方面取得重大突破。同时在耐寒桉、西南桦、拟赤场、任豆等速丰林栽培技术方面也取得了重大进展。目前我区拥有林业科研机构36个,林业技术推广机构100多个,形成了区、地、县三级林业科研、技术推广网络,人员达2300多人。4 0多年来共取得林业科研成果350多项,1991年以来取得160多项,其中8项达国际先进水平,56项达国内领先水平,85项达国内先进水平。这些科技成果已经或正在林业生产上推广应用,为加快速丰林的发展提供了强有力的科技支撑。

在栽培技术成熟的基础上,近10年来我区的速丰林有了长足发展,出现了大面积推广种植速丰林的成功典型。特别是去年速丰林发展取得历史性突破,全区出现了不同经济成分、不同所有制和经营主体大面积种植速丰林的成功典型。区直的高峰林场、博白林场、东门林场短轮伐期速丰林面积现已分别发展到18万亩、10万亩和8万亩。一些林产工业企业也开始大规模规划和营造速丰原料林基地,凤凰纸业、三元公司、贺达纸业、国发林业造纸有限责任公司的原料林基地现已分别达到10万亩、5万亩、4万亩和2.4万亩。金光集团、嘉汉木业有限公司等境外企业也在我区营造速丰林基地35万亩和20万亩。全县现有桉树、相思等速丰林面积较大的有博白县24万亩、合浦县18万亩、扶绥县13万亩、岑溪市6万亩、武鸣县5万亩。个体营造速丰林规模达万亩以上的大户有凭祥市梁子雄、北海市张正东等。这些单位和个人发展速丰林的经验,很值得我们其他的国有林场学习和借鉴。

(四)有国家的政策扶持和各级政府、部门的大力支持。

我区属于西部地区，并已被国家列为速丰林发展重点省区和试点省区，国家关于西部大开发的优惠政策及有关的产业政策、速丰林扶持政策我区都可以享受。如国家计委、财政部、林业局去年2月联合下发了《关于加快造纸工业原料林基地建设的若干意见》，对造纸林基地实行了包括延长贷款宽限期、增加贴息比重、提取造纸基地建设资金、年度木材生产计划实行单列下达、育林基金由企业自提自用等多项优惠政策。国家开发银行、国家林业局也明确大力支持我区速生丰产工业原料林基地项目，去年我区高峰林场中纤板厂20万亩原料林基地项目已获得国家开发银行贷款8000万元。梧州木材厂、国发林业造纸有限公司的原料林基地项目也经过了国家开发银行的评估论证，预计今年将得到扶持。

自治区人民政府对速丰林建设一直都很重视，将林纸结合、林板结合作为新的经济增长点来抓。在国民经济和社会发展第十个五年计划纲要中，将林浆纸结合项目作为重大工程项目来建设，并组织有关部门编制了全区造纸工业原料林基地建设规划。自治区目前正筹建以南部8个区直林场为核心的广西国有林场集团，作为100万吨纸浆厂的原料基地，从而铸起我区发展造纸原料林的"大龙头"。不久，自治区人民政府将批转下发自治区计委、财政厅、林业局联合拟定的《关于加快我区速生丰产林建设的意见》，在发展速丰林的有关税费、木材采伐和投资等方面提出更加优惠的配套政策，以加快速丰林建设步伐。农业银行、开发银行等金融部门，近年都安排贷款扶持速丰林项目建设。至于以木材为原料的广大林产工业企业，对发展速丰林更是热烈欢迎，大力支持。很多地方的党委、政府也调整了经济发展战略，将速丰林发展作为重点来抓，出台了一系列的优惠政策。这些都为我们加快速丰林发展创造良好的社会氛围。

除了以上的优势以外，我认为国有林场在速丰林发展方面还具有社会造林所没有的优势：

第一，林地相对集中，权属清楚。我们国有林场都有一定的面积规模，林地相对集中连片，且林地权属清楚，立地条件比较好，十分有利，于速丰林的集约经营。而集体林地大多已分户承包，使用权零星分散，集中统一经营有一定难度。这是我们国有林场吸引外来投资的重要"筹码"。

第二，组织机构健全。每个国有林场都有一套完整的党政领导班子和管理体系，有一批经验丰富的管理人员，有一个以上固定苗圃甚至现代他的组培苗生产工厂，有一定数量的生产工人，可以独立地组织各种林业生产活动，从种苗培育、造林定植、抚育管护，直到木材采伐"一条龙"生产。这为发展速丰林提供了强有力的组织保证。

第三，技术力量较强，生产经验丰富。每个国有林场都有数量不等受过正规专业教育、有大中专以上文凭的工程技术人员，他们经过长期的生产实践，积累了丰富的种苗培育、营林生产、木材生产和管理经验，是林场宝贵的人才资源，是今后林场发展速丰林最重要、最可靠的技术保障。

第四，有一定的经济基础。国有林场经过多年的积累，或多或少都拥有一定的经济基础。据统计，全区有近一半林场的银行信誉都是A级以生，其中AAA级的有19个；三分之一的林场银行债务在100万元以下；并都有一定面积的林木资源和自有资金、资产。由于有资源、资产作抵押，比起一些企业、集体单位和个体造林者，国有林场更容易取得银行的贷款扶持，也更容易寻找联营合作的伙伴。

第五，木材经营环节少，税费相对较少。国有林场木材生产经营活动比集体林区相对简单，特别是，我们林场生产的木材可不经过其他中间经营者，直接"产销见面"。这可是许多企业、集体林场和个人，想得到而未得到的政策优势。有了这条政策优势，在现行流通体制下，减少了木材生产流通环节，可以避开一些税费，较大幅度地降低木材生产和经营成本，在同等条件下，可赢得比集体和个人造林更多的利润。据调查，每生产一方木材，国有林场比集体林区至少可免交增值税10～20元、管理费30～40元，共40～60元，相当于增加了40～60元的收入。

综上所述，我们国有林场既有全区发展速丰林的共同优势，又有其他社会造林所没有的自身优势，我们有什么理由不加快发展速丰林呢？我们还犹豫什么，等待、观望什么呢？我还是那个观点，发展主要靠内因，凡是有条件而不发展速丰林的林场场长，都是没有眼光的场长，是不称职的场长。

虽然我区国有林场发展速丰林有很多优势，但是这些优势目前并没有得到充分发挥，速丰林的发展仍很缓慢。分析起来主要有以下原因：

第一，无所作为的思想起阻碍作用。有些林

场领导对速丰林树种的多样性缺乏认识,没有经过引种试验就盲目认定本场不宜发展速丰林。有的受传统思想禁锢,看不到速丰林的经济效益。特别是对速丰林的前景缺乏必要的了解,担心种得太多木材销不出去。有的片面强调发展速丰林的困难,认为投资大、成本高,不如种一般的林省事。有的"等、靠、要"思想严重,一谈到发展速丰林,就要求上级解决资金补助,没有发挥主观能动作用。这些都是无所作为的思想在作怪。

第二,推广示范工作滞后,积极性没有调动起来。一些林场一任甚至几任场长都没有种出一亩速丰林试验林或示范林,造成林场广大干部职工对速丰林知之甚少,难以调动他们发展速丰林的积极性。

第三,林场经济困难,速丰林发展资金严重不足。速丰林必须高投入才能高产出,平均每亩营林投入在300元以上,是一般造林的几倍。而目前我区大部分国有林场经济困难,速丰林发展资金的渠道窄、数量少。金融部门扶持的对象也只是效益好的大林场、大项目,一些贫困林场由于资源、资产少或负债严重,银行信誉等级低,求贷无门,难以筹措到资金。这些问题,其根源有主观因素和客观因素,但都应引起大家的高度重视,在今后的工作中共同认真加以研究解决。

三、明确目标,理清思路,大力推进国有林场速丰林建设

根据广西林业"十五"计划发展纲要,今后我区国有林场发展速丰林的指导思想是:围绕实现全区速丰林发展总体规划目标,以森林分类经营思想为指导,以显著增加国有林场森林资源为目标,以发展短轮伐期速丰林、珍贵树种和大径级用材林为重点,以实施退耕还林、珠防林、海防林等重点林业工程为契机,面向市场,长短结合,依靠科技,创新机制,加快国有林场速丰林建设,促进我区林业建设实现跨越式发展。

"十五"期间,全区国有林场速丰林发展目标是:2001~2005年全区151个国有林场将通过荒山荒地造林、迹地更新、低产林改造等方式新造速丰林500万亩,其中,场内200万亩,场外300万亩。平均每年完成100万亩,其中场内40万亩,场外60万亩。按树种分,速生桉、速生相思等短轮伐期工业原料用材200万亩,红椎、西南桦、拟赤杨及其他珍贵速生阔叶用材林200万亩,毛竹、丛林竹等用材林100万亩。根据自然条件,桂北、桂西地区的林场重点发展竹林和珍贵速生阔叶用材林,桂东、桂中、桂南的林场重点发展以速桉、速生相思为主的工业原料用材林。

为确保5年内完成500万亩的速丰林发展任务,我们必须进一步解放思想,更新观念,理清思路,努力开创速丰林发展的新局面。具体工作中,要注意抓好以下几个方面:

(一)贯彻分类经营思想,制定国有林场速丰林发展规划。

去年,与全区一样,我们国有林场利用数据库和GIS地理信息系统等先进科技手段,全面完成了森林分类经营区划界定工作。并按国家林业局的要求,对全区国有林场进行了分类定型。全区公益型林场为47个,商品型林场为104个,公益林地为691万亩,商品林地为1020万亩。各林场要坚决贯彻分类经营思想,根据各自的类型确定速丰林发展思路,编制速丰林发展规划。商品型林场应以发展速丰林为突破口,努力增加森林资源;公益型林场也要在管好建设好公益林的前提下,充分利用为数不多的商品林地,实行集约经营,尽可能多发展速丰林,解决干部职工的生活出路问题。在具体规划中,要将条件较好的荒山荒地、迹地更新、低产林改造地用于速丰林发展。对公益林地原则上不能营造速丰林,即使要营造,也必须以周期较长的大径材为主。同时,要选好发展树种。速丰林树种很多,但一定要坚持因地制宜,适地适树适种源原则,确定适宜本场发展的树种。禁止大量发展未经引种试验成功的树种,以免劳民伤财。此外,要长短结合。将发展短轮伐期速丰林与培育大径级木材结合起来,长短兼顾,协调发展,增强市场应变能力。

(二)千方百计筹措资金,增加速丰林建设的投入。

规划确定以后,速丰林的发展最关键的就是资金问题。各场必须开拓思路,千方百计多方面筹措速丰林发展资金。一是要加强内部管理,开源节流,挤出更多的资金用于营造速丰林。近两年,区直维都林场在银行贷款难的情况下,不等不靠,通过内部挖潜,勒紧裤带过日子,挤出资金每年发展了高标准的速丰林6000多亩。二是要加强与林产加工企业或造林公司合作,发挥土地资源优势,利用外部资金发展速丰林,向"定单林业"方向发展,将林场建成企业的原料基地或第一车间,既解决发展资金,又解决今后速丰林木材的销路。这应该是目前林场筹措速丰林发展资金的重要渠道。三是要利用资源资产为抵押向银行贷款,增加速丰林投入。这方面各场一定要积极主动,多做工作。四是要以实施退耕还林、珠防林、海防林等重点工程为契机,争取国有林场纳入林业重点工程建设范围,从项目上得到扶持,利用项目资金在国家允许的地类按规定营造一定比例的速丰林。五是要向场内外其他对速丰林发展有兴趣的单位、个人筹措。从而从多方面增加速丰林的投入,确保规划任务的完成。

(三)创新营林机制,提高速丰林造林质量和成效。

随着市场经济的发展,国有林场原来在计划经济体制下形成的造林机制已无法适应,这是许多林场多年来更新造林欠账、造林质量低下的一个重要原因。为此,各场必须大胆创新和突破,建立适应市场经济的造林机制,才能确保速丰林发展目标的实现。

要扩大视野,跳出林场求发展。要学习和借鉴高峰、博白等林场的成功经验,"走出去,请进来",开展多种形式的联营造林,向外扩张造林。一方面要发挥自身的土地资源和技术优势,积极与各种所有制的林产加工企业开展联营造林,加快发展步伐。另一方面要发挥利用自身的资金和技术优势,实行向外扩张,与周边乡村开展联营造林或租赁集体林地造林,做大做强林场资源,争取成为发展速丰林的"龙头",带动当地的速丰林建设。

要改革营林机制,提高造林质量。要像高峰林场那样,改变以往由分场组织造林的体制,引进造林营林招投标和成本控制机制,打破场内、场外界限,实行由专门的造林公司负责,降低造林成本。还要像博白林场那样,强化造林环节管理,改变以往用地形图勾绘设计和验收的做法,实行按株验收,挤压速丰林面积的"水分",提高造林质量和资金使用效益。

(四)努力增加科技含量,为速丰林发展提供科技保障。

科技是第一生产力,这在速丰林发展中显得尤为突出。速丰林要大发展,出奇制胜之策在科技创新和进步。世界各国以及近几年我区的经验已雄辩地证明了这一点。如巴西不断开发和推广先进适用技术,极大地提高了土地生产力,降低了成本。该国桉树每亩年生长量由 1966 年以前的 0.83 立方米,迅速提高到 1975 年的 1～5 立方米,1985 年的 3 立方米和 1995 年的 4 立方米。因此,我们必须将科技创新和推广应用作为一项重要工作来抓。一是要坚持适地适树适种苗原则,选择适宜本地发展的树种,坚持良种壮苗造林,加强种苗培育的基础工作,确保取得最佳经济效益。今后,国有林场再也不能使用未经选优的林木种子、搞裸根苗造林和"一锄法"造林。要尽可能使用优良的无性系和容器育苗造林。二是要加强先进实用技术和优质速生丰产树种的推广。要利用基因工程技术、组织培养技术等生物技术,改进种苗培育工作,提高种苗质量和造林成效。要积极推广使用生根粉等植物生长促进剂,提高造林成活率。三是要运用生化技术,实行配方施肥、丰产栽培、集约经营,发展智能林业,提高速丰林经营效益。四是要加强速丰林树种的引种试验和示范林建设。每个林场都应引种几个速丰林树种,从中选择合适本场发展的树种、品种,并建立有一定面积规模和科技水平的速丰林树种推广示范林,带动本场及周边的速丰林发展。

(五)切实抓好珍贵用材、大径级用材林培育和经济林花卉建设,解决近期收入和长远发展问题。

国有林场自然条件优越,土地资源丰富,商品林建设除发展速丰林之外,还可以在很多方面大有作为,关键在于开拓思路。各林场在加快发展速丰林的同时,要统筹兼顾,按市场需求合理调整结构和布局,发挥本场优势,因地制宜地发展金丝李、枧木、柚木、格木等珍贵用材林树种,发展桉树、松树和杉树大径材,发展八角、玉桂、黄柏、杜仲等名特优经济林,发展花卉苗木,尽可能增加近期收入,解决眼前的困难。并争取形成自己的优势产业,打出自己的品牌,在市场上占据一席之地。总之,要发挥行业优势,走多领域、多树种、多品种、多元化开发之路,实现长短结合、优势互补,将解决眼前困难和长远发展大计紧密结合起来,逐步增强林场的整体经济实力,提高干部职工的生活水平。

四、从现在做起,扎扎实实地推进国有林场速丰林建设

"空谈无益,实干兴业"。当前,我区的速丰林建设正呈现出良好的势头,形成了国家、集体、个人等多种所有制共同发展的格局。各场必须趁此良机,立即动手,采取有力措施,全面加快速丰林发展步伐。

(一)加强领导,群策群力,为速丰林发展提供组织保证。

加快发展速丰林是一项事关林场兴衰、林业兴旺的大事,各级林业主管部门及各国有林场都必须切实加强领导,为速丰林建设提供有力的组织保证.各级林业主管部门要加强协调,理顺当地国有林场的管理体制,指导林场搞好速丰林发展规划,协助筹措速丰林发展资金,做好各方面的服务工作。各林场要在主管部门的指导下,加强领导班子建设,做好干部职工的教育、引导工作,统一全场上下的思想认识,增强凝聚力,提高战斗力,增强信心,下定决心,动员和带领全场干部职工全力以赴投身速丰林建设,为改变林场面貌,促进林场经济发展,提高职工生活水平而努力奋斗。

(二)深化改革,加强管理,为速丰林建设创造良好的环境。

速丰林建设是今后一段时期林场的主要任务。要抓好这项工作,必须进一步深化改革,加强管理,为林场发展创造良好的内外部环境。各地都要以改革的精神争取一些优惠政策。国家和自治区制定的优惠政策,如已经在西部大开发政策中明确的"为改善生态环境种植的林木免收十年农林特产税"的政策,如林浆纸企业造林免收有关税费的政策,一定要主动争取落实。同时,各地政府和林业部门也应出台相应的配套政策,提出速丰林采伐、税费、投资等方面的优惠政策,从整体上扶持速丰林的发展。就林场本身而言,更要深化改革,加强管理,走内部挖潜,提质增效的道路。一是要继续深化"三项制度"改革。要进一步精减管理人员,加强一线人员,建立能够调动干部职工生产积极性的、符合市场经济规律的劳动用工和分配制度。二是加强管理,从管理要效益。要实行造林招投标制度,严格核定造林投入单价,坚决将造林质量、产量与个人报酬挂钩,达标有奖,不达标则损失自负,以增强职工造林的质量意识和责任感。同时,要加强林场木材生产等其他经营活动的管理,降低经营成本,提高经营效益,增加林场收入,为发展速丰林提供更多的资金。三是要继续抓好职工自营经济,增加职工收入,稳定职工队伍,减轻林场负担,为速丰林建设创造物质条件。在职工自营经济发展经济林方面,每个场都要选好当家品种,不要再发展市场已经饱和的品种,多发展有特色的新、稀、奇、缺的果品,争取形成"一场一品",打出品牌,占领市场。

(三)切实抓好当前的春季造林工作。

按照规划,今年全区国有林场要完成100万亩的速丰林造林任务,任务相当艰巨。而当前正是春季造林的黄金时间,"一年之计在于春",造林工作尤其如此。各级林业主管部门和各林场必须紧急行动起来,采取更有效的措施,加快造林进度,确保全面完成今年的速丰林造林任务。一是要组织好种苗生产和供应,确保造林所需。要加强对苗圃的水肥管理和病虫害防治,做好现有苗木出圃时间与造林时间的衔接,提高优质苗木的比例。苗木不足需外调的林场,要尽快落实供苗单位,签订供苗合同或协议。二是要全力加快备耕整地和造林进度。要采取有效的造林组织形式,进一步发动林场干部职工投入整地造林;劳力不足的,要尽快组织民工上山。要统筹安排,快速、有序地推进春季造林工作,确保不误林时。三是要加强森林"三防"工作,保证林地林木的安全,为速丰林发展提供有力的保障。

同志们,大力推进速丰林建设工作,是新时期林业建设赋予我们的一项重要使命。当前,我区速丰林的发展正面临着前所未有的大好机遇,让我们立即行动起来,认真实践"三个代表"重要思想,按照自治区第八次党代会和全区经济工作会议、全区农村工作会议的部署,解放思想,开拓进取,奋勇争先,坚决完成今年国有林场速丰林造林任务,为增强国有林场经济实力,促进全区林业跨越式发展,实现富民兴桂新跨越的宏伟目标做出我们应有的贡献!

总结经验 乘势而上
扎扎实实完成今年的各项任务

——在全区林业工作会议上的讲话

广西壮族自治区林业局局长 黎梅松

(2002年4月9日)

同志们:

为了进一步贯彻落实党的十五届六中全会,中央、自治区农村工作会议和全国林业厅(局)长会议精神,总结分析近年来尤其是2001年全区林业工作,扎扎实实完成今年林业的各项任务,自治区决定召开这次会议。自治区人民政府对开好这次会议十分重视,李兆焯主席批准召开这次会议。

我们要深刻领会，认真学习，坚决贯彻执行。下面，我就如何贯彻落实自治区领导的讲话精神谈三点意见。

一、2001 年我区林业工作的总结回顾

2001 年，全区林业工作在区党委、政府的正确领导和国家林业局的指导、支持下，认真学习贯彻落实党的十五届六中全会和自治区第八次党代会精神，以"三个代表"重要思想为指导，围绕国家林业局提出的六大工程建设，实施林业跨越式发展的战略，突出广西特点，及时调整工作重心，全面推进林业工作，取得明显成绩。全年完成植树造林 21.67 万公顷，占计划的 108%，封山育林 53.42 万公顷，占计划的 160%，义务植树 6800 万株，占计划的 113.3%，建设沼气池 32 万座，完成林业总产值 175.38 亿元。特别是一批重点林业生态建设取得新的突破，林业投资大幅度增加，全社会对林业的关注程度与日俱增，森林生态效益补助开始实施，林业产业进一步壮大，林业建设的支撑保障能力进一步增强，全区林业的三大效益日益凸现，两大体系建设都取得长足进步，为实施林业跨越式发展迈出了坚实的一步。

（一）围绕六大工程，结合广西实际，精心编制工程规划，稳步推进各项工作。

去年，国家林业局提出的六大工程，是国家在今后一个时期林业建设的战略重点和主战场，是林业跨越式发展的载体，是根本改变我国林业落后面貌的龙头工程。围绕六大工程，我区首先把规划这一基础性工作做好。一年来，我们先后编制了广西林业"十五"计划及 2010 年规划纲要，编制了珠江流域广西防护林体系二期工程规划，广西沿海防护林体系二期工程规划，广西退耕还林工程规划，广西速丰林建设规划，广西 2001 年至 2010 年造林绿化规划等。现上述各项规划均已通过评审，列入了国家林业局规划之内，为我区今后项目争取打好了基础。目前，全区围绕六大工程实施和试点的各项工程普遍进展良好。

第一，林业生态建设通过工程整合带动，加快了发展步伐。去年，广西通过努力，挤上全国退耕还林还草试点的"末班车"，在东兰、乐业两县实施退耕还林试点，取得了阶段性成果，为全区全面启动退耕还林工程提供了宝贵经验。绿色工程突出以路、河为中心，明确基干林带是绿色工程重中之重，对以桂海高速公路为主线的绿色通道进行沿线全面绿化，收效明显。去年，珠防林工程完成 39.9 万亩，海防林工程完成 8.5 万亩，石漠化治理工程在全区 13 个县试点，完成造林 1.5 万公顷，封山育林 25.33 万公顷。其他工程建设也取得新的突破。在去年的造林中，我区还改变过去面上造林多于工程造林的局面，以重点工程整合带动，实行大规模，高标准造林，造林质量普遍较好，逐步构筑起广西林业生态体系的主体框架。全年全区共完成植树造林面积 21.67 万公顷，完成新封山育林面积 53.4 万公顷，完成大田育苗面积 2 万亩，完成全民义务植树 6800 万株，全面超额完成了任务。去年，我们还加大了以沼气为重点的生态能源建设力度，在推广恭城"养殖—沼气—种植"三位一体发展模式的基础上，又推广北流市"生态家园富民工程"的经验，进一步提高生态能源的综合效益。全年新建沼气池 32 万座，全区累计已建成沼气池 134 万座。生态能源迅速崛起，大大保护和改善了农村生态环境。

第二，速生丰产林建设力度加大，成效突出。根据国家林业局"分类经营、分区突破"战略，去年，我区紧紧抓住被列入国家重点商品林基地的机遇，发挥广西丰富的林地资源和气候资源优势，把发展速丰林作为我区林业跨越式发展的突破口。我们先后在北海、玉林召开了林业系统全区性的现场会，最近又在象州召开全区国有林场会议，都是围绕发展速丰林这个主题。为此，我们出台了一系列扶持措施，如对营造速丰林给予返还林业"两金"80%，优先安排采伐指标等。各地也相应出台各种优惠办法，如扶绥县对规模造林的补助办法，岑溪市筹措资金的办法，邕宁县自行调整"两金一费"的使用办法，大大激发了社会和企事业单位及个人营造速丰林的积极性。全区全年共营造速丰林 138 万亩，取得了历史性的突破。并且出现一些可喜现象：一是造林规模大，出现大公司、大企业投资营造速丰林基地的新格局。贵糖集团、梧州木材厂、凤凰纸厂、三元公司、嘉汉公司等，都投资营造有万亩以上的速丰林基地。二是速丰林树种丰富，除良种桉、相思外，还有西南桦、任豆，拟赤杨、红椎、竹子等树种。三是速丰树发展空间扩大，栽培地域从南往北扩展。四是国有林场利用国有林地实施辐射造林。高峰、维都、博白三个区直林场去年就向社会辐射造林 14 万亩，而且造林科技含量进一步提高。五是出现象凭祥市的梁子雄、容县陈志华、北海市张正东、博白县黄鑫兰等一批营造速丰林上万亩的个体大户，对促进当地速丰林的发展起到了典型的带动作用。

第三，继续深化企业改革，搞好森林资源利用，逐步做强做大林业产业。我们继续对现有的林业企业进行改造、重组，提高了市场的竞争能力和经济效益，林产工业结构得到了进一步调整。高峰林浆纸集团的组建进一步加快，即将挂牌。到去年底，全区有林产工业企业 8028 家，其中产值超亿元的有 8 家，基本形成以竹木加工、林产化工、木浆造纸、林副产品加工为主体的林产工业框架体系。去年，全区生产人造板 67.7 万立方米，木片 20.7 万绝干吨，松香 18.3 万吨，木浆纸和纸板 37 万吨，实现林业工业总产值 48 亿元。全区经济林建设飞速发展，去年新种 140 万亩，低改 200 万亩，正朝优化品种、提高质量和加工转化、产品升级方向迈进，为山区综合开发，地方经济社会发展做出新的贡献。全区森林旅游业也呈现良好的发展势头，建成以桂北和桂南为主线，辐射桂东南和桂西北的四大森林旅游区，森林公园 30 个，推出了登大瑶山、游姑婆山等一批森林旅游品牌和精品线路，吸引大量国内外游客。仅去年，全区重点森林旅游景点接待游客 155.6 万人次，森林旅游收入 10917 万元，比去年分别增长 28.6% 和 109.9%。我区林业部门在狠抓林业建设过程中，投入很大的精力，加强林业花卉建设，一大批以林业部门和国有林场为主体的花卉产业基地正在崛起，显示了新兴产业强劲的发展势头。今年春节，自治区林业局与南宁市成功举办了南宁花市，进一步促进了全区花卉产业发展，一股发展花卉产业的热潮正在我区形成。

(二)按照“严管林”的要求，强化森林资源保障体系建设，加强森林资源管理

一是进一步强化森林资源管理。通过继续抓好《广西县级领导干部任期森林资源消长目标责任状》执行情况的检查和审定工作，增强了各级政府保护森林资源的责任感。狠抓了木材经营加工企业的清理整顿，加大国有林地被侵占的查处力度，仅区直雅长林场就收复被侵占林地 33199.7 亩。特别是去冬今春开展集中查处破坏森林资源案件统一行动，督促查处了一批大案要案，违法使用林地和毁林开垦的现象得到有效遏制。二是加强了对水源林、天然林、防护林等自然保护区的管理。完成猫儿山、大明山等多个自然保护区申报国家级自然保护区的有关工作。三是严厉打击了破坏森林和野生动植物资源违法犯罪活动，取得重要战果。2001 年全区查处森林案件 7444 起，打击各类违法人员 10149 人，挽回直接经济损失 1780 多万元。“猎鹰行动”规模和影响空前，大大提高了林业执法形象。四是森林防火能力进一步增强。全区森林火灾次数，过火面积，受害森林面积，损失林木面积，森林火灾受害率，人员伤亡等多项指标连年下降。五是森林病虫害防治力度加大。有效地遏制了森林病虫害特别是松材线虫病的大面积发生。六是林业科技支撑取得明显进展。申报科研项目 87 项，立项 32 项，每个地市县都建立了科技示范基地，组织开展速丰林树种选择试验，推广了一批科研项目，区林业局突出抓好林业科技示范园的筹建。七是林业“两手抓”继续加强。林业宣传力度不断加大，引起了全社会对林业的极大关注，发挥了正确舆论导向作用。

(三)主动协调，争取多方支持，为林业发展创造了良好的外部环境

一是在争取投入方面有突破性进展。全年林业投入大幅度增加，为顺利开展林业工程建设奠定了良好基础。2001 年中央及自治区本级对我区林业投入比 2000 年增加了 198.4%，预计 2002 年将比 2001 年增加 45%。去年，我们先后争取了国家森林生态效益补助，退耕还林试点等许多工程，其中生态效益补助面积达 3500 万亩，补助资金 1.75 个亿元，是全国补助最多的省区。同时还积极争取了区扶贫办、区卫生厅等相关部门共同出资参与沼气建设。二是林业发展环境又有新变化。通过大家共同努力，从自治区到地方都出台了一批扶持速丰林等林业发展的有力措施。自治区人大颁布了《广西壮族自治区农村能源建设管理条例》，为我区林业生态建设增加了新的法律武器。三是努力稳定基层林业的机构和队伍。机构改革中，在各级党委、政府的支持下，90% 的县林业局、乡镇林业站等机构得到保留，保证了今后林业工作的正常开展。四是赢得自治区领导和社会对林业工作更加关注。去年，自治区领导多次深入林业部门检查工作，李兆焯主席、刘奇葆副书记、王汉民副主席等还亲自到国家林业局走访，为广西林业争取项目和资金。同时，各地、市、县党政领导也以极大的热情关心和支持林业工作。此外，我区各大新闻媒体对林业进行了大量的宣传，进一步提高了全社会的林业发展意识。

总之，2001 年全区林业工作的各项工作取得

了新的成绩。这些成绩的取得,是在自治区党委、政府以及各级党政部门的正确领导、支持下,全区各族人民共同努力取得的结果。同时,我们也清醒看到,目前全区林业发展中还存在一些突出的问题。一些地方对发展林业的重要地位认识不足,不少地区林种结构调整的力度不大;规模化的造林工程项目发展不均衡;速丰林造林任务还比较艰巨;有的项目单位造林质量不高,有的地方对破坏森林资源案件查处不力,案件屡有发生。对于这些问题,我们在今后的工作中要引起高度重视,认真加以解决。

二、2002 年我区林业工作的主要任务

当前,我国林业建设正处在迅速发展、充满希望的新时期,林业形势发生了一系列深刻的变化。一是林业在国家现代化建设全局中的地位发生了深刻变化,国家在贯彻可持续发展战略中赋予林业以重要地位,在生态建设中赋予林业以首要地位。二是林业建设的任务发生了重大变化。随着我国经济的高速发展,林业不仅要承担起满足经济高速增长对林产品的需求,更承担着改善生态,促进人和自然和谐相处,开创生态文明的发展道路,维护国家生态安全的重大历史使命。三是林业性质开始发生历史性变化。林业真正开始了从以产业为主向以公益事业为主的历史性转变。四是开始了从无偿使用森林生态效益向有偿使用森林生态效益的历史性转变。这实际上是对林业地位和作用、森林巨大效益的认可和一种补偿。五是开始了由毁林开荒向退耕还林的历史性转变。退耕还林已上升到调整农村经济结构、增加农民收入和实现可持续发展的重要措施的高度。六是开始了由采伐天然林为主逐步向以采伐人工林为主的历史性转变。标志着我国天然林资源、野生动植物资源保护和速生丰产用材林建设进入新阶段。七是开始了从公有制林业向以公有制林业为主,多种林业所有制共同发展的历史性转变。八是国际林业形势也发生了深刻的变化。国际社会对林业问题日益重视。

针对上述林业的新变化,2002 年广西林业发展的指导思想和思路是:以江泽民同志“三个代表”重要思想为指导,以实现富民兴桂新跨越以及林业跨越式发展战略为目标,围绕农民增收,全面贯彻实施党中央西部大开发战略以及中共中央十五届六中全会、自治区第八次党代会精神,继续实施国家林业局“六大工程”带动战略和“严管林、慎用钱、质为先”工作要求,以改革统揽全局,以林业生态环境建设为重点,以大力发展速生丰产用材林为突破口,走大工程带动大发展之路,全面推进林业跨越式发展。根据自治区领导的重要指示,各级林业部门在今年工作中要结合实际,着力抓好八项重点工作。

(一)认真抓好退耕还林和荒山造林,加快生态建设步伐。

去年,我区两个试点县的退耕还林工作做得比较扎实,很有成效。今年是我区全面实施退耕还林的第一年,退耕还林和荒山造林 240 万亩,其中退耕还林 120 万亩,宜林荒山造林 120 万亩,安排项目县 64 个,将得到国家钱粮补助 3.96 亿元,连补五到八年,全部发放到农民手中,任务重、涉及面广。因此,各地必须注意做过细的工作,对宣传发动、规划设计、种苗准备、组织实施、核查验收、政策兑现、后期管护等各个环节的工作,都做出周密部署,并确保落实,避免出现“泡沫工程”。当前重点要做好几个工作:一是切实做好宣传发动和政策引导工作。各地在组建机构、培训骨干的同时,要充分运用利用各种宣传形式,大力宣传退耕还林的重大意义和政策,实施办法以及相关的法律法规,使国家的政策深入人心、家喻户晓,真正提高农民对退耕还林的认识和参与的自觉性,确保全区上下思想统一,认识统一,行动统一。二是认真做好编制规划,抓紧编制退耕还林方案和作业设计。既要注意做到相对集中连片,又要避免出现“全退户”、“全退村”。要把退耕还林任务落实到小班林块和农户,要与退耕农户签订好合同,明确责权利。三是要解决好还什么林的问题。根据国家要求,在退耕还林中以营造生态林为主,生态林比例要占 80% 以上,经济林比例不超过 20%,对超比例多种的经济林只补助种苗费,不补助粮食,因此要认真解决好“退什么地,还什么林”的问题。就我区来说,属生态林的树种、竹种不少,只要适地适树,比例适当,可以与发展速丰林、经济林结合起来,力争所种的树种能为群众日后在保持水土的前提下经营收入有保证,真正使退耕还林退得下、种得上、留得住、不反弹。因此从现在起要考虑种苗引种、培育工作,为大规模种植作准备。

(二)下大力气营造 220 万亩速生丰产林。

加快发展速丰林是实现广西林业跨越式发展和富民兴桂新跨越战略的突破口,也是实现农业产业结构调整，增加农民收入的重要举措。发展速丰林，广西具有突出的自然优势和技术优势，土地潜力很大，经济效益显著。去年以来，全区速丰林发展势头较好，目前存在的主要问题是整个社会特别是林农对发展速丰林脱贫致富的认识不够，投入不多。各地要全面按照北海、玉林和象州会议的要求，做好宣传发动，把发展速丰林的有利因素讲深、讲透。要号召和鼓励社会不同所有制经济成分的单位、企业、个体发展速丰林。国有林场在种植速丰林方面已有了很好的经验，要发挥自身优势，通过示范、辐射来带动周边群众的种植。各地要认真解决资金投入问题，要主动争取金融部门的支持。各地要经过试验选择优良速生树种加以推广，切忌盲目引种。同时，可以与当前的退耕还林、荒山造林结合起来。在政策措施方面，自治区人民政府已制定了关于发展速生丰产林的实施意见，相信此政策出台，会更大地调动全社会参与速丰林建设的积极性。

(三)继续推进珠防林、海防林工程建设，全面完成造林绿化和义务植树任务。

抓好全区珠防林和海防林工程以及把石漠化治理列入珠防林工程建设，将是我区今年以至今后生态环境建设中继退耕还林之后的又一重点工作。今年重点防护林工程建设要以现代林业为指导，以加速路河两侧和海岸绿化为目标，以全面提高工程建设质量为工作重点，严把作业设计关、林木种苗和造林质量关、检查验收关，积极推进营造林管理体制和运行机制，促进重点防护林工程建设任务的完成和质量的提高。全民义务植树运动全年要组织1800万人次，义务植树7000万株，要将全民义务植树活动纳入整个造林绿化工作中，统一规划，统筹安排，要在制度化和法制化建设上逐步建立和完善义务植树登记制度、绿化费收缴和管理使用制度、检查通报制度，不断提高义务植树尽责率和义务植树实效。绿色工程建设重点是全面推进绿色通道工程建设，尽快完成编制规划，进一步加大对桂海等高速公路基干林带的营建力度，早日形成四通八达的绿色林带网络，同时还要对前期工程中遗留的宜林区域和尚未达到目标要求的地方继续进行种植绿化。要着力抓好城市绿化建设，以点带面，加快推进城乡绿化一体化。

(四)继续抓好新建30万座沼气池生态能源工程。

实践证明在农村推广以沼气为重点的生态能源是有效保护森林资源的办法，也是降低成本，促进种养业发展，提高农民收入的行之有效的途径。特别是北流市、恭城县启动的“生态家园富民工程”成效显著，深受广大群众欢迎。当前全区广大农民建池积极性都很高，我们要上下齐心，争取把生态能源列入西部大开发生态重点工程，争取国家把广西列入生态能源的试点省区，争取更多的资金投入生态能源建设。2002年，全区生态能源建设突出在如下几个方面：重点新建30万座户用沼气池，继续抓好自治区8个生态能源重点示范县建设，新建生态家园示范户10万户。要完成这些繁重的任务，各级林业部门要主动与卫生、扶贫等部门做好协调，及时把任务分解落实到乡、村、农户，层层落实责任制。要加强技术服务和技术创新，克服工作中重数量、轻质量，重速度、轻效益，重建设、轻管理的现象。坚决杜绝弄虚作假行为，切实把好事办好，把实事办实。

(五)建立广西林业科技示范园，加快花卉产业的发展和低产经济林的改造。

2002年广西林业科技支撑的重点项目是抓好广西林业科技示范园建设，建立集科学研究、技术推广、科学普及、产业开发和观光旅游为一体的现代大型林业科技示范园区。要通过建立林业科技示范园来引导和带动群众调整林种结构，引导林农走科技兴林之路，提高林业的经济、生态和社会效益，以此为窗口，展示和推广我区的林业科研成果。林业科技示范园建设要做到高起点、高标准。当前要做好前期规划工作，邀请国家高水平的专家进行规划评审，力争在近年内把广西以及亚热带地区的名特优树种引进培育。科技示范园要走统一规划，分块经营的路子，由省级苗圃基地、区林科院、高峰林场三大块组成，按市场化来运作，今年要形成一定的规模。

花卉业是一项新兴产业，自治区已明确花卉管理由林业部门负责，各地要在机构、科技、资金上关心、扶持花卉产业，要充分发挥林业部门、国有林场的优势，力争使我区的花卉产业取得新的突破。现在农村有一种说法：“种粮不如种菜，种菜不如种花”、“一亩花十亩粮”。在云南、广东等省，亩产值3万至5万的花卉基地已属平常，我区花卉每亩的收入也有5000多元。2001年全区花卉种植面积达20万亩，年总产值4.5亿元，但总体发展步伐相对较慢，远远落后于广东、云南等省市。我区发展花卉产业有优越的地理环境和丰富的品种资源，必须抓住西部大开发、城镇化以及入世后带来的种种机遇，快马加鞭，迎头赶上。一是科研部门加快科研步伐，抓紧培育和引进适宜广西发展的新品种。二是尽快形成生产规模，形成广西花卉的拳头产品。要在南宁、玉林、柳州、桂林、梧州、北海等市建立大型花卉基地，扩大生产规模，提高档次，打造一批像横县茉莉花那样的知名品牌。三是完善销售渠道，拓展市场。我区发展花卉的难点在销售，要组织起来，走出去请进来，把促销的业务扩展到区外和国外，争取花卉业今年产值比去年增长11%以上，达到5亿元，使花卉产业成为广西新的林业经济增长点。

经济林低改是当前农民增收途径之一，今年全区要完成250万亩的任务。低改的重点在科技提升和投入上下功夫，狠抓管理，增加肥料投入，林业部门要安排一些资金抓好一批低改示范点，通过示范来带动林农低改。低改的对象主要是毛竹、八角、玉桂、板栗等，力争通过2—3年的努力，使我区名特优经济果木林无论在产量、质量、效益上均有新的提高。

(六)切实抓好3500万亩的生态公益林补助试点和自然保护区建设工作。

实施森林生态效益补助是林业经营思想的重大突破，生态公益林补助是一项政策性强、涉及面广、操作难度大的一项工作。今年国家下达给我区的重点防护林和特殊用途林补助试点任务3500万亩，补助资金1.75亿元。这项工作的当务之急是尽快明确管护者的管护任务和职责，尽快把每亩3.5元的管护费发放下去。各地必须高度重视此项工作，因为试点好坏影响到今后全面补助问题和提高标准问题。因此，一要做好政策宣传，特别要让个体林农知道国家实施这项政策是对生态建设的保护，对林农生产生活的关心，要让大家理解这个补助不是生态林补偿，而是对生态林管护的补助。二要做好生态效益补助试点实施方案编制。明确试点的原则、范围、方法、步骤，充分做好试点的各项基础工作。在做好林农思想工作的基础上，签订管护合同，把资金落实到管护者手中。三要切实加强领导，部门密切配合，强化补助资金的管理，管好钱，用好钱。在试点工作中还必须切实坚持如下原则：突出重点，集中连片；因害设防，合理布局；加强政策引导，尊重群众意愿；以林权证为依据不得随意变更原有的林地所有权和使用权；划分事权，明确补助支出范围；机制健全，约束有效。因这项工作是全新的工作，有些问题还要进一步调查研究，自治区林业局要组织工作组抓点，各地市也要抓点，全区要做出成绩，并从中总结出经验。

野生动植物和自然保护区建设工作是国家林业局整合后六大工程之一，我们要按工程建设要求，认真做好保护区的规划、设计。重点做好把元宝山、十万大山、千家洞申报国家级自然保护区的工作。做好国家级自然保护区建设工程二期和续建工程的管理。建立钦州湾红树林湿地保护区、北海市合浦红树林湿地保护区及部分县级自然保护区。已确定为国家级保护区的，要做好基本建设规划的前期工作，争取国家投入更多的资金，加快自然保护区基础设施建设，充分发挥自然保护区功能作用。同时要建立健全国家级自然保护区的管理机构，明确其职责。当前从发达国家林业看，森林面积已不是追求的主要方向，保护生物多样性则成为现代林业的要求和主要标准，对于这趋势，我们在努力扩大森林面积，推进我们由传统林业向现代林业跨越过程中需要及早给予高度重视。

(七)做好森林资源的开发利用，加快林业企业集团建设步伐，促进林业产业的发展。

建立发达的林业产业体系是林业跨越式发展的迫切要求。目前，全区有林产工业企业8000多家，形成了以竹木加工、林产化工、木浆造纸、林副产品加工为主体的林产工业框架体系。广西的八角、玉桂、桐油、松香等产量全国第一，素有“世界松香看中国，中国松香看广西”之称。广西的八角占世界贸易的50%，茴油占世界贸易的80%以上，成为广西特色经济重要组成部分。入世后，广西林产工业如何迎接挑战，发挥优势，是一个新课题。今后广西林业要进一步发挥森林资源优势，加快开发利用步伐，做强做大林业产业。当前首先是组建林业集团，走林浆纸一体化的道路。根据形势发展要求，我局将地处我区南部的高峰林场、七坡林场、东门林场、派阳山林场、钦廉林场、六万林场、博白林场、良凤江国家森林公园等八家区直林场以及广西国有林场开发公司和武鸣栲胶厂，依照《中华人民共和国公司法》和有关政策法规，以资产为纽带，共同组建广西高峰林浆纸集团，近期挂牌。运作的设想是第一步筹措资金发展原料林，第二步引资合作，建设大型林浆厂，以此带动速丰林生产，形成林产一体化。力争“十五”期末，我区人造板产量达到110万立方米，木浆达到116万吨，以松香、松节油深加工为重点的林产化工有较大的发展，形成广西的支柱产业。广西地处热带北缘和亚热带，动植物资源异常丰富，森林旅游前景广阔。目前全区已建森林公园30个，森林旅游已初具规模，下一步重点是继续加大投入建设景区景点，推出森林旅游品牌和精品线路，在生态保护完善的情况下，开发利用好森林资源，使之成为林业新的经济增长点。

(八)坚决贯彻落实“严管林”的工作要求，加强森林资源保护体系的建设。

近几年来，尽管我区对森林资源保护采取许多措施，取得了一定的成效，但全区森林资源保护形势仍然很严峻。超限额采伐、盗伐滥伐林木，乱捕滥猎野生动物、非法侵占林地、未批先用林地等破坏森林资源案件屡有发生，有的涉及当地党政和林业部门的领导，在社会上已引起强烈反响。去年，国家林业局通报了我区查处林业案件不力，我们要吸取这个教训，明确森林资源保护与森林资源培育同等重要，必须扎扎实实地做好森林资源的保护工作。一是切实加强资源林政管理。要进一步强化责任，严格执行森林资源案件报告制度和责任追究制度，对工作责任不落实造成森林资源严重破坏和案件失察瞒报的，要坚决追究有关人员的责任。要继续加大对国有林地被侵占和山林纠纷的查处力度，加强林地征占用的管理。二是继续开展严厉打击破坏森林的资源违法犯罪活动。对乱砍滥伐森林、乱捕滥猎和贩卖野生动物的违法犯罪行为给予严厉打击。要加大林业案件的查处力度，决不能手软，要对典型案件进行曝光，对那些恶劣的大案要案，要抽调办案能手，实行挂牌督办，对因地方保护主义久拖不决的案子要采取异地办案的办法，一查到底。当前，林业行业内部监守自盗的情况不少，在有的地方还十分严重，要坚决把这种势头打下去，无论涉及谁，都要依法严办，决不姑息。三是切实加强林政队伍和森林公安队伍建设，提高林业执法队伍的整体素质和执法水平，充分发挥其在保护森林资源中的特殊作用。林政队伍要稳定，尽快组建自治区林政稽查总队；地市县森林公安要赋予直接行使执法权力；抓好基层林业站和木材检查站标准化建设。四是下大力气加强森林防火和森林病虫害防治工作。近年来，我区森林火灾呈现下降的趋势，但并不意味着我区森林防火平安无事。要继续落实责任制，对重点区域、重点时段实行重点防范，对关键部位要严防死守，切不能掉以轻心，麻痹大意，要警钟长鸣，时刻做好扑灭火灾的准备，把森林火灾造成的损失降到最低程度。森林病虫害防治工作要坚持预防和除治并重，以推进工程治理为突破口，集中防治重大危险性森林病虫害。要切实加强预测预报，及时掌握病虫害的发生趋势和动态，适时采取相应措施。重点加强对松材线虫的防治工作，采取有效措施遏制松材线虫病害的发生。五是加强森林资源的监督、监测和核查工作。切实规范核查行为，从制度上防止工作敷衍塞责甚至弄虚作假。

三、当前做好林业工作需要把握的几个问题

为确保完成今年的各项工作，各级林业主管部门要在当地党委、政府的领导下，认清形势，切实转变工作作风，加强对各项林业工作的领导，狠抓落实，努力完成今年的各项任务。

(一)切实强化责任制，当好党委政府参谋。

完成好今年工作，落实责任制是关键所在。这次会议，自治区将与地市签订《广西壮族自治区“十五”期间领导干部任期森林资源消长目标责任状》，会后，自治区有关部门还将与地市就退耕还林和生态补助资金使用签订责任状。地市回去后也要与县区签订责任状。通过签订责任状，层层建立目标责任制，逐级负责，并把工作成效纳入各级领导干部政绩考核的重要内容，确保我区森林资源的稳定，确保退耕还林的目标、任务、资金、粮食、责任五到位，确保生态效益补助资金使用好，用出效果。工作中，各级林业部门必须严格强化责任制的落实。主要领导负责抓，分管领导具体抓，一级抓一级。前不久，自治区林业局已组成7个案件督办和造林督查组，分赴各地、市、县督查工作，各地、市、县也应成立相应的督查组，加强案件的督办和春季造林的督查。林业工作是社会性的工作，在加快林业建设过程中，林业部门必须在各级党委、政府的领导下，积极当好各级党委、政府的参谋，认真分析研究当前林业面临的形势、机遇和困难，主动提出如何抓住机遇，发挥本地优势，加快林业建设的意见和建议。今年我们除了重点抓好上述八项工作外，还要做的工作很多，也都很重要，但是由于时间和精力有限，我们又不可能面面俱到。在这种情况下，我们就要注意讲究工作方法，要注意抓大事，抓关键，走出文山会海，摆脱日常事务，认认真真解决实际问题，以关键性

工作的突破带动全局工作开展。

(二)转变作风,善抓机遇,抓好各项工作。

要完成今年的各项任务,要做大量艰巨的工作。各级林业部门首先要切实转变作风,抓好作风建设。要认真贯彻落实十五届六中全会精神,真正做到"八个坚持,八个反对"。各级林业部门的领导要以身作则,率先垂范,认真对照检查,集中解决作风方面的突出问题。要大力加强廉政建设,把各项工作置于严格的制度约束和监督之下。要大兴调查研究之风,建立健全调查研究工作制度,制定和落实调查研究工作计划,对那些严重制约林业发展的难点问题,集中调研,重点突破。要努力提高调查研究的质量,真正走出门、扎下去,深入基层,深入群众,了解真实情况,掌握第一手材料,寻求正确答案。当前林业部门所承担的工程、面临的机遇比任何时候都多,这对加快生态建设,加快林业发展是一件大好事。但个别单位却存在一些消极现象,不愿承担项目,不愿意承担工程,认为林业部门没有得到什么好处,工作怕苦怕累,怕担风险。对此,各级林业部门的领导必须对此有一个清醒的认识,要坚决克服和纠正这种错误思想。要认识到国家拨那么多的资金搞生态建设,是林业发展千载难逢的好机遇,这种机遇是不可多得的。况且我区所得到的资金和项目较其他西部省区来说还是较少的。我们还要多争取,不能因为几个项目集中下达,就感到有困难承受不了,这不符合"三个代表"重要思想对我们的要求。我们希望全区各级林业部门要振奋精神,艰苦奋斗,抓住机遇,把本地区的林业工作推上一个新台阶,实现林业发展的新跨越。

(三)坚决按照"慎用钱、质为先"的要求,大力强化资金管理,切实提高造林质量。

今年,全区林业投资继续大幅度增加。要管好用好这些钱,首先要从思想上高度重视,采取严格措施。现在,有的地方存在着重资金争取,轻资金管理,为了本单位利益,搞"变通",把资金、项目搞到后就放任不管的现象。对此,必须引起各级领导的高度重视,认真加以纠正。要通过建立健全资金使用管理制度,从机制上确保资金专款专用,严格管理。要着力解决计划和预算管理中存在的突出问题,进一步加强资金稽查。要严格执行国家计划和预算,任何单位和个人都无权擅自调整计划内容和改变预算,对挪用、截留、挤占国家建设资金问题严重的地区和单位,要坚决停止审批新的建设项目,甚至调减建设资金,要坚决维护预算的严肃性和权威性。要从上到下把资金稽查作为一项经常性工作来抓,对查出的问题,要采取严厉措施处理,对有关责任人员要作出相应处分,触犯刑律的,要追究刑事责任。

今年,我们要大力开展"造林质量年"活动,严格体现"质为先"的要求,要以对党对人民高度负责的态度和科学的实事求是的作风,严把造林质量关,严格按工程作业设计的要求,组织实施,不打折扣。一是全面建立造林质量监管体系,加强造林质量管理。建立一支高素质的造林质量监管队伍,对造林工作的全过程实行严格监管,上一道工序不合格的,不得进入下一道工序,将质量问题消灭在萌芽状态。二是切实加强林木种苗建设,努力提高良种壮苗使用率。要把提供足够的良种壮苗作为保证完成造林任务、提高造林质量的第一道工序来抓。集中力量建设好区、市、县三级种苗示范基地,加强各级林木种苗质检站建设,强化种苗市场监管,杜绝假冒伪劣种苗入市、上山。三是不断丰富、完善义务植树的内容和实现形式,切实提高适龄公民的尽责率。四是加大造林实绩核查力度,杜绝浮夸、虚报造林面积现象的发生,保证造林面积的真实性。在今后的造林绿化工作中,要把提高成活率和保存率作为根本点来抓,不能只统计植树株数和造林面积,更重要的是看最后成活了多少,保存了多少。

(四)努力学习,加强队伍建设,提高工作水平。

国内外的新形势新任务,林业建设的新情况新问题,要求我们必须与时俱进,加强学习,不断提高队伍的整体素质。首先,要加强理论学习,提高政治素质。要深入学习领会江总书记"七一"重要讲话,党的十五届六中全会精神,以"三个代表"的重要思想统帅林业工作的全局,指导林业建设实践。其次,要大力开展林业教育培训工作,特别是加强林业法律法规的学习。形势的发展对林业的要求越来越高,依法治林正在不断得到强化,这些变化对每一位林业工作者都提出了更高的要求,特别是机构改革后,全区林业系统人员变化较大,林业战线的新面貌也不少,这些都迫切要求我们必须重视和加强行业的教育培训。要建立规范有序的培训制度,制定切实可行的培训计划,加强对各级领导干部、工程管理人员、技术人员和广大林农的管理培训和技术培训,不断提高各级各类人员的管理水平、政策水平和业务素质，尤其要增强林业法律意识，切实把森林管好。再次，要认真研究我国加入 WTO 以后林业的新动态。积极采取应对措施，趋利避害，努力提高我区林业利用外资水平，扩大利用外资造林，林产加工规模，主动参与国际竞争。

同志们，今年又将是林业工作大有作为的一年。让我们高举邓小平理论的伟大旗帜，以江泽民同志“三个代表”的重要思想为指导，在自治区党委、政府的正确领导下，解放思想，齐心协力，扎实工作，为全面完成今年林业的各项任务，实现富民兴桂新跨越和林业跨越式发展而努力奋斗！

明确目标　强化措施　努力完成今年各项生产经营任务

——在区直国有林场工作会议上的讲话

广西壮族自治区林业局局长　黎梅松

（2002 年 6 月 7 日）

同志们：

今天我们在三门江林场召开区直国有林场工作会议。会议的主要内容是：总结去年和今年 1－5 月区直林场工作情况；表彰 2001 年度区直国有林场先进单位；签订 2002 年度区直林场生产经营管理目标责任状；布置安排今年区直林场的工作，动员各场强化措施，抓紧下半年，全面搞好今年区直林场建设的各项工作。下面我讲三个方面的意见。

一、2001 年区直林场工作的简要回顾

2001 年，区直各场明确方向，把握重点，真抓实干，战胜了水灾、风灾等自然灾害和各种困难，实现了持续稳步发展，各项工作都取得了较好成绩。去年，区直林场共完成造林 25.3 万亩，为目标任务的 102.5%；完成木材生产 80.04 万立方米，占计划的 98.24%；销售木材 63.85 万立方米，占产量的 79.8%；实现总收入 49760 万元，比上年 50206 万元减少 8.96%；实现年利润总额－996万元，比上年－2660 万元减亏 167.07%；实现职工自营经济总收入 9297 万元，比上年 7964 万元增加 23.1%；各场精神文明建设也都取得新进步。

对过去一年区直林场的工作，总结起来有如下几个主要特点：

（一）加快结构调整，发展速丰林迈出大步伐。

2001 年，大部分林场都根据森林分类经营思想要求，把大力发展速丰林，作为加快本场经济结构调整和振兴林场经济的突破口来抓。为了加快速丰林发展步伐，许多林场积极落实森林分类经营区划界定工作，组织干部职工外出参观学习，召开职工动员大会，成立速丰林管理机构，落实专职人员，加强种苗建设，广泛联系积极落实造林用地，争取各方资金扶持，强化造林质量管理，切实加大了速丰林发展工作力度。许多林场一方面首先充分利用场内的采伐迹地和低产林改造地，发展速丰林，努力做到砍得下、种得上，造林不欠账，迹地不丢荒；另一方面，提出在林场之外再造一个林场，广泛与周边群众及林场联营造林或租地造林，拓展了林场发展空间。去年，区直林场共完成速丰林造林 21.39 万亩，占总造林面积的 84.5%。其中，场内 14.15 万亩，场外 7.24 万亩。新造速丰林面积比 2000 年的 12.93 万亩增加了 96%，比 1999 年的 8.44 万亩增加了 153%。营造速丰林及对外扩张造林较多的有：高峰林场 85148 亩，其中场外 72169 亩；博白林场 28907 亩，其中场外 16000 多亩；东门林场 18035 亩，大桂山林场 13757 亩。维都林场在资金十分紧张的情况下，高标准地营造了 6111 亩桉树速丰林。雅长林场因地制宜，在发展速丰林上以西南桦为主，去年成功培育了西南桦苗木，并种植 1756 亩。通过大力发展速丰林，使林场经济结构得到优化，使许多林场职工看到了林场发展的希望，增强了林场的凝聚力和号召力。此外，通过对外联营造林或租地造林，密切了林场与地方党委、政府的联系，改善了场群关系，减轻了护林防火的压力。

同时，一些林场因地制宜，大力发展八角、玉桂等特色经济林。去年，区直林场共新造经济林 1.1 万亩，进一步促进了林场经济结构的优化。

（二）加强森林资源保护，收回被占林地取得新突破。

2001 年，各场都切实加大了森林资源保护工作力度。首先，调整林场内部护林机构和队伍，落实护林责任制，强化护林工作。其次，严格执行森林采伐限额管理制度，加强木材生产的环节管理，杜绝了无证采伐、超限额采伐的现象。再次，加大法制宣传力度和对破坏森林的打击力度，坚持教育与打击、预防与惩处相结合，有效维护了林区治安稳定，保障了生产的正常开展，保护了森林资源安全。

特别是,一些林场针对困扰林场多年的林地被侵占现象,采取有力措施,积极依靠当地党委、政府和有关部门的支持,努力改善场群关系,强化宣传和新闻媒体舆论攻势,依法惩处侵占林地的首要分子,收回被占林地取得新突破。14个区直场有13个不同程度收回了过去被侵占的林地,共收回32803亩。收回较多的有:雅长林场收回18030亩,派阳山林场收回6646亩,钦廉林场收回6420亩,东门林场收回4830.7亩,大桂山林场收回3612亩。雅长林场针对林地被侵占较多的问题,积极依靠乐业县委、政府及公检法司的支持,开展了一次建场以来最大规模的“严打整治”行动,捣毁9个犯罪团伙,抓获违法犯罪人员90人,逮捕35人,拘留2人,并且在收回的林地中将靠近村屯的一部分用来与群众联营,由林场出苗木,群众出劳力,林木利益双方分成,很受群众欢迎。

(三)坚持抓改革、抓管理,挖潜增效取得新成效。

去年,区直林场在前几年改革的基础上,进一步深化三项制度改革,在精简机构、压缩人员和公开竞聘中层领导干部上又有了新进展。许多林场进一步精简总场及场属单位管理机构,重组科室和分场,压缩非生产人员。引入竞争机制,公开竞聘中层领导班子和有关管理人员,加强了干部队伍建设,减少了管理费用支出,缓解了生产经费的紧缺状况。维都林场去年将总场科室从17个减至7个,技管及辅助人员只保留110人,占在职人员的18%,分流非生产人员96人,实现了减员增效。

在转换内部经营机制方面,一些林场实行生产经营项目承包责任制,充分调动了部门、分场及职工积极性。不少林场在对外租地造林或联营造林方面,实行面积、生长量和投资由职工全面承包的管理办法,责权利明确,提高了职工积极性和资金使用效益,形成了一套造林管理新办法,以少数的管理人员完成了较大面积的造林任务。在对场办工业项目的管理方面,各场针对市场不好,自行经营亏损较重的情况,普遍采取对外租赁承包,减少了亏损。高峰林场对营林分场的管理,由块块管理改为条条管理,提高了管理成效,分场只需发放分场长、支书的工资,降低了管理费用。

在强化内部管理方面,各场进一步完善本场生产经营管理的规章制度,实行规范化管理。如黄冕、沙塘等林场制定了一整套的生产经营管理办法,并印发给每个职工或家庭。一些林场积极推行场务公开,对重大项目和重大改革实行公开讨论、民主决策。如黄冕林场的基建项目都实行公开招标,并向职工公开招投标情况。一些困难林场如维都林场强化财务管理,精打细算,千方百计增收节支,不仅保证了造林资金,还补发了历年拖欠职工的工资200多万元并及时兑现了增资调资。博白林场推行财务公开制度,场属各单位与财务结算实行报账式管理,既增加了资金使用的透明度,又加强了财务监督,还节省了生产投资。

(四)强化服务和管理,职工依靠自营经济增收幅度大、致富信心足。

去年,各场进一步加大了职工自营经济工作力度。许多林场进一步完善政策,改善基础设施,引进新品种,扶持职工生产,建立服务机构,加强技术培训和指导,树立自营经济标兵,加强对八角和水果的低产林改造和管理,使职工自营经济取得了新发展,项目增多,品种增多,收入提高。至去年底,区直林场参加自营经济的职工已达11384人,占职工总数的89%;纯收入4124.3万元,比上年增加84%。其中,职工参加率在90%以上的林场有11个。职工自营经济对巩固林场和促进职工致富的作用日益增强。

特别是,因去年八角丰产价高,六万、派阳山等场职工自营经济收入大幅度增加。派阳山林场职工自营经济总纯收入1312.8万元,人均14426元。仅八角一项,纯收入10万元以上的就有37人,其中最高一户三人承包151亩八角成林,总收入64.1万元、纯收47.7万元。六万林场河嵩分场承包八角的职工平均每人收入超8万元,最高一户承包35亩纯收入25万多元。大桂山林场的三华李也已初具规模、小有名气,2001年三华李纯收入110万元,人均1450元。东门林场的自营经济近年多次受灾,但职工灾后不气馁,勇于抗灾自救,及时更新品种和管护,目前职工自营种植的各种水果又恢复起来,孕育着收获的希望。自营经济的蓬勃发展并逐步产生效益,不但减轻了林场的负担,而且较大地增加了职工的经济收入,进一步激发了职工的积极性,不少场的职工纷纷要求增加自营经济用地面积。

(五)坚持“两手抓、两手硬”,精神文明建设与经济工作齐头并进。

去年,区直各场普遍重视精神文明建设,领导班子能带头加强理论学习,积极开展职工思想政治教育,强化信息宣传工作,努力开展职工文体活动。各场都组织学习了江总书记“七一”重要讲话和党中央十五届六中全会精神,组织开展场级领导及中层领导到分场与一线职工“三同”,了解职工思想状况,倾听职工心声,组织职工开展解放思想的大讨论,立足场情,着眼现实与未来,分析本场的优势和困难,摆典型讲发展,明确了林场的发展方向和目标,转变了干部职工的工作作风。

各场采取多种形式和措施加强职工思想政治工作。利用简报、板报、墙报、图片展览、录像等多种形式,宣传党和国家的方针政策、党纪国法、场规场纪等。《黄林报》、《维林简报》、《高峰简报》、《桂山简报》等办得有声有色。特别是,黄冕林场的《黄林报》印发到每个职工家中,宣传面宽、信息量大、及时到位,收效较好。通过宣传使广大职工精神充实,遵纪守法、维护团结和支持改革。各场还注意创造条件丰富职工的业余文化生活,拨款修建体育设施,组织歌咏比赛、球赛等,有的还组织职工参加地方举办的文体活动和比赛,并取得较好名次。

在肯定上述成绩的同时,我们也要看到在工作中也还存在一些问题。主要有:一是林场资源增长和经济增长缓慢,负债较重,资金缺乏,整体效益不佳。二是大多数林场的结构单一,经营粗放,手段落后,效率低下。三是对职工自营经济服务、管理不到位,有相当一部分职工自营经济尚无效益或效益很低。四是林地被侵占和林区生产被阻挠的情况仍很严重。据统计,区直林场共被侵占林地36万多亩。五是有的林场开拓创新意识不强,发展思路模糊,工作较为被动。这些问题,需要我们在今后的工作中采取措施认真加以解决。

二、明确目标,突出重点,努力推动林场改革和发展迈出新步伐

今年以来,我们没有召开过专题的区直林场工作会议,但各场领导都多次参加了自治区召开的林业工作会议和其他综合性的业务会议,在各次会议上,自治区对区直林场工作结合面上工作都做了安排。在这里,对今年区直林场工作的指导思想和工作重点再作明确和强调。

根据全国林业厅局长会议、全区农村工作会议和全区林业工作会议精神,今年区直林场工作的指导思想和总体要求是:以“三个代表”重要思想为指导,贯彻林业分类经营思想,以国家全面实施六大林业重点工程为契机,以加快国有林场经济发展和森林资源保护为目标,全面贯彻“以林为本,多种经营,综合利用,全面发展”的办场方针,以调整结构推动发展速丰林和林场特色经济为重点,以深化改革为动力,以加强管理为手段,推动区直国有林场建设再上新台阶,为全区林业发展发挥更大的示范带动作用。

今年区直林场工作的主要目标是:完成造林45.8万亩,比去年增加81%;实现总收入50098万元,比去年略有增长(增0.7%);保护林场森林资源,保持林场稳定。

完成这些目标任务要切实抓好以下几个方面工作:

(一)必须进一步解放思想,开阔视野,理清思路。

大凡一个地方或一个单位经济发展的快慢,主要取决于干部群众思想解放和观念更新的程度。推进国有林场建设快速发展,必须解放思想,实事求是,与时俱进,开拓创新。各场干部职工一定要认真学习市场经济知识,把握全区、全国乃至全球林业发展趋势和整个经济发展趋势,结合本场实际,进一步解放思想,研究林场发展战略。要深入研究中国加入WTO给林业带来的机遇和挑战,从国家林业建设指导思想的调整和重点工程的启动实施,来定位林场的发展方向和战略。要开拓思路,跳出现有的思维定式,来思考林场的发展。要开阔视野,跳出林场、跳出林业来研究林场的发展。要勇于创新,敢于突破现有的物质和技术条件的限制来谋划林场的发展。要努力破除过去计划经济时期形成的一些不适应开放要求的传统思维方式,树立开放意识、市场意识和创新意识,开放办林场,办成开放林场。要以思想观念的更新来推动改革和发展,以理论创新来带动制度创新和科技创新,促进林场建设不断迈出新步伐。因循守旧,墨守成规,甚至抱残守缺,只会是无所作为。

(二)咬定结构调整不放松,着力推动速丰林突破性发展。

结构单一是制约林场经济发展的根本问题。加强结构调整是林场发展中的一项长期战略任务。各场一定要理清思路,统筹规划,大抓狠抓,常抓不懈。

在调整结构中，各场要坚定不移地把加快速丰林建设放在林场各项工作的首位。大力发展速丰林，是我区林业“十五”计划的重要内容，是实现林业跨越式发展的根本标志和集中体现，是国有林场贯彻以林为本的办场方针的根本要求。区直林场作为全区林业建设的“领头雁”，必须从全局的、战略的高度，充分认识加快发展速丰林的重要性和紧迫性，切实加强领导，制订实施方案，狠抓落实，确保高标准完成今年30.5万亩速丰林的任务。在具体实施中，要从根本上摒弃老品种、老方法的粗放经营陋习。要因地制宜，实现速丰林发展的多品种。各场要注意品种和苗木创新，以此带动产量和效益的提升。同时，要注意栽培技术的创新，要在延长造林季节实行全年造林，在提高集约经营强度实行多年施肥，在减灾防灾和保持土壤肥力实现持续发展等诸方面，切实取得新的进步。积极推广应用先进的林业科技成果，确保速丰林达到速生、丰产和高效的目的。

在调整结构中，国有林场要充分发挥优势，在加快发展速丰林的同时，按市场需求合理调整结构和布局，因地制宜地发展金丝李、枧木、柚木、格木等珍贵用材林树种，发展桉树、松树和杉树大径材，发展八角、玉桂、水果等名特优经济林，发展花卉苗木。并争取形成自己的优势产业，打出自己的品牌，在市场上占据一席之地。总之，要发挥行业优势，走多领域、多树种、多品种、多元化开发之路，实现长短结合、优势互补，将解决眼前困难和长远发展大计紧密结合起来，逐步增强林场的整体经济实力。

(三)进一步强化管理和服务，推动职工自营经济向规范化、效益化发展。

经过多年推动和发展，区直林场职工自营经济已经具备相当规模和基础，完成了扩张面积的外延式发展阶段。目前，应当进入规范和增效的内涵式发展阶段。面对新形势，必须进一步加强对职工自营经济的管理、指导和服务工作，帮助职工解决生产经营中的技术问题和产品销售问题，使自营经济健康稳步发展，保护广大职工日益高涨的积极性。一要建立健全相应机构，配备专职工作人员。现在一些场已设立了专门的管理服务机构，工作开展得比较好，职工也比较满意。还有一部分尚未设立机构和配备专人的林场要尽快落实。二要加强技术培训和指导，努力在增产稳产和提高品质上下功夫。要通过举办培训班、聘请专家授课、现场指导等多种形式，提高职工的经营管理和技术水平。特别是，要注意对那些文化和技术水平低，经济有困难的职工要重点给予帮扶，引导他们逐步走上致富之路。要加强八角和水果的低产林改造。三要加强销售服务工作。通过总场帮助联系客商、及时提供信息、统一组织销售等，促进产品销售，提高经济效益。

(四)要加快林业科技进步和创新，为林场经济发展提供科技支撑。

江泽民总书记指出，科学技术是第一生产力，而且是先进生产力的集中体现和主要标志。国有林场要摆脱困境，加快发展，缩短与其他行业的差距，出奇制胜之策在科技创新和进步。由于长期以来受林业粗放经营思想的影响，我区乃至全国林业科技进步较慢。这集中体现在无论是用材林还是经济林都存在品种创新和栽培技术及加工利用技术的创新缓慢，几十年甚至几百年都还是一样的品种一样的方法，严重影响产品创新和产业结构的优化。与其他行业如发达地区的农业比较，林业的品种创新和栽培技术及加工利用技术的创新明显落后。我区国有林场近年在引进桉树、相思和其他水果良种及技术方面，取得了一定的成绩和经验，但总体上仍然落后于其他行业，有的林场甚至落后于社会上的企业和个人的造林水平。这与国际上现代科技飞速发展的形势不相适应，与国有林场发展的要求不相适应，与国有林场作为全社会林业的示范样板地位不相称。

因此，国有林场特别是区直林场在科技进步与创新上必须奋起直追。一是要树立强烈的科技创新意识。要以科技创新带动产品创新和经济结构的优化升级。要确立市场竞争就是科技创新与进步的竞争意识。要确立林场是科技创新的主体的观念，要改变认为科研只是科研院所的事情或政府的事情的观念。二是要扩大开放，积极引进优良品种、先进技术和科技人才，加快科技创新步伐。国有林场要勇于追踪世界先进的林业良种和技术，要像舍得花钱买洋车一样舍得花钱买“洋种”和“洋法”，并加快消化吸收应用于生产。比如，邓恩桉等耐寒桉和杂交松等树种，由于组织繁育技术尚不过关，我们花钱从国外直接买种也是划得来的。进而加强产学研相结合，依托科研院所，加强科技试验和攻关，像东门林场在桉树的引种栽培上一样，形成广西自主创新能力。三是要加强林场林业科技试验示范区建设。自治区的现代林业科技示范园区建设，以广西省级示范苗圃、高峰优良树种及技术展示区和自治区林科院为依托，已正在兴建当中。区直各林场也要重视并切实抓好各自的科技试验示范区建设，无论是在用材林还是经济林方面，每个林场都要引种一批速丰林树种和经济林果树种，从中选择合适本场发展的树种、品种，并建立有一定面积规模和科技水平的各类树种推广示范林，带动本场及周边的发展。四是要加强高新技术在林业上的应用，加快国有林场传统产业的更新改造。要进一步利用基因工程技术、组织培养技术等生物技术，改进种苗培育工作，提高种苗质量和造林成效。要广泛使用“3S”等信息技术，改善和加强林场的生产经营管理，提高管理水平。五是要加强先进实用技术和优质速生丰产树种的推广。要运用生化技术，实行配方施肥、丰产栽培、集约经营，发展智能林业，提高速丰林和经济林经营效益。今后，区直林场再也不能使用未经选优的林木种子、搞裸根苗造林和“一锄法”造林。要尽可能使用优良的无性系和容器育苗造林。要积极推广使用生根粉等植物生长促进剂，提高造林成活率。

(五)继续推进林场改革，支持林业集团组建工作。

要继续深化林场内部三项制度改革。近年来，区直林场改革特别是三项制度改革已取得明显成效。但还存在一些深层次的矛盾和问题。比如，国有林场政策性调资的增长幅度远高于经济增长速度，增资只能部分到位；工资总额与效益脱节，多形式的工资分配场际间差异较大；一些从事“脱钩承包”自营经济的职工，收入远没能达到结构工资水平，有些基本没有收入；职工养老保险尚属系统内部的，提高退休人员工资全部靠林场自己负担，林场负担越来越重。一些林场负债过重，经济增量不大，经营亏损仍是困扰多数林场的主要问题。解决这些问题，必须进一步依靠深化改革和加快发展。一是要精简机构，分流人员。要合理设置内部管理机构，非生产性人员应控制在职工总数的20%以下。全面推行全员劳动合同制，在定岗、定员、定责的基础上，实行公开、公平、公正竞争上岗。要通过发展自营经济、兴办第二、三产业增加就业岗位，认真做好富余人员的安置工作。二是商品经营型林场要实行工资总额与经济效益和目标责任状挂钩，这项工作争取明年开始试行。区林业局正在研究制定区直林场深化工资分配制度改革的指导意见。三是要改革现行国有林场养老保险办法，争取纳入全区统筹的社会养老保险，以减轻林场负担，解除职工后顾之忧。

要积极配合做好组建高峰林浆纸业集团的各项工作。没有新举措就没有新发展。为把广西林业做大做强，寻求入世后广西林业的新发展，遵照自治区人民政府的指示，自治区林业局决定以桂南的八家区直林场以优良资源、资产为资本，共同组建广西高峰林浆纸业集团有限责任公司。目前，此项工作已进入最后阶段，自治区政府即将行文批复成立集团。各有关场一要解放思想，顾全大局，着眼未来，积极支持和配合集团的组建工作，以制度创新带动管理水平的提高。同时，要调整好场内科室和人员分工，为集团正式成立后的正常运转做好准备。要统筹安排林场的各项生产工作，确保集团和本场的工作顺利开展。

(六)以高度的责任感，保护好林场森林资源。

森林、林地是国有林场生存和持续发展的重要基础。依法保护好林场森林资源的安全，是各场领导班子的一项重要职责。首先，各场一定要增强法制意识，贯彻执行《森林法》及《森林法实施条例》等法律法规，严格执行森林限额采伐制度。各场要吸取教训，加强木材生产管理，特别是对卖青山等容易产生漏洞的做法，各场要严格把关。切实做到凭证采伐，凭证运输，按期更新，坚决杜绝超限额采伐、超计划采伐和更新欠账的现象。其次，各场一定要充分认识新形势下森林、林地安全隐患的严重性，以高度的责任感，采取有力措施，坚决制止新的侵占林地现象，严厉打击盗伐林木、故意纵火等破坏活动，切实维护林场的合法权益。对历史上被侵占的国有林地，各场要采取切实可行的措施和办法，积极收复。这一问题，国务院及自治区领导早有批示，自治区政府也于2000年召开了全区林地保护工作会议，对林地案件提出了查处意见，要求坚决查处。各林场在这方面虽已取得一定的进展，但总体上还没有达到要求。各场要充分认识这项工作的艰巨性、复杂性和长期性，总结和借鉴场内外近年收复林地的成功经验，制订工作方案，积极主动争取当地党委、政府及政法部门的支持，逐步收复被占林地。

三、强化措施，扎实工作，全面完成今年的各项工作任务

今年以来，区直各场坚持抓改革、抓管理、求发展，采取了一些新举措，取得了一定的阶段性成绩。1～5月，区直林场共完成容器育苗3603万株，除自给有余外还有1711万株可供外调。完成造林32.64万亩，占年计划的71.2%，其中，场内造林17.1万亩，场外造林15.54万亩。生产木材18.5万立方米，同比增40.7%；销售木材16.5万立方米，同比增38.7%，实现了产销两旺，但销价略有下降。目前存在的较为严重的问题，主要有：一是由于受前段干旱影响，造林进度缓慢，造林苗木损失较大，造林任务仍然艰巨，还有近15万亩需要造林，相当于前几年一年的造林任务。二是由于市场波动，场办工业的主要产品产销量和销价与去年同比均有下降。1～5月，共生产人造板4.7万立方米，同比减3.3%；销售人造板4.8万立方米，同比减2.7%；生产木片1.01万绝干吨，同比减54.9%；销售木片0.89万绝干吨，同比减8.2%。目前，各场生产经营形势都比较严峻，直接影响今年造林和收入指标的完成。

下半年，各场必须强化措施，努力工作，力争全面完成今年林场的各项目标任务。

（一）坚持实行经营管理目标责任制，层层落实生产经营任务。

实践证明，坚持实行生产经营管理目标责任制，是一种行之有效的宏观管理办法。进入“十五”期间，从去年开始我们在完善责任状和认真检查上下了功夫，基本达到了预期的目的，有力促进了各场的工作。今年我们在总结经验的基础上，对责任状内容及其评分办法又进行了修改，使其更趋完善。会上，就要与各场签订今年的责任状。各场领导班子要认真研究今年责任状的各项内容和要求，制订实施方案，将任务层层分解，具体落实到各科室、分场和岗位，做到责任明确。特别是，主要领导要负总责，各级领导都要具体抓落实。各场要按现行体制，建立责任状的监督检查机制，经常对照检查，及时调整工作重点和强化工作措施，以此推动全场工作的开展。

（二）多方筹集资金，保证速丰林等重点项目建设的投入。

完成今年速丰林造林任务，是各场今年生产经营中的第一重任。各场必须千方百计多方面筹措资金，保障项目的顺利实施。一是要加强财务管理，开源节流，挤出更多的资金用于营造速丰林。二是要寻求与大型林业企业或造林公司合作，向“订单林业”发展，将林场建成企业的原料基地，既解决发展资金，又解决速丰林木材的销路。三是要积极主动与金融部门联系，利用资源、资产抵押贷款，这应是解决速丰林投入的主渠道。四是要以实施退耕还林、生态效益补助试点、珠防林、海防林等重点工程为契机，争取国有林场纳入林业重点工程建设范围，从项目上得到资金并在国家允许的地类按规定营造一定比例的速丰林。五是吸收场内外对速丰林发展有兴趣的单位和个人投资，采取联营或股份合作等方式造林。

（三）要强化经营管理，实现增收节支。

林场一切工作的好坏，最终要以经济收支情况来衡量。整体来讲，区直林场的生产经营管理水平还比较低，手段落后，铺张浪费现象还不同程度存在，与当前林业发展形势不相适应。特别是，在市场形势不好的情况下，更必须依靠提高管理水平，加强内部管理，挖潜增效。各场要进一步完善各项规章制度，实行用制度管人、管物。特别是，要强化各个生产项目或环节的财务管理、成本管理，挖掘潜力，堵塞漏洞，实现增收节支。各场一定要充分运用计算机等现代科技和管理手段，对森林资源档案和其他生产经营活动进行管理、跟踪和监测，以提高生产经营管理水平和工作效率。要进一步搞好场务公开工作。对本场生产经营、财务收支和重大项目的收支情况各场要及时予以公开，接受广大职工监督，以促进林场的廉政建设，使增收节支工作更有成效。

（四）要关心职工生活，充分调动职工的生产经营积极性。

职工群众是林场建设的力量源泉。改善和提高职工生活水平，是我们加强国有林场建设的出发点和归宿点，是调动广大干部职工为加快林场建设而积极工作的重要措施，是衡量林场领导班子称职与否的一个重要方面。有条件而不帮职工解决生活困难的，是不受职工欢迎的领导，也是不称职的领导。在改革中把职工当成包袱来甩，不顾及职工的利益是极为错误的做法。各场领导班子一定要认真学习和努力实践江泽民同志“三个代表”的重要思想，尽可能为改善和提高职工生活水平多做好事、实事。特别是，要尽可能改善各场分场和林站职工的生活用水和交通设施，注意解决全场干部职工的住房和子女入学等问题。要创造条件努力提高职工生活福利。困难林场要注意落实职工的基本生活保障。同时，加强职工思想政治工作，努力改进思想政治工作方法，从职工最关心、最需要解决的问题入手，把解决思想问题同解决实际问题结合起来，把工作做到职工的心坎上。要教育职工看到林场的困难和发展的希望，使他们能顾全大局，支持林场工作。从而，使职工热爱林场，安心林场工作，为林场建设多作贡献。

（五）加强林场领导班子建设，保证林场工作的全面开展。

一个林场工作的好坏，关键取决于林场领导班子的战斗力和号召力如何。各场要坚持加强党对国有林场的领导，充分发挥林场党组织的政治核心作用，保证、监督党和国家方针政策的贯彻执行。各场领导班子要围绕经济建设这个中心，按照江总书记"三个代表"重要思想的要求，自觉加强理论学习，贯彻民主集中制原则，严格要求自己，提高领导素质和管理水平，增强在市场经济的新形势下管理林场的能力，少出决策偏差。要建立健全林场监督机制，加强对领导班子的监督，搞好廉政建设。要积极发挥林场工、青、妇的作用，注意发挥工会及其职代会的监督职能作用。要继续推行公开竞争的办法，选拔中层领导，培养林场后备人才，促进林场的持续发展。林场各级领导干部要改进领导方式和领导方法，转变工作作风，改善和加强林场的经营管理工作，确保全面完成好各项目标任务。

同志们，今年时间又快过一半，我们各项生产经营管理任务还很艰巨。希望各场振奋精神，开拓进取，努力工作，力争全面完成今年各项生产经营任务，使区直林场建设再上一个新台阶！

深入学习"5·31"讲话　全面推进五大转变　抓好六大工程　加快广西林业跨越式发展

——在全区林业局长工作会议上的讲话

广西壮族自治区林业局
党组书记、局长　黎梅松

（2002年9月10日）

同志们：

在全区掀起深入开展学习江总书记"5·31"重要讲话的热潮中，我们召开全区林业局长工作会议，这是我区林业在历史性转变的新形势下召开的一次重要会议。会议的主要任务是：深入学习江总书记"5·31"重要讲话精神，用"三个代表"的重要思想指导林业工作；传达贯彻全国林业厅局长座谈会暨速丰林工程启动会精神，全面推进林业五大转变和抓好六大工程，加快我区林业发展步伐；总结分析当前工作，研究部署如何完成今年的任务和今冬明春的备耕工作。全区地市县机构改革后，不少领导同志转战到林业工作岗位，借此机会，共同学习和研究全区林业发展大计，希望大家集中精力，开好此次会议。下面，我讲五个问题。

一、深入学习江总书记"5·31"重要讲话，用"三个代表"要求来统一思想，指导林业工作

江泽民同志"5·31"讲话是在党的十六大即将召开的重要时刻发表的。讲话运用马克思主义的立场、观点和方法，站在全局和战略的高度，纵观国际风云，立足国内实际，科学地分析了当前我国社会主义现代化建设面临的新形势、新任务和新挑战，进一步阐述了"三个代表"的科学内涵和贯彻落实的根本要求，深刻地回答了党和国家未来发展的一系列重大理论和实践问题，创造性地提出了许多新思想、新观点、新论断。讲话高屋建瓴，内涵丰富，思想深刻，论述精辟，是继去年"七一"讲话之后的又一篇马克思主义的光辉文献，它标志着以马列主义、毛泽东思想和邓小平理论为基础的"三个代表"重要思想理论体系的日臻完善和不断成熟，为党的十六大召开奠定了重要的政治、思想和理论基础。认真学习和全面贯彻讲话精神，对于更好地团结和动员全国人民高举邓小平理论的伟大旗帜，深入实践"三个代表"重要思想，为完成历史和时代赋予我们的庄严使命而奋斗，具有十分重大的现实意义和极其深远的历史意义。全区林业系统的各级党组织要组织广大党员干部职工，把学习、领会、贯彻讲话精神作为当前和今后一个时期的重要政治任务，切实抓紧抓好。

（一）深入学习"5·31"重要讲话，必须进一步认识讲话的重要意义，在全区林业系统掀起学习讲话的新热潮。

深入学习讲话精神，对加快广西林业跨越式发展和实现富民兴桂新跨越至关重要。"5·31"重要讲话发表后，全区林业系统各级干部职工认真学习，深刻领会，用讲话精神统一思想，指导工作，卓有成效地推动了全区林业建设的快速发展。现在，我们要进一步把学习推向深入，不断巩固和发展当前的好形势。当前和今后一段时期，各地林业部门要在前段学习的基础上，再次掀起学习江总书记“5·31”重要讲话的新热潮。领导班子和领导干部要起带头作用，要紧密结合各自的思想实际和工作实际，深入研究，力求多学一些，理解透彻一些，为广大党员干部和群众作出表率。领导不仅要带头学，还要组织和辅导干部群众学，通过生动活泼的形式开展学习活动，不断把学习活动推向深入。

(二)深入学习“5·31”重要讲话，把握讲话精神实质，以实际行动把讲话精神贯彻落实到林业建设的实践中去，用“三个代表”要求统领林业工作全局。

在学习中，我们要准确地把握讲话的精神实质，特别是“三个代表”重要思想是讲话的主线、是灵魂的观点；执政兴国、执政为民是根本宗旨，把发展作为执政兴国第一要务的观点；与时俱进，开拓创新是马克思主义认识论和唯物辩证法精髓的观点；始终保持党的先进性是核心的观点，我们必须牢牢的把握住。学习的目的在于运用，而不是坐而论道。深入学习“5·31”重要讲话，关键是要用“三个代表”的重要思想解决我区林业实际问题，争取林业发展得更快些，更好些。为此，我们以讲话精神指导林业工作，要着重抓好三个方面：

第一，要坚持解放思想，与时俱进，开拓创新。解放思想、实事求是、与时俱进、开拓创新是“三个代表”要求的思想精髓，是我们取得工作新成绩，开创事业新局面的“金钥匙”。当前，我区林业改革和发展面临很多难题，之所以迟迟得不到突破，主要原因之一是我们思想还不够解放，观念还比较陈旧，开拓创新意识还不够强。在实际工作中表现为：因循守旧，墨守成规，习惯于用老思路想问题，用老办法干事情；对林业改革发展中出现的新情况、新问题缺乏足够的敏感性，甚至反应迟钝，跟不上时代前进步伐；对工作中长期得不到解决的疑难杂症，不思突破，敷衍塞责，缺乏勇于创新的精神和胆略。回顾全国全区林业50年来的历程，林业行业新情况、新问题不断出现，是一个出现问题，解决问题，总结提高，不断创新的过程。没有思想上的大解放，大飞跃，就不可能有事业上的大发展、大跨越。最近，国家林业局提出，大力推进五大转变，就是国家林业在建设实践中理论上的新跨越、新突破，是林业理论与时俱进的体现。我们学习这五大转变，实践这五大转变，就要进一步解放思想，转变观念，尽快从计划经济体制的束缚中解放出来，从不合时宜的错误观念中解放出来，从已经过时的林业政策的桎梏中解放出来，抓住难得的历史机遇，苦练内功，锐意改革，加速广西林业实现历史性转变和真正意义上的跨越。

第二，要把发展作为林业工作的第一要务，并紧紧抓住这个第一要务。发展是硬道理。林业只有得到持续、健康、快速发展，才能满足国民经济和社会发展对林业日益增长的多种需求，才能突现林业在经济社会中的地位和作用，才能解决林业在前进中的矛盾和问题。进入新世纪，广西林业根据国家六大工程的生产力布局，突出生态效益优先，生态、经济、社会三大效益全面发展，取得了一系列新的成绩，大家有目共睹。但是，我们如果因为有了点成绩而沾沾自喜或者不思进取，那我们就会停滞不前，甚至可能把已经展现的前景丧失掉。我们必须看到，目前我区林业的发展，基本上还是一种数量扩张型、资金推动型发展，与我们所期待的质量效益型，需求拉动型的发展尚有很大差距。今后，广西林业发展将继续坚持生态优先原则，走以大工程带动大发展之路，重点抓好退耕还林、森林生态效益补助试点、野生动植物和自然保护区建设、速丰林工程、林产加工等工作，力争在数量上快速增加森林资源总量，在质量上有效增加森林单位蓄积量，在效益上迅速提高林业生态价值和林业产值。总的目的要在生态上实现八桂大地山川秀美，在经济上实现富民兴桂，林业成为全区的经济支柱产业，使林业生态、经济、社会三大效益协调发展，这就是我们的第一要务。

第三，要坚定不移、毫不动摇地加强班子建设和队伍建设，确保党的路线、方针、政策在林业工作中得到贯彻落实。江总书记提出的“三个代表”重要思想，把代表最广大人民群众的根本利益作为党的先进性的集中体现，我们在工作中制定的政策好不好，实施的改革措施对不对，取得的建设成绩大不大，最终都要用群众满意不满意，答应不答应，高兴不高兴这三条根本标准来检验，这是我们现在和将来一切林业工作的出发点和落脚点。全区各级林业党组织必须始终坚持这一点，加强组织建设，加大队伍的管理力度，增强执政兴林、执政为民观念，以改革的精神，为党和人民，掌好权、用好权，严格执行“严管林，慎用钱，质为先”的方针，用新的业绩来回报党和人民的信任和重托。我们深入学习“5·31”讲话，就是要用“三个代表”要求，发扬林业战线干部职工吃苦耐劳、艰苦奋斗的优良传统，为实现林业跨越式发展而努力。

二、与时俱进、开拓创新，努力推进林业五大转变

最近，国家林业局周生贤局长在全国林业厅局长座谈会暨速丰林工程启动会上指出，当前的林业发展，形势喜人，形势逼人，林业正经历着一场极其深刻的变革，正处在一个十分关键的历史转折时期。面对这样的形势，林业建设如何抓住机遇，趋利避害，乘势而上，最关键的就是要大力推进由以木材生产为主向以生态建设为主的历史性转变，这是林业处在这个重要发展阶段的基本特征。在这个阶段里，林业正在加速实现由以采伐天然林为主向以采伐人工林为主，由毁林开垦向退耕还林，由无偿使用森林生态效益向有偿使用森林生态效益，由部门办林业向全社会办林业的转变。这是当前我国林业发展阶段所有特征的集中体现，统称为林业的五大转变。第一个转变是五大转变的核心和根本，是纲，是管总的，管长远的。没有这一转变，就很难想象国家会投入巨资启动六大工程，就很难想象社会各界会给予林业这么多的关注。其他四大转变是从属于第一个转变的，是目，是这一转变的重要标志和表现形式，是推动这一转变的重要力量，并且随着发展过程的变化而变化。这五大转变，是按照江总书记"三个代表"要求，在林业战线进行的一次思想解放，是对我国林业发展历史深刻认识，科学总结的硕果，是我国林业发展思路的再一次升华。五大转变一经提出，改革的迫切性陡然增加，把改革的任务非常明确地摆在我们的面前。过去以木材生产为主形成的各种体制、机制、政策已不适应林业的发展，生态建设为主对大家来说都是一个新的课题，如何调整，如何学习。在这里，我们首先要弄明白三个问题。

(一)与时俱进，认清林情，五大转变是我国林业发展的历史必然。

五大转变的提出，不是偶然的，而是我国林业发展的历史必然。新中国成立初期，我国经济社会发展的水平很低，社会对林业的主导需求主要是木材，加之受"以粮为纲"思想的影响，使林地成了扩大耕地面积的重要来源。当时，林业只能是一项基础产业，主要任务是以采伐木材为主，并且基本上是采伐天然林，毁林开垦普遍存在，社会对森林的生态价值不加回报，林业工作全靠林业一个部门单打独斗。五大转变在这个时期不具备任何条件，基本处于零状态，有的甚至是逆向发展。改革开放后，随着经济社会的不断发展，人们逐渐认识到林业既是一项重要的基础产业，又是一项重要的社会公益事业，同时兼有三大效益。这个时候，林业开始由以木材生产为主变为与生态兼顾，人工林得到大力发展，毁林开垦有所减缓，森林生态效益补偿问题提上日程，社会办林业的格局渐具雏形。五大转变在这一时期开始显现，但由于受当时各种条件的限制，推进力度十分有限。跨入新世纪，随着可持续发展战略和西部大开发战略的实施，社会对生态环境的关注达到了前所未有的程度，人们对林业地位的作用在认识上产生了质的飞跃。"三大效益兼顾，生态效益优先"成了林业建设的指导思想，加强生态建设成为林业工作的主要任务，天然林资源受到严格保护，木材生产转向以采伐人工林为主，大规模的退耕还林渐次展开，森林生态效益补偿制度开始实施，全社会办林业形成气候，五大转变开始进入实质性整体推进的新阶段。

纵观新中国林业50多年走过的历程，是一个以木材为中心的指导思想从不断强化到逐步弱化的过程，是一个对林业认识日益深化和林业定位不断调整的过程，是一个经济社会发展推动林业五大转变从发生到发展，从量变到质变的过程。也就是说，在尊重林业自身发展规律的前提下，社会需要一个什么样的林业，我们就必须努力建设一个什么样的林业。否则，林业就没有生命力，就找不准自己的位置，就无法得到社会的重视，就难以在推动经济社会发展中发挥更大作用。

(二)加快林业发展，提高思想认识，五大转变标志着我国林业进入了明晰思路指导下加快发展的新阶段。

自1997年江总书记向全国人民发出再造秀美山川的伟大号召后，全国务林人以只争朝夕的拼搏精神，开拓创新，发愤图强，扎实工作。国家林业局通过系统整合完成了全国林业生产力布局的战略性调整，确定了以大工程带动大发展的工作思路，全面启动了六大工程，把林业改革事业向前推进了一大步。我区林业建设与全国形势一样，六大工程建设深入人心，喜讯频传，各级林业部门工作热情高涨，广大务林人精神面貌焕然一新，各地积极探索，锐意改革，全区林业跨越式发展迈出了实质性步伐，真正进入了一个欣欣向荣、蓬勃发展的春天。现在，林业已经被看成是一项在经济社会可持续发展中具有举足轻重影响的公益事业,而不仅仅被视为一项概念狭窄,单纯追求经济效益的基础产业。正如国务院领导同志明确指出的那样,在贯彻整个可持续发展战略中,应该赋予林业以重要地位;在整个生态环境建设中,应该赋予林业以首要地位;在整个西部大开发中,应该赋予林业以根本地位。在这样的形势下,国家林业局不失时机地提出了五大转变,这是对林业发展趋势的准确把握,是林业适应市场经济体制的战略选择,是对林业工作调整的重大决策。尽管此时此刻,我们也清醒地看到,林业建设中仍然存在着一些不容忽视的矛盾和问题,特别是政策不活,机制不灵,管理不严,经营不善等问题仍很突出,严重阻碍着林业跨越式发展的进程。但是,林业发展的大局不可逆转,林业正在加速实现历史性的伟大转变。由以木材生产为主向以生态建设为主的转变,是对林业定性定位和指导思想的一次重大调整,是对林业认识的一个巨大飞跃。由以采伐天然林为主向以采伐人工林为主的转变,是在尽量满足社会对木材需求的前提下,最大限度发挥森林生态、社会效益的战略选择。由毁林开垦向退耕还林的转变,是优化国土利用结构,加快林业发展步伐的有效途径。由无偿使用森林生态效益向有偿使用森林生态效益的转变,是林业发展的一个重大机制创新。由部门办林业向全社会办林业的转变,是完成新时期林业建设任务的重要保证。特别是六大工程的全面启动,为五大转变提供了有效载体和重要基础,使五大转变成为可能,并进入实质性整体推进的新阶段。

(三)以改革务实的精神大力推进五大转变。

五大转变的渐次认识和提出,使我们有了一个改革的目标和模式。这几年,我们根据国家林业生产力布局的重新调整,在区党委要做好生态文章的战略思想指导下,围绕五大转变,开展了大量实实在在的工作,取得了明显成效。首先在认识上,我们认真地贯彻了中央西部大开发的战略思想,调整了新时期林业工作的思路,把生态放在优先地位。在实际工作中,我们围绕六大工程,开展调查研究,统筹规划,积极争取项目和资金,得到中央政府的支持,使全区的生态建设进入一个新的发展时期。我们还根据我区生态保护的需要,积极推进沼气池等再生能源的建设,使我区的林业生态得到进一步保护和发展,也成为我区林业建设的一大特点。推进五大转变,已成为我们制定新时期林业跨越式发展的理论基础和发展方向。

三、突出抓好六大工程,以大工程带动广西林业大发展

跨入新世纪之后,国家林业局根据新形势下林业的性质、定位、指导思想、建设布局、林业经营管理体制和运行机制的变化,以及造林方式和结构的变化,适时的提出了推进林业建设的五大转变,并在此理论基础上提出实施六大工程作为我国林业实现跨越式发展的载体。

抓好六大工程,就是要举全局之力抓好系统整合后的六大林业重点工程,构造新世纪林业建设的生产力布局。一是天然林保护工程,这是我国林业的“天”字号工程,也是投资最大的生态工程。主要解决长江上游、黄河上中游区域天然林资源休养生息和恢复发展问题。二是“三北”和长江中下游地区等重点防护林体系建设工程(包括我区的沿海防护林二期工程、珠江防护林二期工程)。这是我国涵盖面最大内容最丰富的防护林体系建设工程。三是退耕还林工程。这是我国林业建设上涉及面最广、政策性最强,工序最复杂、群众参与度最高的生态建设工程。四是环北京地区防沙治沙工程,这是首都乃至中国的“形象工程”。五是野生动植物保护和自然保护区建设工程。六是重点地区以速生丰产用材林为主的林业产业基地建设工程。这是我国林业产业体系建设的骨干工程,也是增强林业实力的“希望工程”。主要解决我国木材和林产品的供应问题。广西根据国家林业发展思路,以及中央关于西部大开发战略和自治区党委提出的富民兴桂新跨越的战略部署,对林业建设工程进行了系统整合,实施退耕还林工程、生态补助试点工程、野生动植物保护和自然保护区建设工程、生态能源工程、珠防林海防林工程、速丰林工程等六大工程,编制了全区林业中长期规划和各项重点工程规划,调整了林业生产力布局,以及林业生产关系,制定了以“三个代表”重要思想为指导,以改革为动力,以调整结构为主线,从系统整合后重点工程入手,以生态建设为重点,以发展速丰林为突破口,以科技为支撑,促进林业生态体系和林业产业体系建设,实现新世纪广西林业跨越式发展的新思路。

(一)全力抓好退耕还林工程,从根本上改善我区生态环境。

退耕还林工程是中央西部大开发生态建设中

的一项重大生态工程，是改善生态环境，减少水土流失的根本性措施。由于历史原因，我区因毁林种粮、种蔗的面积达1000多万亩，造成了严重的水土流失，是旱涝灾害和贫困的根源之一。为了恢复植被，改善生态环境，2001年中央把我区列入退耕还林试点省区，在东兰、乐业取得试点经验的基础上，今年在64个县实施面积240万亩，其中退耕地造林120万亩，荒山造林120万亩。从目前实施的情况看，到8月底，全区已完成退耕地造林48.85万亩，占计划40.7%；荒山造林75万亩，占计划62.5%。总结成功的经验，凡是工作搞得好的，关键是党政领导和林业部门领导重视、关心和支持，并在成立机构、配足人员、宣传发动、制订方案、开展作业设计、落实工作经费、兑现钱粮等每一个环节得到较好的落实。相反领导不重视，决心不大，怕担风险、怕苦怕累，不仅搞不好工作，还出现迟滞国家下拨资金，退出任务等反常的消极现象。特别是在我们林业部门内有这种情绪，这对我们事业十分不利。前段时间，退耕还林工作有种错误倾向，认为退耕还林是好了其他部门，苦了林业部门，这种认识要纠正过来。其实，直接得益的是林业，当然也是整个社会。我认为起码有以下几个方面的好处：一是退耕还林工程是建设山川秀美的重要举措，是林业部门的天职，是实践“三个代表”的实际行动。二是国家出钱出粮实施退耕还林，比自己去找项目找资金来说是个千载难逢的机会，何乐而不为？这样的项目不要、不干，还有什么项目和资金更好的呢？三是国家退耕还林的范围在扩大，对我区来说，毁林种粮的地要退，种植甘蔗等农作物的地也可以退，这对当地调整种植结构、农民致富又开辟了一个新途径。对林业来说，又可增加森林的面积。四是根据国家的政策，在退耕地上，可大力种植竹子和速丰林，这是非常符合我区今后林业发展战略的，我们所担心的生态林与经济林的矛盾得到了解决。五是我区有大面积的石山地区，石漠化严重，而国家对荒山造林任务不限定，每亩给予50元的种苗费，这样的钱不用，还去找什么资金？还等到什么时候？六是林业部门可以通过良好服务，与农民合作，在土地上、种植上、种苗上、就业上得到较为长久的回报，有的县已走出了一条好的路子。那么多的好处是实实在在的，如果怕苦怕累，无所作为，那当然就体会不到这项工程给人们带来的好处，也体会不到社会对林业部门的评价。所以我们要纠正一些错误倾向，努力创造条件，争取更多的任务。明年我们已申报退耕还林任务150万亩，荒山造林200万亩，加上今年的240万亩，如果真正落实好，抓出成效，那对广西生态建设乃至经济和社会带来多么巨大的效果啊。

（二）以高度负责的精神切实做好森林生态效益补助资金试点工程和自然保护区建设工程，加强生态林的管理。

森林生态效益补助试点工程的启动，标志着无偿使用森林生态效益的历史宣告结束。我区虽然没有被列入天保工程项目中，但党中央、国务院对我区的生态环境保护和建设是高度重视的，在生态防护林的补助中作为首批试点单位给予大力支持，在国家资金还比较困难的情况下，安排我区3500万亩生态防护林补助试点任务，补助资金达1.75亿元，是首批全国补助资金最多的省区。为了做好这件事关我区国民经济发展全局的大事，我区林业部门积极和财政部门进行深入广泛的调查研究，并根据国家林业局和财政部文件要求，制定了《广西壮族自治区关于开展森林生态效益补助资金试点工作的意见》以及《广西壮族自治区森林生态效益补助资金管理办法（暂行）》。这两个文件对补助资金的使用范围、补助对象、标准，资金的申报、审批、拨付以及管理和监督均作了比较系统的规定。到目前为止，全区大部分农户已签订了管理合同，补助资金已全部下拨到县财政，全区大部分县已把资金落实到林业局，有的地方已开始把补助资金发放到林权所有者的手中。但这项工作进展还是缓慢，主要是有的地方认为每亩补助5元钱太少，没有认识到这是国家对防护林管理上的补助，而不是补偿，因而许多按程序要做的工作都没有完成，如规划界定，签订协议，资金发放方式等。如果这次试点工作不成功，将影响到国家对这项工作的全面实施以及补助标准的提高。因此，各地要重视抓紧抓好这项工作。

野生动植物保护和自然保护区建设是林业生态建设的重要组成部分，是六大工程之一，必须加快建设步伐。目前全区共有自然保护区55个，其中国家级保护区5个，省级保护区32个，地（市）级保护区2个，县级保护区16个。当前这项工程的主要任务，是要确定保护区的范围，调查在管理体制、机构、投入、政策等方面存在的问题，以便制定行之有效的管理办法。目前管理不到位、林区林农生活困难等现象不能再继续下去了。同时对具备升级条件的保护区，应有计划的向上级申报，以便得到国家的支持。野生动植物的保护任务还相当艰巨，我们要依法管理，在打击破坏野生动植物资源的同时，要很好的研究如何发挥我区野生动植物的资源优势进行利用，总结成功的经验，进行规范利用，走出一条产业化发展路子，这样才能更好地保护野生动植物资源。

（三）继续推进珠防林、海防林工程等生态建设，巩固和加强林业生态体系的主体框架。

我区地处珠江流域中上游，生态地位非常重要，同时又是水土流失和石漠化严重地区，生态环境十分脆弱，生态环境建设的好坏直接影响我区和珠江三角洲以及港澳地区经济和社会的发展。近年来，我区紧紧抓住国家实施西部大开发的机遇，加强林业的重点生态工程建设，取得重大进展。但总结分析这几年的实施情况，不少地方存在着重争取资金轻管理的问题，专项资金不用于专项工程，或者做表面文章应付了事，或者无规划，无检查，有的项目县完成得不够理想，这是不允许的。估计今后这项工程国家还会投入一些资金进行治理，我们必须按项目实施的要求进行申报、立项、评审、设计和验收，一经发现问题，立即停止投资，并视整改情况再确定是否继续安排资金。此外，与这项工程有密切联系的是绿色工程，我们要继续抓好全区的绿化工作，在抓好江河两岸绿化，沿海防护林建设的同时，要抓好铁路、国道的绿色通道建设。

（四）全面推进生态能源工程建设，减少森林消耗，有效保护生态，促进农林业良性发展。

以沼气为主的生态能源工程建设是我区生态建设的一个重要内容，对保护森林资源，改善生态环境，促进农村两个文明建设具有不可替代的作用。近几年来，我区以沼气池建设为纽带，实施生态富民计划，大力推广恭城、北流沼气建设的成功经验，加快生态能源建设步伐，从 2000 年起每年以新建 30 万座的规模向前推进，到去年已达 134 万座。2002 年我们根据自治区政府的部署，又加大建设和补助力度，计划新建沼气池 40 万座，使总量达到 174 万座，入户率达 20%。今年补助标准有所提高，贫困村新建一座沼气池补助 400 元，非贫困村新建一座沼气池补助 100 元，最近自治区还要召开电视电话会进行动员。目前群众建沼气池的积极性很高，我们一定要不断总结经验，加强建池指导和建后服务，积极筹措资金，继续把这项利民工程做实做好，为巩固退耕还林成果，保护森林资源和提高农民生活水平做出贡献。

（五）发挥资源优势，以速丰林工程建设为突破口，加速我区林业跨越式发展。

速丰林建设工程是六大工程中唯一的产业工程，是实现由采伐天然林为主向采伐人工林为主转变的载体，是增加我区森林总量，实现林业跨越式发展的突破口。

第一，要明确发展速丰林的重大意义。首先，要认识到实施速丰林工程是促进林业生态体系和产业体系协调发展的必然要求，我们既要毫不动摇地坚持“生态优先”方针，又要坚持生态建设与产业建设并重，生态、产业两翼要齐飞，缺一不可；其次，要认识到实施速丰林工程是满足社会对木材需求的根本途径，在生态保护的前提下，现可供木材缺乏，必须加快种植速丰林来弥补市场需求；再次，还要看到实施速丰林工程是促进农村经济结构调整和群众脱贫致富的有效途径。

第二，要明确我区发展速丰林的优势。首先是我区具有良好的自然优势，地处亚热带，雨热同季，十分有利于速丰树生长；其次是市场前景良好，利用加工需求量大，种树有利可图；再次国家政策逐步调整，有利于速丰林的发展，无论是在税费或者采伐管理方面都较为现实；四是科研成果丰硕，适于我区种植的速丰树种、竹子等具有多样性；五是群众参与面广，有大面积推广的成功经验，这包括林业部门带头试验，开发创收的经验。

第三，要做好规划，合理布局。我们在“分类经营、分区突破”的基础上，制定了“十五”规划，在五年内新发展 1000 万亩。在全区范围内，要依据各地的气候条件，适地适树，要围绕加工企业，发展原材料，要做到科学安排，避免盲目性。

第四，要调整好用地和筹措好资金，这是发展速丰林的两大问题。一方面通过宣传发动，鼓励群众自己动手种植；另一方面可以通过租赁和联营方式共同开发；第三方面还可以与退耕还林、荒山造林、石漠化治理等工程结合起来进行种植。资金来源主要还是贷款。

第五，要发动全社会参与发展速丰林工程建设。这方面我们已有成功的经验，要国有、集体、个体、联营、外商企业一起上。

速丰林工程是我区林业重点抓的工程，全区林业系统务必上下一心，共同完成好这项任务。在抓好这一工程的同时，也要抓好珍贵用材林、经济林的种植,以充分发挥我区林业资源的优势。

(六)加大林产加工力度,加快利用步伐,促进全区的林业生态、经济、社会效益协调发展。

林产工业在国家经济建设中占有十分重要的地位。过去只抓产业建设,忽视生态建设,是对林业主导功能和作用的本末倒置,是没有前途的林业;反之只搞生态建设,忽视产业建设是短期的林业,没有希望的林业。在推进林业五大转变中,既优先抓好林业生态建设,也要抓好用材林和林产工业的建设。就我区而言,必须抓好以速丰林、经济林、竹子为原料的林浆、林板、林纸、林化加工业,以森林资源、苗木资源为基础的花卉开发、森林旅游、林下产品利用等产业,开辟一条保护、利用、发展的新路子。

第一,要抓紧高峰林浆纸集团与外资合作的进程。把第一期60万吨林浆,60万吨纸,营造300万亩原料基地的项目确定下来。现在看来,我区无论是林纸、林板,还是林化,都是一个潜力巨大的市场,加上西部大开发的灵活政策,很是吸引人。同时,我们组建集团以林地作为资产组合起来发展原料林,吸引外资与我们合作是正确的。我们与芬兰斯道拉恩索公司签订合作框架协议之后,印尼金光集团也在积极寻求与我们合作,我们的宗旨是谁有实力,上得快,有效益,就跟谁合作,这个大项目不能再拖了。我们还要引进各种资金开发林产项目,包括我们原来的林板、林化厂,规模小、档次低的,要经过资产重组,增强竞争力,把广西的林产搞大,形成我区的特色经济和支柱产业。没有巨大的林产加工龙头企业,作为加工原料的速丰林、经济林的发展就是一句空话。

第二,要利用广西的区位优势,良好的资源、气候环境,抓好花卉产业。这项工作自治区政府已落实给林业部门负责管理,我们要承担起这个责任,切实把它抓好。花卉苗木是一体的,各地要根据自己的特色,用心经营,主要是开发市场和建立基地。由于我区起步较晚,当前主要是做好调查,制订发展规划,代政府拿出发展花卉的有关政策,引进技术和项目,扶持重点地区的发展。目前这项工作我们抓的力度不够,声势不大,与其他省区比有差距,要迎头赶上。

第三,要利用森林资源开发旅游业。这是朝阳产业,在全区已蓬勃的开展起来,并取得一定成效,但这项工作还处在起步阶段,要把它当做一个产业来抓。必须发挥森林公园优势,搞好规划,在保护生态的前提下合理利用。要增加投入,逐步完善各类服务设施,使全区的森林旅游更具特色和吸引游人,同时增强林业的经济实力。

四、加强林业干部队伍建设,坚持和发扬良好的工作作风,促进林业跨越式发展

国以人兴,事以才治。实践"三个代表"重要思想离不开人,推进五大转变,实施六大工程,实现林业跨越式发展,必须依靠一支高素质的林业干部队伍来完成。

如何建设一支高素质的林业干部队伍,最根本的一条,就是我在第一个大问题说到的,要在我们各级班子和队伍中,坚持以马列主义、毛泽东思想、邓小平理论作指导,以"三个代表"重要思想来统领我们的所有工作,这是政治方向,任何时候不能动摇。同时我们要通过思想建设,增强干部实践"三个代表"要求的自觉性,提高领导干部驾驭全局的能力;通过作风建设,解决文山会海问题,发扬深入实际,艰苦奋斗作风,扎扎实实地做出成绩;通过组织建设,树立正确的用人导向,使每个愿意献身林业的同志有用武之地;通过业务建设,提高干部的业务和科技水平;通过制度建设,规范各种行为和办事程序,廉洁从政、有章可循。除此之外,我还强调几个问题:

(一)地、县、乡机构改革和换届结束后,要抓好林业机构人员的落实。

没有懂林业的人去办事是不行的,有的地方没有保留林业工作站,有的撤并在一起,不管怎么样都要有人来管林业,如果哪个地方没有人去管林业,那这个地方国家是不宜安排林业项目和资金的。这个地方的林业非但发展不了,就是现有的资源管护迟早也会出问题的。因此林业工作站的设置和使用懂行的人的问题还需要各县林业部门去做工作,千万不能出现空当。

(二)按照"严管林、慎用钱、质为先"的要求,依法行政,管护好森林资源。

各级林业管理人员,特别是领导干部,要提高对依法管护森林资源重大意义的认识,增强法制意识,自觉的学习法律和遵守法律,依法办事,不能利用职权,营私舞弊。要吸取乱审批采伐限额和计划指标而犯罪的教训,用好手中的权力。这几年,随着项目工程的增多,资金投放也增加,要用好专项资金,不能挪作他用,更不能贪污。在实施项目工程中,要实事求是,讲求效果,不能弄虚作假,欺上瞒下,每项工程要经得起检查。从林业管理的意义上说，保护也就是发展，特别是在生态优先的形势下，保护资源尤为重要。我区一段时期以来，破坏森林资源案件增多，已造成了不好的影响。因此，我们在坚持依法办事的同时，要敢于同那些破坏森林资源的行为作斗争，决不能姑息纵容。这次会议之后，要开展林政管理方面的培训活动。

（三）要把科技兴林放在重要的地位继续抓好、抓实。

现在的林业主要还是靠政府行为和资金扩张推动，要实现跨越式发展之日，应该是科技兴林之时。如果说增加一个转变的话，应该加上从粗放经营向集约经营转变。这方面我们有成功的经验，如中外合作引种、培育良种，科技示范推动等成效显著，但力度不够。在推进五大转变和六大工程中，要在全区范围内掀起一个学科技、用科技、抓示范的高潮，提高林业干部的科技意识和素质，发挥专业人员的作用。在调整林种结构、培育良种工作中，要求每个县要选择推广适宜当地种植的良种良木。自治区要突出抓好科研、种苗和良种示范的现代高科技示范园。

（四）改变林业工作只是林业部门一家单打独斗的狭隘局面。

动员和号召林业部门干部职工走出去，请进来，和政府各部门社会各界一起合作办林业，克服计划体制时期闭塞僵化状态，以我们的热情、奉献、良好作风，赢得各部门的支持，得到广大群众的拥护，共同把广西的林业推向一个新的发展水平。

五、扎实工作，抓紧完成今年各项任务和做好今冬明春的备耕工作

今年全区的造林形势还是很好的，期间虽然遇到春旱，基层单位进行机构改革，有的任务下达较迟等因素，但总体任务完成不错。到8月底，全区完成造林350.1万亩，占年度计划75.5%，完成退耕还林123.85万亩，占计划51.6%，新建沼气池10.5万座。其他方面的工作也都取得很大进展。要完成今年的任务，所剩时间不多，任务艰巨，加上今冬明春的备耕工作也在这段时间进行。所以，要求我们紧急动员起来，扎实做好各项工作。我在这里强调：

（一）关于完成今年的任务。

第一，要求在明年3月份之前完成今年的退耕还林任务，迎接有关上级的检查验收。针对前段检查发现的问题，提出几点要求：一是加强领导，抓好各个环节。领导机构不健全，人员不到位的赶快完善，这是问题的关键，同时要抓好这项工作的每一个环节，不能脱节。二是从自治区到各地市县要加大宣传力度。前段全区的宣传声势不大，从领导到群众对这方面的政策知之甚少，要求区林业局办公室、退耕办、绿委办等部门赶快研究，拿出系列宣传方案，并马上实施。三是要协调粮食部门赶快兑现粮食补助政策，这是农民最关心的，否则这项工作的实施就会受到农民的质疑。四是注意项目工程的质量，按照国家要求，保证还林质量经得起检查。五是从上到下都要严格执行区纪委、监察厅的纪律要求，做到“慎用钱、质为先”，不能滞留资金，或挪作他用。自治区退耕办要切实抓紧这项工作，掌握情况，随时通报。

第二，要抓紧把生态效益补助资金发放好，利用好。发放好包括：按工作程序、要编制好管护面积、划定界线、立好牌碑、与管护者签订合同，并且要寻找一种资金发放安全、简便的方法。至于利用好的问题，要注意掌握由分散管护调整为专业人员管护的方式，还有各地对公共设施补助费如何使用，务必拿出意见。

第三，对各项国家财政投入建设的工程林，如珠防林、海防林、绿色工程林等，要按规划严格实施和管理，专款专用，保证质量，接受检查，对违法违纪的要进行查处，并且停止该单位的项目投资以示制裁。

第四，要完成今年220万亩速丰林任务。其意义已经反复说过，在这里我要强调指出的是，速丰林市场非常好，同时各种有利条件也是过去没有过的。如种植速丰林可与退耕还林、荒山造林结合起来，有种苗费，荒山造林的任务可以扩大，国家给予支持。而且，国家和自治区就速丰林生产和采伐制定了较为优惠的政策，等等。这些都要大力宣传，积极发动群众参与速丰林建设。所以，要求各地在今后的几个月里可继续种植速丰林和其他经济林，完成今年的任务。

第五，奋战4个月，完成40万座沼气池的任务。完成40万座沼气池任务是自治区政府确定的，是依据我区群众的积极性、技术管理条件和资金允许的情况下安排的，这样可实现今年底全区沼气池总量达170多万座，入户率达20%，这是一个新台阶，无疑具有重大的生态、经济、社会意义，是实践“三个代表”重要思想为民办实事的好事，再苦再累我们也要干。自治区政府非常重视，准备召开电视电话会，进行动员和部署，我们要认真抓好落实。

第六，以高度的政治责任感，全力抓好秋冬季森林防火工作和病虫害防治工作。由于今年气候异常，4月份高温干旱，火灾较去年上升，已造成一定损失。从今年和以往的情况看，秋冬季会有一个风高物燥、易于引发森林火灾的时段，这是一种规律，如果不加以防范，有可能突破历年的警戒线，那损失就更大了。同时，现在的森林火灾的影响非过去年代所比，已是社会瞩目的事件，直接影响社会及政治稳定。特别是11月份党的十六大召开，做好森林防火的意义就更加突出了。我们要以高度的政治责任感，严密部署，确保不出现大的火灾。这几年森林病虫害，特别是松材线虫病的危害不断发生，我们要严密监守，一经发现就采取断然措施进行处置，不能使之蔓延。

第七，加强执法监管，抓好森林资源的保护工作。这方面的工作任务相当艰巨。一方面对已发生的、群众举报的破坏森林资源案件要严肃处理，遏制案件的发生。另一方面我们要从历年来的一些带有规律性的案件中，从源头进行分析，从管理的基础工作、管理人员的能力、从行政、法律、经济处理的结合上，从责任追究和打击犯罪活动等，摸索出一套办法，当然这不是今年所能完成的事，但现在要提出这个问题，引起林政、公安、保护等部门的重视。

（二）关于做好今冬明春的备耕工作。

农林工作的特点是季节性强，错过季节，一年的工作就被动，因此要立足一个早字。现在的备耕就是明年的基础工作，备耕搞好了，春季种植就主动了，这是成功的经验。鉴于今年和明年的任务重叠，且有连续性，更要主动抓好备耕工作，这里有几个环节是需要注意的：一是明年的退耕还林任务以及造林任务，很快就下达了，各地要及早作规划安排。二是及早做好种苗准备，保证今冬明春的用苗。三是有计划、有准备的做好炼山挖坎工作，并备足肥料。四是涉及低产林更新改造需要采伐指标的，各级林政部门要按有关规定优先保证，并注意办好采伐手续，切不能不经过办手续，随意毁林种树，那也是犯法的，要引起注意。在今后的退耕还林和植树造林中，各级国有林场、企业集团、林产加工企业、个体能人应发挥积极的作用，应该在筹措资金、示范扩张方面有所作为，以带动全民全社会的种树活动，同心协力，完成各项营林任务。

同志们，西部大开发已开展了三年，我们在生态建设、商品林建设中取得了可喜的成绩。现在国家林业局在林业发展的转折时期，提出了推进林业五大转变的理论，实施六大工程建设，为今后林业的发展指明了方向。作为林业部门，我们应该豪情满怀，信心百倍的去完成历史赋予我们的任务，以优异的成绩迎接党的十六大的胜利召开，同时在十六大精神鼓舞下，为实现富民兴桂新跨越，为建设山川秀美的八桂大地做出应有的贡献！

在全区林业产业工作会议暨广西林业产业行业协会成立大会上的讲话

广西壮族自治区林业局局长　黎梅松

（2002年12月23日　根据讲话录音整理）

同志们：

大家好！

今天我们在这里召开全区林业产业工作会议暨广西林业产业行业协会成立大会。会议开得很好。协会的成立，对今后我区林业产业发展是个大事，也应该是一件值得庆贺的事情。我和大家的心情一样，对协会的成立表示祝贺。

借这个机会，我讲几个方面的问题，供大家在工作中参考。

一、林业产业行业协会的成立，是林产工业发展的必然

（一）林业产业行业今后的管理和发展要适应市场经济发展的需要，要实行两个根本性的转变。

不能像过去那样，主要是靠政府行为来领导来管理。特别是机构改革政企分开之后，这个道理应该更加明白。我们成立协会本身就是贯彻政企分开机构改革的精神，我们要认识到这个道理。我就讲这个观点，不展开来说。

（二）一个大行业，得有个组织来管，来维护自身权益，来协调和研究今后发展的目标，提出一些发展要求，包括政策性意见和建议等等，这个组织就是协会。

单个企业不能起到这个功能作用。今天我们协会成立了，以后企业自身权益的保护，企业的发展方向，企业之间的交流、支持和帮助，都通过协会来运作、来完成。总之,按章程来办。

(三)协会成立了,要完全按照协会的章程来运作。

成立协会,对我们来讲是个新生事物,有一个认真探索、认真学习、认真总结的过程。我区林浆纸、林板、林化,运作的时间比较长,但协会对我们来讲毕竟还是新的东西,还要靠大家支持、帮助、关心,共同研究,把协会搞好。协会成立起来本身就是一个大的进步,今天我们算完成了一件大事。协会成立以后,特别是运作方式,要花费一些脑筋。只要我们把握好,这个协会就会办得成功,就可以起到带头示范作用。协会的作用,就是通过林产加工和销售作为龙头来带动林业的发展,这是最终的目的,也是检验协会是否成功的标志。

二、担负起时代赋予的责任,把我区林产工业搞大搞强

根据党的十六大精神,我们的目标就是要全面建设小康社会,做到生产发展,生活富裕,生态优良。这里面给林业赋予了一些使命。毫无疑义,在未来的全面建设小康社会年代里,离不开生态环境的优化,这一点对我们林业部门来讲是很清楚的。这几年来,国家把生态放在优先的地位,广西属于亚热带地区,从立地条件、气候、地理各方面,比北方要好得多,利于生态建设,我们同样应该把生态建设放在第一位。我们搞分类经营,该保护的保护好,该作为商品林的把它种好,提高蓄积量,提高林分质量。从建设小康社会的水平来讲,我们和全国一样,是同步的、一致的。但是在这个问题上,我们另外要说一句话,就是在把生态建设好的同时,广西要发挥优势,要大力发展以速丰林、经济林为主要原料的林产工业,为林产工业提供充足的原料,把林产业变成广西的支柱产业。在历次全区经济工作会议上,广西林产业仅仅列入优势产业,没有被当做支柱产业来扶持,这意味着林产业的支柱作用没有显露出来。全区林业总产值仅占全区的8%,还不能作为支柱作用。经过近几年的运作,林产业潜在支柱作用逐渐显露出来,大家的看法也比较统一。今天上午在全区经济工作会议上,李兆焯主席的报告已经把它列入支柱产业。说明自治区党委和政府也看到了广西林产业今后的发展潜力和希望,要把林产业打造成支柱产业,这是完全正确的。我们在做好生态文章的前提下,在林产加工方面要做出贡献,要促使它成为广西的支柱产业,为实现富民兴桂新跨越战略,为建设小康社会,致富广西人民作贡献。

作为林业来讲,没有一定的林产加工业,林业的地位就没有充分显现出来。林业生态建设搞好了,林业产业做大了,那么林业的地位和作用就能充分显现出来,特别在支持生态的稳定发展方面也才能提供强有力的经济基础。所以,我们要坚定不移地搞好林产加工业。由于历史的各种原因,我们的企业现在碰到一些困难,这是不假,而且有的很困难,甚至到了关闭破产的境地。就我们行业管的一些单位来讲,因为我们不是一级财政,所以改制运作起来没有资金扶持,这些都是客观条件。当然,有的企业原来有钱,搞错了,失误了,那另当别论,那是另外一个性质的问题。总之,客观原因是有的,但是不能因为这样,而得出林产工业没有前途的结论。但也有的企业适应了市场运作规律,经过改制越搞越大,不断地在扩张规模,提高效益。因此,不能因为一些企业的一些失误,或者一些特殊的情况,而得出林产加工业不敢干、不能干的结论。这点我们要统一认识,坚定信心。我们一定要把林业产业搞上去,而且要做大做强。

我区林业产业成为支柱产业,具有良好的优势。第一,有比较好的林产加工基础。现在不是一张白纸,有一定规模,而且有些企业,有些产品在全国有它的地位。第二,市场需求大。就目前来讲,无论是原料,还是加工的产品供不应求,以后这个矛盾将会更突出。现在市场需求量是很大的。你看现在家居、办公室装修的都是什么东西?我看主要还是木材。我们要看到供求需要。第三,从我区来讲,属亚热带气候,还有广阔的林地资源,可以大力发展速丰林、经济林。在山上种树,对农民来讲是致富的一个渠道。现在我们林分质量太低,也就是单产太低,我们要算算这方面的潜力。到2010年,我区要发展2000万亩速丰林,每年要向社会提供1000多万m3的商品林,将占全国的四分之一。第四,各级党政的支持,以及社会的发展要求是推进林产工业发展的保证。

三、要把握林业产业的切入点,积极稳步地向前推进

就全区来讲,应该有个发展林产加工业的总体规划。干什么事,规划要先行。林浆纸一体化,作为我区林产加工业的龙头企业,现在通过组建集团,发展原料,和外部的资本合作,不管是境外的或境内的都可以，林浆纸一体化一定要把它搞上去。前段时间我接触到一位澳大利亚的专家，听他说，现在世界人均用纸量，最高是美国达 320 公斤，澳大利亚人均达 280 公斤，而我国人均只有 32 公斤，差距很大。现在芬兰的斯道拉恩索、印尼的金光都要争取在广西搞林浆纸，不是没有道理的，都是看中中国纸的市场。我们一定要把握这一点。其他的如林板、林化也是跟着市场的发展而发展。要创造品牌，有些林产品我们可以争全国一流。比如松香，不要说中国第一，在全世界也是第一。我们要树品牌，无论从量和质的方面，规划要搞好。从发展原料入手，要发展基地，把它作为第一车间。发展原料林是个艰巨的任务。现在我们制定那么多优惠的政策，就是要引导社会各方面，国有的集体的个体的，合资的外资的，一起来发展原料基地。我们林浆纸集团组建以后，原料基地要很好地把握住。有了原料，和谁合作，怎样合作，主动权就在我们手上。集团组建之后要真正到位，要变成实实在在的实体。要以良性的资产，规划大规模的造林基地，带动大家把树种起来。最近，贵港市召开林业工作会议，市四家班子领导全到会，动员全市明年完成 50 万亩速丰桉基地建设任务，把贵港甘化公司做大做强，方向是对的，要把林产工业搞大，要从发展原料基地入手，要坚定不移。现在我区国有林场到外面扩张造林已达 40 多万亩，相当于再造一个林场，这在全国是有名气的，起到了示范和辐射的作用。当地农民看到了种树会带来效益，必然要你们种苗和技术，这样就可以大发展起来。原料一定要搞起来，从这方面入手，这点大家要清楚。

我们现有直属的一些企业，要按照国家、自治区有关政策和现代企业制度，调整结构，要适应市场经济规律，提高企业的产品质量和效益，然后在这个基础上扩大生产规模。有一些不大景气的企业，你就改革，实在不行的，就想另外的出路，不要悲观。我们很多直属企业，按照做好林业这篇文章，很多事可以做，只要那里的企业领导人有艰苦奋斗的精神，搞好调查研究，利用现在的基础和条件，继续做林产加工这篇文章。总之，一定要以改革的思想来处理我们企业的问题。就是好的企业也一样，现有的工业企业不搞好，不形成龙头，广西的商品林基地、速丰林基地也建不成，农民要致富也不行，也就是说没有市场。现在号召大家种，从原料切入点是对的，但是这是投资的，贷款的，没有加工业来消耗消化，那么种出来就没有效益。如果没有贺纸、南纸、国发、三威、高峰等企业来加工，这些树卖给谁？总不能全部砍下来做建筑模板、家具、装修，一定要通过加工。在一个地方，只要有一个加工龙头企业，就能拉动那里的经济发展，农副产品是这样，林产品也一样。农民种原料才能收入致富，地方才有财政收入，没有工业不行。到 2020 年，广西国内生产总值要翻两番，最短的腿就是工业。1997 年全区第一、二、三产业比是 31.9∶33.8∶34.3，经过那么多年的努力，到今年全区第一、二、三产业比是 24.3∶34.7∶41。第一产业调下来了，说明第二、三产业上来了。但是第二产业上了不到一个百分点，仅仅是 0.9，还是工业明显是短腿，没有多大的变化。第三产业上了近 7 个百分点。工业化上不去，广西永远是落后。所以提出要跨越式，按部就班不行。工业这个短腿怎么干？按照我们的优势来讲，要搞山的文章，搞原料加工，要真正像抓糖业一样来搞林业产业。

四、要把林产工业搞上去需要理顺一些关系

一是布局。这是由自治区整个来考虑。搞基地建设要按照一定的程序来办，林地方面自治区有一些新规定，各地不能与外资方面签订有约束性的林地合同，需要报经自治区同意，不要把广西基地林分割零碎，要发挥基地林整体连片的优势。二是发展的一些政策问题。林业税费，采伐管护等，要逐步进行调整。碰到什么问题就解决什么问题，我想能够理顺。三是要摆正林业部门和地方政府的关系。林业产业要上去，不是林业一家的事情，我们要给政府做好参谋，提出意见，在区域范围里，要发展什么林，进行什么加工，现在已经有什么林，现已有的怎么搞等等，要向政府提出意见建议。政府则通过政策和服务来引导资金项目到林业产业上来。我们要做好这方面的参谋，要放手来干。有了林产加工这个龙头，才能拉动种植业。高峰林场在陆川县、容县建厂，面临着原料保证问题，迫使县政府发动群众来种，不种将来就难办，这就是加工业带动种植业的发展。

五、关于做好企业改制的问题

现在局直属的企业，碰到一些困难，要解决一些眼前的问题。由于市场经济转变之后，有些不适应，有些竞争比较激烈，有些企业在市场竞争中脱颖而出更上一层楼，有些则竞争不了被淘汰。看来这也是个规律。你不适应，产品没被认可，销

售没效益,那就没办法,这是一个严酷的现实。好的要继续做好,存在的一些问题,现在唯一的办法就是改革。我们根据自治区的精神,做了研究,我局40多个直属企业里面,分别提出了改制方案,已经呈报自治区政府。不改革没有出路。出路在哪里,在于发展,小发展还解决不了广西的问题,要大的发展才行,我们要很好研究一下。对企业的发展建议,要按市场要求来运作,这个要转变。现在,有些企业比较困难,影响到稳定的问题,我们要分析原因,做好思想工作。对现在面临的困难,大家一起来商量克服。要注意解决特别困难的企业职工元旦春节的过节问题。此外,还要注意社会稳定和生产安全的问题。春节要来了,要注意稳定工作和安全生产,不要出其他的事。

我就说这么一些,因为上午裴副局长已经代表局里作了全面的部署。我这里说的是一些体会感想,供大家在下一步工作中参考。总之,我们行业协会走出了第一步,大家要关心它,在促进整个林业发展方面发挥它的作用,作出应有的贡献。最后,我代表自治区林业局祝各位新年愉快,工作顺利!

谢谢大家!

深入学习贯彻十六大精神 全面开创广西林业跨越式发展新局面

广西壮族自治区林业局
局长　黎梅松

(2003年1月7日)

同志们:

这次全区市地林业局长工作会议,是在全党全国人民深入学习贯彻党的十六大精神,全面建设小康社会的新形势下召开的,意义十分重大。会议的主要任务是:深入学习贯彻党的十六大精神和中央经济会议以及自治区党委八届三中全会、全区经济工作会议、思想政治工作会议精神,研究在全面建设小康社会的新形势下广西林业建设问题,总结分析2002年工作,部署2003年工作。下面,我讲三点意见。

一、2002年广西林业工作回顾和近几年来的几点体会

2002年,在自治区党委、政府的正确领导和国家林业局的指导下,广西林业系统广大干部职工认真学习贯彻中央西部大开发战略思想,以"三个代表"重要思想为指导,抓住机遇,实施重点突破,在遭遇春旱灾害和各种客观困难的情况下,全区林业建设仍取得较好成绩。全区全年完成造林330万亩,基本完成国家下达计划。完成全民义务植树6422.8万株,占年计划的107%。完成林业总产值181亿元,同比增长1.68%。

(一)继续实施六大工程,加快我区林业发展步伐。

去年,我区根据国家林业局确定的推进林业五大转变、实施六大工程工作思路,结合广西实际,经过整合,从培育资源、增加森林总量入手,重点实施六大工程。

第一,全面启动退耕还林工程。2002年全区退耕还林工程由上年两个试点县扩大到64个县,面积240万亩,钱粮补助3.96亿元。到12月8日,全区完成退耕还林141万亩,占计划的58.7%,其中完成退耕地造林58.2万亩,占计划的48.5%,荒山荒地造林82.6万亩,占计划68.8%。全区将在今年3月前按规定完成任务。

第二,启动森林生态效益补助试点工程。由于我区未被列入天保工程,国家安排我区3500万亩生态效益补助试点任务,补助资金1.75亿元,是首批全国补助资金最多的省区。目前,我区已制定补助资金管理、发放等一系列实施办法和措施,补助资金绝大部分已发放到林权管护者手中。

第三,珠防林、海防林工程,绿色工程稳步实施。完成珠防林造林32万亩、海防林4.1万亩,全区沿江、沿海等生态重点区域的防护林体系进一步巩固和完善。绿色工程完成新造林14.75万亩,重点抓了桂海高速公路两旁可视一面坡的造林绿化,目前初见成效。

第四,野生动植物和自然保护区建设工程不断推进。我区逐步完善保护区机构建设,增加了投入,完成了保护区级别重新界定工作,并争取区政府下文重新明确保护区级别,组织开展对保护区现状全面调查,逐步实施重点保护区的综合考察和总体规划设计,全区已有10个保护区完成了此项工作,4个保护区正在实施。同时,还对边境野生动植物管理进行了全面整顿。完成了3个自然保护区申报国家级的有关工作,大明山获国务院批准升级为国家级自然保护区。

第五,生态能源工程建设加快推进。从2000

年起我区年建沼气池30万座以上，占全国三分之一。2002年我区又加大力度，计划新建沼气池40万座，比上年增加10万座，争取入户率达20.3%，新增生态家园示范户10万户。尽管沼气池建设任务下达晚，但全区建设热情一直高涨，到11月底，已完成新建24.75万座，占任务的61.85%。目前，全区各地正在集中力量开展冬季大会战，预计到2003年2月可完成40万座任务。

第六，速丰林工程保持快速发展势头。全年计划完成220万亩，到10月底，全区已完成新种速丰林175万亩。而且，结合退耕还林等专项工程实施，全区速丰林建设呈现出多元化发展的强劲势头，造林科技含量也大大提高，造林树种增多，造林区域从南向北扩展，个体造林、企业造林、外资造林的比例逐年增长。

（二）推进林业产业化进程，增强林业经济实力。

我区在坚持生态建设优先的前提下，发挥优势，着力推进林业产业化建设。

第一，组建林业企业集团，积极争取与外资合作。为了做大做强林业产业，自治区林业局加大推进林业资产重组力度，把南部八家区直林场及两家直属企业的优良资产共同组建广西高峰林浆纸业集团，走林浆纸一体化道路。集团于11月16日挂牌成立，目前已与芬兰斯道拉恩索公司签订框架协议。一期工程拟在钦州建60万吨林浆、60万吨纸的林浆纸厂，营造300万亩工业原料林基地。

第二，不断深化企业改革，加强林业产业行业管理，优化林产工业结构。我区继续对现有林业企业进行改造、重组，整顿和规范木材、松香加工等林业行业生产经营秩序，认真做好林产品的产销分析。特别是全区林板生产又有新的发展，先后有高峰冠华人造板厂、柳州三益人造板有限公司、三威公司的中密度纤维板生产线建成投产，还有一批项目在建。预计全年全区人造板、松香生产分别比上年同期增长20%和10%。同时，区林业局还积极推进局属企业实施政企分开和改制工作，方案已上报区政府待批。

第三，继续做好森林旅游文章，推动森林旅游不断向前发展。成功举办了第三届广西森林旅游登山节，加大重点森林旅游景区建设，向国家申报两个国家级森林公园，现已获批复成立一个。据统计，全区1～10月森林旅游重点景区待接旅客120多万人，旅游收入9000多万元，同比均增长20%。

第四，理顺管理体制，大力发展花卉产业。自治区政府明确林业部门为花卉主管部门后，自治区林业局迅速成立了花卉管理办公室，统一组织管理全区花卉产业，逐步理顺全区花卉管理体制。年初成功举办了南宁春节花市，扩大广西花卉的影响，打造了广西花卉品牌，培育了花卉基地和市场，建立了销售网络。目前，全区各级林业部门把花卉产业当做一项重要工作，自治区已制定了发展规划，在利用自身优势发展的同时，大力促进企业、个体等发展花卉业。预计2002年内实现花卉产值5个亿，比上年增长11%。

第五，把经济林建设当做职工和农民增收的一项重要内容来抓。我区继续把发展经济林和低产改造作为优势产品来抓，在新种131.6万亩的同时，加大了对经济林低改的资金投入和提高科技管理水平。使全区经济林在产量、质量、效益上均有较大提高，已成为我区林业职工和农民增收的一项重要内容。

（三）继续强化森林资源保障体系建设，营造林业发展的良好环境。

全区各级林业部门始终坚持把保护与建设同步推进。

第一，按照“严管林”的要求，进一步强化森林资源管理工作。继续抓好《广西县级领导干部任期森林资源消长目标责任状》执行情况的检查和审定，以及加强依法治林工作，针对国有林地被侵占现象，加大查处力度。特别是全区开展了“集中查处破坏森林资源统一行动”、“破案攻坚战”，督促查处了一批大案要案，仅刑事案件全区1～11月共破获567起，破案率为87.2%。使违法使用林地、毁林开垦以及破坏森林和野生动植物资源等违法现象得到有效遏制。

第二，加强对森林灾害的控制能力。森林防火严格实行行政领导责任制，狠抓桂西北国家重点森林火险区综合治理和边境防火林带工程建设，对火灾重点区域加大监测密度，重点防范，尽管今年全区森林防火形势严峻，但各项指标仍得到有效控制。森林病虫害防治继续执行目标管理责任制，加大工作力度，有效地遏制了森林危险病虫害的大面积发生。

第三，实施林业科技支撑取得明显进展。每个地市县都建立了示范基地，推广速丰桉、马占相思、杂交松和本地树种等一批科技成果。区林业科技示范园已正式挂牌成立，正在按照市场化、产业化的方向加快建设。

（四）坚持“两手抓”，切实加强队伍建设。

第一，稳定基层林业机构和队伍。经过全区各级林业部门的共同努力，积极争取，去年全区机构改革后，90％以上的县、乡林业机构得到保留，林业部门领导班子得到进一步充实，队伍得到进一步优化，职能进一步加强，特别是有的县乡镇林业工作站不仅如数保留下来，而且还增加了编制，这在整个机构、编制总体压缩的情况下是很不容易的，我们要充分发挥职能作用，多作贡献。

第二，把林业宣传和学习培训工作摆到重要位置。根据形势的变化，我们精心策划，采取多种形式，多层次、多角度，大力宣传林业的地位和作用。同时，全区各级林业部门认真开展了学习江泽民同志“三个代表”重要思想，以及“七一”、“5·31”重要讲话，党的十六大精神，把党和国家有关林业方针政策变成林业干部职工的自觉行动。我们还根据国家关于推进五大转变，实施六大工程的需要，开展形式多样的技术培训和法律培训，如退耕还林、生态补助、生态能源、林政执法等培训，通过各种培训，为全面实施六大工程奠定了良好基础，为规范林业执法创造了条件。

第三，切实加强作风建设。各级林业部门领导干部深入基层调查研究，急群众所急，想群众所想，切实解决基层工作中存在的突出问题。“严管林、慎用钱、质为先”的思想深入人心，成为广大林业干部工作中一面镜子。各项规章制度不断得到健全和完善，廉政建设不断加强，机关工作作风进一步得到转变。

一年来，全区森林面积进一步增加，生态环境有所改善，林产工业生产形势看好，花卉、森林旅游等新兴产业发展迅速，林业实力正在增强。通过实施林业工程建设，极大地拉动了地方经济的发展。如全面启动退耕还林工程、森林生态效益补助工程、沼气池建设工程等，这些工程投资大，涉及面广，不仅直接促进林业的发展，对地方经济的发展也有十分突出的拉动作用，特别是对调整农村产业结构，增加农民收入方面有举足轻重的作用。可以说，全区林业各项事业又向前推进了一步。

回顾近几年的林业建设，有六个方面的体会是值得总结的。

第一，坚持解放思想，实事求是，与时俱进，开拓进取，在实现林业跨越式发展中探索符合广西林情的发展路子。一是始终把解放思想、实事求是、与时俱进、开拓创新作为开创广西林业新局面的“金钥匙”。实践证明，没有思想上的大解放，大飞跃，就不可能有事业上的大发展，大跨越。近几年，广西林业始终根据形势的变化，解放思想，更新观念，重新审视林业在生态环境和国民经济中的地位和作用，把与时俱进的观念贯穿到林业工作的全过程，大胆探索，大胆突破，大胆跨越。二是在确保生态优先的前提下，把加快工业原料林发展和加大林产加工力度作为跨越式发展的突破口。事实已经说明，没有发达的林业产业，林业也就不可能有真正的地位。为此，我们在抓好生态建设的同时，加快林业产业发展的步伐，加强森林资源加工利用。组建高峰林浆纸业集团，大力发展以桉树、相思为主的短轮伐期的工业原料林基地，走林浆纸一体化的道路。三是结合广西实际，突出广西特色，发挥广西的比较优势。广西充分利用自身的自然优势、资源优势，大力发展速生丰产林，并每年以近200万亩的速度推进，力争“十五”期间种植速丰林达1000万亩。同时，我区在八角、玉桂、沙田柚、白果等名特优经济果木林品种结构优化上下功夫，使这些名优产品在全国继续保持领先地位。以沼气为纽带的生态能源建设每年新建数量占全国1/3，极大地促进农业种植结构的战略性调整和农民的增收，极大地保护了森林资源，改善了生态环境，并给农民的生活观念带来了深刻变化，在全国都产生广泛的影响。

第二，坚持抓机遇而不失机遇，为广西林业发展积极准备项目，争取资金。这几年我们紧紧抓住西部大开发有利时机，围绕国家六大工程，报项目，争资金。主动做好项目的前期准备，并采取“请进来、走出去”的办法，先是宣传广西，认识广西，继而争取项目和资金。同时，利用一切条件协调兄弟部门的关系，使我区生态能源建设、退耕还林建设等诸多工程资金渠道进一步拓宽。据统计，2001年中央及自治区本级对我区林业投入比2000年增加了198.4％，2002年比2001年增加约70％，林业申报和实施的项目大幅度增加，林业发展后劲大大增强。

第三，坚持艰苦奋斗、扎实办事是实现跨越式发展的根本保证。这几年，林业的建设资金比过去任何一年都多，这对我们的事业发展十分有利，但要真正干出实事来，没有艰苦奋斗的作风是绝对不行的。这几年的实践和前段时间自治区林业局工作组到各地检查发现的典型和问题就说明了这一点。凡是退耕还林工程做得好的地方，其领导作风是扎实，过硬的。相反，退耕还林进展慢，或者提出减少任务的地方均不同程度存在怕担风险、怕苦怕累的思想，工作不扎实，不到位，责任心不强。现在我们提出要实现广西林业跨越式发展，这是一个艰苦奋斗、艰苦创业的过程，在这过程中没有吃苦耐劳的精神，扎实肯干的作风，高度负责的态度，创新的工作方法，与时俱进的机制，跨越式发展也会成为一句空话，林业也将永远落后于其他行业。

第四，坚持“严管林、慎用钱、质为先”九字方针。这是由林业本身特点所决定的。依法管护森林是一件非常重要和严肃的事情，“三分种、七分管”就是这个道理。“九五”以来我区森林资源之所以显现森林面积增加，森林蓄积量增加，森林覆盖率增加的“三增加”的良好态势，除了加强造林绿化工作之外，主要是得益于我区各地加强森林资源管理，严厉打击破坏森林资源的违法犯罪活动，以及加强项目资金的监督管理，提高造林质量。

第五，坚持以林产加工为龙头，拉动全区发展工业原料林。没有林产加工企业，木材原料就没有广阔市场，发动种植林木会变成空话。由于这几年我们一些木材加工企业和林场在原来基础上扩大加工规模，以及组建企业集团，吸引外资搞林浆纸一体化加工，大大吸引了社会各种经济成分投资发展速丰林，今后我们必须继续引导林产加工与种植原料林同步发展。

第六，坚持重视和发挥国有林场的示范带动作用。全区共有国有林场151个，其商品材占全区一半，是广西林业“半壁江山”。这几年，区直国有林场率先进行三项制度改革，调整第一、二、三产业，大力发展职工自营经济，取得显著的成效，特别在发展速丰林、经济林、林产品加工方面，不少林场由于实行了跨林场、跨地域扩张造林、办加工厂，给当地广大农民带来良好的经济效益，并起到良好示范带动作用。如2002年，区直林场在场外辐射造林高达23万亩，相当于再造一个区直林场，仅高峰林场场外造林就达13.8万亩。今年，区直林场辐射造林力度将更大。

当然，值得我们总结的经验远远不止这些。各市、地也要很好总结这几年的成功经验，并坚定不移地贯彻落实到实际工作中去，推动林业跨越式发展。

同时，我们也清醒地看到，全区林业发展存在的一些突出问题。最近，自治区林业局组织了7个工作组深入全区各地宣传十六大精神，督查工作。通过督查，发现了不少问题，突出表现在：一是由于认识、政策、市场的原因，全社会造林的积极性还不是很高，种树实惠没有显示出来。二是去年造林的任务还很重，因入冬来雨水多，特别是雨雪危害，严重影响春季备耕工作。三是专项资金的到位率低，影响工程的实施。有的资金不是专款专用而是挪作他用，影响不好。四是工程造林质量差，有的无项目无设计，拿了钱不办事。五是破坏森林资源案件仍有发生。六是机构改革和换届之后，工作班子和队伍没有及时进入角色。七是有的国有林场及直属加工企业因各种原因，困难很大。这些问题在今后的工作中要认真解决。

二、围绕全面建设小康社会的奋斗目标，谋划广西林业发展新蓝图

我们要谋划好新时期的广西林业发展，首先要对自己有一个清醒的认识，做到心中有数。目前，广西森林面积在全国排名第五，森林覆盖率排名第五，森林蓄积量排名第八，林业总产值排名第七。同时，广西的沼气建设、松香、栲胶、八角、玉桂等均在全国排名第一，商品材、造纸、人造板等许多产品也名列全国各省区前列。应该说，广西林业的发展具有很大优势和潜力。当前，国家非常重视生态建设，江泽民同志在党的十六大报告中五处提到生态建设，把生态建设列为全面建设小康社会的一个具体目标，明确提出今后十年西部生态建设要取得突破性进展。这对我们林业工作者是一个极大的鼓舞，同时也是对林业建设提出了更高的要求。我们越是深入学习党的十六大报告，越是感到林业的机遇宝贵、地位重要、使命光荣、任务艰巨、责任重大。处在这样一个时代变迁的重要历史时期，广西林业如何为全区实现小康社会做贡献，是摆在我们面前的一个重大课题，我们全区林业人务必以高度的责任感和使命感，在理论上、实践上做出回答。在战略上总体谋划，战术上分步实施，建设好新阶段的广西林业。

根据党的十六大、中央经济工作会议以及自治区党委八届三次会议精神，今后，广西林业发展将继续坚持生态优先原则，走以大工程带动大发展之路，重点抓好退耕还林、森林生态效益补助试点、野生动植物和自然保护建设、速丰林工程、林产加工等工作，力争在数量上快速增加森林资源总量，在质量上有效增加森林单位蓄积量，在效益上迅速提高林业生态价值和林业产值。总的目的要在生态上实现八桂大地山川秀美，促进人与自然的和谐，在经济上实现富民兴桂，把林业建设成为全区的经济支柱产业，使林业生态、经济、社会三大效益协调发展。与全区全面建设小康社会目标相对应，在全社会综合目标中，林业建设相应有一定的发展目标，设想是：

2005 年广西林业发展目标：

——全区森林面积 1047.91 万公顷，新增 66 万公顷（比 2000 年，下同），森林覆盖率 44.11％（不含灌木，下同），新增 2.77 个百分点，活立木蓄积量 4.5 亿立方米，新增 0.5 亿立方米。

——年产商品材 600 万立方米，年新增 180 万立方米。竹、木浆 116 万吨，新增 76 万吨，人造板 222 万立方米，新增 140 万立方米。松香松节油 25 万吨，新增 2 万～3 万吨，深加工产品达到 6 万吨，新增 2 万吨。

——速丰林 126.7 万公顷，新增 66.7 万公顷。

——经济林基地 137 万公顷，新增 7 万公顷。

——自然保护区 176.9 万公顷，新增 16 万公顷。

——森林旅游点 40 个，新增 10 个，接待游客 640 万人次，实现收入 12.5 亿元。

——沼气 290 万座，新增 156 万座，入户率 36.25％，新增 19.5 个百分点。

——花卉基地 25 万亩，新增 4.1 万亩，年销售额 20 亿元。

——设市城市规划建成区，绿化覆盖率、绿地率、人均公共绿地分别达到 37％、30％、10 平方米，规划建成制（镇）建成区，绿化覆盖率、绿地率、人均公共绿地分别达到 28％、23％、4 平方米。

——林业总产值 255 亿元。

2010 年广西林业发展目标：

——全区森林面积 1117.9 万公顷，新增 70.0 万公顷（比 2005 年，下同）；森林覆盖率 47.66％；新增 3.55 个百分点，活立木总蓄积量 6 亿立方米，新增 1.5 亿立方米。

——年产商品木材 1200 万立方米，新增 600 万立方米。竹、木浆年产量 216 万吨，新增 94 万吨，人造板 252 万立方米，新增 30 万立方米。松香及松节油 30 万吨，新增 3 万吨，深加工产品达 10 万吨，新增 4 万吨。

——速丰林 160 万公顷，新增 33.3 万公顷。

——经济林基地 143.6 万公顷，新增 6.6 万公顷。

——自然保护区 181.6 万公顷，新增 4.8 万公顷。

——森林旅游点 52 个，新增 12 个，接待游客 1300 万人次，实现收入 50 亿元。

——沼气 440 万座，新增 150 万座。

——花卉 35 万亩，新增 10 万亩，年销售额 42 亿元。

——设市城市规划建成区，绿化覆盖率、绿地率、人均公共绿地分别达到 41％、35％、12 平方米，分别增加 4 个百分点、5 个百分点、2 平方米；规划建成制（镇）建成区，绿化覆盖率、绿地率、人均公共绿地分别达到 32％、27％、6 平方米，分别增加 4 个百分点、4 个百分点、2 平方米。

——林业总产值 350 亿元，年均增长率 6.5％。

到 2020 年，全区实现森林面积 1267.91 万公顷，森林覆盖率 53.36％，活立木蓄积量 6 亿立方米，林业总产值 700 亿元。当全国全区经济社会达到发达繁荣的时候，我区的林业应是在生态上山青水秀，绿树成荫，绿草成茵的时候。在林产业上，原料充足，林浆纸、林板、林化加工业形成规模，产生效益，成为广西经济的支柱产业，显现出生态、经济、社会协调发展的兴旺时期。我们制定的全面建设小康社会的林业奋斗目标只是从林业角度提出的初步设想，全面的小康社会内容是综合和广泛的，林业建设仅是其中一部分，能否实现？我们认为是完全可以而且一定要实现的。

第一，随着社会和经济的发展，人民对生态、对林业发展的渴望和要求，中央西部大开发的战略措施和巨大投入，加入世贸组织后对外资的吸引，这些都是我们难得的机遇。同时，我区各级党委、政府的重视和支持，这是实现林业发展目标的根本保证。

第二，营林土地潜力巨大。我们仍有许多荒山可造林，退耕还林、退蔗还林可以种林，现有的各种低残林，哪怕是林分量很高的现有林，也可以通过调整结构进行更新改造。全区在界定生态林的基础上，可种植几千万亩商品林。

第三，从森林蓄积量讲。目前我区森林每亩平均蓄积量不到 3m3，还低于全国平均水平，提升的空间很大。只要通过低产林分改造，特别是通过大力营造速丰林和加强对目前中幼林的管护和抚育,可以大幅度提高单产,从而提高全区森林总蓄积量。

第四,从林业总产值来讲。通过加工企业的龙头带动,既增加原料的附加值,增加林业的总产值,又可消耗原料,拉动市场,带动农民植树致富。

第五,从生态能源角度来讲。随着生态能源给广大农民带来的好处,农民建沼气池的积极性越来越高。沼气池入户率达到60%以上时,它带来直接的生态效果,给农村两个文明建设的促进作用是无可估量的。

第六,从实现广西林业跨越式发展目标来讲。实事求是地说,这些目标并不高,无论从我区的地理、气候条件,还是现在的基础,都应有理由实现林业跨越式的发展。

有利条件只是实现目标的可能,要实现以上目标,我们还要做大量艰苦、细致的工作,必须始终不渝地突出发展这个主题和第一要务,按照发展要有新思路,改革要有新突破,开放要有新局面,各项工作要有新举措的要求,加大工作力度,推动整个社会走生产发展、生活富裕、生态良好的可持续文明发展道路。

为此,我们必须在认识上注意解决“三个问题”。

一是在林业战线来一次思想解放的大讨论,解决我们的思想认识问题。首先,要认识到为什么继续来一次思想解放大讨论?因为林业行业是受传统管理模式影响较深的行业,要转变观念不易。同时,林业生产力水平在国家各行业中是较低层次的,靠自身能力求发展难度较大。要跨越式发展不超常规不行,但超常规是要冲破一些框框,必须要改革,思想不统一不行。就广西来说,除了面临国家林业所碰到的问题之外,要跨越式发展,还要解决一些认识问题。如全国提出生态优先,我们也一样把生态放在首位,这不错,但广西又有其他一些地区不同的特点,山地较多,亚热带气候,适宜各种树的生长,生态恢复快,但广西经济相对滞后,人均收入水平低于全国平均数,在这样的区情,如何巩固和发展生态?经济不发展,退耕还林保得住吗?这里就有一个要不要发展林业经济,发展到多大程度,与生态建设有什么矛盾,如何解决矛盾的问题。现在自治区已把林产经济提升为支柱产业,我们又如何理解,如何规划布局和发展,这些都是我区的实际情况,不讨论,不统一思想认识,不拿出办法措施是不行的。不统一思想,要实现生态、经济、社会三大效益协调发展也是不可能的。因此,要来一次大讨论,解决思想认识问题,才能放手发展生态建设和林产建设。其次,要认识到林业建设已经不再是一个专业性的经济问题和行业范围内的问题,而是一项事关全局、事关长远、事关根本的事业。完成好这项任务,要紧紧依靠地方党委政府的领导,与各有关部门密切配合,最广泛最充分地调动一切积极因素参与林业建设,形成群策群力,共同推进这项事业。再次,要与时俱进,充分认识林业在全面建设小康社会中的使命和任务。现在我们已进入全面建设小康社会的新阶段,根据林业的生产特点,要采取超常规的方式,加快林业发展,要把林业建设与农业结构调整和农民增收结合起来,为全面建设小康社会做贡献。最后,要坚决克服等、靠、要的思想。当前林业部门需要解决的问题很多,特别是体制问题、队伍问题、政策问题等都很突出,各级林业部门也一直在努力争取解决,但我们不能因问题没有得到彻底解决而一味地等待、埋怨,要立足于目前的形势和市场经济条件下去思考应怎样解决问题,做好眼前的工作。

二是扩大林业行业改革开放问题。一个行业,如果不主动融入经济社会发展的大格局,就会逐步被时代所遗弃。林业行业随着今后全国和全球经济一体化进程的加快而扩大开放已不可逆转,我们要采取有力措施,在林业行业开放的广度和深度上迈出实质性步伐。首先,坚持把调整生产关系摆在当前工作的突出位置。对现行的林业管理体制、投入机制、战略布局、产权制度、监管形式、组织结构进行一系列的重大改革和调整,进一步清除制约林业生产力发展的各种障碍。当前,最关键的是要建立适应市场经济要求的,长期、稳定和明晰的林业产权制度,使人人都有追求林业财产的欲望和参与林业建设的积极性。要加速推进森林、林木和林地使用权的流转,增添林业建设活力。最近,自治区林业局已对低产林改造的有关审批手续进行了调整,下放了权限,各地一定要严格把好关。其次,要扩大招商引资路子,争取不断新上项目,加快林业发展。林业是一个社会工程,也是一个开放行业,林业的建设完全依靠国家投入是不可能的,也是不现实的,也不符合当前我国市场经济规律的发展。现在以及今后,无论是林业的产业建设,还是生态建设都要走招商引资的路子，学会借助外力加快林业发展，这就需要我们以更宽松、更务实、更优惠的政策吸引社会各方面力量参与林业建设。再次，坚持把大搞非公有制林业作为加快林业发展的突破口。现在我们在这方面有一定发展，还要继续努力，一个县有二三十个个体能人参与林业建设不是多了，而是远远不够。我们要继续坚决调整那些不适当的政策，让非公有制林业与其他经济成分平等竞争，切实落实“谁造谁有、合造共有”的政策，严格保护非公有制林业经营者尤其是造林大户的合法权益，加大致富典型宣传，吸引更多的生产要素进入林业建设领域。

三是切实抓好队伍建设问题。国以人兴，政以才治。我们无论什么时候，无论干什么事情，都必须坚持以人为本，把人放在第一位。首先，要高度重视队伍的学习培训，切实提高行业人员的整体素质和工作水平。全区机构改革后，各地林业部门从领导到普通干部都输入了不少新鲜血液，对新工作的学习不容忽视。不仅要学习理论，还要认真抓好林业业务、现代科技、经济、法律等知识的学习，提高每个林业人的工作水平。其次，要认真抓好机关建设。要持之以恒地把思想、作风、组织、业务、制度这五大机关建设结合起来，相互促进、相互推动，进一步振奋行业精神，鼓舞行业士气，以良好的精神状态投入林业建设。林业的生产特点决定了林业工作必须发扬艰苦奋斗作风和树立长期作战的思想。再次，要大力加强廉政建设。各级林业部门的领导，要从严要求自己，模范地遵守各项廉政建设。要切实加强廉政制度建设和机制建设，从源头上预防和解决腐败问题，把各项工作置于严格的制度约束和监督之下。现在，国家对林业的投入这么大，我们一定要以对党和人民事业高度负责的态度，切实抓好这方面工作，绝不允许贪污、挪出、截留林业建设资金，一旦发现违法违纪行为，一定要严惩不贷。

三、认真学习贯彻十六大精神，以扎实和坚韧不拔的工作作风，扎扎实实做好今年工作，全面完成今年的各项任务

(一)全面贯彻十六大精神，用“三个代表”重要思想统领林业工作全局。

党的十六大把“三个代表”重要思想确立为党的指导思想，提出了新的奋斗目标和行动纲领，选举产生了新一届中央领导集体。用十六大精神统一全党和全国各族人民的思想，具有重大的现实意义和深远的历史意义。学习贯彻十六大精神，重点是学习贯彻江泽民同志在十六大上所做的报告，全面、准确地领会报告的精神实质。深刻理解十六大的主题，明确我们党在新世纪举什么旗、走什么路、实现什么奋斗目标，以及全面建设小康社会，加快推进社会主义现代化的主要任务和政策措施，以改革的精神全面推进林业现代化建设新的伟大工程。

学习贯彻党的十六大精神是当前和今后一段时期的首要大事。自治区林业局专门下发了通知，对整个学习贯彻活动做了部署。现在我们要进一步把学习贯彻十六大精神引向深入。一是要有专题、有计划地推进。二是领导干部要带头学好十六大精神，带头上好辅导课。三是切实加强领导，做到精心组织实施，加强督促检查，认真总结经验，确保取得成效。四是确定发展是第一要务的思想，认真研究广西林业推进五大转变，实施六大工程的工作思路和举措。五是自觉实践，执政为民。当前最直接的体现就是做好我们现在正在做的事，解决广西林业发展的实际问题。现在尤为紧迫的就是要全力做好开春的造林备耕准备工作和完成全年任务。

(二)2003年广西林业的主要工作。

2003年是全面贯彻落实党的十六大精神，全面建设小康社会的关键一年。广西林业的总体工作思路是：以邓小平理论和“三个代表”重要思想为指导，认真贯彻党的十六大精神，紧紧围绕全面建设小康社会，始终不渝地把发展作为第一要务，以全面建设小康社会，实现富民兴桂新跨越，以及全面开创广西林业跨越式发展新局面为目标，坚持生态建设优先，同时加快建设工业原料林和经济林，加快林产工业发展步伐，全力推进林业五大转变，抓好六大工程，进一步落实“严管林、慎用钱、质为先”工作要求，突出抓好重点工作，为实现“十五”规划打下更坚实基础。

主要任务是：新造林365万亩。其中退耕还林350万亩，重点防护林工程15万亩。迹地更新和低产林改造100万亩。另外，完成经济林低改150万亩；义务植树6000万株。新建农村户用沼气池40万座，实现全区入户率达25%左右。实现花卉产值5.5亿元。林业总产值同比上年增长5%左右。根据自治区领导的指示，结合实际，今年全区林业要突出抓好对我区林业培植、生态建设和农民增收有重大影响的五项重点工作。

第一，全力抓好以退耕还林工程为主的营林工作。营林工作是整个林业的基础工作，必须抓实抓好。今年全区要完成造林565万亩，主要有：退耕还林任务350万亩(退耕地造林150万亩，荒山造林200万亩)；珠防林、海防林任务15万亩；迹地更新和低产林改造任务100万亩；去年退耕还林任务跨今年3月前完成的约100万亩任务。同时，营造220万亩速丰林和绿色工程造林38万亩也包含在这565万亩任务当中。在今年的造林任务中，退耕还林工作占了大部分，是最主要的，列为我区今年林业建设的一号工程，自治区人民政府刚刚召开全区退耕还林现场会，对工作做了具体布置，各地要认真贯彻落实。今年全区的各项造林任务必须力争在今年上半年完成，确实有困难的，今年6月底前必须完成今年总任务的80％以上，年底前完成全年任务。在此，我再重申几点：一是抓住当前冬季造林的有利时机，想方设法完成去年剩余的造林任务，必须在2月底前全面完成任务。二是抓紧编制今年工程实施方案和作业设计。今年的县级工程实施方案和作业设计要在元月底前完成。三是抓好种苗准备工作。做到适地适树、良种壮苗，要选择使用速生树种和乡土树种，有计划地引导种植一些珍贵树种。区种苗站要协调全区的种苗培育和调度，尽可能在本县内解决退耕使用，保证今年的造林用苗。特别是前段的寒害已造成部分种苗受损，要设法补上。四是抓紧抓好备耕整地工作。抓住当前冬春的有利时机，组织农户抓紧整地备耕，并采用科学的整地方式，尽可能减少对原生植被的破坏，确保所有造林整地工作在造林一个月前全面完成。五是抓好新工程县的启动工作。新启动退耕还林工程县要立即组建退耕还林领导机构和工作机构，安排前期工作经费，抓紧开展系统的人员培训和深入细致的宣传发动。六是不折不扣地兑现政策，进一步调动和保护农民退耕还林和其他造林的积极性。

第二，抓好40万座沼气池生态能源工程建设。生态能源建设在我区发展很快，得到了国家有关部门的肯定，自治区领导也非常重视，我们要继续把这项利国利民的建设农村小康社会重要内容的工作推上一个新台阶。今年全区继续新建40万座沼气池，使全区沼气池入户率达25％左右。继续抓好生态农业“152”示范工程和恭城、北流等八个自治区沼气池建设重点示范县建设。同时开发利用其他可再生能源，推广太阳能热水器1.5万平方米，新建微型水力发电站2000座，安装小型风力发电机700台。重点抓好几个工作：一是沼气建设过程中要坚持“四个结合”。即把发展沼气同退耕还林、生态环境建设、农业结构调整和提高农民生活水平结合起来。在经济条件一般或较贫困的村、屯、农户，要推广燃料改革型模式，即以沼气为纽带的养殖—沼气—种植三位一体生态农业，既实现以气代柴，又发展生态农业。在经济条件较好的村、屯、农户，要推广综合配套型模式，即以沼气建设为切入点，进行“五改十化”配套建设，在解决沼气代柴，发展生态农业的同时，着力改变家居条件和环境。在经济条件比较富裕的村、屯、农户，要推广生态家园模式，即把沼气池、“五改十化”、住宅改造纳入旧村改造和新村建设的统一规划，建设新型生态家园，实现庭院经济高效化，农业生产无害化、家居环境清洁化。二是分工协作，落实好资金。这项工作需要多个部门共同投入才能完成，在未争取到国家扶持的情况下，今年我们要继续争取按照去年的操作办法。即争取扶贫部门牵头组织实施全区贫困村15万座沼气池建设，每座补助400元；林业部门负责其他非贫困村25万座沼气池建设的组织实施，每座补助100元，并负责对全区沼气池建设的技术培训、技术指导和技术服务工作；争取卫生部门在沼气池建设过程中对结合改厕的配套落实卫生器具。同时，这项工作还涉及财政、规划、城建、土地、农业、水果、畜牧、水利等部门。各级林业部门在建设过程中，要主动与上述部门协调，争取各方支持。三是突出抓好一批示范典型。自治区继续重点抓好8个沼气建设重点县和一批自然村形象工程示范点。各地也要结合实际，重点规划建设一批沼气示范典型。四是加强技术培训和售后服务，确保建池质量。从自治区到各市(地)、县都要层层举办技术培训班，明确凡由没有取得沼气池施工资格证书的人员施工的沼气池，一律取消补助。同时还要不断建立健全沼气池服务网络，实行社会化服务，确保建后使用效果。

第三，加快培育具有广西特色的花卉园林产业。花卉产业是拉动城乡经济的重要产业，是促进农村经济发展的重要组成部分，切实要抓紧抓好抓出成效。广西的花卉产业自治区政府明确我们分管之后，去年我们做了大量工作，取得一定成效。但我们要看到，培育一个产业不容易，特别是花卉这种特殊商品，具有独特的作用。我区有发展花卉的气候条件，有潜力，有优势，但也有劣势，如鲜切花，我们没有广西培育的品牌，比不上云南；苗木品种不少，但规模比不上广东；市场方面，因我区生活水平相对低些，花卉进家庭、苗木进庭院没形成规模，对外营销因品种规模原因，渠道不多，因而拉动不大，制约种植发展。主观上，我们起步晚，政策不配套，投入不足，是自发阶段，还形不成规模。因此，从上级领导到我们都很焦急，我们确应认真重视和研究这个大事。一是在认识上，要看到花卉产业也是广西的优势产业，林业部门分管这项工作是有基础的，理所当然承担发展这个产业的责任，而不能认为多此一举。二是在发展内容上，要选准方向，不能跟人家后面跑，要有自己的特色，要选准广西的品牌名花，同时要考虑广西的园林苗木，阴生植物，盘栽植物，特别是和鲜切花配套的绿叶植物，需求量大，所谓红花也要绿叶来衬托。因此，在自治区领导的提议下，我们将这个产业改为花卉园林产业，为今后全社会小康建设提供充足的花卉苗木。三是要抓好基地建设。一般是依托个体、能人和引进外资进行开发，就全区来说，要抓好重点。四是要抓销售渠道。这个产业要搞大，关键是要有销路。目前，无论在品牌规模，还是出口到外地外国，我们多有不足，所以要组织经销渠道，才能激活种植。五是组织机构要落实。各级林业部门要相应有花卉园林管理机构，有人来管这个事，同时要发挥各地花卉协会的作用。六是政府主导，引导花农、林农开发这个产业。首先要抓好规划，然后要制定引导和发展这个产业的政策，同时，要重点抓几个科研院所，研究开发这个产业。今年在几项工作准备好之后，将召开全区动员会，推动此项工作。总的还是按照市场规律来运作，只靠政府的投入是不行的，这一点一开始要明确。

第四，进一步扩大林产工业的对外开放，促进林产工业加快发展。产业体系与生态体系是林业建设的一鸟两翼，缺少了哪一个都飞不高，飞不远，都是“小林业”。现在我们大搞生态建设，决不能放松产业发展。基于大林业的观点和生态优先和发展林产业相一致的概念，自治区把林产业提到了广西经济支柱产业的地位，这个决心下得好，但来之不易。这就看林业部门如何和各级政府利用各地优势，加快发展林产工业步伐，有为才有位。在这方面，我们的思路是这样的：在分类经营的基础上，调整种植结构，通过实施退耕还林和发展速丰林这两大工程，首先抓好原料林的建设，在此基础上发展加工业，至于与谁合作抑或自己干，主动权在我们手中。我们由南部8个国有林场和两个企业组成的林浆纸集团，就是以这几个股东的良性资产作为实体，向金融方面贷款，规划在全区可种可调整的林地上种上应该种的树木，只要适应我们的条件都种上，然后进行加工，那样就不只是几百万亩的问题，规模还应更大，到一定时候通过改制，公司上市融资，滚动发展，这个产业才能搞大，优势才能突现出来。集团在组建过程中，就有芬兰的斯道公司，印尼金光集团，都极力与我们合作林浆纸一体和林产加工业，都看好广西的原料市场和中国的纸浆市场。区内的企业在外资进入之后，也不甘示弱，参与竞争，如贺纸收购原料，三威公司在扩大生产规模，高峰、博白、钦廉等林场也在争上项目，这都反映了这个产业的发展趋势。我们的这个思路和行为，大大促进了各级政府从原来的林业部门只是简单的种几株树思路转向林产加工业，如贵港、百色市大抓原料上加工项目。我们作为林业部门，要跟上，当好助手和参谋，放着优势不发展，那是无为之治。

当前统一对这个问题的认识是非常重要的，现在上级发出了号召，我们应扫除各种思想障碍，从抓原料入手，发挥各地优势，借全区发展工业化、城镇化的东风，把林产加工推上一个新台阶。目前，集团首要任务，是将各股东的资产赶快组合过来，保证到位，然后规划造林。同时，促进外资企业投资造林，作为今后双方合作的关键一步。根据区党委、区政府领导的指示和政府的文件精神，今后在广西造林的，必须在广西建加工企业，不能将原料拉走，搞林浆的必须要同时造纸，具备以上条件造林的，要经过区计委、区林业局的审批，各地不能擅自与外资签订租地造林协议。这是从大局和维护市场秩序来要求的，希望各市地林业局注意这一点。对于过去我们已办的一些加工和商业企业，由于体制的变化和市场变化，现在有的处在改制阶段，步履维艰，它们中有的可能杀出一条血路，重塑辉煌，有的要破产，这都不奇怪，以后新办企业都要总结正反两方面的经验，按照现代企业办法进行管理。

第五，切实加强对森林资源的保护。近年来，我区破坏森林资源行为屡禁不止，极大地阻碍了林业的发展，必须引起我们的高度重视，丝毫不能放松。一是切实加强资源林政管理，切实规范林业行政执法力度，严格执行森林采伐限额管理制度，强化林地管理和林木采伐源头管理。确保全区森林采伐消耗不突破国家核定的年森林采伐限额，国家建设工程征占用林地经林业主管部门审核达到95%以上。二是继续全面落实《广西县级领导干部任期森林资源消长目标责任状》，实行严格的责任追究制度。三是严厉打击破坏森林资源的违法犯罪活动，扼制各类破坏森林资源的违法犯罪势头。四是下大力气抓好森林防火工作，争取森林火灾受害率控制在0.6‰以下，各项指标得到有效控制。五是认真抓好森林病虫害防治工作，特别要做好预防松材线虫病等危险性病虫害的防治，森林病虫害成灾率控制在0.45%以下，防治率达75%。六是做好野生动植物和自然保护区建设。这是做好资源保护的一个重要内容，并日益受到重视。今年重点要做好规范管理和申报二个国家级自然保护区工作，争取资金，加快保护区基础设施建设，充分发挥保护区功能作用，正确处理保护与利用的关系。

除了上述五项重点工作外，我们还要继续抓好生态效益补助、珠防、海防林工程、国土绿化工程、省级林业科技示范园、森林旅游、国有林场的改革等工作，推动林业事业全面发展。

(三)采取坚决有力措施，确保今年各项任务完成。

第一，强化任务意识，坚决完成全年的各项任务。坚决完成任务，这是各级党组织和政府部门的天职，这是党章明确规定的。要克服那种视任务为可有可无、可完成可不完成的淡漠思想，强化完成任务意识。因为今年任务较繁重，去年有的任务又拖了下来，如果不横下一条心来完成，以后的任务就会拖延下来，长此以往，完成任务就是空话。因此我们要求对去年的任务完成情况，各市地要有一个总结和分析，特别对完成任务不好的方面要从主观上进行总结，千万不能敷衍了事，并且对今年的任务拿些具体的措施，并以书面形式上报区林业局。同时要强化责任制，要逐级负责，把完成主要任务列入考核干部内容。这里我们强调工作作风问题，特别是主要领导，要对任务负全责，要督促分管领导及有关部门完成各自的任务。对有些领导，一年工作心中无数，抓不住重点，一天过一天，一年又一年，国家给了钱办不成事，一门心思想着自己的事，上级来检查是马虎应付，搞假等行为，要严肃批评，责成认真改过。我们正值那么好的机遇和条件，不认真工作是对不起党和人民的，检验我们的工作态度标准就是看完成任务的好坏。自治区林业局机关要在抓好管理和服务的同时，继续按照年前分组要求，下到基层，和各市地、县同志一起共同完成今年的任务。

第二，加大对各项工作的督查监管力度。现在越是林业工作量大，项目多，就越要加强对各项工作的监管。一是继续按照“严管林、慎用钱、质为先”的九字方针，对各项工作实施有效监督。各地要从讲政治的高度，以对党、对人民、对子孙后代高度负责的态度，管好森林资源，用好项目资金，确保质量。要提倡讲实话，报实情，出实招，求实效，杜绝虚假浮夸。二是加强制度建设，做到有章可循，以制度管人、管事。要逐步推行项目法人责任制、招投标制和工程建设监理制，认真执行责任事故追究制度，等等。三是进一步加大宏观调控的监管力度。对一些违反规定或工作表现不好的单位，要采取调减或取消资金、项目扶持的办法进行约束。四是各级林业部门要进一步加强对下级林业部门工作的指导和督查。在这次工作督查中，我们发现，同一市(地)内，不同县工作进展很不平衡，有的工作迟迟打不开局面，有的工作完成极差。作为县级林业单位的上级，各市(地)林业局要充分发挥主观能动性，主动深入各县检查指导，帮助基层解决问题，而不是简单地责怪下级，或者完全依赖上级，把问题交到自治区一级来解决，这是不对的。

第三，大力推进科技进步和创新，增强林业科技支撑能力。大力推进科技进步和创新，是实现林业跨越式发展的决定因素。一要切实抓好明年重点工作的科技支撑。每项工作都要同步实施相应的科技支撑方案。要围绕如何使林木速生、丰产、优质、高效，加大林业科技攻关力度，解决林业生产中的关键技术难题。二要加强科技推广和试验示范工作，要继续筛选一批技术成熟、适用面广、投资少、见效快、效益好的科技成果，重点予以推广。当前和今后一段时间，要重点推广桉树、花卉组培工厂化育苗技术以及桉树、相思、竹子和名特优经济林速生丰产栽培技术。各市(地)、县要继续建好科技兴林示范点，自治区要加快广西科技示范园建设。三要加强林业科技产业化工作，促进科技与经济的紧密结合。四要加强国际合作与交流，积极引进国外先进实用技术。五要注重培养和造就一支高水平林业科技队伍，发挥我区林业科研院校的作用，重点培养林业工程项目管理技术人才和技术骨干，为林业跨越式发展提供强有力的科技支撑。

第四，加强林业宣传和调查研究。这项工作在当前很紧要，必须纳入我们的重要工作日程。宣传工作要突出重点，主动出击，全方位、多角度地开展林业宣传，真正起到积极奋发，扩大共识，形成合力，推动工作的作用。要善于及时总结和宣传一批新时期林业建设的好典型，让大家学有榜样，赶有目标。各级林业部门，都要建立健全调查研究工作制度，制定和落实调查研究工作计划，对那些严重制约林业发展的难点问题，集中调研，重点突破。要努力提高调查研究的质量，真正走出门、扎下去，深入基层、深入群众。重点调研在全面建设小康社会中林业的地位和作用，如何量化；广西林业发展的总体方向，发展步骤和措施；充分调动林业企业和广大林农保护、培育森林资源积极性的有关政策和措施；研究林业税费改革方面的有关问题等

同志们，全区林业工作正处在一个前所未有的大好发展时期，我们一定要抓住机遇，进一步统一思想，明确任务，认真学习贯彻十六大精神，按照"三个代表"重要思想要求，围绕全面建设小康社会的奋斗目标，坚决完成今年林业工作的各项任务，全面开创广西林业跨越式发展新局面。

迅速兴起学习贯彻"三个代表"重要思想新高潮　加大林业对外开放　努力实现广西林业跨越式发展

——在区林业局兴起学习贯彻"三个代表"重要思想新高潮　加强对外开放工作动员大会上的讲话

广西壮族自治区林业局局长　黎梅松

(2003年6月24日)

同志们：

今天，在中国共产党成立82周年即将到来之际，我们召开兴起学习贯彻"三个代表"重要思想新高潮，加强对外开放工作动员大会，主要是传达贯彻全区兴起学习贯彻"三个代表"重要思想新高潮动员大会和全区对外开放工作会议精神，结合我区林业工作实际，就进一步兴起学习贯彻"三个代表"重要思想新高潮和加强林业对外开放工作作出部署。刚才，廖副局长传达了自治区的两个会议精神，我们要深刻领会，很好的贯彻落实。

下面，我就贯彻落实自治区的两个会议精神谈几点意见。

一、在全区林业系统中迅速兴起学习贯彻"三个代表"重要思想新高潮

近年来，自治区林业局党组对学习贯彻"三个代表"重要思想高度重视。2000年，我们提出学习"三个代表"，实践"三个代表"，局机关广大干部组成若干个工作组深入基层、深入林场、深入企业调查研究，帮助基层解决实际问题。2001年，我们将学习江泽民同志"七一"重要讲话，深刻领会"三个代表"重要思想，作为推动广西林业工作的重要措施之一。2002年，我们把认真学习贯彻江泽民同志"5·31"重要讲话精神，切实贯彻落实"三个代表"重要思想当做首要政治任务来抓。今年，我们对学习贯彻"三个代表"重要思想和党的十六大精神作出了一系列部署，用"三个代表"重要思想武装广大林业干部职工的头脑，推动广西林业工作的开展。今年4月下旬以来，我们按照自治区党委的部署，在林业系统开展解放思想再讨论活动，就是深入学习党的十六大精神，兴起学习贯彻"三个代表"重要思想新高潮的重大举措和具体行动，对这项工作，我们前段时间抓得很紧，已取得初步成效。今天，我们召开这个动员大会，就是要在前一段学习贯彻"三个代表"重要思想的基础上，按照中央和自治区党委的部署和要求，对我区林业系统进一步学习贯彻"三个代表"重要思想新高潮进行再动员、再部署，全面引向深入。

(一)充分认识兴起学习贯彻"三个代表"重要思想新高潮的重大意义。

党中央提出在全党兴起学习贯彻"三个代表"重要思想新高潮，这是关系党的事业继往开来、与时俱进的战略任务，是我们党思想理论建设的一件大事。我们一定要从战略的高度充分认识进一步兴起学习贯彻"三个代表"重要思想新高潮的重大意义。

第一，兴起学习贯彻"三个代表"重要思想新高潮，是牢固树立"三个代表"重要思想指导地位的根本要求。"三个代表"重要思想同马列主义、毛泽东思想和邓小平理论是一脉相承的科学体系，是马克思主义基本原理同中国具体实际相结合的产物，科学回答了我们党和国家事业发展所

遇到的一系列理论和实际问题，开辟了马克思主义的新境界，是马克思主义中国化的最新成果。党的十六大把“三个代表”重要思想同马列主义、毛泽东思想、邓小平理论一道，确立为党必须长期坚持的指导思想，这是一个历史性决策，也是一个历史性贡献。兴起学习贯彻“三个代表”重要思想新高潮，就是要用“三个代表”重要思想武装党员干部，教育人民群众，把“三个代表”重要思想作为统领全局、贯穿各项工作的根本指针，牢牢确立“三个代表”重要思想的指导地位。

第二，兴起学习贯彻“三个代表”重要思想新高潮，是深入学习贯彻党的十六大精神的重要举措。学习贯彻党的十六大精神，是我们当前和今后一个时期的首要政治任务。“三个代表”重要思想是党的十六大的灵魂，是贯穿党的十六大报告的主线。学习贯彻党的十六大精神，核心是学习贯彻“三个代表”重要思想；把学习贯彻党的十六大精神的热潮引向深入，最重要的就是要兴起学习贯彻“三个代表”重要思想新高潮。

第三，兴起学习贯彻“三个代表”重要思想新高潮，是加快富民兴桂新跨越步伐、全面建设小康社会的根本保证。自治区党委八届三次全会根据党的十六大精神，提出了加快富民兴桂新跨越步伐、全面建设小康社会的奋斗目标。实现这一奋斗目标，最根本的就是要以“三个代表”重要思想为指导，进一步提高广大党员和干部群众贯彻执行党的基本理论、基本路线、基本纲领的自觉性和坚定性，不断解放思想、实事求是、与时俱进，积极推进经济、政治、文化建设和体制创新，做到发展有新思路，改革有新突破，开放有新局面，各项工作有新举措，促进社会主义物质文明、政治文明和精神文明协调发展。

第四，兴起学习贯彻“三个代表”重要思想新高潮，是实现广西林业跨越式发展的重要保障。这几年我们局党组提出要把广西建设成生态优良、山川秀美的新八桂，把广西林业产业建成广西经济的支柱产业，这个任务很繁重。要把我们的设想变成现实，需要全区林业系统广大干部职工加倍努力，将“三个代表”重要思想落实到具体的林业工作中，扎扎实实地把林业工作向前推进，使林业各项工作不断取得新的突破。

深入学习贯彻“三个代表”重要思想，关系党的十六大精神的贯彻落实，关系到我区林业的跨越式发展。我们一定要按照自治区党委的要求，精心组织，周密部署，狠抓落实，进一步兴起学习贯彻“三个代表”重要思想的新高潮，把我区现代林业和改革开放不断推向前进。

（二）深入学习，突出重点，全面、准确、深刻领会“三个代表”重要思想的基本精神。

“三个代表”重要思想内涵丰富，博大精深，涵盖了经济、政治、文化和党的建设各个领域，体现在改革发展稳定、内政外交、国防、治党治国治军各个方面，是一个系统的科学理论。学习中要突出重点，着重从九个方面深刻领会其基本精神，即：牢牢把握“三个代表”重要思想的历史地位和指导意义；始终坚持解放思想、实事求是、与时俱进的思想路线；毫不动摇地坚持党的基本理论、基本路线、基本纲领和基本经验；为实现全面建设小康社会目标而奋斗；坚定不移地抓好发展这个党执政兴国的第一要务；促进社会主义物质文明、政治文明和精神文明协调发展；最广泛最充分地调动一切积极因素，不断为中华民族的伟大复兴增添新力量；始终做到立党为公、执政为民；大力加强和改进党的建设。尤其要重点深化对“三个代表”重要思想的历史地位和指导意义的认识，自觉地以“三个代表”重要思想统领全局、指导工作；深化对始终坚持党的思想路线的认识，坚持科学精神，开拓创新；深化对坚定不移地抓好第一要务的认识，不断开创社会主义现代化建设新局面；深化对加强和改进党的建设的认识，不断提高执政能力，始终做到立党为公、执政为民；深化对促进社会主义物质文明、政治文明和精神文明协调发展的认识，不断推动社会全面进步和人的全面发展。

深入学习贯彻“三个代表”重要思想，全面、准确、深刻领会“三个代表”重要思想的基本精神，一定要坚持理论联系实际，把学习贯彻“三个代表”重要思想同推进本单位改革开放和林业各项工作结合起来，与深入学习贯彻党的十六大精神，实现党的十六大提出的各项任务和自治区第八次党代会提出的奋斗目标结合起来。要认真研读党的十六大报告和党章，认真研读江泽民同志《论“三个代表”》、《论党的建设》和《江泽民论有中国特色社会主义（专题摘编）》等一系列重要著作，把《“三个代表”重要思想学习纲要》作为重要辅导材料。通过深入学习，使广大党员干部对“三个代表”重要思想的时代背景、实践基础、科学内涵、精神实质和历史地位的认识上达到新的高度，在认真贯彻“三个代表”重要思想的根本要求、始终做到“三个代表”上取得新的成效，更加紧密地团结在以胡锦涛同志为总书记的党中央周围，解放思想、与时俱进，抓住机遇、开拓创新，努力开创我区现代林业建设新局面。

(三)精心组织，周密安排，区分层次，把学习贯彻“三个代表”重要思想不断引向深入。

按照自治区党委的统一部署，这次对“三个代表”重要思想的进一步深入学习，着重安排在今年的第三、四季度。各部门各单位要层层动员，广泛发动，突出重点，区分层次，不断把学习贯彻引向深入。

第一，要重点抓好处级以上领导干部的学习。兴起学习贯彻“三个代表”重要思想新高潮，领导干部是关键。各单位学习中心组要组织领导干部认真学习，既从整体上深刻领会“三个代表”重要思想，又分专题展开深入研讨，力争学得深一些，透一些，把握得好一些。从7月开始到12月底，各单位学习中心组每个月要组织一次学习，每次学习1～2个专题。我们要分期分批送领导干部到自治区举办的各种研讨班、培训班学习。各单位领导干部要潜心学习，率先垂范，自觉学在前面、用在前面，做持久学、深入学的表率，成为学以致用、用有所成的模范。

第二，要认真组织好广大党员、干部的学习。各党委、总支、支部要把学习贯彻“三个代表”重要思想同加强自身建设紧密结合起来，同开展保持共产党员先进性教育活动结合起来，真正使干部受教育，群众得实惠。要坚持学习制度，自觉按照制度规定的学习时间组织广大党员、干部学习。要用“三个代表”重要思想教育广大群众，找准学习贯彻“三个代表”重要思想与职工生产生活的结合点，把学习贯彻“三个代表”重要思想融入职工获取各种信息和知识之中，融入职工喜闻乐见的各种活动之中，融入我们全面建设小康社会、创造幸福生活的奋斗之中。

第三，举行学习辅导报告会。7月份，请区党校教师或区党委宣传部有关领导到我局作学习辅导报告会，或者由局有关领导作专题辅导报告。直属各单位也要根据本单位的实际情况，采取多种形式把学习贯彻“三个代表”重要思想引向深入。

第四，要购买必要的辅导资料。根据学习的内容要求，要与有关单位联系学习资料的购买，确保学习用书。

第五，加强对学习的检查考核。各支部集中学习要有考勤记录，要联系我区林业的实际和本单位的实际，积极思考、深入探索，开展调查研究，撰写学习心得体会，做到学以致用，指导工作实践。各单位要做好督促检查工作，掌握活动的节奏和进展。活动结束后，各单位要做好总结书面报告局党组。

第六，要制定学习方案，确保学习贯彻活动顺利开展，取得实实在在的效果。

二、在兴起学习贯彻“三个代表”重要思想新高潮中，力争林业对外开放实现新的突破

学习贯彻“三个代表”重要思想，重在理论联系实际，着力解决实际问题。当前，我区林业对外开放没有大的突破，制约着林业跨越式的发展。我们要乘着这一次兴起学习贯彻“三个代表”重要思想新高潮的东风，采取有力措施，力争实现林业对外开放新突破。

(一)实现林业对外开放新突破，对我区林业跨越式发展具有重要的现实意义。

多年来，随着改革开放不断深入，我区林业对外开放工作不断得到加强。1982年中国和澳大利亚合作东门林场桉树造林示范项目正式启动，标志着广西林业与国外的合作与交流正式开展。中澳东门项目实施7年，我区从澳大利亚引进了170多种桉树种源，引进了先进的桉树育苗、种植技术，使桉树在我区的种植达390多万亩，使广西成为中国重要的速生商品林基地之一。近年来，我区林业又先后引进嘉汉公司、印尼金光集团、日本王子公司、芬兰斯道拉恩索公司等国外知名企业到我区投资林业开发，加速了我区林业发展。此外，我们通过中外国际合作项目和组织出国培训等方式，积极引进国外先进的林业生产和管理技术，涉及的领域包括林业经济、森林资源监测、林木育种、森林保护、水土保持、森林生态、木材加工、森林旅游等。特别是近年来，我们通过组建高峰林浆纸业集团，加大了引进外资力度，取得了较大的成效，使我区每年营造200万亩速生丰产林成为可能。

但是，我区林业在对外开放工作中还存在一些急需解决的问题。一是思想解放不够。一些同志开放意识不强、思想保守、顾虑重重、放不开手脚。二是认识上有差距。一些同志强调林业的特殊性，对林业对外开放工作不积极不主动，自我封闭。三是存在畏难情绪。有的同志认为林业的法律法规太细太具体，管得过死，因此害怕犯错误，怕接触外商，认为多一事不如少一事，有畏难情绪。四是林业对外开放工作面窄而且乏力。目前我区与欧洲林业发达国家的交流不多，合作项目更少，有待今后我们加强和努力。

当前，我区的对外开放工作正面临新的形势，各行各业都在千方百计争创优势，加快对外开放步伐。形势逼人，不进则退。我们一定要按照曹伯纯书记和陆兵代主席说的，倍加增强忧患意识、危机意识，倍加增强责任感、紧迫感，倍加埋头苦干、奋发有为，努力开创对外开放新局面。

加大林业对外开放工作力度，对广西林业的发展具有重大的现实意义。一是加大林业对外开放力度，是适应入世和经济全球化的迫切需要。经济全球化是当今世界经济发展的大趋势，关起门来搞建设，经济不可能搞上去。林业要求得更大发展，必须以更大决心加快对外开放，在更大范围和更深程度上参与国际经济合作与竞争，更好地利用经济全球化带来的有利于生产力发展的因素，推动我区林业跨越式发展。二是加大林业对外开放力度，是加速我区营造林工作步伐，增加森林资源总量的需要。依靠自身的力量来增加森林资源总量，速度太慢，我们只有广泛吸纳区内外、国内外的资金来大造速生丰产用材林，这样才能以比较快的速度增加我区森林资源总量，为林业产业的发展打下坚实的基础。三是加大林业对外开放力度，是加快我区林产工业发展的需要。目前我区的林产工业还很弱小，与自治区把林产业提到广西经济支柱产业的地位很不相称，我们必须借助外部力量，才能更快地加速林产工业的发展。四是加大林业对外开放力度，是大力发展我区林副产品深加工的需要。目前我区林副产品深加工量少质低，许多林副产品以原料和半成品出口后人家进行深加工再进口返回我国。比如松脂松香产品，我区优势明显，但深加工产品不多，我们要通过加大对外开放力度，引进人才引进技术引进资金，彻底改变这种状况。

我区林业行业受传统管理模式影响较深，林业生产力水平在各行业中是较低层次的，靠自身能力求发展难度较大。我们必须转变思想观念，冲破一些条条框框的束缚，加大林业的对外开放力度，借助外力加快我区林业的发展。

事实上，我区林业加大对外开放力度，加快发展具有许多有利条件。一是我国加入世贸组织、实施西部大开发战略，为实现对外开放新突破提供了良好历史机遇。我国加入世贸组织，使我们赢得了更好的国际环境，可以平等地与其他国家和地区进行经贸交往，更大规模地引进外资，发展开放型的林业经济。国家实施西部大开发战略，西部地区正日渐成为吸引外商投资的重要区域，我区林业在西部各省当中，条件最好，对外开放的比较优势突出。二是我区得天独厚的自然优势、资源优势和区位优势，为我区林业加大对外开放力度，加快发展提供了重要保证。我区光照充足，雨量充沛，土层深厚，非常适宜各种林木的生长；我区山地面积广阔，营林土地潜力很大，这些与外商合作前景很广。我区沿海、沿边，背靠大西南，面向东南亚，区位优势非常明显。三是近年来我区林业对外开放的实践积累了一些经验，投资的环境不断得到改善，为进一步更大开放更快发展奠定了基础。

(二)抓住机遇，发挥优势，以加大对外开放力度促进我区林业快速发展。

根据全区对外开放工作会议精神，结合我区林业实际，当前和今后一个时期，我区林业对外开放的思路是：以邓小平理论和“三个代表”重要思想为指导，认真贯彻党的十六大和自治区第八次党代会、自治区党委八届三次全会精神，解放思想、与时俱进、抢抓机遇，坚定不移地深入实施开放带动战略，以解放思想为先导，以项目为中心，以招商引资为重点，以体制机制创新和改善投资环境为突破口，千方百计扩大引资规模，进一步提高利用外资质量，全面提高对外开放水平，以开放促改革促发展。我们的目标是：经过几年的努力，使我区林业的投资环境特别是软环境明显改善，发展林业的吸引力和竞争力不断提升；每年利用外资发展林业的速度达到或高于全国平均水平；在“十五”期间实现新增速丰林 1000 万亩，每年生产的商品林、木浆、人造板等也要有较大幅度的增长。

在具体工作中，我们重点要抓好如下几个方面工作：

第一，继续深化解放思想再讨论活动。加大林业对外开放工作力度，必须深化解放思想再讨论，两者要很好地结合起来，统一在兴起的学习贯彻“三个代表”重要思想新高潮中。没有思想上的大解放，观念上的大转变，对外开放工作就很难取得突破；不在解放思想再讨论中统一思想、统一认识,对外开放就没有集中的统一目标,步伐就很难一致。解放思想再讨论活动我们已经开展了近两个月,我们还要继续围绕四个方面的内容,从加快政府职能转变、加大林业对外开放力度上深入地开展讨论,使我们林业管理机关切实转变到加强管理和服务职能上来,而且工作作风和工作方法不断得到加强和改善,管理和服务水平不断得到提高。

第二,切实转变政府职能,创造良好的政务环境。我们要按照行为规范、运转协调、公正透明、廉洁高效的目标要求,进一步深化行政管理体制改革,把政府职能切实转变到经济调节,市场监管与公共服务上来。当前,一是要开展一查二清三突破。一查就是认真检查阻碍林业对外开放,影响引进项目引进资金的原因。二清就是认真清除影响和妨碍林业对外开放的思想障碍,认真清除不合时宜的影响和妨碍扩大林业对外开放和引进项目引进资金的有关文件、政策和规定,对不符合党中央和自治区党委关于对外开放、加快发展要求的,赶快改正过来。实现三突破就是加大林业对外开放,加快发展的思想认识有新的突破;扩大林业对外开放,引进项目引进资金有新的突破;我们林业管理机关在对外开放管理和服务质量水平上有新的突破。前段时间,我们开展了林业法规政策性文件的清理工作,主要从林业税费过重问题、林木采伐管理方面、木材经营加工和流通管理方面、林地管理方面等进行清理,对属于自治区林业局业务范围内的问题,我局将在今年内彻底解决;对属于自治区解决范围的问题,我们请求在自治区人民政府的统一领导下,我局将积极协调各有关部门尽快解决;对属于国家解决的问题,我局将根据林业分类经营,分区突破的要求,积极向国家林业局汇报、反映,争取国家林业局在政策上有所调整。二是深化行政审批制度改革。按照精简、下放、规范的要求,精简一切可以精简的审批事项,下放一切可以下放的审批权限,规范一切依法保留的审批事项,建立简便高效、公开透明、协调规范的行政审批制度。这是自治区党委政府的要求,我们必须切实做到。

第三,进一步降低对外开放的门槛。我们要制定林业对外开放的优惠政策,让利于投资经营者,吸引外商到广西来进行林业投资开发,达到双赢的目的。我们要坚决破除怕别人进来抢饭碗、抢市场的观念,树立外商发财我发展的意识,只要有利于加快我区林业的发展,不论是区外、境外、国外客商,不论外资内资,我们都要敞开大门,降低门槛,敢于让利,竭诚欢迎到广西进行林业投资开发。在降低门槛引进林业资金方面,我们要抓重点项目。为了使这一工作有序地开展,我们要组织一些人员,暂时可以叫林业项目专家小组,专门组织林业项目和项目的招商,提出建议意见供局党组决策等,总之,要有专人来研究这个事。

第四,进一步加大高峰林浆纸业集团公司工作力度。高峰集团是我区林业建设的航空母舰,是我区林业对外开放的有效载体,集团公司工作得好,就可以引进更多资金来发展我区的林业建设。我们要加强与外商的交流沟通,为他们提供优质的服务,使他们进得来,留得住,发展好。不论是营林项目,林板加工项目,林副产品加工、深加工项目,也不论是境外的、国外的、区外的、行业外的,只要有意到林业来投资开发赚钱,我们都热情欢迎。我局直属单位,有条件的林场、企业,要实施“走出去”战略,到外面去开发资源,开辟市场,发展壮大自己。

(三)采取各种有效措施,确保林业对外开放取得实效。

要实现林业对外开放新突破,必须采取各种有效措施,确保工作取得实效。各部门各单位要把扩大对外开放工作作为事关改革发展的大事,摆上重要的议事日程,采取有效措施,扎实向前推进。

第一,各单位各部门要认真学习全区对外开放工作会议精神,并进行对照检查,查摆问题,找出原因和关键环节,提出解决问题的办法和措施。特别是有审批和执法权的部门,思想认识上更要特别重视,对照检查中更要仔细全面,查摆问题时更要实事求是,提出解决的办法更要切实可行。各单位各部门领导干部要加强学习,多挤出时间学习中央和自治区关于对外开放的方针政策,学习市场经济、世贸组织、外经外贸等知识,学习借鉴别人的成功经验,以更好地了解和掌握对外开放的规律,善于分析新形势、采取新措施、解决新问题,善于按政策、法律、法规开展工作,善于按世贸组织规则和国际通行惯例办事,真正成为驾驭对外开放工作的行家里手。

第二,建立健全管理责任制,完善激励机制。我们要把利用外资、引进项目的目标任务作为硬指标,分解到各有关单位和部门,限期完成。我们要拿出三分之一的力量从事林业对外开放的学习、研究和实际工作。要把完成对外开放工作任务作为对各单位各部门领导干部政绩考核内容，搞得好的表扬，搞得不好的批评，工作打不开局面、没有完成任务的，要追究责任。我们要参照自治区人民政府关于建立招商引资激励机制的规定，制定一套激励办法，对在林业对外开放、林业招商引资工作中，成绩突出的单位和个人，不但要给予精神上的表彰，而且要给予物质上的奖励。要建立政务评议评价制度，每年开展一次政务评议评价活动。这个工作由局人教处、局办公室、机关党委负责。凡在评议中排在前3名的单位和主要负责人，给予表彰奖励；一年排名在最后3名的，对单位及主要负责人予以通报；连续两年排在最后1名的，对主要负责人给予诫勉；连续3年排在最后1名的，对主要负责人责令其辞职。

第三，要进一步转变作风，狠抓落实。对外开放是一项很重要又很具体的工作，必须做艰苦的努力。广大党员干部特别是领导干部，要发扬党的优良传统和作风，坚决克服形式主义和官僚主义，力戒空谈和虚浮之风，工作方案和措施要一个一个研究，外商要一个一个接触，项目要一个一个落实，确保工作取得实效。要加强调查研究，认清区情林情，理清思路，趋利避害。要强化服务意识，深入基层，深入企业，大胆亲商、安商、富商，千方百计为他们解决在投资和生产经营中碰到的实际问题，让外商感受到广西林业是他们投资置业、大展身手的好地方。要加强督促检查，凡看准了的事情，就要紧抓不放，一抓到底，抓出成效。

三、在兴起学习贯彻“三个代表”重要思想新高潮中，加强党建，统一思想，全面完成今年各项林业工作

兴起学习贯彻“三个代表”重要思想新高潮，必须在党的建设、统一思想认识、全面完成今年各项林业工作上下功夫，见成效。

(一)兴起学习贯彻“三个代表”重要思想新高潮，必须进一步加强和改进党的建设，转变干部作风。

“三个代表”重要思想是对共产党执政规律的深刻揭示。学习贯彻“三个代表”重要思想，必须以改革的精神，全面推进党的建设新的伟大工程，不断为党的肌体注入新活力，增强党的创造力、凝聚力和战斗力。各直属单位党委、总支、支部要在前些年工作基础上，对照“三个代表”重要思想的要求，认真查找和解决自身建设存在的突出问题。特别是要进一步加强领导班子建设，深化干部人事制度改革，提高基层组织建设整体水平，在广大党员中开展保持共产党员先进性教育活动。通过抓班子、抓队伍、抓基层，充分发挥党委的核心作用、基层党组织的战斗堡垒作用、党员的先锋模范作用，使党组织真正成为贯彻“三个代表”重要思想的组织者、推动者和实践者，使广大党员真正成为实践“三个代表”重要思想的模范。要落实“两个务必”，按照“八个坚持、八个反对”的要求，加强党员干部队伍作风建设，特别是要认真解决官僚主义、形式主义和腐败现象等群众反映强烈的问题。各单位领导干部在深入学习贯彻“三个代表”重要思想过程中，既要努力改造客观世界，又要改造自己的主观世界，牢固树立正确的世界观、人生观、价值观，着力解决好权力观、地位观、利益观问题，特别是要解决好坚持立党为公、执政为民的问题，做到权为民所用、情为民所系、利为民所谋，永葆共产党人的思想道德和革命品质，成为学习贯彻“三个代表”重要思想，团结带领广大干部群众加快林业跨越式发展步伐、全面建设小康社会的主心骨。

(二)兴起学习贯彻“三个代表”重要思想新高潮，必须深刻理解“三个代表”重要思想，把思想和行动进一步统一到“三个代表”重要思想上来。

这是学习好、贯彻好“三个代表”重要思想的前提和基础。广大党员干部特别是领导干部，要在学习贯彻中，进一步深刻理解“三个代表”重要思想的时代背景、实践基础、科学内涵、精神实质和历史地位，深刻理解党的十六大把“三个代表”重要思想确定为党的指导思想并写入党章的重大意义，深刻理解“三个代表”重要思想同马克思列宁主义、毛泽东思想、邓小平理论一脉相承的统一关系，深刻理解“三个代表”重要思想是加强和改进党的建设、推进我国社会主义自我完善和发展的强大理论武器，深刻理解始终做到“三个代表”是我们党的立党之本、执政之基、力量之源，从而进一步坚定对“三个代表”重要思想的信仰，真正把思想和行动进一步统一到“三个代表”重要思想上来，统一到十六大精神以及自治区第八次党代会、自治区党委八届三次全会精神上来，把智慧和力量进一步凝聚到加快富民兴桂新跨越步伐、全面建设小康社会的各项任务上来。

(三)兴起学习贯彻“三个代表”重要思想新高

潮，必须抓好当前正在做的事情，全面完成今年的各项林业工作任务。

这是深入学习贯彻“三个代表”重要思想的具体体现。各单位一定要把学习贯彻“三个代表”重要思想与完成全年任务紧密结合起来。今年上半年时间即将过去。下半年我们要狠抓各项工作不放松，坚决完成全年的退耕还林350万亩，新建40万座沼气池，完成重点防护林工程造林15万亩，同时，抓好花卉园林产业建设，抓好森林资源管理、森林病虫害防治和林区治安及森林防火等工作，实现林业总产值比去年增长5%的目标，以优异成绩体现学习贯彻“三个代表”重要思想的成效。

（四）兴起学习贯彻“三个代表”重要思想新高潮，必须切实解决职工群众生产生活中的实际困难和问题。

学习贯彻“三个代表”重要思想，归根到底要实现好、维护好、发展好人民群众的根本利益。任何时候我们都要把职工的利益放在第一位，始终关注群众的安危冷暖。这几年我们在实践“三个代表”重要思想活动中，为群众办了大量实事好事，赢得了群众的衷心拥护。今后，我们要继续在这方面作出努力，务求取得更大成效。

同志们，迅速兴起学习贯彻“三个代表”重要思想新高潮，加大林业对外开放工作力度，对加快我区林业发展步伐意义重大。让我们在自治区党委的正确领导下，高举邓小平理论伟大旗帜，认真学习、忠实实践“三个代表”重要思想，解放思想，与时俱进，团结一致，奋斗拼搏，为实现我区林业跨越式发展而努力！

认真学习贯彻中共中央　国务院关于加快林业发展的决定促进我区林业跨越式发展

——在区林业局学习贯彻《中共中央国务院关于加快林业发展的决定》动员大会上的讲话

广西壮族自治区林业局局长　黎梅松

（2003年7月16日）

同志们：

前不久，党中央、国务院作出了《关于加快林业发展的决定》（以下简称《决定》），这是我国林业建设的一件大事，国家林业局对深入学习贯彻《决定》精神提出了安排意见。今天我们在这里召开这个动员大会，就是要在我区林业系统迅速掀起深入学习贯彻《中共中央　国务院关于加快林业发展的决定》的高潮。下面，我谈四点意见。

一、进一步提高对党中央国务院作出《关于加快林业发展的决定》重大意义的认识

1981年，中共中央、国务院作出《关于保护森林发展林业若干问题的决定》后，20多年过去了，我国已进入全面建设小康社会、加速推进社会主义现代化建设的新的历史阶段，生态需求已经成为社会对林业的第一需求，我国林业正在经历着由以木材生产为主向以生态建设为主的历史性转变。在这样一个关键时期，党中央、国务院站在全局和战略的高度，作出《关于加快林业发展的决定》，对于根据形势发展的需要，更好地调整林业建设的指导思想、主要任务、战略布局和管理体制、运行机制、政策措施等，促进林业跨越式发展，加速改善我国的生态状况，实现经济社会可持续发展具有十分重大的现实意义和极其深远的历史意义。

（一）《决定》是中国林业建设史上新的里程碑。

过去的几十年，木材生产是社会对林业的第一需求，我国林业累计为社会提供了50多亿立方米木材，为新中国完成原始积累和经济建设做出了不可磨灭的历史性贡献。在全面建设小康社会的新形势下，国家、人民对生态建设的需求远远超过了对木材生产的需求，生态需求已成为社会对林业的第一需求。党中央、国务院审时度势，果断结束了以木材生产为主的指导思想，确立了以生态建设为主的指导思想，这标志着我国林业以木材生产为主的时代已经结束，以生态建设为主的时代已经开始。开启以生态建设为主的时代，是对林业认识上质的升华，是林业建设方向的根本转变，是对林业建设任务的战略性调整，不仅赋予了林业在改善中华民族生存与发展条件中的重大使命和林业建设新的内涵，而且对林业的发展速度、建设质量提出了新的要求。

（二）《决定》是“三个代表”重要思想在林业建设上的体现，是全国动员、全民动手、全社会办林业的伟大号召。

生态与经济协调发展是先进生产力的必然要求，实现人与自然的和谐是先进文化的重要内容，加快林业发展、维护国家生态安全是最广大人民的根本利益。加快林业发展，再造秀美山川，是实践“三个代表”重要思想的具体行动，是全面建设小康社会、实现经济社会可持续发展的重要基础，是改善我们的生存与发展条件，推进全面建设小康社会的历史进程，必将产生极其深远的影响。《决定》是党中央、国务院向全党、全国人民发出的加强生态建设、实现山川秀美的伟大号召。《决定》深刻分析了全面建设小康社会、实现经济社会可持续发展对加快林业发展的迫切要求，精辟地阐述了在全面建设小康社会、加快推进社会主义现代化的历史进程中加快林业发展的重大意义，系统地提出了加快林业发展的指导思想、基本方针、战略目标、战略重点和政策措施，对加快林业发展作出了全面部署，必将充分调动全社会的力量参与生态建设，形成全国动员、全民动手、全社会办林业的新高潮，加快实现再造秀美山川的宏伟目标。

（三）《决定》是指引我国林业跨越式发展的一盏明灯，为我国林业发展开辟了光明前景。

加快发展是贯穿《决定》的一条主线，集中贯彻了邓小平同志关于“发展才是硬道理”、江泽民同志关于“发展是执政兴国的第一要务”、胡锦涛同志关于“聚精会神搞建设，一心一意谋发展”的战略思想。《决定》高瞻远瞩、言简意赅地明确提出了“加快林业发展”、“实现林业跨越式发展”的要求，明确了当前和今后一个时期我国加快林业发展的指导思想、基本方针和主要任务，对林业生产力布局进行了优化重组，对林业的体制、机制、政策作出了重大调整，对加快林业发展的重点工作和各级党和政府加强对林业的领导提出了明确要求，为加快林业发展、再造秀美山川指明了方向，构建了新的林业发展理论体系，提供了加快林业发展的强大动力和十分难得的历史机遇，是指引我国林业跨越式发展的一盏明灯。《决定》吸纳了中国可持续发展林业战略研究的成果，肯定了新中国成立 50 多年来林业建设取得的巨大成就，总结了 50 多年来我国林业建设的实践和积累的经验，解决了制约林业发展的一系列重大问题，确立了林业在全面建设小康社会、实现经济社会可持续发展中的战略地位，实现了中国林业建设者多年来梦寐以求的愿望。《决定》内容十分丰富，涵盖了林业生产、流通、分配、消费的全过程，加快林业各个领域的发展都可以在《决定》中找到科学依据，为林业的大发展提供了新的理论指导，明确了新的战略任务，提出了新的政策措施，开辟了光明的前景。

（四）《决定》更加坚定了我们继续抓好广西林业工作的信心和决心。

近年来，我区林业突出抓好退耕还林工程、石漠化治理工程、森林生态效益补助试点工程、珠防林海防林工程、生态能源工程、野生动植物和自然保护区建设工程，同时，狠抓速生丰产林工程，组建高峰林浆纸集团，努力推进我区林浆纸一体化、林板一体化进程，取得了一定成效。回顾近年来我区林业的思路和实践，完全符合《决定》的精神。这两年我区实施退耕还林和其他生态工程的全面推进，对建设山川秀美的新八桂，改善全区人民生存生产环境将起到重大作用。同时，我区大力发展速生丰产林基地，推进林浆纸一体化、林板一体化进程，对把林业产业办成广西的支柱产业，加快富民兴桂、全面建设小康社会将起到重要的作用。《决定》提出推进生态建设的同时，要优化林业结构，促进林业产业发展。可以预料，我区作为第四大区域商品林基地，大力发展速丰林，促进林业产业化发展，其地位和作用将会越来越明显。学习贯彻《决定》精神，更加坚定我们抓好当前我区林业各项工作的信心和决心。

总之，《决定》是我国林业建设几十年实践的结晶，是指导当前和今后一个时期林业改革和发展的纲领性文件，是党中央、国务院向全党、全国人民发出的加强生态建设、实现山川秀美的伟大号召，是中国林业建设史上一个新的里程碑。《决定》充分体现了“三个代表”重要思想，充分体现了全面建设小康社会、实现经济社会可持续发展对加快林业发展的客观要求，充分体现了党中央、国务院改善中华民族生存与发展条件的坚定决心，具有重大的现实意义和深远的历史意义。

二、认真学习，深刻领会党中央国务院《关于加快林业发展的决定》的主要精神

党中央、国务院《关于加快林业发展的决定》共 8 个部分 25 条，主要内容包括：根据我国当前的国情、林情，对林业的新的认识；以天然林保护、退耕还林、京津风沙源治理等重点工程为主体，对林业生产力布局进行了重新规划；对制约林业发展的产权制度、分类经营管理体制、重点国有林区和国有林场改革等问题，提出了原则性、方向性意见；对保证林业长期稳定发展的经济扶持政策、产业发展政策以及对外开放、科教兴林、依法治林等问题，作了相应规定，最后对加强领导等问题提出了要求。

学习《决定》要把握好8个方面的主要精神：

（一）对林业建设成就给予了高度评价。

半个多世纪以来，历代中央领导集体一直以战略眼光密切关注着林业建设。早在20世纪50年代，毛泽东同志就告诫人们："林业将变成根本问题之一。"并发出了"绿化祖国"的号召。80年代，邓小平同志针对四川发生的特大水灾指出："最近发生的洪灾涉及林业问题，涉及森林的过量采伐。""中国的林业要上去，不采取一些有力措施不行。"并倡导了全民义务植树运动。90年代，江泽民同志发出了"再造秀美山川"的号召，并深刻指出："通过植树造林解决两大心腹之患。一是解决长江、黄河上游植被稀少、泥沙俱下，给我们国家带来的巨大水患。二是加大沙漠化的治理力度，实现人进沙退而不是沙进人退。"以胡锦涛同志为总书记的党中央把植树造林、绿化祖国、加强生态建设，作为一件利国利民的大事，提到了十分突出的位置。在党中央、国务院的高度重视下，经过全国人民的艰苦努力，我国林业建设取得了辉煌成就。《决定》指出：新中国成立以来，特别是改革开放以来，党中央、国务院对林业工作十分重视，采取了一系列政策措施，有力地促进了林业发展。我国林业建设取得了巨大成就。林业为国家经济建设和生态状况改善作出了重要贡献。同时，《决定》深刻分析了全面建设小康社会、实现经济社会可持续发展对加快林业发展提出的新的更高的要求，指出：社会对加快林业发展、改善生态状况的要求越来越迫切，林业正处在一个重要的变革和转折时期，加快林业发展面临的形势依然严峻，任务十分艰巨，迫切要求林业有一个大的发展。

（二）对林业作出了新的科学定位。

党中央、国务院以世界眼光、从全局高度对林业的战略地位作出了科学判断，《决定》开宗明义地指出："加强生态建设，维护生态安全，是二十一世纪人类面临的共同主题，也是我国经济社会可持续发展的重要基础。全面建设小康社会，加快推进社会主义现代化，必须走生产发展、生活富裕、生态良好的文明发展道路，实现经济发展与人口、资源、环境的协调，实现人与自然的和谐相处。森林是陆地生态系统的主体，林业是一项重要的公益事业和基础产业，承担着生态建设和林产品供给的重要任务。""在贯彻可持续发展战略中，要赋予林业以重要地位；在生态建设中，要赋予林业以首要地位；在西部大开发中，要赋予林业以基础地位。"这是在党的文件中首次对林业作出的全面的科学定位。这一定位，深刻揭示了加快林业发展与实施可持续发展战略、全面建设小康社会、保障国家生态安全的内在联系和科学内涵，标志着我们党对林业的认识产生了一次新的飞跃，对推动整个社会走上生产发展、生活富裕、生态良好的文明发展道路具有重大战略意义。这一定位有三个明显的特点：

第一，反映了世界对森林认识的最新成果。人类对森林的破坏已经达到十分惊人的程度，并由此加剧了土地沙漠化、水土流失、干旱缺水、洪水泛滥、物种灭绝、温室效应等全球生态危机，对全球生态安全构成战略性威胁。《决定》以世界眼光吸收了人类对森林的最新认识成果，确定了森林在陆地生态系统中的主体地位、林业在可持续发展中的重要地位和在生态建设中的首要地位，从而为全面加强林业建设提供了科学的理论依据。

第二，反映了我们党对我国经济社会可持续发展的科学认识。可持续发展是世界经济发展的历史潮流，党的十六大把"可持续发展能力不断增强，生态环境得到改善，资源利用效率显著提高，促进人与自然的和谐"作为全面建设小康社会的重要目标之一。专家指出，生态差距已成为中国与发达国家的最大差距，生态恶化已成为中国实现经济社会可持续发展的最大难题，很难想象没有一个成功林业的中国能够实现可持续发展。《决定》从全面贯彻党的十六大精神、全面建设小康社会、实现经济可持续发展的全局高度，作出了"加强林业建设是经济社会可持续发展的迫切要求"、"经济社会可持续发展迫切要求我国林业有一个大转变"、"必须把林业建设放在更加突出的位置"的科学论断，并明确要求："在全面建设小康社会、加快推进社会主义现代化的进程中，必须高度重视和加强林业工作，努力使我国林业有一个大的发展。"这些重要论断，对指导我国当前的经济建设和生态建设，保持生态、经济协调发展，实现经济社会可持续发展，具有重大的现实意义。

第三，赋予了林业更加艰巨而光荣的使命。《决定》对林业的科学定位重点阐明了林业具有

“两重性”:林业既是一项重要的公益事业,又是一项重要的基础产业。“林业不仅要满足社会对木材等林产品的多样化需求,更要满足改善生态状况、保障国土生态安全的需要。”同时,《决定》还深刻分析了我国林业面临的严峻形势:“目前我国生态状况局部改善、整体恶化的趋势尚未根本扭转,土地沙化、湿地减少、生物多样性遭破坏等仍呈加剧趋势。乱砍滥伐林木、乱垦滥占林地、乱捕滥猎野生动物、乱采滥挖野生植物等现象屡禁不止……从整体上讲,我国仍然是一个森林资源缺乏的国家,森林资源总量严重不足,森林生态系统的整体功能还非常脆弱,与社会需求之间的矛盾日益尖锐,林业改革和发展的任务比以往任何时候都更加繁重。”我们必须充分认识加快林业发展的重要性、艰巨性,承担起改善生态和促进发展的双重使命,正确处理生态建设与产业发展的关系,为实现山川秀美的宏伟目标,促进国民经济和社会发展,做出更大的贡献。

(三)实现了林业工作指导思想的历史性转变。

社会发展对林业的主导需求决定着林业建设的指导思想。新中国成立以来,林业走过了一个艰难曲折的发展历程。这个历程,是一个森林资源经受破坏、恢复和发展的过程,是一个以木材生产为中心的林业工作指导思想从不断强化到逐步弱化的过程。从20世纪50年代到70年代末,由于国家经济建设处于原始积累阶段,木材成为经济社会发展对林业的第一需求,这决定了林业必须以木材生产为中心的指导思想。从20世纪70年代末到90年代中后期,特别是1981年党中央、国务院作出《关于保护森林、发展林业若干问题的决定》后,虽然社会对木材的需求仍居高不下,但社会对改善生态的愿望日趋强烈,我国林业在生产木材的同时,加强了对森林资源的保护,陆续启动了一批生态建设工程,开展了大规模的植树造林。但由于林业体制的惯性和木材需求量居高不下以及生态建设投入水平很低,林业仍然没有脱离以木材生产为主的轨道。进入新世纪,林业在生态建设中的主体地位和在可持续发展中的重要地位受到空前关注,生态需求已成为社会对林业的第一需求,充分发挥林业在生态建设中的主体作用和在可持续发展中的重要作用成为全面建设小康社会和实现可持续发展的必然要求。在全面分析经济社会可持续发展对林业提出的新要求,深刻总结我国林业发展历史经验的基础上,党中央、国务院果断作出了调整以木材生产为中心的林业建设方向,努力实现我国林业由以木材生产为主向以生态建设为主转变的重大决策,并确立了加快林业发展的指导思想,这就是:“以邓小平理论和‘三个代表’重要思想为指导,深入贯彻十六大精神,确立以生态建设为主的林业可持续发展道路,建立以森林植被为主体、林草结合的国土生态安全体系,建设山川秀美的生态文明社会,大力保护、培育和合理利用森林资源,实现林业跨越式发展,使林业更好地为国民经济和社会发展服务。”这一指导思想的确立,标志着我国林业以木材生产为主的时代已经结束,以生态建设为主的新时代已经开始。

根据指导思想的重大转变,党中央、国务院进一步明确了加快林业发展的七项基本方针:一是坚持全国动员,全民动手,全社会办林业;二是坚持生态效益、经济效益和社会效益相统一,生态效益优先;三是坚持严格保护、积极发展、科学经营、持续利用森林资源;四是坚持政府主导和市场调节相结合,实行林业分类经营和管理;五是坚持尊重自然和经济规律,因地制宜,乔灌草合理配置,城乡林业协调发展;六是坚持科教兴林;七是坚持依法治林。这七项基本方针的确立,坚持了林业发展的成功经验,体现了以生态建设为主的指导思想,顺应了生态建设和林业产业发展的规律,为我国林业保持健康快速的发展指明了方向。

(四)确定了林业跨越式发展的战略目标。

我国林业要满足全面建设小康社会和经济社会可持续发展的要求,森林覆盖率至少要达到世界平均水平,这需要净增森林面积14.47亿亩;加上弥补大量的森林资源消耗,新成林面积至少要达到34亿亩。按照过去常规的发展速度和模式,要达到这一要求至少需要100多年时间。这就要求我国林业必须采取超常规的发展模式,在一个不太长的时期内,跨越世界多数国家都走过的边破坏、边治理的漫长历程,真正实现以木材生产为主向以生态建设为主的历史性跨越,直接进入可持续发展的新阶段。为此,《决定》明确指出了我国林业跨越式发展三步走的战略目标,即到2010年,使我国森林覆盖率达到19%以上;到2020年,森林覆盖率达到23%以上;到2050年,森林覆盖率达到并稳定在26%以上。

林业跨越式发展战略目标的确定,充分体现

了经济社会发展对加快林业发展的客观要求，充分体现了党中央、国务院高瞻远瞩、总揽全局的战略眼光和对国家、对民族、对历史高度负责的精神，也充分体现了党中央、国务院改善中华民族生存条件、实现中国经济社会可持续发展的坚定决心。

(五)对林业生产力布局进行了优化重组。

调整优化林业生产力布局，以整合现有的各种林业资源，促进各种生产要素向林业领域流动，是实现林业跨越式发展的首要环节。为此，《决定》对我国林业生产力布局进行了优化重组，分别提出了生态建设和林业产业发展的新布局。

关于生态建设布局，《决定》提出了以重点工程为主体，以全民义务植树和各种社会造林为基础的新布局。要求在坚持不懈地搞好六大林业重点工程建设的同时，深入开展全民义务植树运动，采取多种形式发展社会造林。《决定》确定的我国生态建设布局，既明确了我国国土生态安全体系建设的战略重点，又明确了我国生态文明社会建设的战略重点，既可发挥大工程带动大发展的强大优势，又可发挥亿万人民参与生态文明建设的巨大潜力，这标志着世界上规模最大的生态工程建设和世界上参与人数最多的生态文明建设进入了全面发展的新阶段，从而为实现林业跨越式发展注入了强大动力，找到了基本途径。

关于林业产业布局，《决定》提出：适应生态建设和市场需求的变化，推动产业重组，优化资源配置，加快形成以森林资源培育为基础、以精深加工为带动、以科技进步为支撑的林业产业发展新格局。提出了实行集约经营，突出发展名特优新经济林、生态旅游、竹藤花卉、森林食品、珍贵树种和药材培植以及野生动物驯养繁殖等新兴产品产业，大力发展特色出口林产品等林业产业发展的重点，并就加强对林业产业发展的引导和调控，进一步扩大林业对外开放提出了新的要求。

林业生产力布局的优化重组，正确处理了生态建设和产业发展的关系，既突出了生态建设这个重中之重，又对产业发展给予了高度重视，同时还分别明确了生态建设和产业发展的重点，这对汇集各种资源、各种生产要素，集中力量“攻克”重点，取得突破，决胜全局，将发挥十分重要的基础性作用。

(六)对林业体制、机制和政策作出了重大调整。

理顺林业体制、机制和政策，是解放和发展林业生产力，实现林业跨越式发展的关键。《决定》以与时俱进的精神，对林业管理体制、运行机制和政策措施作出了重大调整，实现了林业体制、机制和政策的创新和突破。

关于林业管理体制，《决定》提出实行林业分类经营的新体制。按森林主要用途的不同，将全国林业区分为公益林业和商品林业两大类，分别确定不同的管理体制、经营机制、政策措施和资源管理制度。《决定》在总结多年分类经营管理试点经验的基础上，第一次从国家对全社会林业总体管理的层面上对林业的经营管理体制进行了分类设计。对公益林业按照公益事业进行管理，以政府投资为主，吸引社会力量共同建设；对商品林业按照基础产业进行管理，主要由市场配置资源，政府给予必要扶持。实行林业分类经营管理体制，是我国林业管理体制的重大创新和突破。

关于林业运行机制和政策，《决定》突出了五个方面的内容：第一是产权问题。总的基调是，产权越明晰越好，产权主体越具体越好，产权处置权越落实越好，并对林业产权制度作出了具体规定。第二是非公有制林业发展问题。首次提出放手发展非公有制林业，要明确非公有制林业的法律地位。第三是对林业的政策扶持问题。首次提出将公益林业的投资纳入公共财政预算，并提出对商品林业实行优惠的信贷扶持政策，对林产品实行低税负政策。第四是造林投入方式问题。首次提出要安排部分造林投资，用于直接收购各种社会主体营造的非国有公益林。第五是公平待遇问题。提出不论何种投资主体、何种经济成分参与林业建设，都应消除歧视政策，促进公平竞争。这些政策和机制的重大突破，消除了过时的政策和机制对林业发展的严重制约，为各种林业经营主体创造了宽松、平等的发展和竞争环境，必将为加快林业发展注入强大的动力，有力地调动全社会办林业的积极性，有效地释放林业蕴含的巨大潜能。

(七)对科教兴林、依法治林提出了明确要求。

针对加快林业发展对林业科技教育的客观要求，《决定》专门提出了坚持科教兴林的方针，并对加强林业科技教育工作提出了具体要求，主要包括：重视林业科学基础研究、应用研究和高新技术开发；深化林业科技体制改革，加快科技成果转化；对林业科学领域有突出贡献的单位和个人给予重奖；推动林科教、技工贸相结合；建立健全林业质量标准和检验检测体系；建立各类林业人才教育和培育体系。科教兴林方针、措施的落实，必将为加快林业发展提供有力的支撑，大幅度提高生态建设和产业建设的质量和效益。

市场经济是法治经济，在市场经济体制下，更要把林业建设的全过程纳入法制轨道，对各种生产经营行为予以规范、引导和制约，强化与之相适应的法律，采取严格的法律手段保护森林，发展林业，保护林业建设者的合法权益，坚决打击一切破坏森林资源的违法犯罪行为。虽然我国已初步建立起比较完善的林业法制体系，执法队伍也有很大的加强，但是破坏森林和野生动植物资源的现象屡禁不止，有的行为还缺乏法律制约。针对这些问题，《决定》专门提出了坚持依法治林的方针，对加快林业立法工作，完善法律法规，加大执法力度，加强法制教育，提出了新的要求。依法治林方针、措施的落实，必将更好地维护林业建设的正常秩序，为加快林业发展提供有力的法律保障。

（八）对加强林业组织领导制定了新举措。

《决定》明确提出要进一步加强和健全四个体系。第一是加强和健全行政管理体系，坚持并完善林业建设任期目标管理责任制。要求加强各级政府的林业行政机构建设，使其与承担的任务越来越重的特点相适应；各级地方政府对本地区林业工作全面负责，主要负责人是林业建设的第一责任人，分管负责人是林业建设的主要责任人。第二是加强执法监管体系建设。要求充实执法监管力量，改善执法监管条件，提高执法监管队伍素质。并提出了林业建设任期目标管理由同级人民代表大会监督执行、把责任制的落实情况作为干部政绩考核、选拔任用和奖惩的重要依据以及建立重大毁林案件、违规使用资金案件和工程质量事故责任追究制度等新规定。第三是加强森林资源和生态环境动态监测体系建设。以便及时掌握资源消长、生态变化和林业重点工程进程情况，不断调整对策，改进工作。第四是加强科技推广和社会化服务体系建设。充分发挥乡镇林业工作站的多种职能和作用。这四个体系的加强和完善，必将为加快林业发展提供有力的组织保障。

三、深入学习《决定》的步骤和方法

《决定》是指导我国林业加快发展的纲领性文件，学习好、贯彻好、落实好《决定》精神，是当前和今后一个时期我们肩负的重大政治任务。为学习贯彻《决定》精神，国家林业局将为此召开两个全国性的会议，一是全国林业厅局长座谈会，二是全国林业工作会议。按照国家林业局学习贯彻《决定》的安排意见，我们学习贯彻《决定》工作，时间上与国家林业局相一致，安排一年左右，分三个阶段进行：

第一阶段：从现在到召开全国林业厅局长座谈会，在全区林业行业掀起学习贯彻《决定》的高潮。重点是学习《决定》原文，吃透精神实质。

在这个阶段里，一是局党组学习中心组要集中学习贯彻《决定》，并研究全区林业系统的学习安排意见。二是召开学习贯彻《决定》动员大会，提出要求。三是各部门各单位认真组织广大干部职工学习贯彻《决定》精神。

在这一阶段的学习贯彻工作，主要是重点学习《决定》原文，按照我刚才说的把握好 8 个方面的主要精神，联系历史的和现实的实际，谈《决定》实施后的重大意义和光明前景，谈措施步骤等，力争吃透《决定》的精神实质。

第二阶段：从全国林业厅局长座谈会到全国林业工作会议，重点在研究拟定贯彻落实《决定》的具体措施上下功夫。各部门各单位要在第一阶段学习的基础上，采取自学、培训、研讨、座谈、心得交流等形式，深入学习贯彻《决定》精神。同时，联系我区林业实际，把握重点提出贯彻落实《决定》的具体措施。

第三阶段：从全国林业工作会议到明年上半年，重点是把贯彻落实《决定》的各项内容变成实际行动，变成各方面的具体化的可以操作的政策措施。在这个阶段，我们要做好充分的准备，一是组织调研组，对我区林业开展全面的调研，形成调研成果；二是组织专家对调研成果进行科学论证；三是根据经过科学论证的调研成果，以区党委、政府的名义出台一个林业文件；四是组织召开一次全区林业工作会议，把党中央国务院《决定》精神变成我区加快林业发展的具体政策措施。

四、几点要求

（一）学习贯彻《决定》精神，必须与学习贯彻“三个代表”重要思想和胡锦涛同志“七一”重要讲话的学习紧密结合起来。

《决定》充分体现了“三个代表”重要思想，充分体现了全面建设小康社会、体现富民兴桂新跨越、实现经济社会可持续发展对加快林业发展的客观要求。生态与经济协调发展是先进生产力的必然要求,人与自然和谐是先进文化的重要内容,增加森林资源、维护国家生态安全,是最广大人民的根本利益之一。贯彻落实好《决定》精神,就是把"三个代表"重要思想落到实处的具体行动。我们一定要从实践"三个代表"重要思想的高度,认真学习、深刻领会《决定》精神,在学懂弄通上下功夫,在指导实践上做文章,在狠抓落实上见成效。

(二)学习贯彻《决定》精神,要与最新林业发展理论的深入学习紧密结合。

7月10日,中国科学院院士王涛在南宁作了《中国可持续发展林业战略研究》广西报告会,这个研究成果,是中国林业工作的理论创新,《决定》吸收了这个研究成果,因此,我们要把两者的学习很好地结合起来。《决定》是最新林业理论的总结和发展,为我们解决林业改革和发展的各种问题,处理好各个方面的关系,提供了强大的理论指导和政策支持。学习贯彻《决定》,一定要牢牢抓住"六大工程、历史性转变、跨越式发展"这条主线不动摇,把《决定》赋予的各项政策措施和规定要求,落实到推进六大工程建设的火热实践中,落实到加速推进林业历史性转变的各项工作中,落实到实现林业跨越式发展的具体行动中。

(三)用《决定》精神统一思想,凝聚人心,鼓舞斗志,加快发展。

各级林业干部职工特别是领导干部,一定要深刻认识《决定》的重大意义,学深吃透文件精神,从根本上更新思想观念,改进工作作风,认真履行工作职责,提高工作成效。要紧密联系本部门本单位的实际,用《决定》精神解决林业建设与发展中遇到的各种实际问题,从根本上清除一切束缚林业生产力发展的障碍,最大限度地释放出林业发展中蕴藏的巨大潜能,把学习的过程变成深化认识、统一思想的过程,转化为加快林业发展的实际行动。当前,我们要加快推进我区退耕还林、生态能源沼气池建设、林浆纸一体化、林板一体化等各项工作。我们要通过贯彻落实《决定》精神,更加扎实地把各项工作搞好,为实现我区林业跨越式发展而努力奋斗。

(四)要充分发挥林业宣传的优势,广泛深入地围绕《决定》开展声势浩大的宣传活动。

学习贯彻《决定》精神,林业宣传必须有所作为。林业宣传要详细做好计划安排,精心做好组织实施,扩大宣传覆盖面,深化宣传内容,确保宣传效果,在全行业、全社会营造一个良好的学习贯彻《决定》氛围。

(五)加强对学习贯彻《决定》精神的领导。

各部门各单位一定要把学习贯彻《决定》精神作为当前重大政治任务,摆上重要议事日程,一把手亲自抓,领导班子带头学。局办公室、机关党委要做好学习活动的日常工作,要做出学习计划安排。各单位要制定出具体的学习贯彻方案,明确责任,狠抓落实,把学习贯彻《决定》工作引向深入。领导干部要在学习贯彻《决定》精神中做出表率,带头学习,带头撰写学习体会文章,为干部职工树立榜样。同时,认真组织全体干部职工的学习,可以采取研讨班、集中培训、座谈会、辅导报告等多种形式开展学习,迅速在我区林业系统掀起学习贯彻《决定》的高潮。为检验学习成果,决定在全系统举行一次考试。

同志们,一场浩浩荡荡的林业建设热潮已经来临。让我们在以胡锦涛同志为总书记的党中央的正确领导下,认真贯彻《决定》精神,做到认识到位,责任到位,工作到位。我们要以对党、对国家、对人民、对历史高度负责的精神,忠实履行好党中央、国务院交给我们的光荣使命,完成林业跨越式发展的艰巨任务,不辜负党和人民的重托,为富民兴桂新跨越,全面建设小康社会作出新的贡献。

深入学习贯彻《决定》
加快广西林业跨越式发展

——在学习《决定》座谈会结束时的讲话

广西壮族自治区林业局局长　黎梅松

(2003年8月15日)

同志们:

党中央、国务院站在全局和战略的高度作出《关于加快林业发展的决定》(以下简称《决定》),是当前和今后一个时期指导林业改革与发展的行动纲领,是对新世纪林业发展的总号令、总动员、总部署,意义非常重大。自治区林业局集中了三天时间,召开学习贯彻《决定》为主题的座谈会,目的就是贯彻落实《决定》精神,明确我们今后努力的方向和奋斗目标。从这三天的情况来看,会议开得很好、很成功,达到了统一思想,深化认识,明确任务,坚定信心的目的。现在会议就要结束了,结合大家在会上讨论的情况,我就如何进一步深入学习贯彻《决定》讲三点意见。

一、认真学习《决定》,以《决定》精神指导广西林业跨越式发展

党中央、国务院《关于加快林业发展的决定》是继 1981 年颁发《关于保护森林发展林业若干问题的决定》后,中央出台的又一个极其重要的林业文件。《决定》的颁布,标志着我国林业真正进入了一个大转折、大发展、大跨越的全新时期。《决定》对于广泛调动社会各界力量,推动林业快速发展,实现全面建设小康社会和基本实现现代化的宏伟目标具有重大的现实意义和深远历史意义,在学习和贯彻中我们要很好的把握。

(一)深刻认识《决定》的重大意义,把握好《决定》的精神实质。

周生贤局长在报告中对《决定》的重大意义已作了高度概括和阐述,我们要切实理解和把握。要深刻的理解到《决定》是"三个代表"重要思想在林业建设上最新、最重要、最集中的体现,是生态、经济、社会协调发展的先进生产力的必然要求,是人与自然和谐相处的先进文化的最本质内容,是满足人民群众日益增长的对林业多样化需求的根本利益之一。《决定》是党中央、国务院关心林业、重视林业的重大战略举措,《决定》为我们制定了林业发展的指导思想、指导方针、主要任务及政策和措施。《决定》是总结过去,反映现在,指导未来的纲领性文件,是我国林业建设史上一个新的里程碑,从此,我国林业进入一个高速发展的机遇期和转折期,林业跨越式发展翻开了新的一页。《决定》也是一个历史时期林业理论和实践发展的深刻总结,是几代林业建设者集体智慧的结晶,是我们盼望已久的一个好文件。

在深刻理解《决定》意义的同时,要切实把握《决定》的精神实质。在把握的一个主题,明确一个核心,抓住八个关键问题中,突出抓好发展这个主题,理顺林业生产关系这个核心。要明确发展是硬道理,是我党执政的第一要务,是一切林业事业的希望。而理顺林业生产关系则是调整、完善适应林业生产力发展的一系列法规和政策以及是转变政府职能的核心。这些都要牢牢的把握。

(二)重视对《决定》的学习,端正学习态度。

通过一段时间的动员学习,大家都说《决定》是一个好文件。《决定》总揽全局、高瞻远瞩、客观求实、科学严谨、博大精深、内涵丰富,几乎回答了当今林业发展所遇到的重大问题。《决定》的发表,意义之深,影响之远,作用之大无可估量。但每一个林业工作者都有了这个体会吗?如果只听说,那显然是肤浅的理解,真正要理解其意义,非认真的反复的深入学习不可。我们提出要重视对《决定》的学习,一是要求同志们对《决定》发表后不能激情洋溢一阵子,学习了一下子,听了一次报告,满足于一知半解,把一个好文件当做一般的内容对待,而是要认真深入的学习。所以在前段动员学习会上,我们就指出对《决定》不能一般的学,要特别的学,要反复的学。二是我们有的同志,多是实际工作者,忙于处理事务,缺乏对理论的学习和研究,对《决定》系统的科学理论,丰富的内涵,鲜明的观点,包括许多新的理论概念,不作深入的探讨和理解,往往注重在文件中寻找本单位需要解决具体问题的答案,这样的学习,只能是一知半解,得到的东西是肤浅和零碎的,要指导一个单位的工作是困难的。三是因为当前文件多、会议多的原因,更多因为主观上没重视学习的原因,有的同志一方面在寻找解决问题的政策和办法;另一方面是文件中已说得很清楚而不知晓,反而在哪里议论,发怨气。所以,我们强调要把《决定》学好,落实好,必须重视对《决定》的学习,必须端正学习态度,特别是林业战线的各级领导同志要自觉做到这一点。

在学习《决定》中,要与当前兴起学习贯彻"三个代表"重要思想新高潮,学习十六大精神和胡锦涛总书记的"七一"重要讲话结合起来,这也是学习《决定》的最好机遇,抓住了学习,有利于人们对《决定》意义的认识 ,有利于全林业系统的干部职工和全社会各界对林业建设的关注和重视,这样,《决定》才能真正成为我区林业发展的强大动力。

(三)以《决定》精神为指针,指导广西林业的跨越式发展。

《决定》是一个好文件,但贯彻落实是关键,这是一个艰巨的过程,我们不能只停留在理解其意义上,而要落实在行动和取得效果上。在这里我不谈全面具体的贯彻意见,只就两个大的认识问题谈些体会。

第一,要以解放思想、改革创新的观念,贯彻落实《决定》的精神。《决定》是改革发展的产物,要贯彻落实好首先要以解放思想,更新观念的意识去学习和落实。我区的林业和全国林业一样,经过多年的努力,取得了重大成绩,但当前仍处在社会主义低级阶段的最低层次,是受计划经济体制影响最深,惯性冲力最大的行业,它较之于农口各行业，改革不是很彻底。所以，哪怕我们有得天独厚的地理优势，我们的生态和林业产业水平与地理优势还是不相称的。究其原因，我们认为主要是各级领导和社会各界重视林业不够，林农种植的积极性和林产加工的积极性没有充分调动起来，而积极性没有调动起来的原因和我们现行的一些不适应社会主义市场经济的法规、政策有关，也就是前段时间我们开展解放思想再讨论，解决转变政府职能、对外开放、发展个体私营经济、推进工业化、城镇化问题的原因。思想不解放，不冲破一些过时的禁锢是不行的，我们在谈到这个认识时，对照分析了三个问题：一是这几年在造林方面有积极性，主要的是实施六大工程国家投入大量资金，大家争工程上项目的积极性，但一旦国家投入特别是国债淡出，调动积极性的机制没建立起来，也就是完善的政策法规没建全起来，这个积极性还有没有？二是我区种甘蔗比种树积极性高，原因是什么？不仅是效益问题，而是加工龙头企业和管理政策不同的问题。三是有的人认为森林资源少，就要严管死守，不分林种，不论区域，一刀切，但这样的结果是东西越来越少。林业是这样，计划体制时农产品，也因计划生产，凭票供应，导致东西越来越少。改革开放后，采取了放宽、放活的政策，现在东西多起来了，林业从中应学习什么呢？分析这些问题，归结起来就是一个道理，就是以解放思想、改革开放的精神办事业。中央《决定》是一个解放思想，改革发展的文件，通编贯彻了与时俱进的思想，要贯彻落实好，就要以解放思想、改革发展的意识去学习、去理解、去落实。大胆的调整、完善一些管理法规和政策。这方面的问题和阻力很大，主要是人们的传统观念和认识。如果我们不冲破这些禁锢，再好的政策，也落实不了，再好的机遇也抓不住，再好的条件也发展不了。

第二，要坚持林业全面发展的方针，实现两大任务，在生态效益优先的条件下，生态、经济、社会三大效益协调发展。《决定》在确定林业基本方针中，指出坚持生态效益，经济效益和社会效益相统一，生态效益优先的发展方针，并指出了要建成比较完善的森林生态体系和比较发达的林业产业体系两大任务。结合广西的实际，在生态建设优先的情况下，发挥我区的林业资源优势，建设比较发达的林业产业体系，应该是我们林业的发展特点，也是广西林业的亮点。过去一段时期，对抓林业产业和生态建设出现过偏废现象，影响了林业全面发展。《决定》进一步明确了生态、经济、社会效益的协调发展，我们应"两手抓"，一手抓生态建设，一手抓林产加工业，真正把林业产业变成广西新的支柱产业，在这个问题上不应再犹豫，也不要再讨论了。其实，这几年我们是坚持这个方针的，今后要更放胆，放手来发展。在这次座谈会上，就我区林业两大任务发了一个讨论稿，对应国家"三步走"的奋斗目标，提出了广西"三步走"的发展任务，大家进行了热烈讨论，会后根据大家的意见和建议进行修改，并进一步进行论证，我们的思路是无论如何都要体现广西跨越发展的步伐，这是坚定不移的。只要我们认真贯彻《决定》，坚持全面发展方针，广西林业跨越式发展一定能实现。

二、突出重点，狠抓落实，全面完成林业的各项任务

《决定》是指导未来林业发展的纲领性文件。我们必须认真按照《决定》总体要求和国家林业局提出的"一二三四五"的工作部署，即：抓住一个重点，办好两件大事，强化三项工作，推进四项改革，搞好五大建设，全面加快新世纪林业建设步伐的要求部署我们的工作。我们要紧密结合广西实际，突出广西特色，相应地抓好各项工作。

(一)继续抓住六大工程这个重点不放，抓好生态工程建设和林产工业建设。

加快我区林业发展，必须首先抓好生态工程建设，贯彻落实《决定》精神，也必须首先将《决定》的各项要求落实到工程实施的方方面面，确保工程建设的速度、质量和效益。从这几年的生态工程建设实践看，我们今后必须在强化规范管理、狠抓责任落实、监督考核以及加强基础和后继工作上下功夫，确保生态工程的顺利实施，并取得成效。

第一，继续推进退耕还林工程，圆满地完成任务。《决定》要求坚持不懈地搞好林业重点工程建设。退耕还林是我区林业生态建设的重点工程。从2001年到今年，我区退耕还林任务是608万亩，前后安排88个项目县。从前段组织检查的情况看，目前实施总体是健康和顺利的。2002年任务已完成，2003年任务完成了83.4%。但实施过程中问题不少。这主要是一些县专项资金到位慢，管理不规范，有挤占、滞留、挪用的现象；一些项目县补助政策兑现滞后，甚至出现违规现象，出现坑农行为；有的退耕还林面积质量不理想；此外档案不健全，作业设计跟不上等。这些问题不解决，会影响我区生态工程的建设。明年，国家将减少退耕还林面积，压缩项目县。为了把今年的任务完成好，争取国家更大的支持，我们决定以区人民政府名义对这两年任务完成好的进行通报表扬，对任务完成不好、问题突出的市县要给予通报批评，严重的要在媒体上曝光，并且限期整改。如果整改不好，将停止安排该县明年的任务。同时要不断总结经验，创新退耕还林的新机制，依《退耕还林条例》推进这项工程。

第二，继续抓好分类经营和森林生态效益补助试点工程。2000 年以来，我区坚决贯彻国家林业局“分类经营、分区突破”的发展战略，积极推进林业分类经营改革。我们必须按照《决定》的要求，对公益林业和商品林业分别采取不同的管理体制、经营机制和政策措施。改革和完善林木限额采伐制度，对公益林业和商品林业采取不同的资源管理办法。公益林业要按照公益事业进行管理，以政府投资为主，吸引社会力量共同建设；商品林业要按照基础产业进行管理，主要由市场配置资源，政府给予必要扶持。凡纳入公益林管理的森林资源，政府将以多种方式对投资者给予合理补偿。要逐步改变现行的造林投入和管理方式，在进一步完善招投标制、报账制的同时，安排部分造林投资用于公益林建设投资和森林生态效益补偿基金，按照事权划分，分别由中央政府和各级地方政府承担。加快建立公益林业认证体系。针对目前存在的问题，我们要做好如下工作：一是调整不合理的生态林区划范围。把原先将一部分世界银行贷款造林和外商投资造林，以及其他一些人工造林的林子划入公益林范围的作适当调整。二是要争取制定自治区、市、县公益林补助办法，纳入各项财政预算。现在自治区财政每年也安排 1000 万元用于自然保护区的建设，但是不稳定，争取用法规形式固定下来。三是国家生态公益林补助中用于防火等五项开支经费，要集中在自治区、市、县三级管理。

第三，继续抓好珠防林、海防林工程、绿色工程等生态建设工程。我区地处珠江流域中上游，生态地位十分重要。必须按照《决定》关于加强重点地区防护林建设的要求，切实抓好珠江防护林工程、沿海防护林工程以及绿色工程建设。在这些重点生态工程造林中以重点工程整合带动，实行大规模、高标准造林。“十五”期间，要全面加快珠防林、海防林工期工程建设，营造珠防林 200 万亩，海防林 167 万亩。目前，珠防林建设还存在不少的问题，如造林质量不高，虚报造林面积，挪用专项资金，为了解决这个问题，我们要按退耕还林的机制实施珠防林、海防林工程，公开招标，公开监理和严格按报账制度来管理资金的使用。

深入开展全民义务植树运动，采取多种形式发展社会造林。不断丰富和完善义务植树的形式，提高适龄公民履行义务的覆盖面，提高义务植树的实际成效。义务植树要实行属地管理，农村以乡镇为单位、城市以街道为单位，建立健全义务植树登记制度和考核制度。进一步明确部门和单位绿化的责任范围，落实分工负责制，并加强监督检查。绿色通道工程要与道路建设和河渠整治统筹规划，合理布局，加快建设，重点建好桂海高速公路绿色通道。城市绿化要把美化环境与增强生态功能结合起来，逐步提高建设水平。鼓励社会团体、外商造林和群众造林，形成多主体、多层次、多形式的造林绿化格局。

第四，加大野生动植物和自然保护区建设力度。高度重视野生动植物保护及自然保护区工程建设，抓紧抢救濒危珍稀物种，修复典型生态系统，扩大自然保护区面积，提高保护水平，切实保护好我国的野生动植物资源、湿地资源和生物多样性是《决定》提出的重要任务。近年来，我区加强了保护区建设，增加了投入，明确保护区级别，全区 55 个保护区中有 53 个落实了管理机构。逐步实施了广西重点保护区的综合考察和总体规划设计。全区先后有木论、花坪、弄岗、大瑶山、大明山、猫儿山、十万大山等七个保护区升格为国家级保护区。新形势下，要继续加大对自然保护区的建设力度，做好自然保护区的勘界划定面积工作，建立界标，公告社会，发证确权。理顺自然保护区的管理机构和管理体制，拟对国家级和自治区级的自然保护区划归由自治区林业局直接管理，列为自治区林业局的二层机构。

第五，稳步推进生态能源工程建设。《决定》把减少生态压力作为林业建设的重要内容。我区从 2000 年起每年以新建 30 万座沼气池的速度推进，去年新建 40 万座，现全区已累计达 174 万座，沼气池入户率为 20.3%，是全国沼气池数量最多的省区，年新建池量为全国三分之一。2003 年我们计划新建沼气池 40 万座，使全区入户率达 25%。由于沼气池以及其他农村生态能源的推广应用，使全区每年节约薪柴约1205万吨，少砍伐薪柴35万公顷，有效保护森林资源，同时大大改善了农村生态环境。生态能源建设必须坚持“四个结合”，即把发展沼气同退耕还林、生态环境建设、农业结构调整和提高农民生活水平结合起来，并针对不同经济发展地区，推广不同模式。同时狠抓建池质量和技术服务，确保建后使用效果。到“十五”期末，我区沼气池建设累计将达到290万座，入户率达36.25%。2010年将达到440万座，入户率达55%。

第六，推进石漠化治理工程建设。保护国土生态安全是《决定》提出的重要目标。我区是喀斯特地貌的典型地区，有石山面积8.95平方公里，占全区土地总面积的37.9%，其中石漠化的土地面积达到3450万亩，占石山区土地面积的29%，现在每年仍以3%～6%的速度递增，若不及时整治，势必影响国土生态安全，以及广西经济社会的发展。“十五”期间，我们将道路两旁、居民点周边第一面坡作为治理重点，完成治理1000万亩，基本遏制对群众生产生活影响最大的地段石漠化的扩展和生态环境的恶化。到2010年，在巩固前期治理成果的基础上，再治理1600万亩，使70%以上石漠化土地和潜在石漠化趋势的土地得到整治，并初见成效，石山地区生态环境有较大改善。我们要通过多方努力，争取国家单独确立石漠化治理工程项目，并尽快启动。把石漠化治理与退耕还林、沼气建设、封山育林、农村小环境治理结合起来，实行优惠的扶持政策。最近，国家已将灌木林作为森林覆盖率统计面积，这将有利于我区石山区的生态建设。

加快发展是《决定》的灵魂和主线，这个发展既包括生态建设的发展，也包括产业建设的发展。只有坚持“两手抓”，我区才能真正建成一个大林业、强林业。适应生态建设和市场需求的变化，推动产业重组，优化资源配置，积极发展木材加工业尤其是精深加工业，延长产业链，实现多次增值，突出发展名特优新经济林、生态旅游、竹藤花卉等新兴产业是新形势下的战略任务。近几年，我区着力抓好速丰林为主的工业原料林基地建设，大力推进林业产业建设，全区初步形成以林浆、林纸、林板、林化、木竹加工、林副产品加工为主体的林产工业框架。今后，我们要继续发挥优势，优化产业结构，提高经济效益。

一是大力发展速生丰产林为主的工业原料林。加快建设以速生丰产用材林为主的林业产业基地工程，在条件具备的适宜地区，发展集约林业，加快建设各种用材林和其他商品林基地，增加木材等林产品的有效供给，是国家赋予广西的重要使命。近年来，我区紧紧抓住国家把广西列为全国重点商品林发展区域的机遇，把发展速丰林作为广西林业跨越式发展的突破口，计划“十五”期间新种1000万亩。2000年后，每年种植面积在增加，今年计划完成220万亩。今年到7月底已完成速丰林造林209.5万亩。全区速丰林建设呈现多元化发展的强劲势头，个体造林、企业造林、外资造林的比例逐年增加，特别是区直国有林场实施场外造林势头很猛，去年达40万亩，今年计划50万亩。高峰集团要发挥其融资优势，做好示范带动作用，加快工业原料林建设步伐。总体来说，当前我区速丰林发展势头很猛，形势喜人，但也还应在树种引进，良种培育，规划布局、土地租用，造林模式上下功夫，切实解决采伐疏残林指标问题。2010年速丰林面积要达到1800万亩。

二是加快林产工业的发展。自治区党委、政府已决定把林业产业作为我区支柱产业重点建设。我们必须充分发挥广西的资源优势，加快推进林浆纸一体化、林板一体化进程。首先，要加快与芬兰斯道拉恩索公司、印尼金光集团的合作进程。力争林浆纸项目早日全面开工建设，5～10年内林浆纸产量达到60万～120万吨。其次，要依托速丰工业原料林，大搞林板加工。2003年我区林板在原有80万立方米的基础上，新增加工能力达120万立方米。预计3～5年后，广西林板产量要达到250万～300万立方米。再次，在林化工业方面，重点加强技术改造，以及新产品研制和开发。第四，建立大型的木材以及林产品交易市场，扩大广西林产品的影响，逐步打造广西林产品牌，力争林业产业将在几年后成为广西新的支柱产业。

三是继续做好森林旅游文章，推动森林旅游不断向前发展。广西森林旅游资源十分丰富，市场前景广阔。我们要按照《决定》要求，努力发展好森林公园，继续加大投入建设好重点森林景区景点，推出森林旅游品牌和精品路线，使之成为林业新的经济增长点。

四是理顺关系，大力发展花卉产业。《决定》要求，要把竹藤花卉新兴产品产业作为优化林业结构新的增长点。近两年来，我局按照自治区领导要求，突出抓好花卉产业。去年，自治区林业局成立了花卉管理办公室，制定了全区花卉发展规划，目前正在筹备全区花卉现场会。今后，全区各级林业部门要把花卉产业当做一项重要工作，按自治区已制定的发展规划，在利用自身优势发展的同时，大力促进企业、个体等发展花卉业，重点建好一批基地和市场，打造广西品牌，加快广西花卉产业发展。

(二)切实抓好科教兴林和依法治林这两件大事，全面提高林业建设的效益和水平。

科教兴林、依法治林是《决定》确定的两个基本方针，是新形势下加快林业发展的两个最新标志、最新特征。

第一，大力实施科教兴林，坚持走高效林业之路。科学技术是第一生产力，实现林业跨越式发展，首先要实现林业科技的跨越式发展。可以说，今后的林业建设能不能有大发展，关键之一是看林业科教能不能有大突破。近几年来，我区林业科技工作取得了很大成绩，但总的来看，目前我区林业科技的发展水平仍处于低度化状态，科技贡献率远没有达到应有的水平，每亩的森林蓄积量才 3 立方米，远远低于全国平均水平，生产力整体水平低，全区林业发展基本上还是一种数量扩张型、资金推动型发展，与我们所期待的质量效益型、需求拉动型的发展有很大差距。林业科技体制不顺、机制不活、创新不足、结合不紧的问题依然十分突出。为此，我们必须举全行业之力，按照国家林业局部署，尽快启动并全力实施“林业科教振兴计划”。当前，我们必须扎实抓好五项工作：一是加速林业科技创新。创新就不仅要在量上有增加，更要体现在质的飞跃。我区林业科技创新要重点围绕如何使林木速生、丰产、优质、高效加大林业科技攻关力度，解决林业生产中的关键技术难题。当前和今后一段时间，要重点推广桉树、花卉组培工厂化育苗技术以及桉树、相思、竹子和名特优经济林速生丰产栽培技术。要通过高新技术产业化，推动林业产业结构调整，提升产业发展的规模和效益。二是注意培养和造就一支高水平林业科技队伍。要充分发挥我区林业科研院校的作用，重点培养林业工程项目管理技术人才和技术骨干。要在“稳、用、育、引”上下功夫，稳住队伍，用好人才，培育力量，引进智力。三是加强林业标准建设。要针对生态建设和产业发展的需要，加快林业标准建设步伐，建立健全林业标准体系，强化标准实施，真正做到按标准设计、按标准实施、按标准验收。四是重视林业科学管理。要在管理方法、管理手段、管理程序等方面提高科技含量，降低管理成本，提高管理成效。要大力推进“数字林业”进程，加强信息共享平台建设，建立现代林业管理体系，实现林业管理的网络化、数字化和精确化。林业科学管理还要与激励机制相结合，自治区林业局将按《决定》有关精神，每年拿出一定的资金，对在林业科学研究、成果转化、技术推广、产业化建设、科学管理等方面做出突出贡献的个人和单位给予重奖。五是继续抓好科学示范点。各市县要切实办好一个科技示范点，自治区重点建好省级科技示范园。我区林业建设只有在科学技术上，实现由低度化技术向高度化技术的跨越，在经营方式上，实现由粗放经营向集约经营的跨越，林业建设的质量和效益才能大幅度提高，林业才能获得长足的发展，高效林业才真正体现出来。

第二，加强依法治林工作，为加快林业发展提供了强有力的法制保障。《决定》的出台，给林业法制工作提出了一系列新任务、新要求，我们必须把林业法制工作提高到贯彻落实《决定》的突出位置，着力予以加强。一是加强林业立法。立法是依法治林的基础。当前我们要抓紧修改《广西森林管理办法》和《广西木材运输管理条例》，以及做好制定今后广西的立法规划。同时，要趁这次开展解放思想再讨论，尽快清理不适应新的形势的部门规章、规范性文件，该修改的修改，该废止的废止。对属于国家和自治区范围的，我们要积极提建议，争取解决。对属于自治区林业系统内部的，一定要在今年内解决。我们的依法治林工作要切实树立“以民为本”的立法观念，把保护林业生产经营者的各项合法权益放到应有的位置。二是提高林业执法水平。要继续加强队伍的培训教育，严格实行林业行政执法人员的岗位培训制度和持证上岗制度，积极把优秀人才吸引到林业执法队伍中来，把不适合从事林业执法岗位的人坚决清除出去。三是强化林业执法监督。林业部门要真正担当起对各类社会主体执行涉林法律法规、履行生态建设义务等情况的监督检查任务。要把林业行政执法监督工作制度化，主动搞好对下级主管部门的监督。要积极接受各级党委、人大和社会舆论对林业执法工作的监督。认真研究各种违法违规行为的深层次原因和发生规律，采取有针对性的措施，堵塞工作漏洞。四是重视林业普法工作。要采取有力措施，加大对林业法律法规的宣传教育力度，以群众喜闻乐见的形式，“送法上门”，“送法入户”，真正使林业的各项法律制度让大家都知道，提高全民的遵法、守法意识。要通过创建法制信息网络、开通法律咨询热线等形式，及时公布法制信息，回答群众关心的林业法制问题，拓宽民众知法、用法的渠道。同时，要切实加强生态道德教育，在全社会形成良好的爱林、护林、育林风尚。

（三）严格执行“严管林、慎用钱、质为先”三项工作。

第一，始终坚持“严管林”。近几年，我区乱砍滥伐，侵占林地等破坏森林资源现象屡禁不止，严重地危害了我区国土生态安全，影响了林业可持续发展。从某种意义上讲，加强管护也就是增加了森林资源。《决定》的基本精神是加快发展，培育是发展，管护也是发展，而且是更深层次上的发展。没有管护，资源培育的成果将荡然无存，所以我们必须把管护工作放在更加突出的位置。一要切实加强森林资源保护管理，确保不出现大的波动。要严格执行森林资源保护管理的法律法规和规章制度，进一步加大依法管理的力度，及时打击破坏森林资源的违法犯罪活动，对破坏森林资源的重大案件，要依法严查，决不手软。要采取各种有效措施防止林地被侵，积极依法收复林地。要建立健全重大森林资源破坏事件的应急处理机制，确保一有苗头就能在第一时间得到及时有效处置。同时，也要认真研究解决市场经济条件下森林资源保护管理工作中出现的新矛盾、新问题，改进森林资源保护管理。二要全面准确地把握“严管林”的内涵，真正做到该管住的管住，该放活的放活。“严管林”并不是一棵不许砍、一株不许动，而要进行科学的经营，分类管理，分区施策，因情而异。三要认真做好野生动植物保护、森林防火和森林病虫害防治工作。要抓住“非典”疫情引起社会对野生动物空前关注的有利时机，进一步加大对野生动植物保护的宣传、管理力度，严禁乱捕滥杀和非法经营野生动物，抓好栖息地保护和濒危物种拯救，加强区域重点目标野外物种资源的保护管理。要高度重视我区特有种质资源的保护和输出管理。要认真落实关于森林防火行政领导负责制的“五条标准”，加大重点火险区的综合治理和林火监测力度，不断提高防扑火能力。要切实把森林公安这支队伍管理好、建设好。要切实抓好森林病虫害的监测、预报和防治工作，坚决抑制森林病虫害的高发态势，并要严格防止外来有害生物的入侵。

第二，真正做到“慎用钱”。《决定》对加快林业发展的经济政策作了全面、明确的规定。这几年，我区林业建设投资快速增长，“慎用钱”已经成为摆在我们面前的一项大事。各地一定要按《决定》要求，“严”字当头，管好人，用好钱。一要严格规范资金管理。从立项决策到资金决算等各个环节，都要严格执行国家的有关规定，按制度办事，决不允许随意变通。要逐级确保资金的安全快速运行，及时足额拨付到位。要对林业工程资金运行实行全程监督管理，专户专储、专款专用、专人管理，单独建账、单独核算，封闭运行。要大力推行“报账制”，规范资金拨付使用程序，提高资金使用效益。二要积极发挥资金稽查和审计的威力。要继续组织对重点工程建设情况和资金使用情况检查。要配合财政等有关部门，做好重点专项经费使用管理情况的检查，主动配合审计部门对林业资金进行依法审计。三要加强责任追究工作。对违规使用资金案件严格追究有关单位和领导的责任，加大惩处力度。要建立健全项目责任制，对重大项目还要实行终身负责制，严格按照“谁审批、谁负责”的原则落实责任。四要进一步加大宏观资金调控的监管力度，对违反规定和工作表现不好的单位要采取调减或取消资金、项目扶持的办法加以约束。

第三，切实保障“质为先”。近几年，我区生态工程建设的规模大、速度快，为林业跨越式发展奠定了良好基础。但是，我们也要清醒地认识到，越是加快发展的时候，越要重视和加强质量管理工作，始终把保证质量放在第一位。一要坚决推行全面质量管理。把质量管理的触角延伸到规划设计、种苗培育、作业施工、抚育管护、森林经营等各个工序、各个环节，实行全过程的质量管理。建立健全工程质量岗位责任制，完善质量标准体系，将质量责任制落实到每个建设者头上，全行业质量管理。二要规范质量管理制度。在林业重点工程建设中大力推行事前招标、过程监理、事后报账三位一体的质量管理制度。严格责任追究制度，对出现工程质量事故的单位或个人，严肃追究责任，决不姑息迁就。三要进一步加强种苗管理。不断提高种苗工作的科技含量，加大良种壮苗的推广应用力度，切实加强种苗生产、流通、调运、销售和使用环节的质量监管，规范市场经营，确保种苗质量。

(四)积极推进林业改革，为加快林业发展提供强大动力。

按照国家林业局部署，今后一个时期，林业建设重点要抓好林业产权制度、重点国有林区森林资源管理体制、林业分类经营管理体制、林业综合执法等四项改革和国有林场以及林产企业的改革。抓好这几项改革，对于进一步理顺林业生产关系，解放和发展林业生产力，促进林业加快发展具有十分重要的意义。《决定》对这四项改革的任务、内容、要求等都作了明确规定，当前，我区这几项改革有的正在积极推进，有的还在调研阶段。我们在深化改革的过程中，要正确把握和处理三个方面的关系。一要处理好改革、发展、稳定的关系。在积极改革的同时，又要充分考虑各方面的承受能力，把握好改革的力度、步骤和时机，确保工作的平稳推进。二要处理好调动行业积极性与调动社会积极性的关系。《决定》的出台，有力地促进了部门办林业向社会办林业的转变。我们在贯彻落实的过程中，一定要把如何用好、用足这些方面的政策，调动全社会办林业的积极性放在更加突出的位置。三要处理好局部利益和全局利益的关系。各地在推进改革的过程中，一定要从大局出发，正确处理局部利益与整体利益、眼前经济利益与长远生态效益的关系，做到统筹兼顾、协调发展。尤其是森林资源管理体制改革、林木采伐管理制度改革中，一定要十分注意确保森林资源保护管理工作平稳的问题。

(五)认真抓好机关“五大建设”，为全面贯彻落实《决定》提供坚强保证。

要完成好《决定》赋予我们的艰巨任务，就必须全面加强“五大建设”，把各级林业机关建设好、建设强。一是思想建设。当前，全区林业部门学习贯彻“三个代表”重要思想，首先要学习贯彻好《决定》精神，以此来统一我们的思想，武装我们的头脑，使之真正成为我们的行动指南。学习贯彻《决定》，必须进一步解放思想、转变观念，以思想上的大解放、观念上的大转变，求得思想上的大统一、认识上的大飞跃。二是组织建设。《决定》的出台，使林业部门的性质，任务和职责发生了重大变化，各级林业主管部门都要根据这些变化，研究调整自己的内设机构、职能配置、人员分配、领导力量等，使应该突出的工作得到突出，应该充实的机构得到充实，应该加强的班子得到加强。要把最优秀、最有活力、最能贯彻执行好《决定》的人安排到最重要的岗位发挥作用，让他们真正活跃在林业建设的主战场，确保《决定》赋予我们的各项任务的圆满完成。三是作风建设。要坚持求真务实，真抓实干，把《决定》规定的各项工作抓到位。要时刻把人民群众的冷暖挂在心上，切实帮助基层单位和农民群众解决生产生活中的实际困难。要牢记“两个务必”，做到“八个坚持，八个反对”，切实加强各级林业主管部门的廉政建设，大力提倡艰苦奋斗、无私奉献的精神。四是制度建设。各级林业部门都要不断完善机关工作制度，狠抓制度的贯彻落实，全面提高领导林业工作的水平。五是业务建设。《决定》涉及大量公共财政，金融证券、经济理论、宏观政策等方面的内容，都是我们不太熟悉的东西，都需要我们展开大规模的学习活动。不学习无法工作，学得好才能落实好。

三、迅速掀起学习贯彻《决定》高潮，以实际行动迎接全国林业工作会议的召开

今年以来，虽然我们经受了“非典”疫情和各种自然灾害的冲击，但是我们始终坚持“两手抓”，克服重重困难，推进林业建设，各项工作都取得了重大进展。植树造林无论是进度还是质量都好于往年，到6月底，全区完成植树造林416.85万亩，完成义务植树6315万株。野生动植物保护力度加大，尤其是对野生动植物的经营管理明显加强，“春雷行动”成绩显著。林产工业生产势头强劲，人造板行业持续保持高速增长态势，不断有新的企业开工投产，林浆纸一体化项目继续推进。生态能源、花卉产业、林业科技等各项工作均稳步发展。总体来看，我区林业形势喜人。下一步，我们必须以《决定》精神为指导，在继续抓好年初确定的各项任务的基础上，重点抓好以下几个方面的工作。

(一)迅速掀起学习贯彻《决定》的高潮。

学习贯彻好《决定》精神，是当前各级林业主管部门面临的一项重大战略任务。各地务必要高度重视，将《决定》的学习贯彻工作摆上重要日程，深入研究，周密部署，精心组织，狠抓落实。按照国家林业局学习贯彻《决定》的安排意见，我们学习贯彻《决定》工作，时间上与国家林业局相一致，安排一年左右的时间，分三个阶段进行：第一阶段重点是学习宣传领会《决定》精神，吃透《决定》精神实质，到现在这一阶段已基本告一段落。第二阶段从现在开始重点是研究拟定贯彻落实《决定》的有关具体措施，为区党委、区人民政府起草贯彻《决定》的意见稿，为全区林业工作会议做准备。第三阶段是自全国林业工作会议之后到明年上半年，自治区要组织召开一次全区林业工作会议，各地也要广泛行动，认真研究贯彻落实《决定》的措施，把《决定》的各项内容变成各地可以具体操作的行动措施，认真加以落实。

在学习贯彻《决定》的过程中，各级林业主管部门的一把手要亲自抓，领导班子要带头学、领着干，采取研讨班、集中培训、座谈会，辅导报告等多种形式开展学习，迅速在我区林业系统掀起学习贯彻《决定》的高潮，今天我们在银林山庄集中学习就是其中的具体行动，下一步为检验学习成果，我们还将在全系统举行一次考试。学习贯彻《决定》，一定要以“三个代表”重要思想为指导。以学习“三个代表”重要思想的深化，促进对《决定》内容的深刻理解；以全面贯彻落实《决定》精神，体现学习“三个代表”重要思想的实际成果。通过学习，将大家的思想和行动进一步统一到《决定》精神上来，将大家的智慧和力量进一步凝聚到《决定》确定的各项任务上来，努力在思想认识上达到新高度，在工作实践中取得新成就。学习贯彻《决定》，一定要与各地林业建设的实际情况相结合。学习贯彻《决定》，重在用以解决实际问题。因此，各级林业主管部门及其干部职工一定要深刻认识《决定》对加快林业发展的巨大推动作用，紧扣本地工作实际，对照研究各项工作，在指导实践上做文章，在狠抓落实上见成效，最大限度地挖掘《决定》蕴含的巨大潜能，推动林业发展。

为了代区党委、区人民政府起草好贯彻《决定》文件，自治区林业局组成调研组，在自治区党委政研室领导的指导帮助下，开展调研活动，希望各地林业部门大力协助，并积极进言献策。

(二)认真抓好《决定》的宣传工作。

认真搞好《决定》的宣传是学习贯彻《决定》的重要内容。宣传《决定》，就是要让《决定》的精神进入各级领导干部、各有关部门、广大民众的大脑里、心里，为大家所熟知，成为指导大家行动的指南。当前，宣传《决定》要形成合力，要制订方案，周密策划，精心选题，加强力度，全方位宣传各地学习贯彻《决定》后，在加快林业发展方面的新认识、新思路、新举措。要牢牢把握宣传工作的主动权，组织宣讲队伍下乡，让广大农民对《决定》家喻户晓。增强宣传的针对性和有效性。要充分利用电视、广播、报纸等媒体，采取贴近实际、贴近生活、贴近群众的宣传方式，提高宣传的吸引力和感召力。全国林业工作会议和全区林业工作会议期间，要形成宣传《决定》的高潮，负责宣传的部门要拿出方案。

(三)切实抓好现在要做的各项林业工作。

切实抓好现阶段的各项林业工作是深入学习贯彻《决定》的具体要求。当前林业的各项工作仍很艰巨，时间也很紧迫，我们要做到统筹安排，坚决完成今年的各项任务。今年全区林业建设形势喜人，但我们也不能盲目乐观，毕竟离完成全年目标还有距离。现在离年底已不到四个月，我们要抓紧时间。造林工作特别是退耕还林、速丰林要抢抓当前雨季有利时机，加快推进，抓紧协调有关部门兑现政策，力争早日完成全年造林任务；沼气能源建设要抓紧各项工作，以会战形式掀起高潮；森林防火、防病虫害工作形势仍然严峻，要以高度的责任感切实做好防范。林政资源管理，保护区建设，等等，各项工作都要抓紧。各地各部门要回过头来对照年初制定的目标，倒计时抓好今年的各项任务。

同志们，《决定》的出台，全面掀开了中国林业大发展的序幕，给我们广西林业的建设又带来了一个新的契机。我们一定要紧密团结以胡锦涛同志为总书记的党中央周围，在自治区党委、政府的领导下，在国家林业局的领导指导下，以邓小平理论和“三个代表”重要思想为指导，深入贯彻落实十六大精神，抓住机遇，乘势而上，顽强拼搏，开拓创新，为广西林业跨越式发展，实现全面建设小康社会的奋斗目标而努力奋斗！

实施绿色工程　优化生态环境 努力建设面向二十一世纪的广西林业

——全区实施绿色工程动员暨林业工作会议的主要内容

(1999 年 1 月 11 日)

今年是全面实施自治区党委提出的广西农业和农村跨世纪发展的“1234610”工作思路的第一年。今天召开的这个会议，就是我们认真贯彻落实区党委提出的这一工作思路的一个具体行动。

在区党委提出的这一工作思路中，把绿色工程列在全区实施六大基础工程的第一位，这充分表明了自治区党委对广西林业工作的高度重视，也充分说明了林业在生态环境建设和国民经济建设中的重要地位和作用，切合广西的实际，具有很强的现实针对性。抓好实施绿色工程，优化生态环境这项工作，对促进广西实现国民经济和社会的可持续发展具有十分重要的现实意义和战略意义。刚才，陆兵副书记代表自治区党委就此问题作了一个很重要的讲话，自治区人大常委会副主任丁廷模同志从依法治林促进林业建设持续发展的角度讲了很好的意见。我们要深刻领会、认真落实好这两位领导同志的讲话精神。

一、必须提高实施绿色工程对优化生态环境重要性和必要性的认识

生态环境是人类生存和发展的基本条件，是经济社会发展的基础。保护和建设好生态环境，实现可持续发展，是我国现代化建设中必须始终坚持的一项基本方针。区党委提出，在广西实施绿色工程，这对于建设好广西的生态环境，促进经济和社会的可持续发展是十分重要和必要的。

(一)实施绿色工程是促进广西生态环境优化的重要途径。

区党委确定在全区实施绿色工程，就是要在今后3～5年内实现沿江河两岸各宽2公里，公路、铁路两旁各宽1公里以及房前屋后100米宜林荒山荒地的造林绿化，并把植树造林与种果、种竹、种草等结合起来.改造残次林，大种水果、竹子和其他经济林，建成长期稳定、层次分明的绿色保护涵养林带和经济林带。这样，一方面，可使广西漓江、西江、浔江、柳江、邕江、左江、右江、红水河等360多条重要河流流域的植被得到很好保护，水源得到涵养，洪涝、干旱等自然灾害减少；另一方面，可使湘桂、黔桂、枝柳、南昆、南防、黎湛等铁路及桂海高速公路等交通干线实现绿化美化；同时，还可从根本上改变广大城乡的市容村貌，使广西的有林地面积进一步扩大，森林覆盖率也将得到大幅度提高，进而使八桂大地山川更加秀美，生态环境进一步优化。

(二)实施绿色工程，优化生态环境对实现广西经济和社会可持续发展具有重要意义。

一是实施绿色工程，优化生态环境是农业高产稳产的生态保证。农业是国民经济的基础，广西4600多万人口的吃饭问题始终是一件大事。而广西农业生态基础又十分薄弱，灾害频繁，这是直接影响广西农业稳产高产的重要原因。实施绿色工程对农业增产丰收能起到巨大的作用。在戬区，有林网庇护的农田，一般都比没有林网庇护的农田多产15%～20%的粮食。因此，从这个意义上讲，实施绿色工程，优化生态环境就是保护了农业，发展了农业。二是实施绿色工程能为水利设施建立生态屏障。山青才能水秀，穷山必致恶水。森林能有效地防止水土流失，涵养水源，调剂降水的时空分布。按照绿色工程的要求，建设好这一工程，就能为水利设施建立生态屏障。三是实施绿色工程能有效地改善我们的工作及生活环境。改善生存环境，提高生活质量是人们永恒的追求。众所周知，目前威胁人类生存的温室效应、酸雨、臭氧层被破坏等问题，都与生态环境被破坏有着直接的关系。广西一些地方的酸雨、臭氧层被破坏的问题也很突出。为什么会出现这些问题呢?一方面是因为大量使用石油、天然气和煤等石化燃料，另一方面是由于森林的大面积减少。据调查，在广西当前大气二氧化碳浓度增加的因素中，森林面积减少所起的作用占30%～50%。森林有着净化空气的功能，每公顷森林每年可吸收二氧化硫30～60公斤。一定宽度的林带，可以吸收氯化物一半以上。此外，森林在吸纳粉尘、增加空气湿度等方面也发挥着重要作用。我们实施绿色工程，使工程达到建设的要求和标准，就必定能有效地改善我们的工作和生活环境。四是实施绿色工程还可以有效地促进广西经济的发展和人民生活的改善。随着绿色工程的实施，广西的林种、树种结构都将发生较大改变，各种用材林、经济林等林种、树种的比例将更加趋向合理，若干年后，就会为广西的工农业生产和人民生活提供更加丰富的原材料和生活必需品，给广西经济发展、社会进步、人民生活水平和生活质量的提高注入新的活力。五是实施绿色工程是社会文明进步的需要。实施绿色工程，优化生态环境，是广西社会主义精神文明建设的一项重要内容。森林给人们热爱大自然、崇尚大自然、陶冶情操的启迪。现在各地开展的创建“花园式”城市、“花园式”单位，以及园林城市等活动，目的就是通过增加绿色植被，为人们的工作和生活提供一个舒适、优美的生态环境。我们时常讲“回归大自然”，在很大程度上就是回归森林。国内外正在兴起的森林旅游业就充分说明了这一点。

（三）广西生态环境的现状迫切需要我们抓紧实施绿色程。

改革开放以来，随着全区造林灭荒和造林绿化达标的相继实现，广西的生态环境有了较大改善，但在生态环境设方面存在的问题仍然相当突出：一是有的地方和部门对生态环境建设的重要性缺乏深层次认识，因而对生态环境建设投入少、措施不力。二是森林资源总量不足，林种单一，与实现广西经济和社会可持续发展的要求还很不相适应。三是有的地方的党政领导不惜以牺牲生态环境为代价，片面追求经济效益，肆意毁林开垦，乱征占用林地。四是重要的河流两岸、公路两旁和铁路沿线的绿化水准还比较低，与中央提出的把广西建成大西南出海通道的整体形象要求还有较大差距。对此，我们必须要有足够的认识。森林不仅是人类的摇篮，而且是人类环境的保护者。近年来造成广西频繁发生特大洪涝灾害和长时间干旱的重要原因就是森林植被减少、生态环境恶化。从这些特大洪涝灾害和严重干旱中，我们应当更加清楚地认识到实施绿色工程、加强培育和保护森林资源、优化广西生态环境的紧迫性。

二、明确目标．突出重点，积极推进绿色工程建设

为了进一步巩固和发展造林绿化成果，更好地优化生态环境，加快广西经济和社会各项事业的持续健康发展，根据自治区党委实施绿色工程的要求，今后3～5年内，广西林业工作的重点，就是要全面实施和完成绿色工程的各项任务。各地在绿色工程建设的过程中，必须注意调动全社会各方面力量，坚持从本地的实际出发，遵循自然规律和经济规律，紧紧围绕生态环境面临的突出矛盾和问题，以优化生态环境、提高人民生活质量、实现可持续发展为目标，以科技为先导，以林业分类经营改革为主要手段，把生态环境建设与经济发展和农民脱贫致富紧密结合起来，正确处理好长远与当前、全局与局部的关系，促进生态效益、经济效益和社会效益的协调统一。绿色工程建设的目标是：从1999年起经过3～5年的努力，完成江河两岸各宽2公里，铁路、公路两旁各宽1公里及城镇、村（屯）、车站、养护站、港口、码头周围100米宜林荒山荒地的造林绿化任务，绿化率达到95%以上。其建设要求是：通过对江河两岸各宽2公里和公路、铁路两侧各宽1公里及城镇、村（屯）、车站、养护站、港口、码头周围100米范围内的宜林荒山荒地绿化美化，使路、河沿线成为林木连线成网、花芬飘香、环境优美的风景线、致富线。路、河经过的平原隧，建成高标准平原县（市、区，下同），农田林网控制面积占该平原区宜农田林网面积的80%以上；丘陵山区采取造、封、改相结合的办法，提高林分质量，建立一批各具特色、规模不等的速生丰产用材林基地和竹园、果园、茶园、桑园、药园。路、河两侧可视一面坡范围内不留牧场、无3亩以上的荒地、无林木郁闭度0.2以下的林地，25°以上的坡耕地要切实退耕还林；公路、铁路用地范围内和江河两岸、库区周围内按乔、灌、花、草相结合的原则进行绿化。经过农耕地的路、河两侧至少各有一行树木，路、河沿线绿化无断带。城镇、村（屯）、车站、养护站、港口、码头绿化覆盖面积要占总面积的25%以上。

各地在重点搞好实施绿色工程建设的同时，还要注意抓好以下几项工作：一是七大生态林建设工作。即珠江流域防护林、沿海防护林、防治荒漠化造林、平原绿化、石山封山育林、城市大环境绿化和生物防火林带的建设。二是“152”农村能源生态建设示范计划。即以抓好100个能源生态村、50个能源生态乡和20个能源生态县建设为主，把农村能源建设成为生态环境保护、减少森林资源消耗有机结合的典范。三是十大商品林基地建设。即短轮伐期速生工业原料用材林基地、珍贵树种和大径级用材林基地、竹业基地、木本粮食和绿色食品基地、花卉绿化苗木基地、亚热带水果基地、名特优干果调香料基地、木本油料基地、森林药材基地和速丰脂材两用林基地。四是林业产业“五大支柱”建设。即木竹生产加工、林产化工、木浆造纸、林副产品加工及多种经营和森林旅游。有关的具体内容，管炳六同志在工作报告中还要给同志们详细讲，这里我就不多讲了。

三、采取强有力措施，实施林业可持续发展战略，为建设山川秀美的广西而努力奋斗

党的十五届三中全会通过的《中共中央关于农业和农村工作若干重大问题的决定》中指出：“改善生态环境是关系中华民族生存和发展的长远大计，也是防御旱涝等自然灾害的根本措施，要大力提高森林覆盖率，使适宜治理的水土流失地区基本得到整治。”要“大力植树种草，实行封山育林”。要“依法保护森林资源。切实保护大江大河上游的森林植被。禁止毁林毁草开荒和围湖造田”。自治区党委七届六次全会提出把抓好绿色工程摆在全区农业和农村必须抓好的六大基础工程之首。中央和自治区党委的这些决定为广西林业事业的发展指明了方向,我们一定要结合实际,采取一系列强有力的措施,为发展广西林业,优化生态环境,扎扎实实地做好各项工作。

(一)采取综合措施,促进绿色工程建设顺利开展。

实施绿色工程是自治区党委贯彻落实《中共中央关于农业和农村工作若干重大问题的决定》的一个重大举措,也是广西在消灭宜林荒山、相继实现造林灭荒和造林绿化达标之后一项跨世纪的造福工程。工程建设共分三步实施:第一步为启动阶段(1999 年)。主要是做好工程规划设计和种苗培育工作,并完成总工程量的 30%以上。第二步为全面实施阶段(2000～2001)。全面完成工程建设任务。第三步完善提高、检查验收阶段(2002 年)。主要是对各地绿色工程完成的总情况进行验收,兑现奖惩。各级政府必须高度重视,一定要把绿色工程建设作为两个文明建设的一项重要任务,切实抓紧抓好。

第一,加强领导,强化责任。各地要把绿色工程建设作为一件大事,列入重要议事日程,成立领导机构。各地、市、县、乡镇的主要领导要作为工程建设的总负责人,分管领导要具体抓。各地要根据各自编制的绿色工程建设规划设计总体方案,把任务逐级分解,层层签订责任状,把该绿化的山头、地块(路段)落实到乡(镇)、村(屯)、单位和个人(农户)。要建立严格的检查验收奖惩制度,把绿色工程建设列入领导干部考核内容。要实行分年度考核,分阶段验收的办法,促使各地扎实地开展这项工作。对经过考核验收确认在绿色工程建设中有突出贡献的单位和个人,要予以表彰;对完不成任务的要追究领导责任。

第二,要按照绿化与美化相结合,生态效益、社会效益和经济效益相统一的要求,搞好规划设计。绿色工程是在广西实现了造林绿化达标的基础上实施的,因此其要求和标准都应比前几年开展的造林绿化更高。各地在组织具体挖坑种树之前,一定要先搞好规划设计。规划设计要坚持合理布局,体现特色,实现绿化与美化的结合,以及生态效益、社会效益和经济效益的统一。特别是一些重要的江河、主要的交通干线,更要注重提高规划设计的质量和水平。各地绿色工程的实施一定要在科学的规划设计指导下进行,避免一哄而起的盲目性和随意性。

第三,要加大科技投入,推广先进科技,保证工程质量。各地要根据工程建设计划提前选择良种,培育壮苗,搞好树种搭配,及时推广林业科技新成果,加强技术培训,提高施工管理人员素质,保证工程质量。

第四,要积极筹措资金,确保工程投入。坚持国家、集体、个人一起上,多渠道、多层次、全方位筹集工程建设资金,自治区和地方各级财政要安排相应的资金用于绿色工程建设,各级财政安排用于绿色工程建设的资金要专款专用,并对使用情况实行审计监督。同时,按照"谁投资、谁经营、谁受益"的原则,鼓励国内外的各种投资主体向绿色工程建设投资。

第五,要加强协作、紧密配合,进一步开创全社会办林业、全民搞绿化的新局面。一方面,我们要认真总结推广多年来全民植树造林的基本经验,进一步广泛动员,精心组织,开拓创新,在提高义务植树尽责率和求实效上下功夫。另一方面,各个部门、各行各业又是绿色工程建设的生力军,部门造林绿化是全社会办林业、全民搞绿化的重要组成部分。多年来,各个部门、各行各业为广西国土绿化事业作出了重要贡献。今后,各个部门要结合各自的特点,抓好一批绿色工程龙头项目,建设一批高标准的"窗口工程"、"样板工程"。林业、铁路、交通、水利、城建等有关部门,在当地政府的统一领导下,按各自所分管的范围,做好计划组织实施,按要求完成任务。农业部门也要以造林绿化为先行,建设好生态屏障。石油、煤炭、冶金、有色金属、石化、轻工、造纸、民航、教育等部门都要结合本部门的实际,努力在绿色工程建设上有新的作为。共青团、妇联要进一步开展好"青年林"和"妇女林"的建设活动,并不断丰富内涵,推陈出新。解放军、武警部队要继续走在植树造林、绿化祖国大地的前列,发扬成绩,再接再厉,为优化生态环境做出更大的贡献。各级绿化委员会要做好督促检查和协调工作。总之,全区各地和各行各业都要积极投身绿色工程建设,齐心合力共同把这项造福当代、惠及子孙的绿色事业办好。

第六,办好示范点,以点带面,全面推进。各地、各部门应有自己的重点工程,各地、市主要领导要建立 50 公里长、面积 1000 亩以上的绿色工程建设示范点,每县(市)要建好一条绿色通道示范线,以点带面,全面推进。

第七，要广泛宣传，动员全社会投身绿色工程建设。各地要利用各种宣传媒体，广泛深入宣传实施绿色工程的重要意义，使全社会都懂得绿色工程建设对于改善生态环境，促进经济社会可持续发展的作用，参与绿色工程建设。要充分发挥广大群众在绿色工程建设中的主体作用，广泛发动群众，大力开展全民义务植树、栽花、种草活动。用好、用活农村劳动义务工和积累工，广泛动员和组织农民群众增加对工程建设的投入。同时，要充分发挥舆论监督作用，鼓励先进，鞭策后进。为了促进各地绿色工程建设的有效开展，自治区除了每年对各地绿色工程建设进行年度考核验收外，还要组织绿色工程建设督查组，创办《绿色工程建设简报》，不定期地对各地实施绿色工程的情况进行督查，各地好的做法、经验及存在的问题都将通过《简报》及其他新闻媒体通报全区。

(二)依法治林，切实加强森林资源的保护和管理。

当前，广西林业工作正处于发展的关键时期，党中央国务院把“认真实施可持续发展战略”，“严格控制森林采伐，大力植树种草，绿化荒山荒漠，防止水土流失，改善生态环境”作为实现跨世纪宏伟目标的重要内容和工作要求。1998 年九届全国人大重新修订了《森林法》，并在当年的 7 月 1 日正式实施；1998 年 8 月 5 日国务院又发布了《关于保护森林资源制止毁林开垦和乱占林地的通知》。随后，自治区政府也发出了相应的通知。这些都为森林资源的保护工作提供了有力的法律依据和政策保证。各级林业行政主管部门要在当地党委、政府的领导下，努力增强工作的主动性和责任感，把森林资源的保护管理工作同国民经济建设和林业改革发展的大局结合起来，同当地经济社会发展和群众生产生活需要结合起来，同保护和建设生态环境，实现林业的可持续发展结合起来，创造性地开展工作。当前和今后一个时期，各地要在一如既往地抓好森林防火、森林病虫害防治和制止乱砍滥伐林木、乱捕滥猎野生动物的同时，应着重抓好以下几方面的工作：

第一，在严格保护好天然林的前提下，对商品林严格执行森林采伐限额制度，切实控制森林资源的消耗。加强天然林保护，尤其是对大江大河源头水源林的保护，是党中央、国务院所明确要求的，我们要不折不扣地贯彻执行，切实保护好天然林、水源林和防护林。对商品林实行年森林采伐限额制度是保护和发展森林资源的长期政策，是在社会主义市场经济体制下，对森林资源合理开发利用实行宏观调控的重要手段。各级林业主管部门要严格按照国家林业局和自治区政府及自治区林业局的有关文件规定，全面认真地贯彻执行。

第二，要切实强化林地的保护管理，全面推行使用林地许可证制度。各级林业主管部门要严格执行新修订的《森林法》、国务院的“紧急通知”及其他有关法规、文件和规定，加强与有关部门的协调，积极理顺关系，主动做好工作，同时，把好林地征占用的初审关，把该收的费用坚决收上来。要采取有力的措施控制林地的消耗，并防止林地资产的流失。要全面实施《使用林地许可证》制度，加强征占用林地的审核管理。

第三，要采取有力措施，切实做好 25°以上坡耕地的退耕还林工作，严格控制有林地的逆转。在 25°坡以上的山地上毁林种蔗、种粮，对生态环境破坏极大，也不符合可持续发展战略的要求。有计划、有步骤地将 25°以上坡耕地退耕还林，是绿色工程建设的一项重要任务，是生态建设的一项战略措施，各地必须高度重视，采取有力措施，搞好这项工作。今明两年，首先要搞好江河两岸各宽 2 公里，公路、铁路两侧各宽 1 公里的 25°以上坡耕地的退耕还林。在此基础上，再扩大到其他地方。经过 3～5 年的努力，使 25°以上坡耕地切实退耕还林、还竹、还草。对退耕还林工作不力的，要追究有关领导和部门的责任。

第四，进一步加大林业行政执法力度，坚持依法治林。各级政府要大力支持林业主管部门认真做好林业行政执法工作，依法打击各种破坏森林资源、妨碍林业行政管理的违法犯罪活动。对各种破坏森林资源，妨碍林业行政管理的违法犯罪行为必须坚决打击，绝不姑息手软。要进一步规范执法行为，严格依法行政。要不断提高执法人员的政治业务素质，做到文明执法，秉公办事。要健全和完善各项执法管理制度，加强对执法工作的监督检查。要认真做好与《森林法》相配套的地方性法规和规章的制定工作，使森林资源的保护和管理真正做到有法可依，有法必依，执法必严，违法必究。

(三)结合绿色工程建设，扎扎实实推进山区林业综合开发。

多年的实践证明，山区林业综合开发，是一项绿山、富民的造福工程，是加快林业发展，推动林业由粗放经营向集约经营转变的重大举措。广西是一个以山区为主的省区，山区非耕地资源丰富，林业用地一般占30%～40%，有些县高达50%以上。但林业产值在社会总产值中所占的比重还相当低。山区林木资源丰富，是木材和各种林特产品、林副产品的主产区，但开发利用程度低，品种单一，一些重点林区县，一直靠“木头财政”维持；山区是“老、少、边、穷”集中的地方，生产条件差，经济比较落后，人均纯收入还很低。这些事实说明，林业虽然在山区占有重要地位，但其优势和作用还远没有充分发挥出来。山区的潜力在山，希望在林。抓好山区林业综合开发，变资源优势为经济优势，不但非常必要，而且大有可为，对于促进山区的全面发展，对于加快农民脱贫致富奔小康，缩小城乡之间发达地区与落后地区之间的差距，都具有重大的经济意义和政治意义。因此，各地一定要结合实施绿色工程，从战略高度认识和抓好山区林业综合开发。

第一，要实行分类指导，突出区域特色。由于各地自然地理条件、社会经济条件不同，资源种类、数量、分布和利用程度又存在着很大差别。因此，必须根据各自的条件和优势，面向市场需求，制定指导性的开发规划。各级林业部门，要主动当好政府的参谋，搞好调查研究，突出开发的区域特色和重点，加强分类指导，防止重复建设、盲目发展。

第二，要因地制宜确定开发的主攻方向和突破口。山区林业综合开发，绝不能只有一个模式、一条路子。要从实际出发，充分发挥各方面优势，多途径、多形式推进部分地方已经形成和正在形成的林产工业，按其生产能力，已达到或超过资源供给能力，原料供需矛盾突出的，应当把发展短周期工业原料林摆在首位，实行定向培育。一大批速丰林基地，通过十几年的努力，已成了具有一定规模的商品材基地。这些地方，应当在合理布局的前提下，充分利用现有的用材林资源，促进加工业发展。还有一部分山区县，森林资源较多，但林种树种结构不合理，用材林面积大，长势差，短期内难以开发利用，应当大力发展经济林，特别要突出名特优经济林，以解决农民眼前增收的问题。

第三，大力发展多种经营。有相当一部分山区县，特别是丘陵大县，资源种类多，但没有突出的优势资源，难以形成一定的主导产业和骨干项目。应当充分利用资源的多样性，引导集体和农民办好企业、小康林果场，发展林、果、竹、药、花、草，实行林粮、林牧、林渔、林矿结合，林业和旅游业、养殖业、培植业、编织业相结合，走多元化开发、多业并举的路子。即使优势资源和主导产业比较明显的地方，也要实行一业为主，多种经营。力争山区每户农民办好一个小康林果场，每村办好一个有特色的绿色企业.作为巩固农村基层组织，提高农民收入一项重要措施来抓。

第四，加强社会化服务体系建设。山区由于受地理位置、交通、通信等客观条件的制约，限制了与市场的直接联系，加之市场信息对山区来说又具有滞后性，很容易造成开发的盲目性。这就需要加强社会化服务体系建设，发展公司加农户等新的经营形式，把千千万万农户分散经营的生产与大市场紧密联系起来。为此，要紧密围绕山区林业综合开发，搞好以信息、为先导、科技为主体、销售为重点，贯穿生产经营全过程的系列化服务，为改善林业生产条件，开发具有较高科技含量的适销对路产品，降低农民经营林业和进入市场的各种风险创造条件。

（四）切实加强领导，确保广西以绿色工程建设为重点的林业工作各项目标的顺利实现。

实施绿色工程，培育和保护森林资源，优化生态环境是一项造福当代，惠及子孙的伟大事业。它涉及的面宽，工作量大，任务繁重，远远不是林业部门一家的事，而是一项事关全社会的共同事业。因此，各级政府要站在全局高度，以对子孙后代高度负责的态度，切实组织好、领导好这一工作，做到在思想上重视，工作上加强，投入上增加，确保此项工作顺利实施。

第一，各级政府要认真贯彻执行《广西壮族自治区绿色工程建设目标责任状》和《县级领导干部任期森林资源消长目标责任状》，进一步增强对实施绿色工程、保护森林资源、优化生态环境的责任感和使命感。《责任状》是保证一项工程顺利实施的重要手段。1998年8月自治区人民政府组织工作队对全区各县（市、区）1997年度《县级领导干部任期森林资源消长目标责任状》执行情况的全面核查结果表明，该《责任状》的实施，取得了很好的效果。但也有极少数县没有达到《责任状》提出的要求。自治区核查工作队与执行《责任状》不达标的5个县（市、区）及执行《责任状》不力的7个县（市、区）的政府领导及林业部门领导面谈，对他们的触动很大，这些县（市、区）的领导都表示要认真总结经验教训,并针对存在问题提出了相应的具体整改措施。在这次会议上,我们还要根据该《责任状》的核查情况,兑现奖惩。今后,各地要在执行好《绿色工程建设目标责任状》的同时,继续坚持以政府行为加大对该《责任状》执行情况的督查力度,真正把森林资源消长目标纳入对领导干部考核的内容,责任到位。

第二,要加强和稳定各级林业机构。各县(市、区)政府要解决好林业各基层站所需的经费,各级林业部门要注意加强思想政治建设,大力培养优秀年轻干部,造就一支素质好、作风硬的林业职工队伍。

第三,要切实加大对林业建设的投入。一方面要在稳定现有各种林业资金来源渠道的前提下,根据《森林法》的规定,依法开征育林基金和森林生态效益补偿基金。林业部门依法征收的各项基金,按规定专项用于林业建设,不得侵占、挪用。另一方面对中央安排广西的林业基本建设投资项目及林业专项贴息贷款,各级财政必须按规定的比例安排预算内配套资金。此外,切实减轻林农和其他林业生产者的负担,禁止乱收费、乱摊派,保护林农和林业生产经营者的合法权益。四是各新闻单位要认真做好宣传报道工作,全面提高全民对实施绿色工程、保护和培育森林资源、优化生态环境、实施林业可持续发展重大意义的认识,造就一个人人惜树爱林、个个关心生态环境建设的良好社会风尚。

现在从中央到地方都十分重视林业和生态环境建设,林业的发展拥有一个十分有利的环境。我们一定要进一步增强历史责任感和时代紧迫感,在邓小平理论伟大旗帜的指引下,全面贯彻落实党的十五届三中全会和自治区党委七届六次会议精神,抓住机遇,上下一心,群策群力,开拓前进,为积极推进广西绿色工程建设,优化广西生态环境,建设面向二十一世纪的广西林业再作新贡献!

总结经验　明确任务　努力开创农村能源生态建设的新局面

——全区能源生态建设电视电话会议的主要内容

(2000年6月9日)

自治区人民政府召开这次全区农村能源生态建设电视电话会议,主要是总结去年广西农村能源生态建设,尤其是沼气池建设的工作,并对今年的工作作出部署,进一步搞好广西农村能源生态建设。主要讲三个问题。

一、认清形势,总结经验,增强搞好农村能源生态建设的信心和决心

去年,广西农村能源生态建设尤其是沼气池的建设取得了新的进展。1999年初,自治区人民政府主席办公会议,专题研究了新建沼气池问题,并确定把新建20万座沼气池任务作为去年自治区人民政府为民办实事的一项重要内容。各地市县和有关部门认真贯彻落实《自治区人民政府关于印发1999年重点为民办实事目录及措施的通知》(桂政发〔1999〕33号)精神,各级领导高度重视,层层签订责任状,加大资金投入,抓好示范点,以点带面,狠抓落实。1999年广西沼气池建设取得了重大的突破,有几个显著的特点:一是建池数量多。全区新建沼气池27万座,超额完成了自治区人民政府下达新建20万座户用沼气池的任务,比1998年建池11.43万座增加136.22%,是历年来广西建沼气池最多的一年。二是建池质量好。今年3月,自治区有关部门组织专家,按照自治区统一制定的验收办法及评价标准,采取随机抽样的办法,抽检了5085家农户沼气池,合格的有5052户,合格率达到99.35%。三是配套基本齐全,安装比较规范。据抽查,沼气池与卫生厕所、猪牛栏连通的有4848户,占95.33%,管路、灯炉具、压力表安装规范的4354户,规范率达85.62%。四是使用情况良好。据抽查,正常投入使用的有4532户,使用率为89.12%,初步发挥了沼气的多功能综合效益。

回顾去年广西沼气池建设工作,有几条经验值得认真总结:一是各级干部和有关部门对广西农村能源生态建设,发展生态农业形成共识,并在实践中认识不断深化。思想是行动的先导。各地各部门把农村能源建设,发展生态农业列入议事日程,层层签订责任状,增强工作的自觉性,真抓实干,狠抓落实。二是广大农民表现了很高的主动性,尤其是列入沼气发展重点县(市、区)的广大农民,不等不靠,积极行动起来,大搞沼气池建设。农民的积极性起来了,农村沼气池的建设就有了力量的源泉。三是把沼气池建设与农村的各项工作相结合,涌现了一批成功的典型。沼气池建设搞得好的地方,都十分注意把沼气池的建设与农村的各项工作结合起来，相得益彰，共同发展，沼气池发挥了较大的效益，显示了强大的生命力。第四，在优惠政策的引导下，农村能源生态建设尤其是沼气池建设取得了重大进展。去年，自治区财政安排资金作为沼气池建设的补助经费，林业部门也从“两金一费”中安排资金扶持农村能源生态建设，许多地市县也相应出台了扶持政策，调动了广大农民建设沼气池的积极性，从而加快了广西农村能源生态建设的步伐。

但是，我们也应该清醒地看到去年广西沼气池建设存在的问题：一是发展不平衡。地市之间完成沼气池建设任务相差悬殊，有的地市成倍地超额完成自治区下达的指导性计划，而个别地级市仅完成指导性计划的10%左右，就全区而言还有相当一部分村屯仍是沼气池建设的空白点。二是规划布局不够合理，起点较低。一些地方没有把沼气建设与厨房、猪牛栏、厕所、管路及灯炉具安装作为一个整体来统一规划，布局不合理，配套档次低，安装不规范，使用不方便，沼气池的综合功能未能得到充分发挥。三是技术服务体系不健全。许多乡镇还没有建立农村能源技术推广服务站，沼气施工队也没有建立起来，沼气零配件供应不保障，建后维修服务无人管，这种状况，很不适应沼气池建设的需要。四是资金投入不足。有的地市县配套资金不能按时落实，有的甚至没有配套资金，影响了沼气池建设进度和任务的完成。这些问题都将制约着以沼气为主的农村能源生态建设，必须引起各级领导的高度重视，并认真加以解决。今年是广西大规模开展以沼气为主的农村能源生态建设的第二年，我们要做的工作很多，任务很艰巨。但是，只要各级政府加强领导，充分发动群众，各部门协调配合，就一定能够完成以沼气为主的农村能源生态建设的各项任务，大家要进一步增强做好这项工作的信心和决心。

二、明确任务，突出重点，千方百计完成今年新建20万座沼气池的任务

以沼气为纽带促进农村种养业发展的生态农业建设，对广西农村、农业和农民生活已经产生了很大的影响。努力抓好这项工作，必将极大地促进广西农村物质文明和精神文明建设。因此，各地对以沼气为主的农村能源生态建设要引起足够的重视，切实抓紧抓好。今年广西能源生态建设总体要求是，继续深入贯彻党的十五届三中全会和区党委七届六次全会精神，以保护森林资源，改善生态环境，实现农民增收，提高农村居民生活质量，促进农业可持续发展为目标，着力抓好农村沼气池的建设，把“养殖—沼气—种植”三位一体的生态农业与大力推进农业和农村经济结构战略性调整、农村小康建设紧密结合起来，大力开发新能源和可再生能源，促进生态、经济、社会协调发展。根据这个总体要求，今年全区计划新建沼气池20万座，同时完成推广太阳能热水器、建设微型水电站、更新省柴节煤灶等任务。为此，各地要认真抓好以下六项工作：

（一）既要突出抓好沼气池的建设，又要兼顾一般。

自治区决定，今年要抓好以沼气为主的农村能源生态建设。3月下旬，自治区林业局已下达了2000年沼气池建设任务，全区力争新建沼气池20万座，并确定了32个发展沼气重点县（市、区）。实践证明，搞好沼气池的建设，不仅带动养殖业的发展，而且可以推动种植业的发展，把“养殖—沼气—种植”有机地连在一起，既发展了经济，又保护了生态，使生态环境实现良性循环，实现农业的可持续发展。各地在抓农村能源生态建设中，要按照自治区确定的工作重点，既要集中人力、物力抓好沼气池的建设，又要抓好推广太阳能热水器以及新建微型水电站、省柴节煤灶的工作；既要抓好32个沼气重点县（市、区）的沼气池的建设，又要抓好非重点县的沼气池的建设，以点带面，互相促进，使广西农村能源生态建设得到协调发展。

（二）科学规划，合理布局。

以沼气为主的农村能源生态建设，具有技术性强、涉及面广的特点。各地对沼气池的建设要进行科学规划，合理布局。要把发展以沼气为纽带的生态农业纳入国民经济和社会发展的规划之中，明确发展目标，制订实施方案。尤其是今天参加电视电话会议的32个沼气重点县（市、区），更要根据今年自治区下达的沼气池建设的目标任务，结合当地资源、社会、经济、生态环境状况，在深入调查研究的基础上，因地制宜地编制建设规划，制定今年的年度工作计划和目标任务，确保建池任务的完成。32个重点县的任务完成了，全区今年新建20万座沼气池任务的完成就有了可靠的保证。非重点县（市、区）也要因地制宜制定本地发展沼气的年度计划，对资源丰富、经济条件较好、群众积极性较高的村（屯），可以作为本县市发展沼气的重点，在技术、资金等方面给予重点扶持，以点带面，逐步推广。

（三）完善相关政策，调动广大农民的积极性。

目前，广西有的地市县已经出台了一些扶持沼气发展的政策，从而调动了广大农民建设沼气池，发展能源生态农业的积极性，给生态农业的发展起到了促进的作用。但有些地方还没有制定这方面的政策，或者虽然已制定了一些扶持政策，但还不够完善，政策不够配套、不协调，在一定程度上给生态农业的发展带来负面的效应。各地市县要尽快制定一系列配套的政策措施，对农村能源生态建设的基本要求、发展方向、经费安排、土地使用、队伍建设、技术培训、质量监督、建后服务、行业管理等具体问题，作出明确的规定，以便为能源生态农业的发展，建设沼气池提供政策保障。

（四）多渠道筹集资金，增加对沼气池建设的投入。

建设沼气池需要一定的资金投入，据测算，建一座户用沼气池需要投资1200～1500元。各地要多渠道、多层次、多形式筹集沼气池建设资金，想方设法解决建设沼气池资金投入的问题。沼气池建设直接为农民受益，因此，沼气池建设资金的投入主体是广大农民。农民是最讲实惠的，只要我们把建设沼气池的好处给他们讲清楚了，和农民把对比账算清楚了，农民会乐意把钱投入到沼气池建设中去的。问题的关键是我们的各级干部要深入细致地做好农民的思想动员工作，坚持从群众中来，到群众中去的工作路线，尊重群众，尊重实践，以信息引导的办法，典型引路的办法，以及优质的服务来说服群众，积极引导农民个人投资建设沼气池。同时，各级财政也要增加对沼气池建设的投入，适当增加农村能源生态建设的投资。今年自治区仍按各地建池任务的数量，每建一座户用沼气池补助50元的标准，补助到户，请各地市县按不少于1∶1∶2的要求进行配套投入，以扶持农户建设沼气池。扶贫资金、农业发展资金、改水改厕资金、以工代赈资金等也要适当安排一些投入能源生态农业建设。农村信用社，要深化改革，加强管理，在防范金融风险的同时，改善金融服务，坚持择优扶持的原则，增加对农村能源生态建设的投入，对评估效益好，还款有保障，有担保的沼气池建设项目，要予以贷款支持。

第五，集中人力物力，突击建池。去年一些地方集中人力物力建沼气池，收到了很好的效果。相对集中在一个时段内建沼气池，有利于组织协调和领导，有利于技术人员的调配和技术服务，有利于检查验收，沼气池的建设质量有保证。各地要充分利用农闲季节和秋冬雨水少的季节，全面进行动员部署，广泛深入地发动群众，集中人力、物力、财力，有组织、有领导地开展沼气池建设突击会战，确保沼气池建设任务的完成。

第六，严把技术关，保证建池质量。建设沼气池，技术是关键。掌握了相关的技术才能保证建设沼气池的质量，才能使沼气池产生最佳的效益。因此，各地要抓好各项技术措施的落实。一是抓好施工人员的技术培训，各地要采取举办农村能源生态建设培训班的办法，对沼气重点县（市、区）内的施工人员进行实用技术的培训，经考核合格才能发给沼气技术人员施工证书，凭证施工。二是抓好示范。各地、市、县、乡（镇）要层层抓好沼气池建设的示范点，树立典型，以点带面。三是组织技术人员深入村屯、农户和沼气池施工工地，大力普及和推广沼气先进技术和适用技术，花大力气做好生态农业的技术推广工作，让广大农民掌握沼气综合利用技术，知道沼气安全管理使用常识。四是在建池过程中，要把握好几个环节：一要规范池型结构，推广先进的沼气池；二要以钢模、木模定型，专业队施工；三要强化密封工艺，确保建成的沼气池不漏水不漏气。要千方百计提高沼气池建设的合格率，防止劳民伤财，造成人力、财力的浪费。对新建的沼气池，必须经过县（市）、乡（镇）农村能源技术人员检查测试合格后才能交付农户使用，保证质量，取信于民。

三、加强领导，搞好服务，把农村能源生态建设推上新台阶

今年广西农村能源生态建设，尤其是沼气池的建设任务繁重，各地要切实加强对这项工作的领导。

（一）各级领导要从战略和全局的高度，深刻认识发展以沼气为纽带的生态农业的意义，自觉把工作做好。

以沼气为纽带的生态农业建设是一项集能源建设、经济建设、环境建设于一体，具有显著的经济、社会、生态等综合效益的系统工程，符合党中央、国务院提出的可持续发展战略和实施西部大开发战略。推广以沼气为纽带的“养殖—沼气—种植”的能源生态农业模式，把沼气及其综合利用等先进实用技术在农村中广泛推广应用，由过去沼气建设单纯的改燃节能扩大到养殖猪、种植改良土壤和提高农产品品质，起到省柴、省电、省劳力，增肥、增产、增效和减少病虫害、减少投资、净化环境保护生态的作用。广西人口多，农业资源相对不足，人均占有耕地面积低于全国水平，生态环境恶化的状况没有完全改变，发展能源生态农业，是实现广西农业可持续发展的有效途径，它不仅关系到广西农业的发展、农民的富裕、农村的繁荣，而且关系到全区经济、社会的持续协调发展；不仅关系到我们现在的生产生活，而且关系到子孙后代的生存和幸福。新建沼气池还有利于扩大内需战略方针的贯彻落实。各级领导要从战略和全局的高度深刻认识建设生态农业的重大经济意义和社会意义，把发展以沼气为纽带的能源生态农业变为自觉的行动，把沼气池建设列入议事日程，加强领导，切实抓出成效来。

(二)建立激励机制，层层抓落实。

各级领导要把发展沼气、建设生态农业作为农村工作的一项重要任务来抓，做到主要领导亲自抓，分管领导重点抓，一级抓一级，层层抓落实。县、乡、村三级要制订切实可行的计划，落实具体任务。县、乡(镇)的领导和有关部门的领导同志，要分片包干，把负责协调、指导建设沼气池的工作任务落实到部门和机关干部，责任到人，层层签订责任状，落实领导责任制。对作出突出贡献的单位和个人，以地市县为单位进行总结表彰，对工作不负责任，任务完成得不好的单位和个人，要给予通报批评。对不完成沼气池建设任务的县(市、区)，自治区不再将其列入发展沼气重点县(市、区)的范围，不再享受自治区重点生态县扶持政策。

(三)部门配合，搞好服务。

以沼气为纽带的生态农业建设，工作涉及方方面面，需要各部门密切配合并提供有效的服务。林业部门要当好政府的参谋，把发展以沼气为纽带的生态农业为己任，搞好规划、布局，抓紧抓好技术人员的培训，搞好技术咨询和指导，定期研究分析工作中存在的突出问题，并提出对策和措施；各级财政部门要积极筹措资金，为沼气池建设提供资金扶持；土地部门要为农户建沼气池优先办理有关用地手续，并尽可能减少收费，以刺激农民以更大的积极性建设沼气池。总之，要通过各有关部门的大力支持，社会各界的积极配合，共同推动广西能源生态农业的发展。

(四)统筹兼顾，把沼气池建设与农村其他工作有机地结合起来。

农村工作千头万绪，要办的事情，要做的工作很多。各级领导要统筹兼顾，科学安排农村的各项工作，处理好组织群众建设沼气池与抓好农村其他工作的关系，把建设沼气池工作与农村其他工作有机地结合起来。当前，要特别注意把沼气建设与正在进行的农业和农村经济结构战略性调整和农民种养致富奔小康结合起来，大力发展养猪、养鱼，种果、种菜，实现农业增产、农民增收；要把沼气建设与农村环境治理结合起来，以沼气建设为突破口，同时进行改水、改厕、改路，使村容村貌焕然一新；要把沼气建设与建设文明新村结合起来，把沼气建设纳入新农村建设总体规划，与新农房建设同步进行，不断改变农村脏、乱、差的落后面貌。

(五)加强督促检查，保证按时按质完成新建20万座沼气池的任务。

自治区将从有关部门抽调督查员，对全区32个沼气建设重点县(市、区)的沼气池建设进行督查。从7月份起，自治区每两个月组织一次督查活动，并将有关情况通报各地。12月各地要对建设沼气池开展自我检查验收，并将自查结果用书面报告自治区人民政府，自治区人民政府将在2001年1月派出由有关部门领导、专家及技术人员组成的检查验收组，赴全区各沼气建设重点县(市、区)进行检查验收，并将验收结果通报全区。

发展以沼气为纽带的生态农业，把“养殖—沼气—种植”有机地结合在一起，使农村经济的发展与资源环境实现良性互动，是实现广西农业可持续发展的有效途径。自治区人民政府提出今年再新建20万座沼气池的任务，是我们为广大农民办实事的具体行动。自治区相信各地，一定能扎实工作，完成任务，不断开创出广西能源生态建设的新局面。

提高认识　明确责任
切实把保护林地工作落实好

——全区保护林地工作会议的主要内容

(2000年11月24日)

自治区人民政府决定召开这次全区保护林地工作会议，是有其特殊背景的。今年7月，中国农林工会调查组到广西进行林地被侵占情况调查后，形成了《侵占林地，国法难容——关于广西壮族自治区林地被侵占情况的调查》。8月9日，国务院温家宝副总理在这个调查报告上作了批示。8月18日，自治区李兆焯主席又作了具体明确的批示，要求自治区人民政府组织人员，对中国农林工会调查报告提到的具体侵占林地事件进行逐一调查核对，如情况属实，要严格按有关法规处理，并制定全区性保护林场、林地工作的意见和措施，以自治区人民政府名义下发各地执行，必要时召开会议部署下去。这次会议就是在自治区人民政府林地调查核实组对中国农林工会调查报告反映的事件进行调查核实的基础上召开的。会议的主要内容是：总结近年来广西林地保护工作的经验教训，研究和部署当前乃至今后广西林地保护工作的具体对策和措施，进一步认清形势，统一思想，努力开创林地保护工作的新局面。同时，对中国农林工会调查报告反映的问题进行分析研究，提出处理措施和要求，落实处理侵占林地案件的责任单位，限期解决广西林地被侵占的问题。

韦肇晋副秘书长代表自治区人民政府林地问题调查核实组，就中国农林工会调查报告中所反映的区直国有派阳山、东门、七坡、钦廉、维都、黄冕等6个林场林地被侵占问题进行调查核实的情况作了通报。自治区调查核实组采取的调查方法是科学得当的，分析的原因是客观公正的，提出的处理建议有充分的法律、法规及政策依据，是可行的。

下面，是就如何贯彻落实李兆焯主席的批示精神，切实加强林地保护工作的几点意见。

一、正确认识广西保护林地面临的形势，增强搞好保护林地工作的责任感

林地是森林资源的主要组成部分，是发展林业的基础，保护林地不仅保护了森林资源，维护了林业发展的基础，而且对于改善陆地生态环境有着决定性的作用。近年来，广西各级人民政府和林业主管部门，充分利用广西适宜发展林业的地理和气候优势，动员和组织全区各族人民大力开展植树造林、封山育林，已经实现了森林面积和蓄积量双增长。各地通过狠抓有关林地保护管理法律、法规和政策的宣传落实，广西的林地保护和管理工作逐年得到加强，取得了明显效果。一是进一步提高了全社会保护林地的意识。二是贯彻落实《国务院关于保护森林资源制止毁林开垦和乱占林地的通知》(国发明电〔1998〕8号)取得了可喜成效，清理和打击毁林开垦、乱占林地违法案件取得了重大成果，全区大面积毁林开垦和乱占林地的歪风基本得到了遏制。三是依法办理征用、占用林地手续的自觉性明显提高，森林植被恢复费收取到位率大大提高。四是林地林权管理进一步强化，林权证的法律地位进一步巩固。

在充分肯定林地保护工作取得成绩的同时，我们也要清醒地认识到，尽管各级党委、人民政府及有关部门对林地保护做了大量的工作，也取得了较好的效果，但由于各种原因，毁林开垦和乱占林地等破坏森林资源的行为时有发生，这是当前林地保护工作中最严重、最突出的问题。据统计，近几年全区林业用地年均流失150万亩，其中仅自治区直属的14个国有林场目前林地被侵占的面积就达32.4万亩，林地保护的形势十分严峻。可以说，广西的林地保护和管理仍然是林业工作中的薄弱环节，一些地方非法占用林地的违法行为屡禁不止，甚至有的愈演愈烈。广西林地被侵占的严重问题，已经引起了党中央、国务院和国家林业局以及社会各界的关注。温家宝副总理作了批示，国家林业局对广西林地被侵占的案件已立案督察，不断督促广西要限期解决。中国农林工会到广西调查，形成的调查报告，使社会各界对广西的这一问题反响强烈。我们认为林地被侵占的问题不解决，将严重破坏广西林业发展的基础，严重影响广西生态环境建设，制约全区国民经济和社会的可持续发展，因此，必须严肃对待，切实解决。

当前，随着林业工作重点向生态环境建设的转移，林业发展的总体形势越来越好，这为林地保护工作带来了良好的机遇与条件。一是党中央、国务院非常重视森林资源的保护和管理，出台了一系列保护森林、发展林业的重要政策。江泽民总书记、朱镕基总理多次就保护森林、改善生态环境发表重要讲话。特别是1998年特大水灾之后，国家在确定灾后重建、根治水患的“32字”综合治理措施中，把“封山植树、退耕还林”放在首位。1998年4月，全国人大常委会审议通过了修订后的《中华人民共和国森林法》，用法律的形式肯定了实践证明行之有效的经验和做法，确立了征用、占用林地审核等一系列重要法律制度，为保护林地提供了有力的法律保障。今年元月，国务院又发布了《中华人民共和国森林法实施条例》，对《森林法》所确定的林地保护管理的基本制度进行了细化，增强了林地管理法规的可操作性。党中央、国务院在实施西部大开发战略中，把生态环境的保护和建设作为西部大开发的根本措施和切入点来抓，对林业建设赋予了新的重大的历史使命，为保护林地创造了良好的社会环境，也为林业的发展提供了难得的机遇。二是广西结合《森林法》和《森林法实施条例》的实施，建立了一系列林地管理的规章制度，使林地保护工作得到了切实加强，正向着规范化、制度化和法制化的轨道迈进。三是广大人民群众对林地的保护给予了极大关注。群众对一些地方侵占林地、破坏森林资源的违法行为深恶痛绝，积极向各级人民政府以及有关部门举报，要求依法查处。四是社会各界尤其是新闻媒体对保护林地的舆论监督到位。总之，当前林业的发展遇上了前所未有的大好机遇。我们要抓住机遇，进一步提高认识，正确处理好改革开放、加快经济发展与加强林地保护的关系，增强保护森林资源的紧迫感，把保护林地工作作为各级人民政府当前一项重要而紧迫的任务，采取切实有效的措施，认真落到实处。

二、明确责任，把保护林地的工作落实好

林地保护工作有严格的法律、法规和政策要求，各级人民政府一定要高度重视，按照《森林法》以及有关的政策规定，严格履行依法管理和保护林地的责任。各级林业局是各级人民政府的林业行政主管部门，应切实加大依法管理和保护林地的工作力度，严格执行征占用林地的审批制度。各级监察、土地、处纠等部门，都要在当地人民政府的统一领导下，为保护林地发挥部门的职能作用。各地各有关部门要承担起保护林地的责任，还应当认真做好如下工作。

（一）要严格执行征用、占用林地的审批制度。

近年来，广西一些建设项目在实施过程中需征占用林地的，都不同程度地存在不按有关规定办理林地使用审批手续和不足额缴纳征占用林地四项补偿费的现象。据统计，1994～2000年期间，仅自治区直属14个国有林场被其他建设单位非法占用的林地就达6813亩，这些用地既未办理任何手续，也没有缴纳补偿费用。有些建设单位甚至错误地认为：都是国家的地，谁用都是为了国家建设，不存在办理林地审批手续问题，因此随意到林场的林地上修建各种建筑物或搞开发。如来宾县地产开发公司在没有依法办理审批手续的情况下，擅自占用维都林场80多亩林地用于开发建设，属于违法行为。这种违法行为必须坚决予以纠正。

今后，各地在进行基本建设时，应当不占或者尽量少占林地，确实需要征占用林地的，必须严格按照《森林法》和《森林法实施条例》的规定，由用地单位向县级以上人民政府林业主管部门提出用地申请，按照规定的标准足额预交森林植被恢复费，签订缴纳林地补偿费、林木补偿费、林地安置补助费的协议，经自治区林业主管部门或国务院林业主管部门审核同意后，领取使用林地审核同意书。用地单位凭使用林地审核同意书依法办理建设用地审批手续。决不允许以加快经济发展为借口，对林地化整为零、未批先用、少批多用、不批也用、用而不补偿。各级林业主管部门一定要认真履行法律赋予的职责，进一步提高林业行政执法水平，对征占用林地的，要严格按照《森林法实施条例》的有关规定进行审核，严格把关，努力做到既要保证广西经济建设的需要，又要切实保护好森林资源。

（二）依法维护林权证的法律地位，切实保护林地。

要切实保持林权证的稳定性、权威性和严肃性，林权证不得随意更改和撤销。经县（市）级以上人民政府颁发的山界林权证是确认森林、林木和林地所有权或使用权的唯一法律凭证，必须依法予以维护，任何单位和个人都不得随意改变。对已经核发林权证的林地，另外重复发放其他土地权属证的，一律无效。这次自治区林地调查组在调查时发现：扶绥县人民政府1997年下文撤销东门林场“石垂岭”的林权证，同年该县法院已判决撤销该县人民政府的文件。但扶绥县人民政府不通过司法程序，于今年初再次下文撤销东门林场“石垂岭”的林权证，这是十分不慎重的事情。当然，不是说所有发的林权证都不能改变，而是因为撤证是一个非常复杂和敏感的问题，一定要认真加以核实，慎重处理。不可否认，林业“三定”时，由于一些地方工作粗糙，在发放林权证时确实存在一些问题，如界线不清，附图不明等。但是，林权证是山林所有权和使用权唯一的法律凭证，只能用林权证来稳定山林所有权和使用权，不能一旦有人提出争议就随意撤证。确实因为工作粗糙造成确权中部分遗漏或者重叠的，要本着现有林权证继续有效，错在哪里改哪里的原则，对遗漏或者重叠的部分，经自治区林业主管部门审核后，报上一级人民政府审查同意，由县(市)级以上人民政府依照法律法规的规定和实际情况予以修正。因特殊需要而改变国有林业单位的隶属关系或者变更其经营林地面积的，须经自治区林业主管部门审核同意后，报原审批机关批准。未经批准而改变国有林业单位的性质和范围的，一律无效。凡侵占已领取山界林权证的林地的行为都是侵权行为，不得将其作为林地纠纷处理。各级人民政府要加大查处力度，采取有力措施，严肃处理侵占林地和干扰持有林权证的单位正常生产、生活的事件。

(三)要进一步强化对国有林地的管理。

国有林地的管理，是加强林地管理工作的重点，特别是对集中安置归难侨的国有林场，更要依法保护他们的合法权益，以维护广西的社会安定和对外形象。近年来，一些地方村民法制观念淡薄，大肆毁林占地或盗伐林木，甚至对当地人民政府确权或法院已判决给林场的林地，仍强行侵占。如南宁市郊区江西乡同华村班村村民强占七坡林场那荒岭林地达 20 多年之久。该村村民无视南宁市郊区人民政府的处理决定，对南宁市郊区法院和南宁市中级人民法院责令在 1999 年 12 月底前将林地退还七坡林场经营的判决也置之不理，至今仍集体强占该片林地，还扬言谁敢收复林地就打谁，气焰极为嚣张，给整个林区社会带来了十分恶劣的影响。因此，各级人民政府要把处理侵占安置归难侨林场林地和哄抢作物等扰乱林场正常生产、生活的事件作为当地社会治安综合治理的一项重要内容来抓，列入当地人民政府综合治理考核内容，切实抓紧抓好。要依法维护国有林业单位的合法权益，凡未依法办理手续的单位和个人，都不得以任何借口侵占和无偿划拨国有林业单位使用的林地，更不能以“纠纷”、“争议”为由，强占国有林地。不能以稳定为借口对案件久拖不决，对侵占林地的案件要下决心解决。实践证明，以稳定为由强调维持现状的做法，往往会引发出群体性哄抢、破坏、械斗等恶性事件。当然，有些案件时间长、涉及面广，处理难度很大，各级人民政府一定要下大决心，采取有力措施，逐步将积案妥善处理。

(四)进一步做好林地纠纷的调处工作，妥善处理好林场与周边群众的关系。

各级人民政府要进一步认真贯彻落实自治区人民政府《关于解决安置归侨农林场土地问题的通知》(桂政发〔1996〕68 号)、《关于加强广西“三大纠纷”调处工作的通知》(桂政发〔1999〕77 号)和《关于进一步解决华侨农林场土地纠纷及土地登记发证等有关问题的通知》(桂政发〔1999〕84 号)精神，加大对林地权属纠纷的调处力度，在尊重历史、正视现实的前提下，依法及时处理，妥善予以解决，消除因林权纠纷而造成森林资源破坏的隐患。要教育广大干部群众遵纪守法，任何人都不得煽动、唆使和制造新的山林纠纷，违者要追究当事人的责任，并依法严肃处理。已获得林权证的单位，要进一步完善界标，明确界限，立卷归档，并设专人负责管理；对尚未核发林权证的森林、林木和林地，要实事求是地查明事实，尽快核发林权证；凡是森林、林木和林地发生林权变化的，要依法及时进行变更或重新核发。国有林场也要主动与当地政府联系，多汇报、多沟通，依靠当地党委和政府，妥善处理好场群关系。如林场周边群众确因人多地少、生活困难的，在维护林场山林权属、保证国有林地资产不受侵占的前提下，可以采取让群众承包、租赁和股份制等行之有效的形式，并给予优惠的条件，妥善解决群众生产生活用地问题。

三、严格执法，依法查处各种侵占林地的违法行为

《森林法》和《森林法实施条例》对林地保护管理方面作出了十分明确的规定，为依法加强林地保护，严厉打击非法占用林地的违法行为，提供了强有力的法律依据。各级人民政府及有关部门要把法律赋予我们的职责变为具体工作措施，加大工作力度，依法查处侵占林地的违法行为。当前，要着重抓好对中国农林工会调查报告所反映的侵占林地案件的查处工作。各有关地、市、县要严格按照自治区人民政府林地调查核实组提出的处理意见依法进行处理，逐件抓好落实。同时，对其他侵占林地案件，也要根据不同情况，依法抓紧处理。

(一)在处理侵占林地案件时，要注意把握几条原则：

第一，对以地界不清，手续不完备，“还祖宗山”等为由，单方提出要求，强占有林权证的国有林地的，必须认真做好群众工作，限期收回国有林地。

第二，对库区移民因没有搬迁或搬迁后又返回原籍，他们在已规划并发山界林权证给国有林场使用的林地上继续生产、生活，现移民因生活困难对其原有的土地提出权属要求的，可根据《森林法》的有关规定，在不改变林地用途和土地所有权、使用权的前提下，采取少收或不收承包费的方式，按库区移民每人承包使用6～8亩土地(包括耕地、林地等)的标准，将移民居住点周围部分现林场使用的土地长期(30年不变)承包给当地移民。这项工作由当地人民政府和林场根据移民的实际情况，按照基本满足移民生存和发展的需要，本着有利于生产，有利于管理，有利于密切林场与移民关系和提高移民生产生活水平的原则，制订移民承包林场土地的规划，报自治区林业主管部门审批后实施。

第三，对非法使用或侵占林地、毁林开垦数量巨大，情节严重的，不管涉及到哪一级、涉及到什么人，都要从严、从快查处，构成犯罪的，要依法追究有关人员的刑事责任。

第四，对组织指挥毁林占地、“打、砸、抢、烧”恶性案件的人要坚决查处。

第五，对那些为谋求个人私利参与侵占林地纠纷，或唆使群众打官司从中骗取巨额代理费的国家机关工作人员，要按有关党纪、政纪予以严肃处理。

第六，对从事森林资源保护、林业监督管理工作的林业主管部门的工作人员滥用职权、玩忽职守、徇私舞弊的要按照有关规定予以严肃处理，决不姑息迁就。

(二)根据当前广西林地保护工作的实际，各地在开展查处侵占林地案件工作时，要着重抓好以下两个方面的工作：

第一，组织开展专项打击活动。为了进一步加大执法力度，促进依法治林，国家林业局于今年6月至12月，在全国范围内开展了一次以督办、查处典型案件和新闻曝光相结合的保护森林资源三号行动。这次行动是继可可西里一号行动、南方二号行动之后，根据当前我国森林资源保护管理工作面临的形势，开展的又一次重大行动，是为配合国家实施可持续发展战略、西部大开发采取的重要措施。最近，国家林业局三号行动督查组到广西，对全区国有林地被大面积侵占的案件进行了督查。应该说，自1998年《自治区人民政府转发国务院关于保护森林资源制止毁林开垦和乱占林地的通知》(桂政发〔1998〕53号)下发以来，全区绝大多数地方都认真抓了贯彻落实的工作，有力地遏制了毁林开垦和乱占林地的歪风。但是，个别地方政府和部门在贯彻文件过程中，态度不坚决，宣传不到位，工作不深入，措施不得力，有的地方甚至出现地方保护主义，袒护违法违纪人员，对违法犯罪活动打击不力，致使国有林场林地被侵占、毁林开垦的现象相当严重。各级人民政府要加大执法力度，采取果断措施，组织公安、林业、行政监察等部门开展专项打击活动，以国家林业局保护森林资源三号行动为契机，周密部署，精心安排，有选择有重点地依法查处一批非法占用林地、破坏森林资源的案件。

第二，实行各级人民政府和有关部门负责制，采取行之有效的措施，限期查处违法案件。当前，一些工程建设非法使用林地、一些地方毁林开垦和国有林地被侵占的问题比较突出。为此，要建立各级人民政府和有关部门负责制，组织力量对1996年以来各地建设项目非法征用、占用林地的情况进行一次清理。凡未经林业主管部门审核同意就使用林地的，一律要在2000年12月31日前依法补办手续，并依照《森林法》、《土地管理法》和自治区人民政府有关文件规定的补偿标准缴纳林地补偿费、林木补偿费、林地安置补助费及森林植树被恢复费。对集体、群众侵占国有林地的情况，也要进行全面、彻底的清查。当地人民政府必须做好群众工作，依法把林地限期归还国有单位，以防国有森林资源的流失。对强占国有林地不归还、盗伐林场林木、无理阻挠和破坏林场正常生产经营活动的违法犯罪行为，要集中力量，坚决依法打击。

在各地自查的基础上，自治区人民政府将于2001年上半年组织力量对各地进行检查。凡是整改不坚决，处理不力的，自治区人民政府将组织有关部门依法直接进行查处。对拒不补办手续和不缴纳补偿费用的，要严肃处理，除依法追究有关人员的责任外，还要在新闻媒体曝光。自治区将适时召开全区新闻发布会，并结合国家林业局开展的保护森林资源三号行动，对一批典型大案要案的处理进行新闻跟踪报道。通过抓大案要案和典型案件的依法处理及公开曝光，形成强大声势，以震慑犯罪，教育群众，从根本上遏制侵占林地的歪风。

四、加强领导，在全社会形成保护林地的良好氛围

保护森林资源是生态环境建设的一项重要措

施。切实加强保护林地,改善生态环境,提高抗御自然灾害能力,是党中央、国务院反复强调的基本方针,也是实施西部大开发战略的一项重要内容。森林资源保护好了,就能有效地促进经济和社会的可持续发展。各级领导要努力实践江泽民总书记“三个代表”的重要思想,从讲政治、讲大局的高度,以对党、对国家、对人民、对子孙后代负责的精神,加强对保护林地工作的领导,强化措施,确保林地保护工作各项目标的实现。

(一)进一步加强对林地保护工作的领导。

林地保护工作搞得好不好,关键在是否加强领导,是否把责任落实到位。各级人民政府一定要高度重视林地的管理和保护工作,把保护林地工作摆在重要议事日程,形成各级领导亲自抓,各有关部门分工协作,齐抓共管的局面。坚持依法行政,防止以权代法。要认真学习党的十五届五中全会精神和自治区党委七届九次全会的精神,不断提高认识,把林地保护管理作为加强生态建设和环境保护的基础工作抓紧抓好。

(二)加大对林业法规和政策的宣传力度,营造全社会保护林地的良好氛围。

要大力宣传林业在生态环境建设中的主体作用和经济发展中的基础地位,宣传以建设山清水秀、环境优美、具有亚热带特色的生态环境为目标,以保护、恢复和扩大植被为重点,加强生态体系建设的重要意义。采取多种形式在全社会深入开展《森林法》和《森林法实施条例》的学习、宣传和教育活动,进一步强化全社会保护林地的法制意识,使广大干部群众真正做到知法、懂法、守法,逐步营造全社会都来关心、支持保护林地工作,坚决制止随意侵占、破坏林地的违法行为的良好氛围。

(三)认真贯彻执行县级领导干部任期森林资源消长目标责任制度。

实行县级领导干部任期森林资源消长目标责任制,是广西加强森林资源保护工作的一项重要措施。今后,要一如既往地把森林资源消长作为考核各级领导,尤其是考核县、乡领导政绩的重要内容之一。今年年底前,自治区人民政府将组织工作组在全区抽查 20 个县(市、区)1998 年和 1999 年度《县级领导干部任期森林资源消长目标责任状》的执行情况,并将检查结果在全区进行通报。凡在任期内对森林资源保护得力,成绩显著的,要给予表彰和奖励;对在任期内森林资源保护不力,造成重大损失的,除在全区通报批评外,还要追究当地行政主要领导人的责任。

党中央、国务院和自治区党委、自治区人民政府对林业工作高度重视,《森林法》和《森林法实施条例》为新时期进一步做好林地保护管理工作提供了重要的法律保障,国家实施西部大开发战略为林业加快发展提供了良好的机遇。我们面临的任务十分艰巨,责任更加重大。大家回去以后,要将这次会议的精神向当地的主要领导进行汇报,并根据会议的要求,结合当地实际,对侵占林地等问题逐一查处,狠抓落实,尽快将处理结果上报。自治区人民政府在各地对侵占林地问题的处理取得相应的成果后,将及时向国务院汇报。让我们共同努力,为全面开创广西保护林地工作的新局面,促进广西国民经济的可持续发展作出更大的贡献。

全区森林防火电视电话紧急会议的主要内容

(2000 年 12 月 27 日)

最近几天,广西兴安、灵川、平南等县连续发生数起森林火灾,造成了重大的经济损失,已经引起上级领导的高度重视。因此,自治区人民政府决定召开这次全区森林防火电视电话紧急会议。开会之前,李兆焯主席明确指示:要求各地充分认识广西森林防火面临的严峻形势,务必高度重视这项工作,严格落实森林防火各项工作责任制,确保在森林防火方面不出大的问题。为了贯彻落实李兆焯主席的指示,进一步加强全区今冬明春森林防火工作,要认真做好以下三个方面的工作:

一、近日来广西发生森林火灾的情况

秋防以来,全区各地陆续发生了十多起森林火灾。特别是最近几天,兴安、灵川、平南等县连续发生数起森林火灾,造成重大经济损失和不良的社会影响。在这里,我先将有关情况向各地通报,以引起各级领导的高度重视。

12 月 24 日下午 3 点,桂林市兴安县榕江镇发生了一起森林火灾。至 25 日凌晨 4 点,兴安县境内的火灾被扑灭,但已有一处火头蔓延进入灵川县境内,直至 25 日下午 4 点半,火灾才被扑灭,估计过火面积 10000 亩。国务院办公厅得知火情后,一直很关注火灾扑救进展。国家林业局 24 日

下午5点半从卫星探测到兴安县境内的火点后，24日晚及25日全天，多次打电话询问情况；25日国家林业局周生贤局长指示："国办很关注此事，请广西全力扑救，力争把损失降到最低程度。"自治区人民政府接到报告后非常重视，及时提出了三点意见：一是严密监视已扑灭的山火现场，落实责任，绝不能出现死灰复燃的问题；二是由自治区森林防火指挥部办公室将这起山火情况通报全区，引起各地对森林防火的重视，全面落实森林防火的各项措施和责任制；三是迅速查清山火原因，严格按有关规定处理责任人。

25日下午4点，贵港市平南县思旺镇双上村又发生一起森林火灾。据飞机巡航观测，火场面积较大，并向邻县蔓延。火灾发生后，当地的市、县党政领导赶到火灾现场，组织力量进行扑救。自治区森林防火指挥部接到火情报告后，连夜召开专门会议，研究扑火的措施，并派副指挥长罗永魁同志连夜赶到现场察看情况，组织协调开展扑救工作。26日晚上8点左右，平南县安怀镇蓝垌村发生一起山火，烧到藤县的东荣乡咋雅村和太平镇古秀村。当天晚上8点40分.平南县大洲镇沙坪村又发生一起山火，并蔓延到藤县的天平镇冷水村。到今天凌晨5点，上述几个火点已经基本扑灭。

以上几起火灾的过火面积、损失情况、起火原因待进一步查明后，我们将分清各方面应负的责任，依法追究责任人的责任，并严惩肇事者。

二、充分认识当前广西森林防火面临的严峻形势，进一步增强森林防火工作的紧迫感和责任感

最近这段时间，广西森林火灾的频频发生，充分说明广西森林防火面临的形势非常严峻。究其原因主要有如下几个方面：一是气候干燥，火险级数高。预计今冬明春仍将维持这种高火险期。二是林种结构、树种结构不合理。最近被烧的多数是纯林，而且是容易着火的马尾松中幼林。三是野外用火，特别是生产用火多。许多林区为了造林备耕，开始炼山，造成了隐患。四是林区森林防火基础设施薄弱，设备老化，技术性能落后，林区道路不畅通，防火林带少，不适应森林防火工作基本需要。五是一些地方领导、森林防火指挥人员忽视森林防火工作，思想麻痹，行动迟缓。有的不熟悉森林防火责任制，不按责任制的要求开展工作，没有进行预案检查，发生火灾不及时到位指挥，不掌握现场情况，不采取果断措施，也不主动上报，延误了扑灭山火的时机，造成严重损失。

现在，已经进入冬季防火季节，特别是元旦、春节即将到来，人员流动性大，野外用火增多，森林防火形势更为严峻，各级人民政府和森林防火指挥部的领导必须认清广西森林防火面临的形势，进一步增强工作的紧迫感和责任感，切实履行职责，落实责任，认真做好部署，采取超常规的措施，在防火期内要把森林防火工作作为第一位的任务来对待，做到思想早发动、工作早部署、物资早准备、人员早到位。同时要从社会稳定、生态环境建设以及可持续发展的战略高度去认识森林防火工作的地位和作用，提高对森林防火工作重要性的认识，切实加强领导，消除各种火灾隐患，扎扎实实抓好本地区的森林防火工作，确保今冬明春不再发生重大的森林火灾。

三、强化预防措施，确保广西森林防火工作不出大问题

做好森林防火工作，直接关系到社会的稳定、经济的发展和人民生命财产的安全。各级人民政府和森林防火指挥部，一定要以江泽民同志"三个代表"重要思想为指导，以保护森林资源、保护生态环境为己任，以对党、对国家、对人民高度负责的工作态度，充分认识做好当前森林防火工作的特殊重要性和紧迫性。以高度的工作责任感和扎实的工作作风，认真地研究分析问题，找出存在的薄弱环节，以更加有力的措施，确保不发生大的森林火灾，不出现大的火灾事故。

森林火灾重在预防，预防的关键在于严格管理，而严格管理又在于各项责任制的落实。因此，在这里有必要就《森林防火条例》的有关规定重申如下：

《森林防火条例》规定：森林防火工作实行各级人民政府行政领导负责制。各级林业主管部门对森林防火工作负有重要责任，林区各单位都要在当地人民政府领导下，实行部门和单位领导负责制。地方各级森林防火指挥部的主要职责：一是贯彻执行国家森林防火工作的方针、政策、监督本条例和有关法规的实施；二是进行森林防火宣传教育，制定森林防火措施，组织群众预防森林火灾；三是组织森林防火安全检查，消除火灾隐患；四是组织森林防火科学研究，推广先进技术，培训森林防火专业人员；五是检查本地区森林防火设施的规划和建设，组织有关单位维护、管理防火设施及设备；六是掌握火情动态，制定扑火预备方案，统一组织和指挥扑救森林火灾；七是配合有关机关调查处理森林火灾案件；八是进行森林火灾统计，建立火灾档案。

我们要认真贯彻落实《森林防火条例》和自治区人民政府有关森林防火责任制的规定，一定要深刻认识加强管理、搞好预防工作对森林防火的特殊重要性，针对预防工作的薄弱环节，从严治火，加强监督，落实责任，做到防患于未然。今冬明春的森林防火工作要在继续做好经常性工作的基础上，重点抓好以下几个方面：

（一）切实加强领导，进一步落实行政领导责任制。

实践证明，切实加强领导，落实以森林防火行政领导负责制为主体的各种责任制，是搞好森林防火的关键所在。各级人民政府要认真贯彻“预防为主，积极消灭”的森林防火方针，真正树立森林防火工作的责任心，切实履行森林防火工作职责，真抓齐管，做到“认识、组织、责任、措施”四落实。在当前森林防火的关键时刻，各级森林防火指挥部的领导和成员单位要到责任区检查督促，对当前森林防火工作进行一次全面检查，查找薄弱环节，对存在问题进行分析，认真研究，拿出具体有效的措施，并加以解决。各级森林防火指挥部正副指挥长要严明纪律，增强责任意识，在目前广西森林火险等级居高不下的严峻形势下，必须坚守岗位，履行职责。凡是离开工作岗位或外出的，一律要向自治区森林防火指挥部报告。各地一旦发生森林火灾，所在县（市、区）的森林防火指挥部的指挥长必须亲临现场，承担起扑灭山火的责任。发生重大森林火灾，地、市森林防火指挥部的指挥长必须深入第一线指挥。要成立现场扑救指挥机构，全面负责组织指挥扑灭山火。在扑救森林火灾过程中，凡是由于互相推诿责任、不服从指挥、严重官僚主义而贻误战机，造成重大损失的，要追究当地领导和直接责任人的责任。

（二）拿出超常规的措施，加大森林防火宣传教育力度，确保冬季防火工作思想到位。

做好今冬明春的森林防火工作，有着极为重要的意义。今年是完成“九五”计划和实现本世纪末奋斗目标的最后一年，明年是实施“十五”计划的第一年，改革、发展和稳定的任务十分繁重。绝不能因为发生森林大火引发不安定因素，影响社会经济的发展，各级人民政府和森林防火指挥部要从维护改革、发展和社会稳定的大局出发，进一步提高对森林防火工作的认识，切实贯彻落实江泽民总书记作出的“隐患险于明火，防范甚于救灾，责任重于泰山”的重要指示，认真研究和解决当前森林防火工作面临的新情况、新特点、新问题，要从克服经验主义、盲目乐观情绪入手，以林区的群众为主要对象，利用各种场合，采取多种形式进行广泛而深入的宣传发动。要大力宣传搞好森林防火工作的重大政治意义，冷静分析当前森林防火的不利因素，广泛宣讲冬防的严峻形势，进一步增强广大干部群众冬季防火工作的紧迫感和责任感，在思想上建立起牢固防线，真正把森林防火变成广大干部群众的自觉行动。

（三）强化预防措施，严格火源管理，杜绝森林火灾隐患。

从林火发生的机理看，火源、可燃物和火环境三要素，共同构成燃烧环网。没有火源，再恶劣的天气也着不了火。据统计，世界上90%以上的森林火灾是由人为因素引起的。广西95%以上的森林火灾也是人为造成的。森林防火最基础、最关键的工作就是抓住源头，严管火源。要组织乡镇、村屯干部、林业站工作人员和护林员，走村串寨，尤其深入边远林区、田棚地角、单居独户开展宣传教育，抓好火源管理。在冬防期内，组织力量进行清山、清林，对重点火险地段入山路口必须派专人严防死守，坚决杜绝无证人员入山。要严格执行生产用火审批制度，林区野外用火审批权不得擅自下放，不得越权审批。对经过批准野外生产用火，要严格按照规程实施，并指定专人负责，专人看守。高火险期间，要及时发布戒严令，加强巡山查道，对重点林区、火灾多发区要死看死守，对进山人员造册登记，加强监管，并落实好各项防范措施，确保万无一失。要加强火案的查处力度，对违章用火者、火灾肇事者和有关责任人，按照有关规定及时严肃查处。

（四）要加强预测预报和调度指挥，坚持值班制度。

要充分运用飞机巡护、瞭望台哨、地面巡逻等综合手段，努力做到一有火情，及时发现，及时处置。各级森林防火办公室要坚持24小时有人值班，加强值班制度，及时掌握各地情况。元旦、春节期间和重要防火期，要有领导带班。要确保通信联络的畅通，一旦出现火情，立即报告，快速反应，妥善处理。要严格按照有关规定逐级汇报火情，不得以大报小，迟报漏报，更不允许瞒报、压报和谎报。凡是违反《森林防火条例》有关规定，有火不报，大火小报，瞒报压报的，一定要追究领导者和直接责任人的责任。

（五）重新检查修订扑火预案，确保冬春防火机具、人员到位。

要立足于打大火、打恶战的实战需要，从坏处着眼，把发生森林火灾可能出现的各种情况考虑周全，制定出详尽、可行的扑火预案，全面落实扑火的组织领导、扑救力量、机具装备、通信联络和后勤保障工作，并对预案进行必要的演练，及时进行修订和完善，确保万无一失。防火期内，森林消防专业队、半专业队以及民兵应急分队，要进入临战状态，做好扑火的各项准备，一有火情，立即出动，确保打早、打小、打了。在扑救过程中，要确保扑火人员的安全，严禁组织妇女、儿童、学生和老年人参加扑火活动。防止伤亡事故发生。

（六）各部门要大力支持森林防火工作。

搞好森林防火工作不仅仅是各级林业部门和森林防火指挥部的责任，各有关部门也有自己的职责。气象部门要认真履行职责，与森林防火部门密切配合，及时提供森林火险天气预测预报、火场气象信息和人工增雨作业等服务。航空部门和飞机保障单位要积极为航空护林的救灾飞行提供方便。计划、财政、公安、民政、铁路、交通、邮电、农业、广播电视等部门都要在本部门的职能范围内努力为森林防火工作做好服务。希望驻林区人民解放军、预备役部队、武警部队和广大公安干警一如既往地支持防火、扑火工作。

紧张的冬季防火期已经来临，繁重的春季防火期也即将到来，我们要以对党、对国家、对人民高度负责的精神，以一丝不苟的工作作风和高昂的精神状态，齐心协力，严阵以待，确保元旦、春节期间和整个今冬明春不发生大的森林火灾，以良好的防火护林业绩跨入新的世纪。

加强领导　强化措施　切实抓好广西退耕还林还草试点工作

——全区退耕还林还草试点工作会议的主要内容

（2001 年 4 月 29 日）

今年 2 月，国家计委、国务院西部办等 5 个部委在报经国务院同意后，把广西列入退耕还林还草试点范围，安排广西两个县作为退耕还林还草试点县。这充分体现了党中央、国务院对广西的关心和支持。自治区人民政府经研究决定，具体由乐业县和东兰县承担广西退耕还林还草试点建设任务。今天自治区人民政府召开这次会议，主要是贯彻落实国务院关于实施退耕还林还草试点工作的意见和要求，研究和部署广西退耕还林还草试点工作，明确任务，落实责任，充分调动广大干部群众参与退耕还林还草试点工程建设的积极性，以确保广西退耕还林还草试点工程的顺利实施。

一、必须从经济社会可持续发展战略的高度，深刻认识实施退耕还林还草试点工作的重要意义

广西是一个山多地少的省区，目前，全区共有需要退耕还林的坡耕地达 600 多万亩，其中石山坡耕地 220 多万亩。长期以来，由于大量而持续的坡地耕作，引发了严重的水土流失。据测算，坡度为 15°的坡耕地，侵蚀模数达每年每平方公里 7500 吨；坡度 25°的坡耕地，侵蚀模数达每年每平方公里 16500 吨。1999 年全区水土流失面积达 3.06 万平方公里，占全区国土面积的 12.9%，侵蚀总量达 7401.45 万吨，平均侵蚀模数每年每平方公里 312.7 吨。特别是石山坡地开垦对生态环境破坏更为严重。石山区山高坡陡，土层浅薄，生态脆弱，一般需要 600～1500 年才能溶蚀 30 厘米厚的岩石，积累 1 厘米的成土母质。而毁林开垦后仅 2 至 3 年，千年积累形成的石山薄土就被冲刷殆尽，剩下光石一片，出现严重的石漠化。现全区石漠化土地面积已达 3450 万亩，占石山区面积的 29%。水土流失和石漠化的加剧，导致旱、涝灾害频繁发生，严重危害当地群众的生产生活，制约了山区农业和农村经济的发展，使原本十分贫困的地方更加贫穷落后，陷入了“越垦越穷、越穷越垦”的恶性循环。因此，实行退耕还林还草，恢复林草植被，遏制水土流失和石漠化，是广西当前一项非常紧迫的任务，对于广西生态环境的建设和保护，促进经济社会可持续发展都具有十分重要的意义。

（一）实施退耕还林还草，有利于全面推进西部大开发战略的实施。

退耕还林还草工程，是继天然林保护工程之后，国家实施的又一重大生态建设工程，是党中央、国务院为改善我国西部生态环境，促进经济社

会可持续发展的一项重要措施，是实施西部大开发的根本和切入点。根据广西的实际情况，自治区党委、自治区人民政府在实施西部大开发的“三五五”思路中，明确提出了要做好生态建设这篇文章，广西国民经济和社会发展第十个五年计划纲要也将退耕还林作为今后广西生态环境建设的重要内容。因此，开展退耕还林还草，是广西认真贯彻党中央、国务院西部大开发战略的重要举措。搞好退耕还林还草试点工作，对于广西进一步争取国家的扶持，全面推进广西西部大开发的实施具有重要的促进作用。

（二）实施退耕还林还草，有利于减灾防灾，保障经济社会的可持续发展。

据统计，近年来广西平均每年遭受旱、涝等自然灾害的农作物面积达1750多万亩，造成粮食减收11亿多公斤，经济损失达4亿多元。特别是广西处于珠江流域中上游，洪涝灾害还对下游珠江三角洲地区的生态环境和人民群众的生产生活造成危害，并威胁港澳特区的生态安全。因此，在广西实施退耕还林还草，减少珠江流域的水土流失，对于有效地改善和保护珠江流域的生态环境，减少水患，维护沿江两岸及港澳特区的生态安全，具有十分重要的意义。

（三）实施退耕还林还草，有利于维护红水河梯级电站的长效久安，保障国家“西电东送”战略的实施。

处于珠江上游的红水河，是广西发展水电的主要基地，也是全国十大水电基地之一。但在电站建设的同时，由于大量库区移民就地后靠，在陡坡地上开垦种粮，造成了严重的水土流失，现每年两岸向红水河输入泥沙达6652吨，河水泥沙平均含量每立方米达1.41公斤，是全区水土流失最为严重的地区。严重的水土流失，加速了河道的淤积。随着龙滩等新电站的不断建成，后靠移民的开垦活动将进一步加剧，如果再不实行退耕还林还草，淤积将更加严重，势必影响红水河流域梯级电站的长效久安，影响国家在广西乃至西南地区发展战略的实施。

（四）实施退耕还林还草，是调整农业产业结构，促进农民脱贫致富的有效途径。千方百计增加农民收入，不仅关系到农业和农村的发展，而且关系到国民经济的全局。当前，广西农村经济结构不合理，是农民收入增长缓慢、农村经济活力不足的根本原因所在。通过实施退耕还林还草，保持水土、涵养水源，增强抗旱、拔涝能力，可提高现有土地的生产力。同时，通过退耕还林还草把不适宜耕种的土地退下来，发展林业和畜牧业，就可以使农业结构得到调整和优化，拓宽农民的增收渠道，促进农民脱贫致富。此外，广西退耕还林还草任务重的地区主要是“老、少、边、山、穷”地区，在这些地区实施退耕还林还草，改善生态环境，发展经济，对于促进民族团结和保持边境社会稳定，也具有十分重要的意义。

各地、各有关部门一定要充分认识退耕还林还草的重要意义，增强历史责任感和紧迫感，抓住机遇，高标准、高质量地做好广西的退耕还林还草试点工作。

二、理清思路，突出重点，明确广西退耕还林还草试点工作的目标任务

根据国家的要求和广西的实际情况，广西实施退耕还林还草试点工作的指导思想和总体思路是：贯彻中央西部大开发战略，认真落实“退耕还林（草）、封山绿化、以粮代赈、个体承包”十六字方针，以生态效益为核心，以保护好现有林草植被和合理开发土地为基础，以退耕还林还草治理水土流失为突破口，实行退耕还林还草、荒山造林、发展沼气相结合，退耕还林还草与生态环境建设、农村经济结构调整和扶贫攻坚相结合，实现生态、经济、社会三大效益的协调发展，通过不同区域、不同自然条件、不同经济条件的试点工作，探索、制定一套切合广西实际的退耕还林还草政策、措施及办法，为全面推进广西退耕还林还草工作提供经验。

今年国家安排广西两个试点县退耕还林还草任务6万亩，宜林荒山荒地造林种草任务12万亩，共计18万亩。自治区经过专题研究，安排给东兰县退耕还林还草任务3万亩、宜林荒山荒地造林种草任务6万亩；安排给乐业县退耕还林还草任务3万亩、宜林荒山荒地造林种草任务6万亩。退耕对象主要是25°以上的坡耕地、石质山地及其他水土流失严重的地方。

在实施退耕还林还草试点工作中，各地要注意把握好以下原则：

（一）要坚持因地制宜、全面规划、分步实施、先行试点、突出重点、先易后难、稳步推进的原则。

试点县要根据坡耕地的面积、分布和自然条件、社会经济状况，合理确定、分解退耕还林还草任务，不搞一刀切，防止一哄而起。要重点将任务安排在红水河梯级电站库区内侧坡耕地和人多地少的石山坡耕地上。既要避免平均分摊、过于分散,重点不明、管理不善,又要避免过于强调规模、集中连片,出现全退户太多,难以保持退耕还林还草的稳定。同时,还要考虑乡村干部和群众的积极性,对干部群众积极性高、群众基础好的地方,应优先安排。

(二)坚持生态效益优先,兼顾经济效益和社会效益的原则。

在确保实现生态目标的前提下,通过科学规划、合理布局,实行退耕还林还草与农村经济结构调整相结合,与农民脱贫致富相结合,切实解决好退耕农户的吃饭、烧柴、增收等实际问题。要尽量发展具有显著的生态效益和经济效益的树种,增加农民收入。要采取推广沼气和改燃节柴等多种配套措施,解决农民烧柴问题。真正做到退得下、还得上、稳得住、能致富、不反弹。

(三)坚持政策引导与农民自愿相结合的原则。

实施退耕还林还草要充分尊重群众意愿,不搞强迫命令。要通过政策引导,使农民真正认识到退耕还林还草是实现经济社会可持续发展的重要措施,是改善生存、生产条件的迫切需要,同时,还可以促进种植结构的调整,增加经济收入,符合农民的根本利益,使退耕还林还草成为农民的自觉行动。

(四)坚持依靠科技进步,确保建设质量的原则。

在实施退耕还林还草中,要精心规划、认真组织,严格按照科学规律办事。为保证退耕还林还草的成效,要围绕提高造林成活率和保存率搞好规划设计,全面提高工程建设的科技含量。要因地制宜选择最佳治理模式,宜林则林,宜竹则竹,乔、灌、藤、草相结合,提高治理成效。

三、落实政策,充分调动广大农民群众参与退耕还林还草的积极性

实践证明,广大农民群众的积极参与是搞好退耕还林还草工作的重要保证。为了充分调动广大农民群众参与退耕还林还草的积极性,要切实把国家无偿向退耕户提供的粮食、现金、种苗的补助政策落实到户。

(一)落实国家向退耕户无偿补助粮食的政策。

粮食补助标准,每亩退耕地每年补助原粮150公斤,补助年限先按经济林补助5年,生态林补助8年计算,到期后可根据农民实际收入情况,需要补几年就再继续补几年。要坚持营造生态林为主,生态林要占80%以上,经济林比例不能超过20%。对超过规定比例多种的经济林,只补助种苗费,不补助粮食。要坚决杜绝出现林粮间种等还林不退耕的现象。粮食供应的品种为稻谷或玉米,由各县根据农户的生活习惯、退耕地原粮品种以及当地粮食库存等情况确定。粮食的来源,原则上以地方国有粮食企业的商品周转粮为主。要确保粮食的数量和质量,坚决杜绝给农民陈化粮。粮食必须兑付到户,各地不得以任何形式将补助粮食折算成现金发放。

(二)落实国家给退耕户适当现金补助的政策。

补助标准为每亩退耕地每年20元,现金补助的期限与粮食补助期限相同。现金补助兑付到户,不允许将现金补助抵扣农民应交的各种税费。各试点县要制定切实可行的发放办法,确保补助资金的安全和高效使用。

(三)落实国家向退耕户提供造林种草种苗费补助的政策。

退耕还林还草和宜林荒山荒地人工造林种草,国家每亩补助种苗费50元。由县林业局统一组织采种、育苗向农民无偿供应所需的种子和苗木,并确保种子和苗木的质量。

(四)落实粮食组织供应政策。

粮源组织由自治区负责,原则上以地方国有粮食企业的商品周转粮为主。当地政府要组织好粮食的供应。粮食的调运要按照就地就近的原则统筹安排,方便农民,减少中间环节。补助粮食的价款由中央财政承担,粮食调运费用问题自治区再专题研究,不得向农民分摊。

(五)实行“谁退耕、谁造林、谁经营、谁受益”的政策。

承担退耕还林还草试点工作任务的地方,乡级人民政府要在确定土地所有权和使用权的基础上,与退耕农民签订退耕还林还草合同,实行责、权、利挂钩,积极引导和支持退耕后的农民大力治理荒山荒坡,并把植树种草和管护任务长期承包到户、到人。退耕地和宜林荒山荒地造林、封山后,承包期一律延长到50年,由当地县级人民政府逐块登记造册,及时核发林木权属证,并纳入规范化管理,允许依法继承、转让,到期后可按有关法律和法规继续承包。

(六)采取多种形式推进退耕还林还草。

有条件的地方.要结合农村经济体制改革,本着协商、自愿的原则,鼓励农村经济能人、社会团体、企事业单位等租赁、承包退耕还林还草和宜林荒山荒地造林,其利益分配等问题由承包双方协商解决,并签订相应协议。在有条件的地方要实行连片造林,确保治理规模和成效。

(七)实行报账制管理。

自治区将国家下达的退耕还林还草的年度计划和粮食、现金、种苗费用分解到县,试点县要将自治区下达的退耕还林还草任务落实到乡、到村、到户,分户建卡,由农户按规定的数量和进度进行退耕还林还草。造林后,在地方政府统一组织下,由林业部门对退耕还林还草进度、质量及管护情况进行检查验收,农户凭粮食供应证和验收证明,按报账办法到粮食供应点和补助款发放点领取粮食和补助现金。

(八)实行多项目相结合。

实施退耕还林还草的地方,要把退耕还林还草与扶贫开发、农业综合开发、水土保持等政策措施结合起来,对不同渠道的项目资金,实行统筹安排,综合使用。要调整支出结构,统筹安排使用支农资金。财政扶贫资金应重点用于退耕还林还草地区的基本农田、小型水利等基础设施建设和农民的科技培训、科技推广,提高坡耕地的生产能力,提高农民的科技素质,促进退耕还林还草工作的顺利开展。

对上述政策规定,各地要结合本地实际,准确把握政策界限,逐条落实和兑现,充分调动各方面的积极性,确保退耕还林还草试点工作顺利推进。

四、加强领导,通力协作,全面落实今年退耕还林还草试点的各项工作

退耕还林还草是一项涉及面广、政策性强,关系到广大农民切身利益的系统工程。各级人民政府必须高度重视,切实加强领导,强化部门协作,精心组织,周密部署,采取强有力的措施,确保退耕还林还草试点工作顺利进行。

(一)要建立健全各级政府目标责任制。

根据国务院的要求,退耕还林还草实行省级政府负总责和地方各级政府目标责任制。自治区人民政府决定成立"退耕还林还草试点工作领导小组",领导小组下设办公室,办公室设在自治区林业局;各试点县要成立相应的退耕还林还草试点工作领导小组及其办事机构。同时,对退耕还林试点工作实行目标责任制。等一会,自治区人民政府要与各试点县政府签订退耕还林还草试点工作目标责任状。各县、乡也要逐级签订责任状,层层建立目标责任制,落实项目责任人,并把试点工作成效纳入各级领导干部政绩考核的重要内容,认真检查和考核,严格兑现奖惩,确保退耕还林还草的目标、任务、资金、粮食、责任"五到位"。

退耕还林还草试点工作不单纯是一项林业工作,而是新时期的一项综合的农业和农村工作,是关系广西经济社会发展全局的工作。各级、各有关部门要明确职责,加强协作。自治区西部办、自治区计委要负责退耕还林还草工作的综合协调,组织有关部门研究制定退耕还林还草有关政策和办法。自治区财政、粮食等部门要抓紧制定有关粮食供应和财政补助资金管理办法,做好资金和粮食的供应和兑付工作。自治区林业部门要做好退耕还林还草试点实施方案的编制以及技术指导、组织协调和检查验收等工作。各地区和试点县的计划、财政、林业、农业、水利、粮食等部门,要在当地行署和县政府的统一领导下,按照各自职能分工,各司其职,各负其责,密切配合,共同做好工作。

(二)要抓紧编制县级退耕还林还草试点实施方案和作业设计。

编制退耕还林还草实施方案和作业设计,是实施退耕还林还草试点工程的基础工作,是确保退耕还林还草取得成效的关键措施。自治区林业局要会同自治区有关部门,根据国家有关要求,结合广西实际,制定编制实施方案和作业设计的指导意见,搞好技术培训,保证实施方案和设计的质量。会后,各试点县要立即组织人员,落实工作经费,按自治区制定的有关技术规定,结合本地实际,认真编制本县试点实施方案和2001年作业设计。实施方案的编制要坚持实事求是、因地制宜,突出生态效益优先,兼顾经济、社会效益的原则,并要组织专家论证,报自治区退耕还林还草试点工作领导小组审批。作业设计由乡镇人民政府组织,以林业部门为主进行,报县人民政府审批。在设计过程中,要把退耕还林还草试点任务分解到各家各户,落实到山头地块,逐户丈量退耕地面积、造册登记、签订合同、建档立卡、建立数据库,并结合村务公开,实行张榜公布,增加透明度,确保做到底数清楚、资料可靠、图文表齐全。

(三)要切实做好退耕还林还草的宣传和动员工作。

退耕还林还草试点工作是一项政策性极强、

实施难度极大的工作。统一干部群众的思想认识,是抓好试点工作的重要前提。为此,要广泛利用各种宣传媒体,大力宣传退耕还林、封山绿化的重大意义,宣传退耕还林还草的政策措施以及相关的法律法规,形成强有力的舆论氛围。各级政府特别是农村基层组织要高度重视做好退耕群众的思想工作,各级领导干部要结合当前正在开展的“三个代表,”重要思想的学习教育活动,把落实退耕还林还草试点工作作为实践“三个代表”的具体内容,深入基层,深入农户,做好农民的教育引导工作。各县、乡要组织编印相应的宣传手册、宣传提纲和宣传挂图,发到试点工程实施区,使广大干部群众充分掌握建设内容、操作办法、治理措施和扶持政策等,真正做到思想统一、认识统一、行动统一。

(四)要组织好种苗生产和供应,为造林提供充足的良种壮苗。

种苗是造林绿化的物质基础。各试点县必须要尽快调查摸底,搞好种苗建设规划,抓好种苗生产,确保种苗生产与退耕还林还草在树种、数量、质量、进度等方面的有机衔接,尽量在本县内解决退耕还林还草所需种苗,做到适地适树、良种壮苗。林业等部门要加强对种苗生产的质量管理、检查监督和检验检疫。生产、销售种子和苗木必须要有县级以上林业或农业部门出具的标签、质量检验证和检疫证,否则不准进入市场。要实行种苗供应质量终身负责制,凡出现问题要追究有关单位和人员的责任。要加强种苗市场行政执法力度,坚决制止垄断种苗市场、哄抬种苗价格的行为,严厉打击种苗销售中的不法行为,维护退耕农民的合法权益。

(五)要切实加强退耕还林还草试点的科技保障工作。

退耕还林还草是广西新世纪实施的重要生态工程,必须适应新形势,紧密依靠科技进步,发挥科技的支撑和保障作用,高标准、高质量地实施。自治区各有关部门要加强对退耕还林还草的技术指导和骨干培训,督促检查各地落实措施增加科技含量。各试点县要成立退耕还林还草技术负责机构,确定项目区技术负责人,建立技术考核目标责任制。要推广技术承包,有针对性的组织推广适宜项目区特点的先进适用技术,进行科技攻关,提高试点项目的科技含量。要建立施工培训制度.加强对施工人员的系统培训,使其熟练掌握和应用各项技术规程,指导项目实施。要采用发放科普读物、利用现代传媒和组织现场观摩等措施,加大对项目区农户的技术培训力度,提高经营管理水平,为退耕还林的整体推进打好基础。要利用电脑、电讯等各种现代先进科技手段,建立区、地、县、乡试点工作信息网络,形成从规划设计、造林营林、检查验收到森林资源管理等一整套科学的退耕还林还草监管体系,及时、准确地反馈各地在试点工作中的情况和问题,定期或不定期通报情况,发布信息,使项目管理工作科学化、系统化、制度化。

(六)要建立健全规章制度,强化监督检查。

退耕还林还草试点工作环节很多,只有健全制度,加强检查监督,才能保证质量与进度。首先,自治区有关部门要按照国家有关退耕还林还草工程的技术规程、管理办法,结合广西的实际,制定相应的实施细则,对退耕还林还草试点实行工程化管理,严格按规划设计、按设计施工,按施工验收,按验收补助,做到设计、施工、验收、补助到作业小班、到农户。其次,要建立自治区和地、县三级工程监督检查机制,加强对退耕还林还草工程质量的检查监督和实绩考核。自治区将在退耕还林还草试点工作领导小组办公室设立专门的工程管理监督机构,依据有关规定和办法对退耕还林还草试点工作进行监督检查。各试点县对本区域退耕还林还草的监督检查要制定详细的办法,县、乡政府要设立举报电话和举报信箱,接受社会和群众监督。再次,要严明奖罚制度。对完成退耕还林还草试点任务好的县及做出突出成绩的单位和个人,自治区人民政府将予以表彰奖励。对没完成计划任务或达不到质量标准的,要追究当地政府、有关单位和项目负责人的责任。对贪污、克扣、截留、挪用粮食、现金补助的,要坚决严肃查处,对直接责任人和主要负责人予以党纪政纪处分,情节严重的依据有关法律法规严肃处理,决不姑息。

(七)要抓住机遇,积极推进农村经济结构调整,促进农民增收,确保退耕还林还草不反弹。

退耕还林还草对于农村经济结构战略性调整具有重要的推动作用,而农村经济结构的战略性调整、促进农民增收又是退耕还林还草工作顺利推进和不反弹的有效保障。各试点县要按照国家和自治区的产业调整和发展政策,通过实施退耕还林还草,将生产结构调整优化的方向及重点放在建设林果和旅游等产业上，建立有利于农民稳定增加收入的产业结构，确保农民在改善生态条件的同时，稳定增加收入。同时，要提高退耕还林还草后所剩农业用地的集约化经营水平，通过增加生产要素的投入，依靠科技进步，促进农民增收。在各地现有自然景观等旅游资源基础上，通过退耕还林还草，营造新的特色景观，发展库区特色旅游业。要运用市场机制，鼓励有实力的工商企业，采用龙头企业加农户的形式，在提高生态效益的前提下，积极参与开发具有市场竞争力的产业。

(八)要依法治林，巩固退耕还林还草成果。

退耕还林还草的根本目的，就是为了恢复林草植被，防止水土流失，改善生态环境。在加快此项工作进程的同时，必须高度重视加强森林保护，制止新的毁林开垦，这是搞好退耕还林还草的重要前提。各地要大力宣传《森林法》及国家、自治区制定的保护林地资源的法律、法规，加大执法力度，加强对现有资源的保护，依法严厉打击新的毁林开垦行为。要改变刀耕火种、种轮歇地的生产陋习，坚决杜绝“边退边垦”的现象发生。凡试点县出现新的毁林开垦现象，一律终止试点项目。要加强护林防火基础设施建设，制定林木管护制度和乡规民约，及时防治病虫鼠害。要加强林政执法队伍建设，提高执法人员的业务素质，依法治林，确保生态环境建设成果。

退耕还林还草是广西进入新世纪以来实施的重大生态工程建设项目。今年是开展试点工作的第一年，时间紧、任务重、难度大。我们一定要抓住机遇，振奋精神，迎难而上，真抓实干，勇于争先，高标准、高质量地抓好广西退耕还林还草试点工作，为全面启动广西退耕还林还草工程打下扎实的基础，为改善生态环境，促进经济社会持续发展做出新的贡献！

抓住机遇　加快发展　努力把广西农村生态能源建设工作推上新台阶

——全区农村生态能源建设现场会议的主要内容

(2001年5月31日)

自治区党委、自治区人民政府十分关心和重视农村生态能源的建设。1997年11月，自治区党委、区自治区人民政府在恭城召开了农村生态能源建设现场会议，曹伯纯书记在会上发表了重要讲话。推广恭城经验，号召全区各地学习恭城经验。这几年来，为促进农村生态能源的发展，曹伯纯书记作过多次重要的批示，要求我们要切实搞好这项工作。他热切地希望全区有更多的恭城出现。李兆焯主席对农村生态能源的建设也有过多次重要批示和指示。今天，自治区人民政府召开的这次全区农村生态能源建设现场会议，就是根据李主席的批示精神召开的。今年3月，李主席在自治区党委政策研究室关于《北流市发展沼气建设生态家园的调查报告》上批示：适时可开个现场会。按照李主席的批示精神，自治区林业局及有关地、市、县做了大量的工作，进行了认真的筹备，最近提出了会议方案，并经李主席审定同意，今天我们如期在这里召开会议。这次会议的主要任务是：以江泽民同志“三个代表”的重要思想为指导，贯彻落实党的十五届五中全会、自治区党委七届九次全会以及全区经济工作会议和农村工作会议精神，总结“九五”时期广西农村生态能源建设的经验，学习推广北流、大新、武鸣3个县市沼气建设的新经验，部署“十五”期间尤其是2001年的工作，抓住西部大开发的机遇，加快发展，努力把广西农村生态能源建设工作推上一个新的台阶。在这里.我先向大家说明一点情况，陆兵副书记对这个会议十分重视，会议召开的具体日期和日程安排是他亲自审定的，并为会议准备了讲话材料。由于自治区党委临时有要事，他不能前来出席会议，指示我们要按原定方案认认真真把会议开好。经陆副书记同意，会议印发了他的讲话。请大家利用下午的时间学习领会陆副书记的讲话精神。

一、“九五”期间广西农村生态能源建设的回顾

“九五”期间是广西以沼气为重点的农村生态能源建设在规模上、质量上实现历史性突破的重要时期。“九五”期间，特别是1997年恭城会议以来，各级党委、政府高度重视，各有关部门积极支持配合，全区林业和农村能源系统的全体干部职工努力开拓进取，扎扎实实地开展工作，广大农民积极参与和实践，广西的农村生态能源建设工作有了很大的发展，主要表现在以下几个方面：

(一)思想认识有了新的变化。

农村办沼气，是农村发展的一个老课题，广西

从50年代开始发展沼气，但由于人们对沼气的认识仅仅停留在照明、烧饭等生活层次上，没有看到它在发展农村经济、促进农村两个文明建设方面的重要作用，加上技术上也不过关，广西农村沼气的发展一直停滞不前。恭城会议后，通过恭城的实践，人们逐渐认识到发展以沼气为重点的生态能源是一条适合广西实际的可持续发展路子.它不仅能解决上山砍柴的负担，减轻劳动强度，而且能增加有机肥，实现增产增收，改善农村卫生条件，提高农民的生活水平和生活质量，有效保护森林资源，是真正的"解放工程"、"绿色工程"、"卫生工程"和实现脱贫致富的"幸福工程"，这些实实在在的、看得见摸得着的功用，大大激发了广大农民建设沼气池的热情，加上各级政府因势利导，努力搞好技术上的攻关和跟踪服务，沼气池建设逐渐变成广大农民的迫切要求和自觉行动，推动了沼气在农村的推广运用。在这种情况下，各地根据时代的发展要求不断改进技术，沼气池的综合效益更加明显，农民对沼气在增产增收和提高生活质量上的认识更加到位，使沼气池建设成为农民脱贫致富、改善生活质量的一个重要标志和手段，农村沼气池建设获得了迅速的发展。我们广西各级班干部和广大农民群众对沼气的认识，从1997年的恭城会议后，产生了重大的飞跃，由过去从生活上去认识沼气。转变到了从农业可持续发展的高度去认识沼气，从促进农村两个文明建设的层面上去认识沼气。认识是行动的先导，只有我们对农村生态能源建设的认识变化了，才带来了广西农业生态能源建设的一系列变化。

(二)沼气池建设速度进一步加快。

1997年以来，全区大力推广了恭城县"养殖—沼气—种植"三位一体的生态能源发展经验，开展了以沼气为重点的100个生态村、50个生态乡和20个生态县项目建设，生态家园富民工程开始启动，全区沼气出现了跨越式发展。1996年新建沼气池2万多座，1997年5万多座，1998年11万多座，1999年27万多座，2000年32万多座，全区累计建池102万座，占全区农户总数的12%。从1998年开始.广西每年建设户用沼气池数量均居全国首位，占全国总量的1/3左右。"九五"期间全区新建沼气池78万多座。是"八五"的8倍多。"九五"前几十年，广西沼气池建设累计不到25万座，到"九五"末就发展到102万座，沼气池建设的速度确实发展到了前所未有的水平。这些沼气池的正常运转，每年可为102万多农户提供优质燃料，1亿立方米，高效有机肥2737万吨，为农业增产和农民增收节支约9.8亿元。

(三)沼气建设的模式和技术有了新的发展。

在恭城县创建的"养殖—沼气—种植"三位一体生态农业发展模式的基础上，各地根据本地的地理条件和经济发展的实际又作大胆的探索。出现了以北流市为代表的平原县生态家园富民发展模式，以大新县为代表的山区县发展模式，以武鸣县为代表的城市郊区发展模式，并不断拓宽沼气综合利用的领域。如北流、大新、武鸣等县把沼气建设同"五改十化"(即改水、改厕、改厨、改房、改路；住宅楼房化、庭院绿美化、用水自来化、村屯路硬化、厕所厨房卫生化、家具现代化、燃料沼气化、电话程控化、电视闭路化、言行文明化)结合起来，同旧村改造、新村建设结合起来，从生态家园、文明新农村和农业现代化的角度建设沼气池，大大增强了沼气池建设的生命力和吸引力。同时，在技术上又有新发展，如蒙山县研制成功沼气池自动排渣技术；北流市普遍采用了新水压式沼气池型，使沼气池具有质量好、产气率高、气压稳定、管理方便等优点；大新县在蒙山县沼气池自动排渣技术的基础上再作改进，研制了一套抽渣机，农民操作起来更方便、更安全。

(四)沼气池建设有效地推动了农村种养业的发展。

"养殖—沼气—种植"的沼气发展模式是一个良性互动的循环过程，沼气以人畜粪便作为基本原料，同时沼渣沼液又是优质的有机肥，大力发展沼气池建设，从产业链来说，既可以促进养殖业发展，又可以推动种植业的发展，事实也证明，沼气建设极大地带动了广西农村种养业的发展。以北流市为例，该市1997～1999年共新建户用沼气池21568座，在这期间，种养业同时也得到了较大的发展：1999年该市生猪饲养量达117.16万头，比1996年的107.15万头增加10.01万头，增长9.3%；家禽饲养量1343万羽，比1996年的503.2万羽增加83 9.8万羽，增长1.67倍；畜牧水产业总产值由1996年的54342万元增加到1999年的66605万元，增长22.57%；水果总产量85907吨，比1996年增加31591吨，增长58%。

(五)沼气池的建设使生态环境得到了明显的改善，促进了农村精神文明建设的发展。

过去的农民世世代代以柴火作为主要燃料，

必然大量砍伐树木，特别是随着人口的增长，过量的砍伐破坏了生态环境，造成水土流失，河溪断流。发展沼气池后，农民不再上山砍柴，森林得到了有效保护，同时，各地还采取了封山育林、造林种果等办法，使草木茂盛了，林多水丰，河水长流长清，还增加了小水电发电量，促进了旅游业的发展，农村生态环境得到明显的改善。过去的农村做饭烟熏火燎，粪坑臭气冲天，污水到处横流，苍蝇蚊子满屋飞，卫生条件极差。通过把沼气建设与“五改十化”的有机结合，改变了农民传统的生产生活方式.村容村貌大为改观。农民逐步养成爱清洁、讲文明的良好习惯，大大提高了农村文明、卫生程度，精神文明建设得到了进一步的发展，农民的生活质量明显提高，促进了农村两个文明建设的协调发展。

(六)沼气池建设有效地保护了森林资源，为实施可持续发展战略打下了良好基础。

江泽民总书记最近考察海南时指出“破坏资源环境就是破坏生产力，保护资源环境就是保护生产力，改善资源环境就是发展生产力”。随着广西沼气池建设的蓬勃发展.能源性消耗大大减少，森林资源得到有效保护。据测算，目前已建成的102万座沼气池，每年可为农户提供优质燃料4亿立方米，相当于每年少砍31万公顷的有林面积，全区森林资源能源性消耗已由1985年的48%降到了现在的31%；而森林覆盖率则由1995年的34.4%(不含灌木林)提高到现在的41.3%，大大改善了生态环境。通过大力开展生态能源建设，有效地开发利用可再生能源资源，节约了煤、油、电等战略能源资源，减少薪柴的过量消耗，保护了森林植被，减少了水土流失，涵养了水源，提高了土壤有机质含量，增强了可持续发展能力，为广西实施可持续发展战略奠定了良好的基础。

广西农村生态能源建设引起了国家有关部委和国际有关组织的关注，反响越来越大。1999年10月，国家计委、农业部、国家林业局在桂林召开了南方18个省区农村能源建设经验交流会，会议认为广西以恭城经验为代表的以沼气为重点的生态能源建设适应中国农村发展的需要，特别是适合南方农村的特点，是我国发展可持续农业的成功典型，值得在全国特别是在南方推广。2000年5月，世界能源理事会和国际能源署等八大组织联合在桂林召开了可再生能源国际研讨会，来自21个国家和有关国际组织的领导、专家近200人参观考察了恭城、阳朔、平乐以沼气为重点的可再生能源建设，专家们认为恭城县以沼气为重点的可再生能源开发利用的技术、经验和做法.在世界其他地区农村也具有广泛的推广意义。

广西“九五”期间农村生态能源建设工作取得这么大的成绩，通过总结恭城、北流、大新、武鸣等一些地方的经验看.我们感到有如下几个方面值得长期坚持和发扬光大：

第一，必须进一步提高思想认识和形成加快发展的决心，这是沼气池建设加快发展的重要前提。广西在推广“恭城模式”初期，干部群众甚至包括部分领导干部的思想认识是不大统一的，一方面他们对沼气的作用以及沼气技术是否成熟稳定持怀疑态度，另一方面也认为，经济基础较好的地方不少农户已用上石油液化气，不搞沼气，同样可以保护生态。特别是一些地方外出经商办实业人员较多，很多家庭既不养猪，更不养牛，缺乏沼气的原料。在这种情况下，如果不突破对沼气建设原有的认识上的思维定式，从更高的层次上认识沼气池建设在发展生态农业和实现可持续发展战略中的重要作用，并狠下决心，取得突破，就不可能有今天沼气池建设的大好局面。认识提高了，加快发展的决心形成了，才会有一系列加快发展的措施.进而才有目前沼气池建设加快发展的局面。广西恭城、北流、大新、武鸣等县市的经验就有力地证明了这一点。

第二，必须把养殖、沼气、种植有机结合起来，使农民得到实惠，这是沼气池建设获得快速发展的强大动力。“九五”以来广西农村生态能源建设实践证明，沼气池应用只停留在点灯、饮食上是没有前途、没有动力的。必须通过以沼气为纽带大力发展养殖、种植业，增加农民收入，使农民得到实惠，尝到甜头，才能从心底上认可沼气，才能使发展沼气成为农民群众自觉的行动，像星星之火在广大农村燎原起来，显示出其强大的生命力和广阔的前景。

第三，必须多方面筹集资金，增加投入，这是沼气池建设加快发展的重要条件。沼气池建设需要较大的资金投入，仅靠政府投入那是远远不够的。因此，必须坚持以自力更生、群众自筹为主，多渠道筹集建设资金。要通过与农民算经济账，让农民充分认识沼气池建设的投资价值，广泛调动农民投资的积极性，同时采取上级扶持一点，县、乡财政补贴一点，有关部门和单应支持一点的办法，并争取金融部门的信贷支持，努力增加投入，才能加快沼气池建设的发展。

第四，必须依靠技术进步，提高建设质量，这是沼气池建设加快发展的重要保障。江泽民同志指出："创新是一个民族的灵魂，没有创新就没有发展。"沼气池建设也是这样。只有技术不断创新、不断进步，质量不断提高，效益不断增加，人们才真正感觉到沼气带来的方便和实惠，才能下本钱大搞沼气池建设。广西"九五"期间之所以能建成78万座沼气，与我们沼气技术不断创新、质量不断提高有着密切的关系，特别是与普遍推广质量好、产气率高、气压稳定、管理方便的先进池型有直接的关系。实践证明，每一次沼气技术的新突破，都会带来沼气建设的新发展，因此，必须不断完善和改进沼气技术，提高建设质量，为加快沼气池建设提供技术保障。

第五，必须明确职责，形成合力，这是沼气池建设加快发展的关键。沼气池建设涉及方方面面，对许多农民来说还是一个新事物，加快沼气池建设，既要解决农民的认识问题，也要解决资金、技术上的问题，同时还涉及能源、种植、养殖等多业联动，涉及土地、建设、精神文明等多个部门。因此，必须用系统的思路和办法来统揽全局，切实加强领导，明确职责，形成合力，这是加快发展沼气池的关键。"九五"期间，凡是沼气池建设发展快的地方，都做到了职责分工明确，任务落实到位，部门密切配合，从而使沼气建设能够有组织、有计划、有步骤地实施。

"九五"期间广西的农村生态能源建设虽然取得了很大的成绩，但是我们也必须清醒地看到，广西农村生态能源建设仍然存在不少的问题：一是一些地方领导思想认识还不到位；二是沼气池建设的规划和布局不合理，配套设施的标准比较低；三是技术培训、沼气综合利用、维修服务等跟不上；四是质量监督管理有待加强；五是资金投入不足。对此，各级政府必须予以高度重视，采取有效措施逐步加以解决。

以上对"九五"期间广西农村生态能源建设的回顾，主要是总结经验，发扬成绩，找出差距，以推动"十五"期间广西农村生态能源建设健康快速发展。

二、明确目标任务，突出重点，推动全区农村生态能源建设再上一个新的台阶

中央提出实施西部大开发战略，把生态环境建设作为西部大开发的根本措施和切入点，为广西的生态环境建设和经济建设提供了历史性机遇。我们必须抓住机遇，明确目标、突出重点，扎扎实实地做好农村生态能源建设工作。

（一）指导思想。

"十五"期间，广西农村生态能源建设的指导思想是：以江泽民总书记"三个代表"重要思想为指导，认真贯彻落实党的十五届五中全会精神和自治区党委七届九次全会精神，紧紧围绕农业增产、农民增收，依靠科技进步，大力发展以沼气为纽带的生态农业，保护森林资源，改善生态环境，促进农村经济持续发展和社会全面进步。

（二）目标任务。

"十五"期间广西农村生态能源建设的目标任务是：

——新建农村户用沼气池130万座，每年发展20万～30万座，到2005年全区累计拥有沼气池230万座，沼气池入户率达30%左右，每个沼气生态家园户在原有基础上年增收要达1000元以上。

——推广太阳能热水器7.5万平方米，每年1.5万平方米；新建微型水力发电站10000座，每年建设2000座；安装小型风力发电机3500台，每年发展700台。

——把恭城、北流、武鸣、大新、靖西、南丹、容县、平果8个县市建成沼气生态家园示范县市，成为不同类型地区推广的新样板。同时要不断提高沼气技术水平和管理水平，不断取得新的经验。

——建立完善的沼气池建后维修服务网络、技术培训基地和质量检测体系，为农村生态能源建设提供可靠的质量技术保障。

2001年，要继续大力推进以沼气为纽带的农村生态能源建设，结合农业结构调整、农民增收和改善农村生态环境、美化家园，新建沼气池30万座，其中在28个国定贫困县和大新县建设15万座，在面上其他县建设15万座。同时重点抓好恭城、北流、武鸣、大新、靖西、南丹、平果、容县8个重点示范县（市）的建设，继续实施"152生态能源示范工程"，积极启动生态家园富民工程。

（三）2001年重点抓好的几项工作。

根据上述目标要求，为确保2001年农村生态能源建设任务的完成，各地要认真抓好以下五项工作：

第一，广泛发动，把沼气池建设变成千百万群众的自觉行动。沼气池建设必须依靠千家万户的农民。因此,必须广泛发动,调动千百万农民群众自觉参与沼气池建设的积极性,才能实现沼气池建设目标。首先,要通过典型示范广泛发动。各地要根据实际情况,因地制宜地建设一批高标准、综合效益显著的示范户、示范村,使群众通过典型示范看到办沼气的好处。其次,要通过受益农户现身说法教育群众。让已经建好沼气池、尝到甜头的农民以亲身感受来引导更多的农民投入沼气池建设。再次,要向农民算清成本账和效益账。要让农民知道建一座沼气池需要投资多少,建成后每年可以增收节支多少,多少年可收回投资,让农民心中有数,觉得建设沼气池很合算。现投入1300～1500元/座,建成后可以永久使用。好处有:一是节省燃料费的支出,不用买煤气,不用上山打柴。二是节省种植业的肥料、农药投入。三是提高农产品的质量,获得增收。四是促进养殖业的发展,获得增收。五是改善居住环境,提高生活质量。最后,要通过广播、电视、墙报、标语、报纸等形式广泛宣传建设沼气池的好处,做到家喻户晓,深入人心。总之,要通过多渠道、多层次、多形式的宣传发动,让广大群众认识到建设沼气池不仅可以用上优质燃料,得到高效肥料,而且还可以增加收入,节省开支,减轻劳动负担,提高生活水平和生活质量。只有让广大农民群众认识到建设沼气池会得到实实在在的好处,才能把沼气池建设变成千百万群众的自觉行动。

第二,合理布局,把沼气池建设任务落实到村到户。今年广西沼气池建设的任务目标已经明确,要完成任务,就得搞好布局,把沼气池的建设任务落实到村、落实到户。各地在布局和选点方面要把握好以下几项原则:一是重点突破、整体推进的原则。每个县在沼气池建设布局时,必须在认真调查研究的基础上,突出重点,一个村一个村做好规划,一个村一个村抓好建设,完成一个村的建设后,再组织实施第二个村,不要撒胡椒面。武鸣县的做法就是这样的。他们全县200多个村,县委、政府决定,每年抓50个村,每个村的入户率要达到80%以上,坚持3年,全县就能实现沼气入户率达80%。二是与经济基础相适应的原则。坚持量力而行,逐步推进,把资源丰富、经济条件较好、群众积极性较高的村屯,作为县市优先发展沼气池建设的重点村屯,在技术、资金等方面给予重点扶持。三是统筹兼顾、点面结合的原则。各地在抓好重点村屯沼气池建设的同时,也要在面上选择一些积极性高的农户开展沼气池建设,使沼气池建设在向面上普及时起到带动示范的作用。四是产业衔接、良性互动的原则。要把沼气池建设布局与农业产业结构调整紧密结合,做到种植业、养殖业和农村生态能源发展互相促进,形成良性循环。

第三,讲究质量,确保沼气池建设符合质量技术要求。沼气池建设成功与否,质量技术是关键。只有掌握了相关的技术才能保证沼气池建设的质量,使沼气池发挥最佳效益。因此,各地要抓好沼气池建设技术措施的落实。一是抓好施工人员的技术培训。凡是沼气池施工人员,必须经过县级以上农村能源主管部门组织的技术培训,并取得沼气池施工资质证书后,方可凭证施工。二是严格按照质量技术标准进行施工。1984年国家颁布的《农村家用水压式沼气池施工操作规程》,对沼气池建设的施工操作作了明确的规定,各地在沼气池建设中,必须严格按照规定进行施工,保证建池材料如水泥、沙石要达到标准要求,确保建设一座、成功一座、发挥效益一座。三是建立严格的质量技术检查验收制度。县乡都要配备一定数量的质量验收员,每建一座沼气池都要经过质量验收员按质量标准严格验收,经验收合格后方可交付用户投料使用。对验收不合格的沼气池,要责令施工员免费返工直到验收合格为止。

第四,完善政策,充分调动广大干部群众的积极性。为了调动广大农民建设沼气池的积极性,目前,广西有的地、市、县已经出台了一些扶持沼气池建设的政策,比如桂林市、贺州地区、南宁地区、玉林市、贵港市等对利用住房四周的空闲地或旧住宅基地修建沼气池和配套修建猪牛栏、卫生厕所的农户,实行免收土地使用费,农户新建、扩建、改建住房时与厕所、猪栏、沼气池统一规划、同步建设的优先给予办理用地手续,并从低收取土地使用费;对沼气零配件的销售给予减免税等等,大大促进了沼气建设的发展。但有些地方还没有制定这方面的政策,或者虽然已制定了一些扶持政策,但还不够完善。5月27日自治区人大常委通过了《广西农村能源建设与管理条例》,各地要抓住机遇,在贯彻条例的同时,尽快制定一系列配套的政策措施,为生态能源建设提供政策保障,推动沼气池建设的持续、快速发展。

第五,借鉴经验,努力把沼气池建设工作提高到一个新的水平。自1997年全区生态农业恭城现场会议后,各地在认真学习借鉴恭城经验的基础上,结合实际,大胆创新,涌现了北流市、武鸣县、大新县等一批新的典型,创造了一些新的经验,取得了显著的成效。其最突出的经验是“五个结合”,请各地在今后开展沼气池建设时,注意学习借鉴。

一是把沼气池建设与市场需求结合起来,促进种养业的发展。大力发展沼气,极大地推动了种养业的规模发展,如果不注意以市场为导向,解决好农产品与市场的对接问题,就会导致“猪贱伤农”、“果贱伤农”,进而挫伤农民发展沼气的积极性。如北流市在以沼气为纽带促进种养业发展的过程中,注意引导农民牢固树立市场意识,引进新品种,应用新技术,生产市场适销对路的产品。他们在肥腩猪市场趋向饱和、瘦肉型猪市场需求旺盛的时候,就鼓励农民大力发展瘦肉型猪。消费者担心吃到受农药污染的水果、蔬菜,政府又引导农民生产备受青睐的无公害蔬菜、水果、粮食等产品,提高农产品的品质,增强市场竞争力。由此,北流市的种养业得到了较快发展。我们在帮助农户把沼气池建起来之后,一定要注意引导农民按市场需求发展种养业,这样才能促进农民增收目标的实现。

二是把沼气池建设与调整农村产业结构结合起来,推动农业的产业化经营和农村非农产业的发展。沼气池的建设和广泛使用,解放了大量的农村劳动力,使大量的剩余劳动力向农业更深更广的领域进军,大力发展种养业和农产品加工业,同时还有一部分农村劳动力转移到建筑、流通、交通运输等非农产业,促进了农业的集约经营、规模经营。北流市转移到务工、经商的剩余劳动力就达25万人。目前该市的“万元田”、“万元山”面积就达12万多亩,占全市耕地面积的四分之一。各乡镇都建立了规模化、产业化经营的水稻、猪苗、荔枝、龙眼等生产基地,其中100亩以上的荔枝、龙眼基地285个,100头以上的养猪场310个,1000羽以上的家禽养殖场625个。农村工业、建筑业、交通运输业、劳务输出等非农产业得到较快发展,农民收入得到大幅度增加。1999年全市农民人均纯收入达3015元,比1996年增加457元。其中三分之二来自非农产业。我们在大力发展沼气池的同时,一定要注意引导农村剩余劳动力向农业能更深更广领域进军,积极发展非农业产业,从而达到不断优化农村经济结构的目的。

三是把沼气池建设与改造农村生活环境、建设新农村提高农民生活质量结合起来,促进农村生活方式的变革。在沼气池建设中,各地一定要坚持以沼气建设为切入点,引导和推动农民对住宅、厨房、厕所、猪栏、用水乃至庭园等生活环境进行综合治理和改造,结合进行旧村改造和窜村建设,要从根本上改变农村脏、乱、差现象,有条件的地方,逐步实现住宅楼房化、燃料沼气化、厕所无害化、用水自来化、畜禽舍卫生化,用新的生活方式代替以往的生活陋习,使农村的文明卫生程度上一个新的台阶,农民的生活质量得到明显提高。

四是把沼气池建设与农村文化建设结合起来,推动各村的精神文明建设。随着沼气池进入千家万户,农民物质生活水平、生活质量的提高以及生活方式的改变,农民群众对精神文化生活必将产生更高的要求。我们要顺应这一要求,在有条件的农村建设农民公园、文化广场、灯光球场、农民图书馆等文化设施,为农民群众提供一个交流思想和感情、传递信息、传授科学知识、休闲娱乐的场所,丰富农民的精神文化生活,促进农村精神文明建设的发展。

五是把沼气池建设与保护森林资源结合起来,使生态环境获得有效地保护。沼气建设的能源效益非常显著,1个8立方米的沼气池年可产气400立方米,基本可满足3至5口之家的生活用能。全区大力开展沼气池建设后,森林资源能源性消耗明显降低,就能有效地保护森林资源。大新县通过大力推广沼气,有林面积迅速增加,森林覆盖率由1995年的34.03%提高到2000年的47.22%,生态环境得到了明显改善。各地一定要认真学习和借鉴以上这些经验,结合当地的实际情况,创造性地加以吸收利用,努力把广西的农村生态能源建设工作提高到一个新的水平。

三、加大力度,强化措施,确保今年沼气池建设任务的完成

今年要完成30万座沼气池建设是一项十分艰巨的任务。各级政府和各有关部门必须加大工作力度,采取切实有效措施,确保广西今年沼气池建设任务的完成。

(一)加强领导,把农村生态能源建设工作列入各级政府的重要议事日程。

农村生态能源建设是一项系统工程,是一项综合性的工作,牵涉到方方面面。这项工作能不能做好,关键在领导。各级领导必须在认识上和行动上真正到位,把农村生态能源建设工作当做促进农业和农村经济发展、增加农民收入的一件大事来抓,把它列入各级政府的重要议事日程。一是要做到领导到位。各级政府的主要领导要亲自抓动员部署,抓资金的落实,抓重大问题的协调和解决,分管领导更要把这项工作作为重点任务来抓,具体组织制定切实可行的实施方案,抓好示范点的建设。要做到一级抓一级,持之以恒,抓出成效。抓与不抓不一样,抓的力度不同也大不一样。二是要强化管理机构职能。虽然各级政府都已经成立了农村生态能源建设工作管理机构,但有的地方机构管理职能不到位,干部素质偏低,很不适应沼气池建设工作的需要。各地要适当充实配备一些懂管理、精技术的干部,强化管理,确保沼气池建设顺利开展。三是要建立汇报制度。在实施沼气池建设过程中,各级政府要建立专门听取建设汇报的制度,定期听取汇报,及时研究和解决建设中的有关问题。四要建立激励机制,对任务完成得好的,要给予表彰奖励;对完不成任务的,要通报批评。

(二)明确职责,建立确保任务完成的工作责任制。

今年广西沼气池建设的任务,自治区将于近日下达到各地市,各地市要尽快把任务分解到县市,各县市也要尽快把任务分解落实到乡镇、村、屯和农户。由于今年的任务繁重,要求较高,各级人民政府要予以高度重视,明确职责,建立完善的工作责任制。一是要成立协调机构。自治区人民政府将成立沼气池建设工作协调小组,负责全区沼气池建设任务、资金落实等重大问题的协调,各地市县也要成立相应的协调机构,负责协调本级沼气池建设中的重大问题。二是要层层签订责任状。自治区与地市、地市与县、县与乡镇都要层层签订沼气池建设责任状,明确各级各部门的工作任务、目标、要求。三是要把建设任务包干到单位和部门,落实到人。北流市提出了部门包村、干部与农民结对、进村入户,把沼气池的建设作为各级、各个部门和广大县、乡干部实践“三个代表”的有效载体。这一做法,我认为很好,值得各地学习。沼气池建设不是一件独立的事,它通过沼气为纽带促进了农村养殖业、种植业的发展,改善了农村生态环境,这就是发展生产力的具体行动,是农村生产力发展的迫切要求;沼气池的建设,带来了农村生活方式的改变,促进了精神文明建设的发展,这体现了农村先进文化发展的方向;沼气池的建设能给老百姓增收致富,提高生活水平和质量,带来实惠,从根本上发展了人民群众眼前和长远的利益。因此,我认为,在农村实践“三个代表”虽然载体很多,但最具典型性的载体就是沼气池的建设。

(三)增加投入,多渠道筹集沼气池建设资金。

建设沼气池需要一定的资金投入。各地要多渠道、多层次、多形式筹集沼气池建设资金,想方设法解决建设沼气池的资金投入问题。沼气池建设的直接受益者是农民,因此,沼气池建设资金的投入主体是广大农民。农民是最讲实惠的,只要我们把建设沼气池的好处给他们讲清楚了,和农民把对比账算清楚了,农民是乐意把钱投入到沼气池建设中去的。问题的关键是我们各级领导干部要深入细致地做好农民的思想动员工作,坚持从群众中来,到群众中去的工作路线,尊重群众,尊重实践,以典型引路的办法,以优质的服务来说服群众,积极引导农民个人投资建设沼气池。同时,各级财政也要增加对沼气池建设的投入,适当增加农村生态能源建设的投资。今年自治区已提高了沼气池建设的补助标准,并列入财政预算。对国定贫困县和大新县每建一座沼气池并结合改厕的,补助270元,非国定贫困县每建一座沼气池并结合改厕的,补助85元,各地、市、县、乡也要拿出相应的配套资金,各有关部门也要尽力挤出部分资金,投入沼气池建设。各级、各部门用于沼气池建设的资金一定要及时到位,决不能因为补助资金问题而影响沼气池的建设。

(四)抓好示范,用典型去推动沼气池建设任务的完成。

自治区从今年起,在恭城经验的基础上,以不同的区域、不同的典型作示范,进而推动全区沼气池建设加快发展。经研究,把大新、靖西、南丹、平果4个县作为贫困地区的示范县加以重点扶持,力争用2～3年时间,使这些示范县的沼气池入户率达到70%;把武鸣县作为城郊示范县、容县作为经济较发达的平原示范县、北流市作为农业部和自治区重点抓的全国生态家园示范市加以重点扶持,经过3年左右时间大规模推广,使这3个县市的沼气池入户率达到70%以上,基本建成生态家园式的示范县(市)。通过重点抓好不同类型的示范县(市)建设,有效地带动面上其他县沼气池的建设。希望这些示范县(市)一定要按照“高起点、高标准、严要求”原则,探索新思路,采用新办法,争取在2～3年内,在规模上达到或超过恭城,在档次上和建设水平上达到或超过北流,真正起到典型示范作用,进而推动全区沼气池建设任务的完成。

(五)集中会战,把沼气池建设作为当地的一项重要工作来抓。

从近两年一些地方的实践看,相对集中一段时间、集中人力物力财力开展沼气池建设会战,是确保沼气池建设任务完成的有效措施。集中会战,一方面有利于统一组织、领导和检查验收;另一方面有利于搞好技术服务及物资的调配和供应,有利于集中连片发展、发挥规模效应,提高沼气池建设的质量和速度。各地要根据当地的实际情况,充分利用农闲季节和秋冬雨水少的季节,全面进行动员部署,广泛深入地发动群众,集中各方面的人力、财力、物力,有组织、有领导、有计划地开展沼气池建设突击会战,确保沼气池建设任务的完成。

(六)优化服务,使沼气池建设过程中出现的问题得到及时解决。

沼气池的建设涉及林业、扶贫、卫生、财政等多个部门,各有关部门要充分发挥各自的职能作用,加强联系和配合,为全区沼气池的发展,提供优质的服务。林业部门要搞好规划布局,抓紧抓好技术人员的培训,搞好技术咨询和指导,组织和保障优质的沼气零配件供应,建立健全建后服务网络,推行保修制度,确保建成的沼气池能正常使用,要切实加强对这项工作的督促检查,使沼气池建设过程中出现的问题能得到及时解决;财政部门要积极筹措资金,为沼气池建设提供资金扶持,确保资金及时到位,同时要加强对资金使用的监督和管理;扶贫部门要加强对28个国定贫困县及大新县沼气池建设的组织领导和督促检查,及时为贫困农户解决建池过程中存在的困难和问题;卫生部门要抓好建池户卫生厕所配套建设的技术培训、指导等服务工作;土地部门要为农户建设沼气池优先办理有关用地手续,并尽可能减少收费;质量技术监督部门和工商行政管理部门要依法加强对沼气零配件市场的监督管理,制定沼气零配件生产经营管理办法,杜绝假冒伪劣产品进入沼气零配件市场,维护广大建池农户的利益。

(七)加强督查,确保沼气池建设任务如期完成。

自治区林业、农村能源、扶贫、财政等有关部门要切实加强督促检查,要定期或不定期地对沼气池建设的重点地区和重点县进行督查,督查内容包括领导到位情况、任务完成情况、资金到位情况、建池质量情况、沼气池建档情况等。在这里,特别需要强调的是,各地要重视建立健全建池档案,建池档案是准确掌握各地沼气池建设发展情况的依据,同时也是各地进一步制定沼气池发展规划、实行建后服务的依据。各地要安排专人抓好这项工作,做到一池一档,每建一座沼气池,要逐户实地核实,严格进行质量验收,经验收合格后,方能建档。要推行以自然屯为单位的公示制度,凡已建档的沼气池要张榜公示,接受群众监督。各地市县要实事求是地上报建池数量,建池数量要以建池档案的统计数为准,凡发现哪个地方虚报建池数量的,除了要在全区通报批评并追究有关领导和责任人员的责任外,还要取消那个地方当年的沼气池建设经费补助。数字是否真实是我一直担心的问题。建沼气池是一件利国利民的好事情,如果我们在从事这项工作的过程中,有虚报浮夸,不但会使这项工作的声誉大受影响,更为严重的是,会因这件事而影响到干部作风。因此,我一直严厉地要求林业、农村能源部门,要用最严厉的方法核实沼气池建设的真实情况,发现有假必定严厉制裁,绝不搞下不为例,应当说林业、农村能源部门尽了责任,全区绝大多数地方也是极其严肃认真地对待这个问题,不少地方宁肯少报,也绝不虚报一座。但是,很遗憾,在我们那么严厉的要求下,还是出现了弄虚作假的问题。经核实,贵港市港北区在上报2000年建池数量时有虚报行为。自治区林业局对此事要作专门调查,查清责任后要在全区予以通报批评,追究有关人员的责任,并取消该区2000年的建池经费补助。自治区能源办要组织力量对全区已建成的沼气池进行全面清理,逐户登记建档。今后,凡是没有建池档案的沼气池,自治区不再给予建池经费补助。今年下半年,自治区将在全区范围内进行一次全面督查,以确保今年沼气池建设任务按质按量完成。

国家西部大开发战略的实施,给广西农村生态能源建设带来了极好的发展机遇。只要我们以江泽民同志“三个代表”的重要思想为指导,抓住机遇,加强领导,精心组织,扎实工作,就一定能够实现广西农村生态能源建设的发展目标，把广西的生态能源建设工作推上一个新的台阶。

认清形势　明确责任　全力以赴做好秋冬季森林防火工作

——全区秋冬季森林防火电视电话会议上的主要内容

(2001 年 9 月 6 日)

再过十天，即 9 月 16 日，广西就进入秋冬季森林防火期了。李兆焯主席对森林防火工作非常重视，亲自批示召开这次全区秋冬季森林防火电视电话会议。这次会议主要是分析秋冬季森林防火形势，部署秋冬季森林防火工作，动员全区各地和各有关部门，以“三个代表”的重要思想为指导，切实采取有效措施，全力做好秋冬季森林防火工作，坚决杜绝特大森林火灾和森林火灾伤亡事故的发生，力争不发生重大森林火灾，努力实现森林火灾受害率和发生率双减少。下面，我讲三个问题。

一、春季森林防火工作的基本情况

今年广西春季森林防火取得了较好的成绩，没有发生重、特大森林火灾和重伤、死亡事故，只发生一般火灾 31 起，森林火警 49 起，轻伤 1 人。火场总面积 1156 公顷，受害森林面积 210 公顷，森林火灾受害率 0.03‰。与去年同期相比，森林火灾次数减少了 62.2%，受害森林面积减少了 82%；森林火灾受害率下降了 0.12 个千分点。广西春季森林防火工作之所以取得这样好的成绩，客观上，是由于天气条件有利，降雨比较多；从主观方面来说，总结起来有以下几个方面的因素：

(一)各级党委、政府高度重视，加强领导，抢前抓早，严格督查。

去年底，针对全区各地连续发生多起森林火灾的紧急情况，自治区人民政府召开电视电话会议，对冬春森林防火工作做了紧急部署。新年伊始，自治区森林防火指挥部领导、办公室工作人员就到全区各地、尤其是春季火灾多发区检查指导工作。3 月 28 日，自治区森林防火指挥部召开指挥部扩大会议，对全区森林防火工作再次作了部署。各地也都及时召开会议，贯彻落实自治区会议精神，结合当地实际，对森林防火工作作了布置。很多地方根据领导变动，及时调整了森林防火指挥部领导成员，进一步落实行政领导负责制，做到了主要领导经常过问，分管领导重点抓，部门领导具体抓。

(二)狠抓宣传教育，提高全民防火意识。

各地利用多种形式，在继续抓好书写、刷新固定宣传牌，出动宣传车到乡村巡回广播，在林区中小学上森林防火课、进行森林防火知识竞赛等常规性工作的同时，还利用航空护林飞机投撒森林防火传单，累计投撒传单 52 万份，收到了极好的宣传效果。

(三)加大野外火源管理力度，减少森林火灾隐患。

各地严格执行野外用火制度，在春节、清明、“五一”等节假日期间，加强林区巡逻，对重点地段严防死守，在高火险期发布戒严令，禁止一切野外用火，开展边界联防等，加强了对野外火源的管理；采取提前生产用火、计划烧除等清除易燃可燃物，大大减少了火灾的发生。

(四)依法治火，认真查处森林火灾案件。

各地依据《森林法》、《森林防火条例》、《广西壮族自治区森林防火条例实施办法》等法律法规。严肃、认真地查处森林火灾案件，处罚违章违纪违法人员. 教育了群众，提高了群众的森林防火意识。

(五)标本兼治，积极抓好生物防火林带建设。

去年 9 月在岑溪市召开全区生物防火林带建设现场会以后，全区生物防火林带建设得到了进一步的加强。到目前为止，全区已营造生物防火林带 1813 公里，比去年同期增加了将近一倍，对降低森林火灾受害率起到了很好的作用。

我们对春防工作取得的成绩予以肯定的同时，还必须看到，广西森林防火工作仍存在很多亟待解决的问题，例如：一些地方的领导对森林防火过问很少，行政领导负责制不够落实；有的地方投入不足，森林防火基础设施十分薄弱；有些地方制度不够健全或不按规章制度办事；有些地方对扑火安全不够重视，等等。以上存在问题，必须引起我们高度重视，采取有力措施认真加以解决。

二、认清秋冬季森林防火的严峻形势，增强做好秋冬季森林防火工作的紧迫感和责任感

正确估计广西当前森林防火工作面临的形势. 是做好秋冬季森林防火工作的前提。今年广西秋冬季森林防火工作面临的形势极为严峻，突出表现在以下几个方面：

(一)气象条件非常不利。

根据自治区气候中心提供的资料.今年1～8月,南宁、梧州、百色、钦州、桂林5个气象站观测到的平均降水量为1539毫米,占全年降水量的97.7%,比正常年份的82.2%的平均值高出15.5个百分点,远远高出正常年景。上半年涝下半年旱,这是气候的一般规律。根据气象预测,秋冬防期间,南宁、梧州、贺州、玉林、贵港、钦州、北海、防城港一带将出现严重的干旱天气,9～12月桂南、桂西的森林火险等级偏高,11～12月全区森林火险等级普遍偏高。

(二)地市县机构改革期间,容易忽视抓森林防火工作。

目前,各地正在进行机构改革,地方政府如不切实加以注意,容易忽视抓森林防火。机构改革结束后,新到位的同志,许多可能是刚刚接触森林防火工作,对情况和业务不太熟悉,容易造成工作脱节等问题。

(三)森林植被增加,可燃物增多。

广西在相继实现灭荒、绿化达标后,又接着实施绿色工程,开展封山育林,森林面积逐年增加,但由于林种结构不合理,易燃林比重过大,森林防火任务十分繁重。今年春夏雨量充沛,林下植被生长旺盛,地表可燃物急剧增多,一旦起火,火势强度很高,蔓延速度快,扑救困难,很容易酿成大灾。

(四)火源管理难度大。

随着山区综合开发的深入和人们对林副产品需求的增加,进入林区从事林副业的人员增多,这些人不但防火意识比较低,而且广布林区,管理难度相当大。同时,森林旅游也日趋兴旺,国庆、元旦等假日期间,到林区旅游的人员大大增加,给火源管理带来了新的难度。

(五)因灾受损的森林防火基础设施尚未完全得到重建。

今年7月上旬,广西相继遭受第3号、第4号台风的袭击,台风带来的大风暴雨天气对森林防火基础设施造成了严重的损失,一批瞭望台、无线电转讯台、供电设备、专业扑火队营房等被损坏。由于重建资金投入不足,重建工作进展较慢,给秋冬季森林防火工作带来不利影响。

(六)麻痹大意思想的倾向在一些地方仍然存在。

特别是今年春季森林防火工作取得了较好的成绩。一些人容易产生麻痹大意思想.不利于秋冬季森林防火工作的开展。

通过对秋冬季森林防火工作面临严峻形势的分析,目的就是要大家充分认识到我们的责任非常重大,任务十分艰巨,从而增强做好今年秋冬季森林防火工作的紧迫感和责任感。因此,我们必须比以往投入更大的精力、投入更多的力量,及早研究和部署,采取超常规措施,真抓实干,全面完成秋冬季森林防火各项工作任务。

三、加强领导,精心部署,狠抓落实,努力做好秋冬季森林防火工作

面对秋冬季森林防火工作的严峻形势,各级人民政府、森林防火指挥部及有关部门,一定要以“三个代表”的重要思想审视和指导我们的工作,坚持好的经验和做法,切实改进不足之处,吸取近几年发生的重大森林火灾和森林火灾伤亡事故的教训,加强领导,精心组织,采取切实有力的措施,扎扎实实做好秋冬季森林防火工作。

(一)统一思想,提高认识。

江泽民总书记曾经指出:破坏资源环境就是破坏生产力,保护资源环境就是保护生产力,改善资源环境就是发展生产力。森林火灾是一种破坏性极大的灾害,大的森林火灾.不仅使多年造林绿化的成果被毁于一旦,严重破坏生态环境,造成巨大的经济损失,而且还会影响社会稳定,干扰地方政府的正常工作。因此,做好森林防火工作,不但具有重大的经济意义,而且具有重大的政治意义。各级人民政府和森林防火指挥部一定要从讲政治的高度,进一步提高对森林防火重要性的认识,坚决克服“问题难免,事故难免”的消极论调,克服畏难情绪,把森林防火作为维护社会稳定、促进经济发展、确保人民生命财产安全的一件大事,作为实践“三个代表”重要思想的具体行动,抓紧抓好。

(二)加强宣传教育,克服麻痹松劲思想。

要充分利用各种宣传媒体,大力宣传搞好森林防火工作的重要意义,宣传森林防火的法律法规,开展典型案例教育,把提高各级领导和广大群众的扑火安全意识、普及安全扑火知识作为森林防火宣传教育的首要任务。要加强对各种森林防火宣传设施设备的检查和维护,进入林区的主要路口、森林公园及拥有林地和林木资源的自然保护区,要设置固定森林防火宣传警示碑牌,凡没有设置或损毁的,要立即设立和恢复。防火紧要期,林区的村、屯、居民点要悬挂防火宣传旗,张贴防火标语，营造浓厚的防火气氛。

（三）加强领导，全面落实森林防火目标责任制。

森林防火肩负着保护资源环境、保护国家和人民生命财产安全、维护社会稳定的重任，“责任重于泰山”，实行森林防火行政领导负责制，是做好森林防火工作的重要保证。一个地方森林防火目标责任制的真正落实，主要体现在如下几个方面：一是森林防火的组织机构得到落实。地（市）、县、乡三级森林防火指挥部及其办事机构健全稳定，人员精干，工作高效。二是责任落实到人。各级森林防火指挥部是本地区森林防火工作的责任整体，森林防火指挥部各成员，都要划分森林防火责任区，签订责任状，并经常深入责任区督促检查，帮助解决实际问题。每一项工作、每一个环节，都落实专人负责。三是森林防火基础设施建设纳入地方国民经济和社会发展规划，纳入当地林业发展总体规划。四是森林火灾预防和扑救经费纳入地方财政预算。五是一旦发生森林火灾，政府及森林防火指挥部的领导及时深入现场组织指挥扑救。各地要结合森林防火安全隐患的排查工作，对各级森林防火行政领导负责制的落实情况进行全面检查。责任制不落实的地方，要按照《森林防火条例》的要求，尽快抓好落实。需要特别指出的是，在这次地、市、县机构改革中，各级森林防火指挥部领导成员和防火专职工作人员，要以大局为重，切实负起责任，坚决克服忽视、放松森林防火工作的现象，做好有关的衔接工作，确保各个环节、各项工作不出现空当。

（四）加强排查，全面消除森林火灾安全隐患。

“隐患险于明火”，各地要认真吸取去年在蒙山、昭平两县发生的重大森林火灾伤亡事故的教训，对森林火灾安全隐患进行一次认真、细致、全面的排查排除。从森林防火工作的实际情况来看，安全隐患主要存在于几个方面：一是负有指挥职责的领导在高火险期外出；二是扑火预案不完善，可操作性差；三是扑火指挥员不具备相应的知识和经验，或者不按预案办事，在火灾现场搞瞎指挥；四是通信不畅，指挥失灵；五是扑火队员缺乏扑火安全知识；六是后勤保障跟不上等。对森林火灾隐患的排查排除要重点针对这些方面进行。排查排除的标准要高，要求要严，检查要细，决不能停留在听汇报上，而要深入乡镇、林场、村屯、专业队进行检查。检查结束，检查组负责人要对检查结果签名，要根据存在的问题，提出具体而有针对性的整改意见。被检查的有关单位要按检查组的意见，立即落实人员解决问题，尽快排除隐患。在排查和整改中，要坚决贯彻执行“谁主管谁负责、谁检查谁负责、谁签字谁负责”的原则，坚决杜绝走过场、搞形式主义。各地的排查排除工作，要在9月底前完成，并将情况书面报告自治区森林防火指挥部。自治区森林防火指挥部办公室要加强对这项工作的督查。

（五）坚持“预防为主，积极消灭”的方针，切实抓好各项防火扑火措施的落实。

森林防火要坚持以防为主，“防范胜于救灾”。各地一定要深刻认识预防工作的重要性，要像重视扑火那样，重视预防工作，针对预防工作的薄弱环节，狠抓各项防范措施的落实。

第一，要强化火源管理，消除森林火灾隐患。加强火源管理，是森林防火最基础、最关键的工作。各地必须采取有效措施，狠抓野外火源管理，管住火灾源头。在防火期内，要加强入山人员管理，做到凭证入山，严禁携带火种入山，彻底清理未经批准的入山人员。要严格执行野外生产生活用火制度，对批准的野外生产生活用火，要开设好防火线，落实好责任人和扑救力量，确保万无一失。要完善村规民约，推行村民联防制度，充分发挥群众在森林防火工作中的积极作用。在高火险期，各地政府要及时发布戒严令，禁止一切野外生产生活用火，并派专人对重点林区、重点地段、重要路口严防死守。国庆、元旦和春节期间，要特别注意和加强对风景区、旅游景点的火源管理。要吸取去年底兴安县发生长时间山火的教训，重视对灌木林地和草地的火源管理工作。

第二，要加强可燃物管理，推广计划烧除技术。可燃物是发生森林火灾的物质基础，林内大量可燃物堆积，一旦起火，极易酿成大灾。计划烧除是清除地表易燃可燃物的有效办法，各地要积极探索，认真总结，以点带面，逐步推广，不断扩大计划烧除面积，减轻火灾压力。要及时清理防火线杂草和防火林带内的枯枝落叶。要组织好群众，抢在防火紧要期之前，烧除田边地头杂草，消除森林火灾隐患。

第三，要制订和完善扑火预案。各地要把制订、完善扑火预案列入重要议事日程，没有制订的要抓紧制订，不够完善的要抓紧完善。自治区、地、市、县、乡镇、林场都要制定各自的预案。预案必须有针对性，内容要具体，操作性要强，要区分不同的火灾情况，明确指定总指挥、前线指挥、后勤负责人员及其各自的职责，指定扑火力量，提供备选战略战术，把预案制订成实用、有效的操作手册。发生火情时，各级指挥员要严格按照预案指挥扑救，决不能把预案当成摆设，凭个人好恶随意盲目指挥。

第四，立足于扑大火，做好扑火的各项准备工作。进入秋防，各级防火办要坚持24小时值班，自治区防火办要不定期对各地值班情况进行抽查。瞭望台也要24小时有人值班，保证及时发现和报告火情。一旦发生火灾，要坚决贯彻“打早打小打了”的原则，主要领导要坐镇指挥，前线指挥员要深入火场，靠前指挥，要把小火当成大火打，集中优势兵力，打歼灭战。要加强对专业、半专业、义务扑火队伍和扑火指挥员的培训，加强对扑火机具的检查，按缺什么补什么配齐扑火装备，做到人员、培训、装备“三落实”。在这里，我要特别强调的是，各级领导要以对党对人民高度负责的态度，把扑火安全放在扑火工作的首位，坚持安全第一，严肃火场纪律，严禁组织中小学生、妇女儿童和老弱病残人员参加扑火。对玩忽职守，组织不力，不负责任，造成重大伤亡事故的，要依纪追究有关负责人的党纪政纪责任，情节严重的，依法移交司法机关严惩。

（六）加强基础设施建设和队伍建设，不断提高预防和扑救森林火灾的综合能力。

良好的设施设备是做好森林防火工作的保障。目前，广西森林防火基础设施建设仍是森林防火的薄弱环节，各地要大力加强以“四网两化”（即预测预报网、瞭望监测网、通信网、阻隔网，扑火队伍专业化、扑火工具机具化）为主要内容的森林防火基础设施建设，要认真贯彻落实《自治区人民政府关于进一步加强森林防火工作的通知》（桂政发〔1996〕104号）精神，把森林防火基础设施建设纳入财政预算，林业部门也要加大对森林防火资金的投入，同时，要探索建立多渠道投入机制，不断完善“四网两化”建设。要制订规划，集中有限资金，以项目方式，推动整个工作的开展。

在加强森林防火基础设施建设的同时，还要加强防火机构和队伍的建设。森林防火是一项涉及面广、技术性要求高、责任重大的工作。培养一支高素质的森林防火队伍，是搞好森林防火工作的保证。各地要利用这次机构改革的机会，落实好指挥部办公室的编制和人员，把防火办建设成为机构稳定、人员精干、办事高效的机构；要加强学习，加强培训，提高防火队伍的素质。

（七）各部门要密切配合，共同做好森林防火工作。

森林防火具有很强的公益性和社会性，各有关部门要予以高度重视，密切配合，充分发挥本部门的职能作用。计划部门要将森林防火基础设施建设纳入当地国民经济和社会发展规划；财政部门要把森林防火经费列入财政预算；公安部门要加大对火案的查处力度；林业部门要把森林防火放在林业工作的重要位置，要主动为各级人民政府当好参谋，加强督促检查，对大的森林火灾，自治区林业局要迅速派人到现场了解情况，进行指导；气象部门要及时提供有关森林火险天气预测预报、火场气象信息等服务；航空部门要积极为航空护林的救灾飞行提供方便。民政、铁路、交通、邮电、农业、卫生、广播电视、信息产业等部门都要在各自的职责范围内，努力为森林防火做好服务。驻林区解放军、武警部队和广大公安干警要一如既往地支持、参与防火扑火工作。

（八）加强检查督促，确保各项措施落实到位。

森林防火是涉及方方面面的系统工程，哪一个方面出了问题，哪一个环节出了漏洞都会使整个防火工作功亏一篑。不管是千条措施万项制度，最关键的是在于落实。各地要按照这次会议精神，从统一思想到加强组织领导和宣传教育，从行政领导责任制的落实到各个部门的协调配合，从排查排除安全隐患到严格火源管理、完善扑火预案、做好扑火各项准备工作等，都要扎扎实实，一丝不苟的进行检查，确保各项措施真正落实到位。

秋冬季森林防火期即将到来，让我们紧急行动起来，加强领导，落实责任，精心部署，狠抓落实，为夺取秋冬季森林防火工作的全面胜利而努力工作。

全区造林绿化表彰暨义务植树动员电视电话会议的主要内容

（2002年2月26日）

为了贯彻落实全国造林绿化表彰动员会议精神，表彰“九五”以来为广西国土绿化建设事业做出突出贡献的先进集体和先进个人，部署新时期的国土绿化工作，动员全区各族人民积极投身全民义务植树运动，今天，自治区人民政府在这里召开全区造林绿化表彰暨义务植树动员电视电话会议。在此，我代表自治区人民政府和自治区绿化委员会，向获得国家和自治区表彰的先进集体和先进个人表示热烈的祝贺，向战斗在绿化战线上的广大干部职工、解放军和武警官兵致以崇高的敬意。

一、“九五”以来全民义务植树运动和造林绿化事业取得的成就和经验

植树造林，改善生态环境，是造福当代、惠及子孙的千秋伟业。我们党的三代领导集体一直以战略的眼光关注着国土绿化，并身体力行地推动绿化建设。毛泽东同志在新中国成立之初，就发出“绿化祖国”的伟大号召；20年前，邓小平同志积极倡导开展全民义务植树运动，他明确指出：“植树造林，绿化祖国，要坚持二十年，坚持一百年，坚持一千年，要一代一代永远干下去。”1991年，江泽民同志向全国发出了“全党动员，全民动手，植树造林，绿化祖国”的号召，1997年又提出了大抓植树造林，绿化荒漠，再造秀美山川的宏伟目标。近年来，自治区党委、自治区人民政府对国土绿化工作也高度重视，在农业和农村“1234610”工作思路和西部大开发“三五五”思路中，提出了实施绿色工程、做好生态环境保护和建设文章。这些都为广西开展全民义务植树运动和推进国土绿化事业指明了方向。

“九五”以来，全区各族人民、驻桂解放军和武警官兵响应党和国家号召，在各级党委、政府的领导下，积极投身国土绿化事业，踊跃参加全民义务植树运动，坚持年年植树、栽花、种草，全区累计有1.05亿人次参加了义务植树，植树7.92亿株。全区营造纪念林、种植纪念树等活动蔚然成风。全民义务植树运动的深入开展使全社会的绿化意识、保护生态环境意识不断增强，绿化先进集体和先进个人层出不穷。在全民义务植树运动的推动下，广西的国土绿化事业和生态环境建设取得了巨大的成就，全区森林面积已达981.91万公顷，森林覆盖率达41.33%，名列全国第五位；全区设市城市建成区绿化覆盖率达31%，人均公共绿地面积达到7.85平方米，两项指标均高于全国平均水平；全区专业养护公路18476.1公里，已绿化15656.6公里，公路两旁宜林地绿化率达96.5%，公路绿化水平走在全国先进行列；珠江防护林和沿海防护林体系建设工程、平原绿化工程、退耕还林试点工程、大石山区石漠化治理工程等重点林业生态工程建设取得了重大进展，成效显著；全区实现了绿化达标的目标，继而实施的绿色工程进展顺利，特别是近两年营造的桂海高速公路绿色长廊，树木长势良好，树种配置合理，南国特色鲜明，起到了很好的示范作用，树立了广西绿化的新形象。国土绿化事业的发展，使广西生态环境得到了明显改善，人居生活环境质量得到了进一步提高，为广西国民经济的可持续发展和社会进步，为实现自治区党委提出的富民兴桂新跨越战略目标奠定了良好的基础。

广西国土绿化和义务植树工作之所以取得这么大的成绩，一是坚持全党动员，全民动手搞绿化，实行领导干部任期造林绿化目标责任制；二是坚持统一规划，合理布局，有步骤、有计划地开展跨区域、跨部门的绿化工程，努力提高造林绿化的质量和效益；三是坚持生态、经济和社会效益相统一，造林绿化与区域经济发展和农民脱贫致富奔小康相结合，充分调动广大人民群众的积极性；四是坚持资源保护和生态建设并重，一手抓现有植被保护，一手抓新的植被建设，在巩固的基础上不断扩大造林绿化成果；五是坚持深入开展全民义务植树运动，不断创新义务植树形式，进一步拓宽义务植树领域，提高义务植树尽责率和实效；六是坚持依法管林，不断健全国土绿化的法律法规，加大执法力度，为造林绿化事业发展提供强有力的法制保障。这些经验，在新时期的造林绿化工作中，要继续坚持并不断丰富。

在总结成绩和经验的同时，我们必须清醒地看到，广西虽然已基本消灭了宜林荒山，实现了绿化达标，但林种树种结构不合理，林分质量和蓄积量不高，林木产出率较低；大石山区石漠化治理滞后，生态环境恶化；一些地方毁林开垦仍屡禁不止，而且面积还有扩大的趋势，退耕还林任务艰巨；林产工业原料林供应日趋紧张，现有的短轮伐期速生丰产用材林满足不了市场的需求，给国土绿化事业的发展造成了很大的压力；城镇绿化特别是小城镇绿化建设比较落后，与加快城镇化建设及人民日益增长的物质和文化生活需要不相适应；道路绿化跟不上建设的步伐，特别是新建、改建、扩建的道路绿化率较低；义务植树的管理机制和法律保障机制不够健全，一些地方和单位义务植树的法定意识不强，尽责率偏低；侵占和破坏林地、绿地，乱砍盗伐树木等违法犯罪行为屡有发生，等等。对存在的突出问题，我们必须引起高度重视，认真加以解决。

二、进一步提高对造林绿化和全民义务植树重要性的认识，增强工作的责任感和使命感

随着社会主义现代化建设第三步战略的实施和全面建设小康社会的推进，造林绿化、改善生态环境显得更为重要。江泽民总书记在“七一”重要讲话中指出：“要促进人和自然的协调与和谐，使人们在优美的生态环境中工作和生活，坚持可持续发展战略，正确处理经济发展同人口、资源、环境的关系，改善生态环境和美化生活环境，改善公共设施和社会福利设施，努力开创生产发展、生活富裕和生态良好的文明发展道路”，江泽民总书记的讲话，是对新时期国土绿化事业提出的新要求，赋予的新使命。我们一定要认真学习、领会和贯彻落实江总书记的讲话精神，进一步提高对造林绿化和全民义务植树重要性的认识，增强工作的责任感和使命感。

（一）大力造林绿化，改善生态环境，是实现经济社会可持续发展的基础。

森林资源是人类赖以生存的重要基础资源，对于遏制土地荒漠化，防止水土流失，调节气候，改善生态环境，保护生物多样性等具有重要作用，是实现自然生态系统和社会经济系统协调发展的重要纽带。保护和发展森林资源，就是保护和发展生产力，就是保护人类的文明。古今中外的生态发展兴衰史警示我们：生态恶化，祸起毁林；改善生态，必先兴林。广西生态比较脆弱，生态环境恶化的总体趋势尚未从根本上扭转。我们决不能以牺牲生态环境为代价追求眼前利益和局部利益。只有高度重视森林植被的保护和建设，改善和保护好生态环境，才能实现经济社会的可持续发展。

（二）大力造林绿化，加快林业发展，是调整农业结构，增加农民收入的重要途径。

近几年来，广西调整农业和农村经济结构取得了很大的成效，当前和今后一个时期，仍要进一步加大力度。植树造林，是实施结构调整的一项重要措施。一是有利于防风固土，治理水土流失，改善农业生产条件，增强抗御自然灾害的能力，巩固农业基础地位；二是可以结合农业综合开发和山区综合开发，发挥广西林业资源充足和气候适宜林业发展的比较优势，大力发展速生丰产用材林、经济林、竹林等，扩大生产门路，增加农民收入，促进农村经济全面发展。

（三）大力造林绿化，美化生活环境，是全面建设小康社会的重要内容。

随着我国经济社会的发展和人民生活水平的提高，人们的绿化意识、生态意识不断增强，对生态环境和人居生活环境的要求也越来越高。发达的林业，高水平的绿化，是国家富强、民族繁荣、社会文明的标志之一。在加快社会主义现代化建设的进程中，必须努力创造优美、清新、健康、舒适的人居环境，建设绿色文明，陶冶人们的情操，激发人们的爱国热情，促进社会主义精神文明建设。

（四）大力造林绿化，加强生态建设，是实施国家西部大开发战略的迫切需要，是实施国家西部大开发的根本切入点。

森林资源总量不足，调节和维持生态平衡的能力不强，局部地区水土流失严重，石山地区石漠化继续加剧，自然灾害发生频繁，是制约广西经济和社会发展的重要因素。党的十五届五中全会明确指出：要力争用五到十年的时间，使西部地区基础设施和生态环境建设有突破性的进展，西部开发有一个良好的开局。只有把植树造林作为西部大开发的重要任务，作为改善广西生态环境的根本措施来抓，才能实现广西西部大开发的目标和任务。

三、明确目标，狠抓落实，努力开创造林绿化和全民义务植树工作的新局面

今后一个时期广西国土绿化工作的指导思想是：以邓小平理论和江泽民同志“三个代表”重要思想为指导，以改善生态环境，提高人居生活环境质量，促进可持续发展为目标，以林业生态工程、城市绿化和绿色工程为重点，深入开展全民义务植树运动，全面推进城乡绿化一体化建设，提高国土绿化总体水平。根据自治区九届人大四次会议通过的《广西国民经济和社会发展第十个五年计划纲要》，广西国土绿化和生态建设的目标任务和要求是：以建设山清水秀、环境优美、具有亚热带特色的生态环境为目标，以保护、恢复和扩大植被为重点，加强生态体系建设，改善生态环境；扩大并加强保护生态公益林、提高森林的生态效益；实施绿色工程，大力植树种草，有计划、分步骤地抓好退耕还林还草还竹，加强珠江流域、沿海防护林体系建设。广西国土绿化工作的重点是：贫困石山地区石漠化治理、退耕还林、珠防林和海防林建设、速生丰产林基地建设、绿色工程建设和城乡绿化一体化建设。

根据上述的目标任务和工作重点，必须抓好以下几个方面的工作：

(一)继续深入开展全民义务植树运动。

全民义务植树运动具有公益性和法定性，必须长期坚持，深入开展。各级人民政府和各级绿化委员会要根据新情况、新特点，认真研究广西适龄公民履行植树义务的新办法，在提高尽责率和实效上下功夫。要将全民义务植树纳入整个造林绿化规划中，统一规划，统筹安排。要将“政府推动、宣传发动、政策调动、利益驱动”有效结合起来，积极探索义务植树实现形式上的多元化。要根据自治区的总体部署，结合各地的实际，确定义务植树的重点，并不断拓宽义务植树的领域。城市的义务植树活动要从以荒山造林为主向营建环城绿化带、塑造城市精品工程、门前绿地和树木“三包”等拓展；乡镇的义务植树活动在组织好荒山造林的同时，也要向乡镇所在地的绿化、门前树木“三包”等拓展；农村的义务植树活动要以荒山造林、低产林改造向庭院绿化拓展。要切实加强义务植树情况的检查监督和制度建设，实行严格的通报和奖惩制度，促进全民义务植树运动有效开展。

(二)切实抓好绿色工程和其他各项以造林绿化为主的生态建设重点工程。

绿色工程、石漠化治理工程、退耕还林试点工程、珠防林和海防林建设工程、速生丰产林基地建设工程是广西实施的以造林绿化为主的生态建设重点工程。这些工程的实施直接关系到广西西部大开发战略的实施、农业结构的调整和农民增收。各级人民政府、各有关部门必须要加强领导，落实责任，明确任务。按照国家林业局提出的“严管林，慎用钱，质为先”的九字方针，切实加强工程建设管理，严格执行国家和自治区的基本建设程序，按规定立项，按项目进行动态管理，按设计组织施工，按工程进度安排建设资金，按效益考核。要根据出现的新情况、新问题，积极研究和探索工程建设的管理机制、投入机制、技术支撑和建设模式，确保工程的质量和成效。

(三)要着力抓好城市绿化，加快城乡绿化一体化建设进程。

城市绿化建设是国土绿化的重要组成部分，也是城市现代化建设的重要内容。在城市绿化建设中，必须要体现“以人为本”的理念和“可持续发展”的内涵。老城市要结合城市改造和扩建，努力扩大绿地面积。在搞好街道、广场、公园等公共场所和庭院、厂区、居民区、营区绿化的同时，要特别注重城市大环境的绿化，建设大型环城林带，努力朝园林化方向发展，建设一批适应广西工业化、城镇化进程和现代化建设需要的生态型城市。

城乡绿化一体化是国土绿化进入新阶段的重要标志。近年来，南宁、桂林等一些城市的绿化逐步呈现出由城市向乡村发展的趋势。各级绿化委员会要把握绿化发展的新趋势，因势利导，以点带面，着力推进城乡绿化一体化建设。在一体化建设中，要坚持以城市带乡村，以乡村促城市，城乡联动，总体推进。通过城镇的辐射特别是中心城市的辐射能力，带动周边乡村绿化的发展，实现城区园林化、郊区森林化、通道林荫化、农民庭院花果化。城乡绿化一体化建设要与城市基础设施建设和小城镇建设相结合，纳入城镇建设规划，全面安排，同步实施。要落实部门绿化分工负责制，各负其责，各尽其力，全面推进。今后一段时期，我们要着重抓好桂海高速公路沿线的南宁市、桂林市、柳州市、北海市等四个城市的城乡绿化一体化示范区建设，提升四大中心城市的城市品位和人居环境质量，树立良好地对外开放新形象，改善投资环境和旅游环境，促进地方经济建设的发展，带动和推进全区城乡绿化一体化建设。

(四)要依法行政，保证造林绿化事业的健康发展。

坚持依法兴绿，依法护绿，是造林绿化事业发展的根本保障。各级人民政府、各有关部门一定要认真学习有关国土绿化的法律法规，提高执法能力，在组织领导本地区、本部门的国土绿化工作中，能以身作则，依法行政。同时，要注重本地区、本部门执法队伍的建设，提高执法人员的素质，依法保护好造林绿化成果。当前，广西一些地方毁林开垦、乱砍滥伐等违法犯罪行为屡禁不止。为了加大对破坏森林资源案件的查处力度，自治区人民政府已部署于今年1月至3月在全区开展查处破坏森林资源案件的紧急行动。各级人民政府、各有关部门对此要予以高度重视，按照自治区的统一部署，精心组织，采取有力措施，确保查处破坏森林资源案件取得实效。

(五)健全机构，充分发挥绿委会的宣传发动、组织协调、检查监督和评比表彰“四大”职能作用。

根据《国务院关于开展全民义务植树运动的实施办法》，各级绿化委员会统一领导本地区的义务植树运动和整个造林绿化工作。各级人民政府、各有关部门要建立健全绿化委员会的办事机构，落实专职人员，将工作经费纳入同级财政预算，做到机构、人员、经费“三落实”。各级绿化委员会要加强自身建设，改进工作作风，深入基层，研究新情况、新问题，当好党委、政府的参谋和助手。要进一步加大宣传发动力度，提高全民绿化意识和参与意识；要组织协调各地、各有关部门和单位认真履行好部门绿化分工负责制，使部门之间密切配合，相互支持；要强化检查制度，提高工程项目质量和绿化水平；要继续开展争创绿化先进活动，完善评比表彰机制，发挥评比表彰的激励作用，努力形成比、学、赶、帮的良好局面，推动广西的国土绿化和生态建设进程。

四、抓住时机，广泛动员，扎扎实实地做好今年的义务植树工作

当前，正是植树造林的大好时节。各级人民政府、各有关部门一定要抓住时机，扎扎实实地组织开展今年的义务植树活动。

（一）切实做好宣传发动工作。

宣传发动工作是做好全民义务植树工作的前提。各级人民政府、各有关部门要切实加大宣传发动力度，充分利用各种新闻媒体，采取多种形式，宣传造林绿化与改善生态环境、改善人居环境的重要意义；宣传造林绿化与国民经济和社会可持续发展的密切关系；宣传全民义务植树运动的全民性、法定性和公益性；宣传造林绿化和义务植树的好经验、好做法和好典型，进一步提高广大人民群众的绿化意识、环境意识和可持续发展意识，努力营造一个盼绿、植绿、爱绿、护绿的良好氛围，使广大人民群众积极参与和支持义务植树活动。

（二）精心组织，周密安排。

全民义务植树运动是一项浩大的群众性运动。各级人民政府、各有关部门一定要紧紧围绕“建设八桂大地秀美山川”这一目标，以改善生态环境，提高人居环境质量为主题，结合广西正在实施的各项重点生态工程，加强领导，精心组织，周密安排。要根据去年义务植树适龄公民普查的结果，分配义务植树任务，组织好适龄公民参加义务植树活动。要重视对义务植树的技术指导，提高植树质量，特别要加强抚育和管护工作，巩固义务植树成果。

（三）建立健全义务植树登记卡制度，提高义务植树的尽责率。

义务植树登记卡制度，是深入开展全民义务植树运动的一项重要管理制度。实行这项制度，可以为考核各单位义务植树情况提供依据，有利于监督检查，加强科学管理。各级绿化委员会要切实抓好这项工作，并依据义务植树登记卡进行严格检查。对不完成或不履行植树义务的单位和个人，要责令限期补栽，提高义务植树的尽责率。

造林绿化，改善生态环境是一项长期而艰巨的历史任务。目前，正是植树造林的黄金时节，让我们立即行动起来，动员全区各行各业的广大干部群众，积极投身于造林绿化和义务植树活动，为国土绿化、改善生态环境做出新的贡献。

全区农村生态能源建设暨秋冬季森林防火工作电视电话会议的主要内容

（2002 年 9 月 19 日）

目前已进入中秋，今年全区农村生态能源建设任务很重，同时秋冬季森林防火工作也面临十分严峻的形势。为了切实抓好这两项工作，自治区人民政府决定召开这次全区农村生态能源建设暨秋冬季森林防火工作电视电话会议，对这两项工作进行部署。

一、充分认识抓好新时期农村生态能源建设的重要意义，扎扎实实推进农村生态能源建设

进入新世纪后，我国林业工作正在发生深刻的变化。突出抓好生态环境建设是新时期林业工作的显著特点，也是国家实施西部大开发的根本措施和切入点。随着西部大开发战略的深入实施，以沼气池建设为重点的农村生态能源建设发展迅速，也日益受到党中央、国务院的高度重视。江泽民总书记今年 4 月在西安主持召开六省区西部大开发工作座谈会时强调指出：“要认真搞好天然林保护、防沙治沙和退耕还林等重点工程，注意把退耕还林还草与农田基本建设、农村能源建设、生态移民、农牧业结构调整结合起来。”朱镕基总理在去年 4 月考察湖南湘西时也指出：“搞生态环境建设，退耕还林还草，要重视农村能源结构的调整，要大力发展小水电和沼气，国家要给予扶持，农村能源问题解决不好,'一退三还'成果就保不住。"党中央、国务院将农村能源建设放在如此的高度,将其作为我国实施可持续发展战略的重要内容之一来考虑,这是前所未有的,这也充分说明加快农村生态能源建设的极端重要性。

近些年来,广西采取了多种有效措施,以沼气池建设为重点的农村生态能源建设实现了跨越式发展。据统计,近两年,每年新建沼气池都超过了30万座,年建设户用沼气池数量居全国首位,约占全国总量的三分之一。到2001年底,全区累计建成沼气池134万座,沼气池入户率为16.76%。农村沼气池发挥作用的结果,使全区每年节约薪柴约1078万吨,相当于每年少砍了39万多公顷的有林地面积。由于抓了沼气池的建设,有效地保护和改善了生态环境,2000年,全区森林覆盖率从1995年的34.37%提高到了41.33%;活立木蓄积量从3.1亿立方米增加到4.03亿立方米,属全国增量最大的省区。沼气池发挥作用的效果,不仅有效地减少了森林消耗,改善了农村生态环境,直接巩固了退耕还林成果,而且还有力地促进了农村经济结构的调整,加快了无公害农产品的发展,促进了农业增效和农民增收。此外,还有效地解决了农村卫生问题,为农村营造了良好的文化卫生环境,提高了农村精神文明程度。广西的实践充分证明,大力发展农村生态能源建设,能够最大限度地实现"经济、生态、文明"三促进,完全符合"三个代表"重要思想的要求,是我们在农村实践"三个代表"重要思想的最生动、最具体的体现。

自治区党委、自治区人民政府对以沼气池建设为重点的农村生态能源建设工作非常重视,将其作为新时期农业和农村工作的一项重要内容加以部署和安排。曹伯纯书记和李兆焯主席曾多次对此作了批示,提出了明确的要求。各级领导干部要深刻认识新时期加快农村生态能源建设的重要意义,深刻领会和认真贯彻落实自治区领导的重要批示精神,以江总书记"5·31"重要讲话精神为指导,站在实践"三个代表"重要思想和贯彻实施可持续发展、西部大开发战略的高度,创造性地抓好以沼气为重点的农村生态能源建设。

二、明确目标任务,创新工作方法,加快广西农村生态能源的发展

目前广西已具有较为成熟的沼气池建池技术,有一支技术过硬的专业技术队伍,农村沼气池技术服务网络不断完善,广大农民建设沼气池的积极性很高。随着西部大开发战略的实施,农村生态能源建设正面临着良好的发展机遇,为此,自治区人民政府确定要进一步加快建设步伐。2002年农村生态能源建设的具体任务是:

(一)新建农村户用沼气池40万座,比去年增加10万座。其中在4060个贫困村新建沼气池15万座,在面上非贫困村新建沼气池25万座,到今年末使全区沼气池总数达到174万座,占全区可建沼气池农户总数的20%以上。

(二)继续抓好恭城、北流、容县、武鸣、大新、平果、靖西、南丹8个自治区沼气池建设重点示范县(市)建设,确保恭城县"十五"计划期末沼气池入户率达到85%,其他7个县沼气池入户率达到70%以上;同时抓好邕宁、阳朔等10个县(市)的20个自然村形象工程示范点建设。

(三)继续抓好以沼气为重点的生态农业"152示范工程"项目建设,抓好农业部、国家林业局下达的农村小型公益设施沼气池项目和生态家园富民工程建设。

自治区人民政府近期即可将全区今年40万座沼气池建设方案印发给各市(地)、县,各市(地)、县要尽快将计划任务分解落实到乡(镇)、村屯。

根据各地的经验,要搞好以沼气池为重点的生态能源建设,必须注意两点:

第一,要实行分类指导,根据不同的经济发展状况,推广不同的模式:在经济条件一般或较贫困的村、屯,推广以沼气为纽带,把养殖业和种植业紧紧联系在一起,构成养殖—沼气—种植三位一体的生态农业,实现以气代柴,又发展生态农业,促进农村卫生环境改善的目的;在经济条件比较好的村、屯,推广综合配套型模式,即以沼气建设为切入点,进行"五改十化"配套建设,把沼气建设与住宅、环境、道路改造结合起来,同步或分步建设,在解决沼气代柴,发展生态农业的同时,着力改善家居条件和环境;在经济条件比较富裕的村、屯,推广生态家园型模式,即把沼气池、"五改十化"、住宅改造纳入旧村改造和新村建设的统一规划,建设新型生态家园,实现庭院经济高效化、农业生产无害化、家居环境清洁美化。

第二,是要与农村的中心工作有机地结合起来。要把沼气池建设与农业结构调整结合起来,与农业增效和农民增收结合起来,与退耕还林工程结合起来，与促进农村生产生活的变革结合起来，与农村文明建设结合起来，充分利用沼气的多功能作用，不断提升沼气建设的总体效益，使沼气建设更具生命力、吸引力和辐射力。

三、精心组织，落实措施，确保按质按量完成今年40万座沼气池建设任务

今年广西沼气池建设比去年增加10万座，这是广大农民的要求，也是保护和改善生态环境的需要。由于沼气池建设任务很重，时间很紧，各地一定要统一思想认识，增强紧迫感和责任感，通过艰苦扎实的工作，确保任务的完成。

(一)统一认识，转变作风。

据各地统计，到目前全区沼气池建设任务只完成了10万座。今年所剩时间不多，如何在年内再完成30万座的任务？我认为，关键要统一思想，转变作风。对实施农村生态能源建设的认识。不能仅仅停留在以气代柴的层次，而是要把它放在实践“三个代表”、促进农业结构调整、提高农产品市场竞争力、增加农民收入、改善农村生活环境的大目标中来认识。思想认识统一了，农村的广大干部群众就会有自觉的行动。与此同时，还要有扎扎实实、艰苦奋斗的作风。要充分利用当前有利时机，采取领导带头，落实责任，包干负责的办法，完成建设任务就有了可靠的力量保障。

(二)明确职责，密切配合，形成合力。

近年来，广西沼气发展较快的一条重要经验就是明确职责、密切配合，形成农村生态能源建设工作的合力。为确保今年新建40万座沼气池建设任务的完成，必须在各级政府的统一领导下，继续实行林业、扶贫、卫生、财政等部门各负其责、分工协作的工作机制：自治区扶贫办牵头负责全区贫困村15万座沼气池建设的组织实施；自治区林业局负责面上非贫困村25万座沼气池建设的组织实施，并负责全区沼气池建设的技术培训、指导和服务工作；自治区卫生厅负责在沼气池建设过程中对结合改厕的配套落实好卫生器具；财政部门负责沼气池建设补助资金的安排落实和对沼气池建设资金使用的管理及监督；国地、规划、建设等部门要把农村沼气建设纳入部门工作范围，在办理建池用地时要简化手续，及时审批；农业、水产畜牧、水利等部门在项目规划和建设中应尽可能地与沼气池建设结合考虑。总之，要在全区范围内形成各有关部门、有关单位密切合作，齐抓共管的局面。

(三)抓好典型示范，加大宣传力度，使沼气池建设变成群众的自觉行动。

示范带动是新时期做好农村工作的有效办法，沼气池建设尤其如此。自治区、市(地)、县各级都要下大力气抓好典型，树立榜样，推动沼气池建设。今年自治区要重点抓好恭城、北流等8个沼气建设重点县和邕宁、阳朔等10个县的20个自然村形象工程示范点。各市(地)、县也要结合实际在交通方便的地方、旅游景点周围等重点规划创建一批沼气示范典型，使群众看得见、摸得着、学得到。同时，各地要充分利用各种方式广泛深入地向群众宣传建沼气池的好处，要通过生动的典型事例来教育和动员广大群众参与建设沼气池。

(四)明确补助标准，落实补助资金，加强资金管理。

沼气池建设的直接受益者是农民，投入主体也是农民，但沼气池建设除了直接为农民提供燃料、增加收入外，还有十分显著的社会效益和生态效益。因此，政府投入一定的补助资金扶持农民建沼气池是十分必要的。2002年，自治区继续对沼气池建设实行补助，具体补助标准是：贫困村新建沼气池，每座补助400元以下，由各县(市、区)从自治区切块到县的贫困地区基础设施建设扶贫资金中安排；非贫困村新建沼气池，每座补助100元，由自治区财政厅、林业局下达到县。各市(地)、县也要拿出相应的配套资金，增加对沼气池的投入。各级各部门投入沼气池建设的补助资金要及时到位。沼气池建设项目资金要按照自治区财政厅、林业局制定的《广西壮族自治区农村能源建设资金管理暂行办法》和扶贫资金管理的有关规定严格管理和使用。今年补助沼气池建设的资金全部以建设材料和配件的形式对农户进行补助，补助材料必须进行公开招标采购。补助物资的发放手续要完善，领取补助物资的农户名单及领取数量要以村屯为单位公示，接受群众监督。

(五)加强技术培训，实行持证上岗施工制度，确保建池质量。

自治区、各市(地)要组织好技术培训。各县(市)要按照每个自然屯拥有2－3名技术员的标准培训技术施工员，实行持证上岗施工制度。每建一座沼气池都要按要求进行编号建档，在建池的同时同步在沼气池刻上编号和建池时间，编号与建池时间要与档案相一致，要经得起检查，经得起历史的考验。今年凡是由没有取得沼气池施工资格证书的人员施工的沼气池，一律取消补助。自治区有关部门要尽快研究制定沼气池建设管理办法，通过完善制度来进一步加强和规范沼气池的建设与管理，在数量上杜绝弄虚作假，在质量上确保建一座成功一座。

（六）建立健全服务网络，实行社会化服务。

各地要尽快建立县、乡、村三级技术维修服务网络体系，培训配备专业技术维修人员，使县、乡、村三级服务网点都具备及时向用户提供技术服务的功能，使广大用户能够及时从服务网点学习掌握沼气池安全管理使用、综合利用技术及其他高效生态技术，确保沼气池能长期正常使用。真正使使气池成为农民致富的有效载体。

（七）加强检查监督。

为确保今年沼气池建设任务的完成，年内自治区人民政府将组织力量对全区沼气池建设进行督查，重点督查任务落实、资金到位、建设进度、技术培训和服务、建池质量和档案建立等情况。同时，自治区林业局将组织专家组经常深入各市（地）、县，加强对全区沼气池建设质量的检查和技术指导，重点帮助技术相对薄弱的地区提高沼气池建设的技术和管理水平，保证沼气池建设的质量。各市（地）、县也要结合实际抽调人员组成检查组深入村屯进行督促检查，发现问题及时研究解决，确保沼气池建设任务的完成。

下面，我通报一下今年森林防火工作的形势，就做好秋冬季森林防火工作提几点要求。

今年春防期间，森林火灾次数上升，森林受害面积增长，森林火灾受害率比例与近几年相比有所提高。据统计，到6月底止，全区共发生森林火灾338次，受害森林面积1510公顷，森林火灾受害率0.15‰。与去年同期相比，火灾次数增加2.38倍，受害面积增加5.66倍，受害率上升0.13个千分点。

综合分析各种因素，今年秋冬季森林防火工作面临的形势依然非常严峻，突出表现在以下几个方面：一是气象条件不利。据气象部门预测，广西今年9～12月的降水量与常年同期相比偏少，有出现全区性秋旱的可能，森林火险等级与常年同期相比将呈偏高趋势。二是森林植被增加，防火任务更加繁重。随着广西各项林业生态工程的相相继实施.广西森林面积不断增加，同时由于地表可燃物逐年累积、易燃林分比重过大、集中连片森林多等因素，发生森林火灾的隐患也随之增多，森林防火任务极为艰巨。三是进入林区从事生产活动和旅游的人员逐年增多，这些人散布林区，点多面广，流动性强，难于管理。四是一些地方领导仍然对森林防火工作的重要性、长期性、艰巨性认识不足，麻痹大意，思想松懈，行政领导负责制没有真正落实到位。同时，由于县乡换届期间领导变动大，容易出现工作脱节，等等。面对严峻的形势，各地要紧急行动起来，采取措施，全面提高防火扑火的综合能力，杜绝重大森林火灾和重大人员伤亡事故的发生，把森林火灾受害率控制在较低水平。为此，当前务必抓好以下几项工作：

第一，大力加强森林防火宣传工作。森林防火的宣传教育要在广度和深度上下功夫，做到“六个结合”：把大力开展宣传月、宣传周活动与圩日宣传、走村串寨宣传相结合；把正面典型的宣传教育与反面典型的警示教育相结合；把对领导、对专职工作人员的宣传与对消防队员和群众的宣传相结合；把对森林防火重要性、严肃性的宣传与对防火扑火知识、安全知识的宣传相结合；把刷新、新建固定宣传碑（牌）、书写标语、办宣传栏等固定宣传与飞机、宣传车等流动宣传相结合；把电视、广播宣传与报刊、标语、横幅等宣传相结合。要注重宣传形式的多样化，使森林防火的重要意义家喻户晓，深入人心，不留死角。

第二，严格火源管理，消除各种火灾隐患。在森林防火期要加强对入山人员的管理，做到凭证入山，严禁火种入山。要加强瞭望监测和林区巡逻，及时发现火情。要抓好重点林区、火灾多发区、风景旅游区的火源管理，派专人对重点地段、重要路口严防死守。要严格执行野外生产生活用火制度，对经批准在野外生产生活用火的.要开设好防火线，落实好责任人和扑救力量，确保不引发火灾。在高火险期要及时发布戒严令，禁止一切野外生产生活用火。要完善村规民约，推行村民联防制度。要积极开展计划烧除，及时清理防火线上的杂草和防火林带内的枯枝落叶。

第三，落实“四个到位”，做好扑救森林火灾的准备。一是扑火预案制定到位。努力把预案编制成责任明确、人员落实、操作性强的战斗方案。二是扑火队伍到位。做到人员、训练、装备“三落实”。三是扑火指挥机构组建到位。必须由有经验、懂技术、有权威、责任心强的人担任指挥员。指挥员在防火紧要期确需外出的，必须得到上级森林防火指挥部批准同意后方可外出。四是扑火物资准备到位。要认真检查，按照“缺什么补什么”的原则，通过维修和购置，备齐必要的扑火器具。

第四，加强值班调度，严密监测火情。各级防火办要坚持24小时有人值班，坚持值班记录制度。高火险时段，要有领导带班。要保持通信联络畅通，确保有关信息及时、准确地上传下达。要严格报告制度，一旦出现火情，必须及时报告，妥善处理。坚决杜绝瞒报、少报现象。自治区森林防火指挥部要不定期地对市(地)、县森林防火办公室的防火值班情况进行抽查，防止出现脱岗、漏岗现象。各地要综合运用卫星遥感、飞机巡护、瞭望台哨、地面巡逻等手段，对火情实行全方位的立体监测。对国家林业局通报的卫星火点，要认真核实，及时反馈有关情况。

第五，认真落实森林防火行政领导负责制，加强部门协调。各级行政领导尤其是主管森林防火工作的领导，要重视森林防火组织机构建设，健全森林防火指挥部及其办事机构；发生森林火灾时要立即启动预案，及时深入现场组织指挥扑救，要亲自研究和部署防火工作，切实担负起第一责任人的职责。各地要把森林防火基础设施建设纳入地方国民经济和社会发展规划，纳入当地林业发展总体规划，把森林火灾的预防和扑救经费列入地方财政预算。要推行领导包片负责制、部门责任制和目标管理责任制等制度。各级森林防火指挥部成员要划分森林防火责任区，签订防火责任状，并经常深入责任区检查督促，在部门的职责范围内积极帮助解决实际问题，切实履行好职责。

第六，加大督促检查力度，全面排除森林火灾安全隐患。这次会后，各市、地区要及时组织督查组，认真检查本行政区域范围内行政领导负责制落实情况、有关部门和林区有关单位履行防火职责情况、宣传教育和火源管理措施落实情况、扑救工作的准备情况以及安全隐患的排查排除情况，尤其要对重点林区、多火灾区、敏感区域森林火灾安全隐患进行重点排查。对查出来的各类火灾隐患，要及时发出整改通知书，提出整改意见，限期整改。

今年广西以沼气池建设为重点的农村生态能源建设任务很重，时间很紧，秋冬季森林防火形势也非常严峻，责任特别重大，我们必须以“三个代表”重要思想为指导，扎实工作，努力完成好40万座沼气池建设任务，切实抓好秋冬季森林防火工作，以优异的成绩迎接党的十六大召开。

认清形势　采取措施　坚决遏制当前广西森林火灾高发态势

——全区森林防火工作紧急电视电话会议的主要内容

(2003年12月22日)

入秋以来，广西的森林防火形势非常严峻。据统计，9至11月份，全区共发生森林火灾283起，其中森林火警141起，一般森林火灾141起，重大森林火灾1起，过火总面积4694公顷，受害森林面积1642公顷。与去年同期相比，森林火灾次数上升272.4%，过火面积上升532.4%，受害森林面积上升663.1%；1至11月全区森林火灾受害率达到0.30‰，比去年同期增加了0.13个千分点。11月11日1 2时，防城港市防城区江山乡白龙村发生1起重大森林火灾，经防城区专业森林消防队、区直干部职工和驻军共2000多军民18个小时的全力扑救，于12日早上6时把明火全部扑灭。经调查，火灾过火面积3571.3亩，受害森林面积2837.8亩，受害林木蓄积量3000立方米。进入12月份，森林火灾多发势头有增无减，12月18日当天，全区发生森林火灾40多起，其中：贵港市港北区大圩镇、区直博白林场五丰分场、南宁市邕宁县刘圩镇相继发生较大森林火灾，火灾持续时间分别为46小时、40小时、24小时。这是继防城港市防城区11月11日发生重大森林火灾以来，过火时间持续最长的3起火灾，火灾发生的原因、过火面积和受害森林面积正在核查之中。我们将要分清各方面应负的责任，严格依法追究有关责任人的责任，并严惩肇事者。

近几天来，林火卫星监测的热点集中频发，12月13日收到的热点51个，其中核实为火灾的23个；20日的热点66个，核实为火灾的29个；21日，也就是昨天，卫星监测到广西有69个热点，初步核实有45起森林火灾。

森林火灾伤亡事故也不断发生。1月至12月20日止，全区因森林火灾死亡11人，重伤2人，轻伤1人。这是近几年来，森林火灾死亡人数最多的一年。

从11月13日至今．为扑救森林火灾，航空护林直升机出动54架次，飞行86小时，机降扑火队员183人次，实施吊桶洒水灭火88桶。各地专业、半专业森林消防队频繁出动，连续征战。这种极为严峻的森林火灾形势是历年来少有的。

国家林业局对广西连续发生森林大火相当关注，12月20日下午16时，国家林业局雷加富副局长针对贵港市港北区大圩镇森林火灾明火已经扑灭的情况，专门提出了四点要求：第一，要组织足够的人员对火场进行全面清理，有关领导要深入一线检查验收，坚决防止死灰复燃；第二，森林公安机关要加大火案查处力度，及时查明火因，依法严惩火灾肇事者，追究有关人员责任；第三，要针对当前全区天气干旱、火险等级高的特点，及时发出通知，要求各地采取有效措施，做好火源管理工作，严格控制野外生产、生活用火，落实领导责任制，并派出工作组检查落实情况，严禁人为火灾的发生；第四，要有针对性地开展安全扑火的宣传教育工作，坚决防止扑火过程中人员伤亡事故的发生。一旦发生火情，要及时组织扑救，并严格按照森林火灾归口报告制度的规定，及时、准确上报火灾情况。

近几个月来，广西气候异常，气温偏高，降雨偏少，出现了近十多年来最为严重的干旱，导致森林火险等级持续居高不下，森林火灾频繁发生，这是客观原因。但是，同是旱情严重，森林火险等级一样居高不下，有的地方森林火灾频繁，有的地方森林火灾却不多，说明了部分地方领导主观上仍存在着对森林防火工作的长期性、艰巨性、重要性认识不足，思想上松懈麻痹；对森林火灾重扑救轻预防；森林防火宣传教育的深度和广度不到位；野外火源管理措施不够扎实；扑火指挥调度不力，导致火灾扑灭后又死灰复燃等突出问题。

据气象预报，近段时间内广西仍维持阴冷干旱天气，大部分地区的森林火险等级相持在4～5级高度，广西的森林防火任务极为艰巨。为了坚决遏制当前森林火灾的高发态势，切实做好今冬明春森林防火工作。

一、全面落实森林防火责任制，确保责任落实到人

认真落实森林防火行政领导负责制，是《森林防火条例》规定的，是做好森林防火工作的关键。温家宝总理在2001年重点省区春季森林防火工作现场会上明确指出：一个地方森林防火行政领导负责制要真正落实，主要体现在五个方面，一是各级组织机构落实，特别是市、县、乡三级森林防火指挥部，机构要健全稳定，人员要高效精干。二是责任到人，各级地方人民政府森林防火指挥部指挥长是本地区森林防火的第一责任人，森林防火指挥部成员，都要划分森林防火责任区，签订防火责任状，并经常深入责任区督促检查，帮助解决实际问题。三是森林防火基础设施建设纳入地方国民经济和社会发展规划，纳入当地林业发展总体规划。四是森林火灾预防和扑救经费纳入地方财政预算。五是一旦发生森林火灾，有关领导及时深入现场组织指挥扑救。这“五条标准”是多年实践经验的总结，是落实森林防火行政领导负责制的核心。我们多次强调，各级人民政府要切实抓好森林防火工作，就必须认真贯彻落实好温家宝总理提出的“五条标准”。这次会议之后，请各地对本地区森林防火行政领导负责制的落实情况再进行一次全面检查，只要有一项未做到的，就是森林防火行政领导负责制不落实，就要尽快进行整改。鉴于目前严峻的森林防火形势，各级人民政府的领导要对森林防火工作亲自动员、亲自部署、亲自检查、亲自抓落实，领导要分片包干、责任到人，确保森林防火工作各项措施的落实，不留死角。

在这里我强调，对思想麻痹、玩忽职守、工作推诿、处置不当、指挥不力而引发造成重大森林火灾或造成森林火灾重大人员伤亡事故的，要依照国家有关法律法规，严肃追究行政领导及有关责任人的党纪、政纪和法律责任。

二、加强宣传，严格管理，坚决遏制森林火灾的高发势头

森林防火是一项群众性、社会性很强的工作。防火减灾，重在预防。有些地方之所以少发生森林火灾，甚至不发生森林火灾，主要是预防工作做得好。首先，要在增强全社会的森林防火意识上狠下功夫。各地要结合实际，深入村屯、林区积极开展各种形式的宣传活动，做到电视、广播电台有森林防火节目，报纸杂志有森林防火专栏，林区主要交通路口有森林防火警示牌。要通过开展宣传月、宣传周、宣传日等活动，大力宣传做好森林防火工作的重大意义，进一步增强各级领导和林区干部群众的紧迫感和责任感，牢固树立森林火灾的防范意识。其次，要狠抓林区火源管理。广西绝大部分森林火灾是由人为因素引起的，只有很少部分的雷击火、境外来火，只要我们不断加大工作力度，依法严格控制火源进入林区，森林火灾的预防就会事半功倍。特别是重点林区，要有针对性地制定强化火源管理的办法，实行乡村干部分片包干、户户联防，加强入山检查、重点监控、巡护检查等有效措施，从源头上管住野外火源。使人为火源得到有效控制。再次，各县人民政府要根据本地连续出现高温、干旱、风大的高森林火险天气，依照《森林防火条例》有关规定，发布森林防火戒严令，划定森林防火戒严区，严禁炼山行为，严禁一切野外用火，并组织乡镇、村屯干部和护林员，深入边远林区加强巡逻，严格执行戒严令，依法做到见烟就查，见火就罚，坚决遏制广西目前的森林火灾高发势头。

三、强化安全教育，注重科学扑火，充分做好扑救准备，确保打早、打小、打了

今年发生了多起森林火灾伤亡事故，伤亡者绝大多数是肇事者，也有个别属于扑火伤亡事故，对此，我们必须要高度重视。扑救森林火灾伤亡事故的发生，究其原因：一是扑火安全教育不够，缺乏安全自救知识和技能；二是扑火组织指挥失当；三是缺乏扑火安全装备。一句话，就是扑火安全措施没有很好地落到实处。在这里，我要求同志们要从实践"三个代表"重要思想的高度，以对党对人民生命财产高度负责的态度，坚决把扑火安全放在森林防火工作的首位，作为头等大事认真抓好抓实。各地要继续抓好指挥人员组织扑救能力和指挥水平的提高，切实加强扑火安全知识宣传教育的普及，提高广大干部群众防火、扑火和安全避火的技能。一旦发生火灾，要根据具体情况周密安排，精心组织指挥，事前要强调注意扑火安全，严格火场纪律，不准单独行动。对火场可能出现的各种情况要有充分的应急准备。严禁组织中小学生、妇女儿童和老弱病残者参加扑火。

各类专业、半专业森林消防队伍是扑救森林火灾的骨干力量，是森林防火、灭火的生力军和突击队。各地要因地制宜，积极发展，规范管理。各种扑火安全装备必须完好无缺，确保消防队员的人身安全。要强化安全扑火训练，加强正规化建设，努力提高综合作战能力和扑救能力，增强对初发火的快速反应能力和综合作战能力，真正做到招之即来、来之能战、战之能胜，确保对森林火灾打早、打小、打了，做到有火不酿成大灾。

四、增加资金投入，加强森林防火基础设施建设

目前广西不少地方仍存在森林防火通信不畅，扑火机具短缺，生物防火林带建设滞后等基础设施建设严重滞后的现象，导致森林火灾频繁发生或扑救困难，造成重大损失。各级人民政府必须按照国家和自治区人民政府的要求，将森林防火基础设施建设纳入地方国民经济和社会发展规划，纳入当地林业发展总体规划，将森林火灾预防和扑救经费、森林火灾案件办案经费纳入地方财政预算，并逐年增加投入，使森林防火基础设施建设与当地国民经济和林业建设同步协调发展。自治区本级财政对森林防火工作的投入在逐年加大，市、县、乡财政对森林防火的投入也应该跟上。各级森林防火指挥部和林业主管部门，要加大工作力度，要按照急需、实用、管用的原则，规划、设计好建设项目，把着力点放在提高防控森林火灾的能力上，切实加强广西森林防火基础设施建设。

五、加强督促检查，依法从严治火

当前，在严峻的森林防火形势下，各级人民政府要从森林防火指挥部成员单位抽调人员，组成森林防火工作督查组，深入林区，从火灾预防、宣传教育、火源管理、值班制度、人员调遣、扑火准备、安全措施、后勤保障、火案查处、责任追究、清除火灾隐患等方面进行逐项认真检查。凡是存在火灾隐患的，要采取措施，立即清除；凡是措施没有落实到位的，要尽快整改，确保各项工作措施落实到位。

各地要认真依照《森林法》、《森林防火条例》、《广西壮族自治区森林防火条例实施办法》等法律法规，坚持依法治火，要把森林防火工作纳入法制化轨道。发生森林火灾，要立即组织力量进行侦破，做到发生一起，侦破一起，处理一起。对构成犯罪的，必须依法予以严惩，决不姑息迁就。

六、严格执行值班制度和森林火灾报告制度，确保信息畅通

各地要高度重视森林防火值班调度和严格执行火情报告制度。在目前广西森林火险等级居高不下、森林火灾多发的情况下，各级森林防火指挥部领导必须坚守岗位，履行职责。凡是离开工作岗位或外出的，一定要经本级政府主要领导批准，并指定岗位代理人。一旦发生森林火灾，所在县的森林防火指挥部指挥长必须立即亲临现场，承担指挥调度组织扑救的责任。各级森林防火指挥部办公室要做到昼夜24小时有人值班，并有领导带班。

森林防火工作属抢险救灾性质，必须时刻保

持政令、信息通畅，防止出现脱岗、漏岗，保证火情动态、扑救情况和领导指示等重要信息上传下达，确保及时、快速、妥善处置森林火灾。一旦发生火灾，要认真按照《广西壮族自治区森林火灾扑救处理预案》和规定程序及时逐级准确上报。要坚决杜绝有火不报，大火小报的现象，对故意瞒报、少报、迟报火情，错失扑救良机酿成大灾，造成重大损失的单位和责任人，要依法严加惩处。自治区森林防火指挥部办公室要对各地的值班情况进行抽查，对值班漏岗和不重视卫星热点核查反馈工作的地方，要予以通报批评。

保护森林资源和生态建设成果，促进人与自然的和谐，是我们实践“三个代表”重要思想，贯彻落实《中共中央　国务院关于加快林业发展的决定》最重要的体现。我们要以对党、对人民生命财产高度负责的态度，以严格认真的工作作风，采取强有力的措施，全力做好森林防火工作，遏制当前森林火灾的高发态势，确保元旦、春节期间不发生大的森林火灾，最大限度地减少森林火灾损失，为广西的经济建设和社会发展做出应有的贡献。

推进六大工程　打造八大产业
努力实现广西林业跨越式发展

——全区林业工作会议的主要内容

(2004年2月3日)

当前，广西林业发展面临历史性转折的关键时期。2003年9月底，国务院召开了全国林业工作会议，并出台了《中共中央国务院关于加快林业发展的决定》，对新时期我国林业工作进行了全面部署。这次全区林业工作会议的主要任务是，贯彻《中共中央　国务院关于加快林业发展的决定》，进一步理清思路，明确目标任务，采取有力措施，加快广西林业发展步伐，促进富民兴桂新跨越和全面建设小康社会的进程。自治区党委、自治区人民政府对召开这次会议非常重视，自治区党委常委会专门审议了《自治区党委　自治区人民政府关于实现林业跨越式发展的决定》并原则同意，经过这次会议讨论修改后，将作为今后一个时期广西林业发展的重要政策性文件印发。陆兵主席亲临这次会议并作重要讲话，国家林业局张建龙副局长也代表国家林业局对广西的林业发展提出了很好的建议。对两位领导的讲话，我们要认真学习领会，全面贯彻落实。

一、认真总结广西林业建设的成就和经验，切实增强实现林业跨越式发展的紧迫感和责任感

1987年，自治区党委、自治区人民政府作出《关于保护森林，发展林业，力争15年基本绿化广西的决定》后，广西林业确立了“造、封、管、节、用”的发展方针，坚持生态建设和产业发展同步推进。16年来，在党中央、国务院的关心支持和各级党委、政府的高度重视下，经过全区各族人民和林业战线广大干部职工的艰苦努力，林业建设取得了令人瞩目的重大成就，为经济建设和改善生态环境作出了重大贡献，对促进农村经济发展、增加农民收入发挥着越来越重要的作用。广西林业建设取得的重大成就主要表现在以下几个方面：

(一)造林绿化成绩斐然，森林资源总量迅速增加。

在1987年提出到1995年实现“造林灭荒达标”和2000年实现“绿化达标”的奋斗目标后，广西开始了大规模的人工造林、封山育林和飞播造林，使森林资源得到迅速恢复和发展，提前一年于1994年实现“造林灭荒达标”，提前三年于1997年实现“绿化达标”。至2000年，全区有林地面积从1990年的1.02亿亩增至1.48亿亩，森林覆盖率(不含灌木)从27.4%提高到41.33%，位居全国各省区第五位；活立木蓄积量从2.98亿立方米增加到4.03亿立方米，位居全国各省区第八位。全区参加义务植树的人数累计达3亿人次，完成义务植树25亿株。

(二)重点工程快速推进，森林生态体系初具规模。

从1987年开始，广西先后实施了沿海防护林、平原绿化、防沙治沙、珠江防护林、石山封山育林、绿色工程等国家级或自治区级林业重点生态工程，对重点区域进行了集中治理。2001年，又相继启动了退耕还林、森林生态效益补助试点、珠防林和海防林二期、石漠化治理试点、野生动植物保护及自然保护区建设等重点工程。重点工程累计完成人工造林、封山育林面积5000多万亩，构筑起广西森林生态体系的主体框架，使不少地方的生态环境得到恢复和改善。特别是退耕还林工程实施3年来，已完成工程建设面积608万亩，其中退耕地还林276万亩，荒山荒地造林332万亩，有效地遏制了红水河梯级电站库区、石漠化地区等区域的水土流失。

（三）保护工作力度加大，森林资源得到有效保护。

目前，广西有各种类型的自然保护区62处，总面积2100多万亩，占全区国土面积的6%，通过加强自然保护区的建设，有效地保护了森林、野生动植物和生物多样性，一大批濒危物种种群得到了恢复和发展。从1998年起，广西停止采伐天然林、水源林和防护林，2001年又启动实施国家森林生态效益补助试点面积3500万亩，使森林资源得到了进一步的保护。通过组织开展专项打击行动，遏制了毁林开垦、乱砍滥伐、破坏森林和野生动植物资源等违法犯罪活动，有效地保护了森林和野生动植物资源。

（四）生态能源建设发展迅速，农村生态环境得到改善。

多年来，广西在狠抓造林绿化和森林资源保护的同时，大力开展改灶节柴和沼气池、小水电等农村生态能源建设，推广“养殖—沼气—种植”三位一体生态农业模式，推进将沼气池与改厨、改厕、改圈、改水、改路等相结合的生态家园建设步伐。全区累计推广省柴灶800多万座，建沼气池214万座、小水电3.6万多处，发展生态农业户100多万户、生态家园8万户，使全区每年节约薪柴1200多万吨，森林资源能源性消耗由1985年的46%下降到现在的30%以下。这些措施，不仅有效地保护了森林资源，而且改善了农村居住环境，增加了农民收入，促进了农村经济社会的全面发展。

（五）林业产业发展壮大，促进了经济发展和农民增收。

新中国成立以来，广西林业累计为社会提供木材1亿多立方米。目前全区以森林资源为原料的企业发展到13000多家，形成了以竹木加工、林产化工、木浆造纸、林副产品加工为主体的林产工业框架体系。全区林业产业总产值2003年达到195亿元，是1990年的20倍。八角、玉桂、桐油、松香等产量位居全国第一，茶油、桐油、中密度纤维板产量均排在全国前五位；茴油、桂油产量分别占全国产量的90%以上，茴油、桂油分别占世界贸易量的80%和30%以上，成为广西出口创汇的拳头产品。近年来，速丰林、名特优经济林发展迅速，全区每年新造速丰林面积近200万亩；经济林总面积也超过3000万亩，完成经济林低改面积300多万亩。森林旅游业、花卉产业发展势头良好，正成为新兴的朝阳产业。不少地方通过发展速丰林、经济林、花卉、种苗等商品林业和林产工业，有效地促进了地方的经济发展和农民增收。特别是实施退耕还林及其他林业重点工程，不仅改善了生态环境，而且使数百万农民每年直接得到了近10亿元的收入。林业已经成为许多地区农业结构调整和农民增收的新亮点。

（六）林业法制建设不断加强，林业保障体系逐步完善。

在坚决贯彻执行《森林法》、《森林法实施条例》、《野生动物保护法》等国家制定的法律法规的同时，自治区还先后颁布实施了《广西壮族自治区森林管理办法》、《广西木材运输管理条例》等地方法规，初步建立了林业法律法规体系。林业执法队伍建设得到加强，林木种苗生产与供应、森林火灾监测与防治、森林病虫害防治、林业科研和技术推广等服务体系逐步完善。

（七）林业经济体制改革稳步推进，林业发展活力不断增强。

20世纪80年代初，广西通过开展稳定山林权属、划定自留山、确定林业生产责任制等林业“三定”工作，确立了林农的经营主体地位。随着市场经济体制的建立和不断完善，林地使用权通过租赁、承包等方式得到合理流转，使非公有制林业迅速崛起，形成了多种所有制共同发展的局面。目前全区非公有制造林户数达270多万户，造林总面积4000多万亩，其中金光集团等外商造林达60多万亩。国有林场通过“三项制度”改革、发展多种经营和职工家庭自营经济等，经济实力不断增强，职工收入不断增加。国有林场以占全区约9%的有林地和占全区约12%的活立木蓄积量，每年为社会提供了占全区总产量40%～50%的商品木材，成为广西林业的“半壁江山”。通过对森工企业的改组改造，国有林业企业逐步走上了市场，去年广西组建了高峰林浆纸集团，林业改革和对外开放步伐进一步加快。林业分类经营改革取得突破性进展，完成了全区森林经营区划界定，启动了森林生态效益补助试点，改进了林木采伐管理办法，使公益林得到了严格保护，商品林经营逐步放活。

（八）全社会生态意识增强，对林业地位和作用的认识不断提高。

通过多年来的不懈努力，全社会对林业的地位和作用的认识不断提高，一个重视生态、关注森林、支持林业的社会氛围已经形成。各级党委、政府不再将林业看做单纯的生产木材的产业，而是将林业看做维系生态安全、保障经济社会可持续发展的重要基础性产业和公益性事业。在发展目标上，既坚持生态、经济、社会的协调发展，又突出了生态效益优先；在发展策略上，坚持生态建设和产业建设同步发展，全面提高林业的整体效益；在发展手段上，坚持全民义务植树、多种所有制造林和重点工程造林并举，逐步由部门办林业转向了全社会办林业。

广西林业建设取得的这些成就，是在党中央、国务院和国家有关部门的关心、支持下，在全区各级党委、政府的正确领导下，经过各级各有关部门的共同努力，以及全区各族人民的艰苦奋斗而取得的，是我们值得自豪的光辉业绩，也是广西林业在新世纪进一步加快发展的坚实基础。回顾16年来林业的建设历程，我们的基本经验有以下几个方面：

第一，坚持党委、政府对林业工作的正确领导，落实各项林业建设目标责任制。一直以来，自治区党委、政府对林业工作都十分重视，先后制定了一系列促进发展林业的方针、政策和措施。在1987年自治区党委、自治区人民政府作出15年基本绿化广西的决定以后，各地坚持执行领导干部造林绿化目标责任制和县级领导干部任期森林资源消长目标责任制，层层签订责任状，建立了检查验收评比和兑现奖惩制度。1989年以来，自治区党委、自治区人民政府对成绩突出的地（市）和县（市、区）进行了表彰奖励，共发奖金500多万元，也给13个县（市、区）亮了黄牌警告，极大地增强了各级领导的责任感，为加快林业发展提供了强有力的组织领导。

第二，坚持生态、经济、社会效益协调统一，发挥林业在经济社会发展中的重要作用。林业兼有生态效益、经济效益和社会效益，广西作为一个山区林业大省，能否协调发挥林业的三大效益，是林业建设成败的关键。16年来，广西林业遵循自然规律和经济规律，坚持生态建设与产业建设同步进行，在加快造林绿化、努力改善生态环境的同时，大力发展林业产业，促进地方经济发展和农民增收，初步实现了三大效益的协调统一。

第三，坚持市场调节和政府宏观指导相结合，调动全社会发展林业的积极性。在市场经济条件下发展林业，既要注重市场机制和物质利益原则，调动全社会的积极性，也要发挥政府的宏观指导作用。通过不断深化林业经济体制改革，坚持“谁造林谁受益”的政策，稳定林地所有权，放活林地经营权，吸引社会资金、劳力、技术等生产要素投入林业，形成了多种所有制、多元化投入林业建设的新格局。同时，针对造林任务繁重与农村经济不发达的矛盾，通过造林灭荒期间实行造林补助政策和近年来启动实施的重点林业工程，加大了财政对林业的投入，加强了政府的宏观指导，加快了林业建设步伐。各有关部门也充分发挥各自的职能作用，积极支持林业建设，极大地推动了林业的发展。

第四，坚持依法治林和科技兴林，为林业发展提供强有力的法律保障和技术支撑。“三分种，七分管”，森林资源的保护是一项长期而艰巨的工作。多年来，各地坚持严格执法，规范造林、管林、用林行为，特别是将资源保护与造林绿化置于同等重要的地位，加强对森林资源的管理，严厉打击破坏森林资源的违法行为。同时，按照“科技是第一生产力”的要求，将科技进步作为加快林业发展的重要措施。通过加强林业科技教育工作，加快林业科技创新步伐，提高林业科技水平，特别是通过引进优良种源和先进育种技术，大幅度提高了森林资源培育的质量和效益，使广西成为全国速丰林发展速度最快的省区之一。

第五，坚持发扬艰苦创业和长期奋斗的精神，加强林业自身的队伍建设。林业是功在当代、利在千秋的伟大事业。在广西目前还处在生态脆弱、经济欠发达的条件下，林业要取得较大的发展，需要付出巨大的努力，需要几代人持之以恒的艰苦奋斗。多年来广西的林业建设之所以取得如此巨大的成绩，靠的就是各级干部和群众艰苦奋斗的精神。各级政府十分注重林业自身队伍的建设，形成了艰苦创业、长期奋斗的优良行风，组织和带领广大群众积极投身林业建设。许多林业干部职工和林农发扬无私奉献精神，在山区、贫困地区艰苦创业，辛勤劳动，为绿化八桂大地挥汗流血，涌现出一大批造林绿化的先进单位和模范人物，极大地鼓舞着广大群众更加积极地投身林业这一伟大事业当中。

实践证明，只要各地各部门统一思想，真抓实干，认真落实中央和自治区关于林业的各项政策和工作部署，广西的林业就一定能够取得大的发展。我们在林业建设中所取得的成就和宝贵经验，对今后的林业工作仍然具有重要的指导意义。我们要继续发扬成功的经验，不断提高林业工作的整体水平，努力推进林业的跨越式发展。

在看到林业建设取得巨大成绩的同时，我们也要清醒地看到广西林业发展所面临的困难和问题。一是森林总量不足，结构不合理，林分质量低。广西森林面积（含灌木）为1.72亿亩，占林业用地总面积的84%，林地利用率还比较低，森林总量不足，而且林种树种结构不够合理，森林资源的总体质量和效益不高。全区用材林平均每亩蓄积量仅3.3立方米，低于全国平均水平，仅为世界平均水平的43%；全区经济林平均每亩年产值仅100多元，低产经济林面积超过1000万亩，占总面积的三分之一以上。随着经济社会的发展，社会对林产品的需求与森林资源不足、质量不高之间的矛盾将更加突出。二是生态脆弱，生态环境局部改善而整体恶化的趋势尚未根本扭转。广西森林整体生态功能不强，局部地区水土流失还比较严重，水、旱等自然灾害频繁，特别是全区还有石漠化面积3000多万亩，生态治理的难度很大。森林资源保护形势严峻，一些地方边治理边破坏问题仍比较严重，生态状况尚未根本改善。三是林产工业规模小，效益不高。林业加工企业少、规模小、效益低，尚未形成龙头，对林业产业的拉动力不够。国有林场和国有林业企业改革发展滞后，林业经济整体实力不强，林业职工生活还比较贫困。林业对经济社会发展的贡献与广西林业资源的优势极不相称，蕴藏的巨大潜力远未充分发挥出来。四是林业的体制、机制、政策等还不够配套和完善。林业经济体制改革滞后，还不能适应市场经济体制改革的要求，特别是林业分类经营改革步伐不够快，森林生态效益补偿机制尚未建立，重点公益林保护区的林农生活还很贫困，商品林采伐管理制度与市场经济的矛盾还比较突出，加上林业生产周期长，税费负担较重，经营者得利少，制约着社会资金和生产要素流向林业。同时，广西属于经济欠发达地区，对林业建设的投入与林业的发展需求不相适应相，资金投入严重不足已成为制约林业发展的重要因素。这些问题和矛盾，不但影响了林业本身的可持续发展，而且也影响经济社会的全面、协调和可持续发展，我们必须在今后的工作中不断加以研究解决。

二、明确目标任务，努力推进林业跨越式发展

当前，广西林业建设正面临着千载难逢的重大发展机遇。一是党中央、国务院对林业工作高度重视，将林业作为生态建设的主体。党的十六大关于全面建设小康社会的奋斗目标中，提出了“可持续发展能力不断增强，生态环境得到改善，资源利用效率显著提高，促进人与自然的和谐，推动整个社会走上生产发展、生活富裕、生态良好的文明发展道路”的目标。党的十六届三中全会又明确提出要“坚持以人为本，树立全面、协调、可持续的发展观，促进经济社会和人的全面发展”、“统筹人与自然和谐发展”。林业作为生态建设的主体，既是一项公益事业，又是一项基础产业，是可持续发展的重要基础，在推进全面建设小康社会的伟大进程中肩负着重要的使命。《中共中央 国务院关于加快林业发展的决定》明确提出了今后一个时期我国林业工作的指导思想和奋斗目标，其核心就是要“确立以生态建设为主的林业可持续发展道路，建立以森林植被为主体、林草结合的国土生态安全体系，建设山川秀美的生态文明社会”的“三生态”思想。把生态建设作为一项基本国策，把林业工作放到了生态建设的首要位置，这是党中央、国务院运用科学发展观作出的英明决策，表明了党中央、国务院加强生态建设的决心。二是我国加入世贸组织及中国—东盟自由贸易区的建立和发展，为发挥广西林业优势，参与国际竞争，扩大发展空间创造了条件。三是广西优越的自然条件、丰富的林业资源和相对的区位优势，以及几十年来林业建设取得的巨大成就和成功经验，为林业跨越式发展奠定了坚实的基础。四是全社会对保护森林、加强生态建设的意识正在逐步增强，社会各界参与林业建设的积极性日益提高，为林业的跨越式发展创造了良好的社会氛围。当前和今后一个时期，林业工作将由以木材生产为主向生态建设为主发生历史性转变，这是广西林业建设的一个重要机遇期，我们必须牢牢把握，切实加快林业跨越式发展。

根据《中共中央 国务院关于加快林业发展的决定》精神和广西实际，广西林业不能小发展、慢发展，而必须大发展、跨越式发展。今后一个时期广西林业工作的指导思想和奋斗目标是：以邓小平理论和“三个代表”重要思想为指导，深入贯彻党的十六大和《中共中央 国务院关于加快林业发展的决定》以及自治区党委八次四次全会精神，以支持经济社会可持续发展为宗旨，以加强生态建设、确保生态安全、建设生态文明为重点，深化改革，扩大开放，发挥优势，优化结构，突出特色，构建比较完备的森林生态体系和比较发达的林业产业体系，实现林业跨越式发展，促进富民兴桂新跨越和全面建设小康社会。力争到2010年，使广西森林覆盖率达到46％以上，生态状况进一步好转，主要江河流域的水土流失和岩溶石山地区石漠化状况得到有效遏制，林业产业总产值达到500亿元以上；到2020年，使广西森林覆盖率达到50％以上，重点区域的生态问题基本解决，全区生态状况明显改善，初步实现山川秀美，林业产业总产值达到1000亿元以上，林业产业综合实力显著增强，成为全国林业强省；到2050年，使广西森林覆盖率达到并稳定在55％以上，山川更加秀美，林业产业更加发达，基本实现建设山川秀美的生态文明社会的战略目标。

这个战略目标，是一个经过努力完全可以实现的宏伟目标，也是实现富民兴桂新跨越、全面建设小康社会的必然选择。目前广西林业综合效益不高，对经济社会发展的贡献与林业资源的优势极不相称，为此，我们必须采取超常规的发展模式加快发展，实现林业在建设速度和质量上的新跨越，这是富民兴桂新跨越的基本要求和重要内容。为了推进广西林业跨越式发展，当前和今后一个时期，必须着力抓好六大生态工程，促进两个提高，建设两大基地，打造八大支柱产业，努力建设比较完备的森林生态体系和比较发达的林业产业体系。

(一)实施六大工程，促进两个提高，推动生态建设。

中共中央　国务院关于加快林业发展的决定明确指出，“在贯彻可持续发展战略中，要赋予林业以重要地位；在生态建设中，要赋予林业以首要地位；在西部大大开发中，要赋予林业以基础地位。”生态建设已成为林业工作的首要任务。为切实推动广西的生态建设，必须抓好以下六大工程：

第一，要全面实施公益林保护工程。要通过严格保护和积极培育，将全区现有8000多万亩以天然林和天然次生林为主的公益林，逐步建成稳定的森林生态系统群落。要在认真抓好全国森林生态效益补助资金试点工作的基础上，加快建立自治区、市、县三级公益林生态效益补偿制度，切实解决公益林所有者、经营者的利益问题，要创新公益林管护机制，逐步推行公益林所有权与经营权分离的经营管护承包责任制，建立责、权、利相统一的公益林管护机制，提高管护水平和公益林质量。要调整重点公益林区的产业结构，因地制宜发展后续产业，培育新的经济增长点，促进地方经济发展和农民增收，巩固保护成果。

第二，要稳步推进退耕还林工程。要突出重点、连片治理，重点抓好主要江河源头及两岸、水土流失严重区域和石山地区的退耕还林。要认真贯彻执行《退耕还林条例》，实现退耕还林的法制化、规范化、科学化管理。要不折不扣地落实对退耕农民的有关补偿政策，维护其合法权益。要在确保实现生态目标的前提下，结合林业产业发展，大力营造速丰林和名特优新经济林，解决好退耕农民的长远生计问题，确保“退得下，还得上，不反弹，能致富”。

第三，要努力抓好重点区域防护林工程。要按照因地制宜、因害设防的原则，构建结构完整、功能齐备的珠江流域防护林体系，解决珠江流域水土流失严重等生态问题；根据沿海地区风沙浪灾害特点，营造防浪护堤红树林、防风固沙林、农田林网防护林等，构建层次分明、防护功能强的沿海防护林体系，保障沿海地区生态安全和人民群众生命财产的安全。

第四，要实施野生动植物保护和自然保护区工程。对自然保护区要实行分类指导，分级管理。要在建立健全野生动植物保护和自然保护区管理体系的基础上，加大对典型生态系统和生态脆弱地区的保护力度，加强对濒危珍稀物种的抢救性保护，规范对野生动植物驯养、培育、繁殖和经营利用的管理，要尽快完善自然保护区管理法规和制度，落实自然保护区界线，明确管护职责，实行自然保护区与社区共管，对核心区和缓冲区的群众实行异地安置，切实解决自然保护区及周边群众的生产生活问题。

第五，要加快推进石漠化综合治理工程。要坚持生物措施、工程措施和社会措施相结合，实行封山育林、荒山造林、退耕还林、林草结合与农业综合开发、农村能源建设同步实施，并结合地头水柜建设、砌墙保土、小流域治理和生态移民，加快森林植被恢复，构建良好的岩溶地区生态系统。

第六，要继续抓好农村生态能源建设工程。农村生态能源建设要以沼气建设为主体，实行分类指导。在经济欠发达的地方，推广养殖—沼气—种植“三位一体”生态农业模式；在经济条件较好的地方，推广沼气池建设与改厨、改厕、改圈相结合的综合模式，改善农民居庄条件和生活环境；在经济较发达的地方，推广生态家园型建设模式，把沼气池建设与改厨、改厕、改圈、改路、改水结合起来，有条件的村屯、农户要与旧房改造、新房新村建设、庭院绿化美化、村容村貌整治结合起来，实现庭院经济高效化、农业生产无害化、家居环境清洁美化，推进农村生态文明建设。

在全面抓好六大生态工程的同时，要切实抓好城乡绿化和森林经营工作。一是加强绿色工程建设，全面提高城乡绿化水平。要坚持不懈地开展全民义务植树运动。要把城市林业纳入城镇发展总体规划，建设以森林为主体的城镇生态系统。以城市、建制镇、村庄绿化和森林公园、自然保护区建设为“点”，以铁路、公路干道两旁和江河两岸、沿海基干林带建设为“线”，以连片营造的公益林和商品林基地建设为“面”，构建点、线、面相结合的森林生态网络体系，全面提高城乡绿化水平，建设自然、舒适、优美的人居环境。二是突出抓好森林经营工作，切实提高森林质量。要针对广西森林质量低下的状况，应用现代森林经营先进技术，按照公益林和商品林的不同经营目标，对森林实行定向培育。公益林以封山育林为主、人工造林为辅，营造长周期的珍贵用材树种；对布局不合理、结构不稳定、功能不齐全的林分，实行补植、套种、抚育、改造，形成多树种、多层次、功能强的森林生态系统。商品林以人工造林为主，实行基地化建设、集约化经营，提高规模效益，实现产业化发展。

（二）建设两大基地，抓好八大产业，带动林业产业发展。

生态建设和产业建设是林业腾飞的两支“翅膀”。发达的林业产业，是现代林业的重要组成部分。我们强调林业要以生态建设为主，决不意味着可以放松林业产业的发展。建立发达的林业产业体系，不仅是为了满足社会对林产品的需求，而且有利于杜绝乱砍滥伐等破坏森林资源现象，减轻生态保护的压力。特别是广西作为南方林业大省区，发展林业的条件得天独厚，更应该在加强林业生态建设的同时，加快林业产业发展，为经济建设作出更大的贡献。这不仅是广西林业跨越式发展和富民兴桂新跨越的重要内容，也是国家“分类经营，分区突破”的林业发展战略部署的要求。充足的森林资源是林业产业发展的基础，广西林业产业的发展必须从资源培育入手，建立以速生丰产用材林为主的用材林基地和名特优新经济林两大基地，打造具有广西特色的八大林业支柱产业，带动林产工业的发展。

第一，大力发展以速生丰产用材林为主的用材林基地。林业的跨越式发展，最根本的就是森林资源数量、质量的跨越。而要实现森林资源的跨越式增长，必须加快发展速丰林，短期内大幅度增加森林资源的数量，用少量的土地生产出足够的木材，减轻公益林保护的压力。要按照“区域化布局、定向化培育、集约化经营、市场化运作”原则，坚持发展乡土树种与引进外来树种相结合，新造林和改造培育现有林并重，中小径材和大径材、珍贵用材兼顾，加快基地建设速度，满足林产工业迅速发展对原料的需求。要搞好规划布局，采取有效的经营方式，确保基地相对集中连片，形成以大基地带动大企业，大企业推进大产业的新格局。

第二，全面建设高质量、高水平的名特优新经济林基地。这是发挥区域优势，体现地方特色，增强广西林业产业竞争力的重要措施。要通过良种选育、繁育和优良品种引进工作，推进品种改良，优化经济林品种结构。通过推广丰产栽培技术，加快低产林改造步伐，建设一批高标准的名特优新经济林示范基地，全面提高经济林的产量、质量和效益。要实施名牌战略，增强经济林产品的市场竞争力。

第三，着力打造竞争力强的八大支柱产业。广西林业产业有一定的基础，发展潜力巨大，发展前景广阔。要以资源培育为基础、以精深加工为带动、以科技进步为支撑，扶持发展一批林产加工龙头企业，打造一批名牌产品，推进林业产业化经营。要按照市场经济体制和经济全球化的要求，以资产、技术为纽带，以拳头产品、优势资源、专业市场为依托，组建跨所有制、跨地区乃至跨国的大型企业集团，实行林、工、商一体化，技、工、贸相结合，构建林业八大产业，形成特色鲜明、竞争力强的林业产业体系，把广西建成全国林业产业强省。

一是加快发展林浆纸产业。林浆纸一体化在广西林业产业中具有举足轻重的地位，对整个林业跨越式发展具有重要的推进作用。要加大招商引资力度，在沿海地区建立集原料林培育、制浆造纸、产品销售于一体的大型林浆纸企业。鼓励以产权为纽带，组建林浆纸现代企业集团，加速林浆纸一体化进程，把广西建设成为全国林浆纸产业的重要基地。

二是要稳步发展人造板和家具制造产业。要按照市场需求，选择适销对路产品，积极稳妥地发展人造板加工业。要大力发展家具制造业和装饰业，延长人造板加工产业链，实现多次增值。要积极而有选择地接纳国际家具制造产业转移，打造家具品牌，在全区建立若干个各具特色的大型家具生产工业园区，把广西建成全国家具制造业大省强省。

三是要大力发展以松香和天然香料等精深加工为主的林产化工业。要广泛应用先进适用技术，加大高新技术产品开发和生产工艺改造力度，实现林化产品由初级加工到精深加工、由单一产品向系列产品、由中间产品向终端产品的转变，延长产业链。重点发展壮大一批大型林产化工企业，打造松香、松节油、茴油、桂油、茶油精深加工产品名牌，努力拓展国内外市场。

四是要加快发展竹藤加工产业。要把竹藤加工业作为发展农村经济、促进农民增收的重要产业来抓，大力发展劳动密集型的大型竹藤加工企业，提高规模效益。应用新技术、新设备、新工艺，提高竹藤加工的机械化和自动化生产水平，提高竹藤加工产品质量和效益。

五是要积极发展森林食品、林下药材等林副特产品加工业。要建设具有地方特色的林副产品生产基地，重点扶持一批木本油料、木本果品、森林蔬菜、林下药材和食用菌等林副特产品加工企业，采取公司加基地连农户的经营模式，走贸工林、产供销一体化的产业化发展道路。

六是要加速培育森林生态旅游产业。要将森林公园建设作为基础性、公益性项目纳入社会发展和生态建设发展规划，重点建设一批环境优美、自然景观和人文景观品位较高的森林公园。要加强资源保护和景区、景点建设，打造一批特色鲜明的森林生态旅游精品景区、景点和线路。要加大宣传促销力度，积极开发具有浓郁少数民族风情的森林生态旅游商品，努力开拓森林生态旅游市场。

七是要加快发展花卉产业。要坚持挖掘野生花卉资源潜力和引进推广新品种相结合，培育具有地方特色的名特优新品种和名贵花卉，打造花卉品牌。要抓好示范基地建设，促进花卉生产规模化、专业化、工厂化。加强政府对花卉产业的扶持和引导，理顺花卉生产经营管理体制，完善中介服务体系，为加快发展花卉产业提供优质服务。

八是要积极发展野生动物驯养利用产业。要发挥广西野生动物物种丰富的优势，鼓励依法开展野生动物驯养利用产业，培育野生动物资源，满足社会多方面的需求。要抓紧研制野生动物及产品标记、经营、定期检查和安全防范等制度，加强对野生动物经营的规范化管理。

林产工业的大发展需要大流通作支撑，特别是随着经济全球化的推进，抓好流通显得尤为紧迫。因此，要加强对现有林产品流通企业的兼并、重组和改造，采取多种形式与国内外林产品经营企业联合，组建林产品贸易集团，增强市场竞争力。要抓紧在南宁、柳州、桂林、梧州、贺州、玉林等地规划建设若干个大型林产品流通中心，形成大流通促进林业产业大发展的格局。

三、加大改革力度，狠抓措施落实，为推进广西林业跨越式发展提供有力保障

推进广西林业跨越式发展，关键是要加强领导，加大改革力度，狠抓措施落实。

（一）切实加强和改进对林业工作的领导。

各级政府要进一步提高对林业工作重要性的认识，增强抓好林业工作的责任感和紧迫感，将林业工作摆上重要议事日程，纳入本地经济和社会发展总体规划。要认真落实林业发展的各级领导目标责任制，加强检查和监督，严格兑现奖罚。特别是对国家和自治区林业重点工程建设，要定期汇报，定期检查，定期通报，对违反工程管理有关规定的，要严格追究有关领导的责任。

（二）认真学习领会和贯彻落实中央、自治区关于加快林业发展的政策措施。

《中共中央　国务院关于加快林业发展的决定》是指导当前和今后一个时期林业改革和发展的纲领性文件，各地一定要结合贯彻党的十六大和十六届三中全会精神，深入学习，认真领会，扎扎实实贯彻落实好《决定》的精神。这次提交大会讨论的《自治区党委、自治区人民政府关于实现林业跨越式发展的决定》，是根据中央精神并结合广西实际制定的具体政策措施，请大家认真讨论并提出修改意见，自治区将根据代表们的意见作进一步修改完善后下发。

（三）深化改革，扩大开放，为林业发展注入强劲的活力。

改革开放是林业生产力发展的动力源泉，虽然我们进行了一系列的林业经济体制改革，但是，相对于生产力发展的要求而言，改革还是比较滞后的，林业体制不顺、机制不活、效益不高等矛盾和问题仍然比较突出，已严重制约了林业的健康、快速、协调发展。当前和今后一段时期，我们必须以党的十六届三中全会精神为指导，解放思想，与时俱进，大胆探索，坚定不移地推进林业经济体制改革，清除束缚林业生产力发展的各种障碍，建立适应市场经济的林业经营体制和运行机制，不断扩大林业对外开放，促进林业发展。一要全面推进林业分类经营，改革人工商品林采伐、流通管理制度。尽快建立林业分类经营管理体制，对公益林和商品林实行不同的管理体制、经营机制和政策措施。公益林业采取政府投资为主，吸引社会力量共同建设；商品林业以市场调节为主，由市场配置资源。公益林以实现最佳生态效益为目标，严格控制采伐；商品林以追求经济效益最大化为主要目标，进一步放宽采伐管理。二要落实林业产权政策，加快森林、林木、林地使用权的合理流转。要深化林权制度改革，建立归属清晰、权责明确、保护严格、流转顺畅的现代林业产权制度，推动各种所有制林业的健康发展。要搞好林权证的发放和管理，加快退耕还林和其他新增林木、林地的林权登记发证工作。三要搞活林业经营机制，放手发展非公有制林业。要充分运用物质利益原则和市场调节作用，引导各种生产要素向林业领域流动，实现多种所有制经济成分共同发展林业。大力发展国有资本、集体资本和非公有资本等参股的混合所有制经济，实现林业投资主体多元化，使股份制成为公有制林业的主要实现形式。四要加大招商引资力度，加强林业的国际交流与合作。要积极引进和吸收国内外资金、资源、良种、技术、人才和管理经验，鼓励国内外投资者到广西投资造林和发展林产品加工业。特别是要抓住新一轮全球生产要素优化重组和产业转移及中国—东盟自由贸易区建立的重大机遇，扩大林业利用外资规模，提高利用外资水平，加快发展开放型林业经济。五要不断深化国有林场改革。要全面加快以分类经营为主线的各项改革，建立与市场经济体制相适应的国有林场管理体制和经营机制，继续发挥国有林场在森林资源培育和生态建设中的骨干和示范作用。六要加快国有林业企业改革步伐，加快推进以产权制度为核心的体制改革。

（四）切实加大政策扶持力度，为林业发展营造良好的环境。

林业既是一项公益性很强的事业，又是一项弱质的基础产业，需要各级政府的政策扶持和全社会的关心支持。一要加大政府对林业的投入力度。要按照国家的要求，加快建立林业建设的公共财政支持体系，建立地方森林生态效益补偿机制，在以工代赈、农业综合开发等资金中，要安排一定数量的资金用于林业项目。要确保中央、自治区安排的财政性林业专项资金及时足额到位，要求配套的林业工程投资要按规定比例同步到位。二要切实减轻林业经营者的税费负担。各地各部门要以农村税费改革为契机，认真落实国家和自治区有关林业税收优惠政策。改革育林基金征收、管理和使用办法，征收的育林基金要逐步全部返还给林业生产经营者。取消对林农和其他林业生产经营者的不合理收费，取消市及市以下各级政府和部门自行出台的一切有关林业的行政事业性收费和基金项目。三要加强林业建设的金融政策支持。要根据林业建设的特点，实行长期限、低利息的信贷扶持政策。努力推进森林资源资产化管理进程，积极探索森林资源资产抵押贷款办法，扩大面向农户和林业职工的小额信贷和联保贷款，加大金融对林业发展的支持力度。

（五）积极推进科教兴林，为林业发展提供科技支撑。

要改革林业科技管理体制，促进林业科技资源高效配置和综合集成，提高科技创新能力，推动林业科技进步。利用高新技术，力争在速生丰产林、名特优新经济林、乡土珍贵用材林的良种选育、丰产栽培技术及石漠化综合治理技术研究等方面取得重大突破。加强种苗市场监管，强化苗木的生产和管理。加强国际科技合作，提高林化产品精深加工技术水平和产品创新能力。加强森林资源、森林生态、森林火灾、重大森林病虫害动态监测与防治应用技术的研究与开发，建立森林资源和生态监测与评价体系。完善林业科技示范网络和科技推广体系，提高科技推广能力，加快科技成果商品化、产业化进程。建立健全森林和林业质量标准、检验检测和认证体系，强化标准实施。深化科技体制改革，鼓励科研院所、高等院校、技术推广部门以及科技人员到生产第一线开展科技承包和技术咨询服务。要加强林业人才培养和使用，建立科研激励机制，对在林业科学研究、科技成果推广和转化事业中做出突出贡献的科技人员和集体要给予奖励。

（六）强化依法治林，为林业发展提供法制保障。

一要尽快建立和完善保护森林资源和促进林业产业发展的地方林业法规，研究制定林业生态工程、森林生态效益补偿、人工商品林采伐更新，以及森林、林木、林地流转等方面的地方林业法规政策，建立比较完善的林业法规体系。二要加强对森林资源的监督和管理，依法严厉打击乱砍滥伐林木、乱垦滥占林地、乱捕滥猎野生动物、乱采滥挖野生植物等违法犯罪行为。严格实施林地用途管理制度，依法保护林地。抓好森林病虫害防治工作，强化重大灾害性森林病虫害的预防和防治，加强对林木种质资源的保护和输入、输出管理，防止外来林业有害生物入侵。抓好森林防火，加大林火监测和重点火险区综合治理力度，切实保护森林资源。三要加强林业执法队伍建设，提高林业执法水平。要按照权力与责任挂钩、权力与利益脱钩的要求，推进林业执法体制改革，整合执法力量，实行综合执法，建立权责明确、行为规范、监督有效、保障有力的执法体系，提升林业执法权威。要加强对林业执法队伍的法律法规教育和林业管理知识培训，建设政治过硬、业务精通、廉政高效的林业执法队伍。进一步完善林业执法监督机制，规范执法行为，提高依法行政水平。

（七）加强工程质量管理。

工程建设，质量为本。近几年来，国家在财力并不宽裕的情况下，通过发行国债等方式大幅度增加对林业重点工程的投入，如果我们的工程质量还停留在过去的水平.甚至出现严重问题，那是对国家、对人民的不负责任。我们一定要按照温家宝总理在全国林业工作会议上关于“林业建设要讲速度，更要讲质量”的指示和国家林业局“严管林、慎用钱、质为先”的九字方针，确保重点工程建设质量。一要做好规划，科学造林。要按照各工程建设目标要求做好工程规划，遵循自然规律和经济规律，做到因地制宜，适地适树，宜乔则乔，宜灌则灌，建立结构稳定、功能完备的森林生态系统。二要强化措施，科学管理。要适应市场经济体制的要求，引进项目招投标制、工程监理制和项目法人责任制等现代管理机制，全面提高林业重点工程建设的管理水平。要充分运用现代信息技术，特别是全球定位系统、地理信息系统、遥感技术和网络技术等，提高管理的科技含量，实现工程管理的科学化和现代化。三要落实责任，严格管理。要建立健全工程质量责任追究制度，将重点工程建设质量责任落实到每一个管理环节，落实到有关人员的头上，并严格执行，坚决杜绝“豆腐渣工程”。特别是要制定严格的资金管理办法，强化监督和稽查，确保工程建设资金的安全，提高使用效益。对挤占、挪用林业建设资金的，要按有关规定予以严肃处理，决不姑息。

广西林业建设目标宏伟，任务光荣而艰巨。各地各有关部门要在自治区党委、政府的领导下，高举邓小平理论的伟大旗帜，全面贯彻“三个代表”重要思想和党的十六大精神，开拓进取，努力工作，动员和组织全区各族人民，积极投身林业建设，为实现广西林业跨越式发展，建设山川秀美的八桂大地，实现富民兴桂新跨越和全面建设小康社会而努力奋斗！

广西林业概述

历史沿革

广西境内山脉较多，丘陵分布广泛，弧形山脉显著，盆地颇为完整，总面积 236661 平方公里。其中海拔 800 米以上的中山，占总面积的 23.5%；海拔 400～800 米的低山，占总面积的 15.9%；海拔 200～400 米的丘陵，占总面积的 28.9%；海拔 200 米以下的台地，占总面积的 6.3%；水面、平地占总面积的 25.4%。故有“八山一水一分田”之称。

广西位于中国大陆南缘，属于低纬地区，地势西北高而东南低，面向太平洋，北回归线横贯中部，受强烈的太阳辐射和海洋季风环流的影响，气温高，热量丰富，雨量充沛。年平均气温 17℃～23℃之间。年平均气温有由南向北逐渐降低，由东向西逐渐增高的特点。最低温为一月，其平均气温除桂北一带和高寒山区外，绝大部分地方都高于 10℃以上。大部地区无霜期在 300 天以上，桂北、桂东地区少于 300 天，桂东南达 350 天，南部沿海地区则全年无霜。

广西是中国多雨省(区)之一，大部分年均降雨量在 1200～2000 毫米之间，有雨日数一般在 140～160 天之间，多雨区如桂林、昭平、上林等地约 160～180 天，少雨区的百色约 120～140 天。5～8 月是雨季，此时雨量较多，雨热同季，极适宜林木生长。

广西山地土壤，以赤红壤、红壤、山地红壤、山地黄壤、山顶矮林草甸土为主。此外，还有石灰岩地区的石灰岩土、沿海的滨海砂土和少量滨海盐土。土壤中养分含量一般含速效磷和速效钾较少，属缺硼地区之一。土壤 PH 值多呈偏酸性或微酸性。这是广西土壤一大特色。

据 20 世纪 80 年代出版的《中国农史》记载，公元前 2700 年，广西地区森林面积占土地总面积 91%，境内几乎都被热带森林覆盖着。自秦汉以来，大批汉人南迁，境内许多丘陵平地先后辟为农田，森林逐渐减少。至清康熙三十九年(1700 年)，广西森林面积占土地总面积的比重下降到 39.1%。从清乾隆到中华人民共和国成立的 200 多年间，广西森林面积继续下降，据广西林业勘测设计院资料，解放初期广西森林面积仅占土地总面积的 16.0%。广西木材出口，30 年代前期已呈锐减趋势，民国 21 年(1932 年)广西木材出口货值为桂币 356.90 万元，其中杉木为桂币 249.83 万元。民国 25 年(1936 年)广西木材出口则减少桂币 193.96 万元，其中杉木为桂币 139.27 万元。造成森林锐减的原因，首先是广西在清乾隆以后人口猛增，大量盲目毁林垦田。清乾隆十四年(1749 年)，广西人口为 368.8 万人，此后，人口直线上升，嘉庆二十五年(1820 年)为 762 万人，民国 33 年(1944 年)为 1497 万人。也就是说，1749～1944 年的近 200 年间，广西人口增长了 3 倍，毁林垦田也相应增加。其次是乱砍滥伐和放火烧山毁林，当时山区人民为生活所迫，随意砍伐和放火烧山在许多地方都成为习俗，或烧垦，或以火狩猎，或烧灰积肥等，也有因取暖、驱兽、烧蜂、扫墓等不慎引起山林火灾的，甚至有故意纵火破坏山林的。

人工零星植树，历史久远。西周时中国已有种桑养蚕记载。但广西的杉木、毛竹、油桐、油茶等林木等计划种植，则始于宋代。清光绪二十二年(1896 年)，政府拟议了垦荒植树章程，稍后又制订了杉、桐、茶、漆、杜仲等树种栽培技术章程，并从贵州购进林木种苗一批，分发给农民试种，并对植树有功的实行奖励，这是广西省级政权倡导人工造林的最早年代。

民国初年，广西省政府曾着手筹建林场，设立苗田，但因政局不稳，筹建林场没有实现，所建苗圃亦作废。民国15年(1926年)后，广西政局相对稳定，林场逐步建立，至1949年时，省一级先后建立的林场有：庆远林场、雒容林场、广西农事试验场附属沙塘林场、南宁林场、龙州林场、六万林场、百寿山林管理局和合山煤矿公司办的合山林场等。县乡村也先后办起了一批公有林场，但机构极不稳定，详情已无法查考。民国时期，省政府为了发展林业，先后采取的措施有：整理省有林，推广公私有林，增加油桐、油茶生产，实施沿岸造林，实施石山林保护，促进公路两旁植树等。为此，省政府还发布了一系列法令、法规，其中突出的是省府为了发展油桐生产，增加地方财政收入，先后颁发了5个文件。这些文件的主要内容包括：一是强制植桐。要求各县政府每年至少植桐3000株，各乡(镇)公所每年至少植桐2000株，各村(街)公所至少植桐1000株，并限令各村(街)于民国26年春一律各种植桐种50公斤，省府于翌年派员抽查决定成绩的优劣，按实质给予奖励或惩罚。二是政府给植桐者以优惠，如缺少桐种的由省给予调拨，缺乏资金的给予贷款等。三是省做出通盘规划，分类指导，以通航河流为重点，由省派员前往协助。这些措施在当时曾起到过重要的推动作用，使广西桐油产量曾一度创历史最高纪录。但除油桐之外，其他发展规模都很少。至中华人民共和国成立前夕，省营的11处林场(垦殖区、管理局)经营了20多年，保存下来的人工林仅5万多亩。

前进中的广西林业

中华人民共和国成立后，广西林业建设进入了一个崭新时代，1950～2003年，广西林业发展大致可以分为4个时期。

【奠基时期】

这个时期(1950～1957)又可分两个阶段。

第一个阶段(1950～1952年的国民经济恢复时期)　这期间，广西正在进行清匪反霸、土地改革，农民分得田地和山林，打破了几千年的封建剥削，调动了农民的生产积极性，奠定了发展农林业的生产基础。但是由于当时农村工作繁忙，加上国家拨给广西的林业建设经费不多，林业机构薄弱，科技人员缺乏，短期内还不能大力造林。在十分困难的情况下当时省政府对中央“普遍护林，重点造林，合理采伐和合理利用”的林业建设方针执行是认真的。1950年6月，广西省人民政府发布了护林布告，针对当时实际情况，提出禁止乱砍滥伐和禁止放火烧山两个大项，以后随着形势的变化，还提出各种护林措施，或预防山林火灾，或防范乱砍滥伐，或防治病虫害等。一旦发生山火，由当地领导带领群众进行扑救。1951年三江县出现乱砍滥伐森林，抢购木材的严重事件，中共广西省委、省人民政府责成有关部门组成联合调查组前往调查处理。因此这一阶段虽然也发生过局部破坏森林事件，但都能及时制止，未酿成全面性大灾。

第二个阶段(1953～1957年的“一五”计划时期)　广西根据中央“普遍护林护山，大力造林育林，合理采伐利用木材”的林业建设方针，省人民政府发出争取10年绿化大部广西的号召，其措施主要有以下三个方面：一是抓好老林区造林，确保这些地区林业长盛不衰；二是抓好国营林场建设，发展新的林业基地；三是抓好全民造林，加快绿化进度。其时，全省区已进入合作化阶段，中共广西省委十分重视林农林木入社问题，经过深入调查研究出台了一套林农林木入社办法，使林农在林木入社时基本做到自愿互利；鼓励老林区林农积极造林，对老林区营造杉木林的，国家给予钱粮补助。对面上造林，则大力宣传“谁种谁有”政策，清除群众顾虑；划分重点林区或农林并重区，帮助这些地区领导执行以林为主或农林并重的生产经营方针。需要特别指出的是：广西在实施“大力造林育林”时，十分重视发展国有林的工作。解放初期，根据省人民政府指示，有农林厅接收了民国时期办的8处省营林场，“一五”计划期间，进行了大片宜林荒山踏查，在此基础上积极筹办国营林场。“一五”计划期末，全省国营林场已达到65处，其中1957年新建的就有25处(不包括上马后又下马部分——下同)。当时国营林场建设是“先生产，后生活”，广大林场职工发扬艰苦创业精神，大多住在临时搭盖的茅草棚里，睡竹编的“弹簧床”，生活物资主要靠人扛肩挑。在造林季节，工人在场领导和干部带领下，一件蓑衣，一截竹筒(盛饮用水)，一把特制的锄头，吃住在山、工作在山、学习在山、开会在山，战斗在荒山野岭。可以说，广西国营林场能有今天的规模，是整整一代人包括各级党政领导特别是林场职工艰苦奋斗出来的。“一五”计划期间，开展了沿海防护林勘测设计和营造工作，提出了水源林建设和江河两岸造林绿化规划。在这一阶段，森林保护工作进一步得到加强。严格控制生产用火，建立了“五不烧”制度，建立健全森林防火联防制度，不断改善林区交通条件，以利防火、扑火。对森林病虫害，主要是做好病虫情监测和发动林农以人工捕杀为主，50年代中期以后，改为以药剂（主要是六六六药粉）防治为主，主要防治对象有油茶毒蛾、黄脊竹蝗、八角金花虫、马尾松毛虫、松茸毒蛾等。这一阶段的森林工业方面：1954年，省人民政府颁布了《广西省统一管理木材采运供需暂行办法》。规定全省木材统一由农林厅林木管理处制订计划，组织采伐，并分别由省煤业建筑器材公司、民族贸易公司、中南区木材公司广西省分公司、广西省木材公司及私商经营木材。1957年，省人民政府再次发布《广西木材管理办法》。规定广西以森工部门、国营木材公司为国家采伐、收购、供应木材与调剂市场机构，其他单位一律不得经营木材，从此木材正式纳入统购统销序列。随着木材采伐和收购不断向林区纵深推进，不少边远林区都由森工部门投资修建了一批林区公路、疏炸运材河道。与此同时，各地森工部门还创办了一批木材加工工厂、松香厂等，为森林工业的进一步发展打下了基础。

【探索发展时期】

这个时期（1958～1978）跨度比较大，既有发展，又有挫折，但总的来说，广西林业还是向前发展。这个时期分为3个阶段。

第一个阶段（1958～1962）　在“大跃进”和人民公社运动中，“共产风”、“一平二调风”刮起来后，林业首当其冲，受害很大，造成林木、林地所有制混乱，不仅严重挫伤山区广大林农植树造林、经营山林积极性，而且增加了国家、集体、个人之间的林权、林地纠纷，带来了一系列不良后果，使林木权属方面有些问题长期得不到解决，这是以后多次发生群众乱砍滥伐、抢砍盗伐林木的主要根源之一。当时森林遭到严重破坏，破坏主要来自三个方面：一是各地大炼钢铁、大办社队食堂、大修水利和大搞工具改革，导致森林的大量砍伐；二是在木材生产中的高指标、瞎指挥，造成的乱砍滥伐、集中过量采伐；三是困难时期毁林开荒，生产救灾，毁掉了不少林木。其中以大炼钢铁毁林最为严重，无论天然林或人工林，无论防护林或经济林，不论村前屋后，路边水旁的风景林，都遭到不同程度的破坏。当时有个口号是：“大破大造”，事实上大破实现了，大造却无法实现。全自治区粗略统计，仅大炼钢铁一项就被砍去活立木3200万立方米。1961～1962年，国营林场由于投资不足，粮食供应紧张，被迫弃林开荒，争取“粮、油、肉、菜、钱”五自给，对保存林场起了一定的积极作用，但对造林及对林木的管护发展影响也不少。

这个阶段广西林业也取得一定成绩，主要是继续坚持“一五”计划期间的部署，大办国营林场，其中1958年就新建国营林场26处，是解放以来建林场最多的一年，这些林场的建成，对广西国有林的扩大具有重大作用。与此同时，各地积极试办乡村合作林场（或称社队林场），为将来乡村合作林场的发展积累了不少经验，并为今后如何发展公有制林业，有计划的全面发展林业提供了有益的经验教训。

第二个阶段（1963～1966）　这一阶段广西林业得到较快发展。自“大跃进”带来森林大破坏后，自治区党政领导统一了认识，贯彻执行了中央一系列指示和政策，自治区党委第一书记、自治区人民委员会主席韦国清和书记处书记、自治区人委的几位副主席，大部分都具体分管有造林绿化任务。尽管当时国家对林业投入不多，但林业事业仍然恢复发展很快。当时的主要措施：

第一，制定比较切合实际的林业工作方针。广西山多造林绿化任务重，一时还不可能全部绿化，植树造林要有计划地进行，因此，林业工作以“造林为纲”，实行“由近及远，由内向外，植封管三者并举”的造林方针，大搞城镇绿化、美化等生态环境建设，继续加速公路、铁路、河流两旁绿化步伐，开始筹划沿湘桂铁路两侧营造防寒林带。在适宜种杉地区，大搞杉木基地建设。大兴社队办林场，组建骨干国营林场。先后组建了3个大型国营林场（博白林场、桂南林业局后改为东门林场、钦廉林场），争取在较短的时间内，为广西林业生产奠定稳固基础。

第二，贯彻1961年中央提出的《关于确定林权，保护山林和发展林业的若干政策规定》（简称《林业18条》），调整农村林业政策。在面上，处理平调群众林木的遗留问题，落实好山界林权，划分自留山、自留木政策；在重点林区，重点抓恢复和发展山区林业生产，解决好林业的收益分配、木材采伐、收购政策等问题。重新确定和保证山林的所有权，坚持“谁种谁有”政策，强调“不论是公社、县以上单位还是生产大队、生产队，凡是无偿砍伐社员个人的树木，都必须认真清查，全部退赔，一次性还不清的，可以分期退赔，退清赔清为止”。尽管当时国家、公社、大队、生产队存在困难，大部分退赔没有兑现，但《林业18条》的颁布和贯彻执行，使林木所有单位和所有者正当权利得到保护，人心逐步稳定。但是，由于种种原因和1966年爆发了“文化大革命”，《林业18条》未能全面贯彻执行。

第三，大力推广林木良种和按照林业部、自治区林业厅制定的采种、育苗、造林、抚育技术规程造林育林。这个时期，营林生产主要是推广营养苗、丛生竹带蔸埋杆育苗、毛竹实生苗造林、马尾松半年生苗造林和杉木1年生苗造林；大力推广林木良种，如提倡种植良种桉、野桉等，同时开展了杉、松、油茶、油桐等良种选育和推广工作；提倡按规格整地，推广林地施肥，争取林木速生丰产。

第四，扩大对林业的经济扶持。如对杉木基地、油茶基地造林给予钱粮补助，收购木材、桐籽、茶籽、松脂、毛竹、核桃、棕片和生漆等主要林副产品给予粮食、化肥、布票奖售等。这些经济扶持政策，对促进山区群众经营林业起了积极作用。

第三阶段（1967～1978） 这一阶段广西林业发展遭受很大挫折。从1967年起，林业厅的正常工作一度陷入瘫痪状态，领导干部被“夺权”、“靠边站”、“受审查”。1969年11月林业厅建制被撤销，自治区革命委员会将农业厅、林业厅、农垦局合并，成立自治区农林服务站，由军队支左人员负责。原三个厅局的大部分人员被下放到农村基层或到“五七”干校劳动锻炼或到“斗、批、改”学习班接受审查等，原有行政管理机构和生产指挥系统全被打乱。1970年12月撤销自治区农林服务站，1971年1月成立自治区革命委员会农林局。1972年10月，军队支左人员撤退。1973年8月，恢复成立自治区林业局。在“四人帮”极左路线干扰破坏下，林业建设除飞播造林有较大增长（1961～1978年飞机播种造林播区面积262.43万公顷），经检查有效面积189.7万公顷，成效面积53.73万公顷。飞播造林最多的是1971～1980年，播区面积230.37万公顷，有效面积163.88万公顷，成效面积35.56万公顷，其中1971年飞机播种造林成效面积（8.91万公顷）和病虫害防治生物防治面积较大外（1972年开始推广应用白僵菌大面积防治松毛虫，1972～1978年应用白僵菌防治面积264.27万公顷，占同期防治总面积的81.76%。1978年广西生产白僵菌粉剂390吨），其余全无起色。

“文化大革命”期间广西林业主要失误是：大多数林业单位能维持生产，但正确的林业规章制度被废除，以致纪律松懈，无政府主义泛滥；许多单位经营管理混乱，经济无核算，劳动无定额，作业无设计，生产下降；国营林场取消了定额管理制度。70年代中期，广西根据外省经验在国有林区和社队集体林区新建立了一批采育场，重采轻育，更新跟不上采伐，采育失调现象严重，且建立采育场地方，大都是水源林地区，造成水源林的破坏。“文化大革命”后期，片面执行“以粮为纲”方针，毁林开荒，也破坏了一些森林。在农村开展“割资本主义尾巴”，严格控制社员个人在房前屋后植树，出现一些乱砍滥伐。林业教育和科研事业遭到摧残。1967年后，所有高、中等林业院校、林业干部学校停止上课、招生，领导干部被诬蔑为“走资派”，知名教授和骨干教师被扣上“反动学术权威”的帽子。1975年10月，广西农学院林学分院被迁往来宾县城，“复课闹革命”后，又未能正常上课。广西林业教育基础本来就比较薄弱，经过10年折腾，又受到严重创伤。“文化大革命”期间，林业科学研究事业遭到很大破坏。

【改革发展时期】

这一时期（1978～1990）也是广西林业发展时期。但前期（主要指80年代初、中期）广西森林遭到解放以来第二次大破坏，主要原因是这一时期山林所有制变更频繁，先是在农村实行“责任山”、“自留山”，不久一些地区又出现“两山并一山”，因此触发了一场乱砍滥伐林木歪风，除乱砍滥伐个人的“责任山”、“自留山”林木外，主要矛头指向国有、集体林场，与国家、集体争夺山权林权，时间长达10年之久。1984年，又因延续了30多年的木材统购统销的终止，新的宏观调控措施尚未完备，放开木材自由经营，给乱砍滥伐火上加油。1984年，贯彻《中华人民共和国森林法》后，森林保护逐步走上法制化轨道。经过各方面的共同努力，1988年前后将乱砍滥伐歪风基本刹住。这一时期自治区和地、市、县的党政领导对发展林业开始重视，从1985年开始，广西造林投入逐渐增加。这时期，广西林业发展的重大措施有：

第一，调整发展林业战略部署。这里特别要提到的是1981年3月8日中共中央、国务院发出的《关于保护森林发展林业若干问题的决定》。这是中共十一届三中全会以来发展林业的纲领性文件,所提及的25条政策和原则,也是拨乱反正的措施。为了贯彻执行这个文件,自治区党委、自治区人民政府先后采取的措施有:1982年5月30日发布了《稳定山权林权、完善林业生产责任制暂行条例》,探索木材开放和集体管理制度,实施木材综合利用节约代用,抓紧林区的恢复和建设,发展林业科学技术和教育,加强党和政府对林业的领导。在全自治区乱砍滥伐林木歪风基本得到控制之后,1978年1月8日,自治区党委、自治区人民政府做出《关于保护森林,发展林业,力争15年基本绿化广西的决定》(1986～2000)。1989年6月8日,又做出《关于实行县级领导干部造林绿化任期目标责任制的决定》。1990年,自治区人民政府为筹措绿化资金,又做出《广西壮族自治区林业基金制度》的决定。

第二,落实林业"三定"(即稳定山权林权,划定自留山,确定林业生产责任制)。"三定"工作群众部分已于1985年以前基本完成,难度较大的是国有林业单位,一直推迟到1990年才基本结束。

第三,加强林业法制。自80年代前期出现了破坏森林歪风后,中央及自治区采取的对策之一,就是加紧森林立法。这一时期中央和自治区先后出台了许多保护森林法令、法规,同时加强林业执法工作。广西是这个时期乱砍滥伐森林的"重灾区"之一,中央先后派出工作组,配合广西重点查处大案要案打击破坏森林的犯罪分子,还要求重点林区、国有林场配备了治安队、护林员,使林业执法机构进一步完善起来。

第四,实行"造、封、管、节"并举。"造"就是以人工造林为重点,动员各方面的力量,实行国家、集体、个人一起上的方针。在人工造林中有多种形式,有工程林、速生丰产林、飞机播种造林。其中工程林是80年代中期兴起的,就是在造林中,实行设计、施工、验收等一系列工程管理办法,如1985～1998年利用国内外贴息贷款造林390万亩,基本上都是工程林。这些造林,经验收实有面积是上报面积的82.14%。"封"就是封山育林。80年代后期,桂东南等地推行工程封育和规模封育。如藤县从1986年起,封山育林120万亩,已初见成效。"管"就是加强森林资源的保护和管理,主要内容有:不断完善"三防"体系,即森林防火、防止乱砍滥伐和防治森林病虫害;林政管理逐步走向制度化;做好森林资源的监测工作,使森林资源的增长量逐步大于消耗量。"节"就是从多方面节约使用木材,减少森林资源消耗,其中在农村推广改燃节柴、改灶节柴、建造沼气池等,是减少森林资源消耗的重要一环。

第五,多渠道筹集发展林业资金。造林绿化需要大量资金投入,各级领导对此十分重视。80年代中期起采用多渠道筹集林业发展资金,即争取国际、国内低息长期贷款多一点,地方财政拨一点,林业部门拿一点,群众出一点的办法,以解决造林绿化的投入,全自治区1985～1988年仅造林贷款一项就达11882.6万元,年均2970.6万元。

第六,广泛发动群众开展植树运动。1979年,全国人大常委会通过决议,重新规定每年3月12日为植树节,以后又通过全民义务植树决议,广西即发布了实施细则,以进一步提高全民造林意识。在全民植树中,人民解放军一直站在最前列,不仅绿化、美化了营地,还支援附近群众造林。共青团、妇联、各有关部门在全民造林中也起了很好的作用。

【深化改革时期】

这一时期(1991～2003)是广西林业发展史上极不平凡的时期,一方面是实现消灭宜林荒山荒地和绿化达标,另一方面是深化林业改革,扩大开放,促进林业跨越式发展。这个时期可分二个阶段。

第一个阶段(1991～1994)　即广西实现消灭宜林荒山荒地时期。经过改革发展时期,广西林业有了初步的发展,但林业发展仍不适应国民经济发展的需要,特别是荒山荒地面积大,造林绿化速度缓慢,乱砍滥伐、毁林开荒和森林火灾等事件时有发生。1994年提前一年消灭宜林荒山荒地,1997年实现绿化达标任务艰巨。在自治区党委、自治区人民政府的高度重视和各部门的积极配合以及各族人民的共同努力下,广西造林绿化工作取得显著的成绩。1994年提前一年实现全区灭荒达标。1988～1994年,全区共完成荒山造林430多万公顷,相当于新中国成立后到1987年30多年的造林总和,特别是1991年以来,广西每年以66万多公顷的速度造林灭荒,规模之大、速度之快、质量之好都是前所未有的。1991～1994年连续三年荣获林业部"造林成绩优异自治区"光荣称号。1994年10月,经全国绿化委员会验收工作组验收结果表明,广西在灭荒范围内的宜林荒山荒地剩余连片3亩以上的为2.55%(部颁标准荒山率<10%)，其中集中连片10亩以上的荒山率为0.37%(部颁标准荒山率<1%)。广西在加快造林灭荒的同时，一些较早实现灭荒的县(市)，抓紧做好绿化达标工作，至1994年底，广西有28个县(市)实现绿化达标，为力争1997年绿化达标奠定了良好的基础。主要采取的措施有：

第一，统一认识，加强领导。党的十一届三中全会后，自治区党委、自治区人民政府总结了广西林业发展的历史经验和教训，制订了一系列保护森林，发展林业，绿化广西的方针、政策及措施。自治区党委常委多次集体听取林业工作汇报，认真分析林业的新情况，解决出现的新问题。自治区人民政府每年召开1～2次大型的广西全区林业工作会议，进行具体部署，提出具体措施和要求。各级党委政府围绕自治区关于"八五"灭荒、"九五"绿化的宏伟目标，把造林绿化作为林业建设的重要环节来抓。并从四个方面转变了观念：一是由过去造林绿化只是林业部门干的观念转变为全党动员、全社会办林业，全民动手搞绿化；二是由过去零敲碎打、自由种植的小农经济观念转变为统一规划，连片开发，高标准、大规模造林；三是由过去只讲任务，不求实效的观念转变为科学造林优质高效的务实；四是由过去重种轻管的观念转变为种管并重。认真贯彻落实党中央、国务院关于"实行领导干部保护、发展森林资源任期目标责任制"的决定，自1989年各县实行党政第一把手与自治区党政第一把手签订造林绿化责任状，各乡村的领导亦相继与主管的上级党政领导签订造林绿化责任状或造林灭荒责任状，层层明确各自的目标责任。同时，各级领导亲自办绿化示范点，带动群众造林。

第二，检查验收，兑现奖罚。为了加快培育森林资源，自治区林业厅制订了相应的措施，凡是有设计方案经审批实施，验收符合规定的工程林、绿化点、村办林场等项目，给予造林种苗补助，按规程完成封山育林的给予封山育林扶助。自治区绿化委员会、自治区林业厅每年第一季度派出工作队到基层检查指导造林，第四季度对造林绿化目标责任状和工程林、绿化点、村办林场、工程封山育林等项目进行检查验收。1989～1994年，共组织了5000多人次的工作队对全区的造林绿化目标责任制和造林灭荒进行检查验收。自治区党委、自治区人民政府根据优劣给予表彰奖励或亮黄牌警告。

第三，广集资金，增加投入。采取六个"一点"的办法来集资。即林业部给一点，自治区财政拨一点，向世行和自治区农行贷一点，广西林业厅"两金"拿一点，地方财政挤一点，社会各界和群众集一点。广西造林总投入的经费达25.78亿元，其中林业厅投入5.41亿元。

第四，各级林业部门当好党政领导的参谋，充分发挥职能部门的作用。灭荒阶段，始终把造林灭荒作为发展经济和当地脱贫致富结合起来，积极、及时地向党委、政府汇报、请示，取得支持；按照宜林则林，宜果则果，努力发展名、特、优经济林果和建立丰产林的原则，统一规划林地，为领导做出新决策提供科学依据。查荒、规划、备耕、育苗、造林和抚育管护各个环节主动配合党委、政府做好技术指导和服务工作，为提前实现消灭宜林荒山荒地做出了积极的贡献。

第五，做好森林"三防"工作，防止出现新的荒山荒地。在林业工作中坚持"造、封、管、节、用"一起抓，强化森林资源的培育和管护。各地一边抓造林灭荒，一边抓好森林防火、森林病虫害防治、加强林政管理等工作。各县建立了森林"三防"队伍，形成"三防"网络，做到层层有人抓山山有人管。其次是普遍立有护林育林村规民约，发动群众护林管理。再次是开展打击破坏森林犯罪行为的专项斗争，及时查处各种林业案件。四是强封严管，改燃节柴，有力地保护了森林资源。由于各地认真抓了这些工作，全区森林资源增长呈上升趋势。至1994年底，广西有林面积由1987年的520多万公顷增加到1070多万公顷(含新造林)，森林总蓄积量从2.41亿立方米增到2.62亿立方米，森林覆盖率从22%提高到34.19%。

第二阶段(1995～2003)　这阶段的广西林业建设得到了突飞猛进的发展。自1994年广西提前一年实现消灭宜林荒地后，自治区党委、自治区人民政府调整林业发展部署，认真贯彻党的十四大提出的"抓住机遇，深化改革，扩大开放，促进发展，保持稳定"的方针，紧紧围绕改革和发展两大主题，努力抓好巩固造林灭荒成果实现，1997年绿化达标和深化林业改革。为了保障林业改革和发展顺利进行，自治区党委、自治区人民政府、区林业局根据中央有关精神，先后出台了一系列文件。1999年自治区林业局制定了《关于加强发展国有林场职工自营经济问题的若干规定》(试行)。2001年，自治区人民政府下发了《关于切实做好退耕还林还草试点工作的意见》(桂政发〔2001〕59号),自治区党委、自治区人民政府批转了自治区计委、财政厅、林业局制定的《关于加快广西速生丰产林发展的意见》。2002年下发了《关于进一步完善退耕还林政策措施的若干意见》(桂政发〔2002〕56号)。这期间,广西林业深化改革主要工作有:

第一,实行森林分类经营的管理体制。为贯彻国家林业局的"分类经营、分区突破"的林业发展战略布局,1997年广西壮族自治区首次在贺州地区、梧州市和雅长林场开展森林分类经营试点工作。2000年9月,召开广西全区林业分类经营工作会议,制定了《森林分类经营区划技术操作细则》,提出分类经营的标准:公益林是指以保护和改善人类生存环境,保持生态平衡,保护生物多样性和国土安全等满足人类社会生态需求为主体功能的森林或灌木,其以追求最大生态效益为经营目标。商品林则以经济效益为经营目标,包括用材林、薪炭林、经济林。按《全国生态环境建设规划》中规定广西壮族自治区的生态林和商品林经营面积分别为现有林的40%和60%的原则,广西共区划出商品林面积约800万公顷。按各自的经营目标、特点和规律,在造林工作中按两类林地的要求选择林地,植树造林和营林管护,实行不同的管理体制、经营体制和政策措施。对防护林、水源保持林、防风固沙林、防火林、风景林等公益林,采取法律保护、资金支持,经营上以封山育林、封山护林为主,人工造林为辅。对布局不合理,结构不稳定,功能不齐全的林分,采取补植、套种、改造等方式,促进形成好林种、多层次、功能强的森林生态系统。商品林由市场来配置资源,鼓励支持企业、个体自营业主投资造林。经营方式以人工造林为主,实行基地化建设和集约化经营,按市场运作,自主经营,自负盈亏。在保护和培育森林资源,发挥生态和社会效益的同时,实行灵活多样的经营形式和管理方式。

第二,大力发展以速生丰产林为主的用材林基地。按照森林分类经营战略,充分利用广西的区位优势和自然优势,紧紧抓住国家把广西列为全国重点商品林发展区域的机遇,把发展速生丰产林作为实现广西林业跨越式发展,促进富民兴桂的突破口。在已有速丰林面积基础上,从2000年起,每年以造林200万亩的速度推进,速丰林总面积居全国前列。至2003年底止,全区累计有速丰林面积1465万亩。采取的主要措施有:

一是做好发展规划设计。桂东、桂南、桂中重点发展以速生桉、良种松、速生相思、竹子为主的林浆纸、林板和松脂两用工业原料林;桂北、桂西经济区重点发展良种松、竹子和乡土珍贵速生阔叶用材林。

二是调动社会发展速丰林积极性。广泛发动各种所有制林场、林产工业企业、各种经济实体、区外及国外投资主体、个体经济能人等投资建设速丰林基地。采取"龙头企业集团+基地+农户"等形式进行经营。目前,除了国有林场、印尼金光集团、香港嘉汉木业有限公司、日本王子公司等企业、外商造林外,不少农民或国有林场职工在自留山或通过承包、租赁林地营造速丰林,每年营造速丰林面积中有60%以上是非公有制造林。

三是出台优惠政策。为了改善环境,鼓励社会各界投资速丰林建设,自治区党委、自治区人民政府批转了《自治区计委、财政厅、林业局关于加快广西速生丰产林发展的意见》,出台了一系列发展速生丰产林的优惠政策。如减半征收育林金和维简费,林木采伐计划指标专项安排,允许项目所产的木材进入市场流通,享受贴息贷款,活立木允许作贷款抵押等。这些政策的出台,极大地解放了林业生产力,为非公有林发展营造了良好的环境。

四是发挥科技的支撑作用。加强了速生丰产林的研究与推广,良种选育技术不断取得新突破,实施了良种壮苗、科学整地、配方施肥、丰产栽培,制定完善管理体系。

第三,大力推进退耕还林和石漠化治理工程。广西山地多,坡耕地比例大,石漠化严重。广西裸岩面积788万公顷,占总面积33.3%,坡耕地面积158.7万公顷,占广西耕地面积36%;石漠化土地面积230万公顷,其中绝大部分是过去毁林开荒形成的。大量坡耕地、石山耕地和石山地石漠化的存在,导致了水土流失严重,缺水、缺土、缺肥,生态环境恶化,生产生活条件恶劣,洪旱灾害频繁,制约了当地经济的发展。根据党中央、国务院的有关指示和《退耕还林条例》要求,自治区人民政府制定印发了《关于切实做好我区退耕还林还草试点工作的意见》(桂政发〔2001〕59号),把实施退耕还林,恢复林草植被,遏制水土流失和石漠化当做林业"实施六大工程"之一来抓。列为广西林业生态建设的重点工程。2001～2003年,完成退耕还林工程建设单位102个县(场),计40.

53万公顷，其中退耕地18.4万公顷，荒山荒地造林23.13万公顷。经过退耕还林和石漠化治理的地方，大量坡耕地停耕，林草植被增加，减少了水土流失和石漠化扩展。工程实施较早的平果县，全县3800多座裸露石山基本绿化，森林覆盖率由1990年的22.8％提高到33.4％，全县18处泉水井和26条河流恢复了正常流水。工作措施有：

一是建立健全组织领导机构，实行目标责任制。自治区成立退耕还林领导小组，由自治区领导任组长，自治区发改委、西部办、财政厅、农业厅、水利厅、监察厅、林业局、粮食局、农行广西分行等10多个部门领导为成员。各有关市、县、乡也相应成立由政府领导任组长，有关部门领导为成员的领导小组。从自治区、市、县、乡逐级签订目标责任状，乡人民政府与退耕农户签订合同，将任务落实到农户。

二是加强宣传培训，组建专门的工作队。工程实施以来，广西共召开不同层次的会议5000多次，参加人员80多万人次。有些县还召开数千人的群众大会，讲清道理，发放册子。举办各种技术培训班1500多次，受训人员25万人次。各级退耕办有专职人员700多人，参加工程的工作人员8000多人。

三是健全机制，规范工程实施。在造林机制方面，坚持退耕地造林以个体承包为主，个体造林与大户承包并举；荒山荒地造林鼓励大户承包：将退耕还林、石漠化治理工程与珠防林、海防林、封山育林、沼气池等建设结合起来。管理方面，先后出台了《广西壮族自治区人民政府关于进一步完善退耕还林政策措施的若干意见》、《广西壮族自治区退耕还林项目资金报账制管理暂行办法》等13项配套政策或管理办法，建立完善的配套政策制度，如种苗生产供应、造林质量和管护、政策兑现、资金管理、检查验收和工程监理、档案管理等多项管理制度。

四是实行科学造林，提高工程质量。根据各地的自然条件，在保证生态效益前提下，把退耕还林与发展速丰林、名特优经济林结合起来，因地制宜发展桉树、相思、竹子、任豆树、八角、玉桂、板栗、核桃等速生丰产树种和经济林树种、乡土树种。石漠化治理则采取“以封为主，造林补植，改燃节柴为辅”的措施及“由近及远”的原则，将道路两旁、居民点周边第一面坡作为治理重点，探索出并推广竹子＋任豆树＋金银花等多种生态经济效益兼备的石山造林模式。

五是认真落实各种优惠政策措施。为确保工程顺利实施，中央及自治区出台了一系列优惠政策，安排了专项资金，让退耕户吃上“定心丸”。这些优惠政策其核心内容主要是“三补两免两落实”。“三补”是每亩退耕地每年补助粮食150公斤和现金20元（补助期限为经济林5年，生态林暂按8年计算），一次性补助种苗造林费50元。“两免”是减免退耕林的农业税和退耕还林所得的农业特产收入的农业特产税。“两落实”是落实个体承包政策，把造林任务落实到户、到人，谁造林、谁所有，谁受益；落实发放林权证政策，确认所有权和使用权。2001～2003年，广西累计发放粮食47349万公斤（按1.4元/公斤折款149940万元），现金66288万元，种苗造林补助费35295万元。石漠化综合治理也按自治区有关政策，投入资金7150万元。

第四，深化国有林场体制改革。“九五”以来，按照林业部《关于国有林场深化改革，加快发展若干问题的决定》精神，自治区国有林场全面推进“以发展为主题，以增资源、增效益为目标，以分类经营为主线”的各项改革措施。

一是实施三项制度改革。实施人事、用工和分配制度改革，实行定岗、定员、定责和竞聘上岗；实行全员劳动合同制；管理人员实行岗位工资，“一线”职工实行承包经营，计件工资。

二是大力发展职工自营经济。采取稳定所有权，放活使用权等改革措施，对林场的森林资源、荒山荒地、经济林以及不便于集中统一管理的用材林，引入市场经济风险、竞争机制，以承包、租赁经济林等为主要模式，发展股份合作林场、家庭林场和职工自营经济等多种自营经济成分。截至2002年，广西国有林场参加自营经济的职工30469人，占在职职工总数的80％。2001年，年人均收入3243元。林场非公有制经济的发展，促进了生产方式的改革和多种经营的发展，自营经济的产业链不断延伸，已由单纯的土地承包发展到种植、加工、贸易、服务等多门类、多产业齐头并进。

三是进行林种结构调整。根据国家林业局“分类经营，分区突破”的林业发展战略，把以速丰林为主的商品林基地建设作为实现林业跨越发展和加快林场经济结构调整的突破口来抓。同时，因地制宜地发展八角、玉桂、水果等名特优经济林，实行长短结合，优势互补。近几年全区国有林场所造速丰林、经济林分别达200多万亩和40多万亩。

四是实现林业产业化经营。国有林场以自有的森林资源为依托，以市场为导向，创办了人造板、木片、松香、森林旅游、苗圃花卉等一批工业项目。高峰林场通过发展人造板工业，带动了速丰林基地建设。已建成良凤江、三门江、姑婆山等11个国家级、12个自治区级和一批县级森林公园，森林旅游收入逐年增加。

五是发展场外辐射造林。发展场外辐射造林。国有林场深化改革以来，掀起了大力发展速丰林的热潮，但林场现有能用于营造速丰林的林地有限，而社会上还存在着一部分适宜发展速丰林的低产林地、退耕还林林地等，国有林场利用自身特有的政策优势、技术优势、资金优势与周边乡、村采取租地、联营等方式进行场外辐射造林。2002～2003年，辐射造林面积达56万亩，等于再造一个林场。场外再造林场的成功，不但使林场的经济实力得以增长，还对社会造林起到带头、示范和推动作用。

第五，构建林业产业体系，促进林业工业发展。这个时期，林业工业主要是抓体制改革和发展这一主题。自治区林业局多次召开区直林业企业工作会、林业企业调整现场会；自治区、市、县陆续出台了一批关于企业改制、改组的政策性文件；自治区林业局成立直属企事业经济体制改革领导小组；在林工商、柳州林机厂和大桂山林场、派阳山林场进行改革试点，取得了可喜的成绩。目前，已初步形成了以木材加工、林产化工、木浆纸和竹藤、旅游、花卉等林业产业为主体的林产工业，促进了林业产业化的进一步发展，同时增强了林业经济的实力。

一是大力发展以速生丰产林为重点的商品林基地建设。在构建林业产业体系中，自治区各级政府紧紧抓住国家把广西列为全国重点商品林发展区域的机遇，把发展速丰林作为广西林业工业的“第一车间”，加速发展速丰林基地建设，保证林产工业原料的持续供应。2001～2003年，广西速丰林以每年递增31%的速度发展。到2003年底止，广西已营造各种速丰林1465多万亩。在积极发展速丰林的同时，因地制宜发展各种经济林和珍贵树木，经济林有林面积3148万亩，八角、玉桂、松香、栲胶等产量位居全国第一，茶油、桐油产量排在全国第三位，为发展林产加工业提供充足的原料。

二是林产加工业得到快速发展。林业企业的深化改革和原料林基地建设的发展，进一步推动了林业工业化进程。广西以森林资源为原料的林产工业发展到13000多家，初步形成了以木竹综合利用加工、竹木浆造纸、林产化工为主体的林产工业框架。其中人造板企业约300家，年生产能力365万立方米；木质、竹藤家具和木制品生产企业500多家；松香生产企业110多家。这些企业中，有95%为非公有制企业。

三是组建林业企业集团。为加快林浆纸一体化项目进程，充分发挥国有林场的土地资源和森林资源优势，根据国家对林浆纸发展的要求，经自治区政府同意，由高峰林场等8家国有林场和两家企业的资产良性整合组建的广西高峰林浆纸业(集团)有限公司，于2002年11月挂牌成立。广西高峰林浆纸(集团)有限公司的组建成功，不仅解决了林场的自身发展问题和与外资合作问题，还以集团作为融资平台，争取到了国内和国外的资金来发展自治区林业生态建设和商品林基地建设。

四是开发森林旅游、花卉等产业。在坚持科学保护森林资源和生态环境下，依托环境优美，自然景观品位高的自然环境，合理发展森林旅游业，并不断完善和提高经营管理和服务水平，积极开展宣传促销，扩大社会影响，接待游客量稳步增长。2003年广西接待游客量244.7万人次，直接旅游收入1.43亿元。花卉产业开始起步，但发展迅速，广西花卉种植面积已达26万亩，产值12亿元。

【辉煌的成就】

造林育林成绩显著　1950～2003年，广西累计造林1465万公顷，平均每年造林约29万公顷。据广西林业勘测设计院实地调查资料，1960年，广西有林面积471.12万公顷，森林总蓄积量17591万立方米，森林覆盖率是23.22%。经过41年的正常消耗以及乱砍滥伐、森林火灾等造成的损失，到1990年广西有林面积仍然增加到602.17万公顷，森林总蓄积量达到2.55亿立方米，森林覆盖率达到25.44%。1991年以后，认真贯彻落实广西区党委、区人民政府《关于保护森林，发展林业，力争15年基本绿化广西的决定》(1986～2000)，加快造林步伐，严格控制采伐量，全面加强“三防”工作，实现了“灭荒”和“绿化达标”，森林资源呈逐年上升趋势。据国家林业局

2000年第六次森林资源连续清查结果，广西森林资源主要指标在全国的排名有了较大的长进。广西森林面积981.91万公顷，森林总蓄积量4.03亿立方米，森林覆盖率41.33％。其中，人工林和经济林面积分别为448.62万公顷和202.77万公顷，全国排名均为第一、2003年，尚有森林面积60.12万公顷，蓄积量4811.92万立方米，分别占全自治区森林总面积和总蓄积量的9.98％和18.85％。至2003年，广西建立了一批相对集中的杉、松、桉商品用材林基地和茶油、桐油、八角、桂皮、松脂、栲胶等林特林副产品基地。另外，在育林护林过程中，不断加强了森林防火、森林病虫害防治和制止乱砍滥伐林木的组织建设、设施建设和法制建设，逐步建立起比较完善的森林“三防”体系。2003年，广西共建立自治区、市、县三级森林防火指挥部139个，专业、半专业消防队1218个，消防人员30369人，配备县、乡、林场专职、兼职护林员56908人；自治区、市、县和国有林场（厂）等设立林业公安机构308个，配备公安干警2230人；广西设立木材检查站235个，职工25000多人；建立自治区、市、县、林场森林病虫害防治站、森林植物检疫站119个，配备专职检疫员400人，兼职检疫员200人，林业有害生物监测点1537个，人员3672人；建立和健全了一套林区用火管火的法规和木材限额采伐制度；总结并实施了以生物、生态防治为主的森林病虫害综合治理工程，有效地控制了森林火灾和森林病虫的危害，基本上制止了乱砍滥伐。这些成绩的取得，为巩固造林绿化成果，发展林业生产，绿化广西大地，改善广西生态环境，实现广西林业跨越式发展，促进富民兴桂新跨越打下了坚实的基础。

木材采伐利用、林副林特产品生产等林业产业大发展　截至2003年底，广西以森林资源为原料的林产工业企业已发展到13000多家，包括木材加工、木材综合利用、竹木浆造纸、林产化工、林副产品加工、林业机械制造等工业。其中已建成投产人造板生产企业约300家，年生产能力365万立方米；竹木浆造纸企业5家，年制浆能力46万吨，造纸能力43.5万吨；松香生产企业110多家，年生产能力60万吨；栲胶生产企业2家年产量5300吨；竹藤家具和木制品生产企业500多家，从业人员5万多人。据1950～2003年累计，广西共生产各种木材5303.32万立方米，平均每年129.35万平方米。同期还生产了纤维板18.35万立方米，胶合9.25万立方米，刨花板4.4万立方米，锯材265.85万立方米。国家林业投资（含森工投资）修建的林区公路5988.38公里，疏通运输木材大小河道158条。林副、林特产品主要有：桐油、茶油、八角、桂皮、松香、栲胶、白果等。其中八角、桂皮、松香、栲胶等产量位居全国第一；桐油、茶油产量排在全国第三位；茴油、桂皮产量分别占全国产量的90％以上，成为广西壮族自治区出口创汇的拳头产品。1950～2003年，广西林业（营林、森林工业）总投资33.16亿元，其中林业部（林垦部、森林工业部）、自治区财政等国家投资20.36亿元；森林工业实现利润8.79亿元，税金5.54亿元。

林业科技教育大进步　解放前，广西已开办了林业高等教育。民国21年（1932年）广西大学农学院成立了森林系。至解放前夕（1949年）共有本科毕业生113人。解放后，该系有了较大的发展，从广西大学农学院森林系发展成为比较独立的广西大学林学院（1958～1962年曾改名为广西林学院，1997年并入广西大学，成立广西大学林学院）。1950～2003年，共有大专以上学历毕业生3257人，学院也由原来的单一本科教育发展成为包括硕士研究生、本科、专科、干部专修班、民族预科班、函授和培训班等多层次多规格教育，以林为主，理工结合，文管结合和多学科性的林业高等院校。解放前，广西没有独立的林业中专学校，只在农校中设立了林科课程。1956年成立了广西柳州林业学校（2002年改名为广西生态工程职业技术学院）。60年代全自治区林业中专曾发展到12所，2003年保留下来林业中专3所。1950～2003年，全自治区共培养中初级林业技术毕业生9266人。解放前，从事林业科技工作的仅有广西农事场森林组、广西桐油研究所、西江水土保持实验区，林业科研人员不到30人。解放初期至1990年，林业科研机构曾发展到56个，其中专职研究人员549人，2003年保留下来的林业科研机构35个，其中专职研究人员396人，林业技术推广站99个，职工936人，其中工程技术人员720人。解放以来，取得获奖成果401项，其中获国家科技进步奖4项，国家发明奖1项，全国科学大会优秀成果奖4项，国家科委、农委推广奖2项，全国区划委员会科技成果奖1项，省部级科技进步奖184项，自治区科学大会优秀成果奖55项。

（广西林业编辑部）

广西重要林业法律法规、重要文件

广西壮族自治区全民义务植树运动实施细则

(1982 年 3 月 31 日

自治区人民政府桂政发〔1982〕58 号)

为认真贯彻执行第五届全国人民代表大会第四次会议《关于开展全民义务植树运动的决议》和国务院《关于开展全民义务植树运动的实施办法》(国发〔1982〕36 号),结合我区具体情况,特制定如下实施细则。

一、市、县以上各级人民政府和义务植树任务较大的机关、团体、企事业单位,均应成立绿化委员会,统一领导本地区、本部门、本单位义务植树运动和整个绿化工作。各级人民政府和所有单位的主要领导同志,都要切实地负起责任,带头植树造林,认真做好组织宣传、规划设计、育苗造林、林木管护和评比奖罚等工作,使义务植树运动有计划、有步骤地开展下去,并确见成效。

各级林业和城市园林部门,在各级绿化委员会的领导下,应切实负责抓好义务植树的各项具体工作,努力搞好调查研究,规划设计,苗木培养,技术指导和人员培训。

二、各地区、各部门和各单位,要通过各种形式,向本地区、本部门、本单位的职工和广大人民群众,广泛深入地宣传全国人民代表大会《关于开展义务植树运动的决议》,国务院《关于开展义务植树运动的实施办法》和本实施细则,宣传全民植树、绿化祖国的重大意义,认真做好思想动员,提高认识,造成声势,真正做到家喻户晓,人人皆知,新闻、出版、广播、文化等单位要加强宣传报道,及时传播经验,开展表扬和批评。

三、凡是中华人民共和国公民,男,十一岁至六十岁;女,十一岁至五十五岁,除丧失劳动能力者外,每人每年要按照绿化委员会的安排,义务植树五棵,包栽、包活,或者完成相应劳动量的整地、育苗、管护及其他绿化任务。

对于十一岁至不足十八岁的未成年公民,不硬性规定具体植树指标,应根据实际情况,量力而行。要教育广大青少年从小热爱祖国的花、草、树木,养成良好的道德品质。对于免除此项义务的老弱病残公民,他们在自愿原则下,通过可能的方式支持义务植树的行动,应受到社会的尊重。

四、凡承担义务植树的公民,各单位应据实统计,并逐级上报各级绿化委员会,作为分配任务的依据。

各级绿化委员会,应根据各单位上报人数分配任务。此项义务劳动,限在本社、本县、本市所辖范围内,就近安排地段,包干负责;也可以按相应劳动量承担造林绿化的某个单项和几个单项的任务。任务可以一年一定,也可以一定几年。

为了搞好全民义务造林,要认真抓好一批重点,总结经验,指导面上。自治区确定南宁、桂林、柳州、梧州和凭祥、北海、合山市,以及阳朔、兴安、邕宁、武鸣、宾阳、玉林、桂平、百色、河池、钦州、贺县的县城作为义务植树重点。各地区可根据实际情况确定本地区义务植树的重点单位。

五、农村开展义务植树,要本着由近及远,由内向外的原则,搞好公社所在地的圩镇、居民点四旁绿化,以及铁路、公路两旁的绿化,同时也要搞好荒山荒地和机耕路、大道、村屯、河渠两旁,山塘、水库周围的造林。也可为本社队林场营造集体林。植树任务要分配到单位、到组、到户,包种包活。社员的自留山和房前屋后由社员自种自有,不属于义务植树范围。

公路、铁路两旁属于主管部门管辖范围内的宜林荒山荒地,由主管部门自造自管,林权归主管部门;或由主管部门提供树苗,包给社队造林管

护，有收后与社队比例分成

六、市、镇开展义务植树应根据市、镇绿化规划，达到城市绿化覆盖率的要求。市、镇区内的重点是搞好公园和风景区，街道广场和小游园，江河两岸等公共场所，以及机关、团体、学校、企事业单位庭院、部队驻地、居民住宅区的环境绿化。市、镇郊区国有荒山和社队集体荒山的造林绿化，按统一规划，划片包干，责任到单位，包栽、包活，要发挥我区气候条件好，花木品种多的优势，大力植树、栽花、种草。各城镇在普遍绿化的基础上，要精心搞好美化、香化、彩化和果化。

七、植树造林，一定要讲究科学，注重实效，保证质量，不搞形式主义和"一刀切"。要因地植树，做到栽一棵保证活一棵，造一片保证成林一片。城镇、居民点植树要挖大坑，栽大苗，施基肥，淋定根水，有必要的还要搭保护架，要多种我区优良的有花有果的常绿树种，包括荔枝、龙眼、香蕉、木瓜等果树，特别要注意选种阔叶树种。

八、为保证今后义务植树苗木的需要，各地要安排必要数量的土地和劳力，办好国有苗圃和集体苗圃，培育良种壮苗。同时，鼓励和帮助需苗单位自办苗圃，提倡城镇家庭和农村社员开展培育营养杯苗，培育花草。

九、开展全民义务植树所需苗木及苗木费、管护费和其他资金，应当本着自力更生、勤俭节约的原则，一般由林木权属所有单位负责解决。机关、团体、学校等单位先用预算外收入，不足时再从包干的行政费或事业费中开支；厂矿企业（包括国有和集体）从企业留成资金中开支；社队集体从公共积累开支。参加义务植树的单位和个人所需交通等费用，由参加单位自理。

十、义务植树的林木，要根据林地的所有权、使用权情况，分别确定归国家（包括部门单位）或社队集体所有，由所在市、县人民政府发给林权证书，受法律保护，任何单位和个人，都不得借口侵占。

十一、义务植树成活后的经营管护，由林木所有单位负责，可以自己组织林场，专业队或专业人管护，也可以订立合同，委托其他单位或社队经营管护，其林木收益按合同执行。无论采取哪种形式，都必须建立责任制，落实到人，保证培育成林。林木的采伐更新，必须按规定经过主管部门批准，城市林地、绿地、苗圃地，要严加保护，不得侵占，违者都要给予经济处罚或法律制裁。

十二、义务植树，每年秋季由绿化委员会组织一次检查、验收、总结、评比。对保证质量，完成任务的要给予表扬奖励。无故不履行任务的单位和成年公民，则应进行批评警告，责令限期补栽，如不听从者，则给予一定经济处罚。对不完成任务的单位，要追究领导责任，并由当地绿化委员会收缴一定数额的绿化费。乱砍滥伐现有成林树木或毁坏新种树木，花草者，除退回原木，责令书面检讨外，给予一定经济处罚，情节严重的，要及时查清，依法惩处。

十三、驻我区人民解放军指战员，按国务院、中央军委和解放军总部的有关规定，积极参加营区外义务植树和在营区内植树造林，各地人民政府要紧密配合，合理规划，帮助部队搞好植树造林活动。

自治区党委、自治区人民政府关于保护森林，发展林业，力争十五年基本绿化广西的决定

——中国共产党广西壮族自治区委员会文件

（1987 年 1 月 8 日桂发〔1987〕3 号）

发达的林业，是国家富足，民族繁荣，社会文明的标志之一。新中国成立以来，特别是党的十一届三中全会以来，我区林业建设取得了一定成绩。但是，林业的发展仍然不适应国民经济发展的需要，造林绿化的速度缓慢，乱砍滥伐、哄抢盗伐、毁林开荒、森林火灾等事件时有发生，林木蓄积量锐减，森林覆盖率下降，自然生态环境趋于恶化，水土流失面积增加，水旱灾害频繁，影响了我区工农业生产的发展和人类生存的环境。因此，必须重新认识林业在人类社会和国民经济中的地位和作用，下定决心保护好现有森林，加快造林步伐，力争 15 年基本绿化广西。

一、造林绿化的战略目标和要求

从 1986 年起，今后 15 年内，我区造林绿化的战略目标是：新增森林面积 6000 万亩，使全区有林面积从现在的 7840 万亩增至 1.384 亿亩，宜林荒山荒地绿化程度达到 76.9%；林木蓄积量从目前的 2.4 亿立方米增至 4.1 亿立方米；森林覆盖率从现在的 22% 提高到 39%；逐步调整林种结构，到 2000 年，全区用材林、防护林、经济林、薪炭

林及特种用材林的比例，由现在的 7：1.3：1.5：0.2 调整为4：3：2：1。

城镇和风景旅游区、机关、学校、厂矿、村庄、驻军营地要搞好绿化规划，坚持年年绿化种树，持之以恒，争取“七五”期间绿地覆盖率达到 30%～35%，逐步做到县县有园林式公园，村村有风景林。此外，在公路、铁路两侧以及河沟旁也要大力种树。要把种植区花——桂花树作为绿化、美化、香化城乡环境的一项内容。

要加快造林绿化步伐，实现平均每年造林 1000 万亩，确保成活 700 万亩，除消耗外，每年新增有林面积 400 万亩以上。要采取人工造林和飞播造林、新造林和封山育林相结合的办法，确保造林计划的完成。

各地、市、县要根据全区造林绿化奋斗目标和总的要求，从实际出发，因地制宜，认真做好规划，按照国家、集体、个人一起上的方针，层层落实责任制，采取多种形式和措施，讲求实效，确保如期实现造林规划。

二、贯彻《森林法》，保护现有林木

广泛宣传和贯彻执行《森林法》和《森林法实施细则》。深入发动群众制定村规民约，使干部群众知法守法。对破坏森林的犯罪分子，各级政法机关要密切配合，及时依法惩处。

按用材林消耗量低于生长量的原则，严格控制采伐量。做好采伐证的发放和管理工作，坚持凭证采伐、收购、运输。凡买卖采伐证和超过限额采伐的，要追究当事人的责任。

要加强护林防火工作，建立和健全各级护林防火机构，增设护林设施，搞好护林联防和护林承包责任制，严防发生山林火灾，一旦发生林火，必须立即扑救。

坚决制止毁林开荒，对 25°以上的陡坡耕地，要有计划地分期分批地退耕还林还牧。要贯彻先种树后退耕的原则，搞好林粮、林药间种，积极发展林下作物，实行以短养长，长短结合，以农养林。

要搞好森林病虫害预测预报和防治检疫工作。

为了有效地控制森林资源的消耗，要大力推广沼气、节柴灶和太阳能的利用。有条件的地方要以煤、电代柴；以木材为原材料的行业、厂矿要积极开展综合利用和节约代用。

政法部门要严格以法治林，维护造林绿化工作的正常秩序和林区的治安秩序。林业重点县、乡要设置林业公安机构和林业检察人员。

要加强自然保护区和水源林的建设，依靠群众，采取综合性的措施，保护水源林和珍稀野生动、植物。

三、进一步落实林业政策

要进一步搞好林业“三定”工作，抓紧处理“三定”中遗留的问题。各级人民政府对自留山、责任山要规定造林绿化期限，逾期不造林的，由乡、村与生产队研究另行安排。提倡统一规划，分户造林，连片生产，统一看管的办法。坚持林木谁种谁有、允许继承的政策，切实保护林业“专业户”的合法权益。鼓励城镇居民和无山、少山地区的农民到山区承包造林或与当地农民联合造林。集体或个人无力经营的边远荒山，县、乡人民政府应采取各种联营的形式，组织力量营造，不能任其荒芜。

乡、村集体林场，飞播林和集中连片的集体林，已经分到户的，要采取措施，加强管理，经群众同意，可以实行折价入股的办法，由有经验的人负责经营，收益按股分配。还未分到户的，应由集体经营，不再分配到户，但要尽快落实经营管理责任制。集体林场要妥善处理收益分配问题。

国有林场、苗圃是国家林业建设的重要基地，必须保障其合法权益和正常秩序。对乱砍滥伐、哄抢国有林场林木和林副产品的歪风，要严厉打击，坚决刹住。国有林场、苗圃的隶属关系，不得轻易改变，个别确需变动的，要报自治区人民政府批准。

对国有林场、苗圃实行优惠政策，对其林业生产项目、综合利用和多种经营，不征所得税；免征城市维护建设税和教育附加费。国有林场销售自产木材及其他林副产品和多种经营、综合利用的产品等，在场内成交的，免交市场管理费。国有森工企业销售国有林场木材，也免交市场管理费。国有林场在抚育间伐期间的收入，不上交当地财政，用于以林养林，增强其自我发展的能力。

为保障林农利益，调动他们保护森林、发展林业的积极性，要进一步整顿中间环节的收费，具体办法由林业、物价、财政等部门商订，报自治区人民政府批准后实施。除自治区统一规定的税、费外，各地不得擅自另立名目加收和提高标准。

城镇绿化是城镇建设的一项重要内容。城镇单位申报房建计划，应同时向所在地的绿化委员会申报绿化计划，在基建总投资额中，要安排一定的投资作为绿化费，归本单位使用，基建工程完工后，要及时进行绿化，并列入验收内容。

四、多渠道筹集造林绿化资金

林业是一项公益性事业，需要全社会的关心和支持。造林绿化所需的资金，可采取多渠道集资的办法解决。各级人民政府要把造林绿化经费列入地方财政预算，妥善安排。自治区财政在原来林业拨款的基础上，从1987年起，每年再拨出400万元，用于发展林业。各市、县年度财政预算中造林经费要占一定的比例。今后地方财政要按增收比例相应增加林业投入。农业银行要增加林业贷款，主要用于林业基地造林。贫困地区应充分利用各项扶贫资金发展林业。大力提倡和鼓励社会团体、工矿企业、爱国侨胞、乡村各种经济组织、人民群众投资、集资，开发林业。各级党委和政府要研究颁布这方面的政策措施。要尽快地建立和完善林价制度。

各部门，包括轻工、煤炭、水电、铁路、公路、航运、农垦、冶金、外贸、供销、粮食、教育、旅游等系统所属单位以及驻我区部队，要把本部门提取的林业资金或自筹专款，用于营造专用林，在五年内把本部门管辖范围的宜林荒山和“四旁”、庭院全部绿化起来。

五、加强林业科技教育工作

为了适应15年基本绿化广西，加快林业发展的需要，必须加强林业科技教育和人才培养。林业科技工作要为林业生产服务，着重研究解决良种选育、速生丰产、木本粮油、综合利用、防治病虫害等课题，加强南亚热带经济林的研究，积极开发新产品，推广新技术；逐步建立和健全县(市)林业技术推广机构，各乡(镇)要建立和健全林业工作站。鼓励科技人员在搞好本职工作的同时，积极开展技术咨询和技术承包，以利于普及林业生产科学知识，推广林业科技成果，提高林业各种效益。

切实办好林业教育。进一步办好广西农学院林学分院，积极创造条件恢复广西林学院；现有的林业院校和林业中专要努力提高教学质量，逐步扩大在林区定向招生、定向分配的比重。要把林区和边远山区作为毕业生分配的重点，加强这些地区的技术力量；各地、市、县要积极发展林业职业中学(班)，多层次地举办短期培训班，为林区乡村集体林场和林业“两户一体”培养技术骨干；发展职业技术教育，做好林区干部职工的培训工作。进一步落实知识分子政策，改了行的林业技术专业人员原则上要归队；加强和充实林业规划设计队伍，逐步增加林业科技教育经费，努力改善教学和科研工作条件。

六、加强领导，为基本绿化广西而努力

各级党委和政府必须切实加强对林业建设的领导，把造林绿化列入党委、政府的重要议事日程，每年认真研究、检查两至三次，长期坚持下去。要有领导同志分管，主要负责同志要亲自抓，以身作则，认真抓点，以点带面。并从各方面关心和支持林业部门的工作，帮助他们解决工作中的实际困难。要建立县(市)、乡主要领导任期造林绿化目标责任制，每届党政领导班子在任职期满时，要作出森林面积和森林资源消长情况报告，并由上一级林业部门负责检查核实、验收。对造林绿化成绩显著的，要给予表扬奖励；逾期不完成任务的，要引咎辞职，并追究领导责任。对制止乱砍滥伐林木和扑灭林火不力而造成严重损失的，要严肃处理。各级林业部门要搞好改革，勇于开拓，努力工作，当好党委、政府的参谋。

报纸、广播、电视等新闻宣传部门要做好宣传报道工作，广造舆论，提高全社会对造林绿化，发展林业重要性的认识，造成一个绿化美化人人有责的社会风尚，推动城乡人民群众开展造林绿化、义务植树和植纪念林的活动，为实现15年基本绿化广西而努力。

自治区经委　林业厅　财政厅　物价局　工商行政管理局关于贯彻一委两部两局《关于整顿和调整南方集体林区木材费用负担问题的通知》的通知

(1988年4月25日　林财企字〔1988〕33号)

各地市县(市)经委、林业局、财政局、物价局、工商行政管理局，森工企业、国有林场：

现将国家经济委员会、林业部、财政部、国家物价局、国家工商行政管理局经重〔1988〕122号《关于整顿和调整南方集体林区木材费用负担问题的通知》转发给你们，并结合我区实际情况，经自治区人民政府同意，现就有关问题通知如下，望一并贯彻执行。

一、育林基金、更改资金按木材经营单位收购后的第一次销售价的20%征收(育林基金12%、更改资金8%)，由经营单位缴交，经营单位收购后自用或加工的木材按当时的同树材种同规格销售价计征、缴交。

育林基金、更改资金分成比例：

(一)集体林区：区林业厅40%、地、市林业局10%、县(市)林业局50%。

(二)国有林场：育林基金留场使用，更改资金交区林业厅20%、交地、市林业局10%(区直林场交区林场公司)、留场70%。

二、林政管理费每立方米木材由原来1.5元增加到3元。增加部分主要用于防火。其分成比例仍按区林业厅林财预字〔1985〕07号文件规定不变。即：

集体林区：交区林业厅20%、交地、市林业局10%、留县(市)林业局70%。

国有林场：交区林业厅20%(其中一半归林政，一半归国有林场公司使用)，交地、市林业局10%，交县(市)林业局10%(跨县的国有林场按县占地面积适当分配)，留场60%。

三、林区管理建设费仍按区人民政府桂政发〔1985〕179号文件规定执行，即每立方米杉木10元、松、杂木6元。但设立乡级财政并从木材经营利润中得到分成的，不再收取此项费用。

四、凡林农进入指定市场(包括地区行署和市、县政府指定的交易点)凭证自销零星木材，工商管理机关按成交额的1%收取市场管理费。按历史习惯林农、木材生产单位在山场、林区公路边、大河边、贮木场向国有林业经营部门出售、调拨木材，不进入市场的，一律不缴纳市场管理费。

五、育林基金、更改资金新的征收标准从1988年4月1日起改由从销售环节计征执行。对于1988年3月31日以前收购的木材仍按区人民政府桂政发〔1985〕179号文规定办理。1988年3月底的存材，已按林农出售价征收育林基金及更改资金的，4月1日以后销售的不再重征。

六、育林基金、更改资金、林政管理费具体管理办法由区林业厅、区财政厅另行下达；林区管理建设费管理办法由区林业厅进一步调查研究后报区人民政府审定后执行。

广西壮族自治区农林植物检疫实施办法

(1988年4月27日　自治区人民政府桂政发〔1988〕44号
1997年12月25日修正)

第一条　为了全面贯彻落实国务院发布的《植物检疫条例》和农牧渔业部、林业部制定的《植物检疫条例实施细则》，防止为害农业、林业植物危险性病、虫、杂草传播蔓延，保护农、林业生产安全，结合我区情况，特制定本实施办法。

第二条　植物检疫工作，由自治区、地(市)、县三级农业行政部门所属的植物检疫站、农林行政部门所属的森林植物检疫站，或经审定、授予森林植物检疫员证书的专职检疫员执行。

各级农业植物检疫站和森林植物检疫站是代表国家执行《植物检疫条例》的职能机构，有权派遣检疫人员进入车站、机场、港口、仓库及有关场所执行检疫任务，有关单位应提供方便和给予协助，任何人不能阻挠。

检疫人员在执行任务时，应穿着检疫制服，佩戴检疫标志，携带统一颁发的《植物检疫员证》。

第三条　植物检疫工作的重点是产地检疫。各级农业、林业部门应每隔三至五年，集中技术力量，安排一定资金，对本地区的疫情进行一次普查，并编写农业植物检疫对象及森林植物检疫对象分布资料，作为检疫的依据。其中农业部分，自治区、地区编制分布至乡的资料，县编制分布至村的资料；林业部分，自治区编制分布至县的资料，地、县编制分布至乡的资料。

植物检疫机构，要积极协助国有或集体的种苗繁育单位和专业户，选择种苗基地和制定繁育无检疫对象种苗的技术规程，并具体提供技术指导。种苗基地一定要选择在非疫区建立，并由植物检疫机构发给《种苗基地合格证》后才能繁育种苗，否则育出的种苗不得销售或由检疫机构限制销售范围。

种苗基地内的种子、苗木繁育过程，每年要由检疫人员实地调查二至四次，证明不带检疫对象和危险性病虫害，发给产地检疫合格证。调运或出售前，凭产地检疫合格证到植物检疫机关换取正式植物检疫证书，才能调运或拿到市场销售。

第四条 属下列情况之一的植物和植物产品，调运前必须经过检疫：

（一）农作物种子、苗木和繁育材料，草木花卉的种苗；

（二）列入"农业植物检疫对象和应施检疫的植物、植物产品名单"和"国内热带作物检疫对象名单和应施检疫植物及植物产品名单"中的种苗、繁殖材料及产品；

（三）凡有可能传带检疫对象的包装材料、运输工具、铺垫物品等亦应同时检疫；

（四）乔木、灌木、竹类、野生珍贵花卉、干果的种子、苗木和繁殖材料；

（五）列入"应施检疫的森林植物、林产品名单"中的种子、苗木、繁殖材料、木材、竹材。可能附着检疫对象的包装材料、运输工具等应同时检疫。

以上第（一）、（二）、（三）项由农业部门所属的植物检疫站负责检疫，第（四）、（五）两项，由林业部门所属的检疫机构负责检疫。

第五条 加强疫区种苗的控制和保护区的防范。

局部发生的检疫对象，应将其发生范围划作疫区，采取封锁、扑灭措施。并禁止任何单位和个人，把染疫的植物和植物产品带出疫区。凡检疫对象发生普遍的区域内，局部地方尚未发生的，应划作保护区。任何单位和个人，都不能将染疫的植物和植物产品带进保护区。

农林植物检疫对象的疫区和保护区的划定，分别由区农牧渔业厅和林业厅提出，报自治区人民政府批准公布。划定后的疫区和保护区，如疫情发生变化，需要改变或撤销的，其程序与划定时相同。

第六条 农业和林业部门所属的检疫机构认为有必要时，经县以上人民政府同意，可在交通要道设卡检查。除种苗和繁殖材料特别集中，检疫部门认为非单独设卡不可者外，检疫哨卡应尽量与区人民政府公布的公路检查站及水路、铁路货物集运点相符。铁路、公路、航运、公安、工商行政、林业部门所属的检查机构和有关单位，要密切配合。

第七条 农林植物种子、苗木繁殖材料和应施检疫的植物和植物产品，调运前必须按下列规定办理检疫手续：

（一）区内调运，由调出的地（市）、县按全国农林植物检疫对象名单和我区农业植物检疫对象补充名单进行检疫和签证；

（二）调往区外的，按全国植物检疫对象名单及调入省检疫机构提出的检疫要求执行。其中，农业植物检疫由自治区农业植物检疫站及其授权地（市）、县的农业植物检疫机构检疫和签证；森林植物检疫由自治区森林植物检疫站或区林业厅授权的地（市）、县森林植物检疫站或专职检疫员检疫和签证；

（三）区外调人的，调入单位或个人，须到自治区及其授权地（市）农业植物检疫机构或森林植物检疫机构提出申请，经植物检疫机构同意并向调出单位或个人提出检疫要求，调出单位或个人必须根据所提检疫要求向本省植物检疫机构报检，取得省检疫证书，方可调入，必要时区内植物检疫机构可进行复检；

（四）邮寄二公斤以下的种子及五公斤以下的繁殖材料，不论寄往何地，均由县以上（包括县）植物检疫机构或专职检疫员查验、签证。

第八条 从国外引进（包括赠送、交换）种子、苗木和繁殖材料的单位和个人，必须先向自治区农业植物检疫站或自治区森林植物检疫站申请，经批准后方可与国外签订合同，由对方按自治区植物检疫机构提出的检疫要求向种苗输出国的植物检疫机构报检。

种子、苗木的繁殖材料引进后，按植物检疫机构的要求进行隔离试种和系统观察，证明无危险性病、虫、杂草发生，才能繁殖推广使用。如隔离试种期间发现危险性病虫害，按检疫要求进行处理。

第九条 铁路、公路、航运、民航、邮政、乡镇运输社（队）及其他单位和个人，在承运和收寄农林植物的种子、苗木和繁殖材料时，须凭植物检疫机构签发的有效期内的植物检疫证书才给予办理承运和收寄手续。

第十条 农林植物的种子、苗木、繁殖材料以及应施检疫植物产品调运中，发现有检疫对象，应予扣留，并进行除害处理。经检验合格后，发给检验证书或除害处理合格证明。无法进行除害处理的，应就地销毁或加工、改变用途。因除害处理所需经费或销毁、改变用途所造成的经济损失，由货主承担。

第十一条 植物检疫证书由植物检疫机构按

照全国统一格式印制，任何单位和个人不得伪造、影印、涂改、转让。

经检疫合格并签发证书后的种子、苗木、繁殖材料和应施检疫的植物产品，不得换货、不得掺假。

第十二条 违反《植物检疫条例》和本办法规定，有下列行为之一的，植物检疫机构应当责令改正，可以按下列规定处以罚款；造成损失的，应当负责赔偿；构成犯罪的，由司法机关依法追究刑事责任：

(一)未按规定办理植物检疫证书或者在报检过程中弄虚作假的，处以一千元以下的罚款或者应施检疫的植物、植物产品价值5%以下的罚款，但最高罚款不得超过一万元；

(二)伪造、涂改、买卖、转让植物检疫单证、印章、标志的，处以1000元以上5000元以下的罚款；

(三)未按规定调运、隔离试种或者生产应施检疫的植物、植物产品的，处以植物、植物产品价值5%以下的罚款，但最高罚款不得超过10000元；

(四)擅自开拆植物、植物产品包装，调换植物、植物产品，或者擅自改变植物、植物产品的规定用途的，处以1000元以上5000元以下的罚款；

(五)违反《植物检疫条例》和本办法，引起疫情扩散的，处以2000元以上10000元以下罚款。

第十三条 对模范执行《植物检疫条例》、细则和本办法，在检疫技术的研究和运用上有较大突破的；在控制、消灭植物检疫对象方面取得显著成绩的；铁路、公路、航运、邮政、司法、公安、工商等部门和个人配合植检机构工作，成绩突出的，有关部门应给予精神和物质奖励。

第十四条 违反《植物检疫条例》、细则和本办法的一切罚款和没收由当地植物检疫站执行，罚没所得，按财政部的规定，上交当地财政。

第十五条 检疫人员要秉公执法，利用职权徇私舞弊，贪赃枉法，玩忽职守，造成严重后果的，要给予行政处分；触犯刑律的，追究刑事责任。

第十六条 扑灭和调查新传人的农业和森林植物检疫对象所需经费，由各级农业、林业部门提出计划，报同级财政部门审定。

第十七条 出口的农林植物的种子、苗木、繁殖材料及农林产品，由口岸动植物检疫所、站根据合同要求或国家间的植物检疫和植物保护协定的要求进行检验和签证。

第十八条 本办法的解释权，授予广西壮族自治区农牧渔业厅和广西壮族自治区林业厅。

第十九条 本办法自公布之日起施行，我区过去与本办法相违背的文件和规定同时作废。

附件1：

农业植物检疫对象和应施检疫的植物、植物产品(或类别)名单。

(一)农业植物检疫对象。

1.水稻细菌性条斑病。

2.棉花黄萎病。

3.棉花枯萎病。

4.红薯瘟。

5.马铃薯癌肿病。

6.柑橘黄龙病。

7.小麦一号病。

8.美国白蛾。

9.小麦黑森瘿蚊。

10.葡萄根瘤蚜。

11.苹果棉蚜。

12.柑橘须实蝇。

13.毒麦。

14.柑橘溃疡病。

15.苹果蠹蛾。

16.谷斑皮蠹。

*17.红薯黑疤病。

*18.香蕉束顶病。

*19.香蕉花叶心腐病。

*20.西贡蕉枯萎病。

21.胡椒细菌性叶斑病。

22.胡椒花叶病。

23.剑麻斑马纹病。

24.芒果果肉象甲。

25.芒果果实象甲。

*26.柑橘裂皮病。

27.咖啡旋皮天牛。

(二)应施检疫的植物、植物产品名单。

1.粮食、豆类、油料(除粮食部门邮寄托运者外)薯类作物的种子、苗木、繁殖材料；

2.红麻、黄麻、烟草、糖料的种子和繁殖材料；

3.果树(干果类除外)、蔬菜作物的种子、苗木和繁殖材料；

4.药用植物的种子、种苗、繁殖材料；

5.热带、亚热带植物的种子、苗木、繁殖材料；

6.花卉植物(野生珍贵花卉除外)的种子、苗木、繁殖材料;

7.调往区外的柑橘类果实,合同规定需要检柑橘溃疡病和实蝇者,仍需检疫;

8.可能感染检疫对象的包装材料。

注:打有*的是我区补充的检疫对象。

附件2:

森林植物检疫对象和应施检疫的森林植物、林产品名单。

(一)森林植物检疫对象。

1.白杨透翅蛾。

2.杨干象。

3.杨园蚧。

4.牡蛎蚧。

5.日本松干蚧。

6.松突圆蚧。

7.美国白蛾。

8.紫穗槐豆象。

9.黄连木种子小蜂。

10.泡桐丛枝病。

11.板栗疫病。

12.枣疯病。

13.毛竹枯梢病。

14.松疱锈病。

15.杨树花叶病毒病。

16.松枯萎病。

17.国外松褐斑病。

(二)应施检疫的森林植物、林产品名单。

1.乔木、灌木树的种子、苗木、繁殖材料。

2.竹类的种子、竹苗木、繁殖材料。

3.干果的种子、苗木、繁殖材料。

4.野生珍贵花卉的种子、苗木、繁殖材料。

5.木材、竹材、林产品、垫仓物、交通工具及包装物。

自治区护林防火指挥部森林火灾处理预案

(1988年11月16日
区护林防火指挥部全体会议通过)

一、指导思想

森林火灾是一种突发性的灾害事故,对国民经济建设,人民生命财产及生态环境有着极大的破坏性,尤其是重大或特大的森林火灾的发生。为了有效地预防和扑救森林火灾,保护森林资源、减少国家和人民生命财产的损失;促进林业的发展,维护生态平衡;贯彻“预防为主,积极消灭”的方针和“打早、打小、打了”的原则。根据《森林防火条例》等有关规定和国家森林防火总指挥部《关于制定处理森林火灾预案的通知》精神及我区实际情况,在一旦发生重大森林火灾时,进行积极扑救和紧急处理,特制定本预案。

二、对森林火灾的处理和要求

(一)各地在发生森林火灾时,都应根据《森林防火条例》、《广西区森林防火实施办法》等有关规定和本预案的要求,按行政区划,由地方各级护林防火指挥部(以下简称防火指挥部)负责组织扑救处理,实行责任制。

(二)火场信息传递要迅速准确,保证指挥和上下联络的畅通。

各地、市要尽快组建无线通信联络网(二级),提高传递速度。

(三)发生下列重大森林火灾事故时,由区防火指挥部协助当地防火指挥部和有关部门进行组织处理:

1.凡符合《森林防火条例》第二十二条规定的情况之一者。

2.森林火灾十二小时以上明火未能扑灭的。

3.两地、市交界地区的森林火灾。

4.首府附近发生的森林火灾。

(四)上一级防火指挥机关应积极派员协助下级机关组织扑救森林火灾。

三、预案内容

当发生上列重大(或特大)森林火灾事故、并接到火场或事故地、市、县的报告时,区防火指挥部应采取相应的紧急措施。

(一)组织领导。

当区护林防火指挥部办公室(简称区防火办)接到重大森林火灾事故发生的报告时,应采取下列措施:

1.直接与事故县联系,搞清火场准确情况。

2.立即向区防火指挥部和林业厅领导作出汇报。

3.继续保持上下联系,直至扑救结束,并督促事故县写出书面报告。

区防火指挥部正、副指挥长,在接到重大火灾报告时,应采取下列临时性措施:

1. 立即组织包括一名指挥部领导成员为领导的，有关厅、局领导和区防火办同志参加的小组，准备赶赴火场，协助地方处理(包括指挥扑救)火灾事故。

2. 成立临时救灾办事机构。

3. 召开指挥部成员临时会议，作出应急准备措施。

当进一步弄清火灾发生情况后，区防火指挥部正、副指挥长，应采取下列措施：

1. 在区防火指挥部统一领导下，成立(包括支前协理、后勤保障、火案查处、善后处理四个领导小组，分别由一名指挥部领导成员领导)，由一名正或副指挥长任总指挥的扑火救灾指挥部，明确分工，落实责任制。

2. 总指挥应到区防火办坐台指挥。

3. 立即电示发生火灾的地(市)县作出救灾汇报(包括支援队伍——武警部队、驻军在内参加救灾的各项措施的实施)。

4. 立即通知区各有关部门(包括物资、供销、通信、交通、粮食、卫生、气象等)，电告各地(市)县主管单位，采取措施，做好支援救灾工作。

5. 请广西军区、区武警总队作出支援救灾的准备。

(二)扑火力量的组织及调动。

执行以专业扑火队为主、专群结合的扑火救灾方针。

各县(市)、乡(镇)重点林区、国有林场均应成立一支精干的经过培训的专业扑火队伍，要常备不懈，必要时，可由联防区内的扑火救灾指挥部调动使用，其他乡、村也应成立一支应急的业余扑火队伍。

各级武警部队、驻军，应在同级或上级领导机关领导下，开展扑火救灾训练(林业部门有责任帮助培训，并提供有关扑火资料和机具，做好第二、三梯队的救灾准备)。

当重大森林火灾发生时，自治区武警总队所属部队及驻军部队，要按《森林防火条例》等有关规定，在自治区防火指挥部统一布置下，分为若干梯队，紧急开赴火场参加扑火救灾工作(通信、运输车辆自行解决或由扑火救灾指挥部调配解决)。

(三)通信联络。

自治区至地、市，地、市至县要建立一、二级无线电通信网，力争在今冬明春及明年秋防前完成组网任务，完成后的防火季节内，区指挥部全日开机，随时通话。

区防火指挥部与区邮电部门要密切配合，要保证救灾工作中的有线通信联络的畅通(包括上、下森林防火部门的联络)，可按特殊通信的规定办理，由区防火指挥部的邮电部门领导成员负责监督各地实施。

各级防火办应常备完好的无线电台两部(包括一部车载流动台)，以保障无线通信联络手段的运用。区防火办常备手持对讲机二至三对，供赴火场指挥及与事故县指挥部的通信联络。

(四)火情监测和天气预报。

区防火办应与气象部门通力合作，尽快完成我区森林火灾预测预报模式。火险期内，各级气象部门应根据《森林防火条例》及国家气象局颁发的《关于加强森林防火气象服务工作的若干要求》及时向区防火指挥部、电台、电视台提供高火险天气预测预报资料，电台、电视台及时向全区播、放高火险天气警报。

重大火灾的火场天气预报，由区气象局或指定的当地或附近的气象台、站负责监测，并随时向当地扑火救灾指挥部和区防火指挥部报告。

百色、河池两地航护区内的火情监测，由两地防火指挥部与西南航空护林总站百色站协商进行，并报区防火指挥部。

(五)扑、灭火机具的储备。

各级防火指挥部、专业扑火队、业余扑火队均应视历年火情实际，储备一定数量的扑、灭火机具(包括二号工具)，重点火险区(如雅长、金钟山、大桂山、派阳山等林区，贺县、宁明、鹿寨、象州、永福等县)要有较多的储备，保证随时应急调用。

风力灭火机、灭火器、水泵、水枪等机具，应保证完好率。

武警及驻军部队参加救灾的灭火机具，由各地、市，尤其是县(场)根据本地火情实际，负责储、配备。

(六)机降灭火和人工降雨灭火。

百色、河池两地防火指挥部应配合西南航空护林总站百色站，尽快地合理地增设加油站和机降点，以利航护期内能在较大面积内实行有效的机降灭火。

百色、河池两地防火指挥部应根据火险区情况(如森林分布、历年火灾情况、防火期内气象状况及航程等)，指示各县防火指挥部成立并培训一定数量(百色地区 180 人、河池地区 60 人)的机降灭火队伍。

必要时，区防火指挥部与区民航部门、驻军(包括武警部队)联系，请民航派出飞机，运送驻军参加重大火灾的扑救。

需要人工降雨灭火时，由区防火指挥部办公室与人工降雨办公室商定。

(七)后勤保障工作。

在区防火指挥部统一指挥下的后勤保障领导小组，有责任指导有关部门开展支前救灾工作。

区商业、粮食、供销、林业部门要组织地、市、县及基层主管单位做好林区及附近县的粮食、食品、燃油、物资以及扑火工具等的储备和调拨，以利就近应急调用。

区卫生部门要协助各地、市及重点火灾县组织救灾医疗队，储备必要的救护药品，器械等。区医药公司应储备并保证必要的药、械的供应工作。

重大森林火灾发生后，视情况由区防火指挥部通报交通、铁路等部门，保证车辆的调度，并由区扑火救灾指挥部统一调用。对发生的费用，先运输，后结算。

关于扑火经费问题，按照《森林防火条例》第二十七条规定支付。

(八)火案处理。

火案的查处，由当地公安机关负责，上级火案查处领导小组协助指导。

对重大、特大森林火灾案件，区领导小组要派员督促，并协助当地公安、司法、林业部门组织专门工作组，深入火场，及时查明火因，对肇事者和事故责任者要依法作出处理，并报区防火指挥部备案。

(九)善后工作的处理。

善后安置、处理领导小组，由民政部门领导成员为主组成(包括林业、卫生、监察等部门)。要组织、指导各地进行工作。

对灾民的抢救、疏散、安置及死、伤人员的抚恤、遗属安置等，以当地按行业部门归口进行处理。无业灾民的救济安置工作统一由当地民政部门负责进行。

(十)宣传报道。

对重大、特大森林火灾，要有实事求是的报导，可由区防火指挥部通报广西广播电台、电视台、新华分社、中国林业报广西站等新闻单位的记者进行现场采访报道火灾事故的新闻稿或录像片，总编应严格审定。

对区内重大、特大森林火灾事故的火情发展，人身伤亡、经济损失等消息的发布，由区防火指挥部统一进行。

(十一)统计上报工作。

统计上报由区防火办负责组织，按统一要求实行。

各地防火办人员要切实深入火场，掌握情况，做好扑火指挥部的参谋，并与各领导小组搞好协作。

火情统计要按时逐级上报，重大森林火灾事故报告，也要求在七至十天内逐级上报至区防火指挥部，对火案的处理(包括对肇事者的法律处理及死者的安置、抚恤工作)报告应在一个月内完成，并报告区防火指挥部。

本预案涉及的有关部门、单位所要做好的工作、事项，由各有关部门、单位做出安排并负责落实，报区防火指挥部备案。

本预案于1988年11月16日由区护林防火指挥部、本成员会议讨论通过，报国家森林防火总指挥部备案。由区防火办组织实施。

广西壮族自治区森林防火实施办法

(1989年12月29日
自治区人民政府桂政发〔1989〕141号
1997年12月25日修正)

第一章 总 则

第一条 为搞好我区森林防火工作，保护森林资源，根据国务院颁布的《森林防火条例》第三十七条的规定，结合我区实际，制定本实施办法。

第二条 本实施办法适用于国家、集体、个人经营的森林、林木、和林地的防火工作。

第三条 森林防火工作贯彻执行“预防为主，积极消灭”的方针。在行政区交界地区的森林防火联防工作实行“自防为主，积极联防，团结互助，保护森林”的原则。

第四条 城市区域以外的森林防火工作由当地森林防火指挥部和林业主管部门实施监督，公安机关予以协助。市区园林和市区外寺庙、宾馆、饭店、仓库等建筑物周围30米以内的林木防火工作由当地公安机关实施监督。

第二章　森林防火组织

第五条　自治区人民政府，地区行署，市、县和林区乡（镇）人民政府应当组织有关部门及人武部、驻军设立森林防火指挥部，负责本地区森林防火工作。

林区村、屯、组以及附近机关、工矿企业、国有林场和有林的国有农牧场、自然保护区等应当建立基层森林防火组织，划定责任区，落实责任制，搞好本责任区森林防火和联防工作。

自治区内交界地的林区人民政府应当建立森林防火联防组织；与区外交界的林区除自治区与外省联防外，有关县人民政府应与毗邻县建立森林防火联防组织。各级联防组织要划定联防区域，制定联防章程、制度和措施，组织联防检查和评比，并协助当地人民政府调解联防地区出现的林业纠纷。

第六条　县以上森林防火指挥部设立办公室，配备专职办事人员；各级森林防火指挥部办公室设在同级林业主管部门，同时是同级林业主管部门森林防火的办事机构。林区乡（镇）森林防火组织和国有林场、有林的国有农牧场要配备若干专职或兼职办事人员负责森林防火的日常工作。

森林防火联防组织由联防各方商定成立森林防火联防办公室或由值班一方负责森林防火联防的日常工作。

第七条　国有林场和有林的国有农牧场、自然保护区、飞播林区和林区乡（镇）、村，应按主管部门的规定配备专职或兼职护林员。专职护林员由县森林防火指挥部或林业主管部门委任，兼职护林员由林区单位聘用。

第八条　护林员在执行工作任务时，必须携带护林员证件和佩戴护林员标志，护林员证件和标志式样由自治区森林防火指挥部或林业主管部门统一制定，县森林防火指挥部、林业主管部门按统一式样制发。

护林员森林防火的职责：

（一）宣传、执行森林防火方针、政策和法规，协助当地群众制定森林防火乡（村）规民约，并监督执行；

（二）巡山护林、制止任何违反规定的野外用火和破坏森林的行为；

（三）发现森林火情，要迅速组织附近群众扑救，并报告当地政府和森林防火组织；协助有关部门查处违章用火和森林火灾案件。

国有林场、有林的国有农牧场、自然保护区报经当地县公安机关批准可组织森林防火治安队。

第三章　森林火灾的预防

第九条　防火的重点林区和重点县由自治区森林防火指挥部和林业主管部门确定；森林防火重点乡（镇）、村由县森林防火指挥部和林业主管部门确定。要加强重点林区的森林防火工作。

第十条　各级人民政府对当地人民要进行经常性的森林防火宣传教育。在森林防火期，可以开展森林防火宣传周、宣传月和森林防火竞赛活动。广播、电视和报纸应配合做好森林防火宣传教育。

第十一条　每年9月16日至翌年4月30日为全区森林防火期。在森林防火期出现连续高温、干旱、大风等高火险天气时，县人民政府要划定森林防火戒严区，发布森林防火戒严公告和宣布戒严。每一戒严期限为三十天以下。

第十二条　大面积的重点防火林区，当地气象和林业部门应当联合建立林区气象观测站，开展森林火险监测和预报。

第十三条　在森林防火期，林区内禁止一切野外非生产用火。必要的生产用火，也要有安全防范措施。计划火烧面积在0.1公顷以上的，报县森林防火指挥部或林业主管部门批准；计划火烧面积不足0.1公顷的，报乡（镇）森林防火指挥部或委托村森林防火组织批准，国有农林牧场报总场批准。并由批准机关对生产用火的单位或个人发给生产用火许可证。

森林防火戒严期内，林区禁止一切野外用火。因特殊需要用火的必须报所在县人民政府批准，领取生产用火许可证。在森林防火戒严期间，各级森林防火组织应当加强巡逻和安全检查。

生产用火许可证式样由自治区森林防火指挥部或林业主管部门制定，当地县森林防火指挥部或林业主管部门按规定的式样制发。

第十四条　在毗邻地区炼山、烧荒、烧牧场等生产用火，计划火烧面积在一公顷以上的，用火单位应将经主管机关批准的用火时间、地点、目的和规模，至迟在用火前三天通报毗邻地区乡（镇）、村。

第十五条　在森林防火期，林区野外生产用火实行未经批准不烧，未开好防火线不烧，未做好扑火准备不烧，天气过于干燥、风大不烧，傍晚、夜间不烧的制度。在林区严禁烧火驱蜂赶兽，烧火烘烤食物和做饭、乱丢未灭火的烟头、上坟烧香烧纸、夜间用火把照明、玩弄火种和烧火取暖。

第十六条 森林防火期间，在林区进行实弹演习、爆破、勘测、施工和集体旅游的，申请单位必须在三天以前报当地县森林防火指挥部和林业主管部门或国有农林牧场批准，并对参与人员进行防火安全教育，严防发生火灾。

第十七条 在森林防火期，各级森林防火指挥部、林业主管部门，都必须实行森林防火汇报制度和每天二十四小时的值班制度，及时掌握林区火险动态，做好记录和上报。

第十八条 国有林区和大面积的集体林区，要按照国务院和自治区林业主管部门的规定标准，设置瞭望台、林道、防火公路、防火线或防火林带。其他集体林区根据实际需要设置。森林防火设施的设置应列入基本建设计划，与营林设计、生产同步进行。

林区的国界内侧、省区交界地区、工矿企业、仓库、村屯、学校、部队营房、重要设施、名胜古迹、革命纪念地周围、铁路和公路两侧，由森林防火责任单位根据需要开设防火线。

第十九条 各级森林防火年度基本建设计划和年度经费预算，由各级林业主管部门统一编报同级计划部门审核，经同级人民政府批准，列入基本建设年度计划和财政年度预算安排，专款专用。

第四章 森林火灾的扑救

第二十条 对《森林防火条例》第二十二条规定的八种森林火灾，火灾发生地的地(市)、县森林防火指挥部和林业主管部门应当立即报告自治区森林防火指挥部和林业主管部门。

行政区交界地的森林火灾，火灾发生所在的地区行署，市、县人民政府或森林防火指挥部、林业主管部门应在接到报告后立即通报毗邻地区行署，市、县人民政府或森林防火指挥部、林业主管部门。毗邻地、市、县应组织扑火救援。

各级森林防火指挥部和林业主管部门应做好火情和扑救情况的记录。

第二十一条 扑救森林火灾，由当地县人民政府和森林防火指挥部、林业主管部门统一组织和指挥。扑救重大森林火灾，政府和森林防火指挥部、林业主管部门及当地驻军的领导应及时赶赴现场指挥。

森林火灾扑灭后，县森林防火指挥部和林业主管部门要组织人员守候火场，彻底扑灭余火、残火，防止死灰复燃。

第二十二条 因森林火灾报警使用村以下有线电话设备的，不收费用。森林防火使用的无线电通信设备和森林消防专用车辆的收费按国务院的有关规定予以免征。

第五章 森林火灾的调查和统计

第二十三条 发生森林火灾的县森林防火指挥部和林业主管部门应组织人员，对火灾进行调查，按国务院和自治区林业主管部门的规定登记归档，并将火灾逐起列表逐级上报。

对《森林防火条例》第二十二条规定的八种森林火灾，火灾发生的县森林防火指挥部和林业主管部门，应于火灾扑灭后十五天内专题报地区和自治区森林防火指挥部和林业主管部门。由自治区森林防火指挥部和林业主管部门报国家森林防火总指挥部和国务院林业主管部门。

第二十四条 各级森林防火指挥部和林业主管部门应按国务院林业主管部门的规定，进行森林火灾统计，报上一级主管部门和同级统计部门。

非林业部门的林业火灾和森林火灾统计，除按本部门的规定上报外，还必须报当地森林防火指挥部和林业主管部门。

第六章 奖 惩

第二十五条 对在森林防火工作中成绩显著具备下列条件之一的单位和个人，由各级人民政府给予表扬或奖励：

(一)连续两年以上无森林火灾或连续三年以上年均森林火灾受害率在0.5‰点五以下的县或县级国有林场；

(二)森林覆盖率在30%以上，连续五年以上无森林火灾或连续八年以上年均森林火灾受害率在0.5‰以下的乡或乡级国有林场；

(三)森林覆盖率在50%以上，连续十年以上无森林火灾或连续十五年以上年均森林火灾受害率在0.5‰以下的村；

(四)森林覆盖率低于30%，连续8年以上无森林火灾的乡或森林覆盖率低于50%，连续十五年以上无森林火灾的村；

(五)发现森林火灾及时报告，尽力扑救，避免造成重大损失，或在扑救森林火灾过程中起模范带头作用，成绩突出的；

(六)发现森林火灾肇事行为及时制止或检举

报告的；

（七）查处森林火灾案件或同烧林违法分子作斗争事迹突出的；

（八）连续从事森林防火工作十五年以上或连续从事瞭望台工作十年以上，成绩显著的；

（九）在森林防火、扑火工作中有发明创造或有突出贡献的。

第二十六条 违反本实施办法，有下列行为之一，尚不够刑事处罚的，给予行政处罚：

（一）在森林防火期或森林防火戒严期，擅自进入防火戒严区，或在林区违章用火的，视情节予以警告或处以10元以上50元以下的罚款；

（二）对不服从扑火指挥，或延误扑灭时机影响扑火救灾的，予以警告或处以50元以上100元以下的罚款；

（三）在森林防火期违章用火引起火警，或引起火灾未造成重大损失或重大人身伤亡事故的，除责令赔偿损失和负责扑灭费、医疗费，并限期按面积补种树木外，可以并处50元以上500元以下的罚款。

对有前三项行为之一的责任者或在森林防火工作中有失职行为的人员，视情节和危害后果予以行政处分。

县、乡（镇）、国有林场连续三年以上年均森林火灾受害率超过3‰的，应当查明原因，对玩忽职守，造成重大损失的官僚主义行为，必须追究所在地领导的责任，给予行政处分。

第二十七条 对违反第二十六条的处罚，由县以上林业主管部门或其授权的单位决定；对在森林防火工作中有失职行为的人员的行政处分由当事人所在单位或监察部门决定。

第二十八条 违反森林防火管理，依照《中华人民共和国治安管理处罚条例》的规定处以拘留的，由公安机关决定；情节和危害后果严重，构成犯罪的，由司法机关依法追究刑事责任。

第二十九条 赔款全部给予损失单位，用于火烧迹地更新造林和扑火费用。罚款全部上交财政部门。

第三十条 对违反森林防火规定被决定赔偿损失，负担扑火费和医疗费，或处以罚款，当事人无现金交纳的，可以实物折抵，或以劳代偿。

第三十一条 各县、乡（镇）和国有林场人为造成森林火灾烧毁林木，自治区林业主管部门应按其烧毁林木面积适当扣除下年度或数年内森林采伐限额。并按收火烧材第一次售价的5%征收森林防火费。

第七章 附 则

第三十二条 本办法中提到的“以前”、“以上”、“以下”均包含本级、本数。

第三十三条 《森林防火条例》已有规定，而本办法没有的条款，按《森林防火条例》的规定执行。

第三十四条 本办法由自治区林业主管部门负责解释。

第三十五条 本办法自公布之日起施行。

自治区人民政府关于建立自治区林业基金制度的通知

（1990年7月24日

桂政发〔1990〕83号）

各地区行署，各市、县、自治县人民政府，柳铁，防城港区，区直各委、办、厅、局：

为了深化林业改革，使培育森林资源有正常、稳定的资金来源，自治区人民政府决定建立自治区林业基金制度，现印发各地贯彻执行。有条件的地、市、县，经同级人民政府审定，报自治区林业厅批准，也可逐步建立本级林业基金，并参照自治区林业基金制度，拟订本地的实施办法。

附件：

广西壮族自治区林业基金制度

为使培育森林有稳定的资金来源，更好地保护和发展森林资源，根据国家有关法规和政策，结合我区林业改革的实际情况，制定本制度。

一、林业基金的来源

（一）按规定提取集中在自治区林业主管部门的育林基金、更改资金和林政管理费。

（二）自治区财政拨款用于造林营林资金。国家林业部下达的用于发展林业和保护林业的资金。

（三）银行贷款。

（四）国有林场按规定上交自治区林业主管部门的资金。

（五）林业部门用林业基金投资开发，经营的用材林、经济林以及其他项目的纯收益。

（六）采取有偿使用回收的林业资金。

(七)农业开发投资中用于造林绿化的部分。

(八)其他渠道筹集发展林业的资金。

二、林业基金使用范围

(一)造林营林支出：

(1)荒山荒地植树造林、飞播造林、采伐迹地更新造林、造林贷款贴息；(2)封山育林、幼林抚育及改造残次林；(3)种苗生产及良种繁育；(4)森林资源清查、建档、造林规划设计。

(二)森林保护支出：

(1)护林防火、防治森林病虫害装备及设施；(2)动植物自然保护区、水源林、海防林管护；(3)改燃节柴补贴。

(三)林业科研教育支出：

(1)林业科研课题及技术成果推广、应用；(2)林业教科和技术辅导、培训。

(四)更新改造支出：

(1)林区维持再生产的道路、桥梁建设及其维修、改造、养护；(2)为改善木材水运条件进行局部河溪疏通整治、简易过坝及防洪设施；(3)伐区简易房屋、零星基建和乡镇林业工作站、技术推广站、林业派出所、乡村林场建设补助；(4)多种经营综合利用的基础设施。

(五)林政支出：

(1)林政管理和办案经费；(2)林政机构、木材检查站业务费、设备购置费及人员所需的办公室、住房建设补助；(3)林业公安、林业检察、林业审判人员经费、装备及设施。

(六)其他支出：

(1)林业宣传；(2)经林业基金领导小组批准的保护、发展林业的各种检查评比及奖励；(3)林业基金管理机构和人员经费补助。

以上林业基金的开支，要严格按照规定的范围和标准执行，对非生产性支出要严加控制。

三、林业基金的管理和监督

(一)成立自治区林业基金领导小组，由自治区人民政府分管林业的领导和林业厅、财政厅各一名负责同志组成，领导小组下的林业基金管理机构设在区林业厅。

(二)林业基金要建立健全管理责任制和预决算制度，实行计划管理，严格经济核算，执行预算外资金管理办法，专户储存，接受财政、审计部门监督，严禁挤占挪用，确保专款专用。

(三)林业基金一般实行无偿使用，亦可部分有偿使用。

(四)林业基金制度由区林业厅、区财政厅负责解释并制定实施细则。

本制度自发布之日起实行。在此以前自治区人民政府和各部门下达的有关规定，与本制度有出入的，按本制度执行。

广西壮族自治区森林和野生动物类型自然保护区管理条例

(1990年8月11日广西壮族自治区第七届人民代表大会常务委员会第十八次会议通过　根据1997年12月4日广西壮族自治区第八届人民代表大会常务委员会第三十一次会议关于修改《广西壮族自治区森林和野生动物类型自然保护区管理条例》的决定修正)

第一条　为了加强我区森林和野生动物类型自然保护区的管理，根据《中华人民共和国森林法》、《中华人民共和国野生动物保护法》、《中华人民共和国环境保护法》和国务院批准施行的《森林和野生动物类型自然保护区管理办法》以及有关法律，结合本自治区实际情况，制定本条例。

第二条　具有下列条件之一者，可以建立森林和野生动物类型自然保护区(以下简称“自然保护区”)：

(一)对涵养水源、保持水土、调节气候具有多种功能，植物资源丰富或者次生植被好，通过封山育林和各种抚育措施，能够逐步恢复原来植被的不同自然地带的典型森林生态系统的地区；

(二)珍贵稀有或者有特殊保护价值的动植物种的主要生存繁殖地区，包括：国家重点保护动物的主要栖息、繁殖地区；候鸟的主要繁殖地、越冬地和停歇地；珍贵树种和有特殊价值的植物原生地；野生生物模式标本的主要产地；

(三)其他有特殊保护价值的林区。

第三条　建立自然保护区，应当按照下列规定报请批准：

(一)国家自然保护区由自治区人民政府报国务院批准；

(二)自治区自然保护区由自治区林业主管部门报自治区人民政府批准；

(三)市、县、自治县自然保护区分别由市、县、自治县林业主管部门报本级人民政府审核之后，再报自治区人民政府批准。

第四条 在本自治区的国家自然保护区，由林业部或者自治区林业主管部门管理；自治区自然保护区，由自治区或者所在市、县、自治县林业主管部门管理；市、县、自治县自然保护区，由所在市、县、自治县林业主管部门管理，自治区林业主管部门负责业务指导。

公安、环保、土地、水电、旅游、工商行政管理等有关部门，根据各自的职责，协同林业主管部门对自然保护区实施管理。

第五条 建立自然保护区，要注意保护不同自然地带的典型综合体，以保护热带、亚热带珍稀动植物为重点，为科研、教学提供实验研究基地。

第六条 自然保护区的管理，必须贯彻“保护自然环境和珍稀动植物，积极开展科学研究，大力发展和合理利用资源，为国家和人民造福”的方针。

第七条 建立自然保护区，要注意保护对象的完整性和最适宜的范围，考虑当地经济建设和群众生产、生活的需要，尽可能避开集体的土地、山林(含群众的自留山)；确实不能避开的，应当严格控制范围，并根据国家有关规定，由上一级林业主管部门协同当地市、县、自治县人民政府统筹兼顾，合理安排群众的生产、生活问题。

第八条 自然保护区的面积和保护区界线，由林业主管部门征求有关乡、镇人民政府的意见后提出方案，经所在市、县、自治县人民政府同意，按照本条例第三条规定报批。

自然保护区范围一经划定，其管理机构应当即与当地人民政府商订区界协议，落实土地、山林权属，明确周边界线，标桩立界，并划分管护责任区，建立健全各项岗位责任制。

国家计划进行重大经济建设的地区，以及有土地、山林权属争端的地方，不宜新划为自然保护区。

第九条 自然保护区的解除或者变动级别、调整范围、改变隶属关系的，必须报经原审批机关批准，并报上一级林业主管部门备案。

第十条 自然保护区的管理机构属于事业单位，其人员编制、基建投资、事业经费等，经有关主管部门批准后，分别纳入国家和地方的计划，由林业主管部门统一安排。

第十一条 自然保护区管理机构必须贯彻执行国家和自治区有关自然保护区的法律、法规和方针、政策，加强保护管理工作。其具体任务是：

(一)开展保护自源资源的宣传教育工作；

(二)保护自然保护区生物种源及其自然环境；

(三)定期进行动植物资源监测和调查，掌握资源变化情况；

(四)开展科学研究，探索自然演变规律和合理利用森林及动植物资源的途径；

(五)进行巡逻检查，制止乱砍滥伐林木、乱捕乱猎国家和地方保护的野生动物，护林防火，防治林木病虫害；

(六)利用荒山、荒地开展造林育林，扩大森林面积；

(七)保护和发展珍贵稀有野生动植物资源；

(八)在确保自然资源不受破坏的前提下，带动和帮助当地居民因地制宜开展多种经营。

第十二条 自然保护区管理机构应当会同所在和毗邻的县、乡人民政府及有关单位，组成自然保护区联合保护委员会，制定保护公约，共同做好保护管理工作。

第十三条 根据国家有关规定和需要，可以在自然保护区设立公安机构或者配备公安特派员，行政上受自然保护区管理机构领导，业务上受当地上级公安机关领导。

自然保护区的公安机构或者公安特派员负责保护自然保护区的自然资源和国家财产，维护自然保护区的社会治安，依法查处破坏自然保护区的案件。

第十四条 自然保护区管理机构可以根据自然资源情况，经上级林业主管部门批准，将自然保护区划分为核心区、实验区。核心区只供进行观测研究；实验区可以进行科学实验、教学实习、参观考察和驯化、培育珍稀动植物等活动。

第十五条 自然保护区内的自然环境和自然资源，由自然保护区管理机构统一管理。未经林业部或者自治区林业主管部门批准，任何单位和个人不得进入自然保护区建立机构和修筑设施。

禁止在自然保护区修建损害自然生态环境的工矿企业及其他设施，已建立的要限期治理、调整或者拆迁。

第十六条 进入自然保护区从事科学研究、教学实习、参观考察和拍摄电影、电视以及登山等活动的单位和个人，必须经自治区林业主管部门或者其授权的单位批准。

任何部门、团体、单位与国外签署涉及国家自然保护区的协议，接待外国人到国家自然保护区从事有关活动的，必须征得林业部的同意；涉及地方自然保护区的，必须征得自治区林业主管部门的同意。

经批准进入自然保护区从事上述活动的人员，必须遵守本条例和有关规定，并交纳保护管理费。收费办法由自治区林业主管部门会同财政、物价部门制定。

第十七条 自然保护区的居民，应当遵守自然保护区的有关规定，固定生产、生活活动范围，在不破坏自然资源的前提下，从事种植、养殖业，也可以承包自然保护区组织的劳动或者管护任务，以增加经济收入，并协助自然保护区管理机构做好自然资源的保护工作。

第十八条 有条件的自然保护区，经林业部或者自治区林业主管部门批准，可以在指定的范围内开展旅游活动。

在自然保护区开展旅游活动，必须遵守下列规定：

(一)自然保护区管理机构统一管理旅游业务，所得收入用于自然保护区的建设和保护事业；

(二)有关部门投资或者与自然保护区联合兴办的旅游建筑和设施，产权归自然保护区，所得收益在一定时期内按比例分成，但不得改变自然保护区隶属关系；

(三)对旅游区必须进行规划设计，确定合适的旅游点和旅游路线；

(四)旅游点的建筑和设施要体现民族风格，同自然景观和谐一致；

(五)根据旅游需要和接待条件，制定年度接待计划，按隶属关系报林业主管部门批准；

(六)设置防火、防盗、卫生等设施，实行严格的巡护检查，防止造成环境污染和自然资源的破坏。

第十九条 具有下列条件之一者，各级人民政府或者林业主管部门应当给予表扬或者奖励：

(一)保护、管理和发展自然资源成绩显著的；

(二)开展科学研究，探索合理利用自然资源途径和生物资源自然演变规律，成绩显著的；

(三)同破坏自然资源的违法行为作斗争有功的；

(四)其他对自然保护区保护工作有显著成绩或者重大贡献的。

第二十条 自然保护区管理机构及其主管部门工作人员玩忽职守或者进行其他违法活动，致使自然保护区资源或者财产遭受损失、破坏的，视情节轻重分别给予批评教育、行政处分；构成犯罪的，依法追究刑事责任。

第二十一条 本条例由各级人民政府组织实施。自治区林业主管部门根据本条例，可制定实施细则，经自治区人民政府批准后施行。

第二十二条 本条例具体应用中的问题，由自治区林业主管部门解释。

第二十三条 本条例自颁布之日起施行。1983年4月15日广西壮族自治区第五届人民代表大会常务委员会第十八次会议通过的《广西壮族自治区水源林动植物自然保护区管理条例(试行)》同时废止。

自治区物价局 林业厅关于部分木制品、林副产品征收“两金一费”及有关问题的通知

(1991年9月14日
桂价农字〔1991〕248号)

各地、市、县物价局、林业局：

为促进林业生产的发展，不断增加森林资源，永续利用，根据国务院及林业部、财政部的有关文件精神，结合我区具体情况，经研究，确定对部分木制品、林副产品征收育林基金、更改资金、林政管理费(以下简称“两金一费”)。现就有关问题通知如下：

一、征收范围。

凡直接或间接消耗了林木资源并进入流通交易的旧房料、砧板、木制半成品、成品(除中小农具外)、薪柴、木炭，香粉皮及半成品、栓皮、栲胶原料、茯苓、云耳、木耳、香菇等品种。由林业部门向取得销售收入的生产或经营者征收“两金一费”。未列名的品种暂不征收。

二、征收标准。

(一)旧房料(包括木柱、板、方)：不分年限，一律按经营者的第一次销售价征收育林基金12%、更改资金8%、林政管理费每立方米3元。

(二)砧板、木制半成品、成品：按成交价征收育林基金6%、更改资金4%、林政管理费1%。

如生产木制品所使用的原木已征收“两金一费”的，不得再重复征收。

(三)薪柴、木炭：产地乡(镇)销往外地的薪柴、木炭每五十公斤分别征收育林基金1元、更改资金4元和林政管理费0.1元。

(四)香粉皮及半成品：按成交价征收育林基金12%、更改资金8%、林政管理费1%。

(五)栓皮、栲胶原料：按成交价征收育林基金5%。

(六)茯苓：按成交价征收育林基金5%。

(七)云耳、木耳、香菇：凡是使用木材作辅助材料生产耳、菇品的，按实际耗用木材的数量征收“两金一费”，征收标准：按木材的“两金一费”标准减半征收，即育林基金6%、更改资金4%、林政管理费每立方米1.5元，为了计算口径统一，消耗木材征收价，按本县木材公司(森工站)上年决算报表同树种平均价计算。耳、菇品的“两金一费”只能在生产环节向使用木材作辅助材料的生产者征收。由于耳、菇品的生产可以使用非木材作辅助材料，因此，不得在流通环节征收耳、菇品的“两金一费”。

三、原竹及制品的“两金一费”另行下达。

四、木制品、林副产品“两金一费”除云耳、木耳、香菇向生产单位和个人征收外，其余由经营单位交纳。

具体征收、管理及使用办法，由区林业厅、区财政厅另行下达。

五、“两金一费”是发展林业生产的专用资金，是产品销售价格的组成部分，纳入企业定价许可证的管理范畴，各地林业主管部门、国有林场在向当地物价部门申领企业定价许可证时，应将“两金一费”列入。

六、本通知下发前，各地对“两金一费”按行政事业性收费的管理规定进行检查，已结案处理的不予退库，未结案的参照本通知办理。

木制品、林副产品“两金一费”过去规定与本通知规定有抵触的，按本通知规定执行。

自治区物价局　林业厅　供销社关于毛竹、篙竹征收育林基金、林政管理费及有关问题的通知

(1992年7月27日
桂价农字〔1992〕176号)

各地、市、县物价局、林业局、供销社：

为贯彻执行自治区人民政府桂政发〔1991〕110号《关于加强毛竹、篙竹生产流通管理的通知》精神，经研究，现就毛竹、篙竹征收育林基金、林政管理费作如下通知：

一、征收范围及标准：毛竹、篙竹及其制品(制品只征收毛竹片和毛竹跳板，其余不征收，下同)，分别按基层供销社收购后的第一次销售价(不包括从销售点到购货单位的运杂费；如实行送货制，从销售点到购货单位的运杂费另行开票，不列入销售价款内)的8%和1%征收育林基金、林政管理费。原竹已征收的，对其制品不得重复征收。

二、毛竹、篙竹及其制品的第一次销售价由收购价、按规定征收的农业特产税、产品税、育林基金、林政管理费及基层供销社的经营毛利构成。

三、毛竹、篙竹及其制品按上述规定标准征收育林基金、林政管理费后，各地自行制定的与此相关的收费一律取消。

以上通知，请遵照执行。

(1993年7月22日停止征收
林政管理费——编者注)

广西壮族自治区森林管理办法

(1993年12月11日广西壮族自治区第八届人民代表大会常务委员会第六次会议通过　根据1997年9月24日广西壮族自治区第八届人民代表大会常务委员会第三十次会议关于修改《广西壮族自治区森林管理办法》的决定修正)

第一章　总　则

第一条　为了保护、培育和合理利用森林资源，加快国土绿化，发挥森林蓄水保土、调节气候、

改善环境和提供林产品的作用，根据《中华人民共和国森林法》和《中华人民共和国森林法实施细则》，结合本自治区实际情况，制定本办法。

第二条 在本自治区境内森林资源的保护、培育、利用、管理以及其他改变森林生态环境的活动，必须遵守国家法律、法规和本办法。

第三条 林业建设实行以营林为基础，采育结合，永续利用的方针，不断扩大森林资源，实现自然生态良性循环。

第四条 县级以上林业主管部门主管本行政区域内的林业工作。

乡、镇人民政府的林业工作部门负责管理辖区内的林业工作。

为保证发展林业有正常稳定的资金来源，建立林业基金制度。

第二章 山林权属

第五条 森林、林木所有权按下列规定确定：

（一）全民所有制单位经营的森林、林木属国家所有，农村集体经济组织经营的森林、林木属该集体所有，合作经营的森林、林木属合作者共有；

（二）农村居民在房前屋后、自留地和自留山（滩）种植的林木，城镇居民和职工在自有或者使用的房屋庭院内种植的林木属个人所有；

（三）集体或者个人承包全民所有的或者集体所有的宜林荒山荒地造林的，承包后种植的林木所有权，按照承包合同的规定执行；

（四）义务种植的林木，归该林地所有者所有，但有协议或者合同的，按照协议或者合同的规定确定。

第六条 全民所有和集体所有的森林、林木和林地，个人所有的林木和使用的林地，由县级以上人民政府登记造册，核发证书，确认其所有权和使用权。

森林、林木、林地的所有者或者使用者的合法权益受法律保护，任何单位或者个人不得侵犯。

第七条 改变森林、林木和林地权属的，经县级以上人民政府批准后，办理变更登记手续，更换权属证书。

第八条 对森林、林木、林地所有权或者林地使用权发生争议的，争议双方应当在互谅互让，利于生产、管理、团结和将争议解决在基层的原则，主动协商。协商不成的，按下列办法处理：

（一）个人之间、个人与全民所有制单位或者集体所有制单位之间对森林、林木、林地所有权或者林地使用权有争议的，由当地乡级或者县级人民政府依法处理；

（二）全民所有制单位之间、集体所有制单位之间以及全民所有制单位与集体所有制单位之间对森林、林木、林地所有权或者林地使用权有争议，争议双方同在一个县（市）的，由其所在地的县（市）级人民政府处理；争议双方不在一个县（市）的，由其共同的上一级人民政府或者行政公署处理。

当事人对人民政府的处理决定不服的，可以在接到通知之日起一个月内，向人民法院起诉。

在森林、林木、林地权属争议未解决前，争议各方应当维持现状，任何一方不得砍伐有争议的林木，林业主管部门不得发给林木采伐许可证。

第三章 植树造林

第九条 植树造林，是公民应尽的义务。各级人民政府应当组织全民义务植树，合理安排林木结构，开展植树造林活动。

植树造林应当与种植水果相结合，因地制宜地发展林果业。

第十条 各级人民政府对造林育林给予经济扶持。林业主管部门根据国务院和自治区人民政府的规定，负责征收育林基金、更改资金，用于林业生产建设，财政、审计部门负责检查监督。

第十一条 自治区植树造林总体规划由自治区林业主管部门负责组织制定，报自治区人民政府批准后实施。

第十二条 各地区、市、县应当根据全自治区总体规划和当地实际情况，确定本地区森林覆盖率和植树造林规划，并组织实施。

第十三条 宜林荒山荒地应当采用多种方式植树造林。

林木采伐迹地、火烧迹地必须在当年或者次年完成更新造林。

农村居民使用的自留山或者承包的林地不按规定时间造林的，由林地所有者责令限期完成造林。逾期仍不造林的，收回林地，并组织造林或者重新发包。

第十四条 植树造林应当遵守造林技术规程，坚持科学造林，科学管理，提高造林质量。

25°以上的山坡，禁止开垦种植农作物；5°以上的山坡种植农作物，必须采取水土保持措施，防止水土流失。

大面积连片造林，应当同时进行防火林带等

配套工程建设。

第十五条 具备封山育林条件的林地可以封山育林，对新造林地实行封山护林。

封山育林、封山护林应当考虑当地群众生产和生活的需要，可以分别采取全封、半封或者轮封等方式。

封山育林、封山护林应当设立标志。封山面积、界限、时间和方式由乡、镇或者县级人民政府确定。

第十六条 自治区鼓励、扶持发展乡村林场和其他各种形式的联营林场。

各级林业主管部门应当加强对乡村林场扶持、指导和服务。

乡村林场实行“以林为主，多种经营，长短结合，以短养长”的经营方针和“谁投资、谁经营管理，谁受益”的原则，在搞好林业生产的同时，因地制宜地开展种植、养殖、加工和服务等经营项目。

第十七条 各级林业主管部门应当组织国有、集体林业单位建立林木良种生产基地，加强林木种子管理工作，逐步实现林木良种化。

各级林业主管部门必须严格执行森林抚育采伐规程，加强对中幼林抚育，提高林分质量和单位面积产量。

第十八条 实行造林检查验收制度。各级人民政府每年应当组织对造林情况进行检查验收，核实造林面积和成活率。人工造林成活率不足85%的，不得计入本年度造林面积。经补植成活率达到85%的，可计入下年度造林面积。

第十九条 县级人民政府实行造林绿化任期目标责任制。

第四章　森林保护

第二十条 各级人民政府应当健全和完善护林组织，加强森林保护工作。

珍贵、稀有、古老或者特大的树木，由县级以上人民政府建立档案，设立标志，予以保护。

第二十一条 松树采脂实行采脂证制度。松树符合国家林业主管部门对松脂采集规程的要求时，方准采脂。

采脂证由县级以上林业主管部门颁发。

第二十二条 砍伐樟树、桉树、枫树等油用林木，或者采用挖根、采枝、采叶、剥皮等方式蒸取芳香油的，必须经县级以上林业主管部门批准。

任何单位或者个人，未经县级以上林业主管部门同意和工商行政管理部门发给营业执照，不得收购前款规定的各种芳香油。

第二十三条 各级林业主管部门负责组织森林病虫害防治、森林植物和林木种苗的检疫工作。

第二十四条 各级人民政府应当有计划地组织有关单位进行林区森林防火基础设施的建设。

各级森林防火机构应当做好森林火灾的预防和扑救工作。

第二十五条 自治区实行全年森林防火。各地区、市、县根据实际情况，确定本地区的重点森林防火期，规定森林防火戒严区和戒严期，并报自治区林业主管部门。

第五章　森林资源管理

第二十六条 自治区林业主管部门根据国家的规定和本自治区的实际情况，每五年统一组织全自治区森林资源清查。

第二十七条 各级林业主管部门必须建立森林资源档案，及时、全面地掌握森林资源变化情况，做好森林资源数据更新，建立森林资源统计年报制度。

第二十八条 国有林场和自然保护区，应当根据林业长远规划，编制森林经营方案，报上级主管部门批准施行。

林业主管部门应当指导农村集体经济组织和国有农场等单位编制森林经营方案，搞好森林经营，提高林分质量和经济效益。

第二十九条 县级林业主管部门应当根据当地情况，提出防护林、用材林、经济林、薪炭林、特种用途林的区划方案，经地区、市林业主管部门审查后，报自治区林业主管部门批准执行。

第三十条 勘察设计、修筑工程设施，开采矿产资源应当不占或者少占林地，必须征用或者占用林地的，应当经林业主管部门签署意见，由土地管理部门依法办理征用、划拨或者出让土地手续。

征用或者占用林地的单位，必须按照规定支付林地、林木补偿费、森林植被恢复费和安置补助费。具体标准按自治区人民政府规定执行。

第三十一条 加强自然保护区的森林、野生动物、植物和其他自然资源的管理，禁止滥伐、盗伐、乱捕滥猎和乱采滥挖。

第三十二条 各级人民政府和林业主管部门必须按照自治区人民政府的规定，推广改燃节材，改灶节柴工作，减少森林资源的消耗。

第六章　森林采伐更新

第三十三条　森林和林木实行限额采伐。国有林场以及农垦、水利、煤炭、城建、铁路、交通、华侨、民政等国有企业事业单位所有的森林和林木，由各单位依据合理经营、永续利用和采伐量不大于生长量的原则编制年森林采伐限额，由各自的行政主管部门签署意见后，抄送自治区林业主管部门；其他所有的森林和林木，由县林业主管部门编制年森林采伐限额，经地区、市林业主管部门签署意见，报自治区林业主管部门，自治区林业主管部门根据报送的年森林采伐限额，汇总平衡后，编制全自治区年森林采伐限额，经自治区人民政府审批后报国务院批准。

农村居民采伐自留地和房前屋后个人所有的零星树木，不计入年采伐限额。

第三十四条　采伐森林和林木，必须依法申请采伐许可证，并按照采伐许可证的规定进行采伐。农村居民采伐自留地和房前屋后个人所有的零星树木除外。

林木采伐许可证由县级以上林业主管部门或者其授权的单位核发。对采伐申请，应当在一个月之内作出是否准许的决定。

遇有紧急抢险情况，必须就地采伐林木的，可以免除申请林木采伐许可证，但事后组织抢险的单位和部门应当将采伐情况报当地县级以上林业主管部门备案。

第三十五条　采伐森林、林木的单位或者个人，必须按照国务院批准的《森林采伐更新管理办法》规定的期限，完成更新造林任务。

第七章　木材经营和运输管理

第三十六条　各级人民政府应当加强对木材销售和木材市场的管理。管理办法由自治区人民政府另行规定。

第三十七条　经营、加工木材的单位或者个人，必须提出申请，经县级以上林业主管部门审核同意并发给木材经营（加工）许可证，报同级工商行政管理部门核准登记，发给营业执照后方可经营或者加工。

第三十八条　竹、柴、炭的经营管理办法，由自治区林业主管部门会同有关部门制定，报自治区人民政府批准后施行。

第三十九条　运输木材、竹、柴、炭、松香等主要林产品，陆生野生动物及其产品，必须依法办理运输证件。对无运输证件的，公路、铁路、航运等交通运输部门不得承运。办理运输证件和运输管理办法，由自治区人民政府另行规定。

第四十条　在林区的交通要道，根据需要经自治区人民政府批准，可以设立木材检查站。

木材检查工作人员执行公务时，必须携带证件和佩戴标志。如需进入车站、码头、货场检查时，公路、铁路、航运等交通运输部门和承运单位应当给予支持和协助。

木材检查工作人员的证件、标志，由自治区林业主管部门统一制发。

第八章　法律责任

第四十一条　违反本办法有下列行为之一的，对直接责任人员给予行政处分：

（一）超过年森林采伐限额下达木材生产计划的；

（二）超过年度木材生产计划发放林木采伐许可证的；

（三）越权发放林木采伐许可证的；

（四）对申请采伐许可证，不按期办理的；

（五）违反木材运输管理规定，发放木材运输证件的；

（六）核发木材运输证件的工作人员和木材检查站工作人员，因工作过失使货主遭受直接经济损失的；

（七）年度森林火灾、森林病虫害防治不力，损失严重的。

第四十二条　侵占国家、集体和个人林地所有权或者使用权的，责令其退出林地，赔偿经济损失。

未经林业主管部门和土地管理部门批准，毁林开垦和毁林采矿、采石、取土，致使林木、林地受到毁坏的，责令赔偿损失、补种毁林株数一至三倍的树木或者缴纳相应的造林费。

第四十三条　在封山育林、封山护林区放牧、砍柴，致使林木受到毁坏的，责令其赔偿损失，补种毁林株数一至三倍的树木或者缴纳相应的造林费。

无松树采脂许可证采集松脂，或者违反松脂采集规程采脂的，责令赔偿损失，补种毁林株数一至三倍的树木或者缴纳相应造林费。

采伐林木的单位或者个人，不按照规定完成更新造林任务的，责令其限期更新造林。逾期不更新造林的，处以相当于所需造林费用一倍的罚款。

第四十四条 未经县级以上林业主管部门批准，砍伐樟树、桉树、枫树等林木蒸取芳香油的，没收违法所得；并以盗伐或者滥伐林木处罚；采用挖根、采枝、采叶、剥皮等方式蒸油的，没收违法所得，责令其赔偿损失，可以并处所赔金额一至二倍的罚款。

违法收购用樟树、桉树、枫树等林木蒸取的芳香油料的，没收其所收购的油料；油料已销售的，追缴其违法所得。

第四十五条 损坏、偷盗或者擅自移动护林标志、林区工程设施的，责令其恢复原状、赔偿损失，可以并处赔偿损失金额50%以下的罚款。

偷漏、拖欠育林基金、更改资金的，责令其限期补交，按日处以偷漏、拖欠总额千分之一的滞纳金；偷漏育林基金、更改资金的，并处所补交金额的一至二倍的罚款。

第四十六条 盗伐、滥伐森林或者其他林木的，按照森林法和森林法实施细则的规定处罚。

对盗伐的木材、竹子或其变卖所得，予以追缴，返还原主。原主难以确定的，转入林业基金。

使用伪造或者倒卖的林木采伐许可证采伐林木的，按滥伐林木处理。

第四十七条 违反木材运输管理规定的，按照《广西壮族自治区木材运输管理条例》的规定处罚。

第四十八条 违反本办法有关收购、经销、加工木材规定的，按照下列规定处罚：

(一)收购无林木采伐许可证的木材，或者无木材收购权的单位直接收购木材，或者收购的木材来源不合法的，没收所收购的木材，可以并处木材销售价三至四倍的罚款；

(二)销售违法收购或者来源不合法的木材的，没收其所销售的木材，可以并处所销售的木材价款二至三倍的罚款。木材已销售的，处以木材销售价三至四倍的罚款；

(三)无木材经营许可证经营木材，或者无木材加工许可证加工木材的，没收其经营或者加工的全部木材，可以并处没收的木材销售价二至三倍的罚款；

(四)超越木材经营许可证规定的范围经营木材的，没收其所经营的木材。超越木材加工许可证规定的范围加工木材或者加工的木材来源不合法的，处以其所加工的木材价款60%以下的罚款。

第四十九条 伪造、倒卖木材经营(加工)许可证或者使用伪造、倒卖的木材经营(加工)许可证经营(加工)木材的，处以50元至100元的罚款；对已获利的，除予以没收外，可以并处违法所得二至五倍的罚款。

第五十条 本办法规定的行政处分，由直接责任人员所在单位或者其上级主管机关决定。

本办法规定的行政处罚，由县级以上林业主管部门或者其授权的单位决定。

违反本办法，需要适用《中华人民共和国治安管理处罚条例》的，由公安机关处理；构成犯罪的，依法追究刑事责任。

第五十一条 当事人对行政处罚决定不服的，可以在收到处罚决定书之日起十五日内，向作出处罚决定的机关的上一级机关申请复议；对复议决定不服的，可以在收到复议决定书之日起十五日内，向人民法院起诉。当事人也可以在接到处罚决定书之日起一个月内直接向人民法院起诉。当事人逾期不申请复议，不起诉，又不履行处罚决定的，由作出处罚决定的机关申请人民法院强制执行。

第九章 附 则

第五十二条 本办法自1994年1月1日起施行。

自治区林业厅关于重申计征木材育林基金、更改资金有关问题的通知

(1993年12月18日
桂林财字〔1993〕131号)

各地、市、县林业局、木材公司、国有林场：

根据近来的调查情况，有些单位在计征木材育林基金、更改资金(以下简称“两金”)时，没有严格执行国家经委、林业部、财政部、国家物价局、工商局经重字〔1988〕122号文通知关于木材“两金”按第一次销售价计征20%的规定(我厅林财企字〔1988〕33号文转发)，有的单位在计征基价上不按规定办理而少计征“两金”；有的单位自用于加工，不按销售处账而漏征“两金”。为正确贯彻上

述文件规定，足额计征木材“两金”，现就有关问题重申如下：

一、木材第一次销售价是指木材收购单位收购后和国营林场生产完工后第一次销售的价格。

二、各单位收购、生产完工后的木材用于本单位或与本单位有利益关系的其他单位加工、切片、零售，均按当地、当时的木材市场价格作为第一次售价计征“两金”，不得以优惠或降价计征“两金”。

三、凡收购、生产的木材，运到贮木点（不分公路边或贮木场），造材完工，能够对外销售的才算产成品。在销售前发生的一切费用，均列入木材生产（收购）成本，这部分费用不能在销售价格中扣除，也不能以各种费用名目减少计征“两金”基数。

四、对“以木易物”，“以木换路”等方式销售的木材，按照国家税务总局国税流字〔1989〕656 号文件规定的作价原则计征“两金”，即按签订“以木易物”，“以木换路”合约时本单位同一木材的规格、等级的售价计征“两金”，不得免征。

五、根据中共中央办公厅、国务院办公厅中办发〔1993〕10 号《中共中央办公厅、国务院办公厅关于涉及农民项目审核处理意见的通知》的规定，从 1993 年 7 月 22 日起停止征收林区管理建设费、森林资源更新费、林政管理费。凡没有执行上述规定的要立即停止征收。

六、不得将纸材、杂木当做柴火出售，逃避应征的税费。

七、区税务局和我厅联合发文（林财价字〔1992〕10 号）规定：国有林场销售木材时，分别开销售发票及“两金一费”收据。其他木材经营部门不得参照执行国有林场收取“两金”的方法，要按第一次销售价的 20％向当地县林业局上缴“两金”，并按月报送有关会计报表，由林业局给木材经营部门开“两金一费”收据。

八、征收木材“两金”按不重不漏原则，代销木材原已征“两金”了的不再征收，尚未征收，则按上述规定征收。

九、要认真贯彻木材“一家收购，多家销售”的原则，并按规定原则计征“两金”，如有经自治区人民政府特殊批准，在砍伐指标中划部分给其他部门加工、经营的，则由县林业局按当时、当地同树种的市场平均价格征收“两金”。

以上通知，请遵照执行。如有违反，一经查出，追究单位领导和当事人的责任。金额部分上交执行检查任务的林业主管部门，作为林业基金收入。

自治区财政厅　物价局关于收取林业保护建设费的通知

（1994 年 5 月 23 日
桂财综字〔1994〕第 33 号）

自治区林业厅，各地、市、县财政局、物价局、林业局，各国有林场：

根据财政部、国家计委《关于收取林业保护建设费的通知》（财综字〔1993〕7 号）和《国家计委、财政部关于林业保护建设费收取标准的通知》（计价格〔1994〕138 号）的规定，并结合国家对预算外资金管理的有关规定及我区的实际情况，现就我区收取林业保护建设费的有关问题规定如下：

一、林业保护建设费由各林业主管部门向下列单位和个人征收：(1)除农村集体和林农以外的其他木材销售者（单位和个人）；(2)经自治区人民政府批准或委托林业部门批准可以直接进入林区收购木材的单位。

二、林业保护建设费的收费标准为每立方米木材 5 元。

三、林业保护建设费按木材第一次销售的数量和规定标准一次性征收，不得重复征收。

四、国有林场生产销售的木材按照上述规定标准在销售环节自行提取。

五、各地林业主管部门征收林业保护建设费，必须到当地物价部门办理收费许可证，统一使用财政部门印制的行政事业性收费专用票据，具体的票据管理办法由区财政厅另行制发。

六、县（市）林业主管部门和国营林场征收、提取的林业保护建设费，实行自治区林业厅、地市林业局、县（市）林业局、国有林场比例分成。各县收取的林业保护建设费分成比例为：上交自治区林业厅 20％，上交地市林业局 10％，留县林业局 70％；国有林场的林业保护建设费分成比例为：上交自治区林业厅 20％，交地市林业局 10％，交县林业局 10％，留国有林场 60％。

七、林业保护建设费用于林政管理、森林防火和林区中幼林抚育的道路建设，实行专款专用，不得挪作他用。

八、各级林业主管部门收取的林业保护建设

费，作为预算外资金管理，执行预算外资金管理的有关规定，实行财政专户储存，做到收支两条线，收费收入交存入同级财政部门在银行开设的预算外资金专户，支出由各级林业主管部门编制用款计划，经同级财政部门审核后按计划拨付。

九、本规定从1994年2月5日起执行。

广西壮族自治区陆生野生动物保护管理规定

（1994年7月29日广西壮族自治区第八届人民代表大会常务委员会第十次会议通过并公布施行　根据1997年12月4日广西壮族自治区第八届人民代表大会常务委员会第三十一次会议关于修改《广西壮族自治区陆生野生动物保护管理规定》的决定第一次修正　根据1998年6月26日广西壮族自治区第九届人民代表大会常务委员会第四次会议关于修改《广西壮族自治区陆生野生动物保护管理规定》的决定第二次修正）

第一条　为有效保护、发展和合理利用陆生野生动物资源，维护生态平衡，根据《中华人民共和国野生动物保护法》、《中华人民共和国陆生野生动物保护实施条例》和有关法律、法规，结合本自治区的实际情况，制定本规定。

第二条　本规定所称的陆生野生动物，是指受国家和自治区保护的珍贵、濒危、有益的和有重要经济、科学研究价值的陆生野生动物；所称野生动物产品，是指陆生野生动物的任何部分及其衍生物。

重点保护的陆生野生动物，是指国务院和自治区人民政府公布的重点保护野生动物名录中的陆生野生动物。非重点保护的陆生野生动物，是指国务院野生动物行政主管部门公布的受国家保护的、有益的和有重要经济、科学研究价值的陆生野生动物名录中的陆生野生动物。

第三条　从国外进入本自治区行政区域内的陆生野生动物及其产品，属《濒危野生动植物种国际贸易公约》附录一、二物种的，分别按国家重点保护一、二级野生动物进行管理，属附录三物种的，按自治区重点保护野生动物进行管理。

第四条　县级以上林业行政主管部门主管本行政区域内陆生野生动物保护管理工作。

乡（镇）人民政府协助县级以上林业行政主管部门做好本行政区域内陆生野生动物保护管理工作。

第五条　陆生野生动物保护管理所需经费，由同级人民政府列入财政预算，统一安排。

第六条　工商、公安、海关、动植物检疫、公路、铁路、航空、航运、邮电、旅游、饮食服务等部门应当按各自的职责密切配合，做好陆生野生动物保护工作。

第七条　自治区建立陆生野生动物救护中心，各地、市根据需要可以建立陆生野生动物救护中心，负责对受伤、病残、受困、迷途的重点保护和环志的陆生野生动物以及依法没收的陆生野生动物进行救护和饲养管理工作。

第八条　鼓励对陆生野生动物进行驯养繁殖、科学研究工作。扶持具备资金、场地、技术、种源等条件的单位和个人开展陆生野生动物的驯养繁殖及科学研究工作。

林业行政主管部门监督、指导驯养繁殖陆生野生动物的单位和个人建立野生动物谱系、档案。

驯养繁殖重点保护陆生野生动物的，应当按照规定申请办理驯养繁殖许可证。不得超越许可证规定范围驯养繁殖重点保护陆生野生动物。

第九条　因科学研究、驯养繁殖、展览或者其他特殊情况，需要猎捕、收购、出售、邮寄、加工、利用自治区重点保护陆生野生动物及其产品的，按国家二级保护野生动物的规定办理。

第十条　经营利用陆生野生动物及其产品的单位和个人，必须取得林业行政主管部门核发的陆生野生动物经营利用许可证。凭许可证到当地工商行政管理部门申领营业执照后，方可从事经营活动。

经营利用自治区重点保护陆生野生动物，由自治区林业行政主管部门或者其授权单位核发陆生野生动物经营利用许可证；经营利用非重点保护的陆生野生动物由县级以上林业行政主管部门核发陆生野生动物经营利用许可证。

陆生野生动物经营利用许可证核发办法由自治区林业行政主管部门制定。

第十一条　运输、携带、邮寄陆生野生动物及其产品，在本自治区行政区域内的，由县级以上林业行政主管部门出具运输证；出本自治区行政区域外的，由自治区林业行政主管部门或者其委托的单位出具运输证。铁路、公路、民航、航运、邮政等部门凭运输证给予办理承运、承邮手续。

运输证由自治区林业行政主管部门统一印发。运输证的核发办法由自治区林业行政主管部门制定。

第十二条 禁止任何单位和个人走私或者非法捕杀、收购、出售、加工、利用、运输、携带重点保护陆生野生动物及其产品，禁止为上述非法行为提供工具和场所。

第十三条 任何单位和个人不得利用重点保护陆生野生动物的产品制作、发布广告，不得利用重点保护陆生野生动物及其产品进行妨碍重点保护陆生野生动物资源保护的宣传。

宾馆、饭店、酒楼、餐厅、招待所和个体饮食摊点等，不得用重点保护陆生野生动物及其产品名称或者别称作菜谱招徕顾客。

第十四条 禁止伪造、倒卖、转让驯养繁殖许可证、运输证或者经营利用许可证。

第十五条 经自治区人民政府批准设立的木材检查站和经县级以上人民政府批准设立的野生动物保护站、自然保护区管理站，有权扣留非法运输、携带、销售的陆生野生动物及其产品。

第十六条 海关、边防、动植物检疫部门对非法进出境的重点保护陆生野生动物及其产品应当依法扣留或者没收。

公路、铁路、民航、航运、邮政等部门对无证运输、携带、邮寄的陆生野生动物及其产品应当予以扣留。

第十七条 各部门依法扣留、没收的陆生野生动物及其产品，应当及时移交林业行政主管部门按有关规定处理。

第十八条 对保护陆生野生动物或者举报、揭发、查处违反陆生野生动物保护法律、法规行为的有功单位和个人，对濒危、珍稀陆生野生动物物种进行拯救、饲养繁殖、科学研究等工作成绩突出的单位和个人，各级人民政府或者县级以上林业行政主管部门应当给予表彰和奖励。

第十九条 违法经营重点保护陆生野生动物及其产品，在集贸市场以外的，由林业行政主管部门依法查处；在集贸市场以内的，以工商行政管理部门为主依法查处，林业行政主管部门有权参与查处。查处案件时部门之间发生争议的，由同级人民政府协调解决。

第二十条 林业行政主管部门或者工商行政管理部门监督检查违反陆生野生动物保护管理法规的行为时，有下列职权：

(一)按照规定程序询问违法的行为人、利害关系人、证明人，制作询问笔录，并要求提供证明材料；

(二)调查违法行为的有关情况；

(三)查阅、复制与违法行为有关的合同、发票、账单、记录及其他资料；

(四)可以查封、扣留违法经营的陆生野生动物及其产品、违法行为使用的物品及工具、与违法行为有关的合同、发票、账单、记录及其他资料。

第二十一条 林业行政主管部门或者工商行政管理部门在采取查封、扣留措施时，必须出具查封、扣留凭证，造具清单，由在场人签名或者盖章后，交被查封、扣留者一份。查封、扣留陆生野生动物及其产品的，应当按照有关规定及时处理；查封、扣留其他物品的，其时间从作出书面决定之日起计算，最长不得超过3个月。

林业行政主管部门或者工商行政管理部门对所查封、扣留的物品应当妥善保管，不得动用、调换或者损毁。

对被查封、扣留而当时又无人认领的陆生野生动物及其产品，林业行政主管部门或者工商行政管理部门应当及时以公告形式通知其所有者前来认领。认领的期限由林业行政主管部门或者工商行政管理部门视陆生野生动物及其产品的具体情况确定，但最长不得超过20日。公告期满后无人认领的，由县级以上林业行政主管部门予以收缴。

第二十二条 林业行政主管部门或者工商行政管理部门在进行监督检查时，执法人员不得少于两人，并应当向当事人或者有关人员出示行政执法证件；不出示行政执法证件的，被检查的单位和个人有权拒绝检查。

第二十三条 林业行政主管部门、工商行政管理部门在进行监督检查时，被检查的单位和个人应当在规定的时间内如实提供有关资料和情况，不得拒绝、拖延或者谎报。

第二十四条 有下列行为之一的，由县级以上工商行政管理部门或者林业行政主管部门在各自管理权限范围内视情节轻重给予处罚：

(一)违法捕杀国家重点保护陆生野生动物，情节显著轻微不需要判处刑罚的，没收猎获物、捕猎工具和违法所得，吊销特许猎捕证，并处以相当于猎获物价值十倍以下的罚款；猎获物价值难以确定的，根据猎获物的种类和数量，并处以 10 万元以下的罚款；没有猎获物的，处以 1 万元以下的罚款。

(二)在禁猎区、禁猎期或者使用禁用的工具、方法猎捕非国家重点保护陆生野生动物的，没收猎获物、猎捕工具和违法所得，处以相当于猎获物价值八倍以下的罚款；猎获物价值难以确定的，根据猎获物的种类和数量予以处罚，属于自治区重点保护陆生野生动物的，处以 8 万元以下的罚款，属于非重点保护陆生野生动物的，处以 8000 元以下的罚款；没有猎获物的，处以 2000 元以下的罚款。

(三)未取得狩猎证或者未按照狩猎证规定猎捕非国家重点保护陆生野生动物的，没收猎获物和违法所得，处以相当于猎获物价值五倍以下的罚款；猎获物价值难以确定的，根据猎获物的种类和数量予以处罚，属于自治区重点保护陆生野生动物的，处以 5 万元以下的罚款，属于非重点保护陆生野生动物的，处以 5000 元以下的罚款，没有猎获物的，处以 1000 元以下的罚款；可以并处没收获捕工具，吊销狩猎证。

(四)违法出售、收购、运输、携带、邮寄、加工、利用重点保护陆生野生动物或者其产品的，没收实物和违法所得，可以并处相当于实物价值十倍以下的罚款；实物价值难以确定的，可以根据实物的种类和数量予以处罚，属于国家重点保护陆生野生动物的，可以并处 10 万元以下的罚款，属于自治区重点保护陆生野生动物的，可以并处 5 万元以下的罚款。

(五)为违法收购、出售、捕杀、加工、利用、运输重点保护陆生野生动物及其产品提供工具、场所的，没收违法所得和工具，查封场所，可以并处 1000 元以上 5 万元以下的罚款。

(六)利用重点保护陆生野生动物的产品制作、发布广告的，利用重点保护陆生野生动物及其产品进行妨碍重点保护陆生野生动物资源保护的宣传的，或者以重点保护陆生野生动物及其产品的名称、别称作菜谱招徕顾客的，依照《中华人民共和国广告法》的有关规定处理，《中华人民共和国广告法》没有规定的，处以五百元以上 2000 元以下的罚款。

(七)未取得驯养繁殖许可证或者超越许可证规定范围驯养繁殖重点保护陆生野生动物的，没收违法所得，处以 3000 元以下的罚款，可以并处没收陆生野生动物及其产品，吊销驯养繁殖许可证。

(八)伪造、倒卖、转让驯养繁殖许可证、运输证或者经营利用许可证的，吊销证件，没收违法所得，可以并处以 300 元以上 5000 元以下的罚款。

(九)违法出售、收购、运输、携带、邮寄、加工、利用非重点保护陆生野生动物及其产品的，没收实物及其违法所得，可以并处 5000 元以下的罚款。

第二十五条 违法经营陆生野生动物及其产品的，工商行政管理部门可以责令其停业，林业行政主管部门可以吊销其经营利用许可证。

第二十六条 违反野生动物保护法律、法规，构成犯罪的，由司法机关依法追究刑事责任。

第二十七条 林业行政主管部门在查处违反陆生野生动物保护法律、法规案件时，涉及水生野生动物的，可以依法一并查处，其他部门不再重复处罚。

第二十八条 当事人对行政处罚决定不服的，可以在接到行政处罚决定书之日起十五日内，向作出行政处罚决定机关的上一级行政机关申请复议；对上一级行政机关的复议决定不服的，可以在接到复议决定书之日起十五日内，向人民法院提起诉讼。当事人也可以在接到处罚决定书之日起十五日内，直接向人民法院起诉。当事人逾期不申请复议或者不向人民法院提起诉讼又不履行行政处罚决定的，由作出行政处罚决定的行政机关申请人民法院强制执行。

第二十九条 陆生野生动物保护行政管理部门的工作人员玩忽职守，滥用职权，徇私舞弊，包庇纵容违法者的，或者有关部门工作人员擅自处理被扣留、没收的陆生野生动物及其产品的，由所在单位或者其上级行政主管部门给予行政处分。构成犯罪的，依法追究刑事责任。

第三十条 对违反本管理规定的行为实施罚没款处罚，应当使用自治区财政部门统一印制的罚没收据。

罚没款及没收非法财物拍卖的款项，应当全部上缴国库。

第三十一条 本规定具体运用中的问题由自治区林业行政主管部门负责解释。

第三十二条 本规定自公布之日起施行。

自治区人民政府批转《自治区计委、财政厅、林业厅、物价局、土地管理局〈关于收取征、占用林地四项补偿费暂行规定〉的请示》的通知

(1995年4月20日
桂政发〔1995〕34号)

各地区行署,各市、县、自治县人民政府,柳铁,区直各委、办、厅、局:

自治区人民政府同意自治区计委、财政厅、林业厅、物价局、土地管理局《〈关于收取征、占用林地四项补偿费暂行规定〉的请示》,现转发给你们,请认真贯彻执行。

附件:

自治区计委、财政厅、林业厅、物价局、土地管理局《关于收取征、占用林地四项补偿费暂行规定》的请示

(1995年3月30日)

自治区人民政府:

为加强林地的保护和管理,严格控制征、占用林地,使经批准征、占用的林地得以合理补偿,根据《中华人民共和国森林法》及其实施细则、《中华人民共和国土地管理法》、《中华人民共和国土地管理法实施条例》、《国务院办公厅转发林业部等部门关于进一步加强林地保护管理工作请示的通知》(国办发〔1992〕32号)、《广西壮族自治区森林管理办法》及《广西壮族自治区土地管理实施办法》等有关规定,结合我区的实际,特制定《关于收取征、占用林地四项补偿费暂行规定》。如无不妥,请批转各地执行。

附件:

关于收取征、占用林地四项补偿费暂行规定

一、为加强林地管理,切实保护和合理利用林地,根据国家法律、法规的有关规定,结合本自治区的实际情况,特制定本暂行规定。

二、凡在我区所辖范围内进行勘测设计,修建工程设施,铺设线路,开采矿产资源,建设开发区,开发旅游业及其他改变林地用途,需征、占用林地的,必须遵守本规定。

三、本规定所指林地,包括郁闭度0.2以上(含0.2,下同)的乔木林地,竹林地,疏林地,灌木林地,采伐迹地,火烧迹地,未成林造林地,苗圃地和国家规划的宜林地。

四、凡申请征、占用林地的建设单位,先向林业主管部门提交下列文件:

(一)使用林地申请报告。

(二)县级以上人民政府批准的设计任务书或批准文件。

(三)被征、占用林地单位和个人的林权证。

(四)征、占用林地的地点、面积、四至范围的说明及有关资料。

(五)按有关规定交纳补偿费的协议书。

经县级以上林业行政主管部门初审同意(占用区直国有林场林地,直接报自治区林业厅初审)后,发放《使用林地许可证》。建设单位持《使用林地许可证》按照《广西壮族自治区土地管理实施办法》的规定,申请、办理建设用地手续。

五、凡经依法批准征、占用林地的单位,要按规定向被征、占用林地的单位支付林地补偿费、林木补偿费、林地安置补助费,向林业行政主管部门缴纳森林植被恢复费。

(一)林地补偿费。

1.宜林荒地,按当地旱地被征用前3年平均年产值的2倍补偿。

2.郁闭度0.2以上的用材林、薪炭林及灌木林地,按当地旱地被征用前3年平均年产值的3～4倍补偿;郁闭度0.2以下的,按当地旱地被征用前3年平均年产值的2～3倍补偿。

3.经济林地、特种用途林地,苗圃地,按当地旱地被征用前3年平均年产值的4倍补偿。

4.防护林地不得征用。确因特殊情况需要征、占用的,应报自治区人民政府批准,按当地旱地被征用前3年平均年产值的4倍补偿。

5.在自治区直辖7市及玉林、河池、百色市规划市区范围内征、占用林地,按同类林地补偿标准的1.5～2倍补偿。但最高不能超过市区内水田、菜地的补偿标准。

(二)林木补偿费。

征、占用林地,除采伐的木材归经营单位外,按下列标准给予补偿:

1.郁闭度0.2以上的用材林成熟林每亩补偿700～800元,未成熟林每亩补偿1200～1500元,

幼林、新造林每亩补偿300～400元。

2.郁闭度0.2以上的薪炭林、灌木林，每亩补偿500～600元。

3.疏林，按当地市场木材综合价格计算的产值补偿。

4.防护林、特种用途林，每亩补偿2000～2500元。

5.经济林，尚未投产或投产不足3年的，按重置价格补偿；投产3年以上的，按被征、占用前2年平均产值的3～4倍补偿。

6.苗圃，完全不能移植栽种的苗木，按重置价格补偿；能出圃栽种的苗木，按当地市场苗木综合价格计算的产值的60%～80%补偿。科研用林木，按科研林及设施的重置价格补偿。

(三)林地安置补助费。

按照当地征用耕地的安置补助标准减半计算补偿。

(四)森林植被恢复费。

1.郁闭度0.2以上的一般造林和天然林每亩补偿250元；疏林每亩补偿100～150元。

2.工程林、速丰林(包括用材林)及苗圃地，每亩补偿500～800元。

3.经济林(包括果树)，每亩补偿800～2000元。

4.防护林、特种用途林，每亩补偿1000元。

5.沿海特殊保护林带，每亩补偿0300元。

六、被征、占用林地地面附着物补偿费问题，按《广西壮族自治区土地管理实施办法》第二十九条的规定执行。

七、临时使用林地，经县以上林业行政主管部门初审同意，提出书面意见，林地经营单位与用地单位签订临时使用林地协议，经土地管理部门批准后才能使用。使用期一般不超过2年。若因特殊情况需延期的，需再报经批准。林地补偿费按当地旱地被征用前3年平均年产值逐年给予补偿。需要砍伐林木的，应按标准收取林木补偿费和森林植被恢复费。待使用期满后，用地单位必须造上林，并经林业主管部门验收合格后，将林地归还原经营单位，同时退还森林植被恢复费。如到期未造林的，归还林地时，不退还森林植被恢复费。拆除林地上的附着物，应折价补偿。

八、按照《广西壮族自治区土地管理实施办法》第三十七条规定，国家建设经批准划拨使用的国有林地，林地补偿费按照征用集体所有的同类林地补偿费的70%给予补偿；林木补偿费、地面附着物补偿费和森林植被恢复费按征用集体所有林地的规定办理。

九、补偿费的收取、管理和使用。

林地补偿费、林木补偿费、安置补助费及地面附着物补偿费的收取、管理和使用，按《广西壮族自治区土地管理实施办法》的规定执行。收取森林植被恢复费，属于集体林地的由县级以上林业主管部门收取；国有林地由自治区林业主管部门委托国有林地经营单位代收。所收取的森林植被恢复费，纳入育林基金，用于发展林业。

十、本规定由自治区林业厅负责解释。

十一、本规定自发文之日起执行。

自治区林业厅关于印发《广西壮族自治区陆生野生动物驯养繁殖许可证管理试行办法》、《广西壮族自治区陆生野生动物经营利用许可证核发管理试行办法》和《广西壮族自治区陆生野生动物运输证核发管理试行办法》的通知

(1995年7月6日
桂林政字〔1995〕84号)

各地、市、县(市、区、郊区)林业局：

为进一步加强陆生野生动物的管理，根据《中华人民共和国野生动物保护法》、《中华人民共和国陆生野生动物保护实施条例》和《广西壮族自治区陆生野生动物保护管理规定》的有关规定，制定了《广西壮族自治区陆生野生动物驯养繁殖许可证管理试行办法》、《广西壮族自治区陆生野生动物经营利用许可证核发管理试行办法》和《广西壮族自治区陆生野生动物运输证核发管理试行办法》，现印发给你们，请认真贯彻执行。在执行中遇到的问题，请及时函告给我厅。

附件：

广西壮族自治区陆生野生动物驯养繁殖许可证管理试行办法

第一条 为保护、发展和合理利用陆生野生动物资源，加强陆生野生动物驯养繁殖管理工作，维护陆生野生动物驯养繁殖单位和个人的合法权益，根据《中华人民共和国野生动物保护法》、《中华人民共和国陆生野生动物保护实施条例》、林业部发布的《国家重点保护野生动物驯养繁殖许可证管理办法》，结合本自治区实际情况制定本办法。

第二条 本办法所指的陆生野生动物是指国家和广西重点保护的陆生野生动物。驯养繁殖是指在人工控制条件下，为保护、研究、科学实验、观赏及其他经济目的而进行的野生动物驯养繁殖活动。

第三条 凡在本自治区境内从事驯养繁殖陆生野生动物的单位或个人必须取得《陆生野生动物驯养繁殖许可证》（以下简称《驯养繁殖许可证》），没有取得《驯养繁殖许可证》的单位和个人不得从事陆生野生动物驯养繁殖活动。

《驯养繁殖许可证》分为以下两种：

（一）驯养繁殖国家重点保护陆生野生动物的，使用由林业部统一印制的《国家重点保护野生动物驯养繁殖许可证》；

（二）驯养繁殖自治区重点保护陆生野生动物的，使用由自治区林业行政主管部门统一印制的《广西壮族自治区重点保护陆生野生动物驯养繁殖许可证》。

同一单位或个人，在同一场所同时驯养繁殖国家和自治区重点保护陆生野生动物的，按国家重点保护陆生野生动物的要求办证，并在副本上注明。

第四条 申请办理《驯养繁殖许可证》的单位和个人，应具备下列有关条件：

（一）有适宜驯养繁殖场地（场地不宜建在城市中心，人口密集区或居民住宅区）：

1.蛇类——一般不少于 500m² 面积的笼舍或蛇池。不同种类蛇分开饲养，同种蛇分种蛇、商品蛇、幼蛇饲养，且必须具备孵化小蛇的设施和饲养技术，所饲养种蛇的数量不少于 1000 条；

2.果子狸——饲养的笼舍不少于 200 酾，所饲养的种群数量不少于 25 只，具备饲养繁殖、幼狸哺育及其活动的笼舍设施；

3.蛤蚧——饲养笼舍不少于 60 衔，具备种群、成体、幼体的饲养房且有内室和活动场的设施，掌握孵化和初生蛤蚧的养殖技术。

4.蛙类——养蛙的场地，必须排水、灌水方便，蛙池应分为种蛙池、成蛙池、产卵池、蝌蚪池、幼蛙池的结构设施。

5.其他陆生野生动物的饲养面积、数量等由核发《驯养繁殖许可证》的林业行政主管部门具体规定。

（二）有与驯养繁殖陆生野生动物的种类、数量相适应的资金、饲养人员和技术人员。

（三）驯养繁殖陆生野生动物的种源和饲料来源有保证的。

第五条 需要驯养繁殖陆生野生动物的单位和个人，向所在地县级以上（含县级）林业行政主管部门提出书面申请，并提供需要驯养繁殖的陆生野生动物种类、数量、场地、设施及有关技术、资金等情况，并填写《驯养繁殖许可证申请表》一式四份（国家一级、二级、广西重点保护的分开填写），由当地县级林业行政主管部门调查核实后，对符合驯养繁殖条件的，逐级上报，属国家一级保护的由林业部审批，属国家二级和广西重点保护的由自治区林业行政主管部门审批，经批准后，国家一、二级（蛤蚧，虎纹蛙除外）的《驯养繁殖许可证》由区林业行政主管部门核发；属自治区重点保护的（含国家二级保护的蛤蚧、虎纹蛙）的《驯养繁殖许可证》由地、市级林业行政主管部门核发。

第六条 驯养繁殖陆生野生动物的单位和个人，必须遵守以下规定：

（一）遵守国家和自治区有关野生动物保护管理的法律法规和政策，关心和支持野生动物保护事业。

（二）引种陆生野生动物，须经林业行政主管部门批准。属国家一级保护的由林业部审批。属国家二级保护的由自治区林业行政主管部门审批。属广西重点保护的，在本地引种的由当地县级林业行政主管部门审批，跨县的由地、市林业行政主管部门审批，跨地区、省（区）的由自治区林业行政主管部门审批。

（三）接受陆生野生动物行政主管部门的检查、监督和指导。

（四）建立陆生野生动物驯养繁殖档案和统计制度。

第七条 取得《驯养繁殖许可证》的养殖场，必须按照《驯养繁殖许可证》规定的种类、数量进行驯养繁殖活动。需要变更驯养繁殖种类、数量的，应及时向原批准机关办理变更手续；需要终止驯养繁殖活动的，应在事后一个月内向原批准机关办理终止手续，并交回原《驯养繁殖许可证》。

第八条 各级林业行政主管部门要建立《驯养繁殖许可证》管理制度，配备专人管理，使用野生动物管理专用章。核发《驯养繁殖许可证》时，按规定收取工本费。

第九条 养殖场所在林业行政主管部门对本辖区范围内的养殖场，必须定期进行检查监督。对《驯养繁殖许可证》每年进行年审一次，审查核实其所饲养繁殖的品种数量和经营利用等情况，同时提供技术、政策咨询服务。

第十条 取得《驯养繁殖许可证》的单位和个人，每年年底要将驯养繁殖和经营利用陆生野生动物及其产品的品种、数量、经济效益等情况报给所在地的县级林业行政主管部门，经县级林业行政主管部门整理汇总后报地区、市级林业行政主管部门和自治区林业行政主管部门备案。

第十一条 未取得《驯养繁殖许可证》和未经年审的或不按《驯养繁殖许可证》规定的种类，进行养殖和经营利用的，由林业行政主管部门按有关规定处理。

第十二条 取得《驯养繁殖许可证》的单位和个人，有下列情况之一的，除按野生动物保护法律、法规和有关规定处理外，批准机关可以吊销其《驯养繁殖许可证》。

(一)隐瞒、虚报或以其他非法手段取得《驯养繁殖许可证》的；

(二)伪造、涂改、转让或倒卖《驯养繁殖许可证》的；

(三)利用《驯养繁殖许可证》收购销售陆生野生动物的；

(四)非法出售、利用其驯养繁殖的野生动物及其产品的；

(五)取得《驯养繁殖许可证》以后在半年内未从事驯养繁殖活动的。

被吊销《驯养繁殖许可证》的单位和个人，其驯养繁殖的野生动物由林业行政主管部门按有关规定处理。

第十三条 本办法由自治区林业行政主管部门负责解释。

第十四条 本办法自发布之日起施行。

广西壮族自治区陆生野生动物经营利用许可证核发管理试行办法

第一条 为合理利用陆生野生动物资源，规范其经营利用许可证核发的管理，根据《中华人民共和国野生动物保护法》(以下简称《野生动物保护法》)和《广西壮族自治区陆生野生动物保护管理规定》(以下简称《管理规定》)，并结合本自治区的实际情况制定本办法。

第二条 本办法所称陆生野生动物是指《管理规定》第二条所列受保护的陆生野生动物及其产品。

第三条 凡在本自治区行政区域内从事陆生野生动物经营利用活动的单位和个人，必须按本办法的规定申办《广西壮族自治区陆生野生动物经营利用许可证》(以下简称《经营利用许可证》)，凭《经营利用许可证》向当地工商行政管理部门申办《营业执照》。销售含有陆生野生动物成分的酒类、饮料、中成药制剂除外。

以生产经营为目的的养殖场，经营利用其自产的陆生野生动物及其产品适用前款规定。

第四条 《经营利用许可证》由林业行政主管部门按下列规定审批核发：

(一)属非重点保护的，由当地县级林业行政主管部门审查同意后，上报地、市级林业行政主管部门审批，经批准后由县级林业行政主管部门核发；

(二)属自治区重点保护的，逐级上报自治区林业行政主管部门或其授权的单位审批，经批准后由地、市级林业行政主管部门核发；

(三)属国家重点保护的，由县级以上(含县级，下同)林业行政主管部门按照国家和自治区有关法律、法规的规定逐级上报审批，经批准后由自治区林业行政主管部门核发；

(四)同一单位或个人，在同一场所同时经营利用不同保护级别陆生野生动物的，按其中最高级别的管理要求，由有关的林业行政主管部门审批、核发。

《经营利用许可证》及其申请表由自治区林业行政主管部门统一印制。

第五条 各级林业行政主管部门应根据“国家对野生动物实行加强资源保护，积极驯养繁殖，合理开发利用的方针”，严格审批经营利用的种类、数量,并控制在利用限额以内。

第六条 陆生野生动物的年利用限额由自治区林业行政主管部门依据各地上报的资源状况及资源利用情况制定全区经营利用限额。

有下列情况之一的,不能核发《经营利用许可证》:

(一)没有固定场所及相应的经营利用设施的;

(二)经营利用资源没有合法来源渠道的;

(三)经营利用的数量已超出规定限额的;

(四)法律,法规规定禁止经营利用的。

第七条 取得《经营利用许可证》的单位和个人,必须严格按照批准经营利用的种类、数量和规定的地点进行经营活动;需要变更种类、数量和改变经营地点的应当重新申请、报批。

第八条 经营陆生野生动物的单位和个人,必须遵守下列规定:

(一)不得超越《经营利用许可证》规定的范围进行经营利用活动:

(二)接受林业行政主管部门和工商行政管理部门的监督管理;

(三)建立健全经营利用陆生野生动物的统计和报表制度。统计报表每年报送当地县级林业行政主管部门两次。时间分别于当年的7月上旬和翌年的1月上旬。

第九条 陆生野生动物经营利用情况统计报表,实行上报一级制度。县级林业行政主管部门汇总后于当年的7月中旬和翌年的1月中旬上报地、市林业行政主管部门;地、市林业行政主管部门于当年的7月下旬和翌年的1月下旬上报自治区林业行政主管部门或其授权单位。

统计报表由自治区林业行政主管部门统一印制。

第十条 各级林业行政主管部门要加强对陆生野生动物经营利用情况的检查监督,对超越《经营利用许可证》规定范围的,要及时纠正。对违法经营利用或拖欠、拒交陆生野生动物资源保护管理费的,除按有关法律、法规规定处理外,可吊销其《经营利用许可证》。

第十一条 对《经营利用许可证》实行年审制,未经年审的为无效证。年审由原发证机关或其委托单位进行。

第十二条 《经营利用许可证》如有遗失,应立即报告原发证机关,并登报声明作废;毁损的,应及时申请办理换证。

需要停止经营利用活动的,应报告所在地林业行政主管部门并交回《经营利用许可证》。

第十三条 本办法由自治区林业行政主管部门负责解释。

第十四条 本办法自公布之日起施行。

广西壮族自治区陆生野生动物运输证核发管理试行办法

第一条 为加强陆生野生动物及其产品在流通领域的管理,规范其运输证的核发管理制度,根据《广西壮族自治区陆生野生动物保护管理规定》(下简称《管理规定》)及有关法律、法规的规定,制定本办法。

第二条 本办法所称陆生野生动物是指《管理规定》第二条所列受保护的陆生野生动物及其产品。

第三条 凡运输、携带、邮寄陆生野生动物的,必须按本办法规定办理运输证。

已取得林业行政主管部门核发《经营利用许可证》的企业,批准其利用陆生野生动物及其产品所生产的酒类、饮料、中成药制剂等产品(有可辨认的陆生野生动物整体、部分或其衍生物晶体的除外),可免办运输证。

第四条 陆生野生动物运输证由自治区林业行政主管部门统一印制,实行分级核发,统一管理制度。

在自治区境内运输的,使用《广西壮族自治区野生动物(产品)区内运输证》(以下简称《区内运输证》)由起运地县级以上(含县级,下同)林业行政主管部门核发;运输出自治区境外的,使用《广西壮族自治区野生动物(产品)出省(区)运输证》(以下简称《出省(区)运输证》),由自治区林业行政主管部门或其委托的地、市级林业行政主管部门核发。

《区内运输证》和《出省(区)运输证》由自治区林业行政主管部门统一管理。

第五条 核发运输证,凭下列有关证据:

(一)有陆生野生动物经营利用许可证和营业执照的养殖场,出售其驯养繁殖的陆生野生动物及其产品,凭该单位出具不超过其原批准经营利用种类、数量的证明办理;

(二)动物园之间交换或者展出以及马戏团巡回演出的陆生野生动物凭有关合同及证明办理;

(三)其他需转移运输、携带、邮寄的陆生野生动物及其产品,凭其合法来源证明办理。

第六条 申请运输证的单位和个人,向当地县级以上林业行政主管部门提出申请,并提交有关证明材料和陆生野生动物资源保护管理费票证等。林业行政主管部门对申请材料进行核实,对符合条件的,应及时核发运输证或上报;越权核发的陆生野生动物及其产品的运输证为无效运输证。

第七条 有下列情况之一的,不予核发运输证:

(一)申请办理运输的陆生野生动物或其产品来源不清的;

(二)申请办理运输的陆生野生动物或其产品属非法获得的;

(三)申请办理运输的陆生野生动物或其产品所持证件有涂改或伪造、复印的;

(四)不利于陆生野生动物保护管理的;

(五)法律、法规规定禁止办理运输证的。

第八条 各级林业行政主管部门要加强对陆生野生动物运输证核发管理的检查监督。运输证的核发管理要专职或兼职人员负责。地、市、县级林业行政主管部门要将核发运输证人员的姓名、笔迹送其上级林业行政主管部门办理运输证的机构备案。

第九条 核发陆生野生动物运输证的人员要严格做到:

(一)不以职权谋私、受贿、索贿;

(二)运输证不得随身携带、随地核发;未经单位领导批准,不得委托他人核发;

(三)要按运输证上的栏目填写齐全,种类及数量要填写准确,字迹要清晰,印章盖在规定位置,“签发人”、“领证人”的姓名要写全称;

(四)运输证有效期,要根据收货地点(凭购货发票或证明)的远近和运输工具的种类严格掌握,一般不得超过正常行程时间的一倍;

(五)有效期限等规定要求写大写的,不得写小写;

(六)核发的运输证,不得在原证上签字延期使用;确有理由延期的,应重新办理换证。

第十条 陆生野生动物运输证要加强保管,严防丢失。已核发使用的运输证存根,应按月、年装订成册,存放备查,保存期为三年。

第十一条 违反本办法,滥办乱发运输证情节轻微的,其上级主管部门可责令其停止开证;有关部门追究其领导及有关人员的行政与经济责任。情节严重触犯刑律的,由有关部门依法追究刑事责任。

第十二条 本办法由自治区林业行政主管部门负责解释。

第十三条 本办法自公布之日起施行。

自治区水产局、林业厅关于野生动物管理有关问题的通知

(1996年3月15日
桂渔发字〔1996〕09号)

各地、市、县水产局、林业局:

自《中华人民共和国野生动物保护法》颁布实施以来,我区相继出台了《广西壮族自治区陆生野生动物保护管理规定》和《广西壮族自治区水生野生动物保护管理规定》等保护野生动物的地方法规。各级林业、渔业行政主管部门在执行保护野生动物的法律、法规中互相支持、密切配合,为保护我区野生动物资源起到积极作用,也取得了很大成绩。但由于一些野生动物的种类在分类上没有明确其属水生或陆生,致使林业和渔业行政主管部门在野生动物管理上造成一定的混乱,不利于我区野生动物资源保护工作的开展。为此经协商,现将有关问题作如下通知:

一、对在分类上尚未明确其属陆生或水生的野生动物,本着加强管理的原则,各级林业、渔业行政主管部门按管理权限出具的捕捉、经营利用、运输等证明文件均属有效证件,有关检查部门应给予查验放行。

二、对已明确其属陆生或水生的野生动物,各级林业或渔业行政主管部门必须严格按照法律、法规的要求进行规范管理,按职权的分工依法审批出具捕捉、经营利用、运输等证件;不得越权办理,违者则追究单位及有关人员的责任。

三、各级林业、渔业行政主管部门在依法查处野生动物案件时,对含有陆生、水生野生动物的,可依法一并处罚,对未明确其所属陆生或水生的实物,谁查处谁处理;但对已明确其所属陆生或水生的实物必须及时移交其所属行政主管部门处理,不得越权处理实物,违者则追究单位领导及有关人员的责任。

四、各级林业、渔业行政主管部门在野生动物保护管理工作中要进一步加强合作,共同做好野生动物保护管理工作。对有争议的问题,要互相协商解决,协商不成的,可请当地政府协调或上级主管部门共同进行协调处理。

自治区林业厅关于转发自治区物价局、财政厅《关于收取陆生野生动物资源保护管理费的通知》

(1996 年 5 月 3 日
桂林计财字〔1996〕41 号)

各地、市、县林业局:

现将自治区物价局、财政厅《关于收取陆生野生动物资源保护管理费的通知》(桂价费字〔1994〕285 号文)转发给你们,并结合我区实际提出如下贯彻意见。

一、各地、市、县林业局按照文件规定标准,对经批准在本辖区范围内从事陆生野生动物狩猎、养殖、经营利用活动的单位和个人,收取资源保护管理费。但属持有陆生野生动物或其产品运输证,路过本辖区者,不得重复收费。

二、我区野生动物资源分布不均,造成各地收取的费用不平衡,不利于全区野生动物保护工作的开展,有必要在全区进行宏观调控。为此,各级林业行政主管部门收取的陆生野生动物资源保护管理费按当地财政回拨总额比例留成:即自治区林业厅 20%、地区(市)林业局 30%、县林业局 50%;属市区(地级市)资源的,上交自治区林业厅 40%,市林业局留成 60%。专项用于陆生野生动物资源的保护管理,不得挪作他用。

附件:

关于收取陆生野生动物资源保护管理费的通知

(1994 年 12 月 6 日
桂价费字〔1994〕285 号)

自治区林业厅、各地、市、县物价局、财政局:

现将林业部、财政部、国家物价局林护字(1992)72 号文件《关于发布陆生野生动物资源保护管理费收费办法的通知》转发给你们,并结合本自治区实际情况,将我区收取陆生野生动物(以下简称野生动物)资源保护管理费的有关事项作如下补充规定,请一并贯彻执行。

一、经批准捕捉、猎捕、出售、收购、利用国家重点保护野生动物、自治区重点保护野生动物、自治区有益的或有重要经济、科学研究价值的其他野生动物(以下简称其他野生动物)或其产品的,需按规定缴纳野生动物资源保护管理费:

(一)经批准捕捉、猎捕国家重点保护野生动物或其产品的,资源保护管理费收费办法及收费标准按林业部、财政部、国家物价局林护字〔1992〕72 号文件附件二《捕捉、猎捕国家重点保护野生动物资源保护管理费收费标准》规定执行。

(二)经批准出售、收购、利用国家重点保护野生动物或其产品的,资源保护管理费收费办法及收费标准按林业部、财政部、国家物价局林护字〔1992〕72 号文件附件 1《陆生野生动物资源保护管理费收费办法》规定执行。

(三)经批准捕捉、猎捕自治区重点保护野生动物和其他野生动物或其产品的,资源保护管理费按《捕捉、猎捕广西壮族自治区陆生野生动物资源保护管理费收费标准一览表》(附件 2)执行,向申请捕捉、猎捕者收取。

(四)经批准出售、收购、利用自治区重点保护野生动物或其产品的,资源保护管理费按成交额的 6%向供货方收取;经批准出售、收购、利用其他野生动物或其产品的,资源保护管理费按成交额的 5%向供货方收取;经批准出售、收购、利用驯养繁殖的野生动物或其产品的,资源保护管理费按成交额的 4%向供货方收取。

(五)经批准捕捉、猎捕、出售、收购、利用自治区重点保护野生动物和其他野生动物或其产品的,资源保护管理费由自治区林业行政主管部门或其授权的地、市、县林业行政主管部门在核发许可证时收取。

二、捕捉、猎捕、出售、收购、利用、驯养繁殖和运输国家重点保护野生动物、自治区重点保护野生动物和其他野生动物的,必须分别申领特许猎捕证、经营许可证,驯养繁殖许可证和运输证。每核发一份猎捕证收取工本费 5 元;每核发一份经营许可证收取工本费 10 元;每核发一份驯养繁殖许可证收取工本费 10 元;每核发一份运输证收取工本费 5 元。

三、野生动物资源保护管理费以及各种许可证工本费属于行政性收费,各收费单位必须按《广西壮族自治区行政事业性收费许可证管理办法》规定，向指定的物价部门申领收费许可证，使用财政部门统一印制的收费票据。

四、各级林业行政主管部门按上述规定收取的野生动物资源保护管理费及各种许可证工本费，纳入财政预算管理，实行收支两条线，收入全部上交同级财政，支出由财政部门根据交款和开支情况给予回拨，专项用于野生动物资源的保护管理，不得挪作他用。

五、本通知自文到之日起执行。

附件1：

林业部、财政部、国家物价局林护字〔1992〕72号文件（略）

附件2：

捕捉、猎捕广西壮族自治区陆生野生动物资源保护管理费收费标准一览表

广西重点保护陆生野生动物	收费标准（元/只、头）
椰子猫、缟灵猫	300
豹猫、貉、青鼬	250
赤狐、毛冠鹿、赤麂、小麂	200
鹩哥、尖吻蝮、眼镜王蛇、白斑鼯鼠、果子狸	100
红白鼯鼠、棕鼯鼠、橙足鼯鼠、猪獾、蝰蛇、眼镜蛇、滑鼠蛇	50
金环蛇、银环蛇、白尾双足蜥、长鬣蜥、大头平胸龟、红颊獴、食蟹獴	30
灰胸竹鸡、环颈雉、白额山鹧鸪、大麻鳽、豪猪、扫尾豪猪、白花锦蛇、树鼩	20
苍鹭、池鹭、绿鹭、水雉、凤头麦鸡、董鸡、黑水鸡、骨顶鸡、彩鹬、白腰杓鹬、丘鹬、黄鼬、鼬獾、八声杜鹃、乌鹃、绿嘴地鹃、大拟啄木鸟、三宝鸟、蓝喉拟啄木、三索锦蛇、戴胜、乌梢蛇、画眉、八哥、林八哥、红嘴相思鸟、银耳相思鸟、黑喉噪鹛、黑脸噪鹛、白颊噪鹛、苦恶鸟、红胸田鸡、缅甸陆龟、白胸翡翠、蓝翡翠、红嘴蓝鹊、喜鹊、华南兔	5
红腹松鼠、中华竹鼠、大头乌龟、乌龟、变色树蜥、白颈鸦、大嘴乌鸦、松鸦、黄脚三趾鹑、蓝胸鹑	2
大杜鹃、小杜鹃、四声杜鹃、夜蜂虎、鸲鹟、棕腹啄木鸟、栗啄木鸟、星头啄木鸟、乌鸫、赤红山椒鸟、粉红山椒鸟、绿翅短脚鹎、橙腹叶鹎、黑枕黄鹂、栗色黄鹂、黑卷尾、发冠卷尾、丝光椋鸟、灰背椋鸟、灰卷尾、灰蓝鹊、灰树鹊、橙头鸫、斑腿树蛙、大树蛙、纯兰鹟、寿带鸟、锈脸钩嘴鹛、棘腹蛙、棘胸蛙、黑斑蛙、沼蛙、泽蛙、姬蛙、小蝗莺、大苇莺、黄眉柳莺、黄腰柳莺、长尾缝叶莺、大山雀、凤头鹀、棕背伯劳、红尾伯劳、栗背伯劳、红耳鹎、白头鹎、白喉红臀鹎、棕颈钩嘴鹛	1
狼	100
野猪、豺	50
豆雁、小白额雁、灰雁、黑颈䴙、凤头䴙，小䴙、黄腹鼬、棕胸山鹧鸪	20
复齿鼯鼠、低泡鼯鼠、毛耳飞鼠、云南鼯鼠、赤麻鸭、针尾鸭、花脸鸭、罗纹鸭、绿头鸭、斑嘴鸭、赤颈鸭、白眉鸭、琵嘴鸭、红头潜鸭、白眼潜鸭、凤头潜鸭、斑背潜鸭、红胸秋沙鸭、斑头秋沙鸭、普通秋沙鸭、鹧鸪、普通夜鹰、林夜鹰、栗头虎斑鳽、黑冠虎斑鳽、黄斑苇鳽、紫背苇鳽、栗苇鳽、黑鳽、广东乌龟、锦蛇属（除保护种类外的所有种）	10

续表

牛背鹭、白鹭、大白鹭、中白鹭、小白鹭、树鸭、绿翅鸭、中杓鹬、金黄鹂、黑头黄鹂、鹊色黄鹂、棕噪鹛、黄腹花密鸟、黑胸太阳鸟、黄腰太阳鸟、蓝喉太阳鸟、叉尾太阳鸟、纹背捕蛛鸟、灰头麦鸡、棕腹杜鹃、鹰鹃、栗斑杜鹃、橙胸咬鹃、红头咬鹃、绿嘴地鹃、红翅凤头鹃、银星竹鼠、纹鼬	5
山斑鸠、珠颈斑鸠、火斑鸠、黑尾蜡嘴雀、绿背金鸠、黄肛啄花鸟、黄腹啄花鸟、纯色啄花鸟、朱背啄花鸟、红胸啄花鸟、蛇目(除锦蛇属及国家和广西重点保护动物外的所有种)	3
黄纹拟啄木鸟、金喉拟啄木鸟、山拟啄木鸟、普通秧鸡、蓝胸秧鸡、小田鸡、斑威田鸡、中杜鹃、针尾沙锥、扇尾沙锥、普通燕鸻、白喉斑秧鸡、海鸥、银鸥、红嘴鸥、翠金鹃、噪鹃、栗喉蜂虎、蚁型、姬啄木鸟、黄嘴噪啄木鸟、栗头蜂虎、棕啄木鸟、斑啄木鸟、林三趾鹑、黑枕绿啄木鸟、大盘尾、小盘尾、黄冠绿啄木鸟、小星头啄木鸟、棕三趾鹑、脆蛇蜥、细蛇蜥、翼手目(所有种)、家八哥、灰头椋鸟、灰椋鸟、大鹃鵙、暗灰鹃鵙、灰山椒鸟、草鹭、棉凫、华南缺齿鼹、喜马拉雅水麝鼩、长吻鼹鼠、长尾大麝鼩、北小麝鼩翰、灰麝、红颊长吻松鼠、泊氏长吻松鼠、明纹花松鼠、隐纹花松鼠、鬣蜥科(所有种)、蜥蜴科(所有种)、短尾鼠、高山鼩鼱、猪尾鼠、笔尾树鼠、板齿鼠、虎斑地鸫 臭鼩、蓝翅叶鹎、行鸟科(除保护的有益的前面已列种类外,下同)、鹬科、鸫亚科、画眉亚科。莺亚科、亚科、文鸟科、雀科、鹎科、鹡鸰科、鹂科、绣眼鸟科、山雀科、石子龙科、壁虎科、蓝绿鹊、短尾绿鹊、鹌鹑、灰燕鵙、斑鱼狗、冠鱼狗、白腰雨燕、灰沙燕、小白腰雨燕、灰喉山椒鸟、长尾山椒鸟、短嘴山椒鸟、林鵙、褐背鹟鵙、家燕、金腰燕、毛脚燕、楼燕、暗灰鹃鵙、虎纹伯劳、灰背伯劳、牛头伯劳、秃鼻乌鸦、褐河乌、鹪鹩、普通翠鸟、花龟、三趾翠鸟、古铜色卷尾、鸦嘴卷尾、歌百灵、云雀、小云雀、斑腰燕、两栖钢(除国家和广西重点保护以外)	2

自治区人民政府办公厅转发自治区林业厅《关于加强木片生产和流通管理的请示》的通知

(1996年6月23日
桂政办〔1996〕81号)

各地区行署,各市、县、自治县人民政府,柳铁,区直各委、办、厅、局:

自治区林业厅《关于加强木片生产和流通管理的请示》,已经自治区人民政府同意,现转发给你们,请认真贯彻执行。

附件:

关于加强木片生产和流通管理的请示

(1996年4月9日)

自治区人民政府:

近几年来,我区木片生产和出口工作发展迅速,每年生产出口木片已达15万多绝干吨,创汇1500多万美元,成为我区出口创汇的拳头产品之一,有力地促进了创汇林业发展,对加快我区林业经济的快速发展起到了积极的推动作用。但是,也出现一些亟待解决的问题。一些地方受高额利润的驱动,出现抢购木片无序的竞争;有些地方未经林业部门的批准,擅自设立木片加工厂,生产木片;加之一些单位和个人无证运输等等,诱发了严重乱砍滥伐林木。为了加强林政管理,有效地保护森林资源,使木片生产与出口能够统筹规划,合理生产,提高森林资源的利用率,促进林业经济的发展,现根据《中华人民共和国森林法》、《广西族自治区森林管理办法》、《中共中央　国务院关于加强南方集体林区森林资源管理坚决制止乱砍滥伐的指示》(中发〔1987〕20号)、《自治区人民政府关于加强木材管理保护森林资源的紧急通知》(桂政发〔1987〕52号)文件,以及《国务院办公厅关于木片生产、出口经营问题的函》(国办函〔1992〕15号)和林业部《关于转发〈国务院办公厅关于木片生产、出口经营问题的函〉的通知》(林工通字〔1992〕35号)及其林业部木片领导小组会议的精神,特请示如下:

一、坚决执行木材实行一家(林业部门)收购、多家销售的政策。只允许林业部门的国有木材经营单位向林场、林农验证收购桉木(松树、杂木,以下同),其他单位和个人一律不得直接向林场、生产木片的厂家、林农收购桉木、木片。各级林业主管部门,对无证采伐、收购、销售、运输木片的单位和个人要依法进行查处。

二、坚决执行林业部关于木片生产、出口"四统一"(即统一规划、统一计划、统一组织生产、统一对外)的规定,以加强对木片生产、出口的宏观调控。各地要对木片生产经营单位进行一次清理、整顿,对无证经营加工的,要坚决取缔。今后,凡是新建的木片加工厂,要向自治区林业厅申报审批。木片生产、出口实行以销定产和合同制(合同具体由自治区林业厅制定实施)。由自治区林业厅统一下达生产计划。木片生产必须纳入商品材采伐限额之内,实行限额管理。

三、依法强化行业管理。实行凭证采伐生产木片木材、凭证经营加工、凭证运输制度。木片运输出县的,由县级林业行政主管部门核发加盖《广西壮族自治区木片生产运输专用章》的区内木材运输凭证。为保护我区有限的桉木资源,原则上木片不要外销。凡需销往区外的,须经自治区林业厅批准,并由自治区林业厅或由委托的地、市林业行政主管部门核发出省木材运输凭证,同样要盖有《广西壮族自治区木片生产运输专用章》方可外运。铁路、公路、航运部门要通力合作,不得承运无证木片。各木材检查站要认真履行职责,依法检查。

四、各级林业主管部门要切实加强对木片生产、出口的领导,负起行业管理的责任,密切同有关部门联系,主动做好工作。要采取有力措施对木片生产进行宏观调控,依法行政,保护和合理利用森林资源,发展我区经济、振兴林业。

以上意见,如无不妥,请批转各地执行。

自治区森林防火指挥部 林业厅关于印发《广西专业森林消防队管理暂行办法》的通知

(1996年9月6日
桂森防字〔1996〕17号)

各地、市、县(市、区、市郊区)森林防火指挥部、林业局,区直林场、华侨企业管理局、柳铁、中林院热林中心森林防火指挥部:

几年来我区坚决贯彻"预防为主,积极消灭"的森林防火方针,在做好预防森林火灾的同时,在扑救森林火灾方面,大胆探索,走出一条"以专为主,专群结合"的路子,以县建队,组建了上百支专业森林消防队,并且坚持"队办基地,以副养队,劳武结合"的方向,森林防火工作取得了显著成绩。为了加强专业森林消防队革命化、专业化、规范化、制度化建设,不断提高专业森林消防队队员思想政治素质、业务素质和经济、文化生活水平,根据《森林法》、《森林防火条例》和《广西壮族自治区森林防火条例实施办法》以及《关于组建专业森林消防队的通知》等有关规定精神,特制定《广西专业森林消防队管理暂行办法》,现印发给你们,请贯彻执行。

附件:

广西专业森林消防队管理暂行办法

第一章 总 则

第一条 为了加强专业森林消防队革命化、专业化、规范化、制度化建设,根据《森林法》、《森林防火条例》和《广西壮族自治区森林防火条例实施办法》以及《关于组建专业森林消防队的通知》等有关规定精神,特制定本办法。

第二条 本办法所指的专业森林消防队是:地、市、县(市、区)、林场,全年集中食宿,以开展护林、预防和扑救森林火灾为主要任务的专业森林消防队伍。

第三条 专业森林消防队在当地人民政府的领导下,由本级森林防火部门直接指挥,负责本辖区森林火灾预防和扑救,必要时支援扑救辖区外的森林火灾。

第四条 专业森林消防队坚持"队办基地,以副养队,劳武结合"的方向,因地制宜建立生产基地或实业,逐步做到工资福利自给。

第二章 专业森林消防队的管理

第五条 专业森林消防队由本级森林防火指挥部办公室具体管理,人武部、公安消防部门派员指导或协助管理。

第六条 专业森林消防队要建立党团组织,隶属林业主管部门(单位)的党团组织领导。

第七条 专业森林消防队设正副队长、政治指导员各一人,由主管部门(单位)决定;下设若干个班、组,各设班、组长一人,由队长指定。

第八条 专业森林消防队的经费一般自设账户管理,条件不具备的可由当地林业部门财务代管。

第九条 队员的工资福利,是国家职工的保留其原有待遇,由原单位发放,有条件的也可由专业消防队发放,招聘的按合同规定发放。

第十条 专业森林消防队员应进行人身保险。队员因病、因公负伤或死亡的,所需费用,按国家有关文件规定执行。

第十一条 组织队员认真学习列主义、毛泽东思想和邓小平建设有中国特色社会主义理论,并开展理想、道德、法制、纪律教育,不断提高队员坚持"四项基本原则"、坚持改革开放、热爱森林防火事业、遵纪守法、服从领导、听从指挥、一不怕苦、二不怕死的思想政治素质。

第十二条 专业森林消防队要参照部队的"内务条令"、"队列条令"、"纪律条令"进行规范化管理和严格的军事训练,增强全体队员组织纪律和整体观念,把专业森林消防队培养成为思想、作风过硬的队伍。

第十三条 专业森林消防队要有训练场地。要理论和实践相结合严格进行业务技术培训,使队员熟悉和掌握森林火灾基本知识,预防和扑救森林火灾的方法,扑火安全及自救,灭火机的使用、维修、保养,通信联络等基本技能。培养队员成为预防和扑救森林火灾的能手。

第十四条 要根据实际情况编制扑救森林火灾预案,并按预案进行演练,不断提高扑救森林火灾技能。

第十五条 各种装备(机具、器材、生产工具)、物资等保管要有专人负责,建立严格的保管、使用、维修、保养制度。

第十六条 要有专人负责后勤保障,保证队员平时和扑火时的生活、生产、扑火的物资供给。

第十七条 要适当组织队员开展有偿劳动、服务,收入的一部分可按劳发给队员个人,其余作为集体福利,分成比例由各地自行制定。

第十八条 驻地周围要搞好绿化和环境卫生,办公室、宿舍要保持整齐清洁,扑火机具、办公和生活用品等要放置有序,适应生活、工作、生产和扑火救灾的要求。

第十九条 注意饮食卫生、确保队员身体健康。集体食堂和厨具、炊具、食具、饮水、食品要清洁卫生,不食用变质食品,防止疾病和意外事故发生。

第二十条 要设置文娱体育场所,经常组织队员开展有益身心健康的文娱体育活动,增强精神文明素质和体质。

第二十一条 专业森林消防队员必须遵守社会秩序和社会公德。严禁吸毒、嫖娼、赌博、偷盗。不准聚众闹事,不准打架斗殴,不准调戏妇女,不准酗酒,不准收看淫秽录像、书刊等。要文明礼貌,团结友爱、尊老爱幼、爱护公物,注意公共卫生,尊重民族风俗习惯,敢于同坏人坏事作斗争。

第二十二条 严格遵守各项规章制度:

一、工作制度:

(一)按照规定时间工作(生产)、学习和休息(扑救火灾除外);

(二)每年军训 40 小时以上,业务技术培训每年 120 小时以上;

(三)坚持请销假制度。队员请假,队长审批;队长请假,防火办领导审批;

(四)队干部要经常了解掌握队员的思想、工作、学习情况,帮助解决问题;

(五)明确专人详细做好工作、生产情况日记。

二、值班制度:

(一)森林防火实行全年值班、重点防火期实行 24 小时值班制度;

(二)排定值班人员名单和带班领导名单,张榜公布,轮流值日;

(三)值班员要开机候听,并做好文字记录。记录内容包括来电时间、来电单位、来电人姓名、来电内容等;若接到火情报告,应记录火灾发生时间、地点、火势、蔓延方向、被烧树种等,并立即报告带班领导和有关人员;

(四)出动扑救森林火灾,应做好记录,内容包括出动时间、人数、带队领导,扑火机具数量、扑灭火灾时间等;

(五)完成领导交办的任务;

(六)值班员离岗须经队领导批准并指定人员代班方能离开。

三、设备、物资管理制度:

(一)各种设备、物资要分门别类进行造册登记,专人管理;

(二)各种设备(器材、机具、工具)要定期检查、保养、维修,保持良好状态,扑灭森林火灾以后，应及时对设备进行保养维修；

(三)运输车辆统一调度，专人驾驶、专人管理。

四、扑火安全规则：

(一)必须穿戴扑火安全服装、头盔和专用皮鞋，以防伤害；

(二)严格按照技术操作规定使用机具，严禁违章操作；

(三)听从指挥，禁止擅自行动；

(四)要正确运用扑火技术，并随时观察火场的风向、风力变化，灵活应变，避免乱流火烧伤。严禁迎着火头和下风口扑救。火势过大时，要暂避火烽，不能乱打硬拼；

(五)要注意观察地形地物，避免枯树木倒落伤人或掉入深坑(火坑)跌(烧)死(伤)；

(六)驾驶员要小心驾驶车辆，乘员要注意安全，防止意外事故发生，乘车的最高指挥员对全车的安全要负主要责任；

(七)在火场附近宿营或临时休息，野炊等要注意安全，并派员防守警戒，万一被火包围，不要慌乱，应听从指挥，统一行动躲避或选择弱火段冲出火线；

(八)经指挥员批准，采用以火攻火方法灭火时，必须确认火攻区无人畜时，才能点火；

(九)灭火机加油必须熄火并远离火线用漏斗加油，防止机器着火发生意外事故；

(十)明火扑灭后，必须彻底清理火场，并派人留守巡视火场确认无复燃可能后才能撤离；

(十一)每扑灭一起森林火灾后，应及时召开会议总结评比，表扬好人好事。

第二十三条 队员不再适合留队的，报经主管单位同意，是单位抽调的，退回原单位；属招聘的，终止合同；合同期满的队员，根据需要可办理续聘手续；自愿申请离队的，报经主管单位批准；凡退离队的人员均应交还原保管、使用的机具、设备、物资等公物，还清所欠的一切债务后方准离队。

第三章 生产基地的管理

第二十四条 生产基地(实业)的生产(经营)项目应以投资少、见效快、销路好、经济效益高的名特优品种为主，避免盲目性。

第二十五条 生产基地(实业)的生产(经营)资金，由林业主管部门(单位)负责筹集解决。

第二十六条 生产基地(实业)的领导班子由当地防火办或消防队的领导班子兼任。

第二十七条 生产基地(实业)所需劳力，应以队员为主，不能满足时，可另行雇佣。

第二十八条 为调动队员的生产积极性，应采取各种承包责任制或按件计酬，严格产品质量管理，努力提高经济效益。

第二十九条 生产基地(实业)的收入，主要用于再生产投资和偿还债务归还投资成本，盈余部分用于解决队员的福利和投资分成。

第三十条 生产物资、产品要加强管理，防止变质损坏和丢失。

第三十一条 要建立健全各项生产规章制度，确保生产任务的顺利完成。

第四章 奖 罚

第三十二条 在扑救森林火灾和工作(生产)中表现突出，成绩显著的，应根据具体事迹报请有关部门给予表扬、奖励。

第三十三条 队员违反纪律，给予批评教育，经教育不改的，按有关规定予以辞退，触犯刑律的，由公安司法部门查处。

第三十四条 本办法从1996年10月1日起施行。

自治区人民政府办公厅关于进一步加强对林业"两金一费"征缴管理和使用的通知

(1997年4月29日

桂政办发〔1997〕52号)

各地区行署，各市、县、自治县人民政府，柳铁，区直各委、办、厅、局：

林业育林基金、更改资金和林业保护建设费(简称林业"两金一费")是根据《中华人民共和国森林法》的规定征收的属于国家专用发展林业的专项基金。我区自1988年开征林业"两金一费"以来，已为林业生产建设提供了大部分资金。几年来，我区利用"两金一费"投入造林灭荒累计达15.6亿元，占造林灭荒资金总投入的70%以上，为我区的灭荒造林、绿化达标作出了很大贡献。由于林业"两金一费"属国家预算外资金，各地未纳入财政预算，因此，"两金一费"在征管、使用上仍存在不少问题：一些地方不认真执行国家的政策、法规，少征、漏征的情况相当严重；有的部门和单位挪用林业“两金一费”，或从林业“两金一费”中征收各种名目的地方性基金甚为突出。这些行为严重地妨碍了“两金一费”的正常征缴、管理和使用。

为了加强对林业“两金一费”的征缴、管理工作，切实减轻农民负担，保证我区林业生产建设资金能够正常征缴和使用，根据《国务院关于加强预算外资金管理的决定》（国发〔1996〕29 号）和《广西壮族自治区森林管理办法》的有关规定，结合我区的实际情况，经自治区人民政府同意，特作如下通知：

一、各地要加强对林业“两金一费”征缴和管理工作的领导，加大征缴力度，堵塞漏洞，保证林业“两金一费”的足额计征和依法使用。“两金一费”要专款专用，任何单位和部门不得向林业“两金一费”乱摊派、变相摊派费用和征收各种地方性基金（含政府调节基金）。对没有法定依据而以各种名义乱摊派和抽走“两金一费”的，要全面清理，如数退回。

二、各地所征收的林业“两金一费”要严格按照《自治区人民政府批转区林业厅关于国营林场育林基金、更改资金提取适当比例上交自治区及地、市、县林业部门的意见的通知》（桂政发〔1991〕7 号）规定的分成比例及时、足额上交自治区、地、市、县（市、区）林业主管部门，用于补助荒山多的国有林场和荒山面积大的县（市、区）造林。有关部门不得挪用、拖延不交或少交林业“两金一费”。

三、各级林业主管部门要加强对林业“两金一费”的财务管理，严格按照国家和财政部门规定的开支范围使用，并按规定向各级财政部门报送收支财务报表。

四、林业“两金一费”的征缴、管理和使用工作，由自治区林业厅、财政厅、审计厅进行监督检查。对违反规定的单位，要按情节轻重给予处罚，并追究有关领导人的责任。

以上通知，请认真贯彻执行。

广西壮族自治区实施《森林病虫害防治条例》若干规定

（1997 年 5 月 13 日
自治区人民政府发布施行）

第一条 根据国务院《森林病虫害防治条例》（以下简称《条例》），结合本自治区实际情况，制定本规定。

第二条 在自治区行政区域内的森林、林木、林木种苗及木材、竹材（以下简称森林）的病虫害防治，按《条例》和本规定执行。

第三条 自治区各级林业主管部门主管本行政区域内的森林病虫害防治工作，其所属的森林病虫害防治检疫机构负责森林病虫害防治的具体组织工作和执行国内森林植物检疫工作。

乡（镇）林业工作站负责组织本乡（镇）的森林病虫害防治工作。

第四条 森林病虫害防治实行“预防为主，综合治理”的方针。

县级以上各级人民政府或者林业主管部门应当制定预防和除治森林病虫害的实施计划，并组织好交界地区开展联防联治。

各级林业主管部门应当对经常发生森林病虫害的地区，实施以营林措施为主，生物、化学和物理防治相结合的综合治理措施，调整纯林结构，改善森林生态环境，提高森林抗御自然灾害的能力。

第五条 建立健全自治区、地、市、县、乡（镇）森林病虫害测报网络和防治服务体系，具体负责森林病虫害的预测预报工作和森林病虫害防治的技术指导工作。

在森林病虫害频繁发生的地方，当地人民政府林业主管部门根据需要组织防治专业队，实行多种形式的防治承包责任制，组织科技人员开展技术承包、咨询服务。

第六条 森林病虫害防治实行“谁经营，谁防治”的责任制度：

（一）铁路、水利、公路等部门和机关、团体、部队、国有林场（含苗圃）及其他企业事业单位，负责其经营管护森林病虫害防治；

（二）乡村集体林场（含苗圃）、农村集体经济组织和个人，负责其经营管护森林病虫害防治；

（三）联合经营管护森林病虫害防治，由联合经营管护各方共同负责；具体防治范围的划分，应当在联合经营协议中明确规定；

（四）承包经营全民所有、集体所有的森林，发包方和承包方应当在承包合同中规定防治森林病虫害的责任。

第七条 森林经营单位和个人，应当按照下列规定做好森林病虫害预防工作：

（一）各项造林项目设计方案，应当有防治病虫害措施的内容和经费预算，设计方案应当征求当地森林病虫害防治机构的意见；

（二）加强从采种、育苗、造林、抚育、贮运等各个环节的科学管理；

（三）经常开展病虫监测工作；

（四）不得使用带有危险性病虫害的林木种苗进行育苗或者造林；

（五）营造混交林，合理搭配树种，按照国家规定选用林木良种；

（六）有计划地实行封山育林，改变纯林生态环境；

（七）清除林地、伐木场、贮木场、苗圃等已经感染病虫害的林木、木材、苗木。

第八条 从事林木种子、苗木繁育的单位或个人，应当在森林病虫害防治检疫机构指导下，建立无检疫对象的林木种苗基地。

第九条 各级森林病虫害防治检疫机构或者检疫员，应当依法对林木种苗、繁殖材料和木材、竹材及其制品以及怀疑有危险性森林病虫害中间寄生的林下植物进行产地和调运检疫。

从国外引进或者出口的森林植物和林产品，由口岸植物检疫机构按照植物检疫条例的有关规定进行检疫。森林植物和林产品需跨县运输的，按国务院《植物检疫条例》有关规定进行检疫，凭植物检疫证书运输。

第十条 发生突发性森林病虫害或危险性森林病虫害时，必须即时向有关部门报告。当地人民政府或林业主管部门以及森林病虫害防治机构，应当制定紧急除治方案，有关森林经营单位和个人应当根据方案进行除治。

对危险性病虫害，必须采取严密封锁、扑灭措施，防止病虫害传播、蔓延。

因扑灭病虫害需要砍伐或烧毁森林、林木的，所造成的损失由森林经营单位和个人承担。

第十一条 除治森林病虫害，必须遵守下列规定：

（一）事先做好病虫情调查，划定作业区域范围，根据防治方案进行防治；

（二）推广生物防治措施，注意保护有益生物，禁止使用剧毒和高残留农药；

（三）采用飞机喷药、施放烟剂的方法防治时，使用单位应当事先报告林业主管部门、环境保护行政主管部门，通知防治区域内的单位和居民，并采取防止环境污染，保证人、畜安全的措施。

第十二条 违反《条例》和本规定的，按《条例》规定给予行政处分、行政处罚或依法追究刑事责任。

当事人对行政处罚决定不服的，可以依法申请行政复议或提起行政诉讼。

第十三条 城市园林管理部门管理的森林和林木，其病虫害防治工作由城市园林管理部门参照本规定执行。

第十四条 本规定自发布之日起施行。

广西壮族自治区木材运输管理条例

（1997年7月25日
广西壮族自治区第八届人民代表
大会常务委员会第二十九次会议
通过并公布施行）

第一条 为加强木材运输管理，保护森林资源，根据《中华人民共和国森林法》及其实施细则等有关法律、法规的规定，结合本自治区的实际，制定本条例。

第二条 本条例所称木材，包括：

（一）原木、原条、薪柴（含柴炭）、木片、木制半成品（含木制人造板、包装箱板）；

（二）大宗木制成品、树蔸及其制品；

（三）商品竹材及其半成品和大宗竹制成品。

第三条 县级以上林业行政主管部门负责本行政区域内的木材运输管理工作。

第四条 运输木材，应当按照下列规定申办木材运输证件：

（一）在本自治区行政区域内运输木材的，向木材出售所在地县级以上林业行政主管部门申办《广西壮族自治区区内木材（成品半成品、柴、炭）运输证》；

（二）跨本自治区行政区域运输木材的，向自治区林业行政主管部门或者其委托的木材出售所在地的地区行政公署、地级市林业行政主管部门申办《出省木材运输证》。

第五条 有木材经营权的单位或者个人申办木材运输证的，应当提交下列证件：

（一）木材经营（加工）许可证；

（二）营业执照；

（三）木材来源合法、有效的票据或者其他有关证明；

（四）对依法必须经过植物检疫的木材，还需提交植物检疫证书。

第六条 单位或者个人搬迁运输旧木料，大宗木制成品和少量原木、原条、半成品的，应当凭单位搬迁证明或者个人调动迁移证明申办木材运输证件。

第七条 对申请办理木材运输证的，林业行政主管部门自接到申请之日起二日内，对符合办证条件的，应当发给木材运输证件。

第八条 铁路、公路、水路运输单位和其他承运者运输木材，应当凭木材运输证件和所运木材的检尺码单（不易检尺的木制成品、半成品、竹材及其成品、半成品除外，下同）进行运输。依法必须经过植物检疫的木材，还必须凭植物检疫证书进行运输。

第九条 公路、水路木材运输者应当按照木材运输证件规定的时间、起讫地点和路线运输木材。

在运输前，确因客观原因不能按照木材运输证件规定的时间、起讫地点、路线运输木材的，公路、水路木材运输者应当在木材运输证件有效期内，持木材运输证件到原办证的林业行政主管部门申请换证。

在运输途中，确因客观原因不能按照木材运输证件规定的时间将木材运到规定地点的，公路、水路木材运输者应当持木材运输证件到客观原因发生地的县级以上林业行政主管部门开具证明后方可继续通行；因客观原因确需改变运输路线的，应当在木材运输证件有效期内，到客观原因发生地的县级以上林业行政主管部门或者其委托的木材检查站说明情况，取得同意并出具证明后，方可改变运输路线。

林业行政主管部门自接到换证申请之日起两日内办理证件更换手续。

第十条 禁止伪造、涂改、倒卖、转让木材运输证件。

在木材运输证的有效期限内不得重复使用证件。

第十一条 公路、水路木材运输者应当接受沿途木材检查站的检查。经验证放行的，木材检查站应当在木材运输证件上加盖“验讫”章，并注明检查的时间。

第十二条 有下列行为之一的，县级以上林业行政主管部门或者其委托的木材检查站有权扣留木材：

（一）无木材运输证件和检尺码单的；

（二）运输木材的树种、材种、规格、数量及运输时间、路线、起讫地点与木材运输证件、检尺码单记载不符的；

（三）使用伪造、涂改或者通过倒卖、转让等非法方式取得木材运输证件的；

（四）使用其他无效木材运输证件的；

（五）依法必须经过植物检疫的木材，未经检疫或者无有效植物检疫证书的；

（六）不接受检查强行通过检查站的。

第十三条 县级以上林业行政主管部门或者其委托的木材检查站扣留木材，必须出具扣留凭证。对扣留的木材，属依法必须经过植物检疫的，应当移交植物检疫机构处理；对扣留的其他木材，未予没收的，应当及时放行。

第十四条 因林业行政主管部门或者其委托的木材检查站及其工作人员的过错，造成木材所有者和运输者经济损失的，应当依法赔偿经济损失。

第十五条 违反本条例规定运输木材的，由县级以上林业行政主管部门或者其委托的木材检查站按照下列规定处罚：

（一）无木材运输证件运输木材的，没收木材，可并处以木材价款10%以上30%以下的罚款；

（二）运输木材的树种、材种、规格、数量与木材运输证件、检尺码单记载不符的，没收其不符部分的木材；

（三）使用伪造、涂改或者通过欺骗、倒卖、转让等非法手段取得木材运输证件运输木材的，收缴木材运输证件，没收木材，可并处以木材价款20%以上40%以下的罚款；

（四）使用其他无效木材运输证件运输木材的，或者在木材运输证的有效期限内重复使用证件的，收缴木材运输证件，没收木材，可并处以木材价款10%以上30%以下的罚款；

（五）公路、水路木材运输者不按运输证件的规定运输木材的，收缴木材运输证件，没收木材；

（六）对承运无木材运输证件和检尺码单的木材的单位或者个人，可处以木材价款10%以上30%以下的罚款。

第十六条 在木材检查过程中，对无人认领的木材，县级以上林业行政主管部门或者其委托的木材检查站应当将木材检尺后予以封存，并及时以公告形式通知木材所有人认领。公告认领的期限为二十日。公告期限届满后无人认领的，由县级以上林业行政主管部门予以收缴。

第十七条 对本自治区行政区域外违反国家有关规定运进或者运经本自治区的木材，按照国家的有关规定处理；国家没有规定的，按照本条例的规定处理。

第十八条 本条例规定没收或者收缴的木材，由县级以上林业行政主管部门依法交付拍卖。拍卖木材收入，按照国家的有关规定处理。

第十九条 当事人对行政处罚决定不服的，可以在接到处罚决定书之日起十五日内，向作出处罚决定的林业行政主管部门的本级人民政府或者上一级林业行政主管部门申请复议；当事人也可以在接到处罚决定书之日起一个月内直接向人民法院起诉。当事人逾期不申请复议也不向人民法院起诉，又不履行处罚决定的，作出处罚决定的机关可以申请人民法院强制执行。

第二十条 林业行政主管部门及其木材检查站进行检查时，执法人员不得少于两人，并必须佩戴检查标志和出示由自治区林业行政主管部门统一核发的检查证件。

第二十一条 林业行政主管部门及其木材检查站工作人员玩忽职守、滥用职权、徇私舞弊、索贿受贿的，依法给予行政处分；构成犯罪的，依法追究刑事责任。

第二十二条 本条例第二条规定的大宗木制成品、树蔸及其制品、大宗竹制成品的具体标准，由自治区人民政府另行规定。

第二十三条 本条例自公布之日起施行。

自治区林业厅关于加强对非正常来源陆生野生动物及其产品管理的暂行规定

（1997 年 7 月 8 日
桂林政字〔1997〕72 号）

各地、市林业局、区直属木材检查站：

近年来，我区各级林业行政主管部门对保护、发展和合理利用陆生野生动物资源方面做了大量的工作。特别是在强化宣传保护野生动物资源，打击破坏野生动物资源的违法犯罪活动中取得较大的成绩。但是，一些单位对查处没收的陆生野生动物及其产品没有按照《野生动物保护法》第三十五条第三款的规定和《林业部关于妥善处理非正常来源陆生野生动物及其产品通知》（林护通字〔1992〕118 号）的规定进行处理，出现谁执行行政处罚决定，由谁处理陆生野生动物及其产品的现象。为了加强对非正常来源陆生野生动物及其产品的管理并规范处理行为，决定暂作如下规定，望各级林业行政主管部门认真贯彻执行。

一、对非林业行政主管部门查处的陆生野生动物案件，所没收陆生野生动物及其产品，应按《野生动物保护法》第三十五条第三款的规定及时地将陆生野生动物及其产品送交林业行政主管部门按规定处理，林业行政主管部门如实出具接收凭据给送交单位。如发现未将陆生野生动物及其产品送交，而自行处理的单位，应根据《野生动物保护法》第三十五条第三款规定请其送交林业行政主管部门。否则，应向当地人民政府报告，并向上一级林业行政主管部门及时汇报。如没收的陆生野生动物及其产品是国家重点保护对象的，应及时向我厅报告。

二、对非正常来源的陆生野生动物及其产品，各级林业行政主管部门只允许指定野生动物植物保护站，未设立保护站的，由林政资源法规科、股、办按规定处理。坚决制止谁执行行政处罚决定，谁就处理实物的现象。

三、各级林业行政主管部门对没收和接收的非正常来源陆生野生动物及其产品，应按照下列原则进行处理：

（一）对陆生野生动物活体，无伤残适宜生存的，应选择地点放生；无放生条件或有伤病的，应及时救护并安排饲养，待体况恢复后，根据情况放生或按本规定调给有关科研、生产、养殖等单位，用于饲养繁殖、科学研究等。

（二）国家一级保护的陆生野生动物及其产品的处理（包括放生、利用、深埋、烧毁等，下同）必须经我厅报林业部批准同意后方可处理。

（三）国家二级保护和广西地方重点保护的陆生野生动物及其产品 100 公斤（含 100 公斤）以上，必须报我厅批准同意后方可处理；100 公斤以下，必须报地区行署、市级林业局批准同意后方可处理。

（四）国家二级保护的鸟类 20 只（含 20 只）以上、广西地方重点保护的鸟类 100 只（含 100 只）

以上，必须报我厅批准同意后方可处理；国家二级保护的鸟类20只以下，广西地方重点保护的鸟类100只以下，必须报地区行署、市级林业局批准同意后方可处理；

(五)非重点保护的陆生野生动物及其产品1000公斤(含1000公斤)以下的，必须报我厅批准同意后方可处理；1000公斤以下的，必须报地区行署、市级林业局批准同意后方可处理。

(六)非重点保护的鸟类500只(含500只)以上的，必须报我厅批准同意后方可处理；500只以下的，必须报地区行署、市级林业局批准同意后方可处理。

(七)鸟类的活体原则上一律放生，有伤病的，待救护、体况恢复后再放生；鸟类的死体，一般应制作标本，不得食用处理。

(八)伤病残的或者死体的陆生野生动物其产品，还能利用的，可交合法经营利用单位限期经营利用完毕，但不允许经营单位做宣传、广告和菜谱。

(九)陆生野生动物的死体不能利用了的，一律深埋或烧毁。

(十)处理必须填报《非正常来源陆生野生动物及其产品处理审批登记表》，并按此表规定的要求进行处理。

(十一)处理非正常来源陆生野生动物及其产品所取得的收入，必须用于陆生野生动物保护管理事业，不得挪于他用。其开支应按有关规定办理。

以上规定，请转发到县级林业行政主管部门和木材检查站认真贯彻执行。

自治区林业厅　财政厅　中国人民银行广西区分行　中国农业发展银行广西区分行转发林业部　财政部　中国人民银行中国农业发展银行《关于加强山区综合开发贴息贷款管理工作的联合通知》

(1997年7月30日
桂林计财字〔1997〕085号)

各山区综合开发示范地、市、县林业局、财政局、人民银行分(支)行、农业发展银行分(支)行：

现将林业部、财政部、中国人民银行、中国农业发展银行《关于加强山区综合开发贴息贷款管理工作的联合通知》(林财字〔1997〕11号)转发给你们，并结合我区的实际就有关事项补充通知如下，请一并贯彻执行：

一、山区综合开发贴息贷款项目管理

山区综合开发贴息贷款实行项目管理，各示范县要根据山区综合开发规划建立贷款项目库。自治区林业厅作为我区山区综合开发示范工作的主管部门，负责组织有关部门对各示范县所报项目进行论证审查，与农业发展银行广西分行衔接年度山区综合开发贴息贷款项目计划。配合农业发展银行做好贷款的管理工作。

二、山区综合开发贷款申报程序

山区综合开发贴息贷款实行经基层农业发展银行、山区综合开发主管部门、财政部门审查、衔接后双线申报制，即：各项目单位向当地农业发展银行、山区综合开发主管部门(县林业局)提出申请，经过当地农业发展银行、山区综合开发主管部门(县林业局)、财政部门审核同意后分别行文上报地市农业发展银行、山区综合开发主管部门(地市林业局)，经地市财政局审核同意后由地市农业发展银行、山区综合开发主管部门(地市林业局)分别行文上报自治区农业发展银行、山区综合开发主管部门。

三、山区综合开发贴息贷款财政贴息资金的管理

山区综合开发贴息贷款财政贴息期限一律为3年，中央财政和地方财政各按3%的年贴息比例给予贴息，其余贷款利息由借款单位承担，自治区直属单位使用此项贷款的地方财政贴息部分由自治区财政承担，地、市及以下单位使用此项贷款的地方财政贴息部分由借款单位的同级财政承担。各有关地、市财政局、林业局务必于每年的9月30日前将本年度的财政贴息资金申请报告上报区财政厅和林业厅。并于下年的3月10日以前将上年度财政贴息资金使用管理情况的总结报区财政厅和林业厅。

关于加强山区综合开发贴息贷款管理工作的联合通知

(1997年2月25日
林财字〔1997〕11号)

各省、自治区、直辖市林业(农林)厅(局)、财政厅

(局)、人民银行分行、农业发展银行分行：

为了进一步搞好全国山区综合开发，加快全国山区县经济发展，国务院及中央农村工作领导小组第18次会议决定，“九五”期间安排山区综合开发专项贴息贷款，用于山区部分县(市)山区综合开发的示范工作。为提高山区综合开发贴息贷款的管理水平，管好、用好并及时回收贷款，落实好山区综合开发贴息贷款的贴息政策，合理、正确计算应贴息资金和分配管理工作，充分调动各管理部门积极性，提高项目建设水平及经济效益，现将有关事项通知如下：

一、充分认识加快山区综合开发的重要意义

我国山区面积占国土总面积的70%，山区人口占全国人口的56%。全国2100多个县(市)有1500多个在山区。山区经济的状况如何直接关系到我国国民经济的持续发展。加快山区综合开发，发展山区经济，是解决我国人多地少，开辟新的生产领域，培育新的经济增长点，缓解农村剩余劳动力就业压力的有效途径。是关系到广大山区特别是中西部山区脱贫致富，经济振兴和保持社会稳定，增进民族团结，改善生态环境，促进经济、社会持续发展，确保本世纪末全国实现小康目标的全局性、战略性问题。国务院决定建立山区综合开发专项开发贴息贷款，这是为扶持山区综合开发而采取的一项优惠政策，充分体现了国家对山区开发工作的高度重视和大力支持。

各示范县林业、财政、农业发展银行要按照县山区综合开发领导小组的统一部署，和有关部门密切配合，充分利用国家给予的优惠政策，切实重视这项工作，进一步提高对山区综合开发示范工作的认识，要在用好、管好山区综合开发贴息贷款的同时，按照“连片开发，集中使用”的原则，统筹安排各项资金，对山区综合开发示范工作给以倾斜，更好地为山区经济建设服务。

二、各示范县林业、财政、农业发展银行要按照国家产业政策和行业发展规划，在地方党委、政府的领导下，制定切实可行的山区综合开发规划，上报全国山区综合开发协调小组审批

三、山区综合开发贴息贷款的管理

根据全国山区综合开发示范县的总体规划，山区综合开发贴息贷款用于支持国务院确定的山区综合开发示范县，由中国人民银行安排，中国农业发展银行负责发放和管理。此项贷款原则上暂按《中国农业发展银行农业综合开发贷款管理办法》管理。山区综合开发贴息贷款实行项目管理，贷款的主要任务是在山区综合开发示范县的总体规划指导下，以增强山区经济整体实力为目标，开发利用山区优势资源，促进山区优势资源的深度开发和多层次增值，改善山区基本生产条件，提高生产力水平，促进山区经济全面发展。

(一)贷款使用范围及用途。

根据“九五”期间我国农村经济发展战略和山区综合开发示范的总体目标，信贷支持山区综合开发示范工作的指导思想，走以市场为导向，以经济效益为中心，以科技为保证，以“改土，治水，植树，修路，通电”为基本内容，农林牧副渔、“山水林田路电”统筹规划，第一、二、三产业协调发展，因地制宜，综合开发，努力实现经济、社会和生态效益的统一。

山区综合开发贴息贷款的使用范围仅限于国务院确定的山区综合开发示范县(市)。

(二)贷款对象。

山区综合开发贴息贷款的对象是：山区综合开发示范县(市)内，在农业发展银行开立账户，符合贷款条件的林业、农业、水利、交通等部门的国有企业，集体企业，各种类型的合资(合作)企业及从事山区综合开发的其他经济实体。

(三)贷款程序。

银行贷款遵照《关于支持山区综合开发试点加强贷款管理的通知》(农发行字〔1996〕140号)执行，即申请山区综合开发贴息贷款的项目必须列入山区综合开发示范总体规划，由项目单位经有权部门立项后，向当地基层农业发展银行(代理行)提出借款申请；基层农业发展银行初审后，逐级上报省农业发展银行；各省级农业发展银行对基层农业发展银行上报的项目进行筛选后，统一上报中国农业发展银行总行；中国农业发展银行总行按照项目管理程序，参照林业部提出的年度贷款项目及计划建议，进行贷款项目的原则批复，抄报全国山区综合开发协调小组，并抄送财政部及各省级财政部门；省农业发展银行收到总行项目批复和贷款计划后，按规定权限进行评估论证，对审定批准的贷款项目报中国农业发展银行总行备案；基层农业发展银行按照上级农业发展银行下达的信贷计划和项目批复，认真组织项目实施，规范贷款手续，切实加强信贷管理。

林业部作为国家山区综合开发示范工作的主管部门，配合银行部门做好贷款的管理工作。各示范县山区综合开发主管部门根据示范县山区综合开发规划建立贷款项目库，对经过示范县所在的基层农业发展银行(代理行)初审评估可行的贷款项目进行分类、整理，并经示范县财政部门审核同意后，向省级山区综合开发主管部门正式行文上报；省级山区综合开发主管部门将上报计划汇总，送同级农业发展银行和财政部门进行评估筛选，经审核同意后，省级林业、财政部门联合上报林业部和财政部各一式两份；林业部对上报计划进行审查、筛选，与财政部协商后，向中国农业发展银行总行提出年度山区综合开发贴息贷款项目和贷款计划建议。

(四)贷款期限和利率。

山区综合开发贴息贷款的期限，要根据贷款的具体用途、生产周期和借款单位的综合还款能力确定。一般3～5年，最长不超过7年，贷款宽限期为1～2年。用于植树造林，建立速生丰产林基地的贷款期限为7年；发展经济林等种植业、修建山区道路贷款期限为5年；改造中低产田、兴建中小水利设施、兴建和改善山区通电设施、开发山区资源为主的多种经营贷款期限为3年。贷款使用农业综合开发会计科目。山区综合开发贴息贷款利率按中国人民银行统一制定的法定利率执行。结息办法按农业综合开发贴息贷款的结息办法执行。

四、山区综合开发贴息贷款财政贴息资金的管理

各级财政部门要积极配合山区综合开发主管部门、农业发展银行，参与山区综合开发规划的制定和贴息贷款项目的审查与管理，对要求财政贴息的贷款项目，要积极参与项目的调查、评估、论证，并认真进行审核。对未经同级财政部门审核同意的贷款项目，财政部门一律不予贴息。为了管好用好财政贴息资金，提高资金使用效益，促进山区经济发展，“九五”期间，按以下办法贴息：

(一)按实际贷款数额贴息。

“九五”期间，财政部门在中国人民银行每年安排的山区综合开发贴息贷款的规模内，按实际贷款数额贴息。

(二)定期贴息。

财政部门不分山区综合开发贴息贷款的用途，贴息期限一律3年。

(三)定比例贴息。

山区综合开发贴息贷款，中央财政和地方财政各按3.0％的年贴息比例给予贴息，其余贷款利息由借款单位承担。

山区综合开发贴息贷款在贴息期间，银行贷款利率不论上调或下调，中央财政和地方财政均按本通知确定的年贴息比例给予贴息，不再变动。财政贴息资金列“林业事业费”预算支出科目。

(四)年度中央财政贴息资金申请与管理。

各省财政、林业(农林)厅(局)务于每年的10月底以前将本年度的中央财政贴息资金申请报告，上报财政部和林业部。并于下年的3月31日以前将上年度财政贴息资金使用管理情况的总结报财政部和林业部。未能及时按要求报总结和贴息资金申请报告者，扣减当年或下年度部分贴息资金。申请中央财政贴息资金的办法、表格设计及具体要求，由财政部和林业部另行规定。

五、加强山区综合开发贴息贷款各管理部门之间的合作

山区综合开发建设是一项涉及多学科、多部门的庞大系统工程，需要各部门乃至全社会的大力支持。各有关部门要根据职责分工，充分发挥行业优势，结合行业职能和特点，积极做好行业指导和服务工作。各示范县要根据全国山区综合开发总体规划、县规划和有关政策提出贷款项目，经有权部门立项后，建立项目库。国家和省级山区综合开发主管部门要对各示范县所建项目库中的项目，从宏观经济政策方面进行审查、指导。对已实施的项目加强检查管理，主动接受银行及财政部门的监督检查，及时向有关部门通报山区综合开发贷款项目执行情况；银行部门要根据全国山区综合开发规划、各示范县规划和信贷政策，在各示范县建立项目库中择优选择项目给予支持，并对贷款项目实行严格监督，确保项目贷款及时收回；财政部门要按照国家的有关规定，认真落实财政贴息政策，严格把关，杜绝虚报、冒领财政贴息现象，充分发挥财政资金的导向作用。林业、财政和农业发展银行等部门要密切配合，相互支持，同心协力，共同管好此项贴息贷款，促进山区经济健康发展。

自治区人民政府关于调整自治区狩猎区域的通知

(1998年5月13日
桂政发〔1998〕21号)

各地区行署,各市、县、自治县人民政府,柳铁,区直各委、办、厅、局:

根据公安部关于猎区可以划定到乡、镇一级的新规定,现将《广西狩猎区域和禁猎期通告》(桂政发〔1997〕10号)确定的43个县(市、区)和3个国有林场狩猎区域调整为53个县(市、区)的417个乡(镇)和33个国有林场分场。其余仍按桂政发〔1997〕10号文件规定执行。

附件:

狩猎区域名单

南宁地区:35个

扶绥县:岜盆乡、柳桥镇、山圩镇、东门镇、中东镇

龙州县:八角乡、上降乡、彬桥乡、下冻镇、武德乡、金龙镇、逐卜乡、响水镇、上金乡

大新县:五山乡、龙门乡、昌明乡、福隆乡、那岭乡、恩城乡、振兴乡、硕龙镇、下雷镇、土湖乡

崇左县:罗白乡、雷州乡、左州镇、那隆镇

宁明县:寨安乡、峙浪乡、板棍乡、思乐乡、那堪乡、那楠乡、桐棉乡

柳州地区:36个

三江侗族自治县:古宜镇、周坪乡、程村乡、丹洲镇、和平乡、老堡乡、斗江镇、高基瑶族自治乡、良口乡、洋溪乡、梅林乡、富禄苗族自治乡、八江乡、林溪乡、独峒乡

金秀瑶族自治县:金秀镇、长垌乡、罗香乡、大樟乡、六巷乡、忠良乡、三角乡

鹿寨县:拉沟乡、黄冕乡、中渡镇、寨沙镇、城关镇

融安县:大坡乡、板榄乡、雅瑶乡、泗顶镇、桥板乡

融水苗族自治县:四荣乡、安太乡、三防镇、怀宝镇

桂林地区:66个

龙胜各族自治县:龙胜镇、三门镇、瓢里镇、和平乡、乐江乡、马堤乡、泗水乡、伟江乡、平等乡

资源县:大合镇、延东乡、梅溪乡、瓜里乡、中峰乡、车田苗族自治乡、两水苗族自治乡、河口瑶族自治乡

全州县:城郊乡、文桥镇、庙头镇、黄沙河镇、永岁乡、才湾镇、绍水镇、咸水乡、大西江镇、龙水镇、枧塘乡、朝南乡、两河乡、安和乡、白宝乡、凤凰乡、东山瑶族自治乡、蕉江瑶族自治乡

兴安县:金石乡、华江瑶族自治乡、漠川乡、高尚乡、界首镇、湘漓乡、崔家乡、兴安镇、严关乡、白石乡、溶江镇

灌阳县:洞井瑶族自治乡、西山瑶族自治乡、观音阁乡、黄关镇、新街乡、红旗乡、灌阳镇、新圩乡、水车乡、文市镇

永福县:广福乡、桃城乡、堡里乡、罗锦镇、苏桥乡、龙江乡、百寿镇、三皇乡、永安乡、永福镇

百色地区:79个

百色市:龙川镇、百兰乡、四塘镇、汪甸瑶族自治乡、永乐乡、达江乡、龙和乡、阳圩镇、大楞乡、泮水乡

田阳县:坤平乡、玉凤镇、洞靖乡、桥业乡

田东县:祷午乡、朔良乡、义圩乡、那拔乡、思林镇、坡塘乡

德保县:扶平乡、兴旺乡、燕峒乡、那甲乡

平果县:同老乡、黎明乡、榜圩镇、旧城镇

靖西县:同德乡、湖润镇、龙邦镇、壬庄乡、安宁乡、吞盘乡、安德镇、魁圩乡、地州乡、禄峒乡

那坡县:百合乡、百省乡、平孟镇、下华乡、百南乡

田林县:福达瑶族自治乡、者苗乡、八渡瑶族自治乡、定安镇、那比乡、弄瓦瑶族自治乡、利周瑶族自治乡、浪平乡、能良乡、百乐乡

隆林各族自治县:金钟山乡、天生桥镇、桠权镇、者保乡、龙滩乡、介廷乡

西林县:那佐苗族自治乡、足别瑶族苗族自治乡、西平乡、那劳乡、普合苗族乡、八达镇、古障镇、八大河乡、马蚌乡、者夯乡

乐业县:逻西乡、马庄乡、新化乡、幼平乡、同乐镇

凌云县:玉洪瑶族自治乡、力洪瑶族自治乡、伶站瑶族自治乡、朝里瑶族自治乡、沙里瑶族自治乡

河池地区:27个

天峨县:下老乡、岜暮乡、三堡乡

南丹县:中堡苗族自治乡、月里镇、六寨镇、巴

定乡、吾隘乡、里湖瑶族自治乡、八圩瑶族自治乡

环江毛南族自治县：上南乡、下南乡、明伦镇、大安乡、长美乡、龙岩乡

都安瑶族自治县：拉仁乡、拉烈乡、加贵乡、百旺乡、下坳乡、板岭乡

大化瑶族自治县：乙圩乡、羌圩乡、岩滩镇、都阳镇、北景乡

贺州地区：29个

贺州市：大平瑶族自治乡、沙田镇、鹅塘镇、公会镇、水口镇、贺街镇、桂岭镇、开山镇、步头镇、信都镇、铺门镇、灵峰镇

昭平县：走马乡、巩桥乡、黄姚镇、樟木林乡、文竹镇、富裕乡、仙回瑶族自治乡

钟山县：两安瑶族自治乡、燕塘镇、花山瑶族自治乡、清塘镇

富川瑶族自治县：朝东镇、油沐乡、麦岭镇、石家乡、新华乡、柳家乡

南宁市：24个

高峰林场：银岭分场、平甫分场、长客分场、六里分场、界牌分场、东升分场、爱沙分场、延河分场、大塘分场、万盘分场、桃源分场、平厂分场、军山分场、二塘分场

七坡林场：七坡分场、立新分场、那丹分场、新桥分场、康宁分场、班村造林站、那马分场、那琴分场、六林分场、八林班造林站

柳州市：8个

三门江林场：江口分场、马步分场、十二湾分场、三门江分场、大荫分场、龙母分场、导江分场、拉沟联营分场

梧州市：24个

苍梧县：狮寨镇、长发镇、京南镇、六堡镇、岭脚镇、沙头镇、石桥镇、犁埠镇、广平镇、木双镇

藤县：大黎塘、宁康乡、平福乡、岭景乡、象棋镇、古龙镇、太平镇

岑溪市：波塘镇

蒙山县：长坪瑶族自治乡、夏宜瑶族自治乡、黄村镇、汉豪乡、新圩镇、陈塘镇

防城港市：12个

防城区：大菉镇、扶隆乡、那勤乡、那梭镇、那良镇、那垌乡、板八乡、垌中镇

上思县：叫安乡、南屏瑶族自治乡、华兰乡、公正乡

钦州市：13个

钦北区：大直镇、大寺镇、小董镇、长滩镇、新棠镇、板城镇、那香镇

浦北县：六硬镇、平睦镇、官垌镇、寨圩镇、福旺镇、江城镇

贵港市：22个

桂平市：金田林场、紫荆镇、垌心乡、西山镇、石龙镇、油麻镇、麻垌镇、罗秀镇、中沙镇、中和镇

平南县：大鹏镇、国安瑶族自治乡、马练瑶族自治乡、同和镇、思旺镇、安怀镇、六陈镇、平山镇、富藏乡、寺面镇、大坡镇、大洲镇

玉林市：75个

北流市：山围镇、民乐镇、扶新镇、隆盛镇、平政镇、六靖镇、华东镇、新圩镇、西披镇、沙垌镇、白马镇、石窝镇、六麻镇、新荣镇、新丰镇、大坡外镇、清水口镇、大伦镇、大里镇

陆川县：沙湖乡、横山乡、温泉镇、沙坡镇、清湖镇、珊罗镇、平乐镇、米场镇、月垌乡、古城镇、滩面乡

博白县：双凤镇、浪平乡、水鸣镇、那林镇、江宁镇、菱角镇、三育镇、黄凌镇、顿谷镇、永安乡、旺茂镇、合江镇、东平镇、松旺镇、宁潭镇、文地镇、那卜镇、大垌镇、英桥镇、三滩镇、凤山镇、沙河镇、三江乡、大利镇、双旺镇

兴业县：城隍镇、葵阳镇、铁联乡、博爱乡、龙安乡、北市镇、高峰乡、沙塘镇、蒲塘镇、卖酒乡、小平山乡

玉州区：城北镇、大塘乡、仁东镇、仁厚乡

福绵管理区：成均镇、樟木镇、新桥镇、石和乡、沙田镇

自治区森林防火指挥部办公室关于地、市级森林火险区划图制作有关问题的通知

（1998年6月23日
桂森防办字〔1998〕12号）

各地、市森林防火指挥部办公室：

为了便于各地、市制作森林火险区划图，现将广西森林火险区划结果通报如下：

广西森林火险区划结果一览表

火险等级		县市名称
Ⅰ	森林火灾危险性大	全州 龙胜 灵川 临桂 永福 恭城 融安 融水 鹿寨 金秀 天峨 南丹 环江 罗城 隆林 乐业 西林 田林 百色 贺州 昭平 苍梧 藤县 岑溪 武鸣 邕宁 扶绥 宁明 平南 桂平 容县 北流 博白 上思
Ⅱ	森林火灾危险性中	资源 兴安 灌阳 平乐 荔浦 三江 柳江 象州 来宾 武宣 凤山 东兰 宜州 巴马 凌云 田阳 田东 德保 平果 那坡 蒙山 宾阳 隆安 横县 崇左 贵港 玉林 陆川 灵山 浦北 钦州 合浦 防城
Ⅲ	森林火灾危险性小	桂林市郊 阳朔 柳城 柳州 忻城 河池 都安 靖西 富川 钟山 梧州 马山 上林 天等 大新 南宁 龙州 凭祥 北海

本次森林火险区划按1993年以前的行政区划进行,新划出的县、市、区仍归原县、市、区,县级国有林场按行政区划归所在县、市、区,不单独区划。森林火险区划图中,一级火险县用红色表示,二级用黄色,三级用绿色。

自治区林业厅关于印发《广西壮族自治区防护林经营管理规定(试行)》的通知

(1998年7月2日
桂林营场字〔1998〕29号)

各地、市、县(区)林业局:

为了加强对我区防护林保护和管理,科学地进行抚育、更新采伐,加速林业生态体系建设,提高生态效益,根据国家林业局林造通字〔1998〕11号文的通知精神,结合我区实际,现将《广西壮族自治区防护林经营管理规定(试行)》印发给你们,请认真贯彻执行。同时,在实施过程中有什么问题或需进一步修改增补的,请及时向自治区林业局营林林场处汇报,以便进一步完善。

附件:

广西壮族自治区防护林经营管理规定(试行)

第一条 防护林是重要的生态公益林,为了加强我区防护林的保护和管理,科学地进行抚育、更新、采伐,加速林业生态体系建设,提高生态效益,根据国家林业局林造通字〔1998〕11号《国家林业局关于进一步加强防护林经营管理工作的通知》和有关规定,结合广西实际,制定本规定。

第二条 我区防护林的抚育、更新、管护、采伐等经营管理活动,必须遵守本规定。

第三条 本规定所称的防护林是指以防护为主要目的的森林、林木和灌木丛,包括水源涵养林,水土保持林,防风固沙林,农田、牧场防护林,护堤林,护岸林,护路林。

第四条 各级人民政府必须高度重视防护林的保护和发展,切实加强领导,加大宣传力度,严格执法,增加投入,采取切实可行的措施,鼓励和动员社会各界积极参与保护与培育工作。

第五条 各级林业行政主管部门负责组织对本行政区域内的防护林资源实施调查,建立档案,做好建设规划,协调防护林与其他森林林种的发展,监督防护林抚育、更新、改造工程的检查验收,建设好林业生态体系。

第六条 防护林的封育必须贯彻"以封为主,封育结合"的原则,根据不同情况采取全封(死封)、轮封和半封(活封)等封山方式和适当的人工补植、抚育间伐等育林技术。

第七条 防护林的抚育应保持林分的稳定,增强生态功能。

人工防护林抚育,采用局部轻度抚育,促进防护林生态效益,任何单位和个人不得借口抚育,变相采伐防护林。

第八条 防护林一般禁止皆伐。为保持和提高防护效能,可更新长势衰弱、枯死的林木以及不适应的树种。

对发生枯立及严重病虫害的林分,可进行以改善林分结构和卫生条件为目的的卫生伐;

对出现风折、风倒、火烧林木的林分,可采取拯救伐；

对新造的防护林，在五年内禁止剃枝、放牧。五年期满后，可在县级林业行政主管部门指导下进行改善林分结构和卫生条件为目的的卫生伐、抚育伐。

对达到成熟期或已逐步丧失防护功能的防护林，可以实行抚育或更新性质的采伐。

采伐方式一般应采用隔带、隔行低强度择伐，其采伐额度不得大于伐前蓄积量的30%，采伐后的林木郁闭度尽可能保持在0.6以上，遭受自然灾害（病虫、火烧、风折等）危害严重或成过熟单层人工林，允许3公顷以下的小面积皆伐。

采伐迹地必须在一年内完成更新恢复，有条件的地区可采用伐前更新或伐后大苗更新尽快恢复。防护林的更新采伐年龄按广西壮族自治区林业厅林政字〔1989〕42号文要求确定的各树种用材林主伐年龄增加1～2个龄级确定。

第九条　防护林经营管理单位要建立防护林抚育、采伐更新作业档案，并指定专人管理。要结合生产实际，开展科学实验，分别采伐方式、更新方式、更新树种，设置标准地，进行对比观测，总结分析经验，不断提高防护林经营水平。

第十条　防护林经营管理单位要按照有关规定从采伐木材收益中提取育林基金和更新恢复费，专款专用，确保采伐迹地及时更新恢复为高效防护林。

第十一条　开展防护林抚育和更新采伐的经营管理单位，要提前一年委托具有丙级以上资质的林业调查规划设计单位进行伐区调查、编制抚育、采伐更新作业设计，经地（市）、县（区）林业局审核后报送自治区林业局审批。

由自治区林业局组织或委托有关方面人员对作业设计进行评估、审查，核实、确认后予以审批，并纳入采伐限额管理。

自治区林业局每年要在基层自查的基础上，对防护林经营管理单位的抚育、采伐更新作业质量进行抽查，发现未经审批或不按审批的调查设计进行作业、伐区作业与更新质量未达标准等情况的，除停止其抚育、采伐作业和不审批下一年度作业区外，还要追究有关领导和当事人的责任。

第十二条　防护林的林地使用权不得转让。

第十三条　防护林地原则上不得征用、占用。确因国家重点建设项目需要征用或者占用的，必须按权限经县级以上林业主管部门审核同意，并如数交纳有关补偿费用。

对未经林业主管部门审核同意，征用、占用防护林林地的，被征用、占用林地的单位有权抵制，并向县级以上林业主管部门报告，林业主管部门要依法查处。

第十四条　各级人民政府应当切实做好森林火灾的预防和扑救工作。

第十五条　各级林业主管部门所属的森林病虫害防治机构具体负责组织森林病虫害的防治工作。

第十六条　禁止在防护林内毁林开荒和毁林采石、采砂、取土。确需在防护林区域内采石、采砂、取土的应先报有权批准的县级以上林业行政主管部门批准并依法办理手续。

第十七条　国有或集体所有集中成片的防护林，不得分林到户，要组织专门队伍和人员统一护林，任何单位和个人都不得以任何借口侵占、破坏防护林地、林木。

第十八条　对哄抢、盗伐、放火、失火毁坏防护林的违法犯罪行为，要依照有关法律、法规的规定从重处罚。

对有组织、有领导挑动群众哄抢破坏防护林、伤害护林人员的犯罪分子，必须依法从严从重惩办。

第十九条　按照国家有关规定，森林资源的消长作为考核县级领导政绩的主要内容之一，在任职期内乱砍滥伐防护林资源制止不力的，必须追究县政府领导人的责任，保护、发展防护林资源成绩显著的，给予表彰和奖励。

在防护林经营管理工作中做出优异成绩的单位和个人，由人民政府给予表彰奖励。

第二十条　防护林实行森林生态效益补偿制度，国家设立的森林生态效益补偿基金，要用于防护林的改造、抚育、保护和管理，专款专用，不得挪作他用。具体办法按照国务院和自治区人民政府有关规定执行。

第二十一条　本规定由广西壮族自治区林业局负责解释。

第二十二条　本规定自发布之日起施行。

自治区林业局关于重申对依法查处没收的木竹变价收入征收林业“两金一费”的通知

(1998年9月7日
桂林计财字〔1998〕92号)

各地、市、县林业局,全区国有林场:

据调查,近来有些单位对依法查处没收的木竹及经济林产品变价收入没有征收林业“两金一费”。现参照财政部、国家税务总局《关于依法查处没收的木竹变价收入征收农业特产税的批复》(财税字〔1996〕100号)的规定,对依法查处没收的木竹及经济林产品变价收入征收林业“两金一费”重申如下:

一、对没收未征收育林基金、更改资金、林业保护建设费的木竹及经济林产品,其变价出售取得的收入,按变价收入和规定的标准征收育林基金、更改资金、林业保护建设费。

二、对没收已足额征收育林基金、更改资金、林业保护建设费的木竹及经济林产品,其变价出售取得的收入,不再征收育林基金、更改资金、林业保护建设费。

本通知原没有执行的,从1998年9月1日起执行。

自治区林业局关于印发《广西壮族自治区木材运输证管理与签发的规定》的通知

(1999年2月5日
桂林政字〔1999〕07号)

各地、市林业局,区直林业单位,中国林科院热林中心:

为了进一步规范木材运输证的管理与签发工作,根据《森林法》和《广西壮族自治区木材运输管理条例》的有关规定,结合我区的实际情况,经多次征求各方面的意见,我局制订了《广西壮族自治区木材运输证管理与签发的规定》,现印发给你们。请及时转发至各县(市、区)林业局和有关单位,并认真组织学习贯彻执行。

特此通知。

附件:

广西壮族自治区木材运输证管理与签发的规定

第一条 为进一步规范木材运输证的管理与签发,严格木材运输证申办程序,防止非法采伐的木材进入流通领域和偷漏林业“两金一费”及国家税款。根据《中华人民共和国森林法》和《广西壮族自治区木材运输管理条例》的有关规定,制定本规定。

第二条 本自治区范围内木材运输证的管理与签发工作按本规定执行。

第三条 本规定须申办木材运输证的木材是指《广西壮族自治区木材运输管理条例》第二条所列的全部木材。

第四条 木材运输证分为《出省木材运输证》和《广西壮族自治区区内木材运输证》(以下简称区内木材运输证)两种。《出省木材运输证》由国家林业行政主管部门统一印制和管理,由自治区林业行政主管部门或其委托的县级以上林业行政主管部门负责签发;受委托的部门不得再委托其他单位签发。《区内木材运输证》由自治区林业行政主管部门统一印制和管理,地、市林业行政主管部门统一领取,县级以上林业行政主管部门负责签发。

木材运出自治区境外的,申办《出省木材运输证》;在自治区境内(含县内)运输的,申办《区内木材运输证》。

第五条 申办木材运输证,应由木材的销售者(发货人)申办;必要时,木材销售者可以委托木材购买者申办。非经营销售的木材需要运输,由木材所有者申办。

第六条 木材销售者申办木材运输证件,必须具备有当地县级以上林业行政主管部门核发的木材经营加工许可证和当地工商行政管理部门核发的木材经营执照。

第七条 申办木材运输证应当向木材销售所在地县级以上林业行政主管部门申请,并分别按下列规定提交证件及票据:

(一)有木材收购权的单位销售直接向林农或者集体林场收购的木材或林(农)场经批准同意自产自销的木材,凭林木采伐许可证、木材销售发票、林业“两金一费”等税费票据、木材检尺码单、森林植物检疫证书。

（二）销售向有木材经营销售权的单位或个人购买的木材，凭木材购货发票和木材销售发票等税费票据、木材检尺码单、森林植物检疫证书。

（三）销售没收及拍卖的木材，凭林业行政处罚决定书和拍卖木材的票据、木材检尺码单、森林植物检疫证书。

（四）销售旧房木料，凭乡镇林业工作站出具的证明和有关的票据。

（五）从国外进口入境的木材，凭海关进口票据、木材检尺码单、森林植物检疫证书。

第八条　木材运输过程中确需要改变木材运输方式（运输工具）的，凭所持木材运输证件到改变运输方式所在地县级以上林业行政主管部门重新申请办理木材运输证。

我区国有木材经营销售单位在林业国有木材经营单位购买木材，确不需要运输回本单位所在地而直接销售的，向木材所在地县级以上林业行政主管部门申请办理木材运输证。

第九条　木材运输到达木材运输证规定的地点后，木材还需要转运的，木材所有者应在十日内持木材运输证件到当地林业行政主管部门登记备案。否则，所持木材运输证不能再作为申请办理木材运输的依据。

各级林业行政主管部门根据木材所有者的申请，可以视情在备案的木材运输证上注明延长此证申办证件依据的时间，延长时间一般掌握在三十天内，特殊情况除外。

第十条　申办一个火车皮木材运输证，纸材、非规格材按45～50立方米；规格材按55～70立方米，锯材按80～90立方米签发。

第十一条　申办锯材、人造板运输证，原木折算成锯材按60％～70％出材率计算；人造板与木材（含柴火）每立方米按下列比例折算：胶合板按1∶2.5；中密度板、纤维板、刨花板按1∶1.5；半成品胶合板单板按1∶1.8；木地板按1∶2。

第十二条　非经营性质的木材运输的，由木材所有者凭木材来源合法票据和证明到木材所在地县级以上林业行政主管部门申办。

第十三条　对木材销售者提交申办木材运输证的票据及证件，经审查合格给予签发木材运输证的，林木采伐许可证和木材运输证必须收回作废；木材销售发票和林业“两金一费”等票据，应作已办证注明。

第十四条　有下列情况之一的，各级林业行政主管部门不予签发木材运输证：

（一）不属于本级林业行政主管部门签发的木材运输证；

（二）所提交的证件及票据未齐全的；

（三）发现申办人提交伪造、涂改、失效的证件、票据或提交的证件及票据中的内容不一致的；

（四）未按当地木材市场销售价缴纳足额育林基金、更改资金和林业建设保护费的；

（五）收、发货单位不符，树种、材种、品名、规格不符，木材起运点不符等货、证不符的；

（六）购买木材单位不明确，木材运输终点的地址不详的；

（七）其他有违反国家有关政策、规定运输木材的。

第十五条　违反本规定第十四条规定签发的木材运输证，由签发的林业行政主管部门或上级林业行政主管部门撤销。

审查申办人的票证，发现提交伪造、涂改以及失效的证件、票据，收、发货单位不符，树种、材种、品名、规格不符，木材运输起讫地点不符等货、证不相符的证件及票据予以收缴。应立案查处的，依法立案查处。

第十六条　签发木材运输证实行一车（船）一证，并按下列规定填写：

（一）木材运输证必须严格按照木材运输证规定的栏目内容填写准确，书写字迹要清晰，签发人、申领人姓名要填写全称。

（二）填写木材运输证不得涂改，填写错误应重新填写；不得在木材运输证上加盖公章填写其他内容。

（三）填写发证依据栏，应如实填写木材销售者提交申办木材运输证的证件名称和号码；属于改变木材运输方式的，还应加盖所改变运输方式（工具）的印章在发证依据栏。

（四）收、发货单位（人）栏，必须填写真实收、发货单位或者个人，不得填写虚假单位和地址。

（五）运输木材的起点、终点必须填写到具体的乡镇、村屯、车站、码头、木材加工场等的木材场地；木材运输出区外的，在区内木材运输证运输终点栏加盖“申办出省木材运输证”印章。

（六）运输方式栏，汽运和船运的，应填写上车、船的牌照号码。如申办区内木材运输证而实际未运输木材，仅用于到地、市林业局申办出省木材运输证作依据的，在该栏加盖“此证仅限换出省证用,不得运输木材"印章。

(七)途经县、乡栏,填写主要途中经过的县乡名称。如在木材运输过程中需要改变运输方式的,销售木材所在地林业行政主管部门签发区内木材运输证时,在该栏加盖所改变运输工具的印章。

(八)木材运输的起、止时间,按年、月、日、时(按二十四小时计)填写,而且必须填写中文(即大写:壹、贰、叁、肆、伍、陆、柒、捌、玖、拾、零)。

(九)填写树(材)种、品名栏,运输的木材是原条、原木、锯材、纸材的,应按杉、松、杂树(材)种填写,列入保护树种,必须按实际树种填写,不得填写杂木;运输木制人造板(包括胶合板、中密度板、纤维板、刨花板)、木片、柴火、毛竹、篙竹、杂竹及其制成品、半成品的,按所运输的品名填写。

(十)填写规格栏,运输木材是原条、原木、锯材、纸材的,按国家标准填写大致的规格,并加盖"详见木材检尺码单"的印章;木制人造板按其长度乘以宽度填写;其他不易填写规格的,可以不填写。

(十一)木材的计量单位,原条、原木、锯材、纸材以立方米填写;木制人造板以立方米或块为单位填写;毛竹、篙竹以根为单位填写;木片、柴火、杂竹以吨为单位填写:木(竹)制成品、半成品以件为单位填写。

(十二)填写数量(大写)栏,前面部分不能空位。而且必须用中文大写数填写实际运输木材的数量。

第十七条 木材运输证由林业行政主管部门指定专人负责签发和管理。木材运输证管理与签发人员必须持有木材运输证管理签发人员上岗资格证书。上岗资格实行年审制,对年审不合格的,取消其木材运输证管理签发资格。

第十八条 木材运输证的管理与签发人员必须做到忠于职守,廉洁奉公,依法办证。凡以证谋私、索贿受贿、徇私舞弊或因办证人员渎职造成违法运输的,要按有关法规和规定,追究其责任。

第十九条 各级林业行政主管部门要加强木材运输证管理,不得丢失。不得随身携带随地签发。已签发的木材运输证存根,应按年月顺序(出省木材运输证按编号顺序)装订成册,存放备查,保存三年。

第二十条 木材运输证签发必须建立台账,做到证表相符。县级林业行政主管部门要在每月5日前将上月签发木材运输证运输木材的统计报表报地、市林业行政主管部门统一汇总后,每月10日前报自治区林业行政主管部门。

第二十一条 各地、市、县(市、区)林业行政主管部门和被委托部门必须严格遵守本规定管理和签发木材运输证,发现有违反本规定管理和签发木材运输证并造成严重后果的,追究直接领导责任,并停止其发证资格。

第二十二条 本规定由自治区林业行政主管部门负责解释。

第二十三条 本规定自1999年4月1日起施行,与本规定相抵触的规定自行失效。

自治区林业局关于印发《广西壮族自治区林木采伐许可证发放与管理办法》的通知

(1999年5月21日
桂林政字〔1999〕24号)

各地、市、县林业局,区直林业单位,中国林科院热带林业实验中心:

为了进一步贯彻落实《国务院关于保护森林资源制止毁林开垦和乱占林地的通知》(国发明电〔1998〕8号)和《自治区人民政府办公厅印发自治区主席李兆焯关于在全区立即停止采伐天然林水源林防护林五点指示的通知》(桂政办发〔1998〕160号)精神,加强森林资源保护,规范林木采伐许可证的发放和管理,严格执行森林采伐限额制度,根据第九届全国人大常委会第二次会议修正的《中华人民共和国森林法》等有关法律、法规,我局制定了《广西壮族自治区林木采伐许可证发放与管理办法》,现印发给你们,请遵照执行。

此外,1992年9月12日广西壮族自治区林业厅发布的《广西壮族自治区区林木采伐许可证的发放及管理办法》(试行)同时废止。

附件:

广西壮族自治区林木采伐许可证发放与管理办法

第一章 总 则

第一条 为严格执行森林采伐限额制度,保护和合理利用森林资源,维护林木采伐管理秩序,根据《中华人民共和国森林法》和《森林采伐更新管理办法》以及《广西壮族自治区森林管理办法》的有关规定，制定本办法。

第二条 申办林木采伐许可证的范围：凡采伐胸径5厘米（含5厘米）以上的林木，都要申办林木采伐许可证（国家另有规定的除外）。

采伐以生产竹材为主要目的的竹林，适用于本办法的有关规定。

第二章 林木采伐许可证的核发

第三条 林木采伐许可证由当地县级以上林业主管部门核发（国家另有规定的除外）。铁路、公路的护路林和城镇林木的更新采伐，按有关规定报批后，由有关主管部门依照有关法规的规定审核发放林木采伐许可证。自治区、地（市）直属国有林场分别由自治区、地（市）林业主管部门或其委托单位核发林木采伐许可证。

第四条 签发林木采伐许可证的依据：

（一）上级林业主管部门分解下达的年森林采伐限额、年森林采伐量计划或年度木材生产计划；

（二）山界林权证书或有关证明文件；

（三）由持有林业调查规划设计证单位完成的伐区调查设计报告（集体单位和个人皆伐连片不足0.2公顷，间伐连片不足0.3公顷的除外）；

（四）国有单位和集体（个人）采伐林木的，分别提交国有林木采伐申请表和集体（个人）林木采伐申请表（附表1、附表2）

上年度有迹地更新任务的，必须提交上年度迹地更新验收合格证明。

采伐属于国家保护的珍稀濒危树种及保护区范围内的森林和林木的，须出具自治区级以上林业主管部门的批文。

采伐征占用林地上林木的，必须持有县级以上林业主管部门批准的《使用林地许可证》。

低产林改造、林种结构调整、天然林采伐必须按权限报批，并有上级批文。

第五条 林木采伐许可证分别《国有林木采伐许可证》和《集体（个人）林木采伐许可证》填写。

（一）林木采伐许可证分别按不同的采伐单位（个人）、地点、方式和树种（混交林除外）填写，原则上实行一个小班一张证；同一林班内，如各采伐小班的地点相连，采伐方式及树种都相同，也可以几个小班合填一张采伐证，但必须遵守《森林采伐更新管理办法》中连片皆伐面积不能超过20公顷的规定。

（二）严格按林木采伐许可证的栏目填写，林木采伐许可证的申请采伐单位（个人）名称、采伐地点、采伐方式、采伐树种、面积、蓄积、出材量、采伐期限、发证人、发证机关签章等主要内容要规范、准确、齐全。

（三）林木采伐许可证书写字迹要清晰，不得涂改，如填写错误，应重新填写。

（四）林木采伐许可证的各项数据要与经审核批准的伐区调查设计报告或林木采伐申请表中数据相符。

第三章 林木采伐许可证管理

第六条 林木采伐许可证采用国家林业主管部门规定的格式，分国有林木采伐许可证和集体（个人）林木采伐许可证两种，由自治区林业主管部门统一编号、印制和管理。

第七条 林木采伐许可证必须由县级以上林业主管部门指定林政资源管理人员发放和管理；发放和管理人员必须经过培训，取得自治区林业主管部门颁发的林木采伐许可证发放与管理人员资格证书，持证上岗。

第八条 对不按林木采伐许可证规定进行采伐的，发放林木采伐许可证的部门有权收缴林木采伐许可证，中止其采伐，并依照有关规定处罚。上级主管部门发现不按规定进行采伐的，有权制止和责令下级制止。

第九条 林木采伐年度统一规定为1月1日至12月31日，木材生产计划指标和林木采伐许可证不得跨年度用于采伐。

第十条 及时做好林木采伐许可证的注销和回收工作。

林木采伐许可证由县级以上林业主管部门派出的林业技术人员在进行“源头”验证核实时予以注销。

商品材的林木采伐许可证由县级以上林业主管部门指定林政资源管理人员在办理木材运输证时回收：农民自用材、培植业用材和烧材的林木采伐许可证，由乡（镇）林业工作站检码验收后及时回收；当年未使用的林木采伐许可证由林场或乡（镇）林业工作站于翌年元月底前收回交发证单位。

第十一条 建立林木采伐许可证的发放、回收台账及定期汇报制度。

分别商品材、农民自用材、培植业用材和烧材消耗类型建立林木采伐许可证发放、回收台账，逐月统计，做到证表相符（附表3、4）。

林木采伐许可证的发放、回收情况以县(场)为单位进行统计,由地、市林业主管部门审核汇总后上报自治区林业主管部门,当年七月中旬汇报上半年林木采伐许可证的发放、回收情况,翌年二月底前汇报上年度林木采伐许可证的发放、回收情况。

第十二条 林木采伐许可证的发放与管理人员必须忠于职守,廉洁奉公;对申报材料要认真审核,严格把关,依法办理林木采伐许可证;除特殊情况外,一般在接到采伐林木申请后的一个月内办理完毕。

发放林木采伐许可证的部门要依法行政,不得超过年森林采伐限额、年度木材生产计划或超越职权发放林木采伐许可证,不得截留采伐计划指标,不得以证谋私、索贿受贿,违者依法从严处理。

第四章 附 则

第十三条 本办法由自治区林业主管部门负责解释。

第十四条 本办法自发布之日起执行。

广西壮族自治区农村集体经济承包合同管理条例

(1999年5月29日
广西壮族自治区第九届人民代表大会
常务委员会第十一次会议通过并公布施行)

第一章 总 则

第一条 为了稳定以家庭承包经营为基础、统分结合的双层经营体制,加强对农村集体经济承包合同的管理,维护承包合同当事人的合法权益,促进农村经济的发展,根据有关法律、法规,结合本自治区实际,制定本条例。

第二条 本条例所称农村集体经济组织是指农民围绕公有土地形成的社区性合作经济组织。

本条例所称农村集体经济承包合同(以下简称承包合同)是指农村集体经济组织将集体所有的自然资源、资产或者依法由其使用的国家自然资源承包给其成员签订的明确双方在生产、经营和分配中相互权利、义务关系的协议。

第三条 订立和履行承包合同,必须遵守法律、法规,坚持民主议定、协商一致、诚实信用、公平的原则,不得损害国家、集体、社会公共利益和他人合法权益。

第四条 承包合同依法成立,即具有法律约束力,当事人必须全面履行合同规定的义务,非依法律、法规规定或者取得对方同意,任何一方不得擅自变更或者解除合同。

承包方依照承包合同享有承包经营权受法律保护,任何单位和个人不得侵犯。

第五条 任何单位和个人不得非法干涉承包合同的签订和履行。

第六条 农村集体经济组织将农民集体所有的自然资源、资产或者依法由其使用的国家自然资源发包后,其所有权不变。

第七条 县级以上人民政府农村经济经营管理部门和乡(镇)的农村经济经营管理机构,负责本行政区域内的承包合同管理工作。

第二章 发包与承包

第八条 农民集体所有的耕地、山岭、草原、荒地、水面等自然资源和农业机械、运输工具、水利设施、生产房舍等资产,以及国家所有、依法确定由农村集体经济组织使用的耕地、山岭、草原、荒地、滩涂、水面等自然资源,由农村集体经济组织发包。

第九条 发包的项目、方式和承包的指标、期限、方式,应当经农村集体经济组织成员大会或者成员代表会议讨论决定,张榜公布,并由其法定代表人具体实施。

第十条 国家规定或者农村集体经济组织决定实行平均承包的耕地和其他自然资源、资产,由该组织成员平均承包。

前款规定以外的自然资源、资产,通过招标投标的方式择优确定承包方。在同等条件下、下列人员依次享有优先承包权:

(一)原承包方;

(二)法律、法规规定的其他享有优先权的人员。

除平均承包以外的自然资源、资产可以由农村集体经济组织以外的单位或者个人租赁经营。土地的租赁经营,应当经本集体经济组织成员大会三分之二以上成员或者成员代表会议三分之二以上成员代表同意,并经到会人员签名或者盖章后报乡(镇)人民政府批准;其他自然资源、资产的租赁经营,应当经本集体经济组织成员大会半数以上成员或者成员代表会议半数以上成员代表同意，并经到会人员签名或者盖章。

第十一条 发包方有权依照承包合同的约定收取承包金，有权监督承包方按照承包合同的约定开展生产经营活动，有权在承包合同终止时收回发包的自然资源、资产。

承包方依法缴纳的村提留和乡统筹费、承担的义务工和劳动积累工，纳入承包合同管理，由发包方收取和分摊。

发包方应当按照承包合同的约定向承包方交付发包的自然资源、资产，提供生产经营条件和服务，不得干涉承包方的正常生产经营活动，不得侵犯承包方的合法权益。

第十二条 承包方依照承包合同的约定享有生产经营自主权、产品处分权、收益权。

承包方应当按照承包合同的约定缴纳承包金和依法缴纳村提留和乡统筹费、承担义务工和劳动积累工，并不得有下列行为：

(一)不按照承包合同规定的用途使用承包的自然资源、资产；

(二)连续两年闲置、荒芜承包的耕地；

(三)出卖、非法抵押承包的自然资源、资产；

(四)进行破坏性、掠夺性经营；

(五)占有耕地建窑、建坟或者擅自在耕地上建房、挖砂、采石、采矿、取土等破坏种植条件的行为；

(六)法律、法规和承包合同禁止的其他行为。

第十三条 耕地、山岭、草原、荒地、滩涂、水面等自然资源的承包人在承包期内死亡的，其继承人可以继续承包，但应当在承包人死亡之日起六个月内以书面形式向发包方提出。逾期不提出继续承包的，发包方有权收回发包的自然资源、资产。

第三章 承包合同的订立、变更和解除

第十四条 承包合同应当采用书面形式。发包方与承包方对承包合同条款协商一致，由双方签字或者盖章。

属于发包方法定代表人承包的，由农村集体经济组织成员大会或者成员代表会议推荐若干人代表发包方签字或者盖章。

第十五条 承包合同应当具有下列内容：

(一)发包方、承包方的名称或者姓名、住所；

(二)发包方提供自然资源、资产的名称、位置、数量、质量、时间；

(三)发包方提供的服务项目、生产经营条件、服务方式和有偿服务的收费方法及收费标准；

(四)承包方应当缴纳的承包金或者农产品的品种、数量和质量，依法缴纳的税金、乡统筹费、村提留，应当完成的农产品定购任务、义务工、劳动积累工日数；

(五)对承包的自然资源、资产在使用、维护、保养等方面的要求；

(六)承包期限；

(七)违约责任；

(八)纠纷处理办法；

(九)当事人约定的其他事项。

第十六条 对于土地的承包，发包方应当按照《中华人民共和国土地管理法》的规定发包，从签订合同之日起，承包经营期限为三十年。其他自然资源、资产的承包期限，由发包方、承包方双方约定。

第十七条 对承包经营的项目、法律、法规规定应当办理批准、登记等手续的，从其规定。

承包合同签订后，应当于合同签订之日起一个月内送乡(镇)农村经济经营管理机构备案。

属于土地等自然资源承包合同的订立、变更、解除形成的资料纳入档案管理。

第十八条 有下列情形之一的，可以变更或者解除承包合同；

(一)当事人双方协商同意并且不损害国家、集体、社会公共利益和他人合法权益的；

(二)由于承包的土地等生产资料被国家征用或者收回使用权的：

(三)由于不可抗力致使承包合同部分或者全部无法履行的；

(四)由于一方违约，导致承包合同无法履行或者没有必要继续履行的；

(五)承包方进行破坏性、掠夺性经营，经发包方劝阻无效的；

(六)承包方连续两年闲置、荒芜耕地的；

(七)承包方出卖、非法抵押承包的自然资源、资产的；

(八)法律、法规规定的其他情形。

第十九条 当事人一方要求变更或者解除承包合同的，必须以书面形式通知对方。对方应当在接到通知之日起三十日内予以书面答复，逾期不答复的，视为同意。当事人另有约定的除外。

当事人双方协商，同意变更或者解除承包合

同的，必须签订书面协议，经双方签字或者盖章后生效。

变更或者解除承包合同的书面协议，应当于合同变更或者解除之日起一个月内报乡（镇）农村经济经营管理机构备案。法律、法规规定应当办理批准、登记等手续的，从其规定。

第二十条 因变更或者解除承包合同使对方遭受损失的，应当负责赔偿，但依法可以免除责任的除外。

第二十一条 在土地承包经营期限内，发包方对个别承包方之间承包的土地进行适当调整的，必须经农村集体经济组织成员大会三分之二以上成员或者成员代表会议三分之二以上成员代表同意，并经到会人员签名或者盖章后报乡（镇）人民政府和县级人民政府农村经济经营管理部门批准。

对个别承包方之间承包的土地进行适当调整的，应当解除原承包合同，订立新的承包合同。

第二十二条 在承包期内承包方可以将自己承包的自然资源、资产的部分或者全部转包给第三者；也可以将承包合同转让给第三者，由第三者代替承包方对发包方履行承包合同规定的义务。

按前款规定进行转包、转让的，转包人或者转让人应当与第三者签订转包、转让合同。转包、转让合同不得违背原承包合同的规定。转包、转让给农村集体经济组织成员的，承包方应当将转包、转让合同报发包方备案；转包、转让给农村集体经济组织以外的单位或者个人的，承包方应当经发包方书面同意，始得与第三者签订转包、转让合同。

第四章 合同纠纷的处理及违反合同的责任

第二十三条 有下列情形之一的，合同无效：

（一）违反本条例第十条第三款、第二十一条规定的；

（二）一方以欺诈、胁迫的手段或者乘人之危，使对方在违背真实意思的情况下订立的；

（三）发包方无权发包的；

（四）法律、法规规定的其他情形。

未经发包方书面同意，承包方擅自向本组织以外的单位、个人转包自然资源、资产或者转让承包合同的，转包、转让合同无效。

第二十四条 无效合同从订立之日起就没有法律约束力。合同部分无效，不影响其他部分效力的，其他部分仍然有效。

第二十五条 无效合同，由法定的仲裁机构或者人民法院确认。

第二十六条 合同被确认无效后，当事人依据该合同取得的财产，应当返还对方；不能返还的，应当给予补偿。有过错的一方应当赔偿对方因此所受到的损失，双方都有过错的，应当各自承担相应的责任。

第二十七条 由于当事人一方的过错，造成合同不能履行或者不能完全履行的，由有过错的一方承担违约责任；双方都有过错的，应当根据实际情况，由双方分别承担相应的违约责任。

第二十八条 当事人一方违反合同的，应当向对方支付合同规定的违约金。违约金不足以弥补实际损失的，还应进行赔偿，补偿违约金不足的部分。对方要求继续履行合同的，应当继续履行。

当事人可以在合同中约定一方违约时应当根据违约情况向对方支付一定数额的违约金，也可以约定因违约产生的损失赔偿额的计算方法。

第二十九条 当事人一方因不可抗力不能履行合同的，应当及时通知对方，以减轻可能给对方造成的损失，并应当在合理期限内提供证明。

因不可抗力不能履行合同的，根据不可抗力的影响，部分或者全部免除违约责任。

第三十条 非法干涉承包合同的签订和履行，或者非法干涉承包方的正常生产经营，造成当事人经济损失的，应当予以赔偿。

第三十一条 承包方有下列行为之一的，由发包方责令限期改正，恢复原状；造成发包方经济损失的，应当予以赔偿；情节严重的，经乡（镇）人民政府审查和县级农村经济经营管理部门核实，发包方可以解除合同，收回发包的自然资源、资产：

（一）进行破坏性、掠夺性生产经营，经发包方劝阻无效的；

（二）出卖、非法抵押承包的自然资源、资产；

（三）未经发包方书面同意擅自向本组织以外的单位、个人转包自然资源、资产或者转让承包合同的；

（四）连续两年闲置、荒芜耕地的；

（五）占用耕地建窑、建坟或者擅自在耕地上建房、挖砂、采石、采矿、取土等破坏种植条件的行为；

（六）其他法律、法规禁止的行为。

承包方对解除合同不服的，可以依法申诉或

者提起诉讼。

第五章 附 则

第三十二条 国有农业企业和其他农业企业管辖的农村集体经济组织的承包合同，参照本条例执行。

本条例规定的自然资源、资产的租赁合同，依照《中华人民共和国合同法》的规定办理。

第三十三条 本条例公布之前签订的农村集体经济承包合同继续有效，按照本条例的规定进行管理。

第三十四条 本条例自公布之日起施行。

自治区人民政府办公厅关于印发《广西壮族自治区公路路树采伐及育林基金、更改基金提留与使用管理办法》的通知

（1999 年 6 月 14 日
桂政办发〔1999〕111 号）

各地区行署，各市、县、自治县人民政府，柳铁，区直各委、办、厅、局：

《广西壮族自治区公路路树采伐及育林基金、更改基金提留与使用管理办法》已经自治区人民政府同意，现印发给你们，请认真贯彻执行。

附件：

广西壮族自治区公路路树采伐及育林基金、更改基金提留与使用管理办法

公路沿线绿化是国土绿化的重要组成部分。加强公路绿化树木及其他绿化植物的采伐管理，是改善公路交通环境，使公路交通环境质量达到标准化的重要措施。为在全区范围内大力开展绿色通道工程建设，保证公路沿线绿化有比较稳定的资金投入，现就公路路树采伐及育林基金、更改基金的提留与使用管理问题制定如下办法：

一、公路绿化树木及其他绿化植物采伐，应坚持根据公路建设要求进行采伐，如在公路扩建、改建及增设道口、绿化抚育、改善交通通视情况、枯残林路段绿化改造时，依据计划进行必要的采伐。

二、根据《中华人民共和国森林法》和《中华人民共和国公路法》等法律的规定，公路路树的采伐计划，经自治区交通主管部门审定后，送自治区林业主管部门审批，由自治区林业主管部门将年度采伐计划下达给有关地、市林业、公路主管部门，抄送给自治区公路主管部门。按照《中华人民共和国森林法》关于“铁路、公路的护路林和城镇林木的更新采伐，由有关主管部门依照有关规定审核发放采伐许可证”的规定，公路路树的采伐，自治区公路主管部门根据自治区林业主管部门下达的年度采伐计划审核发放采伐许可证，凭证采伐。

三、根据《中华人民共和国森林法实施细则》和《广西壮族自治区公路绿化实施办法》等有关规定，公路路树等绿化植物采伐收入应全额用于公路绿化，列入公路绿化资金；同时，自治区公路主管部门应当在养路费中安排造林绿化资金，按规定实行专款专用。

四、公路路树采伐要按有关规定征收育林基金、更改基金和林业保护建设费，由地、市公路主管部门使用《广西壮族自治区“两金一费”征收专用票据》收取；所用票据由自治区公路主管部门向自治区林业主管部门核领。所收取的育林基金、改更基金上交自治区公路主管部门 20%，用于全区公路绿化经费的调剂，余下的 80%由地、市公路主管部门用作公路绿化经费；林业保护建设费由自治区公路主管部门收取后全额上交自治区林业基金管理机构。

五、公路路树采伐木材运输按照《广西壮族自治区木材运输管理条例》的规定办理。

六、公路绿化更新与绿化恢复，应按照国家交通主管部门的技术标准实施，由自治区公路主管部门组织验收。

自治区人民政府批转自治区林业局《关于调整国有林场育林基金、更改资金、林业保护建设费上交比例的意见》的通知

（1999 年 8 月 3 日桂政发〔1999〕72 号）

各地区行署，各市、县、自治县人民政府，柳铁，区直各委、办、厅、局：

自治区人民政府同意自治区林业局《关于调整国有林场育林基金、更改资金、林业保护建设费上交比例的意见》，现转发给你们，请遵照执行。

附件：

关于调整国有林场育林基金、更改资金、林业保护建设费上交比例的意见

（1999年4月20日）

自治区人民政府：

根据《自治区人民政府批转区林业厅关于国有林场育林基金、更改资金提取适当比例上交自治区及地、市、县林业部门的意见的通知》（桂政发〔1991〕7号）和自治区财政厅、物价局《关于收取林业保护建设费的通知》（〔1994〕桂财综字第33号）规定，近几年来，我区国有林场提取的育林基金、更改资金、林业保护建设费按一定比例上交自治区及地、市、县林业行政主管部门，用于补助荒山多的国有林场和荒山面积大的县（市）造林，这对于我区实现造林灭荒和绿化达标起到了积极的作用。

但是，目前我区国有林场普遍负担较重，经济还比较落后，贫困面较大。为了减轻他们的负担，使其有更多的资金投入林业建设，起到造林、营林的示范作用，现就国有林场提取的育林基金、更改资金、林业保护建设费上交各级林业行政主管部门的比例进行调整问题提出如下意见：

一、自治区直属林场（森林公园）上交自治区林业行政主管部门40%，留场使用60%。

二、委托地、市、县（区）管理的国有林场上交自治区林业行政主管部门20%，上交林场所在地的地区、地级市，县（市、区）林业行政主管部门各10%，林场留用60%。

以上比例从1999年1月1日起执行。

根据《中华人民共和国森林法》和《广西壮族自治区森林管理办法》的有关规定，育林基金、更改资金、林业保护建设费属林业主管部门负责征收并用于林业建设的基金。国有林场向各级林业行政主管部门上交的“两金一费”，除了按规定比例上交上级林业行政主管部门的部分不需缴入同级财政专户外，其余要缴入同级财政专户，专款专用，任何单位和部门不得挪用，接受财政、审计和上级林业行政主管部门的检查、监督。

以上意见，如无不妥，请批转各地、市、县（区）及有关部门贯彻执行。

自治区林业局关于加强对林业“两金一费”征收、上交管理的通知

（1999年8月6日桂林计财字〔1999〕88号）

各地、市、县林业局，全区国有林场：

林业“两金一费”是取之于林用之于林的专项基金，是林业生产的主要资金来源。自实行征收“两金一费”以来，为我区筹集了大量的林业资金，对造林绿化，发展经济果木林，加速林产工业建设作出了重大贡献。但是，在近来的调查中发现，林业“两金一费”的征收还存在不少问题。为了加强对林业“两金一费”的征收、上交管理，明确征收环节，规范征收手续，建立内部核查制度，经研究决定，对林业“两金一费”征收、上交管理作如下规定：

一、制定全区木材征收“两金一费”的最低指导价

各地、市林业局，区直国有林场根据市场供需情况和木材实际销售价向我局上报当地木材征收“两金一费”最低指导价，经我局综合后制定全区各个时期木材征收“两金一费”的最低指导价，各地、市林业局在全区最低指导价的基础上，按照调高不调低的原则，制定适合本地、市的木材征收“两金一费”的最低指导价。指导价一经确定，便要严格执行。

二、加强“两金一费”征收的源头管理

乡镇林业工作站是林业管理的最基层组织；年度木材生产指标下达后，乡镇林业工作站要协助木材收购单位与林农签订木材收购合同，并参与木材生产、调拨、销售的管理，掌握木材生产、销售进度。未经办理木材运输手续的木材不得运出本乡镇。乡镇林业工作站要向县林业局按月上报木材生产、调拨、销售、结存等报表。

三、集体林的“两金一费”实行价内计征

如集体林的木材售价中未含“两金一费”的，要先还原为含“两金一费”销售全价即按发票价除以80%或乘以I.25后再计征；如售价中未含木材农业特产税的，也要先还原为含特产税的销售价后再计征。属林业木材收购单位，且能提供增值税税票的，允许在含“两金一费”的木材售价中扣除其应交的增值税后再计征“两金”。征收板、方

材等半成品、产成品的林业保护建设费,要按实际耗用的原木数量计征。

四、国有林场木材的“两金一费”按现行规定实行价外计征

林业行政主管部门对国有林场按不低于征收“两金一费”最低指导价的实际销售价实行查账上交。除国有林场自开的“两金一费”征收专用票据外,应列入木材生产、销售成本的一切费用如采伐费用、集材费用、营业费用等都属于查账上交的范围。国有林场要按照我局《关于重申计征木材育林基金、更改资金有关问题的通知》(桂林财字〔1993〕131号)规定自觉调整应上交数额,违者按偷漏“两金一费”进行处罚。

五、买卖青山的林木价格不能作为计征“两金一费”的基价

任何单位和个人买卖青山的林木价格不能作为木材的第一次销售价。因此,销售购买青山的林木所得的木材、木制品的“两金一费”也要按照不低于木材征收“两金一费”最低指导价的当地销售价征收。

六、明确森工基地林场“两金一费”的上交办法

我局《关于再次明确森工基地林场育林基金、更改资金上交问题的通知》(桂林产字〔1997〕33号)规定:森工基地林场的“两金一费”留场和上交比例享受县管国有林场待遇。享受国有林场待遇的森工基地林场是指由森工企业管理的实行独立经济核算,林权归属企业所有或与乡村集体共有,长期从事林业生产经营活动(一般需20年以上),管理体制健全,经当地林业主管部门批准的林业生产单位。森工基地林场通过购买青山进行采伐的林木,又不是其更新造林的,“两金一费”不能享受以上优惠政策,应按收购集体林区木材缴交“两金一费”。森工基地林场的“两金一费”由其林业主管部门实行价内计征,属留场部分再由其林业主管部门返还。为了掌握森工基地林场“两金一费”的计征上交情况,森工基地林场要按季向地、市、县林业局上报有关会计报表,地、市林业局审核后与国有林场报表一起汇总上报我局,否则不能享受国有林场留用“两金一费”的待遇。

七、降低速生桉木片原料材“两金一费”的上交、征收比例

速生桉木片原料林生产周期短,价格不稳定。为了促进我区速生桉木片原料林的发展,对销售速生桉木片原料材的单位或个人在上交、征收“两金一费”上给予适当照顾,即对计征销售速生桉木片原料材的“两金一费”,国有林场减半上交,其他单位或个人减半征收。除了速生桉木片原料材外,其他树、材种、柴火等不能享受此待遇。

八、加强“两金一费”征收专用票据的管理

根据区财政厅、林业厅《关于印发〈广西壮族自治区“两金一费”征收专用票据管理暂行办法〉的通知》(林财事发〔1992〕9号)规定:“两金一费”征收专用票据是征收“两金一费”的法定专用凭证。因此“两金一费”征收专用票据只能用于“两金一费”的征收,并由财务人员填用。“两金一费”征收专用票据原则上只发到地、市、县林业局、国有林场,个别地方需要在乡镇林业工作站使用“两金一费”征收专用票据收取“两金一费”的,需征得地、市林业局的同意,并报我局备案。其他零星征收“两金一费”的,只能使用“两金一费”定额收据。使用“两金一费”票据、收据收取的“两金一费”必须按规定的比例分成上交各级林业行政主管部门,竹、木按同一比例上交。其他尚未明确的,统一按木材征收的“两金一费”的上交比例上交。

九、先交费,后办证

为足额、及时征收“两金一费”,集体林的木材,必须先交清“两金一费”后,才办理木材运输手续。林政部门、财务部门要密切配合,集体林木材凡有漏征、少征“两金一费”的,林政部门不得办理木材运输手续。县(含经同意的乡镇)林业财务部门收取“两金一费”后,在开出“两金一费”票据的同时,填写征收木材“两金一费”清单一式三联,一联存根,一联与“两金一费”票据记账联由财务记账,一联与“两金一费”票据随货同行联由林政部门附在木材运输证存根上。林政部门按月对征收“两金一费”的木材按主要树材种进行统计材积。

十、建立“两金一费”征收备查账制度

县林业财务部门根据开出的“两金一费”征收专用票据及征收木材“两金一费”清单登记征收“两金一费”情况备查账(按主要的树材种、材积、销售额、育林基金、更改资金、林业保护建设费等项目设账),并在年终编制“两金一费”征收情况明细表。

十一、建立内部核对制度

季度终后,林政、财务部门所记录征收木材“两金一费”的树材种数量要核对相符。年终,县林业局要组织力量对木材收购单位库存的木竹进行盘点、核对,发现已经销售而未交"两金一费"的,要进行补收。各乡镇林业工作站也要核对山上的存材量,发现差异的要查明原因,属偷卖、偷运的,要追究有关人员的责任,并补收"两金一费"。区林业局每年组织林政、财务人员对地市征收"两金一费"、签发木材运输证进行检查,地市林业局也组织人员对其所管单位进行相应的检查。

十二、"两金一费"要按时上交

根据区林业厅、区财政厅《关于一九九二年"两金一费"缴交情况的通报》(桂林财字〔1993〕46号)文件规定:县一级林业单位,在季度结束后(下同)十天内交清到县林业局;县林业局和地、县国有林场在十五天内交清到地、市林业局;区直林场在十五天内,地、市林业局在二十天内交清到区林业局。否则停发"两金一费"征收专用票据和木材运输证。

十三、偷漏、拖欠"两金一费"的处罚

对偷漏、拖欠单位,情节较轻的予以通报,情节较重的根据《广西壮族自治区森林管理办法》第四十六条规定进行处罚。属单位个人责任造成少收漏收的,要按有关的法律、法规、规定予以追究。

十四、《征收木材"两金一费"清单》由各县林业局按本文所附格式自行印刷,财务部门保管、核销。

业务量较少的地方也可与地、市林业局联系,由地、市林业局统一代印。

以上通知从一九九九年元月一日起执行,凡与本通知规定不符的规定自行废止。

自治区林业局印发《自治区人民政府批转〈自治区林业局关于调整国有林场育林基金、更改资金、林业保护建设费上交比例的意见〉的通知》

(1999年8月16日　桂林计财字〔1999〕90号)

各地、市、县(市)林业局,全区国有林场:

现将自治区人民政府关于《自治区人民政府批转自治区林业局〈关于调整国有林场育林基金、更改资金、林业保护建设费上交比例的意见〉的通知》(桂政发〔1999〕72号)印发给你们,请认真贯彻执行。

附件1:

自治区人民政府批转《自治区林业局关于调整国有林场育林基金、更改资金、林业保护建设费上交比例的意见》的通知

(1999年8月3日　桂政发〔1999〕72号)

各地区行署,各市、县、自治县人民政府,柳铁,区直各委、办、厅、局:

自治区人民政府同意自治区林业局《关于调整国有林场育林基金、更改资金、林业保护建设费上交比例的意见》,现转发给你们,请遵照执行。

附件2:

自治区林业局关于调整国有林场育林基金、更改资金、林业保护建设费上交比例的意见

(1999年4月20日)

自治区人民政府:

根据《自治区人民政府批转区林业厅关于国有林场育林基金、更改资金提取适当比例上交自治区及地、市、县林业部门的意见的通知》(桂政发〔1991〕7号)和自治区财政厅、物价局《关于收取林业保护建设费的通知》(桂财综字〔1994〕33号)规定,近几年来,我区国有林场提取的育林基金、更改资金、林业保护建设费按一定比例上交自治区及地、市、县林业行政主管部门,用于补助荒山多的国有林场和荒山面积大的县(市)造林,这对于我区实现造林灭荒和绿化达标起到了积极的作用。

但是,目前我区国有林场普遍负担较重,经济还比较落后,贫困面较大。为了减轻他们的负担,使其有更多的资金投入林业建设,起到造林、营林的示范作用,现就国有林场提取的育林基金、更改资金、林业保护建设费上交各级林业行政主管部门的比例进行调整问题提出如下意见:

一、自治区直属林场(森林公园)上交自治区林业行政主管部门40%,留场使用60%。

二、委托地、市、县(区)管理的国有林场上交自治区林业行政主管部门20%,上交林场所在地的地区、地级市,县(市、区)林业行政主管部门各10%,林场留用60%。

以上比例从1999年1月1日起执行。

根据《中华人民共和国森林法》和《广西壮族

自治区森林管理办法》的有关规定,育林基金、更改资金、林业保护建设费属林业主管部门负责征收并用于林业建设的基金。国有林场向各级林业行政主管部门上交的“两金一费”,除了按规定比例上交上级林业行政主管部门的部分不需缴入同级财政专户外,其余要缴入同级财政专户,专款专用,任何单位和部门不得挪用,接受财政、审计和上级林业行政主管部门的检查、监督。

以上意见,如无不妥,请批转各地、市、县(区)及有关部门贯彻执行。

自治区物价局　林业局关于取消对油桐籽、玉桂、八角等经济林产品征收育林基金的规定的通知

(1999 年 8 月 26 日　桂价农字〔1999〕352 号)

各地、市、县物价局、林业局:

自治区物价局、原林业厅于 1995 年 2 月 21 日印发《关于征收油桐籽、玉桂、八角等经济林产品育林基金的通知》(桂价农字〔1995〕033 号),决定从油桐籽、玉桂、八角等经济林产品的销售收入中征收适当比例的育林基金。1996 年 7 月,国务院在《关于加强预算外资金管理的决定》(国发〔1995〕29 号)中规定:“征收政府性基金必须严格按国务院规定统一报财政部审批,重要的报国务院审批”,明确了基金的主管部门为财政部。现根据国务院上述关于基金管理权限的规定和贯彻落实中央 12 号文件精神,促进农副产品的流通,经研究,决定自治区物价局、原林业厅桂价农字〔1995〕033 号文件停止执行,对油桐籽、玉桂、八角等经济林产品不再征收育林基金。

以上通知,从文到之日起执行。

自治区林业局关于坚决制止乱采滥挖、乱收乱购野生植物的紧急通知

(1999 年 8 月 27 日　桂林政字〔1999〕84 号)

各地、市、县林业局,自然保护区管理处(站):

野生植物资源是国家的宝贵自然资源,保护和合理利用好这项资源对维护自然生态平衡,开展科学研究,发展经济、文化、教育、医药卫生等事业有着重要的科学意义。国家对此项工作十分重视,近年来陆续颁发了《中华人民共和国野生植物保护条例》、《国家林业局关于开展、合理利用珍贵树种的通知》及《林业部关于保护珍贵树种的通知》等一系列法律法规,为野生植物的保护提供了强有力的法律保障,促进了野生植物的保护管理工作。但由于野生植物的保护工作起步较晚,机构不健全,经费缺乏,经验不足等客观条件的限制,一些不法分子受经济利益的驱动乘机而人,在我区各地乱采滥挖、乱收乱购珍稀野生植物资源的违法犯罪活动十分猖獗,如我区的兰花、苏铁、罗汉松、棕榈、福建柏等资源在一些地区破坏相当严重,有的已进入自然保护区挖采,已严重威胁到野生植物的生存和发展。为了有效地保护好此项资源,及时制止不法分子乱采滥挖、乱收乱购的违法犯罪活动,特作如下紧急通知:

一、各级林业主管部门和自然保护区要提高认识,认真履行各自职责,把野生植物保护管理工作纳入议事日程,作为本部门、本单位的一项重要的工作来抓,切实做好野生植物的保护管理工作。

二、加强宣传,提高当地群众的保护意识。通过各种舆论工具,结合我区每年“爱鸟周”和“野生动物宣传月”活动,采取多种形式宣传国家有关保护野生植物的法律法规,宣传保护野生植物的重要意义,逐步提高公民的保护意识,依靠社会力量齐抓共管,共同做好野生植物的保护管理工作。

三、加强野生植物的保护管理工作。在国家新的政策出台(即国务院未公布的新的保护植物名录)之前,分布在自然保护区范围内的野生植物(所有种),要坚决按照《中华人民共和国自然保护区管理条例》进行管理:分布在自然保护区范围外的野生植物仍按国家环保局 1986 年公布的《国家野生植物保护名录》(第一批)和 1992 年林业部公布的《国家珍贵树种名录》(第一批)进行管理,严格遵守国家林业部林护字〔1992〕56 号《关于保护珍贵树种的通知》及《中华人民共和国野生植物保护条例》等有关规定。严禁采伐国家一类(一级)野生保护植物(珍贵树种),因特殊需要采伐的,须报国家林业局批准;严格控制采伐国家二类(二级)野生保护植物(或珍贵树种),如需采伐,须报区林业局批准,采伐国家三类野生保护植物的,须经县级以上林业主管部门批准,报区林业局备案。

自治区人民政府关于加强我区“三大纠纷”调处工作的通知

(1999年9月21日桂政发〔1999〕77号)

各地区行署，各市、县、自治县人民政府，柳铁，区直各委、办、厅、局：

近年来，在各级党委、政府的统一领导下，经过有关部门的努力，我区土地、山林、水利纠纷(以下简称“三大纠纷”)案件的调处工作取得了很大成绩，这对于维护我区的社会稳定，促进经济发展，发挥了极大的作用。但是，也应该看到，当前我区“三大纠纷”调处工作面临的形势依然严峻，存在问题还相当突出，主要表现在：“三大纠纷”案件数量呈上升趋势，积案不断增加。为此，自治区人民政府决定，加大“三大纠纷”调处工作力度，集中力量，争取用3年左右时间把原来的“三大纠纷”积案和新出现的“三大纠纷”案件大部分调处结案，为全区创造一个稳定的社会环境，更好地推动我区改革开放和经济建设的健康发展。现就加强我区“三大纠纷”调处工作有关问题通知如下：

一、认清形势，增强做好“三大纠纷”调处工作的紧迫感

据统计，近年我区“三大纠纷”案件发生数每年均以约5%的幅度上升。1995年至1998年，全区共发生“三大纠纷”案件56837起，涉及面积268万多亩。经过各级党委、政府和有关部门的努力，调处了53154起。虽然绝大多数纠纷得到了解决，但仍有少数疑难案件无法调处，造成“三大纠纷”积案增多，到1999年8月底，全区共有“三大纠纷”积案4216起，其中农林场和周边群众纠纷积案1186起，涉及面积262万亩；跨省(自治区)、地(市)、县纠纷积案1176起，纠纷面积102.3万亩。因“三大纠纷”引发的群体性械斗增多，1998年至1999年6月底，全区共发生“三大纠纷”大案要案102起，造成械斗203起，其中100人以上械斗49起，死亡26人，伤393人，毁坏作物10863亩，田地丢荒21836亩，林木损失98636立方米，造成损失约21383万元。“三大纠纷”不仅给人民生命财产造成了巨大损失，而且严重影响了我区农村的社会稳定。

各级人民政府要进一步增强紧迫感，把做好“三大纠纷”调处工作提到重要议事日程。要从深入贯彻党的十五大、十五届三中全会和中央农村工作会议精神，落实江泽民总书记关于农业农村工作的一系列重要指示，促进农村社会稳定和经济发展的高度，认识做好“三大纠纷”调处工作的重要性。把做好“三大纠纷”调处工作作为为民办实事，维护政府形象的工作来抓，结合实施农村稳定工程和社会治安综合治理等工作，认真抓好，抓出成效，努力创造一个良好的社会环境，推动改革开放和经济建设的健康发展。

二、切实加大调处“三大纠纷”工作的力度

(一)加强领导。

调处“三大纠纷”工作是一项复杂的系统工程，政策性强，涉及面广，工作难度大，各级人民政府要成立调处“三大纠纷”领导机构，研究解决“三大纠纷”调处工作中遇到的具体问题，指导、协调各部门共同做好调处工作，保证“三大纠纷”调处工作有人抓、有人管。各有关部门要积极配合，协同搞好“三大纠纷”调处工作。各级人民政府主要领导要以身作则，亲自办案，以推动当地调处工作的顺利开展。

(二)加强调处干部队伍建设。

要选拔公道正派、素质高、责任心强、熟悉法律政策、富有农村工作经验的人员充实到调处干部队伍中去，配备好强有力的领导班子，并注重调处干部的业务培训，提高调处干部的整体素质。

(三)保障经费。

各地要解决好调处案件所必需的交通、通信工具、办公用房和必要的业务经费，解决和改善凋处干部的政治和生活待遇。

三、目标、任务和要求

总的目标和任务是：用3年左右时间，对全区的“三大纠纷”案件进行认真清理、调处，把“三大纠纷”的上升势头压下去。地(市)、县的“三大纠纷”积案调结率要求达到80%以上，新发案件调结率要求达到95%以上。

为确保任务的完成，各级人民政府要组织力量对“三大纠纷”案件进行全面排查，做好计划，选准突破口，以点带面，按轻重缓急，分阶段完成。要从各有关部门抽调人员，组成联合工作组，集中人力物力，对“三大纠纷”积案逐件进行调处。对纠纷时间较长、久调不下的案件，各级人民政府要在查明事实的基础上，果断裁决，避免久拖不决。各地对新发生的“三大纠纷”案件，要力争做到发生一件调处一件，不能让其成为积案。

四、明确责任，依法做好“三大纠纷”调处工作

调处“三大纠纷”要按照“属地管理，分级调处”的原则进行。各级的责任是：

（一）乡（镇）范围内的纠纷，由乡（镇）人民政府调处，不能调解处理的依法上报县级人民政府调解处理。

（二）县（市、区）内的纠纷，由县级人民政府调解处理。

同一地、市辖区内的跨县（市）纠纷，由双方县人民政府协商解决，经反复协商达不成协议的，由双方县人民政府分别将证据材料和处理意见上报上级人民政府，由地（市）行署（政府）调解处理。

（三）跨地（市）的纠纷，首先由纠纷案件发生地的人民政府牵头进行协商解决。

经反复协商达不成协议的，由双方地区行署、地级市人民政府协商解决，如反复协商仍达不成协议的，由双方地区行署、地级市人民政府将证据材料和协商处理意见共同上报自治区人民政府调解处理。

（四）跨省的纠纷，原则上以所在县人民政府与对方县人民政府主动协商解决为主，经反复协商不能解决的，逐级上报，由地（市）、自治区人民政府及其有关部门与对方协商解决。

（五）国家、自治区驻各地（市）、县单位之间或与当地其他单位之间发生的“三大纠纷”案件，按属地管理的原则，由当地县级以上人民政府处理。

因案件重大，案情复杂，经当地人民政府调处不能达成协议又不便作出处理决定的，将证据材料和处理意见报上一级人民政府处理。

（六）土地、林业、水利、民政、地矿、农垦、华侨、监狱劳教等部门，要在各级党委、政府的统一领导下，共同做好“三大纠纷”的调处工作。

公安、司法、法制等部门要对调处工作给予大力支持。在“三大纠纷”案件未解决之前，有关部门不能发放权属证书。协议解决和政府裁决发生法律效力后，要及时发给权属证书，对错发重发的证件要及时纠正。

“三大纠纷”调处要严格遵循上述分级调处原则进行，在双方未充分协商解决之前，各级政府不得将矛盾上交，努力把纠纷解决在基层和萌芽状态之中。

各地调处“三大纠纷”要本着“尊重历史，面对现实；互谅互让，友好团结；主动协商，积极疏导；有利于生产，有利于生活，有利于管理，有利于安定团结”的原则依法进行。“三大纠纷”双方及其上级主管部门要主动联系、协商，合法、合理、公正、及时处理好纠纷，要顾全大局，克服地方保护主义、部门保护主义。

五、正确处理国家、集体、群众利益关系

处理国有农林场、工矿企业和周边群众的“三大纠纷”，要维护国有土地资产不受侵占，保证国有企业的生产、经营活动正常开展。

凡经县以上人民政府批准的农林企业场间规划图，应当给予维护。但是，如周边群众因原定场界不合理，造成现在生产、生活确有困难的，应当既尊重历史，又面对现实，在维护农林场界的基础上，妥善处理好群众的生产和生活出路问题。各级人民政府要积极做好农林场的清边工作，为国有企业创造一个良好的环境。同时，在保证国有土地资产保值、增值的基础上，可以采用使用权和经营权分离的办法，对那些使用权归农林场，已经被群众耕种多年，群众人均有地较少，生活出路有困难的，农林场可以通过承包、租赁、股份制等形式，在保证国有土地资产不受侵占的基础上，妥善解决群众的生活出路问题。

工矿企业和周边群众有争议的土地权属，各级人民政府要按照有利于安定团结，有利于生产管理的原则妥善处理好。纠纷双方当事人的上级部门要从大局出发，积极做好矛盾的化解工作，协助开展调处工作。

自治区人民政府关于贯彻实施《中华人民共和国土地管理法》有关问题的通知

（1999 年 10 月 10 日　桂政发〔1999〕81 号）

各地区行署，各市、县、自治县人民政府，柳铁，区直各委、办、厅、局：

经第九届全国人大常委会第四次会议修订通过的《中华人民共和国土地管理法》（以下简称《土地管理法》），已于 1999 年 1 月 1 日起正式施行。在《广西壮族自治区土地管理实施办法》修订实施之前，为进一步贯彻实施《土地管理法》，加强我区土地管理工作，依法行政，特作如下通知：

一、关于土地利用总体规划的审批

新修订的《土地管理法》建立了以土地用途管制为核心的土地管理制度，实施土地用途管制的依据是土地利用总体规划。各级人民政府要加强领导,集中力量,确保在规定期限内完成土地利用总体规划的编制和修编工作。在土地利用总体规划未获批准之前,不准审批新增建设用地。

市、县土地利用总体规划由本级人民政府组织编制,逐级上报自治区人民政府批准,其中按国家规定需报国务院批准的,经自治区人民政府审核同意后,报国务院审批。

乡(镇)级土地利用总体规划由乡(镇)人民政府编制,其中市、县(区)人民政府所在镇和自治区人民政府指定镇的土地利用总体规划逐级上报自治区人民政府批准,其他乡级土地利用总体规划逐级上报设区的市人民政府或地区行署批准。

二、关于土地利用年度计划

土地利用年度计划包括农用地转用计划、耕地保有量计划和土地开发整理计划等。各级人民政府要加强土地利用计划管理,实行建设用地总量控制,确保耕地总量动态平衡。国务院批准下达我区土地利用年度总量计划后,由自治区土地管理局根据我区国民经济和社会发展计划、土地利用总体规划及各地区、地级市编报的土地利用计划建议,会同自治区计委等有关部门提出我区土地利用年度计划,报自治区人民政府批准下达执行。土地利用年度计划一经下达,必须严格执行。

三、关于建设用地的审批

(一)各级人民政府要加强建设用地管理,坚决杜绝未批先用土地行为。

建设项目必须纳入年度固定资产投资计划和年度用地计划,没有列入计划的建设项目不予批准用地,杜绝计划外用地和盲目用地现象。建设项目占用土地,必须符合土地利用总体规划,涉及农用地转用的,须依据土地利用总体规划、土地利用年度计划和建设项目资金落实情况,分批次依法办理审批手续;涉及征用集体土地的,依法办理土地征用审批手续,农用地转用和征用土地手续的审批,按国土资源部制定的《建设用地审查报批管理办法》(国土资源部1999年第3号令)规定的程序办理。在申报建设用地时,须足额缴纳耕地占用税、耕地开垦费等有关税费。在已批准的农用地转用、土地征用和建设存量土地范围内,具体建设项目用地的供给(出让、划拨、租赁等),按以下权限审批:1公顷以下(含1公顷)由县(市)人民政府批准,报设区的市人民政府或地区行署备案;1公顷以上报设区的市人民政府或地区行署批准,报自治区人民政府备案。

(二)依法申请使用集体土地进行建设,涉及农用地转用的,先依法办理农用地转用审批手续。

在已批准农用地转用范围内及依法申请使用集体建设用地的具体建设项目用地,按下列权限审批:

1.总面积在0.3公顷以下(含0.3公顷)的建设用地,经乡(镇)级人民政府审核,报县(市)人民政府审批,报设区的市人民政府或地区行署备案;

2.总面积在0.3～3公顷(含3公顷)的建设用地,由设区的市人民政府或地区行署批准,报自治区人民政府备案;

3.总面积在3公顷以上的建设用地,由县级以上人民政府审查,逐级报自治区人民政府批准。

(三)根据《土地管理法》的规定,自1999年1月1日起,征用土地执行新的补偿标准,我区按下列标准执行:

1.土地补偿费:

(1)水田:按被征用前3年平均年产值的9倍补偿;

(2)菜地、鱼(藕)塘:按被征用前3年平均年产值的8倍补偿;

(3)旱地:按被征用前3年平均年产值的7倍补偿;

(4)园地、经济林地:按被征用前3年平均年产值的5～7倍补偿;

(5)用材林、薪炭林地:已有收获(收益)的,按被征用前3年当地旱地平均年产值的4～6倍补偿;未有收获(收益)的,按被征用前3年当地旱地平均年产值的3～4倍补偿。

(6)防护林、特种用途林地不得征用。确需征用的,必须逐级上报自治区人民政府批准,并按被征用前3年当地旱地平均年产值的9倍补偿;

(7)轮歇地、草地、荒地及其他土地:按被征用前3年当地旱地平均年产值的2～3倍补偿。

2.安置补助费:

(1)征地前人均耕地在0.03公顷(不含0.03公顷)以上的,安置补助费总额为被征用耕地前3年平均年产值的12倍;

(2)征地前人均耕地在0.025公顷至0.03公顷(含0.03公顷)的,安置补助费总额为被征用耕地前3年平均年产值的13倍;

(3)征地前人均耕地在0.02公顷至0.025公

顷(含 0.025 公顷)的，安置补助费总额为被征用耕地前 3 年平均年产值的 14 倍；

(4)征地前人均耕地在 0.02 公顷(含 0.02 公顷)以下的，安置补助费总额为被征用耕地前 3 年平均年产值的 15 倍。

(5)征用园地、林地等有收获的土地的安置补助费，按征用前 3 年当地旱地平均年产值的 3～5 倍补偿；征用鱼(藕)塘的安置补助费，按被征用前 3 年平均年产值的 4～6 倍补偿；轮歇地、草地的安置补助费，按征用前 3 年当地旱地平均年产值的 2 倍补偿；征用荒山、荒地及其他无收益的土地不支付安置补助费。

3.被征用土地上有未收作物的，按一造产值补偿；征用土地需拆迁地上附着物的，按照当地市、县人民政府有制定的补偿标准补偿。

4.本文没有提及的征、占用林地的林木、森林植被恢复费的补偿标准，按《自治区人民政府批转自治区计委、财政厅、林业厅、物价局、土地管理局关于收取征、占用林地四项补偿费暂行规定请示的通知》(桂政发〔1995〕34 号)执行。

(四)建设占用国有耕地的，按该耕地被占用前 3 年平均年产值的 10 倍支付安置补助费；占用国有园地、林地等有收益土地的，视其质量按占用前 3 年当地旱地平均年产值的 3～5 倍支付安置补助费；占用无收益的国有土地不支付安置补助费。建设占用国有土地的青苗及地上附着物补偿费，参照征用集体土地的青苗及地上附着物补偿费标准执行。

上述各种地类按土地利用现状变更调查结果确定。

(五)根据《土地管理法》的规定，农村居民只能拥有一处宅基地，宅基地面积按以下标准执行：

1.4 人以下(含 4 人)的户，每户用地不得超过 100 平方米(含原有住房用地面积，下同)；

2.4 人以上的户，涉及使用耕地的，人均住宅用地不得超过 20 平方米，每户住宅用地最高不得超过 160 平方米；使用非耕地的，人均住宅用地不得超过 25 平方米，每户住宅用地最高不得超过 220 平方米。

农村居民新建住房，新房建成后，由市、县土地管理部门注销原住房土地使用证，收回土地使用权，交由集体另行安排使用。拒不交出土地的，按非法占用土地论处。

(六)认真贯彻落实《国务院办公厅关于继续冻结各项建设工程征占用林地的通知》(国办发明电〔1999〕9 号)精神，继续冻结各项建设工程征、占用林地。确需征、占用林地的，必须经工程所在地的县级以上人民政府审查后，逐级上报国务院批准。

四、关于耕地开垦费的缴纳与使用

根据《土地管理法》的规定，非农业建设占用耕地的，要按照“占多少，垦多少”的原则，由占用耕地的单位负责开垦与所占耕地数量和质量相当的耕地。占用耕地单位在办理农用地转用手续时，先缴纳耕地开垦费，缴纳标准为：水田和菜地每平方米 30～80 元，旱地每平方米 20～50 元。占用基本农田的，缴纳耕地开垦费的标准应按上述标准的上限执行。占用耕地单位开垦的耕地经自治区土地行政主管部门会同同级农业行政主管部门组织检查验收合格后，其缴纳的耕地开垦费按规定退还。耕地开垦费由自治区土地管理局统一收缴管理，专项用于耕地开发或土地整理，具体收缴管理办法由自治区土地管理局会同自治区财政、物价部门制定。

以上各项规定，在我区新修订的《广西壮族自治区土地管理实施办法》颁布实施后，按新的规定执行。

自治区林业局关于加强农村居民自留地和房前屋后个人所有的零星树木采伐管理的通知

(1999 年 11 月 10 日　桂林政字〔1999〕141 号)

各地、市林业局：

为进一步加强农村居民自留地和房前屋后个人所有的零星树木的采伐管理，促进绿色工程的顺利实施，切实保护好我区的森林资源，改善生态环境。现对农村居民采伐自留地和房前屋后个人所有的零星树木的有关问题通知如下：

一、农村居民自留地和房前屋后个人所有的零星树木范围的界定

(一)农村居民房前屋后个人所有的零星树木，是指森林资源规划设计调查所划定的农村居民点小班范围内的房前屋后个人所有的零星树木。

(二)农村居民自留地上的树木，是指政府划定给农民，以解决蔬菜、口粮等土地上个人种植的树木。

(三)承包耕地以及路旁、村旁、水旁等个人所有的零星树木作为散生木统计,纳入森林采伐限额管理,须依法申办林木采伐许可证。

二、采伐管理要求:

房前屋后零星树木主要以绿化、美化、香化农村居民生活环境,维护小区生态平衡为目的,原则上不要采伐。如确需采伐的,按以下规定办理:

(一)农村居民自留地和房前屋后个人所有的零星树木原则上只作为居民自用材。

属于居民采伐自用的,其采伐管理办法由各地市或县级林业主管部门制定;特殊情况,确需采伐销售的,由树木所有者填写《农村居民自留地和房前屋后个人所有的零星树木采伐审批表》,村委会签署意见后报乡镇林业工作站实地核实并签署意见,经县林业局审核同意后,方可采伐。凭审批表及其他有关材料办理运输证。

(二)农村居民自留地和房前屋后个人所有的零星树木中的古树名木、风景树、属于珍贵树种保护范围的树木,原则上不允许采伐。

特殊情况确需采伐的,必须依照有关规定报我局审批,凭林木采伐许可证采伐。

(三)各地要切实加强对农村居民自留地和房前屋后个人所有的零星树木的采伐管理。

如发现借采伐农村居民自留地和房前屋后个人所有的零星树木的名义,变相采伐其他林木的,除扣减木材生产计划指标外,还要坚决依法查处,并追究当事人和主管领导的责任。

自治区林业局关于调整木材、木制品计征“两金一费”最低指导价的通知

(1999年12月17日
桂林计财字〔1999〕136号)

各地、市林业局、区直林场:

自我局下达木材、木制品计征“两金一费”最低指导价以来,对贯彻执行国家经委、财政部、林业部、工商局、物价局经重字〔1988〕122号文件规定,足额征收林业“两金一费”起到了重要的促进作用。但是近来木材、木制品市场价格发生了新的变化,在我局桂林计财字〔1999〕61号文件基础上,经研究决定,从2000年元月1日起对木材、木制品计征“两金一费”最低指导价作适当调整(详见附表)。各地市林业局要根据我局调整后的最低指导价相应制订本地市木材、木制品计征“两金一费”最低指导价,并报我局计划财务处和林业基金管理站备案。

我局制订的木材、木制品计征“两金一费”最低指导价是指木材、木制品计征“两金一费”的统价,对少量的等外材、变质材、火烧材等经单位申请,在不低于本指导价的15%以内由地、市林业局根据实际情况审批,并报区林业基金管理站备案。各单位要严格执行我局《关于加强对“两金一费”征收、上交管理的通知》(桂林财字〔1999〕88号)的规定,加强征收工作力度,对少收、漏收、拖欠“两金一费”的,要进行补收和处罚。

附件:

木材、木制品计征“两金一费”最低指导价目表

(2000年1月1日起执行)

计量单位:立方米、元

品种	规格	单价	品种	规格	单价
松原木	2米以上8~12	240	松板	2米	480
	14~18	290	松方条	1米以内	330
	20~24	350		1~1.9米	380
	26~28	420		2米以上	480
	30以上	500	松枕木	1类	700
松纸材	6以下	170		2类	6310
	8~12	200		3类	600
	14~18	250	杉板	1米以内	480
	20以上	300		1~1.9米	600
杉原木	2米14	440		2米以上	750
	16	500	杉方条	1米以内	430
	18	580		1~1.9米	550
	20~24	700		2米以上	680
	26~28	900	椎木、楠木、樟木、枧木	1米以上14~18	400
	4米以上6	350		20~28	500
	8	400		30~38	600
	10	430		40以上	700

续表

品种	规格	单价	品种	规格	单价
	12	480	特种杂木	1米以上 14～18	800
	14	520		20～28	1000
	16	560		30以上	1500
	18	630	一般杂木	1米以上 14～18	280
	20	730		20～28	380
	22	840		30～38	480
	24	1050		40以上	550
	26	1200	按木片材	尾径6CM	180
杉条木	4～4.8米 6～8	330		8CM以上	220
	10～12	350			
	5米以上 8～10	350			
	12	380			
	14	420			
	16	480			
	18	530			
	20	630			
	22	750			
	24以上	1000			

自治区林业局关于规范国有林场以森林资源资产抵押贷款管理有关问题的通知

(2000年1月4日　桂林计发〔2000〕04号)

各地、市、县林业局、国有林场:

根据国家林业局颁发的《国家林业局关于切实维护国有林场合法权益的通知》(林计发〔1999〕82号)"对于国有林场要通过出让、合资、股份经营、委托经营、抵押等方式改变国有森林资源产权关系的,必须依法经省级以上林业主管部门审批或登记,未经审批或登记的一律无效"的精神。为规范我区国有林场以森林资源资产抵押贷款的管理,防止国有资产流失,特作如下通知:

一、坚决纠正和制止强令国有林场提供贷款担保等违法行为,严禁以国有森林资源资产为任何单位和个人提供贷款担保。

二、对国有林场以森林资源资产作为贷款抵押物的,必须按以下规定办理:

(一)办理抵押的森林资源资产仅限于用材林经济林、薪炭林。

(二)用于抵押的国有森林资源资产必须产权明晰,权属清楚,无纠纷。

(三)用以抵押的国有森林资源资产价值不得超过贷款额的两倍。

(四)严禁用已办理抵押的国有森林资源资产进行重复抵押,在抵押的借款还清后,由贷款银行出具解除抵押通知书,方可用解除抵押的森林资源资产另行办理抵押。

三、国有林场以森林资源资产抵押贷款需向自治区林业局写出申请报告,申请报告必须具备以下内容:

(一)森林资源资产抵押贷款的缘由、抵押的林班、小班、面积、林种、蓄积量、出材量、价值、贷款额及发放贷款的银行;

(二)山界林权证复印件;

(三)抵押林班、小班林分情况表。

四、地(市)、县辖林场的申请报告需报经所属地(市)、县林业主管部门审核并签署意见后报自治区林业局,区直属林场直接报自治区林业局。申请材料一式三份。

五、国有林场凭自治区林业局批文办理贷款抵押和登记,单位与银行签订正式贷款合同后,需将贷款合同复印件送自治区林业局备查。

以上规定从发文日起执行。

自治区林业局转发《自治区物价局、财政厅关于印发〈广西壮族自治区自然保护区保护管理费收费管理办法〉的通知》

(2000年1月6日　桂林计发〔2000〕5号)

各地、市、县林业局,自然保护区管理处(站、所):

现将自治区物价局、财政厅《关于印发广西壮族自治区自然保护区保护管理费收费管理办法的通知》(桂价费字〔1999〕438号)转发给你们,并结合我区实际情况及有关规定提出如下贯彻意见:

一、任何单位和个人进入自然保护区从事科学研究、教学实习、参观考察、拍摄影片、登山等活动的，必须经当地自然保护区管理站(处、所)等自然保护区专门管理机构批准，无专门管理机构的由当地林业行政主管部门审批；经授权的自然保护区管理机构和各级林业行政主管部门负责自然保护区保护管理费及捕捉、猎捕野生动物须交纳的陆生野生动物资源保护管理费的收取工作。属下列情况之一，必须由自治区林业行政主管部门审批：一是区外或涉外的单位和个人进入自然保护区的；二是单位和个人所从事的活动对象涉及国家一、二级重点保护野生动植物的；三是捕捉、猎捕、采集野生动植物标本的；四是单位和个人进入国家级自然保护区的。保护管理费由自治区林业主管部门或其授权的自然保护区管理机构按标准向有关单位和个人收取。

二、经批准开展旅游活动的自然保护区，旅游活动的各项收费由旅游经营单位或个人向当地物价等部门申请办理。进入自然保护区从事旅游活动的单位和个人，自然保护区管理机构不再收取自然保护区保护管理费。

三、各自然保护区管理机构及林业局应尽快向自治区林业行政主管部门申请办理有关授权手续。

附件 1：

自治区物价局、财政厅关于印发《广西壮族自治区自然保护区保护管理费收费管理办法》的通知

(1999 年 11 月 2 日　桂价费字〔1999〕438 号)

自治区林业局：

你局“关于请予审批广西自然保护区保护管理费收费办法和收费项目及标准的函”(桂林计财字〔1999〕89 号)悉。为加强我区自然保护区的管理，有效保护自然环境和自然资源，根据《中华人民共和国野生动物保护法》、《中华人民共和国野生植物保护条例》和国务院《森林和野生动物类型自然保护区管理办法》第十三条以及《广西壮族自治区森林和野生动物类型自然保护区管理条例》第十六条“进入自然保护区从事科学研究、教学实习、参观考察和拍摄电影、电视以及登山等活动的单位和个人，必须经自治区林业主管部门或者其授权的单位批准。……经批准进入自然保护区从事上述活动的人员，必须遵守本条例和有关规定，并交纳保护管理费。”的规定，结合我区的实际情况，现将“广西壮族自治区自然保护区保护管理费收费管理办法”印发你们，请按照执行。

附件 2：

广西壮族自治区自然保护区保护管理费收费管理办法

一、根据《中华人民共和国野生动物保护法》、《中华人民共和国野生植物保护条例》、《森林和野生动物类型自然保护区管理办法》、《广西壮族自治区森林和野生动物类型自然保护区管理条例》的规定，结合我区的实际情况，制定“广西壮族自治区自然保护区保护管理费收费管理办法”。

二、经批准进入自然保护区从事科学研究、教学实习、参观考察、拍摄影片、登山等活动的单位和个人，必须按本办法交纳保护管理费。

三、因科学研究、教学实习、参观考察或其他特殊情况，需要在自然保护区内捕捉、猎捕、采集野生动植物或其产品的，必须按《野生动物保护法》、《陆生野生动物保护实施条例》、《野生植物保护条例》、《森林和野生动物类型自然保护区管理条例》等有关法律、法规的规定，严格履行申报审批手续。

四、经批准捕捉、猎捕国家重点保护野生动物、自治区重点保护野生动物、自治区有益的或有重要经济、科学研究价值的其他野生动物或其产品的，需按规定缴纳野生动物资源保护费。收费办法和标准按自治区物价局、财政厅“关于收取陆生野生动物资源保护管理费的通知”(桂价费字〔1994〕285 号)的规定执行。

五、经批准采集野生植物标本及进入自然保护区从事科学研究、教学实习、参观考察、拍摄影片、登山等活动的单位和个人，保护管理费由自治区林业行政主管部门或其授权的自然保护区管理机构按照附表规定的收费标准收取。

六、由各级林业主管部门组织开展的以宣传、保护和建设自然保护区为目的的活动，经自治区林业主管部门批准，可以酌情减免保护管理费。

七、收费单位应到同级价格主管部门办理《收费许可证》，亮证收费。使用自治区财政厅统一印制的事业性收费票据。收费收入纳入同级财政专户，实行收支两条线管理。所收费用主要用于自然保护区的保护与管理，专款专用，不得挪作他用。收费单位应自觉接受物价、财政部门的监督检查。

八、凡违反本规定的乱收费行为，由价格主管部门依法查处。

九、本办法自发布之日起执行。

附件3：

广西壮族自治区自然保护区保护管理费收费标准

收费项目	收费标准	备注
一、参观考察或科学研究	8元/人·天	
二、教学实习		
1.大、中专学生	1元/人·天	
2.中、小学生	0.5元/人·天	
三、拍摄电影、电视片	3元/分钟	从开机计算时间
四、采集野生植物标本		“标本”指活的或死的植物；或植物任何可辨认部分，或其衍生物。“份”指木本植物的一部分。如根、茎、叶、花、果实、种子或草本植株、或部分。
1.国家一级保护植物	45元/份	
2.国家二级保护植物	35元/份	
3.广西重点保护植物	20元/份	
4.其他非保护植物	8元/份	

自治区森林防火指挥部关于印发《广西壮族自治区森林防火目标管理奖惩办法》的通知

（2000年2月18日　桂森防字〔2000〕8号）

各地、市森林防火指挥部：

1991年印发的《森林防火目标管理奖惩暂行办法》已实行多年，一些内容已经不适应当前的形势。为此，指挥部办公室专门召开了各地市以及部分县防火办主任会议对“办法”进行了讨论和修改。而后又将新修改的“办法”书面征求自治区森林防火指挥部成员单位意见，并进一步作了修改完善。现将《广西壮族自治区森林防火目标管理奖惩办法》印发给你们，请认真遵照执行。

附件：

广西壮族自治区森林防火目标管理奖惩办法

为控制森林火灾的发生，保护森林资源，根据《森林防火条例》、《广西壮族自治区森林管理办法》、《广西壮族自治区森林防火条例实施办法》和有关法律、法规的规定，特制定本办法。

一、森林防火目标管理内容：

政府行政领导负责制、部门责任制、组织机构、内业建设、经费投入、“四网两化”（阻隔网、瞭望网、通讯网、预测预报网和扑火队伍专业化、扑火机具化）基础建设、制度建设、火源管理、宣传教育、森林火灾案件查处等，并将以上内容量化管理。

二、森林火灾目标管理评奖资格和原则、方法：

森林火灾受害率控制在0.6‰以下的地市获评奖资格。

评奖原则及方法如下：

（一）检查评分原则：

目标管理综合评分实行100分制，行政领导负责制6分、部门责任制4分、组织机构2分，内业建设4分，经费投入17分，“四网两化”建设33分，制度建设、火源管理、宣传教育26分，森林火案查处8分。因火灾死亡每人扣4分，重伤每人扣2分，从总分扣除。分数具体分解由自治区森林防火指挥部根据以上原则制定。

（二）检查评分办法：

每年地市森林防火指挥部按本办法组织对本地市森林防火目标管理检查和自评，填好自检评分表格，写出自检书面报告。由自治区森林防火指挥部决定地市森林防火指挥部分组进行检查核查的方式、方法。核查后填好评分表格，写出书面报告，并集中评比。

（三）奖励办法：

奖励实行森林火灾受害率控制指标与森林防火管理水平相结合的办法，即森林受害率在0.2‰以下获一等奖评奖资格，0.4‰以下获二等奖评奖资格，0.6‰以下获三等奖评奖资格。0.6‰～1‰之间不奖不罚。森林防火目标管理综合评分按100分制，凡综合分在90分以上，获保级评奖，每下降10分降一个评奖等级，综合分不足70分者不评奖。

获奖单位由上级森林防火指挥部授予荣誉外，并按获奖等级给予奖励费。奖励费计算：一等奖基本奖励费为6000元，另每1万公顷森林增加70元；二等奖基本奖励费5000元，另每1万公顷森林增加50元；三等奖基本奖励费为4000元，另每1万公顷森林增加30元。

奖励费发给森林防火指挥部及其办公室有功

人员，授奖人员名单列报地区行署、市人民政府审批。奖励费用由同级人民政府列支。

三、地市森林防火目标管理检查评比和奖励由自治区森林防火指挥部组织实施，县(市、区)森林防火目标管理检查评比和奖励由地市森林防火指挥部组织实施。

自治区森林防火指挥部办公室按规定的年度组织检查，并进行评比，提出奖惩建议，由自治区森林防火指挥部成员会议决定，报自治区人民政府备案。

地市森林防火指挥部及其办公室由自治区森林防火指挥部奖励，县级森林防火指挥部及其办公室的奖励由地市自定。

当年全区森林火灾受害率低于全国平均水平的，自治区森林防火指挥部及其办公室有功人员、有关有功单位，经自治区人民政府领导批准，给予精神奖励和适当的物质奖励。

森林防火先进单位和个人每两年评比一次，并且不受所在地市是否获奖的影响。

四、有下列情况之一者不予评奖：

(一)森林火灾受害率超过责任指标1‰的；

(二)森林防火经费不列入财政计划开支，或挪用森林防火经费的，或林业两金不投入的；

(三)发生重大、特大森林火灾或林业用地发生林火1次火场总面积300公顷以上的；

(四)瞒报、虚报、拒报森林火灾的；

(五)因森林火灾死亡3人以上，或死亡和重伤5人以上的；

五、处罚。

(一)地市森林防火指挥部领导因工作失职，造成重大、特大森林火灾，但尚未触犯刑律的，按有关规定给予行政处分。

(二)凡发生重大、特大森林火灾或森林火灾受害率超过1‰责任指标的地区行署，市、县(市、区)人民政府要向自治区人民政府专题汇报，地市森林防火指挥部指挥长、副指挥长、成员和办公室工作人员要分别向本级指挥部交本人一个月工资30%、20%和10%作为罚款。

(三)罚款全部上缴同级财政。

六、本办法中提到的“以上”、“以下”均含本数。

七、地、市、县(市、区)森林防火指挥部可参照本办法结合实际情况制定本辖区的规定。

八、本办法由自治区森林防火指挥部负责解释。

九、本办法从2000年1月1日起施行。

自治区林业局关于进一步加强木材经营加工监督管理的通知

(2000年5月16日　桂林政发〔2000〕47号)

各地、市、县林业局：

近年来，我区各级林业主管部门加强了对木材收购和木材经营销售、加工的监督管理，有效地打击木材收购和木材经营销售、加工过程中的违法行为，对保护我区的森林资源发挥了重要作用。但也还存在一些亟待解决的问题：一是木材经营销售、加工的单位过多过乱，一些地方的林业主管部门未经认真审查，对木材收购和木材经营销售、加工的监督管理不力；二是个别地方的木材经营销售、加工单位和个人乱收乱购木材的现象较为突出，助长了乱砍滥伐林木，扰乱了木材收购和木材经营销售、加工领域的正常秩序。为了进一步加强对我区木材收购和木材经营销售、加工的监督管理，维护木材收购和木材经营销售、加工的正常秩序，保护森林资源，根据《中华人民共和国森林法实施条例》第三十四条和《广西壮族自治区森林管理办法》第三十八条的规定，现就进一步加强对木材收购和木材经营销售、加工监督管理的有关问题通知如下：

一、各级林业主管部门要高度重视对木材收购、木材经营销售、加工的监督管理工作，要把这项工作作为林政资源管理工作的一项重要内容，长期不懈地抓紧抓好，要落实专人狠抓落实。

二、核发木材经营(加工)许可证的范围：

(一)凡在我区收购、销售、加工木材的单位和个人，必须先申办《广西壮族自治区木材经营(加工)许可证》(以下简称《许可证》)，凭《许可证》到同级工商行政管理部门核准登记，领取营业执照后方可收购、销售或者加工木材(木片生产加工经营许可证另行规定)。核发木材经营(加工)许可证的木材，包括：

1.原木、原条、锯材、薪材、木制人造板；

2.大宗木制成品和大宗木制半成品；

3.竹材、大宗竹材成品、大宗半成品。

(二)从经营销售、加工木材来源划分，我区木材经营销售、加工分三类核发《许可证》和进行监督管理：

1.国有林场自产自销。根据林业主管部门下达的年度木材生产计划指标采伐林木，自产自销木材；

2.有木材收购权的单位。可直接向集体林场（含乡镇林场，下同）、林农收购有林木采伐许可证的木材和向有木材经营销售权的经营者购买木材；

3.无木材收购权的单位和个人。只能向有木材经营销售权的经营者购买木材，不得直接向集体林场和林农购买木材。

竹材不纳入木材收购管理范畴。经县级以上林业主管部门核发木材经营(加工)许可证的单位和个人可直接向集体林场和林农购买竹材。

（三）县级以上林业主管部门核发有木材收购权的木材经营(加工)许可证时，要从有利于保护森林资源，有利于保护林农的合法权益和有利于林业行政管理出发，严格按照本通知的规定，按年林木采伐限额和生产木材量进行核定，从严把关，并报上一级林业主管部门审批后，才能核发有木材收购权的木材经营(加工)许可证。对个体不得核发有收购权的木材经营(加工)许可证。核发无木材收购权的单位和个人数量，各级林业主管部门要根据本地的木材生产量、木材流量情况，从严把关，严格控制，确保发证后能监督管理到位。严禁滥发木材经营(加工)许可证。

三、核发《许可证》应具备的条件：

（一）核发有木材收购权的木材经营(加工)许可证应具备的条件：

1.具有良好经营信誉的企业，并具备经营资金50万元以上：

2.遵守林业法律、法规、规章和政策，依法经营木材；

3.有专门的财务人员和规范的财务管理制度；

4.有省级以上核发的木材检验资格证书的技术工作人员两人以上：

5.有固定的经营场所和木材集材场地。

（二）核发无木材收购权的木材经营(加工)许可证应具备的条件：

1.木材来源必须是向有木材经营销售权的单位和个人购买；

2.遵守林业法律、法规、规章和政策，依法经营木材；

3.有固定的经营场所；

4.有相应的经营资金。

四、认真做好2000年木材经营(加工)许可证年审和新证的核发工作。

（一）对已办了木材经营(加工)许可证的单位和个人，按照本通知规定的条件和要求认真审查，符合条件的要及时给予年审并核发新的木材经营(加工)许可证；凡不符合规定条件要求的，一律不予年审，取消其木材经营销售、加工的资格。

新版《广西壮族自治区木材经营(加工)许可证》由我局统一印制。各级林业主管部门要结合对木材经营销售、加工单位和个人的清理整顿及《许可证》的登记、年审，在今年6月底前完成新《许可证》的发(换)证工作。

（二）新申请办理木材经营(加工)许可证的单位和个人，向当地县级以上林业主管部门提出书面申请。各级林业主管部门要严格按照本通知规定的条件和要求进行认真审查。符合规定条件的，应在十五日内核发《许可证》，不符合条件的不予核发《许可证》，要讲清理由，耐心地做好工作。

五、切实加强对木材收购和木材经营销售、加工的监督管理工作，维护我区正常的木材收购和木材经营销售、加工秩序。

（一）县级以上林业主管部门核发的木材经营(加工)许可证，只允许在本行政区域内收购、销售、加工木材。《许可证》实行一厂(点)一证，严禁一证多点经营销售、加工木材。需要更改名称或变动厂址(经营、加工点)、更换负责人、增加经营范围的，必须办理更换新的许可证。

（二）木材经营(加工)许可证执行年审制度。各级林业主管部门要依照本通知规定的核发木材经营(加工)许可证的条件，对木材经营销售、加工单位和个人是否符合核发许可证规定的条件进行审查。取得木材经营(加工)许可证的单位和个人，每年必须在规定的时间内持木材经营(加工)许可证到核发木材经营(加工)许可证的林业行政主管部门进行年审。年审时间为每年的3至4月，未经年审的，木材经营(加工)许可证自行失效，不得再从事木材收购和木材经营销售和加工。

（三）对有固定地点(门面)经营销售、加工锯材、木制成品、半成品或原竹材及大宗的竹材成品、半成品的单位和个人，未办木材经营(加工)许可证而经营销售、加工木材的，当地林业主管部门要书面通知其限期到林业主管部门申办木材经营

(加工)许可证。不依法在规定时间内办证的,按无木材经营(加工)许可证经营销售、加工木材处理。

(四)木材经营销售、加工单位和个人,不得将《许可证》转让或者借出给其他单位或个人经营销售、加工木材。对使用转让或者借用《许可证》经营销售或者加工木材的,按无木材经营许可证经营木材或无木材加工许可证加工木材依法处理。

(五)有木材收购权的单位,必须自觉接受林业主管部门的监督管理,每月将木材收购、经营销售和库存情况报核发木材经营(加工)许可证的林业主管部门。有木材收购权的单位不得以任何形式,将木材收购权转让给无木材收购权的单位或个人直接向集体林场和林农收购木材。无木材收购权的单位和个人不得以有木材收购权单位名义直接向集体林场和林农收购木材的,否则按无木材收购权直接收购木材依法处理。

(六)无木材收购权的单位和个人承包青山所采伐生产的木材不得自产自销,必须交当地有木材收购权的单位收购。未将木材交有木材收购权的单位收购,而经营销售、自用的,按无木材收购权直接收购木材依法处理。

本通知自发文之日起实行,与本通知规定相抵触的规定自行失效。

自治区人民政府批转《自治区林业局关于我区“十五”期间年森林采伐限额分解和执行意见的报告》的通知

(2000年5月24日　桂政发〔2001〕37号)

各地区行署,各市、县、自治县人民政府,柳铁,区直各委、办、厅、局:

自治区人民政府同意《自治区林业局关于我区“十五”期间年森林采伐限额分解和执行意见的报告》,现转发给你们,请认真贯彻执行。

实行森林采伐限额管理是加强森林资源保护和管理的一项重要制度。严格执行森林采伐限额,不仅关系到林业工作的全局,而且还关系到生态环境的保护和改善,关系到经济社会的可持续发展。自治区人民政府批准的“十五”期间年森林采伐限额,是各单位每年采伐消耗森林和林木的最大限量,各单位务必严格执行,不得突破。各级人民政府和有关部门要高度重视,认真履行职责,切实加强对执行森林采伐限额的监督和管理,对超限额和超木材生产计划采伐森林和林木的,要依法严肃处理。

附件:

自治区林业局关于我区“十五”期间年森林采伐限额分解和执行意见的报告

(2001年4月17日)

自治区人民政府:

《国务院批转国家林业局关于各省、自治区、直辖市“十五”期间年森林采伐限额审核意见报告的通知》(国发〔2001〕2号),批准我区“十五”期间年森林采伐总限额为1622.8万立方米,其中按采伐类型分:主伐776.3万立方米,抚育间伐352.7万立方米,其他采伐493.8万立方米;按消耗结构分:商品材822.7万立方米(出材量526.6万立方米),农民自用材314.5万立方米,烧材485.6万立方米。商品材按林分起源分:天然林采伐限额69.8万立方米(出材量41.7万立方米),人工林采伐限额752.9万立方米(出材量484.9万立方米)。全区毛竹年采伐限额为2268万根。按照国务院国发〔2001〕2号文件的要求,结合我区的实际,现对“十五”期间年森林采伐限额的分解意见和保障森林采伐限额执行的措施报告如下:

一、“十五”期间年森林采伐限额分解意见

我区“十五”期间年森林采伐总限额为1622.8万立方米。根据我区各森林经营单位的资源现状和森林采伐限额编制原则,经研究,提出如下分解意见。

(一)分解到294个编限单位的年森林采伐总限额为1557.8万立方米,其中商品材757.7万立方米(出材量484.6万立方米),农民自用材314.5万立方米,烧材485.6万立方米。

根据我区短轮伐期工业原料林数量大、采伐周期短,各单位的良种桉树、相思树等短轮伐期工业原料林种植时间不同,其年度采伐量不均等的具体情况,在商品材限额中,单列短轮伐期工业原料林限额指标141万立方米,以便依法优先满足短轮伐期采伐限额指标。

(二)自治区预留年商品材采伐限额指标65万立方米(出材量42万立方米)。以备重点工程征占用林地、灾害材等突发性林木采伐的调剂使用。

二、保障"十五"期间年森林采伐限额执行的措施

在各级党委、人民政府的重视下,通过全区广大干部、群众和社会各界的共同努力,全区于1997年实现了造林绿化达标,森林资源的保护和管理得到进一步加强,森林面积和蓄积量实现了持续双增长。但我区仍然存在森林资源总量不足、质量不高、分布不均、结构不良,局部生态环境有所改善而整体恶化的趋势未能有效地控制等问题,森林资源的总体水平与生态环境建设和社会经济可持续发展的要求相距甚远。因此,加强森林资源管理,控制森林资源过量消耗,对森林实行限额采伐制度仍然是保护和发展森林资源的重要手段。各级人民政府和林业主管部门必须采取有力措施,强化森林采伐限额的全额管理,以确保"十五"期间年森林采伐限额的有效执行。

(一)广泛宣传,提高森林采伐限额管理意识。

森林采伐限额制度是《中华人民共和国森林法》规定的一项重要制度,执行森林采伐限额制度是有效控制森林资源消耗量,实现森林资源可持续发展的重要保障。各级人民政府要从实施西部大开发、保护和改善生态环境、实现社会经济可持续发展的战略高度,充分认识实行森林采伐限额的重要意义,要把执行森林采伐限额制度列入各级人民政府的议事日程,加强领导,精心组织,强化管理,狠抓落实,确保"十五"期间年森林采伐限额的严格执行。要利用会议、报纸、广播、电视及学习培训等形式,宣传国家和自治区有关森林采伐限额管理的法律、法规及政策规定,使森林采伐限额制度深入人心,进一步提高广大干部群众的森林采伐限额管理意识,增强全民保护森林资源的自觉性。

(二)继续实行各级领导干部任期森林资源消长目标责任制,强化森林资源的保护和管理。

严格执行森林采伐限额制度是各级人民政府的重要职责。"九五"期间,我区实行县级领导干部任期森林资源消长目标责任制,取得了良好的成效。"十五"期间,要进一步建立健全各级领导干部任期森林资源消长目标责任制,各级人民政府主要领导作为第一责任人,各级林业主管部门的一把手作为主要责任人,把执行年森林采伐限额的情况,作为考核各级人民政府领导干部政绩的一项重要内容。要建立责任追究制度。今后,凡超限额采伐的,要追究第一责任人和主要责任人的行政责任;情节严重、造成森林资源破坏的,要追究其法律责任。

(三)严格执行森林采伐限额的全额控制和分类管理制度,有效控制森林资源消耗。

自治区分解下达给各编限单位的"十五"期间年森林采伐限额总量和按采伐类型、消耗结沟分解下达的各分项限额,均为每年采伐胸径5厘米以上林木蓄积的最大限量,不得突破、挪用和挤占。因加快发展速生丰产林、国家重点建设工程征占用林地或自然灾害等特殊情况需临时增加采伐限额的,由县(市)、地区(市)林业主管部门逐级提出申请,经自治区林业主管部门审核同意后,从预留的限额指标中调剂解决。严禁以任何理由擅自超限额采伐林木。

各采伐类型、消耗结构材要实行全额控制,分类管理。抚育采伐限额只能用于营林措施的中幼林间伐,严禁挪作他用。各地要采取优先安排采伐指标等积极措施,鼓励依法开展抚育间伐,以提高林分质量。要按照抚育间伐的规程,严格管理,防止"采大留小、采好留差"等降低林分质量行为的发生。对违反规程和设计作业的,要依法追究责任。同时,还要加强对其他类型采伐限额的管理,严格执行林种结构调整和低产林改造审批制度,防止以调整结构和低改名义变相毁林开垦。

商品材采伐限额中的人工林和天然林限额指标分别单列。天然林采伐限额主要用于天然起源的杂木林、云南松林的采伐,是各编限单位每年采伐商品材天然林木蓄积的最大限量。人工用材林内零星分布的天然杂木,不纳入天然林限额管理的范围。人工林采伐限额只能用于采伐人工林,人工林采伐限额不足的,可以占用天然林限额采伐人工林。

各地要严格实行天然林和生态林的采伐分类管理。对重点保护区内的天然林和生态林,严禁一切采伐活动;一般保护区内的天然林和生态林,要按照有关法律、法规规定的程序报批并办理采伐证后方可进行抚育或更新性质的采伐,禁止商业性采伐;经营区内的天然林实行限额采伐、凭证采伐制度,坚决杜绝乱砍滥伐天然林和生态林行为的发生。

商品材实行采伐限额和年度木材生产计划双重控制,凡采伐林木作为商品销售的,必须纳入年度商品材生产计划进行管理:各级林业主管部门每年要在自治区核定的商品材限额的基础上,按

有关规定编制下达年度木材生产计划。木材生产计划只能下达到森林采伐限额编制单位。木材生产计划指标实行蓄积量和出材量双控制，是各森林经营单位年度生产商品材的最大限量，严禁超限额、超计划生产商品材。各地要对商品材中的短轮伐期工业原料林实行采伐限额和年度木材生产计划单列，在不突破商品材采伐限额总量的前提下，经自治区林业主管部门核准后，可对这部分采伐限额指标进行年度之间调剂，实行5年总量控制，以充分调动社会各界培育和保护森林资源的积极性。

农民自用材和烧材不能进入流通领域销售，只限于农民和林区居民的自身用材。农民自用材必须严格执行凭林木采伐许可证采伐制度，其采伐指标可下达到乡镇，由乡镇林业工作站组织以村为单位申请，县林业主管部门统一审批，定时间、定地点采伐。烧材采伐指标由县级林业主管部门统一掌握，严格审批，并通过试点逐步做到“定点、定时、定量”采伐。各级林业主管部门要不断探索农民自用材和烧材的管理办法，鼓励林农节约木材和使用代木产品，继续抓好改灶节柴，改燃代柴工作，大力发展沼气池。积极推广应用煤、电、液化气等，多渠道、多层次地开源节材、降低烧材消耗。

(四)严格执行凭证采伐林木制度，强化林木采伐源头管理。

凡是采伐林木都必须依法向当地林业主管部门申请办理林木采伐许可证，按采伐许可证的规定进行采伐，否则一律按滥伐行为予以追究责任。各级林业主管部门要依法认真审核发放林木采伐许可证，对没有采伐限额和采伐计划，或林木权属不清的，不予办理采伐证。凡建设工程征、占用林地需要采伐林木的，必须纳入森林采伐限额管理，除按规定提交有关文件外，还必须提交依法有批准权限的林业主管部门核发的使用林地审核同意书后，才可以发放采伐许可证。对违法发放采伐证，或发证不规范致使森林资源遭受破坏的，要坚决依法处理发证人员和发证部门的主要负责人。核发采伐许可证的部门要对凭证采伐情况进行跟踪检查，不能只批不管。

铁路、公路的护路林及城镇林木是森林资源的重要组成部分，其林木采伐纳入采伐限额管理并依法申办林木采伐许可证。

国有、集体森林经营单位和集体经济组织采伐林木，以及个人采伐林木3亩以上的，必须搞好伐区调查设计。伐区调查设计必须由有相应资质的调查设计单位承担完成。

各地必须加强乡镇林业工作站的建设，充分发挥其森林采伐源头管理作用，切实抓好伐中监督和伐后检查验收工作，防止无证采伐、异地采伐等行为的发生，提高凭证采伐率，使森林采伐限额制度真正落到实处。

(五)切实加强对木材运输和木材经营加工的管理。

各级人民政府和各有关部门要严格执行《中华人民共和国森林法》及其实施条例有关木材凭证运输的制度，把木材运输检查监督作为严格执行森林采伐限额制度的重要措施和手段。运出区外的木材必须持有国家林业主管部门统一印制的《出省(区)木材运输证》，该证由自治区林业局或其委托的地、市林业局核发；区内流通的木材必须持有自治区林业主管部门统一印制的《区内木材运输证》，该证由县级以上林业主管部门核发，凡没有县级以上林业主管部门签发运输证件的木材，任何单位和个人不得承运。

木材检查站是负责木材运输管理的基层执法单位，未经自治区人民政府批准，任何单位或个人不得随意设立或撤销。各地要加大对木材检查站基础设施建设的投入，努力解决木材检查执法人员的编制和执法经费，提高检查人员思想素质、职业道德修养和执法水平，充分发挥木材检查站依法对木材运输检查监督的职能，防止非法来源的木材进人流通领域，使木材运输检查监督工作走上法制化、制度化的轨道。铁路、交通等部门要积极支持配合林业行政主管部门对木材运输的检查监督，严格要求承运人依法凭证运输木材，积极协助林业主管部门依法查处违章运输木材的行为。

各级林业主管部门要加强对木材运输证签发管理的检查监督，严格依法办理运输证，坚决杜绝违法办证行为的发生。

各级林业、工商部门要加强对以消耗林木资源为主的经营加工企业的原料来源的审核。严禁木材经营单位和个人收购没有林木采伐许可证或者其他合法来源证明的木材。对新建扩建的以消耗林木资源为主的大中型纸浆、人造板等加工企业，自治区和有关部门在审批时，须报经同级林业主管部门进行森林资源审核，并进行相应的工业原料林基地建设。要严厉查处违法经营木材行为，堵住违规采伐木材的运输、销售和加工渠道，把采伐限额监督管理措施落到实处。

（六）建立和完善森林资源监测体系，加强对森林采伐限额执行情况的监督检查。

各地要加强对森林资源消耗的监测和调查工作，严格按照有关法律、法规和规程的要求，认真做好森林资源连续清查和森林资源调查。要加强林业调查设计院（队）的基础建设，充分发挥其森林资源监测的积极性和骨干作用。要建立健全县级森林资源连续清查体系，坚持每5年进行一次复查。依法开展森林资源规划设计调查，国有森林资源由国有林业企事业单位每5年进行一次规划设计调查，县集体森林资源由县级林业主管部门每10年开展一次规划设计调查。要逐级建立森林资源信息档案管理系统，及时掌握森林资源的消长变化情况。要建立健全年森林采伐限额执行情况的检查和通报制度。各地、市、县林业主管部门每年要对采伐限额、木材生产计划、凭证采伐、凭证运输的执行情况进行检查，检查结果要及时通报，同时上报同级人民政府和上一级林业主管部门。对查出超限额采伐、超木材生产计划采伐的单位和个人，无论涉及到谁，一律追究主要领导人和有关责任人的责任，并依法严肃处理。要建立破坏森林资源监督举报制度，加大群众监督、社会监督和舆论监督力度，对一些影响大的典型案件要及时在新闻媒体曝光，以震慑罪犯，教育群众。自治区林业局要对各地森林资源采伐限额的执行情况组织检查，检查情况上报自治区人民政府并通报全区。

（七）稳定林业管理和执法队伍，加大执法力度。

各级人民政府和各有关部门要高度重视森林资源保护管理的基础建设，稳定林政、林业公安和木材检查站、林业工作站等林业管理和执法队伍，支持他们依法行使职权，维护他们的合法权益，积极解决林业执法人员编制、经费等实际问题。按照国务院国发〔2001〕2号文件的规定，对森林资源管理机构实行上管一级的管理制度，即各级森林资源管理机构在业务上既受所在地林业主管部门的领导，也受上一级林业主管部门的领导。森林资源管理机构负责人的任免，需事先征得上一级林业主管部门的同意，以确保森林资源管理机构能有效行使职权，充分发挥其监督检查作用。

各地要结合这次机构改革，及时组建各级林政稽查队伍。对林业行政案件要建立层级管理制度，明确管辖范围和责任，执行查处责任制，加大对各种破坏森林资源违法案件的查处力度，树立林业行政执法的权威，更好地保护森林资源。

自治区林业局转发《国家林业局关于进一步加强自然保护区管理工作的通知》

（2000年6月28日　桂林政发〔2000〕76号）

各地、市、县林业局：

现将《国家林业局关于进一步加强自然保护区管理工作的通知》（林护发〔2000〕131号）转发给你们，请认真贯彻执行。

一、各地、市、县林业局要做好委托自然保护区管理机构行使林业行政处罚权的管理工作

对符合《行政处罚法》第十九条规定委托条件的保护区要发给委托证书，对尚未有委托林业行政处罚权的保护区，有关的地（市）林业局要及时地组织培训，经考核考试合格的执法人员取得林业行政执法证后，符合委托条件的，有关地、市、县林业局要及时给予办理林业行政处罚权的委托，委托工作要求在年底以前全部完成。

二、各地、市、县林业局要重视保护区林业公安派出所的建设和管理

认真检查现有保护区林业公安派出所的人员配置和装备等情况，对达不到要求的要充实和完善，对有必要但尚未设立林业公安派出所的保护区，要做好申请设立和报批手续，加大执法力度，严厉打击和制止破坏自然保护区内野生动植物的违法犯罪活动。

三、认真解决自然保护区土地林地权属问题

对尚未得到当地县政府发给山界林权证的保护区，主管林业局应给予高度重视，并及时向当地政府汇报，办理好山界林权证书，建立资源档案，做好登记造册工作。

四、做好“一区一法”的制定工作

对尚未制定《管理办法》的保护区，主管林业局要抓好此项工作，指定专人负责，深入保护区调查研究，限期完成，并报当地政府或人大批准公布实施。

五、要理顺自然保护区管理体制，统一机构名称

我区绝大部分保护区是在1980年以后迅速

建立起来，机构名称多样。有些保护区跨地、跨县，而各县又建立了自己独立机构，形成一个保护区多个机构的情况，有些保护区至今仍是机构不健全或尚未建立机构，因此，各地、市、县林业局要对照《自治区人民政府批转区林业局关于开展爱鸟护鸟活动的报告》(桂政发〔1982〕97 号文)以及《广西自然保护区名单》，建立健全保护区管理机构。凡未建立保护区管理机构的地、市林业局，应设立野生动植物和自然保护区管理站，有条件的县也应相应设立保护站。全区自然保护区统一机构名称(见附件)从下文之日起实施。冠名不一致的保护区请及时更改，更名后原行政级别不变，如需改变行政级别，由主管部门申报当地编委审批。

六、切实解决自然保护区事业经费问题

根据《中华人民共和国自然保护区条例》第二十三条规定："自然保护区所需经费，由自然保护区所在地的县级以上地方人民政府安排。"目前我区自然保护区资金投入严重不足，基础设施普遍落后，绝大部分保护区的人员和业务经费当地政府没有安排。从今年起，凡当地财政不安排经费的保护区，我局明年将不安排保护区管护补助经费。

七、抓好国家级和自治区重点保护区总体规划的编制

这是保护区基本建设纳入国家计划投资所必须进行的一项工作。国家级保护区总体规划编制由我局保护区管理站负责组织完成，经我局评审后报国家林业局审批；自治区重点保护区由我局审批。

请各地、市林业局在 8 月底前将贯彻执行情况及存在问题书面汇报，报送我局保护区管理站。

附件 1：

国家林业局关于进一步加强自然保护区管理工作的通知

(2000 年 3 月 22 日　林护发〔2000〕131 号)

各省、自治区、直辖市林业(农林)厅(局)，内蒙古、吉林、龙江、大兴安岭森工(林业)集团公司：

为了进一步加强自然保护区建设和管理，解决自然保护区在保护和管理工作上存在的如土地林地权属不清，投资严重不足，执法力度薄弱，管理体制不顺和缺乏行业规范等问题，推进自然保护区事业的正常发展，现将有关事项通知如下：

一、委托自然保护区管理机构行使林业行政处罚权，加大执法力度

县级以上林业行政主管部门应根据《行政处罚法》、《森林法实施条例》、《自然保护区条例》和《森林和野生动物类型自然保护区管理办法》等法律法规的有关规定和当地实际情况，对符合《行政处罚法》规定的委托条件的自然保护区管理机构，委托其在自然保护区内行使林业行政处罚权；同时，要进一步加强国家级和省级自然保护区森林公安机构建设，理顺执法和管理关系，增加基础设施及装备投入，从而加大执法力度，严厉打击和制止破坏自然保护区内野生动植物及其栖息地的违法犯罪活动。

二、编制自然保护区总体规划，落实土地林地权属

各级林业行政主管部门和自然保护区管理机构要认真做好总体规划的编制工作。总体规划必须由有资质的规划设计部门编制，并分级报批。其中，国家级自然保护区总体规划大纲由国家林业局颁布；总体规划的编制、评审和申报由省级林业行政主管部门负责，报国家林业局审批。自然保护区要按国家有关规定科学合理地划分核心区、缓冲区和实验区，并确定"四至"，标桩立界。国家级自然保护区的功能区划定和调整由国家林业局批准。县级以上林业主管部门应当按照《森林法》、《森林法实施条例》的规定做好自然保护区的森林、林木和林地权属的登记造册工作，建立资源档案，并为自然保护区管理机构办理权属证书，切实加强管理。

三、制定管理办法，实行规范化管理

根据国家关于自然保护区管理的有关规定，县级以上林业行政主管部门要组织制定自然保护区管理办法，并提请政府或人大批准施行。国家级和省级自然保护区的管理办法要报所在地人大或政府批准颁布施行，跨区域的要报上一级人大或政府批准颁布施行，要做到一个保护区一个管理办法。管理办法中应明确自然保护区管理机构的职责、权力和执法范围等，对自然保护区实行规范化管理。

四、理顺管理体制，统一机构名称

各级林业行政主管部门要切实理顺自然保护区管理体制，明确管理机构的管理权限，进一步加大对森林、湿地、荒漠生态系统类型和野生动植物类型自然保护区的指导和管理力度。同时，要规范国家级自然保护区管理机构名称，一律统称为国家级自然保护区管理局，如四川九寨沟国家级自然保护区管理局。

五、加大投资力度，加快建设步伐

自然保护区建设是各级政府的一项重要职责。县级以上林业行政主管部门要做好计划和预算，积极争取将自然保护区建设纳入同级政府的国民经济社会发展计划。国家级自然保护区基本建设要根据国家林业局批准的总体规划和建设项目可行性研究报告，由国家和省共同投资进行建设。各省、自治区、直辖市林业主管部门要积极做好配套资金的安排落实工作。凡配套资金不到位的，国家林业局将停止安排国家投资资金。

六、实行自然保护区领导干部管理目标责任制

县级以上林业行政主管部门要制定自然保护区管理机构领导干部考核评定标准和办法，每年进行一次业务考核工作，对作出突出贡献者实行奖励，对考核不合格者通报批评并要求限期改正。同时，自然保护区领导干部实行岗位培训和持证上岗制度。岗位培训实行分级负责。国家级自然保护区管理机构领导干部岗位培训由国家林业局负责，地方级自然保护区领导干部岗位培训由各省、自治区、直辖市林业行政主管部门负责。培训后获得“关键岗位合格证书”，方可上岗。

七、加强野外巡护工作

各自然保护区管理机构要高度重视野外巡护工作，认真做好保护站点建设和设施配备，充实野外巡护人员，建立巡护制度和鼓励机制，划定管辖范围，实行承包责任制，并要定期进行核查监督，发现问题及时解决，确保自然保护区利益不受侵害。

八、加强社区共管工作

自然保护区管理机构要积极争取当地政府对保护区各项工作的支持，共同组成自然保护区联合保护委员会，开展自然保护区联保联防工作。有条件的自然保护区管理机构要积极帮助当地社区发展经济，为群众提供致富信息，开展技术培训，调动和吸引群众参与自然保护区管理工作，为自然保护区的保护、发展和建设创造良好的社会环境。

九、编制旅游规划，积极开展生态旅游

要积极稳妥地推进自然保护区的生态旅游。自然保护区开展的生态旅游要坚持“保护第一、统一规划、统一管理、崇尚自然、防止污染”的原则。旅游活动仅限于在自然保护区的实验区内开展，为有效管理自然保护区的旅游活动，应加强对旅游区域的管理，要统一自然保护区内旅游区域的名称。自然保护区开展旅游活动要体现当地景观特色和民族风情，促进当地社区的经济发展，但不得在自然保护区内新建庙宇，乱建人工设施和景观。

附件2：

广西自然保护区名单

编号	保护区名称	位置	级别	备注
1	广西花坪国家级自然保护区管理局	龙胜、临桂	国家级	
2	广西弄岗国家级自然保护区管理局	龙州、宁明	国家级	
3	广西木论国家级自然保护区管理局	环江	国家级	
4	广西大瑶山国家级自然保护区管理局	金秀	国家级	
5	广西大明山自然保护区管理处	武鸣、上林、马山、宾阳	自治区级	
6	广西猫儿山自然保护区管理处	兴安、资源	自治区级	
7	广西龙虎山自然保护区管理处	隆安	自治区级	
8	广西元宝山自然保护区管理处	融水	自治区级	
9	广西大平山自然保护区管理处	桂平市	自治区级	
10	广西岑王老山自然保护区管理处	田林、凌云	自治区级	老山林场
11	广西青狮潭自然保护区管理处	灵川	自治区级	

续表

编号	保护区名称	位置	级别	备注
12	广西海洋山自然保护区管理处		自治区级	管理处设在桂林市或那个县，由桂林市林业局设定
	灵川大境保护站	灵川		
	灌阳观音保护站	灌阳		
	恭城西岭保护站	恭城		
	全州蕉江保护站	全州		
	兴安漠川保护站	兴安		
	阳朔兴坪保护站	阳朔		
13	广西架桥岭自然保护区管理处		自治区级	处址由桂林市林业局设定
	永福堡里保护站	永福		
	荔浦蒲芦保护站	荔浦		
	阳朔金宝保护站	阳朔		
14	广西九万山自然保护区管理处	融水	自治区级	建议处址设在融水九万山林场
	罗城鱼西保护站	罗城		
	罗城平英保护站	罗城		
	环江久仁保护站	环江		
15	广西十万大山自然保护区管理处	上思	自治区级	建议管理处设在上思县林业局
	钦北王岗山保护站	钦北		
	防城区保护站	防城		建议站设在防城区林业局
16	广西岜盆自然保护区管理处	扶绥	自治区级	
17	广西板利自然保护区管理处	崇左	自治区级	
18	广西恩城自然保护区管理处	大新	自治区级	
19	广西涠洲岛自然保护区管理处	北海	自治区级	
20	广西寿城自然保护区管理处	永福	地、市级	建议处址设在大板山林场
	临桂滩头保护站	临桂		

续表

编号	保护区名称	位置	级别	备注
21	广西古龙山自然保护区管理处		地市级	处址由地区设定
	靖西同德保护站	靖西		
	德保多奎保护站	德保		
22	广西三匹虎自然保护区管理处	南丹	地市级	
23	广西澄碧河自然保护区管理处	百色市	地市级	澄碧河林场
24	广西布柳河自然保护区管理处	天峨	地市级	
25	广西穿洞河自然保护区管理处	天峨	地市级	
26	广西西大明山自然保护区管理处	扶绥	地市级	建议处址设在凤凰山林场
	大新小明山保护站	大新		小明山林场
	隆安县礼智保护站	隆安		礼智林场
	崇左西大明山保护站	崇左		
27	广西资源县银竹老山自然保护区管理站	资源	县级	
28	广西贺州市姑婆山自然保护区管理站	贺州市	县级	姑婆山林场
29	广西贺州市滑水冲自然保护区管理站	贺州市	县级	
30	广西全州县五福宝顶自然保护区管理站	全州	县级	
31	广西恭城县银殿山自然保护区管理站	恭城	县级	
32	广西灌阳县千家洞自然保护区管理站	灌阳	县级	都庞岭林场
33	广西靖西县底定自然保护区管理站	靖西	县级	
34	广西靖西县地州自然保护区管理站	靖西	县级	
35	广西凌云县青龙山自然保护区管理站	凌云	县级	建议更名(因与龙州青龙山相同)
36	广西德保县黄连山自然保护区管理站	德保	县级	黄连山林场
37	广西那坡县弄化自然保护区管理站	那坡	县级	
38	广西那坡县德孚自然保护区管理站	那坡	县级	
39	广西那坡县农信自然保护区管理站	那坡	县级	
40	广西平果县达洪江自然保护区管理站	平果	县级	海明林场
41	广西富川县西岭山自然保护区管理站	富川	县级	
42	广西大新县下雷自然保护区管理站	大新	县级	
43	广西龙州县青龙山自然保护区管理站	龙州	县级	
44	广西龙州县春秀自然保护区管理站	龙州	县级	
45	广西蒙山县古修自然保护区管理站	蒙山	县级	
46	广西隆林县金钟山自然保护区管理站	隆林	县级	金钟山林场

续表

编号	保护区名称	位置	级别	备注
47	广西龙胜县建新自然保护区管理站	龙胜	县级	
48	广西融安县三锁自然保护区管理站	融安	县级	
49	广西鹿寨县拉沟自然保护区管理站	鹿寨	县级	
50	广西博白县那林自然保护区管理站	博白	县级	
51	广西融水县滚贝老山自然保护区管理站	融水	县级	
52	广西昭平县黄连顶自然保护区管理站	昭平	县级	
53	广西田阳县百东河自然保护区管理站	田阳	县级	百东河林场
54	广西百色市大王岭自然保护区管理站	百色市	县级	
55	广西西林县那佐自然保护区管理站	西林	县级	那佐林场
56	广西西林县猫街自然保护区管理站	西林	县级	古障林场
57	广西西林县花贡自然保护区管理站	西林	县级	八达林场

自治区财政厅　林业局关于印发《广西壮族自治区农村能源建设资金管理暂行办法》的通知

(2000 年 10 月 8 日　桂财农〔2000〕40 号)

各地、市、县财政局、林业局：

为了加强我区农村能源建设资金的管理，提高资金的使用效益，现将《广西壮族自治区农村能源建设资金管理暂行办法》印发给你们，请结合本地的实际情况认真贯彻执行。在执行中有什么问题，请及时报告我们。

附件：

广西壮族自治区农村能源建设资金管理暂行办法

第一条　为加强农村能源建设资金管理，规范资金使用范围，提高资金使用效益，促进农业和农村经济持续、快速、健康发展，特制定本办法。

第二条　本办法中的农村能源建设资金是指用于农村沼气、节柴省煤灶、微水电、风能发电及太阳能利用等能源建设的投资。

第三条　农村能源建设资金来源：

(一)各级财政部门安排的补助经费；

(二)各级林业部门安排的补助经费；

(三)农民或集体经济组织自筹资金；

(四)金融部门信贷资金；

(五)社会赞助资金及其他资金。

第四条　农村能源建设资金支出范围：

(一)农村沼气建设；

(二)农村太阳能利用；

(三)农村节柴省煤灶建设；

(四)农村微水电、风能发电建设；

(五)农村能源技术开发、培训、宣传及推广；

(六)农村能源服务体系建设及检查验收。

第五条　农村能源建设投入以农民或集体经济组织自筹资金为主。各级财政部门安排的财政补助经费和各级林业部门安排的补助经费主要用于农村能源建设任务完成经验收合格后的以奖代拨补助。

第六条　农村能源建设资金的管理

(一)各级财政、林业部门必须切实加强农村能源建设资金管理。各级林业部门要会同财政部门搞好项目规划、评估和验收工作，确保资金使用效益。

(二)对财政、林业部门安排的补助经费，必须把好分配关。林业部门提出资金分配方案后，由财政部门负责审定。资金的使用要严格按照规定用途专款专用，严禁挤占、挪用或用于平衡预算。

(三)财政、林业部门安排的补助经费以资金或物资形式予以补助。项目验收后，凭经技术人员及农户签章的清单，以乡(镇)为单位，向县林业局申报领取补助经费或物资。

(四)县林业局应建立完善的农村能源建设项

目和资金补助档案，以便于检查和提供后续技术服务。

第七条 农村能源建设资金的监督检查

（一）各级财政、林业部门要严格按照现行财政支农资金管理的有关制度和办法的规定，切实加强对农村能源建设资金使用的管理，依法加强对农村能源建设资金的监督检查，主动配合审计等有关部门做好审计、检查、稽查工作。

（二）凡检查发现挥霍、浪费、截留、克扣、挤占财政、林业部门安排的农村能源建设资金的，要视情节轻重对负有直接责任的人员依法给予处罚。

（三）对骗取、套取、挪用、贪污财政补助资金的行为，要依法追回有关资金，并依法对单位和直接责任人员进行处罚。构成犯罪的，移交司法部门依法追究刑事责任。

第八条 本办法由自治区财政厅负责解释。

第九条 本办法自发布之日起执行。

自治区林业局关于印发《广西壮族自治区森林分类经营区划技术操作细则》的通知

（2000 年 10 月 8 日　桂林发〔2000〕25 号）

各地、市、县（市、区）林业局，各区直国有林场，中国林科院热林中心：

根据国家林业局有关文件精神和今年 9 月全区林业分类经营工作会议的部署，我局组织编制了《广西壮族自治区森林分类经营区划技术操作细则》，现印发给你们，请遵照执行，抓紧完成本区域的森林分类经营区划界定工作。

附件：

广西壮族自治区森林分类经营区划技术操作细则（略）

自治区人民政府关于土地山林水利纠纷调处工作若干问题的通知

（2000 年 12 月 4 日　桂政发〔2000〕68 号）

各地区行署，各市、县、自治县人民政府，柳铁，区直各委、办、厅、局：

为了依法维护土地、山林（林木、林地）、水利的所有权和使用权者的合法权益，及时调解、处理土地、山林、水利的所有权和使用权纠纷（以下简称“三大纠纷”），根据《中华人民共和国土地管理法》、《中华人民共和国森林法》、《中华人民共和国水法》、《中央社会治安综合治理委员会关于进一步加强矛盾纠纷排查调处工作的意见》（中办发〔2000〕17 号）、《广西壮族自治区社会治安综合治理条例》的规定，结合我区实际，现就调解、处理“三大纠纷”工作的若干问题通知如下：

一、“三大纠纷”调处的职责分工

（一）纠纷案件按性质种类调处的职责分工。

“三大纠纷”案件调处按照“谁主管、谁负责”的原则，依法由各级政府职能部门负责做好调处的具体工作，经协商、调解不成，依法由人民政府作出处理决定。其职责分工是：

1. 土地权属纠纷调处的具体工作由国土资源行政部门负责。

2. 山林权属纠纷调处的具体工作由林业行政主管部门负责。

3. 水权属纠纷调处由水利行政主管部门负责。

4. 行政区域界线的边界纠纷调处的具体工作由民政行政主管部门负责。

5. 涉及到土地、山林、水利等混合性纠纷调处的具体工作，由各级人民政府指定一个职能部门牵头，其他职能部门共同负责。

（二）纠纷案件按级别调处的职责分工。

“三大纠纷”案件实行“属地管理、分级调处”的责任制，按行政区域划分，案件发生在哪一级行政区划内，就由那一级人民政府职能部门负责调处的具体工作，同级人民政府作出处理决定。其职责分工是：

1. 乡（镇）辖区范围内发生的“三大纠纷”，由乡（镇）人民政府负责调处的具体工作，或依法对个人之间、个人与单位之间的土地、山林权属纠纷作出处理决定。

2. 县级辖区范围内发生的“三大纠纷”，由县级人民政府职能部门负责调处的具体工作，县级人民政府作出处理决定。

3. 地、市辖区范围内发生的跨县（市）、区的“三大纠纷”，由地区行署或地级市人民政府职能部门负责调处的具体工作，地区行署或者地级市人民政府作出处理决定。

4. 跨地、市辖区范围内发生的“三大纠纷”，由自治区人民政府职能部门负责调处的具体工作，自治区人民政府作出处理决定。

5.跨省的纠纷，原则上由纠纷所在县级人民政府组织职能部门与对方县级人民政府主动协商解决，经反复协商不能解决的，逐级上报，由地区行署、市、自治区人民政府组织有关职能部门与对方协商解决。

6.县级辖区范围内属中央、自治区、地(市)单位之间的或者与当地其他单位之间发生的“三大纠纷”，由纠纷所在地县级人民政府职能部门负责调处的具体工作，县级人民政府作出处理决定；因案件重大，案情复杂，县级人民政府调解不成，又不便作出处理决定的，由该县级人民政府上报地区行署或者地级市人民政府请求作出处理决定。

7.各级人民政府法制工作部门负责对本级人民政府需要作出处理决定的“三大纠纷”案件进行审查。

8.各级人民政府调处办公室负责本辖区内“三大纠纷”案件调处工作的检查、督促、指导和协办；总结交流调处工作经验，做好调处人员的业务培训和业务统计工作；调处政府直接交办、单个职能部门不便调处的特别重大的案件；完成政府交办的有关事宜，当好政府的参谋和助手。

9.依照《中华人民共和国水法》第三十六条规定，自治区人民政府授权全区县级以上水行政主管部门按照职能权限对水事纠纷作出处理决定，并报同级人民政府备案；属案情重大、情况复杂或者影响面较大的案件，在作出处理决定之前报同级人民政府审核同意。

二、“三大纠纷”案件的调处程序

“三大纠纷”案件调处按如下程序进行：

(一)纠纷双方当事人自行协商。

“三大纠纷”发生后，争议双方当事人要按照平等互让的原则，积极进行协商解决。在纠纷未得到处理之前，双方都要维持争议地的现状，不得擅自侵占、哄抢以及实施各种破坏行为。

(二)当事人申请调处。

争议双方当事人协商不成，应及时以书面形式向人民政府申请给予调处。

1.本县内纠纷案件的申报。属乡(镇)调处的，向乡(镇)人民政府申请；属县级人民政府调处的，向县级人民政府申请。

2.跨县、跨地、市的纠纷由当事人向其所在地的县级人民政府提出申请，县、地、市人民政府及其职能部门依照性质种类的职责分工组织双方当事人协商、调解，经协商、调解不成又不属本级职责权限作出处理决定的，要逐级向上级人民政府及其职能部门申请调处。

当事人提出调处申请，应提交下列材料：(1)书面申请书；(2)能证明所有权或使用权等有关的权属凭证；(3)勘验的地形绘图和标明争议界线范围；(4)请求确权处理的界线范围及其地物分布情况。

(三)立案。

案件受理由职能部门负责，各级人民政府的职能部门收到调处申请书后，应当及时进行审查。对符合受理条件的，应当在七日内立案，并书面通知申请人；对不符合受理条件决定不予受理的，要书面告知申请人；对符合条件，但不属于本级政府受理的调处申请，应当告知申请人向分工受理此案调处的人民政府提出。

公民、法人或者其他组织提出调处申请，负有调处具体工作责任的职能部门无正当理由不予受理的，本级人民政府应当责令其受理。

各级职能部门立案后，应将立案通知书抄送同级政府调处办公室备案。

(四)职能部门组织协商。

各级职能部门对于已立案的纠纷案件，要及时组织人员开展工作，做好调查研究和完善取证工作，核实材料，依法组织双方当事人协商并进行调解，促使双方达成协议，并建立档案。

1.调解工作应当遵守以下原则和纪律：(1)依据法律、法规、规章和政策进行调解；(2)在双方当事人自愿平等的基础上进行调解；(3)不得对当事人压制、打击报复；(4)不得吃请受礼；(5)要公开、公正、不徇私情。

组织调解、协商必须有两名以上办案人员参加，并制作调解笔录；达成协议的，应当及时制作调解协议书；调解协议书应当有双方当事人和调解人员的签名，并加盖组织调解单位的印章。

2.经组织调解、协商达不成协议的，要写出调查报告和处理意见，连同案卷材料，从立案之日起，六个月内报同级人民政府作出处理决定；因案件重大，案情复杂，调查取证难度较大的案件，可以向同级人民政府申请延长二个月。

报人民政府作出处理决定的材料主要内容是：(1)完整的案卷材料；(2)详尽的调查报告和处理意见；(3)双方反复协商形成的会议纪要；(4)双

方达成的共识和争议的焦点;(5)查明的事实和法律依据;(6)在地形图上标明争议的界线范围、提请确权处理的界线范围及其地物分布状况。

(五)政府作出处理决定。

各级人民政府接到职能部门对调处案件作出处理决定的请求后,应当在一个月内作出处理决定,因特殊情况需要延期的,经政府分管领导批准,可以延长一个月。

负责审查的法制工作部门认为报送的案件证据不足,事实不清或程序不合法的,应及时将案件退回职能部门重新补充调查、写出处理意见;职能部门接到重新补充调查的通知后,应在一个月内办理完结。

由乡(镇)人民政府调处的案件也要按照上述第(三)、第(四)项规定,做好立案工作,组织双方协商,促使双方达成协议。经调解、协商达不成协议,依法由乡(镇)人民政府作出处理决定的,乡(镇)人民政府要在一个月内作出处理决定;依法由县级以上人民政府作出处理决定的,由乡(镇)人民政府按照规定程序报县级人民政府作出处理决定。

人民政府作出的处理决定书应写明:

1.双方当事人的名称:法定代表人或者负责人姓名、地址。

2.案由、权利请求、双方当事人提出的事实和理由。

3.处理决定书认定的事实、理由和适用的法律、法规、规章。

4.不服处理决定申请复议的期间或者依法向人民法院起诉的期间。

5.处理决定书应当附界线地形图,加盖人民政府公章。

(六)送达。

人民政府作出处理决定后,应当制作送达书,处理决定书送达后,应有送达回证,受送达人应在送达回证上签名或者盖章并记明收到日期。

受送达人在送达回证上签收的日期为送达日期。

受送达人拒绝接收处理决定书的,送达人应当邀请有关基层组织或者受送达人所在单位代表到场见证,说明情况,在送达回证上记明拒收理由和日期,由送达人、见证人签名或者盖章后,把处理决定书留在受送达人的住所,即视为送达。

(七)颁发权属证书。

人民政府应当根据生效的调解协议书、处理决定书,给依法获得权属者颁发权属证书。

(八)执行处理决定。

凡各级人民政府对案件作出的处理决定发生法律效力后,同级有关部门、下级人民政府及其职能部门必须坚决执行,并及时对纠纷双方单位及法人代表,进行有关政策法律宣传和耐心细致的思想工作,确保处理决定的执行;对于那些无视人民政府处理决定,无理取闹或者造谣惑众、挑起事端、制造新纠纷的,要坚决依法惩处。

跨地、市积案的调处严格按照桂政办发〔1999〕192号文件规定执行。

三、"三大纠纷"引发群体性事件的责任追究

调处"三大纠纷"实行政府领导人负总责制度和职能部门领导人对具体案件负责制度。各级政府的主要领导人是调处"三大纠纷"的第一责任人,分管各职能部门的领导是调处"三大纠纷"的直接责任人。国土资源、林业、水利、民政部门的主要领导是调处"三大纠纷"具体案件的第一责任人,分管领导是具体案件的直接责任人。

(一)因"三大纠纷"引发的群体性事件的调查报告制度。

1.发生在乡(镇)内的轻微事件,乡(镇)人民政府必须在24小时内报告上一级人民政府。

2.发生在县级辖区内的一般事件,县级人民政府必须在24小时内报告上一级人民政府或地区行署。

3.发生在县级辖区内的重大事件和特大事件,县级人民政府必须在12小时内报告上一级人民政府或地区行署,并同时报告自治区人民政府。

4.发生跨县、跨地(市)的重大事件和特大事件,由发生事件的双方县级人民政府在12小时内分别或者共同报告上一级人民政府或地区行署,并同时报告自治区人民政府。

5.事件报告应当载明下列内容:(1)事件发生的时间、地点、单位;(2)事件的经过、伤亡人数,直接经济损失的初步估计;(3)事件发生原因的初步判断;(4)事件发生后采取的措施及事件被控制的情况;(5)事件报告单位及日期。

6.事件发生后,各级人民政府要按照"三大纠纷"调处的职责分工,组织职能部门成立事件调查组,负责事件的调查工作。事件调查组由各级行政监察部门牵头,相关的职能部门派员参加。

(二)实行"三大纠纷"案件调处领导失职责任

追究制度。

有下列情形之一的，由各级人民政府及其职能部门依照《中华人民共和国地方各级人民代表大会和地方各级人民政府组织法》、《中华人民共和国行政监察法》和《中华人民共和国公务员暂行条例》的规定处理；构成犯罪的，由司法机关追究刑事责任。

1.拒不执行法律、法规或者违反法律、法规以及人民政府的决定、命令的。

2.给国家利益、集体利益和公民合法权益造成严重损害的。

3.隐瞒事实真相、出具伪证或者隐匿、转移、篡改、毁灭证据的。

4.不按规定报告由“三大纠纷”引发的群体性事件的。

5.对发生的群体性事件，不按本通知的规定报告和处理致使事态严重恶化的。

6.因官僚主义、地方保护主义不及时调处案件或枉法办案的。

7.在有关权属证书的发放工作中出现严重违法、违纪行为的。

8.其他违法违纪的行为。

四、附注

（一）轻微事件。

因“三大纠纷”引发如下情况之一属轻微事件：10人以上20人以下非法游行示威、或冲击国家机关等过激行为；械斗造成轻伤1至5人；械斗造成重伤1人；破坏行为造成经济损失1万元至2万元。

（二）一般事件。

因“三大纠纷”引发如下情况之一属一般事件：20人以上50人以下非法游行示威、或冲击国家机关等过激行为；械斗造成重伤2至3人；械斗造成轻伤5至10人；破坏行为造成经济损失2万元至10万元。

（三）重大事件。

因“三大纠纷”引发如下情况之一属重大事件：50人以上100人以下非法游行示威、或冲击国家机关等过激行为造成严重社会后果；械斗造成死亡1至2人；械斗造成重伤4至10人；械斗造成轻伤10人以上；破坏行为造成直接经济损失10万元至20万元。

（四）特别重大事件。

因“三大纠纷”引发如下情况之一属特别重大事件：造成100人以上非法游行示威、或冲击国家机关等过激行为造成严重社会后果；械斗造成死亡3人以上；械斗造成重伤10人以上；破坏行为造成直接经济损失20万元以上。

自治区林业局关于加快森林分类经营区划界定工作的通知

（2000年12月14日　桂林营发〔2000〕61号）

各地、市、县（区）林业局，区直国有林场，热林中心、柳州铁路林管局，区林业设计院：

自10月中旬全区林业分类经营研讨会后，各地陆续开展森林分类经营区划界定工作。目前，大部分地市都开展了地市级培训，90%以上的县（市、区）开展了县级培训，并不同程度地开展了工作。进展较快的有贺州地区、桂林市及区直国有林场。贺州地区已全面开展外业调查界定，昭平等试点县已完成外业，正在进行内业汇总。桂林市10月26～28日便举办市级培训班，培训到乡一级，共180多人参加。隆安县政府高度重视，县长亲自主持召开动员大会。隆安、大新等少数县以政府名义下发了分类经营区划实施意见或方案，成立了领导小组及办公室，工作进展顺利。热林中心及区直东门林场、钦廉林场已将区划材料送到区林业设计院。在工作经费方面，自治区林业局已安排110万元启动经费，贺州地区、南宁地区、柳州市等也安排一定的工作经费给各县。总体来看，整个分类区划工作取得了一定进展，但也存在不少问题，各地的进展极不平衡。一些地、市、县（市、区）仍在等待、观望，毫无进展；有的森林资源调查等基础资料准备不充分，工作被动；有的也只停留于室内填表、勾绘阶段，尚未开展外业工作。

为加快全区森林分类区划界定工作，根据11月中旬国家林业局在长沙举办的“全国森林分类区划界定研讨班”有关精神，结合我区实际，现提出如下要求：

一、必须采取更强有力措施，加快工作进度

自治区人民政府最近已转发我局关于开展林业分类经营工作的意见。各地要加强对分类区划界定工作的组织领导，将其作为当前压倒一切的工作来抓紧抓好。进度较快的地方要继续努力，积极稳妥推进，确保质量；进度较慢的地方，要分析原因，寻找突破口，加快进度，力争按期完成。

二、必须高标准、严要求，严格按照技术规程进行操作

我局根据全国森林分类区划界定研讨班的有关精神，制定了《广西壮族自治区森林分类经营区划技术操作细则》补充规定，现随文印发。《补充规定》增加了国家公益林和地方公益林的划分标准、区划界定质量管理等重要内容，同时对各地在操作过程中提出的重要问题作了进一步明确。请各地严格按技术操作细则及补充规定要求进行操作或补充，高标准完成区划界定工作。特别是对关键的技术措施及事关全局的工作步骤，绝不能敷衍了事。

三、必须加强技术指导和检查督促，确保区划成果质量

自治区林业局成立督查组，由区林业设计院负责对全区森林分类经营区划界定进行技术指导、工作督促和质量检查，并为各县(市、区、场)提供有关统计汇总软件，对各地上报的材料(包括表格、报告和图)进行初审，所需经费均由我局负责统一安排。区林业设计院要认真负责，组织强大的技术力量，全力以赴抓好这项工作。各地、市、县(区)也要成立森林分类区划界定质量检查小组，按《森林分类区划界定质量检查办法》，做好本辖区森林分类区划界定工作的检查和监督工作。

附件：关于《广西壮族自治区森林分类经营区划技术操作细则》的补充规定

关于《广西森林分类经济区划技术操作细则》的补充规定

根据2000年11月17日国家林业局在长沙举办“全国森林分类区划界定研讨班”的会议精神，对《广西森林分类经营区划技术操作细则》作如下补充规定：

一、区划界定基础材料的要求

凡去年利用遥感调查的县(市、区)要求补充调查，以取得满足区划界定要求的基础材料，方法如下：

(一)把遥感地理信息底图调查区划的图班界线落实到1∶10000的地形图上，并在图上划出公益林区和商品林区。原来没有林班这一级区划的县(市、区)，要求以村为单位区划林班，把图班界作为小班界，形成县—乡—村—林班—小班五级区划系统，重新求算小班面积。

(二)对公益林区以及商品林区中区划界定为公益林的图班，要求按《广西森林资源规划设计调查技术方法》的有关规定，重新进行小班调查，调查因子的精度，要求达到《广西森林资源规划设计调查技术方法》规定的“B”级标准。

二、公益林事权级划分规定

公益林(含公益林地)事权级主要依据生态区位、受益范围确定。

(一)国家级的公益林：凡跨省级地域发挥森林生态效益或生态脆弱性、重要性等级高的防护林(地)和特种用途林(地)划为国家级公益林，具体划定范围包括：

1.江河源头：流程在500公里以上河流干流、一级支流源头20公里以内汇水区，流程1000公里以上河流二级支流源头10公里以内汇水区的森林、灌木林等林地。

2.江河干流，一、二级支流两岸：流程在500公里以上河流的干流、一级支流两岸自然地形的第一层山脊以内或平地1000米以内；流程1000公里以上河流的二级支流两岸自然地形的第一层山脊以内或平地500米以内的森林、灌木林等林地。

3.重要湖泊(按蓄水库容、生态区位确定)周围自然地形的第一层山脊以内或平地500米以内的森林、灌木林等林地。

4.库容一亿立方米以上的大型水库(以建库设计任务书为准)汇水区以内的森林、灌木林等林地。

5.红树林及沿海岸线1000米以内的森林、灌木林等林地。

6.山体坡度46°以上土壤瘠薄，岩石裸露，森林采伐后难以更新或森林生态环境难以恢复的森林、灌木林等林地。

7.国铁、国道(含高速公路)两侧山坡以内或平地50米范围内的森林、灌木林等林地。

8.沿国境线20公里范围内及国防军事禁区以内的森林、灌木林等林地。

9.国务院批准的自然与人文遗产地和具有特殊保护意义地区的森林、灌木林等林地。

10.国家级自然保护区，以及地方级自然保护区重点保护对象为一级、二级野生动植物及其栖息环境的森林、灌木林等林地。

11.国家级森林公园的森林、灌木林等林地。

12.重要的科学实验基地和教学场所的森林、灌木林等林地。

13.列入国家规划的用于培育优良林木种子、繁殖材料，保存种质基因为目的的森林、灌木林。包括种子园、母树林、采穗圃、植物园、种质基因库等。

14.不在上述范围，但由国家投资建设形成的公益林。

(二)省级的公益林：除国家级范围内，凡跨地(市)地域发挥森林生态效益的防护林和特种用途林划为省级公益林，具体划定范围包括：

1.江河源头：(1)流程在500公里以上河流的二级支流源头20公里以内汇水区，流程1000公里以上河流的三级支流源头10公里以内汇水区的森林、灌木林等林地。(2)流程在500公里以下河流干流、一级支流源头10公里以内汇水区的森林、灌木林等林地。

2.江河干流、支流两岸：(1)流程在500公里以上河流的二级支流两岸自然地形的第一层山脊以内或平地1000米以内；流程1000公里以上河流的三级支流两岸自然地形的第一层山脊以内或平地500米以内的森林、灌木林等林地。(2)流程在500公里以下河流干流、一级支流两岸自然地形的第一层山脊以内或平地1000米以内的森林、灌木林等林地。

3.库容一亿立方米以下但受益范围跨地(市)的水库汇水区以内的森林、灌木林等林地。

4.沿海岸线1000米范围以外，对防风固沙起着重要作用的森林、灌木林等林地。

5.山体坡度46°以上采伐后将引起严重水土流失或山体坡度46°以下，但土壤瘠薄，岩石裸露，采伐后难以更新的森林、灌木林等林地。

6.省道(含一、二级公路)两侧山坡以内或平地50米范围内的森林、灌木林等林地。

7.自治区批准的自然与人文遗产地和具有特殊保护意义地区的森林、灌木林等林地。

8.省级自然保护区中不属于国家级公益林以外的森林、灌木林等林地。

9.省级森林公园的森林、灌木林等林地。

10.一般科学实验基地和教学场所的森林、灌木林等林地。

11.培育优良林木种子、繁殖材料，保存种质基因基地的森林、灌木林等林地。包括种子园、母树林、采穗圃、植物园、种质基因库等。

12.不在上述范围，但由省投资建设形成的公益林。

(三)地(市)、县(市)、乡(镇)的生态公益林：由各地(市)、县(市)依据生态区位和受益范围确定。

1.地(市)生态公益林：不属于国家、省级公益林范围，但跨县(市)地域发挥森林生态效益的防护林和特种用途林。

2.县(市、区)生态公益林：不属于国家、省、地(市)级公益林范围，但跨乡(镇)发挥森林生态效益的防护林和特种用途林。

3.乡(镇)生态公益林：不属于国家、省、地(市)、县(市、区)级公益林范围，但跨村发挥森林生态效益的防护林和特种用途林。

三、质量管理

为了确保森林分类区划成果质量，自治区林业分类经营办公室，要成立督查组，负责技术指导、工作督促和质量抽查；各地(市)、县(市、区)要成立森林分类区划界定质量检查小组，负责森林分类区划界定工作的检查和监督。检查办法详见附件一。

四、森林分类区划现场界定的格式和签章要求

(一)森林分类区划现场界定书的格式详见附件二。

现场界书以村为单位统一编号，编号格式：村代码(2位)＋顺序号(3位)，如村代码为2，顺序号为16，编号为02016。

(二)森林分类区划现场界定书签章要求。

林权证核发规范，林权所有者或经营者明确。(1)林权证在村一级，林权属村集体所有的，由村公所负责人签章；(2)林权证在村，但分山到户，林权属个人所有的，由村公所负责人和林权所有者签章；(3)林权证落实到户的由村公所负责人和林权所有者签章；(4)没有核发林权证的，要先核发林权证，明确林木所有者或经营者后再签字；(5)无立木林地、荒地、退耕还林地由取得林地使用权的单位和个人签章。

(三)界定书背面要求附本界定书界定小班所在位置的1/1万地形图。

五、关于防火线、被占用地的统计问题

规划用营造生物防火林带的防火线和林场被占用地也应区划界定，在《森林分类区划技术操作细则》的表4、表5中，增设“其他土地”栏，用于统计其数据。

附件：

森林分类区划界定质量检查办法

根据2000年11月17日国家林业局在长沙举办“全国森林分类区划界定研讨班”的会议精神，为了确保我区森林分类区划界定成果质量，制订本办法。

第一条 质量管理。

积极贯彻质量第一的工作方针，自治区林业分类经营办公室，要成立督查组，负责技术指导、工作督促和质量抽查，各地(市)、县(市)林业分类经营办公室，要成立专职的联合质查组，负责按全面质量管理的要求，对森林分类区划界定工作及成果的质量实行三环节管理，即事前指导、中间检查和成品校审。

第二条 检查内容。

质量检查是对森林分类区划界定的基础材料、外、内业各项工序成果进行检查，内容包括：①基础材料检查；②外业分类区划界定检查；③内业检查。

第三条 检查数量。

一、地(市)、县(市)联合质检组。

(一)森林分类区划界定的基础材料，要100%检查；

(二)外业检查：检查人员外业现场抽查审核的数量，要求不低于分类区划界定小班总数的3%；

(三)内业检查：①“森林分类区划界定小班因子一览表”区划界定因子填写、森林分类区划界定小班属性数据库等内容，检查人员应在各县(市、区)、场全面复核的基础上进行抽查，抽查数量不低于区划界定小班总数的30%；②成果统计表、图及区划界定报告，检查人员要100%检查。

二、自治区督查组在地(市)、县(市)质量检查的基础上，适当进行内、外业抽查，抽查数量要求不低于地(市)、县(市)检查数量的5%。

第四条 检查方法。

一、质量检查分前、中、后三个阶段进行。

(一)前期：检查人员要做好技术培训和指导，并对森林分类区划的工作方案，工作图、表等进行检查。

(二)中期：检查人员应采用随机抽样的办法抽取外业检查小班，对抽中的小班，由被检查人员陪同到实地，检查核实区划界定小班的地类、面积，以及各项界定因子，并查访在界定书中签字的林木所有者、经营者或林地使用者对林业分类经营的认识和态度。

(三)后期：检查人员应重点检查“森林分类区划界定小班因子一览表”区划界定因子填写情况，数据录入情况，统计结果，图件绘制着色等。

二、各项检查必须作检查记录，进行质量评定，检查工作结束后，以县(市、区)、场为单位提交检查报告。

第五条 质量评定。

一、分项质量评定

(一)基础材料质量评定标准基础材料质量分优、合格、不合格三个等级：

1.优：基础材料齐全，森林分类区划的工作方案，行文规范，内容全面，森林分类区划界定工作图、表符合规范要求，公益林区、商品林区布局合理，分类比例符合要求，得分90～100分；

2.合格：基础材料齐全，森林分类区划的工作方案，工作图、表基本符合要求，公益林区、商品林区布局基本合理，得分80～90分；

3.不合格：基础材料欠齐全，森林分类区划的工作方案，工作图、表不符合要求，公益林区、商品林区布局欠合理，得分80分以下。

(二)小班分类区划界定质量评定标准

1.单个小班分类区划界定质量评定，分合格、不合格两个等级，按区划界定因子重要性程度的不同，划分为主要因子和一般因子两大类，标准如下：

(1)主要因子。

①小班地类：定性不能错；

②小班面积：小班界图上位移不能超过2.0毫米，面积最大误差不超过15%；

③权属：土地权属、林木权属不能错；

④林种：界定或规划的二级林种不能错；

⑤事权级：公益林事权级界定不能错；

⑥保护程度等级：公益林保护程度等级界定不能错；

⑦公益林现场界定书：现场界定书要求填写规范，现场界定签章、地类、面积、权属、林种、事权级界定不能错。

(2)一般因子。

①公益林(林地)小班包括：重点林业工程、分类区、经营措施类型、重要性、脆弱性、功能质量、事权单位、建设单位、沿线标识、备注等10项因

子。

②商品林(林地)小班包括:重点林业工程、分类区、经营类型、生长类型、林地质量、地利等级、沿线标识、备注等8项因子。

A.合格小班:主要因子7项全部合格,一般因子全部合格或二项以内(含二项)不合格,则定为合格小班;

B.不合格小班:主要因子7项有一项不合格,一般因子有三项不合格,则定为不合格小班。

2.外业分类区划界定质量评定,分优、合格、不合格三个等级:

优:外业分类区划界定小班抽查合格率90%以上;

合格:外业分类区划界定小班抽查合格率80%～90%;

不合格:外业分类区划界定小班抽查合格率80%以下。

(三)内业质量评定。

内业质量要求按:①"森林分类区划界定小班因子一览表"填写;②现场森林分类区划界定书;③数据录入与统计;④图件绘制着色等四项进行综合测评。

1.分项质量评定。分项质量用各项抽样单元合格率来评定,抽查单元合格率90%以上为优;80%～90%为合格;80%以下为不合格。

(1)"森林分类区划界定小班因子一览表"填写:

合格小班:地类、面积、权属、林种,公益林小班事权级、保护程度等级界定全部正确,其他界定因子二项以内(含二项)不合格,则定为合格小班;

不合格小班:地类、面积、权属、林种,公益林小班事权级、保护程度等级界定全部正确,其他界定因子有三项不合格,则定为不合格小班。

(2)现场森林分类区划界定书。

合格界定书:要求填写规范,图表齐全。现场界定签章、地类、面积、权属林种、事权级界定不能错。

不合格界定书:现场界定签章、地类、面积、权属、林种、事权级界定有一项错误。

(3)数据录入与统计。

合格:小班数据录入准确无误,各级统计数据要求相互吻合,无一错误者,为合格。

不合格:小班数据录入有一项错误,各级统计数据有一项错误的为不合格。

(4)图件绘制着色。

合格:图面要素齐全,注记清楚符合细则要求,着色均匀,容易区分者为合格。

不合格:图面要素不齐全,注记清楚,着色不符合细则要求者为不合格。

2.内业质量评定。

优:各分项全部合格,平均合格率90%以上;

合格:各分项全部合格,平均合格率80%～90%;

不合格:有一个分项不合格。

二、综合等级评定

综合质量评定是森林分类区划界定各项工作质量的综合反映,按基础材料占20%,外业质量占50%,内业质量占30%计算综合合格率。

综合合格率:(基础材料得分20%+外业小班界定合格率50%+内业平均合格率30%)100%

优:综合合格率90%以上;

合格:综合合格率80%～90%;

不合格:综合合格率80%以下。

第六条 质量奖惩。

对各项工作质量好的单位和个人要给予精神和物质奖励,对于工作马虎、弄虚作假、质量达不到要求的单位,除了返工重做外,要给予通报批评。

第七条 工作制度。

质检人员要严格按本办法的要求,切实做好质量检查工作,严格执行事前指导、中间检查和成品校审的工作制度,检查过程中发现问题要及时处理和解决,解决不了的要向自治区森林分类经营办公室请示,寻求解决办法。对于质量不符合要求,该返工的要责令其返工,不受个人印象和环境条件干扰,坚持原则,秉公办事。

自治区人民政府办公厅转发自治区林业局《关于开展林业分类经营前期工作的意见》的通知

(2000年12月21日　桂政办发〔20130〕213号)

各地区行署,各市、县、自治县人民政府,柳铁,区直各委、办、厅、局:

自治区林业局《关于开展林业分类经营前期工作的意见》已经自治区人民政府同意,现转发给你们，请认真贯彻执行。

林业分类经营是林业改革的一件大事，各级人民政府和各有关部门务必高度重视，加强领导，共同努力，认真做好林业分类经营的各项前期工作，为我区下一步全面开展林业分类经营工作打下坚实基础。

附件：

自治区林业局《关于开展林业分类经营前期工作的意见》

（2000 年 12 月 15 日）

改革开放以来，我区林业改革取得了一定突破，整个林业建设取得了重大发展。但是，随着社会主义市场经济体制的逐步建立，林业工作中一些深层次的问题也显现出来，特别是受现行体制的束缚，林业资源的培育、开发和利用很少按照森林的用途和生产经营目的加以区分，致使生态保护和经济发展之间的矛盾难以协调，该保护的因为缺乏投入而没有得到很好保护，该放开发展的因为缺乏政策扶持而没有得到很好发展。要解决这些矛盾和问题，必须实行林业分类经营。1996年以来，我区在个别地、市和国有林场开展了林业分类经营改革试点，并取得了一定的经验，但尚未全面铺开，进度比其他省区缓慢。为了加快我区林业分类经营改革步伐，为下一步全面开展林业分类经营工作做好准备，根据《中华人民共和国森林法》、《中华人民共和国森林法实施条例》以及国务院和国家体改委、国家林业局的有关规定，结合我区实际，现提出我区林业分类经营前期工作的意见。

一、深刻认识林业分类经营的目的和意义

林业分类经营是在社会主义市场经济条件下，根据社会对林业生态和经济的两大需求，按照对森林多种功能主导利用的不同，相应地将森林划分为公益林和商品林，分别按各自的特点和规律运营的一种新型经营管理体制和发展模式。其目的是：根据生态环境建设的要求，把以生态利用为主要目的的森林划为公益林，按照事权划分的原则，由各级人民政府或社区负责建设，实行事业化管理，科学经营，追求最大的生态效益和社会效益；根据市场经济原则，把以直接经济利用为主要目的的森林划为商品林，实行企业化管理、集约化经营，努力提高林业经营水平，追求最大的经济效益。通过局部分治，实现总体上最大限度地发挥林业的整体效益。

实行林业分类经营是由传统林业向现代林业转变，实现林业持续发展的必经之路，是社会主义市场经济条件下林业发展中带有全局性的改革，是林业行业实现两个根本性转变的基础性工作，也是建立比较完备的林业生态体系和比较发达的林业产业体系（简称两大体系）的客观要求。它对于深化林业改革，合理调整林业产业和产品结构，科学配置林业生产要素，促进现代科学技术的运用，提高林业生产力和管理水平，提高林业综合效益，推进林业持续、快速、健康发展，具有十分重要的意义。实行林业分类经营，可以合理地配置林种结构，做到既可以根据市场的需要组织林业生产，又能维持生态效益，满足社会对森林不同功能的多样性需求，为建立林业两大体系、实现社会经济与自然的协调发展打下坚实的基础。进行林业分类经营改革，对于促进我区生态环境建设，实现经济社会可持续发展具有重大而深远的战略意义。特别是随着社会主义市场经济体制的逐步建立和完善，西部大开发战略的实施，实行林业分类经营面临着良好的历史机遇，成为当前林业工作一项紧迫而艰巨的任务。

二、林业分类经营工作的指导思想和基本原则

林业分类经营是一项涉及林业经营管理体制、经营机制、经济政策、管理措施和组织形式等多方面的深层次综合配套改革，是一项全新的、十分复杂的系统工程，必须进一步解放思想，转变观念，勇于探索，大胆突破。因此，林业分类经营工作的指导思想是：必须以邓小平理论为指导，深入贯彻党的十五大和十五届三中、四中全会精神和自治区党委“1234610”工作思路，解放思想，更新观念，按照《林业经济体制改革总体纲要》和《广西生态环境建设规划》的要求，以改善生态环境、最大限度发挥森林的多种功能为目标，以建立科学的营林体制和森林生态效益补偿机制为重点，遵循自然规律和经济规律，对林业实行分类经营，分类指导，调整结构，合理布局，全面推进我区生态环境建设和林业产业建设，促进经济社会可持续发展。

在工作中必须遵循以下原则：

（一）必须坚持林业分类经营与经济社会发展相结合的原则。

将林业分类经营工作纳入经济社会发展总体

规划，以确保总体目标的实现。

（二）必须坚持统筹兼顾，全面发展的原则。

正确处理生态效益、社会效益与经济效益，国家利益、集体利益与个人利益，长远利益与短期利益的关系，实现公益林、商品林协调持续发展，努力提高林业的综合效益。

（三）必须坚持和完善林业生产经营承包责任制的原则。

充分尊重群众意愿，进一步稳定山林权属，确保林地所有者和经营者的合法权益。

（四）必须坚持因地制宜、合理布局的原则。

从实际出发，在充分认识当地地域分异规律的基础上，按照生态环境建设和社会经济发展水平，以及各树种特性，力求做到因地制宜，适地适树，合理布局。

（五）必须坚持规模经济、持续发展的原则。

在自然条件适宜发展多林种、多树种的情况下，应尽可能使划定的公益林、商品林相对连片，形成适度规模经营，以利于管理保护和持续发挥森林的生态、经济和社会效益。

（六）必须坚持积极稳妥、重点突破的原则。

从有利于优化生态环境，有利于提高林业生产力，有利于调动人民群众造林护林的积极性出发，既要敢于创新，大胆突破，又要善于总结经验，及时加强指导。

三、林业分类经营的主要内容

林业分类经营是林业改革和发展的龙头性工作，所涉及的内容基本覆盖整个林业工作。其主要内容是：

（一）制定公益林、商品林的划分标准。

（二）编制公益林、商品林建设的总体规划。

（三）建立公益林、商品林的经营管理体制和运行机制。

（四）明确公益林、商品林的经营形式，制定林政管理措施。

（五）明确公益林、商品林的开发利用原则，制定产业发展规划。

（六）制定公益林、商品林的经济扶持政策。

（七）研究确定公益林、商品林经营管理的组织结构形式。

（八）建立公益林、商品林的法律和法规保障体系。

（九）落实公益林、商品林建设和科技措施。

林业分类经营必须以实现林业两个根本性转变、建设林业两大体系为目标，着重在体制、机制和制度建设上下功夫，防止把分类经营作为一项单纯技术工作。

四、林业分类经营的规划范围

林业分类经营的规划布局要根据国民经济和社会发展的需要，充分体现我国林业两大体系建设的总体要求，从林业的实际出发，坚持统筹规划、合理布局、自上而下、逐步到位的原则，正确处理经济建设和生态环境建设的关系，促进林业生态效益、社会效益和经济效益的协调统一。

（一）公益林建设规划范围。

目前公益林的规划范围是：

1.列入国家和自治区重点防护林体系建设的防护林。

2.自然保护区的森林，以及其他濒危珍稀野生动物栖息地的森林。

3.森林公园和风景名胜区的森林。

4.水库库区、江河湖泊周围的水源涵养林、护岸林、水土保护林和山高坡陡起着重要的水土保持作用的山帽林。

5.风沙沿线地区的防风固沙林。

6.城镇及其周围的森林和林木。

7.乡村自然保护小区的森林。

8.生态脆弱地区的森林。

9.其他不宜开发利用的森林。

在规划布局时，不但对国家和地方的重点防护林体系建设、自然保护区、森林公园、风景名胜区的森林应列为公益林，而且也应将本地区范围内环境保护意义较大的森林列为公益林。同时，还要从实际出发，对乡村周围的自然保护小区和不宜开发利用的森林以及林业企业、林场经营范围内不宜开发利用的森林也应列为乡村公益林或企业、林场经营区内的公益林，妥善加以保护和发展。

（二）商品林建设规划范围。

目前商品林的规划范围是：

1.定向工业原料林。

2.特殊用材林。

3.经济林。

4.笋、材用竹林。

商品林建设应本着“选择优等地、集中连片、便于管理和运输、生产加工一体化”的原则，广泛运用科学技术，实行定向化、基地化、集约化经营，大幅度提高林木生长率。大力提倡用材企业与林地所有者合作经营，建立原材料基地，推进林工一体化经营。

五、林业分类经营的总体目标

我区林业分类经营的总体目标是：2000年底前完成全区森林分类区划工作，将公益林、商品体区划结果落实到山头地块，为林业分类经营改革奠定基础。2001年，在分类经营区划的基础上，提出全区公益林、商品林宏观布局规划，完成全区林业分类经营总报告的编制工作，探索与公益林、商品林相适应的管理体制和运营机制，制订相应的政策与制度。2002年，编制全区林业分类经营实施方案，按照方案确定的经营方针、目标、布局等内容，完善和落实政策、全面完成林业分类经营前期工作任务。

全国生态环境建设规划(林业专题)确定我区林业分类经营的总目标是公益林、商品林经营面积分别占林业用地总面积的40%和60%。但不同的县(包括市、区，下同)和区直林场需区别对待，在严格限制公益林不低于30%的前提下，生态比较脆弱的地区，如江河源头大中型水库较多的地区，公益林应超过40%；在发展商品林条件比较优越的地区，公益林可少于40%。

六、林业分类经营工作步骤

(一)准备阶段。

1.编制广西林业分类经营工作方案和广西森林分类经营区划技术操作细则，明确公益林和商品林的划分方法。

2.开展林业分类经营改革调研。组织有关人员前往森林分类经营改革进展较快的省考察学习，借鉴外地经验，结合我区实际，修改和完善有关的分类经营区划技术方案。

3.召开全区林业分类经营工作会议，全面部署分类经营工作。

(二)分类区划阶段。

1.举办森林分类区划技术培训班，部署分类区划工作。

2.开展县级区划界定工作。森林分类区划界定工作要在国家和地方各级林业规划的指导下，由县级人民政府根据国家、本地生态环境建设和区域经济发展的需要，提出森林分类区划界定的原则并作出部署。各县(场)制定本县(场)的林业分类经营区划工作方案，经本级人民政府批准后，按照《广西森林分类经营区划技术操作细则》的要求，运用最新森林资源二类调查和林业生态经济区划成果，将区域内的林地按不同的经营目的进行定位，确定林种类别和边界范围。在区划界定时，要与林权单位逐一协商，进行现场认定，由林权单位负责人和所有者个人签字确认。尤其是要将集体所有的和农民个人所有的林木区划界定为公益林时，或者要求农民在其拥有使用权的林地上营造公益林时，必须征得其同意。在集体和农民个人不同意时，不得强行区划。公益林建设和保护责任的划分由县级以上人民政府负责协调，通过林业主管部门、林权单位和对森林经营管护负有连带责任关系的单位共同确认后，经县级以上人民政府批准，通过合法程序，以签订协议、合同等规范形式，确定有关各方的权、责、利关系。最后提交县级区划的系列成果，包括区划报告、区划图、统计表、磁盘数据库等。

3.分类区划成果材料检查验收。各县(场)分类区划成果材料(包括文本、图件、数据库)完成后，由县级人民政府于2001年3月底前上报自治区林业局(区直国有林场直接上报)，自治区林业局组织有关领导和专家进行评审，验收各单位森林分类区划界定成果材料。

4.分类区划成果汇总。根据各单位成果材料，由自治区林业局组织汇总，形成广西林业分类经营阶段性成果——《广西森林分类区划报告》和《广西国有林场定型划类报告》，绘制广西森林分类区划图，完成全区森林分类区划界定和国有林场定型划类工作。同时，向国家林业局上报国家级公益林区划成果报告。通过分类区划，主要解决我区公益林、商品林的类型、数量、等级评价、空间分布、骨架工程、经营措施等问题。

(三)制定配套改革措施阶段。

1.编制林业分类经营报告和林业分类经营实施方案。应用森林分类区划成果，结合我区社会经济发展对林业的需求，以建立林业两大体系为目标，进行林业分类经营宏观规划，编制全区林业分类经营总报告和林业分类经营实施方案。

2.按照林业分类经营实施方案确定的经营方针、目标、布局等内容，以建立林业分类经营管理的新体制、经营机制、经营方式、组织形式、资金渠道和制度建设等为重点，研究制定深层次的综合配套改革措施。通过对公益林、商品林进行调查研究，制定与之相适应的经营体制、运营机制，包括公益林生态效益补偿基金制度的建立，商品林如何在市场经济条件下进行森林资源资产化管理。完成《广西公益林管理与补偿办法(建议稿)》、《广西森林资源资产化管理若干规定》的起草工作。

以上工作,在2001年6月底前完成。

(四)成果验收、上报阶段。

自治区林业局邀请有关领导和专家对《广西森林分类区划报告》、《广西国有林场定型划类报告》、《广西林业分类经营总报告》、《广西林业分类经营实施方案》、《广西公益林管理与补偿办法(建议稿)》、《广西森林资源资产化管理若干规定》、《广西林业分类区划图》等成果进行评审验收。自治区林业局于2001年12月底前将评审结果上报自治区人民政府审定。

(五)组织实施阶段。

2002年1月开始组织实施全区林业分类经营实施方案,完善和落实已出台的有关配套政策、法规。

七、林业分类经营的保障措施

(一)设立办事机构,加强组织领导。

实行林业分类经营是一项艰巨的战略任务。它涉及区域社会经济的发展和各个方面的利益关系。各级人民政府要将此项工作列入重要议事日程,切实加强领导,认真组织落实。各地、市、县要分别成立林业分类经营工作领导小组,设立精干、高效的办事机构,确保林业分类经营工作的有序开展。

(二)广泛宣传,提高认识。

各地要采取多种形式,广泛宣传有关林业分类经营的政策及实施林业分类经营的重大意义,进一步解放思想,更新观念,提高认识,使此项工作得到全社会的理解和支持。

(三)安排工作经费,给予财力物力支持。

林业分类经营工作不但涉及范围广,外业区划调查工作量大,而且政策性强、技术性高,需要投入大量的财力物力。各级人民政府应视财力可能,在年度预算中安排必要的经费预算,确保此项工作顺利开展和按期完成。

(四)加强协作,搞好服务。

林业分类经营工作事关社会经济的可持续发展,是全社会的一项共同任务。各级人民政府和各有关部门特别是各级林业、财政、计划、编制部门要增强责任感,加强协作,密切配合,共同努力完成林业分类经营的工作任务。各级林业科研、教学、调查规划、勘察设计单位,要适应林业分类经营的需要,研究林业分类经营管理的技术措施,按照国家的有关规定,为推动林业分类经营工作提供科技服务。

自治区人民政府关于切实加强林地管理工作的通知

(2001年2月23日　桂政发〔2001〕14号)

各地区行署,各市、县、自治县人民政府,柳铁,区直各委、办、厅、局:

《自治区人民政府转发国务院关于保护森林资源制止毁林开垦和乱占林地的通知》(桂政发〔1998〕53号)下发后,全区绝大多数地方都能认真贯彻执行,加强对林地的保护和管理,有力地遏制了毁林开垦和乱占林地的歪风。但是,一些地方政府和部门在贯彻文件过程中,态度不坚决,宣传不到位,工作不深入,措施不得力,致使毁林开垦和侵占林地的行为仍有发生,个别地方还相当严重。各级人民政府必须高度重视,采取有力措施,切实加强对林地的保护和管理。为此,特作如下通知:

一、要把保护林地作为改善生态环境和实施可持续发展的一件大事来抓,增强保护林地工作的责任感和紧迫感

生态环境保护是全球关心的热点,也是党中央、国务院实施西部大开发战略的重点。良好的生态环境是可持续发展的重要标志。林地是森林资源的主要组成部分,是林业发展的基础,是植树造林、国土绿化的前提条件。保护和发展森林资源.关系到生态环境的改善,关系到经济社会可持续发展,关系到子孙后代的生存和繁衍。各级人民政府要进一步提高认识,抓住机遇,增强对保护林地工作的责任感和紧迫感,正确处理加快经济发展与加强林地保护的关系,正确处理近期效益与远期效益的关系,决不能以损失林地、牺牲生态环境为代价来换取短期的经济增长。切实把保护林地、造林绿化作为改善生态环境和经济社会可持续发展的一件大事抓紧抓好。

要大力宣传林业在生态环境建设中的主体作用和经济发展中的基础地位,深入开展《中华人民共和国森林法》和《中华人民共和国森林法实施条例》的学习、宣传和教育活动,强化依法治林,提高全社会的生态环境意识和保护林地的自觉性。

要把林地放在与耕地同等重要的位置，加强对林地保护和管理工作的组织和领导，采取有力的措施，坚决制止侵占、破坏林地的违法行为，尽快扭转现有林地不断损失、减少的局面。

二、严格执行征用、占用林地的审批制度

各地在进行基本建设时，应当不占或者尽量少占林地。确需征用、占用林地的，必须严格按照《中华人民共和国森林法》、《中华人民共和国森林法实施条例》和自治区的有关规定，依照程序进行报批，未经林业主管部门审核同意的，土地行政主管部门不得受理建设用地申请。各级人民政府要对现有的林地实行总量控制和用途管制制度，严格把关，做到既要保证我区经济建设的需要，又要切实保护好林地。

三、依法维护山界林权证的法律地位

山界林权证是森林、林木和林地所有权、使用权的法律凭证，必须切实维护山界林权证的稳定性、权威性和严肃性。对已发山界林权证的林地，县级以上人民政府要进一步明确界限，完善界标，登记造册，妥善保管有关材料。对已发的山界林权证，确因工作粗糙造成错发、重叠、遗漏的，应当依照法定程序修正或者补发。非经法定程序，不得更改或撤销。对未确定使用权的国家所有的林地，由县级以上人民政府登记造册，负责保护和管理。凡是森林、林木和林地发生权属变化的，要及时变更或重新核发山界林权证。因特殊需要而改变国有林业单位林地经营面积的，须经自治区林业主管部门审核同意后，报原审批机关批准。

四、要进一步加强对国有林地的保护和管理

国有林地在我区林地中占主体地位，保护国有林地，是我区加强林地管理工作的重点。各级人民政府要把处理侵占国有林场林地和哄抢作物等扰乱林场正常生产、生活的事件作为当地社会治安综合治理的一项重要内容来抓，列入当地人民政府综合治理考核内容，切实抓紧抓好。要依法维护国有林业单位的合法权益，特别对集中安置归难侨的国有林场，要予以高度重视，以维护我区的社会稳定和对外形象。凡未依法办理林地使用审批手续的单位和个人，不得以经何借口侵占或者无偿划拨国有林业单位使用的林地，更不能以“纠纷”、“争议”为由，强占国有林地。要切实克服地方保护主义或以稳定为借口对侵占林地案件久拖不决的做法。

五、对侵占国有林地和非法征用、占用林地的问题进行全面清查

各级人民政府要组织力量，对侵占国有林地和 1996 年以来各地基本建设非法征用、占用林地的问题进行一次全面清查。要查清侵占国有林地的时间、面积、单位或个人以及造成的损失，并依法作出相应的处理，限期把林地归还给国有林场。对 1996 年以来各地基本建设征用、占用林地，凡未经林业主管部门审核同意的，要依法补办林地使用审批手续和缴纳有关补偿费用。各地区行署、各地级市人民政府要在 2001 年 6 月底前将清查情况和处理结果报自治区林业局，抄报自治区人民政府。

自治区将于 2001 年下半年组织力量对各地查处侵占国有林地和非法征用、占用林地的情况进行抽查。凡是查处不力、整改不坚决的，自治区林业行政主管部门将依法直接查处，决不允许走过场。

六、严格执法，依法查处各种侵占林地的违法行为

各级人民政府要结合清查工作，组织公安、林业、国土资源、行政监察等部门对侵占林地、破坏森林资源的违法行为开展专项打击活动。要以国家林业局保护森林资源三号行动为契机，周密部署，精心安排，有选择有重点地依法查处一批典型案件。对侵占林地、毁林开垦数量巨大、情节严重构成犯罪的，要依法移送司法机关处理；对组织指挥毁林占地，搞打、砸、抢、烧的人员，要依法从严从重查处；对那些为谋取个人私利参与侵占林地纠纷或唆使群众打官司的国家机关工作人员，要按有关党纪、政纪予以严肃处理；对从事森林资源保护、林业监督管理工作的林业主管部门的工作人员滥用职权、玩忽职守、徇私舞弊的，要严肃处理，决不姑息迁就。

自治区将适时召开新闻发布会，结合国家林业局开展的保护森林资源三号行动，选择一批典型的大案要案，邀请新闻媒体对查处过程和处理结果进行跟踪报道。通过抓大案要案和典型案件的依法处理和公开曝光，以震慑犯罪，教育群众。

七、进一步做好林地纠纷的调处工作

各级人民政府要进一步认真贯彻落实《自治区人民政府关于加强我区“三大纠纷”调处工作的通知》(桂政发〔1999〕77 号)、《自治区人民政府关于进一步解决华侨农林场土地纠纷及土地登记发证等有关问题的通知》(桂政发〔1999〕84号)和《自治区人民政府关于土地山林水利纠纷调处工作若干问题的通知》(桂政发〔2000〕68号)精神,加大对林地权属纠纷的调处力度,要本着"尊重历史,面对现实;互谅互让,友好团结;主动协商,积极疏导;有利于生产,有利于生活,有利于管理,有利于安定团结"的原则,依法及时处理,消除因林地纠纷而造成破坏森林资源的隐患。在纠纷未得到处理之前,双方都要维持争议地的现状,不得擅自侵占、哄抢以及实施各种破坏行为。对新发生的林地纠纷案件,要做到发生一件、调处一件,不能让其成为积案。

各地区行署,各地级市人民政府要将贯彻执行本通知的情况于2001年6月底前报自治区人民政府。自治区林业局要会同有关部门,组织力量,对本通知贯彻执行情况进行督促检查。

自治区林业局关于转发国家林业局《占用征用林地审核审批管理办法》的通知

(2001年4月25日　桂林政发〔2001〕42号)

各地、市、县(市、区)林业局,区直国有林场,区林科院、中国林科院热林中心、广西林业勘测设计院:

国家林业局《占用征用林地审核审批管理办法》(国家林业局令第2号,以下简称2号令)已于2001年1月4日发布并施行。现将该办法转发你们,并结合《森林法》、《森林法实施条例》和我区征占用林地的实际情况,对征占用林地审核审批管理提出如下具体要求:

一、征、占用林地办理程序

(一)由用地单位提出用地申请并填写《使用林地申请表》。

进行勘查、开采矿藏和各项建设工程,需要征占用林地的,无论被征占用的林地是国有的还是集体的,均由用地单位凭有关材料向所辖的县级人民政府林业主管部门提出用地申请;被征占用的林地跨地(市)、跨县(市、区)的,用地单位凭有关材料按照行政区域分别向所辖的县级林业主管部门提出用地申请,同时抄报上一级林业主管部门;被征占用的林地属区直、地(市)林业系统国有森林经营单位的,用地单位凭有关材料向其主管的林业主管部门或者其委托的单位提出用地申请;并按要求填写《使用林地申请表》。

用地单位提出用地申请时需提供如下的材料:

1.建设项目使用林地申请报告;

2.项目批准文件;

3.被占用或者被征用林地的权属证明材料;

4.有林业资质的设计单位作出的项目使用林地可行性报告;

5.与被占用或者被征用林地的单位签订的林地、林木补偿费和林地安置补助费的协议(临时占用林地安置补助费除外)。

临时占用林地需提供1、2、3、5项材料。

(二)现场查验。

经受理的县级林业主管部门或者其委托的单位对用地单位申报的材料初审,符合要求的,派出有资质的人员(2人以上)对管辖范围内的林地与用地单位一起进行现场查验,填写《使用林地现场查验表》后,按确认后的面积足额预交森林植被恢复费。

(三)县级和地(市)级林业主管部门审核。

县级林业主管部门对用地单位申报材料进行初审并签署意见后,以正式文件报地、市林业主管部门;经地、市林业主管部门审核,并在有关表格中明确签署"拟同意征(占)用林地"的意见后,以正式文件上报我局。

被占用的林地属区直国有森林经营单位的,由我局委托其直接受理,对有关材料进行审核并明确签署意见后,以正式文件直接上报我局。

(四)征用或者占用林地的审批。

1.各级林业主管部门严格按照《森林法实施条例》和国家林业局令第2号对征占用林地项目规定的权限进行审批。

2.收到省级或者国务院林业主管部门同意征占用林地的批复后,由用地单位凭单位证明及有效证件到所受理的林业主管部门领取《使用林地审核同意书》。

3.临时占用林地和非国有森林经营单位在所经营的范围内修筑直接为林业生产服务的工程设施需要占用林地的,由县级以上人民政府林业主管部门按照权限批复给用地单位,不需领取《使用林地审核同意书》。

二、有关材料填报注意事项

(一)《使用林地申请表》的填写。

“使用林地单位”即“用地单位”，以建设工程被批复的项目用地单位为准，临时机构不得作为使用林地单位；如果使用林地单位委托其他单位(建设单位、施工单位、项目建设指挥部等)办理征占用林地手续的，必须附使用林地单位委托书。“被用地单位”一栏，国家所有的林地以国有企业事业单位、农场、林场、厂矿、森林经营单位等为单位，集体所有的林地原则上以县(市、区)为单位填写，所涉及的林地以行政村为单位附明细表。用地单位和被用地单位都要在申请表上签章。预收的森林植被恢复费要足额填写。林地管理专用章在国家林业局没有统一要求前，已刻有林地管理专用章的可使用林地管理专用章；未刻有林地管理专用章可使用县级以上林业主管部门、区直林场的单位公章。

(二)《使用林地现场查验表》的填写。

查验结果必须经现场有资质的人员签字确认。面积一律用“公顷”作单位并在小数点后保留四位。

(三)《使用林地申请表》、《使用林地现场查验表》的填写。

必须是按国家林业局规定的统一式样并由我局印制的表格，不得使用复印件。填表时要区别不同的被用地单位成套填写，不得将几个被用地单位的林地面积相加后填写在一份申请表和查验表中。

(四)地、市林业局或者区直国有森林经营单位拟同意征占用林地并上报我局审核或审批的正式文件要注明附件清单，不能简化为“附有关材料”。

三、向自治区林业主管部门申报征、占用林地的材料需包括

(一)地(市)林业局或者区直国有森林经营单位拟同意征占用林地正式请示文件(有文头、文号)。

(二)县级林业局报地、市林业局的正式请示文件(区直国有森林经营单位除外)。

(三)用地单位使用林地的申请报告。

(四)有资质的设计单位作出的项目使用林地可行性报告。

(五)使用林地申请表和使用林地现场查验表。

(六)县级以上人民政府有关部门批准的项目设计任务书、立项报告、可行性研究报告的批复。

(七)被征、占用林地单位和个人的林权证(如果未发有林权证的，要求县人民政府出具权属清楚、无纠纷的证明或说明材料)。

(八)征、占用林地的地点、面积、四至范围的说明、附图及有关资料(征、占用林地范围在附图中用色笔勾绘并注明林班小班号)。

(九)依法交纳林地、林木补偿费、林地安置补助费的发票或协议书。

(十)依法预交森林植被恢复费的发票复印件。

(十一)异地造林恢复森林植被的方案(附异地造林地点地形图，用色笔勾绘并注明林班小班号)。

(十二)一个建设项目涉及2个以上被用地单位的，需填写使用林地类型统计表。

(十三)使用林地单位委托其他单位(建设单位、施工单位、项目建设指挥部等)办理征占用林地手续的，必须附使用林地单位委托书。

以上有关材料一式三套上报我局。凡材料不全或不符合要求的，将会影响到项目使用林地的审批。

四、使用林地有关表格的印制

根据国家林业局令第2号和林资发〔2000〕231号文规定，《使用林地审核同意书》由国家林业局统一印制，《使用林地申请表》、《使用林地现场查验表》由我局根据国家林业局统一式样统一印制。每年年底由地、市林业局，区直国有林场将需要数量报我局林政资源管理处，以便安排印制。

五、征、占用林地项目统计上报制度

每年2月底前各地、市林业局，区直林业系统森林经营单位要将上一年度的征、占用林地的审核审批情况统计明细表(附件2)上报我局。我局于3月底前将征、占用林地项目情况专项上报国务院林业主管部门。

六、征、占用林地项目的档案管理

各级林业主管部门要做好征占用林地项目的档案管理，项目档案要完整，由县级以上人民政府林业主管部门按照权限批复的临时占用林地和森林经营单位在所经营的范围内修筑直接为林业生产服务的工程设施需要占用林地的，批复的占用林地项目的文件要同时上报我局备案。

七、本通知自下发之日起执行，以前规定与本文不符的，按本规定执行

广西壮族自治区农村能源建设与管理条例

(2001年5月25日广西壮族自治区第九届人民代表大会常务委员会第二十四次会议通过 自2001年8月1日起施行)

第一章 总 则

第一条 为了加强农村能源建设与管理,合理开发、利用、节约农村能源,保护和改善生态环境,促进我区农业和农村经济的可持续发展,根据国家有关法律、法规的规定,结合我区实际,制定本条例。

第二条 在本自治区行政区域内,从事农村能源(包括农村生活、生产使用的沼气、秸秆、薪柴、太阳能、风能、地热能、微水能、潮汐能等)建设、管理、使用以及从事农村能源设备、器材生产、经营的单位和个人,应当遵守本条例。

第三条 农村能源建设与管理应当遵循开发与节约并举和因地制宜、多能互补、综合利用、讲求效益的原则。

第四条 各级人民政府应当对农村能源建设作出统筹规划,将其纳入国民经济和社会发展中长期规划和年度计划,采取措施扶持农村能源建设事业。

第五条 县级以上人民政府农村能源主管部门,主管本行政区域内的农村能源建设和管理工作。

县级以上人民政府有关职能部门,按照各自职责,协同做好农村能源建设与管理工作。

乡镇人民政府负责本行政区域内农村能源建设与管理工作。

第二章 开发与利用

第六条 各级人民政府应当鼓励和支持科研单位、大专院校和群众性科技组织研究、开发和推广先进适用的农村能源技术和开发新能源、普及能源科技知识;鼓励和支持用能单位和个人应用先进适用的农村能源技术、设备和器材。

农村能源重点科研、试验、推广项目,须经自治区人民政府有关职能部门组织专家进行可行性论证和评估,确认其技术先进、安全可靠、经济合理后,方可付诸实施。

第七条 各级人民政府应当根据本地的实际情况和财力,安排一定的专项资金,扶持、引导农村能源新技术、新设备、器材的研究与开发。

第八条 各级农村能源主管部门应当组织推广下列农村能源技术:

(一)沼气及其综合利用技术;

(二)城镇生活污水沼气净化技术;

(三)太阳能、地热能、潮汐能、风能利用技术;

(四)生物质气化、固化、炭化及薪炭林利用技术;

(五)乡镇企业节能技术;

(六)先进适用的省柴节煤炉灶和农产品加工等生产、生活节能技术;

(七)微水能发电技术;

(八)其他先进、实用的农村能源新技术。

第九条 在适宜发展沼气的地区,当地人民政府应当将沼气池建设纳入村镇建设规划。

县、乡人民政府所在地医院、公共厕所、屠宰场、养殖场、农副产品加工场等,逐步推广、应用沼气厌氧等技术处理有机废弃物。

新建、改建农村住房时,根据实际情况可以配建沼气池。

第十条 小城镇、小康村建设应当有计划地兴建生活污水沼气净化工程、太阳能利用等工程,并与小城镇、小康村建设同步进行。

第十一条 各级农村能源主管部门应当协同农业、科技、环保等有关部门,加强对农作物秸秆的综合开发利用。

第十二条 从事农村能源技术和设备器材推广的单位和个人,应当推广技术成熟、性能先进、质量合格、安全可靠、经济合理的技术、设备、器材,对用户实行建、管、用跟踪服务,传授安全操作知识,防止造成人身伤害和主体工程损坏。

第三章 生产与经营

第十三条 对没有国家和行业标准而又需要在自治区范围内统一标准的农村能源设备、器材和工程技术,应当制定自治区地方标准。地方标准由自治区质量技术监督部门组织制定和发布。

第十四条 在本自治区行政区域内,生产和经营的农村能源设备、器材的,应当持有经省级以上人民政府质量技术监督部门,或者其授权的部门考核合格后的产品质量检验机构的检验合格证明或者鉴定证书。

第十五条 农村能源设备、器材的生产必须符合国家、行业或者地方标准，没有国家、行业、地方标准的，生产企业应当制定企业标准，并报县级以上质量技术监督部门和农村能源主管部门备案。

第四章 管理与监督

第十六条 农村能源技术推广应与科研单位、大专院校以及群众性科技组织、技术人员相结合，建立、健全社会化的技术推广服务网络。

第十七条 各级农村能源技术推广机构的技术人员，应当具有中等以上相关专业学历，或者经县级以上农村能源主管部门的专业培训，并经考核达到相应的专业技术水平，取得合格证书。

从事农村能源建设工程施工、安装、维修、技术推广的专业技术人员，应当经过有关部门职业技能培训，取得资格证书后，方可上岗。

第十八条 兴建下列农村能源工程，其技术方案须经县级以上农村能源主管部门审核：

（一）单池容积50立方米以上的沼气工程；

（二）日供气量300立方米以上的秸秆气化工程；

（三）5千瓦以上10千瓦以下的微型水电站。

各级农村能源主管部门对上述工程技术方案进行审核时，不得收取费用。

第十九条 从事农村能源工程设计、施工的单位应当按照国家有关规定，取得相应资质证书，接受县级以上农村能源主管部门的监督管理。

第二十条 县级以上农村能源主管部门应当对农村能源工程设施，进行定期或者不定期的质量监督检查。

第二十一条 从事农村能源开发利用及农村用能的单位，应当按照农村能源主管部门的要求，及时如实提供有关统计资料和数据。

第五章 法律责任

第二十二条 擅自向用能单位和个人推广未经推广地区试验证明具有先进性和适应性的农村能源技术的，由当地人民政府或者农村能源主管部门责令其停止推广；给用能单位和个人造成损失的，应当赔偿损失；对直接负责的主管人员和其他直接责任人员，由其所在单位或者上级主管部门依法给予行政处分。

第二十三条 农村能源利用工程未达到设计、施工标准或者质量要求的，承担设计、施工的单位应当采取补救措施，给用户造成损失的，应予赔偿。

第二十四条 拒绝、阻碍农村能源主管部门工作人员依法执行职务的，由公安机关依照《中华人民共和国治安管理处罚条例》的规定处罚；构成犯罪的，依法追究刑事责任。

第二十五条 农村能源主管部门的工作人员不履行职责，玩忽职守，滥用职权，徇私舞弊的，由其所在单位或者上级主管部门依法给予行政处分；构成犯罪的，依法追究刑事责任。

第六章 附则

第二十六条 本条例自2001年8月1日起施行。

自治区人民政府办公厅关于贯彻落实《国务院办公厅转发国土资源部、农业部关于依法保护国有农场土地合法权益意见的通知》

（桂政办发〔2001〕86号）

各地区行署，各市、县、自治县人民政府，柳铁，区直各委、办、厅、局：

为了认真贯彻落实《国务院办公厅转发国土资源部、农业部关于依法保护国有农场土地合法权益意见的通知》（国办发〔2001〕8号）精神，保护我区国有农场土地的合法权益，促进我区经济的发展，维护社会稳定，现结合我区的实际情况，就有关事项通知如下：

一、提高认识，加强领导

国有农场的土地是国有农场经济发展的基本生产资料，是国有资产的重要组成部分。在过去的几十年里，国有农场为国民经济和社会发展做出了重要贡献。随着社会主义市场经济的快速发展，国有农场还将继续发挥重要作用。因此，依法保护国有农场土地的合法权益，是各级人民政府的一项工作，各级人民政府和有关单位要提高认识，高度重视，切实加强领导，把这项工作列入重要议事日程，把它当做支持国有企业改革和发展的重要工作来抓，由一名领导具体负责，按照国办发〔2001〕8号文件的要求，认真抓好此项工作。

二、采取有效措施，加快国有农场土地登记发证工作步伐

各地区行署、各市、县人民政府要认真调查和研究国有农场土地利用现状与问题，以国家法律法规、党中央、国务院有关指示精神为指导，以国办发〔2001〕8号文件为依据，从有利于国有农场和农村经济发展出发，制订好工作方案，精心组织力量，采取有效措施，加快国有农场土地登记发证工作的步伐。凡权属来源清楚、无争议的土地，力争年内要基本完成确权登记发证工作；对有争议的土地，要及时组织调处，做到调处一宗，登记一宗。为减少工作重复，维护土地确权登记结果的统一性，各地、市、县应加快开展农村特别是国有农场周边农村集体土地所有权登记发证工作。

为节省登记发证经费开支，在土地行政主管部门完成权属调查的基础上，农场可自行组织或委托具有资质的单位，按照统一的技术要求进行地籍测量。

三、进一步加强对国有农场土地的保护和管理

依法保护国有农场土地合法权益，不仅关系到农垦系统自身的发展，而且对当地的经济发展和社会稳定具有十分重要的意义。各级人民政府和有关单位要进一步加强对国有农场土地的保护和管理。凡未依法办理审批手续的单位和个人，不得以任何借口侵占或强行划转国有农场土地，也不能以“纠纷”、“争议”为由，强占国有农场土地。对非法侵占国有农场土地的不法分子，要坚决依法查处；对非法占用国有农场土地的，要坚决退还；对破坏国有农场财产、挑起事端的，必须坚决予以打击；对违反法律规定程序将国有农场所属土地确定给其他单位或个人的，除宣布其批准文件和证书无效外，还要按照《中华人民共和国土地管理法》等有关规定对直接责任人进行严肃处理。对拒不执行行政裁决的，可以依法申请人民法院强制执行。

四、进一步做好国有农场土地纠纷调处工作

各地区行署、各市、县人民政府要进一步按照国家有关法律、法规和《自治区人民政府关于加强我区“三大纠纷”调处工作的通知》(桂政发〔1999〕77号)、《自治区人民政府关于进一步解决华侨农林场土地纠纷及土地登记发证等有关问题的通知》(桂政发〔1999〕84号)、《自治区人民政府关于土地山林水利纠纷调处工作若干问题的通知》(桂政发〔2000〕68号)精神，加大对国有农场土地权属纠纷调处的力度，要本着“尊重历史，面对现实；互谅互让，友好团结；主动协商，积极疏导；有利于生产，有利于生活，有利于管理，有利于安定团结”的原则，依法及时处理。对纠纷未得到处理之前，双方都要维护争议地的现状，不得擅自侵占、哄抢以及实施各种破坏行为。对历史遗留案件，要分门别类，组织力量处理。对新发生的国有农场土地纠纷，要做到发生一件，调处一件，不能让其成为积案。

请各地区行署、各地级市人民政府于2001年10月底前将贯彻落实国办发〔2001〕8号文件及本通知的情况以书面形式报告自治区国土资源厅、农业厅、农垦局。

广西壮族自治区实施《中华人民共和国土地管理法》办法

(2001年7月29日广西壮族自治区第九届人民代表大会常务委员会第二十五次会议通过自2001年9月1日起施行)

第一章　总　则

第一条　根据《中华人民共和国土地管理法》(以下简称土地管理法)、《中华人民共和国土地管理法实施条例》(以下简称土地管理法实施条例)等法律、法规的规定，结合本自治区实际，制定本办法。

第二条　在本自治区行政区域内保护、开发、使用和管理土地的单位和个人，必须遵守本办法。

第三条　各级人民政府必须贯彻十分珍惜、合理利用土地和切实保护耕地的基本国策，维护土地的社会主义公有制，保护土地所有者和使用者的合法权益。

第四条　自治区实行土地用途管制制度。各级人民政府应当编制本行政区域的土地利用总体规划，规定土地用途，将土地分为农用地、建设用地和未利用地，严格限制农用地转为建设用地，控制建设用地总量。

任何单位和个人必须按照土地利用总体规划确定的用途和建设用地批准书批准的用途使用土地，不得擅自改变土地用途。

第五条　自治区实行占用耕地补偿制度和基本农田保护制度，对耕地实行特殊保护。

第六条　自治区人民政府土地行政主管部门统一负责全区土地的管理和监督工作。

设区的市、县(市)人民政府土地行政主管部门负责本行政区域内土地的统一管理和监督工作。

地区行政公署依照本办法的规定对本地区的土地进行管理和监督。

第二章　土地的所有权和使用权

第七条　国有土地的所有权和农民集体土地的所有权,依照土地管理法、土地管理法实施条例等有关法律、法规的规定确定。

第八条　农民集体所有的土地依法属于村农民集体所有的,由村集体经济组织经营、管理;村集体经济组织不健全的,由村民委员会经营、管理。已经分别属于村内两个以上农村集体经济组织的农民集体所有的,由村内各该农村集体经济组织或者村民小组经营、管理。已经属于乡(镇)农民集体所有的,由乡(镇)农村集体经济组织经营、管理;乡(镇)农村集体经济组织不健全的,可由乡(镇)人民政府管理。

第九条　对土地所有权、使用权和土地他项权利依法实行登记发证制度。

依法登记的土地所有权、使用权和土地他项权利受法律保护,任何单位和个人不得侵犯。

第十条　农民集体所有的土地,由土地所有者向土地所在地的设区的市、县(市)人民政府土地行政主管部门提出土地登记申请,由设区的市、县(市)人民政府登记造册,核发集体土地所有权证书,确认所有权。

农民集体所有的土地依法用于非农业建设的,由土地使用者向土地所在地的设区的市、县(市)人民政府土地行政主管部门提出土地登记申请,由设区的市、县(市)人民政府登记造册,核发集体土地使用权证书,确认建设用地使用权。

第十一条　单位和个人依法使用的国有土地,由土地使用者向土地所在地的设区的市、县(市)人民政府土地行政主管部门提出土地登记申请,由设区的市、县(市)人民政府登记造册,核发国有土地使用权证书,确认使用权。

在本自治区的中央国家机关使用国有土地的登记和发证,按有关法律、法规的规定办理。

第十二条　依法改变土地所有权、使用权和土地用途的,当事人必须自变更之日起30日内,持批准文件或者有关资料,向原登记发证的人民政府土地行政主管部门提出土地变更登记申请,由原登记发证的人民政府依法进行土地变更登记,更换或者更改土地权属证书。

因依法转让地上建筑物、构筑物等附着物导致土地使用权转移的,当事人必须自依法取得地上建筑物、构筑物所有权证书之日起30日内,向原登记发证的人民政府土地行政主管部门提出土地变更登记申请,由原登记发证的人民政府依法进行土地变更登记,更换或者更改土地权属证书。

土地所有权、使用权的变更,自变更登记之日起生效。

第十三条　依法出租、抵押土地使用权,或者因抵押地上建筑物、构筑物等附着物导致土地使用权抵押的,必须自出租、抵押合同订立之日起30日内,向原登记发证的人民政府土地行政主管部门申请土地使用权出租、抵押登记,取得土地他项权利证明书。

第十四条　土地登记申请人在申请土地登记时,隐瞒事实、伪造有关证明文件或者采取其他非法手段骗取登记的,由原土地登记机关注销其土地登记。

土地登记发证后发现有错登、漏登等不当登记情形的,原登记发证的人民政府应当依法更正。

第十五条　土地权属证书是土地权利人拥有合法土地权利的法律凭证,任何单位和个人不得伪造、涂改和买卖。

第十六条　确认林地的所有权或者使用权,确认水面、滩涂的养殖使用权,确认农民集体土地承包经营权,按有关法律、法规的规定办理。

第三章　土地利用总体规划

第十七条　县级以上土地利用总体规划,由同级人民政府(含地区行政公署)组织本级土地行政主管部门会同有关部门,按照国家制定的规范编制。

乡(镇)土地利用总体规划,由乡(镇)人民政府编制。

土地利用总体规划的审批,按照土地管理法第二十一条的规定办理。

乡(镇)土地利用总体规划经自治区人民政府授权,可以由地区行政公署、设区的市人民政府批准,并报自治区人民政府土地行政主管部门备案。

第十八条　地区行政公署、设区的市人民政府编制的土地利用总体规划,必须根据自治区土地利用总体规划确保本行政区域内耕地总量不减少。

第十九条　县(市)、乡(镇)级土地利用总体规划应当按照国家规范要求划分土地利用区,确定每类土地利用区的规模及控制范围界线，明确土地用途和土地利用管制规则。土地利用区应当包括基本农田保护区、一般农业用地区、林业用地区、城市建设用地区、村庄集镇建设用地区、独立工矿区、土地开垦区和禁止开垦区等。

第二十条 土地利用总体规划一经批准，必须严格执行，不得随意修改。未经原批准机关批准，不得改变土地利用总体规划确定的土地用途。

经国务院或者自治区人民政府批准的能源、交通、水利等基础设施建设用地，需要改变土地利用总体规划的，应当依照土地管理法实施条例第十二条的规定办理。

第二十一条 各级土地利用年度计划由同级人民政府组织本级土地行政主管部门和其他有关部门编制，按土地利用总体规划的编制审批程序报有批准权的机关批准。

编制土地利用年度计划应当遵守下列原则：

（一）严格依据土地利用总体规划，控制建设用地总量，保护耕地；

（二）以土地供应引导需求，合理、有效地利用土地；

（三）优先保证国家和自治区重点建设项目、基础设施项目用地、国家产业政策鼓励的项目用地；

（四）保护和改善生态环境，保护土地资源的可持续利用。

土地利用年度计划应当纳入国民经济和社会发展计划。

第二十二条 县级以上人民政府土地行政主管部门应当根据上级人民政府下达的农用地转用计划指标、耕地保有量计划指标和土地开发整理计划指标，会同有关部门拟订执行方案，报经同级人民政府批准后，将计划指标逐级分解下达。

第二十三条 土地利用年度计划一经批准下达，必须执行。没有农用地转用计划指标或者超过农用地转用计划指标的，不得批准新增建设用地。

未执行建设占用耕地补偿制度或者没有完成土地开发整理补充耕地计划指标的，等量核减下一年度的农用地转用计划指标。

节余的农用地转用计划指标，可结转下一年度使用。

经国务院、自治区人民政府批准的能源、交通、水利等基础设施项目，其用地未列入年度计划的，可以逐级向原批准土地利用年度计划的机关申请从预留机动计划指标中安排。

第二十四条 县级以上人民政府土地行政主管部门应当会同有关部门进行土地调查和统计，对土地等级进行评定。

土地调查结果和土地等级评定结果，应当作为划定基本农田保护区、土地有偿使用、征用土地补偿和征收土地税费等的依据。

第四章 耕地保护

第二十五条 各级土地利用总体规划和土地利用年度计划确定的耕地保有量以及基本农田保护工作，应当列入本级人民政府年度工作目标和政府领导任期目标，并由上一级人民政府监督考核。

第二十六条 非农业建设经批准占用耕地的，必须按照下列规定开垦与所占用耕地的数量和质量相当的耕地：

（一）在土地利用总体规划确定的城市建设用地范围内，为实施城市规划占用耕地的，由设区的市、县（市）人民政府负责组织开垦；

（二）在土地利用总体规划确定的村庄、集镇建设用地范围内，为实施村庄、集镇规划占用耕地的，由乡（镇）人民政府组织用地的农村集体经济组织或者占用耕地的单位负责开垦；

（三）在土地利用总体规划确定的城市和村庄、集镇建设用地范围外的能源、交通、水利、矿山、军事设施等建设项目占用耕地的，由占用耕地的单位负责开垦。

依照前款规定开垦的耕地，由自治区人民政府土地行政主管部门会同农业行政主管部门验收。新开垦的耕地不超过4公顷的，经自治区人民政府授权也可以由地区行政公署、设区的市人民政府土地行政主管部门会同农业行政主管部门验收，报自治区人民政府土地行政主管部门确认。

第二十七条 非农业建设经批准占用耕地，占用耕地的单位和个人没有条件开垦的，应当缴纳耕地开垦费。

占用耕地的单位和个人自行开垦耕地的，应当按批准的耕地开垦项目和开垦期限开垦耕地，并在办理批准手续时预缴耕地开垦费。

耕地开垦费的缴纳标准、征收、使用和管理的具体办法以及预缴耕地开垦费的退还办法，由自治区人民政府另行规定。

第二十八条 在被占用耕地所在地的县（市）

范围内，无法开垦出足以补偿所占用耕地数量的耕地或者没有条件开垦耕地的，由地区行政公署、设区的市人民政府组织进行易地开垦。

依照前款规定尚不能完成耕地开垦任务的，由自治区人民政府组织进行易地开垦。

第二十九条 依法实行基本农田保护制度。县级以上人民政府应当根据土地利用总体规划，按照土地管理法和基本农田保护条例的规定，划定基本农田保护区，并严格保护和管理。

地区、设区的市、县(市)划定的基本农田保护区应当占本行政区域内耕地总面积的百分之八十以上，具体数量指标由自治区人民政府土地行政主管部门会同农业行政主管部门根据全区土地利用总体规划逐级分解下达。

第三十条 单位和个人在土地利用总体规划确定的土地开垦区内，开发未确定使用权的国有荒山、荒地、荒滩等未利用地从事种植业、林业、畜牧业、渔业生产的，应当向设区的市、县(市)人民政府土地行政主管部门提出申请，并按下列权限报经批准后方可进行开发：

(一)一次性开发不超过50公顷的，由县(市)人民政府批准；

(二)一次性开发超过50公顷不超过100公顷的，由地区行政公署、设区的市人民政府批准；

(三)一次性开发超过100公顷不超过600公顷的，由自治区人民政府批准；

(四)一次性开发超过600公顷的，报国务院批准。

第三十一条 在土地利用总体规划确定的可开垦区范围内的农民集体所有的荒山、荒地、荒滩等未利用地由本集体经济组织以外的单位和个人开发，从事种植业、林业、畜牧业、渔业生产的，需经村民会议三分之二以上的成员或者三分之二以上村民代表同意，并报乡(镇)人民政府批准。

第三十二条 乡(镇)人民政府应当依照批准的土地利用总体规划，组织农村集体经济组织制定田、水、路、林、村土地整理方案，经设区的市、县(市)人民政府土地行政主管部门审核，报设区的市、县(市)人民政府批准后实施。

第三十三条 土地整理新增加的耕地，依照本办法第二十六条第二款规定验收合格后，其面积的百分之六十可以用作折抵建设占用耕地的补偿指标，也可以将补偿指标有偿转让给其他需要履行耕地补偿义务的单位和个人。具体办法由自治区人民政府另行规定。

第三十四条 在生产建设过程中，因挖损、塌陷、压占等造成土地破坏的，用地单位和个人应当按照国家、自治区的有关规定复垦，并自复垦完成之日起30日内向土地所在地的设区的市、县(市)人民政府土地行政主管部门申请验收。

没有条件复垦或者复垦经验收不符合要求的，由用地单位和个人向土地所在地的设区的市、县(市)人民政府土地行政主管部门缴纳每平方米20—80元的土地复垦费，并由设区的市、县(市)人民政府土地行政主管部门组织复垦。

第五章 建设用地

第三十五条 任何单位和个人建设占用土地的，必须经县级以上人民政府依法批准。

在农用地范围内建设永久性建筑物、构筑物的，应当办理建设用地审批手续。

第三十六条 任何单位和个人进行建设，需要使用土地的，必须依法申请使用国有土地；但是，兴办乡(镇)企业和农村村民建住宅经依法批准使用本集体经济组织农民集体所有的土地的，或者乡(镇)村公共设施、公益事业建设经依法批准使用农民集体所有的土地的除外。

前款所称乡(镇)村公共设施、公益事业，包括农村行政办公设施，文化、科学、医疗卫生设施，福利设施，教育设施，生产服务设施，水利设施，防洪设施和乡村道路等。

第三十七条 建设项目使用土地的，应当依法申请使用土地利用总体规划确定的城市和村庄、集镇建设用地范围内的土地；能源、交通、水利、矿山、军事设施等建设项目确需在土地利用总体规划确定的城市和村庄、集镇建设用地范围外单独选址的除外。

建设项目应当尽可能使用未利用地和现有建设用地，控制占用农用地；能使用现有建设用地的，不得提供新增建设用地。

第三十八条 建设占用土地，涉及农用地转为建设用地的，由建设项目所在地县级以上人民政府逐级审查，按照土地管理法第四十四条规定的权限报自治区人民政府或者国务院批准。

在乡(镇)土地利用总体规划确定的村庄、集镇建设用地范围内为实施该规划和零散的农村村民建住宅需将农用地转为建设用地的，经自治区人民政府授权，可以由地区行政公署、设区的市人民政府批准，并报自治区人民政府土地行政主管部门备案。

第三十九条 征用下列土地的，由建设项目所在地县级以上人民政府逐级审查，由自治区人民政府报国务院批准：

(一)基本农田；

(二)基本农田以外的耕地超过35公顷的；

(三)其他土地超过70公顷的。

征用前款规定以外的土地的，由土地所在地县级以上人民政府逐级审查，报自治区人民政府批准，并报国务院备案。

第四十条 依法由国务院批准农用地转用的，同时办理征地审批手续，不再另行办理征地审批；农用地转用批准权属于自治区人民政府而征用土地批准权属于国务院的，先由自治区人民政府批准农用地转用，再报国务院批准征用土地。

农用地转用和征用土地批准权属于自治区人民政府的，同时办理农用地转用和征用土地审批手续；农用地转用依照本办法第三十八条第二款的规定由地区行政公署、设区的市人民政府批准的，先由地区行政公署、设区的市人民政府批准农用地转用，再报自治区人民政府批准征用土地。

第四十一条 具体建设项目使用现有的国有建设用地和已批准农用地转用、征用土地范围内的土地不超过1公顷的，由县(市)人民政府批准，报地区行政公署、设区的市人民政府土地行政主管部门备案；超过1公顷的，由地区行政公署、设区的市人民政府批准，报自治区人民政府土地行政主管部门备案。

第四十二条 具体建设项目需要占用土地利用总体规划确定的国有未利用地的，按照下列权限办理审批手续：

(一)不超过1公顷的，由县(市)人民政府批准，报地区行政公署、设区的市人民政府土地行政主管部门备案；

(二)超过1公顷不超过5公顷的，由地区行政公署、设区的市人民政府批准，报自治区土地行政主管部门备案；

(三)超过5公顷和跨地区、设区的市行政区域的建设项目用地，由自治区人民政府批准；

(四)国家重点建设项目、军事设施和跨自治区行政区域的建设项目以及国务院规定的其他建设项目用地，报国务院批准。

具体建设项目除占用国有未利用地外，还需占用农用地的，所需占用的国有未利用地应当与需占用的农用地依照本办法第三十八条的规定一并办理建设用地审批手续。

第四十三条 农村集体经济组织使用乡(镇)土地利用总体规划确定的建设用地兴办企业或者以土地使用权入股、联营等形式与其他单位、个人共同举办企业以及乡(镇)村公共设施、公益事业建设需要使用土地的，按照下列权限办理审批手续：

(一)不超过0.3公顷的，经乡(镇)人民政府审核，由县(市)人民政府批准，报地区行政公署、设区的市人民政府土地行政主管部门备案；

(二)超过0.3公顷不超过3公顷的，由地区行政公署、设区的市人民政府批准，报自治区土地行政主管部门备案；

(三)超过3公顷的，由县级以上人民政府逐级审查，报自治区人民政府批准。

使用集体土地涉及占用农用地的，应当先依照本办法第三十八条的规定办理农用地转用审批手续。

乡镇企业不同行业和经营规模的用地标准，由自治区人民政府土地行政主管部门会同有关部门制定。

第四十四条 农村村民建住宅使用集体土地的，由经营管理集体土地的村民小组、村民委员会或者农村集体经济组织讨论同意，经乡(镇)人民政府审核后，报设区的市、县(市)人民政府批准。涉及占用农用地的，应当先依照本办法第三十八条的规定办理农用地转用审批手续。

第四十五条 农村村民一户只能拥有一处宅基地。

农村村民建住宅，必须符合乡(镇)土地利用总体规划，结合旧村改造，充分利用原有的宅基地、村内空闲地和山坡荒地，严格控制占用农用地。新批准宅基地的面积按如下标准执行：

(一)平原地区和城市郊区每户宅基地面积不得超过100平方米；

(二)丘陵地区、山区每户宅基地面积不得超过150平方米。

第四十六条 农村村民申请使用集体土地建住宅，有下列情形之一的，不予批准：

(一)原有宅基地面积已达到本办法第四十五条规定的标准的；

(二)出租、出卖原住房的；

(三)年龄未满十八周岁的人要求另立门户

的；

（四）原有宅基地能够解决子女另立门户需要的。

第四十七条 在土地利用总体规划制定前已建的不符合土地利用总体规划确定的用途的建筑物、构筑物，不得重建、扩建。符合土地利用总体规划确定的用途的建筑物、构筑物重建、扩建的，应当在施工前向设区的市、县（市）人民政府土地行政主管部门申请核准用地的界线、面积和用途。

第四十八条 因地质勘察、建设项目施工及其他临时设施需要临时使用国有土地或者集体土地的，应当按照下列权限办理审批手续：

（一）使用土地利用总体规划确定的城市和村庄、集镇建设用地范围以外耕地的，由自治区人民政府土地行政主管部门批准；

（二）使用土地利用总体规划确定的城市和村庄、集镇建设用地范围以内耕地的，由地区行政公署、设区的市人民政府土地行政主管部门批准；

（三）使用其他土地的，由县（市）人民政府土地行政主管部门批准。

企业采矿、取土占用土地不超过三年的，经自治区人民政府批准，可以参照临时使用土地的规定办理用地手续。

临时使用农用地的补偿费，按该土地临时使用前三年平均年产值与临时使用年限的乘积数计算；临时使用建设用地的，按当地同类国有土地年租金与临时使用年限的乘积数计算；临时使用未利用地的，按当地旱地前三年平均年产值与临时使用年限的乘积数60％计算。造成地上附着物破坏的，应当视具体情况给予适当补偿。

临时使用耕地的，土地使用者应当自临时用地期满之日起一年内恢复种植条件；逾期不恢复种植条件或者恢复的种植条件低于原有种植条件的，应当按照自治区人民政府的有关规定缴纳耕地开垦费。临时使用其他土地造成土地破坏的，应当依照本办法第三十四条的规定负责复垦或者缴纳土地复垦费。

第四十九条 非农业建设项目的用地单位和个人必须在用地合同约定或者用地批准文件规定的期限内动工。有下列情形之一，致使用地单位和个人在规定期限内无法动工的，可以向原批准用地的机关申请延期，延期最长不得超过二年：

（一）不可抗力；

（二）国家政策重大调整；

（三）政府和政府部门行为；

（四）其他正当理由。

第五十条 非农业建设项目的用地单位和个人自取得建设用地批准书之日起满一年未动工的，应当向土地所在地的设区的市、县（市）人民政府土地行政主管部门缴纳每年每平方米2～10元的土地闲置费；连续两年未使用的，经原批准机关批准，由设区的市、县（市）人民政府无偿收回土地使用权。但是，根据本办法第四十九条规定经批准延期的除外。

第五十一条 征用土地经依法批准后，设区的市、县（市）人民政府应当在收到征地批准文件之日起15日内，在被征用土地所在地的乡（镇）、村发布征地公告。征地公告应当载明下列事项：

（一）批准征地机关、批准文号；

（二）征用土地的用途、范围、面积；

（三）征地补偿标准；

（四）农业人口安置办法；

（五）征地补偿登记的机关、对象、期限和应当提交的文件；

（六）禁止事项；

（七）其他需要公告的事项。

征地公告后，被征地单位和土地承包经营者不得抢栽抢种作物或者抢建建筑物、构筑物。

被征用土地的所有权人、使用权人应当在公告规定的期限内，持土地权属证书和地上附着物的产权证明等文件，到公告指定的人民政府土地行政主管部门办理征地补偿登记。逾期不办理征地补偿登记的，视为放弃补偿；但是，有正当理由导致延期办理征地补偿登记的除外。

第五十二条 征地补偿登记结束后，设区的市、县（市）人民政府土地行政主管部门应当会同有关部门通过现场勘测等方式，核实征地补偿登记事项，并拟订征地补偿安置方案。征地补偿安置方案应当包括下列内容：

（一）被征用土地情况；

（二）土地补偿费、安置补助费、青苗和地上附着物补偿费的计算办法、支付对象和支付方式；

（三）被征地农民的安置方案。

设区的市、县（市）人民政府土地行政主管部门应当在被征用土地所在地的乡（镇）、村，将征地补偿安置方案予以公告，征询被征地单位、土地承包经营者和其他有关人员的意见。征询意见的期限为20日。对征地补偿安置方案有争议的，由设区的市、县(市)人民政府协调;协调不成的,由批准征用土地的人民政府裁决。征地补偿、安置争议不影响征用土地方案的实施,被征地单位、土地承包经营者应当服从,不得阻挠。

第五十三条 征用土地的土地补偿费按照下列标准执行:

(一)征用基本农田的,水田按其被征用前三年平均年产值的十倍补偿,旱地按其被征用前三年平均年产值的九倍补偿;

(二)征用基本农田以外的耕地的,水田按其被征用前三年平均年产值的九倍补偿,旱地按其被征用前三年平均年产值的七倍补偿;

(三)征用菜地、鱼塘、藕塘的,按其被征用前三年平均年产值的八倍补偿;

(四)征用防护林、特种用途林林地的,按其被征用前三年当地旱地平均年产值的九倍补偿;

(五)征用用材林、经济林、薪炭林林地,已有收获的,按其被征用前三年平均年产值的四至七倍补偿,未有收获的,按其被征用前三年当地旱地平均年产值的三至四倍补偿;

(六)征用苗圃、花圃的,按其被征用前三年平均年产值的三至四倍补偿;

(七)征用轮歇地、牧草地的,按其被征用前三年当地旱地平均年产值的二至三倍补偿;

(八)征用荒山、荒地、荒沟等未利用地的,按其被征用前三年当地旱地平均年产值的一至二倍补偿。

上述地类按土地利用现状调查结果确定。

第五十四条 征用土地的安置补助费按照下列标准执行:

(一)征用耕地的安置补助费总额分别为:

1.征用前人均耕地超过0.06公顷的,为该耕地被征用前三年平均年产值的五倍;

2.征用前人均耕地超过0.05公顷不超过0.06公顷的,为该耕地被征用前三年平均年产值的六倍;

3.征用前人均耕地超过0.04公顷不超过0.05公顷的,为该耕地被征用前三年平均年产值的八倍;

4.征用前人均耕地超过0.03公顷不超过0.04公顷的,为该耕地被征用前三年平均年产值的十倍;

5.征用前人均耕地超过0.025公顷不超过0.03公顷的,为该耕地被征用前三年平均年产值的十二倍;

6.征用前人均耕地超过0.02公顷不超过0.025公顷的,为该耕地被征用前三年平均年产值的十四倍;

7.征用前人均耕地不超过0.02公顷的,为该耕地被征用前三年平均年产值的十五倍;

(二)征用林地、牧草地、养殖水面等其他农用地的,安置补助费总额为该农用地被征用前三年平均年产值的三至五倍。

征用荒山、荒地、荒滩和其他无收益的土地,不支付安置补助费。

第五十五条 被征用土地上的青苗和附着物补偿费按照下列规定执行:

(一)属短期农作物的,按一造产值补偿,属多年生农作物的,根据其种植期和生长期长短给予合理补偿;

(二)林(果、竹)木有条件移栽的,应当组织移栽,付给移栽人工费和木苗损失费,不能移栽的,给予作价补偿;

(三)房屋及其他建筑物、构筑物,按重置价格并结合成新确定补偿费,具体标准由设区的市、县(市)人民政府规定。

对在非法占用土地上建设的建筑物、构筑物,在征地公告后抢栽抢种的农作物、林(果、竹)木和抢建的建筑物、构筑物,不予补偿。

第五十六条 建设项目依法使用国有农、林、牧、渔场等国有土地的,土地补偿费、安置补助费为征用当地同类集体土地的土地补偿费、安置补助费的70%,青苗、地上附着物补偿费按征用集体土地的补偿办法办理。

第五十七条 基础设施重大项目和其他重大建设项目建设征用土地的补偿费标准和贫困山区移民安置用地管理办法,由自治区人民政府制定。

第六章 监督检查

第五十八条 土地管理法第七十八条规定的违法的用地批准文件,由上级人民政府土地行政主管部门确认并予以宣布。

第五十九条 上级人民政府及其土地行政主管部门对下级人民政府及其土地行政主管部门的土地审批、登记、发证和土地使用权出让、划拨等具体行政行为进行监督检查时,发现有违法或者不当情形的,应当依法责令其限期纠正或者予以撤销。

第六十条 县级以上人民政府土地行政主管

部门在监督检查工作中发现非法占用土地进行建设的，应当责令其停止施工，自行拆除；对继续施工的，作出处罚决定的机关有权制止。

第六十一条 县级以上人民政府土地行政主管部门应当将经有权机关批准、无密级的土地登记统计资料、土地利用现状调查结果、耕地保护情况、土地审批情况、土地等级评定结果、土地利用总体规划的图形数据等基础资料向社会公开，接受社会监督。

第六十二条 县级以上人民政府应当向本级人民代表大会或者其常务委员会报告下列事项：

(一)土地利用总体规划执行情况；

(二)土地利用年度计划执行情况；

(三)基本农田和其他耕地保护情况；

(四)耕地开垦、土地复垦情况；

(五)耕地开垦费、土地复垦费和土地有偿使用费收缴使用、审计情况；

(六)土地审批情况和土地违法行为查处情况。

设区的市、县(市)人民政府还应将前款所列事项报告上一级人民政府。

第七章 法律责任

第六十三条 依照土地管理法第七十三条的规定处以罚款的，罚款额为违法所得的百分之二十以上百分之五十以下；违法所得无法计算的，为非法转让土地使用权价款的百分之三以上百分之十以下。

依照土地管理法第八十一条的规定处以罚款的，罚款额为违法所得的百分之五以上百分之二十以下；违法所得无法计算的，为非法出让、转让或者出租土地使用权价款的百分之二以上百分之五以下。

非法出让、转让或者出租土地使用权价款的确定，以双方当事人约定的成交价格为准；未约定成交价格或者约定的成交价格明显低于市场价格的，以政府确定的标定地价为准。

第六十四条 违反本办法第十五条规定，伪造、涂改和买卖土地权属证书的，由县级以上人民政府土地行政主管部门没收违法所得，可以并处500元以上5000元以下的罚款。

第六十五条 违反本办法第三十条规定，在土地利用总体规划确定的土地开垦区内，未经批准擅自开发土地的，由县级以上人民政府土地行政主管部门责令其限期办理报批手续；逾期不办理的，责令其停止开发，可以并处非法开发土地每平方米1元以上3元以下的罚款。

第六十六条 依法没收在非法转让或者非法占用的土地上新建的建筑物和其他设施的，由作出处罚决定的土地行政主管部门依法处理，所得收入应当上缴国库。

没收集体土地上的建筑物和其他设施，其土地使用权随同地上建筑物和其他设施转移的，应当依法办理集体土地征用或者使用手续。

第六十七条 违反土地管理法律、法规，有下列情形之一的，依法给予行政处分；构成犯罪的，依法追究刑事责任：

(一)买卖或者以其他形式非法转让土地的；

(二)未经批准或者采取欺骗手段骗取批准，非法占用土地的；

(三)无权批准征用、使用土地的单位或者个人非法批准占用土地，超越批准权限非法批准占用土地，不按照土地利用总体规划确定的用途批准用地以及违反法律规定的程序批准占用、征用土地的；

(四)非法低价出让、出租国有土地使用权或者非法以国有土地使用权作价出资、入股的；

(五)不履行耕地保护责任，致使本行政区域内耕地总量明显减少的；

(六)对土地违法行为依法应当给予行政处罚而不给予行政处罚的；

(七)挪用、截留、私分或者以其他形式非法侵占耕地开垦费、土地复垦费、土地闲置费、征地补偿费用和土地有偿使用费的；

(八)其他违反土地管理法律、法规的行为。

第八章 附 则

第六十八条 本办法自2001年9月1日起施行。根据广西壮族自治区第八届人民代表大会常务委员会第三十次会议《关于修改〈广西壮族自治区土地管理实施办法〉的决定》修正的《广西壮族自治区土地管理实施办法》同时废止。

农行广西区分行　自治区林业局关于印发《广西森林资源资产抵押贷款管理暂行办法》的通知

（2001年12月3日　桂农银发〔2001〕305号）

农业银行区分行营业部、各二级分行，各支行，各地、市、县林业局：

现将《广西森林资源资产抵押贷款管理暂行办法》印发给你们，请遵照执行。执行中有什么问题，请及时反馈给农业银行广西区分行和自治区林业局。

附件：

广西森林资源资产抵押贷款管理暂行办法

第一章　总　则

第一条　为规范和加强森林资源资产抵押担保管理，防范信贷风险，确保信贷资金安全，实现森林资源资产产权进入市场流通，促进广西林业发展，根据《中华人民共和国森林法》、《中华人民共和国担保法》和《中国农业银行贷款管理制度》、《中国农业银行贷款担保管理办法》等法律、法规和规章，特制定本办法。

第二条　森林资源资产抵押贷款是指借款人或第三人以自己拥有或经营的森林资源资产作抵押物，经有资质部门评估后，为其借款办理抵押担保手续并承担责任的贷款。

第三条　用森林资源资产评估设定抵押担保的贷款范围包括：贷款本金、利息、违约的加罚息，损失赔偿金、实现抵押权和收回贷款本息所需的其他费用。

第四条　本办法适用于中国农业银行广西区分行所属各级机构（以下简称贷款人）及借款人开展的森林资源资产抵押贷款业务。

第二章　森林资源资产抵押范围

第五条　森林资源资产包括林木、林地、森林景观资产的所有权、使用权、经营权等。

第六条　可作为贷款抵押的森林资源资产范围：

（一）用材林：即以生产木材为主要目的的森林。包括以生产竹材为主要目的的竹林；

（二）经济林：即以生产和利用果实、花叶、根、皮为主要目的的森林（不包括果树）；

（三）薪炭林：即以生产燃料为主要目的的林木；

（四）上述林木所占用的林地使用权、经营权。

第七条　下列森林资源资产不得作为贷款抵押物：

（一）已核定为生态公益林的林木和林地：包括水源林、水土保持林、防护林、特种用途林、自然保护区；

（二）国家和省级林业主管部门已明文规定予以保护的其他森林和林木。

（三）依法被扣押、查封和监管的森林资源资产。

第三章　森林资源资产评估、抵押、登记

第八条　森林资源资产产权和使用权的登记。借款人所有或经营的森林资源资产，必须有经县级以上人民政府核发的林权证或其他有关所有权、使用权的证明，产权明晰，确认了所有权和使用权。

第九条　森林资源资产的评估。借款人在设定抵押前，必须将森林资源资产经有资质部门进行评估，森林资源资产评估程序和评估方法依照国有资产管理局、国家林业局关于发布《森林资源资产评估规范（试行）的通知》（国资国发[1996]59号文件）的规定办理。评估价值并经当地开户农业银行认定。

第十条　森林资源资产抵押的审批。自治区直属国有林场，地、市、县国有林场抵押价值500万元（含500万元）以上的，均由自治区林业主管部门审批；其他由地、市级林业主管部门审批，并报自治区林业主管部门备案。严禁国有林场以自有的森林资源资产向外单位和个人提供贷款担保和抵押。

第十一条　森林资源资产抵押登记。县级以上林业主管部门为森林资源资产抵押的登记部门；以森林、林木、竹木等资产抵押的，借款人或第三人与贷款人在签订抵押合同后，必须持下列资料向属地林业主管部门申请办理抵押登记手续。

（一）抵押登记申请书（见附表1）；

（二）法定代表人授权委托书；

（三）抵押人和抵押权人的营业执照及经办人身份证复印件；

(四)主合同和抵押合同(最高额抵押仅需抵押合同);

(五)森林资源资产评估报告;

(六)森林资源资产有关权属证明。属于国有森林资源资产的,还必须提交自治区或地、市林业主管部门审批同意抵押的批复文件;

(七)登记部门认为应提交的其他文件。

登记机关在核发抵押证明书后,如实填写《森林资源资产抵押登记簿》,以备查阅。

第十二条 森林资源资产的贷款抵押比例根据抵押物不同定为评估价值的40%至60%。分别为:

(一)用材林及经济林中的幼林按不超过评估价值的40%抵押;

(二)用材林中的中龄林、近熟林及薪炭林按不超过评估价值的50%抵押;

(三)用材林中的成、过熟林及投产的经济林等按不超过评估价值的60%进行抵押;

第十三条 用作贷款抵押物的森林资源资产凡办理保险的,在保险合同中明确农业银行为该保险标的的第一受益人。

第四章 森林资源资产的管理

第十四条 借款人对已作贷款抵押的森林资源资产要建立资产抵押档案,将森林资源资产抵押权属证书,交贷款人保存。县级以上林业主管部门建立森林、林木和林地权属管理档案。

第十五条 借款人在森林资源资产抵押期间继续管理和培育好森林、林木,维护其森林资源资产的安全与完好。贷款人有权按照抵押合同的规定监督、检查抵押森林资源资产的管理情况,当地县级以上林业主管部门对已办理抵押的森林资源资产负有监督管理的义务。

第十六条 对于已经抵押贷款的森林资源资产,抵押人实施转让行为的,应当在转让前15天内通知贷款人,并告知受让人转让物已经抵押的情况。转让抵押物所得价款,应提前归还贷款人贷款本息,不足部分由借款人清偿。未通知贷款人或受让人的转让行为无效,各级林业主管部门不得办理产权转让手续。

第十七条 对于已经办理抵押登记手续的森林资源资产,在抵押期间内,原则上不允许进行采伐,确需要采伐以清偿到期贷款的,必须经抵押权人签章同意,林业主管部门方可核发林木采伐许可证。借款人所实现的采伐收入,优先用于偿还银行贷款本息。

第五章 森林资源资产的处置

第十八条 借款人在森林资源资产抵押贷款到期后,应首先以货币资金形式清偿贷款本息。借款人有足够货币资金偿还而拒绝偿还,却要求贷款人处置抵押物的,贷款人有权依照合同的约定从借款人账户资金扣款抵贷。

第十九条 借款人在抵押担保贷款到期后,无力以货币资金偿还贷款本息的,贷款人与借款人协商,向原抵押审批的林业主管部门提出处置抵押的森林资源资产。

(一)采伐。抵押物属于用材林的,由贷款人或借款人向县级以上林业主管部门提出采伐抵押林木的申请。县级以上林业主管部门根据清偿贷款本息的总量,在年度木材生产计划内优先安排林木采伐指标,满足借款人偿还贷款本息的需要。借款人依法采伐的林木收入,扣除采伐成本和国家规定的税费后,优先偿还贷款本息。

(二)折价。贷款人与借款人协商,将抵押的森林资源资产按一定的市场价格折合成价款直接抵偿债务。贷款人将其森林资源资产按照《森林法》、《担保法》和农业银行有关的规定进行处置。

(三)拍卖。通过竞价的方式,将已抵押的森林资源资产转让给最高应价者,将所得价款偿还贷款本息。

(四)变卖。即将已抵押的森林资源资产以一般的买卖方式出让给他人。其价格由借款人、贷款人、受让人三方确定。所卖价款由贷款人优先受偿。

(五)诉讼。在贷款人贷款本息得不到清偿、并与借款人协商达不到清偿目的时,贷款人依照有关法律、法规,通过向法院提起诉讼、以审判方式实现贷款本息的清偿。根据《担保法》规定,借款人债务履行期届满后不履行债务致使抵押的资产被人民法院依法扣押的,自扣押之日起,贷款人有权收取由抵押资产分离的天然孳息,以及法定孳息,贷款人应将扣押抵押资产的事实通知应当清偿法定孳息的借款人。

第六章 森林资源资产最高额抵押

第二十条 森林资源资产最高额抵押是指借款人与贷款人在最高债权额限度内,以抵押的森林资源资产对一定时期内连续发生的借款作担保的一种抵押方式。

第二十一条 借款人将其所有或经营的森林资源资产总额向贷款人抵押，根据生产经营的实际需要分期向贷款人借款，其借款总额不得超过所抵押的森林资源资产核定的贷款总额。

第二十二条 贷款人与借款人签订最高额抵押合同后，贷款人在最高额抵押范围内可以根据借款人生产经营需要发放贷款，收回贷款本息，只要抵押的最后约定期限届满时，其贷款总余额不超过最高限额，借款人就应当对贷款人的贷款以其抵押的森林资源资产承担担保责任。

第七章 附 则

第二十三条 本办法由中国农业银行广西区分行、广西区林业局制定、解释和修改。

第二十四条 农业银行各二级分行，各地市林业主管部门可根据本办法制定实施细则，并分别报上级主管部门备案。

第二十五条 本办法自发布之日起施行，与本办法相抵触的以本办法为准。

自治区人民政府批转自治区计委 财政厅 林业局《关于加快我区速生丰产林发展的意见》的通知

（桂政发〔2002〕22号）

各地区行署，各市、县、自治县人民政府，区直各委、办、厅、局：

自治区人民政府同意自治区计委、财政厅、林业局《关于加快我区速生丰产林发展的意见》，现转发给你们，请认真贯彻执行。

关于加快我区速生丰产林发展的意见

（2002年4月8日）

加快速生丰产林发展对促进我区林业建设，推动农村经济结构的战略性调整，提高农民收入水平至关重要，事关全区经济建设和国民经济发展全局。近年来，我区速生丰产林发展较快，初步形成了国家、集体、企业、个人、外商等多元化投资的格局。但是，我区发展速生丰产林的优势和潜力还远未得到充分发挥。根据《国务院关于实施西部大开发若干政策措施的通知》（国发[2000]33号）和《印发国家计委、财政部、国家林业局关于加快造纸工业原料林基地建设若干意见的通知》（计办[2001]141号）以及我区“十五”计划和2010年远景规划的有关规定，结合我区实际，现就加快我区速生丰产林发展提出如下意见。

一、深刻认识加快速生丰产林发展的重大意义

中央西部大开发战略明确提出，要把生态环境保护和建设作为西部大开发的切入点和根本措施，以实现经济社会可持续发展。加快速生丰产林发展，是贯彻实施西部大开发战略和国家，林业发展战略的具体举措，可增加森林资源总量，提高森林资源质量，增强森林的生态功能，促进我区生态环境的改善。同时，加快速生丰产林发展，可在短期内增加木材的有效供给，妥善解决我区禁伐天然林、水源林、防护林后出现的木材供需矛盾，确保林产工业的原材料供应，减轻对公益林保护的压力，提高加入WTO后林产工业在国内、国际市场上的竞争能力，建立我区新的支柱产业。尤其是在当前农民收入水平不高、增收缓慢的情况下，加快速生丰产林发展，对于促进农村经济结构调整，提高土地生产能力，拓宽农村劳动力就业渠道，促进农民增收，进而促进农业和农村经济的发展具有重要作用。

我区地处南亚热带，气候温热，雨量充沛，雨热同季，土地、树种资源丰富，并在速生丰产林种植方面具有成熟的技术和成功的经验，同时我区已被国家列入以速生丰产林为主的重点地区林业产业基地建设工程范围，加快速生丰产林发展正面临良好的机遇。各地、各有关部门要从推进西部大开发战略的实施，促进全区经济建设和国民经济发展的战略高度，深刻认识加快速生丰产林发展的重大意义，抓住机遇，采取切实有效的措施，加快我区速生丰产林的发展。

二、加快速生丰产林发展的指导思想和基本原则

今后一个时期我区速生丰产林发展的指导思想是：以江泽民总书记“三个代表”重要思想为指导，充分发挥我区自然资源优势，围绕经济结构调整和农民增收，以经济效益为中心.以资源培育为重点，以科技支撑为保障，以集约经营为手段，深化林业经营体制改革，拓宽投资渠道，鼓励各种投资主体参与发展速生丰产林，逐步把我区建设成为全国速生丰产林大省和林产工业强省，促进“富民兴桂新跨越”战略目标的实现。

加快我区速生丰产林发展必须遵循以下基本原则：

（一）坚持统一规划，因地制宜，适地适树原则。

（二）坚持相对集中连片，适度规模经营原则。

（三）坚持依靠科技发展的原则。大力推广应用先进的造林营林技术成果，提高造林科技水平。

（四）坚持经济效益、生态效益和社会效益相统一的原则。

（五）坚持按工程项目实施和管理的原则。

（六）坚持走“以工促林、以林保工、林工一体”的产业化道路的原则。以现有木材加工利用企业、国有林场为骨干，积极培育林工一体的企业主体，探索和建立有效的运行机制。

三、速生丰产林发展的目标任务和布局

2001～2005 年，全区将通过荒山荒地造林、迹地更新、低产林改造、退耕还林等方式新造速生丰产林 1000 万亩，其中：速生桉、速生相思等短轮伐期工业原料用材林 500 万亩，良种松用材林 200 万亩，红椎、西南桦、任豆树、柚木、拟赤杨等珍贵速生阔叶用材林 150 万亩，毛竹、丛生竹等用材林 150 万亩。根据我区各地的自然条件，速生丰产林发展的布局为：桂北、桂中、桂西重点发展良种松、竹林和珍贵速生阔叶用材林，立地条件合适的地方也可发展速生桉；桂东、桂南重点发展以速生桉、速生相思和良种松为主的工业原料用材林。

四、发展速生丰产林的优惠政策

从 2001 年起，凡在速生丰产林造林规划区域范围、符合自治区制定的速生丰产林认定标准、经当地县级以上林业行政主管部门确认并建立档案的速生丰产林造林项目，可享受以下优惠政策：

（一）税费优惠政策。

1. 所造林木采伐时按国家规定提取的育林基金和维简费分别减按第一次销售价的 6% 和 4% 征收。

2. 各地自行规定的对速生丰产林造林项目及其所产木材的收费项目一律取消。

3. 以木材为加工原料的林产工业企业及其他林业企业，凡建有速生丰产林基地的，除享受前述的优惠政策外，企业所消耗的从自办基地产出的木材，可按每立方米提取 10～20 元的基地林建设资金（具体提取标准由企业自定），专项用于造林、营林等生产活动，提取的资金计入企业主导产品的成本。

4. 凡新建、扩建的以速生丰产林为原料的林产工业项目，享受《自治区人民政府关于印发贯彻实施国务院西部大开发政策措施若干规定的通知》（桂政发[2001]100 号）所规定的税收优惠政策。

（二）采伐优惠政策。

1. 速生丰产林造林项目的林地清理林木采伐计划指标，由各级林业行政主管部门专项安排，并在统一纳入采伐限额管理和采伐计划管理的前提下，优先予以保证。

2. 各级林业行政主管部门在编制本地区的年度木材生产计划中，对速生丰产林采伐计划实行单列，确保速生丰产林采伐指标的落实。

3. 减少购销环节，允许速生丰产林造林项目所产木材直接进入市场流通，实行“产销见面”。

（三）投资优惠政策。

1. 各级人民政府视本级财力可能，适当安排部分专项经费用于速生丰产林造林补助。

2. 对获得国家政策性贷款的速生丰产林造林项目，自治区按年利息额的 30% 进行贴息。各地（市）、县也要对项目给予一定比例的贴息。

3. 国家和自治区安排投资的林业重点工程造林项目，可在该工程规定的范围内营造一定比例的速生丰产林。

4. 建立和规范林地、活立木评估机制，制定相关的政策和操作办法，允许以产权明晰的、经具有资质的评估机构评估后的林地、活立木作贷款抵押。

5. 简化速生丰产林造林项目的审批手续。凡是企业利用自有资金或利用商业银行贷款的速生丰产林造林项目，只审批可行性研究报告。

五、加强对速生丰产林发展的引导和服务

（一）建立多元化投入体系。

要广泛发动各级所有制林场、林产工业企业、经济实体、个体经济能人及广大农民群众等国内外投资主体投资营造速生丰产林。根据我区大部分林地分散承包到千家万户的特点，本着既尊重和照顾农民群众，又要达到速生丰产林造林规模化、集约化的要求，要采取“龙头企业＋农民合作经济组织＋农户”、“公司＋基地＋农户”、“林场＋基地＋农户”等多种形式，实行适度规模经营，通过独资、合资、合作、联营、股份制等方式，实现土地、资金、技术、劳力等生产要素的优化组合，走产业化经营的道路。

(二)加强速生丰产林科研和技术推广。

各级林业行政主管部门和科研单位要加强速生丰产林的品种引进、改良和选育,要筛选出一批适合各地不同条件发展的优质速生丰产树种,建立高标准的种苗基地,提高种苗质量。要加强高产栽培技术的研究,大力推广先进适用的科技成果,提高速生丰产林经营效益。要采取科学的整地方式和营造林模式,减少对地表植被的破坏,防止水土流失。要围绕速生丰产林生产的重大科技问题组织攻关,为速生丰产林的发展提供科技支撑。各地要建立一定规模的速生丰产林试验示范基地,加强宣传和组织参观,通过示范,带动当地速生丰产林的发展。各级林业科研院所、推广站要充分发挥技术和人才优势,为速生丰产林的发展做好技术服务。

(三)规范对林地、林木流转的引导和管理。

各地要根据《中华人民共和国森林法》等有关法律法规的规定,规范林地和林木管理。要稳定林地所有权,放活使用权,规范林木所有权和林地使用权的流转、承包、租赁、抵押、继承、转让和拍卖。要培育多层次、多形式的活立木市场,缩短投入变现周期,降低速生丰产林经营者的投资风险。对已营造速生丰产林但还没有核发山界林权证书的林地,经核实后按规定予以补发,保障经营者的合法权益。

(四)强化服务和管理。

各地、各有关部门要加强对发展速生丰产林工作的领导,广泛宣传发展速生丰产林的重要意义和政策,使各项政策深入人心。同时,要加强对速生丰产林项目建设的指导和服务,积极协助项目建设单位落实林地。对利用荒山荒地营造速生丰产林的,要优先办理有关审批手续。要认真落实好发展速生丰产林的有关优惠政策,依法保护投资者的合法权益。各级林业行政主管部门要加强对本地区速生丰产林项目的管理,建立好项目档案,为各项政策的兑现提供依据。对发展速生丰产林有突出贡献的企业、单位和个人,各地要给予一定的精神和物质奖励。对弄虚作假而享受速生丰产林项目优惠政策的,要终止其享受优惠政策,并追缴其通过优惠政策所获得的经济利益,依法追究有关领导和人员的责任。

速生丰产林认定的具体标准和办法由自治区林业行政主管部门另行制定下发。

关于印发《广西壮族自治区〈林木种子生产经营许可证〉核发管理暂行办法》的通知

(桂林发〔2002〕27号)

各地(市)林业局,区直国有林场及有关单位:

根据《中华人民共和国种子法》(以下简称《种子法》)第二十条、第二十六条规定和国家林业局有关文件精神,为规范林木种子生产、经营秩序,加强林木种子生产、经营管理,特制定《广西壮族自治区〈林木种子生产经营许可证〉核发管理暂行办法》(以下简称《暂行办法》),现印发给你们。并就贯彻落实《暂行办法》通知如下:

一、实行林木种子生产、经营许可证制度是贯彻落实《种子法》的一项重要举措,对于规范林木种子生产、经营行为,提高林木种苗质量,促进林木种苗产业的发展具有重要意义。本《暂行办法》下发之后,全区即启用由国家林业局统一格式新的《林木种子生产许可证》和《林木种子经营许可证》(以下简称"两证")。各级林业行政主管部门要认真部署,切实加强对"两证"工作的领导,做好"两证"核发制度的宣传,落实专人负责"两证"的核发工作。

二、要认真贯彻执行《种子法》和本《暂行办法》的有关规定,加快"两证"的核发工作。当前,各地要认真做好新"两证"的发放和旧"两证"的更换衔接、清理工作,对以前没有领取"两证"的单位和个人要按规定申请领取新的"两证";对已领取了旧"两证"的,要按照本《暂行办法》的规定重新申请,重新审核审批,符合条件的给予核发新的生产、经营许可证,不符合条件的,收回旧证,不发新证。各审核、审批机关要严格按规定的程序和条件审核、审批,严禁为不具备条件的单位或个人核发"两证"。各级林业主管部门要加强服务意识,规范审核和审批程序,提高办事效率。

三、各地要结合"两证"制度的实施,进一步加大《种子法》的宣传力度,使从事林木种苗生产、经营的单位和个人都熟悉《种子法》,自觉依法生产和经营。要加强种苗执法队伍建设,通过培训提高种苗执法人员素质,提高执法水平。要加强种苗行政执法力度,依法查处生产、经营假冒、伪劣种苗的行为,杜绝无证生产和无证经营林木种苗的现象，规范种苗市场。

四、抓好技术培训。各地要以实施“两证”制度为契机，开展林木种苗生产、经营有关内容的学习和培训，要使每个从事林木种苗生产、经营的单位和个人都熟悉掌握林木种苗生产、经营的有关法律、法规和技术、规程、标准等，使他们自觉做到依法生产和经营，自觉按照各项技术、标准进行生产、经营林木种苗，不断提高我区林木种苗的质量。

五、我局委托局种子站负责全区“两证”核发管理业务工作。各地在“两证”核发工作中有何不明之处，请与局种子站联系。

六、实行“两证”制度是一项新的、重要的工作，各级林业行政主管部门在实行“两证”制度过程中，要不断总结好的经验和做法，对出现的问题和改进建议，请及时反馈局种子站。

附件：

广西壮族自治区《林木种子生产经营许可证》核发管理暂行办法

第一章　总　则

第一条　为加强林木种苗行业管理，保证造林绿化用种苗质量，维护林木种苗生产者、经营者和使用者的合法权益，规范《林木种子生产许可证》和《林木种子经营许可证》的申领、审核、审批发放和管理，根据《中华人民共和国种子法》(以下简称《种子法》)和国家林业局《关于实行〈林木种子生产许可证〉和〈林木种子经营许可证〉制度的通知》等有关规定，结合我区实际，制定本办法。

第二条　在我区行政区域内申请领取和核发《林木种子生产许可证》和《林木种子经营许可证》的单位和个人，以及从事林木种苗生产、经营许可证管理的各级林业行政主管部门及其委托的林木种苗管理机构，必须遵守本办法。

第三条　本办法所称林木种子是《种子法》中所称的林木种子，包含种子和苗木，是指用于国土绿化和林业生产的乔木、灌木、木质藤本、草本的籽粒、果实和根、茎、苗、芽、叶等繁殖材料和种植材料。

第四条　县级以上人民政府林业行政主管部门负责本辖区的《林木种子生产许可证》和《林木种子经营许可证》的核发管理工作，具体工作可以委托其所属的林木种苗管理机构办理。

第二章　核发范围与机关

第五条　生产主要林木商品种子和林木良种的单位和个人，必须办理《林木种子生产许可证》，按《林木种子生产许可证》的规定生产林木种子。

第六条　经营林木种子的单位和个人，必须办理《林木种子经营许可证》，凭《林木种子经营许可证》向工商行政管理机构申请办理或者变更营业执照，按《林木种子经营许可证》的规定经营林木种子。

第七条　有下列情况之一的，可不办理《林木种子生产许可证》：

(一)生产非主要林木商品种子的；

(二)农民个人自采、自用一般林木种子的。

第八条　有下列情况之一的，可不办理《林木种子经营许可证》：

(一)农民个人自采、自用剩余的少量林木种子出售、串换的；

(二)受具有林木种子经营许可证的种子经营者以书面委托代销其种子的；

(三)林木种子经营者在经营许可证规定的有效区域内设立分支机构的，可以不再办理林木种子经营许可证。但应在办理或者变更营业执照后15日内，以书面形式向当地林业行政主管部门和原发证机关报告备案。分支机构应当遵守《林木种子经营许可证》的有关规定。

第九条　林木种子生产许可证实行分级核发。

(一)主要林木〔见2001年国家林业局第3号令《中华人民共和国主要林木目录(第一批)》和我区增定的八个主要林木〕良种的种子生产许可证由生产者所在县(市、区)林业行政主管部门审核，由地、市级林业行政主管部门复核后报省林业行政主管部门核发。区级林木种苗示范基地的种子生产许可证由区林业行政主管部门核发。

(二)主要林木商品种子的种子生产许可证，由生产所在地县级以上林业行政主管部门核发。

第十条　林木种子经营许可证实行分级核发。

(一)实行选育、生产、经营相结合，注册资本金达到2000万元以上的种子公司、种苗示范基地、苗圃和从事林木种苗进出口业务公司的林木种子、苗木经营许可证，由区级林业行政主管部门审核，报国家林业局核发。

（二）主要林木良种的种子经营许可证，由经营者所在县（市、区）林业行政主管部门审核，由地市级林业行政主管部门复核后报区林业行政主管部门核发。

（三）其他林木种子的种子经营许可证，根据经营者申请经营的有效区域范围实行分级核发。经营有效区域为本县（市、区）行政区域范围内的，其经营许可证由经营者所在县（市、区）林业行政主管部门核发；经营有效区域为本地（市）行政区域范围内两个县及其以上的，其经营许可证由经营者所在的地（市）林业行政主管部门核发；经营有效区域为本区行政区域范围内两个地（市）及其以上的，其经营许可证由区林业行政主管部门核发。

第三章　发放条件

第十一条　申请领取林木种子生产经营许可证的单位和个人根据《种子法》第二十一条和第二十九条的有关规定，应达到以下条件：

（一）申请领取《林木种子生产许可证》。

1.生产种子。

(1)具有繁殖种子的隔离和培育条件；

(2)具有无检疫性病虫害的种子生产地点或者县级以上人民政府林业行政主管部门确定的采种林；

(3)具有与种子生产相适应的资金和一定的生产、检验、仓储设施；

(4)具有经县级以上林业行政主管部门培训，了解与林木种子有关的法律常识，熟悉林木种子生产、加工及病虫害防治等相关技术的技术人员；

(5)法律、法规规定的其他条件。

2.生产苗木。

(1)具有必要的苗木繁殖和培育条件；

(2)具有无检疫病虫害的育苗圃地，面积在2亩以上（采用容器育苗、组织培养、温室、大棚等先进技术设备进行育苗生产的、不受面积限制）；

(3)具有熟悉苗木生产的专业技术人员。育苗面积2亩以上50亩以下的，必须具有技术员或育苗熟练工人1人以上；50亩以上100亩以下的，必须具有初级以上技术职称或经县级以上林业行政主管部门培训的技术人员1人以上；100亩以上的必须具有中级以上技术职称或经区级以上林业行政主管部门培训的技术人员1人以上；

(4)具有一定的生产、检验设施；

(5)法律、法规规定的其他条件。

（二）申请领取《林木种子经营许可证》。

1.经营种子。

(1)具有与经营种子种类和数量相适应的资金及独立承担民事责任的能力。

(2)具有相应的技术人员。经县级以上林业行政主管部门培训，具有正确识别所经营种子的能力和了解掌握种子贮藏、检验、保管技术的人员；

(3)具有与经营种子的种类、数量相适应的营业场所及加工、包装、贮藏保管设施和检验种子质量的仪器设备；

(4)法律、法规规定的其他条件。

2.经营苗木。

(1)具有与经营苗木种类和数量相适应的资金及独立承担民事责任的能力。

(2)具有相应的技术人员，有正确识别所经营苗木品种的能力；具有经县级以上林业行政主管部门培训，熟悉苗木分级、包装、运输、贮藏等的技术人员；

(3)具有与经营苗木的种类、数量相适应的营业场所及包装、贮藏保管设施和必要的仪器设备；

(4)法律、法规规定的其他条件。

第十二条　申请林木良种的种子生产许可证或者种子经营许可证的单位和个人，除应当具备本办法第十一条规定的条件外，所生产或者经营的林木种子，必须是经过省级以上林木良种审定委员会审定或认定通过并公告的主要林木良种的繁殖材料。

第十三条　申请具有植物新品种权的林木种子生产许可证或者经营许可证的单位和个人，除应当具备本办法第十一条规定的条件外，还应当征得新品种权人的书面同意。

第十四条　符合本办法第十条第一款规定的条件，向国务院林业行政主管部门申请林木种子经营许可证的，按其规定的申领条件执行。

第四章　申请、审批及发放程序

第十五条　申请领取林木种子生产经营许可证应向审核机关提交以下材料：

（一）申请领取《林木种子生产许可证》提交的材料有：

1.《林木种子生产许可证》申请表；

2.生产用地合法使用证明和法定代表人身份证明；

3.林木种苗生产技术人员资格证明（或培训

证明)；

4.生产主要林木种子、苗木详细名录，具有植物新品种权的品种，还应提供品种权人的书面同意证明或品种转让合同；

5.生产林木良种的单位和个人，还需提供良种审定委员会的林木良种审定(认定)证书的复印件。

(二)申请领取《林木种子经营许可证》提交的材料有：

1.《林木种子经营许可证》申请表；

2.经营场所使用证明；

3.林木种苗加工、包装设备、仓储设施和种子检验仪器的清单；

4.技术人员资格证明(或培训证明)；

第十六条 申请林木种子生产经营许可证按以下程序办理

(一)申请者按本办法第十六条的规定向审核机关提出申请；

(二)审核机关在收到申请材料之日起30日内完成审核工作。审核时应当到生产、经营场所进行实地核查，对生产用地、经营场所、仓储设施、检验设施、仪器设备及生产必须的机械设备、技术人员等情况进行逐一核实。对符合本办法规定条件的，签署审核意见上报审批机关；对不符合本办法规定条件的，审核不予通过的，应当书面通知申请人并说明原因；

(三)审批机关应在接到审核材料后30日内完成审批工作。对符合条件的，发给生产或经营许可证；不符合条件的，退回审核机关并说明原因。

第十七条 《林木种子生产许可证》应当注明许可证编号、生产者名称、注册地址、负责人、生产种子的种类、地点、面积和有效期限等项目。

第十八条 林木种子生产许可证按如下要求填写：

(一)许可证编号：许可证采用统一的编号方法，括号内填写发证机关代码(发证机关代码详见附表)，“第××××号”填写许可证发证顺序号(四位阿拉伯数)。

(二)生产者名称：属单位生产的填写生产单位名称，属个人生产的填写生产者姓名；

(三)生产者地址：填写生产者主要办事机构所在县(市、区)、乡(镇)、村、屯或街道、门牌等；

(四)负责人：填写企业(单位)法定代表人姓名或者申请人姓名；

(五)有效期限：自签发之日起3年内有效；如生产的树种周期超过3年，审批机关可以根据实际情况延长有效期限，但不得超过5年。

(六)发证机关：加盖审批机关的印章；

(七)发证日期：填写审批机关领导签署同意意见的日期；

(八)生产种类：指批准生产的林木种子，属苗木的按造林苗、经济林苗、城镇绿化苗、花卉等项填写；

(九)面积：填写生产基地的实际面积，单位是亩；

(十)生产地点：填写生产基地所在的县(市、区)、乡(镇、林场)、村(林区)、小地名(林班、小班)，有多处生产基地的，要分别填写。

第十九条 林木种子经营许可证应当注明许可证编号、经营者名称、地址、负责人、有效期限、有效区域、发证机关、发证日期和种子经营种类、经营地点、经营方式等项目。

(一)许可证编号：许可证采用统一的编号方法，括号内填写发证机关代码(发证机关代码详见附表)，“第××××号”填写许可证发证顺序号(四位阿拉伯数)。

(二)经营者名称：属单位经营的填写经营单位名称，属个人经营的填写经营者姓名；

(三)经营者地址：填写经营者主要办事机构所在县(市、区)、乡(镇)、村、屯或街道、门牌等；

(四)负责人：填写企业(单位)法定代表人姓名或者申请人姓名；

(五)有效期限：自签发之日起5年内有效；

(六)有效区域：按行政区域填写，由发证机关在其管辖范围内确定，最小至县级。如在经营许可证规定的有效区域外设立分支机构的，必须在分支机构所在地重新办理林木种子经营许可证；

(七)发证机关：加盖审批机关的印章；

(八)发证日期：填写审批机关领导签署同意意见的日期；

(九)经营种类：指批准经营的林木种子，属苗木的按造林苗、经济林苗、城镇绿化苗、花卉等项填写；

(十)经营地点：填写经营者主要经营场所所在的县(市、区)、乡(镇)、村、屯或街道、门牌等；

(十一)经营方式：填写批发、零售、批零兼营、进出口等。

第二十条　各级林业行政主管部门及其委托的种苗管理机构在依照本办法核发许可证的工作中，除收取工本费外，不得收取其他费用。

第五章　变更换证

第二十一条　种子生产许可证、经营许可证有效期限届满后需继续进行种子生产、经营的，种子生产者、经营者应当在期满前 3 个月内，持原证重新申请办理林木种子生产许可证、经营许可证。

第二十二条　林木种子生产者在林木种子生产许可证有效期限内改变许可证核准的生产者名称、地址、负责人和生产地点、种类、面积的，应当向原发证机关提交变更申请书和相关的证明材料，申请办理变更手续，换发林木种子生产许可证。变更事项超出原发证机关权限的，应向本办法规定的相应发证机关重新申请新证。

第二十三条　林木种子经营者在林木种子经营许可证有效期限内改变许可证核准的经营者名称、地址、负责人和经营地点、方式、种类及有效区域的，应当向原发证机关提交变更申请书和相关的证明材料，申请办理变更手续，换发林木种子经营许可证。变更事项超出原发证机关权限的，应向本办法规定的相应发证机关重新申请新证。

第六章　监督管理

第二十四条　《林木种子生产许可证》、《林木种子经营许可证》的正、副本由省级统一印制。

第二十五条　林木种苗许可证是林木种苗生产者和经营者依法生产、经营林木种苗的凭证。生产者、经营者必须按许可证核定的生产、经营地点及生产、经营种类进行生产经营，不得自行涂改、变更。如在种苗生产许可证和经营许可证有效期限内，注明项目变更的，应当根据本办法第五章的有关规定，办理变更手续并提供相应证明材料。

第二十六条　《林木种子生产许可证》和《林木种子经营许可证》分正本和副本，正本应悬挂在生产或经营场所的醒目位置，副本由生产者、经营者妥善收藏；正本不设年检栏，副本设有年检栏。

第二十七条　许可证实行年度检验制度。林木种苗许可证需每年在工商营业执照年检前到发证机关进行年检，时间为每年一月至三月底。年检时需携带许可证正、副本，并如实申报年度生产、经营情况，填写年检表。经发证机关审核合格后，加盖验证章，对不合格的生产者、经营者，发证机关有权收回。逾期不进行年检者，其许可证自当年四月一日起自行失效，原发证机关有权收回其许可证。

第二十八条　林木种苗生产者、经营者因故停止生产、经营活动一年以上的应将许可证交回原发证机关。

第二十九条　任何单位和个人，不得非法扣留、吊销《林木种子生产许可证》和《林木种子经营许可证》，不得非法干预林木种子生产者、经营者的生产、经营自主权。

第三十条　《林木种子生产许可证》、《林木种子经营许可证》核发机关，应当于每年一月底前以书面形式向上一级核发机关报告和向下一级核发机关通报辖区内上年度许可证的核发、年检和管理等情况。

第三十一条　《林木种子生产许可证》、《林木种子经营许可证》核发机关，应当建立许可证的核发管理档案，进行科学、规范地管理。档案内容包括许可证的申请审核审批材料、证书核发登记表册、年度检验、变更、吊销情况、统计报表、工作计划、总结及有关文件等。

第三十二条　林业行政主管部门及其委托的林木种苗管理机构有权依法吊销违法行为人的林木种子、苗木经营许可证，并通知工商行政管理机关依法注销或者变更违法行为人的营业执照；工商行政管理机关依法注销或者变更违法经营林木种苗行为人的营业执照后，应当通知林业行政主管部门。

第七章　法律责任

第三十三条　有下列行为之一的，按《种子法》第六十条规定进行处罚：

(一)未取得林木种苗生产许可证或者伪造、变造、转让、买卖、租借林木种苗生产许可证，或者未按照林木种子生产许可证的规定生产林木种子的；

(二)未取得林木种苗经营许可证或者伪造、变造、转让、买卖、租借林木种苗经营许可证，或者未按照林木种子经营许可证的规定经营林木种子的。

第三十四条　林木种苗生产、经营单位和个人在领取生产或经营许可证后，生产、经营假、劣林木种苗的，按照《种子法》第五十九条的有关规定进行处罚。

第三十五条　林木种苗经营者在异地设立分

支机构未按规定备案的，按照《种子法》第六十二条的规定进行处罚。

第三十六条 林业行政主管部门对不具备条件的林木种苗生产者、经营者核发生产、经营许可证的，按照《种子法》第七十条的规定进行处罚。

第三十七条 受处罚的当事人认为有关行政机关的执法行为侵犯了其合法权益的，或者对行政机关做出的行政处罚不服的，可以依法申请行政复议，也可以依法直接向人民法院提出诉讼。

第八章 附 则

第三十八条 《林木种子生产许可证》、《林木种子经营许可证》及各类申请表的样式和规格由国家林业局统一规定，国家林业局和省级林业行政主管部门分别印制。申请表一式两份，审批机关、审核机关各存一份。

第三十九条 本办法自颁布之日起生效。

第四十条 本办法由广西壮族自治区林业局负责解释。

广西壮族自治区人民政府关于进一步完善退耕还林政策措施的若干意见

（2002 年 10 月 31 日 桂政发〔2002〕56 号）

各市（地）、县人民政府（行署），区直各委、办、厅、局：

2001 年，我区为抓好退耕还林还草试点工作，根据《国务院关于进一步做好退耕还林还草试点工作的若干意见》（国发〔2000〕24 号）精神，下发了《自治区人民政府关于切实做好我区退耕还林还草试点工作的意见》（桂政发〔2001〕59 号）。一年多来，各级人民政府高度重视，按照国家和自治区的统一部署，采取有力措施，较好地完成退耕还林试点工作，取得了一定经验。但是，在试点工作中也出现了一些需要研究和解决的问题，有些政策措施也要进一步完善。为把我区退耕还林工作扎实、稳妥、健康地向前推进，根据《国务院关于进一步完善退耕还林政策措施的若干意见》（国发〔2002〕10 号）精神，结合我区的实际，现就进一步完善我区退耕还林政策措施作出如下规定：

一、退耕还林必须遵循的原则

（一）退耕还林要坚持生态效益优先，兼顾农民吃饭、增收以及地方经济发展；坚持生态建设与生态保护并重，采取综合措施，制止边治理边破坏行为；坚持政策引导和农民自愿相结合，充分尊重农民的意愿；坚持尊重自然规律，科学选择树种；坚持因地制宜，统筹规划，突出重点，注重实效。

（二）实施退耕还林要认真落实“退耕还林、封山绿化、以粮代赈、个体承包”的政策措施，坚持个体承包的机制，实行责权利相结合。必须切实把握“林权是核心，给粮是关键，种苗要先行，干部是保证”这几个主要环节，确保退耕还林取得成功。

二、科学制订规划，加快退耕还林进度

（一）进一步明确退耕还林的范围。已纳入国家退耕还林总体规划范围的县（市、区，下同），凡是水土流失严重和粮食产量低而不稳的坡耕地都应规划实施退耕还林。对红水河梯级电站库区坡耕地、石漠化耕地、高等级公路沿线坡耕地和江河沿岸沙化耕地等生态脆弱、生态地位重要的地方要优先规划实施。对需要退耕还林的地方，只要条件具备，应扩大退耕还林规模，能退多少退多少。对生产条件较好，粮食产量较高，又不会造成水土流失的耕地，农民不愿退耕的，不得强迫退耕。

（二）因地制宜，科学制订规划。自治区有关部门要依据国家退耕还林工程规划编制全区退耕还林总体规划。各有关县要依据自治区总体规划，结合本地实际，编制县级退耕还林工程规划，明确工程建设的目标任务、建设重点和配套政策措施。

（三）要根据不同气候水文条件和土地类型进行科学规划，做到因地制宜，乔灌草合理配置，农林牧相互结合。充分发挥我区自然条件优势，大力营造桉树、相思、西南桦、任豆等速生丰产林和毛竹、杂交竹、吊丝竹、麻竹等竹林，加快我区林业产业结构调整步伐，促进农民增收和地方经济的发展。

各地在确保地表植被完整，减少水土流失的前提下，采取林果间作、林竹间作、林药间作、林草间作、灌草间作等多种合理模式还林，立体经营，实现生态效益与经济效益的有效结合。退耕后禁止林粮间作。

（四）及时分解下达年度退耕还林工程建设任务和各项资金。为了抓住造林最佳季节，保证工程建设质量，从 2002 年起，国家根据退耕还林总体规划在每年 10 月 31 日前下达下一年度的计划任务。自治区根据全区退耕还林总体规划，按照轻重缓急的原则确定实施退耕还林的项目县，在接到国家下达的年度计划后1个月内将任务分解下达到各项目县。各项目县接到工程任务1个月内，组织编制好县级退耕还林实施方案报自治区林业局审批，并及时做好乡镇作业设计，把工程任务落实到山头地块，落实到农户。

各地要力争在当年完成本年度的退耕还林工程造林任务，由于气候因素影响，确实难以完成的，也应确保在当年完成整地，并必须在次年的3月底以前完成所有造林定植工作。

国家退耕还林的各项补助资金下达后，自治区财政部门在收到补助资金和文件后要在15个工作日内下达到市（地），市（地）在接到国家和自治区退耕还林的各项补助资金和文件后15个工作日内下达到项目县，确保工程顺利实施。

（五）退耕还林要以营造生态林为主，营造的生态林比例以县为核算单位，不得低于80%。对超过规定比例多种的经济林，只给种苗和造林补助费，不补助粮食和现金。

三、认真落实林权，调动和保护农民退耕还林的积极性

（一）实施退耕还林后，必须确保退耕农户享有在退耕土地和荒山荒地上种植的林木所有权，经检查验收合格后，依法履行土地用途变更手续，由县级以上人民政府及时发放林权证。

（二）在确定土地所有权和使用权的基础上，实行“谁退耕、谁造林、谁经营、谁受益”的政策。必须向农户充分宣传政策，引导他们积极参与退耕还林。农民承包的耕地和宜林荒山荒地造林以后，承包期一律延长到50年，允许依法继承、转让，到期后可按有关法律和法规继续承包。

（三）采取多种形式推进退耕还林。有条件的地方可本着协商、自愿的原则，由农村造林专业户、社会团体、企事业单位等租赁、承包农户坡耕地退耕还林，但在具体操作中要严格把关，要在农民充分了解国家退耕还林的钱粮补助政策的前提下，由双方协商解决钱粮补助及林木权属等利益分配问题，并签订协议，切实保护退耕农户的利益。鼓励在有条件的地方实行集中连片造林，鼓励个人兴办家庭林场，实行多种经营。

四、切实抓好钱粮补助兑现，确保农民口粮供应

（一）国家无偿向退耕农户提供粮食、现金补助。粮食和现金补助标准为：每亩退耕地每年补助粮食（原粮）150公斤、补助现金20元。粮食和现金补助年限，还草补助按2年计算；还经济林补助按5年计算；还生态林补助暂按8年计算。国家计划内的退耕还林补助粮食（原粮）的价款和现金由中央财政负担。

（二）国家计划内退耕还林补助的粮食（原粮），按中央财政每公斤1.4元补助标准，由自治区人民政府包干给各项目县人民政府，当年如有节余，滚动用于退耕还林期内以后年度的粮食补助，不能挪作他用；如有缺口，由县人民政府自行负担。各项目县粮食购销企业按顺价销售、不发生新亏损的原则供应退耕还林补助粮食。农业发展银行据实收回退耕还林补助粮食占用贷款本息后，应适当返还粮食购销企业合理费用。粮食采购、调运等有关费用，从包干经费中解决，包干经费不足的，由项目县财政承担，纳入县级年度财政预算，不得转嫁给供应粮食的企业和退耕农户。粮食补助资金不得用于抵扣退耕还林供应粮食以外的其他贷款及其利息。

农业发展银行要积极提供信贷资金支持粮食购销企业开展退耕还林粮食供应工作。对退耕还林粮食补助的资金供应，各级农业发展银行要根据退耕还林粮食补助计划、企业资质状况、粮食购进成本等因素，按规定给予贷款支持。

（三）在粮食和现金补助期间，退耕农户在完成现有耕地退耕还林后，必须继续在宜林荒山荒地造林，由县或乡（镇）统一组织实施。有条件的地方可采取统一经营管理，提高造林成效。

（四）自治区每年根据下达的年度计划核定各市（地）、县退耕还林所需粮食和现金补助总量，并下达到各市（地）、县。对退耕农户只能供应粮食实物，不得以任何形式将补助粮食折算成现金或者代金券发放。

（五）退耕还林补助粮食粮源的组织和调运工作由自治区粮食局负总责，项目县人民政府及粮食部门具体落实。原则上以地方国有粮食购销企业的商品周转粮为主，以项目县为单位统一组织粮食的供应，按就地就近调运原则，组织到乡（镇）粮所、粮站，兑现到户，减少中间环节，降低供应成本。如项目县筹措粮源确有困难的，以市（地）为单位统一向自治区粮食局提出申请，由自治区粮食局从自治区粮食储备库存中安排粮食供应。

（六）退耕还林粮食供应的品种主要是稻谷。退耕农户需要玉米的，项目县粮食部门可根据自有商品玉米的库存情况与退耕农户协商兑换。各地可根据退耕农户需要供应成品粮。对供应给退耕农户的粮食必须进行认真检验,补助粮食必须达到国家规定的质量标准。凡不符合口粮标准的,不得供应给退耕农户。

(七)按报账制办法发放补助粮食。退耕还林第一年,粮食补助可分为两次兑现。第一次在签订退耕还林合同、完成整地并经县级林业行政主管部门检查验收合格后,可以预先兑付部分补助粮;第二次待退耕还林成活率验收合格后再兑现补助粮余额。每次兑现补助粮的数量由县级人民政府确定。以后每年由县级林业行政主管部门组织对退耕农户的幼林管护、林木保存情况进行验收,自治区林业行政主管部门组织复查。验收合格的要及时发放验收证,农户凭验收证和钱粮供应证经乡(镇)政府签字同意后到粮食供应点领粮。承担粮食供应任务的企业要根据县级林业行政主管部门在检查验收合格后出具的兑粮花名册,按国家确定的补助标准,向退耕农户发放粮食。有关补助费用的结算办法,由自治区财政部门会同自治区粮食部门和农业发展银行广西区分行制定。

五、必须做到种苗先行,保障种苗供给

(一)国家向退耕农户提供种苗和造林补助费。退耕还林、宜林荒山荒地造林的种苗和造林补助费,由自治区计委和自治区林业局根据国家安排的年度资金分解下达到项目市(地)、县。种苗和造林补助费标准按退耕地和宜林荒山荒地造林每亩50元计算。尚未承包到户及休耕的坡耕地,不纳入退耕还林兑现钱粮补助政策的范围,但可作宜林荒山荒地造林,按每亩50元标准给予种苗和造林费补助。若遇连年干旱等特大自然灾害确需补植或重新造林的,经国家林业局核实同意后,由国家酌情给予补助。

退耕还林、宜林荒山荒地造林的种苗和造林补助费,由项目县林业行政主管部门用于向退耕农户提供种子、苗木、造林补助和封育管护等支出,不能挪作他用。在尊重退耕农户意愿的前提下,退耕农户与种苗供应方签订书面合同,并在造林验收后,由种苗供应单位与退耕农户结算种苗补助费。任何单位和个人不得为退耕农户指定种苗供应商。

(二)种苗的数量充足、品质优良、品种对路,是实施退耕还林的必要前提和基础条件,必须先行建设,超前准备。各地各有关部门都要提前做好种苗的生产培育,组织好种苗的供应。

(三)林业行政主管部门负责做好种苗建设规划,切实抓好种苗和采种基地建设。种苗生产供应要从实际出发,采取多种形式,走产业化经营的路子,积极鼓励农户育苗,促进农业结构调整和农民增收。要发挥国有苗圃龙头企业作用,组织和带动农民发展苗木产业,扩大种苗生产能力。

(四)林业行政主管部门要负责提供种苗调运、栽培管理方面的技术指导和技术服务,加强种苗质量和疫病检验检测工作,确保种苗供应单位和育苗专业户按规定的树种、数量、质量提供退耕还林所需的合格种苗。要实行种苗供应质量负责制,凡在退耕还林项目中出现种苗质量问题的,要坚决依法追究有关供苗单位和人员的责任。

(五)有关部门要加强种苗市场、价格的规范管理和监督检查。对生产、销售的种苗必须有县级以上林业行政主管部门出具的标签、质量检验证和检疫证,凡是不具备"一签两证"的种苗,不准进入市场。坚决制止垄断经营种苗和哄抬种苗价格的行为,严厉打击种苗销售中的不法行为,维护农民合法权益。

六、落实各项配套措施,巩固退耕还林建设成果

(一)关于退耕地还林的农业税征收减免政策。凡退耕地属于农业税计税土地,自退耕之年起,对补助粮达到原常年产量的,扣除农业税部分后再将补助粮发放给农民;补助粮食标准未达到常年产量的,相应调减农业税,合理减少扣除数量。退耕之前的常年产量,按土地退耕前5年的常年产量平均计算。补助给农民的现金不计入补助粮食标准。退耕地原来不是农业税计税土地的,无论原来产量多少,都不得从补助粮食中扣除农业税。

农业税征收机关要按照退耕的农业税计税土地常年产量和当地补助粮食标准确定退耕土地应征收的农业税税额,并通知补助粮食发放单位从补助粮食中代扣农业税。退耕地的农业税只能从补助粮食中扣除,不得向农民征收。在停止粮食补助的年度,同时停止扣除农业税。对退耕还生态林产出的农业特产品收入,在10年内免征收农业特产税。

实施退耕还林的县,其农业税收入减收部分,由中央财政以转移支付的方式给予适当补助。各项目县要做好农业税减收情况的调查,由县人民政府提出申请补助报告，经地级市人民政府或地区行署审核后报自治区人民政府，由自治区人民政府统一向国家申请补助。

（二）为了加强生态保护和建设，要结合退耕还林工程开展生态移民、封山绿化。对居住在严重石漠化地区、库区等生态地位重要、生态环境脆弱、已丧失基本生存条件地区的人口实行生态移民。对迁出区内的耕地全部退耕、草地全部封育，实行封山育林育草，恢复林草植被。中央和自治区对生态移民生产生活设施建设给予补助。要切实搞好迁入地的生产生活设施建设，对生态移民的农户给予妥善安置，解决好他们的生计问题。有条件的地方，要把生态移民与小城镇建设结合起来。

（三）为保护好现有林草植被，巩固生态环境建设成果，各地要结合退耕还林的实施及森林资源保护工作，积极开展农村能源建设，从各地实际出发，大力发展沼气、小水电、太阳能、风能等。沼气池建设要逐步标准化、规范化，走产业化发展道路。中央和自治区对农村能源建设给予适当补助，并优先安排退耕农户。

（四）退耕还林后必须实行封山禁牧、舍饲圈养。退耕还林的农户，要保证造林的成活率、保存率，管护好林地不受破坏。要彻底改变牲畜饲养方式，实行舍饲圈养，严禁牲畜对林草植被的破坏。各地要根据当地实际情况，制定切实可行的管理办法，加大执法力度。禁止滥挖树兜等人为破坏林草植被行为。

（五）加强缓坡耕地的农田基本建设，提高粮食单产，解除农民退耕后吃粮的后顾之忧，扩大陡坡耕地的退耕空间，切实做到“树上山，粮下山”。实施退耕还林的市（地）、县，要将扶贫开发、农业综合开发、水土保持、生态环境综合治理等不同渠道的资金统筹安排，综合使用。

（六）退耕还林的地方，要结合生态建设，大力调整农村产业结构，发展龙头企业和支柱产业，开辟新的生产门路。要制定优惠政策吸引企业及社会各界参与生态环境建设，积极推广“公司加农户”，“工厂加基地”等做法，为农产品建立稳定的市场渠道，努力增加农民收入。

七、加强组织领导和监督检查，确保退耕还林工作顺利进行

（一）退耕还林是一项十分复杂的系统工程，广大干部特别是基层干部必须切实转变作风，深入基层，不折不扣地贯彻落实国家和自治区有关退耕还林的政策，组织群众做好退耕还林工作，要加强监督检查，务必注重实效，反对形式主义，及时发现和解决存在的问题。

（二）要进一步提高认识，统一思想。各级领导干部要进一步提高对退耕还林重大意义的认识，本着实事求是、因地制宜的原则，正确处理好生态效益与经济效益的关系，当前利益与长远利益的关系，真正把退耕还林这项“功在当代，利在千秋”的大事抓紧抓好。

（三）退耕还林工程实行自治区人民政府负总责和地方各级人民政府目标责任制。各级人民政府要切实把退耕还林工作列入重要议事日程，加强领导，及时研究解决实施中的重大问题，层层落实工程建设的目标和责任，层层签订责任状，并认真进行检查和考核；要成立退耕还林工作领导机构，具体负责退耕还林工作的组织实施；在机构改革中，要稳定、充实林业技术人员队伍，确保实施退耕还林工程所需的技术力量。

（四）西部办、计划、财政、农业、林业、粮食、水利、国土资源、监察、审计、地税、农业发展银行等部门，要在本级人民政府的统一领导下，按照各自的职能分工，各司其职，各负其责，进一步密切配合，充分发挥部门优势，共同做好退耕还林工作。

（五）退耕还林工程的规划、作业设计等前期工作费用和科技支撑费用，除国家给予适当补助外，自治区及项目市（地）、县财政均要安排一部分，并纳入年度财政预算。

退耕还林项目县所需检查验收、兑现等费用由项目县承担，国家有关部门的核查和自治区有关部门的复查经费分别由中央和自治区财政承担。

（六）各项目县人民政府要认真组织好县级自查，自治区林业行政主管部门要组织好复查工作。县级验收结果作为补助政策兑现的直接依据。有关部门要加强对退耕还林补助资金拨付、使用情况的监督检查，审计部门要对资金运行的全过程进行监督。退耕还林粮食、现金补助兑现情况，要纳入乡村政务公开的内容，张榜公布，接受群众监督，防止冒领，杜绝贪污。要建立退耕还林举报制度，公布举报电话，设立举报信箱，接受社会监督。对违法违纪现象，一经核实，要按照国家和自治区的有关规定对责任人做出处罚，并奖励举报有功人员。

（七）要采取综合措施，制止边治理边破坏行为。在加快退耕还林工作进程的同时，必须高度重视加强森林保护，制止新的毁林开垦。各地要大力宣传《中华人民共和国森林法》及国家、自治区制定的保护森林资源的有关法律、法规，加大执法力度，加强对现有资源的保护，严厉打击新的毁林开垦行为。凡项目县出现新的毁林开垦现象，除了依法追究有关人员的责任外，要调减该县退耕还林补助资金或终止退耕还林项目。

（八）本意见所称退耕还林，包括退耕地还林、还草和相应的宜林荒山荒地造林。本意见由自治区退耕还林工作领导小组办公室负责解释。自治区有关部门按照职能分工，在本部门主管范围内，根据实际需要进一步制定具体实施意见。

广西壮族自治区人民政府关于加快我区花卉产业发展的意见

（桂政发〔2003〕70 号）

各市、县人民政府，区直各委、办、厅、局：

为贯彻落实党的十六大精神，全面建设小康社会，充分发挥我区的自然资源优势和沿海沿边的区位优势，抓住西部大开发和加入世贸组织后的发展机遇，加快花卉产业发展，实现富民兴桂新跨越的战略目标，根据《中共中央国务院关于加快林业发展的决定》（中发〔2003〕9 号）精神，现就加快我区花卉产业发展提出如下意见：

一、深刻认识加快我区花卉产业发展的重大意义

加快花卉产业发展是我区实行农业结构战略性调整，实现农业增效、农民增收和富民兴桂新跨越，全面建设小康社会的需要。随着国民经济的发展和人民生活水平的提高，花卉产业在发展农村经济、改善城乡生态环境、丰富人民群众文化生活和精神文明建设中的地位将越来越重要，对我区全面建设小康社会将具有积极的促进作用。尤其是目前花卉产业市场前景广阔，经济效益显著，将花卉产业作为农业结构调整的重点，是发展农村经济、增加农民收入的行之有效的途径。近年来，我区花卉产业获得了迅速发展，涌现了一批花卉生产龙头企业和大中型花卉生产基地，花卉生产经营取得了显著的经济效益、社会效益和生态效益，为我区花卉产业的进一步发展奠定了良好的基础。

当前，我区花卉产业正面临着良好的发展机遇和许多有利条件：一是具有得天独厚的自然环境条件、丰富的花卉种质资源和土地、劳动力资源；二是具有便捷的交通条件和沿边沿海的区位优势；三是以生态环境建设为重点的西部大开发战略的实施和国家六大林业重点工程建设的启动，为我区发展热带、亚热带花卉产业带来了新的契机；四是我国加入世贸组织和党的十六大提出的全面建设小康社会的目标，国民经济的快速发展和人民生活水平的不断提高，为花卉产业的发展提供了巨大的国内外市场；五是农村产业结构的调整，为花卉产业的发展提供了广阔的发展空间；六是基因工程、数字化信息工程等现代生物科学技术的发展，为花卉产业的发展提供了强有力的科技支撑。因此，各地应抓住花卉产业发展的大好机遇，结合当地实际，做好规划，切实抓紧抓好花卉产业的发展。

二、加快我区花卉产业发展的指导思想和目标

（一）指导思想。

以资源优势为依托，以市场为导向，以特色品种为品牌，以质量为核心，以科技为动力，以农业增效、农民增收、农村经济发展为目标，按照适应市场、突出特点、发挥优势的原则，实行产业引导与自主开发并举的方针，不断完善市场服务体系和技术服务体系，加强行业宏观指导，优化产业布局，加快我区花卉产业规模化、产业化建设，实现我区花卉产业跨越式发展。

（二）发展目标。

2004～2010 年，用 7 年时间，分两步走：前 2 年主要是打基础，到 2005 年，全区花卉生产面积达 30 万亩，年产园林绿化苗木 5000 万株、鲜切花（叶）7 亿枝（片）、盆栽植物 2000 万盆、草坪 2500 万平方米、工业食（药）用鲜花 7 万吨，年销售额 17 亿元；后 5 年取得较好的成效，到 2010 年，实现全区花卉种植面积 40 万亩，年销售额 60 亿元。重点开发桂花、扁桃、茉莉花、宝巾花、山茶花、兰花、木兰科植物、棕榈植物、珍稀保护树种和野生花卉品种等，把花卉产业建成我区的支柱产业之一，生产规模和产值达到国内中等省份水平，把我区建设成为具有南亚热带区域特色的花卉大省。

三、发展方向及近期重点项目建设布局

我区花卉产业的发展要重点致力于解决花卉

销售与科研开发的瓶颈问题，着重抓好花卉市场体系、花卉科研体系的建设。花卉生产示范基地的建设以市场运作为主，生产具有区域特色的园林绿化苗木、特色花卉、切叶、鲜切花、盆栽植物、花卉种苗等6大类型的花卉产品。在2005年前，除继续抓好玉林市“全国花卉生产示范基地”和横县“中国茉莉花之乡”的基础上，将重点抓好1个省级大型花卉市场、1个现代林业科技示范园及12个花卉生产示范基地等14项重点建设工程。具体如下：

(一)南宁花卉交易中心市场。

(二)广西现代林业科技示范园的花卉研究所、花卉种苗繁育中心。

(三)12个花卉生产示范基地：

南宁邕武、邕宾公路万亩花卉基地，南宁“花花世界”园林产业展示园，南宁切叶生产基地，南宁横县万亩发财树基地，桂北百里生态小康文明长廊万亩桂花基地，桂林尧山旅游花卉生产示范基地，融水、金秀珍珠罗汉松、百色多种苏铁、防城金花茶等特色花卉生产示范基地，玉(林)贵(港)经济走廊花卉产业带，梧州岑(溪)梧(州)百里花卉长廊，北海十里花卉长廊，柳州三门江、玉林大容山鲜切花生产示范基地，容县、平南国兰生产基地。

四、加快花卉产业发展的主要措施

(一)加强对花卉产业发展的宏观指导。

发展花卉产业是我区实施农村产业结构调整的重要内容，各级人民政府要切实加强领导，把发展花卉产业作为全面建设小康社会的一项重要措施纳入当地国民经济和社会发展规划。要根据全区花卉产业发展规划的要求，结合本地实际，制定本地的花卉产业发展规划和实施方案，制定扶持花卉产业发展的政策措施，突出重点，示范带动，切实加快花卉产业的发展。

(二)加大对外开放力度，创新生产投资体制和经营机制。

花卉产业是一项具有自身特点的新兴产业，同时也是当前农村产业结构调整的特色产业，目前在我区还处于起步阶段。为实现该产业的快速发展，必须坚持政府引导、社会参与、市场运作的原则，根据国家西部大开发的政策措施和我区对外开放的要求，切实加大资金、技术、人才引进力度，建立多渠道投入机制，积极培育和壮大投资经营主体，创造宽松的投资环境，按照谁投资、谁受益，多种经济成分共同发展的原则，鼓励以民营为主，通过土地、资金、技术、劳动力等多种生产要素的合理流转与优化组合，采取多种形式引导各行各业、国内外企业、单位和个人到区内独资或合资兴办花卉生产基地、建设花卉市场，以实现花卉产业的持续、快速发展。

(三)积极培育龙头企业，实行规模化、专业化生产和市场化经营。

要做强做大花卉产业，必须在调整农业产业结构过程中，大力发动部分传统种植型农民加入花卉生产行列，扩大花农队伍。借鉴国内花卉生产的成功经验，培育规模大、专业化程度高、效益好的龙头企业，联合广大花农，实行“公司＋基地＋花农”、“公司＋花农＋技术”等生产经营模式，发挥综合优势，形成集产、供、销于一体的花卉生产经营联合体，积极拓展国内和国际市场，加强销售网络建设.建立网上信息销售平台，尽快与国内外花卉业接轨，增强我区花卉市场竞争力。

(四)提高花卉产品质量，维护良好的花卉市场秩序。

要切实重视提高花卉产品质量，引导花卉企业、花农实行标准化生产，按照国家质量技术监督局发布的《主要花卉产品等级》(GB/T18247)国家标准的要求生产、经营花卉，对进入市场的花卉产品实行严格的质量认证，确保花卉产品的质量，树立我区的花卉品牌。各级工商行政管理部门要切实加强对花卉市场的监督管理，保护合法经营，依法查处花卉交易中以次充好、以假乱真、商业欺诈、不正当竞争等违法行为，促进花卉市场健康有序发展。

(五)建立健全花卉协会，充分发挥花卉协会在花卉产业发展中的中介作用。

花卉协会是联结花卉企业和花农的中介组织，要充分利用和发挥花卉协会的组织协调作用，使其成为花卉企业和花农联系花卉市场、开展花卉生产、拓宽国内外市场的得力助手和参谋。为更好地发挥花卉协会的作用，各地要重视加强对花卉协会工作的指导，促进花卉协会的建立和健全，为花卉协会提供必要的工作条件和活动经费。花卉协会要积极组织开展花卉学术交流和展览交易活动，将具有广西特色的花卉产品推向国内外市场，要开展技术推广、人才培训、信息服务和市场预测，积极向政府及其相关部门提出加快花卉产业发展的意见和建议，以切实推进我区花卉产业的快速发展。

(六)抓好花卉的检验检疫工作。

为防止有害生物入侵,经营进出口花卉种子、种苗(球)的单位和个人,必须按《中华人民共和国种子法》、国务院《植物检疫条例》、原林业部《植物检疫条例实施细则》的规定,向有关主管部门提出申请,经批准后到广西出入境检验检疫部门办理登记备案等相关手续,并建立由农林主管部门认定的植物隔离试种苗圃,由广西出入境检验检疫部门和自治区植物检疫部门、森林植物检疫部门监管,试种符合要求后,经监管部门同意方可扩种经营、销售。

(七)多渠道筹集资金,扶持花卉产业发展。

花卉产业发展和项目建设,主要依靠社会力量并实行市场化经营。但花卉产业作为加快我区农村产业结构调整和城镇化建设步伐、改善城乡生态环境的一个重要新兴产业,目前刚刚起步,基础较差,各级人民政府要积极予以扶持。从2004年开始,自治区采取多渠道筹集资金的办法,扶持花卉产业发展。

(八)加大金融扶持力度。

按照中央确定的"四个倾斜"政策,即"向农村倾斜、向结构调整倾斜、向中西部特别是西部地区倾斜、向生态环境倾斜"的精神,金融部门要加大对花卉产业发展的扶持力度,重点支持各类花卉生产基地、花卉专业市场的建设。对能够创品牌、发挥示范带头作用的科技型生产龙头企业、花卉生产大户等,有关商业银行要优先给予信贷支持和财政贴息政策扶持。

(九)落实各项优惠政策。

为更好地培植和引导花卉产业发展,各级人民政府要按照《自治区人民政府关于印发贯彻实施国务院西部大开发政策措施若干规定的通知》(桂政发[2001]100号)、《自治区人民政府关于印发〈广西壮族自治区关于加快工业发展的若干规定〉、〈广西壮族自治区关于加快城镇发展的若干规定〉的通知》(桂政发(2002)27号)精神和中央提出的"多予、少取、放活"的方针,根据花卉产业的特点,抓好各项优惠政策的落实。

附件1:

广西壮族自治区花卉产业发展规划

(2004～2010)

花卉是具有观赏价值的草本和木本植物的总称,是由园林绿化苗木、草坪植物、鲜切花、干花、切叶、盆栽植物、盆景(包括树桩盆景和山水盆景)、工业用花卉、食用花卉、药用花卉等组成。花卉产业泛指上述花卉及其种苗(含种球)的生产、加工、运输、销售和研究等。花卉产业是一项高效农业产业,也是一项有益于绿化环境、美化生活、陶冶情操,具有极显著经济、社会和环境效益的新兴产业,是21世纪最有希望的产业之一。我国全面建设小康社会目标的提出和西部大开发战略的实施,必然给我区花卉产业发展带来新的契机,农业产业结构调整则为花卉产业的发展提供更大的空间。花卉产业的跨越式发展将会为全区农业增效、农民增收作出重要贡献。为确保我区花卉产业持续、健康、快速发展,结合我区实际,特制定本规划。

一、加快花卉产业发展的重要意义

(一)发展花卉产业是我区农业结构调整的需要。

农业产业结构的战略性调整,是现阶段我国农业发展过程中的一次深刻变革,是关系农业和农村经济乃至国民经济持续发展的重大部署。积极推进农业产业结构调整,对增加农民收入,提高我区农业产业竞争力,巩固农业基础建设具有十分重要的意义。花卉产业是一项科技含量高、市场前景好、经济效益显著的新兴产业,我区资源、区位优势明显,选择发展花卉产业作为农业产业结构调整的重要内容,是农业可持续发展行之有效的途径。

(二)发展花卉产业是农民增收、农业增效和富民兴桂的需要。

花卉产业是一项占地少、效益高的朝阳产业,与传统农业相比,其经济效益可成倍甚至几十倍增长。因地制宜地发展花卉产业,可迅速提高农业效益、增加农民收入,是实现富民兴桂新跨越战略目标的需要。

(三)发展花卉产业是增加就业机会、维护社会稳定的需要。

花卉产业是一个劳动密集型产业。我区农村劳动力富余,城镇就业压力大。发展花卉产业,可以提供大量的就业机会,解决农村富余劳动力就业和下岗职工再就业问题,维护社会稳定,促进我区社会经济的可持续发展。

(四)发展花卉产业是全面建设小康社会的需

要。

随着我国国民经济的迅速发展和人们生活水平的普遍提高、生态环境与人居环境的逐步改善,人民群众对花卉的需求与日俱增。发展花卉产业可以满足人民群众不断增长的物质和文化需要,是我区全面建设小康社会的需要。

二、我区花卉产业现状及发展前景

(一)花卉产业现状。

花卉产业在我区目前已进入起步阶段。据自治区林业局调查统计,2002 年全区花卉生产总面积 20.9 万亩,年销售额约 7 亿元,约占全国花卉总产值的 2.5%。形成较大规模基地的有横县茉莉花基地、玉林和北海的花卉生产基地、南宁邕武路花卉长廊、南宁江西园林绿化苗木及草坪生产基地等。全区现有切花切叶生产面积约 2300 亩,盆栽植物面积 6000 亩,园林绿化苗木面积 83500 亩,草坪面积 14200 亩,花卉种苗面积 200 亩,工业及其他花卉面积 102800 亩。

南宁、桂林、柳州、玉林等城市相继建立了专门的花卉市场。据调查,全区共有花店 1600 多家,花卉年销售额约 7 亿元,其中区内自产的花卉产品约占 25%左右(工业花卉、药用花卉除外),其余的花卉大多来自广东、云南、上海等。自治区林业局、南宁市人民政府联合举办的 2002 年、2003 年南宁春节花市,反响较好,效益显著,对我区花卉产业发展起到了积极的推动作用。自治区党委、自治区人民政府高度重视我区花卉产业的发展,将发展花卉产业列为我区农业与农村工作的重要内容,作为富民兴桂的重要产业之一。

(二)存在的主要问题。

1.管理机制不健全,产业政策不配套。花卉产业是一个跨部门、跨行业的产业,涉及农业、林业、园林、旅游等部门。由于种种原因,多年来,我区花卉生产长期处于多头管理、条块分割、分散经营的状态,缺乏一个指导全区花卉产业发展的宏观规划,扶持政策滞后等。这些问题已严重制约着我区花卉产业的快速健康发展。

2.科技支撑体系尚未形成,专业人才缺乏。花卉产业既属劳动密集型产业,又是技术密集型产业。目前我区花卉产业尚未建立强有力的科技支撑体系,专业人才缺乏,技术力量分散,花卉科研与开发处于自发状态,人才和技术均难以满足产业快速发展的需要。迄今只有广西林科院、广西农科院、广西大学、广西植物研究所、柳州市园林科研所等少数单位和部门拥有为数不多的花卉技术人才,缺乏能适应产业发展的科研机构和一支高素质的专业人才队伍,全区花卉科研、开发、推广、经营与管理等工作滞后,花卉产品的科技含量低。

3.生产规模小而分散,专业化程度低,效益不高。据调查,我区花卉生产企业中,生产面积在 200 亩以上的企业不到 100 家,其余多处于小规模、分散经营的状态,缺乏龙头企业,难以开展规模化、专业化生产,生产效益较低。

4.信息不灵,流通不畅,生产经营缺乏引导和市场动力。我区花卉产业信息体系、市场体系尚未形成。由于仍未建立起完善的信息沟通渠道,信息交流困难,花卉生产与经营活动缺乏市场信息引导,盲目性较大:同时我区花卉市场建设滞后,市场体系不完善,除了南宁、桂林、柳州、玉林等城市有小型花卉市场外,全区尚无大型花卉专业批发市场,难以满足花卉产品交易的需要。一些生产经营者缺乏信息引导,盲目发展。这种倾向导致市场上出现某些产品相对过剩,而适销对路产品却供不应求,浪费劳动生产力,经济效益难以提高。

(三)加快花卉产业发展的有利条件。

1.我区具有发展花卉产业的优势。

(1)丰富的花卉种质资源。据有关资料,迄今已知全区野生维管束植物达 7230 多种,隶属于 283 科 1778 属,占全国已知种数的 26.6%,居全国第 3 位。在丰富的植物资源宝库中,蕴藏着种类繁多的观赏植物资源,初步调查统计,全区已知野生观赏植物 1400 种以上,隶属于 145 科 450 属。经过我区花卉工作者的努力,不少特有品种已成为国内外名贵花木,如世界珍稀植物的“茶族皇后”——金花茶组植物、以珍珠罗汉松为代表的罗汉松科植物、杜鹃花、兰花、巢蕨、桫椤、单性木兰、叉叶苏铁、德保苏铁、锈毛苏铁等。此外,具有岭南特色的广西盆景亦享誉国内外。

(2)得天独厚的自然环境条件。北回归线贯穿我区中部,区内地形地貌复杂,既有滨海平原、丘陵和台地,也分布着海拔 2000 多米的山地,形成从亚热带到热带不同类型的气候环境。全区气候温暖,雨量充沛,年均气温 17℃～22℃,年降水量多在 1250～1750 毫米之间。由于时空差异大,国内外多数名优花木在我区均可找到适宜的种植地。北回归线以南的桂南地区，1月份平均气温在12℃以上，极限低温多在0℃以上，有些花卉品种反季节生产不需温室，只需简单的塑料大棚甚至露地栽培，便可生产出高品质的产品，降低了成本，提高了效益，保证花卉的周年供应。

(3)相对丰富的土地和廉价的劳动力资源。与相邻的发达省份比较，我区具有相对丰富的土地资源和廉价的劳动力资源，对发展劳动密集型的花卉产业有明显的优势。

(4)明显的区位优势和便捷的交通条件。我区地处祖国南疆，南临北部湾，与海南隔海相望，东邻广东，东北接湖南，西北靠贵州，西与云南接壤，西南与越南毗邻，面向东南亚，既属西部地区，又是沿海和沿边省份，已成为大西南出海的主要通道。公路、铁路和航空运输四通八达，水路可直达珠江三角洲地区、港澳和世界各地。

2.潜力巨大的国内花卉消费市场。与世界先进国家相比，我国在花卉消费方面还有相当大的差距。全国人均花卉消费额仅为世界人均消费水平的九分之一。花卉在我国尚属于新兴的消费领域，有着广阔的发展空间，国内市场潜力巨大。党的十六大提出了全面建设小康社会的宏伟目标，至2020年，我国国民经济总产值翻两番，人民群众的收入也将稳步增长，生活水平与质量将大大提高，中国将全面进入小康社会。随着人们文明素质的提高和城市化进程的加快，生态环境建设、城镇绿化美化等工程项目的实施，将需要大量的园林绿化苗木，个人花卉消费也将日趋活跃。我国花卉市场潜力巨大，花卉产业前景广阔。

3.广阔的国际花卉市场。从国际市场来看，由于生产成本、环境保护、经济增长等因素的影响，发达国家花卉产业的发展速度已经放缓，有的甚至出现下降的趋势。而资源丰富、生产成本低的发展中国家花卉产业正迅速崛起，有些已成为新兴的花卉出口国，花卉产业呈现由发达国家向发展中国家转移的趋势。近十多年来，世界花卉市场销售量均以每年10%以上的速度递增，这给我区的花卉产品走向国际市场提供了良好机遇。只要充分发挥优势，借鉴发达国家和国内先进地区花卉产业的成功经验，依靠先进科学技术和管理方法，我区一定能够成为我国花卉生产与出口大省。

4.花卉生产初具规模。目前，我区花卉生产已初具规模。据自治区林业局调查统计，2002年全区花卉生产总面积20.9万亩，年销售额约7亿元。已建成了一些初具规模并有一定影响的花卉生产基地和花卉市场。经花卉生产、经营和科技人员多年的努力，我区在花卉品种的收集与培育、栽培与繁殖、生产与经营等方面积累了一定经验，为加快花卉产业的发展打下了良好基础。

三、指导思想、原则和发展目标

(一)指导思想。

我区花卉产业发展以特色资源为依托，以快速提升为主题，以市场为导向，以特色品种为品牌，以质量为核心，以科技为动力，以效益为目的；立足国内，主攻华南和西南市场，积极开拓国际市场；以农业增效、农民增收、富民兴桂为目标；优化投资环境，扶持龙头企业，以基地作示范，带动千家万户发展花卉产业；有计划、有步骤、分阶段实施重点项目；加强宏观指导，优化产业布局，实现我区花卉产业跨越式发展。

(二)基本原则。

1.以市场为导向，统筹规划，区域化布局。

2.因地制宜，发挥优势，以发展特色花卉为主。

3.与农业产业结构调整、城镇化建设和旅游发展相结合。

4.科教兴花，提高科技含量。

5.适度规模化、专业化、基地化生产。

6.多种经济成分参与，共同发展。

(三)发展目标。

从2004年到2010年，花卉产业逐步成为我区农业新的经济增长点，规模和产值达到国内花卉业中等省份的水平，基本形成以特色花卉为主导、具有较强竞争力的产业体系；以龙头企业为骨干，中小企业群为基础，花卉协会为纽带，构建千家万户参与的花卉生产、加工、销售一体化的产业格局；以市场为导向，内外贸易结合，建成多渠道、多方式的市场体系。总体上实现产业布局合理，规模化、专业化、产业化经营，把我区建成具有南亚热带区域特色的花卉大省。

到2005年，全区花卉生产面积达30万亩，年销售额达17亿元，年均增长率34.4%。到2010年，花卉生产面积达40万亩，其中园林绿化苗木面积15万亩、草坪面积3万亩、盆栽植物面积2

万亩、切叶面积3万亩、鲜切花面积2万亩、花卉种苗面积0.15万亩、工业及其他花卉面积14.85万亩,年销售额达60亿元,年均增长28.7%。

四、发展方向、布局与建设重点

根据我区花卉产业现状、资源优势、市场潜力、城市化进程以及国内外市场前景,今后我区花卉产业的发展要重点致力于解决花卉销售与科研开发的瓶颈问题,着重抓好花卉市场、花卉科研的建设。花卉生产示范基地的建设以市场运作为主,生产以园林绿化苗木、特色花卉、切叶、鲜切花、盆栽植物、种苗等6大类型为主的产品。按照优势产品区域化布局的原则,扶持一批有区域特色、市场竞争力强的龙头企业,提高花卉产业化水平。

(一)园林绿化苗木。

目前我区园林绿化苗木和草坪生产已初具规模,已成为西南、华南地区重要的绿化苗木生产基地,一些具地方特色的苗木在国内市场已有一定影响。但总体上目前全区园林绿化苗木生产布局还不合理,规模小,专业化程度低,产品质量不高,大部分仍以初级产品的形式投入市场,尚未体现其应有的优势。

发展方向:顺应我国城市化进程日益加快的趋势,充分挖掘我区特色观赏植物资源,适度引种驯化适生的区外优良观赏植物,利用生物高新科技成果,逐步建立并完善从优良品种的培育、繁殖、栽培、养护到园林配植应用等各环节成熟的技术体系。以优质的热带、亚热带园林绿化植物材料为主导产品,组建龙头企业,走规模化、专业化生产的发展道路。

发展目标:到2005年,全区园林绿化苗木和草坪生产面积达15万亩,产值达8亿元,逐步形成苗木的培育、繁殖、栽培、养护到园林配植应用等成熟的生产技术体系,产品占领全区大部分市场,在西南、华南乃至全国有一定市场占有率。到2010年,园林绿化苗木和草坪生产面积达18万亩,产值达24.9亿元,基本占领全区市场,部分占领区外市场,把我区建成全国园林绿化苗木和草坪重要生产基地。

重点布局:园林绿化苗木和草坪生产以中心城市为主要基地,充分利用各自所在区域的自然优势和种质资源优势,大力生产具有区域特色的园林绿化苗木和草坪。具体布局是:南宁、梧州、玉林、百色等城市,布局具有南亚热带特色的园林绿化苗木和草坪生产基地;北海市布局热带园林绿化苗木和草坪生产基地;桂林、柳州等城市,布局中亚热带园林绿化苗木和草坪生产基地。在重点建设中心城市园林绿化苗木生产基地的同时,鼓励各地发展具有地方特色的园林绿化苗木和草坪生产。

近期重点项目:南宁邕武、邕宾公路万亩花卉基地,桂北百里生态小康文明长廊万亩桂花基地,玉(林)贵(港)经济走廊花卉产业带,北海十里花卉长廊。

(二)特色花卉。

走特色之路是国内外花卉产业发展的成功经验。花卉产品出路在于"奇、特、新、优",而特有的种质资源则是最具有竞争力的基因资源。我区地处亚热带、热带地区,植物种质资源十分丰富,具有金花茶、珍珠罗汉松、杜鹃花、单性木兰、叉叶苏铁、锈毛苏铁、德保苏铁等多种特有的野生观赏植物。在保护自然资源与生态环境的前提下,如何开发特有野生观赏植物资源,培育"奇、特、新、优"花卉品种,是我区提高花卉产品市场竞争力,加快花卉产业发展的主要途径。

发展方向:坚持开发地方特有野生观赏植物种质资源为主,培育具有地方特色的花卉品种,使新品种尽快进入商品化生产,提升其在花卉产品结构中的地位,增强我区花卉产品市场竞争力,促进花卉产业的快速发展。

发展目标:根据我区特有野生观赏植物资源特点及花卉产业现状,力争到2005年,培育出1～2个在国内具有一定知名度和一定市场竞争力的特色花卉新品种,并使之尽快进入产业化生产环节。力争到2010年,我区自主创新的特色花卉新品种15个以上,特色花卉产值占花卉业的20%以上。

重点布局:支持有关科研院所、高等院校,加快我区柳州市、来宾市、百色市、防城港市特色花卉新品种的开发与培育,促进其商品化生产进程。

重点项目:融水、金秀珍珠罗汉松、百色多种苏铁、防城金花茶等珍稀花卉生产示范基地。

(三)切叶。

桂南地区水热条件优越,乡土观叶植物种类繁多,特别是观赏蕨类植物多样性丰富,适生的棕榈植物种类多,但目前我区切叶生产规模却很小,生产优势和产业优势尚未体现，生产潜力巨大。

发展方向：加强对以蕨类、棕榈植物为主的切叶生产技术开发，筛选并培育有特色的切叶植物品种，提高质量，形成成熟的切叶生产(含种植、采收、包装、运输、保鲜等)技术体系，尽快提升其在花卉产品结构中的地位，把切叶作为我区花卉的主要产品来发展。

发展目标：到 2005 年，全区(主要是桂南地区)切叶生产面积达 1.2 万亩，销售额达 0.6 亿元，形成相对完善的切叶生产技术体系，把桂南地区建成全国主要切叶生产基地之一。到 2010 年，切叶生产面积达 3 万亩，销售额达 2.1 亿元，产品面向全国市场，部分进入国际市场。

重点布局：以南宁市为中心，辐射带动北海、防城、钦州、玉林、梧州、贵港、崇左等城市，布局桂南地区为我区主要切叶生产基地。

近期重点项目：南宁切叶生产示范基地。

(四)鲜切花。

鲜切花是花卉产品结构中重要的组成部分，也是花卉产业能够实现高效益的主要产品，但目前我区鲜切花生产基础薄弱，发展比较滞后。据初步调查统计，2002 年全区切花生产面积为 1900 亩，产值仅为 1800 万元。目前全区花市 80%以上的鲜切花货源靠外调，自给率低，不能适应市场需要，同时也说明我区鲜切花生产具有广阔的市场前景。

发展方向：加强国内外中高档鲜切花品种及生产技术的引进、消化与推广，选择适宜我区栽培的红掌、百合、蕙兰、剑兰、月季等中高档鲜切花品种，扩大生产规模，提高产品质量。

发展目标：到 2005 年，初步形成我区相对完善的鲜切花品种体系及生产技术体系，全区鲜切花生产面积达 0.8 万亩，销售额达 1.2 亿元，鲜切花市场自给率达 50%以上。到 2010 年，生产面积达 2 万亩，销售额达 9 亿元，鲜切花市场自给率达 70%以上。

重点布局：在南宁、桂林、柳州、北海、梧州、玉林等城市布局鲜切花生产基地，形成以大中城市为中心的全区鲜切花生产格局。

近期重点项目：柳州三门江、玉林大容山鲜切花生产示范基地，南宁“花花世界”园林产业展示园。

(五)盆栽植物。

盆栽植物是花卉产品的重要组成部分，是我区花卉产业的主要产品，特别是盆景，在我区花卉产业中是不可或缺的产品。我区盆栽植物种类繁多，尤其盆景资源丰富，生产已具有一定规模，已成为参与国际花卉贸易为数不多的一类花品。如何充分挖掘盆景资源，提升盆景的文化与艺术品味，扩大生产规模，提高商品盆景生产综合效益，是我区花卉产业发展中必须解决的重要问题。

发展方向：在强化保护的基础上，充分挖掘与开发我区盆栽植物资源，尤其提升盆花盆景(包括树桩盆景和山水盆景)文化和艺术品味，进一步提高广西盆花盆景的知名度，加速盆花盆景生产进程，扩大生产规模，提高盆花盆景的经济和社会综合效益。

发展目标：到 2005 年，全区商品盆栽植物生产面积达 1 万亩，销售额达到 0.8 亿元。到 2010 年，生产面积达 2 万亩，销售额达 4.5 亿元。

重点布局：在桂林市布局特色盆花、盆景生产基地，在梧州市布局以宝巾花、马尾松、山茶花为主的盆花、盆景生产基地，在玉林、贵港市布局国兰生产基地。

近期重点项目：容县、平南国兰生产示范基地，梧州岑(溪)梧(州)百里花卉长廊，桂林尧山旅游花卉生产示范基地。

(六)花卉种苗。

国内外花卉产业发展经验与教训表明，优质种苗是花卉高效生产及提高产品市场竞争力的保证。我区花卉产业要做大做强，种苗业是关键的一环。

发展方向：充分挖掘我区现有花卉种苗研发人才、设施设备等资源，整合、充实种苗繁育技术力量，引进、繁育适宜的花卉新品种、地方特色品种等花卉种苗，为我区花卉产业持续、快速、健康发展提供优质种苗保障。

发展目标：到 2005 年，以南宁市为中心的全区花卉种苗繁育基地面积达 500 亩，销售额达 0.5 亿元。全区花卉产业种苗自给率达 70%以上。到 2010 年，面积达 1500 亩，销售额达 2 亿元，花卉产业种苗自给率达 90%以上，特色花卉种苗占领国内部分市场。

重点布局：充分利用广西现代林业科技示范园、广西现代农业高新科技示范园的现有设施设备，并不断完善配套设施设备和技术，开展花卉种苗繁育，不断扩大规模。

重点项目：广西现代林业科技示范园花卉种苗繁育中心。

(七)花卉市场。

花卉市场是花卉产品的集中展示区和集散地，是花卉产业化经营中的一个重要组成部分，是解决花卉产业、花农有组织地进入市场的有效形式。

发展方向：在动员社会发展花卉生产的同时，有计划、有重点地实施花卉市场建设是产业建设中必不可少的内容之一。通过市场建设，把龙头企业、中介组织、花农、专业市场有机地联结起来，利用合同契约的关系，建立起利益共享、风险共担的机制，把分散的生产经营与市场结合起来，形成“市场＋公司＋基地＋花农”的模式，做好花卉生产的产前、产中、产后服务，确保产业的协调发展。

重点布局：到2005年，重点抓好南宁花卉交易中心市场项目的建设，市场建设规模200亩，集花卉产品展示、储运、批发、零售于一体，预计市场年销售额达2000万元。到2010年，分别在桂林、梧州、北海等中心城市、港口城市建设3座中型的专业花卉市场，使我区形成较为完整的花卉市场销售网络。

重点项目：南宁花卉交易中心市场。

五、加快花卉产业发展的主要措施

(一)加强政策引导，扶持花卉产业发展。

1.制定产业发展规划和实施方案。各地要根据本规划，结合本地实际，制定本地的发展规划和实施方案，按照大力发展具有区域特色花卉的原则，确定主攻方向、发展目标和任务，明确市场定位，选准重点企业和项目，在组织协调、财力支持、科技攻关、政策措施等方面给予倾斜和扶持，确保重点项目发挥应有的辐射和带动作用。

2.创新生产投资体制和经营机制。在当前国内外快速发展、竞争激烈的情况下，为提高竞争力，实现花卉产业的快速发展，各级人民政府必须加强引导，下大力气尽快抓好一批现代化、规模化、专业化的花卉生产示范基地和科技支撑体系、市场流通体系等3大基础工程设施的建设。根据本规划要求，结合当地的实际，将花卉产业的发展作为当前和今后一段时期农业产业结构调整的重要内容纳入本地的社会经济发展计划，认真贯彻落实国家西部大开发的政策措施，建立多渠道投入机制，积极培育、壮大投资和经营主体，创造宽松的投资环境，鼓励以民营为主，多种经济成分参与，采取多种形式引导各行各业、国内外企业、单位和个人到区内独资或合资办花卉生产基地、建设花卉市场，以加快我区花卉产业持续、快速、健康发展。

(二)加快花卉科技支撑体系建设。

1.加强花卉科研与开发。整合我区现有花卉科研技术力量和资源，在广西现代林业科技示范园花卉研究所、广西植物研究所、柳州市园林科研所和有关大专院校的基础上，大力引进花卉专门人才，加强对我区花卉的引种驯化、种苗繁育和栽培、采后处理、储运销售、花卉应用和花艺设计等实用技术的协作攻关，建立我区的花卉品种基因库，利用先进的生物科技新成果，如转基因、快速繁殖等技术，引种、驯化珍稀野生花卉资源和国内外优良花卉品种，不断选育出具有市场竞争力的新品种，建立具有地方特色的花卉新品种自主创新体系，使我区花卉实现从低水平、传统型生产向高起点、现代化生产转变，实现花卉产业的跨越式发展。

2.加强花卉科技人才培养和科技推广体系建设。花卉产业是一项对研究开发和现代科技要求高的产业，需要大批懂技术会经营的人才。在实际工作中，应着重抓好：

(1)有条件的高等院校、职业技术学院要顺应花卉产业发展的要求，注重抓好相关专业人才尤其是中高级人才的培养。

(2)在我区现代林业科技示范园花卉种苗繁育基地的基础上，充实力量，有计划地开展对全区花卉科技人员的专业技术培训，以及农民花卉技术员的培训，加快花卉科技推广体系建设，提高花卉生产、经营和管理人员的技术、业务素质。

(三)积极培育龙头企业，实行规模化、专业化生产和市场化经营。

规模化、专业化生产和市场化经营是中国现代农业从小农经济迈入产业经济的时代要求。我区是一个典型的农业省份，约70%的人口居住在农村。要做强做大花卉产业，必须在调整农业产业结构过程中，大力发动部分传统种植型的农民加入花卉生产行列，扩大花农队伍。借鉴国内花卉生产先进地区的成功经验，培育规模大、专业化程度高、效益好的龙头企业，联合广大花农，实行

“公司＋基地＋花农”、“公司＋花农＋技术”等生产经营模式，发挥综合优势，形成集产、供、销于一体的花卉生产经营联合体，尽快与国内外花卉业接轨，增强我区花卉市场竞争力。

（四）提高花卉产品质量，维护花卉市场秩序。

花卉产业是一项高投入、高产出、高风险的“三高产业”，要获得高效益，必须提高产品质量。自治区林业局要会同自治区有关部门，引导花卉企业、花农实行标准化生产，按照国家质量技术监督局发布的《主要花卉产品等级》（GB/T18247）国家标准的要求生产、经营花卉，对进入市场的花卉产品实行严格的质量认证，确保花卉产品的质量，树立我区花卉产品品牌。各级工商行政管理部门要切实加强对花卉市场的监督管理，保护合法经营，依法查处花卉交易中以次充好、以假乱真、商业欺诈、不正当竞争等违法行为，促进花卉市场健康有序发展。

（五）建立健全花卉协会，充分发挥花卉协会在花卉产业发展中的中介作用。

花卉协会是联结花卉企业和花农的中介组织。要充分利用和发挥花卉协会的组织协调作用，使其成为花卉企业和花农驾驭花卉市场、开展花卉生产、拓宽国内外市场的得力助手和参谋。玉林市花卉协会在这方面为全区探索了成功经验，值得各地学习推广。为更好发挥花卉协会应有的作用，各地应重视加强对花卉协会工作的指导，提供必要的工作条件和活动经费，以便其组织和开展各类花事活动，以推动我区花卉产业的快速发展。

（六）加大宣传力度，提高民众花卉消费意识。

花卉是一种特殊的消费品，在国内经济发达地区，花卉消费已逐渐成为一种时尚。随着我国经济的发展和人民生活水平的提高，国内花卉商品已呈现由集团消费为主逐步向个人消费、由节假日消费向日常消费转变的趋势。但目前人们对各种花卉的特性、繁殖、栽培、养护、鉴赏等方面的知识普遍缺乏。为此，应通过报刊、杂志、电台、电视等媒体及各种渠道，向人们宣传和普及花卉知识，正确引导花卉消费，并通过组织丰富多彩、形式多样的花事活动，提高人们养花爱花的积极性，培养种花买花送花的新时尚，培育花卉消费群，扩大内销市场。同时有计划地举办和参加全区性、全国性甚至国际性的花卉展销会或交易会，将具有广西特色的花卉产品推向国内外市场，加快我区花卉产业化进程。

（七）切实加强对花卉产业发展的领导。

花卉产业是一项跨部门、跨行业的新兴产业，是我区实现经济社会可持续发展的新亮点。为全面推动花卉产业化进程，自治区人民政府决定把花卉生产列入我区当前和今后一段时期农业产业结构调整的重要内容，各地也要制定本地的加快花卉产业发展的政策和措施，切实把发展花卉产业作为全面建设小康社会的一项重要工作抓紧抓好，抓出成效。

六、加快花卉产业发展的政策建议

（一）财政扶持政策。

花卉产业发展和项目建设，主要依靠社会力量，实施市场化经营。但花卉作为加快我区农村产业结构调整和城镇化建设步伐，改善城乡生态环境的一个重要的新兴产业，目前刚刚起步，基础较差，为扶持花卉产业的发展，从2004年至2010年，自治区财政视财力状况，在部门预算中安排一定的资金，用于花卉重点项目的基础设施、新品种开发、科技培训及花卉信息网络建设的补助。

（二）加大金融扶持政策。

按照中央确定的“四个倾斜”政策，即“向农村倾斜、向结构调整倾斜、向中西部特别是西部地区倾斜、向生态环境倾斜”的精神，金融部门要加大对花卉产业发展的扶持力度，重点支持花卉种苗繁育基地、各类花卉生产示范基地、花卉研究与开发、花卉专业市场和花卉信息网络等基础设施的建设。对能够创品牌、发挥示范带头作用的科技型生产龙头企业、花卉生产大户等，各有关商业银行要优先给予信贷支持和财政贴息政策扶持。

（三）落实各项优惠政策。

我区是西部12个省区之一，花卉产业属于国家鼓励发展的产业，也是我区重点发展的新兴产业。为更好地培植和引导花卉产业的发展，要按照《自治区人民政府关于印发贯彻实施国务院西部大开发政策措施若干规定的通知》（桂政发〔2001〕100号）精神和中央提出的“多予、少取、放活”的方针，根据花卉产业的特点，抓好各项优惠政策的落实。

附件 2：

广西花卉产业重点项目规划表

序号	项目名称	建设性质	建设规模（含保护地）	投资规模（万元）	项目建设进度	规划期末预期经济效益（万元/年）
1	南宁花卉交易中心市场	新建	1个	6000	2004～2005年	
2	广西现代林业科技示范园——花卉研究所、花卉种苗繁育中心	在建	1000亩	1000	2004～2005年	
3	南宁邕武、邕宾公路万亩花卉基地	在建	10000亩	3000	2004～2005年	8000
4	南宁“花花世界”园林产业展示园	在建	2000亩	1600	2004～2005年	3000
5	横县万亩发财树基地	在建	10000亩	4000	2004～2005年	8000
6	南宁切叶生产示范基地	新建	3000亩	900	2004～2005年	1800
7	桂北百里生态小康文明长廊万亩桂花基地	在建	10000亩	2000	2004～2005年	8000
8	桂林尧山旅游花卉生产示范基地	在建	3000亩	2000	2004～2005年	2400
9	融水、金秀珍珠罗汉松、百色多种苏铁、防城金花茶等珍稀花卉生产示范基地	新建	2000亩	1200	2004～2005年	2000
10	玉(林)贵(港)经济走廊花卉产业带	新建	10000亩	3000	2004～2005年	8000
11	梧州岑梧百里花卉长廊	在建	10000亩	3000	2004～2005年	8000
12	北海十里花卉长廊	在建	2000亩	600	2004～2005年	1600
13	柳州三门江、玉林大容山鲜切花生产示范基地	在建	1000亩	700	2004～2005年	1500
14	容县、平南国兰生产基地	在建	1000亩	500	2004～2005年	2000
合计				29500		54300

附件 3：

广西花卉产业发展产品类型结构生产规模及年销售额规划表

单位：万亩，亿元

项目	2002 年				2005 年					2010 年				
	生产规模		销售额		生产规模		销售额			生产规模		销售额		
	面积	占总面积比例％	金额	占总销售额比例％	面积	占总面积比例％	金额	占总销售额比例％	年均增长率％	面积	占总面积比例％	金额	占总销售额比例％	年均增长率％
一、花卉产品	20.9	100	6.20	88.6	30.0	100	14.7	86.5	33.3	40.0	100	48.0	80.0	26.7
其中：园林绿化苗木	8.35	40.0	1.61	23.0	13.0	43.3	7.4	43.5	66.3	15.0	37.5	23.4	39.0	25.9
草坪	1.42	6.8	0.42	6.0	2.0	6.7	0.6	3.5	12.6	3.0	7.5	1.5	2.5	20.1
鲜切花	0.19	0.9	0.18	2.6	0.8	2.7	1.2	7.1	88.2	2.0	5.0	9.0	15.0	49.6
切叶	0.04	0.2	0.02	0.3	1.2	4.0	0.6	3.5	210.7	3.0	7.5	2.1	3.5	28.5
盆栽植物	0.60	2.9	0.40	5.7	1.0	3.3	0.8	4.7	26.0	2.0	5.0	4.5	7.5	41.3
花卉种苗	0.02	0.1	0.16	2.3	0.05	0.2	0.5	2.9	46.2	0.15	0.4	2.0	3.3	32.0
工业花卉及其他	10.28	49.2	3.41	48.7	11.95	39.8	3.6	21.2	1.8	14.85	37.1	5.5	9.2	8.8
二、相关产业			0.80	11.4			2.3	13.5	42.2			12.0	20.0	39.2
合计	20.9	100	7.00	100	30.0	100	17.0	100	34.4	40.0	100	60.0	100	28.7

备注：1. 2002 年的生产规模、销售额为自治区林业局调查数。

2. 相关产业包括花卉加工、运输、器械、花盆、花肥、农药及包装材料等，参考国内兄弟省区有关资料，相关产业产值约占花卉业产值的 20％左右。

自治区党委自治区人民政府关于实现林业跨越式发展的决定

（2004 年 4 月 2 日　桂发〔2004〕12 号）

林业是经济社会可持续发展的重要基础，是一项重要的公益事业和基础产业。改革开放以来，我区林业建设取得了重大成就。1997 年实现了基本绿化广西的战略目标，全区现有森林面积 980 多万公顷，森林覆盖率 41.33%（不含灌木），森林蓄积量 4 亿多立方米，累计提供木材 1 亿多立方米。生态状况有了很大好转，林业产业发展迅速，产业化经营扎实推进。但是，我区森林整体生态功能不强，水土流失、石漠化严重，森林资源保护形势严峻，生态环境尚未得到根本改善；林业产业规模小，效益不高；林业管理体制转轨缓慢，机制不活；社会对林业的多样化需求与落后的林业生产之间的矛盾比较突出；国际环境政策和国际公约对加快林业发展提出了新的更高的要求。为全面贯彻《中共中央、国务院关于加快林业发展的决定》（中发〔2003〕9 号）精神，实现我区林业跨越式发展，促进富民兴桂新跨越，全面建设小康社会，现作出如下决定。

一、实现富民兴桂新跨越，林业必须跨越式发展

林业跨越式发展是实现富民兴桂新跨越的重要基础和重要条件。林业承担着改善生态环境、维护生态安全和满足社会对林产品需求、促进国民经济发展的双重任务。实现富民兴桂新跨越，需要有良好的森林生态条件作基础，有比较发达的林业产业来支撑。充分利用我区丰富的森林资源，实现林业在建设速度和质量上的新跨越，是富民兴桂新跨越的基本要求和重要内容，必须高度重视林业建设，切实加强林业工作，在贯彻可持续发展战略中，要赋予林业以重要地位；在生态建设中，要赋予林业以首要地位；在实现富民兴桂新跨越中，要赋予林业以基础地位；在经济建设中，要赋予林业以支柱地位。采取超常规的发展模式加快林业发展，构建比较完备的森林生态体系和比较发达的林业产业体系，实现林业生态效益、社会效益和经济效益的良性循环，使林业在促进农村经济发展、农民收入增加、地方财政收入增长、工业化和城镇化进程中发挥更大的作用，为实现富民兴桂新跨越、全面建设小康社会目标和经济社会的可持续发展奠定坚实基础。

二、实现林业跨越式发展的指导思想、基本原则和目标任务

（一）指导思想。

以邓小平理论和“三个代表”重要思想为指导，深入贯彻十六大、十六届三中全会和中发〔2003〕9 号文件以及自治区第八次党代会精神，以支持经济社会可持续发展为宗旨，以加强生态建设、确保生态安全、建设生态文明为重点，深化改革，扩大开放，发挥优势，优化结构，突出特色，构建比较完备的森林生态体系和比较发达的林业产业体系，实现林业跨越式发展，促进富民兴桂新跨越，全面建设小康社会。

（二）基本原则。

——坚持全区动员，全民动手，全社会办林业。

——坚持生态效益与经济效益、社会效益相统一，生态效益优先。

——坚持严格保护、积极发展、科学经营、持续利用森林资源。

——坚持分类经营与分区管理相结合。

——坚持全面发展与突出特色相结合。

——坚持政府主导与市场调节相结合。

——坚持生态建设与产业发展相结合：

——坚持发展公有制林业与非公有制林业相结合。

——坚持尊重自然规律、经济规律，坚持开拓创新。

——坚持城市林业与乡村林业协调发展。

——坚持科教兴林和依法治林。

（三）目标任务。

以重点生态工程和产业项目建设为突破口，实施林业发展“三步走”战略，加强生态建设，加快发展林业产业，提高生态效益，增加林产品有效供给，提高农民和林业职工收入水平。力争到 2010 年，使我区森林覆盖率达到 46%以上，生态环境进一步好转，主要江河流域的水土流失和岩溶石山区石漠化得到有效遏制，林业产业总产值达到 500 亿元以上；到 2020 年，使我区森林覆盖率达到 50%以上，重点区域的生态问题基本解决，全区生态环境明显改善，初步实现山川秀美，林业产业总产值达到 1000 亿元以上，成为全国林业强省；到 2050 年，使我区森林覆盖率达到并稳定在

55%以上，生态状况步入良性循环，林业产业更加发达，基本实现建设山川秀美的生态文明社会的战略目标。

实现上述目标，必须大力推进林业生态工程建设，全面提高城乡绿化水平和森林质量；必须加强用材林、经济林和花卉基地建设，加速发展以林产工业为主体的林业产业；必须深化改革，扩大开放，创新林业管理体制和经营机制；必须加大投入力度，深入实施科教兴林，强化依法治林，调动社会各方面加快发展林业的积极性，实现由部门办林业向全社会办林业的转变。

三、实施六大生态工程，促进两个提高，构建比较完备的森林生态体系

（一）扎实推进以六大工程为主体的林业生态工程建设。

全面实施公益林保护工程。认真抓好当前国家在我区实施的森林生态效益补助资金试点工作。按照事权划分原则，加快建立自治区、市、县三级公益林生态效益补偿制度，切实解决公益林所有者、经营者的利益补偿问题。创新公益林管护机制，逐步推行公益林所有权与经营权分离的经营管护承包责任制，建立责、权、利相统一的公益林管护机制，提高管护水平和公益林质量。

稳步推进退耕还林工程。重点抓好主要江河源头及两岸、水土流失严重区域和石山地区的退耕还林工程建设。在加强生态公益林建设、确保实现生态目标的前提下，结合林业产业发展，大力营造各种名特优新经济林，落实对退耕农民的有关补偿政策，切实解决好退耕农民的生计问题，巩固退耕还林成果，确保“退得下、还得上、稳得住、能致富”。

努力抓好重点区域防护林工程。按照因地制宜、因害设防的原则，营造具有涵养水源、保持水土、护岸护堤护库等功能的防护林，构建珠江流域防护林体系，解决水土流失严重等生态问题；营造防浪护堤红树林、防风固沙林、农田林网防护林等，构建沿海防护林体系，保障沿海地区生态和人民群众生命财产的安全。

积极实施野生动植物保护和自然保护区工程。实行分类指导，分级管理，完善野生动植物保护和自然保护区管理体系。加快自然保护区建设，加大对典型生态系统和生态脆弱地区的保护力度，加强对濒危珍稀物种的抢救性保护，规范对野生动植物驯养、培育、繁殖和经营利用的管理。完善自然保护区管理法规和制度，落实自然保护区界线，明确管护职责，实行自然保护区与社区共管，对核心区和缓冲区的群众实行异地安置，切实解决自然保护区及周边群众的生产生活问题。

加快推进石山地区石漠化综合治理工程。实行封山育林、荒山造林、退耕还林、林草结合与农业综合开发、农村能源建设同步实施，并结合地头水柜建设、砌墙保土、小流域治理和实行生态移民，恢复森林植被，防治水土流失，构建良好的岩溶生态系统。

继续抓好农村生态能源建设工程。农村生态能源建设以沼气建设为主体，实行分类指导。在经济欠发达的地方，推广养殖—沼气—种植“三位一体”的生态农业模式；在经济条件较好的地方，推广沼气池建设与改厨、改厕、改圈相结合的综合配套模式，改善农民居住条件和生活环境；在经济较发达的地方，推广生态家园型建设模式，把沼气池建设与改厨、改厕、改（猪、牛）圈、改路、改水结合起来，有条件的村屯、农户要与旧房改造、新房新村建设、庭院绿化美化、村容村貌整治结合起来，实现庭院经济高效化、农业生产无害化、家居环境清洁美化，大力推进生态文明村建设。

（二）实行点线面相结合，全面提高城乡绿化水平。

深入实施绿色工程，加强城市林业建设和乡村绿化建设。把城市林业纳入城镇发展总体规划，建设以森林为主体的城镇生态系统。以城市、建制镇、村庄绿化和森林公园、自然保护区、风景名胜区建设为“点”，以铁路、公路干道两旁和江河两岸、沿海基干林带建设为“线”，以连片营造的公益林和商品林基地建设为“面”，构建点、线、面相结合的森林生态网络体系，增强城乡林业生态系统功能，建设自然、舒适、优美的人居环境。

（三）抓好森林分类经营，全面提高森林质量。

公益林以封山育林为主、人工造林为辅，对布局不合理、结构不稳定、功能不齐全的林分，实行补植、套种、改造，形成多树种、多层次、功能强的森林生态系统。在优化公益林功能的前提下，对非禁伐公益林实行适度抚育间伐，适度开发利用林下资源，提高森林经营效益。商品林以人工造林为主，实行基地化建设、集约化经营，提高规模效益，以规模化促进产业化发展。

四、建设两大基地,打造八大支柱产业,构建比较发达的林业产业体系

(一)大力发展以速生丰产用材林为主的用材林基地。

坚持发展乡土树种与引进外来树种相结合,新造林和改造培育现有林并重,加快速生丰产用材林和工业原料林基地建设,满足林产工业迅速发展的原料需求。桂东、桂中、桂南经济区重点发展以速生桉、良种松、竹子等为主的林浆纸、林板和松脂两用工业原料林;桂北、桂西经济区重点发展良种松、竹子和乡土珍贵速生阔叶用材林。采取公司与农户合作或租赁等方式,建设相对集中连片的商品用材林基地,形成以大基地带动大企业,大企业推进大产业的新格局。商品用材林基地经营者要从有利于农村发展稳定的大局出发,按照自愿互利原则,依法取得商品用材林基地建设土地经营权。

(二)全面建设高质量、高水平的名特优新经济林基地。

积极开展经济林良种选育、繁育和优良品种引进工作,推进品种改良,优化品种结构。积极采用经济林丰产栽培技术,加大政策、资金扶持力度,加快低产林改造步伐,建设一批高质量、高水平的名特优新经济林示范基地,全面提高经济林的产量、质量和效益。抓好八角、玉桂等特色经济林原产地域产品保护和绿色林产品认证工作,实施名牌战略,增强经济林产品的市场竞争力。

(三)努力构建以八大支柱产业为骨干的林业产业体系。

加快发展林浆纸产业。充分发挥我区森林资源优势,在沿海地区建立集原料林培育、制浆造纸、产品销售于一体的大型林浆纸企业。积极发展各种形式的工业原料林基地。鼓励以产权为纽带,组建林浆纸现代企业集团。制定优惠政策,加速林浆纸一体化进程,把我区建设成为全国林浆纸产业的重要基地。

加快发展木材综合加工产业。要在统筹规划的基础上,充分利用我区丰富的珍贵用材林和人造板资源,大力发展家具制造业和装饰业,延长人造板加工产业链,实现多次增值。积极而有选择地接纳国际家具制造产业转移,提高家具设计水平,打造家具品牌,在全区建立若干个各具特色的大型家具生产工业园区。在沿海林浆纸项目区外,要充分利用我区丰富的森林采伐剩余物,积极稳妥地发展人造板加工业,提高木材综合利用率,减少森林资源消耗。人造板加工要合理布局,规模发展。

大力发展以松香和天然香料等精深加工为主的林产化工业。广泛应用先进适用科学技术,加大高新技术产品开发和生产工艺改造力度,实现林化产品由初级加工到精深加工、由单一产品向系列产品、由中间产品向终端产品的转变。重点发展壮大一批大型林产化工企业,打造松香、松节油、茴油、桂油、茶油精深加工产品名牌,进一步拓展国内外市场。

加快发展竹藤加工产业。把竹藤加工业作为发展农村经济、促进农民增收的重要产业来抓。在采取分散加工、集中收购等经营模式的同时,大力发展劳动密集型的大型竹藤加工企业,提高规模效益。应用新技术、新设备、新工艺,提高竹藤加工的机械化和自动化生产水平。拓宽竹藤加工领域,研发以日用工艺品为主的竹藤精深加工系列产品,扩大出口,增加创汇。

积极发展森林食品、林下药材等林副特产品加工业。选择建设一批具有地方特色、市场潜力大的林副产品生产基地,重点扶持一批木本油料、木本果品、森林蔬菜、林下药材和食用菌等林副特产品加工企业,采取公司加基地连农户的经营模式,走贸工林、产供销一体化的产业化发展道路。抓好森林食品加工、贮藏和保鲜,推行森林食品认证,培育森林食品市场,建立比较完善的社会化服务体系。

加速培育森林生态旅游产业。将森林公园建设作为基础性、公益性项目纳入社会发展和生态建设发展规划,重点建设一批环境优美、自然景观和人文景观品位较高的森林公园。加强资源保护和景区景点建设,打造一批特色鲜明的森林生态旅游精品景区、景点和线路。积极开发具有少数民族浓郁风情的森林生态旅游商品,加快发展森林生态旅游产业。

加快发展花卉产业。充分挖掘野生花卉资源潜力,培育具有地方特色和自主知识产权的名特优新品种,积极引进、选育、推广新品种,培育名贵花卉,打造花卉品牌。抓好示范基地建设,促进花卉生产规模化、专业化、工厂化。加强对花卉产业的扶持和引导,理顺花卉生产经营管理体制,完善中介服务体系,建立若干个大型花卉交易中心,为加快发展花卉产业提供优质服务。

积极发展野生动物驯养利用产业。鼓励依法开发野生动物驯养利用产业，培育野生动物资源，满足社会多方面的需求。抓紧研究制定野生动物及产品标记、经营、定期检查和安全防范等制度，加强对野生动物经营的规范化管理。

（四）加快建立大型林产品流通市场。

对现有林产品流通企业进行兼并、重组和改造，采取多种形式与国内外林产品经营企业联合，组建林产品贸易集团，增强市场竞争力。实行政策引导、政府扶持、业主投资和市场运作相结合，建设若干个大型林产品流通中心，以大流通促进林业产业大发展。

五、深化改革，扩大开放，为林业跨越式发展注入新活力

（一）实施林业分类经营，改革人工商品林采伐、流通管理制度。

将林业划分为公益林业和商品林业两大类，按照各自的经营目的、特点和规律，实行不同的管理体制、经营机制和政策措施。公益林业以实现最佳生态效益为目标，按照公益事业进行严格管理，以政府投资为主，吸引社会力量共同建设；商品林业以追求经济效益为主要目标，按照基础产业进行管理，实行集约化经营模式，以市场调节为主，主要由市场配置资源，政府给予必要扶持。

进一步放宽商品林的采伐管理，对发展速生丰产用材林而进行低产林改造和抚育间伐所需的采伐指标，应尽量予以满足。进一步放宽对定向培育的工业原料用材林和在非林地上营造的人工用材林的采伐管理。

改革和完善木材流通管理制度。进一步简化和规范木材运输办证的审批手续，取消木制成品、部分半成品凭证运输的规定，取消一切不合理的收费。废除木材由林业部门独家收购的制度，鼓励不同所有制的木材经营主体参与木材收购，实行木材产销直接见面，拓宽林农进入市场的渠道，增强林业产业发展活力。

（二）落实林业产权政策，稳定林地经营权。

要依法严格保护林权所有者的财产权，维护其合法权益。对权属明确并已核发了林权证的，要切实维护林权证的法律效力；对权属明确尚未核发林权证的，要尽快依法核发；对权属不清或有争议的，要抓紧明晰或调处，并尽快核发权属证书。加快退耕还林和其他林业重点工程新增林木和林地的林权登记发证工作，依法及时办理有关变更登记手续。

已经划定的自留山，由农户长期无偿使用，不得强行收回。自留山上的林木，一律归农户所有。对目前仍未造林绿化的，要采取措施限期绿化。

分包到户的责任山，要保持承包关系稳定。上一轮承包到期后，原承包做法基本合理的，可直接续包；原承包做法经依法认定明显不合理的，可在完善有关做法的基础上继续承包。新一轮的承包，都要签订书面承包合同，承包期限按有关法律规定执行。对已经续签承包合同，但不到法定承包期限的，经履行有关手续，可延长至法定期限。农户不愿意继续承包的，可交回集体经济组织另行处置。

对目前仍由集体统一经营管理的山林，要积极探索有效的经营方式。凡群众比较满意、经营状况良好的股份合作林场、联办林场等，要继续保持经营形式的稳定，并不断完善。对其他集中连片的有林地，可采取“分股不分山、分利不分林”的形式，将产权逐步明晰到个人。对零星分散的有林地，可将林木所有权和林地使用权合理作价后，转让给个人经营。对宜林荒山荒地，可直接采取分包到户、招标、拍卖等形式确定经营主体，也可以由集体统一组织开发后，再以适当方式确定经营主体；对造林难度大的宜林荒山荒地，可通过公开招标的方式，将一定期限的使用权无偿转让给有能力的单位或个人开发经营，但必须限期绿化。不管采取哪种形式，都要经过本集体经济组织成员的民主决策，集体经济组织内部的成员享有优先经营权。

（三）加快森林、林木、林地使用权的合理流转。

在明确权属的基础上，遵循自愿、有偿、公开、公平、公正的原则，鼓励森林、林木和林地使用权的合理流转，各种社会主体都可通过承包、租赁、转让、拍卖、协商、划拨等形式参与流转，特别是向生产经营大户流转，提高森林资源的经营管理水平和规模效益。通过家庭联产承包取得的林地承包经营权，可以依法流转。森林、林木和林地使用权可依法继承、抵押、担保、入股和作为合资、合作的出资或条件。严禁强迫流转和随意变更承包合同，或借流转之名违背农户意愿强行实行规模经营。

推进国家、集体所有的宜林荒山荒地使用权的合理流转，实行所有权与使用权相分离，林地使用者必须在2年内完成绿化。各种经营主体通过公开招标、拍卖、协商等方式承包的宜林荒山荒地,在不改变林地用途的前提下,享有充分的经营自主权。对已经取得林权证的,其林地承包经营权可以采取转让、出租、入股、抵押或者其他方式依法流转,在承包期内可以继承。对在规定期限内不绿化的,将林地收回归集体重新发包。

切实加强森林、林木、林地使用权的流转管理。对因流转而发生森林、林木、林地使用权转移的,要及时办理权属变更登记手续,切实保护当事人的合法权益。在流转过程中,要防止发生乱砍滥伐林木、擅自改变林地所有权性质和林地用途、改变公益林性质和国有资产流失等现象。建立健全森林资产评估等服务机构,培育多层次、多门类的活立木市场,建立产权市场,发挥市场机制在林业资源配置中的基础性作用,吸引更多的资金、技术和人才等生产要素向林业流动。

(四)放手发展非公有制林业。

鼓励各种社会主体跨所有制、跨行业、跨地区投资发展林业。对非公有制林业与公有制林业实行统一的税费政策、资源利用政策和投融资政策,为各类林业经营主体创造公平竞争的环境。进一步明确非公有制林业的法律地位,切实落实"谁造谁有、合造共有"的政策。凡有能力的农户、城镇居民、科技人员、私营企业主、国外投资者、企事业单位和机关团体的干部职工等都可以单独和合伙参与林业开发和从事林业建设,鼓励林场职工大力发展自营经济。

非公有制经济主体可以通过收购、控股、兼并、租赁、承包、参股等各种形式,参与国有林业改革。对国有大中型林业企业进行股份制改造,建立现代企业管理制度。对小型企业进行股份合作制改造或整体拍卖,改造为非公有制林业企业。对已经停产、资不抵债的国有林业企业,可采取托管的办法由有实力的非公有制企业经营管理;无法托管的,可依法破产,并妥善安置职工。

(五)加大招商引资力度,加强林业的国际交流与合作。

努力扩大林业利用外资的规模,鼓励国内外投资者投资造林和发展林产品加工业。鼓励林业企事业单位参与国际竞争,不断提高林业的对外开放水平。充分发挥我区作为中国—东盟自由贸易区前沿的有利条件,建立一批大型林产品加工、流通企业,扩大林产品出口。鼓励有实力的林业企业和个人,利用我区先进的林业技术和产业优势发展海外林业,加快发展开放型林业经济。

(六)深化国有林场改革。

全面推进以分类经营为主线的各项改革,建立与市场经济体制相适应的国有林场管理体制和经营机制。把生态区位重要、主要承担公益林培育管护任务的国有林场,划定为生态公益型林场;把地理位置和社会经济条件较好、主要从事商品林和其他产业经营较好的国有林场,划定为商品经营型林场。对生态公益型林场,实行公益事业单位管理,所需资金按行政隶属关系由同级政府负担,人员经费和公用经费纳入同级财政预算。对商品经营型林场,要改制为企业,实行现代企业制度,按市场机制运作,自主经营、自负盈亏。鼓励国有林场开展场外合作造林、合作经营,或打破行政区域和部门行业界限,采取联合、兼并、股份制等多种形式组建联合体,实现规模经营。剥离国有林场承担的社会职能,把目前由企业承担的社会管理职能逐步分离出来,转由政府承担,使企业真正成为独立的经营主体。

六、加强政策扶持,为林业跨越式发展营造良好环境

(一)加大政府投入力度。

各级人民政府要适当增加林业在财政预算支出中的比重,并形成长期稳定的投资渠道。要安排林业公共管理支出,把各级林业主管部门及其行政执法机构、公益型事业单位经费和林业基础性建设、公益林业建设投资等纳入各级财政预算。对发展速生丰产用材林及林业产业项目,实行适当扶持。在以工代赈等财政性扶贫资金中,安排一定数量的资金用于贫困地区林业工程建设。在农业综合开发等支农资金中,安排一定数量的资金用于林业产业开发项目。对贫困国有林场、苗圃及自然保护区中的贫困人口,实行财政扶助解困,抓好自然保护区移民安置工作。要确保中央、自治区安排的财政性林业专项资金及时足额到位,对要求配套的林业工程投资按规定比例同步到位。对各县(市)在1987~1997年造林灭荒和绿化达标中形成的银行贷款等债务,要严格区分不同性质,分类处理;属于公益造林贷款的,由县级财政纳入公共财政或林业育林基金预算中安排分期偿还,或争取金融部门给予停息挂账。

(二)实施森林生态效益补偿。

以森林分类经营区划为基础,建立地方森林

生态效益补偿机制，设立补偿基金。把尚未列入国家森林生态效益补偿范围的公益林，按事权范围分别纳入各级财政预算。抓紧制定森林生态效益补偿办法，对公益林实行分级补偿和管理。

（三）减轻林业经营者的税费负担。

落实国家和自治区有关林业税收的优惠政策。改革育林基金征收、管理和使用办法，征收的育林基金要逐步全部返还给林业生产经营者，基层林业管理单位因此而出现的经费缺口由各级财政解决。取消对林农和其他林业生产经营者的不合理收费，取消地级市及地级市以下各级人民政府和部门自行出台的一切有关林业的行政事业性收费和基金项目，规范林业调查规划设计、技术指导等方面的收费。今后自治区原则上不再出台新的林业收费政策，严禁各级人民政府和部门出台有关林业的收费政策。

（四）加强林业建设的金融政策支持。

金融机构对实行林业产业化经营的龙头企业，优先发放林业贷款，财政给予贴息，同时财政安排开发补助资金，并实行动态管理，扶优扶强。对林业鼓励性项目的政策性贷款，由各级财政实行贴息。推进森林资源资产化管理进程，依法推行林木抵押贷款办法，扩大面向农户和林业职工的小额信贷和联保贷款，加大金融对林业发展的支持力度。

七、实施科教兴林，为林业跨越式发展提供科技支撑

（一）提高科技创新能力，推动林业科技进步。

加大林业科技投入，抓好重点实验室、科技示范园和示范市（县、场）建设，进一步完善林业科学研究体系，营造良好的科技创新环境。利用高新技术，力争在速生丰产林、名特优新经济林、乡土珍贵用材林的良种选育、丰产栽培技术及石漠化综合治理技术研究等方面取得重大突破。加强林木新品种审定及保护工作，强化苗木的生产和管理。加大林纸、林板加工新技术、新产品研究开发力度，提高产品质量和竞争力。加强国际科技合作，提高松香、天然香料、木本油料等精深加工技术水平和产品创新能力。加强森林资源、森林生态、森林火灾、重大森林病虫害动态监测与防治应用技术的研究与开发，建立森林资源和生态监测与评价体系。应用信息技术，推进“数字林业”进程，实现林业管理的网络化、数字化和精确化。

（二）完善林业标准化体系，加快科技成果转化。

完善林业科技示范网络和科技推广体系，加快科技成果商品化、产业化进程，提高林业科技贡献率。建立健全森林和林业质量标准、检验检测和认证体系，重点建立和完善名特优新林木良种、造林技术以及林产化工、木材加工等生产技术和产品标准，并强化标准实施。深化科技体制改革，创新科技应用和转化机制，鼓励科研院所、高等院校、技术推广部门以及科技人员到生产第一线开展科技承包和技术咨询服务，重点支持科研院所、高校与企业联合开发，创办林业科技型企业，促进林业与科技的紧密结合。

（三）加强林业人才培养和使用，建立科研激励机制。

建立健全人才教育和培训体系，实行高等教育与职业教育相结合，成人教育与继续教育相结合，培养和引进相结合，为林业科研、工程管理、行政管理培养高素质人才，提高林业从业人员的整体素质。加强林业人才交流和智力引进，鼓励留学人员学成回广西服务，加快培养具有国内外先进水平和优势学科的学术、技术带头人。改革用人制度，搞活用人机制，做到人尽其才、才尽其用。建立林业科技贡献奖制度，对在林业科学研究、科技成果推广和转化中做出突出贡献的科技人员和集体给予奖励。

八、强化依法治林，为林业跨越式发展提供法制保障

（一）完善地方林业法规。

尽快建立和完善保护森林资源和促进林业产业发展的地方林业法规，研究制定林业生态工程、森林生态效益补偿、人工商品林采伐更新，以及森林、林木、林地流转等方面的地方林业法规政策，为林业跨越式发展提供法制保障。

（二）普及林业法制教育。

健全林业法制宣传教育机制，采取各种形式宣传《中华人民共和国森林法》及其实施细则等林业法律法规，加强公民的林业法制和生态道德教育，切实增强公民的林业法制意识，提高林业法制化管理水平，为加快林业发展创造良好的法制环境。

（三）加大林业执法力度，强化森林资源管理。

加强对森林资源的监督和管理，依法严厉打击乱砍滥伐林木、乱垦滥占林地、乱捕滥猎野生动物、乱采滥挖野生植物等违法犯罪行为。严格实施林地用途管理制度，依法保护林地。抓好森林病虫害防治工作，强化重大灾害性森林病虫害的预防和防治，加强对林木种质资源的保护和输入、输出管理，防止外来林业有害生物入侵。坚持抓好森林防火，加大林火监测和重点火险区综合治理力度，切实保护森林资源。

(四)加强林业执法队伍建设，提高林业执法水平。

加强对林业执法队伍的法律法规教育和林业管理知识培训，建设政治过硬、业务精通、廉政高效的林业执法队伍，提高依法行政水平。进一步完善林业执法监督机制，实行林业重大案件报告、督办制度，建立错案和执法过错追究制度。

九、切实加强领导，为林业跨越式发展提供组织保证

(一)严格执行领导干部林业建设目标管理责任制。

各级党委、政府要切实加强对林业工作的领导，各有关部门要认真履行职责，密切配合，支持林业发展。各级政府对本地区林业工作全面负责，政府主要负责同志是林业建设的第一责任人，分管负责同志是林业建设的主要责任人，实行任期目标管理，并由同级人民代表大会监督执行。要把责任制的落实情况作为干部政绩考核、选拔任用和奖惩的重要依据。

(二)加强林业机构建设。

按照林业从以木材生产为主向以生态建设为主的历史性转变的要求，加强各级人民政府的林业行政机构建设，充实人员，不断提高管理人员水平，建设一支高素质的林业管理队伍。根据国家的法律、法规和有关规定，理顺各级林政、森林公安管理体制。完善各级林业科研、森林资源监测、调查规划、种苗管理、技术推广、山林纠纷调处、森林防火、森林病虫害防治等工作机制。健全林业推广和服务体系，充分发挥乡镇林业工作站的职能和作用。

(三)动员全社会力量积极参与林业建设。

各级工会、妇联、共青团及其他社会团体，要发挥各自作用，动员社会各界力量，参与绿化事业。要将全民义务植树纳入法制化管理轨道，以提高义务植树尽责率为核心，不断丰富义务植树内容，提高植树实效。义务植树实行属地管理，农村以乡镇为单位，城市以街道为单位，建立健全义务植树登记制度和考核制度。进一步落实部门和单位绿化分工负责制，加强监督检查。新闻媒体要将林业宣传纳入公益性宣传范围，加大宣传力度，不断增强全民的林业意识。

各级党委、政府和各有关部门要动员和组织全区各族人民，积极投身林业建设，为实现我区林业跨越式发展，促进富民兴桂新跨越、全面建设小康社会而努力奋斗！

广西壮族自治区林业局行政执法责任制实施办法

(2003 年 8 月 19 日　桂林发〔2003〕55 号)

第一条　为了加强对林业行政执法工作的管理，规范林业行政执法行为，通过依法治林，切实保护森林生态，促进广西林业的跨越式发展。根据《森林法》及有关法律法规的规定，结合我局的实际，制定本办法。

第二条　自治区林业局林业行政执法工作主动接受上级有关部门、人民群众和社会舆论的监督。

第三条　本局局长承担行政执法工作的领导责任；主管行政执法工作的副局长以及各执法职能处室的处长、森林公安局局长是行政执法主管责任人，对行政执法工作承担主管责任；直接实施行政执法行为的执法人员是行政执法直接责任人，对本人的行政执法行为承担直接责任。

第四条　行政执法工作按照职能实行处室分工负责制度。自治区林业局成立执法责任制领导小组，办公室设在自治区林业局办公室，协调各处室的执法工作。

林政处负责林地、林权、林木、木材流通等方面的行政执法工作；保护处负责野生动植物、自然保护区等方面的执法工作；营林处负责林木种子、种苗等方面的行政执法工作；防火办负责森林防火行政执法工作；绿委办负责全民义务植树、四旁植树、城乡园林绿化、古树名木保护等方面的行政执法工作：森防站负责植物检疫等方面的行政执法工作；森林公安局负责森林资源和野生动物的刑事案件、林区治安案件、法律授权和林业局委托的林业行政处罚案件等执法工作。

第五条　各执法处室分别在法律授权或局委托的职责范围内以林业行政主管部门的名义开展林业行政执法工作，每季度向局报送行政执法工作总结。

第六条 建立行政执法公开制度，各执法职能处室、森林公安局也要将职责范围、执法依据、执法程序等予以公开。

涉及行政许可、行政审批等事项的，应当在本单位当众的地方公布办理的条件、程序、期限。符合条件的要及时办理，不符合条件的要说明理由。

第七条 局办公室协调、监督各执法职能处室和执法单位的行政执法工作，发现执法过错应当及时纠正。

第八条 在执法活动中，执法人员要严格按照国家林业局发布的《林业行政处罚程序规定》及有关法律、法规、规章的规定对案件进行调查处理。执法行为必须符合以下要求：

(一)符合法定的职责、权限范围；

(二)事实清楚，证据确凿；

(三)适用法律、法规正确；

(四)程序合法；

(五)处理适当。

第九条 自治区林业局作出责令停产停业、吊销许可证或者执照，以及作出下列规定的罚款等行政处罚决定之前，应告知相对人有要求举行听证的权利；相对人要求听证的，应组织听证；

对公民个人在非经营性活动中的违法行为作出五千元(含本数，下同)以上或在非经营性活动中的违法行为作出一万元以上，对法人或者其他组织在非经营性活动中的违法行为作出一万元以上或在经营性活动中的违法行为作出三万元以上罚款的。

对以上处罚决定实行备案制度，上报自治区人民政府及国家林业局。

第十条 行政执法行为被认为有争议，需要行政复议的，局办公室要做好协调，配合复议机关开展行政复议。

第十一条 行政执法行为导致行政诉讼的，由实施行政行为的执法职能处室应诉，局办公室要做好协调工作。

第十二条 执法人员应参加行政执法培训并考试合格取得《中华人民共和国林业行政执法证》。执法人员必须持证上岗，并按规定的执法范围进行执法。

第十三条 执法人员在办理行政案件过程中，由于主观故意或过失，使执法行为违反法律、法规和规章的有关规定，导致行政执法错误或者有失公平，造成严重后果的，要追究责任。涉嫌犯罪的，移送司法机关查处。

林业行政执法人员有下列行为的，应当承担行政执法过错责任：

(一)不履行法定职责的失职行为；

(二)无法定依据或超越职权实施行政处罚的行为；

(三)适用法律、法规错误的行政处罚行为；

(四)严重违反法定程序规定实施行政处罚的行为；

(五)违反法律、法规、规章规定实施行政检查或者行政强制措施的行为；

(六)对罚没款、罚没物品违法予以处理的行为；

(七)利用职务之便，索取或收受他人财物的行为；

(八)依照法律、法规和规章规定承担行政过错责任的其他行为。

第十四条 行政执法过错责任追究形式包括如下五种：

(一)通报批评；

(二)吊销行政执法证件，调离执法工作岗位；

(三)给予警告、记过、记大过、行政降级、行政撤职、开除公职的行政处分；

(四)因行政执法过错引起行政赔偿的，承担全部或部分赔偿金；

(五)涉嫌犯罪的，移送司法机关进行处理。

第十五条 行政执法过错行为被发现后，由局办公室会同人事处、监察室进行调查取证，提出初步处理意见，报局领导小组处理。

第十六条 行政执法过错责任的被追究人对责任的认定有异议或者对处理决定不服的，可以提出复审或向上级主管部门提出申诉。

第十七条 人事处、监察室会同执法责任制领导小组办公室每年度对各执法处室以及工作人员实施行政执法责任制的情况进行考核，并提出年度考核报告和表彰奖励方案。考核结果作为国家公务员年终工作考核以及提拔使用考核的重要内容。

第十八条 行政执法考核内容：

(一)本实施办法各项规定的落实与执行情况；

(二)行政处罚和行政强制措施是否合法适当；

(三)行政许可、审批、检查等是否符合法定程序;

(四)不作为的情况;

(五)行政复议、行政诉讼、行政赔偿的情况。

第十九条 建立行政执法奖励制度。在行政执法和落实执法责任制中取得显著成绩的执法职能处室和执法人员每年给予表彰和奖励。

第二十条 本办法由局办公室负责解释。

第二十一条 本办法自公布之日起施行。

广西壮族自治区林业局行政执法过错与错案责任追究办法

(2003 年 8 月 19 日 桂林发〔2003〕55 号)

第一章 总 则

第一条 为强化执法责任,加强执法监督,规范执法行为,确保法律、法规和规章的正确有效实施,提高执法水平,根据国家有关法律、法规的规定,结合林业执法实际,制定本办法。

第二条 本办法适用于自治区林业局机关各处(室),局属各执法主体单位及其执法人员。

市、县林业行政主管部门参照执行。

第三条 行政执法过错与错案责任追究,是指林业行政执法人员的具体行政行为出现过错或造成错案,侵犯了公民、法人和其他组织的合法权益,应依据本办法的规定追究行政和经济责任。

执法过错或错案责任人,需同时追究党纪处分的,法制工作机构应移交监察部门,作出党纪处分。

执法过错或错案责任人构成犯罪的,由法制工作机构移交司法机关追究刑事责任,再追究其行政责任。

第四条 行政执法过错与错案的确认,由局执法责任制领导小组决定,法制工作机构承办行政执法过错与错案认定的具体工作。

局人事处、监察室应当按照各自的职责,协同局法制工作机构共同做好行政执法过错与错案责任追究工作。

第五条 行政执法过错与错案责任追究,应当坚持实事求是,责罚相当、教育与处罚相结合的原则。

第二章 执法过错与错案及其责任确认

第六条 有下列情形之一的,应确认属执法过错:

(一)证据事实不充分的;

(二)适用法律、法规有偏差的;

(三)执法程序不当的;

(四)超越职权、贪赃枉法、以权谋私、损害国家利益的;

(五)执法行为显失公正的;

(六)对执法责任制中规定或公示职责应当作为而不作为的;

(七)其他执法过错情形。

第七条 有下列情形之一的,应确认属执法错案:

(一)主要证据事实不清的;

(二)适用法律、法规、规章错误的;

(三)违反法定程序的:

(四)滥用职权、玩忽职守的:

(五)没有法定处罚依据的;

(六)擅自改变处罚种类、幅度的;

(七)其他应予追究执法错案的情形。

第八条 执法过错与错案责任按以下原则确认:

(一)行政执法人员单独行使职权产生过错与错案的,由该行政执法人员负直接责任:行政执法人员两人以上共同行使职权产生过错与错案的,由主办人员负主要直接责任,其他人员负次要直接责任,共同主办的共同负直接责任;

(二)经行政执法人员所在的机构负责人初审同意产生过错与错案的,承办人员负次要直接责任,机构负责人负主要直接责任:机构负责人提出不同意见,承办人员未予采纳的,承办人员负全部责任:

(三)行政案件审核机构核审的行政处罚案件,出现执法过错与错案的,其中,审核机构同意办案机构处罚意见或审核意见被办案机构采纳的,案件审核机构承担主要责任,办案机构承担次要责任;审核意见未被办案机构采纳的,办案机构承担全部责任;

(四)行政案件审核机构核审意见,呈报局分管领导决定批准产生执法过错与错案,局分管领导负主要领导责任,案件审核机构负责人负次要责任,办案机构负责人和办案人员负次要直接责任;经会议集体研究决定的,由主持会议的局领导负主要责任;局领导改变案件审核机构的审核意见,重新作出审批决定,出现执法过错与错案的,局领导负全部责任；

（五）行政复议案件，复议机关决定维持原具体行政行为而导致执法过错与错案的，复议机关负主要责任，办案机构负次要责任；复议机关决定撤销、变更原具体行政行为而导致执法过错与错案的，复议机关承担全部责任；

（六）由于办案人员陈述、提供事实有误，或者隐匿证据、提供虚假证明等原因导致执法过错与错案的，由办案人员承担主要责任，审核、批准机构负次要责任；

（七）行政执法人员实施当场处罚造成执法过错与错案的，由行政执法人员承担全部责任；

（八）因法定技术鉴定部门错误的鉴定结论导致行政执法过错与错案的，由技术鉴定部门承担全部责任。

第九条 有下列情形之一的，应从重追究责任：

（一）行政执法造成错案；

（二）因执法过错或错案对当事人造成严重后果的；

（三）过错行为或错案被党政领导点名批评或新闻媒体曝光，造成恶劣影响，严重损害林业行业执法形象的；

（四）贪赃枉法、以权谋私、损害国家利益的；

（五）其他应从重追究的情形。

第十条 有下列情形之一的，应从轻追究责任：

（一）行政执法人员主动发现其执法过错与错案，并及时纠正且未造成后果的；

（二）因外部客观原因或不可抗拒力造成行政执法过错与错案的；

（三）行政执法过错情节轻微、没有造成重大损失或影响的；

（四）主动承认过失或错误，有悔过立功表现的；

（五）其他应从轻追究的情形。

第三章 追究方式与程序

第十一条 对行政执法过错与错案责任机构及其办案人员，在准确定性区别情节后，按下列方式予以追究：

（一）通报批评；

（二）取消当年评选先进资格；

（三）延期一年晋升行政职务或专业技术职称；

（四）停职待岗3～6个月，或调离执法岗位，另行分配工作；

（五）给予警告、记过、记大过、降级、撤职、开除的行政处分；

（六）追偿相应的费用；

（七）其他追究方式。

以上方式在追究责任时可以并用。

第十二条 待岗期间或调离执法岗位后，法制工作机构应收回行政执法证件。

对通报批评和给予行政记大过及记大过以上处分的行政执法过错与错案责任人员，应调离行政执法岗位，或延期一年晋升行政职务和专业技术职称。

第十三条 对发现的行政执法过错与错案的确认，由法制工作机构进行初审，提出立案建议，报分管局长审批。

第十四条 法制工作机构对批准立案的执法过错与错案，应当进行全面调查，收集必要的证据，听取当事人陈述。在一个月内写出调查终结报告，提出确认执法过错与错案的意见，由法制工作机构分管局领导提交自治区林业执法责任制领导小组会议讨论决定。

调查终结报告的内容包括：被追究人的基本情况、行政执法过错与错案事实、案件性质、追究责任的依据、追究责任的建议等。

第十五条 局属各执法单位对其执法人员追究执法过错与错案责任明显不当，法制工作机构应会同人事处、监察室共同提出追究责任的意见，按本办法规定程序批准后，发出追究执法过错与错案责任建议书。对建议书，追究执法过错与错案机构应当执行。

第十六条 经确认的执法过错与错案。必须追究办案机构及其办案人员相应的责任。追究责任的方式由人事处、监察室、法制工作机构共同提出建议，按干部管理权限和本办法的有关规定经过有关会议决定。

第十七条 局机关及其所属各执法单位县级以上领导执法过错与错案责任，由自治区林业局追究。追究执法过错与错案责任的办事机构的工作人员有执法过错与错案责任，由其所在法制工作机构或上一级法制工作机构追究。

第十八条 经批准决定应追究执法过错与错案责任的，应制作《行政执法过错与错案追究责任决定书》。

决定书的内容包括:责任人的基本情况、行政执法过错与错案的事实、案件性质、追究责任的依据、决定给予追究责任的方式、作出决定的时间等。

决定书应送达执法过错与错案责任人,并存入档案。

第十九条 执法过错与错案责任人对追究责任决定不服的,可以在接到决定书之日起十五日内向监察室提出申诉。监察室接到申诉后,应当在三十日内予以复查,并将复查决定以书面形式通知申诉人。对追究责任决定确属错误的,应向作出决定的机关提出复查建议,作出决定机关应当纠正并告知被追究责任人。

申诉期间不停止执法过错与错案追究责任决定的执行。

第二十条 追偿费用由执法过错与错案责任人所在单位财务部门在接到《行政执法过错与错案追究责任决定书》后,在被追偿人的工资中扣除。

第四章 附 则

第二十一条 本办法由自治区林业局法制工作机构负责解释。

第二十二条 本办法自 2004 年 6 月 1 日起施行。

广西壮族自治区林业局限时办结制度

(2003 年 8 月 19 日 桂林发〔2003〕55 号)

第一条 为了改进局机关作风,提高工作效率,制定本制度。

第二条 限时办结制是指当事人到本局办事,在符合法律法规及有关规定、手续齐全的前提下,应当在法定期限和本制度确立的时限内办结当事人提出的有关事务。

第三条 局机关公务员办理有关事项,凡法律法规已明确规定办理时限.能提前办结的,应尽量提前。本局对外明确承诺了办结时限的,必须在承诺时限内办结,并保证工作质量和服务质量。

第四条 局机关一般公文处理时限:

(一)局机关所有限时办理的公文,由局办公室负责按来文要求限时督办。局办公室对所有需办理的公文应由专人负责逐一登记,各处从办公室签收需办理公文后,也应逐一登记,原则上在一个工作日内将办理责任落实到人。

(二)所有应限时办理的事项,由各处负责人限时督办。

(三)对需会签办理的公文和会商办理的事务,主办处室要主动与有关部门会商,不得推诿、扯皮,久拖不办。经会商意见仍不一致的,及时报局领导协调。

第五条 对重大事项、上级机关和领导交办事项的处理时限:

(一)有规定时限的,必须在规定时限内办结。

(二)需上报自治区党委、自治区人民政府或要与有关单位协商后方能办理的事项,不超过十个工作日。

第六条 行政许可(审批)及规划的处理时限,除其他法律法规有规定的外,按《行政许可法》有关期限的规定办理:

(一)除可以当场作出行政许可(审批)及规划的决定的外,局机关应当自受理申请之日起二十日内作出决定。

(二)二十日内不能作出决定的,经本局负责人批准,可以延长十日,但应当将延长期限的理由告知申请人。

第七条 行政处罚的处理时限:

(一)办理听证案件,应自收到行政相对人《听证要求书》十五日内举行听证,并在举行听证的七日前,将举行听证的时间、地点通知行政相对人和其他参加人员。行政相对人因不可抗力或者其他特殊原因而耽误听证时间的,在障碍消除后的五日内,可以申请延长期限;准许延期的,局法制机构应自接到申请之日起五日内制作《延期听证答复书》,并通知行政相对人。

(二)办理林业行政处罚案件,应当在一个月内办理完毕:经行政负责人批准可以延长,但不得超过三个月;特殊情况下三个月不能办理完毕的,报经国家林业局批准,可以延长。

第八条 行政复议的处理时限:

(一)本局法制机构收到行政复议申请后,应在五日内进行审查。对不符合规定的行政复议申请,决定不予受理,并书面告知申请人;对符合规定,但是不属于本机关受理的行政复议申请,应当告知申请人向有关行政复议机关提出。

除前款规定外,行政复议申请自局法制工作机构收到之日即为受理。

(二)对被申请人作出的具体行政行为进行审查时,认为其依据不合法,本局有权处理的,应当在三十日内依法处理;无权处理的,应当在七日内按照法定程序转送有权处理的国家机关依法处理。处理期间,中止对具体行政行为的审查。

(三)本局应当自受理申请之日起六十日内作出行政复议决定,但是法律规定的行政复议期限少于六十日的除外;情况复杂、不能在规定期限内作出行政复议决定的,经局领导批准,可以适当延长,并告知申请人和被申请人,但是延长期限最多不超过三十日。

第九条 办理国家赔偿案件的时限:

对依法确认有侵犯赔偿请求人的人身权和财产权情形之一的,应当自收到申请之日起两个月内依法给予赔偿。

第十条 来信来访的处理时限:

(一)局机关各处室在职权范围内直接受理的信访事项,在政策和权限范围内能够解决和办理的要在二十个工作日内办理完毕,书面答复本人。

(二)上级机关和自治区信访部门批转的信访事项,有时间要求的,应在要求的期限内办理完毕。

(三)对来信来访内容没有政策依据、不符合政策规定而不能解决的问题,要积极宣传有关政策,做好耐心细致的思想政治工作;应在接到信访信件三十个工作日内提出处理意见答复本人,并形成书面材料,上报批转单位或部门。

第十一条 人大、政协的议案、提案,必须在当年六月底前办理完毕,并上报办理结果。

第十二条 对举报投诉的处理时限:

(一)对群众的申诉、举报或投诉,在法定期限内作出是否受理的答复,并及时依法处理。

(二)本局在收到社会投诉后,应在五个工作日内进行审查。对不属于本部门受理的投诉,应告知投诉单位或个人;对属于本部门受理的投诉,应在收到社会投诉的三十个工作日内,将投诉处理的答复以书面形式告知投诉单位或个人。

(三)对上级纪检机关要求报告调查处理结果的检举、控告、申诉案件,要按要求按时完成;无时限要求的一般应在三个月内报告结果;不能如期报告时,要说明理由和办理情况。对于没有要求报告的检举、控告、申述,也应及时调查处理,不得置之不理和敷衍塞责。

第十三条 无故拖延办理时限,不能按时办结的,追究责任人的责任:对当事人造成损失的,由责任单位负责赔偿,赔偿单位有权追偿。

第十四条 本制度自公布之日起执行。

广西壮族自治区林业局
行政质询制度

(2003年8月19日 桂林发〔2003〕55号)

第一条 为贯彻落实依法行政、从严治政的方针,切实加强对局机关内部机构及其工作人员的监督管理,促进干部廉政勤政,进一步提高办事效能,根据《中华人民共和国行政监察法》等有关规定,结合我局实际,制定本制度。

第二条 实施行政质询制度是局监察机构把来自群众的监督及时转化为组织和纪律监督的一种方法,是对做出不够行政处分行为的行政机关工作人员进行诫勉警示、批评教育的一种方式。

第三条 工作人员在行政许可(审批)中违规许可(审批)的:行政执法中滥用权力的:行政不作为的:工作平庸、效率低下、懒散推脱、贻误工作的:以及其他违反政务公开有关制度的予以行政质询。

第四条 局机关职能处室之行为违反法律、法规和国家政策的:行政管理中存在突出问题,群众反映强烈,长期得不到改进和治理的;贯彻执行政府重大工作部署中措施不力,未能完成规定目标和任务的;发生责任事故或因失职造成经济损失的,对该职能处室主要领导予以行政质询。

第五条 根据群众举报,局监察机构认为有需要实施行政质询的予以行政质询。

第六条 行政质询可采用直接与行政质询对象谈话、发《行政质询通知书》书面质询和局监察机构认为合适的其他形式。

直接谈话是指局监察机构派人就质询对象存在的问题与质询对象谈话,进行诫勉教育:

《行政质询通知书》是指局监察机构根据质询对象存在的问题,要求行政质询对象在规定的时间内做出书面说明和整改的专门文书。

第七条 行政质询按下列程序进行:

(一)确定行政质询对象。局监察机构经过调查或检查,认定有关单位和人员符合本制度第三、四、五条有关规定的,可确定为行政质询对象。

(二)填写《行政质询审批表》。行政质询为正处级领导干部的报局长(党组书记)批准;质询对象属副处级以下领导干部的报分管副局长批准;其他质询对象报纪检组长批准。

(三)实施行政质询。质询对象属正处级领导干部的由局分管副局长谈话;属副处级以下领导干部由纪检组长谈话;其他人员由监察机构负责人派人谈话。谈话时应指定专人做好笔录。

第八条 实施直接质询应由局监察机构采取与质询对象个别谈话的方式进行。谈话前要将谈话时间、地点及有关事项通知质询对象;谈话时应向被谈话人说明质询的主要问题及谈话目的和要求;谈话结束时应提醒被谈话人要正确对待质询的问题,不准追查和打击报复举报人,并对谈话内容的真实性负责。

第九条 《行政质询通知书》只对当事人直接送达。

第十条 被质询人在收到《行政质询通知书》之日起五日内,应对要求纠正和做出说明的问题,实事求是、认真负责地进行检查纠正或做出说明,并将回复材料报送局监察机构。被质询人无故不回复的,除进行批评教育外,视其情节,追究责任。

第十一条 行政质询在认真分析审查谈话笔录的回复材料后,视不同情况做出处理:

(一)同意被质询人的说明或检查认识的,经原审批领导批准,可予了结。

(二)被质询人确有错误而认识尚有差距、整改不力的,应对其进行批评教育,并责成限期改正。

(三)谈话中发现有严重违纪问题的,按有关规定办理。

(四)对弄虚作假、隐瞒事实真相、欺骗组织以及打击报复的,一经查实,要依据有关规定严肃处理。

第十二条 行政质询结束后,可视情况进行通报。

第十三条 行政质询的有关材料要及时整理归档,妥善保管。

第十四条 本制度由局监察机构负责解释。

第十五条 本制度自发布之日起施行。

森林资源培育与生态环境建设

林木种苗生产建设

【林木种苗生产与供应概述】

据统计，1985～2003年间，广西共采收林木种子637.67万公斤，其中，林木良种基地采收种子174.11万公斤，林木采种基地采收种子76.64万公斤。广西全区共育苗面积3.92万公顷，生产苗木183.5亿株。18年间，种苗用量最大的造林灭荒达标期间(1987～1993)共采收种子481.12万公斤，占总采种量的75.4%；共育出苗木116.5亿株，占育苗总数的63.5%。

2003年广西全区共采收供应各种造林树种种子共12.50万公斤，完成育苗面积1678.5公顷，生产苗木6.74亿株。

(营林处　尹国平)

【林木种苗基地】

截至2003年，广西全区已建有林木良种基地和采种基地52处，总规模达18135.66公顷，每年可生产各种造林树种种子63.8万公斤，穗条1000多万条。其中：

一、良种繁育中心

以桉树为主的良种繁育中心1处，规模672.06公顷(种子园79.56公顷，母树林18.5公顷，采穗圃3.0公顷，实验林68.0公顷，良种示范林503.0公顷)，年产种量150公斤，穗条1000多万条。

二、良种基地

以杉木、马尾松、湿地松、加勒比松、相思等树种为主的种子园11处，面积611.7公顷，年产种量2.76万公斤。母树林15处，面积849公顷，年产种量1.532万公斤。

三、采种基地

以杉木、马尾松、肉桂、八角、香椿、西南桦、大叶栎、荷木、油杉、任豆、红树林等树种为主的优良种源采种基地24处，面积1.59万公顷，年产种能力59.5万公斤。

四、良种基地建设原则

坚持可持续发展的原则，充分发挥林业三大效益，妥善处理好生态环境建设与基地建设的关系；坚持高科技含量的原则，研究与开发相结合，以市场为导向，不断推出新品种、新技术；坚持实事求是，结合区情，吸取国内、外先进经验，引进国外优良品种和发展广西壮族自治区传统优良品种相结合的原则；坚持以质量为核心的原则，必须依靠高新科技，坚持科研、教学、生产管理相结合，提高基地建设质量、效益。

(营林处　尹国平)

【林木良种】

一、基本情况

广西林木良种选育工作始于70年代，经过二十多年的艰苦努力，已成功地选育了融水糠杉、桐棉松、古逢松、浪水松、软枝油茶、油桐高产无性系等优良林木品种，引进国外松、良种桉等获得巨大成功。建立了一批初级种子园、母树林、采穗圃及优良种源采种基地，总规模达18186公顷，1985～2003年共生产初级良种250.75万公斤。

银杏的优良品种已选出每公斤种核400粒以内，种实出核率25%以上，种核出仁率79%以上，具有粒大、质优、丰产稳产，定植后4～5年可挂果的优良株系。1994～2003年，共推广大佛手、大马铃、华口大白果等3个银杏优良株系，建立银杏早实丰产技术推广示范林111.3公顷，辐射推广林459公顷。

杂交竹选育出了撑绿3＃、6＃、8＃、30＃四个优良杂交种。这些竹种与其父母本相比，具有新竹数量多，出笋期长，竹材产量高、纤维好，造纸率高，破裂强度优于慈竹和硬头黄，竹笋美味，无性繁殖力强等特点。

油桐评选出优良品种 39 个，优良无性系 30 个，单产桐油 400～450 公斤/公顷，比普通品种增产 50%以上，增加产值 1200～1800 元/公顷。

油茶已选出丰产性能稳定的岑溪软枝油茶优良农家品种。据 1987～1990 年连续四年测产，平均每公顷产油 225 公斤，各项技术指标都达到和超过国家油茶丰产林标准。

八角已选育出 33 株优树，优良品种 3 个。其中选育出的柔枝红花八角速生早结丰产，寿命长；单株产量高，比相同立地条件下的其他八角品种高 162.6%；含油量高，油质好，比一般品种高 9.4%～29.0%。

二、林木良种推广

目前广西共已推广应用林木良种(含区外)造林约 3000 多万亩，其中松树良种造林面积 1000 万亩以上，良种覆盖率达 30%，杉木良种造林面积 700 万亩以上，良种覆盖率 70%，桉树良种造林面积 1000 万亩以上，良种覆盖率达 90%以上，油茶良种造林 100 万亩，良种覆盖率约 50%。

三、林木良种存在主要问题

随着市场经济的发展，广西名、特、优经济果木良种供需矛盾日益尖锐；用材树种松、杉良种供过于求，而速生桉、相思类树种良种供应跟不上；珍优树种种质资源丰富，而种源保护、良种基地建设不适应发展需要；当前良种生产与选育长远目标不够明确。

四、林木良种发展的策略

(一)进行树种结构调整，开展珍优树种良种选育。

珍优树种良种生产基地建设是保护种质资源的需要，是提高林木生长力和森林综合效益的需要，是实施西部大开发战略的需要。要尽快开展西南桦、红锥、任豆等树种的良种基地建设。

(二)加快重点良种基地建设，开展高效育种组合技术的研究。

充分利用已有的育种材料，开展多途径育种；抓好东门桉树良繁中心建设；加紧进行优良品种鉴定、审定、推广力度。

(三)继续抓好已建的各类试验林、示范林、基因库、收集圃的建设，进行选择利用。

(四)加快推广使用林木良种。

采取切实可行的行政措施、经济手段，加大资金投入，争取到 2010 年良种使用率由目前的 60%提高到 80%。

(营林处　尹国平)

【中国规模最大的杉木种子园建成】

至 2003 年，广西建成了中国规模最大、遗传资源丰富、种质优良的融安县西山林场杉木种子园，以及象州县茶花山林场、全州县咸水林场杉木 1.5 代种子园。据子代测定和造林实验结果，应用初级种子园生产的良种造林，遗传增益比普通种子提高 10%以上，造林平均生长量提高 0.5～4 倍，并可提前 2～5 年达到主伐年龄。“杉木遗传品质改良及速生丰产组装配套技术推广”项目 1988～1998 年共推广杉木良种造林 693 万亩。其中项目协作单位推广示范林 6096 公顷，3～11 年生平均蓄积量为 91.84 立方米/公顷，速丰林 35917 公顷，3～11 年生平均蓄积量为 67.2 立方米/公顷。根据 325 个样地的调查结果，3～9 年生示范林比国家标准平均增产蓄积量 54.49 立方米/公顷，提高了 187.8%，3～11 年生速丰林比国家标准平均增产蓄积 26.6 立方米/公顷，提高了 98.1%。推广的示范林、速丰林 6 年生比国家标准平均增产 31.04 立方米/公顷。

(营林处　尹国平)

【中国最大的马尾松种质资源基因库建成】

至 2003 年，建成了中国最大的马尾松种质资源基因库，保存了马尾松种质基因 2902 件。选出了 11 个优良种源材积平均遗传增益达 15%～30%；选出了 112 个优良家系材积平均遗传增益达 40%以上；建立采种母树林 2000 多公顷、初级种子园 200 公顷、优良种源改良代种子园 33.3 公顷。

(营林处　尹国平)

【中国最大的桉树基因库建成】

至 2003 年，广西建成了中国最大的桉树基因库。经过 10 多年的努力，先后从澳大利亚、美国、巴西、印尼等 8 个国家引进 174 个桉树树种(种源)，分别营建了尾叶桉、巨桉、赤桉、圆角桉、粗皮桉、大花序桉等 6 个树种的采种母树林、实生种子园、多用途无性系种子园 145.0 公顷，387 个优良无性系采穗圃 7.0 公顷，建立了 135 个树种(种源)桉树树木园 7.0 公顷、536 个无性系桉树无性系基因库 5.0 公顷；并通过杂交育种，选育出巨尾桉、尾巨桉、尾赤桉、尾园桉、巨园桉等杂交种及其优良无性系；还引进了杂交松、马占相思等树种，经测定，优良品种及无性系的生产力水平比传统品种增长2～3倍，轮伐期从16年缩短至6年；筛选出耐寒速生的邓恩桉种源2个，优良家系22个，年亩材积生长量1.3立方米，29号家系生长最快，4年零2个月生，树高16.5米，胸径13.4厘米，单株材积0.1974立方米。目前，广西已建成东门林场、博白林场、区林科院、钦州市林科所、广西林校、广西林木种苗示范基地等6个良种桉工厂化育苗基地，年产组培苗能力达2450万株以上，基本实现桉树造林良种化，并形成了区、市、县桉树良种繁育与推广体系，产生巨大的经济效益。

（营林处　尹国平）

【省级林木品种审(认)定】

根据《中华人民共和国种子管理条例》和林业部的要求，广西于1995年初成立了“广西林木良种审定委员会”，制定了“广西林木良种审定委员会章程”，按照国家“林木良种审定规范”分别于1995年12月和1999年1月审定和认定了一批良种。今后省级林木良种审定委员会将根据实际情况不定期开展省级林木良种审(认)定工作。

此前已审定通过的广西林木良种有10个品种(其中，杉木无性系种子园良种3个，油茶无性系种子园、高产无性系各1个，湿地松母树林良种2个，马尾松母树林良种2个，采种基地1个)；认定通过的广西林木良种有14个品种(其中，桉树良种8个，杉木无性系种子园良种3个，马尾松无性系种子园良种3个)。广西壮族自治区林业局2002年7月29日以桂林办营字〔2002〕24号公告予以发布。自公告发布之日起，已通过审(认)定的品种在规定时效和适宜种植范围内可作为林木良种推广使用。

一、审定通过的品种(10个)

GS95-0080201—08f——融安县西山林场杉木种子园良种

GR95-0080201-08f——昭平县东潭林科所杉木种子园良种

GS99-0080201-08j——象州县茶花山林场杉木种子园良种

GS95-0920102-06f——岑溪软枝油茶无性系种子

GS95-0920102-09——岑溪软枝油茶高产无性系2号、3号

GS95-0060712-06c——派阳山林场马尾松母树林良种

GS95-0060712-06c——忻城县古蓬松母树林良种

GS95-0080201-10——融江河流域杉木采种基地良种

GS95-0060705-06c——七坡林场湿地松母树林良种

GS95-0060705-06c——合浦县林科所湿地松母树林良种

二、认定通过的品种(14个)

GR99-1030152-04——东门巨尾桉杂交种优良无性系

GR99-1030150-04——巴西巨尾桉优良无性系

GR99-1030151-04——东门尾巨桉杂交种优良无性系

GR99-1030154-04——东门尾园桉杂交种优良无性系

GR99-1030153-04——东门尾赤桉杂交种优良无性系

GR95-1030109-08f——东门林场尾叶桉无性系种子园良种

GR95-1030109-07——东门林场尾叶桉实生种子园良种

GR95-1030109-06c——东门林场尾叶桉母树林良种

GR95-0060712-08f——贵港市覃塘林场马尾松种子园良种

GR95-0060712-08f——南宁地区林科所马尾松种子园良种

GR95-0060712-08f——藤县大芒界马尾松种子园良种

GR95-0080201-08e——全州县咸水林场杉木种子园良种

GR95-0080201-08i——全州县咸水林场杉木种子园良种

GR95-0080201-08j——全州县咸水林场杉木种子园良种

（营林处　尹国平）

【林木种苗工程建设】

一、种苗工程基本情况

近几年来，随着党中央对生态环境建设的高度重视，国家大幅度增加了对林木种苗的投入，在

国家林业局的大力支持下，广西的林木种苗工程得到了长足的发展。据统计，1999～2003年国家林业局批复广西建设林木良种基地、采种基地、省级示范苗圃、国有苗圃以及种苗检测加工储藏项目共65个，批复总投资达13067.5万元(其中中央投资10083万元，地方配套投资2984.5万元)，批复规模达17546.06公顷。在这些项目中，目前已经实施建设的项目共49处(其中：良种基地8处、采种基地14处、省级示范苗圃1处、国有苗圃25处和种苗检测加工储藏1处)。中央国债投资总额7550万元(其中：1999年种苗工程国债投资1450万元；2000年种苗工程国债投资2300万元；2001年种苗工程国债投资1000万元；2002年种苗工程国债投资1200万元；2003年种苗工程国债投资1600万元)，地方配套投资2271万元。建设总规模9274公顷。基地建设所涉及的树种有：桉树、杉木、马尾松、西南桦、马占相思、香椿、荷木、红椎、油杉、红树林、肉桂、八角等12个树种。

种苗工程主要建设项目和建设内容有：

(一)良种基地建设：

主要建设内容包括生产工程、培育工程及生产附属工程建设等。

(二)采种基地建设：

主要建设内容包括生产工程、生产设施设备及培育工程建设等。

(三)苗圃建设：

主要建设内容包括育苗生产工程、生产设备设施及辅助工程建设等。

(四)省级示范基地建设：

主要建设内容包括组培车间、营养土车间、播种车间、温室主体工程、炼苗场及大棚、简易棚等。

(五)种苗检测加工储藏建设：

主要建设检验室、常温室库、低温室库及配套设施建设，种子检验、加工等设备购置等。

二、种苗工程项目建设进展

经过四年的建设，截至2003年，全区种苗工程已有21个项目已建成投产，占种苗工程总数的42.9%；正在建设或即将建成投产的项目有28个，占种苗工程总数的57.1%。

三、种苗工程项目的建设成效

随着种苗工程项目建设的整体推进，以省级林木种苗示范基地为龙头，以良种基地、采种基地、国有苗圃为骨干，以其他各类种苗生产主体为基础，布局优化、生产稳定的种苗生产体系正在逐步形成；种苗生产供应正朝着生产区域化、供应基地化、质量标准化、品种多样化、造林良种化的目标迈进。

(一)林木种苗生产建设条件不断改善。

各地普遍抓住国家投资机遇，不仅解决了水、电、路等长期难以解决的问题，还引进了自控温室、组织培养车间、全光喷雾扦插等先进的育苗设施，极大地促进了苗木生产的现代化进程。

(二)林木种苗生产能力和质量不断增强。

根据目前中央投资建设的良种、采种基地以及苗圃建设的项目情况，预计项目建成后良种基地的年生产能力将达30050公斤，生产穗条1360万条；采种基地的年生产能力将达387000公斤；国有苗圃改扩建后生产规模约460.03公顷，年生产能力约2.1亿株。因此，种苗工程的实施，大大提高了广西种苗生产能力。据不完全统计，种苗工程实施四年来，育苗面积已达333.3公顷，育苗数量约2.5亿株，已向社会提供各种优质苗木约2亿株。其中：东门林场良繁中心苗木生产能力已经达到年产扦插苗1200万株，组培苗300万株。仅2003年就生产扦插苗1200万株，组培苗230万株，而良繁中心建设之前1993～1999年累计生产扦插苗700万株，组培苗300万株；广西林木种苗示范基地苗木年生产能力也已达到2000万株以上(其中组培苗600万株，扦插苗1350万株，其他花卉绿化苗木50万株)。初步形成种苗繁育基地化、专业化和产业化的生产新格局，产生了一定的经济效益和社会效益。基地供种率和良种使用率，也由过去的50%分别提高到2003年的70%和60%。

(三)林木种苗科技含量不断提高

种苗工程实施后，各地普遍重视新品种、新技术、新成果的引进和推广，打破了广西过去主要以松、杉、桉为主的单一结构，促进林木种苗的结构调整。目前，全区主要育苗的品种有：桉树、相思、竹子、杂交松、任豆、西南桦、香椿、荷木、八角、玉桂等十多个树种。为自治区的大石山区造林、退耕还林以及珠防林等生态工程建设提供了丰富的树种品种，满足了自治区造林的需要。

四、存在问题

一是广西的种苗工程建设从总体上看，无疑推动了自治区种苗生产的发展，但其建设内容和布局有一定的局限性。而从实施的规模和结构上也有些不足，尤其是良种基地和采种基地的数量所占的比例偏低。苗圃基地分布有些地方则过于密集等。二是树种结构不够平衡。有的树种偏多,有的树种偏少。常规树种多,乡土树种少,与实际造林所需的树种衔接不够;三是有个别树种在建立基地的时机上还不够成熟。对于实现树种的基地供种率和良种使用率目标上贡献不大。

五、林木种苗工程实施情况检查与验收

为了加强国债投资项目管理,全面了解广西林木种苗工程项目建设情况,分析存在问题。广西壮族自治区林业局根据国家林业局要求,于2001年对1999～2000年利用国债资金和国家预算内投资建设的林木种苗建设项目进行专项检查。检查的主要内容有:

(一)按照国家规定的基本建设程序,建设项目基本建设程序执行情况。

包括:建设项目主管部门根据批复的可行性研究报告审批初步设计情况;项目法人按照批复的初步设计施工情况;有无擅自变更建设地点、建设规模、建设标准和主要建设内容;项目实施中执行项目法人责任制、施工和设备招投标制以及工程监理制等情况。

(二)各项建设资金落实情况。

包括国债投资、省内各级配套资金以及其他用于项目建设的资金。

(三)建设资金管理情况。

包括项目法人单位和主管部门是否按规定的用途使用资金,资金是否设立专户单独核算,是否专款专用。有无滞留、截留、挪用建设资金的情况。

(四)项目实施中存在的主要问题以及问题解决的情况。

此次种苗工程检查,采取项目单位全面开展自查和组织检查组抽查的办法进行。检查组肯定了种苗工程建设以来所取得的成效,明确指出种苗工程建设速度较慢、配套资金不到位、财务核算不够规范以及种苗工程设施利用率较低等问题。通过此次检查有效地促进了种苗工程建设进度,及时解决了种苗工程建设过程中存在的一些问题,为种苗工程的验收打下基础。

根据检查的结果,2002年广西壮族自治区林业局提出对1999～2000年国债安排的14个种苗工程项目进行阶段性验收。验收的内容:一是项目实施中执行项目法人责任制,施工和设备招标制以及工程监理制;二是根据广西壮族自治区林业局批复的工程设计方案所确定的建设规模、建设内容、建设投资进行核验;三是项目建设质量;四是核查地方配套资金到位及项目资金使用管理情况,包括项目法人单位和主管部门是否按规定的用途使用资金,资金是否设立专户单独核算,是否专款专用。有无滞留、截留、挪用建设资金的情况;五是项目建设的效益情况。

经过验收,结果:东门、高峰、钦廉、区种子站、合浦、鹿寨、融安、临桂、贺州、富川、防城港市等11个项目单位基本完成了局批复的计划任务,但由于各项目单位均存在一些不同程度的问题,暂时未能通过阶段验收;上林县、钦南区、柳州市等3个项目单位建设未能完成计划任务,还不具备阶段验收条件。

针对上述验收结果,验收工作组提出要求与建议:一是项目单位要加强质量管理知识的学习。这次阶段验收的情况表明,项目单位在进行工程建设中基建项目的质量管理是薄弱的,关键在于各单位对基建质量管理缺乏基本知识,只注重了基建的外在质量,忽视了基建的内在质量;二是充分发挥项目的作用。种苗工程是国家的重点林业项目,“林业要发展,种苗要先行”,项目建成后,应很好地把设施利用起来。而这次发现有的项目单位的设施没有充分地利用,甚至不知如何利用。通过这次验收,要求各级主管部门加强这方面的指导,提高项目设施的利用率,充分发挥出项目的效用;三是今后要严格执行《林木种苗管理办法》,按项目实施进度进行资金拨付,使资金按规定的用途使用确保资金使用效果并发挥效益。

这次阶段性验收是根据国家林业局《林木种苗工程管理办法》林场发〔2001〕533号和广西壮族自治区林业局《关于对1999至2000年度种苗工程项目进行阶段验收的通知》桂林计发〔2001〕340号精神,2002年元月10日至22日由局质监站、种子站组成的验收组,分别到14个项目单位进行阶段验收。

(营林处　尹国平)

【林木种苗管理机构及基础设施建设】

新中国成立以来,全区林木种苗基础设施从无到有,从小到大,生产技术从落后到先进。特别是改革开放以来,随着改革的深入,社会、经济的不断发展以及国家对生态环境建设的重视,全区林木种苗基础设施建设事业发展迅速,取得了一定的成就。

一、种苗管理机构及人员

全区共成立有林木种苗管理机构62处，管理技术人员368人，其中具有高级职称26人，中级职称126人，初级职称104人，技术员35人，其他77人；种苗执法人员75人，近五年接受再教育人数160人。管理机构中：自治区级1个，管理技术人员16人；市级14个，管理技术人员65人；县级47个，管理技术人员287人。初步形成了自治区、市、县三级比较完备有效的种苗管理机构网络体系，为林木种苗事业健康发展提供了组织保障。

二、种苗检验机构及人员与设备

全区成立有32个种苗检验室，检验人员302人。其中，自治区级1个，检验人员8人，配备有人工气候箱、电子天平、远红外快速干燥箱、冰柜、卤素水分测定仪等检验仪器设备；市级15个，检验人员39人，配备有天平、冰箱、干燥箱、发芽器、显微镜、放大镜、测水仪、烘干机、发芽机、恒温箱、器皿等检验仪器设备；县级16个，检验人员255人，配备有恒温箱、显微镜、器皿等检验仪器设备。为种苗质量监督检验、管理打下了一定的基础。

三、种子储藏加工建设

全区建有种子低温储藏库1座，面积37.5平方米，库容达2万公斤；种子常温库42处，面积3540平方米，库容达41.6万公斤；种子晒场面积8680平方米，有种子加工技术员447人。目前，在南宁市高新区正在建设广西林木种苗检测加工储藏项目，总投资447万元。项目建成后，预计可贮藏林木种子30万公斤。

四、种苗信息化建设

建立了区、市、县级局域网，有信息员124名。其中：自治区级有信息员1人，配备有台式电脑8台，笔记本电脑、扫描仪、数码设备各1台；14个市有信息员19人，县级有信息员104人，部分市、县配套有台式电脑。

（营林处　尹国平）

【林木种苗执法】

一、自治区林业局种子站代自治区林业局开展林木种苗行政执法工作

《种子法》第三条规定，国务院林业行政主管部门主管中国林木种子工作；县级以上地方人民政府林业行政主管部门主管本行政区域内林木种子工作。为了进一步明确林木种苗行政执法主体，依法开展林木种苗行政执法工作，2002年7月8日广西壮族自治区林业局以桂林营发〔2002〕31号文件，明确由广西壮族自治区林业局种子站代广西壮族自治区林业局开展林木种苗行政执法工作。具体职能是：负责贯彻、落实国家有关林木种苗政策、法律、法规，监督林木种苗政策、法律、法规的施行。负责拟定广西林木种苗执法、执法监督及市场和质量管理工作的法规、制度和执法人员的管理规范，经主管部门批准后组织实施。负责全区林木种苗生产经营许可证行政审批工作。依法发放由广西壮族自治区林业局发放的林木种子生产、经营许可证。指导全区林木种苗生产经营许可证、质量检验证和标签等的发放、管理工作。依法监督和管理林木种苗生产、经营和使用活动。组织开展林木种苗质量监督、检验工作；负责全区林木种苗质量管理、质量标准化、质量监督抽查和认证工作。组织编制全区林木种苗质量检验站建设规划、计划、建设标准，并负责其验收工作。负责全区林木种苗执法队伍建设和协助做好执法人员资格认证（培训、考核）工作。负责全区林木种苗质量检验人员的资格认证（培训、考核）。参与拟定林木种苗方针、政策和中长期发展规划工作；参与林木种苗执法、质量监督专项资金的安排和管理。编制并组织实施林木种苗法制宣传教育规划、年度计划。协助政策法规部门指导地方开展行政复议和应诉工作；协调林木种苗执法工作中出现的重大问题。

二、开展全区林木种苗行政执法检查工作

为检查广西在《种子法》颁布实施以来的宣传贯彻实施情况，总结各地依法管理种苗的工作经验，了解和掌握《种子法》实施的真实情况及存在的问题，促进广西壮族自治区林木种苗行政执法工作的开展。根据国家林业局办公室关于开展林木种苗行政执法检查的通知（办场字〔2003〕47号）文精神，广西成立林木种苗行政执法检查组对全区林木种苗行政执法工作进行检查。这次检查内容：各地宣传贯彻《种子法》情况，包括组织学习、讲座、印发文件、讲话、新闻宣传、印发宣传材料等；落实林木种子生产、经营许可证制度和“一签二证”制度实施情况，查处无证和无签生产经营林木种子情况；实施林木种苗质量监督管理情况；依法管理林木种苗市场取得的成绩、经验和具体做法，整顿和规范林木种苗市场秩序，依法打击非法经营、制售假劣种苗行为情况。特别是查处重大案件、积压案件、跨省区违法案件，加强林木种苗质量监督管理，确保农民用种质量和安全，维护

农民权益的情况；执行行政管理和生产经营分开的规定，加强种子执法体系和队伍建设，实行公正执法、规范管理情况。包括依法委托执法主体、机构建设、人员培训、持证上岗、着装、设备配备情况等；依法保护种子资源，扶持良种选育、更新、推广应用，规范种子引种，保护育种者权益，种子贮备等落实情况；《种子法》实施中存在的主要问题、原因及意见建议。

此次执法检查，检查组总结汇报时肯定了《种子法》实施以来取得的成绩，也明确指出了《种子法》宣传贯彻的力度和范围不够大；种苗机构不健全，管理体制不顺，缺乏执法和质量监督管理经费；种苗检验机构仪器设备落后，设施简陋，检验人员素质低；林木种苗质量标准严重滞后及配套法规、规章不完善等不容忽视的问题。建议继续加强领导，加大《种子法》宣传力度；严格执行“两证”制度，加快“两证”发放工作；理顺管理体制，完善种苗执法机构，健全执法队伍；加强培训，提高技术水平和执法水平；完善各种配套法规，尽快制定《广西壮族自治区林木种子管理条例》，把它纳入自治区人大立法计划以及加强林木种苗基础设施建设，统一执法人员证件、着装、佩章，完善质检站的仪器设备及各种办公设施设备等。

为了搞好这次执法检查，广西壮族自治区林业局下发了《关于开展全区林木种苗行政执法检查的通知》，要求各地认真开展自查。2003 年 10 月 14～20 日广西壮族自治区林业局从各市林业局抽调 20 多人组成检查组，在全区范围内开展林木种苗行政执法检查工作，共检查 14 个市，抽查了 30 个县(市、区)，检查了一批苗圃和林木种子生产基地。通过这次执法检查，为广西今后的林木种苗执法工作打下坚实的基础。

三、林木种子生产、经营许可证发放工作

《种子法》的实施为种苗工作提供了有力的法律依据，实行林木种苗生产、经营许可证制度是依法管理林木种苗生产和经营的重要手段，也是有效提高林木种苗管理、生产技术水平和质量的重要措施。为搞好自治区“两证”的发放工作，广西壮族自治区林业局在《种子法》规定的基础上根据自治区实际，制定并印发了广西壮族自治区《林木种子生产经营许可证》核发管理暂行办法，并通告了除国家林业局公布的主要林木目录外广西壮族自治区还增加了 8 个主要林木树种名录。要求各级林业部门要认真部署，切实加强对“两证”工作的领导，做好“两证”核发制度的宣传，落实专人负责“两证”的核发工作，为“两证”的发放工作打下良好的基础。据统计，截至 2003 年全区已发放“两证”1273 套(其中，生产许可证 629 套、经营许可证 644 套)。

附件：

广西壮族自治区
增加 8 个主要树种名录

序号	科	树种
1	壳斗科	红锥
2	苏木科	任豆
3	含羞草科	马占相思
4	含羞草科	厚夹相思
5	木兰科	火力楠
6	桦木科	西南桦
7	冬青科	苦丁茶
8	松科	油杉

四、《种子法》及种子检验技术培训班

《中华人民共和国种子法》于 2000 年 12 月 1 日起施行。为了更好地学习贯彻《种子法》，使广西林木种苗工作尽快走上法制化、规范化、标准化的轨道，推动林木种苗事业的发展。同时，规范林木种苗质量检验工作，提高林木种苗质量检验人员素质，2000 年 12 月 11～22 日，广西壮族自治区林业局在南宁举办了两期《种子法》及种子检验技术培训班。参加培训班的共有来自各地市林业局、国有林场、国有苗圃、良种基地、采种基地等单位的技术人员 126 名学员。培训内容包括：《中华人民共和国种子法》、《行政诉讼法》、《林木种子》、《主要造林树种苗木》、《林木种子概论》、《林木种子基础知识》、《林木种子检验方法》、《林木种子检验中常用的统计方法》等。通过培训，大家了解了当前林业和林木种苗的发展形势以及《种子法》在林业工作中的地位和作用，明确了今后林木种苗工作有法可依，实行依法行政，提高了广大学员的法制意识。同时，更新了林木种苗检验知识，掌握了林木种苗检验的基本技能。这两期培训，采用理论联系实际，讲授与研讨相结合的方式，达到了预期的效果。

五、实行林木种子贮备制度

林木种苗是林业最基本的生产资料，种苗的好坏直接影响到林业的生产发展和造林任务的顺利完成。广西每年造林面积 20 万公顷，需要各类林木种子10万～15万公斤，苗木5亿～6亿株。这些种苗的供应，既在正常年份（丰年）保证林业生产所需要的种苗，又要在灾害年份（或次年）提供必需的种苗，以确保每年造林绿化所需的种苗。为了建立现代种子产业良性循环机制和新型管理体制，建立种子贮备制度，防患于未然，根据广西实际情况今后需要对主要造林树种如马尾松、湿地松、桉树、相思、杉木等主要造林树种进行贮备，确保救灾备荒种子的供应。根据《中华人民共和国种子法》第一章第六条、第七条的有关规定，2003年广西首次启动了林木种子贮备制度，并争取到自治区财政安排林木种子贮备资金50万元。

六、加强林木种苗信息化建设工作

随着经济的迅猛发展，各行各业对信息工作越来越重视。当前，广西林木种苗工作适逢前所未有的发展机遇，对信息化建设的要求十分迫切，但由于种种原因，种苗的信息化建设明显落后于全国信息化发展形势。为加速广西林木种苗信息化建设步伐，加强信息化管理工作，根据《国家林业局国有林场和林木种苗工作总站关于加强信息化建设工作的通知》（林场信字〔2002〕28号）文的要求，广西积极开展种苗信息化建设工作，于2002年下发《关于加强林木种苗信息化建设工作的通知》。该《通知》要求：

（一）提高认识，加强领导。

信息化建设工作是搞好种苗管理工作的一项基础工作，各级林业主管部门的林木种苗的领导要从思想意识上提高对行业信息化建设重要性和紧迫性的认识，将行业信息化建设工作作为一项重要工作来抓。要主动向主管领导汇报，与有关单位搞好协调工作，取得领导和有关单位的支持。

（二）周密部署，编制规划。

信息化工作在种苗行业管理工作是一项全新的工作，许多方面还处于空白。为推进行业信息化的建设，各地市林木种苗主管部门应对本地信息化建设情况进行调查统计，掌握和了解各地信息化设施设备配备情况，并结合工作实际需要，着手制定和编制《信息化建设工作方案或建设规划》，对辖区内行业信息化建设进行统一规划和布局，使信息化建设工作有章可循。

（三）多方筹集资金，加强基础设施建设。

各地市林木种苗主管部门应加大工作力度，多方筹集信息化建设资金，配备和完善信息化设施设备，培训信息管理人员，保证种苗信息化建设顺利进行。

（四）及时沟通信息，搞好信息管理和交流工作。

各地市林木种苗主管部门要明确一名部门领导主管信息工作，并确定一名既懂业务，又有一定计算机知识的业务人员为信息员；县级种苗主管部门、国家种苗工程的种苗生产基地（包括：良种基地、采种基地、苗圃基地）也应确定一名懂业务、能操作计算机的业务人员为本单位的信息员。

（五）为保证林木种苗生产供应，各地市林木种苗主管部门应努力克服困难，每季度定期将本地市的林木种苗生产、供求情况报送自治区林业局种子站。

通过加强对种苗信息的管理和领导，进一步完善种苗信息管理和服务设施，建立相应的种苗信息调度制度，确定了种苗信息员共124人。

（营林处　尹国平）

森林培育

【营造林概述】

营造林是林业生产的基础工作。广西原来是一个多林的地区，民众开展营造林有着悠久的历史，主要造林树种有松、杉、竹及一些经济林。汉晋时期，广西的“合浦杉”、“瑶山杉”、“融江木竹”已享誉中原；宋代，人工种植杉木、松、毛竹、油桐、油茶和桑、枣、柿等林木已逐渐普及。明、清两代，除民间造林规模进一步扩大外，有的官府也置吏布政掌管山林，鼓励民众造林。到民国时期（1911～1949年），各级政府普遍设置机构管理山林。全省建立了20多个农林示范场、试验场和林场；颁布过一些造林、护林的有关规定，鼓励扶持育苗和造林，并实施公路、河流两旁植树和石山封山育林。特别是对油桐林和桐油的发展尤为重视，省政府曾于民国22年（1933年）在梧州设立桐油厂，并于民国22～28年连续颁布过5个有关文件，要求各县政府和乡镇、村公所普遍设立林场种植油桐，出台给种植油桐者以供应种子和贷款等优惠政策。同时，以通航河道沿线为重点进行规划，分类指导，推动了油桐林的种植和桐油生产的发展。至民国28年，全省油桐林种植总面积达到27.33万公顷。但总体来看，由于历代农牧业的毁林开垦、狩猎驱兽和战乱焚烧，林木被砍伐破坏的面积远远大于营造林的面积，导致森林资源不断减少。至清康熙39年(1700年)，广西的森林覆盖率已下降到39%，至1950年又下降至16.04%。

新中国成立后，党和政府十分重视营造林工作。广西的营造林工作经历了以下几个发展阶段：

一、1950～1952年

广西主要是接收管理好民国时期原有的林业生产单位，落实国家“普遍护林，重点造林”方针。省委、省政府先后多次制定制定颁布有关护林、造林的指示、决定，宣传落实“谁造谁有”政策，积极发展国营造林，鼓励团体和个人造林，促进了解放初期护林、造林等生产的恢复和发展。“一五”期间(1953～1957)，中央提出“大力造林育林”方针后，省政府随即发出“争取10年绿化广西”的号召，在继续抓好群众护林、造林的同时，采取一系列措施，使营造林得到较快发展。一是促进老林区恢复和发展，鼓励老林区的林农积极种植杉木，国家给种杉户钱粮补助；二是实施林木入社办法，兴办林业生产合作社，推行互助合作造林；三是大办国营林场，“一五”计划期间，省林业厅就编制全省国营林场发展规划，并开始实施，使全省国营林场发展到47个；四是每年划出一定时间，组织开展几次规模较大的群众性植树造林运动，加快全社会造林速度。据统计，“一五”期间全省共完成营造林面积69.84万公顷，年均完成约14万公顷。

二、1958～1960年“大跃进”时期

广西贯彻林业生产“基地化、林场化、丰产化”要求，大办国营林场、社队林场。1959年自治区党委提出林业工作应“以造林为纲”，把造林育林摆在林业工作的首位。但由于受“大炼钢铁”运动的影响，也出现了“大造、大砍、大建设”，造林与毁林并存现象。据统计，这3年内广西共完成人工造林124.67万公顷(注：包括部分虚数在内)，年均造林41.56万公顷，1958年达到42.83万公顷。1959年森林资源普查，广西森林面积达到471.12万公顷，森林覆盖率恢复到23.22%。

三、1961～1962年经济困难时期

由于粮油供应紧张，许多林场、林区被迫弃林开荒种粮，营林生产也随之急转直下，出现了新中国成立以来的第一次低谷。据统计，1961年广西仅完成人工造林4.95万公顷，1962年又下降到3.69万公顷，仅为1958年的8.62%。

四、1963～1965年调整恢复时期

广西林业进一步全面贯彻中央“调整、巩固、充实、提高”的八字方针和林业部关于发展木本粮油林，办好国社合作造林的指示，确定油桐、油茶等木本粮油发展重点县、社，实行造林、木材和部分林产品的粮棉(布)奖励办法，进一步调动了群众造林护林的积极性，促进了营造林的迅速恢复。同时，贯彻落实自治区关于“由近及远，由内向外”的造林方针，及时制定1968～1970年的林业发展规划和重点河流、铁路、公路沿线的造林绿化规划设计。特别是狠抓了南宁、柳州、桂林、梧州4市和湘桂铁路沿线以及田东、田阳、百色的右江盆地造林绿化。这期间，广西普遍总结推广马尾松小苗造林、桉树营养苗造林、丛生竹育苗、毛竹实生苗造林、飞播试点造林和社队林场(山庄)造林等经验，继续大力开展国营造林、国社合作造林和社队林场造林，促进了营造林的复兴。1963～1965年，广西共完成造林面积59.05万公顷(其中飞播造林2.49万公顷)，年均19.68万公顷，比“一五”期间年均增加了41%。

五、1966～1978年“文化大革命”动乱时期

广西的营造林工作也受到极大的冲击。特别是初期各级领导机构瘫痪，许多林业规章制度和造林鼓励政策被废除，大部分科研技术人员被下放劳动改造；中期又出现“割资本主义尾巴”，平调农村自留木归社和毁林开荒种粮以及采伐场、采育场一哄而上等失误，严重影响了营林生产发展。但群众性的造林护林和基层林业生产并未间断，尤其是飞播造林在1961年试播成功的基础上得到了较快发展，1966～1978年广西共完成飞播造林237.85万公顷，年均18.3万公顷，为同期造林总数的45.17%，大大加快了大片边远荒山的造林绿化。1973年起恢复了杉木、油茶等基地造林补助办法，促进了基地造林和社队林场的发展。1973～1976年广西完成杉木、油茶基地造林27万多公顷，建立了一批万亩公社基地林场和千亩大队基地林场。同时，国营造林也得到较快发展，1966～1978年13年间广西共完成国营造林64.33万公顷，年均4.95万公顷。营造林的发展，抵消了这期间森林被破坏的面积，使广西的森林覆盖率在1974年森林资源普查时仍然保持在23.32%，比1960年提高了0.1个百分点。

六、1979～1985 年

广西林业系统认真贯彻十一届三中全会精神，推进改革开放，使林业得到进一步恢复和发展。但营造林工作仍出现了一个曲折发展阶段，特别是1981年、1982年是新中国成立以来的第二个低谷。当时，虽然广西认真贯彻国务院关于“保护森林制止乱砍滥伐”的10条规定和“保护森林发展林业”的25条政策原则，落实林业“三定”(稳定山权林权，划定责任山、自留山，确定林业生产责任制)，进一步解放了农村生产力，调动了群众造林护林的积极性。但是，在80年代初划定责任山、自留山工作中，不少地方把“两山并一山”，加之1985年的仓促开放木材市场，又一次引发了乱砍滥伐，破坏森林资源的歪风。据1980年和1985年的两次森林资源连续清查资料反映，广西森林活立木总蓄积量5年内减少了2434万立方米，年均减少487万立方米，出现了资源“赤字”。这一时期许多群众只顾采伐森林，开展营造林的少。据统计，1981年、1982年广西仅分别完成造林面积17.39万公顷和17.11万公顷，比1980年的26.98万公顷少了35%以上，为改革开放后最少的两年。到1983年才开始恢复到26.67万公顷以上。但由于森林遭受破坏太严重，到1985年底，广西成为当时全国有名的荒山大户省区，约有荒山荒地面积470多万公顷，荒山大户县24个。

七、1986～1990 年

广西采取人工造林、飞(直)播造林、封山育林三种方式并举，以工程造林和领导绿化点为主要模式，利用项目贷款、政府及林业部门补助、社会投资等多种投资渠道，开始进行大规模的造林灭荒，营造林进入了新中国成立以来的第一个高峰期。期间，1987年元月8日，自治区党委、自治区人民政府作出《关于保护森林，发展林业，力争十五年基本绿化广西的决定》，确定了一段时期内的造林总体目标和主要措施，成为造林工作的行动纲领。1989年6月8日，自治区党委、政府又作出《关于实行县级领导干部造林绿化任期目标责任制的决定》，自治区党政主要领导与各县(市)党政主要领导签订了县级领导干部造林绿化任期目标责任状，将造林绿化责任落到县级领导的肩上；同年自治区林业厅编制了《1989－2000年广西壮族自治区造林绿化规划》，制定了具体的造林计划，确保了造林工作的快速发展。据统计，1986～1990年，广西共完成人工造林127.24万公顷，飞播造林69.58万公顷，新封山育林150多万公顷，累计共完成投资13.84亿元，为1981～1985年营林投资的4.7倍，投资力度加大。其中：1985年开始实施的林业贷款造林项目，至1988年4年完成人工造林面积26.04万公顷，使用开发性贷款、林业项目贷款、世行贷款、扶贫贷款共1.17亿元；1987年完成沿海防护林体系工程建设总体规划并启动实施，完成人工造林8.58万公顷，中央投资264万元；推广工程造林经验，完成工程林、领导绿化点造林16万公顷。这一时期的造林树种仍然以杉木、马尾松、竹子和各种经济林为主，良种使用率达到50%以上。同时，引进了湿地松、速生桉等国外树种，推广了营养杯、生根粉育苗造林技术，造林成活率大大提高，造林综合面积保存率也由70年代的40%左右提高到70%以上，其中工程造林面积核实率达到89%，造林质量大幅度提高，为加快造林灭荒进程打下了坚实的基础。

八、1991～1994 年

广西林业进入造林灭荒决战阶段。各级各地响应自治区党委、政府关于提前一年实现造林灭荒达标的号召，全面贯彻“造、封、管、节、用”五字方针，按照“高(标准)、大(规模)、严(要求)”的工作要求，将封山育林列入造林绿化重要内容，大力开展人工造林、飞播造林、工程封山育林和全民义务植树，营造林规模和速度均达到历史最高水平，出现营造林第二个高峰期。据统计，1991～1994年，广西完成人工造林193.07万公顷，年均48.27万公顷，是1986～1990年年均完成面积的1.9倍；飞播造林77.52万公顷，年均19.38万公顷，是1986～1990年年均完成面积的1.4倍；新封山育林325.9万公顷，年均81.48万公顷，是1986～1990年年均完成面积的1.63倍。其中，1993年人工造林、飞播造林达到顶峰，分别完成了52.08万公顷和26.51万公顷；1992年封山育林达到顶峰，完成了126.54万公顷。而且当时造林面积最大的马尾松、湿地松、桉树等普遍推广应用了营养杯育苗造林技术，因此造林质量都比较高。由于营造林成绩突出，自治区人民政府1991～1993年连续3年获得林业部授予的“造林成绩优异自治区”称号。经自治区绿化委员会和自治区林业厅组织检查验收，1990年陆川县、容县率先实现灭荒达标；1991～1994年，其余86个县(市、区)也全部实现灭荒达标。1994年，经全国绿化委员会、林业部委派中南林业调查规划院验收组的核查，广西连片0.2公顷以上的剩余荒山荒地率为0.4%，均低于林业部规定的造林灭荒标准，提前一年完成了自治区党委、政府关于“八五”消灭荒山的任务；1995年3月1日，中共中央、国务院授予广西“实现造林绿化规划自治区”称号。从1991年起，广西实现了森林资源总生长量大于总消耗量，消灭了森林资源“赤字”，扭转了长期以来森林蓄积量下降的被动局面，开始走上森林面积和森林蓄积双增长的新阶段，广西林业也从一个落后的省区跃上了全国先进行列。这一时期营造林工作的特点有：

(一)领导重视，真抓实干。

各级各地认真贯彻执行自治区党委、政府1987年作出的关于加快造林绿化的决定，落实领导造林绿化目标责任制，把造林绿化工作列为考核各级领导干部政绩的重要内容，建立了造林绿化检查验收评比和兑现奖惩制度。各级党政领导还亲自办绿化示范点，带动群众造林。仅4年内广西就办有乡(镇)级以上的领导造林示范点5000多个，造林合格面积40多万公顷。

(二)规模造林，管理严格。

1991年开始，广西以工程林、绿化点、工程封山育林为重点，开始实施大规模工程造林。为规范造林项目管理，提高造林质量，自治区林业厅先后制定了相应的管理办法，对工程林、绿化点造林，飞播、点(撒)播造林，工程封山育林，世界银行贷款造林，迹地更新造林，防火林带、薪炭林、水源林造林以及抚育间伐、低产林改造等实行工程项目管理，对各项目的面积规模、技术标准、作业设计、审批程序、施工组织、检查验收等作出了明确要求。据统计，1991～1994年广西共完成有经费补助的工程林、绿化点、村办集体林场等工程造林面积58.36万公顷，海防林2.35万公顷，工程封山育林188.27万公顷。自治区绿化委员会和自治区林业厅每年都组织数百人的技术队伍，按检查验收办法对广西的造林绿化工作进行验收评比，将检查验收结果作为兑现各造林项目补助经费的依据。

(三)责任明确，奖罚分明。

经过严格的检查评比，自治区党委、自治区人民政府按规定对造林成绩突出的地、市、县(区)给予表彰奖励，对未完成造林任务的亮黄牌警告。1989～1994年自治区党委、自治区人民政府共表彰奖励了315个地市县(市、区)次，共发奖金500多万元(不含灭荒、绿化达标奖金)，给3个县(市、区)亮了黄牌警告。一些县(市、区)、乡镇、村委会还建立造林绿化风险抵押金制度，对完成任务好的单位和个人给予通报表扬，退回风险抵押金并加倍给予奖励；对搞得差的不完成任务的单位则追究主要领导责任，就地免职，三年不准调动。

(四)政策引导，利益驱动。

为提高各地的造林积极性，自治区林业厅先后制定了对工程林、领导绿化点、封山育林、飞播造林、水源林、防火林带、防护林带、公路及沿江两岸绿化带、支持村办林场、奖励灭荒县、石山造林等12项倾斜补助政策，给予各地造林实行无偿种苗补助。只要造林规模、标准和质量符合倾斜政策要求，经检查验收合格，从育林基金中安排给予每公顷7.5～600元不等的无偿经费补助。1991～1994年，自治区林业厅先后无偿下拨造林种苗补助款2.2亿元，其中仅工程林、绿化点、村办集体林场造林合格面积就达51.87万公顷，下拨造林补助经费9533.82万元。在政策引导下，社会各方面投入造林资金大幅度增加。1991～1994年广西累计投入造林营林资金12亿元以上，年均3亿元以上。同时，各地通过制定其他方面的优惠政策，鼓励机关团体、企事业、集体经济组织和个人投资进行林业开发，兴办个体林场和林业基地，每年的造林有50%以上是通过社会各方面办基地的形式完成。但由于当时时间紧、任务重，地方财政又困难，许多县级林业主管部门为了完成“造林灭荒”任务，不得不借贷育苗、造林，欠下了沉重的债务，少则几十万元，多则上千万元，而后来有的因无力归还，被银行查封账户、变卖资产，对林业系统的正常运转产生了一些不良影响。

(五)注重科技，确保质量。

这期间各地推广良种良法造林，选择本地良种马尾松、杉木造林，并引进国外良种桉树、松树造林；推广容器苗造林和使用ABT生根粉，延长了造林有效季节，大大提高了造林成活率。

九、1995～1998年

广西营造林工作进入巩固造林灭荒成果、实现绿化达标和林种树种结构调整时期，造林规模和速度逐步回落，但名特优经济林造林面积比重增加。1996年召开的广西林业工作暨山区林业综合开发会议上，自治区党委、政府提出要围绕建立比较完备的林业生态体系、比较发达的林业产业体系和比较完整的工业原料林基地体系，继续抓好营造林工作，确保1997年广西实现绿化达标，同时抓好白果、龙眼荔枝、柿子、木本粮油、桉树、八角玉桂、柚子、竹子、柑橘、芒果等10大名特优新经济果木林基地，力争2000年广西经济果木林面积发展到266.67万公顷，以支撑木竹加工、林产化工、木浆造纸、林副产品加工、森林旅游等五大支柱产业发展，全面提高林业的经济效益。为此，各地一方面经过加强幼林抚育管护，巩固造林灭荒成果，提高了造林绿化水平，至1997年经自治区绿化委员会组织检查验收，广西89个县(市、区)都实现了绿化达标。另一方面，针对造林灭荒时各地营造松、杉针叶树种过多，低产林分比例大的情况，积极开展林种树种结构调整，调减针叶树种植面积，大力种植名特优新经济果木林和竹林；大力实施低产林改造，加强中幼林抚育和间伐，大大提高了林分质量。据统计，1995～1998年，广西新造经济林面积27.48万公顷，竹林4.6万公顷，完成低产林改造48.2万公顷。其中，年均完成低产林改造面积是1990～1994年年均完成量的1.6倍。这一时期，广西沿海防护林体系建设工程继续实施。同时，1996年林业部开始启动实施珠江流域防护林体系建设工程，广西被列为工程建设重点省区，1998年开始得到国债资金的支持，有力地推动了广西的林业重点工程建设。

十、1999～2003年

广西林业系统认真实施国家林业局提出的“分类经营，分区突破”及以大工程带动大发展战略，特别是认真贯彻2003年中共中央、国务院《关于加快林业发展的决定》精神，紧紧围绕建设比较完备的森林生态体系和比较发达的林业产业体系目标，采取退耕还林、荒山造林、封山育林、低产林改造、迹地更新等方式，大力推进退耕还林等六大生态工程建设，建设速生丰产用材林和名特优新经济林两大商品林基地，使广西营造林进入了跨越式发展的新阶段。这一时期的营造林工作有以下显著特点：

(一)全面贯彻了分类经营理念。

按照国家林业局的部署，广西于2000年开展了森林分类经营区划界定工作并于2001年完成，按功能需要将广西林地区划为公益林和商品林两大类，要求各地在开展造林营林时必须严格按照区划进行，定向培育森林。各地在营造林工作中认真执行这一规定，即林业生态工程主要在公益林区实施，大力营造公益林，提高森林的生态效益；速丰林、经济林基地建设主要在商品林区实施，通过基地化、集约化培育高标准的商品林，提高林业的经济效益，并禁止在公益林区实施商品林工程。通过分类经营，增强了营造林的目的性，确保了公益林的快速发展。据统计，1999～2003年，广西共人工营造防护林等公益林面积17.2万公顷，占同期人造林总面积的26%，是1978～1998年21年完成公益林造林总面积的1.6倍。

(二)全面实施重点工程带动战略。

期间，除继续实施珠江流域防护林、沿海防护林外，广西还先后启动实施了几个国家级和自治区级重点林业工程，每年重点工程造林占总造林面积的比例从1999年的20%左右提高到2002年以后的50%以上，大大提高了营造林的质量。其中：1998年自治区党委七届六次全会提出“1234610”工作思路，把绿色工程作为实施农业和农村工作6大基础工程中的首要工程，并于1999年启动实施，在道路沿线、河流两岸、居民点四周大力营造竹子、果树和速丰林；1999～2000年，配合广西国定贫困县30万座地头水柜建设，按每座水柜0.067公顷竹子的标准，配套营造了2万公顷竹子和阔叶树，自治区林业局共安排种苗补助经费400多万元；2001年，为改善石山地区生态环境，推进西部大开发建设，自治区实施石漠化生态治理试点工程，并由自治区林业局、计委、财政厅、扶贫办联合编制了广西石漠化生态治理试点实施方案，从这4个部门本级年度预算中安排2500万元，在平果等13个重点石山县实施人工造林1.49万公顷、封山育林26.67万公顷，配套建设沼气池15万座，为广西乃至全国石漠化治理积累了宝贵经验；2001年，国家将广西的东兰县、乐业县列为全国退耕还林工程建设试点县，并于2002年全面启动广西退耕还林工程，到2003年广西退耕还林工程县(市)已达88个，累计完成退耕地造林18.4万公顷、荒山荒地造林22.1万公顷，共得到中央的粮食补助、种苗造林补助和生活费补助等专项资金12.4亿元。2003年自治区又将广西林业生态建设工程整合为六大工程，其中有关营造林的就有退耕还林、重点区域防护林建设(包括珠江流域防护林工程和沿海防护林工程)、石漠化治理等3个工程。由于这些重点工程都安排有国家或自治区数量不等的无偿补助经费，确保了营造林特别是公益林建设的资金投入，缓解了长期以来营造林资金严重不足的矛盾，提高了各地政府和群众的造林积极性，有效地提高了工程造林质量。

（三）速生丰产林得到了长足发展。

广西水热资源丰富，发展速丰林条件优越。但过去由于缺乏优良的速丰林树种资源和成熟的栽培技术，以及相应的木材加工利用产业带动，广西的速丰林发展水平不高，存在着树种单一、单位面积产量低等问题。20 世纪 80 年代中期以前主要是发展杉木、马尾松、隆缘桉等；随后的造林灭荒时期又大量引进发展湿地松等国外松。但这些速丰林的共同特点都是采伐周期太长，短的 10 多年，长的 20 多年，很难满足林业产业发展的需要，特别是不利于吸引社会资金的投入。随着速丰桉在国有东门林场的引进和选育成功，速丰桉从 20 世纪 80 年代后期开始在广西南部得到发展，将用材林的采伐周期缩短到了 5～6 年。特别是 1999 年以后，随着组培、扦插和工厂化育苗技术的日趋成熟，以及天然林保护工程的实施，林浆纸、林板等木材加工利用产业的迅速崛起对木材需求的拉动，广西认真贯彻国家林业局“分类经营，分区突破”战略，将发展速丰林作为林业跨越式发展的突破口，制定了返还育林基金、优先安排低产林改造木材采伐指标、优先安排贷款并由财政予以贴息、保证林木成熟时的采伐指标等优惠政策，鼓励全社会各种主体包括外来投资者，采取荒山荒地造林、退耕还林以及迹地更新、低产林改造等方式，大力发展桉树、相思、大叶栎、任豆、竹子、杂交松等速丰林。据统计，1999～2003 年，广西完成新造速丰林面积 48 万公顷，其中 2001～2003 年以每年递增 31%的速度发展，2003 年首次突破 15 万公顷，每年营造速丰林面积均占当年营造林总面积的 50%以上，而且有 80%以上是短轮伐期速丰林。其中区直国有林场发挥了示范带动作用，场外辐射营造速丰林均占广西完成总面积的 15%以上。

（四）非公有制造林居主体地位。

在宣传发动、政策驱动、示范带动、市场拉动、产业推动等多种因素联动作用下，社会投资造林积极性空前高涨，造林主体呈现多元化，非公有制造林迅速驶入“快车道”，外资企业、个体造林成为热点。1999～2003 年，广西非公有制造林占总造林面积的 70%以上。其中，金光集团、斯道拉恩索公司等外资企业造林超过 5 万公顷。广西营造速丰林面积千亩以上的企业达 50 多家、个体大户 60 多户。

（五）营造林质量管理日趋规范。

按照国家林业局“严管林，慎用钱，质为先”的工作要求，自治区林业局制定了《广西壮族自治区营造林质量考核办法（试行）》等 25 个有关营造林质量管理的制度和管理办法，内容涉及规划设计、种苗造林、检查验收、合同签订、质量管理、招标监理、资金管理、监督举报、档案管理等各个方面，建立健全了造林质量管理体系，对营造林工作实行制度化和规范化管理。特别是，对重点工程造林作业设计实行逐级审查和审批制度；对年度重点工程造林及营造林实绩实行县级自查、市级抽查、自治区复查三级检查验收和通报、考评制度；从 2003 年起，自治区林业局对年度自治区营造林综合核查工作推行招投标制度，每年安排一定专项经费，通过招投标从广西有丙级以上资质的林业调查设计单位中，选择条件较好的若干个单位承担当年广西的营造林综合复查工作，并实行任务包干、经费包干、质量包干，减轻基层接待工作负担；2003 年，又通过招投标确定 3 个监理单位，选择 30 个退耕还林工程重点县试行监理，取得了初步经验。从而，强化了质量监督和控制。同时，大力推广“3S”技术、数据库、多媒体等现代信息技术，加强技术和业务培训，提高各级营林管理干部素质，提高了造林质量管理的科技含量，使管理水平上了一个新的台阶，有效保证和促进了营造林质量的提高。此外，通过推广应用组培苗、容器苗、ABT 生根粉、保水剂、地膜覆盖、配方施肥等抗旱保苗及速生丰产栽培技术，扭转了过去造林受季节限制的局面，基本做到了有雨就可造林，延长了造林有效时间，并提高了造林成活率和保存率，使广西营造林综合质量全面提高。据国家林业局中南调查规划院各年度营造林实绩核查结果，广西人工造林更新核实率从 1998 年的 79%提高到 1999 年以后的 92%以上；作业设计率从 1999 年的 39.4%逐步提高到 2002 年的97.6%；建档率从 1999 年的 82.8%提高到 2002 年、2003 年的 100%；检查验收率从 1999 年的91.9%提高到 2002 年、2003 年的 100%；抚育率从 1999 年的 56.6%提高到 2002 年的 96%；年度营造林实绩综合评分也从 1999 年的 86.71 分提高到 2002 年的 96.99 分、2003 年的 95.47 分，在全国省区市的排名从 1999 年的 23 位跃升到 2002 年的第七位。其中,2002年度退耕还林工程综合评分达98.23分,居全国省区市第二位。

(营林处 陆志星)

【速丰林基地建设】

一、基本情况

广西是中国南方重点林区之一,是一个"八山一水一分田再加一片海"唯一具有沿海、沿江、沿边区位优势的西部省区,是中国速丰林基地建设工程的重点省区和首批三个试点省区之一。随着中国六大林业重点工程的全面启动,广西区党委、区人民政府结合广西的实际情况提出了实现广西林业跨越式发展的具体思路,将速丰林基地建设工程作为广西林业跨越式发展的突破口和林产工业的"第一车间",大力发展速生丰产林,壮大林产工业,增加森林资源总量,缓解木材供需矛盾,促进对生态林的保护,改善广西生态环境。据不完全统计,截至2003年底,累计人工发展速丰林面积达100多万公顷,其中1999~2003年底完成速丰林造林51万多公顷,完成造林投资达16亿多元。

二、广西速丰林基地的发展历程

广西速丰林的发展自新中国成立以来,已渡过了初期、成长期、成熟期,现已进入快速发展期。从20世纪50年代计划经济到80年代市场经济,由绿化荒山、一般造林到发展速丰林是人们认识林业,发展林业的一个过程,也是社会经济发展对林产品需求的过程,这三部曲是实现了分类经营、分类指导转变,是以科学的态度,按自然规律和经济规律来发展速丰林,实现真正意义上的商品林业。

(一)50~70年代的初期速丰林。

50年代,新中国成立后,百废待兴,出现了第一个造林兴旺时期,同时兴建了一批国营林场和集体林场;60年代,由于1958年的"大跃进"、"大炼钢铁"、"大办集体食堂"导致森林被严重破坏,林业生产建设处于极度低潮时期,随着贯彻调整、巩固、充实、提高八字方针,1963~1965年,林业生产建设又一次出现了造林兴旺时期。经过这两个造林时期后,进入70年代,广西各地逐步意识到基地造林的重要性,开始进行杉木林基地造林,各县、乡建立杉木用材林基地,这就是最初的速丰林基地。

(二)80年代的速丰林成长期。

进入80年代,改革开放的春风使林业生产出现了新的活力,广西速丰林发展也逐步成长壮大起来。首先由广西林业勘测设计院规划设计了全区第一批速生丰产用材林基地30.00万公顷。其中融水等17个桂北林区为杉木速生丰产用材林基地,设计规模达到24.23万公顷;合浦等5个县为桉树速生丰产用材林基地,设计规模为2.93万公顷;宁明县和国有派阳山林场为桐棉松速生丰产用材林基地,设计规模2.89万公顷。其次是利用开发性贷款、林业项目贷款、部省联营、厅县联营等项目造林,以及全区的国有林场造林,大力发展松、杉、桉等速生丰产林,据不完全统计,80年代广西营造了14多万公顷速丰林。从此,广西的速丰林逐步走向规模化、集约化经营的轨道。

(三)90年代广西速丰林发展的成熟期。

90年代是广西速丰林发展的一个重要时期。随着改革开放的不断深入,人们物质文化生活水平的不断提高,木材供需矛盾日益突出。为了解决林业投资的不足,扩大森林资源,改善生态环境,党中央、国务院做出重要决策,利用世界银行贷款营造速生丰产林。广西先后实施了世界银行贷款"国家造林项目"(一期项目)、"森林资源发展和保护项目"(二期项目)和"贫困地区林业发展项目"(三期项目)。三个项目分别完成造林9.78万公顷,8.54万公顷和6.99万公顷,完成总投资7.42亿元人民币。项目分布于10个地市的50多个县市,项目高标准、高质量营造的速生丰产林多次得到世界银行检查组专家和国家林业局领导的表扬和肯定。世界银行贷款造林项目的实施,引进了国内外先进的管理方法和造林技术,为广西速丰林建设树立了示范和样板,是速丰林迅速发展成熟时期。建立了组织、计划、种苗、营林、森防等一整套支持保障体系,同时还制定了速丰林建设的有关规定规程和办法,使速丰林建设有章可循,运转有序。

(四)速丰林快速发展期。

90年代末到"十五"期间,随着林种、林产结构的调整,为加快中国造纸工业的发展,推动天然林保护工程的实施和生态环境的建设,妥善解决天然林保护工程实施后出现的木材供需矛盾,保证制浆造纸企业木材原料的供应和中国森林资源的持续增长。国家计委、财政部、国家林业局联合提出了加快造纸工业原料林基地建设的若干意见。为此,广西根据实际情况,实行林纸、林浆、林板、林化相结合,采取"龙头企业集团+农民合作经济组织＋农户”、“公司＋基地＋农户”、“林场＋基地＋农户”等模式，组建企业集团，大股份公司，实施短轮伐期工业原料林基地项目，走“以工促林，以林保工，林工一体”的产业化道路，从而取得很好的效益。如高峰人造板有限责任公司、南宁凤凰纸业公司、三元公司等，都积极在周边地区营造原料林基地，用他们的话说是“搞好第一车间”。尤其是“十五”期间，广西速丰林建设更是上了一个新台阶，已初步形成了国家、集体、企业、个人、联营、外商等多元化投资发展的新格局，已进入快速发展的轨道。

三、广西速丰林的主要成效

从1986年以来，广西速丰林建设取得了蓬勃的发展，森林资源连续清查数据显示，2000年广西用材林为527.94万公顷，比1985年用材林面积351.84万公顷增长了1.50倍，活立木蓄积25820.50万立方米。比1985年森林活立木蓄积19313.60万立方米增长了1.34倍，森林覆盖率从22%增加到41.33%；其中速生丰产林是用材林基地建设的重要骨干工程，1986～2000年，广西共营造64万多公顷速生丰产林，占用材林面积的13.0%；树高生长量比一般用材林提高约20%～100%，特别是广西的速生桉一般年生长量均可达到每亩1.5立方米以上，高的可达4立方米以上，5～6年生即可采伐，每亩蓄积达10立方米以上。进入21世纪以来，在自治区林业局党组的领导下，广西的速丰林发展登上了一个新台阶，2001年营造速丰林8.87万公顷；2002年营造速丰林11.67万公顷；2003年营造速丰林15.38万公顷。全区速丰林的造林成活率在95%以上，幼林平均保存率为90%以上，各项生长指标均达到或超过部颁标准。对面上造林起到了样板示范和辐射作用，推动了广西林业的发展，同时对促进地方经济发展、繁荣山区经济，加速山区人民脱贫致富起到了十分重要的作用。由于大面积的植树造林，提高了森林覆盖率，增加了森林蓄积量，减少了对天然林的采伐，保护了森林资源，对保持水土流失、改善生态环境也起到了十分重要的作用。

四、主要做法和经验

广西速生丰产林基地建设的主要做法和经验是：

(一)发挥区位优势，搞好规划布局。

广西发展速生丰产林有着巨大的优势：自然条件得天独厚；市场前景十分广阔；广西又是中国十四个西部省区中唯一既沿边又靠海的省区，交通便利，通信发达；并且有一支经验丰富的速丰林管理队伍。根据广西各地的自然条件和林产工业的需要，在广西林业“十五”规划中明确规定，2001～2005年全区将通过荒山荒地造林、迹地更新、低产林改造、退耕还林等方式新造速生丰产林66.7万公顷，其中：速生桉、速生相思等短轮伐期工业原料用材林33.4万公顷，良种松、杉等大径级用材林13.3万公顷，红椎、西南桦、任豆树、柚木、拟赤杨等珍贵速生阔叶用材林10万公顷，毛竹、丛生竹等用材林10万公顷。发展布局为：桂北、桂中、桂西重点发展良种松、杉、竹林和珍贵速生阔叶用材林，立地条件合适的地方也可发展速生桉；桂东、桂南重点发展以速生桉、速生相思和良种松为主的工业原料用材林。

(二)依靠科技创新，提高速丰林科技含量。

科技是第一生产力，这在速丰林发展中显得尤为突出，速丰林要大发展，出奇制胜之策在于科技创新和进步。首先，广西区直东门林场就是靠速丰桉的研究与推广，为全场经济的长足发展奠定了良好的基础。目前该场所进行的140多项研究中，已取得了90多项科研成果，并已成为亚洲最大的桉树基因库和中国著名的桉良种繁育生产基地。其次，自治区林科院在结合速丰林工程建设中主要开展了优良速生树种的快速繁殖技术、人工速丰林栽培技术和栽培模式等8个领域的研究工作，目前已取得7项科研成果，其中1项获广西科技进步二等奖。再次，广西钦州林科所、广西大学林学院、博白林场等单位也在速丰林树种及配方施肥等方面进行了多项研究，也取得了一定的科研成果，并推广应用到速丰林建设。第四是广西各地十分注意对现有的先进林业科技成果进行组装配套，大力推广先进的种植方法，使用ABT生根粉和保水剂以及配方施肥等先进技术，确保达到速生丰产目的，极大地提高了速丰林经营效益。

(三)以林产工业为龙头，带动速丰林发展。

速丰林基地建设工程是六大林业重点工程中唯一的产业工程，必须要以市场为导向、以效益为目的，要有大型的林产工业和企业集团作后盾，广西以林产工业为龙头，在有林的地方设厂，有厂的地方造林，大力实施林浆纸一体化战略，使以速丰林为主的工业原料林的销路有根本的保证，极大地调动了社会各界种植速丰林的积极性，大力推动了广西速生丰产林基地建设的步伐。首先组建林业“航母”，搭建对外经济合作平台，加快林浆纸一体化进程。2002 年 10 月成立了广西高峰林浆纸业(集团)有限责任公司(简称高峰集团)，目前该集团已与世界第二大浆纸集团——芬兰斯道拉恩索公司在北海市合作建设林浆纸一体化项目，该项目投资人民币 139 亿元，总规模 100 万吨浆和 100 万吨纸，原料林基地 33.34 万公顷。受此影响，印度尼西亚金光浆纸集团也到广西参与林浆纸建设，计划建设规模为 180 万吨浆和 310 万吨纸，原料林基地 60 万公顷，总投资近 500 亿人民币。其次是走“以工促林、以林保工、林工一体”的产业化道路。广西现有林产工业企业 13000 多家，其中大中型林产工业企业有 15 家，每年消耗木材达 800 多万立方米，这巨大的市场需求是速丰林发展的动力源泉。预计经过 3～5 年的发展，广西的林浆纸和林板产量将分别达到 100 万吨和 300 万立方米以上，实现产值 110 亿以上，将有力地促进广西速丰林的发展。

(四)以国有林场为主体，辐射发展速丰林。

国有林场是广西林业的“半壁江山”。广西现有国有林场 151 个，干部职工 4 万多人，他们历来是广西林业建设的“排头兵”，充当速丰林造林的主流，利用自身所特有的政策优势、技术优势、资金优势等与周边乡村开展联营或租赁集体林地进行林场外辐射造林。近年来区直属国有林场实施场外辐射营造速丰林势头很猛，2002 年为 1.5 万公顷，2003 年达到 2.16 万公顷，相当于每年新造一个国有林场。像东门、高峰、博白等林场还打出了自己的品牌，占领市场，自规划设计，到种苗培育、造林定植、抚育管理、木材采伐“一条龙”生产，形成了“一场一品”。为广西速丰林建设树立了良好的造林形象，起到了良好的样板示范作用，带动了当地群众的速丰林建设，推动了广西速丰林的发展。

(五)出台优惠政策，促进非公有制速丰林发展。

广西各级党委、政府对发展非公有制速丰林一直都很重视，积极改善投资环境，以市场为导向，出台了一系列鼓励发展非公有制速丰林的优惠政策，让投资非公有速丰林的社会各界吃了“政策长效丸”，为非公有林发展营造了适宜的环境。目前，广西个体造林户多达 300 多万户，近年来，每年的速丰林造林面积中有 60％以上的是非公有林，其中 2003 年达 78％。据估计，在广西从事非公有制速丰林经营的约有 1500 万人。这支队伍里有干部、职工、工人、农民、教师，也有城市居民和个体经营者，还有一些归国华侨和外商，各个社会阶层看好速丰林，积极投身非公有速丰林建设，广西速丰林发展呈现出欣欣向荣的景象。

五、发展规划与展望

在今后的速生丰产林基地建设中，广西的发展规划与展望是：

(一)加大力度，拓宽渠道，争取大资金、大项目发展广西速生丰产林。

认真贯彻落实中共中央、国务院“关于加快林业发展的决定”、全国重点地区速生丰产林规划的要求和广西林业 2010 年规划精神，充分利用好广西的自然资源优势，加快速生丰产林的发展，进一步解放思想，克服“等、靠、要”的思想，立足本地，广开门路，全面开放，创造条件，提供优质的投资环境和造林服务，加大招商引资力度，积极争取速丰林造林的大资金、大项目，多渠道地积极筹措资金发展广西速生丰产林。目前，主要是全力以赴争取实施“世行贷款广西综合林业发展和保护项目”。创造机会，积极参加国家林业局利用世界银行贷款进行“中国人工林资源培育项目”(暂名)，大力培育短周期商品人工林。

(二)认真完成广西速丰林总体规划设计工作。

早在 80 年代广西就完成了“七五”广西速丰林基地造林总体规划设计，10 多年来，经过造林灭荒和绿化达标的大规模造林后，林地利用改变非常大，需要重新规划广西速丰林造林基地，以满足广西速丰林建设的需要。

(三)制定广西各主要速丰林造林树种的技术标准。

以前的一些速丰林造林树种技术标准，经过多年的实践，已证明不再适合当今速丰林的造林，而且根据现代速丰林发展的需要，一些新的速丰林造林树种还没有造林技术标准。因此，必须尽快制定出适合广西的速丰林造林树种的技术标准，使广西速丰林建设有一个科学的准则。

(四)搞好龙头企业林浆纸一体化项目原料林基地区划。

自治区政府决定利用外资在沿海的钦州、合浦各建设一个大型林浆纸一体化项目，并配套建设沿海地区林浆纸工业原料林基地93.33万公顷。为加快原料林基地建设，确保沿海林浆纸项目顺利实施，区政府拟将原料林基地进行分区布局：钦州项目基地60万公顷，合浦项目基地33.33万公顷。范围包括北海、钦州、防城港、玉林、贵港、南宁、崇左市的38个县(市、区)，其中钦州项目基地23个县，合浦项目基地15个县。

(区林业局速丰站　刘海龙)

【经济林建设】

一、概述

广西地形地貌以低山丘陵为主，土壤多以砂岩、砂页岩、花岗岩、变质岩为母质发育而成的酸性红壤土或黄壤土，土层深厚，土质疏松，腐殖质多、排水良好、土壤pH值多为4.0～5.5之间。植被多以五节芒为主的高草群落或土壤湿润的灌木林地以及有铁芒箕群落生长茂盛的酸性土。

广西独特的地理气候条件，孕育了广西极为丰富的植物资源，全区维管束植物达228科1717属8354种。以果品、木本油料、调香料、木本药材、工业原料、森林食品等为主要的经济林植物达4000多种，目前已作为经济林规模生产开发，具有较好利用前景和较高经济价值的主要经济林树种有46科81属116种。

经济林是中国五大林种之一，根据《森林法》及其实施细则规定，经济林是指以生产果品、食用油料、饮料、调料、工业原料和药材等为主要目的的林木。国家林业局在针对经济林的调查统计中，把经济林划分为：果品类(包括干果和鲜果)、木本油料类、工业原料类、调香料类、饮料类、木本药材类、森林食品类和其他等八大类。

广西在丰富的经济林品种资源中，栽培历史悠久、在全国较著名的传统品种有：八角、玉桂、油茶、油桐、紫胶、龙眼、荔枝、芒果、沙田柚、柑橙、李、板栗、银杏、月柿等几十种，其中部分为广西原产地品种。经济林原产品和一些经加工的经济林产品，如八角、茴油、桂皮、桂油、松香、栲胶、高级食用精炼茶油、桂圆、热带果品等，在全国乃至世界享有盛誉。

广西经济林发展历史和传统经济林品种的人工栽培历史可以追溯到1500多年以前，如广西最著名的经济林——八角、肉桂，最早的史料记载见于秦汉时期。唐朝的孙思邈在其著作中对广西原产的八角做了描述。南宋范成大在其所著的《桂海虞衡志》中，便有"八角茴香，北人得荐酒，少许咀嚼，甚芳香，出左右江洞(峒)中(今广西龙州、凭祥、百色、田阳等地)"的记载。广西以八角、肉桂为主要品种的天然香料在明朝时已远销欧洲，享有"南宁八角"、"天保茴油"之美誉。

历代政府对传统的经济林种植和推广做了大量的工作，经济林的人工栽培从原产地山区逐步扩大到广西大部分的生长适宜区，为推动地方经济的发展和物质贸易交流起到极大的促进作用。但由于生产力发展和科技进步的局限性，经济林的生产和管理基本处于自发、分散、粗放经营的状态，生产规模和产量较低。解放初期，广西经济林总面积仅为14.58万公顷，主要经济林品种的面积和产量分别为：八角0.39万公顷、年产干果2310吨、茴油310吨；肉桂1.15万公顷、年产桂皮3500吨、桂油21吨；油茶5.44万公顷、年产油茶籽60000吨；油桐4.2万公顷、年产油桐籽28840吨；松脂990吨；白果580吨。

新中国成立后，广西经济林经历了几个发展阶段，"七五"期以前，受"三年困难时期"和"文革"影响，经济林发展较为缓慢，"七五"期末，广西经济林保存面积为67.33万公顷。从"八五"期开始，随着国家改革开放的扩大和不断深入，广西林业建设进入了一个新的历史发展时期，结合全区造林灭荒和绿化达标建设，广西经济林的种植在全社会兴起热潮。到"八五"期末，广西经济林种植面积已达143.33万公顷，同比上期增加76万公顷，增长112.8%。"九五"期间，经济林的发展继续保持较快的增长势头，到"九五"期末，广西经济林种植保存面积为184.33万公顷，与"八五"期同比增加41万公顷，增长28.6%。"十五"期间，广西经济林发展以结构调整为主，在实施低产经济林改造的同时，积极引进和发展名特优新品种，实现经济林生产的稳步增长。与此同时，广西经济林在科研开发、产业利用方面同步发展，经济林产业全面提升。至2003年，广西经济林种植保存面积为209.4万公顷，经济林总面积居全国各省区前列。经济林初级原产品年产量440万吨，实现年总产值100亿元。在经济林的产业发展上，一些高端精细加工产品，如精炼高级烹调茶油、化妆品级精炼茶油、天然香料精油等已进入规模生产，并取得较好的经济效益。

二、经济林品种的面积、产量及主要产地

2003年，广西主要经济林品种的面积、产量及主要产地情况：

(一)八角。

面积35万公顷、年产八角干果8.7万吨、茴油2100吨,主要产地包括防城、上思、东兴、藤县、苍梧、岑溪、蒙山、八步、昭平、灵山、浦北、上林、武鸣、隆安、横县、天等、大新、龙州、宁明、凭祥、兴业、福绵、容县、北流、陆川、博白、平南、桂平、金秀、融水、三江、德保、那坡、右江、凌云、靖西、乐业、田林、平果、凤山、天峨等县(市区)及自治区直属博白林场、大桂山林场、派阳山林场、六万林场、高峰林场、雅长林场。

(二)肉桂。

面积14万公顷、年产桂皮2.4万吨、桂油约1000吨,主要产地包括防城、东兴、上思、平南、桂平、藤县、苍梧、岑溪、蒙山、容县、陆川、博白、那坡、巴马等县(市区)及自治区直属高峰林场。

(三)油茶。

面积34.7万公顷、年产茶籽15万吨,主要产地包括三江、融安、融水、鹿寨、平乐、龙胜、资源、阳朔、荔浦、永福、昭平、八步、钟山、富川、田东、田阳、右江、凌云、东兰、巴马、凤山、环江、岑溪等县(市区)。

(四)油桐。

面积17.3万公顷、年产桐籽15.8万吨,主要产地包括田林、西林、隆林、乐业、天峨、融水等县和自治区直属雅长林场。

(五)松脂。

生产松脂的松类树种分布广西各地,年产量33.6万吨,主要分布广西南部和东南部地区。

(六)板栗。

面积9.5万公顷、年产量6.3万吨,主要产地包括隆安、东兰、天峨、南丹、扶绥、八步、永福、平乐、武宣、融安、凌云、隆林等县(区)。

(七)银杏。

面积3.3万公顷、年产量0.23万吨,主要产地为兴安县和灵川县。

(八)月柿。

面积3.4万公顷、年产量27.7万吨,主要产地包括恭城、平乐、钟山、宜州、凤山等县。

广西经济林建设在资源培育和产业发展上都有较大的突破,特别是经过"十五"期的发展,经济林面积总量跃居全国第一;八角面积和产量占全国85%以上;肉桂、松香、松节油、栲胶的资源和产量占全国50%以上;油茶、油桐、银杏等传统经济林种植面积和产量在全国名列前茅,并占有较大份额,产业加工和产品物流得到进一步提升。

(营林处　尹国平)

【封山育林】

一、概述

封山育林是广西传统的培育森林的一种方法,它是将长有疏林、灌丛、散生树木和树蔸的地块封禁起来,避免人为活动和牲畜破坏,借助林木天然下种或萌芽能力恢复和培育森林植被。解放前,人民群众特别是桂北地区天然杂木林或丛生竹林实行封育使之成为防护林,叫做后龙山风水林。为了把封山育林与封山护林区分开来,1951年广西人民政府提出实行封山育林,扩大森林面积,50年代末自治区林业厅给封山育林下了个定义,即通过封育,凡能扩大有林面积的都称封山育林,不能扩大森林面积的称封山护林。封山育林简便易行,用工少,见效快,一般封育3～5年,便可恢复成林,是恢复发展森林的一种有效办法。解放后,广西积极提倡封山育林。1987～1997年的造林灭荒和绿化达标期间,在全面总结过去封山育林经验教训的基础上,实行工程封山育林的办法,管理规范,措施具体,成效显著。1998年将封山育林列入珠防林、海防林工程项目实施。总体来讲,广西的封山育林工作大体可分为三个阶段:即一般封育阶段、工程封育阶段和重点封育阶段。

二、一般封育阶段

广西民间向有封山育林习惯。所谓一般封育,是指采用常规措施,根据不同的封育对象,采取"死封"、"活封"和"轮封"三种不同的形式。"死封"是全面长期封禁,一般封禁5～7年,多的10～15年,也有长期封禁的。这种方法多用于远山、高山、江河上游和水库周围以及水土流失严重地区,还包括村庄附近的"风水山"、"社头山"等;"活封"是按季节封或按树种封,按季节封是在草木萌芽期和草木种子成熟期封禁,其余时间不封;按树种封是只封经济价值高的目的树种,非目的树种不封。"轮封"是把封禁地分区划片,轮流封禁。"死封"需要严密措施,只在特定地方采用。"活封"和"轮封"灵活性大,采用较多。

解放前,广西的封山育林主要是群众沿用传统习惯,对村庄周围的风水山、后龙山、社头山、风景树以及路旁的树木等进行封禁管护。解放后至1986年,是封山育林局部自发到政府号召阶段,但无具体规划设计,没有措施和要求,没有经费补助，封育年限不定，时断时续。仅限于划一个范围，出一张布告，订一个村规民约而进行一般的管护，封育效果不显著。解放初期，广西省人民政府就提倡封山育林，1950年3月广西省农林厅第一次召开农林场场长会议时，就提出了“有计划地实行封山育林”。同年6月广西人民政府发布了护林办法布告，规定“严禁放火烧山，挖掘树根，各地村庄应划分固定牧牛场，以便封山造林。”1955年广西根据党中央提出绿化全国的指示，制定了绿化广西的方案，又明确规定了造林和封山育林的具体任务。在各级党委和政府的重视和提倡下，广西普遍开展了封山育林工作，“一五”期间(1953～1957)全区封山育林290万亩。1959年11月广西召开林业工作会议，正式提出林业工作应以“以造林为主”、“植封管并重”的方针，把封山育林与造林、护林列为同等重要的地位。各地认真贯彻这一指导思想，抓好封山育林工作。如藤县、岑溪、容县和全州县的才湾乡、浦北县的龙门镇、宁明县的桐棉乡等，在60年代就开始封山育林。据统计60年代初期，全区平均每年封山育林180多万亩(含部分护林面积在内)。

1978年党的十一届三中全会以来，党中央、国务院和自治区党委、政府十分重视林业工作，广西封山育林的步伐大大加快，每年封山育林面积达225万～300万亩。1980年3月中央发出了“关于大力开展植树造林的指示”，要求各地大搞造林运动，同时提出“积极开展封山育林”。广西于1986年在全州县召开贷款造林、封山育林和合作林场经验交流会，把封山育林列为会议的中心任务之一，会议总结推广全州县以自然村为主的封山育林经验，提出“要把封山育林作为振兴广西林业的战略任务来抓，加快国土绿化步伐”，并且提出了具体的措施。此后广西封山育林有了较快发展。据统计，解放初期到1986年全区累计封山育林4195万亩，其中已经封育成林1630万亩。

进行封山育林一般要求制订有村规民约，主要规定村民需要共同遵守以及违犯如何处罚等内容。如规定封山育林区内，实行“七不准”即不准砍柴、打枝、割草、开垦、放牧、挖土、取石等，违者处以没收柴草、刀斧、罚款或请全村看一场电影或吃一顿饭等处罚。由于村规民约由村民自己制定，绝大多数都能自觉遵守，对封山育林的管护起到了很好作用，使封山育林由“官封”变成了“民封”。

三、工程封育阶段

1987年，广西区党委、政府作出了《关于保护森林、发展林业，力争十五年基本绿化广西的决定》，后来明确提出在1995年前消灭全区宜林荒山，至2000年基本绿化广西大地。为加快造林灭荒步伐，从1987年开始，广西对封山育林实行补助政策，使广西的封山育林工作从过去群众自发的零星分散到政府补助的连片大规模封山。1987年、1988年广西林业厅每亩补助0.3元，地、市、县配套0.2元。1989年广西林业厅每亩补助0.4元，地、市、县配套0.5元。1990年后广西林业厅每亩补助0.5元。由于认识到了封山育林对加快造林绿化的作用，在1989年编制《1989～2000年广西造林绿化规划》时，面对规划造林7990.5万亩的艰巨任务，根据广西的自然条件优势和林情，将封山育林作为使规划变成现实的重要途径。在规划措施中明确提出，把封山育林提到与人工造林、飞播造林同等重要的位置，规划封山育林2251.5万亩，占规划造林总面积的28.2%。

为进一步加快封山育林步伐，确保1995年广西造林灭荒目标的实现，在总结过去封山育林经验的基础上，从1989年开始，在全区范围内对封山育林实行工程化管理，即实行工程封山育林，使封山育林从过去的分散、小片、每年数万亩、几十万亩发展到几百万亩甚至上千万亩。工程化封山育林就是将封山育林作为一项工程项目来建设管理，一般要求连片规模2万亩以上，做到有规划设计、有专职护林员、有村规民约、有固定标准地、有宣传碑牌、有资金保证、有检查验收和效益评估等。工程封山育林的主要做法是：首先，搞好规划设计，将封山育林地块落实到小班，到山头地块，并形成图文表齐全的设计说明书上报区林业厅，凡连片规划达2万亩以上的，由林业厅审批下达任务，列入工程封山任务。其次，安排补助经费，多渠道筹集资金。对列入工程封山任务的先拨给30%的工程启动经费，年底经组织检查验收，按合格面积一次结算工程项目补助经费。补助标准为林业部、林业厅联合补助0.5元/亩，地方按1∶1配套。再次，采取综合措施强化管护工作。一是县、乡、村层层成立封山育林指挥机构，设立办公室，建立目标责任制；二是建立封育特区突破难点，主要是将村庄附近、公路沿线、河流沿岸人工稠密、森林破坏严重、封山育林难度大的地段作为封山育林特别管理区，采取“三强化”措施强封严管，即强化封山、强化造林、强化管理，确保成效；三是建立规章制度，县政府发布封山育林布告，乡村制订村规民约，封山育林实行“七不准”，即不准砍柴、不准割草、不准打枝、不准割松脂、不准开荒、不准烧山、不准铲草皮；四是组建队伍巡山护林，每3000～4000亩配备一名专职护林员，上岗前经过林业部门短期培训，建立岗位责任制和考勤、奖罚制度等，充分调动护林员积极性；五是改燃节柴，保护森林。通过推广省柴灶、以煤、以电代柴，建设沼气池等，改善农村能源结构，减少森林资源消耗。最后，严格检查验收，及时兑现补助。在各县自查基础上，每年广西林业厅都组织检查验收组对工程封山育林进行抽查，根据抽查结果兑现补助资金。

1989年，岑溪县率先在残次林面积大、宜林荒山多的主要公路沿线和江河两岸地区建立封山育林“林业特别管理区”，采取严格的管护措施，如成立林业特别管理区指挥部，组织统一着装的护林纠察队，死封3～5年，对特别管理区内的荒山限期绿化，不愿造林或逾期不造者，征收原承包者延误绿化费每公顷450元，并收回荒山归集体经营，对砖瓦窑严加管理，属商品性的砖瓦窑不得烧柴草，一律改烧煤，违者重罚并予以封闭。这一成功做法很快在全区其他地方推广。如藤县成立林业特别管理区指挥办公室，并编制出版《藤县公路沿线林业特别管理区简报》，专门刊登封山育林林业特别管理区的工作进展情况，有力地促进了封山育林工作的开展。

1989年广西林业厅下达500万亩封山育林计划，其中土山300万亩、石山200万亩。当年冬在横县召开全区封山育林工作会议，分等级奖励38个县(市)，其中获一等奖的有：平果、天峨、全州、岑溪、藤县、玉林、容县、上思、横县、武鸣10个县，获二等奖的有：德保、罗城、忻城、恭城、昭平、贺县、陆川、北流、钦州、马山、临桂、柳城、苍梧、合浦14个县，获三等奖的有：田阳、西林、凌云、南丹、东兰、融安、金秀、荔浦、兴安、资源、钟山、大新、天等、灵山14个县。1990年冬又在藤县召开全区封山育林现场经验交流会，分等级奖励27个县，表扬17个县，其中获一等奖的有：藤县、容县岑溪、金秀4个县，获二等奖的有：永福、北流、钟山、浦北、上思、融安、那坡、武鸣、贺县、昭平10个县，获三等奖的有：横县、钦州、平乐、资源、天峨、隆安、马山、南丹、德保、苍梧、忻城、柳城、临桂13个县。由广西林业厅颁发“封山育林先进县一、二、三等奖”奖旗，分别给予5千元、3千元、2千元的奖励。这两次会议有力地推动了广西封山育林工作的开展。如龙胜县人民政府1989年出台了《关于我县造林、封山育林和节能工作的暂行规定》，其中对封山育林的规划、管护、档案、验收、补助等作了一系列的规定，每亩付给劳务费0.4元、管理费0.6元，视林种不同经验收合格后每亩补助3～5元。

1990年，广西开始把封山育林当做一项重要的造林工程列入全区造林绿化规划，编制了《广西壮族自治区1991～1993年封山育林工程规划》，规划在35个重点县封山育林3100万亩。各级领导把封山育林摆上重要议事日程，真抓实干。各县(市)普遍开展封山育林规划，编制实施方案，落实封育地点、范围和面积。林业部在藤县、永福县、平乐县联合建立封山育林示范区。全区共有7670个村制订有关封山育林村规民约，有长久性标语2152块，设置固定标准地3471块，多数县建立了技术档案。同时进一步充实了护林力量，全区有护林员1.51万人，做到村村有人抓，山山有人管。据统计，1989年当年新封4万～5万亩的县有21个，1990年新封10万亩以上的县有23个，其中藤县封育39万亩。1991年广西林业厅制定了《广西壮族自治区林业厅封山育林工程检查验收暂行办法》，进一步加强工程封山育林的建设和管理，使广西的封山育林进入了大规模、规范化的工程管理阶段。1991年、1992年广西林业厅分别单独下达封山育林计划任务1300万亩和1269万亩，每亩补助0.5元。同时，1992年林业部安排九万山贫困地区的罗城县、环江县、龙胜县、资源县、融安县、融水县工程封山育林40万亩，每亩补助2元。有资金补助的工程封山育林，使各地封育积极性空前高涨，封育面积由1990年前的每年200万～300万亩猛增到1991年的1313万亩、1992年的1730万亩。至1992年底全区共封育3682.5万亩，基本完成4000多万亩土山封山育林任务。

封山育林的成效与农村能源建设紧密相关。为减少森林资源消耗，巩固封山育林成果，自治区人民政府采取断然措施，从1990年开始在全区范围内开展改燃节柴工作。将自治区农村能源办由挂靠农业厅领导改为挂靠林业厅领导，改燃节柴从此走上了快车道。刚开始时，很多县林业局建办煤厂，为城镇机关单位、职工提供煤球。1990年10月，林业部高德占部长在广西视察时指出，广西把封山育林与农村能源改燃节柴结合起来，封山育林成效显著，这是发展林业的一个重大突破。至1995年，全区农村完成了省柴灶推广普及任务。1997年以来，广西农村又大力推广以沼气池为主，以太阳能、小水电为辅的农村能源建设，农村能源结构得到极大改善。截至2003年底，全区累计完成改燃节柴804万户，占全区农户总数的95.8%。全区“三窑四坊”及烤烟房节能技改30万多座，占总数的92%以上。95%以上的城镇居民实现了以煤、电、气代柴或改燃节柴。已建成沼气池214多万座，占全区农户总数的25%。推广太阳能热水器7.09万平方米。开发利用小水电累计达4万多台，年发电量近7000万千瓦。农村用液化气户数达243多万户，农村生活用能中液化气占34.16%，取代传统薪材上升到第一位。据测算，经过改燃节柴，形成了年节约薪柴1000万吨的能力，折标准煤400万吨，相当于保护350万亩的森林资源免遭砍伐，有效地巩固了封山育林成果。

石山是广西封山育林的一个重点。1992年制定了《广西石山区工程封山育林规划》，规划1993～1995年石山封育3420万亩，其中1993年1050万亩、1994年1200万亩、1995年1170万亩。同年，下发了《关于建立工程封山育林技术档案的通知》，对档案建设作了具体规定。1993年起转入石山工程封山育林，当年区林业厅专门下达了马山、大新等15个县120万亩的石山工程封山育林计划，自治区每亩补助0.5元。1994年，继续扩大石山地区封山育林规模，在永福、阳朔、罗城、大化、凌云、德保、平果、那坡、龙州、隆安、马山11个县建立部、自治区、地区、县四级石山工程封山育林示范区124万亩，经验收合格的每亩补助1元。示范区把石山封山育林与扶贫开发、生态环境保护结合起来，采取统一规划、统一管理，制订村规民约，抓好改燃节柴，配备专职管护人员等措施。同年，制定了《广西1995～2000年石山区工程封山育林规划》，规划在35个石山重点县封育3000万亩。1995年在马山、大化、龙州、平果、凌云等19个县，实施石山封山育林，共封育242万亩。对漓江、资江两岸以及龙胜温泉旅游区四周的林木实行特别管理，建立部、自治区、地、县四级示范区。林业部1995年补助自治区石山封育64万元、1996年补助105万元。

1997年，根据林业部发布的《封山(沙)育林技术规程》，广西林业厅制定《广西壮族自治区封山育林调查设计工作方法(试行)》和《广西封山育林检查验收办法(试行)》，并逐级举办学习培训班进行贯彻落实。阳朔县被林业部列为全国石山封山育林试点示范县，试点面积11.2662万亩，主要分布在桂阳公路沿线和漓江两岸的石山地区。兴安县被列为全国竹林封山育林基地县，封育规模10.5万亩。同年，林业部下达自治区石山封山育林任务190万亩，补助55万元。

截至1998年底，全区实有封山育林面积6307.5万亩，其中封育成林面积4415.2万亩。至1999年完成石山封山育林3000多万亩，其中工程封山育林1600多万亩。已有近1000万亩石山的灌木覆盖率达20%以上。1990～1998年林业部累计扶持自治区封山育林经费1073万元，广西林业厅补助1322万元，地县乡各级配套2000多万元。

四、重点封山阶段

1998年，制订了广西1999～2005年封山育林规划，计划每年新封育面积225万亩。把石山分布较广的大新、隆安、大化、都安、靖西等33个县(市)列为封山育林重点县。随后又制订了1999～2010年封山育林规划，计划封山育林3000万亩。

随着国家对重点防护林工程建设投资力度的加大，从1998年起，在珠防林工程国债项目中开始安排封山育林任务，2000年开始在海防林工程国债项目中安排封山育林任务，每亩均按10元标准(连封五年)进行补助。从此，广西的封山育林工作进入了重点工程项目阶段。列入重点防护林工程的封山育林建设和管理更加严格、规范。首先要按照《广西壮族自治区重点防护林工程县级作业设计操作规程(试行)》做好封山育林作业设计，经自治区林业局审批后实施。从2002年起，对作业设计实行专家会审制度，严把质量关。严格实行按计划设计、按设计施工、按标准验收制度，凡是在实施过程中变更原设计的，都要上报并经自治区林业局批准。同时，实行严格的检查验收和通报制度，自治区林业局对每个项目县都进行检查验收，并将检查结果通报全区。国家每年也进行营造林实绩核查和通报。2002年自治区林业局下发了《关于加强珠防林工程项目封山育林工作的通知》(桂林营发〔2002〕28号),要求进一步抓好封山育林工作。据统计,1998~2003年珠、海防林工程项目共安排封山育林面积205.37万亩。

(营林处　尹国平)

生态工程建设

【退耕还林工程】

一、基本情况

实施退耕还林,是党中央、国务院站在国家和民族长远发展的高度,着眼于经济和社会可持续发展全局作出的一项重大战略决策,是为合理利用土地资源、增加林草植被、加快水土流失治理、再造秀美山川、维护国家生态安全,实现人与自然和谐共进而实施的一项重大战略工程。2000年1月,中央将退耕还林列为西部大开发的重要内容,并作为西部大开发的根本和切入点,目的就要是从根本上改变中西部地区生态环境,保障西部大开发战略的顺利实施。退耕还林工程又是目前我国涉及面最广、政策性最强、工序最复杂、群众参与度最高、农民得实惠最多的生态建设工程。该工程于1999年在四川、陕西、甘肃3省开始试点,随后逐步扩大试点范围,2002年起在全国25个省区市全面实施。

为了实施好退耕还林工程,国务院下发和颁布了一系列文件、法规。2000年9月,国务院下发《关于进一步做好退耕还林还草试点工作的若干意见》(国发〔2000〕24号),2002年4月,国务院又下发《关于进一步完善退耕还林政策措施的若干意见》(国发〔2002〕10号),有力地推进了这项工作的顺利开展。2002年12月,国务院颁布《退耕还林条例》,将退耕还林纳入法制化、规范化管理轨道。

为了确保退耕还林工程的顺利实施,中央制定了一系列优惠的政策措施,提出了"退耕还林(草)、封山绿化、以粮代赈、个体承包"的政策措施,这些政策措施主要有:

——国家无偿向退耕户提供粮食、现金补助、种苗和造林费补助。一是每亩退耕地每年补助150公斤粮食,补助年限为经济林补助5年,生态林补助暂按8年计算;二是每亩退耕地每年补助20元现金,补助期限与粮食补助期限相同;三是每亩退耕还林、宜林荒山荒地造林一次补助种苗造林补助费50元。

——减免退耕地的农业税和农业特产税。一是凡退耕地属于农业计税土地的,自退耕之年起,对补助粮食达到原常年产量的,国家扣除农业税部分后再将补助粮食发放给农民;补助粮食标准未达到常年产量的,相应调减农业,合理减少扣除数量。退耕地原来不是农业税计税土地的,无论原来粮食产量多少,都不得从补助粮食中扣除农业税。二是减免退耕还林所得的农业特产收入的农业特产税。

——落实个体承包政策和发放林权证政策。一是实行"谁退耕、谁造林、谁经营、谁受益"的政策,即把造林任务承包到户、到人,谁造林、谁所有、谁受益,建立健全责任制,明确造林权益,落实管护措施。二是退耕还林后要发放林权证,确认所有权和使用权,并依法办理土地变更登记手续(由耕地变为林地),土地经营承包期限可以延长至70年。

——退耕还林实行"五到省"、"三到户"政策。即退耕还林的目标、任务、资金、粮食、责任五项全部安排到省,粮食、现金补助和种苗造林补助费三项全部落实到户。

退耕还林工程建设是我国的一项林业工作重点。国家林业局提出新时期我国林业发展战略"实施六大工程","实现五大转变"。"六大工程"之一就是退耕还林工程,"五大转变"之一就"由毁林开垦向退耕还林转变"。退耕还林工程已纳入国民经济和社会发展计划,中央投资预计将超过3000亿元,至2003年投资已达300多亿元。同时,退耕还林工程也是一项重要的营林工程,其造林任务占全国年度造林总任务的70%以上,是国家林业局每年的工作重点之一。

广西地处珠江流域西江水系中上游,境内珠江干流长度和流域面积均占珠江主干流总长和总流域面积的一半左右,生态地位非常重要。特别是,珠江干流——红水河是广西的"母亲河",可开发的水能资源丰富,被誉为中国水电的"富矿"、"能源的宝库",被国家列为优先建设的三大水电基地之一,国家在红水河流域规划建设龙滩、天生桥、岩滩、大化、百色、恶滩、平班等十几个梯级水电站,现已建成发电7座,正在建设的龙滩水电站是中国继三峡水电站之后的第二大水电站。同时，广西属典型的岩溶地貌，矿产、旅游等自然资源丰富。广西岩溶石山分布面积7.88万平方公里，占广西总面积的33%。广西石漠化面积达3000多万亩。因此，发展林业，大力实施退耕还林等生态工程建设，保护和改善广西的生态环境，不仅对保障广西的生态安全，保障国家西电东送战略的实施，而且对维护珠江下游乃至整个华南地区、港澳地区的生态安全都有着十分重要的意义。

广西2001年被列为全国退耕还林试点省(区)，在东兰、乐业两个县开展退耕还林试点工作，2002年工程全面启动，至2003年广西有88个县(市、区)和14个广西壮族自治区区直林场实施。至2003年，国家累计投入广西退耕还林近12424万元。为确保退耕还林工程的顺利实施，2001年自治区人民政府下发了《关于切实做好广西退耕还林还草试点工作的意见》(桂政发〔2001〕59号)，2002年下发了《关于进一步完善退耕还林政策措施的若干意见》(桂政发〔2002〕56号)。退耕还林工程也是当前广西最大的生态建设工程，是一项涉及"三农"问题的重大建设工程，同时也是林业及其他有关部门的一项工作重点。

二、广西退耕还林工程建设范围

广西退耕还林工程建设布局为四大治理区。一是红水河梯级电站库区县治理区，处于珠江中上游的红水河梯级电站库区，包括15个县(市、区)；二是石漠化治理区，是广西岩溶石山集中的地区，包括17个县(市、区)；三是桂北旅游生态环境治理区，是广西旅游资源集中的地区，包括23个县(市)；四是桂南、桂东水土流失治理区，包括33个县(市、区)。

三、广西退耕还林工程建设任务

2001～2003年国家共安排广西工程建设任务608万亩，其中：退耕地还林276万亩，荒山荒地造林332万亩，任务安排涉及广西14个地级市，88县(区、市)和14个广西壮族自治区区直国有林场。各年度的任务是：

2001年度试点任务18万亩(其中退耕地还林6万亩，荒山荒地造林12万亩)，在东兰、乐业两个试点县开展。

2002年240万亩(其中退耕地还林和荒山荒地造林各120万亩)；在64个工程县(区、市)实施。

2003年度350万亩(其中退耕地还林150万亩、荒山荒地造林200万亩)，安排88个县(市、区)和14个区直国有林场实施。

广西退耕还林工程建设任务完成情况 2001～2003年，累计完成工程面积607.2万亩(其中退耕地造林276万亩，荒山造林331.2万亩)，目前退耕地还林保存面积275.3万亩，保存率99.75%，荒山造林保存面积320.7万亩，保存率96.84%。

四、广西退耕还林工程补助政策兑现情况

2001～2003年，国家共安排广西的退耕还林各项补助经费124240万元，其中：种苗和造林补助费30400万元，生活补助8160万元，补助粮食折款85680万元。广西退耕还林涉及农户69.5万户，农民300多万人。累计兑现补助粮食46426.4万公斤、现金补助4615万元、种苗和造林补助30400万元。自治区财政累计安排工作经费1660万元，县级财政安排了1376万元。

五、广西退耕还林工程工程建设成效

经过3年来的实施，广西退耕还林工程建设取得了显著成效，生态开始改善，经济效益日益显著，社会影响不断深入人心。

(一)生态效益显著。

一是大量坡耕地已停耕，减少了水土流失面积。2001～2003年，广西完成退耕地还林面积276万亩，这些坡耕地已全部停止耕作，减少严重水土流失面积276万亩。二是迅速提高森林覆盖率，进一步控制水土流失和石漠化。通过近几年的退耕还林，广西增加森林面积607万亩，广西的森林覆盖率提高1.7个百分点，工程区森林覆盖率提高1.8个百分点。而且完成的工程建设面积大多分布在红水河梯级电站库区、石漠化地区等生态区位重要地区，使这些地区的森林面积迅速增加，将更有效地控制水土流失和石漠化，逐步扭转生态恶化的趋势。

(二)经济效益显著。

一是促进农民近期和长远增收。退耕还林直接促进了农民短期内增收。2001～2003年，广西已得到国家各项退耕还林补助12.424亿元(含补助粮食折款)，这些补助全部兑现到农民手中，直接增加了农民的收入，广西3900多万农民人均30元，其中项目区3600多万农民人均33元，对当地经济的发展也产生了一定的拉动作用。同时，退耕还林从长远上确保了农民增收。广西各地在实施退耕还林时，大力营造生态效益、经济效益兼优的生态树种或兼用树种，确保林木长成后有一定的经济收益。二是有力地推进农业结构调整。通过实施退耕还林工程，调整了农业结构，减少产量低而不稳的甘蔗、玉米、木薯等的种植面积，大面积发展了广西的名特优树种八角、玉桂、任豆、喜树、油茶和桉树、相思、西南桦等速生丰产树种，促进了香料、调料和林浆纸、林板加工等产业的发展。如东兰县确定板栗、八角、喜树等生态林树种为退耕还林主导树种，3 年来共营造 10 万多亩，使全县板栗基地面积增至 20 多万亩，成为广西板栗面积最大的县。三是促进产业结构调整和地方经济发展。广西通过实施退耕还林工程，扩大了名特优经济林和速丰林面积，带动了林浆纸、林板和香料、调料、油料等优势产业的发展，对广西经济发展将起到巨大的促进作用。仅 2001 年以来，广西新增中密度纤维板生产厂家 10 多家，新增生产能力 150 多万立方米，目前生产能力已跃居全国第二位。一些项目县通过实施退耕还林工程，增加了高效经济林和速丰林面积，形成了新的林业产业，或壮大了原有的林业产业，促进了当地经济的发展。

(三)社会效益显著。

一是全社会生态意识明显增强，群众造林积极性空前高涨。通过广泛宣传培训和工程建设的全面推进，使广西上下了解了广西生态的严峻现状，认清了生态建设的紧迫形势。同时，通过兑现补助钱粮，解决了退耕农民的实际困难，广大群众退耕还林积极性空前高涨。二是增加农民的就业门路，促进城镇化建设。实施退耕还林后，林产工业、旅游业等第二、第三产业兴起，各产业从业人员之间发生了流动，农民就业门路扩大。部分农民通过发展养殖、劳务输出等，增加了收入。特别是许多农民退耕还林后到城镇打工、就业，从事第二、第三产业，有力地推进了工业化和城镇化建设。三是促进了工作作风的转变，融洽了党群、干群关系。各级党委、政府及各有关部门都把退耕还林作为一项重要工作来抓，作为实践“三个代表”重要思想的具体行动，转变工作作风，深入基层为群众排忧解难。特别是，各地积极兑现退耕还林政策，使广大群众切身感受到党和政府“讲话算数”，提高了党和政府在人民群众心目中的威信，融洽了党群关系、干群关系。

六、广西退耕还林工程建设采取的主要工作措施

3 年来，广西按照《退耕还林条例》和国家有关文件的要求，坚决贯彻“退耕还林，封山绿化，以粮代赈，个体承包”的政策措施，狠抓“林权是核心，给粮是关键，种苗要先行，干部是保证”等关键工作环节，制定和落实退耕还林工程配套保障措施，扎扎实实抓好退耕还林工程。

(一)将退耕还林工程作为社会系统工程建设，加强组织领导，强化管理，确保工程建设健康顺利推进。

1. 建立健全组织领导机构，对工程建设实施强有力的组织领导。自治区人民政府成立了由自治区领导任组长，自治区发改委、西部办、财政厅、农业厅、水利厅、监察厅、林业局、粮食局、农业发行广西区分行等 10 多个有关部门领导为成员的退耕还林工作领导小组，并在自治区林业局设立了领导小组办公室。各有关市、县、乡也都成立了退耕还林工作领导小组，切实加强对工程的组织领导。据统计，广西各级退耕办共有专职工作人员 700 多人，组建退耕还林工作队 8000 多人。各级各有关部门各司其职，各负其责，密切配合，共同抓好退耕还林工作。同时，实行政府负责制和目标责任制，明确退耕还林领导责任。在自治区人民政府与国家林业局签订了退耕还林工程建设责任书的基础上，从自治区到各工程市、县、乡，也逐级签订工程建设责任书，层层落实目标责任。乡级人民政府与退耕农户签订退耕还林合同，明确政府和农户的权利和责任。

2. 加强宣传培训，为工程建设创造良好的社会氛围和技术支持。一是层层召开动员会议。3 年多来，广西各级共召开不同层次的退耕还林动员会或工作会 5000 多次，参加会议人数达 80 多万人(次)。其中，自治区人民政府就召开了 3 次退耕还林工作会议和现场会。天峨、都安等不少县还召开了数千人的群众大会，效果非常明显。二是分级举办培训班。广西举办各级退耕还林工程培训班 1600 多期，培训人数达 25 万多人，其中：自治区举办工程管理和技术培训班 9 期，培训县级领导和工程管理技术骨干 1500 多人次。三是利用各种媒体，在电视、广播、报纸、板报、文艺演出等多种形式广泛宣传退耕还林。广西电视台播放退耕还林动态 20 多次，自治区林业局在刻录发放政策宣传和工程管理讲座光盘 500 张，《广西日报》等报纸杂志多次刊登退耕还林宣传专栏。各地树立退耕还林固定宣传牌 1500 多块，张贴宣传标语 16 万多条；给群众发放宣传资料 31 万份，

印发宣传手册 53.4 万多份、宣传手册 10 万册。很多地方成立了专门的退耕还林宣传工作队，编排灵活多样、群众喜闻乐见的文艺节目，深入乡镇、村屯演出，扩大政策宣传面。四是以政策兑现促宣传。很多县、乡召开了退耕还林补助粮食兑现现场群众大会，县、乡领导亲临现场挥铲装粮。通过兑现补助粮食的事实，消除了群众对政策的疑虑，激发了群众的退耕还林热情。

3.整章建制，强化监督检查，规范工程实施。在管理制度方面，自治区先后出台了《广西壮族自治区人民政府关于进一步完善退耕还林政策措施的若干意见》(桂政发〔2002〕56 号)、《广西壮族自治区退耕还林工程作业设计实施细则》、《广西壮族自治区县级退耕还林工程实施方案编制规则》、《广西退耕还林工程县级实施方案与作业设计编制原则及审批办法(暂行)》、《广西壮族自治区退耕还林项目资金报账制管理暂行办法》(桂财农〔2002〕11 号)、《广西壮族自治区退耕还林工程检查验收实施细则》、《广西退耕还林工程自治区级复查工作实施办法(试行)》、《广西退耕还林工程建设监理实施办法(试行)》、《关于进一步加强和规范退耕还林工程种苗生产和供应管理的通知》、《关于规范退耕还林合同的通知》、《关于加强退耕还林工程档案管理的通知》、《自治区纪委、监察厅关于违反退耕还林工程政策规定的党纪政纪处分暂行规定》(桂纪发〔2002〕7 号)等 13 项配套政策措施或管理办法。从而建立起完善的配套政策制度、严格的县级实施方案和作业设计分级审查审批制度、种苗生产供应管理制度、严格的造林质量和管护责任制度、统一规范的政策兑现制度、严密的资金管理报账制度、检查验收和工程监理的招投标制度、规范的档案管理制度、违纪违规处罚及社会监督制度等 10 项管理制度，并采用“GIS”及数据库等先进技术进行管理，提高管理效率。

同时，广西各级加强对退耕还林工作的监督。2002 年以来，每年自治区人民政府都从自治区退耕还林工作领导小组成员单位抽人组成督查队，对广西的退耕还林工作进行全面督查，并将督查结果通报广西的市、县级政府，对存在问题较多的县责令限期整改。同时，建立社会监督机制，实行“三公示”制度，广西各级退耕办都设立了举报电话和举报信箱，加大了社会监督力度，同时加大了对群众举报案件的查处力度，对举报属实的案件及时进行查处。

(二)将退耕还林工程建设置于现代林业科技平台之上，应用信息技术和先进林业技术，提高工程建设质量与成效。

为提高退耕还林工程建设质量和管理水平，各地根据新形势的需要，大力推广造林新技术，不断应用管理新手段。

1.运用现代信息技术，搞好作业设计和档案管理。首先，配备先进设备设施，搞好“硬件”建设。现广西各市(地)和各工程县退耕办均配备了 2 台以上电脑及传真机等现代办公设备，建立退耕还林工程信息管理网络，确保信息传递快捷、顺畅。其次，开发应用管理系统，搞好“软件”建设。自治区开发“广西退耕还林信息管理系统”和建立退耕还林 GIS 图库，广西 102 工程县均已建立了退耕还林作业小班属性数据库，提高了退耕还林作业设计、检查验收、政策兑现等数据信息处理速度，提高工作效率和质量，有效地加强工程档案管理。再次，加强电脑技术培训，搞好队伍建设。自治区退耕办分别举办了四期退耕还林数据库和 GIS 图库的建立与应用技术培训班，解决了各级退耕办工程管理人员电脑基础较差，缺乏数据库和 GIS 图库应用技术的问题，提高各级退耕办信息档案管理员的专业技术水平，提高信息交流的速度和工程管理的成效。

2.选用良种壮苗，运用先进造林技术，提高工程建设质量。在退耕还林工程建设中，广西因地制宜发展桉树、相思、竹子、任豆、八角、板栗、核桃等优良速生丰产树种、乡土树种。重点推广了组织培养育苗、扦插育苗和容器育苗技术。三年多来广西培育的各种优质容器苗、组培苗、扦插苗均占总育苗量的近 50%以上。在造林技术上，推广挖大坑、放基肥等常规造林技术的同时，各地大力推广了 ABT 生根粉、保水剂和地膜覆盖，有效地提高了困难地段育苗、造林的成功率，解决了困扰石漠化地区、干旱季节造林的技术难题，为这些地区实施退耕还林提供了强有力的技术保障。

3.依靠科技力量，开展退耕还林工程效益监测。广西编制了《广西退耕还林工程效益监测实施方案》，并通过有关方面专家的评审和自治区退耕还林工作领导小组的批准实施。并委托广西大学林学院承担，组建了由科研人员组成的项目技术和管理工作组，并购置一批先进的观测仪器设备，在 8 个县设立了气象观测场 2 个，坡面径流场 16 个，固定标准地 12 个，水文站 1 座，重点监测典型造林模式15个，设调查样地14个。目前监测工作有序顺利开展，将会及时、准确地反映退耕还林对生态状况变化及经济社会发展的影响，全面科学地评价工程建设成效，为工程管理决策提供依据。

（三）将退耕还林工程建设与林业产业建设相结合，发展后续产业，实现经济和生态效益“双赢”目标。

为了确保退耕还林“退得下、还得上、稳得住、不反弹、能致富”，广西将如何正确处理好改善生态环境、发展地方经济、增加农民收入三者之间的关系作为退耕还林工作的核心问题来抓，以退耕还林为契机，调整产业结构，努力实现生态改善、经济发展、农民增收的目标。

1.选择生态效益、经济效益兼优的树种造林，促进林业优势产业发展，确保国家政策补助期满后，退耕农民收入不减少。各地在实施退耕还林时，根据广西自然资源优势，在保证生态效益的前提下，从国家标准认可的生态林或生态经济兼用林树种中，筛选出适宜的速生丰产树种和名特优经济林树种，大力发展，形成规模，建立具有区域优势的生态经济型林业产业。近几年完成的退耕还林工程造林面积中，以桉树、相思、松树、西南桦、任豆、竹子等生态林树种为主的速丰林占60%以上；以八角、板栗、核桃、苦丁茶、喜树等树种为主的高效名特优生态经济兼用林占30%以上。一些项目县通过实施退耕还林工程，形成了新的林业优势产业，促进了当地经济的发展。

2.大力发展林纸、林浆、林化、木材加工业及森林旅游等优势产业，为退耕还林提供强有力的后续产业支撑。广西的林产工业优势明显，松香、桂油、茴油、栲胶产量位居全国第一位，茶油、桐油、中密度纤维板产量也居全国前五位，茴油、桂油产量分别占全国产量的90%以上，分别占世界贸易量的80%、30%以上。近年来，为了充分发挥广西林业产业的优势，自治区党委、政府将林浆纸和林化产业作为支柱产业来发展。目前广西高峰林浆纸业集团正在运作当中，印度尼西亚金光浆纸集团在钦州市的纸厂已动工兴建。许多县也纷纷以退耕还林工程为契机，依托或扩大资源优势，扩建或新建新的林产工业企业，培育退耕还林的后续产业。

（四）将退耕还林工程建设与以发展沼气池为主的农村生态能源建设相结合，巩固和发展退耕还林成果。

过去农民为解决生活燃料，年复一年对森林过量樵采获取薪柴，对森林植被破坏极大，是造成生态环境恶化的最主要原因之一。农村燃料问题已成为实施退耕还林工程和巩固生态环境建设成果的重要制约因素。而开展以沼气为主的农村能源建设是解决农民生活燃料问题，减少薪柴消耗量的有效途径。近几年来，特别是实施退耕还林工程以来，自治区党委、自治区人民政府高度重视农村生态能源建设工作，加大建设力度，把以沼气为重点的农村能源建设优先安排在退耕还林工程县和退耕农户，减少农村烧柴对森林植被的消耗，从源头和根本上巩固退耕还林成果。广西在2001年新建沼气池34.38万座的基础上，2002年又新建沼气池40万座，其中退耕还林项目县29.44万座，占73.6%，自治区投入资金8500万元。2003年新建沼气池40万座，其中退耕还林项目县39万座，占97.5%，自治区投入资金9000万元。从1999年开始，广西新建沼气池数量跃居全国首位，占全国年新增总量的三分之一以上。到2003年底止，广西已累计建沼气池214万座，推广省柴灶800多万座，建小水电3.6万多处，使广西森林资源能源性消耗由1985年的46%下降到现在的30%以下。

实践表明，把退耕还林与发展农村能源建设相结合，大力开展以沼气为重点的农村能源建设，可有效地开发可再生能源资源，减少薪柴的过量消耗，保护森林资源，改善生态环境，促进农民增收。从而巩固退耕还林工程建设成果，促进农村经济社会的全面发展。

七、广西退耕还林工程建设存在的主要问题

虽然广西退耕还林工程建设取得了一定成绩，但由于退耕还林工作的复杂性、艰巨性，在工作当中也出现一些困难和问题。主要有以下几个方面：

（一）一些地方任务布局欠合理，重点不够突出。

由于退耕还林政策优惠，干部群众积极性高，许多县为了平衡利益，没有坚持突出重点和连片治理原则，而是把退耕还林任务平均分散安排到大部分的乡村和农户，导致一些地方出现了坡耕地未退耕而平地先退耕、大片耕地未退耕而分散耕地先退耕的不合理现象。

（二）一些地方专项资金到位不及时，补助政

策兑现缓慢。

由于一些县财政困难，退耕还林专项资金不能按时及时到位，影响了造林工作的开展和补助政策的兑现。另一方面有的县因技术力量不足，检查验收、造册登记等基础工作进展缓慢，补助政策兑现工作组织不力，影响了补助政策的兑现进度。

（三）县级退耕还林工作经费严重不足。

退耕还林是一项复杂的系统工程，补助期限达5～8年，每年的检查验收和政策兑现需要大量的工作经费。虽然各级都安排了一些经费，但由于实施退耕还林工程的绝大部分是贫困县，各级财政非常困难，干部职工工资都不能正常发放，因此大部分县难以筹够退耕还林工程工作经费，影响了工作开展和工程管理，特别是影响了作业设计、检查验收及林权证发放工作的进度。

（四）退耕还林林权证发放工作进度较慢。

广西退耕还林林权证发放进度较慢，主要原因是退耕还林地比较零星分散，地块面积小，地形复杂，基础工作、准备工作、现场调查核实工作量很大。同时有部分退耕还林地属于分田到户以后1998年以前的开荒耕地，退耕还林林权证发放工作遇到了群众阻力。加上机构改革后，一些基层林业机构特别是乡镇林业工作站技术人员不足，影响了林权证发放工作进度。

（广西退耕还林办公室　黄伯高）

【珠防林工程】

一、基本情况

珠防林工程是珠江流域防护林体系建设工程的简称。珠江流域占全区土地总面积的90%左右，涉及9个市85个县（市、区）。林业部于1993年编制完成《珠江流域综合治理防护林体系建设工程总体规划》，国家计委于1995年11月正式批复，将珠防林工程建设列入国家“九五”建设计划。1996年，珠防林一期工程正式启动，同年5月林业部在北京召开全国珠防林工程建设启动座谈会，广西于6月10～12日在桂林市召开珠防林工程建设工作会议。7月在金秀县进行珠防林工程规划设计试点，8月自治区林业局制定了《广西珠江流域防护林体系工程总体设计技术方案》，并组织各地（市）和35个县在金秀县举办珠防林工程县级总体设计培训班。12月自治区成立了“广西珠江流域防护林体系工程建设指挥部”，成员单位由区林业厅、区计委、区水电厅、区交通厅、区农业厅、区财政厅组成。1997年7月完成全广西和22个试点县的珠防林工程建设“九五”实施方案（即一期工程）。

1998年以前，珠防林工程没有真正以项目形式进行投资建设，每年仅对下达计划的项目县按每亩10元左右补助几万到20万元。1998年开始，国家将珠防林工程建设纳入国债投资项目，投资大幅度增加。一般按人工造林100～150元/亩、封山育林按10元/亩标准进行补助，每年国家投资2000万～3000万元，每个项目县补助经费增加到几十万至几百万元。自治区林业局每年将计划分解到县，各县根据计划进行造林作业设计，经批复后按设计组织施工。次年初由自治区林业局组织检查验收。为加强对工程建设的管理，提高建设质量，从2001年开始，自治区林业局先后制发了《广西重点防护林工程县级作业设计操作规程（试行）》、《广西林业生态工程造林检查验收办法（暂行）》、《广西林业重点生态工程项目资金管理办法（暂行）》、《关于加强重点防护林工程建设与管理工作的通知》、《关于加强珠防林工程项目封山育林工作的通知》等规章制度和文件，并于2002年起对造林作业设计实行专家会审制度，规范了工程项目实施管理，使工程建设管理逐步规范化、制度化。

一期工程自1996年始至2000年结束。2001年，全国六大林业重点工程全面启动，广西及时编制了珠防林二期工程总体规划，建设期限为2001～2010年，并争取中央加大了投资力度。经过多年来各级各地的共同努力，工程建设取得了显著的成绩。

二、一期工程建设情况(1996～2000)

（一）规划情况。

规划建设六大防护林骨干工程，即水源涵养林工程、大中型水库防护林工程、水土保持林工程、主要江河护岸林工程、岩溶地区生态防护林工程和主要农业干旱区防护林工程。建设总任务445万亩，其中荒山造林210万亩、低产林改造120万亩、石山封山育林115万亩。按林种分：防护林255万亩、用材林44.7万亩、经济林141.9万亩、薪炭林3.4万亩。项目安排在金秀、灵川等24个县（市、区）。概算项目总投资155803.5万元，其中营林费71459.44万元，占45.9%；材料与设备费66028.13万元，占42.3%；其他费用2735.67万元，占1.8%；预备费15580.39万元，占10%。资金筹措：申请国家投资39000万元占25%，自治区、地（市）、县财政配套39000万元占25%，建设单位自筹及群众投工投劳占50%。

（二）完成情况。

珠防林一期工程自1996年启动，至2000年结束，共在桂林、岑溪、苍梧、藤县、百色、贺州、隆安、昭平、上思、恭城、容县、兴安、龙胜、桂平、象州、融水、灵川、来宾、隆林、天峨、东兰、宁明、金秀23个县实施，总计完成造林面积426.38万亩，占规划目标任务的95.8%。其中按造林方式分：人工造林201.87万亩、封山育林167.79万亩，补抚补植10.7万亩，低产林改造39.37万亩，中幼龄林抚育5.65万亩。按林种分：防护林268.03万亩，占造林总面积的62.8%；用材林59.97万亩，经济林90.75万亩，薪炭林2.1万亩。在所完成任务中，属国家投资的项目完成164.4万亩，占完成总面积的38.6%。完成投资64315.45万元，占计划投资155800万元的41.27%。其中：国家投资7690万元（林业基建资金190万元，债券投资7500万元），占总投资的11.95%；地方配套资金14486.9万元（省配套143.1万元，地区配套1066万元，县配套13277.8万元），占22.53%；部门投资14064.7万元，占21.87%；群众投资26053.55万元，占40.5%；其他渠道资金2020.3万元，占3.14%。群众投工投劳3448.4万个。

（三）建设效果。

通过工程建设，增强了全社会的生态环境意识，有力地促进了全区林业生态建设，显著提高了造林绿化水平，调整了不合理的林种结构，提高了林分质量，使流域区森林面积增加了410多万亩，项目区的森林覆盖率提高了6.2个百分点，减少水土流失面积1686.9平方公里。增加了流域区的涵蓄水量，明显地改善了局部地区的生态环境，在保持水土、防灾减灾，保障地方经济发展等方面作出了应有贡献。同时，工程建设为建设区农民提供了大量就业机会，增加了农民收入，营造的经济林、竹林、用材林现已陆续提供木材和林副产品，对加快建设区群众脱贫致富步伐，繁荣山区经济起到了一定的促进作用。

三、二期工程建设情况（2001～2010）

（一）规划情况。

按照分区治理、重点突破原则，分为桂北山地水土保持综合治理区和桂南岩溶石山水土保持水源涵养综合治理区。根据各区域的生态环境状况、灾害类型和经济发展需要，确定主攻方向，实施分类指导，分区突破。规划建设5个重点，即南（北）盘江水源涵养水土保持林重点工程、红水河流域阶梯电站库区生态建设重点工程、左右江流域水源涵养水土保持林重点工程、珠防中下游水源涵养水土保持林重点工程、漓江流域水源涵养林重点工程。二期工程（2001～2010）规划造林总任务2923.5万亩，按造林方式分：人工造林1173.15万亩，占40.15；封山育林1711.2万亩，占58.5%；点撒播39.15万亩，占1.4%。按林种分：防护林2432.7万亩，占83.2%（其中水源涵养林743.4万亩、水土保持林1652.7万亩、农田防护林2.85万亩、牧场防护林2.55万亩、其他防护林31.2万亩）；用材林275.25万亩占9.4%；经济林192万亩占6.6%；薪炭林23.55万亩占0.8%。按阶段分：2001～2005年规划营造林1754.25万亩，其中人工造林704.1万亩、封山育林1026.75万亩、点撒播23.4万亩。2006～2010年规划营造林1169.25万亩，其中人工造林469.05万亩、封山育林684.45万亩、点撒播15.75万亩。此外，二期工程规划低产林改造99万亩，补抚补育防护林69万亩，中幼龄林抚育243.45万亩。

二期工程概算总投资54.92亿元，其中“十五”期间投资32.95亿元，平均每年6.59亿元，“十一五”期间投资21.97亿元，平均每年4.39亿元。

（二）完成情况。

珠防林二期工程于2001年启动实施，至2003年，国家下达广西国债项目计划任务为人工造林56万亩、封山育林111.6万亩，安排国债资金9600万元。工程共安排85个县（市、区、林场）次。2001～2003年共完成人工造林60.4万亩、封山育林104.6万亩。

四、工程建设的主要做法

在多年的重点防护林工程建设与管理当中，各级各地积极探索，积累了一些成功的经验。

（一）抓领导，建立目标考核责任制。

“十五”期间自治区继续实行县级领导干部任期森林资源消长目标责任制，将重点防护林工程建设任务完成情况作为重要考核内容，加强组织领导。自治区及各项目县均成立了重点防护林工程建设指挥部或领导小组，加强领导、协调和管理。同时实行项目法人责任制、技术负责制，并层层签订责任状，保证工程项目有领导、有计划地实施。

（二）抓宣传，增强全社会参与意识。

从工程启动开始，广西就把宣传工作作为工程建设的第一道工序来抓。充分利用电视、广播、报刊、板报等多种形式进行宣传，使重点防护林工程成为广西生态林工程的龙头工程、样板工程，在社会上产生了广泛的影响，提高了全社会参与工程建设的积极性。

（三）抓规范，建立健全项目管理制度。

近几年来，广西区林业局根据国家林业局的要求和工程管理需要，先后制定完善了重点防护林工程作业设计、检查验收、质量监理、资金管理、档案管理等方面的技术规程、管理办法，建立了作业设计专家会审制度、项目资金报账制度、检查验收通报制度，规范了工程项目管理。

（四）抓动力，创新工程造林机制。

各地注意将工程建设与山区综合开发、扶贫开发、农业综合开发结合起来，出台合理政策，鼓励采取承包、联营、股份合作等方式，营造以八角、玉桂、龙眼、荔枝、板栗、竹子等生态经济兼备的树种，较好地兼顾了三大效益，在改善生态环境的同时促进农民增收，得到农民的广泛支持，社会各界参与工程建设积极性提高。

（五）抓科技，推广新品种、新技术。

各地在重点防护林工程造林中，在大力发展乡土优良树种的同时，积极引进推广外来速生丰产树种或品系，促进生态效益和经济效益同步实现。同时，推广生根粉和组培苗、扦插苗、容器苗等先进实用技术，提高造林质量。

（六）抓监管，加强检查验收和通报。

广西区林业局在原林业工程质量监督站、重点工程稽查办公室的基础上，2003 年又在营林处设立了造林质量稽查办公室，加强造林质量监管。同时，建立严格的检查验收通报制度。从 2003 年起，对重点防护林工程的检查验收通过招投标方式确定参与复查单位，以确保检查验收工作质量。每年都对复查结果进行通报，对完成任务差的单位予以批评警告，并采取了相应的项目调控措施。有的项目县对种苗、造林等实行招投标制，即降低成本又提高了质量。此外，对群众举报的造林质量问题进行及时查处。

（营林处　尹国平）

【沿海防护林工程】

一、基本情况

海防林工程是沿海防护林体系建设工程的简称，主要规划在沿海三市即北海市、钦州市、防城港市的 9 个县和 2 个国有林场中实施。

解放前，广西沿海地区到处都是光山秃岭白沙滩，森林很少，风、沙、潮、旱、涝等各种自然灾害频繁。解放后，在党和各级政府的领导下，从 1954 年开始营造海防林，1963 年开展引种木麻黄、隆缘桉等，大办试验林、样板林。1964 年，在总结前十余年实践经验的基础上，初步提出“五种防护林”（即海岸防浪林（红树林）、海岸林带、防风固沙林、水土保持林、农田防护林）、“两种造林类型”（即用材林基地、四旁植树造林）的防护林体系建设规划，有计划地营造了一批防护林，面积较大。1987 年开始实施海防林一期工程。1989 年，自治区林业厅组织开展沿海防护林建设先进单位评比活动，对造林面积、成活率、生长量进行检查，根据林业部规定的海防林建设评比条件，评选出合浦县营盘乡、白沙乡、钦州市康熙岭乡、防城县江平镇、北海市郊区沙鱼湾乡等 5 个乡镇为自治区海防林建设先进单位，由林业厅颁发奖旗和奖金。1991 年 8 月召开的全区沿海防护林体系建设工作会议上提出，宜林荒山荒地荒滩连片规模 500 亩以上、海岸基干林带 3 公里以上作为项目管理，自治区对海岸基干林带每亩补助 40 元，对连片规模造林每亩补助 15 元。1996 年制订《广西壮族自治区沿海防护林体系县级建设标准和检查验收办法的实施细则》。1997 年合浦县从广东引进刚果“W-5”和“V-6”良种桉树造林成功，一年生平均高 4.8 米。1999 年 8 月，在东兴市召开广西沿海防护林体系建设经验交流会，全面总结海防林工程建设经验。

广西十分重视海防林的规划设计工作，解放后分别于 1952 年、1964 年、1979 年、1987 年、2000 年进行了五次规划设计工作。1952 年就提出“因地制宜，因害设防，合理布局，统一规划”的海防林建设方针。1964 年进行的沿海防护林规划设计中，提出以“五种防护林”，结合用材林基地（片林）和四旁植树为沿海防护林建设内容，规划设计已趋向于建设防护林体系。合浦县的防护林建设，根据这个规划设计，从 1964 年起，通过植树造林、封山育林、建立林场等各顶措施，国家、集体、个人一起造林，取得显著成绩。至 1982 年，海岸荒沙滩、渠道、河流两旁基本绿化，森林覆盖率从解放初期的7%提高到34%，防护林体系初具规模。1979年由自治区林业局组织区林业勘测设计院，重新规划海防林建设，形成了《钦州地区海岸防护林调查设计报告书》，明确提出建设“带、片、网”相结合的防护林体系要求，规划造林157.4万亩。1981年9月，林业部华东林业调查规划大队对广西沿海防护林建设情况进行了调查，形成了《广西沿海防护林调查报告》。1985年5月，根据林业部《关于制订沿海防护林体系建设规划的通知》(林造字〔1984〕25号)要求，编制了广西海防林建设规划。1987年8月，在南宁召开广西沿海防护林体系调查规划设计第一次会议，布置沿海防护林体系建设工程调查规划试点工作。10月在北海市召开全区沿海防护林建设经验交流会，并确定北海市、合浦县作为海防林规划设计试点县(市)，年底正式完成《广西壮族自治区沿海防护林体系建设总体规划》的编制工作。2000年12月编制完成《广西沿海防护林体系建设二期工程规划》。

在工程管理上，自治区林业局每年将计划分解到县，各县根据计划进行造林作业设计，经批复后按设计组织施工。年终由自治区林业局组织检查验收。为加强对工程建设的管理，提高建设质量，从2001年开始，自治区林业局先后制发了《广西重点防护林工程县级作业设计操作规程(试行)》、《广西林业生态工程造林检查验收办法(暂行)》、《广西林业重点生态工程项目资金管理办法(暂行)》、《关于加强重点防护林工程建设与管理工作的通知》等规章制度和文件，并于2002年起对造林作业设计实行专家会审制度，规范了工程项目管理，使工程建设管理逐步规范化、制度化。

在造林资金投入方面，2000年以前，主要以地方自筹为主，国家每年从基建资金每亩补助10～100元。2001年开始，国家加大对海防林工程建设的投入，纳入国债投资项目，造林每亩补助150～300元，2001～2003年共安排国债2870万元。

二、一期工程建设情况(1987～2000)

(一)规划情况。

规划建设416.12万亩，其中人工造林305.62万亩，飞播造林33.3万亩，封山育林41.39万亩，疏林改造35.81万亩。人工造林中，防护林133.1万亩(防浪防堤林33.68万亩、防风固沙林30.39万亩、水土保持林17.63万亩、水源涵养林45.66万亩、农田防护林5.74万亩)、用材林64.49万亩、经济林58.48万亩、薪炭林47.34万亩、特用林2.21万亩。规划总投资29756万元。

(二)完成情况。

完成造林面积470.2万亩，其中人工造林449.3万亩、飞播造林17.5万亩、封山育林3.6万亩。在人工造林中，完成防护林310.3万亩、特用林0.5万亩、用材林51.8万亩、薪炭林2.9万亩、经济林83.8万亩。新增各种防护林带曲线长753.5公里，其中海岸基干林带606.9公里，宜林海岸线基本实现合拢，3亩以上荒山基本绿化达标，初步形成了点、片、网、带和乔灌草相结合的防护林体系。到1997年止，全区9个沿海县(市、区)全部实现了沿海防护体系县级建设达标。共完成投资57798.5万元，其中国家投入2063.7万元，地方配套7911.4万元，部门投资7840.6万元，群众投资13967万元，其他投资26015.8万元。从投资渠道看，外资和贷款投入占45%，群众投资占24.2%，部门投资占13.6%，地方政府占13.7%，国家投资占3.6%。

(三)建设效果。

一是森林面积增加，森林覆盖率提高，生态效益显著。据统计，工程治理后增加森林面积287.7万亩，沿海地区森林覆盖率从19.1%提高到40.2%。由于森林面积的增加，生态环境逐步得到改善，缓解了自然灾害，促进了农业增产。治理后水土流失减少304.1平方公里，增加耕地8.2万多亩，粮食产量增加17.3万吨；防护能力增强，大大减轻台风灾害损失。如1986年9号台风，损失严重，房屋倒塌577间，跨海河堤582处，而1999年的第15号台风，强度比9号台风还要强，但损失反而减轻，倒塌房屋121间、跨海堤26处。二是活立木蓄积增加，经济林面积扩大，林业经济效益显著。治理后活立木蓄积增加172.3万立方米，增加经济林面积55.6万亩。仅经济林治理后人均增收84.6元。林业总产值从治理前的9367万元增加到43941万元。

三、二期工程建设情况(2001～2010)

(一)规划情况。

规划总任务390.05万亩，其中人工造林243.11万亩、低产林改造87.3万亩、飞播造林6.7万亩、封山育林39.74万亩、中幼林抚育13.2万亩。二期规划的重点工程有：基干林带断带补植3.2万亩、更新造林10.15万亩,沿海滩涂红树林造林35.47万亩。“十五”时期安排面积224.8万亩,占57.6%;“十一五”时期安排165.25万亩,占42.4%。

二期工程概算总投资12.64亿元,其中“十五”期间投资7.29亿元,平均每年1.458亿元,“十一五”期间投资5.35亿元,平均每年1.07亿元。

(二)完成情况。

2001~2003年国家安排广西海防林工程人工造林面积16.79万亩、封山育林8万亩,补助资金2915万亩,共安排33个县(市、区、林场)次。2001~2003年完成人工造林19.7万亩、封山育林8.08万亩。人工造林面积中用材林5.14万亩、防护林13.89万亩(其中红树林1.69万亩)、经济林0.67万亩。完成总投资4798万元,其中国家投资1784万元、地方配套495万元、部门自筹1386万元、群众自筹1133万元,群众投工投劳93.2万个工日。

四、海防林工程建设的主要做法

(一)加强领导,明确责任目标。

自1987年工程启动开始,从自治区人民政府到各有关地、市、县(区)都成立了工程建设领导机构,并将海防林工程建设任务作为各级领导干部造林绿化任期目标责任制的重要考核内容。同时实行项目法人责任制、技术负责制,并层层签订责任状,保证工程项目有领导、有计划地实施。各级党政领导还带头办绿化点,据不完全统计,从1987年至2000年,各级领导共办绿化点206个、面积1.6万多亩。

(二)大力宣传,增强全社会参与意识。

从工程启动开始,广西就把宣传工作作为工程建设的第一道工序来抓。充分利用电视、广播、报刊、板报等多种形式进行宣传,使重点防护林工程成为广西生态林工程的龙头工程、样板工程,在社会上产生了广泛的影响,提高了全社会参与工程建设的积极性。

(三)规范管理,建立健全项目管理制度。

近几年来,广西区林业局根据国家林业局的要求和工程管理需要,先后制定完善了重点防护林工程作业设计、检查验收、质量监理、资金管理、档案管理等方面的技术规程、管理办法,建立了作业设计专家会审制度、项目资金报账制度、检查验收通报制度,规范了工程项目管理。

(四)多渠道筹措资金,增加投入。

各地坚持“地方自筹为主,国家补助为辅”的原则,通过争取国家补助、地方财政配套、部门和群众自筹、贷款等多种渠道筹集建设资金,确保了资金投入。

(五)创新机制,加快建设步伐。

在造林机制上,一是推广建立防护林场的模式,民办公助,管造结合发展海防林,几乎每个乡镇都办有防护林场。二是鼓励部门、企业和个人投资营造用材林,加快整个造林步伐。

(六)推广科技,提高建设质量。

在营林技术上,应用容器育苗造林技术,引种推广适合沙地生长的优良树种,如木麻黄、台湾相思等。同时,推广生根粉、保水剂等先进实用技术,提高造林质量。

(七)狠抓监管,加强检查验收和通报。

广西区林业局在原林业工程质量监督站、重点工程稽查办公室的基础上,2003年又在营林处设立了造林质量稽查办公室,加强造林质量监管。同时,建立严格的检查验收通报制度。从2003年起,对重点防护林工程的检查验收通过招投标方式确定参与复查单位,以确保检查验收工作质量。每年都对复查结果进行通报,对完成任务差的单位予以批评警告,并采取了相应的项目调控措施。有的项目县对种苗、造林等实行招投标制,即降低成本又提高了质量。此外,对群众举报的造林质量问题进行及时查处。

(营林处　尹国平)

【防沙治沙工程】

广西沙区主要分布在北海、钦州、防城港三个市,涉及10个县(市、区)共41个乡镇和14个国有农林场。沙区总面积1008.5万亩,占三市辖区土地总面积的72.3%。风沙线宛延长达1501公里。

解放前夕,这些地区黄沙遍野,沙岗起伏,林木稀少,风沙、干旱、盐碱、内涝成为沙区的主要自然灾害。解放后,经过长期的艰苦奋斗,沙区造林工作取得了可喜的成绩。特别是1992年以来,在国家林业局的重视和大力支持下,广西防治沙区荒漠化工作得到迅速发展。据统计,1992~2003年全广西共筹措防治沙区荒漠化工程建设资金44391.5万元,其中中央投入1635万元,地方配套3832.7万元,部门和群众投入38923.8万元。完成治沙造林面积180.25万亩,其中重点工程完成37.02万亩，一般工程完成143.23万亩。目前广西风沙化地带累计有林面积已达652.05万亩，绿化各种防护林带曲线长1850.5公里，建成了一个点、带、网、片相结合的防护林体系，有效地制止了沙漠化的发生与扩展，如今的沙区林茂粮丰，百业兴旺。

多年来，广西防治沙区荒漠化主要抓以下几方面工作：

一、继续实行领导任期绿化目标责任制，加强对工程建设的组织领导

一是每年春季，沙区各市(县、区)纷纷召开各种形式的造林绿化工作动员大会，部署全年造林绿化工作，做到早部署、早落实。二是继续坚持领导干部造林绿化任期目标责任制，把工程建设作为考核各级领导政绩的一项重要内容，进行定期全面考核检查，做到奖罚分明。三是加强对林业生态工程检查督导;四是积极落实配套资金。

二、制定工程建设标准，规范工程管理

一是抓好造林作业设计，制定作业设计标准和工作方法，加强作业设计业务培训，严格作业设计审批，提高作业设计质量。二是制定工程质量管理办法和资金使用管理办法。三是制定工程监理和招投标办法。

三、探索新机制，制定新政策，增加了工程建设的活力

沙区各地在工程建设机制方面作出了探索性的工作。一是大力推广专业队造林。实行“一造管三年”的合同制管理，按质量分段给付造林资金。二是建立了新的工程建设投资机制。各地逐步改变工程建设由国家投入为主向社会投入为主转变。三是引进公司合作造林。四是政府加大对林业项目的补助，积极扶持林业生态工程建设。五是推行林权制度改革，完善落实林业政策。在保证国家和集体林地所有权的前提下，按市场经济规则，引入竞争机制，采取竞价拍卖、招标承包、租赁经营、股份合作、反租倒包等形式，搞活了林地使用权，调动了社会参与林业建设的积极性，加快了工程建设。

四、突出重点，抓好示范

根据沿海防护林工程建设的任务，各地把沿海基干林带建设和改造作为工程的重点，实施了一批有规模、上档次的重点骨干项目。集中力量重点抓3亩以上的荒山、荒滩、荒沙风口的造林和基干林带断带造林、老林带更新改造。通过实施重点工程，带动沿海防护林整体水平的提高。

五、注重科技兴林、提高工程建设质量

各地针对沿海沙区防护林的难点和重点，加大了科技保障力度。一是继续进行技术培训，采取分期分批办班轮训，提高工程技术人员的业务水平。二是加大了适用科技成果的推广，采取容器育苗造林，提高造林成活率，使多年来造成林保存率达90%以上。三是加大了林木良种的推广。四是加大了树种结构的调整。五是加强了合作。沿海三市与国家海洋局红树林研究中心合作，实施了红树林综合管理和保护项目，提高了广西红树林综合管理能力，推动了红树林建设步伐。

六、抓管护保成果

沙区三市共41个乡镇14个国有农林场，分别制定保护林木的乡规民约，并配专业管护员425人。

七、做好监测掌握荒漠化动态

广西沙区总面积1008.5万亩，从1994年开始每隔五年开展一次沙化监测工作，除此以外，还设立9个固定监测点，每年定期进行监测，为防沙治沙提供科学的依据。

(广西区林业局　潘生武)

【石漠化治理工程】

一、石漠化

石漠化是指在热带、亚热带湿润—半湿润气候条件和岩溶极其发育的自然背景下，受人为活动干扰，使地表植被遭受破坏，造成土壤严重侵蚀，基岩大面积裸露，砾石堆积的土地退化现象，是岩溶地区土地退化的极端形式。造成石漠化的主要原因是人为因素，即刀耕火种、毁林开垦、过度樵采、烧山放牧、乱采石矿等。据监测，因人为因素导致石漠化的面积占石漠化土地总面积的62.4%。

二、石漠化治理

20世纪80年代末开始，广西就把石山绿化作为整个造林绿化工作的重点内容之一。1997年将石山封山育林工程列为广西七大林业重点生态工程之一。1999年提出了实施生态扶贫战略，重点是石山生态重建工作。2000年，根据中央实施西部大开发战略，提出了“大石山区要退耕还林，千方百计种树、种竹、种草;沿江河、沿路造林，形成绿色通道”的具体要求。广西壮族自治区党委七届九次全会通过的《中共广西壮族自治区委员会关于制定国民经济和社会发展第十个五年计划的建议》提出,“加快实施绿色工程,封山育林、退耕还林还竹还草,抓紧石山地区综合治理”。2000年自治区林业局、自治区计委共同编制了《广西壮族自治区土地石漠化地区生态重建工程项目建议书》,于11月份由广西、贵州、云南三省区政府联合上报国务院,争取国家重视和支持石漠化治理工作。进入二十一世纪,自治区党委、政府进一步明确了把开展石漠化治理作为生态建设的重点,并联合贵州、云南省政府向国务院申请将西南地区石漠化治理列入国家西部大开发生态建设项目。近年来,广西通过珠防林、退耕还林等重点工程在石山地区大力开展植树造林和封山育林,恢复和增加石山植被;实施森林生态效益补偿,保护石山植被;并辅之以小型简易水利工程,控制石山地区水土流失,改善石山区生态环境。同时,在石山区大力发展沼气池建设等生态能源,减少薪柴消耗,保护石山植被,巩固治理成果。

近年来,国家有关部门对石漠化治理工作高度重视。2001年2月和2002年元月,国家计委副主任、国务院西部办副主任李子彬和国务院西部办副主任王志宝先后分别到广西就石漠化、退耕还林问题进行了调研。

总结起来,广西在石漠化治理方面主要做了以下一些工作:

(一)长期坚持开展石山造林绿化。

20世纪80年代末开始,广西对石山区采取“以封山育林为主,造林补植、改燃节柴为辅”措施,加快石山造林绿化步伐。1989年开始实施石山工程封山育林,当年下达石山封育任务200万亩。1992年制定了《广西石山区工程封山育林规划》,规划1993～1995年石山封育3420万亩。1993年起转入石山工程封山育林,当年广西林业厅专门下达了马山、大新等15个县120万亩的石山工程封山育林计划,自治区每亩补助0.5元。1994年,继续扩大石山地区封山育林规模,在永福、阳朔、罗城、大化、凌云、德保、平果、那坡、龙州、隆安、马山11个县建立部、自治区、地区、县四级石山工程封山育林示范区124万亩,经验收合格的每亩补助1元。示范区把石山封山育林与扶贫开发、生态环境保护结合起来,采取统一规划、统一管理,制订村规民约,抓好改燃节柴,配备专职管护人员等措施。同年,制定了《广西1995～2000年石山区工程封山育林规划》,规划在35个石山重点县封育3000万亩。1995年在马山、大化、龙州、平果、凌云等19个县,实施石山封山育林,共封育242万亩。对漓江、资江两岸以及龙胜温泉旅游区四周的林木实行特别管理,建立部、自治区、地、县四级示范区。林业部1995年补助广西石山封育64万元、1996年补助105万元。至今累计完成石山封山3500多万亩,有2000多万亩灌木覆盖率已达30%以上。

同时,积极开展人工造林,在石缝中种植竹子、任豆、香椿等石山树种,累计造林250多万亩。全区各级累计投入石漠化治理的资金达5亿多元。不少石山区通过持之以恒的封山造林,不仅提高了森林覆盖率,改善了生产、生活条件,解决了用材、烧柴问题,促进了畜牧业及其他产业的发展,增加了经济收入,实现了脱贫致富。如田阳县发展石山竹子达14万亩,现该县农民年销售竹子1万吨,总收入350万元;竹子加工业为冬菜、水果包装运输提供竹篓200多万只,产值1000多万元。平果县果化镇陇劳村原是一个穷石山沟,生态环境恶化,水旱灾害频繁,群众生活困难。从1962年起,该村开始年年在石山上种任豆树,现全村2800亩石山已基本绿化,森林覆盖率达60%以上,土壤湿度和肥力增强,水源增加,粮食自给有余,泉眼长年满盈清澈,畜牧业得到发展,群众经济收入增加,一举甩掉了“贫困”的帽子。田阳县那满镇新楼村在大种竹子前,每年缺水近4个月,实现竹子造林绿化后,人均有竹子11亩,石山保水能力逐年增强,多年枯竭的水源得到恢复,部分农户还接上了自来水。特别是该村驮九屯,坚持年年种竹,现有竹子3000亩,改善了生态,干涸多年的屯里现在溪水长流,人畜饮水不用愁,以前屯里都是种玉米,没有种过一分水田,现泉里有了水,1995年以来年年种上了10多亩水稻。都安、罗城、马山等县大力发展山葡萄、金银花种植加工,形成石山区支柱产业。漓江两岸所在地的阳朔县,有石山面积58.7万亩,占全县土地总面积的27.4%。多年来坚持封山育林和发展沼气池,全县的森林覆盖率由1991年的24.9%提高到了现在的36.7%(不含灌木),昔日的荒山秃岭如今都披上了绿色的外衣,使生态得到明显改善,呈现出一派生机盎然、四季常绿的迷人景色,促进了旅游业的进一步发展。1997年该县被林业部定为全国封山育林示范县。

(二)积极探索石漠化治理新技术、新模式。

经过长期的实践探索,广西在田阳、平果、马山、大化、大新、阳朔、罗城县等树立了一批石山封山育林和人工造林典型，成功探索出了石漠化治理模式，即“总体封山育林，石窝栽种竹木药”，筛选了吊丝竹、任豆、山葡萄、木豆、金银花等一大批石山人工造林树种和“竹子＋任豆”、“任豆＋木豆”、“任豆＋银合欢”、“任豆＋金银花”、“任豆＋山葡萄”、“核桃＋木豆”、“台湾相思＋任豆”等10多种石山造林模式；在恭城县成功探索和推广了“养殖—沼气—种植”三位一体的“恭城模式”；探索和推广了平果县的大竹筐苗石山造林技术、田阳县的地膜覆盖抗旱造林技术等等。1992年广西林业厅与中国林科院热带林业实验中心联合编印了《广西石山树种育苗造林技术资料》，总结了一系列石山造林绿化的技术经验，并举办全区石山造林技术培训班，30多个石山县的60多名营林技术骨干得到培训，为加快治理提供了技术保障。1999年又在全区27个国家级贫困县实施了30万亩的地头水柜配套造林种竹项目，摸索了大规模组织石山造林的经验，为全面开展石漠化治理打下了良好的基础。

（三）将石漠化治理纳入经济社会发展规划。

2000年11月3日广西壮族自治区党委七届九次全会通过的《中共广西壮族自治区委员会关于制定国民经济和社会发展第十个五年计划的建议》提出，“加快实施绿色工程，封山育林、退耕还林还竹还草，抓紧石山地区综合治理”。2001年1月16日广西壮族自治区九届人大四次会议通过的《广西壮族自治区国民经济和社会发展第十个五年计划纲要》提出“实施石漠化治理工程，加快石山地区的综合治理”。编制了《广西岩溶地区石漠化生态治理工程项目建议书》，计划在2001～2015年期间，在61个石山重点县实施石漠化生态治理面积3350万亩，其中人工造林1210万亩、封山育林2240万亩。

（四）启动石漠化治理工程试点工作。

2001年，广西政府将石漠化治理摆上了重要议事日程，在各项资金十分紧张的情况下，从本级有关资金中挤出2500万元作为石漠化治理封山植树试点项目补助，在平果等13个国定贫困县先行试点（见表1）。同时从扶贫资金中安排2000多万元作为石漠化治理试点县15万座沼气池建设补助。自治区林业局也在马山等5个县开展石山造林试点，试点2.09万亩，补助种苗费150万元。经过各级的共同努力，试点项目进展顺利，完成人工造林22万多亩，封山育林400万亩，采用治理造林模式10多种，配套建设沼气池15万多座。2002年，国家林业局经过调研，在平果县和金城江区开展石漠化治理试点示范，安排试点经费50万元，共完成试点造林面积0.5万亩，为全区石漠化治理提供了示范。2002年平果县和金城江区被国家林业局列为石漠化治理试点县，分别安排补助经费25万元。此外，百色市还利用爱德基金会无偿援助资金300多万元，在田东、德保、靖西、凌云县种植任豆树。忻城县利用AACM国际有限公司管理的《中澳广西忻城县喀斯特环境恢复项目》投资6000多万元（其中澳大利亚无偿援助4000多万元），开展石漠化治理。

（五）结合其他重点生态建设工程开展石漠化治理。

由于国家未单独安排石漠化治理工程项目，为了加快石漠化治理步伐，近几年来，广西有目的地将退耕还林、珠防林等国家级生态工程建设项目重点安排在石漠化地区。2001年实施珠防林二期工程以来，全区共在石漠化地区完成国债项目人工造林20万亩、封山育林50万亩。通过这些重点工程的实施，增加了石山区森林植被，使红水河梯级电站库区等石漠化严重地区的水土流失得到了初步治理。

（六）加强配套工程建设，加大石漠化地区扶贫开发力度。

1997年以来，广西在加大生态治理力度的同时，加强配套工程措施建设，大力推进沼气池、水利设施建设和生态扶贫，着重抓好贫困石山地区山、水、田、林、路综合治理。以大会战的方式推进贫困地区基础设施建设，先后开展了人畜饮水工程、茅草房改造、村级公路、村村通电、村村通广播电视、改善贫困村办学和医疗卫生条件、石山地区地头水柜、道路建设及边境大会战等十大会战，改善了贫困石山地区生产生活条件。至2003年底，广西共利用以工代赈资金、发展资金、林业扶贫资金20多亿元，在石漠化地区修建基本农田100多万亩，改造中低产田20多万亩，修建水利、水池、水柜等小水利工程40多万处，解决了600多万人的饮水困难，改善了大批农田灌溉条件；修建道路6万多公里；新架设输变电线路2万多公里；营造经济林、速丰林100多万亩。

（七）加大生态移民力度，引导石山区搞好劳务输出。

1993～2000年，广西筹资10亿多资金，采取县内、地区内和跨地区安置三种途径，按“统一规划，连片开发，分户经营”和“搬得出来，稳得下来，富得起来”的要求，分期分批把居住在大石山区人均耕地0.3亩以下、缺乏基本生存条件的特困人口搬迁到土山区开发，在有条件的地方新建了300多个安置点，共安置移民20多万人，开发土地150多万亩。同时，地方各级政府还引导石山区农民搞劳务输出，每年至少有50多万劳动力以各种形式到外地打工，其中到广东的就有10多万人，这样既减少了石山地区由于人多而导致对石山的过度破坏，又增加了农民的收入，减少了贫困。

2001年自治区石漠化治理试点县及任务一览表

县名	封山育林面积(万亩)	人工造林面积(万亩)			自治区补助资金(万元)
		合计	其中		
			竹子	任豆等其他树种	
合计	400	22.4	8.3	14.1	2500
龙州	25	1.7	0.1	1.6	142
大新	24	0.7		0.7	83
忻城	52	2.8	1	1.8	314
靖西	35	1.5		1.5	145
平果	45	1.9	0.7	1.2	234
田阳	37	2.2	1.9	0.3	316
田东	20	2.2	0.6	1.6	192
那坡	20	2.3	1	1.3	225
东兰	28	1.1	0.4	0.7	139
天峨	16	0.8	0.8	0.0	128
罗城	25	0.9	0.5	0.4	130
巴马	25	2.6	0.8	1.8	236
都安	48	1.7	0.5	1.2	216

(营林处　尹国平)

【绿色工程】

一、绿色通道工程建设

绿色通道工程建设是广西全面国土绿化的载体工程，也是贯彻落实国务院《关于进一步推进全国绿色通道建设的通知》(国发〔2000〕31号)和《关于加强城市绿化建设的通知》(国发〔2001〕20号)文件精神，以及广西壮族自治区党委七届六次全会“1234610”中的宏伟工程。绿化的范围有公路、铁路、河流两侧1公里范围内，以及城市、乡镇、村屯的绿化美化。

二、绿色工程一期建设取得预期成果

1998年11月，广西壮族自治区党委七届六次全会提出广西农业和农村发展工作的“1234610”工作思路中，把绿色工程建设列为实施农业和农村工作六大基础的首项工程。自治区人民政府办公厅《转发自治区林业局关于广西绿色工程实施方案的通知》(桂政办发〔1999〕92号)文件，要求在江河两岸各宽2公里，公路、铁路两旁各宽1公里以及房屋前后100米宜林荒山荒地的造林绿化，并把植树造林与种果、种竹、种草等结合起来，改造残次林，大种水果、竹子、茶叶和其他经济林，建成长期稳定、层次分明的绿色保护涵养林带和经济林带。为贯彻落实自治区党委七届六次全会精神，1999年1月11日，自治区人民政府召开了全区实施绿色工程动员会议，全面部署了绿色工程建设工作，并由自治区人民政府与各地

(市)行署(人民政府)及有关部门签订了《绿色工程目标责任状》,明确了建设目标,绿化任务,领导干部工程示范点,检查验收和奖惩等内容。之后,各级党委、政府,自治区林业局、交通厅、柳州铁路局等有关部门纷纷召开动员会,党政一把手亲自作报告,利用各种媒介广泛宣传。同时,组织专业技术人员编制广西绿色工程总体规划,制定工程实施方案,层层签订工程建设目标责任状,全面启动绿色工程建设。在自治区党委、政府的正确领导下,各级政府和有关部门各负其责,通力合作,在财政比较困难的情况下,广筹资金,保证了工程建设的顺利进行,取得了可喜的成绩。

据检查验收统计,广西绿色工程建设1999～2002年共完成:公路、铁路两旁各宽1公里,江河两岸各宽2公里范围内的宜林地完成造林合格面积17.368万顷,占总任务量的132.5%;进行石山封山育林面积9.962万公顷;城镇、村屯、车站、养护站周围100米范围内的宜林地植树成活株数1075.04万株,公路、铁路,江河用地范围内宜林地植树成活株数1415.1万株。

绿色工程资金投入40660.3万元,其中:财政投入4736.3万元,部门投入13028.9万元,社会集资投入5836.3万元,个体投入9718.2万元,其他投入7340.6万元。

三、绿色工程二期建设初见效益

为了贯彻落实党的十六大关于实施西部大开发战略“要打好基础、实推进、重点抓好基础设施和生态环境建设、争取十年内取得突破性进展”的精神,自治区第八次党代会上再次提出了“抓紧实施绿色工程”要求,结合贯彻落实国务院《关于进一步推进全国绿色通道建设的通知》和《关于加强城市绿化建设的通知》文件精神,自治区人民政府于2003年2月21日颁发桂政发〔2003〕7号《广西壮族自治区人民政府关于批转自治区绿化委员会、林业局广西壮族自治区绿色工程(2003～2010年)实施方案》文件,提出了绿色工程建设的基本思路、范围和目标任务、建设标准、各单位职责、主要措施以及检查验收办法等。自治区绿化委员会根据全国绿化委员会、铁道部、交通部、水利部、国家林业局共同下发《关于编制全国绿色通道工程建设规划的通知》(全绿字〔2002〕1号)精神和广西绿色工程建设进展情况,组织协调林业、交通、公路、水利、铁路等部门,委托自治区林业设计院按照全国绿色通道工程建设规划编制方案要求,结合广西绿色工程建设实际情况,对全区公路、铁路、水库、河渠、堤坝进行了全面调查规划设计。编制了《广西绿色工程建设规划》,其中各地市2003～2010年绿色工程建设规划为145434.4公顷,其中:宜林荒地造林34174.3公顷,封山育林46608.5公顷,退耕还林24973.1公顷,疏残林改造16356.5公顷,退牧还林ll153.2公顷,未达标补植12168.8公顷;公路、铁路、水利部门2003～2010年绿色工程建设规划线路绿化为9497.3公里,植树绿化面积7314.7公顷。

2003年是绿色工程二期建设的第一年,完成绿色工程建设5.689万公顷,占年度任务数的130%,其中宜林地造林面积1.41l万公顷,退耕还林面积1.318公顷,疏残林改造0.455万公顷;石山封山育林2.505万公顷;公路、铁路、水利、城镇植树绿化537.96万株(其中新植树420.90万株,补植树木117.06万株),种植花草藤面积0.68万平方米,绿化里程1275.17公里。在道路绿化里程中,高速公路135公里,国道830公里,省道110公里,县乡道60公里,河渠堤坝长度80公里,铁路60.17公里。共投入资金14402万元,其中:财政投入1728.24万元,部门投入1631万元,社会集资2016.28万元,个体3456.48万元,其他投入5570万元。

四、绿色通道工程建设成效

1999～2003年,广西区共完成绿色工程建设宜林地造林面积20.555万公顷,占计划任务数的125%,其中荒山荒地造林面积18.782万公顷,退耕还林面积1.318公顷,疏残更新林改造面积0.455万公顷;非林业用地石山封山育林12.467万公顷;交通、公路、铁路、水利部门和城镇、乡村、车站等完成种植成活各种树木3028.10万株。共投入资金55062.3万元,其中:财政投入6464.54万元,部门投入14659.9万元,社会集资7852.58万元,个体投入13174.68万元,其他投入12910.6万元。

绿色工程经过五年建设,在八桂大地上初步显现出它的效益。具体表现:一是高速公路的公路铁丝网至路面的两边内侧,种植有马尼拉草、灌木花卉、亚乔木、乔木,形成自中间低向两旁逐渐高排列的植株序列。公路铁丝网外面种植有2～5排高大乔木,在1公里范围内的宜林地也都普遍植树造林。二是国道、省道和部分县道的两旁,在可植树的路段路肩,基本上种植了1～3排的乔木和灌木,无法种树木的也种上了本地土生草皮。

三是铁路两边的宜树宜绿地，基本上都种植和生长了高低错落有致的树木。四是主要游览江河两岸基本上种植有竹子、树木；水库四周一面坡宜林地都普遍植树造林，25°以上坡耕地陆续退耕还林。五是城镇绿化也随着城区改造和城镇化步伐加快而加强，如南宁市的“中国绿城”建设，桂林市的郊区绿化和两江四湖建设，梧州市环城绿化景观和沿江绿化等城镇绿化正向高要求、高标准发展。总之，随着绿色工程建设的进程，广西绿化的形象将越来越美，其改善生态环境也将更加显著。

（广西壮族自治区绿化委员会办公室）

森林经营

【概　述】

长期以来，广西在开展森林经营工作方面，主要是对幼林进行抚育管护、对中龄林进行间伐、对低产低效林进行更新改造等。自2000年10月开始，广西全面开展了森林分类区划界定工作，至2001年8月，森林分类经营区划界定工作完成。全区区划公益林面积685.73万公顷，占区划总面积的46.1%；商品林面积801.69万公顷，占区划总面积的53.9%。从2002年开始，广西的森林经营工作逐步按照公益林和商品林的不同特点和要求进行营造和经营。例如：在新造公益林方面，规定必须营造50%以上的混交林，不能进行炼山和全垦整地等，以避免造成新的水土流失。在对现有公益林的经营方面，由于资金原因，只是对一些特别差的低效林、疏残林进行更新改造，对生长较好的针叶纯林的改造尚未列入议事日程。在商品林方面，近年来主要发展以速生桉和相思为主的速丰林，推广组培苗、挖大坑、施基肥、配方追肥2～3年等集约经营措施，大大提高了单位面积产量，林木采伐周期缩短到3～6年。同时，为改变乡土树种——马尾松的粗放经营模式，区直黄冕林场等从2003年起已开始按照种植桉树的投入标准开展松树高投入种植试验，以探索通过高度集约经营措施来提高乡土树种的单位面积产量和缩短经营周期，使乡土用材树种的生长速度和产量有一个大的提高，发挥更大的经济效益。

（营林处　尹国平）

【幼龄林抚育管护】

对于有资金保证的重点林业生态工程和速丰林工程，在造林后1～3年的幼林阶段普遍能够做到及时铲草、施肥等抚育工作。同时，配备护林员加强管护，避免人畜破坏，确保幼树成活和正常生长。特别是，资金比较有保障的国有林场、公司企业、个体企业、外资企业等所种植的桉树、相思等短轮伐期速丰林，都能做到连续2～3年进行抚育和施肥，林木生长快，林相整齐，林分质量比较高，绝大多数林分都能达到速生丰产标准。至于面上群众零星的造林，由于缺乏资金、劳力等，抚育施肥工作没有保证，有的种下去以后就不管了，林分质量相对较差。但在桂北地区，如兴安县特别是县西北部的山区群众普遍形成了种杉木自觉抚育三年的习惯，造林质量和成效都比较好。

（营林处　尹国平）

【中龄林抚育间伐】

对松、杉等用材林一般在一个轮伐期内抚育间伐1～3次，以2次为多，第一次在第8～9年，第二次在第11～12年。为了搞好抚育间伐工作，提高抚育间伐质量，1994年广西林业厅修订了《广西中幼龄林抚育间伐工程项目管理试行办法》，将抚育间伐作为工程项目来管理，规定抚育间伐作业设计必须统一由自治区林业局审批后才能实施，抚育间伐指标由营林部门逐级分解下达，并加强实施过程中的监督检查，每年还进行严格的检查评比，有效地促进抚育间伐工作的正常开展，改善了林木生长环境和林分卫生条件，林分质量得到提高。如1994年，在全区范围内开展中幼龄林抚育间伐管理先进单位、优秀管理员的评比活动，年底经抽查评比59个县，获得优等、良好、合格的县分别为29个、21个和9个。间伐措施有效地促进了林木生长，松、杉第一次间伐，间伐后第二年每亩蓄积就超过间伐前，第三年增长加快。全区年均抚育间伐面积在150万亩左右。2000年实行机构改革、简政放权，自治区林业局不再审批抚育间伐作业设计，也不再组织检查验收，只是下达年度指导性计划，督促各地自行开展。总的来看，由于受到采伐限额的控制和税费过高的制约，这项工作在国有林场开展得比较正常，在集体林区开展得不够正常。

（营林处　尹国平）

【低产低效林改造】

对于低产用材林，主要通过皆伐方式更新改

造为速生丰产林。为了防止以低产林改造的名义乱砍滥伐林木，广西从1996年起将低产林改造作为工程项目来管理，严格审批权限，规定地(市)林业局只能审批20公顷以下，20公顷以上必须报自治区林业局审批。2003年，为了适应大力发展速丰林，特别是发展速丰桉短轮伐期工业原料林的形势需要，加快低产林改造步伐，自治区林业局及时下发了《关于进一步加强低产用材林分更新改造管理工作的通知》(桂林营发〔2003〕1号)，调整了低产林审批权限，简政放权，将县级林业局的审批权限放宽到20公顷(300亩)、地(市)林业局的审批权限放宽到133.3公顷(2000亩)，有力地推动了低产林改造工作的开展。近几年来自治区每年低产林改造面积在60万～80万亩，主要用于营造桉树等短轮伐期速丰林，经过改造后林分质量得到很大提高。此外，还有一些地方采取带状改造培育混交林的方式，如钦廉林场在原来的湿地松等针叶纯林中带状砍伐60%左右的原有树种后种上桉树、相思等速生树种，培育针阔混交林，既改善了林分结构，又提高了林分质量和产量。对于低产经济林，八角、玉桂、油茶、毛竹等树种主要通过铲草、施肥、垦复等措施进行改造，龙眼、荔枝等果树主要通过品种改良、高接换种、施肥等措施进行改造。自治区林业局通过建立不同树种的低改示范样板点来引导推动，对示范点给予一定的资金补助，并且每年都下达经济林低改计划任务，督促各地积极开展这项工作。

(营林处　尹国平)

【森林经营示范试点】

1995年以来，广西森林经营工作的重点转移到中幼龄林抚育间伐、改造低产林分和优化林种树种结构上来，期间梧州地区飞播林区经营管理、昭平县乡村林场综合开发、岑溪市山区林业复合经营、兴安县森林培育标准化建设和钦州市钦南区桉树木片原料林短轮伐期经营等5个项目，被林业部列为全国首批森林经营示范项目。

2003年，藤县被国家林业局列为全国森林经营示范县，建设期为2004～2010年。示范建设的主要内容为：在现有的森林经营条件下，建立经营目标明确，有前瞻性、示范性和针对性的，能够代表广西森林类型和培育方向的示范林，建立森林抚育、混交林培育、森林更新等各类森林经营方式的模式，并探索相应的政策机制。

(营林处　尹国平)

全民义务植树

【全民义务植树的成就】

在邓小平同志的亲自提议下，1981年12月13日，中华人民共和国五届人大第四次会议，通过了《关于开展全民义务植树运动的决议》。1982年2月27日，国务院根据全国人大的授权，颁布了《关于开展全民义务植树运动的实施办法》。根据《实施办法》要求，广西于1982年3月31日颁布了《广西壮族自治区全民义务植树运动实施细则》。从此，全民义务植树运动在广西各地普遍开展起来。22年来广西全民义务植树运动在中国绿化委员会的指导下，在自治区党委、自治区人民政府的正确领导下，结合消灭宜林荒山和绿色工程以及六大林业重点工程建设等国土绿化项目，进行了卓有成效全民义务植树运动，全社会的绿化意识不断增加，全民绿化蓬勃发展，有力地推进了广西生态环境建设。据统计，1982～2003年底：累计义务植树29.8亿株，年均植树1.419亿株，累计参加义务植树人数3.788亿人次，尽责率85.8%，年均参加义务植树人数1803.8万人次，人均植树株数7.9株。

城市建城区绿化覆盖率达到29.94%，建成区绿地率24.6%，人均公共绿地面积达4.65平方米。

新中国成立以来，广西林业战线入选中国造林绿化功臣有25人。1956年和1989年荣获“全国劳动模范”2人。

1987～2003年荣获“全国绿化劳动模范”15人；荣获“全国绿化先进工作者”15人；荣获“全国绿化奖章”获得者184人；荣获“全国造林绿化十佳城市”2个；荣获“全国造林绿化百佳县”16个；荣获“全国造林绿化百佳乡”16个；荣获“全国造林绿化千佳村”153个；荣获“全国部门造林绿化300佳单位”5个；荣获“全国部门造林绿化400佳单位”25个；荣获“全国绿化先进单位(集体)”19个。

在全民义务植树运动的推动下，广西造林绿化工作取得了突破性进展。1992～1994年广西连续3年获林业部授予“造林成绩优异自治区”称号。1994年基本消灭宜林荒山荒地，获“实现荒山造林绿化规划自治区”荣誉称号。同时，广西林木生长量大于消耗量，实现了森林面积和林木蓄积量双增长的目标，荣获林业部“控制森林资源消耗成绩显著奖”。1997 年，广西提前三年基本绿化达标，实现了自治区党委、自治区人民政府基本绿化广西的奋斗目标。根据广西森林资源连续清查普查反映，广西森林覆盖率由 1985 年的 22.01%提高到 2000 年的 48.77%。国土绿化的扩大，不断地改善了城乡人们的生产生活环境，加快了广西工农业经济建设的进程。

【全民义务植树的经验】

广西在全民义务植树方面的经验主要有以下几条：

一、领导重视，是搞好义务植树的关键

广西各级党政军领导对全民义务植树工作非常重视，县以上各级人民政府都成立了绿化委员会，设立办公室，配备专兼职人员，统一领导组织本地区的全民义务植树工作。为加强领导，各级政府领导兼任绿化委员会主任，各级党委、政府都把开展全民义务植树列入重要议事日程，并把这项工作列入考查领导政绩内容。每年植树节前，自治区党政军领导率先垂范，以身作则，履行植树义务，率领参加中国人大、政协“两会”的代表、驻邕部队和机关干部职工参加义务植树活动，掀起广西全民义务植树高潮，推动广西全民义务植树造林蓬勃发展。据统计，1982～1999 年，广西办各级领导绿化示范点 3500 个，造林 315.2 万亩。自治区四大班子领导和区直机关干部职工在义务植树基地造林种果 4.68 万多亩，其中 1987～1995 年在邕宁县大塘义务植树基地造林 2.5 万多亩(含龙眼、荔枝、芒果等 160 多亩)，保存率在 95%以上。2000～2003 年自治区四大班子领导在高速公路两旁建立义务植树示范点 4 个，造林面积 2539 亩。使昔日的荒山秃岭，现在全部披上了绿装，一片林海，郁郁葱葱，生机勃勃，十分喜人，对广西植树造林起到了很好的带头示范样板作用，为南宁市生态环境的改善，当地农民的脱贫致富，产生了良好的社会影响。带动了广西各族人民，各部门(系统)的干部职工和人民解放军及武警广大指战员踊跃参加全民义务植树运动，年年植树、栽花、种草。各地在兴建义务植树示范点的同时，还充分发动广大农民特别是山区农民，引导他们义务投工投劳在房前屋后的宜林地、荒山荒地上植树种果，消灭宜林荒山，调整林种树种结构，改善生态，走靠山致富之路。义务植树的发展，有力地促进广西国土绿化进程，有林地面积从 1990 年的 602.17 万公顷，扩大到 981.91 万公顷，增加了 63%。

二、广泛宣传，提高适龄公民的义务植树意识

自全国人大颁布实施《决议》以来，各级党委、政府高度重视全民义务植树运动的宣传发动工作。各地、市、县充分利用电视、广播、报刊、墙报等新闻媒体开展宣传活动。如开展绿化知识咨询、绿化板报展、绿化知识竞赛、绿化专题文艺演出、举办绿化培训班、科技下乡、悬挂横额、张贴标语等，派出工作组深入城区、学校、乡镇、村屯进行宣传发动群众，出动宣传车上街下乡宣传，印发义务植树宣传材料。大力宣传《决议》和有关法律法规，大力宣传绿化造林与改善生态环境和人居环境的重要意义，大力宣传全民义务植树的法定性、全民性和公益性，宣传在义务植树运动中涌现出来的先进典型和造林种果致富的先进事例。号召和动员广大人民群众积极投身国土绿化事业，认真履行植树义务。特别是在每年的 3 月 12 日植树节前后，广西电视台、广西人民广播电台、广西日报等都开展宣传义务植树活动，各地都召开义务植树和造林绿化动员会，绿委、林业、建设、教育、共青团等部门密切配合，开展声势浩大的宣传活动，掀起全民义务植树运动的宣传动员高潮。如首府绿委坚持每年植树节在广场举行义务植树歌舞、小品演唱，开展绿化板报比赛、义务植树绿化咨询等宣传活动；柳州地区林业局多年来坚持编排绿化专题文艺节目，深入县、市、场演出；南宁、桂林、柳州等市的教育部门在中、小学校开展绿化知识竞赛；共青团启动“保护母亲河”宣传活动等，影响深远，教育面广，收效很大。由于广西各级领导高度重视义务植树和国土绿化的宣传工作，常抓不懈，广大群众的绿化意识和法制意识得到了很大的提高，适龄公民认真履行植树义务，全民义务植树运动得到了持久深入的发展。

三、围绕生态环境建设，义务植树与各项绿化工程一起抓

开展全民义务植树运动，是动员全社会力量，加快国土绿化进程的一项重大战略措施。广西在开展全民义务植树运动中，紧紧围绕改善生态环境，实现可持续发展，提高人居生活环境质量这一中心任务，与各时期、各阶段、各部门的国土绿化项目工作紧密结合。形式多样地开展全民义务植树运动,推动了国土绿化和生态建设事业的发展,促进了社会主义精神文明建设。

(一)与造林灭荒、绿化达标相结合,改善生态环境,引导和帮助农民脱贫致富。

在灭荒、绿化达标建设中,各地把义务植树与广西消灭宜林荒山和绿化达标相结合,建立领导干部、部门义务植树基地,以基地形成示范点,从而带动广西各族群众参与消灭宜林荒山的植树造林。自治区绿化委在1987年在邕宁县大塘乡将宜林荒山划分到自治区、市主要部门,由这些部门、单位组织适龄公民上山植树造林,连续义务植树9年,完成义务植树基地造林2.5万亩,种下各种树木375万株,成活率达98%,保存率95%。义务植树基地化造林有效地提高广西全民义务植树成效,也极大地促进广西各族人民认真贯彻自治区党委、人民政府《关于力争十五年绿化全广西的决定》,在广西广大人民群众的努力下,1994年基本实现了消灭宜林荒山,1997年实现了绿化达标。

(二)义务植树与绿色工程建设相结合。

1997年基本实现消灭宜林荒山和绿化达标后,广西绿化面向何方,自治区党委和人民政府认真审时度势,针对广西消灭宜林荒山和绿化达标后广阔八桂大地普遍存在的沿路沿江两侧和水库四周植树造林质量偏低,人畜破坏面大,返荒程度严重,以及大面积疏林、残次林等状况;广西城市、乡镇的绿化水平较低,人均绿地偏少,还很不适应人们对环境日益增长需要。对此,自治区人民政府办公厅以(桂政办发〔1999〕92号)《自治区人民政府办公厅转发自治区林业局关于广西绿色工程实施方案的通知》,并由自治区人民政府与各地市(行署、政府)和自治区有关部门签订了责任状。绿色工程从1999年启动开始实施,自治区绿化委员会明确要求广西各地广泛发动适龄公民以义务植树的形式积极参加绿色工程建设。几年来,先后组织适龄公民在城镇建成区,在公路、铁路两面侧,河流两岸,在水库四周普遍开展义务植树,营造"少年林"、"共青团林"、"陆军林"、"空军林"、"武警林"、"妇女林"、"三八林"等。由于义务植树与绿色工程的结合,绿色工程取得显著成果。据统计,五年来绿色工程建设共完成造林绿化面积20.55万公顷,城镇、公路、铁路、水利等栽植各种树木3028.1万株。

(三)与农村"四旁"造林和城镇绿化美化相结合,城乡绿化一起抓,提高人居生活环境质量。

城市绿化是国土绿化的重要组成部分,自治区党委、政府把提高城市绿化水平,改善人居环境质量作为一项重要工作来抓。各地、市把义务植树与开展争创"全国园林绿化先进城市"、"全国造林绿化十佳城市"、"全国造林绿化百佳县"、"南株杯"、"最佳花园式单位"和创建"中国绿城"等活动相结合,充分调动机关、企事业、学校、厂矿等单位和城镇广大干部职工、居民的积极性,发动他们义务投工投劳投资,搞好城市广场绿化、城市石山绿化、门前绿化、单位庭院绿化、街道绿化和公共用地的绿化,共建美好绿色家园。如南宁市开展的创建花园式单位活动,现已评选出457多个花园式单位,629个绿化达标单位,16个最佳花园式单位。据统计,两年来,南宁市各单位(社会)投入绿化建设资金约5000多万元;柳州市在全市实行"城市绿化就近分片承包责任制"、"主要街道绿化门前三包责任制"、"石山绿化承包责任制"等绿化责任制度,收效很大;贵港市新世纪广场的绿化采取苗木由单位、个人认购,市四家班子领导带领市直机关和驻桂部队义务植树和铺草坪,园林部门负责管护的方式,较好地解决了绿化经费和后续管护经费不足的问题;玉林市的街道和广场绿化,大部分是由单位和个人义务投工投劳投资分片分段包干完成。近年来,城市绿化效果非常明显;桂林市今年启动的新世纪军民绿化大行动,组织2万多干部职工、学生在市区"两江四湖"风景区范围内的10座风景石山义务植树,共植乔、灌及藤本植物近6.9万株。全民义务植树运动与城市绿化美化相结合,加快了城市绿化总体水平的提高,加快了城市人居生活环境的改善。据统计,截至2000年,广西城市建成区绿化覆盖率、建成区绿地率分别达31%和26.5%,人均公共绿地面积达7.85平方米。

(四)与部门绿化相结合,加快了国土绿化进程。

全民义务植树运动开展20年多来,自治区各部门、各系统按照部门分工负责制的要求,结合本部门、本系统的特点,把义务植树与辖区范围内的绿化美化活动结合起来。铁路、交通、水利、驻桂部队和自治区妇联、共青团、总工会等部门和群众团体已成为广西全民义务植树运动的重要力量。如铁路、交通把绿色通道建设作为系统干部职工义务植树的主战场,加快通道建设步伐;驻桂部队在组织官兵义务绿化好营区的同时,积极参加地方的义务植树活动,营建"八一绿化带"、"警民共建林”;团区委、区妇联、总工会等社会团体也积极组织广大青年、妇女、工人参加义务植树活动。目前,区妇联在广西组织兴建的“三八绿色工程林”基地1.3万个,团区委组织兴建的“共青林”和开展的“保护母亲河行动”,在广西影响很大。全民义务植树与部门绿化相结合,加快了国土绿化进程。

(五)与兴建各种纪念林相结合,促进了社会主义精神文明建设

在开展义务植树活动中,广西各地把全民义务植树与精神文明建设结合起来,积极组织营造各种纪念树、纪念林,激发广大人民群众植树造林、绿化祖国的爱国主义热情,培养集体主义精神和爱劳动的观念。如南宁市组织营造的“澳门回归林”、“香港一南宁青年林”;柳州市组织开展的种植结婚、生日、成年、入学、毕业、入党纪念树活动;柳州地区与日本友爱协会共建的“中日青年来宾生态示范林”等,不仅增强了广大人民群众的绿化意识,改变了传统观念,树立了新风尚,而且增进了交流和友谊,促进了绿色文明的发展,促进了社会主义精神文明建设。

四、结合实际,制定相配套的规章和文件

为认真贯彻执行《关于开展全民义务植树运动的决议》、《国务院关于开展全民义务植树运动的实施办法》、《中华人民共和国森林法》以及财政部、全国绿化委员会、林业部《关于颁发〈全民义务植树和国有企业事业单位造林绿化资金的使用管理办法〉的通知》(〔1989〕财工字231号),自治区结合实际,于1982年3月31日颁布实施了《广西壮族自治区全民义务植树运动实施细则》,自治区财政厅、自治区绿化委员会、自治区林业厅下发了《关于贯彻两部一委〈全民义务植树和国有企业、事业单位造林绿化资金的使用管理办法〉的通知》(〔1989〕财工字第114号),规定凡无故不履行植树义务的行政、企业、事业单位(含全民、集体)的干部职工、城镇居民和农村适龄公民每年每人应缴绿化费。同时,南宁、柳州、贵港、梧州、河池、贺州、鹿寨等市、县建立健全义务植树登记制度和义务植树以资代劳费的收缴制度,对不直接履行法定植树义务的适龄公民规定收取绿化费,并雇请人员代其完成植树任务,使义务植树工作逐步走向了规范化、制度化和法制化的轨道。

五、建立健全造林绿化表彰激励机制,促进全民义务植树的全面发展

广西森林覆盖率虽然不低,但森林质量效能低,尚有大面积疏林、残次林和宜林荒山荒地。为了进一步激励各族人民的植树造林,绿化祖国的积极性,广西认真贯彻落实全国绿委关于开展绿化模范的评比表彰活动。在此基础上,自治区绿化委员会编制了《广西绿化模范城市、绿化模范县、绿化模范单位和绿化奖章评选办法》,把开展义务植树工作与当地植树绿化一起进行评比表彰,2003年对前两年广西植树绿化进行了自下而上的评选活动,表彰广西绿化模范城市3个、绿化模范县4个、绿化模范单位31个和绿化奖章获得者41人。促进广西全民义务植树运动深入、持久和有效地开展。

【全民义务植树存在的主要问题】

广西在全民义务植树存在的主要问题是:

一、组织机构不健全,工作经费缺乏

绿化委员会办公室的工作是社会性很强的工作,面向全社会,涉及各行各业,工作面大,工作难度也大。县以上人民政府虽然都成立了绿化委员会,但绿化委员会办公室没有编制,挂靠在林业局或园林局,因此,县级绿委办机构不够健全,大部分没有专职人员,由县林业局营林科(站)兼办,也没有专项经费安排,所需的经费由挂靠部门承担。制约了绿化委员会办公室工作的开展。各级绿化委员会办公室的工作和开展工作仅就组织开展全民义务植树运动来说,宣传、规划、育苗、统计、分配任务、检查验收、登记建档等工作量需要相应经费开支。特别是义务植树基地的建设,农民是受益主体,又无法支付种苗费用,只有由各级绿委办承担,实际上就是由林业部门负责。林业部门特别是县级林业部门在造林灭荒和绿化达标中,贷款造林,每年都要还本付息,债务相当重,因此,难以在人员和经费上保证全民义务植树工作的正常开展。

二、义务植树工作发展不够平衡,建卡率低

在开展义务植树活动中,城市与农村的发展很不平衡,城市中企事业机关单位与无固定职业居民的尽责率也很不平衡。具体表现在:党政机关、学校、企事业单位适龄公民尽责率较高,植树绿化成活率与保存率达85%以上。而城镇一些无固定职业的适龄公民较难组织,其义务植树的尽责率与成活率较低。广西从1993年开始推行义务植树建卡制度,并取得一定成效,但由于机构人员的变动,尚有相当部分县没有坚持义务植树登记卡制度。

三、宣传力度不够，认识不完全到位

各地在宣传全民义务植树运动的重要意义，动员广大人民群众积极参加全民义务植树运动中做了很多工作，取得了一定成绩。但由于经费欠缺、人员少等，宣传活动没有连续性，仅局限于每年的植树节前后；加上宣传内容不够丰富，宣传面较窄。广大群众对全民义务植树运动所特有的法定性、全民性和公益性了解较少，影响全民义务植树运动的组织和发动。

四、法规不健全，缺乏约束机制

《决议》和《森林法》对每一个符合履行义务植树条件的公民，在法律上进行了约束和强制。国务院的《实施办法》和自治区的《实施细则》都明确了对成年适龄公民无故不履行义务的，责令限期补栽或给予经济处罚。但是仍存在实际问题：一是全民义务植树运动的执法主体不明确，无法开展执法工作。20 多年来，从自治区到地、市、县都未开展过全民义务植树执法检查，适龄公民的法定意识不强。二是年度完成植树任务的时间、经济处罚指标现有法律法规没有界定和量化，难以操作。目前，各地对无故不履行义务或不完成任务的单位和个人没有进行经济处罚。三是绿化费国家未取消（依据财预〔2000〕127 号），但广西未对绿化费立项，物价部门不予核发《收费许可证》对自愿以以资代劳方式履行植树义务的单位和个人，难以收取绿化费，影响了义务植树尽责率。由于广西全民义务植树的管理法规不健全，对无故不履行法定义务的单位和个人缺乏法律的约束，履行与不履行一个样，弱化了全民义务植树运动。

【意见和建议】

为了使广西的全民义务植树工作更有效地进行，今后应该：

一、继续加大宣传力度，进一步提高认识

为深入持久地开展全民义务植树运动，形成全党动员，全民动手绿化国土的大好局面。首先要加大《决议》和有关法律法规的宣传学习力度，提高广大人民群众特别是适龄公民对全民义务植树运动的法定性、全民性和社会性的认识。其次要加大义务植树和国土绿化先进经验、先进典型的宣传，弘扬精神，树立旗帜，鼓舞和激励人民为国土绿化做出贡献。宣传学习工作要面向领导，面向基层群众，尤其要面向农村、城镇、厂矿和院校的广大群众。要充分发挥电视广播、互联网等媒体快捷、覆盖面广的优势，把现代传播媒介与传统宣传手段结合起来，提高宣传效应，为深入、持久地开展全民义务植树运动打下坚实的思想基石。

二、修改和完善全民义务植树管理法规，为开展全民义务植树运动提供法律保障

首先，修改和完善自治区 1982 年颁布的《实施细则》，并递交自治区人大立法为《条例》。在《实施细则》中，一是明确各级绿化委员会办公室是全民义务植树运动的执法主体，由其行使法律职责；二是明确对无故不履行植树义务的单位和个人要给予经济处罚的量化指标；三是确定以资代劳费绿化费的收取标准，即从原规定的 5 元，改为按当地 1 个工日收取绿化费（入城农工按半个工日收取），农村农民原则上不收取绿化费。

三、要将组织开展全民义务植树运动的经费纳入各级财政预算，保证全民义务植树工作正常开展

财务制度改革，部门实行财政预算，各级绿化委员会办公室挂靠的林业部门，应将绿化委员会的业务经费特别是开展全民义务植树运动的经费，列入财政预算，上报各级政府。各级政府应给予安排，确保全民义务植树运动的开展，确保各级绿化委员会及其办公室工作的正常运行和有效开展。

四、加大评比表彰力度，充分调动适龄公民参加植树绿化活动

20 多年来，广西全民义务植树运动开展得轰轰烈烈，取得了较好的成绩，并且涌现出许许多多绿化先进单位和植树造成林模范。为更加有效地促进全社会搞绿化，人人都爱花植树护绿，必须加强通过自下而上的绿化先进单位和绿化模范评选力度，给予这些单位、个人表彰奖励，肯定他们的成绩，进一步充分调动广大适龄公民参与植树绿化的积极性，促进全民义务植树的发展，形成全社会都搞绿化的氛围。

（广西壮族自治区绿化委员会办公室　黄植光）

生态能源建设

【广西农村能源发展概述】

农村能源是国家整个能源系统的一个重要组成部分，是具有很大特性的子系统，是发展中国家在一定发展阶段的特有问题。农村能源是泛指农村生产和生活所使用的能源。在农村就地开发利用的能源资源，如太阳能、地热能、风能，这也就是平常说的新能源，还有农作物秸秆、人畜粪便、薪柴以及沼气这些生物质能和小水电、小煤炭等。此外就是农村用的常规能源——煤、油、电。所以，农村能源按照上述能源的使用消耗分类的说法，就包括了可再生能源和不可再生能源。

新中国成立后，国家就开始注意到了农村能源问题，积极发展农村电网和小水电，研究和推广沼气技术等，以提供农村生产和生活用能，并取得了成效。但从总体上讲，直到70年代末期，对整个农村地区的能源问题缺乏全面系统的研究，也缺乏行之有效的政策和管理措施。

20世纪70年代发生在世界范围的"能源危机"，增强了人们的能源意识，尤其是十一届三中全会后，国家开始全面注意到农村能源问题，国家有关部委广泛进行了农村能源问题与对策等研究。

研究表明，70年代末广西农村能源消费具有如下特点：

一、消费水平低，能源短缺严重

1970～1979年这一时期广西生物质能可供总量为15735.60万吨标煤，而消耗总量达20852.20万吨，欠缺量为5116.6万吨，占消耗总量的24.54%，据调查计算，在70年代薪柴的消耗总量中，有46%来源于用材林，31%来源于其他林种，从薪炭林获得的仅26%，森林资源遭到严重破坏。

二、燃烧设备陈旧，利用效率低

广大农村生产、生活使用的炉灶都是比较落后的，炊用柴灶转换效率不足10%，煤灶16%～18%。在能源供应严重不足的同时，又存在极大的浪费，从而加大了能源的供应量，造成能源更加紧张。

三、生态环境进一步恶化

秸秆总产量的2/3用于农民炊事燃料，造成饲料紧张，有机质还田少，土壤肥力减弱。据统计，70年代烧掉秸秆1152.70万吨，年均为115.27万吨；80年代烧掉1697万吨，年均为169.7万吨。由于大量的秸秆不能还田，使农田土壤中有机质含量下降。由于过量的砍伐，使广阔的林草地遭到破坏，引起生态系统失去平衡，导致江河流量减少，水土流失严重，旱涝灾害频繁。

上述问题也普遍存在全国。1980～1982年，经中央有关领导和专家多次认真研究，形成了"因地制宜，多能互补，综合利用，讲求效益"的农村能源建设方针，以及开发各类农村能源资源的技术政策建议。

1983年，中国"六五"国民经济发展计划采纳了农村能源建设"十六字"方针，并将发展省柴节煤灶、农户沼气池、小水电和薪炭林作为国家指导性计划下达，农村能源建设第一次正式列入国民经济计划，中央和地方各级财政部门相应安排了农村能源事业费。自此，中国范围的农村能源建设进入了新的阶段。

适应农村能源建设形势的发展，1984年正式成立广西壮族自治区沼气办公室（桂编〔1984〕93号），属自治区农业厅管，定编12人，1987年广西壮族自治区沼气办公室改名为广西壮族自治区农村能源办公室（桂编〔1987〕358号），至1990年广西壮族自治区农村能源办公室由原来的广西区农业厅管转为广西壮族自治区林业厅管（桂政办函〔1990〕10号），各地（市）县先后建立了农村能源办，组织机构进一步建立和健全，采取各种方式推进农村能源工作。

1981～1996年这期间，广西广大农村地区绝大多数农户都是以薪柴为燃料，并且使用的都是大灶口的老虎灶，热效率低于10%，薪柴浪费非常大，导致大量森林资源被砍伐。根据这一状况，广西认真贯彻农村能源建设方针，农村能源工作以改燃节能、改灶节柴为主，同时根据各地的资源分布状况，积极开展太阳能热水器、风能、地热、微水电、沼气等新能源和可再生能源建设，开展"八五"农村能源综合县建设。通过全区上下的共同努力，至1995年底全区完成了改燃节能、改灶节柴工作。其他各项能源工作也得到了一定的发展，随着改燃节能、改灶节柴工作的完成，广西农村能源工作重心转移到对新能源和可再生能源的开发利用上来，加大对沼气池建设的力度，调整和优化农村用能结构。这期间恭城县沼气建设取得了较好成绩。1997年10月，自治区党委、自治区人民政府、自治区人大，自治区政协四家班子联合在恭城召开了生态农业恭城现场会，这个会是广西农村能源建设史上的里程碑，会上总结了恭城县大力开展沼气综合利用，推动养殖业、带动种植业发展的先进经验。会上号召要在全区推广"养殖—沼气—种植"三位一体的恭城模式。2001年

5月自治区人民政府在北流市召开全区农村生态能源建设现场会，推广北流生态能源建设经验，开展生态家园建设。2003年9月自治区党委、自治区政府在武鸣县召开生态家园建设现场会，并下达了全区生态家园实施方案，全区生态能源建设浪潮一浪高过一浪，并掀起了沼气建设新高潮，沼气建设也出现了跨越式发展，1996年以前的十多年，每年新建沼气池1万多座，1997年新建5万座，1998年新建11万多座，1999年新建27万多座，2000年新建32万多座，2001年新建34万座，2002年新建40万座，2003年新建40万座。截至2003年12月底，广西累计建成户用沼气池214万座，其中建成生态家园户68万多户。这些沼气池正常运转，每年可为214万多农户提供优质燃料8.56亿立方米，能源开发量折合标煤61.12万吨，可节约薪柴428万吨。农村能源建设缓解了农村能源供需紧张的矛盾，广西森林资源增长势头强劲，全区能源性消耗的森林资源由1986年的48%下降到现在的31%。有效地保护了森林资源，巩固了造林绿化成果。农村户用沼气池的推广，优化了农村用能结构，沼气综合利用的领域也逐步拓宽，从生活领域拓展到生产领域；档次逐年提升，从推广"恭城模式"到建设生态家园富民工程，以沼气为主的农村能源建设在农业生产、农民生活和生态环境保护方面的作用越来越显著，并显示了广阔的发展前景。农民群众"从要我建池"到"我要建池"，积极主动参与这项工作。自治区各级党政领导对这项工作越来越重视，并列为重要的议事日程，农村能源工作成为西部大开发、可持续发展和农村脱贫致富奔小康的重要工作。

（区林业局能源办）

【改灶节柴、改燃节能技术推广】

广西农村能源消耗最多，利用最不合理，浪费最大的是炊事炉灶。这些炉灶用几块石头或三角铁架组成，热效率只有7%左右；还有些地方使用"半原始灶"，这种灶用石头或砖头砌成，有固定灶口和烟囱，但无炉栅，灶口很大，称为"老虎灶"，热效率约10%。农村的"三窑四坊"（即砖瓦窑、陶瓷窑、石灰窑；酒坊、豆腐坊、米粉坊、腐竹坊）所使用窑、灶，结构落后，耗能量大，仅农村生活用能每年耗能折合标准煤达1749.67万吨，平均每户一年就烧掉2.96吨，致使森林资源遭到严重破坏。1983年、1984年，农牧渔业部分别搞了两批改灶节柴试点县，其中广西有9个县列入试点县之列。1987年，这两批试点全部通过验收，节能效果很好。

据林业部门1990年调查，广西每年能源性消耗的木材占森林资源总消耗的40%～50%，有的地方高达70%。导致森林资源消耗量大于生长量，生态失去了平衡，自然灾害频繁。为巩固造林灭荒成果，加快绿化达标步伐，改善生态环境，广西壮族自治区人民政府办公厅在[1994]140号文件中就明确提出：必须在1994年、1995年两年内完成普及省柴灶任务，普及率占当地农户总数的90%以上。通过全区上下的共同努力，至1996年全区累计完成改燃节能、改灶节柴任务745.5万户，占800万农户总数的93.18%，所改灶的热效率都超过25%，各项经济技术指标也都达到或超过了农业部颁发的验收标准要求。据测算，通过改燃改灶节柴，形成了年节约柴草745万吨能力，折标煤372.5万吨，相当于保护27.6万公顷森林资源免遭砍伐。不仅有效地缓解了农村炊事用能的紧张状况，保证了各地封山育林措施得以真正实行，而且保证了粗饲料和有机肥料的来源。

（区林业局能源办）

【薪炭林建设】

薪柴是目前农村主要生活能源。用薪柴作燃料，排出的有害物质极少。因此，在当前能源供应不足的情况下，世界很多国家都把薪炭林作为农村的主要能源。据农村能源部门统计，全自治区农村能源消费的生活质能源约占总耗能的91.69%，其中薪柴消耗量占农村总耗能的50.2%。农户所需的大量薪柴，有46%来源于用材林，31%来源于其他林种，从薪炭林中获得的仅23%，从而出现了破坏森林的现象。广西林业厅经过调查研究，于1986年通过拨款或贴息贷款形式，安排了13个县发展薪炭林。并通过这13个县薪炭林的发展，带动全区薪炭林建设。

（区林业局能源办）

【太阳能利用技术推广】

广西地处亚热带季风气候区。气温高，年平均气温在17℃～23℃之间，最冷的1月份平均气温也在6℃～16℃之间。大部分属四类地区，太阳能资源比较丰富。广西太阳能热水器的推广利用也从城乡到乡村发展，至2003年末累计推广太阳能热水器7.48万平方米。

（区林业局能源办）

【风能利用】

风能是一种潜力很大的可再生能源。风能可用于提水、助航、发电等。广西风能较丰富区主要分布于北部湾沿海一带，以及湘桂走廊、右江河谷。边远及沿海的农、牧、渔区，居住分散的地方最适于采用风力发电，解决当地的日常生活照明及文化娱乐活动用电；再有沿海的部分渔船，装上传统的风帆、机帆并用，利用风力作动力，既节约了燃油，又促进了生产。截至2003年底，广西累计推广小型风力发电机1242台，装机容量444.9千瓦。

（区林业局能源办）

【地热利用】

地热能就是来自地球内部的热能。地球上的热能包括15℃以上的地热水中的热能以及岩体中所含的热能。据不完全统计，广西已发现天然露头地热资源有48处，总流量约219.296升/秒，分布在八步区、钟山县、昭平县、博白县、陆川县、容县、北流市、玉州区、平南县、宁明县、上思县、浦北县、合浦县、全州县、平乐县、宾阳县、横县、资源县、灌阳县、防城区、南丹县、阳朔县、象州区、钦州市、龙州县等25个县（市、区）。截至2003年底，广西开发利用地热仅16处，开发利用地热的潜力还很大。

（区林业局能源办）

【微型水电建设】

国际小水电会议把1个千瓦及其以下的小水电称为“微水电”。广西山区、半山区地区沟溪小水力资源十分丰富，充分开发利用农家宅边大量小水力资源安装微型水电，是解决无电山区群众用电问题的一条可行途径。

微型水电的特点是：一是结构简单，体小适用，容易安装，操作方便，见效快；二是安装微水电不建厂房，施工期短，投资少，购一台1.5千瓦微水电机，一般只要800～1000元，用2～4天就可安装发电；三是微型水电适应性强，可利用低水头，小流量，在山溪小河都可发电，适合农村用电量小，面广、分散的特点；四是微型水电既可解决照明及各种家用电器用电，又可以配套小型加工机械开展碾米、饲料粉碎等小型加工。

从1984年开始自治区承担农牧渔业部下达的推广微水电任务后，至1985年，全区共有45个县（市）推广微水电达1876台，总装机容量3033千瓦，居全国各省市、区之首。至2003年全区微水电机组拥有量35497台，装机容量47433千瓦，年发电量6233.23万千瓦时。

（区林业局能源办）

【农村户用沼气池建设】

沼气是有机物在厌氧条件下经微生物的发酵作用而产生的可燃气体，发酵后的沼液、沼渣是优质速效有机肥。农村的畜禽粪便这类农业废弃物是制取沼气、沼液、沼渣的主要资源。广西农村户用沼气池建设经历了一个曲折的发展过程。

1958年4月，毛泽东主席在武汉视察时指示“这（沼气池）要好好推广”。由于当时处于“大跃进”年代，大搞群众运动，忽视科学技术，不讲建池质量，这时期广西约建了800多个沼气池，但绝大多数建后漏水、漏气不能使用。1975年4月，在四川成都召开全国沼气利用推广经验交流会，会议提出办沼气的方针是“自力更生，土法上马，因地制宜，就地取材”和“以小为主，以土为主，以社员自办为主，国家和集体扶持为辅”。这一时期在沼气池组织机构不健全，技术力量薄弱，建池材料十分紧缺的情况下，盲目追求沼气化，只顾数量而忽视了建池质量，不适当地大搞“土法上马”，群众运动，结果成了“病池”、“废池”，严重挫伤了群众的积极性。

1979年自治区成立了沼气办公室，改变了大搞群众运动的做法，强调以提高效益为中心，从此全区沼气建设进入稳步发展阶段。据不完全统计，1979年7月以前，全累计建池18071个，到1996年底全区累计建池26.26万户。

1997年10月25～26日，自治区党委、政府、人大、政协四家班子联合召开了广西生态农业恭城现场会，四家班子的主要领导都出席了会议并在会上作了重要讲话，会议号召在全区大力推广恭城县“养殖—沼气—种植”三位一体生态农业建设经验。会后，广西沼气建设进入了快速稳步发展的新时期，1997年新建沼气池5万座，1998年自治区人民政府在全区开展以沼气为重点的100个生态村、50个生态乡（镇）、20个生态县项目建设，生态家园富民工程开始启动。1998年新建11万多座沼气池，1999年初自治区人民政府主席办公会议，专题研究了新建沼气池问题，并确定把新建20万座沼气池任务作为1999年自治区人民政府为民办实事的一项重要内容。各地市县和有关部门认真贯彻落实《自治区人民政府关于印发自治区人民政府1999年重点为民办实事目录及措施的通知》(桂政发〔1999〕33号)精神,各级领导高度重视,层层签订责任状,加大资金投入,抓好示范点,以点带面,狠抓落实。1999年自治区沼气池建设取得了重大的突破,不仅自治区财政安排资金作为沼气池建设的补助经费,林业部门也从“两金一费”中安排资金扶持农村能源生态建设,在一定程度上解决了农村沼气建设技术培训、试点示范、检查指导等工作经费不足的问题,确保了沼气建设工作的正常开展。许多地市县也相应出台了扶持政策,调动了广大农民建池积极性,年新建沼气池26.7万座,突破20万座,超额完成了自治区人民政府下达新建20万座户用沼气池的任务,并且猪栏、厕所、沼气池配套比较齐全,安装比较规范。2000年自治区党委、自治区人民政府又把大力推广恭城模式、新建农村沼气池20万座列入2000年农业和农村工作的重要任务,经过全区林业部门广大干部职工的共同努力,超额完成了任务,2000年新建32万多座沼气池,首次突破了30万大关。随着沼气池建设工作的深入开展,日益受到各级党政领导的高度重视和广大农民群众的热烈欢迎,农民群众建池的积极性越来越高。沼气池建设与农民生活、农业生产相结合的深度和广度有了新的突破,如北流市在恭城模式的基础上,结合本地的实际确立了“以沼气为重点的可再生能源开发利用为切入点,优先组合其他‘生态型’技术,通过一系列的政策和技术手段,从农民最基本的生产、生活单元内部挖掘潜力,着眼于‘富民’和‘家园’建设,以解决农民增产增收和提高生活质量为吸引力,引导农民改变落后的生产生活方式,实现遏制植被破坏、保护森林资源、改善生态环境、促进农民致富”的沼气建设新思路,并着力做好引导和服务工作,从根本上提高了沼气建设的整体水平和效益。2000年12月27~28日自治区党委政策研究室、自治区林业局、玉林市委、市人民政府联合在北流市主办生态家园研讨会。自治区林业局黎梅松局长在会上作了重要讲话。此次会议对如何完善和推广北流市建设生态家园进行了研讨。2001年5月自治区人民政府在北流市召开了现场会,推广北流市建设生态家园的成功经验。2003年9月在武鸣县召开全区农村生态家园建设现场会,主题是学习推广武鸣县生态家园建设经验,自治区党委副书记马铁山等领导出席会议并作了重要讲话。会后广西壮族自治区人民政府办公厅(桂政办发〔2003〕166号)关于印发2003年全区农村生态家园建设实施方案的通知,对2003年全区生态家园建设进行了具体的布置。自治区党委、自治区人民政府把沼气建设作为改善生态环境,加快农村脱贫致富的重要措施之一,在东巴凤基础设施大会战中,建设6万座沼气池就是其中一个重要内容。

通过出台一系列的优惠政策和措施,经过全区林业部门的艰苦奋斗,2000年后全区以沼气池为重点的生态能源建设出现了以下几个特点:

第一,不同的经济发展状况推广不同的模式:在经济条件一般或较贫困的村、屯,推广以沼气为纽带,把养殖业和种植业紧紧联系在一起,构成养殖—沼气—种植三位一体的生态农业,实现以气代柴,又发展生态农业,促进农村卫生环境改善的目的;在经济条件比较好的村、屯,推广综合配套型模式,即以沼气建设为切入点,进行“五改十化”(即改水、改厕、改厨、改房、改路;住宅楼房化、庭院绿美化、用水自来化、村屯路硬化、厕所厨房卫生化、家具现代化、燃料沼气化、电话程控化、电视闭路化、言行文明化)配套建设,把沼气建设与住宅、环境、道路改造结合起来,同步或分步建设,在解决沼气代柴,发展生态农业的同时,着力改善家居条件和环境;在经济条件比较富裕的村、屯,推广生态家园型模式,即把沼气池、“五改十化”、住宅改造纳入旧村改造和新村建设的统一规划,建设新型生态家园,实现庭院经济高效化、农业生产无害化、家居环境清洁美化。

第二,沼气建设与农村的中心工作有机地结合起来。沼气池建设与农业结构调整结合起来,与农业增效和农民增收结合起来,与退耕还林工程结合起来,与农村文明建设结合起来,充分利用沼气的多功能作用,沼气池建设的总体效益得到提升。

第三,沼气池在技术上又有新发展。如蒙山县研制成功沼气池自动排渣技术;北流市普遍采用了新水压式沼气池型,使沼气池具有质量好,产气率高,气压稳定,管理方便等优点;大新县在蒙山县沼气池自动排渣技术的基础上再作改进,研制了一套抽渣机,农民操作起来更方便、更安全。

第四,形成了分工协作的工作机制。自治区有关部门形成了各负其责、分工协作的工作机制:自治区扶贫办牵头负责全区贫困村沼气池建设的组织实施工作;自治区林业局负责面上非贫困村沼气池建设的组织实施,并负责全区沼气池建设的技术培训、指导和服务工作;自治区卫生厅负责在沼气池建设过程中结合改厕的配套落实好卫生器具;财政部门负责沼气池建设补助资金的安排落实和对沼气池建设资金使用的管理及监督;土地、规划、建设等部门把农村沼气建设纳入部门工作范围,在办理建池用地时简化手续,及时审批;农业、水产畜牧、水利等部门在项目规范和建设中也尽可能地与沼气池建设结合考虑。在全区范围内形成各有关部门、有关单位密切合作,齐抓共管的局面。

第五,加强了沼气池建设的管理。要求各县按每个自然屯拥有2～3名技术员的标准培训技术施工员,实行持证上岗施工制度。每建一座沼气池都要按要求进行编号建档,在建池的同时同步在沼气池上编号和刻上建池时间,编号与建池时间要与档案相一致。大多数县建立了县、乡、村三级技术维修网络体系。每年自治区都组织力量对任务落实、资金到位、建设进度、技术培训和服务、建池质量和档案建立等情况进行督查,从而确保了沼气池建设的质量,并取得了很好的效益。

一是有效地解决了农村生活燃料,保护了森林资源,改善了生态环境。一个8立方米沼气池年产气400立方米,基本可满足一户4～5口农家的炊事和照明用能需要,每年可节约薪柴2吨,相当于每年保护2.5亩森林资源,同时为农户提供27.3吨农家肥。通过大力开展以沼气为重点的农村生态能源建设,有效地解决了农村能源问题。近年来,广西森林资源增长势头强劲,全区能源性消耗的森林资源由1986年的48%下降到现在的31%;1996～2000年森林资源蓄积量4亿立方米,比1991～1995年净增长9000多万立方米;森林面积从1995年的816.6万公顷增至2000年的987.4万公顷,增幅达21%;森林覆盖率从1996年的34.37%提高到2000年的41.34%(不含灌木林),提高了6.96个百分点,是全国增长量最大的省区之一,有效地保护了森林资源,改善了生态环境。

二是推动了农业结构调整,促进了农村经济的发展。通过沼气的纽带作用,把沼气建设与发展种养结合起来,一方面带动了养殖业的发展,另一方面又促进种植业发展,推动了农业产业结构调整,从而促进了农村经济的发展。各地在开展以沼气为纽带的生态家园建设中,推广"养殖—沼气—种植"生态能源模式,通过开展沼气综合利用逐步引进和推广新品种,形成一乡一品、一村一业的地方特色农业发展格局。

三是实现了农业增效,农民增收。近年来,广西把沼气技术推广与养猪、养鱼、种菜、种果结合起来,大力推广"养殖—沼气—种植"三位一体的生态能源模式,沼气用于做饭、照明,沼液、沼渣下田下地,实现了农业增产和农民增收。利用沼液、沼渣作为水稻、蔬菜、水果、蘑菇等的肥料或养料,不仅大大减少了化肥的用量,而且增强了农作物的抗逆能力,减少病虫害的发生,提高农产品的品质,走出一条绿色食品、无公害食品、有机食品的生产之路。

四是从根本上改善了农村环境卫生,推动了农村文明进步。推广沼气后,人畜粪便入厕、入池,农舍周围干净清洁。在广西一些沼气建设标准较高的地方,沼气建设还与改厕、改厨、改猪牛栏、庭院绿化美化等结合起来,与文明小康村建设结合起来,使住房整洁明亮,厕所干净卫生,庭院美化绿化,环境卫生大为改观,流行性疾病明显减少,农民体质得到增强,农村面貌和农民的精神面貌焕然一新,不少村由于沼气的介入而成为文明村、卫生村、小康村。与此同时,在农村大力推广使用沼气,农民得到了看得见的实惠,从而促进了农民思想观念和生活方式的转变。进而推动了农村社会的文明进步。

五是推进了农村小康建设。在农村开展沼气生态家园建设,是以农户家庭为基本单元,把农村可再生能源技术和高效农业技术进行优化组合、集成配套,并与改厨、改厕、改水、改路、改圈等结合起来,使土地、太阳能和生物质能资源得到有效的永续利用,形成以农户为单元的良性循环。可以达到促进农业和农村经济可持续发展,推动农村社会的文明进步,改善生态环境的目的,实现家居清洁美化、庭院经济高效化和农业生产无害化。这完全符合中央农村工作会议提出的农村小康建设的总体要求,以沼气为中心的生态家园建设是农村小康建设的重要基础。

(区林业局能源办)

【农村能源产业】

广西农村能源产业,是指为满足广西农村地区各生产部门和居民生活所需的各种能源和设备的生产、建造、施工、销售和服务等行业。广西农村能源产业从无到有,从小到大,在多项能源技术推广过程中逐步壮大并形成农村能源产业体系。1985年4月根据国办发[1984]64号文的指示精神，经工商局核准成立了“广西区沼气技术服务公司”，随着事业的发展，公司由经营单一的沼气能源产品扩大到太阳能、风能、微型水电、地热能、省柴节煤灶等产品，业务范围越来越大，公司名称也由“区沼气技术服务公司”改为“区农村能源技术服务公司”，农村能源产业由单一的砌灶发展到经营和生产，从只生产部分配件发展到生产多种产品，以至整个商品化炉灶的产品供应，逐步形成产、供、销、建、管、修等一条龙的生产服务体系。

随着改革的深化，中国的经济体制正在实现由计划经济向市场经济，由粗放经营向集约经营转变，这两个转变使广西农村能源产业也面临着更严峻考验。为适应形势发展，1998年，又成立了广西富康能源有限公司。公司坚持“一业为主，多种经营”的指导思想，围绕事业办产业，发展产业促事业，进行多方位的经营，扩大能源供应渠道，逐步形成了以广西富康能源有限公司为龙头，市(地)、县、乡(镇)技术服务公司这样一个网络体系，到2003年底，广西有农村能源生产企业32家，从业人员352人，固定资本1064万元，流动资金2183万元，销售额2466万元，实现利税319万元。服务企业152个，从业人员636人，固定资产533.23万元，流动资金1120.09万元，年销售额3255.57万元，实现利税404.51万元。农村能源生产企业及服务体系的不断发展和壮大，巩固和提高农村能源建设的成果，增加农村能源建设的可持续发展能力，使农村能源发展更好地适应市场机制。

(区林业局能源办)

【农村能源项目建设】

一、全区农村省柴节煤科技推广项目

1985～1990年期间，国家农业部与广西壮族自治区人民政府分别下达广西51个全国省柴节煤试点县和41个全区省柴节煤灶推广普及县。项目要求农村中90%以上农户推广普及省柴节煤灶，灶的完好合格率达90%以上，热效率20%以上，商品率50%以上。至1995年12月底，在全区推广了六大类灶型。全区92个县(市、区)已有745.5万户农户普及了省柴节煤灶，占全区800万农户总数的93.18%，为签订项目合同719.5万农户总数的103.61%，超额完成项目的计划任务。经专家和有关技术人员验收核实，全区推广的省柴节煤灶的完好合格率达98.99%，升温段热效率平均为34%，各项经济技术指标超过了农业部颁发的标准要求。该项目的实施，形成年节约柴草745万吨，折标准煤372.5万吨的规模能力，经济价值15.5亿元。为保护森林资源，降低资源消耗，巩固造林灭荒和绿化成果、改善生态环境做出了重大贡献。广西成为全国第一个实现省柴节煤推广普及的省区，该项目获广西科技进步二等奖。

二、恭城县家用沼气综合利用技术研究与推广项目

恭城瑶族自治县是广西49个老、少、边、山、穷县之一。该县农村传统上都是以薪柴为燃料，年耗柴均为24万立方米，森林年砍伐量超过生长量，造成自然资源衰竭，生态环境恶化，自然灾害频繁。为改变这一现状，该县从建造沼气池解决燃料问题着手，逐步研究沼气综合利用技术，通过沼气发展生态农业，发挥其多种效益，逐步形成了“养殖—沼气—种植”三位一体的良性循环链。至1994年底，全县共建沼气池26512座，占总农户的52.79%，1995年全区沼气综合经济效益达6694.4万元，累计经济效益达3.16亿元，每年少砍伐森林2.8万亩。使恭城县摆脱了贫困县的帽子，实现了钱多、粮多、环境美的目标，形成了全国闻名的恭城模式。同时也探索出一条适合广西农业和农村经济可持续发展之路。农业部领导在考察恭城县沼气建设现场后，号召在中国南方大力推广“恭城模式”。为此，自治区人民政府下文，在全区开展100个生态村、50个生态乡、20个生态县示范项目建设，以点带面，推动恭城模式在全区推广。

三、“八五”全国百县农村能源综合建设广西项目

1990年，广西的恭城、贺县、岑溪、合浦、武鸣等六个县列为由国务院批准列入“八五”国家重点项目，由中央八部委组织指导的全国100个农村能源综合建设试点县，并由区能源办承担实施。该项目以县为单位，应用大系统的观点，把各项能源开发利用技术作为一个整体，结合当地资源、能源、资金等条件，指导各地做出规划，合理安排，综合开发利用当地资源，有效利用商品能源，使各地建立起多能互补的相互协调供能体系以及相应的组织管理、产业服务体系。该项目经过5年的实施，完成了88个单项建设项目合同任务，取得了较好的能源、生态、经济、社会等综合效益。六个县新增能源开发量为35.85万吨标煤。该项目实施对增加农业收入，促进农村经济发展，保护森林资源，改善生态环境都起到了积极的作用。该项目获1996年度广西科技进步三等奖。

四、广西能源生态"152示范工程"项目建设

广西壮族自治区人民政府(桂政发〔1998〕49号)关于印发能源生态农业"152示范工程"实施方案的通知，要求在2002年以前建设100个生态村、50个生态乡和20个生态县(简称"152示范工程")。该项目的目标任务是通过沼气池建设、沼气综合利用、推广太阳能热水器、省柴节煤灶更新改造及推广、经济果木林建设、造林绿化、家禽、家畜养殖、提高人均有粮及人均纯收入、推广城镇生活污水净化沼气池、搞好农村环境卫生等项建设，项目实施期限为1998～2002年。该项目通过5年的实施，至2002年底，已全面完成了任务，各生态县、生态乡、生态村的生态农业建设形成一定的规模，初步建立起相互协调的供能、用能体系，粮食总产、人均有粮、森林覆盖率、人均出栏生猪、人均产果、农民人均纯收入等都有大幅度的提高。

五、农村小型公益设施建设农村能源项目

2001年广西恭城、北流等8个县被农业部列为农村小型公益设施建设农村能源项目县，共获得国家项目资金438.5万元；2002年广西恭城、北流等9个县被农业部列为农村小型公益设施建设农村能源项目县，共获得国家项目资金368.5万元；2002年广西平南县、融水县、象州县被国家林业局列为农村小型公益设施建设农村能源项目县，共获得国家项目投资300万元。项目经过努力实施，已按质按量完成了项目建设任务，达到了预订的目标。

六、农业基本建设农村户用沼气池项目

2002年广西横县、平果等7个县被农业部列为农业基本建设农村户用沼气池项目，共获得国家项目投资628万元，项目建设内容为"一池三改"经过努力实施，已按质按量完成项目建设任务。

七、农村生态家园建设项目

广西壮族自治区人民政府办公厅(桂政办发〔2003〕166号)关于印发2003年全区农村生态家园建设实施方案的通知，2003年全区农村生态家园建设任务是8万户。农村生态家园建设内容是沼气池与改厨、改厕、改(猪、牛)圈、改路、改水相结合进行配套建设。有条件的地方还可引导项目户进行庭院绿化美化、旧房改造，旧村改造或新房建设、新村建设，并向城镇化建设迈进。因地制宜地大力推广以沼气为纽带的"猪沼果"等"养殖—沼气—种植"生态家园模式，带动种植业、养殖业的发展，提高生态家园建设的综合效益，帮助农民增收。通过一些积极有效的工作方法和保障措施。已如期并超额完成了项目建设任务，各项经济技术指标均超过了项目要求，取得了较好的经济、生态、社会效益。

八、东巴凤基础设施大会战沼气建设项目

2003年自治区党委、自治区人民政府为贯彻落实党的十六大会议精神和"三个代表"重要思想，切实抓好山区资源开发、千方百计增加农民收入，改善老区的生态环境，提高老区人民的生活质量，在东巴凤开展基础设施大会战，在这次大会战中，沼气建设是其中一个重要内容。自治区党委和政府提出2003年、2004年两年要在东巴凤三县建设6万座沼气池，即东兰25000座，巴马20000座，凤山15000座，使近70%的农户用上沼气，自治区林业局除加大对三个县的资金投入外，还负责对这三个县的沼气技术人员进行培训。为此，自治区林业局在东巴凤举办了沼气技术培训班，为三县培训了一批沼气建设技术骨干。自治区林业局局长黎梅松亲自在培训班上作动员报告，并多次到东巴凤检查指导，解决沼气池建设存在的突出问题。另外，还采取结对帮扶的措施，派出全区建池技术过硬、技术力量雄厚的全州、恭城、富川县分别与东兰、巴马、凤山县结对帮扶。截至2003年底，该项目中的沼气池建设已完成了2/3任务，东、巴、凤三个县的沼气池入户率接近50%，取得了较好的经济效益、生态效益和社会效益。

九、广西农村能源大事记

1984年正式成立广西壮族自治区沼气办公室。

1987年广西壮族自治区沼气办公室改名为广西壮族自治区农村能源办公室。

1990年广西壮族自治区农村能源办公室由原来的广西壮族自治区农业厅管转为广西壮族自治区林业厅管。

1996年农业部副部长洪绂曾在全国农村能源综合建设会上号召，在中国的南方要大力推广"恭城模式"，自治区人民政府也下文明确规定"九五”期间在全区开展100个生态村项目建设。

1997年4月22日，自治区人民政府批准成立“广西富康能源股份有限公司”。

1996年“广西农村省柴节灶科技推广”和“恭城县家用沼气综合利用技术研究与推广”两个项目均获自治区科技进步二等奖；1997年“全区农村能源综合建设县广西项目”获自治区科技进步三等奖。1997年恭城县户用沼气池及综合利用项目获自治区党委、自治区人民政府科技成果重奖一等奖。

1997年10月，自治区党委、自治区人大、自治区人民政府、自治区政协四家班子联合召开了广西生态农业恭城现场会，自治区党政主要领导都出席了会议，并作了重要讲话，会议要求在全区大力推广“养殖—沼气—种植”三位一体的恭城模式。

1998年7月2日，美国总统克林顿在阳朔渔村考察沼气时赞赏说：“在农村发展沼气非常好，世界各地的农村应该利用生物沼气。”

1998年8月18日，广西壮族自治区人民政府下达了桂政发[1998]49号文件《自治区人民政府关于印发广西生态农业“152示范工程”实施方案的通知》。

1999年自治区人民政府把新建20万座户用沼气池作为重点为民办的12项实事之一。

1999年10月，国家计委、农业部、国家林业局在桂林召开了南方18个省区农村能源建设经验交流会，会议认为广西以恭城为代表的以沼气重点的生态能源建设适应中国农村发展的需要，特别是生态能源建设适应中国农村发展的需要，特别适合南方农村的特点，是中国发展可持续农业的成功典型，值得在全国特别是在南方推广。

2000年5月23～25日，由世界能源理事会、国际能源署主办的可再生能源国际研讨会在广西桂林市举办。有21个国家和地区近200多有关专家代表参加，会议研讨了如何有效利用资源，加快可再生能源的推广应用，特别是太阳能、风能、沼气、小水电和地热能的推广应用。探讨中国可再生能源发展、政策和投入可再生能源的经费的现状和前景，制订行动计划，促进可持续发展。与会代表实地考察了桂林市阳朔县渔村、平乐县大窝村、恭城瑶族自治区县花田岗村可再生能源的开发利用现场，并给予了充分的肯定和高度的评价。会议期间，世界银行、世界能源理事会国际能源署就支持中国可再生能源开发发表了联合声明。

2000年自治区党委、自治区人民政府把推广恭城模式、新建农村沼气池20万座列入2000年农业和农村工作的重要任务。

2000年11月3～12日，全国政协副主席，“关注森林”组委会主任赵南起率调研组，就广西沼气建设进行了调研，调研后写出了题为“加速农村沼气建设是一件需要重视的大事”的调查报告提交国务院决策参考。

2000年12月6～7日，自治区党委政研室、自治区林业局、玉林市委、玉林市政府联合举办“北流生态家园建设研讨会”。会议就北流学习推广“恭城模式”开展以沼气为纽带建设的生态家园论题展开了讨论。专家们认为北流市的沼气建设已从燃料的改革型发展到了生态家园型的建设新阶段，北流的创新和发展是在恭城模式的基础上迈进了一大步，北流经验源于恭城又高于恭城。

2001年5月自治区人民政府在北流市召开现场会，推广北流市建设生态家园的成功经验。

2001年5月26日，《广西壮族自治区农村能源建设与管理条例》由广西壮族自治区第九届人民代表大会常务委员会第二十四次会议于通过，于2001年8月1日实行。从此广西农村能源建设步入法制化轨道。

2002年国务院国办发〔2002〕10号文件规定：为保护好现有林草植被，巩固生态环境建设成果，各地区要结合退耕还林及天然林资源保护工程的实施，积极开展农村能源建设，从各地实际出发，大力发展沼气、小水电、太阳能、风能以及营造薪炭林等。沼气池建设要逐步标准化、规范化、走产业化发展道路。中央对农村能源建设给予适当补助。

2001年，自治区林业局将以沼气为重点的生态能源建设列为林业工作六大工程之一加以建设，在人力、物力、财力等方面都加大了对这项工作的投入。

2002年元月，国务院西部办主任王志宝一行六人对广西的退耕还林还草，农村能源建设、石漠化治理等进行考察，对广西沼气建设给予了充分肯定。

2002年6月21日，农业部部长杜青林到广西恭城县视察沼气生态农业建设情况后说：恭城利用沼气大力发展生态农业这种模式很有特点，改变了农村环境和农村卫生条件,使农民过上富裕的生活,生态农业的前景很广阔。

2002年9月9日,温家宝总理在《国内动态清样》中对“农村沼气正在改变生产生活方式——农业部生态富民计划调查”做出重要批示“发展农村沼气,既有利于解决农民生活能源,又有利于保护生态环境,确实是一项很有意义、很有希望的公益设施建设。积极稳妥地推进这项工作,必须坚持科学规划,因地制宜。必须加强领导,建立合理的投资机制,发挥国家、集体、农民的积极作用。必须把发展农村沼气同农业结构调整,特别是发展养殖业结合起来;同农村改厕、改水等社会事业结合起来;同退耕还林,保护生态结合起来。开展这项工作要通过典型示范,总结经验,逐步推广”。

截至2002年底,恭城县沼气池入户率已达85.3%,位居全国第一位。

2002年,自治区主席李兆焯在《政府工作报告》中提出:继续抓好以沼气为重点的农村生态能源建设。

2002年,国务院总理朱镕基在《政府工作报告》中提出:加大对农业的支持力度,重点支持节水灌溉、人畜饮水、农村沼气、农村水电、乡村道路和草场围栏等设施建设。

2003年4月,自治区林业局在巴马县举办了参加东巴凤基础设施大会战沼气技术培训班,自治区林业局黎梅松局长在培训会上作动员报告,并就如何抓好东巴凤沼气池建设作了重要指示。

2003年5月23日,自治区党委书记曹伯纯深入恭城县进行调研。实地考察了该县栗木镇白芒垒村和莲花镇红岩村等生态家园户,并对生态家园建设取得的成绩给予充分肯定。曹书记指出:生态家园建设很好,生态环境和经济发展和谐统一,是今后农村建设的发展路子。

2003年6月3～4日,自治区党委副书记、自治区主席陆兵视察东巴凤基础设施大会战沼气池建设时指出:沼气池建设是大会战的一个重要建设内容,是利国利民、造福子孙后代的一项德政工程、民心工程,它不仅关系到农民解放劳动力,增加收入等切身利益,而且还关系到退耕还林、封山育林、荒山造林等一切绿色工程的成效与质量问题,陆主席在巴发村沼气池施工现场认真查看了农民沼气生产工的职业资格证书。

2003年9月9日,自治区人民政府召开全区生态家园建设武鸣现场会。自治区党委副书记马铁山、自治区人民政府领导均到会并作了重要讲话。会议总结、交流和推广各地生态家园建设取得的成功经验,对今后一段时期全区生态家园建设工作进行部署。

2003年,广西获农村沼气建设国债项目建设资金8225.1万元,该资金用于农村沼气生态家园建设,这批资金的投入,使广西生态家园建设进入新一轮高潮。

2003年12月31日,中共中央、国务院关于促进农民增加收入若干政策的意见中指出:“节水灌溉、人畜饮水、乡村道路、农村沼气、农村水电、草场院围栏等”六小工程,对改善农民生产生活条件、带动农民就业、增加农民收入发挥着积极作用,要进一步增加投资规模,充实建设内容,扩大建设范围。

1990～2003年沼气池建设和投入情况

年份	建池数量(万座)	财政拨款(万元)
1990年	1.734	420.3
1991年	2.56	415
1992年	2.5	401
1993年	1	385.6
1994年	1.5	465
1995年	1.42	501
1996年	1.66	979.04
1997年	4.75	1255.62
1998年	11.21	2400.71

续表

年份	建池数量(万座)	财政拨款(万元)
1999 年	27.63	8066.63
2000 年	32	64.7.75
2001 年	32	8937.28
2002 年	40	11600
2003 年	40	15233.6
合计	199.964	51060.78

注:至 1996 年底全区累计建沼气池 26.26 万。

(区林业局能源办)

林业产业

概况

【概　述】

广西是一个“八山一水一分田再加一片海”的省区，山地面积占总面积的74.8%。森林资源十分丰富，全区林业用地面积为1320万公顷，占国土总面积的56%。根据2000年第六次连清的结果，全区有林面积981.91万公顷，森林活立木总蓄积量4.03亿立方米，位居全国第八位，森林覆盖率41.33%，位居全国第五位，据不完全统计，全区有维管束植物8354种，仅次于云南、四川，居全国第三位。广西的野生动物资源为全国野生动物分布最多的省区之一。全区有森林类型的陆栖脊椎野生动物884种(亚种)。广西林业在自治区党委、政府的领导下，在国家林业局的正确指导和大力支持下，认真贯彻落实党中央、国务院关于西部开发的战略部署，以及国家林业局关于实施六大工程，推进林业五大转变，实现林业跨越式发展的工作思路，结合广西实际，突出广西特色，发挥广西优势，建设两大体系，全面推进广西林业的跨越式发展。2003年，全区实现林业总产值204.30亿元，比2002年增长了10.27%，其中第一产业产值151.94亿元，比2002年增长了9.82%；第二产业产值49.46元，比2002年增长了12.34%；第三产业产值2.89亿元，与2002年持平。

(区林业局资源利用处)

【经济林迅速发展】

广西全区经济林总面积213.53万公顷，列全国经济林面积的第一位。按国家林业局经济林信息统计口径八大类划分，其中，干果类18.43万公顷，主要品种有：板栗、银杏和柿子；木本水果类76.66万公顷，主要特色品种有：荔枝、龙眼、芒果、柑橘、橙、柚、李等；木本油料类35万公顷，主要特色品种为油茶；工业原料类21.23万公顷，主要特色品种有油桐和桑蚕；调香料类49.27万公顷，主要特色品种为八角和肉桂；饮料类3.28万公顷，主要特色品种为茶叶和茉莉花；木本药材类2.06万公顷，主要特色品种有杜仲、厚朴和金银花；森林食品类7.68万公顷，主要品种为笋用竹。2003年，广西经济林初级产品产量390.71万吨，年产值98.86亿元。

全区八角林种植总面积35.40万公顷，其中已挂果15.42万公顷，八角干果产量8.78万吨，茴油产量2155吨，总产值9.22亿元。种植面积和产量约占全国的85%以上，分别占全区经济林总面积、总产量和总产值的16.9%、2.22%和9.33%。德保“天保茴油”历来是我国传统名牌土特产。苍梧、藤县、岑溪、防城、金秀(县、自治县、区)被国家林业局授予“中国八角之乡”称号。桂东南、桂西、桂中、桂西南是主产区。

全区玉桂种植(保存)面积共14.11万公顷，桂皮产量2.38万吨，桂油793吨，总产值2.40亿元，分别占同期全区经济林面积、产量、产值的6.73%、0.62%和2.43%。面积和产量均居全国之首。防城、岑溪被国家林业局授予“中国玉桂之乡”称号。主要分布在桂东南、桂南海拔500m以下低山丘陵酸性土地区。

全区油桐林种植面积17.38万公顷(其中挂果面积15.80万公顷)，占全区经济林总面积的8.30%；年产油桐籽15.88万吨，占全区经济林总产量的4.01%；年产值2.74亿元，占全区经济林总产值的2.77%。主产区主要分布在百色、河池、柳州、桂林等四个市。

全区有油茶林面积34.69万公顷，其中挂果面积31.27万公顷，全年油茶籽产量15.15万吨，产值4.12亿元。银杏1.43万公顷，产量0.13万吨,产值1792万元,出口创汇22万美元。板栗9.55万公顷,产量6.29万吨,产值2.49亿元,出口额100.2万美元。笋用竹5.89万公顷,竹笋产量7.60万吨,产值1.99亿元。

（区林业局资源利用处）

【以速生丰产林为重点的商品林基地建设发展迅速】

广西也是全国规模最大的桉树良种苗木繁殖基地,年产组培苗2000万株、扦插苗3亿株,为发展以桉树为主的速生丰林产商品林产业奠定了基础。2001年,广西按照国家林业局的“分类经营,分区突破”的战略布局,较好地完成了林业分类经营,全区共区划商品林面积12025.5万亩。分类经营后,广西紧紧抓住国家把广西列为全国重点商品林发展区域的机遇,把发展速丰林作为广西林业跨越式发展的突破口和林产工业的“第一车间”,计划“十五”期间新种各种速丰林1000万亩。2001～2003年,全区速丰林以每年递增31%的速度发展,2003年完成230万亩,突破200万亩大关。2001～2003年全区累计完成535万亩。2003年,木材产量445万立方米,竹材产量17380万根,商品用材林产值40亿元。

一、商品木材生产

1950～2003年,全区共生产木材999.89万立方米。1950年全区生产木材1.66万立方米,2003年全区生产木材445万立方米。2003年生产的木材是1950年的278.03倍。

1950～2003年木材产量情况表

单位:万立方米

年度	1996	1997	1998	1999	2000	2001	2002	2003
木材产量	388.4	365.8	358.6	318.6	315.17	411.7	376.8	444.84
年度	1988	1989	1990	1991	1992	1993	1994	1995
木材产量	231.5	192	234.6	237.9	288.51	321.8	372.22	420.7
年度	1980	1981	1982	1983	1984	1985	1986	1987
木材产量	174.63	159.7	179.86	178.43	203.97	182.1	192.22	271.63
年度	1972	1973	1974	1975	1976	1977	1978	1979
木材产量	146.10	141.31	137.97	142.98	174.21	181.26	186.88	197.64
年度	1964	1965	1966	1967	1968	1969	1970	1971
木材产量	78.15	92.46	95.40	102.42	87.15	118.40	119.23	133.33
年度	1956	1957	1958	1959	1960	1961	1962	1963
木材产量	96.48	125.95	117.28	121.55	91.50	51.05	49.27	78.91
年度		合计	1950	1951	1952	1953	1954	1955
木材产量		10479.99	1.66	26.70	50.08	66.60	93.88	96.48

二、竹材产量

1996～2003年竹材产量情况表

单位:万根

年度	1996	1997	1998	1999	2000	2001	2002	2003
竹材产量	225.99	1617.35	14995.59	2357.24	321.26	376.65	341.10	17380

（区林业局资源利用处）

【林产加工业得到快速发展】

广西全区有林产工业企业13000多家，初步形成以木竹综合利用加工、竹木浆造纸、林产化工为主体的林产工业框架，并呈现出越来越强劲的发展势头。

一、木竹综合利用加工业

木材综合利用加工业是指以木、竹为原料的加工制造业，包括人造板、锯材、木竹材加工、木片、家具和木制品等方面。2003年全区木竹综合利用加工业实现总产值23.04亿元，其中：人造板制造业产值13.47亿元，锯材、木片等加工业产值6.49元，木质家具等其他制造产值3.08亿元。全区人造板生产企业160多家，年生产能力250万m3，其中纤维板166万m3，刨花板36万m3，胶合板33万m3，其他板种15万m3。全区人造板产量140多万m3，其中纤维板80多万m3，刨花板27万m3，胶合板23万m3，其他板种10多万m3。人造板深加工能力：强化木地板500万m2，装饰贴面板500万m2，浸渍纸2000万m2。近几年来，广西经济迅速发展，且受广东先进省的辐射，外来投资环境的不断完善，使家具制造业有了较快的发展。目前广西家具企业产值500万元以上的有50多家，1000万元以上的有12家，2000万元以上的有4家。

二、竹木浆造纸业

2003年全区14家造纸企业，木竹制浆能力54.6万吨，造纸能力57万吨，商品木竹浆纸品产量38.7万吨，工业产值16亿元。木竹浆造纸业的主要产品有木浆板、竹浆板、牛皮箱板纸、纸袋纸、牛皮卡纸以及新闻纸、复印纸、胶印书刊纸等中高档文化用纸。柳江造纸厂是目前国内利用竹子生产漂白化学竹浆技术水平最高、应用于造纸最成功、最成熟的企业，已得到造纸界专家的肯定和公认。

三、林产化工业

从20世纪80年代至今，广西松香、松节油产量一直稳居全国之首。近几年，松香系列产品产量呈平稳增长态势。松香、松节油及其深加工产品已成为广西出口创汇的拳头产品，松香出口量占国际市场贸易量的35%。松香松节油深加工技术和深加工产品品种、产量总体上处于全国的领先水平。从1990年开始，至2004年止，精深加工产品产量逐年提升，从0.76万吨/年增至5万吨；批量投入市场的深加工产品品种达到三十多个，其中市场占有率较大的年销量200吨以上的深加工产品品种有歧化松香、合成樟脑、合成芳樟醇、乙酸芳樟酯、浅色松香、松香酯、聚合松香、氢化松香、马来松香、造纸施胶剂、松香树脂、松油醇、食用松香酯、冰片、α－蒎烯、β－蒎烯、莰烯、蒎烷。目前广西松脂产业已经形成梧州、桂林、玉林三大松脂深加工基地和歧化、氢化、聚合、马来化、芳樟醇和松油醇六大系列（即歧化松香及合成橡胶乳化剂系列、芳樟醇及其综合利用的香料系列、氢化松香及无色松香酯系列、聚合松香及特种油墨系列、马来松香及造纸施胶剂系列、松油醇及其香料系列）精深加工产品、三十多个主要品种的产业化格局。全区栲胶生产企业2家，生产栲胶5756吨。全区生产桂油793吨，生产茴油2155吨。

（区林业局资源利用处）

【森林旅游、花卉、野生动物驯养利用等产业快速发展】

森林旅游依托广西森林旅游资源丰富、市场前景广阔的得天独厚条件，全区主要森林旅游景区接待游客量稳步增长，2003年接待游客量达244.7万人次；直接旅游收入达1.427亿元。

花卉业虽起步较晚，但也呈现一片蓬勃发展的景象。南宁、桂林、柳州、玉林等城市已相继建立了专门的花卉市场。全区共有450多家花卉企业，有花店1600多家，涌现出了诸如横县“中国茉莉花”，融水县珍珠罗汉松盆景，桂林的桂花，防城金花茶等全国知名、享誉世界的花卉品牌。全区花卉种植面积已达26万亩，产值12亿元。

全区有野生动物养殖企业85家，养殖种类主要有实验猴4.5万只、虎近1000头、狮260头、黑熊约500头、虎纹蛙、蛇、蛤蚧、果子狸、七彩山鸡、梅花鹿等，固定资产7亿元，年产值3亿元，出口创汇750万美元，年上交利税0.3亿元，从业人员近5000人。

（区林业局资源利用处）

森林资源加工利用

【人造板加工业】

人造板是木竹加工的主导产品，是高效利用林木资源的主要方式，是林业产业中高增值、高技术含量的主要产业。人造板及其深加工产品包括纤维板(高中密度纤维板、硬质纤维板)、胶合板(普通胶合板、建筑用模板、竹胶合板)、刨花板(含刨花模压制品)、细木工板、单板层积材、定向单板成材、强化木地板、贴面装饰板等品种。近几年,广西人造板发展迅猛。

2001 年全区人造板生产企业 85 户,年生产能力 86.19 万 m3,其中纤维板生产企业 13 户,年生产能力 51.19 万 m3,刨花板生产企业 8 户,年生产能力 16.58 万 m3;胶合板厂生产企业 63 户,年生产能力 18.58 万 m3;复合地板生产企业 1 户,年生产能力 500 万 m2。2001 年全区生产人造板 67 万立方米。主要产品有普通胶合板、中纤板、刨花板、水泥模板、饰面板、刨花模压制品、强化地板等。

2002 年,全区人造板年生产能力 122 万立方米,产量 81 万立方米,其中:纤维板生产企业 13 家,年生产能力 82 万立方米,实际产量 53 万立方米;广西三威林产工业有限公司、广西高峰人造板集团公司、广西丰林林业开发有限公司等 3 家骨干企业生产能力 68 万立方米,占全区纤维板生产能力 83%。胶合板生产能力 30 万立方米,产量 18 万立方米;刨花板生产能力 12 万立方米,产量 8 万立方米。强化木地板生产企业 1 家,年生产能力 500 万平方米,产量 121 平方米。全区人造板销售收入 11 亿多元。高峰人造板集团年产 8 万立方米中密度纤维板(陆川)项目和广西三威林产工业集团年产 15 万立方米中密度纤维板(岑溪)项目分别于 2002 年 4 月和 2002 年 12 月竣工投产,使全区中密度纤维板生产能力增加 23 万立方米。

2003 年,全区人造板生产企业 160 多家,年生产能力 250 多万立方米,产量 140 多万立方米。中高密度纤维板年生产能力 166 万立方米,实际产量 80 多万立方米。胶合板生产能力 33 万立方米,产量 23 万立方米;刨花板生产能力 36 万立方米,产量 27 万立方米。强化木地板生产企业 1 家,年生产能力 500 万平方米,产量 134 万平方米。全区人造板销售收入 18 亿元。广西高峰容州年产 15 万立方米中高密度纤维板项目、广西三威林产工业集团年产 30 万立方米中高密度纤维板项目、扶绥东正木业有限公司年产 10 万立方米中密度纤维板项目、南宁丰林林业开发有限公司(百色)年产 10 万立方米中密度纤维板项目一期工程(5 万立方米)、大青山热林中心年产 4 万立方米中密度纤维板项目等均于 2003 年竣工投产,使全区中密度纤维板生产能力增加 63 万立方米。广西三威林产工业集团、高峰人造板集团、南宁丰林林业开发有限公司等 3 家骨干企业中密度纤维板生产能力 117 万立方米,占全区纤维板生产能力 70%。

一、纤维板

纤维板生产从 50 年代末至今,经历了从土法生产到机械化、自动化生产,生产工艺由湿法生产到干法生产,产品从硬质纤维板到中高密度纤维板,年产量从几十立方米发展到 140 万立方米。

1958 年 2 月,柳州木材厂建设土法生产的纤维板工段,采用手工业生产,广西第一块纤维板从此诞生。进行设备改造后,由手工作业变成半机械作业,纤维板的日产量由 20 块提高到 300 多块。同年 5 月,梧州木材厂建成机制纤维板车间,年加工能力 2000 立方米,广西第一块机制纤维板从此问世。

1959 年 1 月,贵县林业局采用土洋结合的方法,2.5 小时出一炉,生产了 5 立方米纤维板。进行设备改造后,生产能力由 2.5 小时出一炉降低到 1.5—2 小时出一炉,纤维板的质量比较差。同年 3 月,桂林专区木材加工厂筹建纤维板车间,11 月试产,年底正式投产。同年 4 月,容县林化厂筹建纤维板车间,6 月建成投产。同年 5 月,六万林场筹建纤维板厂,当年生产 16 立方米纤维板。同年 7 月,北流县大容山林场采用土法上马办起纤维板厂,投资 1.2 万元,生产 3 个月后进行技术改造,实现部分生产过程自动化。同年 10 月,桂林贮木场建成年产 600 立方米湿法生产纤维板车间。

1959 年,全自治区有 34 个企业用土法试制纤维板成功,有年产 150 吨的土制设备 110 套于 1959 年底投入生产。

1960 年,全自治区已投产的洋法生产年产 600 立方米纤维板生产线 3 套、年产 2000 立方米 1 套、年产 720 立方米的 3 套,尚缺少部分设备的年产 2000 立方米 1 套及年产 720 立方米的 5 套。

1962 年,桂林贮木场因木材任务减少,原料不保障,上半年纤维板被迫停产。

1970 年,桂林贮木场纤维板生产线恢复生产。

1972 年,柳州木材厂建成广西第一条自动化程度较高的年产 2000 立方米纤维板生产线投产,当年生产产品规格 1220 * 1960mm 幅面，产量 2100 立方米。

1973 年，桂林贮木场纤维板生产线恢复用碱法生产。

1974 年，南宁木材厂开始筹建自动化程度较高的年产 2000 立方米硬质纤维板生产线。桂林贮木场纤维板生产线恢复用碱法生产，因无地方排污，5 月再次停产，并将设备包装贴封。同年，筹建一条年产 2000 立方米纤维板生产线。

1977 年下半年，南宁木材厂年产 2000 立方米硬质纤维板生产线投产。

1980 年，南宁木材厂年产 2000 立方米硬质纤维板生产线技改，纤维板生产能力增加到 3000 立方米。钦廉林场投资 355.7 万元，建成年产 2000 立方米纤维板生产线，产品综合物理性能达到二等品，各项技术标准达到设计要求。桂林贮木场年产 2000 立方米纤维板生产线竣工投产。

1982 年，柳州木材厂纤维板生产线技术改造，单线单机生产线改成单线双机生产线，生产能力提高到 6000 立方米。

1984 年，柳州木材厂开始试制浮雕纤维板。

1985 年，全自治区林业部门纤维板生产能力达到 15000 立方米。

1986 年，柳州木材厂开始批量生产浮雕纤维板投放市场，同时将浮雕纤维板厚度由 4mm 改为 3mm。

1987 年，南宁木材厂增加产品规格为 1000×2000×3.5mm 硬质纤维板设备一套，扩建安装产品规格 1219×2438mm，年产 5000 立方米硬质纤维板生产线 1 条。至此，南宁木材厂产品规格有 2000×1000×3.2－4mm 及 2440×1220×3.2－4mm 硬质纤维板和 2000×1000×3.2－4mm 浮雕纤维板。

1990 年，林业部门 5 家纤维板年生产能力 20000 立方米，即南宁木材厂 8000 立方米，柳州木材厂 6000 立方米，桂林贮木场 2000 立方米，梧州木材厂 2000 立方米，钦廉林场 2000 立方米。当年生产纤维板 11451 立方米。1959 年至 1990 年林业部门生产纤维板 174305 立方米。

1995 年桂林贮木场、钦廉林场纤维板车间成功将原湿法硬质纤维板生产线改造成干法中密度纤维板生产线。中密度纤维板是利用小径材、次材、枝丫材及木材加工剩余物、甘蔗渣等经过胶粘热压而成为家具、建筑、装饰的板材。

1996 年南宁市三元物业有限公司中密度纤维板厂年产 60000 立方米中密度纤维板建成投产。

1996 年，广西三威林产工业有限公司从瑞典和德国引进中密度纤维板生产工艺和设备—高速连续平压式自动化生产线，年产 5 万立方米。高峰人造板有限公司也从德国引进年产 5 万立方米中密度纤维板生产线。

1997 年底广西三威林产工业有限公司年产 5 万立方米中密度纤维板生产线和高峰人造板有限公司年产 5 万立方米中密度纤维板生产线相继投产。1999 年，广西三威林产工业有限公司成功改造了热磨和热压段，生产能力大提高，年产量达到 10 万立方米。高峰人造板有限公司年产 5 万立方米中密度纤维板生产线经技改生产能力提高到 8 万立方米。

2000 年 9 月，贵港市恒运通中密度纤维板有限公司年产 2.5 万立方米中密度纤维板生产线投产。

2001 年 10 月，广西三威林产工业有限公司成立广西三威林产岑溪市人造板有限公司，在梧州岑溪独家投资兴建岑溪中密度纤维板厂，占地面积 9 万平方米，由德国引进主体设备，国内配套上线，年产中密度纤维板 15 万立方米。同年，南宁木材厂年产 2.5 万立方米中密度纤维板生产线、柳州三益人造板有限公司年产 2.5 万立方米中密度纤维板生产线、玉林昌庆人造板有限公司年产 3 万立方米中密度纤维板生产线、高人再生纤维板有限公司年产 1 万立方米再生中密度纤维板生产线相继投产。

2002 年，高峰冠华人造板有限公司在陆川县建设年产 8 万立方米中密度纤维板生产线、广西三威林产岑溪市人造板有限公司年产中密度纤维板 15 万立方米生产线、桂林天和木业有限公司年产中密度纤维板 3 万立方米生产线、昭平县洪嘉木业有限公司年产中密度纤维板 3 万立方米生产线、象州湘柳中纤板公司年产 2 万立方米中密度纤维板生产线、邕宁县松辉包装材料厂年产 1 万立方米中密度纤维板生产线相继投产。

2003 年，柳州木材厂年产 8 万立方米中密度纤维板生产线、扶绥县东正木业有限公司年产 8 万立方米中密度纤维板生产线、大青山热林中心中密度纤维板厂年产 4 万立方米中密度纤维板生产线、中外合资广西百色丰林人造有限公司年产

5万立方米中密度纤维板生产线相继投产。同年8月贵港市恒运通中密度纤维板有限公司进行技术改造，中密度纤维板生产能力达到年产8万立方米。

二、胶合板

1958年，柳州木材厂筹建广西第一座胶合板车间，设计生产能力5000立方米，1960年5月建成投产，当月产量为1.1立方米，当年产量为70立方米。从1958年至1974年累计投资267.08万元，年产量未能达到设计能力。1980年至1983年，国家拨款165万元，对该胶合板生产线进行技术改造，年设计能力从0.5万立方米提高到1万立方米，合格率达到95%，一二等品率亦有提高。产品规格为0.9144×1.8288m幅面胶合板。1985年起试产规格为1.2192×1.88288m大幅面胶合板；从1986年6月起，批量生产1.2192×2.4384m及3mm和5mm厚度的胶合板。

1983年，梧州木材厂筹建胶合板车间，当年投产。1985年因产品成本高、销路不通等问题被迫停产。1987年恢复生产。

1985年，恭城瑶族自治县虾鲤洞木材加工厂筹建年产2000立方米胶合板生产线，当年投产。

1986年，北海市木材公司筹建年产2万立方米的北海胶合板厂，因材料、资金等不足，未建成。

1999年，柳州桂龙竹材人造板厂年产2万立方米竹胶合板生产线投产。柳州桂龙竹材人造板厂"柳星"竹胶合板在同行业第一家通过ISO9002认证，于2000年顺利通过了国际接轨的ISO9002评审换证。近年产量以40%递增。远销美国、欧盟、日本、毛里求斯、越南等国家和我国台湾地区。在许多国家级重大工程中广泛使用如：北京中华世纪坛，北京东方广场，北京国际机场，上海正大广场，贵阳国际机场，海南机场等等。

天等县胶合制板有限公司年产1万立方米胶合板生产线、桂林市凯思木业有限公司年产1万立方米胶合板生产线、上思县平广木制品厂年产1万立方米胶合板生产线、广西崇左市万达木业有限公司

三、刨花板

1972年，柳州木材厂建成并投产广西第一座林业系统年产2300立方米刨花板车间。经技术改造后，1985年产量提高到3500立方米，合格率提高到35%。

1986年7月，柳州木材厂增建一条年产4000立方米刨花板生产线，产品规格为1200×1960mm幅面。

1988年，梧州木材厂引进瑞典桑斯(SUNDS)公司具有世界先进水平的年产4.5万立方米刨花板生产线，采用摩太柱热油加热单层热压机和气流铺装机，施胶机能严格控制施胶虹在9%以内。总投资5590万元，其中设备引进5017.8万瑞典克朗(当时843万美元)，相当于"六五"计划四年全区森工投资的总和。投产后，"三威"牌刨花板质量达到国家标准，符合欧洲E1级环保标准，是众多家具、音箱制造商的理想选择。产品销往广东、浙江、上海、北京、山东等地。1995年荣获广西名牌产品称号。同一时期，贺县微粒板厂引进德国先进设备，热压机采用热水热油加热先进工艺技术，年生产能力1.68万立方米。采用国内设备的生产线有大桂山林场刨花板车间年产5000立方米、昭平县人造板厂刨花板车间年产4000立方米、岑溪人造板刨花板车间年产4000立方米。

1993年，融水银河人造板有限公司引进德国先进设备，年生产能力1.68万立方米。

1994年，三门江林场建设年产5000立方米刨花板生产线投产。

四、贴面板

1993年以后，广西三威林产工业有限公司引进三条德国的自动化贴面设备，以自产的中、高密度纤维板和刨花板为基材，年产贴面板600平方米。"三威"牌贴面板花色多、规格全、品质好，可满足不同消费群的需求。

五、强化木地板

1997年和1999年，广西三威林产工业有限公司先后引进了两条强化木地板生产线，年产能力500万平方米。该生产线采用了德国的顶尖设备和世界最新技术，技术含量高，自动化水平高。

2000年，广西三威林产工业有限公司从德国引进年产浸渍纸2000万平方米，是亚洲目前最大的浸渍纸生产线。全过程采用PLC程序自动控制，气流悬浮式于燥，质量精确稳定。可生产约0.9～2.5米宽度的地板用耐磨纸、装饰纸、平衡纸和家具用纸。还可以生产达到AC2-AC4标准的耐磨浸渍木纹纸。

（区林业局资源利用处）

【竹材加工生产】

全区以竹材为原料的加工企业2000多家，竹

林资源最丰富的桂林市，竹材加工企业1971家，主要产品有竹针、竹筷、竹凉席、竹工艺品等。2000年竹制品销售收入91662万元，出口交货值8509万元，实交税金1804万元，利润总额6112万元。

（区林业局资源利用处）

【家具和木制品生产】

2003年全区有家具和木制品生产企业500多家，从业人员5万多人。柳州志光办公家具有限公司、朱葛亮家具城、南宁金鼎家具制造有限公司、南宁众乐家私城等已成为广西家具制造、销售龙头企业。荔浦县荔林木业有限公司等47家企业利用国内外木材资源生产木衣架，建成了世界上最大的木衣架生产出口基地。广西家具和木制品生产经历了从小到大，从手工到机械、从原木到人造板、从低档至高档发展过程。

广西家具和木制品具有悠久的历史，名工巧匠诸多，世代传袭，利用铁木（格木）、金丝李、蚬木、檫木、楠木、樟木等珍贵材种制桌、椅（凳子）、床铺、箱柜、盆子以及神台等家具，雕刻图案，加以涂漆，坚固美观，可世代流传。农具用的犁耙、秧盆、打谷桶、粪桶、木车、水车、风柜、谷垫、坭箕等以及生活上用的菜篮、水桶、面盆、脚盆、木板鞋等均用木竹制成。

50年代，国营贮木场、私营木营器厂加工生产家具、农具以及日常生活用具，供应机关、厂矿、学校、部队以及市场的需要。

1958年，桂林贮木场木材综合加工车间，自行设计装配了一套细木工机械，生产各种细木工杯板。

60年代开始从手工制作逐步采用机械加工。1962年，柳州专区手工业联社17家，从业人员800人，进行机械半机械生产，人均每月用材从1立方米提高到1.5立方米，生产的家具、农具等工艺新颖，产品畅销。

70年代，家具等采用原木和胶合板、纤维板、刨花板相结合的产品。农具上大力推广应用铁犁、铁耙、电动打谷机、电动研米机、塑料粪桶、塑料粪瓢以及日常生活上的桶、盆、拖鞋等塑料制品相继出现，代替了木材用品，节约了木材。

1994年，南宁金鼎家具有限公司以30万元资本建厂，经过10年的发展，2004年固定资产已超过2000万元，年生产办公及居家家居10万套，产值3000多万元，已成为广西家具企业的“龙头”。还有富城、四轩等家具生产企业和众乐、春城、区展览馆家具城都初具规模。

1996年，柳州志光办公家具有限公司创建，8年来已发展成为广西大型家具企业之一，年产值已超2000万元。该市的诸葛亮家具有限公司、南荣家具有限公司把制造与经销结合在一起，办起了较大型的销售市场，都成为广西家具行业的代表性企业。

（区林业局资源利用处）

【松香生产】

广西松脂资源丰富，早在40年代，梧州地区一些县的群众即从事采割松脂，用直接火加工生产松香和松节油，每年产松香数百担（每担50公斤）供应区内国内的油漆、肥皂工业使用。

1949年梧州市人民政府接管国民政府行政院资源委员会筹建的梧州油脂厂（后改名梧州松脂厂，2000年组建梧州松脂股份有限公司），职工24人，并继续投资、组建安装，于1950年8月15日采用蒸汽法生产工艺生产脂松香，成为中国第一家蒸汽法生产松香。

1951年7月1日建立桂林市松香加工厂（后更名桂林化工厂）。

1952年11月，梧州松脂厂生产的1500吨脂松香作为中国首批出口松香销往日本及东欧各国，轰动了国际松香市场。

1968年筹建玉林松脂厂。

1970年，梧州松脂厂技术改造，制造我国第一个日产200吨的连续蒸馏塔。

1977年梧州松脂厂引进日本歧化松香、歧化松香钾皂成套设备，并当年投产。

70年代末至80年代初，玉林松脂厂和桂林化工厂研制马来松香、聚合松香成功，并投入生产。

80年代中期后，广西松香产量居全国第二位，仅次于广东省。

1987年全区有松香厂181家，年生产能力20万吨。其中林业部门22个厂年生产能力10.8万吨，生产设备比较先进，松香质量达到国家标准，原料、燃料消耗低。而其余159家松香厂除少数设备先进外，大部分采取简易办法建厂生产松香，不仅生产松香质量低，原料消耗燃料消耗高，而且造成滥采乱割松树，超强度采脂严重。

1988年，贯彻自治区人民政府1987年69号文件规定，对松香厂进行清理整顿。国家林业部实行脂松香生产许可证制度，全区获松香生产许可证24家。

1990年全区获松香生产许可证松香厂达到52家，生产能力28.6万吨，其中梧州松脂厂、玉林松脂厂、桂林化工厂、容县松脂厂、岑溪松脂厂、雒容林化厂（后改为广西林业造纸厂）和昭平松脂厂等7家年生产能力超过万吨。松香松节油深加工有：梧州松脂厂生产歧化松香钾皂、歧化松香、合成樟脑；玉林松脂厂生产马来松香；桂林化工厂生产聚合松香。

1997年国家林业部换发松香生产许可证，全区获松香生产许可证松香厂达到67家，生产能力46万吨。

2000年松香生产企业110多户，年生产能力54万吨。生产松香19.53万吨，比上年减少6.5%；生产松节油2.26万吨，比上年减少8.1%。松香、松节油深度加工产品发展到30个，全年松香、松节油深度加工产品1.57万吨，比上年减少7.7%；

2001年松香生产企业130户，年生产能力56万吨。2001年生产松香19.5万吨，生产松节油2.26万吨，与上年持平；

2002年生产松香27万吨，生产松节油3.5万吨，松香松节油深加工产品4万吨，松香系列产品销售收入14亿元，为农民增加收入8.45亿元。全年出口松香、松节油及深加工产品约18万吨，占全国出口量的50%，占世界松香贸易量的35%。出口创汇约1亿美元。

2003年生产松香28.9万吨，生产松节油3.8万吨，松香松节油深加工产品5万吨，松香系列产品销售收入14亿多元，农民采割松脂收入9.1亿元。全年出口松香、松节油及深加工产品近20万吨，占全国出口量的50%，占世界松香贸易量的35%。出口创汇约1亿美元。1990年至2003年，深加工产品产量逐年提升，从0.76万吨/年增至5万吨。

2003年广西完成松脂采割现状调查。为了摸清广西松脂采割现状，自治区林业局于2003年7月至9月拨出专项经费开展对全区松脂资源、产脂情况、脂农收入、采割现状等进行了全面调查。在各市及有关县林业局的积极配合下按期完成了此项工作，并于年底完成了《关于广西松脂采割现状的调查报告》。调查结果表明，全区目前拥有松林资源340万公顷，总蓄积量12328万立方米。其中马尾松面积302万公顷，湿地松面积37万公顷。马尾松中，有成熟林和近熟林141万公顷，中龄林81万公顷，幼龄林79万公顷；湿地松中，成过熟林和近熟林1.5万公顷，中龄林9万多公顷，幼龄林27万公顷。调查表明，广西采脂资源是非常丰富的，采脂农民平均每人年采松脂量3958公斤，平均年收入7975元，人年均纯收入5149元。通过调查，既摸清了广西松脂资源情况，也发现了松脂生产中存在的问题，如采割中幼龄林情况较为严重、割面负荷过大等等。调查报告最后提出了加强松脂采割的一系列管理措施。

目前，批量投入市场的深加工产品品种达到三十多个，其中市场占有率较大的年销量200吨以上的深加工产品品种有歧化松香、合成樟脑、合成芳樟醇、乙酸芳樟酯、浅色松香、松香酯、聚合松香、氢化松香、马来松香、造纸施胶剂、松香树脂、松油醇、食用松香酯、冰片、α－蒎烯、β－蒎烯、莰烯、蒎烷。

1996～2003年松香产量情况表

单位：吨

年度	1996	1997	1998	1999	2000	2001	2002	2003
松香产量	274900	341353	196674	208900	195200	224000	271000	289000
松脂产量				24100	23600	27000	35000	37600

（区林业局资源利用处）

【栲胶生产】

1956年，广西森林工业局森工调查队组织技术人员到桂西森工分局百色森工支局调查栓皮栎等栲胶资源分布。1957年6月广西森林工业局从广西森林工业学校即将毕业的基建班、运输班中挑选出10名毕业生到陕西省西安栲胶厂学习生产栲胶工艺技术。为建设百栲胶厂培养技术人员。1957年下半年，由广西森林工业局投资筹建百色栲胶厂。1958年，广西森林工业局与广西省林业厅合并，由广西区林业厅组织人员继续筹建，

1958年投入生产。

1958年广西各地纷纷办起土法栲胶厂，星罗棋布。但单宁含量低，纯度低，鞣革性能差，不适应于鞣革。

1959年，百色栲胶厂投产生产第一批橡碗栲胶45吨。筹建国营宜山栲胶厂。

1960年起，土法栲胶厂相继关闭。

1964年，百色栲胶厂以余甘树皮做原料生产余甘栲胶。

1969年宜山栲胶厂投产。武鸣栲胶厂筹建，设计能力生产余甘、杨梅栲胶1200吨。

1970年武鸣栲胶厂投产，生产余甘、杨梅栲胶。

70年代，百色栲胶厂开展技术革新，开发生产山槐栲胶和栲胶深加工产品KC脱硫剂，生产糠醛、顺丁烯二酸等。

1983年，百色栲胶厂生产余甘栲胶荣获国家对外经济贸易部出口产品品质优良荣誉证书。

80年代中期，武鸣栲胶厂节能技术改造，采用10个不锈钢浸提罐、三效热泵蒸发、三流体气流喷雾干燥，节能30%以上，产量提高30%以及上。

1987年，武鸣栲胶厂生产的杨梅栲胶、百色栲胶厂生产余甘栲胶荣获广西壮族自治区优质产品称号。

1988年，武鸣栲胶厂生产的杨梅栲胶、百色栲胶厂生产余甘栲胶被评为中华人民共和国林业部优质产品。

1989年，武鸣栲胶厂生产的杨梅栲胶荣获国家银质产品质量奖。

2000年栲胶生产企业3家，全年生产栲胶6156吨，比上年增长5.8%。

2002年栲胶生产企业2家，生产能力1.35万吨.全年生产栲胶6156吨，比上年增长5.8%。广西生产的栲胶主要是利用杨梅、余柑树皮为原料生产而成的产品，主要应用于鞣革、医药、印染、冶金、石油等工业。

2003年栲胶生产企业2家，生产能力1.35万吨.全年生产栲胶5756吨。

1996～2003年栲胶产量情况表

单位：吨

年度	1996	1997	1998	1999	2000	2001	2002	2003
栲胶产量	7757	7189	5192	5816	3448	2134	6796	5756
年度	1988	1989	1990	1991	1992	1993	1994	1995
栲胶产量	8818	6063	6302					
年度	1980	1981	1982	1983	1984	1985	1986	1987
栲胶产量	7177	7895	7637	8477	8374	8245	10076	11727
年度	1972	1973	1974	1975	1976	1977	1978	1979
栲胶产量	5904	3815	4189	4359	4503	5373	6975	6310
年度	1964	1965	1966	1967	1968	1969	1970	1971
栲胶产量	149	613	1055	1259	1109	2846	3529	5565
年度			1958	1959	1960	1961	1962	1963
栲胶产量				45	93	13	47	155

（区林业局资源利用处）

【茴油桂油生产】

1998年，全区茴油产量1470吨。2003年，柳州鑫业香料有限公司年产茴香脑生产线投产。2003年，全区茴油产量2155吨。

1998年，全区桂油产量851吨。2003年，全区桂油产量793吨。

（区林业局资源利用处）

【木竹浆造纸】

新中国成立初期，广西的制造工业仍沿用民间土法生产各种土纸，其中融水县生产的土纸，昭平县生产竹纸，容县、平乐、北流生产万金纸、福纸，马山、都安、宜山用构树皮为原料生产砂纸，兴安、灵川、桂林生产湘纸、官堆纸、土拔纸等都有较大的发展，并形成一定产量规模。1950～1969年融水县商业部门收购本县的土纸仍有1200吨。1951年全广西土纸产量达16832吨，其中竹纸外销2890吨，砂纸外销740吨远销广州、北京、香港、日本、越南及南洋等地。1952年产量达18619吨。1953年产量达17950吨。1954年昭平县共有竹纸厂418间，其中桂花乡占254间，总资产13.84万元，年产竹纸750吨。1955年最高年产达1080吨。

1958年，广西林业系统开始兴办造纸工业试点。

1960年开始，广西逐渐以机制纸取代民间土纸作坊。

1964年，自治区林科所首先建立造纸厂，以松木为原料生产机制牛皮纸。1970年，拨给高峰林场继续生产机制牛皮纸。

1968年，广西柳江造纸厂开始筹建，1975年正式投产。柳江造纸厂“七五”对3940纸机系统改造后，传统凸版印刷纸升级为市场供不应求的胶印书刊纸，产量从3万吨提高到4万多吨。为平衡浆系统，1992年第二期日产100吨漂白化学浆系统技改项目全面开工建设并列为自治区重点建设工程。后期因资金影响，进度缓慢，工程至今未能竣工验收。建设期的延长，使机械设备价格、承建单位各项费用、外汇汇率提高，造成项目超支。由于缺少资本金，1998年企业资产负债率高达82.5%。同时项目贷款逾期，银行利率罚息使年支付项目利息高达2800万元，严重影响企业经济效益，造成企业亏损。自1984年起，广西柳江造纸厂先后从美国、意大利、芬兰、加拿大等国引进先进的制浆造纸设备和技术，不断进行技术改造，发展成为一个集热电供应、制浆、造纸生产流水线为一体的高度现代化工厂，总资产10.5亿多元，年竹木浆、纸综合生产能力17万吨，是广西最大的制浆造纸综合企业。该企业一直坚持走科技兴厂的道路，与中国制浆造纸研究院、南京理工大学、广西大学、广西工学院等科研教学单位长期挂钩，培训人才，开展科技创新，促进科学技术向生产力的转化。其柳桉、柠檬桉速生丰产林培育技术及应用研究，曾获国家轻工部科技进步三等奖，广西科技进步二等奖，并在国内首先采用桉木制浆造纸获得成功，为制浆造纸开辟了新的原料领域；与柳州地区林科所共同开发并推广的速生丰产杂交竹已建立了百万亩的竹林基地，为当地经济的发展和生态环境建设作出了积极贡献。2000年又建成了领先国内同行的涵盖全厂生产监控及经营管理计算机信息系统，实现了管理的信息化和科学化，是广西以信息化促进工业化的样板企业之一。广西柳江造纸厂积累了近三十年使用竹子纤维原料制浆造纸的生产经验，拥有国内独一无二的进口潘地亚横管式连续蒸煮设备，所生产的“银鸥”牌漂白化学竹浆质量优良，可用于配抄任何中高档纸张，质量一直名列国内同类产品前茅。其中企业自身研究开发的竹浆高配比抄造胶印新闻纸荣获2001年柳州科技进步二等奖、自治区科技进步三等奖。“银鸥”牌49克胶印新闻纸是广西优质产品，定量稳定、匀度好、强度高、印刷效果好，被《人民日报》、《解放军报》、《广西日报》、《成都商报》等著名报业广泛使用。其"银鸥"牌涂布白卡纸填补了广西空白，可替代进口产品，深受用户青睐，成为企业新的经济增长亮点。

1971年，在鹿寨县雒容筹建雒容纸浆厂，原设计能力为日产纸浆5吨。1975年建成投产，当年产纸浆322吨。1980年增设纸袋生产线。1981年改名为雒容林化厂。1985年和1986年又分别增设1092双网缸纸机和三网三缸纸机各一台，形成年产纸袋纸500吨、挂面牛皮箱板纸2000吨的生产能力。1990年生产挂面牛皮箱板纸1.18万吨，牛皮纸袋纸1987吨。1991年改名为广西林业造纸厂。1993年更名为广西国发林业造纸有限责任公司，由国家投资公司控股72%的大型一档企业。自1984年至今经济效益已连续二十一年保持持续快速稳定增长，综合效益在广西造纸企业中排名前三位，在广西工业企业评比中被评为"广西五十强"优秀国有企业。目前，公司拥有资产9亿元，年销售收入达5亿元，职工700人，各类专业技术人员100多人。公司有两套日燃烧黑液固形物75吨的碱回收系统，年回收活性碱20000吨，发电机组10兆瓦，拥有国内外先进的大型制浆造纸设备，年产本色木浆能力7万吨，年纸和纸板产能12万吨，浆纸年生产能力达19万吨，可生产各种规格和定量的包装系列用纸(包括挂面牛皮箱板纸、单面白板纸、白卡纸、纸袋纸、牛皮卡纸、瓦楞原纸、仿牛皮卡纸、精制牛皮纸、胶带原纸等)、文化系列用纸(包括双胶纸、铜版原纸、静电复印纸等)以及人造板装饰纸等装饰用纸。其中,清江牌牛皮卡纸、挂面箱板纸、静电复印纸被评为广西名牌产品,挂面牛皮箱板纸荣获国家林业部名、特、新、优产品博览会金奖及中国大西南优质名牌产品奖,清江牌人造板底层纸、高白双胶纸、精制复合原纸荣获全国包装科技成果评比一等奖,高白双胶纸及静电复印纸荣获全国十佳包装精品奖。

1978年,六万林场造纸厂建成投产。

1994年12月16日广西凤凰纸业有限公司年产10万吨全漂白硫酸盐木浆项目正式开工,1996年列为国家重点基本建设项目。由于地方资金到位缓慢,1998年项目不再被列为国家重点。1999年需还本付息5.4亿元(其中1.7亿元为外汇利息),企业出现产前还贷和还息并无力偿还的情况,资产负债率高达90%以上,项目比计划延长2年于1999年9月28日建成。南宁凤凰纸业公司引进卡米尔连蒸(ITC等温蒸煮)技术,卡瓦纳中浓氧脱木素技术,C/D—E/O—D—D漂白等高新技术和装备,建成年产10万t全漂硫酸盐木浆生产线,成为我国目前最大的全漂硫酸盐木浆生产企业,技术装备达到国际90年代先进水平。

90年代初,广西贺达纸业有限责任公司利用亚洲开发银行贷款兴建生产规模为年产7万吨全漂白针叶、阔叶商品木浆。主要生产设备从瑞典、芬兰、加拿大等国引进,采用O-D/C-Eop-D漂白工艺,在生产过程中有我国第一个用二氧化氯和氧气漂白的高新技术装置,有技术成熟可靠的厂内黑液碱回收系统和厂外污水二级生化处理系统。总体技术装备具有二十世纪九十年代国际先进水平。贺江牌全漂白硫酸盐马尾松浆具有高白度的同时,又保持了纤维原有的机械强度、成纸撕裂度、耐破度、耐折度、透气度等较好的特性,可满足不同纸厂以不同配比抄造各种高级书写纸、印刷纸、复写纸、传真纸、涂布纸、铜版纸等高档纸张和纸板品种。贺江牌全漂白硫酸盐桉木浆是贺纸公司于1999年首次开发成功的国家级新产品,获1999年广西新产品称号,属国内首创,填补了国内高白度阔叶木商品浆的空白,列入2000年国家重点技术开发项目计划。具有高白度、平滑度、松厚度、不透明度、柔软性和吸水性等较好的特性。可广泛用于高档书写纸、证券纸、卷烟纸、卫生纸、餐巾纸等纸种的抄造。

2000年,竹木浆造纸生产企业12家,年制浆能力38.5万吨,年产纸和纸板能力33万吨。竹木浆造纸产品主要有牛皮箱板纸、纸袋纸、牛皮纸、中高档文化用纸等品种;全年生产商品竹木浆12.2万吨,比上年增长11倍;生产竹木浆纸和纸板37.36万吨,比上年增长77.49%。

2001年,竹木浆造纸骨干生产企业12家,年制浆能力38.5万吨,年产纸和纸板能力33万吨。竹木浆造纸产品主要有牛皮箱板纸、纸袋纸、牛皮纸、中高档文化用纸等品种。

2002年全区竹木浆造纸产量39万吨,销售收入11亿元。除南宁凤凰纸业有限公司、贺州纸浆厂生产商品浆外,其他企业均以自产自用为主。柳江造纸厂利用竹子制浆,其商品竹浆年产量可达6.5万吨,除配抄纸张自用外可外售漂白商品竹浆约3万吨。柳江造纸厂年产17万吨竹浆于2002年9月破土动工。

2003年,全区木竹浆产量38.7万吨,商品木竹浆、纸品产量43万吨,工业总产值约16亿元。广西劲达兴纸业有限公司年产12万吨新闻纸项目正式投产。木竹浆造纸业的主要产品有木浆板、竹浆板、牛皮箱板纸、纸袋纸、牛皮卡纸以及新闻纸、复印纸、胶印书刊纸等中高档文化用纸。柳江造纸厂是目前国内利用竹子生产漂白化学竹浆技术水平最高、应用于造纸最成功、最成熟的企业,已得到造纸界专家的肯定和公认。

表 2003年广西竹木浆造纸企业规模情况表

序号	企业名称	制浆能力万吨/年	造纸能力万吨/年	主要产品品种
1	广西南宁凤凰纸业公司	10	0	漂白木浆
2	广西贺达纸业公司	7	0	漂白木浆
3	广西柳江造纸厂	9	10.5	新闻纸、书刊纸
4	广西国发林纸公司	5	10	包装纸、复印纸

续表

序号	企业名称	制浆能力万吨/年	造纸能力万吨/年	主要产品品种
5	广西林业荔浦纸业公司	3.5	10	包装纸
6	广西华劲集团	4.2	3.5	复印纸、双胶纸
7	广西容县万力纸厂	3	3	包装纸
8	广西嘉亿纸业公司	2.6	3	文化纸、包装纸
9	广西劲达兴纸业公司	0	12	新闻纸
10	广西昭平和兴纸业公司	2	2	包装纸
11	广西奥兴纸业公司	3	0	漂白浆
12	广西中泰富纸业公司	2.5	1	包装纸、本色浆
13	广西武鸣奥诺纸业公司	1.8	0.5	绒毛浆
14	广西田林造纸厂	1	1.5	新闻纸
	合计	54.6	57	

【沿海林浆纸一体化工程】

林浆纸一体化是指以规模化、集约化、商品化种植速生丰产林为基础，以制浆造纸为终端产品，将林木基地建设、木浆生产、纸品加工三大阶段纳入一个整体系统进行统一规划，同步建设的产品生产过程。2003 年，“广西沿海林浆纸一体化项目”正在顺利推进。

(一)钦州林浆纸一体化项目。

由印尼金光集团为主投资建设。2003 年 8 月，印尼金光集团亚洲浆纸业股份有限公司就合作建设钦州林浆纸一体化项目与广西签约。计划在广西投资 500 亿元，建设中国最大的林浆纸一体化基地——营造工业原料林 60 万公顷(900 万亩)，建成年生产能力分别达 180 万吨的大型浆厂和 310 万吨的大型纸厂。其中一期工程投资 75 亿元，建设年产 60 万吨的造纸厂和 30 万吨木浆厂。2003 年 12 月建设年产 60 万吨高档文化及食品用纸项目已经在钦州市钦南区启动。

(二)合浦林浆纸一体化项目。

由芬兰斯道拉恩索公司为主投资，与广西高峰集团合作建设。斯道拉恩索公司于 2002 年 10 月在南宁成立独资公司并与广西高峰集团签订 9000 公顷合作造林合同。2003 年 11 月，斯道拉恩索公司又与高峰集团签署投资 1.5 亿美元，建设 15 万公顷原料林基地协议。合浦林浆纸一体化项目建设内容为年产 100 万吨浆、100 万吨纸、配套建设 33 万公顷原料林基地。一期工程为 60 万吨浆、60 万吨纸、配套 20 万公顷原料林基地，总投资 163 亿元，其中原料林基地投资 18 亿元，浆厂投资 82 亿元，纸厂投资 63 亿元。

为了确保林浆纸一体化项目的顺利实施，在广泛调研的基础上，自治区人民政府决定将北海、钦州、防城港、玉林、贵港、南宁、崇左等 7 市 39 个县(市、区)及 8 个区直林场共 1400 万亩商品林地划为钦州和北海两个浆厂原料林基地范围。基地建设采取租赁造林或合作造林运作模式。租赁造林由林地所有者将林地租赁给浆厂自主经营，林地租赁价格在确保农民利益的前提下由自治区物价主管部门会同林业部门制定指导价格。合作造林则由林地所有者或拥有使用权者提供林地，浆厂业主负责造林和管护，林木双方共有，全部供应纸浆厂做原料，收益按比例分成。目前项目进展顺利。

(区林业局资源利用处)

【重点企业设立】

一、广西高峰林浆纸业集团有限责任公司成立

为实施广西“十五”发展计划和西部大开发战略，充分发挥广西林业资源优势，促进林业产业上规模、上档次、增资源、增效益，把广西建成全国重点林浆纸生产基地。自治区林业局组织有关人员，将地处广西南部的高峰林场、七坡林场、东门林场、派阳山林场、钦廉林场、六万林场、博白林场、良凤江国家森林公园等八家区直林场以及广西国有林场开发公司和武鸣栲胶厂共10家单位，按照国家和自治区的有关政策法规，以资产为纽带，共同组建广西高峰林浆纸业(集团)有限责任公司。广西高峰林浆纸业(集团)有限责任公司经自治区人民政府正式批准成立，10月18日取得了工商登记注册，2002年11月16日正式挂牌成立。9月28日在南宁召开了第一次股东大会，会议选举产生了集团公司第一届董事会和监事会，选举产生了集团公司董事长、监事会主席，通过了聘请总经理、副总经理决议。集团公司领导班子行使职权，开始运作。建设100万吨大型木浆纸厂(第一期60万吨浆，60万吨纸)、500万亩造纸原料林基地项目已有实质性进展，造纸原料林基地的初步可行性研究报告通过了专家评审，年产60万吨化学木浆及造纸项目的初步可行性研究报告也通过了专家评审，自治区环保局已同意立项。集团公司与芬兰斯拉恩索公司经多次洽谈，签订了《中外合资意向书》、《中外合资项目框架协议书》、《造林合同书》，合作营造速生丰产桉树林的首期造林资金已经到位。

二、广西梧州福莱斯三威林业有限公司成立

由广西三威林产工业有限公司与海南福莱斯林业有限公司共同投资组建的林板一体化公司——广西梧州福莱斯三威林业有限公司于2002年12月1日举行了成立仪式。广西三威林产工业有限公司是广西林产工业的龙头企业之一，拥有6亿资产，年人造板生产能力30万立方米，具有人造板、深加工产品、贴面材料、化工等四大系列、九大产品、一百二十多个规格品种的大型综合性林产工业企业。海南福莱斯林业有限公司则是以经营人工林为主的林业工程公司，已在海南、广东等成功营造大面积速生丰产林，具有相当强的技术实力和丰富的管理经验。两家共同组成的公司，将发挥各自优势，以原料林基地为依托，以高新技术为支撑，以股份化低成本扩张为手段，发展人造板业为主，并向林化、林纸等相关产业发展，建成集林产品贸易、林产品加工、原料林基地于一体、可持续发展的林产工业集团。公司中期目标是实现“双百万工程”，即年产人造板100万立方米，建设人工原料林基地100万亩。

(区林业局资源利用处)

【林业企业及产品荣誉】

一、2001年度

广西梧州松脂股份有限公司荣获2001年度“全区用户满意企业”称号；广西梧州松脂股份有限公司的“桂花牌”脂松香荣获2001年度“全区用户满意产品”称号；自治区林业局组织全区竹藤加工重点企业参加了2001年6月8～10日由国际竹藤组织、中国竹产业协会、福建省林业厅和三明市人民政府在福建省沙县联合举办的“2001年中国(三明)竹藤产品交易会”。广西展厅以其设计新颖，展品丰富而广受赞誉，荣获优秀组织奖。柳州铁路桂龙竹材人造板厂竹质胶合板、桂林南百竹业发展有限公司竹地板、桂林瑞联竹制品有限公司竹串系列、桂林绿竹林化制品厂竹醋液等4个产品荣获金奖，广西奖牌总数居全国20个参展省(自治区)的第二位。广西三威林产工业有限公司三威牌、威达牌中密度纤维板、刨花板、强化复合地板产品符合国家环境保护总局颁布的环境标志产品技术要求，获中国环境标志产品认证证书。三威牌刨花板产品获广西名牌产品，三威牌强化地板荣获2001年度“全区用户满意产品”称号；企业荣获2001年度“全区用户满意企业”称号；广西国发林业造纸有限责任公司“清江牌”牛皮卡纸荣获2001年度“全区用户满意产品”称号。清江牌挂面牛皮箱板纸、牛皮卡纸2个产品获广西名牌产品称号。

二、2002年度

广西梧州松脂股份有限公司荣获2002年度“全区用家满意企业”称号；广西梧州松脂股份有限公司的“桂花牌”脂松香荣获2002年度“全区用家满意产品”称号。由广西企业联合会与广西企业家协会举行的“广西企业50强”评选活动揭晓，广西林业产业企业的广西三威林产工业有限公司、广西柳江造纸厂、广西国发林业造纸有限公司分别以33640万元、25133万元、24681万元的销售额；451万元、68万元、1001万元的利润；92390万元、106000万元、61474万元的总资产入选2002年广西企业50强行列。

三、2003年度

广西梧州松脂股份有限公司多年来按照现代企业制度的要求，建立和健全了公司运行机制，不断提高公司的经营管理水平，努力开拓国内外市场，完善公司与农户利益联结机制，增强辐射带动农户的能力，使广大脂农采脂收入不断增加。2003

年经广西农业产业化联席会议审核、认定，广西梧州松脂股份有限公司被列为广西农业产业化龙头企业。广西三威林产工业有限公司由于十分注重产品质量和环保产品的生产与管理，其所生产的威达牌、三威牌强化复合地板、刨花板、中密度纤维板经中国环境标志产品认证委员会秘书处考核论证，荣获中国环境标志认证。广西梧州松脂股份有限公司的歧化松香荣获2003年度“全国用户满意产品”称号，成为全国林产工业唯一获此殊荣的产品。

（区林业局资源利用处）

森林旅游与森林公园建设

【广西森林旅游业发展概述】

广西是一个“八山一水一分田”的省区，森林面积广阔，动植物资源极为丰富，森林生态旅游资源得天独厚，是全国的森林生态旅游资源大省区之一。广西不仅有奇特的地貌景观、优美的山水景观、丰富的森林景观，还有浓郁的少数民族风情。

广西的森林旅游业是主要依托于森林公园、自然保护区发展起来的。1988年5月，国家林业部批准广西建立了第一处森林公园——北海冠头岭森林公园。1989～1991年，广西森林旅游业的发展基本处于停滞状态，1992～1994年为起步阶段，1995～1996年为规划阶段，1997年以后为建设阶段。

十多年来，广西所建的森林公园和开展森林生态旅游的自然保护区的数量不断增多，行业管理不断加强，森林旅游产业规模不断壮大，经济效益快速增长，初步形成了森林公园的开发建设和森林旅游事业蓬勃发展的良好势头，一批森林公园已成为广西新兴的旅游胜地。

截至2003年底，全区已建立各级森林公园42处(其中国家级16处)，并有多个自然保护区也开展了森林生态旅游活动。全区基本形成了以资源八角寨、龙胜温泉、贺州姑婆山、金秀大瑶山、上思十万大山、南宁良凤江等森林公园和龙虎山、大明山、猫儿山等自然保护区为依托，以旅行社为载体，融食、住、行、游、娱、购配套发展的森林旅游业网络。

（区林业局资源利用处）

【森林风景资源现状】

一、数量与规模

据《广西森林旅游总体规划》(1995年)，广西森林风景资源点有277处。2001年，广西壮族自治区林业局组织广西林业勘测设计院有关人员对全区现有森林风景资源点进行调查和整理，统计结果是全区共有森林风景资源点238处(包括已初步开发的森林旅游区)，总面积为206万公顷，约占全区国土总面积的8.7%，约占全区有林地面积20.9%。

二、分布

根据所在地点的权属类型来分，2001年调查和整理得出来的238处森林风景资源点可分为国有林场、集体林区、自然保护区和其他共4种类型，属国有林场的有106处，占全区森林风景资源点总数的44.4%；属集体林区的有29处，占总数的12.2%；属自然保护区的有62处，占总数的26.1%；其他有41处，占总数的17.2%。从森林风景资源点的景观类型特征来划分，其中山岳地貌154处；湖泊岛屿8处；海滨海岛4处；瀑布温泉10处；水景漂流9处；洞穴10处；人文历史20处，天象8处，民族风情12种(处)，其他3处。

（区林业局资源利用处）

【森林风景资源保护和管理】

2002年11月，为加强广西森林风景资源的保护与管理工作，广西壮族自治区林业局根据国家林业局的相关文件精神下发了《关于加强森林风景资源保护和管理及开展森林风景区旅游资源开发情况检查的通知》(桂林用发〔2002〕32号)，在全区范围内组织开展了一次森林风景资源旅游开发活动的全面检查工作，进一步摸清掌握了广西森林风景区旅游资源开发情况。

（区林业局资源利用处）

【森林旅游管理机构】

1993年11月15日，广西林业厅设立了森林公园管理办公室，设在广西林业厅国有林场管理处，实行两块牌子、专人管理的管理模式。1996年6月21日，广西林业厅办公会议决定撤销设在林业厅国有林场管理处的森林公园管理办公室，成立了独立的广西森林旅游管理办公室，负责全区森林公园和自然保护区开展生态旅游的行业管理。2000年6月29日，广西壮族自治区人民政府办公厅下发了《关于印发广西壮族自治区林业局职能配置内设机构和人员编制规定的通知》(桂政办发〔2000〕109号),明确将森林旅游行业管理职能划归广西壮族自治区林业局森林资源管理利用处。原广西森林旅游管理办公室因一直未能获得自治区编委的批准行政编制而自行取消。2000年以后,全区各地级市林业局相应建立了利用(产业)科(站),明确了相应科室和人员负责森林旅游行业管理工作。

(区林业局资源利用处)

【广西森林旅游业规划】

1995年2～12月,广西林业厅组织有关专家和人员完成了《广西森林旅游总体规划》,专家评审会认为该成果总体水平达到国内领先水平。1996年5月2日,广西壮族自治区人民政府以《关于对自治区林业厅森林旅游总体规划的批复》(桂政函〔1996〕64号)批复了广西森林旅游总体规划;1997年4月,该项目获广西林业科技进步一等奖;1998年,获广西科学技术进步二等奖。1996年,桂林地区和南宁地区林业局根据《广西森林旅游总体规划》的要求,结合本地区实际,分别编制了《桂林地区森林旅游总体规划》和《南宁地区森林旅游总体规划》,成为两地区开展森林旅游的重要指南。2002年,根据国家林业局下发的《关于编制全国森林公园建设与发展规划的工作方案》(办计字〔2002〕40号)和《关于下发"省(区、市)森林公园建设与发展规划(2002～2010)技术方案"的通知》(林园发〔2002〕2号)的文件精神,广西壮族自治区林业局组织广西林业勘测设计院等单位共同完成了《广西森林公园建设与发展规划》(2002～2010)。

(区林业局资源利用处)

【森林公园申报与审批规定】

2002年8月,广西壮族自治区林业局根据国家林业局有关规定,下发了《关于申报森林公园有关规定的通知》(桂林用发〔2002〕24号),就拟建森林公园的申报条件、材料要求及申报程序等做出了规定。2003年8月22日,广西壮族自治区林业局根据国家林业局森林公园管理办公室的通知精神,在《关于申报森林公园有关规定的通知》(桂林用发〔2002〕24号)的基础上,结合广西实际,对广西国家级和自治区级森林公园的申报及审批程序进一步做出了明确规定。

(区林业局资源利用处)

【设立森林公园法规】

1997年3月7日,广西林业厅成立了以张锁副厅长为组长的《广西森林公园管理条例》(以下简称《条例》)起草小组,于1997年8完成了《条例》初稿,送广西壮族自治区法制局审核,经多次修改于1997年11月形成征求意见稿,送区直11个厅局征求意见。1998年3月,由广西壮族自治区法制局主持召开了有11相关厅局参加的《条例》(征求意见稿)协调会,进一步修改完善。1998年4月,《条例》形成送审稿,提交广西壮族自治区人大农委审议,但因多种原因,一直未能通过。2003年,广西壮族自治区林业局组织人员在《广西森林公园管理条例》(1998年稿)的基础上进行了再一次修改,但一直未能再次进入自治区立法程序。

(区林业局资源利用处)

【森林公园建设】

森林公园建设可表现为公园数量、公园规模、资金投入等方面。

一、数量与规模

截至2003年底,广西共建立森林公园42处,其中国家级森林公园16处,自治区级森林公园20处,县级森林公园6处。森林公园的总面积为245846.21公顷。具体如下表。

广西森林公园基本情况表

序号	名 称	行政区位	建设单位	级别	批建时间	面积(公顷)
1	冠头岭国家森林公园	北海市	北海市防护林场	国家级	1988.5	213.33
2	桂林国家森林公园	桂林市	桂林市龙泉林场	国家级	1992.7	575.67
3	良凤江国家森林公园	南宁市	良凤江国家森林公园	国家级	1992.9	248
4	三门江国家森林公园	柳州市	三门江林场	国家级	1993.5	13151.4
5	龙潭国家森林公园	贵港市桂平市	桂平金田林场	国家级	1993.5	7800
6	大桂山国家森林公园	贺州市	大桂山林场	国家级	1994.12	3000

续表

序号	名称	行政区位	建设单位	级别	批建时间	面积(公顷)
7	元宝山国家森林公园	柳州市融水县	元宝山自然保护区	国家级	1994.12	25000
8	龙胜温泉国家森林公园	桂林市龙胜县	龙胜县林业局	国家级	1996.8	420
9	八角寨国家森林公园	桂林市资源县	资源县旅游局	国家级	1996.8	84000
10	十万大山国家森林公园	防城港市上思县	上思县红旗林场	国家级	1996.8	8810
11	姑婆山国家森林公园	贺州市	贺州市姑婆山林场	国家级	1996.8	8000
12	大瑶山国家森林公园	柳州市金秀县	金秀县林业局	国家级	1997.12	11124
13	黄猄洞天坑国家森林公园	百色市乐业县	雅长林场	国家级	2002.12	13879.7
14	大容山国家森林公园	玉林市北流市	玉林市大容山林场	国家级	2003.12	4825
15	飞龙湖国家森林公园	梧州市苍梧县	苍梧县林业局	国家级	2003.12	12097.56
16	太平狮山国家森林公园	梧州市藤县	藤县林业局	国家级	2003.12	5550.23
17	老虎岭森林公园	南宁市	广西林科院	自治区级	1994.5	306.67
18	三十六曲森林公园	钦州市	钦州市三十六曲林场	自治区级	1995.3	3401.6
19	澄碧湖森林公园	百色市	百色市林科所	自治区级	1995.4	8205
20	象山森林公园	来宾市象州县	象州县林业局	自治区级	1995.6	253.33
21	龙岩森林公园	桂林市全州县	全州县林业局	自治区级	1995.8	133.33
22	险山(洛清江)森林公园	来宾市鹿寨县	黄冕林场	自治区级	1996.2	5298.5
23	大山顶森林公园	岑溪市	岑溪市林业局	自治区级	1996.5	266.67
24	石山森林公园	桂林市阳朔县	阳朔县林业局	自治区级	1996.5	53.33
25	龙须河森林公园	百色市田东县	田东县林业局	自治区级	1996.7	791.33
26	五象岭森林公园	南宁市	良凤江国家森林公园	自治区级	1998.6	650
27	君武森林公园	柳州市	广西生态工程学院	自治区级	1998.6	1207.76
28	九龙瀑布群森林公园	南宁市横县	横县镇龙林场	自治区级	1998.6	1639.9
29	凌云森林公园	百色市凌云县	凌云县林业局	自治区级	2003.4	12000
30	平天山森林公园	贵港市	贵港平天山林场	自治区级	2003.4	2964
31	红茶沟森林公园	柳州市	融安县西山林场	自治区级	2003.12	1473.9
32	小娘山森林公园	梧州市藤县	藤县小娘山林场	自治区级	2003.12	1109
33	吉太森林公园	梧州市岑溪市	岑溪市林业局	自治区级	2003.12	2007.6
34	五叠泉森林公园	贺州市昭平县	昭平县林业局	自治区级	2003.12	378
35	庆远森林公园	河池市宜州市	宜州市庆远林场	自治区级	2003.12	1693.33
36	金鸡山森林公园	南宁市	七坡林场	自治区级	2003.12	2300
37	石门森林公园	南宁市	南宁市林业局	市、县级	1995.5	100
38	玉华森林公园	柳州市融水县	融水县林业局	市、县级	1996.3	15.67
39	天鹅湖森林公园	桂林市平乐县	平乐县林业局	市、县级		380

续表

序号	名称	行政区位	建设单位	级别	批建时间	面积(公顷)
40	梧州龙泉森林公园	梧州市郊		市、县级	1997	122.4
41	南珠森林公园	北海市合浦县	合浦县林科所	市、县级	1998.6	400
42	五黄岭森林公园	钦州市浦北县	浦北县林业局 浦北县旅游局	市、县级	2001.8	18000

二、资金投入

据不完全统计,1993～2003 年广西森林公园开发建设的资金总投入为 4.3627 亿元。各年度建设资金投入如下表。

1993～2003 年广西森林公园开发建设投资表

年 份	1993	1994	1995	1996	1997	1998	1999	2000	2001	2002	2003	合计
年投资(万元)	1162	3269	2325	4081	3981	3589	3578	3788	3625	9821	4408	43627

(区林业局资源利用处)

【自然保护区生态旅游开发】

1984 年,大明山自然保护区正式开展森林旅游活动,是广西第一个开展旅游活动的自然保护区。至 2003 年,先后有大明山国家级自然保护区、龙虎山自然保护区、猫儿山国家级自然保护区、大瑶山国家级自然保护区、花坪国家级自然保护区和弄岗国家级自然保护区等 10 多个自然保护区在各自的实验区内相继开展了森林生态旅游活动,供游人观光游览、科普考察、生态旅游。

(区林业局资源利用处)

【森林旅游客源市场开发】

客源市场调查　1997 年,广西林业厅组织广西林业勘测设计院等相关人员开展了《广西森林旅游客源市场调查课题》调查研究工作,课题组深入到大明山、龙虎山、良凤江、八角寨、猫儿山和姑婆山等主要森林旅游区进行实地调查,撰写客源市场调研报告,为全区森林旅游开发建设、经营管理提供了一定的科学依据。2002 年,广西森林旅行社与广西林业勘测设计院联合对 1997 年的客源市场调查课题进行了补充调查。

森林风景资源博览会　2002 年 6 月 8～12 日,国家林业局在浙江省临安市举办了首届中国森林风景资源博览会暨天目山森林旅游节。根据国家林业局的统一部署和要求,广西壮族自治区林业局组织了以裴安道副局长为团长、部分地级市林业局分管领导、森林公园和自然保护区负责人等有关人员组成的广西参展团共 68 人,参加了博览会。广西展区重点突出了广西绮丽的自然山水风光和独具特色的少数民族风情,获得了大会组委会和参观者的充分肯定和好评,被大会评为创意制作银奖。

(区林业局资源利用处)

【森林旅游工作会议(座谈会)】

1996～2003 年,召开的全区性的森林旅游工作会议(座谈会)的情况如下表。

广西森林旅游工作会议(座谈会)情况表

会议时间	会议地点	会议名称	参会人员
1996 年 11 月	凭祥市	全区森林旅游工作会议	自治区林业厅相关处(室)领导、各地、市、森林旅游重点县林业局局长、主要森林公园、自然保护区的领导
1997 年 6 月	南宁	全区森林旅游座谈会	广西森林旅游办公室、各地、市、森林旅游重点县林业局局长、主要森林公园、自然保护区的领导

续表

会议时间	会议地点	会议名称	参会人员
2000年8月21日	南宁	全区森林旅游工作会议	自治区林业局相关处(室)领导、各地、市、森林旅游重点县林业局局长、主要森林公园、自然保护区的领导
2001年12月11～12日	桂林	全区森林旅游工作会议	自治区林业局相关处(室)领导、各地、市、森林旅游重点县林业局局长、主要森林公园、自然保护区的领导
2002年4月17～19日	南宁、百色	全区森林旅游单位联谊会	自治区林业局相关处(室)领导、各地、市、森林旅游重点县林业局局长、主要森林公园、自然保护区的领导
2003年8月25日	南宁	全区森林旅游工作座谈会	自治区林业局相关处(室)领导、各地、市、森林旅游重点县林业局局长、主要森林公园、自然保护区的领导

(区林业局资源利用处)

【森林旅游从业人员培训】

至2003年,广西壮族自治区林业主管部门共举办了三次森林旅游从业人员培训班。1997年11月27日至12月1日,广西林业厅在北海市成功举办了第一期森林旅游研讨班;参加人员为各地、市、有关县林业局主管森林旅游的局长或副局长,各森林公园及其他有关森林旅游单位负责人,共20人;授课内容主要是旅游基本知识、旅游企业管理、旅游市场营销、森林旅游产品开发。1998年11月,广西林业厅举办了由各相关自然保护区负责人参加的培训班。2003年8月24～27日,广西壮族自治区林业局在南宁市组织举办了全区森林旅游管理人员培训班。各市林业局主管森林旅游的局长或副局长及相关业务科(室、站)负责人、有关森林旅游重点县林业局负责人、各森林公园和有关自然保护区的负责人及其他有关森林旅游单位负责人共71人参加了培训班。培训的主要内容是森林旅游行业管理有关规定、森林公园申报、旅游区(点)质量等级的划分与评定、中国森林公园风景资源质量等级评定、旅游资源规划与开发、森林旅游产品开发与市场营销、森林公园管理等。

此外,广西壮族自治区林业局组织相关人员参加了国家林业局举办的有关业务培训班,一是国家林业局森林公园管理办公室于2001年在海南省举办的第一期森林公园信息管理员培训班,二是国家林业局森林公园管理办公室分别于2003年1月和12月组织的第一期和第二期国家森林公园主任培训班。

(区林业局资源利用处)

【森林旅游专项考察】

为学习和借鉴国内外先进的森林旅游开发和管理的经验,至2003年,广西壮族自治区林业主管部门组织了多次全区性森林旅游专项考察活动,主要如下表。

广西全区性森林旅游专项考察活动表

考察时间	考察活动名称	考察内容	考察地区
1997年6月10～30日	广西首次赴美国家公园考察团	考察美国、香港的国家公园、主题公园等	香港、美国
1997年12月2～8日	广西赴海南森林旅游研讨班考察	重点考察海南省森林旅游业,	海南省

续表

考察时间	考察活动名称	考察内容	考察地区
1999年4～10月	1999年昆明世博会考察	参观考察昆明世博会及周边旅游区建设	云南省
2000年10月	广西赴欧洲生态旅游专项考察	考察欧洲生态旅游业	欧洲八国
2001年12月至2002年1月	广西赴美国家公园考察团	考察美国、香港的国家公园、主题公园等	香港、美国
2002年4月18～20日	广西森林旅游联谊会森林旅游专项考察	考察南宁、百色地区森林旅游业	广西南宁、百色
2002年6月5～15日	首届中国森林风景资源博览会观摩考察团	考察浙江和安徽两省部分森林公园旅游资源、开发建设及经营管理模式等	浙江和安徽
2003年8月28日至9月5日	广西森林旅游专项考察	考察湖南省部分森林公园	湖南省

（区林业局资源利用处）

【森林旅游统计】

一、统计管理

1996年11月，广西林业厅制定了《广西森林旅游统计报表》，从1997年1月1日起开始实施，统计范围是全区森林公园、开展旅游的自然保护区、森林旅行社（旅游公司）、林业宾馆、林业餐馆等，报告期分别为月报、季报和年报。2001年5月28日，根据国家林业局的要求，广西壮族自治区林业局发文《关于做好广西森林旅游信息统计工作的通知》（桂林用发〔2001〕12号），以进一步规范全区森林旅游统计工作。

二、森林旅游接待人数

据不完全统计，1993～2003年广西森林旅游区接待游客量如下表。

1993～2003年广西森林旅游区接待游客量表

年度	森林旅游接待游客量（万人次）	森林公园接待游客量（万人次）	其他林业单位接待游客量（万人次）
1993	6.8	6.8	——
1994	14.4	14.4	——
1995	46.5	46.5	——
1996	109.8	78.3	31.5
1997	79.1	66.9	12.2
1998	82.0	70.6	11.4
1999	87.3	76.0	11.3
2000	125.0	112.7	12.3
2001	175.2	166.1	9.1
2002	240.8	223.9	16.9
2003	244.7	205.1	39.6

三、森林旅游收入

据不完全统计，1993～2003 年广西森林旅游区以门票为主的直接旅游收入如下表。

1993～2003 年广西森林旅游区以门票为主的直接旅游收入表

年度	森林旅游旅游收入(万元)	森林公园旅游收入(万元)	其他林业单位旅游收入(万元)
1993	8.0	8.0	——
1994	128.7	128.7	——
1995	803.3	803.3	——
1996	2878.5	2021.1	857.4
1997	2151.7	1859.3	292.4
1998	2027.8	1761.6	266.2
1999	4555.8	4334.8	221.0
2000	5946.8	5643.1	303.7
2001	11372.6	11100.0	272.6
2002	12221.1	11308.7	912.4
2003	14274.9	12937.4	1337.5

(区林业局资源利用处)

【等级评定与评比】

一、全国文明森林公园

1997 年 7 月 30 日，根据林业部的有关文件精神，广西林业厅下发了《关于开展创建"文明森林公园"活动的通知》(桂林森旅字〔1997〕04 号)，组织各森林公园根据林业部创建"文明森林公园"基本要求，开展创建活动。2000 年，通过广西壮族自治区林业局组织达标考核推荐和原国家林业部的检查验收，良凤江国家森林公园被国家林业局首批授予"全国文明森林公园"称号。

森林公园等级评定　2001 年，良凤江国家森林公园、龙胜温泉国家森林公园的龙胜温泉旅游度假区被国家旅游局评定为 AAA 级旅游区。2002 年，八角寨国家森林公园的资江景区被国家旅游局评定为 AAA 级旅游区。2003 年，十万大山国家森林公园被国家旅游局评定为 AA 级旅游区。

(区林业局资源利用处)

【森林旅游节庆活动】

广西森林旅游节庆活动主要有以下几类：

一、森林旅游登山节

2000～2003 年，广西壮族自治区林业局连续四年举行了四届全区森林旅游登山节(具体如下表)。

2000～2003 年广西森林旅游登山节情况表

届别	活动时间	举办地点	主办单位	承办单位	活动内容
一	2000 年 1 月 1～2 日	猫儿山国家级自然保护区	自治区林业局、自治区旅游局	猫儿山国家级自然保护区、广西森林旅行社	分组登山竞赛、赏景，300 多人
二	2001 年 5 月 18～20 日	大瑶山国家级自然保护区	自治区林业局、自治区旅游局	金秀县人民政府、广西森林旅行社	分组登山竞赛、赏景 300 多人
三	2002 年 4 月 20～21 日	大明山国家级自然保护区	自治区林业局、自治区旅游局、南宁地区行署	广西森林旅行社、南宁地区林业局、大明山自然保护区	趣味登山、赏杜鹃、民族歌舞表演

届别	活动时间	举办地点	主办单位	承办单位	活动内容
四	2003年9月20～21日	三门江国家森林公园	自治区党委宣传部、共青团区委、自治区林业局、自治区旅游局、广西电视台等单位	中共柳州市委宣传部、共青团柳州市委、柳州市林业局、柳州市旅游局、三门江国家森林公园等单位	趣味登山大型竞技活动、百辆自驾车、广西森林旅游风光暨森林资源展、八桂青年全民健身系列活动

二、广西(良凤江)森林旅游节

2000～2003年的五一黄金周期间，由广西壮族自治区林业局和广西壮族自治区旅游局主办，在良凤江国家森林公园连续举办了四届广西(良凤江)森林旅游节。

三、十万大山原始森林旅游节

2003年9月26日，在十万大山国家森林公园举行了由广西壮族自治区林业局、广西壮族自治区旅游局、防城港市人民政府和广西电视台共同主办，上思县人民政府、防城港市林业局和防城港市旅游局共同承办的2003广西上思县十万大山原始森林旅游节。旅游节的主题是：关注森林，走进绿色，回归自然，并在国内首次举办了森林小姐大赛活动。

(区林业局资源利用处)

【森林旅游主要专项推介活动】

2001年5～8月，广西壮族自治区林业局与广西有线电视台《旅游快车》节目组联合制作了广西森林旅游特别节目——《走进大森林》，共制作了12期节目，有12个森林公园和自然保护区参加了宣传活动。这是对广西的森林公园和自然保护区进行一次整体性、系统性的全方位宣传报道。2003年6月13日，广西壮族自治区林业局在南宁市组织召开了广西森林生态旅游推介会，邀请了20多家旅行社和20多家新闻媒体参加，向各旅行社及全社会推介广西开发建设比较成熟的森林生态旅游景区(点)，推介具有鲜明特色的“绿色、环保、健康”的森林生态旅游线路，在“非典”过后启动并尽快恢复广西森林生态旅游市场，进一步树立广西森林生态旅游的整体形象。2003年7月12日，由广西壮族自治区林业局主办，南宁良凤江国家森林公园、动力形象策划公司、龙涛策划公司及南宁海外旅行社共同承办的广西森林之旅暨媒体记者森林考察旅游活动在南宁良凤江国家森林公园举行了启动仪式。7月12日至18日，组织了由10余家媒体近20名记者组成的森林旅游考察团，实地考察了良凤江国家森林公园、大明山国家级自然保护区、三门江国家森林公园、猫儿山国家级自然保护区、八角寨国家森林公园、龙胜温泉国家森林公园等森林风景区。由自驾车旅游者组成的自驾车旅游团也同时出发，游览了良凤江国家森林公园、龙虎山自然保护区等森林风景区。

(区林业局资源利用处)

【森林旅游信息网络建设】

2000年，广西森林旅行社建立了专门网站。2001年3月，国家林业局正式启动中国森林公园网站建设，广西壮族自治区林业局同时开始组织区内森林公园整理上网信息材料，加入网站，成为网站会员。2001年，良凤江国家森林公园建立了专门网站。至2003年底，良凤江国家森林公园、姑婆山国家森林公园和黄猄洞天坑国家森林公园3处森林公园成为中国森林公园网站的会员单位。

(区林业局资源利用处)

【森林旅行社】

一、广西森林旅行社

1999年1月，广西壮族自治区旅游局批准设立广西森林旅行社(国内旅行社)，1999年3月正式挂牌营业，以“清新、自然、绿色、健康”为特色，以“让绿色走进千家万户”为目的，以“普及生态知识、推广森林旅游、促进行业发展、形成规模经营”为宗旨。参与组织举办了广西第一至四届森林旅游登山节，并推出了“五棵树”专项品牌夏令营。

二、融水森林旅行社

1993年8月，广西壮族自治区旅游局批准设立融水森林旅行社(国内旅行社)，成为融水县合法经营民俗风情、森林探险、休闲度假、旅游观光的旅行社之一。

三、龙胜森林旅行社

2001年9月3日，广西壮族自治区旅游局批准设立龙胜森林旅行社(国内旅行社),隶属龙胜县林业局管辖,拥有宾馆、车队、森林公园、农家乐及专业导游队伍,其宗旨是诚信经营、确保质量。主要经营龙胜县境内的龙脊梯田、龙胜温泉、森林生态旅游、峡谷漂流及丰富多彩的少数民族风情。

(区林业局资源利用处)

园林花卉产业

【广西园林花卉产业发展概况】

花卉产业是广西新兴的高效种植业,从无到有,目前已进入花卉产业起步阶段。据广西壮族自治区林业局的调查统计,2002 年广西花卉生产总面积 20.9 万亩,年销售额约 7 亿元,约占中国花卉总产值的 2.5%。形成较大规模基地的有横县茉莉花基地、玉林和北海的花卉生产基地、南宁邕武路花卉长廊、南宁江西园林绿化苗木及草坪生产基地等。广西现有切花切叶生产面积约 2300 亩,盆栽植物 6000 亩,园林绿化苗木 83500 亩,草坪 14200 亩,花卉种苗 200 亩,工业及其他花卉 102800 亩。南宁、桂林、柳州、玉林等城市相继建立了专门的花卉市场。据调查,全区共有花店 1600 多家,花卉年销售额约 7 亿元,其中区内自产的花卉产品约占 25%左右(工业花卉、药用花卉除外),其余所需的花卉商品大多来自广东、云南、上海等。自治区党委和政府高度重视广西花卉产业的发展,2003 年 12 月 19 日自治区人民政府发出了《关于加快广西花卉产业发展的意见》。

一、主要特点

一是各级政府对花卉产业越来越重视,引导和扶持花卉产业从小到大,发展步伐逐年加快。二是各级花协积极当好政府的参谋助手,服务于企业和花农,推进了广西花卉产业的发展。三是各地吸引各种经济成分,引进外资,引导社会资金流向花卉产业,大大加快了广西花卉产业的发展。四是广西花卉产业发展注重走规模化、市场化、专业化道路,为今后的大发展奠定了一定基础。五是品牌意识增强,打造了茉莉花、桂花、罗汉松、扁桃、金花茶等一批知名品牌,区域特色花卉初步形成,有效地提高了广西花卉的市场竞争力。

二、存在问题

第一,管理机制不健全,产业政策不配套。花卉产业是一个跨部门、跨行业的产业,涉及农业、林业、园林、旅游等部门,由于种种原因,多年来,广西花卉生产长期处于多头管理,条块分割,分散经营的状态,缺乏一个指导广西花卉产业发展的宏观规划;扶持政策滞后、措施不力,致使广西花卉生产与经营存在无章可循,无序竞争,盲目发展,缺乏竞争力的落后状况。这些问题已严重制约着广西花卉产业的快速健康发展。

第二,科技支撑体系尚未形成,专业人才十分缺乏。任何一项产业的发育与成熟,都需要科技体系的支撑,只有不断对产品研究与开发,对新品种培育与推广,才能适应市场需要,形成较强市场竞争力,推动产业稳步发展,这对既属劳动密集型,又是技术密集型的花卉业尤其如此。目前广西花卉产业尚未建立强有力的科技支撑体系,专业人才奇缺,技术力量分散,花卉科研与开发处于自发状态,人才和技术均难以满足产业快速发展的需要。迄今仅在广西林科院、广西农科院、广西大学、广西植物研究、柳州市园林科研所等少数单位和部门拥有为数不多的花卉技术人才,缺乏能适应产业发展的科研机构和一支高素质的专业人才队伍,广西花卉科研、开发、推广、经营与管理等工作滞后,花卉产品的科技含量低。

第三,生产点多面广,规模小而分散,专业化程度低,效益不高。据调查,广西花卉生产企业中,生产面积在 200 亩以上的企业不到 100 家,其余多处于小规模、分散经营的状态,缺乏龙头企业,难以开展规模化、专业化生产,生产效益低,与国内外花卉生产企业规模不断扩大、专业化程度不断提高、生产手段日益先进形成了巨大的反差。

第四,信息不灵,流通不畅,生产经营缺乏引导和市场动力。广西花卉产业信息体系、市场体系尚未形成。由于仍未建立起完善的信息沟通渠道,信息交流困难,花卉生产与经营活动缺乏市场信息引导,盲目性较大。同时广西花卉市场建设滞后,市场体系不完善,广西除了南宁、桂林、柳州、玉林等几个城市有小型花卉市场外,尚无大型花卉专业批发市场,难以满足花卉产品交易的需要。一些生产经营者热衷于“赶时髦,追潮流”,盲目发展。这种倾向导致市场上出现某些产品相对过剩,而适销对路产品却供不应求,浪费劳动生产力,经济效益难以提高。

(区林业局花卉办)

【花卉基地建设】

根据自治区人民政府颁布的《关于加快广西花卉产业发展的意见》文件要求，从 2003 年起在广西范围内建立了 12 个花卉生产示范基地，分别是南宁邕武、邕宾公路万亩花卉基地，南宁“花花世界”园林产业展示园，南宁切叶生产基地，南宁横县万亩发财树基地，桂北百里生态小康文明长廊万亩桂花基地，桂林尧山旅游花卉生产示范基地，融水、金秀珍珠罗汉松、百色多种苏铁、防城金花茶等特色花卉生产示范基地，玉（林）贵（港）经济走廊花卉产业带，梧州岑（溪）梧（州）百里花卉长廊，北海十里花卉长廊，柳州三门江、玉林大容山鲜切花生产示范基地，容县、平南国兰生产基地。通过示范基地的建设，充分带动广西各地在进行农村农业产业结构的调整时，选择发展高科技、高产出、高效益的花卉产业。近几年来，广西粮食出现阶段性过剩，蔬菜水果市场也趋于饱和，甘蔗价格下跌，农民增产不增收，农村劳动力日趋富余，调整农业产业结构、转移富余劳动力参与第二、三产业开发，已成为农业和农村工作的当务之急。花卉业是一项占地面积少、科技含量高、市场前景好、经济效益显著、劳动容量大的优势产业。同时广西具有自然条件优势、花卉资源丰富、区位优势突出的条件，因此，选择发展花卉业是广西农村农业结构调整和增加农民收入的一条重要途径。

（区林业局花卉办）

【广西南宁春节花市】

由广西壮族自治区林业局和南宁市人民政府联合举办的 2002 年、2003 年，反响颇大，效益显著，对推动广西花卉产业发展起到了积极的推动作用。2002 年春节期间广西壮族自治区林业局和南宁市政府联合举办迎春花展，此次展会有来自林业、农业、农垦、园林、城建等系统的花卉种植、经销单位和个体户共 55 家，参观人数达 32.5 万。2003 年元月 15 日至 2 月 4 日，广西壮族自治区林业局与南宁市人民政府联合举办广西南宁第二届春节花市，相对于第一届，本届花市的规模更大，入市的区内外花商共 122 家，比上年增加 30 多家，客流量 60 多万人次，参加展销的上市的花卉总量达 80 万盆（支），销售 60 万盆（支），销售额 600 多万元。通过举办花市，使广西壮族自治区林业局进一步掌握广西花卉市场的供求信息、发展趋势、消费特点，增强工作信心和决心，使广西花卉产业在培育和进入市场的基础上，进一步发挥市场机制的作用，引领花卉这一新兴产业的健康发展。

（区林业局花卉办）

【玉林“全国花卉生产示范基地”】

1999 年 12 月，广西玉林市花协花卉生产基地被国家林业局、中国花协批准，授予“全国花卉生产示范基地”，之后，三年来，在广西壮族自治区和玉林市各级党政领导和有关部门的关心和帮助下，玉林市的花卉生产在示范基地的带动下，生产建设不断发展壮大，取得了一年一大步的好成绩，玉林市的花卉产业出现了五个转变：一是花卉生产出现了由零星分散种植到集中连片建基地转变；二是由街头巷尾零星卖花到办起两个专业花市卖花的转变；三是由一户零星种植的小规模生产向几十亩几百亩企业大生产的转变；四是由本地生产销售到外商投资办专业化花卉基地出口外销的外向型经济转变；五是由单纯的办花木场到生态园林经济转变。表现在：第一，玉林市花卉种植面积不断扩大。1998 年玉林市花协成立时，玉林市花卉种植面积约 890 亩，1999 年为 1100 亩，2002 年种植面积扩大到 3100 亩，2003 年已达 3500 亩。示范基地花卉种植面积也逐年扩大，1998 年仅 143 亩，目前已扩大到 650 亩，花卉种植面积翻了两番。第二，综合经济效益显著。据初步调查统计，玉林市花卉业生产总产值 1998 年为 475 万元，今年预计达到 3500 万元，增长 7 倍。销售额 1998 年为 150 万元，今年预计达 2500 万元，增长 16.6 倍。纯收入 1998 年仅 45 万元，今年预测达 860 万元，增长 19 倍。示范基地花场的花卉生产总值也由 1998 年的 305 万元，增至目前的 1250 万元，增长了 4 倍；纯收入由 1998 年的 25 万元，增至目前的 410 万元，增长了 16 倍。

（区林业局花卉办）

【横县“中国茉莉之乡”】

广西横县于 2000 年 6 月被国家林业局、中国花协授予“中国茉莉之乡”的光荣称号。三年来，在各级党委和政府的关怀和帮助下，“中国茉莉之乡”在生产建设中又取得了新的辉煌。目前，全县茉莉花的种植面积已达 7 万多亩，新增玉兰花 1 万多亩，年产鲜茉莉花 6 万多吨，花茶加工企业 180 多家，年加工花茶 80 万～100 万担，花茶产量占全国 50％左右，成为全国最大的茉莉生产基地和花茶加工基地。现在，茉莉花产业已成为横县最重要的支柱产业之一，成为全县农民致富、财税增收的重要经济增长点。每年茉莉鲜花销售收入达3亿，30多万花农从中平均每人每年增收1000元。花茶加工业的发展，还有效地带动了当地餐饮、交通运输业等相关行业的发展。2000～2002年，横县连续举办了三届全国茉莉花茶交易会，有效地提升了横县在全国茶叶界中的形象。

（区林业局花卉办）

【南宁园林花卉市场】

南宁园林花卉市场隶属南宁市人民公园，根据1994年市长现场办公会决定，由单位自筹投资350万元兴建。是目前南宁市规模最大、内容最多的具有园林特色的花卉市场。2000年获得全国首批重点花卉市场以来，南宁市园林局和人民公园干部职工深受鼓励，近两年来，随着市场的不断繁荣，他们加大了对市场的更新改造力度，投入50多万元，对花市进行扩建和改造，受到广大市民和业主的欢迎。市场的经济效益逐步提高，据估算，2001年市场销售额为4000万元，去年达到5000万元左右，为广西首府南宁市创建"三城"，创建"国家园林城市"、"优秀旅游城市"等重大活动做出了应有的贡献。

（区林业局花卉办）

企业改革

【概　述】

森林工业包括木材生产、木材购销经营、木材和林产品加工利用，以及林业机械的制造应用等。新中国成立前，广西的山林以私有林为主，木材的生产和销售主要由林农和木商私人经营，经营规模小，工艺简单，且多分布于沿河附近，用刀斧采伐、造材，人力拉山集材和沿河扎排流送到城镇集散。木材和林产品的加工利用，也多沿用传统工艺，用拉锯制材，制作家具、农具；直接火蒸煮提炼茴油、松香和土法生产竹纸、砂纸及土纸等，40年代才出现用电圆盘锯制材，新中国成立前夕开始筹建用蒸汽法生产松香的梧州油脂厂（新中国成立后改为梧州松脂厂）。因此，新中国成立初期广西的森林工业基础十分薄弱，并多附属于农业经营范畴。新中国成立后，随着国家计划经济建设的需要，我国把木材生产列入工业生产范畴，加强了对林区交通等设施建设和国营木材经营机构的体系建设，广西也于1951～1953年相继成立了中南木材公司广西分公司，重点专区、县设木材支公司和公司采购站（组），设有贮木场3个、木材加工厂1个和松香厂2个，组织木材生产收购、供应和林产品的加工工作。1954年撤销中南木材公司广西分公司，成立广西森林工业局，并统一由森工部门按计划向林农（农林生产合作社）签订生产收购合同，实行统购统销，把木材生产和木材经营纳入国民经济的计划生产轨道。50年代末至60年代初开始兴办纤维板、胶合板、栲胶生产和林业机械研制等企业；70年代开始兴办刨花板和机制纸生产企业；80年代后期又增加了木片生产，使广西的森林工业从无到有、从小到大，得到了全面发展。至1990年，全自治区林业系统已有县（市）以上所属的国有木材采运经营企业114家，木材加工企业12家，林产化工企业8家，林机修造企业2家，其他森林企业5家，形成了门类较齐全的林产工业体系，并建立了一批初具规模的林产工业骨干企业。

至2003年，广西以森林资源为原料的生产经营企业1.4万家，工业产值在300万元以上的256家，其中超亿元的23家。以木、竹为原料的木材加工企业1.3万多家。家具和木制品生产企业500多家，家具制造、销售龙头企业有柳州志光办公家具有限公司、朱葛亮家具城、南宁金鼎家具制造有限公司、南宁众乐家私城等。人造板生产企业160多家，年生产能力250多万立方米。龙头企业有广西三威林产工业集团、高峰人造板集团、南宁丰林林业开发有限公司等三家，这三家龙头企业中密度纤维板生产能力共达117万立方米，占全区纤维板生产能力的70%。松香生产企业110多家，年生产能力60万吨。松香、松节油深加工产品主要有歧化松香、歧化松香钾皂、聚合松香、氢化松香、马来松香、浅色松香、造纸施胶剂、松香脂类、松香胺、合成樟脑、芳樟醇、松油醇、双戊烯等系列产品40余种；栲胶生产企业2家，生产能力1.35万吨。

广西国有的木材经营、贮运企业主要是从新中国成立初期创建的区、地（市）、县森工局经分离、重组而成立，包括：区、地（市）、县三级木材公司（森工站）、贮木场和林业运输车队。这些企业在国民经济的不同时期（计划经济、改革开放、市场经济）企业的组织结构、性质和行使的职能各异。

（利用处　张世富）

【木材公司】

广西于1952年成立了中南木材公司广西分公司,除直接管理桂林、南宁、柳州、梧州四市木材公司外,下设桂林、柳州、容县专区分公司和邕宁、平乐、梧州办事处,实行垂直领导。1953年1月,中南木材公司广西分公司改组为广西森林工业管理局,各专区设森工分局,各县设森工支局或森工站(组),县以下设收购组、集运队,业务上实行"条条"领导。自治区森工局是全区森工行业企事业单位的主管部门,县级森工局主要负责落实本辖区内的木材生产、收购任务,各地(市)森工局(站)和区直贮木场(水运局)主要履行木材贮存、调运职能,执行上级下达的指令性木材统配计划。均属事业单位性质,经费来源于各级财政拨款。这些单位组成了广西森工行业的骨干"企业"。

1974年,自治区森工局改组成立广西区木材公司,实行企业性质事业管理的模式。1974年之后,各地(市)、县级森工局相继改组成立木材公司(森工站),县级公司经费来源于财政拨款,自治区和地(市)级公司经费来源于县级公司上交的管理费。部分新成立的林业运输车队及木材加工企业则属自收自支性质,逐步发展成为国有森工企业。从1980年起,经自治区党委、政府批准,县级森工局纷纷改组成立县级木材公司。广西的木材收购及计划调拨的权限也逐步下放到县,县级木材公司则逐步成为当地木材收购、销售的主导企业,经营自负盈亏。1985年后,取消木材统购统销,实行由当地林业部门(木材公司)一家收购,多家销售,分布在广西各地的区直贮木场的木材购销量逐年萎缩,经济效益逐年下降,取而代之的是当地的地、市、县木材公司。1995年后,广西各地木材经营全面放开,形成"千家万户"经营木材的复杂局面,各级木材公司均受巨大冲击,木材经营量逐年下降。到1999年,全区各级木材公司虽然能保存下来,但经营普遍出现亏损,一部分长期亏损,已扭亏无望。有的通过改制改组成为股份制企业。

(利用处　张世富)

【运输企业】

一、水运企业

广西木竹运输,新中国成立前全靠河道水运。新中国成立后,1950～1971年,仍以水运为主。随着国民经济发展,木材生产任务增加,水运业加速发展。从1955年建立广西第一支木材水运船队,即宜山森工分局木材水运船队以后,相继于1958～1970年,先后成立了红水河木材水运局、柳江木材水运局、西江木材水运局和融水木材水运船队等。

(一)宜山木材水运船队。

宜山森工分局于1955年建立广西木材水运第一支船队,有"宜森"1、2号轮船,负责柳江河木材水运和防洪保安工作。同年柳州贮木场接收宜山森工分局的"宜森"1号轮船,并成立船队;"宜森"号轮船拨给梧州贮木场,从而撤销该水运船队。

(二)红水河木材水运局。

1958年建成,是广西第一个木材水运局。位于来宾县城留柴湾,与来宾贮木场合署办公,职工7000多人。局下设都安洪渡和天峨木材水运站。由于红水河的河道复杂,木材流送路线和时间长,木材沉木率高,回收率低(松回收率10%～40%,樟木回收率10%)。加上每年投资200万元以上,以致连年亏损100万元以上,故于1963年经自治区批准撤销。

(三)柳江木材水运局。

1960年元月建立,同年7月与柳州贮木场合署办公。该局成立后,接收柳州专署森工局所属的柳江河木材流送站的人员和财产,1964年元月又接收龙胜各族自治县森工局水运船队。后由于麻石大坝兴建,造成木材水运受阻和融安、塘库贮木场建成投产,因此于1977年3月经自治区批准,将该局撤销,人员设备及木材生产任务分别拨给柳州木材厂、融安贮木场和塘库贮木场。

(四)融水苗族自治县木材水运船队。

1970年建立,主要任务:一是负责贝江流域生产的木材水运,减轻陆运压力;二是每年汛期配合五大森林站搞好防洪保安工作,以确保浪口木材不受漂流。该船队工作至1990年。

(五)自治区直属机动水运船队。

1978年有机动船164艘,96%以上是26匹马力以下的小机船。其中,柳州木材厂船队有1533匹马力的船29艘,塘库贮木场船队有454匹力的船16艘,融安贮木场船队有502匹马力的船9艘。直至1990年分别负责辖区内的河流的木材水运和防洪工作。

(六)西江木材水运局。

1952年建立,与梧州贮木场合署办公。局内设"梧州市木材公司"(该公司于1979年3月下放梧州市林业局管辖)。1969 年与梧州贮木场分开,不合署办公。1979 年恢复西江木材水运局名称,下辖抚河、藤县、蒙江三个贮木场和贵港办事处、广东封开江口贮木场、船舶修造厂、船队等 7 个基层单位。1985 年前的计划经济时期,该局负责桂东南玉林地区的平南、容县,桂林地区的平乐、恭城县,梧州地区的贺县、钟山、富川、昭平、藤县、岑溪、蒙山县和梧州市每年木材的集储、中转和运输约 15 万～25 万立方米,最多年份达 30 万立方米以上。截至 2001 年,该局累计上交国家利税 7929.57 万元,是国家投资该企业的 13.25 倍。

在计划经济时期,西江木材水运局靠国家指令性计划搞仓储、中转,获取劳务费和管理费来维持企业职工的工资和福利待遇。1985 年木材市场开放,实行议价议销后,该局除了在原桂东南林区设点收购木材外,还深入南宁、百色和钦州等地区,开辟新材源收购木材,木材销售则采取巩固老客户,发展新用户,保证用户所需材料、数量、质量和用材时间等办法。1985 年该局被评为全国林业先进单位,1986～1988 年连续 3 年被评为自治区经济效益先进单位。但终因受政策、资源、资金的影响和制约,又由于该局员工文化素质低、年龄老化、社会负担重等因素,已成为“无资源、无厂房、无产品、无资金”的“四无”企业,虽经多次改革,招商引资,进行结构调整,最终均无成效。该局被迫于 2001 年 6 月起停业。至 2003 年底,资产总额为 6593369 元,负债总额为 7908740,累计亏损 11365188 元,资产负债率为 119.95%。企业已陷入将被关闭破产的窘境。西江木材水运局是广西至今尚存的唯一一家木材水运企业,该企业的关闭破产,将结束广西木材水运企业的历史。

二、陆运企业

20 世纪 50 年代末,广西开始使用汽车运材,60 年代以后,林业部门开展林区公路修建,1960 年成立林业汽车队 1 个,至 1970 年,林业汽车队增至 8 家,1971 年公路汽车运材占总运量的 20%,水运占总运量的 80%。此后,1972 年,木材水运量急剧下降,只占木材总运量的 50%,木材运输转以水陆并重。至 1978 年,林业汽车队达 12 家,木材汽车运输量上升到 70%,木材水运量下降到 30%。从 1979 年起,木材运输基本上靠陆路汽车运输。1985 年取消木材统购统销后,由于社会汽车运输的发展,林业汽车队运材急剧下降,有的车队几乎无材可运,转向为社会物资包括工农业产品运输。至 2003 年,尚保留有南宁、柳州、玉林、贺州、河池、百色和钦州市等 7 家林业汽车运输公司(队),但已无材可运,主要转向开展汽车维修等社会服务,大部分林业汽车运输公司(队)处于经济危困中。

1985～1990 年,木材放开经营后,广西森工企业采取三种管理体制,即自治区直属贮木场(厂),人、财、物、产、供、销归自治区管理;县一级森工企业下放给县,人、财、物、产、供、销归县管理;而地(市)木材公司、林业车队和黄村木材场、鹿寨木材场等 17 家自治区直属企业的人事管理权于 1986 年下放所在地(市)管理,财产权仍由自治区管理,即形成“两权”分离企业。多年来,由于这些企业的人事管理权在当地,自治区林业局(厅)不便对这些企业进行管理;另一方面,由于财务管理权在自治区,当地政府部门也不管或难以管理。这些企业实际上处于“两不管”状态。企业在经营管理或者企业改革中出现问题,不知找哪个部门解决。“两权”分离的状况造成管理不到位,改革不到位。近几年各地相继撤地设市,这一矛盾更为突出,直接影响了企业的生产经营和困难企业职工的安置。为了理顺这些企业的管理关系,自治区林业局(厅)多次向自治区人民政府请示和到有关地(市)协调下放事宜,但由于各方面的原因,至 2003 年还尚未解决。

(利用处　张世富)

【贮木场】

建立贮木场的任务:一是按照国家木材生产计划,组织定购木材;二是按国家木材调令供应木材;三是贮存保管木材;四是进行木材加工和综合利用,提高木材利用率。1951 年建立柳州贮木场(1967 年与柳州木材加工厂合并,称为柳州木材厂);1952 年建立桂林贮木场(1993 年改名为广西林业桂林木材工业公司);1953 年建立南宁贮木场(1985 年改名为南宁木材厂)、永福贮木场;1954～1955 年建立梧州贮木场(1965 年改名为梧州木材厂、2001 年改制为广西三威林产工业有限公司)、庙头贮木场、贵县贮木场(后改名为贵港贮木场)、玉林贮木场(1998 年改制为广西玉林市玉贮木材贸易中心);1956～1961 年建立来宾贮木场、百色贮木场。同时,专区、市相继建立小型的贮木场:桂林专区 4 个、南宁专区 4 个、玉林专区 2 个、梧州专区 7 个,柳州专区、百色专区、柳州市、桂林市、梧州市、南宁市各 1 个。1965 年、1972 年和1976年相继建立金城江、融安和塘库贮木场。经过“文化大革命”期间的机构合并、撤销，以及1985年取消集体林区木材统购统销后，国家对贮木场随之撤销归并。至1990年只保留11个贮木场：属自治区管辖的有桂林、贵港、玉林、永福、庙头、融安、塘库贮木场等7个；属地区管理的有柳州黄村和鹿寨木材场（财务关系在自治区、人事管理权在地区）、河池、百色贮木场等4个。

（利用处 张世富）

【木材加工综合利用企业】

木材加工可大致分为锯材、包装箱类和人造板类。人造板已成为木材加工和综合利用的主导产品。

新中国成立前，木材加工工业除柳州、梧州、长安木材加工厂稍具规模外，其余大多数私营木器小作坊都是手工作业，分散经营，在市场上零星出售锯材、木制成品和半成品。

新中国成立后，50年代，木材加工仅有锯材和包装箱，属初级加工产品，多数采用园锯、带锯加工，少数为排锯加工，设备陈旧，工艺落后，加工质量低，耗料耗能高，但由于其投资少、技术含量低，面对质量要求不高的社会需求，这类加工在八十年代以前有所发展。八十年代中期取消统购统销后，由于原料短缺，锯材加工急剧下降，大多数设备被迫封存、转让。

人造板生产从50年代末起步。1958年2月，柳州木材厂建立广西第一个土法生产中纤板工段，同年5月，梧州木材厂建成机制纤维板车间，广西第一块土法和机制纤维板从此问世；1958年，柳州木材厂筹建广西第一座胶合板车间，设计能力为年产5000立方米，1960年5月建成投产，标志着人造板工业的起步。

主要木材加工综合利用企业：

一、柳州木材厂（原名为柳州贮木场）

1951年筹建，其前身是广西柳州市林木管理处的柳北库木材厂，1952年改名为柳州集材场，归中南木材公司广西分公司主管，1954年改由广西森工局主管，1956年柳州木材支公司及制材厂并入柳州贮木场，1960年柳江木材水运局和柳州贮木场合署办公，1965年分设柳州贮木场、柳州木材加工厂和柳江木材水运局等三个独立核算单位，均由自治区林业厅主管，1967年柳州贮木场又与柳州木材加工厂合并，称为柳州木材厂，该名称一直沿用至今。

该厂从建厂之初的木材接收保管、调拨，扩展为木材加工综合利用，其发展历程是：1953年林业部派苏联专家莫洛文根来指导制定场地规划，修建纵向板链运输机；1954年建立小型制材加工车间；1958年2月，建立广西第一个土法生产中纤板工段，同年筹建广西第一座胶合板车间，设计能力为年产5000立方米，1960年建成投产；1972年建成广西林业系统第一座年产2300立方米刨花板车间；1985年引进年产250万平方米刨切单板和85万平方米刨切单板贴面生产线，1987年投产。

柳州木材厂曾是广西六十年代至八十年代最大的木材集散地和木材加工基地，国家中型企业。由于该厂在企业发展的关键时期没有把握住机遇、决策失误、国家宏观经济政策的影响以及经营手段、思想观念、工艺设备落后等因素，进入九十年代，该厂的经济效益急剧恶化，至1999年，职工总人数为1784人，其中在职职工369人，下岗586人，退休（含内退）802人，停薪留职27人，总负债13669.63万元，资产负债率316.6%，自治区破产企业排名前三位。进入2000年，该厂通过盘活土地资产、债务重组、调整企业组织结构和产品结构、招商引资等措施，使企业逐步走出困境，步入了可持续发展的轨道。一是实现债务重组：华融资产管理公司全额接收了该厂在工商银行的9000多万元的债务，并定位为不良资产，最终该厂以土地开发所得的1305万元偿还了9000多万元的债务，成功卸掉了困扰企业生存的最大包袱；二是通过盘活土地资源、招商引资，实现产品结构的调整：投资建设一条年产50000立方米的中密度纤维板生产线，2003年投产，当年即达产达标，取得了较好的经济效益；引入资金和经营者，开发建设一条年产20000立方米中密度薄板生产线、一条年产30000立方米的高中档细木工板生产线。

二、广西三威林产工业有限公司（原名为梧州木材厂）

新中国成立初期由私营志诚、天然、建设三个锯板厂经公私合营后建成。志诚锯板厂于1954年改为梧州锯板厂，1958年改为梧州综合制材厂。1960年底迁往梧州市西堤三路，占地面积18公顷，1961年与西江木材水运局合署办公。1965年改名为梧州木材厂，属自治区林业厅主管。1970年下放给梧州市，同年又将财产权收归自治区林业厅主管，1979年全部收归自治区林业厅主管直到2001年。

梧州木材厂的生产，随着国民经济的发展，也得到逐步的发展。1954年后，主要是锯材、包装箱以及家具生产，1958年后，增加酒精、人造云石等新产品，并筹建纤维板车间，1959年生产纤维板127立方米。1977年对纤维板生产线技术设备进行改造，1979年由港商提供设备，生产木丝产品，1980年3月生产水泥木丝板。1984年引进胶合板设备，1987年投产。1988年筹建一条刨花板生产线，1989年12月施工建设，引进具有80年代末国际先进水平—瑞典桑斯公司年产4.5万立方米刨花板生产线，1991年投产，当年达产达标。90年代后，梧州木材厂走科技兴厂之路，不断投入进行技术改造，从一个默默无闻的制材厂迅速成长为效益良好的全国500家最佳经济效益企业；中国100家最大木材加工企业，并进入全国同行业前10名；广西百强企业。2001年改制为广西三威林产工业有限公司，拥有三家全资或控股公司、两家参股公司，占地面积65万平方米，资产总额10亿多元。

三、南宁木材厂

1953年建立，1956年私营工商业进行社会主义改造时将南宁市的私营达成、裕华、义发三家木材厂和南宁市木材公司合并成立南宁贮木场，隶属广西森工局，1958年12月下放给南宁市农林局，改为南宁市贮木场，归南宁市物资局主管，1962年改归自治区林业厅主管。1969年撤销自治区林业厅建制，1970年，南宁市贮木场下放给南宁市物资局。1973年恢复自治区林业局建制，于1977年改归自治区林业局主管，1979年改为隶属自治区南宁林工商联合公司，易名为广西南宁林工商联合公司第二木材加工厂。1982年3月从南宁林工商联合公司分出，恢复南宁贮木场名称，归自治区木材公司领导，1985年改名为南宁木材厂，现直属自治区林业局主管。随着国民经济开展有计划建设，特别是1954年实行木材统购统销后，南宁木材厂按计划经营也得到逐步发展。建厂初期主要业务以木材收购、调拨、转运为主；60年代增加木材加工、制材、包装箱和经营板、方材等业务；70年代向木制品、办公用品、家具、木材综合利用方向发展；80年代中期，随着木材市场的全面放开，企业的木材经营量萎缩，制材、包装箱等车间相继停产，改为仓储。90年代起，木制品市场逐步被民营企业占领，木工车间改造成停车场、招待所和仓库等。2000年由于纤维板产品多年滞销和水污染等，被迫停产，同年6月自筹资金400万元对原纤维板设备进行全面技术改造，技改后生产中密度纤维板，年产量为1.5万立方米。

至2003年，该厂有职工510人，其中在职职工239人，离退休职工271人。资产总额2248万元，负债总额1271万元，所有者权益977万元。

四、广西林业桂林木材工业公司(原名桂林贮木场)

1952年12月筹建，地处桂林市中山北路，占地面积23公顷。1961年9月桂林木材加工厂拼入贮木场，改为自治区林业厅桂林贮木场，由林业厅主管。1963年改为桂林地区贮木场，由地区主管。1973年恢复桂林贮木场。1993年改名为广西林业桂林木材工业公司。1973年收归自治区林业厅管理直到2003年。

2000年以前，桂林木材工业公司主要经营木材购销和木材加工业务。建场时，主要任务是接收临桂、灵川、资源、阳朔、灌阳、兴安、荔浦和龙胜县的木材到材储存、保管和按照木材供应计划调拨。1956年后连续三年扩建，到1959年到材达10万立方米，制材3600立方米，同时组建细木工车间。1961年利用短小材加工生产包装箱，并筹建试产纤维板。但由于资金不足和技术力量等原因，到1971年年产人造板仅105立方米。1972年继续扩建和技术改造，从年产能力2000立方米提高到1990年年产能力达3000立方米。1985年木材市场开放，取消木材统购统销后，木材购销量逐年萎缩，经济效益逐年下降，至20世纪末，公司累计负债达2000万元，成为林业系统的亏损大户。2000年后，公司视改革、发展为第一要务，转变经营战略，实行内部改革，各方面发生了前所未有的变化，不但偿还了大部分债务，还创下了自2000年以来年年盈利百万元的好成绩。

第一，盘活土地资源，发展房地产业。公司先后与三家单位联合开发了金隆苑、兴桂综合楼及盛业商贸城。通过土地开发，不但摘掉了林业系统亏损大户的帽子，还为公司的发展壮大积累了资金。

第二，切断亏损源，大力发展租赁业务。经营木材曾一度成为公司的主导产业，但随着市场经济的到来，木材走势滑坡，使公司背上亏损的包袱。因此撤销了铁路专用线，取消了木材转运与贸易业务，利用地域优势，大力发展租赁业务。引进外资1500万元，在原铁路的木材堆场兴建一座大型家具精品市场，该市场于2000年底正式投入使用，市场面积达20000平方米，是目前桂林市最大的家具、灯具、窗帘、床上用品和装饰工艺品批发市场，年租金收入100万元以上。

第三，搞好企业内部改革，实行内部分流。由于公司中纤板厂和饲料批发市场的土地被桂林市国土资源局依法征收，大大缩减了职工就业岗位。为了妥善安置职工，公司根据自治区、桂林市有关文件规定，结合本企业实际情况，制定了《广西林业桂林木材工业公司职工内部分流方案》，方案按内部退养、有偿解除劳动合同、享受生活费待遇等进行分类，妥善处理了公司内部各群体之间的利益平衡关系。其中，123名职工自愿与公司解除劳动关系，60名职工申请内部退养。方案的实施，既妥善安置了职工，又确保了公司的生存和发展。四是组建股份制公司。公司中纤板厂被拆除后，几十名职工面临失业，为了帮助职工就业，公司组织职工以自愿入股的方式筹集资金，组建股份制公司，完成了中纤板厂由国有企业改制为股份制企业。股份公司的建立，给职工创造了就业机会，给企业增添了活力。

（利用处　张世富）

【林产化工及木浆造纸企业】

一、林产化工企业

广西的林化企业主要有松香、栲胶企业。现代林化工业企业是新中国成立后发展起来的。新中国成立初期的1950年，广西只有两间土法松脂加工厂，松香生产能力只有几百吨，实际产量110吨。以水蒸气法生产松香、松节油的梧州松脂厂、桂林化工厂的相继投产，推动了广西马尾松采脂技术工厂经营管理技术、松脂加工技术的发展。1950年8月15日梧州松脂厂采用蒸汽法生产工艺生产脂松香，是中国首次机制松香的诞生，开创了我国用蒸汽法生产松香的新局面。20世纪60年代，林化工业迅速发展，梧州松脂厂年产松香能力达22000吨，成为东南亚最大的松香生产企业，产品产量、质量驰名中外。松香、松节油成为广西林化工业的第一个拳头产品。此后百色、宜山两栲胶厂相继建成投产，栲胶跻身于林化产品行业，从而结束了松香单独称雄于林化工业的历史，栲胶成为林化工业的第二个拳头产品。70年代初期，玉林松脂厂、容县松脂厂、蒙山松脂厂、岑溪县松香厂、藤县松脂厂、雒容林化厂、武艺鸣栲胶厂等一批林化企业相继投产，形成了广西林化工业的骨干企业群，松香、松节油、栲胶产量剧增。70年代中期，梧州松脂厂、桂林化工厂、玉林松脂厂分别进行松香歧化、聚合、马来化技术改造，对松香进行深度加工，广西林化工业在产量、质量、品种、布局和加工技术方面都获得了突破性进展，处于全国领先水平。80年代，乘改革开放的东风，广西林化工业继续向纵深发展和拓开，通过引进、消化、吸收，建立起我国第一座歧化松香生产车间—梧州松脂厂歧化松香车间。初级产品再加工技术取得了长足的进步，一批产品荣获国优、部优、省名牌产品，如梧州松脂厂的歧化松香钾皂、合成樟脑、合成芳樟醇；桂林化工厂的聚合松香、松香胺、聚合松香酯；玉林松脂厂的马来松香、造纸施胶剂等。90年代广西林化工业的发展势头有增无减。1993年桂林化工厂建成年产4000吨的聚合松香车间；玉林松脂厂成功研制出马来松香强化造纸施胶剂；梧州松脂厂在1985年建成年产25吨的∝－蒎烯合成芳樟醇中试车间的基础上，1997年建成年产500吨的车间；苍梧松脂厂建成年产1500吨的高度氢化松香车间。

二、木浆造纸企业

新中国成立初期，广西的造纸工业，仍由民间沿用土法生产各种土纸。广西林业系统兴办造纸工业从1958年开始试点，1971年在鹿寨县雒容镇筹建雒容纸浆厂。至1990年自治区林业系统仅有3家小型造纸厂。

至2003年，广西有木竹浆造纸企业14家，制能力46万吨，造纸能力43.5万吨。其中，广西国发林业造纸有限责任公司木浆年生产能力8万吨，造纸年生产能力10万吨；柳江造纸厂竹木浆年生产能力8万吨，造纸年生产能力9万吨；南宁凤凰纸业有限公司木浆年生产能力10万吨；贺达纸业有限公司木浆年生产能力8万吨。木竹浆造纸业的主要产品有木浆板、竹浆板、牛皮箱板纸、纸袋纸、牛皮卡纸、新闻纸、复印纸、复印书刊纸等。

（利用处　张世富）

【企业改革整顿】

1998年，为贯彻落实党的十五大和自治区党委七届四次、五次全会精神，广西林业局按照自治区党委、政府的总体部署，根据自治区《企业改革整顿的总体方案》和十二个配套文件,以市场为导向,以产品为中心,以质量为生命,以效益为目标,以改革为动力,以领导班子为关键,以职工队伍为基础,从1998年5月开始,对局属企业实施全面的改革整顿工作。

一、成立了机构,狠抓了培训,制定了方案

为了保证自治区《企业改革整顿的总体方案》贯彻落实,1998年5月自治区林业局成立了企业改革整顿领导小组,局党组书记、局长任组长,分管副局长任副组长,有关处室的主要负责人任成员,领导小组下设办公室,形成了主要领导亲自抓,分管领导全力抓,班子成员共同抓,办事机构专门抓的局面。截至1998年6月底,各直属企业相应成立了领导小组并设立了办公室,企业一把手都亲自挂帅,并指定专人负责,在组织上保证了此项工作的顺利开展。

为了全面提高局机关和直属企业领导对企业改革整顿的认识,局党组先后举办了二期企业改革整顿培训班,各处室领导、各企业党政一把手及其骨干共有133人参加了培训。为了全面贯彻实施自治区《企业改革整顿的总体方案》,自治区林业局根据直属林业企业的实际情况,制定了《自治区林业局直属企业改革整顿实施方案》,局党组为此专门召开会议,逐条逐句地进行讨论、修改,经几上几下,数易其稿,然后以桂林党组字[1998]53号文下发各直属企业。各直属企业在局改革整顿办公室的指导下,6月底前全部完成了改革整顿实施方案的制定工作。

二、狠抓了企业三项制度改革。

为了从根本上解决职工吃企业"大锅饭",机制呆板、效益不高、分配不活等问题,重点抓了以分配制度为核心的企业三项制度改革。各企业程度不同地开展了三项制度改革,普及面达到100%。在劳动制度上已全部实行劳动合同制,建立了动态的定岗、定员、定编制度。管理人员和管理机构分别减少30%~50%。如广西三威林产工业有限公司将原有职能处室20个调整为10个,减少50%;管理人员由221人,减少为111人,减少50%。广西国发林业造纸有限责任公司自1996年以来,连续上3台万吨以上纸机,产量增加4万吨,不但没有增员,反而还减员300人,减少企业开支200万元,该公司实行的企业5%辞退制和20%~50%责任赔付制为企业减员增效和企业管理增添了新的活力。部分企业已将一些服务性机构同生产相剥离,形成独立核算、自我发展的经济实体。在人事制度改革上,实行了"能者上,平者让,庸者下"的竞争机制,全部取消了干部、工人身份,建立、健全了岗位档案和岗位考核体系,跟踪考核,不拘一格选人才。分配制度的改革关系到三项制度改革的成败,其主要内容就是打破大锅饭和平均主义,做到多劳多得、少劳少得,充分调动企业员工的积极性。广西国发林业造纸有限责任公司和广西三威林产工业有限公司在分配制度上,"活"工资的比例已达到70%,"死"工资比例仅占30%,大大超过自治区的要求。

三、重点抓了以产品和产品质量为中心的企业整顿工作。

一个企业有没有好的产品,有没有一个高质量、低成本,并经过市场认可的产品,是关系到企业生存和发展的根本问题。为此,自治区林业局领导及有关处室同各企业领导多次研究如何抓好以产品和产品质量为中心的十个方面的企业整顿工作,针对不同企业采取不同措施,并取得初步成效。如广西三威林产工业有限公司、广西国发林业造纸有限责任公司、武鸣栲胶厂等单位紧紧抓住新产品开发和提高产品质量,紧盯市场的变化,牢牢把握市场的主动权,如强化地板、高档文化用纸、没食子酸丙酯等产品已成为这些企业的拳头产品。局属各工业企业在产品质量上都进行严格的监控,如桂林化工厂通过加强产品的质量管理,生产的脂松香优等品率已达到97%以上,在市场疲软的情况下,该厂的产品始终保持畅销的势头。广西林业基建工程公司在强化内部管理,拓宽市场,调整产品结构上真抓实干,从1997年亏损133万元到1998年盈利8万元,摘掉了多年亏损的帽子。

(利用处　张世富)

【企业改制】

1995年8月,广西林业造纸厂经有关部门批准,将林业造纸厂的部分资产2807万元,与国家投资开发公司、广西区林化工业公司共同投资设立广西国发林业造纸有限责任公司,广西林业造纸厂占出资比例的36%。2002年,经自治区人民政府批准,广西林业造纸厂改制为多元投资主体的有限责任公司,国有资产已全部退出。1998年玉林贮木场改制为股份合作制企业。2001年梧州木材厂改制为国有独资—广西三威林产工业有限公司，由自治区人民政府授权经营其国有资产。武鸣栲胶厂、广西营林开发中心、广西国有林场开发公司、广西林业物资公司、广西木材公司、南宁木材厂、广西林业桂林木材工业公司等基本具备改制条件企业，申请改制为多元投资主体的有限责任公司已经自治区政府或有关部门批准立项。

（利用处　张世富）

【减员增效及职工分流安置】

至2003年，广西尚有自治区直属企业47家，这些企业中相当部分是计划经济时期为适应木材和林化产品调拨、运输而建立起来的，曾为国家建设做出过重要贡献。但随着改革开放的不断深入和市场经济的进一步发展，木材和林化产品逐步放开经营，再加上自1997年国家实行“天保工程”后，木材砍伐量骤减等原因使部分森工企业陷入了困境。在这47家企业中，17家人事和财务两权分离（即人事权在地方、财产权管理权在自治区）企业拟下放当地政府管理；余下的30家企业，基本具备改制条件企业15家，拟关闭企业15家。为了加快企业改革和政企分开步伐，自治区林业局于2002年8月成立了办公室专门负责此项工作。在认真分析各直属企业情况的基础上，采取抓住重点问题，解决突出矛盾的办法，创造条件，从易到难做好企业富余人员和拟关闭企业职工的分流工作。如：

第一，广西区林化工业公司通过仓库土地处置用于还贷和安置职工，该公司职工已全部分流安置。

第二，塘库贮木场生产经营困难，大部分职工无事可做，该场解除了99名1986年10月1日以后参加工作的职工的劳动合同，自治区林业局帮助解决了所需的安置费600950元。

第三，针对永福贮木场离退休人员多次来信来访要求尽快关闭永福贮木场，以保证离退休人员切身利益的问题，自治区林业局经过反复研究，决定对该场采取全体职工分流的办法，并协助企业制订分流方案，同时做好离退休人员的思想工作。自治区林业局于2003年8月20日批复了《广西永福贮木场企业改革职工分流方案》。该场于2003年12月31日已全部完成在职职工分流安置工作。

第四，广西庙头贮木场职工分流工作。自治区林业局于2003年12月批复了该场职工分流安置方案，并拨付了职工安置资金。

第五，广西松茂林化集团公司通过仓库土地转让已将全部职工分流安置。

第六，广西林业桂林木材工业公司因公司中纤板厂和饲料批发市场的土地被桂林市土地储备中心收购，大大缩减了职工就业岗位。为了妥善安置职工，公司根据自治区、桂林市有关文件规定，按内部退养、有偿解除劳动合同、享受生活费待遇等进行分类，妥善处理了公司内部各群体之间的利益平衡关系。其中，123名职工自愿与公司解除劳动关系，60名职工申请内部退养。方案的实施，既妥善安置了职工，又确保了公司的生存和发展。

第七，帮助西江木材水运局做好出再就业服务中心职工经济补偿金发放工作。自治区林业局帮助西江木材水运局解决了63名走出再就业服务中心的下岗职工经济补偿金缺口28.3万元，化解了下岗职工与企业的矛盾。

第八，桂林化工厂因欠银行债务逾期未能偿还而被拍卖还债。为了保障职工合法利益，自治区林业局多次与桂林市及桂林市有关部门协商，在桂林市领导的直接关心过问下，采取由桂林市土地储备中心收购该厂部分闲置土地帮助偿还银行债务的办法，保住了该厂生产车间，保证了职工的就业，维护了企业和社会的稳定。

（利用处　张世富）

主要林产企业

【广西高峰林浆纸业（集团）有限责任公司】

一、筹建与成立

2001年4月12日，广西壮族自治区林业局、区计委召开林浆纸集团筹建工作座谈会，邀请部分区直林场和企业座谈，传达广西壮族自治区规划将林浆纸业作为广西国民经济支柱产业培育要求，探讨组建集团承担兴办林浆纸一体化项目可行性。广西壮族自治区林业局和区计委成立联合调查组进行调研，调研报告报送两个单位党组。林业局党组研究，决定成立广西高峰林浆纸业集团公司筹建领导小组和筹建办公室，黎梅松局长任组长，廖培来、裴安道副局长任副组长，局机关各处室主要负责人和各成员单位法人代表为领导小组成员。筹建办公室主任由裴安道副局长兼任，并从有关单位抽借专职人员从2001年9月11

日起开始筹建工作。2002年2月25日，广西壮族自治区林业局在南宁召开广西高峰林浆纸业集团公司筹建工作会议。党组书记、局长黎梅松，副局长廖培来、裴安道出席会议并分别作重要讲话。各成员单位的法人代表和党委书记、局有关处室主要负责人和筹建办工作人员参加会议。会议认为，组建高峰集团公司是形成广西国民经济新支柱的需要，是实现广西林业跨越式发展的需要，组建的条件具备、时机成熟。工作会议达到了统一思想、提高认识、明确重点、加快步伐目的。会后，广西壮族自治区林业局向各有关单位印发了会议纪要。2002年3月8日，广西壮族自治区林业局、发展计划委员会向自治区人民政府报送《广西高峰林浆纸业集团有限责任公司组建方案》。对集团公司的组建基础、发展方向、发展目标、组织领导作了阐述，详细分析了组建高峰集团公司的必要性和有利条件，提出了集团公司的组建原则、主要职能、组织结构，对集团公司的总体构思、战略方针、战略目标、战略重点提出了建议，对集团公司与林场的关系进行了明晰。自治区党委组织部于2002年7月9日发文(桂组函字〔2004〕98号)，经广西壮族自治区党委常委会研究，同意由广西壮族自治区林业局局长黎梅松同志兼任高峰集团公司董事长。2002年9月28日高峰集团公司召开第一次股东大会，会议选举产生了第一届董事会、监事会。第一届一次董事会会议选举黎梅松同志为董事长；第一届一次监事会选举李超文同志为监事会主席。第一届一次董事会通过了聘请集团公司总经理、副总经理等事项。2002年10月18日，广西壮族自治区工商行政管理局颁发企业法人营业执照，宣告高峰集团公司依法成立。2002年11月16日，高峰集团公司新闻发布会暨揭牌仪式在发展大厦隆重举行，广西林业“航母”正式起航。广西壮族自治区副主席王汉民出席并讲话，并与集团公司董事长黎梅松一道为集团公司揭牌。

二、林浆纸一体化项目

2002年4月30日，国内最大的林浆纸一体化项目——广西林浆纸一体化工程年产60万吨漂白化学木浆项目初步可行性研究报告在南宁通过了国家专家组的评审。广西壮族自治区党委副书记、广西壮族自治区副主席王万宾出席评审会并讲话。2002年6月12日，高峰集团公司与斯道拉恩索公司签署《林浆纸一体化项目合资意向书》，双方合资建设林浆纸一体化项目，其中一期工程为年产60万吨浆、60万吨纸、配套建设20万公顷原料林基地，合资公司股份比例，外方占85%，高峰集团公司占15%，斯道拉恩索公司全部用现金出资，同时将其技术诀窍、管理服务和国际品牌贡献出来，高峰集团公司则以林地使用权、现有林木资产出资。同日，广西壮族自治区发展计划委员会代表自治区政府与斯道拉恩索公司签署《合作备忘录》。广西壮族自治区常务副主席王汉民会见斯道拉恩索公司代表团，出席了签约仪式。2002年8月29日，在广西西部大开发项目推介会(香港)上，高峰集团公司与斯道拉恩索公司签署《项目框架协议书》，再次强调合资建设林浆纸一体化项目。广西壮族自治区主席李兆焯出席签约仪式。2002年10月30日，双方签署第一阶段造林合同，斯道拉恩索公司委托高峰集团公司向农民租地营造工业原料林。2003年10月14日，双方签署《合资协议》。就合作形式、出资形式、合作目标等问题作了约定。双方同意成立中外合资公司，其目标是完成林浆纸一体化项目的建设和营运。2003年11月7日，双方签署《林浆纸一体化项目原料林基地造林协议》，计划在2010年前投资1.5亿美元，合作造林15万公顷。成为当年广西投资贸易洽谈会签订的最大一单协议。2003年11月双方签署协议书，约定高峰集团公司派出工作人员作为项目合作伙伴直接到斯道拉恩索公司工作，他们的主要职责是配合外商开展原料林基地建设中的租地、造林工作以及浆纸厂项目前期准备工作。

三、林板一体化

高峰集团公司在与外商合作实施林浆纸一体化项目的同时，实施林板一体化发展路子。先租地，后造林，在有原料来源保证和建立一定原料林基地的前提下，兴办以人造板为主的木材综合加工。统一规划，分步实施，高峰集团公司正朝着这个方向扎实向前推进。高峰集团公司坚信，工业原料林的建设是发展林产工业的基础，拥有了林地，造好了林子，就为林产工业的发展打下了坚实的基础，就为林板一体化的长远发展和经济效益的稳定提高提供了保障。

高峰集团公司林板一体化工程已由具有国家甲级资质设计资格的湖南农林设计总院完成了总体规划，主要内容是在营造500万亩速生丰产短轮伐期工业原料林的基础上，建设年生产能力达

300万立方米的人造板厂19个，其中，新建项目16个，技改项目3个。19个项目中，中密度纤维板项目9个，高密度纤维板项目2个，胶合板项目4个，定向刨花板、轻质刨花板、均质刨花板、集成材项目各1个。为延长产业链，实现产品不断增值，同时配套建设占地面积约1000亩的林产品交易市场和板材深加工基地各一个。

高峰集团公司林板一体化工程已经启动。2003年6月6日，高峰集团公司与上思县人民政府签署《合作开发林板项目协议书》，标志着高峰集团公司林板一体化工程首个项目正式启动。此后，集团公司先后与田东、昭平、横县、环江等县人民政府签署类似协议。高峰集团公司大规模对外造林由此拉开了序幕，当年对外租地31万亩，造林6万亩。

高峰集团公司实施林板一体化，以落实工业原料林造林用地为先决条件，把是否具备与所建人造板厂相匹配的原料林基地放在至关重要的位置。所有与高峰集团商谈合作的县市，必须承诺在3～5年内为高峰集团公司提供30万亩以上符合速生丰产林基地建设条件的用材林土地，这些土地必须使高峰集团公司拥有至少30年的土地使用权。并且约定，在新造林木达到三分之一以上时，开始筹建人造板厂。在新造林木未能采伐之前，利用当地现有低产林改造木材、间伐材、采伐剩余物(枝丫材)等来保证人造板厂生产所需。

(广西高峰林浆纸业集团有限责任公司)

【广西三威林产工业集团】

一、基本情况

广西三威林产工业集团(简称三威集团)组建于2003年3月，是广西壮族自治区直属大型企业集团，由广西壮族自治区人民政府授权经营国有资产。三威集团核心企业是广西三威林产工业有限公司(以下简称三威公司)，控股公司有三家：梧州威龙家具装饰材料厂、广西三威林产岑溪市人造板有限公司、广西三威林产博白人造板有限公司；参股公司有两家：广西梧州威诺化工有限公司、广西梧州福莱斯三威林业有限公司。2003年底集团公司资产总额9.63亿元。2003年产值4.67亿元、销售收入4.62亿元、税利3752万元。

二、历史沿革

三威集团核心企业——三威公司原为一家私营板厂。20世纪50年代中期，公私合营后，形成综合木材加工企业。1985年更名为广西壮族自治区梧州木材厂。曾先后生产锯材、水泥木丝板、硬质纤维板、缝纫机台板、胶合板、实木家具、活性炭等产品。计划经济时期，企业是一个资产200多万元，职工400多人，仅生产锯材和硬质纤维板的作坊式小厂，年产值始终只有200万元，经济效益徘徊在微利和亏损之间。1984年，企业开始筹建刨花板项目，1989年开工建设，1991年11月顺利投产，并于次年达产达标，创造了国内同类型引进设备项目最快建设速度，企业也从此走上了快速发展道路。此后，十年间，企业先后从欧洲引进了家具、贴面板、中密度纤维板、强化地板、浸渍纸、高密度纤维板等生产线，其中年产2000万平方米浸渍纸生产线是当年亚洲最大的浸渍纸生产线，高密度纤维板生产线是当时国内人造板生产线中单线生产规模最大、幅面最宽的生产线，企业也由手工作坊型转换成技术密集型企业。2000年11月，经广西壮族自治区人民政府批准改制为“广西三威林产工业有限公司”。为充分发挥企业优势，又依据《广西关于加快工业发展的有关规定》及集团登记有关规定，以广西三威林产工业有限公司为核心，组建了广西三威林产工业集团，于2003年3月在工商行政管理部门完成了集团登记注册。

(一)三威集团的控股公司有：

1.梧州威龙家具装饰材料厂。投资总额4298万元人民币，三威公司占65%，香港公司占35%。该厂拥有年产6万件板式家具生产线、50万平方米墙板生产线、500万平方米贴面板生产线等生产设备。2003年销售收入8613万元。

2.广西三威林产岑溪市人造板有限公司。注册资本5100万元人民币，三威公司占90.20%。该公司投资1亿元，建成了年产15万立方米中纤板生产线，部分主机从欧洲引进。生产线已于2002年11月投产。2003年销售收入10576万元。

3.广西三威林产博白人造板有限公司。该公司股权结构：注册资本1000万元，三威公司占70%，国有博白林场占30%。该公司已购置土地400亩，计划投资2亿元兴建一条年产20万立方米薄型高纤板生产线，目前正在进行项目前期工作。

(二)三威集团的参股公司有：

1.广西梧州威诺化工有限公司。注册资本1500万元。三威集团参股占注册资本11.64%。

该公司拥有年产 5 万吨甲醛、年产 8 万吨胶粘剂生产设备。

2.广西梧州福莱斯三威林业有限公司。注册资本 500 万元。三威集团参股占注册资本 10%。该公司主营业务为营造速生丰产林。计划在梧州市周边林区营造 100 万亩速生丰产林。

三、生产经营情况

三威集团人造板综合生产规模位于全国同行业前列。分为梧州市西堤路生产区、梧州市塘源生产区、岑溪生产区、博白生产区(在建)。拥有 15 条先进生产线,可年产 5 万立方米刨花板、25 万立方米中密度纤维板、30 万立方米高密度纤维板、1.8 万吨工业甲醛、3 万吨脲醛胶、2000 万平方米浸渍纸、500 万平方米贴面板、500 万平方米强化地板等,形成有人造板、人造板深加工、化工、装饰材料 4 大系列的产品结构。

已经开发出低甲醛释放量的不脱水脲醛胶,成为国内首家开发出符合欧洲环保标准的 E1 级刨花板、E1 级中纤板和 E1 级强化地板的企业。还开发出达到欧洲 V100 标准的防水型刨花板、中纤板和强化地板。企业被自治区认定为高新技术企业。

三威集团管理模式已逐步与国际接轨,已取得多项认证:ISO9001 质量管理体系认证、ISO14001 环境管理体系认证、GB/T28001 职业健康安全管理体系认证;中纤板、刨花板、强化地板获中国环境标志产品和 2003 年度广西名牌产品称号。

四、精神文明建设

企业坚持开展创文明单位、建文明集体、做文明职工、评文明卫生户活动。不断改善生产、生活环境,已建成阅览室、游泳池、卡拉 OK 厅、健身房、灯光体育场和培训中心等。被评为蝶山区文明生活小区,是广西壮族自治区首批文明单位标兵和全国精神文明建设先进单位。

(三威集团)

【广西国发林业造纸有限责任公司】

广西国发林业造纸有限责任公司位于鹿寨县雒容镇,是由国家投资公司控股 72%的大型一档企业。始建于 1971 年,自 1984 年至今经济效益已连续二十年保持持续快速稳定增长,综合效益在广西造纸企业中排名前三位,在广西工业企业评比中被评为“广西五十强”优秀国有企业。目前,公司拥有资产 9 亿元,2003 年销售收入达 4.2 亿元(2004 年将突破 5 亿元),职工 700 人,各类专业技术人员 100 多人。

公司有两套日燃烧黑液固形物 75 吨的碱回收系统,年回收活性碱 20000 吨,发电机组 10 兆瓦,拥有国内外先进的大型制浆造纸设备,年产本色木浆能力 7 万吨,年纸和纸板产能 12 万吨,浆纸年生产能力达 19 万吨,可生产各种规格和定量的包装系列用纸(包括挂面牛皮箱板纸、单面白板纸、白卡纸、纸袋纸、牛皮卡纸、瓦楞原纸、仿牛皮卡纸、精制牛皮纸、胶带原纸等)、文化系列用纸(包括双胶纸、铜版原纸、静电复印纸等)以及人造板装饰纸等装饰用纸。其中,清江牌牛皮卡纸、挂面箱板纸、静电复印纸被评为广西名牌产品,挂面牛皮箱板纸荣获国家林业部名、特、新、优产品博览会金奖及中国大西南优质名牌产品奖,清江牌人造板底层纸、高白双胶纸、精制复合原纸荣获全国包装科技成果评比一等奖,高白双胶纸及静电复印纸荣获全国十佳包装精品奖。

如今,公司正进一步扩大生产规模、更新造纸设备,不断提高装备水平,以最佳状态向更高目标挺进。

(广西国发林业造纸有限责任公司)

【广西壮族自治区木材公司】

一、概况

广西壮族自治区木材公司现属广西壮族自治区林业局直属企业。其前身为广西森工局(1950～1973 年),属事业单位,经费来源于财政拨款,行使国家计划调运木材职能,是全广西森工行业企事业单位的主管部门。1974 年经改组后成立为广西壮族自治区木材公司,仍属事业单位,直到 1988 年财政取消拨款后,成为自收自支的事业单位。1997 年起改为国有独资企业单位,属区直属林业企业。多年来,广西壮族自治区木材公司在上级政府和林业主管局的授权下,公司遵循“管理、服务、经营”的工作思路,将主要精力放在广西森工行业企事业单位的管理上,负责广西木材产、运、销、木材加工、木材及制品质量监督检验、基地造林、多种经营等系列管理工作。

二、木材经营管理

1950～1974 年,木材购销执行国家指令性计划,以统购统销方式进行,各种木材(包括非规格材),系国家统购物资,统由林业(森工)部门经营管理,林业(森工)部门和社、队都必须按照国家下达的木材生产计划,实行计划采伐、计划收购,一切单位所需生产、维修和基建用材，均纳入国家计划分配，由林业（森工）部门统一调拨供应。广西壮族自治区森工局负责全区的木材调拨、经销工作，各地市县森工部门（包括区直属贮木场）主要负责木材收购、贮存、中转等业务工作。广西每年木材产销量平均在 80 万～100 万立方米。1974～1986 年，随着国家产业政策的调整，广西区森工局于 1974 年经改组后成立为广西壮族自治区木材公司，在林业主管部门的授权下，仍然行使广西森工行业管理职能，负责组织区内森工行业企业统一对外签订木材购销合同，保证国家重点建设用材和国有大、中型企业生产用材的供应；为区内外木材供销客户提供经营信息，同时负责区内森工行业统计、向有关行政机关提报行业规划、工作建议和反映行业呼声。各地市县森工局也逐步改组为木材公司（森工站），木材的调拨经销权逐步下放到地市县森工部门。在此期间，广西森工行业企业木材购销量每年平均在 130 万～160 万立方米。1987～1999 年，随着改革开放的不断深入，计划经济体制逐步向市场经济体制过渡，林业（森工）"一家收购，多家经营"的格局被打破，木材经营权逐渐放开，出现千家万户经营木材的复杂局面，森工行业企业木材经营量逐年减少，每年仅维持在 100 万～110 万立方米左右。广西壮族自治区木材公司从 1995 年起开始，以科室承包方式直接从事木材购销工作，年经营木材 3 万～4 万立方米。2000～2003 年，随着经济发展、社会进步和人民生活水平的提高，生态需求已成为社会对林业的第一需求，国家林业政策适时做出重大调整，由以木材生产为主向以生态建设为主的历史性转变。广西森工行业企业木材购销大幅度减少，年平均购销量低于 100 万立方米。公司直接经营木材每年约 2 万立方米。

三、木材产品质量监督

1988 年前，广西木材产品质量监督检验工作，一直由广西壮族自治区木材公司生产技术科负责。1988 年 5 月由广西林业厅批准成立"广西木材和木材加工产品检测中心"，该中心属区木材公司的业务部门，负责全区木材生产技术指导和木材加工产品质量检验等具体工作。1994 年 3 月，经自治区质量技术监督局批准成立"广西质量技术监督局木材产品质量监督检验站"，在负责广西木材检验技术工作的同时，作为公证的第三方代表国家行使广西木材产品质量监督检验工作，业务范围包括：广西范围内的木材、木材产品、人造板、木地板、木片、木家具以及木工胶粘剂等产品的技术监督与检验。每年为生产企业、用户和社会各界出具木材产品质量检验报告近 1000 份，为维护国家和广大消费者利益，规范市场秩序，发挥积极作用。

四、多种经营

从 80 年代中期起，广西森工企业根据自身的条件，逐步加大多种经营投入，以木材加工、房地产租赁、经济林开发、建办（或承包）宾馆酒店等为首选项目，广西森工行业企业创办多种经营实体 300 多个，涉及建材、加工、种植、运输、服务、旅游等多个产业，改变了森工企业单一经营木材的状况，多种经营收入所占比重逐年提高，到 1995 年，多种经营年总收入超过 6000 万元。广西壮族自治区木材公司从九十年代初开始，多方筹集资金，采取多种形式分别与各地市县森工行业企业共同开发多种经营项目，取得较好的经济效益。

五、基地林建设

自 1992 年以来，广西壮族自治区木材公司利用林业项目贴息贷款和自有资金，组织各地市县木材公司大力建办森工基地林场，至 2003 年底止，广西森工企业总投资近 7000 万元，建立基地林场 400 多个，有林面积达 6.2 万公顷，活立木总蓄积量近 400 万立方米。拥有基地林面积过万亩的市县木材公司有贺州、融水、罗城、三江、凌云、龙胜、永福等十几家公司。

（黎超华　黄永贵）

【广西桉万特肥业有限公司】

近年来，速生桉种植在广西获得了迅速发展，截至 2003 年底，广西人工种植桉树面积达 1000 万亩，与此相联系，相关的肥料需求开始迅速增长。在此背景下，广西乐土生物科技有限公司作为控股股东与国有博白林场于 2003 年 2 月共同投资组建了广西桉万特肥业有限公司。公司作为一家集研究、试验、示范于一体，生产和销售桉树专用肥料的企业，聘请了多所大专院校、科研机构的多位林业专家以及造林经验丰富的技术人员和先进工作者针对广西土壤的特点及桉树生长特性，一起论证、设计、筛选速生桉树施肥配方，引进高新技术开发了桉树专用基肥和追肥系列，并在博白林场做了大面积的试验示范以及推广使用。

广西桉万特肥业有限公司总部位于广西南宁高新科技工业区科园大道 37 号（0771-3210628），

公司厂址位于博白县亚山工业园区(0775-8738887),占地面积24000多平方米,工业设施占地面积达8000平方米,固定资产投资360万元,捅有现代化全自动复混肥料生产线、1000多平方米的生物菌发酵场地及设施。公司流动资金1000多万元,年生产能力10万吨,销售额达3000多万元。公司荣获玉林市文明经营单位、先进企业及全区"守合同重信用"企业。

广西桉万特肥业有限公司下设办公室、财务室、研发部、安全生产部、市场营销部、质量检验室;有管理、技术人员和生产工人100多人,管理人员中具有高、中、初级职称20人。公司依据现代企业管理模式建立规范的管理制度,保证公司各项管理正常运转。

公司企业宗旨:富饶高山林地,造福子孙后代。

公司所生产的速生桉树专用肥采用的是美国进口无水硼砂,不含镉的一水硫酸锌,五水硫酸铜等进口优质微量元素,可大大提高桉树苗的生理生长机能,减少桉树垂梢病、红顶病、青枯病的发生;有机质鱼粉、桐麸等经过发酵精制,生物活性高,能充分利用和提高土壤肥力,促进桉树速生快长。

公司的现代造林科技产品主要有高桉系列肥、丰桉系列肥、根基旺系列肥三大系列。

高桉系列肥有:

高桉(生物型有机无机肥)——桉树专用基肥N-P-K(7-4-4),有机质≥20%,总养分≥35%;

高桉(植物生态复混肥料肥)——桉树专用追肥N-P-K(17-5-8),总养分≥30%。

丰桉系列肥有:

丰桉(生物型无机肥)——桉树专用N-P-K(5-10-10),总养分≥25%;

丰桉(生物型无机肥)——桉树专用N-P-K(15-7-8),总养分≥30%;

丰桉(生物型无机肥)——桉树专用N-P-K(25-5-8),总养分≥38%;

丰桉(生物型无机肥)——桉树专用N-P-K(25-5-10),总养分≥40%;

丰桉(生物型有机无机肥)——桉树专用N-P-K(6-8-6),有机质≥20%,总养分≥40%;

根基旺系列肥有:

根基旺(生物型有机无机肥)N+P2O5+K2O≥4%,有机质≥30%,总养分≥34%;

根发苗壮(生物型有机无机肥)N+P2O5+K2O≥15%,有机质≥20%,总养分≥35%。

(桂林工学院　王兴中)

【高峰林场】

一、概况

高峰林场是广西壮族自治区林业局直属的大型国有林场,成立于1953年3月28日,位于广西首府南宁市的北面,场部距离市中心七公里,是绿城南宁的天然绿色屏障。全场经营面积56万亩,纵横跨越四县两城区,有林面积46万亩,森林蓄积143万立方米,森林覆盖率88%。全场林地东西长约80公里,南北宽约50公里,下设有15个营林分场、7个工业单位以及学校、医院、经贸等27个基层单位。现有职工3069人,其中离退休职工1211人,在职职工1858人。

五十多年来,在广西壮族自治区党委、政府和林业局的正确领导下,经过几代高峰人的艰苦创业,林场由小到大,由弱到强,茁壮成长,综合实力不断增强。到2003年底,全场资产总值达13亿元,其中净资产为6.8亿元,分别比1995年增长215%和101%;经济总收入达到2.8亿元,比1995年增长135%;工贸收入与传统用材林收入之比从1995年的37%∶63%转变为90%∶10%。职工年人均收入从1995年的6061元增长到2003年的10100元,增长67%。在生态效益、社会效益和国有资产的保值增值等方面都取得了显著的成绩。

二、艰苦创业,荒山秃岭变绿洲

新中国的成立,为中国林业的发展掀开了崭新的一页。1952年12月南宁林场在大高峰组建高峰分场。1953年3月28日,广西农林厅决定成立高峰林场,高峰林场自此诞生。从此,一座新的"高峰"便在八桂大地上傲然崛起。建场伊始,林场的条件是极其艰苦的。林场的创业先锋们以惊人的毅力,在一望无际的荒山野岭上披荆斩棘,艰苦创业,开始了拓荒造林的战斗。他们不怕苦、不怕累,不为名、不为利,在山沟里安营扎寨。没有屋、没有床,住的是茅棚,睡的是木头搭起的上下架和小竹木并排扎成的"弹弓床"。没有公路,吃的用的一切生产生活物资全靠肩挑人扛,从几十里外的圩镇沿着崎岖曲折的山间小道运回来。每人全靠一顶草帽、一件蓑衣、一截竹筒(当水壶用),一把锄头,顶着严寒酷暑,冒着雨雪风霜,坚持五在山(即住在山、工作在山、吃在山、学习在山、开会在山)。每天挖山不止,用锄头当彩笔,用勤劳的双手给荒山添上新绿。经过高峰人的艰苦拼搏,到1972年共造林29.65万亩。基本完成了大面积的荒山造林任务,使昔日的荒山秃岭全部披上了绿色新装。

高峰林场成立以来,既培育了郁郁葱葱的林木,也造就了一代代建设高峰林场的新人,更磨炼出高峰人的精神。五十年代的拓荒者以“林业工人跟党走,安营扎寨在山头,挥舞银锄斗寒暑,誓把荒山变绿洲”的豪言壮语说出了自己的心声;“桂林山水育我身,莽莽林海炼红心,继承前辈好传统,扎根林场不回城”是60年代来场知青的青春写照;“誓与青山常作伴,愿与幼树同成材”和“扎根青山干革命,高峰林海炼红心”道出了七十年代林场工人的情怀。一代代高峰人以场为家,以林为业,默默奉献,凝聚成了“团结拼搏,振兴高峰”、“争创一流,永攀高峰”的高峰精神,为高峰林场的发展做出了巨大的贡献。

三、改革开放,加快发展添活力

改革开放20多年来,林场根据国家林业政策,联系本场实际,把深化改革,加快发展,增加森林资源,增强林场活力作为工作重点,实施了以“营林为基础,以林产工业为龙头,积极发展第三产业,多种经营,综合利用,林工贸一体化”的战略,使高峰林场进入发展最快的历史时期,出现了许多可喜的变化。

(一)抓住培育森林资源不放松,营林生产取得新进展。

森林资源是充分发挥林业三大效益的基础,增加森林资源是一切林业工作的出发点和落脚点。为了加快森林资源培育,优化森林资源结构,林场联系实际,因地制宜,在造林工作中推行了多林种、多树种、多形式、多层次的模式。使林种结构进一步优化,林业生产的发展进一步加快。目前,全场有林面积总计达到92万亩,其中:场内速生丰产林16万亩,松杉用材林18万亩,经济果木林12万亩;对外扩张造林46万亩。

(二)大力发展林产工业和多种经营,增强林场的生机和活力。

林场发展要走向良性循环,必须具有自我积累自我发展的活力和实力,必须建立以林养林、以工促林的林业产业体系,必须形成造林营林、木材生产、林产工业、多种经营四根支柱并重的绿色产业。“九五”以来,林场在抓好营林生产的同时,依托资源优势,大力发展林产工业。自1997年9月14日,林场第一条中纤板生产线投料出板以来,林场以人造板为龙头的林产加工业走向了快速发展的轨道。目前全场共有人造板生产企业三家,拥有中高密度纤维板生产线五条,其中进口生产线两条,年生产能力40万立方米。预计2004年可以生产35万立方米,年销售收入将超过4亿元。

(三)综合实力显著提高。

经过几代高峰人的不断艰苦创业,高峰的实力不断增强。1992年11月在全国国有林场经济实力评比中,高峰林场在全国4218家国有林场500强中名列第七,广西位居前茅。1994年国家统计局出版的《中国行业一百强年鉴》显示,高峰林场在全国4000多家国有林场中,利税总额位列第一,社会总产值位列第四,产品销售收入位列第五,固定资产原值位列第六。1997年高峰林场荣获“全国国有林场十大标兵单位”称号。2003年底,全场资产总值13亿元,净资产6.8亿元,资产负债率为52%;经济总收入为2.8亿元,在全国国有林场中经济总收入名列前茅。

(四)转换机制,安居乐业奔小康。

长期以来,高峰林场一直围绕如何调动职工积极性,尽快让职工过上富裕的小康生活的目标想办法、做文章。努力建立和完善适应市场经济要求的经营管理机制,把“大锅饭”经济转变为自营经济,把职工从计划经济下被动听令的生产者转变为自主经营的市场主体,实现由“要我干”到“我要干”的飞跃,由打工仔变为老板。努力使职工“务林者有其林,务工(商)者有其股,居有其楼”,为全场职工奔小康创造条件。目前已有600多名职工买断原承包的经济林产权,人均60亩以上,营林职工每人还有10~20亩的自营经济林,全场经济林面积已达到12万亩。300多人参与承包营造速丰林,556人在工厂或高峰农贸市场有股份,1000多户职工建成了私人楼房。经济林收入逐步增加,2002年全场经济林收入532万元,营林职工人均4036元,其中有一户纯收入5.3万元,2002年职工人均收入8019元,2003年到10100元。随着职工收入的增加,生活水平不断提高,高档家用电器、高档家具、摩托车普遍进入家庭,家用轿车也逐步进入家庭。职工基本上家家有房产,人均居住面积60平方米以上,“老少出山”的愿望变成了现实,职工安居乐业。

(五)精神文明建设硕果累累。

高峰林场始终坚持两手抓两手都要硬的方针,正确认识社会主义精神文明建设在中国林业改革和建设中的重要地位,增强两手抓的自觉性。对广大干部职工深入进行了党的“一个中心、两个基本点”的基本路线教育。开展国情场情教育,思想教育、法制教育、职业道德教育和纪律教育等。培育有理想、有道德、有文化、有纪律的四有职工队伍。先后涌现了一大批先进模范人物,其中自治区级劳动模范6人,南宁市劳模1人,获自治区“五一”奖章2人。高峰林场也多次荣获区林业系统双文明建设先进单位;南宁市先进单位;“科技进步先进单位”、“思想政治工作先进单位”、“优秀基层党组织”等荣誉称号。

四、充满希望的未来

根据国际国内的形势,高峰林场明确提出了今后几年内经济发展的指导思想和奋斗目标。指导思想是:以邓小平理论和“三个代表”重要思想为指导,认真学习贯彻党的十六大精神,坚定不移地推进改革,勇于创新,突破影响经济发展的体制性障碍。继续沿着“林板一体化”道路,狠抓速丰林基地建设,做大做强人造板加工业,使“林板结合”道路越走越宽阔,使林场的经济实力在全国同行业中处于领先地位。奋斗目标为:到“十一五”期末,全场速丰林面积达200万亩,人造板年产量达70万立方米,职工过上比较富裕的生活。

为贯彻以上的指导思想和实现奋斗目标,林场今后还应在以下方面加以努力:

(一)以十六大精神为指导,继续深化林场各项改革。

要认真学习贯彻党的十六大和十六届四中全会精神,以邓小平理论和“三个代表”重要思想为指导,坚定不移地推进各项改革,排除影响生产力发展的不利因素,促使各项改革达到预期的目的,不断开创林场和各项工作的新局面。积极探索公有制实现的有效形式,明晰产权关系,盘活国有资产,在合法、规范的前提下加速国有民营的进程,增强林场的活力。

(二)面向未来,与时俱进,开拓创新,构建现代林业产业体系。

要进一步解放思想,集思广益,面向未来,与时俱进,开拓创新,全力以赴探索一条以工业化带动林业现代化的新路,使“山上山下,场内场外再造高峰”的伟大工程得以尽快实现。在人造板工业、速丰林基地、经济林基地达到一定规模的前提下,重点狠抓科学经营和科学管理、努力提高经营效益,走内涵增长道路,同时积极探索发展相关配套的深加工产业和项目,力争在新世纪的头十年里,建成比较完善的营林产业体系和比较发达的林产加工体系。还要充分利用首府地缘优势积极发展第三产业。开发花卉产业、旅游业等多种产业,广开就业门路,不断地增加林场新的经济增长点。

(三)树立现代林业发展新观念,提升林业的地位和档次,增强竞争实力。

在新的形势下,林场的发展要把经济、社会、科技、生态协调起来,把自然因素和社会因素融合起来,构成不可分割的完整体系,同步配套发展。要把林场的发展战略决策和规划,放在国内外市场中去考虑,并建立决策管理机制和市场反应灵敏的领导体制。树立现代企业的经营理念,用信息化、现代化和强大的营销网络来武装企业,实现资金、资源、技术集约化经营,向规模化、国际化的现代企业发展。

五十年多来的探索,为林场的发展拓出了广阔的道路。党的十六大吹响了全面建设小康社会的战斗号角,给了高峰人极大鼓舞,面对未来,高峰人决心发扬艰苦创业,与时俱进,开拓创新的精神,为建设一个现代化的新高峰,实现强场富职工的目标继续做出不懈的努力。

(高峰林场)

【七坡林场】

一、概况

广西国营七坡林场是广西壮族自治区林业局直属的大型林场,始建于1952年12月。总场址位于邕宁县吴圩镇,林场地跨邕宁、扶绥两县及南宁市江南区、永新区,总面积22648公顷,公路、铁路贯穿其间,交通十分便利。2003年底的经营面积为17758.8公顷,有林面积12696.8公顷(包含685.8公顷联营林),其中松树类面积6977.8公顷,杉树面积1827.1公顷,桉树类面积2211.1公顷,杂树类面积174.7公顷,经济林面积820.8公顷,森林总蓄积量约127万立方米,年产商品材10万多立方米。林场下辖四个营林分场,建有木材加工厂、松香厂等工业企业。2003年经营总收入6463万元。2003年底全场在职人员892人,其中各类专业技术人员162人。

二、造林营林情况

一直以来，七坡林场重抓造林营林质量，制定有较系统全面的造林营林技术规程，并严格按技术规程开展造林营林工作，基本上达到造林一片成林一片成材一片。2003年，场内造林完成774.5公顷，其中速丰桉569.49公顷，相思4.3公顷，杂交松28.80公顷，经济林及其他171.9公顷；场外(上思造林基地)完成造林2030公顷，全部为速丰桉；完成幼林抚育4860.6公顷；完成幼林施肥5494.8公顷。造林营林质量全部达到技术规程要求。另外，七坡林场建有两个苗圃地，一个在场内，一个在场外(在上思造林基地)，2003年完成育苗509.02万株。全部满足场内外造林用苗的需要。

三、林产品生产情况

2003年，七坡林场生产商品材100943立方米，全年销售111947立方米(含上年库存)，创下林场年木材销售的最高纪录；生产木片13467绝干吨，销售木片15213绝干吨；2003年新上的单板项目生产单板4859立方米，安置180多名一线生产工人及家属就业；生产松香4300吨，松节油645吨；销售松香、松节油共计4607吨。

四、森林资源保护情况

2003年，七坡林场共处理林政案件41起，收复零星被占林地8.28公顷。处理伐区案件15起，涉及木材生产4181立方米；辖区共发生刑事、治安案件105起，破案99起，破案率94%。受理林木行政案件120起，处理120起，打击违法人员共298人，收缴木材160余立方米，收缴国家保护野生动物一大批，按规定上交各种罚没木材损失赔偿款7.5万余元，挽回经济损失近34万元。2003年广西干旱少雨，森林火险等级居高不下，在森林防火形势极端不利的情况下，七坡林场场共发生火警2起，过火面积6.8公顷，森林受害面积1.6公顷，全场火灾受害面积为0.124‰。2003年初，七坡林场通过飞防和人工喷洒白僵菌相结合预防松毛虫，防治面积8000多公顷，开展了松材线虫、水椰八角铁甲和椰心叶甲等有害生物的普查和定期调查工作，按规定对苗木和木材开展检疫工作，全场无重大病虫害发生。

五、三项制度改革情况

三项制度改革指人事制度、劳动用工制度和工资及分配制度的改革。

(一)关于人事制度改革：

自1998年起，七坡林场开始实行干部聘任制、全员劳动合同制，推行定岗定编、定资定责的人事管理办法和平等竞争、双向选择、优化组合、合理流动的用人机制。成立由场党委、管委、劳动人事科领导为主体的考核领导小组，年终从德、能、勤、绩等多个方面对中层领导干部进行综合考核。实行一年一评、三年一聘的评聘办法，考核不合格的一律解聘。各科室、各单位正职聘用，从开始的上台竞职演讲发展到职代会代表投票产生，由总场党委考核聘用；副职由正职推荐，总场考核聘用。其他管理后勤人员由各科室、各单位在总场及其职能部门的指导下自主安排聘用。对特殊岗位人员采取特定的管理办法。七坡林场党委根据工作需要，可适当部分调整聘任或解聘场各级管理人员和后勤人员的工作岗位。

(二)关于劳动用工制度改革：

营林分场及工业单位在安排生产时，同等条件下优先安排职工就业，按社会工价计酬；鼓励各营林分场、工业单位通过扩大生产、上新项目等方式创造更多的就业岗位，吸收场内一线职工就业。对在扩大就业方面做出突出贡献的单位或部门给予适当的奖励；执行职工基本医疗保险制度。全场职工按规定交纳基本医疗保险统筹金，实行定点门诊、定点住院、门诊限额、住院费用按比例报销、重大疾病互助的办法。

(三)关于工资及分配制度改革：

林场坚持效率优先、兼顾公平，各种生产要素按贡献参与分配的原则，进一步完善分配制度，进一步健全符合实际的激励机制。根据岗位性质，实行结构工资、计件工资为主体的工资制度。管理、后勤人员实行结构工资制度。结构工资由基本工资、岗位工资、技术工资构成。基本工资在全场管理人员、后勤人员中发放；岗位工资按岗位的不同级别发放；技术工资在取得专业技术资格并经聘用的专业技术人员中发放；计件工资：凡在生产一线岗位上的人员(含工业单位)以及能实行按件计酬的辅助生产人员均实行计件工资制度，其收入依其完成任务的数量及质量确定，工资标准按社会工价由各单位自行确定。

六、职工自营经济

自1995年起，七坡林场大力发展职工自营经济，以承包土地搞农业综合开发为主。至2003年，全场已开发的职工自营经济面积有1466.7公顷。2003年职工自营经济种养总收入305.6万元。其中收获龙眼33.5万公斤,产值164.2万元;柑果9.4万公斤,产值15万元;青梅、荔枝等水果5.27万公斤,产值8.1万元;养鱼、养鸡等养殖业实现收入107万元。

七、场外造林情况

根据国家林业分类经营政策,七坡林场抓住机遇,从2001年起,到上思县租用宜林荒地,大力发展速生丰产林。截至2003年底,七坡林场在上思县租得宜林山地累计已达6000多公顷,其中已造林面积2486.7公顷。

八、产业发展情况

(一)森林旅游。

随着广西首府南宁市社会经济的不断发展壮大和市民生活水平的不断提高,人们对休闲娱乐的需求会愈来愈大,七坡林场利用位于南宁市边缘的区位优势,建立了金鸡山森林生态旅游区。该项目于2003年12月批准立项,可研性报告也已通过专家评审,目前已进入项目总体规划设计工作。筹建中的金鸡山森林生态旅游区共占地面积2300公顷,集休闲度假、生态保护、宗教文化和林果观光为一体,建成后,将成为南宁周边地区最大型的,具备浓郁特色的森林生态旅游休闲度假区。

(二)花卉产业。

新建的七坡林场花卉切叶生产项目于2003年5月筹备,10月经批准立项,12月通过可行性研究评审。切叶生产基地各项工作进展顺利,全封闭、全遮阴、多功能喷灌的实用型场部花圃面积达2公顷,已引进种植了20万株富贵竹、3万株巴西铁、4000余株优质散尾葵和3000株何氏凤仙花苗,花木长势良好。完成了八林班站578亩切叶基地的平整、机耕工作,部分配套的房屋建设、水电安装也已基本到位。

(三)林产工业。

七坡林场与广西高峰林浆纸业集团合资建设的中密度纤维板厂(位于上思县城郊)已破土动工,预计一年后可投入生产。

(广西国有七坡林场)

【派阳山林场】

一、概况

派阳山林场位于中越边境宁明县境内,总场部设在宁明县城。始建于1955年5月3日,1962年为宁明县建制林场,总面积149万亩,曾一度为东南亚最大的林场,后经区、地、县多次划界调整,自1979年4月起,隶属广西林业厅直接管辖至今。全场辖8个营林分场,现总面积45.2万亩,林业用地面积42.4万亩,有林地面积29.3万亩,活立木蓄积117.1万立方米,森林资源资产总值2.38亿元,森林覆盖率65%。2002年以1.18亿元林木等资产作价加入高峰林浆纸集团公司。林场主要产品有木材、木片、松香、八角等。全场现有人口2012人,在册职工1014人,其中干部207人、工人637人、离退休170人。

二、林场改革

派阳山林场1996年被广西林业厅列为国有林场改革试点单位,1997年后全面实施以人事、用工和分配三项制度为主要内容的改革。在精简人员、公开竞聘上岗强化内部管理方面取得新的进展。在人事方面,对中层领导干部及二线管理人员实行"一年一评、两年一聘"管理制度。1999年拿出5个中层领导岗位进行公开竞聘上岗。在分配方面,打破档案工资制度,管理人员实行以岗位工资为主,一线职工则实行承包经营、计件工资。在内部管理方面,实行机构精简撤并,压缩非生产性人员,推行场务公开制度,进一步完善林场生产经营管理制度,对重大项目和重大改革实行公开讨论、民主决策。严格控制非生产性开支,2003年,全场非生产性费用支出1046万元,比2002年减少565万元,仅招待费就比2002年减少78万元。

三、自营经济

派阳山林场自营经济自1992年起步,经历过两个阶段。第一阶段是宣传发动阶段(1992~1996),当时仅有950亩零星龙眼地和几亩其他作物。第二阶段是迅猛发展阶段(1997年至今)。1997年将4800亩八角成林承包给职工经营,1998年出台了职工自营经济管理办法,1999年通过竞标拍卖方式转让了3600亩八角幼林和1855.5亩玉桂幼林的经营权。1997年开展自营经济致富能手评比活动,公武分场当年有80%的职工自营经济收入超万元。2003年开展八角、龙眼自营经济标兵评比活动,评出8名八角标兵、9名龙眼标兵。1998~2003年,林场每年举办八角鲜果销售竞标会议,吸引了众多区内外客商。2003年全场有自营经济面积38990亩,其中八角33109.1亩、龙眼2005.6亩、余甘果681.1亩、其他作物3194.2亩,有398名职工参加采割松脂,人均年收入6500元。

四、产业发展

派阳山林场现有松香厂、木片厂、木材厂、胶合板厂、加油站等产业项目。1997年停办了经济效益不好的红砖厂、蛇苑，1998年完成了松香厂、加油站的股份制改造，2001年成立派阳山林场第一家民营性质的胶合板厂。1999年生产松香1710吨、木片5932吨，2000年生产松香2212吨、木片7901吨，2001年生产松香3880吨、木片6203吨、胶合板500立方米，2002年生产松香4462吨、木片6833吨、胶合板2100立方米，2003年生产松香5012吨、木片7987吨、胶合板3000立方米。

五、对外租地造林

派阳山林场境内以低山地貌为主，比较适合速丰林的生长。2002年前派阳山林场还没有对外租地造林，2002年底，派阳山林场提出了“大造速丰林、发展八角产业”的发展思路，通过向农民宣传退耕还林的重要性和优惠政策，争取到农户的支持。截至2003年底，林场共对外租地31000亩，完成造林面积27596亩，横跨宁明、凭祥、灵山三个县市、十个乡镇。

六、林业科学技术

1994年派阳山林场被国家林业部授予“全国科技兴林示范林场”称号，2003年获国家林业部颁发的“全国特色种苗基地”称号。派阳山林场在马尾松用材林速生丰产技术、林区防火线除莠技术、优秀珍贵用材林混交模式优化及其效益等科研项目上取得成果，1992～2003年，曾获林业部科技进步一等奖一次，获广西林业科技进步一等奖二次、三等奖四次。现在建和正在进行的科研项目主要有两项，一项是1.5代马尾松种子园，另一项是八角优良种质基因库。

七、经营方向

计划用5～7年的时间，将全场林种结构调整为21:15:5:3(万亩)，即21万亩生态公益林、15万亩速丰林、5万亩高产优质八角林、3万亩名贵特用林，力争在经营管理上有新的突破，努力实现经济收入翻番，从而达到“富民强场”的最终目的。

（派阳山林场）

【博白林场】

一、林场概况

广西国有博白林场成立于1962年，是广西壮族自治区林业局直属的大型国有林场之一。全场经营面积46.45万亩，有林面积42万亩(不包括向社会辐射造林14.4万亩)，林地绿化率88.8%，活立木蓄积量为100万立方米，属商品型林场。

博白林场林地全部分布在博白县境内，场部坐落在博白县亚山镇清湖坡，位于博白县主要交通要道玉公二级路旁，距博白县城13公里，距玉林市区45公里，距北海市170公里，交通十分方便。

博白林场下设九个营林分场，一个综合厂、一个林科所等十一个基层生产单位以及供贸公司、学校、医院等单位。总场设办公室(含党委办、行政办)、财务审计科、劳动人事科、监察科、营林基建公司、林政防火科、工程项目监理公司、后勤服务中心、工会(含计生、团委、妇委、自营经济办)、派出所(含武装部)等十个科室。

场办工业有红砖厂、木片厂、松脂厂、复合肥厂、胶合板厂、高密度纤板厂(筹建中)。全场共有1181名职工，其中在职职工691人，离退休职工490人。有工程等九个系列技术职务资格的人员共174人，其中中级以上技术职务资格的有31人。

二、营林生产

博白林场建场以来，营林生产主要经历了大造林、抚育间伐与稳步造林、主伐更新、林种结构调整等四个阶段。第一，1962～1972年大造林阶段。截至1972年，全场共营造各种林木47.12万亩，其中用材林(以松、杉、楠为主)41.39万亩，经济林1.59万亩(以肉桂、八角、荔枝为主)，防护林(以柯木为主)2.85万亩，竹林1.39万亩。使昔目的荒山秃岭，基本披上绿装，实现了绿化。第二，1966～1972年大面积抚育间伐阶段。在此阶段，以铲草、培土、修荒、松土为主的抚育措施，并适时间伐，合理调整林分密度，从而促进了林木的生长，提高了林分质量，同时合理利用间伐材，增加林场的经济收入。第三，1973～1977年稳步造林阶段，主要是大造林后的拾遗补缺，都是小块而较分散的造林。5年间，共造林4.34万亩。第四，1979年起的全面主伐更新阶段。截至2003年，共生产木材62.9万多立方米，为国家的经济建设提供了大量的木材资源。博白林场建场到20世纪中后期，一直以松、杉、楠为主要造林树种。由于受立地条件的限制，这些树种生长较慢，生产力低下，造成林场的森林资源不足，严重地制约着博白林场的经济发展。为了改变这种状况，在20世纪末期，博白林场加快了林种结构调整的步伐：1.大力发展以尾叶桉为主的桉树速生丰产林。1996年进行尾叶桉小面积的引种试验。1998年进行较大规模的桉树山地造林试验。1999年开始全面进入桉树速生丰产林的营造工作。截至2003年底，全场营造桉树速生丰产林的面积达到30多万亩(含场外造林)，速丰桉已成为林场的主导树种。2.为了快速增加林场的森林资源，实现场外再造一个博白林场的目标，从2001年开始，博白林场以承租林地的方式向社会实施辐射造林，截至2003年底，已完成向社会辐射造林(速丰桉)14.4万多亩。

三、种苗生产

2000年以前，博白林场的苗木生产分布在各营林生产单位。由于技术、管理等方面的原因，苗木质量不能得到很好的保障。为了改变这一状况，博白林场于2000年成立了中心苗圃(隶属于林科所)，负责全场造林所需的全部苗木，从而保证了高质量的苗木用于造林。中心苗圃拥有一个年产350万株组培苗的组培厂，一个年产3500万株桉树扦插苗和其他树种苗木的苗圃场。同时，博白林场还建立一个高质量的拥有300亩的相思种子园，近年内可生产优质的相思种子供育苗造林用。

四、科学研究

科学技术是第一生产力。博白林场始终重视科学技术的研究工作，不断提高林业的科技含量。1985年后，荣获国家林业局(部)研究与推广一等奖2项、二等奖2项，国家教委科技成果进步三等奖1项，广西科技进步成果三等奖2项，自治区林业厅(局)科技进步二等奖2项、三等奖3项，玉林市科技进步二等奖3项。同时，长期与广西林科院等科研机构保持合作，积极推广新技术、新成果。

五、职工自营经济

根据自治区农林水利工会的部署和林业发展形势的需要，博白林场从1997年开始，职工自营经济全面铺开，当年即有90%的职工参加了自营经济。现在，博白林场的全部在职职工都参加了自营经济。自营经济的主要项目有养猪(常年保持8000头左右)，种植水果(主要是荔枝、龙眼、三华李、杨梅等5173亩)，速丰桉(407亩)，八角1386亩，运输车辆11辆。自营经济已取得了明显的效果，增加了职工的经济收入，提高了职工的生活水平。

六、场办企业

调整产业结构，实现林场的跨越式发展，始终作为博白林场的发展主线。现在，博白林场拥有场办企业项目有：红砖厂(年产红砖2000万块)、松香厂(可年产松香2000吨)、复合肥厂(可年产复合肥30000吨)、胶合板厂、木片厂、高密度纤维板厂(筹建中，2005年投产，年产20万立方米高纤板)。这些厂已全部完成了股份制改造或对外承包。同时，正在兴建一个占地200多亩的工业园区(2005年上半年建成)，为吸引更多的外商到博白林场投资提供良好的硬件环境。

七、森林资源保护与林区治安

(一)森林防火工作。

博白林场始终把森林防火工作作为头等大事来抓。总场成立防火指挥部，指挥全场的森林防火工作。设立防火办，负责森林防火的日常管理工作。总场成立森林消防专业队，分场成立半专业队。专业队经区森林防火指挥部验收为一类队。森林消防队不但为林场的森林防火工作立下了汗马功劳，同时在援助地方扑灭山火工作中屡立战功，深受地方政府和群众的好评。博白林场多次被评为广西壮族自治区森林防火工作先进单位。每年的森林火灾受害率都低于当地政府下达的控制指标。

(二)森林病虫害防治。

林场设立森防站(隶属营林基建公司)，负责全场的森林病虫害的预测预报和防治工作。各分场设立专职森保员，负责分场的森林病虫害的调查和防治工作。博白林场多次被区森防站评为森林病虫害防治先进单位。多年来，森林病虫害的发生、受害面积均控制在自治区控制指标之内。

(三)林区治安。

林业公安干警和护林员是林区治安的主力军。目前，博白林场派出所有干警30名，分为五个警区。全场有护林员185名，分布在各个分场，他们为林区治安做出了卓有成效的工作，对各种破坏森林资源及干扰、破坏林业生产的违法犯罪行为予以坚决打击，有力地维护了林区治安的稳定，保护了国家的森林资源，维护了博白林场的正常生产和生活秩序，为博白林场的改革、稳定和发展真正起到了保驾护航的作用。

八、三项制度改革

1997年后，博白林场对人、财、物的管理制度全面实行了改革。打破了领导干部的终身制，实行聘任制，一年一评，三年一聘，打破了干部和工人身份的界限。管理岗位实行定岗定编竞争上岗。打破传统的档案工资制，实行岗位工资制。林业用工实行社会化，全部采用计件工资，职工与民工的用工，单价相同，实现了职工与民工同工同酬，多劳多得。从而大大调动了全场干部职工的工作积极性。在财务管理上，实行三级管理一级核算的制度，对各基层单位实行报账式管理。对各生产项目实行定任务、定投资、定效果。管理费用直接与生产任务挂钩。经费包干，超支不补，节支留用。

九、职工福利

近几年，博白林场投入较大资金用来改善职工居住条件和生活条件。总场范围内的职工绝大部分已住进了楼房，2005 年将全部住进宽畅明亮的套间楼房。各分场场部的职工也大部分住进了套间楼房。全场的用水、用电问题全部得到解决。每年年终对困难职工发放一定数量的困难补助。全场于 1991 年 11 月参加了全区林业系统行业的养老保险。

十、精神文明与党工团建设

2003 年，博白林场党委下设 14 个党支部，场工会下设 14 个分工会，场团委下设 12 个团支部。党的各级组织充分发挥了党的领导核心和战斗堡垒作用，党建工作健康正常地开展。工会和共青团在场党委的领导下，围绕各个时期的中心工作开展工作，充分发挥了工会作为职工之家和共青团作为党的助手和后备军的作用，使林场的精神文明建设一年上一个新台阶。

（博白林场）

【大桂山林场】

一、林场基本情况

广西大桂山林场成立于 1957 年 11 月，当时为贺县大桂山林场和贺县清水林场。1967 年 8 月根据自治区党委、自治区人委联字通知，清水林场合并于大桂山林场，为林业厅直接管理；又于 1970 年 7 月下放梧州地区管理，1979 年 4 月林业厅收回归其管理。

大桂山林场位于广西东部，地跨贺州市八步区和梧州市苍梧县，东与广东省怀集县接壤，西、北、南面与八步区和苍梧县相邻。大桂山林场总场位于 207 国道梧八公路旁，距梧州市区和贺州市区分别为 120 公里和 49 公里，西到桂林 260 公里，东去广州 280 公里。地处北回归线附近，处于中南亚热带，属中国湿润热带季风气候，热量充足，雨量充沛，年平均温度 19.3℃，年积温 6243℃，年平均降雨量为 2056 毫米，相对湿度 82%。

大桂山林场总面积为 44404.4 公顷，海拔一般为 200～600 米，以海拔 400 米以下的中低山为主。根据分类经营分划，区划面积为 43564.4 公顷，占全场总面积的 98.1%，其中公益林面积为 22409.6 公顷，占区划面积的 51.4%。商品林面积为 21154.8 公顷，占区划面积的 48.6%。

全场现有活木蓄积量 1455480 立方米，其中生态公益林蓄积为 577929 立方米，占总蓄积的 39.7%，商品林蓄积为 877551.0 立方米，占总蓄积的 60.3%。

大桂山林场下辖 6 个生产分场和一个对外租地造林的基地办公室；经营单位有饮料厂、森林公园和梧州桂山楼；附属机构有职工子弟学校、职工医院等。全场职工（含离退休人员）共 928 人，在职 722 人，离退休 206 人。

据财务统计，截至 2003 年底，林场资产总额达 38500 万元。

近年大桂山林场每年可向社会提供木材 4 万～5 万立方米，为缓解广西木材紧缺局面做出了应尽的义务。

二、林场的经营发展

大桂山林场 60 年代以经营松、杉为主，1961～1987年先后飞播造林 11 次，飞播面积共 68947 公顷。飞播造林，取得了较好成绩，获“全国飞机播种造林先进单位”（林业部、民用航空局、中国人民解放军司令部联 1986 年）。又于 70～80 年代较大面积人工种植了杉木和马尾松，使大桂山林场森林资源总量进一步得到提高。

至九十年代后期，在林场可采伐资源即将面临断层同时整个社会的生态需求日益突出的情况下，大桂山林场结合分类经营区划界定，进行了林种、树种结构调整，在商品林建设上，大力营造以桉树为主的速丰林，尤其在近三年中，每年营造速丰林面积达 1333.3 公顷以上。林场在造林上规模同时，严抓造林质量，认真落实“质为先”的要求，2003 年在营造速生丰产用材林上推出了招标造林和贷款造林、自筹资金造林。经过全场广大干部职工艰苦奋斗，2000～2003 年底已造下速生丰产桉树林为 4000 多公顷，林场森林资源因而大幅度提升，按森林资源档案更新结果，目前森林总蓄积量已达到1770875立方米。

三、对外租地造林

大桂山林场认真贯彻落实《中共中央国务院关于加快林业发展的决定》和林业会议的有关精神，抓住林业发展的良机，以科学的发展观着眼全局放眼未来，在发展林场经济上，以培养森林资源为基础，大力发展速丰林。大桂山林场在完成场内迹地上营造速丰林外，拓宽思路，面向社会租地营造速丰林。对外租地造林是一项协调性强、涉及面广的工程，大桂山林场经过多方努力，加强了同地方政府的联系，租地造林工作得到了突破，从2002年开始至今对外租地造林近1500公顷。并已与昭平县签订2万公顷林地的租地协议。对外租地造林取得了一定的成绩，“百尺竿头，更上一步”，大桂山林场还将进一步努力，争取在对外租地造林方面取得更大成绩。

四、三项制度改革

大桂山林场在以培育森林资源为工作重点的同时，进一步深化内部改革，建章立制，大刀阔斧地进行“三项制度”的改革。首先在劳动人事制度上，建立以岗位管理为基础的人事管理制度，科学合理地设置内部管理岗位，实行以岗设人，并拟定岗位职责，取消干部和职工的身份界限，实行公开竞争上岗，择优录用。全面推行劳动合同和任期目标责任，逐级签署上岗聘任合同，完善用人制度的法制化。在工资分配上，大桂山林场实行按劳取酬和按岗取酬原则。生产工人实行社会平均工价，计件付酬；管理人员则按岗定酬，根据各个岗位所需、承担责任大小，实行岗位工资。经过三项制度改革，形成了激励机制，增强了积极性，提高了劳动效率，同时也减少了非生产性开支，为大桂山林场的发展迈出了坚实一步。

五、自营经济建设

根据“十六大”的精神，大桂山林场在努力进行森林资源培育建设同时，“毫不动摇地鼓励支持和引导非公有制经济的建设”。大桂山林场非公有制经济的建设就是以自营经济为主，即林场提供林地给职工种植三华李、八角、竹笋，实行“自我投入，自我发展，不断壮大”的办法，同时林场为了加大推进自营经济的发展，提高职工自营经济的积极性，林场按每个职工经营的状况给予一定的奖励性经济补贴。经过多年发展，大桂山林场已形成了以三华李、八角为主，面积达800公顷的自营经济地，每年三华李产量可达400万公斤。2003年在用材林上推出了非公有制经济经营项目，即在营造速生丰产林的桉树项目上，大桂山林场出台了贷款造林和自筹资金造林。林地一夜之间变得极其珍贵，职工造林热情高涨，“争山造林、争苗造林”场面火爆，大桂山林场为了解决这个目前极为突出问题，进行招投标的办法，即谁出价钱高，谁取得林地经营权。两大方案大大推进了林场非公有制林业经济的进程，提高了林业工人的积极性，造林质量也大大提高，出现了“一片生机勃勃的景象。”

目前，大桂山林场形成了以果树经济林、用材林等齐头并进的良好的自营经济发展格局。

六、林场今后的发展

中共中央国务院做出《关于加快林业发展的决定》，林业主要功能由向社会提供木材为主向以生态效益为主的转变。同时根据广西列为中国速丰林基地的规划和广西林业产业化发展的需要，林场今后发展，逐步走向生态林和商品林经营分开。第一，林场内生态林建设尤为突出，生态的建设是林场和社会科学发展、持续利用的基础。因此，生态林建设上，大桂山林场以封山育林、退耕还林等项目为主，不断加大和完善生态林建设。第二，林场速丰林建设，是林场经济发展的基础，是工作的重点，大桂山林场努力争取在5年内营造以桉树为主的速丰林面积达3.3万公顷。

七、林场历年来取得的荣誉成就

1986年获全国飞机播种造林“先进单位”称号；1992年度《生态防护研究项目》获广西科学技术进步奖；1993年度国有林场双文明建设先进单位（区林业厅党组、区林业局）；1993年获“全国国有林场100佳单位”称号；1993年被国家林业部评为“全国国有林场先进单位”称号；1993年12月被国家林业部、人事部评为“1990～1992年三年无森林火灾先进单位”称号和“全国林业企业整顿先进单位”称号；1994年3月被授予“全区林业系统思想政治工作先进单位”称号；2002年元月被贺州市农税征收管理局授予“先进纳税单位”称号；2001年被自治区林业局、人事厅、绿化委员会授予“自治区绿化先进集体”称号。

八、林场优势资源

（一）“桂山”牌优质三华李。

自1999年开始，大桂山林场职工在场的统一规划下，引进种植了大面积的以鲜吃为主，又可加工成果汁、果脯等的三华李，现已形成了一个年产400万公斤的优质三华李基地，并于2003年申请注册为“桂山”牌水果商标。基地内数十公里无污染，土壤肥沃，空气清新，阳光充足，昼夜温差在7℃以上，优良的品种资源和良好的环境条件生产出优质的三华李——果色粉红、果大核小、果肉脆且汁多、甜酸适口，堪称李中之珍品。由于其上乘的品质，短短几年，已享誉广西、广东、香港、澳门及湖北武汉等地，每年6～7月份，三华李成熟期，果商云集，热闹非凡，成为大桂山一道亮丽风景线。

(二)大桂山国家森林公园。

大桂山国家森林公园成立于1994年，坐落于广东、香港和澳门特别行政区至山水甲天下之桂林的必经之路的中间点，在黄金旅游线路上。公园内林海茫茫、山水如画、鸟语花香、风景秀丽、空气清新，以其奇峰、林海、云雾、垂岩、飞瀑、高峡平湖，以及美丽的神话和迷人的瑶族风情等而负有盛名，尤其是其中清秀的瀑布、千奇百怪的古藤、清澈见底、婀娜多姿的溪水和丰富的动植物资源，幽林密径以及适宜的温度，清爽的空气而著称，是森林旅游、休闲和科学研究的旅游胜地。

(三)珍稀动物瑶山鳄蜥。

鳄蜥属国家濒危物种，1998年被列为国家一级保护野生动物，由于大桂山林场得天独厚的地理环境条件以及保存良好的森林天然植被，非常适于野生动物生长、繁衍。于2002年在大桂山林场的北娄分场方圆750.3公顷面积的多条溪流内发现了大量的瑶山鳄蜥，这一发现引起国家林业局和自治区林业局的极大关注，林场为了使该物种得到较多的保护，已向自治区林业局申请成立保护区，在得到上级部门的大力支持下，已开展了调查规划工作，着手成立保护区。

(四)速生丰产林基地。

大桂山林场辖地广阔，土壤肥沃，地处中、南亚过渡带，属湿润热带季风气候，热量丰足，雨量充沛，年平均气温19.3℃，年平均降雨量2056毫米，平均蒸发量1275毫米，极为适合于速生丰产林木生长。2000年，大桂山林场开始大面积种植以桉树为主的速生丰产林，林木生长良好。据几年调查，桉树造林第一年高生长平均达4.5米以上，高者可达7米，第二年桉树高生产平均达8米以上，良好的生长势头，进一步坚定了林场全体干部和职工发展以桉树为主的速丰林生丰产林的信心和决心，林场更是把以桉树为主的速丰林建设作为培育森林资源、提高森林资源总量工作的重中之重。另外，大桂山林场在利用场内林地发展速丰林的同时，进行对外租地造林和联营造林，2002年大桂山林场与高峰集团联营在昭平签订了2万公顷的桉树造林协议，加快推进了林场培育森林资源的步伐，目前林场正在加大招商引资的力度，在着眼于双赢的前提条件下，愿意和一切企、事业单位、个人进行合作造林。

(广西国有大桂山林场)

【六万林场】

广西国有六万林场是广西壮族自治区林业局直属林场，地处广西东南部，地跨兴业、博白、浦北三县和福绵一区，位于广西玉林市兴业县，属南亚热带季风气候。

六万林场创建于1937年，1951年重建，整个发展过程可分为五个阶段，即创业期、扩大期、发展期、突破期和重大突破期。

一、50年代的创业期

创建初期，六万林场的工作、学习、生活条件都非常艰苦，但开拓者们以坚忍不拔的精神，用勤劳的双手绿化了大片荒山。1956年105名职工完成造林4062.67公顷，1957年163人造林2502.2公顷，为六万林场大面积造林奠下了基础。这在林业系统、在整个广西都引起了极大的震动。

二、60年代至1978年党的十一届三中全会前的扩大时期

党对林业建设给予了大力支持，1963年、1974年两批知青分别投身到六万林场的林业建设。1963年林场的造林面积实现了10540.27公顷的突破，1967年底全场经济收入已基本达到自给。

三、十一届三中全会至1994年的经济体制转轨发展时期

六万林场发生了巨变：一是贯彻“以林为主，采育结合，多种经营，综合利用，永续作业”的方针，确定了林场的任务。二是实行承包责任制。党的十一届三中全会后实行超定额计件工资制，工资与产量、质量和生长量挂钩，进一步提高了劳动生产率。六万林场被林业部定为南方13省的样板场，1992年被评为全国500强国有林场和1993年全国百佳国有林场之一。

四、1995～2001年的突破期

改革开放以来，六万林场从实际出发，全面深化内部改革，坚持“以林为主，多种经营，综合利用，全面发展”的办场方针，尤其是1997年以来，六万林场始终坚持以发展为主题，以调整经济林为主线，以改革攻科技创新为动力，以壮大林场经济实力和提高职工生活水平为根本出发点，抢抓机遇，深化改革，提出了“抓住林业，搞好林种结构调整，大力发展经济林和速丰林。全面实施三项制度改革，强化内部管理，提高经济效益”的改革思路，即利用自然条件优势，以市场为导向，以经济建设为中心，以发展名特优八角经济林和短轮伐期工业原料林为重点，首次提出了“2个5万亩”(即速丰桉和八角经济林各5万亩)的思路，同时以三项制度为主的体制改革也在全场有计划地逐步推行，实现了六万林场由计划经济向市场经济的根本性转变：一是思想观念大转变。在全场干部中开展一次干部思想作风教育整顿工作，破除了长期困扰人们的“左”、“旧”、“怕”的思想束缚。二是加强内部管理，挖潜革新，全面实施三项制度改革：营林线实施“断奶”承包，工交线推行租赁转让股份承包；坚持“能者上，庸者下”的用人原则，管理人员由任免制改为考核评聘制继而公开竞选上岗制度；工资分配与责任大小和完成任务多少成正比例，全场所有工作人员都实行计件工资；大力发展职工自营经济，到2001年统计，以种植八角林为主的自营经济发展面积796.07公顷，参加种植业自营经济活动的职工占在职职工总数的96%以上，部分职工经济收入少的几万元，多的得几十万元，部分职工生活已达到小康水平。

五、2002年至现在的重大突破期

近年来，六万林场领导班子树立现代林业企业的新观念，坚持以现代化林业思想为指导，以培育森林资源为基础，加大林种结构调整力度，把发展速生丰产短轮砍伐期的工业原料林的林业产业化基地和发展八角经济林作为富民兴场、实现林业跨越式发展的突破口和有效途径，同时把发展桉树速丰林作为六万林场经济增长的新亮点，拓展经济发展空间，在加强场内发展速丰林的基础上，2002年开始向外拓展，两三年间在平南、北流、桂平、兴业、福绵等地陆续建立起桉树速生丰产林基地。2002年全场对外营造桉树速丰林739.07公顷，现幼林长势良好。2003年2月至7月，抽调机关科室人员、各分场精干技术力量100多名，驻扎平南、北流“两大战区”开展发展速丰林大会战，短短的5个月完成营造速丰林4549.13公顷，相当于六万林场以往5年造林面积的总和。截至2004年7月底，六万林场共发展对外辐射营造桉树速生丰产林11605.67公顷，实现了场外再造一个林场的目标，创下了建场以来年完成造林任务的最高纪录。这也是建场以来的重大突破和伟大的创举。

六万林场已成为广西用材林、经济林重要基地，全场现有林面积2.22万公顷，其中场外营造速丰桉已达1.16万公顷；场内经营面积1.51万公顷，有林面积1.06万公顷，森林覆盖率73.2%，森林蓄积75.92万立方米，年产木材45万立方米，现场内有八角经济林0.47万公顷，速丰桉、相思0.44万公顷，杉、松及其他树种0.17万公顷，生态林0.43万公顷。建场以来到2003年底全场总收入64679万元，其中销售收入63461万元。在销售收入中，木材收入27953.8万元占44%，八角收入8282.6万元，占13.1%，多种经营收入6885.3万元占30.4%。上交国家税费5418.3万元，上交两金一费2244万元。

六万林场现下设5个营林分场，3个对外造林分部，1个对外造林管理区。有管理者和职工1400多人，其中技术人员200多人。先后荣获“全国林业模范单位”、“全国护林防火先进单位”、“全国绿化单位”、“全国国有林场500强和100佳单位”称号，1995年以来还多次被广西壮族自治区林业局评为两个文明建设先进单位。

今后几年是实现林场“十五”计划的关键几年。必须抢抓机遇，大力发展速生丰产林，全面推进六万林场的跨越式发展。今后的工作指导思想是：坚持以邓小平理论、“三个代表”重要思想为指导，全面贯彻《决定》精神，以市场为导向，经济效益为目标，改革为动力，建立科学的林业产业可持续发展战略。以八角经济林和速丰林为龙头，优化发展场办工业，支持和鼓励非国有经济的发展，加大科技兴场力度。坚持以发展为主题，以改革开放和提高职工生活水平为根本出发点，继续坚持“山上搞基地，山下搞加工，山外抓市场，科技创效益”，实施林工贸一体化经营，走林浆一体化建设的发展道路。努力建设经济繁荣、社会文明、环境优美、职工生活富裕的六万林场。

六万林场的总目标是：发展八角经济林、速丰林项目上规模，管理水平高标准，双文明建设达到责任目标要求，经济效益等方面走在区林业系统的前列。近几年要抓住当前西部大开发的机遇，抓紧建立桉树速生丰产林基地，加快速丰林发展思路。近期目标：用3年时间实现发展速丰林38万亩、八角经济林8万亩。到2010年发展速丰林58万亩，对八角、桉树进行深加工，进一步提高林产品附加值，努力实现全场经济“一年一小变，二年一中变，五年一大变，十年一巨变”的奋斗目标。

（六万林场）

【东门林场】

一、林场概况

东门林场是广西壮族自治区林业局直属林场，建于1965年，位于桂西南，地跨崇左市的扶绥县和江州区；太阳辐射强，光热充足，属南亚热带季风海气候，年降雨量100～1300毫米，年均气温21.2℃～22.3℃；土壤为砖红性红壤，土层深厚，地势平缓，可机耕面积达80%以上，是发展速生丰产林和亚热带水果的理想地区。土地总面积2.6万公顷，经营面积2万公顷，林地面积1.4万公顷，主要种植桉树和松树，森林覆盖率54.5%，活立木蓄积量80万立方米，现年产木材10万立方米，年均经济总收入3500万元。目前，全场机构设置大体分为三部分：一是职能科室，包括办公室、生产科、计划财务科、人事科、派出所、林政科；二是生产单位，包括雷卡分场、华侨分场、咘满分场、向阳分场、田东速丰桉基地、木片厂；三是服务单位，包括供销服务部、后勤服务部、林科所、职工医院、子弟学校。全场总人口2460人，其中在职职工793人，离退休职工466人；场部设于322国道旁的扶绥县东门镇内，距首府南宁80公里，距南宁机场60公里，距防城港213公里，即将建成的南宁至凭祥高速公路贯穿林区，交通通信十分便利。

二、林业生产

多年来，东门林场始终坚持“以林为本”的方针，把营林生产及其相关工作置于首位，切实抓紧抓好，抓出成效。主要有以下几方面：

第一，充分发挥科技优势和种苗优势，大力发展桉树速生丰产林。该场依托中澳合作项目技术成果，从1992年起开始应用桉树优良无性大面积营造速生丰产林，并逐步形成商品林生产基地。在林业生产中，该场推行高产栽培技术，严格按照《东门林场营林技术规程》施工造林，严把质量关，并制定和执行有关的监督及检查验收办法，确保了林木的成活率和高生长，极大地提高了森林的蓄积量。据统计，1999～2003年，东门林场共生产苗木3873万株，年均生产775万株；共造林6192公顷，年均造林1238.4公顷；共生产木材39.19万立方米，年均生产木材7.838万立方米。

第二，实施分类经营战略决策，建立林业生态体系。根据上级的要求，结合自身实际，该场于2001年提出了分类经营的工作思路：充分发挥林业科技优势，大力发展桉树速生丰产林；以发展商品林为主，经济果木林和生态林为铺；生态林主要建立在左江流域旁及土地贫瘠的石山处，实现“流域防护”和“防治石漠化”的目的。除大力发展桉树速生丰产林、加快工业用材林和商品林的基地建设外，东门林场还进一步加快了珠江流域上游本区域内的生态防护林建设和防治石漠化建设。东门林场将全场的试验林、江河干流及支流两则、公路两旁以及生态环境脆弱的地区划定为生态公益林区，对区内的森林和灌木林进行严格管护，实行禁伐或限伐；对区内的疏林地、宜林荒山地等，通过封山育林、人工造林及促进人工天然更新等方式，全面恢复林草植被，以达到流域防护和防治石漠化的要求。

第三，加强森林资源管护，确保林区安全。东门林场历来注重抓好林区治安工作，坚决打击各种破坏森林资源和扰乱林区治安的违法犯罪活动。近年来，东门林场把全场划分为4个警区，将所属的林业公安派出所20名干警分别派驻各个警区，加强了林区的监控，加大了对破坏森林资源和扰乱林区治安案件的打击和查处力度，较好地维护了林区安全。同时，东门林场还认真抓好森林防火工作，进一步健全和落实责任制，抓好队伍和设施建设，切实做好对林火的监测和扑救。多年来，由于防火措施落实得力，东门林场所发生的林火均能及时扑救，受灾面积均控制在上级允许1‰的指标内，无重大森林火灾发生。此外，东门林场还认真做好森林病虫害防治工作，做到早预防、早发现、早治理。由于防治措施落实到位，到目前为止，东门林场森林无病虫害成灾现象。

近十年来，东门林场的林地被占现象十分严重，且呈蔓延趋势。尽管东门林场一直在制止毁林占地和收复被占地方面作了不懈努力，做了大量的工作，花费了大量的人力、物力和财力，但由于种种原因，收效甚微。目前，东门林场被占地面积达9万多亩，占东门林场林地总面积的三分之一，成为困扰和阻碍东门林场林业发展的主要障碍。

三、林业科研

东门林场是以人工种植桉树为主的林场。建场后的十多年间主要当家树种为野桉、柠檬桉、小叶桉等，品种单一，技术落后，年均蓄积生长量仅为3～9立方米/公顷，营林效益低，全场年总收入在450万～800万元之间，职工人均年收入不足千元，属区直贫困林场之一。回顾东门林场三十年的发展历程，东林人切实领悟“科技是第一生产力”的真谛，深深体会到林业的兴衰很大程度上取决于其科技含量的高低。

东门林场对林业科研历来重视，建场初期便成立了林业试验站，开展一些科研工作，也取得了一些成效。1982年，中国与澳大利亚两国政府技术合作“东门桉树示范林项目”在东门林场正式实施，开展了引种改良、优良无性系繁育、高产栽培技术试验等多项研究，并取得了丰硕的成果。项目系统引进了174个桉树树种种源和1666个家系，建立了包括135个树种和地理种源的桉树树木园和543个无性系的基因库，使中国成为世界上收集桉树种质资源最丰富的国家之一，也使东门林场成为亚洲目前最大的桉树基因库和全国著名的桉良种繁育及生产基地，为中国桉树的育种、遗传改良提供了大量可选择的遗传材料。通过人工杂交选育出47个优良杂种家系，遗传增益达73.8%以上，其中最优家系年均蓄积生长量为70.3立方米/公顷，达到世界先进水平。在项目的后续研究中，东门林场培育和生产的尾叶桉、巨尾桉等优良无性系，1999年被广西林木良种委员会认定，并向社会推荐应用；2001年，国家林业局科技司组织有关专家学者对该场桉树科研项目成果进行评审鉴定，一致公认该项目成果达到了同类研究的国际先进水平。

东门林场桉树科研成果，成为中国桉树人工林发展史上的一次革命，开创了中国桉树无性系林业的先河，使东门林场以及华南适生区获得了依靠科学技术促进林业经济快速发展的良好机遇，大大地推动了中国桉树人工林的发展。自1990年以来，东门林场采用优良无性系种苗和高产栽培技术，定向培育工业用材林，调整了树种和材种结构，使多年来的粗放经营向集约经营转变，大幅度地提高了林木的生长量，缩短了轮伐期，取得了显著的经济效益。据森林资源调查统计，该场1990年森林总蓄积量为46万立方米，至1999年累计采伐面积6050公顷，生产桉材443212立方米，生产出口木片25.9万绝干吨；1999年调查，森林总蓄积量仍达73万立方米。1999～2003年，全场共生产木材39.19万立方米，年均生产木材7.838万立方米，共生产木片9.837万绝干吨，林木总蓄积量仍从73万立方米增至82万立方米，净增9万立方米，增长率10.9%。由此可见，十多年来虽然东门林场产出了大量的木材，森林资源仍不断增长，呈现出良性循环的态势。林木资源快速增长，促使东门林场经济显著提高。据统计，“九五”期间全场经济总收入16806万元，比“八五”期间增加5834万元，增幅34.7%；1999～2003年，全场年经济总收入从2919万元增到3217万元，增长9.2%；职工人均收入1.6万元，比1990年增加近万元。东门林场经济实力不断增强，生产经营运转正常，基础设施得到加强，福利事业有了保障，职工生活逐年提高。自1999年以来，东门林场连续多年被区林业局评为“双文明建设先进单位”。2003年，东门林场被国家人事部、国家林业局授予“全国林业系统先进集体”荣誉称号。

十多年来，东门林场始终走科研与生产相结合、试验与推广相结合的路子，将科技优势转化为经济优势和发展优势。东门桉树科研项目的成果，经东门林场大力推广应用，取得了巨大的经济效益、生态效益和社会效益。东门林场与国家林业局合作建立了国家级林木良种繁育中心，年产扦插、组培桉苗1500万株，向广西及华南地区提供了大量的桉树优良种苗，大幅度地提高了中国桉树人工林的产量和质量。因此，2002年东门林场良繁中心被国家林业局授予“全国特色种苗基地”称号。1991～1995年，广西实施星火计划《良种桉短周期工业用材林综合技术开发》项目，在全区8个地区41个县和6个国有林场种植速丰桉8万公顷，应用东门林场的良种及高产栽培技术，林木生长普遍良好，单位面积产量大幅度提高。经测定6年生的桉树年均蓄积生长量达18.9立方米/公顷，其中示范林达23.2立方米/公顷；同时还将桉造林实施于海拔8000米的山地，大大提高了广西用材林的面积，在荒山绿化、蓄水保土和改善生态环境方面取得了明显的效果。因此，该项目获得了广西重奖科研推广科技成果二等奖。1982～1999年，全广西推广造林共17.44公顷，新增蓄积1550万立方米，新增产值31.4亿元。该场的桉树项目科研成果还推广到华南各适生省区，据不完全估算，区外的林场、公司等大面积辐射推广营造速丰桉林达31万公顷以上，新增蓄积4000万立方米以上，新增产值近100亿元。因此，《东门桉树引种改良及高产栽培技术研究》获得了广西科技进步二等奖。东门桉树科研成果及其产生的效益，引起了上级领导、国内外专家学者和客商的关注和兴趣。项目期间先后召开了4次技术交流会，国内各省(区)林业主管部门的领导、大专院校的教授、科研机构以及澳大利亚等国家的专家、学者、工程技术人员参加了会议，并到该场实地考察。项目实施至今，中央、林业部、自治区等党政领导多次亲临该场考察指导；全国17个省(区)以及20多个国家先后组团或派员前来参观考察和洽谈合作项目。目前，金光集团、日本王子公司和芬兰斯道拉恩索公司等纷纷来广西和东门林场投资造林，从而加快了广西速丰桉的造林和利用，极大地推动了林产工业及相关产业的发展。

四、场外造林

东门林场作为广西主要生产工业用材林的林场之一，承担着为社会尽可能提供大量优质商品材的重任；同时作为科技型的林场，在广西乃至华南地区以科技为支撑大力发展桉树速生丰产林中起着示范和骨干的作用。为此，东门林场在抓好场内造林的同时，大力抓好对外造林，不断扩大桉树速丰林种植规模，逐步形成短周期工业用材林生产基地，努力现实在外再造一个东门林场的战略目标。早在90年代，东门林场依托着自身的种苗和技术优势，与周边一些村屯进行了联营造林，但面积较小。2001年，东门林场与相邻的扶绥县光西林场和西长华侨林场进行了联营造林，共营造桉树速丰林289.8公顷。2003年6月，东门林该场与百色市田东县政府正式签订联营造林项目合同，拟在田东县建立一个2万公顷的桉树速丰林基地。该项目工程分6年完成，拟每年造林3333.3公顷，并于第5年建成一个人造板厂；同时以田东基地为示范，以点带面，将东门林场的林业科技辐射至整个百色市区域和相邻的河池市区域，推动当地林业的快速发展。为保证田东桉树速丰林基地项目的顺利实施，东门林场抽调精兵强将23人进驻田东县，成立了田东基地管理处，建成了一个桉树苗圃，积极开展了各项工作。目前，东门林场已在田东造林333.3公顷，已签租地5333.3公顷的合同书，其他相关工作正在紧张地进行。

五、自营经济

东门林场一直把职工自营经济作为一项重要工作来抓，进一步完善各种管理办法，切实解决出现的各种问题，促进职工自营经济不断向前发展。东门林场种植经济果木林始于1983年，是广西最早发展水果生产的林场之一，实行的是联产承包责任制。1997年，东门林场将原有的果木林全部拍卖给职工，同时将土地承包给职工种植水果，由职工自主经营，自负盈亏，从此拉开了全场自营经济发展的序幕。在发展自营经济中，东门林场注重抓好“产前规划、产中指导、产后服务”工作，确保了职工自营经济工作的顺利开展。1999年，东门林场遭受有史以来最严重的霜冻，全场大部分果林惨遭重创，受灾面积5000多亩，直接经济损失达1亿多元，职工生产积极性严重受挫，生产和生活面临极其困难。灾情发生后，该场除了组织职工做好救灾减灾工作外，及时加大了对职工的扶持力度，通过降低土地承包金额、发放无偿补助资金、减免水电设施费和机耕费等办法，尽量减轻职工负担。同时，东门林场还积极引导和发动职工在果区内套种各种经济作物，以短养长，增加收入，渡过难关，早日恢复生产，重建果园，促使全场经济果木林在大灾之后仍然顽强地向前发展。近年来，东门林场根据历年来受灾情况以及市场需求，会同区内外专家着重研究水果品种结构调整，通过实地考察和市场调查，积极引导职工发展适生丰产、市场前景看好的优新品种，逐步培育出自己的水果品牌，为今后获得更好的效益奠定了良好的基础。据统计，截至2003年，东门林场参加自营经济的职工达1028人，每个职工分到承包地20亩，其中有5亩由场里出资安装水电；全场种植经济果木林等面积达19141亩，种植水果主要品种为柑橙、蜜柚、龙眼等，一些职工还种植了各种经济作物。2003年，该场共生产水果2465吨，甘蔗40000吨，收入918万元；职工套种其他各种短期经济作物460亩，产量975吨，收入39万元；从事自营经济的职工年人均纯收入4563元。此外，东门林场还鼓励和支持职工开展养殖业、经商办店等，多渠道、多方位地发展职工自营经济，不断增加职工收入。

六、产业结构

东门林场建场后近三十年间，几乎处于封闭式的自然经济状态中。生产经营主要是种树卖木，虽然也曾办过一个综合厂生产线芯、木把、台橙等，但因规模小、产品销路不好、经营效益差而停产。由于生产单一，经营模式陈旧，产品缺乏竞争力，经济效益差，抵御市场风险能力弱，从而严重制约了整个林场的发展。为此，90年代初东门林场领导决策层提出：要进一步解放思想，更新观念，深化改革，以资源为基础，以市场为导向，以科技为动力，以效益为核心，加快产业结构调整，兴办第二、三产业，发展多种经营，切实增强全场的经济实力和发展后劲。从此之后，东门林场始终把产业结构调整作为工作重点，下大力气抓，并取得了较显著的成效。主要体现在以下几方面：

(一)林种结构。

从1990年起，东门林场加快林种结构和树种结构调整，依靠自身的林业科技优势，不断改造低产林，大面积营造以桉树为主的速生丰产林。至今，东门林场速丰林面积达7495.9公顷，占全场有林面积59.6%；相思林面积132.1公顷，占全场有林面积1.1%；经济果木林面积768.2公顷，占全场有林面积6.1%。通过林种结构调整，东门林场森林蓄积量大幅度提高，林木轮伐期大大地缩短，近期可利用资源较丰富，后备资源较充足，为今后的长足发展奠定了坚实的基础。

(二)林产工业。

依托着资源优势，东门林场逐步建立起木片生产、木材加工等林产工业。早在1986年，东门林场的综合厂根据当时海外市场的需求，建起小型木片生产线，生产桉木片出口日本，成为广西最早生产木片出口海外的林场。此后，随着市场对木片需求的增加，东门林场对木片厂进行扩建改造，生产规模逐步扩大，现年生产能力已达6万绝干吨。“九五”期间，东门林场年生产出口木片3至5万绝干吨，年均完成产值2500万元，是当时全区最大的木片生产场，木片出口成为该场经济收入的主要来源。1999～2003年，东门林场共生产出口木片9.42万绝干吨，年均生产出口木片1.88万绝干吨。2002～2003年，东门林场进一步开辟木材加工新路子，先后与广西业华公司和福建客商合作，建起了一个旋切板厂和一个胶合板厂，拓宽了木材销售渠道，增加了经济收入。

(三)其他产业。

1994～1995年，东门林场根据当时果木林发展需要和市场需求，先后建起了一个万头瘦肉型猪场和一个1000万块的红砖厂，探索性地迈出了跳出林业办实业的步子。近年来，东门林场根据市场变化，及时地将猪场和砖厂对外招标承包，减少了经营风险。此外，东门林场还将一些店铺、鱼塘、场地等出租给职工，鼓励和支持职工开展养殖业、服务业、运输业等，积极发展多种经营，形成多元小产业，增强了全场整体经济实力。

七、制度改革

东门林场自建场以来，历届场领导对经营管理都予以高度重视，根据当时形势的要求和本场的实际，切实抓好各种规章制度的建立和贯彻实施，取得了一定的成效，促进了东门林场林业生产及各项事业不断向前发展。1998年底，东门林场根据自治区政府的指示精神和自治区林业局的部署及要求，在充分做好有关准备工作的前提下，全面实行了三项制度改革。这是东门林场有史以来范围最广、影响最深、成效最好的一次改革。东门林场按照“精简、高效、协调”的原则，对场机关科室及下属单位进行了调整和重组，并按实际需要定岗、定员、定责。在人事和用工制度方面，实行各领导岗位和管理岗位逐级竞岗制，逐步推行全员劳动合同制；在分配制度方面，实行以结构工资(岗位工资＋技术工资＋效益工资)、计件工资、承包工资为主体，多种分配形式并存的分配办法。改革后，场机关科室由原来的16个精简至4个，科室人员由原来的103人精简至38人；下属单位由原来的21个精简至16个，管理及后勤人员由原来的247人精简至196人。从改革的实践看，由于东门林场认真做好改革的宣传发动和职工思想教育工作，切实安排好富余人员的转岗和分流，及时发现和解决改革中出现的新问题，从而保证了各种改革方案的贯彻实施。改革后场属各单位、部门及其职工的积极性和创造性得到充分发挥，各项生产工作任务全面完成，管理费用明显减少，工作效率和经营效益显著提高，改革取得了很好的成效。2003年11月，东门林场在巩固原有改革成果的基础上，进行了第二轮改革。这次改革是该场第一次改革的深化和完善，旨在进一步运用市场化手段进行经营管理，不断优化资源配置，逐步建立符合市场经济规律的现代企业制度。第二轮改革着重于两个方面：一是深化内部机构改革，将8个营林分场合并为4个，将机耕队并入木片厂，通过合并重组，达到降低管理成本、减员增效的目的。二是深化人事制度改革，通过全员竞争上岗，进一步完善东门林场人事管理制度，逐渐建立起人员能进能出、职务能上能下、待遇能升能降、优秀人才能脱颖而出的用人机制，逐步试行人员聘用制，破除终身制。这次改革促使东门林场人事管理由身份管理向岗位管理转变，由行政任用关系向平等协商的聘用关系转变，人事管理逐步实现制度化、科学化和规范化。2003年，根据上级指示和要求，东门林场以优良资产作股，加入了新成立的广西高峰林浆纸业集团公司。根据这一新情况，东门林场及时地修改了原各种经营管理方案，切实解决工作中出现的困难和问题，确保了全场各项生产工作任务的顺利完成。

八、今后的发展思路

（一）指导思想。

以邓小平理论和“三个代表”重要思想为指导，全面贯彻落实党的十六届四中全会精神和《党中央、国务院关于加快林业发展的决定》精神，紧紧抓住中国林业实现跨越式发展和自治区组建广西林业集团的机遇，与时俱进，开拓创新，进一步推动全场林业经济快速发展。

（二）计划目标。

林业科技优势更加明显，取得多项区（省）级以上的科研成果，桉良种研究与开发处于全国领先地位，桉树品牌牢固树立，国家级林木良种繁育中心全面建成，大型苗圃能为广西及华南地区年供优质种苗2000万株以上，科技对经济的贡献率大幅度提高；桉树速丰林面积不断扩大，至“十一五”期末全场商品林面积力争达到1.9万公顷，蓄积量达90万立方米以上，木材产量提高到每年15万立方米以上，建立起比较发达的林业产业体系；对外联营造林成效显著，至“十一五”期末对外造林面积达12万亩以上，初步实现在外再造一个东门林场的战略目标；依托商品林基地及其资源优势，初步建立起木片生产、木材加工、林副产品加工、人造板等林产工业，进一步提高林业产业的综合效益，逐渐形成东门林场经济的支柱产业；到2010年，全场经济总收入达6000万元，职工年人均收入达3万元以上，逐步过上小康生活。

（三）工作要求。

坚持实施科技兴林兴场战略，进一步将科技优势转化为经济优势；继续扩大对外联营造林，加快建成工业用材林生产基地；加大引导、扶持和服务力度，促进职工自营经济更大发展；加快产业结构调整，不断增强经济实力和发展后劲。

（曾书明　黄建福）

【三门江林场】

一、林场概况

广西国营三门江林场成立于1951年12月，是广西壮族自治区林业局直属的国有林场之一。其前身是官僚资本家、前广西总银行行长王维开办的六合、裕成两个垦殖公司和前广西省雒容林场。林场位于广西中部，林地跨柳州市城中区及鹿寨、象州两县，经营总面积14152公顷（不含对外联营桉树造林792.6公顷），其中商品用材林7153.4公顷，公益林4070.8公顷（重点公益林462.7公顷），森林蓄积量78.2万立方米。属商品型林场。

三门江林场场部位于柳州市桂柳路、柳江河畔，柳州市公共汽车直达林场场部，交通十分方便。1993年5月经国家林业部批准，成立了三门江国家森林公园，园址设在三门江林场场部。朝阳产业——森林旅游服务业在林场逐步得到发展，并成为林场主要产业。

2003年底，三门江林场下设营林分场6个，场行政办、党群部（含党委办、人教科、工、青、计生和离退办）、财务部、营林部（含自营办、联营办）、纪律监察审计办、森林资源保护部（派出所、林政防火办、公园保卫处）等机关科室部门，另设森林旅游公司、森林旅游产品经营公司、健康托管中心、运销公司、开发公司、联营花卉公司、职工医院、子弟学校。场办工业有刨花板厂、红砖厂、松香厂。全场职工总数为1512人，其中在职职工1001人，离退休职工511人。

二、营林生产

1951～2003年，三门江林场营林生产主要经历了油茶残林恢复、大造林、抚育间伐、采伐利用、林种结构调整五个阶段。

（一）1951～1953年，主要加强油茶抚育，并不断培育和扩大种植面积。三门江林场油茶面积曾达万亩，年产量达百万公斤。

（二）1954～1976年大造林阶段。截至1976年底，林场共完成荒山造林13926公顷，基本完成了全场宜林荒山的绿化。

（三）1959年后，三门江林场开始进行造林整枝、适时间伐，合理调整林分密度，提高林分质量。截至2003年底，共完成抚育68546.4公顷，产间伐材 185132 立方米。

(四)1979 年后,三门江林场进入采伐利用期。至 2003 年底共生产木材 945213 立方米。

(五)二十世纪末,三门江林场树种以松、杉为主,森林资源相对不足。为了能更快地提高森林蓄积量,适应现代社会的经济发展,三门江林场加快了对外造林和林种结构调整的步伐。其中,1. 1990 年 3 月,成立拉沟联营分场,与鹿寨县拉沟乡、寨沙镇联营造林 785.5 公顷。主要为松、杉纯林,现已进入抚育间伐利用阶段,森林蓄积达 42598 立方米。2. 1996 底,三门江林场大力发展职工自营经济,视职工自营经济为林场经济发展的一个主要产业,并不断加大扶持和服务力度。全场现有 620 名职工参加,总面积 5840 亩。3. 大力发展速生丰产林。2000 年,三门江林场引种良种桉成功,当年造林 3480 亩。截至 2003 年底,全场共造速生桉 30582 亩(含对外联营造林 11889 亩),大大提高了林场的森林蓄积量,增强了三门江林场的综合实力,同时制定了《十万亩速丰桉发展规划》、《发展速丰桉奖惩实施办法》、《筹资发展短轮伐期速丰桉管理实施办法》。4. 加大科学研究,提高林业的科技含量。三门江林场保持与广西林科院等单位合作,开展林业科学试验,主要有红椎家系和种源试验、邓思桉家系试验、珍贵阔叶林引种试验等项目,为林种结构调整和林木改良提供科学依据。

三、森林资源保护与林区治安

三门江林场派出所成立于 1964 年 3 月,1988 年 4 月成立护林防火办公室,现合并为森林资源保护部,是森林资源保护工作的主要职能部门。编制 23 人(不含公园保卫处),辖四个警区。三门江林场在森林资源保护与林区治安方面的工作:一是加强内部管理机制,发挥和增强部门的积极性和责任感。主要方案有《森林资源管护承包管理办法》、《派出所治安保卫联责承包管理方案》、《护林员管理实施办法》。二是大力宣传有关森林法律法规,提高村民群众法律意识。近几年来,三门江林场每年与鹿寨县森林防火指挥部等单位联合开展丰富多彩的文艺演出,下到各村屯进行森林资源保护宣传。同时,根据情况,三门江林场组织宣传队下到村屯进行宣传,分发有关宣传单。三是加大打击力度,严惩违法犯罪分子。2001～2003 年,共查处各类案件 519 起,其中林业行政 391 起,治安案件 95 起,刑事案件 33 起,处罚 647 人次。四是通过法律程序,有效保护三门江林场合法权益。2003 年,通过法律程序,收回被占林地 58 公顷,有效地维护了三门江林场的合法权益。五是公益林实行严禁采伐保护;商品用材林实行限额采伐,及时更新。六是对森林病虫害实行常年监测,及时预测预报,积极预防,森林处于健康状态。多年来,三门江林场没有大面积森林病虫害发生。

四、场办工业

自 1986 年起,三门江林场先后建成了红砖厂(2500 万块/年)、松香厂(1000 吨/年)、刨花板厂(10000 立方米/年)等场办工业,为三门江林场的经济发展发挥了积极的作用。自 2003 年后,三门江林场的场办工业均实行对外承包,年收承包金 75 万元。

五、自营经济

为进一步调整三门江林场的产业结构,适应现代林场的发展需要,1996 年底,三门江林场开始发展职工自营经济。经过调整,三门江林场的自营经济有了一定规模化发展。全场共有 620 名职工参加,总面积 5840 亩,人均 9.42 亩。主要种植的品种有沙田柚、龙眼、板栗、柑橙类。从 2002 年起,部分职工自营地开始产生效益。

六、森林旅游

三门江国家森林公园于 1993 年 5 月经国家林业部批准成立,总体规划面积 1522 公顷。经过多年的建设与发展,公园的基础服务设施和景点设施逐步完善。公园于 2001 年 1 月 2 日开园,正式对外营业。公园的主要配套设施有:可同时接待 200 人食、宿的绿有缘饭店、绿有缘宾馆,多功能大小会议室 4 个和大型礼堂 1 个。目前已开发的主要景点有:榕园观光区、烧烤场、园艺观光区、森林浴场、梅香园等。主要旅游产品有“黄帝柚”系列水果等。公园开园后,经过大量对外宣传,公园的知名度有了明显的提升,在自治区内外有了一定的影响,并成功举办了柳州首届森林旅游节、柳州第二届森林旅游节、八桂青年全民健身系列活动暨第四届广西森林旅游登山节等大型活动。自开园以来,接待旅客数和总收入逐年上升。2003 年,共接待旅客 18.2 万人(全为境内旅客),总收入 543 万元,实现利税 37.2 万元。

七、花卉生产

2000 年,三门江林场建立花卉培育基地,经营面积 200 亩。主要品种有年产 50 万盆西洋杜鹃系列，年产1500万支玫瑰花系列，榕树、桂花等城市园林绿化苗木。

八、苗木生产

1989年3月，三门江林场建立马步中心苗圃，采用自动喷灌先进技术。主要生产桉树、马尾松、杉树、红椎等用材林幼苗。

九、三项制度改革与职工福利

1997年以前，三门江林场按定额用工计发工人工资，1998年后，工人按计件用工发给工资，三门江林场的用工全部实行社会化，营林生产中的职工单价与民工单价相同，职工按劳取酬、多劳多得、适当发放出勤补贴。管理人员实行定岗定编，实行岗位工资制。在人员的使用上实行公开竞聘或招聘制，初步形成了竞争上岗的良好机制。近几年，三门江林场投资部分资金尽力提高职工的生活条件。主要有：1997年，投资45万元的江口分场引水工程；1999年，投资35万元的导江分场引水工程；2002年投资140万元的场部片引水工程；2000年投资232万元的江口分场危房改造工程（3400平方米）。三门江林场于1991年11月参加了全区林业系统行业养老保险。

十、子弟学校的改制

1999年5月，三门江林场将子弟学校改制成“国有民办公助”性质学校，承包给个体办学。

十一、精神文明与党工团建设

截至2003年底，三门江林场党委下设17个党支部，场工会下设11个分工会，团委下设11个团支部。经过多年的发展，三门江林场精神文明建设取得了丰硕的成果。1991年，三门江林场被林业部评为全国先进林场；个人获市、厅级以上先进荣誉称号有64人次。2001年，三门江林场女子拔河队代表广西参加全国首届亿万妇女健身活动大赛，荣获亚军。

十二、今后的工作思路

（一）顾全大局，维持稳定，艰苦奋斗，勤俭创业。

着眼于林场实际，教育职工，甩掉“等、靠、要”的思想，动员全场广大职工发扬艰苦奋斗、勤俭创业的精神，团结一致，同舟共济，增强战胜困难的信心和勇气。

（二）抓开源，重节流，使资金更好地投入到扩大再生产上。

通过盘活场内的存量资产、争取上级支持、银行信贷及引进投资等方式，积极稳妥地筹措资金。通过压缩基建项目，严格控制业务招待费、车辆使用费和通信费等非生产性开支，使有限的资金，用于营林生产。

（三）加快林种结构调整，做好资源培育工作。

全场现有杉木林3万多亩，由于大部分为第二代杉木林，林分质量不高，所以林场打算加快其更新改造速度，扩大速丰林的造林规模，同时，不断扩大对外联营造林工作。努力提高营林质量，增加森林资源存量。

（四）扩大自营经济的规模，做好引导和服务工作。

选择交通方便、立地条件好的土地，划作自营经济用地，在种植品种、经营项目的选择上做好引导，并做好技术、信息等服务工作。同时，场里给予一定的优惠政策，鼓励职工参加场内、外的速丰林造林，或投资、或承包、或合作，让每个职工都拥有一块属于自己自主经营的土地，一个自我发展的平台。

（五）突出特色，做好定位，提高森林旅游的经济效益。

以柳州市为主要客源市场，以绿色旅游产品为特色，以会议、培训、休闲、娱乐为主要定位，以主题活动为重点，来促进旅游业效益的提高。同时，积极、稳妥、地引进项目，增加公园活动内容，丰富公园文化内涵。

（六）利用柳州市东扩的良机，做好土地开发前期准备工作。

三门江林场十二湾分场大部分林地已纳入柳州市规划的官塘开发区之中，开发区征地工作现已展开。为了更好地利用这片土地，给林场和职工带来更多收益，在配合做好征地工作的同时，要求政府预留（置换）一定比例的“三产”用地，以便林场发展第三产业，增加经济收入，安排职工就业。

（广西国有三门江林场）

【维都林场】

一、历史沿革

1959年4月9日，由铁冒山林场分出部分职工搬到维林大队东汉村建立苗圃，1959年冬在金锡坳东坡建场，定名为金锡山林场。1960年7月经县人民政府批准，凤凰林场与金锡林场合并，定名为维都林场。1962年7月，广西林业厅将原来宾县管辖的龙凤山林场、平塘林场并入维都林场，隶属自治区林业厅管辖。1970年7维都林场下放给来宾县管理。是年，将老虎弄林场和县苗圃的河村点（今维都林场清水河分场）并入维都林场。1972年5月，老虎弄林场从维都林场分离，1975年9月广西林业厅收回维都林场，为区直属林场。

二、林场概况

维都林场位于来宾市兴宾区境内，北回归线从林场南部通过，总场设在来宾市中心，维林大道、建政路西侧，紧靠红水河边，占地面积117公顷，湘桂铁路和桂海高速公路从林场中部穿过，各分场均有公路与火车站衔接，交通便利，投资环境优越。维都林场下设维都、龙凤山、雅江、平塘、清水河五个分场以及年产8.8万吨的水泥厂一座。全场职工956人，林场总面积16139公顷，经营面积15822.2公顷，有林面积8666公顷，森林蓄积量40万立方米，林地跨来宾市兴宾区10个乡镇，东西宽20多公里，南北长约80公里。维都林场地貌多为丘陵和台地，属亚热带季风气候，年降雨量1400毫米，土壤多为红壤和赤红壤。

维都林场的机构设置：

（一）机关科室（部门）有办公室、人事教育科、督查办、生产经营科、财务审计科、供销科、林政科、防火办、派出所、武装部、后勤服务公司。

（二）基层生产（服务）单位有营林分场（维都分场、雅江分场、龙凤山分场、平塘分场、清水河分场）、工业单位（水泥厂、水厂）、附属单位。

三、林场经营特点和职能范围

维都林场隶属区林业局国有林场，属差额拨款的事业单位，企业管理。坚持"以林为本，分类经营，合理开发，综合经营，全面发展"的办场方针，按"严管林，慎用钱，质为先"的要求实施分类经营。实行党委领导下的场长负责制和职工代表大会制度，实行总场统一领导，分级管理，一级核算的管理体制。主要任务是大力发展速丰林，加快森林资源培育，建设和管护好南柳高速公路、湘桂铁路绿色通道和红水河、清水河的护岸护林以及平塘分场松柏分区九万多亩的生态林。

四、三项制度改革

（一）劳动制度。

1. 推行全员劳动合同制。职工与维都林场签订书面劳动合同，依法确定劳动关系。

2. 建立健全动态的定岗、定员、定编制度。根据生产经营需要，合理设置和调整劳动组织，优化工作岗位。坚持以生产定人，以岗位定员，实现了人力资源的优化配置。

3. 加强劳动管理，严格组织纪律，提高劳动生产率和经济效益。

（二）人事制度。

1. 打破干部、工人的分界线，统称职工。根据工作性质分为管理人员、后勤服务人员、生产人员三大类。

2. 建立健全竞争上岗机制，建立和完善公开、平等竞争、择优上岗、职务能上能下的聘任（用）制度和考核淘汰制，实行两年一聘，一年一评。

3. 建立合理的人才流动制度。制定考核指标，跟踪考核，任期内不称职的可立即解聘。

4. 制定改革后富余人员分流管理办法。

（三）分配制度。

1. 实现结构工资和计件工资为主体的多种形式并存的分配制度，打破了固定工资制度，进行年终考核奖罚。

2. 管理人员及后勤服务人员实行结构工作制，一线生产工人实行计件工资或承包工资，自营经济职工从自主经营和产品销售中获取收入。

3. 离退休人员生活费按国家规定发放；内退养职工工资按场内退规定发放。

4. 应由职工负担的医疗保险、养老保险等费用由职工承担。

五、职工自营经济

维都林场鼓励职工发展自营经济，为促进林场职工自营经济健康发展和规范管理，由一名总场领导分管职工自营经济工作，成立自营经济办公室，制定有职工自营经济管理办法，林场为自营经济职工提供"三产"服务，聘请有一名专职高级农艺师为职工自营经济提供技术指导服务。职工自营经济贯彻以市场为导向，自费投入，自主经营，自负盈亏，自我发展的方针，坚持以林为本，因地制宜，统一规划，统一扶持，统一指导，统一病虫害防治，统一产品销售的原则，规模化、集约化经营，实行股份制、股份合作制经营、个体经营、联户经营、承包经营，现维都林场职工自营经济种植经济果木林660公顷，甘蔗530公顷。

六、场外造林

维都林场把加快速丰林发展作为林场增资源、增实力的根本出路，把场外租地造林作为林场的一个中心工作，设立营林公司，负责对外租地造林和档案管理工作，并派出工作组，负责场外租地造林前期协调工作。场外造林已辐射到周边的合山、忻城、象州、武宣、兴宾区、柳江等县市,场外租地营造尾叶桉速丰林面积已达4万亩,正在落实的场外造林地约1万亩,场外造林工作取得了显著成绩。

七、产业发展

维都林场按国家林业局“严管林,慎用钱,质为先”的要求实施林业分类经营,以加快培育森林资源和大力发展职工自营经济的第一产业为重点,强化森林资源管理,调整林种和产业结构。维都林场商品林7360公顷,生态公益林6643.8公顷,现有速丰桉3330公顷,年产松脂2600吨。抓住新建地级来宾市的良好商机,大力发展以门面租赁为主的第三产业,目前,维都林场拥有15000平方米的商业铺面,到2007年,林场将拥有50000平方米的商业铺面,年纯收入将达1500万元,在加快公有制经济建设的同时,鼓励、扶持和引导非公有制经济的发展。

八、森林资源管护

维都林场把保护森林资源当做一件大事来抓,不断加大林业执法力度,严厉打击毁林开荒、故意纵火、盗伐林木等违法行为,多年来林区治安稳定。维都林场森林资源管护实行承包责任制,总场成立森林资源保护中心,由总场林政防火办、派出所及武装部组成,制定有森林资源管护承包方案,将责任和任务层层分解,即分场向总场承包,护林员向分场承包,承包包括林地保护、林木守护、森林防火、森林病虫害监控,经费实行总场统一核定,按月划拨,年终根据考核量化指标进行奖罚。

(维都林场)

【黄冕林场】

一、林场概况

黄冕林场创建于1957年11月,是广西壮族自治区林业局直属林场之一,林场地处桂中北,位于柳州市鹿寨县和桂林市永福县境内。全场经营面积21980.6公顷,2000年11月分类经营林地区划界定面积20851.1公顷,其中生态公益林面积6778.7公顷,商品林面积14072.4公顷,属商品经营型林场。全场森林面积14094.0公顷(不含场外造林2962公顷),灌木林面积4303.2公顷,森林覆盖率82.9%,森林蓄积量121万立方米,年生产木材4万~5万立方米。黄冕林场交通便利,湘桂铁路和桂海高速公路贯穿林场南北,林区内有火车站4个,高速公路互通式口站2个。场内林区公路142公里,便道110公里,林区道路密度11.5米/公顷。场部设在鹿寨县城南新区。

黄冕林场实行一级核算,两级管理的组织管理形式。总场下辖6个分场,一个中心苗圃,机关科室部门9个,另设有学校、派出所、职工医院等单位,场办工厂有松香厂、茶厂、木材加工厂、人造板厂、木片厂等。全场职工总人数1129人,其中在职职工671人,离退休458人。

二、森林资源状况

1957~2003年,全场累计场内造林25844公顷,其中荒山造林17240.7公顷,迹地更新8603.3公顷。截至2003年,全场累计对外租地联营造林2962公顷。2000年分类经营统计,全场林分总面积14365.2公顷,其中生态林、商品林幼龄林2544公顷,中龄林2792.6公顷,近熟林3012.7公顷,成熟林4508.3公顷,过熟林932.8公顷,经济林(含竹林)574.8公顷。2003年末场内林木总资产为2.41亿元。

三、营造和管护生态公益林

黄冕林场有铁路、河流和高速公路贯穿林区,其中湘桂铁路30公里,珠江干流的二级支流洛清江在林区境内长42公里,桂海高速公路穿越林区24公里。全场用于培育生态公益林的林地6778.7公顷,占有林面积的32.5%,其中国家级公益林4121.8公顷,自治区级公益林2656.9公顷。

黄冕林场对生态公益林实行禁伐、护林、防火等保护性管理。

四、商品林经营

商品林经营主要是以林板一体化为主线,大力发展速生丰产林。

(一)商品林经营模式。

对商品林按照国家政策经营管理,限额采伐,当年及时更新。

(二)调整林种结构,大力发展速丰林。

2001年以前,造林树种以马尾松、杉木为主,林种结构较单一。为了加快林种结构的调整步伐,在较短时期内大幅增加森林资源总量,在试验种植速丰桉取得初步成功的基础上,黄冕林场大力培育桉树速生丰产林,场内商品林基地以培育大径材速丰桉为主,场外以租地和联营的形式,营造短轮伐期速生丰产桉树林。2002~2003年,黄冕林场共培育速丰桉4419.5公顷。2003年经广西壮族自治区林业局批准,黄冕林场在河池市环江县租地联营发展速丰林，计划从2004年起，每年发展3000～4000公顷，争取5年内在环江县建设20000公顷速丰林基地。黄冕林场在广西壮族自治区林业局和广西高峰林浆纸业（集团）公司的支持下，拟待条件成熟时在环江县投资1亿元建设一个年产15万立方米的人造板厂，吸纳消化速丰林资源。

（三）发展速丰林的主要措施。

1.规划落实发展用地。场内采伐迹地、低产林改造林地，用于建立桉速丰林大径材基地；抓住国家林业局退耕还林政策机遇，积极与市县政府和林业部门联系合作，在场外利用退耕还林和配套荒山造林用地大力发展林板一体化短轮伐期桉速丰林，得到了当地政府、林业部门的大力支持和当地群众的积极配合，2003年一次性与环江县签订了30万亩的荒山造林营造速丰林合同，并已分年度逐步落实到地块。

2.切实抓好工程质量。

（1）修订场《营林生产管理办法》，全场统一营林生产规划设计，统一技术规程，统一验收标准，造林第二年底验收合格后按合格数量投资。

（2）制定场《职工造林管护承包办法》，职工承包造林一包两年，到期林场按质量标准实行买断的管理办法，增强了职工的责任感，促进造林质量的提高。

3.依靠科技，提高速丰林科技含量。与国家桉树研究开发中心签订了6年的技术指导合同，并在其专家的指导下，开展了广西山区耐寒桉树种子园和大径材培育技术研究科研项目，完成种子园及大径材实验造林99公顷，从澳大利亚引进耐寒桉品种12个，初步筛选出适合黄冕林场的耐寒桉品种；投资150万元，扩建了场中心苗圃，并于2003年在环江县新建桉速丰林育苗基地，形成年产1500万株速丰桉育苗基地。

4.多渠道筹集造林资金。利用林场自筹、争取速丰林发展贷款以及职工集资等方式筹集资金，项目预算资金1.35亿元，2001～2003年已筹集6000万元。黄冕林场制定了《职工集资造林办法》，林场出土地，职工出资金，场统一营造林管理，采伐时集资职工与林场按比例分成。

五、林产工业

1992年10月建立松香厂，年生产能力3000吨，投资250万元，于1993年8月投产。1984年8月建立茶厂，1988年投资50万元技改；年生产能力10万公斤，1989年3月投产。1994年5月建立人造板厂，年生产能力3000立方米。1997年5月建立切片厂，规模较小；综合加工厂于1984年8月建立，1996年扩建，年生产能力3000立方米。2003年末，除茶厂由林场经营外，其余几个厂已租赁给个体经营，全年四个工厂共收租赁金37.5万元。茶厂年产值200万元，利润10万元。

六、森林资源管护与林区治安

黄冕林场于1979年12月成立派出所，1984年设立林政科（1997年与防火办公室合并为林政防火办公室，林政办下设4个木材检查站）。作为负责林场森林资源管护与林区治安的职能部门，2003年派出所编制19人，林政防火办编制19人。黄冕林场制定了《森林资源管理办法》和《派出所林区治安保卫森防管理方案》，公安干警进驻各警区，实行警区治安、保卫、森防实绩与报酬相挂钩的管理，增强了民警的工作责任感，及时调查处理各种案件，严厉打击偷盗非法运输木材的行为。林政防火办公室、各分场分别对林地保护行使职责，制止侵占林地现象，对以往被侵占的林地采取措施，逐步收复。

加强护林防火工作。完善组织领导，高度重视森林防火工作，强化专业及半专业消防队伍的建设；切实加强走村串户的防火基础工作，每年召开村屯一级以上的护林防火联防会议，做好防火宣传工作；严格控制火警、火灾。林场年火灾受害率均控制在1‰以内。

七、三项制度改革与职工福利

1997年以前，黄冕林场按定额用工计发工人工资，干部按档案工资计发。1998年至今，工人按计件用工发给工资，林场的用工全部实行社会化，营林生产中的职工单价与民工同等，职工按劳取酬，多劳多得。管理人员实行定编定岗定责定酬，按岗位完成规定的职责和任务领取报酬。在管理人员的使用上，实行公开竞聘或招聘的形式录用，一年一评一聘，初步形成了较好的竞争机制。黄冕林场于1991年11月参加全区林业系统行业养老保险，因政策原因于2000年8月终止，之后直至2003年末尚未参加社会养老保险。

八、大力发展非公有制经济

从1999年下半年起，黄冕林场制定出较优惠的扶持措施，鼓励职工发展以种植为主的非公有制经济，在土地租金、种苗、肥料等方面，林场给予职工优惠政策，负责提供种苗，倡导规模发展，连片种植。2003年已发展以沙田柚、杨梅、三华李、茶叶等为主的优质经济果木林及绿化苗木840公顷。沙田柚2001年首次选送参加全国优质柚类评比，荣获金杯奖；有16种系列包装的"麓岭"牌绿茶，2002年被评为中国优质经济林产品。职工通过发展自营经济尝到了甜头，户最高年收入已超过6万元。

九、实施异地置业发展规划，将场部搬迁至县城

从2000年下半年起，黄冕林场着手新场部的建设，先后通过集资的方式，建起了职工住宅楼6栋，共132户，建筑面积18800平方米；投资1200多万元，建起一座5000多平方米的办公大楼。2003年5月黄冕林场将场部正式迁到鹿寨县城，林场拥有了更加有利的发展条件。

（黄冕林场）

【钦廉林场】

一、林场概况

钦廉林场成立于1963年，是广西壮族自治区林业局直属大型国有林场之一。钦廉林场位于广西南部，总部设在北海市合浦县乌家镇，林区跨北海、钦州两市的4个县(区)，南北钦路、南北二级公路、桂海高速公路穿越其中。全场经营面积5.97万公顷，有林面积4万公顷(其中：生态公益林0.28公顷，商品用材林3.72万公顷)，森林活立木蓄积90万立方米。钦廉林场下设9个营林分场，第二、三产业有纤维板厂、工贸公司、机砖厂、承包经营振林大厦(二星级)，与外商合作建设北海冠华人造板有限公司(设计年产中密度纤维板10万立方米)。总场部设立产业部、资源保护利用部、资金管理中心、后勤服务中心、办公室5大职能部门。2003年，全场总人口5163人，在册职工1155人，离退休人员1065人，全年工农业总产值5143万元，经济总收入4389.28万元，木材产量3.32万立方米，人造板产量2.58万立方米，年末资产总值25068万元，净值18642万元。

二、森林资源培育

森林资源培育主要体现在以下几个方面：

(一)种苗生产。

钦廉林场建有良种桉、湿地松、加勒比松、相思种子园6.7公顷、母树林8.7公顷。2000年实施种苗工程项目，总投资150.36万元(其中国债投资100万元，自筹配套资金50.36万元)。全场建有苗圃场3个，年产苗木可达1500万株，主要树种有良种桉、相思、红椎、松类等。

(二)营林生产。

1.营造林概况。

(1)建场至1979年，大面积荒山造林阶段。累计人工造林5.136万公顷，主要以马尾松、杉木和一般桉树(柠檬桉、隆缘桉、大叶桉等)为主.其间：1964年开始引种杉木，1968年开始推广种植；1965年小面积引种试种一般桉树，1975年开始较大面积推广种植；1973年开始引种试种湿地松等外国松。

(2)1980～1989年，造林灭荒及经营管护阶段，同时进行种植结构调整，在坚持"以林为主"的基础上，发展以柑橙为主的经济林。这一时期，全场累计人工造林0.84万公顷，以国外松(湿地松、加勒比松)、马尾松和一般桉树为主。1988年开始引种试种短轮伐期速生丰产良种桉16公顷，1989年推广种植80公顷。

(3)1990～1999年，迹地更新造林阶段。累计人工造林面积1.94万公顷，以国外松、速丰桉为主。其间，1996年采用撩壕、挖大坑等备耕手段，在山地上营造短轮伐期速丰桉树取得成功(此前速丰桉只在可机耕的平台地营造)，1998年开始引种试种马占相思。

(4)2000～2003年，大面积发展短轮期速丰林阶段。累计人工造林1.316万公顷，以相思、速丰桉为主。2003年采用超常规措施改造湿地松低产林发展桉树、相思速丰林获得成功，林木生产良好，为加速对现有湿地松、杉木低产林改造提供了科学依据。

2.木材采伐利用。1971年开始进行林木间伐，1986年进入采伐利用期。到2003年累计生产木材607123立方米，销售木材543801立方米，实现销售收入10521.29万元，实现利润759.72万元，上缴税费1297.83万元，回收林木资产4838.47万元。

3.速丰林建设。钦廉林场地处亚热带季风型海洋性气候区，日照充足，雨量丰沛，适宜大面积发展短轮伐期速生丰产林。建场以来至90年代中期，主要以营造马尾松、湿地松、杉木和一般桉树为主，生长周期长，连年生长量少，出材率低，经济效益较差。80年代末期引种试种速丰桉，90年代在可机耕的平台地推广种植，1996年在山地种植获得成功，1999年开始大面积推广，以桉树、相思树为主。2002年以来，钦廉林场充分发挥林地资源丰富的优势，积极实施速丰林品牌战略，按照统一规划，规模经营的原则，大力发展外资、联营合作、职工承包造林，形成多主体参与、多渠道投入、多形式造林、产权清晰、业主明确、诚信经营的造林新格局。截至2003年底，全场速丰林面积达14030公顷(桉树5859公顷、相思2495公顷、相思桉树混交5676公顷)，其中：外资联营合作造林11230公顷，林场职工承包造林2347公顷。

4.经济林建设。林场经济林建设大体分为三个阶段：70年代以发展紫胶、橡胶为主，但由于地理、气候等原因，所营造的紫胶、橡胶林生长不理想，已全部淘汰。80年代以种植柑橙为主，种植面积320公顷，但由于病害严重，到1995年，所种植的柑橙大部分已被淘汰。90年代以种植荔枝、龙眼、柑橙为主，种植面积3173公顷，但由于市场等原因，部分果树被淘汰，目前仍保留602公顷，已作价拍卖给职工经营。截至2003年底，全场累计生产各种果品12035吨，实现销售收入1097.58万元。

(三)生态工程建设。

累计完成海防林693公顷，封山育林667公顷，完成绿色工程造林533公顷。森林生态效益补助资金试点面积4347公顷，全面签订管护合同，落实补助资金116.53万元。

三、林业科技

1984年，参加桉树扦插育苗试验项目，获原国家林业部科技进步三等奖。1995年，参加马尾松经营技术优化试验研究项目，获广西科学技术进步二等奖。1997年，参加“八五”国家“星火计划”项目——良种桉短周期工业用材林综合技术开发项目，广西林业科技进步一等奖，广西科学技术进步二等奖。2001～2003年实施杂交松试验示范项目，营造试验林12.5公顷，并完成项目的测定工作。2002年，邀请广东热林所、广西林学院专家举办速丰林技术研讨会，经济管理培训班，组织参加国际桉树研讨会。2003年，参与国家农业科技成果转化资金项目——柳隆桉无性系区域测定与示范项目，完成项目造林8.9公顷。与广西大学林学院合作开展，钦冠黎合江林业科技与生态休闲旅游综合试验园项目，第一期建设面积86.6公顷已完成。

四、森林资源保护

森林资源保护主要体现在以下几个方面：

(一)林地林权管理。

钦廉林场经营面积大、范围广，周边与19个乡镇100多个村(屯)接壤，森林资源保护任务十分艰巨，林政问题相当复杂。改革开放以来，特别是外资企业纷纷进入广西投资造林后，周边村民侵占、蚕食林地。无理阻挠林场正常生产经营，权属争议纠纷的现象十分突出。截至2003年，全场被侵占林地6315公顷，经营受阻林地6285公顷，权属争议纠纷林地1275公顷。针对森林资源保护的复杂形势，近几年来，林场坚持保护、管理、利用并举，三者有机结合，取得明显成效。

1.开展林区治安、护林防火综合治理。近几年来，林场紧紧依靠地方党委政府，积极开展林区治安、护林防火综合治理。2003年，林场拨出车辆、经费，与灵山县政府成立场群关系处理协调工作组，处理灵山县境内林场土地被侵占、经营受阻、权属纠纷案件，协调场群关系，与合浦县、浦北县、钦南区的部分乡(镇)、村(屯)开展护林防火联合承包试点工作。

2.遵循加强协商、化解矛盾、共同开发、加快利用、妥善处理历史遗留问题、实现林区长治久安的工作新思路，对长期被占、经营受阻、争议纠纷的林地林木案件，通过协商、适当让利、法律裁决等多种方式，加快林地林木的回收和利用。2002年以来，共处理被侵占、经营受阻、权属争议纠纷林地林木案件40宗，收回林地1500公顷。

3.按照分块管理的要求，改革森林资源保护工作机制，强化管理职能，把森林资源保护职能落实到造林业主、护林责任单位、护林员，改变护林防火经费按人头发放的办法，把经费分解落实到每一块林地、每一片林子，形成业主、护林员、护林责任单位、地方政府、部门、村屯、林业公安齐抓共管的护林防火工作新局面。

(二)林业公安。

钦廉林场派出所成立于1980年，编制35人，现有民警33人。建所以来，钦廉林场共查处刑事案件96起，查处各类行政治安案件216起，收缴林木赔偿损失款138,56元，收回合法经营受阻林地及被侵占林地共1605公顷，收回木材1656.5立方米。

2000年以来，钦廉林场派出所参加了国家林业局和公安部组织的“南方二号行动”、“天保行动”、“猎鹰行动”、“春雷行动”、“绿剑行动”、“候鸟二号行动”等一系列行动，共出动警力408次，清理宾馆、饭店等场所24家，清理市场5个，收缴野生动物一批，收缴枪支2支，收缴猎具43套，严厉打击破坏野生动物资源违法犯罪的嚣张气焰，提高了广大人民群众保护野生动物的意识，表明了中国森林卫士保护野生动物、维护生态平衡的坚定决心，树立了中国森林公安的良好形象。

(三)森林防火。

1991年4月以民兵应急分队的形式组建钦廉林场扑火队，隶属于本场武装部，并代表北海市参加广西区举行的地(市)队的实地森林扑火比赛，同年成立钦廉林场防火指挥部和办公室。1992年以分场为单位成立防火指挥所，组建9支扑火半专业队，扑火专业、半专业队伍人数共167人。十多年来参加本场及地方的森林扑火，所到之处，无往而不胜，被誉为“北部湾畔的一支劲旅”。2002年以来，随着改革及体制的深入，钦廉林场整建了防火指挥部，健全了各项制度，调整了扑火专业队(由原来的32人调到39人)。配备充实扑火器具，两年来共参加扑火20多次，受到了北海市政府的嘉奖。

(四)森林病虫害防治。

全场主要森林病虫害是马尾松毛虫、桉树青枯病、桉树焦枯病，油桐尺蛾、荔蝽等，在森防工作中，每年定期开展病虫害监测调查，病虫监测覆盖率均达到100%。2003年，全场发生松毛虫面积60公顷，使用白僵菌喷洒防治，作业面积1103公顷，无其他森林病虫害发生。

五、产业发展

改革开放以来，钦廉林场在坚持“以林为主”的基础上，积极调整产业结构，发展林产工业及多种经营，先后建成木器厂、造纸厂、纤维板厂、红砖厂、爆竹厂、石材厂、工贸公司等一批二、三产业项目，但部分项目由于经营规模小，市场竞争力不强等原因已关停并转或对外出租。纤维板厂经过不断的技术改造，年生产能力已达35000立方米，截至2003年底，累计生产纤维板147038立方米，实现销售收入13834.8万元，实现税利636.155万元；1997年承包经营北海振林大厦，经过改造装修，2003年荣升二星级酒店，可同时接待200人食宿。2003年，全场二、三产业经济总收入达234.81万元，占全场经济总收入的53.3%，成为林场经济的支柱产业。

六、职工自营经济

钦廉林场职工自营经济从1990年起步，初期以种植甘蔗等短期作物为主。随着改革的不断深入，转岗分流职工逐年增加，钦廉林场逐步加大对职工自营经济的扶持力度，成立职工自营经济管理办公室，加强产前、产中、产后的服务和管理。1997～1998年，将场内原有的荔枝、龙眼等经济林作价拍卖给职工经营，由于产权明确，管理到位，大部分职工购买的果园已收回投资并有所盈余。2002年以来，林场积极盘活林地林木资产，鼓励和扶持职工发展速丰林，促进了职工自营经济的良性发展。2003年，全场从事自营经济的职工共936户1678人(含离退休职工)，种植面积1426.3公顷，人均0.85公顷，职工自营经济总收入634.84万元，纯收入162.59万元，人均纯收入969元。

七、花卉苗木

钦廉林场从2002年开始发展以绿化苗木为主的花卉苗木生产，到2003年，全场花卉苗木种植面积12公顷共30多个品种，年可供备种苗木50万株。

八、体制改革

近几年来，围绕建立现代企业制度的要求，钦廉林场不断推进内部各项改革，加强经营管理，促进林业和各项事业的快速发展。

(一)按照专业化管理、市场化运作、合同化兑现的要求，对总场机关原有的机构设置和管理职能进行改革，设置产业经营部、资源保护利用部、资金管理中心、后勤服务中心，将全场相关的资产、债务量化划分到各事业部，人财物到位，责权利明确。全场的生产经营建设项目、产品销售，全部按市场化的方式进行运作，以合同形式兑现，实行资产化经营管理。

(二)推进三项制度改革，劳动用工全面实行劳动合同制，管理人员按岗位设置，实行竞聘上岗；职工与林场签订合同，实现职工身份管理向劳动关系管理的转变；打破原有的工资分配制度，全面实行岗位工资、效益工资、计件工资、质量工资。

(三)积极探索以产权为核心的所有制改革，建立多元化投资、业主明确、诚信经营的发展机制。提出营林单位职工每人一片林，经营单位职工人人有股份的目标，鼓励和扶持职工承包造林、参股经营。

2002年，钦廉林场制订职工发展速丰林建设方案，规划营林分场每个职工承包造林8～10公顷，尽可能以家庭连片经营，林场在种苗、肥料及部分资金中给予扶持，职工投工投劳，造林形成林木资产后，进行验收评估，职工以增值的林木资产作抵押，按一定比例向林场贷款，继续发展速丰林。通过林场扶持，职工诚信经营，逐步实现职工个人资本的原始积累。截至2003年底，全场共有140户职工承包造林，营造职工“业主林”、“项目林”2347公顷。

九、招商引资

钦廉林场的招商引资主要有：(一)1990年开始世行贷款造林项目，截至2003年底，累计利用世行贷款1461万元，完成造林面积9753公顷。1999年获广西壮族自治区林业厅“世界银行贷款国家造林项目”先进单位。(二)1999年金光集团开始进入林场投资造林，此后，广西高峰林场、芬兰斯道拉恩索公司等纷纷来场投资造林，累计引进外资6738万元，完成人工造林10004公顷，其中：印尼金光集团1249公顷，芬兰斯道拉恩索公司258公顷，高峰林场8497公顷。(三)1993年，与台商合资建立钦宝林产品有限公司(1996年撤销)，2003年3月与外商合作，投资1.07亿元，建设年产10万立方米的冠华人造板有限公司。

十、发展目标

围绕林业两大体系的建设，以速丰林建设、林产加工为两翼，推进林场产业结构升级，全面转变林业经济增长方式，实现林业跨越式发展，力争进入全区国有林场先进行列。一是重点发展速丰林。近期规划全场速丰林面积在原有基础上发展至40000公顷，成林后森林蓄积量240万立方米以上，年产木材45万立方米以上。二是大力发展林产品加工业。通过招商引资、股份合作等方式建立以人造板、集成材、家具等为龙头的木材加工企业。规划3年内再投资建设设计年产15万立方米的高密度纤维板或刨花板生产线。根据全区木材加工产业布局，积极争取筹建木材、家具加工工业园，形成20万立方米的家具加工能力，园区工业产值达8亿元。三是不断推进非公有制林业的发展，全面实现营林单位职工每人一片林，经营单位职工人人有股份的目标，促进全体员工致富奔小康。第一步，巩固职工承包造林成果，继续扶持营林单位职工发展速丰林，鼓励一部分职工先富起来；第二步，发展总场机关及经营单位的职工合作造林，鼓励和扶持职工通过认购以合作造林形成的林木资产评估入股等方式，拥有与外商合作建设的冠华人造板有限公司的股份；第三步，通过几年的发展，鼓励一部分先富起来的职工结对帮扶后进职工发展经济，实现共同富裕。

(钦廉林场)

【雅长林场】

一、林场概况

广西壮族自治区直属国有雅长林场，位于广西西北部，地跨百色市的乐业、田林两县，东南面紧临乐业大石围天坑，西、北面隔南盘江、红水河与贵州省的册亨、望漠两县相望。面积108.6万亩，经营面积91.4万亩，活立木蓄积量222万立方米，森林覆盖率67.4%。总人口2166人，其中在职职工714人，离、退休职工159人。场部设在乐业县花坪镇。

雅长林场的前身是凌乐林场，创建于1954年8月，随后其名称和主管机关多次变更。1976年在原有国营乐业县雅长林场的基础上，与国营乐业县花坪伐木场合并正式成立国营雅长林场，归百色地区所辖。1977年至今为自治区直属大型国有林场。雅长林场下设花坪、果麻、茶场、雅长、那成、雅庭、二沟、益来、东明、九龙分场和种苗基地等11个(生产单位)，有木材综合加工厂、木浆造纸厂、复合肥厂、商业公司、森林公园管理中心等独立核算单位，总场设有党政办公室、生产科、财务科、林政科、人教科、销售科、自营办、防火办、廉政办、工会、林区派出所等职能科室(单位)，还开办联合小学、职工医院、幼儿园等。

雅长林场在1971～2003年底共投入资金24670.3万元，其中国家投资(含事业费)3476.34万元，自筹21193.96万元。1971～2003年累计收入25791.36万元，其中木材销售19020.26万元，运输1167.71万，加工利用4272.66万元，多种经营1330.73元，同期总支出21156.59万，纯收入4634.77万。

二、营林生产

雅长林场是广西桂西北主要的用材林基地之一。1959～2003年，全场营林生产总投资29459.8万元，其中国家投入1643.8万元，自筹27816.0万元。1971年以来，近33年时间累计向国家输送木材66.35万立方米，累计完成造林50余万亩，完成育苗4000余万株。

三、基础建设

雅长林场通信发达，无线电通信网络覆盖全场。各分场基本通水、通路、通电。总场办公条件逐渐改善，2003年7月，建筑面积达2700平方米的办公大楼交付使用，配备了58台电脑用于办公，林业调查广泛使用卫星定位系统（GPS）。全场现有住房面积23500平方米，人均31.25平方米，除新成立的茶场和九龙分场外，大部分职工已告别了木结构住房的历史。

四、森林保护

雅长林场曾成为国家重点火灾区之一。1983～1989年，雅长林区共发生特、重大森林火灾24起，森林受害面积35.25万亩。其中以1989年最甚，全场共发生特、重大森林火灾依次为2起和5起（全国分别为3起和21起），森林受害率高达135.7‰，成为名副其实的"火山口"。严重、频繁的森林火灾，引起中央及地方各级政府领导的高度重视。1988年3～5月，国家森林防火指挥部秘书长、林业部副部长刘广运同志和广西壮族自治区人民政府龙川副主席先后到雅长林区视察并对森防工作做出重要指示。6月12日，自治区人民政府办公厅印发《关于加强雅长林区护林防火发展林业生产工作会议纪要》[桂政办〔1989〕57号]的通知，从区、地、县、乡和雅长林场抽调63名干部组成联合工作队，对雅长林区实施综合治理，划出林区群众生产生活用地103211.3亩，成立县、乡、村联合防火组织机构，组建专业森林消防队。与此同时，在林区辖区内建立无线电通信网络，大规模修建防火隔离带。经过不断努力，从1990年起森林火灾得到有效遏制，连续14年没有突破上级规定的森林火灾控制指标。

五、自营经济

1996年7月，依照自治区农林水总工会和区林业局有关文件精神，雅长林场采用政策支持和资金扶持等方式积极引导和鼓励职工大力发展自营经济。截至2003年底，全场共划分各类职工用地面积38127亩，参加人数801人，已预支的项目扶持资金共计363.28万元，现有各类经济果木林面积16790.3亩。通过发展自营经济，职工生活水平有所提高。

六、森林分类经营

随着社会主义市场经济体制的建立和发展，传统林业的经营模式已越来越不适应新形式发展的要求，实施林业分类经营改革，建立现代林业经营管理体制和发展模式，是新世纪林业发展的必然趋势。而森林分类区划则是推进林业分类经营改革的基础工作。2000年11月，根据广西壮族自治区人民政府办公厅桂政办发〔2000〕213号文件和广西壮族自治区林业局桂林营发〔2000〕61号文件精神，雅长林场被划为试点单位开展了森林分类区划界定工作。全场共区划界定总面积60550.3公顷，其中生态公益林（地）38462.8公顷，商品林（地）22087.5公顷，确立了雅长林场作为"区直大型公益型林场"的发展定位，标志着该场从以生产利用为主的生产型林场向生态型林场转变实现质的飞跃。通过"地域分区、森林分类、经营分治、分区突破"的发展战略，在商品林地内大力发展八角、杜仲、花椒和杉木、桦木、马尾松等经济林或用材林，在生态林区内加强生态公益林的建设和保护，促进林业"生态、社会、经济"三大效益协调健康发展。实施分类经营，林场经营向"转型"发展迈出了重要的第一步。

七、珠防林建设

雅长林场地理位置独特，生态区位突出。珠江水系两大干流南盘江、红水河环绕西北面场界56.2公里；处于国家西部大开发重点工程项目龙滩水电站库区。搞好南盘江、红水河沿岸的水源涵养林建设，对于全面建设珠江流域防护林体系工程、改善龙滩水电站库区生态安全尤显重要。

八、生态旅游

发展生态旅游是建立森林资源保护与利用相结合的最佳模式。当前，被誉为"阳光工程"的生态旅游已成为中国林业产业发展中最具活力和发展潜力的新兴产业。在生态公益林区发展森林旅游业，走"保护—利用—发展—保护"的生态与经济双向良性循环路子，是林场转变经营方式、调整产业结构的重大举措。雅长林场实施分类经营后，63.5%的林地被划为生态公益林，依靠木材生产获得主要经济收入的传统经营方式即将成为历史。为争取主动，雅长林场提出了发展生态旅游的设想并付诸实施。2002年12月2日，国家林业局批准建立"黄猄洞天坑国家森林公园"，次年9月28日，公园正式对外开放。公园的建成和开放，标志着雅长林场"转型"已经迈进了一个崭新的发展时期。森林公园规划总面积13879.7公顷，规划期八年，总投入10321.5万元。经过一年多的不懈努力，目前黄猄洞天坑国家森林公园内已建立了世界第一个天坑攀岩和速降基地，开辟了三条国家级攀岩线路和两条180米速降线路，建成了白云山庄、景区油路、人行步道、观景台等基础设施，具备了200～300人的接待能力。雅长林场正利用独特的地质、地貌奇观，丰富的森林资源，以高投入、高标准、树品牌的经营理念大力发展生态旅游，加快公园基础设施和景区、景点建设速度，全力打造国家级生态旅游品牌。如今，黄猄洞天坑国家森林公园正逐渐成为广西旅游热点，与大石围天坑群一道先后被授予“国际岩溶与洞穴探险科考基地”和“国家地质公园”称号。

九、自然保护区建设

建立自然保护区，是拯救珍稀濒危野生动植物最有效的途径，亦是林场“转型”成败的关键。雅长林场已定于从2004年7月份起，由广西林勘院、广西大学和雅长林场等相关单位的专家组成的综合考察组将对规划范围内的地质、地貌、水文、气象、土壤、生物、植被等内容进行综合考察，为下一步项目申报作充分准备。

（雅长林场）

森林资源保护与林政管理

森林资源保护

【广西森林病虫害防治的历程】

广西地处南亚热带，北回归线横贯中部，水热条件优越，植物种类丰富，适宜森林病虫生存繁衍，危害森林植物的病虫种类多。据广西1979～1982年森林病虫普查资料统计，对林业生产造成一定危害的病虫有200多种，其中经常对林业生产造成灾害的有20多种，主要种类有：马尾松毛虫、松茸毒蛾、黄脊竹蝗、竹广肩小蜂、油茶毒蛾、八角叶甲、八角尺蠖、白蚁、桉树青枯病、肉桂枝枯病、毛竹丛枝病、松树枯萎病等。广西松林分布广，纯松林面积大，马尾松毛虫等松树病虫危害最为严重。自60年代以来，每年松树病虫害发生面积占森林病虫害发生总面积的90%左右。80年代以来，桉树、竹类、八角、肉桂等林木种植面积迅速扩大，其病虫害问题也日趋突出，森林病虫灾害每年都给林业生产造成严重的损失。

20世纪50年代，广西森林生态环境较好，森林病虫害发生面积小，同一种类病虫大发生间隔期较长。1950～1959年，全区森林病虫害年平均发生面积0.37万公顷。主要种类有油茶毒蛾、竹蝗、松毛虫、苗木立枯病等。这一时期防治森林病虫害的措施，主要是人工捕杀为主。50年代中期开始使用“六六六”粉，防治竹蝗、松毛虫、油茶毒蛾等害虫，防治效果很好，成为当时防治森林害虫的主要用药。

20世纪60年代，由于50年代后期的“大炼钢铁”和“大办集体食堂”，大量砍林木，森林遭受严重破坏，森林生态环境发生劣变，并由于“六六六”粉等化学农药的大量使用，在杀死害虫的同时也大量杀伤天敌，害虫产生抗药性等副作用开始表现，因此，这一时期森林病虫害比50年代严重。1960～1969年，全区年平均发生森林病虫害面积为3.9万公顷。主要病虫种类有：松毛虫、松叶蜂、油茶毒蛾、竹蝗等。防治森林害虫用药以“六六六”粉为主，辅以1059、1605等剧毒农药。如1964年全区发生害虫面积13.32万公顷，防治面积7.61万公顷，使用“六六六”粉200多吨，并使用了飞机进行大面积喷洒。

20世纪70年代，全区森林病虫灾害发生频繁，并十分严重，主要种类有松毛虫、松毒蛾、油茶毒蛾等。尤其是松毛虫灾害极为突出。1970～1979年，松毛虫年均发生面积为21.91万公顷。1975～1979年全区连续发生松毛虫灾害，年平均发生面积达37.468万公顷。仅1978年发生面积高达44.23万公顷，造成一些松林被害后成片枯死。森林病虫害发生频繁且严重，其主要原因与森林生态环境恶化有密切关系。特别是60年代以来，大面积营造的马尾松纯林，给松树主要害虫提供了充足的食物条件；同时，由于管理粗放，缺柴地区修技和破坏林下植被严重，降低了森林自身抗御病虫害的能力；加上大量使用化学农药，杀伤害虫天敌，害虫产生抗药性等原因，导致森林病虫害频繁发生。这时期，在防治手段上开始注意避免化学农药对环境造成的污染，大力推广以白僵菌为主的生物防治，逐步淘汰有机氯类农药，改用有机磷类农药，并减少化学农药的使用量。年产白僵菌粉35万～40万公斤，应用白僵菌防治面积10万～15万公顷，占当年防治总面积的70%～80%。从1976年开始，使用飞机喷洒白僵菌防治松毛虫。此外，还应用寄生蜂、细菌等防治害虫，并注意营林技术防治工作，开始探索综合防治技术，这些措施均取得了较好的防治效果。

20世纪80年代，全区森林生态环境总体上与70年代相似，对森林病虫害自控能力仍然较差，森林病虫害发生面积基本保持在70年代中后期的水平。1980～1989年，全区年均发森林病虫害34.25万公顷。主要种类有松毛虫、松毒蛾、桉树青枯病等，但森林病虫害防治能力有了提高。1984年，广西森林病虫害防治站和森林植物检疫站成立。此后，各地、市、县也相继成立了相应的机构，负责辖区内的森林病虫害防治及森林植物检疫工作，使森林病虫害防治工作有了组织保障。森林病虫害防治贯彻了“预防为主，综合治理”的方针。在大力发展林业技术防治的同时，继续推广以白僵菌为主的生物防治技术措施，尽量不用或少用化学农药。在施药方法上，大面积防治使用了飞机喷药，小面积防治主要使用机动喷药器械。全区每年有计划的生产白僵菌粉25万公斤用于松毛虫的防治。这期间，自治区森林病虫害防治站和自治区林科所先后在灵川县灵田乡、钦州市三十六曲林场、全州县、上思县，对主要森林害虫马尾松毛虫进行了综合防治试验、示范。

20世纪90年代，松毛虫仍然是主要的森林害虫，年发生面积占全区森林病虫害发生面积的90%左右。1990～1999年，年均发生森林病虫害面积为15.33万公顷。由于林种结构的调整，八角、肉桂、桉树等树种种植面积迅速扩大，这些树种的病虫害也逐渐严重。主要的种类有：八角叶甲、八角尺蠖、八角炭疽病、肉桂枝枯病、桉树青枯病等。这一时期，对主要害虫马尾松毛虫的防治，继续推广综合治理技术措施。1991年在松毛虫常发生区的荔浦、平乐等14个县(市)的98万公顷松林推广马尾松毛虫综合治理技术，1996年又将此项技术推广应用到全区23个松毛虫常发生县(市)，受益面积达125.3公顷，综合治理区森林生态环境得到明显改善，松毛虫发生面积大幅度下降。

在防治上这一时期除了使用少量的灭幼脲外，严格地限制了化学农药的使用，白僵菌仍然是防治松毛虫的主要用药，全区年产白僵菌粉25万公斤左右。常规防治以动力机械喷药为主，对较大面积连片的松毛虫则使用飞机进行喷药防治。在森林病虫害防治工作的管理上，按照林业部的统一要求从1992年开始实行了森林病虫害防治目标管理责任制。根据国家林业局下达给广西的森林病虫害防病治目标管理指标，结合广西森林病虫害发生和防治的实际情况，自治区林业局补充了五项指标，并进行分解下达到各地、市、区直属林场，由地、市分解到县，并层层签订责任状。自治区林业局每年都组织检查组对各地目标管理执行情况进行考核、检查。由于森林病虫害防治工作实行了目标管理责任制，使森林病虫害防治工作得到了重视和加强。

2000～2003年，在森林面积大幅度增加的情况下，森林病虫灾害仍稳定在20世纪90年代的水平。2000年全区发生森林病虫害15.58万公顷，成灾面积1.94万公顷，2001年全区发生森林病虫害17.44万公顷，成灾面积3.05万公顷；2002年发生13.87万公顷，成灾1.04万公顷；2003年，发生面积20.57万公顷，成灾面积3.69万公顷。发生较严重的病虫有马尾松毛虫、松茸毒蛾、竹蝗、八角尺蠖、松树枯萎病、桉树青枯病、毛竹丛枝病、八角炭疽病等。期间，发现有多种广西过去未有分布的危险性病虫，已从外省先后蔓延或传入广西，其中：2000年发现国内森林植物检疫对象——湿地松粉蚧，从广东省蔓延进入陆川县与广东省交界的乡镇，此后在广西迅速扩散蔓延。2001年发现松树枯萎病这一松树毁灭性病害传入桂林市的叠彩区、秀峰区和灵川、永福县，发生面积共801公顷；同年，河池市金城江区城区内的10.2公顷马尾松林也发现有此病。2002年，贺州市八步区城区内的大钟山24.91公顷马尾松林也发现有此病发生。2003年，北海市森林病虫害防治检疫站，查获从广东调入的大王椰绿化树携带有危险性害虫——椰心叶甲，并传染已定植的棕榈科植物。同年，南宁市森林病虫害防治检疫站调查发现从广东调入已在市内种植的加拿利海枣受危险性害虫红棕象甲危害，造成植株枯死。

在森林病虫害防治上，广西坚持“预防为主，综合治理”的方针。在国家林业局的支持下，对主要病虫实施了工程治理。其中，2000年起在南宁、崇左(原南宁地区)、玉林、桂林等4个市的22个县(区、林场)的105万公顷松林，对马尾松毛虫实施为期3年的工程治理，该项目于2002年结束，并取得了显著成效。2002年起，桂林、河池、贺州3个市有松材枯萎病发生的6个县(区)，对松树枯萎病实施为期3年的工程治理。2003年起，在临桂、兴安、富川、昭平等4个县，对萧氏松茎象实施为期2年的工程治理。在防治森林病虫害的药物选择上，仍优先选择生物制剂或仿生制剂。松毛虫防治仍以白僵菌为主。全区年生产和使用白僵菌粉25万公斤左右。其他食叶害虫的防治则推广使用Bt、阿维菌素等生物制剂。防治森林病虫害施药方法,地面防治以动力机械为主,大面积的松毛虫防治则使用飞机进行施药。2001～2003年,使用飞机施药防治松毛虫作业面积分别为:3.47万公顷、0.57万公顷、2.21万公顷。

在森林病虫害的预测预报工作方面,重点是抓好森林病虫害中心测报点建设,2001～2003年,全区建立国家级中心测报点39个,自治区级中心测报点11个。在国家林业局的支持下,各中心测报点都配备了开展测报工作必须的基本设备,包括电脑、传真机、摩托车等。全区已逐步实现自治区、市、测报重点县电脑联网。

在森林植物检疫工作,重点是加强对危险性病虫的监测。根据国家林业局的统一部署,从2003年开始,全区开展了林业有害生物普查,普查工作计划在2004年结束。

在森林病虫害防治工作上,广西继续实行目标管理责任制,根据国家林业局下达广西"十五"森防目标管理的指标,结合广西的情况自治区林业局对指标作了补充。将指标逐级分解到市、县、区直属林场,并签订了目标管理责任状,由于森林病虫害防治工作有了量化指标的管理,各级林业主管部门更加重视森防工作。2001～2003年,广西森林病虫害防治目标管理的各项指标,经每年年终考核结果,都全面达标。

(区森防站　赵庭坤)

【广西森林病虫害防治的主要成就】

一、建立并逐步完善森林病虫害防治体系。

为了适应广西林业建设的快速发展,1984年成立了广西森林病虫害防治站和森林植物检疫站,此后,各地、市、县,也相继成立了相应的防治检疫机构,截至2003年底,全区成立森林病虫害防治检疫机构125个,有森林病虫害防治专职人员581人。建立森林病虫害中心测报点50个,其中,国家级中心测报点39个,广西壮族自治区级中心则报点11个。自治区、市级森防站及森林病虫害中心测报点都配置了微机和传真机,森林病虫害防治管理和测报工作实现自治区、市、重点县微机联网。有68个市、县森林病虫害防治站达到国家林业局规定的标准站的要求。各级森林病虫害防治机构在组织森林病虫害防治工作中起到了重要的作用。

二、完成了全区森林病虫普查

根据林业部的统一部署,1979～1982年,自治区林业局组织林业行政、科研、教学、生产单位的科技人员,在全区开展了历时3年的森林病虫普查。通过普查,基本查清广西主要树种的病虫种类,分布及危害情况。这次普查共调查了495种森林林植物,发现病害1351种,虫害1401种,天敌昆虫306种。经过内业整理编写了《广西森林病虫普查材汇编》,该《广西森林病虫普查资料汇编》包括了广西森林病虫害普查工作总结、广西森林病虫害普查技术报告、广西主要森林病害名录、广西森林害虫名录、广西主要树种害虫名录、广西森林害虫天敌名录等。这次普查工作的完成,填补了广西森林病虫系统调查的空白,为开展防治工作提供了科学依据。

三、推广以白僵菌为主的生物防治技术效果显著

由于使用化学农药带来的副作用,大量杀伤害虫天敌,森林害虫不但没有减少,反而越来越多,而且污染了自然环境。从20世纪70年代开始,在林业部推广白僵菌防治技术推动下,广西从1972年开始,有计划地在全自治区范围内进行白僵菌生产、示范、推广,坚持三十多年不断的工作,白僵菌生产和使用技术得到普及和推广。70年代中期广西各地大力生产白僵菌,全自治区共有白僵菌生产厂34家,年生产白僵菌粉35万～40万公斤左右,生产的菌粉基本上是自产自用。为了保证质量及有计划的生产和调配白僵菌的使用,从80年代开始,自治区森防站根据用菌情况,有计划地对一些条件较好的白僵菌厂进行重点扶持,进行技术改造,逐步淘汰生产条件较差的小厂。截至2003年,全区仅保留白僵菌厂5个,但年生产白僵菌原粉的能力仍保持在25万公斤,基本能满足全区用菌的需要。目前生产能力较强的白僵菌厂是经国家林业局扶持进行技术改造的大明山自然保护白僵菌厂,每年能完成10万公斤白僵菌粉的生产任务。在菌粉使用技术上,从开始用人工放菌、发展到粉炮放菌、机械喷洒,到采用飞机喷洒,并掌握了不同地区不同气候条件下放菌的最佳时间。

四、森林病虫害测报网络逐步完善

广西森林病虫害预测预报工作起步较晚。1984年广西森林病虫害防治站成立后,始终把森林病虫害预测预报纳入森林病虫害防治工作的管理中。通过广西壮族自治区森林病虫害防治站制定统一的病虫情调查方法和表格，由各地调查上报病虫数据，掌握全区主要病虫发生动态。90年代初，广西林业厅批准广西森防站立项，对马尾松毛虫预测预报技术进行研究。在取得成果的基础上，在全区推广应用，并开始建立自治区、市、县三级测报网。广西壮族自治区森防站安排专人负责测报工作，对全区森林病虫害定期发布中长期定量预报。在国家林业局的支持下，2001～2003年，广西选择森林病虫害情况有代表性的县，建立了50个森林病虫害中心测报点，其中，国家级中心测报点39个，广西壮族自治区级中心测报点11个，各中心测报点都配备了开展测报工作必须的基本设备，包括电脑、传真机等，部分中心测报点配备了防治测报专用车。截至2003年底，全区建有森林病虫害测报站点2155个，有测报人员4260人，测报网络在逐步完善。

五、开展了森林植物检疫工作

森林植物检疫工作是防止危险性病虫害通过人为活动传播蔓延，保护林业生产安全的一项重要措施。广西森林植物检疫工作起步较晚，1984年广西壮族自治区森林植物检疫站成立后，才正式开展这项工作。通过各级林业主管部门的共同努力，截至2003年底全区共有具备独立执法主体的森林植物检疫机构125个，其中包括自治区森林植物检疫站、14个市森林病虫害防治检疫站及110个县(县级市、区)森林病虫害防治检疫站，有专职森林植物检疫检疫员369名，兼职检疫员97名，全区森林植物检疫网络已初步形成。在开展森林植物检疫及其产品的调运检疫、产地检疫、疫情监测、进口林木种苗检疫审批等方面发挥了重要作用。

六、成功使用飞机撒药防治松毛虫

广西森林多分布在地形复杂的山地，松林多而且多为连片的纯林，松毛虫易于成灾。一旦大面积的松毛虫灾害发生，由于山高，路陡，林密，交通不便等，人工防治难度极大。使用飞机载药喷洒，能蔽开这些不利因素，并且还具有作业速度快、效率高、成本低、效果好、防治及时等优点。因此，从1964年开始，广西防治松毛虫时就使用飞机喷洒“六六六”粉，并获得很好的效果。1976年首次在柳州使用飞机喷洒白僵菌粉获得成功后，即成为广西大面积防治松毛虫的主要措施。1976～2003年，全区使用飞机喷药防治松毛虫作业面积达151.88万公顷，年均5.63万公顷，防治效果达75%左右。使用飞机防治松毛虫的药物以白僵菌粉为主，并有灭幼脲、Bt、阿维菌素等生物或仿生制剂。飞机载药防治松毛虫，解决了人工地面防治遇到的诸多困难。已成为广西大面积防治松毛虫的重要方法。

(区森防站　赵庭坤)

【森林病虫害预测预报】

森林病虫害预测预报是根据森林病虫种群过去和现在的变动规律，预测预报未来的发生状况。广西森林病虫害预测预报的主要对象是马尾松毛虫，兼顾松茸毒蛾、竹蝗、油茶毒蛾、八角尺蠖、八角叶甲、八角炭疽病等病虫。从20世纪70年代到2003年，广西森林病虫害预测预报工作可分为三个阶段：1990年以前为第一阶段，开展预测预报技术试验研究，建立区、市、县(林场)、乡(镇)病虫情监测网。1973年1月原自治区林科所制定了《松毛虫预测预报试行办法》，1983年12月原自治区林业厅发布了《马尾松毛虫预测预报办法》(试行)；1990年，全区共有专职或兼职测报员809名。第二阶段为1991～1998年，1991年自治区森防站庞正轰等人重新修订和制定了《广西马尾松毛虫预测预报技术办法》(试行)，1993年又修订为《广西马尾松毛虫预测预报技术规范》，自治区森防站定期发布中长期全区森林病虫害发生面积预报。1998年全区测报站点达2128个，专职或兼职测报员4160人。第三阶段是1999～2003年，结合国家林业局建设中心测报点工作，选择有代表性的县(林场)建立中心测报点。截至2003年，全区共设立中心测报点50个，其中国家级39个，自治区级11个。国家林业局和广西林业局为50个中心测报配备了摩托车、电脑及测报软件、显微镜、喷雾喷粉机等设备。2003年全区测报站点共2155个，专职或兼职测报员4260人。这一阶段除了加强基础设施建设外，还大力引进先进的测报方法和技术。2001年5月22日至6月17日，自治区森防站与中国林科院森环所合作，以武鸣机场为基地，利用海燕650-B轻型飞机对武鸣、隆安、邕宁、扶绥、崇左、宁明等6县的马尾松毛虫发生情况进行了航空录像监测，监测面积99.045万亩，监测准确率达94.17%。利用海燕650-B轻型飞机对马尾松毛虫发生实况进行录像监测，在全国属首次。

(区森防站　赵庭坤)

【森林病虫害防治技术概述】

森林病虫害防治包括在病虫害发生前的预防和发生后进行治理两个方面，防治技术包括营林、生物、化学和物理防治以及综合治理等。广西在营林防治、生物防治和马尾松毛虫综合治理，以及飞机防治、白僵菌生产等方面取得了较好的成绩。

（区森防站　罗基同）

【营林技术防治森林病虫害】

营林技术应用于森林病虫害防治，主要是通过改善纯林的生态环境，创造有利于林木生长，有利于天敌的栖息，而不利于病虫害发生的环境来实现。主要包括营造混交林、封山护林、加强抚育管理和改造纯林等。1976～1995 年自治区森防站与林科院在马尾松毛虫综合治理的研究与推广中，在营林技术防治方面做了大量工作，仅 1991～1995年在“马尾松毛虫综合治理技术的推广”14 个项目县（市）中，封山护林就达 770.6 万亩，营造混交林 69.2 万亩，改造松纯林 68.5 万亩。

（区森防站　罗基同）

【生物防治森林病虫害】

生物防治是利用有益的寄生性、捕食性天敌，或其产生的活性物质来防治病虫害的方法。与化学防治相比，生物防治具有对人畜无害，不杀伤天敌，不污染环境等优点。目前广西用于森林病虫害生物防治的药剂主要有白僵菌、苏云金杆菌和病毒等，应用最广的是白僵菌。白僵菌主要用于防治马尾松毛虫、松茸毒蛾、八角叶甲等害虫，使用方法有人工放菌和飞机喷洒两种。人工放菌主要有机动喷粉机和风力灭火机喷洒、放粉炮等。在 10～11 月马尾松毛虫越冬前和 2～4 月马尾松毛虫越冬后温度为 13℃～25℃的阴雨天气施放，防治效果最好。1990～2003 年，全区应用白僵菌防治森林害虫面积为 1617.84 万亩，年均 124.45 万亩，占全区同期生物防治面积的 97.35％，防治面积的 79.06％。近几年来，为了丰富森林害虫的防治手段，加大了推广应用苏云金杆菌防治森林害虫力度，白僵菌防治所占比重有所下降，但仍然是广西防治松毛虫的主要手段。1998～2003 年，白僵菌防治面积为 719.1 万亩，年均 119.8 万亩，占全区同期生物防治面积的 94.71％，防治面积的 75.21％。

（区森防站　罗基同）

【综合治理】

综合治理是有害生物的一种管理系统，是在保护环境的前提下，重视天然的自然控制作用，考虑有害生物种群动态及与之相关的环境，尽可能协调的运用适当的技术措施和多种行政措施，使有害生物种群控制在经济受害允许水平之下，并获得最佳的经济效益、社会效益和生态效益。其要点是应用生态系统、有害生物种群动态、遗传学和林业经济学的知识，制定一个规划，有机配合各种手段，把有害生物种群调控在经济阈值之下。广西在马尾松毛虫综合治理、八角病虫害低产林综合治理等方面做了大量工作，并取得了较好的成果。从 1979 年开始广西壮族自治区林业局与林科院分别在灵川县灵田乡和钦州市三十六曲林场开展马尾松毛虫综合治理的研究，尔后在全州县、上思县进行扩大试点示范与推广。与此同时，自治区林科院也承担了原林业部 1981 年起组织的松毛虫综合治理试点示范和松毛虫综合治理国家科研攻关项目的任务。1989～1995 年，广西壮族自治森防站与林科院等在原玉林县，北流、容县、陆川、苍梧、岑溪、昭平、荔浦、平乐、灌阳、永福、鹿寨、横县、武鸣等 14 个县（市）1484.55 万亩松林推广应用马尾松毛虫综合治理技术，该项目经济效益达 19372 万元，生态效益和社会效益显著，荣获 1998 年广西林业科技进步一等奖，广西壮族自治科技进步二等奖，1999 年重奖研制、推广科技成果有功人员三等奖。1995～1997 年，广西壮族自治森防站在北流市大双林场开展八角病虫害低产林综合治理研究，实施治理的第一、二、三年分别增产 31.6％、557.9％、1021.1％，并将成果推广应用于大明山水源林管理处、防城港市潭汉林场、藤县小娘山林场、百色市右江区等 5700 多亩八角林。

（区森防站　罗基同）

【森林病虫害工程治理】

森林病虫害工程治理是指国家或省（自治区、直辖市）组织有关单位，在一定时期和较大范围内，对某种危害严重、发生普遍或危险性的病虫害，采用综合技术手段和工程管理办法，有计划、有步骤、有重点地实施预防为主，综合治理，把森林病虫灾害减少到最低水平的一种病虫害防治管理方式。2000～2002 年国家林业局在广西实施松毛虫工程治理项目，实施地点是武鸣、邕宁、宁明、崇左、扶绥、隆安、宾阳、博白、陆川、容县、平乐、荔浦、永福、阳朔、雁山、临桂、灵川、兴安、全州、灌阳、恭城县(市、区)和大桂山林场等22个县(区、林场),实施面积1576.3万亩。项目通过贯彻"预防为主,综合治理"方针,实施以虫情监测为依据,营林措施为基础,生物措施为主导的工程综合治理技术,积极应用飞机等现代化监测和防治手段;采取各级成立领导小组、技术小组、层层签订责任状、举办培训班等组织保障措施;逐步改变了害虫发生条件,有效地控制了虫灾,治理3年内年均松毛虫发生率为1.91%,成灾率为0.132%;防治率为94.74%,生物防治率为85.35%,监测覆盖率为97.92%,全面或超额完成了项目规定的各项技术指标。项目总投入937.65万元,经济效益达7263.8万元,投入产出比达1:7.5,生态、社会效益显著。通过实施工程治理项目,完善了项目县(区、林场)的基础设施。2003年起,国家林业局在广西桂林、河池、贺州市实施为期3年的松树枯萎病工程治理和在临桂、兴安、富川、昭平县实施为期2年的萧氏松茎象工程治理项目。

(区森防站　罗基同)

【飞机喷洒药剂防治森林病虫害】

是应用飞机喷洒药剂防治森林病虫害。广西飞机防治主要是应用飞机喷洒白僵菌粉防治越冬代松毛虫。广西飞机防治始于20世纪60年代初,在荔浦县和全州县应用安-2飞机喷洒化学农药防治马尾松毛虫,作业面积约40万亩。1976年在柳州成功利用飞机喷洒白僵菌防治松毛虫后,自1978年起广西一直使用这一技术。1976～2003年,全区飞机防治面积共2278.2万亩,年均84.4万亩,防治效果75%左右。使用南宁、田阳、梧州、柳州机场等正规机场及武鸣标营、横县马岭、百色、防城华石、平南丹竹、贺州八步、全州机场等简易机场;使用飞机机型有运-5、运-5B及海燕650-B。随着广西林种结构调整,松林面积在减少,加上多年来广西大面积使用生物农药防治马尾松毛虫,有利于保护害虫天敌,生物多样性较丰富,马尾松毛虫发生面积呈下降趋势。1998～2003年飞机防治面积237.4万亩,年均39.6万亩,约为1976～1997年的一半。1998～2003年飞机防治工作有两个特点,一是在广西首次应用飞机喷洒灭幼脲、阿维菌素等防治马尾松毛虫,防治面积14.35万亩;二是在广西首次使用海燕650-B轻型飞机喷洒药剂防治松毛虫,作业254架次,防治面积25.31万亩。

(区森防站　罗基同)

【白僵菌生产】

白僵菌是一种寄生于昆虫体上的致病真菌。白僵菌粉是目前广西在森林害虫防治中应用最广、使用技术最成熟的生物农药,广泛用于防治马尾松毛虫、松茸毒蛾、八角叶甲等森林害虫。1971年林业部在广东新会召开白僵菌防治马尾松毛虫推广现场会,次年广西在来宾等地推广白僵菌土法生产技术和放菌方法,1975年后黄金义等人总结白僵菌研究成果和生产经验,在全区进行多点生产和试验。到80年代初期,广西共有白僵菌生产厂23家,年产白僵菌28万～30万公斤;由于白僵菌厂规模较小,80年代中后期进行了调整,1990年仅有13家;90年代中后期又进行了撤并调整,2003年仅剩5家,分别是大明山、玉林、岑溪、田阳和环江白僵菌厂。广西生产的白僵菌产品主要有白僵菌原粉、高孢粉,使用方法有放粉炮、机动喷粉机或风力灭火机喷洒、飞机喷洒等。1984～2003年全区共生产白僵菌粉521.0万公斤,年均26.0万公斤,年均防治面积124.5万亩;其中1998～2003年生产白僵菌粉154.1万公斤,年均25.7万公斤,年均防治面积119.8万亩;高孢粉450公斤(1999～2003),年均90公斤。白僵菌平均防治效果在75%左右。为了加强白僵菌生产管理,原自治区林业厅先后颁布了《白僵菌生产管理办法》(1986年)和《白僵菌粉生产质量评比办法(试行)》(1987年)。为提高白僵菌防治效果,2001～2003年,与广西大学农学院合作,进行白僵菌菌种选育,取得了致病力较强的菌株。为提高白僵菌粉产量和质量,2003年,利用国债资金398万元,对大明山白僵菌厂进行技术改造,这是广西生产白僵菌以来一次性投入白僵菌厂建设的最大一笔资金。改造后,大明山白僵菌厂可年产白僵菌粉20万公斤,成为广西最大的白僵菌厂。

(区森防站　罗基同)

【自然保护区建设与管理】

环境保护工作已成为全社会共同关注的问题,保护和改善生态环境,是实施可持续发展道路重要举措,是实施国家进行西部开发重要保障,也是人们生存和生活的必需条件。而作为广西陆地生态系统为主体的林业部门自然保护区则是环境保护和建设重要组成部分,因此,搞好自然保护区的保护和管理工作对广西环境建设及经济建设有着极为重要的意义。

一、保护区的现状

目前为止，经广西壮族自治区人民政府批准建立了各种类型林业部门管理的自然保护区55处(国家级4处，自治区级33处，地市级2处，县级16处)，总面积170.4万公顷，占全区土地面积7.2%，占广西林业用地面积14%。其中：综合类型自然保护区10处，面积为18.7万公顷；以涵养水源为主的自然保护区32处，面积为149.6万公顷；以保护珍稀树种为主的自然保护区3处；以保护鸟类为主的自然保护区6处；以保护珍稀动物为主的自然保护区4处。已有53处自然保护区建立了管理机构，现有干部职工2600人(干部493人，工人2107人)，另聘请乡村专职护林员809人。38个自然保护区成立了林业公安派出所。

广西地跨北热带、南亚热带、中亚热带，北回归线横贯中部，气候适宜，雨量充沛，森林类型多种多样，为动植物的生存和发展提供了有利条件，生物多样性极为丰富。据不完全统计，全区共有脊椎动物884种，占全国的13.9%，其中鸟类520种，占全国43.8%，兽类133种，占全国的30%，两栖类74种，占全国的35%，爬行类157种，占全国的45.7%，全国十大毒蛇广西就有9种。属国家一级重点保护野生动物26种，二级国家重点保护野生动物123种。广西重点保护野生动物147种。有维管束植物284科，1778个属，8640种，占全国已知种类的26.6%，仅次于云南、四川两省，位居第三位。国家公布野生保护植物名录(第一批)，广西有78种属于国家重点保护植物，其中一级26种，二级52种。此外广西特有种类繁多，如野生植物有元宝山冷杉、滕柄木、金花茶、瑶山苣苔等；野生动物有白头叶猴、瑶山鳄蜥等。

二、保护区的功能及其作用

广西自然保护区经过二十年建设和发展，初步形成了较为完整的自然保护区网络，对维护自然生态平衡、保护生物多样性，促进科研教学和经济发展，以及推动精神文明建设等起着十分重要的作用，发挥了重要的生态、经济和社会三大效益。

涵养水源，灌溉农田，为农业生产发展发挥了巨大作用。据调查统计，全区自然保护区有林地每年总涵蓄水量64.8亿立方米，是全区4536座水库有效库容量106.69亿立方米的60.7%，发挥了“天然绿色水库”的作用。另外，全区自然保护地表产水量148亿立方米左右，是全区地表年产量1840亿立方米的8%，从保护区流出的148亿立方米水，通过500多条大小河流，调节全区水库和江河水量外，还直接关系到364条大小河流，666个水库，1400多个水电站，7133个排灌站，其他水利设施2650个，直接灌溉30多万公顷水田，占全区水利灌溉面积130万公顷的22.5%。从保护区流出的水量，不仅灌溉农田和解决人畜饮水用水问题，同时又是全区水力发电用水的重要来源。

保持或减少水土流失。绝大部分自然保护区分布在边缘山区，山高坡陡，溪流纵横，沟谷深切，岩石裸露，如遇日降雨量大于150mm时，易造成严重的水土流失，若按全区土壤蚀模数304.2t/km^2计算，这些保护区的森林面积，每年可减少水土流失360吨；如果按每吨耕作土壤含N 0.12%、P 0.04%、K 1.66%，有机质量4.5%计算，每年可减少流失有机质肥料23.18万吨，是广西年化肥总产量的50%左右。

有效地保护濒危物种资源。据调查统计，1984年国家环保局公布的第一批国家重点保护野生植物中，分布于广西境内有123种，分布在自然保护区内的就有114种。广西绝大部分野生动物资源都分布在保护区范围内，并得到了有效地保护，其数量也是逐年呈上升趋势，如分布国家一级保护野生动物白头叶猴由建区时的500只增加到现在的700多只；黑叶猴由原来的3000只增加到现在的5000多只；国家二级保护的野生动物猕猴也由原来的3万只增加到现在的5万多只，前几年广西每年还为国家卫生部提供300只猕猴生产小儿麻痹疫苗，确保全国儿童的身体健康。

为科研单位及大中专院校提供重要的科研基地和教学实习的场所。分布在广西保护区内的世界特有种白头叶猴，引起了国内外科研单位和有关院校动物专家浓厚的兴趣，近来有昆明动物研究所、北京师范大学、广西师范大学、香港嘉道理农场等多家科研单位与保护区合作开展白头叶猴科研课题。花坪、弄岗、大瑶山、大明山、猫儿山等自然保护区的物种及生物多样性仍吸引了不少国内外专家到此参观考察，并为广西有关大中专院校及中小学提供了教学实习场所。

三、近年来保护区所做的工作

(一)制定了一系列法律法规，运用法律手段做好野生动植物和自然保护区保护管理工作。

多年来，广西为了做好野生动植物和自然保护区管理工作，通过人大和政府制定了一系列地方法规，加强资源保护管理工作。1980年，广西人民政府颁发了“关于加强保护和合理利用野生珍贵稀有动物资源的通知”，加强野生珍贵稀有动物资源的保护。1982年广西壮族自治区人民政府批转了《区林业局关于开展爱鸟护鸟活动的报告》，报告中规定了广西“爱鸟周”和“爱鸟节”日期。为进一步加强野生动物管理，严厉打击乱捕乱猎、违法收购、运输、倒卖走私珍稀野生动物违法犯罪分子，广西人民政府分别于1983年、1993年印发了(关于贯彻《国务院关于严格保护珍贵稀有野生动物的通令》的通知)和《关于进一步加强保护野生动物，严厉打击违法犯罪活动的通告》。1991年广西人民政府制定了《广西地方重点保护野生动物名录》。根据国家制定的《森林和野生动物类型自然保护区管理办法》和《野生动物保护法》及《陆生野生动物保护实施条例》有关法规，结合广西实际情况，1990年、1994年先后颁布了《广西森林和野生动物类型自然保护区管理条例》和《广西陆生野生动物保护管理规定》，并在1998年对《广西陆生野生动物保护管理规定》进行修订。以上法规和政策的出台，使资源保护工作逐步纳入法制的轨道，管理部门更好地运用法律手段做好野生动物和自然保护区管理工作。

(二)加强宣传，努力提高公众的保护意识。

充分利用各种舆论工作，宣传保护区有关法律法规，宣传建立保护区的重要性，逐步提高公民的保护意识，引起全社会对保护区工作重视，并支持关心保护区事业，自觉投入到该行列中来。如广西于1996年与广西人民广播电台等新闻单位联合报导了在野生动植物和自然保护区情况及出现的好人好事，1996～1997年与广西林业林编室每期在《广西林业》刊登介绍广西每个保护区情况，1998年与国家濒管办、北京电视台等联合录制广西生态环境旅游系列片，2000年与人民日报社、中央电视台、新华社、中央人民广播电台等新闻媒体共同合作报道“中华绿色行”广西站的工作，通过宣传，在群众中收到良好的效果。

(三)逐步完善保护区机构建设。

管理机构是实施保护区资源保护的必需条件。近年来，广西加强了这项工作，与各级政府和部门联系，引起他们的重视，使大部分保护区建立了保护区管理机构，落实了编制和人员，目前为止，广西55处自然保护区有53处落实了管理机构。

(四)严厉打击各种破坏保护区资源的违法犯罪活动。

加强巡山护林，做好防火、防乱捕乱猎、乱砍滥伐等工作。在做好宣传工作的同时，还对一些违法犯罪分子进行严厉的打击，通过抓典型案件，进行反面事例宣传，达到以一警百的目的。因为猎取珍稀动植物资源可获得暴利，常令一些犯罪分子铤而走险，如果对乱捕滥猎、乱砍滥伐等违法现象打击不力，资源就很难得到有效的保护。如弄岗保护区白头叶猴遭到当地3个农民乱捕乱猎。事态发生后，保护区管理部门严格按照有关法律法规给予查处，并通过当地司法部门对3人追究了法律责任，分别给予判处了1～3年有期徒刑，对资源保护起到了较好的作用。

(五)争取各级领导的重视，使保护区经费逐年增加。

尽管广西属“老、少、边、山、穷”地区，财力十分有限，广西财政每年从财政预算中安排一部分资金用于广西保护区管护补助经费，而且逐年呈上升趋势，现已由1986年的120万元增加到目前1000万元左右，另一方面政府还采取社会集资共建办法解决一部分保护区经费。如广西的大瑶山水源林保护区，1987年区人民政府组织有关部门成立大瑶山保护区管理委员会。并采取由各受益的水电部门和周围的七个县分别按受益大小及面积承担一部分管理经费，即水电部门承担10万元，大瑶山保护区周边的七个县承担20万元。每年共筹集资金30万元，1994年区政府规定每年按10％的比例递增。之后大明山保护区也采取类似的办法，每年从周围受益四个县筹资14万元资金作为保护区管护经费。这两处保护区通过集资共建，切实加强了保护区各项工作的开展，弥补了部分管理经费不足。为了缓解保护区与群众的关系，改善群众生活，从1995年始，每年从财政预算中安排200－800万元用于跨地、市保护区林农口粮价差补助。

(六)进一步落实保护区稳权发证工作。

山界林权证是保护区资源管理依据，为使保护区得到长期稳定的发展，切实加强资源的保护管理工作，于一九九七年争取到区人民政府的重视，并以传真件责令桂林、河池、百色三个地、市尽快解决花坪、三匹虎、澄碧河自然保护区国有林稳权发证工作，这几个保护区取得一定的成效，1998年解决了花坪、澄碧河自然保护区发证工作。

（七）逐步实施广西重点保护区的综合考察和总体规划设计工作。

综合考察和总体规划是保护区保护管理的基础，综合考察目的在于摸清本保护区的本底资源，总体规划主要是帮助保护区定保护区的功能分区、科研、经济、管理等发展方向及社区的相互关系等，目前已完成了花坪、弄岗、大瑶山、木论、大明山、猫儿山、龙虎山、元宝山、十万大山、千家洞等自然保护区的综合考察和总体规划。

（八）充分发挥保护区自身优势，因地制宜地开展多种经营活动，增强保护区能力。

在保护的前提下，充分发挥自身优势，从实际情况出发，因地制宜地开展多种经营活动，逐步由“输血型”向“造血型”转变。改变过去单纯保护而保护观念。如猫儿山保护区和群众联营营造杉木林34公顷，同时利用自然景观和森林资源优势，开展森林旅游业，每年接待游客近2万人次。大明山保护区种植八角70多公顷，还利用自然景观开展旅游活动，年亦创收100多万元。龙虎山保护区利用森林资源和自然景观特点开发旅游，年均接待游客10多万人次，年收入160多万元，弥补了管理经费的不足，从而促进了保护管理工作的开展。

（九）加强保护区科学研究工作。

科研是保护区的重要工作，如果保护区不开展科研，不搞资源调查，保护区就失去生存价值，且工作就带有很大的盲目性。因此广西十分重视保护区的此项工作，在力所能及的条件下，充分利用保护区科研人员，开展一些基础研究工作，如在猫儿山开展了珍稀植物南方铁杉引种栽培及人工繁殖工作。花坪保护区开展了珍稀植物银杉的引种栽培基地并取得了一定的成效。扶绥保护区开展了白头叶猴人工繁殖试验等。

（十）加强对外合作，提高保护区的知名度。

为了解决自身技科力量薄弱的矛盾，广西充分利用国内外有关单位和大中专院校人才优势，开展一些课题研究工作。如与昆明动物研究所、北京师范大学和广西师范大学在扶绥、崇左保护区开展了世界特有种白头叶猴生态、习性等课题研究，与香港嘉道理农场等科研单位开展了华南生物多样性调查等科研课题。中科院桂林植物所与元宝山自然保护区开展了元宝山冷杉生态的课题研究等，从而提高了保护区的知名度。

（十一）加强保护区人员培训工作，提高其业务素质和业务水平。

保护区管理好坏，与管理者自身的业务素质有着直接的关系，广西针对保护区领导普遍业务素质偏低的实际情况，1998年、1999年分别龙虎山自然保护区、桂林举办了二期为期15天的保护区领导干部培训班，培训期间并组织他们参观了海南省、湖南省部分自然保护区。通过培训学习，使他们开阔了眼界，业务水平得到明显的提高。此外，还让保护区人员尽可能参加国内外举办的自然保护区学习班、培训班、研讨班。

（十二）制定保护区目标管理考核制度，逐步走上规范化管理。

目前广西已制订了广西自然保护区目标管理考核制度，并召集了有关保护区召开会议进行了修改和补充，现已在全区各保护区试行，并取得一定成效。

四、保护区存在的问题

（一）经费严重不足，严重影响广西自然保护区事业的健康发展。

多年来，广西人民政府对保护区工作十分重视，从1987年起，每年从财政拨款208万～1000万元用于全区保护区的专项补助经费，但由于全区保护区面积大，数量多，职工人数也多。以1000万元为基准，如按保护区总面积计算，每亩还不到0.4元；若按职工人数（含护林员）计算，平均每人也不到3000元。这些钱连维持正常开展工作的职工工资不能满足，还有办公费、旅关费、医疗费等开支。保护区虽属事业单位，但多数经费未纳入当地财政预算，加上保护区在过去几年只注重保护，没有开展项目和多种经营活动等实际情况，致使保护区仍处于相当贫穷落后的状态，目前职工的生活及工作条件极差，保护区保护、管理、科研和多种经营、旅游等事业的发展受到很大的限制。主要表现为：一是生活条件极为艰苦，大部分保护区一年中只能领几个月的工资；二是办公、住房条件极差，保护区虽已建立了十多年，但大部分保护区仍是批建时所建造办公室和住房，办公室已破旧不堪，住房已成危房，不但要住人，有的还是三代、四代同堂；三是交通设施、通信等老化，报废无法维修、更新；四是职工后顾之忧难以解决。如职工的子女上学和就业等问题；五是科技人员很难流入保护区。科研人员很难分配到保护区，进去也无法留住，如广西建立最早的花坪国家级保护区先后分配一些大、中专生，但不到几年都已调离；六是一部分保护区有更辕改辙的思潮。有一部分保护区要求建立森林公园或改为国有林场，如融水县的九万山水源林保护区，经批准已改编为国有林场；元宝山、姑婆山等保护区，亦挂上了森林公园；七是还有的保护区为了解决经费不足的矛盾，只好将原聘请的护林员辞退，有的允许职工职工经商做生意，以此来减轻保护区的经费负担。

(二)自然保护区发展的速度落后于经济建设。

首先自然保护区建设无论是数量还是面积都不能满足自然保护区工作的需要。广西现有自然保护区 64 处(含外系统)，面积仅占全区国土总面积的 7.5%，与全国保护区面积占有比例 12.44% 还相差甚远，与广西拥有的野生动植物和生态系统类型的实际很不相称；其次就是保护区类型不合理，野生植物类型、湿地类型数量过少和面积过小。

(三)保护区内群众口粮长期未得到解决。

据 1994 年调查统计，全区 54 个保护区分布在 7 个地区、4 个市、50 个县(市)，区内有群众 133.2 万人，其中人均粮食水平低于 250 公斤处于温饱线以下生活的人口有 91.6 万人，占全区贫困人口的 15.1%，由于生产方式落后，他们自产粮食仅为 1878 万公斤，如每人按 250 公斤标准计算，每年需补贴粮食 4794.98 万公斤，若按 1994 年区粮食局提供的每公斤 1.128 元粮差计，需补助价款折合人民币 5618 万元。广西对此项工作十分重视，从 1994 年起每年从广西财政拨出专款 200 多万元，1998 年增至到 808 多万元对跨地、市保护区内的林农口粮价差进行补助，从而使一部分保护区的林农与保护区之间的矛盾得到缓和，但由于保护区内群众面宽人多，与实际数相比还相差甚远，且他们大多地处偏僻，交通不便，属老少边山穷地区，经济收入来源单纯，群众生活极为困难，还有相当部分群众生活在温饱钱以下，保护区周边县多属广西贫困县，财政困难，无法拿出这部分资金补助粮食差价，原来吃统销粮的群众因粮价上涨而无钱购粮，生活又无其他出路，造成一部分保护区乱砍滥伐和毁林开荒的现象，给保护区带来极不安定的因素。

(四)大多部分集体山林权属没有得到落实。

据调查，广西保护区属国有林土地面积为 86.92 万公顷，集体林面积为 92.67 万公顷，分别占保护区总面积 48.4%和 51.6%，属国有山林土地类型的保护区，绝大部分落实了山界林权并发放山林权证书，但也有少数地方把国有土地类型自然保护区土地山林权证先发给群众，后发给保护区，形成重复的一山多证。全区属于集体土地类型保护区面积也较大，大部分为水源林保护区，他们大多位于广西各条大中河流和大中水库的上游，对全区生态平衡影响较大，这部分保护区管理难度很大，因土地属集体所有，保护区只有监督权，没有真正管理所有权。

(五)保护区管理机构不健全，管理形式多种多样。

广西林业部门 55 处自然保护区，有 40 处设立了 46 个管理机构，其中，专门管理机构 25 处，林场代管、林业站代管或仅有派出所的 28 处，没有建立管理机构 2 处。由于机构不健全，不规范，难以完全行使保护管理职能，进行有效管理。如林场代管的自然保护区，其经营方式以营林生产为主，而不是以保护管理为主，即使是设立了专门机构的自然保护区也普遍存在科研机构和人员配备不全而难以开展科研工作的情况。

6.管理人员素质较差、业务水平较低。广西自然保护区 2600 多名人员中，本科学历及中级职称的比例仅占 2%和 1.5%，并且集中在少数重点或林场代管的自然保护区，大部分人员都未参加过任何形式的培训，文化水平较低，大部分保护区只停留在一般看护上，不利于保护区的发展。

(广西财经学院　赵子健)

森林资源林政管理

【森林资源调查及监测概述】

森林资源是国家自然资源的重要组成部分，是林业建设的基础，是国家经济发展、人民生活水平提高、民族文化昌盛的重要条件之一。森林资源调查与监测是森林资源管理的核心工作之一，调查与监测目的是为国家或地区，乃至森林经营单位，制定林业方针政策，编制林业区划、规划、计划，指导林业生产，为实现森林资源合理经营、科学管理、可持续发展提供基础材料；其任务是采用科学的方法，先进的技术手段，查清森林资源数量、质量、森林生态状况、空间分布及变化动态，客观反映森林生长的自然、社会、经济条件，从而进行综合分析与评价，全面准确提供有关森林资源调查与监测材料。加强森林资源调查与监测工作，是《森林法》及《森林法实施条例》赋予林业部门的一项重要职责，也是《中共中央国务院关于加快林业发展的决定》赋予各级政府的一项重要使命，是科学经营管理森林的必要手段。

（广西林业勘测设计院）

【森林资源规划设计调查】

森林资源规划设计调查，简称二类调查，是以森林经营单位或县级行政范围为单位，以满足森林经营管理、编制森林经营方案、总体设计、林业区划与规划设计等需要，按山头地块进行的一种森林资源清查方式，其成果是建立森林资源档案、制定森林采伐限额、实行森林资源资产化管理、指导经营单位科学经营的重要依据。1971～1974年，广西进行过一次森林资源二类调查(称“四五”清查)，这次调查是全区第一次在统一方法和精度要求下进行的森林资源调查，森林面积采用成数抽样，蓄积采用分层抽样方法。全区林地面积1313.91万公顷，森林面积551.06万公顷，森林覆盖率23.32%（含灌木），活立木总蓄积19261.15万立方米。调查数据基本反映当时森林资源现状，本次调查成果对“五五”、“六五”期间广西的林业生产建设起到重要作用。1986～1992年，为了适应造林灭荒，绿化达标，调整林业产业结构，提高林分质量，更好的发挥森林的三大效益，在原自治区林业厅的统一部署下，广西开展森林资源二类调查，本次调查方法是以原林业部1982年12月颁布的《森林资源调查主要技术规定》为依据进行，据汇总统计，全区林地面积1323.85万公顷，森林面积681.41万公顷，森林覆盖率34.6%(含灌木)，活立木总蓄积24839.09万立方米。1998～1999年，根据自治区人民政府办公厅桂政办电〔1998〕309号文和桂政办电〔1999〕153号文的通知精神，全区开展第三次大规模规划设计调查，目的是通过调查，摸清森林资源数量、质量、结构、分布现状及其变化动态，为评价森林经营效果、指导林业生产经营，编制“十五”年森林采伐限额、进行林业重点生态工程区资源清查和开展森林分类区划界定工作提供科学、可靠的决策依据。为了加强全区森林资源调查管理工作，提高林业调查规划设计成果质量，广西壮族自治区林业局以国家林业局颁布的《森林资源规划设计调查主要技术规定》为依据，结合广西实际，颁布了《广西壮族自治区森林资源规划设计调查技术方法》，作为本次调查的指导性文件。由于时间紧、任务重，为了按时完成调查任务，桂林、柳州、河池、梧州等地市在调查中引入遥感技术。

（广西林业勘测设计院）

【森林资源监测】

一、森林资源监测机构

1992年，根据林业部《关于建立全国森林资源监测体系有关问题的决定》、《关于建立地方森林资源监测体系有关问题的原则规定》、广西林业厅林政字〔1991〕122号《关于建立广西森林资源监测中心有关问题的通知》组建成立了广西森林资源监测中心，主要任务是负责全区森林资源的监测和管理工作。

二、森林资源监测体系

广西的森林资源监测体系是在总结新中国成立以来的1956年、1960～1961年和1970～1974年“四五”期间三次大规模全广西性的森林资源调查经验的基础上，吸收国内外的先进技术方法，通过乡、场、县试验和试点，反复研究、自下而上、基于点抽样理论建立起来的一种抽样调查体系。1977年，广西开展第一次森林资源连续清查，此后经过1978年、1980年、1985年、1990年、1995年、2000年等6次森林资源连清复查，以较少的人力、物力和财力和较短的时间，解决长期以来森林资源数据不清的问题，为及时准确地掌握了森林资源现状和消长变化动态奠定了坚实的基础，为各级政府进行林业建设决策和客观评价森林经营活动效果提供了科学准确的数据。广西森林资源连续清查与全国其他省区相比，体系独成一家，采用角规系统抽样控制的方法，主要技术要点为：

（一）总体面积及样地数量：

全区土地总面积2376.00万公顷，样点间距8×6公里，样点数量4950个，其中林业用地上的样点2909个，非林地样点2041个，布设在1：50000比例尺的地形图上。

（二）样地形状：

采用角规控制检尺，角规断面积系数为1，用皮尺量测水平距、用布围尺量测胸径，当检尺树的胸径厘米值大于水平距米值的2倍，记检尺树1株；当检尺树的胸径厘米值等于水平距米值的2

倍,记检尺树 0.5 株。

(三)样地标志:

林业用地上的样点全部用罗盘仪实测定位,在样点的中心位置埋上水泥桩,水泥桩规格为 6×6×60 厘米,埋入地下 55 厘米,裸露地面 5 厘米,并在标桩的下方 1 米处挖 50×50×50 厘米的土坑,以便复查。

(四)样木标志:

为了避免检尺木的特殊对待,同时又能在今后复查准确量测初查的胸高直径位置,规定检尺树的树干基部 10 厘米处打一颗 3 厘米长的铁钉,铁钉露出树干表面三分,钉以上的 1.2 米处作为样木复查的固定测量胸径的位置。

(五)地类确定:

以样点为中心,按半径 17.84 米范围(0.1 公顷)确定样地地类。

(六)统计计算:

面积采用成数抽样公式计算,蓄积采用简单随机抽样公式计算,样点的公顷蓄积采用形高表计算。

三、历次森林资源连续复查概况

1978 年,全区进行第一次森林资源连清复查,复查林业用地样点数 2902 个,取得了一年间隔期的全区森林资源消长变化,此次复查,技术标准与 1977 年完全一样,在内业成果材料增加间隔期内的面积、蓄积、林种、树种、生长、消耗等动态资料。1980 年,全区进行第二次森林资源连清复查,复查林业用地样点数 2902 个,取得了 1977～1980 年三年间隔期和 1978～1980 年两年间隔期的森林资源消长变化。此次调查,为了充分利用固定样地,做到"一地多用",将复查的 2902 个固定样地作为全区林业用地土壤调查点。同时,在 16×12 公里增设 711 个常规方形样地,用于对比和研究常规有边界样地与角规样地的调查精度和经济效果。1985 年,原林业部根据《森林法》的要求,安排广西在 1985 年进行第三次复查,连续清查所需的经费由林业部资源司专项补助经费解决,外业采用技术经济承包的办法实行。为了便于广西各次连续清查成果相互比较,准确掌握森林资源消长变化情况,本次对全部 4950 个样点进行复查,对 1980 年设置的方形样地不再复查。1990 年,根据林业部林资调〔1990〕19 号《关于 1990 年开展森林资源连续清查及信息采集工作有关要求的通知》,安排广西开展第四次森林资源连续清查。为了保证前后期数据的可比性,又能满足国家统一技术规定的要求,使连清体系进一步完善、提高,本次清查的技术方法作了较大的修改。1995 年,根据林业部林资调〔1995〕12 号《关于 1995 年开展森林资源连续清查工作有关要求的通知》,广西开展第五次连清复查,主要技术规定执行原林业部 1994 年颁布的《国家森林资源连续清查主要技术规定》,本次复查的外业工作,由原区林业厅组织领导,区林业勘测设计院负责业务工作和组织实施,从 1995 年 6 月 6 日试点培训开始,至同年 9 月 25 日外业结束,历时 110 天,全区共组织 271 个工组,52 个质量检查组,参加外业调查人员 1181 人,质量检查人员 105 人;内业从 1995 年 11 月起至 1996 年 4 月止,由国家林业局中南森林资源监测中心承担完成。2000 年,根据国家林业局林资发〔1999〕371 号文件要求,广西开展第六次连清复查。本次复查外业从 2000 年 7 月 15 日开始至同年 9 月 25 日止,历时 110 天,全区共组织 232 个工组,参加外业调查人员 754 人,完成外业调查、质量检查验收任务;2000 年 10 月 15 日至 2001 年 1 月 15 日止,完成系统加密遥感判读任务。本次复查,在监测技术方法及监测内容都有所改进,主要体现在以下及各方面:

(一)为进一步提高总体资源现状的调查精度,利用卫星遥感资料建立覆盖全区森林资源及沙化土地、湿地资源综合监测判读样地,在原固定样地的基础上,加密遥感判读样地 59400 个,采用的遥感与地面样地调查相结合的系统双重多相抽样调查方法进行估计,以获得更加可靠的小面积成数地类的面积数据。

(二)为了发挥森林资源连续清查一查多用,逐步建立森林资源与生态状况综合监测体系,本次复查,以森林资源连续清查为主体,增加湿地、沙化土地监测内容,整合现有监测资源。

历次森林资源资源连续清查结果表

单位:万公顷、万立方米、%

调查时间	林地面积	有林地面积	活立木蓄积	森林覆盖率
1977	1396.32	531.36	25587.5	22.36
1978	1396.32	536.64	26575.26	22.58
1980	1396.32	524.16	26587.52	22.07
1985	1353.60	522.72	24154.34	22.00
1990	1319.57	602.17	25524.00	25.34
1995	1269.19	816.66	31027.39	39.26
2000	1366.22	981.91	40287.06	41.33

(广西林业勘测设计院)

【红树林调查】

为了摸清中国红树林的家底,以便对其制订有针对性的、科学的发展和保护管理规划,根据国家林业局林资发〔2001〕181 号文《国家林业局关于开展全国红树林资源调查的通知》和广西壮族自治区林业局桂林政发〔2001〕152 号文《关于开展全区红树林资源调查的通知》,2002 年,广西在制定《广西红树林调查技术方法》和工作方案的基础上,利用遥感、地理信息系统、全球定位系统等技术进行红树林资源调查。整个调查,于 2001 年 5 月开始启动,至 2002 年 12 月结束,历时 19 个月,项目共组织了 49 名专业技术人员参加。本次调查结果:各地类总面积 18029.2 公顷,其中红树林总面积为 8374.9 公顷,占 46.5%;红树林未成林地面积 301.0 公顷,占 1.7%;天然更新林地面积 70.3 公顷,占 0.4%;红树林宜林地面积 9274.0 公顷,占 51.4%。在广西全区红树林面积中,北海市辖区为 3123.3 公顷,占 37.3%;钦州市辖区为 3057.3 公顷,占 36.5%;防城港市辖区为 2194.3 公顷,占 26.2%。

(广西林业勘测设计院)

【林业数表编制】

1974 年,广西编制了涵盖广西主要树种(组)的《广西森林调查手册》。自 20 世纪 80 年代以来,为适应林木材积、生长量等计算的电算化要求,采用数学模型方法对广西主要用材树种的材积表进行重新编制,并在原有的基础上,增加一些常见树种(组)的数表,于 1987 年编印出新的《森林调查手册》。该版的《森林调查手册》包括了广西主要用材树种的林分形高、公顷断面积蓄积量标准表和出材率(量)表、二元材积表,杉木、马尾松、阔叶树地位指数表等。自 1990 年以来,广西开始大面积人工营造桉树速丰林,原有的一般桉数表进行速丰桉蓄积量和出材量估算,估算精度难以达到预期的要求,鉴此,广西壮族自治区林业局于 2003 年印发了《关于开展良种桉数表编制工作的通知》(桂林政发〔2003〕65 号),由广西林业勘测设计院组织技术骨干进行技术攻关,由各市、县(区)林业局及各国有林场派出技术人员配合广西林业勘测设计院完成速丰桉数表研制相关的标准地外业调查任务和有关资料收集工作。整个项目自 2002 年 3 月起至 2004 年 7 月止,设置临时标准地 653 块,采伐样木 246 株,再加上既往调查的符合本次编表要求的标准地 177 块的数据资料。完成速丰桉二元材积模型及二元材积表;速丰桉林分形数模型及形数表;速丰桉削度方程及出材率表;速丰桉材积生长率模型及生长率表;速丰桉相对树高曲线模型;速丰桉地径与胸径关系函数模型。良种桉数表编制,对快速准确地掌握速丰桉林木的蓄积量及生长过程,有效地进行速丰桉资源管理,准确地进行资产评估,合理安排生产经营活动,促进速丰桉营林工程建设具有十分重要的意义。

(广西林业勘测设计院)

【土地沙化监测】

为了定期掌握广西沙化土地的现状及动态变化信息,为国家和地方制定防沙治沙政策和长远发展规划,保护、改良和合理利用国土资源,实现可持续发展战略提供基础资料,广西建立土地沙化监测体系,监测区包括北海市的海城区、银海区、铁山港区、合浦县，防城港市的防城区、东兴市，钦州市的钦南区、钦州港区等9个单位。1994年，根据国家林业局部署，广西建立土地沙化监测体系，首次查清了广西沿海地区风沙化土地的面积和分布，并建立沙化土地数据库和监测系统，揭示了沙区和不同风沙化类型土地的现状、成因、发展及变迁规律。1999年，根据国家林业局《关于开展全国荒漠化监测工作的通知》（林造通字〔1998〕40号）和广西壮族自治区林业局《关于开展广西沙化监测工作的通知》（桂林营场字〔1998〕45号）文件精神，全区开展第二次沙化土地监测工作，根据监测结果，全区土地风沙化面积362万亩，占监测区土地总面积27.1%，在沙化土地中，沙改田273万亩，固定沙地87万亩，流动沙地1.5万亩，半固定沙地0.5万亩。

（广西林业勘测设计院）

【树种调查】

全区树种资源调查：1965～1966年，根据广西壮族自治区林业局部署，以广西林业勘测设计院为主，分别在百色、钦州的18个县，行程5900公里，进行全面树种调查，重点调查有经济价值的树种资源，采集植物标本1800多份，调查成果有《百色专区树种资源调查材料整理》和《钦州专区树种资源调查材料整理》。

主要林区木材识别与利用调查：1971年，由自治区林业局组织，本次调查，共采集木材标本557种、蜡叶标本2400余份。调查成果有《广西木材识别与利用》和《广西木材手册》。

广西金花茶种质资源考查：1983～1985年，根据国家环保局下达任务，由自治区环保局、自治区林业局组织，通过对防城、钦州、南宁地区等有关县的调查，摸清广西金花茶的种质资源，为保护和合理利用广西金花茶提供科学依据。成果有《广西金花茶种质资源考察及其地理分布规律的初步研究》。

古树名木普查：根据全国绿化委员会、国家林业局《关于开展古树名木普查建档工作的通知》（全绿字〔2001〕15号）精神，广西壮族自治区绿化委员会、林业局组织开展全广西范围内的古树名木普查。这次普查，是在《全国古树名木普查建档技术规定》的方法框架下，依照自治区绿委会办公室制定的《广西古树名木普查技术操作细则》进行的。其中“古树”是指树龄在100年以上的树木；“名木”是指在历史上或社会上有重大影响的中外历代名人、领袖人物所植或者具有极其重要的历史、文化价值、纪念意义的树木。除森林公园和自然保护区内生长的古树名木不纳入本次普查建档范围外，在广西范围的其他地区生长的古树名木和成片生长的大面积古树（即“古树群”），均属本次普查建档的范畴。普查工作于2002年8月全面铺开，到2003年8月基本完成古树名木普查数据汇总和建档工作，历时1年。这次普查结果表明，广西已知一、二、三级古树名木名单有199种，共12526株，隶属60科130属，其中一、二级古树4421株，名木15株。古树群90群共3706株（其中一、二级2519株），其中古树群一级7群计2451株，二级9群68株。此外，还有107株古树名木树种鉴别待定。

（广西林业勘测设计院）

【林地林权管理】

一、概述

解放前，广西的天然森林，基本属国家所有。人工林分为国有、公有、私有。人工林所有制则随着社会制度的变化而改变。解放后，人民政府把大森林、大荒山收归国有，并在这些地方建立了一大批国营林场。国有山林权属基本稳定，私有林的权属变更较大。广西山林所有制的变化大致可分为5个阶段。经过土地改革，农民分得山林。人工林私有制从以地主、富农所有为主，改变为农民所有为主。1955～1956年，在农业合作化运动中，私有山林入社，除社员房前屋后的零星树木外，多数成为集体山林。人民公社时期，林木统归公社所有，但在“大跃进”过程中，集体和个人林木被“一平二调”，山林权属实际上被打乱。70年代初期，广西在农业学大寨运动中，社员房前屋后的树木也收归集体，林木的私人占有基本消失。进入80年代后，实施稳定山权林权，在集体所有性质不改变的前提下，划定自留山，确定林业生产责任制。2000年，全国实行统一林权证制度。人工林仍为国有、集体所有、私有3种所有制并存的格局。

二、山林土改

山林土改是整个土改工作的一部分。50年代初，广西根据《中华人民共和国土地改革法》和《中南军政委员会山林处理暂行办法》的有关规定，进行山林土改。在土改中没收地主的山林，征收祠堂、庙宇、寺院、教堂、学校、团体的山林，征收工商业者和富农出租的山林。对小林业经营者

(含合伙出资营造的林木)予以保护,不得没收。凡是大森林、大荒山、风景区的山林,均收为国家所有。在土地分配上,本着团结互让、有利生产的精神,合理分配土地。同时,根据“给出路”的政策,给地主留一分同等的土地,促使其改造成为自食其力的劳动者。在山林分配方面,山林随田地实行统一分配,分配时以原经营山林的村、户为基础,依据山、田多少比例,在村与村之间,户与户之间作适当抽补调剂。在分配山林时,许多地区都将山林折合田亩统一分配。山林折算根据山林土质好坏林木大小、离村远近、运输条件、产品价格等情况,经过农民民主评议;以每年平均收益折合田地收益计算。通过土地改革,山林占有情况发生了根本变化,使地主人均占有山林与贫雇农基本持平,改变了历史上地主人少山林多,农民人多山林少的不合理状况,劳动人民分得山林后,大大增强了个人经营山林的积极性。1955 年广西互助合作运动和全国一样,半年多时间就把 30%以上农户组织到合作社中来;1956 年底全省农村普遍建立高级农业合作社后,山林也随之归合作社所有,私有山林转变为集体山林。

三、山林入社

土地改革基本结束后,广西农村开始进入合作化运动,当时农业生产合作社特别是山区林业合作对林木入社如何处理,是广西到合作社的建立和保护森林发展林业的重大问题。由于广西人工林大部系私人所有,故土地改革后开展农业合作化运动时,如何处理好林木入社和分配问题就成了合作化运动的一个重要内容。1955 年 10 月,中共广西省委十分重视林农林木入社问题,经过深入调查研究,农村工作部召开 9 个林业重县和 5 个林、农并重县的驻社干部和林业社社长会议,提出林木入社和分配办法,经省委批转各地执行。1956 年 3 月,省委又对农业生产合作社处理林木入社中几项具体政策作了规定。出台了一套林农林木入社办法,使林农在林木入社时基本做到自愿互利。

四、人民公社山林权属变更

人民公社对山林权属变更主要是取消了合作化时期的林木入社办法。在人民公社时期,山林权属变更分为两个阶段。第一阶段是 1958 年至 1960 年。当时人民公社在“一大二公”的影响下,合作社的一整套林木入社办法被废止,代之林木统归公社所有。公社实行以大队为核算单位,林木归大队统一经营分配,山林权属实际上已被打乱。第二阶段,从 1961 年起至 80 年代初,党中央和自治区党委采取许多纠正错误的政策措施,1961 年中央提出《关于确定林权,保护山林和发展林业的若干政策规定》(简称《林业 18 条》),调整农村林业政策。如实行以生产队为基本核算单位的三级或两级所有制,重新落实以土地为中心的“四固定”等政策,但合作社时期社员个人林木入社的账目,仍然是一笔勾销。在面上,处理平调群众林木的遗留问题,落实好山界林权,划分自留山、自留木政策;尽管当时国家、公社、大队、生产队存在困难,大部分退赔没有兑现,但《林业 18 条》的颁布和贯彻执行,使林木所有单位和所有者正当权利得到保护,人心逐步稳定。但是由于种种原因和 1966 年爆发了“文化大革命”,《林业 18 条》未能坚持贯彻执行。在 70 年代农业学大寨和 1975 年广西实行“总体战”时,社员房前屋后的自留木、水果林被当做资本主义尾巴砍掉或收归集体所有,社员个人对森林再不享有任何权利也不关心林业的发展,并造成房前屋后果木的乱砍滥伐。

在“大跃进”和人民公社运动中,“共产风”、“一平二调风”刮起来后,林业首当其冲;受害很大,造成林木、林地所有制混乱,不仅严重挫伤山区广大农民植树造林、经营山林积极性,而且增加了国家、集体、个人之间的林权、地权纠纷,带来了一系列不良后果,使林木权属方面有些问题长期得不到解决,这是以后多次发生山林权属纠纷、群众乱砍滥伐、抢砍盗伐林木的主要根源之一。

五、林业“三定”

1980 年开始,广西农村实行经济体制改革,实行联产承包责任制,林业则实行稳定山权林权、划定自留山、确定林业生产责任制(简称“三定”)。1981 年 3 月 8 日中共中央、国务院发出的《关于保护森林发展林业若干问题的决定》。这是中共十一届三中全会以来发展林业的纲领性文件,所提的 15 条政策和原则,也是拨乱反正的措施。为了贯彻执行这个文件,自治区党委、自治区人民政府先后采取的措施有:一是在 1982 年 5 月 30 日发布了《稳定山权林权、完善林业生产责任制暂行条例》,探索木材开放和集体管理制度;二是落实林业“三定”。“三定”工作集体部分已于 1985 年以前基本完成,难度较大的是国有林业单位,一直推迟到 1990 年才基本结束。至 1988 年止,自治区从事林业“三定”工作的共7万多人次，耗资800多万元，乡村所有的山林，乡村集体林场个人承包的责任山，分给个人的自留山，已基本完成发证工作(此为《广西年鉴》记载，据自治区林业局桂林政字〔1998〕120号记载为72.5%)。

进展较慢的是国有林定权发证工作，据1988年止的统计，全自治区151处国有林场中，发证面积仅44.41万公顷，占自治区国有林场经营面积的29.3%，基本完成的只有39处国有林场。广西绝大部分国有林场创办于50年代末60年代初，由于历史原因，许多林场在建场时手续不完备。30多年来，随着生产发展，人口增多及农村政策放宽，在农村中土地开发利用的矛盾越来越突出，山林纠纷不断发生，许多地方群众以山林权属不清为借口，任意侵占、瓜分国有山林，哄抢、盗伐国有林木，殴打护林员和林场职工，扰乱社会治安，破坏了林场正常的生产秩序，影响安定团结。严峻的现实使各级领导认识到，如再不下决心彻底解决国有林的定权发证工作，国有林业单位的合法权益就得不到保护，国家财产将继续遭到损失，因而下决心加强对这项工作的领导。

1989年6月国务院办公厅转发了林业部《关于国有林权证颁发情况及限期完成发证工作意见报告的通知》。广西各级党委和政府十分重视，认真落实国务院文件精神做了大量工作。

这次国有林定权发证工作，是对林业“三定”工作中国有林部分继续发放山林权证。原来已经发给的山林权证，仍然有效。凡是在林业“三定”中已经确定权属待发证的，或者过去双方已经签订协议，权属明确是国有单位的，不必找群众代表签字同意，即可发证。工作核实一片发证一片，有争议的山林，调处一片，发证一片，不必等到一个单位的经营面积全部核实才发证，做到一步一个脚印。对一些“老大难”纠纷，放到后期，集中力量调处。调处山林纠纷的原则是尽量把问题解决在基层，调处不下的，由人民政府裁决，按照裁决的界线发放山林权证。国有林场大部分地处边远山区，这些荒山荒地和大片天然林过去没有明确划给集体，办场时已经划进林场经营管理，因此不能只发林权证而应发山林权证。过去一些林场、采育场和非林业系统单位的林地，划得太宽，而且手续不完备，明显影响当地群众生产、生活的，适当调出一部分山地给群众经营，其余属于国有林业单位经营的林地，一律发给山林权证。苗圃和林科所，一般靠近城镇，办圃(所)时，一般都办有土地划拨手续，土地所有权属国家的，一样发山林权证。有纠纷的，解决或裁决之后，按照解决(裁决)后的管理界线发给山林权证。在特殊情况下，国有单位在集体的土地上造林的，尽量采取征收或互相调整的办法，解决林权和地权不一致的问题。对于个别地段实在解决不了的，则采取发给造林单位林权证，地权仍属于集体，并适当给集体让利。林业系统的国有林单位的山林和土地，在这次定权发证中，全部审核发证。非林业系统的国有林单位，只发给有林地的山林权证，其他非林业用地，待后由土地部门审核办理。跨县、市的国有林单位，林地分布在哪个县、市，由所在县、市人民政府审核发证。

到1990年8月止，全自治区国有林发证面积共101.80万公顷，加上前8年发证面积，达到146.21万公顷，占自治区国有林面积96.4%。全自治区463个国有林单位，其中林业系统的国有林场、采育场、自然保护区、林科所、国有苗圃共352个单位，发证面积135.06万公顷，占经营面积97.2%；非林业系统111个单位，发证面积11.14万公顷，占经营面积的87.8%。

在这次国有林定权发证过程中，各国有林单位还建立了山林权属文件资料档案。过去一些国有林场由于建场手续不完备，历史文件资料不齐，给国有林场的经营管理和定权发证工作带来了许多麻烦。按照林业部的要求，国有林发证工作必须建立健全文件资料档案，林业厅制定了《广西壮族自治区国有山林权属文件资料的汇总建档及管理使用办法》，国有林业单位的山林权属文件资料做到专柜存放，指定专人兼管，并建立档案管理和使用制度。

六、全国统一林权证

为了规范森林、林木、林地权属登记和管理，维护林权证的严肃性和法律效力，根据《森林法》、《森林法实施条例》的有关规定，2000年，国家林业局颁布《林木和林地权属登记管理办法》，并下发了《关于实行全国统一林权证式样的通知》(林资发〔2000〕159号)，要求在全国范围内实行统一的林权证制度。对符合林权登记条件的申请，一律颁发全国统一式样的林权证。广西为推行统一的林权证制度，自治区政府在2003年元月批复林业局，同意在武鸣、东兰县开展林权登记发(换)证试点工作，并批转了《广西壮族自治区林权登记发

(换)证实施方案》(桂政函〔2003〕16 号),武鸣、东兰两县同时开展试点工作。同年 7 月,自治区政府办公厅下发了《关于切实做好我区退耕还林林权登记发证工作的通知》(桂政办电〔2003〕155 号),9 月,广西壮族自治区林业局印发《广西壮族自治区退耕还林林权登记发证工作意见》(桂林政发〔2003〕223 号),举办了全区退耕还林地林权登记发证工作培训班,对全区各市、县林业局的领导及业务骨干进行了全面培训,11 月在东兰县召开了全区退耕还林地林权登记发证工作会议,推广武鸣、东兰两个试点县的做法和经验,参观东兰县退耕还林地林权登记发证现场,要求各市县按照国家林业局和自治区人民政府的要求,努力在 2004 年底前完成 2002 年以前的退耕还林林权登记发证任务。

(广西财经学院 赵子健)

森林防火

森林火灾

【历年森林火灾】

据广西林业统计资料记载,自1950~2003年54年间,全广西境内共发生森林火灾69280次,受灾森林面积2383730公顷,平均每年发生森林火灾1282.9次,平均受灾面积44143公顷。

20世纪50年代,发生森林火灾13435次,受灾森林面积249530公顷。其中1950~1955年4月底,共发生森林火灾6922次,受灾面积12033公顷,等于1950~1955年新造林面积的3倍,烧毁林木6亿多株,烧死47人,烧伤86人,烧伤烧死耕牛70头,房屋493间,1955年11月29日,阳朔县大源乡发生山火,无人扑救,使山火烧了6昼夜,在2100平方公里的许多山头被烧光,烧毁了大量杉树、马尾松、油桐、油茶、竹子、杂木等。这是解放以来广西最大的一次山林火灾,该县县长受到撤职处分。1958年1月至5月,隆林各族自治县发生山林火灾191次,烧毁森林面积30700公顷,烧死大小林木1亿多株,枕木58立方米,房子8间。在扑灭山火时出动43800人次,损失惨重。在火案中先后逮捕纵火犯89人,判处管制1人,刑期6个月以下10人,12个月以下4人,1~5年的22人。

20世纪60年代,是广西森林火灾最多的一个时期。1960~1969年,共发生22320次,受灾森林面积629740公顷,比50年代上升66%,受灾面积增加1.5倍。其中1960~1963年3月底,正处在国民经济困难时期,因口粮不足,群众上山开荒和采集代食品引起山火增多,共发生森林火灾13841次,受灾面积338019公顷。1960年火灾次数比1959年上升40.9%,1961年受灾面积比1959年上升1.73倍。而1962~1963年春季烧毁的森林面积超过造林面积,如1962年全自治区造林23300公顷,同年烧毁森林面积130480公顷,为造林面积的5.6倍,也就是说烧掉"老本"107180公顷;1963年3月底,造林54400公顷,同年烧毁森林面积54000公顷,为造林面积的99.2%。国营林场的森林火灾也相当严重,据56个国营林场统计,1960~1963年3月底共造林168700公顷,同期烧毁幼林81000公顷,占造林面积的48%,其中有15个林场的幼林基本烧光,烧毁的幼林总共损失国家造林投资943万元。1963年1~5月上旬,乐业县雅长和西林县八达、花贡相毗连两林区,发生山林火灾38次,受灾森林面积19100公顷,烧死烧伤大小林木1243万株,烧去民房33间,粮食5865万公斤,烧死烧伤耕牛22头,还有农具、衣服、棉被等被烧掉。同年,西林县发生山林火灾234次,受灾森林面积4000公顷,烧死1人,烧伤5人,烧死耕牛14头,烧伤7头。该县森林火灾次数之多,损失之大,是解放以来所未有过的。自治区党委决定,对西林县森林火灾,给予县委书记党内警告处分,副县长行政记大过处分。

20世纪70年代,森林火灾次数有所下降,但受灾面积还在上升,1970~1979年共发生森林火灾12482次,比60年代下降44.1%,但受灾面积764450公顷,比60年代上升21.39%。1973年1月1日,国营高峰林场延河分场发生森林火灾,烧毁森林面积2000多公顷,火情发生后,南宁市及武鸣、邕宁两县机关、厂矿、部队、群众1万多人上山扑火,动用大小汽车158辆。自治区革命委员会副主任覃应机等领导亲往现场指挥灭火。

20世纪80年代,森林火灾次数14834次(不含1990年),比70年代多2352次,但由于及时扑救,受灾面积为594760公顷,比70年代减少

169690公顷。其中1980年3月1日至9日，宁明县连续发生山林火灾37次，烧山面积25200公顷，有林面积18200公顷。9天之内，次数之多，涉及面之广，损失之大，是该县历史上所没有过的。1982年12月18日，鹿寨县头排公社发生山林火灾，持续烧了6天，烧山面积5660公顷，有林面积5359公顷，烧死1人。1983年4月11日，田林县百乐公社板平大队发生的山林火灾，受灾森林面积12000公顷，动员千多人上山灭火，耗资16920元。1987年3月7～10日，雅长林区发生山林火灾，烧山面积6667公顷，受灾面积4067公顷，百色地区行署秘书长、林业局局长和乐业县领导组成现场灭火指挥部，动员机关、厂矿、武警和群众5000多人上山扑救；西南航空护林总站出动直升机灭火，林业部和自治区护林防火指挥部也赶赴现场指挥灭火工作。

20世纪90年代，森林火灾次数、受害森林面积大幅度下降，是解放以来森林火灾最少的年代。1990～1999年共发生森林火灾4191次，森林受灾面积109362公顷，比80年代森林火灾14834次减少10643次，森林受灾面积594760公顷减少了485398公顷。1990～1999年，森林火灾次数逐年减少，森林火灾得到了严格的控制。

2000年以后，由于全球气候异常，气温上升，森林火灾呈上升的趋势。2000～2003年共发生森林火灾2018次，森林受灾面积35894公顷。其中2003年发生森林火灾1015次，森林受灾面积18973公顷，与2000年、2001年、2002年三年相比，森林火灾次数上升了226%、353%、117%，超过2000～2002年三年累计发生森林火灾1003次12次；受灾森林面积上升了246%、511%、128%，比2000至2002年累计受灾森林面积16921公顷还多2053公顷。森林防火形势日趋严峻。

森林火灾的火源。1989～2003年，已查明火因的森林火灾起数5987起，其中生产用火引起3490起，占总起数的58.3%，非生产用火2191起，占总起数的36.6%，其他是故意纵火、外省、外国烧入、雷击火等306起，占总起数的5.1%。引发森林火灾的原因虽然很多，但从1989～2003年的统计数据看，烧荒烧炭仍然是历年来森林火灾发生的主要原因，已查清火因的森林火灾中，烧荒烧炭占41.6%；其次是野外吸烟，占10.8%；第三是炼山造林，占9.7%；第四是上坟烧香，占8.1%。烧荒烧炭和野外吸烟、炼山造林、上坟烧香一起是引发森林火灾的四大火因，占到查清火因总数的70.2%。其余依次是烧山驱兽5.0%、故意放火3.2%、痴呆弄火3.0%、烧牧场2.2%、取暖做饭2.1%、小孩玩火2.0%、外省、外国烧人1.7%、烧窑1.5%、电线引起0.6%、烧隔离带0.2%、雷击火0.2%、火车喷漏0.1%、机车喷火0.1%、家火上山0.1%，其他7.4%。

（区防火指挥部）

森林防火体系建设

【广西壮族自治区森林防火指挥部】

广西壮族自治区森林防火指挥部的前身是广西省护林防火指挥部。1954年1月1日，广西省人民政府决定，当年2月23日正式成立广西省护林防火指挥部，由广西省委统一领导，总指挥长贺亦然。1958年，随着广西撤省成立自治区，广西省护林防火指挥部自然更名为广西壮族自治区护林防火指挥部。

1966年10月至1973年2月这段“文革”期间，广西壮族自治区护林防火指挥部自然消失，1973年2月3日恢复，称为广西壮族自治区革命委员会护林防火指挥部，陈开路同志任指挥长。

1990年6月7日，根据国家《森林防火条例》有关条款精神，自治区人民政府同意将自治区护林防火指挥部更名为“广西壮族自治区森林防火指挥部”。

历届自治区森(护)林防火指挥部领导成员单位有：自治区党委、自治区人民政府、林业厅(局)、广西军区、农委(办)、公安厅、驻桂空军、武警总队、高级法院、高级检察院、司法厅、发展和改革委员会(计委)、财政厅、民政厅、交通厅、农业厅、卫生厅、邮电局、信息产业局、供销社、气象局、广播电影电视局、农垦局、华侨企业管理局、公安厅消防局、无线电管理委员会办公室、中国人民保险公司广西分公司、林业厅公安处。

历届总指挥长、指挥长由自治区党委或人民委员会、人民政府、革命委员会领导担任。

历届常务副指挥长由林业厅(局)长担任。

历届副指挥长由广西军区、政府办公厅、公安厅、农委(办)、林业厅(局)领导担任。

历届成员由成员部位单位领导担任。

（区防火指挥部）

【地、市、县、区森(护)林防火指挥部】

"文革"前,广西的森林火灾多发区有6个专区和15个县先后成立了护林防火指挥部,它们分别是桂西壮族自治区、百色专区、宜山专区、桂林专区、平乐专区、容县专区。大苗山、贺县、鹿寨、兴安、全州、浦北、藤县、苍梧、百色、田林、田阳、田东、平果、西林、隆林、乐业、凌云、德保、靖西、那坡、三江、来宾、邕宁、平乐、容县。

1987年5月6日大兴安岭发生特大森林火灾后,同年7月,国务院、中央军委决定成立中央森林防火总指挥部,国务院副总理田纪云同志担任总指挥,国务院副秘书长、林业部长、总参作战部副部长担任副总指挥,国家计委、城乡建设环境保护部、公安部、财政部、铁道部、交通部、农牧渔业部、邮电部、民政部、卫生部、商业部、民航部、国家物资局、国家气象局的领导担任总指挥部成员。

1988年1月,国务院发布《森林防火条例》。1989年12月29日,自治区人民政府颁布《广西壮族自治区森林防火条例实施办法》。根据《森林防火条例》第七条"地方各级人民政府应当根据实际需要,组织有关部门和当地驻军设立森林防火指挥部,负责本地区的森林防火工作"。《广西壮族自治区森林防火条例实施办法》第五条"自治区人民政府,地区行署,市、县和林区乡(镇)人民政府应当组织有关部门及人武部、驻军设立森林防火指挥部,负责本地区的森林防火工作"的规定,至1990年,广西各地、市、县、区人民政府,柳州铁路局、中国林科院大青山热林中心、自治区直属林场全部成立了森林防火指挥部。相当部分地、市、县、区的行署专员、市长、县长、区长担任第一指挥长。指挥长全部由副专员、副市长、副县长、副区长担任,副指挥长和成员参照自治区森林防火指挥部格式安排。

(区防火指挥部)

【广西壮族自治区森林防火指挥部办公室】

自治区森林防火办公室前身为自治区护林防火指挥部办公室。1987年7月8日,自治区编制委员会批复设立,核定事业编制3人,设在自治区林业厅。1988年12月29日,自治区编制局下文增加事业编制3人,编制达到6人。1990年6月7日,根据国家《森林防火条例》有关条款精神,自治区人民政府同意将自治区护林防火指挥部更名为自治区森林防火指挥部,自治区护林防火指挥部办公室随即更名为自治区森林防火指挥部办公室。

1997年9月19日,自治区编制委员会印发广西壮族自治区森林防火指挥部办公室职能配置、内设机构和人员编制方案的通知,明确自治区森林防火指挥部为自治区人民政府议事协调机构,下设办公室,为处级建制,归自治区林业厅管理。自治区森林防火指挥部办公室内设三个职能科:综合秘书科、森林火灾预防扑救科、装备与通信科。行政编制11名,其中主任1名,副主任3名。核定后勤服务人员事业编制1名。

主要职责:

第一,贯彻执行国家林业部和自治区人民政府森林防火工作方针、政策,监督、检查《森林防火条例》、《广西壮族自治区森林防火条例实施办法》和有关法规的实施。

第二,拟订森林防火制度、办法和规定并组织开展森林防火目标管理。

第三,指导专业、半专业森林消防队伍建设,消防基地建设和群众义务消防队建设。

第四,制定森林防火建设规划和计划,并督促检查实施,调配、维护、管理森林防火设施设备。

第五,组织边界护林防火联防、协调航空护林工作。

第六,指导、制订森林火灾扑救预案,森林防火措施,组织群众预防和扑救森林火灾,组织协调指挥扑救特大、重大森林火灾。

第七,协调气象部门开展森林火灾气象分析、发布森林火险天气信息,通报、核实和上报卫星监测火情。

第八,负责森林防火检查和林区野外火源的管理;制订、发放林区野外生产用火许可证;负责组织开展森林防火宣全教育,实施森林消防监督、消除森林火灾隐患。

第九,组织检查、核实特大重大森林火灾事故,配合有关部门和单位查处森林火灾案件。

第十,组织森林防火科学研究,推广森林防火先进技术,培训森林防火专业人员。

第十一,进行森林防火统计,实行森林火灾卫星监测微机终端联网管理,建立森林火灾档案。

第十二,开展森林火灾保险。实行全年防火,掌握林区动态,一般防火期实行正常值班,重点防火期实行每天24小时值班制度。

第十三,开展森林防火学术交流、编印森林消防小报。

第十四,完成上级和领导交办的其他工作。

自此,在自治区党委、自治区人民政府高度重视森林防火工作的情况下,自治区森林防火指挥部办公室建设逐步走上了正规化和规范化。

2000年,自治区本级进行机构改革,自治区森林防火指挥部办公室在职能、人员方面又有新调整。2000年7月12日,自治区人民政府办公厅印发广西壮族自治区森林防火指挥部办公室职能配置和人员编制规定的通知,报自治区人民政府批准,自治区森林防火指挥部是负责全区森林防火工作的自治区人民政府议事协调机构。自治区森林防火指挥部办公室(正处级)为自治区森林防火指挥部的办事机构,设在自治区林业局。自治区森林防火指挥部办公室机关事业编制9名,其中主任1名(由自治区林业局分管副局长兼任),副主任2名。暂保留原定机关后勤服务事业编制1名。

主要职责:

第一,贯彻执行国家、自治区森林防火方针政策和法规,拟订森林防火管理制度和具体办法,实施森林防火监督,组织森林防火安全检查,消除火灾隐患。

第二,检查、督促、协调全区贯彻执行。

(区防火指挥部)

【广西壮族自治区森林防火政策法规建设】

1988年11月16日,广西壮族自治区人民政府制定了《广西壮族自治区森林火灾扑救处理预案》。

1989年12月29日,广西壮族自治区人民政府制定了《广西壮族自治区森林防火实施办法》(桂政发〔1989〕141号)。

1991年,广西壮族自治区人民政府制定了《广西壮族自治区森林防火目标管理暂行奖惩办法》。2000年,广西壮族自治区人民政府重新制定了《广西壮族自治区森林防火目标管理奖惩办法》。

(区防火指挥部)

航 空 护 林

【概　述】

航空护林是使用飞机从事森林防火、灭火及其他森林资源管理保护的一种高科技手段,是当今世界各国公认、多林国家普遍采用的一种先进森林防火手段,是中国森林防火的重要组成部分。广西的航空护林工作从1962年开始历经数十载的坎坷,从无到有,从弱到强,成为广西森林防火的重要组成部分。为广西的森林防火工作做出了巨大贡献。

(防火指挥部)

【广西航空护林基地建设记事】

1961年西南地区航空护林筹备处成立。次年春,以昆明为基地试行航空护林,其中第一巡逻航线:昆明—陆良—真丰—(黔)—望谟—(黔)—凌云(桂)—西林(桂)—泸西—昆明;拉开了在百色地区开展航空护林的序幕。

1964年春航,西南航空护林站首次以广西的南宁、百色两个机场为基地开展航空护林。

1965年8月百色分站土建工程破土动工,10月竣工。

1967年百色基地停航。

1969年百色分站被撤销。

1985年6月25日,国务院(85)国函字96号文批复同意恢复林业部西南航空护林站。同年7月12日林业部林安(1985)283号文明确西南航空护林站下设六个航空护林分站,其中之一为百色分站。

1985年年底,西南航空护林站从百色地区林业局等单位调进甘永棠等7名干部职工组建百色分站,甘永棠任站长。

1986年11月13日,西南航空护林总站下文将百色分站更名为"林业部西南航空护林总站百色站"。1986至1989年林业部下拨基建款142.2万元,用于百色站的房屋建设及设备购置。

1987年,根据林业部"边建站边开展航护"的指示,百色站开始开展春季航空护林。

1987～1992年航护基地设在百色旧机场,保障单位为南宁民航站。

1991年百色航护基地成立了以百色地区行署分管林业工作的副专员为指挥长的航空护林指挥部。副专员黄锡南为指挥长。

1993年因修建南昆铁路,百色旧机场被部分占用,机场净空条件较差而被迫停航。

1994年起,百色站开展春航的基地移到离百色站约40公里的空军田阳机场,保障单位为空军田阳场站。

1997年春航起,应广西区森林防火指挥部要求，百色站春航航护区域在原有基础上东扩至河池地区东部，南宁地、市西部等14个县。

1998年，经广西壮族自治区人民政府同意，成立了广西壮族自治区航空护林指挥部，自治区林业厅副厅长张锁为指挥长。

1999年，广西壮族自治区人民政府以桂政报(1999)44号文上报国务院，要求以柳州白莲机场为基地开展秋航，国务院批转国家林业局研办，国家林业局以林函安字〔1999〕344号文同意桂政报(1999)44号报告。从此，百色站开始了一个站两个基地开展春、秋航的历程。秋航基地为柳州白莲机场，保障单位为柳州民航站或空军柳州场站。经广西壮族自治区人民政府批准，该年充实调整了广西壮族自治区航空护林指挥部，广西林业厅罗永魁副厅长任指挥长。

（区防火指挥部）

【广西航空护林范围】

全区航空护林范围分为百色、柳州两个航护区。

百色航护区航护范围东起E108°52′30″N22°53′，南至E107°56′N22°17′，西至E104°54′N25°05′30″，北到E106°45′N25°26′。航护面积1234万公顷，其中有林面积422万公顷。航护区域包括百色市12个县、河池市10个县(市)、南宁市7个县、崇左市5个县共4个市34个县(市)。

柳州航护区航护范围东起E111°18′N23°29′，南至E110°09′N22°37′30″，西至E107°10′20″N25°00′，北到E109°36′N25°47′。航护区管辖柳州市6个县(市)、来宾市6个县、桂林市9个县、贵港市2个县、贺州市4个县、梧州市4个县、玉林市5个县、河池市10个县、南宁市6个县等9个市52个县(市)。航护面积1517万公顷，其中有林面积622万公顷。扣除护区重叠区域，广西的航护区总计为11个市70个县(市)(不含地级市的市区)，航护总面积为1966万公顷，覆盖全区981.9万公顷森林面积的80%以上。

（区防火指挥部）

【历年航空护林开展情况】

自1985年恢复百色建站以来，在国家林业局和广西区各级党委、政府的关怀和大力支持下，在西南航空护林总站和广西区航空护林指挥部正确领导下，广西区的航空护林工作得以顺利有效地开展。1987年到2003年，各种机型飞机总计作业飞行1643架次、3473小时44分，空中发现火情467起，侦察火场69个，侦察卫星热点39个；实施航空直接灭火175个火场，机(索、滑)降扑火队员2630人次，吊桶灭火洒水350桶，空投森林防火宣传单524万份，空运物资、食品2158公斤。航空护林为巩固广西灭荒、绿化成果，为保护广西的森林资源以及生态建设做出了积极贡献，已成为广西区森林防火的重要组成部分。

1988年春航期中，积极探索了机降队的组建形式以及火场的通信联络方式，并提出了“少数集中，多数分散”的机降队组建形式，基地常驻13名机降队员，护区内各县、林场组建183名机降队员。

1994年春航期中，首次成功实施了索降灭火，为西南航空护林直接灭火探索出了一条新路子。

1995年春航期中，航站使用加拿大SEI工业有限公司提供的直升机“喷霸”灭火水弹(又称“吊桶”)进行试验，西南航空护林总站陈国祥总站长、广西林业厅张锁副厅长等领导亲临现场指挥吊桶灭火试验，试验获得成功，在航空直接灭火上又探索到一条新路子。

1999年经国务院批转国家林业局研办，国家林业局以林函安字〔1999〕344号文同意桂政报〔1999〕44号报告，从1999年起，百色站除担负春航任务外，又开展以柳州为基地的秋(冬)季航空护林工作。

2000年秋季航空护林在飞行方面取得了两大突破：一是扑救在发生大火时，成功使用了备降机场起降及加油，为今后拓展航空直接灭火作业区域闯出了一条新路子。二是进行航空直接灭火作业时为能见飞行，返场飞行为夜航作业，对更多发现时间较晚的火场实施航空直接灭火，对夜长昼短的柳州基地秋冬航具有十分重要的意义。

2001年秋(冬)航护工作取得了显著成绩：一是设立梧州临时航护点，实现了一个基地多个机场作业的航空护林新思路，打破了一架飞机一个机场固定作业的旧框框。二是将滑降灭火这一新手段应用于扑火实战中，首开了西南林区滑降灭火的先例，为拓宽航空直接灭火手段闯出了一条新路子。三是对关键火场综合运用了机降、索降、滑降、吊桶灭火等航空护林的所有手段，航空护林控制和扑救森林火灾的能力进一步提高。

1987～2003年航空护林基本情况表

年　度	使用机型	航期天数	飞行时间(小时:分)	架次	空中发现林火(起)	航空直接灭火(起)	运送扑火队员(人次)	吊桶灭火洒水(桶)	侦察火场数(个)	投撒宣传单(万份)	空运食品、物资(公斤)
1987年(春航)	运5海豚731贝尔212	30	105:59	69	59	7	101			25	400
1988年(春航)	运5海豚731	50	207:10	120	43	12	237		20	31	
1989年(春航)	运5海豚731	45	174:42	98	35	7	85		5		
1990年(春航)	运5海豚731	56	159:10	47	13	2	19		1		
1991年(春航)	运5贝尔212	62	212:53	141	39	16	242		12		58
1992年(春航)	运5贝尔212	66	217:38	97	43	15	145		3		
1993年(停航)											
1994年(春航)	运5米8	72	230:17	131	56	22	396			35	
1995年(春航)	运5米8	70	200:00	131	10	8	75				
1996年(春航)	运5米8	67	200:00	67	7	8	77				
1997年(春航)	运5米8	61	127:37	42							
1998年(春航)	运5B贝尔212	62	174:48	55	2						
1999年(春航)	运5米8	71	172:50	75	13	5	91	20	4		
1999年(秋冬航)	米8	49	81:04	36	1	2	10	5		11	
2000年(春航)	米8	69	87:30	36	3	3	17	3			

续表

年度	使用机型	航期天数	飞行时间(小时:分)	架次	空中发现林火(起)	航空直接灭火(起)	运送扑火队员(人次)	吊桶灭火洒水(桶)	侦察火场数(个)	投撒宣传单(万份)	空运食品、物资(公斤)
2000年(秋冬航)	运5 B米171	62	135:37	49	8	8	89	18	2	21	
2001年(春航)	米8	70	81:34	28	8	5	41	2	1	46	
2001年(秋冬航)	赛斯纳 172米171	65	172:11	96	9	10	364	58	3	29	1000
2002年(春航)	赛斯纳 172米8	76	196:12	84	59	12	179	51	5	58	
2002年(秋冬航)	赛斯纳 172米171	72	143:25	56	2	6	73	14	3	66	
2003年(春航)	赛斯纳 172米8	76	152:16	63	34	9	105	24	3	53	
2003年(秋冬航)	赛斯纳 172米171	76	240:51	122	23	18	284	155	7	149	700
合计			3473:44	1643	467	175	2630	350	69	524	2158

（区防火指挥部）

【各级领导对广西航护工作的重视】

1988年3月8日春航开航前，中央森林防火指挥部秘书长兼办公室主任、国家林业部副部长刘广运、林业部计划司司长姜凤章、国务院办公厅秘书局副处长马怀仁、林业部办公厅副处级秘书张志达、广西壮族自治区政府秘书长曹振泉、农委副主任杜易、广西林业厅副厅长钟国华到航站检查指导工作。

1990年3月2日，国家林业部刘广运副部长、部防火办李志同副主任，在广西林业厅刘万福厅长、张锁副厅长的陪同下，到百色航站检查指导工作。

1991年春航期间，广西林业厅荣其光副厅长先后两次到百色航站检查指导工作。

1997年，林业部祝光耀副部长、王丘文秘书长、部防火办王志高副处长视察百色站。祝副部长针对航站的实际情况及今后发展作了六点指示：

第一，希望百色站整理一份综合材料，反映和说明开展航空护林的效益和作用。

第二，航站要把航护工作做好，首先要把观察员培训好，提高观察员的业务水平；观察员要了解地面情况，如社情民情等。部防火办要给航站配备必要的领航设备如定位仪等。

第三，加强业务培训，提高业务水平，适应现代化工作的需要。

第四，要充分利用航空护林优势，提高科技含量。百色站近几年在探索灭火手段上有新的突破，如索降灭火、吊桶灭火。百色站在这方面还要加大力度。西南的航护工作不能与东北比，西南有西南的特殊性。要搞些科研，搞些课题，要在早发现、早扑灭等方面做出成果，这对保护西南的森林有特殊的意义。部防火办也要积极与部队联系，协助航站搞些科研。在护林上，飞行员应相对固定，以便开展一些课题的研究。

第五，要加强班子队伍建设，站长要把这个班子带好，要主动与当地主管部门联系，搞好各种关系，推动航护事业发展，使航护工作不断迈上新台阶。希望百色航站建成一流的航站，做出一流的贡献。

第六，航站要探索一条以站养站的路子，设法提高职工福利，稳定职工队伍。要广开门路搞创收，种植和养殖都可以搞。要充分调动职工的积极性，选好项目，选好人才，这是关键。非航期派一些人去培训和学习，然后开发一些新项目。

最后，祝副部长强调：跳出航站，办好航站。

1999 年 11 月 3 日，在柳州白莲机场举行首次秋（冬）航开航典礼，广西林业厅罗永魁副厅长、余兵总站长、柳州地区行署黄克副专员及柳州地市、桂林市、贺州地区、梧州市、玉林市、贵港市、空七军等领导参加。

2002 年 6 月 26 日至 27 日，西南航空护林总站在百色市召开 2002 年春航总结暨经验交流会议，参加会议的单位有：国家林业局防火办，云南、贵州、四川、广西四省（区）防火办、西南航空护林总站及下属各站。广西壮族自治区林业局副局长张锁，自治区防火办常务副主任农定华出席了会议。百色地区常务副专员石卫武为大会致辞，张锁副局长代表广西区森林防火指挥部在会上以“勇于创新，真抓实干，充分发挥航空护林在森林防火中的重要作用”为题介绍了广西在开展航空护林工作所取得的成功经验，“广西模式”的航空护林得到与会领导和人员的高度评价。

2003 年秋（冬）航工作得到了护区各级党委、政府、林业部门的充分肯定。火灾扑灭后，各地以不同的方式纷纷表示感谢。贵港市人民政府、柳州市森林防火指挥部、容县人民政府给基地写来感谢信和锦旗。广西壮族自治区森林防火指挥部副指挥长、自治区林业局副局长罗永魁在慰问时用“三个满意”对航空护林给予充分肯定，即广西壮族自治区森林防火指挥部、航空护林指挥部满意，航护区党委、政府满意，护区人民满意。广西壮族自治区航空护林指挥部对柳州航护基地通报表扬。国家林业局防火办也对柳州基地航护工作给予高度赞誉。

（区防火指挥部）

【航空护林经费投入情况】

一、飞行经费

飞行经费的投入体制大体有三个阶段：一是 1998 年（含 1998 年）以前，所有的飞行经费由国家财政承担。二是 1999～2003 年，春航的飞行经费仍由国家财政承担，秋（冬）航的飞行经费地方财政要承担直升机飞行费用的 43%，其余的由国家财政承担。三是从 2004 年开始，春、秋两航飞行经费国家与地方的投入比例为 70% 和 30%。为了支持发展广西航护事业，区财政已把地方应承担的飞行经费列入了预算，优先安排，及时到位。

二、地面保障经费

由航护区各市、县筹措，春航一般 12 万元，秋（冬）航一般 15 万元。

（区防火指挥部）

【广西模式的航空护林之路】

为了搞好航空护林，提高航护效益，从护区森林防火的实际出发，不断地发现新问题、解决新矛盾、探索新思路，与时俱进，闯出了一条“广西模式”的航空护林之路，航护效益明显提高，以实际行动实践了“三个代表”重要思想。

第一，成立了西南林区唯一的航空护林指挥部，统一领导、协调航空护林工作。广西各级党委、政府历来高度重视航空护林工作，把航空护林视为森林防火的重要组成部分。在十多年的航空护林实践过程中，航站也深深地认识到航空护林要想顺利实施，必须紧紧依靠航护区各级党委、政府的大力支持。1999 年开展秋冬季航空护林后，经广西壮族自治区人民政府批准，成立了广西壮族自治区航空护林指挥部。指挥部以广西壮族自治区森林防火指挥部副指挥长、广西壮族自治区林业局主管副局长为指挥长，西南航空护林总站总站长、航护基地所在地主管副市长和驻桂空军司令部副参谋长为副指挥长，以广西壮族自治区防火办常务副主任、航护区内所有市林业局局长为成员，办公室设在百色航空护林站。每年开航前，广西壮族自治区航空护林指挥部领导都要亲自主持召开协调会，落实地面经费、基地中心机降队组建、地空配合、火情通报等事宜，解决航护工作中存在的问题，保证了航护工作的顺利实施。

第二，组建了一支由航站管理指挥的中心机降队伍，并与机降、索（滑）降、吊桶灭火相结合，形成了提高航护效益的最佳组合形式。经过 10 多年的探索与实践，广西在航空直接灭火方面找到了一条实现最佳效益的组合形式，即机降、索（滑）降中心机降队与吊桶灭火相结合的扑救方式，这种战术有机地结合了航空直接灭火各种措施的优点。如2002年元月6日，融水县大岭发生火灾，飞机上观察到该火场为2～3年生松树新造林地，林地上茅草丛生，火头有2米多高，立即实施了机降加吊桶灭火。吊桶洒水压住火头降低林火强度，机降扑火队员紧跟扑打，仅用30分钟就把林火扑灭。这次扑救林火，地空紧密配合，既抓住有利战机，又节约飞行小时，大大缩短了扑灭火灾的时间，实现了航空护林“打小火立大功”的目标，航空直接灭火效益得到充分体现。近年来，百色航站基本上采用基地中心机降队加吊桶灭火扑救林火，都取得很好的效果。这种航护基地组建中心机降扑火队、地空配合灭火的形式，是“广西模式”的核心，也是先进生产力的具体体现，得到了广西区各级领导的充分赞誉和肯定。

第三，加强协调，理顺空管关系，航空护林在飞行上取得了五大突破。航空护林飞行取得了五个具有重要意义的突破性进展。一是在实施航空直接灭火时，突破了120公里的机降圈范围，并把灭火范围扩大到护区的全部区域，以充分发挥直升机的作用。目前，百色站实施直接灭火的最大半径为220公里。二是在发生大火时，成功使用了备降机场起降及加油，为今后拓展航空直接灭火作业区域闯出了一条新路子。三是进行航空直接灭火作业时为能见飞行，返场飞行为夜航作业，对更多发现时间较晚的火场实施航空直接灭火，对夜长昼短的柳州基地秋冬航具有十分重要的意义。四是对关键火场运用了航空护林所有手段，航空护林控制和扑救森林火灾的能力进一步提高。五是在发生大火时，实现了当天申报当天完成跨航护区飞行，扩大了航护范围，提高了飞机的利用率。

第四，一年两个航期，一站三个基地作业，机动灵活，解决了护区面积大飞机数量少的矛盾，从而提高了航护效益。1998年以前，百色站仅开展春航；根据需要，1999年开始，百色站恢复了柳州秋(冬)航，从此，百色站每年分别以空军田阳机场、柳州白莲机场为基地开展春航及秋(冬)航，充分利用了航站的人力、物力，提高了航护设备的利用率，进一步发挥了航空护林的效益，为西南航空护林探索新路子提供了一个典范。2001年柳州秋冬航，百色航站又在梧州机场增设了临时航护基地，实现了一个航站、两个航期、多个基地作业的航空护林新思路，解决了航站少，航护范围大的矛盾，使有限的飞机能在更大的范围发挥作用。

（区防火指挥部）

森林公安工作

森林公安工作综述

森林公安是国家林业部门和公安机关的重要组成部分，是具有武装性质的兼有刑事执法和行政执法职能的专门保护森林及野生动植物资源、保护生态安全、维护林区社会治安秩序的重要力量。长期以来，在各级党委、政府和林业、公安部门的正确领导下及各有关部门的大力支持下，广西各级森林公安机关按照“抓班子、带队伍、促工作、保平安”的公安工作方针，以保护森林和野生动物资源安全，维护林区社会治安秩序为己任，不断加强森林公安队伍的自身建设，为广西林业跨越式发展，实现富民兴桂新跨越，建设秀美山川做了大量的工作，取得了显著成绩。

（莫志强　黄育贝　李振霖　吴小珊　廖家怀　龙耀）

森林公安队伍建设

【森林公安机构及人员】

新中国成立以前，广西大的林场和林区曾设有森林武装警察，如地处龙州县的中央农村部直属第四经济林场（即现地处凭祥市的中国林业科学院热带实验中心的前身）曾有森林武装警察 20 名，专职保护该林场的森林资源。新中国成立以后，党和人民政府对发展林业生产，生态建设，森林资源和野生动植物资源的保护十分重视，逐步建立健全以林业公安为主的林区治安防范体系。1963 年 9 月 13 日，根据 1963 年 5 月国务院发布的《森林保卫条例》和自治区党委的有关文件精神，结合广西森林分布和林区社会治安情况，广西林业厅和公安厅批准在大面积的国有天然林区如隆林县的金钟山、西林县的八达，以及七坡、高峰、三门江、大桂山、六万、凭祥的大青山等 15 个自治区直属国有林场建立林业公安派出所。1964 年 3 月 27 日又在乐业县雅长林场设立林业派出所。党的十一届三中全会后，广西壮族自治区党委、人民政府高度重视发展林业和森林资源保护工作，把依法治林、维护林区社会治安秩序摆上重要位置，林业公安也由小到大逐步发展。1979 年 11 月广西壮族自治区编委批准恢复建立大桂山等 19 个国有林场和自然保护区派出所。1981 年 2 月，广西壮族自治区编委批准建立东门等 47 个国有林场和自然保护区林业公安派出所。1985 年 3 月广西壮族自治区编委批准建立自治区林业公安处，并列为广西壮族自治区公安厅的一个业务处，受林业厅和公安厅的双重领导。同年广西壮族自治区公安厅批准建立天皇山林场派出所等 3 个林业公安派出所。1987 年 7 月，经广西壮族自治区人民政府常务会议决定，在 13 个地、市林业局建立林业公安科，在 83 个县（市）林业局建立林业公安股，在未建有林业公安机构的国有林场、自然保护区建立公安派出所，重点林业乡（镇）中建立林业公安组。1997 年 4 月，广西壮族自治区公安厅、林业厅批准建立桂林国家森林公园等 12 个林业公安派出所。2000 年 6 月 29 日，经广西壮族自治区人民政府批准，据自治区政府办公厅《广西壮族自治区林业局职能配置、内设机构和人员编制规定》（桂政发〔2000〕109 号）文件精神，原林业公安处更名为森林公安局，并内设办公室、政治处、治安科（刑侦支队）、法制科等 4 个科（室）。2003 年 4 月 20 日，广西壮族自治区编制委员会以桂编〔2003〕35 号文批复同意广西所属市（地）林业局公安科、设林业局的县（市、区）林业公安股更名为“森林公安分局”，称谓分别为“××市（地）

公安局森林公安分局"、"××县(市、区)公安局森林公安分局";撤销林业公安组,将其人员编制收归所辖的森林公安分局。

【从严治警,加强森林公安队伍建设】

为了建设一支有战斗力的森林公安队伍,50多年来,特别是近5年来,广西各级森林公安机关根据各个时期政治、经济形势的发展,采取措施,加强森林公安队伍建设,使这支队伍的政治、业务素质都有了较大的提高。

一、适应社会发展的新形势,加强民警思想政治工作

用革命理论武装头脑是广西各级森林公安机关长期坚持的优良传统。80年代后,针对各个时期的情况,结合形势发展的实际,组织民警学习马列主义、毛泽东思想、邓小平理论和"三个代表"重要思想,认真学习党的十一届三中全会以来的重要文件,使民警思想得到统一和提高,坚定了共产主义信念,增强了贯彻执行党的路线、方针、政策的自觉性。同时针对在社会主义市场经济的新形势下,森林公安队伍在思想观念上、心理上、工作上受到一定的冲击与影响,强化思想政治工作。通过开展革命传统教育、学习肖玉泉等先进人物,掀起学先进、争当先进热潮,以及每年都开展的爱民实践活动等,教育民警立足本职岗位,努力为群众办实事、办好事,牢固树立执法为民意识,解决队伍中存在的突出问题,努力造就一支政治过硬、业务精通、作风优良的森林公安队伍。

(一)学习、贯彻"三个代表"重要思想和党的十六大精神。

近年来,全区各级森林公安机关坚持把深入学习、贯彻"三个代表"重要思想和党的十六大精神作为重要的政治任务。结合学习《中共中央国务院关于加快林业发展的决定》、《中共中央关于进一步加强和改进公安工作的决定》,坚持用理论联系实际,用"三个代表"重要思想和十六大精神指导实践、解决问题、推动工作。

(二)积极开展"三项教育"活动。

根据公安部和国家林业局的统一部署,2000年9月至2002年上半年,自治区全体森林公安机关和民警分三批开展了以"全心全意为人民服务的宗旨教育,实事求是的思想路线教育,严格、公正、文明执法的法制教育"为主要内容"三项教育"活动。在活动中,各级森林公安机关认真学习,深入查摆自身存在的问题,勇于批评和自我批评,普遍受到了一次深刻的教育。活动期间有120名森林公安民警参加了分期培训,玉林市公安局森林警察支队等3个单位、柳州市柳江县林业公安机关"三项教育"领导小组等3个领导小组分别被授予全国森林公安机关"三项教育"活动先进单位和组织工作先进集体。高聘荣、方权辉等4位同志被授予全国森林公安机关"三项教育"活动组织工作先进个人。

(三)开展两个"大讨论"活动。

根据公安部的部署和自治区党委的决定,2003年3～12月,在全区森林公安机关和森林公安民警中组织开展了"贯彻十六大,全面建小康,森林公安怎么办"的大讨论活动和"解放思想再讨论"活动。在各级林业、公安部门领导的高度重视下,自治区各级森林公安机关统一思想、精心组织,制定周详的学习计划,采取集中学习和个人自学相结合、专题辅导与交流学习心得相结合、树立典型和交流体会相结合等形式组织民警学习,充分调动民警的积极性,紧密联系实际,查找在思想观念、管理体制、工作机制等方面存在的差距和不足,端正执法思想,转变执法观念,探索在新时期下森林公安如何才能更好地履行职责,为林业发展作贡献的新思路。全体民警积极参与,纷纷撰写读书心得,广西森林公安大讨论活动进展顺利,并取得了明显成效。在大讨论活动中,全区森林公安机关领导和民警共撰写了有关论文、研讨文章800多篇,其中广西壮族自治区林业局高聘荣局长撰写的《对入世后森林公安改革的分析》、《对完善中国野生动物保护法律的探讨》和盘章才副局长撰写的《从一起买卖木材运输证件案引发的法律思考》等10多篇论文先后在《森林公安》等刊物上公开发表。

二、加强森林公安队伍的教育和管理工作

近年来,广西各级森林公安机关高度重视队伍的教育和管理,主要从几个方面加强对森林公安队伍的教育和管理。

(一)开展森林公安系统的"双考"工作。

根据人事部、公安部《关于在全国公安机关开展人民警察基本素质考试考核工作的通知》精神以及原林业部办公厅《关于认真搞好林业公安人民警察基本素质考试考核工作的通知》要求,1999年8月21日,全区森林公安民警分8个考区同时进行了森林公安基本素质考试工作,及格率为94.62%。同时,还对全体森林公安民警进行了工作考核。

(二)狠抓作风建设。

2002年,全区森林公安机关开展了作风建设,森林公安民警以警为荣、以林为业、为民服务的观念进一步得到强化,工作作风进一步好转。同时,为切实找准和解决好地、市级以上森林公安机关在作风建设方面存在的问题,真正为基层森林公安机关做出表率,推动森林公安机关作风建设不断深入,广西壮族自治区森林公安局自2002年5月30日起到6月12日,在全区森林公安机关组织开展了一次公安领导机关建设评议活动。广西壮族自治区林业局为此成立了“全区森林公安机关作风建设领导小组”,由广西壮族自治区林业局罗永魁副局长任组长,广西壮族自治区森林公安局高聘荣局长、盘章才副局长、路文洲副局长任副组长。通知及评议表下发后,广西各地森林公安民警高度重视并积极参与评议,这对切实加强和改进森林公安领导机关的工作作风具有重大意义。

(三)开展“三项治理”活动。

2002年,广西各级森林公安机关开展了对刑讯逼供、滥用枪支警械、滥用强制措施等问题的专项整治工作,并不断巩固和扩大治理成果,全区森林公安民警严格、公正、文明执法的观念得到增强,重实体轻程序的现象得到遏制,队伍的执法水平和办案能力得到较大提高,执法形象得到改善,队伍建设在制度化、规范化的轨道上更进了一步。

(四)贯彻执行“五条禁令”。

根据公安部2003年1月22日加强公安机关内部管理工作电视电话会议精神,及按照国家林业局森林公安局的部署,自2003年年初起,广西各级森林公安机关和民警不折不扣地贯彻执行“五条禁令”。各级森林公安机关成立了贯彻执行“五条禁令”工作领导小组,自治区森林公安局印制了6000多张“五条禁令”警示卡和《致全区公安森林公安民警家属的公开信》发放到每一位民警和家属手中,并层层签订责任状,坚决做到令行禁止。对违反“五条禁令”的民警,广西壮族自治区林业局做到坚决查处,绝不手软。截至2003年底,全区共发现1起森林公安民警违反“五条禁令”的案例,1名违禁民警都被严肃查处。

(五)开展警示教育活动。

按照《国家林业局森林公安局关于在森林公安机关开展警示教育活动的通知》的要求,结合广西实际,自2003年6～12月,全区各级森林公安机关组织开展了警示教育活动,重点抓好枪支和警用车辆的清理整顿工作。自治区森林公安局结合“五条禁令”的实施,进一步明确了公务用枪的配备标准及范围,并明文规定违反枪支管理使用规定、年度发生2起涉枪案件的地、市森林公安机关负有主要责任的领导要引咎辞职。在各级林业部门的重视下,全区的警用车辆整顿工作也取得一定成效。活动中查处违法违纪民警3人,清退不合格民警2人,查处违纪警车4辆。

(六)推进派出所规范化建设。

派出所是公安机关的基层单位,是维护社会治安的前沿阵地,是公安基层基础工作最重要、最关键的部分。派出所工作是整个公安工作的根基,公安工作的好坏,派出所举足轻重。因此推进派出所规范化、正规化建设是一项重要工作。1996～1998年,全区开展派出所规范化达标活动,188个林业公安派出所基本达到了规范化建设要求,被广西壮族自治区林业厅、公安厅命名为“规范化达标派出所”。其中连续三年达标的派出所47个、连续两年达标的派出所142个。在连续三年达标的派出所评选出11个达标先进单位,广西壮族自治区林业厅、公安厅授予“规范化达标派出所先进单位”称号。

2003年,广西森林公安机关认真贯彻落实全国公安系统加强派出所执法工作和内部管理电视电话会议精神,广西壮族自治区森林公安局根据公安部制定的《公安派出所等级评定办法》和国家林业局森林公安局《森林公安派出所等级评定实施方案》,结合广西的实际,制定了《广西壮族自治区森林公安派出所等级评定实施办法》和《广西壮族自治区森林公安派出所等级评定考评细则》,在全区派出所推广执行。全区森林公安派出所以等级评定为载体,着力解决派出所在业务工作、队伍建设和警务保障中存在的突出问题,切实提高派出所发现、预防、控制、打击违法犯罪活动的能力和服务群众水平,努力实现“发案少、秩序好、林区稳定、群众满意”的工作目标。南宁市邕宁县公安局七坡林场派出所、百色市公安局大王岭水源林保护区派出所被国家林业局森林公安局认定为2002年度“一级森林公安派出所”。

(七)开展对公务用枪管理使用专项整治活动和执法检查。

针对近年来广西森林公安机关在公务用枪管

理和执法活动中存在的突出问题，根据国家林业局森林公安局《关于2001年全国森林公安机关公务用枪丢失、被盗案件的通报》(林公治〔2002〕12号)，及《关于认真做好全国森林公安机关公务用枪专项整治工作的通知》精神，广西各级森林公安机关分别于2002年4月8～20日、5月10日至6月25日开展了两次公务用枪管理使用专项整治行动。广西壮族自治区森林公安局成立了由高聘荣局长任组长、盘章才副局长和路文洲副局长任副组长，政治处、治安科的工作人员为成员的专项整治领导小组，并派出8个工作小组分赴各地进行公务用枪和执法检查，要求各级森林公安机关要按照“从严管理、规范使用、保证工作”的要求，对队伍管理和枪支管理进行彻底的自查自纠认真整改，防止涉枪案件的发生。同时还要求全区森林公安机关对所有公务用枪配备人员和保管人员进行一次基本知识和技能的全面考核，由政治处、治安科命题下发。部分森林公安机关参加了当地公安机关的有关知识考试。通过检查和考核的方式，强化民警的依法管枪用枪的法律意识和责任意识，消除隐患，杜绝涉枪案件的发生，促进广西森林公安机关公务用枪管理使用工作的制度化、规范化建设。

(八)机构称谓、编制问题取得突破性进展。

近年来，广西壮族自治区森林公安局积极向自治区党委、政府和人大反映广西森林公安的现状，争取解决困扰森林公安发展的编制、经费等问题。2003年4月20日，广西壮族自治区编制委员会以桂编〔2003〕35号文批复同意广西所属市(地)林业局公安科、设林业局的县(市、区)林业公安股更名为“森林公安分局”，称谓分别为××市(地)公安局森林公安分局、××县(市、区)公安局森林公安分局；撤销林业公安组，将其人员编制收归所辖的森林公安分局。至此，全区森林公安机关的称谓初步得到了统一。部分市级森林公安机关在编制上取得突破。如来宾市森林公安民警全部由事业编制变为行政编制；百色市森林公安分局积极争取当地有关部门的支持，编制由原来的4人增加到16人。

三、采取多种形式培训民警，提高民警综合素质

在教育培训方面，各级森林公安机关采取多渠道、多层次、多种形式开展教育培训工作。

(一)加强领导班子建设，开展科所队领导的培训工作。

近年来，广西壮族自治区森林公安局对市级森林公安机关和区直属林场派出所的领导班子建设非常重视，2002～2003年广西共培训森林公安机关领导班子成员546人。2002年抓住“三项教育”和地方机构改革的有利时机，对地、市森林公安机关的领导班子进行了考核，听取当地林业部门和公安机关对森林公安机关领导班子的意见，协助调整好地、市级森林公安机关领导班子。同时，组织全区各地、市、县级森林公安机关领导干部186多名到南京参加由国家林业局森林公安局举办的森林公安机关领导干部业务培训班。通过抓领导班子建设，提高领导班子素质，努力建设一支团结勤政、廉洁务实、德才兼备的领导班子。2003年上半年，广西壮族自治区森林公安局成立工作组，会同有关部门对全区市级森林公安分局和区直林业公安派出所的领导班子和成员进行了考核，对个别领导班子予以加强、调整、充实或撤换等，共调整、任免各级领导15人。2003年11月、12月广西壮族自治区林业局又分别举办了两期领导干部培训班，参加人员有全区市、县森林公安分局局长、森林公安派出所所长共327人。

(二)加强民警培训工作。

每年都及时选派地、市森林公安分局领导、民警到南京森林警察专科学校进行业务培训和警衔晋升培训。1999年以来，全区共有548人次民警参加了警衔晋升培训。2001年上半年，广西壮族自治区林业局还举办了一期内勤电脑培训班，参加的人员有各地、市林业公安科(支队)以及部分区直林业单位派出所的内勤人员。为达到国家林业局下发的《森林公安机关在职民警2001～2005年教育培训规划》中提出的“到2005年森林公安在职民警大专以上文化程度者要达到50%”的要求，进一步加强“十五”期间广西森林公安民警的教育培训工作，全面提高全区森林公安队伍的整体素质，2002年广西壮族自治区森林公安局委托南京森林公安高等专科学校在广西举办森林公安系统治安管理专业函授大专班，参加人员260人。2002年5月30至11月30日，依据广西公安厅《广西公安系统初任人民警察上岗培训工作实施办法》，在南宁市公安干校举办一期全区森林公安初任人民警察上岗培训班，参加人员64人。同时还继续抓好警衔培训工作和协助南京林业警察学校在广西招生工作，2001～2003年共招收学员97

人。

2001年11月,公安部颁布了《公安机关人民警察训练条令》,2002年国家林业局森林公安局印发实施《森林公安机关人民警察训练办法》,广西各级森林公安机关认真按照《森林公安机关人民警察训练办法》开展教育培训工作,取得了一定的成效。

四、开展立功创模活动

长期以来,坚持在全区森林公安机关和广大民警中开展争先创优、立功创模活动。通过开展学雷锋、邱娥国、济南交警、漳州110、东莱派出所以及争创人民满意单位和民警等活动,激励广大民警学先进、赶先进、立足本职作贡献。队伍的正气得到了弘扬,涌现了一大批先进单位和个人。据不完全统计,自1998年以来全区共有6个单位被最高人民法院、最高人民检察院、国家林业局、公安部、监察部联合授予打击破坏森林资源违法犯罪专项斗争先进集体;12个单位和6名民警分别被评为全区公安系统先进集体和先进个人;54个单位和39名民警被评为全区森林公安系统“人民满意单位”和“人民满意民警”;全国优秀人民警察6人;全国林业系统优秀森林公安单位2个、优秀公安局1个、优秀人民警察3人;全国森林公安系统优秀人民警察4人;荣立集体二等功单位1个;荣获集体三等功单位46个;荣立个人二等功8人;荣获个人三等功152人。

五、开展岗位练兵活动

2002年上半年,在开展公务用枪专项整治活动的同时,结合2002年全国第一届森林公安系统射击比赛活动,以及2002年自治区公安系统体育运动会军用手枪射击竞赛活动的开展,在全广西森林公安机关开展实弹射击岗位培训活动。通过训练,全区森林公安民警依法使用武器的观念和技战水平有了较大提高。从广西各地森林公安机关选拔组建的射击队,于2002年3月参加在南京举行的2002年全国第一届森林公安系统射击比赛时,取得了女子个人第六名和优秀组织奖的好成绩,接着于同年6月在南宁举办的2002年全区公安系统体育运动会军用手枪射击竞赛中,获得了团体总成绩第七名、PPC－600分速射团体第八名、PPC－600分速射女子个人第一名的优异成绩,展现了广西森林公安风采,获得自治区公安厅和自治区林业局领导的好评。

六、深化人事制度改革

人事制度改革是三项制度改革之一,森林公安队伍在进行人事制度改革中:

(一)严把入警关,实行统一的考录制度。

为了适应新形势对公安工作的要求,提高队伍素质,广纳人才,2001年广西壮族自治区森林公安局首次面向社会公开招录公务员,同年9月份还组织实施了广西第一次森林公安系统拟招收录用民警入警考试,2002年3月、2003年10月又举办了两次广西森林公安机关拟选调录用人员的统一考试。为真正做到严把“进人关”,考试之前专门下发通知对考录对象的条件做出了具体要求,采用由广西壮族自治区人事考试中心统一出题,广西壮族自治区林业局人事处监考的方式,通过公平竞争、择优录用的招录制度,将一批有知识,高素质的人才吸收到森林公安队伍中来。2001～2003年共有263人参加考试,其中195人考试及格。

(二)落实工作考核制度,实行规范化,科学化管理。

2001年,国家林业局森林公安局印发了《关于印发省级森林公安局、森林防火办公室工作考核暂行办法的通知》。为进一步规范各地、市森林公安机关及区直林业单位派出所的日常工作,推进它们的管理工作向规范化、科学化和现代化方向发展,广西壮族自治区林业局制定并印发了《地、市森林公安机关及区直林业单位派出所考核暂行办法的通知》(桂林公发〔2001〕14号)。该通知规定了考核项目、计分标准、考核办法、考核范围、奖励及处罚等,对广西各级森林公安机关工作起到了促进作用。

(莫志强　黄育贝　李振霖　吴小珊　廖家怀　龙耀)

森林公安执法

【森林及野生动物案件分析】

1999～2003年,全区各级森林公安治安部门充分发挥打击各类破坏森林资源和野生动物资源违法犯罪活动主力军的作用,按照“稳、准、狠”和“从重从快”的严打要求,精心策划、周密部署、及时开展了一系列严厉打击破坏森林和野生动物资源违法犯罪集中统一行动,并取得了较为显著的效果。据统计,5 年间,全区共受理各类破坏森林和野生动物资源案件 33900 起,查处 32999 起,案件的综合查破率为 97.30%,其中受理森林刑事案件 3237 起,破 2483 起,破案率为 87.8%,受理行政处罚案件 30263 起,查处 30083 起,查处率为 99.4%。5 年共抓获各类违法犯罪人员 43190 人次(其中逮捕 2246 人),收缴木材 136899 立方米、国家重点保护野生动物 340746 只(头),皮张 2753 张,并收缴了一大批民用枪支、猎具,通过查处案件共挽回经济损失 11074 万元。

【大案要案的督查督办工作】

广西壮族自治区森林公安局始终把重特大案件的督查督办工作作为一项重要工作来抓,把一些重特大疑难案件,跨地区的案件和难以查处的案件,以及查证属实、尚未解决的人民群众来信反映的重特大案件和有较大影响的案件列入督查督办范围。如来宾县大里乡毁林案、合浦县闸口镇红树林被毁案等。对于林业内部人员滥伐林木、买卖林业票证等复杂案件,毫不姑息、秉公执法,依法将犯罪嫌疑人逮捕并移送司法机关追究刑事责任。在督办曾被中央电视台《焦点访谈》节目报道的合浦县闸口镇的红树林案件时,由于当时红树林的管理权不明确以及法律依据不明确,案件久拖不决。经广西壮族自治区林业局和森林公安局的工作组积极与有关部门协调,2002 年 7 月案件得以依法处理,4 名负有责任的闸口镇领导干部被法院判处 1～3 年有期徒刑。与此同时,2000 年以来森林公安开展了一系列专项行动。

【配合当地政府妥善处理群体性事件】

针对林区中因各种矛盾引发的群体性事件,本着积极预防、妥善处理和遵循依靠党委、政府的原则,千方百计缓解或化解矛盾。广西森林公安机关在公安机关和林业主管部门领导下,配合当地党委、政府妥善处理多起重大群体性事件。在处置群体性事件时,广西各级森林公安机关坚持慎用警力、慎用警械、慎用强制措施的原则,以防激化矛盾,扩大事端,但对一些宗族势力、黑恶势力严重影响林区社会生产秩序的,则依法处置。

【积极参与当地维护社会治安稳定工作】

广西基层森林公安机关依照当地公安机关部署,参与了打击地下“六合彩”、“两抢”、网上追逃、禁毒等专项斗争。2002 年,黄冕林场派出所在参加打击“两抢”斗争中缴获被抢摩托车 42 辆、抓获违法犯罪人员 9 人;同年,钦廉林场派出所、黄冕林场派出所协助当地公安捕获 2 名公安部网上追逃犯罪嫌疑人。各基层森林公安机关还配合当地禁毒部门深入林区进行广泛禁毒宣传教育,充分调动群众参与禁毒工作的积极性,组织开展林区禁种铲毒专项行动和创建“无毒社区”、“无毒单位”活动。

(莫志强　黄育贝　李振霖　吴小珊　廖家怀　龙耀)

森林公安装备建设

加强森林公安机关的装备宏观管理和现代化建设,是提高森林公安队伍战斗力的重要保障,是保证森林公安机关执行警务的基本需要。近 10 年来,在国家林业局森林公安局和广西壮族自治区公安厅、林业局的领导和支持下,广西森林公安装备建设得到了长足发展,装备有所改善、现代化程度有了很大提高,机动作战能力和快速反应能力明显增强。特别是 1998 年以来,结合派出所规范化建设和等级评定工作,广西各级森林公安机关的装备建设更得到了进一步的改善和提高。

【不断推进森林公安装备正规化、标准化、现代化建设,提高装备配备水平】

改革开放以前,广西森林公安机关的装备配备比较落后。民警配备的枪支主要是“五一”式手枪,且数量极少,大部分派出所不能按警力配备枪支。而且森林公安派出所一般只配备有三轮摩托车,通信工具只有少量的手持式对讲机。随着国家对生态环境保护力度的不断加大和六大林业重点工程的全面实施,中国森林面积迅速增长,森林公安机关承担的任务越来越艰巨,而森林公安机关的装备和基础设施状况越来越不能适应时代发展的需要,严重制约了森林公安机关职能作用的发挥。为此,广西各级森林公安机关积极争取林业主管部门、公安部门的支持,加快装备建设步伐。1985 年广西林业公安处成立后,把广西的装备统一管理起来,负责购置全区民警的服装、车辆、通信、枪支警械等装备。1990～1993 年公安部和广西壮族自治区公安厅分别拨给一批手枪。1994～1996 年内广西抓住全国 100 个重点林业县林业公安机关装备和基础设施建设活动实施的时机，促进县级林业公安机关的装备建设，资源县、融安县、昭平县等地的林业公安机关受到国家林业部公安局表彰。2003年，桂林市森林公安分局广拓思路，在国家林业局森林公安局、广西壮族自治区林业局的大力支持下，依靠国家当前的林业政策，规划开发了“桂林市森林公安林区综合治理项目”，获得了国家林业局550万元的专项资金和130多万元的地方配套资金，基本解决了桂林市12个县森林公安机关和4个林业派出所的装备经费问题。

1998年以来广西森林公安机关共投入装备资金4600多万元，新购置、更新公安业务用汽车286辆、摩托车87辆；添置、更新自卫手枪和微型冲锋枪一批；新安装电话机64部、传真机112台；无线电车载台式对讲机6台、便携式对讲机138台；新购置电脑72台、摄像机13台、照相机42部、勘查箱23个。至2003年止，全区共有公安业务用车483辆、摩托车200辆、电脑87台、电话机336部、传真机132台、无线电车载台42台、便携台838台、摄像机31台、照相机311部、勘查箱187个。

【建立健全装备管理长效体制，充分发挥和利用现有装备作用】

面对快速增长的公安装备实力，怎样管好装备、用好装备，使其形成应有的战斗力，是摆在公安机关面前的突出问题。近年来，广西各级森林公安机关都很重视装备建设，结合派出所规范化建设和等级评工作，按派出所装备配备标准强化装备建设，加快基层森林公安装备建设现代化进程。2003年，结合广西森林公安机关枪支、警械使用管理专项治理整顿工作和警用车辆清理整顿工作的开展，加强对广西森林公安机关枪械和车辆的管理，有效促进了装备建设的正规化。

【不断提高森林公安装备科技含量和科技应用水平】

增强队伍的快速反应和机动作战能力科学技术是公安机关现实斗争需要和长远发展的重要基础。20世纪90年代初期，公安部提出“科技强警”的目标，近年来，“科技强警”在公安工作中发挥日益明显的作用。继2003年9月公安部在北京召开的全国“金盾工程”工作会议后，同年11月公安部印发《金盾工程（一期）建设任务和要求》，12月广西公安厅制订并下发《广西“金盾工程”（一期）建设任务和要求实施计划》，国家林业局森林公安局也要求各地森林公安机关结合实际情况着手进行森林公安系统“金盾工程”建设。广西壮族自治区林业局成立了全区森林公安金盾工程建设领导小组，2003年为止广西森林公安局已争取10多万元经费投入到森林公安系统“金盾工程”建设。今后将逐年加大力度，全面推进全区森林公安“金盾工程”建设，逐步实现通信网络化、交通现代化、办公自动化。

（莫志强　黄育贝　李振霖　吴小珊　廖家怀　龙耀）

森林公安宣传工作

尽管广西森林公安机关目前未设有宣传机构，也无专职宣传干部，但几十年来，在各级林业主管部门和各级森林公安机关的重视和广大森林公安民警的努力下，广西的森林公安宣传工作不断得到加强，并呈现出蓬勃发展的趋势。特别是2002年、2003年全区森林公安机关在各级新闻媒体上刊播作品数量创历史新高。2002年的“猎鹰行动”和2003年的“春雷行动”期间，为营造严打声势，宣传保护野生动物的有关法律法规和方针政策，提高广大人民群众保护野生动物意识，打出森林公安的警威，让更多的人了解和支持这支队伍，各级森林公安机关充分发挥新闻媒体的作用，邀请新闻媒体对广西的专项行动进行多形式、多层次的报道。中央电视台、人民日报、新华社、法制日报、广西电视台、广西政法报社、南国早报社等多家新闻媒体都派记者进行了采访报道。特别是中央电视台一套节目在新闻联播、新闻30分、早间新闻、现在播报栏目中连续4次报道广西“春雷行动”的开展情况，在社会上引起了较大反响。据不完全统计，仅在“春雷行动”期间，县级以上各类新闻媒体对广西“春雷行动”的公开报道已达378篇，其中中央新闻媒体16篇（次）、省（区）级新闻媒体报道36篇（次）、地（市）级新闻媒体报道112篇（次）。

（莫志强　黄育贝　李振霖　吴小珊　廖家怀　龙耀）

南方二号行动

2000年1月15～30日，根据国家林业局统一部署，由广西壮族自治区林业局统一组织实施的打击破坏野生动物资源违法犯罪专项行动“南方二号行动”在广西拉开战幕。这次行动在各级党委、政府的正确领导下，在广西森林公安民警共同参与下，取得了辉煌的战果。这次行动是广西历史上第一次打击力度最大、发动面最广、规模最大、打击效果最佳的围剿破坏野生动物资源违法犯罪的特别行动。据统计，在行动期间，广西共查破野生动物案件168起，抓获涉案人员117人，收缴野生动物4877只、野生动物制品1295公斤，皮张865张，缴获猎具2套，收缴作案车辆3辆、赃款23.1万元。

全国林业严打整治斗争

2001年4月至2002年底，为认真贯彻全国、广西社会治安工作会议部署和国家林业局森林公安局《关于开展严厉打击破坏森林和野生动物资源违法犯罪斗争的通知》精神，促进林区社会治安根本好转，2001年4月至2002年底，广西各级森林公安机关在各级党委、政府和林业、公安主管部门的领导下，按照“从重从快”的严打工作方针，用两年的时间，在广西范围内开展了一场声势浩大和卓有成效的打击破坏森林和野生动物资源违法犯罪斗争。在这次严打整治斗争中，广西森林公安机关始终坚持集中统一行动与经常性严打相结合的方针，相继开展了“夏季攻势”、“追逃行动”“猎鹰行动”、“打黑除恶”、“破案攻坚战”等专项行动，侦破了一批大要案件；始终保持严打高压态势，重点整治了林区社会治安中存在的突出问题；大力加强宣传报道工作，极大地提高了广大人民群众保护森林和野生动物资源的意识，为林业六大工程、五大转变、跨越式发展起到重要的保驾护航作用，为林区的长治久安创造了良好的环境。据统计，2001年4月20日至2002年12月31日，广西共查破各类森林和野生动物案件10404起，打掉犯罪团伙52个，处理违法犯罪人员12446人，收缴木材236480立方米，收缴财物折款1405.82万元，收缴国家重点保护野生动物32922条(只)，产品15625公斤，皮张250张，收缴民用枪支977支，挽回经济损失2041.32万元。七坡林场派出所和博白林场派出所的朱其良同志分别被自治区政法委评为“严打斗争”先进集体、先进个人及“人民满意”单位和个人。

（莫志强　黄育贝　李振霖　吴小珊　廖家怀　龙耀）

猎鹰行动

2001年11月21日至12月10日，按照国家林业局、公安部、国家工商行政管理总局《关于在大中城市开展严厉打击破坏野生动物资源违法犯罪集中统一行动的通知》精神，自治区林业局、公安厅、工商行政管理局根据广西实际情况，及时组织开展集中统一行动。在南宁、钦州、防城港、梧州等城市所取得的成绩尤为突出，如在南宁市区打掉了以三友缘酒楼、已一餐馆、上尧市场等地长期非法收购、加工、出售国家重点保护野生动物的窝点。据统计，猎鹰行动期间，全区共清理饭店、宾馆、酒楼、餐馆1971家、市场184个，查破野生动物案件296起、破获刑事案件42起(其中特大案件19起)，抓获涉嫌犯罪分子218名，收缴野生动物65228只、野生动物制品3335.5公斤、皮张157张，收缴作案车辆5辆，船只1艘。这次行动时间虽短，但规模和影响却是空前的。行动开展期间，各级森林公安不断打出声威、将行动引向高潮，不仅有效地遏制了破坏野生动物资源及其制品的违法犯罪活动，而且也提高了森林公安机关的社会声望。

（莫志强　黄育贝　李振霖　吴小珊　廖家怀　龙耀）

破案攻坚战

为了把林业严打整治斗争推向深入，2002年3月1日至2002年4月25日，广西壮族自治区林业局决定集中时间、集中精力攻破一批大案要案，重点对国家挂牌督办的案件，对单位盗伐、滥伐林木和非法收购、出售、运输珍贵濒危野生动物及其他影响大、性质恶劣的案件进行了严厉查处。在近两个月的“破案攻坚战”中全区共查处破坏森林资源案件1167起，查处违法犯罪人员302人(其中刑事拘留123人，逮捕142人)，收缴木材3881033立方米，收缴野生动物8371只及野生动物制品1104.53公斤，共挽回经济损失约175万元。包括金秀县原常务副县长郭廷肇乱批采伐导致滥伐林木案、合浦县闸口镇红树林被毁案等一系列国家重点督办的案件，以及国家林业局在“破案攻坚战”中重点挂牌督办的来宾县大里乡毁林案件在内的一些重大案件得到了依法处理，有关责任人均已受到了法律的惩处或党纪、政纪的处分。

(莫志强　黄育贝　李振霖　吴小珊　廖家怀　龙耀)

春雷行动

2003年4月9～19日，按照国家林业局森林公安局《关于组织开展严厉打击破坏野生动物资源违法犯罪集中统一行动的通知》精神，广西森林公安机关自2003年4月9日零时至4月19日24时在广西范围内组织开展了代号为“春雷行动”的严厉打击破坏野生动物资源违法犯罪集中统一行动，经过全体参战人员的共同努力，广西的“春雷行动”取得了显著的战果，破坏野生动物资源违法犯罪活动猖獗的势头得到了有效的遏制。据统计，“春雷行动”广西共出动警力10744人次，警车3581辆次，清理宾馆、饭店、酒楼、餐馆2872家、市场584个，立案查处破坏野生动物资源案件646起，其中立刑事案件26起(立重特大案件18起)，破案19起，查处治安和行政案件620起，抓获涉嫌违法犯罪人员162人，收缴各类野生动物101460只及野生动物制品1457.47公斤，野生动物皮张2张，收缴其他财物枪支7支(均为气枪)，猎具107件，车辆12辆，查破案件的涉案价值达24065621.2元。行动期间，中央及省(区)、地、市等新闻媒体对广西开展“春雷行动”给予了极大的关注，县级以上各类媒体报道次数达378篇(次)，其中中央电视台等宣传媒体报道16篇(次)，省(区)级宣传媒体报道36篇(次)，地(市)级宣传媒体报道112篇(次)，县(市)级宣传媒体报道214篇(次)。

(莫志强　黄育贝　李振霖　吴小珊　廖家怀　龙耀)

海鹰行动

针对广西沿海地区一些违法人员利用秋冬季间候鸟迁徙栖息的时机，大肆非法猎捕、杀害候鸟的违法犯罪行为，2003年10月22日至11月22日，广西壮族自治区森林公安局组织钦州、防城港、北海三市森林公安机关开展了代号为“海鹰行动”的打击破坏鸟类资源违法犯罪的集中统一行动。“海鹰行动”开展期间，钦州、防城港、北海三市共出动警力623人次，警车230辆次，立案查处破坏野生动物资源案件多起，抓获涉嫌违法犯罪人员46人，收缴各类野生动物近25000只，其中各类候鸟多达15000只；收缴枪支14支(均为非军用枪)，枪弹67发，火药2瓶，钢砂2瓶，猎具30件及一批猎捕候鸟的工具。“海鹰行动”的开展，有效地打击了沿海地区破坏鸟类和其他野生动物资源违法犯罪活动。

(莫志强　黄育贝　李振霖　吴小珊　廖家怀　龙耀)

绿剑行动

为认真贯彻《中共中央、国务院关于加快林业发展决定》，落实“依法治林”的方针，根据国家林业局《关于组织开展打击破坏森林资源违法犯罪专项行动的通知》要求，广西于2003年11月1日至12月31日在广西范围内组织开展代号为“绿剑行动”的旨在打击破坏森林资源违法犯罪活动的专项行动。经过广西各市和各有关部门的共同努力，广西的“绿剑行动”取得了丰硕成绩。“绿剑行动”期间，广西共出动人员12509人次，车辆3130辆次，检查林木采伐区417处，清理木材市场357个，清理木材加工场所813个，检查征占用林地情况83处，立刑事案查处78起(其中重大案件15起，特大案件5起)，共查处违法犯罪人员1231人(其中逮捕69人)，清理了一批被非法征占的林地，收缴木材近20000立方米，收缴各类野生保护动物30000多只(其中各类候鸟多近20000只),收缴作案车辆13台、作案工具一批。

(莫志强　黄育贝　李振霖　吴小珊　廖家怀　龙耀)

法制建设

森林公安的性质和管理体制决定了森林公安机关既具有刑事执法主体资格又具有林业和治安行政执法主体资格。为加强森林公安法制工作,自治区森林公安局自2000年6月始增设法制科,部分市级森林公安机关也陆续成立了法制机构,落实了法制工作人员。虽然广西森林公安法制建设起步较晚,但广西各级森林公安机关高度重视法制建设。

【为森林公安机关执法提供法律保障】

为了让执法工作有法律依据,陆续制订了一些法规。

一、《关于森林公安机关办理管辖案件有关问题的通知》出台

广西森林公公安机关自建立起至2000年,对各类破坏森林和野生动植物资源的刑事和治安行政案件是没有法律意义上的管辖权的。作为各级公安机关序列机构的森林公安机关,在办理刑事和治安行政案件时,从立案到侦查(调查)、结案,均需报所属的公安机关批准。这种案件管辖模式,起初还基本上适应森林公安机关办理各类破坏森林和野生动植物资源的刑事和治安行政案件的需要。但是随着形势的发展,特别是进入90年代中后期,各类破坏森林和野生动植物资源刑事和治安行政案件,尤其是大案要案数量呈上升趋势。原来的案件管辖模式已经在一定程度上制约了森林公安机关职能作用的发挥。为此,从2000年下半年起,广西壮族自治区森林公安局就开始着手探索森林刑事和治安案件管辖模式的改革问题。在做了大量调查研究工作的基础上,向广西壮族自治区高级人民法院、人民检察院、公安厅提出了改革案件管辖模式的意见。经过不懈的努力,广西壮族自治区高级人民法院、人民检察院、公安厅通过了广西壮族自治区森林公安局草拟的《关于森林公安机关办理管辖案件有关问题的通知》,并于2002年6月13日下发执行。该通知规定:"自治区森林公安局在办理森林刑事和治安案件时,行使地级市公安机关的刑事侦查权和治安行政处罚裁决权;地级市森林公安分局在办理森林刑事和治安案件时,行使县级公安机关的刑事侦查权和治安行政处罚裁决权",明确了职责,从而解决了办理复杂疑难森林刑事和治安案件时存在的因认识分歧而互相推诿扯皮,影响工作效率,影响案件处理的问题。

二、《关于确定盗伐林木罪、滥伐林木罪具体数量标准的通知》出台

2000年11月17日最高人民法院颁布了《关于审理破坏森林资源刑事案件具体应用法律若干问题的解释》。该解释第四条、第六条分别就盗伐林木"数量较大"、"数量巨大"、"数量特别巨大"和滥伐林木"数量较大"、"数量巨大"规定了量刑起点的数量幅度。第十九条规定各省、自治区、直辖市高级人民法院可以根据本地区的实际情况,在本解释第四条、第六条规定的数量幅度内确定本地区执行的具体数量标准。由于广西没有及时确定盗伐林木罪、滥伐林木罪具体数量标准,给森林公安执法工作带来一定的难度。因此,经调查研究,2001年广西壮族自治区森林公安局草拟了《关于确定盗伐林木罪、滥伐林木罪具体数量标准的通知》,后经广西壮族自治区高级人民法院、人民检察院、公安厅批准实施。该通知规定盗伐林木罪、滥伐林木罪具体数量标准起点均按最高人民法院规定的数量幅度的最低起点来确定广西的具体数量标准。

三、《自治区高级人民法院、人民检察院、公安厅关于确定盗伐林木罪、滥伐林木罪具体数量标准的补充通知》施行

由于《最高人民法院关于审理破坏森林资源刑事案件具体应用法律若干问题的解释》未就破坏竹子资源的刑事案件做出具体法律规定,而广西破坏竹子资源的刑事案件又时有发生,再加上《国务院批转国家林业局关于各省、自治区、直辖市"十五"期间年森林采伐限额审核意见报告的通知》中规定广西的毛竹采伐要实行限额管理,因而如何适用法律处理破坏竹子资源的刑事案件,已成为森林公安机关的一个棘手问题。为解决好这个问题,在充分调查论证的基础上,广西壮族自治区森林公安局再次起草了《自治区高级人民法院、人民检察院、公安厅关于确定盗伐林木罪、滥伐林木罪具体数量标准的补充通知》,广西壮族自治区高级人民法院、人民检察院、公安厅经审核后于2001年12月10日将该补充通知下发全区公、检、法机关执行。该通知分别就如何适用法律处理破坏毛竹及毛竹以外的其他竹子资源的刑事案件做出了具体规定，为公、检、法机关适用法律处理破坏竹子资源的刑事案件提供了可操作的依据。

四、《关于办理森林火灾刑事案件的意见》制订

1997年7月第八届全国人民代表大会第五次会议对刑法进行了比较全面的修订后，最高人民法院有关审理火灾和火灾责任事故刑事案件的司法解释一直没有出台。2000年广西壮族自治区高级人民法院、人民检察院、公安厅联合出台了《关于印发〈关于失火案和消防责任事故案立案标准〉的通知》(桂公通〔2000〕64号)，该通知对发生在城乡地区失火案和消防责任事故案立案起点做出了具体的数量标准。文件下发后，全区各地的公、检、法机关对森林火灾刑事案件是否应该适用《关于失火案和消防责任事故案立案标准》产生比较大的分歧，影响了对森林火灾刑事案件的查处。为改变这一状况，广西壮族自治区森林公安局于2000年7月31日向自治区公安厅作了专题请示，请求公安厅对失火毁林案做出专门的立案标准规定。但是广西壮族自治区公安厅只是同意《失火案和消防责任事故案立案标准》不适用于失火毁林刑事案件，并未就失火毁林案的立案标准作专门的规定。广西壮族自治区森林公安局2002年初开始着手就森林火灾刑事案件的处理标准问题进行调研和做协调工作，代拟了《关于办理森林火灾刑事案件的意见》，并上报广西壮族自治区高级人民法院、人民检察院、公安厅待批。

【加大对案件指导力度，加强执法监督和执法检查】

在督办合浦县闸口镇红树林被毁案时，由于检察院和法院在案件应该如何定性上意见分歧较大，案件迟迟得不到处理。广西壮族自治区森林公安局得知这一情况后，立即派人到广西壮族自治区高级法院、检察院的相关业务处(庭)进行协调，并牵头组织广西壮族自治区高级人民法院刑一庭，广西壮族自治区人民检察院侦查监督处、公诉处，广西壮族自治区公安厅法制处的负责人到北海开联席会议并达成一致意见。案件性质确定后，该案很快得到了依法处理。涉案的犯罪嫌疑人均被判处1～4年不等的有期徒刑。因毁红树林被判刑，在全国来说尚属于首次，反响很大，起到了震慑作用。

(莫志强　黄育贝　李振霖　吴小珊　廖家怀　龙耀)

林业法制建设与体制改革

地方法规建设

广西林业法制，包括地方林业、执法、守法、普法、和监督法律实施等内容，也就是依法治林。

广西林业法制建设的发展历程。回顾广西林业法制建设的历程，大致可分为三个阶段。

【探索起步阶段】

自新中国成立到改革开放以前，广西的依法治林走过了一个从无到有的过程。在我国资源保护领域，林业立法起步最早，在新中国成立初期，整个国民经济处于恢复阶段，林业建设的规模不大，工作重点是护林防火、封山育林、重点造林。广西通过制定一系列的林业政策、法令及贯彻执行，使森林保护的情况逐步好转。由于受到当时历史背景和经济环境的影响，依法治林尚处在探索和起步阶段。这一阶段的主要特点是，林业生产活动以政策性文件指导为主，以法律法规规范为辅。

立法概况　1950 年 6 月，广西省人民政府发布第一张《护林办法布告》。布告根据当时实际情况，提出禁止乱砍滥伐和禁止放火烧山，建立护林制度。规定原有公营林场、天然林、山场、农场及公路两侧的树木，均为国有林，除林业机构有按计划间伐权外，其他任何人不得砍伐，私有林亦不得砍伐，违法依法惩办；机关、部队，不得砍伐森林；严禁挖掘树根，各地村庄应划分固定牧牛场所，以便封山造林，严禁地主砍伐破坏森林，违者法办。规定严禁在附近放火烧山；发现山火，当地干部应即发动群众，迅速扑灭，并调查起火原因；故意放火烧山，因而焚毁树木者，视其情节轻重，送交县政府处以劳役或罚金。布告要求，在发动群众工作中结合教育群众护林，在可能的条件下，建立群众性的护林组织，开展群众性护林工作；各机关部队及全体人民有护林之责，护林有功者奖，如有不法分子阴谋破坏，有权制止并报当地司法机关处理。

1950 年 6 月 18 日，广西省人民政府发布《广西省统一管理木材采运供需暂行办法》。规定全省木材统一由农林厅林木管理处制订计划组织采伐；私有林及乡村公有林，以商业为目的的采伐，须经政府许可；凡国营、公营、工矿、铁路、交通所需木材，由林木管理处供应；凡公营企业、部队、机关、学校、团体，无论已经批准与否，应即停止采伐及收购；在适宜地点设立木材检查站，检查出省木材。

1950 年 9 月 13 日，广西省人民政府发布《烧柴管理暂行办法》。防止滥伐乱砍森林和“大材小用”、“优材劣用”的浪费行为；凡属国家用材之树种及水源林，一律不准砍制烧柴；城市机关、部队、团体、学校、居民以及木材坐商等不得进入林区向林农收购柴炭；违反本办法，进行投机套伐及破坏森林者均按情节轻重分别予以惩处。

1950 年 9 月 21 日，广西省人民政府发布严禁破坏山林、屠宰残害耕畜及不法地主转移或分散财产的布告，规定一切山林包括桐山、茶山、桂山、竹林、八角山、松杉、杂木山林与果树林等，除业主得进行修枝疏伐外，不论地主或其他人等不得任意破坏滥伐森林，违者依法惩处，检举报案护林有功者，给予奖励。

1951 年 6 月 25 日，广西省人民政府为保护山林，发展林业，根据《中南区土地改革中山林处理办法》，结合本省实际情况，发布了《广西省土地中山林处理实施办法》，规定所有没收征收之山林，无论处理前或处理后，均应切实保护，严禁任意砍伐，违者法办。

1952 年 6 月 2 日，广西省人民政府发布《广西省木材运输管理暂行办法》和《广西省木材出境检查暂行办法》。规定凡在本省境内运输及外运的木材，包括原木、坑木、枕木、电杆木、横担木、板木、桩木、方子材等都必须取得木材运输证准起运。木材运输证统由省农林厅印制，委托各级木材公司签发。木材出境检查规定任何机关部队、部队、学校、团体、公私企业等由本省外运的木材，经过木材检查站时均应接受检查；凡无外运许可证及应具备的其他证明文件者，一律将所运木材予以扣留，其中情节重大者，扣留货主及押运人，报农林厅核实，分别轻重，予以没收或送法院依法处理。

1952年9月3日，广西省人民政府发布《关于必须贯彻执行政务院严防森林火灾的指示》。《指示》规定各级政府要把护林防火列为中心工作之一，专员、县长、区长、乡长(村长)必须亲自布置执行，并切实进行督促检查；必须认真的建立各级护林防火责任制，把山区的县、乡、屯的境界划分清楚，由各县、区乡、村屯组长分别负责，并以区为责任制的直接执行者，区长应负主要责任。两区交界处建立联防制，共同负责，哪一个专区、县、乡区、村屯发生山林火灾，除对直接造成火灾的肇事者依法惩办外，并根据损失情况的轻重酌情给予专员、县长、区长、乡长、村长以应得的处分；对于造成山林火灾的肇事者，必须彻底追查清楚，并依法从严处理；在山林及山区附近地区，必须出布告，并通过各种会议，严禁烧荒、烧牧场、烧山取肥、随便弄火、随地丢烟头等行为列入公约；发生火灾后，当地政府领导干部必须亲自动员和领导群众扑灭，并要追究责任。对救火有功者奖励，对救火消极者处分，因救火而伤亡者予以抚恤和慰问。

1954年4月8日，广西省人民政府颁布《广西护林防火奖惩办法》。对如何奖励护林有功者，惩罚故意毁林者作了规定。

1954年11月11日，广西省政府发布《广西省烧垦烧荒管理暂行办法》。要求要有组织、有领导、有计划管理烧垦烧荒、改变烧垦烧荒习惯，坚决执行“五不烧”的野外用火制度(即未经批准者，无组织领导或准备工作不齐备者，未开防火道或防火道不合标准者，天气过分干燥或大风天，午后和晚上不准烧)。规定森林内陡坡和水土冲刷严重地区应严格禁止烧垦(荒)。焚烧前必须开防火道(割草、铲土皮)，防火道之宽度，视山势树木、杂草情况而定，一般宽道应为树木高度的二倍或杂草高度的三倍左右。烧垦(荒)时间应选择无风天之清晨，最好雨后不久；点火方向应根据风向(指微风)与环境条件来确定，一般应由山上及两旁点火向下燃烧，至少要烧到三分之二时，方可由山下分段向上点火，以避免冲火。在烧垦的组织管理上，烧垦单位必须组织足够人力(不能吸收老、弱及孕妇参加)适当分配与火场四周，并留大部分人力携带柴刀、镰铲、扑火把等工具，集中在点火一方，随火前进，严密监视火情。烧完后，必须留一至两人检查及防守火场，防止死灰复燃，等到火种全部熄灭后方可离开，但夜间仍须注意检查，预防发生意外。

1954年11月12日，广西省政府发布《广西国有林管理办法》。确定国有林的范围是指国家直接经营管理的森林，自然生长不宜私人经营尚待清理的大面积天然林，以及土改时划归国家所有的森林。凡比较集中的用材林，面积在五千市亩以上，八角、肉桂面积在五百亩以上，油桐、油茶面积在一千亩以上的国有林，均由国家设立机构直接经营管理。其余的由县统一掌握，分别委托区、乡或农林业生产合作社代管，并订立代管合同。国有林的采伐利用，须按国家计划，事前应由主管部门提出采伐方案，分别报省人民政府批准后交由国家森林工业部门统一进行采伐，并按中央规定，缴纳育林费。凡属国有林区，严禁私人在林区内开垦伐木或放火烧垦。但林区居民，经主管部门许可进入林区后，在指定地区和数量内，可进入林区采取腐朽、枯立木、不成材木、稍头等作薪炭之用。在不破坏森林与不影响树木生长的情况下，并允许进行其他副业生产。群众进入林区狩猎，严禁使用炸药与火攻，以致其他破坏森林的办法。

1954年11月13日，广西省人民政府发出关于及时制止某些地区林农乱伐树木的指示，指出近来平乐、恭城、宾阳、资源、永福、全县、灌阳等县都曾先后发生惊人的乱伐森林现象。为此必须明确交代“谁种谁有”，“国家保护农民劳动所得”政策；提高警惕，防止与打击反动分子及不法，富农、私商的乘机破坏；立即制止乱砍滥伐的继续蔓延。这些法令的实施，对这个时期(1957年前)稳定山林权属，加强森林保护和管理，使乱砍滥伐控制在萌芽状态之中，未造成大的损失起到了很大的作用。

1955年2月22日，广西省人民委员会发布《关于贯彻谁种谁有政策，积极开展春季造林运动的布告》，指出林木是农民的劳动产品，土地改革中已分配处理的山林，不再变动。农民现有的林木和新种林木，依法保护其所有权，并允许继承。无论农民集体或个人在公有荒山上垦殖造林，林木均归造林者所有。归国华侨、工商业资本家，谁向国家签订租用山地合同进行垦殖造林，在规定的年限内，其收益归经营者所有。发动农民组织合作社，逐步改变个体经营为集体经营，其入社林木中须取得合理报酬。公有荒山合作造林，可采用登记劳动或按劳折股，将来按劳分配收益。

1955年12月16日，中共广西省委批转省农村工作部《关于林业生产合作社处理林木入社与收益分配问题的报告》，指出用材林和经济林应提倡带林入社、登记入社、分等评材入社、分期评产入社；幼龄用材林和未结实经济林入社，按土改时原有林木入股。

1957年11月29日，广西省人民委员会发布《关于护林防火的布告》，指出严格控制各种火源，实行护林防火的分区负责制和联防制；发现山林火灾，无论何人必须进行扑救；开展无山林火灾运动。

1963年5月15日，广西壮族自治区人民委员会发布了《广西壮族自治区打捞、收集洪水冲散木材暂行办法》。规定凡木材遭到洪水冲散，沿河各级人民委员会应组织当地各方面的力量进行打捞抢救，并协助林业（森工）部门做好善后收集收购和奖惩处理等工作。

1963年7月24日，广西壮族自治区人民委员会发布了《广西壮族自治区木材市场管理暂行规定》：一、凡属国家直接采伐和由国家按照合同收购的木材，包括条木、原木、坑木、枕木、板方材、火柴材、造纸材、棺材板（棺材）、床板和其他合乎国家建设使用的短小规格材，均由国营森林工业部门（包括森工部门指定代购代销的供销社）统一经营，其他任何部门不得插手经营。二、人民公社和生产队对于国家分配的木材交售任务，必须努力完成。三、社员个人在自留山、房前屋后及自留地上植树所得的木材，完全由社员自己支配，可以自用，可以卖给国家或供销社，也可以在农村集市上出售。但出售时需持有本公社的证明。四、开放农村木材市场，只准许本县范围内或者在市与县、县与县毗邻地区的人民公社、生产队及社员、城镇居民自购、自用；以及批准上述地区范围内的手工业生产合作社、合作小组和经过核准登记的个体手工业者购买作加工原料，禁止长途运输，转手买卖，投机倒把。所有国家机关、团体、部队、企业、学校，均不得到农村集市收购木材，也不得直接向人民公社、生产队和社会进行收购。如因修缮需用少量木材（一立方米以下），应经单位所在地森林部门批准后，方可在指定的市场购买。五、在农村集市交易的木材，价格由买卖双方面议，自由成交，但买方需持有本公社（或镇人民委员会）的证明；成交时应到市场管理委员会登记，并依法纳税。六、在农村集市上购买的木材，在自治区范围以内，需要向铁路、公路、航运等运输部门托运的，必须报经当地县林业行政部门的批准。

1964年，广西壮族自治区人民委员会为贯彻执行国务院发布的《森林保护条例》，制定了《关于森林保护暂行条例》。

60年代中期至70年代改革开放之前，发布有关森林保护的文件法规极少。

林业执法队伍建设　1.木材检查站建设。1951年，广西省人民政府颁布了《广西省木材检查暂行办法》，于1954年，开始在梅溪、北海、柳州、梧州、庙头等5个地方建立木材检查站，检查木材出省问题。1958年，木材检查站由5个增设到8个，人员配备由10人增加到30多人，“文化大革命”时期，这些木材检查站全部被撤销，木材外运处于无人管理，盗伐、抢购木材，投机买卖木材严重，使森林资源不断遭到破坏。1974年，自治区革委提出恢复和建立南宁、柳州、桂林、梧州、贵县、黎塘、北海、庙头8个自治区直辖检查站，各地市、县也相继先后建立木材检查站共457个，工作人员1700多人。2.森林公安。1963年9月12日，自治区党委批复百色地委在3个较大面积的国有林区乐业雅长、隆林金钟山、西林八达建立林业公安派出所。同年10个自治区直属国有林场（大青山、六万山、大容山、博白、大桂山、黄冕、三门江、高峰、七坡、维都），也经自治区党委批准建立林业公安派出所并规定森林公安是经济民警，是保护森林资源的林业武装，执行林区巡逻、消防、维修防火设施，协助林区社、队贯彻护林政策、法令以及协助公安司法侦查逮捕破坏森林的罪犯和暗藏林区的坏分子，保护林区有益动物和狩猎害兽等。森林警察和组织领导是成立自治区一级的森林警察局（或林警科），各林区、林场成立森林警察派出所，采取双重领导。林区派出所直接领导林警队开展护林治安工作。自治区森林警察局，由林业、公安两厅共同领导。林区、林场林警派出所由森林警察局和所在地的县公安、林场共同领导。有关的业务分工，林业厅、林场管有关森林保护、森林动物的保护与狩猎等，公安厅、局管有关林警的训练、服装、武器等配备。但后来自治区一级森林警察局没有成立。林区森林警察所成立后，对加强森林保护，制止偷砍盗伐森林搞好森林防火，做好林区治安保卫工作，都起到了的良好的效果。但是时间不长，“文化大革命”爆发后，广西只保留 4 个森林公安派出所，其余被撤销，国有林区和国有林场的森林资源保护得不到保障。

【逐步成型阶段】

从 1978 年改革开放到 20 世纪末，随着我国民主与法制建设步伐的不断加快，依法治林工作稳步推进，广西的依法治林工作不断向前发展。

1979 年五届全国人大常委会第 6 次会议通过了《中华人民共和国森林法(试行)》，这是改革开放以后我国制定的第一部环境资源法律，标志着我国林业建设进入了一个依法治理的轨道，1984 年《森林法》正式施行后，我国依法治林的步伐明显加快，广西根据本地实际，制定了林业地方性法规和规章，形成了以《广西壮族自治区森林管理办法》和《广西壮族自治区陆生野生动物保护管理规定》为主体，相关法规、规章为配套的林业地方法规规章体系，为调整广西林业生产关系，保护和管理森林、野生动植物资源发挥了极为重要的作用。同时，林业行政执法和监督体系也初步建立。可以说，广西地方林业法规规章基本覆盖了林业建设的主要领域，基本做到了有法可依有章可循，有力地促进了各项林业事业的发展。但是，这一阶段正处在我国经济体制转轨变型的历史发展时期，林业法制建设带有较重的计划经济色彩，仍然局限以在木材生产为主的指导思想框架内。

【全面发展阶段】

随着我国依法治国方略的深入实施和林业历史性转变的加速推进，依法治林进入了全面发展阶段。这一阶段，紧紧围绕以生态建设为主的林业发展战略，同时结合实际发展林业产业，全面加强林业法制建设，2001 年，自治区人大颁布了《广西壮族自治区农村能源建设与管理条例》，2002 年自治区人民政府颁布了《广西壮族自治区树蔸树木拓挖流通管理规定》，2001 年自治区高级人民法院、人民检察院、公安厅联合下发《关于确定盗伐、滥伐林木罪具体数量标准的通知》。2003 年《中华人民共和国行政许可法》颁布后，对广西地方性林业法规规章进行了全面的清理，体现了新的时代特征，开创了依法治林的新局面。同时，通过林业综合行政执法和林业行政审批制度改革，建立执法责任追究制度和案件稽查督办制度，林业依法行政全面推进。目前，依法治林已经成为依法治桂的重要组成部分，成为推动广西林业跨越式发展的重要保障。

【广西林业法制建设的成就】

从广西林业法制建设的历程看出，广西的林业法制建设经过了曲折、渐进的发展过程，但是已经取得了显著的成绩。

地方林业法规体系初步形成。经过改革开放以后国家林业法律的颁布实施，广西制定了相应的地方性林业法规规章，初步建立了保护森林促进林业产业发展的地方林业法规体系，为促进广西林业跨越式发展提供法制保障。

第一，自治区人大颁布的现行地方林业法规有 6 部：

广西壮族自治区森林和野生动物类型自然保护区管理条例(1990 年)

广西壮族自治区森林管理办法(1993 年)

广西壮族自治区陆生野生动物保护管理规定(1994 年)

广西壮族自治区木材运输管理条例(1997 年)

广西壮族自治区农村能源建设与管理条例

广西壮族自治区土地山林水利权属纠纷调解处理条例(2002 年)

第二，自治区人大常委会批准自治县人大制定的林业单行条例有 5 部：

龙胜各族自治县森林资源管理条例(1997 年批准)

恭城瑶族自治县森林资源管理条例(1997 年批准)

金秀瑶族自治县森林资源管理条例(2000 年批准)

隆林各族自治县执行《中华人民共和国森林法》的补充规定

金秀瑶族自治县野生植物保护条例(2003 年 8 月批准)

第三，自治区人民政府颁布的政府规章有 6

部：

广西壮族自治区全民义务植树运动实施细则(1982年)

广西壮族自治区农林植物检疫实施办法(1988年颁布，2004年废止)

广西壮族自治区森林防火实施办法(1989年)

广西壮族自治区山口红树林生态自然保护区管理办法(1994年)

广西壮族自治区实施《森林病虫害防治条例》若干规定(1997年)

广西壮族自治区树蔸树木采挖流通管理规定(2002年)

第四，有关司法文件有2部：

广西壮族自治区高级人民法院、人民检察院、公安厅关于确定盗伐林木罪、滥伐林木罪具体数量标准的通知(2001年)

广西壮族自治区高级人民法院、人民检察院、公安厅关于办理森林火灾刑事案件的意见(2001年)

林业行政执法不断加强。多年来，林业执法机构和队伍建设不断加强，林政资源管理、野生动植物保护、林木种苗等方面的行政执法内容得到强化。到2003年止，全区共建立森林公安机构311个，木材检查站235个，各级森林病虫害防治检查站120个，乡镇基层林业工作站1174个；全区有各类林业执法人员6000多人，其中森林公安2230人。通过开展经常性的林业执法，每年查处大量的林业行政案件及林业刑事案件，通过开展各项专项行动，严厉打击了各种破坏森林和野生动植物资源的违法犯罪活动，有效地保护了林业建设成果。

林业执法监督机制初步形成。为了规范林业行政执法行为，保护国家利益不受侵犯，维护行政管理对象的合法权益，建立了林业行政执法监督机制。执行林业部制定的《林业行政执法证件管理办法》，实行执法人员持证上岗制度，严格执行林业部《林业行政处罚程序规定》，明确了实施林业行政处罚的主体、权限、程序等内容，在全区实行统一林业行政处罚文书格式，严格执行林业部《林业行政执法监督办法》，建立了有关报告制度、行政处罚听证制度、重大案件讨论审查制度、错案追究责任制度。

林业普法宣传取得明显成效。通过开展“植树节”、“爱鸟周”、“防治沙漠化与干旱日”、“全国法制宣传日”等活动，运用广播、电视、报刊和印发读本、挂图、宣传辅导材料等多种形式，向社会广泛普及林业法律法规知识，为保护森林、发展林业创造了良好的法制环境。各级林业主管部门通过举办多种类型、不同层次的培训班、法律知识考试等，大大提高了各级林业领导干部和行政执法的法律素质，增强了依法行政的理念和能力，为全面推进林业依法行政奠定了坚实的基础。

林业行政行为进一步规范化、法制化。在林业法制建设中，坚持创新管理思路，调整管理职能，转变管理方式，规范管理行为，大力加强思想、组织作风、制度和业务五大建设，林业行政行为朝着制度化和法制化方向稳步推进，各级林业主管部门通过行政审批制度改革，管理方式正逐步从依靠行政手段为主向依靠法律手段为主转变，注重在依法行使行政权力的同时规范自身行政行为。

(广西林业局办公室　黄宗华)

林业分类经营

【概　述】

林业分类经营是在社会主义市场经济条件下，根据社会对林业生态和经济的两大需求，按照对森林多种功能主导利用的不同，相应地将森林划分为公益林和商品林，分别按各自的特点和规律运营的一种新型经营管理体制和发展模式。其目的是：根据环境建设的要求，把以生态利用为主要目的的森林划为公益林，按照事权划分的原则，由各级政府或社区负责建设，实行事业化管理，科学经营，追求最大的生态效益和社会效益；根据市场经济原则，把以直接经济利用为主要目的的森林划为商品林，实行企业化管理、集约化经营，努力提高林业生产力，追求最大的经济效益。通过局部分治，实现总体上最大限度地发挥林业的整体效益。广西的林业分类经营大抵上经历了4个阶段。

(营林处　陆志星)

【第一阶段(1950～1977)】

这一期间，林业处于计划经济体制框架下，国家还未提出林业分类经营的概念和要求，但广西已开始有目的地进行森林分类经营管理：一是实施大规模造林，加快荒山荒地绿化，建设了一批杉、松、毛竹用材林基地和一批油桐、油茶经济林基地，有力地促进了经济建设；二是划定各类自然保护区和水源林保护区，加强对水源涵养林和野生动植物的保护，有效地保护了生态环境。这期间的营林统计主要按用材林和经济林两大类进行统计，1990～1977 年广西共营造用材林 462.7 万公顷、经济林 103.9 万公顷。

（营林处　陆志星）

【第二阶段(1978～1995)】

党的十一届三中全会之后，市场经济体制逐步建立，广西林业进入了改革开放、快速发展时期。这一期间国家尚未明确提出林业分类经营，但提出了五大林种的概念及经营要求。1984 年颁布实施的《森林法》，明确提出将森林分为用材林、经济林、防护林、薪炭林、特种用途林等五个林种，对各林种提出的经营规定：对用材林实行限额采伐利用，对防护林、特种用途林实行严格保护，特别是对防护林和特种用途林中的国防林、母树林、环境保护林、风景林，只准进行抚育和更新性质的采伐，对特种用途林中的名胜古迹和革命纪念地的林木、自然保护区的森林，严禁采伐。从 1978 年起，广西各年度的营林生产开始按五大林种实施和进行统计。1987 年，自治区党委、自治区人民政府作出的《关于保护森林，发展林业，力争十五年基本绿化广西的决定》中，还合理划定了广西用材林、防护林、经济林及其他林种（含薪炭林和特种用途林）的比例为 4∶3∶2∶1，这是对广西森林最初的分类经营规划。随后，自治区林业厅在编制《广西 1989～2000 年造林绿化规划》中，又将这一比例具体落实到各地的年度造林任务中。在 1987～1994 年的造林灭荒工作中，各地都十分注意各林种的比例，基本做到统筹安排，协调发展。与此同时，广西继续划定自然保护区和水源林保护区，特别是将在天然水源林区的 10 多个森林采育场全部停止采伐天然阔叶林，改为水源林保护区。对天然水源林区林农口粮实行统销，实行封山育林，有效地促进天然林的恢复与发展。广西范围内共划定了水源涵养林、珍稀动植物和综合类型的自然保护区 54 个，总面积达 170 万公顷，占广西总面积的 7.5%。同时，还划定了 23 个速生丰产用材林基地县、18 个经济林建设示范基地县，初步有目的地定向培育森林资源，为随后的林业分类经营打下了基础。为了探索分类经营后水源林保护区的经费问题，自治区选择广西最大的水源林保护区——金秀大瑶山水源林保护区作为试点，开展森林生态效益补偿试验。经自治区人民政府协调，从 1993 年开始，自治区财政拨给该保护区水源林管护经费以 60 万元为基数（由区林业厅、区水电厅及周边 7 个县市按受益的农田面积和水电装机容量共同分担），以后每年递增 10%。各级政府也有意识地增加财政对自然保护区建设的投入，加强对防护林、特用林的保护，并利用育林基金和林业项目贷款加快发展用材林和经济林。据统计，1985～1995 年，每年仅自治区本级下拨自然保护区的各项经费就达 250 万元以上，安排林业造林项目贷款 200 万元以上。

（营林处　陆志星）

【第三阶段(1996～1999)】

随着经济体制改革不断深化，为了顺应社会主义市场经济发展的要求，国家提出了林业分类经营概念并开展试点，广西的林业分类经营也从森林分类区划界定试点开始，进入试点阶段，并取得了宝贵经验。1995 年 8 月 30 日，国家体改委、林业部联合颁发《林业经济体制改革总体纲要》（体改农〔1995〕108 号），明确提出了进行林业分类经营改革和国有林场分类经营改革的要求：“森林资源培育要按照森林的用途和生产经营目的划定公益林和商品林，实施分类经营、分类管理”。“在依据《森林法》的规定划分用材林、防护林、经济林、薪炭林、特种用途林五大林种的基础上，将用材林、经济林、薪炭林纳入商品林类，将防护林和特种用途林纳入公益林类。”“将国有场圃划为商品经营型、生态公益型和混合经营型场圃。”并提出要建立分类经营、科学管理的营林体制，“商品林的经营作为基础产业，以市场为导向，由经营者自主经营、自负盈亏，国家给予必要的扶持。重点商品林生产项目列入基础性建设项目管理，采伐限额依据经营方案单独审批”。“公益林以满足国土保安和改善生态环境的公益事业需要为主，一般只进行抚育和更新性质的采伐，列入社会公益事业，实行事业化管理。根据中央和地方事权划分，维持现有经费渠道，由各级人民政府通过财政统筹解决资金，组织社会力量共同建设和管理。”按照这一要求，1996 年 1 月，在全国林业厅局长会议上，林业部对林业分类经营改革进一步作了动员和部署。1996年5月8日,林业部发出《关于开展林业分类经营改革试点工作通知》(林策通字〔1996〕69号),要求各省选择2个县先行试点,成立林业分类经营改革试点领导小组,提出了林业分类经营改革试点的原则要求,并于5月31日在广州召开了南方部分省区的林业分类经营改革座谈会,作了具体部署。1996年6月6日《林业部林业改革试验区"九五"规划提纲》提出"进行林业分类经营试验",并将广西原梧州地区列为试验地区之一,揭开了广西林业分类经营改革的序幕。原梧州地区(后贺州地区、贺州市)林业局根据林业部的要求和自治区林业厅的部署,与林业部林业调查规划设计院共同编制了《林业部梧州地区外向型林业改革试验区林业分类经营总体规划》、《林业部梧州地区外向型林业改革试验区林业分类经营昭平县总体规划》、《贺州地区林业改革试验区林业分类经营试点方案》,提出并经行政公署审核下发了《贺州地区行政公署关于开展森林分类区划界定工作的意见》,对全地区森林分类经营区划界定工作的组织准备、工作方法、技术要求、成果验收等操作步骤作了明确规定,并选择昭平县的富裕乡作为试点乡,使森林分类区划界定工作进入了实质性阶段。1996年9月1日,林业部又下发了《关于国有林场深化改革加快发展若干问题的决定》,要求"科学划分国有林场类型,实行分类经营",对国有林场分类经营作出了具体的规定。1997～1998年,林业部先后在南宁和北京召开了林业分类经营改革座谈汇报会,对全国林业分类经营改革试点工作进行总结和推进。1999年7月1日,国家林业局下发了《关于开展全国森林分类区划界定工作通知》(林策发〔1999〕191号),对全国范围开展森林分类区划界定工作作了全面部署,明确提出了区划界定的范围、重点、原则和要求,森林分类经营进入全面准备阶段。1999年12月,国家林业局在山东省泰安市召开全国国有林场分类经营改革现场会,要求用3～5年时间全面完成国有林场分类经营改革,在搞好国有林场公益林、商品林的分类区划界定的基础上,提出公益型和商品型林场的分类标准、划分办法,完成定型划类工作。广西按这一要求积极开展国有林场分类定型区划工作。1998～1999年,自治区林业局在区直国有雅长林场、黄冕林场、良凤江国家森林公园开展森林分类经营研究试点,并形成了各林场分类经营规划材料。集体林区及国有林场分类区划试点取得的工作成果及实践经验,为广西全面开展森林分类区划界定工作打下了坚实的基础。同时,在森林分类经营具体操作方面,广西也进行了大胆探索。1998年国家启动实施天然林保护工程,广西未能成为工程建设省区,但为了保护广西的天然林资源,自治区主席李兆焯1998年9月28日在听取自治区林业局贯彻国务院国发明电〔1998〕8号文精神的工作汇报后,作出了从1998年10月15日起在广西范围内立即停止采伐天然林、水源林、防护林的五点指示。随后,自治区人民政府办公厅将五点指示印发广西,自治区林业局又专门就此下发了《关于进一步加强天然林水源林防护林保护和管理的通知》(桂林政字〔1999〕76号),要求各地、市、县、林场根据涵养水源、生态环境保护的需要,将现有的天然林进行区划,逐级上报审批,以便实施分类经营,并对保护区的保护利用、管理措施及林木采伐审批权限作了具体的规定。但因没有列入国家天然林保护工程,停止采伐天然林后,国家没有补助资金,地方各级财政又拿不出资金补偿,致使禁伐区内林农收入下降,生活无着落,各级财政和林业规费减收,对经济社会发展造成了一定影响。据金秀县统计,1998年停伐天然林后,林农减少收入202.7万元。另据当时自治区林业局调查了解,停伐后的1998年,广西29个县(市)中有15个县(市)来自林业的财政收入比1997年减少3558.47万元,29个县(市)林业财政收入总和比1997年减少19.94%;29个县(市)中有13个县(市)林业两费收入比1997年减少921.88万元,29个县(市)两费收入总和比1997年减少10.79%;29个县(市)中有7个县(市)的企业数下降,企业利税减少,其中融水县1998年比1997年净减1293万元,下降86.84%。财政收入减少,直接影响了林区经济的发展和林农生活。禁伐后出现的一系列问题及经验教训,对广西后来的林业分类经营产生了重大影响。在这期间,自治区也加大了对林业生态工程建设的投入,继续实施沿海防护林体系建设工程,启动实施珠江流域防护林体系建设工程和绿色工程,其中仅广西珠江流域防护林体系工程建设就获得国债投资7700多万元,在27个县实施人工造林5.24万公顷、封山育林5.72万公顷,有力地推进了公益林的保护和建设。

(营林处　陆志星)

【第四阶段(2000~2003)】

广西完成了广西森林分类区划界定工作，启动了全国森林生态效益补助试点，结束了无偿使用森林资源的历史，进入了有偿使用森林资源的新的历史时期，林业分类经营进入实质性操作阶段。完成广西森林分类区划界定工作，实施了全国森林生态效益补助试点。

（营林处　陆志星）

【完成广西森林分类区划界定工作】

2000 年 2 月，国家林业局在杭州召开全国林业厅局长会议，王志宝局长在会上作了《分类经营，分区突破，全面开创新世纪林业建设新局面》的报告，要求“搞好森林分类区划界定，推进分类经营改革”。2000 年 9 月，自治区召开广西林业分类经营工作会议，贯彻全国林业厅局长会议精神，自治区人民政府副秘书长韦肇晋和自治区林业局局长黎梅松分别在会上作了重要讲话，对广西的林业分类经营工作进行了全面具体的部署，要求在完成森林分类区划界定工作的基础上，提出林业分类经营的具体政策措施，促进公益林的保护和建设，加快商品林特别是速丰林的发展。会议还提出了《广西森林分类经营改革工作意见》、《关于加快我区速生丰产林发展的决定》、《关于加快岩溶地区石漠化生态治理的决定》、《广西外商投资造林管理办法》等 4 个方面的讨论稿供会议代表讨论。

为了贯彻落实广西林业分类经营工作会议精神，自治区林业局于 2000 年 10 月在南宁分南北两片举办了两期广西森林分类经营研讨会，召集各市、县林业局和区直林场的分管领导和业务骨干 130 多人，共同研讨和统一了广西森林分类区划界定的技术标准和工作方法，并部署区划界定工作。

2000 年 10 月，在国家林业局未制定统一的技术规程的情况下，自治区林业局组织广西林业勘测设计院，借鉴广东等林业分类经营进展较快的外省区的做法，编制了《广西壮族自治区森林分类经营区划技术操作细则》并下发执行，对广西森林分类区划界定的技术标准、方法步骤等作出了明确规定和要求，其中的最重要的创新就是应用数据库、“3S”等现代信息技术，研制并应用了《广西森林分类区划管理信息系统》软件。

2000 年 12 月，自治区人民政府办公厅下发了《自治区人民政府办公厅转发自治区林业局关于开展林业分类经营前期工作意见的通知》(桂政办发〔2000〕213 号)，对广西林业分类经营工作进行了全面部署。按照文件要求，自治区林业局加强组织领导，成立了由黎梅松局长任组长，廖培来副局长任副组长，营林处、计财处、林政处、保护处、广西林业勘测设计院主要领导为成员的广西森林分类区划界定领导小组，下设办公室，由廖培来副局长兼任办公室主任，营林处、广西林业勘测设计院有关领导和技术骨干任副主任及成员，并从自治区本级财政和育林基金中安排专项经费 400 多万元，确保该项工作的顺利开展。县级区划工作以 1999 年二类调查小班属性数据库、森林分布图、基本图为基础材料。根据分类区划指导思想、原则、标准，以及林地的地理位置，先对区域内的森林(含林地)进行功能定位和分类区划布局，确定公益林区和商品林区，然后按区划界定技术标准要求对小班的地况、林况和界定因子，逐一进行调查界定。原则上公益林主要布设在以下对广西生态环境建设起骨架作用、生态位置比较重要或生态脆弱的地段；商品林主要布设在公益林区以外立地条件好、地利等级高，有利于集约经营的地段。为加快石漠化治理，区划将生态脆弱的裸露石山(过去为非林地)纳入了生态林地范围。

县级区划工作具体步骤如下：

第一，初步确定分类比例。由各县森林分类区划领导小组根据分类区划指导思想、原则，以及林地的地理位置，结合生产经营实际情况，总体上对区域内的森林(含林地)进行功能定位和分类区划布局，确定宏观的森林分类比例。

第二，初步确定两类林范围。用森林分布图，参考 1998 年广西开展的生态经济区划，依据生态功能定位和宏观布局、分类比例，以及公益林、商品林建设重点，在图上划出公益林区和商品林区，初步确定公益林的范围。

第三，调整、确定两类林框架。将初步区划方案及结果提交本单位分类经营领导小组讨论、审定，根据审定意见，进一步调整完善，划出公益林和商品林经营区布局范围和框架。

第四，室内初划两类林。公益林区和商品林区界定后，落在公益林区内的森林一律为公益林，二级林种按森林分类区划系统的防护林和特种用途林技术标准进行确定。商品林区内的天然阔叶林及其他需要保护的森林，划为公益林，其余的森林划为商品林。疏林、无立木林地、荒地小班的分类界定，主要依据其所在的分类区，落在公益林区内的小班，界定为公益林地，落在商品林区内的小班，界定为商品林地。

第五，现场界定两类林。由县林业局、乡人民政府、村委会派人会同村民小组长、林权所有者或林地使用者，深入现场，逐个小班核准四至界线、土地种类、林种、树种、生态功能质量、事权级等，并现场填好《森林分类区划现场界定书》。

第六，签订现场界定书，确认公益林区划结果。区划界定完成后，由县、乡人民政府、县林业局及村委会、村民小组、林权所有者或林地使用者、现场界定人员等共同签字盖章确认区划界定结果。

第七，区划界定成果编制。建立森林分类区划小班属性数据库，并进行有关表格的统计汇总，绘制森林分类区划示意图、森林分类经营措施图、公益林事权级示意图，编写分类区划报告。

第八，区划成果评审验收和上报。先由地(市)林业局组织有关领导、专家对其所辖范围单位的区划界定成果进行评审验收，然后上报自治区，由自治区林业局组织有关部门的领导和专家进行评审验收，评审验收通过后，由县人民政府行文，经所在地区行署、地级市人民政府签署意见，向自治区人民政府申请上报国家公益林。经过各级林业系统干部职工10个月的艰苦努力，广西141个区划单位(包括县、市、区、区直林场、市属国有林场、国家级自然保护区)于2001年8月全部完成了区划界定工作，并形成了县级和自治区级成果报告(包括文字和数据库)。

这次广西森林分类区划界定范围包括：森林、疏林地、灌木林地、无立木林地、苗圃地以及规划用于发展林业的荒地、退耕还林地、石漠化土地。

广西共区划界定林业用地总面积14874195.1公顷，其中：公益林面积6857259.9公顷，占46.1%(不含石山裸岩地为42.07%)；商品林面积8016935.2公顷，占53.90%。

区划的公益林面积按地类构成为：森林面积3384929.1公顷，占49.36%；疏林面积16912.6公顷，占0.25%；灌木林面积2243812.1公顷，占32.72%；未成林地面积28438.5公顷，占0.41%；苗圃地497.9公顷，占0.01%；宜林地(含石山裸岩地)面积1182669.7公顷，占17.25%。

区划的公益林按事权级划分为：国家公益林面积5185523.4公顷，占75.62%；省级公益林763730.0公顷，占11.14%；地市级公益林141964.3公顷，占2.07%；县级公益林643941.8公顷，占9.39%；乡村级122100.4公顷，占1.78%。

区划的公益林按二级林种分为：水源涵养林面积2654668.5公顷，占38.71%；水土保持林面积3444652.1公顷，占50.23%；防风固沙林面积30696.0公顷，占0.45%；护岸林面积4628.9公顷，占0.07%；护路林面积53682.2公顷，占0.78%；防火林带面积88807.7公顷，占1.30%；国防林面积165891.8公顷，占2.42%；科学实验林面积16814.3公顷，占0.71%；环境保护林面积33433公顷，占0.49%；风景林面积42066.6公顷，占0.61%；名胜古迹革命圣地林面积918.2公顷，占0.01%；自然保护区林面积321000.6公顷，占4.68%。

根据公益林保护程度及林分的生长情况，将公益林(地)划分为禁伐、择伐、间伐、封管、抚育、造林更新等6种经营措施类型。各类型面积及比例为：禁伐型面积208005.1公顷，占30.33%；择伐型面积73504.1公顷，占1.07%；间伐型面积125236.5公顷，占1.83%；封管型面积3635360.2公顷，占53.01%；抚育型面积428478.7公顷，占6.25%；造林更新型面积514675.3公顷，占7.51%。

区划的现成公益林面积(现有森林、灌木林，不含未造林地)5628741.2公顷中，主要树种是阔叶树和灌木，阔叶树及其他树种面积4494651.0公顷，占79.85%；针叶树种面积1134090.2公顷，占20.15%。

区划的商品林地按质量等级分为好、中、差三个等级，其中；林地质量等级为好的178192.3公顷，占25.51%；林地质量等级为中的422329.6公顷，占60.45%；林地质量等级为差的98072.7公顷，占14.04%。

根据山体坡度、交通便利程度、林地规模等将商品林(地)的地利等级划分为一级、二级、三级共3个等级，其中：地利等级为一级的259133.5公顷，占37.09%；地利等级为二级的274214.7公顷，占39.25%；地利等级为三级的165246.4公顷，占23.66%。

随后，又根据国家林业局《关于发布〈国家公益林认定办法〉(暂行)的通知》(林策发〔2001〕88号)对国家公益林进行了补充区划。区划的国家公益林主要分布在江河源头汇水区，珠江干流及一、二级支流，国家级自然保护区和地方级自然保护区重点保护对象为国家一、二级野生动植物及其栖息环境，库容1亿立方米以上的大型水库周围，国铁、国道(含高速公路)两侧，国境线20公里范围内及国防军事禁区以内，海岸线，山体坡度46°以上土壤瘠薄、岩石裸露、森林采伐后难以更新或森林生态环境难以恢复的地段，风景名胜区，科学实验基地等区域。

此外，区划成果全部统一采用《广西森林分类区划管理信息系统》软件进行统计汇总，141个区划单位都应用了森林分类区划地理信息系统，建立了森林分类经营区划界定小班属性数据库和图库，形成了广西森林分类经营区划地理信息系统，可随意查询和修改广西任何一个公益林小班的面积、地貌、林种、树种等140多项空间属性数据，为实施林业分类经营及改进森林资源管理手段奠定了坚实的基础。根据区划成果，还将广西153个国有林场初步进行了分类定型，其中公益林占总经营面积50%以上的47个林场为公益型林场，其余106个林场为商品型林场。

2001年8月7～8日，自治区林业局在南宁组织召开了广西森林分类区划界定工作成果评审验收会，邀请自治区人民政府办公厅及自治区计委、财政厅、水利厅、国土资源厅、环保局、广西林业勘测设计院、广西林业科学院、广西大学林学院等单位的领导和专家共31人，对有关成果文件进行了认真审阅和评议，并得到了一致认可和高度评价。2001年8月26日，自治区人民政府拟文将区划成果上报国家林业局。自治区林业局廖培来副局长亲率有关人员将上报材料送交国家林业局，国家林业局有关司局专门听取了汇报，对广西在全国率先在森林分类区划界定中应用“3S”技术，建立信息管理系统予以了充分肯定。以森林分类区划界定工作为基础，由广西林业勘测设计院和自治区林业局共同完成的《广西森林分类区划界定研究》还获得了自治区人民政府科技进步二等奖。

但由于当时时间紧、工作量大，个别地方的现场区划界定工作不过细，出现了未经林权所有者同意就将其经营的森林区划为公益林现象，致使后来一些人工林特别是速丰林、贷款造林因区划为公益林而无法采伐利用，群众意见较大。为此，自治区林业局又根据国家林业局的要求，部署对广西的森林分类区划界定成果进行适当调整，将原区划错误或不合理的地方，特别是速丰林、贷款造林被纳入公益林的地方，进行局部、少量的调整，使区划界定成果更加符合经济社会发展的需要。

(营林处　陆志星)

【按森林分类区划进行森林分类经营】

自2001年开始，广西的林业进入分类经营实质性操作阶段，几乎所有的林业生产经营活动都严格按照森林分类经营区划成果进行。

一、在林业重点工程建设布局上，严格按照公益林和商品林两大类来规划

“十五”期间广西实施的珠江流域防护林体系建设工程、沿海防护林体系建设工程、防沙治沙工程、退耕还林工程、石漠化治理工程、绿色工程等都属于公益林建设工程，严格按照国家公益林建设标准进行规划和建设，规定80%以上的营造林任务必须在公益林区实施。这些工程主要是利用国家和自治区的补助资金进行建设，其中仅退耕还林工程2001～2003年就获得国家各项补助资金12亿元，珠防林、海防林工程获得国债投资1亿多元。从而，确保了工程建设的生态性质和国家投资的公益性质。在商品林建设方面，广西规划“十五”期间实施速生丰产用材林、名特优新经济林等商品林建设工程，其中营造速丰林66.7万公顷，主要发展桉树、相思、竹子、大叶栎等短周期工业原料林。2002年，自治区人民政府办公厅批转了自治区计委、财政厅、林业局《关于加快我区速生丰产林建设的意见》，通过制定减半征收育林基金、优先安排项目造林贷款、优先安排低产林改造木材采伐指标、确保成林后的木材采伐计划等优惠政策，吸引社会各方面投资造林，形成了国家、集体、个人、企业、外商等积极投资发展速丰林的新格局，为广西速丰林建设注入了强大的动力，基本实现了速丰林的基地化建设、集约化经营和社会化投资。仅2001～2003年，广西就营造速丰林40多万公顷，新造经济林18万公顷，改造低产经济林30多万公顷。

二、在营造林设计和施工上，严格按照公益林和商品林来操作

为确保林业分类经营的顺利实施，自治区林业局制定的有关营造林技术规定中，要求林业生态工程造林必须有80%以上的任务在公益林区设计和施工，且营造防护林、特用林等公益林种，禁止在公益林区营造用材林、经济林、薪炭林等商品林种，并对公益林树种及公益林营造的整地、抚育技术等作出具体规定，禁止全垦整地和抚育，以免造成新的水土流失，以获得最佳生态效益。为严格把关，自治区林业局每年都组织有关方面的专家，对珠江流域防护林、沿海防护林、退耕还林等重点林业生态工程年度计划的造林作业设计进行会审，重点审核营造公益林的比例及地块是否符合要求，对不符合要求的责令重新修改直至合格后才予以审批实施。对经审批的造林作业设计不得随意更改，并作为检查验收的主要依据。凡自治区核查时不按作业设计施工，公益林比例不达到规定的项目单位，予以通报批评，并进行项目和资金调控，促使各地按要求开展公益林建设。据统计，2000～2003 年，广西共人工营造防护林等公益林面积 13.5 万公顷，占同期人造林总面积的 26%，是 1978～1998 年 21 年完成总面积的近 2 倍。在速丰林、经济林等商品林造林方面，则强调要挖大坑、放基肥和催肥，加强抚育管理，实行集约化、基地化经营，以获取最大经济效益。

三、在木材采伐管理上，严格按公益林和商品林两类林不同的经营目标来执行

按国家有关严格管理好生态公益林，逐步放开商品林经营的思路，自治区林业局对过去的森林资源管理办法作了适当修改，体现了森林分类经营的理念。一方面，严格控制对公益林的采伐，特别是对纳入国家补偿范围的重点公益林，禁止商业性采伐(自然保护区核心区森林禁止任何形式的采伐)，对密度过大或树龄过大，确需进行抚育择伐或卫生择伐的，必须经自治区林业局审批同意，并严格控制择伐强度(一般不超过 15%)，以确保公益林分质量和生态功能不降低。另一方面，逐步放活对商品林特别是速丰林的采伐，对需要通过低产林改造获得林地来营造速丰林的，由县级以上各级林业主管部门按规定权限进行审批，优先解决清理林地所需的木材采伐指标；对营造的速丰林到了采伐年龄的，优先安排采伐指标，以促进速丰林的发展。仅 2002～2003 年，广西就切块安排低产林改造速丰林采伐指标近 140 多万立方米。通过采取有针对性的森林分类经营政策措施和技术措施，确保了广西公益林和商品林建设按各自的经营目标快速健康发展，为建立比较完备的森林生态体系和比较发达的林业产业体系打下了坚实的基础。

(营林处　陆志星)

【存在的困难和问题】

一是在森林分类区划界定过程中，忽略了从财产权保护的法律角度考虑问题，将许多集体林区中分户承包经营的私人所有的林木，包括一些大户、企事业单位、外商投资开发的非公有制林业，甚至有的速丰林和贷款造林也被划入公益林，且规定不能随意采伐利用，剥夺了林农及其他经营者对林地的经营权和收益权，使过去依赖山林为生的山区农民生计受到影响，非公有制林业经营者权益也得不到有效保护，公益林产权的不安全性制约了公益林的可持续经营；二是国家森林生态效益补偿标准偏低，未能真正体现公益林的价值，山区的林农群众既不能通过择伐公益林来增加收入，又无法靠公益林补偿资金维持生计，导致一些群众护林积极性不高，公益林的长期保护难以为继；三是自治区及市、县级公益林补偿制度尚未建立，还有一部分国家级公益林和自治区级以下的各级公益林没有补偿，也缺乏稳定的管护资金投入，林农群众在没有补偿的情况下，不但不能采伐林木获得收益，反而要义务承担保护管理的责任，对这种政策上极大的反差群众意见很大，纷纷要求政府给予补偿，或在没有补偿的情况下，对划入公益林的人工林仍按商品林进行经营管理，以保护其林地收益权；四是政府对公益林营造的投资补助标准偏低，成林后的补偿机制未建立健全，营造公益林的劳动价值收益无法体现，致使社会营造公益林的积极性不够高，所营造的一些公益林达不到国家标准要求，有的甚至带有明显的商品林经营趋势；五是人工商品林特别是速丰林的采伐仍受限额控制，且审批手续依然很繁琐，经营者难以按市场来自主采伐，商品林的特性未能充分体现，在市场经济竞争日趋激烈的情况下，在一定程度上也影响了生产要素向林业的聚集，对林业产业的发展十分不利。

(营林处　陆志星)

森林生态效益补助试点

【实施全国森林生态效益补助试点】

2001 年，国家财政拿出 10 亿元人民币，启动了全国森林生态效益补助试点。由于广西在森林分类区划界定工作中成绩突出，被列为全国 11 个试点省区之一，广西试点面积 3500 万亩，年度补助经费1.75亿元(每亩5元),是全国试点面积最大、试点补助资金最多的省区。

试点补助对象为国家级生态公益林中的有林地、疏林地、灌木林地和未成林造林地,而且界定林种必须是防护林中的水源涵养林、水土保持林、防风固沙林、护岸林,特种用途林中的国防林、母树林、风景林、名胜古迹革命圣地林、自然保护区林。

广西的试点面积中,国有林占14.4%,集体林占85.6%,而且基本以质量较好的有林地为主,有林地面积占试点面积的92.4%,灌木林地面积占试点面积的6.5%,未成林造林地面积、疏林地面积仅占试点面积的0.1%。

2002年3月,自治区林业局召开广西森林生态效益补助资金试点动员培训会议,对广西的试点工作进行全面部署。按中央要求,补助资金只能用于管护人员费用、森林防火费用、森林公安费用、森林病虫害防治费、森林资源监测管理费、林区道路维护费六个方面费用,分配比例为:对管护人员的补助不得低于补助标准的70%;森林防火经费、森林病虫害防治、资源监测管理、林区道路维护等费用支出不得高于补助标准的30%。

随着全国森林生态效益补助资金范围扩大,国家将森林生态效益补助资金试点改为森林生态效益补偿,广西的补助面积和补助标准保持不变。在国家投资增加的同时,自治区也加大了财政对公益林特别是自然保护区森林保护的投入,从2001年起,自治区财政每年投入自然保护区保护和建设的资金都在1000万元以上,有力地促进了广西天然林、防护林和特用林的保护。

(营林处　陆志星)

非公有制林业发展

改革开放以来,特别是党的十五大以来,广西加快林业改革步伐,积极调整林业产业结构和布局,在努力推进公有林建设的同时,大力发展非公有制林业,使非公有林在广西林业中由有益补充变成了重要组成部分,发挥着越来越重要的作用。

【概　述】

新中国成立后,随着农业合作化和公社化,广西的造林基本以国有和集体为主,个体造林极少。至改革开放前,广西的森林95%以上都是国有林和集体林。党的十一届三中全会后,随着农村家庭联产承包责任制的实行,为了充分调动广大农民的生产积极性,广西从1980年开始实行林业“三定”(稳定山权、林权,划定自留山,确定林业生产责任制)。到20世纪80年代中期,80%以上的集体林地逐步实行了分户承包经营,形成了“一山多主,一主多山”的经营格局。林地分户经营体制对荒山荒地造林有一定的促进作用。1987年,广西党委、广西人民政府作出了《关于保护森林,发展林业,力争15年基本绿化广西的决定》,在广西掀起了“造林灭荒”的高潮。在随后十多年来的造林工作中,广西认真贯彻《森林法》和“谁造谁有”、“谁投资,谁受益”的林业政策,号召全党动员、全民动手,全社会搞造林绿化,鼓励国有、集体、个体多种所有制造林,使非公有制造林得到快速发展。党的十五大以后,随着市场经济体制的不断发展和完善,林业改革又步入了新的阶段,广西又把大力发展非公有制林业作为改革的一个方向,大力调整所有制结构,多渠道增加对林业建设的投入,使经营者权责利相统一,激发了广大经营者的积极性,促进了林业的快速发展。目前,广西有林地面积从1995年的1.23亿亩增加到2003年的1.47亿亩,森林活立木蓄积量从3.1亿立方米增加到4.03亿立方米,名列全国省区第八位;森林覆盖率由34.37%提高到41.33%,名列全国省区第五位。

由于受林地分户承包经营体制的影响,广西的非公有林以个体造林为主,占90%以上,联营造林、外资造林也占有一定比例。广西现有的1.47亿亩森林面积中,按所有制划分,集体林占93.51%,在集体林中,约80%已分户经营。目前,广西个体造林户数为270万户左右,造林总面积为4050多万亩,占广西有林地面积的60%左右。个体造林形成的蓄积量为5500多万立方米,约占广西总蓄积量的20%。经营的主要林种是用林材和经济林,分别占其总面积的52%和38%,防护林等其他林种仅占10%左右。广西从事非公有林经营的人员有1500万人左右。其中,区直国有林场从事家庭自营经济林果场的职工有3万多人,7961户,占在职职工总数的90%。

广西非公有林经营者成分比较复杂,几乎涉及社会各阶层人员,有国家干部、职工、工人、农民、教师、城市居民、个体经营者、归国华侨、外商等。其中，农民占90%以上，国有林场干部职工占1%左右，其他人员占9%左右。由于农村集体林区分户承包，农民通过经营自留山形成了大大小小不一的家庭林果场，理所当然地成为非公有制造林的主体。而国有林场干部职工在林场深化改革过程中，通过家庭自营经济承包国有林地造林举办家庭林果场，也成为非公有林的重要经营者。国有林场参与家庭自营经济林果开发的包括场领导和一般干部、职工。但随着市场经济的发展，个体经营者也渗入造林领域，并成为非公有林经营最有活力的成分。非林业部门的干部职工、城市居民、工人、教师、外商等，随着各方面体制改革的深入开展，有的"下海"，有的下岗，有的兼职，个人身份发生变化，一些人开始参与林果开发，成为非公有制造林的新生力量。各阶层都有不少的造林大户代表。如凭祥市个体经济能人梁子雄，1980年在中国林科院热林中心当伐木工人，1989年停薪留职搞边贸积累了一定的资金，1998年开始搞林业开发，规划营造速丰桉4.5万亩，计划投资2010万元，现已完成造林面积3万亩，是目前广西个体造林面积最大的。北海市个体经营者张正东1999年建立了一个私营林场，至2000年已营造速丰林2万亩。玉林市共有造林种果面积在1000亩以上的大户35户，其中绝大部分是个体经营者。外商造林方面，目前在广西投资造林的有印尼金光集团、香港嘉汉木业有限公司、日本王子公司等，造林面积60多万亩，近年来随着改革开放，他们凭借雄厚的资金实力，也逐步成为广西造林特别是速生丰产林经营的重要力量。

（广西财经学院　赵子健）

【非公有制造林经营模式】

广西非公有制林业发展经营模式主要有以下几种：

一、责任山经营

由农户承包集体山林，林地所有权归集体，承包经营权归承包户，按"谁种谁有"的原则，林木所有权谁种归谁所有，这种形式在农村最为普遍，形成遍布广西各地的家庭小林果场。这是非公有造林的重要模式，面积达2180多万亩，约占53.8%。

二、"四旁"林木经营

主要是农户利用"四旁"空隙地营造林木，比较零星分散。

承包和租赁经营。在林地所有权不变基础上，由造林专业户和经济能人通过承包或租赁的形式取得林地经营权，其经营规模相对较大，主要培育速生丰产林和经济林。这是非公有林中最充满生机和活力的经营模式。

三、股份合作经营

由多户林农在平等、自愿基础上，以山林、林地、资金、劳务、技术、管理等生产要素入股，按股分红，兴办股份合作制林场。

四、外商投资造林

其造林面积大，集中连片，主要是培育工业原料林。

五、国有林场家庭自营经济

这有三个主要类型：一是"脱钩"承包经营型，划给一定面积的林地（每个职工20～30亩），3～4年内只按月预借一定的生活费或生产扶持金，从第五年或有收成的年份起，林场收取地租和管理费。二是承包经营型，即把林场投资种植的经济林果划分或通过招标给部分职工承包经营，投资分户立账，预借一定的生产生活经费，计算利息，投产后逐年偿还。收入按比例分成，林场实行让利。三是"自留地"承包型，即这部分在职的干部职工除领取岗位工资或计件工资外，还划分给一定数量的林地（每个职工10～20亩），自费投入，自主经营，林场从有收成年份起收取地租。

（广西财经学院　赵子健）

【非公有制造林经营项目】

广西非公有林经营项目比较丰富，有用材林、经济林、果木林、花卉绿化苗木、防护林等。根据1999年的调查统计，广西个体造林中主要林种是用林材和经济林果，分别占其总面积的51.7%和37%，而其他林仅占不到10%。经营用材林树种主要是杉木、松树、速丰桉树和竹子，经济林果树种主要是八角、玉桂、龙眼、荔枝、芒果、板栗、油茶、油桐、柑橘、柚子、李子及其他一些杂果。

（广西财经学院　赵子健）

【非公有制造林规模】

广西非公有林经营规模大小差别很大，总体来看，外商造林规模比较大，如印尼金光集团在广西已营造速丰林40万亩，是目前广西非公有造林面积最大的。嘉汉公司也在广西造林20多万亩。但由于受林地分户经营体制的限制，集约经营措施受制约，因此广西的非公有林仍以农民家庭承包经营林果场为主，规模普遍不大。国有林场家庭自营经济林果场规模也在20亩左右。据我局1999年调查统计，个体造林面积在0.2万亩以下的有289.1万户，占总户数的99.9%，造林面积占98.1%，平均每户在10亩左右。0.2万～0.5万亩的有154户，造林面积40.6万亩，平均每户0.26万亩。0.5万～1万亩的有19户，造林面积11.6万亩，平均每户0.61万亩。1万～5万亩的有4户，造林面积4.5万亩，平均每户1.1万亩。近年来，随着速丰林的发展，广西1000亩以上的非公有造林大户超过1000户，其中仅玉林市就有35户。出现了凭祥市梁子雄(4万亩)、北海市张正东(2万亩)、博白县黄鑫兰(1.06万亩)、博白县陈国凤(1万亩)、兴业县陈庆祥(1.2万亩)等个体营造速丰林超万亩的大户群体。这表明广西个体造林规模有逐年扩大的趋势。外商造林和个体造林大户经营规模较大，一般都跨地域造林，有的跨乡、跨县甚至跨地市，形成各种松散型的非公有制林场。非公有林经营除农民自营部分面积较小，不需请员工外，其他经营者以聘请临时工、民工为主，规模较大的也配有相对固定的专业管理人员。管理人员最多的是外商造林，如金光集团造林公司管理员工达30人以上，每年造林聘请民工超过300人。一般的个体造林经营者也聘请1～2人的管理人员和3～10人的民工、临时工。

(广西财经学院　赵子健)

【非公有制造林投资渠道】

由于非公有林经营以农民为主体，因此投资多以自筹为主，而少部分个体造林经营大户由于经过经商积累了一定的资产和资金，也获得了一定的社会信誉，因此得到一些银行贷款支持。如凭祥市的梁子雄营造3万亩速丰林共投资2010万元，其中自筹资金600万元，申请银行贷款1410万元。据统计，至1999年底止，广西个体造林累计投资合计为50.98亿元，其中：经营者自筹36.73亿元，占72%；贷款8.78亿元，占17.2%；政府补助2.55亿元，占5%；其他投资2.92亿元，占5.8%；总负债为8.3亿元，占投资总额的16%。主要是造林生产周期较长，见效慢，效益不高，拖欠银行贷款本息现象严重。近年来，非公有造林占广西每年总造林面积的60%以上，年投资超过3亿元，主要也是自筹为主，银行贷款为辅。

(广西财经学院　赵子健)

【非公有制造林效益】

广西非公有林经营状况好坏参差不齐，总体上各占一半左右，各种模式、各类项目经营状况也都有好有差。据1999年调查统计，广西个体造林年经营木材和林产品收入28亿多元，平均每亩年经营收入90元左右，投入与产出比约为1:3。目前广西非公有林经营较好的是八角、玉桂、龙眼、荔枝、板栗、柚子等名特优经济林项目及竹子、速丰林项目，特别是八角、玉桂已成为广西农民增加收入，实现脱贫致富的重要经营项目。经营较差的项目是芒果、油茶、油桐等项目。但2002年由于龙眼、荔枝项目产量高、市场价格低，这些项目的效益也已下滑。

有些项目经营效益之所以较好，其原因：

第一，树种选择对路。如过去农民普遍种植松、杉等大宗树种，虽然时间较长，但投入相对较少，市场容量较大，且松树还可割松脂，因此仍有利可图。而一些地方选择八角、玉桂、沙田柚等这些广西的特产经济林树种进行经营，由于产品具有一定的市场垄断性，因此不愁销路，比较稳当。近年来随着八角价格飞涨(由原来几毛钱一斤涨到2元甚至8元一斤)，金秀、宁明、凌云等一些八角产区的农户年经营八角收入大增，少的数万元，多的几十万元。如容县的刘培全经营玉桂面积达1万多亩，成为广西“玉桂大王”。六万林场河嵩分场承包八角的职工平均每人收入超8万元，最高一户承包35亩纯收入25万多元。有的地方选择龙眼、荔枝、板栗等大宗林果的本区优良品种进行经营，尽管市场已趋饱和，但由于产品品质好，价位高，在市场上有竞争优势，因此经济效益也较高。如平南县的石硖龙眼、合浦县的鸡嘴荔枝，容县、平乐的沙田柚等。随着近年来林板、林纸加工业的兴起，对工业原料材需求量大增，大家又把目光转向桉树、相思等短轮伐期速丰林，涌现了北海市张正东、凭祥市梁子雄等造林面积超万亩的个体经营大户，以及金光集团、嘉汉公司等造林规模数十万亩的外商造林。

第二，经营措施到位。果树及速丰林都是集约经营强度较大的林种树种，必须精耕细作，确保经营措施到位才有效益。如一些地方对龙眼、荔枝等进行园艺化经营，加强水肥管理，提高产量。一些地方对八角、毛竹等低产经济林进行低改，采取抚育、配方施肥措施，提高产品产量和质量。据测算，八角、毛竹低改后产量和收入可增加5～10倍，效益非常显著。对新造的桉树等速丰林，普遍进行机耕整地，挖大坑、放大肥，确保速生丰产。如北海市张正东营造的速丰桉，采用大马力拖拉机全垦深度达 30～40 厘米，然后挖大坑，植树前每坑放基肥 2.5～3.5 公斤，种植 2～3 个月后追肥一次，甚至利用水灌车到鱼粉厂拉鱼汁来淋树。用他的话说就像“种菜一样”种树。由于经营措施到位，他营造的桉树速丰林一年生达到 9 米，单株最高达 13 米，比一般经营水平高 40％以上，基本实现五年轮伐的目标。

第三，资金投入保证。要确保经营措施到位，必须有足够的资金投入，没有投入就没有产出。凡经营好的非公有林项目，都有这一特点。水果项目每年每亩投入数百元甚至上千元，速丰林项目头三年每年每亩投入也超过百元，没有足够的资金作保证是很难。资金来源主要靠自筹。如张正东为了经营好速丰林，不拿国家一分钱，不借银行一分钱，把 10 多年商海闯荡所得的积蓄全部投入，还把房产变卖投了进去。另外，部分项目也争取到了银行贷款支持。

第四，技术保障到位。经营好的项目都非常注重科技应用。有的业主自费到学校学习实用技术，或聘请专家、教授、技术人员指导生产，有的还招聘专业技术人员进行项目管理。从而基本做到良种良法栽培和经营。如张正东的速丰桉项目还得到国家有关桉树基地种苗中心的支持。近年来，各级林业部门都举办经济林低改技术培训班，提高农民低改技术技能，确保经济林低改项目成效。

项目经营效益较差，究其原因则主要是在树种选择、经营措施、资金投入、技术保障等方面做得不够。如芒果项目，品种混杂，大部分品质差，要么没有产量，要么有产量无价格，从过去的一斤几元钱跌到几毛钱甚至几分钱一斤，出现了增产不增收、果贱伤农现象。一些龙眼、荔枝等其他果树经营项目，由于不慎用上了市场上的假冒伪劣苗，种植后不结果或品质差，造成项目失败。一些项目由于业主不注重技术，广种薄收，粗放经营，处于半野生状态，效益低下，如油茶、油桐等。一些项目由于盲目追求经营规模，投资不足，经营跟不上，难产生效益。如一些龙眼、荔枝项目规模上千亩，而投资仅几万元，种得下，管不好，不结果。加上信誉低，银行不给贷款，最后只有放弃。

（广西财经学院　赵子健）

【非公有制林业立法及政策保障措施】

1987 年 2 月，《自治区党委、自治区人民政府关于保护森林，发展林业，力争十五年基本绿化广西的决定》（桂发〔1987〕3 号）中明确提出，“坚持林木谁种谁有、允许继承的政策，切实保护林业专业户的合法权益。鼓励城镇居民和无山、少山地区的农民到山区承包造林或与当地农民联合造林”。

1993 年，广西壮族自治区第八届人大常委会第六次会议通过的地方性法规《广西壮族自治区森林管理办法》，第 17 条规定：“自治区鼓励、扶持发展乡村林场和其他各种形式的联营林场。”以立法形式确立了非公有制林业在地方法规中的一席之地。

1999 年 2 月，《自治区人民政府关于绿色工程的实施方案》中明确规定，“按照谁投资、谁经营、谁受益的原则，鼓励国内外的各种投资主体向绿色工程建设投资。”

1999 年，广西林业局为规范和加快国有林场职工自营经济发展，作出了《关于加快发展国有林场职工自营经济问题的若干规定》（试行），对林场职工自营经济营造林果的面积规模、经营模式、指导管理等作出了明确规定。

2001 年 12 月，广西人民政府下发的《广西壮族自治区关于贯彻实施国务院西部大开发政策措施的若干规定》（桂政发〔2001〕100 号）规定，“对利用荒山、荒地等未利用土地造林种草及坡耕地退耕还林还草，实行谁退耕、谁造林种草、谁经营、谁拥有土地使用权的政策。国有荒山、荒地等未利用地依法出让给单位和个人进行造林、种草等生态建设的，可以减免土地出让金，实行土地使用权 50 年不变；达到出让合同约定的投资金额并符合生态建设条件的，土地使用权可以依法转让、出租、抵押；土地使用权期限届满后，可以申请续期。利用农村集体所有荒山、荒地等未利用地进行造林、种草等生态建设的，可以通过承包、租赁、拍卖等方式取得土地使用权，实行土地使用权 50 年不变；土地使用权可以继承、转让（租）、抵押。”

2001 年 9 月，《自治区人民政府关于切实做好广西退耕还林还草试点工作的意见》（桂政发〔2001〕59 号）中也明确规定，“要在确定土地所有权和使用权的基础上，实行谁退耕、谁造林、谁经营、谁受益的政策”，“要积极引导和支持退耕后的农民大力治理荒山荒坡，并把植树种草和管护任务长期承包到户、到人。农民承包的退耕地和宜林荒山荒地，植树种草后，承包期一律延长到 50 年，允许依法继承、转让，到期后可按有关法律和法规继续承包”。“采取多种形式推进退耕还林还草。有条件的地方，要结合农村经济体制改革，本着协商、自愿的原则，由农村造林专业户、社会团体、企事业单位等租赁、承包退耕还林还草和宜林荒山荒地造林，其利益分配等问题由双方协商解决，并签订相应协议。鼓励有条件的地方实行连片造林，鼓励兴办家庭林场，实行多种经营，确保治理规模和成效”。

2002年4月，《自治区人民政府批转自治区计委财政厅林业局关于加快广西速生丰产林发展意见的通知》(桂政发〔2002〕22号)明确提出：要广泛发动各种所有制林场、林产工业企业、经济实体、个体经济能人及广大农民群众等国内外投资主体投资营造速生丰产林。根据广西大部分林地分散承包到千家万户的特点，本着既尊重和照顾农民群众，又要达到速生丰产林造林规模化、集约化的要求，要采取“龙头企业＋农民合作经济组织＋农户”、“公司＋基地＋农户”、“林场＋基地＋农户”等多种形式，实行适度规模经营，通过独资、合资、合作、联营、股份制等方式，实现土地、资金、技术、劳力等生产要素的优化组合，走产业化经营的道路。

实行造林补助政策。1990至1994年造林灭荒期间，为了调动群众的造林积极性，广西林业厅先后制定了对工程林、领导绿化点、封山育林、飞播造林、水源林、防火林带、防护林带、石山造林等12项倾斜补助政策。只要造林规模、标准和质量符合倾斜政策要求，经检查验收合格，从区本级育林基金中安排每亩2～40元不等的无偿经费补助，先后共下拨造林种苗补助款2.2亿元。1999年广西24个国定贫困县配套地头水柜建设造林种竹30万亩，广西林业局又提供种苗补助300多万元。2001年广西开展13个县的石漠化治理试点，广西本级投入种苗补助经费2000多万元。

在税费、采伐管理、投资等方面，广西还实行公有林与非公有林一视同仁的政策。第一，税费。发展速丰林均减半征收林业的育林金和维简费，均可实行贴息。所造林木采伐时按国家规定提取的育林基金和维简费分别按第一次销售价的6％和4％征收，各地自行规定的对速生丰产林造林项目及其所产木材的收费项目一律取消。第二，采伐指标。速生丰产林造林项目的林地清理林木采伐计划指标，由各级林业行政主管部门专项安排，并在统一纳入采伐限额管理和采伐计划管理的前提下，优先予以保证；各级林业行政主管部门在编制本地区的年度木材生产计划中，对速生丰产林采伐计划实行单列，确保速生丰产林采伐指标的落实；减少购销环节，允许速生丰产林造林项目所产木材直接进入市场流通，实行“产销见面”。第三，政府投入与信贷支持。国家森林生态效益补助试点工程，不分所有制，只要列入国家级生态公益林试点工程，一视同仁给予管护费补助。对获得国家政策性贷款的速生丰产林造林项目，广西按年利息额的30％进行贴息。允许以产权明晰的、经具有资质的评估机构评估后的林地、活立木作贷款抵押。

此外，广西各地市县也出台了鼓励发展非公有林的相关优惠政策。如：岑溪市出台了《关于印发岑溪市鼓励单位和个人投资经营速生丰产林优惠办法的通知》、《关于对营造速生丰产林的单位和个人给予基肥补助的通知》，北海市银海区出台《关于鼓励经济能人参与林业开发的决定》，防城港市出台了《加强外商投资造林管理暂行规定》。合浦县政府1997年出台的关于鼓励机关干部职工造林的若干政策规定，凡是投资造林200亩以上的机关、事业单位干部，可以享受5年带薪停职从事造林绿化的待遇。

通过立法及制定各种政策措施，对加速广西非公林发展起到了很大的促进作用。近几年来，广西每年的造林面积中，60％以上是非公有林营造，大大高于以前的10％～20％左右，非公有制造林已成为林业建设的重要组成部分。

（桂林工学院　关　琼）

【存在问题、对策及发展趋势】

广西的非公有林发展取得了一定成绩，但从整体上看，问题还比较多，与发达的沿海省份相比，差距仍很大。一是总量不大，面积小，分布零星。广西非公有制造林绝大部分是在农民个人责任山上营造，面积几十亩的占大多数，规模大的还比较少。二是管护和技术措施不到位，经营粗放，效益低。个体造林由于分布零星，连片面积小以及客观的自然条件等影响，形成了粗放经营，难于开展科技服务，技术指导不到位的状况。三是营林资金缺乏，银行贷款不到位，造成种植和后续管理跟不上，林分质量不高。四是规模小，科技支撑少，业主素质低，经营理念落后以及对市场反映不灵敏等。

影响非公有林发展的因素，除前述内部因素

外，主要是还是政策的约束性，改革的滞后性，社会重视程度不够，经营管理体制不适应市场经济的法则。如：

一、商品林采伐统得过死，经营者对木材产品处置权有限，影响了社会造林的积极性

非公有林大部分是商品林，其中用材林又占大头。而由于所有用材林均实行采伐限额和年度木材生产计划双控制，无法按市场需求满足实际林木采伐的需要。生产经营者对木材产品没有处置权，有种树的心，无砍树的权，投入的资金不能及时变现收回。尤其是重点林区县，农民的主要收入是木材，其限额和采伐计划指标主要用于解决林农的生活所需。致使此范围内的一些个体承包造林或专项贷款营造的商品林，由于没有限额或木材生产指标而无法抚育采伐，造成了资源的浪费和资金的积压，有树不能砍，见树不见钱，有钱拿不出，"绿色银行"名不符实，大大影响业主的造林积极性。同时，在采伐、运输和销售林木时，需要办理的各种手续、证件较多，手续繁杂，一定程度上加大了生产成本。

二、林业税费太重，资金短缺，缺少发展非公有林的优惠政策

林业生产相对于其他行业，周期较长，在竞争中本来就处于劣势，本应属于政府扶持的产业。但恰恰相反，目前国家对林业"重取轻予"，各种林业税费太重。以木材为例，一般木材交到工厂的销售成本中，各种税费约占销售价的40%～50%，再加上林业生产过程中人、财、物的投入期较长，使得经营者基本上无利可图，这严重制约林业及其加工业发展，特别难以调动非常重视投资效益的非公有制经济发展林业的积极性。同时，广西是一个落后省区，非公有制经济不发达，资金短缺，成为制约着广西非公有林发展的直接因素。在发展非公有林方面，国家在资金扶持、银行贷款、林业税费和采伐政策等方面都没有出台什么具体优惠政策，很大程度上制约着非公有林的发展。广西及各地出台的一些优惠政策也只是针对林业部门目前力所能及的领域而言，还没有涉及采伐限额制度改革、税收制度改革等关键、核心领域，还无法形成全社会共同扶持非公有林发展的良好氛围。

三、现行林业生产经营体制不合理，林地经营权分散到户，难以实现规模经营

由于林地分散到千家万户，每户的林地面积又很小，形不成规模，不利于集约化、规模化经营，也不便于进行防虫、防火及资源的保护管理。特别是外资、企业和造林大户需要租地经营，但林地使用权大多分散于农户手中，逐家逐户落实土地既麻烦又困难。这是制约目前广西非公有林经营规模的主要因素。

四、林业产权制度改革滞后，林地所有权、使用权和林木产权不明晰，经营者有顾虑

广西大部分集体林地在"三定"时都分户承包经营，但山界林权证大部分只发到生产队一级，极少有发到农户的。这种林权证从某种意义上说是山权、林权"两权"合一，山权证、林权证"两证"合一，林权是没有独立的。农民和其他取得集体林地经营权的业主只有与集体的土地承包合同，所造的林并没有取得林权证，极易出现纠纷。一些地方荒山没有种树的时候没有人去管，而一旦有人造上了林，不管有无土地承包合同，周边一些群众都要找理由去争抢，出现许多理不完、断不清的山林纠纷，极大地影响了经营者的造林积极性。虽然国家要求重新核发新的林权证，但广西在这方面进展较慢。

五、森林资源流转困难，投资变现周期过长，影响非公有林经营者的积极性

目前，国家和广西都没有出台林地使用权、林木所有权、经营权拍卖、转让、承包、租赁等方面的法规和政策，没有建立规范的商品林流通市场，在市场经济逐步完善的今天，与其他行业相比已显得滞后。非公有林经营者难以按市场需求，通过森林资源的合法流转，提前变现收回投资，将林业生产的长周期分为几个短周期，化解投资风险，实现最大的经济效益。这也是影响经营者造林积极性的重要因素。

针对当前非公有制林业发展存在的诸多问题与困难。

第一，国家要降低林业税费，出台有关优惠政策。林业作为弱质产业，但木材的税费品种之多、各种税费所占比例之大是工业产品和农业产品无法相比的，加上林业生长周期长，按照目前的木材价格和税费水平，种树基本无利可图甚至还要亏本。因此，在市场经济条件下，要促进非公有林的发展，首先要降低林业税费，特别是要减免林业特产税，确保经营林业的利润比社会的平均利润持平甚至要高，这样才有可能吸引社会生产要素流向林业。在搞好调查研究的基础上，国家应出台扶持非公有林发展的资金扶持、贴息贷款、林业税收和采伐政策等方面的优惠政策。

第二,应废除商品林限额采伐制度,最大限度地增强经营者对林木产品的处置权。目前虽然实行“谁种谁有,谁投资谁受益”的造林政策,但由于受到采伐限额的限制,实际上造林者没有对林木的处置权。这在市场经济发达的当今社会,很难想象经营者没有对产品处置权的行业能够生存和发展,在社会各行业中会有竞争力。因此,国家应及时修改森林法及其相关法规,在深化林业分类经营改革的基础上,解除对商品林采伐的限额控制,规定只要不使林地丢荒,可以让造林者根据自己的意愿和市场需求自主决定是否采伐,以谋求最大的经济效益。如果没有这方面的突破,要实现非公有林大发展是不可能的。

第三,要深化林地产权制度改革,抓紧完善森林资源流转机制。要加快林权改革进程,实行林地“两权”分离,稳定所有权,放活使用权,为非公有林发展创造基本条件。要真正按照“谁造谁有”政策,做到林权证发放到户、到人,保护经营者的合法权益,使经营者吃上“定心丸”。要尽快制定森林资源流转管理办法,完善优化林木所有权和林地使用权的流转、承包、租赁、抵押、继承、转让、拍卖等政策,化长周期为短周期,使林木资源的价值货币化。要建立森林资源评估机制,推进森林资源的合理流转,吸引社会资金投入林业。

第四,要继续推进林业分类经营改革。特别要明确非公有林也可营造和经营公益林,并享受公益林相关的补偿政策。

根据中共十六大的精神,在非公有制林业发展上,国家将会不断完善林业法规,推进以林业分类经营改革、产权制度改革、实行森林资源资产化管理为核心的林业经营体制改革,出台相应的政策措施,为非公有林的发展创造更好的条件。因此,今后非公有制经济将迎来更加宽松的外部环境。同时,随着私有财产的合法化,个人财富和闲置资金不断增加,投资领域扩宽,一些个人和私营企业将看好林业这一投资少、风险相对低的产业。特别是国家对林业日趋重视,对林业投资加大,林业法律法规和政策措施将更加完善和符合市场法则,个人投资非公有林的经营自主权日益增大,也将吸引社会各种投资主体投入造林经营。从近年来广西非公有造林比例逐年增加的形势来看,今后建立在林地分户承包经营基础上的广西非公有林,发展步伐将更快,经营模式和方式会更多,特别是随着加入 WTO,个体经济能人造林、外商造林会更多,经营规模会更大,科技含量会更高,经营领域和范围会更宽,广西将会出现国有林场扩张造林、非公有制造林等多种经济成分造林齐头并进的局面,非公有林将在广西林业建设中发挥更加重要的作用。

(桂林工学院　关　琼)

对外开放

重大对外往来与合作

【概　述】

广西林业科技合作最早始于20世纪80年代的“中澳技术合作——东门造林项目”。该项目属于澳大利亚政府无偿援助项目。项目总投资600多万澳元。项目于1982年开始实施，至1989年10月结束。项目引进了174个桉树树种和种源，建立了中国最大的桉树基因库和桉树良种繁育基地，并研究出了一整套丰产栽培技术，为广西和中国桉树丰林产的发展奠定了坚实的基础。该项目为广西林业科技合作树立了典范。“九五”以来，广西林业国际合作与交流得到了长足发展。1996～2003年共承担国际合作项目7项。其中，澳大利亚3项，日本2项，芬兰1项，联合国粮农组织1项。2001～2003年，组织出国培训考察人员226人次，年均56人次；接待来访专家332人次，年均83人次。

广西林业国际合作项目统计表

年度	项目名称	项目来源
1996～1999	钦防林业行动计划	联合国粮农组织
1999～2002	耐寒桉种质资源选择	澳大利亚科工组织
2000～2003	中国西南部多用途模式试验林分建立	日本国政府
2001～2010	澳大利亚杂交松引种试验示范	澳大利亚昆士兰林业局
2002～2010	通过遗传改良提高桉树木材质量	澳大利亚科工组织
2003～2010	桉树优良品种及优良无性系选育	芬兰斯道拉恩索
2003～2010	桉树无性系比较试验	日本王子

广西林业国际交流情况统计表

年度	合计	出访人次	来访人次	主要出访国家或地区
2000	117	61	56	美国、澳大利亚、日本等
2001	79	43	36	美国、澳大利亚、日本等
2002	90	37	53	美国、澳大利亚、欧洲等
2003	83	25	58	美国、德国、澳大利亚、日本等
合计	369	166	203	

目前，广西已同美国、澳大利亚、德国、日本和越南等国家的林业科技机构建立起良好的合作关系。通过组织实施合作研究项目，引进国外先进适用技术，聘请外国专家到广西开展合作研究和选送科技人员出国培训考察等措施，通过引进国外经济林、花卉等良种和技术，丰富了广西林业资源，缩短了新品种培育及研究周期，缩短了广西林业科技与国内外先进水平的差距，提高了广西林

业科学研究水平。

2001年以来，广西林业与芬兰斯道拉恩索、美国国际纸业、美国惠好、日本王子等世界500强企业以及印尼金光集团、香港嘉汉等企业建立了良好的合作关系。

【中澳合作技术东门造林项目】

一、项目背景

桉树是世界三大速生树种之一。中国引种桉树始于1890年。长期以来，由于引种的桉树种类少且经营粗放，因此桉树生产力一直很低。在这种情况下，中国政府开始考虑通过国际合作来发展中国的桉树事业。1980年初，中国政府和澳大利亚政府就两国技术合作计划原则上达成了协议。同年夏天，根据中澳农业交流计划，澳大利亚林业代表团访问中国。1980年底，中国林业代表团访问澳大利亚。通过访问，中国政府正式提出了桉树合作项目的设想：建立1000公顷集约经营管理的桉树人工林。针对中国政府的这个建议，澳大利亚方面1981年5月派出了考察团到广东、广西考察。考察团认为，应在提高桉树生长量的树种种源和减少人工林经营成本上进行技术改造，澳大利亚最适合的帮助是技术援助和研究，而不是利用现有技术实施大面积的人工林计划。项目的实施地点选在广西国有东门林场。

经过双方的共同协商，就项目的总设计达成了协议。1981年12月14日中澳双方政府签署了国营东门林场中澳桉树种植项目的谅解备忘录。

二、项目主要内容

(一)每年建立200公顷的示范林。

(二)利用科学设计的试验，开展广泛的桉树研究。

(三)通过试验，以确定哪些树种和种源比当地桉树具有更大的增产能力。

(四)进行施肥、土壤、耕作等试验研究，确定最佳施肥方案和整地方式。

三、项目主要成就

项目于1982年开始实施，1989年10月结束。项目的主要成果如下：一是引进了174个桉树树种和种源，建立了华南地区最大的桉树基因库。二是通过研究试验，选定了尾叶桉、巨桉、圆角桉等适合于华南广大地区栽培的桉树良种。三是建成了桉树良种育种基地。开展人工育种研究试验，培育了一批优良品种。四是建立了良种桉树中心苗圃，促进了桉树良种的快速发展。五是开展选地控制、整地控制、密度控制和施肥控制等方面的研究试验，为建设桉树速丰林基地提供了科学依据。

四、项目效益

一是桉树良种的引进和推广应用，大幅度地提高了桉树单位面积的生长量。引进的良种桉每年每公顷的生长量达15立方米，是传统品种生长量4.5立方米的3倍多。二是缩短了桉树的轮伐期。良种桉的轮伐期为6～8年，比传统品种的15年缩短了7～8年。三是增加了森林资源，提高了林业经济效益。东门项目生产的良种已推广到广东海南福建四川和湖南，造林面积达13万公顷，大幅度提高了桉树人工林的产量和质量，每年增加产值1亿多元。东门林场1998年森林蓄积达71万立方米，木材产量达7万立方米，分别比1988年增长了2.2倍和2.5倍，经济效益提高了2倍多。四是东门项目的成功为建立现代林业树立了榜样。项目于1982～1989年共成功地举办了4次学术交流会，先后接待了1000多名中外科技人员，培养了一大批林业科技人才。中央领导、林业部领导和自治区领导曾多次视察东门林杨，对东门项目给予高度评价。中央电视台、广西电视台、广西日报等新闻媒体对项目进行了广泛的宣传报道。项目为广西以及中国现代林业的发展做出了不可磨灭的贡献。

项目的后续工作一是继续开展桉树良种选育研究。进行了几十项人工控制授粉试验，培育了6个优良品种和7000多个优良无性系。试验表明，这些优良无性系生长速度更快，木材质量更好。广西林业局于1999年初认定了这些优良品种并为此召开了广西林木良种新闻发布会，把这些良种推向了社会。广西桉树良种覆盖率已达95%以上。二是加强桉树苗木快速繁殖技术的研究和应用。完成了从硬枝扦插育苗到嫩枝扦插育苗的研究，形成了一套完善的扦插育苗技术。东门林场于1993年建成了生产能力为100万株苗的组培工厂(现生产能力已达200万株)。广西林科院和钦州市林科所等也相继建立了桉树组培工厂。2000年，广西已具备年产桉树组培苗800万株的能力。三是建立了优良无性系高产示范林。1992年以来，对桉树杂交家系的优良单株进行无性繁殖，建立了6个无性系对比试验。1992年营造的示范林，1998年采伐测定，每年每公顷的生长量达30立方米。四是加强桉树丰产栽培技术的研究与应用。1993年以来主要进行造林密度和施肥研究试验,取得了一大批研究成果,并已推广应用,产生了巨大的经济效益。五是建设桉树速丰林基地。1990年以来已在南宁、钦州、柳州、玉林等地大力推广良种桉,建立了桉树速丰林基地200万亩。六是开展桉树利用研究。开展了桉树造纸和木材利用研究并取得了可喜成绩。近年来,广西桉木片年出口已达15万绝干吨,产值达1.2亿元。七是启动了耐寒桉引种试验合作项目。中澳两国政府于1998年签订了耐寒桉引种项目备忘录。该项目于1999年元月正式启动。已在桂林、柳州建立耐寒桉种子园,各项研究进展顺利。八是开展了杂交松引种试验。1991年以来先后在东门林场、七坡林场、钦廉林场和博白林场等地引种澳大利亚的杂交松。杂交松在广西生长表现很好,生长速度明显大于马尾松、湿地松、加勒比松,材性也很好。近年来,中澳两国政府为发展杂交松曾多次洽谈并互派专家组考察。1999年广西林业局组织林业专家组赴澳大利亚昆士兰考察。澳大利亚专家组于2000年今年6月10~23日到广东、广西考察发展杂交松项目。

五、澳方主要专家人员名单

姓名(Name)	职位	工作时间
佩格 R. E. PEGG	项目协调人	1982~1989
曼宁 E. G. MANNION	高级顾问	1982~1989
古尔德 K. E. GOULD	高级顾问	1985~1986
史蒂文斯 R. E. STEVENS	顾问	1986~1989
麦夸尔 D. O. MCGUIRE	顾问	1987~1989
帕金斯 L. R. PERKINS	技术员	1987~1989
德鲁 I. K. DREW	技术员	1982~1984
亨德森 R. I. HENDERSON	技术员	1984~1986
杰门 D. JERMYN	顾问	1984~1986

(桂林工学院　秦立公)

出席重要国际会议

【联合国粮农组织技术培训会】

2002年3月,联合国粮农组织技术培训会在南宁举办。来自中国、日本、朝鲜、韩国、蒙古、印度、越南等国的代表40多人出席了会议。广西林业局副局长金大刚、科技处长庞正轰、广西林科院副院长项东云等出席会议。

(广西财经学院　赵子健)

【"桉树在亚洲"国际学术会议】

2003年4月7~11日,庞正轰代表广西林学会率30多人出席了在广东省湛江市举办的"桉树在亚洲"国际学术会议。来自国内外林业专家300多人参加了会议。庞正轰、罗建举、项东云等分别在会上作了学术报告。

(广西财经学院　赵子健)

林业世界银行贷款项目

【项目概况】

随着改革开放的不断深入,人们物质文化生活水平的不断提高,中国可利用的森林资源濒于枯竭,木材供需矛盾日益突出。为了扭转这一被动局面,从根本上缓解中国木材供需矛盾,减轻天然林的压力,国家林业局提出了建设"速生丰产用材林基地工程"的战略决策。1988年"666.67万公顷速生丰产用材林基地建设规划"和《1989~2000年全国造林绿化规划纲要》已经国家计委以计农字〔1988〕604号文件审查批准实施。与此同时,为了进一步深化林业改革,扩大对外开放,拓宽资金来源渠道,弥补国家对林业投资的不足,党中央、国务院做出重要决策,提出利用世界银行贷款加快速生丰产林基地建设的计划。国务院以国办通〔1989〕36号文件批准使用世界银行贷款作为建设速丰林基地的资金来源之一。

第一,国家财政部代表中华人民共和国政府与国际开发协会于1990年6月20日签订了"国家造林项目开发信贷协定",国际开发协会向中国政府提供信贷2.3亿个特别提款权(以下简称SDR),折合约3亿美元,专项用于"国家造林项目"的速生丰产用材林基地建设。

第二,中国政府授权驻美大使又与国际开发协会于1994年7月6日签订了"森林资源发展和保护项目开发信贷协定",国际开发协会向中国政府提供1.42亿个SDR,相当于2亿美元的开发信贷,用于90万公顷集约经营人工林和多功能防护林建设。

第三,1996年5月中国政府在与世界银行商谈1997～1999年三年滚动计划时，提出了世行贷款林业三期项目，并得到了世界银行的同意，将该项目正式列入1998财年世行贷款项目，并于1997年5月将项目定为“贫困地区林业发展项目”，该项目总投资3.64亿美元。世行于1998年2月23日至3月12日对项目进行了正式评估，同年4月6～10日进行项目谈判，5月将项目提交世行董事会讨论，6月项目生效实施。

广西是中国营造速生丰产商品用材林基地的重点省(区)之一，根据林业部的部署，以及广西壮族自治区人民政府从1986年起十五年基本绿化广西的决定，广西林业厅规划1986～2000年营造速生丰产用材林88.6万公顷。为了解决资金不足的难题，广西壮族自治区党委和政府响应国家号召，审时度势，做出了重要决策：利用世界银行贷款发展广西速生丰产用材林。在世界银行和原国家林业部的关心指导和支持下，经过紧张的筹备和准备工作，广西成为了世界银行贷款“国家造林项目”的项目省(区)之一。从此拉开了广西利用外资造林的序幕。

自1990年实施世界银行贷款林业项目至2003年，已历时风雨14载，在国家林业局和广西壮族自治区领导的关怀下，经各有关部门的支持配合和广大群众的共同努力，克服了种种困难，先后实施了世界银行贷款“国家造林项目”(NAP)、“森林资源发展和保护项目”(FRDPP)、“贫困地区林业发展项目”(FDPA)。至2003年底三个项目累计完成总投资7.42亿元人民币，共完成造林25.31万公顷，是广西有史以来最大的集先进的营林技术和科学的管理方法于一体的林业系统工程。项目分布于10个地市的50多个县市，项目实施取得了令人瞩目的成绩，取得了较好的社会效益、经济效益和生态效益。

(刘海龙)

【项目实施情况】

一、造林完成情况

据统计，1990～2003年三个世行项目共完成造林25.31万公顷，其中按项目分类为：“国家造林项目”(NAP)完成9.78万公顷，占计划的103.3%；“森林资源发展和保护项目”(FRDPP)完成8.54万公顷，占计划的100.1%；“贫困地区林业发展项目”(FDPA)完成6.99万公顷，占计划6.64万公顷的105.3%；按材种分类为：速生丰产用材林22.29万公顷、竹林(包括毛竹垦复)2.02万公顷、经济林1.00万公顷。经过广西利用外资林业项目办公室各年度组织人员检查验收，各项指标均达到或超过世行项目的标准要求。幼林平均生长量与标准高之比大于150%，树高生长量比一般丰产林提高约20%，造林成活率均在95%以上，幼林平均保存率为90%以上，良种使用率达100%，一级苗使用率90%以上，整地、栽植、环保合格率等经济技术指标均达到或超过部颁标准。目前各项目林木长势普遍良好，到处呈现出一片郁郁葱葱的喜人景象。

二、财务执行情况

世界银行贷款造林项目，在财务上是严格执行项目资金的拨付实行“报账制”这一独特而有效的管理方法。每年报账两次，分春季整地报账和冬季造林报账，每次报账前均需对造林地进行一次全面质量的检查验收，凭检查验收报告和财务报表进行报账。通过“报账制”，充分发挥了经济杠杆作用，强化了对造林质量的管理，使资金拨付与造林成果真正挂起了钩，实现营林与财务这两个主环节的结合，对实现项目目标起了杠杆作用。1990～2003年，三个项目累计完成投资74201.45万元，其中：使用世行贷款48739.04万元，国内配套资金25462.41万元。项目从1998年8月1日开始进行还贷，目前已完成还贷付息13151.64万元，其中：本金8990.00万元，利息4161.64万元。

(一)“国家造林项目”(一期项目)。

项目建设期实际完成总投资22575.00万元人民币，其中：营林投资21408.62万元，占项目投资总额的94.83%，设备投资590.36万元，国外考察培训咨询44.34万元，科研推广和信息系统115.64万元，其他支出416.55万元。在实际完成投资中，利用世行贷款16833.80万元，国内配套资金5741.20万元。完成还贷付息13151.64万元，其中：本金8990.00万元，利息4161.64万元。

(二)“森林资源发展和保护项目”(二期项目)。

项目建设期实际完成总投资27802.85万元人民币，其中：营林投资26070.09万元，占项目投资总额的93.77%，设备投资321.04万元，国外考察培训咨询25.81万元，科研推广和信息系统38.02万元，其他支出1347.89万元。在实际完成投资中，利用世行贷款 16365.98 万元，国内配套资金 11436.87 万元。

（三）“贫困地区林业发展项目”（三期项目）。

建设期实际完成总投资 23823.60 万元人民币，其中：营林投资 20970.00 万元，占项目投资总额的 88.02%，设备投资 484.06 万元，国外考察培训咨询 90.44 万元，其他支出 1971.61 万元。在实际完成投资中，利用世行贷款 15539.26 万元，国内配套资金 8284.34 万元。

三、科研推广执行情况

科研主是指课题研究、成果推广和科技培训。

（一）课题研究。

在完成造林的同时，项目还开展了杉木、松树、桉树、主要树种林木施肥、菌根、环境监测、项目经济效益评估与容器基质研究等八个课题的研究工作，在项目实施过程中，营造了科研示范林 49.3 公顷，试验林 35.5 公顷，中试林 46.0 公顷，并按中国林科院课题中心组的实施方案，开展各课题的试验和监测工作。截至 2000 年，全部科研课题已经完成。其中：施肥课题获 1997 年广西壮族自治区林业科技进步一等奖，1998 年获广西壮族自治区科技进步三等奖；马尾松工程林环境监测研究课题获广西壮族自治区科技进步三等奖；项目经济效益评价研究获 1999 年广西林业科技进步二等奖。

（二）科研成果推广。

在项目实施过程中推广运用了 26 项现有科研成果。例如：第一，杉木优良地理种源推广，4 年生时提高幼林高生长 89%，径生长 83%，平均增益 10%～15%；第二，马尾松施肥技术的推广，4 年生时蓄积比不施肥提高 159% 以上；第三，桉树施肥技术的推广，4 年时蓄积比不施肥提高 52% 以上；第四，Pt 优良菌株的筛选及其在松树育苗和造林中的推广运用，马尾松 4 年生时提高树高生长 2.43 米，径生长 2.56 厘米；湿地松 4 年生时提高树高生长量 4.3 米，径生长 3.2 厘米；第五，桉树良种及优良种源的推广，4 年生时桉树提高树高生长 5.2 米，径生长 4.6 厘米。同样世行贷款造林项目，技术措施的推广在面上造林亦产生较大的影响。工程林绿化点等全部或部分选用良种，对造林地先设计后施工，做到适地适树造林，从而使推广的人工林，大部分达到丰产林标准。

（三）科技培训。

科技推广采取的形式主要是技术培训、专家和工程技术人员咨询和现场指导、样板示范、编印和分发科技图书资料、宣传板报等形式。14 年来，各级项目办根据各个施工环节，举办了作业设计、营林技术、施肥、环保、财务、微机等各种技术培训班 2776 期，培训业务技术骨干 70868 人次，其中：省级：50 期，2223 人次，县级 1162 期，31482 人次，乡级 1564 期，37163 人次；编印的技术小册子共有 25000 多册，其中省级 10000 多册，县级 15000 多册。由于采取了不同层次，多种形式、大面积的科技培训与推广，造就了一批管理先进技术过硬的队伍，同时也提高了林农的素质，项目的科技含量得到明显的提高，有力地促进了广西科技兴林的进程。

（刘海龙）

【项目实施成效】

世行贷款林业项目高标准、严要求、高质量的实施情况，多次得到世界银行检查组专家和国家林业局领导的表扬和肯定，用世界银行专家的评语来说一期项目为“最满意”，二、三期项目为“满意”。世界银行贷款造林项目的实施，引进了先进的管理方法和技术，为广西速丰林建设树立了示范和样板，项目实施开展了以质量为中心、以管理为动力、以市场为导向、以达到速生丰产为目的的施工管理活动，取得了显著的成效。

一、营造了一批规模大、高标准、高质量、严要求的示范样板林

从项目实施以来，广西各项目单位始终坚持质量第一的原则，把质量视为项目的生命线，全力抓好，使项目造林各项技术指标全部达到或超过部颁标准，创下了广西营林历史上的最高水平，对广西的人工林造林活动起到了良好的示范样板作用。一是根据摸底调查结果显示，按照国家林业局的分类标准，广西世行贷款林业项目一、二类林占 98% 以上，大大超过项目外同期人工林，而且林相整齐，离散度低，长势旺盛，增产潜力大；二是在林木生长量上，项目林比项目外同期人工林提高 30% 以上，象昭平县项目林比项目外同期人工林生长量提高 54%，罗城县提高 50%，永福县提高 40%，而龙胜县则提高 1 倍以上。

二、建立了一整套支持保障体系和一系列先进科学的管理办法

项目实施一开始，广西就借鉴世界银行的先

进管理方法，并吸取各类项目的管理经验，首先，在省和项目县林业局内建立了各级项目管理指挥机构，成立了项目管理办公室；其次，建立了包括组织、计划、种苗、营林、财务、科研、环保、信息等八大支持体系；再次，制定了“项目管理办法”、“计划管理办法”、“检查验收办法”、“财务管理规定”、“环境保护规程”等十二大管理办法、规程、规定。把项目管理这一复杂的系统工程，分解为脉络清晰，运转灵活，而又有机相联的单项管理。十四年来的实践证明，这一管理体系的建立和运转是十分成功和有效的，这正是世界银行贷款林业项目实现规范化、科学化管理的保证。

三、缓解了造林资金紧缺的矛盾，促进了广西速生丰产林的发展

世界银行贷款林业项目是加速广西林业发展的重点工程，经过十四年的艰苦奋斗，完成造林总投资 7.42 亿元人民币，已成功营造了 22.29 万公顷高标准的速生丰产用材林，取得了令人瞩目的成效，起到了样板、示范和窗口的作用，带动了广西速生丰产林的发展和整个林业的发展。同时还为广西提供了劳动就业机会，对促进地方经济发展、繁荣山区经济，加速山区人民脱贫致富也起到了十分重要的作用。

四、促进了“科技兴林”、“科技营林”水平的提高

项目实施设计规范化、种苗标准化、施工程序化、验收制度化、管理专业化。几年来，国家林业局在世界银行贷款林业项目中推荐应用的 33 项科研成果，以及在项目中研究的 8 项科研成果，共有 26 项在广西得到了推广应用，使造林质量得到普遍提高，幼林林分分化大大减少，并降低了造林成本，提高了效益。所营造的项目林，现在已生长成林，项目区内的群众大开眼界，如今良种争着要，造林非一级苗木不用，科技意识大大提高，有力地促进了广西科技兴林的进程。

五、促进了林业管理水平的提高

世界银行贷款林业项目建立了一套完整的管理体系，是集技术、经济、科研、环保于一体进行管理，使工程造林管理水平显著提高，像这样先进的管理办法在广西林业史上是从来没有过的。通过实施项目，学到了许多林业的管理经验，学到了利用外资管理外资的才干，培养和造就了一大批管理外资、利用外资的林业工程技术人才和管理人才队伍。由于世界银行贷款林业项目的造林以质量为中心，以效益为目的，真正做到了造林一片、成林一片、成材一片、丰产一片、高效益一片，改变了以前那种年年造林不见林、广种薄收的局面。因而，得到国内外人们的好评。目前广西全区面上造林项目如林业贴息贷款造林项目、部省联营项目、一般工程林项目以及广西桂嘉合作造林项目和广西其他速丰林造林项目等，都借鉴世界银行贷款造林项目的管理办法和经验来进行项目实施管理，并初步取得了良好效果。在世界银行贷款造林项目的带动下，广西的林业生产建设管理水平正迈上一个新台阶。

六、促进了广西林业体制改革和对外开放

广西世行贷款林业项目所取得的显著成效，对广西发展林业起到了样板和示范作用，是质量和效益的具体体现，增加了广西林业部门敢于利用外资的胆识和信心，也增加了群众利用外资造林的积极性。现在广西上下争着利用外资、合资的气势非常积极浓厚，许多县市纷纷要求安排正在争取的世界银行贷款广西综合林业发展和保护项目的任务，正在实施项目的县也都要求扩大任务。

对减少水土流失，保护生物多样性起到了积极的促进作用。世界银行贷款造林项目的造林主要分布在广西的桂北山区和桂南的丘陵平台区，部分地块坡度较大，因而，在进行大面积造林整地时，容易引起水土流失。为防止水土流失，在项目实施过程中，严格执行了“世界银行贷款造林项目环保规程”。一切整地造林活动，必须沿等高线水平方向进行。整地实行带状或穴状整地并配以“品”字形排列的挖穴措施，控制全垦整地。在长坡面上整地，每隔 100 米留出一条 3 米宽的隔离保护带，以保持水土。在选择造林地块时，首先选择符合条件的宜林荒山荒地，其次是灌丛地，疏残低产林地，并适地适树、适当营造多树种块状混交林，保护项目区内的原始林和天然次生林及一切有价值的珍稀植物，保持了生物的多样性。由于采取了以上这些行之有效的措施，使项目不但没出现明显的水土流失现象和破坏生物多样性行为，相反，随着大面积的植树造林，林木的迅速生长郁闭，提高了森林覆盖率，增加了森林蓄积量，减少了对天然林的采伐，保护了森林资源，对保持水土流失、改善生态环境起到了十分重要的作用。

（刘海龙）

【主要做法及经验】

14年来，随着世界银行贷款林业项目的实施，各级项目单位在思想解放、观念更新方面都有了新的突破，对项目严格按照世行项目的一般要求，并结合广西林业管理的具体特点，在项目管理、财务管理、科研环保和营林生产等各环节上都进行了积极有效的改革，积累了十分丰富的经验和做法，主要体现在以下几个方面：

一、领导重视、真抓实干，各部门通力协作是项目成功的前提和保证

世界银行贷款林业项目的实施所取得的成效，这与各级党委、政府的重视支持，各有关部门通力协作、密切配合是分不开的。首先是建立健全各级项目管理指挥机构，为项目实施提供强有力的组织保证。从自治区到县成立了有财政、计划、审计、银行、林业等部门组成的项目领导小组，协调各部门的工作，并在林业部门成立了相应的项目办公室，各级项目办均配备精干的专职人员负责项目的具体实施。由于各部门通力协作，为项目实施提供了一个良好的环境。其次是各项目县还侧重抓好了项目实施的目标责任制管理，以增强大家的责任感和调动大家的责任心。比如龙胜县人民政府为了实施好这个新中国成立以来最大的林业世行贷款项目，县委、县政府动员了全县各职能部门和各乡镇政府参加支持项目建设，每个部门都要办好一个项目示范点，并把项目实施作为有关部门政绩考核的重要内容之一。具体做法是：实行“双考核、双挂钩”制度，县项目领导小组将县直机关80个副局级以上单位分别分到各项目乡(镇)承包项目造林、负责组建项目林场，发动群众造林、组织造林实施，一包三年。项目实施与单位岗位责任制挂钩，单位奖励与造林质量挂钩。同时在林业部门中，把项目实施责任量化到人，也与年终奖金挂钩在一起，增强了各部门和乡镇政府及有关人员对项目实施的责任感和调动了他们的积极性。这是广西在项目组织管理中重要的一条经验。

二、自始至终树立质量第一的观念，对造林实行全面质量管理

在项目实施过程中，自始至终坚持了质量第一的原则，把质量视为项目的生命线，对营林的各环节采取了一系列具体的措施，制定了技术和质量要求。主要有：

(一)搞好立地控制，严把选地关，把好的宜林地用于项目造林。

同时进行科学的造林作业设计，尽量做到“适地适树”。

(二)突出种苗的基础地位，下大力气改进种植材料的质量。

在项目实施过程中，始终坚持第一把手亲自抓种苗，把种苗工作放在项目实施的重要位置上来，加强种苗工作的领导和管理。狠抓良种壮苗，坚持用一级苗造林。特别严格执行良种合格证和一级苗合格证的“两证制度”和定点供种、定点育苗、定向供苗的“三定原则”。据检查统计，广西项目造林良种使用率达100%，一级苗使用率为90%以上。

(三)建立了完善的工程质量管理模式。

经过多年项目实施的总结和不断完善，项目已形成了以作业设计为基础，造林前进行培训，造林时进行技术指导与监督，造林后进行严格的检查验收相结合的工程管理模式。

三、严格财务管理，资金拨付实行“报账制”

世界银行贷款造林项目建立了以“报账制”为核心的资金财务制度，建立了造林单位、县(场)项目办、区项目办三级会计核算体系，严格按照资金管理规定，做到专款专用，并根据世界银行贷款项目资金管理暂行规定的要求，明确提出了报账的四项原则：一是施工必须经过检查验收、证明面积可靠，质量合格才能报账；二是各县配套资金必须到位，即80%以上已转入项目配套资金的专用账户，并出具银行转账的复印件，才能报账；三是必须按照统一规定的报账程序和“三表一合同”的手续齐备的才能报账；四是报账一年两次，每次只能在工作量全部完成后才能报账。实践证明，这一独特的资金财务管理办法，改变了过去林业资金投入与造林成果脱节的弊端，把投资与效益、权利与责任紧密地结合起来，是保障造林质量的有效办法，也是广西营林资金管理的一项重大改革。

四、重视科技投入、突出科技兴林，切实密切科研生产相结合，提高项目造林质量

以科技为先导，推动项目造林的发展，提高项目造林质量，是项目实施的一个显著特点和重要经验。目标是使项目成为“以计划为导向，以财务为后盾，以生产为目标，以科技为手段”的科技兴林"四位一体"的样板和依托。为实现这一目标，广西及时建立以区项目办、区推广站、区林科院、设计院等单位参加的省、县科技推广支持小组，并作为项目办公室的一个组成部分，进行统一领导、统一指挥，从组织上把科研生产融为一体，及时推广先进适用技术，提高项目造林质量。几年来，根据项目科研推广计划的需要，开发了 8 个课题的研究与应用，并营建各类科研示范林、中试林、试验林。已经产生了数项研究成果和实用技术，并陆续推广到造林中去。在开展适量研究的同时，积极推广了 26 项速生丰产林科技成果和其他一些实用性较强的技术。所有这些，对提高项目造林质量、降低造林成本、增加林地生产力，都起了积极的作用。同时，科研成果和先进技术如此大面积的推广使用，在广西来说是空前的，可以说在科技兴林方面取得了突破性的成绩，起到了样板的示范作用。

五、项目重视环境保护，制定了"环境保护规程"，对保护生物多样性、防止水土流失、防火和防治病虫害均起到了积极的作用

经过多年的实践，在环保执行上总结了一套有效的措施，归纳起来有：1. 山顶戴帽、山腰扎带、山脚穿鞋的原生植被保留措施；2. 沿等高线作业、实行带状或穴状整地和配以"品"字形排列的挖穴整地措施；3. 适地适树，营造多树种块状混交林，保持生物的多样性。同时，结合建立环境保护监测点，对水土保持、土壤肥力和病虫害三项内容进行监测，一旦发现问题，能针对问题予以改进，从而使广西世界银行贷款造林项目环保工作取得了显著的成效，每年度项目实施的环保合格率均达到 90%以上。

六、建立技术承包责任制，开展创优评比活动是推动项目建设优质工程的一项重要措施

自项目实施开始，自治区项目办就组织开展技术承包责任制，组织省、县项目的工程技术人员对项目组织、管理、监控进行一条龙包干负责，做到层层落实，责任明确，分组分层签订项目技术承包合同。自治区项目办技术人员包干到县，县级技术人员把任务分片落实到乡(镇)，林业站人员落实到山头地块，层层分片包干，层层落实技术承包责任制，把技术人员的奖金福利与造林质量挂钩，大大调动了技术人员的积极性，促使其经常深入现场指导施工，保证营林技术措施的落实、保证造林质量。同时，自项目实施以来，一直坚持开展项目创优工程评比活动，进一步强化建设优质工程意识。截至 2003 年底，广西已有龙胜、永福、合浦等 10 个县场被评为项目实施先进单位，得到奖励。通过开展评比活动，进一步引起项目县对项目实施的重视和加强领导增强项目管理人员的责任心，从而不断提高项目实施质量。

七、严格检查验收制度

检查验收制度是质量管理的重要手段，抓好检查验收是保证项目质量的关键。从育苗、整地、栽植、抚育等每道工序都需经技术人员检查验收，上道工序验收合格后方可进入下一道工序。每年还要进行一次综合检查验收，先由县对造林面积、整地、栽植、苗木、成活率、环保等进行逐小班检查，广西项目办再组织检查验收队伍对各个项目县(场)进行抽查。每年检查验收结果与报账挂钩，造林成活率在 95%以上，其他指标均达到良好的，可一次性下拨报账的信贷资金，成活率在 85%～94%的按 80%下拨信贷资金，待补植验收合格后再拨完，成活率在 85%以下的不予报账。运用经济杠杆的作用，有效地促进了造林质量的提高。

（刘海龙）

【未来展望】

为了贯彻落实中共中央、国务院"关于加快林业发展的决定"，以及广西壮族自治区党委、自治区政府"关于实现林业跨越式发展的决定"和广西林业 2010 年规划精神，利用好自治区的自然资源优势，加快广西林业的发展，但是资金短缺是制约广西林业发展的主要因素之一，多渠道筹措资金发展林业是一项重要工作。为此，我们必须进一步解放思想，克服"等、靠、要"的思想，立足本地，广开门路，全面开放，创造条件，提供优质的投资环境和造林服务，加大招商引资力度，积极争取更多的世界银行贷款造林的大资金、大项目。

全力以赴争取实施好世界银行贷款《广西综合林业发展和保护项目》。世界银行贷款《广西综合林业发展和保护项目》分为商品用材林建设、生态治理示范工程建设和全球环境基金(GEF)项目建设等三个子项目。项目总投资为 162575 万元人民币。其中：商品用材林建设投资 144483 万元，占 88.87%；生态治理示范工程建设投资 13962 万元，占 8.59%；全球环境基金(GEF)项目建设投资4130万元，占2.54%。

项目建设期为6年，即2005～2010年；贷款期18年，宽限期6年，年利率为3.5%，宽限期内当年支付贷款利息，第7～18年当年付息，分年还本。

项目主要布局在南宁市、崇左市、柳州市、来宾市、百色市、河池市、玉林市、贵港市、梧州市等9个市的61个县(区、股份林场)、8个区直国有林场和弄岗、大明山、龙山、板利、岜盆、木论等6个自然保护区。

通过项目的建设，在商品林区内营造以大叶栎、桉树、相思、松树、竹子等树种为主的商品用材林20万公顷；在生态区位重要、生态脆弱性程度高、水土流失严重的小流域开展生态治理，营造以大叶栎、马尾松、任豆、竹类等针阔、阔竹混交林以及八角、肉桂等生态经济型混交林2万公顷；在红水河两岸封山育林11万公顷；新建、改扩建优良种植材料繁育基地5个，总面积规模83万公顷；建设林业科技培训基地5个，总面积规划83万公顷；营造速生丰产林示范基地2000公顷；营造生物碳基金人工林4000公顷。

(刘海龙)

林业科技管理

【林业科技管理工作】

广西林业局自20世纪80年代开始，成立科技管理部门负责全区林业科学技术的管理工作。1990年左右成立科技兴林领导小组，负责对全区林业科技工作的指导和协调。

2001年组织制定了《广西壮族自治区林业局科学技术管理办法》。使林业科技项目的申报、审批、实施、检查验收，成果的鉴定和奖励等都有了明确的规定，为林业科技管理工作走上规范化、制度化和科学化的轨道打下了基础。

2003年组织制定了《广西壮族自治区木材检验技术管理办法》，从2003年10月起，全区统一使用标准化的《木材检尺码单》，从而解决了长期以来因《木材检尺码单》不统一而造成技术混乱的局面，减少了不法分子的可乘之机，维护了木材生产者、经营者和消费者的合法权益。

（桂林工学院　李敦祥）

林业科技研究

【林业科研机构】

广西林业科学研究机构分为三个层次。省级林业科研机构只有1家——广西林科院。市级林科机构有10家。县级林科机构26家。广西林科院始建于1956年，其前身为广西林科所，1994年改为现名。市、县林科所绝大部分是20世纪60～80年代所建。具体见表1。

表1　广西林业科学研究机构统计表

序号	单位名称	级别
1	广西林科院	省级
2	南宁市林科所	市级
3	钦州市林科所	市级
4	玉林市林科所	市级
5	贺州市林科所	市级
6	桂林市林科所	市级
7	柳州市林科所	市级
8	河池市林科所	市级
9	百色市林科所	市级
10	北海市林科所	市级
11	崇左市林科所	市级
12	隆安县林科所	县级
13	上林县林科所	县级
14	大新县林科所	县级
15	合浦县林科所	县级
16	浦北县林科所	县级
17	上思县林科所	县级
18	博白县林科所	县级
19	桂平市林科所	县级
20	平南县林科所	县级
21	岑溪市林科所	县级
22	昭平县林科所	县级
23	贺州市八步区林科所	县级
24	龙胜县林科所	县级
25	平乐县林科所	县级
26	资源县林科所	县级

续表

序号	单位名称	级别
27	象州县林科所	县级
28	武宣县林科所	县级
29	三江县林科所	县级
30	忻城县林科所	县级
31	环江县林科所	县级
32	宜州县林科所	县级
33	平果县林科所	县级
34	田林县林科所	县级
35	西林县林科所	县级
36	乐业县林科所	县级
37	苍梧县林科所	县级

（桂林工学院　李敦祥）

【科技力量】

据2003年6月调查情况显示，广西林业从业人员132294人，其中，行政管理人员1776人，事业单位38586人，企业单位91932人。在林业从业人员中，科技人员20472人，占15.47%。在科技人员中，博士17人，硕士62人，学士2321人，大专8096人，中专9976人，分别占科技人员总数0.08%，0.3%，11.34%，39.55%，48.73%.。在科技人员中，正高职称25人，副高职称655人，中级职称4955人，初级职称14837人，分别占科技人员总数0.12%、3.20%、24.2%、72.48%。在科技人员中，35岁以下8682人，36～45岁6224人，46～55岁4146人，55岁以上1420人，分别占42.41%，30.40%，20.25%，6.9%。见表2。

在林业行政管理机关中，科技人员527人，占机关工作总人数的29.7%。在林业事业单位中，科技人员10864人，占事业单位总人数的28.2%。在林业企业单位中，科技人员9081人，占企业单位总人数的9.9%。

表2　广西林业科技人员统计表(2003年6月)

类别	总人数	科技人员学历结构						科技人员职称结构				科技人员年龄结构			
		科技人员	博士	硕士	本科	大专	中专以下	正高	副高	中级	初级以下	35岁以下	36—45	46—55	55岁以上
机关	1776	527	1	16	331	129	50	1	24	244	258	175	204	148	
事业	38586	10864	16	46	1669	4568	4565	24	428	3023	7389	4472	3257	2171	964
企业	91932	9081			321	3399	5361		203	1688	7190	4035	2763	1827	456
合计	132294	20472	17	62	2321	8096	9976	25	655	4955	14837	8682	6224	4146	1420
占比例%		100	0.08	0.30	11.34	39.55	48.73	0.12	3.20	24.20	72.48	42.41	30.40	20.25	6..9

（桂林工学院　李敦祥）

【科学研究力量】

广西林业科学研究人员1030人，其中，博士16人，硕士46人，学士471人，大专270人，中专232人；正高职称16人，副高职称201人，中级职称447人，初级职称366人。

2003年，广西专门从事林业科学研究的机构37家，其中，省级1家，市级10家，县级26家，在职人员900人。其中，科研人员396人，占44%。在科研人员中，博士5人，硕士7人，学士129人，大专及以下265人，分别占1.26%、1.77%、32.58%、66.92%；在科研人员中，正高职称3人，副高职称53人，中级职称167人，初级职称173人，分别占0.76%、13.38%、42.17%、43.69%。省级林业科研人员192人，市级林业科研人员173人，县级林业科研人员31人，分别占48.5%、43.7%、7.8%。

此外，广西大学林学院、广西生态工程职业技术学院、广西林业设计院、广西科学院植物研究所、中国林科院热带林业试验中心等5家单位在职人数1353人，其中，科技人员634人。在科技人员中，博士11人，硕士39人，学士342人，大专145人，中专92人；正高职称13人，副高职称148人，中级职称280人，初级职称193人。见表3。

表3　广西林业科研人员统计表(2003年6月)

单位	在职人数	科研人员	科研人员学历结构					科研人员职称结构			
			博士	硕士	本科	大专	中专	正高	副高	中级	初级以下
广西林科院	309	192	4	6	90	61	41	3	35	89	65
钦州林科所	55	29	1		7	8	13		1	18	10
玉林林科所	44	19			3	6	10			6	13
桂林林科所	52	36			8	12	16		5	6	25
柳州林科所	39	15			1	6	8		3	8	4
贺州林科所	10	7			1		6			1	6
南宁林科所	67	17			3	6	8		4	7	6
河池林科所	57	24			3	10	11		1	9	14
百色林科所	55	10			2	1	7		1	6	3
北海林科所	37	16		1	6	5	4		1	4	11
县级林科所	175	31			5	10	16		2	13	16
小计	900	396	5	7	129	125	140	3	53	167	173
广西大学林学院	76	56	9	12	27	8		8	26	13	9
广西林业设计院	242	188		6	87	54	41	1	40	94	53
广西生态学院	346	153	1	14	129	8	1	1	37	67	48
广西植物所	150	118	1	6	62	30	19	3	27	45	43
中林院热林中心	539	119		1	37	45	31		18	61	40
小计	1353	634	11	39	342	145	92	13	148	280	193
合计	2253	1030	16	46	471	270	232	16	201	447	366

注:广西区林业局直属林场的9家林科所的林业科研人员未统计在内。

(桂林工学院　李敦祥)

【林业科技推广力量】

广西现有区、市、县、乡林业技术推广机构1274家,在职人数5804人,其中,科技人员3425人。在科技推广机构中,省级1家,市级14家,县级94家,乡镇林业工作站1175家。在林业科技推广人员中,硕士1人,本科155人,大专1556人,中专及以下1713人,分别占0.03%,4.5%,45.43%,50.01%;副高职称48人,中级职称562人,初级职称2815人,分别占1.4%、16.4%、82.2%。见表4。

表4　广西林业科技推广人员统计表

类别	机构数	现有职工	科技人员	科技人员学历结构					科技人员职称结构			
				博士	硕士	本科	大专	中专	正高	副高	中级	初级
省级	1	9	9		1	2	3	2		4	3	1
市级	14	91	76			18	25	33		14	44	18
县级	84	936	720			135	299	286		25	255	440
乡镇级	1175	4804	2621				1229	1392		5	260	2356
合计	1274	5804	3425		1	155	1556	1713		48	562	2815

(桂林工学院　李敦祥)

【林业设计力量】

广西有自治区、市级林业设计院(所)8家,其中,省级1家,市级7家。广西林业勘测设计院现有职工242人,其中科技人员188人。在科技人员中,硕士6人,本科87人,大专54人,中专41人,分别占3.2%、46.3%、28.7%、21.8%;正高职称1人,副高职称40人,中级职称94人,初级职称53人,分别占0.53%、21.3%、50%、28.2%。

广西林业拥有国家级突出贡献专家、政府特贴专家、自治区突出贡献专家、自治区优秀专家共31人。其中,广西林科院21人,广西林业设计院4人,局直属企业1人,局二层机构5人。在这些专家中,其中,2005年在职10人,占32.3%;已退休21人,占67.7%。

广西林业科技基本形成了科学研究和技术推广两大体系。林业科技力量主要集中在广西林科院、广西大学林学院、广西林业设计院、广西生态工程职业技术学院、中国林科院热林中心和广西植物研究所等6个单位。上述6单位科技人员占广西林业科研人员总数的75%。在林业系统中,90%以上的博士、硕士集中在这6个单位中。此外,局直属林场、二层机构以及各市林科所等单位也有相当的科研力量。

表5 广西主要林业科技力量统计表(2003年6月)

单位	在职人数	科技人员	科技人员学历结构					科技人员职称结构			
			博士	硕士	本科	大专	中专	正高	副高	中级	初级
广西科技单位合计	2253	1030	16	46	471	270	232	16	201	447	366
广西林科院	309	192	4	6	90	61	41	3	35	89	65
广西林业设计院	242	188		6	87	54	41	1	40	94	53
广西生态学院	346	153	1	14	129	8	1	1	37	67	48
广西大学林学院	76	56	9	12	27	8		8	26	13	9
中林院热林中心	539	119		1	37	45	31		18	61	40
广西植物所	150	118	1	6	62	30	19	3	27	45	43
以上6单位合计	1662	775	15	45	432	206	133	16	183	309	258
占广西%	73.8	75.2	93.8	97.8	91.7	76.3	57.3	100	91	69.1	70.5

(桂林工学院 李敦祥)

【科技项目】

1996～2003年,广西实施的林业科技项目共270项。其中,国际合作项目9项,国家科技部项目5项,国家林业局项目44项,广西科技厅项目47项,广西林业局项目155项,其他项目10项。在1996～2000年的项目中,国际合作项目2项,国家林业局29项,广西科技厅27项,广西区林业局76项。2001～2003年实施科技项目136项,其中,国际合作7项,科技部5项,国家林业局15项,广西科技厅20项,广西林业局79项,其他项目10项。2001～2003年与1996～2000年对比,科技项目数量基本持平,但项目来源与结构发生了较大变化。其中,国家林业局和广西科技厅的项目数量呈下降趋势,而科技部项目、国际合作项目和其他项目呈上升趋势。

表6 1996～2003年广西林业科技项目统计表

年度	科技项目小计	国际合作项目	中国科技部项目	中国林业局项目	广西科技厅项目	广西林业局项目	其他项目
1996－2000	134	2		29	27	76	
2001－2003	136	7	5	15	20	79	10
年度	科技项目小计	国际合作项目	中国科技部项目	中国林业局项目	广西科技厅项目	广西林业局项目	其他项目
合计	270	9	5	44	47	155	10

(桂林工学院 李敦祥)

【科技成果】

1950～2003年,广西获得林业科技成果401项,年均7.6项。其中,1950～1990年247项,年均6.2项。1991～1995年获得科技成果87项,年均17.4项。1996～2000年取得科技成果40项,平均每年8项。2001～2003年获得科技成果32项,平均每年10.7项。

广西1950～1990年培育林木新品种(变种)39种;1991～2003年培育林木新品种68个,优良无性系100多个。1950～2003年发表科技论文3000多篇,出版专著150多部。

表7 广西林业科技成果统计表

年度	广西科技成果(项)	广西农业科技成果(项)	林业科技成果(项)	林业科技成果占总成果%	林业科技成果占农业成果%
1950～1990	4650	1150	247	5.3	21.5
1991～1995	1650	365	87	5.3	23.8
1996～2000	1500	300	40	2.7	13.3
2001～2003	1237	247	27	2.1	10.9
合计	9037	2062	401	4.4	19.5

注:农业科技成果包括农业、林业、畜牧水产、农垦和水利等5个部门的科技成果。平均水平为20%。

(桂林工学院 李敦祥)

【科技奖励】

1996～2003年,广西林业获省部级以上科技奖励53项。其中,获国家科技进步三等奖3项;获省部级奖励54项,其中,二等奖13项,三等奖41项;获地市级奖励58项,其中,一等奖19项,二等奖26项,三等奖13项。见表7。

1991～1995年,广西林业科技成果获得广西科技进步奖54项,其中,二等奖11项,三等奖43项。获广西林业厅科技进步奖118项,其中,一等奖31项,二等奖50项,三等奖37项。

1950～1990年,广西林业科技成果获省部级以上科技奖励163项。其中,获中国科学大会优秀成果奖3项、广西科学大会奖42项,国家科技进步奖1项、国家发明奖1项,中国科委、农委推广奖2项,省部级成果奖114项。获广西林业厅成果奖89项。

表8 1996～2003年广西林业科技成果及获奖情况统计表

年度	获得成果(项)	获得奖励等级										
		小计	国家			省部级			地市级			
			小计	二等	三等	小计	二等	三等	小计	一等	二等	三等
1996	15	28	2		2	10	2	8	16	5	6	5
1997	9	23				7	2	5	16	7	5	4
1998	8	24	1		1	10	3	7	13	4	7	2
1999	4	15				7	3	4	8	1	6	1
2000	4	9				4		4	5	2	2	1
2001	3					2		2				
2002	3					6	1	5				
2003	7					8	2	6				
合计	53		3		3	54	13	41	58	19	26	13

(桂林工学院 李敦祥)

【科技水平】

广西林业科技综合实力处在中国的先进行列。其中,广西林科院在中国省级林科院所中1998年排第2位,排在四川省林科院之后;2000年排第4位,列四川省林科院、云南省林科院和福建省林科院之后。广西林业科技成果水平较高,1996年以来,有8项达到国际先进水平,26项居国内领先水平,21项达到国内先进水平。其中,广西桉树技术在中国处于领先地位,至2003,广西已建成中国最大的桉树基因库,拥有桉树树种和种源174个;建成了中国最大的桉树良种繁育基地,建成了中心组培工厂6个,年组培苗3000多万株,扦插育苗3亿多株;已建立桉树速生丰产林基地720万亩,蓄积量达3000多万立方米,桉树人工林面积和生长量水平均居中国首位。《东门桉树引种改良及高效栽培技术研究》成果达国际先进水平,培育出了1000多个优良无性系,投放生产的已达100多个,最优无性系的年均生长量达每亩4.2立方米,基本接近世界桉树最高技术水平的巴西。广西松树研究水平已进入中国先进行列。已选育出马尾松桐棉、浪水和古逢3个优良地理种源,建立了1.5代种子园,选育出优良无性系40多个,最高年生长量达到每亩2立方米。广西杉木研究水平也进入中国先进行列。已建立中国最大的杉木良种基地,选育出了60多个优良无性系。广西农村生态能源技术在中国处于领先地位,到2003年,广西累计建成户用沼气池245.5万座,沼气池入户率达28.6%。1996年广西林业科技对林业经济增长的贡献率为27.3%,略高于中国平均水平。林业科技成果转化率40%。

(桂林工学院　李敦祥)

【科技投入】

1996～2000年,国家财政和广西财政对广西林业科技投入为780万元,平均每年投入156万元。科技投入占同期林业总投入的0.18%。2001～2003年,国家财政和广西财政对广西林业科技的投入为2370万元,平均每年投入790万元。林业科技投入占同期林业总投资的0.50%。在林业科技总投入中,基建投资223万元,占14.07%;项目经费投入1362万元,占85.93%。见表9。

表9　2000～2003年广西林业固定资产投资与科技投资统计表

年度	林业固定资产投资(万元)			科技投资(万元)				
	合计	国家和省级财政投入	其他投入	合计	基建投资	科技项目投资	科技投入占林业总投资%	科技投入占国家投资%
2001	71380	9326	62054	409	76	333	0.57	4.39
2002	91994	40437	51557	437	78	359	0.48	1.08
2003	153956	65214	88742	739	69	670	0.49	1.15
合计	317330	114977		1585	223	1362	0.50	1.38
年均	105776.7	38325.7		528.3	74.3	454	0.51	2.21

注:包括六大工程投入和生态能源工程投入。科技项目经费包括中国科技部、中国林业局、广西科技厅、广西财政厅、广西林业局等部门的科技项目经费,不含生产性项目及其他项目经费。

在林业科技项目投入中,其中,国家科技部130万元,国家林业局240万元,广西科技厅415万元,广西林业局960万元,其他100万元。分别占7.05%、13.01%、22.49%、52.03%、5.42%。广西林业局和广西科技厅的科技项目经费投资占总投入的74%以上。地(市)县林业局、局属林场和局属企业的科技投入没有统计在内。

表 10 2000～2003 年广西林业科技经费来源表

单位：万元

年度	合计	项目经费来源					与上年相比增长 %
		中国科技部	中国林业局	广西科技厅	广西林业局	其他	
2000	483		100	283	100		
2001	333	130	40	63	100		－31.5
2002	359		40	39	280		7.8
2003	670		60	30	480	100	86.6
2000－03 年合计	1845	130	240	415	960	100	
占比例 %		7.05	13.01	22.49	52.03	5.42	

（桂林工学院　李敦祥）

林业科技成果推广

【概　述】

新中国成立后，广西的林业技术推广工作和全国一样，大体上可分成 1949～1977 年和 1978 以后两个阶段，即党的十一届三中全会前和三中全会后的两个阶段。

一、第一阶段(1949～1977)

新中国成立之初，广西林业建设基础非常薄弱，林业科技推广既没有专门机构，也没有专职人员，更没有专项经费。在这一时期，林业技术推广的主要形式是：每年造林之前，各级林业主管部门组织技术人员和干部、林业学校派出学生结合实习，深入重点、深入基层，通过召开造林动员会，三级干部会以及组织林业技术传授月，宣传周等形式向基层干部传授技术，再由他们把技术带给广大群众。与此同时，科技人员在深入基层的工作中，除了向群众传授技术外，还要在和群众同吃、同住、同造林的过程中，注意总结群众中原有的植树造林经验和技术创新，以及失败的教训，使造林技术不断改进，不断提高。同时，省(区)、地、县各级领导还以亲自培植植树样板路，样板农林网、样板林、造林示范山等，由领导带头把技术示范给群众，增强群众植树造林的信心和积极性，造林成效有了极大的提高。这一时期形成了一些推广面积大、影响较广的技术。

在这一时期的林业技术推广又可分为两个阶段，第一阶段是 1949～1956 年，这一阶段政府为了迅速扩大森林面积，主要推广封山育林和对荒山进行少量造林试验推广；第二阶段是 1957～1977 年，在党的向科学技术进军的号召下，通过前一阶段的工作和积累，已经有了一批技术力量和科研成果，在这一阶段林业技术推广的主要内容是：重点总结，提高群众的传统技术和技术创新经验，结合生产需要因地制宜地加以改善及推广应用，以提高植树造林的成活率和保存率，其次是推广中国自己选育的和引进国外的优良树(品)种，以促进林木速生丰产，缓解木材国需民用的紧张局面。

二、第二阶段(1978 年至今)

1978 年以后，国家把工作重点转移到社会主义现代化建设上来，随着改革开放的政策的贯彻执行，经济建设的各阶段都发生了重要的深刻变化，林业技术推广工作也进入了一个新的阶段。首先是创建了林业科技推广体系。1986 年广西壮族自治区成立了广西林业技术推广总站，负责规划、协调、管理和实施广西林业科技推广工作，各地、市、县相继成立了林业技术推广站或确定专人分管，从此结束了林业科技推广工作没有专门机构和专职人员的历史。据 2001 年末统计，广西共建立林业技术推广站 109 个，人员编制 880 人，其中自治区级建立总站 1 个，人员编制 8 人；地(市)级站 14 个，县(市)级站 94 个，人员编制 872 人。区、地(市)、县三级推广站有在职人员 793 人，其中：高级职称 61 人，占总人数的 7.7%，中级职称 287 人，占总人数的 36.2%，初级职称 322 人，占总人数的 40.6%。初步形成了一支可以开展技术推广工作的队伍，覆盖全区的工作机构。此外，科研院、所和林业院校也逐步改变单一科研教学型为科研、教学、生产经营型，积极将科研成果尽快转化为生产力，大力开展科技推广工作。这一时期形成了一些推广面积大、影响较广的新技术。

（陈孔任）

【育苗技术】

新中国成立初期，人民群众对主要造林树种的人工造林方法采用的是“杉木用枝条扦插，松木靠天然飞籽，杂木靠萌芽”，成活率低，效果不好。1953年以后，随着农业生产合作化，尤其是1958年以后，大规模的群众造林运动普遍开展起来。1953～1977年，为了向群众提供造林所需苗木，广西壮族自治区逐步组建国有林场和国有苗圃，由场、圃直接供应苗木和向群众进行技术培训、技术示范的任务。使采种、育苗技术普及到大多数有植树造林任务的农民和农户，逐步改进传统的造林方法，不少地方的群众造林实现了自采种自育苗，自造林，使林业生产向前迈进了一大步。

（陈孔任）

【整地技术】

1958～1977年，逐步改变了以往一锄法并随挖随种的造林整地方法，各地群众根据各自不同的立地条件，大力推广提前挖坎整地，挖明坑、带垦加挖坎、全垦加挖坎，水平梯级整地等多种造林整地方法，造林成活率和幼林生长都有很大提高。

（陈孔任）

【栽植技术】

十一届三中全会前，广西推广了“裸根苗沾泥浆浆根”、“就地育苗、就地栽植”等技术，使植苗造林的成活率有了显著提高。

（陈孔任）

【推广良种】

十一届三中全会前，广西在用材树种方面主要推广了白云糠杉、四茶油杉，融江河流域的杉木优良种源，桐棉松、古蓬松、浪水松等优良种源；经济林主要推广了岑溪软枝油茶等，推动了造林良种的进程。

（陈孔任）

【良种桉短周期工业用材林综合技术开发】

项目由国家科委下达，为“八五”国家星火计划项目。由广西林业技术推广总站、广西东门林场、广西林科院等单位完成。项目从1991年11月起实施，1996年12月结束，1996年12月由广西区科委组织鉴定，获1997年度广西林业科技进步一等奖，广西科技进步二等奖，“广西重奖”二等奖，1998年度国家科技进步三等奖。推广的技术包括桉树良种、无性系组培苗和扦插苗、合理造林设计、合理抚育管理、合理施肥、合理采伐利用、病虫害防治等30项科学技术研究成果，把关键技术进行组装配套。项目历时五年，期间，建成桉树良种基地3处，新建、扩建组培工厂4座，桉树中心苗圃14个，年产种子200公斤，无性系组培苗3000万株，种苗可供造林2.67万公顷；杂交育种200个组合，组培62个无性系成功，通过区域试验筛选出10个优良无性系；完成推广造林面积8.06万公顷，年公顷木材生长量18.9225立方米；其中试验示范林0.5706万公顷，年公顷木材生长量23.295立方米。六年轮伐，项目蓄积量达915万立方米，总产木材686万立方米，总产值19.2亿元人民币；年平均产木材114万立方米，可加工木片57万余吨，年创汇5700余万美元。良种桉树单位产量较推广前提高3.62倍，轮伐期缩短了10年，项目实现了短平快效果。

（陈孔任）

【马尾松毛虫综合治理技术的推广】

项目由广西森防站、广西林业技术推广总站、广西林科院等单位完成。项目从1991年1月开始实施，1995年12月结束，1997年由广西林业厅组织鉴定，获1998年度广西林业科技进步一等奖，广西科技进步二等奖。该项目根据当时马尾松对广西森林危害十分严重，每年因松毛虫危害而减少生长材积近1.5万立方米，经济损失5000万元以上，直接影响到广西林业的发展和造林绿化成果的巩固等情况。为了控制和扭转松毛虫的严重危害，自1991年起，由广西森防站等单位，在14个松毛虫常发县的98.97万公顷松林推广综合治理。项目推广划分发生类型，因类施策；实行封山育林，改善生态环境；加强虫情监测，适时进行防治；推广生物防治，实行科学治虫；治点保面，防止害虫扩散等综合技术，通过5年的实施推广，减少了化学防治面积和环境污染，促进了森林生态向良性转化，松毛虫种群数量比前减少，发生面积减少62%，获经济效益19370万元，年均获经济效益3874万元。“九五”期间，在南宁地（市）的23个县扩大推广，受益松林面积达127.3万公顷。

（陈孔任）

【杉木遗传品质改良及速生丰产组装配套技术推广】

项目由广西林科院、广西区林业厅种子站、广西林业技术推广总站等单位完成。项目从1998年10月起实施，1998年10月结束，1999年由广西区林业局组织鉴定，获广西林业科技进步一等奖。该项目利用广西杉木种质资源优势和已取得的7项科研成果进行组装配套推广。技术起点高，规模大。在造林地的立地选择、遗传改良材料应用与保存、整地方法、密度控制、施肥技术、标准化造林等技术有很大的创新，因此获得大面积速生丰产。营造的项目示范林4.2万公顷，和广西区内其他点及外省推广的速丰林42万公顷，4～11年生蓄积生长量比国际水平每公顷增产26.596～54.419立方米，按材积测算新增林木价值3.62亿元。项目的技术成果一直在广西乃至全国杉木适生区推广应用。

（陈孔任）

【油茶优良农家品种全国区域性试验及其良种的推广】

项目由广西林科院、中国林科院亚林所完成，1980年1月至1992年12月实施，1992年12月由广西林业厅组织鉴定，成果达到国内领先水平，获1993年广西林业科技进步一等奖、1996年广西科技进步三等奖。该项目利用70年代经全国多省(区)评选出的11个优良农家品种，在油茶产区的南、中、北三个地带的11个省(区)19个试点，进行全国优良农家品种区试鉴定，通过试验找出了参试优良农家品种的区域性规律，确定了良种适生范围。选出丰产性能稳定的岑溪软枝油茶、衡东大档、常山霜降子、鄂东大红果、连县大果、白皮中子等6个优良农家品种。经1987～1990年连续四年测定，平均每公顷年产油225公斤，各项技术指标都达到和超过国家油茶丰产林指标。并已在广西、湖南、福建、贵州、浙江、广东、湖北等省(区)推广100万亩。年增茶油1000万公斤，新增产值5000万元，经济效益和社会效益显著。

（陈孔任）

【ABT生根粉在林业上推广应用】

项目由广西林业技术推广总站等单位完成，1990年1月至1992年12月实施，1993年1月由广西壮族自治区科委委托广西林业厅组织鉴定，获1993年度广西林业科技进步一等奖，广西科学技术进步二等奖。该项目针对广西在林业生产上人工造林、无性繁殖育苗成活率、成苗率低等问题，以中国林科院研究成功的一种高效复合型植物生长调节剂ABT生根粉为技术依托，采取“以试验为先导，以示范促推广，试验示范推广经销同步”的推广路线，创造性地建立了试验研究、示范推广、技术配套和科技推广运行机制，并初步形成了试验示范、宣传培训、经销推广等全程服务体系。项目实施三年，在全区67个县(市)推广应用，在全区推广覆盖面达78.8%，应用范围包括林木组培、扦插、嫁接、种子处理、苗期喷叶和人工造林等方面。苗木的生根率、成苗率及成活率达90%以上，比对照提高7～20个百分点。应用植物达61种，推广面积4.4万公顷，获经济效益1908.8万元，投入产出比1:57。成果的技术可广泛使用在全国的林业、农业生产上。

（陈孔任）

【纸筒育苗造林应用技术的推广】

项目由广西林科院完成，1991年1月至1995年12月实施，1997年由广西林业厅组织鉴定，获1998年广西林业科技进步二等奖、广西科技进步三等奖。纸筒育苗造林应用技术属容器育苗技术。该项技术推广，把容器育苗技术推上了一个新的台阶，为中国林业工厂化育苗开辟了道路。育苗纸筒是目前国内一种先进适用的新型育苗容器，在育苗造林上与塑料薄膜袋比较，对提高工效，提高单位面积产苗量，造林成活率和保存率，促进幼林生长、降低成本等均有显著作用。项目实施中推广纸筒1.089亿只，造林3.3万公顷，造林成活率达95%，保存率90%，增收节支251.82万元，造林新增产值12375万元。育苗纸筒在农林种植中广为应用，已推广到全国22个省、市、自治区。育苗造林的经济、社会效益十分显著。其应用技术适用，有较好的操作性，推广应用前景广阔。

（陈孔任）

【马尾松毛虫预测预报配套技术的研究与应用】

项目由广西区森防站、陆川县森防站、玉林市森防站协作完成。1991年1月至1997年12月实施，1998年广西林业厅组织鉴定，获1998年度广西林业科技进步一等奖。马尾松毛虫是广西最重要的森林害虫，1980～1990年，年均发生面积20万公顷，造成直接经济损失5000万元以上。及时、准确的虫情预报是防治松毛虫灾害的关键技术之一。1990年以前,广西松毛虫预报技术仅停留在虫情调查阶段。为了提高测报水平,有效控制虫灾。该项目首次制定了"广西松毛虫预报技术规范",划分松毛虫发生类型区,选定高效虫情调查方法,建立科学实用的测报模型,制定防治划分方法,建立健全了区、地、县三级虫情监测站和县、乡、村三级虫情监测网络。首次采用综合发生危害指数法划分了全区松毛虫发生类型区:常发生57个县,331个乡镇;偶发区24个县,465个乡镇,安全区27个县,565个乡镇。采用因类施策方法调查虫情,提高工效40%以上,首次采用灰色系统模型开展全区松毛虫中长期预报,预报准确率为70%~90%。首次研制了马尾松毛虫取食湿地松的防治指标。首次研究了马尾松毛虫两种色型幼虫的生物学和生态学特性,为深化松毛虫测报技术开辟了一条新的途径。本项目每年节约虫情调查工日14715个,减少防治面积62968公顷,挽回木材生长量10.7万立方米,7年共新增产值1.10亿元。项目的成果可在广西、广东、湖南、福建、云南等省(区)松毛虫发生区推广应用。

(陈孔任)

【农村省柴节煤科技推广】

项目由广西农村能源办完成,1985年1月至1995年12月实施,1996年由广西林业厅组织鉴定,获1996年度广西林业科技进步一等奖、广西科技进步二等奖。该项目历经十年组织推广实施,截至1995年底,已在92个县(市、区)完成745.5万农户推广普及省柴节煤灶的建设,占全区现有农户总数的93.18%,是全国第一个实现省柴节煤的省(区)。灶的完好合格率达98.99%,商品灶达54.52%,灶的升温热效率平均达34%,灶的升温速度为5.6℃/分,各项经济技术指标都超过国家规定要求。项目所采用的技术具有先进性、科学性和实用性。目前应用范围已从生活领域引申到生产领域,推广前景广阔。项目的推广实施为保护森林资源、降低森林资源消耗做出了贡献。年经济效益达15.5亿元。项目的成果技术可在全区范围内推广应用。

(陈孔任)

【丛生竹笋材两用林推广】

项目由广西林科院、苍梧县林业局完成,1991年1月至1996年2月实施,1996年由广西林业厅组织成果鉴定,获1998年度广西林业科技进步二等奖。该项目旨在推广"建立丛生竹笋材两用示范试验林的研究"成果。根据苍梧县营造竹林面积较大,且造林地比较分散的情况。采用先扦插育苗,后用竹苗造林的方法,减少了工作量,降低了造林费用,提高了造林成活率,提前1~2年收笋。在造林及竹林管护中,采用合理密度、除草松土、施肥、留笋养竹,合理砍伐等综合管护措施,达到丰产的目的,造林第三年每公顷产鲜笋91.95公斤,为国内首创。项目的成果技术在热带、南亚热带地区推广应用。

(陈孔任)

【藤县马尾松工程封山育林研究与推广】

项目由藤县林业局完成,1987年10月至1992年10月实施,1993年由广西林业厅组织成果鉴定,获1994年度广西林业科技进步一等奖、1995年度广西科技进步三等奖。该项目利用当地马尾松林资源丰富的优势,实行以技术投入为主,技术管理和资金投入相结合的一种科学封山育林方法,把封山育林作为造林灭荒的重大课题。实行规则设计、施工、检查、验收工程管理办法,设立试验示范区、观测标准地、研究不同类型封山育林天然更新条件以及所采取的植被处理,补植等相应技术措施,并实行一系列技术、行政管理措施,采用科研与生产、试验与推广相结合的技术路线。项目实施6年,封山育林8万多公顷,增加森林面积4.6万公顷,节约造林投资300万元。该技术是将常规封山育林向科学封山育林发展的重大突破,是封山育林走向科学化的重要标志,该成果可适宜在马尾松分布区域内推广应用。

(陈孔任)

【全州、灵田马尾松毛虫综合防治技术推广】

项目由广西壮族自治区森防站、桂林地区森防站、全州县森防站完成,1986年1月至1990年12月实施,1991年由广西林业厅组织成果鉴定,获1992年度广西林业科技进步一等奖、广西科技进步三等奖。全州县和灵川县灵田林区是广西重要的用材林和松脂基地,也是马尾松毛虫重灾区之一,年发生面积达2万公顷,枯死林木400多公顷。由于过去防治手段落后,方法单一,重治标,轻治本,未能有效控制松毛虫灾害。本项目在全州(含灵田)建立7.933万公顷松毛虫综合防治示范区,探索大面积控制灾害的途径。项目通过建立相应的组织机构、建立健全虫情监测系统,组建防治专业队,把改善森林生态环境为治理根本,以生物防治为主导的防治策略。推广以白僵菌为主的生物防治，减少化防面积和环境污染。项目实施5年，全州县松毛虫发生率减少73.9%，3.4万公顷常灾区转化为偶灾区，获经济效益4460万元。项目的成果技术可在全国的马尾松毛虫分布区内推广应用。

（陈孔任）

【油茶芽苗嫁接技术的应用与优良无性推广】

项目由藤县林业局、藤县大芒界油茶林场完成，1991年1月～1994年12月实施，1994年由广西林业厅组织成果鉴定，获1993年广西林业科技进步二等奖、广西科技进步三等奖。项目针对油茶造林品种良莠不分、产量低等问题，在吸取外省芽苗嫁接技术的基础上，结合广西特点，改进芽苗嫁接技术、进行规模生产优良无性系嫁接苗推广应用于生产。对嫁接程序、苗木移栽、苗床保温保湿方法、催芽方法及嫁接季节等五个主要技术环节进行技术改进，提高苗木质量和成活率，降低成本。项目实施四年，用27个优良无性系统培育嫁接苗51万株，平均出苗率为83.4%。优良无性系嫁接苗已在藤县、凌云、巴马、昭平和三江等县推广应用。营造示范林和改造低产林4400多亩，建立采穗圃18.2亩，共计年可新增产值197万元，新增利税17万元，项目的成果技术可在广西、广东、湖南、浙江、湖北等油茶种植区推广应用。

（陈孔任）

【横县土山马尾松封山育林试验与推广】

项目由横县林业局完成，1991年11月至1996年11月实施，1997年由广西林业厅组织成果鉴定，获1998年度林业科技进步三等奖。该项目主要利用马尾松适应性强、天然更新良好等特性，在土山区内进行疏林地、采伐迹地、低残林地、宜林荒山等类型的封山育林的试验。对疏林地密植被类型的土山、封育时进行适当割草，以利松籽落地发芽、成林；对低产残林类型，有计划地伐除“小老头”树，以利更新换代，并适当割草，促进幼林生长；对采伐迹地，保留一定数量的母树，不践踏原来的幼苗；对宜林荒山区，采取封育结合的办法，进行人工补植，促进其加快成林。实行造、封、管、节相结合，使封山育林取得较好的效果。项目实施六年，建立了8260亩封山育林试验区，取得了良好的效果，一般封育3～4年后，马尾松每亩林木株数可达到高峰期，林分郁闭度可达到或者超过0.4以上。1991～1996年，在横县全县共推广封山育林面积125万亩，新增封林区面积90.2万亩。达到了省工、投资少、见效快，易成林的效果。成果技术可在全区范围内推广应用。

（陈孔任）

【银杏主要病虫综合治理推广】

项目由桂林地区林科所完成，1997～2002年实施，经广西林业局组织成果鉴定，成果水平达到国内领先水平（待报奖）。银杏是中国珍贵经济林树种，桂林市是银杏的主要产区，目前已建立银杏果用林2.5万公顷，随着栽培面积的扩大和纯林的增多，银杏病虫害危害日趋加剧。项目根据银杏林病虫害发生的数量和被害的轻重，划分发生类型，实行分类施策。以抚育、修剪、清园、施肥等营林措施进行治本，及时、科学用药防治急治标，使银杏的主要病虫害得到了有效控制。1999～2000年，连续两年对4个推广示范点综合治理效果进行观察测定，银杏超小卷蛾防效为93.01%、93.86%；银杏白蚁被害率防效均为100%；银杏叶枯病发病率防效为90.90%、86.14%。既增强了银杏树的抗病虫能力，又提高其丰产性能。项目综合治理银杏树共14.58万株，共增产白果167.78万公斤，推广区果农增加经济收入3355.6万元，为地方财政增加税收237.2万元。

（陈孔任）

【银杏优良株系和早实丰产技术推广】

由桂林地区林科所和广西林业技术推广总站完成。1995～2003年实施，经广西壮族自治区林业局组织成果鉴定，成果水平达到国内先进水平（待报奖）。项目先后在桂林市林科所及全州、灵川、兴安三县建立示范推广基地1670亩，针对桂林地区银杏低产的主要原因，采用通过当代鉴定的优良品种——海洋皇、大佛手、大马铃、华口大白果、桂049等建立示范基地。同时加强对对林地的土壤管理、施肥管理、树冠整型、高位嫁接、人工授粉等示范技术，使银杏示范林达到了早实丰产优质。使桂林市的银杏产量由项目实施前的年产1500～2400吨，增加到近年的年产3600～4200吨，年增2000吨左右（相当于桂林市银杏产区20世纪80年代前末开展银杏科研时的年产量），经济效益、社会效益显著。

（陈孔任）

林业质量技术监督

【概　述】

广西林业质量技术监督主要包括木材产品质量技术监督和林木种苗质量技术监督两部分。1987年经广西林业厅批准成立广西木材产品质量检测中心。1993年经广西质量技术监督局批准，在广西木材产品质量检测中心的基础上成立广西木材产品质量技术监督检验站，挂靠广西木材公司，实行广西质量技术监督局和广西林业厅双重领导。广西质量技术监督局负责业务管理。广西林业厅负责行政管理。经广西质量技术监督局批准，于1995年成立广西林木种苗质量技术监督检验站，挂靠广西林业厅种子站，实行广西质量技术监督局和广西林业厅双重领导。

经授权，广西木材产品质量技术监督检验站主要负责全区木材产品质量的监督检验工作、仲裁检验、木材检验技术人员的技术培训工作等。广西林业厅于1992年聘请了2批木材产品质量检验咨询师共41人。至2003年，全区木材检验技术人员已达6000人。

林木种苗质量技术监督检验站主要负责全区林木种子、苗木质量的检验工作。

（广西财经学院邓敬贵）

【广西地方林业标准】

在1990～2003年，广西共制修订地方林业标准16项。

广西地方林业标准统计表

序号	标准编号	标准名称	发布日期	实施日期
1	桂Q/LY7-1990	广西杉木速丰林综合标准	1990-05-08	1990-07-01
2	桂Q/LY12-1988	广西马尾松速丰林综合标准	1988-06-16	1988-07-01
3	DB45/TOX-1998	广西柠檬桉丰产林标准	1998	
4	桂Q/LY4-1988	毛竹丰产林标准	1988	
5	桂Q/LY-1988	广西八角丰产林标准	1988	
6	DB45/T08.1-08.11	银杏(白果)综合标准	1997-11-15	1997-11-30
7	桂Q/LY7-1984	苗木质量产量	1984-07-10	1985-01-01
8	DB/45000B6101-1993	主要造林树种苗木	1993-12-29	1994-02-01
9	DB/45000B6401-1993	广西飞机播种造林技术规程	1993-07-13	1993-10-01
10	DB/45000B685-1991	小杉原条	1991-01-04	1991-02-01
11	DB/45000B684-1991	小杉原条材积表	1991-01-04	1991-02-01
12	DB/450000B6002-1992	马尾松杉木重量标准	1992-09-16	1993-01-01
13	DB/45000B6001-1992	生湿原木干缩综合标准	1992-09-16	1993-01-01
14	桂Q/LY13-1988	黑荆树皮广西地方标准	1988	
15	桂Q/LY9-1986	广西木材树种用途分类标准	1986-12-22	1987-04-01
16	DB45/34-2000	森林火险区划等级	2000-11-07	2000-11-20

（广西财经学院　邓敬贵）

林业植物新品种保护

【概　述】

植物新品种保护是通过国家法规，营造出一种的宏观环境的林业技术创新的一种保障制度，是世界各国通行的林业知识产权制度，是中国加入WTO必须具备的法律制度之一。

为加快中国加入WTO的进程，完善和加强中国知识产权保护和管理，促进林业技术创新，推动林业科技的国际交流，1997年3月20日，国务院发布了《中华人民共和国植物新品种保护条例》。1999年4月23日，国家林业局和农业部正式启动实施植物新品种保护条例，并正式成为《国际植物新品种保护公约》的成员国，开始受理植物新品种权（简称品种权）申请。1999 年 8 月 10 日，国家林业局第 3 号令发布了《中华人民共和国植物新品种保护条例实施细节（林业部分）》，该细节自发布之日起施行。

《中华人民共和国植物新品种保护条例》所指的植物新品种，是指经过人工培育的或者对发现的野生植物加以开发，具备新颖性、特异性、一致性和稳定性并有适当命名的植物品种或育种材料。植物新品种保护又称"植物育种者权利"或"植物品种权利"，是国家以法定程序和条件授予植物新品种选育完成的单位或个人享受生产、销售和使用该品种繁殖材料排他的独占权，并以法律手段保障这一权利不受侵犯的法律制度，如同专利权、商标权、著作权一样，是知识产权制度的重要组成部分。

一、开展植物新品种保护工作的重大意义

随着全球经济一体化格局的逐步形成，知识经济时代的日益临近，知识创新成为经济发展的巨大原动力。植物新品种保护对保护育种工作者的合法权益，激发广大科技人员培育优良品种、开发野生植物品种的积极性和创造性，加快林业科技创新的步伐，扩大林业科技的国际交流与合作，将起到有力的促进作用。

（一）植物新品种保护制度将有效推动林业技术创新。

植物新品种保护制度是一项推动林业技术创新的基本的行之有效的制度，它授予品种权人的生产、销售和使用授权品种繁殖材料的排他的独占权，品种权人通过品种权转让或自己实施品种权，从中得到相应的经济回报，为继续从事育种创新提供资金保障，从而调动育种投资者和育种者的积极性。

（二）植物新品种保护制度有利于创新资源的有效配置。

实施植物新品种保护制度，育种成果信息除保密技术外都将以全国甚至国际性《植物品种保护公报》等形式迅速向社会公开，让广大公众了解。特别是育种科技人员可以在立项前准确把握国内外的育种信息，确定育种目标，避免重复研究、资源浪费，提高育种针对性和效率。

（三）植物新品种保护有利于促进科技成果产业化。

植物新品种保护制度从法律上将公平竞争的机制引入种子领域，使种子企业和科研单位在竞争过程中，以科技资源和资产为纽带、利润最大化为目标，围绕产业各链节的需求进行资产及资源重组，面向市场进行育种目标的调整，加快适销对路的新品种的培育和推广，促进商品化、产业化进程，有效解决科研、生产脱节的问题。

（四）植物新品种保护制度有利于推动国际交流与合作。

（五）开展植物新品种保护工作可强化知识产权管理，增强中国林业的市场竞争力。

二、开展植物新品种保护的必要性和紧迫性

为完善和加强中国知识产权保护和管理，1997 年 3 月 20 日，国务院发布了《中华人民共和国植物新品种保护条例》。1999 年 4 月 23 日，国家林业局和农业部正式启动实施植物新品种保护条例，并正式成为《国际植物新品种保护公约》的成员国，开始受理植物新品种权（简称品种权）申请。2000 年 6 月，广西首次召开了广西植物新品种保护会议，正式启动了这项工作。现在，全国林业品种权保护工作日益走上正规，随着中国加入 WTO，广西广大林业品种（组合）选育者花了几年、十几年甚至几十年育成的品种（或开发的野生品种），很可能一夜之间被他人盗用甚至优良的品种资源流失国外，却因没有及时申请品种权而无处申冤和索赔，育种家半辈子的心血得不到应有补偿。同时，广西如果不能尽快建立植物新品种保护机制，开展品种权保护工作，在今后全国性、国际性的植物新品种交流、贸易中将处于极其不利的境地。因此，广西开展新品种权保护工作显得极其紧迫。广西要从战略的高度认识植物新品种保护工作的重要性，才能自觉开展品种权保护，有效促进林业技术创新的良性发展。

三、广西开展林业植物新品种保护工作的现状

2000 年 6 月，广西首次召开了广西植物新品种保护会议，正式启动了这项工作。

2001 年 8 月，广西林业局发布了《关于成立广西壮族自治区林业植物新品种保护办公室的通知》（桂林科发〔2001〕13 号），正式成立了广西壮族自治区林业植物新品种保护办公室，该办公室挂靠在广西林业局科学技术合作处。该机构的成立标志着广西林业植物新品种保护工作的开展逐步走上正轨。

2000 年至 2002 年，广西先后组织了两批共 3

人参加了由中国林业局组织的林业植物新品种权代理人资格培训班，并获林业植物新品种权代理人资格。

2002年，广西东门林场的桉树基因库建设项目的启动，标志着广西植物新品种保护正式开始。

从2003年起，广西植物新品种保护体系建设列入了广西财政预算项目，每年安排经费约20万元。项目主要内容包括：第一，植物新品种保护工作的宣传和政策调研；第二，大力开展专业培训，加强植物新品种保护队伍建设。

【东门尾巨桉杂种无性系系列】

东门尾巨桉杂种无性系系列包括DH30-1号、DH33-9号、DH32-11号、DH32-13号、DH32-22号、DH32-26号、DH33-27号、DH32-28号。

树种：尾巨桉

学名：Eucalypt. urophlla×Eucalypt. grandis

良种类别：杂种无性系

通过审定类别：审定

登记编号：桂S-SC-EUG-001-2004

分类编号：(桂SY)001

品种特性：速生丰产、轮伐期短（工业纤维材）；干形通直、林相非常整齐、出材率高（木片材出材率在80%以上）；材质好，纹理直，木材基本密度580±20kg/m³（6年生左右）；耐瘠薄。施肥效果显著。

栽培技术要点：第一，整地：平原或低丘采用机耕全垦（25cm～35cm深），山地采用挖坑（60cm×40cm×40cm）或撩壕（50cm×40cm×40cm）。

第二，造林密度：4m×2m～3m×1.5m，即1250～2200株/hm2。

第三，施肥：造林前施基肥，钙镁磷肥或桉树专用肥，用量0.25～0.5kg/坎。第二年施一次复合肥或桉树专用肥，用量0.25～0.5kg/坎。

第四，及时除草抚育。每年除草抚育两次，连续两年。如果条件容许，第三年再抚育施肥一次。

适宜种植范围：适宜在广大华南地区的平原、丘陵及山地（800m以下）且无长时间霜冻（15天以上）、强低温（-4℃以下）及强台风危害地区种植。

【东门尾园桉杂种无性系系列】

东门尾园桉杂种无性系系列包括DH179-1号、DH186-1号、DH101-2号、DH198-3号、DH167-2号。

树种：尾园桉

学名：Eucalypt. urophlla×Eucalypt. tereticornis

良种类别：杂种无性系

通过审定类别：审定

登记编号：桂S-SC-EUT-002-2004

分类编号：(桂SY)002

品种特性：速生丰产、轮伐期短（工业纤维材）；干形通直、分枝小、树冠窄、林相非常整齐、出材率高（木片材出材率在80%以上）；材质好，纹理直，木材基本密度550±20kg/m³（6年生左右）；耐瘠薄。施肥效果显著，抗风、抗病、抗寒性强。

栽培技术要点：第一，整地：平原或低丘采用机耕全垦（25～35cm深），山地采用挖坑（60cm×40cm×40cm）或撩壕（50cm×40cm×40cm）。

第二，造林密度：4m×2m～3m×1.5m，即1250～2200株/hm²。

第三，施肥：造林前施基肥，钙镁磷肥或桉树专用肥，用量0.25～0.5kg/坎。第二年施一次复合肥或桉树专用肥，用量0.25～0.5kg/坎。

第四，及时除草抚育。每年除草抚育两次，连续两年。如果条件容许，第三年再抚育施肥一次。

适宜种植范围：适宜在广大华南地区的平原、丘陵及山地（800m以下）且无长时间霜冻（15天以上）、强低温（-4℃以下）及强台风危害地区种植。

【东门尾赤桉杂种无性系】

东门尾赤桉杂种无性系DH184-1号

树种：尾赤桉

学名：Eucalypt. urophlla×Eucalypt. camadulensis

良种类别：杂种无性系

通过审定类别：审定

登记编号：桂S-SC-EUC-003-2004

分类编号：(桂SY)003

品种特性：速生丰产、轮伐期短（工业纤维材）；干形通直、分枝小、树冠窄、林相非常整齐、出材率高（木片材出材率在80%以上）；材质好，纹理直，木材基本密度550±20kg/m³（6年生左右）；耐瘠薄。施肥效果显著，抗风、抗病、抗寒性强。

栽培技术要点：第一，整地。平原或低丘采用机耕全垦(25～35cm 深),山地采用挖坑(60cm×40cm×40cm)或撩壕(50cm×40cm×40cm)。

第二,造林密度:42～31.5m,即 1250～2200 株/hm²。

第三,施肥:造林前施基肥,钙镁磷肥或桉树专用肥,用量 0.25～0.5kg/坎。第二年施一次复合肥或桉树专用肥,用量 0.25～0.5kg/坎。

第四,及时除草抚育。每年除草抚育两次,连续两年。如果条件容许,第三年再抚育施肥一次。

适宜种植范围:适宜在广大华南地区的平原、丘陵及山地(800m 以下)且无长时间霜冻(15 天以上)、强低温(-4℃以下)及强台风危害地区种植。

【东门尾叶桉母树林种子】

树种:尾叶桉

学名:Eucalypt. urophlla

良种类别:母树林种子

通过审定类别:审定

登记编号:桂 S-SS-EU-004-2004

分类编号:(桂 SY)004

品种特性:耐瘠薄、干旱,速生丰产、轮伐期短(工业纤维材);干形通直、分枝小、树冠窄(可密植,1250～2200 株/hm²)、出材率高(木片材出材率在 80%以上),林分分化率低;材质好,纹理直,木材基本密度 560±20kg/m³(6 年生左右)。

栽培技术要点:第一,整地:平原或低丘采用机耕全垦(25～35cm 深),山地采用挖坑(60cm×40cm×40cm)或撩壕(50cm×40cm×40cm)。

第二,造林密度:4m×2m～3m×1.5m,即 1250～2200 株/hm²。

第三,施肥:造林前施基肥,钙镁磷肥或桉树专用肥,用量 0.25～0.5kg/坎。第二年施一次复合肥或桉树专用肥,用量 0.25～0.5kg/坎。

第四,及时除草抚育。每年除草抚育两次,连续两年。如果条件容许,第三年再抚育施肥一次。

适宜种植范围:适宜在广大华南地区的平原、丘陵及山地(800m 以下)且无长时间霜冻(15 天以上)、强低温(-4℃以下)及强台风危害地区种植。

【东门尾叶桉实生种子园种子】

树 种:尾叶桉

学名:Eucalypt. urophlla

良种类别:实生种子园种子

通过审定类别:审定

登记编号:桂 S-SSO-EU-005-2004

分类编号:(桂 SY)005

品种特性:耐瘠薄、干旱,速生丰产、轮伐期短(工业纤维材);干形通直、分枝小、树冠窄(可密植,1250～2200 株/hm²)、出材率高(木片材出材率在 80%以上),林分分化率低;材质好,纹理直,木材基本密度 560±20kg/m³(6 年生左右)。

栽培技术要点:第一,整地:平原或低丘采用机耕全垦(25～35cm 深),山地采用挖坑(60cm×40cm×40cm)或撩壕(50cm×40cm×40cm)。

第二,造林密度。4m×2m～3m×1.5m,即 1250～2200 株/hm²。

第三,施肥:造林前施基肥,钙镁磷肥或桉树专用肥,用量 0.25～0.5kg/坎。第二年施一次复合肥或桉树专用肥,用量 0.25～0.5kg/坎。

第四,及时除草抚育。每年除草抚育两次,连续两年。如果条件容许,第三年再抚育施肥一次。

适宜种植范围:适宜在广大华南地区的平原、丘陵及山地(800m 以下)且无长时间霜冻(15 天以上)、强低温(-4℃以下)及强台风危害地区种植。

【宁明马尾松桐棉种源种子】

树种:马尾松

学名:*Pinus massoniana Lanb.*

良种类别:优良种源

通过审定类别:审定

登记编号:桂 S-SP-PM-006-2004

分类编号:(桂 SY)006

品种特性:适应性强,要求立地不严,耐贫瘠,耐干旱,在贫瘠石砾裸露地,重黏土,沙土、水土流失严重的冲刷地、石缝都能生长,在酸性、砂壤质、土层深厚保水力强的土地生长良好。

栽培技术要求与造林地选择:应选海拔 350～800m 之间的低山和高丘,土层厚度不低于 50cm,表土层不低于 5cm,有 机质含量应大于 1%,含砾量低于 20%。采用块状整地,整地规格 30cm×30cm×30cm,造林初植密度 167～300 株/亩,选择Ⅰ、Ⅱ级苗上山造林。造林有直播和植苗两种方式,直播有点播、撒播和飞播。裸根苗造林一般在春节前后,苗木未抽薹之前进行;直播主要在春季进行;容器苗则在春季或春夏间进行。造林后加强抚育管理,造林后 7～8 年进行第一次间伐,13～14 年进行第二次抚育间伐,最后保留 75～100 株/亩左右,主伐年龄 20 年。

适宜种植范围:广西、广东、湖南、福建、江苏、云南、贵州等高丘低山地区。

【岑溪马尾松波塘种源种子】

树种:马尾松

学名:Pinus massoniana Lanb.

良种类别:优良种源

通过审定类别:审定

登记编号:桂 S-SP-PM-007-2004 分类编号:(桂 SY)007

品种特性:岑溪波塘种源马尾松生长快,干型通直圆满,材质优良,松脂质量好,产量高,造林适应性强,要求立地不严,耐贫瘠,耐干旱,在贫瘠、石砾裸露地、重黏土、沙土、水土流失严重的冲刷地、石缝都能生长。在酸性、砂壤质、土层深厚保水力强的林地生长良好,可作速丰林经营;育苗造林技术要求不高。

栽培技术要点:马尾松属阳性树种,造林地宜选择在海拔 1200m 以下的酸性土壤,年平均气温在 13℃～22℃,降雨量在 800 毫米以上为宜,采用块状整地,整地规格 40cm×40cm×30cm,造林初植密度 2500～4500 株/hm²;选择Ⅰ、Ⅱ级苗上山造林。造林有直播和植苗两种方式,直播有点播、撒播和飞播。裸根苗的造林 时间一般在春节前后,苗木未抽蔓之前进行;容器苗则在春季或春夏间、夏季进行;直播造林则主要在春季进行。造林后连续抚育 3 年,每年抚育 1～2 次,并适时进行间伐,最终保留密度 1050～2400 株/hm²。马尾松 10～15 年可采松脂,21 年成熟即可采伐,亩蓄积可达 10～20m³。

适宜种植范围:广西、广东、福建、江苏、湖南、贵州、江西等。

【忻城马尾松古逢种源种子】

树种:马尾松

学名:Pinus massoniana Lanb

良种类别:优良种源

通过审定类别:审定

登记编号:桂 S-SP-PM-008-2004

分类编号:(桂 SY)008

品种特性:种子发芽率高:速生丰产,耐干旱贫瘠,对立地条件要求不严,在微酸或微碱地均能正常生长,在贫瘠、重黏土、沙土、冲刷地和石缝间能生长。在酸性、钙质土、土层深厚透气保水力强的林地生长良好,造林后林相整齐,生长稳定迅速,林木个体分化不大。干形通直、圆满,树皮薄,树冠窄,侧枝细,自然整枝良好。木材出材率高,出材量大。种子发芽率高,千粒重大,含水量低,净度高。树木出脂量大,耐干旱、抗寒能力强,抗病虫害能力强。遗传后代不变异。

栽培技术要点:第一,立地选择:低丘红壤或石灰岩山地,土层厚度在 50cm 以上。林龄 8～12 年可抚育间伐,20 年成熟,可主伐。采用穴状整地,规格 40cm × 40cm × 30cm,造林初植密度 2500～4500 株/hm²,选Ⅰ、Ⅱ级苗上山造林。

第二,造林方式。有直播和植苗两种,直播有点播、撒播和飞播。裸根苗造林在春节前后,苗木未抽蔓前进行;容器苗在春、夏季进行;直播造林在春季进行。造林后三年要割草抚育,并适当施肥;林龄 8～12 年时进行抚育间伐。

适宜种植范围:适宜于桂中,桂南北热带,南亚热带广大低山丘陵地区种植。可推广到广东、福建、贵州、云南、湖南、湖北种植。

【广西藤县大芒界种子园马尾松种子】

树种:马尾松

学名:Pinus massoniana Lamb

良种类别:无性系种子园

通过审定类别:审定

登记编号:桂 S-CCO(1)-PM-009-2004

分类编号:(桂 SY)009

品种特性:对土壤要求不严,喜酸性和微酸性土壤,适应性强,生长快,自然整枝迅速,树干通直,松脂产量高。

栽培技术要点:立地要求地位指数在 14 以上,苗木规格裸根苗高要求 16cm(含 16cm)以上,地径大于等于 0.3cm,半年生营养杯苗高大于等于 10cm,块状整地 40cm×40cm×25cm,造林密度株行距为 2m×3m,栽植时一般选择在冬季 12 月至次年 2 月苗木抽蔓前进行,若用裸根苗,造林前用黄泥浆浆根或用生根粉、保水剂处理,以利于苗木保持水分;适当深栽,栽时使苗木深栽 2～3cm,即黄毛入土,以减少水分蒸腾;主根过长的应截根栽植;种时需压实,使根系和土壤紧密接触,营养杯苗的则应去掉营养杯。视造林地情况,第一年抚育 1～2 次,第二年抚育 1～2 次,第三年抚育 1 次。造林当年的第一次抚育,注意不动根部土,避免伤害苗木根系。

适宜种植范围:马尾松分布区范围,即陕西、河南、安徽、江苏、浙江、江西、湖南、湖北、福建、广东、广西、贵州、四川、云南、台湾等地,海拔 600～

800m以下，年降雨量在800cm以上的地带。

【南宁市林科所马尾松种子园种子】

树种：马尾松

学名：Pinus massoniana Lamb.

良种类别：无性系种子园

通过审定类别：审定

登记编号：桂S-CCO(1)-PM-010-2004

分类编号：(桂SY)010

品种特性：与一般林分比较，种子园种子林分生长迅速，干形好，林相整齐。

栽培技术要点：对立地的选择要适地适树，马尾松喜酸性或微酸性土壤，选择速生丰产造林地，首先考虑在海拔300m以上，600m以下的低山地貌类型。在坡度15°以下的低山、丘陵或台地可采用全面整地；在坡度15°～25°的低山、丘陵沿水平等高线进行带状整地；在坡度25°以上的低山采用块状整地。整地规格为40cm×40cm×30cm。合理密植，密度在2500～3300株/hm²，株行距为2m×2m、1.5m×1.5m。苗木规格要求，裸根苗根径0.35cm以上，容器苗根径0.3cm以上、高12cm～15cm以上。施肥，结合植穴回填土壤时，每穴施方过磷酸钙或钙镁磷肥0.15kg，每公顷施放375～525kg，使磷肥与表土在坎内拌匀。抚育管理，造林后一般抚育2～3年，除草、松土。还可采取间伐等管理手段。主伐年限，建筑材为25年，纸浆材为18年。

适宜种植范围：国内马尾松主产区。

【覃塘林场马尾松种子园种子】

树种：马尾松

学名：Pinusmassoniana

良种类别：无性系种子园

通过审定类别：认定

登记编号：桂S-CCO(1)-PM-011-2004

分类编号：(桂SY)011

品种特性：种子园生产的种子播种品质优良，发芽率高，遗传性状稳定，苗期和幼林生长迅速，对土壤要求不严，喜酸性和微酸性土壤，适应性强，生长快，自然整枝迅速，树干通直，松脂产量高。

栽培技术要点：第一，整地：坡度20°以下，采用全面整地，坡度在20°～30°时，采用带状整地；30°以上进行块状整地。要求深度不能低于30cm，适当密植，每公顷2500～3000株。

第二，施肥。马尾松专用肥或基肥钙镁磷肥。用量：0.25～0.6kg/株。

第三，除草抚育。造林当年要进行成活率检查，成活率达90%以下，第二年要进行补植，当年造林后需连续三年除草松土，第一、第二年铲草抚育各2次，第三年铲草抚育一次，为提高林地生产力，可考虑选择荷本、火楠等混交。

适宜种植范围：我国南方适宜种植马尾松地区。

【广西融安县西山林场杉木种子园种子】

树种：杉木

学名：Cunninghamia lanceolata (Lamb.) Hook.

良种类别：无性系种子园

通过审定类别：审定

登记编号：桂S-CCO(1)-CL-012-2004

分类编号：(桂SY)012

品种特性：具有明显的增产优势和良好的遗传性状，种质好、生产力高、尖梢度小、出材率高、速生丰产，易栽培，适应性广。

栽培技术要点：造林宜选择在生产力中等以上，湿润的丘陵或低山地区。炼山后，穴状或水平带状整地，栽植穴40cm×40cm×40cm。采用1年生苗在12月至翌年3月造林，造林密度167～240株/亩。头三年每年进行彻底清除杂草灌木，扩坎施肥抚育二次。8～10年生开始间伐二次，间隔3～5年，间伐后郁闭度不低于0.6。

适宜种植范围：我国长江以南各省区湿润的丘陵、低山地区。

【融水县杉木采种基地种子】

树种：杉木

学名：Cunninghamiaianceo lata (Lam.) Hook.

良种类别：

通过审定类别：审定

登记编号：桂S-SP-CL-013-2004

分类编号：(桂SY)013

品种特性：具有明显的增产优势和良好的遗传性状，种质好、生产力高、尖梢度小、出材率高、速生丰产，易栽培，适应性广。

栽培技术要点：造林宜选择在生产力中等以上，湿润的丘陵或低山地区。炼山后，穴状或水平带状整地，栽植穴40cm×40cm×40cm。采用1年生苗在12月至翌年3月造林，造林密度167～240株/亩。头三年每年进行彻底清除杂草灌木，扩坎施肥抚育二次。8～10年生开始间伐二次，间隔3～5年，间伐后郁闭度不低于0.6。

适宜种植范围：在北纬21°41′～34°03′、东经101°45′～121°53′，我国长江以南各省区湿润的丘陵、低山地区，土层深厚、肥力中等、排水良好的酸性至微酸性土均能生长良好。

【七坡林场湿地松母树林种子】

树种：湿地松

学名：Pinus elliottii Engelm.

良种类别：母树林

通过审定类别：审定

登记编号：桂S-SS-PE-014-2004

分类编号：(桂SY)014

品种特性：具有造林成活率高、生长迅速、适应性广、抗逆性强、林分分化小、干形通直圆满、产脂量高、病虫害少等特点，是南方地区主要用材林树种之一。

栽培技术要点：挖穴40cm×30cm×30cm，用一年或三个月生容器苗在1～2月造林，初植密度为150株/亩(株行距1.67m×2.67m)。苗期生长缓慢，抚育重点是除草，前两年每年除草2次，第三年抚育1次。第8～10年开始新间伐，间伐2次，间隔期4～5年。最终保留密度70株/亩。

适宜种植范围：湿地松喜光，在海拔350m以下的丘陵地生长良好，适应于我国南方地区，广东、广西、海南、湖南、江西、福建、浙江、江苏、云南、贵州等省区。

【银杏一华口大白果】

树种：银杏

学名：Cinkgo biloba Linn.

良种类别：无性系

通过审定类别：审定

分类编号：桂S-SC-GB-015-2004

登记编号：(桂SJ)001

品种特性：该品种颗粒较大，属一级果，其早果性、丰产性较优，出核率、出仁率较高。

栽培技术要点：该品种适宜在土层深厚肥沃、疏松、排水好的立地条件下生长。

种植时间及要求：种植时间在1月上旬至2月上旬为好，株行距可4m×5m、5m×5m、5m×6m、6m×6m，坑规格0.7m×0.7m×0.7m或0.8m×0.8m×0.7m，坑内施足基肥，种植时选择50cm高以上，径粗1.0～1.2cm的壮苗，不要将嫁接口埋入土中，定植后用粗2cm，高1m的木杆扶正幼苗防止风吹倾斜，在其后2～3年间注意培植直立主干。种植的雌雄株搭配为20∶1，且雄株应种在种植地4月份时的上风向位置。

林地管理：

第一，抚育管理：银杏林地要求无杂草丛生，土质疏松，透气性强。银杏定植后次年开始4～8月保持基盘(树冠投影地面)无杂草、疏松、不积水。11～12月全园垦复，深挖20cm，使其土壤冬季风化，保水保肥。并剪除病弱枝、交叉枝、突长枝，以利培育树冠。

第二，施肥管理：一是施重肥：2月中旬至3月上旬，在幼树基部两侧挖施肥沟，沟的大小视植株大小而定，一般在定植后的前1～3年间，沟宽20cm，长50cm，深30～40cm。4～5年后植株已长大，施肥沟应加大，沟宽40cm，长50～100cm，深40～60cm。用肥种类以腐熟的农家肥为主，加适量的硫酸钾复合肥。肥料施入后与土拌匀，再覆土。二是追肥：在每年的4月中旬至6月中旬，间隔15～20天追肥一次，每年3～4次，在植株树冠换冠投影下部挖环状沟或放射沟追肥，沟深10～15cm，肥料种类以硫酸钾复合肥为主，用肥量视植株大小而定，肥料施入后覆土。

人工授粉：银杏为雌雄异株，风媒花植物，如果植株自然授粉不当，落花落果严重，植株产量低，或不挂果。其人工授粉方法是：

第一，收集雄花粉。当雄树上的花序由青绿色转为淡黄色，花序微下垂，有个别花序撒粉时，表明雄花已成熟。这时可将成熟花序采摘，采回的花序摊在室内白纸上，置于26℃恒温室内风干或用生石灰干燥或用竹筛加垫在太阳下晒2～3小时(防风)，花药开裂出粉后，过细筛即得花粉，花粉分2g一小包，放入干燥器或石灰缸内保存备用。处理后的花粉在干燥条件下保存20天左右使用仍有效果。

第二，授粉时间。当观察到被授粉的雌株有60%～70%的雌花胚珠上有性水，即可授粉，一般在4月上旬至4月中旬。授粉时间宜早不宜迟。

第三，操作方法。水粉液配制：将2g花粉加水5kg加白糖20克，或用0.5kg充分成熟的鲜雄花序，压榨兑水25～30kg，加入白糖50g，配好的水粉液呈微黄色。操作：将配制好的水粉液倒入干净无毒的喷雾器内，沿树冠均匀喷雾。

第四，注意事项。一是喷了农药的喷雾器要反复冲洗干净，做到无毒无味。最好设授粉专用喷雾器。二是对人工授粉后挂果多的植株，应用木杠支撑保护下垂的大枝或绳子拉枝，以防断枝；同时加强水肥管理，使之有充足的养分供给植株生长。三是授粉量一定要严格控制，花多应少喷(见满树花的只能授粉1次，且不能过量喷花粉液)，花少则多喷(在正常情况下，增加1～2次授粉)。尽量使树冠内堂枝挂果。四是水粉液应随配随用，不断搅拌(摇动喷雾器)。对发霉(成块状)的花粉不能使用。五是雄株分布均衡，自然授粉条件好，且授粉时间为晴天的，不能再进行人工授粉，否则超负荷挂果，造成养分失调，易使树体衰败，严重的全株死亡。六是授粉时间如是阴天和小雨，要增加1～2次授粉，或在晴天再增补授粉1次，这样可确保植株挂果，达到其丰产目的。七是进行人工授粉的植株，一定要生长旺盛。对病虫害严重的、植株生长弱的、及历年均有一定产量的植株不宜再进行授粉。八是人工授粉技术必须慎重，使用该技术必须在有关技术人员或技术经验较为丰富的果农指导下进行，否则人工授粉过量，造成植株死亡，损失极大。

疏果：银杏树进入盛产期，水肥条件好，植株开花较多，自然授粉好或人工授粉过量，植株挂果多，易造成树体养分失调。为了确保银杏的丰产稳产，提高其产品质量，对于挂果过量的植株，在5月中旬当幼果直径0.3～0.4cm时即可进行人工疏果，每个短枝头保留2～3个果为宜，其叶果比为25～30：1。

果实采收和处理。9月上旬至中旬当种实由青绿色转为淡黄色时，标志着种子已成熟。采收方法是人工摇动或竹竿轻打树枝而种实落地收集。种实采收后，用竹筐舂洗脱皮，如数量多可采用脱皮机处理，脱去外种皮后，过筛洗净，荫干或太阳下晒至果壳转白即可。

适宜种植范围：广西桂北地区及湖南、贵州、云南、四川、江苏、山东、江西等省区。

【银杏一大佛手】

树种：银杏

学名：Ginkgo biloba Linn.

良种类别：无性系

通过审定类别：审定

登记编号：桂 S-SC-GB-016-2004

分类编号：(桂 SJ)002

品种特性：该品种核粒较大、早实、丰产性较优，出核率较高。

栽培技术要点：该品种适宜在土层深厚肥沃、疏松、排水好的立地条件下生长。

种植时间及要求：种植时间在1月上旬至2月上旬为好，株行距可4m×5m、5m×5m、5m×6m、6m×6m，坑规格0.7m×0.7m×0.7m或0.8m×0.8m×0.7m，坑内施足基肥，种植时选择50cm高以上，径粗1.0～1.2cm的壮苗，不要将嫁接口埋入土中，定植后用粗2cm，高1m的木杆扶正幼苗防止风吹倾斜，在其后2～3年间注意培植直立主干。种植的雌雄株搭配为20：1，且雄株应种在种植地4月份时的上风向位置。

林地管理：

第一，抚育管理：银杏林地要求无杂草丛生，土质疏松，透气性强。银杏定植后次年开始4～8月保持基盘(树冠投影地面)无杂草、疏松、不积水。11～12月全园垦复，深挖20cm，使其土壤冬季风化，保水保肥。并剪除病弱枝、交叉枝、突长枝，以利培育树冠。

第二，施肥管理。一是施重肥：2月中旬至3月上旬，在幼树基部两侧挖施肥沟，沟的大小视植株大小而定，一般在定植后的前1～3年间，沟宽20cm，长50cm，深30～40cm。4～5年后植株已长大，施肥沟应加大，沟宽40cm，长50～100cm，深40～60cm。用肥种类以腐熟的农家肥为主，加适量的硫酸钾复合肥。肥料施入后与土拌匀，再覆土。二是追肥：在每年的4月中旬至6月中旬，间隔15～20天追肥一次，每年3～4次，在植株树冠换冠投影下部挖环状沟或放射沟追肥，沟深10～15cm，肥料种类以硫酸钾复合肥为主，用肥量视植株大小而定，肥料施入后覆土。

人工授粉：银杏为雌雄异株，风媒花植物，如果植株自然授粉不当，落花落果严重，植株产量低，或不挂果。其人工授粉方法是：

第一，收集雄花粉。当雄树上的花序由青绿色转为淡黄色，花序微下垂，有个别花序撒粉时，表明雄花已成熟。这时可将成熟花序采摘，采回的花序摊在室内白纸上，置于26℃恒温室内风干或用生石灰干燥或用竹筛加垫在太阳下晒2～3小时(防风)，花药开裂出粉后，过细筛即得花粉，花粉分2g一小包，放入干燥器或石灰缸内保存备用。处理后的花粉在干燥条件下保存20天左右使用仍有效果。

第二，授粉时间。当观察到被授粉的雌株有60%～70%的雌花胚珠上有性水，即可授粉，一般在4月上旬至4月中旬。授粉时间宜早不宜迟。

第三,操作方法。水粉液配制:将2g花粉加水5kg加白糖20g,或用0.5kg充分成熟的鲜雄花序,压榨兑水25～30kg,加入白糖50g,配好的水粉液呈微黄色。操作:将配制好的水粉液倒入干净无毒的喷雾器内,沿树冠均匀喷雾。

第四,注意事项:一是喷了农药的喷雾器要反复冲洗干净,做到无毒无味。最好设授粉专用喷雾器。二是对人工授粉后挂果多的植株,应用木杠支撑保护下垂的大枝或绳子拉枝,以防断枝;同时加强水肥管理,使之有充足的养分供给植株生长。三是授粉量一定要严格控制,花多应少喷(见满树花的只能授粉1次,且不能过量喷花粉液),花少则多喷(在正常情况下,增加1～2次授粉)。尽量使树冠内堂枝挂果。四是水粉液应随配随用,不断搅拌(摇动喷雾器)。对发霉(成块状)的花粉不能使用。五是雄株分布均衡,自然授粉条件好,且授粉时间为晴天的,不能再进行人工授粉,否则超负荷挂果,造成养分失调,易使树体衰败,严重的全株死亡。六是授粉时间如是阴天和小雨,要增加1～2次授粉,或在晴天再增补授粉1次,这样可确保植株挂果,达到其丰产目的。七是进行人工授粉的植株,一定要生长旺盛。对病虫害严重的、植株生长弱的、及历年均有一定产量的植株不宜再进行授粉。八是人工授粉技术必须慎重,使用该技术必须在有关技术人员或技术经验较为丰富的果农指导下进行,否则人工授粉过量,造成植株死亡,损失极大。

疏果:银杏树进入盛产期,水肥条件好,植株开花较多,自然授粉好或人工授粉过量,植株挂果多,易造成树体养分失调。为了确保银杏的丰产稳产,提高其产品质量,对于挂果过量的植株,在5月中旬当幼果直径0.3～0.4cm时即可进行人工疏果,每个短枝头保留2～3个果为宜,其叶果比为25～30∶1。

果实采收和处理:9月上旬至中旬当种实由青绿色转为淡黄色时,标志着种子已成熟。采收方法是人工摇动或竹竿轻打树枝而种实落地收集。种实采收后,用竹筐舂洗脱皮,如数量多可采用脱皮机处理,脱去外种皮后,过筛洗净,荫干或太阳下晒至果壳转白即可。

适宜种植范围:广西桂北地区及湖南、贵州、云南、四川等省区。

【银杏—大马铃】

树种:银杏

学名:Ginkgo biloba Linn.

良种类别:无性系

通过审定类别:审定

登记编号:桂S-SC-GB-017-2004

分类编号:(桂SJ)003

品种特性:该品种丰产稳产、早果性较好,出核率、出仁率较高,核粒特大,品质优良。

栽培技术要点:该品种适宜在土层深厚肥沃、疏松、排水好的立地条件下生长。

种植时间及要求:种植时间在1月上旬至2月上旬为好,株行距可4m×5m、5m×5m、5m×6m、6m×6m,坑规格0.7m×0.7m×0.7m或0.8m×0.8m×0.7m,坑内施足基肥,种植时选择50cm高以上,径粗1.0～1.2cm的壮苗,不要将嫁接口埋入土中,定植后用粗2cm,高1m的木杆扶正幼苗防止风吹倾斜,在其后2～3年间注意培植直立主干。种植的雌雄株搭配为20∶1,且雄株应种在种植地4月份时的上风向位置。

林地管理:第一,抚育管理.银杏林地要求无杂草丛生,土质疏松,透气性强。银杏定植后次年开始4～8月保持基盘(树冠投影地面)无杂草、疏松、不积水。11～12月全园垦复,深挖20cm,使其土壤冬季风化,保水保肥。并剪除病弱枝、交叉枝、突长枝,以利培育树冠。

第二,施肥管理:一是施重肥:2月中旬至3月上旬,在幼树基部两侧挖施肥沟,沟的大小视植株大小而定,一般在定植后的前1～3年间,沟宽20cm,长50cm,深30～40cm。4～5年后植株已长大,施肥沟应加大,沟宽40厘米,长50～100cm,深40～60cm。用肥种类以腐熟的农家肥为主,加适量的硫酸钾复合肥。肥料施入后与土拌匀,再覆土。二是追肥:在每年的4月中旬至6月中旬,间隔15～20天追肥一次,每年3～4次,在植株树冠换冠投影下部挖环状沟或放射沟追肥,沟深10～15cm,肥料种类以硫酸钾复合肥为主,用肥量视植株大小而定,肥料施入后覆土。

人工授粉。银杏为雌雄异株,风媒花植物,如果植株自然授粉不当,落花落果严重,植株产量低,或不挂果。其人工授粉方法是:

第一,收集雄花粉。当雄树上的花序由青绿色转为淡黄色,花序微下垂,有个别花序撒粉时,表明雄花已成熟。这时可将成熟花序采摘,采回的花序摊在室内白纸上，置于26℃恒温室内风干或用生石灰干燥或用竹筛加垫在太阳下晒2～3小时(防风)，花药开裂出粉后，过细筛即得花粉，花粉分2克一小包，放入干燥器或石灰缸内保存备用。处理后的花粉在干燥条件下保存20天左右使用仍有效果。

第二，授粉时间。当观察到被授粉的雌株有60%～70%的雌花胚珠上有性水，即可授粉，一般在4月上旬至4月中旬。授粉时间宜早不宜迟。

第三，操作方法。水粉液配制：将2g花粉加水5kg加白糖20g，或用0.5kg充分成熟的鲜雄花序，压榨兑水25～30kg，加入白糖50g，配好的水粉液呈微黄色。

操作：将配制好的水粉液倒入干净无毒的喷雾器内，沿树冠均匀喷雾。

第四，注意事项：一是喷了农药的喷雾器要反复冲洗干净，做到无毒无味。最好设授粉专用喷雾器。二是对人工授粉后挂果多的植株，应用木杠支撑保护下垂的大枝或绳子拉枝，以防断枝；同时加强水肥管理，使之有充足的养分供给植株生长。三是授粉量一定要严格控制，花多应少喷(见满树花的只能授粉1次，且不能过量喷花粉液)，花少则多喷(在正常情况下，增加1～2次授粉)。尽量使树冠内堂枝挂果。四是水粉液应随配随用，不断搅拌(摇动喷雾器)。对发霉(成块状)的花粉不能使用。五是雄株分布均衡，自然授粉条件好，且授粉时间为晴天的，不能再进行人工授粉，否则超负荷挂果，造成养分失调，易使树体衰败，严重的全株死亡。六是授粉时间如是阴天和小雨，要增加1～2次授粉，或在晴天再增补授粉1次，这样可确保植株挂果，达到其丰产目的。七是进行人工授粉的植株，一定要生长旺盛。对病虫害严重的、植株生长弱的、及历年均有一定产量的植株不宜再进行授粉。八是人工授粉技术必须慎重，使用该技术必须在有关技术人员或技术经验较为丰富的果农指导下进行，否则人工授粉过量，造成植株死亡，损失极大。

疏果：银杏树进入盛产期，水肥条件好，植株开花较多，自然授粉好或人工授粉过量，植株挂果多，易造成树体养分失调。为了确保银杏的丰产稳产，提高其产品质量，对于挂果过量的植株，在5月中旬当幼果直径0.3～0.4cm时即可进行人工疏果，每个短枝头保留2～3个果为宜，其叶果比为25～30：1。

果实采收和处理：9月上旬至中旬当种实由青绿色转为淡黄色时，标志着种子已成熟。采收方法是人工摇动或竹竿轻打树枝而种实落地收集。种实采收后，用竹筐舂洗脱皮，如数量多可采用脱皮机处理，脱去外种皮后，过筛洗净，荫干或太阳下晒至果壳转白即可。

适宜种植范围：广西桂北地区及广东、湖南、贵州、云南、四川、江苏、山东等省区。

【千年桐—桂皱1号】

树种：千年桐

学名：Vernicia Montana (Wils) Lour

良种类别：无性系

通过审定类别：审定

登记编号：桂S-SC-VM-018-2004

分类编号：(桂SJ)004

品种特性：具有结实早、产量高、适应性广、抗性强等优点。成年树高7～8m，主枝4～5轮，较开展，树冠伞形或广卵形；丛生果占结果总数的90%以上；产量较稳定。

栽培技术要点：第一，林地选择。千年桐喜湿、忌风，上山造林海拔高度不宜超过600m。宜选择土层深厚、肥沃、疏松、排水良好的沙质壤土造林。

第二，造林密度：千年桐经营方式以纯林经营和长期桐农混种为主，也宜于道路四旁绿化和庭院立体经营。成片栽种时，中等肥力土壤的造林密度为42～48株/亩；造林地较肥沃的密度相应小些，浅瘠的密度则大些。

第三，苗木质量。一般直接采用一年生Ⅰ、Ⅱ级无性系嫁接苗栽植，要求砧粗2～2.5cm；接口愈合良好；接穗生长健壮，芽眼粗壮而鼓起；无病虫害、无机械损伤。

第四，基肥：要求每亩施农家肥、厩肥、草木灰800～1000kg。

第五，抚育管理。一是施肥。1年生幼树每株施腐熟桐麸0.5kg、过磷酸钙0.25kg；第2年后继续追施施腐熟桐麸和过磷酸钙，每株1.0～1.5kg。于萌动前20天前后施下。二是病虫害防治。以预防为主。三是适时采收。桐果采收的适期以桐果成熟而定，一般在10月下旬到11月上旬。

第六，达产期：造林后5～6年进入盛果期。盛果期年产桐油每公顷250～400kg以上。

适宜种植范围：适宜在广西的桂西南和桂东

南，广东、海南、浙江、福建等长江以南地区种植。

【千年桐—桂皱2号】

树种：千年桐

学名：Vernicia Montana (Wils) Lour

良种类别：无性系

通过审定类别：审定

登记编号：桂 S-SC-VM-019-2004

分类编号：(桂 SJ)005

品种特性：具有结实早、产量高、适应性广、抗性强等优点。成年树高 8～10m，主枝 4～5 轮，树冠伞形；丛生果占结果总数的 80%以上；产量较稳定。

栽培技术要点：第一，林地选择：千年桐喜湿、忌风，上山造林海拔高度不宜超过 600m。宜选择土层深厚、肥沃、疏松、排水良好的沙质壤土造林。

第二，造林密度：千年桐经营方式以纯林经营和长期桐农混种为主，也宜于道路四旁绿化和庭院立体经营。成片栽种时，中等肥力土壤的造林密度为 42～48 株/亩；造林地较肥沃的密度相应小些，浅瘠的密度则大些。

第三，苗木质量：一般直接采用一年生Ⅰ、Ⅱ级无性系嫁接苗栽植，要求砧粗 2～2.5cm；接口愈合良好；接穗生长健壮，芽眼粗壮而鼓起；无病虫害、无机械损伤。

第四，基肥：要求每亩施农家肥、厩肥、草木灰 800～1000kg。

第五，抚育管理。一是施肥：1年生幼树每株施腐熟桐麸 0.5kg、过磷酸钙 0.25kg；第2年后继续追施施腐熟桐麸和过磷酸钙，每株 1.0～1.5kg。于萌动前20天前后施下。二是病虫害防治。以预防为主。三是适时采收。桐果采收的适期以桐果成熟而定，一般在10月下旬到11月上旬。

第六，达产期。造林后 5～6 年进入盛果期。盛果期年产桐油每公顷 250～400kg 以上。

适宜种植范围：适宜在广西的桂西南和桂东南，广东、海南、浙江、福建等长江以南地区种植。

【千年桐—桂皱6号】

树种：千年桐

学名：Vernicia Montana(Wils) Lour

良种类别：无性系

通过审定类别：审定

登记编号：桂 S-SC-VM-020-2004

分类编号：(桂 SJ)006

品种特性：具有结实早、产量高、适应性广、抗性强等优点。成年树高 7～9 米，主枝 3～4 轮，树冠伞形或半球形；丛生果占结果总数的 80%以上；产量较稳定。

栽培技术要点：第一，林地选择：可选择退耕地，缓坡地，低丘或小岗地等，要求坡度＜15°，由板页岩、石英砂岩、花岗岩等母岩发育的酸性红壤；土层深厚、排水良好。

第二，造林密度：原则上为 3m×2m，即每亩 110 株，也可根据立地情况适当调整，但总体密度控制在 90～140 株/亩。

第三，苗木质量：直接采用无性系嫁接苗栽植，要求苗高 30 厘米以上，地径 0.3 厘米以上，生长健壮，无病虫害、无机械损伤。

第四，基肥：要求每亩施农家肥、厩肥、草木灰 1000～1500kg，或菜枯 100～300kg。

第五，抚育管理：一是间种。间种黄豆、绿豆、花生等，做到以耕代抚。二是施肥。造林第1年7～8月，追施一次尿素，在阴雨天或下雨前，距植株蔸部 20～30cm 范围内穴施，每株 25g；第二年后于 2～3 月继续追施氮肥，每株 50g。三是病虫害防治。以预防为主。

第六，达产期：造林后第4试产，第七年达产，每公顷产油量 750kg 以上。

适宜种植范围：适宜在广西的桂西南和桂东南，广东、海南、浙江、福建等长江以南地区种植。

【千年桐—桂皱27号】

树种：千年桐

学名：Vernicia Montana(Wils) Lour

良种类别：无性系

通过审定类别：审定

登记编号：桂 S-SC-VM-021-2004

分类编号：(桂 SJ)007

品种特性：具有结实早、产量高、适应性广、抗性强等优点。成年树高 7～8m，主枝 4～5 轮；树冠广卵形或伞形；果丛生，通常 4～8 果一丛。

栽培技术要点：第一，林地选择：千年桐喜湿、忌风，上山造林海拔高度不宜超过 600m。宜选择土层深厚、肥沃、疏松、排水良好的沙质壤土造林。

第二，造林密度：千年桐经营方式以纯林经营和长期桐农混种为主，也宜于道路四旁绿化和庭院立体经营。成片栽种时，中等肥力土壤的造林密度为 42～48 株/亩；造林地较肥沃的密度相应小些，浅瘠的密度则大些。

第三，苗木质量：一般直接采用一年生Ⅰ、Ⅱ级无性系嫁接苗栽植，要求砧粗2～2.5cm；接口愈合良好；接穗生长健壮，芽眼粗壮而鼓起；无病虫害、无机械损伤。

第四，基肥：要求每亩施农家肥、厩肥、草木灰800～1000kg。

第五，抚育管理：一是施肥。1年生幼树每株施腐熟桐麸0.5kg、过磷酸钙0.25kg；第二年后继续追施施腐熟桐麸和过磷酸钙，每株1.0～1.5kg。于萌动前20天前后施下。二是病虫害防治。以预防为主。三是适时采收。桐果采收的适期以桐果成熟而定，一般在10月下旬到11月上旬。

第六，达产期：造林后5～6年进入盛果期。盛果期年产桐油每公顷300～450kg以上。

适宜种植范围：适宜在广西的桂西南和桂东南，广东、海南、浙江、福建等长江以南地区种植。

【岑溪软枝油茶种子园种子】

树种：油茶

学名：Camellia olerfjra Abel

良种类别：无性系种子园

通过审定类别：审定

登记编号：桂S-CCO(1)-CO-022-2004

分类编号：(桂SJ)008

品种特性：软枝油茶具有成长快，结果早，产量高，抗性强，含油率高、油质好等特性。

栽培技术要点：选择丘陵林地，带状或块状细致整地，造林规格：株行距为3m×3m，挖大坑60cm×60 cm×50cm，回填表土、杂草，每株施基肥0.5kg，植后每年除草2次，施肥2次。

适宜种植范围：可在北纬18°2134°34′，东经48°40～121°40′。我国南方十三省(区)都可栽培。在海拔800m以下可种植，对土壤要求不严，适应性强，在丘陵地带土层深厚、肥沃、排水良好的微酸性土生长较好。

【岑软2号、岑软3号无性系】

树种：油茶

学名：Camellia olerfjra Abel

良种类别：无性系

通过审定类别：审定

登记编号：桂S-SC-CO-023-2004

分类编号：(桂SJ)009

品种特性：具有成长快，结果早，产量高，抗性强，油质好等。

栽培技术要点：选择丘陵林地，带状或块状细致整地，造林规格：株行距为3m×3m，挖大坑60cm×60cm×50cm，回填表土、杂草，每株施基肥0.5kg，植后每年除草2次，施肥2次。

适宜种植范围：可在北纬18°21′～34°34′，东经48°40′～121°40′。我国南方十三省(区)都可栽培。在海拔800m以下可种植，对土壤要求不严，适应性强，但在丘陵地带土层深厚、肥沃、排水良好的微酸性土生长较好。

【桂无1号】

树种：油茶

学名：Camellia oleifera

良种类别：无性系

通过审定类别：审定

登记编号：桂S-SC-CO-024-2004

分类编号：(桂SJ)010

品种特性：早实、丰产、油质好、抗逆性强、适应性广。

栽培技术要点：第一，林地选择。可选择退耕地，缓坡地，低丘或小岗地等，要求坡度<15°，由板页岩、石英砂岩、花岗岩等母岩发育的酸性红壤；土层深厚、排水良好。

第二，造林密度：原则上为3m×2m，即每亩110株，也可根据立地情况适当调整，但总体密度控制在90～140株/亩。

第三，苗木质量：直接采用无性系嫁接苗栽植，要求苗高30cm以上，地径0.3cm以上，生长健壮，无病虫害、无机械损伤。

第四，基肥：要求每亩施农家肥、厩肥、草木灰1000～1500kg，或菜枯100～300kg。

第五，抚育管理：一是间种。间种黄豆、绿豆、花生等，做到以耕代抚。二是施肥。造林第一年7～8月，追施一次尿素，在阴雨天或下雨前，距植株蔸部20～30cm范围内穴施，每株25g；第二年后于2～3月继续追施氮肥，每株50g。三是病虫害防治。以预防为主。

第六，达产期：造林后第四年试产，第七年达产，每公顷产油量750kg以上。

适宜种植范围：广西、湖南、江西、贵州等油茶种植区。

【桂无2号】

树种：油茶

学名：Camellia oleifera

良种类别：无性系

通过审定类别:审定

登记编号:桂 S-SC-CO-025-2004

分类编号:(桂 SJ)011

品种特性:早实、丰产、油质好、抗逆性强、适应性广。

栽培技术要点:第一,林地选择。可选择退耕地,缓坡地,低丘或小岗地等,要求坡度<15°,由板页岩、石英砂岩、花岗岩等母岩发育的酸性红壤;土层深厚、排水良好。

第二,造林密度。原则上为 3m×2m,即每亩 110 株,也可根据立地情况适当调整,但总体密度控制在 90～140 株/亩。

第三,苗木质量。直接采用无性系嫁接苗栽植,要求苗高 30cm 以上,地径 0.3cm 以上,生长健壮,无病虫害、无机械损伤。

第四,基肥。要求每亩施农家肥、厩肥、草木灰 1000～1500kg,或菜枯 100～300kg。

第五,抚育管理。一是间种。间种黄豆、绿豆、花生等,做到以耕代抚。二是施肥。造林第一年 7～8 月,追施一次尿素,在阴雨天或下雨前,距植株蔸部 20～30cm 范围内穴施,每株 25g;第二年后于 2～3 月继续追施氮肥,每株 50g。三是病虫害防治。以预防为主。

第六,达产期。造林后第四年试产,第七年达产,每公顷产油量 750kg 以上。

适宜种植范围:广西、湖南、江西、贵州等油茶种植区。

【桂无 3 号】

树种:油茶

学名:*Camellia oleifera*

良种类别:无性系

通过审定类别:审定

登记编号:桂 S-SC-CO-026-2004

分类编号:(桂 SJ)012

品种特性:早实、丰产、油质好、抗逆性强、适应性广。

栽培技术要点:第一,林地选择。可选择退耕地,缓坡地,低丘或小岗地等,要求坡度<15°,由板页岩、石英砂岩、花岗岩等母岩发育的酸性红壤;土层深厚、排水良好。

第二,造林密度。原则上为 3m×2m,即每亩 110 株,也可根据立地情况适当调整,但总体密度控制在 90～140 株/亩。

第三,苗木质量。直接采用无性系嫁接苗栽植,要求苗高 30cm 以上,地径 0.3cm 以上,生长健壮,无病虫害、无机械损伤。

第四,基肥。要求每亩施农家肥、厩肥、草木灰 1000～1500kg,或菜枯 100～300kg。

第五,抚育管理。一是间种。间种黄豆、绿豆、花生等,做到以耕代抚。二是施肥。造林第一年 7～8 月,追施一次尿素,在阴雨天或下雨前,距植株蔸部 20～30cm 范围内穴施,每株 25g;第二年后于 2～3 月继续追施氮肥,每株 50g。三是病虫害防治:以预防为主。

第六,达产期。造林后第四年试产,第七年达产,每公顷产油量 750kg 以上。

适宜种植范围:广西、湖南、江西、贵州等油茶种植区。

【桂无 4 号】

树种:油茶

学名:*Camellia oleifera*

良种类别:无性系

通过审定类别:审定

登记编号:桂 S-SC-CO-027-2004

分类编号:(桂 SJ)013

品种特性:早实、丰产、油质好、抗逆性强、适应性广。

栽培技术要点:第一,林地选择。可选择退耕地,缓坡地,低丘或小岗地等,要求坡度<15°,由板页岩、石英砂岩、花岗岩等母岩发育的酸性红壤;土层深厚、排水良好。

第二,造林密度。原则上为 3m×2m,即每亩 110 株,也可根据立地情况适当调整,但总体密度控制在 90～140 株/亩。

第三,苗木质量。直接采用无性系嫁接苗栽植,要求苗高 30cm 以上,地径 0.3cm 以上,生长健壮,无病虫害、无机械损伤。

第四,基肥。要求每亩施农家肥、厩肥、草木灰 1000～1500kg,或菜枯 100～300kg。

第五,抚育管理。一是间种:间种黄豆、绿豆、花生等,做到以耕代抚。二是施肥:造林第一年 7～8月,追施一次尿素,在阴雨天或下雨前,距植株蔸部 20～30cm 范围内穴施,每株 25g;第二年后于 2～3 月继续追施氮肥,每株 50g。三是病虫害防治:以预防为主。

第六,达产期。造林后第四年试产,第七年达产,每公顷产油量 750kg 以上。

适宜种植范围:广西、湖南、江西、贵州等油茶种植区。

【桂无5号】

树种:油茶

学名:Camellia oleifera

良种类别:无性系

通过审定类别:审定

登记编号:桂 S-SC-CO-028-2004

分类编号:(桂 SJ)014

品种特性:早实、丰产、油质好、抗逆性强、适应性广。

栽培技术要点:第一,林地选择。可选择退耕地,缓坡地,低丘或小岗地等,要求坡度<15°,由板页岩、石英砂岩、花岗岩等母岩发育的酸性红壤;土层深厚、排水良好。

第二,造林密度。原则上为3m×2m,即每亩110株,也可根据立地情况适当调整,但总体密度控制在90～140株/亩。

第三,苗木质量。直接采用无性系嫁接苗栽植,要求苗高30cm以上,地径0.3cm以上,生长健壮,无病虫害、无机械损伤。

第四,基肥。要求每亩施农家肥、厩肥、草木灰1000～1500kg,或菜枯100～300kg。

第五,抚育管理。一是间种。间种黄豆、绿豆、花生等,做到以耕代抚。二是施肥。造林第一年7～8月,追施一次尿素,在阴雨天或下雨前,距植株蔸部20～30cm范围内穴施,每株25g;第二年后于2～3月继续追施氮肥,每株50g。三是病虫害防治:以预防为主。

第六,达产期。造林后第四年试产,第七年达产,每公顷产油量750kg以上。

适宜种植范围:广西、湖南、江西、贵州等油茶种植区。

【广林尾叶桉4号】

树种:尾叶桉

学名: Eucalypt usurophylla

良种类别:优良无性系

通过审定类别:认定(5年)

登记编号:桂 R-SC-EU-001-2004

分类编号:(桂 RY)001

品种特性:该无性系是以巨桉为母本,尾叶桉为父本的杂交种,树型高大,树干通直,尖削度小,枝下高高,侧枝细小,分枝角度小于60°。无性系苗木遗传效益高,生长迅速,林相整齐,自然整枝好,苗木健壮,抗青枯病能力强。

栽培技术要点:第一,整地。机耕,不宜机耕的区域要求挖大、中坎,坎的规格60cm×60cm×40cm、40cm×40cm×30cm。

第二,施放基肥:钙镁磷肥或桉树专用肥,用量:0.25～0.5kg/坎。

抚育管理:及时除草抚育、施肥。造林后1个月或45天可抚育施肥,每年除草抚育两次,连续两年。肥料使用桉树专用肥0.25～0.5kg/株。如果条件容许,第三年再抚育施肥一次。

适宜种植范围:北纬24°以南,海拔500m以下的轻霜或无霜区域,酸性或微酸性土壤。

【广林巨尾桉5号】

树种:巨尾桉

学名:Eucalyptus grandis × Eucalypt usurophylla

良种类别:优良无性系

通过审定类别:认定(5年)

登记编号:桂 R-SC-EGU-002-2004

分类编号:(桂 RY)002

品种特性:该无性系是以巨桉为母本,尾叶桉为父本的杂交种,树型高大,树干通直,尖削度小,枝下高高,侧枝细小,分枝角度小于60°。无性系苗木遗传效益高,生长迅速,林相整齐,自然整枝好,苗木健壮,抗青枯病能力强,耐寒性比尾叶桉强。

栽培技术要点:第一,整地。机耕,不宜机耕的区域要求挖大、中坎,坎的规格60cm×60cm×40cm、40cm×40cm×30cm。

第二,施放基肥。钙镁磷肥或桉树专用肥,用量:0.25～0.5kg/坎。

抚育管理:及时除草抚育、施肥。造林后1个月或45天可抚育施肥,每年除草抚育两次,连续两年。肥料使用桉树专用肥0.25～0.5kg/株。如果条件容许,第三年再抚育施肥一次。

适宜种植范围:北纬24°20′以南,海拔500m以下的轻霜或无霜区域,酸性或微酸性土壤。

【广林巨尾桉9号】

树种:巨尾桉

学名: Eucalyptus × grandis × Eucalyptus urophylla

良种类别:优良无性系

通过审定类别:认定(5年)

登记编号:桂 R-SC-EGU-003-2004

分类编号:(桂 RY)003

品种特性 :该无性系是以巨桉为母本,尾叶桉为父本的杂交种,树型高大,树干通直,尖削度小,枝下高高,侧枝细小,分枝角度小于60°。无性系苗木遗传效益高,生长迅速,林相整齐,自然整枝好,苗木健壮,抗青枯病能力强,耐寒性比尾叶桉强。

栽培技术要点:第一,整地。机耕,不宜机耕的区域要求挖大、中坎,坎的规格60cm×60cm×40cm、40cm×40cm×30cm。

第二,施放基肥。钙镁磷肥或桉树专用肥,用量:0.25~0.5kg/坎。

抚育管理:及时除草抚育、施肥。造林后1个月或45天可抚育施肥,每年除草抚育两次,连续两年。肥料使用桉树专用肥0.25~0.5kg/株。如果条件容许,第三年再抚育施肥一次。

适宜种植范围:北纬24°20′以南,海拔500m以下的轻霜或无霜区域,酸性或微酸性土壤。

【桂角45号】

树种:八角

学名:Llicium verum Hook. f

良种类别:无性系

通过审定类别:认定(5年)

登记编号:桂 R-SC-LV-004-2004

分类编号:(桂 RJ)001

品种特性:树干通直,枝粗促短壮,果绿色,角短饱满,每公斤鲜果数168个,果径3.1cm,果柄2.9cm,果角完好率60%,早实,丰产,稳产。

栽培技术要点:选择土层深厚、疏松、排水良好的酸性红壤土或黄壤土,株行距4m×4m,每坎施放0.25kg磷肥作基肥,选用1~2年生实生或嫁接苗造林。每年追肥1~3次,铲草一次,每3~5年翻土一次,第三年始投产,产果期达70年。

适宜种植范围:该品种广西区内均适宜推广种植,区外栽培适应性有待进一步试验研究。

【桂角77号】

树种:八角

学名:Llicium verum Hook. f

良种类别:无性系

通过审定类别:认定(5年)

登记编号:桂 R-SC-LV-005-2004

分类编号:(桂 RJ)002

品种特性:冠幅窄,果浅绿色,鲜果数170个/kg,果角完好率38%,果径3.1cm,果柄长2.8cm,母树平均单株年产量40kg,早实,丰产,稳产。

栽培技术要点:选择在气候湿润、土层深厚肥沃、排水良好的山地红壤和黄壤的山区林地造林。选用1~3年生的Ⅰ、Ⅱ级苗造林,最适种植时间为每年的12月至翌年的2月,密度为40~60株/亩。植后加强抚育管理和科学施肥,实现八角早实、丰产、稳产。

适宜种植范围:该品种广西区内均适宜推广种植,区外栽培适应性有待进一步试验研究。

【桂角78号】

树种:八角

学名:Llicium verum Hook. f

良种类别:无性系

通过审定类别:认定(5年)

登记编号:桂 R-SC-LV-006-2004

分类编号:(桂 RJ)003

品种特性:果浅黄色,果大、角较瘦长,鲜果数92个/kg,果角完好率70%,果径4.5cm,果柄3.4cm,早实,丰产,稳产。

栽培技术要点:选择在气候湿润、土层深厚肥沃、排水良好的山地红壤和黄壤的山区林地造林。选用1~3年生的Ⅰ、Ⅱ级苗造林,最适种植时间为每年的12月至翌年的2月,密度为40~60株/亩。植后加强抚育管理和科学施肥,实现八角早实、丰产、稳产。

适宜种植范围:该品种广西区内均适宜推广种植,区外栽培适应性有待进一步试验研究。

【广林香樟无性系系列】

广林香樟无性系系列包括GLC90号、GLC95号、GLC100、GLC101号。

树种:香樟

学名:Cinnamomum camphora(L.)

良种类别:无性系

通过审定类别:认定(3年)

登记编号:桂 R-SC-CC-007-2005

分类编号:(桂 RJ)004

品种特性:该系列无性系叶油得率1.4%以上、樟脑含量<0.1%、含醇量>97%、芳樟醇含量>94%,产品达国标的要求,能直接应用于日用化工及食品香料调配生产。

栽培技术要点:整地。块状整地,坎的规格60cm×60cm×40cm、或40cm×40cm×30cm。

施放基肥:钙镁磷肥0.25kg /坎。

造林密度:606 株/亩。

抚育管理:及时除草抚育、施肥。每年除草抚育两次,每次施复合肥 0.25kg/株。

适宜种植范围:北纬 10°～30°之间,海拔 600m 以下的低山丘陵、平原。酸性至中性沙质壤土、轻黏壤土和冲积土。

(广西财经学院　赵子健)

林业科技产业化建设

【桉树技术产业化】

桉树技术产业化包括桉树良种培育与苗木繁殖产业化、人工林高效栽培与基地建设产业化以及林木高效加工利用产业化几个环节。首先是桉树良种培育与苗木繁殖产业化方面取得新的突破。以中澳技术合作东门桉树示范造林项目为基础,在桉树良种引种改良、高效栽培和综合利用等方面形成了一整套成熟技术,逐步形成了产业化。"十五"期间开发桉树优良品种 7 个,优良无性系 100 多个,比"九五"增长了 5 倍,同时,新开发出来的优良品种和优良无性系在速生丰产和抗逆性方面也得到了较大的提高;新增大型组培工厂 3 家,改扩建组培厂 4 家,使大型组培厂达到 7 家,形成了年产组培苗 3000 万株、扦插苗 3 亿株的生产能力,比"九五"期间增长了近 3 倍;桉树组培技术及扦插育苗技术已经形成产业化,年新增产值 5000 万元,比"九五"增长了近 4 倍。此外,在桉树速丰林高效栽培技术方面也取得了较大进展,从造林地选择、苗木选择、整地方式、密度配置、配方施肥、病虫害防治、森林防火,到抚育管理和林木采伐利用等形成了先进的综合配套技术,积累了成熟的经营管理经验,推进了桉树产业化的形成和发展。2001～2003 年新增桉树速丰林 42.5 万公顷,目前,广西桉树速丰林面积已经达到 61.3 万公顷,位居全国首位;桉树人工林的单位面积产量与"九五"相比有了较大的提高;"十五"期间,新增桉树立木蓄积量约 3000 万立方米,为推进桉树产业化奠定了坚实的基础。桉树技术产业化的基本形成,对于调整林业产业结构、促进林浆纸一体化进程、实现农民增收起到了重要的推动作用。

(桂林工学院　王兴中)

【松脂技术产业化】

由于国际松香市场的价格拉动作用,带动了松树培育技术、采脂技术、松香(松节油)深度加工技术的研究和推广,促进了松脂技术向产业化方向发展。2000 年以来,《溶剂法四氢(高度氢化)松香工业化开发》项目的产品不仅填补了国内空白,而且为中国松香二次加工开拓了新的途径,项目年产高度氢化松香 1500 吨,新增产值 1980 万元,新增税利 600 万元。《a一蒎烯合成芳香樟醇工业化开发》项目达到了年生产能力 400 吨,该项目的开发成功,不仅打破了美国的技术垄断,而且为中国松节油深加工、合成维生素 E 和发展香料化妆品工业打下了基础,为广西松脂产业化的发展做出了新的贡献。

(桂林工学院　王兴中)

林 业 教 育

林业教育概况

【概　述】

新中国成立前，广西林业教育十分落后，仅在广西大学农学院设有森工系，柳州高级农业职业学院中附设造林、森林经营两门课程。新中国成立后，经过50多年发展，广西林业教育已基本形成了较完备的林业技术教育体系、林业成人教育体系、林业基础教育和林业干部培训体系。目前，广西有一所林科高等学院（广西大学林学院），一所林科高等职业学院（广西林业生态工程职业技术学院），二所林业中专（桂林林校、梧州林校），一所林业干部学校，中小学31所，在广西生态工程职业技术学院设有成人教育培训中心。

广西有25个林业教育培训基地，建筑面积222621平方米。有1336台计算机、218台电视机、20台录像机、27台投影机、48台VCD、14套网络设备和7套地面卫星接收设备。有591名林业教育培训专、兼职教师，其中专职教师363人。有51个可利用外部教育资源。

近年来各院校为适应西部大开发和林业生态环境建设与保护要求，根据市场需求不断调整专业结构，为广西的林业生产和生态环境保护与建设培养了大批急需专门人才，同时教育培训了大批生产第一线的专业技术人员。现有培训基地经过不断引进和培养，教师的学历、职称、年龄结构渐趋合理，教师的整体素质逐步提高，为全面提高林业教育培训质量打下了坚实的基础。

（区林业局　人教处）

林业高等与高职教育

目前，广西的林业高等与高职教育主要由一所本科性质的林科高等学院（广西大学林学院）和一所专科性质的林科高等职业学院（广西林业生态工程职业技术学院）构成。

【广西大学林学院】

广西大学林学院成立于1932年，其前身为广西大学农学院森林系，是广西唯一一所以教学与科研相结合的本科林业高等院校，现设有六个本科专业（林学、生态、森林工程、木材科学与工程、林产化工）；两个高职专业（公路与城市道路工程、园林）；两个硕士点（生态学、森林培育学）。成人高等函授教育有三个本科专业（林学、园林、农林经济管理），七个专科专业（林学、森林保护、园林、经济管理、财务会计、公路与城市道路工程、计算机室内设计与装饰）。现有两个研究所、一个设计所、一个部级重点实验室（国家林业局中南速生材繁育重点实验室）、一个自治区级重点实验室（林业科学与工程实验室）、四个基础实验室（综合实验室、林业化学实验室、林学实验室、森工基础实验室）、二个专业实验室（林业工程实验室、森工工程实验室）、两个研究所（木材工程研究所、生态工程研究所）、一个设计所（林业调查规划设计所），实验仪器设备640万元，学院主要以“绿色”的林业为特色，围绕生态环境建设、工业用材林培育和林产化工发展，广泛开展高级人才培养和科学技术研究工作。

（区林业局人教处）

【广西生态工程职业技术学院】

广西生态工程职业技术学院的前身是广西林校。广西林校是在原广西壮族自治区柳州农业学校农林科——森林科林业部分的基础上建立，2002年8月升格高职学院，校址在柳州沙塘，由自治区林业厅主管。

柳州农业学校农林科，于1951年招收林科专业班，1953年初，广西政府决定将钦州农校林科师生47人并入柳州农业学校，柳州农业学校设立森林科，同时，筹建林业专业学校，并拨款建设校舍。1954年7月，成立柳州农业学校林业分部，柳州农业学校森林科师生197人迁至新建的林业分部校舍（即现校址），1955年林业分部完成第二、第三期建校舍工程，开辟了新的苗圃和标本园。1953～1955年，柳州农业学校共培养林业中专毕业生104人。

1956年2月，广西农业厅、林业厅联合下文，将林业分部从柳州农业学校分出，正式成立广西省柳州林业学校，属国家林业部、广西省林业厅双重领导，经费由国家林业部和广西省林业厅划拨，设造林、经营两个专业，招收初中毕业生入学，学制3年。当时有校舍4700余平方米，教职工43人，在校生3个年级6个班262人。1957年国家林业部交由广西省林业厅领导，同年，增设林业专业，招生、毕业各一个班，在校学生712人。1958年4月，经广西省人委行文批准，接收广西省沙塘林业试验站为附属林场；8月，并入广西林学院，成为广西林学院中技部；12月，在广西林学院召开全国林业中专学校勤工俭学现场会，被誉为全国林业院校的一面红旗，评为柳州市、自治区先进单位。1959年8月，增设采运、林机、木机、林化4个专业；9月，原设在广西林业科研所的广西林业专科学校停办，将3个班96名学生拨入林学院中技部。1958～1960年连续3年扩大招生，在校学生最高达920人，教职工也扩大到232人，1960年还有6个班学生直接升入林学院大学部有关专业本科学习。1961～1962年因国民经济困难停止招生，教职工被精简，在校学生减少到310人。1962年12月，自治区党委决定：撤销广西林学院建制，大学部各系并入广西农学院，中技部恢复为广西柳州林业学校，附属林场也独立为广西沙塘林场，归属自治区林业厅领导；1963年1月，恢复广西柳州林业学校时，有林业、采运、林机、林化4个专业，在校学生313人，7月，林机、林化专业学生毕业后，调整保留林业、采运两个专业，重新确定学校规模为400人，同时开始举办各种专业短期培训班。1964年初，自治区林业厅再次将沙塘林场划归学校为教学林场，自治区林业干部培训班同时并入学校。1965年10月，由全日制改为半工半读，自治区统一招生统一分配，改校名为“广西僮族自治区柳州林业工读学校”，将教务处改为教学生产处，设立政治处。1966年1月，经自治区林业厅批准接收国营三门江林场杨柳分场，扩大半工半读基地。接着是“文化大革命”运动，学校停课，师生投入“文化大革命”运动，从1966年夏到1971年春中断招生。1971年4月，广西柳州林业工读学校改名为广西林业学校，同时，恢复招生，由地方推荐选送工农兵学员入学，当年招收林业专业1个班45人，学制1年半。1972年恢复采运专业，学制改为2年。1975～1976年“四人帮”横行，在学校中推行“朝农经验”，成立“上管改委员会”，教师受压抑，学校教育教学再度受影响。1971～1976年共招收工农兵学员6届838人，毕业生除少数分配工作外，大多数毕业生从哪里来，回哪里去。1968～1977年学校实行“革命委员会”制。

1977年开始恢复统考招生，招收高中毕业生入学，学制两年，毕业生由自治区统一分配。1978年9月，学校撤销“革命委员会”，恢复校长制，全面恢复教育教学秩序。1980年，学制改为3年，同时增设财会专业。1985年改招收初中毕业生入学，学制4年。1986年采运专业停止招生，保留林业、财会2个专业，同时开始开办函授教育。1987年，增设森林保护专业；同时，根据广西特点开始办民族预科班（即扶贫班），先后招收8个班338人，实行“定向招生、定向分配”，为老、少、边、山、穷地区少数民族培养林业建设人才，促进少数民族地区经济发展发挥了积极的作用。1989年下半年，国家教委开始部署开展中等专业学校的办学条件评估工作，广西林校投入创建合格学校的评估工作。1990年10月，自治区教委办学条件评估专家组来校验收复评，定为合格学校。1991年，根据广西壮族自治区党委关于提高广西乡镇干部素质要求，开设行政管理专业，招收乡镇干部，学制2年，共招2届191人。同年，国家教委和广西教委分别授予学校为“科教兴农先进学校”称号；1993 年 6 月 1 日，国家林业部教育质量评估专家组对学校进行教育质量复评验收，结果营林类专业教育质量为 98.41 分；财会专业教育质量 93.31 分。6 月 11 日，广西教育厅中专办学水平评估专家组对学校的办学水平进行复评验收达到 A 级。1994 年 1 月，广西壮族自治区政府定为省部级重点中专学校；8 月，国家教委确认为国家级重点中专学校，至此，广西林校从一般中专学校，一跃成为国家级重点中专学校，同时，也是标志着广西林业职业教育发展史上实现新的跨越。1994 年秋增设森林资源管理、园林经济管理、财会电脑、果树与林业、多种经营、木材加工与室内装潢 6 个专业。1995 年，增设经济林、林产品贸易、木材加工、林业经济管理 4 个专业，同时，为了满足广西林业发展的需要，在广西高峰林场设立办学点，招收林业经济管理专业 2 届 140 人；9 月，国家林业部授予全国优秀中等林校；同年，经广西教育厅批准设立北京林业大学广西函授站，招收林学、财会、园林专业大专班。1997～1998 年，增设汽车应用专门化、野生动物保护与饲养、家具设计与制造、森林旅游等 4 个专业。1998 年，广西林业厅为贯彻教育资源优化配置和资源共享，提高学校办学效益的原则，向广西教育厅请示合并广西林业学校、广西林业成人中专、广西林业干部学校（以下简称“三校”合并）；同年 7 月 20 日，自治区教育厅复函同意“三校”合并；2000 年 1 月，在广西林业厅主持下，在原广西林校举行“三校”合并成立新广西林校挂牌仪式，同年 3 月，召开“三校”合并第一次校务会议，制定并通过“三校”联合办学章程，但后来因客观原因，“三校”合并没有进行实质性实施。

1999 年以来，广西林校迎来新的机遇与挑战。1999 年 5 月，广西教育厅下发《关于选择广西部分普通中等专业学校进行招生计划改革试点的通知》，广西林校列入试点单位之一，从此起，学校全面推行招生“并轨”，毕业生走上市场，自主择业；学制由四年改为三年。同时，从年初全体职工投入重点学校评估准备工作，同年 11 月，再次通过国家级重点中专学校评估，2000 年 6 月，经国家教育部审批，再次获得国家级重点中专学校；同时，广西教育厅批准招收高职大专班，设置现代林业、园林绿化、财务核算与管理 3 个专业；同年 12 月，国家教育部教育管理中心和中国教育电视台批准为全国“信息技术及应用远程培训”教育工程培训点。2001 年 12 月 18 日，广西林业厅为整合教育资源，下文将广西林业成人中专学校并入广西林业学校（以下简称“两校”合并），同月 20 日，广西林业厅在广西林校召开“两校”合并大会，至此，广西林业学校和广西林业成人中专学校正式实质性合并。同年，北京林业大学成人教育学院广西分院和南京森林公安高等专科校广西函授站挂牌成立。2002 年 4 月，教师蒋爱伍同志与世界自然基金会“中国珍稀物种保护小型基金会”签订协议，主持《广西九万大山百眉山鹧鸪的保护》研究课题，这是广西林校首次获得国际基金会组织资助的科研项目；5 月 23 日，广西林校生物技术研究中心成立，增添了新的教学实习基地，也是广西林校实施产、学、研一体化办学模式的标志。5 月 27 日，广西教育厅批准为“3＋2”五年制高职试点学校，同意招收园林绿化、财务核算与管理、现代林业技术、旅游管理、室内装饰与家具设计等 5 个专业招收“3＋2”五年制高职大专生；6 月 12 日，学校列为柳州市科普示范基地；6 月 18 日，与广东省人才服务中心人才培训就业合作学校签约挂牌，拓宽毕业生就业渠道。8 月 21 日，广西壮族自治区人民政府批准广西林校升格为广西生态工程职业技术学院，从此起，广西林业职业技术教育有了独立建制高等职业技术学院，给广西林业职业技术教育迎来了新的发展机遇。

2003 年，广西生态工程职业技术学院抓住升格的机遇，重新制定了学院的发展规划，到 2007 年在校学生要达到 6000 人规模，到 2010 年在校学生要达到 10000 人规模。同时，重新设计完成学院建设的总体规划和办理 53.45 公顷的校园建设土地证，为学院今后的发展打下良好的基础。同年秋，与南宁赛尔企划公司签订联合办“旅游管理（旅游策划方向）”专业的协议，开辟校企联合办学的新路子。2003 年广西生态工程职业技术学院招收新生 1503 人，是历年招生人数最多的一年，到 2003 年底，广西生态工程职业技术学院开办有高职大专、“3＋2”五年制高职大专、中专三种层次，高职大专设有现代林业、园林绿化、财务核算与管理、旅游管理；室内装饰与家具设计、景观艺术设计、生态环境工程、电子商务、旅游策划方向等 8 个专业 1 个专门化，“3＋2”五年制高职大专的专业设置除旅游策划方向外，与三制高职大专相同，中专设有林业、森林资源与林政管理、木材加工、园林、旅游服务与管理、会计、电子商务计算机网络等 8 个专业；在校学生 3100 人，教职工 358 人，其中有专任教师 185 人；校园面积 60.5 公顷（包括长塘成教中心），校舍建筑面积 104063.42 万平方米，实验室 17273.64 平方米，实验仪器价值 3246.37 万元，图书馆藏书 23 万册，成为广西高等林业职业技术教育的中心。

1956～2003 年，广西生态工程职业技术学院（原广西林校）共培养中专毕业生 11406 人，高职大专毕业生 76 人，成人函授中专毕业生 937 人，函授大专毕业生 896 人，培训各级各类林业干部 2118 人。1978 年以来，学校还承担部分全国中等林校统编教材任务，其中主编有《植物学》、《测量学》、《林业架空索 》、《林区公路》、《油锯的构造与使 》、《林业政策与法规》、《园林制图》、《园林工程施工与管理》、《森林计测》、《室内装饰设计》、《园林植物栽培与养护》、《花卉生产技术》等；参编有《数理统计》、《造林学》、《森林病虫害防治》、《森林病理》、《林业会计》、《英语》、《物理》、《园林工程》、《家具设计与制造》、《社会林业》、《森林经理学》、《市场营销学》、《林果产品贮藏与加工》、《经济林栽培》、《家具与室内装饰材料》、《森林防火》等。1980 年以来，学校教师完成教科研项目项，其中“引种国外松”、“桉树扦插育苗技术”、“土栖白蚁诱杀防治”、“竹子无性繁殖育苗”、“利用马尾松锯末培养香菇”等分别得国家成果奖和林业部、自治区和柳州市科技进步奖。

（区林业局人教处）

基础教育

【广西林业系统的基础教育】

广西林业企事业单位，大多数是远离城镇，交通不便，职工子女上学难是突出问题，因此，这些单位为解决职工子弟上学问题举办职工子弟学校，以解决职工的后顾之忧。广西林业系统的职工子弟学校，最多时（70 年代）有小学 107 所，教学点 122 个，初中 20 所，其中还有 6 所办成高中。经过整顿、提高，到了 90 年代，小学降为 84 所，78 个教学点，高中只有 3 所。2000 年以后，随着计划生育政策落实，生源减少，特别是党中央、国务院做出加快国有企业改革、完善社会主义市场经济体制分离企业办社会的职能的重大举措后，有的企业办中小学移交地方管理，有的单位将学校改制为社会力量办学或停办。目前全系统尚有小学 23 所，小学教学点 13 个，初中 5 所，高中 1 所。小学学龄儿童入学率 100%；毕业率 98.83%；小学在校生巩固率 100%。

林业系统职工子弟学校的办学经费，完全由办学单位负担，局里没有专项拨款。根据国家的有关政策、法规，中小学实行分级办学，分工管理体制。厂矿、企业办学，是以部门、行业为主进行管理，办学单位就是学校行政主管部门。教育业务接受当地教育行政部门的指导和监督。广西林业局主要是从宏观上加强了对全区林业系统中小学的领导和管理。

一、抓好常规管理

及时将国家教育部、广西教育厅有关政策文件转发、布置到办学单位贯彻执行，教职工合法权益的投诉，认真协调有关方面，妥善解决。

二、开展教育督导评估

按照国家教委《普通中小学督导评估工作指导纲要》，结合林业中小学实际，制定了《广西林业系统中小学办学水平评估方案（试用）》，作为衡量办学水平的标准，主要内容是检查办学单位对子弟学校的投入，实施“普九”必备的办学条件是否达到广西壮族自治区政府的要求；检查学校贯彻执行教育方针、政策、法律法规情况和学校管理水平、教师队伍、教学质量等状况。

三、开展教育科研科普活动

组织林业中小学正常开展教育科研、科普活动。凡是自治区或地市有关单位举办的教育理论、教育改革、教研成果的报告会、讲座、研讨会、短训班、观摩课等科普活动都通知各校派出有关老师参加。不定期举办中学英语、化学、语文、数学、物理、政治等学科教育教学论文交流会。

四、认真开展中小学校长岗位培训

按照国家教委提出对中小学校长再轮训一遍的要求，组织中小学校长参加岗位培训班学习。

五、定期评选、表彰、奖励优秀教师、优秀教育工作者

每两年组织参加自治区教育厅的评选活动，系统内每三年举行一次评选活动，国家林业局每四年评选一次，这项活动，对鼓励教师安心从教起了积极作用。

（区林业局人教处）

中等林业技术教育

【概　述】

1950～2002年的52年间，广西林业中等技术教育，是以中等技术教育为主体结构，主要有中等林业学校、技工学校和职业中学三种办学形式，到2002年又新增了高等职业技术教育，设立有独立建制的高等职业技术学院。

新中国成立初期的1950～1955年，广西林业职业教育是依附林业行业外的广西革命大学、广西大学林学系、柳州、钦州农业学校等招收林科（森林）班，1956年2月，经广西壮族自治区人民政府批准，柳州农业学校林业分部从农校分出来成立广西柳州林业学校，这是广西第一所普通中等林业专业学校，当年有在校学生19个班738人。广西林业职业教育在1957～1960年，是快速发展时期，1958年在校学生达1041人，以后两年在校学生都保持800人以上，1961～1976年，因国民经济调整和“文化大革命”的影响，期间经过两次停止招生两次恢复招生，1965年自治区林业厅直属的2所中专学校改为（或直接设为）半工半读学校。1977年恢复统一招生统一分配，1977～1980年，广西仅有一所中等林业专业学校，到1980年以后，广西林业职业教育进入新的发展时期，先后建立有4所普通中等林业学校、2所林业技工学校和5所农业学校的林业班，1所林业职业高中。

为了开展林业职业技术教育的研究，推动广西林业职业教育的改革，自治区林业厅于1988年成立了广西林业职业技术教育研究会，为办好广西林业职业技术教育创造了条件。

（区林业局人教处）

【梧州林业学校】

梧州林业学校前身是梧州专区林业学校，创建1958年7月，1959年停办，1979年成立梧州地区林业技工学校，1985年9月经广西壮族自治区人民政府同意，由广西壮族自治区教委、林业厅联合下文批准建立梧州地区林业学校。1997年梧州地区更名贺州地区（2002年地改市），更名梧州林业学校，校址在梧州市八宝塘（现梧州市高旺路23号），隶属梧州地区（现贺州市）林业局，业务由自治区林业厅主管，经费以梧州地区（现贺州市）财政拨款为主，广西林业厅补助为辅（2000年后自治区林业厅停止拨款）。

梧州专区林业学校始建于1958年7月，当年招收第一届学生52人，1959年第一届学生结业后停止招生。1979年经广西劳动厅、农林厅批准成立梧州地区林业技工学校，1985年恢复成立梧州地区林校后，实行一套人马两块牌子，中专教育和技工教育并重。中专设有林业、财会、土建、森林资源管理、森林防火5个专业，技工设有林化、经济林与果树、土建、烹饪、餐旅服务、现代办公用品应用、汽车维修等7个专业，面向全区招生，高中、初中并招，学制1至4年并存，毕业生实行计划分配，1998年招生并轨，毕业生自主择业。2001年经贺州市教育局批准，加挂梧州电子工程学校牌子。1987～2003年，共培养中专毕业生2265人，技工毕业生1093人。2003年有教职工78人，其中专任教师56人；校园面积3.92公顷，建筑面积36266平方米，实验室940平方米，实验仪器价值371万元，藏书3.61万册。

（区林业局人教处）

【桂林林业学校】

桂林林业学校是在原桂林地区林业技工学校的基础上，于1985经广西壮族自治区人民政府同意，由广西教委、林业厅联合下文批准建立，成立时称桂林地区林业学校，1998年桂林地区与桂林市合并后更名为桂林林业学校，校址在靖江路，行政属桂林地区（现桂林市）主管，业务归自治区林业厅主管。经费由自治区林业厅、桂林地区（桂林市）财政和学校三方面筹集（2000年以后广西林业厅停止拨款）。

桂林地区林业技工学校成立于1980年。1985年成立桂林地区林业学校以后，实行一套人马两块牌子，以中专为主，技工教育为辅，设立林业、财会、园林3个专业，招收高中毕业生，学制2年，1987年中专毕业生不包分配，同年改招收初中毕业生，学制3年，从1988年起停止招收技工班；1988～1998年毕业生实行统一招生统一分配，1999年以后，招生并轨，政府宏观控制招生计划，毕业生走上市场，自主择业。因此，1999年以后招生受到一定的影响。

（区林业局人教处）

【红河林业工读学校】

红河林业工读学校于1965年成立，属广西林业厅领导，校址在来宾县(现来宾市)广西国营维都林场场部，当年招生100人，1966年以后因“文化大革命”的影响停止招生，毕业生实行哪里来回哪里去 。1970年广西壮族自治区革委会下文撤销。

(区林业局人教处)

【南宁地区林业学校】

南宁地区林业学校于1985年广西壮族自治区人民政府批准成立，校址在南宁市衡阳路，行政属南宁地区林业局领导，业务归广西林业厅领导，经费由广西林业厅、南宁地区财政和学校三方面筹集。招收高中毕业生，设置林业专业，学制2年，当年招生50人。有校舍800平方米，教师由南宁地区林业局干部或聘请校外的院校教师兼任。因教师和经费不解决，1986年停止招生，1987年9月85级学生毕业后停办。

(区林业局人教处)

【各地市农业学校林业班】

新中国成立以来，广西壮族自治区人民政府根据林业经济发展的需要，除了批准建立林业专业学校以外，还批准部分农业学校招收林业班，1950年广西革命大学(简称“革大”)农林水部接收原广西省立南宁农业学校林科班50人，开办森林班，学制三年，1953年毕业；桂林地区农业学校1958～1962年招收两届林业班，学制两年，毕业生约80人；广西农业学校曾招收四届林果班，学制1.5～2年，毕业生约120人；百色农业学校1960～1978年招收10届林业班，学制半年、1～2年不等，毕业生人数580人；1985年经自治区人民政府批准，继续招收林业班，招收初中毕业生，学制4年，1998年停止招生。1995～1997年，共培养林业中专毕业生人；玉林地区农业学校，于1974～1979年招收3届林业班，学制2年，毕业生113人。

(区林业局人教处)

【林业技工教育】

广西有桂林、梧州地区两所林业技工学校，均是在1980年创办，任务是为广西林业企事业单位培养具有熟练技能的各类技术工人。

桂林地区林业技工学校

桂林地区林业技工学校于1980年创办，校址在桂林市靖江路，成立时设有林业、采检、园林3个专业，学制2年。1985年改为桂林地区林校后，继续开办技工班，每年招收1个班，1988年以后停招。1980～1989年培养各类技工毕业生326人。

梧州地区林业技工学校

梧州地区林业技工学校创办于1980年，校址在梧州市八宝塘。成立时设有营林、林业、采检3个专业，学制2年。1985年改为梧州地区林校后，继续招收技工班，1986～1989年增设园林、林化、土建3个专业。

(区林业局人教处)

【职业高中】

广西林业职业高中有柳州木材厂职业高中一所。柳州木材厂职业高中是于1979年在原柳州木材子弟中学高中班基础上创办的，校址在柳州木材厂子弟中学(现柳州市第26中学)，是柳州市最早成立的职业高中。任务是为本厂和柳州市厂矿企业培养后备技术工人。先后设置财会、电工、机电维修、木材加工等专业，招收初中毕业生，学制3年，每年招收1个班至3个班不等，生源除照顾本系统职工子弟外，面向柳州市社会招生。教师队伍，文化课由子弟中学老师兼任，专业基础课和专业课由柳州木材厂技术人员兼任。毕业生在80年代主要推荐在本厂就业和到柳州市厂矿企业就业，到90年代以后因企业滑坡，毕业生大多数自谋职业。学校办学经过，1979～1982年招职高生；1983～1986年改招收普通高中；1987年恢复招收职高生；1997年停办，未毕业的职高生转学到柳州市相应职高继续就读。1979～1997年共培养职高毕业生1600人。

(区林业局人教处)

成人学历教育

【概　述】

20世纪80年代初期，全国成人教育迅猛发展，广西林业成人学历教育是在那时候始办的。从1982年以来，先后建立广西林业职工教育学校(1985年改为广西林业职工中专学校)、广西林业学校函授部、广西农学院林学分院成教部，广西林业干部学校等，为广西林业职工的终身学习创造良好环境。

（区林业局人教处）

【广西林业职工中等专业学校】

广西林业职工中专学校前身是广西林业职工教育学校。广西林业职工教育学校于1982年成立，1985年经广西壮族自治区人民政府批准改为林业职工中等专业学校，校址在柳州市长塘，属广西林业厅领导，2001年12月并入广西林业学校，为广西林校成人教育中心。

广西林业职工中专学校主要任务是进行成人学历教育和干部、工人岗位培训及林业职工子女的岗前教育。1982～1985年广西林校代管期间，设有林业1个专业，1983年招收3个班124人，其中有2个班学制2年，1年班学制3年。1985年改为林业职工中专学校以后，专业有林业、财会、师范、林业经济管理、林产品贸易、市场营销，电算财会、法律、果树栽培、艺术雕刻等10个专业，1987年开始举办林业职工短训班，1988年起举办干部专修班，学制1年，1989年与云南刊授大学联合办自学考试大专班，开设林业经济管理、社会林业、市场营销等3个专业。2000年与广西壮族自治区党校联合办学，设立函授站，招收法律、经济管理、电算财会3个专业函授大专班和法律函授本科班。1983～2001年(2002年起在广西生态工程职业技术学院成教中心)共培养林业成人中专毕业生2333人；举办干部短期培训班25期，培训人数2014人；招收干部专修班7个班，毕业生199人；职业高中1个，毕业生42人；函授大专毕业生300人。2001年有校园面积12.1公顷；校舍建筑面积12209.16平方米；在册职工63人。

（区林业局人教处）

【广西生态工程职业技术学院成人教育中心】

广西生态工程职业技术学院成人教育中心原是广西林业学校成人教育中心。广西林校成人教育中心是于2001年12月广西林业职工中专学校并入广西林业学校后，在原广西林业学校函授部和原广西林业职工中专学校基础上成立，2002年8月，广西林校升格为广西生态工程职业技术学院后，改为广西生态工程职业技术学院成人教育中心，校址在柳州市长塘。

广西林校函授部是1986年经广西教委批准建立的，当时的主要任务是承办林业成人中专学历教育，开设林业、财会2个专业的中专班，学制3年，同时承办林业成人短训班。1994年，又经广西教育厅批准与北京林业大学成人教育学院联合办学，设立北京林业大学成人教育学院广西函授站(2001年升为北京林业大学成人教育广西分院)，设立有林学、财会、园林3个专业大专函授班，当年开始招生。因此从1994年起，广西林校函授部一套人马两块牌子，大专、中专函授班同时招生。1996年中专函授因没有生源停止招生，1986～2001年，共培养中专函授毕业生937人(包括1988年开办木材、党政2个专业的干部专修班217人按规定补修中专课程后发成人中专毕业文凭在内)；大专函授毕业生468人；举办林业成人培训班3期，受培训人员75人。2002年1月成立广西林校成人教育中心(10月改为广西生态工程职业技术学院成人教育中心)以后，设立园林绿化、现代林业技术、林业财务核算、旅游管理4个专业专科函授；同时，继续与北京林业大学、南京森林公安高等专科学校、云南大学、自治区党校等联合办本、专科函授班，招收专业有林学、园林、会计学、经济管理、旅游管理、社会治安管理6个专业专科函授；林学、园林、会计学、农林经济管理、法学、教育学、汉语言文学7个专业本科函授，2002～2003年，共招收本、专科函授生1196人，已毕业本、专科函授生428人。2003年，有本、专科函授在校生1400人。校舍建筑面积12.1平方米，在职教职工43人，其中专职教师和管理人员27人，一次培训容量500人。

（区林业局人教处）

干部培训

【概　述】

林业干部培训主要对林业行业的从业人员，包括林业干部、工人和广大林农进行岗位职务培训、继续教育、工人文化补课、生产技术传授等。林业干部培训机构有广西林业厅干训班、广西林业学校干训部、广西农学院林学分院干训部、广西林业职工中专学校、各地市林业职工培训中心。

（区林业局人教处）

【自治区林业厅干训班】

广西林业厅职工培训班始办于解放初期。1950～1954，为使干部适应新中国建设的需要，广西农林厅举办3期训练班，是对农林院校毕业生进行政治训练和林业在职干部的业务学习培训。1956年2月，经广西省人民委员会批准成立广西林业干部学校，校址在南宁市建政路，直属林业厅，当年举办5个短期培训班，培训内容有会计、森林调查设计、造林、森林病虫害防治等，培训人员627人，1957年停办。1956～1957年，广西森林工业局在南宁市建政路开办森工培训班，培训内容有基建、采购、运输等，由森工分局派15名职工参加学习班，学习时间为1年。1959年，广西林业厅在柳州沙塘设立林业干部训练班，培训在职林业干部318人，培训内容有营林会计、木材检尺、采种育苗等。

（区林业局人教处）

【广西林校干训部】

1963年9月广西林业干部培训班并入广西柳州林业学校后，广西柳州林校开始设立干部班，承担广西林业行业职工培训任务。1963～1965年，广西柳州林校举办会计、木材检尺短训班3期，培训人数290人。1966～1972年停办。1973年广西林校又恢复培训班，1973～1980年，广西林校举办林业职工培训24期，培训人数1481人，培训内容有杉木造林培训班8期；财务培训班4期；木材检尺培训3期；木材架空索道培训班2期；林业基础知识、汽车驾驶与修理培训班、马列主义常识培训班、油茶经营知识培训班、木材识别培训班、林木良种培训班、林木种子检验培训班等各一期。1980年经自治区编委批准，在广西林校培训班基础上，建立广西壮族自治区林业干训班，由广西林校代管，继续设在广西林校，1980～1985年10月，举办了10期培训班，培训人数525人，培训内容有林业基础知识培训班8期；林区公路施工培训班1期；香菇栽培技术1期。1985年10月，广西壮族自治区林业干训班从柳州沙塘广西林校迁至南宁邕武路广西农学院林学分院内。1986～1992年，广西林校继续办5期短训班，培训人数300人，培训内容为党政基础知识、木材基础知识、香菇栽培技术、水源林造林技术、计算中心应用等，详细见附表。

广西林校干训班历年结业短训班学员统计表

序号	办班时间	培训内容	培训对象	结业人数
1	1963年上半年	财务会计	林业系统财务人员	80
2	1963年下半年	财务会计	林业系数财务人员	80
3	1964年上半年	木材检尺	林业系统检尺员	130
4	1973年9月～1974年1月	林业基础知识	公社林业助理员	46
5	1974年4月～1974年11月	汽车驾驶与修理	新工人上岗培训	180
6	1974年6月～1974年8月	木材检尺	林业系统检尺员	79
7	1974年9月～1974年10月	杉木造林技术	杉木基地职工、社员	35
8	1974年9月～1975年1月	财务会计	林业系统财务人员	67
9、	1974年11月～1975年1月	木材检尺	林业系统检尺员	75
10	1975年4月～1975年6月	杉木造林技术	杉基地职工或社员	46
11	1975年6月～1975年8月	杉木造林技术	杉木基地职工或社员	41
12	1975年9月～1975年10月	杉木造林技术	杉木基地职工或社员	45
13	1975年11月～1975年12月	杉木造林技术	杉木基地职工或社员	39
14	1976年4月～1976年6月	杉木造林技术	杉木基地职工或社员	69
15	1976年8月～1976年9月	马列主义常识	区林业单位党支部宣委	79
16	1976年10月～1977年1月	杉木造林技术	杉木基地职工或社员	65
17	1976年11月～1977年1月	木材检尺	林业系统检尺员	95
18	1977年3月～1977年5月	木材架空索道	林场干部工人	26
19	1977年6月～1977年10月	木材架空索道	林场干部工人	40
20	1977年6月～1977年8月	油茶造林技术	油茶基地职工	39

续表

序号	办班时间	培训内容	培训对象	结业人数
21	1977 年 8 月～1977 年 10 月	木材识别	林业系统干部职工	62
22	1977 年 9 月～1977 年 10 月	林木良种	林业技术干部	34
23	1977 年 10 月～1977 年 12 月	杉木造林技术	杉木基地技术干部	40
24	1978 年 3 月～1978 年 5 月	财务会计	林业系统财务人员	120
25	1978 年 6 月～1978 年 8 月	财务会计	林业系统财务人员	120
26	1979 年 8 月～1979 年 10 月	财务会计	林业系统财务人员	120
27	1979 年 8 月～1979 年 10 月	林木种子检验	林业技术干部	39
28	1980 年 9 月～1981 年 1 月	林业基础知识	县林业局长	36
29	1981 年 3 月～1981 年 7 月	林业基础知识	县林业局长、林场场长	67
30	1981 年 9 月～1982 年 1 月	林业基础知识	县林业局长、林场场长	76
31	1982 年 3 月～1982 年 7 月	林业基础知识	县林业局长、林场场长	71
32	1982 年 9 月～1983 年 1 月	林业基础知识	林区公社书记或主任	57
33	1983 年 3 月～1983 年 7 月	林业基础知识	林区公社书记或主任	79
34	1983 年 9 月～1984 年 1 月	林业基础知识	林场场长	36
35	1983～1984 年	香栽培技术	有关单位职工	47
36	1984 年 3 月～1984 年 7 月	林业基础知识	林场场长	26
37	1985 年 9 月～1985 年 11 月	林区公路施工	林场公路施工员	30
38	1987 年	香菇栽培技术	农村社员	18
39	1988 年 5 月～1990 年 5 月	党政基础知识	全区林业企事业党政干部	129
40	1988 年 5 月～1990 年 5 月	木材基础知识	全区木材管理干部	88
41	1992 年 7 月 15 日～7 月 30 日	水源林造林技术	全区水利管理员	37
42	1992 年 8 月 2～28 日	计算机运用	林业系统管理干部	30

（区林业局人教处）

【广西林业干训班】

广西林业干训班于 1980 年经广西壮族自治区编批准成立，1985 年 10 月与广西林校剥离，独立建制，属广西林业厅主管，其任务主要是承担林业厅下达的各种岗位职务培训和业务、技术培训。

（区林业局人教处）

【广西林业职工中专学校】

广西林业职工中专学校，在承担林业成人学历教育的同时，开办林业干部短期培训班。1987～2003年，举办县林业局长、场长、乡镇林业站长岗位训班 25 期，培训人数 2014 人。

（区林业局人教处）

【广西农学院林学分院干训部】

广西农学院林学分院干训部，在承担广西林业成人学历教育的同时，还开办林业干部短期培训班。1987～2003 年，共举办林业干部培训班 9 期，培训人数 271 人。

（区林业局人教处）

国有林场、苗圃建设

国 有 林 场

【概　述】

广西现有国有林场153个，实行自治区、地级市、县(市、区)三级管理，其中广西壮族自治区直属15个(含代管1个)、地级市属14个、县(市、区)管124个。按经营规模分，45万亩以上的特大型林场4个，16万～45万亩的大型林场27个，7.5万～15万亩的中型林场32个，7.5万亩以下的小型林场90个。广西国有林场区划界定的总面积1708.45万亩，界定为公益林地面积694.31万亩，占界定总面积的40.64%；界定为商品林地面积1014.14万亩，占界定总面积的59.36%。公益林面积比例在50%以上的有48个林场，50%以下的有105个林场。现有在职职工37550人，离退休人员14870人。现有固定资产原值13.57亿元，固定资产净值10.27亿元。

五十多年来，广西国有林场经过艰难和曲折的发展，取得了辉煌成就：

——广西国有林场从解放初期的8个增加到现在的153个，经营面积从49.5万亩增加到现在的1760.5万亩，增加了34倍。1991年有70个国有林场进入全国500强。1993年有6个被评为全国100佳林场。1994年有9个进入全国国有林场100强。1997年有1个荣居全国国有林场十大标兵。

——新中国成立以来广西国有林场累计造林面积2000多万亩，复壮天然次生林300多万亩，使广西国有林场的森林面积从1950年初的4.29万亩增加到现在的1302.6万亩，增加了300多倍，约占广西现有有林地面积的9%。

——森林蓄积量从新中国成立初期的20万立方米左右增加到现在的5146万立方米，增加了250多倍，约占全区活立木蓄积量的12%。

——新中国成立以来累计生产商品木材3000多万立方米。累计上交税利13亿多元，累计上交“两金”5亿多元。近年来，广西国有林场商品材年产量为140万～170万立方米，约占广西商品材年产量的50%。

——安置了大批城市知青和归国华侨就业。1963年安置城市知青3400人，70年代又陆续安置了一批城市知青，1978年安置越南归侨13228人。为国分忧，不仅使知青和归侨能够安居乐业，而且成为林场建设骨干，有不少人还走上了领导岗位。

广西国有林场经过五十多年的建设和发展，由少到多、由小到大、由弱到强，已占据广西林业的半壁江山，具有举足轻重的地位和作用。其重要标志：一是国有林场是维护生态平衡的重要屏障。其在广西有林地中林分质量最好、生态功能最强，广泛分布于江河源头、路河两边、城镇周边、湖库周围、国防要地等生态地位特别重要的位置。二是国有林场为广西地方经济建设和发展做出了积极贡献。三是国有林场是实施六大建设工程中的天然林保护工程、珠防林工程、退耕还林工程、野生动植物保护及自然保护区建设工程、以速丰林为主的商品林基地建设工程的重要范围和载体。特别是在林木良种繁育和建设短轮伐期速丰林基地等方面，国有林场成为全区的示范样板和“领头羊”。四是国有林场改变了长期以来“单一木头经济”的状况，形成了以木材、人造板、松香、木片、种苗、花卉、森林旅游等为主的产业支柱，成为广西林业产业化建设的重要基地。

(营林处　尹国平)

【发展历程】

一、建场创业阶段(1950~1985)

本阶段构筑了国有林场的组织体系，基本绿化了大片荒山，培育了大批森林资源，形成了生产经营的基本管理制度，是一个发展曲折而成就辉煌的阶段。首先，基本完成了国有林场的组建和调整工作。国有林场组建始于20世纪50年代。解放初期，人民政府接管的林场有8个，经营面积约49.5万亩，有林面积4.29万亩。新组建的国有林场不多，其主要任务是恢复生产。1953年2月广西省人民政府提出“十年绿化大部广西”的要求，开始重视组建国有林场工作。1953～1960年是国有林场发展的高峰时期，截至1960年底全区国有林场曾达200个以上。后经1958年的人民公社化和1960～1962年的国民经济困难时期的下放，相继关、停、并转了一批，至1962年底减少到117个，大跃进期间上马的林场大多数都垮了下来，林场受到很大损失。1963年以后，又提出以国有造林为重点，全面发展造林事业的方针，广西国有林场又继续扩大，至1966年林场的组建工作基本完成，此后林场逐步趋于巩固和发展。“文革”期间又再次下放，后经收回、合并和调整，进入80年代后基本稳定至今。1985年有国有林场153个，经营面积1680多万亩，有林地1365万亩，分别是1950年的19倍、33倍和313倍。其次，基本完成了大片荒山造林工作。绿化荒山和培育用材林是广西国有林场建设的主要目的和任务。建场之初，广西区林业厅就做出规定，国有林场要以林为主，除个别林场外，要以用材林为主。20世纪50年代后期，还提出国有林场要拿出90%以上林业用地营造用材林。建场以后，广大林场职工发扬艰苦创业精神，常年吃住在山，坚持数十年如一日开展荒山造林。20世纪60年代后期大面积荒山造林工作基本完成，并复壮了大面积天然次生林，培育了大批森林资源。第三，初步开展了多种经营和林区基础设施建设。从50年代大办国有林场时起，就执行“以林为主、多种经营”的方针。由于造林任务重，国家投资少，就采取林农间种、多种经营筹集资金造林。1960～1962年的困难时期，为渡过难关，林场被迫以70%～80%的劳动力搞农副业生产，争取粮、油、肉、菜自给。20世纪70年代后期，大多数国有林场已进入抚育间伐阶段，具备了发展多种经营的良好条件，通过开办小材加工厂、砖瓦厂、石材厂、水泥厂，种植水果、茶叶、药材，发展养殖业等，既解决林场经费不足，还筹集资金开始了林区公路、林道、简易办公楼和职工住房等基本设施的建设，使林场开始活起来。第四，形成了林场的生产经营管理制度。经历了20世纪50～60年代的“五大管理”(民主管理、计划管理、财务管理、技术管理与劳动管理)、“文革”时期的混乱管理、80年代的经费大包干和生产承包责任制，逐步形成了国有林场的生产经营管理制度。

二、结构调整阶段(1986～1995)

本阶段正值第一代林主伐时期，创造了林场经济的辉煌。继续探索完善林场经营管理制度，大力进行产业结构调整，奠定了现代场办工业和服务业的基础，同时也出现了盲目上项目的严重失误。首先，林木进入主伐阶段，林场经济如日中天。各场普遍进入了第一代林的间伐或主伐阶段，木材产量大增，1990年以来，全区国有林场每年的木材采伐量均在100万立方米以上，占全区木材产量近50%。木材自产自销，收入不上缴。多种经营规模扩大，经济收入大增，自有资金雄厚。其次，在生产管理上，不断健全和完善林场管理制度。1986年实行了党委领导下的场长负责制、党组织保证监督制和职工代表大会制。内部生产管理实行生长量承包责任制；1988年在区直14个林场试行场长任期目标责任制；1990年开始，在全区国有林场推行了“国有林场‘双文明’建设领导任期目标责任制”，一订五年。2001年又改为一年一订，取得了很好的效果。第三，大力调整林场产业结构，新上了一大批项目。1986年以来，特别是1992年邓小平南方谈话以后，国有林场加大林种结构和产业结构调整力度，大力发展以种植八角、玉桂为主的经济林，以荔枝、龙眼、芒果、沙田柚为主的果木林，以木材加工、木片厂、松香厂、造纸厂为主的林产工业，并积极发展水泥厂、砖厂、人造炭厂、宾馆、餐饮、旅游、运输、房地产、商业等第二、三产业，初步改变了林场单一的木头经济格局，使林场第一、二、三产业的经济收入形成了7:2:1的新格局。但由于一些林场盲目上马项目和管理不善等原因，部分项目失败，使林场背上了沉重的债务，重新陷入了资源危困和经济危困的境地。

三、改革发展阶段(1996年至今)

“九五”以来，在认真总结“八五”的经验教训后，按照林业部关于国有林场深化改革加快发展若干问题的决定，理清思路，明确方向，广西国有林场进入了二次创业和改革发展的新阶段。主要有六大标志即推行三项制度改革，发展职工自营经济，加速发展速丰林，调整经济和产业结构，探索公有制的多种实现形式，走集团化发展道路等方面取得了显著成绩，使许多林场重新走出困境。

（营林处　尹国平）

【三项制度改革】

1996年底，根据《林业部关于国有林场深化改革加快发展若干问题的决定》，广西林业厅决定先在国有派阳山林场进行改革试点并派出工作组驻场指导和帮助。1997年3月，广西林业厅批准了《广西国有派阳山林场深化经济体制改革总体方案》并转发各地市林业局、区直林场，要求各场结合实际参考派阳山林场的做法，加大改革力度。此后，以人事制度改革、用工制度改革和分配制度改革为主要内容的三项制度改革在广西国有林场逐步展开。人事制度改革方面，实行定岗定员定责和竞聘上岗，建立了干部能上能下、合理流动的用人新机制。打破干部工人的身份界限，普遍推行干部聘任制的改革，中层及其以下管理人员实行竞聘上岗，一至三年一聘，促进人才的发现和合理流动。用工制度改革方面，实行全员劳动合同制，劳动用工面向社会，能进能出。分配制度改革方面，基本打破档案工资制度，管理人员实行结构工资或岗位工资，定岗定薪，岗变薪变。一线职工实行承包经营、计件工资。三项制度改革后，打破了传统的“铁交椅、铁工资、铁饭碗”，初步建立了具有激励和约束机制的内部经营管理制度，精简了机构，压缩了非生产人员，减少了非生产性开支，实现了减员增效。多数的国有林场非生产人员占在职人员比例由改革前的50%左右降至现在的20%左右。

（营林处　尹国平）

【职工自营经济】

20世纪80年代中期开始，随着大力发展经济果木林，有一些林场将果林分片划给职工个人承包管理；有的在幼林下间种一些农作物，收入归职工所有，这是最早的职工自营经济形式。进入90年代中期，在林业部和全国农林工会的号召和广西林业厅的大力推动下，广西国有林场自营经济发展逐年加快，并在实践中把职工自营经济与三项制度改革有机地结合起来，作为一项解决转岗分流人员出路、减轻林场负担、职工脱贫致富的极其重要的工作来抓。总体来讲，可分为三个发展阶段，第一阶段是1996年以前的自行发展阶段，主要是进行宣传、号召、鼓励、摸索和抓典型树样板。第二阶段是1996～1999年的组织发展阶段，主要是总结推广和组织推动。第三阶段是1999年后的规范发展阶段，主要是针对自营经济快速发展中出现的问题，1999年，广西壮族自治区林业局适时出台了《关于加强发展国有林场职工自营经济问题的若干规定(试行)》，对自营经济进行规范，明确了以种植业为主，养殖、运输、服务、加工等为辅的发展方向，以承包、租赁、私营等为主要模式，以打造拳头产品为主要目标，提出了进一步完善管理和服务机制的要求。使广西国有林场职工自营经济开始步入了规范、快速发展轨道，逐步成为职工收入的重要来源和脱贫致富的重要渠道。从而稳定了职工队伍，减轻了林场经济负担。目前自营经济仍在蓬勃发展，并逐步产生更大的效益。目前，广西国有林场参加自营经济的职工有30469人，占在职职工总数的80%，种植面积63.665万亩，人均21亩。2002年总收入15646万元，年人均纯收入2182元。自营经济较好的年成，有的林场年人均纯收入达1万元以上，有的职工甚至高达几十万元。

职工自营经济的主要类型和做法：以家庭承包经营为主要形式的职工自营经济，基本确立了三个主要类型：一是“脱钩”承包经营型，即在统一规划、连片开发、自费投入，自主经营的原则下，参加职工划给一定面积的林地(多为每职工20～30亩)，3～4年内只按月预借一定的生活费或生产扶持金，从第五年或有收成的年份起，林场收取地租和管理费；另一种情况是实行停薪留职，自谋职业，交纳林场一定的管理费和各种保险费。二是承包经营型，即把林场投资种植的经济林果划分或通过招标给部分职工承包经营，投资分户立账，预借一定的生产生活经费，计算利息，投产后逐年偿还。收入按比例分成，林场实行让利。三是“自留地”承包型，即这部分在职的干部职工除领取岗位工资或计件工资外，还划分给一定数量的林地(多为每职工10～20亩)，自费投入，自主经营，林场从有收成年份起收取地租。主要做法：一是用好用足国家有关优惠政策，广西壮族自治区林场管理部门积极推动，林场领导班子重视和带头，广大职工转变观念，树立典型，以点带面。二是实行统一规划、统一管理、统一品种、统一技术、统一销售，连片开发，分户经营，实现规模经营的效果。三是建章立制，规范发展。研究市场，找准发展方向。大力扶持，服务到位。广西有统一的政策规定，各林场结合实际制定具体实施方法，在发展中采取筹借资金、产前免租、试产少租、盛产让利、提供种苗、技术指导、集中销售等扶持措施。

（营林处　尹国平）

【加速发展速丰林，场外再造林场】

近年来，根据国家林业局提出的“分类经营，分区突破”的林业发展战略以及可采用材林资源越来越少的实际情况，在结构调整中，许多国有林场充分发挥优势，抓住机遇，大力营造以短轮伐树种为主的速丰林。各林场充分利用本场的采伐迹地和低产林地营造速丰林，但场内可用于发展速丰林的林地只有约200万亩，与广西国有林场“十五”计划的发展目标相差甚远，而社会上还存在相当一部分荒山和低产林地。为此，广西国有林场尤其是区直林场利用自身的资金、技术和管理等优势，采取租地、联营等方式大力进行场外造林，掀起了广西国有林场第二次对外辐射联营造林的高潮。据统计，2001年以来，广西国有林场已营造速丰林360多万亩，其中场外造林120多万亩。场外造林面积较大的林场有高峰46.2万亩、六万20万亩、黄冕15万亩、博白14万亩、七坡9万亩。一些林场相当于在山上再造了一个林场。场外造林使许多林场的森林蓄积量和经济实力快速增长，还对社会造林起到了带头、示范和推动作用。

（营林处　尹国平）

【调整产业结构，实行林业产业化经营】

一些林场以市场为导向，以森林资源为依托，多渠道筹集资金，调整、巩固和创办了一批场办工业项目，如人造板、木片、松香、水电、森林旅游、苗圃花卉等，规模由中小型逐步向大中型方向发展，产品种类及产量逐年增加，质量不断提高。特别是，林板结合趋势凸现。如高峰林场1997年开始实施林板一体化的发展计划，以人造板项目为龙头，带动速丰林基地建设，成为广西推进林业产业化的成功典范。该场现已建成两个年产12万立方米的中纤板厂，一个年产18万立方米高密度板厂，总规模达年产40万立方米，年消耗木材60万立方米，同时还建设了70万亩的速丰林原料基地，完全可供本场人造板生产所需的木材原料。此外，国有林场依托森林资源发展旅游业初具规模。目前已建成良凤江、三门江、姑婆山等16个国家级、21个自治区级森林公园以及一批县级森林公园，森旅收入逐年增加。

（营林处　尹国平）

【积极探索公有制多种实现形式】

近年来，广西国有林场营造林经营模式，尤其是场外造林的经营模式，已由单一的国有经营向多元化经营形式转变，林场职工开始从生产参与者向生产经营者和资产拥有者转变，逐步成为速丰林的业主，形成了跨地域、跨所有制的营造林新机制，从而给速丰林尤其是场外造林的建设和发展注入了生机和活力。这些经营模式主要有“国有民营”承包造林、业主造林内部股份合作造林和集资造林等，国有、集体、职工等共同出资造林。这些灵活的经营机制既能充分调动职工参与参林的积极性，又能缓解林场资金紧张的压力，从而加快了非公经济与速丰林的发展。部分林场拍卖经济林产权，鼓励职工出资购买原来承包的、产权属于林场的经济果木林，林场将收回的成本用于扩大再造林，后期的收益转而体现收取地租上。在推动产权制度改革方面取得了一些进展，为国有林场开展股份制改造积累了一些经验，特别是对一些效益不好甚至亏损的小型造板厂、松香厂、木材加工厂、木片厂、水泥厂、砖厂和餐饮旅业等，实行对外招标租赁承包经营，有的采取内部股份合作制改造，从而盘活现有的场办工业资产，使林场轻装上阵加快发展。如高峰林场在陆川人造板公司进行股份制改造试点，做法是通过工会社团法人成立持股会向全场职工募股，依法收购原合资商退出的部分股权，已有260多名职工自愿出资参加持股会。该场还把场办的小型工业和经营单位如红砖厂、综合服务部等，进行内部股份制改造，主要做法是将原有净资产折股全部出售给职工，一人一股自愿认购，管理人员实行责任股，按责任大小适量多认购股，入股职工优先安排工作。新开发的项目如高峰农贸市场、花卉公司、再生板厂、医院养老托老等，也实行内部股份合作制经营，利益共享，风险共担。七坡、派阳山林场也把原有场办工业单位如木材加工厂、松香厂、加油站和车队等进行内部股份制改造，与高峰林场不同的是林场认购少于50％的股份。

（营林处　尹国平）

【走集团化发展道路】

为把广西林业做大做强，由八家区直林场的

优良资产共同组建的广西高峰林浆纸业集团有限责任公司，经广西壮族自治区人民政府批准于2002年11月挂牌成立。该集团将与外资合作建设年产60万吨纸浆厂项目，配套的500万亩速丰林原料基地项目已经开始实施。集团公司将以建立现代企业制度为目标，依靠体制改革、制度创新和科技进步，以资产和产业链为纽带，逐步吸纳符合条件、自愿加入集团的林业企事业单位为国有独资子公司，实施公司化及股份制改造，建立以集团公司为龙头，实现集约化、产业化经营，壮大集团公司经济实力，奠定集团公司通过资本市场进行扩张的基础。集团公司以大面积营造速丰林为基础，大力发展制浆造纸和林板等综合加工产业，形成林浆纸一体化、林板一体化、林工贸一体化，从而加快广西林业资源培育，建立起更大的林业产业集团，增强广西国有林场的经济实力，把林业培育成为广西国民经济的支柱产业之一。

（营林处　尹国平）

苗圃建设

【概　述】

广西国有苗圃从20世纪50年代开始营建，随着林业的发展，苗圃数量不断增加，各种所有制的苗圃也应运而生。特别在广西壮族自治区人民政府于1987年提出“关于保护森林，发展林业，力争十五年基本绿化广西”的战略目标后，广西掀起了植树造林，消灭荒山的热潮。广西各苗圃每年根据各地造林实际需要，培育并提供了大量的良种壮苗，满足造林的需要。据统计，1987～2003年，全区育苗总面积39171.3公顷，生产苗木183.5亿株，其中，容器育苗32.9亿株，良种苗木达32亿株。在“造林灭荒”期间（1987～1993），种苗的使用量最大。七年共育苗面积22533.3公顷，生产苗木116.5亿株，育苗面积和数量分别占育苗总数的57.5%和63.5%。为广西提前一年实现灭荒达标奠定了坚实的基础。

近几年来，随着实施西部大开发战略以及党中央、国务院对生态环境建设的高度重视，国家史无前例地加大对种苗的投入。1999～2003年国家安排专项资金总投入6268.5万元用于广西25个国有苗圃和1个省级示范苗圃的改、扩建工程建设，建设规模460公顷。项目建成投产后，每年将为广西提供约2.1亿株的优质苗木。这些种苗工程的实施，提高广西良种壮苗培育能力以及育苗新技术的推广，满足广西“十五”林业发展规划对苗木的需求。至2003年，广西建有各种类型的苗圃1817个，经营总面积5624.25公顷，可育苗面积2360公顷，苗木总生产能力达72450万株（组培苗2450万株，容器苗34000万株，其他苗木36000万株；针叶树17440万株，阔叶树36635万株，经济林18375万株）。育苗总量比2000年增长44.6%。

国有苗圃285个（林业系统280个，非林业系统5个），经营面积3973.36公顷，可育苗面积948.1公顷，苗木总生产能力达36450万株（林业系统35650万株，非林业系统800万株）；集体苗圃190个，经营总面积113.69公顷，可育苗面积58.3公顷，苗木年总生产能力达3500万株；个体苗圃1299个，经营总面积1238.2公顷，可育苗面积1068.6公顷，苗木年总生产能力达19000万株；其他类型苗圃43个（股份制41个，外商独资苗圃2个），经营总面积299公顷，可育苗面积285公顷，苗木年总生产能力达13500万株。

（区林业局种苗站）

【种苗工程建设】

种苗工程苗圃建设项目主要建设内容包括育苗生产工程、生产设备设施及辅助工程建设等。据统计1999～2003年，广西利用中央国债投资的苗圃共26处，总投资达6268.5万元（其中中央投资4719万元，地方配套投资1547万元）。在中央国债资金总额中：1999年种苗工程国债投资1450万元；2000年种苗工程国债投资1900万元；2001年种苗工程国债投资847万元；2002年种苗工程国债投资522万元。目前，这些种苗工程已相继建成投产，预计种苗工程建成后，苗圃改扩建后新增生产规模约为366.7公顷，新增生产能力约1.8亿株，约占广西育苗总量的40%。种苗工程的实施，大大提高了广西种苗生产能力。据不完全统计，种苗工程实施四年来，育苗面积已达350多公顷，育苗数量约2.5亿株，已向社会提供各种优质苗木约2亿株。

（区林业局种苗站）

【省级林木种苗示范基地】

广西林木种苗示范基地是2000年7月13日由国家林业局批准，利用国债投资建设的项目，项目总投资2496万元，其中：中央财政预算内林业建设专项投资1997万元，地方配套投资499万元。建设总规模119.4公顷。经近一年的建设前期准备，2001年10月正式动工兴建，2002年10月正式挂牌。

一、示范基地的建设目标

采用先进适用的生产工艺和设备，以高科技手段繁育优良种苗，为广西和华南部分地区生态环境建设、商品林基地建设、经济林建设、城市绿化美化服务，并通过引进现代企业经营管理机制，按现代化、良种化、规模化和商品化的要求，把其建成在全区范围内集示范和推广优良林木种苗繁育、现代化育苗新技术、新品种开发与培育、科研成果示范、技术交流与培训为一体的省级林木种苗示范基地。

二、示范基地的建设任务

主要建设任务是：原种收集区10公顷，基因收集区10公顷，原种采穗圃10公顷，林木示范区50公顷，繁殖区59.4公顷，核定土建工程建筑面积为2800公顷，设计年生产能力2000万株苗木以上（其中组培苗600万株，扦插苗1350万株，其他花卉绿化苗木50万株）。建设进度根据种苗工程建设有关规定，示范基地建设严格按照初步设计的要求做好各项建设，至2003年已实施完成的主要项目有：完成示范基地土地平整的设计与施工，平整土地面积约46000平方米；完成示范基地挡土墙、围墙的设计与施工，已完成挡土墙785米，砌石方量2365立方米，围墙2588米，砌砖量6470平方米，排水沟1848米；完成基地配电、送电工程设施线路3319米以及供水管道4114米；建成高档温室、普通温室及观赏温室三座，总面积5486平方米，简易荫棚5976平方米，练苗场33563.9平方米；建成综合楼776平方米，组培楼634.7平方米，仓库宿舍楼727.2平方米，民工房185.39平方米，营养土车间450平方米，播种车间324平方米，冷库37平方米，水泵房18.4平方米，100立方米蓄水池一座，公厕35平方米；完成大门土建5座；完成园区道路2015米，面积9872平方米；建采穗圃70亩，营造示范试验林1000亩，经济林25亩；完成园区绿化面积约30000平方米；完成购置配备组培设备、实验室设备一批；购买运输车和拖拉机各一辆。

三、示范基地的建设成效

（一）用材林苗木生产。

主要生产的用材林苗有桉树、杂交松苗，到2003年底共生产苗木425万株，其中桉树组培苗80万株，桉树扦插苗300万株，杂交松扦插苗25万株，杂交松实生苗20万株。建立有桉树采穗圃25亩，杂交松采穗圃10亩。

（二）园林绿化苗和花卉。

主要生产各种园林绿化苗木50亩，共生产苗木40多万株；生产的花卉品种主要是蝴蝶兰、大花蕙兰、红掌等品种共30万株。

（三）经济和社会效益。

截至2003年底，示范基地实现苗木销售收入达120万元。同时，也为区内外社会各界提供参观学习与交流3000多人（次），为社会提供固定就业人员40人，雇临时工3000多人（次）。示范基地已产生初步的经济及社会效益。

（区林业局种苗站）

【桉树中心苗圃】

桉树具有速生、丰产、轮伐周期短等特点，引起了市场的极大关注。为了加速桉树的繁殖速度，从1992年开始，广西重点抓了良种桉种苗繁殖基地和中心苗圃的建设，先后建成了东门林场、区林科院、钦州市林科所、防城港市林木良种繁育中心和新建的广西林木种苗示范基地等5个具有技术比较先进、设施比较完善的良种桉工厂化育苗基地，年产组培苗和扦插苗4000万株以上；建立了横县、来宾、防城、桂林市林科所、合浦县林科所、浦北林科所、合浦南康林业站、广西林学院、广西林校、钦廉林场、维都林场、北海防护林场、山口林场等13个桉树中心苗圃，每个中心苗圃年产苗木能力100万株以上。这些基地的建立，形成了桉树优良无性系的培育与繁殖体系，推动广西速生丰产林的发展。

（区林业局种苗站）

【全国特色种苗生产基地和全国质量信得过苗圃】

为增强全社会林木种苗质量意识，提高林木种苗质量，推动广西林木种苗基地向产业化发展。2001年8月国家林业局开展全国特色种苗生产基地和全国质量信得过苗圃评选活动，广西申报了6处种苗基地和苗圃。经国家林业局组织专家进行现场考察和内业评选、审核、公示后，广西有六家单位分别获得“全国特色种苗生产基地”和“全国质量信得过苗圃”殊荣。并于2002年10月25日受到了国家林业局的表彰。

一、全国特色种苗生产基地（4处）

东门林场种苗生产基地、派阳山林场种苗生

产基地、贵港市覃塘林场马尾松种子园、融安县西山林场杉木种子园。

二、全国质量信得过苗圃(2处)

广西林科院苗圃、钦州市林科所苗圃。

（区林业局种苗站）

【国有苗圃经营状况】

在植树造林，消灭荒山的过程中，国有苗圃发挥了重要的作用。据统计，1987～1993年间，国有苗圃育苗约14亿株，占广西育苗的12%。为广西提前一年实现灭荒达标奠定了坚实的基础。随着全区实现灭荒、绿化达标后，林业生产对苗木的需求在品种和质量上都发生了变化，而且需求的数量也大幅度下降。以往以育苗为主的国有苗圃在社会的变革中没能及时做出调整，加上当地财政每年拨款的逐渐减少，以及离退休人员逐年增多，目前大多数苗圃的生产、生活十分困难。另外，近几年来广西大部分苗圃连续遭受洪水灾害及三十年不遇的冰霜冻害，造成损失惨重。苗圃生产短时间难以恢复。据2000年对广西128个国有苗圃的经营经营状况调查中发现，有86个苗圃经营出现亏损，占被调查总数的67.2%，其中发不出工资、欠债的特困型苗圃35个；有31个苗圃经营持平，占被调查总数的24.2%；有11个苗圃经营出现盈余，只占被调查总数的8.6%。

（区林业局种苗站）

【国有苗圃存在的主要问题】

一、人员和技术问题

国有苗圃由于基础设施条件比较差或地处比较偏僻的地方，引进人才比较困难，加上部分管理技术人员的流失苗圃后备技术力量没有得到有效的补充。长期技术结构单一，很难发挥技术优势。另外，个别苗圃往往变成安排有关处理人员或亲属的地方，造成人满为患，苗圃人员素质低劣，难以适应新的育苗发展需要。

二、资金问题

多数苗圃收入单纯且极不稳定。长期以来，苗圃育苗是根据当地林业发展和生态环境建设需要组织育苗并有计划地生产，育苗从来不是以盈利为目的。特别是在实施造林灭荒战略中，为了响应当地政府的号召，积极配合灭荒造林，绝大部分苗圃无偿向社会提供苗木。造成苗圃原始积累少。加上上级部门拨款有限以及苗圃自身造血功能差，职工工资发放实有困难。现在事业费逐步与财政脱钩，苗圃自谋出路，生产经费严重不足。严重制约国有苗圃的生产和发展。

三、土地被占问题

国有苗圃土地被占用现象时有发生，主要是不少国有苗圃地处城镇附近，经常受到城区规划、交通部门等单位的无偿征用或被周围群众所侵占。即使部分苗圃得到补偿，也仅仅是很少的土地占用费，苗圃土地越变越少。

四、体制与机制问题

随着市场的开放和机制的转轨，仅靠为了造林而育苗的单一生产已不适应。国有苗圃原有的体制与机制严重阻碍的自身的发展。

（区林业局种苗站）

【国有苗圃发展对策】

一、加大对苗圃的投入及政策上的扶持

苗圃育苗虽自身的经济效益不高，但它带来的社会效益和生态效益显著。对广西林业生产及生态环境建设有着重要的地位和作用，因此从政策和资金上国家应从以下几个方面给予一定的支持和扶持：一是将国有苗圃离退休职工工资福利纳入社会保障体系给予解决，可以减轻苗圃的负担；二是由国家安排一定的资金，通过项目扶持的方式增加苗圃的收入；三是通过给予苗木补助的形式补助苗圃培育良种壮苗用于造林绿化。

二、加强对苗圃领导班子的建设，增强凝聚力

国有苗圃作为计划经济的产物，有过它辉煌的历史，但在社会主义市场经济条件下，它在体制、机制，特别是人的思想观念上存着种种弊端，严重阻碍了自身的进一步发展。很多国有苗圃由于基础设施年久失修，管理不善，职工人心涣散，素质不高，生产经营单一，苗圃经济低下。因此，苗圃首先要建立一支强有力的领导班子，狠抓职工的思想教育，转变观念，彻底冲破等、靠、要的思想，立足自身优势，主动接受市场经济的挑战。积极寻找适合苗圃实际的发展方向，这是振兴苗圃的根本出路。只有领导干部职工上下一心，才能形成强大的凝聚力和号召力。并且通过“一把手”亲自抓来带动全体干部职工，这有利于使广大干部职工在困难中看到希望，增强把经济搞上去的信心和决心。

三、加快苗圃产业结构调整，改变经营方式

为适应林业发展的新形势，必须及时调整育苗树种和品种结构，尽快以市场为导向，狠抓产业结构调整为切入点，积极发展多种经营，以短养长、多业并举的生产新格局。同时在经营方式上，

要改变过去只管生产，不管销售的弱点。因此，不仅要抓好苗圃的生产经营而且要抓好苗木的市场营销。苗木的生产除了满足造林的需要外，还要向园林绿化方面发展，经营必须走产业化的道路，以育苗、规划、设计、施工、养护一条龙的服务体系，形成产业化的生产格局。

四、建立多元化承包体制，适应生产需要

为充分调动职工以及承包者的积极性，苗圃有必要建立多元化的承包体制以满足不同经营者的需要。一是苗圃可实行全包干的办法经营；二是苗圃内部可发展个体经济和私营经济成分，共同发展；三是苗圃可引进资金，鼓励外单位或私人投资者到苗圃开发项目。

五、加快人才培养，注重高新技术的应用

国有苗圃历经几十年的沧桑，由于基础差、底子薄，苗圃生产生活较为艰苦等原因，导致人才流失比较严重。因为人才的匮乏致使大量相关科技成果和先进技术得不到普遍应用，种苗科技含量低，成果转化率低，直接制约着苗圃的发展。为振兴苗圃，当前人才的引进和培养是一项紧迫的任务。苗圃要招聘一些如：林学、园林、园艺、植保等相关专业的人才，增强技术力量。

另外，苗圃在各个生产环节上，要把相关的各项科技成果组装起来应用。如全光照喷雾扦插育苗、组培育苗、容器育苗、芽苗移栽、ABT 生根粉及节水灌溉等新技术。

（区林业局种苗站）

林业工作站建设

【概　述】

乡(镇)林业工作站是组织和指导农村集体经济组织、个人发展林业生产的基层事业单位,具有政策宣传、资源管护、林政执法、生产组织、科技推广和社会化服务等职能。广西乡镇林业工作站自1988年恢复建设并纳入国家基本建设计划以来,紧紧围绕林业中心工作,坚持"完善、巩固、提高"的建设方针,以开展林业工作站建设合格县活动为重点,以强化职能作用为核心,不断加强机构、队伍和基础设施建设,努力提高全员素质,改善乡镇林业工作站工作条件和生活条件,保障了各项林业工作在基层的贯彻落实,为实施林业重点工程提供服务,促进了林业事业的快速、健康发展。

一、基层林业管理服务网络基本形成,基础设施建设进一步加强,乡镇林业工作站整体水平明显提高

一是基层林业管理服务网络基本形成。广西1325个乡镇中已有1175个乡镇建立乡镇林业工作站(其中片站31个),定编4104人,配备人员4900人;自治区设有乡镇林业工作总站1个,有12个市、51个县(市、区)建立了乡镇林业工作站管理机构,管理人员近300人,管理网络基本形成。二是基础设施建设得到进一步加强。1988～2003年,累计完成投资10537万元,其中国家投资1293万元,广西财政厅、林业厅(局)投资1605万元,地方配套7639万元。自有办公用房838个站,有809个站配有交通工具,974个站配有通信设备。乡镇林业工作站工作条件和办公设施有了较大程度的改善,有效地提高了职工工作积极性和工作效率。三是合格县工作进展较快。在广西建有乡镇林业工作站的97个县(市、区)中,至2002年度已有77个县被国家林业局确认为林业工作站建设合格县,2003年度向国家林业局申报3个合格县,计划2005年基本完成林业站建设合格县任务。林业工作站建设合格县活动促进了乡镇林业工作站建设向标准化、规范化、制度化方向发展。四是林业工作站示范县建设稳步推进。苍梧县被国家林业局确认为首批全国林业工作站建设示范县,省级林业工作站建设示范县有凌云、永福、浦北、罗城、鹿寨、昭平、天峨等7个县。

二、岗位培训步入正常轨道

累计培训站长2845人,其中国家级培训站长26人、自治区级培训站长1926人、地市级培训站长753人;培训站员3821人。站长和主要岗位人员基本轮训一遍。截至2003年底,在全区乡镇林业工作站4804名长期职工中,具有大专以上学历的有1229人,中专学历的有2042人,高中及以下文化的有1533人;有专业技术人员2621人(其中高级5人、中级260人、初级2356人)。乡镇林业工作站职工基本具备了承担工作所需要的专业知识和基本技能,整体素质进一步提高。

三、充分履行赋予的各项职能,基础保障作用明显增强

一是广泛深入地宣传党和国家的林业方针政策和法律法规,使这些方针政策和法律法规在广大农村得到了贯彻落实。二是在造林绿化工作中发挥了突出作用。各乡镇林业工作站积极参与退耕还林、生态林补助项目、"绿色工程"、"珠防林工程"、封山育林、农村能源建设等林业生态工程建设,做好组织发动、规划设计、种苗准备、技术指导和检查验收等一系列工作。三是切实加强了对森林资源的保护管理,严格执行限额采伐制度,协助县(市)林业主管部门打击破坏森林资源的违法犯罪行为;认真做好森林防火、病虫害预测预报和防治工作,加快了森林资源的培育,有效地保护了森林资源,保障了广西林业事业的快速健康发展。四是在林业科技推广和科技服务方面有了长足发展。各乡镇林业工作站通过基地建设搞好林业科技的试验、示范工作,推广先进实用技术,传播林业科技知识,提高林业生产的科技含量,极大地调动了农村群众发展林业的积极性，加快了乡村林业产业建设的步伐，进一步增强了乡镇林业工作站的发展活力与后劲。

四、勤劳艰辛结硕果

至2003年底累计有34个站获全国先进林业工作站、31人获全国林业工作站先进工作者；荣获广西林业工作站建设先进地、市有5个、广西林业工作站建设先进县(市、区)有16个、广西先进林业工作站40个、广西林业工作站建设先进工作者70人；1998年荣获全国绿化奖章1人。2001年，广西壮族自治区林业局被国家林业局授予全国林业工作站建设先进单位。

(区林业局林业站)

【乡镇林业工作站机构队伍建设】

广西的乡镇林业工作站始建于1956年。1956年1月11日广西省人民委员会下发《关于成立区林业技术指导站和其编制数的通知》(会林字[1956]1号)到桂西僮族自治区人民政府、各专署，按照当时初步拟定的《十年绿化全省》方案，决定在350个区成立林业技术指导站。后根据林业部指示将林业技术指导站改名林业工作站，并按林业重点县、林农并重县、林业一般县三类划分，增加人员编制，当年9月增设100个区级林业工作站、70个县级林业工作中心站。1956年底，广西已建成林业工作站520个，在册人数1410人，其中技术人员(一般林业员)1205人。

1958年人民公社化，基层政权大调整，遵照自治区党委的规定在人民公社管理委员会下设立林业部及设立脱产的林业委员1人。部分林业工作站撤销，不撤销的与森工收购站归并，新的林业工作站属县林业局派出机构，协助县林业局负责该片的木材采伐、收购及造林、抚育、林产工业等工作。每站根据任务繁简配备3～7名干部。各专区林业工作站名额分配如下：桂林专区300人，柳州专区545人，百色专区280人，梧州专区115人，玉林专区220人，南宁专区360人。

1966～1976年"文化大革命"期间，很多地方成立县级革命委员会，乡镇林业工作站放到公社管理，形成林业局派出机构和公社管理两种管理体制。

70年代至80年代初，在部分新分的公社相应建立乡镇林业工作站。

1983～1984年间基层政权政社分开，公社改名称为乡镇，部分林业工作站按属地管理称谓乡(镇)林业工作站。

由于乡镇林业工作站覆盖面太小，且不健全，难以落实党和国家的林业方针政策，影响和阻碍了地方林业的发展。党的十一届三中全会后，林业部在总结经验教训的基础上，把乡镇林业工作站建设摆上林业建设的重要位置，提出了"抓基层，打基础"的指导思想。1987年林业部正式把乡镇林业工作站建设提上议事日程，在同年12月召开的全国林业厅(局)长会议上，把加强乡镇林业工作站建设作为林业改革的六项任务之一提了出来。1988年3月，林业部又专门召开了全国区、乡(镇)林业工作站建设座谈会，对加强乡镇林业工作站建设工作做出了部署，7月颁发了《区、乡(镇)林业工作站管理办法》。

1988年，广西林业厅按照林业部的部署，把恢复和加强乡镇林业工作站建设作为林业建设的一项重要工作来抓，要求五年任务三年完成，广西林业厅领导反复强调乡镇林业工作站建站设员要与造林灭荒同步进行，要拿出造林灭荒的干劲和措施，加快乡镇林业工作站的建设，争取跃居全国先进行列。

1989年，广西林业厅在有关处室抽协调五人成立自治区乡镇林业工作总站筹建班子，开始抓乡镇林业工作站的定编工作。1990年人事部、林业部联合颁发《农村基层林业工作站人员编制标准(试行)》，广西林业厅收到两部文件后，积极主动地向区编制局、人事厅、财政厅说明乡镇林业工作站的性质、职能任务及其设立的重要性，得到了有关部门的理解和支持。在此基础上，自治区乡镇林业工作总站代广西林业厅拟文，提出贯彻两部文件的意见，经厅办公会议讨论、补充和修改，形成了自治区林业厅贯彻两部文件的意见，并由广西壮族自治区乡镇林业工作总站顾问、原广西壮族自治区林业局副局长张兆凯同志等人多次与自治区编制局、人事厅、财政厅等单位协商会签。经过3个多月共21次上述有关部门反复研究、协商、修改，当年8月10日，由广西编制局、人事厅、财政厅、林业厅联合转发人事部、林业部《关于颁发农村基层林业工作站人员编制标准(试行)的通知》(桂编局[1990]93号)，对乡镇林业工作站的性质、任务和编制标准等作了明确规定，并在当年召开的有各地、市、县的专员、市长、县长和林业局长参加的广西林业工作会议上，要求各县年底前将乡镇林业工作站的人员配齐。当年定编509个站,1961人。

1991年春,林业部按照"有人员、有牌子、有公章、有经费、有办公地点"五条建站初级标准验收,广西已建站1286个,提前两年完成建站设员任务。

"八五"期间,因县乡财政体制改革,广西曾先后有43个县(市、区)乡镇林业工作站的"三权"下放给乡(镇)人民政府管理,个别县给乡镇林业工作站"脱钩"、"断奶",造成乡镇林业工作站与县(市)林业主管部门关系失调,经费来源无保证,职工思想不稳定,影响了林业工作的正常开展。对此广西林业厅派出工作组深入到试点县(市)调查,并向广西壮族自治区人民政府写了调查报告,提出意见。接着又转发了国家六部发农政字〔1993〕4号文《关于稳定农业技术推广体系的通知》,并提出了贯彻办法和要求。陆川县经广西壮族自治区乡镇林业工作总站领导做耐心细致的工作,得到县委、政府和有关部门的理解和支持,率先于1993年6月下文将下放的乡镇林业工作站单列收归县林业局管理,广西林业厅将陆川县的做法及时转发给各地(市)、县林业局借鉴。1993年冬和1994年春,河池、百色两地区行署相继下文将乡镇林业工作站单列收归各县林业局管理。1995年5月,广西林业厅在《关于进一步理顺和稳定基层乡镇林业工作站管理体制的通知》(桂林站字〔1995〕03号)又提出两点具体意见:一要根据《农业技术推广法》、国家六部委联合颁发的农(政)字〔1993〕4号文件和桂政办[1994]78号文件精神,在机构改革中保留和稳定乡镇林业工作站,并进一步理顺乡镇林业工作站管理体制,稳定职工队伍。今后凡是下放乡镇林业工作站或管理体制不符合上述文件精神,以及对乡镇林业工作站采取"脱钩"、"断奶"的,资金上暂不给予扶持,申报林业工作站建设合格县不予验收;二要按照桂编字〔1990〕93号文件精神,积极主动做好各方面工作,争取得到当地党委、政府领导重视,有关部门的理解和支持,尽快建立健全地(市)县两级乡镇林业工作站管理机构,形成管理网络。

在各级领导的重视下,乡镇林业工作站队伍不断得到充实与补充。至1995年底,广西乡镇林业工作站定编站数和人数分别从1988年底的354个、1264人增加到1294个、5167人,实有人员6412人。

1996年,一些县(市、区)在贯彻落实《自治区人民政府关于进一步加强乡镇农业技术推广机构工作的通知》(桂政发〔1996〕109号)文件过程中,将乡镇林业工作站再次下放,甚至"脱钩"、"断奶"。根据中共中央、国务院中发[1996]2号文件和有关政策、法规的精神,乡镇农业技术推广机构理应包括乡镇林业工作站。乡镇林业工作站在造林灭荒、绿化达标、保护森林资源、科技推广中充分发挥了"管理、组织、指导、服务"作用,是不可缺少的基层组织。广西林业厅为此组织了专题调研,及时向广西壮族自治区人民政府报告,政府很快就给各地区、市、县人民政府印发了《自治区人民政府办公厅转发自治区林业厅关于进一步加强我区乡镇林业工作站建设意见的通知》(桂政办发〔1997〕74号)。随后又结合贯彻《中共中央、国务院关于"九五"时期和今年农村工作的主要任务和政策措施》(中发〔1996〕2号)和(桂政办发〔1997〕74号)两个文件精神,于1997年11月组织检查组到各县检查以乡镇林业工作站定性定编定员工作为主要内容的落实情况。通过积极宣传、督查和协调,提高了各级党委、政府和有关部门对乡镇林业工作站的认识,得到重视和支持,使乡镇林业工作站的"三定"工作得到较好落实,有39个县把乡镇林业工作站的"三权"收归县林业局管理,较好地理顺了乡镇林业工作站的管理体制。

2001年在新的一轮县乡机构改革中,广西有50%的乡镇林业工作站下放给乡镇人民政府管理,出现不少如管理体制不顺,协调困难,人员少,农村中心工作任务多,业务不熟、缺乏业务经费等新情况,新问题,与实施林业六大工程建设任务越来越重,要求越来越高的新形势不相适应。为了进一步加强乡镇林业工作站建设,自治区林业局于2003年7月下发《关于加强基层林业工作站建设有关问题的通知》(桂林政发〔2003〕146号),要求各地林业主管部门要根据《中共中央、国务院关于加快林业发展的决定》(中发〔2003〕9号)指出"健全林业推广和服务体系,乡镇林业工作站是对林业生产经营实施组织管理的最基层机构,要充分发挥政策宣传、资源保护、林政执法、生产组织、科技推广和社会化服务等职能和作用"的要求,结合本地实施林业重点工程和保护森林资源工作需要的实际,全面调查分析乡镇林业工作站当前存在的突出问题,拿出意见和措施,主动向当地党委和政府汇报,把乡镇林业工作站机构队伍稳定好,建设好。同时,要正确教育和引导乡镇林业工作站职工，树立有为才有位的思想，增强责任感和事业心，履行好职能，用优异的业绩突出林业工作站的地位。同年9月广西林业厅又组织调研组对乡镇林业工作站工作进行调研，形成调查报告，为领导决策提供依据。各地林业主管部门为了更好地完成林业建设任务特别林业重点工程建设，也采取了理顺关系、扶持乡镇林业工作站办公业务经费、组织技术力量帮助乡镇林业工作站工作等有效措施，认真解决好乡镇林业工作站的管理问题。《中共中央、国务院关于加快林业发展的决定》(中发〔2003〕9号)下发后，贵港市、玉林市、百色市、钦州市林业局分别向市人民政府写报告，要求将乡镇林业工作站收归县级林业主管部门管理，解决经费和编制人员问题；环江县、兴宾区、宜州市人民政府已下文已将乡镇林业工作站作为县林业局的派出机构，其机构经费纳入财政预算；柳江县、大化县也将乡镇林业工作站从农业服务中心独立出来恢复乡镇林业工作站机构。

目前从广西乡镇林业工作站的整体情况看，乡镇林业工作站的机构和队伍是稳定的，除少数几个县(市、区)外，广西绝大多数乡镇林业工作站都能予以保留；广西尚有近50%乡镇林业工作站属县林业局派出机构或双重管理；苍梧、富川、凌云等11个县(市、区)在机构改革中还增加编制95名，乡镇林业工作站人员得到了充实与加强。

(区林业局林业站)

【乡镇林业工作站职工岗位培训】

基层乡镇林业工作站担负着宣传与贯彻执行林业政策法规，管理与保护森林资源，指导与发展林业生产的艰巨任务，要完成好这一繁重任务，必须有一支懂政策、有技术、善管理的强大队伍。林业部颁发的《区、乡(镇)林业工作站管理办法》提出“林业工作站的工作人员一般应具有中专以上文化水平，凡不具备以上文化水平和不适应乡镇林业工作站工作需要的人，应当加以培训，尽快提高其管理素质。”

“八五”期间广西乡镇林业工作站建设发展虽较快，但职工队伍素质参差不齐，文化水平普遍较低。1990年开始，广西林业厅拨出专款，对乡镇林业工作站站长进行培训，全面提高基层林业管理队伍的整体素质，至2003年止，累计投入资金200多万元。为改进培训方法，取得好的培训效果，从1999年起，站长岗位培训增设林政岗位培训内容，举办站长岗位培训、林业行政执法证“一班两证”站长培训班，使站长在较短时间内同时接受两个岗位的培训，获得两本证书。学校还根据参加培训的人数多少和学历情况，采取灵活的教学方式，如根据学员学历和原所学专业分为专业班和非专业班，在教学内容上有所侧重，使不同学历的学员各得其所。同时结合广西林业生产实际，开展专题讲座，使学员开阔了眼界。2000年根据实际工作需要，又增加了《实用文体写作》、《林政执法上岗培训教材》和《森林防火知识》三门课，并请自治区林业局林政、营林、法律法规和森林防火的有关专家授课。丰富和实用的教学内容，灵活的教学方式，使学员们觉得这样的培训针对性强，能学以致用。

根据林业部《关于对基层林业工作站职工试行学历和岗位培训教育的通知》(林人职字〔1995〕43号)精神，为了提高乡镇林业工作站人员整体素质，适应林业发展的需要。“九五”期间，在继续完成乡镇林业工作站长和主要岗位人员的岗位培训基础上，着重抓乡镇林业工作站职工学历教育，用五年时间对乡镇林业工作站45岁以下、高中以下文化程度的在职职工进行学历和岗位培训教育，力争到2000年45岁以下在职人员都达到高中或中专以上文化水平，主要岗位人员个个持证上岗。从1995开始，自治区林业厅在全区开展乡镇林业工作站职工年龄45岁以下、高中以下文化程度的人员的“双证”教育工作。首先在广西林业职工中专学校招收乡镇林业工作站人员“双证”教育中专函授班学员，共31人。1996年又在广西大学林学院开办大专函授班。各地林业主管部门普遍重视和加强学历教育工作，林区县采取给予补助、凭毕业证书报销学杂费、学习成绩与奖金挂钩等各种鼓励措施，支持45岁以下站员参加学历教育，并不定期对站员进行培训，人数逾千人，大大增强了职工的业务水平。如苍梧县历来十分重视提高乡镇林业工作站人员的综合素质，2001年采取三条措施：一是实行职工在岗学历函授教育，既减少了对工作的影响，也减轻了职工的经济负担，又达到了提高职工学历水平的目的；二是出台了学费补贴政策，在资金和时间上给予支持，以鼓励更多的职工参加学历教育；三是积极开展职工岗位培训，进一步提高职工的业务水平。2001年，该县林业局与广西大学林学院在县内共同组织举办了一届林业、财会函授大专班，为本系统培训专业人才，全县乡镇林业工作站共有80多名职工参加了大专函授、10多名职工参加了自学考试等学历教育。该县还定期或不定期地举办“林业行政执法”、“森林检疫”、“财务管理”、“能源技术”、“营林技术”、“伐区设计”、“木材检验检量”、“工人技术等级”、“电脑操作”等业务技术和岗位培训班13期，培训职工300多人(次)。一个“求知识、学文化”的学习风气已在全县林业系统蔚然成风，职工的学历水平大为提高，知识也得到了更新。

(区林业局林业站)

【目标管理责任制】

广西完成乡镇林业工作站建站设员任务后，如何充分发挥他们的职能作用就成为乡镇林业工作站管理工作的首要问题。自1993年开展“合格县”建设活动以来，广西林业厅在总结了一些县对乡镇林业工作站实行目标管理责任制经验的基础上，1996年11月在召开的广西林业工作站工作会议上明确提出要把推行目标管理责任制作为“九五”期间乡镇林业工作站建设的一项重要任务来抓，并强调目标管理责任制要包括物质文明和精神文明两方面内容。为进一步总结交流各地在实行乡镇林业工作站目标管理责任制方面的做法和经验，1998年6月广西林业厅召开全区林业工作站工作会议，专门总结多年来各地实行目标管理责任制的一些好经验，要求各县进一步推行和完善年度量化目标管理责任制。随后于1999年和2000年先后印发了《关于对乡镇林业工作站实行年度工作目标管理责任制的通知》(桂林站字〔1999〕02号)和《乡镇林业工作站年度目标管理责任制》(参考格式)，推广了横县等一些县的经验和做法，同时广西林业工作总站也经常下去检查指导，有力地促进了这项工作的贯彻落实。现广西大多数县都能坚持对乡镇林业工作站实行年度量化目标管理责任制，不少县林业局还把一定范围内的林业行政执法权委托给乡镇林业工作站，强化了基层的林业行政管理职能，增强了职工的工作责任感，调动了他们的工作积极性，较好地发挥了职能作用。如北流市自1994年建成合格县以来，年年坚持实行目标管理，1997年改成市林业局与乡镇林业工作站签订“双文明目标管理责任状”的形式。其内容包括育苗、人工造林、封山育林、义务植树、抚育、森林火灾、病虫害防治、林政管理、站办多种经营、财务管理、内部建设、政治思想、工作作风、工作纪律、廉政建设、计划生育等十几个大项，几十个小项进行考核，采用200分制，分特、一、二、三等奖，半年进行一次检查落实，年终进行全面检查评比，并以文件形式公布评比结果，兑现奖惩。该市实施目标管理责任制以来，每年的育苗、人工造林、退耕还林、封山育林、中幼林抚育、义务植树等均超额完成任务；1998～2000年森林火灾受害率为0.047‰～0.25‰，远低于1‰的指标，病虫害发生率为0.06%～0.96%，远低于4.2%的指标，取得了很好的效果。2002年，在苍梧县召开全区林业站建设工作会议，总结推广苍梧、凌云等县实行年度双文明建设责任制经验。苍梧县积极推行“双文明量化目标管理责任制”。每年年初，乡镇林业工作站“双文明”量化目标管理责任制经职代会讨论通过后，县林业局与各乡镇林业工作站签订《乡镇林业工作站双文明建设承包责任合同》，将营林生产、森林防火、林政管理、生态能源建设等七项具体工作量化为“物质文明”建设目标，与工资、奖励、经费按比例挂钩；将参加党组织活动、职工政治业务学习、安全生产等十四项内容量化为“精神文明”建设目标，与奖惩、经费挂钩，实行“双文明”建设100分制逐项考核，年终统一由林业局组织验收结算，兑现工资、经费，落实奖惩。这一做法，从根本上打破了原来的档案工资制，极大地调动了全体职工的工作积极性和主动性，做到站站有目标，人人有任务，杜绝了“大锅饭”，工作有干劲，有动力，从而树起了良好的工作作风，职工的精神面貌大为改变。仅2002～2003年，全县各站共有13人(次)获系统“双文明建设先进个人”称号，有14人(次)获系统“创经济效益先进个人”称号，有9人(次)获系统“巾帼双文明立功竞赛活动先进个人”称号。其次，实施目标管理责任制后，各乡镇林业工作站不但能很好地完成年度的各项任务，也搞活了经济。经验收结算，2001和2002两个年度，全县17个乡镇林业工作站“双文明”建设目标全面达标，由此，全县乡镇林业工作站增加活工资13.6万元，增加经费及奖励作项目经费17.6万多元。此外，全县有9个乡镇林业工作站建有自己的林果示范基地，总面积达2663公顷，10个站办有木器厂和竹纸厂，4个站办有酒店或幼儿园，多年来，这些项目大大增强了乡镇林业工作站的经济实力，经济状况明显改变。2000年，沙头乡镇林业工作站出资3.5万元与镇政府联办了一次较大规模的“林业技杯”篮球运动会，活动持续了8天，有13

支球队300多人参赛，观众达3万多人。既活跃了当地的文化生活，也宣传了林业知识，更密切了乡镇林业工作站与政府、镇直部门和群众的关系，扩大了乡镇林业工作站的影响。

（区林业局林业站）

【乡镇林业工作站内部建设】

乡镇林业工作站内部建设也称规章制度建设，是对乡镇林业工作站进行规范管理，以制度约束人，从而调动职工积极性，树立良好形象的重要措施。内部建设主要包括“两图、两表、三制度”和工作学习制度上墙（两图即森林分布图、林业发展规划图；两表即林业基本情况表、林业生产进度表；三制度即岗位责任制、目标管理责任制、廉政建设制度）。

为使乡镇林业工作站朝着建设标准化、管理制度化、工作规范化方向发展，1991年完成建站设员任务后，广西壮族自治区林业工作总站按照高标准、严要求狠抓乡镇林业工作站的内部建设，特别是把推行目标管理责任制和建好档案等作为乡镇林业工作站“软件建设”的重点工作来抓，1994年制定了乡镇林业工作站规章制度及档案建设规范，印发给各地市县林业局参照执行，并加强督促指导。1996年11月、1998年6月广西林业厅先后在陆川县、罗城县召开了“全区乡镇林业工作站建设工作会议”，贯彻全国乡镇林业工作站社会化服务体系建设工作座谈会会议精神和推行量化目标管理责任制，强化乡镇林业工作站管理。1997年专门下发了《关于加强乡镇林业工作站内部建设 全面提高管理水平的通知》（桂林站发〔1997〕02号），要求凡是有办公室的乡镇林业工作站都要按照标准站“十项”指标中的第六、第七条要求首先搞好内部建设。针对多年来乡镇林业工作站合格县建设的薄弱环节在内部建设方面，广西壮族自治区林业工作总站总结多年合格县检查指导经验，整理出《广西壮族自治区乡镇林业工作站内部建设实施细则》和《乡镇林业工作站年度目标管理责任制》，并于2000年6月印发各地、市、县林业局实施。目前广西大部分乡镇林业工作站都按照部颁标准制定了三制度、两图、两表并与主要林业政策、条例、法规张榜上墙，建立了森林资源、林政管理、营林生产等业务技术和文书档案，做到了资料齐全，分类清楚，装订成册，配有专职或兼职的档案资料管理员，有管理制度。

（区林业局　林业站）

【林业工作站标准化建设合格县】

原林业部为进一步加强乡镇林业工作站建设，强化职能，提高管理水平，增强经济实力，巩固“七五”期间建站设员成果，1992年决定在全国开展的以县为单位开展“标准化林业工作站建设合格县”工作。林业站标准化合格县建设包括：基本建设、业务建设、多种经营、职能发挥、廉政建设等五个方面的内容。1992年开始，广西林业厅把标准化林业工作站建设合格县作为中心工作抓紧抓好。为加快乡镇林业工作站合格县建设步伐，首先每年都拿出一定的资金重点扶持和帮助那些领导重视、措施有力的县林业局搞好乡镇林业工作站的基础设施建设等“硬件建设”。累计完成投资10537万元，仅2000年广西财政厅就给乡镇林业工作站安排300万元的站房建设补助经费，使乡镇林业工作站职工的工作和生活条件逐步得到改善；其次，为保证“合格县”建设质量，1995年广西壮族自治区林业工作总站以广西第一批达标的“合格县”为样板，拍摄了《林业工作站建设合格县情况介绍》专题电视录像片，专门介绍“合格县”建设的内容、标准要求和主要做法，并翻录给各地、市、县（市、区）林业局播放和供在工作中参照实施，取得了很好的效果。1995年广西掀起了合格县建设高潮，有31个县达标，“合格县”总数占广西建有乡镇林业工作站的93个县（市、区）的50.5%，实现了林业部提出的“八五”期末合格县比率达40%以上的目标。

为掌握“八五”期间（1993～1996）建成的47个乡镇林业工作站建设合格县巩固、完善的情况，总结经验和表彰先进，促使各县采取更切实有效的措施不断完善乡镇林业工作站的软、硬件建设，使之真正达到“建设标准化、工作规范化、管理制度化”的建站要求。1999年9月广西壮族自治区林业局对这些县开展评比活动，要求各有关县先自查，由有关地、市林业局审核推荐上报，自治区林业局委托广西壮族自治区林业工作总站从中抽查21个县，再评选出容县、陆川、苍梧、平乐、永福、凌云、罗城、桂平、昭平、融水10个县（市）为“全区乡镇林业工作站合格县建设先进单位”，并由广西壮族自治区林业局向广西通报表彰和奖励。2000年9月，广西壮族自治区林业工作总站结合对乡镇林业工作站基本建设资金使用情况的检查，又复查了龙胜等10个“八五”期间的合格县，针对发现和存在的问题，及时提出整改意见，使合格县建设得到不断巩固、完善和提高。

广西林业工作站建设合格县名单

年度	个数	林业工作站建设合格县名单
1993	5	永福、资源、岑溪、苍梧、容县
1994	11	融水、融安、三江、临桂、灵川、平乐、兴安、原梧州市郊、北流、原贺州市、凌云
1995	31	横县、柳城、原桂林市郊、龙胜、荔浦、恭城、阳朔、蒙山、合浦、铁山港、海城区、浦北、桂平、陆川、港口区、东兴区、凭祥、合山、象州、金秀、昭平、富川、天峨、都安、罗城、原百色市、西林、乐业、田林、隆林
1996	12	上林、隆安、原柳州市郊、银海、扶绥、宁明、原河池市、环江、巴马、田东、田阳、那坡
1997	3	钦北区、凤山、靖西
1998	7	原南宁市郊、武鸣、藤县、钦南区、大化、东兰、德保
1999	无	
2000	5	宾阳、灵山、兴业、原崇左县、钟山
2001	2	鹿寨、武宣
2002	1	灌阳
合计	77	

（区林业局林业站）

【林业工作站建设示范县】

国家林业局为适应新时期林业发展的需要，充分发挥乡镇林业工作站在六大林业重点工程建设中的基础保障作用，于2001年起，国家林业局在全国范围内分区域选择了24个有代表性的县(市、区)，组织实施以基本建设、人才队伍建设、规章制度建设和精神文明建设等四个方面，包括办公场所、人员素质、职能作用等8个目标为内容的林业站示范县建设试点活动。

苍梧县是广西唯一被列入首批全国林业工作站建设示范县试点县之一。2001年开始，广西壮族自治区林业工作总站按照“外树形象，内强素质，规范执法，强化服务，促进发展”的建设要求，指导和督促苍梧县扎扎实实地开展工作。一是指导该县编写好《项目实施方案》和《项目投资概算方案》；二是帮助各乡镇林业工作站建立本乡镇森林资源、文书档案建设管理平台，实现微机化管理；三是先后组织了苍梧、永福、凌云、罗城四个示范县，融水、鹿寨县和梧州市、百色市、北海市林业局等单位的局长和分管局长、林业工作总站站长到广东的郁南县、湖南的桃江县和安徽的旌德县考察乡镇林业工作站示范县建设，学习兄弟省的好经验，开拓眼界。四是积极筹措资金，确保示范县建设如期完成。两年多来，共投入资金129.7万多元，其中：国家25万元，自治区25万元，苍梧县74.71万元，梧州市林业局5万元。通过两年多的建设，苍梧示范县围绕“双文明量化目标管理”、“农村能源建设”两大示范特色，不断创新机制，完善“双文明”目标管理责任制，实行示范引路，服务支撑，科学管理，推动基层乡镇林业工作站全面参与林业重点工程建设和森林资源保护工作，大力推广林业先进技术，实现了出特色，出成果。2003年12月中旬顺利通过国家林业局检查验收组的检查验收，并获得好评。

根据国家林业局关于建立省级林业工作站建设示范县的要求，同时也为探索广西乡镇林业工作站在围绕实施退耕还林、石漠化治理、珠(海)防林建设等重点生态环境建设工程的发展模式，不断强化对森林资源管理，2002年广西壮族自治区林业局决定在全区范围内开展林业工作站建设示范县试点工作。

对于省级示范县建设工作，广西壮族自治区林业工作总站一是加强督促检查和指导，促使他们按项目实施方案组织实施。现在凌云、永福、浦北、罗城这四个县的乡镇林业工作站已全部配备电脑并进行了培训，初步完善了以年度量化目标管理责任制为主的规章制度，加强了乡镇林业工作站的管理，部分站房得到了维修，绿化、美化了环境,站容站貌得到了很大的改观。二是提前抓好建设资金的落实。三是认真做好新建示范县的申报审核和《实施方案》的编制工作。四是积极协调示范县的管理。要求有示范县建设任务的县要成立由县人民政府分管领导任组长的“示范县建设领导小组”,成立县林业工作总站管理机构和专职管理人员,以加大对示范县建设的领导力度和协调能力。五是加大对示范县的指导服务工作和以建设资金动态管理机制为主的监督力度,确保示范县建设能按照所编制的《实施方案》顺利实施,真正做到建一个成一个,影响带动一大片。

(区林业局林业站)

林业生产情况(一)

	一、当年造林面积									
	合计	按造林方式分		按林种用途分						
		(1)人工造林	(2)飞播造林	(1)用材林		(2)经济林	(3)防护林	(4)薪炭林	(5)特种用途林	(6)其他林
				小计	速生丰产林					
	千公顷	千公顷	千公顷	千公顷	千公顷	千公顷	千公顷	千公顷	千公顷	千公顷
1950 年	6.1	6.1		3.5		1.7	0.0			0.9
1951 年	10.3	10.3		7.2		2.5	0.1			0.5
1952 年	33.6	33.6		25.5		5.2	0.3			2.6
1953 年	51.4	51.4		38.2		5.9	0.8			6.4
1954 年	48.7	48.7		38.2		5.0	0.2			5.3
1955 年	81.0	81.0		56.7		15.1	0.0			9.2
1956 年	313.1	313.1		156.9		85.3	4.8			66.1
1957 年	204.3	204.3		107.6		70.7	2.1			23.8
1958 年	428.3	428.3		196.7		186.6	3.8			41.1
1959 年	406.4	406.4		169.8		162.3	1.5			72.8
1960 年	411.9	411.9		180.3		140.8	1.6			89.2
1961 年	49.3	42.7	6.7	32.9		10.2	0.1			6.2
1962 年	36.9	33.8	3.1	22.1		9.4	0.2			5.2
1963 年	88.6	86.8	1.8	52.9		25.9	0.7			9.1
1964 年	244.8	228.0	16.8	161.4		71.0	2.4			9.9
1965 年	257.1	250.8	6.3	139.4		95.8	1.8			20.1
1966 年	402.8	386.1	16.7	222.6		147.2	1.6			31.4
1967 年	305.7	233.8	71.8	218.9		59.7	1.3			25.7
1968 年	356.1	125.9	230.2	321.7		17.4	1.0			16.0
1969 年	368.5	170.9	197.6	316.8		30.5	0.6			20.6
1970 年	276.4	197.2	79.3	215.9		24.4	0.8			35.4
1971 年	595.8	220.5	375.2	547.3		31.5	0.4			16.6
1972 年	454.0	233.7	220.3	404.7		37.2	2.3			9.8
1973 年	450.1	215.1	235.0	409.2		35.1	0.9			4.9
1974 年	435.2	234.9	200.2	401.5		29.6	2.2			1.9
1975 年	397.5	256.9	140.6	354.6		36.6	0.9			5.4
1976 年	412.4	234.1	178.3	372.9		35.1	2.3			2.1
1977 年	422.1	183.3	238.8	374.6		44.1	0.8			2.6

林业生产情况(二)

	一、当年造林面积									
	合计	按造林方式分		按林种用途分						
		(1)人工造林	(2)飞播造林	(1)用材林		(2)经济林	(3)防护林	(4)薪炭林	(5)特种用途林	(6)其他林
				小计	速生丰产林					
	千公顷	千公顷	千公顷	千公顷	千公顷	千公顷	千公顷	千公顷	千公顷	千公顷
1978 年	389.3	194.8	194.5	330.8		55.8	0.7			2.1
1979 年	403.7	183.0	220.7	353.4		48.3	0.6			1.3
1980 年	269.9	174.7	95.2	205.3		61.5	0.7			2.4
1981 年	174.0	168.6	5.3	112.9		57.3	1.9			1.9
1982 年	171.1	168.3	2.8	102.9		64.5	1.4			2.3
1983 年	271.9	199.4	72.5	199.1		67.1	2.1			3.7
1984 年	305.9	230.7	75.3	230.6		71.0	1.1			3.2
1985 年	432.6	259.2	173.3	356.3		73.0	1.1			2.2
1986 年	317.6	205.2	112.4	264.8		50.4	0.8			1.6
1987 年	367.1	238.3	128.7	299.5		56.2	1.5	1.2		8.7
1988 年	471.8	276.8	195.0	409.4		49.5	1.3	1.1		10.4
1989 年	386.7	241.3	145.3	329.3		44.0	1.7	1.6		10.0
1990 年	424.5	310.3	114.3	375.5	45.1	45.5	1.5	1.1	1.0	
1991 年	470.2	344.0	126.2	425.6	61.5	39.5	3.7	0.5	0.9	
1992 年	677.8	425.7	252.1	598.3	50.9	59.4	19.2	0.8	0.1	
1993 年	785.9	520.8	265.1	673.7	41.2	100.9	10.2	0.8	0.3	
1994 年	772.0	551.5	220.5	605.6	31.7	162.5	3.2	0.7	0.0	
1995 年	166.3	166.3		63.8	5.9	100.2	1.7	0.5		
1996 年	124.8	121.4	3.3	35.6	2.3	88.4	0.5	0.2	0.1	
1997 年	112.8	107.5	5.4	48.8	4.5	54.6	6.6	2.9		
1998 年	75.3	75.3		38.1	1.5	31.5	4.0	1.6	0.1	
1999 年	64.0	46.8	17.2	33.9	1.4	20.7	3.7	5.6	0.1	
2000 年	65.7	58.0	7.8	30.5	5.7	28.3	6.0	0.9	0.0	
2001 年	82.2	79.8	2.4	41.7	14.4	33.3	6.7	0.5	0.0	
2002 年	174.7	174.7		69.9	52.6	52.6	52.1	0.0	0.2	
2003 年	278.0	278.0		125.4	87.5	48.4	103.6	0.5	0.1	

林业生产情况(三)

	二、迹地更新		三、低产低效林改造	四、当年封山育林面积	五、零星(四旁)植树	六、幼林抚育实际面积	七、成林抚育面积	八、林木种子采集量	九、当年新育苗面积
	合计	人工更新							
	千公顷	千公顷	千公顷	千公顷	万株	千公顷	千公顷	吨	公顷
1950 年							1.7	9	
1951 年				0.2		0.1	1.7	4.1	37
1952 年	0.2	0.1		3.0		0.3	3.5	63.1	126
1953 年	0.1			12.8		2.6	7.4	105.0	302
1954 年	0.1			11.4		5.6	8.9	263.6	414
1955 年	0.2			18.8		20.3	17.5	1626.5	779
1956 年	0.2			110.5		41.7	21.6	1612.7	1659
1957 年	0.2			41.4		38.6	34.5	2011.2	1479
1958 年	0.1			110.9		126.2	49.8	15282.8	1691
1959 年	0.2			51.1		298.8	124.3	6996.4	2998
1960 年	0.1			49.5		78.6	23.8	2017.9	2718
1961 年	0.6	0.0		94.5		17.0	15.3	295.9	320
1962 年	0.3	0.1		58.8		17.4	43.4	305.2	322
1963 年	3.6	2.0		192.8		49.0	63.7	657.4	652
1964 年	1.5	1.1		287.6		90.7	57.5	1496.1	1672
1965 年	1.6	1.2		179.4		73.0	30.1	1346.0	1849
1966 年	2.6	0.8		198.7		64.2	27.7	1237.7	4280
1967 年	1.2	1.0		169.2		81.2	30.4	405.4	3169
1968 年	1.1	0.8		165.2		47.9	16.1	350.9	915
1969 年	1.8	1.5		294.7		76.9	24.9	420.2	1012
1970 年	2.5	1.8		457.1		96.5	21.0	1402.7	1510
1971 年	4.7	3.2		673.0		105.4	41.4	884.9	1817
1972 年	5.1	2.9		867.6		127.5	105.0	867.1	1821
1973 年	13.7	5.2		719.9		157.4	123.4	1677.1	2746
1974 年	12.7	9.2		1017.2		122.2	96.3	967.5	3923
1975 年	12.1	10.3		955.9		156.7	79.0	920.2	3325
1976 年	10.8	9.4		873.5		149.4	91.6	1689.7	3025
1977 年	18.7	16.4		1014.4		169.3	115.9	1080.2	3018

林业生产情况(四)

	二、迹地更新		三、低产低效林改造	四、当年封山育林面积	五、零星(四旁)植树	六、幼林抚育实际面积	七、成林抚育面积	八、林木种子采集量	九、当年新育苗面积
	合计	人工更新							
	千公顷	千公顷	千公顷	千公顷	万株	千公顷	千公顷	吨	公顷
1978年	12.8	10.1		555.3		197.9	123.0	729.1	2241
1979年	13.7	8.5	3.9	496.7	1624	20.5	99.4	671.6	1546
1980年	19.4	13.3	7.1	819.6	1440	170.4	102.6	707.1	1676
1981年	30.3	13.0	7.9	102.3	1580	159.5	101.7	799.3	1643
1982年	14.5	13.5	0.4	247.3	2400	192.8	125.1	1390.6	1944
1983年	16.9	12.5	11.1	275.5	2847	153.6	128.4	1180.3	2397
1984年	13.0	10.4	5.5	385.3	3789	149.1	111.3	816.8	2813
1985年	19.1	14.9	7.5	330.0	2721	190.1	135.3	491.7	3259
1986年	22.1	16.2	5.8	324.5	1990	210.3	143.9	514.3	2241
1987年	28.4	25.6	6.2	440.0	1923	263.5	129.8	543.5	2784
1988年	31.5	29.4	8.3	411.3	2166	244.8	144.4	720.0	2133
1989年	28.2	26.4	8.5	368.0	2582	269.6	160.8	550.0	3000
1990年	35.2	26.6	9.0	446.9	3052	304.1	150.7	681.0	2600
1991年	27.8	25.4	12.1	954.7	4065	328.5	168.3	762.0	2933
1992年	40.2	38.7	11.8	1265.4	4508	428.4	178.3	753.0	3900
1993年	40.3	37.9	18.0	610.9	4998	521.3	215.1	989.0	3400
1994年	54.3	53.3	47.3	421.8	5141	507.4	223.6	292.0	1830
1995年	69.6	63.6	93.9	511.3	3518	472.0	310.2	100.0	1570
1996年	85.5	78.9	140.3	189.7	3890	376.9	257.4	147.0	1430
1997年	88.7	86.2	149.7	288.7	3767	403.6	302.3	138.0	1300
1998年	77.5	77.4	98.1	220.4	3818	340.7	291.2	105.0	1210
1999年	89.4	88.4	69.5	341.7	3916	324.7	290.9	166.0	1160
2000年	100.7	94.1	76.6	287.1	3355	299.1	280.3	154.0	1101
2001年	72.4	70.3	62.7	534.0	3367	272.7	337.4	305.7	2089
2002年	60.1	58.9	36.9	320.0	3609	286.2	295.2	167.0	2311
2003年	39.1	37.2	28.0	110.9	3294	357.3	225.3	387.8	2501

林业生产情况(五)

	十、木材产量	十一、主要林产品产量							
		1.生漆	2.油桐籽	3.油茶籽	4.乌桕籽	5.五倍子	6.棕片	7.松脂	8.竹笋干
	万立方米	吨	吨	吨	吨	吨	吨	吨	吨
1950 年	1.66		7101	26251			143	1941	
1951 年	26.70		9847	34639		141	158	1527	
1952 年	50.08		19874	62008	12	5	174	13890	6
1953 年	66.60		14048	56357		0	191	8946	30
1954 年	93.88		20371	92488	11		245	22048	43
1955 年	67.45		25802	56419	173		307	49970	55
1956 年	96.48		30791	51411	131	0	379	36292	69
1957 年	125.95		32115	77027	64	12	286	30602	52
1958 年	117.28		20717	52512	46	39	370	23371	104
1959 年	121.55		24084	57679	7	9	391	16431	16
1960 年	91.50		15546	37421	13	12	327	11214	23
1961 年	51.05		10906	28171	7	2	391	6821	2
1962 年	49.27		14997	25377	12	1	403	5652	18
1963 年	78.91	0	14963	42936	38	7	638	32525	10
1964 年	78.15		14658	34255	49	17	418	41227	26
1965 年	92.46		14486	56420	55		371	47900	13
1966 年	95.40		13530	46648	48		366	50339	25
1967 年	102.42		18449	37468	37		413	56104	3
1968 年	87.15		16564	60082	17		390	44715	10
1969 年	118.40		20393	21199			475	49951	
1970 年	119.23		22281	62830	30	8	390	45312	
1971 年	133.33	1	23317	66195	88	35	370	57457	
1972 年	146.10		26002	62119	80	14	360	70127	23
1973 年	141.31		23314	55745	55	36	372	72119	47
1974 年	137.97	1	19180	57854	209	0	448	79592	20
1975 年	142.98	0	20643	34698	20	120	521	84814	67
1976 年	174.21	3	21654	49815	91	5	534	76397	109
1977 年	181.26		18532	91537	75		158	88535	

林业生产情况(六)

	十、木材产量	十一、主要林产品产量							
		1.生漆	2.油桐籽	3.油茶籽	4.乌桕籽	5.五倍子	6.棕片	7.松脂	8.竹笋干
	万立方米	吨	吨	吨	吨	吨	吨	吨	吨
1978年	186.88	0	22479	33724	216	25	658	106050	144
1979年	194.64	1	20400	96220	114	5	502	102564	82
1980年	174.63	0	21017	58293	244	14	579	126962	236
1981年	159.70	1	24079	71102	158	3	545	172251	399
1982年	179.86	0	20253	60493	215	11	549	128157	305
1983年	178.43	1	22193	47437	477	3	633	34738	602
1984年	203.97	1	22738	60617	150	3	506	106070	505
1985年	182.10	5	23982	81021	107	21	622	118186	604
1986年	192.22	0	24499	70530	88	31	467	149315	872
1987年	271.63	0	24338	71821	47	9	375	187831	1431
1988年	231.50	0	22696	57043	67	11	371	181876	1438
1989年	192.11	0	23848	86929	37	14	694	184922	1368
1990年	234.60	24	30789	58645	9	25	380	154595	1838
1991年	237.96	3	33856	99335	11	42	926	188269	2308
1992年	288.51	2	45218	112041	1	33	576	205988	3266
1993年	321.85	11	46149	65976	48	105	612	245341	3861
1994年	372.20	6	49505	98039	37	63	821	241866	6580
1995年	420.71	7	50854	86096	16	137	1188	247202	7453
1996年	388.42	25	43878	115080	1	149	1521	264347	9780
1997年	365.86	14	52330	124346		184	2448	292922	12327
1998年	358.62	21	56554	105275	9	202	2862	210959	15698
1999年	318.61	13	58972	108410	8	181	3009	226256	17086
2000年	315.17	13	63002	118620	15	201	2674	216015	16208
2001年	411.70	15	62394	134629	82	207	2508	217295	16800
2002年	376.80	41	57349	108479	96	201	2525	225330	17448
2003年	444.84	46	53998	92714	89	141	2151	254299	16840

林业生产情况(七)

	十一、主要林产品产量								
	9.核 桃	10.板 栗	11.八 角	12.玉 桂	13.白 果	14.桂 油	15.茴 油	16.桉叶油	17.紫胶原胶
	吨	吨	吨	吨	吨	吨	吨	吨	吨
1950 年		307	1202	3779	676		183		
1951 年		358	738	2442	639		167		
1952 年	34	395	2304	3334	563		202		
1953 年	35	476	2370	3348	806		224		
1954 年	57	507	8936	4849	1257		256		
1955 年	61	730	3185	5007	1095		338		
1956 年	67	801	5126	5637	1115		263		
1957 年	61	770	3730	2445	1013		293		
1958 年	48	1964	1361	2388	458	1	124		
1959 年	43	537	3649	1530	516		220	25	
1960 年	50	961	1814	2696	271		91	4	
1961 年	49	443	2146	2225	433		70	20	
1962 年	61	391	2956	4104	1063	2	162	15	
1963 年	58	1105	2033	3660	1084		246	18	
1964 年	155	1512	3950	2143	908		178	8	1
1965 年	112	1351	3767	3830	732		139	68	7
1966 年	99	576	1163	3819	569		151	54	15
1967 年	99	946	2471	4544	1662		69	276	14
1968 年	104	647	8271	5181	827		130	54	29
1969 年	55	649	2278	3523	1205		151	186	15
1970 年	55	1059	7390	3840	1560		138	101	42
1971 年	120	1007	4085	3763	1233		118	245	123
1972 年	76	2066	5616	4813	600	8	139	381	82
1973 年	69	1009	4527	3201	1411	3	151	284	111
1974 年	28	2554	2917	557	1352	9	407	39	85
1975 年	22	664	6907	4255	633	7	169	4	83
1976 年	45	3534	2659	5741	934	108	396		72
1977 年	45	1588	4655	5141	953	8	166		42

林业生产情况(八)

	十一、主要林产品产量								
	9.核 桃	10.板 栗	11、八 角	12.玉 桂	13.白 果	14.桂 油	15.茴 油	16.桉叶油	17.紫胶原胶
	吨	吨	吨	吨	吨	吨	吨	吨	吨
1978 年	52	3294	7905	4419	1792	22	296		145
1979 年	78	705	3446	3441	1126	26	214		163
1980 年	244	1983	5618	5824	1593	61	228	52	118
1981 年	141	1073	4648	3767	824	52	344	10	201
1982 年	76	1651	5565	6651	1003	80	540	57	115
1983 年	136	1708	6285	4487	1512	58	346	112	59
1984 年	86	1961	9278	2845	1322	42	249	37	71
1985 年	100	1797	6984	5052	1608	106	358	20	77
1986 年	151	3078	16061	2788	1765	107	273	66	50
1987 年	161	3390	6803	4309	1137	86	484	126	91
1988 年	142	3455	7658	3903	2298	66	574	94	23
1989 年	164	3650	13440	4046	1391	59	409	108	22
1990 年	153	3955	8484	4191	1625	107	402	158	52
1991 年	130	7144	10423	4905	1147	174	687	205	22
1992 年	314	6762	17217	6837	1929	208	681	228	29
1993 年	214	9878	15830	8872	1419	360	712	279	29
1994 年	259	10696	21779	11546	2376	440	937	354	32
1995 年	478	11162	18382	16716	2217	642	1186	566	18
1996 年	167	14403	29278	17108	2693	762	1403	469	3
1997 年	260	16003	25184	16715	2850	726	1485	643	9
1998 年	240	18027	30145	17590	3630	851	1470	536	10
1999 年	331	21927	31205	17876	3548	844	1627	364	1
2000 年	262	22008	30966	16605	3629	779	1601	370	1
2001 年	272	26828	45724	15509	3668	792	1477	416	
2002 年	233	31668	47479	16613	3877	727	1647	386	
2003 年	201	32910	51502	14997	4276	671	1714	385	

林产工业主要产品产量(一)

	一、锯材	二、木片	三、人造板					四、木地板	
			合计	1.胶合板	2.纤维板	3.刨花板	4.其他人造板	合计	强化木地板
	万立方米	万实积立方米	万立方米	万立方米	万立方米	万立方米	万立方米	万平方米	万平方米
1950 年	0.69								
1951 年	0.60								
1952 年	0.23								
1953 年	0.72								
1954 年	2.12								
1955 年	2.90								
1956 年	6.59								
1957 年	4.80								
1958 年	5.40								
1959 年	5.69		0.02		0.02				
1960 年	6.13		0.07	0.01	0.06				
1961 年	2.41		0.04	0.01	0.03				
1962 年	2.42		0.05	0.01	0.04				
1963 年	3.48		0.04		0.04				
1964 年	4.16		0.09	0.01	0.08				
1965 年	4.63		0.15		0.15				
1966 年	5.02		0.22	0.06	0.16				
1967 年	3.96		0.17	0.05	0.12				
1968 年	1.92		0.04	0.02	0.02				
1969 年	4.46		0.25	0.11	0.14				
1970 年	5.47		0.29	0.12	0.17				
1971 年	6.24		0.32	0.14	0.18				
1972 年	6.78		0.62	0.21	0.36	0.05			
1973 年	5.16		0.66	0.25	0.31	0.10			
1974 年	5.50		0.45	0.15	0.22	0.08			
1975 年	4.78		0.54	0.22	0.24	0.08			
1976 年	3.91		0.34	0.13	0.16	0.05			
1977 年	4.73		0.49	0.18	0.26	0.05			

林产工业主要产品产量(二)

	一、锯材	二、木片	三、人造板					四、木地板	
			合计	1.胶合板	2.纤维板	3.刨花板	4.其他人造板	合计	强化木地板
	万立方米	万实积立方米	万立方米	万立方米	万立方米	万立方米	万立方米	万平方米	万平方米
1978 年	6.24		0.72	0.31	0.35	0.06			
1979 年	13.09		0.92	0.34	0.50	0.08			
1980 年	11.60		1.52	0.49	0.78	0.25			
1981 年	11.46		1.68	0.54	0.83	0.31			
1982 年	10.52		1.88	0.59	0.92	0.37			
1983 年	9.70		2.12	0.66	1.13	0.33			
1984 年	19.58		1.86	0.57	0.98	0.31			
1985 年	9.44		2.30	0.58	1.40	0.32			
1986 年	13.04		2.32	0.67	1.31	0.34			
1987 年	12.12		3.73	0.66	2.73	0.34			
1988 年	17.00		2.09	0.50	1.27	0.32			
1989 年	13.00		4.13	1.10	2.25	0.78			
1990 年	24.67		2.94	0.89	1.79	0.26			
1991 年	15.42		6.51	1.82	2.15	2.54			
1992 年	27.01	4.66	12.38	2.58	3.48	6.32			
1993 年	45.01	10.70	18.29	3.73	3.67	8.28	2.61	0.85	
1994 年	82.08	18.29	19.91	6.41	2.70	7.97	2.83	2.09	
1995 年	76.00	25.07	24.51	6.02	8.83	9.66		0.55	
1996 年	155.82	23.77	24.38	9.46	5.44	9.04	0.44	0.58	
1997 年	150.86	27.92	30.57	8.52	12.42	8.92	0.71	0.93	
1998 年	93.46	30.61	38.37	4.61	20.71	6.11	6.94	12.05	12.05
1999 年	61.58	39.89	49.89	3.04	34.58	7.74	4.53	123.63	123.63
2000 年	58.81	36.05	69.03	6.99	48.50	9.17	4.37	111.44	111.44
2001 年	50.98	33.53	67.72	7.16	44.91	8.04	7.61	124.54	124.54
2002 年	56.73	33.69	80.32	10.80	53.15	8.41	7.96	114.60	114.60
2003 年	45.88	25.91	116.79	16.91	77.60	7.75	14.53	133.56	133.56

林产工业主要产品产量(三)

	五、人造板表面装饰板	六、松香类产品		七、松节油类产品		八、栲胶类产品		九、机制纸及纸板产量		
		合计	松香	合计	松节油	合计	栲胶	合计	1.机制纸产量	2.机制纸板产量
	万平方米	吨	吨	吨	吨	吨	吨	万吨	万吨	万吨
1950 年		110	110	8	8					
1951 年		1214	1214	297	297			0.01	0.01	
1952 年		2857	2857	724	724			0.02	0.02	
1953 年		7783	7783	1895	1895			0.03	0.03	
1954 年		12874	12874	2714	2714			0.05	0.05	
1955 年		17806	17806	3618	3618			0.08	0.08	
1956 年		33244	33244	7038	7038			0.12	0.12	
1957 年		23822	23822	5136	5136			0.15	0.15	
1958 年		23678	23678	4208	4208			0.29	0.29	
1959 年		9808	9808	1775	1775	45	45	0.47	0.47	
1960 年		7691	7691	1225	1225	93	93	0.91	0.91	
1961 年		4662	4662	574	574	13	13	0.65	0.65	
1962 年		3899	3899	606	606	47	47	0.75	0.75	
1963 年		14539	14539	2364	2364	155	155	0.81	0.81	
1964 年		26162	26162	5139	5139	149	149	1.03	1.03	
1965 年		32713	32713	6537	6537	613	613	1.19	1.19	
1966 年		36688	36688	7102	7102	1055	1055	1.8	1.8	
1967 年		28059	28059	5127	5127	1259	1259	1.86	1.86	
1968 年		15003	15003	2435	2435	1109	1109	0.91	0.91	
1969 年		39149	39149	5939	5939	2846	2846	2.09	2.09	
1970 年		44911	44911	6370	6370	3529	3529	3.24	3.24	
1971 年		42884	42884	6057	6057	5565	5565	3.56	3	0.56
1972 年		53395	53395	7203	7203	5904	5904	4.03	3.29	0.74
1973 年		60474	60474	8557	8557	3815	3815	4.97	4	0.97
1974 年		66574	66574	10388	10388	4189	4189	5.99	4.77	1.22
1975 年		63452	63452	8925	8925	4359	4359	7.73	6.1	1.63
1976 年		60442	60442	7529	7529	4503	4503	8.52	6.16	2.36
1977 年		67468	67468	8359	8359	5373	5373	9.43	6.86	2.57

林产工业主要产品产量(四)

	五、人造板表面装饰板	六、松香类产品		七、松节油类产品		八、栲胶类产品		九、机制纸及纸板产量		
		合计	松香	合计	松节油	合计	栲胶	合计	1.机制纸产量	2.机制纸板产量
	万平方米	吨	吨	吨	吨	吨	吨	万吨	万吨	万吨
1978年		77638	77365	10416	10416	6975	6975	11.91	9.71	2.2
1979年		73009	72393	10613	10613	6310	6310	11.8	10.18	1.62
1980年		82552	81521	12428	12428	7177	7177	11.55	9.72	1.83
1981年		107272	106170	15386	15386	7895	7895	12.79	10.3	2.49
1982年		93885	90321	12471	12471	7637	7637	13.53	8.88	4.65
1983年		48219	43951	5414	5414	8447	8447	13.78	9.68	4.1
1984年		83901	80330	11589	11589	8374	8374	15.06	10.51	4.55
1985年		78730	75116	10400	10400	8245	8245	19.01	12.9	6.11
1986年		87569	83087	10677	10677	10076	10076	21.24	14.07	7.17
1987年		132415	123261	15009	15009	11727	11727	25.46	17.46	8
1988年		136251	125902	15268	15268	8818	8818	26.27	17.37	8.9
1989年		145356	133981	15884	15884	6063	6063	31.02	21.52	9.5
1990年		117144	109908	11571	11571	6302	6302	33.5	24.42	9.08
1991年		142275	134445	15529	15529	7204	7204	42.21	30.41	11.8
1992年		204785	191048	18896	18896	9343	9343	53.91	38	15.91
1993年	0.11	249561	219360	20476	20209	9509	9497	75.1	57.26	17.84
1994年		214900	176570	16574	16574	6413	6193	73.66	56.66	17
1995年	124.95	257289	244313	15410	15410	3092	2895	95.02	58.29	36.73
1996年	161.25	287297	274911	27904	27109	7861	7757	86.24	71.34	14.9
1997年	88.21	364129	341353	34019	34019	7189	7189	80.12	69.09	11.03
1998年	78.12	211863	196674	11226	10297	5630	5192	73.83	65.27	8.56
1999年	256.58	227602	209600	12407	11407	5816	5816	71.8	67.62	4.18
2000年	367.75	203956	198039	9762	8230	3448	3448	82.55	76.89	5.66
2001年	398.35	200395	182782	10603	9617	2349	2134	82.91	78.65	4.26
2002年	415.93	212987	197417	9934	9203	6796	6796	86.71	84.16	2.55
2003年	472.76	250077	228127	12341	11951	5756	5756	96.47	93.59	2.88

林业系统从业人员和劳动报酬情况(一)

年度	单位数(个)						从业人员年末人数(人)				从业人员年平均人数(人)	从业人员年工资总额(千元)	从业人员年平均工资(元)
	合计	其中:					总计	在岗职工		其他从业人员			
		国家机关	国营林场	文教、林业科研机构	林业其他事业单位	林产工业企业		合计	其中专业技术人员:				
1950	8	5	2		1		32	32	6				
1951	12	5	4		1	2	284	284	22				
1952	55	13	5		5	2	2059	2059	155				
1953	85	29	8		6	2	5516	5516	359				
1954	129	51	12	1	19	2	6301	6301	510				
1955	188	56	32	1	45	2	7640	7640	769				
1956	301	70	39	5	121	2	12515	12515	1658				
1957	321	74	47	8	116	2	16614	16614	1786				
1958	343	73	113	10	64	4	31143	31143	2178				
1959	369	77	127	10	63	5	46041	46041	2481				
1960	377	74	138	11	57	6	48800	48800	2169				
1961	381	85	139	7	49	6	33421	33421	2105				
1962	359	90	109	8	47	6	23001	23001	1990				
1963	386	90	110	9	72	6	27024	27024	2136				
1964	423	90	111	11	106	6	30454	30454	2446				
1965	466	94	127	16	121	6	29168	29168	2196				
1966	451	94	130	16	100	8	30880	30880	2359				
1967	452	95	131	16	94	8	30633	30633	2400				
1968	421	91	120	14	82	7	28968	28968	2444				
1969	410	92	120	12	73	7	29872	29872	2324				
1970	454	93	140	12	86	11	32509	32509	2199				
1971	480	94	143	12	98	13	37271	37271	2250				
1972	491	92	147	13	99	14	41118	41118	2453				
1973	512	95	149	14	110	14	41102	41102	2736.				
1974	513	86	147	16	117	13	49375	49375	2843				
1975	514	88	145	21	107	14	49818	49818	2903				
1976	518	88	155	27	94	15	58977	58977					
1977	537	91	158	46	89	10	60105	60105	2673				

林业系统从业人员和劳动报酬情况(二)

年度	单位数(个)						从业人员年末人数(人)				从业人员年平均人数(人)	从业人员年工资总额(千元)	从业人员年平均工资(元)
	合计	其中:国家机关	其中:国有林场	其中:文教、林业科研机构	其中:林业其他事业单位	其中:林产工业企业	总计	在岗职工:合计	在岗职工:其中专业技术人员:	其他从业人员			
1978	576	79	153	62	100	12	79311	79311					
1979	615	95	157	67	104	22	74833	62448		12385	77173	43489	564
1980	604	96	158	83	108	23	69358	59945		9413	71830	47972	668
1981	598	96	153	66	116	30	69045	60193		8852	69572	49320	709
1982	613	99	152	52	143	31	73171	58814		14357	69019	50794	736
1983	635	103	153	50	164	34	70117	59138		10979	70666	56403	798
1984	607	104	153	50	132	39	66312	58294		8018	67140	62337	928
1985	637	107	153	53	153	35	67215	57541		9674	65774	69152	1051
1986	633	110	152	59	161	25	69514	58165		11349	69018	90148	1306
1987	651	110	148	58	181	25	72587	57674		14913	70106	107213	1529
1988	672	115	151	54	196	23	75649	58616		17033	71472	128816	1802
1989	677	114	150	53	199	24	75750	58615		17135	72629	137713	1896
1990	718	119	148	56	228	27	79012	61046		17966	76726	155412	2026
1991	1254	115	148	48	272	15	81819	63332		18487	78182	173164	2215
1992	2030	115	148	46	1557	22	83329	63949		19380	80525	214850	2668
1993	1331	105	148	39	82	30	89126	65373		23753	85125	285286	3351
1994	1315	109	149	39	78	37	90747	67191		23556	85614	367719	4295
1995	1314	110	151	40	76	41	90909	65172		25737	89928	427031	4749
1996	1076	114	151	39	79	35	92117	88638		3479	90588	433240	4783
1997	984	116	151	39	67	35	89024	85572		3452	89099	391946	4399
1998	1001	115	152	39	64	36	80936	78666		2270	77377	372270	4811
1999	982	117	151	38	64	27	75748	73668	17745	2080	76098	384708	5055
2000	2037	117	154	37	1204	24	69723	66378	16550	3345	69678	380234	5457
2001	2380	113	154	23	1949	27	65597	62666	16687	2931	63077	429977	6817
2002	2121	120	178	26	1645	21	62297	58617	15760	3680	59385	462374	7786
2003	1931	130	156	25	1386	26	56065	53550	14680	2515	54396	454035	8347

注:从1998～2003年从业人员年平均人数、从业人员年工资总额、从业人员平均工资为在岗职工含义。

全部林业固定资产投资完成情况(一)

计量单位:万元

	完成投资			按构成分:			按行业分:			新增固定资产
	合计	国家投资		(1)建筑安装工程	(2)设备购置	(3)其他费用	(1)营林	(2)森工	(3)其他	
		小计	国债资金							
1950年	0	0				0	0			
1951年	7	1		4	2	1	1	6		
1952年	135	3		129	5	2	4	131		
1953年	161	21		91	14	56	21	140		
1954年	151	29		117	6	28	31	119		
1955年	154	69		92	7	55	69	85		
1956年	307	207		177	11	119	207	101		
1957年	541	211		326	37	177	211	330		
1958年	803	377		296	164	344	379	423		
1959年	1585	507		796	355	434	510	1075		
1960年	1761	766		762	363	636	772	989		
1961年	1151	433		499	266	386	448	703		
1962年	928	342		510	161	257	360	568		
1963年	1340	589		674	267	400	596	745		
1964年	1856	920		1003	202	651	922	934		
1965年	1790	975		904	105	781	981	809		
1966年	1770	1037		695	126	949	1040	730		
1967年	1680	1075		537	140	1003	1093	587		
1968年	1230	879		323	69	839	923	307		
1969年	1939	1066		829	181	929	1168	771		
1970年	2213	1092		882	344	988	1282	931		
1971年	2843	1112		1124	511	1208	1593	1250		
1972年	3506	1100		1459	716	1331	1800	1706		
1973年	3627	1137		1565	773	1290	1762	1865		
1974年	3621	1300		1540	554	1526	1990	1631		
1975年	3423	1086		1560	550	1313	1909	1514		
1976年	3779	944		1989	486	1303	1953	1825		
1977年	3804	941		1848	697	1259	2102	1701		

全部林业固定资产投资完成情况(二)

计量单位:万元

	完成投资			按构成分:			按行业分:			新增固定资产
	合计	国家投资		(1)建筑安装工程	(2)设备购置	(3)其他费用	(1)营林	(2)森工	(3)其他	
		小计	国债资金							
1978 年	5589	963		2904	1274	1412	2426	3163		
1979 年	5404	1235		2801	696	1907	2488	2178	738	1140
1980 年	5993	961		3389	789	1814	2852	2732	408	1672
1981 年	4742	815		2382	510	1850	2505	1754	482	1898
1982 年	5283	924		2736	379	2168	2900	1857	526	2111
1983 年	3230	1070		2258	204	769	517	1745	968	1978
1984 年	3143	1075		2225	152	767	868	1700	575	1783
1985 年	3834	1071		1656	749	1429	2295	906	633	2187
1986 年	4124	1071		2033	743	1348	1949	1554	621	1356
1987 年	6862	1516		3571	1431	1860	3128	2548	1186	2505
1988 年	9695	1053		4386	1731	3578	6066	2068	1561	4718
1989 年	15033	1386		5381	2307	7345	8357	2603	4073	5990
1990 年	17872	2856		5682	4133	8057	8466	5640	3766	4266
1991 年	21293	2737		7408	4901	8984	10073	6450	4769	6232
1992 年	31199	2780		11260	6829	13110	14344	7662	9193	15154
1993 年	29945	1989		13546	6875	9524	12281	5624	12040	19541
1994 年	37427	2185		19052	12716	5659	15602	7426	14399	28734
1995 年	26138	3042		15198	6259	4681	9453	5791	10894	19800
1996 年	55353	2707		19463	28150	7740	9458	29109	16786	27176
1997 年	47047	2017		17756	17436	11855	8859	30413	7775	37296
1998 年	37426	2958		13890	6068	17468	21055	5780	10591	33772
1999 年	54421	5028	2171	11187	7897	35337	40401	8988	5032	15794
2000 年	60629	7808	3715	14971	3700	41958	53018	5124	2487	26107
2001 年	71380	9326	3921	14288	7041	50051	36872	3092	31416	33106
2002 年	91994	40437	24499	15348	13594	63052	46072	13826	32096	25403
2003 年	153956	65214	28518	29121	24004	100831	74768	24350	54838	43481

营业固定资产投资完成情况(一)

计量单位:万元

	完成投资			按构成分:			按行业分:			新增固定资产
	合计	国家投资		(1)建筑安装工程	(2)设备购置	(3)其他费用	(1)营林	(2)森工	(3)其他	
		小计	国债资金							
1950 年	0	0				0	0			
1951 年	1	1				1	1			
1952 年	4	3		1	1	2	4			
1953 年	21	21		10	2	9	21			
1954 年	31	29		7	3	21	31			
1955 年	69	69		12	2	54	69			
1956 年	207	207		94	2	111	207			
1957 年	211	211		53	6	151	211			
1958 年	379	377		54	23	302	379			
1959 年	510	507		86	10	413	510			
1960 年	772	766		109	39	624	772			
1961 年	448	433		27	50	372	448			
1962 年	360	342		75	33	251	360			
1963 年	596	589		178	38	379	596			
1964 年	922	920		247	49	625	922			
1965 年	981	975		208	30	742	981			
1966 年	1040	1037		151	25	864	1040			
1967 年	1093	1075		135	9	948	1093			
1968 年	923	879		117	4	802	923			
1969 年	1168	1066		226	26	916	1168			
1970 年	1282	1092		260	44	979	1282			
1971 年	1593	1112		309	89	1195	1593			
1972 年	1800	1100		332	179	1289	1800			
1973 年	1762	1137		378	136	1248	1762			
1974 年	1990	1300		432	169	1390	1990			
1975 年	1909	1086		479	172	1258	1909			
1976 年	1953	944		600	190	1164	1953			
1977 年	2102	941		692	219	1191	2102			

营业固定资产投资完成情况(二)

计量单位:万元

	完成投资			按构成分:			按行业分:			新增固定资产
	合计	国家投资		(1)建筑安装工程	(2)设备购置	(3)其他费用	(1)营林	(2)森工	(3)其他	
		小计	国债资金							
1978年	2426	963		843	301	1282	2426			
1979年	2844	1235		882	232	1731	2488		356	
1980年	3261	961		1355	224	1681	2852		408	
1981年	2988	815		1019	137	1832	2505		482	557
1982年	3426	924		1215	141	2069	2900		526	814
1983年	1070	1070		327	20	723	517		553	928
1984年	1075	1075		319	15	742	868		207	238
1985年	2720	1071		907	475	1338	2295		425	1090
1986年	2292	1071		918	141	1233	1949		343	573
1987年	3724	1095		1597	376	1751	3128		596	1458
1988年	7173	1053		2737	972	3464	6066		1107	2773
1989年	12250	1007		3785	1506	6959	8357		3893	4363
1990年	11906	1470		3105	1234	7567	8466		3440	3491
1991年	14080	2155		4183	1249	8648	10073		4007	3818
1992年	21974	2780		7351	2276	12347	14344		7630	8095
1993年	21534	1989		9338	3594	8602	12281		9253	10894
1994年	25702	2185		14057	6314	5331	15602		10100	18805
1995年	17590	2587		10084	3257	4249	9453		8137	13842
1996年	17070	2707		8221	1559	7290	9458		7612	10695
1997年	15608	2017		7905	1522	6181	8859		6749	9138
1998年	30278	2958		11358	1743	17177	21055		9223	12330
1999年	44162	5028	2171	7728	1485	34949	40401		3761	7842
2000年	54908	7808	3715	11403	1662	41843	53018		1890	23269
2001年	63719	9326	3921	12172	1914	49633	36872		26847	28878
2002年	75776	31106	15168	10895	2800	62081	46072		29704	24532
2003年	116420	65214	28518	12570	3119	100731	74768		41652	36096

森林固定资产投资完成情况(一)

计量单位:万元

	完成投资			按构成分:			按行业分:			新增固定资产
	合计	国家投资		(1)建筑安装工程	(2)设备购置	(3)其他费用	(1)营林	(2)森工	(3)其他	
		小计	国债资金							
1950 年										
1951 年	6			4	2			6		
1952 年	131			128	4			131		
1953 年	140			81	12	47		140		
1954 年	119			110	3	7		119		
1955 年	85			79	5	1		85		
1956 年	101			84	10	7		101		
1957 年	330			273	31	26		330		
1958 年	423			241	141	42		423		
1959 年	1075			710	345	21		1075		
1960 年	989			653	324	12		989		
1961 年	703			473	216	13		703		
1962 年	568			435	128	6		568		
1963 年	745			496	228	20		745		
1964 年	934			756	152	26		934		
1965 年	809			696	75	39		809		
1966 年	730			543	101	85		730		
1967 年	587			402	131	54		587		
1968 年	307			205	65	37		307		
1969 年	771			602	155	13		771		
1970 年	931			622	300	9		931		
1971 年	1250			815	422	13		1250		
1972 年	1706			1127	537	42		1706		
1973 年	1865			1187	637	41		1865		
1974 年	1631			1108	386	137		1631		
1975 年	1514			1081	378	55		1514		
1976 年	1825			1389	296	140		1825		
1977 年	1701			1156	478	68		1701		

森林固定资产投资完成情况(二)

计量单位:万元

	完成投资			按构成分:			按行业分:			新增固定资产
	合计	国家投资		(1)建筑安装工程	(2)设备购置	(3)其他费用	(1)营林	(2)森工	(3)其他	
		小计	国债资金							
1978 年	3163			2060	973	130		3163		
1979 年	2560			1920	464	176		2178	382	1140
1980 年	2732			2034	565	133		2732		1672
1981 年	1754			1363	373	18		1754		1341
1982 年	1857			1521	238	99		1857		1297
1983 年	2160			1931	183	46		1745	415	1050
1984 年	2068			1906	137	25		1700	368	1545
1985 年	1114			749	274	91		906	208	1097
1986 年	1832			1115	602	115		1554	278	783
1987 年	3138	421		1974	1055	109		2548	590	1047
1988 年	2522			1649	759	114		2068	454	1945
1989 年	2783	379		1596	801	386		2603	180	1627
1990 年	5966	1386		2577	2899	490		5640	326	775
1991 年	7213	582		3225	3652	336		6450	762	2414
1992 年	9225			3909	4553	763		7662	1563	7059
1993 年	8411			4208	3281	922		5624	2787	8647
1994 年	11725			4995	6402	328		7426	4299	9929
1995 年	8548	455		5114	3002	432		5791	2757	5958
1996 年	38283			11242	26591	450		29109	9174	16481
1997 年	31439			9851	15914	5674		30413	1026	28158
1998 年	7148			2532	4325	291		5780	1368	21442
1999 年	10259			3459	6412	388		8988	1271	7952
2000 年	5721			3568	2038	115		5124	597	2838
2001 年	7661			2116	5127	418		3092	4569	4228
2002 年	16218	9331	9331	4453	10794	971		13826	2392	871
2003 年	37536			16551	20885	100		24350	13186	7385

机关以及行业建设

林业纪检监察与审计监督

【广西林业审计监督】

广西壮族自治区林业局内部审计机构成立于1985年5月，机构名称为广西林业厅审计处，周华轩同志首任副处长并负责全面工作至1991年底(1989年元月至1990年3月期间兰永荣同志曾任副处长)；1992年元月至1993年11月底李必新同志任副处长并负责全面工作；1993年12月至1996年底邝丽华同志任处长；1995年审计处改名为广西壮族自治区审计厅派驻区林业局审计处，编制5人。1996年底邝丽华同志调走，审计处李晨喜副处长暂时负责审计处工作至1997年10月；1997年10月至2000年8月李必新同志任处长。2000年9月区直机关机构改革后撤销区审计厅驻区林业局审计处机构，随后广西壮族自治区编委、审计厅下达《关于下达部分单位专项内部审计编制的通知》，通知要求广西壮族自治区林业局设立林业内部专职审计，编制1人，主要负责对广西林业内部审计的组织、指导、服务等工作，李云奔同志具体负责这项工作至今。

十几年来，广西林业内部审计在自治区林业局党组的直接领导和区审计厅关怀指导下，认真按照中华人民共和国《审计法》和《中共中央办公厅、国务院办公厅关于印发〈县级以下党政领导干部任期经济责任审计暂行规定〉及〈国有企业及国有控股企业领导人员任期经济责任审计暂行规定〉的通知》(中办发〔1999〕20号文)和《区党委办公厅、区人民政府办公厅关于印发〈实行领导干部任期经济责任审计的暂行规定〉的通知》(桂办发〔2002〕48号等有关法律法规的要求开展内部审计工作，充分发挥审计在维护国家财经纪律、加强党风廉政建设，制止损失浪费，提高林业经营管理水平，深化林业改革，加快广西林业发展，做出了应有的贡献。此外，自治区直属事业单位有13个单位开展了不同程度的内审工作，通过这些审计对加强各单位经营管理，制止损失浪费，提高资金使用效率，维护财经纪律等方面都取得了一定的成效。

自治区林业局审计处分别于1995年、1997年被原国家林业部授予“全国林业内部审计先进单位”；东门林场和钦廉林场分别于1998年、2002年被自治区审计厅授予“全区内部审计先进单位”；冼月基同志、李云奔同志分别于1995年、1997年被原国家林业部授予“全国林业内部审计先进工作者”；同时2002年李云奔同志被自治区审计厅授予“全区内部审计先进工作者”荣誉称号。

(区林业局专职内审)

林业思想政治工作与精神文明建设活动

【开展理论教育】

理论是实践的指南。多年来，坚持不懈地狠抓理论的学习教育，在加强对干部职工进行马列主义、毛泽东思想教育的同时，抓好邓小平理论和“三个代表”重要思想的学习教育工作，不断提高广大干部职工的理论水平。抓好开展基本国情、基本林情、基本路线教育，提高贯彻执行党的路线、方针、政策的自觉性，坚持正确的政治方向。抓理论学习中，在把握体系、联系实际和指导实践上下功夫，增强团结和统一，增强工作中的原则性、系统性、预见性和创造性。把学习理论与提高认识、更新观念、转变作风和解决实际问题结合起来，避免形式主义。在组织理论学习中，要求妥善处理好学习与工作的关系，千方百计挤时间学习，务求取得成效。要求各级领导干部多学一点学深一些，不断提高自身的思想理论水平、政策水平和把握全局的能力，通过自己的模范行动带动本部门、本单位广大职工的学习。

（区林业局机关党委）

【开展爱国主义教育，培养“四有”职工队伍】

多年来，按照党中央和自治区党委的部署，坚持不懈地对广大林业职工进行党的基本路线教育，进行爱国主义、集体主义、社会主义思想教育，从职业道德、社会公德教育入手，加强精神文明建设，使广大林业职工进一步树立正确的世界观、人生观、价值观和热爱林业、献身林业的崇业敬业精神。各单位针对林业职工中反映的热点、难点问题，深入细致地做好思想政治工作，教育职工正确处理国家、集体和个人利益的关系，树立全局观念，以小局服从大局的姿态，对待历史前进的步伐。教育干部职工坚持解放思想，实事求是，敢于冲破旧的思想和传统观念的束缚，树立适应社会主义市场经济发展的新思想、新观念，大胆吸收借鉴人类的一切文明成果，加快林业建设步伐。通过教育，振奋民族精神，树立民族自尊心和自豪感，引导广大干部职工爱祖国、爱广西、爱林业、爱岗位、爱本职工作，树立崇高的理想和信念，建设林业、献身林业，增强“林兴我荣、林衰我耻”的行业意识。通过加强教育，进一步培养和造就一支“有理想、有道德、有文化、有纪律”的林业职工队伍。近年来，广西广泛开展“弘扬和培育民族精神，全面建设小康社会”主题教育活动。倡导一切有利民族团结、祖国统一、人心凝聚的精神，倡导一切有利于国家富强、社会进步、人民幸福的精神，倡导一切用诚实劳动创造美好生活的精神。大力宣传中华民族的优秀文化和优良传统，宣传体现时代特点的先进人物和先进事迹，使广大干部职工认识到民族精神是一个民族赖以生存和发展的精神支撑。

（区林业局机关党委）

【贯彻《公民道德建设实施纲要》，加强道德教育】

加强道德教育是精神文明建设的重要内容。近几年来，认真贯彻《公民道德建设实施纲要》，坚持以为人民服务为核心，以集体主义为原则，以爱国主义、爱人民、爱劳动、爱科学、爱社会主义为基本要求，以社会公德、职业道德、家庭美德为着力点，大力倡导“爱国守法、明礼诚信、团结友善、勤俭自强、敬业奉献”的基本道德规范，在职工群众中牢固树立共产主义理想和正确的世界观、人生观、价值观，深入开展以讲文明、树新风为主题的群众性精神文明创建活动。坚持典型引路，大力宣传、褒扬群众身边涌现出来的先进事迹和模范人物，树立可亲、可敬、可信、可学的楷模，让广大职工群众学有榜样、赶有目标。坚持把先进性要求与广泛性要求结合起来，把教育与管理、德治与法治结合起来，努力形成把国家和人民利益放在首位而又充分尊重个人合法利益的社会主义义利观。

（区林业局机关党委）

【加强行业精神教育，树立行业精神】

林业行业精神是在长期的林业生产建设实践中逐步形成的先进的、起主导作用的、体现行业特点的群体意识。多年来，广西大力提倡和培育“开拓创新，真抓实干，艰苦奋斗，无私奉献"的林业行业精神，做到以林为荣，以林为业，以林为家，增强林业职工的光荣感和凝聚力，把职工个人的理想、追求、幸福与林业事业的兴衰密切结合起来。

行业作风是行业精神的重要体现。在培育行业精神的过程中，树立“勤、廉、严、实”的行业作风。勤，就是勤政、勤奋，提倡勤政为民，勤奋工作，勤劳兴林，勤奋好学，兢兢业业，不断进取的精神；廉，就是廉洁奉公，严守廉政纪律和职业道德规范，做廉洁干部、廉洁职工，发扬艰苦奋斗、勤俭节约的精神；严，就是严格、严密，高标准、严要求，用科学的态度、严谨的作风搞好各项林业工作；实，就是实事求是，一切从实际出发，讲实话、办实事、求实效。通过树立良好的行业精神、行业作风，努力形成良好的林业行业形象和林业职工群体形象。在行业作风建设中，注意加强团结和提高工作效率。搞好团结，最重要的是搞好领导班子的团结。领导班子的每个成员都应从党和人民的利益出发，自觉维护和加强领导班子内部的团结。加强思想意识修养，提倡友谊和相互支持。做到大事讲原则，小事讲风格。在工作中互相信任，互相帮助，互相支持，取长补短，团结奋进。建立一种部门和部门之间密切联系、积极配合、顾大局、识整体的团结协作精神和职工之间团结互助、真诚友善、和睦相处的社会主义新型人际关系。不断提高办事效率，真心实意为基层服务，克服推诿、扯皮现象和敷衍塞责、懒散拖拉的工作作风。

（区林业局机关党委）

【进行林情教育，调动职工积极性】

一是加强林业基础地位的宣传教育，进一步认识林业肩负着优化环境和促进发展的双重使命，认识林业具有的生态、经济和社会三大效益。二是强化加快林业发展的教育，突出对造林绿化思想不松懈、工作不松劲、制度不松弛、投入不减少的教育，提倡造林绿化坚持高标准、高质量、高效益。三是加强城市、城镇绿化美化的教育。四是加强调整林业产业和产品结构、对山区林业实行综合开发的教育，向广大群众大力宣传山区以林为主的综合开发的战略意义和巨大潜力，大力宣传广西建立速生丰产林基地的步骤、措施和成果。五是广泛开发形势任务教育。围绕改革、发展、稳定大局，根据自治区党委和政府关于经济工作、林业生态环境保护与建设的指导思想、工作任务和政策措施，广泛开展林业形势教育；围绕党和国家以及自治区党委、政府的中心工作，配合重大改革政策措施出台，及时开展时事政治教育，引导广大群众正确认识形势，增强信心；围绕中国加入世贸组织，开展社会主义市场经济理论和 WTO 基本知识的学习宣传，引导广大党员、干部、群众树立发展、竞争、创新观念，更好地迎接经济全球化的挑战。六是加强林业法制和林业科技的教育。1995 年 12 月，广西林业局获得林业部授予“全国林业系统二五普法先进单位”荣誉称号。

（区林业局机关党委）

【树立先进典型，激发创优意识】

多年来，在林业建设和改革中，各地各单位都涌现出不少先进单位和先进典型人物。他们扎根林区，艰苦奋斗，无私奉献的事迹，是弘扬林业行业精神最具体的活教材，是振兴林业的航标。通过大张旗鼓地表彰和宣传先进典型，使群众学有榜样，赶有目标，有效地激发职工内在动力和强烈的争先创优意识，激励上进精神，收到较好的效果。

（区林业局机关党委）

【开展思想政治工作研究】

20 世纪 90 年代初期，林业改革不断深化，社会主义市场经济在实践中迅速发展，转换企业经营机制条例全面实施，这对人们的思想观念、价值取向、行为方式、人际关系等产生深刻影响，引发新的问题，给思想政治工作提出了一系列新的课题，需要广西跟上去进行研究。为了跟上形势发展要求，1992 年 8 月成立了广西林业职工思想政治工作研究会，每年下发思想政治工作论文研究课题，研究新时期林业行业思想政治工作的规律和特点，建立和完善林业行业思想政治工作体系，提高林业行业思想政治工作水平，为培养“四有”林业职工队伍，提高林业行业整体素质，促进两个文明建设服务，做了不少工作，取得了较好成绩。

（区林业局机关党委）

【加强林区文化建设，充实职工精神生活】

林区文化建设是思想政治工作的重要载体，是党政工团齐抓共管思想政治工作的重要环节。多年来，开展文化活动，使活动的教育功能与趣味性、娱乐性融为一体；通过创建文明社区，文明住宅小区，为职工提供时刻受到熏陶感染的整洁优美环境，使广大职工在一种浓郁的文化气氛中感到身心愉悦，得到心灵的陶冶。广西壮族自治区林业局机关住宅小区大院内建有图书室、健身室、活动中心，业余时间职工群众可以借阅图书、做健身运动，打球、打麻将、下象棋等，逢年过节，还开展丰富多彩的游园活动，丰富了职工的业余生活。同时，搞好绿化美化工作，绿地面积达 4300 多平方米，绿地率达 33％以上，绿地覆盖率达 40％，人均占有绿地面积 5 平方米以上，小区大院建有花圃一个，常年培育有花草品种 50 多种，1000 多盆，人工草坪花带 1600 平方米，灌木 630 多株，设有景点凉亭、鱼池、假山、花坛共 6 处，职工群众工作生活在风景美丽的环境中。通过抓文化建设，创造一个健康、文明、向上的文化环境和安定团结的政治环境，增强吸引力和凝聚力，把广大职工的积极性调动起来，保证各项林业生产任务的完成。

（区林业局机关党委）

【开展创作，组织慰问团，把戏送到林区】

20 世纪进入 90 年代以后，广西加快了造林进程，为了提前实现广西壮族自治区党委、自治区人民政府提出的 15 年基本绿化广西的决定，广西各地在向荒山进军中，林业生产热潮一浪高过一浪，不断涌现出造林绿化先进人物和先进集体。及时组织人员把这些事迹材料编排成文艺节目，或演唱，或快板书，或小品，在元旦和春节期间，组成林业慰问团，把林业戏送到林区群众，在丰富林区文化生活的同时，宣传广西林业蒸蒸日上的大好形势，激发广大群众进行林业生产的劳动热情。1991 年上半年，自治区林业局组织 35 人的林业慰问团，深入河池等 8 个地市 26 个林业县和部分林区的林业生产第一线进行了 31 场慰问演出，慰问团所到之处都受到当地干部群众的热烈欢迎，观看演出的观众达 3 万多人次。节目内容主要以宣传党的林业方针、政策为主题，同时歌颂十一届三中全会以来广西林业战线所取得的成就，以及涌现出来的先进事迹。节目短小精悍，内容丰富多彩，贴近林区群众生活，深受干部群众的欢迎。1993 年底 1994 年初，自治区林业局再次组织一个 32 人的林业慰问团，到百色等 8 个地市 19 个县 42 个林业单位进行了 62 场的慰问演出，观众达 5 万多人次，同样受到了热烈欢迎。林区群众说，自治区林业局带来的不仅仅是一台戏，而是把党的温暖带到了边远林区，这是对我们的激励和鼓舞。

（区林业局机关党委）

【开展歌咏大赛，让歌声飘扬在职工的心田】

1994 年，自治区林业局党组决定，在广西林业系统开展一次群众性的爱国主义歌咏大赛，这一决定得到广西林业系统的热烈响应，各地市各单位积极掀起了备歌热潮。广西林业系统的机关、工厂、学校、企业、林区，在业余时间，在晚间，到处都飘扬着雄壮、甜美、嘹亮的歌声。各地市经过层层选拔赛后，于年底汇集首府南宁，进行了新中国成立以来广西林业系统规模最大的群众性爱国主义歌咏大赛，参赛的有来自广西 14 个地市林业部门和区直林业企事业单位 18 个队共 800 多人。歌咏大赛经过独唱分组初赛、决赛和团体合唱几个赛程，最后决出了独唱一等奖选手 2 名，二等奖选手 3 名，三等奖选手 6 名，优秀奖选手 10 名，歌手奖选手 34 名。这次大赛规模大，参赛歌手多，场面热烈，赛出了水平，赛出了风格，显示了广西林业职工朝气蓬勃的生活气息和饱满的活力，振奋了精神，普遍反映良好。2000 年，自治区林业局举行庆“七一州”“共产党员正气歌”演唱活动，广西林业局机关各处室、在邕局直属单位都参加演唱活动，场面热烈，表现了职工群众良好的精神风貌。

同时，自治区林业局机关积极参加首府城区举办的各种歌咏比赛，提高了林业的声誉。1991 年，自治区林业局机关 40 人合唱队参加新城区举办的“迎接全国第四届民运会在广西南宁召开”歌咏比赛，获得优秀奖；1995 年自治区林业局组织 100 人合唱队参加区直工委举办的区直机关“勿忘国耻，振兴中华”的歌咏比赛，获得三等奖；2001 年自治区林业局组织 60 人合唱队参加区直工委举办的庆祝建国五十周年歌咏比赛，获得三等奖。

（区林业局机关党委）

【开展体育比赛，增强职工体质】

多年来，坚持面向基层，面向群众，因地制宜地开展体育运动，对增强林业职工体质，建立文明、健康、科学的生活方式，端正社会风气，培养和造就“四有”职工队伍，激发广大职工投身林业建设的热情起着积极的作用。特别是改革开放以来，多次开展全区性的林业系统“森林杯”体育比赛，如乒乓球、篮球、中国象棋比赛等。自治区林业局机关积极参加区直机关举办的体育比赛活动和广播操比赛，多次获得嘉奖：1995 年 10 月，获得区直工委、区直工会、区体委、团区委举办的广西区直机关第二届职工运动会田径 4×100 米接力赛男子亚军；1996 年 12 月获得区体委、区直工委、市直工委举办的首府迎新年广播体操表演赛三等奖；1 998 年 4 月获得区直机关工会、区体委举办的广西区直机关第八套广播体操比赛二等奖；1999 年 5 月获得广西区直农口机关运动会广播体操比赛第一名，女子乒乓球团体赛第三名，女子扑克比赛第三名；1999 年 9 月获得区直机关工委、区体育局举办的广西区直机关第三届职工运动会二等奖。同时，还选拔优秀代表队参加全国林业系统的体育比赛，并取得比较好的名次。如，1987 年 10 月广西林业体育代表团参加在福州举行的全国林业系统乒乓球华东、中南分区赛中，获得男子团体第二名和女子团体第三名；1988 年 5 月，广西参加在伊春举行的全国林业系统首届乒乓球锦标赛中，获得男女团体第六名；1988 年 8 月，广西参加在长春举行的全国林业系统第二届“森林杯”篮球赛中，获得女子第三名和男子第七名的好成绩。1992 年 6 月自治区林业局被自治区体育局授予“群众体育先进单位”光荣称号。2002 年 10～11 月，自治区林业局举办的广西林业系统第五届运动会“森林杯”职工篮球赛，是进入新世纪后，自治区林业系统举行的第一次林业体育盛会，这次运动会，共有 34 个单位 47 支男女球队参加，进行了 201 场比赛，赛出了水平，赛出了职工的精神风貌，交流了感情，增进了团结和友谊。这次“森林杯”职工篮球赛，参赛面广，具有广泛的群众基础，全区14个地市林业局，区直14个国有林场、森林公园，部分林业企业，以及林业科研、林业院校等都组队参加比赛，运动会比赛场面精彩纷呈，产生了良好的效果。2004年4～5月参加广西直工委、体育局举办的广西区直机关第四届职工运动会的乒乓球赛、羽毛球赛、气排球赛、保龄球赛、射击赛、慢走赛等项目，都取得比较好的成绩。

（区林业局机关党委）

【利用文明市民学校开展思想政治工作】

20世纪90年代，广西壮族自治区林业局机关成立了文明市民学校，利用这个阵地举办培训班学习班等开展思想政治工作。一是组织干部职工认真学习时事政治，开展形势教育；二是组织学习毛泽东、邓小平、江泽民等领袖人物关于思想作风、提高政治素质的论述和讲话；三是组织开展机关作风整顿，抓好干部职工的世界观、人生观、价值观的教育；四是不断进行社会公德、职业道德、家庭美德教育和社会主义、爱国主义、集体主义教育，开展普法教育，开展“讲文明、树新风”，文明公约的宣传教育。经过多层次多形式的学习教育，干部职工坚定了理想信念和奋斗目标，增强了全心全意为人民服务的自觉性，机关作风不断得到改进，实现了工作职能的有效转变，提高了为基层林业单位的指导、督促、服务的积极性，整个机关形成讲效率、讲团结、讲纪律，勤政廉政、爱岗敬业的良好氛围。

（区林业局机关党委）

【争创文明机关、文明公仆活动】

近几年来，广西壮族自治区林业局机关按照区直机关文明办的部署安排，以适应建立市场经济体制的要求，转变政府职能、改进工作作风、推进依法行政为重点，深入开展以“三优三满意”为主要内容的争创文明机关、文明公仆活动。推进管理体制改革，把主要精力放到宏观管理和执法上来；树立勤政高效，求真务实的机关作风，克服官僚主义和形式主义，简化工作程序，提高工作效率；增强服务意识，改进服务方法，提高服务质量；大力加强法治和德治教育，开展社会公德、职业道德、家庭美德教育，帮助干部群众树立高尚道德情操。

（区林业局机关党委）

林业宣传与林业报刊

【《广西林业》发展历程】

1982年，为了加快广西林业建设的步伐，广泛深入宣传贯彻党和国家林业的方针政策，普及林业科学技术，活跃职工的文化生活，提高林业职工的素质，广西壮族自治区林业厅党组决定，把“文化大革命”期间停办的《广西林业》内部期刊恢复，争取有关部门批准办成公开发行的刊物。决定从厅政治处抽调宣传科长牟礼忠筹办。

1985年5月，经广西壮族自治区党委宣传部批准，《广西林业》正式出版了第一期，定位是：综合性林业期刊，双月刊，16开，彩色封面，42页码。

《广西林业》的办刊宗旨是：深刻反映广西林业实际，促进两个文明；办刊的原则是：服从党的领导，坚持社会主义方向，坚持为人民服务，为社会服务，坚持正面宣传，为振兴广西林业事业作出应有的贡献；办刊的任务是：贯彻党的基本路线，宣传党的方针政策，配合党的中心工作，介绍各种典型经验，传播科学技术知识，活跃群众文化生活。编辑的原则是：突出思想性、实用性、史料性，融科学性、知识性、可读性于一体，力求内容丰富多彩，形式新颖别致。

办刊初期的人员是4人，其中3人是从厅机关抽调，1人从高峰林场借调，其中3人先后调离。

1985年5月14日，广西壮族自治区编制委员会桂编〔1985〕12号文《关于区林业厅〈广西林业〉编辑室编制的批复》同意配给4个编制，列为事业编制，明确了广西林业编辑室为事业单位，正式建立了“广西林业编辑室”。林业厅明确，广西林业编辑室的任务一个是办好《广西林业》杂志，二是承担林业厅的对区内外的林业宣传。编辑室由牟礼忠负责，后任主任、主编。

在办刊过程中，编辑室的全体工作人员把握杂志，电视新闻、专题报道的范围、读者对象，在选题、组稿、审稿、制作工作中力求做到深刻反映广西林业建设的实际，振兴广西林业。经过多年的努力，《广西林业》逐步形成了内容较丰富多彩、信息量不断增加，可读性不断增强、版面质量不断提高，适合各层次需要等特点，为促进广西林业改革，促进广西宜林荒山尽快绿化起来，使林业产业和林业行业更快活跃起来，向前发展，林农、群众加快致富，作出了积极的贡献。

在二十来年的办刊历程中，《广西林业》编辑部的编辑记者们辛勤耕耘，紧跟形势，不断探索总结，《广西林业》杂志一步一个台阶，不断进步：从1999年开始，在内文中缝增加了4个页码的彩色内插，2001年增加到8个页码，使整本杂志的页码从48变成了56，再增加到64，增加了信息量，也增加了图片数量，更满足了读者的视觉审美；从2000年第三期开始，改小十六开为大十六开，版式上求新求美求变化，《广西林业》更适应形势的和广大读者的要求；在内容上，不断根据全国全区林业形势的发展和变化调整栏目，增加了学习"三个代表"、党员先进性教育、相持阶段说林业、局长访谈、退耕还林、速丰林地、他山之石等栏目，既报道全区各地的先进典型，也为各级领导工作提供参考，也为林业科技人员开辟了发表论文、介绍经验、生产的园地。

【《广西林业》的成就】

在曾经每年举行一次的我国南方15个省(区)、市林业报刊协作会以及林业部召开的宣传会议上，《广西林业》的质量和办刊经验、办刊人员的配备、办刊经费和设备的落实，多次获得了林业部、兄弟省区的好评。

1994年，在广西区党委宣传部、区新闻出版局、区科委联合举办的广西报刊评比中，《广西林业》获得三等奖，被评为"广西优秀期刊"，还参加了在北京举办的全国书刊展，并成为广西科学技术刊物编辑学会的团体会员。《广西林业》(1998年)荣获首届梁希林业图书期刊奖；

刊登在《广西林业》的文章中，《热带绿宝》获得1984年中国林学会全国优秀林业科普作品三等奖；《巡护飞行记》、《绿色的渔港》分别获得第三、第四届全国林业好新闻三等奖；《海底森林》获得广西第三届优秀科普作品一等奖；《海角名区绿如蓝》获得中国记者协会首届会员作品三等奖。

《广西林业》编辑部每年还为区内外报刊、区内外有关展览提供了不少反映广西林业建设的文字、照片，供报刊、展览报道和展出，并获得多种奖励。《广西林业》的记者采写的文章除在本刊发表外，还在各级报刊上刊登有几百篇，多有获奖，其中仅伍荔霞获得的奖励就有：散文《享受森林》荣获'96全国林业报刊文学作品绿叶奖一等奖、国家林业部颁发的首届梁希林业文学艺术奖，并收入1997年国家林业部《享受森林》作品集；通讯《枪杀猴王效应》荣获首届梁希林业新闻奖暨第六届全国林业好新闻二等奖；散文《感悟黑土地》荣获全国政协人口资源环境委员会、全国绿化委员会、国家林业局、国家广播电影电视总局、中华全国新闻工作者协会、全国绿化基金会共同颁发的关注森林文化艺术二等奖；通讯《边关种树王梁子雄》荣获关注森林新闻二等奖；通讯《营盘的日子怎么过》荣获关注森林新闻三等奖；通讯《经济大潮中的监察员》收入《林苑女杰》一书；通讯《凝聚》收入中国林业出版社1999年3月出版《生态文明之歌》一书；摄影作品《音乐台和平之声》荣获关注森林"赤峰杯"摄影大赛三等奖。

【林业声像宣传】

《广西林业》编辑部在搞好《广西林业》编辑出版的同时，肩负着全区林业声像宣传报道工作。

1985年，在国家林业部与区林业厅的支持下、重视下，《广西林业》编辑部建立了电视录像业务，成为当时全国各省(区)、市 林业厅局第一批拥有录像设备，开展这一业务的单位，获得了林业部的表彰。广西林业厅是广西农口的厅局中拥有设备开展录像业务的厅局。

20多年来，广西林业电视新闻宣传报道，已在中央电视台、广西电视台播出的新闻、专题上千条(题)，韦健康、何乃缘二位记者采编的新闻、专题在中央电视台、中国艺术家协会、广西电视台、国家林业局共获得新闻一、二、三等奖60多个，其中韦健康与中央电视台合作拍摄的、采编的《绿色的梦》专题、《在沙漠的边缘》分别获得中宣部"五个一"工程优秀作品奖、第一届国家林业局梁希林业宣传一等奖，此外还有作品获得了梁希林业宣传一、二、三等奖共四个；何乃缘的《我区森林资源增长量大于消耗量》获第五届全国林业好新闻二等奖、《广西高峰林场大塘分场林木被严重盗伐》获第三届全国林业好新闻三等奖、《银杉和金花茶》获全国第三届电视专栏节目三等奖、《1992年我区森林火灾受害率低于全国平均水平》获第五届全国林业好新闻三等奖、《去冬今春森林病虫害飞防效果好》获首届"大森林"三等奖、《绿色工程，造福千秋》获首届梁希林业新闻奖暨第六届全国林业好新闻二等奖、《何时鸟归来》专题片获第三届中国行业电视奖纪录片三等奖、《我区农村能源建设跨入全国先进行列》获"关注森林"新闻三等奖、《生态建设，造福人民》及《环境恶化制约经济发展，广西石漠化治理形势依然严峻》获第二届“关注森林”新闻三等奖、《绿色的思索》专题片获全国优秀电视经济节目评论类三等奖。

《广西林业》编辑部每年都被评为广西电视台宣传先进单位，何乃缘、韦健康连续10多年被评为广西电视台优秀通讯员。

从此，我区的林业电视宣传走上了一个新台阶，提上了新的水平。电视新闻、专题报道，每年都获得林业部、广西电视台的表彰与奖励。

1985年，《广西林业》的编辑人员首次参加了自治区出版局系列的专业技术职务资格评审，申请人员获得了编辑资格，此后又有牟礼忠、覃星、伍荔霞、彭雪群、韦健康、何乃缘获得记者等职称。1990年、2000年牟礼忠、伍荔霞先后获得了副编审职称。

区林业厅(局)历届的领导都很重视《广西林业》编辑部的工作，并对大家的工作给予了充分肯定，也给了先进集体和先进个人的多次表彰，并在经费、交通工具摄录像、制作设备购置等方面大力支持，并不断更新，使《广西林业》杂志的出版、电视报道都步入了全国同行业的先进行列。

《广西林业》编辑部

广西林业信息
网络建设与办公自动化

【概　述】

广西林业信息化建设在全国林业系统开展比较早，20世纪90年代初期就开始起步。由于领导重视，克服了底子差、资金少、人才缺的困难，真抓实干，经过十多年的发展，做出了可喜的成绩，为今后的发展打下了基础。一是建立了广西林业信息化工作领导小组，由广西壮族自治区林业局主要领导担任组长。局信息中心初步形成，拥有基本的人才队伍和一批计算机基础设施，积极协调全区林业系统的信息化发展。二是广西各级林业机关内部已普遍使用计算机进行文字处理和信息管理，市级林业局大多建立了规模不等的内部办公局域网，办公自动化、管理信息化的水平得到提高，适应林业机关办公业务需求的内部电子信息资源建设开始起步，领导机关信息化意识得到增强。三是广西壮族自治区林业局建立了与国家林业局和自治区的网络连接，建立了与区各级林业系统之间的初级网络连接，主要用于报送业务信息及请示报告类的电子文本。四是建立了广西林业公众信息网，内容与应用水平名列自治区直属系统的前茅。五是广西森工企业普遍使用电脑用于财务管理，并用简单的拨号方式与广西林业信息中心联网，互相传递信息，少数企业建立了初级信息管理系统。

（区林业局办公室）

【林业信息网络】

广西林业信息网络由自治区林业局机关内部局域网、广西林业系统专网、广西林业信息网站组成。一是自治区林业区局机关内部局域网于1998年基本建成，局域网内已有166台电脑；从内网分出来的生活小区宽带网也已经建成，其电脑数量也有200多台，并开通了视频点播系统。二是1999年5月建成了以广西林业局为中心节点，通过公用传输网连接各市、县林业局和区直林业单位的全区林业行业信息网络。它覆盖全区160家市、县林业局和区直国有林场以及区直单位的信息网络，现有基层工作站204个单位。并通过VPN加密隧道联网实现区局机关与各市、县林业局及区直林业单位进行日常办公文件及材料传输，形成了广西林业信息网络雏形。三是广西林业信息网站是一个向社会公众宣传广西林业，展示广西林业建设成就的窗口。它现有服务导航、林政法规、林业动态、绿色快速、森林旅游、林业产业、科研动态、资源保护、病虫害防治、森林防火十个栏目，网站设计专业，突出了林业行业特点，信息量大，实用性强，已成为迅速了解广西林业信息的最佳途径和推广林业产品信息、了解林业供求信息的重要渠道。

（区林业局办公室）

【林业信息化的应用成果】

十多年来，广西林业系统涌现了一批信息化的初级应用成果。

广西森防站开发的《广西森林病虫害信息管理系统》，广西林科院开发的《广西南亚热带主要树种种质资源信息管理及评价系统》，广西林业勘测设计院开发的《广西森林资源规划设计调查数据管理系统》、《广西森林资源连续清查数据处理系统》、《广西森林分类区划管理信息系统》、《广西退耕还林管理信息系统》、《伐区调查设计数据处理系统》，还有高峰、七坡、派阳山等区直国有林场相继开发的本林场森林资源管理系统，在全区的林业生产经营规划发挥了较好的作用。

广西林业勘测设计院与广西大学合作开发的《林业资源信息卡光电自动输入微机系统》,与中国林科院资信所合作开发的《广西国有林场资源经营管理辅助决策信息系统》曾分别广西科技进步三等奖、1994年度林业部科技进步二等奖。

在2000～2001年全区开展的森林分类区划界定工作中,各县建立了有统一时段、统一格式的小班空间与属性数据库,这是广西林业信息化工程建设重要的基础资料。

(区林业局办公室)

【林业信息化技术队伍】

广西林业在信息化建设中,培养了一批熟悉图形、图像处理、地理信息系统应用与开发的技术人员,机关工作人员大部分掌握了现代化办公的基本技能,初步形成了一支网络信息工作人员队伍。自1998年以来,先后培训了广西林业信息网络基层操作员500多人次,为网络的正常运行打下了人才基础。

(区林业局办公室)

【存在的问题】

广西林业信息化建设虽然取得了一定的成绩,但由于长期以来林业信息技术基础薄弱,应用水平普遍不高;与党和政府的要求及经济发展的形势有很大的差距;与林业发达省份相比,信息化建设是相对滞后的。

一、对林业信息化建设意识淡薄,认识不足等

林业经济长期采用传统的落后方式进行生产运作,不少领导和员工不了解信息化的巨大作用,对信息资源作为一种战略资源的重要性没有充分认识,信息和信息服务的价值尚未得到普遍承认,对林业信息化建设意识淡薄。

二、缺少统一规划,缺乏统一标准和规范

近年来,广西林业信息化发展迅速,但投资和开发分散,缺乏统一的规划和管理。各种技术参数和数据规范缺乏统一标准的矛盾日益突出,基础设施和网络还没有形成统一的体系,各地区、各部门主要应用没有形成统一的应用平台和相应的规范,由此造成重复投资,条块分割,信息资源难于共享,影响了信息化建设的发展。由于缺乏统一规划,不同的系统或模块由不同厂商分别提供、孤立建设和实施,导致一些应用系统处于"信息孤岛"状态,单体应用、部门级应用居多,全行业的集成应用少。信息孤岛导致网络不能互联互通,使得大量的信息资源不能充分发挥应有的作用,效率低下,已经成为阻碍广西林业信息化建设进一步发展的障碍。

三、信息化总体应用水平不高

目前,广西林业信息系统建设尚处于一般事务处理和简单信息管理的阶段;除财务管理应用比较好外,其他系统整体效果不明显。即使千辛万苦获得的森林资源数据和其他专业调查数据,由于缺乏基于计算机技术的统一、有效的数据存储、管理、维护和更新手段,不能实时提供林业管理分析与决策所需要的准确信息。整个系统集成度低、互联性差,信息管理分散,数据不够完整、准确和及时;资源不能共享,综合优势未能充分发挥。林业信息化建设存在"重建设轻维护更新"、"重硬件轻软件"、"重网络轻资源"、"重技术轻管理"等倾向和误区,不利于信息系统建设、维护更新与信息资源开发利用之间的协调发展,不利于信息化建设的健康发展。广西林业信息化整体应用水平不高,与形势要求有相当大的差距,制约着林业管理的效率和质量进一步提高。

四、林业基础数据获取困难

林业数据是进行林业科学、资源科学、环境科学及其相关领域研究的必不可少的基础资源。目前,野外调查仍然是林业部门现阶段获取林业经营管理所需要的各种基础数据的最基本手段。广西自然地形复杂,森林资源地域分布广,开展林业野外调查费工费时,调查成本高,有些地方难以调查,以至于获得的基础数据精确度较低,没能真实地反映现实的林业资源状况,给林业生产应用或林业管理、决策等都带来不精确因素。

五、林业信息化人才缺乏

推进信息化,人才是根本。现在,自治区林业局信息中心人员少、技术力量比较薄弱,没有正式机构编制,严重限制了优秀人才的引进。市、县林业局的信息化人才更加缺乏,林业基层单位没有设立信息中心,有些单位连专业的信息技术人才都不具备。广西林业部门普遍缺乏信息化人才,特别是既懂业务管理、又懂信息技术的复合型人才。这种状况对信息化建设带来很大的不利影响。

(区林业局办公室)

【广西林业信息化发展面临的形势】

随着计算机和网络技术的飞速发展,信息化浪潮席卷全球。党的"十六"大报告明确提出:"信息化是中国加快实现工业化和现代化的必然选择”。林业既是社会公益事业又是国民经济发展的基础产业，要实现现代化同样离不开信息化。

广西是南方重点林区大省，林业在广西的生态环境建设和经济建设中具有举足轻重的作用。自20世纪90年代全面实施灭荒造林和绿化达标以来，森林面积迅速增长，特别是在西部大开发中实施退耕还林、速生丰产林等工程后，林业得到了前所未有的发展，林浆纸一体化、林板一体化将成为广西经济增长的突破口。然而，由于经济、技术、观念等原因，广西林业信息化水平还很低，查阅资料、传递信息、审批文件等政务工作基本上停留在人工水平上，花费了大量的人力和宝贵的时间，也影响到快速、准确、科学决策，林业管理手段的落后，不能适应林业飞速发展的需要，更不能满足国家对林业建设工程管理深度的要求。因此，自治区林业局研究决定，全面开展广西林业信息化工程，近几年，抓紧建立包括电子政务系统、森林资源管理信息系统、林地征占管理信息系统、林木采伐运输证管理系统、森林防火管理信息系统、森林病虫害管理信息系统、林业科技管理信息系统等在内的广西林业信息管理系统。进一步开始信息化第二、第三阶段的建设，以此推动林业管理现代化、决策科学化、政务高效化，促进林业跨越式发展。

国内林业信息化建设方兴未艾。国家林业局周生贤局长要求积极发展“数字林业”，实现林业管理革命和林业信息化，推动林业产业上档升级。国家林科院推波助澜、率先垂范，制订了一批为林业信息化配套的标准与规范，提出了“数字林业”工程建设的思路。

广东、福建、湖南、浙江、黑龙江省几个经济发达地区捷足先登，林业信息化建设已走在全国前面。广东省投入数千万元对林业工程建设实施动态监测和管理，重点针对森林资源与环境监测、森林灾害监测和林业辅助决策等开发全省统一的信息平台，进行数字化信息采集、管理和分析，建立起包括空间地理信息、规划信息等各类信息的林业基础数据库，在此基础上建立起林业工程和森林资源建设规划、城市林业发展规划、森林生态环境建设规划等专题数据库，进而建立起管理网络系统，实现全省林业管理的数字化、信息化和现代化。湖南省林业局被国家林业局列为全国林业信息化建设试点单位，该省的林业信息化建设工程可行性论证已通过评审，计划在未来的三年内投资数千万元分步实施林业信息化建设工程。浙江省苍南县林业部门大力推进林业信息化建设，着力打造“数字林业”，先后投入300多万元，购置安装了卫星定位仪、电脑、高清晰度投影机等先进设备，完成了地理信息系统(GIS)、全球卫星定位系统(GPS)、数字摄影测量系统(DPS)和遥感技术的开发，并在植树造林、森林防火工作中广泛应用。

（区林业局办公室）

档案、机要、保密

【档　案】

一、基本情况

广西壮族自治区林业厅(1998年5月25日的桂政发〔1998〕24号文件将其改为广西壮族自治区林业局)的全部档案由1950～2003年的档案组成。1985年9月、1994年6月、2003年4月先后三次将1950至1985年的档案共2579卷移交给广西壮族自治区档案馆，现室藏档案为1986～2003年的档案，室藏档案由文书、科技、会计、声像、实物、基建等六部分档案组成，现有档案室总建筑面积有150平方米。

1993年建立了广西壮族自治区林业厅综合档案室(林劳人发〔1992〕184号)，在领导的重视支持下，档案的库房及环境由基础条件较差后得到较好发展，配备了三铁及各种防潮、防火、防虫设备，派专职档案干部管理档案工作，建立和健全了各项规章制度，用科学的方法和规范化来管理档案，落实了五防工作的措施，维护档案的完整与安全。1950～1987年，用手工操作手写目录及检索档案，1988年起使用四通打字机、计算机打印文件目录逐步走上现代化管理档案，2000年文书档案进行了立卷改革，使用GD2000档案管理系统打印目录并快速检索、查找档案，档案工作基本进入了现代化管理，厅档案室于1993年2月定为自治区三级档案室，1994年7月晋升为自治区二级档案室。

二、档案工作的法律法规

1987年9月5日第六届全国人民代表大会常务委员第二十二次会议通过《中华人民共和国档案法》，1996年7月5日经全国人民代表大会常务委员会进行了修改。根据《档案法》有关规定，从 1986 年起自治区档案局把区直机关分为 10 个档案协作组，区林业厅编在农口第七协作组为成员单位，各单位的文书档案每年都由自治区档案局组织人员来检查和指导，并进行评比和表彰，检查合格后，发质量检查合格证书。经检查考核，1986～1998 年广西区林业局每年的档案质量都合格，1999～2003 年每年的文书档案质量被评为优秀，档案工作有了明显提高和改进。

三、档案机构建设及人员配备

（一）1950～1952 年 7 月，农林厅设林业科，其档案附属于广西省人民政府农林厅。

（二）1952 年 8 月建立农林厅林业局，1952 年底至 1953 年上半年卢月祥任档案员。

（三）1953～1954 年，（农林厅林业局、林业厅）张志英任档案员。

（四）1955～1957 年，李志华任林业厅档案员。

（五）1958 下半年至 1962 上半年，史玉兰任林业厅档案员。

（六）1962 下半至 1965 年，傅菊英任林业厅档案员。

（七）1966～1969 年，史玉兰任林业厅档案员。

（八）1969 年 10 月至 1973 上半年，张志英任林业厅档案员。

（九）1991 至 1994 年 1 月，顾燕群任林业厅档案员。

（十）1973 下半年至 1996 年，罗淑琴任林业厅档案员。

（十一）1996 年至 2000 年 9 月，张林任林业厅档案员。

（十二）2000 年 10 月至 2002 年 4 月，顾燕群（兼）、莫丽彬任林业厅（区林业局）档案员。

（十三）2002 年 5 月至 2003 年，顾燕群（兼）、黎宏任区林业局档案员。

【机要保密】

一、基本情况

广西壮族自治区林业厅机要工作是在办公室的统一领导下负责管理日常的机要、保密、文件、电报等，如中共中央文件、国务院文件、自治区党委文件、自治区政府文件和林业厅印章的使用、电报，以及机关保密和指导区直属单位的保密工作等。1988 年 9 月 5 日经第七届全国人民代表大会常务委员会第三次会议通过，颁布了《中华人民共和国保守国家秘密法》。1990 年 5 月 25 日又颁布了《中华人民共和国保守国家秘密法实施办法》，对保密工作提出了新的要求。

为了更好地贯彻落实中央加强保密工作精神，1989 年自治区保密局成立以各厅局为主的区直机关保密协作组，广西壮族自治区林业局为第七保密协作组，由 14 个区直成员单位组成，成员单位每年开展对保密法律法规宣传，保密法的普法教育以及每三年在全区范围内开展一次评先进活动，进一步落实中共中央关于加强新形势下保密工作的决定，建立了各项保密规章制度。1991～1993年度林业厅被评为全区保密系统先进集体，荀建荣评为先进个人。1994～1996 年度评为全区保密系统先进集体，顾燕群评为先进个人。1994 年在“二五”普法工作中评为优秀单位。1997～1999 年度评为全区保密先进集体，顾燕群评为先进个人。2000～2002 年度保密工作目标管理检查评比获第七协作组一等奖。

二、机构建设及人员配备

（一）1950 至 1952 年 7 月，只成立农林厅林业科，林业方面没有专门的机要员。

（二）1952 年底至 1953 年上半年，卢月祥任机要员。

（三）1953 年下半年至 1955 年，张志英任机要员。

（四）1955 年下半年至 1957 年下半年，李志华任机要员。

（五）1957 年下半年至 1958 上半年（林垦厅），吴霞任机要员。

（六）1958 年下半年至 1965 年，张朝亮任林业厅机要员。

（七）1966 年下半年至 1969 年上半年，张志英任林业厅机要员。

（八）1969 年 10 月至 1972 年，林业厅改制被撤销，建立农林服务站、农林局。

（九）1973 至 1980 年 1 月，吴霞任林业厅机要员。

（十）1980 年 2 月至 1983 年 8 月，荀建荣任林业厅机要员。

（十一）1983 年 9 月至 1990 年 8 月，高钦云任林业厅机要员。

（十二）1990 年 9 月至 1994 年 1 月，荀建荣任林业厅机要员。

（十三）1994 年 2 月至 2003 年，顾燕群任林业厅(林业局)机要员。

(区林业局　顾燕群)

【机关后勤服务】

一、局机关服务中心成立与变更

广西壮族自治区林业局机关服务中心，前身是区林业厅机关服务中心，是当时区林业厅根据桂编〔1995〕46号文件精神，于1996年1月11日下文(桂林人教字〔1996〕04号)成立的。在1998年，区林业厅更名为区林业局，区林业厅机关服务中心也随之更名为区林业局机关服务中心。又根据桂编〔2000〕62号文件精神，区林业局机关服务中心核定事业编制18名。

二、局机关服务中心负责人的更替

从成立之初，到1998年6月，中心的机构负责人是严江。1998年6月到2000年10月，中心的机构负责人是江秀奎。2000年10月至今，中心的机构负责人是王荣刚。

局机关服务中心的主要职责根据桂林人教字〔1996〕04号文件精神，中心的主要职责如下：

(一)代厅负责厅机关的房屋维修、建设、调配、管理工作。

(二)负责厅机关的绿化美化、环境卫生、交通安全教育及机关后勤服务管理。

(三)负责管理厅机关的通信、交通和劳保用品的供应工作。

(四)负责厅机关大院的保卫和户籍管理。

(五)协助主管部门搞好林业厅或部在广西召开的林业会议的服务保障工作；负责来厅指导、检查工作的林业部司级以上干部以及上级机关领导、各地市领导、林业局主要领导的接待服务工作。

(六)负责厅县联营经济果木林开发项目，林业北流水泥厂、广西林业造纸厂的股份管理。

(七)管理广西林业开发服务公司、林业厅招待所、林业大厦、七星储蓄所、机关大院沿街门面及行政后勤所属的经济实体。

(八)负责合作建设和经营广西林业科学技术培训中心(即厅干休所)、广西林业北海职工培训基地、广西林业桂林培训中心、广西林业北海招待所的投资和固定资产管理。

(九)承担厅领导交办的其他后勤服务工作。

四、局机关服务中心的内设机构

中心的内设机构分为行政保卫科，财务科，生产经营科，区林业局房改办和基建办目前设在服务中心财务科。服务中心总编制为18人，主任1人，副主任1人，副处级领导1人，行政保卫科11人，财务科2人，生产经营科2人。目前编制在中心，工作管理在局其他处的有5人(司机2人、党案管理1人，打字1人，通讯员1人)。编制不在中心，由中心管理的人员有3人(司机2人，卫生员1人)。中心还管理聘请的保安人员、卫生保洁人员、水电管理人员、园林绿化人员等12人。

五、局机关服务中心的主要工作

随着时间的推移，原桂林人教字〔1996〕04号文件精神中所写明的中心的主要职责，有的因为管理对象的注销而消失，有的因为其他原因而从没有落实过。就目前的现状而言，中心的主要工作，是在局党组和局领导的领导下，在相关部门的配合下，切实为局机关做好各种服务工作，具体如下：

(一)机关事务工作。

1.机关和大院的安全。机关大院的安全，包括无偷盗发生，无人身伤害，保证用水、用电安全，保证机关上班的正常秩序。

2.机关和大院的美化。聘请专职的卫生工作人员和绿化工，来负责机关和大院环境卫生和园林绿化，为干部职工创造干净、美丽的工作和生活环境。

3.机关车辆的管理。保证机关用车，做到合理调配、安全行驶；制定机关车辆管理和使用制度，严格掌握车辆费用。

4.专人管理局机关的通信、办公用品的供应以及局机关的文件交换和局机关大院的户籍管理工作。

5.代局机关管理好沿街门面工作和局医务室、职工饭堂。

6.协助局机关其他部门搞好各种会议的服务保障工作。

7.承办局领导和局机关交办的其他后勤服务工作。

(二)财务工作和房改工作。

1.严格机关后勤服务的财务管理，做好了相关的报账工作，为机关提供了良好的后勤保障。

2.基本完成了广大干部职工住房办理房产证的工作，正进一步落实住房补助的相关工作。

3.正积极努力的办理职工新村和森林资源保护中心的筹建工作。

(三)厅、县联营工作管理及实体管理。

1.理顺了关系。在1998年,理顺了厅、县联营工作管理的关系,将原来多头管理的厅、县联营工作,归口为局机关服务中心管理。

2.厅、县联营管理工作扎实有效的开展。在理顺关系后,局机关服务中心与相关厅、县联营项目实施单位一起,做了许多富有成效的工作,使厅、县联营管理工作进展顺利。

3.代局机关管理好了林业厅招待所、广西林业职工培训基地等经济实体。

(广西财经学院　赵子健)

自治区林业局领导成员

【自治区林业局领导成员名单】

1950～2004 年历届林业厅(局)领导成员

机关名称	姓　名	性别	职　务	任职时间
广西省人民政府农林厅	李沛文	男	厅　长	1950 年 2 月～1952 年 10 月
	林　山	男	副厅长	1950 年 2 月～1952 年 10 月
广西省人民政府农林厅	徐麟村	男	厅　长	1952 年 11 月～1954 年 7 月
	林　山	男	副厅长	1952 年 11 月～1954 年 7 月
广西省人民政府农林厅林业局	覃延年	男	第一局长	1952 年 12 月～1954 年 9 月
	阳雄飞	男	第二局长	1952 年 11 月～1954 年 4 月
广西省人民政府林业厅	梁仰云	男	厅　长	1954 年 7 月～1955 年 3 月
广西省人民委员会林业厅	陈良佐	男	厅　长	1955 年 4 月～1957 年 12 月
	覃延年	男	副厅长	1955 年 2 月～1957 年 12 月
	阳雄飞	男	副厅长	1955 年 2 月～1957 年 12 月
	莫虚光	男	副厅长	1955 年 2 月～1957 年 12 月
广西省人民委员会林垦厅	谢东来	男	厅　长	1957 年 12 月～1958 年 3 月
	陈任生	男	副厅长	1957 年 12 月～1958 年 3 月
	阳雄飞	男	副厅长	1957 年 12 月～1958 年 3 月
广西省人民委员会林垦厅	谢东来	男	厅　长	1958 年 3 月～1958 年 10 月
	陈任生	男	副厅长	1958 年 3 月～1958 年 10 月
	阳雄飞	男	副厅长	1958 年 2 月～1958 年 10 月
广西壮族自治区林垦厅	谢东来	男	厅　长	1958 年 3 月～1958 年 10 月
	陈任生	男	副厅长	1958 年 3 月～1958 年 10 月
	阳雄飞	男	副厅长	1958 年 2 月～1958 年 10 月

续表

机关名称	姓　名	性别	职　务	任职时间
广西壮族自治区林业厅	张　华	男	厅长	1958年11月～1961年10月
	阳雄飞	男	副厅长	1958年11月～1962年1月
	王正常	男	副厅长	1960年3月～1962年1月
	王斌吾	男	副厅长	1961年10月～1962年1月
广西壮族自治区林业厅	阳雄飞	男	厅长	1962年1月～1969年10月
	王正常	男	副厅长	1962年1月～1969年10月
	王斌吾	男	副厅长	1962年1月～1971年3月
	马振东	男	副厅长	1965年9月～1968年8月
广西壮族自治区林业厅革命领导小组	张克坚	男	组长	1968年8月～1969年10月
	马振东	男	副组长	1968年8月～1969年10月
广西壮族自治区农林服务站革命领导小组	王兴中（军代表）	男	组　长	1969年10月～1971年4月
	杨　烈	男	副组长	1969年10月～1971年4月
	王正常	男	副组长	1969年10月～1971年4月
	何铭山（军代表）	男	副组长	1969年10月～1971年4月
广西壮族自治区革命委员会农林局	王兴中（军代表）	男	局　长	1971年4月～1972年10月
	何铭山（军代表）	男	副局长	1971年4月～1972年10月
	杨　烈	男	副局长	1971年4月～1972年10月
	王正常	男	副局长	1971年4月～1972年10月
	王祝光	男	副局长	1971年4月～1972年10月
	张　华	男	副局长	1971年11月～1972年10月
广西壮族自治区革命委员会农林局	王祝光	男	局　长	1972年10月～1973年8月
	王正常	男	副局长	1972年10月～1973年8月
	张　华	男	副局长	1972年10月～1973年8月
	覃宝龙	男	副局长	1972年8月～1973年8月
	韩　炜	女	副局长	1972年10月～1973年8月
	林克武	男	副局长	1972年10月～1973年8月
广西壮族自治区革命委员会林业局	张华	男	局　长	1973年8月～1980年4月
	王正常	男	副局长	1973年8月～1980年4月
	林克武	男	副局长	1973年8月～1980年4月
	张兆凯	男	副局长	1973年8月～1980年4月
	王庆波	男	副局长	1973年8月～1980年1月
	姚康成	男	副局长	1975年5月～1980年4月

续表

机关名称	姓　名	性别	职　务	任职时间
广西壮族自治区林业局	阳雄飞	男	局　长	1980 年 5 月～1984 年 2 月
	王正常	男	副局长	1980 年 5 月～1984 年 2 月
	姚康成	男	副局长	1980 年 5 月～1984 年 2 月
	王　英	男	副局长	1981 年 2 月～1984 年 2 月
	张兆凯	男	副局长	1980 年 5 月～1984 年 2 月
	刘少卿	男	副局长	1980 年 12 月～1984 年 2 月
广西壮族自治区林业厅	杨通明	男	副厅长	1984 年 12 月～1986 年 6 月
	张广山	男	副厅长	1984 年 3 月～1985 年 8 月
	钟国华	男	副厅长	1984 年 3 月～1988 年 7 月
	张　锁	男	副厅长	1986 年 3 月～1988 年 7 月
	荣其光	男	副厅长	1986 年 6 月～1988 年 7 月
广西壮族自治区林业厅	刘万福	男	厅　长	1988 年 8 月～1996 年 8 月
	荣其光	男	副厅长	1988 年 8 月～1990 年 12 月
	钟国华	男	副厅长	1988 年 8 月～1996 年 8 月
	张　锁	男	副厅长	1988 年 8 月～1996 年 8 月
	凌纯阶	男	纪检组长	1992 年 8 月～1995 年 9 月
	彭祖意	男	副厅长 副书记	1995 年 5 月～1996 年 8 月
	安明明	男	副厅长	1993 年 2 月～1996 年 8 月
	曾广云	男	总工程师	1993 年 2 月～1996 年 8 月
广西壮族自治区林业厅	彭祖意	男	厅　长	1996 年 8 月～1997 年 2 月
	张　锁	男	副厅长	1996 年 8 月～1997 年 2 月
	安明明	男	副厅长	1996 年 8 月～1996 年 9 月
	黄明升	男	纪检组长	1996 年 8 月～1997 年 2 月
	曾广云	男	总工程师	1996 年 8 月～1997 年 2 月
广西壮族自治区林业厅	管炳六	男	厅　长	1997 年 3 月～1998 年 4 月
	张　锁	男	副厅长	1997 年 3 月～1998 年 4 月
	廖培来	男	副厅长	1997 年 3 月～1998 年 4 月
	罗永魁	男	副厅长	1997 年 3 月～1998 年 4 月
	黄明升	男	纪检组长	1997 年 3 月～1998 年 4 月

续表

机关名称	姓　名	性别	职　务	任职时间
广西壮族自治区林业局	管炳六	男	局　长	1998 年 5 月～2000 年 3 月
	张　锁	男	副局长	1998 年 5 月～2000 年 3 月
	廖培来	男	副局长	1998 年 8 月～2000 年 3 月
	罗永魁	男	副局长	1998 年 5 月～2000 年 3 月
	裴安道	男	副局长	1999 年 3 月～2000 年 3 月
	黄明升	男	纪检组长	1998 年 5 月～1999 年 8 月
	黎先甫	男	纪检组长	1999 年 9 月～2000 年 3 月
广西壮族自治区林业局	黎梅松	男	局 长	2000 年 4 月～
	张　锁	男	副局长	2000 年 4 月～2002 年 12 月
	廖培来	男	副局长	2000 年 4 月～
	罗永魁	男	副局长	2000 年 4 月～
	裴安道	男	副局长	2000 年 4 月～
	黎先甫	男	纪检组长	2000 年 4 月～
	金大刚	男	副局长	2002 年 8 月～
	肖　超	男	助理巡视员	2002 年 10 月～
	王志高	男	副局长（挂任）	2003 年 8 月～

【干部人事工作】

按照局党组的指示，1999 年以来的干部人事工作，主要抓好局机关的机构改革和作风整顿、领导班子调整以及干部的教育培训。

第一，认真做好 2000 年局机关的机构改革工作。依照广西壮族自治区关于机构改革的目标和要求，结合实际，研究制定了机构改革实施方案及有关政策措施，针对机构改革力度大，需要分流人员比较多的特点，本着竞争择优原则，着眼于全面提高干部素质与优化干部结构结合起来，对 29 名正、副处级领导职位全部实行了竞争上岗，对主任科员以下职位全部实行双向选择，择优上岗。通过引入竞争机制，公务员队伍结构得到了优化，干部年龄和知识结构有了明显改善。改革前，处级领导干部平均年龄为 47.5 岁，改革后下降为39.6 岁；改革前处级领导干部本科以上学历为52.3%，改革后达到了 72.4%。竞争上岗，增强了干部的责任感、紧迫感和危机感，机关的精神面貌发生了深刻的变化。

第二，抓好直属单位领导班子及成员的考核调整配备工作。2002 年 5 月下发了《关于对直属单位部分领导班子及成员进行考核的通知》(桂林党组字[2002]9 号)，先后对直属高峰林场等 16 个单位的领导班子、成员及拟提拔的后备干部人选进行考核和调整；2003 年 10 月又下发了《关于对直属部分事业单位领导班子及成员进行考核的通知》(桂林党组字[2003]22 号)，先后对局机关服务中心等 19 个单位领导班子、成员及拟提拔的后备干部人选进行考核和调整。考核工作严格贯彻执行《党政领导干部选拔任用工作条例》，对提拔使用的领导干部都实行了任前公示和试用期制度。对野生动植物和自然保护站等 3 个单位的领导职位还实行竞聘上岗；对局机关主任科员以下的公务员坚持“凡进必考”原则。

第三，开展各类干部的教育培训。选派了 15 名局机关处级干部参加区党委组织部和区党校举办的中青干部班、党政班、县处级公务员培训班的学习，选派了 5 名新提拔的处级领导干部参加区纪委举办的廉洁从政学习班的学习；选派了 54 名局机关、局直属事业单位和重点林区县(市)处级领导干部参加国家人事部、国家林业局举办的各类专题研究班学习；和广西人事厅联合举办了5期专题高级研修班，各市县、区直林业单位共300人参加了培训；举办了9期全区市县林业局局长资格性岗位培训班，共529人参加了培训；举办了6期广西国有林场场长资格性岗位培训班，共262人参加了培训；组织局机关及直属单位3600多名党员干部，其中处级干部200多人学习《党政领导干部选拔任用工作条例》，并进行了统一考试；选派了3名干部到林业重点县(区)为期1～2年的挂职锻炼；认真做好各级专业技术职务资格的申报、评审工作。

(区林业局人教处)

机　　构

【机构设置】

1995年广西林业厅设有办公室、人事教育处、营林林场处、林政资源管理处、林业产业处、科学技术处、计划财务处、机关党委、林业公安处、老干部处等10个处室，增设机关后勤服务中心和广西壮族自治区绿化委员会办公室、森林防火指挥部办公室、自治区审计厅驻林业厅审计处、自治区纪委、监察厅驻林业厅纪检组监察室。1998年5月25日广西林业厅更名为自治区林业局。2000年行政机构改革，广西林业局设有办公室、人事教育处、营林处、林政资源管理处、森林利用管理处、计划财务处、科学技术合作处、野生动植物保护处、森林公安局、离退休人员工作处、机关党委等11个处室和自治区绿化委员会办公室、自治区森林防火指挥部办公室，核定编制90人，广西壮族自治区林业局直属事业单位32个，直属企业单位23个，其中全额财政拨款事业单位14个，差额财政拨款事业单位14个，自收自支事业单位4个。

(区林业局人教处)

老干部工作

【老干部工作机构】

广西壮族自治区老干部工作始于1982年，在政治处设1人专管老干部工作。1983年增加到2人专管老干部工作。1984年2月，广西林业局恢复为广西林业厅，1986年增设老干部处。1993年老干部处专职人员7名，司机2名。1998年6月，广西林业厅又改为广西林业局。2000年，机关机构改革，将广西林业局老干部处改为广西林业局离退休人员工作处，专职公务员4人，司机2人。局直属企事业单位均有专职或兼职管理老干部工作人员，离退休人员较多的企事业单位设置老干部工作机构。离退休人员工作处的主要职能是：贯彻落实党和国家及广西壮族自治区党委政府的离退休人员方针政策，负责局机关离退休人员的思想政治工作，党的建设和管理服务工作；检查指导局直属单位贯彻执行上级有关离退休人员政策的执行情况，协调落实离退休人员政治和生活待遇；会同有关单位为离退休人员“老有所养、老有所医、老有所学、老有所乐”创造条件。自治区林业局第一个离职休养干部是1979年4月经区党委组织部批准的蒋焕章同志；最多的是1992年12月底，共有202人；至2003年12月底，离职休养干部人数共有145人。

(区林业局老干处)

【落实离休干部“两个待遇”】

1982年实行离休制度以来，广西林业局做了大量工作，离休干部“两个待遇 ”基本落实。政治待遇方面主要是解决阅读文件、听报告和党内组织生活问题。重大节日、重大政治活动请老干部参加。做到定期不定期向老干部通报情况，重大决策出台前，注意征求老干部意见。局机关单独成立党支部，从1998年起，独立成立离退党总支部，离退休党员分设独立的4个党支部。局党组十分注意加强离退休支部建设，使支部的战斗堡垒作用和党员先锋模范作用得到发挥。2000年底，离退休党总支共有党员118名。2000年、2002年各有1名离退休党员被评为区直机关工委优秀共产党员。2001年有1名退休人员从预备党员转为正式党员，2003年有1名73岁的离休干部光荣加入中国共产党，实现了几十年的夙愿。生活待遇方面，主要是解决住房、用车和医疗待遇问题。对离休干部的健康疗养，局机关是每隔两年组织一次。

(区林业局老干处)

【落实离休干部“两费”】

广西壮族自治区林业局离休干部的生活费基本得到落实。近年来，广西发放的适当补贴、生活补贴、城市开放费落实情况是:机关及全额拨款的事业单位均由广西壮族自治区财政解决;差额拨款的事业单位仅有少数单位给予发放;自收自支的事业单位没有给予发放;企业单位仅有少数单位给予发放。2003年起,广西壮族自治区林业局有15个困难企业得到广西财政厅的支持,给离休干部兑现“三项补贴”。医疗费方面,广西壮族自治区林业局及其直属企事业单位做了大量的工作,但困难企业仍存在拖欠离休干部的医疗费的现象。2000年初,有4个单位拖欠14名离休干部的医疗费共28.23万元,得到广西财政厅和区党委老干部局的关心支持,得以全额报销。2002年又有2单位拖欠4名离休干部4万元的医药费得到区财政厅的支持。2003年底,广西壮族自治区林业局有6个困难企业和1个自收自支事业单位拖欠31名离休干部的医药费,拖欠金额达40.6万元,广西财政厅支持50%;同年有7个困难企业的32名离休干部的医药费得到区财政的支持,列入自治区公费医疗或参与当地的医疗统筹。

（区林业局老干处）

社会团体与其他组织机构

广西林学会

广西林学会是广西林业科技工作者学术性、科普性的群众团体，是广西科学技术协会的组成部分。它的宗旨是团结和组织广大林业科技工作者，以经济建设为中心，促进科技的繁荣、发展、普及与推广，促进科学技术人才的成长和提高，为社会主义物质文明、精神文明、政治文明建设作贡献。

中国林学会于1956年批准成立广西林学会南宁分会，会员50人。1962年成立了广西林学会，同年12月产生了第一届理事会，至今共产生了六届理事会。全区有14个地市级林学会，有10个专业委员会，现有个人会员2400余人，会员44个。

广西林学会的最高权力机构是全区会员代表大会。在代表大会闭会期间，理事会是领导机构。理事会开会期间，由常务理事会行使领导职能。理事会休会期间，由常务理事会行使理事会职责。日常具体工作由学会办公室负责。

半个世纪以来，会员高举邓小平理论旗帜，在“三个代表”重要思想指导下，坚持科学发展观和可持续发展战略，与时俱进，走科技兴林道路，为广西林业建设作出了应有的贡献。近5年来，广西林学会第七届理事会在自治区林业厅(局)的正确领导下，在中国林学会、广西区科协和区民政厅的具体指导下，重点做了以下三项工作：

开展林业科普活动。科技是加快林业发展的重要推动力，科学普及是学会重要任务之一。5年来，在报刊和媒体发表科技文章和信息5000多篇(条)；举办或协助举办各类技术培训班2500多期，接受培训人数75000人(次)；组织会员深入基层指导工作，每年组织会员6000多人(次)，发送技术资料70万份(册)，培训林农68万人(次)，组织科技下乡活动，普及人数5000余人次，送给林农良种树苗、果苗、林木种子，深受林农的欢迎。

组织会员参加林业工程项目调研活动，2003年被国家林业局评为一等奖。积极参加每年一次的十月科普行动和历届科技活动周。编辑出版了科学专著《广西林业科技成果汇编》、《广西森林》、《广西主要树种造林技术》、《林木主要病虫害防治技术》、《广西林学会通讯》。

开展学术交流与合作加强林业对外学术交流与合作，是加快区内林业发展的主要途径，是学会重要工作之一。组织300多人(次)参加各类国际学术交流活动，同时邀请专家100多人到区内进行学术交流，使会员了解到世界林业科技的发展前沿，并与许多国际组织建立和发展了友好关系；积极开展出国培训和考察，共组织10个林业技术培训团150余人(次)赴美国、德国、澳大利亚、俄罗斯等国家和我国台湾地区进行培训和考察。使会员开阔了视野，更新了知识，增强了会员对加快广西现代林业建设步伐的责任感和使命感；积极开展国际研究和商务合作。有10多个国家的林业科技机构到广西考察，美国惠好公司、芬兰斯道拉恩索、日本王子、澳大利亚昆士兰等均签订了合作研究关系和协议。

开展技术咨询和科技开发。在分类经营、退耕还林、石漠化治理、防护林建设和发展速生丰产林的进程中，学会发挥人才优势，组织会员到重点工程项目县、场开展调查研究、技术咨询和技术服务活动，为当地解决一些技术难题。

在市场经济条件下，学会要生存和发展，就要走经营学会的道路。20世纪90年代，中国广西钦州地区三级林学会合作，在灵山营建良种桉样板林一万亩，起到良好的示范推广作用，也为三级学会创收56万元，在此期间，学会与中国林学会在桂林营建银杏叶用林500亩,在金秀营造甜茶600亩。近两年来,在田林海拔1400米山地营造速生阔叶树西南桦1400亩,在苍梧营造短周期速生造纸原料林大叶栎300亩。学会与贵港市林学会合作营造500亩尾赤桉示范林,二年生平均树高11米,胸径9cm,直到良好的示范作用,并获得可观的经济效益。

附件:

广西林学会历届理事会主要成员名单

一、中国林学会南宁分会

经中国林学会批准于1956年成立中国林学会南宁分会。会员50人。

负责人:王长春　叶　湘　黄宪忠　赵绍益　席海珍　刘成训　吴慰中

二、第一届理事会(1962～1978)1962年召开

理事长　阳雄飞

副理事长　王斌吾　王正常　王长春　刘成训

秘书长　涂素娟　刘　政

三、第二届理事会(1978～1983)1978年召开

理事长　张　华(1978～1980)　阳雄飞(1980～1983)

副理事长　阳雄飞　姚康成　叶　湘　王长春　刘成训　蔡灿星

秘书长　赵绍益

副秘书长　席海珍

四、第三届理事会(1983～1986)1983年召开

理事长　阳雄飞

副理事长　蔡灿星　赵绍益　席海珍　李荣骐　钟国华(1984～1986)

秘书长　赵绍益

副秘书长　毛子筠

五、第四届理事会(1987～1991)

理事长　钟国华

副理事长　席海珍　黎向东　李世裕　毛子筠

秘书长　毛子筠

副秘书长　黄宗全　覃　福

六、第五届理事会(1991～1999)1991年召开

名誉理事长　刘万福

理事长　钟国华

副理事长　黄宗全　刘世荣　李世裕　毛子筠

秘书长　毛子筠

副秘书长　谭忠良　奚福生　覃　福

七、第六届理事会(1999～2001)2001年召开

名誉理事长　黎梅松

理事长　张　锁

副理事长　庞正轰　黄宗全　金大刚　朱积余　蔡莹章

秘书长　庞正轰

副秘书长　谭忠良　奚福生　郭平生　农韧刚

广西林学会各专业委员会

一、森林经理专业委员会

(一)第一届(1985～1993)

顾问　郑元通　叶湘

委员　赵永寿　林柱富　叶万成　毛子筠　韦学廉

(二)第二届(1993～1998)

主任　徐卫东

副主任　刘世荣　廖泽钊

秘书长　周胜昭

副秘书长　金大刚

常务理事　刘世荣　朱定梅　何丽清　张寿德　周胜昭　金大刚　徐卫东　黄现洋　廖泽钊

理事　丁永辉　韦江江　刘世荣　刘代汉　刘志高　朱锦忠　朱定梅　何丽清　张寿德　杨咸生　李春干　陆　明　陈凤其　周胜昭　金大刚　庞惠成　林柱富　林宜茂　罗浴馨　赵永寿　金　华　徐卫东　秦铁铮　梁晓峰　黄现洋　黄寿仁　童　诚　谢子秋　彭桂华　彭锦钊　廖锦钊　谭学锋　潘康启　黎天锋

二、木材加工、综合利用专业委员会

(一)第一届(1985～1990)

主任　王见义

副主任　陈熊阶　文耀华

秘书长　黎超华

委员　陈同和　张志华　钟　舜　陈居森

(二)第二届(1990～1993)

主任　陈熊阶

副主任　苏　克　文耀华

秘书长　梁道进　陈贵刊

委员　王见义　徐　峰　蒙少坚　许文台

梁群彩

三、森林生态与环保专业委员会

第一届(1985～　　)

主任　欧阳权

副主任　黎向东　汤成咏

秘书长　李列彪

四、森林保护专业委员会

第一届(1985.12～　　)

主任　黄金义

副主任　蒙美琼　孙明雅　毛子筠

秘书长　韦　林

委员　黄金义　蒙美琼　孙明雅　毛子筠　韦　林　黄飞龙　孙永林　蒋家文　刘　政

五、林化专业委员会

(一)第一届(1987.10～1991.10)

主任　刘　启

副主任　黄竭忠　车鹏飞　廖炳元

秘书长　蔡静娟

常务委员　刘　启　黄竭忠　车鹏飞　廖炳元　蔡静娟　孟广升　沈永泉

委员　车鹏飞　刘　启　李齐贤　沈永泉　陈宗普　孟广升　张运明　黄竭忠　廖炳元　蔡静娟　魏棣华

(二)第二届(1991.10～1994.12)

主任　刘　启

副主任　黄永平　蔡静娟　沈永泉

秘书长　蔡静娟

委员　温肇穆　魏棣华　梁恒雅　周桂兴　安明明　覃铭焕　钟志君　黄昌善　刘广林　龚承荣

六、森林防火专业委员会

(一)第一届(1989、9、27～1994、7)

主任　黄展正

副主任　曾惠良　赵永寿　龙莆湘

秘书长　龙莆湘

(二)第二届(1994、7～1998)

主任　韦登义

副主任　龙莆湘　曾惠良

秘书长　龙莆湘

委员 34 人

七、桉树专业委员会

(一)第一届(1990、3～1994、11)

主任　欧阳权

副主任　韦　炬　周鼎英

秘书长　唐友桂

常务理事　欧阳权　韦　炬　周鼎英　唐友桂　陈代喜　梁郁端　韦初甲

理事　欧阳权　韦　炬　伍春魁　毛子筠　李世裕　李有甫　梁郁端　周鼎英　林建恩　曾炼武　陈代喜　林庆余　吴仲威　周汉平　赵良彪　韦初甲　潘立仁　江仁忱

(二)第二届(1994.11～1999)

主任　韦　炬

副主任　何祖家　梁郁端　吴天泰

顾问　欧阳权

秘书长　唐友桂

常务理事　杨瑶青　韦　炬　欧阳权　吴天泰　何祖家　梁郁端　唐友桂

理事　曾建明　陈宗传　藤彦禄　何毓寿　潘立仁　吴仲威　曾炼武　曾纪元　陈永延　钟文勇　伍春魁　林建因　项东云　覃美秀　周汉平　陈年华

(三)第二届(1999～2008)

主任　项东云

副主任　何祖家　韦善华　刘　胜　李锦芳

顾问　欧阳权　韦　炬　吴天泰　伍春魁

秘书长　唐友桂

副秘书长　王以红　陈健波

八、营林专业委员会

第一届(1990～　　)

主任　曾广云

副主任　李世裕　梁焕林　王宏志

秘书长　梁守珍

副秘书长　周秉锐　唐友桂

理　事　潘启寿　庞惠成　林应材　吴焯鸿　李进繁　石景寿　藤彦禄　王宏志　韦　纬　黄现洋　吴辅强　曾广云　梁守珍　王惠英　周秉锐　李世裕　唐友桂　刘甫尧　梁焕林

九、林业标准化技术专业委员会

第一届(1992 年 12 月至今)

主任　黄宗全

副主任　王祖秀　刘兴邦

秘书长　黄善忠

副秘书长　韦立敏

常务委员　黄宗全　王祖秀　刘兴邦　黄善忠　韦立敏　魏茂章　梁之光　莫大有　徐锡玲　文　彪　李家珍　梁廷煌　陈旭光

委员　黄宗全　王祖秀　刘兴邦　黄善忠

韦立敏　魏茂章　梁之光　莫大有　徐锡玲　文彪　李家珍　梁廷煌　陈旭光　祝俊新　农民新　杨绪耀　罗其才　段守志　刘泽民　吴甘柏　黄业成　韦世凡　邱怀志　许世平　黄筱培　钟业瑶　黄玉华　谢麟佳　蒙肖全　韦秀敏　陆明召　龙光日

十、林木遗传育种专业委员会

(一)第一届(1994、10、8～2000、9)

主任　卢天玲

副主任　梁廷煌　陈代喜

秘书长　莫钊志

副秘书长　黄寿先

理事　陈代喜　邓绍林　黄寿先　梁廷煌　卢天玲　罗泽明　莫钊志　覃榜彰　邵锦贤　韦元荣　吴庆初　项东云　曾炼武

(二)第二届(2000、10～至今)

顾问　卢天玲

主任　莫钊志

副主任　陈代喜　黄寿先

秘书长　班汉珍

(区林业局人教处)

广西野生动物保护协会

广西野生动植物保护协会成立于1985年,它是广西区野生动植物保护管理、科研教育、驯养繁殖、培植繁育、自然保护工作者和热心于野生动植物保护事业的人士和团体自愿结合,依法登记成立的学术性、公益性、非营利性的社会团体,是广西科协的组成部分,协会挂靠区林业局,受林业局、民政局、区科协和中国野生动物保护协会的领导。是发展广西野生动植物保护事业的重要社会力量。其主要业务范围为:宣传保护野生动植物的政策、法规;组织科研、科普活动;开展野生动物养殖技术咨询服务;参与国内外学术交流、兴办经济实体。

一、加强机构建设、壮大协会队伍

广西壮族自治区协会成立后,各市也都先后成立了野生动物保护协会。现有团体会员98个,个人会员5200个,使协会会员由原来的1500人发展到近年的5200人,同时设立有1个养殖专业委员会,常务理事46人,理事为110人,他们都是由区人大、区政府、区林业局、财政局、公安、工商、环保、新闻等相关单位的人员组成,具有广泛的社会代表性。协会队伍的不断壮大,已成为广西野生动物资源保护的一支不可低估的重要力量。

二、加大宣传力度,强化全民意识

协会联合和指导各地市协会开展每年一度的“爱鸟周”和“爱护野生动物宣传月活动”收到了良好的效果。据统计,全区仅2001～2003年参加“爱鸟周”活动的人数就超过100万人,印制、发放宣传品共计100多万份,悬挂横额1000多条,制作宣传画报1600多份、摆放标本1000多份、制作鸟巢18000多个,放飞鸟类60000多只,放生蛇类、蛙类等20000多条/只,文艺演出近1000场,每年都与广西电视台、《广西林业》杂志、报社联合开辟野生动植物和自然保护区宣传栏目。通过开展大力的宣传活动、广大群众的保护意识大大增强,广大群众都能自觉地参与到保护野生动物工作中来,纷纷向林业部门举报破坏野生动物资源的违法活动。

三、重视开展科研工作,促进野生动植物保护事业的发展

近几年来,广西加强野生动物产品深加工的研究工作,特别是开展科技含量高的野生动物产品深加工的研究,促进野生动物养殖快速发展、以科研促进了保护事业的发展。广西开发出了蛇胆川贝、龟苓膏等许多动物中成药及保健品,还先后完成了《白头叶猴人工繁殖研究》、《猕猴人工养殖疾病防治研究》、《长臂猿人工繁殖》、《瑶山鳄蜥种群监测》等研究课题。协助建立了黑叶猴、长臂猿、东北虎、华南虎、孟加拉虎、蟒、黑熊、黄腹角雉、白颈长尾雉、犀鸟等珍稀濒危物种人工繁殖种群基地,三处野生植物标本园,有力地促进了濒危物种保护管理工作。

四、做好“广西野生动植物保护信息”创刊、发行工作

不定期发行了四期信息,每期都发行在650份左右,对广泛宣传野生动植物的重要意义、传递信息、促进省区、同行之间的交流起到了积极的作用。

五、做好协会名称和法定代表人的更名更换工作

根据中动协会的要求和广西的实际工作情况出发,按程序报批有关部门把原来的“广西野生动物保护协会”更名为“广西野生动植物保护协会”,

法定代表人由于工作的变动，也相应作了更换。

（广西野生动植物保护协会）

广西林业产业行业协会

广西林业产业行业协会成立于2002年12月，是由广西各人造板、木竹浆造纸、林产化工、林副产品加工、森林旅游、木片、木竹经营和加工等企事业单位自愿结合起来的跨部门、非营利性的社会团体，现有单位会员１８０个，广西三威林产工业有限公司、广西国发林业造纸有限公司、梧州松脂股份有限公司、广西高峰林浆纸集团公司、APP广西金桂浆纸业有限公司、南宁凤凰纸业有限公司、广西丰林林业开发有限公司、广西高峰人造板有限公司、南宁良凤江国家森林公园、贺州姑婆山国家森林公园等广西重点林业产业单位为本协会核心企业。

广西林业产业行业协会以忠实维护会员企业的合法权益，竭诚为会员企业服务，努力推动全行业的经济发展和技术进步为宗旨。协会成立以来，每月准时出版一期近两万字的《广西林产信息》，为会员单位传递有关最新政策、市场、科技、行业动态等方面信息，至今已出版三十多期、约60万字。协会每年召开各个行业会议，适时召开广西全区松香、人造板、家具、森林旅游等行业会议，为企业提供信息交流、研讨市场和政策、共商发展大计的平台。协会还组织会员单位到华东、西南、东北、广东等先进地区参观考察学习。通过学习取经，企业收获不少。

反映企业呼声和意见，维护企业合法权益是协会的重点工作之一。协会成立后，根据企业强烈要求放开林产品运输管理的要求，协会积极向政府有关部门反映，得到了政府的重视和支持，近年在广西先后放开了松香、人造板、家具、薪材等的运输证管理。

广西林业产业行业协会成立之初的2003年，有的地方质监部门对一些已经林业部门批准生产松香的企业乱处罚款。协会接到反映后，积极向有关部门据理申述，要求撤罚，使问题得到解决。

近几年一些林产品相继放开运输管理，如松香、松脂、人造板、家具等产品都已相继放开，但有的地方执法部门仍在乱卡企业产品。协会积极与有关单位沟通，阐明新政，要求依法放行，使多数问题都得到了解决。这类问题协会每年都处理十多起。但对有的确属企业违规的行为，协会也不包庇纵容，而是向其耐心阐明有关法规规定，让其诚恳接受有关部门的处罚，维护法规的严肃性。

此外，广西林业产业行业协会积极协助政府行业主管部门做好本行业管理工作，参与制订行业发展规划，产品创优推优，项目评估等工作，为企业提供技术咨询和服务，以及有针对性的举办培训学习班等等。

（区林业局　保护处）

广西花卉协会

广西花卉盆景协会（前称广西花协）于1984年6月2日在南宁成立。会上通过了协会《章程》，选举产生了首届理事会。特邀温扬真、李骆公为名誉顾问，推举马玉珏、何奎为会长，施公亮为秘书长，易利国、扬大器、冯日礼为副秘书长。协会主管部门为自治区科协，挂靠自治区建设厅。

1985年5月广西花协组织南宁、桂林、柳州、北海等地参加在上海市虹口公园举办的“第一届中国盆景评比展览”。桂林市的长卷型山水盆景《漓江百里图》荣获一等奖，广西展厅布置、柳州、南宁的树桩盆景荣获二、三等奖。

1986年7月，由广西花协推荐，经广西壮族自治区人大常委会第22次会议通过，确定“桂花”为广西壮族自治区区花。广西壮族自治区党委书记乔晓光、人大主任甘苦以及林克武、翁长薄、王奇浩等同志题词及赋诗表示祝贺。

1986年9月16日，晋升为区科协领导下的省一级协会，并增补区人民政府原副主席贺亦然担任名誉会长。

1992年起广西花协连续10次派代表参加在广东召开的“岭南盆景理论研讨年会”。为进一步开展盆景艺术学术交流，广西花协还与广西美术出版社、广西画报社合作出版《中国盆景流派佳作荟萃》、《广西盆景》、《广西奇石》等书籍。

1994年，与广西科协联合在南宁举办“防城金花茶国际学术会议”。

1996年10月，广西壮族自治区花卉业科研与发展协调领导小组成立。组长由广西壮族自治区人民政府副主席袁凤兰担任，副组长由广西壮族自治区建设厅副厅长姚鸿业担任，成员由彭祖意、郑恒爱、王建渎、郑久粲、张春涛6人组成。协调领导小组下设办公室，负责处理日常事务。

2000年，经广西壮族自治区科协批准，同意“广西花卉盆景协会”更名为“广西花卉协会”

2002年6月受广西壮族自治区林业局委托，广西花协承担了《广西花卉产业发展规划》的编写任务。通过调查研究，于2002年底完成了编制工作。

2002～2003年元月广西花协在南宁举办了二届春节花市。

2002年春节花市还同时举办广西首届花卉园艺大展赛。

2003年6月，广西花协业务主管部门由自治区科协变更为自治区林业局。

2003年12月19日，《广西壮族自治区人民政府关于加快广西花产业发展的意见》及附件《广西花卉产业发展规划》(桂政发[2003]70号)下发全区各个市县政府贯彻执行，为指导全区农村产业结构调整，加快花卉产业发展提供了政策依据。

目前，全广西花卉种植面积已达23万亩，年销售额9亿元，初步形成了六大花卉苗木产区：桂林桂花、山水盆景、树桩盆景为主的花卉苗木产区；柳州西洋杜鹃、月季、珍珠罗汉松为主的切花、盆花、盆景产区；梧州宝巾花、山茶花、山松盆景为主的花卉产区；南宁、北海以棕榈科植物、榕树、茉莉花、阴生观叶植物等亚热带园林绿化苗、切花、盆景产区；玉林、贵港的兰花、榕树、岭南盆景等花卉苗木产区；百色木棉、苏铁、扁桃苗木为主的亚热带园林绿化苗木产区。广西花卉产业的发展呈现出个体、私营、国有、集体，外资企业等多种经济成分共同发展的新格局。

广西花协成立20年来，队伍建设逐年壮大，协会成员由1984年的团体会员5个、个人会员250人发展到目前的28个和450人。会员成分从以园林部门为主逐步向园林、林业、农业等全社会多行业多成分发展。广西14个地级市中，桂林、贺州、北海、梧州、玉林、贵港等6市已先后成立花卉协会。

(广西花卉协会)

广西盆景艺术家协会

1989年10月，广西盆景艺术家协会正式成立。15年来，协会经历三届领导班子：

第一届理事会(1989年10月至1995年10月止)，会长由广西壮族自治区建设委员会副主任范存举同志担任，业务主管部门为自治区建委。秘书长为广西壮族自治区农业银行副行长王从政，广西壮族自治区建委易利国任常务副会长兼常务副秘书长。期间，于1990年春节在南宁市少年宫举办了“广西迎春花卉盆景展”；1992年12月，为配合南宁国际民歌节，与有关部门和协会联合在朝阳广场举办了花卉、书画、盆景展；1993年12月26日，为纪念毛泽东诞辰100周年，在南宁市河滨公园举办了大型盆景展览。

第二届理事会(1995年11月至1999年底)，会长由自治区农业银行副行长王从政担任，常务副会长兼秘书长由区建委易利国担任。业务主管部门仍为自治区建委。期间，于1996年春节期间，在玉林市举办一次大型盆景展览；1997年，与中国盆景艺术家协会联合，在桂林市举办“香港回归杯”全国盆景展。1999年，与广西花协合作，组织盆景展品参加在云南昆明举办的世界园艺博览会。

2000年元月，广西盆景艺术家协会第二届理事会任期届满，经协会申请，自治区林业局批复同意，协会业务主管部门正式划归自治区林业局。元月16日，协会在南宁召开第三届会员代表大会，经大会民主选举，产生了协会第三届理事会，会长郑玉昆，副会长兼秘书长韦作林。

2000年5月，广西盆景艺术家协会应中国盆景艺术家协会和广东省湛江市《第三届省港澳台盆景艺术博览会》的邀请，广西组织了153盆盆景作品参展，有35盆作品获奖。并撰写了3篇论文参加了同期举办的盆景艺术学术交流会，覃超华副会长的《大型盆景与时代精神》一文被载入《中国创新理论》文库，荣获文化部2001年全国创新理论与实践论文一等奖。

2001年8月，广西盆景艺术家与广西花协合作，成功组织展团参加在广东陈村举办的第五届中国花卉博览会。盆景协会参展的18盆作品中，有10盆获奖。2002年春节，广西林业局与南宁市人民政府联合举办南宁春节花市暨首届花卉园艺大奖赛，盆景协会组织305盆作品参赛。其中有11盆获一等奖，30盆获二等奖，56盆获三等奖。同年12月，协会在南宁举办首届盆景艺术学术交流会和花卉盆景培训班，组织了27篇论文大会交流，其中两篇被《中国花卉盆景》杂志刊用。

2003 年 5 月，编辑出版了《2002 年南宁春节花市精品荟萃》画册一千册。2003 年 12 月底，广西盆景艺术家协会第三届理事会任期届满，协会召开第四届会员代表大会进行换届选举，结果，郑玉昆同志连任会长，韦作林、覃超华、黄鹏文、黄礼义连任副会长，韦作林兼任秘书长。

广西盆景艺术家协会成立 15 年来，经过协会历届领导的努力，凝聚力不断增强，队伍建设不断发展壮大。目前，协会会员人数从 2000 年初的 156 人增加到现在的 358 人。

（区林业局花卉处）

广西林业会计协会

广西林业会计学会是中国会计学会林业分会和广西会计学会的团体会员，行政隶属广西林业局领导，是经广西民政厅社团登记、具有法人资格的群众性学术团体组织。主要从事财务会计科学理论和应用的研究；开展学术研讨和交流活动；从事财会业务咨询和会计人才培训等工作。

1989 年 10 月 11～13 日，广西林业会计学会第一次会员代表大会在南宁召开。会上选举产生了由 53 人组成的第一届理事会，由 10 人组成的常务理事会，并选举产生正副会长、正副秘书长等领导机构，通过了《广西壮族自治区林业会计学会章程》。

1993 年 8 月 24～25 日，在玉林市召开第二次会员代表大会。会议进行了学会章程的修改和理事会换届，选举产生了由 55 人组成的第二届理事会，由 15 人组成的常务理事会，并选举产生正副会长、正副秘书长等领导机构。

1997 年 12 月 2 日，在柳州市召开第三次会员代表大会。会议进行了学会章程的修改和理事会换届，选举产生了由 41 人组成的第三届理事会，由 13 人组成的常务理事会，并选举产生正副会长、正副秘书长等领导机构。

2003 年 12 月 25 日，在南宁市召开第四次会员代表大会。会议进行了学会章程的修改和理事会换届，选举产生了由 45 人组成的第四届理事会，由 7 人组成的常务理事会，并选举产生正副会长、正副秘书长等领导机构。

广西林业会计学会下辖 12 个团体会员，拥有会员约 3500 名。

广西林业会计学会成立以来，取得了以下主要工作成绩：

第一，坚持以马列主义、毛泽东思想、邓小平理论和“三个代表”重要思想为指导，研以致用，进一步加强学会的思想建设和组织建设，把学会工作推上新高潮。在思想建设方面，学会始终坚持以党的基本路线教育人，以马列主义、毛泽东思想、邓小平理论和“三个代表”重要思想武装人，加强政治理论学习，解放思想，转变观念，更新知识，加强林业会计理论研究，不断探索发展林业会计工作的道路，丰富和发展林业会计理论，推出新的观念和方法，加强学术探讨与争鸣，提高在社会主义市场经济体制下的适应财会工作新形势的能力，使广大林业财会人员的政治素质和理论水平有了明显提高。在组织建设方面，学会作为广西林业财会战线的群众性社会学术团体，起着政府部门联系广西 3500 多名林业财会工作者的桥梁和纽带作用。各届理事会十分注重自身的班子建设，使之成为广大会员可信赖的核心组织。经过广西林业财会人员的共同努力，先后组建了以各市林业局为核心的基层分会 14 个，基层分会下设会员小组，初步形成了服务于广西 600 多个林业单位学会工作网络。

第二，提高财会队伍素质，促进广西林业经济发展。1、注重人才培养，加快会计专业化队伍建设步伐。积极配合财务行政管理部门多形式、多层次培训林业财会人员。2、加强制度建设，提高财会人员的政治素质和业务水平，加强会计基础规范化，狠抓制度建设，依法履行岗位职责。

第三，积极开展课题研究。学会根据中国会计学会林业分会和广西会计学会下达的研究课题总体要求，结合广西林业的现状与发展的需要制定研究课题，及时下达到各基层分会。通过召开各种小型研讨会、聘请专家和有经验的财会人员上课等各种形式的学术活动，发动会员撰写学术论文，并推荐高水平的论文，树立和扩大了学会在本行业中的形象及影响。

第四，多渠道筹集资金，加强管好用活学会经费。学会在市场经济体制下，在发挥应有的职能作用同时，一方面加强财务管理并接受财政、审计部门的监督，另一方面开辟有益、有利、合法的创收渠道，增加学会收入来推动学会工作的开展。

（区林业局计财处）

广西林业教育学会

广西林业教育学会(Guangxi Societyof Forestry Education)1988年5月成立。业务主管是广西壮族自治区林业局,登记管理机关是广西壮族自治区民政厅,本会接受上述两个单位的监督管理和广西教育学会、中国林业教育学会的业务指导,住所设在广西壮族自治区南宁市七星路133号。

广西林业教育学会是广西林业系统研究教育科学的群众性学术团体。由林业院校、培训中心、各有关企事业单位及其教育专家、学者和管理人员自愿组成的,旨在开展和推动广西林业教育研究的全区性的非营利性的学术团体。

广西林业教育学会的宗旨是:高举邓小平理论伟大旗帜,坚持四项基本原则,坚持改革开放,坚持党的基本路线,遵守宪法、法律和国家政策,遵守社会道德风尚,全面贯彻党的教育方针,团结和组织广大林业教育工作者,开展调查研究,进行理论和实际问题的研讨,探索林业教育的规律和特点,为推动林业教育改革和发展做出贡献。

广西林业教育学会的业务范围:一是贯彻执行《义务教育法》、《教师法》和《中国教育改革和发展纲要》等法律和行政法规。积极配合"科教兴国"和科教兴林的战略方针,不断改革和发展林业教育事业,更好地为广西林业建设服务。二是组织林业基础教育、林业成人教育、林业职工教育重大问题的讲座和研究活动,不断总结经验,探索规律。就林业教育的方针政策和改革措施向有关方面提出建议或提供咨询。三是积极开展学术活动,举办林业基础教育、成人教育的学术讲座会、专题研究会、经验交流会,普及林业教育科学知识,介绍国内林业教育科研信息。四是积极开展教育思想和教育科学的研究,协助有关单位开展教学改革的试验活动。五是开展林业教育优秀论文及成果的评奖活动,汇编林业教育的有关资料和学术论文。六是办好学会刊物《广西林业教育通讯》,作为会员开展学习和学术研讨的阵地。七是积极开展与参加国内和国际学术交流活动,教育培训活动,加强与国内有关团体和作者的友好往来。八是学会实行团体会员和个人会员制,学会的最高权力机构是会员代表大会。

(区林业局人教处)

广西林业社会保险事业中心

一、广西林业社会保险事业中心机构设置及负责人、宗旨、业务范围、规章管理制度

(一)机构设置及负责人:

广西壮族自治区林业社会保险事业中心原名广西壮族自治区林业单位社会劳动保险事业管理所。广西林业单位社会劳动保险事业管理所经自治区劳动厅桂政劳险字〔1995〕33号文批复同意,于1995年8月成立,行政上由自治区林业厅管理,业务视同地、市一级的社会保险机构,接受自治区社会保险机构指导。1996年元月正式开展自治区直属林业单位社会保险工作。2003年6月,自治区机构编制委员会下发桂编〔2003〕60号文件,批准成立广西壮族自治区林业社会保险事业中心,为自治区林业局管理的相当处级财政拨款事业单位,核定事业编制6名。

机构负责人:

1995年8月至1995年11月:梁高桥

1995年12月至2000年9月:陈瑚

2000年9月至2002年4月:陆琪

2002年4月至今:吕业斌

(二)宗旨、业务范围

宗旨是贯彻落实党和国家关于社会保险的方针、政策、法规,维护《劳动法》赋予劳动者社会保险的合法权益,为林业单位职工提供社会保障,为促进林业稳定和林业经济发展服务。业务范围是办理社会保险业务以及相关的管理、服务工作。

(三)规章管理制度:

为了做好社会保险工作,根据有关法律法规,参照区林业厅机关的规章管理制度,结合林业社会保险工作的实际,1997年机构成立之初,研究起草了《广西林业社会劳动保险事业管理工作规则》、《社会保险工作纪律暂行规定》、《社会保险业务专管员岗位职责》、《社会保险财务人员岗位职责》等十多项规章管理制度,对机构的人、财、物及社会保险业务等实行规范管理,之后又对一些不完善的地方作了修改,使社会保险工作制度不断完善,业务运作不断规范。

二、社会保险

综述。自治区直属林业单位社会保险包括企业单位社会保险和事业单位社会保险。广西林业社会保险事业中心负责企业单位的养老、工伤、生育保险和事业单位的养老、工伤保险。企业失业保险划归自治区社会保险事业局管理，林业社会保险中心代收失业保险基金，企业医疗保险归属地管理。

8年来，广西林业社会保险事业中心服从服务于改革、发展、稳定的大局，认真执行中央和自治区的各项社会保险政策，较好地完成了社会保险基金征缴任务，确保离退休人员养老金按时足额发放，工伤、生育保险各项工作运行平稳，职工的合法权益得到维护。自治区直属林业单位社会保险工作的开展，对维护自治区直属林业单位的稳定和推进林业企、事业单位的改革起到了重要作用。

(一)企业单位养老、工伤、生育、失业保险。

1.养老保险。1996年以前，区直属林业企业职工在企业所在地参加养老保险。根据《自治区人民政府办公厅关于做好中央驻广西企业、自治区属企业社会保险统筹工作的通知》(桂政办〔1995〕72号)、《自治区劳动厅关于中央驻桂企业、自治区直属企业社会保险有关问题的通知》(桂政劳险字〔1995〕18号)、《自治区劳动厅关于区林业厅直属单位职工基本养老保险基金实行系统统筹问题的批复》(桂政劳险字〔1995〕33号)的要求，1996年1月起，自治区林业单位社会保险机构对区直属林业企业职工养老保险实行系统统筹管理。1996年，共有参保企业30个，缴费职工7882人，离退休人员2416人(详见附表1)。

(1)切实做好企业养老保险费征缴工作。按照《社会保险费征缴暂行条例》(国务院令259号)及自治区有关文件规定，广西林业社会保险中心坚持抓好企业养老保险费征缴工作，促进企业按时足额缴纳养老保险费，重点抓好欠费企业的欠费清缴工作。通过了解企业生产经营状况，与欠费企业签订补缴协议书，向欠费企业下达催缴通知书等办法，随时跟踪追缴。同时加大宣传力度，让职工了解参加养老保险的权利与义务，让企业领导认识按时足额缴纳社会保险费的重要性，促进企业缴费。从1999～2003年，共征缴企业养老保险费5917万元(详见附表3)，每年的养老保险基金收缴率达到90%以上，较好地完成了征缴任务，为养老金按时足额拨付奠定了基础。

(2)社会保险稽核工作不断加强。为了确保社会保险费应收尽收，按照劳动和社会保障部《社会保险稽核办法》和自治区有关政策的要求，广西林业社会保险事业中心成立社会保险稽核小组，开展社会保险稽核工作。近年来，特别是2001年以来，随着社会保险稽核制度的不断完善和稽核工作经验的积累，稽核办法和程序进一步规范。2003年，广西林业社会保险事业中心以企业自查和保险机构抽样实地稽核相结合的方式，对照企业年度劳动工资年报表、财务报表、职工工资花名册等资料，逐一对企业参保人数、缴费基数进行稽核，要求职工对本人的缴费基数核对签字。企业自查面达100%，实地稽核面达到60%以上，通过稽核，及时发现和纠正企业不规范行为，防止了少报和漏报参保人数和缴费基数的现象，维护参保人员的合法权益。

(3)采取有效措施，确保企业离退休人员基本养老金按时足额发放。1999～2003年，广西林业社会保险事业中心共拨付企业离退休人员养老金9553万元(其中上级调剂金4116万元)，拨付率100%。由于林业属特殊行业，养老金尚由单位代发。为了确保基本养老金按时足额发放到离退休人员手中，广西林业社会保险事业中心针对不同情况采取不同措施：离休人员和一些有特殊困难的退休人员的养老金由中心委托银行直接发放；对生产正常的企业，将养老金拨付到企业，由企业代发；对困难企业，如柳州木材厂、西江木材水运局、永福贮木场优先拨付，同时督促企业按时足额发放养老金，确保不发生拖欠。

(4)企业离退休人员基本养老金待遇提高。广西林业社会保险事业中心认真贯彻国家和自治区关于调整企业离退休人员基本养老金有关政策，切实做好企业离退休人员待遇调整工作，使企业离退休人员待遇逐年提高。据统计，自治区直属林业企业离退休人员人均月养老金从1999年的434元提高到2003年的613元。

(5)建立健全基本养老保险个人账户管理制度。按照《国务院关于建立统一的企业职工基本养老保险制度的决定》(国发〔1997〕26号)、《自治区人民政府关于贯彻落实国务院建立统一的企业职工基本养老保险制度的决定的通知》(桂政发〔1997〕101号)等文件规定，自治区直属林业企业职工基本养老保险个人账户从1996年7月起开始建立。从实行个人账户初始，广西林业社会保险事业中心便应用计算机业务管理系统，详细记录单位和职工每月上缴划入个人账户的金额，年终经职工核对签字后打印养老保险个人账户对账单，作为职工退休后领取养老金的重要凭证，并实行职工养老保险个人账户检查制度，要求职工与养老保险手册按时见面、签字。逐年建立和完善基本养老保险个人账户中的各种指标，同时不断提高计算机管理水平，使社会保险管理系统化、规范化、科学化。通过做好职工养老保险个人账户管理工作，建立了有效的监督机制，增强了企业及职工的养老保险意识。

(6)企业养老保险纳入全区基本养老保险统筹，离退休人员基本养老金得到切实保障。自治区直属林业企业养老保险从1996年1月起实行自治区直属林业企业系统统筹，通过系统内部基金调剂，初步解决了企业之间养老负担畸轻畸重的问题，但也存在统筹层次低、抗风险能力小的局限性。2000年6月，自治区人民政府下发《自治区人民政府关于我区农垦、林业、煤炭、华侨企业基本养老保险纳入全区统筹的通知》(桂政发〔2000〕31号)文件，将林业系统企业职工的基本养老保险纳入全区统筹。纳入全区统筹后，广西直属林业企业养老保险与全区养老保险实现了“四统一”，即统一制度，统一标准、统一管理和统一调剂使用基金，离退休人员的基本生活待遇得到切实保障。

(7)实行退休公示制度。为了做好职工退休待遇审核工作，从2001年11月起自治区直属林业参保企业实行退休前公示制度。各企业将拟退休职工的出生年月、参加工作时间及特殊工种等情况进行公示，公示结果作为领取养老金资格认定的必报材料之一。实行退休公示制度，增强了职工的民主管理与监督意识，较好地防止了弄虚作假现象的发生。

2.工伤保险。开展工伤保险工作，保障职工的合法权益。8年来，广西林业社会保险中心认真执行《广西壮族自治区企业职工工伤保险暂行办法》(广西壮族自治区人民政府令第9号)及相关政策，开展了工伤基金收缴、待遇审核、支付以及工伤认定、劳动能力等级鉴定、企业安全生产教育等各项工作。1999～2003年，共收缴工伤保险费149万元，拨付工伤待遇142万元(详见附表3)。工伤职工的工伤保险待遇都按有关政策得到落实，工伤职工的合法权益得到了保障。以2003年为例，参加工伤保险的企业32个，职工5134人，发生工伤事故24起，受伤26人。当前领取工伤伤残等级待遇的有11人，领取工亡职工供养直系亲属待遇的有14人。

3.生育保险。开展生育保险工作，保障职工的合法权益。多年来，广西林业社会保险事业中心根据国家和自治区关于开展生育保险工作的法规、政策，结合本系统实际，建立健全规章制度，不断改进服务方式，生育保险工作开展正常，参保职工生育保险待遇得到了保障。根据自治区有关政策，对计划生育的女职工，属顺产的拨付3200元，属难产的拨付3900元。参加生育保险的男职工，其配偶无单位可享受产假工资和生育期间医疗费用的，生育时发给1500元。1999～2003年，共征缴生育保险费157万元，拨付生育保险待遇87万元(详见附表3)。

(二)事业单位社会保险——养老、工伤保险。

1.事业单位养老保险。实行系统内部统筹，初步解决单位之间离退休费用负担畸轻畸重的问题。

按照自治区劳动厅、人事厅的工作部署，根据《区林业厅关于印发〈区林业厅机关、事业单位养老保险暂行规定〉、〈区林业厅机关、事业单位养老保险实施细则〉的通知》(桂林劳险字［1996］11号)文件规定，1996年开始实行以自治区直属国有林场为主的自治区直属林业事业单位系统内部养老保险统筹。自治区直属林业事业单位共有参保单位29个，在职职工13335人，离退休人员5630人(详见附表2)。从1999年到2002年8月，共征缴养老保险费13977万元，拨付养老保险金14135万元。通过养老保险系统统筹，实行林业事业单位内部养老保险基金调剂，初步解决了各单位养老负担畸轻畸重的问题，减轻了部分林场离退休费用负担过重的压力，促进了自治区直属国有林场劳动制度改革、人事制度改革和分配制度改革，对林场职工队伍的稳定和林业经济的发展起到了重要的作用。

2.事业单位养老保险业务工作停止。根据2002年4月12日区人民政府办公厅《关于规范我区机关事业单位养老保险和农村社会养老保险管理工作的会议纪要》(桂政阅〔2002〕32号)要求，自治区直属林业事业单位于2002年9月停止养老保险业务工作，停止收取自治区直属林业事业单位养老保险费，同时停止拨付养老金，离退休人员的离退休金和各种补贴，按参加养老保险前原开支渠道解决。自治区林业局党组非常重视事业单位停保工作，召开自治区直属林业事业单位党政一把手会议贯彻桂政阅〔2002〕32号文件精神，要求各单位做好停止养老保险后职工的思想政治工作，按时支付离退休待遇，确保林业系统的稳定。由于工作到位，方法得当，各单位的稳定工作做得较好，没有因停止养老保险出现大的波动，职工队伍相对稳定。

3.工伤保险。参照执行《广西壮族自治区企业职工工伤保险暂行办法》，开展职工工伤保险工作，较好地维护了职工的合法权益。

自治区直属林业事业单位工伤保险参照执行《广西壮族自治区企业职工工伤保险暂行办法》，实行系统内部统筹，2002年9月停保。1999至2002年8月，共征收工伤保险费201万元，拨付工伤待遇共63万元(详见附表3)，较好地维护了工伤职工的合法权益。

(三)财务工作。

做好财务管理工作，确保基金安全运营。广西林业社会保险事业中心成立以来，严格遵守《会计法》、《社会保险基金财务制度》、《社会保险基金会计制度》等法律法规，建立健全各种财务制度，认真完成财务工作任务，使广西林业社会保险事业中心的财务工作稳步推进。做好每年社会保险基金预、决算以及本中心部门预算的编制工作；加强会计基础工作，建立了本中心的会计管理制度；实现社会保险会计工作电算化，使财务数据更准确，内容更完整；坚持社会保险基金审计制度，确保基金保值、增值，确保基金安全运营，没有被挤占、挪用现象。经过多年的努力，广西林业社会保险事业中心的财务工作和会计基础工作得到进一步夯实，得到上级及有关部门的肯定。

(区林业局　社保中心)

附表1：

广西林业企业参加社会保险人员情况表

单位：人

年度	单位(个)	参保情况(人)			赡养率	备注
		合计	缴费人员	离退休人员		
1996年	30	10298	7882	2416	3.3:1	
1997年	30	9918	7372	2546	2.9:1	
1998年	30	9685	7065	2620	2.7:1	
1999年	31	9598	6868	2730	2.5:1	
2000年	31	9311	6494	2817	2.3:1	
2001年	31	9037	6127	2910	2.1:1	
2002年	31	8977	5909	3068	1.9:1	
2003年	32	8451	5231	3220	1.6:1	

附表2：

广西林业事业单位参加社会保险人员情况表

单位：人

年度	单位(个)	参保情况(人)			赡养率	备注
		合计	缴费人员	离退休人员		
1996年	29	19000	14451	4549	3.2:1	
1997年	30	19414	14347	5067	2.8:1	
1998年	28	19004	13980	5024	2.8:1	
1999年	28	19014	13768	5246	2.6:1	

续表

年度	单位(个)	参保情况(人)			赡养率	备注
		合计	缴费人员	离退休人员		
2000 年	28	19123	13799	5324	2.6:1	
2001 年	29	19045	13540	5505	2.5:1	
2002(1～8)	29	18965	13335	5630	2.4:1	

附表 3：

1999～2003 年社会保险基金收缴情况表

单位：万元

年度	单位性质	收缴情况				拨付情况				取上级调剂金	收缴率
		养老	失业	工伤	生育	养老	失业	工伤	生育		
1999	企业	1139	120	35	31	1422		13	21	279	93.7%
	事业	3464	—	55		3429		13			63%
2000	企业	1461	110	34	33	1646		29	17	623	97.6%
	事业	4866	—	77		4878		21			92.5%
2001	企业	1041	118	27	31	1838		31	19	889	93.5%
	事业	3856		49		3878		20			86.2%
2002	企业	1100	124	28	32	2276		31	13	1095	90.6%
	事业(1～8)	1791		20		1950		9			70.4%
2003	企业	1176	171	25	30	2371		38	17	1230	90%
合计	企业	5917	643	149	157	9553		142	87	4116	
	事业	13977		201		14135		63		998	

备注：1. 每年养老金拨付率 100%，无拖欠。

2. 林业社会保险机构代自治区失业保险机构收企业失业保险费，不负责发放失业金。失业保险金由自治区失业保险机构及企业所在地失业保险机构发放。

3. 根据上级通知，林业局从 2002 年 9 月起停止事业单位社会保险业务，事业单位统计到 2002 年 8 月。

4. 2001、2002、2003 年共争取区直国有林场归难侨养老金财政补助 998 万元。

区林业局机关服务中心

区林业局机关服务中心，前身是区林业厅机关服务中心，是当时区林业厅根据桂编[1995]46 号文件精神，于 1996 年 1 月 11 日下文(桂林人教字[1996]04 号)成立的。在 1998 年，区林业厅更名为区林业局，区林业厅机关服务中心也随之更名为区林业局机关服务中心。又根据桂编[2000]62 号文件精神，区林业局机关服务中心核定事业编制 18 名。现将中心的主要职责、机构负责人的更替、内设机构、目前的主要工作概述如下：

一、中心的主要职责

根据桂林人教字〔1996〕04 号文件精神，中心的主要职责如下：

(一)代厅负责厅机关的房屋维修、建设、调配、管理工作。

(二)负责厅机关的绿化美化、环境卫生、交通安全教育及机关后勤服务管理。

(三)负责管理厅机关的通信、交通和劳保用品的供应工作。

(四)负责厅机关大院的保卫和户籍管理。

（五）协助主管部门搞好林业厅或部在广西召开的林业会议的服务保障工作；负责来厅指导、检查工作的林业部司级以上干部以及上级机关领导、各地市领导、林业局主要领导的接待服务工作。

（六）负责厅县联营经济果木林开发项目，林业北流水泥厂、广西林业造纸厂的股份管理。

（七）管理广西林业开发服务公司、林业厅招待所、林业大厦、七星储蓄所、机关大院沿街门面及行政后勤所属的经济实体。

（八）负责合作建设和经营广西林业科学技术培训中心（即厅干休所）、广西林业北海职工培训基地、广西林业桂林培训中心、广西林业北海招待所的投资和固定资产管理。

（九）承担厅领导交办的其他后勤服务工作。

二、机构负责人的更替

（一）从成立之初，到1998年6月，中心的机构负责人是严江。

（二）从1998年6月到2000年10月，中心的机构负责人是江秀奎。

（三）从2000年10月至今，中心的机构负责人是王荣刚。

三、中心的内设机构

中心的内设机构分为行政保卫科，财务科，生产经营科，区林业局房改办和基建办目前设在服务中心财务科。服务中心总编制为18人，主任1人，副主任1人，副处级领导1人，行政保卫科11人，财务科2人，生产经营科2人。目前编制在中心，工作管理在局其他处的有5人（司机2人、党案管理1人，打字1人，通讯员1人）。编制不在中心，由中心管理的人员有3人（司机2人，卫生员1人）。中心还管理聘请的保安人员、卫生保洁人员、水电管理人员、园林绿化人员等12人。

四、中心目前的主要工作

随着时间的推移，原桂林人教字[1996]04号文件精神中所写明的中心的主要职责，有的因为管理对象的注销而消失，有的因为其他原因而从没有落实过。就目前的现状而言，中心的主要工作，是在局党组和局领导的领导下，在相关部门的配合下，切实为局机关做好各种服务工作，具体如下：

（一）机关事务工作。

1.机关和大院的安全。机关大院的安全，包括无偷盗发生，无人身伤害，保证用水、用电安全，保证机关上班的正常次序。

2.机关和大院的美化。聘请专职的卫生工作人员和绿化工，来负责机关和大院环境卫生和园林绿化，为干部职工创造干净、美丽的工作和生活环境。

3.机关车辆的管理。保证机关用车，做到合理调配、安全行驶；制定机关车辆管理和使用制度，严格掌握车辆费用。

4.专人管理局机关的通信、办公用品的供应以及局机关的文件交换和局机关大院的户籍管理工作。

5.代局机关管理好沿街门面工作和局医务室、职工饭堂。

6.协助局机关其他部门搞好各种会议的服务保障工作。

7.承办局领导和局机关交办的其他后勤服务工作。

（二）财务工作和房改工作。

1.严格机关后勤服务的财务管理，做好了相关的报账工作，为机关提供了良好的后勤保障。

2.基本完成了广大干部职工住房办理房产证的工作，正进一步落实住房补助的相关工作。

3.正积极努力的办理职工新村和森林资源保护中心的筹建工作。

（三）厅、县联营工作管理及实体管理。

1.理顺了关系。在1998年，理顺了厅、县联营工作管理的关系，将原来多头管理的厅、县联营工作，归口为局机关服务中心管理。

2.厅、县联营管理工作扎实有效的开展。在理顺关系后，局机关服务中心与相关厅、县联营项目实施单位一起，做了许多富有成效的工作，使厅、县联营管理工作进展顺利。

3.代局机关管理好了林业厅招待所、广西林业职工培训基地等经济实体。

（区林业局　机关服务中心）

中国林科院热带林业实验中心

一、历史沿革与机构设置

建于民国21年（1932年），原名广西省立龙州林场。场址位于龙州县城西门外，民国24年该场收归至中央农林部，成立农林部直辖第四经济林场，后改为第二经济林场。1950年初，该场为人民政府接管,改称龙州林场。1953年场址迁至本市白云山脚(今白云实验场场部)。1959年场部再度迁至友谊公社岜灯屯,同年由自治区农林厅下放南宁专署管辖,改名为南宁专署国营大青山林场;1962年收归自治区林业厅,改名为国营大青山林场;1969年又下放南宁地区,改名为南宁地区大青山林场;1979收归自治区,改名为广西壮族自治区大青山林场,同年9月,与广西林业科学研究所夏石林业试验站、凭祥森工站合并,成立大青山实验局,直属中国林科院管理。1991年3月更名为中国林科院热带林业实验中心。该实验中心主要任务是承担我国热带、南亚热带珍优阔叶树的引种驯化和栽培技术研究,并为地带性林业生产经营作出示范。

到2003年年底,热林中心下设8个部门,辖青山、白云、伏波、哨平四个实验场,还有贮木场、松香厂、中密度纤维板厂和学校、职工医院等单位,有职工1290人,其中科技人员238人(高级职称为27人,中初级职称为211人)。

二、科学实验和示范推广

热林中心成立近25年来,在中国林科院的直接领导下,紧紧围绕国家林业建设和生态环境建设需求,结合中心林业生产实际,积极参加有关国家科技攻关、国家林业局、地方林业部门、研究所及林业院校等系统内科技项目的协作研究,先后承担研究课题50项,其中:国家攻关28项、国际合作项目1项、国家林业局课题2项、世行3项、院基金4项、其他课题12项。先后取得科研成果28项,其中获各级科技进步奖共19项,如实验中心与热林所合作研究的成果“棕榈藤的研究”获1996年国家科技进步一等奖;与科信所合作的成果“大青山森林资源现代化管理模式的研究”获1997年国家科技进步二等奖;其他一些成果,如与建设试验示范林关系十分密切的珍贵优良阔叶树种柚木、西南桦、米老排、山白兰等的组装配套栽培技术,由于实用性强,经济效益显著,也获得各种不同等级的奖励,为热带、南亚热带地区研究与开发珍贵优良树种及人工林的可持续经营等方面做了大量有益的科学研究,为区域性林业的发展探索出了一条新的路子。中心新近启动了“竹藤花卉种质资源保存库”、“国家林业局植物新品种测试中心华南分中心”两个重大科研项目建设。

中心十分重视科技成果的辐射推广与示范工作,已将所取得的科研成果进行组装配套,组建了“优良速生阔叶树种培育技术示范”、“西南桦大径材培育技术示范”、“石灰岩溶山地造林绿化示范”等八个林业示范样板。积极推广先进实用的林业新技术,在广西的马山县建立了面积达150公顷“石漠化生态综合治理试验示范区”,在天等县建立了面积为110公顷的“石漠化防治高效治理模式的试验示范区”,为我国广大石灰岩溶地区的石漠化防治和生态环境建设树立了样板,对推动我国石漠化的防治工作,改善石灰岩溶地区的生态环境,实现可持续发展起到了积极推进作用。在广西的乐业县退耕地建立了“优良乡土阔叶树种造林技术试验示范区”,为热带南亚热带地区退耕还林工作的顺利实施做出了示范和提供技术支撑。一批科研成果如“棕榈藤栽培与利用”、“石山熔岩造林技术”和“热带珍优阔叶树营造技术”已在广西、广东、海南、福建、云南和贵州等地推广应用,取得了良好的生态效益、社会效益和经济效益。

三、林业生产经营

热林中心经营面积为28.5万亩,有林面积为22万亩。中心在努力完成相关林业科研试验的同时,认真实施分类经营,大力推广应用先进实用的林业新技术,积极探索优化林种结构和森林丰产高效培育的新途径,林分质量逐步提高,森林活立木总蓄积量从1985年117万立方米增长到2003年136万立方米,林业生产真正实现了可持续经营。

1999~2003的五年间,林业生产稳步发展,顺利地实现了各项生产经营指标,累计完成育苗13公顷,造林2492公顷,中幼林抚育6715公顷,木材生产277614立方米,新造林抚育7704公顷,采收松脂8861吨。在营林生产过程中采取的主要措施是:一是实行良种壮苗措施,定点采种,确保种源优质,对珍优阔叶树种采用容器营养袋育苗;马尾松则采用切根接菌育苗,产苗粗壮耐旱,成活率高,较好地解决了近年南方持续冬春连旱造林难活的问题。二是重视造林规划,力求适地适树与优化林种结构调整相统一,加大珍优阔叶树种的示范推广栽培力度,实施丰产用材林初植密度调整技术,整个造林工作在质量上有所突破,多数造林区实现了两年造林验收达标的目标。三是优先消化了以前卫生清理、抚育间伐因采伐指标少而滞后积压的任务,对中心“八大样板基地”之“高产脂基地”、“大径材基地”等分别采取不同的经营技术措施，森林资源培育进入良性有序的轨道。四是进一步完善确立了适合自身特点的生产模式和管理制度，坚持依法采伐，严格管理，实现了木材生产优质、高效、安全的管理目标。五是通过公开招标，引入竞争机制，较大地提高了产脂水平和森林经营效益。

此外，中心通过出租土地以及资金、技术方面的扶持，鼓励职工发展自营经济。自1997年至今，已有近名职工通过租赁土地种植各种红江橙、荔枝、龙眼等名特优水果和板栗、八角、肉桂以及林下套种砂仁等经济作物达500多公顷，部分职工已获得收益，前景乐观。

四、林业产业建设

热林中心的产业建设由单一的木材采伐销售到发挥资源优势开展综合利用，由只有一个小型木工厂发展到现在具有松香厂、家私厂、营养补剂厂、加油站、科技开发公司、中密度纤维板厂等多元经济实体，年产值由1979年的228万元提高到2003年的6182万元，经历了简单生产、初级生产、综合起步、改革发展四个不断发展壮大的阶段。

中心建立初期，由于受战争及历史因素的影响，产业只沿袭多年来的简单生产，总产值仅有228万元，收入主要依赖于木材生产，林产加工业只有一个年产值不足30万元的小木工厂。进入八十年代，中心产业有了初级发展，先后办起了松香厂、营养补剂厂，但是，由于技术落后等原因，经济效益仍然较差。进入九十年代以后，随着森林蓄积量和木材生产量同步提高，中心加大了林产加工等产业建设步伐，增加科技开发资金投入，扩大林产资源综合利用，提高利用率，强化经营管理，产业建设步入综合起步阶段。1993年，中心投入160万元对松香厂进行技改，摒弃落后的滴水法，引进先进的连续蒸馏法，年产量由410吨提高到885吨，此后逐年攀升到2003年的3150吨，质量也由二、三级为主提高到特、一级稳定在99%以上；同时，又先后办起了家具厂、科技开发公司、加油站、木片厂、汽车修理厂、绿化苗圃等产业。

1996年，中国林科院确定中心为改革试点单位，为此，中心对产业建设在管理模式、体制改革等方面进行了有益的探索，对实验场的木材生产实行经费包干，超支不补，创收归已，节约分成；对工厂等经济实体实行经济责任承包、租赁等多种管理形式；对松香厂、汽车修理厂、绿化苗圃、木片厂实行股份制改革；同时，鼓励职工发展自营经济等创收产业。经过体制改革探索，产业经济实体得到调整、提高，到1997年，中心木材生产收入1620万元，林产加工等产业收入2180万元，首次实现林产加工等产业收入超过木材生产收入。1999年，随着松香厂股份制改革成功，中心产业步入改革发展阶段。2000年，总产值突破5000万元，其中，木材生产收入1900万元，林产加工等产业3160万元。2003年，总产值达6182万元，其中生产木材6.5万立方米、产值2462万元，林产加工等产业产值3720万元；同年，与广东企业主共同出资6000万元兴建了一座年产5万立方米中密度纤维板厂，又以技术和资金优势，在百色地区开办了田东松香分厂。二十多年来，经过技术改造和体制改革等多方面的努力，中心产业取得了长足的发展，开创了产业建设新局面。

五、精神文明建设

多年来，热林中心坚持“两手抓，两手都要硬”的方针，高度重视精神文明建设工作，成立领导工作机构，实行“一岗双责”，建章立制，建立并完善了精神文明建设工作目标管理责任制，层层分解任务，落实责任，进一步发挥了群体效能作用。大力开展精神文明创建活动，注重规划，积极筹资，加大基础设施建设和绿化、美化建设，改善职工工作、生活环境，获得“广西绿化模范单位”、“广西绿色环保教育基地”称号；同时，中心高度重视群众性文化体育活动，兴建各种娱乐设施，落实好活动的内容和经费，举办系列大型文体活动，职工们积极参与全民健身活动，取得“广西群众体育先进单位”称号。近年，根据形势发展和时代需要，中心大力倡导职工终身学习的理念，加强思想政治工作，强化对职工的宣传和教育，弘扬“求实创新，艰苦奋斗，乐于奉献，争创一流”的大青山精神，增强全体职工的凝聚力、战斗力，促使中心经济繁荣，持续发展，职工生活富足，安居乐业，中心整体文明程度不断提高，在连续15年获广西文明单位基础上，荣获了“全国精神文明建设工作先进单位”、“全国林业系统先进单位”、“全国林业系统纪检监察工作先进单位”等光荣称号。

（热林中心）

林业大事记

1994年以来的广西林业大事记

【1994年广西林业大事记】

1月1日，《广西壮族自治区森林管理办法》开始施行。

1月15日，自治区人民政府办公厅以桂政办涵〔1994〕17号文批准广西林校为省（部）级重点中专学校。

1月17～19日，香港木业集团有限公司董事长陈德源一行17人到广西考察洽谈林产工业项目，刘万福厅长及曾广云总工、覃福副总工参加了洽谈。

2月1日，《广西主要树种苗木》修订后正式发布实施。

2月21日，厅发出《关于健全完善广西林业总公司问题的通知》（桂林办字〔1994〕55号），进一步明确了该公司的隶属、权限、职能及发展方向。

2月24日上午，广西绿委第十三次全体（扩大）会议在南宁召开。刘万福厅长参加了会议。

2月24日下午，广西森林放火指挥部第十六次成员（扩大）会议在南宁召开。刘万福厅长参加了会议并讲了话。

3月21～24日，广西林产工业工作会议在梧州召开。

4月7～9日，广西林业公安工作会议在高峰林场召开。

4月19～21日，林业部林业工作站管理总站在南宁市召开《全国林业站网讯》第二届年会。

4月24～25日，全国标准化林业站示范点建设工作会议在南宁召开。

4月26日至5月2日，广西永福、资源、容县、岑溪、苍梧五个林业站成为全国第一批“林业站建设合格县”。

4月28日至5月8日，广西林业安排64种林产品和部分工艺品参加在法国阿维尼举办的第72届国际农业博览会，其中桂林化工厂生产的聚合松香、梧州松脂厂生产的歧化松香和广西林业科学院生产的八角茴香精共3个产品荣获金奖。

5月3～9日，林业部造林灭荒检查组张佩昌助理巡视员一行4人到广西检查造林灭荒等情况。

5月16～22日，中国林业报在桂林举办新闻培训班。

5月23日，自治区人民政府批复重建广西松香交易市场。

5月23～26日，澳大利亚北方森林产品公司业务发展战略部经理伊恩·怀特来广西访问。

6月1日，广西林业标准化技术委员会第一届二次会议在南宁召开。

6月2日，由广西林业厅出版的《广西林业成人教育发展规划研究》一书荣获中国林业成人教育第二届科研成果和优秀论文二等奖。

6月13～22日，国家科委郭建平、于双民二同志到广西检查以松脂为原料的工业项目。

8月22日，自治区人大法制委和林业厅在南宁联合举办“广西陆生野生动物保护管理规定”新闻发布会。

9月20～26日，泰国林业部部长彭良义先生率领泰国皇家林业考察团到广西高峰、七坡林场及北海市考察。

10月20至11月22日，林业部检查验收工作组到广西检查验收造林灭荒工作。

10月24日，林业部批复广西的苍梧为林业部第一批“全国科技兴林示范县”、派阳山林场为林业部第一批“全国科技兴林示范林场”。

10月10日，《广西林业技术推广目标管理实施办法》正式颁布实施。

11月1～3日，中国林学会城市林业研究会成立大会暨第二届全国城市林业学术研讨会在桂林召开。中旬，第十二届全国桉树学术会议在新落成的广西林业大厦召开。

11月15～21日，中国林业报副总编李树明和新疆林业厅党委书记、副厅长赵先寿到广西考察国有林场，纪检组长凌纯阶同志陪同。

11月26～28日，全国专业森林消防队伍建设现场会在广西的永福、兴安召开。

11月28日，国家开发投资公司林业森工 部处长王海阳等四人到广西检查清理原国家林业投资公司1989年以来在广西林业部门贷款、联营搞开发性建设项目的债券债务工作。

11月29日，广西林业系统纠正行业不正之风工作座谈会在梧州召开。

12月7～10日，林业厅党组在广西林业职工培训基地举办林业系统处级领导干部党建培训班。

12月9日，林业部作出表彰全国林业宣传工作先进县和先进工作者的决定。广西永福、昭平、天峨、融水县及凌纯阶、杨钦武、谢近国和黄朝才同志名列其中。

12月10日，广西林业职工培训基地正式开业。

12月16～18日，南方八省(区)林业厅局长协作会在南宁召开。

12月19～26日，南方八省(区)林业厅局长协作会议代表一行24人，在张锁副厅长的陪同下考察广西林业厅。

12月20～25日，全国林业厅局长会议在安徽合肥召开。刘万福厅长和厅计划基础处郭志坚处长及厅办公室黄周玲副主任参加了会议。

12月31日，纪检组以桂林党组字〔1994〕46号《关于进一步搞好纪检监察机构设置和合署办公问题的通知》下发厅直各单位，要求认真执行。

【1995年广西林业大事记】

1月13～15日，林业厅在南宁召开广西贷款林业项目工作会议。

1月25日，广西营林开发中心正式成立。

2月12日，林业厅在玉林市召开广西林业产业结构调整会。

2月22～24日，中国农林工会二届二次会议在北京召开，广西林业工会副主席赵权普杯选为中国农业工会全国委员会委员。

3月14～24日，林业部科技委员会副主任吴博一行六人，由区林业局纪检组组长凌纯阶陪同，先后到河池、百色、柳州和桂林地区考察扶贫工作。

3月22～24日，广西林业工作会议在桂林龙泉林场召开。

4月12～14日，广西林业站建设合格县工作座谈会在永福县召开。

4月15～22日，林业部林业工作总站张泽洲副总站长、许绠副处长到广西检查指导林业站建设工作。

5月7～8日，国家科委在广西林业大厦召开生物多样性专家工作组会议。

5月14～18日，全国林业公安装备工作现场会议在桂林召开。

5月30日，林业厅被区保密局授予“二五”普法保密法规优秀单位称号。

6月7日，广西造林灭荒工作表彰会在南宁召开。

6月27至7月3日，林业部林政资源司杨跃先巡视员和苏春雨处长、张松丹副处长到桂林参加全国林业采伐管理研讨班。

7月2～4日，林业部在北京召开全国林业宣传工作会议。

7月5～14日，中国农业工会《农林工人》副总编卞元荣、高级工程师张秉铎同志到广西检查职工自营经济开展情况。

8月8～11日，中国科学院在广西林业大厦召开《第二届国际灵长类动物学术研讨会》。

8月20～22日，林业部在昆明市召开林业报刊宣传和发行工作会议，广西林业厅被评为1995年省级发行先进单位。

9月5～9日，中国农林工会主席李茂、农业处处长丁哲道视察广西林业造纸厂、高峰林场、良凤江国家森林公园。

9月6～9日，美国农业部林水局《森林保健》代表团由中国林科院吴坚副所长、广西林业厅森防站黄金义站长陪同考察了桂林市白僵菌防治松毛虫现场、武鸣轻型飞机试验，参观了高峰林场白僵菌场及林地，在七坡林场就轻型飞机的配套设备研制进行了座谈。

10月21～25日，林业部防火办原副主任、顾问周尔正来广西考察专业森林消防队及生产基地。

10月23～25日，在北京召开的全国林业部成人教育学会第二届表彰大会上，广西林业成人教育荣获先进团体委员奖励。

10月25～30日，全国山区林业综合开发暨扶贫开发现场经验交流会在广西南宁、桂林召开。

11月1～5日，林业部第三届科技进步奖评审会在南宁召开。

11月14～17日，林业部在广西桂林市召开全国实施产学研结合发展松香生产工作会议。

11月24日，中央国务院纠风办治理公路“三乱”检查组在邕州饭店召开有关厅局座谈会。

12月16～20日，林业部在南宁召开全国资源林政管理工作会议。

12月19日，中越林业合作工作组在广西南宁召开了关于整治边境地区野生动物非法贸易专题协商会议。

【1996年广西林业大事记】

1月15日，广西农村能源综合建设基础领导小组工作会议在南宁召开。

1月22日，林业部科技兴林示范区办公室第二次会议在南宁召开。

2月6日，广西绿委会、林业厅、人事厅向全国绿委会林业部人事部推荐广西的北流市等9个单位为全国绿化先进单位。

3月22日，区人民政府批转区林业厅关于“九五”期间在广西开展100个生态村项目建设的请示。

3月下旬，广西农村省柴科技推广、全国农村能源综合建设县广西项目、水稻沼液浸种技术推广等三个基础上通过了区内外有关技术专家的鉴定。农村省柴节煤项目居全国领先水平。

3月16～19日，林业部第四次扶贫工作会议在河池市召开。

4月21～23日，第八次广西林业科技进步奖评审会在南宁召开。

4月26日，广西的兴安、桂平、南丹、富川四县被列为“九五”全国农村能源建设百县之列。

5月8日，林业厅与林业部中南监测中心联文上报《关于呈报〈广西壮族自治区森林资源连续清查第五次复查成果〉的报告》。

5月16～17日，世界自然保护联盟维护物种生存委员会K希尔博士等一行6人到广西考察劣铁分布情况。

5月下旬，在北京召开的全国农村能源综合建设县工作会议上，广西有1个先进集体和14名先进工作者受到表彰。

6月11～12日，“广西珠江流域防护林体系工程建设”工作会议在桂林市召开。

7月11～13日，广西农村能源工作会议在恭城县召开。

7月15～16日，广西林业“九五”科研、推广项目审定会在南宁召开。

9月9日，在南宁召开自治区绿化委员会第十六次全体扩大会议。

10月7～12日，西南六省(区、市)森防联防会议在南宁召开。

11月6至12月1日，受林业部派遣，林业厅项目办副主任何三中及河南省林业厅有关人员共6人赴德国考察林业生产情况。

11月17～21日，中央电视台、中央人民广播电视台、新华社等新闻单位对广西野生动物保护执法情况进行报导。

11月23日，林业部、国内贸易部在广西桂林市召开全国木材交易会，林业部和国内贸易部领导、全国各主要林业省区的领导及全国各地木材经营厂商参加了会议。

1996年，由广西林业勘测设计院承担的多项科研成果分别获全国和区级科技成果奖。

【1997年广西林业大事记】

1月6日，自治区人民政府在南宁召开广西1997年实现造林绿化达标县工作会议。有关地、市分管林业的副专员、副市长和林业局长，24个未达标县的书记或县长和分管林业的副县长，以及林业局长100多人参加了会议。会议针对24个尚未绿化达标县的实际情况，要求认清形势，统一思想，明确任务，强化措施，克服困难，确保当年广西绿化达标奋斗目标的实现。

1月7～10日，林业厅在南宁召开学习贯彻党的十四届六中全会精神暨地市林业局长会议。厅机关和在邕厅直林业单位副处以上领导干部参加了会议。彭祖意厅长作《全面贯彻落实党的十四届六中全会精神，促进广西林业行业两个文明建设协调、健康、持续发展》的报告，张锁副厅长作总结讲话。

1月28日，自治区李振潜副主席在区党委组织部领导和区林业厅张锁副厅长的陪同下到区林业设计院，代表区党委、区人民政府慰问优秀专家。

2月18日，自治区森林防火指挥部召开第二十次成员扩大会议。会议总结了1996年森林防火工作，布置了1997年森林防火工作任务。副指挥长、区人民政府副秘书长韦肇晋在会上讲了话。指挥部全体成员，区林业厅有关处室负责同志参加了会议。

2月21日，广西珠江流域防护林工程“九五”实施方案评审论证会在南宁召开。区人民政府副秘书长韦肇晋到会并作重要讲话；林业部造林经营司造林处黄正秋副处长应邀到会指导。区直各有关厅局和有关方面的领导、专家30多人参加会议。

2月23～26日，广西林业工作会议在南宁召开。

3月27日至4月3日，林业部祝光耀副部长一行5人到广西百色、南宁等地进行项目考察。

4月，自治区任命林业厅新的领导班子。管炳六出任厅党组书记、厅长。

5月，管炳六厅长到区林工商公司检查指导工作。

5月26日至6月24日，区绿委办和区林业厅组织58名专业技术人员对广西24个县市进行绿化检查验收。至此，广西93个县市区提前3年实现绿化目标。

6月10～14日，中国林业体协在广西大学林学院举行全国林业系统第五届“产业杯”乒乓球赛。广西林业体协队获男女团体第一名。男子单打第一，女子单打第二名。

6月11～13日，广西海防林和治沙工作会议在钦州召开。

6月17日，根据全国绿委部和林业部的通知精神，“世界防治荒漠化和干旱日”宣传和广西境内签名活动的首签仪式在南宁举行。

7月7日，广西高峰林场被林业部评为全国国有林场“十大标兵”；广西壮族自治区林业厅林化产品运输证发放管理办公室成立。

7月25日，自治区第八届人民代表大会常务委员会第二十九次会议通过并发布实施《广西壮族自治区木材运输管理条例》。

8月15日，自治区人民政府印发《关于坚决制止乱侵滥占林地的通知》。

8月19～21日，广西国有场圃和种苗工作会议在柳州市三门江林场召开。

9月15日，自治区森林防火指挥部召开第二十一次成员扩大会议。

10月6～7日，广西森林病虫害防治工作会议在南宁召开。

10月17～25日，国家政协副主席何鲁丽为团长的全国政协森林防火考察团13人到广西考察森林防火工作。

11月3～5日，全国林业分类经营学术研讨会在南宁召开。

11月3～8日，在桂林市龙泉林场召开了中国林学会林木遗传育种分会第四次全国代表大会。参加会议的有全国各省、自治区、直辖市的专家、学者共130人。

【1998年广西林业大事记】

1月10～15日，林业部副部长李育才率团先后到桂林、龙胜、柳州、融水、防城、东兰、河池、罗城、南宁等地了解广西林业生产建设及扶贫情况。

2月25～26日，国家“九五”能源综合建设县广西项目工作会议在全州召开。

3月5日，广西木材检查站标准化建设会议在梧州召开。

3月19～20日，广西国有林场工作会议在南宁召开。

4月6日，自治区人民政府在南宁召开了“广西能源生态农业152示范项目可行性报告”评审会，农业部路明副部长、袁晓东副司长等领导和专家等60多人参加了评审会，该项目通过了评审。

4月12日，自治区政府副主席张文学视察了良凤江国家森林公园。

4月17～19日，世界能源理事会地方事务官员维拉戎，到桂林阳朔等县考察农村能源发展与利用情况。

6月10～11日，广西林业站工作会议在罗城仫佬自治县召开。

6月23日，自治区绿化委员会、林业厅、交通厅、水利厅、柳州铁路局联合下发了《关于在全区范围内大力开展绿色通道工程建设的通知》，拉开了广西绿色通道工程建设的序幕。

7月2日，美国总统克林顿在自治区政府李兆焯主席陪同下，浏览了漓江，在兴坪参观了农户沼气设施，说：“在农村发展沼气非常好”。

7月5～9日，国家林业局森林防火专业业务建设检查组到广西检查。

8月，自治区人民政府下发了《自治区人民政府关于印发广西生态农业“152示范工程”实施方案的通知》(桂政发[1998]39号)，在广西范围内实施“152工程”项目。

9月10日，自治区人民政府召开广西抗旱和森林防火工作会议。

10月8日，广西地市林业局局长和区直林场场长会议在南宁召开。

10月13日，自治区森林防火指挥部开展了广西森林消防队伍检查验收活动。

11月13日，自治区林业局、公安厅、高级法院、高级检察院、监察厅在南宁联合召开了广西严厉打击破坏森林资源违法犯罪活动专项斗争会议。

11月28日，国家林业局广西濒危珍稀植物保护中心暨广西珍稀植物园项目在南宁市通过评审。

12月4日，自治区人民政府发出明传电报《自治区人民政府关于进一步加强森林防火和消防工作的紧急通知》，强调加强森林野外火源监督管理。

12月23～28日，全国严厉打击破坏森林资源违法犯罪专项斗争检查组到广西南宁地区、百色地区、百色市、桂林市、兴安县、阳朔县进行了检查。

【1999年广西林业大事记】

1月5日，广西绿色工程启动现场会在防城港市召开。

1月11～12日，自治区人民政府在南宁召开广西实施绿色工程动员暨林业工作会议。

1月28日，自治区林业局副局长张锁到北京出席全国森林防火办公室主任会议，广西荣获全国森林消防专业队伍建设一等奖。

2月1日，广西林木良种新闻发布会在南宁召开。

2月3～4日，区直国有林场场长会议在东门林场召开。

3月2日，自治区森林防火指挥部第23次成员扩大会议在南宁召开。

3月9～10日，自治区林业局机关干部及直属单位领导干部大会在南宁召开。

3月份，对广西国有林场进行林场领导任期目标责任状检查评比，共评出高峰林场等9个国有为1998年度双文明建设单位。

4月14日，钦防林业行动计划综合报告讨论会在防城港市召开。

4月21日，中澳技术合作东门造林项目完成十周年座谈会在东门林场召开。

4月27～28日，广西森林病虫害防治工作座谈会在南宁召开。

5月6～7日，自治区林业局和自治区财政厅联合在南宁召开世界银行贷款“贫困地区林业发展项目”广西实施启动会。

5月11～12日，自治区绿化委员会在南宁召开广西绿色工程领导小组(指挥部)办公室负责人会议。

6月13日，广西地市及重点县森林防火办公室主任会议在南宁召开，讨论修改《广西森林防火目标管理奖惩办法》。

6月25日，广西林业重点生态工程区森林资源清查和编制“十五”森林采伐限额工作会议在南宁召开。

7月5日至11月19日，自治区林业局开展处级“三讲”教育活动。

7月18～19日，自治区林业局直属企业上半年经济运行分析会在南宁召开。

7月29日，自治区林业局机关党委召开纪念中国共产党成立78年座谈会。

8月6～7日，广西封山育林现场经验交流会在田阳县和马山县召开。

9月2～5日，广西地市森林病虫防治站站长会议在桂林召开。

9月16日下午，自治区森林防火指挥部第24次成员扩大会议在南宁召开。

9月22日，广西林木良种推广暨种子调剂会在南宁召开。

10月13～15日，“九五”全国农村能源综合建设县项目南方区域检验交流会在广西桂林市召开。

10月26日，广西林学会第六次委员代表大会在南宁召开。

11月3日上午，广西首届秋季航空护林协调会在柳州召开。

11月4～9日，美国德州林务局Brad Barder应邀到广西考察林业。

12月7～8日，广西林业宣传工作会议在南宁召开。

12月24～25日，广西森林资源调查工作汇报暨“十五”编限工作会议在桂林召开。

【2000年广西林业大事记】

1月23日，国家林业局李育才副局长一行五人抵达桂林，对国家林业局设在广西的有关扶贫联系点进行了工作检查及慰问。李副局长做了重要讲话。

2月16日，广西绿色工程建设现场会议在防城港市召开。各地区行署、地级市人民政府分管林业工作的副市长，各地市林业局局长，桂海高速公路途经的县(区)分管领导和林业局局长，区交通厅、柳州铁路局、广西地方铁路有限公司的有关领导等参加了会议。自治区党委副书记陆兵在会上作了重要讲话，并安排部署2000年工作。

2月29日，自治区党政军领导曹伯纯、李兆焯、赵富林、陈辉光、周遇奇和即将赴京出席全国人大、政协两会的代表、委员、自治区直属机关干部、南宁市群众等2100多人，到桂海高速公路旁邕宁县长塘镇参加义务植树造林。

3月29日，自治区森林防火指挥部第25次成员扩大会议在南宁召开。会议审议通过了1999年森林防火目标管理奖惩的决定，区森林防火指挥部常务副指挥长、自治区林业局局长管炳六讲话，区森林防火指挥部副指挥长兼办公室主任、自治区林业局副局长罗永魁作工作报告。

4月12～14日，全国林木种苗工作会议在南宁召开。来自全国各省、自治区、直辖市林业(农业)厅(局)主管种苗工作的厅(局)长和林木种苗站站长共70多人参加了会议。会议贯彻落实全国林业厅(局)长会议精神，总结我国20年来种苗工作成绩和经验，分析形势，明确今后一个时期我国种苗工作的基本思路、工作重点及主要任务，提出了加强种苗工作的对策和措施。国家林业局副局长李育才在会上作了题为《培育适地适树优质种苗，为实现祖国大地山川秀美做贡献》的讲话。区政府副秘书长韦肇晋和区林业局局长管炳六出席了会议并讲了话。

4月12日下午，国家林业局李育才副局长在区林业局管炳六局长的陪同下，视察了国有高峰林场中纤板厂。

4月20日，区党委组织部副部长张延吉在区林业局三楼会议室召开的全局机关干部大会上，宣布了区党委关于免去管炳六同志区林业局党组书记、局长职务，区党委另有任用；任命黎梅松同志为区林业局党组副书记、主持区林业局全面工作的任命，管炳六同志和黎梅松同志分别讲话。

5月12日区党委任命黎梅松同志为区林业局党组书记。

6月1日区政府任命黎梅松同志为区林业局局长。

6月16～23日澳大利亚昆士兰州林业厅厅长贝克先生、西姆森先生和拉斯特先生在广西南宁、北海、柳州、桂林等地考察杂交松引种栽培情况，寻求与广西合作开发杂交松的途径和方法。黎梅松局长和张锁副局长会见了澳大利亚客人。

7月8～16日，中国工程院院士李文华率由生态、环境、林业等方面的专家和新华社、中央电视台、中央人民广播电台、人民日报、中国绿色时报等单位的记者共14人组成“西部大开发，建设绿色家园”考察组，对广西生态环境建设进行了为期9天的考察。考察组在南宁召开了专家座谈会，考察了平果县、田阳县的退耕还林，北海市的沿海防护林、治沙等，金秀瑶族自治县天然林保护。自治区林业局党组书记、局长黎梅松向考察组介绍了广西生态环境建设的情况。自治区林业局廖培来、裴安道副局长，自治区人大环境资委副主任委员赵楚瑜，自治区政协经科委邹虎林副主任等参加了汇报、座谈及陪同考察。

8月18～22日，全国政协人口资源环境委员会副主任、国家林业局党组成员、中国林科院院长江泽慧考察了广西林业的发展情况，对热带林业实验中心进行了调研。

8月22日，国家林业局党组成员、中国林科院院长江泽慧与自治区领导在南宁签署了“中国林业科学研究院与广西壮族自治区人民政府科技合作协议书”，合作的内容主要是生态环境和林业产业建设，包括珠江防护林体系、沿海防护林体系、防治石漠化、林产化工、制浆造纸、人造板、竹藤与花卉产业等。

9月27～28日，广西林业分类经营工作会议在南宁召开。各地、市、县(区)林业局局长，区直国有林场场长，自治区林业局机关全体干部、二层站主要领导以及区直林业有关单位共190人参加了会议。自治区领导到会作了重要讲话，自治区人民政府副秘书长韦肇晋作了题为《实施林业分类经营，促进生态环境建设和林业产业发展》的讲话，自治区林业局局长黎梅松作了题为《抓住机遇，加快发展，再谱广西林业新篇章》的工作报告，自治区林业局副局长廖培来主持会议。自治区人大环境资委饶栋贤主任,自治区政协经科委邹虎林副主任,国家开行南宁分行刘振喜副行长以及自治区计委、财政厅、农业厅、水利厅、交通厅、环保局、中国农行南宁分行等有关领导参加会议。会议讨论了广西壮族自治区林业分类经营方案实施意见、关于外商投资造林管理办法、关于加快速生丰产林发展的意见、关于加快岩溶地区石漠化治理的意见等。

11月3～12日,全国政协副主席、"关注森林"组委会主任赵南起率调研组,对广西的生态建设进行了专题调研。自治区党委曹伯纯书记、自治区政协陈辉光主席会见了调研组成员,自治区政协陈雷卿、梁裕宁副主席陪同考察调研,自治区林业局黎梅松局长全程陪同。调研组对桂林漓江生态建设、桂柳高速公路绿化、龙滩电站库区、红水河流域生态环境、百色澄碧河水库湿地、农村沼气、合浦山口红树林湿地和西津电站库区等进行了考察。

【2001年广西林业大事记】

1月3日,上报广西2000年森林病虫害防治工作总结的报告。

1月8日,广西林业局关于召开广西造林绿化工作会议的通知。

1月17日,上报广西2000年造林营林工作总结的函。

1月18日,上报《2001年进一步加强全区沼气池建设的实施方案》的请示。

1月22日,2001年广西农村能源工作意见。

2月6日,广西林业局关于机构改革的情况汇报。

2月25日,召开广西石漠化治理试点工作会议的请示。

3月7日,广西森工系统第六次更新造林普查情况汇报。

4月13日,报送广西"十五"生态环境建设规划的函。

5月9日,关于召开地市林业局局长会议的通知。

5月21日,关于报送广西国有林场调查报告的函。

5月21日,关于请求审批《广西壮族自治区2001年退耕还林还草试点工作实施方案》的请示。

6月4日,关于印发《广西壮族自治区县级退耕还林还草试点工程实施方案编制原则规定》(试行)的通知。

6月18日,广西林业局研究关于近期召开广西林政工作会议。

6月28日,印发《自治区林业局调查研究工作制度》的通知。

6月28日,印发《广西生态农业"152示范工程"》生态村项目验收颁奖的通知。

6月30日,关于开展"森防管理质量年活动的通知"。

7月20日,关于报送广西贫困林场脱贫工作总结的函。

7月23日,关于对组建广西造纸集团公司意见的函。

8月6日,广西林业局研究速生丰产林会议。

8月7日,关于成立广西林产工业企业现状调查领导小组的通知。

8月31日,关于报送《广西沿海防护林体系建设二期工程规划》的请示。

9月7日,关于报送《2001～2010年广西造林绿化规划纲要》的请示。

9月11日,广西林业局研究关于广西森林旅游及森林利用经营管理、规划人员赴美国考察的问题。

9月19日,2001年广西林业工作总体形势分析。

10月10日,关于下达2001年营造林生产计划的通知。

10月12日,自治区林业局关于印发《广西林业科技"十五"计划》的通知。

10月29日,关于印发《广西壮族自治区林业局科学技术管理办法》的通知。

11月12日,黎梅松局长传达林业局向自治区领导汇报2001年工作和2002年工作打算。

11月28日,广西林业局研究1998～2000年《责任状》考核初评结果。

12月28日,关于印发黎梅松局长在广西林业局查处破坏森林资源案件会议上讲话的通知。

12月31日,关于上报广西2001年国家级松毛虫工程治理项目工作总结的函。

【2002年广西林业大事记】

1月5日,自治区林业局印发《开展查处破坏森林资源案件紧急行动方案》。

1月22日,党组推荐种子站莫钊志、林科院王以红为广西“新世纪十百千人才工程”人选。

2月1日，广西壮族自治区林业局2001年林业法制工作总结及2002年工作计划。

2月1日，广西林业成人中专学校并入广西林业学校。

2月21日，召开自治区绿化委员会第十六届全体(扩大)会议的通知。

3月，召开广西国有林场发展速丰林现场会。

4月9日，关于元宝山自然保护区申报国家级自然保护区意见的函。

4月15日，对林木采伐许可证和木材运输证签发管理情况进行检查。

5月14日，成立广西壮族自治区花卉管理办公室。

5月28日，关于广西大明山自然保护区旅游开发情况说明。

5月28日，关于广西猫儿山自然保护区旅游开发情况说明。

5月28日，区林业局同意成立六万林场驻北京八角销售部。

6月，广西森林防火指挥中心成立。

7月1日，做好《中国林业年鉴》(2000年)发行工作。

7月8日，印发《广西壮族自治区林业局关于进一步精简会议和文件的意见》。

7月8日，印发《广西壮族自治区〈林木种子生产经营许可证〉核发管理暂行办法》。

7月16日，广西区森林公安局计算机和网络系统现状的报告。

7月29日，印发广西第一批林木良种的公告。

8月26日，关于广西壮族自治区南宁良凤江国家森林公园滥伐林木案查处情况的报告。

8月29日，印发《中共广西壮族自治区林业局党组关于进一步加强作风建设的意见和通知》。

9月28日，将百色地区隆林、凌云、乐业、德保4个县列入石漠化治理试点县。

9月30日，自治区林业局2000～2001年度思想政治工作先进单位和先进个人的报告。

10月18日，印发《广西农村户用沼气池建设检查验收》。

10月18日，组织参加2002年广西投资贸易洽谈会。

10月，成立高峰林浆纸业(集团)有限责任公司。

12月2日，关于同意设立西大林业监理有限公司的批复。

12月11日，成立广西林业信息协会。

12月11日，召开广西林业工作会议暨广西林业产业协会成立大会。

12月20日，关于印发广西壮族自治区市(地)森林防火办公室工作考核暂行办法的通知。

11月21日，印发《2002年林业、森工统计年报和2003年定期统计报表制度》。

12月，成立广西壮族自治区退耕还林工程管理办公室。

12月，广西壮族自治区农村能源办公室由事业单位转为行政单位。

【2003年广西林业大事记】

1月2日，关于召开广西市地林业局长工作会议的通知。

1月2日，关于召开绿色工程示范林造林项目工作会议的通知。

1月3日，关于进一步加强低产用材林更新改造管理工作的通知。

1月5日，关于广西2002年森林病虫害防治工作总结的报告。

1月5日，关于广西2002年度森林病虫害防治目标管理工作自查情况的报告。

1月8日，关于报送《广西绿色工程建设实施方案》(修改稿)的函。

1月15日，关于启用新版《植物检疫证书》的通知。

1月19日，关于报送广西2002年度营林工作总结和2003年度营林工作计划。

2月8日，关于广西退耕还林工作情况的报告。

2月26日，关于召开广西花卉产业工作会议的请示。

2月27日，关于召开八角低产林综合改造成果鉴定会的通知。

3月4日，关于请求审批《广西壮族自治区花卉产业发展规划》(2003～2020)的请示。

3月7日，关于举办各市县林业局长岗位培训班的通知。

3月10日，关于印发《2003年广西农村生态能源工作意见》通知。

3月14日，关于退耕还林政策措施执行情况的报告。

3月18日，关于举办国有林场厂长岗位培训班的通知。

3月25日,关于出台加快广西生态家园建设决定的请示。

4月14日,区林业局黎梅松局长与澳大利亚科工组织签订技术合作备忘录。

4月18日,关于召开湿地松松脂的化学组成成果鉴定会的通知。

5月8日,局机关党委印发自治区林业局关于在广西林业系统开展解放思想再讨论活动实施方案的通知。

5月12日,关于召开区直国有林场工作会议的通知。

5月19日,关于请求下达东巴凤基础设施大会战沼气池建设计划的函。

5月23日,关于请求成立广西壮族自治区山林纠纷调处办公室的请示。

5月30日,关于印发《广西壮族自治区森林生态效益补助资金试点范围调整办法》的通知。

6月6日,关于报送第三批全国林业标准化示范区的报告。

6月11日,关于2001年度珠防林、海防林工程项目核查结果的通报。

6月11日,关于邀请参加广西森林生态旅游推介会议的函。

6月17日,关于召开自治区林业局对外开放工作会议的通知。

6月24日,关于召开绿色工程建设工作会议的通知。

6月27日,关于成立对外开放工作领导小组的通知。

6月30日,关于申报国家林业局2003年林业重点工程科技支撑项目的请示。

7月14日,关于召开广西森林病虫害防治工作会议的通知。

7月14日,关于做好经济林丰产栽培和低产林改造示范点建设的通知。

7月14日,关于召开自治区林业局学习贯彻《中共中央国务院关于加快林业发展的决定》动员大会的通知。

7月17日,广西壮族自治区林业局关于深入学习贯彻《中共中央国务院关于加快林业发展的决定》的通知。

7月24日,关于将九万山自然保护区列为国家级自然保护区的批复。

8月1日,关于召开广西林业人力资源整体开发研究成果鉴定会的通知。

8月5日,关于召开《加快沿海地区林浆纸业发展的决定》征求意见会的通知。

9月2日,关于《森林、林木和林地使用权流转条例》的修改意见的函。

9月19日,关于上报广西林业招商引资项目的通知。

9月28日,关于参加2003年广西投资洽谈会加强林业招商引资工作的通知。

9月30,关于召开广西市地林业局长工作会议的通知。

10月8日,关于征求广西花卉产业发展规划意见的函。

10月9日,关于对2000～2001年度种苗工程项目进行阶段验收和对2002年度农村小型公益设施建设项目进行验收。

10月14日,关于广西非公有制林业产业发展情况的汇报。

10月15日,广西开展林木种苗行政执法自查情况报告。

10月16日,关于报送全国防沙治沙综合示范区的请示。

10月20日,关于申请出口实验动物及其产品的函。

10月27日,办公室《广西林业信息化建设十年规划》编写工作方案。

10月28日,关于召开广西林业宣传和信息建设工作会议的通知。

11月11日,广西林业局关于贯彻落实全国森林资源林政管理工作会议精神情况的函。

11月11日,关于接待国家林业局“中国名优经济林之乡”、“中国花木之乡”检查工作组的通知。

11月12日,关于召开广西退耕还林林权登记发证工作会议的通知。

11月14日,关于印发《广西壮族自治区退耕还林工程作业设计实施细则》(修订版二)的通知。

11月17日,关于召开广西重点防护林工作会议暨举办工程建设培训班的通知。

11月17日,关于报送许可证沼气池建设扶持贫困村规划的函。

11月24日,关于印发广西森林采伐管理改革试点工作方案的通知。

12月2日，关于上报世界银行贷款广西珠江流域经济区林业综合发展项目的请示。

12月3日，关于召开广西森林动感世界总体规划评审会的通知。

12月3日，关于上报广西退耕还林工程生态林复合模式示范应用建设项目的请示。

12月9日，关于重新上报《自治区党委自治区人民政府关于实现林业跨越式发展的决定》(送审搞)的请示。

12月12日，关于进一步简化和规范建设工程占用征用林地审核审批程序的通知。

12月31日，关于广西各地贯彻落实自治区人民政府“12·22”森林防火紧急电视电话会议精神的情况汇报。

12月31日，关于下发《广西壮族自治区重点森林火险区森林火灾扑救出预案》的通知。

(广西师范学院法商学院　纪　明)

广西各市县林业

南宁市林业

【概　述】

南宁市林业局是南宁市人民政府主管林业的一个工作部门,1984年4月24日经南宁市委南发[1984]33号文批准成立,级别为正县(处)级,隶属南宁市农业委员会,办公地址位于南宁市民主路43号,主要职责为:认真落实《森林法》、《森林法实施细则》、《野生动物保护法》、《森林防火条例》等,协助县、郊区、督促、检查做好保护森林、发展林业工作,充分发挥森林的生态效益、经济效益和社会效益,到1998年基本绿化南宁市。1987年10月至1995年12月,南宁市林业局内设二室四科,即:办公室、营林科、林政科、林场管理科、林业公安科、护林防火指挥部办公室。核定编制23人,实有23人。

1996年4月19日,南宁市委、市人民政府印发《关于南宁市党政机关机构改革方案的实施意见》,保留南宁市林业局,撤销南宁市农业委员会,南宁市林业局不再隶属南宁市农业委员会,办公地址仍在南宁市民主路43号。同年,南宁市人民政府批准了《南宁市林业局职能配置、内设机构和人员编制方案》,《方案》明确了南宁市林业局仍是南宁市人民政府主管全市林业行政的职能部门,主要职责有所转变。即要加强林业行政执法、林业行业管理和林业生态环境建设管理职能,弱化除国家规定的计划管理外的计划职能。内设8个职能科室:办公室、党委办公室、纪检监察室、林政资源科、营林林场科、林业产业科、林业公安科、护林防火指挥部办公室。核定编制30人,实有22人。

2001年根据《中共南宁市委、南宁市人民政府关于〈南宁市党政机构改革方案的实施意见〉》,保留南宁市林业局,市林业局是主管全市林业工作的市人民政府工作部门。2001年11月30日南宁市人民政府下发《南宁市人民政府办公厅关于印发南宁市林业局职能配置内设机构和人员编制规定的通知》和《南宁市人民政府办公厅关于印发南宁市森林防火指挥部办公室职能配置和人员编制规定的通知》,对南宁市林业局的职能进行了调整。划入的职能有:原市水利电力局承担的在宜林地区以植树、种草等生物措施防治水土流失的职能、原市国有资产管理局承担的国有森林资源资产化管理职能及自治区林业局下放的职能。取消的职能:指导林业企业生产经营、协调林业企业(集团)与有关部门之间的关系以及出现的重大问题、配合有关部门做好全市农业综合开发和扶贫等组织指导工作。转变的职能:对木材生产、木材加工综合利用、林产化工、木浆造纸、森林旅游等林业产业的直接管理转为行业管理。下放的职能:林地征、占用的实地勘测、定级、评估交给林业事业单位承担;森林资源清查和林业专业调查、规划、设计交给林业事业单位承担;林区公路的规划、建设管理,交给林业事业单位承担。南宁市林业局内设5个职能科、室,即办公室、营林科、林政资源管理科、森林利用管理科、森林公安科,南宁市森林防火指挥部办公室也设在南宁市林业局。核定编制28人。2002年5月,经南宁市编制委员会办公室批准,在南宁市林业局加挂南宁市生态文明村建设领导小组办公室。2002年2月起,南宁市林业局办公地址迁到南宁市长塘路。

南宁市森林资源以1999年二类调查结果和2001年林业分类经营区划结果统计:全市林业用地面积931856.2公顷,有林地面积642023.0公顷,森林覆盖率39.47%,森林蓄积量18578597立方米。

(南宁市林业局)

【林业机构设置】

南宁市的林业机构设置主要包括行政机构、直属事业单位、直属林业企业。

一、南宁市林业行政机构

南宁市林业局内设办公室、林政资源管理科、营林科、森林利用科4个科室,1个森林公安分局,2个议事协调机构南宁市森林防火指挥部办公室和南宁市人民政府山林权属纠纷调解处理办公室,同时,南宁市生态文明村建设领导小组办公室在市林业局挂牌。作为南宁市主管林业的市政府工作部门,南宁市林业局的主要职责是:贯彻执行国家森林生态环境建设、森林资源保护和国土绿化等林业工作方针、政策,组织指导全市植树造林、飞播造林和封山育林、森林经营和林业基地建设,会同有关部门管理农村能源发展和生态文明村建设工作,负责和指导全市建设和管理森林和野生动植物类型自然保护区,负责和指导全市森林公安、森林防火和山林纠纷调处工作,负责木材、竹类、林产品加工及综合利用的行业管理。南宁市下辖七县五城区,即邕宁县、武鸣县、横县、宾阳县、隆安县、上林县、马山县和新城区、永新区、江南区、城北区和兴宁区,各县设林业局,各城区设农林水利局。

二、南宁市林业直属事业单位

南宁市林业局直属事业单位共12个,包括南宁市林业技术推广站、南宁市林业中心苗圃、南宁市造林管理站、南宁市林政稽查大队、南宁市农村能源工作站(与南宁市生态文明村建设工作站一套人马、两块牌子)、南宁市石门森林公园、南宁市森林病虫害防治站(与南宁市森林植物检疫站一套人马、两块牌子)、南宁市林业局种苗站、大明山国家级自然保护区管理处、南宁市林业科学研究所、南宁木材检查站和国有丁当林场。

三、南宁市直属林业企业

南宁市林业局现有下属企业1个,即南宁市林业局木材公司。公司成立于1987年,现有职工10人,主要经营范围:木制品的零售、批发、代购、代销等。

(南宁市林业局)

【林木种苗生产】

2002年全市共生产林业用苗1396万株,其中邕宁县717万株,武鸣县491万株,郊区188万株,南宁市林业中心苗圃98万株,南宁市造林站3万株,南宁市石门森林公园2万株。2003年上半年全市共生产林业用苗2232.4万株,其中邕宁县450万株,武鸣县129万株,马山县182.2万株,宾阳县335万株,横县390万株,隆安县36万株,上林县496万株,江南区101.2万株,城北区18万株,永新区5万株,南宁市林业局90万株。

(南宁市林业局)

【植树造林】

2000～2003年全市累计完成植树造林面积92.79万亩,其中速生丰产林造林面积43.58万亩、珠防林造林面积2.43万亩。其中:1.退耕还林工程。2002年开始实施退耕还林工程,全市2002年完成7万亩(其中退耕地还林完成3万亩,配套荒山荒地造林4万亩);2003年完成退耕还林27.5万亩(其中退耕地还林完成7万亩,配套荒山荒地造林完成20.5万亩)。2.速生丰产林工程。全市历年累计营造速生丰产林163万亩,其中短轮伐期工业原料林70.1万亩,占43%;竹子12.6万亩,占7.7%;其他80.3万亩,占49.3%。3.封山育林。2000～2003年全市封山育林累计新封面积1082370亩,封育年限均为5年。4.苗木基地建设。全市历年花卉苗木基地规划面积19834.92亩,实际建成面积12029.92亩,共38个基地,其中最早建成的是位于马山县白山镇的马山县县城苗圃,1979年建成,面积4亩。

(南宁市林业局)

【林业产业】

林业企业。至2003年底南宁市林产品加工企业共有2308家,从业人数11518人,生产总产值16.59亿元,上缴利税8518万元。

林业市场。南宁市目前共有木材专业市场6个,家具市场2个。木材专业市场有凤凰城木材市场、莫屋坡木材市场、高峰木材市场、万安木材市场、槎路(洁林)木材市场、大西南木材市场。以上6个木材专业市场主要以生产锯材为主,兼营建筑模板、原竹、顶木等林产品的批发、零售,市场内共有经营户1130家,2003年总产值26112万元,销售额26112万元,上缴利税1455.6万元,从业人数3972人。家具市场包括众乐家俬城和展览馆家具展销中心。这两个市场分别经营高中档精品家居家具、办公桌椅等,是广西区最大最专业的家具零售及批发市场,市场内年交易额达14000万元,上缴利税350万元,从业人数960人。

(南宁市林业局)

【木材生产】

1999年商品木材生产85000立方米；2000年商品木材生产75000立方米；2001年商品木材生产293758立方米；2002年商品木材生产252924立方米；2003年商品木材生产209000立方米。

（南宁市林业局）

【非公有制林业发展】

从2000年以来，南宁市林业局注重引导社会经济能人对速丰林的投入，每年都召开1～2次速生丰产林现场会和造林业主座谈会，宣传非公有制造林和速生丰产林造林的优惠政策，传授先进造林技术。非公有制林业发展势头越来越猛烈。2000年，南宁市非公有制造林达9.4万亩，占当年全市造林面积的63.73%；2001年非公有制造林达11.31万亩，占当年全市造林面积的68.26%；2002年非公有制造林达10.3万亩，占当年全市造林面积的60%；2003年非公有制造林达29.3万亩，占当年全市造林面积的86.75%，种植面积连片达100亩以上的造林大户就有116户。

（南宁市林业局）

【森林公园建设】

至2003年底，全市已建成或正在建设的森林公园有4个，包括南宁市石门森林公园、横县九龙瀑布群森林公园、横县宝华山旅游资源开发与自然生态环境保护、横县西津湖旅游资源开发与自然生态环境保护。

（南宁市林业局）

【森林病虫害防治】

南宁市现有森林病虫害测报点385个，测报人员276人。南宁市1999～2003年森林病虫害控制指标完成情况分别为：1999年：森林病虫害防治率80.6%，森林病虫害监测覆盖率81.5%；2000年：森林病虫害防治率83.65%，森林病虫害监测覆盖率81.36%；2001年：森林病虫害防治率99.5%，森林病虫害监测覆盖率91.5%；2002年：森林病虫害防治率99.8%，森林病虫害监测覆盖率91.9%；2003年：森林病虫害防治率99.5%，森林病虫害监测覆盖率91.5%。目前，南宁市发现外来林业有害生物种类4种，均为零星分布，具体地点是：南宁市区有4种，其中在市内公园有加拿利海枣13株发现锈色棕榈象危害，有一株发现褐纹甘蔗象；在市郊区的针葵、加拿利海枣树，10株树上发现水椰八角铁甲危害；在市房地产开发区移种的2株佛肚树有澳洲亚克象危害；隆安县城郊苗圃也发现2株大王椰树有锈色棕榈象危害。南宁市各级森防检疫站已采取强化措施，防止了外来危险性病虫的侵入和扩散。

（南宁市林业局）

【自然保护区建设】

南宁市已建和正在规划设计的自然保护区有5个，分别为广西大明山国家级自然保护区、广西隆安龙虎山自然保护区、广西上林县龙山自然保护区、武鸣三十六弄和陇均蚬木自然保护区，经营面积共388176.0公顷。其中广西大明山国家级自然保护区经营面积16994公顷，主要保护对象是保护南亚热带天然常绿阔叶林及其生态系统和珍稀濒危野生动植物物种。目前保护区已具有较完善的行、游、住、食、娱、购等旅游配套服务设施。隆安龙虎山自然保护区经营面积2100公顷，主要保护对象是保护以岩溶地区的珍贵药用植物和自然景观，是自治区级森林和野生动物类型综合性自然保护区。目前保护区已具有较完善的行、游、住、食、娱、购等旅游配套服务设施。广西上林县龙山自然保护区总面积10749公顷，主要保护对象是保护南亚热带天然常绿阔叶林及其生态系统和珍稀濒危野生动植物物种。保护经费来源于上林县财政局。保护区正规划入自治区级自然保护区。武鸣三十六弄和陇均蚬木自然保护区总面积7333公顷，主要保护对象是保护生长在石灰岩上的蚬木、金丝李、任豆树等国家级重点保护野生植物或属广西珍贵的树种。保护区现有护林人员8人。保护经费来源于武鸣县财政局。保护区正在规划入南宁市级自然保护区。

（南宁市林业局）

【野生动物资源经营利用】

至2003年11月，南宁市已发放野生动物驯养繁殖许可证7家，其中驯养繁殖虎纹蛙5家，野猪1家，果子狸1家。另外正在申请办理驯养繁殖野生动物许可证有13家，经营利用野生动物许可证有8家。据统计，南宁市现有人工驯养繁殖的野生动物数量虎纹蛙有53.3万只，果子狸有365只，野猪有462头，梅花鹿有365头。

（南宁市林业局）

【森林生态效益补助试点】

目前全市列入国家级森林生态效益补助资金面积93204.0公顷。其中永新区面积2482.4公顷,市直场站面积331.3公顷,邕宁县面积21354.8公顷,武鸣县面积17925.8公顷,隆安县面积10248.8公顷,横县面积14776.0公顷,上林县面积4718.5公顷,马山县面积5513.6公顷,大明山保护区面积15852.8公顷。

(南宁市林业局)

【农村生态能源建设】

南宁市的农村生态能源建设,在1995年以前重点抓农村的改灶节柴,到1995年各县区推广省柴节煤灶的入户率均占总农户的95%以上,并通过了国家农业部的验收。1996年以后转入抓以沼气为纽带的生态能源建设,自1999年以来进入大发展时期。1999年全市累计建成沼气池72038座,占总农户103.17万户的6.92%。2000年全市建成沼气池26887座;2001年全市建成沼气池40000座;2002年全市建成沼气池16060座;至2003年全市累计建成沼气池达338521座,入户率占总农户的24.7%。

(南宁市林业局)

【农村生态文明村建设】

生态文明村建设是以自然村为单位,将农村可再生能源技术和生态农业工程进行综合配套利用,通过"六改"建设,即改水、改厕、改厨、改路、改造旧村、改善环境质量,达到六个目标:燃料用沼气、村庄清洁、庭院绿化美化、用自来水、户间路硬化、厕所厨房卫生。南宁市从2002年开始开展生态文明村建设。2002年全市建成100个生态文明示范村,涉及农户4981户,建成沼气池3353座;2003年全市建成200个生态文明示范村,建成沼气池30941座,生态家园31850户。

(南宁市林业局)

【古树名木保护】

据2002年普查结果,全市古树名木有3482株。其中邕宁县1589株;武鸣县532株;五城区1322株(永新区554株;城北区285株;兴宁区202株;新城区101株;江南区180株);华侨投资区39株。对这些古树名木,都已建立了档案,划拨了经费加于保护。

(南宁市林业局)

【林业行政案件查处】

按照依法治林的方针,全市全面加强了林业行政执法力度,对各种破坏森林资源违法行为进行坚决打击,更好地维护林业行政的正常秩序,有效保护了南宁市的森林资源。1999～2003年,南宁市共查处林业行政案件6757起,行政处罚4231人次,有效遏制了破坏森林资源的违法行为。在加强执法力度的同时,强调依法行政,文明执法,规范执法管理,狠抓林政执法人员的工作作风和廉政建设,提高执法服务意识。1999年至今,南宁市在所办理的林政案件中,没有1起申请行政复议或行政诉讼的案件。

(南宁市林业局)

【地方法规建设】

自1999年以来,南宁市林业局共成立地方法规建设领导小组6个,吸收相关部门作为领导小组成员,每个领导小组均由党政第一把手或分管领导担任.先后协助南宁市人民政府制定了《南宁市公益林条例》(草案)修改和编写。

(南宁市林业局)

【森林防火】

1999年全市共发生森林火灾31起,受害森林面积103.5公顷,森林火灾受害率0.39‰;2000年全市共发生森林火灾15起,受害森林面积29.1公顷,森林火灾受害率0.11‰;2001年全市共发生森林火灾5起,受害森林面积38公顷,森林火灾受害率0.14‰;2002年全市共发生森林火灾17起,受害森林面积41公顷,森林火灾受害率0.22‰;2003年全市共发生森林火灾61起,受害森林面积330公顷,森林火灾受害率0.459‰。

森林防火体系建设。全市现有森林防火瞭望台66座,其中铁质11座,砖瓦结构55座;森林防火阻隔带2300公里,其中生物防火林带830公里,防火线索1470公里;森林防火专用电话38部,计算机8台;森林消防指挥车30辆,森林消防专用运输车14辆,其他车辆34辆。甚高频差转机19台,甚高频座机(车截机)80台,手持对讲机688部,风力灭火机510台,2号打火工具5000把。

(南宁市林业局)

【森林公安工作】

1987年10月,南宁市公安局林业公安科正式成立,2002年1月更名为南宁市林业局森林公安科。2003年7月经南宁市编制委员会办公室批准,南宁市林业局森林公安科更名为南宁市公安局森林公安分局,人员、经费来源渠道不变,仍受林业部门和公安部门的双重领导。在森林案件查处方面。1999年全市共查处各类森林案件77起,其中刑事案4起,治安案件22起,林业行政案件50起,为国家挽回经济损失31万元。2000年全市共查处各类森林案件78起,其中刑事案件11起,治安案件30起,林业行政案件37起,刑事拘留30人,为国家挽回经济损失21.06万元。2001年全市共查处各类森林案件125起,其中刑事案件19起,治安案件62起,林业行政案件44起,刑事拘留13人,为国家挽回经济损失14万元。2002全市共查处各类森林案件130起,其中刑事案件24起,治安案件15起,林业行政案件91起,刑事拘留17人,为国家挽回经济损失29.8万元。2003年,全市共查处各类森林案件512起,其中刑事案件42起,治安案件30起,林业行政案件440起,刑事拘留44人,为国家挽回经济损失90.7万元。2000年以来,南宁市各级森林公安机关以开展了"南方二号行动"、"天保行动"、"猎鹰行动"等各种专项斗争。

(南宁市林业局)

【林业执法】

规范林政资源案件举报的受理工作,1999～2003年共受理举报79件,办理79件。加大林政案件的查处力度,1999～2003年共查处6757起林政案件。进一步加强林业执法队伍建设,1999～2003年共举办19次培训班。规范行业经营,经常开展突击性的执法检查和行业的清理整顿,1999～2003年共开展了46次野生动物执法检查、8次木材经营(加工)企业检查和5次松香经营(加工)企业清理整顿活动。

(南宁市林业局)

【林业工作站建设】

南宁市全市130个乡镇中有120个乡镇设有林业工作站或农业水利工作站,各乡镇林业站均为全额拨款的事业单位,归各乡镇政府管理,上级林业部门负责业务指导。乡镇林业站的职能是:宣传有关林业法规和政策,负责森林资源管护、林政执法、生产组织、科技推广和社会化服务。

(南宁市林业局)

【林业社会团体】

一、南宁市林学会

南宁市林学会成立于1990年6月,该协会是以林业专业技术人员自愿结合的非营利性的社会团体,是南宁市科学技术协会的下属的社团组织,并受南宁市林业局领导,现有会员116人。南宁市林学会自成立至2003年底,共组织完成各种学术交流活动9次,交流论文21篇,共363人次参加了各类型的学术会议。组织到外省、市进行林业专题考察9次,举办各类培训班12期,到村屯、街头开展科普活动21次,在维护科技人员合法权益、调动科技人员积极性和科学普及工作方面,做了大量卓有成效的工作,较好地发挥了党和政府联系科技工作者的纽带作用和发展科学技术事业的助手作用。

二、南宁市野生动物协会

南宁市野生动物保护协会于1987年2月27日成立,17年来,为野生动物保护做了大量工作。通过开展各种宣传教育活动,人们的野生动物保护意识有了很大提高,一些珍贵濒危动物得到了有效的保护。协会在学术交流方面,共完成学术活动25次,交流论文25篇,856人次参加了学术活动。协会与周边省市交流活跃,有效地推进了野生动物保护协会的对外交流进程。

三、南宁市林业产业协会

南宁市林业产业协会于2002年7月19日成立。该协会是以木材加工、林产化工、木浆造纸、林产品加工、森林旅游、木材流通等企业自愿结合的跨部门、非营利性的全市性行业社会团体。协会主要作用是发挥桥梁、纽带作用,协助政府部门做好行业企业的组织、协调、指导、交流和服务工作。其主管部门是南宁市林业局。协会自成立至2003年底,共吸纳690家林业企业为会员,为协会会员定期免费提供林产信息7112册,解答产业政策咨询1018人次,举办了2次会员联谊会。

(南宁市林业局)

【2003年南宁市林业大事记与重要会议】

2003年1月20日至2003年2月4日,由南宁市人民政府与广西壮族自治区林业局主办、南宁市林业局承办的"2003年广西南宁第二届春节花卉交易会"在南宁市桂春路举行。交易会历时16天,占地60亩,搭盖铺面174间,客流量达60万人次,参加展销花卉总量达80万盆(支),销售额66万盆(支),成交销售额达600多万元。

2003年3月7日,南宁市人民政府在邕宁县召开全市退耕还林现场会,南宁市人民政府副市长黄家仁在会上要求全市切实要把退耕还林工程抓紧抓好,会议参观了邕宁县那马镇那摹坡退耕还林基地。

2003年6月30日随南宁市接管原南宁地区马山、上林、横县、宾阳和隆安县，接管此五县的林业。

2003年11月，南宁市启动“生态文明村”建设大会战。

（南宁市林业局）

邕宁县林业

【概 述】

邕宁县（前称宣化县）林业生产发展较早，据民国《邕宁县志》记载，自清宣统年间，就创办了三树农林公司，并在坛洛区开辟林场，植树造林。民国后，全县先后建立了一批公营、县营、民营林场和苗圃。但受当时社会制度所束缚，林业“三灾”（虫灾、火灾、斧灾）无力控制，故山林长期处于且种且毁，毁大于种的状态。

解放后，党和人民政府重视发展林业。1954年，邕宁县成立了林业科，1959年改为林业局，专管林业工作。每年坚持不懈发动群众植树造林。随着国民经济的发展和人口的急剧增长，木材消耗量也随之增大，加上体制变动频繁以及一些时期林业政策的失误，林业再次出现乱砍滥伐，毁林开荒现象，森林资源遭受严重破坏。20世纪90年代起，通过实施造林灭荒，发展沼气、改燃节柴，营建速丰林基地，实施珠防林工程，生态公益林试点等措施，林业开始步入持续、健康、快速发展的轨道，森林覆盖率大幅增长（从1990年的27%上升到2003年的38%）。先后荣获造林灭荒达标、平原绿化达标、省柴节煤试点合格县，“九五”全区林业科技进步奖，广西退耕还林先进单位等荣誉称号。

【林木种苗生产建设】

1955年，邕宁县建立国营苗圃6处，育苗总面积210亩，年产树苗450多万株。后因多种原因陆续停办。目前除龙岗苗圃每年产少量苗木外，其他已不产苗。龙岗苗圃面积约230亩，目前能用于生产苗木的约有30亩左右，年产苗量约200万株。2001年，南宁三元集团下属丰林公司在邕宁县创办速生桉苗木繁育基地（三元苗圃），面积约80亩，年产苗量500万株左右。2003年，南宁益民扶贫公司在该县那马镇培育速生桉苗木80万苗。

【营造林概况】

从1953年开始，邕宁县国家机关、团体、学校、部队、企事业单位及社会群众，积极响应政府“植树造林、绿化祖国”的号召，于每年春节前后，开展一次群众性的植树造林活动。20世纪60年代又实行飞播。据1980年农业规划统计，邕宁县历年人工造林共127.55万亩，因科学技术滞后，片面追求数量，重种轻管，造林质量低劣，保存面积仅27.92万亩，成活率为22%。1980～1990年共造林112.31万亩，成活率逐年提升，平均为70%，最高为85%。进入1991年后，邕宁县把林业发展提升到社会可持续发展，积极调整农村产业结构，坚持以消灭宜林荒山和全面绿化为目标，以绿色工程、珠防林工程、退耕还林工程等重点林业工程为核心，选准突破点，实行定向培育，大力发展速丰林，加快封山育林步伐，大力调整林种树种结构，加大引资力度，把部门办林业转变为社会办林业，打造林业强县。1999～2003年，邕宁县完成人工造林面积26305公顷，各项林业工程造林全部通过了区、市的验收。

【速生丰产林基地建设】

1999年以来，邕宁县根据广西壮族自治区党委提出的农业和农村工作“1234610”思路，加快绿色工程建设，制定《邕宁县绿色工程建设实施方案》，出台《关于加快我县绿色工程建设步伐的决定》、《关于做好桂海高速公路邕宁段绿色长廊绿化工作的通知》、《关于加快营造速生丰产林的决定》等政策文件，在抓好桂海高速公路邕宁段两旁基干林带营造绿化的同时，加快林种、树种结构调整，大力发展速生丰产树种以及经济果林木。通过优惠的政策，提供优质的服务，抓好试点示范，广泛深入的宣传发动，多渠道筹措基金，开展社会办林业。几年来，已引资5000多万元建设速丰林基地2万多公顷。仅2002年，实施退耕还林工程，利用国债资金555万元营造了11.1万亩速丰林。截至2003年，邕宁县已完成人工造林34.9万亩，其中营造速生丰产林基地30多万亩。

【经济林建设】

邕宁县现有经济林面积34.4万亩，种类繁多，主要有板栗、荔枝、龙眼、芒果、八角等品种。

【封山育林】

2000～2003年，邕宁县实施封山育林面积分别为8207、2989、2446.3、1335.7公顷，石山封山率100%，封育类型主要以乔灌型和灌木型为主，封育树种以马尾松、土山灌木、石山灌木为主。截至2003年底，邕宁县封育区总面积已达14980公顷。

【全民义务植树】

自1954年起，邕宁县每年春季都发动群众植树造林，坚持不懈。1999年以来，每年约有20万人次参加义务植树，建立了长塘那曾、良庆新兰、吴圩六么等一批区、市、县党政军领导义务植树点，还有蒲庙张村13个县级绿化点和32个乡级绿化点。

【退耕还林工程】

2002～2003年邕宁县实施25°坡度退耕还林任务1334公顷。涉及农户总数达到824户，其中生态林占95%。

【珠江防护林工程】

邕宁县珠江防护林工程于2001～2002年实施，完成人工造林1565.2公顷，封山育林2792公顷。

【绿色工程】

1999年，邕宁县绿色工程建设面积1051.4公顷，合格面积716.9公顷；2000年建设面积1317.4公顷，合格面积899.1公顷；2001年建设面积976.2公顷，合格面积916.8公顷；2002年补植55.4公顷，合格面积50.4公顷。

【生态能源建设】

邕宁县生态能源建设起步较早，20世纪50年代末、70年代初曾几度兴起大办沼气，但由于当时条件和技术等方面的限制，保存率十分低下。20世纪80年代以来，随着沼气技术的重大突破，成立了县农村能源工作站，负责农村能源建设工作，开展改灶节柴、沼气池技术推广，1994年通过国家改灶节柴试点验收，沼气池建设逐步得到发展。1999年后连续五年快速发展。截至2003底，邕宁县累计建成并使用的沼气池8.5万座，占总农户的47.25%。

【林业产业】

为了加快林业产业体系建设，邕宁县结合县情，积极建设速生丰产林基地(已营造30万亩)，培育提升森林资源加工利用能力。截至2003年，邕宁县境内共有388家(含南州、三元)以森林资源为原料的生产企业，从业人数1650人。林产工业产值300万元以上的企业10家，超亿元的企业1家。按企业性质划分，国有企业2家；集体企业3家；个体企业372家。在速生丰产林基地建设方面，到2003年底，邕宁县已营造速生丰产林基地30万亩。其中较大的企业有高峰集团、金光集团、桂嘉公司、绿洋公司、益民扶贫公司等10多家大户落户造林。在资源森林资源加工利用，至2003年底，邕宁县森林资源加工利用主要是生产纸浆、提炼松香、生产人造板等。年消耗木材资源30万立方米，其中南宁丰林公司中纤厂年生产能力15万立方米，9家松香生产企业年生产能力达4.5万吨。3家木片加工企业年加工能力1.5万绝干吨。年产林木远远满足不了生产厂家的需求。

【森林病虫害防治】

邕宁县境内建立了以县森防站为中心，县、乡、村三级虫情监测网络，完善测报制度，开展规范的虫情监测工作。全县专兼职森林病虫害调查人员45人，其中县森防站3人，各乡镇林业站21人，村级21人。建立固定标准地21个，临时标准地23个，对马尾松毛虫常灾区、偶灾区常年定期进行监测；对安广西进行不定期巡察；并结合进行松材线虫病监测调查。邕宁县森林监测面积达196.31万亩，监测覆盖率为93%。加大森林病虫害防治力度，每年来进行飞机喷洒白僵粉等药物防治松毛虫及其他病虫害4万亩以上。2003年邕宁县森林病虫害发生面积2763公顷，其中马尾松毛虫发生面积2676公顷，成灾面积仅3.3公顷。

【航空护林】

为加强森林病虫害防治力度，近年来邕宁县频频利用飞机进行飞防。1999～2003年，分别飞防2666.7公顷、2666.7公顷、2000公顷、2666.7公顷。

【野生动植物保护与管理】

设立野生动物保护协会，建立南晓镇那兰白鹭等候鸟保护区，发展珍稀动物养殖事业，野猪人工养殖场2个，梅花鹿基地1个，孔雀养殖场1个。每年开展野生动物执法检查4次。在“2号行动”、“候鸟行动”等执法活动中，查获非法运输经营利用野生动物600只(条)，查处45人(次)，逮捕5人，治安拘留10人，行政处罚30人。

【森林资源林政管理】

邕宁县切实加强和改进采伐限额管理；严格规范征占用林地审核审批制度，依法强化林地林权的保护管理；对森林资源进行严密监测，积极完成各项森林资源清查、调查任务；强化林业行政执法工作，依法严厉打击破坏森林资源行为；依法对木材经营加工单位清理整顿；1999～2003年实行征占用林地审批19起，涉及面积7000多亩，收取森林植被恢复费600多万元，发放林木采伐指标6.5万立方米，无超限额采伐，退耕还林林权证正紧锣密鼓地进行。共查处林政案件2093起，查处率88%。

【森林防火】

从20世纪50年代初开始，邕宁县政府就逐步加强对护林防火工作的领导。县、乡、村三级都先后建立了护林防火机构并明确由各级政府主要领导挂帅。每逢火期将到，县政府即召开会议部署护林防火工作，以防患于未然，并通过印发布告，制定公约，书写大山标语以及利用宣传车、有线广播、电影等形式大力宣传“护林光荣，毁林可耻”，“护林防火，人人有责”，反复重申“七严禁”和“五不烧”。其中：

一、森林火灾

1999～2003年，邕宁县共发生森林火灾53起，受害森林面积284.96公顷，森林火灾受害率为0.4‰。

二、森林防火体系建设

森林消防队建设——邕宁县森林消防队1997年7月成立，21个乡(镇)及南州林场也成立森林半专业队。森林专业消防队归属县森林防火指挥部管理，属差额事业单位，编制30个，现有队员30名，配备有风力灭火机10台、电话机1台，对讲机1台，手持对讲机3台，接管邕宁县良庆镇龙岗苗圃，并拥有生产基地150亩，主要用于育苗、种果树。森林半专业消防队分布全县各个乡(镇)及南州林场，现共有队员660人。

三、森林防火基础设施建设

现有森林防火通信、对讲机有10台，手持对讲机67部，中转继台机2部，消防指挥车1部，运输中巴车1部，风力灭火机60部。建设防火生物林带118.8公里，防火隔离带575.6公顷，瞭望台5座。

【森林公安工作】

邕宁县林业公安股成立于1987年11月，全称为邕宁县公安局林业公安股，办公地点设在邕宁县林业局。邕宁县林业公安股下设五个林业公安组，人员编制20人。经过十几年的发展，邕宁县林业公安股人员结构、装备和基础建设等方面都发生了较大变化。1999年下半年，五个公安组人员划入邕宁县林业公安股。2003年7月，更名为邕宁县公安局森林公安分局。2003年底，邕宁县公安局森林公安分局实有人员18人。1998～2003年，邕宁县林业公安共受理各类森林案件480起，其中刑事案件65起；破50起，破案率77%，治安案件90起；破83起，破案率92%，林业行政案件325起。处理各类违法犯罪人员650人(次)，其中逮捕41人，治安拘留112人；林业行政处罚及其他处理497人，收缴木材2412立方米。

【林业执法】

邕宁县依法治林、兴林和依法行政的观念增强，林业行政执法人员依法办案的能力逐步提高，执法行为更加规范。至2003年底，邕宁县具有林业行政执法资格81人，均有中专以上学历。1999～2003年，该县查处非法运输木材1401起，没收木材7416.65立方米，受理查处林业案件1700余起。

【林业分类经营】

为了保证森林的可持续发展，从2000年起开始，根据生态环境建设与经济建设协调发展等原则，邕宁县对全县森林进行分类经营，把在邕宁县范围内生态意义较为重要的区划出来确定为生态公益林区，生态公益林区以外的区域为商品林区。2003年底止，邕宁县已区划界定公益林地面积59345.7公顷，商品林地面积128337.6公顷。

【森林生态效益补助试点】

邕宁县自2001年起开展森林生态效益补助资金试点，试点任务为23110.5公顷，其中国家重点防护林23093.7公顷，占总任务的99.9%，特种用途林面积16.8公顷，占总任务的0.1%。涉及10个乡镇共56个村委、3个国有单位。2003年报经广西林业局批准，对其中的2356.7公顷试点林地进行了调整。

【非公有制林业发展】

为调整林业结构，加快林业发展，通过广泛宣传，积极动员，制定了一系列优惠政策和措施。第一，坚持谁种植、谁所有、谁管护、谁收益的政策，切实保护林农的合法权益。第二,集体的宜林荒地使用权采取承包、租赁、转让等方式给造林业主发展私有林。第三,鼓励群众个人投资、投物,搞联合开发造林。第四,在造林补助、苗木和技术指导服务上给予扶持,这些优惠政策措施极大地调动了群众发展林业的积极性。2003年底非公有制造林面积达25万亩 。

【林业科技成果推广】

第一,引进新技术、推广新品种,提高良种覆盖率。一是大力发展速生丰产林,1999年推广0.729万亩巨尾桉、马占相思新品种,2000年1.182万亩,2001年4.9万亩,2002年5.9万亩,2003年8.1万亩,良种覆盖率为94.5%。二是实施农村能源新技术改造,自1999年完成全国改燃节柴后,着力改善农村用能技术。1999年推广沼气池8510座,2000年20158座,2001年15196座,2002年20053座,2003年20016座。先后承担南宁市生态村沼气综合利用示范、科技型生态庭院经济建设试点示范、自治区科技局下达的广西中小学校沼气工程试验示范和国家农业部下达的户用沼气综合利用等项目,开展生态村沼气综合利用示范的农户年均增收节支2200元。第二,加大科技项目经费的投入。在退耕还林、速丰林、生态能源等项目中,2001～2003年邕宁县共投入2750万元,其中退耕还林、速丰林工程投入种苗费及科技支撑费600多万元,生态能源项目投入2000万元进行补贴。

【国有林场】

邕宁县内原有3个国有林场,即军山林场、南州林场和共青林场。军山林场建于民国18年(1929年),原属广西垦殖厅管理,1956年划归邕宁县,1962年又划给广西高峰林场。南州林场、共青林场分别建于1957年和1959年,1970年下半年两场合并,称南州林场。截至2003年底,全场经营面积达13.2万亩,其中森林面积9.5万亩,林木蓄积量24.5万立方米,全场设有8个分场,在职职工380人,退休187人。因经营不善,负债过多,该场已于2002年9月由广西南宁三元公司托管。但在托管过程中,又因履行较为困难,于2004年7月解除了托管合同,恢复南州林场自主经营。

【苗圃建设】

伶俐苗圃1966年建立,当时育有杉苗、桉苗及竹子等。1969年下马。1982年重建,经营总面积1200亩,其中育苗30亩,以育桉树、相思树苗为主。龙岗苗圃1966年建立时称良庆书林苗圃,经营总面积300亩,其中育苗地30亩,育苗种类有:桉类(主要是柠檬桉)、松苗、扁桃、芒果、龙眼、荔枝、三华李、柑橙等;到2003底能用于生产苗木的约有20亩左右,年产苗量约200万株;也是6处国有苗圃硕果仅存的仍唯一生产木苗的苗圃。

【林业工作站建设】

邕宁县自1983年起开始在乡镇设置林业站,原隶属乡镇政府管直管。几经变动,1999年又由林业局管理。2001年机构改革后,复归当地乡(镇)政府管理。至2003年底,全县仍设21个林业站,共核定有编制64个,实有人数62人,其中大专以上学历22人,中专学历6人,高中学历24人;30人具有专业技术职称,其中中级1人,初级29人。5个林业站仍没有独立的办公用房,但都有比较完备的通信设施;交通工具落后,大部分林业站都没有车辆。林业站服务于乡(镇)政府工作过多,林业工作较为被动。

(邕宁县林业局)

武鸣县林业

【概　述】

武鸣县地貌四周较高,中间低平,为较明显的盆状地形,东、南、北部为大明山山脉及其延伸部分组成的山地、高丘陵,山势高峻绵延,最高峰海拔1760米,西部为石山环绕,中部为低丘、台地、平原,形成一个明显盆地。武鸣县土壤以砂页岩、页岩、第四纪红土母质发育而成的台地、丘陵红壤为主。在山地区有砂石岩、花岗岩发育而成的山地黄红壤和石灰岩发育而成的石灰土。土壤分布有9个土类17个亚类94个土种,其中水稻土49.05万亩,旱地土30万亩,红壤32.1万亩,砖红壤128.25万亩,赤红壤9.3万亩。武鸣县属北热带季风气候区,气候温和,光照资源丰富,太阳总辐射量105.709千卡/平方厘米.年,年平均日照时数1665.1小时。年平均气温20.8℃～22.3℃,1月平均气温11.8℃～13℃,7月平均气温26.6℃～28.8℃,极端最低温－0.8℃,极端最高温40.7℃,≥10℃年活动积温6500℃～

7700℃，年平均无霜期 333 天，相对湿度 75%～85%，年平均降水量为 1100～1700 毫米，多集中于每年的 4～9 月。综上所述，武鸣县气候特点是光照充足，雨量充沛，水热同季，夏半年炎热多雨，冬半年温暖少雨，干湿季节明显。

武鸣县林业局为县财政全额拨款单位，2001 年底局机关机构改革后，根据县“三定”方案的规定，局行政编制为 13 人（含 1 名机关后勤服务事业编制），领导职数定为 1 正两副，内设综合股、林政资源管理股（兼管山林调处，采伐证、运输证的发放、野生动植物保护、自然保护区管理、林权证审核发（换）证工作等）、森林公安分局等 3 个机构，县森林防火指挥部办公室设在本局内。目前，全局实有行政人员 13 人。武鸣县林业局辖有武鸣县营林站、武鸣县林业管理总站、武鸣县林政稽查大队。全县 16 个乡镇共设 15 个林业站，另有甘圩镇的林业站并入镇农业服务中心。县属林业企业有朝燕林场、武鸣县木材公司、武鸣县朝燕林场松香厂。

【森林资源】

目前武鸣县林地面积共 206.6 万亩，有林面积为 196.67 万亩，森林覆盖率 42.42%，森林蓄积量 260.08 万立方米。资源优势主要是马尾松、杉木和速生桉类以及柠檬桉、龙眼、芒果等经济林。其中用材林面积 76.23 万亩，蓄积 126.7 万立方米；防护林面积 53.48 万亩，蓄积 33.5 万立方米；经济林面积 34.70 万亩，蓄积 31.8 万立方米；特种用途林面积 8.30 万亩，蓄积 23.2 万立方米。

2003 年，武鸣县古树名木共有 532 棵，树种主要以大叶榕、小叶榕、樟树、龙眼树、扁桃、海南蒲桃、木棉、荔枝为主，集中分布在城厢镇、双桥镇、太平镇、锣圩镇、府城镇等乡镇，其中一级古树 28 棵，二级古树 126 棵，三级古树 378 棵。

【林政管理】

武鸣县“十五”期间年森林采伐限额数为 163200 立方米，其中武鸣县集体森林采伐限额数 143100 立方米，国有朝燕林场 20100 立方米。2000～2002 年设立武鸣县里建木材检查站，2003 年撤站建队，设立武鸣县林政稽查大队。

【种苗生产】

武鸣县林木种苗生产基地，位于县城东部 8 公里的武鸣全泰林业有限公司桥羊苗圃场，建设面积 200 亩，2002 年产苗量 300 万株，其中尾叶桉 250 万株，任豆、台湾相思等其他苗木 50 万株，2003 年培育尾叶桉 800 万株。

【植树造林】

2000 年全县完成造林 40884 亩，2001 年完成造林 56616 亩，2002 年完成造林 43836 亩，2003 年完成造林 35865 亩；其中完成退耕还林 6.5 万亩，2002 年 4 万亩（退耕地还林 2 万亩，配套荒山造林 2 万亩），2003 年度 2.5 万亩（退耕地还林 0.5万亩，配套荒山造林 2 万亩）。2002 年完成珠江防护林工程人工造林 9600 亩，封山育林 1.6 万亩；武鸣县从 1992 年起开始种植速生桉，至今武鸣县已有速生桉 22.5 万亩。

【封山育林】

武鸣县现在封山育林 78.8 万亩，其中 2000 年封山育林 4.7 万亩；2001 年封山育林 3.9 万亩；2002 年封山育林 9.6 万亩，2003 年封山育林 7 万亩。4、经济林。2003 年武鸣县主要经济林树种和面积是：竹子 5.2 万亩、板栗 0.14 万亩、八角 3.4 万亩、龙眼 21.8 万亩、芒果 3.5 万亩、李子 4.6万亩。

【速生丰产林】

武鸣县发展速丰林造林主要是引进公司、能人进行造林，2003 年林业招商引资造林工作取得较大成绩，成功引进广西林业局营林公司、高峰集团、金光集团、南宁戈龙公司等在武鸣县投资一千多万元资金营造速生丰产林。2003 年武鸣县完成速生丰产林造林 5.9353 万亩。

【森林防火】

2000～2003 年武鸣县的森林火灾控制指标为 1‰。2000 年 3 月 29 日 15 时，双桥造庆村 3 队，因人为丢烟头引起森林火灾，过火面积 8.4 公顷，森林受害面积 8.4 公顷。林木损失 11.4 立方米；2001 年 9 月 27 日下午 15 时，两江汉安村下户里屯因为野外用火失火引起森林火灾，过火面积 14 公顷，受害森林面积 3.2 公顷，林木损失 24 立方米，幼树损失 2427 株；2002 年 4 月 6 日 17 时 30 分，罗波天马黄老屯，因上山扫墓引起森林火灾，过火面积 0.7 公顷，受害森林面积 0.2 公顷，林木损失 8 立方米；2002 年 4 月 16 日 13 时 40 分，两江培群板彭屯烧荒引起森林火警，过火面积 0.7 公顷，受害森林面积 0.33 公顷，林木损失 20.3立方米；2002 年 18 时 30 分灵马清水村因人为丢烟头引起火警,过火面积 0.16 公顷,受害面积 0.1 公顷,林木损失(幼树)120 株;2002 年 11 月 5 日 19 时 25 分,因烧责任地火蔓延引发森林火灾,过火面积 10.22 公顷,受害森林面积 7.97 公顷,林木损失 42.132 立方米。2003 年 1～11 月份发生森林火灾 9 起,火警 1 起,过火面积 174.43 公顷,受害面积 74.77 公顷。

森林防火设施情况。全县设森林防火指挥部机构 1 个,森林防火办事机构 1 个,专业(半专业)森林消防队 2 个,义务森林消防队 24 个;现有瞭望台 6 座,专用电话线 520 公里,有线电话机 16 部,微型计算机 1 部,无线电台 60 部,森林消防车辆 7 辆,风力灭火机 54 台;防火林带 3838.48 公里,建立较标准的生物防火林带 24.5 公里。

【森林病虫害防治】

武鸣县 2000～2003 年的森林病虫害发生、成灾、防治面积如下表。

武鸣县 2000～2003 年森林病虫害发生防治统计表效

单位:公顷

年度	控制指标					生面积	成灾面积	防治面积
	成灾率%	防治率%	监测率%	检疫率%				
				产地种苗	木材调运			
2000	0.05	87.5	80	90	97	1108.8	0	971
2001	0.016	98.95	93.5	100	97	2000	23	1979
2002	0.001	98.8	88.7	100	100	408	0.87	403
2003	0.007	97	88.67	100	100	470	6.67	454.67
合计						3986.8	30.54	3807.67

几年来,武鸣县森防部门都能按照上级有关部门的要求和部署,认真开展森林病虫害预测预报和普查专项工作,加强对进出武鸣县森林植物及其产品的检疫工作,到目前止,武鸣县尚未发现外来有害生物入侵。

武鸣县设有一个国家级森林病虫害测报点,一般测报点 19 个,共有 34 个松毛虫固定标准地,72 个森林病虫害监测网点,县乡村共 75 人组成森林病虫害监测网络,定期不定期对武鸣县森林病虫害进行监测。

【林业产业】

武鸣县内有一定规模林业企业是武鸣县正信香料厂,现有员工 26 人,主要生产产品有:茴脑、天然樟脑粉、桉叶油、芳樟醇、白樟油,黄樟油、松油醇、蓝樟油等。产品广泛用于医药、食品、日用化工、化妆品及农药等领域,产品 90%以上销往国外,直接或间接年产值 2500 万元左右,年上交国家税收 50 万～60 万元。客户遍及欧美、澳洲、东南亚各国及我国港、澳、台地区。产品质量全部达到部颁出口标准。另外,2002 年通过招商引资,吸引广东清远刘广松投资 80 多万元在锣圩镇建设了武鸣县刘氏麻竹笋加工厂,年加工量为 1.5 万吨麻竹笋,年产值 360 万元。

(武鸣县林业局)

横 县 林 业

【概　述】

横县林业始于民国 2 年(1913 年)。《横县志》记载,民国 2 年,横县劝学所长发起组织宝华山林业有限公司,办起南山林场,种杉 4 万多株,桂树 1 万多株。新中国成立后,横县林业正式列入政府工作,20 世纪 50 年代初期,横县人民政府在县政府办公室设立林业科,1960 年成立横县农林水利局,1962 年正式成立横县林业局。"文革"中横县林业局曾被撤销,1973 年又恢复成立横县林业局。

横县林业机构建设不断得到巩固和加强。横县林业局共设局办公室、营林站、林政站、财务股、森林公安分局 5 个行公政机构和横县林业工作总站、横县林业技术推广中心(1987 年成立)、横县森防站、防火办、三个木材检查站、横县林政稽查大队、横县能源办等7个机构。下属直辖单位有镇龙林场、石塘林场、南山林场、横县木材公司、马岭林木种苗场、百合苗圃、甘乐苗圃等7个单位。全县有21个乡镇林业工作站(1988年成立,2002年机构改革后划归乡镇政府管辖)。

新中国成立以来,特别是改革开放20多年来,横县把林业作为“绿色产业”来抓,大力开展封山育林、工程造林、飞播造林、退耕还林、群众性义务植树造林,使横县的林业有了突破性的发展。到2003年,横县林业用地249.7万亩,占横县总面积的47.6%,其中森林面积228.6万亩,疏林地1.1万亩,灌木林7.9万亩;森林面积比1979年的115.51万亩增加了113.09万亩,增长了98%;横县森林覆盖率达到46.28%,比1979年的19.1%提高了27.18个百分点,绿化程度达到96.3%;森林蓄积量达到370.55万立方米,比1980年的189.75万立方米增加了180.8万立方米,增长95.3%。完成退耕还林5万亩,珠江防护林工程2.56万亩,速生丰产林工程21.6万亩,横县人均绿地面积5.17平方米。1997年,获广西壮族自治区“造林绿化达标县”和“平原绿化达标县”。2000～2003年,连续被评为“全国造林绿化百佳县”、“全国绿化先进集体”、“全国经济林建设先进县”、“中国茉莉之乡”、“全国森防标准站”、“全国先进林业工作站”。2004年,又获“广西绿化模范县”、“自治区绿化先进集体”。1992年“ABT根粉桉树扦插育苗试验”通过省级鉴定,1993年获区科技进步二等奖;1995年“良种桉速丰高效经营技术研究”专题成果,获广西壮族自治区科技进步三等奖;1998年《良种桉短周期工业用材综合技术开发》项目研究成果,获广西壮族自治区科技进步三等奖。

【林木种苗生产建设】

解放后,横县人民政府于1956年建设了横州苗圃,1963年成立百合苗圃、1964年成立甘乐苗圃、1983成立马岭苗圃。至1984年这些苗圃共采集林木种子60多万公斤,育苗2500多万株,大部分为马尾松及杉木,为横县造林提供苗木。改革开放以后,横县采用新科学技术育苗,加快了林业发展。

容器营养育苗生产。1985年,横县林业局、横县林业技术推广中心与自治区林科所协作,进行“蜂窝纸容器育苗技术试验、应用和推广”,取得了良好效果。在此基础上,1986～1990年,横县林业局、推广中心与广西壮族自治区林科所协作,完成国家“七·五”科技等有关项目“华南地区年产百万株容器苗工厂育苗技术研究”,并建成年产100万株容器苗工厂一座。1990年12月通过国家林业部鉴定验收,1991年获国家林业部科技三等奖。1989～1991年,共培育300多万株优苗容器苗。在此基础上,在横县13个乡镇成立了容器苗圃,每年生产容器苗400万株,为1993年造林灭荒、1997年绿化达标打下了良好的基础。

组培扦插苗生产。1997年绿化达标后,进行林(树)种结构调整,横县大面积造林相应减少,利用建成的育苗工厂,进行组培扦插育苗。1998～1999年,每年良种桉扦插育苗100万株以上,2000年开始,引进外资改造低产林,每年扦插育苗达400万株以上,保证了造林所需的苗木。

【营造林概况】

营造林同种苗生产分不开的,共经历三个阶段,一是裸根苗造林;二是容器营养苗造林;三是组培扦插苗造林。

裸根苗造林阶段。解放后,在续办国营南山林场的基础上,1957年新建国有镇龙林场,1965年建办国营石塘林场。三个国营林场总面积11.82万亩。1966～1975年,横县先后办了乡镇林场11个,经营面积2.15万亩,造林1.48万亩,办村级林场11个,经营面积2.03万亩,造林1.87万亩。国营、乡、村林场的兴办,促进了横县群众性造林的积极性。据统计,1950～1984年35年共造林186.11万亩,平均每年造林5.32万亩。由于是裸根苗造林,甚至有些是马尾松点插或撒播造林,造林成活率低,仅占30%左右,年年造林不见林。

一、容器营养苗造林阶段

1985年,基本完成了林业“三定”工作,为群众性的开发荒山造林绿化打好了基础。1987年5月,横县县委、县政府做出了《关于实现十五年基本绿化横县的决定》,为加快造林绿化制订了实施办法。1992年,横县县委、县政府制订了《关于造林绿化的若干规定》和《关于一九九二年造林灭荒的实施办法》,为横县加快造林灭荒制订了具体操作办法。与此同时,为了提高造林成活率,提高经济效益,全县进行以工程造林,引进速生丰产经济价值高的优良树种。成立造林工程项目组织,统一规划,统一管理,实行多种经济形式造林。1985～1990年,横县造林联合体5个,造林16800

亩，联户办林场（300 亩以上）29 个，造林 14300 亩，户办林场（150 亩以上）35 个，造林 13400 亩。领导绿化点的建立，新造林实体的创办，推动了横县群众造林的积极性。1985～1990 年，大部分容器营养苗造林，共造林 21.25 万亩，平均每年3.54 万亩。六年来工程造林 9.1 万亩，占人工造林的 42.8%，每年造林成活率达 85%以上的面积占当年人工造林的 75%以上，比以往的 30%左右提高一倍多。1991～1998 年是造林灭荒和绿化达标时期，横县以县、乡、村三级领导造林绿化点带动群众性的造林。横县建立县级领导绿化点 8 个，乡镇领导绿化点 70 多个，村级领导绿化点 145 个，造林面积达 98750 多亩，8 年间共造林 37.73 万亩，平均每年造林 4.72 万亩。1993 年实现了造林无荒，1998 年经区级验收，1997 年实现了绿化达标。

二、组培苗扦插苗造林阶段

造林绿化达标后，1999 开始进行林业产业结构调整，大面积改造低产林，并通过招商引资实现改造低产林，大力发展速生丰产短周期工业原料林。所造林全部用良种树组培扦插苗造林。由于造林都是用组培扦插苗造林，造林成活率达 90%以上，造林保存率也达到 90%以上。

【速生丰产林基地建设】

速生丰产林基地建设从 20 世纪 80 年代中期开始，经历三个阶段：林业贷款低投入阶段、厅县联营中等投资阶段、招商引资高投入阶段。

一、林业贷款低投入阶段

1986 年，根据广西林业厅林营字〔1986〕29 号文件《关于开始速生丰产林调查设计的通知》要求，广西林业厅下达给横县 70000 亩桉树丰产林调查设计任务。为此，横县林业局组织了十三人的调查队，与广西区林业勘测设计院共同完成了《广西壮族自治区横县桉树速生丰产用材林基地造林总体规划设计》，调查规划设计面积 71904 亩，计划当年进行国内林业贷款造林 75.5 万元，造林任务 2.25 万亩。到 1988 年，实际贷款 49.7 万元，实际造林 15985 亩。平均每亩实际投资 31.1 元。由于投入少，而树种为窿缘桉，虽然达不到速生丰产的要求，但比其他树种生长快了。

二、厅县联营中等投入阶段

1989 年 5 月，广西林业厅速生丰产林基地管理站与横县林业技术推广中心签订《联办桉树基地合同书》，1989～1991 年共造林 10000 亩，总投资 80 万元。1990 年初，广西林业厅营林处、速丰站、横县林业局、林业技术推广中心，对联办桉树项目的树种及投资进行了修改，树种改为尾叶桉、巨尾桉、柠檬桉，每亩投资由原来的 80 元增至 100 元。林木主伐年龄不变，第一轮伐期为 5 年，平均每亩出材 3.5 立方米以上，第二轮伐期为 4 年，平均每亩出材 2.5 立方米以上。1989～1991 年，共完成造林 8552.7 亩，占任务的 85.5%，完成投资 84.2 万元，占任务的 84.2%。1994 年 9 月，联营双方决定当年 11 月进行对 1989 年造林的林木进行采伐。据测量：平均每亩年生长量达到1.2 立方米，达到了所定的出材标准，以后采伐的也达到速生丰产的标准。

三、招商引资高投入阶段

2000 年，根据广西壮族自治区计委《关于请组织调查确定南纸造林基地到山头地块的函》的精神，横县林业局与广西林业勘测设计院按照《南纸造林基地造林规划工作方法》，在横县 21 个乡镇进行南纸基地造林规划工作。2000 年 8 月，完成了《横县南纸造林基地规划》，造林基地规划总规模 33.8 万亩。2001 年 5 月，根据林业生产的需要，横县林业局与广西区林业勘测设计院共同完成了《广西壮族自治区横县 25 万亩短轮伐期工业原料林建设项目可行性研究报告》。在进行论证的同时，通过招商引资来进行速丰林生产，1999～2003 年，横县共发展速生丰产工业原料林 20 万多亩，平均每亩营林投资在 350 元以上，基本达到速生丰产的标准。

【经济林建设】

经济林是森林资源的重要组成部分。横县经济果木林栽培历史悠久，据调查，横县有不同成熟期的热带、亚热带、温带经济果木林品种 100 多个，荔枝、龙眼、酸梅、黄榄、杨梅、甜犁、柑、橙、李子、桃子、板栗等果木林分布全县各地。据资料记载，1949 年全县水果总产量达 3165.7 吨，1959 年水果总产量达到 5243.3 吨，1980 年达 8614.7 吨。

为了加快经济林发展步伐，1995 年，横县县政府组织了县科委、县林业局、县水果办等技术人员进行《横县经济林区划方案》，横县经济果木林种植面积达 50 万亩，其中 1995～2000 年达 30 万亩。在横县县委、县政府的领导下，国有、集体、个体一齐上，大力发展经济果木林，到 2000 年底，全县发展国有果场 5 个，乡镇果场 11 个，村营果场 301 个，个体果场 10288 个，种植经济林面积13.82万亩，大大提高了群众营造经济林的积极性。2000年，全县经济林面积达24.18万亩(其中投产21.38万亩)，产品产量达11.36万吨，产品产销率达100%，产品产值26288万元。2001年，经济林面积29.19万亩，产品产值33475万元，2002年，经济林面积达31.66万亩，产品产量为20.59万吨，产品产值32543万元。2003年，由于技术不到位，加上气候因素，产量逐年下降，面积也随着减少，到目前，经济林面积保持约28万亩。面积比较大的有：荔枝、龙眼、桑蚕、柿等，面积分别为6.02万亩，4.05万亩，2.90万亩和1.8万亩。

【封山育林】

封山育林是横县劳动人民培育森林资源的传统方法。据记载：1949年，全县森林中，天然林占86.9%，人工林占13.1%；1960年林业调查，全县森林中，天然林占90.0%，人工林占10.0%；1974年林业普查，天然林占83.5%，人工林占16.5%；1990年森林二类调查，天然林占73.9%，人工林占12.6%，飞播林占13.5%。这些天然林，大部分都是经过封山育林培育的森林资源，据统计，六十年初期横县封山育林达15.5万亩(含部分护林面积，下同)，70年代18.3万亩，有效地培育了森林资源。

十一届三中全会以来，党中央、国务院十分重视林业工作，使封山育林得到较快的发展，1983年起，全县把封山育林作为恢复发展林业的一条重要措施，制订了“以封为主，封造结合”的发展林业的中长期规划，每年下达林业生产任务，都把封山育林作为一项重要指标下达到各乡镇。确定每年封山育林15万亩。1987年10月，横县县政府制订了《关于加强封山育林的布告》，对封山育林明确提出了具体实施办法，县、乡镇成立了封山育林领导机构，对危害封山育林的“柴老虎”、“草老虎”的“三窑”，县政府牵头，组织林业、土地、城建、公安等有关部门工作人员，逐窑造册登记，限期改烧其他燃料，到期不改的，责成其停烧。到1990年底，全县653座“三窑”，除经过申请批准，持有林业部门签发的许可证外，85%以上的已自行封闭。同时，建立了护林队员，每个村指定1～2名村干专管护林工作，每个封育片配备护林员7～8人，并在有封育林任务的村，制定村规民约和护林公约。为使封山育林能坚持，通过大力推广省柴灶和沼气，把木材消耗量减到最低限度，横县有16.1万户新建、改建省柴(草)灶，6390多户建了沼气池，机关、学校、服务行业城镇居民等耗材大户也基本改用省柴灶，这样每年节约柴草2.15万吨。由于采取了这些措施，使封山育林工作顺利进行。据资料统计：到1999年，横县封山育林面积达到104.96万亩，成效面积达到104.96万亩，占林业用地47.96%，其中继封面积99.84万亩。2000年森林二类调查表明：横县森林覆盖率达45.8%，森林面积达221.75万亩，蓄积达340.55万立方米，与1990年相比，森林覆盖率提高了19.3%，森林面积、蓄积分别比1990年上升了76.0%、168.19%，森林面积蓄积实现了双增长。同时，生长量大于消耗量，长消比为1.7 : 1.0，森林资源步入了良性循环，这是与人工造林和封山育林、封山护林分不开的。

2000年后，每年封山育林2万～4万亩，目前横县有封山育林管护人员610人，其中专职护林员210人，管护员按照自己管护的地段、范围和责任，常年坚持巡山护林，为保护森林资源尽职尽责。

【退耕还林工程】

横县地处郁江上游，山多地少，人口密度大，长期以来，当地人民群众为了生存和发展经济，在坡地上大量开垦耕作。特别是西津和西江水利枢纽工程等二个梯级水电站的建成，大量移民向高山后靠，在坡地开垦种粮造成每年向西津水库流入泥沙2.5万立方米，加剧了水土流失程度，严重影响水利工程综合效益的发挥。因此，实行退耕还林，恢复植被，对于横县生态环境建设和保护，对社会经济的可持续发展都具有十分重要的意义。2001年上半年，横县林业局与广西壮族自治区林业勘测设计院共同对西津库区进行调查，完成了《横县退耕还林建设项目可行性研究报告》，退耕还林总面积20000亩。

2002年，根据广西壮族自治区桂计农经〔2002〕67号《关于下达广西2002年退耕还林任务计划的通知》，横县2002年度退耕还林工程总面积2万亩，其中退耕地造林1万亩，配套宜林荒山地造林1万亩。2003年，广西壮族自治区桂计农经〔2002〕696号《关于下达2003年广西退耕还林工程任务计划的通知》，横县2003年退耕还林任务3万亩，其中退耕地造林1万亩，宜林荒山荒地造林2万亩。

为确保计划任务的顺利完成，推进生态环境建设，横县县委、县政府把退耕还林工程建设当作调整农业产业结构，增加农民收入的一项工程来抓，成立了县退耕还林工作领导小组，县委、县政府第一责任人为领导小组长，设立退耕还林办公室，在调查摸底的基础上，按照“统一规划，先易后难”的原则，分别编制了《横县2002年退耕还林工程实施方案》和《横县2003年退耕还林工程实施方案》，将任务分解下达到乡镇，明确职责，乡镇长是乡镇退耕还林的第一责任人，分管领导具体负责。各乡镇根据计划任务，在县委、县政府的领导下，在县退耕办、林业局等有关部门的密切配合下，认真贯彻落实国家、地方的退耕还林政策，采取有力措施，深入村屯，把计划任务落实到农户，到山头地块。2002年，横县共签订退耕还林合同户数278户，落实退耕地造林面积10000亩，宜林荒山荒地造林10000亩。2003年横县共签订退耕还林合同户数215户，落实耕地造林10000亩，宜林荒山荒地造林20000亩，并分别完成了《广西横县2003年度退耕还林工程作业设计说明书》。根据作业设计的要求，横县退耕办、林业局、各乡镇政府、林业站组成工作组，深入村屯，组织退耕户停耕、整地、植苗造林。2000年底至2002年2月，完成2002年度退耕还林任务2万亩，其中退耕地造林1万亩，宜林荒山荒地造林1万亩。2003年7月，完成2003年度3万亩退耕还林任务，其中退耕地造林1万亩，宜林荒山荒地造林2万亩。根据检查验收，各年度造林成活率均达标。

【珠防林工程】

珠江流域防护林体系建设工程是国家重点生态建设工程，郁江是珠江流域水系的一级支流，流经横县14个乡镇，在珠江流域综合治理防护林体系建设中占有重要地位，为实现经济与生态环境协调发展的目标，根据国家林业局林计发〔2000〕147号《关于编制全国林业重点生态工程规划的通知》、国家林业局林造生〔2000〕24号《关于印发珠江流域综合治理防护林体系建设二期工程规划技术方案的通知》，以及广西壮族自治区林业局桂林营发〔2000〕26号《广西珠江流域综合治理防护林体系建设二期工程规划技术方案》的文件要求，横县林业局与广西区林业勘测设计院于2000年8月共同完成了《珠江流域广西横县综合治理防护林体系建设二期工程规划》，规划造林25万亩，封山育林30万亩。

2001年，广西壮族自治区计委、林业局桂计投资〔2001〕396号文安排，横县列入珠江防护林体系建设第二期项目县，项目建设总任务2.56万亩，其中：人工造林0.96万亩，封山育林1.6万亩。依据广西林业局编制的《广西壮族自治区重点防护林工程县级作计操作规程》(试行)方案，结合横县实际，2002年3月，横县林业局与广西壮族自治区林业勘测设计院编制了《横县重点防护林工程项目2002年度造林作业设计说明书》，并同时进行实施，于同年7月上旬完成0.96万亩的造林任务，及1.6万亩的封山育林任务，并落实管护措施。人工造林安排在郁江沿线两岸0.6万亩，桂海高速公路出口横县县城二级公路县城生态保护区0.36万亩，封山育林在郁江沿岸12个乡镇的沿河村委共1.6万亩。

2002年12月中旬，广西林业局检查组对横县珠防林工程进行检查验收，结果完成人工造林合格面积9465亩，计划任务完成率为98.4%，完成封山育林16022亩，计划任务完成率100.1%，生态林混交林比例率达98.4%，成活率高，检查组认为：横县2001年度珠防林工程建设任务已完成，工程质量达到工程建设要求。

【绿色工程】

绿色通道建设是国土绿化的重要组成部分。绿色通道工程的主要任务，就是全面启动天然林的保护工程，封山育林，退耕还林，停止天然林采伐，恢复生态植被，减少水土流失，防止地质灾害，建设绿色通道，对于构建和完善全县总体绿化格局，全面提高国土绿化水平，实现祖国山川秀美，促进国民经济和社会可持续发展具有重要意义。

1998年下半年，根据广西区桂绿字[1998]5号《关于在全区范围内大力开展绿色通道工程建设的通知》要求，横县林业局于1998年9月中旬至1999年2月中旬，历时5个月按照《广西绿色通道工程建设调查规划设计工作的有关问题的说明》，完成了《横县绿色工程总体规划设计方案》，规划设计总任务：通道内尚需绿化林业用地12934亩，乡镇、村屯周围2290亩，公路4489亩，车站、养护站、码头11亩，郁江两岸50.2公里，国有水库及渠堤1271亩，完成时间1999～2001年共3年，根据时间的要求，1999年春至2001年，实际完成通道内林业用地造林45329.9亩，占计划任务17937亩的252.7%。完成乡镇、村屯100米范围造林3483.8亩，占计划任务1204.5亩的289.2%，完成公路绿化161.8公里，植树29.14万株，占计划任务48万株的60.7%，完成江河水库造林绿化 5492.4 亩，占计划任务 1950.6 亩的 281.6%。

2002 年，横县林业局根据广西壮族自治区绿委、广西壮族自治区林业局转发全国绿委、铁道部、交通部、水利部、国家林业局全绿字[2002]2号《关于编制全国绿色通道工程建设规划的通知》要求，于同年 4 月依照《广西绿色通道工程建设规划》工作规程完成了《广西壮族自治区横县绿色通道工程规划设计报告》，通道建设总任务 30914 亩，其中：人工造林 20802 亩，退耕还林 1076 亩，疏残林改造 9036 亩，建设期限为 2002～2010 年。2002～2003 年完成通道内人工造林 32736 亩，占计划任务 13852.5 亩的 236.3%；退耕还林 594.5 亩，占计划任务 381 亩的 156%，疏残林改造完成 5012 亩，占计划任务 4048.5 亩的 123.8%。

【抚育间伐】

新中国成立后，横县加强了植树造林和抚育，特别是改革开放以后，林业有了跨越式的发展，1978～2003 年，横县新增造林 89 万多亩，使横县森林面积达到 205 万多亩，增长 89%。林木蓄积量 370.55 万立方米。随着社会经济建设的发展，对木材的需求量，横县林木间伐量和采伐量不断增加。据 1981～1985 年的不完全统计，横县共间伐消耗木材 201 万立方米，而横县在这 5 年中林木生产量仅为 35 万～50 万立方米，林木采伐量为林木生长量的 6～10 倍。1982 年，全县共采伐林木 19.9 万立方米，而当年生长量仅为 13.9 万立方米，消长量为负值。改革开放以来，特别是近 20 年来，横县一方面加大植树造林力度，另一方面大力封山育林，有效控制采伐量，取得了显著效果。2000 年以来，横县林木生长量每年均以 21 万立方米，林木生长量超过了采伐量，实现了森林面积、森林覆盖率和林木蓄积量三增长，实现了林业的良性循环。

【低产林改造】

改革开放以来，横县加强了对低产林的改造，采取工程造林的方法，对低产林实施改造。2000 年，横县共有低产林 80 多万亩。2000 年来，采取承包、租赁、联营、招商引资的方式，加快了低产林改造。2000～2003 年，横县通过招商引资等方式，实行工程造林，共种上速生丰产林 26 万亩。

【全民义务植树】

1981 年 12 月 13 日，第五届全国人民代表大会第四次会议，通过了《关于开展全民义务植树运动的决议》，1982 年 2 月 27 日，国务院颁布了《国务院关于开展全民义务植树运动的实施办法》，对义务植树的有关问题做出具体的规定。从此，全民义务植树运动以其特有的公益性、全民性、法定性，在全国迅猛地开展起来。横县的全民义务植树也像全国一样，参加人数之多，行动之快，效果之显著，都是新中国成立以来绿化工程中罕见的。1981 年至 1999 年，18 年来全县共完成义务植树 4226 万株，建立义务植树基地 163 处，组织造林 23.66 万亩，建设园林绿地 55 万平方米。横县参加义务植树的人数达到 754.2 万人次，尽责率达 90.7%。在 163 处义务植树基地中，其中县、乡级两级领导绿化点 136 个，造林 11.62 万亩。全县农村、城镇的四旁绿化面积达 8.55 万亩，种草栽花 55 万平方米，农村绿化覆盖率由 1974 年的 16.8%提高到 27.3%，城镇绿化覆盖率由 1974 年的 9.4%提高到 30.4%。2000 年后，义务植树活动持续发展，2000 年至 2003 年 4 年共义务植树 992.3 万株，县乡两级领导办绿化点 66 个，造林 24746 亩，创办义务植树基地 22 个，造林 7814 亩，参加义务植树 153.6 万人次，尽责率达 94.7%。

【生态能源建设】

横县生态能源建设始于 1998 年。横县农村能源办公室是负责全县农村生态能源建设具体工作的业务单位，横县共有生态能源建设管理人员 68 名。

横县县委、县人民政府一贯重视以沼气建设为重点的农村生态能源建设。1998 年专门下发了《关于大办沼气发展生态农业的决定》(横发〔1998〕17 号)文件，2000 年又发出了《关于 2000 年继续大办沼气发展生态农业的通知》(横发〔2000〕15 号)。县、乡(镇)两级都成立了生态农业工作领导小组。几年来，横县县委、县政府一直把农村生态能源建设作为为民办实事重点工作来抓，每年都签订生态能源建设目标管理责任状，并列入“双文明”建设目标考核，特别是 2003 年划归南宁市管辖后，成立了横县生态文明村建设领导小组(横办发〔2003〕75 号)，下发了横县 2003 年生态文明村建设大会战实施方案(横办发[2003]96 号)，更是狠抓以沼气建设为核心，以大力推广“养殖—沼气—种植”三位一体生态能源模式为手段，以不断推进农村人居环境清洁美化、庭院经济高效化、农业生产无害化、政治思想当代化、实现人与自然和谐发展为目的的生态文明村建设。

横县对生态能源建设工作的常抓不懈，抓出了成效，涌现出了一批如附城笔木脚村、平马里衣村、校椅汶塘村和木祥村、六凤细村等生态文明示范村。一是沼气池建设。规划到2007年建池数要达14万座，至2003年底，累计建池44837座，其中1999～2003年共新建37316座，是1999年前建池总数的4.96倍，发展速度较快。至2003年底，横县沼气池入户率达19.88%。沼气池正常使用率90%以上，年产体质沼气燃料1533万立方米以上，折合标准煤1.09万吨，相当于节柴5.49万吨。横县累计培训沼气技术员6959人次，其中具备国家初级沼气生产工资格的技术人员105人。二是省柴灶更新改造及推广。横县省柴灶更新改造及推广任务已于1989年通过国家验收，至2003年底，全县累计推广22万多户，普及率97.5%以上，热效率达28%以上。三是太阳能热水器推广。据不完全统计，至2003年底，横县安装太阳能热水器共有385户1182平方米。四是城镇生活污水净化沼气池。1999年至2003年底区推广建设9座，总容积达289立方米。五是生态文明村。2003年共建设生态文明村10个。

【林业产业】

近年来，一是抓速生丰产短期工业原料林，1999年到2003年，横县营造了以桉树为主的速生丰产工业原料共20多万亩，初步形成了一个新产业。二是茉莉花花茶加工。几年来，茉莉花种植7万多亩，年产茉莉鲜花7万多吨，花期每天上市鲜花100万公斤以上。目前花茶加工企业(厂)达180多家，年加工花茶100多担，加工花茶产量占全国花茶产量的50%以上，年产值达10亿多元，花茶加工形成了全国最大产业地。

一、速生丰产林基地建设

1999年引进南宁凤凰纸业公司投资建立3050多亩速生丰产工业原料林基地；2000年引进广西桂嘉公司在新福、飞龙等乡镇投资兴办工业原料林基地；2001年引进南宁三元公司在南乡镇投资营造工业原料林；2002年，横县林业局与印尼金光集团的金钦林业有限公司签约投资5000万元，营造10万亩速生丰产工业原料林基地，并当年投资造林；2003年底，与广西高峰集团签订投资1亿元营造30万亩速生丰产工业原料林基地。

二、森林资源加工利用

横县自20世纪80年代中期前，森林资源加工利用均实行一家收购的原则，木材经营(加工)以国有木材公司为龙头，兼有几家集体加工企业，如县木器厂、峦城滩头、新镇家具厂等为数不多的加工利用企业，森林资源加工利用业受到一定制约。80年代后期，为有效保护和合理利用森林资源，森林资源加工利用如雨后春笋发展，由原来几家，一跃至2003年275家，加工利用企业多为个体或联合股份制。品种多样，小到日常家庭用的小櫈、小台、书台、办公椅，大到建筑模板、刨花板、夹心板厂、松脂厂等。由原来的小打小闹粗放型加工到现在现代化家具深加工业推进。为横县的富裕劳动开辟了一片广阔天地，为横县经济腾飞创造了良好的环境。

三、森林旅游与森林公园建设

森林风景资源是珍贵的自然文化遗产，科学合理地开发利用好森林风景资源，对林业发展具有十分重要的意义，目前进行建设以森林为主的旅游景点。其中：1.广西横县镇龙九龙瀑布森林公园。1999年开始建设，2000年对外开放接待游人。森林公园面积24599亩，森林蓄积12.31万立方米，原始森林占五分之一。公园内有天然瀑布13条，占地面积1800亩。1998年广西壮族自治区林业局桂林计字〔1998〕153号批准“横县九龙瀑布群森林公园”为省级森林公园。2.广西横县西津湖旅游风景区。2003年，横县县政府由旅游局牵头，对3亿立方米的西津水库，大坝至飞龙乡水面50万亩，主干长36公里的西津湖进行规划，聘请广西旅游勘测设计院进行勘测设计《广西横县西津湖旅游风景区可行性研究报告》，并通过了区级评审。目前正在按规划进行建设中。

四、花卉产业

横县种植茉莉花已有400多年的历史，公元1566年明朝时的横州州判黄济在《君子堂口询手镱》中讲到：“横县茉莉甚广，有以之编篱者，四时常花”。但真正把茉莉花作为一种经济作物来发展却是近20年的事情。70年代，横县茶厂开始引种茉莉花，并扶持周边农民种植。80年代，原国家商业部(现中华全国供销合作总社)确定广西横县为新的茉莉花茶加工基地。横县县政府开始投入大量的人力、物力、财力扶持茉莉花生产。经过二十多年的艰苦努力，茉莉花产业已形成相当的规模。目前，茉莉花种植面积已发展到7万亩，玉兰花1万多亩，年产茉莉鲜花6万多吨，花茶加工企业180多家，年加工花100万担，年产值10亿多元。目前建有三个规模较大设施健全的茉莉花交易市场和全国最大的花坯交易市场。全县从事茉莉花种植的有7万多个农户，30多万花农，每年花农通过销售茉莉鲜花收入达3亿多元，人均达1000元。2000年6月，国家林业局、中国花卉协会命名横县为“中国茉莉之乡”。目前茉莉花发展面临两个挑战：一是花茶加工的茶叶有限，鲜花生产量大，鲜花过剩，花价较低，为此，一是恢复发展名优茶种植，横县曾是有名的产茶大县，有过茶叶种植面积4万～5万亩的历史。计划近3～5年内将茶叶生产恢复到4万～5万亩。二是争取国家或外商建年产40吨纯天然茉莉浸膏和茉莉净油的“广西横县茉莉花香精厂”，将过剩的鲜花进行深加工，增加收入。

【森林资源保护】

横县的森林病虫害防治工作起步较晚，1950～1980年，很少有资料记载(1988年编辑出版《横县志》亦无片语记录)。1986年，横县林业局开始设立森林病虫害防治检疫站，负责森林病虫害的防治工作，但无正式编制。直到1991年5月，根据国务院颁布的《森林病虫害防治条例》等有关规定，横县编制委员会正式批准成立“横县森林病虫害防治检疫站”。

横县的森林面积中88%为马尾松纯林，历来有马尾松毛虫发生成灾的现象，因此马尾松毛虫是横县森林的主要病虫害，据林业部门资料，过去由于无有效防治手段，60年代以来，虫害不断发生，1964年虫害成灾120万亩，1969年成灾80万亩，1974年成灾50万亩，1978年成灾70万亩，至1979年、1980年、1981年年连续成灾，每年虫灾面积均达30万亩以上。据林业部门1982年进行松毛虫越冬代调查，当年受害成灾面积32万亩。1982年和1983年冬春，横县开始用飞机对越冬代松毛虫进行喷洒白僵菌的生物防治试验，收到较好的防治效果。

为了有利于对马尾松毛虫防治的飞行作业，经上级部门批准，1984年在横县马岭公社(乡)修建了一个以防虫为主要用途的简易机场(兼作飞播造林之用)。机场由广西林业厅投资兴建，规划总投资9.8万多元。机场于1984年底竣工，1985年开始投入使用。1985～1992年，先后进行了多次飞防作业，但由于缺乏有效维护等原因，机场现已停止使用。

为了搞好马尾虫毛虫防治工作，目前横县设立了虫情测报中心站，并在各乡镇设立了虫情测报网点共21个，共有虫情专职测报员21人，兼职测报员26人，专门负责马尾松毛虫的监测和防治工作。

自八十年代开始采用飞机喷洒白僵菌进行生物防治马尾虫毛虫以来，由于采取了预防为主，飞防与人工防治相结合，以飞防为主，人工防治为辅，点面结合的方法，至今连续每年坚持进行冬防，使横县的马尾松毛虫灾害已得到有效的控制，受害成灾面积逐年减少，有效地保护了森林资源，现在每年受害成灾面积均控制在万亩以下。

【森林资源调查及监测】

横县在1974年实行了第一次比较大规模的森林资源普查；1980年在1974年普查的基础上采取了抽样调整森林资源的调查；1987年全县进行了第一次森林资源连续清查，1990年进行了横县范围内森林资源连续清查复查，森林资源二类调查，1990年调查的森林覆盖率为26%；2000年全县又进行了一次森林资源二类调查，这次调查，森林覆盖率上升至46%。2001年全县进行了森林分类经营区划调查，几次的调查，摸清了横县森林资源的家底，为加快横县林业的发展提供了正确的依据。是横县森林资源发展史的决策见证。

【林地林权管理】

根据1990年横县森林资源二类调查数据，全县林业用地152362公顷；2000年横县森林资源二类调查数据显示，横县林业用地增至158671公顷，全县林地资源丰富。但是，林地、林权的管理，对林业部门来说是一件十分棘手的问题。涉及千家万户，横县虽在1980年开始了林业“三定”落实工作，但这项工作由于当时体制及管理人员欠缺多种主客观原因，全县林业“三定”工作从试点到普开历时三年，该工作不了了之，得不到一个完美结果，给林地林权的管理带来了难题。林地纠纷、林权争议、侵权侵地案时有发生，特别是林地被毁、被占情况十分严重。林地得不到应有保护，生态环境就受到严重破坏。1996年以来加大了对毁林开垦、未依法办理征占用林地的工程用地、砖厂等进行清理整顿，依照国务院、广西人民政府相继出台保护林地的法律法规、政策。横县县人民政府成立了县保护管理林地工作领导小组，县人民政府副县长任组长，县林业局和有关部门领导任副组长，办公室、林地档案专人负责。利用电视、广播加大宣传力度，提高广大人民群众保护林地和生态环境意识。使全县乱占、乱征林地现象得到了遏制。

【森林采伐与采伐限额管理】

横县森林商品林资源较丰富，全县商品林面积115532.5公顷，商品林活立木总蓄积量达2584804立方米，蓄积年生长量达207042立方米，年采伐量可在10万立方米。80年代中前期，均由县木材公司到乡镇一级村屯生产队签订采伐任务，由木材公司独家收购经营。80年代后期，木材市场渐渐放宽，变成一家收购，多家销售。林木采伐也开始了限额管理，横县林木采伐指标均由南宁地区，现南宁市按横县林木采伐限额统一下达，根据指标限额，做到不超、不乱、不滥。按规定程序审批发放采伐证。并保证林业二金一费正常收取。认真履行采伐限额管理与森林资源消耗量限额的管理。

【木材流通管理】

凭证运输木材，是木材流通管理手段，横县木材运输长期以来均实行了运输证制度，近几年又采取了，运输木材台账及木材经营(加工)单位木材进、出厂来源违规记分卡制度，减少或杜绝无证木材流入市场，有效保护森林资源。

【林业行政案件查处】

虽然林木采伐和木材流通日益规范和加强，但个别地方无证采伐林木，无证运输及非法收购木材的现象时有发生，各种破坏森林资源的违法行为屡禁不止。盗伐、滥伐林木在个别乡镇时有发生。1994年受理林政案件18起，扣留木材383立方米，没收木材47立方米。1998年查处各类林政案件35起，扣留木材288立方米，没收木材187立方米。2002年办理林业行政案件63起，没收木材1066立方米。

【森林公安工作】

横县于1987年组建森林公安，当时称谓是横县公安局林业公安科。从其成立开始发展到现在，机构性质由事业编制变为行政编制，名称也一再更改:1995年改为横县公安局林业警察大队;1999年改为横县公安局森林公安警察大队。从成立开始到现在，森林公安这支队伍在打击各类森林违法犯罪活动，保护全县有效的森林资源，保障全县的林业生产顺利发展上做出了卓效的成绩:共立刑事案件202起，破178起，逮捕犯罪嫌疑人95名，刑拘2人;立治安案件219起，查处171起;受理各类林业行政案件669起，查处668起，处罚违法人员1345人，收缴木材3247.49立方米，挽回经济损失806547.59元。特别是在2004年上半年开展的春季火灾案攻坚战中，森林公安分局的4名民警并肩作战，在当地公安机关的配合协助下一举破了21起案件，逮捕了21名犯罪嫌疑人。攻坚战役中在广西排名前列，这是前所未有的。

【林业体制改革】

根据2000年9月广西林业分类经营改革领导小组办公室《广西壮族自治区森林分类经营区划技术操作细则》要求，2000年11月至2001年5月横县林业局与广西林业勘测设计院，完成了《广西壮族自治区横县森林分类区划界定报告》，生态公益林主要布局于铁路、高速公路、郁江沿线第一层山脊以内，以及林区腹地汇入郁江小河、溪边两侧，以天然阔叶林和灌木林为主，横县用于培育生态公益林的面积51855.9公顷，占林地面积的31%，商品林主要布局于林区公路沿线，地利等级较高的区域，以人工用材林，经济果木林为主，兼以经济价值较高的部分天然阔叶林和部分零星分布于商品林中间的灌木林，土地面积115532.5公顷，占林地面积的69%。在生态公益林中，属国家级面积 为30.03万亩，占公益林(地)面积的38.6%;属省级面积8.16万亩，占10.5%，属地区级面积0.96万亩，占1.2%;属县级面积38.67万亩，占49.7%。区划界定后，制订了经营方针，以保护区域生态环境和发展高效商品林为核心，以生态需求和市场需求为导向，科学为依托，积极进行湘桂铁路、黎钦铁路、桂海高速公路、209国道、郁江、西津水库等生态公益林建设，大力营造优质马尾松用材林基地和短轮伐期工业原料林基地，发展以茉莉花、荔枝、转变经营机制，建立新型、科学的林业发展模式，努力实现森林“三大”效益的协调统一。

【森林生态效益补助试点】

国家对重点防护林，特种用途林的保护和管理实行财政补助，是中国生态环境建设的一项重要举措，实施森林生态效益补助试点工作，目的是根据国家有关生态环境保护的原则，结合本地区的实际，摸索重点防护林和特种用途林保护与管理的经验，探索资金投入和管理机制，然后稳步推进,为逐步建立森林生态效益补偿制度提供可操作的投入机制和管理模式。根据财政部、国家林业局财农函〔2001〕7号《关于开展森林生态效益补偿资金试点工作的意见》,广西壮族自治区财政厅、林业局桂财农函〔2002〕9号《广西壮族自治区关于开展森林生态效益补偿资金试点工作的意见》文件的要求,随后2002年3月编制完成了《横县森林生态效益补助资金试点实施方案》,横县重点防护林和特种用途林保护和管理试点任务为22.16万亩,其中:水源涵养林16.46万亩,水土保护林5.52万亩,护岸林0.15万亩,名胜古迹林0.04万亩,主要布局于郁江两岸第一层山脊以内的林地;五个中型水库第一层山脊以内的林地,面积相对集中连片,经营管理相对集中,对于实施统一管理相对较易,发挥生态效益也较显而易见。2002年8月,根据广西壮族自治区财政厅、林业局桂财农函〔2002〕9号《广西壮族自治区关于开展森林生态效益补助资金试点工作的意见》文件要求,结合《横县森林生态效益补助资金试点实施方案》,编制完成了《2002～2005年横县国家重点防护林、特种用途林保护和管理设施规划》按照规划,与13个乡镇、65个村的农民签订森林生态效益补助试点面积22.16万亩,共58个管护小区,签订管理合同655份,2002、2003年每年发放管理资金77.57万元,建立森林生态效益补助试点宣传牌4块,瞭望台4座,购制防火通信器具5台,扑火机具13个;进行病虫灾防治一次,撒放药品1000公斤,购制森林资源监测仪器10个(套),并建立了监测体系及开始工作;购置森林公安器具3套,并建立了保护网络,按要求进行了监控。

【非公有制林业的发展】

横县非公有制林业是党的十一届三中全会以后发展起来的。1987年5月,横县县委、县政府在《关于实现十五年基本绿化横县的决定》中:"对开发荒山的,坚持'谁种谁所有,谁种谁收益'的政策,谁使用、谁投资、谁受益的方针,农民的自留山或责任山限制绿化,绿化成果允许依法继承和转让,鼓励企事业单位、社会团体和个人承包荒山绿化;积极支持农民发展专业户、重点户或联合体,股体制经营,从事林业工程的,优先给予农业综合开发项目资金和低息贷款。"优惠政策的出台,广大农民吃了定心丸,开发荒山,承包荒山,种果,种林。据不完全统计,到1999年底,横县非公有制林业造林面积达179724万亩,共46016户,其中:农民造林39896户,造林137848亩,分别占总户数的86.7%和76.7%。工人干部3773户,造林18691亩,分别占总户数和造林面积的8.2%和10.4%,企业家2347户,造林23184亩,分别占总户数造林面积的5.1%和12.9%。

在造林面积中,按经营规模分,造林面积2000亩以下的占46014户,造林面积173754亩;造林面积在2000亩以上的2户,造林面积5970亩;按林种分,用材林41555亩,占造林面积的23.12%,经济林138169亩,占72.88%。用材林树种主要有:良种桉、杉木、湿地松;经济林树种主要有:荔枝、龙眼、桑蚕、茉莉花等。

2000年开始,非公有制林业在农民个体为主转变到集约经营为主的生产方式,扩大招商引资。林种从用材林为主转到以速生丰产工业原料林为主。2000年度,横县非公有制林业造林39137.6亩,占横县造林面积的95.7%,其中引进外地客商和外商三家,造林17727.1亩,全部为速生丰产工业原料林,县内股份造林3家,造林14690.5亩,造林农民个体151户,造林6720亩,50%造林树种为工业原料林。

2001年,横县非公有制林业造林19733亩,占横县造林面积的80.5%。其中:外商2家,造林9653亩,县内股份制经营2家,造林1210亩,农民个体127户,造林8870亩。

2002年,横县非公有制林业造林41859.5亩,占横县造林面积的96.3%,其中:外商2家,造林10045.5亩,县内股份经营4家,造林11814亩,农民个体278户,造林20000亩(退耕还林)。

【土山马尾松封山育林验收与推广】

为探索丘陵土山区大面积工程封山育林提供科学依据,实现造林灭荒,绿化达标。1990年元月,广西壮族自治区林业厅林营字[90]03号《关于建立封山育林试验区报告的批复》"同意在横县建立土山封山育林试验区"。1990年11月,广西壮族自治区林科字〔1990〕3号下达《横县土山马尾松封山育林试验与推广》科学技术研究项目合同。1990年11月于横县的良圻、六景两个镇的木塘村、小王村一带建立8260亩封山育林试验区,期限6年,试验期满,试验区林木郁闭度达0.5以上,每亩林木株数200株以上。平均树高达3.0米以上,横县推广面积100万亩以上。根据研究合同要求,横县进行了:疏林地封山育林的试验研究;有苗地封山育林的试验研究;采伐迹地封山育林的试验研究；母树飞籽成苗与林地距离的试验研究；宜林荒山补植封山育林的试验研究等6个项目的试验研究。根据原来的林地林木情况和林地的灌木、草本植被情况，类地不同类型的封山育林区，分别采取不同的封山育林技术和措施。1997年12月，广西壮族自治区林业厅组织进行成果鉴定：试验规模为8260亩，年限是1991至1996年封山育林6年，平均每亩自然增加林木112株，平均每亩到达293株，平均高达365厘米，林木郁闭度超过0.5，推广面积125.02万亩，试验研究达到了设计要求，该成果1998年七月获“广西林业科技进步三等奖”。

【工厂化容器育苗研究】

国外松、桉树为华南地区的主要树种，由于国外松种源缺乏，桉树裸根苗造林成活率达不到30%，为解决种苗困难及多季节造林等林业生产中的重大技术难题，以及探索华南地区桉树和国外松容器苗生产的育苗与设备配套技术，生产优质容器苗，提高造林成活率和保存率。广西壮族自治区林业科学研究所与横县林业局共同承担“七五”国家攻关专题“华南地区年产100万株容器苗工厂化生产技术的研究”，时间1986年7月～1990年12月，根据要求进行了：营养基质配制的研究；育苗容器类型规格选择的研究；容器苗环境因子控制的试验研究；容器苗的CO_2施肥试验；不同季节育苗和茬口能力育苗试验；容器苗标准的探讨；工厂化生产的试验共8个专题试验研究。1990年12月，由国家林业部科技司组织成果鉴定：通过5年的试验研究，筛选出既适宜松、桉苗生长又便于机械化作业的基质配方、容器类型规格、追肥技术，并摸索出松、桉苗CO_2施肥的适宜浓度和容器苗冬、夏季保温、降温的控制技术，促进了苗木生长，使苗木能提前一个月出圃造林，从而完善了育苗工厂化生产技术的组装配套，建成了年产130万株容器苗的育苗工厂，并已生产出116.5万株松、桉容器苗，造林5208亩，并使华南地区夏季造林成活率可达92.5%以上，春季造林的可达95%以上。该成果于1990年12月7日通过部级鉴定，达到了林木容器苗工厂化生产的国内领先水平。该成果1992年获林业部科技进步三等奖。利用该容器育苗技术，在全县22个乡镇中的13个乡镇建立容器育苗苗圃，年产容器苗500万株以上，为造林灭荒，绿化达标打下良好的基础。

【ABT生根粉用于桉树扦插育苗试验】

扦插育苗是繁育优良无性系的有效途径，但生根难的问题一直阻碍着桉树扦插育苗的发展，为解决扦插生根难的问题，提供规模繁育优良桉树扦插苗。1990年，广西壮族自治区林业技术推广总站下达给横县林业技术推广中心《ABT生根粉用于桉树扦插育苗试验》项目，时间1990～1992年，共2年，生产10万株以上优质扦插苗，并且扦插成活率大面积推广要达到50%至70%的指标。根据要求，进行了不同基质对巨尾桉插穗生根的影响；不同浓度ABT对巨尾桉插穗生根的影响；不同浓度ABT对巨尾桉插穗的根系及生根速度的影响等3个试验。两年间，共生产了巨尾桉扦插苗175万株，总结出适宜桉树扦插的基质和不同浓度的ABT生根粉对桉树生根速度，该成果1992年通过省级鉴定，1993年获自治区科技进步二等奖。

【林木栽培研究】

为探索良种桉在良种选育、选地、造林密度、整地方式、定植时间、林间套种、施肥等系统配套经营技术，使良种桉生产达到速生高效，横县林业技术推广中心自选《良种桉高效经营技术研究》专题，研究时间：1990年1月至1994年10月，设计规模4500亩，年生长量1.2立方米/亩，5年主伐，亩蓄积6立方米，推广面积60000万亩。根据要求，科技人员进行了：不同树种造林对比试验；不同造林季节造林对比试验；不同造林密度对比试验；套种与不套种西瓜造林对比试验；不同整地方法造林对比试验；不同土壤含沙量造林对比试验；地膜覆盖造林与常规（对照）造林对比试验；营养苗与裸根苗造林对比试验等8个对比试验，同时，在横县有关乡镇进行推广种植。1994年11月，原南宁地区科委对成果组织鉴定：研究的科技含量高。在项目的实施中，系统配套地采用了良种、选地、适当密植、机耕整地、套种西瓜、合理施肥等系列措施，应用了高科技成果，科学性强，突破了传统人工造林的做法，将营林技术提高到了一个新的水平，这一项目的实施，为科学种植树立了榜样，试验林面积6514亩，推广面积6.37万亩，规模大，效果好，林木的年生长量达1.51立方米/亩以上，部分林分达2.51立方米/亩，投入与产出比为1∶7以上，提前一年超过了原计划的各项技术经济指标。该研究达国内同类研究先进水平。该成果1995年获自治区科技进步三等奖。此外，

《良种桉短周期工业用材林综合技术开发》是国家级星火计划，由广西林业技术推广总站负责实施管理项目，实施时间1992～1996年，实施单位：广西林业技术推广总站、广西国有东门林场、广西钦州市林科所、广西林科院、广西国有林场开发公司、广西林业厅速丰站、广西林业厅种子站、合浦、象州、钦南、武鸣、横县、来宾、武宣等县林业技术推广站。实施总面积120万亩，其中示范林4.5万亩。横县实施面积6.0万亩，占总面积的5%。示范林面积6000亩，占示范林的13.3%。根据各项目县的任务，横县进行了：不同造林密度等4项试验，1996年10月，横县实施面积达6656亩，示范林面积6583亩，3.5～4年生产立木总蓄积量44659立方米，平均亩蓄积量6.8047立方米，平均年生长量1.70立方米/亩。该项目1996年12月，由广西壮族自治区科委组织鉴定：项目实施总面积120.9万亩，为项目合同数的100.35%，其中示范林8.56万亩，为合同数的1.9倍，年亩蓄积生长量1.68立方米，超过合同规定。该成果接近国际先进水平，该成果1998年12月获国家科技进步三等奖。

（横县林业局）

宾阳县林业

【概　述】

新中国成立以来，宾阳县认真贯彻以营林为基础的方针和“谁种谁有”等林业政策。1951年开始，发动群众采种育苗，植树造林。1956年以后，每年春季都开展群众性造林运动，林业有了较大的发展。1958年，由于受“左”的影响，在全民大办钢铁的号召下，大量木材被砍伐用于大炼钢铁，使林业生产受到极大的创伤。“文化大革命”十年浩劫期间，乱砍滥伐现象极为严重，林业生产处于历史性低谷。70年代中期，宾阳县被广西列为以杉木为主的用材林基地重点县。1978年7月，成立“宾阳县治山造林指挥部”，掀起新一轮的造林热潮。改革开放以来，宾阳林业取得长足的发展，1993年实现了造林灭荒达标；1994年被国家林业部授予全国平原绿化先进单位；1995年实现绿化达标。近年来，宾阳县大力调整林业结构，推进林业产业化发展。目前，宾阳县共有大小木材加工厂300家：其中木片加工厂4家，年加工木片12000绝干吨，单板加工厂6家；在建松香厂1家；有以金光集团、高峰集团以及振阳、恒发等公司为首的10家民营企业、公司在宾阳投资营造速丰林，宾阳发展速丰林达4000公顷；竹编产业发达，每年竹编出口额达5000多万元。

【林木种苗生产建设】

据统计，1986～1992年，宾阳县累计采集、收购马尾松种子7万公斤，其中宾阳县采集、收购3万公斤，从外地收购4万公斤；1988～1992年，宾阳县每年群众培育杉木苗约500万株；1992年以后，每年培育杉木苗30万～50万株；1999～2003年，宾阳县共培育速丰桉扦插苗近700万株。2003年，宾阳县种苗站被评为“全国林木种苗行政执法和质量监督先进单位”。

【营造林】

1999～2003年，宾阳县完成人工造林5260.0公顷，其中速生丰产林4015.1公顷；封山育林4272.0公顷；四旁植树235.0万株。目前，宾阳县有林地面积8.0008万公顷，森林蓄积量231.424万立方米，森林覆盖率32.0%。

【速生丰产林基地建设】

宾阳县从1999年起，引进金光集团、振阳公司等林业企业进来发展速丰林。目前，宾阳县速丰林基地10个，面积4000公顷。

【经济林建设】

宾阳县主要经济林树种有：龙眼、荔枝、八角、油茶、柑橙、玉桂，现有经济林面积5910.0公顷。

【封山育林】

1999～2003年，宾阳县完成封山育林面积4272公顷。封山育林实行工程化管理，科学封山，把封山育林与改燃节柴工作相结合，建立健全的管护组织和制度，加强对封育区的管护。

【退耕还林工程】

自2001年开始实施退耕还林以来，共完成退耕还林4000公顷，其中退耕地面积1333.3公顷，荒山造林2666.7公顷，兑现粮食补助455.2万公斤，现金补助53.0万元，3379个农户从中受益。共完成投资923.3万元，其中粮食折资637.3万元，种苗费265.0万元，科技支撑及其他费用21.0万元。

【珠防林工程】

2001年开始建设珠防林工程，目前，共完成珠防林工程造林 600.0 公顷。珠防林营造混交比例达 35.0%。

【绿色工程】

1999 年至今，共完成绿色工程造林 1354.0 公顷，其中：高速公路基干林带 42.0 公顷，国道 806.0 公顷，县、乡道 506.9 公顷。造林面积中：宜林荒山造林 1078.3 公顷，退耕地造林 259.6 公顷，疏残林补植 16.1 公顷。

【抚育间伐】

近年来，宾阳县积极开展抚育间伐，把抚育间伐作为提高营林质量重要手段，作为营林工作的重要工作来抓。1999 年以来，宾阳县共进行森林抚育间伐 78.4 公顷。

【低产林改造】

宾阳县把低产林改造作为发展高效、高产、优质林业的重要渠道，同调整优化林业结构结合起来抓紧抓好。从 1999 年至今，共完成低产林改造 1396.0 公顷。

【全民义务植树】

宾阳县历来重视开展全民义务植树工作，在总结"九五"期间开展全民义务植树活动的基础上，面对新形势改变了开展全民义务植树活动的方式，实行以资代劳等，使全民义务植树活动的势头保持经久不衰。从 1999 年至今，累计参加全民义务植树 170 万人次，植树 595.0 万株。

【生态能源建设】

宾阳县沼气池建设工作从 1983 年开始，1985～1987 年因能源建设工作重点转向省柴节煤灶的推广，沼气池推广工作也因此暂停。1997 年宾阳县再次掀起建设沼气池的高潮，至 2003 年宾阳县共建成沼气池 16010 座，入户率 9.3%。2003 年，因区划重组，宾阳县加入南宁市后，开始建设生态文明村，当年首批建设的 10 个生态文明村全部通过市政府验收，从此拉开了宾阳县建设生态文明村的序幕。

【林业产业】

多年来，宾阳县积极调整林业结构，加快推进林业产业化进程。目前，宾阳县基本形成经济林基地、生态公益林基地、以速生丰产林为主的工业原材料基地、以松木和杉木为主的用材林基地、水源林基地的林业体系。同时，宾阳县积极扶持、培育科技含量较高的林业企业。通过培育龙头企业，逐步形成"公司＋基地＋农户"的经营模式。

一、森林资源加工利用

截至 2003 年，宾阳县有木材加工企业 300 家：其中木片加工厂 4 家，年加工能力可达 12000 绝干吨，单板加工厂 6 家；在建松香厂 1 家，预计年产松香 5000 吨，年产值可达 2170 万元；在建中密度纤维板厂 1 家，项目总投资 1798 .8 万元；竹编加工厂 8 家；宾阳县竹编产值达 5000 万元。

二、园林花卉产业

宾阳县现有花卉苗圃 10 多个，经营总面积 450 亩，其中，林业系统国有苗圃 3 个，经营面积 200 亩；非林业系统有苗圃 3 个，经营面积 200 亩；个体苗圃 5 个，经营面积 50 亩。宾阳县年产花卉约 20 万株（盘）。

【森林病虫害防治】

宾阳县森林虫害主要有：马尾松毛虫、竹象鼻虫；主要森林病害有：杉枯病、桉青枯病。60 年代前对松毛虫防治缺乏有效措施，1973 年在广西范围内开始利用白僵菌防治松毛虫，利用白僵菌防治松毛虫这一有效办法一直被沿用。90 年代开始，宾阳县认真贯彻"预防为主、综合治理"的方针，坚持年年喷洒白僵菌，大力封山育林，改变树种、林种，改善森林生态环境，保护和利用天敌，从而达到降低出口密度，实现了持续控灾的目的。1996 年，宾阳县成立森林病虫害防治检疫站，专职负责森林病虫害防治检疫工作。1999 年国家林业局将宾阳县列为国家级松毛虫工程治理首期工程县之一。2000 年国家林业局又将宾阳县列为国家级森林病虫害中心测报点，主测对象马尾松毛虫。通过中心测报点的运转，建立了县、乡、村三级测报网络，使宾阳县松毛虫测报工作迈上了新的台阶。

【野生动植物保护与管理】

宾阳县境内有多种国家二级保护野生动植物和多种广西重点保护野生动植物。1999 年，在黎塘新埠桥苗圃处设立南宁地区野生动物收容救护中心宾阳县野生动物收容救护站。1999～2003 年，宾阳县共查处各种野生动物案件 117 起，收缴解救各类野生动物 34605 吨和 13159 只。

【森林资源调查与监测】

新中国成立以来，宾阳县先后进行了森林资源二类调查和森林资源规划设计调查四次森林资源普查，分别于 1960 年、1974 年、1990 年、1999

年进行。森林资源的调查与监测，为进一步实现科学分类经营、编制森林经营方案、制定合理的采伐限额提供科学的依据。

【林地林权管理】

严格按照《森林法》等法律、法规规定管理林地林权。依法办理国家项目工程建设中征、占林地手续，严把审核审批关，按规定征收森林植被恢复费。配合退耕还林项目实施，积极做好林权证发放，到目前止，宾阳县共受理申请退耕还林林权登记证 39 宗，核发林权证 39 宗，面积 7585 亩。

【森林采伐与采伐限额管理】

宾阳县森林采伐严格执行限额采伐制度。“九五”期间，宾阳县森林采伐限额为 6.4383 万立方米，“十五”期间，森林采伐限额为 14.941 万立方米，每年林木采伐证的发放都没有超指标、超限额 。对森林采伐，宾阳县严格执行伐前调查设计，伐中跟踪监督，伐后检查验收的制度。

【木材流通管理】

木材流通管理坚持凭证运输制度，坚决贯彻执行《广西壮族自治区木材运输管理和签发规定》。自 1999 年以来，全县共发放木材运输证 2.705 万份，运输木材 12.6876 万立方米。5、林业行政案件查处。加强林业行政执法力度，严厉打击违法运输、非法贩卖木材行为，这是保护森林资源重要而有效的途径。1994 年以来，共查处林业行政案件 11376 起。没收违法木材 3.713 万立方米，挽回经济损失 780 万元。

【森林防火】

50 年代以来，森林火灾时有发生，并呈现周期性现象。1986～2003 年全县共发生森林火灾 127 起，其中森林火警 51 起，一般森林火灾 75 起，重大森林火灾 1 起。过火总面积为 4561.4 公顷，受害森林面积为 1324 公顷。多年来，除了 1988 年、1989 年、1993 年和 1998 年森林火灾受害率超过 2‰外，其余年年达标。1994 年和 1997 年森林火灾受害率 0‰，两年都获原南宁地区森林防火目标管理一等奖；1999 年森林火灾受害率为 0.43‰，获原南宁地区森林防火目标管理二等奖。

1999～2003 年宾阳县森林火灾发生情况表

	森林火灾次数(次)					场总面积（公顷）	受害森林面积(公顷)			损失林木	
	计	森林火警	一般火灾	重大火灾	特大火灾		计	其中 原始林	其中 人工林	林蓄积 (m^3)	幼林株数（万株）
合计	41	10	31			909.4	173.4		173.4	5215.4	8.45
1999 年	9	2	7			215.2	23.6		23.6	191	2.2
2000 年	5	1	4			153.1	48.9		48.9	1560.8	3.8
2001 年	2	2	0			3.9	1.3		1.3		0.15
2002 年	13	4	9			143.5	37.4		37.4	1285	2.3
2003 年	12	1	11			393.7	62.2		62.2	2178.6	

1956 年 6 月首次成立宾阳县森林防火指挥部；1987 年成立宾阳县森林防火指挥办公室；1992 年成立首支森林消防专业队，队员 30 人，配备有手持对讲机、风力灭火机、扑火二号工具、运兵车 1 辆、指挥车 2 辆。为了贯彻“打早，打小、打了”扑火方针，适应新形势的要求，2003 年宾阳县在山区乡镇建立 16 支森林消防半专业队共 360 人。

宾阳县共有 80 名护林员，设立 4 个瞭望哨，配备 8 名瞭望员，防火期实行全天候瞭望、巡逻；县森林防火指挥办公室人员在防火期实行 24 小时值班，保持通信畅通，做好火警记录。宾阳县形成了比较完备的防火监察网络。

宾阳县防火阻隔网络总长度 561 公里，其中工程阻隔带 223 公里，生物防火林带 50 公里。宾阳县在充分利用自然阻隔带的基础上，积极建设生物防护林带，并且要以新型林带为主，增强森林防火综合能力，实现森林防火科学化、规范化。

【森林公安工作】

1987年12月成立宾阳县公安局林业公安科，1998年更名为宾阳县公安局森林公安警察大队。林业公安自成立以来，共查处案件2470起，其中刑事案件107起(重、特大案件41起)，治安案件79起，林政案件2284起，打击处理各类违法犯罪嫌疑人员3104人次，没收来源不合法木材2.2万立方米，查获没收各类野生动物8万公斤，为国家挽回经济损失2380多万元。森林警察大队荣获集体三等功2次，集体嘉奖共12次，个人荣获三等功5人次，个人嘉奖共54人次。

【林业执法】

宾阳县林业执法队伍齐全，有林政执法，森林检疫执法、种苗执法队伍。宾阳县林政执法队伍共有93名具有执法资格，其中在执法岗位的执法人员68人；森防检疫 执法人员3人；种子苗木执法人员7人。

【林业分类经营】

1999年宾阳县林业局着手开展森林资源分类经营，2000年下半年完成宾阳县森林资源分类经营区划。按照森林主体功能及自然规律和经济规律规划，将森林划分为公益林区2734.3公顷；商品林区56043.8公顷。

【职工自营经济】

1995年底，林场将土地分解给职工，实行职工自营经济。当年，职工自营经济收入41万元，2003年，自营经济总收入105万元，自营经济表现出了强劲的发展势头。实践证明，发展自营经济成为林场职工增收的主要来源，是国有林场走出困境的重要途径，并且能充分解放林场生产力。

(宾阳县林业局)

上林县林业

【概　述】

上林县位于广西中南部，北靠马山、忻城、东接来宾，西连武鸣，南接宾阳，属亚热带季风型气候，年平均气温20.9℃，无霜期337天，极端最高温度为39.7℃，极端最低温度－1.7℃，年平均日照时数为1599.3小时，年均降水量1789.3毫米。上林县辖7镇6乡，131个村委(居委)会，总人口45.22万人，其中农业人口43.6万人。

上林县土地总面积281.13万亩，其中林业用地面积131.77万亩，占46.87%；有林地面积72.78万亩，灌木林地面积50.84万亩，宜林荒山面积3.82万亩，可造林石山面积2.10万亩，森林覆盖率(含灌木林)43.97%；活立木总蓄积量152.23立方米。

上林县林业资源具有独特的优势和潜力。一是区位优势。背靠大都市南宁，交通便捷；境内有大明山，北回归线横贯县城；土壤肥沃，光照充足，雨量充沛，冬暖夏凉，非常适宜各种林木生长发育，特别适宜发展八角、茶叶、甜竹、速丰林以及药用植物等高效经济林种。二是产业优势。八角和茶叶是上林的传统产业，并已形成了一定规模，如在资金、科技方面增加投入，前景将更加广阔。三是生态环境优势。境内高山秀水，绵延起伏，环境优美，有两个自治区级以上的自然保护区，大明山国家级保护区和广西龙山自然保护区，有各类天然防护林和特种用途林66.8万亩，有世界闻名的大型熔岩水库——大龙洞水库，有大明山天坪、下水源等等美不胜收的景区，发展生态和休闲旅游得天独厚。

【退耕还林】

2002年，广西壮族自治区下达给上林县2002年度退耕还林工程任务为4.0万亩。其中：退耕地造林2.0万亩，宜林荒山造林2.0万亩。2003年退耕还林3.5万亩，其中退耕地造林1.5万亩，荒山造林2万亩。

上林县县委、县政府对退耕还林工程建设工作十分重视，成立了由县委书记、县长为指挥长的退耕还林工程指挥部，分管副书记、副县长亲自挂帅，在人力、物力、财力上给予极大的倾斜，并纳入领导责任目标管理。各乡(镇)也成立相应的组织机构，形成了上下对口，管理严密，责任落实的组织体系，落实工作目标责任制，层层签订退耕还林工程建设目标责任状和工程建设技术责任状，采取各级主要领导负总责，分管领导具体抓的办法，加强对退耕还林工作的组织领导。县退耕办从粮食、财政、计划、林业等部门抽调18名精干人员组成，保证了退耕还林工程有一支思想素质过硬、业务熟练的技术骨干队伍操作实施。

上林县退耕还林指挥部定期召开退耕还林工作会议，听取各阶段工作汇报，研究和部署各个时期的工作，经常深入各乡(镇)督促检查实施进展情况，及时研究解决实际工作中存在的问题和困难，确保退耕还林工作顺利实施。

上林县县委、县政府在县财政十分困难的情况下，仍千方百计解决工程建设的启动资金，使退耕还林工程建设工作得以顺利开展。县、乡两级都设有退耕还林工程建设示范点，以点带面，推动了退耕还林工作全面完成。

通过召开各级动员会，发放宣传册子、宣传挂历、技术资料、张贴宣传标语、横额、建立固定宣传牌、出动宣传车、进行文艺演出，利用上林有线电视及《上林报》进行宣传等，大张旗鼓地宣传国家退耕还林政策，使之家喻户晓，充分调动农民参与退耕还林的积极性。在做好宣传发动的同时，着重抓好退耕还林的技术培训工作，各乡村都举办了技术培训班，由县培训乡镇分管领导和乡镇林业站技术人员，乡（镇）培训村干，村干培训队干，做到层层抓培训，级级有骨干。同时，根据退耕还林的工作进展，按工作程序进行阶段性培训，通过狠抓培训工作，使上林县退耕还林从始至终严格按照技术规程实施。

上林县的退耕还林工程启动以来，随着县、乡、村的宣传发动工作的不断深入，退耕农户对退耕还林的重要性有了比较深刻地认识，对退耕还林的政策有了比较深刻地理解，自觉地投身到退耕还林工程建设中。对签订退耕还林工程建设合同的农户，上林县按政策要求及时预兑现当年50%的补助粮食，提高群众退耕还林的积极性，也使农民群众成为了国家退耕还林政策真正的受益者，同时把退耕还林与扶贫开发、旅游开发、能源建设、农业综合开发、农村产业结构调整相结合，出台了有关政策措施，鼓励有实力的单位、经济能人、大户承包退耕地、宜林荒山造林，明确责、权、利的关系，既保障经营者利益的合法性，又加快了退耕还林工作实施进程，确保按时按质按量完成任务。

上林县林业部门发挥市场机制作用，拓宽育苗渠道，鼓励国有、集体、个人等多种所有制育苗，满足了上林县退耕还林和造林用苗。林业等有关部门认真做好苗木的组织、调度、发放工作，缩短种苗出圃后的滞留时间，提高造林成活率。严把苗木质量关。全县生产、销售的树种和苗木均经县林业部门出具标签、质量检验证和检疫证方给农户造林。

上林县退耕还林实行报账式财务管理制度，各乡镇所领取苗木均经领苗农户签名，退耕还林面积张榜公布，县乡两级设立退耕还林举报电话，接受群众和社会监督，提高退耕还林工作的透明度。

上林县退耕还林的树种90%以上林木是八角、速生桉、竹子、任豆、茶叶、果树类等生态、经济效益兼备的树木，使农户在享受国家退耕还林政策实惠的同时，今后还长期地享受到工程产生经济效益带来的切实利益，充分调动群众退耕还林的积极性，确保退耕地退得下，稳得住，不反弹。

【八角中低产林改造】

上林县属于南亚热带地带，气候和爽，冬暖夏凉，土地肥沃，通年雨量充沛，光照充足，傍山依岭适宜种植八角树，人称“八角之乡”。

上林县有着两百多年的八角栽培历史。上林人早在清朝时代就开始引种八角。由于大明山的区域优势，常年降雨量多，湿度大，雾气浓，所生产的八角果大饱满，色泽金黄，香味浓烈，含油量高，质量上乘，因而名扬千里，四海畅销。地处大明山脚一带的巷贤镇、大丰镇、西燕镇等地两万多农民八角专业户，主要经济来源都来自八角。八角生产还为地方财政提供了取之不竭的税源。改革开放以后，各级政府意识到发展八角生产在上林县农业结构调整和山区综合开发中所起到的举足轻重的作用，因此，大力发展八角生产。80年代初期，上林县拥有八角种植面积才是1.5万亩，尔后逐年扩种，到2003年底，上林县八角种植面积已达15.19万亩。八角生产是上林县一项传统产业，同时也是上林县推进经济发展的支柱产业。抓好八角生产，拓宽致富门路，是上林人加快建设小康社会的明智举措。近年来，八角给上林县的经济腾飞添了“金翅膀”。全县干八角果常年总产量为3500吨左右，年产值达5000万元以上，为国家提供税金近200万元，林农人均收入稳定在1760元上下。

作为上林县的传统产业，八角生产由于种植历史悠久，品种老化不纯，管理粗放以及病虫的危害，导致八角产量低。上林县已挂果的八角林有8万亩，其中5万亩属于中低产量，平均年亩产才是30公斤左右，甚至有的常年不挂果，或两、三年才挂果一次，产量极低！针对八角低产所占比重大的状况，县里召开了专题会议，共同探讨了八角低产的原因和对策。上林县县政府、县人大以及县林业局的领导组成了调研组，深入到八角产地分别调查研究。同时，还提取八角植株标本和土壤标本 18 份送广西壮族自治区林科院进行化验。终于得出结论:土壤养分不足、八角株密度大以及病虫为害是造成八角低产的主要原因。为此,县里成立了八角低改领导小组,扎扎实实地把八角低改工作作为贯彻落实广西壮族自治区党委提出的“1234610”工程思路,作为落实“三个代表”为民办实事的一件大事来抓。为了引导广大林农积极参与八角低改工作,加快全县林业产业结构调整,发展地方特色产业,根据县委、县政府制订的实施 6 万亩八角低产林改造的工作目标。

自 2001 年,上林县林业局以来分别在各乡镇举办了八角低改技术培训班 26 期,受训人数达 5000 多人次,发放八角低改技术资料 1500 多份,全县大造八角低改声势,充分利用报纸、电台、宣传车、墙报、标语、宣传栏、座谈会等形式对八角低改的意义、目的及技术问题进行广泛宣传,使八角低改工作家喻户晓,深入人心。其次,建立八角低产改造示范片,示范面积 333 亩。在三年示范期内,每年无偿扶持每亩 150 公斤八角专用肥及专用农药。同时,针对当地八角林分密度过大、病虫害严重、大小年明显、产量低的特点,采取合理间伐、垦覆、施肥、剪枝等科学技术措施,改善八角林分通风透光条件,增加叶片光合作用,提高开花座果率。通过样板示范点的经验推广,上林县八角低改工作全面铺开。

国家西部大开发、生态公益林补助试点工程和退耕还林等政策措施的实施,为上林县的八角产业进一步发展提供了大量的财力,为上林县八角低改工作带来了难得的机遇。借此东风,全县打响了八角低产改造翻身仗。根据 2001～2003 年统计,上林县八角低改示范点未实施低改前平均每年八角干果产量为 40 公斤/亩,实施低改后第一年按增幅 112.8%,增产了 45.12 公斤/亩,第二年增幅 37.2%,增产 29.66 公斤/亩,第三年增幅 55.6%,增产 62.82 公斤/亩,实施低改后,3 年时间每亩单产增收 137.60 公斤,增幅 342.5%。林农年人均增收 300 元。红杏出墙,八角低产林改造示范点的成功经验犹似一把火点燃了上林县八角低改工作的前进火炬。广大林农尝到了甜头,体会到了低改工作带来的巨大经济效益和生态效益,因而喜上眉梢,信心倍增。西燕镇八角专业户李坚民,种植八角树 200 株,2000 年前没有产量,2001 年开始实施低改措施,科学管理,当年即采收鲜果 1050 公斤。此后年年产量增加,稳产高产。县林业局组织全县林农到低改示范点、样板户参观取经,进一步激发广大林农进行八角低改的自觉性。榜样的力量是无穷的。如今,上林县的八角低改工作正在紧张、有序地稳步进行,群众性的八角低改热潮持续掀起,低改带来新活力,低改带来新气象!

【农村能源生态建设】

上林县农村能源生态办公室成立于 1983 年,二十多年来,农村能源生态办公室工作人员动员全县广大农民群众致力于以节柴灶、沼气建设为主要内容的农村能源生态建设,取得了丰硕的成果。特别是从 1999 年以来,为了改变农村贫穷落后的面貌,改善生态环境和农村居住卫生条件,增加农民收入,促进农业和农村经济健康协调发展,使广大农民过上文明富裕的生活,各届县委、县政府十分重视农村能源生态沼气池的建设,提出了“养殖—沼气—果(菜)”三位一体的农村能源生态建设模式,把发展沼气作为推动农村发展、实现农民增收、全面建设小康社会的重要途径来抓、作为政府调整产业结构、实现资源、环境、经济和社会可持续发展,提高农村生活质量和文明素质的一个重要举措。将沼气建设工作列入了国民经济发展总体规划,纳入了县委、县政府为民办实事工作计划和“三文明”建设目标考核主要内容之一。县里专门成立了“上林县农村能源生态建设领导小组”,由县长任组长,分管农业的副书记、副县长任副组长,相关部门的主要领导为成员,做到任务明确,责任到人,奖惩兑现。并出台了包括政府补贴、土地优惠等一系列优惠政策。上林县把沼气建设与退耕还林工程、石漠化治理工程以及生态文明村建设相配套,并与生态农业建设、农业综合开发以及扶贫开发紧密结合,有力地推动了上林县农村能源生态沼气建设的快速发展。

为了鼓励广大农民建设沼气,加快农村沼气建设步伐,把沼气之火燃烧更大、更旺,上林县县委、县政府于 1999 年、2000 年连续两年从地方有限的财力中,拨出专款 80 万元给县水泥厂实行以奖代拨,极大地调动了群众的建池积极性。同时,农户每建一座沼气池奖励 10 包水泥。上林县 2002 年、2003 年连续两年争取了国家“农村小型公益项目”和“农村沼气建设国债项目”资金累计达 198.6 万元,用于农村沼气建设,在全县 7 个乡镇 200 多个自然屯,共 2386 农户实施了以“一池三改”和“一池五改”为主要内容的项目建设,每个项目农户给予500～1000元的补助。为了保证沼气池的质量，做到建设一座成功一座，确保广大农户用得上气，上林县以能源办为骨干的技术部门严把技术和材料关。凡参与沼气建设的技术人员须具有国家级以上沼气生产工资质，在施工过程中严格按技术操作规程施工，县政府统一招标采购灶具及配套材料，严把材料的质量关。对建成的沼气池，县能源办严格按照技术标准统一组织验收，统一编号归档。

由于有各级政府领导的高度重视和一系列优惠政策的实施，有各部门各单位的“结对子”帮扶以及全县上下广大干部群众的大力拥护和努力，极大地推动了全县农村沼气建设的快速发展，截至2003年底，全县累计建设节柴灶85.80万户；建设沼气池2.01万座，年产沼气8万多立方米，等于节柴4万多吨，相当于少砍林木2万多亩，使农户使用沼气替代传统用能70%以上，上林县森林覆盖率达43.31%，有力地保护了森林资源，改善了生态环境；建成了以沼气为纽带，以“猪—沼—果(菜)”模式为主的生态家园1万余户；建成了1个生态村10个生态文明屯，一条生态农业观光旅游线。全县20%以上的农户享受了沼气带来的好处。

农村能源生态沼气池的成功建设和快速发展，给上林县发展农村经济注入了新的活力，也给上林县广大农村社会面貌带来巨大的变化，为建设上林南宁市“后花园”呈现出了一幅“山青、水秀、天蓝、人富”的新农村画卷。

【种苗工程】

林木种苗的超前准备和稳定供应，是实施林业重点工程和实现林业跨越式发展的关键环节。2000年，经过多方努力，上林县争取到国债投资种苗工程项目，其中国债资金100万元，县级自筹资金25万元，着手建设上林县中心苗圃。中心苗圃设立在县高岭苗圃内，位于上林县澄泰乡漫桥村，地势平坦，交通便利，距县城仅7公里，距南宁市125公里，与上林至南宁二级公路距离仅1公里。中心苗圃的规模为150亩，生产能力可达到年产扦插桉苗300万株，其他速生用材树种苗木100万株，石山造林树种苗木50万株，甜竹苗10万株。水果类苗木10万株，园林绿化苗木3万株，花卉5万株(盘)。

在上级林业局以及县委、县政府的高度重视下，在项目启动后，县林业局严格按照“中心苗圃建设规划设计方案”，精心挑选，组织施工单位进行各项基础设施建设，到2003年底止，已完成苗圃平整土地78.46亩，进行土壤改良78.46亩，新建种子加工、检验室200平方米，实验室、宿舍、仓库新建及维修660平方米，综合楼418.16平方米，建成温室大棚2500平方米，炼苗场地及大院水泥硬化1140平方米，主道560米，付道725米，完成围墙砌筑及加固共1300米；全面完成供排水系统建设，其中新建50立方水池1座，安置深水泵1台，抽水机1台，铺设水管2160米，挖排水沟2540米，购置农用车1辆，拖拉机1辆，手推式斗车5辆，摩托车2辆，电脑、打印机、复印机1套。购置培育苗木物资一批，建立巨尾桉采穗圃3.6亩。

在搞好基础设施建设的同时，没有忽视培育林木种苗。在整个建设阶段，一面抓基础设施建设，一面培育任豆、巨尾桉、火焰花、伞叶葵、甜竹等苗木，满足本县绿色工程、退耕还林、石山地区造林的需要。

2000年11月以来，种苗工程已培育各种苗木310.7万株，其中火焰花1.2万株，八角42万株，巨尾桉扦插苗123.6万株，任豆142.8万株(其中：营养苗78.2万株，裸根苗64.6万株)，绿化苗木2.3万株。产值达124.28万元，扣除投资53.70万元，净产值70.58万元。

利用该中心苗圃培育的苗木，同时以绿色工程、退耕还林工程等重大林业项目为契机，上林县自2001年以来共完成造林9万亩，其中速生桉3.8万亩，八角2.2万亩，任豆2.6万亩。大部分苗木由中心苗圃供应，既降低了成本，又提高不了造林成活率，同时中心苗圃的育苗，安置了一批下岗职工的再就业问题，本项目的社会、经济、生态效益良好。

为充分发挥上林县的资源优势，发展特色林业产业，2003年，上林县林业局以中心苗圃为依托，与广西大方房地产开发公司合作种植的抗氧化剂原料——迷迭香基地中试成功，经过管理人员的精心培育，年初培育的40亩迷迭香采穗园长势良好，已成功培育苗木30万株，成活率在90%以上，为下一步推广打下良好基础。

【速生丰产林建设】

为了解决资源不足和用材短缺等问题，上林县充分利用国家退耕还林的优惠政策，开发荒山荒地，大力营造速生丰产林。县委县政府高瞻远瞩，根据“十五”规划，上林县要发展以速生桉为主的速生丰产林10万亩，为此林业部门一方面通过政策引导，积极扶持个体老板、企业、林农等单位和个人，鼓励各种投资主体投资发展林业，参与退耕还林、速生丰产林等项目建设。一方面不断优化该县林业投资环境，加大招商引资力度，营造速生丰产林基地。如广西营林中心、桂嘉公司在上林县累计实施了1.4万亩速生桉，总投资560万元，在项目的实施过程中，该县积极为他们提供各种便利条件，如林地的租赁、合同的签订等，为他们营造良好的投资环境，鼓励他们继续到投资造林。据统计，截至2003年底，上林县已发展速生丰产林7.15万亩，速生丰产林不仅在上林县生态环境的改善和保护方面发挥重要作用，同时将为该县的经济建设做出不可替代的贡献。

（上林县林业局）

隆安县林业

【概　述】

隆安县位于广西西南部，东南与南宁市郊、邕宁县接壤，南部与扶绥、崇左县交界，西部与大新、天等相连，北部与平果、武鸣毗邻。东西长77.5km，南北宽56.2km。县城距南宁市区80km。

隆安县地势由东北和西南向中部右江线倾斜。主要地貌类型有台地、丘陵、低山和岩溶地貌。县境内最高点为西大明山系脉的小明山最高，海拔973米，最低点为白马河口，海拔81米，据统计，低山丘陵地貌占全县土地面积的49.1%，岩溶地貌占31.2%，平原台地貌占17.7%。

隆安县位于北回归线以南，属南亚热带季风区，气候温和，雨量充沛，光、热、水同季，干湿季节明显。年平均气温为21.7℃，一月平均气温12.9℃，七月平均气温28.2℃，极端最高气温38.2℃，极端绝对低温－0.8℃，年平均无霜期344天，≥10℃活动积温7498℃，年降水量1310毫米，5～9月为雨季，空气相对湿度80%，全年日照时数1596.5小时，年均蒸发量1652.4毫米。气温分布特点是由东北和西南向中部右江递增，雨量分布特点是由东南向西北逐渐增高。

隆安县森林树种资源种类繁多。据有关植物专家不完全统计，植物种类有256科1409属4507种，仅在龙虎山自然保护区就有植物1200多种。其中药用植物962种。目前用材林主要有马尾松、杉木、桉树、苦楝、香椿、酸枣等；经济林主要有板栗、龙眼、荔枝、八角、油桐、油茶、玉桂、酸梅、枇杷、黄皮、番石榴等；竹类有甜竹、吊丝竹、撑篙竹、粉单竹、吊丝球竹等；珍贵树种有蚬木、金丝李、毛瓣金花茶等，特产树种有肥牛树；土山地区灌木、草本主要有桃金娘、岗松、铁芒箕、青香草、野古草、纤毛鸭嘴草、白茅、石芒、蕨类等；石山地区灌木、草本主要有皂荚、鹊梅、粗糠柴、八角枫、构树、红背山麻杆、石山榕、荩草、石芒、石苇、云香竹等。

全县土地总面积226693.9公顷。其中林业用地面积104620.4公顷，占总面积的46.2%；有林地44117.0公顷，占42.2%；疏林地880.5公顷，占0.8%；灌木林地56123.7公顷，占53.6%；无立木林地3488.1公顷，占3.3%。在有林面积中，针叶林16558.6公顷，占37.5%；阔叶林10945.9公顷，占24.8%；针阔混交林1481.2公顷，占3.4%；竹林1290.7公顷，占2.9%。

全县用材林面积20182.2公顷，蓄积9767016立方米，分别占林分面积和蓄积的41.2%和71.1%；防护林面积8796.5公顷，蓄积396906立方米，占18.0%；经济林面积12930.9公顷，占26.4%；薪炭林面积7042.5公顷，占14.4%。全县活立木总蓄积量1407565立方米，其中：林分蓄积1381280立方米，占98.1%，疏林蓄积10068立方米，占0.7%；散生、四旁蓄积23545立方米，占1.7%。

近年来，隆安县委县政府极其重视林业，根据自治区党委、自治区政府的部署，狠抓山区综合开发建设，珠江防护林工程、绿色通道、石漠化治理工程。1993～2001年累计完成造林14314公顷，现有封山育林100570公顷，石山封山率达100%。

1993～2001年间，全县累计生产木材33.4万立方米，年平均生产木材3.17万立方米；年均生产板栗970吨；年均生产荔枝1064吨；龙眼1374吨；其他水果年均生产38834吨；年均生产松脂1088吨；累计林业总产值72108万元，年均产值8012万元。

隆安县森林覆盖率为44.22%；林地利用率为96.7%，绿化程度95.81%。

【板栗生产】

乔建国社合营板栗场的建立。据隆安县志记载，隆安县种植板栗始于明朝初年，迄今已有500

多年的历史。小农经济自给自足的生产方式极其落后,使隆安县的板栗生产发展非常缓慢。到解放前夕,隆安县仅种植板栗175.5公顷,年产鲜果15万公斤左右。解放后,在各级党委、政府的直接领导和关怀支持下,隆安县的板栗种植有了较快的发展。特别是1963年,成立了隆安县乔建国社合营板栗场,有领导、有计划、有组织地大力发展板栗种植,使隆安县的板栗生产有了突飞猛进的发展,整个板栗场规划范围在乔建、古潭、那桐、南圩等四个乡镇,总面积为2553.3公顷,并辐射带动隆安县板栗的发展。由于隆安县土壤条件和气候条件非常适宜板栗的生长,板栗发展迅速。随着社会经济的不断发展,隆安县板栗的经济优势日益凸现,群众对种植板栗的积极性非常高,截至2003年,隆安县板栗面积已达26.2万亩,其中已投产面积16.3万亩,年产量达28426.2吨,年产值达9090万元。为财政提供税收2274.1万元,板栗已成为隆安县一个支柱产业,是农民的主要收入,是财政收入的主要来源。

隆安板栗的生产现状。板栗种植遍布全县各乡镇,主要以丘陵缓坡区的古潭、那桐、乔建、城厢等四个乡镇为主,现在逐步向半山半丘陵的杨湾、屏山、敏阳、南圩、雁江、丁当等乡镇发展,其他各乡镇这几年以造林灭荒和退耕还林为契机,把板栗作为主栽品种,板栗面积有一定规模。可以说,隆安县板栗种植已覆盖了全县12个乡镇和一个林场,板栗种植在往山区发展的趋势。隆安县板栗在2000年以前主要有五个品种,即隆安早熟九家种、中熟品种处署红、晚熟品种油栗和大毛栗,另外还有一种隆安本地选育出来的品种隆安26号。2000年以后相继从外地引进了浙江优良品种双季板栗、日本8号两个品种,属早熟品种。隆安县板栗面积以油栗和大毛栗居多,九家种和处署红次之,油栗约占面积95%,双季板栗和日本8号品种引种时间不长,面积较少,但因其果个大、产量高,早熟等特点,发展势头很猛,面积逐渐扩大。通过调查,目前全县板栗总面积17471公顷(26.2万亩),未投产面积为4004公顷(60060亩);初产期面积3169公顷(47535亩);盛产期面积10196公顷(152535亩);衰产期面积102公顷(1530亩);初产期单位产量80公斤/亩;盛产期单位产量160公斤/亩;衰产期单位产量100公斤/亩。2003年总产量28426.2吨,总产值14213.1万元。目前全县板栗面积达26.2万亩,占全县经济林面积的72.7%,目前板栗年总产量已达28426.2吨,产值14213.1万元,单板栗产品的产值占当年农业产值5.3%,而且比例在逐年增长。隆安县板栗人均纯收入214元,每年板栗为全县提供税收2274.1万元,占全县财政收入17.5%。

隆安县板栗品质。隆安县的板栗生产历史悠久,群众种植经验丰富,管理水平较高,加上隆安县具有得天独厚的自然资源(属右江河谷盘地的土壤和气候特点),非常适合板栗的生长。隆安的板栗表现为高产,稳产,糯性味甜、口感好,颗粒大(每公斤60个左右)。隆安县生产的中果红油栗2002年9月参加国家林业局在河北迁西举办的全国板栗品质评比活动中,被评为优质板栗,获得优质板栗证书。根据市场调查,隆安县板栗市场价格总比广西区内产栗县区价格高出0.5元/公斤左右,仍为抢手货,隆安县板栗品质已驰名区内外。

【敏阳国社合营飞播林场的成功经验】

1967年初,当时的广西林业厅将隆安的东部丘陵区列入飞机飞播马尾松试验区。隆安县委、县政府极为重视,组织所属的敏阳、小林、城厢、雁江等四个乡镇的一把手,以及所属的9个村主要领导多次开会研究讨论、勘查、确定这个项目非搞不可,它能促进隆安经济社会的发展,改善隆安的生态环境,能使农民治穷致富,财政增收,是个非常好的项目。隆安县委、县政府确定项目后,书记亲自挂帅实行分级负责的原则,成立了敏阳国社合营飞播林场管理站,由助理工程师黄克光同志担任站长,站员9人,有机构、有组织、有领导地开展工作。1967年冬进行飞播造林,总面积6066.67公顷(折含9.1万亩),有效面积4261.27公顷(折含63919亩)。林木以马尾松为主,根据1990年森林资源二类调查结果,飞播林场成林面积为3662.7公顷(折含54940亩),木材蓄积量约为38.45万立方米,按出材率63.25%计算,出材量约为24.32万立方米。具体分布为:敏阳乡面积1852.8公顷,木材蓄积量22.1万立方米;城厢镇面积1478.7公顷,蓄积量14.01万立方米;雁江镇面积196.1公顷,蓄积量1.19万立方米;小林乡面积134.4公顷,蓄积量1.15万立方米。国社合营敏阳飞播林场的林木从1993年开始进入主伐期,至2003年的十年间,每年平均采伐3.2万立方米左右,出材2万立方米左右,十年共出商品材约20万立方米，以每立方米提供给财政60元计，整个飞播林场给财政提供1200千万元的收入。飞播林区使林农不仅解决了温饱，倒泥巴房建楼房，彩电、电冰箱、摩托车、音响等家电进入千家万户，如敏阳乡良二村的村民，全部住进宽敞明亮的楼房，家电一应俱全。城厢镇的那可村95%以上的村民也都搬进了新楼，生活衣食无忧，正在向小康生活迈进。

【龙虎山自然保护区】

1980年成立“隆安底隘天然药物保护区管理所”，1987年更名为“隆安县龙虎山自然保护区”，归县林业局管理，事业单位。1991年12月广西壮族自治区人民政府下文列为自治区(省)级森林和野生动物类型自然保护区。1998年起，隆安县政府把龙虎山自然保护区列为事业单位企业管理，不再划拨经费，开始自收自支。2001年按照全国统一规范，并更名为“广西龙虎山保护区管理处”，仍属县林业局管理，财务独立，自收自支。龙虎山经过二十多年的管护、开发和利用，现已初具规模，作为隆安对外开放的窗口，它的无形资产是难以用数字来计算的。它的动植物资源极其丰富，其中有植物1200种，动物215种，珍稀的物种有国家一级珍稀植物金花茶，一级保护动物蟒蛇、眼镜王蛇和二级保护动物猕猴和穿山甲等。开发森林旅游以来每年接待游客近10多万人次，旅游收入180万元左右，基本能做到收支平衡。2003年隆安县委、县政府审时度势，经多方联系，与香港方正集团达成协议，由该集团注入3000千万元的资金，租赁50年，同时还欠款500多万元。

【园林花卉】

隆安县花卉产业起步较晚，目前尚不成规模，只有小打小闹零星分布。现在在南百二级公路那桐段的宋氏花木园艺场面积有120多亩，南圩三实园艺花木场面积有80多亩，林科所面积60多亩，还有各乡镇个体户零星培育花卉。主要品种有：大王椰、假槟榔、鱼尾葵、薄葵、老人葵、四季桂花、七彩大红花、扶桑、王色梅、黄素梅、福建茶、小叶榕、大花紫薇、龙柏、苏铁、南洋杉、红桑、龙船花、红杏、橡胶榕、变叶木、汤金榕、兰雪花、希美利、美蕊花、黄杨、大犀榄、矮生美人蕉、羊蹄甲、扁桃、玫瑰花、三角梅、红绿苹、九里香、白玉兰、蚌花、垂叶榕、小叶榕、盆架子、大犀橄、高山榕、无忧花、人面果、串钱柳、木棉花、小花紫薇、凤凰木、黄金榕、杨柳、发财树、天竺桂、木菠萝、扶桑、朱砂红、海南变叶木、花叶假连翘、红叶乌桕、攻彩株槿、红背桂、白蝉、黄蝉、希美丽、红绒球、夹竹桃、铁树、单生鱼尾葵、棕榈、三药槟榔、金山葵、散尾葵、针葵、伊拉克蜜枣、铁柄蒲葵、棕竹等。

【森林病虫害防治】

自1999年以来，每年都进行飞防，主要是播撒白僵菌，防治松毛虫，有些年份结合人工防治，效果较好。1999～2003年各年防治面积为：1999年32000亩，效果67%；2000年23500亩(其中人工防治7500亩)，效果86%；2001年24000亩，效果80%；2002年12000亩，效果80%；2003年12300亩(其中人工防治300亩)，效果85%。5年中共投入防治经费132375元，其中财政投入29600元，群众自筹2775元。通过积极防治，使隆安的森林虫害没有大面积的发生和蔓延，受害率控制在上级林业主管部门要求的指标范围内。

【木材、苗木调运进出的检疫】

严格木材和苗木进出县境内的检疫制度，凡调出的木材及苗木都要例行检疫，如发现疫情，不开检疫证，还要指定块负责，运到指定点进行销毁；调入的木材及苗木也同样例行检疫。如发现从云南调来的偏桃种，带有细菌性病害，在县农业局用柴油统一烧毁，避免病菌的发生和蔓延。

【森林防火】

1999年度共发生3次森林火灾，受害面积6.5公顷，受害率0.15‰，烧毁立木蓄积288.6立方米。2000年度没有火警火灾发生。2001年度发生2次火警，受害面积0.22公顷，受害率0.005‰，损失幼树88株，立木蓄积3.8立方米。2002年度发生6次，其中火警3次，火灾3次，受害面积6.09公顷，受害率0.16‰，损失幼树10102株，立木蓄积174.72立方米。2003年度发生5次，其中火警4次，火灾1次，受害面积16.404公顷，受害率0.44‰，损失幼树4638株，立木蓄积755.62立方米。

防火网络和专业队。截至1999年，全县区建成防火网络220公里，其中160公里是防火林带，60公里是防火公路。其后几年，由于经费等其他原因没有新的进展。1999～2003年每年秋防开始，均对全县各乡镇的半专业队进行防火培训，使他们对防火基础知识有一定的了解。对2003年在屏山成立的第二专业队队员20人，实行军事化管理，使他们在思想和体能上均有很大的提高，基本达到"召之能来，来之能战，战之能胜"。第一专业队原设在敏阳，队员有24人，因经费问题已自动解散。今年10月份又重新组建一支由42人组成的森林消防专业队，队员经费由县财政拨给。

设备情况。1999年新增基地台2台，对讲机2台；2000年新增基地台1台，对讲机1台；2001年新增中转台1台(150兆)，对讲机8台；2002年新增中转台1台(450兆)，对讲机6台；2003年新增对讲机8台。隆安划归南宁市后，防火工作得到进一步的加强，去年配给猎豹牌森林消防指挥车一辆，今年又配给19座位的防火运兵车一辆，绝大部分的资金是区、市防火办直接补助的，隆安只出少部分，还无偿送给风力灭火机29台，对讲机14台，使隆安的森林防火装备得到了明显的改善和加强。

【采伐限额管理】

1999～2003年，每年的林木采伐限额都控制在上级下达的生产指标范围，确实没有突破(详见下表)。

1999～2003年隆安县木材生产计划和实际采伐表

单位:立方米

	下达指标数		实际采伐数		备注
	蓄积量	出材量	蓄积量	出材量	
1999	28467	18000	28221	17850	
2000	29844	19100	18242	11890	
2001	29174	18600	28610	18247	
2002	20615	13400	20203	13200	
2003	18646	11966	17768	10923	
合计	126746	81066	113035	72110	

【林业行政和刑事案件的查处】

1999～2003年，隆安森林公安和林政机关共受理各种森林案件596起(其中森林刑事案件37起，破获30起；森林治安案件9起；森林行政案件550起)。查处案件共处理各种违法人员776人次(其中逮捕19人，拘留21人，罚款508人，其他处罚315人次)。没收木材1643立方米；收缴野生动物2914只(头)，收缴罚款59.9万多元。共挽回直接经济损失97.9万元。查处以上案件共出动警车和其他车辆2565台次，出动警力和林政执法人员共2800人次。对森林案件中的乱砍滥伐，乱捕滥猎野生动物，违法经营、倒卖、贩运野生动物，盗运偷运木材等违法行为的打击，震慑了森林案件中的违法犯罪分子，有效地保护了隆安的森林资源不受破坏和侵害，效果相当显著。

【沼气池建设】

隆安县农村沼气池建设始于1979年，当时由县农业局土肥站的2名技术员专抓，初时在都结乡荣朋村进行试点，都是片石或火砖砌建；多是老式建池产气率低，利用率较差。第二阶段始于1989年，在布泉乡搞试点，利用模具施工与片石火砖砌建相结合。第三阶段是1992年在那桐镇浪湾村兰台屯进行试点，全部用模具施工。以后在全县推广都用模具施工，这种施工方法沼气池的成功率都达到100%，利用率比较高。隆安的农村沼气池建设经过20多年的探索和努力，现已建有沼气池2.5万座；以每座每年节约1吨柴草计，可节约柴草2.5万吨，又以每吨柴草每年要有3亩林地来生产，可使7.5万亩林地得到有效的保护，可见农村沼气池的建设对保护森林资源是有很大的作用。

【生态村建设】

隆安县划归南宁市管辖后，2003年市委和市政府下达给隆安10个生态村的建设任务，县委、县政府多次召开会议，进行研究讨论和筛选，最后确定了丁当镇、丁当社区永安里上屯、永安里下屯；那桐镇的那桐社区星坡屯、那门村银荔屯、龙江村宁江屯；乔建镇路兹村山泽屯；雁江镇红良村汪梁屯；杨湾乡爱华村坡井屯、内厢屯；屏山乡屏山村都雅屯，共8个村10屯作为隆安的生态示范村(屯)，总农户数382户，到年底验收共建有沼气池326座，配套改厕326座，占总农户数的

85.34%，村道硬化(铺设水泥)18.5公里(宽3～5米)，总投资80多万元，已通过市级验收达标合格。

【苗木基地建设】

2000年，得到广西林业局的大力支持，拨款70万元，建立了隆安县中心苗圃，地址在那桐镇双邓村，位于南宁至百色二级公路两边，交通极为便利，占地200亩，为隆安县的退耕还林做出很大的贡献，四年来共育板栗200万苗、构树600万苗、大肉枇杷5万苗、竹苗2万苗、桑苗80万苗，还有桃、李、柑、橙等零星果苗。中心苗圃共有管理人员25人，本局3人，林科所干部职工22人，育苗中的抽水灌溉设施比较完善，能根据隆安本县造林用苗基本需要进行育苗，使造林成活率提高，避免了到外地调苗成活率低的现象。

联合体、个体育苗。隆安素有水果之乡的美誉，其板栗、荔枝、龙眼种植历史悠久，远近闻名，近年来发展香蕉生产势头很猛，一些群众联合起来育苗或者个体育苗，以满足当地农民的用苗需求。这部分的育苗面积每年约300亩，育有香蕉苗1000万苗左右，板栗约100万苗，荔枝、柑、橙、桃、李等10万苗左右。隆安县的育苗基本能满足本县的造林需要，有些苗木略有结余，可往外地调剂。

【乡镇林业工作站建设】

隆安2002年以前下辖13个乡镇，即南圩、杨湾、都结、雁江、那桐、乔建、古潭、敏阳、屏山、布泉、丁当、城厢、小林，2002年机构改革把小林乡并入城厢镇，现有12个乡镇。各乡镇林业工作站始建于1989年冬，经过10年的建设，1998年实现验收基本达到国家林业局规定的标准，验收评定为合格。验收时有古潭、都结、布泉、那桐、屏山、敏阳、城厢、乔建、南圩等9个乡镇有独立的办公室和干部职工的住房，尚有杨湾、丁当、小林、雁江等4个乡镇的办公室和住房在乡镇政府院内。验收时的各乡镇林业工作站的人员编制为：南圩4人、杨湾3人、都结2人、雁江4人、那桐3人、乔建4人、古潭4人、敏阳7人、屏山5人、布泉2人、丁当3人、城厢8人、小林3人，总共52人。由于机构人员编制落实，乡镇林业工作站的工作能够顺利开展，上级下达的各项工作任务能按时按质按量完成，在当时的南宁地区中排行二、三名以内。2002年机构改革，隆安把乡镇林业工作站的管理权交由乡镇政府管，不再隶属县林业局管理(人、财、物)，县林业局只是在业务上管理和指导，并且每个乡镇、林业工作站只留一个编制(一个人员)，原来的其他人员全部待岗。

(隆安县林业局)

马山县林业

【概　述】

马山县位于广西中部略偏西，居红水河中段南岸，大明山北麓。马山县地貌以山区丘陵为主。东部和西北部为大石山区，属喀斯特地貌，海拔500～600米左右。自然植被主要有香椿树林、任豆树林、菜豆树林、灌木林和灌丛，人工栽培植被主要有竹林、金银花丛和农作物。野生动物主要有野猫、果子狸、猴子、松鼠、黄猄、竹鼠、蛤蚧、蛇、山鸡和鹧鸪。中部和西南部为低山土岭丘陵区，海拔300～400米。自然植被主要有草丛和枫树林；人工栽培植被主要有马尾松林、湿地松林、松木林、柠檬桉林、速生丰产桉树林、经济果林(以八角树、龙眼果为主)和农作物。野生动物主要有穿山甲和野猪。

马山县从1953年起开展人工造林工作。1957年12月，创办地方国有永州林场。1966年，创办光明山农林垦区，1989年改为地方国有光明山林场。1972年，创办地方国有六荷林场。1975年，创办县林业科学研究所1966年起，马山县有条件的公社、大队开始创办公社大队集体林场。至1978年，马山县集体林场发展到98个，经营面积9850.73公顷。其中，公社办林场7个，经营面积1580公顷；大队办林场65个，经营面积8152.2公顷；生产队办林场26个，经营面积118.53公顷。1980年以后，随着农村经济经营体制变动，集体林场绝大部分解体。至2003年，马山县集体林场只有双联乡双联村六棚林场一个，面积200多公顷，主要树种有松木、杉木、油桐、八角等。

马山县林业生产的发展经历了曲折的过程。1958年，因“大炼钢铁”的需要，马山县森林遭到大规模乱砍滥伐，林业资源受到严重破坏。1981年、1985年，随着农村经济经营体制的变动，全县属于公社、大队、生产队的集体林场受到乱砍滥伐，林业生产再次受到比较大的损失。1986年以后，为了加快马山县的林业生产发展的步伐，马山县认真贯彻自治区党委、政府《关于大力发展林业、保护森林资源、十五年基本绿化广西的决定》和《关于实行县级领导干部造林绿化任期目标责任制的决定》，采取多种措施，发展林业生产。一是开展人工造林。1953～2003年，全县人工造林面积累计78675.8公顷。其中，1953～1985年53263公顷，1986～1998年19919公顷，1999～2003年5493.8公顷。二是开展飞机播种造林。1968～1998年，马山县飞机播种造林面积累计129967公顷。其中，1968～1985年78440公顷，1986～1998年51527公顷。三是开展封山育林。1953～2003年，马山县封山育林面积累计共221519公顷。其中，1953～1985年69640公顷，1986～1998年125768公顷，1999～2003年26111公顷。1993年，马山县造林灭荒达标，1996年实现全县绿化达标。至2003年末，马山县林业用地面积10.24万公顷，有林地面积3.73万公顷，灌木林地面积4.68万公顷，森林活立木总蓄积量103万立方米，森林覆盖率36.33%。

【林木种苗生产】

1952年，马山县林业部门对原有的南蛇岭苗圃进行扩建。1962年，建立周鹿苗圃，育苗用地3亩。1964年，建立永州苗圃，育苗用地2亩；黄番黄圃，育苗用地5亩。1965年，建立城镇绿化苗圃。"文革"中，周鹿、永州、黄番三处苗圃停办。1980年，周鹿苗圃恢复建设。育苗用地7亩，主要繁育杉木、松木、桉树等用材林和油茶、油桐等经济林苗木，年出圃树苗30万株。1985年，城镇绿化苗圃有育苗用地5亩，主要繁育蝴蝶果树、柏树、相思树等风景树和柑果、橙果、梨、板栗等果树苗及花草，供应机关、街道和公共场所绿化美化。至2003年末，马山县苗圃实有1个，用地面积4.9亩。1953～1985年，全县人工繁育松、杉、苦楝、油桐、油茶及其他树苗274.6公顷，共出圃树苗8380万苗。年均育苗8.32公顷，年均出苗254万株。1986～1998年，马山县人工繁育松、杉、油桐、尾叶桉、马占相思及其他树苗82.15公顷，出苗9209.55万株。年均育苗6.32公顷，年均出苗708.4万株。1999～2002年，马山县人工繁育马尾松、尾叶桉、马占相思及其他树苗15.1公顷，出苗843万株。年均育苗3.78公顷，年均出苗210.8万株。2003年，马山县人工繁育任豆树、尾叶桉苗14公顷，出苗289.5万株。

1987～2002年，为解决马山县树种苗供不应求的问题，马山县从外地调运了一批苗木到本县。1987年，到上林县调运杉木苗20万株，1989年到平果县调运杉木苗100万株，1993年到恭城县调运柿子苗3万株，1996年到来宾县调运尾叶桉苗4万株，2000年到广东省清远市调运麻竹苗20万株。2002年到南宁市林科所调运任豆树苗19万株，尾叶桉苗6.2万株；到宾阳县调运尾叶桉苗0.2万株。

为给马山县繁育树苗提供充足种子，每年冬季马尾松、桉树、杉木、油桐、香椿、苦楝等种子成熟时，县林业部门组织发动干部职工和群众上山采种。如，1967年冬采松种1.09万公斤，1968年采松种1.5万公斤，杉、桉种500公斤。1984年采松种5万公斤，供飞机播种用。采香椿种250公斤。1986～1994年，共采种29335.5公斤(杉种2111公斤、松种26498.5公斤、其他726公斤)，大部分共飞机播种用。1999～2003年，共采种550公斤。其中，松种55公斤，任豆树种450公斤，其他树种45公斤。

【人工造林】

1953～2003年，马山县组织全县干部群众大力开展人工造林工作。1953年，马山县人民政府开展"护林护山"活动，明确山界林权，采取"谁种谁有"的措施，发动群众开展人工造林，当年马山县造林80公顷。1957年，马山县有9个乡建立林业工作站，工作人员16名，当年造林2880公顷。年底，兴建马山县第一个地方国营林场——永州林场。1953～1960年，马山县人工造林面积共13026.67公顷。1958年"大办钢铁"，马山县森林资源破坏严重。仅两三个月时间，马山县森林被砍伐5333公顷，树木砍伐量28万立方米以上。此后，进入经济困难时期，林业生产处于低潮。1961年，马山县仅造林20公顷。1962～1963年，马山县共人工造林452公顷。1964年，林业生产得到恢复，当年全县造林1453公顷。1966年造林5513公顷。"文革"期间，人工造林工作基本未能开展，1967年全县仅造林130公顷。1971年后，人工造林工作得到恢复和发展。1971～1980年，主要开展杉林和油茶基地造林。10年中，全县人工造林19241公顷，年均造林1924.7公顷。其中，杉木造林4533公顷，油茶造林4787公顷，其他林种造林9927公顷。

1981～1985年，马山县人工造林8980.8公顷，年均造林1796.2公顷。其中，1982年种植油茶298.5公顷，垦复油茶林333公顷，种植油桐 70 公顷。在此期间，由于农村经营体制变动，群众对一些政策不理解，导致发生乱砍滥伐山林现象。1982～1985 年，全县乱砍滥伐林木面积 2787 公顷，木材 7.13 万立方米。林业“三定”(定山林权、定自留山、定林业生产责任制)落实后，群众造林积极性得到提高。1986～1989 年，马山县人工造林面积共 4110.2 公顷，年均造林 1027.55 公顷。

1990～1994 年，马山县认真贯彻落实广西壮族自治区党委、政府《关于大力发展林业，保护森林资源，十五年基本绿化广西的决定》和《关于实行县级领导干部造林绿化任期目标责任制的决定》，提出了“三年消灭马山荒山，十年绿化马山大地”的战略目标，开展规范化的造林规划工作，大力发展工程林、绿化点，以营造湿地松、马尾松、杉木、油桐为主。5 年中共完成人工造林面积 12660.64 公顷，年均造林 2532.13 公顷。1994 年，经广西林业厅检查验收，确认马山县为 1993 年度消灭宜林荒山达标县。1995～1997 年，全县人工造林 2678 公顷，完成低产林改造 657 公顷。1997 年，经广西壮族自治区人民政府组织检查验收和批准，确认马山县为 1996 年度造林绿化达标县。1998 年，全县人工造林面积 470 公顷。在县城周围种植榕树 1700 多株，绿化美化了环境。

1999～2003 年，马山县在巩固绿化达标成果的基础上，加强绿色工程、石漠化治理工程、退耕还林工程为主的生态环境工程建设，营造尾叶桉、任豆树为主的速生丰产林，以经济能人或经济实体承包山地投资造林为主，群众零星造林为辅，推动了人工造林的进一步发展。1999 年全县造林面积 463 公顷，全部为用材林。其中，速生丰产林 259 公顷。2000 年造林面积 491 公顷，其中用材林 387 公顷(速生丰产林 318 公顷)，经济林 104 公顷。2001 年造林面积 728 公顷。其中用材林 495 公顷(速生丰产林 482 公顷)，经济林 233 公顷。2002 年造林面积 1008 公顷，其中用材林 924 公顷(速生丰产林 355 公顷)，经济林 84 公顷。2003 年造林面积 3123.7 公顷。其中，退耕还林造林 1410.3 公顷，配套荒山造林 1646.7 公顷，迹地更新 66.7 公顷。在造林总面积中，用材林 2834.8 公顷(松树 76 公顷，尾叶桉 1554.7 公顷，任豆树 1184.9 公顷，其他树种 19.2 公顷)，经济林 288.9 公顷(八角 93.2 公顷，苦丁茶 10.9 公顷，果类 87.3 公顷，竹子 97.5 公顷)。

【飞机播种造林】

马山县飞机播种作业始于 1968 年。当年 2 月，飞播光明山播区，飞行作业 15 小时 43 分，播松种 1.09 万公斤，飞播面积 3533 公顷。1969～1971 年，共开展飞播 3 次，飞播 8 个播区，播松种 5.7 万公斤，飞播面积 36740 公顷。1985～1994 年，共开展飞播 6 次，飞播 59 个播区，作业时间 447 小时 23 分，播树种 216196 公斤。其中，马尾松种子 205371 公斤，相思树种子 8225 公斤，香椿种子 2500 公斤，任豆树种子 100 公斤。飞播面积 102743.27 公顷。其中，有效面积 68694 公顷。1995 年，马山县被自治区绿化委员会和林业厅授予“广西飞机播种造林先进单位”称号。1995～2003 年，飞播工作停止。

【速生丰产林基地建设】

1996 年，马山县光明山林场引种尾叶桉获得成功。马山县委、县人民政府采取各种措施，加快马山县速生丰产林发展的步伐。一是引进县外经济实体和经济能人到马山县投资种植尾叶桉。1996 年，引进香港嘉汉木业公司投资 52.5 万元，在县光明山林场种植尾叶桉 116.67 公顷；1998 年引进原南宁地区林业局投资 75 万元，在县光明山林场种植尾叶桉 166.67 公顷，引进南宁市郊区教育局李老板投资 33 万元，在片联乡九平村种植尾叶桉 100 公顷。1999 年，引进武鸣县双桥镇唐老板投资 100 万元，在片联乡九平、片圩村种植尾叶桉 434 公顷。2000 年，引进南宁市三元公司投资 180 万元，在州圩乡种植尾叶桉 400 公顷。2001 年，引进自治广西区林业局营林中心投资 40 万元，在白山镇上龙村种植尾叶桉 88.67 公顷。2002 年，引进武鸣县韦老板投资 300 万元，在片联乡、周鹿镇种植尾叶桉 666.67 公顷。2003 年，引进钦州市金光集团投资 106 万元，在州圩乡、片联乡、白山镇种植尾叶桉 236 公顷。至 2003 年底，马山县共引进县外资金 886.5 万元，种植尾叶桉 2208.67 公顷。二是组织县内群众和经济能人发展尾叶桉和任豆树生产。1999 年，马山县种植尾叶桉 775.5 公顷。2000 年，种植尾叶桉 1377.6 公顷，任豆树 127.8 公顷。2001 年种植尾叶桉 963.3 公顷，任豆树 320.7 公顷。2002 年，种植尾叶桉 810.2 公顷，任豆树 233 公顷。2003 年，种植尾叶桉 1050.5 公顷，任豆树 680.1 公顷。至 2003 年，马山县实有尾叶桉面积 5333.3 公顷，任豆树面积 1718.3 公顷。

【经济林建设】

马山县经济林种类主要有油茶、油桐、八角和果类(龙眼、荔枝、柑、柿子)。1962～1980年,全县种植油茶5368.8公顷,油桐1555公顷,八角4公顷,果类414.2公顷。1981～1985年,全县种植油茶2148.2公顷,油桐509.73公顷,八角987.6公顷,果类447.93公顷。1986～1998年,全县种植八角730公顷,油桐3352.7公顷,果类966公顷,其他307.8公顷。1999～2003年,全县种植八角128公顷,果类175.7公顷,其他112.6公顷。至2003年底,全县实有八角面积529.9公顷,油桐面积21.5公顷,果类面积872.1公顷。油茶林已不存在。

1995年6月,《马山县经济林区划研究》项目完成。研究项目对马山县经济发展现状、土地资源、气候情况进行了调查,提出了马山县经济林发展的目标和发展经济林的对策,将马山县划分为四个经济林区:县东北部岩溶地区为柿子经济林区;北部为龙眼经济林区;南部为八角、龙眼林区;西部为龙眼、油桐林区。《马山县经济林区划研究》项目被评为1995年广西林业区划优秀成果三等奖。

【封山育林】

马山县群众有封山育林的传统。1990年以前,封山育林主要由群众自发开展,对各村屯周围山岭、风景山和水源林进行封山管护,规模较小,管理较松散。1990年以后,封山育林工作进入有组织、有计划地开展阶段。1953～1985年,马山县封山育林累计面积69640公顷。1986～1998年,全县封山育林累计面积125768公顷。1999～2003年,马山县封山育林累计面积26111公顷。其中,1999年4000公顷,2000年1333公顷,2001年13355公顷,2002年6000公顷,2003年1423公顷。至2003年底,马山县封山育林面积实有88930.7公顷。

【退耕还林工程】

1998～2001年,马山县进行小规模退耕还林,年完成退耕还林面积70～130公顷。2002年,全面开展退耕还林工程建设。当年全县退耕还林2333公顷。其中,退耕造林1000公顷,配套荒山造林1333公顷。2003年,退耕还林3000公顷。其中,退耕造林1000公顷,配套荒山造林2000公顷。退耕还林重点安排在马山县东部石山地区,以种植任豆树为主,竹子、香椿、苦丁茶为辅,农户单户经营。配套荒山造林重点安排在土岭丘陵区,多由经济实体、经济能人承包荒山规模经营,以营造尾叶桉速生丰产林为主,麻竹、苦丁茶为辅。

【珠江防护林工程】

2003年,马山县纳入珠江防护林体系建设项目。当年完成防护林工程任务934公顷。其中,人工造林267公顷,封山育林667公顷。工程建设重点分布在白山镇、乔利乡、永州林场。人工造林以种植尾叶桉、马占相思树为主,封山育林采取全封的封育方式,主要分布在石山地区。

【石漠化治理工程】

马山县石山地区属岩溶喀斯特地貌,喀斯特区城面积占马山县总面积56.3%。其中,石山基岩裸露率在40%以上的石漠化山地(难利用地)面积达到54000公顷,占马山县总面积23%,石漠化严重。多年来,特别是2001年起实施石漠化生态治理工程以来,马山县在石山地区大力开展封山育林和人工造林。至2003年末,马山县封山育林面积共88930.7公顷,人工造林1333.3公顷,取得了较好的生态效益、经济效益和社会效益。

【绿色工程】

1999～2001年,马山县实施绿色工程建设,在公路两旁范围宜林地造林777.7公顷。其中,1999年336.8公顷,2000年233.3公顷,2001年217.6公顷。全县县、乡两级领导干部绿色工程示范点造林绿化面积299.1公顷。此外,每年组织全县干部职工、学校师生和群众开展全民义务植树活动,取得好成绩。1998年,马山县全民义务植树74.5万株,1999年56.1万株,2000年41.5万株,2001年50万株,2002年49.6万株,2003年52.2万株。

【中幼林抚育】

1950～1985年,马山县中幼林抚育累计面积28006.3公顷。1986～1998年为13056.5公顷。1999～2003年,马山县中幼林抚育面积共8924.3公顷。其中,1999年1666.7公顷,2000年1366.7公顷,2001年1133.4公顷,2002年2074.9公顷,2003年2682.6公顷。

【低产林改造】

1986～1998年,马山县低产林改造完成2195.1公顷。1999年2105.9公顷,2000年

1652.2公顷,2001年2651.4公顷,2002年444.3公顷。

【农村沼气池建设】

1982年8月,马山县在古寨乡本立村小月屯开展以沼气池和省柴灶建设为主要内容的农村生态能源建设试点。全屯16户有15户建设沼气池(双池)30座,节省了柴草,促进了封山育林的开展,取得了良好的经济效益和社会效益。之后,马山县推广了这一经验。1982～1998年,马山县共投入资金856.6万元(含群众自筹),建设沼气池8566座,受益农户8566户,受益人口4.03万人。1999年,马山县建沼气池3548座,2000年4810座,2001年5075座,2002年6283座,2003年3743座。截至2003年底,马山县累计投入资金3364.2万元(含群众自筹),建设沼气池32025座;受益农户32025户,占马山县农业总户数的32.3%;受益人口15.05万人,占马山县农业总人口数的32.51%。所建设的沼气池,每年可为马山县农户提供优质燃料1281万立方米,高效有机肥48万吨,年可节约薪柴4.8万吨,相当于少砍有林地面积1140公顷。

【农村省柴节煤灶建设】

1988年6月,马山县列为全国第六批改灶节柴试点县。1988～1998年,马山县改建省柴节煤灶89159座,投资2318.13万元,受益农户89159户,受益人口41.9万人。1999～2003年,马山县改建省柴节煤灶5280座,投资137.27万元,受益农户5280户,受益人口2.49万人。截至2003年底,马山县累计改建省柴节煤灶94439户,占全县农业总户数的95.27%;受益人口44.39万人,占全县农业总人口数的95.89%。建设省柴节煤灶,全县每年可节约薪柴11.7万吨,相当于少砍有林地面积3900公顷。

【推广使用太阳能热水器】

截至2003年底,马山县共安装太阳能热水器108户328平方米,年可节约薪柴164吨,可保护有林地面积22公顷。安装使用太阳能热水器,加上建设沼气池和改建省柴节煤灶,每年可节约薪柴16.52万吨,相当于少砍有林地面积5362公顷,使马山县林木生产量超过了砍伐量,森林覆盖率由1999年的25.7%提高到2003年的36.33%。

【农村生态文明村建设】

2003年,马山县开展了10个农村生态文明村示范点的建设。10个农村生态文明村建设示范点共有农户400户1864人。其中,白山镇合群村百梧屯61户286人;永州镇永州村伏王屯52户244人;林圩镇合理村周庆屯43户202人,黄番村林屯55户258人;乔利乡乔利村上拉旧屯29户135人,下拉旧屯31户145人;双联乡双联村上旧州屯48户225人;加方乡局仲村外局塘屯37户173人,中局塘屯15户70人,内局塘屯39户126人。年内,10个生态文明建设示范屯开展了村庄规划、村道硬化、修建排水沟、建设沼气池、改厕、改水、改造厨房、人畜分居、文化活动基础设施建设、村庄美化、绿化工作,共硬化村道37684平方米,修建排水沟6072米,建设沼气池353座,改厕400户,改水400户,改厨372户。建设文化活动室9间738平方米,科技橱窗10块150平方米,篮球场8个,乒乓球桌10个。2004年1月8日,经南宁市人民政府组织验收组实地验收,各项指标全部合格。

【森林病虫害防治】

马山县森林病虫害主要是马尾松毛虫。松毛虫危害比较严重的地区主要分布在林圩、白山、周鹿、乔利等乡镇林区和县林科所管辖的林区。1999年,马山县林区松毛虫害发生面积1400公顷,防治面积1333.33公顷,防治率95%。防治经费20000元。2000年,马山县林区松毛虫害发生面积600公顷,防治面积533.33公顷,防治率89%。防治经费8000元。2001年,县林科所管辖林区发生松毛虫害133.33公顷,用人工喷洒白僵菌防治,效果良好,防治率100%。防治经费3000元。2002年,马山县林区松毛虫害发生面积533.33公顷,防治533.33公顷,防治率100%。防治经费8000元。2003年,全县林区未发生松毛虫害。1999～2003年,马山县林区发生面积累计2666.66公顷,累计防治面积2533.33公顷,防治率95%。防治经费累计3.9万元。

【野生动植物保护】

为保护野生动植物,马山县林业行政主管部门采取经常检查和专项打击相结合的办法,查处破坏野生动植物资源违法犯罪行为。2000～2003年,全县共查处违法案件3件,案值10.39万元,教育1人,逮捕1人,处罚1人,罚款2000元。

【森林资源调查】

1999年7月至2000年7月，马山县林业行政主管部门开展全县森林资源规划设计调查。调查结果为：至2000年7月，马山县土地总面积为234572公顷，林业用地面积101251.2公顷。其中，有林地面积39992.1公顷，蔬林地面积117.8公顷，灌木林地面积45556.6公顷，无立木林地面积15584.7公顷。森林覆盖率36.33%，活立木总蓄积量1079762立方米。

【林地林权管理】

1999～2003年，马山县审核各类工程征占用林地项目7个，审批面积71.49公顷，收取森林植被恢复费594902.42元。纠正违法占用林地行为4件，处罚3人，处罚金额155870元。

【森林采伐管理】

1999～2003年，马山县加强森林采伐管理力度，对森林采伐坚持核发林木采伐许可证，全县森林采伐量没有突破采伐限额。1999年全县商品材采伐量为24438立方米，2000年为16946立方米，2001年为28122立方米，2002年为33205立方米，2003年为30142立方米。

【木材流通管理】

1999～2003年，马山县认真做好木材流通管理工作。一是加强木材、林木产品运输证管理，杜绝无证非法运输林木产品行为。1999～2003年，全县共发放木材、林木产品运输证301本。其中，1999年44本，2000年75本，2001年66本，2002年54本，2003年62本。二是加强木材经营加工行业的管理。对全县木材经营加工单位进行全面清理整顿，对有合法木材来源、有固定经营场所、能依法经营加工木材的木材经营加工单位，给予发放木材经营加工许可证。对非法经营加工木材的，给予取缔。1999～2003年，全县共发放木材经营加工许可证74本。三是加强木材检查站的建设和规范执法管理。全县长年设木材检查站2个，每个检查站工作人员6人。县林业行政管理部门经常对木材检查站的执法情况进行监督检查，检查其执法程序是否合法，处罚是否得当，有无乱收费乱罚款行为。通过监督检查，木材检查站能够做到依法管理，公正执法，保证了林业法律法规的贯彻执行。

【林业行政案件查处】

1999～2003年，马山县依照有关法律法规的规定，严格查处各种林业行政案件。1999～2003年，全县共查处林业行政案件72起，没收木材679.87立方米，柴火9.09吨，案值68200元。行政处罚85人次。其中，1999年查处案件10起，没收木材50立方米，案值5000元，行政处罚12人次。2000年查处案件12起，没收木材85.6立方米，案值7000元，行政处罚13人次。2001年查处案件14起，没收木材80立方米，案值7200元，行政处罚16人次。2002年查处案件17起，没收木材165.27立方米，柴火9.09吨，案值9000元，罚款1580元，行政处罚20人次。2003年查处案件19起，没收木材299立方米，案值40000元，行政处罚24人次。

【森林防火】

1999～2003年，马山县采取多种措施，认真做好森林防火工作。一是加强森林防火体系建设，稳定专业森林消防队伍。二是制定森林防火措施。每年县森林防火指挥部分别在春季、秋冬季森林防火期召开了一次全县森林防火工作会议，布置全县森林防火工作；做好火警火灾监测，每年防火期，县防火办聘请专职护林员驻守重点林区望火楼观测瞭望；每年清明节、五一节、国庆节、春节等重要节假日，县防火办出动宣传车巡回重点林区乡镇开展防火宣传；防火期和火险期，县专业森林消防队集中统一待命，做好扑火准备；发生森林火警火灾，县防火办即刻电话通知火警火灾所在乡镇人民政府组织应急分队及干部群众扑救，县专业消防做好增援扑救准备。同时，做好火情信息的上呈下达工作。通过采取上述措施，全县的森林防火工作取得了好成绩。1999年，马山县获南宁地区森林防火目标管理一等奖。2000年、2001年连续获得南宁地区森林防火目标管理二等奖。

为做好森林防火工作，马山县加强了森林防火体系建设。一是加强森林防火队伍建设。1997年，县人民政府组建了一支30人的专业森林消防队伍。县内重点林区的永州、州圩、双联、片联、周鹿、林圩、乔利、白山、百龙滩、古零、金钗等11个乡镇和县永州林场、光明山林场，都各自组建一支30多人的扑火应急分队，为全县的森林防火工作提供了坚强的组织保证。二是加强森林防火基础设施建设。全县有森林防瞭望塔(楼)6座，无线电对讲机10部。重点林区乡镇和林场的扑火应急分队，每个队配有风力灭火器10台，二号工具100多把，手持对讲机2部。1998年，县政府建设了一栋建筑面积为560平方米的消防队住宅和办公楼，改善了消防队伍的居住和办公条件。全县修有生物防火林带50多公里，其中，永州林场47公里，光明山林场3公里。防火线70公里，全部集中于永州林场。

1999～2003年，全县共发生森林火警火灾28起，过火面积304.3公顷，森林受害面积64.6公顷。其中，1999年发生森林火警1起，过火面积2.3公顷，森林受害面积0.6公顷。2000年发生火灾3起，过火面积39.5公顷，森林受害面积7.2公顷。2001年发生森林火警火灾3起，过火面积24.7公顷，森林受害面积6.8公顷。2002年发生森林火警火灾11起，过火面积97.8公顷，林业受害面积23.6公顷。2003森林火警火灾10起，过火面积140公顷，森林受害面积26.4公顷。

【森林公安工作】

马山县森林公安机关组建于1987年10月，行政上受县林业局领导，业务上受县公安局领导。马山县森林公安机关组建时称“马山县公安局林业公安股”，1995年改为“马山县公安局林业公安科”。1999年改为马山县森林公安警察大队，下辖永州林场、光明山林场派出所和古零、合群、林圩、周鹿、永州等5个乡镇林业公安组。2003年8月，马山县公安局森林公安警察大队改为马山县公安局森林公安分局，同时撤销5个乡镇的林业公安组，人员划归森林公安分局。县森林公安机关从1993年起开展“创先达标”活动，连续6年获自治区、地区“达标”、“先进”单位。1998年，县公安局林业公安科获“全区优秀公安科”称号。永州、光明山林场公安派出所从1996年起开展“派出所规范化达标”建设，永州林场公安派出所1996～1998年连续三年达标，光明山林场公安派出所1997～1998年连续两年达标。两个派出所均达到“硬件”四宝一库、“软件”十表一簿的规范化达标要求。

1999～2003年，马山县发生各类森林案件603件，侦破、查处565起，占案件总数的93.7%。处罚677人次，收缴木材991.96立方米，获赔偿损失款21165元。

【林业经营体制改革】

2000年10月，马山县开展林业分类经营改革工作。为做好改革工作，成立了马山县林业分类经营区划工作领导小组，组织技术人员12人，分成6个小组开展工作。根据马山县森林资源特点和分类经营区划技术标准，将全县林区划分为生态公益林区和商品林区。区划结果为：

一、生态公益林区

截至2001年4月，全县公益林地面积101097.8公顷。其中，有林地面积46611.6公顷，占林业用地面积10125.2公顷的46%。界定为水源林2024.4公顷，占有林地面积4.3%；水土保持林43984.1公顷，占有林地面积94.4%；农牧防护林395.2公顷，占有林地面积0.8%；护路林207.9公顷，占有林地面积0.5%。其他无林地355.8公顷，占公益林地面积0.4%；规划发展林地（裸岩地）54130.4公顷，占公益林地面积53.5%。

二、商品林区

截至2001年4月，全县商品林地面积57087.9公顷。其中，有林地面积38937.1公顷，占林业用地面积101251.2公顷的38.5%。界定为一般用材林32145.6公顷，占有林地面积82.6%；短轮伐期工业用材林1502.1公顷，占有林地面积3.9%；薪炭林4099.8公顷，占有林地面积10.5%；果树林720.4公顷，占有林地面积1.9%；其他469.2公顷，占有林地面积1.2%。规划发展林地2804.1公顷，占商品林地面积4.9%；其他15346.7公顷，占商品林地面积26.9%。

马山县森林分类经营区划工作于2001年4月完成，《马山县森林分类经营区划项目》被评为自治区森林分类经营区划界定成果三等奖。

【林业科学技术】

1991～2003年，马山县林业行政管理部门积极开展林业科学研究，推广林业科技成果，使用现代化科技设备和新技术进行林业管理，提高了林业经营效益和工作效率。

一、林业科学研究

1991年，马山县林业局与中国林科院热带林业实验中心开展协作项目《马山县古零石灰岩山区造林绿化试验》研究工作，推广先进林业科技，在古零石灰岩山区营造先进林业技术推广应用示范林200公顷，取得显著效益。根据该示范点造林经验写成的《广西马山县古零石灰岩山区林业综合开发》一文，发表在1998年《广西林业科学》杂志，1991年该文被骗入中国林学会林业生态分会主编的《森林生态学论坛》。

二、引进推广优良速生丰产树种尾叶桉

马山县于1996年开始引进优良速生丰产树种尾叶桉。经过多年努力，至2003年底，全县已发展尾叶桉5333.3公顷。

三、利用新设备新技术进行林业管理

1999～2003年，马山县在进行森林分类经营区划、森林生态效益补助资金试点工作中，采用新技术、新手段，利用FOXPRO建立数据结构库，利用GIS软件平台编制图件，并形成MAPINFO的IAB格式数据。在退耕还林工程项目中，运用退耕还林管理软件进行管理。利用电子计算机进行营林档案管理。新技术、新手段的使用，有效提高了工作质量和工作效率。

【林业工作站建设】

至2003年底，马山县有乡镇林业工作站14个，其中，9个站有自有办公用房，3个站有通信设备。至2003年底，全县乡镇林业工作站建设累计投资36.8万元，其中，自治区投资15.1万元，地区(市)、县投资21.7万元。

(马山县林业局)

柳州市林业

【概　述】

1950～1983年，柳州市管辖的林业地域有郊区和市区，主管林业的单位屡经变动，如1950至1955年，由建设科兼管林业；1959年，由农林水利科管林业；1957年12月农林水利科与郊区公所合署办公，1960年5月农林水利科与郊区公所分开办公；1961年4月，农林水利科改称农林水利局；1964年4月，农林水利局撤销，设农林水办公室；“文化大革命”初期，农林水办公室瘫痪；1968年10月，柳州市革命委员会生产指挥组下设农林办公室；1971年7月，农林办公室与郊区革命委员会合并办公；1973年12月，成立柳州市革命委员会农林局，下设生产科兼管林业；1975年8月，农林局增设农林科；1984年撤销农林局，同年5月成立柳州市林业局，管辖林业地域为郊区、市区、柳江县和柳城县。2002年12月，柳州市辖林业地域扩大到三江、融安、融水、鹿寨4个县和古亭山管理区。

柳州市1973年的森林覆盖率为7.9%，1988年7.4%，2003年43.5%。1992～1994年，柳州郊区、柳江县和柳城县，分别被自治区批准为“造林灭荒达标县(区)”。1995～1996年，又分别被自治区批准为“绿化达标县(区)”。全市林业总产值，1950～1998年共计4.09亿元，年均值834.69万元；1999～2002年共计9.01亿元，年均值2.25亿元，2003年接近9亿元。全市木材生产，1999～2002年产商品材14.89万立方米，毛竹、蒿竹、大杂竹2955.60万根，小杂竹3206.60万公斤。2003年产商品材34.53万立方米，毛竹、蒿竹、大杂竹2284.11万根，小杂竹3137.50万公斤。全市林副产品，1999～2002年生产油茶籽549.30万公斤，油桐籽47.20万公斤，板栗38.80万公斤，松脂532.50万公斤，竹笋干839.30万公斤，水果2.48亿公斤。2003年产油茶籽1169.30万公斤，油桐籽95.80万公斤，板栗160.60万公斤，松脂414.30万公斤，竹笋干420.63万公斤，水果1.62亿公斤。

(柳州市林业局　陈锦波　王寒松)

【林木种苗生产】

柳州市林木种苗生产的经营形式有国有育苗、集体育苗、个人育苗。1999～2003年，全市生产林业苗木2.04亿株，其中国有场苗产苗3688.20万株，集体产苗1.06亿株，个体产苗6080万株。1991～2000年，全市出圃营养苗和良种苗9526.10万株，占同期总产苗量的45.6%。主要树种有尾叶桉、杉木、马尾松、油茶、八角、杂交竹、毛竹、任豆、香椿。

(柳州市林业局　陈锦波　王寒松)

【营造林】

全市造林面积，20世纪50年代3273.33公顷，60年代7933.33公顷，70年代3093.33公顷，80年代3.47万公顷，90年代10.13万公顷，2000～2003年3.35万公顷。1989～1991年，在柳州市郊区、柳江县和柳城县，进行27个播区的飞机播种造林，实施飞播面积4.83万公顷，有效面积4.38万公顷，占飞播面积的90.7%，超过部颁标准。1990～1994年，全市建设市、县(区)、乡(镇)党政领导干部绿化点144个，种植湿地松、古蓬松和马尾松面积7300.72公顷，造林成活率90%以上，保存率85%，松林已开始割松脂。

(柳州市林业局　陈锦波　王寒松)

【速生丰产林基地建设】

从1985年开始，柳州市县(区)抓速生丰产林基地建设工作，国有林场、国有苗圃在场圃内造林，个体老板在村屯租赁土地造林。1999～2003年，速丰林基地造林总面积为7709公顷，其中良种桉4193.70公顷、良种松1904.12公顷、良种竹及马占相思1611.18公顷，分别占基地总面积的54.4%、24.7%和20.9%。

(柳州市林业局　陈锦波　王寒松)

【经济林果木林建设】

据1960年柳州市林业普查数据，全市以油茶油桐为主的经济林有282.2公顷，70年代普查有610.2公顷，80年代普查有1.04万公顷。由于管护粗放，油茶油桐亩产较低，1962年平均亩产茶籽14.73公斤、桐籽7.05公斤，1973年茶籽桐籽接近13.5公斤，89年茶籽17.1公斤、桐籽5.7公斤。60年代和70年代，柳州市5个园艺场生产的“柳蜜柑”、“柳蜜橙”品质优良，畅销内地及港澳地区市场；柳州市河东、河西、羊角山以及柳城县凉水山林场、四塘农场均有面积较大的板栗园，果大皮薄肉厚，畅销广东省福建省等沿海市场。80年代初，果林面积及产量大幅度下降，如1985年仅有面积206.4公顷，年产水果35.53万公斤。90年代，果林大幅度回升，如1992年达6066.67公顷3695.90万公斤。1999～2003年，全市水果产量4.10亿公斤。

(柳州市林业局　陈锦波　王寒松)

【封山育林】

1953年2月，柳州市建设科部署在荒山荒岭上进行封山育林和植树造林，市政府布告禁止砍伐和人畜践踏林木，禁止放火烧山，促进造林和封山育林良性发展。但在1958年大炼钢铁时林业资源却遭到破坏，如柳城县大埔镇山脚屯26.67公顷石山森林被砍光，岩石裸露，泉水断流，保水田成为“望天田”。该屯于1961年进行封山育林，实行死封，现在山林郁闭度为0.8，最大树胸径达42厘米，树高23米。保水田面积扩大到24.1公顷。1999年9月22日，柳州市林业局邀请美籍华人许兆然博士在柳州饭店作石山封山育林学术报告，讲授远古保存下来的石山化香树种生物学特性和形态特征，介绍该树种在贵州、广西的分布情况，阐述该树种在喀斯特石山区的造林技术和封育措施以及相关的政策性问题，听课人员来自柳州市县郊农口机关干部400余人。1999～2003年，柳州市封山育林面积3.58万公顷，其中成效面积2.14万公顷，占封育面积的59.7%。

(柳州市林业局　陈锦波　王寒松)

【退耕还林工程】

2002年，柳州市、县(区)分别成立退耕还林办公室。2002和2003年，全市退耕地造林1.20万公顷，配套荒山造林1.30万公顷，造林树种选择尾叶桉、杂交竹、八角、板栗和黄栀子，给农民兑现补助粮食1522.7万公斤，占应兑现数的73.0%，兑现给农民林木种苗补助费和现金补助费158万元，占应兑现款的37.8%。

(柳州市林业局　陈锦波　王寒松)

【珠江防护林工程】

2001～2003年，柳州市实施珠防林工程总面积4021公顷，其中营造尾叶桉、任豆、杂交竹、马尾松、马占相思林1656.7公顷，占该工程总面积41.2%；封育榕树、栎类、枫香、化香等稀疏杂灌林2364.3公顷，占该工程总面积58.8%。

(柳州市林业局　陈锦波　王寒松)

【石漠化综合治理工程】

1987～1992年，在柳州市郊区、柳江县和柳城县进行石山杂灌木封山育林，面积4.45万公顷。据1995年固定样地调查，林分郁闭度由0.2增到0.5，立木蓄积量增加14.19万立方米。2000年，市林业技术推广站和柳江县林业技术推广站承担市支农项目“石漠化综合治理”，施工面积403.3公顷，其中种植尾叶桉和杂交竹169.9公顷，封育石山杂灌木233.4公顷，经项目验收，各项技术指标达到和超过项目合同书要求。

(柳州市林业局　陈锦波　王寒松)

【绿色工程】

1999～2001年，柳州市完成绿色工程造林合格面积1.55万公顷，占广西下达任务116.5%。其中，完成江河两旁宽2公里、公路铁路旁1公里范围内的合格面积1.43万公顷，占任务113.5%；完成江河、道路沿线及城镇绿化合格面积1200公顷，占任务158.4%。

(柳州市林业局　陈锦波　王寒松)

【全民义务植树】

从1950年开始，柳州市政府每年春季组织市民参加义务植树活动，先后营造了工人林、机关林、学校林、街道林、部队林、回民林、“三八”林、“五一”林，等等。自1979年起，每年党政领导及机关干部职工到义务植树点，挥锄挖坎，种植绿化树苗。1999～2003 年，完成义务植树 1259.3 万株，义务植树尽责率为 87.9%。

（柳州市林业局　陈锦波　王寒松）

【生态公益林建设】

据区划界定，柳州市规划生态公益林 48.44 万公顷，占林业用地 42.5%，其中列入国家森林生态效益补助资金试点 21.52 万公顷，占全市森林面积 19.2%，占全市公益林面积 44.4%。按规定签订合同书有 4771 份，管护面积 20.14 万公顷，占试点的 93.6%。试点面积计划安排补助资金 1376.55 万元，其中管护费 1130.95 万元。

【抚育间伐】

1953～1983 年，柳州市国有林场、园艺场及集体林区的杉木幼林，普遍进行除蘖防萌。缓坡地的杉、桉幼林，采取林粮间作，以耕代抚的办法进行抚育。良种桉速丰林，种后当年和第 2 年各施复合肥每株 50～100 克。1999～2003 年，全市杉松幼林抚育间伐 3.15 万公顷，中龄林抚育间伐 1.57 万公顷。杉、松、桉中龄林抚育间伐，国有林区是采取砍小留大、砍弯留直、砍弱留强、砍密留疏，培育大径材的技术措施；集体林区农民，仅顾眼前利益，采取砍大留小，砍好留差的择伐方式。全市中龄林抚育间伐 1.57 万公顷。

（柳州市林业局　陈锦波　王寒松）

【低产用材林改造】

1985 年以来，柳州市县（区）对立地条件差林木长势不好的杉木林区、管理不好的马尾松飞播区疏残林及过火后的林区，进行低产林改造，并在翌年春营造良种桉、竹类和果木林。1999～2003 年，全市施工的低产林改造累计面积有 2652 公顷，造林成活率和保存率均达标。

（柳州市林业局　陈锦波　王寒松）

【世界银行贷款造林】

柳州市已实施三期世行贷款造林。其中一期项目融安县参加，信贷资金 696 万元、区县配套 273 万元、劳务抵折 192 万元，1991～1994 年完成造林合格面积 5052 公顷，占项目规模的108.6%；二期项目三江、融水县参加，信贷资金 1656 万元、区县配套 894 万元、劳务抵折 196 万元，1995～1998 年完成造林合格面积 7050.52 公顷，占项目规模 94.2%；三期项目三江、融安、融水县参加，世行贷款 1187 万元、区县配套 496 万元、劳务抵折 291 万元，1999～2003 年完成造林合格面积 5036.3 公顷，占项目规模 93.4%。

（柳州市林业局　陈锦波　王寒松）

【农村生态能源建设】

1996～2003 年，柳州市推广太阳能 1326 平方米，按每户 6 平方米计算，占全市 39.06 万农户数 0.05%；推广省柴灶 33.25 万户，占全市农户数 85.1%；建造沼气池 12.20 万座，占全市农户数的 31.2%；举办沼气池建池技术、发酵产物综合利用、沼气池安全管理使用常识等培训班 92 期，参培人员 6548 人次。柳州市建造的沼气池，给建池农户钱物补助 1928.73 万元，其中自治区财政补助款 223 万元，市级财政补助 1270.45 万元，市、县（区）干部职工捐给建池扶持款 435.28 万元。

（柳州市林业局　陈锦波　王寒松）

【森林病虫害防治】

1999～2003 年，柳州市森林病虫害发生面积 2.14 万公顷，防治面积 2.03 万公顷。其中，为害较频繁的是马尾松毛虫，全市发生面积 2.02 万公顷，其中国有场圃 610 公顷；全市防治面积 1.91 万公顷，其中国有场圃 215 公顷。1985 年以来，柳州市、县（区）林业部门每年设置虫情测报点 80 余个，由兼职测报员和农民测报员对马尾松毛虫进行虫情监测，并反馈给市、县（区）林业部门，由林业部门组织人力物力对重灾区进行综合防治。市森林病虫害防治部门于 1990 年 8～11 月，组织县（区）人员在全市范围内进行森林植被检疫对象及主要病虫害种类普查，又于 1991 年以来每年对外来木材及包装箱进行检查，尚未发现松突圆蚧和松材线虫病入侵柳州市。

（柳州市林业局　陈锦波　王寒松）

【自然保护区建设与管理】

经 1982 年区政府批准，柳州市建立的水源林保护区有元宝山、九万山、滚贝山（1989 年批准）、泗涧山 4 个，建立的鸟类保护区有三锁、拉沟 2 个。上述保护区分别有森林 4113 公顷、1.29 万公顷、3781 公顷、2872 公顷、3265 公顷、3040 公顷，天然阔叶林面积占有林面积 78%以上。融水苗族自治县元宝山自然保护区于 94 年列为国家级森林公园。1992 年，融水县人大颁布了《融水苗族自治县水源林动植物自然保护区管理实施细则》，为保护区的建设和发展提供依据。各保护区均设置护林站，由生产办负责植树造林、中幼林抚育、防治森林病虫害、维修林区公路等工作，防火办负责新开防火线和护林防火工作。多年来保护区未发生森林火灾。融安县三锁鸟类自然保护区，由于管理资金不到位，野生动植物没能得到有效保护。

（柳州市林业局　陈锦波　王寒松）

【野生动植物保护与管理】

1999～2003年，在每年的“保护野生动物宣传月”、“爱鸟周”期间，柳州市林业、工商、环保等部门联合开展执法行动，检查餐馆酒楼133家、农贸市场24个、野生动物养殖场所44处，查处案件340起，处罚302人次，其中有6人被判处有期徒刑。没收蟒蛇和巨蜥18条、果子狸96只、猕猴9只、穿山甲和竹鼠34只、猫头鹰177只、鸟类3289只、龟141只，没收蛇类805.35公斤、蛙类4066.80公斤、冰冻果子狸和黄猄805公斤。对没收的野生动物活体，柳州市林业、工商、环保等部门送往三门江国家森林公园等林区放生；对伤残的送到自治区野生动物保护站治疗；对死亡及冰冻的进行掩埋处理。为加强野生动物保护，市林业部门在市人民广场和电视台开展了“保护鸟类，保护野生动物，营造生态家园”的宣传，制作板报6版，张贴图画标语3734条幅，发放法律法规小册子和野生动物常识问答卷8.8万册份。为保护名木古树，市林业部门对普查发现的3200株树木，进行编号登记建档，并获市政府重视，于2000年颁发《柳州市人民政府关于禁止非法采挖树蔸树桩，取缔树蔸树桩及其制品交易市场的通告》，从而使名木古树及野生林木获得较好的保护措施。

（柳州市林业局　陈锦波　王寒松）

【森林资源调查】

柳州市进行4次森林资源调查。第一次是1960年进行的柳州市郊区林业综合普查，查明森林面积3573.47公顷，森林覆盖率11.9%；用材林2118.93公顷，经济林282.20公顷，果木林1172.33公顷；宜林荒山荒地2598.73公顷。第二次是1973年进行的柳州市林业普查，查明森林面积1.17万公顷，森林覆盖率25%；用材林7386.40公顷，蓄积5.05万立方米；经济林2455.33公顷、竹林610.20公顷、果木林1265.40公顷；宜林荒山荒地4415.53公顷。第三次是1988～1989年进行的柳州市森林资源调查，查清全市林业用地16.50万公顷，有林地3.93万公顷，森林覆盖率7.4%；用材林2.72万公顷，蓄积126.93万立方米；经济林0.81万公顷，竹林0.15万公顷，果木林0.24万公顷；宜林荒山荒地8.72万公顷，可造林石山2.72万公顷。第四次是1999年（融水县是1995年）柳州市各县（区）进行的森林资源调查，查清全市林业用地114.14万公顷，有林地79.98万公顷，森林覆盖率43.5%；用材林57.37万公顷，蓄积2620.33万立方米；经济林11.58万公顷，竹林3.40万公顷，果木林1.30万公顷；宜林荒山荒地18.37万公顷，可造林石山15.79万公顷。

（柳州市林业局　陈锦波　王寒松）

【林地林权管理】

1990年5月，柳州市及县郊均建立稳权发证领导小组，并组成52个工作组372人，分别对市县（区）的国有场圃进行稳权发证。同年7月，领导小组进行检查验收，除市大桥园艺场、河西苗圃、柳州地区园艺场等6个单位未发证外，已办理发证的单位有29个，面积1.82万公顷，并形成图纸、四至表册、山界林权描述说明、协议书、裁决书、判决书、决定批准通知书、山权林权证书等档案材料。

（柳州市林业局　陈锦波　王寒松）

【森林采伐与采伐限额管理】

1950～1953年，柳州市森林采伐为无计划采伐。1954年推行计划采伐。1956年起，国营农林场和农村集体林区全部实行计划采伐。1980年凭森林采伐证采伐林木。1983年起，受马尾松毛虫为害的松林，由林权单位向市农林局申报，核实办证后，方能采伐。1987年以县、郊林业局为单位，执行森林限额采伐，各林区实行凭证采伐。1999～2003年，广西下达给柳州市商品材采伐指标76.86万立方米，实际采伐林木70.03万立方米。

（柳州市林业局　陈锦波　王寒松）

【木材流通管理】

1956年，木材经营纳入国家计划实行统购统销。60年代，集体生产的商品材很少。70时代，采伐集体杉松林区的木材用于本大队的基本建设。80年代，集体林区木材用于本社队集体及群众的修建房屋。1985年取消集体林区木材统购统销，由供销社、乡镇企业经营木材，一些单位和个人领取木材营业执照后可经营木材。1987年，木材经营实行“一家(林业部门)收购,多家经营”的办法。从2003年7月起,柳州市林业局贯彻执行《中共中央 国务院 关于加快林业发展的决定》精神,对农民生产的木材允许产销直接见面,拓宽农民进入木材市场的渠道,增加林业产业发展活力。

(柳州市林业局　陈锦波　王寒松)

【林业产业】

2003年,柳州市有木材加工单位1061家,其中国有16家,股份制21家,个体1024家。当年全市林产工业总产值为8.09亿元,实现利税7583万元。为抓好林产工业,柳州市充分发挥现有工业优势,借“工业立柳”东风,在抓好原料林生产的基础上,大力发展林产加工业,以提高林产品的附加值,把潜在的资源优势转化为经济优势,给一些具有发展潜力、已形成规模的林产加工企业予以扶持,使之产生更好的经济效益,成为柳州市林产工业的龙头企业,从而带动一大批林产工业发展起来。2003年柳州市有森林公园4处,其中国家森林公园2处,森林公园面积40833公顷,全年接待游客8万多人次,旅游收入达110万元。2003年柳州市新发展园林花卉面积333公顷,新增产值266万元。

(柳州市林业局　陈锦波　王寒松)

【林业行政案件查处】

柳州市林业局于1987年8月成立柳州市木材市场清理整顿领导小组,每年对木材市场及木材流通区域进行清理整顿和执法检查。1999～2003年,全市查处非法收购、经营、加工木材案1899起、违法运输木材案8008起,依法没收木材3.65万立方米、没收家具1080套、没收竹材14.33万根,为国家挽回直接经济损失1306.23万元。查处盗伐林木案27起,滥伐林木案69起,处理山林纠纷案8起,毁坏幼林案6起,毁坏苗木案1起,违法征占用林地案5宗,林业行政处罚885人次,其中4人被判有期徒刑。

(柳州市林业局　陈锦波　王寒松)

【森林火灾与森林防火】

1999～2003年,柳州市共发生森林火灾175次,其中火警104次,一般火灾71次,过火面积2916.88公顷,森林受害面积495.42公顷,年森林火灾受害面积占全市森林面积的0.16‰～0.42‰,均未突破自治区0.6‰的控制指标。1999年以来,柳州市投入森林防火经费2033.28万元,其中市县(区)级财政投入1384.72万元,林业部门“两金”投入197.19万元,国有林场投入160万元,国家林业局和自治区林业局补助126.62万元,其他投入164.75万元。经费用于森林火灾的扑火工作;用于58个森林消防队建设,购置防火专用车13辆、扑火衣服877套、通信对讲机409部、台机8部、风力灭火机744台、扑火二号工具3000把;用于营建生物防火林带1788.25公里,铲防火线2491.07公里,制作刷新固定防火宣传牌1921块;用于深入30个重点林区乡村进行防火专题文艺演出56场,播放电影电视451次,印发森林防火宣传资料85.04万份。每年,柳州市、县(区)政府分别召开森林防火指挥部成员扩大会议,柳州市、县(区)、乡(镇)三级政府层层签订森林防火目标管理责任状,各级指挥部成员和防火部门工作人员缴纳森林防火风险抵押金。每年火险时段,柳州市、县(区)政府分别发布野外用火戒严令。

(柳州市林业局　陈锦波　王寒松)

【航空护林】

1999～2003年,柳州市每年派员参加柳州秋季航空护林,柳州市财政拨付航空护林地面费1万元/年,有效保护了森林资源。1999年,柳州市选送4名防火骨干参加自治区航空护林机降队。2003年,从本市58个森林消防队中抽调队员13人,组建柳州市航护基地中心机降扑火队,当年市财政拨给该队地面费5万元。

(柳州市林业局陈锦波　王寒松)

【森林公安工作】

柳州市公安局林业公安科于1991年7月成立,当时有林业公安民警27人。2002年柳州市行政区划调整后,全市有森林公安民警153人。随着森林公安队伍日益壮大,于2003年4月24日柳州市编委下文:柳州市公安局林业公安科更名为柳州市公安局森林公安分局。分局下设治安科、法制科、办公室,有森林公安干警11人,分局领导3人。另外,下辖的6个县均设有县级森林公安分局,9个林场(保护区)设有派出所。2000～2003年,全市共发生各类森林案件928起,查处928起,其中林业行政案件897起,刑事案件31起(特别重大案6起),处理违法人员915人,逮捕27人,收缴木材6263立方米,折款1242万元,罚款1.68万元,其他财物折款30.20万元,没收野生动物2153.8公斤，为国家挽回经济损失193.88万元。在2001年开展的保护野生动物，维护生态平衡的“严打”整治斗争及“猎鹰行动”中，出动警力301人次，收缴野生动物1658只，其中国家一级重点保护野生动物2只，国家二级重点保护动物1533只，自治区重点保护动物167只(条)。在2003年11至12月开展的“绿剑行动”中，重点打击非法占用林地、故意毁坏林木以及团伙盗伐国有、集体森林案件和非法运输木材案件，特别是对因地方保护主义等原因长期无法查处的非法占用林地案件进行全面清理和依法查处。共检查林木采伐区6个，清理木材市场6个，木材加工场15个，查处林业行政案件19起，处理违法人员19人，收缴木材232.53立方米，折款21.46万元。

(柳州市林业局　陈锦波　王寒松)

【林业科学技术】

柳州市林业局下设营林科技科，负责制定全市林业科技发展规划和计划，管理林业科研项目与成果、技术开发、技术推广以及试验示范等工作。此外，还设有市林业技术推广站，人员19人(高中级职称10人)；市林业科学研究所(原为柳州地区林科所)在职人员39人，有高中级职称11人。各县林业局也都设有林业技术推广站(营林管理站)，部分设有林业技术培训中心，三江、融水两县还各设有县林科所1个。全市林业系统有林业技术人员919人，其中大专以上学历501人，高级职称27人，中级职称203人。柳州市林业技术推广站、森防站等单位结合林业生产开展的主要技术推广项目有：1992年《AB吨生根粉的推广应用》、1991～1996年《良种桉短周期工业用材林综合技术开发》、1999年《雷竹良种引进与繁殖》、2000年《石漠化综合治理》、2001年《石山引种试验与欧美杨引种试验》、2002～2003年《桉树新品种引进》。市林科所自“九五”以来，在财政拨款不足、职工工资无法足额发放的情况下，因地制宜，将林业科研与生产实践相结合，开展和完成了多项林业科研工作，如：全国杉木地理种源试验、杉木多代改良研究、杉木种源家系无性系优良基因育种园建立研究、部省联营杉木种子园高产稳产技术研究、撑绿杂交竹繁殖推广、佛手瓜快繁技术研究与开发、珍珠罗汉松繁育基地营建，等等。其中与中国林科院协作进行的《全国杉木地理种源试验》获得国家级科技进步奖，《毛竹实生苗造林》获全国科学大会优秀科技成果奖。据不完全统计，1996～2003年，柳州市共投入林业科技经费303.75万元，其中市级财政130.2万元，国家林业局102.65万元，自治区林业局29.9万元，市林业部门自筹41万元。

(柳州市林业局　陈锦波　王寒松)

【林场建设】

柳州市现有国有林场13个，其中市属林场1个，县属林场12个，总经营面积5.84万公顷，林业用地面积5.58万公顷，其中有林地5.46万公顷，有林地中公益林面积1.98万公顷，属国家公益林1.77万公顷。林场职工3338人，其中在职职工2440人，离退休人员898人。1984～1995年，柳州市国有林场完成造林3619.6公顷(其中经济林面积444.5公顷)，年均造林301.6公顷。2003年，全市国有林场完成造林1453.3公顷，其中短轮伐期工业原料林513.3公顷；当年计划采伐11.19万立方米，实际完成10.86万立方米。近几年来，由于受木材市场疲软及国家保护天然林政策等因素的影响，在市场经济改革大潮中，多数国有林场已面临极大困难，普遍债台高筑，负担沉重，需要深化内部改革才能寻求新的发展契机。在集体林场方面，20世纪60～70年代兴起创办的集体所有制林场，经几起几落，于70年代末发展到高峰期，80年代中期开始走下坡路。1995年，柳州市有集体林场110个，经营面积9710公顷，有林地面积6309公顷，蓄积量24.88万立方米，当年生产木材2700立方米，总收入75.55万元；2000年，集体林场个数减为84个，经营面积6842公顷，有林地面积4617公顷，蓄积量23.01万立方米，当年生产木材1565立方米，总收入27.10万元。

(柳州市林业局　陈锦波　王寒松)

【国有苗圃】

柳州市现有国有苗圃9个，其中市级苗圃3个，县级苗圃6个，共有经营面积154.5公顷，职工人数46人，2003年产苗量600多万株，产值254万元。

(柳州市林业局　陈锦波　王寒松)

【林业社会团体】

一、野生动物保护协会

柳州市野生动物保护协会成立于1991年1月，会员以林业系统单位和个人为主，并广泛吸收其他相关单位及人员，如市渔政管理站、广西林校、柳侯公园、柳州市古岭酒厂等。目前团体会员和个人会员分别为40个和130人。协会通过定期召开有关会议和不定期开展“保护月”、“爱鸟周”等各种宣传活动，以及举办养殖培训班、参观考察、技术交流等活动，积极宣传野生动物保护的法律法规，为广大会员提供咨询和服务，为提高全社会的野生动物保护意识做出了贡献。2003年“非典”爆发期间，国家下令封存果子狸，给柳州市广大果子狸养殖户造成了极大损失。但作为协会会员，他们以极高的责任心，在损失几十万元投资的情况下，毅然响应号召，做到不卖、不放、不杀，就地封存处理，为“非典”战役的胜利做出了无私的奉献。

二、林业产业协会

柳州市林业产业协会成立于2002年4月，现有单位会员1080个，影响较大的会员单位有柳江造纸厂、柳州木材厂、柳邕竹木交易市场、柳北兴林竹木加工基地等。协会成立以来，共开办林业法律法规培训班16期，参加人员达2000多人次，协会还组织会员企业参加了上海国际木工机械展览会、广西(首届)精深家具展销会、陕西宝鸡森林博览会等活动，有效地提高了会员企业的法律意识、管理水平和竞争能力。

三、绿化协会

柳州市绿化协会于1999年4月成立，团体会员已由当时的16个增加到目前的25个，个人会员由60人发展到110人。协会每年的主要工作与活动内容为：协助林业主管部门宣传造林绿化，组织开展全民义务植树，评选年度造林绿化和义务植树的先进单位和个人，组织会员进行学术交流和参观考察活动。协会内部不定期出版《柳州绿色工程简报》、《柳州市绿化协会简讯》两种刊物。

(柳州市林业局　陈锦波　王寒松)

柳城县林业

【历史沿革】

解放后，柳城县人民政府于1950年设实业科，1951年4月设建设科，分工专人管理林业。1955年设林业科。1958年3月设农林水利科。1960年1月设林业局。1968年3月成立林业局革命领导小组。1968年8月在县革命委员会生产指挥组内设农林水小组，1969年9月改设农林小组。1971年11月成立柳城县革命委员会林业局。1972年11月成立柳城县林业局。1985～1994年，柳城县林业局内先后设立林政办公室、林业技术推广站、柳城县公安局林业公安股(1996年更名为柳城县公安局林业公安科，2003年3月更名为柳城县公安局森林警察大队，同年12月更名为柳城县公安局森林公安分局)、森林病虫害防治站、上雷木材检查站、农村能源办公室。2002年6月县林业局搬迁到大埔镇河西大道新建的办公大楼。

【森林资源培育】

1965年和1966年，国家投资1.5万元，在县境内的柳(州)长(安)公路和大(埔)沙(埔)公路两旁种植桉树15万株。柳长公路两旁的桉树，在2000年修建二级公路时被全部伐掉。1964至68年，国家投资12.5万元，在东泉、沙埔、洛崖等公社全垦挖大坎种植油桐1862公顷，板栗65公顷，油茶13公顷。于1975～1976年，80%的油桐、板栗林被农民退林还农种木耳而毁掉。1974～1976年，推广全垦、撩壕大片种植杉木的办法，在国营凉水山林场和寨隆、太平、东泉等13个社队林场造林1000公顷。所造林木，成活率高，生长迅速，为缓解80年代和90年代民用材紧张问题起到很大作用。为带动全民积极投身造林绿化，1991～1994年止，柳城县各级领导营造绿化点104个，面积7155公顷。由于采用就近育苗，用AB吨生根粉溶液喷洒苗木的技术措施，提高了造林成活率，促进幼林生长发育。这些林木，现已开始割脂。柳城县于1993年消灭宜林荒山，1997年实现绿化达标。1971～1977年，柳城县飞机播种造林4次，造林32026公顷。1989年和1990年飞播造林17454公顷，1997年飞播造林433公顷。解放后至1987年全县造林8万公顷，1988～2003年造林5.10万公顷。

【森林资源调查】

柳城县于1960、1973、1989和1999年共开展了4次森林资源调查，调查结果如下：1、1960年，全县森林面积9733.5公顷，森林蓄积量9.25万立方米，森林覆盖率4.9%，人均森林面积0.05公顷，人均森林蓄积量0.48立方米；2、1973年，全县森林面积3.26万公顷，森林蓄积量26.13万立方米，森林覆盖率15.4%，人均森林面积0.11

公顷,人均森林蓄积量 0.91 立方米;3、1988 年,全县森林面积 1.56 万公顷,森林蓄积量 44.02 万立方米,森林覆盖率 7.4%,人均森林面积 0.04 公顷,人均森林蓄积量 1.22 立方米;4、1999 年,全县森林面积 3.12 万公顷,森林蓄积量 148.36 万立方米,森林覆盖率 35.7%,人均森林面积 0.077公顷,人均森林蓄积量 3.67 立方米。

【森林资源保护】

森林病虫害防治——马尾松松毛虫是柳城县最主要的森林虫害。柳城县森林病虫害防治站在县内主要松林区设置测报点 35 个,配备专职测报员 16 人。1999～2003 年,全县松毛虫发生面积共计 1.24 万公顷,防治面积 1.13 万公顷。2003 年 8 月县森林病虫害防治站被确定为国家级森林病虫害中心测报点,2004 年 2 月被确认为全国森林病虫害防治检疫标准站。森林采伐限额管理——柳城县林业局实行林木采伐局长一支笔审批制度。1991～2003 年,上级下达的采伐限额是 13.11 万立方米,开具采伐证采伐量是 10.24 万立方米,采伐量占采伐限额的 78.1%。

【森林防火】

90 年代前发生的森林火灾,由当地乡(镇)人民政府组织机关干部职工及村民扑救。乡(镇)林业工作站成立后,林业站站员和乡(镇)直属机关干部职工是扑救本地森林火灾的主要力量。1994 年在凉水山林场挑选 25 名职工组建森林消防队,负责全县森林火灾的扑救工作。柳城县公安局武警消防大队曾一度兼任森林消防队。2003 年 7 月,柳城县专业森林消防队正式挂牌成立,队员 25 人,年龄 18～26 岁,均来自各乡(镇)优秀的复退军人和农村青年,实行半军事化管理。专业森林消防队配备有 17 座的中巴运输车 1 辆,防火指挥车 1 辆,风力灭火机 12 台,对讲机 6 部,扑火服装 25 套。1988 至 2003 年,全县共发生森林火警 54 次,火灾 75 起,总过火面积 2125 公顷,受害森林面积 459.48 公顷。

【森林公安工作】

森林公安分局紧紧围绕为林业经济建设服务的中心,坚持打防结合,标本兼治,重在治本的方针,开展侦查破案,打击处理了一批破坏森林资源的违法犯罪分子,维护了林区治安总体稳定,保护了柳城县有限的森林资源和野生动物资源,保障了林业经济的健康发展。1996 至 2003 年,共立森林刑事案件 105 起,破获 98 起,受理林业行政案件 621 起,查处 621 起,收缴财物 100.8 万元,处理各类违法人员 714 人次。

【农村能源建设】

柳城县从 1996 年开始实施农村沼气池建设,至 1998 年共建沼气池 3616 座。1999 年,按照广西壮族自治区人民政府桂政发[1998]49 号文件和柳州市人民政府有关农村能源建设会议精神的要求,全面推广使用沼气池。至 2003 年,全县共有农村沼气池 29957 座,有生态屯 6 个,沼气池入户率 38.08%,在柳州市 6 县中居首位。

【国有林场】

国有柳城县凉水山林场建于 1959 年 12 月,现有职工干部 243 人。1999 年柳城县森林资源二类调查结果表明,该林场土地总面积 3166.6 公顷,林业用地面积 3005.1 公顷,有林地面积 2036.1公顷,森林蓄积量 148084 立方米,森林覆盖率 64.3%。林场干部任用采取定岗定员,经考核竞争上岗。场部工作人员的工资,按企业管理制度发放岗位职务工资。近年来,林场进行产业结构调整,把单一的林木生产改为发展多种经营,建林化厂,年加工松脂 150 万公斤,产松香 100 万公斤、松节油 15 万公斤。扩大经济果木林的种植,目前水果种植面积已有 413.3 公顷,主要品种有南丰蜜橘、桃形李、葡萄和龙眼等,南丰蜜橘享誉区内外,每年对区内外市场供不应求。经济果园林是林场职工的自营经济,每一位林场的干部职工都承包土地种植水果,自负盈亏,承包者每年向林场上缴管理费。该林场在做好场内造林的同时,发展场外造林项目:在东泉镇八卦岭承包 181 公顷土地种植林木,在洛崖乡联营造林 44.3 公顷。

【国有苗圃】

1955 年、1956 年在上雷、洛崖两地建办国营苗圃。1955～1999 年生产各种苗木 3.07 亿株,其中营养杯苗 5393 万株。2003 年,柳城县建河西工业园区,县人民政府征用洛崖苗圃土地,出让给柳州凤山糖业集团有限公司建复合肥厂,原洛崖苗圃职工经置换身份后进厂工作。

【林业工作站建设】

1990 年 5～12 月,柳城县编委会同意全县 14 个乡(镇)成立林业工作站,每个站定事业编制(参照公务员管理)3 名,经费由乡(镇)财政列支,属乡(镇)人民政府领导,业务由县林业局指导,人员配备由乡(镇)人民政府与县林业局商定。2003年底,全县14个乡(镇)林业站共有正式站员49人,7个林业站建有站房,建筑总面积为1420平方米,共有汽车9辆、摩托车17辆、14部程控电话和56部对讲机。乡(镇)林业站在保护森林资源、退耕还林和农村沼气池建设中发挥了不可忽视的作用。

(柳城县林业局　谢敬德　唐卫国)

柳江县林业

【概　述】

柳江县林地面积85993.7公顷,占土地总面积256653.7公顷的33.51%。其中森林面积27687公顷,占林地面积32.2%;疏林地面积524.6公顷,占0.61%;灌木林地面积42848.7公顷,占49.83%;无立木林地面积14910.7公顷,占17.34%;苗圃地面积22.9公顷,占0.03%。全县森林材种主要分为生态公益林和商品林。生态公益林面积39375公顷,蓄积量为2.938万立方米;商品林地面积33697公顷,蓄积量为122.177万立方米。2003年,全县完成造林4106公顷,完成任务的107.1%,其中退耕还林造林1333.33公顷,配套宜林荒山造林2020公顷,迹地更新造林420公顷,珠江防护林工程造林2667公顷;完成封山育林333.33公顷,完成任务的100%。年内,全县生产商品材3.02万立方米,行政处罚材4053立方米,林业总产值1.37亿元(市场价),林业人均产值为239元,农民年人均林业纯收入43.5元;新建沼气池10002座,占任务的100.2%。

【森林资源培育】

柳江县于1955年设立人委林业科,1959年撤销人委林业科,改设林业局。50年代至60年代,全县采取的绿化措施是:国家投资创建国有林场,作为发展柳江林业先锋骨干。1951年,首先接管三伯岭林场(该场是解放前资本家黄耀展创办的民生公司),1959年创建龙汉岭林场、冲马岭林场,1970年又创建鹿岭林场。国家先后共投入87.76万元。同时,1959年又创建了8个乡、村林场,场员达190人,到1972年,已发展了86个乡村林场(含自然屯、个体、联合体办林场),场员达722人,造林面积69700公顷,占全县总造林面积的33.6%。

1950～1972年,全县22年累计造林面积28190公顷,年均造林1280公顷。1973年,首次开展森林资源普查,全县森林面积已达13800公顷,森林覆盖率5.5%;1973～1980年,8年间累计造林17860公顷,年均造林2230公顷。1980年,森林资源进行第二次普查时,全县有林面积19560公顷,森林覆盖率达7.8%;1981～1990年,10年间累计造林面积18680公顷,年均造林1868公顷,1988年森林资源进行第三次普查时,全县森林面积仅有12000公顷,比1980年普查时,减少了7560公顷,活立木蓄积量43.3万立方米,比1980年减少了9.7万立方米,森林覆盖率也从7.8%下降到4.7%,减少3.1%。

1989年后,柳江县委、县政府高度重视林业工作,根据自治区党委要15年基本绿化广西的精神,加强了对林业工作的领导,林业部门也积极当好参谋助手,制定了科学林业建设发展规划,进一步加快了荒山绿化步伐。1990年就完成造林14647公顷,其中飞播造林13333.3公顷,1991～1993年,3年间又完成人工造林9027公顷,年均造林3000公顷,1994年是柳江县造林灭荒关键的一年,当年县财政就拨了300多万元投入造林灭荒工程,经过全县人民的共同努力,1994年,柳江县通过了广西壮族自治区绿化造林灭荒达标验收,1997年又通过了广西壮族自治区绿委造林绿化达标验收。

1999年,柳江县再次进行森林资源普查,结果表明:森林面积已达27687公顷(不含灌木林),是解放前森林面积2400公顷的11.53倍,是1988年森林面积的12027公顷的2.3倍,森林覆盖率10.8%,比1988年普查时的4.7%,增加了6.1个百分比,全县的林业用地绿化率达82.66%,比1988年普查的13.2%,增加了69.46个百分比。

1999～2001年,柳江县完成了绿化通道造林面积2478公顷,2001～2003年完成人工造林面积10366公顷,年均造林面积3450公顷,其中速丰工程林面积6643公顷。2003年,全县共保存封山育林面积59913公顷。

【退耕还林建设工程】

2002～2003年,在全县十三个乡镇共实施退耕还林工程面积5333公顷,其中完成退耕地造林

2000 公顷，完成了国家下达年度退耕还林工程建设任务。

【珠防林工程】

2003 年，实施珠江防护林工程，上级下达的任务 2667 公顷，其中封山育林 2333.7 公顷，人工造林 333.3 公顷，年内均按要求完成珠防林工程造林和封山育林任务，并通过广西壮族自治区林业局验收，获得好评。

【生态能源建设】

全县从 1986 年实施生态能源建设，截至 2003 年，全县建沼气池 2.25 万座，其中 1986～2001 年完成 6491 座，2002 年完成 6003 座，2003 年完成 1 万座。现全县沼气入户率已达23.96％。

【森林病虫害防治】

1999～2003 年全县病虫害发生面积 846.8 公顷，防治面积 827 公顷，防治率 97.7％。

【野生动物保护管理】

1999～2003 年，对宾馆、饭店、市场进行检查为每年 1 次，接举报拦查承运野生动物 8 车次，获蛇类、蛙类野生动物 1000 余斤，主要在龙怀水库、成团甘塘、铜鼓岭处放生。从重、从严打击贩卖、猎捕国家重点保护野生动物的行为。同时加强对驯养繁殖国家重点保护野生动物的管理。

【森林资源调查及监测】

全县每隔 10 年进行一次森林资源调查，每隔 5 年进行一次连续清查。

【森林资源采伐与采伐限额的管理】

1999～2003 年，上级下达给柳江县森林采伐限额指标共计 11.60 万立方米，实际采伐 10.90 万立方米，其中：1999 年上级下达木材采伐限额指标 1.274 万立方米，实际采伐 1.274 立方米；2000 年下达限额为 1.487 万立方米，实际采伐 1.431万立方米；2001 年限额指标 2.943 万立方米，实际采伐 2.796 万立方米；2002 年限额指标 2.813万立方米，实际采伐 2.372 万立方米；2003 年限额指标为 3.080 万立方米，实际采伐 3.021 万立方米。年度采伐指标均没有突破采伐限额指标。木材采伐做到采前设计，采中监督，伐后管理，进一步强化了采伐限额执行情况的监督检查。

【林业行政案件查处】

全县 2003 年共受理林业行政案件 1245 起，结案 1245 起，处理违法人员 1256 人次，没收违法收购、运输木材 0.4053 万立方米，为国家、集体和个人挽回经济损失 146.7 万元；立案受理山林权属纠纷案件 11 起，涉及总面积 702 公顷，已经全部调处结束，调处率为 100％。

【林地权属管理】

近年来，柳江县依照《森林法》及其实施条例的规定，加强了林地林权的管理。一是严格执行占用征用林地审核审批制度，根据各类工程建设应当不占或少占林地的规定，对上级的建设工程项目占用征用林地，临时占用林地的单位，认真审核，严格把关，确保用地项目的申报材料齐全，森林植被恢复费足额交纳，恢复森林植被的措施到位，有效地防止了林地资源的流失。

【森林防火】

20 世纪 50～80 年代初期，柳江县没有系统的森林防火部门，因此，野外用火没有得到有效地控制，发生的森林火灾、火警较多。直到 1987 年，为加强绿化、护林防火工作的领导，成立柳江县森林防火办公室，同时也成立了柳江县森林防火指挥部，主管全县的森林防火工作。之后各乡镇也相应成立了森林防火分指挥部；1996 年 10 月又成立县专业森林消防队，人数 30 人，各乡镇和国有林场成立半专业森林消防队，人数 15～25 人之间。2003 年，全县有专业森林消防队 27 人，半专业队 15 个，人数 300 人，应急扑火分队 3 个，人数 60 名，达到了平均每万公顷森林面积拥有消防力量 111 名，专职护林员 148 名。

森林防火基础设施建设。2003 年，全县有护林防火瞭望台 10 座、无线电基地台 1 台、差转台 3 台、手持对讲机 160 部；森林防火线由 1999 年的 254 公里增加到 2003 年的 319 公里，其中防护林带 209.5 公里，风力灭火机 99 台、2 号扑火工具 1489 把、消防大货车一部、运输车中巴一部、指挥车一部。

森林火灾情况。1999 年火灾 2 起，森林受害面积 8.1 公顷，受害率 0.39‰；2000 年，火灾 3 起，森林受害面积 12.2 公顷，受害率 0.59‰；2001 年，火灾 2 起，森林受害面积 6.47 公顷，受害率 0.31‰；2002 年，火灾 2 起，森林受害面积 8.09 公顷，受害率 0.23‰；2003 年，火灾 4 起，森林受害面积 13.83 公顷，受害率 0.39‰。1999～2003 年，森林防火工作抓得比较紧，没有突破上级下达的控制指标。

【森林公安工作】

柳江县森林公安组建于1987年，原称林业公安派出所，1999年设称林业公安科，2004年又改称森林公安分局，人员编制12人，实有人数10名。2000～2003年，森林公安共受理森林各类案件1952起，查处了1938起，查处率99.3%，刑拘和逮捕了58人，治安拘留95人。1998～2001年度，先后被评为全区(省)森林公安系统“先进单位”和“人民满意单位”，2002年被评为全国森林公安系统“三项教育先进单位”，2003年被评为全区(省)林业系统“严打先进单位”。

【国有林场】

全县共有三伯岭、龙汉岭、冲马岭、鹿岭四个国有林场，共有职工468人，其中在职工305人。经营面积4101公顷，有林面积3873公顷，活立木蓄积量349011立方米，2003年总产值1022万元。四个国有林场均以用材林杉、松为主，1998年，除三伯岭林场外，均实行职工自营经济。但一直以来，四个国有林场在用人、经营、管理等方面由于都是“各自为政”导致经济发展滞后，连年支大于收，严重亏损，已陷入资源危机，资金危困“两危”境地。为认真贯彻落实《中共中央、国务院关于加快林业发展中国家的决定》精神，深化国有林场管理体制改革，建立权责利相统一，管资产和管人、管事相结合的森林资源管理体制。2003年12月份，设立了国有柳江县林业总场，将原四个国有林场合并经营，由总场统一管理，实现了规模化经营、降低经营成本，提高经营效益。

【苗圃建设】

全县共有二个苗圃。1962年建拉堡苗圃至今，经营面积近20公顷，1996年开发建“金竺花苑”，现只剩下2公顷的苗圃地。2003年拉堡苗圃的人、财、物收编由县林业局统一管理。1958年建水源苗圃，经营面积均66.7公顷，1958～1966年，国家共投资4万元，每年育苗3.5公顷左右，其苗木供给冲马岭林场和土博镇乡、村造林。1996年拨给水源村公所管理，1986年恢复，现有职工4人。2001～2003年每年培育速丰林容器苗100万至150万株。

【林业工作站建设】

2000年前，全县13个乡镇除拉堡镇外，均设立乡镇林业工作站，每个站站员3～5人，乡镇林业工作站在林业生产建设中发挥积极的作用，特别是在造林灭荒，造林绿化达标和保护森林资源的安全，巩固绿化成果，充分发挥其职能作用。部分乡镇多次得到上级的好评和表彰。2000年，柳江县进行机构改革，仅保留福塘、百朋、里雍、穿山四个乡镇林业工作站。2002年，又恢复13个乡镇林业工作站，人员工资由县财政拨给，其业务由县林业局管理。

(柳江县林业局　梁启飞)

鹿寨县林业

【概　述】

鹿寨县林业用地面积17.09万公顷；县域内自治区直属农、林场土地面积3.63万公顷，其中林业用地面积3.03万公顷。1959年9月成立林业局。从鹿寨县成立至20世纪80年代，县域林业虽不断有所发展；但由于受生产体制制约，因而经营管理粗放，科技含量低，林业的经济、生态和社会效益得不到应有发挥。县域林业真正实现持续性跨越发展，始于20世纪90年代中期；如今，县域林业逐步实现了以木材生产为主向以生态建设为主的历史性转变，初步构筑了新世纪鹿寨绿色生态框架。同时森林保护、以法治林、农村能源建设等工作也日臻完善、与时俱进。

【森林资源】

1962年全县进行新中国成立后的第一次林业综合考察。全县有林面积42606公顷，森林覆盖率11.7%；此外尚有疏林5230公顷，灌木林813公顷。1960年全县活立木蓄积量共76.62万立方米。1973年开展第二次林业普查。县域有林面积87620公顷，森林覆盖率24.2%；有林面积比1962年增加45014公顷，森林覆盖率比1962年提高12.5个百分点；在有林面积中，用材林74373公顷、经济林11209公顷、防护林1046公顷、竹林865公顷、薪炭林127公顷；此外尚有疏林13680公顷，灌木林25500公顷。1973年活立木蓄积量为171.13万立方米，比1962年增长94.51万立方米。1989年按《广西森林资源二类调查方法》进行第三次森林资源调查。全县有林面积68926公顷，森林覆盖率20.6%；有林面积比1973年减少18694公顷，森林覆盖率比1973年下降3.6个百分点；在有林面积中，用材林面积

50177公顷、防护林5239公顷、薪炭林546.4公顷、特用林35.2公顷、经济林12250公顷、竹林679.1公顷;此外尚有疏林4679公顷、灌木林10115公顷、未成林造林面积17528公顷。1989年活立木蓄积量为166.28万立方米,比1973年减少4.85万立方米。1995年首次利用Landsat-IM卫星影像开展第四次森林资源遥感调查。县域有林面积11.35万公顷,森林覆盖率38.14%;有林面积比1989年增加44574公顷,森林覆盖率提高17.54个百分点;在有林面积中,用材林面积96562公顷、防护林7662公顷、薪炭林411.4公顷、特用林7公顷、经济林8368.8公顷、竹林489.7公顷;此外尚有疏林1517.2公顷、灌木林12267.3公顷、未成林造林面积35571.7公顷。1995年活立木蓄积量383.44万立方米,比1989年增长217.16万立方米。1999年进行森林资源遥感综合调查(第五次森林资源调查)。县域有林面积19.8万公顷,森林覆盖率54.93%;有林面积比1995年增加84500公顷,森林覆盖率比1995年提高16.79个百分点;在有林面积中,用材林面积14.15万公顷、防护林和薪炭林及特用林共36100公顷、经济林18114.5公顷、竹林2244.7公顷;此外尚有疏林2629.2公顷、灌木林23641.5公顷、未成林造林面积5843.3公顷。1999年活立木蓄积量438.32万立方米,比1995年增长54.88万立方米。

【全国造林绿化千佳村一南庆】

1985年前,鹿寨县雒容镇南庆村是个荒山多、耕地少的贫困村。全村土地面积774公顷,宜林用地605公顷,占78.2%。1986年后,该村每年都组织一次以发展经济林、果、竹为主的造林绿化会战。至20世纪90年代中期,宜林用地造林绿化面积100%,仅经济林果单项年人均收入就近2000元。1996年,该村被授予“全国造林绿化千佳村”。1998年被列入“广西百个生态农业建设示范村”(2002年验收合格)。1998年7月15日,自治区党委书记曹伯纯深入该村视察,称赞该村造林绿化、生态农业搞得好。2001年3月3日,自治区林业局局长黎海松等到该村考察生态农业建设。

【森林资源发展和保护项目】

1995～1998年,鹿寨县林场和城关及黄冕乡利用世界银行贷款实施“森林资源发展和保护项目”。四年项目造林面积为2024.4公顷。经县级检查,四年造林平均成活率或保存率为92.55%,造林整地合格率、良种使用率、一级苗使用率分别为98%、100%、96.5%。树高生长量和株数量达标率分别为119.3%、88.5%,抚育完成率及环保合格率分别为98.9%、100%。该项目造林育林的数量和质量,均达到预期经济、生态和社会效益,1999年10月顺利通过广西壮族自治区林业局世界银行贷款林业项目检查验收组的验收。

【速生丰产林建设】

1991年,鹿寨县林业部门开始利用开发性贷款营造以尾叶桉为主的速生丰产林工程,力图逐步改变县域森林以松、杉为主导品种的传统格局。经过试验、示范、推广,1999年以后速生丰产林进入造林快车道,截至2003年统计,全县速生桉已发展到7334公顷。2003年9月,鹿寨县政府又出台了《鹿寨县10万亩(6666.67公顷)良种桉速生丰产林基地建设实施方案》,安排在2004～2005年完成实施任务。

【绿色工程】

1999～2001年,经过三年努力共完成绿色工程造林合格面积2934.24公顷,占计划任务的111.5%;其中:江河两岸和公路、铁路两旁造林合格面积2385.25公顷;桂柳高速公路基干林带种树合格株数17.62万株,折合面积52.92公顷;城镇、村屯造林合格面积为171.87公顷;江河、县乡公路用地范围内绿化种树合格株数为14.59万株,折合面积324.2公顷。绿色工程资金实际投入1128.93万元,其中财政投入40.16万元、部门投入187.84万元、干部群众集资117.2万元、个体户投入751.93万元,其他方面投入31.8万元。

【种苗工程】

2000年5月,广西壮族自治区林业局对《广西鹿寨县种苗工程建设方案》正式批复:“项目投资核定为150万元,其中中央预算内投资100万元,地方配套投资50万元,项目建设规模为年产各种苗木230万株,苗圃面积10公顷”。建设工程于同年8月开始实施,主要建设内容有:苗圃苗场、大棚、苗圃道路、仓库、浇灌系统及苗圃仪器设备购置等。实际苗圃建设规模为11.1公顷,其中现有育苗用地4.43公顷。2001年8月开始投入使用以来,主要培育良种桉无性系营养杯苗,现已培育出良种桉苗木1000万株,价值200万元。

【珠防林工程】

2000年8月，鹿寨县林业局在自治区林业设计院指导下，完成了《广西鹿寨县珠江流域综合治理防护林体系建设二期工程规划》项目编制工作。项目建设总面积24067公顷，项目建设总投资2506.4万元。2002年，自治区首次下达鹿寨县珠防林人工造林计划任务560公顷，封山育林计划任务933.3公顷。为保质保量按时完成任务，林业部门在项目实施上，实行公开招投标制，择优选择施工单位；在造林方式上，采取联营造林、承包造林和补助造林等方式，使营林机制有所创新；在工程管理上，逐步实现规范化。全县共完成项目人工造林560.6公顷，封山育林1013.4公顷，该项目于2004年4月顺利通过自治区林业局重点工程项目组验收。

【退耕还林工程】

2002年广西壮族自治区下达鹿寨县退耕还林工程项目任务2333.33公顷，当年全县实施退耕还林工程造林作业面积2333.33公顷。造林施工树种共24个，其中尾叶桉占项目实施总面积62.5%、黄栀子占21%、八角、柑橙等22个树种占16.5%。在退耕造林中，营造生态林比率为91.4%、经济林比率为8.6%；25°以上坡耕地占14.4%，15°～25°坡耕地占70.7%，15°以下占14.9%。2003年6月，顺利通过国家级验收。2003年全县实际实施退耕还林造林面积2666.67公顷，占自治区下达计划任务的100%。由于当年天气出现历史罕见的持续高温干旱，造成部分造林成活率偏低。全县所安排的19个造林树种中，尾叶桉占48.7%、黄栀子占36.1%、八角、柑橙等17个树种占15.2%。

【改燃节柴】

1982年以前，全县乡村农户及城镇居民都使用旧式老灶，这种灶投放薪柴量大、保温差、热率低。1982年鹿寨县推广省柴灶，并被列入全国省柴灶试点县。至1983年5月共推广省柴灶8万户，以每户每天节柴1.5公斤计算，每年可节柴43800吨。当年，被国家农牧渔业部授予“全国改灶节柴验收合格奖”，1988年被广西壮族自治区农牧渔业厅授予“改燃节柴、节约能源”优秀成果三等奖。鹿寨县研制的广西L2—1型省柴灶，获国家农牧渔业部授予优秀省柴灶奖。

【沼气池建设】

1998年，鹿寨县列入广西20个生态农业示范县之一。鹿寨县委、县政府提出：以建设沼气池为纽带，促进和带动种植养殖业相结合的“三位一体”生态农业，推动小康社会发展。截至2003年，全县累计建户用沼气池23028座（入户率为29%），每年最少可省柴草57570吨，相当于7676公顷森林一年的生长量。县能源办三次被自治广西壮族自治区区林业局授予“广西农村能源先进单位”。

【林业站建设】

鹿寨县各乡（镇）林业工作站成立于1980年，开展标准化建设活动起步于1999年。地方各级财政在极度困难的情况下，先后投入近百万元支持站房建设和交通、通信工具的配备，从而改善了工作条件和生活环境。同时，林业站队伍的制度化、规范化、法制化建设也取得了可喜成绩，为保护森林资源和促进林业发展发挥了重要作用。2002年底，国家林业局公布2001年“全国林业工作站建设合格县”的113个县（市、区）名单，鹿寨县榜上有名。

【森林防火】

1987年，鹿寨县护林防火指挥部办公室定为常设机构。该办每年均召开一至三次以上大型会议，将上级下达的森林火灾次数、森林受害面积、受害率等控制指标分解下达，结合本县实际认真部署森林防火工作。在每年秋冬火险季节还运用宣传车、文艺演出、电影、板报、标语、传单等形式，向城乡群众广为进行防火教育。该办还具体负责扑火预案、值班协调、安全检查、设备管理、森林火案查处等工作。1993年9月，通过了广西壮族自治区森林防火指挥部达标检查验收。近年来，“四网两化”建设不断增强、完善，2003年底，全县实有森林防火基础设施：对讲机基地23台，对讲机车载台23台，手持对讲机323台，防火有线电话35台，风力灭火机230台，瞭望台22座，防火线817.2公里，防火林带756.6公里，消防指挥车1辆，专用消防车2辆，永久性大型固定宣传牌210座。鹿寨县和区直林场共有专业森林消防队伍三支，全县11个乡（镇）均设有半专业森林消防队，林区各村均成立业余森林消防队。1990年8月，鹿寨县组建半军事化专业森林消防队。截至2003年底，该队共计参加扑灭森林火灾战斗500多次。1994年、2001年和2002年，出席全国森林消防队伍建设现场会的各级领导，国家森林公安局、国家护林防火指挥部办公室有关领导，西南森林防火协调总站领导，分别视察该队，并看见了该队的训练演习。

【森林公安工作】

1989年10月，鹿寨县公安局林业公安股（后改为森林公安分局）成立。现编制12人，内设行政秘书股、法制股、两个治安中队，下辖鹿寨县林场派出所。森林公安队伍共查处各类森林案件3488起，处理各类违法犯罪人员3434人次，为国家挽回经济损失355万元。1992年被广西壮族自治区森林公安局授予“红旗单位”。

【飞播管理】

从1968年春鹿寨县首次飞机播种造林以来，全县进行过12次大面积飞播，累计播区面积14.7万公顷。

【森林病虫害防治和植物检疫】

1998年11月，鹿寨县森林病虫防治检疫站成立。1996年，获全区马尾松毛虫综合治理技术推广科技进步三等奖。

【森工企业改革与发展】

1989年，鹿寨县木材公司面对森林资源和木材砍伐指标锐减的严峻形势，为在改革中求生存图发展，与黄冕乡、城关乡部分村屯联合创办了17个森工基地林场，造林面积1228公顷，职工人均有林面积17.53公顷。1994年，基地林场逐步进入采伐期，当年砍伐木材近4000立方米，为国家创税20多万元，上缴造林基金46万元。该公司从1990年起，曾连续4年获广西林业厅授予“森工基地造林先进单位”。

【林业经营体制改革】

鹿寨县林场创建于1960年，1963年后分别隶属于柳州地区、广西黄冕林场。1979年以后划归鹿寨县。全场总面积8221公顷，其中林地面积7364.2公顷。20世纪80年代后期，该场对育苗、造林、抚育、护林等实行工种承包责任制，责、权、利与个人挂钩。为深化改革，彻底革除“大锅饭”的弊端，该场又在“统一规划、连片开发、有偿使用、自我投资、自我经营、自我发展、自负盈亏”的总体原则下，实行以家庭（个人）为单位的合同承包自营经济。经营体制的改革，调动了职工的积极性，给林场注入了改革的活力。

（鹿寨县林业局）

融安县林业

【种苗生产】

融安县林农历来造林以自行育苗造林为主，积累了丰富的育苗经验，主要以用材树种和经济树种苗木为主。仅2003年育苗面积达78.5公顷，产苗2345.2万株，其中杉木苗1330.1万株，除提供本县造林用苗外，大部分销往县外。2000年底，在上级林业主管部门的大力支持下，县林业局投资130万元建成了一个占地10公顷，各种设施齐全的大型苗圃生产基地，截至2003年，已培育多种经济、绿化苗木300多万株，共计销售额达200万元，为融安县2002、2003年的退耕还林等营林生产提供了大批优质苗木。

【营林生产】

1952年实行土地改革后，1953年起，群众积极自发上山营造油茶、杉木、毛竹林；1954年遍及全县，1956年实行高级农业合作社，由于政策不稳定，50年代，全县仅造林6663公顷；1961年体制下放，林业生产开始逐步恢复生机，60年代，完成造林2.01万公顷；1970～1978年开展农业学大寨，大办社队集体林场，建设杉木基地，造林以杉、松、竹为主，70年代，完成造林2.34万公顷；1982年，贯彻落实“谁种谁有，长期不变”的政策，群众造林积极性、造林质量明显提高，1986年开始发放世行贷款造林；1987年全县出现了争承包荒山造林的热潮；1988年，融安县委、县政府认真贯彻落实自治区党委、自治区人民政府“力争十五年绿化广西”的决定，组织全县人民开展实现宜林荒山荒地绿化造林达标大决战，采取造、封、管、节相结合的措施，造林面积全面提高，80年代共完成造林3.86万公顷；90年代，共完成造林6.16万公顷，仅1993年就完成造林2.01万公顷，于1993年提前一年实现全县造林灭荒，于1995年通过了自治区造林绿化达标验收。2000年造林2217公顷；2001年2684公顷；2002年2418公顷；2003年2758公顷。

【飞播造林】

融安县于1975年12月成立飞播指挥部，1976年春设立七个播区，动用飞机3架，1977年动用飞机2架大规模开展飞播造林。飞播树种以马尾松为主，配以少量荷木、相思、酸枣树种混播，面积达7.57万公顷，覆盖了全县大部分的荒山。飞播结束后，由于管理不善，连年发生山林火灾，1987年调查飞播林保存面积1150公顷，飞播造林基本失败。

【封山育林】

融安县于1957年开始以阔叶林为重点实施封山育林，当年即封山育林3.22万公顷。1982年后，制订了具体的封山育林措施，封、管、造相结合，1983年全县56个社队林场组成520人的专业人员，管护林木4348公顷。1984年县林业局与阔叶林集中的5个乡镇28个村89个屯，签订了水源林管护合同，管护面积6019公顷，树种扩宽到以阔叶林、马尾松为主。1988～1999年，全县有计划地、大面积实施封山育林，面积为5.32万公顷；由于措施落实到位，取得良好效果。

【抚育间伐】

融安县用材林以杉木为主，杉木林总面积为6.56万公顷，蓄积量达216.68万立方米，造林时相对密植，以便尽快郁闭成林；中幼龄林期，须进行科学合理的抚育间伐，以提高林分效益。1990～2003年，全县共抚育间伐1.8万公顷。其中1999年705公顷，2000年2385公顷，2001年5881公顷，2002年3885公顷，2003年1447公顷。

【低产林改造】

实施低产林改造是提高林分产量、增加林农收入的有效途径。从1991年开始，融安县即有计划地对油茶、毛竹低产林进行改造，到2003年共完成5200公顷，其中1999年130公顷，2001年2934公顷，2002年1310公顷，2003年310公顷。低改后，毛竹大径竹明显增多、产量显著提高。

【退耕还林工程】

全县退耕还林工作2002年开始实施，2003年结束，全面完成退耕还林任务4333.3公顷，其中2002年度2666.6公顷（含配套荒山造林1333.3公顷），2003年1666.7公顷（含配套荒山造林666.7公顷）。

【绿色工程】

1990年开始，启动绿色工程造林，加快了“一河两路”的造林绿化进程，1991年“209国道”融安县大良至长安段的“百里绿化带工程造林工程”竣工，共完成湿地松、马尾松造林1064公顷，截至2001年，共完成绿色工程造林7200公顷。

【全民义务植树】

据统计，1991～2003年间共完成义务植树造林188.8万株，其中1999年18.5万株，2000年20万株，2001年23.7万株，2002年26.5万株，2003年17.4万株。

【经济林发展】

融安历来盛产茶油、金橘、桐油、板栗、毛竹，群众造林也以这些树种为主。1999年，国家林业部批准融安县列为全国山区综合开发示范县，全县林种结构调整力度明显加大，金橘、毛竹等特色产业得到进一步发展。

【生态能源建设】

1982年融安县成立沼气技术推广站，大力推广、普及节柴灶和农村家用沼气池；1991年沼气站划归县林业局主管，成立农村能源办公室；1992年，成立县绿化委员会，下设节能室（后撤销），曾主管全县能源工作。1994年，融安县农村能源工作通过自治区、地区的达标验收。统计到1994年底止，十二年间共筹集改灶节能经费1132.42万元，全县累计完成农村改灶5.25万户，占全县农户总数的91.76%。截至2001年共建成6～25立方米的沼气池3048座，其中1975～1998年完成826座，1999年1100座，2000年1112座；2002年完成建池362座；2003年，融安县划归柳州市管辖，根据市委、市政府开展沼气能源工程建设会战的精神，于2003年6月17日成立融安县农村沼气池建设指挥部。2003年补助政策为：贫困村建池每座补助670元，非贫困村每座补助470元。仅一年，全县就完成6～13立方米沼气池建设8737座。

【森林资源调查】

1960年开展了新中国成立以来第一次森林资源调查，全县有林地面积为5.65万公顷，活立木总蓄积量为428.81万立方米；1971年调查，有林地面积为6.54万公顷，活立木总蓄积为321.35万立方米，蓄积下降达25%，主要是大量采伐大径材，致使林分单产水平急剧下降；1987年调查，有林地面积为9.37万公顷，活立木总蓄积量为323.22万立方米，森林覆盖率为32.2%；1995年采用森林资源遥感调查有林地面积为14.54万公顷，活立木蓄积量为429.21立方米，森林覆盖率为50.16%；1999年遥感调查，有林地面积为17.89万公顷，活立木总蓄积量为469.81万立方米，森林覆盖率为76.34%。

【森林资源限额采伐管理】

1960年以前，全县森林面积不多，主要以原始森林为主，大径材居多，林分单产较高，公顷蓄积量达76立方米；之后，由于过量采伐大径材，林分单产急剧下降，1971年后公顷蓄积量仅为49立方米；1986、1987年超量采伐，仅1986年就出现"森林赤字"12.09万立方米；从1988年开始，县委、县政府及时调整林业政策，采取造、封、管、节相结合的措施，逐步实行森林资源限额采伐制度，森林资源开始步入良性循环，1993年开展森林资源连续清查，蓄积量恢复到了425.07万立方米，森林生长量盈余12.22万立方米。近年来，严格执行森林资源限额、凭证采伐制度，森林资源得到有效保护，森林资源总量持续增加。

【木材流通管理】

1986年经广西壮族自治区批准成立大良、泗顶和长安水面三个木材检查站，于2000年成立县木材检查总站，负责全县木材流通管理。2000～2003年，共查处非法运输木材案件2747起，查获非法运输各类原木2741立方米，锯材2962立方米，木制成品半成品折原木3257立方米、竹制成品半成品折原竹9678根，总折价487万元。其中2003年共查处非法运输木材案件805起，查获非法运输木材各类原木643立方米，锯材609立方米，木、竹制成品半成品折原木978立方米，折原竹2967根，拍卖所得总价143万元。

【木材加工利用】

2003年全县竹木材经营加工企业达350家，年加工量5万立方米以上，主要产品为细木工板、拼板、锯材、胶合板；毛竹年加工量达50万株以上，主要产品为竹凉席、竹枕头、竹坐垫，产值达8000万元以上。

【森林防火】

2000年发生一般森林火灾2起，过火面积13公顷，受害森林面积7.5公顷，损失林木504.6立方米，幼林0.83万株；2001年发生森林火警火灾7起，总过火面积41.98公顷，受害森林面积19.18公顷，烧毁活立木蓄积量764.88立方米，烧毁幼林0.58万株，森林受害率为0.13‰；2002年发生森林火警火灾8起，总过火面积93.4公顷，受害森林面积17.35公顷，烧毁活立木蓄积432.15立方米，幼林2.08万株，直接经济损失5.62万元，森林受害率为0.12‰；2003年发生森林火警火灾23起，总过火面积881.93公顷，受害森林面积129.54立方米，烧毁活立木蓄积2931.74立方米，烧毁幼林13.16万株，直接经济损失41.79万元，森林受害率为0.72‰。

1987年成立融安瞭县森林防火指挥部办公室，1989年建成德顺峰瞭望台，1992年成立森林消防专业队，至2003年基本实现森林防火"四网二化"：拥有森林防火阻隔带1490.5公里，瞭望台9座，森林消防专业半专业队人数达446人，其中专业队员60人，对讲机95台，灭火机82台，阻燃服402套，固定标语牌202块，累计森林防火体系建设投入912万元，其中2003年投入66万元。

【森林病虫害防治】

1988年9月成立森林病虫害防治检疫站；1993年与融安县营林管理站合并，由管理站领导；2002年5月被国家林业局定为国家级森林病虫害中心测报点，8月被列为全国第二批森防检疫达标站；2003年3月重新分离出来，形成一个具有服务与执法双重职能的森检机构。1990～2003年全县森林病虫害发生面积累计为7769公顷，防治面积为4993公顷，其中2003年发生286.7公顷，防治286.7公顷，防治率为100%。

【野生动植物保护】

2001年全县共查获蛇类58只，蛙类165公斤；2002年查处12起，查获猫头鹰、豹猫、鹰类等共71只，山雀7200只，蛇类66公斤，蛙类167.5公斤；2003年查获国家二级保护野生动物猴面鹰45只，猫头鹰37只，松鹤7只，蛇雕1只，其他鹰类29只，大鲵1条，眼镜蛇12斤，竹鸡6只，果子狸7只，豹猫2只，均已放生或送有关部门驯养。1982年，经自治区人民政府批准建立三锁鸟类自然保护区，保护的主要对象为雉类及水源涵养林，总面积5000公顷，保护区有各类植物500余种，天然阔叶林保存良好，主要野生动物40余种，属国家保护的珍贵动物就有12种，如：黄腹角雉、白颈长尾雉、蟒、红腹角雉、白鹇、穿山甲等。但由于管理资金不到位，野生动植物资源没能得到有效保护。

【森林公安工作】

1987年成立林业公安股，2002年更名为融安县公安局森林公安分局。十六来，共侦破森林刑事案件202起，依法逮捕犯罪嫌疑人213人，劳动教养48人；查处治安案件1175起，治安拘留467人；处理林业行政案件1422起，依法收缴违法运输木材7041立方米及一大批竹木制品，折款214万元。其中2003年查破森林刑事案件19起，依法逮捕犯罪嫌疑人33人，查处治安案件19起，治安拘留15人，处理林业行政案件228起，收缴非法运输木材1024立方米，折款60余万元。

【林业体制改革】

1955年各乡建立高级农业合作社，山林入社，实行统一经营；1958年人民公社化，森林资源遭受严重破坏；1961年体制下放，林业开始逐步恢复生机；1980年落实林业"三定"，实行林业承包责任制；1982年贯彻落实"谁种谁有，长期不变"的政策；2001年起实行森林分类经营，区划公益林地面积9.78万公顷，生态公益林补助试点面积3.74万公顷，占公益林地面积的38.23%，涉及14个乡镇87个村及西山林场3个林站，年发放森林生态效益补助金196.22万元。

【林业工作站建设】

1955年建立5个区林业技术推广中心站，配员14人，开展巡回服务；1961年在12个公社建立林业工作组，1981年改称林业站；至2003年，共设有14个乡镇林业工作站，11个乡镇林业站自有站房，配备办公电话14部，办公电脑14台(套)，配员90人，干部33人，聘用干部8人，工人49人；财政拨款26人，自收自支64人；具有大专以上学历26人，中专学历28人，高中学历22人，初中及以下学历14人；农艺师1人，助理工程师27人，技术员8人，会计员1人；在职正副站长25人，16人通过站长岗位培训。

（融安县林业局　邓文才）

三江侗族自治县林业

【概　述】

三江侗族自治县林业用地面积20.11万公顷，有林面积18.82万公顷，森林覆盖率75.50%，森林蓄积量353.82万立方米。盛产杉、松、杂、竹及林副产品茶油、桐油、香菇、木耳、竹笋、竹木制品、芒心藤等，远销区内外。

三江林业的发展，既有辉煌时期，又有低谷阶段，经历了艰难曲折的历程，归结起来，大致有以下几个时期：

一、恢复、发展时期

1950年以前，全县仅保存森林面积6.65万公顷。经过8年的营林工作，到58年森林面积发展到10.98万公顷，比49年增长了65.10%。但后来由于县领导在指导山区生产方针上的失误，人民公社"一大二公"，加之1958年大炼钢铁而砍伐林木，毁林种粮，山林火灾频繁，营林生产转入低谷。1960年，全县森林面积比58年下降了6.90%。1961年起，县人民政府重申"以林为主"的方针，分批建立了林业基地。1966，年全县森林面积恢复到了10.64万公顷。

二、林业发展高峰时期

1957年，中共三江侗族自治县委员会和县人民政府制定了本县的"以林为主，林粮结合，因地制宜，全面发展"生产方针，促进了林业的发展。1981年落实林业"三定"政策，实行山林承包制，调动了农民造林积极性，至1984年止，全县共建立176个社队（乡村）林场，造林1.67万公顷。1985年全县发展到455个造林重点户489个联合体，造林2349.20公顷，占当年全县造林5529.30公顷的42.49%。县内的水源林、天保林、珠防林大多靠封山育林而成。封山育林由政府下文强行保护与乡规民约制约同时并举，如同乐公社（乡）高洋山阔叶林，是归洋溪的水源林之一。1979年，三江县人民政府发文件，划定高洋山及附近山冲为封山育林区域，并雇请专人看护，至1989年，高洋山林木茂密，溪水长流，水质变清，生态恢复，涵养了水源。据统计，至2003年，全县封山育林3万公顷，使许多干涸的河流恢复了水源，生态环境得到了极大的改善。

【林木种苗生产建设】

2003年，全县建集体苗圃场3个，个体户育苗101户，共育各类苗木35公顷，产苗量3532万株。

【森林培育】

1988年以来，重点发展毛竹、笋竹两用林、马尾松、水果类为主的短、平、快项目，抓好生态林和退耕还林工程实施工作。至2003年，全县完成速生丰产林基地造林314.2公顷，退耕还林5333.33公顷；经济林2578公顷，其中油茶702公顷，八角825公顷，柑果类1051公顷；珠防林工程850。00公顷；绿色工程面积884公顷。

【经济林建设】

全县经济林以油茶为主，据嘉靖年间有“廖志”记载：“境多坡地少平原之故，田谷不能自给……县山地多，乡民有山地者多不愿为佃农，国土地肥沃，种茶、桐可获厚利”。由于油茶栽培历史悠久，解放前就有油茶林3.53万公顷，解放后，党和人民政府更加关注山区人民经济的发展，把油茶作为经济主要产业之一抓，采用以投资粮食鼓励发展油茶林，1959年有油茶林3.86万公顷。1960年代油茶生产受到一些挫折，1970年代后开始回升，基地生产净增率每年以1.4%递增直至1990年代为高峰期，据统计，1989年有油茶林4.98万公顷，为广西油茶面积之最，2001年国家林业局授予三江县“中国油茶之乡”称号。由于林农对油茶林实施粗放管理，油茶林亩产值较低，为提高林农收入，林业部门对全县油茶林进行了低产改造。1972～1976年为第一个油茶低改高峰期，共完成低产林改造面积0.44万公顷，其次为1987～1995年，三江县在中国林业部对广西“九万大山科技扶贫项目”和“国家农业综合开发项目”中实施油茶低改0.34万公顷以及进行了岑溪软枝油茶2、3号等高产无性系示范引种10公顷并获得成功。通过以成林实施低改和良种推广，全县油茶产量由原来的亩产3公斤提高到7.8～12.5公斤。据2000年遥感调查统计，全县现有油茶林4.98万公顷，其中：产前期190.6公顷，初产期1.9万公顷，盛产期2.9万公顷，果期1156公顷。

【森林经营】

1999～2003年，全县实施用材林抚育间伐333公顷，间伐出材6万立方米。林业产业在全县经济发展中占举足轻重的地位，占全年财政收入的50%以上。目前，有大小木材、竹材加工厂220家，经营加工资金3647.30万元；油脂化工厂2家，年产油脂400万公斤；有国有造纸厂1家，年产纸2万吨。

【森林病虫害防治】

1988年成立森防站，持证上岗7人。全县16个乡（镇）均已设有调查网点、站，设固定病虫害防治监测点131个，代表面积1.14万公顷。2002年购置电脑1台，建立森林病虫害防治和检疫信息网络系统。2003年，利用市财政农业专项资金对独峒岜团“海南五针松”及“岜团桥”进行白蚁防治。

【野生动物保护与管理】

针对野生动物濒临灭绝之危机，三江县林业部门经常开展“爱鸟周”、“保护月”宣传活动，严格执法，坚决打击非法收购、贩运、倒卖野生动物行为。仅在2003年，就查获野生动物案件54起，依法没收蛇类66公斤、蛙类140公斤、鸟类96.5公斤、其他动物6只，全部放归大自然。

【森林资源调查及监测】

为进一步强化和改进森林采伐限额管理，三江县政府将此工作列入五年规划并制定了“九五”森林资源消耗限额编案，签订“县级领导干部任期森林资源消长目标责任状”。根据广西林业局林政发（[2003]83号）文件精神，组织60人林业科技人员工作队伍，按《广西“十五”期间领导干部任期森林资源消长目标责任状检查办法》要求，对三江县2001～2002年度目标责任状各项指标执行情况进行自检。经过近年来的不断努力，采伐限额管理力度得到加强，过去普遍和大量超额采伐的现象已得到初步遏制。

【林地林权管理】

1981年，根据上级部署，开展全县山林权属“确权”发证工作，1989年，国有林场重新“确权”。全县山权林权基本稳定，林区治安秩序有所好转。

【林业行政案件查处】

认真贯彻执行《森林法》及林业行政法规，查处林业行政案件1883起，收缴木材1.02万立方米，设收变价款245.90万元，征收征补“两金一费”48.3万元，其中2003年共查处林业行政案件906起，收缴木材4316立方米，折合木材变价款124.09万元。

【森林公安工作】

三江侗族自治县公安局林业公安股组建于1987年12月，编制25人。下设丹洲、周坪、斗江、良口、老堡五个公安组。此前国有牛浪坡林场、塘库贮木场派出所已经成立，2002年11月8日将林业公安股升级为“三江侗族自治县公安局森林公安分局”，现有森林警察18人，设局长、教导员各1人，副局长2人；内设治安、刑侦等4个科室。森林公安组建以来，坚持执行“五条禁令”，开展练兵比武，不断提高自身素质和执法水平，为保护森林资源、维护林区社会稳定保驾护航。

森林公安执法。2003年受理刑事案件20起，侦破18起，报捕18起29人，抓获犯罪嫌疑人

21人;受理森林治安案件14起,查处12起,处罚17人次;受理林业行政案件100起,收缴木材1351.33立方米,处罚100人次。“春雷行动”中,依法收缴野生动物19公斤。

【森林防火】

1950～2003年,全县共发生森林火灾816次,受害森林面积1890公顷,烧毁幼林108万株,烧毁活立木蓄积1.62万立方米。其中2003年,发生森林火灾5起,受害森林面积14.53公顷,烧毁活立木371.85立方米,幼林2.15万株。

20世纪60年代初期成立县级护林防火指挥部1998年更名为森林防火指挥部)。1996年10月,成立县级专业森林消防队,2003年,又将县公安局治安巡警并入专业森林消防队,现有队员43人。乡(镇)级半专业森林消防队10个,队员250人。有森林消防车2台,差转瞭望台1座,风力灭火机73台,对讲机124部,扑火安全服155套。

(三江县林业局)

融水苗族自治县林业

【概　况】

融水苗族自治县林业局是自治县人民政府主管林业的职能部门,担负着全县的营林生产、林政管理等任务,全县20个乡(镇)设有林业工作站,17个乡(镇)设有木材经营部。林业局机关设有办公室、人事监察股、财务股、林业调处办公室;二层机构有丹江苗圃、林果中心苗圃、元宝山自然保护区管理处、滚贝老山自然保护区管理所、九万山自然保护区管理处、思英林场、县林科所、富林公司、木材公司、能源公司、森林旅游公司、水产公司、林业综合开发公司、林业招待所、银河公司及帅宇公司等42个。干部职工1473人,取得技术职务资格649人,其中:高级职称32人,中级职称68人,初级职称549人。

1996～2003年全县累计完成育苗2195.23公顷,总产苗量4544.41万株,全部为裸根苗。其中:一级苗1921.6万株;二级苗1404万株。累计完成造林面积46042.78公顷,其中:荒山荒地造林5361.83公顷,迹地更新造林34773.83公顷。世界银行贷款造林7884.1公顷;珠江防护林工程14878公顷,投入共同社330万元。累计完成幼林抚育105247.08公顷。护林防火设施3407.6公里。毛竹低产林改造14655.87公顷。油茶低产林改造8938.2公顷。四旁植树1565605万株。累计完成中、幼林抚育间伐面积1753.6公顷,出材57834立方米。2002年造林3140公顷,2003年3209公顷,比2002年多造了69公顷。2002年林业总产值12597万元,2003年林业总产值为13894万元,2003年比2002年多1297万元。

根据国家林业局《关于开展全国森林分类区划界定工作的通知》文件精神,融水苗族自治县于2001年3月至8月对全县森林进行分类区划界定,区划结果:生态公益林地面积120330.8公顷,占区划林地面积的32.6%;商品林地面积248796.2公顷,占区划林地面积的67.4%。全县生态公益林事权等级全部为国家级公益林。

【森林资源培育】

据1995年森林资源二类调查统计,全县有林面积283775.4公顷。其中:防护林59803.4公顷,用材林168086.1公顷,特用林10.2公顷,薪炭林21093公顷,竹林13154.3公顷,经济林21628.4公顷。1996～2003年全县累计完成人工造林面积46042.78公顷。按林种统计:防护林318公顷,用材林23713公顷,主要树种为杉木20529.53公顷,马尾松3466公顷;竹林8194.2公顷,毛竹5020公顷;经济林7303公顷,主要树种八角3245.2公顷;果木林1852公顷,主要树种柑橘372公顷,沙田柚258公顷;其他396公顷。造林面积最多的年份为1996年,共造下各种林木9820公顷。

一、工程造林

利用世界银行贷款造林是融水苗族自治县林业一项战略举措,全县世界银行贷款完成造林面积7884.1公顷,实际利用外资1051.73万元(二期819.83万元,三期:231.9万元)。其中:世界银行贷款“森林资源发展和保护项目”(简称二期世行)完成5631.4公顷,分树种为:杉木1236.1公顷,马尾松3308.7公顷,阔叶树640.2公顷,毛竹垦复446.4公顷。世界银行贷款“贫困地区林业发展项目”(简称三期世行)完成2252.7公顷。主要树种有:杉木556.7公顷,马尾松379.4公顷,按树110公顷,毛竹350.7公顷,毛竹244.8公顷,八角440.1公顷,柑橘28公顷,毛竹垦复143公顷。项目的实施,不但引进了外资,而且同时引进了先进的管理和经验,大大地促进了融水县林业的发展。珠江防护林体系建设工程项目，是中国林业六大重点工程建设项目之一。融水苗族自治县于1996年开始建设，到2001年止，共完成工程项目建设14878公顷。其中完成国债项目5411公顷，国债投资330万元。退耕还林是国务院西部大开发重大生态工程建设项目。融水苗族自治县从2002年开始实施退耕还林工程，当年就完成造林2667公顷。其中：退耕地1333公顷。群众当年获得粮食（稻谷）300万公斤，种苗补助款200万元。项目的实施对加快融水苗族自治县山区群众脱贫致富步伐起到了极大的作用。

二、良种桉示范

1994年融水苗族自治县引种桉树试验栽培获得成功后，并随着良种桉树选育和栽培技术取得多项突破性进展。为了缓解融水苗族自治县工业原料用材紧缺的局面，县委、县政府做出决定，利用3至5年的时间在山外三个乡（镇）发展3333.3公顷左右的速生丰产良种桉，解决工业用材和推动山外林业的发展。到目前为止已建示范林133.4公顷。4月份种植的桉树5个月后测定平均高达2.5米，最好的一块林地树高达4米，树木长势良好。

三、发展竹子生产

为贯彻落实自治区党委、政府提出的“1234610”农村工作思路，自治县党委、政府根据融水苗族自治县实际提出“山内竹茶牧，山外果蔗桑”的区域经济发展战略。融水苗族自治人民政府于1999年8月下发《关于发展毛竹生产的决定》（融政发〔1999〕51号），文件明确5年内全县要实现毛竹33333.3公顷，今后五年每年新种毛竹3333.3公顷，毛竹低产林改造2666.7公顷。同时还下发了《关于连片新植毛竹给予适当补助的通知》（融政发〔2003〕2号），通知规定：连片新植毛竹0.67～3.33公顷的无偿补助30元；3.33～6.66公顷的无偿补助50元；6.67公顷以上的无偿补助100元。1999年自治区财政厅无偿支持100万元用于融水苗族自治县毛竹低产林改造。由于出台政策得当和有资金作后盾，山区群众造竹护竹的积极性空前高涨。到目前为止全县累计完成竹子造林8018公顷，其中：毛竹造林5020公顷。同时还完成毛竹低产林改造12989公顷，大大加快了融水苗族自治县竹子发展的步伐。

【封山育林】

结合融水苗族自治县珠江防护林体系工程建设，实施封山育林。针对县内封山育林属石山封育和天然次生林封育的特点，制定长期封育计划和措施。特别是对天然次生林的封育，将任务落实到村、屯后，具体规划到山头地块，并制订具体的封山育林的村规民约，挑选有一定管理能力、责任心强、敢抓敢管的村民担任护林员巡山护林。全县共实施封山育林3271公顷，其中：2000年封育1471公顷，2001年封育1800公顷。主要分布在融水、永乐、四荣、怀宝、三防、汪洞、同练等7个乡（镇）。封育成功率达95%以上。

【森林病虫害防治】

森林保护工作认真贯彻“预防为主，综合防治”的方针。建立健全防治森林病虫害的组织机构，融水苗族自治县成立森林防疫站，负责森林病虫害的预测预报，加强检疫和防治工作。1996～2003年森林病虫害累计发生面积3186.3公顷。其中马尾松毛虫3083.3公顷。有效防治面积3062.03公顷。发生率和防治率分别为0.8‰、100%。在森林病虫害防治面积中采用生物防治1645公顷，化学防治1541.3公顷，共投入防治费用5.66万元。

【森林采伐限额】

“九五”期间融水苗族自治县年森林采伐限额为652134立方米，其中集体限额559773立方米，国有采伐限额92361立方米。按消耗结构分，商品材限额333761立方米（国有92361立方米，集体林区241400立方米），折出材量242201立方米；农民自用材104450立方米；培植业用材35000立方米；农民烧材178923立方米。竹林采伐限额445万根。“十五”期年森林采伐限额为781670立方米，比“九五”期增加16.57%。其中集体限额705070立方米，国有采伐限额76600立方米；按消耗结构分，商品材限额337800立方米（国有76600立方米，集体261200立方米），折出材量221200立方米（国有52200立方米，集体169000立方米）；农民自用材207600立方米；烧材236270立方米。竹林采伐限额261万根。本县“九五”期年森林采伐限额为652134立方米，其中商品材为333761立方米（国有林场92361立方米，集体林区241400立方米），折出材量242201立方米，农民自用材104450立方米，培植子业材35000立方米，烧材178923立方米，毛竹445万根。

【野生动物保护】

为强化对野生动物的保护，本局充分利用电视、广播、标语、传单等多种形式广泛开展宣传活动，向各乡(镇)及县城酒家、饭店发放野生动物保护宣传画300套，并在打鸟坳、杨梅坳等群众习惯打鸟的地段建造固定标语牌6块。2003年“爱鸟周”期间，在市林业局的领导和精心组织下，本局“爱鸟周”宣传活动举行得有声有色，制作多条横幅宣传标语和宣传板报，并将宣传林业法律、法规的8000份《柳州普法》发放到各乡(镇)和自然保护区，并于3月26日和28日分别在县城和怀宝镇开展保护野生动物法律、法规及相关知识的咨询服务活动，提高了全民的保护意识。每年在野生动物活动频繁期间，配合县公安、工商等部门对全县的饭店及集贸市场进行突击检查，1996～2003年间查处违法经营销售野生动物案件38起，查获蛙类330公斤，蛇类390公斤，鸟类310公斤。执法人员对查获的活体野生动物全部放生；对查获的死体野生动物进行烧毁。

【木材生产经营】

全县木材经营加工企业从1996年的138家增加到2003年的306家，以加工锯材、人造板、衣架、家具、竹席等为主要产品。年总产值11335万元，上缴税费700万～800万元。1996～2003年，共销售木材979428立方米，其中杉木757992立方米，松木12759立方米，杂木72971立方米；销售毛竹9071983条，篙竹749505条，杂竹7283吨。

【生态能源建设】

融水农村能源建设以改燃(灶)节柴及推广沼气池为重点，有计划地开发太阳能热水器及微型水力发电，1994～2003年全县累计建好沼气池24760座，年可节约林木资源达51.2万立方米，年新增能源折合30.12万吨标煤。

一、省柴灶建设

自1990年列为广西柴灶推广普及县以来，融水苗族自治县县委、县政府把改燃节能工作列为各级党委、政府工作的议事日程，投入农村改灶节柴资金3792万元，其中自治区、地(市)农村能源部门拨款150万元，自治县财政、林业拨款共1760万元，群众自筹1882万元。全县共推广省柴灶94799户，占全县总户数的94%。全县1872个“三窑四访”全部实现了以煤代柴，全年累计节柴51.4万吨，折29.5万吨标煤，相当于保护了6.7万公顷薪炭林免遭砍伐，节能效益显著，大大减少了森林资源消耗，巩固了造林成果。

二、沼气池建设

1994年全县通过改燃节柴验收达标后，能源工作重点转移到大力推广沼气池建设上来，形成年产优质沼气燃料548万立方米，新增供能量达5321.7吨标煤，年创经济效益达563.5万元。沼气池利用从单一的生活用能向种养业生产领域扩展，大力发展以沼气池为纽带的农村能源建设，带动了种植养殖业的快速发展，走上了可持续生态农村发展之路。目前全县共开展沼气池综合利用达7892户，年创经济效益473.5万元。融水划为柳州市管辖后，将沼气池建设列为“三项会战”中的一项，融水苗族自治县党委、自治县人民政府都非常重视此项工作，下发了《关于融水苗族自治县农村沼气池建设实施方案》(融办[2003]70号)和《关于实行县四家班子领导成员和县直单位干部职工帮扶群众建沼气池的通知》(融办[2003]73号)，成立了融水苗族自治县沼气建设大会战指挥部，2003年2月19日召开了有20个乡(镇)书记、乡(镇)长及县直有关单位参加的动员大会，层层签订了责任状，真正将沼气池建设列为为民办实事办好事来抓紧抓好，各乡(镇)加大工作力度，大打沼气建设攻坚战，仅在2003年就投入了298万元。

三、微型小水电

融水县水力资源十分丰富，境内大小河流达29条，山区住户分散，交通不便，大电网一时无法解决农民生活用电，因此，融水县有计划有步骤地在水源丰富的山区乡(镇)推广微型水电站，解决了农户用电难的问题。“九五”期间全县共推广微型水电2836处，累计安装微型水电机组4224台(处)，装机容量达5890千瓦，年发电量2568万千瓦时，年可提供能量为865吨标煤，解决了近2.5万农户的生活用电问题。太阳能利用——融水县年平均日照时数1379.7小时，山外平原乡(镇)日照时数相对偏高，经过多年的宣传示范，全县已推广使用太阳能热水器0.0142万平方米，投资近20万元，年可新增供能为23吨标煤。

【森林防火】

融水是全国重点林区县之一，森林火险等级高，森林防火工作任务十分繁重，多年来，林业局坚持以“预防为主，积极消灭”的方针，加强领导，建立健全防火组织机构，县级成立森林防火指挥机构一个，由县长担任第一指挥长，各乡(镇)、场、所也相应成立分指挥机构，分别由各乡(镇)、场、所长担任第一指挥长，并根据人事变动情况，每年及时进行调整充实，保证指挥部工作正常运转。各村民委也成立防火领导小组，村民委主任为森林防火第一责任人。目前，全县森林防火机构有：县级1个33人，乡(镇)、场、所级28个345人，村级205个4100人，屯级991个14850人；组建有专业森林消防队2支50人，其中，1996年成立的县专业森林消防队，编制30人，贝江河林场专业森林消防队20人、半专业森林消防队34支850人；配有专职护林员1809人，兼职护林员758人。全县新开和修复防火线26条113.37公里，防火林带45条910.65公里，瞭望台(哨)19座，安装400兆赫无线电差转台于茶花山，有无线电台机1部，无线电对讲机198部，风力灭火机189台，二号工具810把，指挥车2辆，运兵车3辆。

根据1996年4月融水苗族自治县人民政府《关于进一步加强护林防火工作的决定》(融政发[1996]15号)，从1996年起，每年县财政预算25.2万元作为森林防火经费。融水苗族自治县与贵州省的从江县、榕江县、黎平县和自治区内的三江侗族自治县、环江毛南族自治县、罗城仫佬族自治县、融安县、柳城县接边毗邻，建立联防工作，形成了护林防火联防网络，每年轮流值班、召开交接会议。通过开展联防工作，搞好护林防火工作，促进了接边地区民族团结和林区社会治安的稳定，有效地保护了国家森林资源。

在森林防火工作中，融水苗族自治县森林防火指挥部制定了一系列的规章制度，森林防火工作实行各级人民政府行政首长负责制，严格火源管理。野外用火实行三级审批制度和交纳用火风险抵押金制度；坚持按“五不烧，六不准，七严禁”用火规定管理火源；实行森林防火目标管理责任制，把目标管理落实到基层，制定相应的奖惩办法，充分发挥各级防火机构的职能作用，形成森林防火工作层层有人抓、有人管的工作局面。

1996～2003年，全县共发生山火93起，其中火警54起，一般火灾37起，重大火灾2起，过火面积2146.69公顷，受害森林面积771.34公顷，烧死幼树228.49万株，直接经济损失226.77万元。

【营林生产】

1996～2003年，累计造林258.95公顷，中幼林抚育作业面积441.2公顷，实际完成399.4公顷，成林抚育间伐109.12公顷。1996～2003年森林采伐面积共372.57公顷，其中主伐280.15公顷，抚育间伐92.42公顷，共生产商品材26542立方米，完成木材销售收入909.11万元，上缴林业“两金一费”10万元(1996年下半年至今均免交)，上缴税金161.07万元，为当地群众提供劳务输出，支付劳务费770.64万元。

【广西九万山自然保护区管理处】

广西九万山自然保护区管理处(以下称管理处)地处桂中融水苗族自治县西部，黔桂两省(区)交界，横跨融水苗族自治县、环江毛南族自治县、罗城仫佬族自治县。管理处辖区是一个森林生态系统类型的保护区，是珠江流域多条二级支流的水源头，2003年7月由广西壮族自治区林业局野生动植物保护处牵头，组织区内外的多位专家学者对保护区内的动植物资源进行科学综合考察，考察结果显示，其物种种类在广西区各大自然保护区中居首位，其丰富程度仅次于云南的西双版纳，其中不乏国家一、二级保护的动植物，是中国第二大生物基因库，同时也是一座天然绿色水库，森林保持完好成为广西重要的水源林区之一。管理处前身为九万山林场，始建于1956年，2000年经自治区批准，正式更名为“广西九万山自然保护区管理处”，管理处辖区总面积13029.1公顷，界内面积13002公顷，其中林业用地12910.9公顷，农地面积87.6公顷，其他3.5公顷，林地中森林面积12792.9公顷，森林蓄积量158.77万立方米，公益林试点面积12784.7公顷。管理处机构设有党支部、行政办、防火办、财务办、生产办和派出所，下设6个保护站，总部设在融水苗族自治县三防镇荣洞村清水塘边，三防镇设有办事处。现有在职人员68人，退休10人，在职人员中干部11人，固定工人25人，合同工26人，场聘6人。其中获初级职称干部4人，工人2人，大专以上文化程度3人，高、中专文化24人，初中以下文化36人。

【元宝山自然保护区】

元宝山位于广西北部，融水苗族自治县中部，距县城65公里，主峰青云峰(无名峰)海拔2084.7米，为柳州市第一高峰。1982年划为自治广西壮族自治区区级自然保护区，1987年列为自治区级风景区，1994年列为国家级森林公园，总面积9749公顷，其中原始森林4113公顷。

元宝山属中亚热带季风性气候区，全年温暖

湿润，四季气候宜人。保护区内野生动植物资源十分丰富。据调查，共有维管束植物226科950属2132种，其中分布于整个元宝山的中国特有属有34属，特有种35种，列入国务院1999年8月4日正式批准公布的《国家重点保护野生植物名录（第一批）》的国家一级保护的有元宝山冷杉、南方红豆杉、合柱金莲木、伯乐树4种，国家二级保护的有香果树、马尾树、鹅掌楸、华南五针松等18种，另外还有短萼黄连、竹节参等珍稀植物23种、兰科植物87种。

元宝山自然保护区共有陆生脊椎动物4纲28目76科309种，其中两栖纲2目7科22种，爬行纲3目9科43种，鸟纲15目41科202种，哺乳纲8目19科42种，属国家一级重点保护的有鼋、蟒蛇、熊猴和金钱豹4种，属国家二级保护的有大鲵、小天鹅、林麝、水鹿等45种。在综合考察中，发现了崇安髭蟾、镇海林蛙、蓝翅叶鹎、棕褐短翅莺等4种广西新记录种。自然保护区内的陆栖脊椎动物中，在国际上备受关注，且属于全球性珍稀濒危的种类有白眉山鹧鸪和仙八色鸫2种，其中白眉山鹧鸪目前仅见于中国，即浙江的南部和广东的北部有它的分布记录，但数量上极少，一般难以见到，而元宝山自然保护区是该物种的分布西限，如今却保存着其相当的种群数量，比较容易见到，实为可贵，对研究与探索这些珍稀濒危植种的保存与种群恢复发展方面具有十分重要的科学价值；此外，元宝山自然保护区有昆虫796种，分属152科，其中特有种30种，珍稀种类19种，此次调查发现新种28种，中国新记录1种，国内稀有种宽尾凤蝶在元宝山却为优势种群。元宝山自然保护区已鉴定出的大型真菌165种，分属4纲20目39科97属。

元宝山自然生态系统复杂，天然森林生态系统类型48个，平均每425公顷森林有一个天然森林生态类型，其中针阔叶混交林生态系统类型7个，常绿落叶阔叶混交林生态系统16个，山顶矮林生态系统6个，常绿阔叶林生态系统18个，落叶阔叶林生态系统6个，前三类生态系统几乎为原始生态系统类型。显而易见，元宝山自然保护区确实是中国具有国际意义的陆地生物多样性的一个关键的地区。

元宝山自然保护区的生物类型和生态系统类型中不少是生物多样性关键类型，如元宝山冷杉及其森林生态系统，南方红豆杉及其森林生态系统，海拔1300米以上的亮叶水青冈混交林、紫茎混交林，宽尾凤蝶种群。元宝山自然保护区是中国及世界候鸟重要的迁徙通道，为研究许多世界珍稀濒危鸟类提供了一个可行基地。

【滚贝老山自然保护区】

滚贝老自然保护区1989年经融水苗族自治人民政府批准建立。保护区位于融水县境内，1990年完成山界林权的定权发证工作，滚贝老保护区总面积9256.1公顷，其中国有林地3780.9公顷，占总面积40.85%。早在滚贝老山自然保护区建立之前，保护区内一直以保护为主，在国家建设时期，曾在实验区有少量开发，自1989年成立滚贝老山水源林自然区管理所以后，保护区内全部禁伐天然林。保护区的历届领导都非常重视与周边村屯及社区关系的协调工作，通过历届领导的努力，现周边本屯及社区的群众都能理解和支持保护区的工作；2000年8月考察队在保护区内考察时还发现有目前广西面积最大的海南五针松群落。融水苗族自治县人民政府历来都对保护区的工作给予帮助和支持，在实施柳州市农村三项会战工作中，对保护区周边的村屯重点抓好沼气池建设和推广改燃节柴工作，保护区周边的农户60%已用上沼气，减少了保护区周边农户对薪柴的依赖。1992年融水苗族自治县人大颁布了《融水苗族自治县水源林动植物自然保护区管理实施细则》，为保护区的建设和发展提供了法律依据。保护区行政及业务上归融水苗族自治县管辖。

【林场建设】

融水县的林场主要有思英林场、贝江河林场、泗涧山林场。

一、思英林场

思英林场总面积2238公顷，其中有林面积1756公顷，森林总蓄积量185786立方米，其中杉木蓄积量48643立方米，杂木蓄积量135462立方米。思英林场干部职工118人，其中退休职工14人。1996～2002年累计完成销售木材56078立方米，木材销售收入2552.4万元，上缴税金341.9万元，提缴林业基金353.98万元。思英林场七年累计完成造林607.4公顷，其中造杉木520.7公顷，造松木13.5公顷，造毛竹71.8公顷，造林总投资81.31万元。完成幼林抚育实际面积3540.6公顷，作业面积4050.5公顷，修护防火路136.26公里，修护林道454.9公里，生产总投资180.4万元。七年森林采伐总面积763.6公顷，其中主伐面积379.8公顷，间伐面积383.8公顷，生产木材50219立方米，其中规格材26719立方米，非规格材23242立方米，生产总投资597.6万元。其中1998年思英林场进行了重大改革，主要在劳动、用工、分配制度上进行了调整，在劳动上，打破干部工人的界限，实行聘任制，一年一聘，注重科技人才，能者上庸者下，一视同仁；在分配上，以生产承包形式，实行多劳多得，不劳不得，调动了广大职工的劳动积极性，能者多劳，增加职工收入；在管理方式上，打破了大锅饭和领导管人的常规，职工自觉完成自己的生产任务，使场领导把精力集中于林场的经济建设和林场的发展上来。

二、贝江河林场

国有贝江河林场地处桂北山区，位于融水县的南部和东南部，与县内的三防镇、融水镇、和睦镇、四荣乡、香粉乡、永乐乡和融安、罗城两县的集体林地交错，林地分散，呈块状分布在低山、丘陵地带。随着林业工作指导思想的转变，国有林场在生态建设的地位和作用不断提高，贝江河林场在林业生态建设的同时、力求发展自身经济。由于受自然条件和林业生产周期性长的制约，近年来，林场的经济滑坡现象越来越突出，已成为一个收不抵支、负债重重的国有贫困林场。从1953年建场到现在共营林6695.23公顷，共采伐木材73.7万立方米，现经营面积1.32万公顷，有林面积1.32万公顷，其中生态林面积1333.3公顷，森林总蓄积量75万立方米。林场下设10个分场，总场设置14个职能科室，另设有林区派出所1处，干警25人，车队、开发公司和子弟学校各式各样处，学校教职员工共38人。全场干部职工900多人，其中在职职工553人，总人口数1402人。林场人工林共9333.3公顷，天然杂灌林2000公顷。在人工林中，以杉木为主的用材林8000公顷，经济林(含竹林)近1333.3公顷，生态公益林1385.3公顷，防护林194.5公顷。在用材林中，中幼龄林0.5万公顷，近熟龄林0.17万公顷，成过熟龄林0.1万公顷。在经济林中，有收入的成林少，新造林多。

三、泗涧山林场

林场性质为事业性差额管理单位，隶属融水县人民政府。现有干部职工246人(在职158人，退休88人)，在职人员中目前仅留27人在岗工作，内退19人，112人失业外出自谋生计。林场总面积2932公顷，有林地2871.9公顷(生态林1945.5公顷，人工林859.7公顷)，林场下设三个护林点。林场累计造林面积482.2公顷，其中杉木242.4公顷，毛竹86.6公顷，八角53.2公顷。幼林抚育作业面积984公顷，实际面积492公顷，抚育间伐380.3公顷，育苗2公顷。森林采伐面积934.7公顷，其中主伐422.9公顷，成林间伐511.8公顷，共生产木材5.2万立方米，其中规格材1.1万立方米，非规格材4.1万立方米。累计完成总产值1844万元，其中木材销售收入1817万元，多种经营收入27万元，销售利润亏损356万元。缴纳各种税金320万元，缴纳林业基金223万元。1998年禁伐杂木后，林场经济收入连年下降，步入困境，职工生活得不到保障，截至2002年底，累欠职工工资及医药费310万元，欠交养老保险金40多万元，欠交区县税费31万元，20万元贷款到期无法偿还，每月累增的1.8万元养老保险金无法支付。

(融水县林业局)

桂林市林业

【概　述】

桂林市森林资源丰富，覆盖良好。新中国成立以来先后进行过7次大规模森林资源调查，其中1999年利用卫星遥感与地面调查相结合进行森调结果：森林面积157.62万公顷，灌木林面积26.42万公顷，森林覆被率56.9%，含灌木66.5%，森林总蓄积量5305.72万立方米。桂林市贯彻党的以“营林为基础”的方针和“谁种谁有”的林业政策，1949～2003年造林累计167.89万公顷，年均3.11万公顷，最多1992年9.33万公顷。“八五”期间大办林业，经广西壮族自治区人民政府审核、批复，原桂林地、市分别为1992年度、1993年度造林灭荒达标单位；原桂林地、市均为1994年度实现造林绿化达标单位。1998年地、市合并，2000年共封山育林7.18万公顷；1998～2003年共造林57281公顷，其中速丰林2570公顷，绿色工程林7924公顷，珠江防护林31433公顷，长江防护林807公顷，其他14547公顷。在此期间，桂林市先后获得“全国林业生态建设先进市”和“全国保护森林资源‘三号行动’先进单位”光荣称号。

新中国成立以来桂林市的森林曾遭到大办钢铁，“文化大革命”和八十年代中期分林到户、木材全面放开的三次大破坏，随着国家森林法和其他护林法规的深入贯彻、林政管理力度的加强、采伐限额的认真执行、自然保护区建设的进展、林业公安的组建，全市森林保护工作成绩斐然：森林防火目标管理评比1994～1999年连续6年获广西壮族自治区一等奖，2001～2003年连续3年获自治区一等奖；进入21世纪，乱砍滥伐、乱捕滥猎和主要森林病虫害已得到有效控制；森林生长量超过消耗量；珍稀野生动植物得到较好保护；能源建设得到美国前总统克林顿和国内外专家的高度赞扬。2003年底全市已建沼气池35.7万座，占总农户35.7%，省柴灶农户普及率达91.0%。

桂林市的林产工业改革开放前以卖原材料为主，改革开放后卖原材料逐渐减少，林产加工逐渐增多。全市木材年均采购量：1952～1957年24.98万立方米，1958～1984年60.75万立方米，1998～2003年20.86万立方米；毛竹年均生产量：1977～1991年346.72万根，1998～2003年2377.32万根；此外还有白果、松脂、茶油、桐油、板栗、棕片、柿饼、红枣、药材等大量林副产品，特别是白果2003年产4276吨，仅次于江苏泰兴，居全国第二位。90年代末桂林市共有木材及林产品加工企业715家，经调整和转产，2003年巩固637家，年产值为19.11亿元。

桂林的森林旅游业20世纪80年代中期刚起步，90年代初兴起，随着旅游产品增多、基础设施和服务设施的充实，21世纪初已初具规模。1992～1994年共接待游客66.4万人次（年均22.13万人次），收入1404.4万元（年均468.13万元），2003年接待游客95.64万人次，收入8082.88万元。

2003年统计全市林业产业总产值29.17亿元，其中林业产值8.44亿元（含林木培育种植1.06亿元，木材采运2.31亿元，竹材采运2.31亿元，林产品采集2.97亿元）。其生态效益和社会效益远不止于此。

（桂林市林业局　晓　峰　李世繁）

【造林育林】

国民经济恢复和社会主义改造时期（1949～1957），桂林专区贯彻中央“大力造林育林”方针和响应省政府“争取10年绿化大部分广西”号召，采取以合作为主的造林方式，执行“谁种谁有”政策，共造林169240公顷，年均18804公顷。“大跃进”及其调整时期（1958～1965），执行“调整、充实、巩固、提高”方针和“林业18条”，共造林165227公顷，年均20653公顷。“文革”时期（1966～1976），桂林地区正确的林业规章制度被废除，片面贯彻执行“以粮为纲”方针，给林业带来较大影响。但造林面积按斜坡计或以株数推算，加上造林成活率1971年前25%以上、1972年后40%以上为合格面积，所以这时期造林面积为588539公顷，年均53504公顷。改革开放时期（1977～1991），绿化祖国列入基本国策之一，开展植树造林群众运动，采取国有、集体、联合体、个体、多种形式，推广工程林、速丰林，这时期原桂林地、市共造林454581公顷，年均30305公顷。经济大发展时期（1992～1997），层层签订《县级领导干部造林绿化任期目标责任状》，对造林绿化政绩，实行“一票否决”制度，各级党政领导交纳造林灭荒风险抵押金，层层办绿化点，大张旗鼓地开展林业宣传月活动，形成全社会大办林业风气。这时期原桂林地、市共完成人工造林成活率85%以上面积达244011公顷，年均40669公顷，其中1992年达93339公顷；桂林地、市合并时期（1998～2003），推进林业五大转变、抓好六大工程，落实“严管林、慎用钱、质为先”方针，共造林57281公顷，年均9547公顷。其中速生丰产林2570公顷，绿色工程林7924公顷，珠江流域防护林31433公顷，长江流域防护林807公顷。按林种分：用材林9310公顷，竹林4280公顷，经济林16029公顷，防护林27027公顷，薪炭林434公顷，特用林201公顷。据1949～2003年54年的统计，全市共完成造林工作量1678879公顷，其中国有造林30800公顷。

经广西壮族自治区人民政府审核、批复，原桂林地区为1992年度造林灭荒达标单位，原桂林市为1993年度造林灭荒达标单位；原桂林地、市均为1994年度实现造林绿化达标单位。地、市合并后，先后获得“全国林业生态建设先进市”和“全国保护森林资源‘三号行动’先进单位”等荣誉称号。

（桂林市林业局　晓　峰　李世繁）

【速生丰产林建设】

1998年桂林地、市合并后，至2003年共营造速生丰产林2570公顷。1998年、1999年、2001年三年投资1167万元。其中自筹资金461万元，外资440万元，地方配套资金24万元，国内贷款13万元，其他229万元。群众投劳折资105万元。

速生丰产林工程主要解决木材和林产品的供应问题，其实施主体是各类企业，具体运作以市场需求为导向，通过市场配置资源，采取以市场融资为主，政府适当扶持投入的机制。2001年，造林310公顷，其中大径级用材林146公顷，工业原料林137公顷，纸浆原料林27公顷。投入274万元中，地方配套24万元，自筹21万元，其他229万元；1999年造林442公顷，其中用材林104公顷，经济林233公顷，防护林105公顷。迹地更新1041公顷，低产林改造126公顷，幼林抚育1890公顷。在当年投资647万元中，自筹368万元，外资266万元，国内贷款13万元。群众投劳折资95万元。

（桂林市林业局　晓　峰　李世繁）

【绿色工程建设】

1998年桂林市做出绿色通道工程建设规划设计。接着拟定漓江流域绿化工程总体规划，应用生态经济的理论和系统工程的方法，进行林种、树种的优化配置，高起点、高技术、高效益地从根本上建设漓江流域绿化工程。1999～2001年，全市完成绿色工程造林面积7924公顷。其中用材林2455公顷，经济林2998公顷，防护林2437公顷，薪炭林34公顷；完成低产林改造面积2862公顷，迹地更新造林2907公顷，幼林抚育面积3333公顷。2001年封山育林面积39447公顷。在绿色工程造林中，重点抓了“一江四路”高标准造林绿化，其中漓江两岸造林122.8公顷，植树15万多株；机场路造林1902公顷，植树133万多株；桂柳高速公路造林481.4公顷，植树133万多株，桂阳公路造林115公顷，植树11万多株；桂黄公路造林227.2公顷，植树18万多株。共计造林2848.4公顷，造林310多万株。三年绿色工程建设总投资3158万元，其中自筹资金1943万元，国家预算内285万元，引进外资127万元，专项资金投入11万元，贷款90万元，其他702万元。

（桂林市林业局　晓　峰　李世繁）

【珠江防护林建设】

珠江流域防护林体系是全国十大林业生态工程之一，工程建设指导思想是：以建立“两大体系”为目标，以质量效益为中心，以强化项目管理和竞争机制为手段，以调整林种、树种结构和提高科技含量为突破口，因地制宜、分类指导、分步实施，建设“高起点、高质量、高速度、高水平、高效益”的生态经济型防护林体系。1996年启动以来，桂林市抓宣传、抓力度、抓机制、抓质量，不断提高工程建设管理水平，灵活运用租赁、承包、联营等方式，引入专业施工队伍承包造林，对工程建设质量实行全程监管，提高综合的质量和效益。1996～2003年，全市珠防林工程建设共完成造林面积31433公顷，其中用材林2871公顷，经济林11379公顷，防护林17033公顷，特用林150公顷。同时，完成低产林改造11406公顷，迹地更新造林10117公顷，幼林抚育35992公顷。八年间共投入资金14439万元。其中：国家预算内3356万元，自筹资金6045万元，国内贷款756万元，债券554万元，引进外资60万元，其他3668万元。

珠江防护林体系二期工程建设项目之一是石漠化治理。桂林市有石山面积20.75万公顷，占林业用地185.33万公顷的11%，可造林石山面积3.1万公顷。2001年石漠化治理工程建设完成造林面积114公顷。其中用材林22公顷，经济林92公顷。实行封山育林面积2919公顷，共投资78万元，其中国家预算内36万元，自筹资金42万元，地方配套资金5万元，群众投劳折资25万元。2002年春，桂林市委、市政府组织军民9000多人，分别在老人山、铁封山、观音山、鹦鹉山等10座石山人工造林76公顷，共植树6.9万株。

（桂林市林业局　晓　峰　李世繁）

【长江防护林建设】

长江流域防护林体系建设工程主要在全州、灌阳、资源三县实施。当地党委、政府将该工程作为生态建设的重要内容，在体制、机制上不断创新，着重推行专业队造林、大户造林，宣传和落实“谁造林、谁经营、谁管理、谁受益”政策，调动了社会各方面力量参与长防林经营管理的积极性。1999年和2000年，共完成长防林工程建设造林面积807公顷，其中用材林533公顷，经济林62公顷，防护林212公顷。在工程建设中确保和提高森林质量，两年共完成低产林改造面积1010公顷，迹地更新面积849公顷，幼林抚育3560公顷，封山育林97789公顷。两年间共完成投资额158万元，其中国家预算内拨款44万元，自筹资金30万元，其他84万元，群众投劳折资642万元。

（桂林市林业局　晓　峰　李世繁）

【退耕还林工程建设】

退耕还林是党中央、国务院建设生态环境、促进经济发展、造福子孙后代的重要举措，是国家财政补贴的工程造林。桂林市1999～2001年开始抓退耕还林，每年退耕地造林少则几十公顷，多则几百公顷。2002 年退耕还林工程全面实施,至 2003 年共造林 32390 公顷,其中退耕地造林 22307 公顷,荒山荒地造林 10083 公顷。按林种分,用材林 5765 公顷,经济林 6555 公顷,防护林 18766 公顷,其他 1304 公顷。累计补助粮食 29565 吨。共投资 5597 万元,其中粮食折资 2620 万元,种苗费 1837 万元,科技费 27 万元,粮食调运费 21 万元,其他 1092 万元。广西壮族自治区下达桂林市退耕还林任务 11 万亩(7333 公顷),分 8 年实施完毕,2003 年已完成 76%。

(桂林市林业局　晓　峰　李世繁)

【封山育林工程建设】

1997 年原桂林地、市封山育林面积为 47.67 万公顷。广西壮族自治区组织工作组抽查全州、平乐、荔浦、龙胜、资源五县封山育林 1996 年期满后的小班面积 5036.2 公顷,其中合格面积 4829.4 公顷,总合格率 96.0%。1999～2003 年,封山育林面积的幅度,2002 年最小 300696 公顷,1999 年最大 455258 公顷。其中工程封育面积最大年:珠防林 1999 年 138840 公顷,长防林 1999 年 97789 公顷,绿色工程 2001 年 39447 公顷,石漠封育 2001 年 2919 公顷。

(桂林市林业局　晓　峰　李世繁)

【飞播工程建设】

原桂林地、市 1969～1983 年,共设计播区 63 个,面积 316882 公顷,其中有效面积 249895 公顷,占 79%。1984 年组织 104 人的检查组检查,成效面积 46724 公顷,占有效面积的 19.0%,占播区面积的 15.0%。成效面积中每公顷平均 2490 株。播区材积 789810 立方米。飞播基本失败的主要原因:一是山火频繁;二是播区炼山不彻底;三是播区海拔过高;四是对播区管理不当。1992 年荔浦、永福二县开展飞播,有效面积 27445 公顷,经广西林业厅组织检查验收,合格面积 21635 公顷,合格率 79.0%,平均每亩 8228 株。

(桂林市林业局　晓　峰　李世繁)

【种苗工程建设】

种苗工程建设是多项林业重点工程建设的基础。随着林木种苗产业化进程加快,规模化、基地化生产经营逐步形成,育苗生产结构不断优化,国有、集体、个体多种所有制并存,科技含量日益加大。2003 年,全市采种 24.5 吨,育苗 471.46 公顷,苗木产量 5688.38 万株,主要苗种有毛竹、杉木、松树、香椿、荷木等。种苗生产基地建设,桂林市林业局机关中心苗圃是国债种苗工程项目,总规模 13.3 公顷,总投资 275 万元。除基建、设备外,营建了速生杨采穗圃,完成尾叶桉、巨桉营养杯批量育苗,以及任豆、枫香、楠木、毛竹等播种育苗。

杉木多世代滚动式种子园项目是国家林业局“八五”计划定点在桂林投资建设的杉木种子园,园地区划设计,生产区 53.33 公顷,子代测定林 13.33 公顷。工程建设资金投入:第一期 75 万元,第二期 47 万元,种子园收入 10.07 万元,共计 132.07 万元;资金使用:生产费用 106.41 万元,基本建设 17.08 万元,固定资产 8.30 万元,合计 131.79 万元。经过 15 年的努力,完成了种子园建园模式、矮化技术、砧木防蔸、双向遗传改良、遗传参数分析、开花结实性等 16 项专题研究。其科技成果主要有:遗传增益提高 8%,种子千粒重提高 20%,种子优良度增长一倍,子代林材积大于对照种(融水)50%。2001 年止,向社会提供良种 4462 公斤,营造速生丰产林 17848 公顷,每公顷可增产木材 30 立方米,增收 3.2 亿元。该项目研究达到国内同类研究领先水平。2003 年 4 月,通过同行专家鉴定,获桂林市科技进步一等奖,自治区科技成果三等奖。

(桂林市林业局　晓　峰　李世繁)

【林政管理】

1984 年桂林地(市)林业局成立林政科,各县(区)林业局成立林政股。2001 年自治区下达桂林市商品材生产指标 44 万立方米,实际生产 411931 立方米,占年指标 93.7%;2002 年自治区下达桂林市森林采伐总量 148.8 万立方米(含商品材、自用材、农民烧材等),实际采伐 99 万立方米,占下达采伐总量 66.53%。2003 年桂林市林政严格执行森林限额采伐,根据自治区林业局的要求,下达各县商品材采伐指标 436959 立方米,占全年采伐限额 582400 立方米的 75%;全市凭采伐证销售木材共 269332 立方米,当年库存 158974 立方米,实际商品材消耗 438936 立方米,占全年计划任务 436957 立方米的 98.4%,占全年限额采伐任务 582400 立方米的 75.4%;规范木材市场,整顿木材流通秩序。在清理好 2002 年库存木材的同时,办理木竹经营加工许可证 521 户(家),汇丰市场 84 户,大风山木材市场 301 户,根雕市场 96 户,家具、胶合板加工厂 301 户。签发区外运输证300本，无差错现象发生；在林政执法工作中，2003年全市林业行政案件发生7939起，查处7930起，查处率99.9%，罚款43.44万元，赔偿损失37万元，补交“两金”34.05万元。

（桂林市林业局　晓　峰　李世繁）

【生态能源建设】

1990年桂林市林业部门从农业部门接管能源工作。当年年底统计桂林地（市）共有沼气池27784座、省柴灶35.14万户，太阳能热水器142平方米，微型水电4075台，装机容量1179.3千瓦。

一、推广“恭城模式”，大力发展沼气

恭城瑶族自治县在长期实践中，探索出一条“养殖—沼气—种植”三位一体、有机结合的生态链。这条生态链对保护森林、改善农村卫生环境、增加农民收入作用很大，自治区人民政府予以充分肯定，称之为“恭城模式”。桂林市将改燃节柴、推广“恭城模式”，作为考核县、乡（镇）领导干部任期目标责任制的一项内容。自治区财政厅从1990年开始，给农户每建一座沼气池补助50元；从2000年开始提高至100元（区财政厅90元，林业厅10元）；与此同时市政府投资400万元，在漓江沿岸开展沼气池建设项目，各县有关部门也从经济上尽力支持，使得农户修建一座沼气池补助费达到250～300元。到2003年底全市已建沼气池35.7万座，占总农户的35.7%，每年可提供沼肥524万吨，年产沼气1.4亿立方米，相当节约薪柴71万立方米。

二、推广省柴节能灶

1991年全市13个县（区）分别与国家农业部签订全国省柴节能试点县合同，各级财政投资450万元，经过艰苦工作，通过农业部验收，2003年底统计，全市有91万户农民的“老虎灶”，被节能的省柴灶所取代，入户普及率达91%，年省柴草90多万吨。

三、多能互补，综合利用

桂林市广大农村在大力发展沼气、普及省柴灶的过程中，将节能结构和燃烧方式逐步走向多样化，普遍实行以煤、电、气代柴和猪饲料生喂。据2003年底统计全市有太阳能热水器4000平方米，微型水电5844台，装机容量5172千瓦。

1998年美国总统克林顿访华游览漓江，专门上岸走访沼气用户，称赞“沼气是环保、节能的好办法”。2000年5月，可再生能源国际研讨会在桂林召开，来自21个国家（地区）的200多名代表，与会期间实地考察了恭城、平乐、阳朔三县农村，对当地“养殖—沼气—种植”三位一体的生态农业、再生能源给予高度评价。会上世界银行、世界能源理事会和国际能源署就支持中国发展可再生能源发表了联合声明。

（桂林市林业局　晓　峰　李世繁）

【森林病虫害防治】

桂林市的森林病虫害主要有：马尾松毛虫、松材线虫；杉梢卷叶蛾、杉立枯病；竹蝗、竹小蜂和丛枝病；油茶毒蛾和炭疽病；油桐尺蠖和角斑病；板栗栗瘿蜂、栗疫病；柿树柿蒂虫和角斑病；枣树枣疯病和天牛；银杏大蚕蛾等。新中国成立以来各地贯彻“预防为主”的方针和“治早、治小、控制蔓延、不让成灾、减少损失”的原则，在实践中不断总结经验，成效日益显著。

桂林市1977～1991年发生病虫害面积共494504公顷，其中防治面积241764公顷，防治率48.9%，1992～1997年发生病虫害80225公顷，防治面积59762公顷，防治率74.5%。1979～1985年广西林业厅和地区林业局在灵川县灵田乡进行松毛虫综合防治试点，防治面积1.67万公顷，经国内权威专家鉴定，该项成果达到国际同类研究先进水平。90年代初期，资源县发生竹小蜂为害毛竹林0.33万公顷，经地区林业局科技人员采用综合防治，并研制出“乐菌”和“敌菌”乳剂注射竹腔，效果很好，经中国知名专家鉴定，该项成果达到国内同类研究领先水平。

1999～2003年，桂林市累计发生森林病虫害面积18.39万公顷，控制性重点防治5.96万公顷，有效达标率88%，投入防治费849.35万元。在这五年期间植物检疫：产地检疫种子1.48万公斤，苗木4401.1公顷，花卉10970株；外运检疫木材294.46万立方米，竹子（以毛竹为主）1298.67万根，种子3.26万公斤，苗木4351.72万株，花卉8855株，果品40万公斤，药材25.18万公斤，共收得检疫费577.16万元。国家林业局2000年授予桂林市森林病虫害防治检疫站“全国森林病虫害防治检疫先进站”和“森林病虫害防治检疫标准站”称号；广西壮族自治区林业局2001年授予桂林市森林病虫害防治检疫站“全区森林病虫害防治检疫先进站”称号。

2003年年底统计：全市森防检疫站共14个（市级1个，县级13个），工作人员90人（市级20

人,县级70人);技术职称:高工3人,工程师36人,技术员19人,其他12人。基层测报站点181个(中心测报站点7个,一般测报站点174个),共有测报人员484人(专职122人,兼职362人)。各种设备设施:机动喷雾器械243台(背负式喷雾器230台,喷烟机3台,其他10台),微电脑32台,汽车13辆,摩托车6辆,农药加工厂1个。

(桂林市林业局 晓 峰 李世繁)

【自然保护区】

桂林市有11个自然保护区,按其主要功能类型划分:属于多功能综合型的有花坪、猫儿山、银殿山3个保护区,属于水源林保护的有青狮潭、海洋山、架桥岭、寿城、千家洞、五福宝顶6个保护区,属于珍稀动植物保护的有银竹老山冷杉保护区和建新鸟类保护区。这11个保护区建立时间:花坪为1961年,猫儿山为1976年,其余9个保护区均为1982年。1979～1980年森调11个保护区土地总面积43.64万公顷,有林地面积25.67万公顷,森林总蓄积量1536.34万立方米。

桂林的11个保护区森林密布,分别为珠江水系的漓江、桂江、洛清江、浔江和长江水系的湘江、资江发源地,并与181个水库、484个电站、830个排灌站和9.8万公顷农田的水源密切相关。1982年春中科院学部委员、著名生态学家侯学煜教授考察猫儿山,面对浩瀚的森林说:“这里是林海水源、大自然的奇观、桂林风景的命根子。”这些保护区还是中国亚热带生物多样性的基因库。如花坪保护区有植物1114种、76个变种,隶属于537属、186科;野生哺乳动物有6科、11种,鸟类20科、60种,两栖类31种,爬行类16种,尤其是活化石——银杉的“模式标本”就在该保护区内。

自1999年以来,进一步宣传贯彻国家《森林法》、《自然保护区条例》和禁伐“三林”的指示,各保护区的保护建设工作越来越好,森林植被、野生动物得到有效保护:猫儿山、青狮潭、千家洞、海洋山继花坪之后进行了综合考察,编写了总体规划;猫儿山的珍贵南方铁杉经抢救由衰亡逐渐恢复,柄天牛为害曼稠、黔稠得到有效控制,人工栽培南方红豆杉、曼地亚红豆杉和南方铁杉初试成功。

目前,花坪、猫儿山两个国家级保护区设有专门组织机构,属事业编制,为桂林市林业局的直属单位(副处级),它们的范围划分核心区、实验区和生产区。其余9个保护区属省(区)级,由县代管,具体管理工作由所在乡(镇)林业站操作。2003年底统计这11个自然保护区共有工作人员291人,其中管理人员152人,派出所干警33人,技术人员66人,其他勤杂人员40人。

(桂林市林业局 晓 峰 李世繁)

【木竹材生产】

1951年6月,广西省人民政府发布《广西统一管理木材采运供需暂行办法》,规定全省木竹材统一由农林厅林木管理处制订计划组织采伐,私有林及乡村公有林以商业为目的采伐。桂林专区实行按计划与农林生产合作社订购木材,把木竹材采伐纳入国家计划,限额生产,一家经营。1952～1957年木材采购量1499168立方米,年均249861立方米,其中国营采伐量67702立方米。商品到材1124002立方米,年均187334立方米。木材销售量947391立方米,年均157899立方米。上交中央木材704808立方米,森工企业上缴利润1288.8万元;1958年4月,广西把营林与采伐统一起来,森林经营所、采伐所改为国有林场,林垦厅所属森工企业下放专、县管理。桂林专区森工部门执行《广西省木材管理暂行办法》,继续把木竹采伐纳入国家计划,这一采伐管理办法一直沿用到1984年。1970年5月,自治区革委会《关于广西壮族自治区产品管理办法的通知》中对木材规定:严格实行计划采伐、计划收购,严禁木材上集贸易,重申除国家林业森工部门外,任何单位和个人均不得到林区砍伐或收购木材。1973年强调,林区生产的木材和各种木制品,除由当地森工、商业部门经营外,一律不准运出县外,同时取缔木材自由市场。1958～1984年,原桂林地、市木材采购量共9113610立方米。其中商品到材5266340立方米,国营采伐量297909立方米。1958～1976年,木材销售量3363740立方米,上交中央木材1245808立方米,森工上缴利润3720.9万元;1985年,中共中央、国务院下发1号文件,关于集体林区取消木材统购,开放木材市场,试行多家收购、多家销售,允许林农和集体的木材自由上市,实行议购议销。当时,经营木材户龙胜有280家,资源有140家,兴安有68家,这样难免导致木材过量采伐。1987年6月,总结经验教训,自治区人民政府发出《关于加强木材管理保护森林资源的紧急通知》决定:木材实行一家(林业部门)收购、多家销售的办法,实行凭证采伐、凭证销售、凭证运输,木材价格相对稳定,采伐量恢复正常化。1985～1997年,原桂林地、市木材采购量 2938880 立方米，其中国有 531102 立方米，商品到材共 1951155 立方米；1998 年桂林地、市合并后，坚持依法治林，严格控制年采伐量，继续执行《县级领导干部任期森林资源消长目标责任状》，政府、社会、群众都重视生态环境建设，对木材经营企业不断整顿和引导，木材市场供求基本平衡。截至 2003 年，六年间木材采伐量 1252092 立方米，年均 208682 立方米，其中国有 434994 立方米，年均 76231 立方米。木材销售量共 1223918 立方米，年均 203986 立方米。1952～2003 年木材采购量总计 14803750 立方米，年均 284688 立方米，其中国有 1331707 立方米，年均 25610 立方米。

桂林地、市 1979 年森调数据，竹林面积 59369 公顷。1977～1991 年共生产毛竹 5200.79 万根，年均 346.72 万根；1999 年森调数据，竹林面积 94726.1 公顷，其中毛竹 79260.1 公顷，立竹量 17376.4 万根。1998～2003 年共产毛竹 14263.91 万根，年均 2377.32 万根。

桂林市 20 世纪末有木竹及林产品加工企业 715 家，经几年调整和转产，巩固 637 家，年产值 19.11 亿元。

（桂林市林业局　晓　峰　李世繁）

【林副产品】

桂林市林副产品主要的有银杏、松脂、茶油、桐油、板栗、棕片、柿饼、红枣等。社会主义改造和建设时期（1949～1976）年平均产量：松脂6570.36 吨、茶油 1988.39 吨、桐油 1015.32 吨、板栗 528.61吨、棕片 298.64 吨、柿饼 772.71 吨、红枣 140.89吨；建设有中国特色社会主义时期（1977～1997）年平均产量：银杏 1678.24 吨、松脂 10373.29吨、茶油 2660.52 吨、桐油 556.81 吨、板栗 1549.29 吨、棕片 409.52 吨；地、市合并时期（1998～2003）年平均产量：银杏 2323.47 吨、松脂 20817.92 吨、茶油 3816.63 吨、桐油 947.08 吨、板栗 6841.80 吨、棕片 1638.45 吨。

（桂林市林业局　晓　峰　李世繁）

【森林旅游业】

桂林属以旅游和农林为重点的桂北经济区。桂林的森林旅游资源是桂林旅游资源的组成部分；桂林的森林旅游业是桂林旅游业的组成部分。桂林市政府注重保护森林资源，搞好森林旅游开发，扩大森林旅游业规模，促进社会经济的发展。

桂林市森林旅游资源有 63 个景区，面积 13.31万公顷，其主要景观：猫儿山有华南之巅、“高山矮林”、“三江源”、十里大峡谷和南方铁杉镇山之宝等景点；海洋山是漓江、湘江的分水岭，有九龙抱太子、长岗岭古城堡、万亩桃花等景观；都庞岭是广西与湖南的界山，内有大片福建柏和长苞铁杉为主的针阔混交林；银竹老山有珍贵的资源冷杉，华南罕见；架桥岭有遇龙河、板峡水库、碧水苍山。

桂林市有关森林旅游规划主要有：《桂林地区森林旅游总体规划》；《桂林市森林公园总体规划》；《八角寨（含资江、宝鼎瀑布）森林公园总体规划》；《龙胜温泉森林公园总体规划》；《桂林市林业“十五”发展规划》（基本思路含森林旅游部分）。

1999 年 3 月在桂林举办《99’桂林中日森林旅游资源开发研讨会》，参加会议的有日本国岩手县和中国北京、上海、河南、山东、贵州、广西等省市林业、旅游、环保等部门的教授、专家和行政、企事业单位的代表 80 多人，大会由桂林市政府和日中农林水产交流协会岩手县协议会主持。会议收到学术论文 40 多篇，刊印了论文集，进行了学术交流。这些论文较集中地反映了中国和日本在森林旅游资源开发利用、经营管理的研究动态及发展趋势；论述了森林生态与人类的关系以及森林绿色产品推广、促销规划等方面的内容。

桂林的森林旅游业近十多年来呈上升之势，不断扩展。1992～1994 年共接待游客 66.4 万人次，收入 1404.4 万元；1996 年接待游客 80 万人次，收入 2000 万元；1998 年接待游客达 100 万人次，收入 5000 万元；2003 年虽受“非典”影响，仍接待游客 95.64 万人次，收入 8082.88 万元。

（桂林市林业局　晓　峰　李世繁）

【林业科技】

党的十一届三中全会以来，大力推进科技进步，建立新型科技体制，实现科技经济一体化，林业科技迅速发展，全系统科技人员 1977 年 265 人，2003 年增加到 4714 人，其中高级职称 28 人，中级职称 658 人。改革开放以来，林业系统科技人员共取得科研成果 37 项，其中获部省级奖 8 项，获厅市级奖 23 项。原桂林地区林科所完成的“银杏综合技术开发研究”，1986 年获林业部科技进步三等奖；桂林市林业种苗站等六个单位完成的“杉木多世代滚动式种子园营建技术研究”，2003 年获广西壮族自治区人民政府科技成果三等奖。

桂林市林科所1957年筹建，1958年正式成立。2003年经营土地面积130多公顷，在岗职工52人，其中高级职称5人。1962～1965年，建立试验示范基地，开展“松树不同种源试验，油桐、油茶、板栗优良品种、油橄榄引种试验及丰产林营建技术、林木种源引种试验”等研究；1974～1976年，建立“马尾松、火炬松、湿地松、短叶松种源试验林”；接着完成“油橄榄引种试验、油茶良种选育、杉木良种选育”；1994年提出“银杏优良株系和早实丰产技术”研究，1996年获“全国新技术新产品交易会金奖”。四十多年来主持完成科技成果17项，其中获部省级奖2项，厅市级奖11项。

（桂林市林业局　晓　峰　李世繁）

【国有林场】

桂林市国有林场除少数场1955年建立外，大部分是1957年和1958年建立的。1977年共有16个场，总面积96728公顷，经营面积91094公顷，林业用地86867公顷，森林面积59967公顷。森林总蓄积量166.75万立方米，1977～1991年木材出材量260524立方米，年均17368立方米。国有林场原有体制实行高度集中管理机制，林场缺乏自主权，职工收益平均分配。改革开放后，试行场长目标责任制，总场对分场实行定任务、定用工、定投资、定成本、定收入、定上缴，按年度实行包产量、包投资，节支不上缴，超支不补，林场的建设有较大发展。1996年林业部做出《关于国有林场深化改革、加快发展若干问题的决定》，明确“以林为本、合理开发、综合经营、全面发展”的办场方针，实行分类经营、分类管理，将国有林场科学地划分为商品经营型、生态公益型和混合经营型三类。国有林场成为适应市场的法人实体和竞争主体，按照“产权清晰、权责明确、政企分开、管理科学”的要求，制定林场经营管理方案，国有林场在改革中逐步壮大。2003年，全市14个场经营面积115455公顷，有林地95733公顷，活立木蓄积量424.30万立方米，毛竹940万根，年产木材74735立方米。现有汽车25辆，场内公路290公里，林道1096公里，防火线1063公里，通信线路259公里，瞭望台37座。共有职工3441人，年产业总产值3207万元，其中林业产值2936万元。

（桂林市林业局　晓　峰　李世繁）

【集体林场】

桂林市20世纪60年代后期兴办了一批社队林场，70年代学习湖南经验，1976年出现办场高峰期，12县共办社队林场568个，有专业劳动力6962人，经营管理面积157141公顷，有林地40534公顷。森林蓄积量50000立方米。累计造林面积40564公顷，共采伐木材1152立方米。改革开放后，各级党委、政府把办好社队林场列为农业和农田基本建设重要内容，1978年到1982年，社队林场数在471～616个之间，经营面积在12.3万～17.9万公顷幅度，后来受农业家庭联产承包责任制影响，出现山林分到户，不少社队林场解体，80年代中期巩固下来的林场不足200个。1986年6月，广西林业厅在全州召开全区乡村合作林场现场经验交流会，总结推广全州的“统一管理，分利不分林；多渠道集资办场；稳定林场领导班子”等主要经验，全市乡村合作林场恢复和提高到700多个，场员2400多人。90年代后，凡对造林育林和保护森林资源有利的，任何经营形式都可出台，集体联合经营或股份合作经营的造林育林经济实体出现，乡村合作林场规模不再扩大。到2000年底，全市乡村林场663个，其中村办405个，乡办98个，联办160个。经营面积88655公顷，其中有林地56712公顷。森林蓄积量327.54万立方米，毛竹57.5万株。年产木材10905立方米，毛竹1.7万根。共有场员2284人，年收入705万元。

（桂林市林业局　晓　峰　李世繁）

【森林防火】

桂林市1950～1957年发生山火1917起，年均森林受害率12.67‰；1958～1965年发生山火3126起，年均森林受害率7.01‰；1966～1976年发生山火126起，年均森林受害率14.36‰；1977～1991年发生山火2059起，受害森林面积62671.99公顷，年均森林受害率3.48‰。经济大发展时期进一步执行自治区颁布的森林防火目标管理责任制，山火明显减少。1992～2003年发生山火421起，受害森林面积2239.83公顷，年均森林受害率0.13‰。

1985年以前地（市）县护林防火指挥部无专职人员编制，设备也较少。1985年以后逐步解决护林防火指挥部人员编制问题，组织机构和设备不断完善。2003年底统计，市、县护林防火指挥部办公室有工作人员115人（干部79人，工人36人），乡（镇）护林防火指挥部有145个，干部1457人，村以下护林员专职4518人、兼职6533人，打火专业队41个949人，半专业队125个2879人；

全市有瞭望台161个，防火隔离带15624.5公里，防火线3702公里，消防汽车85辆，无线电台1873部。

桂林市在广西壮族自治区森林防火目标管理中，1989年获二等奖，1990年获一等奖，1991年获二等奖，1992年获一等奖，1993年获三等奖，1994～1999年连续六年获一等奖，2001～2003年连续3年获一等奖。

（桂林市林业局　晓　峰　李世繁）

【森林公安工作】

全市林业公安组织机构有桂林市公安局森林公安分局，12县每县都设公安局森林公安分局，各保护区、国有林场（采育场）和雁山区的派出所合计22个。全市林业公安人员共275人，其中授衔民警269人，未授衔民警6人。在授衔民警中有警督151人，警司107人，警员11人。

2003年全市共受理各类森林案件1124起，查处1116起，其中刑事案件59起（破55起，破案率93.22％），林业行政案件1065起（查处1061起，查处率99.62％）。打击和处理违法人员1243人次，其中逮捕52人，治安拘留82人，警告323人，罚款294人，其他处罚492人，没收木材815.93立方米，还收缴了一批国家保护动物放归大自然。当年为国家挽回经济损失134.5万元。

桂林市林业公安1988～2003年共有36人受奖，其中获全国优秀民警称号2人，立二等功1人，立三等功33人。

（桂林市林业局　晓　峰　李世繁）

临桂县林业

【概　述】

临桂县位于广西北部，境内北、西、南部中低山环抱，中部丘陵向东延伸，东南方向石山峰立，属亚热带季风气候，全县辖13个乡镇，人口45.3257万。土地总面积215633.3公顷，其中林业用地123425.5公顷。现有森林面积117636.2公顷，其中阔叶林56793.1公顷，竹林11064.8公顷，经济林2706公顷，针叶林47049.5公顷。活立木蓄积3359828立方米，其中针叶林1128606立方米，阔叶林2013934立方米。森林覆盖率56.66％。临桂县是全国年100万根毛竹的21个县之一，同时是广西杉木速生丰产林基地县。为管理好临桂县森林资源，在1961年成立临桂县林业局，当时职工有14人，历经四十二年的建设后，2003年统计，林业系统内有37个单位1个企业，职工341人。新中国成立至今，临桂县林业经历了曲折的发展过程，随着国家对林业的投入增大，临桂林业得到长足发展，特别是经过最近十余年建设，临桂林业初步展现了现代林业的雏形，并充分发挥着林业三大效益，为临桂县人民生活水平的提高起着重要促进作用。

根据广西壮族自治区党委、政府1986年作出的《力争十五年基本绿化广西的决定》及1987年县委、县政府《关于十五年基本绿化临桂的规划》和临发［1991］51号文件“两年消灭森林赤字，三年消灭宜林荒山，五年绿化临桂的决定”，全县开始大造林，同时与各乡镇行政长官签订责任状，奖惩并举且实行“黄牌和罚金相随，政绩一票否决”的措施。1993年9月通过自治区检查组验收，临桂县提前一年灭荒，其中海拔800米以下林业用地栽植率99.356％，公路栽植率96.3％，河流栽植率97.6％；城乡居民点栽植率97.4％，1996年经自治区检查核定，临桂县提前一年实现了绿化达标。其中林业用地绿化率96.1％；道路（公路铁路）绿化率97.39％，河流绿化率97.2％，城乡居民点宜地绿化率98.8％，森林覆盖率54.08％。

【厅县联营造林】

1991～1992年临桂县与区厅联合营造项目林，栽植树种为湿地松，经广西壮族自治区验收，栽植面积136.4公顷，核实率100.8％，合格率100％。

【贷款造林】

1990年，临桂县开始利用世界银行贷款项目进行大力造林，造林树种松、杉为主，分布县内的8个乡镇，共建立乡村项目林场129个，面积9382公顷，总投入2168.85万元。为临桂县灭荒和绿化达标起着决定性作用。1985～1987年，临桂县进行开发性贷款造林，600元/公顷，共造林4464.3公顷，主要分布在山区乡镇。

【速生丰产林工程】

1972年临桂县经中央林业部定为桂北林区重点县，经广西壮族自治区定为杉木速生丰产林商品杉基地县，此后即以建设林木基地的形式推行速生丰产林工程。至1989年止,临桂县杉木基地造林共14580公顷,分布黄沙、宛田、茶洞三个山区乡。

【飞播造林】

临桂县首产次飞播造林在1972年4月25日,在茶洞、保宁两乡山区进行,面积5714.3公顷,耗马尾松种子11070公斤。1973年飞播面积12533.3公顷。1979年飞播面积23090公顷。1983年,县林业局组织7人小组对1979年飞播造林成效进行清查,调查后得出飞播成效面积822.4公顷,占飞播区面积3.8%。幼苗最高1.8米,最低0.4米。

【社队林场造林】

1971年,开始兴办社队林场,主要在宜林县小营建,杉木、松木、油茶等林木基地。1978年,有社队林场63个,经实地丈量验收,面积3549.1公顷。

【国社合作林场造林】

1964～1965年临桂县创办了李家、大约、水口、凤凰四个国社合作林场,种植树种松、杉、桉、竹等。至1980年止,共造林1379.4公顷,由于这种办林场的形式不符合社会发展需要,1983年后上述林场交付大队自办。

【国有林场造林】

临桂县林业局辖两个国有林场凤凰林场和鸡笼山林场。凤凰林场建立于1955年8月,面积1910.9公顷,丘陵林地。2002年,凤凰林场改制,实行租赁经营。凤凰林场从建场至2003年,累计更新造林2343.6公顷。鸡笼山林场始建于1957年11月,面积3251公顷,林地属中、低山。现有职工48人。鸡笼山林场建场至今更新造林面积2363.1公顷。国有林场的森林覆盖92.4%。

【苗木培育】

1955年临桂县建立第一批育苗基地,两江苗圃和五通苗圃,育苗品种松、杉为主。1969年临桂县确定了3个国营苗圃,凤凰苗圃、二塘苗圃、六塘苗圃所培育的苗木是当时社会造林苗木的来源。2000年5月国债投入160万元成立临桂县良种苗木繁育中心,培育各种苗木200万株,同时引导农民大搞苗木生产。1998～2003年,临桂县个体苗木的培育达到历史的高峰。到临桂县林业局注册的固定育苗户38户,苗木品种50个以上,规格大、中、小齐全,主要集中在五通、中庸两个乡镇。2002年育苗面积达400公顷,苗木远销豫、沪、浙、川、贵、湘、粤等十余个省市。

【封山育林】

1954年,临桂县人民政府发布《关于抓好当前各项林业工作的意见》,之后开始封山育林工作,并陆续制定了村规民约,封山禁约。1975年,全县封山育林30400公顷,黄沙、滩头采育场地也停止采伐,改称滩头水源林管理站,全面实行封山育林。1991年,临桂县进行了详细的封山育林规划,同时县政府发布《加强封山育林、保护森林资源的通告》,并倡导各自然村制定村规民约,强调对林木的保护。1992年12月经自治区检查验收临桂县封山育林10065公顷全部合格。1999年林业实行分类经营县后,封山育林工作更加完善。目前全县封山育林投入30万元,分12个区,面积43100.4公顷。

【退耕还林工程】

2002年12月30日临桂县启动实施退耕还林工程,县委、县政府高度重视,成立了退耕还林领导小组,同时进行了广泛宣传,迅速形成了"政府引导,农民自愿"的工作局面。同时与各乡镇签订了责任状,实行奖惩制度。工程实施当中,不定时到各乡镇督察。2003年3月完成了造林任务,面积1666.7公顷(含333.3公顷荒山造林),其中经济林212.5公顷,占总面积的12.8%,生态林1454.2公顷,占总面积的87.2%。林种比例符合国家规定标准,造林成活率91.5%以上,造林面积合格率为98.7%。钱粮兑现工作有序进行,2004年8月顺利通过国家造林实绩核查组的验收。

【绿色工程】

临桂县从1999年开始实施绿色工程建设,根据桂绿办字[1999]08号文和市绿字[1999]03号文,临桂县委、县政府同绿色工程建设的相关乡镇签订造林绿化责任状,要求"三年任务,两年完成"。2000年全部完成整个绿色工程。原计划751公顷,其中领导示范点150公顷,非林业用地石山1400公顷,实际完成1230.91公顷,其中领导示范点20个计258.81公顷,非林业用地石山4194.98公顷,用材林819.79公顷,经济林277.94公顷,竹林133.18公顷,总投入资金490.27万元。桂海路,机场路,321线,20171线及县乡道两侧1公里范围全部得到绿化。

【珠防林工程】

1996～2000 年临桂县完成了珠防林工程建设，原规划面积 14000 公顷，实际完成 13796.54 公顷，其中重点工程植苗 2034.35 公顷，封山育林 2391.84 公顷，低质林改造 776.3 公顷，幼林抚育 1078.29 公顷，四旁植树 54.27 万株。投入资金 1285.47 万元，投工 264.26 万个。施工前森林覆盖率为 54.08%，完成工程后达 55.3%。农业总产值增加 11109 万元，农民人均收入增 353 元，国民生产总值增 18883 万元。

【森林防火】

临桂县森林火灾发生都是因为人们的生产活动或人为纵火引起，每年 10 月至次年 4 月份为火患期。1965 年以前森林火灾面积都在 1000 公顷以上，1987 年以后森林火灾面积都控制在 40 公顷以下，在不同历史时期防火工作采取不同的措施，取得了不同的效果。1954 年临桂县人民政府制定了烧山垦荒制度与护林防火奖惩办法。1955 年 11 月成立护林防火指挥部，订立护林防火公约。1962 年 3 月制定“五不烧”制度。1987 年成立乡镇业余防火队 21 个，队员共计 415 人。1989～1990 年连续被评为自治区护林防火先进县。1991 年后，护林防火实行县乡(镇)长行政领导责任制，层层签订森林防火责任状，成为年终考核政绩内容，并实行一票否决制，森林防火工作步入新的发展阶段。1992 年成立临桂县森林防火专业队，队址设在五通镇，定编 20 人，齐备车辆，风力灭火机，对讲机等工具，实行军事化管理。防火专业队屡立战功，多次受到市、县领导的高度赞扬。1994～1996 年连续三年为森林无火灾年。1998 年后，全县森林防火实现交通、通信现代化，有对讲机 170 台，防火车辆 17 部。此外，为加强森林防火的综合防治，累计修建防火林带 1264.1 公里，营造防护林带 238 公里同时在桂海路、机场路一带购买森林保险 1600 公顷，1999～2003 年，森林火灾受害率低于上级下达的火控责任目标(近三年的森林火灾受害率分别为 0.168‰，0.132‰，0.02‰)，临桂县森林防火工作开创了新的局面。

【森林病虫害防治】

临桂县马尾松毛虫危害比较严重，1977～1980 年受灾面积年均 2453.3 公顷，主要受灾地是凤凰林场一带。对松毛虫的防治方法，解放初期是人工捕捉，60 年代用六六六粉喷杀，70 年代用白僵菌，1998 年，尝试使用生物防治，在庙岭挂山雀鸟箱 68 个，以后检查凡是挂了鸟箱地方，未发现松毛虫害。由于临桂县对森林病虫害防治工作建设逐年加强，2000 年 6 月，国家林业局确定临桂县为国家级森林病虫害中心测报点。2002 年到 2003 年监测森林面积 84666.7 公顷，森林病虫害防治率 100%，成灾率 0，监测覆盖率 100%。同年还开展对萧氏松茎象及毛竹丛枝病的防治试验和技术推广，收到了良好效益。

【农村能源生态建设】

临桂县农村能源生态建设，从 20 世纪 70 年代推广沼气起步。1990 年，临桂县被自治区列为省柴节煤工作试点县。1995 年 12 月全县农户改灶以煤、电、气代柴达 67168 户，占总农户 90.5%。1996 年经全国省柴节煤工作广西验收组检查验收，实现了达标。近年来，大力推广“养殖—沼气—种植”三位一体生态模式，开展“152”能源生态示范工程建设。1998 年，在五通镇西山、杨梅两个区级生态村示范点建沼气池 318 座，养猪 2790 头，户均 5 头，种植各种经济果木林 59.3 公顷，户均 0.1 公顷。截至 2003 年 12 月，全县共建沼气池 20088 座，占总农户 24.5%，建区级示范村 2 个，区级文明村 1 个，县级生态示范点 107 个，总投入 2749.12 万元。

【森林分类经营区划】

根据国家林业局的统一部署，临桂县于 2000 年 11 月进行森林分类区划界定工作，2001 年 7 月完成。区划结果是全县商品林(地)面积 66021.3 公顷，占林业用地 53.5%，森林蓄积 1722778 立方米，公益林(地)及其他林种面积 57404.2 立方米，占林业用地的 46.5%，森林蓄积 1578681 立方米。2003 年，临桂县列入国家级重点防护林和特种用途保护和管理试点县，面积 41120.7 公顷。

【林地林权管理】

1951 年前，临桂县林木多属私有，公有山林无人管理。1959 年 4 月，实行人民公社三级所有制，林地、林木多数划归生产大队和生产队管理和所有。1981 年春～1985 年，实行林业“三定”(稳定山权、林权、划定自留山，确定林业生产责任制)，发放了山林权证和划分自留山。1999 年以来，临桂县认真贯彻落实国发明电[1998]8 号和国办发明电〔1999〕9 号通知精神，依照《森林法》

及其实施条例规定，采取有力措施，加大林地保护和管理的力度，强化了征占用林地的审核工作，1999～2003年，临桂县依法按规定严格办理了9宗征占用林地手续，面积63.01公顷，收取森林植被恢复费38.65万元。

【森林采伐限额管理】

自20世纪80年代起，开始实施森林采伐限额管理。临桂县依据《森林法》、《森林法实施条例》并结合本地林业资源特点，科学的完成“八五”“九五”“十五”期间年森林采伐限额的编制和成果上报。为使森林经营走可持续发展的道路，每年严格按照上级下达的采伐限额指标进行控制采伐。1999～2003年上级林业主管部门下达给临桂县森林采伐限额指标为119094立方米，实际采伐98703.4立方米。

【竹材、木材生产加工】

临桂县是桂北重点林业县，竹、木材生产主要在4个山区乡镇，黄沙乡、宛田乡、茶洞乡、南边山乡。其中竹材主要集中在宛田乡、南边山乡。1952～1987年共生产木材575777立方米，森工产值27961716元，上交税利2068579元，生产毛竹1325万根，1988至2003年生产木材296779.4立方米，毛竹832万根。1985年以后竹木材市场全面开放，竹木材的生产和经营非常活跃，由最初的生产销售原木和原竹，转变为竹木材的深加工和精加工。竹木制品品种128个。1993年，临桂县投资1400万元建立起竹胶合板厂，产值2500万元。2003年，临桂县内有竹木加工企业250家，产值500万以上4家，其中中外合资企业永翔竹制品公司年产值达4039万元。

【生态旅游】

临桂县目前有生态游泳景点6个。1999年桂林市、临桂县林业局联合投资90万元开发黄沙乡九滩瀑布群。此后宛田乡十二滩漂流景区、中庸乡红溪休闲山庄、宛田东宅江瑶寨生态景区、南边山乡深里河峡谷陆续开发。所有景区总面积为3750公顷。2003年森林生态游总人数4.5万人次，总收入500万元。

【林业科技】

林业科技水平的状态，反映着当地林业管理水平和林业的发展方向。临桂县1963年成立林业技术推广站；1973年3月建立林业科学研究所，科研基地233.3公顷；1980年12月成立“临桂县科学技术协会农林学会”；1981年3月成立林学会。以上机构和组织展开系列科研活动，科研项目来自自治区林科所，市、县科委以及自我研究课题。1979年，引种岑溪软枝油茶成功，该项目于1981年10月和1982年11月分别获得国家科委科技成果三等奖和自治区林业厅科技成果三等奖。1986年，八角北移项目获桂林市科委颁发的先进科技奖。1984年3月开展的区划工作，1987年5月获广西壮族自治区林业区划优秀成果三等奖。此外多次开展各种造林试验及种质资源调查，如1983年毛竹截干倒栽造林试验成功及猕猴桃野生资源调查。2001年，引种优质造纸树种 尾叶桉，2003年在会仙镇采用组培苗种植尾叶桉126.7公顷。以上科研成果多数推广应用于生产，为临桂县林业发展提供了强有力的科技支撑。

（临桂县林业局　刘江宁）

灵川县林业

【概　况】

灵川地处桂东北，县城距桂林市仅15公里，漓江、湘桂铁路、322国道贯穿南北。境内沟谷深切、峰迴溪转、地形复杂、地貌类型多样。

一、地形地貌

全县由东部的海洋山、中部的尧山、长蛇岭及西部的越城岭余脉分割成东、中、西三大片，形成两边高耸、中部是低谷盆地地形。地貌有中山、低山、丘陵和台地，亦有平原和喀斯特地形，山体最高海拔为县西北部的锅底塘顶，海拔1722.4米，最低是东南部大圩镇的伏荔村，海拔134.7米。

二、气候

灵川处于中亚热带季风区。据灵川气象站多年观测记载：年平均气温18.6℃，极端最高温38.5℃，极端最低温－5.1℃，≥10℃活动积温5563.4℃，年均日照时数1614.7小时；年均降雨量1856.6毫米，年均相对湿度76%。全县温暖多雨，湿度较大，但常有秋旱。且冬季气温低、风速大，1200米以上高海拔地区常有冰雪。

三、土壤

据灵川土壤普查记载，全县林业土壤有红壤、黄壤、黄棕壤、石灰土、紫色土和潮沙土六类，以红壤和黄壤居多，黄壤土次之。其中红壤占林业用地的66.4%，集中分布于海拔700米以下的低山、丘陵地区；黄壤占18.46%，分布以中山为主，多在海拔700—1300米地区。石灰土分布于低海拔岩溶地区，面积占5.97%。

四、动植物资源

全县共有维管束植物199科564属1415种。其中蕨类植物27科46属67种，裸子植物9科12属15种，被子植物163科506属1333种。森林植被类型主要有马尾松天然林、杉木、湿地松人工林、毛竹天然林。由樟科、壳斗科、木兰科等树种为主构成的热带季风常绿阔叶混交林等。境内有珍稀濒危一级保护植物南方红豆杉，二级保护植物香花木、马尾树、银杏、观光木、金毛枸、半枫荷、三尖杉等。三级保护植物闽楠、青檀、红椿、任豆等。珍稀濒危野生动物有二级保护的穿山甲、大鲵（娃娃鱼）、红腹角雉、大灵猫、小灵猫，各种蛇类等，三级保护的有獐、白鹇、棘蛙等。境内森林茂密，物种繁多，景观资源丰富，绿水长流，既是不可多得的物种基因库，又是湘漓二水之源，其突出的林业生态区位实是世界文化旅游名城——桂林旅游文化之依托。因此，林业专家们曾评价灵川林业资源为“用材林基地、经济林宝地、水源林重地、旅游观光胜地”。

灵川县在解放以来的五十多年中，为国家提供了大量的竹、木、柴、炭和林副特产品。曾被自治区定为水果生产基地县，被全国定为毛竹生产基地县和白果生产基地县。

2003年全县生产各种水果61914吨、毛竹370.5万根、白果810吨、棕片202吨、油茶籽765吨、油桐籽470吨、香菇29吨、松脂6158吨。2003年的全县林业产值中，林木培育和种植占13.04%，木材及竹材采运占38.5%、水果占8.15%、林产品占38.4%，批发零售贸易业和其他项目仅占1.91%。

【林业经营管理概述】

灵川县林业经营管理机构较为健全。县设林业局，下设营林、林政、财务、林业公安等股室及木材公司，防火办、能源办、森防站等。另外，13个乡镇均设有林业站，同时，还有两个水源林管理处、两个苗圃、四个木材检查站。

灵川县林业向来坚持以营林为基础的建设方针。采用“造、封、管、节”并举措施。自20世纪80年代以来，在县委、县人民政府的直接领导下，灵川林业局坚持一手抓造林育林、一手抓森林资源保护，有效地控制了森林资源消耗，使我县森林经营完成了从过去掠夺式经营转入到现在的输入式经营方式的重大战略转移，使全县的生态状况正式步入了良性循环阶段。全县自1993年实现“灭荒”，1994年又实现绿化达标。近几年，全县造林绿化工作紧紧围绕退耕还林、绿色工程和珠防林建设、石漠化治理等林业重点建设工程进行，使漓江、甘棠江等主要河流两岸及桂黄公路、桂海高速公路两旁的生态景观得到了彻底改善。森林旅游业得到了长足发展。

在森林保护利用方面，严格执行了森林限额采伐制度和《县级领导干部森林资源消长目标责任状》，严格林木、林地审批制度，森林资源总消耗量持续下降，能源性森林资源消耗得到了有效扼制。森林“三防”工作得到加强，“九五”期我县乱砍滥伐案件的查处率均在99%以上。征占用林地的初审率达100%。森林火灾的受灾率仅为0.039%。森林病虫害严重成灾率仅0.18%，均有效地控制在上级要求的指标内。

【森林资源面积、蓄积】

据1999年全县森林资源遥感调查，全县土地总面积227836.0公顷，其中：有林地面积149882.0公顷，活立木总蓄积4321878m^3，在有林地面积中，森林面积135232.3公顷，活立木蓄积3932734m^3；疏林地面积858.3公顷，蓄积4635m^3；灌林林地13407.6公顷，无立木林地383.8公顷，散生木蓄积245148m^3，四旁树776.35万株，蓄积49367m^3，枯倒木蓄积29763m^3。在森林面积、蓄积中，针叶林面积63282.2公顷、蓄积1870631 m^3、阔叶林面积48600.9公顷、蓄积2062103 m^3。

解放五十年来，灵川县在1959年、1969年、1979年、1989年、1999年共进行五次森林资源调查。据1959年调查，灵川县有林地面积86953.3公顷，人均有林面积0.44公顷，每公顷森林蓄积48.75公顷。据1969年，1979年、1988年、1999年四次调查结果，全县森林资源有如下变化：

有林地面积形成明显的两个升降大波伏，1969年7866公顷、1979年116320.0公顷，比1969年增加47.91%；1988年106515.53公顷，比1979年减少8.43%；1999年149882.0公顷，比1988年增加40.71%。

活立木总蓄积量连续下降。1979年474.83万m^3，1979年445.12万m^3，比1969年减少6.26%，1988年337.9万m^3，比1979年减少20.07%；

同时，林分公顷平均蓄积量亦持续下降。1969 年 48.75 m^3/公顷，1979 年 43.05 m^3/公顷，下降 10.31%；1988 年 37.80 m^3/公顷，比 1979 年下降 12.2%，1999 年 31.29 m^3/公顷，比 1988 年下降 17.22%。

森林覆被率和绿地程度变化亦很大。1979 年灵川森林覆被率为 50.32，绿化程度为 76.23，当时均为桂林各县之首，1988 年降为森林覆被率为 46.75，绿化程度 69.12%。1999 年上升为森林覆被率 65.24，绿化程度 96.75%。

【森林资源种类、分布】

一、种类

据 1982 年灵川县森林植被调查，全县有乔木植物 242 属 794 种。主要有松科的马尾松，杉科的杉木；木兰科有 4 属 14 种，以含笑属、木兰属、香花木属为主；樟科有 8 属 51 种，以闽楠属、樟属、山胡椒属、木姜子属为主，楠木属、桑木属次之；山茶科有 8 属 37 种，其中以荷木属、大头茶属、厚皮香属、杨枫属为主，其他属主要是灌木或小乔木；全缕梅科有 9 属 13 种，以枫香属、阿丁枫属为主；壳斗科以椎属为主，不栎属、青岗属、板栗属栎属次之；安息香科有 7 属 17 种，以拟赤杨属、山茉莉属、安息香属为主；杜英科有二属 12 种；竹亚科有 8 属 22 种，以刚竹属、兹竹属为主，尤以刚竹属的毛竹种群数量最大，集中分布于西北部海拔 600m 以下的山地；漆树科的黄连木、南酸枣、毛野漆、光野漆；榆树科的青檀、郎榆、朴树、紫弹树、小叶樟；大戟科的乌桕属、野桐属；蔷薇科的樱属、石楠属，海洋高处还出现花楸属；桑科的榕属部分种类及槭树科的多数种类。

二、分布

灵川县森林资源的地区分布为“两边多、中间少”。县西北部的九屋、青狮潭、兰田、公平和东南部的灵田、海洋、大境等 7 个乡(镇)、土地总面积占全县的 57.53%，有林地面积占全县的 75.87%，活立木总蓄积量占 85.27%，立竹株量占 95.72%；县中部的湘桂走廊的三街、潭下、灵川镇、定江及东部的大圩、潮田等 6 个乡镇，土地总面积占全县的 42.47%，有林地面积占全县的 24.13%，活立木总蓄积量占14.73%，立竹株量占 4.28%。

森林树种按地区分布是：阔叶杂木、杉树、毛竹主要分布在九屋、公平、兰田、青狮潭、大境等 5 个乡镇和三街镇的溶江、潞江，以及海洋乡的安泰、小平乐；马尾松用材林主要公布在灵田、定江和三街、潭下、灵川镇、潮田等的丘陵、平原一带。油茶、油桐主要分布在海洋、大境、潮田、潭下、定江等 5 个乡镇。

【森林分类经营】

根据林业部的要求和社会发展的需要，灵川县在基本完成了森林资源调整之后，于 2001 年完成了森林分类区划及界定工作，从“十五”开始我县便进入了森林分类经营阶段。

一、森林经营方案

灵川县森林经营方案是根据《森林法》第十三条和林业部《关于加快森林经营方案编制工作的几点要求》林资（规）〔1991〕38 号文、区林业厅林政字〔1989〕42 号文、桂林地区林政字〔1991〕24 号文精神，在自治区林业勘测设计院和桂林地区林业局的指导下，由灵川县林业局组织的编案队经一年又四个月(1992 年元月至 1993 年 4 月)的调查研究后编制完成。方案内容包括：确定森林经营方针、原则、目标；划分林种、组织森林经营类型，造林更新规划设计；森林保护规划设计；森林采伐规划设计；木材加工与综合利用规划；多种经营规划；基本建设规划；组织机构设置，投资预算及效益分析等。方案经营期为十年，即 1991～2000 年。

该方案经以自治区林业厅总工曾广云为主任的评审委员会评审通过。认为：“编案指导思想明确，技术路线和程序正确，能围绕该县实际，在总结评价林业生产建设基础上提出了正确的经营方针、目标和任务，规划内容全面，指标合理，措施可行，广度和深度达到林业部颁《原则规定》要求。”

二、森林分类区划界定结果

根据森林分类区划的有关原则规定的技术要求，森林分类区划界定的对象包括林地及规划用于发展林业的荒地、退耕还林地、被占用地、裸岩地。全县区划界定的总面积 174299.0 公顷，其中林地 152016.2 公顷，规划用于发展林业的面积 22282.8 公顷（含荒地 2513.1 公顷，裸岩地 19769.7 公顷）。

(一)两类林地面积比例。

全县区划界定生态公益林面积 97408.7 公顷，占区划界定总面积的 55.9%；区划界定商品林地面积 76890.3 公顷，占区划界定总面积的 44.1%。

(二)生态公益林(地)区划界定结果。

生态公益林是指以发挥其水源涵养、水土保持、防风固沙、净化空气、美化环境、保护生物多样性为主体功能的森林或灌木林。全县区划界定的生态公益林(地)面积97408.7公顷。其中生态公益林(现有森林、灌木林)面积75714.1公顷,规划公益林面积21694.6公顷。其中二级林种(现有林)面积比例为:

水源涵养林面积64970.6公顷,占生态公益林面积的85.8%;

水土保持林面积10753.1公顷,占生态公益林面积的14.0%;

护岸林面积109.6公顷,占生态公益林面积的0.2%;

护路林面积3.5公顷;

国防林面积22.0公顷;

环境保护林面积35.3公顷。

另外,生态公益林(地)经营措施类型的区划界定,是制订生态公益林经营技术措施和建设规划的基础依据,我们根据生态公益林保护程度及林分的生产情况,将生态公益林(地)划分为禁伐、择伐、间伐、封管、抚育、造林更新等6种经营措施类型,其面积比例为:

禁伐型:面积3792.7公顷,占生态公益林(地)面积的3.9%;

择伐型:面积3.3公顷;

间伐型:面积979.5公顷,占生态公益林(地)面积的1.0%;

封管型:面积71399.5公顷,占生态公益林(地)面积的73.3%;

抚育型:面积19740.0公顷,占生态公益林(地)面积的20.3%;

造林更新型:面积1493.7公顷,占生态公益林(地)面积的1.5%。

(三)商品林(地)区划界定结果。

商品林是指以生产木材、薪材、干鲜果品、竹材及其他工业原料等为主要经营目的的森林和灌木林。全县区划界定商品林(地)面积76890.3公顷;其中商品林(现有林)面积74401.4公顷,规划商品林地面积2488.6公顷,其二级林种(现有林)面积比例为:

一般用材林面积64031.7公顷,占商品林面积的86.1%;

薪炭林面积6043.2公顷,占商品林面积的8.1%;

油料林面积255.9公顷,占商品林面积的0.3%;

特种经济林面积118.1公顷,占商品林面积的0.2%;

果树林面积3952.8公顷,占商品林面积的5.3%。

另外,在现有的商品林中的树种以松类和阔叶树占优势,松类面积44096.6公顷,占商品林面积的59.3%;阔叶林面积15028.3公顷,占20.2%,商品林树种面积比例为:

杉木面积2533.4公顷,占商品林面积的3.4%;

马尾松面积42748.1公顷,占商品林面积的57.5%;

湿地松面积1348.5公顷,占商品林面积的1.8%;

阔叶树面积15028.3公顷,占商品林面积的20.2%;

经济林树种面积4326.8公顷,占商品林面积的5.8%;

竹类面积2853.3公顷,占商品林面积的3.8%;

灌木林面积5563.3公顷,占商品林面积的7.5%。

三、森林分类经营

依据界定的不同林种类型,建立与其特点和规律相适应的林业经营管理体制、经营机制、投入渠道和发展模式;科学合理地开展分项森林经营活动,充分发挥公益林的生态效益和商品林的经济效益。因此,灵川县的下一步工作是尽快编制森林分类经营实施方案,制订能够实现"两类林"经营目标的管理制度和方法。具体经营思路如下:

生态公益林经营。第一是生态公益林的主导功能在于发挥最大限度的生态效益,保护和改善区域生态环境、服务社会。因此,生态公益林的管理机构必须首先体现其社会公益事业的特征,实行国家财政拨款、事业化管理,在县、乡、村三级建立管理服务网络,以便层层控制、管理到位。第二是森林是林区群众赖以生存和发展的基础。在现今国家生态补偿制度尚未健全、补偿金发放还十分有限的情况下,我县主张在明了公益林的经营主体、受益主体和投资主体后,政府应及时出台一些相关的政策、法规,从公益林受益行业、单位和个人收取一定的受益金补助给公益林区的群众，以安定社会，保证公益林区的群众不会因生态公益林的封禁而生活无着落。第三是坚持保护与建设同步，保护与发展并重是的经营原则。在加强保护生态公益林的同时，必须加强生态公益林的工程建设和公益林区林业产业链的建设。唯有充分利用和发挥生态公益林各个不同层面的功能效益，在不影响其主导功能的前提下，进行多层次、全方位的开发利用，以发育和发展公益林区的林业产业链，才是提高公益林管护成效的最有力保障。

商品林经营。商品林的经营目标是使其获得最大的经济效益。因此，必须对商品林的经营管理制订更加灵活的政策、法规和措施，才能充分调动经营者的积极性和创造性。增加其对商品林建设的资金投入和科技投入，实现商品林的集约化规模经营。其措施：一是依照市场经济规律进行运作，将商品林全面推向市场。二是以市场为导向、以科技为依托，坚持适地适树，加速商品林中的低产林改造进一步调整林种、树种及林产品结构，促进商品林各生产要素的优化配置，提高林产品的市场竞争力。三是利用国家进行退耕还林和珠防林建设的机遇，加速我县速生丰产林基地建设，促进林工结合，林纸结合。四是积极培育和发展林业的二、三产业。大力发展以林化、林纸、人造板为龙头的林产工业和开发以森林景观效益为主的旅游业，以及开发森林中的珍稀野生动植物、药材等种养业，对森林资源进行多层次开发。以此促进林业与其他行业的横向联合，构建商品林业现代化企业集团和经济体制。全面提升林业在国民经济中的地位和作用。

【珠防林工程】

漓江是珠江的主要支流之一，是珠江流域的重要组成部分。灵川县位于漓江上游，在全县22.784万公顷土地中，有21.936万公顷属于珠江流域，占全县总面积的98.28%，占漓江流域的39.6%。县内在1982年经区人民政府批准成立的海洋山水源林保护区和青狮潭水源林区，这两座天然水库是漓江水源的重要保障；水源林总面积152万亩，占全县总面积的44.7%，占漓江流域水源林保护区总面积的67.06%；特别是青狮潭水源林保护区中的青狮潭水库，库容6.5亿立方米，年发电量7673万千瓦，是一市三县130.54万各族人民生活用水、4.87万公顷良田灌溉、56座中、小型水库的贮水和安全、456个排灌站的排灌、66座大小电站发电效能等等的重要保障。因此，建设灵川县珠江流域防护林体系对于促进漓江流域国民经济的发展是有重要的作用。

根据区林业厅桂林营场字〔1996〕35号文件《关于抓紧开展珠江流域防林体系工程县规划设计的通知》精神，灵川县成立了由副县长蒋乔才任组长的“灵川县珠江流域防护林体系建设总体规划领导小组”，还成立了由29名科技人员组成的规划设计队。在区林业勘测设计院的指导下，规划设计队于1997年5月10日开展外业工作，利用万分之一地形图实地勾绘，详细调查各勾绘小班的立地条件及植被情况，根据当地的各种调查因子进行分析，安排各适合树种。外业工作于5月30日完成，内业工作于1997年6月底完成。

灵川县珠江流域防护林体系建设工程总面积1.37万公顷，总投资7079.4万元。主要设计项目有：人工造林项目、低效林改造项目、封山育林项目等三大项目。项目主要分布在海洋山水源林保护区、青狮潭水源林保护区和青狮潭水库周边及漓江沿岸。分为四大骨干工程，即青狮潭水源林区骨干工程，规模6050公顷；海洋水源林区骨干工程，规模5530公顷；青狮潭水库防护林骨干工程，规模810公顷；漓江两岸护堤林骨干工程，规模310公顷。该工程涉及13个乡镇、97个村委会、206个林班、1129个小班。

设计成果包括：广西灵川县珠江流域防护林体系工程“九.五”实施设计造林总体包括；21个调查统计表；小班调查设计一览表；封山育林调查设计一览表；低效林改造一览表；漓江两岸造林一览表；项目示意图；林班图集。

一、人工林项目

人工林项目以经济林为主。大力发展灵川的名、特、优产品，建立名、特、优经济林生产基地，既有很高的经济效益，又有很好的生态效益和社会效益。项目总面积6600公顷。其中：银杏3080公顷，板栗200公顷，竹类1470公顷，阔叶树100公顷，柑橘1070公顷，柿子350公顷，松类330公顷。

二、低效林改造项目

该项目设计以毛竹低改为主，三年内由现有的每公顷立竹量1200－1500根提高到每公顷立竹量3600～4500根。立竹径级从平均8cm提高到平均10cm。我县毛竹低改后不但能提毛竹单位面积的经济效益，同时也能使单位面积毛竹的水源涵养能力、水土保持能力提高3～4倍。毛竹低效林改造总设计面积3600公顷。

三、封山育林项目

该项目设计以生态效益为主，目的是加强漓江两岸和水源林保护区的涵养水源能力和水土保持能力。共设计封山育林3500公顷，其中土山封山育林678.0公顷，可造林石山封山育林2822公顷。

该项目已于2002年全部完成，并经区林业厅验收。

【绿色工程建设】

根据广西壮族自治区绿化委员会和区林业局绿字(1999)05号文《关于认真开展绿色工程建设规划设计工作的通知》的精神，我县组建了灵川县绿色工程建设总体规划设计小组，由县政府副县长赵成孙担任组长、县农委主任刘佩龙和县林业局局长秦润长、副局长陈桂生担任副组长。具体规划工作由县林业局牵头，抽调了林业局技术人员15人、水电局3人、交通局3人、公路局3人共24人组成设计技术小组。按林业、水电、交通和公路各自责任范围分成4个类型小组。对全县主要的"两江十三路"绿色通道工程建设规定范围区域进行了现状调查。自1999年6月2日开展外业调查，利用万分之一地形图实地勾绘，并详细调查各勾绘小班的立地条件，对无林地小班各项调查因子加以分析后再安排合适树种。整个外业工作到6月底完成；内业汇总整理工作由县绿委办两位同志负责，于7月底完成。

一、全县绿色工程范围内的森林资源及绿化现状

我县绿色工程由"两江十三路"构成，在其范围内有宜林地面积27957.7公顷。其中：生态公益林5997.5公顷，用材林12523.7公顷，经济林4558.5公顷，竹林1969.8公顷，灌木林1967.8公顷，疏林地104.5公顷，无林地835.9公顷(含火烧迹地293.8公顷，采伐迹地102.4公顷，荒山120.2公顷，应退耕地63公顷，应退牧地256.5公顷)，还有非林业用地石山1203.2公顷。宜林地绿化率除桂柳高速公路灵川段和八法路分别为69.57%和70.09%以外，其他各条通道都在97.07以上。

县内共有行政城镇(乡)、村(屯)1201个，总占地为3291.28公顷，实际宜绿化面积为837.26公顷，现已绿化覆盖面积为831.26公顷，尚有6公顷未绿化。覆盖率为25.26%。

县内主要河流溶江、甘棠江总长71.3公里，已绿化39.4公里，绿化率为64.8%；未绿化地段总长为21.4公里，占35.2%，还有10.5公里为不可绿化地段。

县内公路总长为227.4公里，有49.6公里为不可绿化地段，已绿化134公里，绿化率为75.37%；未绿化长度为43.8公里，占24.63%。全路段有20个养护站，总占地面积2.24公里，绿化覆盖面积1.43公顷，绿化覆盖率为63.85%。

二、建设规模与速度

灵川绿色工程建设规模含"两江十三路"。即：漓江(灵川段)、甘棠江；湘桂铁路(灵川段)、桂柳高速公路(灵川段)、322线国道(灵川段)、桂海公路、桂灵路、灵勃路、灵青路、八法路、九播路、背兰路、青公路、沿口路、潮大路。通道总长328.6公里，规划需造林绿化面积835.9公顷；县辖城镇、村(屯)、公路养护站等宅居地周围100m范围内宜林地需造林绿化面积6.809公顷；路旁、河堤需造林绿化长度为65.2公里。建设的重点是桂柳高速公路(灵川段)和八法路。全县绿色工程在1999年底全面展开，于2000年春全部完成。

三、规划设计方案

根据区绿化工程规划设计指导精神，结合本县实际，考虑到人力、财力、种苗来源及适地适树原则，规划培育生态公益林262.3公顷，用材林409.9公顷，经济林163.7公顷。种植树种有湿地松527.4公顷，桉树58.7公顷，杉树49.7公顷，枫杨36.6公顷，桃树68.5公顷，布郎李48.0公顷，橙42.7公顷，橘子4.5公顷，其他树种134720株。总规划投资1000.0281万元。其中：1999年254.661万元，2000年745.3671万元。总需苗量为2324300株，其中1999年335980株，2000年1988320株。

【森林资源调查】

第一，全县林业资源调查，从1959年12月开始至1960年4月结束，8月9日进行复查，由临桂县林业局负责组织实施，参加人员共76人，其中有自治区林业厅干部1人，采用目测与实测相结合，利用五万分之一地图勾绘有控制点的小号，沿控制点勾绘小号界和目测校对确定面积，设林中样点作林相调查计算蓄积量。调查成果《临桂县林业综合普查报告书》。

第二,森林资源调查,自1969年8月至1970年4月完成外业。由县林业局组织实施,参加人员共50余人,其中有自治区林业厅干部4人,调查成果为编制了《灵川县森林资源统计表》。

第三,森林资源调查,从1979年9月至1980年初结束外业。由县林业局组织进行,参加人员有50余人,其中有自治区林业调查设计队2人,用五万分之一地形图,按公里网点布点,小班勾绘和实测,完成《灵川县森林调查汇总》。

第四,森林资源调查,由桂林地区林业局、桂林地区林业勘测设计队和县林业局联合组成31人森林资源调查设计队采用承包方式(20万元)完成。从1988年8月—1989年1月完成外业,经抽查验收调查总蓄积量精度达到94.19%,林业用地面积精度达96.9%,符合部颁要求。主要成果有《灵川县森林资源调查报告》、《灵川县森林资源调查质量检查报告》、《灵川县森林资源统计表1-10》、《灵川县森林分布图》(县图十万分之一,乡图二点五万分之一)、《灵川县林地类型分布图(县图十万分之一,乡图二点五万分之一)。

第五,森林资源调查,是1999年8月在桂林市林业局和林业部中南调查规划设计院的指导下由灵川县组织,采用最先进的遥感技术完成的。调查结果为:

其一,全县各类土地总面积227836.0公顷。其中:林地面积152016.2公顷,占66.7%;荒地面积2939.8公顷,占1.3%;农用地面积43734公顷,占19.2%;难利用地面积20644.0公顷,占9.1%;其他土地面积3480.5公顷,占1.5%,内陆水域面积5021.1公顷,占2.2%。

林地面积中:森林面积135745.0公顷,占89.3%;疏林面积1146.0公顷,占0.8%;灌木林面积14370.8公顷(其中石山灌木林2613.8公顷)占9.4%;无立木林地面积754.4公顷,占0.5%。

森林面积中:针叶林面积62682.4公顷,占46.2%;阔叶林面积51080.9公顷,占37.6%;针阔混交林面积321.9公顷,占0.2%;经济林面积6847.3公顷,占5.1%;竹林面积14812.5公顷,占10.9%。

无立木林地面积中:采伐迹地13.6公顷,占1.8%;火烧迹地266.4公顷,占35.3%;未成林造林地429.0公顷,占56.9%;天然更新林地44.3公顷,占5.9%;预备造林地1.1公顷,占0.1%。

全县森林覆盖率为65.9%。

其二,木材蓄积量为:全县活立木总蓄积3958032立方米,其中森林蓄积3943402立方米,占99.7%;疏林蓄积9019立方米,占0.2%;散生木蓄积5607立方米,占0.1%;四旁树蓄积4立方米。

【林业土壤普查】

根据自治区林业勘测设计院编制的《林业土壤普查方案》,由林业局于1981年1月至1982年8月完成,共完成403个土壤剖面的观察记载,其中按22公里网机械布设剖面379个,典型线路剖面24个,采集土壤标本403个。外业期间共抽查了12个剖面(占总剖面3%),质量达优一个,占8.3%,良好的8个,占66.7%,稍差的3个,占25.0%。内业是在地区林科所的指导下,完成典型土壤剖面化验分析118个,共244个样品,绘制了全县五万分之一和十万分之一的林业土壤分布图;编制了《灵川县林业土壤普查报告》。

【林业植被和植物资源调查】

从1983年11月1日至12月15日,由广西农学院林学分院生态进修班41名学员和部分教师完成,共采得维管束植物蜡叶标本1210个,约3300余份,编写了《灵川县植被区划(草案)》、《灵川县植物名录》,共6.79万字。

另外,县林业局还对全县毛竹、杉木、油桐、油茶、松脂等进行过专题调查,并分别写有专题调查报告。

【林业区划】

1982年10月至1983年12月,由县农业区划办公室具体组织实施,在一系列专题调查的基础上,由县林业局3名科技人员共同完成林业区划工作,编写出《灵川县林业区划报告》,该报告将全县划分为5个林业大区,即青狮潭水源林,用材林区;川中部农田防护,经济薪炭林区;灵田松脂,用材林区;川南经济,薪炭林区;海洋山用材林、水源林区;提出了全县发展林业的战略目标、战略重点及措施,并作了分析论证。

【毛竹区划】

灵川县毛竹面积17180.7公顷,总立竹量3394.7万株,占广西毛竹五分之一。1991年3月26日根据自治区供销社、林业厅计字(1991)17号文件和《广西毛竹区划技术方案》的要求,由县林业局和供销社联合组织六名科技人员组成毛竹区划课题组,对全县毛竹进行区划;4月30日完成外业,

5月6日至8月31日完成内业，历时六个月。

外业调查时，按本县毛竹的水平分布和垂直分布设置了60块样地，然后对各样地中影响毛竹生长比较大的17个因子进行了逐个调查，经过内业分类整理、综合分析研究，再根据全县毛竹分布区的自然环境特点、经营水平高低和毛竹群体分异规律及现有的毛竹生产力状况，将灵川县划分为最适宜区Ⅰ1、Ⅰ2等级区，适宜区Ⅱ1等级区、Ⅱ2等级区和散生区。在科学论证的基础上因地制宜地提出了今后毛竹发展方向，战略布局和对策措施，为合理调整毛竹产业结构，制订毛竹发展规划及领导相关决策提供了科学依据。

该区划报告于1991年8月31日通过林业部中南调查规划设计院王永安、中南林学院徐国桢、华南农业大学颜文稀、广西林业设计院刘世荣、廖泽钊、广西林业区划办韦纬、广西林科院戴户惠等十四位专家鉴定，认为："该项研究背景资料丰富，成果齐全，战略目标，重点主攻方向明确，对策切实可行，在深度和广度方面具有独到之处，在县级毛竹区划中处于全国先进水平。"最后，该区划研究成果被收入《中国技术成果大全》第五期第247页。

【林业行政管理】

灵川县林业行政管理走过曲折的道路。1956年前林农对私有林木自由采伐销售；1956年至1984年实行国家指令性计划采伐，由林业部门统一收购和供应；1984年至1986年林木采伐由国家下达采伐计划，自由买卖、价格面议，林木采伐曾一度失控；1987年至今由国家下达采伐计划，木材由林业部门统一收购，实行议购、议销、价格开放。

1985年取消集体林区木材统购，开放木材市场。县人民政府发布《关于加强木材、毛竹经营管理若干问题的通知》、《关于制止乱砍滥伐森林、加强竹木管理的布告》，采取措施实行宏观控制，微观搞活，保证合理开发利用森林资源。但由于在体制上营林与森工分设等原因，仍造成了林木采伐曾一度失控状况。

1985年后开始贯彻《中华人民共和国森林法》，开始使用采伐许可证，实行木材采伐"一本账"，凭证采伐、凭证运输、凭证销售、多渠道经营，违者没收其木材和罚款等措施。1985年将县林业局林政股改为林政办公室，先后建立九屋、灵田、潭下、灵川、大圩、青狮潭六个木材检查站和潮田、公平两个木材检查分站，共有林政人员十八人，另有地检查员38人。至2000年底，全县林政管理人员和木材检查人员共70人(其中干部25人，工人45人)。在1986年初还曾设立林业检察员3人，当年即配合县检察院处理重大林业案件9起。境内四处设卡，从1985年至1990年拦获无证运输木材罚没款达150.2万元。1988年建立林业公安派出所，共配置干警二十一人，严肃查处破坏森林的违法案件；至1990年侦破并处理盗伐、滥伐、森林火灾等林业案件121起。

1988年实行林业体制改革，将营林、森工"两张皮"合并成立林业公司，属事业性质，同时建立了各级责任制，严明奖罚、强化林政管理。

灵川县从1973年开始收缴"两金一费"，分甲、乙两种。1985年前，乙种育林基金由县木材公司和各木材收购站收购木材时代为林农交纳，松杂圆木每立方2元，以作林业营林经费；甲种育林基金由销方(木材公司)按木材销售数提取，松杂每立方米8元，全部上缴自治区林业厅。从1985年开始，改为由经营木材者向林业部门缴纳"两金一费"，每立方米木材按林业部门制定的社会统一平均收购价10%缴纳，杉原木每立方米缴纳育林基金25元，更改基金25元，林政费1.5元，合计每立方米51.5元；松杂原木育林基金每立方米10元，更改基金每立方米10元，林政费1.5元，合计21.5元。1989年以后，按林业部门制定的木材市场销售价收缴20%，林政费每立方米3元。1989元杉木育林基金每立方米80元，更改基金80元，林政费3元，合计"两金一费"163元；松杂育林基金每立方米40元，更改基金40元，林政费3元，合计"两金一费"每立方米83元。收缴的"两金一费"上缴地区林业局10%、自治区林业厅20%，其余育林基金用于造林、护林等；更改基金用于林业基建，如林区公路、房屋等；林政费用于林政管理开支。

(灵川县林业局)

全州县林业

【概　况】

全州县位于广西东北部，地处都庞岭、越城岭及海洋山之间，80%的土壤，以及气候均宜于林木生长，县境内一向山清水秀，遍地苍翠。全县土地总面积39.76万公顷，其中林业用地23.76万公顷，占土地总面积的59.8%。现有林地面积16.06万公顷，活立木总蓄积量为579万立方米，森林覆盖率57.8%(1999年森调数据)。

全州县林业局成立于1958年，全林业系统现有干部职工856人，其中离退休职工154人，干部273人，工人429人。现设有局办公室、计财股、林政资源管理股、山林纠纷调处办、森林病虫害防治站、营林股、三级林场管理站、四级林场管理站、纪检监察股等七个内设股室；县设归口管理的机构有：绿化委员会办公室、森林防火指挥部办公室、农村能源办(副科级)、森林公安分局等四个单位；在九个乡镇设有林业工作站，设有经广西壮族自治区批准的木材检查站4个；下属二层机构为：国营咸水林场、国营飞机坪苗圃、县木材公司(下设10个木材收购站)。

解放后，全州县在县委、县人民政府的领导下，重视发展林业，坚持以营林为基础，大力开展育苗造林，大办集体林场，鼓励发展个体林场，狠抓速生丰产用材林基地建设、抚育间伐、封山育林等工作，1949～1999年全县共完成造林面积21.58万公顷(其中飞播造林6.27万公顷，速生丰产用材林3万公顷，绿色工程1467公顷)。1999年后，全县实行森林分类区划经营，自2001年开始，全县实施了生态公益林试点补助、珠防林、退耕还林、速生丰产林等林业重点工程建设，2000～2003年完成造林5280公顷(其中珠防林工程造林400公顷，退耕还林工程造林3333公顷)。完成封山育林4万公顷(其中工程封山667公顷)，石山治理8467公顷；完成中幼林抚育间伐16.63万公顷，低产林改造1.71万公顷。

【速生丰产用材林基地建设】

1973年全州县被列为广西速生丰产用材林基地县之一。1974年以来，全县大搞杉木用材林基地建设，兴办各类林场229个，累积利用各类林业贷款2870万元，现有杉木用材林基地3.16万公顷，占全县有林地面积的57.1%，每年为社会提供杉木优质商品材4万立方米。2003年以来，全县在实施退耕还林工程过程中发展速生杨树基地330公顷。

【飞播造林】

1972～1974年全州县内连续飞播造林6.28万公顷，树种为马尾松。由于各方面原因，至1983年调查，保存面积仅有4217公顷，保存率为6.71%。

【实现灭荒、绿化达标】

根据自治区党委、政府1989年作出的《力争十五年基本绿化广西的决定》，1989年8月全州县县委、县政府作出了《关于力争十年基本绿化全州的规划》，1990年5月制定《五年消灭荒山、七年绿化全州》的造林总体规划。1989～1994年全县共完成造林2.8万公顷。于1992年实现了全县灭荒达标，1994年7月经自治区检查核定，提前实现了绿化达标目标。获"全国造林绿化百佳县"和"全国造林绿化先进单位"奖励。

【大搞低产林改造、营造经济果木林】

1995年全县实现绿化达标后，林业工作的重点转到低产林改造、调整种植结构上来。1995～1997年，全县对马尾松低残林进行大力改造，营造以白果为主的经济果木林基地6667公顷，现已产生较好的经济效益。

【退耕还林工程建设】

2002年开始实施退耕还林工程，2002～2004年完成工程造林3867公顷，其中退耕地造林2200公顷，荒山造林1867公顷，并已完成2002～2003年粮食兑现工作。2004年9月开始进行退耕还林林权证发放工作。

【生态公益林试点补助工程】

全州县于2001年列入国家生态公益林试点补助县，完成试点补助面积3.92万公顷。2004年完成国家重点公益林区划界定7.78万公顷，有关材料已上报自治区林业局。

【珠防林二期工程建设】

2001年开始实施珠防林二期工程，共完成工程造林420.7公顷，封山育林700.2公顷，2003年经自治区检查验收，面积核实率98%，面积合格率94.8%，各项质量标准均达到国家要求。

【农村能源生态建设】

全州县的农村能源建设始于1989年的"双改双节"工作。"双改双节"是"改燃节柴"和"改灶节柴"。1989年在全州县林业局成立节柴服务部(后改称农村能源办)，专管节柴事宜。1990年全县20个乡(镇)，278个村公所已推广节柴措施的有99个村公所，共10903户，每年可节柴1.2万吨，折木材2500立方米。1995年全县推广节柴、节煤灶175078户，占全县农户总数的94.1%，城乡普遍推广以煤、气、电代柴，年节柴19.3万吨，折木材4.2万立方米。1996年，全州县被列为“九五”全国农村能源综合建设项目县，1998年被列为广西生态农业“152示范工程”项目县(即生态县)，列为全区30个沼气建设重点县之一。自1996年起全县在城乡大力推广使用沼气，1996～2003年全县共完成沼气池建池任务4.8万座，总投资5760万元，全县沼气入户率达到了25%。

【森林病虫害防治】

全州县境内的主要森林虫害为马尾松毛虫。松毛虫对县内大面积的马尾松危害最大，是造成严重损失的主要虫害。据统计，1955～2003年的50年时间内，森林病虫害累计发生面积379750公顷，防治面积214138公顷，其中绝大部分为松毛虫危害。1964年松毛虫危害空前，受灾面积61330公顷。对松毛虫的防治在1986年前主要采用化学防治，1986年后，逐步注重生物防治。1986年7月，成立全州县森防站，经过几年的建设，逐步建立了测报、防治、检疫网络。1986～1990年，全州县完成《马尾松毛虫综合防治试点》的各项科研项目，并通过广西壮族自治区验收，获自治区科技进步三等奖、自治区林业厅科技进步一等奖。1999～2002年完成了“松毛虫治理工程”项目。1990～2003年全县森林病虫害发生累积面积为34869.8公顷，年发生率1.1%，防治面积33957.9公顷，防治率97.4%，无重大森林病虫害发生。

【森林防火工作】

解放后，全州县一直把防火工作列为护林的主要内容，在各个时期，除专门设立管理机构、护林员、严格用火制度管理外，并在一些主要林区开设防火线。1958年，成立全州县护林防火指挥部，现有领导成员22人；1962年起成立湘、粤、桂边界护林联防第十、第十二防区指挥部，以保护县与县边界是区的森林；1987年成立防火指挥部办公室，办公室设在县林业局，现有工作人员11人，具体负责全县森林防火的各项工作。1987年以来，全县在森林防火基础设施建设中累计投入资金1247万元，至2003年底，建有瞭望台11座，无线电台10座，对讲机66台，风力灭火机82台，扑火装备428套，森林防火指挥车3辆。开设防火隔离带1685公里，营造生物防火林带639公里。建有森林消防专业队4支，队员96人；半专业队27支，622人；兼职护林员1830人。层层落实责任，一级对一级负责，强化森林防火宣传力度，提高广大人民群众的防火意识，有效地防止了森林火灾的发生。1987～2003年，全县共发生森林火患60次，过火面积1105.5公顷，受害森林面积270.6公顷，直接经济损失50万元。未发生重大、特大森林火灾。2003年森林火患发生较频，主要原因是天气持续干旱，林下可燃物增多。1994～2000年连续六年实现全年无森林火患的好成绩；1989年获“全国森林防火先进单位”；1987～1992年、1994～1997年、1999～2002年共14年获桂林(地区)市森林防火目标管理一等奖；1993年、1997年、2000年三年获“湘、粤、桂边界护林联防先进单位”。

【森林采伐限额管理】

自1980年起，全州县人民政府采取稳定林权、制止乱砍滥伐等各种措施，恢复木材计划采伐制度。先后四次组织开展森林资源全面调查工作，实事求是地完成了“八五”、“九五”、“十五”期间年森林采伐限额的编制和成果上报工作，并严格执照上级下达的采伐限额指标核发采伐证，杜绝超限额采伐，另采伐必须经规划设计，凭证采伐，由林政股和乡镇林业工作站监砍。1999～2003年，上级下达全州县森林采伐限额指标为20.93万立方米，没有超限额采伐。

【林地林权管理】

1960年开展了“四固定”工作，派出工作组到各公社落实山林权属，全县有森林面积156.9万亩，除保留国有林29.67万亩和社员房屋周围的零星树木以及分散的小块面积5.6万亩外，划定公社山林面积2.02万亩，生产队集体山林面积119.61万亩。1981～1983年开展了“林业三定”工作，并结合开展了“三清”、“三查”、“三处理”(包括毁林案件、护林防火、乡规民约三个内容)，基本落实了山林权属。1984年4月，县人民政府组建成立土地、水利、山林三大纠纷处理办公室。1984～1990年，全县共发生山界林权纠纷3014起，处均由处纠办作了仔细的调处工作。2001年7月在县林业局成立专门的山林纠纷调处办公室，2000～2003年共调处山林纠纷48起。

1998年新《森林法》颁布实施前非法开垦和使用林地较严重，合计收取森林植被恢复费不足10万元。1999年以来，全州县认真贯彻落实国发明电[1998]8号和国办发明电〔1999〕9号通知精神，依照森林法及其实施条例的规定，采取有力措施,加大了林地保护和管理制度,2000年元月《森林法实施条例》颁布实施后,林地管理逐步走上规范化、法制化轨道。截至2003年底,依法办理确需要占用林地的审批手续12宗,面积101公顷,收取森林植被恢复费71.5万元。

1981年,全州县人民政府发布《关于加强木材管理、制止乱砍滥伐的布告》,并同时组织力量在全县开展“林业三定”工作,截至1984年春,结合处理乱砍滥伐案件3420件,没收木材4961立方米,木炭4.5万公斤,处理违法人员9437人,有力地打击了乱砍滥伐歪风。1984年县林业局成立林政股,并在黄沙河等乡镇下设六个木材检查站,主要负责全县木材运输管理、野生动植物保护、林地管理、森林资源监测、各类林业行政案件的查处等工作。现保留有自治区人民政府批准的检查站四个。1984～2003年共查处各类林业行政案件9000余件。

【森林公安工作】

全州县于1988年元月组建成立林业公安组,同时在蕉江、咸水、石塘、龙水、庙头、城郊等六个乡镇派出所增设了林业公安组,主要负责各类林业案件的查处。2002年3月经全州县编委批准成立全州县森林公安分局,2003年4月根据广西壮族自治区编委桂编[2003]35号文件精神,撤销林业公安组,其人员编制收归森林公安分局。全州县森林公安分局现有在编在岗警务人员23人。森林公安组建以来共查处各类林业案件3000起。其中刑事案件59起,治安案件600起,林业行政案件2341起。处理违法犯罪人员3847人次,其中建捕56人次,治安拘留189人次,行政处罚3602人次。为国家挽回经济损失600余万元。全州县森林公安队伍组建以来,先后多人次立功获奖,其中获全区业务能手标兵1人,全区政法战线先进个人2人次,荣立个人三等功2人次。2003年被评为全区林业严打先进集体。

【林场建设】

咸水林场是全州县唯一的国有林场,初建于1955年。总经营面积4159公顷,有林面积3069公顷,占经营面积的73.8%。场部设七里坪,下设蕉川、太阳安、瓜子田、七里坪、牛栏冲、麻扎六个分场。现有干部职工392人,其中管理、技术人员43人,工人231人,退养人员118人。国有咸水林场以木材和水果为支柱产业。全场现有用材林面积3069公顷,活立木蓄积20万立方米,年产木材7000立方米,毛竹20000根,年销售收入310余万元。1987年,开始大力发展水果种植,对原有的油茶林进行改造,开发种植美国哈姆林甜橙267公顷,成为桂林市最大的哈姆林甜橙基地。截至2003年底,全场水果种植面积发展到444公顷。现年产水果800万公斤,年实现利税900余万元,成为林场的重要支柱产业。林场的三项制度改革起步较早,但进展缓慢。自1987年开始,林场开始实行职工个人承包土地,种植经济林,自主经营,自负盈亏,林场不再发给工资。截至2003年底,签订承包合同的职工为187人,大多数职工因此而先富裕起来,并在一定程度上减轻了林场负担。2000年起终止了自然增长用工制度,彻底停止招工。并同时精简机构,通过竞争上岗等方式,大量精简管理人员,裁员减负。2000～2003年底,共精简管理人员30人,每年减少开支近30万元。

全州县的三、四级林场是通过协议形式成立的股份制合作林场。由广西壮族自治区林业局、全州县人民政府与乡(镇)、村委(生产队)合作办场,自治区林业局、全州县政府负责投资,乡(镇)、村委负责协助管理,村委或生产队负责提供土地。林场在还清造林贷款的本息后,所得经营利润由合作几方按议定的比例分成。全县现有三、四联办林场28个,造林建场时间为1981～1993年,总经营面积16508公顷,有林面积5815.7公顷,绝大部分为杉木纯林,林木总蓄积量40万立方米。现共有林场管理人员105人,基本上按场长—会计—出纳—护林员等职务设立岗位。为加强对林场的管理,1997年县政府在县林业局设立三、四林场管理站,专门负责全县三、四级林场的行政、财务和业务指导、管理。各场自建场以来直接总投资1383万元,其中全州县财政投资117万元,全州县林业局投资134万元,各类林业贷款1132万元。目前95%以上的林场已进入间伐或主伐期,每年可向社会提供商品材5000立方米,年纯收入达47万元。

全州县的杉木用材林基地大部分以乡、村集体林场的形态存在。全州县内兴办乡村集体林场始于1965年,1973年全州县委,全州县人民政府把兴办社队林场,发展杉木林作为林业生产的重点。1979～1990年为加速林业发展步伐,消灭宜林荒山,全州县人民政府把办林场作为发展林业生产的主要支柱,全州县内各乡、镇、村又兴办起一批集体林场。乡、村集体林场的建场模式为:集体建场、集体投资、集体受益。投资采取利用林业贷款、村民投工投劳、集体自有资金投入等方式。全县现存有乡、村集体林场177个,其中乡办场30个,村委办场71个,队办场76个,总经营面积12200公顷,有林面积12133公顷,林林蓄积83.6万立方米.,造林树种亦绝大部分为杉木纯林。目前,全州县内乡村林场每年生产杉木商品材10000立方米,年纯收入达103万元。

【乡镇林业工作站建设】

全州县从1987年开始林业工作站建设,现全县建有9个乡(镇)林业工作站,配置工作人员129人(大专以上学历25人,中专学历41人,取得中级职称5人,取得初级职称68人)。负责全县19个乡镇的林业管理工作。通过17年的建设和管理,乡镇林业工作站的建设日趋规范化、标准化,各工作站制度健全,管理规范,9名站长和95%以上副站长都通过自治区林业局的岗位培训,具有较强的管理水平和业务素质。截至2003年底,全县乡(镇)林业工作站建设已投入资金220万元,建成住宿、办公用楼房1840平方米,1993～1998年配备二轮、三轮摩托车12辆,电话9台,对讲机18台。1998年后,配备吉普车五台、微型车四台。

【国有苗圃】

飞机坪苗圃是全州县唯一的国有苗圃,现有干部职工30人,经营总面积为530亩。飞机坪苗圃始建于1964年,当时称为县绿化科。1997年以前,苗圃的经营方式主要是以种植柑橙为主,1997年后,大胆调整产业结构,发展多种经营,大力发展绿化苗木、花卉产业和养殖业,并努力向上争取项目资金。经过七年的努力经营,苗圃经济有了较大发展,每年可实现产值80万元,同时精神面貌也得到很大改善。1998年飞机坪苗圃被批准为桂林市中心苗圃。2002年,全区苗圃工作现场会在飞机坪苗圃举行。

【林产工业】

截至2003年底,全县有林产加工企业和个体共117家(户),其中国有企业1家(全州纸板厂),个体11户,从业人数720人,工业增加值2225万元,年消耗木材3.5万立方米,年销售额3075万元,实现利润180万元,上交税金573万元。

全县林产加工行业除1家纸板厂属国有企业(县内中型企业,现已停产)外,其余均为个体加工厂,其中造纸用木片加工厂7家,人造板加工厂3家(胶合板加工厂2家,拼板加工厂1家),松脂、松香加工厂6家,杉木方料加工厂32家,松模板加工厂15家,竹制品加工厂18家,家具加工厂55家,门、窗加工厂21家。

(全州县林业局　唐玉兰)

灌阳县林业

【概　述】

灌阳县地属长江流域水系,境内地势南高北低,四周群山环绕,中间为丘陵和平地。位于东侧的都庞岭山脉,山体庞大,山峰竞相耸立,其最高峰韭菜岭海拔达2009.3米,是全县最高峰,西侧的海洋山山脉,山体雄伟、山势险要,主峰宝界山海拔1935.8米,是境内第二高峰,气候属中亚热带季风气候区,夏热冬冷,春秋温和,春夏湿秋冬干,冬短夏长,四季分明,光照适宜,热量充足,雨量充沛。境内土壤成母土质,因地质变化复杂而多样化。

灌阳县植被丰富,包括草甸植被、森林植被和农作物植被,植被覆盖率达84.4%。草甸植被70%分布在海拔500米以上地区,有6个类型。森林植被属中亚热带常绿阔叶林带,目前次生植被分布广,原生植被保存不多,仅在都庞岭山脉的千家洞和海洋山的盘王殿的部分地段保持原始植被状态。森林植被主要分布在都庞岭和海洋山,其植被类型多样且呈明显的垂直分布,海拔1500米以上为常绿阔叶——落叶阔叶混交林带,海拔700～1500米之间为常绿阔——亚热带针叶混交林带,海拔700米以下为常绿阔叶林带。农作物植被大致分为水田植被和旱地植被。

灌阳县森林覆盖率高,达72.2%(含灌木林)。全县现有林地面积134204.8公顷,占全县土地面积184228公顷的72.8%。在林地面积中,森林面积91331.2公顷,占68.1%,疏林面积6739公顷,占0.5%,灌木林面积41718.3公顷,占31.1%,无立木林地面积481.4公顷,占0.3%。森林面积中:针叶林面积50195.4公顷,占5.5%,阔叶林面积24761.8公顷,占27.12%,针阔混交林面积206公顷,占0.2%,经济林面积10620.6公顷,占11.6%,竹林面积5547.4公顷,占6.1%。

全县活立木蓄积量为2820475立方米，其中：森林蓄积量2806346立方米，占99.5%；疏林蓄积8941立方米，占0.3%；散生木蓄积5638立方米，占0.2%。

过去相当长时间里，灌阳林业发展较为缓慢。但近几年来，随着国家西部大开发战略的实施，生态建设已摆在重要位置，灌阳县务林人在县委、政府的正确领导下，高举邓小平理论和"三个代表"重要思想的伟大旗帜，坚持以人为本，落实科学发展观，实施以大工程带动大发展的战略思路，积极争取项目和资金，严格"严管林、慎用钱、质为先"，大力发展林业，取得一系列令人刮目相看的成绩，特别是退耕还林工程、农村能源建设工程更是走在全区前列，昔日默默无闻的山区林业小县如今已名声在外。

【退耕还林工程】

灌阳县自2002年实施退耕还林工程以来，已退耕还林6.2万亩(其中退耕地造林4万亩、荒山造林2.2万亩)，工程实施中，始终抓住质量不放，稳定成活率，林业技术人员深入山头地块，提供技术支持，使退耕还林工程量精质优。由于建档完整，程序严格，灌阳县被市政府确定为退耕还林林权登记发证试点县，2003年桂林市的退耕还林、林业项目资金、退耕还林林权登记发证现场会先后在灌阳县召开。

【农村能源建设】

灌阳县坚持把以沼气为纽带的农村能源建设放在突出位置，积极改善农村生态环境，自2002年以来每年新建沼气池6000座以上，并争取到2003年度农村沼气国债项目村建池3000座，资金300余万元，目前，该项目任务已完成并准备迎接验收，黄关镇、观音阁乡被列为自治区"152"示范工程生态乡(镇)。在工作实践中，不断创新工作方式，坚持落实"四到位"，即人员到位、责任到位、宣传到位、资金到位；突出"四个抓"，即抓建池质量、抓建池速度、抓沼气使用率、抓技术服务；确保过"三百"，即百分之百完成任务、百分之百建设成功，百分之百正常使用。目前已建沼气池25647座，沼气入户率达36.6%，全县农村生态环境大为改善，带动了林果业的大发展。由于工作出色，2003年全市农村能源建设现场会在灌阳县召开。

【森林资源管理】

在森林资源管理方面坚持源头管理，封育结合，严格限额采伐管理制度，严厉打击违反森林资源管理的行为。争取到国家珠防林工程9000亩，补助资金150万元，国家生态公益林补助试点工程每年52万亩，补助资金260万元，并发放到位，签订管护合同197份，全部落实管护人；每年封山育林3000亩；进行了石漠化综合治理工程；组建了三支森林防火专业队及一支护林巡防队共80余人，建造生物防火林带72.1公里；加强森林病虫害防治的预测预报工作，实施松毛虫治理工程，每年药物防治面积10000多亩，使灾害控制0.1%以下。

【林业科技教育】

认真落实"科技兴林"，提高科技含量，进一步搞好科技成果的应用与推广，在抓好全局干部教育培训的同时，注重科研工作，先后完成的研究课题有：杉、松等速生丰产林栽培技术的试验与推广；灌阳长枣、雪梨等名优产品嫁接技术的造林示范与推广；松毛虫综合防治技术应用，杉木良种选优；与桂林市林科所开展杉木种源对比试验；与法国及华南家业大学和西北野生动物研究所的专家对林麝进行观测研究，还计划开展红豆杉、白豆杉、福建柏研究。

【森林旅游资源】

千家洞、太子山等林区，植被丰富，景色迷人，是休闲的好去处。特别是充满诱惑、神秘的千家洞自然保护区更是令人神往。据武汉大学宫哲斌教授和一些学者的考证，认为千家洞是世界瑶胞的发源地，该保护区与湖南道县都庞岭国家级自然保护区紧邻，2001年3月由国家林业局中南林业设计院进行科学考察并完成综合考察报告和总体规划设计，2002年3月通过自治区人民政府升格为国家自然保护区评审，同年10月通过国家林业局评审。千家洞自然保护区地质构造古老、地貌独特、环境复杂多样，完整的原生性森林植被及其垂直带谱构成了南岭山地稳定、协调、有代表性的亚热带常绿阔叶林森林生态系统，并为动物、植物及微物创造了广阔的生存空间。保护区内野生动植物资源极其丰富。已查明的种子植物共有170科710属1653种。其中有国家一级保护的银杏、资源冷杉、红豆杉、南方红豆杉、钟萼森、香果树6种；二级保护的福建柏、长苞铁杉、白豆杉、广东五针松、鹅掌楸、观光木等17种，特别是福建柏和长苞铁杉为我国特有树种有多处呈大面积分布，实为罕见。已发现的脊椎动物有235种、隶属

5纲,27目,79科,146属。其中有国家一级保护动物黄腹角雉1种;二级保护动物大鲵、虎纹蛙、穿山甲、猕猴、林麝等25种。该保护区森林覆盖率高,涵养水源丰富、地表水系十分发育,发源于保护区内的大小河流有37条之多,呈树状分布,无外来水流,自成水系,大小瀑布数十处,每年河流经流量1.56亿立方米。随着科研考查的深入,其神秘面纱正逐步揭开。

【基础设施建设】

为稳定职工队伍,使其全心投入林业建设,同时,为适应现代办公要求,近几年来,大力实施"乐居"工程,经多方筹措资金,先后投资500多万元新建站房6栋,办公宿舍综合楼3栋,共10000多平方米;配备先进奔腾联想电脑30多台,并全部实现联网,档案专柜30多组,实现了办公自动化,档案专人管理,重点站配备了必要的交通工具。在完善硬件设施的同时,强化了软环境的建设,种植了必要的花草、树木,实行园林式管理。

【林业成果】

1992年消灭宜林荒山;1994年绿化达标;1998年获中国林业科学研究院ABT科技下乡活动中成绩突出奖;1999年协助华南农大田明义教授和法国昆虫学家德夫博士考研千家洞昆虫种类,发现新种2个;1999年绿色工程任务实现三年任务两年完成;2001年获"九五"全市林业科技先进单位;2003年获全区退耕还林先进单位、全市农村能源建设先进单位;先后有灌阳镇鹤龙村、新街乡车头村、黄关镇陡水村获全国绿化委员会全国造林"千佳"的称号等。

随着中央2003年5月林业《决定》,林业的位置越来越突出,灌阳林业将坚定执行大工程带动大发展的思路,积极争取项目和资金,进一步扩大招商引资范围,大力推动林业结构调整,大力发展速丰林,积极发展林业企业,加强森林资源管护,使整个林业更上一层楼,取得跨越式的发展。

(灌阳县林业局)

龙胜各族自治县林业

【概　述】

龙胜各族自治县位于广西壮族自治区东北部,桂林市西北部,1951年8月实行民族区域自治,建立自治县,辖3镇7乡和1个国有林场,全县土地总面积241100.5公顷,其中林业用地面积197664.5公顷,有林地面积172905公顷。活立木蓄积量4540179立方米,森林覆盖率72.6%,林地利用率99%,绿化率99.4%。

新中国成立后,制订了"以林为主,林、粮、牧并举,全面发展山区生产"的山区建设方针,贯彻"以营林为基础,大力造林,普遍护林,采育结合,永续利用"的方针,营林水平不断提高。

1987年起,龙胜县在县委、县政府的领导下,全民动员,决战林业,1987年3月自治县八届人大作出《看好牛羊,改变放浪习惯》的决议,6月,自治县人民政府颁布《关于不准放浪牛羊》的布告,9月,中共自治县委颁布《关于十年绿化龙胜宜林山地的决定》,号召全县人民加快造林绿化步伐。实现绿化龙胜县的奋斗目标;1990年5月,县委通过《关于加速造林绿化的补充决定》,提出从1991年起"两年消灭森林赤字,三年消灭宜林荒山,五年基本绿化龙胜"的奋斗目标,全县展开造林灭荒攻坚战。1986～2001年,6年间完成造林面积3.33万公顷,造林绿化实现重大突破。1991年实现灭荒达标,1994年6月,经广西壮族自治区验收,全县有林面积18.1万公顷,占全县林业用地面积的93.78%,绿化达标率94.04%,公路绿化率97.8%,河流绿化达标率98.3%,城乡居民四旁绿化率96.67%,森林覆盖率74.59%,成为全区第一批绿化达标县。龙胜荣获"全国营造林先进县"、"全国国家造林项目实施先进单位"、"自治区1994年实现造林绿化规划县"等荣誉。

1952～1984年累计造林83593公顷;1985年以后,改补助造林为贷款造林,大力营造速生丰产林和生态公益林,1985～2002年累计完成人工造林50317公顷;1990～2001年累计完成封山育林面积42993公顷。

【基地造林】

20世纪60年代初,龙胜开始实行基地造林,兴办社队林场。至1981年全县办起92个社队林场,有护林员1220人,经营面积18187.4公顷;1985年起实行贷款造林,1985～1988年全县开发性贷款总额567.54万元,贷款造林面积0.93万公顷;1991年起引入世界银行贷款资金营造杉木速生丰产林,至1994年止,全县完成世行贷款造林4020公顷。

【珠江防护林工程】

2000年起,龙胜被列入广西珠防林工程首批21个重点建设县之一,2000～2003年累计利用国债投资440万元,完成造林面积2466.66公顷,完成封山育林面积3433.33公顷。

【飞播造林】

1974年,利用飞机播种造林,播种造林树种为马尾松,全县共分9个播区,飞播区面积2.18万公顷,全县播种成效面积为22%。

【经济林】

龙胜县经营的经济林品种主要有油茶、油桐、毛竹、柑橘、梨和三木药材。

油茶、油桐。1984年,县林业局、土产公司、科委联合试种千年桐作母树嫁接大蟠桐97号无性系优树获成功,并在全县推广。1981～1994年共种植油桐林3120公顷。1990年冬,县境进行油茶低产林改造,1991～1994年共完成油茶低产林改造面积1994公顷,改造后平均亩产茶油15公斤,比改造前提高5公斤,1993年卫星遥感进行森林资源调查结果,全县油茶总面积12343.2公顷。

毛竹。1975～1981年,全县种植毛竹1455.33公顷。1993年卫星遥感进行森林资源调查结果,全县毛竹林面积2854.3公顷,立竹量7470898株。

柑橘。1985年,县委、县政府提出"以椪柑为主,柿子、梨子为辅,开发水果生产,逐年发展"的方针,柑橘生产发展迅速,以椪柑为主的水果面积不断增多,产量不断增加,1994年水果总面积1883.2公顷,其中投产面积544.13公顷,总产量6343吨,总产值47.88万元,占农业总产值4.5%;1996年水果总面积2573.8公顷,其中投产面1130积公顷,总产量12291吨,总产值2516.56万元,占农业总产值10.05%。龙胜椪柑荣获中国农业博览会银质奖。

【森林病虫害防治】

新中国成立后,森林病虫害每年均有不同程度发生,虫害最多受害最大的是油茶林。1956～1957年,在瓢里思梅一带发生第一次油茶毒蛾虫灾。1964～1969年,思梅、瓢里一带2万亩油茶林灾情严重。1974～1976年,三门、瓢里、思梅、六漫一带3万亩油茶林受虫灾,龙胜县政府组织群众用人工烧虫防治的办法扑杀毛虫。1978～1979年,三门、瓢里、思梅、独境、乐江、孟化、六漫等地3.5万亩油茶林受虫灾,国家拨款8万元,采用人工摘卵块办法防治虫害。1989年,在瓢里、三门、乐江、平等等地发生历史上罕见的油茶毛虫,受害面积12万亩,县森防站投放12.6万元,购买农药10.63吨,进行杀灭。1993年,瓢里、乐江、平等等地又出现严重油茶毛虫危害,14万亩油茶林受虫害,龙胜县林业部门发动群众进行大面积喷杀,1995年油茶毒蛾基本被消灭。1995年龙胜县防治油茶毒蛾科研项目通过桂林地区科委验收。1992～1994年全县16.99万亩杉木幼林受不同程度的杉木细菌性叶枯病危害,龙胜县森防站组织力量进行防治,病情被控制。1995年以后龙胜县林业部门加强森林病虫害监测预测预报工作,连续多年实现无重大森林病虫害发生。

【森林防火】

1956年10月,龙胜县护林防火指挥部制定了《对当前护林防火的工作意见》,森林火灾明显减少。1962年护林防火指挥部下设办公室。1963年湘、桂二省(区)护林防火指挥部成立,订立护林防火公约,以后每年召开湘桂两省(区)边界的城步、通道、三江、龙胜四县联防会一次,贯彻"自防为主,积极联防,团结互助,保护森林"的联防方针。"文化大革命"期间,护林防火工作放松,山林火灾不断。1978年,党的十一届三中全会后,恢复护林防火组织,健全防火制度,加强防火护林宣传,山林火灾逐步得到控制。1988年龙胜县政府做出《认真做好护林防火工作的通知》,要求各乡镇建立相应的护林防火办公室,村公所建立防火领导小组,形成层层护林防火指挥网络。1990～1991年龙胜连续两年被评为桂林地区无森林火灾县,1991年获桂林地区森林防火一等奖,1992年分别获自治区和国家森林防火指挥部授予连续三年无森林火灾县称号。1994年龙胜县林业部门对全县2194人的扑火队伍进行分批培训。1995年,建立11个乡镇、里骆林场、花坪林区等12个单位,28个片区的"二级火险区域",各村扑火队进行扑火技术培训。2003年,新组建一支扑火专业队,现有专业扑火队2支,专业扑火人员45人,配备了森林防火指挥车一台和高山无线电差转台一台,对讲机、风力灭火器等灭火器具齐全。

【森林限额采伐管理】

国家实行森林限额采伐政策后,龙胜县组织

力量编制了“八五”、“九五”、“十五”期间森林限额采伐方案，严格执行上级下达的森林采伐限额和年度木材生产计划。“十五”期间龙胜县年森林采伐限额152420立方米，2001年实际消耗量73437立方米，2002年实际消耗量62500立方米，均没有超过限额计划。

【生态公益林管护】

为深化林业分类经营改革，实施分区突破战略，以建立比较比较完备的林业生态体系和比较发达的林业产业体系目标。龙胜县2001年完成森林分类经营区划界定工作，区划生态公益林区面积99739.7公顷，商品林区面积77381公顷。2001年国家批准实施国家生态公益林效益补助资金试点任务面积71900公顷，下达补助资金377万元，签订管护责任书650份，落实管护人员4500人。2004年区划界定国家重点公益林面积41139.3公顷。

【保护树种】

龙胜县境内植物种类中，属国家一级保护植物有：银杉、桫椤、柏乐树、香果树、南方红豆杉。二级保护植物有：福建柏、蓖子三尖杉、鹅掌楸、白豆杉、观光木、啄核桃、花榈木、马尾树、马蹄参、木瓜红、长苞铁杉、闽楠、红豆树。三级保护植物有：华南五针松、穗花杉、凹叶厚朴、沉水樟、短萼黄莲、任木、半枫荷、舌柱麻、银雀树、银钟花、白辛树。

【森林资源调查】

新中国成立后，为摸清县境森林资源，进行了多次调查。1955年10月至1956年5月，以目测小班调查的方法进行第一次森林资源调查，全县森林蓄积量2278725立方米。1956年10月至1957年10月，进行第二次森林资源调查，全县森林蓄积量3045758立方米。1959年12月至1960年12月，进行第三次森林资源调查，全县森林蓄积量3435396立方米。1979年进行第四次森林资源调查，全县森林蓄积量459.52万立方米。1993年利用卫星遥感技术进行森林资源调查，森林蓄积量4164496立方米。1999年开展第2次卫星遥感调查，森林蓄积458.2万立方米。

【林政案件查处】

林政站和森林公安分局肩负着全县林业治安、行政案件查处、野生动植物保护、维护林区社会治安和林业生产建设秩序，保护森林资源的重任。1985～1995年共查处各类林业案件4950起，征收、没收木材3747.3立方米。1996～2000年，共查处各类林业行政案件2500起，刑事案件15起，逮捕19人，劳教2人，拘留8人，依法没收木材8890立方米，没收木材变价1485925元，行政罚款370499元。2003年查处林业行政案件698起，刑事案件7起，处罚违法人员793人次，依法逮捕10人，依法没收木材1636立方米，竹材4030根，为保护森林资源，维护林区治安秩序做出了贡献。

【农村生态能源】

为了减少木材采伐，1988年起龙胜县推广省柴灶、兴建沼气、建煤厂的能源生态建设。1988年8月，自治县人民政府发出《关于在县城实行以煤代柴的暂行规定的通知》，规定在县城机关、事业、厂矿、学校、城镇居民以及饮食服务业的生活燃料实行以煤代柴。1988年全县建省柴灶108户，办蜂窝煤厂2个。1990年，龙胜列为全国省柴节煤试点县，当年农村建省柴灶8320户，建沼气池323户，年节柴25085立方米。1991年，龙胜县林业局投资69.5万元，完成省柴灶10027户，兴办微型电站121台，装机容量125.3千瓦，在县城建一座蜂窝煤厂一个，当年销售型煤228.95万个，全年降低能源性消耗木材10万立方米。1992～1993年，建省柴灶10350户，建沼气池314座，推广液化气用户398户，建一支125人建沼气池技术队伍。1994年，全县累计建省柴灶31481户，普及率达92.2%，龙胜县获自治区人民政府节煤省柴达标县称号。2000～2003年，兴建沼气池11688座，至2003年累计建有沼气池14400座，沼气入户率39.7%。

【林产加工业】

1969年成立龙胜县木器厂，主要生产包装箱、桌椅、文件柜等。1977年，有和平、泗水、马堤、江底、瓢里、三门等公社办起木器加工厂。1978年，瓢里木器厂与梧州铅笔厂挂钩，用水冬瓜生产铅笔板，材料由国家计划供应，产品厂家定购。1983年瓢里、和平、三门等地兴办竹针厂，有管理人员45人，临时工100余人，年产量1亿支，主销日本。1986年瓢里西山筹建钟壳厂，产品远销美国和东南亚地区，生产的钟壳被评为中南地区轻工业产品钟壳系列第一名，全国第三名。1987年，全县竹木制品厂共有27个，从业人员288人，总产值133.8万元。1985年，木材销售放开后，全县所有乡镇主要以竹木为原料发展乡镇企业，经营加工的木材达34609立方米，占全县木材销售总量的56.18%。1990～1995年，胶合板、胶合板单片和木地板加工业发展迅速，1991年仅林业局木地板加工厂加工木地板砖16876平方米，实现产值25.59万元。1989年，国家实行禁伐天然林政策，大幅减少杂木为原料的木材加工厂，只保留20多家杂木加工厂，县财政收入减收200万元，林业"两金一费"减收210万元。2003年从事锯材加工、木地板、家具制造、胶合板、刨花板、竹材加工和其他林副产品加工等林业私营企业个数为160个，注册资金1096.5万元，年产值1032万元，从业人员813人。

【森林生态旅游】

龙胜森林生态旅游资源丰富，1987～1988年，龙胜林业局出资38万元，征收龙胜温泉一带保护区3900余亩面积，揭开了森林生态旅游的序幕。1993年，龙胜县林业局、县工商银行、县旅游局、江底乡在温泉保护区内始建森林公园，1995年由龙胜县林业局接管温泉森林公园，1996年温泉森林公园被国家林业部批准为国家森林公园。1995年，西江坪原始林区修筑电站蓄水库，形成了林内流水潺潺、曲径通幽、湖水清秀、随心畅舟，空气清新、鸟鸣悦耳幽雅的旅游环境，游客逐年增多。1997年龙胜旅游营业总收入2061万元，游客人数达26万人，其中温泉旅游区纳客半数以上。2001年9月，龙胜县林业局投资成立森林旅行社有限责任公司，专门从事森林旅游组团接待游客业务，龙胜县森林旅游业走上专业化和规范化。2002年，龙胜县林业局森林旅行社投资50万元开发金车农家乐生态旅游区，开发的景点有金车寨、老龙沟瀑布群和金车梯田。2003年，龙胜县旅游营业收入2583万元，接待游客265431人。

【林业科技】

龙胜县重视林业科技建设，1955年创建国营苗圃，1974年改名为龙胜林业科学研究所，面积1000亩，建有树木标本园、苗圃、花圃，试验栽培树种163种，技术干部5人，职工4人。1991年，林科所经营面积1200亩，在进行杉木无性系繁殖技术研究方面取得了较好的成绩。1995年以后由于体制变化，人员全部划归龙胜县林业局林业技术推广站管理。1955年以前龙胜林业科技力量十分薄弱。1955年龙胜县人民政府设林业科，同年成立林业技术推广站，林业科技队伍逐步壮大，当年全县有科技人员12人。1996年以后林业部门建成了一支即有理论知识又有实践经验的专业科技人员队伍，这支队伍在造林灭荒、绿化达标、生态林建设等工作中发挥了显著的作用。2003年，龙胜县林业科技干部中有高级职称1人，中级职称24人，初级职称126人；技术工人中有高级技工32人，中级技工56人。新中国成立后，龙胜县林业科技成果成绩突出。1981～1985年共完成科技成果项目6项，其中"千年桐嫁接大蟠桐开发研究项目"获区林业厅科技进步二等奖，获县级一等奖2项，县级二、三、四等奖各1项。1991～1995年，共完成科技成果项目10项，其中"杉木优良无性系选育与生态研究"项目获自治区林业厅科技进步三等奖、桂林地区科委二等奖，"工程防治龙胜县油茶枯叶蛾"项目获桂林地区二等奖，"杉木细菌性叶枯病综合防治"和"龙胜县油茶低产林改造"项目获桂林地区三等奖，县级一等奖1项，县级二等奖4项，县级三等奖2项。1996至2003年，共完成科研成果5项，其中"龙胜林业生态经济区划"项目获自治区农业区划委员会优秀成果二等奖，"珠防林规划设计"和"经济林基地规划设计"项目获自治区林业厅优秀成果三等奖。"世界银行贷款国家造林项目实施成果"项目获自治县科技进步一等奖。与自治区林科院协作参加的"杉木遗传品质改良及速生丰产组装配套技术推广"项目，获自治区科技进步二等奖。

（龙胜县林业局　陈能愿）

资源县林业

【概　况】

资源县位于广西东北部，地处越城岭西麓。林地土壤主要是由岩浆岩系的花岗岩变质的岩类、沉积岩系的砂岩、页岩等发育成的红壤、黄壤、黄棕壤土类。植被属落叶阔叶林带与常绿阔叶林带的过渡类型。属中亚热带季风区，是广西霜期最长，气温最低的地区之一，年平均气温16.4℃，极端最高温38.3℃，极端最低温-8.4℃，全县年降水量为1773毫米，年蒸发量1312毫米，降雨量大于蒸发量，相对湿度82%，水势条件好，适宜于发展林业生产。

资源县是广西重点林业县之一，也是杉木和

马尾松主产区之一，素有“一水四田九十五分山”之称，林业生产在全县国民经济中占有重要的地位。全县先后于1992年和1994年实现灭荒达标和绿化达标。据1999年二类调查资料：全县现有土地面积190077公顷，其中林业用地面积149561.1公顷，占全县土地总面积的78.8%；在林业用地中，森林面积11561.9公顷，占77.33%；疏林地面积128.8公顷，占0.09%；灌木林地面积为33442.21公顷，占22.35%；无立木林地面积为343.3公顷，占0.23%。在森林面积中，针叶林面积6693.8公顷，占57.67%；阔叶林面积23566.8公顷，占20.37%；针阔混交林面积8971.2公顷，占7.75%；经济林面积2769.6公顷，占2.04%；竹林面积1366.5公顷，占11.81%。全县森林覆盖率为78.44%，林地利用率为99.68%，绿化率为99.68%，活立木总蓄积量421.2万立方米。自1985年以来，随着全县造林绿化步伐的加快，全县森林面积、森林蓄积实现了双增长，实现了长大于消的目标，全县森林资源步入了良性循环。

资源县林业局作为资源县人民政府的职能部门，主管全县林业工作，下设办公室、林政股、营林股、防火办、财务股、森防站、林业工作站、山林纠纷调处办、能源办、水果办、森林公安分局，退耕办等部门，此外还设有8个乡（镇）林业工作站、5个木材检查站、1个林科所和1个木材公司及1个国有林场，全县林业系统现有管理及专业技术人员146人（其中专业技术人员107人，取得中级以上职称15人，初级92人），工人232人。

全县造林历来以人工造林为主，用材林以营造杉木为主，自1985年以来，共完成造林3.4万公顷，在人工造林中建成杉木、马尾松速生丰产用材林1.5万公顷，封山育林2.9万公顷。1975年资源县人民政府出布告在全县范围内封禁35片水源林，总面积达25333公顷，随着《中华人民共和国森林法》的贯彻实施和林业生产的发展，扩大了封山育林的含义和范围，对天然生长的郁闭度在0.4以上的马尾松和阔叶树次生幼林区及有母树天然下种和萌蘖更生能力强的山场，均实行封禁，效果显著。1986、1987两年共封育面积1203公顷，经检查全部达标。1989～1990年封育面积6569公顷，成功面积5534公顷，成功率85%，长期封山育林的地区，都获得了较好的经济效益和生态效益。同时，自1990年开始，全县共利用三期世界银行贷款造林。一、二期总投资2000多万，世行贷款1149.5万元，完成造林4708.5公顷，完成毛竹垦复3100.1公顷，均通过项目验收，第三期造林任务1056公顷，已完成2/3。林业局现有苗圃基地2个，育有竹苗、桂花等40万株，供采集种子的树种有松、杉、油茶、毛竹等。

【生态工程建设】

随着退耕还林、珠防林和生态公益林在全县的实施，2002～2003年两年间，全县共实施退耕还林4.5万亩（其中荒山1.5万亩，退耕地3万亩），珠防林2001年设计，2002年实施，人工造林9000亩，封山育林1.5万亩，2003年设计，2004年实施，人工造林4000亩，封山育林1万亩。2001年开始实施生态公益林建设，全县区划界定生态公益林面积96万亩（2004年6月将河流和公路两旁、水库四周等的森林列入公益林范围，现全县界定生态公益林面积104万亩），列入试点补助的面积为53.23万亩。通过退耕还林、珠防林和生态公益林等工程的实施，减少了水土流失，保护了生态环境，有效地促进了全县生态工程的建设。

【生态能源建设】

1980年以来，为减少森林资源消耗，改善生态环境，资源县加强了农村能源建设工作。全县开展了改灶节柴，1982年起先后研制推广资－1型省柴灶，资－105型省柴灶和资－105省柴节煤两用炉，热效率由43%提高到54.43%，省柴3/5以上，省柴灶普及率达到98%。1983年成立农村能源领导小组，下设能源办公室。为了减少森林的消耗量，更有效的保护森林，全县实施了生态能源——沼气的建设，资源县先后争取了能源沼气扶贫项目和国家小型公益沼气建设项目，至今，全县已累计建沼气池6000多座，建有生态小康示范村14个。

【森林旅游与森林公园建设】

1995年，资源县旅游局与林业局合并为资源县林业旅游局后（并于1998年撤销），加紧了对资江—八角寨国家森林公园的申报和建设，加强了对该森林公园环境的保护，1996年8月被国家林业部定为国家级森林公园。该森林公园内森林资源丰富，山清水秀，空气新鲜，自然环境优美，其中游人最为集中的资江漂流区，两岸森林浓郁，鸟语花香，体现了“森林公园”真山真水的特色，现该森林公园已成为国家地质公园。随着资源县委、县人民政府“生态立县,旅游兴县”长远发展战略的提出,为了更好加强生态旅游,对景区生态环境实施了“死封死禁”的方法,有效促进了森林公园建设。

【制止乱砍滥伐】

为认真贯彻落实《中华人民共和国森林法》,制止乱吹滥伐、毁林开荒等破坏森林资源的行为,资源县林业公安、林业林政法人员加强了对乱砍滥伐林木行为的打击力度,经常不定期的派出人员在林区进行巡回巡逻,加强《中华人民共和国森林法》的宣传力度,设立举报电话,对乱砍滥伐案件及时进行查处,通过以案释法宣传,确保了林区社会稳定。资源县森林公安分局(原林业公安股)自组建以来,共立案查处乱砍滥伐林木案件336起,处罚435人,其中逮捕21人,刑事拘留5人,警告2人,治安罚款18人,林业行政罚款356人,其他33人。由于加强了打击力度,确保了资源县森林资源安全。

【护林防火】

资源县山区农民多分散居住于深山密林中,常因开垦烧荒、烧田边草、烧灰积肥和乱丢烟头等引起山林火灾,高海拔一带山场由于不断遭受山火烧毁植物后,沦为次生草本植被的。自1958年成立护林防火指挥部,各乡(镇)成立护林防火指挥所后,森林防火工作逐步受到重视。90年代后,先后发布了各种护林防火通知书和布告,制订了“五不烧、十不准”等规章制度,完善了各乡镇村规民约,森林防火工作逐步走向规范化和法制法的道路。为保护森林资源,资源县加强了森林防火基础设施建设,先后修建了9座瞭望台,但由于地处高寒山区,砖木结构的瞭望台大部分已毁坏,目前尚有完好的瞭望台3座;修筑防火道1323.21公里,营造生物防火林带373公里;现有专业森林消防队2支,总人数40人;半专业森林消防队11支,总人数289人,有风力灭火机48台,二号工具250把。每年采取宣传车、宣传单、宣传标语、广播、电视等多种宣传方法,加强野外火源管理,使全县森林防火工作自1994年以来连续十年获得桂林市森林防火目标管理一等奖。

【森林病虫害防治】

60年代中期以前,资源县森林多为针阔混交林,生态环境好,各种鸟类繁多,森林虫害受天敌控制,很少发生大面积虫灾。70年代后,由于乱砍滥伐阔叶林,大面积营造杉木纯林,生态环境变坏,森林病虫害增多。1986年,资源县林业局设立了森林病虫害防治检疫站,配备了检疫员和干部,对日益严重的森林病虫害采取生物和化学相结合的防治措施,加强加紧对植物的产地和调运检疫,对近几年全县境内发生的柄天牛、竹小蜂、松毛虫、毛竹丛枝病、松材线虫病等病虫害的发生、预防进行和采取了必要的防治措施,在全县建立预测预报点,设立了森林病虫害测报员,从而有效地控制了森林病虫害的发生和蔓延,通过检疫,也有效地遏止了森林病虫害的传播。

【自然保护区】

全县有两处自然保护区。猫儿山自然保护区位于资源、兴安、龙胜三县(自治县)交界地带,属资源县地界内面积6037公顷是保存完整的原始森林区。保护区内动植物资源丰富,是一个天然的绿色水库,系漓江、浔江、资江的发源地。银竹老山水源林保护区是1977年经广西壮族自治区人民政府划定的县级保护区,位于资源县西北部,海拔高度在1300～2000米之间,主峰大宝鼎海拔2021米,总面积2129公顷。保护区内动植物资源种类繁多,其中珍贵的国家级保护动植物有檫木、苏门羚、狗熊、穿山甲,大鲵等,主要保护对象是国家级濒危珍贵树种——资源冷杉。

【森林资源林政管理】

林业局林政股主要职能是加强对森林资源调查及监测,林地林权管理、森林采伐与采伐限额管理,木材流通管理,林业行政案件查处等。为了加强对森林资源林政管理,全县设有五个陆路木材检查站和一个河道木材检查站,林政股设有森林资源管理站、林业稽查大队、出口办,各乡镇林业站设有林政站,形成了一套从源头管理、布局清楚,源尾结构清晰的完整林政管理体系。历年来共对全县进行了7次森林资源踏查、清查和调查工作。1982年实施了林业“三定”工作。每年对全县森林采伐实施限额采伐管理,保障森林采伐量低于年生长量,同时,加大对各类林业行政案件的处理,维护林区的稳定。

【森林经营与管理】

在1952～1999年的47年中,全县为国家提供商品材约240多万立方米,年均5.1万多立方米,“八五”期间后,为控制过伐,合理经营,永续利用，本着消耗量小于生长量的原则，每年采伐量为11万立方米左右，但每年的年均生长量达26万多立方米，每年采伐量占生长量的45%。同时在"九五"期间全县林业已基本实现绿化，"九五"期间林业的指导思想是：以林种结构调整为中心，采取"造、封、管、节、防"五字并举的措施，大力发展本地名、特、优经济果木林和营造毛竹林为主，并在加强对现有林的保护上狠下功夫，"九五"期间共完成人工造林（林种结构调整）、低产林改造9300多公顷，实施土石山封山育林10000多公顷，完成毛竹低改5300多公顷，同时森林资源的保护和管理已走上正轨，达到了法制化、规范化、制度化的要求。一是坚持限额采伐，实行全额管理，对木材运输实行"一本账"、"三凭证"，杜绝乱砍滥伐和无证运输案件的发生；二是实施森林防火目标管理，森林火灾损失低于控制指标；三是发挥林业公安在打击"三乱"林业犯罪活动中的作用，即有即治；四是加强了对中幼林的抚育间伐管理，使其尽快成林成材；五是农村以节柴为主的农村能源建设实现省柴灶推广普及达标后，又大力发展微型水电、沼气、液化气，提高了综合节能效益，因此，有效地保护了森林，使森林面积有了大幅度的增加。全县自1994年实现绿化达标，为了切实保护森林生态的均衡发展，每年对森林采伐实行限额采伐，为了切实加强对森林经营，全县对每年的抚育间伐工作都实施了严格的管理和控制，严格按照森林经营的原则和措施加以实施对中幼林抚育间伐的管理，有效地保证了林木的正常生长，促进了林木生长量和森林蓄积量。

【森林公安工作】

林业公安股始建于1988年，2001年4月，资源县编委行文同意资源县公安局林业公安股更名为资源县森林公安局，并增挂资源县公安局森林警察大队牌子，2003年12月，更名为资源县公安局森林公安分局，现有民警27人。森林公安分局实行林业主管部门和公安机关双重管理体制，其性质是森林公安机关既是林业部门的职能机构又是公安机关组成部分，是公安机关派驻林区的一支有武装性质的治安行政和刑事执法力量。其主要职责是负责维护辖区社会治安秩序，保护辖区内森林资源，根据刑事案件管辖原则，办理盗伐、滥伐林木案；盗窃、抢劫、抢夺木材案、非法收购运输、经销、加工木（竹）材案、森林火灾案、非法猎捕走私、贩卖国家保护野生动物案。自1988年以来，共立案各类森林案件2457件，查处2440件，查处率为99.3%，其中森林刑事案件38件，林业治安案件272件，受权查处林业行政案件2319件，通过查处案件，依法处理违法犯罪人员3062人次，其中逮捕41人，劳教3人，治安拘留57人，刑事拘留5人，收容审查3人，治安罚款288人次，治安警告2人，林业行政罚款2054人次，其他处罚609人次。通过打击毁林犯罪行为，共为国家、集体和个人挽回直接经济损失1249556.20元。

（资源县林业局）

平乐县林业

【概　述】

平乐县地处广西东北部，桂林市南部，东邻钟山、南连昭平、西与荔浦接壤、西北与阳朔毗邻、东北与恭城为界，东西宽49公里，南北长71公里，全县辖12个乡镇，134个村委会，土地总面积192922公顷，其中林业用地面积140087公顷，占土地总面积的72.61%。至2003年，全县有林面积从1960年的73335公顷增加到115683公顷，林木活立木蓄积量从936984立方米增加到2725776立方米，森林覆盖率从18.56%上升到71.79%，实现了三个同步增长。平乐县林业局是一个集行政、事业编制为一体的二合一单位。有林业干部职工119人，局设有6个行政股，19个事业站、所，下辖1个国有广运林场、1个木材股份有限责任公司。

【林木种苗生产建设】

1953年平乐专署在附城区附城乡李家园建立了第一个国营苗圃。1954～1973年林业部门在县内先后建立了玄武苗圃、源头苗圃、大扒金沙苗圃，附城同乐苗圃、金山苗圃及安良苗圃、龙家埠苗圃、二塘锰矿苗圃、二塘国社林场苗圃、马槽苗圃。至今尚保存有源头苗圃和马槽苗圃两处。1953～1990年，全县共育苗6570.5亩，育苗以杉树为主，其次是桉、桐、茶、楠、樟、檫、柏、泡桐、板栗、酸枣、香椿、苦楝、柳杉、天竺桂等树种。育苗除县内自用外，还为外县提供优质杉苗300多万株。1991～1998年全县采集收购杉木种子440斤，马尾松、湿地松种子23000斤，荷木种子400

斤，育苗5640.27万株，其中湿地松苗1366.97万株，湿地松营养杯苗1283.85万株、马尾松苗2222.59万株，杉木苗604.03万株、荷木苗87.05万株、经济果木苗20万株、毛竹43.3万株(丛)、其他苗木12.48万株。为全县义务植树和造林灭荒、绿化达标工作打下了基础。1999～2003年，全县共培育合格的速生丰产树种苗木及经济果木林苗木共计1220.8万株，其中，尾叶桉苗木412.1万株，马尾松苗木475.4万株，杉木苗木157.3万株，香椿苗木30.3万株，酸枣苗木31.4万株，苦楝树苗木2.4万株，任豆苗木71.6万株，山杜英苗木4万株，马占相思苗木0.8万株，经济果木林苗木15.5万株，竹子20万株/丛。

【营造林】

50年代初，平乐县贯彻“普遍护林、护山，大力造林、育林，合理采伐利用木材”以及“谁种谁有”的方针，以调动群众造林的积极性。1953年后，群众性的合作造林活动蓬勃开展。1957年11月至1958年在县内南部山区先后建立了广运、义洞两个国营林场，开始从事用材林基地建设。60年代初，县内开始兴办社队，国社合办林场，有组织、有计划地发展林业生产。70年代初，县内始建“杉木商品林基地”。全县先后建立国社合办、大队集体办林场26个。1980年冬在全县的13个公社76个大队1263个生产队开展了稳定山林权属、划定自留山、确定林业生产责任制的林业“三定”工作。1984年以后，平乐县人民政府鼓励私人造林和联户营林，全县涌现出了一大批林业重点户及各种形式的联合体。1985年建立了造林联合体20个，重点专业户9个，经营面积10300亩；育苗重点户95户，育苗301亩。与此同时，全县还开展了贷款造林。1984～1987年共发放造林贷款89.05万元，造林24881亩。各级人民政府把植树造林、绿化荒山当作一件头等大事来抓，从干部到群众，纷纷投入植树造林热潮。1984～1989年，每年造林面积都在3万亩左右。据1990年森林资源二类调查，全县有林面积67.84万亩，森林总蓄积量为140多万立方米。1991年5月开始，平乐大规模地开展了造林灭荒、绿化达标活动，组织了一支由乡镇分管领导、林业助理、林业技术员共50余人的调查规划设计队伍，分成13个调查、规划、设计小组，对全县3亩以上的宜林荒山进行调查规划，动员和组织群众开展造林灭荒工作，经过两年多的努力，全县完成造林灭荒任务111392亩，其中杉木12682亩，马尾松41154亩，湿地松51595亩，其他树种5961亩。1994年经国家林业部造林灭荒检查组核查，各项指标达到或超过国家规定的灭荒标准。1995年3月，经广西壮族自治区绿委会、林业厅检查验收，全县绿化率达96.98%，覆盖率达51.7%，全面实现了绿化达标。同年6月，被自治区党委、政府授予“造林规划绿化县”称号。

【速生丰产林建设】

50年代初期，平乐主要以营造杉木、马尾松、油茶、毛竹为主，据统计，杉树：1960年全县杉木面积只有1.74万亩，至1989年全县共营造杉木林294605.7亩；马尾松：50年代马尾松造林以野生苗、点播、撒播等方法进行。1960～1979年在部分高寒边远山区利用飞播造林共达443976亩，人工营造林12.33万亩，解放以来至1989年，全县共营造马尾松林68.24万亩；90年代，速丰林建设仍然以营造杉树、马尾松、湿地松为主，据统计，1991～1998年，全县造林面积132971亩，其中，杉木23458亩，马尾松23481亩，湿地松79614亩，竹子6418亩。1999～2003年，全县造林25620亩，其中，杉木3089亩，马尾松5481亩，尾叶桉13005亩，任豆2876亩，香椿124亩，杨树289亩，荷木36亩，竹子720亩。速丰林建设取得了可喜的成果。

【经济林建设】

油茶是平乐县内经济林造林的主要树种之一，1960年全县油茶面积达11.08万亩，70年代引进岑溪软枝油茶，到1979年，全县油茶增加到18.81万亩，成为当时桂林地区有油茶林最多的县份，到1989年发展到221184亩。此外，平乐习惯种植的经济林树种还有油桐、沙田柚、月柿、板栗、柑橙、桃李等。进入90年代，经济林建设又有了较大的发展，据统计，1991～1998年，全县发展经济林面积84451亩，其中，油茶4511亩，油桐1513亩，沙田柚6398亩，月柿33742亩，板栗17247亩，柑橙9547亩，桃李173亩，其他11320亩。此后，县内调整林业生产结构和林种结构，经济林建设又有了较大的发展，据统计，1999～2003年5年的时间里，全县种植经济林面积60683亩，其中，油茶361.2亩，沙田柚3亩，月柿16916亩，板栗20217亩，柑橙5496亩，桃李2332亩，八角3061亩，茶叶985亩，其他11312亩。

【封山育林】

从50年代开始，平乐县就把封山育林视为发展林业、恢复扩大森林资源的重要手段。并提出了因地制宜采取死封、轮封、活封等措施，使封山育林面积逐年扩大。据1990年统计，全县封山育林面积49.67万亩。90年代后，封山育林继续得到了各级党委、政府的重视和支持，封山育林面积进一步扩大，据统计，1991～1998年，全县封山育林面积334589亩，1999～2003年，全县封山育林面积263160亩，累计封山育林面积达到109.44万亩。

【退耕还林工程】

退耕还林是生态环境建设和保护工作的一个重点和热点问题。2002年开始，平乐按照党中央、国务院的统一部署和自治区党委、政府以及上级林业行政主管部门的要求，在全县范围内组织实施了退耕还林工程建设，严格执行退耕还林政策，扎实抓好退耕还林工作，全面完成了退耕还林工程建设的作业设计调查、植树造林、自检调查验收、钱粮兑现工作，同时，做好了外业作业设计，内业作业设计和档案归档工作，据统计，2002年全县完成退耕还林任务20000亩，其中，退耕地造林10000亩，荒山造林10000亩；2003年全县完成退耕还林任务25000亩，其中退耕地造林15000亩，荒山造林10000亩，退耕还林工程项目经广西壮族自治区林业局检查组检查验收合格。

【珠防林工程】

珠防林工程建设项目于2001年12月获广西林业局批准立项，项目建设总任务造林面积600公顷，封山育林1000公顷。于2002年1月正式实施项目工程建设，至2003年1月全面完成珠防林各项工程建设任务，造林上报作业设计面积659公顷，自查核实面积617.9公顷，合格面积617.9公顷，合格率达100％。完成面积占计划任务600公顷的103％；封山育林作业设计上报面积1178.1公顷，核实面积1178.1公顷，合格面积1178.1公顷，合格率为100％，完成面积占计划任务1000公顷的117.8％。

【石漠化治理工程】

2001年3月，平乐县实施了石漠化治理工程。按照《广西石漠化治理试点封山植树工程建设管理办法》的规定和要求，全县完成国道、省道和县内主要道路两侧可视第一面坡石山造林179.76公顷，其中竹子及其他经济果木林造林91.26公顷，任豆造林88.5公顷，造林合格面积占区林业局下任务的100.99％；完成国道两侧可视第一面坡石山封山育林合格面积2898.4公顷，占广西林业局下达任务的101％。

【绿色工程】

为了认真贯彻落实区党委1234610工程工作思路，改善生态环境，促进经济协调发展，1998年冬，平乐县成立了绿色工程建设领导小组，1999年初，平乐县林业部门完成了绿色工程总体调查规划设计方案，按照全县642.3公顷的绿色工程建设规模和市政府提出的“绿色工程建设三年任务两年完成”的目标要求，组织开展了声势浩大的绿色工程建设，到2000年年底止，全县投入资金764.51万元，其中财政5万元，部门279.75万元，集资15万元、个体14万元，其他450.76万元，完成造林面积1237.87公顷，占总任务642.3公顷的192.7％，其中1999年度完成218.34公顷，2000年度完成1019.53公顷，实现了三年任务两年完成的工作目标。

【抚育间伐】

在《广西中幼龄林抚育间伐工程项目管理试行办法》实施前，对中幼龄林抚育管理工作不尽规范和完善。桂林营字〔1994〕28号文件“关于印发《广西中幼龄林抚育间伐工程项目管理试行办法》的函”下达后，全县中幼龄林抚育间伐管理工作逐步走上正常化和规范化，抚育间伐管理工作合法、有序、健康发展。据统计，1993年以前，全县抚育间伐管理面积仅为809亩，抚育间伐管理工作相对滞后。1994年以后，按照“强化中幼龄林抚育间伐管理，促进林木生长，提高林分质量”的目标和要求，全县抚育间伐管理工作进入规范化管理阶段，据统计，1994～1998年，全县抚育间伐管理面积31093.1亩；1999～2003年，全县抚育间伐管理面积16299亩。实施的抚育间伐管理工程项目符合《广西中幼龄林抚育间伐检查验收试行办法》规定的技术标准和质量要求。

【低产林改造】

桂林营字〔1995〕15号“转发林业部关于《低产用材林（包括毛竹林）标准》（试行）的通知”下达后，平乐县内林业部门按照通知精神和规定标准，结合上级下达的年度木材生产计划和规定的木材采伐限额，逐年规划组织实施了低产林改造。据统计，1997～1998年，全县实施低产林改造面积12707亩；1999～2003年，全县实施低产林改造面积22434亩。

【全民义务植树】

1981年12月13日第五届全国人民代表会第四次会议通过了《第五届全国人民代表大会第四次会议关于开展全民义务植树运动的决议》，1982年2月27日国务院常务会议通过了《国务院关于开展全民义务植树运动的实施办法》，平乐县委、县政府按照决议和办法的规定，在全县范围内掀起了轰轰烈烈的全民义务植树运动。县林业部门利用广播、电视、会议、板报、标语，出动宣传车和举办技术知识讲座等形式，广泛宣传义务植树活动的重要意义，并重点抓好义务植树造林示范点，规模造林点和面上植树点的规划、调查、设计，做好种苗调剂、供应和技术指导以及造林质量的检查监督，严格按照《造林技术规程》要求调剂良种壮苗，把好整地造林关。特别是最近几年来，全县义务植树造林活动又有了新的发展，在组织开展义务植树造林活动过程中，还结合珠防林、退耕还林、石漠化治理等重点造林工程进行，并取得了很好的效果，据统计，1981年以来，全县完成了乡镇级以上领导绿化点99个，义务植树造林总面积1.4万亩，办义务植树基地9个，总面积2300亩，1998年以前义务植树造林44.8万株，1999年以后义务植树造林417.3万株。

【农村生态能源建设】

1995年以前，农村生态能源建设主要以“改燃节柴、改燃节能”为主，1996年后，农村生态能源重点是组织开展农村沼气池建设，采取抓典型、树样板，以点带面的工作方式，带动全县生态能源建设。据统计，全县历年累计建沼气池保存数36444座，沼气入户率为41.09%，1995年以前，全县建沼气池仅有2152座。采取抓典型、树样板，以点带面工作方式后，农村生态能源建设有了较大的发展，据统计，1996～2003年，全县建15～30座以上的沼气示范点166个，沼气池保存数34292座，占全县历年累计建沼气池36444座的94.1%；全县历年至2003年改燃节柴达86128户，入户率为97.1%，安装微型水力发电机790台，装机容量852.7千瓦，1997～2003年安装太阳能热水器538平方米。农村生态能源建设取得实效，先后荣获桂林地区行署林业局、桂林市林业局、桂林市人民政府和自治区林业局的表彰和奖励。

【林产工业企业】

平乐县内的林产工业企业以县木材公司1976年自筹资金97426元在安良木场兴建的一座年生产加工能力1.5万立方米的木材加工厂和广运林场于90年代初期投资600多万元兴办的中外合资平乐桂荣竹制品有限公司为主，其余皆为乡镇或二轻系统五十年代以来建立的集体企业，如平乐牙签厂、平乐木器厂、二轻台板厂、二塘农械厂、沙子农械厂、同安农械厂、源头农械厂、大扒农械厂等，这些木材经营加工企业一般以生产农具、家具为主，二轻台板厂以生产缝纫机台板为主，桂荣竹制品有限责任公司以加工竹地板为主，进入90年代初中期，这些木竹经营加工企业因改革转制或因经营管理不善而关闭，据统计1995～2003年，平乐县内的木竹经营加工单位共180家，生产经营规模较大的只有平乐县木材有限责任公司、绿丰木业经营部、漓江家具厂、老路木材加工厂、桂林力佳木制品厂、湘桂家具厂、平乐县二塘民群板业制造厂、平乐县亿森木业、大扒松脂厂等，其余皆为家庭作坊式的木竹经营(加工)厂、场、店，生产经营活动维持在低水平的状态下进行。

【森林病虫害防治】

平乐县内森林资源，1958年前多为混交林。由于生态环境较好，各种鸟类繁多，森林虫害受天敌控制，少有大面积发生。1958年后，大量林木被砍伐，森林资源遭受严重破坏，生态环境失去平衡，森林病虫害增多。1959年，全县森林发生松毛虫害100亩，1961年发生松毛虫害70亩，采用人工以竹竿打法除害虫。由于当时对松毛虫的防治工作重视不够，1962～1964年虫情逐年扩大，导致1967年虫灾大暴发。据统计，当年有9个区1个镇37个公社的松林发生虫害，受害面积3.86万亩；1974年，县内又发生松毛虫害3.29万亩。几次大的虫灾危害，给县内森林资源带来巨大的损失。1978～1995年，林业部门设置专职干部负责森林病虫害防治工作，18年时间，全县防治松毛虫面积14.93万亩。从1983年起，相继在桥亭的兴隆、阳安的加东，同安的桥板、二塘的新华、附城的江口等地设立了虫情测报员，负责森林各个时期的虫情测报工作。1996年开始，在全县12个乡镇均设立专职虫情测报员共12人，布设固定监测点20个，面上观察点60个，马尾松毛虫监测覆盖率100%，森林病虫害得到了较好的防治与控制，据统计，1996～1999年，四年时间，全县森林病虫害发生面积3.51万亩，防治面积3.08万亩，年平均防治率达87.75%；2000～2003年，四年时间，全县森林病虫害发生面积2.84万亩、防治面积2.81万亩，年平均防治率达98.95%，防治效果：白僵菌达65%，溴氰菌脂粉达95%以上，B吨粉剂防治效果达95%以上。

【水源林保护区建设与管理】

平乐县内群众对丘陵地区的“长山”、河流两岸和水源的源头地带、水库周围的水源林，历来都有共同保护的习惯。解放后，政府因势利导，大力提倡封山育林，保护水源林区。1985年，平乐县人民政府根据本县的森林资源条件和工农业生产发展的实际需要，在县内规划建立了平口、义洞、大刚、大冲四个水源林保护区，随着社会和经济的发展，1999年又增加了天鹅湖公园和绿色通道工程两个水源林保护区，总面积1.78万公顷，其中森林面积1.56万公顷，森林蓄积量6.1万立方米，年生长量0.5万立方米。保护区跨12个乡镇，33个村，区域内人口1.46万人，劳动力0.87万人，耕地10200亩，人均0.7亩，其中水田4350亩。水源林保护区主要将全县水库四周，沿河两岸，公路两侧第一层山的林木，以及其他对水土保持，水源涵养起重要保护作用的区域划分为禁伐区。禁伐区面积1.13万公顷，占水源林面积的63.5%，在禁伐区域内禁止一切生产活动，以保护水源林区域范围内的森林植被。

【野生动物植物的保护管理】

为有效地保护县内珍稀野生动物，1982年7月13日，平乐县人民政府成立了“保护鸟类领导小组”，其具体任务分别由县林业局和县基建局负责。1983年10月5日，平乐县人民政府颁发了《关于保护珍贵稀有野生动物的布告》。1987年2月，平乐县人民政府成立了“平乐县野生动物保护协会筹建小组”，组建了平乐县野生动物保护协会。同时，以县人民政府名义发出了《关于保护珍贵稀有野生动物的通告》，严禁猎取县内珍贵稀有的野生动物。列入保护的珍稀动物有：大天鹅、金鸡（红腹锦鸡）、野鸭（水鸭）、金雕、猫头鹰、猴子、大鲵（娃娃鱼）、穿山甲、大灵猫（九节狸）、小灵猫（香猫）、金猫（黄鼠狼、红春豹）、青蛙等。其中列为国家一类保护的有4种；列为国家二类保护的有16种；列为国家三类保护的有4种。《通告》规定：属于保护的珍稀动物及其产品（包括皮、骨等）未经县林业部门批准，任何单位和个人不准猎取和买卖，公路交通部门不得承运，工商部门要加强市场管理，严禁珍稀野生动物上市销售，2002年以前，县内依法报批办理了野生动物驯养繁殖许可证11份。2001年减至9份（其中，驯养繁殖许可证5份，经营利用许可证4份），2003年根据上级指示精神全部撤销了驯养繁殖和经营利用许可证。进一步加强了县内野生动物资源的保护管理工作。

90年代以前，县内对野生植物的保护管理较为粗放，只是简单地停留在一般的宣传动员上，没有一整套完善的管理办法和检查监督管理机制，保护管理以事后监督管理为主，工作较为被动。国务院国发明电[1998]8号文和广西壮族自治区人民政府李兆焯主席的五点重要指示传达后，平乐县内采取保护措施全面禁伐了天然林（包括次生杂木林）、水源林和防护林至今。特别是2002年8月中旬开始，林业部门根据上级通知精神，对县内的名木古树进行了一次全面的普查，经过两个多月的外业调查、内业资料整理和标本鉴定，平乐县境内共有古树618株，分布在全县12个乡镇、78个村委、162个自然村。在已调查的散生古木中，已知树木种类分属20个科、26个属、共465株，在所调查古木中，属国家一级保护的古木58株，二级保护的53株，三级保护的507株。至今为止，平乐县境内的古木因缺乏专项资金，尚未进行挂牌，围砌栏、施肥抚育、病虫害防治等，以加强监测和管理，野生植物保护管理工作较为薄弱。

【森林资源调查及监测】

为了全面了解县内森林资源变化情况和森林资源经营管理水平，准确地掌握森林资源的数量、质量、分布状况以及不同林种树种及其消长动态，县内林业部门按照上级的统一部署，自1960年开始，先后5次（1960年、1973年、1979年、1990年、1999年）组织开展了森林资源普查、调查。特别是1999年9月组织开展的森林资源二类调查，按照林业部颁发的《森林资源调查主要技术规定》、《国家森林资源连续清查主要技术规定》和《广西县级森林资源连续清查主要技术规定和操作细则》、《广西森林资源连续清查第五次复查技术操作细则》以及《广西壮族自治区桂林市县级森林资源连续清查主要技术规定和操作细则》的要求，组织开展了森林资源二类调查，调查首次采用遥感技术进行。主要工作方法是:把全县集体林区调查任务划分为7大片,组成7个调查小组,按照"包任务、包质量、包时间、包经费"的承包方案分片开展工作;同时,组成两个质量检查组(每组2人),对各调查小组进行跟踪检查和随机抽样检查。通过森林资源二类调查,查清了全县森林资源状况,摸清了全县森林资源的数量、质量和分布情况,为上级政府制订林业方针政策,落实林业发展规划(计划),进行宏观管理,提供了资源数据。

【林地林权管理】

解放后,山林权属经过三次演变:

土改时期。土地改革时,平乐县对地主占有的荒山、林地(油茶山除外),均收归所在地的村屯所有,新造林则实行"谁种谁有"的政策。

合作化至人民公社时期。随着县内合作化运动的发展,部分地方在公有的荒山上开展了合作造林、集体造林。1956年转入高级社时,农民私有山林、果木均折价入社,归高级社管理。1958年成立人民公社,所有山林收归人民公社经营。1962年后,将农村人民公社的土地、劳动力、耕畜、农具固定到生产队(简称"四固定"),实行三级所有,队为基础,以队为核算单位,由生产队经营管理。

农村实行联产承包经营责任制后,平乐县在长滩乡龙田村开展了"林业三定"试点工作。1981~1984年,前后6次组织工作队803人次,在全县13个乡(镇)、134个村开展"林业三定",划界定权153万多亩,占林业用地面积的94.1%,已发证的生产队706个、发证面积36.87万亩,占林业用地面积的22.61%;划分自留山的生产队611个,占总队数的24.8%,面积9.29万亩,已发证面积2.61万亩,占应发证面积的28.08%;建立林业生产责任制的生产队2191个,占全县总队数的88.92%,责任山面积97.05万亩。"林业三定"工作历经4个年头,全县由县人民政府签章发证的只有保安、谢家、龙田、六合、桃林、福瑶、印山等7个村。"林业三定"至今,林地林权没有大的调整与变动。

在山林权属纠纷调处工作上,2000年以前,平乐县的山林权属纠纷案件由平乐县人民政府设立的调处工作机构负责。2001年起,山林权属纠纷调处工作归口林业部门,2002年元月16日,县编委平编字〔2002〕24号文件通知,法制股正式列编,由法制股负责林业系统的法制建设,并代县人民政府具体履行《森林法》第十七条规定的职能。法制股成立后,全方位地开展了林业法制建设和山林权属纠纷案件的调处工作,据统计2001~2003年,出版法制宣传专栏6期,印发"四五"普法资料、林业专业法学习资料10260份,接待群众来访、解答法律咨询437人次,受理山林权属纠纷案件39起,调解27起(其中达成调解协议结案的3起),根据广西壮族自治区人民政府有关规定,报县政府批准销案的11起,调解率达97.43%。

随着形势的发展,经济建设的需要,近年来,平乐县内涉及使用林地的工程项目逐年增多。为依法管好林地资源,2003年,林业部门抽调主要业务骨干对桂江巴江口水利枢纽工程、桂梧高速公路(平乐段)、平乐益民液化气供应站等建设项目需使用林地进行了调查、核实和办理报批手续。涉及林地面积共计242.1371公顷,依法收取森林植被恢复费1593.9万元,其中桂梧高速公路(平乐段)使用林地面积107.3154公顷,660.0886万元、桂江巴江口水利枢纽工程使用林地面积133.9228公顷,932.4352万元、平乐县益民液化气供应站使用林地面积0.8989公顷,1.3762万元。

【森林采伐与采伐限额管理】

解放后,木材实行计划采伐。采伐国有林木需经林业主管部门审查,报专署转省林业厅批准,并与林场签订合同,方能砍伐。采伐集体(包括国家和地销指标)林木,不论单位和个人,均须持计划经乡镇政府签署意见后,报平乐县计划委员会与林业主管部门审查合格,再与林权所有者签订生产或收购合同领取砍伐证,方能进行采伐。采伐单位或个人必须遵守林业主管部门规定的采伐制度,按指定的地点、时间、树种、规格、数量和采伐方式进行采伐、生产木材。《中华人民共和国森林法》、《中华人民共和国森林法实施细则》颁布后,森林采伐限额管理工作逐步走上法制化管理轨道。特别是进入90年代中期,林业部门严格执行限额采伐制度和年度木材生产计划,并以县为单位与自治区人民政府签订了领导干部任期森林资源消长目标责任状,加强领导,明确目标责任,管好森林资源。职能部门依法审核签发林木采伐许可证,确保全县木材生产合法有序进行。据调查材料表明,平乐县内森林资源增长呈逐年上升的趋势,全县从"八五"初期至"九五"末期,林业用地面积由103588.5公顷增加到140087公顷,森林面积(含灌木林)由77300.8公顷增加到

138507.8公顷；森林蓄积由1863589立方米增加到2725776立方米；森林覆盖率由35.5%增加到71.79%，森林覆盖率提高了36.29个百分点。森林面积蓄积实现双增长，全县“九五”期间森林面积蓄积分别比“八五”期间上升44.2%、31.6%，同时，生长量大于消耗量，长消比为1.5:1.0，森林资源的增长逐步步入良性循环轨道。

【木材流通管理】

平乐县内的木材流通管理严格按照《中华人民共和国森林法》及其相关法律、法规、规章的规定进行，实行木材凭证运输管理，并指定专人依法审核签发木材运输证件。据统计，1991～1998年，全县签发木材运输证件7413份，运输木材146068立方米，篙竹、毛竹312.86万条，杂竹583.4吨。1999～2003年，全县签发木材运输证件3978份，运输木材129711立方米，篙竹、毛竹1453万条，杂竹5352吨。为加强对木材运输的检查监督，制止违法运输木材行为，1981年3月20日，平乐县人民政府在大扒、龙窝、沙子设立了木材检查站，1985年2月，经广西壮族自治区人民政府和县人民政府批准，在大扒、黄龙、沙子、源头、平乐镇等地点建立了木材检查站，后经广西壮族自治区人民政府桂政函[2001]187号文件批准改在源头、沙子、黄龙设立木材检查站至今。木材检查站主要履行宣传、执行森林法和国家有关木材运输检查监督的法规、政策；依法检验木材运输证件，制止违法运输木材。进入90年代，平乐县林业部门根据林业部林资通字[1995]152号文件精神，组织开展了木材检查站标准化建设，同时，按照上级的统一部署，开展了治理整顿公路“三乱”工作，签订不搞公路“三乱”保证书，进一步规范了检查站人员的执法行为，加强了队伍建设，树立了窗口形象。

【查处林业行政案件】

1982年1月，平乐县人民政府发出了《关于加强对国家和集体森林、果树的保护管理的通知》，同年10月2日，平乐县人民政府又发出了《关于制止乱砍滥伐森林的通知》，规定各社队和林业、工商部门对破坏森林资源的行为要立即限期强行制止；对侵占、抢砍、盗伐林木和搞木材投机倒把等违法犯罪行为要严肃处理。由林政股与林业公安股一道负责依法查处县内发生的各类林业案件，据统计1981～1989年，全县查处林业案件536起，处理单位149个，个人549人，逮捕4人，拘留9人，清理套购木材1286立方米，征收木材32立方米，没收木材1776.18立方米，征收育林基金、更改资金85039元。进入90年代后，林业部门的行政执法人员严格执行《森林法》及其有关法律、法规和规章，办理的林业行政案件做到事实清楚，程序合法，适用法律法规正确，维护了国家法律、法规和规章的严肃性，打击了各种破坏森林资源行为，保护了森林资源，据统计1991～1998年全县查处林业行政案件1249起，涉案人员1284人，收缴木材4642立方米，追缴林业两金7.5万元；没收放生野生动物2948公斤。此后，林业部门进一步加强了管理，加大了林业行政案件的查处办度，并取得了显著的效果，据统计1999～2003年，全县查处林业行政案件1865件，涉案人员1933人，收缴木材6052.9立方米，追缴林业两金102万元；没收放生野生动物549公斤。

【森林防火】

1954年4月1日，平乐县人民政府成立了“护林防火指挥部”，随即颁布了《平乐县护林防火暂行办法》和《平乐县烧窑烧荒管理细则》，1956年，进一步健全了县护林防火指挥机构。各区、乡也成立了相应的护林防火机构，并在大扒、长滩、源头等重点林区设立护林防火指挥队、所，在重点林区设立护林员。此后，每年都发护林防火通知和布告。组织和发动群众制订护林防火公约，据统计，1990年以前，全县发生森林火警18起，火灾9起，其中，最严重的一次森林火灾发生在1986年9月18日，火灾起因是由于二塘镇谢家村的4名村民在莲花山烧黄蜂引起，这场火灾历时54小时，火灾涉及3个乡镇、8个行政村，过火面积6750亩，直接经济损失267585元。火灾后，平乐县人民法院对案件进行了审理，分别判处3名失火犯有期徒刑。进入90年代后，全县森林防火工作得到了进一步加强，建立健全了县乡两级森林防火指挥机构和扑火队伍，由县长任森林防火指挥部总指挥长、分管副县长任指挥长、林业局长任常务副指挥长、各乡镇也相应成立了乡镇森林防火指挥机构，由乡镇长任指挥长。组建了县扑火专业队和乡镇半扑火专业队，建立了护林防火常设机构——县森林防火指挥部办公室。建立和完善了各项规章制度，森林防火工作在坚持防火期24小时值班和领导带班制度的基础上，每年都组织开展森林防火宣传教育工作，普及森林防火知识，并取得了很好的社会效果，据统计，

1991～2003年，全县发生森林火警8起，一般森林火灾17起，过火面积663.98公顷，其中受害森林面积101.2公顷，损失林木蓄积3234.01立方米，幼树13.96万株。特别是近两年来，按照以人为本的工作思路，县内组织开展了营造生物防火林带工程建设，先后在平乐镇的营盘岭至马蹄井一带山脊和珠防林工程范围涉及的山场以及中华村委潮水桥至马渭、源头新开岭一带完成了生物防火林带建设工程44公里。重新在二塘镇、张家镇、平乐镇的龙窝村组建了三个县森林扑火专业队，在全县13个乡镇各组建了一个森林扑火半专业队，森林防火工作得到了进一步加强。

【森林公安工作】

1987年12月28日，经平乐县人民政府批准，成立了平乐县公安局林业公安股。2001年11月1日，经县编制委员会批准，林业公安股更名为平乐县公安局森林公安分局。设置森林公安机构以来，森林公安按照《森林法》及其有关法律、法规和规章的规定，全面履行了"预防和打击犯罪；保护森林资源安全；维护森林治安秩序，保障林业生产建设的顺利进行"的职责。通过培养和锻炼，森林公安队伍建设不断得到提高和加强，建设起了一支纪律严明、作风过硬、业务精湛、依法办事、严格执法、公正执法、不滥用权力，不以权代法的森林公安队伍。据不完全统计，建立森林公安机构以来，共依法办理刑事案件18起，涉及人员19人，治安案件42起，涉及人员67人，林业行政案件632起，涉及人员967人，收缴木材2887立方米。依法严厉打击了各种破坏森林资源行为，维护了林区治安秩序，保障了森林资源安全，促进了林业各项建设。

【林业分类经营】

为了加快生态环境和经济建设步伐，2000年11月，平乐县人民政府根据国家林业局林策发〔1999〕191号文件《关于开展全国森林分类区划界定工作的通知》、自治区人民政府桂政办〔2000〕213号文件《关于开展林业分类经营的通知》和自治区林业局桂林营字〔1999〕43号文件《关于开展森林分类经营区划》等文件精神，组织成立了平乐县森林分类区划领导小组，领导小组下设办公室，并从县内林业部门抽调业务技术骨干26人，组成项目组、质量检查组和8个区划界定组。进行了森林分类经营区划界定工作，到2001年7月，全面完成了县内的森林分类经营区划界定，区划的公益林地面积60016.2公顷，占林地面积151215.6公顷的39.7%，商品林地面积91197公顷，占林地面积的60.3%，森林分类经营区划界定成果符合自治区规定的宏观比例的原则要求，同时也符合县人民政府区划工作方案的要求；区划结果通过县级质检组检查，区划成果经过桂林市林业分类经营办公室评审验收，2001年8月8日经全区县级森林分类经营区划成果评审委员会评审验收合格。

【森林生态效益补助试点工作】

2001年4月，平乐县人民政府按照自治区林财农函〔2002〕9号《关于开展森林生态效益补助资金试点工作意见》和桂财农〔2004〕4号《广西壮族自治区森林生态效益补助资金管理办法(暂行)的通知》精神，组织开展了森林生态效益补助试点工作。这次森林生态效益补助试点工作以《平乐县森林分类区划界定报告》等材料为依据，结合工作的实际进行，经过近一年的艰苦努力，于2002年3月完成了《平乐县森林生态效益补助资金试点实施方案》。全县重点防护林和特种用途林保护和管理试点完成总任务量17832.9公顷，其中，重点防护林17798.3公顷，特种用途林34.6公顷。重点防护林和特种用途林主要分布在国道323线两侧第一层山脊倒水一面坡或平地100米以内的森林、灌木林和珠江水系的桂江、茶江、荔江两岸第一层山脊或平地500米以内的森林、灌木林以及位于县内东南部的平口、义洞两个重点水库，大刚、大冲水源林保护区范围内的森林及其生态脆弱的岩溶石山区内的森林、灌木林。按照试点工作的指导思想和政策原则，完善了相关手续，与涉及林地林权所有者(单位)签订了合同，兑现了补助资金。

(平乐县林业局)

荔浦县林业

【概　况】

荔浦县位于广西东北部，桂林市南部，地缘上东邻平乐、昭平县，南连蒙山、金秀县，西接鹿寨、永福县，北靠阳朔县，距桂林市104公里。全县东西最宽为63.8公里，南北最长为47.6公里，全县土地总面积为175386公顷。

荔浦县地势西北高，东南低，中部低平，呈盆地状。地貌以丘陵为主，间有喀斯特地貌，海拔高度一般在400～800米之间。最高为猪头山，海拔1355.6米，最低海拔100米。山体西北为架桥岭山系，南部为大瑶山山系。

荔浦县属珠江水系，县内总流域面积1758.62平方公里，县内主要河流为荔浦河，发源于金秀县大瑶山国家级自然保护区，全长144.67公里，次为马岭河，发源于架桥岭自然保护区，全长75.1公里。两条主要河流由西向东在东昌镇交汇流入平乐县桂江，属珠江水系二级支流。荔浦县属中亚热带季风气候区，具有冬短夏长，冬干夏湿，秋高气爽，光照充足，热量丰富等气候特点。全县年平均气温19.70C，最低气温为1月份，平均气温为9.1℃，最高气温为7月份，平均气温为28.5℃，极端最高气温为39.3℃，极端最低气温为.2.9℃，全年无霜期317天，年平均降雨量为1426.1毫米，年平均相对湿度79%。

全县土地成土母岩为砂岩、页岩、石灰岩和硅岩等。土壤以红壤、紫色土为主，占88.7%，其次为黄壤，占6.3%，土壤土层较为深厚肥沃，有机质含量2.3%～5.8%，PH值5.0左右。全县境内植物资源丰富，种类繁多，森林植被类型主要有马尾松天然林、人工杉木林、湿地松、桉树、竹类、经济果木以及由壳斗科、樟科、木兰科等为主的次生阔叶林。灌木林主要以桤木、桃金娘、柃木等，草本主要有铁芒萁、五节芒及蕨类。

荔浦县境内动物资源丰富。哺乳类动物主要有：狸、山獭、穿山甲、猴子等23种，其中国家和自治区级重点保护的有穿山甲、豪猪、果子狸等7种。鸟类有：野鸭、鸬、鹭等33种，其中国家和自治区级重点保护的有白鹤、原鸡等13种。蛇类有：金环蛇、银环蛇、眼镜蛇等12种，其中国家和自治区级重点保护的有眼镜蛇、金环蛇等6种。

荔浦县林业局作为县人民政府的职能部门，主管全县林业工作，配有科级、副科级、科员等行政领导干部10名。下设办公室、计财股、林政股。事业编制的二层机构有：林业技术推广站、森林病虫害防治检疫站、县林业工作站、县林政资源管理站、县绿化委员会办公室、县公安局森林公安分局、县森林防火指挥部办公室、森林扑火专业队、国有林场、县农村能源办公室、山林土地纠纷调处办公室，13个乡镇林业工作站、国有金鸡坪、修仁苗圃、大江采育场、林业科学研究所、架桥岭荔浦水源林保护站等单位。企业改制前企业单位有：荔浦县木材公司、荔浦县煤建公司、人造木炭厂、木材加工厂等。企业改制后仅存县木材公司，现改为股份制企业。

荔浦县土地总面积为175386公顷，其中林业用地面积120566公顷，占68.8%；在林地中，有林地面积102553公顷，占85.08%；疏林地面积1193.34公顷，占0.99%；灌木林地面积13073公顷，占10.83%；未成林造林地面积0.01公顷，占0.08%；苗圃地面积0.0133公顷，占0.01%；无林地面积0.363公顷，占3.1%。全县森林覆盖率66%；绿化率98.8%；全县活立木蓄积总量为255992立方米，其中：林分蓄积2446744立方米，占95.8%；疏林蓄积7138立方米，占0.28%；散生、四旁蓄积106110立方米，占4.14%。减去年度各类消耗量，年净增蓄积101965立方米，年净增率为6.7%。初步摘掉了缺林少材县的帽子。

【林业生产】

解放前，荔浦县政府设农业推广所，负责农、林生产的推广和管理工作。县境内的山林分私有林和公有林，私有林为私人所有；公有林由县、乡政府及村(街)公所管理。据民国27年统计，全县公有林面积199.2公顷，私有林面积3002.8公顷，且为少数人占有。解放后，发生了许多变化。

一、山林权属

1951～1952年，荔浦县进行土地改革，全县13个乡镇中，除蒲芦瑶族乡实行和平土改外，其余乡镇不论平原和山区，本着“依靠贫雇农，团结中农，中立富农，打击地主”的政策，在改革中，对地主占有的山林予以没收，对富农占有的山林采取保护政策，富裕中农、中农基本维持原有山林不变。原属于国有林及大片无主荒山属国有，将没收的山林分给少地和无地的贫雇农。

二、林木入社

1954～1956年，在农业合作化中，全县99.25%的农户加入农业合作社，其占有的山林除社员房前屋后的零星果树，竹木等经济林木由社员经营管理外，所占有的山林全部随同入社，按照1955年12月平乐专署农村部对于山林入社问题规定：林木不分大小，统一分等级评产折价入社，实行林、劳比例分红。1958年，实行人民公社化，农民入社的山林取消按比例分红，所有山林归国家或集体所有。1961年，荔浦县贯彻中央《关于确定林权保护山权和发展林业若干政策规定》，实行大包干政策，将山林权属划归生产大队所有，把人民公社所有改为大队，生产队集体所有，同时划给农户2～3分面积的自留山，由农民自主经营。“文化大革命”期间，山权混乱，管理松弛，制度尽废，自留山被取消，社员房前屋后的零星果树、竹木尽被收归集体。

三、林业“三定”

1981年，根据国务院、自治区人民政府，地区行署关于稳定山界林权，落实林业生产责任制，保障林权所有制不变的批示。全县开展林业“三定”（稳定山林权、划定自留山、确定林业生产责任制）工作，承包期可五年、十年、二十年不变。砍伐林木需经政府和林业主管部门审批，由林业主管部门发给林木采伐许可证。

荔浦县林业生产在1950～1990年的40年间，由于农村体制变化，山林权属变化，几经曲折，有破坏、有发展，特别是经1958年人民公社化，大炼钢铁，1961年大包干政策，1966年“文化大革命”，1981年农村体制改革，加上当时生产队无计划砍伐，森工部门无计划收购，管理失控，到1990年，根据林业局灭荒调查，全县荒山面积已达58.98万亩，林木蓄积仅存90万立方米，森林覆盖率只有34%，森林资源几乎到了濒临灭绝的地步，生态环境遭到极为严重地破坏。1990年8月，荔浦河出现断流20多天历史以来罕见的现象，荔浦县城出现水荒20多天的惨重局面。

四、造林灭荒

1990年10月，荔浦县委、县人民政府根据上级的批示精神，结合本县的实际情况，果断提出“抢救森林，刻不容缓”的口号，作出了《关于加速造林绿化若干问题的决定》。提出“三年消灭宜林荒山，四年消灭森林赤字，七年绿化荔浦”的奋斗目标和“全党动员，全民动手，大办林业”的行动口号，把恢复和发展林业摆到了党政工作的首要位置。荔浦县成立了灭荒指挥部，各级领导层层签订责任状，交纳风险押金，从县直机关抽调600多名干部组成庞大的灭荒工作队，下乡驻村，指导群众造林。各农户承包的荒山，要限期绿化。荔浦县委、县人民政府组织乡镇主要领导，县直各部门领导先后到广东、湖南嘉禾、玉林博白、容县、北海、兴安、恭城等地参观学习封山育林，造林绿化，改燃节柴等先进经验。在全县范围内广泛开展造林灭荒宣传。在修仁创办厅、县五级联营万亩林场，高标准、高质量开展工程造林，全县规划千亩以上工程林绿化点19片，以点带面带动全县造林。一场轰轰烈烈的造林绿化高潮在全县迅速掀起。县林业局从资金、种苗、规划设计、人力物力等方面，为造林灭荒做出了重要贡献。1990年冬至1992年春，全县人民经过两个冬春的艰苦奋斗，历经五个战役，按照自治区制订的标准和要求，胜利完成58.98万亩的灭荒任务。1993年6月通过了自治区的检查验收，提前一年于1992年实现了宜林荒山造林达标。为实现绿化达标打好了基础。

五、绿化达标

按照上级的要求和荔浦县委、县人民政府提出的目标，实现宜林荒山造林达标以后，要在四至五年内实现绿化达标。为此，造林灭荒时种下的新造林地，从苗高、株数、成活率等都要达到自治区规定的标准。路旁、河旁、村旁、宅旁等四旁的绿化，也要达到自治区规定的绿化程度。全县人民又一次面临补植和幼林抚育的艰巨任务。从1991年起，全县对所有新造林地实行死封，由林业部门出资在全县雇请了300多名护林员，由林业局按月发给固定工资，专职护林。以工程林绿化点为主，进行除草、抚育施肥，采取大苗补植的办法，促进新造林快速生长，通过两年的补植、抚育，自治区于1995年4月派出检查验收队，按规定标准，荔浦县于1994年通过了绿化达标验收，从而提前两年实现了绿化达标，被自治区评为“造林绿化先进县”，挤入全区造林绿化工作的先进行列。

【退耕还林工程】

退耕还林工程是一项功在当代，利在千秋的国家级重点生态建设工程，是加强生态建设，维护生态安全，促进国民经济持续发展的重要举措，同时也是优化农业产业结构，实现农民脱贫致富的有效途径。根据广西壮族自治区计划发展委员会、林业局《关于下达广西2003年退耕还林任务计划的通知》（桂计农经〔2002〕696号）文件安排，荔浦县是自治区2003年退耕还林工程县之一，全县2003年退耕还林任务1667公顷，其中，退耕还林1334公顷，宜林荒山、荒地造林334公顷。为保证退耕还林工程质量，提高工程建设成效，荔浦县依据自治区林业局印发《广西壮族自治区退耕还林工程作业设计实施细则》，结合全县实际，编制完成了《荔浦县2003年度退耕还林工程作业设计说明书》。

荔浦县退耕还林工程建设范围包括:荔城、马岭、东昌、新坪、杜莫、青山、三河、修仁、茶城、蒲芦、大塘、花篢、双江等13个乡镇,涉及109个村,829户。工程作业施工从2002年12月开始到2003年8月底结束,历时9个月,共完成退耕地造林1334公顷,占任务的100%,宜林荒山、荒地造林334公顷,占任务的100%。整个工作分准备阶段、技术培训阶段、外业调查阶段、内业统计等四个阶段进行,其中内业统计阶段在南宁进行,由广西林业勘测设计院和荔浦县林业局共同承担完成。

农民从该项目实施中,可直接获得210斤/亩粮食,20元/亩管护费,50元/亩的种苗费,种生态林连补8年,经济林连补5年,给全县农民人均增收18元。

【珠防林建设】

荔浦县境内主要河流荔浦河和马岭河,属珠江上游支流,汇入平乐桂江,属珠江水系二级支流。根据自治区桂林计发〔2000〕299号文件精神,按照"统筹安排,因害设防,突出重点,量力而行,分批实施"的原则,为加强水源林区域森林资源保护和建设,维护生态安全。荔浦县从2000年开始实施珠江防护林工程国债投资项目。该工程项目涉及荔浦县13个乡镇,1个国有林场,50个行政村,103个林班,344个小班,按规划设计,通过精心施工,荔浦县2000、2001两年共完成人工造林1509.6公顷,封山育林2724.1公顷。同时,完善了管护制度,为珠江上游防护林的资源发展注入活力。

【生态公益林补偿】

开展森林生态效益补助资金工作,加强重点防护林和特种用材林保护和管理,是森林分类区划界定后保护和改善生态环境的重要举措,是保护森林资源,维护生态安全,实施林业可持续发展战略的前提。根据财政部和国家林业局财农函〔2001〕7号,自治区财政厅和自治区林业局财农函〔2002〕9号,自治区财政厅桂财农〔2002〕4号等文件精神,按照《广西森林生态效益补助资金试点实施方案编制技术操作细则》的要求,荔浦县于2002年1月,以森林分类区划界定成果为依据,编制了《荔浦县森林生态效益补助资金试点实施方案》,在全县森林分类区划界定范围内共区划界定生态公益林20783.1公顷,从2001年开始至2003年,国家每年投资132万元,其中群众直接受益109万元。森林生态效益补助的实施,对于保护和发展生态公益林起到了积极的作用。

【林产工业】

自改革开放以来,由于思想解放,观念更新,大量引进县外资源,荔浦县林产工业得到了迅速发展,形成了以造纸,木衣架产品系列,竹木加工为主的林产工业体系。林产工业成为继荔浦食品工业之后又一重要基础产业。

一、造纸业

广西林业荔浦纸业有限公司(原荔浦造纸厂)是一个上规模的中型造纸企业。该厂设备先进,技术力量雄厚,具有生产工艺完备的技术手段,建厂四十年来,通过不断的技术改造,特别是1990年,1996年的一、二期工程技术改造,扩建2.0万吨木浆项目和配套6000吨碱回收系统,扩建5.0万吨采用外购OCC废纸和自制木浆生产仿牛皮卡纸项目,年生产规模已达10万吨,并率先建立了碱回收和终端污水处理系统,彻底解决了困扰该厂发展的污染问题。该公司主要产品有:全木浆牛皮纸、牛皮卡纸、仿牛皮卡纸、白面卡纸、纸袋纸、牛皮纸、马赛格衬纸、挂面箱板纸、高强瓦楞纸等。是国内生产各种包装用纸规格齐全的企业之一。产品质量稳定。牛皮卡纸1995年获广西区优质产品奖,1998年获名优产品奖,全木浆牛皮卡纸2001年获名牌产品奖,1998年仿牛皮卡纸经广西区质检所抽检检测质量达到国家A级。成为首选包装用纸的厂家。2000年10月,公司顺利通过了中国兴轻质量认证中心认证,取得了IS 09002认证证书,成为广西造纸行业首家通过质量认证的企业。该公司年生产用材8万立方米,95%以上是县外购进材,2003年该公司销售收入15579万元,实现利税1267万元。

二、木衣架产品系列

荔浦县木衣架生产行业起源1988年,10多年来,几经沉浮。发展到今天,已有了64家大中型木衣架生产企业,其中,外商合资企业2家,外商独资企业8家,就业人数达8000多人,2003年销售收入24607万元,实现利润1416万元,上缴税金2793万元,年消耗木材40000立方米,100%靠从外地购进材料。年生产各类型木衣架1.5亿只左右,产品除销售国内以外,80%以上出口销往美国、加拿大、德国以及东南亚等地区,成为国内木衣架系列产品生产基地。木衣架的材料主要是荷木,荔浦县荷木资源较少,近几年来,为保护水源林资源，荔浦县没有杂木的砍伐指标，木衣架原料100%要靠外地调入。各生产企业，依靠市场优势，拓宽材源渠道，近从广东、湖南、云南、贵州、江西等省调入，远靠从国外进口。利林公司2003年5月一次性从国外进口22个货柜计500立方米规格板材，取得成功效益。木衣架系列产品现已成为荔浦最大的纳税行业之一，不仅安置了大批农村剩余劳动力，而且带动了电镀、运输、包装、油漆、涂料等相关产业的蓬勃发展，为荔浦社会经济的发展做出了积极的贡献。

（荔浦县林业局）

恭城瑶族自治县林业

【概　述】

恭城瑶族自治县是广西重点林业县，位于广西东北部，桂林市的东南面。全县总土地面积322.3万亩，辖9个乡（镇），全县总人口27.8万人。林业用地面积为256万亩，占全县总土地面积的79.4%，其中有林地面积229万亩；林业活立木蓄积量为578.1万立方米，森林覆盖率为77.09%，林业用地绿化率为98%；用材林、防护林、经济林结构为4∶4∶2。多年来在自治县委、县人民政府的高度重视下，在上级业务部门的大力支持及扶助下，生态环境建设取得了明显成效。生态的发展，林业有着不可磨灭的贡献。继1992年实现造林灭荒达标、1994年实现全海拔绿化达标后，1998年获“全国造林绿化百佳县”光荣称号，闻名全国的“三位一体”（恭城模式）生态农业得到了广泛认同和普遍推广，恭城瑶族自治县也因此成为国家级生态示范区和国家级可持续发展实验区。

【退耕还林工程】

2002年度恭城瑶族自治县开始实施退耕还林工程，2002年实施退耕还林3.0万亩，其中退耕地造林1.5万亩，配套荒山造林1.5万亩；2003年恭城瑶族自治县实施退耕还林2.0万亩，其中退耕地造林1.5万亩，配套荒山造林0.5万亩。按照退耕还林政策及时将钱粮兑现到退耕农户，到目前为止，共兑现了三个年度的粮食及生活补助：2002年度兑现粮食2192579公斤，生活补助293027.87元；2003年度兑现粮食4352868公斤，生活补助212593元。退耕还林政策深入民心，造林质量通过了广西、市及国家林业局的检查验收，坡耕地得到了有效治理，减少了水土流失。

【封山育林及石漠化治理】

通过封山育林、禁止放养山羊工作，把植被覆盖率由原来的32%增加到现在的77.09%。全县沼气用户达5.5万户，占总农户的85.3%，沼气入户率占全国之首，74.06万亩的生态公益林得到了严格管护，对封山育林、生态环境的保护起到了极大的促进作用。至2003年，全县累计实行封山育林面积达70多万亩，特别是公路沿线的石山封育，通过人工造林补植，禁止放养山羊，严禁砍柴割草和加强坡地植被保护等措施，给恭城瑶族自治县的生态建设取得了可喜成效，水源林区74%的生态公益林也得到了严格的保护，并禁止任何商品性采伐等活动，林分质量普遍提高。同时封山育林与石漠化治理相结合取得了初步成效，共完成石漠化治理1万多亩，取得了生态效益、经济效益双赢的治理经验。

【森林生态效益补助试点】

2001年恭城瑶族自治县开始实施74.06万亩森林生态效益补助资金试点，按照国家政策，每亩补助3.5元。2001～2003年三年共兑现生态补助资金755.8万元。在三年试点的基础上，按国家和自治区林业局的要求，恭城瑶族自治县的原森林生态效益补助资金试点面积74.06万亩已纳入国家重点公益林补偿资金范围。森林生态效益补偿的实施，为恭城瑶族自治县的森林资源保护，提高林木的林分质量，生态环境的建设做出了巨大贡献。

【森林资源保护】

恭城瑶族自治县是广西重点林业县，土地总面积322.3万亩，共有35个山区或半山区行政村，6万多林农。全县共有莲花、马湾、虾里洞、龙虎、黄庙5个自治区级木材检查站。这五个木材检查担负着全县木材外销运输的检查工作，对严格控制乱砍滥伐、无证运输木材，保护恭城瑶族自治县森林资源，改善生态环境发挥了极大的作用。

为了保护、培育恭城瑶族自治县森林资源，改善生态环境，巩固恭城瑶族自治县生态建设成果。2001年自治县人民政府根据自治县第三届人民代表第三次会议通过的《关于保护生态环境禁止放养山羊的规定》，及时发布了在全县范围内禁止放养山羊的《通告》。县林业局及时组织力量，对全县的养羊户进行摸底调查，了解全县养羊的户数和山羊数量及放养情况，制订了禁放山羊工作实施方案，并出动宣传车到各乡镇进行广泛宣传，翻印《通告》并逐一发给各养羊户家中，向群众宣传保护生态环境的重要性和放养山羊对石山植被、生态环境的危害性。2003 年，自治县人民政府又出台了《关于加强保护林地坡地植被的通告》，严禁在 25°以下、5°以上的荒坡地从事开垦、滥采、乱挖、复耕、擅自改变林地用途等毁坏植被的行为，以防止水土流失。两个《通告》的出台，为保护恭城瑶族自治县森林资源及森林植被恢复和生态环境建设起到了重大作用。

经自治区人民政府批准，划定了银殿山水源林动植物保护区、海洋山水源林保护区。现在银殿山、海洋山保护区内有丰富的森林植物资源和珍稀保护动物，森林植物资源主要有壳斗科、茶科、樟科、木兰科、金缕梅科等常绿阔叶林。属国家二、三类保护树种的有三类杉、猪血木、福建柏、三角枫、五角枫、华南五针松、黄枝油杉、红豆树、竹柏等。属国家一类保护的珍稀动物有黄腹角雉、金猫。属国家二类保护的珍稀动物有猕猴、短尾雉、穿山甲、大灵猫、小灵猫、麝香、红腹角雉、猴面鹰、娃娃鱼等。两个自然保护区有林面积大，林分质量及郁闭度高，对涵养水源、保持水土、改善生态环境起到重要作用。

【野生动植物管理】

严格按照《中华人民共各国陆生野生动植物保护实施条例》和《中华人民共和国野生植物保护条例》的规定，对恭城瑶族自治县的陆生野生动物资源实现严格保护，一些珍稀的植物进行重点保护，并对古树名木重新核查挂牌；通过收缴枪支、禁止乱捕乱猎等措施，各种野生动物成倍增长，人与自然和谐相处，动物与人类和平相处，现在各种鸟类在县城人类居住繁多的地段随处可见，使恭城瑶族自治县成为一个鸟语花香、山川秀美、生态优良、和谐文明的现代化瑶乡。

【护林防火及森林病虫害防治】

全县的护林防火工作实行任期行政首长责任制，切实加强防火工作的领导，县、乡行政首长为第一再会人，防火队伍、防火制度健全，防火经费纳入县财政预算，同时林业部门积极做好森林生物防火林带建设和护林防火宣传，由于措施得力，发现火警扑救及时，“十五”期间的前 3 年，每年森林火灾受害面积及森林火灾受害率都控制在自治区人民政府下达的控制指标以内，没有发生大的火灾。同时森林病虫害防治工作也取得可喜的成绩。在恭城瑶族自治县主要发生的森林病虫害为马尾松毛虫，每年发生的面积在 1 万亩左右，由于强化了预测预报，实施生物及药物防治，每年防治面积达到 100%，森林病虫害防治率也相应地达到 100%。防治效果很好，几年来都没有发生大规模的马尾松松毛虫危害，森林病虫害防治工作得到广西、桂林市两级林业主管部门的表彰。

（恭城县林业局）

梧州市林业

【概　述】

梧州市位于广西壮族自治区东部，北回归线横穿市内南部，属南亚热带季风气候，光、热、水资源丰富，自然条件优越，植物生长季节长，发展林业得天独厚。从 20 世纪 50 年代初开始，梧州市人民政府每年都组织发动群众进行植树造林，使森林覆盖率逐年上升。全市森林覆盖率 1949 年为 28.6%，1999 年为 71.6%（林业资源二类普查）。梧州市森林资源比较丰富，主要为马尾松和杉树，及稠栎类树种，名贵树种红椎、格木等；林副产品主要有松脂、桂皮、八角、茶油、竹笋等；水果主要有荔枝、龙眼、板栗、柑橙、柚子等；有稀有的野生保护动物穿山甲与人工繁殖的黑叶猴等；尚有不少森林风景资源正待开发。市区的森林以风景林为主，主要的有马尾松、梧桐、白兰、榕树、人面、蝴蝶果、台湾相思、樟树、芒果等。1990 年 10 月 17 日，经梧州市八届人大常委会审议决定，以梧桐树为梧州市市树，宝巾花和紫荆花为市花。梧州市历史上就有木材经营和林产品加工的习惯，解放前和解放初期，西江流域和湘、云、贵、川等地的木材及林副产品都流经梧州加工或集散后远销粤港及东南亚。

【林业成就与发展】

梧州市长期以来十分重视林业生产，把发展林业作为经济建设的支柱产业之一。1994 年实现灭荒达标，1997 年实现绿化达标。1997 年后，围绕绿色通道、珠江防护林体系和退耕还林等生态环境重点工程建设进行造林绿化和封山育林，同时，实施林种结构调整，建设百里八角长廊和速生丰产林工程。到 2000 年，全市有林面积达 94 万公顷，森林总蓄积 2712.35 万立方米，2003 年实现林业产值 13.6 亿元。2003 年 9 月中共中央、国务院做出了《关于加快林业发展的决定》，梧州市根据《决定》的精神，结合实际，提出迅速并大幅度提高林业经济效益，实现林业跨越式发展的目标：实施六大生态工程（公益林保护工程、退耕还林工程、珠防林工程、城镇周边森林景观工程、江河两岸绿化画廊工程、交通沿线绿化通道工程），营造山清水秀的优美环境；建设四大产业基地（20 万公顷速生丰产林基地、13.3 万公顷采脂林基地、16.7 万公顷经济林果基地、0.17 万公顷花卉基地），发展林产林化工业（人造板工业、木浆造纸工业、以松脂深加工为主的林化工业、天然香料工业）和生态旅游业，把林业产业建设成为梧州市经济的支柱产业，把全市的森林覆盖率保持在 72% 以上，到 2010 年，林业总产值达到 60 亿元以上，生态环境基本保持平衡，城乡处处山川秀美；到 2020 年，生态环境步入良性循环，林业产业发达，林业总产值达到 120 亿元，成为真正的林业大市、强市；到 2050 年，实现人居环境优美、人民生活富裕的目标，步入生态文明社会。

【林业管理机构的历史沿革】

民国时期，梧州市无林业管理的专门机构，市区设有园林管理处管理城区绿化，1950～1957 年，梧州市人民政府（后称梧州市人民委员会）建设科内设园林组，负责全市园林绿化工作。1975 年，梧州市人民委员会将建设科改为建设局，内设园林科负责全市园林设计规划和林地管理。1960 年 2 月，梧州市人民委员会建立农林水利科。1961 年 11 月，梧州市人民委员会成立农业畜牧局，农林水利科划归农业畜牧局管理，局长彭伟宗。1964 年 8 月，梧州市人民委员会将农业畜牧局改称为农林水利局（领导人未变动），下设农林办公室。1968 年 8 月，梧州市革委会实施“精简机构，下放干部，合并办公”的政策，将农林水利局改称为市革委会生产组农林水小组，组长龙耀南。1972 年 12 月，以原农林水小组为基础，恢复农林水利局，当时合署在革委会办公，局长杨承良。1974 年，农林水利局改称为农林水利电力局。1979 年初，市郊区政府撤销，同时为了业务与上级部门对口，梧州市成立林业局，未设局长，副局长陈树生。1983 年 8 月至 1984 年 2 月，局领导空缺，由局秘书主持行政工作。1984 年 3 月，杨澄代行局长职责，8 月任局长，同年 11 月，梧州市林业局并入市农业委员会，为林业科，对外仍称林业局。1986 年后，林业局逐步充实人员，相继设立了行政秘书（办公室）、林政、营林林场、公安、计划财务、基建工业、科技教育等科；下设林业技术推广、森林病虫害防治检疫、农村能源、野生动物保护、林业工作、木材检查、林政稽查队等站（队），同时市人民政府先后设立森林防火办公室、新闻纸厂筹备处、林业部梧州地区外向型林业改革试验区梧州市办公室等机构，挂靠在林业局内办公。2000 年 7 月，梧州市进行行政机构改革，林业局是市人民政府组成部门，为全市林业行政主管部门，内设办公室、营林科、林政资源管理科、计划财务科、森林公安分局、森林防火办公室等 6 个科（室、分局）。1984 年 2 月，苍梧县划入梧州市管辖，1997 年 2 月，藤县、蒙山县划入梧州市管辖，并代管岑溪市，其林业部门设置不变。2003 年 3 月，梧州市部分县、区行政区划调整，撤销市郊区成立长洲区，原苍梧县所辖倒水、夏郢、旺甫镇分别划入长洲、蝶山、万秀区，并在 3 个城区设立农林水牧局。1979～2003 年 12 月，梧州市林业局历任领导：局长杨澄、邱琦林、龙丕怀；党组书记：杨澄、龙丕怀、刘志仁；副局长陈树生、韦世汶、林为镇、黎廷安、黎天峰、潘煜初、龙丕怀、祝家彪、邵锦贤、冯柱新、谢善高、雷华声。

20 世纪 60 年代，梧州市造林绿化的方式以人工造林、封山育林为主，大面积的荒山则采用飞机播种造林，1968 年首次在宜林荒山进行飞播造林。根据历次森林资源普查，全市有林面积 1972 年为 1.2 万公顷，1991 年为 1.81 万公顷，2000 年全市有林面积达 94 万公顷。

（梧州市林业局）

【速生丰产林建设】

20 世纪 70 年代，梧州市开始在国有林场、乡村林场营造速生丰产林。2000～2003 年，共营造速丰林 1.35 万公顷。主要树种有马占相思、桉树、毛竹、良种松、大叶栎、麻竹等。先后在梧州市投资速生丰产林建设的有：印尼金光集团、梧州福莱斯三威林业有限公司、南宁桂绿农林科技开发有限公司、南宁翼虎房地产有限公司。

（梧州市林业局）

【经济林建设】

梧州市栽培经济林的历史悠久，名优品种有

龙眼、荔枝、八角、玉桂、笋用竹、油茶、柚子、柑橙等。国家林业局授予岑溪市为评为“全国经济林建设示范县”、“玉桂之乡”;藤县为“玉桂之乡”;苍梧县被评为“八角之乡”。2003 年,全市有经济林 15.23 万公顷。按植物品种分:龙眼 0.73 万公顷,荔枝 1.97 万公顷,八角 5.53 万公顷,玉桂 4.69万公顷,笋用竹 0.11 万公顷,油茶 1.03 万公顷,柚子 0.38 万公顷,柑橘 0.19 万公顷,其他 0.6 万公顷。经济林果正常年总产量 6.26 万吨。

(梧州市林业局)

【封山育林】

经过多年的封山育林,全市共封山育林 20.43 万公顷,2003 年在封面积 1.79 万公顷,待封面积 1.62 万公顷。在封山育林区组建专业护林队伍,签订护林合同,树立育林公告碑牌,实施封山育林。乡村制定有乡(村)规民约,严格实行封育期间不准毁林开荒,不准打柴割草,不准放养牛羊,不准挖兜采药,不准猎捕动物、不准采石取土等“六不准”。

(梧州市林业局)

【退耕还林工程】

2002 年开始实施退耕还林工程,至 2003 年共完成退耕还林工程建设 1.5 万公顷。全市退耕还林种苗补助费为 1125 万元,补助农户生活费 160 万元、粮食 1200 万公斤。

(梧州市林业局)

【珠江防护林工程】

1996 年珠江防护林工程试点启动,全市 7 个县(市、区)都曾列入过年度工程建设单位,共投入国债资金 4621 万元,造林 3.62 万公顷,其中 2003 年投资 183.6 万元,造林 2180 公顷。

(梧州市林业局)

【绿色工程】

绿色工程开始于 1999 年,当年完成宜林地造林 2066.2 公顷、公路用地和河流护岸用地种植 8.22 万株、城镇、村(屯)居民四旁 100 米范围种植 2.65 万株、退耕还林 299.47 公顷。2000 年宜林地造林 2013.58 公顷、公路用地和河流护岸用地种植 13.68 万株、城镇、村(屯)居民四旁 100 米范围种植 9.76 万株、退耕还林 578 公顷。2001 年全年做好 1999 年和 2000 年的补植工作。2002 年绿化里程 71.5 公里,完成植树造林 8767.8 公顷。2003 年宜林地造林 395.8 公顷、封山育林 402.51 公顷、退耕还林 141 公顷、疏残林改造 100 公顷。

(梧州市林业局)

【全民义务植树】

1981 年 12 月 18 日梧州市成立绿化委员会,下设办公室,办公地点设在梧州市园林管理处(局),1996 年改设在梧州市林业局,统一组织市区公民的义务植树活动。1998 年被授予“广西园林城市”。2000～2003 年参加义务植树共 502.4 万人,植树 2875.66 万株,铺草坪 9.83 万平方米,建立义务植树基地 62 个;其中 2003 年参加义务植树 147.4 万人,完成植树 841 万株,铺草坪 3.6 万平方米,义务植树基地 10 个。全市城市绿地总面积 1810 公顷,绿地率 42.49%,城市绿化覆盖率 44.54%。

【林政管理机构建设】

1986 年前,没有设立专门的林政组织机构,1986 年 11 月,设立林政科,配备工作人员 2 人,各县(市、区)相继于 1990 年前设立林政股,至 2003 年,全市林政科(股)工作人员 75 人。

1954 年,在西江木材水运局设立梧州木材检查站,为广西区直属站,“文革”期间被撤销。1974 年自治区革委会提出恢复和建立。1985 年,经自治区政府批准,梧州市辖共设木材检查站 19 个。经 1989 年及以后对公路检查进行整顿,2003 年保存木材木检站 16 个,工作人员 116 人。

1998 年 3 月 25 日在梧州市木材检查站的基础上成立广西第一支林政稽查队,编制 11 人。各县(市)也先后成立了林政稽查队,林政稽查人员达 42 人。2003 年 8 月 5 日将原苍梧倒水、大漓口、旺甫三个木材检查站及梧州水陆木检站人员合并,组建广西第一支林政稽查支队,编制 66 人。

(梧州市林业局)

【森林资源调查与监测】

1960 年,全市开展了解放后第一次林业综合普查,以五万分之一地形图为工作图,初步摸清了全市林业资源状况。“四五”期间(1972～1974 年)采用双重抽样的调查方法,在自治区林业勘测设计院技术人员的指导下,开展了全市第二次林业普查。1984～1985 年,在梧州地区林校师生的协助下,完成了森林资源二类调查。1990～1991 年,由广西农学院林学分院派出技术人员会同本市林业工作者,完成了全市第四次森林资源二类调查。1995 年,在现有连清点的基础上,开展了第五次资源连清复查工作。1999～2000年，利用卫星遥感图像建立新一轮连清数据库，开展第六次资源连清复查。

经2000年卫星遥感调查，全市有林地共94万公顷，森林总蓄积2712.35万立方米，森林覆盖率为71.6%。

（梧州市林业局）

【林地林权管理】

1981年7月1日，梧州市人民政府批转市林业局《关于落实山界林权工作的意见的通知》，全市开展以“稳定山界林权，划定自留山和确定林业生产责任制”为内容的林业“三定”工作，至1984年底，经过林业“三定”确定了山林权属，颁发了山界林权证。1995年3月实行使用林地许可证制度，截至2000年11月，全市核发《使用林地许可证》40份。2001年实施《占用征用林地审核审批管理办法》。2001～2003年，全市合法征占用林地98宗，其中2003年合法征占用林地71宗。2002年2月岑溪市因吉水公路未经许可擅自改变林地用途面积3.35公顷被国家林业局通报；2003年4月，蒙山县因蒙苍二级公路旧路改造工程未经许可，擅自改变林地用途面积9.2848公顷被国家林业局通报。2003年11月，广西壮族自治区林业局在梧州市召开退耕还林地林权发（换）证登记培训班，揭开了梧州市退耕还林地林权发（换）证登记工作的序幕。

（梧州市林业局）

【森林采伐与采伐限额管理】

1985年以前，木材生产均按政府下达的生产计划进行采伐。1985年，梧州市执行国家南方集体林区木材开放政策，曾一度出现乱砍滥伐、乱收滥购现象，致使年木材采伐量超正常年份2000多立方米，1987年，实施首期年森林采伐限额制度，1991年执行采伐限额管理。1997年起正式签订《县级领导干部任期森林资源消长目标责任制》。

（梧州市林业局）

【木材流通管理】

1952年底梧州市木材公司成立，负责梧州市的木材经营业务；对木材业私商及木行作坊则采取控制木材货源，供应少量木材给予零售加工。1954年加强了木材管理，除竹类、杂木和木柴外，主要树种材种均依法实施管理，规定梧州市木材公司为国家采伐、收购、供应国家用材与调剂市场用材机构，设立了木材交易所，凡从产地运来的木材，均向交易所登记，全部卖给木材公司，由木材公司专司木材供应调拨，实行统购统销。1981～1984年，形成木材收购双轨制，部分实行统购、部分实行议购。1985年，实行计划砍伐、自主经营、议购议销，规定木材购销活动在木材交易市场进行，任何单位和个人不得直接进入林区采购，木材运输实行一票（木材砍伐票）二证（木材砍伐证、木材运输证）和市、郊两级管理办法，木材要凭证采伐、凭证运输和销售。1988年，梧州市人民政府发出《关于加强木材、木柴、木制品管理的通知》，规定木材实行林业部门一家收购，多家销售的办法，实行按计划验证收购，由木材收购单位统一批发供应。2003年，全市仍然实行一家收购，多家经营政策，木材凭证采伐、凭证运输。

（梧州市林业局）

【野生动植物保护与管理】

解放初期，华南虎、豹曾出没市郊偏僻的山林、村庄，20世纪60年代后期，虎豹在市郊山林乡村已绝迹。全市现有属国家保护的珍贵动物有40多种，其中一、二类保护动物有19种，如蟒、黑叶猴、猕猴、小灵猫、穿山甲等；濒危稀有野生植物有锯叶竹草、楠木、野生荔枝、桫椤、格木、紫荆木、水松、观光木等。1991年成立梧州市野生动物保护协会之后，各县（市）也相继成立了保护协会。2003年共查处破坏野生动植物违法犯罪案件40多起，行政处罚20多人。从1992年开始，全市共办起各类野生动物养殖场9个。1973年3月在园林处开始人工饲养国家一级濒危动物黑叶猴，1977年人工繁殖成功，至2001年繁殖149只，育成仔猴114只，成活率76%，1999年第四代仔猴诞生，至2003年怀305胎成活238只，其中公101头，母137头，成活率78%，成为世界上最大的黑叶猴人工饲养繁殖种群。

（梧州市林业局）

【森林防火】

自20世纪90年代以来，梧州市作为国家Ⅰ级火险区，推行全年防火，其中6～8月为一般防火期，9月至翌年5月为特别防火期，2～4月视情况实行戒严。2000～2003年共发生森林火灾146次，其中2003年发生84次。

森林防火体系。1960年12月，湘粤桂3省（区）44县市护林防火联防第三次会议在梧州市召开，1962年12月梧州市加入了湘粤桂三省

(区)边界护林防火组织，与苍梧县、广东省郁南县、封开县组成第7联防区。1975年，梧州市成立造林护林防火指挥部，后改称梧州市森林防火指挥部，下设森林防火办公室，负责森林防火日常业务工作。1993年建立专业森林消防队。至2003年有专业森林消防队6支，人员147人；半专业森林消防队53支，人员1484人；义务森林消防队333支，人员10681人；有专职护林员2270人，兼职护林员763人，风力灭火机313台，各种防火机动车辆34台，瞭望台63座，防火通信短波电台21台，超短波电台及手持对讲机890台(部)，电脑5台，储备库1个，气象台(站)2个。

防火阻隔系统。历史上，梧州市森林防火隔离以防火线为主，自20世纪70年代起营造以荷木、油茶为主的防火林带。至2003年累计防火阻隔网络体系总长8915.4公里，平均每公顷林地9.5米，其中防火线2632.1公里，防火林带3281.6公里，防火公路2001.5公里，其他1000.2公里。

山林火灾。1986年10月25日，梧州外运车队油库失火，火势蔓延到市区白云山公园，中共梧州市委和市人民政府主要领导亲临现场指挥和组织扑救。1993年12月31日，蒙山县新圩镇貌仪村白面山发生山火，武警蒙山县中队中队长王立全为抢救1名镇干部，滑下山崖，摔成重伤，经全力抢救无效牺牲，被武警总部追认为革命烈士，并追记一等功。1997年1月4日，武警梧州市支队战士吴高林在扑救蝶山区发生的山火中，为保护其他战友光荣牺牲，被武警总部追认为革命烈士，并被授予“无私无畏的英雄战士”荣誉称号，在扑救山火战斗中负伤的其他5位战士分别被武警广西总队记二等功。1998年10月17日，梧州市郊区城东镇1扶典村四组上龙尾发生重大森林火灾，过火面积214.37公顷，受害面积143.87公顷，烧毁立木蓄积8582立方米，3名参加扑火的郊区林业局干部、职工负伤。1998年10月23日，苍梧县旺甫镇祝洞村发生重大森林火灾，梧州市森林防火指挥部组织当地驻军、全市专业、半专业森林消防队、林业职工及当地群众共1458人进行扑救，这场大火造成森林受害面积227.2公顷，受到广西区森林防火指挥部通报。2000年3月28日13时，蒙山县陈塘镇陈塘村盘龙屯因村民私自炼山跑火，在扑救中发生扑火人员烧死4人重伤3人的事故，林木受害面积86.97公顷。

(梧州市林业局)

【森林病虫害防治】

梧州市森林病虫害防治检疫工作始于1984年。1988年成立梧州市森林防治站。1989年1月1日起，开始对所有调出广西区外的木材、竹材、种子、苗木实行凭《森林植物检疫证书》办理外运手续。1997年成立梧州市森林病虫害防治检疫站。梧州市主要森林病虫害有松毛虫、湿地松粉蚧、玉桂枝枯病等。

森林病虫害防治体系建设。1988年9月13日，梧州市森林防治站和市林业技术推广站成立，实行一套人马两块牌子，森林防治站定编数4人。1997年8月27日成立梧州市森林病虫害防治检疫站，为市林业局下属全额管理的事业单位，核定事业编制3人。至2003年，全市共有地级测报站1个，县级测报站7个，其中市本级、藤县2002年被定为全区松材线虫病重点监测站，苍梧县、岑溪市、藤县是国家级中心测报点。全市有专职检疫员26人，专职测报员78人，兼职测报员570人，虫情调查固定监测点261个，松线虫病重点监测点481个，一般监测点120。全市已初步形成森林病虫害防治检疫“一站三网”(森防检疫站、测报网、检疫网、防治网)体系。

(梧州市林业局)

【森林公安工作】

1987年11月18日，梧州市编制委员会下文批准同意设梧州市公安局林业公安科，配人员编制4人，受市林业局，市公安局双重领导，行政关系列入林业局管理。2001年11月梧州市人民政府关于林业局职能设置内设机构和人员编制规定，林业公安科改为森林公安局。2003年7月，梧州市机构编制委员会下文，同意市林业局森林公安局更名为梧州市公安局森林公安分局。同年所辖县(市)森林公安机关均更名为森林公安分局，至2003年全市有森林公安分局5个，森林派出所7个，共有在编民警106人。

1997年以来，全市森林公安机关共受理各类森林和野生动物案件2932起，查处2913起，查处率为99.35%，其中森林刑事案件368起，查破352起，破案率为95.65%，逮捕137人，刑拘168人，查处林业行政案件2443起，林业行政处罚2443人次。查处治安案件79起，治安处罚79人次，送劳动教养23人。1999年、2000年藤县、苍梧县森林公安分局分别获自治区森林公安局记集体三等功，2003年苍梧县森林公安分局评为全区林业严打先进集体。先后有8名民警荣立个人三等功。

(梧州市林业局)

【木、纸、竹加工业】

解放初，木材加工业除梧州木材厂稍具规模外，其余大多数是分散经营、手工作业的私营木器小作坊。1952～1979年，先后建立了一建司加工厂、市木器一厂、梧州火柴厂、梧州铅笔厂等9家木器加工和木材利用企业，生产门窗、锯材、包装箱、家具、办公桌椅、火柴、铅笔等，年总耗约3万立方米木材。造纸业主要为手工操作生产土纸，50年代初手工造纸作坊有8间。1953年，由几家私营出口商转产合股兴办桂梧纸厂，生产普通包装纸和火柴纸，是广西较早的造纸生产企业，造纸产量272吨。1960年，塘源和桂梧两家纸厂合并成立梧州纸厂，产量达2121吨。70年代后期，开始用木材制浆生产纸袋纸、牛皮纸等，年生产木浆纸能力5000吨，年耗马尾松木约2.15万立方米。1951年建立梧州竹器厂，1992年年生产能力7万件。2003年，全市注册登记木、纸、竹加工生产企业203家(户)，生产家具7800多件，竹藤制品6500多件，土纸500多吨。

(梧州市林业局)

【人造板生产】

1958年5月，梧州木材厂建成机制纤维车间，生产了广西第一块硬质机制纤维板，年加工纤维板2000立方米，1989年，梧州木材厂从瑞典、德国引进年产4.5万立方米刨花板生产线，1993年产量5.34万立方米。1996年又投资2.15亿元引进国外先进年产5万立方米的中纤板连续式热压生产工艺和设备，1998年产量达6.28万立方米。1997年再次从德国引进年产200万平方米强化木地板生产线，1999年投资1500万元引进欧洲先进贴面板生产线和地板生产线，使贴面板和强化木地板生产能力分别达到500万平方米/年。“三威”强化木地板获广西名牌产品称号。同年，完成工业总产值3.4亿元，实现税利3313万元。2003年12月，梧州木材厂(后更名为广西三威林产工业有限公司)在塘源筹建高纤板生产线试产成功，设计生产能力达25万立方米。随着珠江三角地区经济辐射和产业转移，胶合板和细木工板生产发展较快，生产企业达12家。2003年，全市共生产刨花板4.9万立方米，中纤板18.7万立方米，强化木地板134万平方米，胶合板1.21万立方米，细木工板0.18万立方米，年产值3.346亿元。

(梧州市林业局)

【松香生产】

早在20世纪40年代，梧州一些县乡的群众就将采割的松脂用火锅直接加工生产松香和松节油。1949年12月，军管会接管梧州松脂厂，1950年6月16日，该厂生产中国第一箱机制松香，当年生产松香109.6吨，松节油8.36吨。1952年11月，首次向日本及东欧各国出口松香1550吨。1964年，该厂自行设计建成年产合成樟脑500吨设备一套。后经改造，年产量达1000吨，产品远销国内外。1970年开始开展松节油深加工业务，1982年10月正式投产歧化松香，年产2万吨。1989年12月通过国家科委主持的合成芳樟醇技术鉴定。1990年，芳樟醇产量5吨，松香总产量2.05万吨。2003年，市辖区共有5家生产企业，生产产品有脂松香、胶粘油墨、涂料、氢化松香、歧化松香等，年产松香及松香制品3.6万吨，创造产值1.45亿元。

(梧州市林业局)

【肉桂、八角等香料加工】

肉桂、八角是梧州市的主要经济树种，占全市有林面积的11.8%。2003年，全市共生产肉桂皮6285吨，八角7685吨，茴油745吨，桂油274吨，同时，还有少量的山苍子油、桐油、桉油等香料原料加工。全市年香料加工产值超过5000万元。

【森林旅游与森林公园建设】

1996年广西林业厅批复同意岑溪市大山顶森林公园立项，结束了全市无森林公园的历史。2003年，经中国风景资源评价委员会审议通过，国家林业局批准，藤县太平狮山森林公园和苍梧县飞龙湖森林公园为国家级森林公园。同年，经广西壮族自治区林业局批准，藤县小娘山森林公园和岑溪市吉太森林公园为自治区级森林公园。至2003年，全市已建立各级森林公园6个，经营面积1.98万公顷，拥有旅游车船67台(艘)，接待床位156张，旅游从业人员268人，投入建设资金559万元。2003年接待游客22.45万人次，其中海外游客1.72万人次。

(梧州市林业局)

【农村生态能源建设】

1985年6月，梧州市人民政府批复建立农村能源环保站，隶属市农牧局。1979年，梧州市农牧局在郊区长洲镇正阳村周滩一组推广圆筒形双管道水压式沼气池10多座，正式开始梧州市有组织的农村生态能源建设。1983～1990年，梧州市推广沼气池30座。1991年2月，市人民政府调整农村能源机构设置，将市农村能源办公室和市农村能源站从市农村能源环保站划分出来，隶属市林业局，实行“两块牌子一套人马”。1991～1993年，市林业局在郊区长洲镇长地村建设农村能源生态示范村，推广省柴灶和新型沼气池，并给一定的补助。1995年5月，梧州市农村能源办研制的农村户用新型沼气通过梧州市科学技术委员会的科学技术成果鉴定。1996年8月2日，梧州市农村能源站承担梧州市科委下达的“立体和善良性循环示范”项目建设，在苍梧县沙头镇新村马安组，石桥培中村小马组和梧州市水电局综合养殖场实施，11月，农村户用新型沼气池被评为广西林业科技进步三等奖。至12月底，该新型沼气池在梧州市推广394座，广西区内推广1600多座。1997年1月，新型户用沼气池进一步改进，增加破壳装置。至2003年累计达30402座，总产气量1440.5万立方米。

（梧州市林业局）

【国有林场】

梧州市有苍梧县天洪岭林场、白南林场，岑溪市七坪林场、油茶林场、紫胶林场，藤县共青林场、小娘山林场和蒙山县白竹林场等8个国有林场。按经营规模分，全部为小型林场，合计经营面积1.99万公顷，有林地面积1.69万公顷，森林活立木总蓄积量111.5万立方米，年商品材产量为3万～5万立方米，在职职工1106人，离退休职工319人。

（梧州市林业局）

【林业工作站建设】

20世纪60年代前，全市无乡镇林业工作站，藤县在乡镇设有林业工作委员会，由区、乡长兼林业工作委员会主任，其他各县（市、区）乡镇的林业管理是县林业主管部门负责，仅在较大的乡镇设立森工站。70年代，各乡镇设林业员，负责乡镇的林业工作。80年代初，各县（市、区）陆续在乡镇建立林业站，由乡镇政府管理或作为县林业主管部门的派出机构。1997年8月，经市编制委员会批准设立梧州市林业工作站，为全额拨款事业单位，定编3人。2000年，除苍梧县的17个乡镇林业工作站为县林业局派出机构外，其他县（市、区）的48个乡镇林业站全部划归乡镇政府管理。至2003年，全市共有林业工作站68个，在编人员370人，其中市本级站1个，定编3人；县级站2个，定编12人，乡镇级站65个，定编355人。“九五”期间，梧州市所辖三县一市一郊林业工作站建设合格县全部达标，均被国家林业部授予“林业工作站建设合格县”称号。苍梧县、岑溪市1996年被广西区林业厅授予“1992～1995年度林业站建设先进单位”，苍梧县、藤县1999年被广西区林业局授予“林业站建设合格县先进单位”，2003年国家林业局通过苍梧县“全国林业工作站建设示范县”项目验收。

（梧州市林业局）

【林业科技推广】

梧州市现有林业技术推广站8个，其中全额拨款机构6个，差额拨款机构1个，自收自支机构1个，定编56人，在编76人，其中：高级工程师4人，工程师33人。市本级无林科所，苍梧县、岑溪市、藤县、蒙山县各有1个林科所，定编70人，在编45人，其中工程师4人。至2003年底，全市拥有国家级良种基地1个，省级良种基地1个。“八五”计划后，全市完成科技推广项目30项，获地厅级以上奖励17项。

（梧州市林业局）

藤县林业

【概　述】

藤县位于广西东部，原属梧州地区，1997年区划调整时划归梧州市管辖，辖19个乡镇，265个村委，人口93.8万。总面积394325.5公顷，林地面积286903.1公顷，占总面积的70.91%。地形以低山、丘陵为主，低山占1.16%，丘陵占81.73%，平原和盆地占17.11%。北回归线从中部经过，属亚热带季风气候，年均气温21℃，日照1721.90小时，降水1470.90毫米。1999年森林二类调查，森林面积271139.9公顷，活立木蓄积量739.7651万立方米，其中森林蓄积量724.7791万立方米，森林覆盖率69.6%。年商品材采伐量约6至7万立方米；年产八角干果9000吨，年加工八角茴油200吨；年产干桂皮5000吨，年加工桂油 260 吨;篙竹约 3000 万根。

【山林权属】

1951 年土地改革前山林主要为私人所有。1951～1952 年土地改革没收地主的山林和“祀山”分给无山或少山农民经营,发给山林土地证。

1956 年山林由个体变为集体,群众一度乱砍滥伐。县委、县政府采取林木林地评价入社的办法,从互助组转初级社、高级社均贯彻“谁种谁收”的政策,使林业生产稳定发展。到 1958 年“大跃进”,林木全部无偿转为人民公社所有。

1958 年砍伐林木大炼钢铁,使全县森林资源受到极大的破坏。

1961 年 6 月,藤县根据中共中央《关于确定林权、保护山林和发展林业的若干政策规定》(简称林业 8 条)、《农村人民公社工作条例(草案)》(即农业六十条),以及自治区党委《农村人民公社工作条例的补充规定(草案)》,对山林实行“四个固定”。

1978 年以后农村经济体制改革,1980 年藤县林业实行“三定”,即稳定生产队、大队、公社和国有单位的山林权属,划定社员自留山,确定社员林业生产责任山。至 1984 年全县完成“三定”发证工作。

【造林】

1953 年起县政府每年下达造林任务,鼓励集体、个人造林。

1958～1976 年全县有 12 次较大规模的群众造林活动。1953 至 1985 年共营造各种林木 14.2533 公顷。1967 至 1972 年先后五次飞播造林,造松林面积 6.7600 万公顷,投资 179.7650 万元,分为大黎(含宁康乡)、平福、黄桑、罗社、濛江五个播区。

1987 年森林资源二类调查,藤县有荒山和残林面积 9.6 万公顷。

1986 年冬县委、县政府作出了《加快林业发展步伐,十年绿化藤县的决定》,决定采取人工造林、封山育林、飞播造林三管齐下的措施造林绿化。1986 至 1991 年全县完成人工造林 103.5 万亩,封山育林 120 万亩,1988 年飞播造林成效面积 52 万亩,使藤县分别提前一年在 1991 年完成造林灭荒,1994 年实现绿化达标的任务。

1994 年森林资源二类调查,藤县有林地面积由 1987 年的 15.2613 万公顷,增长到 24.8413 万公顷;活立木蓄积量由 1987 年的 570.92 万立方米上升到 697.71 万立方米;森林覆盖率也由 1987 年的 40.2%上升到 69.6.1%。由于绿化达标的实现,全县林业经济约占全县财政收入的 30%,成为全县农村经济和财政收入的支柱之一。

1993 年冬,县委、县政府为改变全县林种结构过于单一,经济林比例少,林业经济效益不高的状况,实施了农业综合开发的“523389”工程,计划到 1998 年全县发展玉桂种植面积 3.3333 万公顷,八角 1.3333 万公顷,水果 2 万公顷。

1999～2003 年,藤县着重抓了珠江防护林、速丰林、绿色工程、森林分类经营、梧州市百里八角长廊藤县段建设,以及国家森林生态效益补助试点、退耕还林等营林基础性工作。同时积极抓好森林资源林政管理、森林病虫害防治和森林防火、农村能源建设等工作,使全县的林业走上可持续发展的轨道。

1995～2003 年藤县林业获得全国森林资源管理先进县、全国松脂生产基地县、全国飞播林管护示范基地县、全国肉桂生产基地县、全国造林绿化百佳县、全国造林绿化先进集体、全国林业生态建设先进县、全国经济林建设先进县、中国名特优经济林肉桂之乡、全国森林经营示范县等荣誉。1994 年陈奇香荣获“全国绿化奖章”,2003 年黄寿森荣获“全国林业先进工作者”称号。

【珠江防护林】

藤县是国家“九五”期间首批启动的珠江防护林工程建设重点之一。1999 年、2002 年分别承担了国债项目建设。

1999 年完成项目面积 3211 公顷,占计划任务 3200 公顷的 100.3%,其中人工造林 2211 公顷,占任务 2200 公顷的 100.5%;封山育林 1000 公顷,占任务的 100%。项目建设投资 821 万元,其中国债 273 万元,地方配套 50 万元,部门扶持 100 万元,群众自筹 398 万元,群众投工投劳 12 万个工日。

2000 年完成项目面积 2203.9 公顷,占计划任务 2200 公顷的 100.2%,其中人工造林 903.9 公顷,占任务 900 公顷的 100.4%;封山育林 1300 公顷,占任务 1300 公顷的 100%。项目建设投资 402 万元,其中国债 86 万元(1999 年余)财政债券专项资金 150 万元,县财政配套 75 万元,部门自筹 32 万元,群众自筹 59 万元,群众投工 11 万个工日。

2002 年完成项目面积 1614.1 公顷,占计划任务1600公顷的100.88%,其中人工造林614.1公顷,占任务600公顷的102.4%,封山育林1000公顷,占任务的1000公顷的100%。项目建设投资299.6万元,其中中央预算内西部专项资金150万元,地方配套38万元,群众自筹111.6万元,群众投工19.98万个工日。

【绿色工程】

1998年实施绿色工程以来至2003年,共完成绿色工程造林3042公顷,投入资金870.9万元,其中1998年造林808公顷,投资232.4万元;1999年造林647公顷,投资198.6万元;2000年造林412公顷,投资182.9万元;2001年造林549公顷,投资97万元;2002年造林303公顷,投资82万元;2003年造林323公顷,投资78万元。

【森林分类经营】

2001年5月藤县24个乡镇(场、所)完成了森林分类区划界定,全县划界面积286903.1公顷,其中生态公益林(地)面积103854.4公顷,占36.2%;商品林(地)面积183048.7公顷,占63.8%。公益林(地)中国家级面积64740.7公顷,占62.34%;省级面积25167.6公顷,占24.23%;地(市)级面积2746.4公顷,占2.64%;县级面积11200.2公顷,占10.79%。

【国家森林生态效益补助试点】

按重点防护林、特种用途林保护和管理试点有关规划原则,全县列入试点范围的乡(镇、场、园)有21个,138个村委(场、站、园)共57799.0公顷。试点面积中按林木权属分:国有的面积6.3公顷,占0.01%;集体的面积57710.4公顷,占99.85%;个人的面积82.3公顷,占0.14%。在试点面积中重点防护林面积56670.8公顷,占总面积的98.05%;重点特种用途林面积1128.2公顷,占试点总面积的1.95%。每年中央财政补助资金投入为368.5万元。其中用于重点防护林和管理费用361.3万元,占98.05%,用于重点特种用途林保护和管理费用7.2万元,占1.95%。

【森林病虫害防治】

1999~2003年,藤县森林病虫害发生面积14881公顷,发生率1.1%;成灾面积1820公顷,成灾率0.13%。其中马尾松毛虫发生面积7223公顷,成灾面积100公顷;马尾松尺蠖发生面积5215公顷;玉桂枝枯病发生面积362公顷;松叶蜂发生面积1954公顷;八角尺蠖发生面积127公顷。森林病虫害防治面积12576公顷,防治率92.8%;其中生物防治面积10260公顷,生物防治率81.6%。实施产地检疫种子16.5吨,苗66公顷,木材检疫43.3万立方米。1999年使用1.5万公斤白僵菌粉,开展了历史上第二次飞防工作,投入30万元资金,完成作业面积1万公顷。

1999~2003年,藤县森林病虫害目标管理年年达标。2001年度藤县森防检疫站被国家林业局评定为森防标准站,2002年列为广西松材虫病监测点,2003年被国家林业局定为国家级森林病虫害中心测报点。

【封山育林】

藤县的封山育林工程从六十年代中期开始试行,多年开展对一些林地进行死封、活封3~5年,对提高森林覆盖率卓有成效。1988年以来全县用社会系统工程的方法实行封山育林面积8多万公顷,成效显著。与同样面积造林相比节约资金1872万元。1991年自治区林业厅在藤县召开了全区的封山育林现场经验交流会,藤县连年获自治区封山育林一等奖,自治区林业科技一等奖,自治区科技进步三等奖。1999年以来,年均新增封山育林面积666.6666公顷以上。

【林木种苗建设】

50年代后期分别设立了国营濛江、太平安福苗圃场,生产面积均在3.3333公顷以上。1978年建设了66.6666公顷的部、省联营大芒界马尾松种子园,现已投产。八十年代中期县里设立林木种苗站。1990年经自治区林业厅批准建设了3333公顷马尾松采种基地,投资40万元;2001年自治区林业局又批复了基地改扩建计划,面积2000公顷,投资180万元,其中中央财政144万元,地方财政36万元。马尾松采种基地丰产年可提供5多万公斤优良种子。

【退耕还林工程】

2003年,藤县被列为全国退耕还林项目县。全县共完成造林任务3333公顷(其中退耕地造林666公顷,宜林荒山荒地造林2667公顷),占任务的100%,全县生态林比例为92.41%。项目签订退耕还林合同农户1662户,共发放粮食150万公斤,涉及21个乡(镇、场)134个村,335个林班,850个小班,2082个作业小班。2004年列为广西退耕还林项目林权证发放试点单位。藤县应用退耕还林工程信息管理系统,实现档案管理的数字化和网络化，应用“3S”技术建立了小班属性图库，做到“户有证、村有卡、乡有簿、县有机”。

【森林资源】

1956年、1960年、1972年森林总面积、总蓄积依次为5.1740万公顷，374.36万立方米；13.1027万公顷，609.91万立方米；21.1387万公顷、653.58万立方米。

1987年森林资源二类调查，全县林业用地27.9207万公顷，占全县总面积70.86%，有林地15.2613万公顷，活立木蓄积570.9185万立方米，森林覆盖率38.73%。马尾松占林地面积的77.29%。

1994年全县林面积28.6151万公顷，占全县总面积的72.6%，森林覆盖率69.6%，活立木总蓄积739.7651万立方米(其中森林蓄积724.7791立方米)。其中杉木面积1.2315万公顷，蓄积68.5449万立方米，马尾松17.4862万公顷，蓄积54.5805万立方米，湿地松8139.6公顷，蓄积20.0489万立方米。

1999年森林二类调查，全县土地总面积39.4326万公顷，其中林地面积28.6151万公顷，占72.6%。林地面积中，森林面积26.2285万公顷，占91.7%；疏林面积264.7公顷，占0.1%；灌木林面积1.1992万公顷，占4.2%；活立木林地面积1.1574万公顷，占4.0%；苗圃地面积35.8公顷。森林覆盖率69.6%，活立木蓄积量739.7651万立方米，其中森林蓄积量724.7791万立方米，占98.0%；疏林蓄积量1809立方米；散生木蓄积量1.3931万立方米，占1.9%；四旁树蓄积量8741立方米，占0.1%。森林中杉木面积1.1244万公顷，蓄积55.3214万立方米；松类(含湿地松)面积18.1576万公顷，蓄积55.2205万立方米；阔叶树(含桉类)面积3.5122万公顷，蓄积85.9129万立方米。

【林种结构】

1999年调查各林种总面积为26.9941万公顷，蓄积量为693.4394万立方米。其中生态公益林面积1.5338万公顷，蓄积量为24.3196万立方米，分别占5.7%和3.5%；商品林面积25.4603万公顷，蓄积量669.1198万立方米，分别占94.3%和96.5%。

【肉　桂】

藤县是全国肉桂生产基地县，全国名特优经济林肉桂之乡，广西主要肉桂产区之一。现有肉桂林3.28万公顷，其中优良品种“西江桂”面积占2.9万公顷，优良品种率达88.4%，为全国名特优经济林产品。已投产面积2.1067万公顷，年产干桂皮5000吨，年加工桂油260吨，产值4976.6万元。

【八　角】

藤县是广西主要八角产区之一，是优良品种“龙淳”牌大红八角的原产地。现有八角林面积2.46万公顷，其中“龙淳”牌大红八角优良品种占2.34万公顷，优良品种率达95.3%，已投资面积1.58万公顷，年产八角干果9000吨，年加工八角茴油200吨，产值1亿元。为全国名特优经济林产品。

【森林旅游公园】

现有2个森林公园。太平狮山森林公园于2003年12月被国家林业局评定为国家级森林公园，经营规模5555公顷，现处在初始开发阶段。小娘山森林公园于2003年11月被自治区林业局评定为自治区级森林公园，经营规模1109公顷。

【林政管理】

全县设有林政资源管理股、濛江检查站、大黎检查站、古龙检查站、林政资源稽查大队等5个林政资源管理单位，设有藤北、藤南两个办证室，专门对外办理林业运输手续。林木采伐实行采伐限额双控制度，年商品材采伐量约6万～7万立方米。2003年审核征占用林地12宗，查处林业行政案件130起，处罚150人次，没收木材500立方米。

【野生动物保护】

加强野生动植物保护宣传，从源头抓起，规范管理养殖、运输和经营利用的管理，有5家养殖单位(个人)办有野生动物驯养繁殖许可证，12家饭店、宾馆办有野生动物经营利用许可证。在2003年非典期间及2004年春禽流感期间，开展上街设点发放宣传资料、办墙报、办学习班等活动，宣传保护野生动物知识，还对全县的饭店、宾馆、酒楼、餐馆进行清理，收缴违法经营的野生动物；同时对全县的果子狸养殖场、鸟类经营户进行现场登记封存。

【林业公安工作】

藤县公安局林业公安股成立于1988年4月，1997年4月更名为藤县公安局林业公安分局，

2003年4月更名为森林公安分局。国有藤县共青林场和小娘山林场各设一个公安派出所。2003年度,共侦破森林刑事案件16起,逮捕8人,刑拘9人;查处森林行政处罚案件209起,行政处罚209人次,没收木材627立方米,罚没款70.66万元。

1991年、1999年荣获集体三等功各一次,1997年度被评为全区林业系统优秀公安分局。罗荫业、周迎廉、聂进曾获三等功一次。

【森林防火】

1988年设立了县森林防火指挥部,下设办公室负责日常工作,全县23个乡(镇)、场都设立森林防火指挥分部,268个村委会设立了护林防火领导小组。1992年成立县森林消防专业队,共32人驻太平镇;2003年春又成立藤南分队,共12人驻藤城镇。此外,23个乡(镇)、场都成立有一支30～50人的应急扑火队,村成立有一支5～10人的义务扑火队。

1998～2003年全县共发生森林火灾167起,其中火警65起,一般森林火灾102起,没有发生重大森林火灾和人员伤亡事故,总火场面积729.5公顷,受害森林面积529.1公顷,烧毁成林蓄积5000立方米,烧死幼林19万株。期间,全县共出动防火宣传车20辆30000车次,书写标语186106条,印发材料90多万份,印制固定标语543个。投入防火经费579.9万元,建设防火瞭望台14座,购置森林防火消防指挥车3辆,运兵车3辆,购置无线电通信设备137台,风力灭火机54台,二号工具1000把,开设防火隔离带1225.3公里,其中营造生物防火林带776.1公里。

1988～1991年获梧州地区行署森林防火目标管理一等奖;1993～1994年获二等奖;1995～1996年获三等奖。1997年获梧州市森林防火目标管理一等奖;1999年获三等奖;2000年获二等奖;2002年获二等奖。

【农村能源建设】

1984年9月设立沼气办公室,1990年改称农村能源站,1998年之后划归县林业局管理。自1997年藤县每年都制订有农村能源建设实施方案,1999年基本实现了县有样板镇,乡镇有样板村,行政村有样板户的沼气建设目标。2002年底完成了属于自治区“152示范工程”的古龙生态镇和古龙镇忠隆生态村建设,并抓好了蒙江镇健良翰冲生态村等19个生态农业示范点。2003年藤县列为国家农业部农村沼气建设国债项目县,组织实施了“一池三改”国债项目2929户。2003全县共投入农村能源建设经费1441.17万元,其中各级财政(含国债专项资金)投入农村能源建设经费426.7万元,群众自筹资金834.07万元,折劳投资180.4万元。全县农村能源设施形成年节约薪柴约10万吨,相当于少砍伐了0.33万公顷的有林地面积。

【沼气利用】

2003年新建沼气池6013户,年末累计2.3572万户,占全县农户总数的12.1%,年产气量1178.6万立方。推广“养殖—沼气—种植”生态农业模式2.1219万户;推广沼液浸种播种面积32公顷,实现粮食增产15.04吨;推广沼液养鱼43公顷,增产60吨;利用沼肥发展果蔬面积1466公顷,果蔬增产2200吨。

【太阳能利用】

全县累计推广太阳能热水器1051平方米。

【省柴节煤灶普及】

1986年完成全国改灶节柴试点县任务,获自治区优秀科技成果二等奖。1991年推广普及了省柴节煤灶,2003年底全县农村累计推广使用省柴节煤灶19.0806万户,普及率达98%以上。

【秸秆气利用】

2002年在潭东镇礼秀村建设秸秆气化集中供气站一座,气柜容积250立方米,年供气量65万立方米,供气300户,总投资为75万元。

【调查处理山林纠纷】

调查处理山林纠纷工作1994年前为县调处山林纠纷办公室负责,1994年底开始由县林业局调处山林纠纷办公室负责。

【林产工业】

1972年藤县松脂厂在象棋镇建成投产,1992年搬迁到潭东镇平政村。1978年县第二农机厂转产成太平松脂厂,两个松脂厂年加工松脂均达1万吨以上,90年代中后期皆因经营不善破产。桂油、桂皮加工以农户土法小型生产为主。八角无深加工项目。1983年县林业局建设过芳香厂,以加工肉桂、八角为目的,后因多种原因未形成生产。木材加工均为小作坊式界板、界方、家具加工为主。竹材加工以造土纸为主,现在企业17家。有两家民营松脂加工厂。

2001年至2003年全县林产经济总产值分别为:2.9932亿元、3.1069亿元、1.6818亿元。

(藤县林业局 周 雄)

岑溪市林业

【概 述】

岑溪市地处桂东南,全市土地总面积415.8万亩,林业用地面积306.2万亩,占土地总面积的73.6%。林地土壤以砖红壤性红壤为主。全市属南亚热带季风气候,年平均气温21.3℃,1月份最冷,月平均温度12.3℃,极端最低温度为-3℃,7月份最热,平均气温28.2℃,极端最高温度38.6℃,全年总积温7110℃~7480℃,大于10℃的活动积温7000℃。年日照时数为1812.7小时,无霜期327天,年降雨量1521.4毫米左右。年蒸发量1418.4毫米,相对湿度81%。光温水的年时空分布基本同步,十分有利于林木生长。

一、历史沿革

岑溪地处丘陵山区,素有“八山一水一分田”之称,两千年前就在这里繁衍生息的岑溪人,似乎早就懂得了“靠山吃山”的道理,靠垦山植树和开发林业生存。据旧《县志》记载,明朝洪武年间,就有人进山种植松、桐、胶、桂、竹及果树。从那时起,“家有千株松,一世不受穷”,“种下万棵桂,可富一两世”的谚语就一直流传开来,这足以证明岑溪对靠山吃山,治山致富的认识,已经达到了一定高度。解放前岑溪有林面积70万亩,其中公有林110亩,其余属私有林,而大部分私有林为封建地主所有。由于封建社会统治阶级的剥削统治,广大人民仍在贫困中挣扎,治山造林也处于半原始状态之中。

1949年11月28日,岑溪获得解放,1950年1月3日由共产党领导的人民政府成立,随后,县政府成立了实业科(后改为农林水利科),管辖林业工作,正式把林业生产和建设纳入了人民政府的议事日程。岑溪林业经济发展,进入了一个崭新的时代,“绿化岑山,脱贫致富”这个祖祖辈辈历尽艰辛,苦苦追寻的梦想,将有希望变现实。

解放初期,在共产党和人民政府的领导下,岑溪人民激发了千百年来被压抑的劳动热情,造林护林仅几年时间,全县有林面积由解放前的70万亩上升到140多万亩,森林蓄积量达390多万立方米,1958年2月,在广西省农业社会主义先进代表会上,岑溪被评为全省林业先进单位,这是岑溪林业获得第一个省级荣誉称号。

在“文革”十年中,由于极“左”路线的干扰和“动乱”之势态,大片大片的山林被砍伐,造林、封山滞后,荒山增加,有林面积缩减,森林蓄积量下降。

党的十一届三中全会,中国进入了改革开放新的历史时期。80年代中期,随着《森林法》的颁布实施和中央、自治区关于稳定山界林权、完善林业生产责任制等有关政策、措施的出台,1986年县委、县政府提出“兴岑先兴林,林兴百业旺”的战略决策和在“七五”期间基本绿化岑溪的雄伟构想,把振兴林业作为振兴岑溪的重头戏,把林业经济的发展推到前所未有的位置上来。县委、县政府把造林绿化和消灭荒山的目标责任制直接落实到各级领导班子之中,对县、乡、镇和各委办局的领导实行定任务、定指标、定要求,定时间,定期检查,还要交纳保证金,限期完成。岑溪人民终于摆脱一场困扰,以一日万里之势迈开新的步伐,将林业生产推向新的发展时期。为此,一场更为扎实、更为科学、更为壮观的造林治山,绿化岑溪的群众运动,在岑溪的千山万岭之中有序地开展了。

“兴岑先兴林”的步子越跨越快,绿化岑溪的战绩也起来越显著。先后于1986、1991年荣获“全国造林绿化先进单位”称号,1991年实现全县造林灭荒达标,1994年实现全海拔绿化达标,1995年获“全国造林绿化百佳县”、“全国经济林建设先进县”和“全国林业工作站建设合格县”等多项荣誉,2000年获全区唯一的“全国经济林建设示范县”光荣称号,2001年被授予“中国肉桂之乡”称号。目前,全市有林面积达286.23万亩,其中:马尾松156万亩、杉木9.0万亩、肉桂31.5万亩、八角13.8万亩、竹子12.0万亩、马占相思6万亩、尾叶桉4.2万亩、其他阔叶树53.7万亩。全市活立木总蓄积量达730.86万立方米,森林覆盖率由80年代初的41.7%上升到71.5%,林地绿化率由58.2%上升到97.1%。

二、前进中的岑溪林业

近年来,按照国家实施林业“分类经营,分区突破”战略,全市区划界定生态公益林地面积101.44万亩,商品林地面积204.77万亩。岑溪积极贯彻保护和发展并重的经营方针,以建立比较完备的林业生态体系和比较发达的林业产业体系为目标，大力优化林业产业结构，重点发展短轮伐期速丰林和名特优经济林，“十五”期间规划建设速丰林基地20万亩，目前已建成速丰林基地12.5万多亩，加快速丰林产业化发展步伐。2003年岑溪市实现林业总产值6.9457亿元，其中第一产业实现产值5.4481亿元（含花卉、茶、桑、果等产值2.7903亿元和林木培育与种植、木材及竹材采运、林产品油茶籽、八角、桂皮、松脂、竹笋、茴油、桂油采集等产值2.6578亿元）；第二产业实现产值1.4212亿元（含木材加工O.025亿元，以脂松香与松节油为主的林产化学产品0.3819亿元，中纤板产值1.0143亿元）；第三产业实现产值0.0764亿元（零售贸易0.0745亿元，租赁商务服务0.0019亿元）。岑溪林业为促进地方经济、社会、生态的协调发展做出了积极贡献。

岑溪市历届党委、政府十分重视林业建设，注重林业生态建设和商品林基地建设。于“七五”期间做出了“兴岑先兴林、林兴百业旺”的重大决策，使岑溪市林业取得了阶段性的成就，于1991年消灭了宜林荒山，1994年实现全海拔绿化达标。1996年启动珠防林一期工程，2000年启动珠防林二期工程；2001年实施森林分类经营战略并启动国家重点防护林生态效益补助资金试点工程，同时做出营建20万亩速丰林基地的重大举措，并出台了一系列加快速丰林基地建设的优惠政策与措施，全市范围掀起了大建速丰林基地的热潮；2002年11月年产能力达15万立方米中纤板的广西三威林产工业有限公司中纤板生产线正式落户岑城镇探花工业区，并试产成功，岑溪林业揭开了新的篇章。2003年启动退耕还林工程。先后获得“全国造林绿化百佳县”、“全国经济林建设先进县”、“全国经济林建设示范县（市）”和“中国玉桂之乡”称号。自新中国成立以来至2003年止，全市累计完成植树造林304.01万亩。

【速生丰产林建设】

“十五”期间营造20万亩速丰林基地是岑溪市委、市政府抢抓西部大开发机遇，顺应国家林业分类经营改革，振兴岑溪经济的重大举措。岑溪市委、市政府为确保岑溪市速丰林基地建设的顺利实施，曾先后制订了《岑溪市发展速生丰产林优惠办法》、《岑溪市鼓励单位和个人投资兴办速丰林优惠办法》等一系列鼓励和发展速丰林基地的优惠政策与措施。岑溪市林业局也先后就速丰林的发展问题开展了系统的技术研究、技术指导与服务工作，并兴建年产能力达300万株的良种桉苗圃中心2个，兴建速丰林基地示范点1.3万多亩。

优越的投资环境和成熟的速丰林营造技术体系，以及广西三威林产公司中纤板厂和中泰富纸业有限公司等林产工业的落户，加速了岑溪市资源培育与加工利用相结合的林纸、林板一体化产业链的形成，使岑溪市速丰林基地建设驶入快车道，并产生质的飞跃。速丰林基地建设正在由分散的农民一家一户造林向规模连片的企业业主造林转变。如2003年到岑溪市投资的造林业主就有梧州福莱斯三威林业有限公司、南宁桂绿农林科技开发有限公司、印尼金光集团及南宁翼虎房地产有限公司等，速丰林基地建设面积达3万亩之多。

【经济林建设】

岑溪市经济林树种主要有马尾松（脂用材）、肉桂、八角、笋用竹、油茶、龙眼、荔枝、糖橘、柑橙、李、板栗、柿子、香蕉及茶叶等。其中马尾松（脂用材）、肉桂、八角、龙眼、荔枝、油茶为主要经济林树种。由于历届党委、政府都十分重视经济林建设，2000年4月获“全国经济林建设示范县”称号，2001年8月获“中国肉桂之乡”称号。

全市现有经济林面积226.19万亩，占林业用地面积306.21万亩的73.9%，已投产面积99.8万亩。其中，马尾松（脂用林）160万亩，已投产面积52万亩，年产松脂13000多吨，年产松香6030吨，年产松节油988吨，年产值5651.6万元，出口创汇271.9万美元；肉桂31.5万亩，已投产面积27.7万亩，年产桂皮5600吨，桂油340吨，年产值9240万元，出口创汇803万美元；八角13.85万亩，已投产10.0万亩，年产干果1140吨，茴油820吨，年产值7520万元，出口创汇626.7万美元：龙眼5.64万亩，已投产面积0.45万亩，年产鲜果5745吨，年产值2118.2万元；荔枝1.79万亩，已投产面积0.45万亩，年产鲜果2526吨，年产值676.3万元；油茶0.66万亩，已投产面积0.66万亩，年产茶油198吨，年产值316.8万元。

岑溪市经济林形成产业化经营的主要有：

一是以松脂为原料的松香化工产业。全市现有以松脂为原料的松香化工企业一家，即岑溪市松香厂（国家二级企业），主要生产松香、松节油，2002年产雁牌脂松香6030吨，松节油988吨，并进行松香、松节油系列产品深加工增值。

二是以肉桂、八角为原料的药用、香料产业。全市有肉桂、八角枝叶为原料的药用、香料加工企业38家,小型加工企业238家,主要分布在岑溪市的波塘、筋竹、梨木、大业、三堡等乡镇。年产桂油340吨,桂油含醛率80%以上,茴油820吨。产品除在国内销售外,还远销东南亚等50多个国家和地区。1963年自治区人委定岑溪县为桂油生产基地,自治区林业厅调入越南清化桂种在筋竹镇黄陵村试种40亩,获得成功,1983年林业厅、自治区医药公司定名为“广西二号桂”,又名南肉桂,自治区列为林种医药科研项目。

三是以龙眼鲜果为原料的桂圆肉加工产业,全市现有以龙眼鲜果为原料的桂圆加工企业100多家,主要分布在岑溪市的马路、昙容、归义、糯垌等镇,主要生产桂圆肉运往广州销售,年加工销售量3000多吨。

四是以糖橘、柑橙为产业化经营,在全市范围内适宜的地方大量种植。由于产品的特点是冬季末期成熟,入口清甜,爱吃的人多,在市场上占领先的地位。主要产区有筋竹、波塘、大业、归义、三堡等乡镇,面积699公顷,年产鲜果251.3万公斤,据现在市场价格每斤3.5元计,年收入175.91万元。产品除在本地市场销售外,还大量运往广州销售,价钱更为可观。

五是建立以培育优质肉桂、八角苗木为主的苗圃产业基地。全市共有以培育优质肉桂、八角苗木为主的苗圃七个,面积2000多亩,主要分布在梨木、大业、筋竹、诚谏、安平、三堡、波塘等镇,年出圃优质肉桂、八角苗木达3000多万株,除提供本市造林外,剩余苗木远销区内外。

现在,岑溪市基本形成了“山上建基地,山下搞加工,山外找市场”的良性循环,经济林已成为岑溪市广大群众靠山致富奔小康的主要产业。

【封山育林】

岑溪市自新中国成立以来,就十分重视封山育林工作,把封山育林作为绿化荒山、发展森林资源的重要手段,多次发出号召,开展封山育林。据1987年森林资源二类调查,全市通过封山育林培育起来的森林面积达121.5万亩。1989年以来,对封山育林加强管理,把传统的封山育林方式同科学经营、严格管理、改燃节柴结合起来,并当作一项林业建设工程来组织实施,做到有规划设计,有作业施工图,有一定的资金保障,有投入与产出效益评估,有工程完成年限,有工程期结束检查验收,使封山育林走上了制度化、规范化。1986～1997年,累计完成封山育林面积61.7万亩。1998年后,岑溪市的封山育林同林业重点生态工程项目结合起来,累计完成珠防林项目封山育林面积5.8万亩,使岑溪市获得了可观的生态效益、经济效益与社会效益。

【退耕还林工程】

退耕还林和宜林荒山荒地造林以生态效益为核心,以生态林树种营造水源涵养林、水土保持林为主,并适当利用经济林树种发展部分经济林,全市设计造林模式7个类型,生态林造林模式包括:桉树、相思、马尾松、八角纯林模式与桉树、相思混交林模式,经济林造林模式包括李柑橘国纯林模式。

2003年度广西下达岑溪市退耕还林任务4.5万亩,其中退耕地造林1.5万亩,配套宜林荒山荒地造林3万亩。

2003年1月19日举办了全市退耕还林建设培训班,组织市乡两级专业技术人员学习退耕还林政策和有关技术,组建市乡村三级退耕还林领导小组及退耕办,岑溪市退耕办于2003年4月正式挂牌对外办公,并落实专职工作人员。

退耕还林工程布局在岑溪市17个乡镇、4个国营林场,181个村(场)、612个村民小组、9996户农民、359个林班,实施作业设计的小班有2637个、作业小班有1 3092个。

经检查验收,2003年退耕还林工程人工造林合格面积为40392.82亩,占计划任务45000亩的89.76%,其中退耕地造林合格面积11161.15亩,占任务15000亩的74.41%,荒山造林合格面积29231.7亩,占任务30000亩的97.44%。目前已向林农兑付补助粮食161.6万市斤,兑付种苗补助款204.99万元。

对任务未完成及没有达到建设标准的乡镇(场),目前正采取行之有效的措施,发动农户与造林业主实施补植、补种工作,以确保任务的全面完成。

【珠防林工程】

自1998年以来,岑溪市先后于1998、2000、2001三年获得林业国债珠防林建设工程,累计下达给岑溪市珠防林工程建设总任务量为7506.7公顷,其中人工造林3640公顷,封山育林3866.7公顷。

岑溪市珠防林工程建设严格执行国家林业局

提出的“严管林、慎用钱、质为先”的九字方针，严格遵循“按计划设计，按设计施工，按设计投资，按标准验收，按验收结果支付工程款项"的基本程序，严把各个施工环节的质量关，确保工程建设质量。一是成立市珠防林工程建设指挥部及项目承担乡镇的珠防林工程建设领导小组。珠防林指挥部办公室及珠防林领导小组办公室设在林业部门，是珠防林工程建设日常办事机构，专门负责项目的计划，组织实施、财务、物资、工程质量、科技、营销等管理工作。二是珠防林工程组织实施的宗旨是贯彻“谁投资、谁受益”的原则，在此原则基础上主要采取补助式造林、联营造林、独资造林等为主体的多种经营模式落实项目建设用林地，以达到建设相对集中连片，集约经营的目的。三是珠防林工程建设国债资金实行专户专账，专款专用，专人管理。资金支付办法实行林业局局长一支笔审批制度。

经自治区核查，岑溪市三年累计作业设计总面积为7579.1公顷，其中人工造林3640公顷，封山育林3866.7公顷，三年累计实际完成珠防林项目建设面积7541.2公顷，占国家下达任务量7506.7公顷的100.5%，其中人工造林完成3683.4公顷，封山育林完成3857.8公顷，至2003年底止，累计实际完成项目投资2051.1068万元，其中国债资金675万元，地方配套资金120万元，部门自筹资金344.2万元，群众自筹资金911.9068万元。

【绿色通道工程】

绿色工程建设是自治区党委“1234610 ”工作思路的重要组成部分，是全区农村和农业工作六大基础工程之首，岑溪市为做好绿色通道工程建设工作，于1998年底成立了工程建设办公室，并抽调人员进行大规模的现状调查，摸清岑溪市工程建设总任务量：绿色工程宜林地造林1038.1公顷，公路用地绿化长度26.1公里，江河两岸绿化长度4.1公里，城镇、村(屯)绿化11.9公顷，行政区域范围内，绿色工程范围外的宜林退耕还林总面积为56公顷。绿色工程主要安排在市境内的国道207线、324线、新建的容岑一级公路，县道的大业至河三、糯垌至三堡、思英至波塘、南渡至旺庆、盘古至吉太公路两旁及境内主要河流义昌江与黄华河两旁。

在造林规划及项目实施过程中，坚持把工程建设与本地的经济发展结合起来，做到因地制宜、突出重点，实行林果竹相结合。采取“联营(股份)、租赁、承包”等多种造林组织模式，解决了“林地分户经营与统一规划造林”这一对立的问题，促使工程建设按计划顺利实施。

1999～2000年，绿色工程范围内宜林地造林实际完成面积为1041.9公顷，占规划总任务量的100.4%，其中1999年完成522.7公顷、2000年完成519.2公顷；公路用地部分，绿化长度完成27.5公里，占应绿化总长度的100%，其中1999年完成4.6公里、2000年完成22.9公里；江河两岸用地绿化长度为4.1公里，占总任务的100%，其中1999年完成2.7公里、2000年完成1.4公里；城镇、村(屯)宜林地绿化实际完成12.1公顷，占规划总任务量的100%，其中1999年完成6.1公顷、2000年完成6公顷；完成行政区域内，绿色工程范围外25。坡以上退耕还林还果面积57公顷，占规划任务量的101%，其中1999年完成19公顷、2000年完成38公顷。

【全民义务植树】

解放后，岑溪人民政府每年坚持在春季布置造林绿化工作，发动个人、集体以及一些公司联营造林，广大农民素有在村旁、宅旁、水旁、路旁植树的习惯，50年代四旁植树400多万株，绿化了河堤2条，长20公里；县乡道路9条，长109.5公里。60年代，全市四旁植树达500多万株。70年代四旁植树、达850万株，平均每年四旁植树85万株，且质量好。80年代自邓小平倡导全民义务植树运动以来，有力促进了岑溪市国土绿化工作的开展，合计义务植树3747.88万株，其中植绿篱24.1万米，铺草坪15.2万平方米，种花14.5万盆。1992年造林灭荒达标，1993年实现造林绿化达标。

【森林资源调查与监测】

岑溪市的森林资源调查是按照自治区关于森林资源调查技术规程进行，对全市的森林资源现状进行详细的调查，根据1999年二类调查结果显示，岑溪市土地总面积277184公顷，其中林业用地面积204139.3公顷，全市森林面积190826.5公顷，占林业用地的93.6%，灌木林面积7397.2公顷，占3.6%，无立木林地面积5686.9公顷，占2.8%，疏林地面积53.7公顷，苗圃地面积7.9公顷，两地类面积比重均不足0.1%。

全市现有活立木总蓄积730.86万立方米，森林覆盖率71.5%，林业用地绿化率97.1%。

【林地林权管理】

林地是森林资源的重要组成部分,是不可再生的有限资源,是林业生产建设和实现林业可持续发展的物质基础,通过加强林地管理,加大保护林地的有关法律、法规的宣传力度,做好有关如何办理征占用林地及非法占用林地处罚标准等法律、法规的宣传工作,使之家喻户晓,并积极为梧州市"三百"项目投资工作做好服务。提前介入,为外商投资创造良好工作环境,为征用占用林地办好审批手续。累计办理征用占用林地审批手续75件,征占用林地面积156.56公顷,收取森林植被恢复费528.49万元。

【森林采伐与采伐限额管理】

实行森林资源采伐限额管理,对年度商品木材和农民自用木材实行蓄积和出材双控制,农民自用材生产计划由岑溪市林业局按各乡镇需求量控制下达,商品材计划由上级分配下达。根据上级下达的木材生产计划核发森林采伐设计—审核一拨交发证等手续。伐区设计材料经村委会签字、乡镇林业站签字审核、调查设计队审核、林政股审核、稽查大队签字和局领导的签字审批等采伐审批程序,同时建立完善的档案管理和台账登记手续,实行电脑登记,严格采伐审批程序。没有超计划发放林木采伐许可证现象,通过自治区人民政府对岑溪市2001、2002年森林资源消长目标责任状的检查工作。

【木材流通管理】

加强木材流通领域管理,严格按照《广西壮族自治区木材运输管理条例与签发的规定》规范木材运输证的管理与签发。2003年共签发商品木材运输证65380立方米、人造板117394立方米、木片34011立方米、枝杈材26012吨、竹类21.5万根,土纸3188吨。

根据自治区人民政府文件的批准,岑溪市设4个木材检查站,通过电脑网络传输系统,对木材检查实行远程传输监督,加强木材运输监督检查。2003年立林业行政案件330起,没收木材1279立方米,为国家挽回经济损失86万元。

【野生动植物保护与管理】

严格按照《中华人民共和国陆生野生动物保护实施条例》和《中华人民共和国野生植物保护条例》的规定,对岑溪市的陆生野生动物资源实行加强保护,积极驯养繁殖,合理开发利用的方针。对国家和自治区重点保护的野生动、植物实行重点保护,并对岑溪市的野生动、植物及古树名木定期进行资源调查,建立资源档案,对违反以上《条例》规定的违法分子进行严厉打击,查处了一小撮走私野生动物的不法分子。

【森林防火】

解放前,岑溪没有设立专门的森林防火管理机构,一些山区山火频繁,无人组织扑救,任其自烧自灭,致使光山日益增多。解放后,县委、县政府采取了相应措施,加强对森林防火工作的领导,但山林火灾仍有发生。据市森林防火指挥部机构统计,1955～2003年,全市发生山火1537次,过火面积18056公顷。其中山火受害较为严重的1957年,全县发生山火271次,过火面积2904公顷,烧毁林木244320株。1962年发生山火187次,过火面积1140公顷,烧毁林木3899705株,使森林资源遭受严重损失。

机构建设。1953年,县、区、乡分别成立护林委员会。1955年,县成立护林防火指挥部。1990年,县护林防火指挥部改为森林防火指挥部。

通信设备建设情况。全市17个乡镇建立无线电基地站。在吉太乡望君顶、三堡镇新安、七坪林场四燕项、归义镇通天顶、诚谏镇大石高山、大隆镇凤凰山、波塘镇四节项、油茶场、安平镇牛岭界顶、水汶镇石庙共建瞭望台10座,配有专职瞭望员13人,全市共有对讲机25台。

交通设施建设。市森林防火指挥部有指挥车一辆,宣传车一辆,运兵车一辆(中巴)。

森林防火阻隔网络建设。市委、市政府对生物防火林带建设非常重视,1999年1月,在岑溪市十二届人民代表大会的政府工作报告中提出了森林防火"四三二一"工作思路。并做出了《关于建设全市森林防火阻隔带的决定》(岑发〔2000〕21号文),实行市直部、委、办、局包乡镇,乡镇包村的办法,层层落实责任制。到2003年止,全市共营造生物防火林带820公里,其中用推土机推种植防火林带20公里。

森林消防队伍建设。1994年成立岑溪市专业森林消防队,队员30人,市财政差额拨款。1999年成立岑溪市抗击突发性灾害应急大队,队员480人。乡镇成立半专业消防队17支,队员1260人。村成立义务消防队227个,队员7036人。2003年在归义、糯垌、马路、樟木等镇成立农民扑火半专业队。现有风力灭机86台,油锯21

台,二号工具160把。做到扑火队伍专业化,扑火设备机械化。

【森林公安工作】

1988年1月岑溪县编制委员会(岑编[1988]3号)同意设立岑溪县公安局林业公安股,定编20人,下设樟木、南渡、水汶、筋竹、三堡五个林业公安组,受林业部门和公安机关的双重领导。其职责是:贯彻执行《森林法》,保卫森林资源安全,维护林区社会治安秩序,保障林业生产顺利进行,打击故意毁坏林木、苗木,盗伐森林或其他林木等违法活动;查处有关盗窃或哄抢木材、山林火灾的纵火或失火案件和违法经营木材、国家保护的野生动物、狩猎等案件。

为加大打击毁林犯罪活动的力度,更好地维护林区社会治安秩序,1999年8月经岑溪市编制委员会(岑编〔1999〕28号)批准,同意成立岑溪市林业公安分局(副科级),2000年4月13日市机构编制委员会批复(岑编〔2000〕9号):同意市林业公安分局设立秘书股、法制股、一中队、二中队、三中队。2003年6月12日,岑溪市机构编制委员会(岑编〔2003〕16号)根据广西壮族自治区机构编制委员会《关于森林公安机构设置及称谓等问题的批复》(桂编〔2003〕35号)精神,同意将岑溪市林业公安分局更名为岑溪市公安局森林公安分局,更名后,其机构规格、主管部门、人员编制、经费来源渠道不改变。

森林公安组建十多年来,在岑溪市委、市政府和市林业局、公安局的正确领导下,在上级森林公安机关的大力支持与指导下,全体森林公安民警忠实履行职责,始终坚持"打防并举、标本兼治、重在治本"的方针,严厉打击破坏森林资源和野生动物资源的违法犯罪活动,为保卫岑溪市森林资源安全,维护林区社会治安秩序,保障林区生产建设顺利进行,促进林业事业的健康持续发展做出了积极的贡献。

【木材加工业】

木材加工有国有、集体、个人三种形式,加工工具以电刨、圆盘锯、带锯等机械化工具为主。目前,全市共有大小木材加工厂200多家,年消耗木材1万多立方米,主要生产低档家具、建筑门窗料、日常生产用具、板方材等。有木片加工厂10家,主要利用"三剩物"及纸材加工木片,年产值5000万元。

【人造板生产】

岑溪市2001年开始筹建广西三威岑溪市中密度纤维板有限公司,2002年11月11日开始投产,设计年产中纤板15万立方米,现有2条中密度纤维板生产线,2003年实际产量9万立方米,实现产值1.08亿元。

【松脂生产】

岑溪市从50年代开始大量采割松脂,1986年以后,松脂产量达2.6万吨,是全国十大产脂县之一。由于对部分采脂时间长、割口高的松树进行采伐更新,经济林果面积增加,松树面积有所减少,但目前岑溪市松脂年产量仍维持在万吨以上。经过多年的生产实践,全市群众对采脂积累了丰富的经验,并严格按照采脂技术规程去做,推广先进的松脂增产综合技术(使用高效采脂刀、松树增脂剂、塑料杯肥脂器),使松脂的质量增加二个等次,松树采割年限延长3～5年,松脂产量平均增产20%。为松香生产提供优质、丰富的原料,为农民增收做出了贡献。

【肉桂、八角等香料加工】

岑溪市现有肉桂、八角经济林45万亩,主产区波塘、筋竹、大业、梨木、三堡、诚谏等镇,林农充分利用采割桂皮剩下的枝叶和八角的枝叶进行加工桂油、茴油。产品远销欧美和香港等30多个国家和地区。全市现有大型桂油加工厂10多家,小型茴油厂100多个,全部安装锅炉用热蒸汽蒸馏桂油,出油率高,每百公斤枝叶出油率1.2%。1998～2003年总产八角干果4963吨、桂皮22945吨、茴油3817吨、桂油1335吨。

【森林旅游和森林公园建设】

岑溪市的森林旅游与森林公园建设方兴未艾,主要景区有吉太森林公园。该森林公园位于岑溪市吉太乡境内,主要由大钵肚原始森林、白霜涧瀑布,土柱顶及茂密的天然阔叶树等野生植物资源组成,同时靠近岑溪市水汶石庙风景区,是市民旅游、休憩的好去处。

【农村能源建设】

岑溪市内居民燃料历来是烧柴草。解放后,随着人口数量增加,生活燃料供需矛盾日益突出,70年代后期,林业的生长量与消耗量曾出现赤字。为减少森林资源消耗,大力推广发展沼气池、省柴灶和太阳能,1980年8月县成立沼气领导小组,下设办公室管理日常工作,地点设在农业局

(即沼气办)。1988年沼气办改为农村能源办公室,1990年12月划归县政府办公室管理,隶属县政府办公室领导;1991年5月15日县农村能源办公室定为副区(科)级事业单位,同年7月22日县农村能源办公室定为局(科)级建制事业单位。

农村能源建设经过20多年的奋斗,累计到2003年底止,全市共建沼气池31606座,推广省柴灶12.9395万户,太阳能热水器624平方米。农村沼气由最初80年代初是以解决生活燃料为主,到80年代后期发展为"猪—沼—果(菜、稻、鱼)"等模式的综合利用,发展生态农业,增加农民收入。1990年承担全国省柴节煤试点县项目;1991年列为全国一百个农村能源综合建设县(市)项目之一;1998年承担区生态农业"152示范工程"建设项目;2003年承担1200户农村沼气"一池三改"国债建设项目。多次获得地(市)级以上各种荣誉称号,其中,1989年被广西林业厅评为农村能源建设二等奖;1990被广西林业厅评为全区农村能源建设先进集体;1993年被国家计委和农业部评为全国省柴节煤先进集体;1996年被广西林业厅评为全区农村能源建设先进集体;1997年获广西林业厅授予全区农村能源工作先进单位称号等。

【国有林场】

岑溪市现有国有林场五个:七坪林场、软枝油茶林场、石龙紫胶林场、林科所、软枝油茶种子园。

岑溪市七坪林场建于1957年11月。地处岑溪市东北部,地跨安平、糯垌、诚谏、归义4个乡镇。场部离城区41公里。全场总面积3808.5公顷。设直属、治垌、小水、枫桥、大塘五个站。现有干部职工180人,离退休职工75人。建场开始,以营造玉桂为主,名为玉桂林场。但由于造林设计不当,大面积连片栽植玉桂林,忽视了自然条件不适应,玉桂种植失败。1964年经上报批准,林场营林生产转向以发展用材林为主。林业用地3750.7公顷,现有活立木蓄积量为17万立方米,年产八角100吨,经济总收入253万元。

软枝油茶林场建于1976年,场址设在糯垌镇黄塘村。现有在职职工71人,离退休11人。总面积1286公顷,经营面积1259.7公顷。活立木蓄积6.2万立方米,年产油茶鲜果30万公斤,年经济总收入110万元。

石龙紫胶林场建于1969年12月。场址设在波塘镇荔村。总面积193.4公顷,现有职工36人,离退休人员6人。建场初期,营造岭南黄檀、钝叶黄檀等紫胶寄主树107公顷。由于紫胶虫保种越冬难,从1978年开始改种用材林,目前有用材林113.3公顷,活立木蓄积0.9万立方米,经济林面积32公顷,年产桂皮25吨,八角10吨。辐射社队营造钝叶黄檀45公顷,年收入25万元。

岑溪市软枝油茶种子园属国家林业局、自治区林业局、岑溪市林业局联合建设的定点种子园,肩负着向全国提高油茶良种任务。1976年在樟木镇六田村建园,总面积174公顷,现有职工人员39人。"岑软"2号、"岑软"3号连续测产4年,年均每公顷产油924.75公斤和938.4公斤,于1992年获区林业局科技进步二等奖和国家林业局科技进步三等奖,2002年获国家林业局颁发的全国良种证书。

【林业工作站建设】

在50年代初,林业站未建站前,林业站归区(公社)农业技术站管理,配有林业专干。1958~1959年,以大公社成立林业技术推广站;1960年2月,设有樟木(后改为波塘)、高益(后改为梨木)、南渡、大溢、三堡等五个森工站,分管全县基层林业工作。从1981年3月起,以公社为单位(岑城公社除外)设立林业工作站,全县由原来五个站增至15个,1984年10月,公社改乡镇,原公社林业站也易名乡(镇)林业站。1985年增设昙容林业工作站。1989年增设岑城林业工作站,至此全县17个乡(镇)都设有了林业工作站。各林业站配备有站长及营林、森工、林改、财务等专业技术人员。

到1991年,林业站在编人员54人,编外护林员15人。同年归义林业站获"全国林业建设先进站"。1992年1月27日,成立"岑溪县林业工作站",隶属林业局管理,编制5人。到1993年底,乡镇林业站编制人数增到91人(不含局工作站6人),其中:全额编制45人、差额、自收自支46人,另外编外护林员36人。1994年12月,获国家林业部授予"林业工作站建设合格县"。1995年11月,"岑溪县林业工作站"更名为"岑溪市林业工作站"。1996年9月,岑溪市林业工作站、昙容林业工作站被自治区评为"1992~1995年先进林业站"。1999年8月,林业站实行了企事业分开管理:分出的17个林业工作站(事业),由林业局直接管理:分出的16个木材购销站(企业,岑城、樟木合设一个购销站),由林业物资公司直接管理。

2000年9月，林业站实行站务公开制度。2002年7月，林业站行政上划归乡镇政府领导，业务由林业局指导，全额编制人员45人，工资在乡镇财政发放，差额和自收自支编制人员46人、编外护林员38人，工资在市林业局发放。

林业科技推广岑溪市于1964年10月成立岑溪林业试验站，1970年12月改为岑溪林业科学研究所，1979年11月成立林学会，1981年1月建立森林生态定位观测站等林业科研机构，1988年3月成立林业技术推广站。林业科技人员由1959年前的3人发展到现在的401人。

1965年7月23日人民日报发表文章《建设社会主义的山庄》——岑溪县建设山庄发展多种经营的经验及社论《“山庄迷”赞》。

由广西电影制片厂拍摄林木良种繁育科教片，总结岑溪软枝油茶营建速生丰产林、种子园、母树林经验，并在全区发行放映。

一、承担林业科研项目

1981起年与广西林学分院联合建立广西“森林生态系统研究”定位观测站。观测研究桂东南地区森林与环境的相互作用，物质与能量的循环规律。1991年开始承担广西区“八五”科研攻关项目——《玉桂害虫调查及主要玉桂害虫生物学特性的观察研究》，在国家级刊物发表研究论文4篇，在省级刊物发表研究论文2篇。1995年开始与区林科院合作承担“松树增脂剂、高效采脂刀、塑料受脂器”三结合科学采脂技术实验。

二、良种基地建设

1973年岑溪软枝油茶被全国油茶科协会议评为优良品种，名列第一。岑溪县于1976年建立岑溪软枝油茶种子园。1981年获国家农委、国家科委授予“农业科技推广——二软枝油茶”一等奖。到2003年止，岑溪市已向全国14个省(区)300多个引种单位提供种果，单广西八个地区推广种植面积近40万亩。1982年区林科院对岑溪马尾松种源调查表明岑溪马尾松属优良林分。1990年建立马尾松良种采种基地5万亩，年产优良马尾松种子2万～4万公斤。2003年，岑溪市建立良种桉无性系苗圃中心，面积达80亩，年产无性系扦插苗500万株。

三、引种推广新树种

1974年，岑溪开始引种推广湿地松，后来逐渐发展成为市内丘陵山坡造林主要树种，至1990年全市种植面积已达21万亩。2000年，岑溪开始大面积推广种植速生丰产树种——尾叶桉和马占相思。掀起岑溪市大力发展速生丰产林新高潮。经自治区林科院生长测定，3年生尾叶桉每亩蓄积达3.9立方米。至2003年底全市种植速生丰产林面积达10万多亩。

四、应用现代信息新技术

1999年，岑溪市首次应用航天遥感技术开展森林资源二类调查。

2001年，岑溪市林业局实行计算机全区联网，实现计算机网络传播，接收林业信息。2003年，岑溪市森林病虫害监测与防治开始应用GPS、计算机网络、数码照相机等尖端科学技术。

(岑溪市林业局)

北海市林业

【概　述】

清光绪二十六年(1900年)，高德商人开设锯木厂，从英国进口加工木材设备，开业不久即倒闭。民国期间，有经营竹、木、木柴、寿板的商号，数量极少。由于当地缺少木材，居民所有的木制家具、柴火都得从合浦、浦北、钦州等地引进。解放前，北海市林业落后。据北海海关《十年报告》(1922～1931)记述“……至于私人植树，虽间有之，然而，大规模造林事业，则迄未着手也”。这是对北海林业的真实记述。因当时的政府没有组织大规模植树造林，只有农村中的村民因自身的需要在屋前屋后种果树，长此以往，造成林木资源枯竭，至1949年底，北海仅有马尾松幼林3962亩，占土地面积0.9%。

解放后，政府重视林业生产，发动群众绿化荒山，建设沿海防护林带。

1951年，建立国营林业苗圃，1952年采用营养笠育苗，1953年，营造沙湾至北背岭农田林带，法院至勒栅、工艺厂至中站的公路林带，以及地角至高德的沿海防护林带，是年造林1043亩。1953～1959年，龙潭、曲湾、军屯、东星建立集体林场，造林1671亩。1959年，全市森林面积20723亩，森林覆盖率由1949年的0.9%上升为5%。1966年，北海森林面积4万亩，森林覆盖率为9.7%。

1967～1974年，造林25448亩，平均每年3181亩。1974年全市森林面积5.75万亩，林木总蓄积量12.23万立方米，森林覆盖率13.96%。1975～1979年，造林1.39万亩，平均每年0.27万亩。1979年进行海防林调查，全市森林面积为6.87万亩，林木总蓄积量19.74万立方米，森林覆盖率16.7%。

1984年5月15日，北海市林业局与市园林管理处合并成立市园林公司。1985年2月，从北海市园林公司分出，恢复成立北海市林业局，5月，保留自治区北海木材检查站，由林业厅委托北海代管。1987年，恢复森林病虫害防治站，开展森林植物检疫(1992年7月改称森林病虫防治检疫站)。1990年10月，成立北海市林业技术推广站。

1987年，全市森林覆盖率达22.04%，被林业部评为平原绿化达标市；1988年，经自治区林业厅检查验收，北海市达到部颁《南方平原绿化标准》，初步形成带、片、网的沿海防护林体系，在防风固沙、保持水土、保障农业生产、改善气候、提供木材和解决农林用材烧柴等方面，收到较好的效益。1992年基本消灭了宜林荒山，被自治区政府评为造林灭荒达标市；为了防范自然灾害，通过造林实践，总结了适合北海地区发展林业的经验，于1996年提出了“因地制宜，因害设防，合理布局，全面规划，地域分工，分类经营”的林业建设的指导思想，使造林面积逐年增加，使造林质量不断提高。1997年被自治区政府评为绿化达标市。

1980～1990年，全市造林3.82万亩，平均每年造林0.32万亩。1990年，北海市森林面积1099731亩，森林覆盖率22.04%，活立木蓄积1793240平方米。1991～1998全市造林97.05万亩，1999～2003年全市造林39.32万亩，森林覆盖率已达28.6%，活立木蓄积210万立方米。

(北海市林业局)

【速生丰产林基地建设】

北海市的速生丰产林建设在1998年以后有快速的发展。据报表显示，1998年的速生丰产造林面积分别为1115.5公顷、1999年为1253.3公顷、2000年为1906公顷、2001年为2169.3公顷、2002年为3140.4公顷、2003年为5615.6公顷，造林面积逐年递增，尤其是2001年以后造林规模增长迅猛。随着造林规模的增长和集约经营程度的增加，投资总额和单位成本也大幅攀升。造林业主由过去国有造林为主发展到现在的国有、集体、个体、私营企业和外资企业一起上的局面；组织形式以独资经营、合作经营、股份制经营等为主；种植的桉树品种以3129、3227、U6、3228、3327为主；种植的苗木由实生苗全部改为扦插苗，母树的优良品质得到了很好的保存。经过业主们的用心经营，探索出了春季种三个月西瓜、西瓜收成后再种桉树的造林模式和当年造林地上套种金钱草、鸡骨草等中等中药材和造林模式，既大大地提高了林地的产值，又可促进幼林的生长，当年的平均高可达到5～6米。

(北海市林业局)

【经济林建设】

随着社会经济的发展，人们对林果产品的需求量不断增大，北海市的经济林在90年代以后有了较快的发展，种植总面积达26.72万亩。主要是水果类，种植面积为25.32万亩；此外还种植有蚕桑0.9万亩，种植有0.5万亩的笋用竹。在水果类经济林种植面积中，又以荔枝、龙眼、橙子为最多。据2003年统计，全市的荔枝种植面积5.89万亩，龙眼种植面积为10.10万亩，橙子种面积为4万亩；其他还有芒果、柑橘、大青枣等。2003年年产品产量为55163吨，其中水果类为52353吨。年产品总产值13230万元，其中水果类产值为12511万元。

在北海市种植的荔枝品种中，合浦县的香山鸡嘴荔枝于1995年参加全国第二届农业博览会荣获金质奖。1999年已申请注册商标。现种植面积为1.66万亩，其中投产面积0.5万亩，产量在100吨左右。

(北海市林业局)

【封山育林】

封山育林是加速北海市绿化进程，巩固绿化成果，保证林业持续发展的一项重要措施。几年来，北海市根据上级主管部门的安排，结合本地的实际情况，在合浦县的白沙、公馆、曲樟、常乐、石湾、乌家等乡镇开展了封山育林工作，封山育林的主要树种是马尾松，累计封山育林面积146310亩，占全市森林面积的13.7%。目前林木生长茂盛，与其他人工林连成一片，绿化美化了城乡大地。为了防止人畜危害，各封山育林区还设立了明显的标志牌，禁止人们上山打柴和放牧，确保封育的成效。经过多年的封山育林，森林资源恢复得比较快，封山育林区周边的环境也得到了明显的改善。

(北海市林业局)

【退耕还林工程】

北海市从2000年开始自发进行退耕还林，当年退耕还林921公顷，2001年退耕还林293公顷。从2002年起，北海市的退耕还林工程正式列入了国家计划。

2002年北海市完成退耕还林2万亩，其中退耕地还林1万亩，配套荒山荒地造林1万亩，全部由合浦县实施。退耕还林以桉树为主的生态林面积19393亩，占当年退耕还林总面积的96.9%；以玉兰和黄榄为树种的经济林面积607亩，占退耕还林总面积的3.1%。退耕还林涉及户数为14个造林大户。

2003年北海市完成退耕还林36440亩，其中合浦县完成退耕地还林12130亩，完成配套荒山荒地造林20000亩；银海区完成退耕地还林4310亩。在完成的退耕还林面积中，生态林面积36339.1亩，以柑和荔枝为树种的经济林面积100.9亩，占全部完成面积的0.2%。退耕还林涉及乡镇16个，村委会70个，农户747户。

（北海市林业局）

【沿海防护林工程】

北海市沿海防护林一期工程从1987年开始设计实施，到2000年完成。工程实施十三年来，全市森林覆盖率提高到28.6%，基干林带建设长度为423.85公里，占宜林海岸线的96.3%。

二期工程从2001年开始建设。北海市的海防林建设主要采取的是以面上造林结合重点工程造林的方式进行。2001年以来北海市共完成海防林面上造林4142.3公顷。重点工程造林完成3790.9公顷，其中：

2001年国家下达投资计划350万元，用于营造海防林887公顷和封山育林667公顷。实际完成870.9公顷，其中红树林面积259.4公顷；完成封山育林667公顷。

2002年国家下达投资计划500万元，用于营造海防林1467公顷，实际完成1467公顷，其中红树林面积200.3公顷。

2003年国家下达投资计划487.5万元，用于营造海防林1453公顷，截至2004年6月底止已完成1209.9公顷，其中红树林面积276.3公顷。

（北海市林业局）

【森林生态效益补助试点】

2001年北海市完成森林经营分类区划界定工作，并列入了全国首批森林生态效益补助试点。试点范围涉及一县三区的20个乡镇和2个市直国有林场，试点面积10.44万亩，占全市区划生态公益林总面积的18%。试点工作开展后，通过树立公示牌进行公益林保护重要意义的宣传，使人们的生态保护意识得到提高。10万亩的重点公益林得到了有效的管护，使生态林的防风固沙、涵养水源等生态效益得到有效发挥。森林“三防”工作进一步加强，森林案件发生率、森林火灾受害率和森林病虫害发生率等均呈下降趋势。

（北海市林业局）

【全民义务植树】

早在解放初期的50年代，北海人民已养成义务植树的风气。1981年义务植树正式作为法定的植树运动，从1982年起，全民义务植树活动每年都在北海的城市和农村正常地开展。

北海市领导义务植树的机构是：北海市绿化委员会，绿委会的实体性办事机构是北海市绿化委员会办公室，均设在市林业局。北海市绿化委员每年根据全市绿化总目标，在造林季节前，制定年度义务植树计划，把任务分配列表编册，印发给各单位，把任务落到实处。每年3月上旬以市政府的名义召开义务植树动员大会，在3月12日植树节前后，由市党政领导带头，各单位领导带队，组成绿化大军按计划进行植树。每年都能按要求完成义务植树任务。1999年参加义务植树36.4万人次，植树332万株；2000年参加义务植树40.4万人次，植树376万株；2001年参加义务植树43.2万人次，植树348.5万株；2002年参加义务植树35.8万人次，植树271.1万株；2003年参加义务植树37.3万人次，植树264.5万株。

（北海市林业局）

【林业产业】

解放前1892～1901年间，中国人集股在北海高德村开设木材加工厂称怡和公司，主要生产木桶用板、黄包车车轮轮盖板等，这是北海最早的工业。解放后1952年成立北海市木材公司，1981年成立合浦县木材公司，1984年成立北海市林工商公司。1985年改革开放以后，经营（加工）木材的单位如雨后春笋，1987年就已建立465家，1989年增至493家。此后，北海市国有木材经营企业开始走下坡路。市木材公司1995年后资不抵债，市林工商公司房产于2002年被银行拍卖抵债，已处于停产状态。目前，全市共有木片加工厂9家，年加工出口木片约4万～6万千吨，年创汇

300万～500万美元。2002年北海市冠华人造板有限公司投资1亿多元在乌家建设年产15万立方米的中密度纤维板厂，2003年底，建成试产，2004年生产中纤板10万立方米，产值1亿元人民币。各类旋卷板厂12家，年产复合板2万多立方米。

花卉产业是一项新兴的绿色产业，近年来北海市花卉产业正悄然兴起。北海市发展花卉具有得天独厚的自然优势和区位优势。北海市气温高，雨热同季、热量足，雨量充沛，气候温暖湿润，夏无酷暑，冬无严寒的特点，一年四季均适宜花卉生长。据调查，北海市(不含合浦县)花卉企业已超过40家，零星分布于城市周边的海城区和银海区农村中，总种植面积近5000亩。年产值达2800万元。2003年，在北海市银海区政府的共同配合努力下，迎宾大道千亩花卉基地正式建成(千亩花卉基地布局于迎宾大道收费站至铁路桥两侧，以及收费站至店塘天桥路段两侧的可利用土地，全长共6公里，纵深各三百米，占地面积3500亩)。它将是北海乃至广西的重要花卉集散地和花卉交易的重要市场，是展示南方名优花卉的窗口，是北海市经济增长的新的亮点，通过基地的示范作用和市场功能，带动周边农民群众自发调整农业生产方向，大量从事花卉生产经营而脱贫致富奔小康。花卉市场建成后，随着花卉产业的不断壮大和发展，开辟新的就业门路，为城乡居民创造大量的就业岗位。同时能够极大地拉动北海市农业经济发展，为高德镇和银海区增加税收。

(北海市林业局)

【国有林场】

北海市现有国有林场4个，其中市直属林场2个(北海防护林场和营盘林场)，县直属林场2个(山口林场和公馆林场)。总面积108904亩，经营面积96144亩，现有林场职工507人。主要经营桉树、松树和经济果木林。山口林场于1954年建场，经营面积40500亩，现有职工206人，主要经营桉树和柑橙；公馆林场于1958年建场，经营面积40327亩，现有职工106人，主要经营松、桉用材林和荔枝、龙眼等果木林；北海防护林场于1960年建场，现有职工85人，经营面积7015亩，主要经营防护林和冠头岭国家森林公园；营盘林场于1966年建场，现有职工110人，经营面积9860亩，主要经营桉树用材林和防护林，以及荔枝、龙眼等果木林。由于国家实施经济转轨后，林场经营单一门路窄，林场经营效益不佳，且林地被侵权强占现象比较普遍，林场权益得不到有效保障。

(北海市林业局)

【种苗建设】

为进一步完善北海市的林业苗圃的生产条件和配套设施，提高苗木产量、质量，增加苗木品种，适应林业重点工程对林木种苗的需要，国家加大了对北海市林木种苗工程的投资，其中于2000年下达投资计划150万元(其中国债资金100万元)建设合浦县林业中心苗圃10公顷；于2001年和2002年下达投资计划200万元(其中国债资金160万元)建设北海市苗圃21.5公顷；于2003年下达投资计划415万元(其中国债资金332万元)用于建设北海市红树林采种基地410公顷。

合浦县林业中心苗圃年设计生产能力400万株，已累计出圃苗木900万株，主要以造林用良种桉苗为主。北海市苗圃于2002年开始培育苗木，已累计育苗55.6万株，收集和储备了140多种林木优良种质资源。北海市红树林采种基地的采种范围已划定了40.2公顷，其他各项工作正在启动。经过几年的种苗工程建设，使北海市的林木种苗良种使用率由以前的75%提高到目前的97%，林业重点工程造林用苗良种率达到了100%。

(北海市林业局)

【林政资源管理】

1997年起，自治区人民政府决定实行县级领导干部任期森林资源消长目标责任状制度，为更好地执行自治区人民政府的决定，北海市政府与各县、区政府签订“县级领导干部任期森林资源消长目标责任状”，使森林资源得到有效保护。1999～2003年，全市共完成森林总采伐量50万立方米，其中商品材生产21万立方米，各项指标均控制在限额目标值内。北海市加大规范市场经营秩序的工作力度，严格执行木材经营(加工)、运输许可凭证制度，并实行许可凭年审验证制度。1999～2003年，共发放木材运输证6万份，运输木材25万立方米，办理木材经营加工许可证279份，依法受理和审核征占用林地27宗，征占用林地面积78.6693公顷，依法收取森林植被恢复费93.0135万元。

(北海市林业局)

【林政执法】

1999～2003年，北海市林业局深入贯彻《中华人民共和国森林法》、《森林法实施条例》及有关的法律法规和政策。通过出动宣传车辆、悬挂过街横幅、张贴宣传标语、发放宣传资料多条、开展广场咨询活动等形式进行宣传。利用“爱鸟周”、“清明节”、“地球日”、“世界环保日”、“重阳日”等节日，在《北海日报》刊登宣传稿件，出版林业简报、板报，使林业法律法规政策家喻户晓、深入人心，增强了广大人民群众的林业法律意识，为依法治林、依法护林、依法兴林打下良好的基础。为加强森林资源管理、严厉打击侵犯森林资源的违法犯罪活动，1999～2003年，北海市积极配合自治区统一开展“三号行动”、“春雷行动”、“海鹰行动”、“绿剑行动”等专项行动，查处各类森林案件846宗，查处率100%，其中行政案件846宗，罚款26.6万元。

【野生动植物保护】

2002年，为保护野生动植物资源，北海市林业局配合自治区林业局完成了野生动物资源调查和名木古树普查工作。据调查统计，全市共有名木古树共27种，216株。现已对这些名木古树进行了登记造册，建立档案，制定保护管理措施，为科学管理提供依据。规范野生动物驯养繁殖和经营市场，实行野生动物驯养繁殖和经营利用许可证制度。加强对野生动植物资源保护和管理，组织林政、森林公安、木材检查等执法队伍检查全市野生动物经营利用市场和驯养繁殖场所。1999～2003年，查处宾馆、饭店、酒家100多家，集贸市场摊点30个，查封果子狸养殖场所5处，收缴野生动物2000公斤，鸟类2万只。

（北海市林业局）

【森林防火】

1999～2003年，全市共发生森林火灾24.5起，其中森林火警6起，一般森林火灾18.5起，过火面积389.4公顷，受害面积114.7公顷。北海市各级政府和森林防火主管部门积极加强森林防火行政领导负责制和“四网两化”建设，形成了比较完善的森林防火体系。到目前，市本级和全市一县三区以及所有乡镇政府均成立了森林防火指挥机构，森林防火行政领导负责制落到了实处；北海市共有森林防火专业队4支，半专业队5支，义务扑火队27支，森林防火队伍建设完全能满足森林火灾扑救工作的要求；全市目前共有用于森林防火的各类无线通信调和167部(台)，平均每万公顷森林16.4部(台)，无线通信网络基本覆盖全市所有林区；现有森林火灾瞭望台10座，防火线(林带、机耕路、防火公路)1078.6公里，防火林带43.49公里；全市目前共有森林消防指挥车6台，运兵车5台(不含乡镇)，风力灭火机58台，二号工具1300多把；各级森林防火指挥部办公室制度建设完备，严把宣传教育和野外火源管理关，保证了全市森林防火工作的顺利开展。加强森林防火知识培训和安全教育，举办全市森林防火知识培训班5期，培训学员达1013人次，提高了防火专业队伍水平。

（北海市林业局）

【森林病虫害防治和检疫】

森林病虫害防治检疫工作贯彻“以防为主、综合治理”的方针，加大监测预防力度。1999～2003年北海市森林病虫害监测面积510.83万亩，监测率为87.2%，病虫害发生面积3.2万亩，成灾面积为0.45万亩，成灾率为0.07%，防治面积3万亩，防治率为92.6%。每年开展春秋两季松材线虫病普查和防治工作，严格按照国内检疫技术操作规程实施调运检疫，对外来松属木材及制品，认真进行现场复检，同时联合林政、公安、木检等部门做好检疫执法工作，1999～2003年共完成1840亩苗木的产地检疫。调运检疫苗木60.69万株、木材31万立方米、花卉7.65万株，未发现松材线虫病及其他检疫对象。2003年及时发现并控制了迎宾大道椰心叶甲疫情的扩散和蔓延。

【农村能源建设】

多年来，北海市在狠抓造林绿化和森林资源保护的同时，大力开展改灶节柴等农村生态能源建设。特别是近几年来更是加快了农村生态能源建设的步伐。1999～2003年，先后举办了35期沼气池技术培训班，培训人员1482人次，推广了先进的能源技术，大大提高了农村建设沼气池的速度和质量。到2003年底，全市已建沼气池11127座，农村能源得到有效改善，农民利用沼液浸种达到4170亩，淋果18825亩，种植无公害蔬菜4170亩，推广沼液喂猪505户，推广使用风力发电机1050台，利用太阳能823平方米。生态家园逐年增多，生态示范乡、示范村的建设步伐加快，出现了一批以沼气池为主的生态示范村，如合浦县廉州镇的大江村委、堂排村委，星岛湖乡的总江村委，铁山港区营盘镇的彬畔村委等。

（北海市林业局）

【自然保护区建设】

北海市现有山口国家级红树林自然保护区和广西涠洲岛自然保护区。山口国家级红树林自然保护区位于合浦县山口镇，保护海岸湿地4000公顷，其中红树林730公顷，隶属海洋部门管理，机构完善，在合浦县设管理处，保护区内设管理站，建有1200平方米的科技综合大楼。自1990年建立保护区以来，总投入经费500余万元，红树林面积从730公顷增加到880公顷，从事多项的科学研究活动，2000年加入联合国教科文组织世界生物圈，建成广西重要红树林生态旅游胜地。广西涠洲岛自然保护区位于距离北海市36海里的南北部湾海面，包括涠洲和斜阳两岛，总面积26.63平方公里，是候鸟和旅鸟迁徙印尼、西沙群岛、印支半岛的重要中途驿站，在国内处具有一定影响。广西涠洲岛自然保护区1986年建立以来，积极开展爱鸟护鸟保护工作，较好地保护了鸟类及岛上的自然资源，使涠洲岛成为北海市的一个旅游胜地。

北海市各级人民政府为了提高红树林保护层次，扩大保护区范围，拟建立由林业部门管理的《党江红树林自然保护区》，已于2003年上报待批。(北海市林业局)

【红树林保护管理】

北海市是全国红树林分布较多的地区之一，总面积3200公顷。红树植物19种(含半红树植物)，占全国50%，其中英罗港分布的红海榄群落，是全国红树林树种最多、保存最完好的群落。由于红树林具有物种多样性、种群的稀有性和生境的脆弱性，历年是森林保护的重点。北海市各级党委、政府在沿海岸滩涂综合开发中，始终坚持开发和保护同样重要的原则。为了保护管理好稀有的红树林，北海市人民政府加大了保护管理力度，严格禁止毁坏红树林。对破坏红树林的违法行为进行严厉查处。2001年通过对合浦县闸口镇破坏红树林的典型案例查处，判刑8人，行政处分16人，教育群众、震慑违法分子，遏制了破坏红树林围海养殖的势头。同时通过建立自然保护区，提高红树林资源保护和管理档次。2002年，配合自治区林业勘测设计院开展红树林资源普查，首次采用卫星航片结合GPS、GIS系统开展调查，摸清了红树林的资源状况，为科学管理和开发利用红树林资源提供可靠依据。从2002年起，每年安排保护和补助经费25万元。建设红树林营造工程。自1999年以来，累计营造红树林680.8公顷，逐年扩大红树林面积。

(北海市林业局)

【林业工作站建设】

北海市乡镇林业站建设历史悠久，自1957年，合浦就建有南康、福成、廉州、常乐、公馆等5个中心站。1974年初，各乡镇均建起林业站。自1993年开展林业站建设合格县活动以来，北海市乡镇林业站建设不断得到加强，1995年有4个县区获得林业站建设合格县。1996年6月经北海市编委批准成立北海市级林业站，1996年率先获得全区林业站建设合格市。2002年机构改革前，全市一县三区共有28个乡镇，有24个林业站，编制71人，实有人数107人，财政拨款71人，属于县区林业局和乡镇政府双重领导。2002年机构改革后，全市共有林业站20个，有4个林业站撤并入乡镇农业技术服务中心，体制下放乡镇管理，编制50人，实有人数99人，财政拨款53人。林业站的基础设施不断完善，经济实力逐步加强，全市林业站站房总面积2695平方米。程控电话20台，摩托车27辆，汽车5辆，站办基地13个，办公用品齐全，制度完善，管理规范，职能发挥正常，为当地林业发展发挥主要作用。

(北海市林业局)

【林业机构与队伍】

行政机构。1951年1月，北海市人民政府民政科下设农林股。1954年冬，北海市人民政府设农业科，兼管林业。1958年11月，北海人民公社设农业合作部，管理林业。1959年6月，北海镇人民政府设农林水利局，同年12月，设林业局。1968年4月，北海市革命委员会生产指挥组设农林水管理站。1972年4月，恢复林业局。1984年5月，撤销北海市林业局，原北海市林业局与北海市园林管理处合并，成立北海市园林公司，设办公室、林业科、园林科、业务生产科。1985年2月，恢复北海市林业局(处级)。1990年，北海市林业局设办公室、营林科、林政科、公安科、生产管理科、森林病虫害防治站、林业技术推广站、北海木材检查站及涠洲岛鸟类保护区管理站，下辖1县(合浦县)2区(海城区、郊区)林业机构。1995年实行机构改革，根据市委“三定”方案(北办法〔1995〕7号)，北海市林业局机构设办公室、林政科、营林科、人事教育科、市公安局林业公安科、市森林防火指挥部办公室。1996年推行公务员制度，林业局机构设置不变，职位设置进一步明确。1999年1月20日经中华人民共和国濒危物种进出口管理办公室批准成立国家濒管办南宁办事处北海检查站。2001年机构改革，保留北海市林业局，职能作进一步调整，撤销林业公安科成立北海市公安局森林分局。合浦县林业局保留，海城区新成立林业局，铁山港林业局从农林水利局中单列出来，银海区林业局保留。

业务机构。北海市园艺场——1951年建立国营林业苗圃，1962年扩建为沿海防护林场。1969年，市防护林场并入北海林场，称防护工区。1973年，恢复为国营林业苗圃。1980年7月，改为北海园艺场（北海苗圃）。北海防护林场——1960年5月建立国营大江林场，1968年，更名为国营北海林场，1986年10月，将国营北海林场改为国有北海防护林场。北海市林业科学研究所——1977年8月组建北海市林业科学研究所。北海市森林病虫害防治检疫站——1979年设立北海市森林保护站，后又撤销，于1988年恢复，1992年更名为森林病虫害防治检疫站。北海市木材公司——1952年建立，前身是中国煤业建筑药材公司，1953年改称为广东省木材公司北海支公司。1981年11月，北海市木材公司从财贸系统划出，归属市林业局领导。北海市珍稀濒危野生动物救护研究中心——1996年10月7日北海市编委批准成立。绿化机构——1962年1月，成立中共北海镇委绿化指挥部。指挥部设办公室及监察小组。1963年成立公路林带营造管理委员会。同年成立海岸防护林营造管理委员会。1965年11月，成立北海市四周两旁绿化指挥部。1982年2月15日，成立北海市绿化委员会，委员会下设办公室。森林防火指挥部——1973年成立北海市防林防火指挥组，同年11月改称北海市护林防火指挥部。1988年撤销，工作由市林业局承担。同年12月恢复成立。指挥部设办公室。

（北海市林业局）

海城区林业

【森林资源】

海城区的地带性植被为北热带季节性雨林，但原生植被早已被破坏，次生林也较少，仅在少数村庄旁被群众当作“风水林”而保留下来，大面积分布的是灌草丛和人工植被，沿海滩涂有少量的红树林分布。其可分为天然植被和人工植被。

2003年，海城区林业用地面积982.7公顷，占土地总面积6.9%。其林种结构与分布是：防护林——是以防护为目的的森林，包括水源涵养林、水土保持林、防风固沙林、护岸护堤林，造林的主要树种为木麻黄、相思、马尾松、桉类、秋茄、白骨壤等。2003年，防护林面积共610.5公顷，占林地总面积62.1%，其中水源涵养林28.8公顷、水土保持林113.4公顷、防风固沙林411.6公顷、护岸护堤林56.7公顷。用材林——造林的树种主要是窿缘桉、尾叶桉。2003年，用材林面积为238.3公顷，占林地总面积24.2%。果木林——主要是以生产果品为主要目的林木。2003年，果木林面积125.8公顷，占林地总面积12.8%。主要树种有荔枝、龙眼、番桃、芒果等。特种用途林——主要是国防林，面积8.1公顷，占林地总面积0.9%，树种主要有木麻黄、马尾松、桉等。

一、灌草丛

属于天然植被，群落的组成种类繁多，包括灌木、乔木幼树和草本，绝大多数属本地带的阳性种类。丘陵地的灌草丛的组成，主要有桃金娘、岗松、细叶谷木、小叶厚皮香、黄牛林、油甘子、铣芒萁、五节芒、红裂稻草、鹧鸪草等；滨海平原台地灌草丛的组成，主要有：拉攀木、鸦胆子、厚皮树、刺木冬、桃金娘、细叶谷木、银合欢、露兜勒、鹧鸪草、臭根子草等；滨海沙地上的沙生植被，主要有露兜勒、鬓刺、单叶蔓荆、厚藤、海刀豆、卤地菊、沟叶结缕草等。

二、红树林

属于天然植被，全区红树林主要分布在靖海镇垌尾村，面积28.4公顷，驿马镇驿马村也有少量分布，主要的树种类型是白骨壤、秋茄，呈灌状分布。

三、北热带季节性雨林

属于天然植被，原生林早已被破坏，次生林也濒危绝迹，仅在少数村庄旁被群众当作“风水林”而保留下来。但在长期人为的干预下，乔木层往往只保留目前种类构成最上层林冠，中、下层不存在或不成层片，群落乔木失去多种类、多层次结构的特征。

四、木麻黄林

属于人工植被，主要分布于高潮线上至陆地

二级阶地和岛屿周围,土地为流动、半流动和固定的沙滩或沙地,陆地二级阶地则为砂质轻壤土。海城区主要木麻黄群落为木麻黄—露兜勒—仙人掌—沟叶结缕草群落和木麻黄—鬣刺、单叶蔓荆—沟叶结缕草群落,19 年生一般高 12 米,胸径 11～15 厘米。

五、相思林

属于人工植被,台湾相思林主要分布在斜阳、涠洲岛,16 年生树高 7～10 米,胸径 7～12 厘米,覆盖率 75%,灌木以银合欢为主,高 1 米左右,覆盖率 30%,草本高 0.3 米,覆盖率 80%,长穗虎草占优势。2001～2002 年,在全区防护林带范围内试种马占相思、大叶相思,该两种树种陆地二级阶地长势较沙地长势好。

六、桉树林

属于人工植被,分布于平原台地,主要的按树群落有桉——蜈蚣草、鹧鸪草。海城区现有的桉树主要有窿缘桉、尾叶桉。窿缘桉 19 年生平均树高 10 米,胸径 9～16 厘米。尾叶桉是海城区自 1996 年以来主要推广的用材林树种,该树种生长迅速,5 年即可成材,5 年生,平均树高 8 米,胸径 5～13 厘米。

七、马尾松林

属于人工植被,主要分布于丘陵地带,10 年生平均高约 7～8 米,平均胸径 2～17 厘米。

八、果木林

属于人工植被,主要有荔枝、龙眼、番桃、黄皮、杨桃、木菠萝。作为本地的传统果树,普遍见于村边屋旁,单株事数株分布,管理粗放,产量和质量低。自 1992 年以来,人们从外地引种良种荔枝、龙眼、芒果,同时加强管理,取得了较好的经济效益。良种番桃——珍珠番桃的引种则是自 2002 年开始的。

【绿化造林】

1995 年海城区区域变动,北海市将原郊区所辖的高德镇部分村(居)委和西塘镇的部分村(居)委以及涠洲镇划给海城区管辖,增加了辖区面积,增加了造林任务。为深入贯彻《关于开展全民义务植树运动的决议》和《广西壮族自治区全民义务植树实施细则》,1995～2003 年植树节前后,海城区每年都组织机关职工开展义务植树活动,1995～2003 年参加义务植树的职工达 1.7 万人次,完成植树 18.5 万株,全区全民义务植树的尽责率达 95%。1995～2003 年,共完成造林 849.4 公顷,其中:2002 年争取中央专项资金 10.8 万元,完成国债造林 31.3 公顷;2003 年争取中央专项资金 30 万元,完成国债造林 134.2 公顷。1997 年获得自治区海防林达标和绿化达标称号,2000 年 1 月获北海市 1997～1999 年林业系统"双文明"建设先进单位称号,2001 年 12 月获自治区绿化先进集体称号,2003 年 9 月森林分类经营区划界定项目获广西森林分类经营区划界定优秀成果二等奖。

1995 年以来,为改变海城区防护树种单一,老残林多的状况,引种了水培木麻黄苗、马占相思、大叶相思等良种树苗,至 2003 年,共营造防护林 415.6 公顷,形成了点、线、网、带、片相结合的防护体系,提高了防护效益。

海城区用材林树种以窿缘桉、尾叶桉为主,窿绿桉是 1995 年以前主要种植的传统树种,但因其生长速度不如尾叶桉,1996 年之后,均以尾叶桉作为主推树种造用材林。1995～2003 年共营造用材林 248.2 公顷。

1995 年以来,海城区种植果木林的主要品种是荔枝、龙眼、芒果、番桃,种植的方式一般都采取矮化种植,植株高约 2 米左右,以达到方便管理的目的。1995～2003 年,海城区共种植果木林 185.7公顷。

【森林保护】

为切实保护森林资源、确保森林资源的增长大于消耗,海城区认真抓好林业内务建设,对森林资源实行目标管理,从采伐限额、生态公益林管护、林地保护、森林火灾、森林病虫害防治等方面严抓严管,保证了森林资源的不断增长,保护和培育了森林资源。1996 年 12 月海城区获得国家林业部颁发的林业工作站建设合格县证书,1998 年 10 月海城区半专业森林消防队获自治区森林防火指挥部颁发的县级半专业森林消防队伍建设合格一类队证书;2001 年 12 月海城区获得自治区人民政府颁发的 1998～2000 年《县级领导干部森林资源消长目标责任状》优秀县证书,2003 年获北海市农村能源建设先进单位。

一、采伐限额

严格执行森林采伐限额,不仅关系到林业工作的全局,而且关系到生态环境的保护和改善,关系到经济社会的可持续发展。为切实做好森林采伐限额的管理工作,海城区主要采取了以下几方面措施:一是利用会议、墙报、标语、学习培训等形式，宣传森林采伐限额管理的法律、法规及政策规定，使森林采伐限额制度深入人心；二是严格实行领导干部任期森林资源消长目标责任制，强化森林资源的保护管理；三是严格执行森林采伐限额的全额控制和分类管理制度，有效控制森林资源消耗；四是认真执行凭证采伐制度，强化林木采伐管理；五是完善森林监测体系，加强森林采伐限额执行情况的监督检查。1996 年商品材采伐限额为 1078 立方米，实际消耗量为 135 立方米，占限额 12.5%；1997 年商品材采伐限额为 1078 立方米，实际消耗量为 103 立方米，占限额 10%；1998 年商品材采伐限额为 699 立方米，实际消耗量为 77 立方米，占限额 11%；1999 年商品材采伐限额为 597 立方米，实际消耗量为 236 立方米，占限额 39.5%；2000 年商品材采伐限额为 597 立方米，实际消耗量为 157 立方米，占限额 26.3%；2001 年商品材采伐限额为 1300 立方米，实际消耗量为 615 立方米，占限额 47.3%；2002 年商品材采伐限额为 1300 立方米，实际消耗量为 179 立方米，占限额 13.8%。

二、生态公益林管护

2001 年始，在自治区林业局和北海市林业局的统一部署下，海城区开展了森林生态效益补助资金试点工作，编制了《海城区森林生态效益补助资金试点实施方案》，划定森林面积 592 公顷，为国家级生态公益林，占森林总面积 60.3%，中央财政对国家级生态公益林的保护和管理进行补助，具体包括管护人员费用、森林防火、森林病虫害防治、资源监测、林区道路维护费等，补助标准为 4.25 元/亩。同时落实了 6 名生态公益林管护人员，并与林权所有者、管护人员签订管护合同，确保了生态公益林管护工作的有序开展。2001 年生态公益林管护面积为 592 公顷，管护率为 100%，面积保持率为 100%，盗伐滥伐林木蓄积为 0，毁坏林木面积为 0。2002 年，经自治区林业局批准，市交通局征用了涠洲 0.5 公顷林地用作码头建设，海城区生态公益林需管护面积改为 591.5 公顷，2002、2003 年生态公益林管护率为 100%，面积保持率为 100%，无盗伐毁坏林木的现象发生。

三、林地保护

经自治区林业局批准，1997 年南油涠洲终端处理厂建码头征用涠洲镇 0.8 公顷林地，2002 年北海市交通局征用涠洲镇 0.5 公顷林地用作码头建设，2002 年海城区政府征用靖海镇 7.3 公顷林地用作工业园建设，2003 年：长春市人民政府驻北海办事处征用驿马镇 0.68816 公顷林地用作办公综合楼建设；北海市轻工实业开发公司征用驿马镇 2.2620 公顷林地用作住宅小区建设。其余年份——1995 年、1996 年、1998 年、1999 年、2000 年、2001 年没有征占用林地的情况发生，1995～2003 年海城区征占用林地审核率 100%。

四、森林防火

森林防火是一项责任重、难度大的长期性工作，为切实做好森林防火工作，海成区主要采取了以下几方面措施：一是加强领导，严格执行森林防火行政首长负责制；二是通过贴标语、出墙报、出动宣传车、印发宣传材料等形式加强宣传教育工作，增强群众森林防火意识；三是严格野外用火制度，强化火源管理；四是加强值班巡逻制度，确保林区安全；五是完善森林防火基础设施，加强森林消防队伍的管理训练。1995～2001 年，海城区无森林火灾火警的发生；2002 年因天气干旱严重，冠头岭林区分别在 4 月 14 日和 4 月 17 日因群众扫墓走火，造成冠头岭林区发生两起森林火警，在干部群众和部队官兵的及时扑打下得以扑灭，两起火警过火面积共 0.5 公顷，2002 年火灾受害率为 0.05%；2003 年 3 月 6 日，冠头岭林区因群众野外吸烟走火，引发森林火警，在干部群众和部队官兵的共同努力下，及时将火警扑灭，避免了更大的损失，火警过火面积 0.27 公顷，2003 年火灾受害率为 0.03%。

五、森林病虫害防治

森林病虫害是无烟的森林火灾，为有效防治森林病虫害，保护森林资源，坚持“预防为主，综合治理”的方针，认真开展森林病虫害的监测、预测和防治工作，确保病虫害早发现早防治。1995～1997 年、1999～2000 年、2002～2003 年，海城区均无病虫害成灾面积发生。1998 年、2001 年，因气候异常，天气持续高温干旱，海城区冠头岭林区发生严重的松毛虫害，1998 年松毛虫成灾面积 15 公顷，成灾率为 1.6%，2001 年松毛虫成灾面积 3 公顷，成灾率 0.3%，针对病虫害发生的情况，对虫害进行了化学防治，通过喷施敌杀死粉剂的方式防治，收到了较好的效果，两年虫害防治率均为 100%。

六、生态能源建设

发展农村生态能源建设，特别是发展沼气建

设,不但能够改善农村用能结构,保护森林资源,改善生态环境,而且还可以调整农村产业结构,促进农业增产、农民增收。围绕沼气建设,海城区认真做好宣传发动工作,严把建池质量关,积极通过“猪—沼—果(菜)”的形式发展沼气综合利用,1998~2003年,海城区共完成沼气池156座,沼气池在海城区的安家落户,给海城区农民带来了可喜的生态效益和经济效益。

【机　构】

1994年8月31日,海城区设立海城区农村工作办公室,为非常设机构,兼管林业。1996年3月5日,撤销海城区农村工作办公室,成立海城区农业工作办公室,为常设机构。2001年海城区进行机构改革,撤销农业工作办公室,设立海城区农业局,并增挂海城区林业局、水利局、海城区乡镇企业局牌子,海城区扶贫开发办公室与海城区农业局合署办公。

(海城区林业局)

银海区林业

【概　述】

银海区与合浦县、海城区、铁山港区接壤,西南面临海,是南方平原县区,前身为北海市郊区,北海市郊区成立于1984年,于1995年全市行政区划变动后改称银海区,下辖福成、高德、西塘、侨港、咸田五镇,土地面积52955公顷,人口12.686万人。银海区林业局成立于1995年,其前身为1993年成立的郊区林业局,编制人员共3名,兼司区绿化委员会、森林防火指挥部、林地纠纷调处日常工作职能,内设直属事业单位林业工作站一个,编制人员共5名,与林业局合署办公。设乡镇林业站的有福成镇,农林合署办公的有高德、西塘、侨港、咸田镇。

银海区林业用地面积10.6189万亩,占全区土地面积13.37%,其中有林地9.8896万亩,全区活立木总蓄积量14.9万立方米,森林覆盖率12.0%。银海区于1992年完成了灭荒任务,1997年实现了平原绿化、海防林体系建设、森林防火专业队三项达标,以重点生态工程和产业项目建设为突破口,1997年来稳步实施了绿色工程、海防林工程、退耕还林工程、农村小型生态公益林项目、森林生态效益补助试点工程等一系列工程项目,支持引导非公有制资本发展林业建设,建立了1个私营林场,2个木片厂,1个压板厂,使大开发时期破坏的林业生态环境得到了恢复,林业经济、社会效益进一步提高。2003年林业总产值达2701万元。

【全民义务植树】

全民义务植树是一种全民性的、法定的、无报酬的、为国家和社会服务的植树活动。银海区领导义务植树的机构是银海区绿化委员会,其办公室设在林业局。每年在植树节前后,根据银海区的绿化目标,制定年度规划,由银海区绿化办组织人员到现场踏勘,画线插牌,定位定点,把任务落实到单位和个人,实行包种、包活、包管责任制。植树活动中,银海区党政领导带头,各单位领导带队,组成浩浩荡荡的绿化大军,参加人员都能超额圆满完成任务,但农村、城镇居民不能有效组织起来,银海区尽责率达不到要求。1996年参加义务植树人数5.5万人次,尽责率87.3%,植树29.4万株,人均植树5.3株;1998年参加义务植树人数3.3万人次,尽责率42.0%,植树36.4万株,人均植树11.0株;2000年参加义务植树人数3.8万人次,尽责率47.8%,完成植树30.5万株,人均植树8株;2003年参加义务植树人数3.8万人次,尽责率48.7%,完成植树32万株,人均植树8株。

【丰产林基地建设】

种植速生丰产林是当前新兴的林业项目,银海区从1997年开始大量种植速丰林,以桉树为主,按照“区域化布局,定向化培育,集约化经营,市场化运作”的原则,从发展工业原料入手,大力发展林产工业,走林浆纸、林板纸一体化发展道路。银海区林业局制定了全区桉树基地规划方案,组织乡镇领导、林农大户前往广东、山东等地考察,银海区政府结合税费改革出台了林业招商引资的优惠政策,吸引了大批林农投资种植速丰桉,至2003年底止,全区速丰桉种植面积达2.91万亩,占林地总面积的27.4%。

【经济林建设】

银海区经济林发展起步较晚,大部分都是群众在自留山或屋前屋后零星种植,至1994年银海区种植面积仅1700亩。为发展经济林,拓宽农村增收渠道,满足社会的水果需求,1995年银海区进行了林种结构调整，规划了2万亩经济林基地，1996年成立了区发展水果生产办公室，加强了财政投入、经济林种植技术指导和市场销售的引导，至此经济林建设开始飞速发展，2003年底银海区种植面积达1.32万亩，年产值达2049万元，品种主要有龙眼、荔枝、芒果等，经营模式有群众自营、联户经营、公司＋集体＋农户经营等多种模式。

【退耕还林工程】

2003年自治区下达银海区退耕还林工程造林任务5000亩，银海区根据国债项目管理要求，成立了专门机构统一指挥协调实施，任务分解到两镇：福成镇3916.87亩，高德镇1083.13亩。年底完成造林任务5000亩，占任务的100%。第一年任务指标通过了自治区的检查验收。

【沿海防护林工程】

银海区是自治区海防林项目实施的重点区域，海岸线长123.07公里，宜林长度110.2公里，经过“八五”、“九五”、“十五”规划建设，已建立了较为完备的海防林体系。60年代至80年代中期以海岸基干林带建设为主，营造了海岸基干林带35公里，面积达140公顷。80年代末至今主要以营造工程林为主，2003年开始采取工程招标方式发包给有资质的公司造林，提高了造林质量，成活率达90%以上，树种主要是桉、木麻黄、台湾相思和红树林种类等。至2003年底统计，全区海防林总面积达1.74万亩，其中红树林面积0.65万亩，海岸基干林带长56公里，形成了完整的海防林防护体系，为调节气候，防灾减灾，保障全市工农业生产和人民生命财产安全做出了积极贡献。

【防沙治沙工程】

银海区防沙治沙工程主要是结合沿海防护林工程建设同时进行，在沿海易沙化和水土流失的地方，进行合理造林规划设计，利用人工种植林木和花草，达到防风固沙的目的。治沙工程每年都制定年度规划，在泥质海岸，以营造红树林和相思树为主；在沙质海岸，以营造木麻黄为主；在岩质海岸，以营造马尾松为主；在水库及道路两旁以种植竹类和速桉树为主。至2003年底止，银海区治理面积达1.48万亩，完成人工造林0.98万亩。

【绿色工程】

1997年实施绿色工程以来，银海区把桂海高速公路和北铁公路两条交通干道作为绿色工程示范路，2002年全面完成绿化，形成了公路两侧各40米的绿色长廊，获得了自治区好评，2000年在银海区召开了全区绿色工程现场会。银海区绿委、团委、妇联等部门联合组织了保护母亲河、营造巾帼林等活动，有力地推动了绿色工程建设。银海区绿色工程绿化造林面积2.62万亩。

【生态效益补助试点】

2000年来，银海区严格按照“严管林、慎用钱、质为先”的要求，认真做好森林生态效益补助试点工作，目前已经取得阶段性成效。银海区试点面积333.3公顷，管护合同于2002年6月全部签订，补助资金1.5万元已全部发放到位。在试点区，乱砍滥伐现象和火灾、虫灾基本消失，群众的生态环境保护意识的大大提高，促进了森林资源管理建设工作。

【生态能源建设】

银海区农村能源工作于1997年从区农业局划归区林业局主管，局内挂农村能源办公室牌子，没有人员编制。90年代初期生态能源建设只限于推广改造省柴节煤灶，1997年后开始逐步发展农村户用沼气池，每年有计划的选派农民技术员进行沼气技术培训，并拨付经费在各镇建立沼气建设示范户，推动沼气建设的发展。2000年完成了银海区省柴节煤灶推广改造工作，推广改造2.83万户，至2003年底银海区共建沼气池480座。

【抚育间伐】

海区几乎全部是人工林，以集体和个体林农营造居多，按上级林业主管部门颁布的有关规程，结合银海区情况，一般造林后连续抚育二年，第一年两次，次年一次。桉树的抚育一般采取人垦除草松土抚育，松土深20厘米左右，松土范围以单株为中心直径1.2米左右，松土后施肥(以有机肥为主)。松树的抚育，采取及时复土、扶苗、施肥，在幼苗根外松土。木麻黄的抚育，对栽于沙滩的，在台风后，进行扶正苗，培露根或扒开沙土使不淹苗，防止牛畜伤害顶梢，过密的 进行适当间苗。幼林经抚育后，促进林木生长，比不经抚育的幼林生长速度增长30%以上。成林的抚育间伐，主要是对密度过大的森林，本着去弱留强，去弯留直原则，按合理密度进行间伐以及修枝工作。

【低产用材林改造】

银海区用材林多为湿地松、柠檬桉、隆缘桉等，均为60～80年代种植，主要分布在西塘、福城、高德三镇，因管护抚育不到位，加上土质较差，各方面效益较为低下。90年代初期,引进了巨尾桉、尾叶桉等丰产林种,逐步对低产用材林进行改造,至2003年底银海区共完成低产用材林改造0.8万亩。

【林业产业】

80年代的林业产业只有一些零星的储木场,主要经营建筑用的支撑木和薪柴。1997年广东华汉集团在福成镇兴建了银海区第一座木片厂,2000年私企老板张正东成立了第一个民营林场,种植速丰桉1万亩,2001～2002年他陆续兴建了一个木片厂和一个压板厂。1990年花卉业开始出现并逐步发展,2000年全区种植面积263亩,2003年种植面积达3100亩,花卉企业(生产基地)36个,大部分集中在迎宾大道两侧平阳村委。2003年林业总产值2701万元。

【森林资源保护】

银海区森林病虫害防治工作由林业局负责,无编制机构,只设一名兼职检疫员。银海区森林病害有263种,虫害471种,主要病虫害有桉树枯萎病、焦枯病、松材线虫病、马尾松毛虫、湿地松粉蚧、松突圆蚧、蟀科、松墨天牛、油桐尺蛾等。为害严重的是马尾松毛虫,1999年冠头岭发生大面积马尾松毛虫为害,面积达2000亩,2003年发生桉树枯萎病侵害,面积达200亩。防治马尾松毛虫采取喷洒白僵菌,结合人工捕捉。防治桉树枯萎病时,用石灰喷洒在树根部,改变病菌生存土壤的酸碱度,抑制和杀死病菌。

野生动植物保护与管理是森林资源保护的重要内容。银海区野生动物以候鸟居多,是东亚候鸟南迁北移的主要通道,春、秋季捕鸟的人甚多,用猎枪射杀或拉网诱捕。每年3月20日至26日是全市"爱鸟周",当日,市、区林业局统一行动,组成浩浩荡荡的宣传车队,宣传爱鸟护鸟文件及资料,组织护鸟纠察队,进入林区巡逻,拆除鸟网,收缴猎枪,打击乱捕滥猎鸟类的行为。列入国家保护的野生植物稀少,在全区分布较为广泛的是红树林群落,从福成镇西村至西塘镇大冠沙沿海都有成片群落,据2001年自治区林业勘测设计院调查,面积达6720亩,2002年,银海区政府向上级申报建立红树林保护区,但未见批复。樟树是当地常见的野生保护植物品种,分布较为零星散落,有民间作坊砍伐用来蒸取芳香油原料,银海区林业局在2002年发现并捣毁了两间简易作坊。

【林政管理】

1999年发生林政案件48起,查处48起,查处率100%,罚款4.22万元;2000年发生林政案件129起,查处129起,查处率100%,罚款2.11万元;2001年发生林政案件264起,查处264起,查处率100%,罚款1.44万元;2002年发生林政案件98起,查处98起,查处率100%,罚款1.68万元;2003年发生林政案件20起,查处20起,查处率100%,罚款2.36万元。

一、林地权管理

林地权管理以1981年以来开展的全市林业"三定"(即稳定山林权属,给社员划定 字留山,确定林业生产责任制)为基础,1989年10月成立了银海区林业"三定"领导小组,并成立工作组,进行了历时三个多月的国有林"三定"工作。全区国有林总面积4.7326万亩,已发证4.5574万亩,占总面积96.8%。

二、森林采伐与采伐限额管理

1993年开始行使林政管理权(1993年前由市林业局统一管理),根据市林业局下达的森林采伐限额进行管理。凡采伐林木,需经过村委、镇林业机构审核,报银海区林业局审批后,发放《林木采伐许可证》,凭证采伐。公益林采伐超过30亩以上需报市、自治区林业主管部门审批。采伐方式以小面积皆伐为主。

三、木材流通管理

在自治区内销售、运输木制品、半成品、木柴、木炭、树蔸,要到银海区林业局办理运输证件。运销自治区外的按自治区下达的木材外销限额计划,统一由市林业局核发木材运输证。2003年运销商品材945立方米。

【森林防火】

1995年成立森林防火指挥部,办公室设在林业局,定编2人(从林业站编制中调剂解决)。1997年成立森林防火半专业队,人员23人。专职护林员6人。1999～2003年发生森林火灾2起,受害森林面积28.4公顷。1999发生火灾1起,过火面积19.2%公顷,受害面积2.3公顷,受害率11.98%;2000年无森林火灾发生;2001年无森林火灾发生;2002年无森林火灾发生;2003年发生火灾1起,过火面积9.2公顷,受害面积6.5公顷,受害率70.65%。

【林业工作站建设】

区级设林业工作站1个,编制人员5人,与区林业局合署办公。镇级设林业站的只有福成镇，成立与1980年，编制人员3人，有单独办公楼，柳微车1辆。西塘镇、高德镇于1985年成立了林业站，在镇政府办公，1993年机构改革撤并为农林渔办公室，于1996年恢复林业站，2000年机构改革再次撤并为农渔也服务中心，分别设林业助理1名。咸田镇、侨港镇因森林面积太少，没有设立专门机构人员。

（银海区林业局）

铁山港区林业

【概　述】

铁山港区于1994年底设立行政区，1995年3月成立铁山港区农林水电局（含农业局、林业局、水利电力局），一套班子，几种机构。2001年机构改革后，铁山港区林业局从农林水电局中单列出来，配置人员12人（其中1人为退休人员），设综合股（含办公室、林政股、营林股、林业站、森防站、防火办、能源办），全区有三个乡镇林业工作站，1995年到2000年，实行双重管理，人、物由林业局管理，财务由镇管理。2001年后，人、财、物均下放到镇管理。1993实现了消灭宜林荒山达标，1996年实现造林绿化达标，沿海防护林体系建设达标。2000年森林分类经营统计，全区林业用地面积9448.4公顷，其中森林面积9089 .4公顷，其中用材林6422.3公顷，占70.7%；经济林1264.1公顷，占13.9%；防护林（公益林）1397.4公顷，占15.4%；森林覆盖率19.86%（不统计辖区内营盘林场）。1995年到2003年，全区林业系统生产总产值共计15555万元，植树造林面积为5227公顷；木材生产46194立方米（蓄积量），木片生产产量为5259吨；森林病虫害发生面积、发生率、成灾率均为0；没有发生一起森林火灾、火警；查处林业案件93起，查处率为100%；确保了森林资源的永续利用。

【营造林概况】

1995～2003年，铁山港区共完成造林面积5227公顷，其中人工迹地更新造林3939公顷，其中经济林578公顷，速生丰产林1708公顷，沿海防护林1150公顷，其他503公顷；全民义务植树389.48万株，“四旁”植树405.1万株。1999年，完成了北铁一级公路铁山港区路段的绿化，绿化长度23公里，绿化面积1098.1公顷。

1999～2000年，由北海市水利电力局组织实施，委托铁山港区林业局组织南康林业站和兴港林业站承建，引种速生撑高竹、速生桉，在南康江两面岸共造林面积534公顷。2001年，北海市铁山港区林业局荣获广西壮族自治区绿化先进集体。

2002年超额完成绿色通道工程设计方案的所有造林任务（不含公路部门）。1998～2002年共完成绿色工程1198.4公顷，占年度任务888.1公顷的134.9%，面上造林220.5公顷，抚育面积4050公顷。2000年和2001年，北海市华汉公司在铁山港区联营造林200公顷，这是第一个外资企业在铁山港区投资造林。

2002年，完成国债项目（沿海防护林体系二期工程建设）261.2公顷 ，完成计划的100.5%；2003年完成国债项目造林267公顷，占计划100.1%。2001到2003年，群众造林的热潮高涨，积极参与多形式多渠道的联营、个体造林，以尾巨桉3229，尾叶桉U6品种在铁山港区推广，大面积联营造林连片6.6公顷以上的造林面积有550公顷。

【经济林建设】

1995年，设立行政区后，加强了果树林这个薄弱点的建设，1996～2000年，铁山港区林业部门因地制宜，对铁山港区的林业进行林种结构调整，进行规划设计，号召广大群众营造经济果木林，引进名优的龙眼、荔枝品种。2000年铁山港区共有经济林面积为1264.1公顷，其中橡胶1101.1公顷，其他主要为果树林，面积163公顷。2003年，总共新造经济果木林617公顷，2000～2003年水果产量（木本水果）共8709吨。

【沿海防护林工程】

沿海防护林工程建设是铁山港区林业建设的重点，铁山港区现有防护林1397.4公顷，其中沿海防护林1114.8公顷，以防风固沙林为主，防浪护岸林为辅。1996年通过了沿海防护林体系建设达标，沿海防护林体系建设一期工程完成。2000年，通过自治区检查，核实验收的沿海防护林造林面积为59.9公顷，核实自查率为98%。2001年开始实施沿海防护林体系二期工程建设，实施国债项目造林，抓好造林作业设计，2001年作业设计面积260.1公顷，完成造林261.2公顷，投资100万元。2002年作业设计面积为266.7公顷,完成项目总造林267公顷,总投资100万元。2003年作业规划设计313.3公顷,总投资131.2万元。造林品种采用,以桉树、相思树、木麻黄相互混交,以增强防护效应的作用,到2003年,全区沿海防护林体系建设基本完善。

【防沙治沙工程】

铁山港区属沿海滨海沙化区,沙化土地面积33482公顷,占土地总面积的74.3%,根据1994年,1999年的监测结果,采取相应的治理措施,人工造林是治理沙化的主要措施之一,现有防风固沙林面积为1074.2公顷,防护林总面积的76.87%。占1995~2003年防风治沙造林面积906公顷。沙化状况得到了很好的控制和治理。

【绿色工程】

1998年完成《北海市铁山港区绿色通道工程总体规划设计方案》的编制工作,1999年,完成了北铁一级公路铁山港区路段的绿化,绿化长度为23公里,绿化面积1098.1公顷。1999~2000年,由北海市水电局投资实施南康江两岸造林绿化,造林面积535公顷。2002年绿色工程造林检查验收结果,1998~2002年共完成绿色工程造林1196.4公顷(不含公路部门),占任务888.1公顷的134.9%。

【森林生态效益补助试点】

2002年,铁山港区森林分类区划界定林地面积13623.1公顷,其中:公益林区面积5767.3公顷,占界定林地面积的42.33%,商品林区面积7856公顷,占57.67%。铁山港区重点防护林和特种用途林总面积5162.4公顷。其中防护林5146.7公顷,特种用途林15.7公顷。防护林中水源涵养林3.3公顷,水土保持林179.7公顷,防风固沙林4923.3公顷,护岸林40.4公顷,公益林树种面积中,国家级的934.3公顷,占64.56%;省级512.8公顷,占35.44%。

试点任务总面积为887公顷,其中水土保持林147.6公顷,防风固沙林699.1公顷,护岸林40.4公顷,布局在三个镇的沿海岸线一带和南康江两岸。依据《森林生态效益补助试点实施方案》测算参考指标,年创效益260.67万元。另有社会效益(含防灾减灾效益,农田灌溉,社会就业,森林游憩)。

【抚育间伐】

1995~2003年,共实施幼林抚育管理5178公顷次,成林抚育管理2072公顷次。由于铁山港区林种多为短轮伐期的桉林,成熟期一致,没有间伐措施。

【低产用材林改造】

1995~2003年,铁山港区低产用材林改造面积146公顷,以经济果木林林种为主 。

【全民义务植树】

1995~2003年,参加义务植树62.8万人次,义务植树尽责率为86.5%,植树造林389.48万株,领导示范点24个,示范面积350公顷。每年采用多形式、多渠道履行义务植树,由各级政府部门组织有关单位、部门参加现场义务植树活动,发动群众利用房前屋后造林种果,绿化庭院,居民点种花种草等形式开展义务植树活动。

【生态能源建设】

1996年,南康镇火甲村被列入自治区100个“恭城式”生态村项目建设,建沼气池400座,种经济果木林20公顷,排污水沟2000米。1996~2003年,铁山港区共新建沼气池960座。2003年,北海市林业局扶持兴港镇斑鸠冲村新建沼气池60座,铁山港区林业局扶持南康镇里头塘村新建沼气池20座。2003年,铁山港区参加自治区和北海市沼气池建池技术培训,取得上岗证农民技术人员12人,有了自己的建沼气池队伍,实现每镇有一个专业施工人员,确保沼气池建设的质量。

【林业产业】

辖区现有一个桉木片加工厂,年生产能力6000绝干吨桉片,该厂建于1996年,是全区的第一个大型木材加工厂,由广东廉江外贸发展公司投资建设,投资50万元。1996~2003年,木片生产产量为5259吨,产值3090万元,生产高峰期为2001年木片年产量为16535吨,产值992万元。2003年,铁山港区有木材经营加工厂共6家,年生产能力10400立方米,全年产量1712立方米,年消耗原料2980立方米,产值94.67万元。

【森林病虫害防治】

2001年成立铁山港区林业站(森林病虫害防治检疫站),编制4人。铁山港区的森林树种主要是桉树,桉树的病害主要有青枯病、焦枯病。2000~2003年,有些地方曾出现小面积发生,但都及时发现并做好防治工作，该病被控制在小范围内不再漫延扩散。其他病虫害主要是经济果木林的病虫害，病虫害防治以加强日常生产管理和修剪进行。1995～2003年，铁山港区森林病虫害发生面积、发生率、成灾面积、成灾率均为0，病虫害监测覆盖率达86%，苗木产地检疫率为100%，木材、苗木调运检疫达100%。

【野生动植物保护与管理】

铁山港区现有的珍稀植物资源有：格木、华库林木、箭毒木、木棉、凤凰树、红豆木、乌扣树、麻楝等。2003年对铁山港区的古树名木普查结果，铁山港区尚存古树名木19株，古树以小叶榕、箭毒木为主，树龄均在100年以上，多为村边风景树和社山、社公树。作为广西一级保护植物的箭毒木，尚存6株，树龄均在100年以上，分布在南康、兴港两镇，乌扣树1株，在营盘及龙坪底村海滩边，膝柄木（华库林木）1株，在南康大塘下担村，红豆木1株，古树小叶榕有10株左右，树龄均在100年以上，现均列为保护的对象，并登记成册。

由于原生植被破坏，野生动物赖以生存的空间缩小，加以人为的乱捕滥猎，现尚存的野生动物品种不多，作为广西保护的野生动物有：眼镜蛇、金环蛇、银环蛇、喜鹊、林八哥、白颈乌鸦、野鸭、竹鼠、竹鸡、各种海鸟等，主要栖息有尚存的"社山"和沿海海域。林业局成立后，多次组织对非法猎杀，贩卖野生动物的违法犯罪行为进行打击，1996～2003年，共收缴放生青蛙80公斤，蛇60公斤，其中眼镜蛇12条，金环蛇、银环蛇23条，金钱龟一只，鸟类237只，并对违法分子进行处罚，乱捕滥猎的状况得到改善，一些多年未见的野生动物，如林八哥、白颈乌鸦、竹鼠等重新出现了。

【森林资源林政管理】

铁山港区森林资源林政管理以宣传教育为主，积极宣传《森林法》和有关的林业法律、法规，同时加大对林业行政案件的查处和打击力度。1996～2003年，共查处林业行政案件93起，罚款22534元，行政处罚98人次，教育群众121人次。其中1996年12起，1997年15起，1998年5起，1999年11起，2000年12起，2001年1起，2002年40起，2003年7起。有效地遏止了乱砍滥伐、违法运输等现象的发生。

一、林地权管理

据2000年统计，铁山港区林地面积为9448.4公顷，其中集体7978.5公顷，其他1469.9公顷。集体林地还没有山界林权证，由各村委，自然村所有，作为国有林地的滨海农场，前卫农场共有1325.7公顷，具有土地使用证和山界林权证，归属两农场管理。1995～2003年，铁山港区没有发生因项目建设和其他原因而征占用林地情况。

二、森林采伐与采伐限额管理

1996年，铁山港区人民政府与广西壮族自治区人民政府签订了《县级领导干部任期森林资源消长目标责任状》，每年森林采伐都认真按照采伐限额进行。1998～2000年 森林采伐均控制在采伐限额内，并通过了自治区的检查验收。2001年后，改为铁山港区人民政府与北海市人民政府签订责任状，2001年和2002年北海市的森林资源消长也通过了自治区的检查验收。1996～2003年的年度计划为59504立方米（不含1996年），采伐限额总量为125313立方米。实际采伐蓄积为46194立方米，出材量为31955立方米。采伐量控制在年度计划、采伐限额内。

三、木材流通管理

1996年，铁山港区林业局被授予林政管理权，加强了对辖区内木材流通的管理力度，主要木材销售情况是：部分原木、柴火销往防城、钦州、合浦、北海、玉林等地，木材运输方式以汽车、农用车、拖拉机为主。相当部分作为切片木销在辖区内的木片厂内，切片加工后的木片运往防城港码头或北海港码头，由广西林场公司统一调拨出口。铁山港区所运输的木材持有铁山港区林业局核发的木材运输证，省外的由北海市林业局核发。

【森林防火】

1995年10月成立北海市铁山港区森林防火指挥部，下设办公室在林业局，负责日常义务工作，具有防火办机构，但不配专职人员，没有编制，人员由林业局人员兼，1997年成立铁山港区森林防火专业队，森林防火实行行政首长负责制，到2003年逐步完善了四网两化建设。1996年铁山港区森林指挥部获北海市森林防火先进单位，2001年获广西1998～2000年森林防火先进单位。1995～2003年，铁山港区没有发生过一起森林火灾、火警。

【林业科学技术】

铁山港区现有林业科技人员16人，其中中级职称4人，初级职称12人。林业科技工作以实施科技兴林为中心，加强科技成果推广工作，建立科技兴林示范点，采用无性繁殖育苗，合理密植方式造林，2002年，推广桉树品种为尾叶桉U6、巨尾桉3229两大品种，建立南康里头塘、营盘彬畔、塘仔示范点三个，面积100公顷，巨尾桉3229的年生长量达到胸径8cm，树高8米。

【苗圃建设】

南康林业站中心苗圃是最早的广西十三大桉树苗圃之一，实现工厂化育苗，年产量100万株，供应铁山港区、银海区的福成，合浦县十字乡、石康等地的造林用苗，组织引进和推广新优品种，做好示范推广点，满足群众造林用苗。营盘、兴港均有自己的苗圃，能解决部分群众的造林用苗。

【林业工作站建设】

铁山港区有乡镇林业工作站三个，1995～2000年，实行双重管理，人、物由林业局管理，财由镇管理，2001年后全部由镇管理，铁山港区有在职工作人员19人，编制9人，三镇林业站充分发挥政策宣传、资源管护、林政执法、生产组织、科技推广和社会服务等职能和作用。1995年，铁山港区通过全国林业工作站建设合格县十项指标检查验收，至2003年底，共完成站长岗位培训15人。1996年，南康林业站获全国先进林业工作站，全国乡村林场全面质量奖，广西壮族自治区1992～1995年先进林业工作站，2000年获北海市1997～1999年北海林业系统"双文明"先进单位。到2001年扩建林业工作站办公站房三处，新增站办公面积660平方米。站容站貌达到部颁要求，三个林业站均有自己的站办基地和多种经营项目，站办速生丰产林基地1650公顷。多种经营中，南康林业站有联营红砖厂一个，占股份50%；年产6000绝干吨的木片厂一个，占25%股份；苗圃一个，年产桉树苗60万株以上。1996～2001年营盘林业站有联营木片厂一个，2001年底，因经营资金问题解体；2004年，营盘林业站获北海市2003年度造林绿化先进单位。

（铁山港区林业局　郑海燕）

合浦县林业

【概　述】

1999～2003年，合浦县按照"林业建设总体思路"的部署和要求，实施林业分类经营，完善海防林体系为主的生态林建设，加快桉树速丰林基地建设，把林业建设成县重大经济支柱产业。2003(1999～2003)年，完成造林5245(20014)公顷，其中荒山荒地造林2286(4813)公顷，迹地更新2959(15201)公顷；封山育林面积667(4900)公顷；四旁植树127(943)万株；育苗面积18(78)公顷；幼林抚育4905(19295)公顷；生产木材55842(181623)立方米，桉木片25000(185000)绝干吨。2003(1999～2003)年，全县林业行业实现总产值19589(86775)万元，其中：第一产业完成13907(55303)万元，第二产业完成5632(27572)万元，第三产业完成50(3900)万元。

【森林培育与生态工程建设】

1999～2003年全县加快公益林和商品林建设的速度，全面实施海防林工程、防沙治沙工程、平原绿化工程、退耕还林工程、全民义务植树、生态能源建设和桉树速丰林基地建设。共营造林5245(20014)公顷，四旁植树127(943)万株，建沼气池2520(12000)座。

1987年海防林工程启动，1996年工程实现达标。1996年评为全国沿海防护林体系建设先进县。1999年以来，实施第二期工程，至2003年底，共完成1200公顷，其中2003年完成533公顷，新增各种防护林带12公里。海防林工程完成投资1011万元，其中2003年230万元。森林生态效益补偿于2002年搞试点，2002年补偿经费25万元，2003年25万元，主要用于国家级生态林的补偿。2000年评为全国林业生态建设先进县。治沙工程"沿海沙区高效开发示范基地"定位在山口、沙田、白沙三个乡镇，1992年启动，至2003年底，治理面积2883公顷，其中2003年400公顷，完成投资30万元。平原绿化工程早在八十年代初启动，1983年曾评为全国平原绿化先进县，1998年全面实现工程达标，森林覆盖率达26.9%，超过平原县覆盖率的标准。近几年来，重点抓好绿色通道工程，绿化南北和合山高速公路在合浦范围的路段两旁，林带长56公里，面积2253公顷。退耕还林工程2002年启动，完成退耕地造林667公顷，配套荒山造林667公顷，2003年完成退耕地造林733公顷，荒山造林1333公顷，两年共增加林地1400公顷，增加森林面积3400公顷，森林覆盖率增加1.4个百分点.桉树速丰林基地自1999年以来，加快了建设速度，速丰林面积达到9278公顷，其中2003年营造2700公顷，成为全县木材生产重要基地。

【林政管理与森林资源保护】

合浦县各级政府把保护森林资源列入议事日程,在同上一级政府签订《县级领导干部任期森林资源消长目标责任状》的同时,合浦县政府也与乡镇政府签订《乡镇级领导干部任期森林资源消长目标责任状》,按照责任目标要求做好工作。自1999年以来重视林政管理,加强对林地管理,依法清理非法侵占用林地面积103公顷,执行征占用林地审批制度,共办理征占用林地面积468公顷,其中2003年未发现非法侵占用林地的现象,林地资源得到有效保护。按照森林采伐限额管理,全县年商品材采伐限额68700立方米,实际采伐量控制在40000立方米以下,从来没有发生超限额采伐现象。在木材流通管理方面,加强对山口木材检查站的管理,把好木材出省流通关,做好木材流通运输证的发放检查、管理工作。据统计,全县木材经营加工木材流通量年均6万立方米,年均出现林业行政案件50宗,做到发现一宗,查处一宗,其中2003年查处19宗。通过上级对2002年度《责任状》的检查结果表明,造林绿化、森林采伐限额、国家公益林管护、林地保护、森林火灾受害率、森林病虫害防治等达到目标要求。

森林资源保护主要在三个方面加强管理,一是做好森林病虫害防治,1999年以来,认真执行《森林防治病虫害目标管理责任制》,狠抓以马尾松毛虫为主的病虫害防治和桉树青枯病的防治。2003(1999～2003)年,病虫害发生面积36(1662)公顷,防治面积36(1662)公顷,发生面积少,防治率高,把病虫害造成的森林资源损失降到最低限度。二是加强自然保护区建设和管理。全县现有山口国家级红树林自然保护区,保护海岸湿地4000公顷,其中红树林730公顷。保护区属海洋部门管理,机构完善,县设管理处,保护区内设管理站,建有管理用房1200平方米的科技综合大楼。自1990年建立保护区以来,总投入经费500余万元,每年的管理经费30多万元。高效的管理,红树林面积从730公顷增加到880公顷,从事多项的科学研究活动,2000年加入联合国教科文组织世界生物圈,建成广西重要红树林生态旅游胜地。县政府为了提高红树林保护层次,扩大保护区范围,拟建立由林业部门管理的《党江红树林自然保护区》,已于2003年上报审批。珍贵的红树林资源受到重点保护。三是抓好野生动植物保护与管理。自1999年以来,每年进行保护野生动植物宣传活动,在2003年进行红树林资源考察中,有16种野生鸟类属于国家二级重点保护鸟类,有5种属于全球濒危鸟类。在2001年进行古树名木调查中,在公馆六甘发现稀有古树香港坚木。林政、公安配合上级开展严厉打击破坏野生动物植物资源的专项斗争,缴获一批野生保护动物:穿山甲、蛇类等390只(条),鸟类2000多只,其中2003年收缴108只(条),这些野生动物一部分送上级野生动物救护中心,一部分放归大自然。野生动物资源得到应有保护。

【林产工业】

1999～2003年,全县林产工业总产值5632(27572)万元,实现税利1689(8271)万元,产品产量主要有锯材39516(218262)立方米,桉木片25000(185000)绝干吨。林产工业的企业大部分属私营小规模的木材加工户。据统计,木片加工厂5个、木材加工户324户、胶合板厂1个、小型松香厂1个。由于受到原料的制约和市场价格影响,产量变化较大,2000年桉木片出口价格高,原料充足,当年出口桉木片达4.5万绝干吨,木材加工的锯材销售达到3.2万立方米,2003年原木价格上升,冲击了木片的原料,木片出口下降到2.5万绝干吨。松香厂因受原料的制约,已停产2年。林产工业有滑坡的趋势。

【森林防火】

2003年森林防火继续实行各级政府行政首长负责制,广泛开展森林防火宣传教育,狠抓林区野外火源管理,加强森林防火基础设施设备建设,稳定和巩固专业消防队伍。目前县乡镇两级森林防火办事机构16个、专业森林消防队伍2队共59人,义务森林消防队21队共639人,护村防火巡视员282人。2003(1999～2003)年,发生森林火灾6(21)起,受害面积26.7(192.4)公顷,烧毁森林蓄积622(1130)立方米,烧死幼树1.1(7.7)万株,森林受害率0.38‰(0.33‰),比2002年上升0.25‰。

【森林公安工作】

1999年以来,森林公安狠抓队伍教育整顿和执法检查,认真履行森林公安维护林区治安,保护森林资源安全,打击破坏森林资源违法犯罪,保障林业生产顺利进行的职责。开展立功创模活动,全县共有3人荣获三等功,分局先后被自治区森林公安局、林业局、公安厅评为先进集体。在全县组织开展严厉打击破坏森林资源和野生动植物资源的违法犯罪专项斗争中，取得显著成效。2003(1999～2003)年，共受理案件24(176)宗，其中刑事案件5(13)宗，行政处罚案件19(163)宗；共处罚26(188)人次，其中逮捕判刑3(19)人，行政处罚23(169)人次；罚没款3.1(26.1)万元。收缴国家重点保护的珍稀、濒危野生动物一批，部分上交自治救护中心，部分放归大自然。

【林业科学技术】

全县林业科学研究与科技推广的机构有县林科所和县林业技术推广站，1999年以来，重点推广良种桉速丰林配套技术，累计推广应用配套技术营造桉速丰林9278公顷，其中2003年2700公顷。获得年增产值2783万元的经济效益。

【国有林场】

全县国有林场有山口林场和公馆林场，经营面积5369公顷。1999年以来，林场不断地进行改革，全面推行自营经济，发展多极经营模式，使林场经营走出困境。山口林场于2002年进一步转变经营机制，除了职工承包实行自营的土地外，绝大部分林地长期租赁给广西斯道拉恩索林业有限公司经营，2003年已划地2400公顷交付该公司营造林。今后林场变由管人、管钱、管物、管生产转为管资产总量和管协调工作。公馆林场除了职工承包经营水果的土地外，将400多公顷林地租赁给金桂林业有限公司营造林。该场为解决经济困境，引资办木片厂，复合肥料厂。2003年林产工业产值达350万元，实现税利105万元。

【苗圃建设】

全县有5个种苗场：山口林场苗圃、县中心苗圃场、大坳苗圃场、石康下佳塘苗圃场、清水江苗圃场，每年生产能力达到1500万株。苗圃场实行承包经营和私营，以生产造林苗木为主，2003年供给县内外各种苗木850万株，满足了县造林的需要。

【林业工作站建设】

2003年全县林业工作站17个，每个乡镇均设有林业工作站，县设1个，担负着乡镇林业各项工作。各林业站的建设在2000年达到国家林业局的要求。站现有人数88个，其中编制人员42人，站房总面积2695平方米，配备程控电话16台，摩托车27辆，汽车3辆，办公用品齐全，制度管理完善，档案管理规范，外部环境也得到改善。各站均办有经济实体，参与造林种果。林业站的管理机制，出现几次变动，1957年建立5个中心林业站，隶属县林业局管理，1988年除廉州镇外，每个乡镇均建立林业站，隶属林业局、乡镇政府双重管理，以林业局为主，2002年机构改革，林业站隶属乡镇政府管理。

【桉树速丰林基地建设】

自1999年以来，林业实行分类经营，合浦县委、县政府提出发展林业的总思路，加快桉树速丰林基地建设步伐，尽快把基地建设成支柱产业。经努力，通过林业分类经营改革、建立新的林业经营管理体制和发展模式，至2003年，营造桉树速丰林9278公顷，其中2003年2700公顷。营造的桉树速生丰产普遍达到预期经济效益。最近对常乐2000年营造的一片速丰林测定，4年生的林分，每公顷蓄积达到128.6立方米，山价达到24000元。基地建设坚持多元经济并存，广泛吸引社会资金、大力发展非公有制林业，实现由部门办林业向全社会办林业转变。全县由社会各方面投资单位(人)有100多个，其中建设规模较大的公司有广西斯道拉恩索林业有限公司(芬兰)，已营造1340公顷；合浦县山海生态有限公司，已营造2000公顷；金桂林业有限公司(印尼)，已营造350公顷。特别是斯道拉恩索公司，计划租赁林地、规模发展到43333公顷。基地建设有了这些实力强的公司来经营，改变了粗放经营模式，实行高投入，依靠科技支撑的集约化经营，将进一步加快基地建设。预计到2010年，桉树速丰林基地建设规模达到30000公顷。

【红树林保护管理】

合浦县是全国红树林分布最多的县，面积2508公顷，占全国11.4%。红树植物19种(含半红树植物)，占全国50%，其中英罗港分布的红海榄群落，是全国连片面积大、保存完好的群落。由于红树林具有物种多样性、种群的稀有性和生境的脆弱性，历年是森林保护的重点。各级党委、政府在沿海岸滩涂综合开发中，始终坚持开发和保护同样重要的原则，但是仍有个别地方，受短期利益驱动，出现毁坏红树林建海养场的现象。为了保护管理好稀有的红树林，合浦县人民政府加大了保护管理力度。

第一，发保护通告、查处毁林案件。针对一些地方出现毁坏红树林的现象，合浦县政府于2001年4月27日及时发出《关于严禁违法围垦海滩涂破坏红树林的通知》,严格禁止毁红树林;对破坏红树林的违法行为进行查处,通过对闸口破坏红树林挖塘养殖的典型案例查处,判刑 8 人,处分 16 人,教育群众、震慑违法分子,压住了破坏红树林搞海养的苗头。

第二,建立自然保护区,提高保防和管理档次。早在 1990 年,经国务院批准建立国家级《山口红树林生态自然保护区》,保护了东南部沙田半岛东西两侧的红树林生态体系,红树林面积从 730 公顷增加到现在 880 公顷。进行了人工培育红树林等多项研究,解决人工营造红树林成活率低,保存率差的难题;引种海桑等树种,扩大红树林的适生环境;利用红树林特有观赏价值,开发旅游资源。为扩大保护区范围,拟建立西南海岸的《党江红树林自然保护区》,已进行了资源考察和总体规划,于 2002 年 3 月上报审批,2003 年经调整保护区范围后再次上报。

第三,进行分类经营。将红树林界定为国家级公益林,是海防林中的特殊保护林带,同有关乡镇政府签订保护合同,配备专职或兼职的管护人员,安排保护经费,兑现森林补助经费。从 2002 年起,每年安排保护和补助经费 25 万元。四是建设红树林营造工程。自 1999 年以来,累计营造红树林 472 公顷,其中 2003 年 133 公顷。逐年扩大红树林面积。

(合浦县林业局)

钦州市林业

【概　述】

至 2003 年,钦州市林业用地 56 万公顷,其中有林地 50 万公顷,活立木蓄积量为 1072 万立方米,森林覆盖率为 49.1%。

【退耕还林工程】

钦州市按照国家要求从 2002 年起实施退耕还林工程。至 2003 年共完成退耕还林任务 1.0202公顷。其中:2003 年退耕还林计划任务 5666.7 公顷。其中退耕地还林 2666.7 公顷,荒山地造林 3000 公顷,在 4 个县(区)实施。在遇到春秋、冬季连续干旱等不利影响下,各级政府和林业部门采取相应措施,较好地完成年度工程造林任务。据各项目单位自查,年内共完成工程造林 5301.7 公顷,占计划任务的 93.6%。其中:退耕地还林 2390.3 公顷,占计划任务的 89.6%;宜林荒山荒地造林 2911.4 公顷,占计划任务的 97%。年内共兑现退耕还林补助粮食 750 万公斤。现金补助 100 万元,种苗造林补助 425 万元。各级林业部门通过各种方式广泛宣传《退耕还林条例》等政策法规,完善退耕还林信息管理系统,市、县各级退耕办配备了电脑,建立了退耕还林作业小班属性数据库,建立退耕还林档案,实行档案信息化管理。各地将退耕还林作为调整产业结构、发展特色经济富民强县的工程来抓。通过选择生态效益和经济效益兼优的树种造林,促进林产工业发展,走生态改善、经济发展和农民增收的“三赢”路子。存在的主要问题是一些地方进度较慢,任务布局不合理,重点不突出,一些地方专项经费到位不及时,前期工作经费缺口大,补助政策兑现缓慢。

【速生丰产林建设】

近年来钦州市速丰林建设发展较快。坚持遵循自然规律和经济规律,克服了资金短缺、土地流转困难以及“非典”、干旱影响等不利因素,切实抓好速丰林建设。2003 年,经各县(区)和市直属单位自检上报统计,全市共完成速丰林造林 4943.4 公顷,占年内造林总面积的 44.6%。其中:按树种划分,桉树、相思等工业原料林 4005.7 公顷;按投资主体划分,林场(国有、集体)造林 87 公顷,龙头企业造林 2845 公顷,农户造林 2011.4 公顷。

近年来,钦州在速丰林生产及相关项目建设方面,解放思想,拓宽融资渠道,改善投资环境,加大招商引资力度,吸引外资、内资、社会游资以及私企、个人资金造林,大力发展高标准、高质量的基地林、示范样板林、个体老板林和企业林,带动当地速丰林发展。1996 年至 2003 年,印尼金光集团在钦州营造速丰林 3 万多公顷,总投资约 2 亿元,其中 2003 年投资 2000 万元。同时,金光集团投资的广西金桂浆纸业有限公司 60 万吨纸工程于 2003 年 12 月 25 日正式启动,该项目工厂选址于钦南区,钦州作为该项目原料林的重要基地,速丰林建设得到更快发展。计划发展速丰林 200 万亩。

【绿色工程建设】

为使全市国土绿化进一步巩固和发展,使人与自然更加和谐,钦州认真贯彻《广西壮族自治区绿色工程(2003～2010)实施方案》,绿色工程二期工程(一期工程从1999年开始实施)从2003年开始新一轮建设,在各级党委政府、林业部门及全市人民的共同努力下,克服了各种困难,推动了工程的实施。其中2003年完成绿色工程建设2466.4公顷,占年度规划数的115.8%。

【沿海防护林建设】

沿海防护林工程项目在钦州实施以来,进展比较顺利。其中2003年实施计划人工造林1800公顷。经检查验收,完成人工造林1806.7公顷,占计划任务的100.4%。共投入资金554.4万元,其中国债资金419万元,中央专项资金20万元,地方配套和业主自筹110.4万元。群众投工6.66万个,投劳2.4万个。各单位认真抓好项目工程建设质量,采用业主造林或择优施工单位等方式造林,林权明晰,提高了业主和造林单位造林、护林的积极性。

【封山育林】

各地按照《封山(沙)育林技术规程》选择地块进行封山育林,通过制定村规民约、护林公约、配备护林员、建立宣传牌等措施,加强对封育区的管护,确保成效。

【种苗工程建设】

钦州林木种苗建设近年来发展较快,龙头项目的带动作用明显。经几年的建设,目前全市种苗工程初其规模,金光集团在钦州的中心苗圃也已建成投产。2003年,全市培育苗木数量约9200万株。育苗的主要树种有桉树、相思类、马尾松、八角、玉桂、杉等。

近年来,为规范林木种苗市场,提高苗木质量,加强苗木生产的检查指导,配合自治区林木种苗行政执法检查组的检查及国家林业局南方林木种子检验中心种苗抽查组的抽查。从抽查结果看,种苗质量合格率还不高,还存在一些质量问题。种苗市场不够规范,尤其是部分个体苗圃苗木种源复杂、苗木质量难以保证。通过加强检查,对促进种苗生产单位和管理部门狠抓种苗质量,严把种苗质量关起到了积极作用,推动了全市育苗工作逐步走上健康发展的轨道。

【生态林建设】

几年来经过调整,2003年钦州森林生态效益补偿资金面积为4.02万公顷,安排补助资金271.35万元,占全市国家重点防护林和特种用途林面积的53.7%,其中:国有林面积0.11万公顷,占2.9%,集体林面积3.91万公顷,占97.1%。在2001年列为试点的6个单位基础上,对列入试点范围的贷款造林地、权属不清林地、群众不愿意试点的林地进行调整。调整后,全市试点单位为6个。其中:市属试点单位2个。签订管护合同1631份,签约管护面积4.02万公顷,占试点任务100%。试点工作使人们的生态环境保护意识得到进一步提高,也引起了有关部门的重视。试点单位加强了管护,林区生态环境得到有效保护,对周边环境产生显著影响,使江河、水库枯水时间缩短,农田灌溉条件得到改善,森林覆盖率和活立木蓄积量有所提高;森林资源管理及相关制度不断完善,促进了森林公安、森林防火、林政管理、病虫害防治等项工作的全面开展;建立比较完善的资金运行机制,保证资金发放到管护者手中;在不影响生态环境的情况下,改善经营活动方式,提高农民收入。浦北县在红椎特种用途林内培养红椎菌产量均达12万公斤以上,当地农民年红椎菌收入达到240万元以上。

【森林公安和林政执法】

近年来,全市森林公安和林政执法队伍建设得到加强。2003年成立了市森林公安分局,理顺了执法权限,市森林公安分局依法履行了管辖案件的刑事侦查权和治安行政处罚裁决权。全市森林公安机关深入开展林业严打整治斗争,相继开展了严厉打击破坏森林和野生动物资源违法犯罪行为的"春雷行动"、"绿剑行动"、"猎鹰行动"等全国性统一专项行动,以及打击涉林违法、保护森林资源的"春季林业严打整治行动"、打击破坏鸟类资源违法犯罪及保护候鸟的"海鹰行动"等区域性专项行动,有效地遏制了破坏森林和野生资源的违法犯罪,维护了林区的社会治安稳定。据统计,2001～2003年全市森林公安机关共查处各类森林案件495起,其中受理森林和野生动物刑事案件41起,林业行政案件454起,逮捕32人。林政执法部门共查处林业行政案件1032起,林业行政处罚1127人。

【森林防火】

近年来由于气候反常,增加了森林防火工作的压力。往年在一般情况下以冬、春防为主,但近年在夏秋季也不容忽视。特别是2003年,连续干旱时间较长,森林火险等级居高不下,森林防火形势严峻。2003年全市共发生森林火灾20起。火场总面积417.9公顷,其中受害森林面积186.6

公顷，森林火灾受害率为0.385‰。烧毁成林蓄积7833.49立方米，烧毁幼树5.18万株，没有出现人员伤亡。与2002年同期相比，森林火灾次数上升66.7%，过火面积增加293.5%，受害森林面积上升209.4%。发生的20起森林火灾中，已查明火灾原因的17起。火因查清率为85%。查明火因的火灾中，已处理12起，已处理肇事者或责任人8人，刑事处罚4人，火案查处率为100%。

【资源林政管理】

近年来，加强森林资源林政管理，严格执行森林采伐限额和年度木材生产计划。据统计，2003年全市分解下达商品木材生产计划指标(含追加部分)蓄积13.85万立方米，出材8.76万立方米。实际生产木材7.59万立方米，没有出现超限额采伐消耗森林资源现象。

金钦州丰产林有限公司1999年前营造的桉树已进入采伐期，根据经营需要，报请自治区林业局安排给专项采伐指标，抓好伐区调查设计、伐区检查、木材检验等工作环节，搞好服务。

加强对林政执法工作的检查，防止出现公路“三乱”现象。据统计，全年全市共发生各种林业行政案件493起，查处493起，查处率为100%。近年来加强对林政执法人员的教育培训，规范林政执法行为。

【森林病虫害防治】

近年来全市森林病虫害得到有效防治。2003年森林病虫害发生情况偏重。森林病虫害发生面积2.71万亩。防治面积26135万亩，占应防治面积的96.4%。近年来均进行松材线虫病疫情的监测调查。按照国家林业局的要求，森林病虫害防治工作实行目标管理责任制，林业主管部门加强管理，经自治区林业局考核，森防管理各项指标均全面达标。同时加强对椰心叶甲等害虫及其他有害生物的调查。加强木材的检疫。

【自然保护区建设与管理】

全市有位于十万大山北麓的王岗山源林保护区，与防城港市的十万大山自然保护区相连，面积为1.67万公顷。自然保护区内的森林植被主要为次生林、灌生林、攀延植树和蕨类植物。设立管理站和公安派出所进行管理。但保护区处于地市交界处，地形复杂，且交通不便，给管理增加了不少困难。规划申报中的广西茅尾海红树林自然保护区位于钦州湾的茅尾海，总面积2784hm^2，区内有全国最典型的岛群红树林、特有的岩滩红树林。天然红树林面积1892.7 hm^2，红树植物11科16种，占全国红树种类的43.2%，其中珍稀红树1种，濒危红树植物2种；有各种动物444种，其中33种鸟是中澳、中日保护候鸟及其栖息环境协定的保护鸟类。保护区红树林湿地生境是全国天然牡蛎(大蚝)的主要繁殖场所之一，并有青蟹、石斑鱼、对虾等众多水特产品。

规划申报中的广西茅尾海红树林自然保护区位于钦州湾的茅尾海，总面积2784hm^2，红树植物11科16种，占全国红树种类的43.2%，其中珍稀红树1种，濒危红树植物2种；有各种动物444种，其中33种鸟是中澳、中日保护候鸟及其栖息环境协定的保护鸟类。保护区红树林湿地生境是全国天然牡蛎(大蚝)的主要繁殖场所之一，并有青蟹、石斑鱼、对虾等众多水特产品。

【林业科技】

近年来，钦州林业科技工作围绕退耕还林、速生丰产林、沼气建设、生态防护林、自然保护区建设等方面开展。2003年，重点抓好以良种桉、相思优良种源速生丰产配套技术推广，以APT生根粉为主的种苗繁育、营造林技术推广，以麻竹为主的笋材两用竹及杂交竹为主的用材竹速生丰产技术推广。APT生根粉在全市育苗中使用率已达60%以上，市林业技术推广站一方面积极配合全区推广总站做好在钦州市实施的国家林业局下达的重点林业技术推广项目——相思优良种源及桉树优良品种推广示范项目，林木长势良好。继续组织实施好由市科技局等配合下达的钦州市科研与技术开发计划项目——《海桑(红树林)新品种引进与环境保护示范》，引进无瓣海桑新品种，2003年营造示范林1000亩，2003年全市各级林业技术推广站组织科技人员深入基层、农村开展技术服务250多人次，组织林业技术培训和讲座11次，印发各种林业科技资料19000多份。

【国有林场建设】

至2003年，钦州有国有林场3个，经营面积1.33万公顷，其中，有林地1.08万公顷，新造林未成林地0.0279万公顷，森林活立木蓄积量77.65万立方米。

一、营林生产

2003年完成造林288.4公顷。全市国有林场经济果木林总面积751.1公顷，职工人均拥有经济果木林1.39公顷。幼林抚育作业面积

12969 公顷，实际面积 6886 公顷；育苗 57.3 公顷，其中年内新育 46.8 公顷。近年来国有林场按照市场变化及林场实际，在林业部门的帮助和指导下，不断调整林种树种结构，加快速生丰产林建设步子，加强对经济果木林的管护。

二、林产品生产

近年来钦州国有林场林产品以木材为主，副产品有松脂等。几乎没有深加工企业，因此林产品经济效益不高。2003 年生产木材 2.74 万立方米，比 2002 年减少 0.02 万立方米；销售木材 2.9 万立方米，与 2002 年持平；年末库存木材 0.66 万立方米。

三、森林保护

国有林场作为专门的营林单位，均比较重视森林病虫害防治工作，均配有专职或兼职的病虫害防治技术人员，平时做好病虫情监测报告，随时，掌握病虫情状况，及时开展防治。历年来主要害虫为马尾松毛虫，使用白僵菌防治效果比较好。林场还积极配合林业主管部门木材检疫及对松材线虫病等森林病虫的调查工作。

四、职工自营经济

发展职工自营经济是深化国有林场体制改革，增加职工收入的重要措施，但最初发展起来的以种植业为主的职工自营经济却面临市场变化的严峻考验，特别是我国加入东盟自由贸易区，从 2003 年 10 月 1 日起，中国与泰国等东南亚国家开始实行双边蔬菜水果贸易零关税协议。受大量进口水果的冲击，国内各类水果价格不断下跌，职工的收入也有所减少，有的还出现经营性亏损导致果园失管现象。2003 年全市国有林场从事自营经济的职工户数为 262 户，参加职工 388 人，分别占职工户数和人数的 62.1%和 71.9%。不少职工积极拓宽就业门路，寻求在种植业以外的出路，如劳务输出、从事个体工商业、运输业等，以增加经济收入。逐步形成以林业为基础，以市场为导向，多渠道创收的就业格局。

【林业产业建设】

近年来发展起来的钦州林业产业主要有木材加工、木片、家具和木制品、松脂、松香、竹芒编、林浆纸一体化等。2003 年，钦州林业产业总产值 140000 万元，其中规模以上林产工业总产值 10000 万元。2003 年全市以森林资源为原料的生产经营企业共 840 家，其中林产工业产值 100 万元以上的企业 55 家。

一、木材加工业

到 2003 年，全市木材加工经营企业 840 家，规模以上工业企业实现总产值约 21500 万元。于 2003 年在钦州城区北进城路口设立木材综合市场，进入市场经营加工木材的业主有 66 家，利于形成规模效益。

二、家具和木制品生产

2003 年，全市有家具和木制品生产企业 395 家，从业人员 4000 人，年总产值 1500 万元，利润 350 万元。

三、松香生产

2003 年全市有松香生产企业 15 家，年生产能力 11 万吨。2003 年生产松香 2.9 万吨，松香系列产品销售收入 1.2 亿多元，农民采割松脂收入 2600 万元。

四、林浆纸一体化产业

作为广西沿海林浆纸一体化项目的钦州林浆纸一体化项目，由印尼金光集团为主投资建设。2003 年 8 月，印尼金光集团亚洲浆纸业股份有限公司计划在广西投资 500 亿元，建设中国最大的林浆纸一体化基地——营造工业原料林 60 万公顷，建成年生产能力分别达到 180 万吨的大型浆厂和 310 万吨的大型纸厂。其中一期工程投资 75 亿元，建设年产 60 万吨的造纸厂和 30 万吨的林浆厂。当年 12 月建设年产 60 万吨高档文化食品用纸项目已经在钦南区启动。造林采取租赁造林或合作造林组织形式。租赁造林由林地所有者将林地租赁给浆厂自主经营，租赁价格在确保农民利益的前提下，由物价部门会同林业部门制定指导价格。合作造林则由林地所有者或者拥有使用权者(如国有林场)提供林地，浆厂业主负责造林和管护，林木双方共有，作为纸浆厂原料，收益按比例分成。两种造林组织形式全部由浆厂业主负责投资。

【农村能源建设】

一、农村能源机构建设

近年来，钦州农村能源事业发展较快，农村能源建设领域进一步拓宽，农村能源机构逐步建立健全。2003 年，钦州农村能源行政管理机构 60 个，工作人员 76 人；市级机构 1 个，工作人员 2 人；县级机构 4 个，工作人员 19 人；乡镇级机构 55 个，工作人员 55 人。农村能源技术推广机构 65 个，工作人员 225 人。农村能源教育培训 515 人次。

二、农村能源开发

钦州农村开发以沼气建设为主。2003年新增建沼气户20159万户，年末累计105847万户，沼气池年产气量5292万立方米，建池户均产气量500立方米。开展沼气综合利用的建池户7.15万户。利用沼液浸种播种面积672公顷，增产粮食2.2608万吨；沼液喂猪4.55万头，节约饲料5375吨；沼液养鱼80.7公顷，增加产量421.1吨；推广猪—沼—果(菜)南方能源生态模式0.301万户，年出栏牲畜0.88万头，年产蔬菜0.64万吨，年产水果0.45万吨。研制成功自动排渣新池型。

三、生态家园计划的实施

随着农村沼气建设技术日趋成熟，普及程度不断提高，效益不断增加，作用越来越明显，不仅改善农村能源结构，减少生活能源对森林植被的消耗，而且突破了传统的燃料范畴，广大农民把沼气建设与改园、改厕、改圈相结合，实现了“家庭庭院清洁化、庭院经济高效化、农业生产无害化”。全市涌现了一批批生态文明小康村。沼气建设对保护农村生态环境、助农致富、构建和谐社会等方面起到重要作用。

(钦州市林业局)

灵山县林业

【概　述】

灵山位于广西壮族自治区的南部，北回归线偏南。东面与浦北县相接，西面与邕宁县毗邻，西南面邻钦北区，北壤横县，南面与北海市合浦县为近。属典型的南方丘陵地区。地势东北面高，南面低，山地平缓。地貌类型低山、高丘、中低丘、台地平原均有之。全县共19个乡镇，总面积309764公顷，其中林业用地169067.4公顷，占土地总面积的54.6％。现有林面积156211.4公顷，活立木蓄积量2536993立方米，森林覆盖率为50.4％。

【采种育苗】

民国25年5月，灵山县设立苗圃。民国27～29年全县仅有一个苗圃，苗圃地面积由27年起的13.3公顷发展至29年106.7公顷，主要育桉树苗，育苗数量为：27～28年育1.8万株/年，29年为2900株。解放后，1953年2月建立龙武苗圃，面积有1.33多公顷，有干部1人，临时工5人，1958年合并于龙武林场。1956年建立平山苗圃，面积有4公顷，有干部1人临时工6人，同年合并于平山林场。1956年建立旧州苗圃，面积1.33公顷，有干部1人，临时工5人，1960年下马。1956年建立伯劳苗圃，面积5.33公顷，有干部1人，工人8人，1970年下马。1957年建立三海苗圃，面积0.67公顷，有干部1人，临时工3人，1963年下马。1959年建立十里苗圃场，面积6.67公顷，有干部1人，工人10人，1972年下马。1981年重建龙武苗圃场，面积约2公顷，1994年末有干部2人，工人6人。

解放后的林业育苗，采取本地采集收购、外地调进和引进的方法，解决育苗用种的需要。

本地采集的主要有马尾松、湿地松、桉树、苦楝树、台湾相思等树种。湿地松种的采种地是国营东风华侨林场，该场于1974年从美国引进湿地松种，育苗68.8公顷；桉树种主要在三隆、沙坪2镇采集；其余的几个树种在县境内各地均可采集。本地采集马尾松种主要是在70年代前进行。

从外地调进和引进的树种有马尾松、湿地松、尾叶桉、杉等。马尾松种自70年代以后，由于本地不再采集而多从境外各地调进。湿地松80年代在全县大力推广发展后，本地采种不够而从县境外的合浦县、博白县、陆川县等地调进。至80年代后期和90年代初期，利用世界银行贷款造林发展湿地松基地，从美国引进湿地松种。尾叶桉种自80年代后期开始，从东门林场调进种子育苗造林，从钦州地区林科所调进组培苗直接造林。杉木种主要是县境外的浦北县、柳州地区、福建省等地调进，1986～1988年直接从玉林市小平山乡调进400多万株杉木苗造林。

1953～1994年全县共育苗1714.33公顷，年均育苗40.82公顷，最多是1973年育苗573.67公顷。育营养杯最多是1994年，共育4565万株湿地松营养杯苗。每年育苗均在春季和秋季进行，春播育一年生苗才造林，秋播苗大多育半年生苗木。育苗方式多采用撒播、条播以及点播或移芽上杯、上砖的方法。60年代，由县林业部门无偿供应种子。70年代，采取育苗与造林挂钩的办法，育苗造林后，经验收合格，每亩补助7元，其中造林当年补助4元，第二年和第三年各抚育1次，每次补助1.5元。80年代改为苗木补助，每育马尾松苗1亩，每亩产苗达12万～15万株补助350～550元；杉木育苗，每株补助0.02～0.03元；

湿地松营养杯苗，将苗木规格分为三级进行补助，每株补助0.05～0.07元；营养砖桉革苗，每砖苗补助0.01～0.015元。1992年，采取育苗与造林挂钩，即见林补助，造林后，经验收合格，每亩杉木或湿地松补助8元；马尾松每亩补助3.5元，桉树每亩补助3元。1992年以后，采取“四个一点”的育苗补助方法，即县、镇财政投入一点，林业部门拿一点，争取上级支持一点，群众自筹一点。县财政分别于1993年、1994年各拨专款65万元用于育苗造林。1995～2003年育苗面积113.76公顷，年均育苗12.64公顷。

【绿化造林】

解放前，灵山县森林资源多为马尾松飞籽成林和杉木萌芽林等天然林，人工林很少。解放后，随着各种林业苗圃的建立，县内人工造林日益普及。1956～1959年共造林15833.4公顷，年均造林3960公顷。1961年，除平山林场和龙武林场外，其余林场纷纷下马，人工造林面积聚降，当年人工造林面积162.47公顷，比1960年减少3380公顷，下降95.4%。1962年，全县又办起了丰塘尖峰林场、石塘仕门林场、陆屋开峡山林场、新圩七姐妹林场等，全县人工造林面积每年又恢复至万亩以上。1966年，全县人工造林面积首次逾6666.67公顷，当年人工造林9313.33公顷。1967年，人工造林6680公顷。1966年和1967年是全县50～80年代人工造林的高峰年。

70年代后期至80年代前期，由于农村经济体制变动，特别是1981年以后，在落实稳定山林、林权，划定自留山，确定林业生产责任制的林业“三定”政策过程中，有的领导抓得不紧，有的干部认识不足，而群众对党的改革开放政策产生误解，有的群众怕政策再变，有的生产队之间存在山林地界的争执，出现了只砍不种或多砍少种的现象，每年人工造林面积均徘徊在666.67公顷左右。

1986～1987年，随着“三定”工作的落实，政府进一步调整林业政策，加紧对各项承包责任制的落实，提倡兴办多种成分的林场。农民纷纷承包荒山造林种果，人工造林得以正常发展。1986～1989年，全县开始较大量的利用开发性贴息贷款支持“两户一体”(即重点户、专业户、联合体)承包荒山造林，共造林1334.8公顷，其中，湿地松为990.07公顷，杉木344.73公顷。

1997～1999年灵山县积极开展调整林种结构，改造低产林，营造速生丰产林和名特优经济林工作，三年时间通过低产林改造的速生丰产林250公顷，名特优经济林5365公顷。

2001年，在灵山县生态环境建设综合治理工程子项目的工作中，完成麻竹种植任务666.67公顷。

万亩良种桉速生丰产示范样板林，1989年8月，应县林业局的请求，经中国林学会(包括广西林学会、钦州地区林学会)派出专家到灵山县进行实地调查、勘测，初步确定了联营项目的意向。1989年12月，自治区林业厅组织广西林业设计院勘测编定了《广西壮族自治区灵山县营造短轮伐期良种桉速生丰产示范样板林的设计任务书》，向林业部申请立项。林业部于1990年3月12日批准立项，并向广西林业厅下发了58号文《关于营造良种桉速生丰产示范林设计任务的批复》，由林业部造林经营司同广西林业厅签订了《关于部、省合资营造良种桉短轮伐期速生丰产用材示范林的协议》，协议规定由中国林学会负责技术指导、监督和检查验收。之后，广西林业厅、灵山县林业局、中国林学会三方共同签订了《关于联营短轮伐期良种桉速生丰产示范样板林的合同》，在灵山县营造全国良种桉短轮伐期速生丰产用材示范样板林1万亩，总投资150万元，其中，中国林学会通过广西林学会投资75万元，县林业局配套投资75万元。1990年3月12日，经林业部批准立项，当年造林143.53公顷，1991年造林148.27公顷，1992年造林249.33公顷。

【利用世界银行贷款造林】

1990年8月13日，副县长刘积松受县人民政府委托，在南宁与自治区林业厅签订《广西壮族自治区林业厅同灵山县人民政府执行国际开发协会国家造林项目协议书》，根据林业部批准的广西壮族自治区国家造林项目可行性报告，县人民政府利用世界银行贷款，在灵山县营造湿地松速生丰产林6000公顷，良种桉600公顷，总投资1490.6万元，其中，世界银行贷款60%，国内地方配套投资40%。这是灵山县有史以来林业生产投资最大的项目，是科技兴林，加速造林绿化，增加森林资源的一项重要战略措施。至1994年末，全县共营造湿地松速生丰产林6938公顷。1995年，灵山县政府利用世界银行贷款“森林资源发展和保护项目”广西壮族自治区分项目二期项目营造马尾松817.3公顷，桉树1108.2公顷。

【造林灭荒】

根据自治区党委、政府1986年作出的《力争十五年基本绿化广西的决定》，1990年灵山县人民政府作出了《关于七年完成荒山造林，十年实现绿化灵山的具体规定》。1991～1994年春，全县各级领导共办造林绿化点95个，造林面积13200公顷；村办林场156个，造林面积6866.67公顷。1992～1994年共完成人工造林54980公顷，其中，1992年全县造林种果13953.33公顷。在1994年的灭荒年中，全县造林种果21960公顷。

【森林病虫害防治】

灵山县境内森林病害主要有猝倒病、立枯病、炭疽病；虫害主要有松毛虫、松毒蛾等。1964年起，县内才开展森林病虫害防治工作。当年，全县境内的松林松毛虫危害严重，松毛虫发生面积10000多公顷，其中，重灾面积6666.67多公顷。6月28日，县委、县人民委员组只民工在三海公社十里大队修建飞机场。同年7月21日，两架国产安二型飞机到灵山进行松毛虫害防治作业，这是灵山县有史以来第一次应用飞机喷洒化学农药防治松毛虫害。这一年，飞机喷洒农药防治面积为5066.67公顷，防治效果达85％以上。

随着科学技术的发展，对松毛虫的防治采用化学防治和生物防治相结合的方法。1972年开始从广东省新会县引进白僵菌微生物农药生产和进行人工放菌防治试验，人工放菌形式主要有手工抛撒、机械喷洒、爆竹爆破等，防治效果显著。从1977年开始，应用飞机喷洒白僵菌进行大面积的松毛虫防治。1980～1991年，每年春季都使用飞机喷洒白僵菌，年飞防面积达13333.33公顷，效果良好，松毛虫的死亡率达80％以上。

1991年，灵山县森林病虫害防治检疫站建立，配站长1人，工作人员2人，负责全县森林病虫害防治和植物检疫工作。2001年设立中心测报站，各镇相继设立病虫害测报点，各测报点配2名虫情测报员，每年定期测报5次。“九五”期间，灵山县获自治区批准列入全国森综合试验区，进行以白僵菌为主的马尾松毛虫的综合防治试验。近几年，加强了硬件建设，国家配置了测报技术所需的电脑、喷粉机、打孔机、注射机、显微镜、解剖镜、发电机等基础设备，加强了监测工作。2001年和2002年，经自治区验收并报国家林业局审批，灵山县森林病虫害防治站被定为全国森林病虫测报中心和国家级标准站。1999年至2003年，灵山县森林病虫害发生面积累计4060.33公顷，防治面积3293.33公顷。无重大的森林病虫发生。

【森林防火】

解放前后，灵山县秋冬森林火灾频繁发生，引起各级领导重视。1963年，成立灵山县护林防火指挥部(后改为森林防火指挥部)，由当班县长任指挥长。同年，灵山、横县、合浦3县成立湘、粤、桂三省(区)灵山中心护林防火联防指挥部；1965年，撤销联防指挥部，成立灵山、横县、浦北、钦州4县护林防火指挥部。灵山县有石塘、丰塘、三海、佛子、新圩、平南、烟墩、沙坪、武利、文利、伯劳等公社及平山林场参加联防。1972年，联防的成员又增加了自治区林业厅直属的国营钦廉林场等单位。1988年5月24日，成立灵山县护林防火指挥部办公室，有编制人员3人。

1994年5月，县人民政府和县林业局，根据国务院〔1993〕42号文和广西壮族自治区人民政府〔1993〕82号文的精神，在国有东风华侨林场建立一支有35人组成的灵山县第一支森林消防专业队。

至1994年，全县森林防火汽车1辆，超短波电台1台，高频机57台，风力灭火机12台，建永久性瞭台3座，还配备有电话机、望远镜等设备，全县有专用电话线254公里，开设防火线623公里。全县19个镇都建立森林防火指挥所，建立森林防火检查站32个，有检查人员141人。建立业余森林消防队23个，扑火人员690人。全县有专职护林员930人，兼职护林员668人。

1995年至2003年，全县增加防火林带120公里，专业森林消防队3个，半专业森林消防队21个，共669人。

1999年至2003年，灵山县发生森林火警27次，森林受害面积247.53公顷。

【封山育林】

六七十年代，国营、集体林场，采取局部封山或轮封或只封幼林区域的办法进行封山育林。

80年代以来，县人民政府根据林业部《封山育林管理暂行办法》的要求，每年都下达封山育林任务。1989年和1990年，县人民政府在《关于七年完成荒山造林，十年实现绿化灵山的决定》和《关于七年完成荒山造林，十年实现绿化灵山的具体规定》中，明确提出封山育林要因地制宜地采取全封、半封或轮封的形式，封育年限一般3～5年，严禁砍松枝作柴烧“三窑”(石灰窑、砖瓦窑、陶瓷窑),同时要求全县各机关、厂矿、学校、饭店、旅社、集体单位以及干部职工、城镇居民,必须在1990年6月底以前改烧柴为烧煤或其他燃料。从1989年开始,全县狠抓封山育林,要求凡封山育林的山林地区都要做到“五有”:即山上有封山大字,路上有封山标志,村庄有封山示意图,村队有封山禁约,封山林区有护林标志。1989～1994年全县共封山育林80286.67公顷,其中,工程封山育林36113.33公顷,占45%。1995～2003年共封山育林52636.13公顷。

【林政管理】

灵山县认真执行国家的林业方针政策,强化管理措施,坚持森林资源保护、发展、合理利用的原则。在采伐限额管理、林地保护、林政执法和森林资源调查、监测等方面取得了一定的成效。

【森林采伐限额管理】

从20世纪80年代开始,森林采伐实行限额管理制度。灵山县林业部门认真按照上级部署,科学地编制采伐限额,并严格按照上级下达的采伐限额指标严格批准采伐,没有超限额采伐。

【森林资源调查】

从20世纪60年代起至90年代,灵山县共组织开展了5次森林资源调查规划工作。摸清了森林资源情况,为林业生产发展的科学决策提供依据。

【林业行政执法】

六七十年代,制止乱砍滥伐除政府行文作出规定外,集体内部也制订相应的乡规民约,以保护森林资源。大多采用人治的方式,如罚款、没收、扣工分以及批判斗争等。80年代以后,主要靠政策、法令,实行依法治林。

1981年,中共中央、国务院和自治区人民政府发出《关于迅速制止乱砍滥伐森林的紧急通知》。据此,中共灵山县委、县人民政府发出《关于迅速制止乱滥伐森林的紧急通知》。通知指出:各级领导要立即采取措施,制止乱砍滥伐。全县各级政府和政法、公安、林业等部门密切配合,组织工作队到乱砍滥伐较严重的丰塘、檀圩、太平、新圩等公社制止乱砍滥伐,清理乱砍滥伐积案,并加强对木材市场的管理。

1987年,中共中央、国务院发出《加强南方集体林区森林资源坚决制止乱砍滥伐的指示》,自治区人民政府发出《自治区人民政府关于加强木材管理保护森林资源的紧急通知》,县委、县人民政府及时召开了各乡镇政府和政法、公安、林业、工商、税务、财政等部门参加的紧急会议,要求各级政府大力宣传《森林法》,认真贯彻执行中央和自治区文件,明确宣布一律停止木材砍伐和木材加工、木材运输,全面整顿木材市场,严厉查处破坏山林的案件,惩治违法犯罪分子。

1986年,县林业局增设林政股,至1994年,配备干部职工12人;1988年,增设林业公安股,至1994年,有干警4人,2003年,更名为县公安局森林公安分局,增加编制至7人。逐步强化了林业执法队伍的建设,对于打击破坏森林资源的违法犯罪活动,保护国家森林资源发挥了巨大的作用。

灵山县森林遭受破坏较严重的几个时期1958年“大炼钢铁”,大量砍伐成材林炼钢铁,森林破坏严重;“文化大革命”期间,无政府主义泛滥,山林遭乱砍滥伐;“农业学大寨”运动,强调“以粮为纲”,出现毁林开荒,森林重遭破坏;80年代初期,农村推行家庭联产承包责任制,部分群众对党的改革开放政策产生误解,乱砍滥伐现象又重新出现,而且持续时间长,涉及面广,损失程度严重,林木损失巨大。

【森林分类经营区划】

2000年,根据林策发〔1999〕191号文件、桂政办〔2000〕213号文件及桂林营字〔1999〕43号文件精神要求,由广西林业勘测设计院作技术指导,灵山县林业部门及各镇林业工作站技术人员组成区划界定工作队,开展灵山县森林分类区划界定工作,至2001年7月份完成。根据灵山县的自然条件、林地质量、森林资源的特点和当地的经济发展水平,将灵山县森林面积区划为生态公益林和商品林两类,生态公益林(地)面积48388.3公顷,占林业用地面积的27.47%;商品林(地)面积127746.3公顷,占林业用地面积的72.53%。

【农村能源生态建设】

从1997年起开始宣传推广沼气、太阳能等,至2003年,灵山县0.076%农户用上了沼气池。近年来,农村能源建设逐步向生态家园建设的高度发展,大力推广“养殖—沼气—种植”三位一体的生态模式,开展“152”能源生态示范工程建设。2003年灵山县新建沼气池6407座,建成生态家园示范村50个。

【退耕还林工程】

退耕还林是加速恢复森林植被、增加森林面积，提高森林涵养水源、保持水土功能，不断改善生态环境的有效途径。2002 年 11 月份，根据《国务院关于进一步做好退耕还林还草工作若干意见》(国发〔2000〕24 号)和自治区人民政府《广西壮族自治区人民政府关于进一步完善退耕还林政策措施若干意见》(桂政发〔2002〕56 号)有关文件精神，灵山县开展退耕还林工作，2003 年，落实退耕地面积 1591.27 公顷，造林 1327.27 公顷，占上级下达任务的 79.6%。

(灵山县林业局)

浦北县林业

【概　述】

浦北县地处桂东南，是钦州市林业建设重点县。全县 18 个乡镇，现总人口 78 万，其中农业人口 71.26 万，占 90%以上，是个农业大县。全县土地总面积 366.87 万亩，其中林业用地 247.18 万亩，占 67%。林业用地中有森林面积 228.64 万亩，森林覆盖率达 62.3%；全县森林总蓄积量为 327.25 万立方米。2003 年实现林业总产值 62985 万元，林业已成为当地经济发展的支柱产业。

【造林绿化】

历届浦北县委、县政府以及林业局领导班子对造林绿化工作非常重视，把造林绿化当做林业发展的龙头来抓。在党的十一届三中全会后，认真落实林业生产责任制的林业“三定”工作，极大地调动了群众造林绿化的积极性。始终坚持全党动员，全民动手，大办林业的指导思想。认真贯彻“谁造谁有，合造共有”的林业政策，鼓励和扶持发展非公有制林业，全县造林绿化取得显著的成绩。据统计，全县 1952～1990 年人工植树造林 259.1 万亩，年平均人工植树造林 6.6 万亩；1990～2003 年人工植树造林 108 万亩，年平均人工植树造林 8.3 万亩。解放前的森林面积只有 176.1 万亩，1999 年森林资源二类调查结果表明：全县森林面积 228.64 万亩；1990 年森林资源二类调查全县有林业用地 237.95 万亩，到 2003 年达 247.18 万亩。森林总蓄积量由 1990 年的 215.78 万立方米增加剑 2003 年的 327.25 万立方米，于 1995 年实现绿化达标。全县森林覆盖率明显提高，由 1990 年的 39.8%提高到现在 62.3%，生态环境明显好转，森林质量显著提高。2003 年完成人工造林 50940 亩，占计划的 128%，其中经济林 30720 亩，用材林 13470 亩，防护林 6750 亩。在重点林业工程中，完成退耕还林(含荒山造林)15000 亩；完成沿海防护林工程造林 6000 亩，封山育林 10000 亩，工程完成率达 100%。

【封山育林】

1956 年 4 月 23 日，浦北县人民委员会印发《浦北县 1956 年封山育林工作实施办法(草案)的执行通知》，下达全县封山育林任务 14.46 万亩。要求以乡或农业生产合作社为单位进行封育，订出公约，树立牌标记。此后，还逐年健全机构，落实护林人员，完善护林措施。据统计，1965 年，全县封山育林达 15 万亩，封育的林木以椎木、马尾松为主。1977 年起年封育规模超 10 万亩，1986 年封山育林高达 55 万亩。2003 年现有封山育林 20 万亩，当年新封 1.2 万亩。1990 年广西林业厅授予县封山育林先进单位二等奖。

【森林病虫害防治】

全县森林病虫害时有发生，松毛虫对县森林危害最严重，1974～1990 年，全县松毛虫危害森林的面积达 182.6 万亩，年均发生面积 11 万多亩。对松毛虫的危害，县以生物防治为主，化学防治为辅的综合防治。1980 年开始，全县对松毛虫实行“拉大网”的生物防治，用飞机投撒白僵菌，至 1990 年，全县共飞防 109 架次，飞防面积 46.801 万亩，防治效果达 75%以上，最高年份达 90%以上。1991 年起，全县坚持实行目标管理，重点推进森林病虫害防治工作。1991～2003 年共发生森林病虫害面积 16.99 万亩，实施防治病虫害面积达 14.37 万亩，防治率为 85%，其中 2003 年发生病虫害面积为 8825 亩，发生率为 0.38%，防治病虫害面积为 8715 亩，防治率达 99%，挽回林木损失 337.9 立方米，有效保护了全县的森林资源。

【森林防火】

火灾是森林的大敌，对森林的破坏性很大。1954 年，全县山林火灾发生达 417 次，为害面积 2.7 万亩。同年，成立了护林防火指挥部。尔后，各乡镇相继建立健全护林防火机构，并制订护林防火公约，配备护林员，修建防火线。1965 年，全县建立护林防火指挥所12个,指挥分所74个,护林小组970个,有护林员167人。随着护林防火机构和措施不断建立和完善,森林火灾得到了较好控制。据统计,1974年起,全县连续5年无森林火灾,1974～1987年森林受害面积仅为485亩,1987年县护林防火指挥部荣获广西壮族自治区护林防火指挥部授予1985～1987年度护林防火先进单位;1990年荣获地区森林防火指挥部授予年度森林防火目标管理一等奖。2003年,在县委、县政府的高度重视下,县林业局成立了一支素质高、业务硬的专业应急扑火队;尔后,18个乡镇,相继成了应急扑火队共600余人。同年,新增购森林防火车一辆,风力灭火机15台,二号灭火工具300把,勾刀100把。防火基础设施和防火机构建设,不断得到了配套和完善。2003年发生森林火灾4次,受害森林面积598.5亩,森林火灾受害率0.36‰,林木损失383立方米。

【林政管理】

十五大以来,浦北县林业局在浦北县委、县政府的正确领导下,以邓小平理论和"三个代表"重要思想为指导。紧紧围绕林业改革、发展的总体思路,认真贯彻落实《国务院关于保护森林资源制止毁林开垦和乱占林地的通知》(国发明电〔1998〕8号)的精神。进一步强化了管理措施,加大了对各种破坏林地资源行为的打击力度,大面积毁林开垦和侵占林地现象到得了基本遏制。2003年度共发生各类林业行政案件178起,林业公安和林政执法队伍依法查处178起,查处率达100%,为国家挽回直接经济损失23.6万元。查处超限额采伐、乱砍滥伐、乱占林地和毁林开垦等案件近145起,实施行政处罚149人次,收缴蛇、蛙等野生动物253公斤,处理木材634多立方米,收缴林业行政罚款10.6万元,有效地打击破坏森林资源违法犯罪行为。

【林业经济发展】

目前,全县林产品生产加工企业共有231家,从业人员3056人,年生产总值达17032万元。其中:工艺品加工厂15家,生产的工艺品大部分以出口为主,年创外汇970万美元;木片厂3家,年生产木片25000立方米;松香厂1家,年产量达1500吨;家具生产厂42家,年生产销售家具家私35万件;木材经营和加工厂170家,年产值达4800万元。

"九五"期间,浦北县委、县政府给予优惠政策和苗木扶持,鼓励企业、农户投入资金和劳力,参与发展经济林。据统计,1980年全县的经济林面积有12.57万亩,1990年增加到46.9万亩,2003年已发展到86.77万亩。其中八角24.01万亩,荔枝34.25万亩,龙眼7.92万亩。全县林种结构日趋合理,以八角、肉桂、荔枝、龙眼、竹子、茶叶为主体的经济林逐渐形成规模,为产业化生产打下坚实的基础。目前,全县年产八角6688吨,水果65778吨。2003年全县经济林产业总产值达40546万元,占当年林业总产值的64.3%,比1980年的同期增长了10倍。林业经济不断增强,已成县财政增长,农民增收致富的重要渠道。

为充分发挥丰富的植物资源和充足的劳动力资源优势,形成特色林业。全县大力发展竹藤、花卉、森林食品和生态旅游等新兴产品及产业。目前,全县主产的红椎菌、香菇、木耳以及竹笋等林副产品,年产量可达1090吨,年总产值达5660万元。其中红椎菌年产量达218吨,总产值达4360万元。通过发展花卉苗木产业,有效增加农民收入。全县共有花卉苗木种植场15个,种植面积达700多亩,年产苗木达3500厅株,花卉15万盆。近年来,县委、县政府决定开发建设五皇岭森林公园,它目前基础设施正在建设中,将是人们休闲度假、观光的好地方,必将极大地促进全县的经济发展。

(浦北县林业局)

防城港市林业

【概　述】

2000～2003年,是防城港市林业工作重新的发展道路上起步并取得重大进展的一年。全市林业建设管理出前所未有的热潮,全社会办林业的积极性空前高涨,林业投资大幅度增加,重新整合的六大林业重大工程顺利推进,造林绿化、野生动植物保护和自然保护区建设实现了历史性的突出;森林资源得到有效保护;林业建设的速度和效益明显提升,林业支撑保障能力进一步提高,重点地区生态状况进一步得到改善,林业改革与发展取得了长足进步,出现了前所未有的良好态势。

(防城港市林业局)

【造林绿化】

2000～2003 年全市累计完成造林 58 万亩，占计划任务 50 万亩的 116%；义务植树 500 万株，占计划任务 400 万株的 125%；封山育林 52 万亩，抚育中幼林 35 万亩。

【退耕还林】

2002～2003 年，全市完成退耕还林 15.8 万亩，完成投资 4440 万元；兑现粮食补助 1800 万元，现金补助 229.9 万元。通过项目带动，营造速丰林 12 万亩，发展经济 1.3 万亩，养畜 12.66 万头，新建人棚 2.4 万亩，劳务输出 1.36 万人，引进与退耕还林有关的项目 3 个。

（防城港市林业局）

【沿海防护林工程建设】

2000～2003 年共投入海防林建设资金 1192.5万元，造林 3.85 万亩，封山育林 12 万亩。工程区域净增森林面积 2.1 万亩。三道沿海生态屏障基本建立，并在多次台风中显示作用。

（防城港市林业局）

【野生动植物保护及自然保护区】

2000 年 3 月在上思县东屏乡发现濒临灭绝的国家一级保护鸟类——海南虎斑鳽。2001 年防城港市人民政府下发了《关于进一步加强野生动物管理的通知》，防城港市林业局制定了《非正常来源野生动物处理的有关规定》。2002 年全市林业部门开展名木古树普查建档工作，68 株百年以上名木古树已被登记建卡并得到有效保护。2003 年 6 月，十万大山自然保护区经国务院批准晋升为国家级自然保护区，保护区总面积58277.1 公顷，是全国第 7 个林业系统管理的国家级自然保护区，也是广西目前面积最大的国家组自然保护区，12 月，防城港市人民政府批准成立处级建制的广西十万大山国家级自然保护区管理局，管理局下辖上思分局、防城分局，内设 8 个科室，全局定编 135 人。2003 年底，市野生动物保护协会已发展会员 500 多人。

（防城港市林业局）

【森林分类经营】

全市有林面积 566.67 万亩，其中生态林 202.83万亩，商品林 363.84 万亩，列入试点的公益林面积 142 万亩。生态公益林补助试点工作的启动使长期困扰我市公益林管护的难题得到了解决。在商品林建设方面，按照因地制宜，适地适树的原则，合理布局，通过退耕还林、沿海防护林、绿色工程等项目带动建设肉桂八角地方名优经济林、速生丰产林、脂材两用林三大商品林基地，并以此带动林产加工业、种苗业、港口码头业的快速发展。2003 年底，肉桂八角基地达到 130 万亩，速生丰产林 30 万亩，脂材两用林 100 万亩。2000 年防城区被国家林业局评为“中国八角之乡”、2001 年防城区又被国家林业局评为“中国肉桂之乡”和“全国经济林建设先进县。”

（防城港市林业局）

【农村生态家园建设】

2000～2003 年，全市林业部门共投入建设资金 282 万元，修建农村户用沼气池 8061 座，建成“改厕、改路、改厨、改栏等”、“三配套”、“四配套”的示范点 36 个。

（防城港市林业局）

【林业投资与软环境优化】

2000～2003 年，先后有印尼金光集团、芬兰斯道拉恩索公司、日本王子集团公司等国外知名企业和区内的高峰集团、七坡林场等企业和一些个体老板纷纷落户我市投资造林、办厂。据统计 2000～2003 年在我市投资造林的外来企业有 16 家，从事木材经营加工企业 21 家，从事松香香料加工企业 16 家，累计总投资 8.9 亿元。一批松香、香料、板材加工项目正在兴起，2000 年，全市林业总产值 2.6 亿元。2001 年为 2.9 亿元；2002 年为 3.4 亿元；2003 年为 4.1 亿元。林业第一、二、三产业的产值比由 2000 年的 8∶1.5∶0.5 调整到 2003 年的 6∶3∶1。

（防城港市林业局）

【森林防火】

2000～2003 年共投入资金 4600 万元，修建无线电通讯差转台两座，防火瞭望台 11 座，营造中越边境生物防火林带两条，86 公里，组建专业、半专业森林消防队 17 支（队员 1053 人），购置防火指挥车、运兵车、通信设备、灭火机及二号工具一批，举办森林火灾扑救安全知识培训班 70 期，受训人员 3885 人。2000 年，发生火灾 5 起，森林受害率 0.048‰；2002 年，发生火灾 8 起，森林受害率 0.1‰。

（防城港市林业局）

【森林病虫害防治】

2000～2002 年累计投入建设资金 1060 万

元，组织飞机飞播撒白僵菌 36 架次，播撒白僵菌 3.6 万公斤，建立森防实验室两个，在各口岸主要林区设立了病虫害监测点 16 个。

（防城港市林业局）

【种苗培育】

2000～2003 年，全市育苗面积保持在 1500 亩左右，主要树种有肉桂、八角、桉树、松树四种，年均育苗量在 1 亿株左右。

（防城港市林业局）

【技术推广】

重点推广的技术项目有：八角测土穴位配方施肥、矮化八角的培育和种植、桉树优良无性品扦插苗的培育和种植等 10 项，建立有科技项目示范基地 21 个，科技项目为农民人均年增收 25 元以上。

（防城港市林业局）

【森林资源管理与执法】

据 2002 年统计，全市有林政执法人员 110 人，森林公安民警 54 人。2000～2003 年，森林公安机关查处各类破坏森林和走私、贩运野生动物案件 55 起，其中重特大案件 50 起，依法判刑 81 人，劳教 25 人，治安拘留 35 人，治安处罚 53 人，收缴木材 4500 立方米，野生动物 2380 只（头），挽回经济损失 3500 万元。林政部门查处各类林政案件 3189 起，行政处罚 2131 人，收缴木材 12116 立方米，挽回经济损失 325 万元。依法审核办理重点工程征占用林地项目 18 宗。调处山林纠纷案件 188 宗，占总发案 192 宗的 98%。

（防城港市林业局）

防城区林业

【概　述】

防城区的前身是防城各族自治县，1993 年 5 月国务院批准成立地级防城港市后，撤销防城各族自治县，设立防城区。防城区现辖茅岭、滩营、平旺、江山、扶隆、那勤、板八、那垌等 8 个乡和防城、大菉、那良、华石、那梭、峒中等 6 个镇。自治区直垌美农场、那梭农场、荣光农场和十万山华侨林场驻防城区。全区聚居着汉、壮、京、瑶等民族。

防城区海岸线长 154.8 公里，边境线长 200 多公里，峒中、板八、那垌、那良等 4 个乡镇与越南接壤。防城区地处防城港市中心位置，北通南宁市，南至防城港，东接钦州市，西南达边境口岸城市东兴。位于中国西南与东南两大经济区的结合部。防城区于 1994 年实现造林灭荒达标，于 1996 年实现造林绿化达标。

2003 年末，防城区土地总面积 344.7 万亩（不含自治区直农林场），林业用地 227.7 万亩，林业用地占土地总面积的 66.1%。在林业用地中，森林 152.4 万亩，灌木林 61.0 万亩，疏林地 6.0 万亩，无林地 8.3 万亩。森林覆盖率（含灌木）62.3%，林业用地绿化率 93.7%，森林总蓄积量 235.7万立方米。在森林面积中，用材林 60.0 万亩，经济林 108.7 万亩，防护林 44.7 万亩，其他 1.0 万亩。在经济林中，八角 53.7 万亩，肉桂 49.6 万亩，其他 1.0 万亩。森林面积按发挥的效益分，商品林 108.9 万亩（其中速生丰产用材林 6.0 万亩），生态林 105.5 万亩（其中，国家级十万大山自然保护区防城片 23.8 万亩，国家级防城金花茶自然保护区 14.6 万亩，防城区 67.1 万亩）。

2002 年防城区机关机构改革后，防城区林业局内设秘书股、营林科技和林政资源管理股、林业公安股等 3 个股；二层机构事业单位有营林技术指导站、森林病虫害防治检疫站、木材检查站、森林防火指挥部办公室、农村能源办公室、水源林区派出所、江山苗圃场、林业服务公司等；常设办事机构有绿化委员会办公室、山林权属纠纷调解处理工作领导小组办公室、退耕还林工作领导小组办公室等；主管华石林场、峒中林场、潭汉林场、白石牙水源林保护站、平龙山水源林保护站、木材公司等；协助管理 14 个乡镇林业站（乡镇林业站于 2001 年 3 月下放给乡镇管理，林业局主要在业务上指导）。2003 年末，全区在职林业干部职工 426 人，离退休人员 267 人，分流下岗人员 50 人。林业局机关编制 9 名，在职 9 人，其中，正副局长 4 人，主任科员 1 人。

2003 年防城区国内生产总值 19.7 亿元，工业总产值 14.33 亿元，农业总产值 12.27 亿元，林业总产值 1.39 亿元，林业总产值占农业总产值的 11.3%。在林业产值中，八角产值 0.4519 亿元，肉桂产值 0.2276 亿元。财政收入 1.0852 亿元，农民人均纯收入 2320 元。

【造林情况】

1999～2003年造林面积表

单位:万亩

年度	按造林类型分				按造林项目分				
	合计	造林	改造	更新	合计	退耕还林	海防林	速丰林	其他
1999	12.38	0.94	10.72	0.72	12.38			2.0	10.38
2000	12.90	0.80	10.85	1.25	12.90		0.24	2.6	10.06
2001	8.72	1.90	5.67	1.14	8.72		0.83	0.34	7.55
2002	7.09	2.37	2.48	2.24	7.09		0.24	0.8	6.05
2003	6.29	5.12		1.17	6.29	2.0	0.62	0.1	3.57

【经济林建设】

防城区人工种植八角已有300多年,种植肉桂长达500多年。八角、肉桂种植面积大,分布范围广,是广西著名的八角、肉桂主产区。1994年、2001年防城区被国家林业局评为全国经济林建设先进县(区),2000年被国家林业局、中国经济林协会授予“中国名特优经济林八角之乡”称号,2001年被国家林业局授予“中国肉桂之乡”称号,2002年防城大红八角被中国经济林协会认定为“中国名优经济林产品”。防城区八角产品有大红八角、茴油、回脑、回香醛等,肉桂产品有板桂、桂通、咽仔桂、桂油、桂醛等。八角、肉桂经济林是防城区山区群众的主要经济收入来源。

防城区历年八角、肉桂面积、产量、产值表

单位:万亩、吨、万元

年度	面积		大红八角		桂皮		茴油		桂油	
	八角	肉桂	产量	产值	产量	产值	产量	产值	产量	产值
1990			1432	2148	986	986	17.4	69.6	14.2	142
1991			2238	3133	942	942	17.8	71.2	19.6	196
1992			1838	2573	1345	1345	8.5	34	27.3	273
1993			1734	2428	4723	4723	1	4	23	230
1994	30.9	24.7	3141	4397	2310	2310	11.6	46.4	40.7	407
1995	35.3	30.7	3247	4546	3063	3063	20.2	80.8	50.7	507
1996	39.1	35.8	4025	5635	3037	3037	22.1	88.4	67.3	673
1997	42.9	40.1	3875	5425	3509	3509	18.1	72.4	68.7	687
1998	47.2	44.1	4054	5676	4394	4394	23	92	93	930
1999	50.4	46.9	3955	5537	4209	4209	25	100	101	1010
2000	52.7	48.9	4285	5999	4373	4373	31	124	118	1180
2001	53.5	49.4	5629	7880	3403	3403	42	168	123	1230
2002	53.6	49.5	4488	6732	3127	3127	37	148	125	1063
2003	53.7	49.6	4519	4519	2845	2276	37	148	126	1071

【森林资源消长和木材生产】

1999～2003 年防城区森林资源消长和木材产量表

单位:万立方米

年度	森林蓄积量	生长量	消耗量	木材产量
1999	215.7	5.57	2.83	0.6314
2000	217.5	4.89	3.14	0.7094
2001	227.0	12.04	2.54	0.6908
2002	230.2	5.465	2.47	0.7745
2003	235.7	5.88	3.02	1.1923

【森林火灾】

1999～2003 年防城区森林火灾情况表

单位:次、亩

年度	森林火灾	森林火警	过火面积	受害面积
1999	2		527	323
2000	2		131	63
2001	1	1	129	43
2002	3	1	296	196
2003	8	8	6061	3045

【沼气池建设】

1999～2003 年防城区建设沼气池分别为 1513 座、1852 座、672 座、2382 座、2005 座。

【山林纠纷调处】

2001～2003 年防城区调处山林权属纠纷案件结案分别为 34 起、35 起、64 起。

【森林案件查处】

1999～2003 年防城区查处乱砍滥伐林木、无证运输木材、非法采挖树蔸等各种破坏森林资源和走私贩运野生动物案件分别为 21 起、18 起、37 起、48 起、79 起。

【资金投入】

1999～2003 年防城区国家林业生产总投入资金分别为 250 万元、290 万元、458 万元、593 万元、791 万元。

(防城区林业局　陈树生)

上思县林业

【概　述】

上思县位于广西西南部，十万大山北麓，是广西的重点林区之一。地处东经 107°32′05″～108°16′05″，北纬 21°44′～22°22′间，东接钦州市，南邻防城区，西毗宁明县，北靠扶绥县，东北接邕宁县。全县总面积 28.18 万公顷，其中林业用地 18 万公顷，占土地总面积的 63.9%。现有林面积 17.05 万公顷，其中商品林 118015 公顷(用材林 74802.6 公顷，经济林 2780.6 公顷，竹林 114.7 公顷，灌木林 40317.1 公顷)；生态公益林 52475.3 公顷。活立木蓄积量 638 万立方米，森林覆盖率 60.26%。

【森林资源培育概述】

解放后，上思县委、县政府十分重视利用山区优势发展林业，狠抓育苗造林、抚育间伐、封山育林等工作。1999 年以来，又以国家实施西部大开发战略为契机，进一步转换造林绿化经营机制，加大了承包、租赁、联营联合、股份合作造林的推进力度，大力组织实施退耕还林工程和珠江防护林工程建设，营造桉树、马占相思速生丰产林基地，适地适树，发展八角、玉桂商品经济林，有效地促进全县森林资源持续增长。全县森林面积由1974年的6.37万公顷、1992年的10.49万公顷增加到2003年的16.98万公顷，活立木总蓄积量由1974年的192万立方米、1992年的570万立方米增加到2003年的638万立方米。

【飞播造林】

1971年至1988年，自治区林业厅共给上思县拨款168.56万元，扶持飞播营造马尾松林，于1975年、1976年、1980年、1988年先后4次飞播造林，共完成面积115.63万亩，其中成效面积39.16万亩，占飞播面积33.86%，以成效面积计，平均每亩投资4.3元。

【人工造林】

解放后，县人民政府重视境内荒山绿化，从1953年至1990年，共投资1236.32万元(不含飞播投资)，平均每年投入造林资金32.5万元，完成造林面积976383亩(其中用材林占67%，经济林占33%)，年平均造林25710亩，完成最多的年份为1968年共造林93586亩。

【封山育林】

从50年代初期起，县政府把封山育林作为发展林业生产的一件大事来抓，由林业部门具体负责实施。根据县内森林状况，每年派员到林区实地勘查设计，划出封山对象，并将封山面积上报自治区林业部门审查备案。封山主要对象是幼林及疏林，时间10～15年不等，以达到林木郁闭为止，一般均采用“半封”方式，在封山期间，规定不得上山砍树伐木，允许割草类等植物。据不完全统计，全县封山面积：50年代(有3年资料)，以1956年最多，封山14.99万亩；60年代(有3年资料)，以1964年最多，封山31.58万亩；70年代(有8年资料)，最多为1977年和1978年，两年封山均为40余万亩；1990年封山11.35万亩。1989年和1990年，分别荣获区林业厅授予“封山育林”一等和二等奖。1997年以来，上思县通过实施珠防林建设，每年完成封山育林1万～1.5万亩。

【实现宜林荒山绿化造林达标】

1982年实行林业“三定”，给农民落实山界林权和划定自留山、责任山，1987年，县委、县政府又作出“十年绿化上思”的号召，极大地调动了群众植树造林的积极性，森林资源逐年递增。十几年来，上思人工造林面积每年以0.3万～0.4万公顷的速度向前推进，每年义务植树100万株。到1993年底消灭了荒山，1994年实现了绿化达标。

【森林病虫害防治】

解放后，虫害发生以松毛虫危害为严重，从1970年至1990年共发生面积104.46万亩。平均每年发生4.97万亩，最严重的是1981年松毛虫危害面积达14万亩，松树枯死达13%。60年代开始用高程喷雾器喷洒农药进行防治，每年防治面积仅数千亩，防治效果一般只有10%左右；1975年和1976年采用有机农药，施放烟剂的办法防治，共防治虫害面积6.31万亩，防治效果达30%；1977年至1979年采用土法制作白僵菌粉炮喷洒，防治效果达50%，3年共防治面积13.88万亩；1981年至1989年，采用飞机喷洒白僵菌混合粉对全县松林进行防治，防治效果达68%～81%；1987年3月，由自治区林科所、林业技术推广站、钦州地区森防站、上思县林业局等部门联合在上思县境东北部搞“一百万亩的松毛虫综合防治样板林”的推广和应用试验，效果相当显著。这个科研项目于1990年获得了广西科技成果二等奖。1990～2003年，每年都动用飞机13～19架次，对全县松林喷洒白僵原粉防治松毛虫、松毒蛾等虫害，并采用人工喷生物农药防治一些飞防效果较差的林分，防治效果达90%。通过防治，十四年来全县森林未出现严重虫灾，森林病虫害成灾率一直控制在0.3%以下。

【森林防火】

1954年县成立护林防火指挥部，区设立护林防火指挥部，乡建立防火小组，屯订立防火公约，将护林防火工作层层落实到基层。1965年，上思与临县的宁明、防城联合建立三县护林防火联合委员会，定期研究与部署联防的具体工作，解决过去各县交界地区山林火灾得不到及时扑灭等问题。上思县在全县4个国营林场的林区，先后开设防火线132公里；在县内的南屏乡的婆凡山，平福乡的其关山，公正乡的公牛山，叫安乡的凤凰山设瞭望哨，总覆盖面积2534平方公里，各哨有2至3人，配有手持式无线电对讲机、电话机、望远镜等；在各个林区配有一批专职护林员，1990年全县配护林员119人(其中国有林场69人,乡一级50人);1990年,县组建了专业森林消防队,招聘复退军人和青年民兵为队员,实行半军事化管理,由县林业局支付工资。专业队配备有消防指挥车、运输车、风力灭火机、对讲机等设备。现有专业森林消防队员21人,消防运兵车1辆,防火指挥车一辆,工具运输车一辆,风力灭火机30多台。近几年来上思县加大森林防火工作力度,落实好各级森林防火领导责任制,加强森林防火宣传,通过出动宣传车、广播电视、发放宣传标语、举办防火山歌演唱会、钉挂铁制固定宣传牌等多种形式宣传,使全县群众接受宣传面达90%以上。在清明节、重阳节以及高温火险期间,各瞭望哨加强观察,在重点林区落实人员巡查,发现火情及时报告处理,有效地防止了森林火灾的发生。1999年至2003年上思县已连续取得了森林防火的最好成绩,年过火面积和森林火灾受害率均不超过市下达的奖励指标。

【森林资源与林政管理概述】

自20世纪80年代,森林采伐由计划管理转变为限额管理。为了科学地编制采伐限额,上思县认真按照上级的部署,抽调精干人员,依据《森林法》、《森林法实施条例》的规定,结合本地实际,按期完成"八五"、"九五"、"十五"期间年森林采伐限额的编制和成果上报工作,并严格按照上级下达的采伐限额指标严格审批采伐。

【森林资源调查】

近年来上思县分别于1992年、1999年组织进行了森林资源调查规划(林业普查)工作,摸清了森林资源情况,为林业生产发展的科学决策提供依据。

【林地林权管理】

解放初,大部分山林权属集体所有。1961年根据中共中央《关于确定林权保护和发展林业若干问题的决定》和自治区人民政府"国造国有、社造社有,社员在自留山上、屋前屋后、村前村后、路旁水边种植的零星树木为社员个人所有"的政策,上思县把山林权落实到公社、大队、生产队三级管理。1980年至1985年林业三定(稳定山权、林权,划定自留山,确定林业生产负责制)期间,进行了发放山权林权证和划分自留山工作。1999年以来,上思县认真贯彻落实国发明电〔1998〕8号和国办发明电〔1999〕9号通知精神,依照森林法及其实施条例的规定,采取有力措施,加大了林地保护和管理的力度,坚决制止毁林开垦行为,强化征占用林地审核工作。

【林业行政执法】

解放后,50~70年代,县人民政府为保护森林资源,除严禁乱砍滥伐外,还要求各村屯制定相应的村规民约,对违反村规民约的视情节轻重分别给予批评教育、没收、罚款、扣工分等,收到较好的效果。80年代县、乡成立领导小组,主要领导兼任组长,乡配备1~2名专职护林员,巡视林区,制止乱砍滥伐。在林业局内设林政站,在县境内先后设立5个木材检查站,加强了对木材出入境的管理,1987年成立林业公安股,加强了林业执法队伍的建设。90年代以来,加大执法力度,对木材加工企业实行规范化管理,依法对无证和违法经营(加工)的木材加工厂(点)进行了取缔;加强伐区的调查设计、检查、验收等管理工作,最大限度地杜绝了超证采伐、异地采伐等乱砍滥伐行为;加强木材流通管理,有力打击无证运输、超证运输等违法行为,有效保护了森林资源。

【林业公安工作】

1987年成立林业公安股,2004年3月更名为森林公安分局。成立二十年来,我县林业公安对保护我县森林及生态环境,野生动植物资源安全,维护林区社会治安稳定,发挥了巨大作用。1999年至2003年,破获各种森林案件1827起,其中特大刑事案件2起,重大刑事案件3起。逮捕31人,刑事拘留38人,林业行政处罚3358人次。收缴国家一级保护动物100多只,国家二级保护动物1200只,为国家挽回经济损失380多万元。

【十万大山自然保护区管护】

十万大山自然保护区上思县管辖部分位于广西西南部,西接宁明县,南连防城区,东至钦州市,横贯上思县的南屏、叫安、公正三乡和红旗林场、昌菱林工商公司,东西长80公里,南北宽12公里,土地总面积37881.3公顷。该保护区于1982年6月经自治区人民政府批准设立,主要保护对象为水源涵养林、北热带季雨林、山地常绿阔叶林模式标本产地。

保护区内地势险峻,峰峦连绵,中间横贯有宝鸡山、薯莨岭、大龙山,一般海拔在1000米左右,最高的薯莨岭海拔1462米。保护区内有明江、平福河、公安河,均发源于十万大山,流入左江,库容量达7.21亿立方米的那板水库紧靠保护区中部。

保护区气候属北热带季风气候，光热资源丰富，雨量充沛，土壤肥沃，植物资源和动物资源十分丰富，是中国生物多样性最为丰富的地区之一，也是生物多样性保护的关键地段。区内有各种植物219科912属2233种，有国家重点保护野生植物15种，其中属国家一级保护的有狭叶坡垒、十万大山苏铁等2种；属国家二级保护的有粗齿桫椤、福建柏、紫荆木、花榈木、海南石梓等13种。各种野生动物有396种，其中属国家一级保护的野生动物有云豹、金钱豹、巨蜥、蟒蛇等4种；属国家二级保护的野生动物有45种。

保护区现有森林36771公顷，森林覆盖率91.2%，林木蓄积量136.9万立方米，其中分布在国有平广林场大龙山分场、红旗林场、昌菱林工商公司的森林面积13503公顷，分布在南屏、叫安等乡的国有林区森林面积23268公顷。

保护区于1982年设立后，当年上思县成立了十万大山水源林区派出所，建立了三个管护点，1991年6月又成立了水源林区管护站。经过二十多年的管护，保护区森林面积得到增加，森林覆盖率和森林质量得到提高。2003年6月6日，国务院下文批准晋升十万大山自然保护区为国家级自然保护区。

【绿色工程】

绿色工程是自治区党委"1234610"农业和农村工作思路中的重点基础工程。上思县绿色工程第一期建设任务为1034公顷(其中:2000年724公顷、2001年310公顷)，第二期建设任务为232.5公顷(其中:2002年191公顷、2003年41.5公顷)，上思县规划在明江、公安河、平福河两岸各2公里，乡级以上公路两侧各1公里，乡、镇、村、屯、房前屋后100米宜林荒山全部种有材林或者经济林。绿色工程自实施以来，上思县每年都超额完成建设任务(其中:2000年1868.9公顷，2001年505.9公顷，2002年271.9公顷，2003年104公顷)。

【退耕还林工程】

退耕还林工程是党中央、国务院加强西部生态环境保护和建设的重大决策工程，实施退耕还林是加速恢复森林植被、增加森林面积，提高森林涵养水源、保持水土功能，不断改善生态环境的有效途径。上思县于2002年被自治区列入退耕还林建设县，2002年度任务为6万亩，其中退耕地和配套荒山荒地各3万亩，2003年度建设任务为4万亩，其中退耕地1万亩，配套荒山荒地3万亩。2003年底，2002和2003年度共10万亩的退耕还林任务全部完成，其中生态林9.52万亩，占退耕还林工程面积的95%；经济林0.48万亩，占退耕还林工程面积的4.8%。

【珠江防护林工程】

上思县在"九五"期间被纳入国家珠江流域防护林建设重点林业生态建设工程首批启动县。1997年至2000年实施珠防林一期工程，完成人工造林9133.3公顷，封山育林20000公顷；2001年至2002年实施二期工程，完成人工造林600公顷，封山育林10000公顷，珠防林一、二期工程建设都超额完成任务。

【速生丰产林建设】

上思县地处亚热带湿润季风气候，热量丰富，雨量充沛，非常适宜发展速丰林。近年来，上思县充分利用区位优势，大力发展速生丰产林，将速丰林建设作为实现上思林业快速发展的突破口。通过荒山荒地造林、低产林改造、退耕还林等方式营造速丰林，极大激发了群众造林热情，同时为改变以往单一林场造林的格局，制定了鼓励发展速丰林的政策，鼓励各种所有制林场、林产工业企业、经济实体、个体及农民群众，以独资、合资、合作、联营等方式投资营造速丰林，形成了个体、企业、国有林场一起上的发展新格局。目前全县共营造有速丰林面积10.3万亩，速丰林基地建设已初步形成规模。

【林产工业】

1958年以前，木材基本属自由经营，人民公社化后，实行木材统购统销，由森工站按计划购销。1985年中央1号文件开放了木材市场，在一定程度上促进了上思县木材加工业的发展，但由于资金投入、科学技术和管理水平等各方面的原因，上思县的林产品加工业仍然很落后。近几年来，上思县根据国家林业产业结构和产品结构，增加投入，实施技术改造和新产品开发，林产工业发展较快，初具规模，初步形成了林产化工、木材加工为主体的林业产业体系，至2003年已建成松香生产企业7家，木材加工厂50家，年产松脂2万吨，加工生产松香松节油1.1万吨，产值0.8亿元，年生产板材0.9万立方米，胶合板1.0万立方米，松木片2.0万吨。2002年，从外地来我县投资加工木材的万山实业有限公司利用了我县质优耐腐、色泽金黄的松木制成各种产品，畅销欧美、东南亚地区。西南模板有限公司年加工原木1.8万立方米，成品1.2万立方米，年产值1400多万元，其生产的产品已远销广东、香港、澳门等地区。

【农村能源生态建设】

为了改善农村生态环境，减少森林资源消耗，上思县非常重视农村能源生态建设。全县累计建成沼气池4925座，省柴灶41084户。其中1999年至2003年建成沼气池2777座，占历年累计数的56%，“养殖—沼气—种植”三位一体生态示范户632户，其中132个示范户年纯收入超万元。

玉林市林业

【概　述】

玉林旧称郁林。1950年1月，郁林行政区专员公署设实业科兼管林业，当年5月撤销实业科，改设建设科兼管林业；1950年8月1日，改为容县区专员公署建设科兼管11个县的林业生产，干部由3人发展10多个人；1954年7月29日撤销建设科成立农林水利处兼管林业；1955年10月25日撤销农林水利处，设立林业科；1958年10月容县专署改名为玉林专员公署设立林业局下辖8个县(市)；1968年6月至1970年6月改名为玉林地区林业局革命领导小组；1970年7月至1972年3月改设玉林地区农林小组兼管林业；1972年4月至1973年8月改设玉林地区农林局兼管林业；1973年6月至1980年10月改设玉林地区革命委员会林业局；1995年10月经国务院批准，玉林地区一分为二，设立玉林地区和地级贵港市。玉林地区管辖玉林市(县级)、北流市、容县、陆川县、博白县共三县二(县级)市。1980年11月至1997年8月改玉林地区林业局；1997年4月经国务院批准，同年5月广西区人民政府下发通知，撤销玉林地区和县级玉林市，设立地级玉林市，管辖玉州区、福绵管理区、北流市、容县、陆川县、博白县和兴业县共七个县(市)区。1997年8月至今改名玉林市林业局。现林业局内设秘书科、计财科、营林产业科、林政资源管理科、森林公安分局和林业工作站、林业技术推广站、林业基金站、飞播管护站、林场管理站、野生动植物保护管理工作站、林业培训中心和林业总公司(后面“6站1中心1公司”为局二层事业机构)，兼管玉林市森林防火指挥部办公室、玉林市绿化委员会办公室和玉林市农村能源办公室。

玉林市在广西地貌中称桂东南丘陵台地。根据中国土壤分类原则，玉林市的土壤共划分为七个土类：水稻土、红壤、赤红壤、黄壤、石灰土、紫色土、冲积土。而林业生产用地上的土类主要有分布在山地、丘陵、岗地的山地黄壤、红壤、赤红壤和山顶草甸土。

直至20世纪50年代“大跃进”“大炼钢铁”之前，玉林市各地尚有不同结构的茂密森林，各种野生动物赖以生存、栖息和繁衍，当时的野生动物的种群资源相当丰富。如在六万、大容和天堂三大山系中，那时经常还有华南虎、金钱豹、狼等大型食肉动物出没，山区各地还设有打猎保丰收类似的“打虎队”。自60年代起，由于森林遭受严重破坏和人为乱捕滥杀，野生兽类、禽类日趋减少。时至今日，虎、豹、狼已经绝迹，保存下来的野生动物越来越少了。据2003年11月广西林业勘测设计院编写的《广西大容山国家森林公园旅游资源开发与自然生态环境规划》，大容山境内现保存的野生动物有22目61种179种，其中爬行类45种，两栖类35种，哺乳类30种。原有记载的国家级保护动物华南虎、金钱豹、山瑞、金钱龟、娃娃鱼、箭猪(刺猬)等不见了，过去到处可见的野猪、大(小)灵猫、穿山甲、黄猄、斑鸠、画眉、郁莺、蟒、原鸡等现在也难得一见。原是野生动物乐园的大容山，其野生动物种群正在迅速减少，物种质量在下降，种群结构向简单化衰退。

据解放后广西植物研究所出版的《广西植物名录(志)》、原玉林地区林科所编印的《玉林市林科所标本室植物名录》、1979年玉林地林科所编写的《博白县那林、江宁林区植物资源调查报告》、《玉林地区1985年中草药调查名录》、2002年中山大学调查编写的《大容山植物名录》和广西林业调查勘测设计院编写的《大容山植物名录》等文字资料，综合、查证、汇编，初步确认玉林市〔不含原玉林专区的贵港、桂平、平南三县(市)〕有高等植物(又称维管束植物)共241种(占广西280科的86.1%)、972属(占广西1511属的64.3%)、2295种(占广西5373种的42.7%——含引种栽培植物)。中国是世界公认维管束植物种类最多的国家，而广西又是中国维管束植物种类最多的三个省(区)之一。玉林市维管束植物的科属种却又占广西的42.7%~86.1%。其中有不少是具科研价值和经济价值高、生态功能好的植物。如:桫椤、金狗毛、苏铁、云南穗花杉、海南粗榧、罗汉松、竹柏、福建柏、柳杉、多种木莲、多种含笑、樟树、黄樟、厚壳桂、天竹桂、山胡椒、木姜子、博白江宁金花茶、红椿、格木、紫荆木、麻楝、苦楝、白木香、见血封喉、榲树、红豆、罗浮栲、红锥木、西南桦、枫香、鸭脚木、安息香、多种相思、多种桉树、多种冬青、多种丛生竹、青榄、乌榄、芒果、荔枝、龙眼、扁桃、木菠萝、梅、李、桃、杨桃、柿子、红枣、罗江果等。

玉林市划入《国际贸易公约》、《国家重点保护植物名录》和《国家珍贵树种级别名录》的植物有:Ⅰ级的有海南粗榧、水杉、水松、苏铁类、金狗毛、中华结缕草、云南穗花杉、金花茶、桫椤等9种;Ⅱ级的有凹叶厚朴、半枫荷、杜仲、福建柏、格木、海南罗汉松、紫荆木、红椿、见血封喉(毒箭木)、寒兰、惠兰、建兰、墨兰、麻楝、扇蕨、南洋杉、秃杉、白木香、喜树等20种;Ⅲ级的有竹柏、锯叶竹节树、任豆等。

玉林市的植被类型主要有10大类型。即代表北热带的有热带松林;代表南亚热带的有季节性雨林,季风常绿阔叶林,山地常绿阔叶林,亚热带针叶林,次生常绿针阔混交林,竹林,矮林灌丛,芒(茅)草丛;代表南温带的有山地常绿针阔混交林。从植被的组成看,其起源古远,历史悠久。如在季风常绿阔叶林中的树蕨(桫椤),它最早出现在地质史的古生代,中生代时与恐龙极盛一时,繁衍至今已有两亿多年历史,是最古老的蕨类木本植物。在六万山、天堂山等地还有竹柏、罗汉松、粗榧等孑遗裸子植物。

(玉林市林业局　潘永启)

【林业生产历程概述】

玉林地区(含玉林市)的林业在解放前是相当落后的,当时全地区8个县的土地总面积为2343318公顷(3515万亩),有林业用地1240667公顷(1861万亩)。其中有荒山面积698873公顷(1048万亩),有森林面积541794公顷(813万亩),近山浓(风水山、伯公山有林),远山荒(山火肆虐),森林分布极不均匀,森林覆盖率23.13%。而在有林面积中,绝大部分是天然林或天然次生林,人工林(主要是杉木、油茶、油桐林)仅20547公顷(30.82万亩),只占森林总面积的3.79%,如陆川县1937~1944年造林面积仅有597.72亩;有一个官办的六万垦殖区(署),有林面积仅367公顷(0.4万亩);没有森工、林产企业,也没有林业试验科研机构。解放后,由于党和国家的重视,林业生产在不断的政治风云中得到锻炼,得到发展。自1950~2003年的53年中,玉林地区(玉林市)的林业生产与全国一样,由于政策多变,体制反复变更和前期无休止的政治运动,经历了"三起三落"的艰辛历程,这历程的时间表是:艰苦创业(1950~1957)→"大跃进"的大破坏(1958~1961)→恢复发展(1962~1965)→"文化大革命"的大摧残(1966~1977)→短暂的恢复(1978~1980)→林业"三定"的挫折(1981~1985)→抢救、发展林业(1986~1992)→深化林业改革(1993~2003)这八个时期。

(玉林市林业局　潘永启)

【艰苦创业时期(1950~1957)】

1950~1952年三年国民经济恢复时期,各县成立"木材造林生产指挥部"和设置实业股、建设科,主管林业,贯彻以保护现有森林资源为主和"村种村有,谁种归谁"的造林方针。1951年8月14日,容县专署发出《关于种植橡胶的指示》。奉中央财经委员会和广西省人民政府的紧急指令,要求专区、县均要建立橡胶种植委员会,以县委书记或县长兼任苗圃主任,陆川和郁林二县当年各试种一百株,育苗三百株。到同年9月底,两县共开设苗圃地6.99亩,播橡胶种405.5公斤(计88955粒),区划开荒整地共1420亩,挖坎17309个,定植5974株,育苗48925株,大大超额完成任务。1951年11月15日,为制止农村乱砍滥伐现象,专署发出《关于保护山林的规定》。要求各地除按广西省政府有关指示外,并规定:第一,凡砍伐薪材十担以下者,须经乡政府或农会批准。十担以上者,须经区人民政府批准;第二,采伐用林,不论多少,一律经区人民政府批准;第三,把保护森林和节约、合理使用木材订入群众的爱国公约中;第四,调查、登记、教育曾经乱砍滥伐林木者,并向专署汇报。1950~1952年三年间,各县人民政府还设立"木材收购站",实行木材统一由国家收购,并开展城镇机关春季义务植树和指挥森林防火宣传、森林火灾扑救工作。这三年,农村只有房前屋后零星植树。1950年4月将原国民党时期的广西省六万垦殖区署,改名为郁林专区六万林场,开始了小量的马尾松、杉木、八角等采种育苗。

1953～1957年，是中国国民经济建设第一个五年计划时期。1953年2月6日，容县专区土地改革委员会颁布《关于山林分配问题的处理意见》，共有七个方面的规定：第一，山林原则上权属分配给农民，视情况亦可拨出部分照顾邻乡；第二，应该没收或征收的山林，坐落在乡、区、县交界处的，分配时首先照顾山林权属所有者的农民。适当照顾无山林或少山林的乡；第三，一乡多山，邻乡无山，可经原山林权属者的农民讨论同意，予以适当调剂；第四，山林尽可能分配到户，不能的可分给村民小组或村集体；第五，山林分配后要制定“乡规民约”，保护森林防止滥伐及失火，并组织造林，做到砍一种二；第六，原地主雇工经营的八角、油茶、玉桂等经济林，如地主仍有能力经营允许其继续经营，无能力的则没收分配给农民；第七，对历史上遗留下来的山林纠纷，要由各方代表协商，政府说服劝导，慎重处理，不要冒失裁决。

1953年8月15日，容县地委发出《关于稳定生产关系中若干问题的处理意见(草案)》。《草案》对(土改)山林分配过程中产生的问题和土地开荒等问题，均做出了明确的具体处理意见(决定)。

从土改分山为农户至1953年成立农业互助组，此段期间山林权属均属各农户个人所有；从1954年农村成立初级农业合作社，后成立高级农业合作社至1958年成立“人民公社”，山林权属划归集体，属集体所有。值此山林权属变革之际，1955年中央颁布了《全国农业发展纲要(草案)》，毛泽东发出了：“绿化祖国，实现大地园林化”的号召，容县专区林业借此东风，坚持以营林为基础，大力开展植树造林活动，1956年全专区造林91.9790万亩，为1955年15.4404万亩的6倍，育苗3553亩，为1955年的1.8倍，采种75.495万公斤，封山育林53.5520万亩，同时，建立健全各级林业机构，在林区及农林并重区建立了“林业技术工作站”88个，区、乡造林指挥所88个，护林防火委员会794个，防火小组2033个，积极宣传贯彻大片荒山“社种社有”、房前屋后“自种自有”和开展自采(种)、自育(苗)、自造(林)“三自”造林绿化方针，并要求各县应把每年的造林、采伐任务列入县政府农业生产计划中。从此，造林绿化有了硬任务，森林采伐利用有了硬指标，造林规划不断扩大。

为确保群众性造林运动健康发展，容县专署狠抓了：第一，为确保造林用种，首先发动群众采收种子满足自己用种，同时各县还设立“林木种子收购站”，收购、调配育苗用种。第二，为满足群众性造林需要大量的苗木和示范、带动群众性育苗，全专区在1951年始建的玉林县仁厚和陆川县大塘坡二个橡胶苗圃基础上，1954～1957年又创建了博白县的八廊、白花、新清三个国营苗圃，平南县的大新、大工岭、安怀三个国营苗圃，容县的城厢、杨梅、文仰三个国营苗圃，贵县的北效苗圃等共十二个国营苗圃，另有17个农业高级社苗圃。在国营苗圃推动下，乡、村集体育苗工作迅速发展。如1957年，全专区完成播种513984公斤，育苗3426亩，其中群众自采自用林木种子222344.5公斤，国家收购291648.5公斤；国营育苗1223亩，群众育苗2203亩。第三，为了加快大片的远山、荒山绿化进程，全专区在1955年创办了国营陆川林场和北流县国营大容山林场，1957年又创办贵县平天山、玉林县龙潭(1957～1961年原属六万林场龙潭分场)和博白的三滩、射广、五岸、将军、三育、东方、马子嶂、云飞等11个国营林场。广西省政府也正在贵县覃塘创办“广西桂南林场”。第四，为提高育苗造林质量和造林效果，1956年秋专区林业主管部门和各县业务部门一道组织力量进行林地调查和造林规划。如贵县共245个乡，规划了200个乡，占总乡数81.6%，计全专区11个县共规划772个乡。第五，解放初全专区专业技术人员只有2人，为适应形势，1956年上半年全专区分二批举办了县、区二级林业技术干部培训240名；下半年又培训苗圃技术干部、工人40名；还在各县共培训了乡村(农业社)林业技术人员3758名。给往后全面推动专区林业生产蓬勃发展提供了坚实的技术支撑。第六，1955年，在统一规划采种、育苗、造林、护林的前提下，在广西(乃至全国)首先提出“造、封、管并举”的林业生产方针，特别是封山育林，还较明确划分了“全封”、“半封”的内容和管护办法。到1957年，全专区林业生产已步入高潮，从1953年人工造林90964亩发展到1957年的553426亩。1953～1957年第一个国民经济计划期间，全专区(不含岑溪、藤县、苍梧三县)共人工造林181.21万亩，其中国营13.39万亩占总面积7.39%。封山育林200多万亩。这个“造、封、管并举”的林业生产方针，过去、现在以至今后一段时期内，仍将对林业生产发展起着重要的指导作用。第七，专署、各县区政府自1951～1957年各级一直设立有“森林防火指挥部”，专抓森林防火、防止乱砍滥林木的工作。

（玉林市林业局　潘永启）

【大挫折、小恢复时期（1958～1965）】

1958年春，正当群众造林、护林运动如火如荼进行的时候，却遇上了贯彻广西区党委《关于立即动员全党全民大力发展钢铁工业的指示》，要求突出开展大炼钢铁运动。据此，当年7月18日，玉林地委决定全专区“兴办万座小高炉”，组织群众上山砍树烧炭大炼钢铁。据不完全统计，当年10～12月，全专区就发动组织了近80万人，人手一把斧（刀），开进林区砍树烧炭。仅玉林县就组织11万多人，编成6471个班，上山砍木烧炭。这批浩浩荡荡的砍树大军，所到之处大树古树小树一扫而光。以每人日砍1株树计，全专区80万大军日砍树80万株，原大自然、老祖宗留给我们的森林转瞬间被摧毁了、被湮灭了！据贵县1960年林业普查，全县有林79.14万亩中，成林的仅有3.11万亩占有林总面积的3.93％，而96.07％的是新造的萌芽的幼林。表明原有成林、老林、古树风景林都被“大炼钢铁”烧成炭了。又据1960年《北流县志》记载，1958年全县18个公社共烧炭9000多吨，折消耗木材30多万立方米（折蓄积45万多立方米）。大量木材烧成炭换来的是一堆堆“跃进牌”的废钢烂铁。

“大炼钢铁”“大跃进”虽给林业生产蒙受空前浩劫，但全专区的林业行业人员，却没有被困难压倒，在这政策、机构、人员、任务多变的“三面红旗”狂热的政治风暴中，在因“三面红旗”造成的1960～1962年全国人民连饭都吃不饱的困难时期，仍坚持不懈地抓紧采种、育苗、造林、封山育林、义务植树、城镇绿化、木材生产、护林联防、林业科研、教育和林业企事业机构发展、健全、巩固等一系列林业生产工作。他们面对困难，一路凯歌，昂首前进。特别是在1961年，为及时纠正“大跃进的浮夸风”和“一平二调的共产风”，颁布了“调整、充实、巩固、提高”的国民经济建设八字方针，制定了《农村人民公社工作条例（草案）》，在全国农村推行“三级所有，队为基础，独立核算，自负盈亏”和“三包四固定”的生产模式，同时又把自留山归还给农民，把“入社山”下放落实到生产队。至此，基本结束了“大炼钢”、“大跃进”对林业的继续破坏。从1962年贯彻中央提出的“以粮为纲，林粮并举”的方针政策起，林业又摆上了国民经济建设的重要位置，使林业生产踏上短暂的恢复发展阶段。以人工造林为例，全专区1958年为274.8529万亩，1962年跌落到不足10万亩，1966年春又恢复到141万亩。人工造林当时比较有代表性的是博白县和贵县。

1958～1965年，全专区林业利用“人民公社化”大搞大集体经济的社会思潮，积极组建、扩建社队集体林场，继续新建贵县大圩、八塘、博白沙河、龙江等10多个国营苗圃；还利用国家“调整充实”等政策，1963年通过地委组织部门明确下达在全专区各县的区人民政府内设置一位林业副区长，成立区一级的林业专业队（每队10～15人），把林业生产管理机构延伸到生产第一线。各县区乡还成立了“林业领导小组”和“绿化委员会”，切实加强对林业生产、城镇绿化和全民义务植树运动的领导。同时，还积极开展“湘、粤、桂”三省区、六万山区和大容山林区森林防火联合指挥部的组织建设和森林防火工作。

1958年专署林业局，还乘“大跃进”之风，创办了一所“玉林专区林业中等技术学校”，1961年7月解散，共培养中专毕业生240多人。1960年6月28日专署林业局还下达了《关于开展林业科学研究工作的通知》营林字〔1960〕25号文件，村专署林业系统提出五点要求：一是要求各县林业局、林业企事业单位要加强对林业科技工作的领导。二是要求继续健全原玉林专署林科所的组织机构；各县要组建林科所或林试站；各县林业局和林业企事业单位内要组建“科研室”或“科研小组”。三是要求各县建立群众性的“林业学会”。四是专署林业局内决定成立由各县林业科技情报员组成的“玉林专署林业综合情报中心”，创建林业科技情报网络。五是要求抓好“新、尖、薄（薄弱）、白（空白）”战略性的重点科研项目。

（玉林市林业局　潘永启）

【十年浩劫时期（1966～1977）】

1966年5月16日颁发了由毛泽东主持制定的中共中央通知（即“5·16”通知），掀开了史无前例的“文化大革命”群众运动。此时，社会上那些不法之徒乘机偷抢林木，不明真相的农民也卷入乱砍滥伐林木的行列，一片片生机盎然的天然次生林，茂密的人工林被偷抢砍光，人类赖以生存的森林面临灭顶之灾。此时森林遭破坏的程度是史无前例的，是骇人听闻的。如在博白县新田乡有个全国知名的亭子集体林场，始建于1956年，经10多年苦战，已有人工营造的杉木速丰林7000多亩，可只有2天时间，就全被偷光抢光砍光。又如玉林县博爱乡的大良集体林场，“文革”一来，森林无人看管，一夜之间林场原有的4500多亩松木杉木林被哄抢一光，损失木材1万多立方米。

1972年，全国农业学大寨运动，大举毁林开荒，挖山造田，林业又横遭破坏；1975年，搞“批林批孔”反右倾翻案风运动，刮起了大批资本主义、割资本主义尾巴的妖风，把自留山上的经济林、房前屋后的果树当做资本主义尾巴割掉，抡起大斧砍尽斩绝，林业继续遭受摧残。1966～1976年，以“文革”为名无休止的一个接一个的政治运动，没有一次不向林业开刀，没有一次林业不受浩劫。政治压倒一切，使人们思想混乱了，群众造林营林的热情冷却了。森林无人管，森林火灾和森林病虫害发生多。林业遭受严重破坏，林业生产在节节下滑。

面对如此严峻的形势，各级党委政府和广大的林业职工，在极其艰难条件下，仍不忘造林护林，组织林业生产：1.1969～1973年，全专区7个县(除容县)其连续四年飞机播种造林规划总面积328.11万亩，有效面积262.28万亩，成林有效(保存)面积88.12万亩，成效面积占有效面积的32.78%，略高于全广西同期飞播造林保存率32.40%的水平；2.年年抓“义务植树”、“城镇绿化”、“封山育林”从未间断；3.1970年全专区引种推广紫胶生产，年产原胶在25吨左右。由于北流县紫胶生产成绩显著，保持年产原胶在10吨以上，1976年，全国紫胶生产会议在北流县召开，随后全国紫胶生产技术培训班也在北流县举办；4.从1969年起，全专区林业科研单位和林场，大量引种桉树、木麻黄、湿地松、柳杉等南来北往的珍贵重要的外来林木树种。大大发展丰富了原有的森林树种资源，引种取得了很大成功。1974年10月，国家林业部主持召开的第一次《全国林木良种驯化科技工作会议》在玉林召开，参加会议的230多名代表均是全国林业营林科技工作的精英、骨干，当时参加会议的有全国知名的生态权威王战教授，林业权威郑万均、吴中伦等教授，群英荟萃，群情激奋，为当时中国林业生产、科研的振兴注入了强大动力。5.1973年开始，号召学习“湖南省株洲市杉木基地化造林”的经验，全专区各县林业部门都积极行动。参观学习回来后，即踏遍千山万水抓调查区划设计，调剂良种，组织基地造林，制订基地管护办法。当时行动较快的北流县到1977年已建杉木基地26.7万亩，玉林县14.6万亩。

据1960年和1978年的森林资源普查和连清结果，全专区森林资源中的有林地从956.44万亩下降到665.0万亩，森林覆盖率由27.53%下降到18.92%，而宜林荒山由585.5万亩提高到729万亩。

（玉林市林业局　潘永启）

【道路坎坷、步履艰难时期(1978～1985)】

1978年冬党的十一届三中全会后，改革的号角吹醒了荒山，林业又开始踏入新的征程，寻求恢复发展。在1978～1985年期间，玉林地区的林业有两个发展过程。

一、第一个过程(1978～1981)

为贯彻党的十一届三中全会把党的工作重点转移到社会主义经济建设上来这一关系国家命运前途的战略决策，林业部门，第一，抓地县行政部门、国有苗圃、国有林场、集体(联营)林场、林业科研、护林、森防等单位的领导班子调整、人员充实，建立健全各种生产责任制和“文革”处遗等恢复完备各组织机构。第二，在营林生产上，重点抓好全地区的良种选育、推广和集体(联营)林场的育苗造林。如良种选育推广，到1981年，全地区已复选出马尾松、杉木、油茶、八角、红锥等优树169株；初选出马尾松高产脂优树50株；建立起松、杉、火力楠等优良种源母树林1504.52亩；建立起松、杉、火力楠、油茶等优树采穗圃、种子园七个共1984亩；松、杉丰同胞子代测量林3块共245亩；营造了松、杉、火力楠地理种源对比林各一个共115亩。地区林业局还常年利用各种林业会议，积极推广马尾松优良地理种源——桐棉松、浪水松、古蓬松作基地种源造林5万多亩。推广优良种源岑溪软枝油茶1万多亩。第三，1979年10月至1980年7月，开展全国性的土壤普查。玉林地区林业主管部门负责完成了占玉林地区国土总面积74.7%(17919621亩)的非耕地(主要是林业用地)的土壤普查工作。为往后林业生产区划、造林设计、经营措施制订提供了重要的科学依据。第四，1980年2月，根据中共中央《关于加快农业发展若干问题的决定》的指示，玉林地区的林业用地，除国有、集体林场的土地外，其余集体林地在所有权仍为集体的前提下，将山林重新划给农户作“自留山”和“责任山”，并实行“包产到户”、“分户经营自负盈亏”等措施。第五，其他：1979 年 9 月 18 日，在全国红碎茶质量评比会上，玉林县选送的 3 个茶样本，有 2 个被评为全国第一、三名。次年平南茶厂生产的红碎茶 42325 公斤，远销英、美等国，获中国土产进出口公司奖励；1979 年容县被评为全国一等护林防火先进县，获林业部锦旗一面，电影放映机一台。

由于“文革”遗风尚未根除，社会上乱砍滥伐森林仍非常猖狂，加之木材生产实行年度计划（不是限额）采伐，常常大幅度超计划生产，且当时森林火灾发生频率较高，松毛虫危害松林严重，各种林业生产管理制度又未很好恢复和完善，故这段时间里，全专区人工造林速度并不快，每年的森林消耗量仍大于生长量，森林资源逐年下降趋势并未得到有效控制。

二、第二个过程（1982～1985）

1982～1985 年，全专区的林业重点工作，一是落实林业“三定”（即稳定山界林权，划定自留山、责任山和确定林业生产责任制），二是制止乱砍滥伐森林。

落实林业“三定”。1982 年 4 月 18 日，玉林地区在完善农业生产责任制的同时，全面开展落实林业“三定”工作。地区各县从有关部门抽调干部 667 人（缺桂平县）组成林业“三定”工作队（组）。各县先试点后分批铺开。工作队深入各社队宣传政策做思想发动工作，并和社队村干部上山划定自留山、责任山的山界、面积和落实林业生产责任制，处理有关山林纠纷，随后进行林权、自留山面积等核实和发证工作。据统计，1983 年 1 月底止，全地区开展林业“三定”的生产队共 54921 个，占应开展的生产队总数 95.8%。到 1983 年林业“三定”基本告一段落。据查，尚有北流、博白、桂平等县，发证率约 75%～80%，发证工作未彻底完成。林业“三定”将“两山”落实到户，其目的就是要把林业生产过程中的权、责、利更好地结合起来，充分调动广大农民造林、护林、爱林的积极性，从生产体制上根本改变山区无林或少林的贫困面貌。的确，在“三定”后，林业重点户和林业经济联合体，国有林场向社队辐射联营造林等新的林业生产实体相继在陆川、博白、北流等县出现，对林农种竹、植树、办果园、联户荒山造林起到一定的推动作用。但由于长期来林业政策多变，加上对“三定”政策宣传教育解释不够，划分“两山”又过于零碎不易经营，又没有防范发生突发事件的措施，农民担心政策不稳定有变，抢伐“两山”林木之风像瘟疫一样到处蔓延，千家万户进入林区大肆砍伐。在贵县个别地方竟出现买卖青山，在玉林县个别生产队出现砍木后再划分“两山”。过去“大炼钢铁”和“文革”时期盗、抢、偷砍的是老龄、中龄林木，而这个时期不分老幼大小林木皆一刀过，滥伐程度比过去有过之而无不及。直到 1984 年，农民在“两山”上造林仍很少。根据陆川县调查统计，全县造林的农户仅占农户总数的 24%，种植面积仅占“两山”面积的 8%，大片荒山依然存在。

制止乱砍滥伐。由于“文革”遗风无政府主义思潮的幽灵阴魂不散，全国乱砍滥伐之风，仍呈愈演愈烈之势。值此，1980 年 12 月 5 日中共中央国务院颁发了《关于制止乱砍滥伐森林的紧急通知》，1981 年 3 月 8 日又颁发了《关于保护森林发展林若干问题的决定》（又称二十五条决定）。1982 年 12 月，针对全地区乱砍滥伐森林的歪风屡禁不止，玉林地委、行署发出通知，要求各县坚决贯彻执行中共中央、国务院《关于制止乱砍滥伐森的紧急通知》精神，认真学习、广泛宣传《紧急通知》精神，进一步全面落实林业“三定”，切实加强林政森林资源管理，对存在乱砍滥伐的地方立即派出干部去处理，对破坏山林严重的违法分子依法从快从严处理。同时，取消集体林区木材统购制度，取缔全专区的木材自由市场。到 1983 年 2 月底，全地区已清查和处理了自 1981 年以来发生的乱砍滥伐森林案件 5373 件，收缴木材 70366 立方米，对一批毁林者进行罚款、赔款处理。至此，乱砍滥伐森林的歪风有所抑制。

1985 年全地区森林连清的资源数据与 1973 年森林资源普查数据相比较，其情况是：林业用地面积从 1973 年的 1861.56 万亩下降到 1985 年的 1753.77 万亩，减少 107.79 万亩，占原林业用地总面积的 5.79%；有林地面积从 1973 年的989.86 万亩，下降到 1985 年的 554.40 万亩，减少 435.46 万亩，占原有林地面积 43.99%；森林覆盖率，从 1973 年的 28.49%下降到 1985 年 16.01%，减少 12.48 个百分点；森林活立木蓄积从 1973 年的 1410 万立方米下降到 1985 年的 1172 万立方米，减少 238 万立方米，占原蓄积量 16.88%。宜林荒山从 1973 年的 533.51 万亩提升到 787.91 万亩，提升 254.40 万亩，占原荒山面积的 47.68%

(详见附表 2)。

玉林地区的林业生产，到 1985 年，已经滑落到最低谷。

(玉林市林业局　潘永启)

【抢救林业、开拓奋进时期(1986～1992)】

1986～1992 年是玉林地区林业生产从最低谷阔步走向辉煌的年代，是从抢救林业走向造林绿化灭荒的年代。

1950～1985 年这二十六年间，玉林地区的林业生产经历了艰难曲折的历程，“三起三落”，衰荣交替，特别是到了 1985 年，玉林地区的有林面积和森林覆盖率几乎回落到解放初的水平，荒山仍达 788 万亩。玉林地委、行署基于这一认识，决心把造林绿化、保护生态环境列入议事日程，作为发展玉林地区经济基础的一项重大战略决策来抓，决心“抢救”林业，发展林果业。

玉林地委、行署于 1986 年 9 月 4～7 日召开了地、县(市)、乡(镇)领导干部和先进乡、村林场代表参加的林果业三级干部大会，颁发了《关于加速发展林、果业的决定》(玉地发〔1986〕31 号)，提出从 1986 年冬起，奋斗十年，实现基本绿化玉林地区的目标。指出实现这一目标关键在加强各级党政对林业生产的领导。同时，还必须坚持对林业的休养生息政策；认真抓好林木、果树的管护工作；实行科学(工程)造林种果和切实搞节柴改燃的燃料改革工作。经两年多的实践，全地区的广大党员干部积极投身到抢救造林，恢复发展林果业的造林绿化灭荒战斗中。

地委、行署又于 1989 年 11 月 30 日，召开了有地委、行署、玉林军分区领导班子，县委书记、县长和地、县农委、林业局、水电局等有关部门的领导、干部近千人参加的“玉林地区造林绿化动员大会”。会议讨论通过了全地区造林灭荒的目标和实施办法，并做出了《关于加速发展林、果业的补充决定》，决定明确 1990～1993 年四年内全地区各县分批实现造林绿化灭荒，具体是 1990 年陆川县；1991 年容县；1992 年北流县、平南县和玉林市(县)；1993 年博白县、桂平县和贵港市(县)实现灭荒造林。为实现这目标，会上地区与县党委、政府签订了灭荒《责任状》。随后县与乡、乡与村党委、政府之间签订了灭荒《责任状》，将灭荒任务层层落实。会后，地区行署又向全地区各级政府各族人民印发了“全面开展《兴林治水大会战动员令》”2 万份，号召全党全民迅速行动起来，城乡配合，以“背水一战”的决心，愚公移山的精神，打一场造林种果，消灭荒山的大决战。从此，拉开了提前三年(到 1992 年)全地区实现造林绿化灭荒达标的序幕。

第一，领导重视，层层签订造林绿化任期目标责任状。1986 年地委、行署做出的《关于加速发展林、果业的决定》规定要立“军令状”，但目标任务内容不够具体。在 1989 年 11 月的“玉林地区造林绿化动员大会”上和会后，地、县、乡、村组之间层层签订的“责任状”都明确各年度人工造林、封山育林、低产林改造、改燃(灶)节柴、森林防火、病虫害防治等各项指标任务，做到灭荒的目标明、职责明，做到各级党政领导换届不换绿化目标，换人不卸造林绿化责任，交班交造林，接班接造林护林，保持灭荒目标责任制的连续性。

第二，层层建立绿化指挥部。要确保灭荒绿化目标的实现，必须强化领导的同时健全指挥系统。从 1987 年开始，地、县(市)、乡(镇)和村各级陆续成立“造林灭荒指挥部”或“造林绿化领导小组”。采取“老大抓老大”的办法，规定各级党政第一把手亲自抓“指挥部”或“领导小组”。地区的地委书记、行署专员亲自抓，并明确一名副专员主管，一名督导员具体管，还有林业局、财政局、公安局等领导参加“指挥部”。县级“指挥部”也由党、政、人大、政协、农委和有关部委办局领导组成。全地区当时 204 个乡(镇)，197 个有造林绿化任务的都指定专职或兼职的党委书记、乡(镇)长抓造林绿化灭荒工作。1986 年还建立了乡(镇)林业工作站 197 个，配备了干部和技术人员 862 人；全地区 2070 个村有 1299 个山区村配有主管造林绿化干部，形成一个较完整的地、县(市)、乡(镇)、村四级造林绿化领导管理机构网络，林业工作一改过去只是在春季造林时喊一阵子的状况，变为常年有人抓的新局面。对各级造林绿化指挥机构，要求做到“三落实”：一是责任状规定的指标任务要层层落实；二是每年开展一次造林绿化灭荒任务完成情况的检查评比要层层落实；三是对领导干部考核奖惩制度要层层落实。

第三，领导带头，动员社会各方力量抢救林业。在抢救林业过程中，狠抓了“四个带头”。一是各级领导带头参加育苗、整地挖坎、植树造林的劳动；二是党政机关干部带头办绿化点或造林灭荒联系点；三是党团员带头创建“支部林”、“共青团林”、“三八林”。四是城市圩镇带头，以城镇带农村。当时在玉林地区有“一官半职”的领导，上自地委书记，下至乡长，都要办绿化点。1987年，地委、行署、玉林市（县）委、市（县）政府联合在玉林市郊朱巷口办第一个绿化点，面积1175亩。地、市（县）领导亲自选点，提出区划、实施方案，带头挖坎、植树、抚育和检查补植，共种下湿地松20750株，相思树11000株，还有十几种300多株南亚热带果树，改造原地马尾松残林300亩；1989～1992年，地委、行署和玉林市（县）党政机关在玉林市仁东乡北高岭、城北乡寒山和樟木乡办了第二、第三、第四个绿化点，面积分别为2024亩、1210亩和1350亩，据1992年5月广西区绿化委员会组织人员检查，造林保存率达96%，普遍生长良好。在地委、行署的带领下，全地区行署各部、委、办、处、局、各人民团体的领导、各县四家班子领导和人民团体、乡镇党政领导都办起了“绿化点”。据1992年统计，全地区八县（市）共办地、县、乡（镇）三级领导绿化点763个，面积66.05万亩。所有绿化点在广西区灭荒检查验收时，其成活及保存率均在95%以上，且普遍长势优良，在抢救林业灭荒达标中起到极其重要的示范带头作用。1990年秋，在北流县塘岸乡和玉林市（县）石和乡，由地委、行署领导亲自组织指挥，建起了万亩连片开发种植龙眼、荔枝、芒果等示范基地，为1994年全地区造林灭荒绿化达标后掀起种果新高潮起到极其重要的示范带头作用。

一、工程造林、飞播造林、大办联营林场

所谓工程造林就是造林工作也和其他建设工程项目一样，造林要有立项，有调查规划设计，有高标准的技术实施方案，有资金保证，有高质量的检查验收程序与标准。1985年之前，全地区的群众人工造林是“有什么种育什么苗”、“有什么苗就种什么树”，且造林不讲技术，成活也无检查。结果是盲目造林，成活率极低（10%～30%），林分质量极低（每亩年平均生长0.2～0.3立方米）。1984年，陆川县林业局斥资18万元，经“立项、规划设计，规范造林施工和按标准验收”实行工程化联营造林1.05万亩湿地松木，并取得了成活率高（98%），林木生长快、二年郁闭成林的速生丰产效果。1986年10月在陆川县召开“全区林业工作会议”传达“全国工程造林会议”精神，会上地区行署认为，抢救林业要讲速度，更要讲质量，讲成功率。因此，决定自1987年起把连片开发，集约经营的“工程造林”在全地区八县市推广。地委行署要求各县（市）分年度在承认“两山”的基础上，实行工程造林的“五统一”，即统一规划设计、统一育苗、统一整地、统一造林定植、统一（联营）管护，还规定“两山”不给造林的每亩收荒芜费30～50元/年。据统计，1987～1992年六年时间，全地区工程造林面积共217.10万亩，占同期人工造林741.27万亩的29.29%。工程造林成为玉林地区抢救林业、消灭荒山的排头兵和主力军，其功不可没。

1984～1992年全地区八个县（市）共飞播设计总面积为650.3565万亩，飞播有效面积530.1320万亩，其有效面积占设计总面积的81.5%；经1991年和1993年按国家飞播规程进行全面检查验收，其成效面积为397.3620万亩，占设计总面积的61.6%，占有效面积71.6%。这些技术指标，大大高出全广西全国其他地区飞播成效率30%～50%的相应指标值。

连片开发荒山荒地的“工程造林”和飞播造林。为创办国有林场辐射联营，国社合作造林和县、乡、村、队的二级、三级、四级纵向联营，给跨村、跨乡镇的纵向提供了条件。到1992年底，全地区16个国有林场共辐射联营造林149499亩，占全地区国有林场面积582760亩的25.6%；全地区共建飞播联营林场30个，共有播区专职护林员1273人，兼职护林员961；全地区人工造林、封山育林的联营林场，据不完全统计约有2500多个，仅博白县就有各种形式的集体联营林场407个，经营面积达150多万亩，占全县林业用地326万亩的46.0%。

二、强封严管

林业生产中造林是基础，管护是关键。林业生产是露天作业，故其管护难度和成功的风险也特别大。历来有“三分种，七分管”的说法。过去群众年年造林不见林，主要原因是没有管护或没有管护好。1986年9月15日玉林地委、行署颁发的《关于加速发展林、果业的决定》第四条就明确要“认真抓好林木、果树的管护工作”。凡是新造林、飞播林、未成林和疏林地，都要认真规划，全面开展封山育林和封山护林，实行死封山或半封山。死封山地段，要严禁乱砍滥伐、盗伐、打枝桠、剥树皮、挖树根、毁林开荒、烧灰积肥、割草、放牧；半封山区只允许割柴草。同时严禁无采脂《许可证》和不按采脂技术规程采割松脂，严禁乱捕滥猎和违法经营、出售、食用和倒卖野生动物及其产品,违者要按“乡规民约”或国家有关法令法规严肃处理。

全地区有玉林市(县)、陆川县、北流县、容县和博白县在铁路、公路两侧和江河两岸建立封山育林特别管理区,设立明显的水泥板标志,设专人管护,实行“三个强化”和“七禁一防”制度,收到明显效果。到1992年,全地区设有专职封山育林护林员7540人,对保护森林起到很大作用。

限额采伐林木。玉林地区从1986年起在广西率先实行森林采伐限额和木材外销限额制度,他们严格执行年森林采伐消耗量小于年森林生长量的原则,严格实行砍伐一本账、审批一支笔、验收一把尺、运输放行一张证和收购木材一个口(森工部门)的“五个一”制度。为了理顺木材流通渠道,1985年以来经广西壮族自治区人民政府批准全地区建立28个木材检查站和8个卡。各县结合实际,经县(市)人民政府批准还先后设立有32个木材检查站(卡)。到1992年经区人民政府桂发(1992)13号文审批保留25个,检查人员115人,其中干部63人。这些站(卡),主要分布在全地区主要林区及通往外地市主要出口处,对实行限额采伐、凭证采伐、凭证运输、保护森林资源起到了重要作用。

改燃(灶)节柴。1986年底全地区有“三窑”(砖瓦窑、石灰窑、陶瓷窑)、“四坊”(米粉坊、豆腐坊、腐竹坊、蒸酒坊)共7921座(家)。估计仅“三窑”、“四坊”每年消耗薪材15万~20万立方米,加上农村薪材年消耗量30万立方米,全年全地区薪材总消耗量在45万~50万立方米之间,仅此数量,就接近1985年全地区森林年生长量。为此,改燃(灶)节柴,成为当时抢救玉林地区林业的一项重要工作,地委、行署下决心抓这项决策,规定八县(市)全面开展改燃(灶)节柴工作,即农村改灶节柴,“三窑”、“四坊”改燃料。1987年,行署林业局和乡镇企业局共同在容县举办了三期地区性的煤烧青砖的学习班;陆川、容县大抓沼气池的推广;平南、玉林、北流大抓机关、学校、饮食店和农村火灶改型节柴。整个改燃节柴工作迅速在全地区普开。到1990年检查,机关、学校改燃的占91.3%,圩镇饮食店改燃的占82.5%。农村改为省节灶的有136.97万户,占全地区农户85%,“三窑”、“四坊”基本全部改燃。这项工作对造林灭荒、扭转森林资源消耗大于生长的局面起着极其关键的作用。

三、广集灭荒资金

要加快造林灭荒步伐,需要必要的资金投入。1986年地委、行署做出的《关于加速发展林、果业的决定》和1989年的《补充决定》,都对灭荒造林资金投入作了明确的规定:各县(市)、乡(镇)每年要从财政收入可支用部分拿出1%~3%来发展林果业。1989年11月,地区行署对灭荒造林资金投入颁发了《玉林地区行署关于实行多渠道筹集资金大力增加林业投入的通知》(玉署综字〔1989〕6号文件)。具体规定:1.各县(市)从1990年起,每年至少从财政收入可支部分拿出2%,乡(镇)从总的收入中拿出10%来发展林果业;2.国有、集体林场每年从总收入中拿出5%~10%搞辐射造林;3.按中共中央的中发〔1987〕20号、广西区人民政府的桂政发〔1987〕69号和2号文件精神,多渠道集资,以林产品为原料的企业,也要按有关规定积极投资办原料基地林;4.发动群众投资投劳。在玉林市(县)政府发文规定:每亩水田,每亩水库水面一次性征收林业基金1元,工商个体户每个营业执照一次性征收林业基金10元,国家(集体)干部职工征收10元,该市(县)还发起募捐活动;博白县1990年发动群众集资,规定每亩荒山收山林权主种苗费5元,全县当年共筹得造林灭荒资金125万元;其他各县也千方百计筹集造林灭荒资金。据不完全统计,全地区1988年筹得186万元;1989年1320万元;1990年1911万元;1991年2266.52万元;1992年4955.6万元。多渠道集资,为全地区抢救林业、造林灭荒起到保驾护航作用。

四、抓紧抓实,年年检查评比

玉林地委、行署规定,从1987年起,每年10月份全地区各县(市)进行一次造林灭荒目标责任状的检查评比。检查评比具体内容分荒山人工造林、飞播造林、领导干部绿化点、迹地更新、义务植树(四旁植树)、封山育林、木材限额采伐、森林火灾、森林病虫害防治、森林案件查处、改燃(灶)节柴、林业资金投入等12大项。各县首先自检,把自检结果报地区绿委会,然后由地区绿委和林业局组织绿委委员、各县(市)主管林业副县长(书记)和农委、林业局、水果办等领导及林业技术人员,组成8个检查组交叉检查评比,尔后报广西壮族自治区绿委和自治区林业厅,由他们再组织人员来抽检。凡对造林灭荒工作做得好,按时按质按量完成目标任务的,给予精神和物质(奖金)奖励;凡工作差的批评教育警告并定(限)期完成任务。如1993年3月贵港市组织部对造林灭荒抓得不力的东龙镇、庆丰乡等乡镇给挂职领导和乡镇干部进行挂黄牌警告,并限期完成当年的目标任务。对造林灭荒不负责的个别乡镇长给予就地免职处理。此事对各地震动很大,有力促进了全地区造林灭荒工作的扎实开展。

五、造林灭荒达标

按照广西壮族自治区人民政府的桂政发〔1991〕11号文件所规定的县(市)宜林荒山实现造林绿化的标准,经各县(市)自检认为达标后,申报广西壮族自治区人民政府批准,并由自治区人民政府派30～50人的“灭荒验收工作组”检查验收,最后由广西壮族自治区人民政府公布灭荒达标县(市)。结果,全地区各县(市)灭荒年度是:1990年陆川县和容县,成为广西首批灭荒县;1991年北流县;1992年玉林市(县)、贵港市(县)、桂平县、平南县、北流市(县)、博白县。

(玉林市林业局　潘永启)

【深化改革,向现代林业迈进时期(1993～2003)】

1972年6月,联合国在瑞典的斯德哥尔摩召开了人类历史上具有划时代意义的首届“人类环境会议”,提出了“人类只有一个地球”的呼吁,标志着生态环境建设已成为国际社会共同关注的焦点。1992年6月在巴西里约热内卢召开的联合国环境与发展大会上,又通过了《关于环境与发展的里约宣言》和《二十一世纪议程》等六个文件,为全球生态环境建设和社会可持续发展指明了方向和提出了行动框架。面对经济社会可持续发展的新形势,面对世界性生态环境建设的新要求,作为经营管理陆地生态系统主体(森林)的林业,提出了新的、更艰巨的生态环境建设任务。面对挑战,自20世纪90年代起,玉林市的林业生产与全国一样,提出了生态林与商品林的分类经营策略,林业生产开始逐步由从事木材生产为主的“传统林业”生产向以生态建设为主的“现代林业”生态转变;由无偿使用森林生态效益向有偿使用转变;由毁林开荒向退耕还林转变;由采伐天然林为主向采伐人工商品林为主转变;由林业部门办林业向全社会办林业转变。以上五个转变,在1993～2003年玉林地区(市)林业生产中都能得到不同程度的体现。

一、积极培育,扩大森林资源

自1992年全地区率先在广西地市一级实现灭荒达标后,紧接着积极开展绿化达标的各项工作。狠抓每年的义务植树、国土绿化、幼林抚育、残林改造、迹地更新、退耕还林、农村生态能源建设、森林防火、森林病虫害防治、野生动植物保护和林政执法等一系列森林资源保护和发展工作。由于党的正确领导、全民努力,1994年实现全地区绿化达标。到2000年,全玉林市(4县1市2区)各项森林资源指标——林业用地面积、有林地和灌木林地面积、森林活立木蓄积量和森林覆盖率分别达到1063.0541万亩(708702.7公顷)、972.4076万亩(648271.7公顷)、1700.8094万立方米和53.4%,比1990年的1025.2650万亩(683510.0公顷)、710.7552万亩(473836.8公顷)、1068.3574万立方米和38.79%。分别提高3.69%、36.81%、59.20%和14.6个百分点,森林面积和蓄积连续十年出现双增长,彻底扭转了过去森林资源消耗大于生长量的被动局面。森林资源总量增长迅速,成绩斐然。

根据1990年和2000年广西全区统一进行的森林二类调查结果,玉林市的森林资源变化情况是:

(一)林业用地变化。

1990年,玉林市的林业用地面积为1025.27万亩,占全市国土面积1925.55万亩的53.29%。到2000年为1063.05万亩,占55.21%。十年间林业用地净增加37.78万亩,占全市国土面积1.96%。净增的林业用地98%来自牧草荒地。

(二)森林(有林地)面积变化。

1990年全市(7县(市)区)森林面积697.54万亩,到2000年765.39万亩。十年间森林面积净增67.85万亩,其增加的原因主要是造林灭荒营造的大面积幼林和封山育林中原疏林转变过来的森林,其次是由于严格执行了限额采伐、强化了森林防火和森林病虫害防治工作,让森林损失减少到最大限度的结果。

(三)森林活立木蓄积的变化。

变化之一:2000年全市森林活立木蓄积为1700.81万立方米,比1990年1068.35万立方米净增632.46万立方米,平均每年净增63.246万立方米。变化之二:2000年每公顷林分平均积量为32.48895立方米,比1990年的21.35779立方米提高11.13116立方米。说明全市林分质量有很大提高。变化之三:疏林地活立木总蓄积量2000年比1990年减少44567立方米(占1990年的 92.61%)，这与同期疏林面积减少 89.76%(29.72 万亩)的情形是相一致的。疏林地面积与蓄积的减少，说明全市的林分结构有了很大改善。

(四)林分年平均生长率与消耗率。

1990～2000 年十年间全市森林总生长量为 1239.58 万立方米，年平均为 123.958 万立方米，林分年平均生长率为 9.35%；全市森林活立木蓄积总消耗量为 575.00 万立方米(折木材总消耗量为 345.00 万立方米)，年平均为 57.50 万立方米，年平均的消耗率为 4.34%。消耗量与生长量之比为1∶2.16，生长量大于消耗量。

(五)森林覆盖率。

计算公式为：(有林面积＋灌木林面积)÷国土总面积。计算结果是，1990 年为 38.97%，2000 年为 53.77%。十年间全市森林覆盖率增加 14.98个百分点，平均年递增 1.498 个百分点。

生态工程建设自 1992 年灭荒之后，伴随抓绿化达标，高标准对玉林市(县)、北流市(县)和博白县进行生态平原县建设。1994 年全地区 8 个县(市)经区人民政府审查批准，均成为“1994 年度绿化达标县”。提前一年，于 1994 年实现全地区绿化达标，成为广西第一批绿化达标的地(市)。

1996 年启动并预期完成了《珠江流域防护林体系》第一期重点建设工程。从 1996 年开始，《珠江流域综合治理防护林体系建设工程——玉林地区地段》正式启动，该项目是中国林业重点生态建设工程之一。第一期工程于 1996～2000 年，容县被列入获国家财政债券 300 万元，完成人工造林 5.0735 万亩，封育林 2.07 万亩。

2000 年，按国家提出的森林分类经营区划界定标准，对全市的林业用地进行全面区划，界定生态公益林和商品林的面积；为贯彻《广西城镇绿化条例》和玉林市争创全国优秀旅游城市，自 1995 年起，玉林便积极建设国家级大容山森林公园、容县都峤山森林公园和强化原省级天堂山水源林区、博白县那林水源林区的管护。

2001 年又全面开展了珠江(含南流江、九州江)流域防护林体系第二期工程。第二期工程为 2001～2005 年，项目规划包括玉州区、福绵管理区、容县、北流市、兴业县和博白县。计划人工造林 42.90 万亩，封山育林 55.50 万亩，飞播补植 28.50 万亩，总投资 22704.7 万元。2002 年，玉林市有“珠防林”第二期建设工程任务的容县、博白和兴业县，当年任务：人工造林 2.4 万亩，封山育林 4 万亩，实际完成人工造林 2.49 万亩，封山育林 4.25 万亩，分别占任务 104%和 106.3%。

1998～2002 年按全国绿化委员会指示进行并预期完成了全玉林市的公路、铁路、河流、水库、车站、码头、城镇村屯的《绿色通道工程》和石山区大范围的国土生态环境建设。

与此同时，积极开展以沼气为主要内容的农村生态能源建设。据统计，1998 年新建 1.5158 万座，报废 0.0501 万座，全市沼气池累计 2.97 万座。1999 年新建 3.3742 万座，报废 0.1077 万座，累计 6.1965 万座。2000 年新建 4.1785 万座，报废 0.1037 万座，累计 10.2613 万座。2001 年新建 4.8748 万座，报废 0.9768 万座，累计 14.1993 万座。2002 年新建 4.3333 万座，报废 0.6198 万座，累计 17.9128 万座。2003 年新建 3.2408 万座，报废 0.4527 万座，累计 20.7009 万座。2000 年以前，一般沼气池的容积为 6 个立方米。2001 年以后，一般沼气池的容积为 8～10 立方米，也有 15～20立方米。最大的一个 2002 年建在玉州区城北镇，以稻草等秸秆为原料，容积为 500 立方米。

二、林业产业发展

1994 年全地区(市)绿化达标后，在认真抓好森林生态体系建设的同时，积极抓紧林业产业结构调整与发展。1996 年，开始以调整林业产业、林种、树种结构为主线，积极营建林纸一体化、林板一体化模式的速丰桉、大叶相思基地。到 2003 年，全市(4 县 1 市 2 区)速丰林面积达 75 万多亩，人造板生产能力达 35 万立方米，松香、造纸、木制家具、竹木芒编等林产工业有了新的发展；还积极发展八角、玉桂、龙眼、荔枝、沙田柚等名、优、特经济果木林产业和森林生态旅游产业、花卉产业及野生动植物驯养、繁殖、利用产业，为现代林业建设奠定良好的经济基础。

玉林市 1996～2003 年速生丰产商品材基地建设进程表

	玉州	福绵	北流	容县	陆川	博白	兴业	博白林场	六万林场	合计
1996 年						3000		在玉林市范围内	在玉林市范围内	3000
1997 年					160	8000				8160
1998 年	960					11800				12760
1999 年	1550	1500			1600	500				5150
2000 年	860	6000		6786	1790	51800	2625			69861
2001 年	1940	8000	4140	9835	9520	41800	4395			79630
2002 年	1070	10000	8550	27407	57660	47300	15589			167576
2003 年	6159	14379	22395	37215	57804	64746	21025			223723
合计	12539	39879	35085	81243	128534	228946	43634	116600	50000	736460

备注：总面积中，速丰桉 624929 亩，占 84.86％；相思类 92714 亩，占 12.59％；桉＋相思混交林 4076 亩，占 0.55％；其他竹类等 14741 亩，占 2.00％。

2002 年 10 月，由广西区高峰林场投资兴建的“陆川县高峰冠华中密度纤维板厂”建成投产，设计生产能力为年产 125 万立方米。2003 年 11 月，由广西区高峰林场投资兴建的“容县高峰容州（连续热压式）中密度纤维板厂”建成投产，设计生产能力年产（薄、中、厚中密度板）15 万立方米。

（玉林市林业局　潘永启）

玉州区林业

【概　述】

玉州区位于广西东南部，玉林市中部，前身为玉林县建制（1983 年 10 月改为县级市），辖 30 个乡镇，总面积 257800 公顷，其中林业用地 113343 公顷。1997 年地改市后，原县级玉林市划分为玉州区、福绵管理区和兴业县三个县级行政区域。玉州区坐落在玉林盆地内，属丘陵地貌，平原低山和石山地貌次之。北部有大容山余脉向南延伸，区内最高峰为寒山岭，海拔 660 米。全区辖 9 个镇，林业用地 13036.8 公顷，占土地总面积的 30.1％。现有林面积 12811.1 公顷，其中用材林 5570.4 公顷，占 43.5％；经济林 5667.6 公顷，占 44.2％；防护林 975.2 公顷，占 8％。活立木蓄积量 211064 立方米，森林覆盖率为 29.5％。

解放后，玉州区的林业遵循“以营林为基础”的林业方针，狠抓育苗造林、抚育间伐、封山育林等工作，至 1998 年累计完成造林更新、低改面积 237915.2 公顷，其中飞播造林 55346.7 公顷。1999 年以来，转向以分类经营为基础的现代林业，营造速生丰产林和生态公益林，至今完成造林 1560.9 公顷，其中绿色工程造林 287.6 公顷；封山育林 820.1 公顷；义务植树 234.7 万株。

【杉木基地造林】

20 世纪 50 至 60 年代，主要是搞群众性的零星的义务植树造林。1974 年，南方掀起了营造杉木基地的热潮，国家给予每亩 7 元的造林、抚育费补助和 7.5 公斤粮食指标补贴。经自治区批准玉林县划为造杉木基地县，仅 1974～1979 年共种杉木 9747 公顷。

【飞播造林】

1971～1987 年，玉林县进行飞播造林六次，总设计面积 67493.3 公顷，有效面积 55346.7 公顷，成效面积 29800 公顷，成效（功）率 53.8％，居全国之首。主要树种是马尾松。其中 1971～1972 年飞播设计面积 30206.7 公顷，有效面积 24140.公顷，平均每公顷投资 12.75 元。1984 年检查保存面积 11700 公顷，平均树高 6.65 米，平均胸径 9.65 厘米。1984～1987 年飞播设计面积 37286.7 公顷，有效面积 31200 公顷，平均每公顷投资 24 元。1990 年调查保存面积 18100 公顷，平均树高 3 米，地径 5.9 厘米。

【工程造林】

1986～1991 年，通过学习广东造林绿化经验，推广工程造林，主要造林树种为湿地松，几年全县共造工程林 11467 公顷。

【实现宜林荒山绿化造林达标】

根据自治区党委、政府 1986 年做出的《力争十五年基本绿化广西的决定》,1989 年原县级玉林市委、市政府做出了《关于力争三年消灭荒山五年绿化达标的决定》,展开了“消灭荒山绿化达标”的灭荒攻坚战。1988～1993 年全县级玉林市造林 32360 公顷,其中 1992 年造林 18067 公顷,补植 2334 公顷,是历史上人工造林最多的一年。1993 年 6 月,经自治区检查核定,林业用地绿化率为 97.6%;道路(公路铁路)绿化率为 97.45%;河流绿化率为 96.78%;城乡居民点宜林地绿化率为 97.34%;森林覆盖率为 46.3%,提前实现了绿化达标目标,获“全国平原绿化先进单位”、“全国造林绿化百佳县(市)”和“全国造林绿化先进县(市)”奖励。

【造经济林果】

造林灭荒绿化达标后,原县级玉林市委、市政府领导坚持以市场为导向,以效益为中心,及时进行树种、材种的林业产业结构调整。大力发展南亚热带名、特、优经济林果,出台了发展经济林果业的十条措施。玉林市领导亲自办点创建铁联镇连片万亩龙眼荔枝基地,总结并推广了“统一规划,连片开发,分户经营,收益比例分成,林果木产权归农户并可以继承”的生产模式,还鼓励机关、集体、个人承包山地开发林果业,掀起了改造低产林,大种经济林果的高潮。从 1994 年起,每年种植经济林果近万公顷,至 1996 年底,原县级玉林市种植经济林果累计达 42100 公顷,主要经济树种有荔枝、龙眼、八角、玉桂等。

【退耕还林工程】

退耕还林工程是党中央、国务院加强西部生态环境保护和建设的重大决策工程,实施退耕还林是加速恢复森林植被、增加森林面积,提高森林涵养水源、保持水土功能,不断改善生态环境的有效途径。玉州区 2003 年实施退耕还林 666.7 公顷,其中营造生态林面积 623.9 公顷,占退耕还工程面积的 93.6%;营造经济林面积 42.8 公顷,占退耕还林工程面积的 6.4%。

【珠江防护林工程】

珠防林工程是广西壮族自治区七大生态林工程建设的龙头工程。为了保护南流江源头和沿江两岸的植被,2003 年玉州区在南流江源头汇水区的 6 个镇实施珠防林工程造林,设计人工造林 206.5 公顷,封山育林 345.6 公顷。

【绿色工程】

绿色工程是自治区党委“1234610”农业和农村工作思路中的重点基础工程,计划三年完成。市下达玉州区绿色工程任务 197.8 公顷(其中:1999 年 76 公顷、2000 年 81.8 公顷、2001 年 40 公顷)。玉州区规划在黎湛铁路和 324 国道玉州区段以及境内省级公路两旁各 1 公里的宜林宜果荒山荒地全部种上风景林和经济林;在南流江玉州区段两岸各宽 2 公里的荒山荒地全部种上阔叶树为主的水源林和经济林;在房前屋后 100 米的荒山荒地全部种上水果和经济林。至 2000 年共完成了绿色工程造林 287.6 公顷,提前一年超额完成了绿色工程任务。

【森林病虫害防治】

1980 年以前,原玉林县林业局只指定两名技术人员兼职管理森林病虫害。1983 年县林业局设森防股专抓森林病虫害防治工作。1988 年成立森林病虫害防治检疫站,配站长 1 人,工作人员 3 人,负责全县森林病虫害防治和植物检疫工作。各乡镇设测报员 1 人,每年定期测报 5 次,建起了森防测报网络。1988 年起原县级玉林市获自治区林业厅批准列入全国第二批森防综合试验区,进行以白僵菌为主的马尾松毛虫的综合防治试验。近年来,加强了硬件建设,配置了测报技术所需的计算机、显微镜、恒温箱等基础设备,加强了监测工作。2002 年,经自治区验收并报国家林业局审批,玉州区森防检疫站被定为全国森林病虫害测报中心和国家级标准站。1999～2003 年,玉州区森林病虫害发生面积累计 149.9 公顷,年发生率为 3‰以下。防治面积 902.1 公顷,无重大的森林病虫害发生。

【森林防火】

据统计,1957～1959 年大炼钢铁期间,玉林县被烧毁森林面积 820 公顷。山林火灾的危害,引起了各级领导的重视。1959 年成立了玉林县护林防火指挥部(后改为森林防火指挥部),各乡镇亦相应成立了分指挥部(所),设立办公室,负责森林防火信息和指挥扑救工作。1957 年 12 月,由大容山区的北流、容县、桂平、玉林四县成立大容山区护林防火联防指挥部。1959 年,由六万山区的玉林、博白、浦北、贵县组成六万山区护林防火联防指挥部，开展联防工作。各乡镇组织30～50人的义务扑火队，配备有草刀、毛巾、水壶、解放鞋(以后增加了风力灭火机、对讲机、二号扑火工具)等扑救火用具。县级玉林市于1991年组建了专业森林消防队，招聘复退军人和青年民兵为队员，实行半军事化管理，由财政支付工资。专业队配备有消防指挥车、运输车、风力灭火机、对讲机等设备。现有专业森林消防队员20人，消防运兵车1辆(中巴)，风力灭火机10台。各镇现有半专业扑火队员439人，风力灭火机35台。同时，层层签订责任状，加强领导，加大森林防火宣传力度，每年由财政拨一定的经费作为森林防火宣传经费，通过出动宣传车、放电影、广播电视、安装固定的水泥宣传牌、书写宣传标语等多种形式宣传，使“森林防火，人人有责”等防火知识，家喻户晓。在清明、重阳节期间派人重点把守入山路口，有效地防止了森林火灾的发生。1999～2003年，玉州区发生森林火灾2次、森林火警7次，森林受害面积28.8公顷，森林火灾受害率低于上级下达的火控责任目标。

【森林采伐限额管理】

自20世纪80年代起，森林采伐由计划管理转变为限额管理。为了科学地编制采伐限额，原县级玉林市(含玉州区)认真按照上级的部署，抽调精干人员，依据《森林法》、《森林法实施条例》的规定，结合本地实际，按期完成了“八五”、“九五”、“十五”期间年森林采伐限额的编制和成果上报工作，并严格按照上级下达的采伐限额指标严格批准采伐。1999～2003年，上级下达玉州区森林采伐限额指标为6090立方米，实际批砍4441.4立方米，没有超限额采伐。

【森林资源调查】

按照上级的部署，自1960～1999年，玉林县、玉州区于1960年、1973年、1980年、1990年和1999年共五次组织进行了全区森林资源调查规划(林业普查)工作，摸清了森林资源情况，为林业生产发展的科学决策提供依据。

【林地林权管理】

解放初，大部分山权林权属集体所有。1961年根据中共中央《关于确定林权保护和发展林业若干问题的决定》和自治区人民政府“国造国有、社造社有，社员在自留山上、屋前屋后、村前村后、路旁水边种植的零星树木为社员个人所有”的政策，玉林县把山林权落实到公社、大队、生产队三级管理。1980～1985年林业三定(稳定山权、林权，划定自留山，确定林业生产责任制)期间，进行了发放山权林权证和划分自留山工作。1999年以来，玉州区认真贯彻落实国发明电〔1998〕8号和国办发明电〔1999〕9号通知精神，依照森林法及其实施条例的规定，采取有力措施，加大了林地保护和管理的力度，强化了征用林地审核工作。1999～2003年，玉州区在严格执行建设工程尽量不占和少占林地的原则下，为8个确实需要占用林地的工程单位办理了审核同意手续，依法报征林地44.55公顷，按规定收取森林植被恢复费290653元。

【林业行政执法】

玉州区的林业行政执法工作伴随着历史的步伐不断得到加强。由于历史的原因，玉林县在“大炼钢铁”和林业“三定”期间出现过二次乱砍滥伐。县委、县政府认真贯彻中央和自治区的林业政策，采取了强有力的措施，迅速制止了乱砍滥伐之风。一是建立和健全林业执法机构。1961年“四固定”后，县、社、队恢复、健全了护林组织，制定乡规民约保护森林。1983年，各乡镇设置林业站，由财政出资雇请专职护林员304人；1985年在林业局内设置林政股，成立木材检查站；1986年成立调处山林土地水利纠纷办公室；1988年成立林业公安股，加强了林业执法队伍的建设。二是整顿木材市场。1990年对全市木材加工经营户进行重新登记审批，由原来1000多个个体户压缩到310家。三是对森林资源实行限额采伐，采伐必须经规划设计，凭证采伐，由乡镇林业站监砍。1998年新《森林法》及2000年新《森林法实施条例》颁布后，玉州区加大了林政执法和资源管理的力度，加强了对木材经营加工户的年审换证和监督，联合公安、工商等部门开展了林政执法大检查工作，林政管理规范化，林政案件发生数量逐年下降。

【“大炼钢铁”对森林的破坏】

1958年10月上旬，由于“大炼钢铁”需要木炭作燃料，玉林县各公社组织近10万人上山砍木烧炭，使许多山林几乎被砍光。如仁厚镇荔枝、大卢、茂岑、铁匠四个村140公顷林木被砍光，损失林木蓄积近万立方米。

【乘林业“三定”之机乱砍滥伐】

1980年林业“三定”期间，由于南方木材市场开放，木材加工销售业超常发展和管理跟不上的原因，群众片面认为落实“三定”就可以分光砍光，导致了乱砍滥伐。据1985～1986年原县级玉林市人大组织视察的报告统计，全市共减少森林面积2万多公顷，森林覆盖率骤降十个百分点。

【林业科技】

科技进步是林业生产的动力。原玉林县(含玉州区)历来重视林业科学研究和林业科学推广工作。1973年成立了县林科所(后改名为林业技术推广站)，组织工程技术人员开展多项课题的研究，取得了一定的成果。如参加全国协作的《橡胶树在北纬18°～24°大面积种植技术》项目获国家科技成果一等奖；《紫胶生产技术的推广》获全国农业科技成果推广奖和自治区科技成果二等奖。1999年以来开展的尾巨桉速生丰产培育试验，与国家六大生态工程建设和广西发展林浆纸一体实施林业分类经营紧密配合，为实现玉州区林业跨越式发展提供了有力的科学支撑。

【森林分类经营区划】

2000年12月起，由玉州区林业局和广西大学林学院有关人员组成区划界定工作队，进行森林分类区划界定工作，至2001年6月完成。区划从玉林市城市用水、生态环境和人民生活及生产建设的需要，将玉州区森林面积区划为生态公益林和商品林两类。区划界定出各权事等级的生态公益林(地)4157.4公顷，占林业用地面积的31.9%；区划界定的商品林(地)8879.2公顷，占林业用地总面积的68.1%。

【农村能源生态建设】

玉州区的农村能源生态建设是从推广省柴灶起步，逐步推广使用沼气、电、太阳能、液化气等能源，至1993年，玉州区95.4%的农户用上了节柴灶或沼气等能源。近年来，农村能源建设从省柴节能提升到生态家园建设的高度，大力推广“养殖—沼气—种植”三位一体生态模式，开展“152”能源生态示范工程建设。2003年，玉州区新建沼气池4700座，推广沼气综合利用1500多户，建成高标准的生态家园示范村3个，投资70万元在城北镇谷山村建成广西第一家秸秆气化集中供气站，可供300户农户使用。

【林产工业】

玉州区有木材经营、木器加工、竹编、造纸等传统产业。1958年以前，木材基本属自由经营，人民公社化后，实行木材统购统销，由森工站按计划购销。1985年中央1号文件开放了木材市场，木材经营加工业迅速发展，至1989年，县级玉林市个体经营木材或加工销售木器的摊点多达千余家，不少广东、浙江等外省商人和工匠纷纷前来办厂开店，生产中、高档红木家具和规格板材。2000年后，出现年产碎木拼板1万立方米的森松拼板企业有限公司。2003年玉州区有木材经营、加工户(厂)388家，年产值7610万元。

【花卉产业】

花卉产业是玉州区的新兴产业。20世纪90年代初，在玉林大府园自发形成了第一个临时花市，经营摊点由二十多家发展至近百家，主要是从广东购进鲜花、盆景出售。1998年，具有一定规模的同花顺花市开业，经营面积7000平方米，约有花店(摊)200家。2002年又增建了清宁花市，经营面积12600平方米，有花店(摊)230家。鲜花经营业的旺盛，带动了花卉种植业。城区周围的名山、城北、城西、南江等镇陆续建起了花圃，培育鲜花、盆景和绿化树苗。其中名山镇玉梧公路两侧连片建有50个花圃，经营面积35公顷，获国家林业局、中国花卉协会命名为“全国花卉生产示范基地”。

【林业公安工作】

1988年成立了林业公安股(后改为林业公安科)，2003年8月更名为森林公安分局。林业公安对于打击破坏森林资源的违法犯罪活动，保护国家森林资源发挥了巨大的作用。1999～2003年，破获各种森林案件257起，其中特大刑事案件2起，重大刑事案件3起，林政案件248起。逮捕8人，刑事拘留2人，治安拘留1人，林业行政处罚275人次。收缴国家一级保护动物巨蜥2条，国家二级保护动物穿山甲18只、鹰2只、凹甲陆龟31只，国家二级保护野生植物降香檀24.96吨，等等，为国家挽回经济损失67.7万元。

(玉州区林业局　谢景池)

福绵区林业

【概　述】

福绵管理区直属玉林市管辖，位于玉林市中部。管理区土地总面积72264.7公顷，其中林业用地34701.9公顷，占48%；非林业用地37562.8公顷，占52%；林业用地中有林地面积31364.4公顷。森林覆盖率为43.4%，绿化率为91.8%(根据1999年二类调查的数据)。

福绵区林业局是福绵管理区管委主管的林业工作部门，负责对全管区的森林资源进行管理。从1997年7月成立以来，共设有政秘股、营林股、林政股、森林公安分局、森林防火指挥部办公室、绿化委员会办公室、农村能源办公室、调处山林纠纷办公室、森林病虫害防治检疫站、林果技术推广站、森工站、林业工作总站等12个职能股室(队)，有35名干部职工(其中防火队19人)，退休人员1人。有高级工程师1人、工程师3人、助工6人、技术员12人。

管区6个镇均设有林业工作站，负责管理镇里的林业生产，2001年以前，林业站受林业局直接领导。2001年机构改革后，林业站的“人、财、物”属于镇政府管理。林业站干部、职工共有17人。

全管区累计育苗8.24公顷，其中以桉树苗为主。其中1999年为0.7公顷、2000年为0.78公顷、2001年为0.76公顷、2002年为4公顷、2003年为2公顷。

全管区几年来累计营造林4260.7公顷，封山育林667公顷。其中：1999年造林种果246公顷，松树113.3公顷，桉树53.3公顷，经济林果79.4公顷。2000年完成造林种果395公顷(松树33公顷，速生桉206公顷、经济林果109公顷、麻竹47公顷)。2001年完成造林种果787公顷(速生桉408公顷、经济林果379公顷)。2002年完成造林种果957公顷(速生桉782公顷，松树34公顷，经济林果141公顷)。2003年完成造林种果1008公顷(速生桉790公顷，松树13.9公顷，经济林果196.1公顷，麻竹8公顷)。

【退耕还林工程】

2003年玉林市下达给全管区退耕还林(宜林荒山荒地造林)任务1.5万亩。管区政府把任务分解到各镇，在全管区各镇的宜林荒山荒地上造林，全年共完成退耕还林宜林荒山荒地造林1.5万亩。

【绿色工程建设】

绿色工程建设是自治区“1234610”工作思路中重要工程之一，也是“十五”林业生产的重要工作之一。1999年完成玉公公路福绵段8公里长的两旁各1公里、南流江福绵段13公里两旁各2公里的造林绿化建设。2000年继续加大对玉公公路、南流江两旁的造林绿化建设，在城镇、村屯100米范围内宜林地完成造林17公顷。2001年全管区绿色工程建设的路(河)旁植树15.55万株，占市下达计划13.36万株的116.4%。

【低产用材林改造】

全管区累计完成低产用材林改造802.7公顷。其中，2000年完成低产用材林改造173公顷；2001年完成低产用材林改造226公顷；2002年完成403.7公顷。

【全民义务植树】

几年来，全管区共完成义务植树211.5万株。其中1998年36.2万株、1999年37万株、2000年37万株、2001年30.4万株、2002年30.4万株、2003年40.5万株。

【生态能源建设】

从1999年开始，福绵管理区政府开始宣传发动群众建设沼气池，2001年前沼气池建设具体由管区农办负责，2001年机构改革后具体由管区林业局能源办负责，各项措施得到更进一步的完善。坚持以沼气为纽带的养殖—沼气—种植“三位一体”的生态能源农业建设为重点，抓好沼气池生产工职业技能培训，确保沼气池建一座成功一座，2002、2003两年共培训了300多名沼气池建设技术人员，几年来共建沼气池6100多座。2003年得到国家农业部农村生态家园建设工程项目，在管区新桥镇新沙村、福绵镇青岭村两个项目村各完成200座沼气池建设，配合改厨改厕工作，很好地改善了农村的生态环境。通过项目建设，在全管区起到示范推动作用。

【速生丰产林基地建设】

从1999年开始，全管区通过调整林业产业结构，大力发展速生桉，几年来，通过“林场+农户”的联合开发和“公司+基地+农户”的龙头企业带动模式，连片开发种植速生桉，共种植了3.5万亩。为加快管区的林业发展,使全管区林业的可持续发展提供保障。

【森林资源加工利用】

管区林业以"以工促林、以林养工、林工一体化发展"的工作思路,加大对森林资源加工利用的力度,对八角、荔枝、龙眼和原木进行深加工,提高森林资源的利用率。全管区有荔枝烤炉150多座,全年能烤鲜荔枝1000多吨,能产出荔枝干果400多吨。全管区共有木器加工厂(店)110多家,其中成均六万纸厂、木片厂、石和镇振和木片厂年投资额超过100万元。2002年完工的成均工业园八角晒场,占地300多亩,年晒八角5000多吨。

【森林旅游与森林公园建设】

随着经济社会的不断发展,全管区着力发展第三产业,搞好云香山风景旅游度假区和梦幻水乡的建设。云香山风景旅游度假区,2002年底开始投资建设,2003年已修建好度假区内的道路并种植了许多名贵绿化树种;梦幻水乡,计划在2004年动工兴建。

【森林病虫害防治】

全管区几年来累计发生森林病虫害面积35.48公顷,发生率0.02%,实际防治面积35.48公顷,防治率100%,森林严重成灾面积为0公顷。管区林业局森防站对所有林木实行全面监测,并在每年年初对所有松树洒撒一次白僵菌粉,有效地做好全管区松林马尾松毛虫的防治工作。

福绵区林业局森防站成立于1998年11月。

【野生动植物保护与管理】

福绵区的地形地貌以中低丘陵为主,野生动物稀少,常见的是各种蛇类和青蛙。主要通过宣传和到圩镇清查酒家饭店的方式来保护野生动物,另外通过人工驯养或培育方式来减少对野生动植物的猎杀。玉林市洪峰实验动物驯养繁殖中心,投资84万元,占地32.5亩,年养殖猴子200头。

【森林资源林政管理】

1999年7月举行了福绵区成立后的第一次全面性的森林资源调查,由广西大学林学院和福绵管理区林业局共同负责完成。查清管区森林资源的现状和动态,各类森林的数量和质量为科学地经营和管理森林资源以及管区其他经济建设提供可靠数据。在森林采伐与采伐限额管理方面,则坚持"采伐量小于生长量"的原则进行采伐。几年来累计砍伐木材5万多立方米,没有超出上级下达的采伐指标。并坚持"谁采伐,谁造林"的原则,确保林业的可持续发展。

【森林防火】

管区成立至今,发生过3次森林火灾,合计受害面积17公顷。1999年10月成立了福绵区森林防火指挥部,下设森林防火办公室,并制订了森林防火预案和扑火预案。1999年11月成立了福绵区森林防火专业队,队员7名。

【森林公安工作】

森林公安受林业局和公安局双重领导,负责全管区林区治安防范工作,对辖区发生的森林和野生动植物案件侦查;依法行使林业行政处罚;预防和妥善处置因山林权属引发的群体性事件;承办上级公安机关交办的案件。2000年1月1日成立林业公安股,编制4人。2003年10月10日,林业公安股更名为森林公安分局,配给事业编制5名。

【林业分类经营】

新颁布的《森林法》根据森林的生态、经济功能以及经营目的相结合,以经营目的为主导因素,以法律文书的形式将森林划分为防护林、特种用途林、用材林、经济林、薪炭林五大林种。全管区防护林林地11487.9公顷,特种用途林林地297.8公顷,用材林林地13266.3公顷,经济林林地9649.9公顷,没有薪炭林林地。

(福绵区林业局)

容县林业

【林业机构】

1950年元月,容县人民政府成立,设立建设科,分管林业。1954年12月成立林业科,1952年2月至1958年6月广西森林工业局容县专区分局容县支局同时并存。1958年6月与容县森工支局合并成立容县林业局。1960年10月合并为农林局。1963年6月分设林业局。1968年3月归属农林水服务站。1973年2月改为森工局,同年10月恢复成立林业局至今。1958年林业局下设行政股、业务股、财会股;1960年局下设秘书股、林业股、产业股和财会统计股;1981年起设秘书股、营林股、林政股和财务股。1966年下属单位有天堂山、浪水、高山三个国营林场，容县种苗站，容县森工站（后改为木材公司）；1977 年增加容县林科所（1985 改为林技站），1984 年 9 月增加下属事业单位 12 个乡镇林业站（1987 年为 15 个林业站），4 个木材检查站。林业站（含木检站）职工 1990 年 56 人，1998 年 102 人。

2001 年 12 月，容县林业局实行机构改革，下设办公室、营林股、林政管理股。2003 年 12 月，林业局在编 15 人，下属事业单位有 403 人。事业单位有：县林业技术推广站 15 人，县森林病虫害检疫站 8 人，县种苗站 3 人，4 个木材检查站 25 人，挂靠林业局领导的县森林防火指挥部办公室 7 人，森林公安分局 12 人，三个国有林场 333 人。下属企业容县木材公司 61 人。另外下放到乡镇领导的 16 个乡镇林业站 77 人。合计林业部门职工 556 人。

【林业体制】

1951 年下半年实行农村土地改革时，除了农民的祖宗山外，把地主多余的山林分给农民，称“土改山”，山林权归个人所有。1955～1956 年，个人山林归入农业合作社，以后一直归集体所有和经营。1957～1959 年，在偏远山区划出 0.8 万公顷左右山林给国营林场经营。1982 年开始实行林业“三定”，除了国有和集体公山外，其余山林划给农民作自留山和责任山，发放林权证，但山地所有权仍归集体，经营权归个人。1985 年以来，因生产发展需要，农村山林经营权开始出现自发性流转，实行转包、租赁或联营，由他人或单位经营。

【森林资源】

容县国土面积 22.65 万公顷，林业用地面积 15.51 万公顷。解放后，容县进行了多次森林资源调查，历次调查的有林面积、总蓄积量、森林覆盖率分别为：1956 年 183 万立方米；1962 年 9.73 万公顷、255 万立方米、43%；1972 年 8.27 万公顷、379 万立方米、36.7%；1981 年 5.87 万公顷（另有疏林 3.43 万公顷）、299 万立方米、25.9%；1989 年 11.69 万公顷、384 万立方米、51.6%。20 世纪 70 年代到 80 年代初，群众乱砍滥伐严重，资源下降。1972 年到 1981 年期间，全县蓄积量年均生长量 18.6 万立方米，年均消耗量 27.5 万立方米，年均净减 8.9 万立方米。1986 年起实行强封严管，改燃节能，资源稳定增长。1990 年起实行县级领导森林消长目标责任状。经林业部检查，1992 年蓄积生长量 29.8 万立方米，消耗量 17.7 万立方米，净增 12.1 万立方米，有林面积 12.4867 万公顷，总蓄积 420 万立方米，森林覆盖率 55.2%。

据 1999 年下半年全县森林二类调查统计：全县国土总面积 225851 公顷，林业用地 154223 公顷，占总面积的 68.3%；森林面积 150415 公顷（含灌木林），森林覆盖率 66.6%。在森林面积中，以松为主的用材林 114171 公顷，占 75.9%；薪炭林 2141 公顷，占 1.4%；防护林 5936 公顷，占 4.0%；经济果木林 24845 公顷，占 16.5%；竹林 0.32 万公顷，占 2.1%；特用林 146 公顷。还有未成林造林地、迹地和宜林荒山 3808 公顷。全县活立木蓄积量 487.5 万立方米。

【森林培育】

解放初期，由农民零星种植杉、竹、玉桂、八角和果树等。1952 年 4 月 16 日，容县建设科（建林字第 3 号）《通知》提出“有计划的砍伐与造林相结合”，1953 年 2 月 12 日容县人民政府《一九五三年造林育苗护林的指示》，要求全县“每个区重点封山育林一千亩，创造经验，全面铺开”。为全县封山育林之始。1955 年县委制定“造、封、管并举”的林业方针，同年县政府（林布字〔55〕第 2 号）发布《关于发展油茶生产的布告》。后，全县点播了一批油茶。1957 至 1960 年实行群众运动，每年造林 6000 公顷左右。造林树种主要是马尾松（直播）、杉木、玉桂、八角等。

1956 年建立义合、文仰二个国营苗圃，1959 年增建容城苗圃，1966 年组建容县种苗站，1965 年县底等公社办起乡级苗圃，培育大批苗木供应造林绿化。

1957～1959 年先后建立容县天堂、浪水、高山三个国营林场，实际经营面积 6565.1 公顷。历经 15 年，林场宜林荒山基本绿化。其中 1959 年春，容高、容中、杨梅和黎村四所中学师生约 2000 人到天堂林场突击造林。

1958 年起白产、平河等集体林场相继成立，1970 年开始兴办联营林场。到 1975 年，全县由公社、大队兴办集体林场 129 个，1989 年有 122 个，经营面积 4462.3 公顷。

1959 年 2 月，中央人民广播电台播发了全国五个县之一的容县发展林业的先进经验。6 月容县被评为全国造林绿化先进县。9 月获国家林业部奖给解放牌货运汽车一辆。

1960年6月29日，容县人民委员会下达全县封山育林5.33万公顷，其中新封幼林4.02万公顷。封山分为死封、活封和轮封三种。当时到处张写或挣立护林封山公约。

1963年10月，容县城镇绿化委员会成立，加强城区绿化。1965年撤销，1973年恢复。1962年11月，广西区党委批准容县为"粮林并举县"。1963年4月22日中共容县委员会会议提出："以粮为纲，粮林并举、因地制宜，发展山区生产多种经营"的生产方针。之后因粮食缺乏，全县出现边造林，边毁林开荒种农作物的现象。1964年5月20日县委扩大会议做出《关于加快发展林业生产的决定》，强调加快造林和封山育林，要求五年内建成一批各类林业基地，县委、区委、公社分工一名领导专抓林业。1963至1966年全县造林2.85万公顷，封山育林11.15万公顷。

1965年全县开始大搞杉木造林基地，并奖售粮食。同时开展毛竹引种，发展紫胶基地700多公顷。1971年大部分公社、大队、生产队到处开垦梯级山种果种茶和玉桂、八角等，但疏于管理，成效不大。1974～1976年再次大力营造杉木基地。

1965年和1984年，容县两次进行林业区域设计。1995年进行全县经济林区域设计，分为县北、县中和县南三个区域。

1974年国营林场从湖南引进柳杉种于高寒山岭，造林700公顷获得成功。1977年4月11日容县林业科学研究所成立(容革发〔1977〕17号文)，1985年6月改为县林业技术推广站，从事试验和推广林业新技术。

1975年12月下旬，容县发生霜冻，尤以高寒山区严重。马尾松、杉木、八角等被冰雪压断死亡4500公顷；1999年12月22日至26日连续重霜冻，龙眼、荔枝、芒果等死亡严重，马占相思部分被冻死。

1985春至1987年春，连续三年全县飞机播种造林马尾松。有效面积2.69万公顷，成活2.44万公顷，后经上级评定为优良。1986年从广西林科所引进柳隆桉在石寨造林205公顷，二年成林。

1986年2月22～25日容县县委、人大、政府组织有关各级领导干部66人前往封开县和岑溪县参观学习林业先进经验。8月底，容县召开有574人参加的全县林业工作大型会议，对发展全县林业各项工作做出部署。1986年10月26日容县县委、县政府(容发〔1986〕29号)做出《关于奋战十年，绿化全县的决定》，决定加快荒山造林和封山育林，大力改造低产林和疏林，发展用材林、经济林和水果林，调整林种结构和树种构成。1988至1990年育湿地松营养杯苗1000多万株，免费供给造林。

1986～1992年共计封山育林6.2万公顷，设立砖砌封山牌72个。1986～1998年全县经济林由1.2万公顷发展到2.4万公顷，其中八角由1200公顷发展到6076公顷.

1989年11月获广西林业厅授予广西封山育林先进县一等奖，12月获林业厅授予广西改燃节能先进县。12月23日，广西壮族自治区党委、自治区政府授予容县"广西造林绿化先进单位二等奖"。经广西壮族自治区党委、自治区政府批准，1991年9月19日广西绿化委员会确认容县1990年为"全区首批消灭宜林荒山达标县"。

1990年下半年，先后有自治区封山育林会议代表约100人，广东信宜县各级领导11人、宁明县46人、南宁地区专员带队72人、南宁地委书记带队60人和横山县县委书记带队97人到容县参观封山育林或林果业等。

1991年12月3日颁发了《中共容县委员会，容县人民政府关于实现全县绿化的决定》(容发〔1991〕21号)，全县开展查荒补漏，加速绿化。

1994年11月7日，容县县委、县政府发出《关于加快我县果桂产业发展的决定》(容发〔1994〕33号)。之后，全县再次大种玉桂、八角经济林和沙田柚、龙眼等水果林，但有不少山场被砍光无法及时种上。

1995年6月，广西壮族自治区党委、自治区政府授予"容县1994年实现规划县"，即绿化达标。1994年12月国家林业部授予容县"林业工作站合格县"，1998年获全国绿化委员会授予"全国造林绿化百佳县"称号。

【林政管理】

解放初期，容县开始加强木材采伐管理。1952年4月16日容县建设科(建林字第3号)《通知》全县分配生产收购木材2万立方米，规定各区"不得超过分配任务"，开始实行木材计划生产。容县人民政府《一九五三年造林育苗护林的指示》规定"杜绝乱砍滥伐现象发生"，并规定伐木要经批准。1955年11月23日容县人民委员会发出

《坚决制止乱砍滥伐现象的通报》。但是1958年大办钢铁时，大量乱伐林木烧炭16900吨，折合木材约10万立方米。

1960年6月29日容县人民委员会发出通知，要求在封山区设立封山公约，禁止火灾，禁止盗伐和斩松枝等，加强封山管理。

1964年5月20日容县县委会议做出《关于加快发展林业生产的决定》，强调林木要严加管护。1967年4月11日容县抓革命促生产指挥部(护林字〔1967〕第1号)颁布《关于严禁乱砍滥伐的布告》。但是1970年以来，农村乱砍盗伐盛行，到处毁林开荒，森林资源连年下降，十年期间全县林木总蓄积减少80万立方米。1973年4月24日容县革命委员会《关于成立护林机构和加强木材、林区管理的通知》〔容革发〔1973〕70号〕，要求加强木材生产和运输管理。1976年7月起全县设立黎村、杨村、六王、城厢、自良木材检查站，由容县森工站领导。全县179个大队，有174个大队各设立一名护林员。

1981年8月5日容县县政府出台《关于保护森林发展林业的决定》，同年10月23日颁布《关于严禁乱砍滥伐林木的布告》，规定对山林严加管理，不准以任何借口乱砍滥伐；落实政策，发放林权证。1984年完成全县发放林权证任务。

1981年11月国有林场成立公安派出所。1985年广西区政府批准设立黎村、杨村、容厢、自良木材检查站。1984年9月22日，全县13个乡镇中有12个乡镇设立林业管理服务站(容政发〔1984〕62号)，1985年改为林政管理站。1987年因分乡增加三个站。1988年元月更名林业管理站，1992年改为林业工作站。1985年9月16日容县农委批准，全县有170个村设立林业员，由林业局发放工资。1985年10月设立容县公安局林业公安股，1992年7月25日改为林业公安科。每年查处森林违法案件上百起。

1985年以来，加强了木柴管理，大力推广以煤代柴和省柴灶，减少木材消耗。

1986年7月19日容县县政府出台《关于进一步加强林政管理，严禁盗伐林木和非法购销木材的通知》(容政发〔1986〕54号)，对林木实行强封严管。1987年起实行木材采伐限额，采伐审批一支笔、运输一条证和伐区设计制度。1988年10月3日容县县政府又发出《关于切实加强林政管理工作的通知》(容政发〔1988〕114号)，1989年10月5日颁发《容县人民政府关于加强封山育林管理的布告》，10月12日又发出《容县人民政府关于违犯封山育林管理规定的处理办法》(容政发〔1989〕120号)，将布告和处理办法两个文件翻印发放11.5万份，出动宣传车广泛宣传。1991年开始查处野生动物非法运输案件，保护各种森林资源。

容县继续执行木材采伐限额，治整公路“三乱”，加大木材加工和运输监管力度，加强征占用林地管理。

1998年长江流域特大水灾以后，全县执行国务院规定，全面停止砍伐天然林和水源林，逐步过渡到按森林分类进行经营。

2000年起，对木材运输出外县外省办证和收费实行集中统一公开办理。继续实行木材加工厂(企业)年审制度。

2001年以来，推行采伐者签订采伐更新和速丰林清山造林合同的做法。2002年，全县伐区设计人员48人经玉林市林业局培训考核实行持证上岗，是年成立容县林业调查规划设计队，负责森林调查规划、营林和伐区设计。

1999～2003年，全县生产木材26.8万立方米，蓄积47.1万立方米。2001年以来，加大清山采伐量，种植速丰林。森林消耗总量101.4万立方米，平均每年20.3万立方米。全县林木蓄积年生长量为28.05万立方米。五年来全县生产竹材49.2万吨，平均每年9.84万吨；办理征占用林地29.63公顷，收取植被恢复费127.3万元。

【森林防火】

解放后，容县对森林防火十分重视。1953年2月12日县建设科(建林字第1号)《通知》：“要杜绝放火烧山，要动员群众迅速扑灭，不让蔓延成灾。”1954年3月24日容县护林防火指挥部成立(见《1954年林业工作总结》)。1955年2月2日召开全县护林防火会议，要求大力宣传护林防火，对封山林地不准烧山毁林。会议后，乡级成立护林防火委员会。1955～1960年容县实现基本无火灾县，被林业厅表彰。

1960年容县划入大容山边界联防区，11月，曹西友县长在联防区会议上提出五不烧：即未经批准、准备不齐全、未开防火线、干旱大风天、午后或晚上不准烧山。1961年容县划入湘、粤、桂三省区第六联防区。1973年4月容县重新组建护林防火指挥部。1977年9月，容县政府委派林业局出席国家林业部召开的全国护林防火座谈会，被指定介绍容县先进经验。1979年获林业部授予“全国护林防火先进集体一等县”，奖电影放映机一台。

1982年农村土地承包制后，森林火灾明显增多，1986年发生山火89起，过火面积289公顷。1984年11月22日发布《容县人民政府关于加强护林防火的布告》(容政布〔1984〕03号)，强调执行生产性用火要经批准，禁止野外用火等护林防火制度。1987年大兴安岭特大森林火灾后，全县进一步加强护林防火工作，配置交通和通信设备，购置风力灭火机，层层领导签订森林防火责任状，县、乡镇组建扑火队伍。之后，一旦发生大的森林火灾，各级领导亲临现场组织和指挥群众扑火。1989年容县获广西护林防火指挥部授予“广西护林防火先进单位二等奖”。

1991年11月2日颁布《容县人民政府关于森林防火若干规定》，并翻印发放12万份。1992年9月5日又发出《容县人民政府关于切实加强护林防火的通知》(容政发〔1992〕127号)。1993年组建容县森林消防队25人，1998年9月容县编制局批复同意组建容县森林消防队，编制30人。1994年实行炼山许可证制度。但是干旱年份，森林火灾仍然相当严重。1998年全县森林火警火灾46起，受害面积超过160公顷，被捕8人。

【森林病虫害防治】

解放后到1974年，全县森林病虫害受害面积比较少，生态比较平衡。20世纪70年代以来，松毛虫为害日益严重。1976年松毛虫为害1.33万公顷，很多松木被吃光；1977年为0.87万顷；1978年为2.33万公顷，为解放后之最。80年代仍常有发生。当时用农药六六六粉、白僵菌粉喷施，用高压灯诱杀。1977年喷施白僵菌粉7800公斤，1978年黎村公社振新大队一台高压灯一夜诱杀松毛虫蛾25万只。

1989年容县被列入广西第二期松毛虫综合防治示范区，11月7日容县森林病虫害防治检疫站成立(容政办〔1989〕49号)。1990年开始实施对外运木材、林产品和苗木办理检疫证手续，建立虫情监测点17个，每年在重点地区施放白僵菌粉5000公斤左右，实施早防早治。20世纪90年代松毛虫为害明显减少，1991～1998年间发生松毛虫危害仅有8223公顷。1990年以来，随着玉桂面积不断扩大，玉桂枯枝病常有发生，每年受害面积200～600公顷，由于林农不够重视，只有部分得到防治。

2000年国家级容县森林病虫害测报中心成立。全县继续设立虫情监测点19个，固定样地虫情调查点88个。2000年发现容县南部从广东传入湿地松粉蚧135.5公顷，其中杨村镇125公顷，黎村镇10.5公顷。虽经药物防治，2003年湿地松粉蚧已发展到全县1373公顷。

1999～2003年松毛虫受害面积5181面积，其中1999年最严重，为4400公顷。每年施放白僵菌2000～3500公斤，生物制剂110公斤，五年合计防治面积6690公顷。

【林产工业】

解放以后，容县林产工业不断发展壮大，逐渐成为容县经济的重要支柱。主要有木材、造纸、松香、桂油、胶合板等。

木材。解放初期，木材由农民自砍自运到收购点，国家收购经营。1952年4月由容县建设科分配全县生产收购木材2万立方米，1955年起由容县计划委员会下达木材计划指标。1961年县森工站从林场、苗圃抽掉工人86人开赴石头、宁冲、自良三个伐木场采伐林木。70年代以来，国营林场自产自销木材。1976年春，因上年末重霜冻被压断死亡的林木蓄积全县约有20万立方米，是年开始大量砍伐受灾木。1952～1998年，全县生产商品材137.04万立方米，以松木为主。最少为1960年844立方米，最多为1976年58807立方米。1975～1986年是木材生产最多的时期，年均超过4万立方米。1950～1965年木材运输大部分靠水运。1966年后，木材运输逐步改为车辆陆运为主。1956年容县采运工人李大勇利用杠杆原理发明木材排运“天平过坝法”，1956年作为特等劳动模范参加全国群英会。

1956年全县集体办木器加工厂20多家。70年代兴办木衣夹厂。1981年以后，个体木材加工厂、家具厂大量兴起，1992年有250多家，1998年有476家。

容县木材公司。1952年2月广西森林工业局容县支局容县采购站成立，1958改为容县森工站。1979年10月4日改为容县木材公司。1952～1989收购经营木材111万立方米，年均2.92万立方米。1988年公司代收“两金一费”135.2万元，上交税利165万元。1993年因社会木材商贩盛行，公司收购木材降到1.8万立方米。

1996年市场疲软，公司亏损113万元。1998年收购木材只有200立方米，濒临倒闭。

松脂松香。1950～1969年全县收购松脂58373吨，销往梧州、玉林。1974年全县松脂产量首次超万吨，达10181吨，成为全国六个超万吨松脂县之一，1979年春获林业部奖给“青山常在，松脂长流”锦旗。1997年松脂产量12500吨。全县有松脂厂四家，其中民营三家。2003年，全县生产松脂8000吨，县外进入松脂5000吨。全年生产松香10500吨，松节油1100吨，总产值4100万元，上交税金120万元，出口创汇300万美元。

造纸。解放前，容县就有用竹子生产土纸的习惯。1951～1989年全县供销社收购土纸34853吨。1958年容县自良泗河纸厂成立，是集体兴办的第一个纸厂。1981年农村土地承包制以后，个体加工土纸迅速发展。1983～1998年，个体土纸厂家由约50个增加到260个，年产土纸由0.3万吨发展到2.1万吨。

1979年2月原泗河、长河纸厂职工在华南大队兴办新造纸厂，1980年改转为国有容县造纸厂。当年职工103人，生产纸899吨，产值145.5万元，税利37万元。1982年生产马尾松木质本色包装纸。1988～1991年投入6000万元技术改造，年生产能力1.7万吨木浆纸，国家中型二档工业企业。1979至1989年累计生产各种纸40896吨，上交税金912.7万元。最高为1993年，造纸1.8万吨，产值4514万元，上交税利600万元。1996年下降到生产纸7759吨，税金258万元，亏损130万元。当时还贷本息沉重、资金极度紧缺、市场疲软，价格下落。1998年8月全厂固定资产净值7257万元，负债额11812万元，1998年10月12日容县人民法院判决该厂正式破产。成为容县第一家破产企业。

1998年12月，容县县政府将破产的容县造纸厂整体作价出卖，由浦北县何庆泽组建民营企业——容县万力造纸厂。2003年生产马尾松木浆牛皮纸、纸袋纸2.05万吨，总产值7600万元，上交税金620万元。

胶合板。1985年容县只有胶合板厂一家，为国有企业。1990年，个体胶合板厂发展很快。1991年7家，产品为异形胶合板块，销往珠江三角洲。1993年下半年，组建容县中林成型板集团公司，厂家独立经营独立核算。1998年胶合板厂27个，产值1180万元。2001年9月成立广西高峰容州人造板有限公司。其由广西高峰人造板有限公司与澳门邓耀祺合资经营，期限30年。公司经广西林业局2001年9月8日(桂林计发〔2001〕165号)批复同意组建，玉林市发展计划委员会2001年11月30日(玉市计规〔2001〕77号)批复同意公司可行性研究报告。实际投资2.8亿元，装机容量能力为年产13.5万立方米高中密度纤维板和强化地板基材，年需消耗木材(以薪炭材和短小材为主)25万～27万吨(半干湿材)。2003年12月试产。

【造林绿化和退耕还林】

1996年容县珠江防护林工程启动，1999～2003年完成人工造林1510公顷，封山育林2343公顷，完成投资485万元，其中国债资金300万元。“珠防林工程”分布在县内主要河流两岸十公里范围内和源头地区。

2000年春，开始发展杂交桉、马占相思等阔叶树种速生丰产林。2001年11月容县发展速生丰产林工作领导小组成立。同年12月13日，容县政府发出《关于印发(容县发展速生丰产林优惠办法)的通知》(容政发〔2001〕108号)，规定谁开发、谁投资、谁经营、谁收益；“两金一费”和农林特产税实行优惠：县内运输的清山木材实行减半征收，速丰林木材返还“两金一费”百分之六十给造林者。至2003年底全县共营造速丰林5189公顷。其中广西高峰林场投入580万元，造林725公顷；其余大部分由个体业主投资造林。计划2006年左右完成营造速丰林2万公顷。

2002年3月，容县退耕还林领导小组成立，当年全面铺开退耕还林工作。经验收合格由国家补助：每公顷苗木款750元；退耕地每公顷每年稻谷2250公斤，补助5～8年。全县组成135人工作队进行规划设计、检查验收、建档立卡，涉及15个乡镇农户约12000户。至2003年12月止，全县验收合格面积为：退耕地造林948.8公顷，宜林荒山造林2911.3公顷。已发放稻谷242.6万公斤，兑现苗木款237.1万元。

五年期间，全县完成各类造林10290公顷，八成以上为人工林。其中用材林5940公顷，水源林864公顷，经济水果林3189公顷，麻竹367公顷。

2000年，容县获国家林业局授予“全国营造林先进县”称号；2001年4月，获全国绿化委员会国家人事部授予“全国绿化先进集体”；同年10月再获国家林业局授予“全国经济林建设先进县”。

【森林分类经营】

2000年10月至次年6月，按照广西林业厅的规定，容县全县开展森林分类经营界定工作，实行森林分类经营。全县界定林地总面积156309.8公顷，其中生态公益林地57190.0公顷，占36.6%；商品林地99119.8公顷，占63.4%。区划生态公益林54811.9公顷，商品林96534.1公顷，并划分二级林种。森林分类后，对生态公益林实行严格保护，一般不得采伐。2002年对32819.7公顷国家级公益林由农户与县林业局签订管护合同，发放生态补助金172.3万元。

【林区治安工作】

1999～2003年，全县林业公安干警维持在26人。五年期间，全县森林违法案件上升，查处力度不断加大。1999年查处81起，到2003年查处204起。据统计，五年共查处森林违法案件659起，其中林木乱砍滥伐117起，木材运输457起，森林火灾52起，野生动物16起，其他17起。处罚没收款149.2万元，其中收缴木材2434立方米，价值87.1万元。共处理违法人员854人，其中逮捕93人。

【森林防火】

1999年春、2000年秋冬和2003年冬至次年春天气特别干旱，森林火灾经常发生，县政府先后发布三次森林防火戒严令。五年期间，每年森林火灾受害面积在20至250公顷不等，其中1999年3月4日华南村与千秋村森林火灾，受害面积147公顷；2000年是十年来最干旱的一年，全县山火51起，受害面积超过197公顷。五年间因森林火灾死亡2人，被捕20多人。

（容县林业局　余印先）

陆川县林业

【传统林业情况(1950～1991)】

1950年，陆川县设建设科，主管农林水业务，林业开始纳入政府管理。几经变革后，1960年成立林业局，“文革”期间，先于1968年改为陆川县林业局革命领导小组，后于1969年合并到农林水电服务站，1972年又恢复林业局至今。

1953年，全县建立7个苗圃，开始有组织地培育苗木供应社会造林。

1962年，陆川县成立护林防火指挥部，并将林业部《关于护林防火十项措施》印发到各社、队、场、站，次年建防火瞭望台2座。1962年，全县开展第一次森林资源调查，有林面积4.83万公顷(其中用材林面积0.31万公顷)，总蓄积1.72万立方米(其中用材林蓄积0.17万立方米)，森林覆盖率为31.1%。

1966年，成立国营大塘坡苗圃，并逐步成为全县木苗的供应中心。

1970年冬至1971年春，全县飞机播种造林有效面积2.27万公顷。

1973年，全县开展基地造林工作，各公社集体林场营造500亩以上的杉木林基地有80个。另建油茶林基地9个。

1973年，全县开展第二次森林资源调查，有林面积6.02万公顷，其中用材林面积5.99万公顷，总蓄积量49.46万立方米，森林覆盖率38.6%。

1975～1977年，国营陆川林场与当时良田公社的佳塘村实行联营造林335公顷，其中湿地松169公顷，走出了国社合作造林的第一步。

1981年，全县开展第三次森林资源调查，林业用地面积7.93万公顷，有林面积3.46万公顷，总蓄积52.96万立方米，森林覆盖率22.3%。

1982～1983年，落实林业“三定”政策，全县6.5万户分到1.53万公顷自留山，1984年检查时，只有24%的农户、8.8%的自留山实施造林。

1983年，全县集体林场有林面积1.73万公顷，占全县有林面积的62%。同年，陆川林场新建国社合办林场，至1990年，统计造林面积0.31万公顷。

1984年，森林资源连续清查数据显示，全县森林面积降至32.86万亩，森林蓄积量降至42.13万立方米，森林覆盖率降至14.09%。林业投资开始实行拨改贷，年冬，着手贷款造林事宜。

1985年，陆川县人民政府做出了《关于加强我县林业管理的具体规定》及《关于制止乱砍滥伐的通知》。检察院任命的三名助理检察员与林政股、乡镇林业站密切配合，一举查处毁林案件57件。县政府决定每年拿出5万元作为护林员专项经费。个体户利用农行贷款15万元，完成造林0.04万公顷。完成飞播造林有效面积1.14万公顷。

1986年，陆川县被自治区林业厅定为湿地松生产基地。全县营造湿地松0.11万公顷,其中集体营造0.07万公顷。完成飞播造林有效面积1.09万公顷。

1987年,陆川县委、县政府做出了《关于保护森林、发展林业,十年基本绿化陆川的决定》,完成造林0.44万公顷。同时为贯彻中共中央、国务院《关于加强南方集体林区森林资源管理,坚决制止乱砍滥伐的指示》和自治区人民政府《关于加强木材管理和保护森林资源的紧急通知》精神,由林业、公安、税务、工商等部门组成11个工作组共126人开展木材清理和保护森林资源工作,查处各种案件131起,征收没收木材153立方米,罚没、征收、补偿损失款共8.6万元,补交税费4.4万元,行政拘留10人。全县组建了业余灭火队170个,2165人。1987～1990年,全县实施封山育林1.25万公顷。

1988年,林业局调回湿地松种子1060.5公斤,加勒比松种子155公斤,阔叶树种子5500公斤。共培育营养袋苗木2500万株,当年完成国外松工程林1.00万公顷,其中古城乡完成0.16万公顷,为当年全县完成工程造林面积最大的乡镇。林业公安股、检察科和森防站成立。

1989年,陆川县委、县政府做出《关于1990年全县基本消灭荒山的决定》。

1990年,全县完成人工造林1.47万公顷,经自查,宜林荒山已基本造上林。县政府向自治区绿委、林业厅申请造林灭荒验收。全县开展第四次森林资源调查(二类调查),得出的数据:林业用地面积为8.08万公顷,有林面积4.71万公顷,全县活立木蓄积为86.65万立方米,其中森林蓄积74.46万立方米,森林覆盖率33.1%。全县有集体林场133个,经营面积1.92万公顷。经统计,全县有护林员965人,其中专职护林员787人,兼职护林员178人。

1991年,陆川县编委对乡镇林业站正式核定人员编制57人,并明确林业站为林业局的下属事业单位,受林业局和当地乡镇政府双重领导。同年,陆川县被自治区人民政府授予首批灭荒县(奖铜牌匾一块),全国绿委、国家林业部授予陆川县1990年全国造林绿化先进单位,自治区绿委、自治区林业厅授予陆川县1990年全区造林绿化特等奖,奖金10万元。同年林业厅还授予陆川县全区乡村林场工作先进单位。

【传统林业向现代林业过渡的摸索阶段(1992～1998)】

1992年,陆川县委、县政府做出了《关于在一九九三年实现全县绿化达标的决定》。1993年,陆川县党代会、人代会做出《奋斗三年,新建优质龙眼为主的10万亩商品水果基地》的决策。11～12月间,陆川县绿委发出《关于开展我县绿化达标自查的通知》,各乡镇、各相关单位认真按照通知要求开展自查工作。年底以县政府的名义向区绿委、区林业厅申报绿化达标验收。陆川县林业工作总站成立。

1994年7月17日,自治区绿委、自治区林业厅组织的绿化达标验收工作队一行11人,赴陆川验收,7月27日结束。检查结果,各项指标达到自治区规定的绿化达标的标准,认为陆川县实现了绿化达标。同年,陆川县被区人民政府确认为全区首批绿化达标县,国家林业部、全国绿委授予陆川为1993年实现平原绿化先进单位。

1994年,林业部中南林业调查规划设计院检查陆川1990年人工造林,保存率为96.7%。

1995年,陆川被全国绿委、国家林业部授予全国绿化百佳县,同年成为全区林业站标准建设合格县。县委、县政府做出《关于全面展开陆川县10万亩水果开发总决战的决定》,大面积的国外松被改造为水果基地。同年,陆川县森林扑火专业队成立,编制30人,为县林业局管理的事业单位,1997年更名为陆川县专业森林消防队,县财政全额拨款。

1997年,鉴于湿地松因密度过大(2500株/公顷),生长受到严重的抑制,在抚育间伐成本大,难以开展的情况下,林业局决定对湿地松实施隔行采割松脂,计划采脂数年后,砍去割脂木,以达到疏伐的目的。经自治区人民政府批准,陆川保留清湖木检站。

【现代林业发展阶段(1999～2003)】

一、森林资源情况

1999年,全县开展第五次森林资源调查(二类调查),森林资源基本情况如下:1.全县林地面积8.19万公顷,占全县总面积的53.8%。在林地面积中,森林面积6.18万公顷,占75.5%;疏林面积0.08万公顷,占0.9%;灌木林面积1.30万公顷,占15.9%;无立木林地面积0.63万公顷,占7.7%。2.在森林面积中,针叶林面积5.46万公顷,占88.3%;阔叶林面积0.52万公顷,占

8.5%；针阔混交林面积0.11万公顷，占1.8%；竹林面积0.09万公顷，占1.4%。3.在林地面积中，低山面积0.59万公顷，占7.2%；丘陵面积7.54万公顷，占92.2%；平原台地面积0.05万公顷，占0.6%。4.全县活立木总蓄积量196.00万立方米。其中森林蓄积量179.67万立方米。疏林地蓄积量0.72万立方米，散生木、四旁树蓄积量15.62万立方米。在活立木蓄积中，国有7.79万立方米，集体158.73万立方米，其他国有3.06万立方米，联合体11.91万立方米，个人14.51万立方米。5.经济林面积1.15万公顷，其中荔枝0.62万公顷；龙眼0.25万公顷，八角0.13万公顷，其他0.17万公顷。

二、森林分类经营

2000年10月，全县开展森林分类区划界定工作。2001年8月7日通过评审验收。区划结果，林业经营面积8.26万公顷，其中林地8.20万公顷，规划发展林地0.06万公顷。在区划出的经营面积中，生态公益林(地)2.74万公顷，占全县林业经营面积的33.2%，商品林(地)5.52万公顷，占全县林业经营面积66.8%。在划出的生态公益林中，国家级1.09万公顷，占45.8%；省级0.52万公顷，占22.0%，县级0.77万公顷，占32.2%。同时提出了分类经营的总体设想：到21世纪初，为建立比较完备的林业生态体系和比较发达的林业产业体系奠定良好的基础。重点区域生态环境有明显改善，生态环境建设进入良性发展轨道，林业产业结构明显改善，林业综合经济实力和自我发展能力显著增强，初步建立适应社会主义市场经济发展的林业管理体系和社会服务体系。21世纪中叶，建立比较完备的林业生态体系和比较发达的林业产业体系，建成现代林业管理体系和社会服务体系。2002年3月，成立了领导机构并组成工作组，编制了《陆川县森林生态效益补助资金试点实施方案》。

三、退耕还林项目实施情况

从2003年起，实施退耕还林的荒山造林工程，当年完成荒山造林0.33万公顷，造林树种为桉、相思类。

四、生态环境建设综合治理工程沼气池建设项目

从1999年起，加强了沼气池建设，全县新建沼气池0.53万座。

五、速丰林基地建设

2001年，国家林业局提出了实现林业跨越式发展的总体思路，强调必须举全局之力抓好系统整合后的六大工程。为此，陆川县委、县政府做出了建设30万亩速生丰产林基地的决定。林业局按照县委、县政府的决定做出了造林规划。对速丰林基地建设采取分块落实的办法。其中国有高峰林场造林20万亩，县、市林业部门及其他社会力量造林10万亩。经营的主要形式，是通过林地使用权的流转，由农民将林地出租，由业主进行造林，自主经营，独立核算。至2003年，全县已营造速丰林14万亩，树种主要是桉和相思，目前，生长良好，显示出科学造林的优势。

六、林产工业

2001年，广西高峰人造板有限公司在陆川建设中密度纤维板厂，设计规模年产中密度纤维板8万立方米，生产能力12万立方米。2002年生产中纤板3.6万立方米，2003年生产中纤板7.9万立方米。至2003年止，全县有木材经营(加工)企业309家，其中木片加工厂11家，2003年全县生产木片达到3.7万吨。

七、林政资源保护

坚持执行县级领导干部任期森林资源消长目标责任状，经上级检查，各项指标均达到责任状指标要求。认真执行限额采伐，几年来，各年度都没有突破采伐限额及采伐计划指标。对森林防火，坚持“预防为主，积极消灭”的方针，不断加强森林防火专业、半专业队伍的建设，注意做好培训工作。配备了必要的通信工具、扑火机具。对森林病虫害防治工作，坚持“预防为主，综合治理”的方针，使陆川森林病虫发生面积、受灾面积，均在上级下达的控制指标要求之内。防治率均高于上级森防指标的要求。加强林业法治工作，几年来，共查处各类森林案件183起，其中刑案51起，治安案件14起，林政案件118起，打击处理各类违法犯罪人员290人次，其中逮捕36人，治安拘留21人，治安罚款24人，林政处罚73人，其他处罚118人。挽回直接经济损失47.3万元，收缴木材600立方米，收缴野生动物665公斤。

(陆川县林业局)

博白县林业

【概　述】

博白县总面积38.4万公顷，林业用地22.9万公顷，低丘台地面积15.8万公顷，占69%；森林面积21.3万公顷，活立木蓄积480万立方米，森林覆盖率60.1%。全县林业干部职工445人，各种技术人才116人，高级工程师5人，工程师26人，其他85人。历届人民政府十分注重林业的发展，特别是林业建设经历由以木材生产为主向以生态建设为主的历史转变期，坚持走生产发展，生活富裕，生态良好的林业发展战略，群策群力，多元化多主体多渠道经营投入发展林业。于1992年实现造林灭荒达标县，1993年全国平原造林绿化达标县。1994年实现全海拔造林绿化达标县，期间，全国造林绿化百佳乡镇两个，千佳村4个，1996年博白县被国家林业部命名为全国科技兴林示范县。2003年速生丰产林短周期工业原料林0.67万公顷，是历史以来速丰林造林最多的一年。

1999～2000年森林资源二类调查，博白县总面积34.34万公顷，陆地面积33.30万公顷，林地面积20.15万公顷，森林面积16.0万公顷，疏林面积0.1万公顷，灌木林地2.23万公顷，无立木林地1.81万公顷，苗圃地0.7公顷，荒地0.099万公顷，活立林蓄积4111211立方米，森林蓄积4018197立方米，森林覆盖率53.1%。

一、行政事业机构

1950年8月由实业组改名为建设科；1954年7月改设农林水利科，林业干部3人，1955年7月5日分立博白县林业科，干部7人，1958年3月4日合并为农林水利局，1959年11月分设博白县林业局，1960年改名为博白县林业科，1963年6月改名为林业局，1965年增设博白县水土保持站干部4人，与林业局一起办公，1966年水土保持站自然消失。1968年4月，林业局领导靠边站，干部下放干校，设博白县革命委员会生产指挥组负责农林水生产工作，1970年12月成立农林服务站林业小组，林业干部技术人员6人，1972年8月，改设博白县革命委员会农林局，1973年12月分设博白县林业局，干部、职工、工程技术人员32人。1988年博白县林业局设立秘书股、营林股、林政股、财会股，1987年10月成立“博白县林业开发服务站”和“飞播站”，1988年2月成立“林业公安股”和“林业检察室”。林业局有干部职工59人，2002年机构改革，林业局编制28人。1997年分设“森林防治检疫站”、“博白县林业科学技术推广站”、“博白县林业管理工作站”，2001年进行机构改革，“博白县能源办公室”职能转移到林业局，2002年8月林业公安股更名为“博白县森林公安分局”，有干警9人。1995年10月博白县设立森林防火指挥部，办公室设在林业局，有专职消防人员34人，2003年4月，博白县山林土地纠纷办公室职能由林业局负责。1986年34个乡镇分设乡镇林业管理站，人、力、物、业务由林业局主管，共有干部职工139人，技术人员63人，2002年3月5日博编发〔2002〕38号《关于印发博白县林业局职能配置内设机构和人员编制方案的通知》中，林业站人、财、物权第三次下放给乡镇政府管辖，设33个乡镇站，有干部职工107人，技术人员49人。

二、林业体制

1950～1952年，94%的山林归地主、山主、祠堂、庙宇、宗族占有。1952年博白进行土地改革，大片森林为国有，小片为区、乡集体管理，原私有权属不变，没收地主、富农山岭林木分给贫农私人所有。1954～1958年，农村经济组织由互助组、初级合作社，高级合作社，改为人民公社，“天上的飞鸟、地上爬的动物、水中的游鱼，一切归人民公社集体所有”，山林土地权属人民公社集体所有。1961年10月3日，中共博白县委做出《关于确定林权、保护山林和发展林业生产的意见》，实行“三级所有、队为基础”。从此，除国有、集体外，其余一切归生产队一级所有。1982～1985年1月8日，博白县进行林业“三定”工作，有5651个生产队划定私有自留山9.6万户，面积3.3万公顷；2220个生产队，3.8万户农民承包集体荒山1.8万公顷。1995年11月3日博政函〔1995〕43号《关于同意在我县设立外资企业“广西金博林产工业有限公司”的复函》、《关于外商企业在我县营造速生丰产林有关问题的复函》后至2003年间，“两山”（自留山、责任山）、两户（专业户、重点户）的林业个体户73950户。个人所有林业、股份制、股份合作制、承包制、租赁制林业、外商独资企业、个体私营企业、中外合资合作企业，各种林业组织的成分形式组成，除国有集体形式，非公有制林业的投入与造林占75.8%和75.81%。

三、营林生产

1950～1953年农民个体造林无育苗习惯，每年春季自发挖杉萌条一锄法造林。

博白县1950～1981年营林生产表

年度	完成人工造林面积(公顷)	采种量(公斤)	育苗(公顷)	幼林抚育(公顷)
1950年	33.3		0.3	140
1951年	46.7		0.3	247
1952年	100		4.0	907
1953年	133.3	200	0.73	1093
1954年	233.3	350	0.9	453
1955年	866.7	170	1.1	缺
1956年	1667	3050	3.9	866.7
1957年	2400	4200	18.3	560
1958年	5870	31700	25.0	333
1959年	8698	12300	29	473
1960年	20519	6250	43.6	缺
1961年	3252	300	2.3	缺
1962年	1554	1350	3.5	缺
1963年	4719	10000	39.0	缺
1964年	8532	25050	54.2	缺
1965年	8486	18950	24.2	缺
1966年	14934			缺
1967年	7491		120	缺
1968年	1669		54.0	缺
1969年	579	68.0	68	缺
1970年	5938	21250	72	缺
1971年	3387	26200	47	缺
1972年	9348	17550	57	缺
1973年	5578	14200	68	2545
1974年	6531	850	117	3840
1975年	5722	15300	45	1152
1976年	9835	6900	66	1482
1977年	6300	11300	68	1350
1978年	4030	4950	150	3758
1979年	4637	10200	80	3830
1980年	3582	18800	51	5862
1981年	3354	缺	59	5645

博白县1981～1988年营林生产表

年度	完成人工造林面积(公顷)	育苗(公顷)	幼林抚育
1981年	3354	59	5645
1982年	3033	43	4092
1983年	6392	40	3596
1984年	13239	85	4549
1985年	23808	191	5430
1986年	22088	75	1220
1987年	19087	52	4000
1988年	19596	30	1409

博白县1989～2003年营林生产表

年度	荒山造林面积(公顷)	迹地更新面积	低产林改造面积	经济林面积	封山育林	育苗
1989年	6006	263	135		1067	42
1990年	17532	290	186	1273	8028	109
1991年	25380	401	69	1029	19860	99
1992年	21512	521	202	1078	26	29
1993年	12193	542	126	1443	6900	76
1994年	2868	894	131	1466	6000	11
1995年	1800	1285	1739	447	5217	15
1996年	1340	1517	1278	526		15
1997年	334	1758	2336	50		22
1998年	543	1584	3718	243		12
1999年	348	2772	1148	120	5234	5
2000年	750	3336	1108	207	2013	10
2001年	2100	3018	1671	122	1400	9
2002年	1324	982	997	136	1681	19
2003年	7587	284	178	140	1359	30

【国有林场】

1957年10月至1959年，博白县先后创办三育林场、五峰林场、东方林场、射广林场、三滩林场、马子林场、云飞林场、城东林场、将军林场。经营面积10万公顷。干部职工631人。1971年又创办博白县金坑林场，面积0.04万公顷，有干部2人，职工24人。1965年5月3日博白县人民委员会〔65〕会林字第4号成立“国营博白县江绿林场”，面积71公顷，主要作珍贵母树林场。1962年9月，经中南局批准，博白县人民委员会同意，无偿移交三育、五峰、东方、射广、三滩、马子、云飞、城东、将军9个县办林场的经营权、使用权、所有权划给广西壮族自治区林业厅管辖，拟办中国南方坑木林基地，成立“国营博白林场”。第一任场党委书记梁庆轩，场长张达明。总面积9.4万公顷。工程技术人员、干部63人，工人844人。1970年10月，广西壮族自治区把管辖权下放博白县委接管，9年后广西壮族自治区革委会桂革发〔1979〕55号文把“博白林场”收归广西壮族自治区管辖。届时场总面积3.6万公顷，有林1.8万公顷，蓄积2.9万立方米，职工1193人，干部96人。

【苗圃建设】

1954年4月至1963年8月，博白县创办了八廊苗圃、东平苗圃、白花苗圃、新清苗圃、沙河苗圃、龙潭苗圃、文地苗圃、宁潭苗圃、附城苗圃场9个，面积5.7公顷，职工28人。

【封山育林】

1950年，博白县人委“把封山育林列为绿化祖国河山，扩大森林资源的措施”。1953年封山育林0.056公顷；1954～1955年贯彻林业部《关于巩固已有成绩，改进封山育林工作》、《继续开展封山育林工作》的通知，1954～1962年累计封山育林2.6万公顷；1965年5月25日博白县人委发出《关于保护森林和封山育林的布告》，把封山育林法规化。1985年2月23日博白县政府发布《关于飞机播种造林区实行封山育林的布告》，到

1987年封山育林面积达8万公顷。护林员3334人,专职护林员1621人,博白县财政发工资的300名。1988年6月30日,博白县三政发〔1988〕第10号《关于封山育林的通知》规定:第一,擅自进入封山区乱砍滥伐林木者,除没收赃物外,责令其补种十倍(保活)的林木,并处于3~10倍罚款,毁坏幼树一株罚款10元。第二,乱打树枝者,除没收外,视林木伤害程度,每株罚款1~10元。第三,在封山区割草者,每担罚款5~10元。第四,在封山区放牧者,每次每头牛罚款5~10元。第五,在封山区生火者,每次罚款5~10元,情节严重者,按有关法律追究责任。第六,在封山区毁林开垦者,罚款5~10元。第七,妨碍、谩骂、殴打护林工作人员或对检举揭发人进行打击报复者,轻者罚款10~100元,严重的交司法部门处理。1990~1999年完成封山育林面积44365公顷,2000~2003年完成封山育林面积6453公顷。

博白县1953~2003年封山育林情况表

年度	完成封育面积(公顷)	年度	完成封育面积(公顷)
1953年	560	1979年	16667
1954年	733	1980年	13730
1955年	867	1981年	14023
1956年	3000	1982年	13897
1957年	5067	1983年	9686
1958年	3467	1984年	14771
1959年	2733	1985年	22594
1960年	3733	1986年	53333
1961年	800	1987年	80000
1962年	4867	1988年	46667
1963年	无记载	1989年	10667
1964年	无记载	1990年	8028
1965年	无记载	1991年	19860
1966年	无记载	1992年	26
1967年	无记载	1993年	6900
1968年	无记载	1994年	6000
1969年	无记载	1995年	521
1970年	无记载	1996年	9400
1971年	无记载	1997年	4800
1972年	无记载	1998年	
1973年	13339	1999年	5234
1974年	13516	2000年	2013
1975年	13516	2001年	1400
1976年	11480	2002年	1681
1977年	12967	2003年	1359
1978年	4377		

【经济林】

1972年森林资源清查，人工经济林面积0.3万公顷，1982年为1.0万公顷；1992年为0.4万公顷，其中油茶1059公顷，油桐8公顷，三叶橡胶166公顷，八角177公顷，肉桂86公顷，紫胶寄主树8公顷，杨桃7公顷，三华李80公顷，柑果557公顷，柿子13公顷，龙眼121公顷，茶叶747公顷，其他1005公顷。2000年森林资源清查人工经济林面积16040公顷，油茶489公顷，油桐9公顷，玉桂436公顷，八角569公顷，其他特31公顷，荔枝9103公顷，龙眼4361公顷，柑345公顷，柚子11公顷，其他果535公顷，其他经151公顷。完成经济林人工造林面积1990年1273公顷，1992年造林1078公顷，1994年1465公顷，1995年447公顷，1996年526公顷，1997年50公顷，1998年243公顷，1999年120公顷，2000年207公顷，2001年122公顷，2002年136公顷，2003年140公顷。

【飞播造林】

1971年利用飞机播种造林面积1.2万公顷，1972年飞播造林0.7万公顷，1984年飞播造林0.5万公顷，1985年飞播造林2.1万公顷，1986年完成飞机播种造林1.7万公顷，1987年完成飞机播种造林1.3万公顷。6年飞机播种造林作业面积9.6万公顷，有效面积7.0万公顷。

【林业投资】

林业投资情况见下表。

博白县1953～1969年林业投资表

年度	投资额(万元)	年度	投资额(万元)	年度	投资额(万元)
1953年	0.04	1970年	5.4	1987年	61.0
1954年	0.2	1971年	37.4	1988年	164.0
1955年	0.06	1972年	35.8	1989年	
1956年	3.2	1973年	26.4	1990年	
1957年	4.1	1974年	25.1	1991年	1110.6
1958年	2.4	1975年	28.8	1992年	700
1959年	2.6	1976年	36.1	1993年	57.0
1960年	80.6	1977年	12.4	1994年	233.6
1961年	8.3	1978年	17.8	1995年	170
1962年	37.0	1979年	18.5	1996年	151
1963年		1980年	8.5	1997年	288
1964年		1981年	10.5	1998年	603
1965年	1.7	1982年	12.2	1999年	421
1966年	8.6	1983年	10.6	2000年	372
1967年	10.7	1984年	19.4	2001年	1100
1968年		1985年	79.7	2002年	285
1969年		1986年	69.8	2003年	240

【林业总产值】

博白县历年林业总产值见下表。

博白县1949～2003年林业总产值表

单位：万元

年度	农业总产值	其中：林业产值	备注	年度	农业总产值	其中：林业产值	备注
1949年	1881	0.2	按1952年不变价计	1976年	13606	177	按1970年不变价计
1950年	2085	0.3		1977年	14323	213	
1951年	2279	0.3		1978年	13818	496	
1952年	2852	1.0		1979年	13768	443	
1953年	3224	2.0		1980年	15546	544	
1954年	3367	9.0		1980年	19488	849	按1980年不变价计
1955年	3106	21	按1957年不变价计	1981年	20554	841	
1957年	3086	38		1982年	26250	976	
1957年	3858	48		1983年	25855	1029	
1958年	3368	50		1984年	26395	1100	
1959年	3154	83		1985年	24201	1379	
1960年	3104	151		1986年	37921	1282	
1961年	3336	38		1987年	30019	1523	
1962年	3473	18		1988年			
1963年	37944	91		1989年	3364	2012	
1964年	4615	135		1990年		4729	按1990年不变价计
1965年	5507	171		1990年		6986	
1966年	5769	186		1991年		6501	
1967年	5375	116		1992年		4762	
1968年	4872	96		1993年		4802	
1969年	5591	138		1994年		6875	
1970年	7810	201		1995年		7999	
1970年	7962	251	按1970年不变价计	1996年		9252	
1971年	10192	270		1997年		8371	
1972年	11840	291		1998年		8408	
1973年	11441	267		1999年		2910	
1974年	11699	200		2000年		2954	
1975年	12888	254		2001年		4264	
				2002年		3910	
				2003年		6438	

【义务植树】

1965年春以来，博白县把城镇、村庄、厂矿、水库、河流两岸、公路、铁路的“四周两旁”纳入重点义务植树造林，成立由14人组成的“四周两旁”绿化指挥部，单位实行“包种、包活、包管护”的“三包”措施。1972～1988年完成义务植树1424万株。1989～2001年参加义务植树人数504万人次，植树2556万株；2002年参加人数65万人，植树195万株；2003年参加义务植树43万人，完成植树166万株。

【森林管理】

1950年中南军政委员会发布《严禁肆行滥伐林木，彻底保护森林的布告》。“国有林场、任何私人或团体未经本会允许不得以任何名义或借口进行采伐森林……私人所有林场以及油桐、茶场、果场等一律享受法律保护，不得任意毁坏……各级政府应组织群众护林。”1965年5月25日，博白县人民委员会《关于保护森林和封山育林的布告》，共规定有9条。1987年7月1日，博白县人民政府《关于保护森林发展林业的布告》，共公告11条款。1988年9月5日，博白县人民政府《关于制止乱砍滥伐，哄抢盗伐，保护森林资源的布告》，并同年在博境内分设文地、英桥、那卜、虎头、龙潭、旺茂、水鸣、六岗、马口、生鸡窑、三育等11个木材运输检查站。公安、林政依法依规卫林护林，1993～2001年共查处森林案件282起，破案268起，重大案件发生95起；特别重大案件27起；查处治安案件187起；林业行政案件390起；处罚违法违规人数888人，收缴非法木材1910.2立方米，罚没折款65.7万元；林业行政罚款184.1万元；查获各种受保护的野生动物1156.5公斤，罚款5.8万元。发生森林病虫害面积20467公顷，防治面积14728公顷，防治率72%。2002年立查获处森林案件96起，重大案件5起，特大案件4起；处罚违法人员98人，逮捕15人；拘留16人，林业行政处罚65人，收缴木材251立方米，挽回林业经济损失60万元。2003年查获案件128起，林业行政案件90起，处罚违规违法人员223人，逮捕8人，刑拘18人，没收木材961立方米，收缴野生动物1200公斤，发放采伐证1.4万立方米，没有突破年度计划。

【森林资源】

1950年有森林面积7.8万公顷。没有蓄积量的记录。1950～1956年贯彻中南军政委员会：严禁肆行滥伐林木，彻底保护森林的农字第1号布告，成立管理机构，颁布保护森林、护林防火的布告、通知，进行宣传教育，1951年起，林木采种、育苗、造林纳入县计划下达任务，严惩毁林行为。1952年2、3月间，那林有5个乡乱砍林木40140株，博白县政府于3月25日下令停止。1953年12月17日，十三区邦杰乡周宗英故意纵火烧山13.3公顷，烧死马尾松12000株，被依法判处徒刑12年。森林资源获得较好保护。

1957～1961年，中央决定开展“全民大炼钢铁运动”，大炼钢铁压倒一切的中心任务，博白10万劳动大军上山大肆伐木烧炭，被毁森林面积1.92万公顷，蓄积68万立方米。同期全县兴办了11个地方国营林场，120个社队林场，经营面积12.3万公顷。

1962～1966年，调整生产关系，实行“三级所有，队为基础”，山林权属仅存国有和集体所有两种形式。县、区政府分设一名副职领导专抓林业工作，县成立专职林业工作队255人，此期，年平均造林0.8万公顷。

1967～1970年，公、检、法处于瘫痪状态，规章制度不健全，无政府主义思想泛滥，森林肆意被滥伐，年平均造林0.4万公顷，全国闻名的亭子林场467公顷茂密人工林一砍尽光，森林资源严重破坏。

1971～1978年，县社各级领导认真总结吸取教训，扶持办好社队、国营林场，发展人工林5.1万公顷，飞播造林3.0万公顷，期间年均造林1.0万公顷。

1979～1981年博白县社会体制更新期，期间破坏森林案件36起，滥伐森林面积0.2万公顷，蓄积5.0万立方米，竹林228万公斤，毁林垦地0.2万公顷。

1982～1986年，博白县委、县政府组织领导干部、职工1176人，组成33个工作队，167个工作组，落实了235个大队，7664年生产队的山权林权，完善了林业生产责任制面积13.7万公顷，划定了215个大队，5651个生产队，95838户的自留山面积3.4万公顷，有234个生产大队，4904个生产队的山岭林木8.8万公顷确定了林业生产责任制，组织发动2220个生产队37693户农民承包荒山造林1.9万公顷。“三定”落实后高标准，高质量营造人工林2.9万公顷，非公林业2.6万公顷，占人工造林的90%。

博白县1960年、1972年、1982年、2000年进行了森林资源调查,森林资源变化情况见下表。

博白县1960～2000年森林资源变化表

单位:万公顷

年度	总面积	宜林地	用材林	竹林	经济林	荒山	森林覆盖率(%)
1960年	38.4	25.1	11.6	0.5	4.2	12.2	30.3
1972年	38.4	24.0	10.3	0.6	0.3	10.1	26.8
1982年	38.4	23.0	9.5	0.7	1.0	11.5	24.5
1992年	38.4	20.2	10.6	0.4	0.4	4.5	33.4
2000年	38.4	20.1	16.0	0.41	1.6	1.3	53.1

【造林灭荒】

由于历史原因,到1989年,博白县仍有荒山6.67万公顷(100多万亩),是广西屈指可数的百万亩荒山县之一,玉林市唯一百万亩荒山大县户。森林资源遭破坏,环境恶化,生态失调,已受大自然惩罚。为扭转这种被动局面,偿还对大自然历史欠债,建设成山川秀美的博白,1989年博白县委、县政府决定加速造林灭荒,改善生态环境,振兴博白经济,造福子孙后代的方略。群策群力。"两年消灭宜林荒山、六年绿化博白"的奋斗目标,把造林灭荒作为各级领导"晋升"、"双文明"、"目标责任状"的一票否决制。自1990年、1991年、1992年三年三大步,共高标准高质量完成工程造林6.684万公顷(100.26万亩),封山育林0.33477万公顷,全面完成荒山造林,实现了灭荒达标目标。博白大地一片葱茏,"山川秀美"的博白实现了。

1993年5月24日桂绿发〔1993〕10号批复中共博白县委员会、博白县人民政府博政报〔1992〕14号《关于我县造林灭荒达标请求派员验收的请示》报告。自治区造林灭荒验收工作总队博白分队18人于1993年5月20日至6月7日对博白县造林灭荒成果进行了全面验收,历时19天,完成了验收任务。经区造林灭荒达标总队的实地核查,验收结果为:博白县林业用地达标栽植率99.989%,未达标率0.003%,未栽植率0.008%,荒山率0.008%。全县达标栽植面积19620.1公顷,未达标栽植面积5.887公顷,全县尚有荒山面积15.689公顷;城乡居民点栽植率为99.534%;公路宜林长度栽植率为98.726%;县境内铁路宜林长度栽植率为98.246%;主要河流两岸宜林长度栽植率为99.665%;区直国有农林场宜林地达标栽植率为99.51%,未达标为。未栽植率为0.486%,荒山率为0.01%。

【绿化达标】

1994年11月23日博白县人民政府博政报〔1994〕88号向广西壮族自治区人民政府请求派员验收绿化达标,1995年3月10日至3月20日自治区绿化委员会、林业厅派出绿化达标验收工作队进行了现场验收,验收结果如下:林业用地绿化率为95.4%;铁路绿化率为97.15%;公路绿化率为98.9%;河流两岸绿化率为99%;城乡居民点绿化率为97.7%;森林覆盖率为57.1%。经全面抽查验收后确认:"博白县各项绿化指标均达到自治区规定的绿化达标标准,我们认为博白县已实现全海拔绿化达标"。"博白县在造林工作中,领导重视,真抓实干,措施得力,方法对头,业务部门献计献策,当好参谋,提前一年实现了绿化达标的奋斗目标"。

【造林绿化】

2002年完成人工造林面积0.4万公顷,其中桉树速生丰产短轮伐工业原料造林0.32万公顷,经济果树造林0.06万公顷,竹林0.08万公顷,防护林0.017万公顷,珠防林工程造林0.06万公顷,完成工程封山育林0.27万公顷,育苗19公顷。实现中幼林抚育0.17万公顷,参加义务植树人数65万人,植树195万株,办绿化基地点5个,造林面积1.5万公顷,建设义务植树基地6个,基地造林0.007万公顷。

2003年,全县完成造林0.7万公顷,其中,速生丰产短工业原料造林0.67万公顷,比2002年增加0.35万公顷,与2002年同比增长109.4%,是博白县历史以来速丰林造林最多的一年。经济果木林0.014万公顷,封山育林0.14万公顷,完成低产林改造面积0.018公顷，迹地更新造林0.028万公顷，林业投入240万元，林业总产值6438万元。全县全年参加义务植树人数43万人次，共植树156万株。此外，实行义务植树登记卡制度，提高义务植树尽责率，对义务植树适龄公民进行填写义务植树登记卡，没有完成任务的单位和公民按规定收取义务绿化费，由县组织造林专业队，在县绿委会建立的义务植树基地、点上代劳造林。主要措施是：一是实事求是高起点制定年度计划。县林业局根据在建三威中密度纤维板厂年产15万吨规模的发展和要求，向全县各级政府高标准地提出了建设速生丰产工业原料桉树林确保0.66万公顷，力争1.0万公顷的目标。二是加强领导，狠抓落实。各级党委、政府都成立了速丰原料林基地建设工程领导小组，把造林绿化工作常年抓。三是早部署，超前抓种苗。以国有博白林场为依托，建设大型现代化良种组培繁育中心苗圃工厂，保证了造林用苗100%良种化，四是义务植树基地化，结合绿化点造林，各级均选择了义务植树基地点。五是严把造林质量关，县组成专门基地造林督查小组，不间断地对各地进行检查监督，发现问题及时整改并适时通报，确保基地造林质量跃上新台阶。

【依法卫林护林】

2002年，立查处森林案件96起，重大案件5起，特大案件4起，立查获处治安案件16起，受理森林行政案件66起，查处违法人员98人，其中，逮捕15人，拘留16人，行政处罚65人，收缴木材251立方米，挽回林业经济损失60万元，发放商品材采伐证12549立方米，制止过早、过小、无证采割松脂的林木20万株。

2003年，立森林案件128起，查处125起，查获处罚违法人员111人，逮捕8人，刑拘4人，治安拘留14人，行政处罚112人，没收木材960.8立方米，查缴保护野生动物1200公斤放归自然。发放采伐许可证14000立方米，没有突破年度指标，有效地保护了森林资源。

【森林防火】

坚持“预防为主，积极消灭”的森林防火方针，2002年防火工作取得显著成效，全年共发生火警火灾2起，过火面积10.1公顷，受害面积10.1公顷，受灾率仅为0.06‰。

2003年，各级党委、政府、业务主管部门做到“思想早发动、工作做部署、物资早准备、人员早到位”，切实预防了森林火灾。2003年发生火灾27起，受害面积195.55公顷，森林火灾受害率控制在0.68‰内。

博白县1971～2003年森林火灾统计表

年度	火灾次数	受害面积(公顷)	年度	火灾次数	受害面积(公顷)
1971年	9	222.7	1984年	5	327.3
1972年	6	82.7	1985年	3	15.4
1973年	7	169.9	1986年	8	206.7
1974年	缺	缺	1987年	8	51
1975年	4	95.3	1988年	7	34.6
1976年	13	410.7	1989年	26	31.7
1977年	9	297.3	1990年	23	14.91
1978年	2	2.7	1991年	11	46.29
1979年	9	248	1992年	8	38.48
1980年	16	279	1993年	4	6.8
1981年	6	81.3	1994年	1.5	41.3
1982年	3	19.2	1995年	3	27.9
1983年	15	231.3	1996年	7	33.5

续表

年度	火灾次数	受害面积(公顷)	年度	火灾次数	受害面积(公顷)
1997 年	1	19.5	2001 年	1	19.3
1998 年	7	175.9	2002 年	2	10.1
1999 年	4	48	2003 年	27	195.55
2000 年	3	40.8			

【森林病虫害防治】

据 1971～2000 年统计，共发生森林火灾 229 起，年均火灾 7.6 起，1971～1988 年 18 年间共烧毁林木 0.28 万公顷，年因火灾毁林 110.4 公顷。

2002 年森林病虫害防治密切注重病虫疫情监测体系建设，实施目标管理，做好检疫工作，严防病虫害传播，发生，2002 年松毛虫常发虫害面积 434 公顷，发生率为 0.24%，防治率为 100%，取得较好的效果。

2003 年发生松毛虫危害有 12 个乡镇，面积 759 公顷，发生率 0.67%，防治率 100%，及时、准确掌握松材线虫病监测调查，33 个乡镇选设了 61 个固定监测点，目前未发现病疫情传入博白县辖区。增添电脑现代化设备 2 台，检疫、测报现代化。

【生态能源建设】

2002 年新建沼气池 2100 座，占计划的 100%，培训沼气技术人员 60 人，发放宣传资料 3000 份，建设生态乡、生态村各一个，有效改善了农村生态环境。

2003 年投入农村能源沼气池建设资金 227.66万元。其中各级财政拨款 33.86 万元，群众自筹资金 48.45 万元。折合劳力投资 145.35 万元。全县新建沼气池 4550 座，年末累计实有数 9703 座，沼气总产量 1358.42 立方米，年户均产气量 1400 立方米。大力推广“养殖—沼气—种植”三位一体生态模式，在 311 个革命老区村组建成一大批高标准的示范村、示范点、户。项目的建设起到了省柴、电、劳，增肥、增产、增收、净化环境，减少生产投资、减少病虫害发生的“三省”，“三增”，“一净化”，“两减少”的能源生态良好社会效益。使受益农户实现了增粮猪多、鱼满塘、水果丰产增收。带动了第二、三产业发展，促进了农村两个文明建设。

【林业产业】

2003 年，狠抓林业产业结构调整力度，原有 7 个木片出口加工企业年产木片 2100 吨的基础上，又引进广西三威集团在博白新建年产 15 万立方米的中型中密度纤维板厂项目。企业产业调整，带动林业种植业内部结构的优化，按照高产、优质、高效的原则，吸引外商、外资企业，各种社会主体，多元化、多渠道投资投入速生丰产短周期工业原料林基地建设，取得显著成效。各种社会投入 318 万元，营造丰产工业原料林 0.67 万公顷。林业产业建设有新的突破。

自 1992 年造林灭荒绿化达标后，博白县历届党委、政府不间断进行组织实施调整树种、林种产业结构。开展以优良桉树、杂交松、相思树为主的速生短轮伐工业原料基地建设(详见下表)。

博白县速丰林年度表

单位：万公顷

年度	树种	造林面积(万公顷)
1993 年	良种桉	0.03
1994 年	良种桉	0.11
1995 年	良种桉	0.03
1996 年	良种桉	0.037

年度	树种	造林面积(万公顷)
1997 年	良种桉	0.086(其中博白林场 0.03 万公顷)
1998 年	相思	0.5958(其中博白林场 0.1632 万公顷)
1999 年	良种桉	0.2001(其中博白林场 0.0801 万公顷)
2000 年	良种桉	0.4770(其中博白林场 0.06768 万公顷)
2001 年	良种桉	0.7454(其中博白林场 0.196 万公顷)
2002 年	良种桉	0.7939(其中博白林场 0.4872 万公顷)
2003 年	良种桉、相思、杂交松	0.6954(其中博白林场 0.4937 万公顷)

(博白县林业局　戴大佐　陈建平)

兴业县林业

【林业机构】

兴业县是经国务院国函〔1997〕25 号文件批准,于 1997 年 4 月 22 日新设立的一个县,兴业县建县后,经兴业县机构编制委员会兴机编发〔1997〕128 号、101 号文件批复,兴业县林业局、水果局于 1997 年 9 月 28 日同时挂牌成立,两块牌子,一套人马。县林业局内设政秘股、营林股、林政股、财务股、林业公安股、检察室等 6 个职能股室;全县林业单位有:国有县直龙潭林场、石南苗圃,县森防检疫站、林业技术推广站、林业种苗站、木材公司、木材检查站、森林防火办公室、森林消防专业队以及 15 个乡镇林业工作(管理)站,在 2001 年县乡机构改革后,县水果局撤并划归县农业局。县林业局内设政秘财务股、营林股、林政股、森林公安分局等 4 个职能股室(分局)。县农村能源办公室职能从县农村工作办公室划归县林业局,乡镇林业站划归乡镇人民政府管理。至 2003 年底,全县林业系统在编干部职工 220 人,其中专业技术人员 28 人。乡镇级专职护林员 60 人。

1998～2003 年,全县共完成人工造林合格面积 2113.4 公顷,其中:用材林 148 公顷,经济林 289.3 公顷,防护林 1676.1 公顷。完成迹地更新面积 1325.3 公顷,经济林、竹林低改面积 4006 公顷,封山育林面积 2705 公顷,城镇、村(屯)四旁零星植树 378 万株,全民义务植树 408.5 万株,育苗面积 31.9 公顷,中幼林抚育面积 25621 公顷,成林抚育面积 16840 公顷,生产木材 93645.2 立方米。

【绿色通道工程建设】

根据自治区绿化委员会桂绿字〔1998〕5 号和玉林市绿化委员会玉市绿字〔1998〕01 号文件精神,兴业县于 1998 年 11 月初组织工程技术人员对全县绿色通道工程进行了规划设计,12 月 15 日县人民政府以上报文件形式将《关于兴业县绿色工程建设总体规划设计方案的报告》(兴政报〔1998〕112 号)上报玉林市人民政府。1999 年春,兴业县开始实施绿色通道工程建设。2000 年 12 月底全部完成了绿色通道工程造林任务,在全县境内的公路、铁路两旁各宽 1 公里范围内宜林地完成造林绿化合格面积 209.2 公顷,建立了市、县、乡(镇)三级绿色通道工程建设领导示范点 2 个,面积 49.6 公顷;完成义务植树造林 13.7 万株(折合面积 182 公顷),在县内公路、铁路两旁各宽 1 公里范围内建设石山封山育林面积 326.8 公顷。全县绿色通道工程建设共投入资金 21.22 万元,其中财政投入 1.15 万元,林业部门投入 9.80 万元,集资 9.97 万元,其他 0.30 万元。

【速丰林工程建设】

根据自治区林业局《印发〈关于加快速生丰产林发展的意见〉的通知》(桂林发〔2000〕39 号)文件精神,兴业县从 1999 年春开始,采取租赁、承包、股份合作等多种形式,对速生丰产林(尾叶桉)实行适度规模经营:一是"公司(法人)+农户"模式,即公司与农户签订合同,由公司统一规划和投资,由农户实施造林;二是以企业为龙头的基地造林模式,如以兴业县昌庆微粒板厂等林产工业企业为龙头,由企业与土地所有者签订联营合同;三是吸收境外资金造林模式,如引进印尼金光集团在全县各乡镇(林场)承包山地开发营造速丰林。自1999～2003年,全县发展种植尾叶桉速丰林908.6公顷。

【珠防林工程建设】

兴业县积极实施西部大开发建设项目,重点搞好珠江流域防护林二期工程造林规划和造林项目实施工作。根据自治区林业局桂计投资〔2001〕395号和玉林市发展计划委员会、市林业局玉市计农〔2001〕54号文件下达给兴业县2000～2003年珠防林二期工程建设任务为1066.7公顷,其中人工造林400公顷,封山育林666.7公顷。兴业县林业局于2001年12月对全县珠江流域范围内的现状进行了全面调查摸底,规划全县珠防林工程建设人工造林面积415.4公顷,规划封山育林面积767.6公顷。选择以生态林为主的树种作为珠防林造林树种,营造以八角、八角肉桂、尾叶桉马占相思、马尾松荷木等为主的混交林。2002年3月兴业县林业局组织完成珠防林二期工程《兴业县2002年度珠防林建设造林作业设计说明书》的编制工作。珠防林二期工程共投资175万元,其中国债投资100万元,地方配套资金50万元,农民投工投劳25万元,按照《广西林业生态工程造林检查验收办法》,兴业县林业局于2002年11月组织技术人员进行年度造林检查验收。全县共完成珠防林项目建设合格面积1247.4公顷,占任务的116.9%。其中:人工造林合格面积479.8公顷,占任务的120%;封山育林767.6公顷,占任务的115.1%。

【退耕还林工程建设】

根据自治区林业局桂林营发〔2000〕25号《关于开展退耕还林调查规划的紧急通知》文件精神,兴业县林业局于2000年7月在全县范围内开展了退耕还林情况的调查,确定了本县退耕还林工程项目为宜林荒山荒地造林,工程建设单位为11个乡镇和1个国有林场。自治区计委、西部办、财政厅、林业局、粮食局《关于下达2003年广西退耕还林工程任务计划的通知》(桂计农经〔2002〕696号)下达给兴业县2003年退耕还林工程宜林荒山荒地造林任务1333.3公顷。2003年春,兴业县退耕还林工程建设全面启动。在实施退耕还林工程建设中,兴业县稳定发展林业政策,坚持"谁种植,谁所有,谁受益"原则不变,业主自主选择租赁、承包、联营入股等方式开发山地造林。2003年,兴业县如期完成了本年度退耕还林工程宜林荒山荒地造林1336公顷。

【森林资源】

据1999年全县森林资源二类调查统计,兴业县国土总面积142685公顷,其中林业用地面积83919.6公顷,占土地总面积的58.8%;其中森林面积(含灌木林)79134.6公顷,活立木蓄积量247.6万立方米,森林覆盖率55.5%,比1991年森林资源二类调查时,林业用地面积增加了9182公顷,活立木蓄积量增加了146.6万立方米,森林覆盖率提高了15.4%。

【林政管理】

坚持"生长量大于消耗量"原则,严格执行限额采伐。1998～2003年全县采伐森林面积3780公顷,采伐林木蓄积161260立方米,其中:采伐商品材面积3239.6公顷,采伐林木蓄积104652立方米;采伐烧材面积638.453公顷,采伐林木蓄积11337立方米,农民自用材采伐蓄积18120.5立方米,均控制在上级下达的年度采伐限额指标内。

【木材运输管理】

经自治区人民政府桂政函〔1997〕158号文件批准,1999年7月8日,兴业县山心木材检查站正式挂牌成立。1999～2003年,全县共查处违法运输木材案件715起,依法没收木材3185立方米,罚没款1099305元。

【林地管理保护】

1998～2003年办理征占用林地7宗,征占用林地面积65.8公顷,收取森林植被恢复费968609元;办理临时征占用林地10宗,征占用林地面积1.5公顷,收取森林植被恢复费2765元。

【林业行政案件处理】

2002年县乡机构改革后,兴业县公安局森林公安分局挂牌成立。1998～2003年,全县共处理盗伐、滥伐林木案件27起,其中移交公安机关追究刑事责任案件2起;林业行政处罚案件25起,罚款50540元。查处违法运输野生动物案件14件,没收巨蜥26条,穿山甲1只,鸟类13只,蛙、蛇类864公斤,罚款12300元。

【森林分类经营区划】

根据自治区林业局2000年9月27日召开的"全区林业分类经营工作会议"部署,兴业县于同年10月初与广西区林业勘测设计院联手,按照《广西森林分类经营区划技术操作细则》,在全县开展森林分类经营区划界定工作，按生态公益林(地)、商品林(地)两种林进行区划。在现场界定时，当地政府领导和村屯干部、林权所有者、技术人员深入实地进行逐块界定，做到四至清楚、政府认可、群众公认，最后经县政府批准，逐一立碑公示。至2001年7月，全县森林分类区划界定外业、内业整套成果经全区县级森林分类经营区划成果评审委员会验收合格。

【森林防火】

兴业县自1997年建县以来，坚持“全社会抓保护、全民搞防火、政府负全责”的基本原则，森林防火实行各级政府行政领导负责制，县与乡(镇)、乡(镇)与村每年均签订森林防火目标管理责任状，层层落实防火责任。1998～2003年，全县共投入森林防火经费146.5多万元，全面、广泛开展森林防火宣传教育，狠抓林区野外火源管理，加强森林防火基础设施设备建设，进一步巩固和发展壮大森林消防队伍，各乡镇(林场)均建有森林消防半专业队伍。2000年3月组建县森林消防专业队。全县现有森林消防专业队员25人，半专业队伍751人，风力灭火机131台，油锯20台，森林防火专用差转电台1座，对讲机55台，19座森林消防运兵车1辆。自1998～2003年，全县森林防火各项指标均控制在上级下达的森林防火目标管理各项指标之内。1999年兴业县森林防火指挥部荣获玉林市森林防火目标一等奖；1998年、2000年、2001年和2002年荣获玉林市森林防火目标管理二等奖。

【森林病虫防治】

1998～2003年，兴业县共发生森林病虫害面积3000公顷，发生率0.63%，成灾面积587公顷，成灾率0.12%；防治面积2867公顷，防治率达96%。兴业县的森林病虫害防治工作实行目标管理责任制，县委、县政府把目标管理责任制作为考核林业局及各乡(镇)政府工作的主要内容，列入绿化责任状，并与各乡镇林业工作站签订岗位责任制，将管理目标落实到基层，做到目标明确，职责分明，任务落实。在宣传方面，县森防站充分利用广播、报纸、电视等新闻媒体、发放防治病虫害资料等方式，在全县范围内宣传病虫害防治知识，如病虫害发生特点、形态特征、防治方法等。在1999年和2003年松毛虫大发生年份，由于防治措施得当，没有造成大的灾害，减轻了群众的经济损失。2003年兴业县森防站通过自治区森防站验收达标，并启动国家级森林病虫害中心测报点项目建设。

【生态能源】

兴业县的生态能源建设是1997年冬贯彻全区生态农业恭城现场会议精神为标志进入快速发展时期，在县、乡、村建立健全了三级能源服务网络，在各乡镇组建了能源服务公司(站)。县委、县政府每年制订实施方案，召开全县生态能源建设工作会议，细化任务到乡镇，县长与各乡(镇)长签订建设沼气池责任书。至2003年底，全县共建设沼气池13148座，沼气综合利用12630公顷，投入建设资金1300万元。根据《自治区人民政府关于印发广西生态农业“152”示范工程实施方案的通知》(桂政发〔1998〕49号)文件的部署，兴业县确定了以大平山镇为生态乡、大平山镇陈村为生态村的“152示范工程”建设项目，到2003年底止，大平山镇的沼气入户率达40%，陈村的沼气入户率达50%，均达到项目建设指标要求。

【林产工业】

兴业县现有从事林业产业的单位和个人102家，其中人造板厂2家，松香厂2家，切片厂4家，板材、板方材44家，家具厂36家，餐具厂1家，刨板厂3家，来料加工厂8家，刀具厂2家，年可产人造板5万立方米，松香6500吨，松节油1000吨，木板、方材12600立方米，干木片13500吨，家具一批，年产值9180万元，年向国家上缴利税约360万元，解决就业岗位780多个。

(兴业县林业局)

贵港市林业

【概　述】

贵港市位于广西东南部，是华南地区最大的内河港口，桂东南重要的交通枢纽。东接梧州市，南邻玉林市，西、北分别与南宁市、来宾市交界。全市总面积106.11万公顷，总人口462.45万人，辖桂平市、平南县、港北区、港南区、覃塘区5个县市区、85个乡镇。属南亚热带季风气候区，北回归线横贯中部，年平均温度21.5℃，年降雨量1550毫米左右，相对湿度为78%左右，阳光充足，热量充沛，雨热同季。土壤以山地砖红壤、赤红壤为主，土地肥沃，极适宜林木生长。经森林资源二类调查统计，全市林业用地面积47.63万公顷，有林地面积45.07万公顷，森林面积44.28万公顷，活立木总蓄积量为1318.35万立方米，森林覆盖率达到41.9%。

新中国成立后，1955年，贵县人民政府设立林业科，主管全县的林业工作；1958年，成立县农林水利局；1959年11月，农林水利局分家成立林业局。1964年县委为加强林业工作，又成立了绿化委员会和林业领导小组。1989年10月，贵县撤县设县级贵港市，随之改为贵港市林业局；1996年6月升格为地级贵港市，成立了地级贵港市林业局，内设5个科室(分局)，辖2个议事协调机构、14个二层机构单位。市直机关、企事业单位共有干部职工481名，其中干部132名，职工349名，党员179名。

贵港市林业经历了半个世纪的风风雨雨，艰难曲折，起起落落，贵港人民始终在党委和政府的领导下，百折不扣地向荒山进军，坚持以营林为基础，造、封、管、节一起抓，掀起一轮又一轮植树造林的热潮，经过几个时期的发展，用辛勤的汗水，坚持不懈地绿化美化贵港大地。1950～1958年，是贵港市林业艰苦创业时期，原玉林地区的贵县、桂平县、平南县三县的县委、县政府开始发动群众植树造林，建立了国有贵县平天山林场、亚计山林场、桂平金田林场。1959～1962年，各县这时虽已成立了农林局，积极进行林业生产建设，但当时全民大炼钢铁运动，砍树烧炭，森林遭受到严重的破坏。1963～1966年各县林业恢复正常的发展。在1967～1976年"文化大革命"，这10年的动乱时间里，党和政府仍在花大气力组织人工植树造林，兴办了乡村林场，国营原贵县覃塘林场和平南县大五顶林场亦相继兴办起来，同时花大投资进行飞机播种造林，仅1969年和1970年全市共完成飞播造林4.5万公顷；但由于"文革"中无政府主义思潮泛滥，一些人趁机乱砍滥伐林木，全市森林资源又一次遭受大浩劫。1982～1984年，按照自治区的统一部署，各县开展林业"三定"(即稳定山权林权、划定自留山、确定生产责任制)工作，林业"三定"后，桂平县、平南县的林业工作进入相对稳定时期，森林面积逐年增加，而当时贵县由于宣传落实政策不到位，一些群众只顾眼前利益，大肆砍伐林木，时间持续4年之久，全县有林面积急剧下降，成林面积只有2.4万公顷，森林覆盖率只有6.53%。1986～1992年实施造林灭荒的时期，各县市大力开展人工造林，各级领导大办绿化样板示范点，办工程林、办基地，投入大量资金进行飞播造林，同时采取有力措施封山育林，强封严管，改燃节柴，累计人工造林11.02万公顷，飞播造林15.72万公顷，造林投资总额达6004万元，胜利完成全市史无前例的灭荒造林系统工程。1993～1999年，贵港市林业进入稳步发展的阶段，森林的经营管理主要是低产林改造、迹地更新造林、森林资源管理等工作，开发利用森林资源的造纸业、松脂厂、中纤板厂、中板厂、家具厂等林产工业不断发展扩大，森林旅游正在逐渐形成新产业，成为林业经济发展的新亮点。1999～2003年，为了提高森林的经济效益、生态效益和社会效益，市委、市政府对全市林业做出新规划，2002年10月召开了全市林业工作大会，出台了《贵港市林果业大会战实施方案》和《关于加快林业发展的意见》、《关于加快速生丰产林建设的实施办法》、《关于加快农村生态能源建设的实施办法》三个指导林业发展的纲领性文件，加大招商引资的力度，大力发展林产工业和速生丰产林基地建设。经过几年的努力，全市新造林面积3.3万公顷，其中速丰林由2000年前的0.22万公顷增加到2003年的1.61万公顷，林产工业从2001年的283家增加至2003年的1050家，增加767家，生产规模也从2001年的4.3万立方米增加到2003年的34.8万立方米，年产值达到六亿多元。

贵港市各级党委、政府历来都十分重视发展林业，始终坚持以营林为基础，采取"造、封、管、节、用"等措施，实施飞播造林、封山育林、平原绿化、珠防林、绿色通道、分类经营和退耕还林等一系列项目工程，使全市林业生产逐步走上规模化、集约化、社会化经营的轨道，取得了比较显著的成绩。1996～2003年，全市共完成人工造林7.35万公顷，封山育林1.98万公顷。

(贵港市林业局)

【退耕还林工程】

退耕还林是一项政策性、技术性强，涉及社会面广，操作复杂的一项工作，根据退耕还林必须遵循的原则，结合贵港市实际情况，各工程县(市、区)对实施退耕还林的山头地段进行分类排队，明确工程建设的目标任务，建设重点和政策扶持，对营造生态林、经济林造林树种安排进行科学规划。2002～2003年，全市完成退耕还林工程造林6666.67公顷，其中退耕地造林2000公顷，宜林荒山荒地造林 4666.67 公顷，造林成活率达到国家规定的标准，粮食、现金补助已全部兑现到农户。

【珠防林工程】

贵港市是珠江流域中游西江水系的郁江、黔江、浔江河段的交汇处，是生态区位比较敏感的地段，也是珠江流域防护林工程建设比较重要的地段，对该地段珠防林工程项目的建设能起到保持水土，防止土壤的侵蚀，防风固沙，稳定生态环境起到极其重要的作用。1996～2000 年，贵港市(主要是桂平市)珠防林工程项目规划设计规模 15000 公顷，其中人工造林 2600 公顷，低效林改造 4000 公顷，封山育林 3000 公顷，经检查验收实际完成工程是 1477.9 公顷，占规划任务的 99%。2001～2003 年完成珠防林建设 3957.3 公顷，其中，人工造林 1566.3 公顷，封山育林 2391 公顷。

(贵港市林业局)

【绿色工程】

贵港市绿色通道工程建设规划分为两期，第一期是 1999～2001 年，第二期是 2003～2010 年。从 1999 年开始实施一期工程到 2002 年全部完成，经自治区林业局工程技术人员检查、验收，完成绿色通道范围内宜林地造林绿化 1460.23 公顷，铁路、公路两旁绿化用地的绿化 533.73 公里，江河两岸绿化 91.67 公里，城镇(乡)、村(屯)绿化 607.13 公顷，投入资金 2553.65 万元。从 2003 年开始实施二期工程建设，2003 年规划设计造林绿化面积 613.3 公顷，实际完成造林绿化面积 637.4 公顷。

【全民义务植树】

贵港市的全民义务植树活动从 1982 年开始，每年都布置开展义务植树活动。经统计至 2003 年，全市参加义务植树人数 3548.4 万人次，累计植树 6222.69 万株，年人均义务植树 4.6 株。在全民义务植树运动推动下，贵港市于 1993 年造林灭荒达标，森林覆盖率大幅度提高。特别是成立地级贵港市后，森林覆盖率由成立前的 34.5%提高到现在的 41.9%，城市绿化美化更加显著，市区面貌焕然一新。桂平市于 1997 年 5 月被授予“全国造林绿化百佳县”，2001 年度又被全国绿化委员会授予“全国绿化先进单位”。

(贵港市林业局)

【速生丰产林基地建设】

根据国家林业局提出的“分类经营、分区突破”的林业发展战略，充分发挥区位和自然优势，从 2000 年开始，贵港市加大林业结构调整力度，在贵港市贵糖(集团)股份有限公司、甘化股份有限公司等企业的带动下，市委、市政府提出“十五”期间抓好 50 万亩速丰林作为贵港市的一项经济支柱和富民兴贵的重点战略。制定了发展速丰林的优惠政策，强化速丰林建设的服务和管理，加大招商引资的力度，先后引进了广西金桂林业有限公司、广西高峰集团、柳州林森速丰林开发种植中心、金光集团、区直六万林场等企业，采取龙头企业集团＋农民合作经济组织＋农户或公司＋基地＋农户等模式，通过独资、合资、合作、联营、股份制等方式，大力发展速丰林。主要树种是尾叶桉、马占相思等。经统计，到 2003 年底全市发展以种植速丰桉为主的用材林基地 1.61 万公顷。

(贵港市林业局)

【经济林建设】

经济林为五大林种之一，也是贵港市林业产业的一大支柱。根据 1999 年森林二类调查统计，经济林面积 6.71 万公顷，是林业用地面积 47.63 万公顷的 14.1%。到 2003 年增加到 7.20 万公顷，增加 0.49 万公顷。经济林中荔枝、龙眼面积 3.68 万公顷，占 51.1%，肉桂、八角面积 2.36 万公顷，占 32.7%。平南县已经建设成为全国最大的石硖龙眼基地，并在 2001 年 9 月被国家林业局评为“经济林建设先进县”，桂平市 2001 年 8 月被国家林业局命名为中国名特优经济林“中国荔枝之乡”。

(贵港市林业局)

【封山育林】

长期以来，贵港市人民群众在江河源头以及村庄周围实行封育，这样既涵养水源，又调节气候。通过加强宣传、树立封山育林碑、制定封山育林村规民约等措施，加快了全市造林绿化步伐，封山育林成效显著。经统计，1999～2003 年共封山育林面积达 1.98 万公顷。

(贵港市林业局)

【抚育间伐】

贵港市在 80 年代至 90 年代初，通过人工造林、飞播造林大力开展造林灭荒、绿化达标等活动，森林面积大幅增加，目前大部分林分已是中幼龄林，抚育间伐任务比较艰巨。经1999年森林资源二类调查统计，全市用材林需抚育间伐面积达5.34万多公顷，1997～2003年，共抚育间伐面积达1.34万多公顷，出材12.34万立方米，年抚育间伐量0.2万多公顷。

（贵港市林业局）

【低产林改造】

经统计，1999～2003年全市低产用材林改造面积达1.83万公顷，各县市区在低产林改造过程中，重视增强科技含量，大力营造速生丰产林或名、特、优经济林，积极推广无性系营养袋育苗技术，提高造林成活率。

（贵港市林业局）

【林木种苗建设】

林木种苗生产。贵港市共设有林业种苗站3个，其中市林业局1个，桂平市、平南县各1个。三区没有设站，只安排专人负责种苗工作。经统计，1996～2003年，育苗面积累计659.44公顷，累计育苗2.72亿株。特别是2001年以来，培育速生桉营养杯扦插苗3286.2万株，为贵港市发展速生桉提供良种壮苗。

苗圃建设。贵港市现有国有苗圃6个，集体和个人苗圃62个。面积294.5亩，从业人员1330人。育苗树种目前以培育速生桉为主，同时育有玉桂、八角、马尾松、杉等苗木，不断为改变树种结构，提高林业的经济效益和促进生态平衡提供良种壮苗。

（贵港市林业局）

【园林花卉产业】

贵港市花卉产业到2003年底，较具规模的花场45个，花卉面积已达269.8公顷，其中盆栽植物6.49公顷，绿化苗木254.3公顷，草坪植物9.33公顷。培育有白玉兰、蝴蝶兰、苏铁等花卉和绿化树苗150多个品种。年产盆花达50多万盆，绿化树苗500多万株，年产值达1000多万元。

（贵港市林业局）

【生态能源建设】

贵港市现有农村能源机构6个，其中市林业局1个，县市区林业局各1个，人员编制27名，现有人员28名。农村能源机构始建于1970年，隶属于农业局，由农业局土肥站兼管，1972年1月成立沼气办公室，1988年5月更名为农村能源办公室。1996年10月隶属于市林业局。职能是从事农村能源建设和管理，即是推广使用沼气和综合利用、省柴灶、太阳能、风能、微水电、地热能、生态家园建设等。经统计，到2003年12月，全市共建设第一期生态家园示范村13个，按照“一池六改”进行建设。累计建设沼气池7.44万座，入户率达8.8%，沼气综合利用6万户，其中，平南县2002年获得国家林业局小型公益项目，规模新建沼气池2000座，国家投资100万元，已完成2005座，占任务100.25%，桂平市2003年获得国家农业部农村沼气池建设国债项目，项目规模3000户，国债补助资金300万元。推广省柴节能灶82.38万户，热效率达到30%以上，入户率达98%。安装太阳能热水管0.39万户，共0.79万平方米。安装微水电4804台，共1万多千瓦。

（贵港市林业局）

【林业产业】

贵港市林业产业自新中国成立以来，经历了从一无所有、到单一经济、实行改革开放、自由发展、初具规模、进入有序竞争这几个阶段。林业产业正在不断发展扩大，林纸、林板、林浆、林脂相结合的林产化工业初具规模，逐步形成贵港市林业经济的支柱产业，成为贵港市经济发展新的增长点。特别是2001年以来，充分发挥林业部门的职能作用，成立林业产业协会，积极扩大对外开放，加强信息的互通，在政策上、技术上、市场信息等方面为广大业主提供优质服务，不断规范完善管理制度，协调各企业的关系，使其在市场上公平竞争，鼓励林产企业扩大生产规模，提高产品质量和竞争力，真正发挥社会团体发展经济、协调关系、公平竞争的核心作用。经统计，林产工业从2001年的283家增加至2003年的1050家，增加767家，其中木材经营22家、锯材加工厂355家、家具厂500家、单板厂113家大、小型胶合板厂12家、大型中密度纤维板厂1家，木浆造纸1家，木片、竹材、异形板等加工34家，松脂加工企业12家；生产规模也从2001年的4.3万立方米增加到2003年的34.8万立方米，2003年产值达到六亿多元，约占全市国民生产总值的7%～8%，比20世纪80年代、90年代林业生产总值占全市国民生产总值的2%～3%翻了几番。森林旅游正在逐渐形成热潮，自1982年9月建立大平山自然保护区和1988年8月桂平西山经国务院审定为“国家重点风景名胜区”之后，2000年龙潭国家森林公园和在2004年5月平天山森林公园相继投入营业，接待游客，森林公园各项设施逐步完善。

（贵港市林业局）

【森林资源调查及监测】

根据上级林业主管部门的要求，森林资源规划调查，国有林业企事业单位每5年进行一次，县集体每10年进行一次。贵港市于1999年根据上级部署开展了全市范围全面调查，调查结果显示，全市“九五”期末，林业用地面积47.63万公顷，有林地面积45.07万公顷，森林面积44.28万公顷，林业用地绿化率达94.62%，森林覆盖率为41.9%。活立木总蓄积量为1318.35万立方米，比“八五”期末增长413万立方米。据二类调查结果测定贵港市目前森林蓄积年生长量约为114.5立方米。2000年根据国家林业局和自治区林业局的统一部署，配合自治区林业勘测设计院搞好自治区级连清点的第六次复查工作。

（贵港市林业局）

【森林采伐和采伐限额管理】

地级贵港市成立以来，限额采伐制度在贵港市得到切实有效的执行，坚持做到：一是严格执行采伐限额全额管理，分项控制制度，按规定，凡是采伐胸径5厘米以上的林木，都纳入限额管理。二是实行采伐限额和年度木材生产计划双重控制，同时木材生产计划指标实行蓄积量和出材量双重控制。三是强化森林采伐源头管理，坚决打击乱砍滥伐行为。坚持做好伐前调查设计，伐中检查监督，伐后检尺验收工作。全市1996～2003年均没有出现超限额采伐林木现象。森林资源的消耗量少于生长量，确保森林蓄积持续增长。

（贵港市林业局）

【林地林权管理】

贵港市严格执行占用征用林地审核审批制度，加强了占用征用林地的审核审批工作。从2000年1月29日《森林法实施条例》颁布到2003年底，全市依法审核审批各类占用征用林地项目47个，审核审批面积230.22公顷，收取森林植被恢复费816.24万元，依法办理了临时占用征用林地项目6个，占用林地面积2.635公顷，预收森林植被恢复费9.367万元。坚持稳定山林权政策，鼓励开发性造林，开展退耕还林林权登记发（换）证工作，明晰产权，实行认证管理，从制度上有效避免产生新的山林纠纷。

【林业行政案件查处】

1996年6月至2003年12月，全市共发生林政案件5384起，查处5325起，查处率为98.9%。其中违法运输木材4771起，占88.63%；滥伐林木81起，占1.52%；盗伐林木22起，占0.41%；违法征占用林地46起，占0.86%；伪造、倒卖林业票证13起，占0.24%；其他林业行政案件（含野生动物案件）449起，占8.34%。挽回经济损失502.14万元，行政处罚人数5144人次。没收违法所得金额30.25万元；收缴木材30774立方米；野生动物1.36万只。责令补种树木2.23万株。处以罚款57.43万元；责令赔偿损失16.69万元；补征林业两金8.25万元。

（贵港市林业局）

【山林纠纷调处】

1982年林业“三定”时贵港市农民集体所有的林地除港北、港南、覃塘三个区的确权发证率达到90%以上外，桂平、平南两县市只对70%以下的有林地核发了林权证。林权证核发的不全面以及档案管理上的不健全等原因，使得当前山林权属争议问题还比较突出。据统计到2003年底，全市有山林纠纷案件93起（其中跨地市的7起，跨县市区及县市区级内的86起），且大部分是属于历史积案，调处难度大。机构改革后，贵港市土地、山林、水利纠纷调处办公室撤编，贵港市林业局把调处山林纠纷工作作为事关社会稳定的一项重要工作来抓，抽调人员成立市林业局调处山林纠纷领导小组办公室，负责山林纠纷的调处，在防止因山林权属争议而引发的乱砍滥伐、盗伐林木以及群体性械斗事件的发生做了大量的工作，有效地维护了社会的稳定。

（贵港市林业局）

【野生动物保护管理】

根据1996～2000年野生动物资源调查，全市境内野生动物资源共有25目56科112种。其中国家重点一级保护有鳄蜥、蟒、林麝等；国家重点二级保护有猕猴、穿山甲、白鹇、蛤蚧、虎纹蛙等。至2003年止，全市有饲养管理、繁殖技术经验的合法养殖场有56个。为了加强陆生野生珍稀动物资源的保护，对列入国家和自治区重点保护范围的野生动物，严禁捕杀、买卖，需驯养繁殖的，必须经批准并办理养殖及经营利用许可证，对非法捕杀、违法经营野生动物的，坚决查处。

贵港市珍稀野生植物主要分布在大平山自然

保护区，属国家一级保护的有桫椤树等；国家二级保护的有圆籽荷、格木、紫荆木、观光木等。圆籽荷是中国独有的茶科单种属植物，广西只在贵港有分布。为了保护、发展和合理利用野生植物资源，对列入保护的野生植物也同样严加保护，不准乱砍乱挖和非法经营。

（贵港市林业局）

【森林病虫害防治检疫】

贵港市共设有森林病虫防治检疫站3个，其中市林业局1个，桂平市、平南县各1个。三区没有设站，只安排专人负责森林病虫害防治检疫工作。3个森林病虫防治检疫站均为国家级标准站。

森林病虫害测报网络工程。1999年，国家林业局在贵港市设立了国家级森林病虫害中心测报点2个，建立长期、固定监测点108个，分布于全市85个乡镇，每年发布预测预报2次以上，监测面积24.81万公顷，监测覆盖率为97.1%。建立了松材线虫病专业监测队伍，于每年的4－5月份开展了定点监测，9～10月份进行全面的普查。

森林病虫害防治检疫。2001年开展森防管理质量年活动和森林植物检疫对象普查工作，完成了《贵港市森林植物检疫对象发生分布情况统计》资料。从2003年8月正式启动开展为期2年全市林业有害生物普查工作。抓好松毛虫治理，1999～2003年发生面积4500.8公顷，其中成灾面积539.67公顷，防治面积4500.8公顷，防治率100%，其中生物防治面积4209.07公顷。全市1999～2003年累计实施苗木产地检疫面积为199.29公顷，占应施检面积197.81公顷的99.2%，森林病虫害发生率控制在有林面积的0.3‰以下，木材调运检疫率达95%以上。

（贵港市林业局）

【森林防火】

地级贵港市成立以来，全市各级党委、政府高度重视辖区的森林防火工作，按照《森林法》、《森林防火条例》、《广西壮族自治区森林防火条例实施办法》以及上级的要求，不断完善森林防火队伍建设，至2003年全市共有县市级以上森林防火指挥部6个，成员人数112人；县市防火办事机构6个，在岗人数29人；防火检查站24个，人数69人；专业、半专业森林消防队86支，2236人；义务森林消防队488支，人数12860人；专职护林员777人，兼职护林员1101人。

一、防火设施建设

贵港市吸取1987年大兴安岭特大森林火灾的教训，全市各地林业和森林防火部门加大了对护林防火的投入，不断完善“四网两化”的建设，至2003年底统计，全市共有瞭望台37座，无线电对讲机334台套，防火隔离带2243.8公里，其中防火林带1333.8公里，森林消防车8辆，防火储备库3座，面积78平方米，扑火机具3008台（把），其中风力灭火机281台。各级累计投入2550.5万元，用于预测报网、瞭望网、通信网、阻隔网及扑火队伍的建设和购置扑火机具。

二、森林火灾

经统计，1996～2003年全市共发生森林火警火灾195次，其中火警69次，一般火灾125次，重大火灾1次。火场总面积4092.83公顷，受害森林面积1740.91公顷。受害较为严重的年份有1998年、1999年和2003年。统计分析表明，引发贵港市森林火灾的主要原因有扫墓、烧荒、吸烟及炼山造林等，这四项火因占了全部已查明火因的77.3%。而火灾的多发月份依次为四月、十月、十一月、十二月等，这四个月份发生的森林火灾次数占这八年中发生森林火灾总次数的72.3%。

（贵港市林业局）

【森林公安工作】

全市现有3个森林公安分局、1个林业公安科、7个林场派出所，现有人员56名，其中贵港市林业局森林公安分局4名，桂平市森林公安分局6名，平南县森林公安分局12名，港北区林业公安科3名，林场派出所31名。贵港市林场派出所始建于1981年，县（市）林业公安科（股）始建于1986年，1992年设有县级贵港市林业公安科，下辖五个林场派出所；县级桂平市林业公安科，下辖1个林场派出所；平南县林业公安股，下辖1个林场派出所，归属玉林地区林业公安科管理。1996年6月地级贵港市林业局成立，内设林业公安科，2001年变更为森林公安分局，桂平市、平南县也相继成立森林公安分局，港北区成立林业公安科；5个林场派出所，划归地级市林业局直属2个，归属覃塘区林业局2个，归属港南区林业局1个。森林公安组建以来，认真贯彻执行国家的林业法律、法规，积极查处各种破坏森林资源的违法犯罪案件。经统计，1997～2003年，全市共受理各类森林案件309起，查处301起，查处查破率97.4%，共打击处理违法犯罪嫌疑人员407人，其中逮捕63人，劳教6人，治安处罚266人，林政处理72人，共计挽回经济损失87多万元。办案涉案值2000多万元。1998年获自治区公安厅政治部、林业公安处“优秀林业公安科”，2000年获国家和自治区林业局“南方二号行动”先进集体；2002年获自治区森林公安局“三项教育”先进单位，2003年获广西区林业局“春雷行动”先进集体、全区林业“严打整治斗争”先进集体。

（贵港市林业局）

【林业法制建设】

全市设有森林资源林政管理科(股)6个，专职林政管理人员31名，其中，市林业局1个、人员4名，县市区林业局各1个、人员共27名。全市木材检查站9个，木材检查员79人，其中，桂平市2个，平南县4个，港北区2个、覃塘区1个。1996年地级贵港市成立后，市林业局内设林政管理科，桂平市、平南县林业局内设林政股和专职人员，港北区、港南区、覃塘管理区农林局均设有专门的林政管理机构和人员；设立木材检查站8个，共有木材检查人员41人。2001年行政机关实行机构改革，原港北区、港南区、覃塘管理区农林局分开单独成立林业局后，三区林业局内设林政股，但因编制问题，仍无专职林政管理人员。2003年，森林资源林政管理力量得到了加强，贵港市林业局及县市区林业局除均内设有林政管理机构外，专职的林政管理人员由1996年的17人增加到31人，木材检查站由1996年的8个增加到9个，木材检查员由44人增加到79人。

为不断提高林政管理人员的政治思想和业务素质，规范依法行政行为，1996～2003年，组织林政管理人员参加自治区林业局和本局举办的各种林政管理业务培训共613人次。1996年以来林政、木材检查站执法人员实行了持证上岗；木材运输证管理和签发、林木采伐许可证发放与管理分别于1999年4月1日、1999年5月1日起实施了持证上岗；林地管理和林木伐区调查设计的单位和个人也分别于2002年、2003年起实行了持证上岗。截至2003年，林政资源管理的人员全市均能按照自治区林业局和有关规定的要求实行持证上岗制度。

在林业行政执法中，做到以事实为依据，以法律法规为准绳，并遵循公正、公开的原则，依法实施行政行为。据统计，1996～2003年，全市共查处各种林业行政案件5325起，在查处的案件中对行政机关做出的林业行政处罚不服而提出行政复议申请的案件5件，经复议机关复议做出复议决定维持原行政机关做出的行政处罚决定的2件，责成重新做出行政行为的1件，责成补正行政行为的2件，对复议机关做出复议决定不服向人民法院提起诉讼的1件。

（贵港市林业局）

【林业科学技术】

全市现有平南县林科所和桂平市林科所2个，原有的贵县林科所于1995年停办。现人员编制48名，现有人员17名，其中科技人员9名。林科所成立以来，一是积极开展森林资源调查，掌握贵港市森林资源消长情况，为各个时期制定林业发展规划和林业生产提供可靠的资料数据。二是选育林木良种，营建马尾松选优及全区马尾松中心采穗圃，共收集了优良单株464株，完成嫁接16000株，建成面积66.67公顷的马尾松无性系嫁接种子园，保存了大量马尾松优良的基因资源，为马尾松的无性系繁育提供了基地。1987～2000年，共生产种子5100公斤，可供造林1.33万公顷；建立龙眼选优及采穗圃，从1993年开始组织了有关技术人员进行了为期三年的初选、复选工作，选择出的优良单株于1995年采集单株枝条分别在平南县林科所、大圩苗圃、覃塘林场三处进行嫁接繁殖建立采穗圃，妥善保存基因资源，进行繁殖和推广应用。三是良种桉短周期工业用材林综合技术开发，于1990～1992年在凤凰林场营造良种桉示范林66.67公顷，在大岭乡推广良种桉造林800公顷，项目达到了预定的年亩林木生长量1立方米的生长指标，达到了预期目的。四是尾赤桉优良无性系引种试验示范，2003年引进母株20万株，培育扦插苗300万株，建立试验示范林133多公顷，进行面上造林866.67公顷。

贵港市现有林业技术推广站5个(除港南区没有设立外)，现有人员20名，其中工程技术人员14名，占70%。1990年以来，林业技术推广站围绕全市林业建设进行了林业技术推广和技术服务，做了大量的工作也取得了显著的成绩。经统计，1990～995年完成推广应用湿地松容器育苗造林1亿多株，马尾松优良品种(马优)推广造林8000公顷，2000～2003年大力推广应用良种桉无性系扦插育苗和造林，累计育苗达3000多万株，推广造林1.67万公顷，林木年亩生长量达到了

1～1.5立方米，造林效果相当显著。

（贵港市林业局）

【林业工作站建设】

1986～1989年，贵港市在所辖的85个乡镇中，正式设乡镇林业站69个，属林业局的派出机构，人员编制280名，实有人员293名。2001年底进行县乡机构改革后，所有乡镇林业站划归乡镇管理，各乡镇根据辖区内森林资源情况，共有68个乡镇单独成立林业站，有15个乡镇并入农村技术服务中心。现有68个乡镇林业站中，重新核定编制人数为170名。比机构改革前280名编制减少110名，实有人员比原来293人减少129人。

乡镇林业站设立以来，积极参与人工造林、“绿色工程”、“珠防林工程”、封山育林、农村生态能源建设等林业生态工程建设，强化森林资源源头管理作用，严格执行限额采伐制度，协助林业主管部门打击破坏森林资源的违法行为，认真做好森林防火、病虫害预测预报工作，加快了森林资源的培育，有效地保护了森林资源，推进了贵港市林业快速健康发展。桂平市于1995年获得“全国林业站建设合格县”，桂平市紫荆林业站1996年被国家林业部评为“全国百强林业站”，同时又被自治区林业厅评为全区先进林业站。

通过各方面的努力，使绝大部分的乡镇林业站在机构改革后保留下来，三个区的乡镇林业站的在编人员全部列入财政预算，稳定了林业站机构和队伍。加强乡镇林业站基础设施建设，在68个乡镇林业站中，有27个建有站房，建筑面积7543.5平方米，绝大部分的乡镇林业站配备了通信设备和交通工具。对林业站工作人员加强了学历教育和岗位培训。经统计，1997～2003年，有34人参加站长培训，每年对站员及新吸收人员进行岗位培训，实行持证上岗。抓好站务公开建设，树立了乡镇林业站的文明窗口形象。

（贵港市林业局）

【国有林场建设】

贵港市管辖的国有林场有平天山、覃塘、亚计山、凤凰、金田、大五顶共6个林场，其中，市直2个，桂平市、平南县、港南区、覃塘区各1个。经营总面积3.18万公顷、有林面积2.49万公顷，活立木蓄积136.9万立方米。2003年底职工总数1500人，其中在职977人。国有林场实行人事、劳动用工、分配三项制度改革，在选择配备任用领导干部过程中，实行公平、公正、公开，严格执行《干部选拔任用条例》，把群众威信高的干部选进林场的领导班子；整顿机关作风，精简机构，进行岗位培训，把一部分机关人员充实到生产第一线，并根据林场有的工作季节性强的特点，采用临时工，季节工的办法，提高劳动效率，节约劳动成本；在分配制度改革中，打破大锅饭，根据生产任务、工种和劳动强度，实行生产责任制与工资奖金挂钩或生产项目和工作任务采取招标的办法，做到权、责、利联系在一起，奖罚分明。鼓励职工发展自营经济，进行种养和经济林果开发。据统计，参加自营经济人数688人，占在职人数977名的70.4%，经营面积1818.5公顷，人均1.6公顷，1999年度职工自营经济收入369.51万元，占总收入3302万元的11.18%，人均收入3316元，2003年自营经济总收入342万元，人均收入4970元。国有林场利用自己的资金和技术力量进行场外造林，金田林场以本场为依托，1988～1992年，与林场周边的4个乡镇联营造林，共完成造林面积8333公顷，建成了4个联营林场。大力发展林产工业和森林旅游业，林场的经济效益显著提高。

（贵港市林业局）

【乡镇集体林场】

贵港市乡镇集体林场大多数是20世纪70年代兴办起来的，集体林场有乡镇一级办的，也有县乡村三级联办或乡、村联办。全市目前还保留有乡镇集体林场41个，经营面积1.63万公顷，有林面积1.16万公顷，林场职工最多时达到6000多人，随着生产责任制的落实，乡镇集体林场实行承包责任制，有的经营管理权划归乡镇企业办公室，林场职工每个场只有2～3个留守。由于经营管理不善，乡镇集体林场有的只砍不再造林，致使有林面积逐年减少。从2000年开始，乡镇集体林场改革经营模式，通过招商引资、合资联营、出租等方式发展速生丰产林，有林面积逐年增加，造林效果相当显著。

（贵港市林业局）

港北区林业

【概　述】

1996年县级贵港市升格为地级贵港市，成立了贵港市港北区，位于贵港市中心城区，行政界址与港南区以郁江为界。港北区管辖8个乡镇，总人口45.12万人，全区土地总面积10.64万公顷，林业用地面积3.97万公顷。森林面积3.38万公顷，林业用地绿化率94.4%，活立木总蓄积95.18万立方米，森林覆盖率为35.28%。1996年从市农业局和市林业局分流到港北区的人员合并成立港北区农林局，林业方面的股室设立了业务股，下属林业机构有龙山木材检查站、河面木材检查站、防火办、林业技术推广站，于1997年又成立了林业公安科。农林合并的模式经过六年的实践，弊大于利。为便于管理，更好地发挥各自的职能作用，在2002年机构改革中，港北区委、区政府果断决策，把农林局分设为农业局和林业局，从此翻开了港北区林业局发展的新一页。全区有7个乡镇设有林业站，贵城镇位于城区没有设立，林业站共有干部职工24人。林业局(包括二层机构)现有干部职工35人，其中行政人员5人，事业财政全额拨款9人，自收自支21人。全区有村级护林员179人，森林消防专业队现有人数30人。这支队伍肩负起全区森林培育、森林资源林政管理、森林火灾的预防和扑救以及森林病虫害的防治等工作。全区的造林树种以松木为主，占总面积的64%，其次是杉木，占总面积的11%。林木多为90年代初灭荒时营造的，到现在已是中龄林，松木逐步进入割脂阶段，全区每年松脂产量1500吨左右。

1997～2003年，港北区共完成造林合格面积4762.4公顷，其中速生丰产林(主要是尾叶桉)完成造林2261.5公顷，马尾松直播1112.7公顷，营造经济林400.8公顷，完成封山育林面积1000公顷，完成中幼龄林抚育4666.6公顷，完成全民义务植树610万株。2001年开始，随着林业六大工程的实施，速丰林的开发种植成为南方林区的工作重点。港北区紧跟形势大力发展速丰桉生产，短短几年，从试种成功到全面推广，低产林改造和荒山造林并举，速丰林开发成为港北林业建设的重头戏，全区上下致力于调整林种结构，提高林分质量，掀起了绿化达标之后林业发展的又一次高潮。2003年是建区以来造林最多的一年，全年共完成造林1511.9公顷，其中速丰林造林完成1335.4公顷，共引导、鼓励和支持单位实体和经济能人20个到辖区开发种植速丰林，面积超过66.7公顷的有6个。2001年，港北区获自治区绿化先进集体荣誉称号，得到自治区绿化委员会、自治区人事厅、自治区林业局的联合嘉奖。

【森林生态效益补助资金试点工程】

该工程项目是经自治区报国家林业局批准从2001年开始实施的，港北区试点面积共5353多公顷。项目全部安排在原划定的国家公益林区内，其中奇石乡达开水库周围5200公顷，根竹乡国防林66.67公顷，其余在武乐乡石塘水库周边。按照补助标准和分配原则，港北区每年得到中央财政补助资金34.12万元，其中发放到林权单位或林农28.1万元，区级用于森林防火、森林公安、森林病虫害防治、资源监测等的项目资金为6.02万元。项目资金实行专户储存，专项管理，单独建账，单独核算。港北区根据实际情况，创造性地采取了有效的方式支付管护费。先由港北区财政局把资金划拨到港北区林业局，再由港北区林业局按核定的面积把资金下拨到试点乡镇，通过农村信用社将资金分解划拨到专为林权单位和林农开设的账户上。对于林权属村委会集体所有的，其管护费直接划拨到村委会在信用社开设的专户上，由村委会选出3名村民代表共同监管，凭村委会用款申请报告和监管的3名村民代表的身份证和印鉴才能领款，资金的使用由村委会召开村民代表会议讨论决定。对于林权属村民小组集体所有的，同样由村民小组选出3名代表，凭这3名代表的身份证才能领取专款，由村民小组集体讨论决定资金的使用和分配。对于林权属林农个人所有的，资金直接划拨到林农个人账户上，由林农个人支配。通过区政府和林业部门的积极宣传和正确引导，群众自愿把大部分的补助资金用于公益林区内的荒山荒地造林，着重用于发展经济林，增加经济收入，弥补因公益林限伐带来的减收。2003年，港北区荣获广西森林分类经营区划界定优秀成果二等奖，得到自治区林业局的奖励。

【珠江防护林工程】

2002年8月，自治区批复港北区实施珠江防护林工程。该工程项目总投资184.51万元，其中国债投资80万元，地方政府配套资金20万元，群众和业主自筹84.51万元。建设内容和规模为：人工荒山造林333.3公顷，封山育林333.3公顷。项目由港北区具体安排在中里、奇石和港城3个乡镇。2003年共完成了人工荒山造林343.0公顷，实施封山育林333.9公顷，超额完成了任务。

【林政管理】

港北区位于贵港市中心城区，是重要的木材集散地，根据城区木材经营加工点多、面广、管理难度大的特点，林政管理人员坚持依法行政，秉公执法，开展经常性的检查，严厉打击非法收购、运输和经营加工木材的行为，严格执行持证经营和年审制度。1999～2003年共查处林业案件1776起，为国家挽回经济损失约200多万元。几年来所查处的林业案件，都能做到事实清楚，手续齐全，程序合法，证据充足，处罚适当，使当事人心服口服，没有一件引起诉讼和行政复议的。加强森林资源的保护，严格执行采伐限额制度，1999～2003年，全区共采伐林木蓄积量6.11万立方米，出材量3.59万立方米，编限单位均没有超限额采伐。

【林业产业】

港北辖区共有大小木材经营加工企业139家，年加工能力达11万立方米。这些企业一般采取私营或合伙形式，大部分规模较小，经营形式灵活，直接解决了600多人的就业问题，每年可提供税收近30万元。2003年下半年，港北区林业局与广西西江农场联合建成了贵港市竹木专业市场。该市场占地约200亩，总投资100多万元，位于西江农场场部，属较大型的竹木交易市场。在贵港市政府和港北区政府的大力支持下，把原来位于南梧公路边的木材市场和城区零散的木材销售点统一搬到了新市场，实行规范经营，从而整治了市容市貌，促进了木材的贸易与流通，推动了辖区木材经营加工业的发展，繁荣经济，增加收入。

花卉产业随着人们生活水平的提高，特别是生态文明意识的增强，借助中心城区的发展优势，花卉产业近年来在港北区得到了较快发展。全区建立了花卉基地12个，总面积约60多公顷，品种主要有城镇绿化苗、绿化草皮、花卉、盆景等，每年为城区绿化提供大量的优良品种，产值600多万元，产品销往区内外，为绿化美化家园、建设美好生活、陶冶人们情操发挥了重要作用。

【森林防火】

港北区设立有森林防火指挥部办公室，负责森林防火日常工作。港北区防火办编制数1人，现实有人数7人。港北区专业森林消防队原有人数20人，经自治区森林防火指挥部验收评定为“县级专业森林消防队伍建设合格一类队”，在多次扑救森林火灾中都发挥了主力军的攻坚作用。随着市场经济体制建设的不断深化，为适应新形势下森林防火工作的需要，2003年底，港北区委、区政府决定，把专业队规模从原来20人扩大到30人，并把工资从建队之初每人每月350元增加到450元。加强基础设施建设，建立了瞭望台4座，全区现有风力灭火机38台。8年来，港北区没有因森林火灾发生过伤亡事故。1999～2002年，港北区共发生森林火警12起，森林火灾12起，过火面积244.1公顷，受害面积57.2公顷，年均受害率0.43‰。2003年，由于遇到五十年一遇的干旱气候，森林火险等级居高不下，港北区发生了森林火警2起，森林火灾4起，过火面积568公顷，受害森林面积205.2公顷，受害率达5.2‰，大大超过控制指标。其中较大的火灾有“11·16”、“12·18”两次森林火灾，每次动用的扑救力量达2000多人。

【农村生态能源建设】

以沼气为主的农村生态能源建设近年来在港北区逐步得到各级领导的重视，建池数量逐年增多，2000年全区建成沼气池187座，2001年建池504座，2002年建池700座，2003年建池701座。自从贵港市“玉贵走廊”建设的总体规划开始实施以来，港北区按照“玉贵走廊”建设规划，大力实施生态家园建设，2002年建成了根竹乡民权村生态家园示范点，共建成沼气池75座，铺设村中水泥硬化主道300米，小道1000多米；2003年又在根竹乡泗民村建设生态家园示范点，规划建设沼气池85座，目前建成56座，铺设水泥硬化村道三条共2000多米，建设花带270米，建成200平方米的休闲娱乐中心。两个示范点的村容村貌都得到了很大改善，群众的生活质量和文明素质有明显提高，种养业发达，经济发展快，农民人均纯收入比全区平均水平高出20%左右。

【林业教育】

港北区建区时林业系统干部职工的文化水平普遍偏低，有些只有初中毕业水平。提高林业系统干部职工学历水平成为亟待解决的问题。局领导果断决策，鼓励深造，凡参加林业类中专深造的，学杂费报销一半，参加大专深造的，学杂费视家庭经济情况酌情报销。此项决策大大激发了干部职工深造的积极性。两年后，除乡镇林业站个别年纪大的职工之外，林业系统干部职工都达到了中专毕业水平，部分干部职工继续读大专或本科。目前全系统有大专以上学历19人，占干部职工总数59人的32%。

（港北区林业局）

港南区林业

【概　述】

港南区位于广西东南部，即贵港市南部，地处郁江南岸，东南与兴业县相连，西邻横县，北与港北区隔江相望。港南区管辖11个乡镇、1个国有林场（亚计山林场）和1个江南办事处，全区总人口58.8万，土地总面积10.91万公顷，林业用地面积为3.42万公顷，有林地面积3.25万公顷，活立木总蓄积量为99.68万立方米，森林覆盖率29.82%。1996年港南区成立后，设立了港南区农林局，内设林业综合办公室，编制3人，设林业二层机构1个，即是区森林防火办公室，编制1人；乡镇林业工作站11个，人员编制18人。1998年和1999年，港南区农林局相继组建了港南区专业森林消防队（20人）和港南区林政执法队（3人）。2002年机构改革，港南区委、区政府为了加快林业的发展，设立港南区林业局，核定港南区林业局行政编制4人和1名工勤人员，森林防火办公室人员编制2名，增设农村能源办公室，定编2人。

港南区在1996年建区前，主要以松杉为主。建区后，在“再造一个山上港南”的口号下，区内各地大量培育龙眼种苗和速丰桉扦插苗，每年培育速丰桉苗40～100万供应本区内外。

港南区林业发展分为两个阶段，第一阶段（1996～1999）是港南区通过宣传发动开展绿色工程建设、调整林业结构、改林种果和发展乡村林场阶段，共完成造林2484.1公顷，比建区时的有林面积增加8.2%，森林覆盖率增加1.7%。1999年港南区桥圩镇东井塘村造林绿化和能源工作成绩突出，被评为自治区绿化“千佳村”。第二阶段（2000～2003）是港南区继续调整林种结构发展速丰林以及实施1万亩退耕还林和农村生态能源工程建设阶段，共完成造林2396.87公顷，特别是2003年积极开展林业大会战，完成造林1329.33公顷，沼气池建设完成1020座，均创建区以来最高水平。

【速生丰产林基地建设】

2000年以来，根据“分类经营、分区突破”的发展战略，充分发挥区位和自然优势，以“公司十基地十农户”的模式，通过独资、合资、合作、联营、股份制等方式，大力发展速生丰产林，形成了个体、企业、国有林场一起发展速丰林的新格局。主要树种是尾叶桉和马占相思。先后引进了金光集团、甘化公司等企业到港南区投资种植速生桉。经统计，2001～2003年全市共营造速丰林1686.67公顷。

经济林建设经济林建设很大程度上受市场经济的影响，建区之初，由于龙眼、荔枝价格较高，因此发展较快。至1999年二类调查结束时全区有4133多公顷荔枝、龙眼果木林。2000年以后，龙眼、荔枝价格大幅下跌，加上霜冻天气影响，龙眼、荔枝等经济林发展停滞。2001～2003年，经济林以营造八角为主，在几年时间内种植八角153.34公顷，其他经济林如竹子、乌榄、板栗、柿子、油茶、柑橘等在港南区都只有少量种植。

【森林生态效益补助资金试点工程】

2001年，港南区实行森林分类经营区划，商品林的面积2.26万公顷，占林地总面积的60%，能源生态公益林面积1.16万公顷，占林地总面积的34%，其中列入国家级重点公益林管护补助试点9066.7公顷，每年国家财政补助生态公益林管护费用47.6万元。港南区对森林生态效益补助试点工作非常重视，由区政府和林区所有者和管护责任人签订了管护合同，编制了《贵港市港南区森林生态效益补助试点实施方案》，并建立了管护公示牌14块，按照实施方案进行经营管护。

【退耕还林工程】

港南区退耕还林工程2003年完成666.67公顷，其中，退耕地造林333.33公顷，配套荒山造林333.34公顷，增加了港南区的林业用地333.33公顷。

【珠防林工程】

港南区2003年珠防林工程任务是人工造林266.67公顷、封山育林666.67公顷（要求在2004年完成），中央总投资70万元。到2003年底，已完成266.67公顷造林任务，666.67公顷封山育林任务已完成初封，计划在2004年建好各种碑牌，落实管护人员。

【绿色工程】

港南区1999～2003年共投入资金200多万元，共完成绿色通道建设折合造林绿化172.6公顷。占计划任务的101.2%。

【低产林改造】

根据1999年二类调查结束时统计的数据，港南区有马尾松1.87万公顷，湿地松0.51万公顷，马尾松平均蓄积每亩2.6立方米，湿地松平均蓄积每亩1.9立方米，低产林分每亩蓄积不足1.5立方米的占0.73万公顷。据统计，1999～2003年全区低产林改造面积达1840公顷，营造速生丰产林或名、特、优经济林，进一步提高了林地生产力，从而提高经济效益和生态效益。

【全民义务植树】

建区8年来，共完成全民义务植树560多万株，折合绿化面积2466.67公顷，全民义务植树尽责率达95%。

【农村生态能源建设】

1996年港南区成立后，港南区农林局逐步开展农村生态能源建设宣传等工作。1998年，随着广西生态农业"152示范工程"建设项目的实施，港南区成立了农村能源办公室，人员暂由港南区农林局现有人员调剂解决。2001年后，随着西部大开发的战略实施，以及以沼气池为纽带"三位一体"生态农业的发展，港南区委、区政府日益重视农村生态能源建设工作，2002年落实配备了农村能源办公室人员编制2名。通过印发资料、组织技术培训及参观生态村和对连片示范点补助资金的优惠政策等，调动了广大干部群众对农村生态能源建设工作的积极性。经统计1999～2003年，港南区建成沼气池共2420座。建成的沼气池成功率达100%，配套结合达80%以上，安装规范达90%，持证施工率100%。

【林业产业】

1996年底，港南区的林产加工业在桥圩镇、八塘镇和亚计山林场只有几家木材加工厂。1998年港南区委、区政府及林业局积极引导各乡镇的经济能人办林产业，1999年下半年成立了港南区信利林业物资有限公司，公司以生产中板和异形胶合板为主，主要经营中板、异形胶合板、木材加工、木材购销业务。目前公司管辖65家生产厂家，其中中板厂52家，异形胶合板厂4家，胶合板材厂4家，木片厂2家，锯材加工厂3家，全公司共有员工达600多人，生产规模也从始建初期的年生产中板0.38万立方米发展到2003年的2.78万立方米，生产异形胶合板3064立方米，生产木片1726吨，上交国家税费年达58万元。信利林业物资公司已成为港南区木材加工行业中的龙头企业，使港南区的林业产业发生了质的变化。

【森林病虫害防治】

港南区的森林病虫害防治工作由营林股的1名同志负责，主要职责是负责全区森林病虫监测、调查、防治和检疫工作。为了顺利开展全区基层森林病虫害工作，港南区分别组织各乡镇林业站和亚计山林场森防工作人员到玉林地区参观学习和市林业局举办的森防业务知识培训班的学习，使各单位森防人员对森林病虫害新的发生趋势、调查方法、防治措施等知识有了系统的认识。加强松材线虫病预防、防治松毛虫和林业有害生物普查等工作，在11个乡镇林业站(农业服务中心)和亚计山林场及南山公园共设有13个松毛虫监测点，监测面积2.33万公顷，监测覆盖率达100%，森林病虫害发生率控制在0.3‰以下，森林病虫害防治率达95%以上，苗木产地检疫率和木材调运检疫率达95%以上。

【野生动植物保护与管理】

港南区属丘陵地带，群众居住密集，野生动物甚少，区内只有几种广西重点野生动物。港南区对这几种野生动物的保护相当重视，2003年对辖区内滥捕虎纹蛙的违法分子进行了严厉打击，政法机关逮捕了3人，拘留了2人。

【森林资源调查及监测】

港南区克服技术人员少、编制人员少等困难，筹集了3万元，抽调10人，于1999年完成了港南区森林资源二类调查工作，为港南区制定林业规划打下了良好基础。二类调查为港南区的森林采伐和采伐限额提供了准确的数据，增加了港南区的指标，增加当地财税和提高了林农的经济收入，促进了市场的繁荣。

【林政资源管理】

港南区克服编制人员少(1996年7月至1999年底，农林局管理林业的只有1名副局长、1名工程技术人员、1名财务人员共3人)等困难，临时抽调了人员，从2000年开始加大了资源保护与林政管理的力度，到2003年底共查处林业行政案件424起，处理非法木材1226.5立方米，收缴罚没款36.54万元，处罚违法人员423人。其中处理盗伐林木案1起，滥伐林木案26起，违法运输木材212起，违法收购木材29起，非法占用林地2起，违法收购野生动物7起，违法采脂135起，其他行政案件13起。

森林采伐与采伐限额管理。港南区林业局每年度严格按木材生产计划发放采伐证，严格执行年度采伐限额的制度，控制森林资源消耗量少于增长量，以实现港南区森林资源不断增长的目标。据1997～2002年自治区核查验收港南区《县级领导干部任期森林资源消长目标责任状》的结果，港南区森林采伐没有超限额采伐现象，并且森林凭证采伐率达95％以上。

林地林权管理。近几年来港南区坚持稳定山林权政策，鼓励开发性造林，强化林地管理，严禁乱占滥用林地，严格按照征占用林地的政策来规范管理。严格按征占用林地审批程序为“兴六”高速公路、西电东送、西南油管埋设办理了有关手续，保证了重点工程项目建设和林区的安全稳定。

【森林防火】

1996～2003年底，港南区共发生森林火灾10次，平均每年发生1.2次。森林火灾主要是群众烧荒烧草积肥、上坟扫墓烧香烛烧鞭炮、学生烧蜂赶兽、烧火热食、群众乱丢烟头和炼山跑火等原因造成的。港南区按照“三不放过的原则”积极做好火灾善后工作，认真调查森林火灾原因和依法严肃处理火灾肇事者以及落实整改措施。

森林防火体系建设。港南区委区政府高度重视森林防火体系建设工作，成立了港南区森林防火指挥部和设立了森林防火办公室机构及落实人员经费，同时在1998年筹建成立了专业森林消防队，并在2002年整改和落实完善专业森林消防队的建设。分别购置了一辆森林消防指挥车和一批风力灭火机及无线电对讲机，在亚计山投资修建防火瞭望台和无线电通信差转台，加强重点林区防火线隔离带的修建和生物防火林带的种植，推进和完善了港南区的森林防火体系的建设。经统计，港南区共有专业森林消防队和半专业森林消防队各1队，人员共40人(即每队20人)，共有森林防火瞭望台2座，无线电通信差转台1座，手持无线电对讲机15台，机械性能良好的风力灭火机28台，森林消防指挥车2辆，防火线隔离带和生物防火林带56公里。

(港南区林业局)

覃塘区林业

【概　述】

覃塘区成立于1996年6月，位于贵港市西北，相邻港北区、横县、宾阳县、来宾市兴宾区、武宣县等，全区共辖6个镇、5个乡、1个国有林场，共有144个村民委员会，1644个自然屯。行政区域总面积134200公顷，其中林业用地31543公顷，占总土地面积的23.5％，森林覆盖率22.7％，林地中用材林面积24251.9公顷，灌木林面积3212.8公顷，经济林面积2987公顷，活立木蓄积量886151立方米，活立木年平均生长量67206立方米，木材生产每年约15000立方米，森林蓄积量为正增长。建区来，覃塘区从落实富民兴区新跨越目标和实施可持续发展的战略高度，通过制定优惠政策、优化服务质量，多渠道、多形式筹措林业资金投入等一系列措施，狠抓育苗造林、抚育间伐、封山育林、低产林改造等工作，使全区林业各项工作更进一层，逐步实现林业跨越式发展。

【速丰林基地建设】

覃塘区属南亚热带气候，雨量充沛，土地肥沃，树种资源丰富，并在速生丰产林种植方面有了较为成熟的技术和成功的经验。按照国家林业局提出的“分类经营，分区突破”发展战略，覃塘区委、区政府把发展速丰林生产作为调整林业乃至大农业产业结构，作为今后全区第二大财政支柱和增加农民收入的一项重要工作来抓，并制定了《覃塘区加快速生丰产林建设实施方案》，明确发展速生丰产林的优惠政策。各级党委政府进行了广泛的宣传发动，精心组织全区林果大会战工作。几年来，全区广泛发动各种经济实体、个体经济能人投资营造速丰桉，形成了公司独资办基地、“公司＋能人＋基地”、经济能人办林场、林农联合办林场等多种模式发展速丰桉。覃塘区速丰桉林基地从无到有，从小到大，到目前为止，覃塘区速丰桉林基地面积已达7000公顷，占森林面积由原来的2％提高到现在的22.2％。

【生态工程造林】

根据国家实施林业六大工程，覃塘区的珠防林生态工程建设坚持以国家投资为导向，以地方财政配套和群众投工投劳为主，多渠道、多途径、多形式、多层次筹措建设资金原则，该项目建设总投资157.37万元，营造了巨尾桉和柠檬桉、马尾松混交林277.8公顷，对全区的生态、经济、社会产生了良好的效益。

【退耕还林工程】

2003年覃塘区完成了退耕还林工程后，有333.3公顷的坡耕地还归有林地，1000公顷宜林荒山荒地得到绿化，全区森林面积增加了1333.3公顷，森林覆盖率提高0.99个百分点。该项目共营造经济林91.2公顷，生态经济兼用树种119公顷，主要是柿子、桃树、柑树、大青枣、茶叶、八角等，营造巨尾桉生态林1124.1公顷，通过退耕还林工程实施，为农村剩余劳动力提供就业，搞活地方经济，增加地方税收，促进全区经济发展起到了积极的作用。

【经济林果】

建区以来，速丰桉由原来建区前337公顷的基础上到目前为止已发展到7000公顷，占森林面积也由原来的2%提高到现在的22.2%，水果种植面积也由原来的1200公顷发展到1733公顷，林果业的经济效益逐步实现，其中主要经济树种有龙眼932.8公顷，荔枝395.4公顷，油茶471.5公顷，茶叶458公顷，玉桂336.8公顷，八角178公顷，经济林占林地面积31543公顷的9.5%。

【农村生态能源建设】

几年来，覃塘区大力发展农村生态能源建设，加快实施以养殖业为龙头，以沼气为纽带，全面促进和带动养殖—沼气—种植三位一体农村能源建设工程，推动农村经济持续发展和社会全面进步。制订了《覃塘区进一步加快农村生态能源建设实施方案》，做到层层责任到位，宣传到位，技术措施到位，补助资金到位，到目前为止全区建成非贫困村沼气池3240座。重点抓了大岭乡古平村陈屋屯、古樟乡李塘村李村屯、三里镇大零村、覃塘镇六务村官甫屯等一批示范点，起到了较好的示范辐射作用，如陈屋屯96户，已建成93座沼气池，入户率达96.9%。

【林产品加工】

几年来，覃塘区加强引导，调动企业、经济能人参与林业建设的积极性，引进资金、人才、技术，依托资源优势，大力发展林产品加工业。目前全区有从事林业第二产业的企业114家，注册资金2890万元，从业人数1390人，年产值15000万元。其中东龙镇60家、黄练镇21家，全区现有胶合板厂5家，中纤板厂1家，这些单位中规模较大的是甘化公司的恒运通中纤板厂，年产值达4000万元。对于辖区内的林产品经营加工单位，林业主管部门只收取经营许可工本费1.5元/份，木材检疫费1.5元/立方米，不再收取其他费用，这种政策在很大程度上有利于招商引资和促进覃塘区林产品经营加工企业的发展。

【生态环境保护】

覃塘区领导为了提高广大群众对保护森林资源、保护生态环境的意识，在加强宣传力度的同时不断加大管理和查处力度，每年都组织开展由林业部门牵头的“春雷行动”、“绿剑行动”等专项斗争，目的是严厉打击破坏野生动物资源、破坏森林资源等违法犯罪行为，有效保护生态生态环境。据统计，1999年以来，覃塘区共查处破坏野生动物案件34起，放生国家、广西重点保护陆生野生动物活体46700只，掩埋死体35000只。其中处理违法运输野生动物25起，处理无证加工利用野生动物9起，有效保护覃塘区的森林生态环境。

【森林采伐限额管理】

覃塘区认真执行国家的限额采伐政策，严格控制森林资源消耗。为了科学地编制采伐限额，覃塘区林业主管部门认真按照上级的部署，抽调精干人员，依照《森林法》、《森林法实施条例》的规定，结合本地实际，按期完成“十五”期间年森林采伐限额的编制和成果上报工作，并严格按照上级下达的采伐限额指标严格批准采伐。1999～2003年，上级下达覃塘区森林采伐限额指标为85657立方米，实际批砍85500立方米，没有超限额采伐。

【山林纠纷调处】

几年来，由于林业产业结构调整，林业经济效益逐步明显，山林纠纷案件有上升趋势。覃塘区委、区政府十分重视此项工作，不断充实山林调处工作人员，积极排查，主动介入，认真组织调处，力争把山林纠纷案件解决在基层、解决在萌芽状态，保障林农的合法权益，维护林区正常生产生活秩序，维护全区的改革发展和稳定大局。为林业生产创造有利条件。1999年以来，覃塘区共排查山林纠纷案件39件，组织调查36件，结案5件。

【林业行政执法】

覃塘区的林业行政执法随着改革的发展不断

得到加强，表现在一是区林业局内设有林政股，成立了木材检查站；二是由财政出资雇请专职护林员91名；三是对木材资源实行限额采伐，采伐必须经规划设计，凭证采伐，由乡镇林业站监砍。1999～2003年，全区共处理林业行政案件896起，处罚了林业犯罪分子450人次。

【森林防火体系建设】

建区以来，覃塘区领导非常重视森林防火体系建设工作，认真落实森林防火行政首长负责制，切实加强森林防火工作的领导。

一、完善领导机构

由覃塘区政府(区管委)主要领导担任总指挥长，分管林业工作的副区长(管委副主任)担任指挥长，区林业局主要领导担任常务副指挥长，其他成员由有关部门的主要领导组成，各乡镇也相应成立机构。各级森林防火指挥部认真贯彻落实中共中央、国务院《关于加快林业发展的决定》，从保护林业建设成果推进林业跨越式发展的大局出发，认真分析每年森林防火面临的严峻形势，切实增强了森林防火工作的紧迫感和责任感；进一步深化和完善了森林防火行政领导负责制，把森林防火工作列入重要议事日程，在防火期间，覃塘区森林防火指挥部成员经常深入责任区督促检查，各级防火办坚持全天24小时值班制度，严密监测火情，严格火情报告制度。每次发生森林火灾，区、乡镇防火指挥部领导都深入现场组织指挥、科学决策、落实扑火责任制，速战速决减少损失。

二、加强森林火灾扑救工作

覃塘区森林防火指挥部制订和完善了森林火灾扑救预案，各乡镇也相应制订和完善了森林火灾扑救预案。每年覃塘区森林防火指挥部都举行森林防火扑火知识培训，参训人员有覃塘区森林消防专业队全体人员、各乡镇分管林业领导，林业站长等。进入防火期阶段，区森林专业防火队时刻处于战备状态，加强训练，检修器械，保持快速反应能力，保证一旦有火情，早发现、早出动、早扑灭，速战速决，减少损失。专业队平时严格纪律，加强了战斗力。各乡镇在组建半专业森林消防队的同时，还巩固了原有的义务消防队，组织民兵应急分队，随时做好应急扑火准备。在发生火灾、火警的时候，区专业森林消防队都能做到快速出动，所在乡镇也积极组织人员参加扑救，覃塘区森林防火指挥部领导亲赴火场一线，靠前指挥，确保打早、打小、打了，最大限度地减少火灾损失，在扑火的过程中坚持“以人为本”的原则，从没有发生过因扑救火灾造成的人员伤亡事故。

三、强化野外用火管理

严格执行野外生产生活用火制度，需要野外生产用火的单位或个人，要交野外用火申请报告，覃塘区防火办检查督促野外用火单位或个人做好用火前的各项筹备工作，符合野外用火安全条件后方能领取野外生产用火许可证。此外加大宣传力度，充分利用宣传车、广播、黑板、标语和印发森林防火资料等形式进行广泛地宣传教育，使森林防火工作进村入户，增强了林区群众的森林防火的自觉性。1999年以来，全区共制永久性防火宣传牌234块，书写固定防火标语1500多条，每年张贴大小标语3000多条。

四、加大森林防火资金投入

建区以来，区委、区政府高度重视森林防火工作，在人、财、物方面给予了大力支持。每年区本级列入财政预算的森林防火资金20万元，主要用于森林防火专业、半专业队员的报酬、灭火设备配置、各种配套措施、灭火专用交通工具的配置及扑火经费的投入，从而加强了防火设施设备和防火队伍的建设。目前，全覃塘区共有专业森林消防队员20名，并配备了风力灭火机8台，专用对讲机26部，一辆消防车及一批二号灭火机具。各乡镇、各国有林场也组建半专业森林消防队共12支，队员350名，风力灭火机29台及一大批二号灭火机具，专业护林员91名，从而加大了覃塘区森林防火体系的建设。

【国有林场建设】

覃塘区国有凤凰林场位于贵港市西南面，距市区30公里，与五里镇、石卡镇、大岭乡、横县云表镇4个乡镇相邻，林地平坦，一般海拔70米左右，对机械作业十分有利，林地的北面和南面与九凌水库和古平水库相连。林区道路和公路连成一体，特别是新建成的兴六高速公路横贯林区而过，场部与高速公路入口约6公里左右，林区道路随处可以通车，交通十分方便。凤凰林场建于1964年10月，建场时属平天山林场凤凰分场，1965年开始造林，1969年造林结束。当时的当家树种为桉树类，尤其是柠檬桉较多。1971年，为了有利经营管理，与总场分家，成立凤凰林场。1996年6月，地级贵港市成立，隶属于覃塘区林业局管理。建场40年来，林场由小到大，经济不断持续发展。现林场场部设有办公室，生产技术组、财务组、派出所和九凌站、狮子站、古平站等机构，现有职工110人，干部20人，其中科技干部5人。在110个职工中，搞自营经济承包土地103人，在岗工作7人。全场总面积为1290.6公顷，经营面积1262公顷，其中林业用地1090.2公顷。据2003年统计，有林地面积584公顷，其中有速丰桉497.4公顷，经济果树86.67公顷，有活立木蓄积约3万立方米。1990～1993年年总收入在45万～55万元之间。1994～1997年总收在140万～300万元之间，1998～2003年年总收在28万～46万元之间，职工自营经济收入年超过200万元。林场现已有一定机械设备，其中推土机、警车、小型面包车各一辆，发电机组40千瓦和15千瓦各一台，供电供水设备1套，有专用的高压线路，安装有160千瓦输电变压器4台，建有红砖厂、木片厂、石灰粉厂，厂房面积达3600平方米。建场40年来总投资1558.0万元，其中：国家投资76.6万元，自筹资金1481.4万元，为社会提供木材7.5万立方米，林副产品柠檬桉油价值219万元。凤凰林场坚持以林为主，根据平地林场的具体情况，于1974年起按自治区林业厅的要求，在林场的第二、第三林班的低产林地，改种湿地松优良树种，经过1974～1976年3年时间的培育种植，已完成栽培湿地松面积92公顷，荣获自治区推广种植湿地松二等奖。1990～1993年推广种植优良尾叶桉、巨尾桉，营造速生丰产林134公顷，其中100公顷是国家级星火计划项目，在实施项目中，把好造林技术关，实现一年成林，荣获实施项目二等奖。为谋求林场新的发展，1997年7月对林场的领导班子进行了必要的调整、充实。新领导班子根据林场实际，调整、压缩管理人员，将原来40多名管理人员调整压缩成7名管理人员；认真搞好职工的自营经济，林场几年来职工的自营经济年甘蔗产量近1万吨，总收在150万～200万元之间，单就甘蔗间种西瓜一项，职工年纯收入就超万元。盘活林场的资产，场领导利用途经林场的兴六高速公路建设之机，将建设得半途而废的石灰粉厂承包给个体老板，将已停产的木片厂、与木材加工厂合股经营，将不必要的闲置机械全部顶债给债主；梳理好林场场内外承包林地和其他债主的遗留问题；加大退耕还林的力度，1999～2003年林场利用承包户的资金每年完成退耕还林34～167公顷，现已完成退耕还林497.4公顷；利用好林场的平原优势和交通条件，2003年在覃塘区政府招商中心的引导下，计划与广西福鼎投资公司全面合作，由福鼎公司投资建立柚木生产基地、速丰桉和柠檬蒸油基地和林下间种草药。此项目正在计划实施中。凤凰林场经过40年艰苦奋斗，昔日的荒地变成一片片的绿色林海，为国家创造了一笔露天财富，有力地支援了国民经济建设。

（覃塘区林业局）

平南县林业

【概　述】

平南县位于广西壮族自治区东南部，贵港市东部，东连藤县，南接容县，西邻桂平市，北与金秀、蒙山两县接壤。辖18个镇7个乡，1个国有林场。全县土地总面积29.94万公顷，其中林业用地面积16.95万公顷，现有森林面积13.31万公顷，活立木蓄积435.16万立方米，森林覆盖率53.3%。至2003年，全县林业在职干部职工有307人，其中有高级职称2人，有中级职称27人，初级职称54人。

1952年12月，平南县人民政府设置建设科，主管全县农林水、邮电、城镇等方面工作。1954年10月，撤销建设科，成立林业科。1958年春，林业科并入农林水利局。1959年11月，成立平南县林业局，1968年12月，林业局归口农林水系统革命领导小组。1970年1月，农林水系统革命领导小组划归平南县革命委员会生产指挥部，内设置有林业业务小组。1972年7月，农业与林业合并，时称农林局。1973年2月，撤销农林局，成立平南县森林工业局，同年11月，成立林业局，专门负责全县造林、护林、采伐和木材经营管理工作。

【森林分布】

平南县内植被区系属南亚热带常绿阔叶林区域，林木种类较多，维管束植物约有570多种，隶属100多科200多属。经济价值较高的有34科43属约100种。原生植物多属壳斗科种群，有青岗栎、麻栎、大叶栎、红椎、白椎、米椎、稠木等。由于长期人为活动的影响，原生植被破坏严重，原始林已不复存在，仅有少量原生植物零星残存于深沟谷底。目前人工植被已成为最重要的植被群系，主要有马尾松、杉木、湿地松、桉树、红椎、肉桂、八角、荔枝、龙眼、竹、油茶等。1999年统计,杉木面积为2.52万公顷,主要分布在马练、大鹏、国安等乡镇;马尾松面积为8.46万公顷,主要分布在六陈、大洲、寺面、安怀、同和、平山、大坡等乡镇;肉桂面积为7031.7公顷,主要分布在平山、六陈等乡镇。

【森林资源动态】

1999年的森林资源调查数据与1990年相比较,全县活立木蓄积量由1990年的304.24万立方米增加到1999年的435.16万立方米,增加了130.92万立方米,净增率为43.03%,其中:用材林蓄积由253.17万立方米增加到402.18万立方米,增加了149.01万立方米,净增率58.9%;防护林蓄积由25.92万立方米增加到26.38万立方米,增加了0.46万立方米,净增率1.8%。据1999年的森林资源二类调查数据显示,全县森林覆盖率为53.3%,较1990年的38.1%提高了15.2%,绿化率为94.2%,森林年生产量是26.12万立方米,年消耗量是13.93万立方米。

【植树造林】

新中国成立后,党和政府十分重视植树造林,绿化荒山,年年发动群众植树造林。全县1952～2003年止,累计人工更新造林11.09万公顷。此外,平南县自1969年起使用飞机播种造林,至1992年共进行了七次全县范围内的飞机播种造林,共用种子18.8万公斤,播种面积10万公顷,有效面积6.87万公顷,耗资294万元。1984年对前三次飞播林进行了保存及生长情况调查,林木保存率为12.85%。但仍有部分飞播区相当成功,如安怀乡罗平村2个飞播区保存率达98%,被评为"广西飞播造林先进单位"。1990年,全县开展了造林灭荒运动,历经三年,消灭荒山2000公顷,1992年全县自检实现造林灭荒。1993年,顺利通过了自治区造林灭荒验收。随即在全县开展了以玉桂、石硖龙眼为主体的果桂生产运动,建成平山、六陈万亩肉桂带。1995年又通过了绿化达标验收。1995～1996年开发镇隆、大新、大安三角地带优质石硖龙眼果带。1997年开发寺面、大坡、大洲万亩果树带。历年来,平南县经济林建设也已经取得了显著成果,已经建设成为全国最大的石硖龙眼基地,并在2001年9月被国家林业局评为"经济林建设先进县"。

【速生丰产林基地建设】

2001年,自治区林业局在平南县大坡镇罗梧村发展了66.7公顷速生丰产桉树示范基地,拉开了平南营造速生丰产林的高潮。平南县林业局通过招商引资,2002年底引进区直六万林场和金光集团(印尼)到来投资发展速丰桉。与此同时,也大力鼓励本地经济能人参与速丰桉发展工作。至2003年底,平南县共发展速丰桉树林达3866.7公顷,其中二大集团共造速丰桉树3200公顷,县内共有20多位经济能人营造速丰桉树266.7公顷。

【林产工业】

平南县在1952年成立县木材采购站,设同和收购组、蒙江转运站、平南采购组、武林采购组。1956年迁址到乌江秀水岭,并更名平南县森工站。1980年,森工站更名为平南县木材公司,隶属县林业局,具体负责管理和收购木材工作。平南县木材公司具体负责管理和收购全县木材工作。至2003年,平南县木材公司累计收购松木70.28万立方米,杉木11.98万立方米,松脂315万公斤,桂皮41万公斤。1992年,平南县为充分利用好县内丰富的松脂资源,兴办了中外合资平南县林发林产化工厂,总投资589万元。平南县内木材加工较为普遍,2002年,全县注册木器加工店有188家,主要经营介板、门窗和家具。全县年加工各种板材约8620立方米。竹木芒编加工也在近年兴起,逐渐成为县内民营经济的支柱行业。至2002年,全县注册的竹木芒编企业有10家,主要分布在平山,产品主要销往欧美国家,年产值在4000万元左右,每年为县创外汇约400万元。

【森林病虫害防治】

新中国成立后,人工营造纯林面积逐年增加,病虫害的发生也较以前有所增多。平南县林业局的营林股(或生产科)和平南县林业科学研究所共同负责起全县森林病虫害的防治工作。

1978年平南县林科所生产白僵菌300公斤分发到县内松毛虫害发生较多的公社进行放菌,防治松毛虫效果明显。长期使用白僵菌防治松毛虫使全县松毛虫害连续多年不成灾。1989年,经县农委批准,成立了县森林病虫害防治检疫站,具体管理全县森林病虫害防治工作。此后,每年都开展了马尾松毛虫防治工作,同时还对马尾松扁叶蜂防治及肉桂枝枯病防治试验,取得明显的效果。

【自然保护区】

平南县田贵自然保护区成立于1987年，属县级保护区。总面积8820公顷，是大瑶山水源林保护区的体系之一，主要分布在大鹏、国安二个乡镇。

【森林资源调查及监测】

自1956起平南县共进行了6次全面的森林资源调查。1956年、1960年和1972年的森林资源调查均是自治区林业调查设计队前来指导调查。1981年，县为了搞林业区划，组织了17人进行了第四次森林资源调查，采用11公里网布点进行抽样调查，全县共设2981个调查样点。1990年，由广西林学院组织学生59人，教师14人，县林业局组织技术骨干13人，共86人，采用小班勾绘调查方法计算面积及用公里网系统布点角规调查立木蓄积量。1999年，由县林业局组织40多名林业技术骨干对全县森林资源进行第六次全面普查，采用小班勾绘和小班调查实地踏勘方法进行。

【森林防火】

平南县是全区重点森林防火县之一，较易发生森林火灾。新中国成立后，人民政府加强了对森林防火的领导，森林防火工作由县林业局管理。1987年，平南县人民政府成立平南县护林防火指挥部(2000年更名为平南县森林防火指挥部)，下设办公室(设在县林业局内)开展日常工作。同时，平南县内20个林区乡镇和国有大五顶林场设立了森林防火指挥部，负责本辖区的护林防火工作。各林区乡镇在村级开始设立护林员，负责宣传国家有关林业的方针、政策，发动群众遵守护林乡村民约，共同爱林护林，巡视森林，管理好野外火源，监督防火措施的落实，发现火情立即报告并组织扑救，协助有关部门查处山林火灾案件。1989年12月，平南县成立森林消防应急小分队，这是广西壮族自治区内第一支森林消防专业队。后更改为平南县森林消防队。1998年5月，平南县编委发文确定县森林消防队的事业编制，定编30人。队伍建立后，平南县森森防火指挥部办公室负责进行半军事化管理，并在每周组织专业队员进行体能训练和业务学习，提高队伍的整体素质。各林区乡镇也成立有20人以上的森林防火半专业队伍。在全县森林防火及火灾扑救中立下汗马功劳，减少了森林资源的损失。2002年起，在与大鹏、马练等县界重要区域地界、重要地段共修设防火隔离带150公里，其中有50%种上荷木、火力楠等防火林带。

【森林公安工作】

平南县森林公安机关机构设立于1987年底，当时设有平南县公安局林业公安股、平南县公安局田贵自然保护区派出所，并在平南县公安局六陈派出所、大洲派出所、马练派出所内部增设林业公安组。1989年11月，正式挂牌成立平南县林业公安分局。1997年3月，恢复为平南县公安局林业公安股。2001年，平南县机构改革，林业公安股为平南县林业局内设的一个职能股室。2002年5月，撤销田贵自然保护区派出所和平南县公安局六陈派出所、大洲派出所、马练派出所内设的林业公安组，正式挂牌成立平南县公安局森林公安分局，是全民所有制的事业单位，实行以平南县林业局管理为主的县公安局和县林业局双重领导的管理体制，定编13人。现有干警12人。平南县森林公安机关组建以来，认真贯彻执行国家的林业法律、法规，积极查处各种破坏森林资源的违法犯罪案件。为维护全县林区社会治安秩序稳定，保护森林资源安全，做出了积极的贡献。据统计，至2003年底，平南县森林公安机关荣立自治区集体三等功6次，干警荣立自治区个人三等功11人次。其中，现任局长梁国平同志在2003年6月，获“全国优秀人民警察”称号。

【林业科学技术与推广】

1975年，平南县林业科学研究所成立，办公地点设在同和镇。1985年，县林科所迁到上渡镇大乙岭，其原有试验基地1700亩(1996年拨还当地生产队1400亩，目前尚余300亩)，苗圃地430亩。1975～1997年，建设了杉木速生丰产林600多亩，石硖龙眼采穗圃10亩，石硖龙眼果园100亩。2000年起，根据实际，将部分果园承包给干部职工经营。1976年，县林业局在寺面乡建立平南县油茶试验站，主要任务是试验各品系油茶速生丰产技术措施。1986年，归县农林开发服务站管辖，随着县内油茶生产的没落，20世纪90年代以后，县油茶试验站已名存实亡。

全县林业科技推广工作主要由平南县林业局组织实施，县林科所、大新苗圃、县农林开发服务站等单位协助，主要的推广项目：一是推广杉木、肉桂等树种的种子育苗。解放前至解放初期，县内杉木繁殖基本上采用嫩株扦插造林，肉桂造林用苗也是以驳根繁殖为主，其最大缺点是所产苗木极有限，不能满足大面积造林需求。1963年，平南县林业局下乡技术人员指导六陈大妙林场试验用种子育肉桂苗1亩并获成功。1973年县林业局又指导同和金鸡林场育5亩杉苗，也取得成功。此后，县内杉木、肉桂等种子育苗造林逐渐开展和普及。二是推广石硖龙眼等无性繁殖育苗。无性繁殖是采用植物的根、茎、叶进行繁殖后代，主要方法有嫁接、空中压条、分根等。肉桂、枣树等树种采用分根方法繁殖早已被全县广大林农掌握并广泛应用。1981年玉林地区科委与大新苗圃开展石硖龙眼嫁接试验成功后，大新苗圃、县林科所、大乙岭苗圃等单位相继用嫁接方法培育了大量石硖龙眼嫁接苗，使此项技术在全县广泛推广应用，并应用到其他林果育苗，如黄榄、芒果、荔枝、柑橘等。三是推广容器育苗造林。1987年，平南县开始引种国外松。由于种子价格高，为保证造林成活率，1988年，县林业局大力推广塑料薄膜营养袋育苗。当年，共育湿地松等国外松营养杯苗达100万株。营养袋育苗造林成活率极高，普通林农种植成活率在90%以上，且营养袋育苗造林不受季节限制，苗木造林后没有滞生期，幼林生长快，成林早，深受广大林农的欢迎。四是推广速生丰产桉树。2001年，平南县林业局引进速生良种桉树，并由自治区林业局在大坡罗梧村开发了一个66.7公顷的速丰桉示范基地。同时，县林科所用尾叶桉组培母苗插穗进行扦插快速育苗试验，扦插成活率达90%以上。至今，为全县提供速生丰产良种桉树杯苗达300万株。

【生态能源建设】

平南县农村能源办公室于1989年成立，其前身为平南县沼气办公室，其职能主要是从事各种物质和生物质能、风能地热能、小水电和太阳能等可再生能源的开发利用，其重点是在全县推行沼气池、省柴灶等可再生能源的开发。

一、推广省柴灶

自20世纪80年代前期，平南县增产节约办公室逐步开始了改灶节能试点工作。随后的沼气办和能源办也积极推广省柴灶。至2002年底，平南县已有23万户农户建造了省柴灶，入户率达到99.3%。

二、推广自动排渣沼气池

1997年前，平南县沼气池共有3300座，均为旧式沼气池。1997年，县农村能源办公室引进自动排查沼气池建设技术，克服了旧式沼气池、发酵不充分、排渣难等缺点，并组织部分乡镇的群众前往参观。能源办在办公室的户外空地上建设了一个自动排渣沼气池作为示范，同时，县能源办培训了自动排渣沼气池建设技术培训班，经参加培训的技术人员的积极推广，广大群众逐步接受新式沼气池，自1997年推广至2003年，全县已建设自动排渣式沼气池22950座。

三、微水电开发

到2003年，全县已建有微水电2100座，装机容量为6049千瓦，这改变了边远山区农户长期缺电的落后状况，对促进山区经济建设有重要意义。

【场站建设】

1990年，平南县设立乡镇林业工作站，分别设在平山、大安、武林、富藏、东华、赤马、官成、思旺等乡镇。随后的几年，陆续在相关林区乡镇增设了乡镇林业工作站。至2002年，全县共有15个乡镇林业工作站，分别设在平山、寺面、六陈、大新、大洲、大坡、镇隆、安怀、东华、官成、思旺、大鹏、国安、同和、马练。2001年机构改革，乡镇林业工作站人、财、物归乡镇政府管理。

新中国成立后，平南县相继在安怀、大新、城厢等乡镇兴建了苗圃，并随着互助合作运动的发展，先后创办了社(乡)队林场113个。其中比较巩固的有33个，经营面积1.6万公顷，有林面积1.2万公顷。

1956年，平南县人民政府批准国营大五顶林场正式创建。1959年下放归当地管理。至1971年9月，由玉林地区林业局拨款重新规划建场，并由平南县统一招工和配备干部，始为真正意义上的林场。大五顶林场坐落在平南县马练瑶族乡北面山区，北与金秀县交界，东与蒙山、藤县相连。全场设四个站即大五顶站、板冲站、北胜站和同古站。场站办公在板冲站，设场委生产技术股、派出所、财会股、防火办公室、板冲站、北胜站等部门。现有职工41名，退休人员15名。林场经营面积1780公顷，以用材林及经济林为主，森林总蓄积约7万立方米。自建场至2003年，大五顶林场总计造林面积达1345公顷。造林以杉、松、玉桂、八角、油茶等树种为主。

(平南县林业局)

桂平市林业

【概　述】

桂平市位于广西东南部，总面积406510公顷，林业用地面积189538.6公顷，总人口165.36万，辖30个乡镇。桂平市属南亚热带季风气候区，北回归线横贯中部，年平均温度21.3℃，年降雨量1682毫米左右，相对湿度为80%左右，阳光充足，热量充沛，雨热同季。土壤以山地红壤、赤红壤为主，土地肥沃，极适宜林木生长。

新中国成立后，1955年10月，桂平县人民委员会设立林业科，主管全县的林业工作；1960年1月，成立桂平县林业局；1963年5月，林业局与农业局合并成农林局；1964年5月，又把农林局分为农业局和林业局；1968年4月，受“文化大革命”的冲击，成立林业局革命领导小组；1972年7月，林业局更名为森林工业局；1973年11月，又改为林业局；1994年11月，桂平撤县设市，随之改为桂平市林业局至今。

桂平市各族人民认真贯彻执行党和国家制订的林业方针、政策、法律、法规。把林业生产，作为发展农村经济的一项支柱产业。坚持以营林为基础，造、封、管、节一起抓；采取国家、集体和个人造林相结合，人工造林与飞播造林、封山育林相结合，一般造林与工程造林相结合，经过50多年的不懈努力，到2003年，累计完成造林329110公顷，其中飞播造林9.7万公顷。特别是1999年起，桂平市先后实施了绿色通道、珠江防护林、速生丰产林、退耕还林工程和重点生态公益林区划界定等林业重点工程工作，并与改造低产林结合起来，1995～2003年，共改造低产林5114公顷。通过近10年的奋斗，到2003年，全市有林面积由1995年的167159.3公顷，增加到181259公顷，增长8.4%；经济林面积由原来的18759.5公顷，增加到28953公顷，增长54.3%；森林蓄积量由原来的384.2万立方米，增加到602万立方米，增长56.7%；森林覆盖率由原来的41.1%，增加到44.6%，增长2.5%。1993年，桂平市(县)被国家林业部评为全国平原绿化先进单位；2000年，桂平市被全国绿化委员会评为全国造林绿化百佳县(市)；2001年，桂平市人民政府被全国绿化委员会、国家人事部、国家林业局评为全国绿化先进集体。

【林木种苗生产】

20世纪70～80年代，林木种苗工作由林业局营林股负责，为本地林农组织和指导培育了大量的林木种苗。1991年4月，桂平市种苗站成立后，积极开展指导采种、育苗、种源调查，选优种源试验等工作。1991～1994年，桂平县开展造林灭荒和造林绿化达标大会战期间，积极指导种苗培育和组织调运工作，为全县造林灭荒和造林绿化达标，提供充足种苗保证。1995年起，种苗站根据全市林种树种结构调整的需要，组织、指导培育了大批适合本地的肉桂、八角、龙眼、荔枝等经济林果苗木。2000～2003年，共组织指导培育尾叶桉组培扦插营养杯苗350多万株，并从外地调进500多万株，为全市林业重点项目建设做出了积极的贡献。

【营造林概况】

历年来，桂平林业始终坚持以营林为基础，采取“造、封、管、节、用”等措施，实施人工造林和飞播造林及封山育林，从“林业三定”到绿化达标，再到平原绿化、珠防林、绿色通道、分类经营和退耕还林等一系列项目工程，使全市林业生产从粗放经营逐步走向规模化、集约化、社会化经营，森林覆盖率由1972年的20.6%提高到1999年的44.1%，并初步形成了木竹加工、林产化工、林副产品加工、森林旅游等四大支柱为主的林业产业体系。1999～2003年，全市共完成人工造林17098公顷(其中退耕还林5533公顷)，封山育林7287公顷，低产林改造5116公顷，成林抚育74243公顷，幼龄林抚育12000公顷。

【速生丰产林基地建设】

1999年以来，桂平市根据“分类经营、分区突破”的发展战略，充分发挥区位和自然优势，以“公司+基地+农户”的模式，通过独资、合资、合作、联营、股份制等方式，大力发展速生丰产林，形成了个体、企业、国有林场一起上的速丰林发展的新格局。主要树种是尾叶桉和厚夹相思。先后引进了广西金桂林业有限公司、广西高峰集团、柳州林森速丰林开发种植中心、贵港甘化公司等企业到桂平投资种植速生桉。经统计，1999～2003年全市共营造速丰林3340公顷。

【经济林建设】

桂平市在实施脱贫致富、农民增收战略中，着力发展经济林生产。尤其是2002年全市开展了林果业大会战后,全市经济林建设继续保持稳定发展态势。据统计,1999～2003年全市共营造各类经济林7994公顷,占人工造林面积的47%,经济林产品总产量达3.3万吨,总产值达6.6亿万元。2001年8月,桂平市被国家林业局命名为中国名特优经济林“中国荔枝之乡”。

【封山育林】

桂平市采取“以封山育林为主,造林补植、改燃节柴为辅”的措施,通过加强宣传,树立封山育林碑,制定封山村规民约等,加快了全市造林绿化步伐,封山育林区成效显著。据统计,1999～2003年全市投入资金165万元,其中国家投入30万元,共封山育林面积达7287公顷。

【退耕还林工程】

2002～2003年,桂平市开始实施退耕还林工程,完成退耕还林工程造林3333.5公顷,其中退耕地造林1333.5公顷,宜林荒山荒地造林2000公顷,造林成活率达到国家规定的标准,粮食、现金补助已兑现到农户。

【珠防林工程】

桂平市于2000年、2002年分别实施了一、二期珠防林工程,共投入资金485万元,其中国家投入300万元,地方配套105万元,群众自筹80万元,共完成造林面积1601.9公顷,封山育林面积3460.8公顷。

【绿色工程】

桂平市1999～2001年共投入资金1294.5万元,共完成绿色通道建设总里程245.81公里,折合造林绿化970.3367公顷。占计划任务的105.92%。

【森林经营】

抚育间伐:据统计,1999～2003年全市抚育间伐的中幼龄林面积74243公顷,间伐蓄积量46494立方米,进一步提高了单位面积产量,实现由粗放经营向集约经营转变。低产用材林改造:据统计,1999～2003年全市低产用材林改造面积达1.51万公顷,营造速生丰产林或名、特、优经济林,进一步提高了林地生产力,从而提高经济效益和生态效益。

【全民义务植树】

自1999～2003年底止,桂平市参加义务植树人数达168万人次,合计完成植树846万株,折合绿化面积7050公顷,98%以上部门和单位建立了义务植树登记卡制度;建立义务植树基地675个,全民义务植树尽责率达98%。

【推广省柴灶】

1987～1988年,在罗播、木根两个乡镇开展改灶节能试点工作。1989年7月至1992年7月完成了“全国省柴节煤试点县(市)”的任务,全市累计推广省柴灶226269户,占签订合同任务的113.6%,占当时农户数的97.4%。经农业部环能司组织检查验收,灶升温段热效率最高为50.26%,最低为33.67%,平均热效率为41.59%,超部颁标准20%的一倍以上,达到年平均节省柴草3.6亿公斤。同时抓好了全市农村“三窑四坊”和机关学校、饮食业等的改燃节能,取得了显著效果。

【发展沼气池】

1981年以前,因为技术落后,经验不足,全市所建的152座沼气池因质量问题,大部分不能使用,能使用的寿命也只有两三年,严重影响了沼气池的推广,沼气池建设一度受阻。1981年下半年开始,通过总结经验,推广新型沼气池和建设技术,加大技术人员的培训,实行持证上岗。通过一系列措施,确保了沼气池建设质量,使建池成功率达100%,使全市农村沼气池建设走上健康良性发展道路。1996年以后,全市推广“养殖－沼气－种植”的生态家园模式,做好“四个结合”:一是要与农村多种能源的开发利用相结合;二是要与区域主导产业发展紧密结合;三是要与农村生态环境的综合治理相结合;四是要与农业和农村经济战略性结构调整紧密结合,使桂平市沼气池建池进入了快速发展的快车道。1996～2000年,桂平市承担并完成了“全国农村能源综合建设县(市)”任务;1998～2002年是广西“152”工程20个生态县之一;2003年又承担了3000座国债建设项目。目前全市累计已建沼气池44698座,入户率占12.3%。2002年国家投入桂平市建池补助资金80多万元,2003年投入补助建池资金430万元。通过建设沼气为核心的生态家园建设,有效地促进了全市农民的收入增加,农户年均增收节支1500元,全市每年可有效保护12万亩生态林免遭砍伐,解放了一大批劳动力。同时改善了农村居住环境,取得了良好的社会、经济和生态效益。

【开发微水电】

到2003年，全市已建有微水电2348座，装机容量为707.4千瓦，年发电55.95万千瓦时，改变了边远山区农户长期缺电的落后状况，对促进山区经济建设有重要意义。

【太阳能利用】

到2003年，全市已推广安装太阳能热水器5884平方米，其中施工安装的长泰宾馆全自动恒温太阳能热水器，科技含量高，经济实用。

【林业产业】

桂平市林业产业主要包括森林植物种植业、森林动物养殖业、森林资源加工业和森林旅游等服务业，以种植业和加工业为主，全市1999～2003年林业产业总产值12.57亿元，年平均2.51亿元，其中种植业总产值3.39亿元，占27%，加工业总产值6.72亿元，占53.4%，养殖业总产值0.19亿元，占1.5%，服务业总产值2.27亿元，占18.1%。据调查统计，2003年全市种植业经营面积181259公顷，其中用材林124315公顷，经济林28953公顷，防护林26361公顷，特种用途林1630公顷。养殖业10户，饲养量20万只(条)，饲养场面积5000平方米。加工厂场515个，面积15.5万平方米，年加工量4.6万立方米、2.4万吨。森林旅游点13个，年接待游客86万人次。

一、森林资源加工利用

桂平市森林面积大，资源丰富，但是，在1990年以前加工利用的森林资源很少，尤其是深加工方面，几乎是空白，1991年开始兴起以木、竹材为主的加工，到2003年，全市加工厂(场)达500家，其中木竹材加工厂场占450多家。现在木竹材加工厂场达492多家，仍占主流，年加工木材4.6万立方米，竹材0.14万吨，总产值1.05亿元。

二、森林旅游与森林公园建设

桂平市森林旅游以桂平西山为主，后来开发了龙潭国家森林公园和大平山保护区，到2003年，共增加了雨丝洞、铜鼓冲等十个森林旅游景点，现在全市兴起森林旅游热潮，森林旅游景点正在逐步增多，2003年全市森林旅游点接待游客达86万人次，收入达4500万元。

龙潭国家森林公园是原国家林业部1993年批准建立的国家级森林公园，隶属于国有金田林场，面积7103.1公顷。公园内森林茂密，崇山峻岭，风景秀丽，景观奇特，让人叹为观止，被称为“北回归线上绿色明珠”。公园已开通进入龙潭景区的三级公路，景区建有停车场、餐厅、招待所、森林木屋等设施。修建有通往龙潭瀑布、龙潭大峡谷的旅游步道。目前，桂平市政府投资460多万元铺设通往景区的村级公路6.8公里，建成四级水泥路，现已动工兴建。为了使龙潭公园早日开张营业，为桂平市旅游业增加新景点，也使旅游业成为金田林场新的经济增长点，金田林场近两年加大了公园的建设力度，投资40多万元修铺进山公路，投资8万元营造桃花园，投资20万元设计公园详细建设规划，投资20多万元建龙潭森林公园大门及停车场等设施，目前各项工作正在全面建设中。

【森林病虫害防治】

桂平市森林病虫害防治检疫站成立于1991年4月，是桂平市林业局下属的事业单位，编制5人，现有6人，其中高级工程师1人，工程师2人，技术员1人，工人2人。主要职责是负责全市森林病虫监测、调查、防治和检疫工作。

一、森林病虫害测报网络工程

1999年，国家林业局在桂平市设立了国家级森林病虫害中心测报点，建立长期、固定监测点40个，分布于全市29个乡镇，每年发布预测预报2次以上。

二、森林病虫害防治检疫工作

桂平市森防站成立以来，积极做好市内的森林病虫害防治检疫工作，森林病虫害发生率控制在有林面积的0.3‰以下，森林病虫害防治率达95%以上，森林病虫害监测覆盖率达100%，苗木产地检疫率和木材调运检疫率达95%以上。

【自然保护区建设与管理】

桂平市大平山动植物自然保护区，属自治区级保护区，于1983年3月建立，管护面积1806.7公顷，森林覆盖率91.2%，保护区内有植物166科533属1039种，其中有国家二级保护植物树蕨等5种；动物有56科112种，其中有国家二级保护动物穿山甲等5种，该保护区有“小西双版纳”之美称。1993年开始先后投入300多万元建设完善基础设施，接待游客，每年旅游收入5万多元。现仍以保护管理工作为主，有管护人员15人，只因地处边远，交通、通信条件较差，资金不足，所以发展缓慢。

【野生动植物保护与管理】

桂平市野生动植物资源较丰富，对列入国家

和自治区重点保护范围的野生动物，严禁捕杀、买卖，需驯养繁殖的，必须经批准并办理养殖及经营利用许可证，对非法捕杀、违法经营野生动物的，坚决查处。1994～2003年，平均每年查处非法捕杀、违法经营野生动物案件6件，没收野生动物0.5万只(条)，罚款9万元。对列入保护的野生植物也同样严加保护，不准乱砍乱挖和非法经营。

【森林资源调查及监测】

桂平市于1956年、1960年、1972年、1981年、1990年、1999年共进行过六次森林资源调查工作，并以21公里网系统布点(共布点2046个)建立了森林资源连续清查监测体系。在1990年秋至1991年春进行的全市森林资源二类调查历时八个半月，耗资19.5万元，共40多人参加了外业调查，查清全市总面积406510公顷，其中森林面积106757公顷，森林覆盖率26.3%，全市活立木总蓄积3242687立方米。1999年7～10月进行的全市森林资源规划设计调查，共70多人参加了外业调查，查清了全市森林面积为179129公顷，森林覆盖率为44.1%，全市活立木总蓄积5639711立方米。

【林地林权管理】

全市现有林业用地总面积为189538公顷，是一个林地资源丰富的县(市)，多年来坚持稳定山林权政策，鼓励开发性造林，强化林地管理，严禁乱占滥用林地，严格征占用林地审批手续，使全市林地面积逐年增加，与1990年的林业用地面积186476公顷相比，增加了3062公顷，年均净增306公顷。

【森林采伐与采伐限额管理】

改革开放后，桂平市的森林采伐逐步步入正轨，能坚持凭证采伐和在限额内采伐，尤其是1992年以后，采伐管理更规范，做到伐前有设计，伐中有监督，伐后有检查验收，有力地控制了乱伐滥伐现象的发生，“九五”期间，全市年均采伐森林930公顷，采伐蓄积6.6万立方米。“十五”期间年均采伐森林1250公顷，采伐蓄积8.7万立方米。

【林业行政案件查处】

全市森林资源丰富，地域广阔，森林资源管理工作涉及千家万户，多年来，受到市场经济影响和价格利益驱动，少部分人不顾《森林法》等法律法规和政策约束，破坏森林资源，致使林业行政案件时有发生。在广大林业行政执法人员的努力下，基本做到发生一起，查处一起。自1999年以来，年均发生林业行政案件87起，主要是滥伐林木和违章运输木材案件，占案件总数的80%以上。

【森林防火】

根据1990年以来资料记载，桂平市发生森林火灾53起，过火面积1228公顷，受害森林面积276公顷，这些山林火灾大部分是当地林区群众没有认真执行野外安全用火制度造成的。

一、森林防火机构建设

健全森林防火指挥部组织机构。桂平市于1991年被国家森林防火总指挥部办公室确定为全国第一批重点森林火险县级单位，为加强森林防火工作的领导，成立了市森林防火指挥部，由县(市)长任总指挥长，分管林业的副县(市)长任第一指挥长，成员由市直各单位领导组成，下设护林防火办公室，各乡镇也成立了森林防火指挥部，共358人。成立森林消防队伍。1995年，桂平市成立了森林消防专业队，编制30人，金田林场、西山风景区、各乡镇也成立了专业、半专业队员860人，护林员420人。

二、护林防火设施建设

全市开辟防火线382公里，营造生物防火林带392公里，林区公路174公里，修建瞭望(台)塔11座，配置风力灭火机124台、二号扑火工具716把、对讲机210台、森林消防车3辆。1995年以来，桂平市平均每年投入护林防火经费20多万元。由于森林防火设施得到不断增加，对及时发现火情和迅速扑救山林火灾起到积极作用。

【森林公安工作】

桂平市森林公安组建于1988年8月，当时称桂平县公安局林业公安股，后称林业公安科，2002年6月机构改革后，更名为桂平市公安局森林公安分局，属市林业局内设机构，业务上接受市公安局指导，现有民警6名。桂平市森林公安组建以来，认真贯彻执行国家的林业法律、法规，积极查处各种破坏森林资源的违法犯罪案件。16年来，共依法查处森林刑事案件156件，逮捕犯罪嫌疑人83名，刑拘38名，治安处罚15名，为维护全市林区社会治安秩序稳定，保护森林资源安全，做出了积极的贡献。集体获上级奖励共35次，个人获表彰70多次，其中，1999年获最高人民法院、最高人民检察院、国家林业局、公安部、监察部授予“严厉打击破坏森林资源违法犯罪活动专项斗争先进集体”称号。

【林业执法】

林业执法是全市林业工作的重要组成部分，全市共有林业行政执法人员119人，全部经过培训合格，做到持证上岗，文明执法。自1999年以来，全市每年进行林业执法大行动5次以上，有力地打击了破坏森林资源的违法分子，为保护森林资源，促进全市林业发展做出了贡献。

【林业分类经营】

2001年，桂平市完成生态公益林区划界定工作，区划界定全市公益林地面积72305.5公顷，签订界定合同书211份。2003年，重新规划调整生态公益林地建设面积72305.5公顷，占全市林业用地总面积的37.3%。

【森林生态效益补助试点】

2002年全市完成森林生态效益补助试点20233.5公顷，签订管护合同223份，发放试点补助资金128.9万元，发放管护费106.2万元。

【非公有制林业发展】

随着市场经济的发展和林业体制的不断改革，全市非公有制林业在“九五”期间迅速发展，总规模已大大超过公有制林业。从林业种养业到加工业，再到森林旅游业等林业行业，均以非公有制为主。现在全市有非公有制林业企业共500多家，年总产值达1.2亿元，而公有制企业仅5家，年总产值仅0.5亿元。非公有制林业有其经营灵活、资金雄厚、责权利分明，员工积极性高、适应社会发展等优点，所以能在市场经济大潮中不断发展壮大。

【林业科学技术】

1977年2月，桂平县成立了县林科所，与桂平县新德苗圃合拼办公；1991年4月，又成立了县林业技术推广站。林科所和林业技术推广站成立以来，组织技术人员开展了多个项目课题的研究和推广应用，取得了一定的成果。特别是从1988年起，在全市开展了覃塘马尾松初级种子园混系种子推广种植，取得了较好的效果。2000年起，又在全市推广速生桉种植，到2003年底，全市已种植速生桉3340公顷。

【林业工作站建设】

桂平市于1983年3月，在油麻、社步、麻垌、罗秀、中沙、罗播、石龙、西山、金田、紫荆等10个乡镇设立了林业工作站，1987年3月正式定编；1987年10月，又在理端、中和、木根、蒙圩、南木、垌心等6个乡镇设立林业工作站；1990年12月，在木圭、木乐、马皮、石咀、寻旺、社坡、下湾、大湾、大洋、白沙、厚禄、思宜、江口等13个乡镇设立林业工作站，配编制146名，到2001年底，全市乡镇林业工作站在职人数166人，由市林业局和乡镇双重领导。2002年6月，机构改革后，除马皮、中和、思宜3个乡镇林业站拼入乡镇农业服务中心外，其余26个乡镇仍保留林业站，上岗人员85人，人、财、物归乡镇政府管理，业务上接受林业局指导，经费由市财政全额拨给。到2000年底，全市有木圭、社坡、理端、油麻、中沙、罗播、木根、石龙、白沙、南木、思宜、金田、江口、垌心、紫荆等15个乡镇林业站建设了站房。总投资203.9万元，其中国家投资4万元，省级投资8万元，县乡级投资191.9万元，建筑总面积3415平方米。桂平市乡镇林业工作站成立以来，为全市林业事业的发展做出了积极的贡献。1996年，紫荆镇林业工作站分别被林业部、自治区林业厅评为“全国先进林业站”和“自治区林业站建设先进单位”。

【国有金田林场】

金田林场由始建于1957～1959年的原玉林地属紫荆林场、县属十八山林场、金田林场于1976年合并而成。到2003年底，总经营面积3.05万公顷，其中国有2.05万公顷，租地造林1万公顷。全场职工1148人，离退休275人。金田林场自建场以来，经历了1958年建场后国家因遭三年连续自然灾害、经济极度困难时期，在国家投资严重不足的情况下，想方设法自筹资金完成7334公顷造林任务，调整了林种树种结构，营造了1067公顷玉桂、八角、笋竹等经济林，进行了产业结构调整，先后建成了木材加工厂、松香厂、植物芳香油厂和氨基酸复合肥厂，在20世纪70年代初形成一定的规模，进入经济条件逐渐好转，各项建设步伐加快的时代。1988年与附近乡镇联营造林总面积1万公顷。荣获全国百佳林场、全国森林防火先进单位称号。从1996年开始由于财政停止拨款、经营不善、缺乏有效管理、联营造林所负债务、林业税费太高等原因逐步陷入困境，1997年开始欠发职工工资和退休金，1998年起，管理人员和退休人员每人每月仅发给生活费200元。由于资金困难，场内各项工作无法顺利开展。为了改变林场的经营困境，桂平市调整了林场的领导班子，根据林场实际情况，制订出切实可行的措施，提出以保护生态效益为前提，以营林为基础，巩固马尾松、杉木用材林，大力发展短轮伐期速丰林，加大八角、茶叶等经济林的发展力度，积极发展森林旅游业及加工业，使林场成为集贸、工、商为一体以短养长，长短相结合同步发展的新型林场的发展目标。为了实现这一目标，林场领导班子分工负责，深入第一线组织实施。2001年7月，根据自治区林业局的统一部署，金田林场完成了森林分类经营调查，公益林面积占全场森林和灌木林总面积的62.2%；八角等低产经济林经抚育施肥后，已恢复树势，逐步进入盛产期；与贵港甘化集团达成订单林业，利用贵港甘化集团的资金对未达到速丰林要求的湿地松和部分低产残林进行改造，全部营造短轮伐期的速丰桉，2003年营造速丰桉667公顷；发展茶叶基地，现已种植茶叶13.33多公顷，完成整地20多公顷，计划在2005年4月底前完成66.66公顷茶叶的种植任务；利用自身资源优势，积极开发森林旅游业，投入资金400万元，建设龙潭国家森林公园的公路、餐厅、住宿、小木屋等基础设施。使林场的公益林管护、实施低产林改造营造速丰桉、发展茶叶种植、护林防火工作、开发龙潭森林公园等项工作取得了较好成绩，濒临瘫痪的单位，又出现了生机，职工的收入逐年提高，从2002年开始，金田林场的总收入年递增20%，职工人均收入年递增15%。

【乡村集体林场】

桂平市乡村集体林场，创办于1958年。当时是由公社、大队、生产队三级联办，采取民办公助的办法，新造林一片，留下一个专业队常年管护，使乡村集体林场逐步发展成为全市林业生产的重要组成部分。在经营中，坚持以营林为主，多种经营的方针，采取林果结合，林粮、林药间种等办法，增加场员收入。据1992年调查，全市乡村集场，联营林场共85个，经营面积2.12万公顷，有林面积1.01万公顷，占全市森林面积的10%。1996年，桂平市中沙镇林场被林业部评为“全国乡村林场全面质量管理奖”。随着市场经济的不断完善，乡村集体林场原来的管理模式，已不适应市场经济发展的需要。从90年代开始，乡村集体林场，逐步转为个人或联户承包经营。

（桂平市林业局）

贺州市林业

【概　述】

贺州市地处广西东部——是湘、粤、桂三省区的结合市，是由梧州地区、贺州地区沿革而成立。20世纪50年代至80年代初期，下辖8个县（岑溪、苍梧、藤县、蒙山、贺县、昭平、钟山、富川），80年代直至90年代中期下辖7个县（岑溪、藤县、蒙山、贺县、昭平、钟山、富川）。1997年区划调整，梧州地区改称贺州地区，下辖3县1市，2002年年6月经国务院批准撤贺州地区和县级贺州市，成立地级贺州市，下辖八步区、昭平县、钟山县、富川瑶族自治县三县一区。

贺州市在区划调整前的梧州地区，地域总面积19836平方公里，山地面积占百分之八十。新中国成立之前，梧州地区森林面积只有26.16万公顷。新中国成立之后，梧州地区各级党委、政府带领各族人民和林业战线的广大职工，坚持“造、封、管、节”并举发展林业的方针，做到全党动员、全民动手，植树造林，绿化桂东，昔日的荒山秃岭，如今桂东大地披上绿装，郁郁葱葱。建立了一批相对集中的杉、松、桉、竹商品用材基地和茶油、桐油、八角、桂皮、松脂等林业特林副产品基地。为发展林业生产，改善贺州市生态环境打下了坚实基础。

据1996年统计，梧州地区有林面积达110.45万公顷，比1949年增长3.2倍，森林覆盖率由1952年的13.175，提高到60.6%，绿化率由1950年的20%，提高到84.1%，森林蓄积量达4010万立方米，比1950年增长6倍。

1997年区划调整，新设的贺州地区辖3县1市。1999年，全地区森林资源调查，土地总面积为115.03万公顷，林业用地81.59万公顷，有林面积66.38万公顷，活立木总蓄积量2690.91万立方米，森林覆盖率66.10%，绿化率93%，森林覆盖率高于广西和全国水平。八步区和昭平县的活立木蓄积量分别超过1000万立方米是广西森林活立木蓄积量超过1000万立方米的四个县（区）之一。年生产商品材约30万立方米，是广西木材主要产区之一；年产松脂约5万吨，是广西林化工业基地之一。1997～2000年全地区人工造林1.16万公顷。2000～2003年人工造林3.4万公顷。五年来共计人工造林面积 4.57 万公顷,平均每年造林 0.91 万公顷。

明、清时期,无林业管理机构。民国期间,林业隶属于专署建设科管理。解放后,随着林业的不断发展和扩大,机构设置,人员配备,从无到有,从小到大,不断完善。2001 年机构改革后局的科室设置。局(行政)内设办公室、林政科、计财科、产业科、营林科;内部二层(事业)机构设:贺州地区林产品管理站(对外称地区木材公司),林业勘测设计院(与自治区林业基建工程质监站贺州地区分站一套人马、二个牌子)、林业技术推广站、森林保护站、林木种苗站、森林防火办公室、林业公安科、国有林场管理站、森林植物检疫站、林政资源管理站、林产化学工业管理站,编制 95 人,机构经费的来源均是地区财政全额拨款。据统计,2003 年全市年末职工人数达 8673 人,其中科技人员 1080 人。

贺州市林业局下属的企事业单位有梧州松脂厂、梧州林校、市林科所、市姑婆山国家级森林公园、木材公司、微粒板厂、能源办、松脂办等。

(贺州市林业局)

【造林绿化】

第一个五年计划期间,梧州地区根据广西壮族自治区《关于开展造林工作的指示》和争取实现广西“十年大部绿化,五年消灭旱灾”的号召。地县党委、政府发动群众,完成人工造林 13.8 万公顷。第二个五年计划至“文化大革命”前(1958~1965 年)梧州地区林业建设,经历了“大跃进”、三年经济困难和国民经济调整三个曲折的阶段,全地区共完成人工造林 33.1 万公顷,其中用材林 10.9 万公顷,经济林 8.2 万公顷,其他林 14 万公顷。据 1960 年自治区林业部门组织的森林调查,梧州地区有林面积 62.84 万公顷,森林总蓄积 2616.17 万立方米,森林覆盖率 26.15%。1966~1976 年,“文化大革命”期间,林业生产建设受到影响,10 来共完成造林 31.9 万公顷,1976 年粉碎“四人帮”以后,特别是中共十一届三中全会以后,从中央到地方各级党委、政府,十分重视林业,把造林绿化定为基本国策。中共梧州地委、地区行署领导各级人民开展大规模的造林灭荒运动。1977~1992 年,全地区共完成人工造林 68.8 万公顷,其中用材林 54.5 万公顷,经济林 13.5 万公顷,防护林 0.22 万公顷,薪炭林 0.62 万公顷。期间,1987~1992 年这六年是梧州地区造林灭荒取得辉煌成果的六年。据 1987 年森林资源二类调查统计,梧州地区仍有宜林荒山和采伐迹地 40.4499 万公顷,疏林地 7.219 万公顷,两项合计占全地区当时林业用地 144.3572 万公顷的 33%。造林灭荒任务非常艰巨,地、县、乡(镇)各级采取了有效措施,展开造林灭荒攻坚战,每年投入资金 1000 万元,后两年每年投入资金 4000 万元。由于资金到位,措施落实,取得了造林灭荒攻坚战的胜利。

——1992 年末(下同),全地区有林面积 104.82万公顷,比新中国成立前增长近三倍;

——森林覆盖率由 1950 年的 13.17%提高到 58.05%;

——绿化率由 1950 年的 20% 增加到 81.55%;

——森林蓄积量 4023.22 万立方米,比 1950 年增长 6.14 倍。

经自治区检查验收,梧州地区 7 个县实现消灭荒山造林达标。1992 年,梧州地区被评为全国造林绿化先进单位。1993 年,梧州地区被自治区党委、自治区人民政府授予 1992 年消灭宜林荒山达标地区称号。1992 年全地区实现绿化达标后,1993~1996 年造林绿化取得新的突破,全地区人工造林面积 2.84 万公顷,发展玉桂基地、八角基地、名特优新水果基地、纤维材基地,松脂基地和竹子基地,开展低产林改造取得一定成果。1997~2003 年,新贺州市(地区)着重抓好林业生态体系和林业产业体系建设,先后启动了珠江防护林工程、绿色工程、石漠化治理工程、短轮伐期工业原料林基地建设工程、退耕还林工程等。七年来贺州市(地区)人工造林达 4.35 万公顷。

(贺州市林业局)

【退耕还林工程】

贺州市(地区)退耕还林工程是近年来启动。2002 年全市总任务 0.37 万公顷,其中退耕还林 0.2 万公顷,宜林荒山荒地 0.17 万公顷,在 2 个县 29 个乡镇实施,退耕还林农户达 11103 户,都已签订退耕还林工程合同,工程施工完成面积 0.37万公顷,占任务数 100%。总投资额 1000 万元,其中:种苗和造林补助 275 万元,现金补助 60 万元,补助粮食款 630 万元。粮食安排计划 4150 万公斤,当年都已全部兑现。2003 年,退耕还林任务 1 万公顷,其中,退耕还林面积、宜村荒山荒地面积各 0.5 万公顷。在贺州市 3 县 1 区 61 个乡实施，参加农户 28838 户，其中签订合同 11375 户。全面落实工程施工面积，总投入达 3190 万元，其中种苗和造林补助 750 万元，现金补助 210 万元，补助粮食款 2205 万元；粮食安排 1575 万公斤。资金粮食都已基本落实。

（贺州市林业局）

【珠江防护林工程建设】

贺州市珠江防护林工程建设，从 1996 年原梧州地区开始实施，当年造林任务为 0.29 万公顷，由昭平县实施，年末完成造林面积 0.3 万公顷，占任务数 104.7%，资金安排 750.2 万元。其中，自治区下拨 57.7 万元，县财政拨款 551.7 万元，林业部门自筹资金 140.8 万元。1997～2000 年总任务为 3 万公顷，仍由昭平县责任实施，至 2001 年 5 年完成造林面积 2.35 万公顷，完成任务 78.25%，总共投入资金 3716.5 万元。2002～2003 年，造林任务为 0.29 万公顷，至年末完成造林面积 0.28 万公顷，完成任务的 98.8%。投入资金 1294.72 万元。

（贺州市林业局）

【速生丰产林工程建设】

贺州市（地区）速生丰产林工程建设，2000 年开始启动，当年完成 191.6 公顷。2001 年实施速生丰产林基地工程，实行国有林区非公有制林区个体造林户三结合全面种植，全年完成 3868 公顷，比上年增长 1 倍。2002 年，对速生丰产林造林树种有较大的调整，改变了前两年以桉树为主的局面，主要有桉树、西南桦、任豆、毛竹、丛生竹、香椿、香胶木等树种。全地区（3 县 1 市）计划任务 8653 公顷，年末完成造林面积 4331 公顷，完成任务的 50.1%。其中，国有林场完成速生林营造面积 215 公顷。为了推动速生丰产林的发展，2003 年，贺州市林业局在昭平县和八步区建立了西南桦、杂交竹、笋用竹的示范点。其中，西南桦示范点 20 公顷（昭平县大脑山林场 13.33 公顷，八步区黄洞林场 6.67 公顷），杂交竹示范点 3 个共 26.67 公顷。2003 年，全市速生丰产林计划任务 6666 公顷，年末完成 6284.2 公顷，完成任务的 94.3%。

（贺州市林业局）

【绿色工程建设】

贺州市绿色工程建设，1999～2001 年，3 年计划任务 5365 公顷，3 年造林面积 6463.6 公顷，完成计划任务的 120.04%。2002 年完成补植面积 1300.6 公顷，占补植任务 1341.9 公顷的 96.9%，2003 年四旁零星植树按实际成活林计 31 万株。

（贺州市林业局）

【全民义务植树】

自全民义务植树运动开展以来，贺州市（地区）始终高度重视这项活动，每年都把义务植树当做提高绿化水平的重要措施来抓，不断加大工作力度。先后实现了灭荒达标和绿化达标，有力地推动了全市造林绿化工作的开展。近年来，每年义务植树都达到 500 万株，人均义务植树 5 株，尽责率达 98%。在义务植树的推动下，全市每年造林面积超 15 万亩以上。现城镇绿化覆盖面积达 1218 公顷，人均公共绿地面积 2.3 平方米，全市建有义务植树基地 44 个，面积 887 公顷。由于绿化成绩显著，贺州市曾两次荣获全国绿化先进集体，全市涌现出一批全国造林绿化先进县（区）、乡、村，其中全国造林绿化先进县（区）2 个，百佳县（区）2 个，百佳乡 3 个，千佳村 4 个。

（贺州市林业局）

【飞播造林】

飞播造林始于 1960 年，当时的梧州地区有荒山宜林面积 10.66 万公顷。从 1961 年开始在贺县境内大桂山林场试播，于 1967 年全地区 8 个县铺开进行。飞播面积逐年增加，最多的 1968 年达到 15.32 万公顷。到 1979 年，12 年来先后在 38 个乡镇建立飞播区达 127 个，飞行作业 1060 多架次，1400 多小时。从 1961 年开始试播到 1992 年结束，全地区共飞播造林 61.8 万公顷，保存面积 38.32 万公顷，保存率 62%。全地区飞播林总蓄积量达 1213.15 万立方米，按活立木每立方米 50 元计算，总产量达 6 亿多元。1983 年 11 月，国家林业部在梧州地区召开了全国飞机播种造林经验交流会议，来自全国各省、自治区的代表，通过参观后，一致认为梧州地区的飞播造林是全国成效最好、成本最低、经济效益最高的。1985 年梧州地区飞播造林试验与推广项目，通过了技术鉴定，1986 年分别获林业部、自治区科技进步二等奖和地区优秀科技成果一等奖。

（贺州市林业局）

【封山育林】

从 50 年代初，地区各县开始布置封山育林工作，并要求订立公约，设立标志，森林四周开设防火线，林区设立护林员。到1982年，梧州地区8个县封山育林保存面积4.55万公顷，1983～1986年为7个县，共封育5.91万公顷，1987年开始实施工程封山育林，层层建立指挥机构，强化管理，切实落实“七不准”制度，即在林区内“不准割草，不准剃松枝、不准砍树、不准开荒、不准铲草皮、不准烧山、不准违章割松脂”。1987～1992年，全地区实现消灭荒山，累计封山育林面积达26.8万公顷。取得了显著的成效。1990年全地区7个县有6县获自治区表彰奖励。到1996年梧州地区7县封山育林总面积达30.45万公顷，实行“三强化”，即“强化封山，强化造林，强化管理”对5种类型封山育林死封严管。一是迹地类型，二是荒林地类型，三是马尾松天然次生幼林地类型，四是马尾松低产残林类型，五是杂阔叶林迹地和杂阔次生疏林地类型。1999～2003年贺州市(3县1区)封山育林5.17万公顷，每年平均封山育林1.03万公顷，2003年年末封山育林总计12.48万公顷。

(贺州市林业局)

【林政管理】

早在1984年梧州地区就设立林政科和林政资源管理站，负责出省木材运输的签发工作，同时负责检查、指导和督促所辖各县开展林木采伐管理、木材运输管理、林地管理，野生动植物管理和林业行政案件查处工作。各县相应设立林政股(林政办)和木材检查站。1998年新《森林法》及2000年新《森林法实施条例》颁布后，贺州市加大了林政执法和资源管理的力度，加强了对木材经营加工户的年审换证和监督，联合公安、工商等部门开展了林政执法大检查工作，林政管理规范化，林政案件发生数量逐年下降。

1985年，地区林业局设立公安科，主要是负责各自辖区森林案件的查处工作。各县林业局设立林业公安股或森林警察大队。至2003年市林业公安在编人员4人，各县(区)林业公安在编在职人员140人。各县(区)国有林场和自然保护区分别设立了派出所。1999～2003年共查处森林案件1614起，其中刑事案件106起，行政案件1451起，治安案件57起；受处罚人数达2215人(次)，其中逮捕42人(次)，为国家挽回经济损失362.3万元。收缴木材约1万立方米，折款250万元。

1984年，全地区(7县)设立了木材检查站。2003年贺州市3县1区仍保留木材检查站19个，人员150人。负责查处违法违规运输木材、野生动植物、林化、林副产品的案件。

贺州市(包括梧州地区、贺州地区)为了保护森林，各级人民政府发动群众制定乡规民约，严禁乱砍滥伐林木，查处破坏森林案件。境内较为严重的乱砍滥伐林木，哄抢盗伐毁林开荒等破坏森林现象时有发生。据统计2001～2003年共受理各种林业行政案件727起，结案率达100%。对毁林案件，做到了及时从重、从快、从严处理，从而刹住了乱砍滥伐的毁林歪风，稳定了林区秩序，保护了森林资源。

(贺州市林业局)

【森林防火】

贺州市(包括梧州地区)是广西主要林区之一，从解放以来，几乎每年都有森林火灾发生。其中贺县、昭平县是国家Ⅰ级森林火险县，钟山县、富川瑶族自治县是Ⅱ级森林火险县。据统计资料记载，自1951～2000年50年间，全市(地区)共发生森林火灾6522次，受灾森林面积4.14万公顷，平均每年发生森林火灾127.9次，受灾森林面积812.5公顷。

1954年地区级建立了护林防火指挥部、1956年各县成立了护林防火指挥部，从20世纪60年代起，建立林业防护专业队伍。至2003年贺州市辖3县1区，设森林火指挥部6个，指挥部成员105人，市县(区)设立森林防火办公室，有专职人员46人，县(区)建有专业森林消防队5支共134人，乡(镇)和国有林场有专业森林消防队73支共1522人，林区组织的义务森林消防队66支共3353人，有专职护林员671人。据2003年统计，全市有森林防火林带3945公里，开辟防火线2334公里，修建瞭望台54座，有各种无线通信机724台，有风力灭火机277台，二号扑火工具3422把，有森林防火指挥车21辆，运输车9辆。

(贺州市林业局)

【森林病虫害防治】

解放前，梧州地区岑溪县有发生松毛虫严重为害的历史记载。解放以来，本地区内森林病虫害经常发生，特别是马尾松毛虫是梧州地区历史性的森林主要害虫，经常爆发成灾，年最高发生面积达119334公顷，占森林面积的10%以上，严重影响了林业的发展。70年代，本地区开始应用白僵菌防治松毛虫工作，2～3年时间先后建立了5

间白僵菌厂(岑溪、苍梧、贺县、昭平和大桂山),年产量5万～10万公斤。使用白僵菌防治松毛虫简便可行、效果好、成本低,对人畜安全,无污染,到现在还是本地区防治松毛虫最主要的防治措施和办法。1999～2003年全市森林病虫害发生率为4%以下,严重受灾率为0.45%以下,防治率达90%以上,监测覆盖率为80%以上。全市设置了347个测报点,配备了专职测报员183人,监测覆盖面积为55万公顷,监测率为90%。

2002年2月首次在八步区八步镇夏良村大钟山发现有13株枯死松树属松材线虫病造成,发生面积24.93公顷。疫情发生后,贺州市政府按照"严格封锁,迅速扑灭"的原则,现已基本上控制松材线虫病发展蔓延,到2003年底止,全部枯死松树已清理完毕。

(贺州市林业局)

【自然保护区】

贺州市有自治区级自然保护区5个。

滑水冲水源林自然保护区,坐落在八步区南乡镇,面积9224.4公顷,活立木蓄积112.53万立方米,植被覆盖率高达95.4%,物种起源古老,分别有一、二、三级保护植物。野生动物有鸟类128种,兽类48类,其中,国家保护动物15种。建立了管理处,配有专职人员。

姑婆山保护区位于八步区。面积6549.6公顷,活立木蓄积40.62万立方米,以管护水源林为主,近年来投入资金发展旅游业,1996年8月国家林业部批准为国家级森林公园。

富川瑶族自治县西岭山水源林保护区,面积20073公顷,活立木蓄积80.3万立方米,主要保护对象为水源涵养林,建立有保护区管理机构。

昭平县七冲自然保护区,以现定完整的七冲村行政区域作为保护区的范围,总面积13023.7公顷,其中有林地1219.6公顷,森林覆盖率在95%以上。人口1079人。具有保护、科研、教育和旅游功能。野生植物有1137种,动物约有281种。

昭平县黄连雉类、鹿类动物保护区为自治区级保护区,保护区面积437.5公顷,活立蓄积约3万立方米。森林植物资源丰富,仅双叶子植物就有7个目12科,为动物的戏游栖息之地。

(贺州市林业局)

【林产工业】

梧州地区丰富的森林资源,提供了种类繁多的林副产品,也为发展林产加工业创造了极为有利的条件。早在80年代末,全地区的林产加工业已遍及城乡各地,基本上已形成了以林业系统为主,乡镇企业、建筑等部门以及个体老板经营为辅的林产加工业体系。主要产品有锯材、胶合板、木竹微粒板、木质制品、模压制品、家具、纸浆和造纸等。1996年,一批大中型林产加工企业正在崛起和兴建。经国家林业局颁发了松香生产许可证的就有梧州、昭平、八步、钟山、钟山同古、黄洞林场6家松脂厂,其中梧州松脂厂是亚洲最大的一家综合性林产化工企业。(年生产松香能力4.5万吨),现正在组建以梧州松脂厂为核心的广西林化集团上市,有年产5万吨全漂白纸浆的贺州纸浆厂、微粒板厂、深源细木工板厂和昭平县3万立方米中密度纤维板厂、造纸厂等一大批林产品加工企业。建设有市林业局直接管理的市野生动物救护中心、木材交易市场、富川优质脐橙果场等。1992年,国有林产企业创工业产值6995万元,实现税利760万元。2003年全市林业系统总产值达14.54亿元(现行价)其中:第一产业7.27亿元,第二产业6.81亿元,第三产业0.46亿元,创税利1.1亿元,出口创汇达8373万元。

(贺州市林业局)

【科技成果】

梧州地区先后开展试验研究与推广的项目,主要有:马尾松飞播造林试验与推广,林木良种选育与初级种子国营建技术研究,软枝油茶选优与推广,湿地松等国外优良树种引种与推广,阔叶防火林带营造技术的研究,飞播抚育间伐试验,杉木速丰林中间试验,应用白僵菌生物治松毛虫试验与推广,应用增产灵2号作中长期刺激采脂试验与推广。1999～2003年完成工作成果有:分类经营分类指导;山区经济发展的调研;经济林低改技术指导;退耕还林技术指导等。

(贺州市林业局)

【外向型林业改革试验区】

为进一步提高林业经济效益,梧州地委、行署认真分析本地区的区情和林业的优势特点,提出了要建立外向型林业改革试验区的构想,1984年8月在岑溪召开梧州地区在山上再造一个梧州,建立外向型林业试验区研讨会,后经多年的努力,并于1994年9月正式向林业部提出建立外向型林业改革试验区的申请,1995年4月林业部政策法规体改司对《关于在梧州地区建立外向型试验区的请示》的批复为先试运行(林策体〔1995〕11号)。1996年1月5日,林业部正式批准同意建立梧州地区外向型林业改革试验区(林策批字〔1995〕161号),1996年6月2日林业部王志宝副部长和林业厅刘万福厅长亲临梧州参加举行挂牌揭幕仪式(1997年3月,梧州地、市进行行政区划调整,梧州地区更名为贺州地区,原来外向型林业的龙头企业及其他主要改革试验项目划归贺州地区)。本试验区是全国十大试验区之一,也是全国第一个发展外向型林业改革试验区。

试验区建立以来,实施项目52个。到2001年,共获国家贷款和补助款6000万元,建设项目有昭平县3万立方米中密度纤维板厂等;获得2001年度生态效益补助金942.21万元,生态林试点面积133647.8公顷,还在20个乡镇建立松脂基地示范区13.75万公顷;投资300万元在八步区信都镇龙眼基地,种植面积100公顷,示范基地带动农民种植龙眼666.67公顷;以梧州松脂厂为龙头,组建广西梧州松脂股份有限公司,力争成为上市公司,使梧州松脂厂成为广西松香产业化经营的龙头企业。

(贺州市林业局)

【农村能源】

1981年7月成立梧州地区沼气办公室,属地区农业局管理。1988年9月地区行署同意将"地区沼气办公室"改名为"梧州地区农村能源办公室",编制由原来3人增至5人。1991年7月地区行署决定将农业局属下的地区能源办划归地区农委管理。1998年4月地区行署决定,将农委属下的地区能源办划归地区林业局管理。自农村能源办公室成立以来,在各级党委、政府的重视下,在林业部门的大力支持下,贺州市的农村能源取得了可喜的成绩。特别是以省柴灶为主的节能技术的推广和以沼气池为主的新能源的开发利用都走在全区的先进行列。省柴灶建设:1983年藤县被农牧渔业部定为全国第一批改灶节柴试点县,1986年通过部级验收达标。1987～1988年蒙山县、昭平县分别通过部级验收达标。1994年全地区省柴节煤推广普及达标,平均热效率达31%,并通过了部级验收。至2003年累计建池78991座,沼气池利用率100%,沼气综合利用达63484户。全市现建有生态家园的示范村共有19个。

(贺州市林业局)

【森林旅游】

姑婆山国家森林公园是1996年8月经国家林业部批准建立的。距市中心23公里,位于八步区黄田镇,是贺州市旅游的龙头景区,地处粤港澳—梧州—桂林陆路黄金旅游线的中段,是广西桂东旅游经济区中的重要景区,也是国家西部旅游线广西段的一个重点景区之一,总面积80平方公里。森林公园具有"山雄、瀑奇、水秀、谷幽、林野"等特色,目前已开发建设的比较成熟的景区是姑婆江景区、仙女溪景区,瓦窑冲景区和仙姑溪景区进行了初步开发。公园内空气清洁度高,环境优美,空气负氧离子含量达6万多个/立方厘米,是旅游、度假、疗养的好去处。路花温泉位于八步区黄田镇路花村,1996年开始开发,2002年5月重新改造,现已建成大众池、小池区和贵宾别墅区等区域,正在修建接待宾馆,以生态、健康、娱乐为文化主题。占地总面积22公顷,温泉三面环山,一面临溪,处于像螃蟹钳形的山窝里,泉水流量大,水温常年高达63℃,而且含有多种对人体有益的矿物质,据有关专家测定,对皮肤病、关节炎、风湿病等有显著疗效。路花温泉是一个以温泉疗养为主,集度假、娱乐、健身等功能为一体的山庄式疗养保健中心。

1995～2003年共投资9875万元,建设连接森林内公路和景点。2002年旅游接待游客人数20.8万人,旅游收入1129万元。2003年,共接待旅游人数30万人次,旅游收入1735万元,其中姑婆山森林公园接待人数22万人次(境外为1.7万人次),收入1395万元,路花温泉接待8万人次,收入340万元。

(贺州市林业局)

【苗圃建设】

从"一五"计划时期开始,各级纷纷建立国营苗圃。昭平县在1954年建立第一个国营苗圃,面积5.33公顷。到1956年,昭平县先后创办过14个国营苗圃。1953～1964年,地区各县共建立国营苗圃35个,面积106.67公顷,苗圃固定职工118人。据统计1976～1996年,全地区育苗完成0.54万公顷,基本保证了本地育林的需要。

此外,还在社队和农户集体育苗和个体育苗,林业部门从育林费中给群众育苗补助,举办农民育苗培训班,传播育苗知识和技术,全面扶助群众育苗。60年代后,指导社队林场,建立社队林场苗圃,一直坚持至今,取得很好的成效。2000年初，经国家林业局批准，分别在八步区林科所和富川柳家原红旗林场建立林木良种繁育中心，总面积150公顷，年生产苗木达1500万株，在2003年，两个中心共繁育各类苗木5250万株，主要苗木为桉树，确保了全市营造速丰林的需要。

（贺州市林业局）

【国有林场】

梧州地区有12个县办国有林场，现有职工2288人，其中生产工人1632人，经营总面积72173.9公顷，其中有林面积60487公顷，森林蓄积量483.27万立方米，分别占全地区总面积的3.73%，有林地的5.77%和森林蓄积量的12.01%。贺州市现有6个国有林场。有1955年建场的昭平县富罗林场，1957年建场的贺县（八步区）黄洞林场，姑婆山林场，昭平县大脑山林场、富川县天堂岭林场，1976年建场的钟山县花山林场。经营总面积57161.3公顷，有林面积45671.2公顷，活立木总蓄积量337.7万立方米，职工人数1817人。至2003年，全市各林场通过经济体制改革，职工自营经济加快，当年完成迹地更新面积1133.33公顷，其中：速生丰产林477.33公顷，同比增长32.6%，生产木材5.42万立方米，销售木材5.42立方米，经济收入2361万元，职工自营经济收入264.6万元，人均达1500元。

（贺州市林业局）

【集体林场】

始创于50年代末期。经过30多年的巩固和发展，全地区有乡村集体林场1004个，其中乡（镇）办的有87个，村办的有684个，联办的有233个。乡村集体林场经营面积22.32万公顷，占全地区林业用地总面积的16.2%；有林地20.65万公顷，占全地区有林面积的19.7%；活立木蓄积量1056万立方米，占全地区森林总蓄积量的26.23%。乡村集体林场已成为梧州地区的用材林基地、松脂基地和林副产品基地，是乡（镇）、村集体的绿色企业。至2003年贺州市现有乡村集体林场349个，经营面积12.71万公顷，年收入达2649.3万元。

（贺州市林业局）

八步区林业

【概　述】

八步区位于广西东部，前身为贺县建制（1997年5月改为县级贺州市），2002年撤地改市后，原县级贺州市改称八步区（以下同）。八步区位于湘、粤、桂三省（区）交界处，323、207国道及正在修建中的桂梧高速公路贺州段从境内腹部通过。境内地形复杂，东部和北部有姑婆山（海拔1731米）、官山（海拔1373米）横跨40多公里并向南延伸，中部有大桂山（海拔1204米）在境中横腰盘踞，大桂山以北形成八步、大宁、桂岭、里松、公会等大小盆地；以南则形成气候差异明显的信都冲积平原。全境地势北高南低，最高峰为与湖南交界的马鞍山（海拔1844米），最低为南端的铺门扶隆圩（海拔39.7米）。八步区属中亚热带季风区及南亚热带季风区过渡地带，气候温和，雨量充沛；山地土壤成土母质多是沙质岩和花岗岩，以红壤、黄红壤最多，适宜发展杉、马尾松、大叶栎、毛竹、巨尾桉、尾赤桉等速生丰产用材林及油茶、油桐、板栗、椎经济果木林和三华李、酸梅、沙田柚等水果。全区辖21个镇乡（含2003年从钟山县划入的西湾镇、以下同），两个国有林场、1个自然保护、1个林科所。据1999年森林资源二类调查，全区总面积49.06万公顷，其中林业用地36.76万公顷，占土地总面积的74.93%。现有林面积33.70万公顷；活立木蓄积1267.5万立方米，森林覆盖率为70.3%。

解放后，八步区的林业遵循“以营林为基础”的林业方针，狠抓育苗造林、飞机播种造林、封山育林等工作，至1998年累计完成人工造林23.03万公顷，飞机播种造林18.84万公顷（含重播2.36万公顷）。1999年以来，转向以分类经营为基础的现代林业，营造速生丰产林生态公益林，至2003年底止，完成造林3.32万公顷，封山育林0.62万公顷；义务植树1045万株。

【人工造林】

20世纪50～60年代中期，八步区的造林主要是农村集体化的群众性义务植树造林和国营林场造林，1952～1965年共完成人工造林0.61万公顷。1966～1981年八步区掀起创办集体乡村林场高潮，至1976年，八步区有乡村林场101个，专业人员1146人,并以乡村林场(含飞播林场)、国营林场为重点,大力推行杉木、毛(楠)竹、油茶基地造林,1966～1981年共完成人工造林8.59万公顷。十一届三中全会后通过林业"三定"和落实林业生产责任制,个体造林的积极性得到发挥,造林重点户、专业户随之发展,到1986年,造林专业户及重点户达1663户,造林0.31万公顷。1982～1998年八步区完成人工造林13.84万公顷。1999年始至2003年八步区分别开展珠防林工程造林、绿色工程造林、速丰林工程造林、退耕还林工程造林,截至2003年底,八步区完成人工造林3.32万公顷。

【飞机播种造林】

八步区飞机播种造林始于1967年,至1992年共有12年进行飞播造林,所播的是马尾松种子,共83个播区,播区面积18.84万公顷(含重播面积2.36万公顷),播区有效面积14.62万公顷,占播区面积的77.6%;成效面积8.04万公顷,占有效面积的55%。最大的步头双程飞播区,1968年进行飞播马尾松,播区总面积1.79万公顷,播区有效面积1.63万公顷;1983年飞播成效调查,该播区成效面积1.27万公顷,占有效面积的78%,平均树高11米,平均胸径10.6厘米,每亩蓄积8.848立方米,总蓄积量168.8万立方米。1986年,八步区分别荣获"广西飞播造林先进县"和"全国飞播造林先进县"荣誉。

【杉木基地造林】

杉木为八步区人工造林的主要树种之一,尤以大宁镇公保村的大横枝杉木更负盛名。1973年,原贺县被自治区确定为杉木商品材基地,1973～1983年全县营造杉木3.47万公顷,保存面积达2.67万公顷;其中连片万亩以上的杉木基地有公会镇清水村(大队)林场、步头镇林场、桂岭镇草寺林场。据1984年普查,全县有杉木林面积2.17万公顷,蓄积量达96.87万立方米。鹅塘镇凉伞林场1975年所造的100多公顷杉树,1982年6月测定平均树高达9米,平均胸径12.5厘米,每亩蓄积11.81立方米。

【实现宜林荒山绿化造林达标】

根据自治区党委、政府1986年做出的《力争十五年基本绿化广西的决定》的要求。1987～1989年,原贺县县委、县政府先后出台了《关于十年内基本绿化贺县的决定》和《关于做好乡镇级领导干部造林绿化目标责任检查评比的通知》等文件和规定,同时,贺县九届人大三次会议通过的《保护森林、发展林业、实现一九九五年基本绿化贺县的决议》,从1987年开始,展开了消灭荒山实现绿化达标的灭荒攻坚战,1987～1999年全县完成人工造林7.01万公顷(含迹地更新),飞机播种造林7.32万公顷。1995年5月经自治区检查验收,自治区人民政府办公厅桂政办函〔1995〕144号批复,贺县于1994年度实现绿化达标;1998年获"全国造林绿化百佳县(市)"和2001年获"全国造林绿化先进集体"奖励。

【大力营造经济果木林】

造林灭荒绿化达标后,原县级贺州市委、市政府坚持以市场为导向,以效益为中心,及时进行树种、林种的林业产业结构调整。提出了本市大桂山以南的信都片各乡镇以栽培龙眼等水果为主,大桂山以北的步头、贺街、鹅塘、莲塘、沙田、公会等乡镇以栽培凤凰梅、三华李、沙田柚和其他杂果为主,其他重点林区乡镇以栽培高效的经济用材竹、食用笋竹为主的经济林发展战略。市、乡镇领导建办经济林果示范点,推行"公司+基地+农户"的生产经营模式,鼓励机关、集体、个人承包山地开发林果业,大力发展名特优经济果木林,培育外向型林业。从1996年起,每年种植经济果木林0.5万公顷,至2000年底,累计种植经济果木林达1.51万公顷,使全市经济果木林面积由1995年的2.07万公顷提高到3.57万公顷,新增面积1.51万公顷,经济林低改面积达1.2万公顷。2000年全市经济果木林总产值近2亿元,2001年度原县级贺州市被评为"全国经济林建设先进单位"。

【速丰林基地建设】

八步区1985～1987年利用贷款营造杉木速丰林1.16万公顷。1992年林业局在莲塘镇美仪村建立引种尾叶桉示范基地15公顷;2000年开始通过招商引资大面积营造巨尾桉、尾赤桉等桉树速生丰产林,截至2003年底,共营造桉树速丰林0.83万公顷,完成营造林投资5250万元。广东湛江市王国祥先生2002年在信都镇新兴村种植速生桉40公顷,2003年7月测定,平均树高8米,平均胸径达7厘米,预计栽植后第6年采伐,每公顷出材量可达150立方米。

【森林病虫害防治】

1988年以前，原贺县林业局从营林股人员中指派2名技术员负责森林病虫害工作。1989年县林业局成立森林病虫害防治检疫站，配站长1人，工作人员3人，负责全县森林病虫害防治和植物检疫工作。各乡镇设测报员1人，每年定期测报，建起了森防测报网络。贺县于1978年始发现有马尾松毛虫危害，据有关材料统计，1980～1998年八步区共发生马尾松毛虫危害面积2.42万公顷，防治面积3.09万公顷(含飞防面积)，防治有效率达82%。近年来，八步区林业局加强了森防站的硬件建设，配置了测报技术所需的计算机、显微镜等基础设备，加强了监测工作。2002年，经自治区验收并报国家林业局审批，八步区森防站被定为国家级森林病虫害测报中心。1999～2003年，八步区马尾松毛虫害发生面积累计0.65万公顷，防治面积0.65万公顷，防治有效率为85.1%。2002年八步区八步镇大钟山发现有13株国家危险性森林病虫害马尾松枯死木，2002～2003年均采取了措施进行防治，但疫点疫情仍有扩散趋势，2004年在上级政府及业务主管部门的大力支持下，八步区政府决定对大钟山国家危险性森林病虫害疫点的马尾松进行全面拔除。

【森林防火】

1954年11月中旬至1955年4月中旬，贺县出现了历史上最频繁的山林火灾，山火次数达381次，延烧面积4.08万公顷，损失各种大小林木1169万株。山林火灾的危害，引起了各级领导的重视。1955年后，加强了对护林防火工作的领导，建立健全县护林防火指挥部，指挥部指挥长均由县长或副县长担任。指挥部的成员由公安、人武部、林业、交通、商业、邮电等有关部门的领导组成。1984年11月，贺县护林防火指挥部办公室正式成立。任命了三位工作责任心强、经验丰富的干部分别担任办公室主任或副主任，配备工作人员3名。办公室固定人数为6名，1986年9月，县编制委员会核定县护林防火办公室定编人数为7人，使护林防火办公室成为常设机构。1987年6月，全国人大常委会、国务院公布《关于大兴安岭特大火灾事故处理决定》后，县乡两级先后召开林业工作会议，学习贯彻《决定》精神，检查本县、乡历年来护林防火的经验教训和存在的问题，进一步调整充实了县护林防火指挥部及其办事机构的力量，各乡镇也相应成立或调整充实护林防火指挥部机构，并组织30～50人的半专业打火队。1988年，全县打火队人数达1263人，并配备有柴刀、毛巾、水壶、解放鞋、迷彩服(以后增加了对讲机、风力灭火机、二号扑火工具)等扑火用具。1987年县护林防火实行领导责任制和目标管理责任制，对护林防火工作划分责任区，实行行政领导干部责任制，即县长、乡(镇)长、村长、组长分层对所管辖地域内的山林火灾承担责任，建立健全奖惩机制，层层签订责任状。八步区于1995年组建了专业森林消防队，招聘复退军人和青年民兵为队员，实行半军事化管理，由林业部门从“育林基金”收入中支付工资；现有专业森林消防队员45人，配备有消防指挥车1辆，运兵车1辆(旧中巴)，风力灭火机36台，2号打火工具250把。各乡镇现有半专业打火队员400人，风力灭火机60台，2号打火工具400把。同时，加大森林防火宣传力度，每年由林业部门拿出一定的经费作为森林防火宣传经费，通过出动宣传车、放电影、广播电视、安装固定的水泥宣传牌、书写宣传标语、印发宣传资料等多种形式宣传，同时，使森林防火知识家喻户晓，严格野外用火制度。在清明节及火险季节期间进行巡逻检查和派人重点把守入山路口。在加大宣传力度，加强管理的基础上，八步区政府和林业部门认真贯彻“预防为主，积极消灭”的护林防火方针，重视加强护林防火基础设施建设，2003年止，全区营造防火生物林带1098.7公里，建立防火瞭望台20座，配备专职护林瞭望员41名；有效地防止了森林火灾的发生。1999～2003年八步区发生森林火灾32起，森林受害面积226.15公顷，年均森林受害率为0.16‰。1998～2000年度分别获“全国护林防火工作先进单位”和“贺州市森林防火工作先进单位”殊荣。

【森林采伐限额管理】

八步区从八十年代始森林采伐由计划管理转变为限额管理。为了科学地编制采伐限额，八步区认真按照上级的部署，抽调精干人员，依据《森林法》、《森林法实施条例》的规定，结合本区的实际，按期完成了“八五”、“九五”、“十五”期间年森林采伐限额的编制和成果上报工作，按照上级下达的采伐指标严格批准采伐，认真执行森林采伐量达到40立方米以上(含40立方米)的伐区均需进行森林采伐设计，经批准方能发放林木采伐许可证的管理制度，强化对伐区伐中、伐后的严格管理。1999～2003 年，上级下达八步区森林采伐限额指标为 60.8 万立方米，实际批准采伐 56.08 万立方米，没有超限额采伐。

【森林资源调查】

按照上级部署，自 1960～1999 年，八步区于 1960 年、1973 年、1984 年、1991 年和 1999 年共五次组织了全区森林资源调查规划(林业普查)工作，摸清了森林资源情况，为八步区林业生产发展的科学决策提供依据。

【林地林权管理】

解放后，20 世纪 80 年代前八步区的林地林权管理除国有林场部分外，实行公社、大队、生产队三级集体经营管理。1981～1989 年林业“三定”《稳定山权、林权、划定自留山、确定林业生产责任制》后，除国有林场及大部分原区划建办的乡、村林场的林地林权维持原状外，其他林地分包到户作自留山或责任山。1999 年以来，八步区认真贯彻落实国发明电〔1998〕8 号和国办发明电〔1999〕9 号通知精神，依照《森林法》及其《实施条例》的规定，采取有力措施，加大了林地保护和管理的力度，强化了征占用林地审核工作。2001～2003 年八步区在严格执行建设工程尽量不占和少占林地的原则，为 33 个确需要占用林地的工程单位办理了审核同意手续，依法报征林地 107.71 公顷，按规定收取森林植被恢复费 466.5 万元。

【林业行政执法】

八步区的林业行政执法工作伴随着历史的进程不断得到加强。由于历史的原因，八步区在“大炼钢铁”和“三定”期间出现过两次乱砍滥伐，原贺县县委、县政府认真贯彻中央和自治区的林业政策，采取了强有力的措施，迅速制止了乱砍滥伐之风。一是建立和健全林业执法机构。1961 年“四固定”后，县、社、大队、生产队恢复，建立了相应的护林组织，制定乡规民约保护森林。1973 年始，由公社、大队、生产队统筹及林业部门适当补贴雇请专职或兼职护林员，1974 年全县专职护林员人数达到 96 人；到 1985 年全县有专职护林员 361 人，季节性巡山员 409 人。1985 年，各乡镇设置林业站，全区共配备工作人员 140 人；1985 年 1 月县林业局设置林政办公室，成立了 7 个木材检查站，9 个木材检查卡，共有检查员 94 人；1999 年检查员达 130 人；1999～2003 年共查处违章运输木材案件 11675 起，没收木材 2139.4 立方米，补收“两金一费”369.64 万元，共为国家挽回经济损失 994.8 万元。1985 年 12 月成立调处山林纠纷办公室，1999～2003 年调处山林纠纷案件 62 起。1980 年 10 月设置林业检察机构，至 1984 年全县林业检察员人数达 21 人；1987 年组建了黄洞林场派出所和姑婆山林场派出所；1988 年 5 月成立贺县林业局林业公安股和滑水冲自然保护区派出所。到 2003 年底，全区有森林公安干警 39 人，有效加强了林业执法队伍的建设。二是整顿木材市场，从 1986 年开始对全县木材加工经营户进行登记审批；三是对森林资源实行限额采伐，采伐森林必须进行采伐规划设计，凭证采伐，由乡镇林业站、木材收购经营单位和林政办做好伐区监督检查。

1998 年新《森林法》及 2000 年新《森林法实施条例》颁布后，八步区进一步加强了林业执法和资源管理力度，加强了对木材加工经营户的年审换证和监督，每年配合公安、工商等部门开展 1～2 次打击破坏森林资源的专项行动和林业执法大检查。林政管理的规范化，使林业案件发生数量逐年下降。

【“大炼钢铁”对森林的破坏】

1958 年下半年，由于“大炼钢铁”需木炭作燃料，原贺县组织各公社社员 3 万多人到姑婆山砍伐杂木烧炭、修路、运炭，据粗略统计，“大炼钢铁”姑婆山林场被砍去的杂木达 466 公顷以上，烧炭耗去的杂木约 5 万多立方米，导致该林场山腰以下的杂木几乎全被砍光。

【“林业三定”前后乱砍滥伐】

第二次乱砍滥伐毁林高潮出现在 1979～1981 年的农业经济体制改革过渡时期，当时田地已分包到户，而林业“三定”却未落实，加上南方木材市场开放，以及片面强调尊重生产队自主权，放松了领导，一些群众认为田地已分包到户，林木分包到户也是迟早的事，谁先砍谁得利，导致了乱砍滥伐。据林业部门统计，1980 年全县木材消耗 40.3 万立方米，其中计划内生产为 7.33 万立方米，计划外生产 9.55 万立方米，能源消耗 12.60 万立方米，社员建房及四有建设消耗木材 10.85 万立方米。

【林业公安工作】

1988 年成立了林业公安股(2002 年更名为森林公安分局)。林业公安对于打击破坏森林资源的违法犯罪活动，保护国家森林资源发挥了巨大的作用。1999年到2003年，破获各种森林案件952起，其中特大刑事案件12起，重大刑事案件13起，林业行政案件913起，逮捕28人，刑事拘留83人，治安拘留19人，劳教36人。收缴国家及广西重点保护陆生野生动物2批，属国家一、二级陆生野生保护动物51条(头)，为国家挽回经济损失278.81万元。

【绿色工程】

绿色工程是自治区党委提出"1234610"农业和农村工作思路中的重点基础工程，计划三年完成，上级下达给八步区1999～2001年绿色工程造林计划面积2799.6公顷，非林业用地石山封山育林389.7公顷。八步区规划在323和207国道八步区段公路两旁各1公里以及贺江两岸各2公里的宜林宜果荒山荒地种上水源林和经济果木林，并对黄田、鹅塘等镇的部分石山实施封山育林。截至2001年底，八步区共完成绿色工程造林3242.4公顷(含大桂山林场完成697.6公顷)，完成石山封山育林398.7公顷，超额完成了绿色工程任务。

【珠江防护林工程】

珠江防护林工程是国家生态工程建设的重点工程，八步区贺江是珠江的主要支流之一。根据自治区林业厅桂林营场字〔1996〕33号和〔1997〕24号文所下达给八步区的任务，"九五"期间一期工程规划设计面积12000公顷，实际完成面积8946.66公顷，其中完成人工造林5946.66公顷，封山育林3000公顷。2001年二期工程规划设计面积1706.66公顷(其中人工造林640公顷，封山育林1066.66公顷)，实际完成人工造林645.95公顷，封山育林1068.8公顷。

【退耕还林】

退耕还林工程是党中央、国务院加强西部生态环境保护和建设重大决策工程，八步区于2003年开始实施退耕还林，2003年计划任务为3000公顷(其中退耕地造林1333.3公顷，配套荒山造林1666.6公顷)，实际完成退耕地造林1333.3公顷，配套荒山造林1666.6公顷，分别占计划任务的100%。

【林产工业】

八步区有木材经营、木器加工、竹编、土法造纸等传统产业。1958年以前，木材基本属自由经营，人民公社化后，实行木材统购统销，由森工站按计划收购。1985年中央1号文件开放木材市场，木材经营加工业迅速发展，至1989年，贺县个体经营木材或加工销售木制品的摊点达600多家，1989年经国家及自治区批准在县城八步分别筹建微粒板厂和纸浆厂，1991年12月年产1.68万立方米的贺县微粒板厂建成投产，1994年产5万吨全漂白木浆的贺县纸浆厂(后改称贺达纸业有限责任公司)建成投产。1991至1995年贺县微粒板厂年产微粒板1.5万立方米以上，产品供不应求，经济效益显著。1996年后由于受市场及原材料供应不足，产品销售价格下跌明显等因素影响，生产经营越来越困难，现正在谋划进行改制。贺县纸浆厂1998年通过技改于1999年实现达产达标，1998年通过改进工艺，取得利用桉木生产浆板试验成功。2001年实现年产7万吨浆板的奋斗目标，2003年年产浆板超过7万吨；但由于八步区桉木资源缺乏，贺纸所需的桉木均需从广西的南宁、钦州、柳州及广东湛江等地采购，运输成本高，直接影响该厂的效益；目前该厂生产基本正常。2003年八步有木材经营、加工户(厂)107家(不含贺纸)，年产值1200万元。

【森林旅游】

为了加快八步区林业产业结构调整，八步区人民政府及林业主管部门充分利用本区森林旅游资源优势，于1992年启动姑婆山森林公一期工程建设，主要承建公园的梅园山庄、仙姑大桥、仙姑瀑布和瓦窑冲瀑布、路花温泉等景点，投资1210万元。1993年申报并取得自治区省级森林公园资质。1995年申报国家级森林公园资质，1996年获得国家林业部批准。1998年实施该公园二期工程项目建设，投资1255万元(其中利用山区综合开发项目贷款700万元)，主要是完善景区道路、仙姑大草坪、恢复仙姑庙、建筑森林宾馆以及景区装饰维修；同年，在自治区人民政府的大力支持下，投资1850万元修建八步至姑婆山旅游专线公路(其中自治区交通厅补贴1275万元，其余由地方自筹)。在加强基础服务设施建设的同时，该公园实行边建设边经营，加大宣传促销力度，提高公园的知名度。从而，使该公园接待中外旅客人数和经营收入逐年翻番增加，从1999年接待旅客3.9万人、次提高到2002年的35万人、次，旅游收入由1999年的39万元提高到2002年的1100多万元。2003年1月该公园上划地级贺州市管理。

【农村能源生态建设】

八步区的农村能源生态建设是从推广省柴节煤灶起步，逐步推广使用沼气、电、液化气、太阳能。至2003年，全区省柴节煤灶推广普及达187503户，占全区总户数的96%。近年来，农村能源建设从省柴节能提升到生态家园建设的高度，大力推广“养殖—沼气—种植”三位一体生态模式，开展生态能源生态示范工程建设，截至2003年底八步区拥有沼气池达32540座，容积260320立方米，其中属2003年新建的沼气池2652座，容积21216立方米。

（八步区林业局　郑先标）

昭平县林业

【概　述】

昭平县位于广西东部，林业行政区划为9镇8乡、2个国有林场、1个林科所，总面积32.48万公顷，其中林业用地27.53万公顷，占84.8%，根据1999年森林资源二类调查，有林面积26.21万公顷，森林覆盖率为80.7%，活立木蓄积1003.99万立方米。主要树种马尾松496.56万立方米，杉木165.52万立方米，阔叶树259.39万立方米。1989～1991年连续三年获“全区造林绿化一等奖”，1991年获“全国造林绿化先进单位”，1996年获“全国绿化先进单位”和“全国造林百佳县”。

昭平县林业局的前身为昭平县人委实业科，1954年8月单设林业科，1960年元月成立林业局，后几经更迭，1979年11月恢复林业局，现有22个股室，17个乡镇林业站，干部职工385人。

解放初期林业规模小、总量低。1960年林业综合普查，各林种面积9.0万公顷，蓄积量449.8万立方米，森林覆盖率28.5%。1963年，昭平县在富罗召开林业生产现场会，贯彻国务院《森林保护条例》和自治区人民政府的有关指示，林业出现转机，随后大办乡村集体林场，进行较大面积的人工造林。1967～1979年，进行飞播造林，使绿化面积迅速增加。十一届三中全会后，林业进入一个新的发展时期。1980年秋，开始落实林业生产责任制，并制定《发展林业15条》，确定国有、集体、农户的山林权属。群众造林热情高涨，林业有了长足发展。1986年二类调查，有林面积14.87万公顷，森林覆盖率为48.3%，活立木蓄积量为1064万立方米。90年代以后，建立健全“三防”体系，造、封、管、节、用多管齐下。1992年获广西“消灭宜林荒山达标县”，1994年实现绿化达标。1994年森林资源二类调查，有林面积25.75万公顷，森林覆盖率79.3%，活立木蓄积1022万立方米。近年来，按照中央《关于加快林业发展的决定》和广西有关林业发展的要求，办好两大基地，打造三大集团，大力加快发展速生丰产林、脂材两用林基地。

1952～2003年，累计造林面积35.48万公顷。

【人工造林】

1952～2003年，全县人工造林面积22.43万公顷，2003年0.42万公顷。

【飞播造林】

1967年元月，在大脑山林场的大蛇岭第一次试播，面积0.71万公顷。1967～1989年，共进行11年飞播，共61个播区13.05万公顷，成效面积6.83万公顷。1995年获广西“飞机播种造林先进单位”。

【封山育林】

从1989年以来，共实施工程封山育林41712公顷，成效面积38134.4公顷。

【利用世界银行贷款造林】

从1990年冬开始，共实施了世行贷款“国家造林项目”造林3308.18公顷、“森林资源发展和保护项目”造林2154.27公顷、“贫困地区林业发展项目”造林1454.53公顷。完成投资2641.6万元，其中信贷资金1464.26万元。1995年和1999年两次获广西林业厅(局)“国家造林项目先进单位”，2000年3月被国家林业局评为实施世行贷款“国家造林项目”先进单位。2003年9月，世界银行驻北京代表处首席执行官刘瑾女士一行到昭平检查“贫困地区林业发展项目”情况，给予较高评价。

【珠防林建设】

“九五”期间一期工程规划设计面积11919.1公顷，完成人工造林和疏残林改造11271.5公顷，封山育林4311公顷；2001年实施二期工程，设计面积20140公顷，完成人工造林2536.6公顷，封山育林1002.3公顷。其中：1998年国债转贷310

万元，完成人工造林 1760 公顷，封山育林 2389 公顷。

【退耕还林】

2002、2003 年共完成 5000 公顷。退耕地造林：2002、2003 年各完成 1000 公顷，其中经济林 374.07 公顷，生态林 1625.93 公顷。荒山造林：2002 年完成 1000 公顷，2003 年完成 2000 公顷，其中经济林 52.16 公顷，生态林 2947.84 公顷。

【速生丰产林建设】

1990 年起开始按速丰林标准较大规模营造速生丰产用材林，利用世界银行贷款等外资营造速丰林 5663.2 公顷；1990～1992 年自治区、地、县三级林业局联营投资营造杉木速丰林 686.7 公顷，昭平县林业局独资营造 406.9 公顷；昭平县远大营林投资有限责任公司 1999～今营造尾叶桉等速生丰产林 2813.3 公顷，2002、2003 年大脑山林场引种西楠桦 122.7 公顷。全县共营造速丰林 9740.8 公顷，其中杉 3088.5 公顷、松 3401.1 公顷、桉 3117.5 公顷、西楠桦 133.7 公顷。

【森林分类经营区划界定】

2000 年 7 月贺州地区在昭平进行区划界定试点，2001 年 4 月完成区划界定。区划公益林面积 9.33 万公顷，占林业用地的 33.7%，其中国家级公益林 3.67 万公顷；商品林面积 18.38 万公顷。

【森林资源保护】

至今共进行了六次森林资源调查，即 1956 年资源踏查，1960 年综合普查，1972 年林业普查，1986 年、1994 年、1999 年的森林资源二类调查；1994 年建立县级森林资源连清体系。1985 年建立森林资源建档，1996 年使用计算机管理。“八五”期间，森林资源总消耗量为 176.1 万立方米，占总限额 229.5 万立方米的 76.73%；“九五”期间总消耗量为 201.3 万立方米，占总限额 257.5 万立方米的 78.17%；2003 年，商品材消耗量 145444 立方米（出材量），占商品材采伐限额 155900 立方米的 93.29%。2001～2003 年，依法审核各项建设工程征占用林地 14 宗，面积 59.1901公顷，初审率达 100%。其中 2003 年审核 9 宗，面积 27.3939 公顷。在强化资源源头管理的同时，全面开展野生动植物保护及整治木材流通秩序。1999～2003 年查处违法运输木材 512 起，滥伐林木 13 起，非法收购木材 33 起，野生动物案件 24 起，没收木材 8409 立方米，收缴和放生野生动物 3062 只（条）。2001 年获“全区森林资源林政管理先进单位”。

【森林公安工作】

1987 年底组建林业公安股，1999 年 5 月组建森林公安分局，现有森林公安民警 42 人。1987～2003 年，共查处森林刑事案件 604 起，森林治安案件 804 起，林业行政案件 1365 起。收缴违法木材 12910 立方米，折款 300.63 万元；其他财物折款 26.28 万元；罚款 171.93 万元。

【森林防火】

历史上昭平县曾是山火多发地区，1961 年发生火灾 74 起，过火面积 8459 公顷。1955 年成立县护林防火指挥部，1987 年 7 月成立县森林防火办公室。目前，共修建防火瞭望台 13 座，瞭望面积 16.66 万公顷，营造防火林带 1080.9 公里；有无线电通信设备 108 台。1992 年冬开始组建专业消防队，现有专业半专业消防队 23 支，队员 410 人，装备风力灭火机 86 台，运兵车 2 辆。2003 年发生森林火警火灾 10 起，过火面积 186.48 公顷。1983 和 1986 年两次获“全国护林防火先进单位”。

【森林病虫害防治】

马尾松毛虫：年最大发生面积达 6700 公顷。1991 年开始推广马尾松毛虫综合治理技术，至今未发生过大面积危害。竹蝗：1959 年，曾在文竹发生大面积危害，1992～1995 年再次发生，采用超低容量喷雾、竹干注射农药防治。湿地松萧氏松茎象：2003～2005 年列为国家级工程治理项目。目前已建立“一站三网二化”测报网点（站）20 个，国家级中心测报固定标准地 54 个。2003 年成为国家级森林病虫害中心测报点。

【松脂生产】

1952 年开始采脂，当年产量 15 吨。1981 年产量突破万吨，列入全国十大产脂县行列。1985 年，成立松脂生产管理办公室，推广采脂新技术，1987 年突破 2 万吨。1990～1999 年年均产脂 20536.3 吨，1997 年产量 26433 吨，为历史最高。随后产量逐年下降，2003 年产量为 6955 吨。

【林业产业建设】

木材加工业。1980 年以前，多为生产农具的乡村集体加工厂。2003 年，有木材加工企业 100 多家，大多数规模较小，技术落后。有一定规模的加工松木建筑用胶合板的4家，2003年产量共3.3万立方米，加工木衣架的1家，2003年产量568立方米。1981年建成人造板厂，主要生产胶合板，1984年建成年产5000立方米的刨花板生产线。中纤板厂1997年建成，年生产能力3万立方米，2003年生产中纤板39057立方米。

松香。1979年10月，县工业局芳香厂用“滴水法”当年生产松香244吨。1982年，改建县松脂厂，用“蒸气法”生产，当年全县产量4991吨。1989年产量9181吨，产值1043万元，税利额达497万元，2003年产量2728吨。

造纸业。50年代，以“桂花纸”等竹纸生产为主。1969年建成县造纸厂，最高产量为2000年的16700吨。2002年纸厂实行租赁经营，2003年生产机制纸13727吨，土纸620吨。

【林场建设】

1957年建立有大脑山林场。现有员工409人，经营面积2.02万公顷，有林面积1.64万公顷，蓄积量为121万立方米，森林覆盖率86.5%。累计造林4.73万公顷，1975～2003年，共生产木材47.76万立方米。其中2003年造林516.8公顷，生产木材33548立方米，产值1387万元。

国有富罗林场。建于1955年，现有员工235人，总面积6505.5公顷，有林面积5576公顷，森林覆盖率85.7%，蓄积为40万立方米，累计造林9266.66公顷，从1978年开始至今生产木材31万立方米，其中，2003年造林154.73公顷，生产木材1.1万立方米，产值446万元。

乡村集体林场。1958年秋创办全县第一个集体林场——走马公社黄垌林场。60、70年代，通过国社合办、社队联办和飞播造林后办林场，集体林场有较大发展，现有乡村集体林场172个，场员415人，经营面积5.26万公顷，有林面积4.65万公顷。集体林场在造林绿化和发展乡村集体经济方面起到积极作用。1991年获“全国乡村林场建设先进单位”，江塘林场和裕益林场在1991年和1996年分别获“全国乡村林场全面质量管理奖”。

【农村能源建设】

1980年开始沼气池试验建设，随后逐步推广，到2003年底累计有池28437座，入户率达35%，其中2003年新建3066座。1986年列为全国农村改灶节柴试点县，90.8%的农户使用省柴灶。1996年昭平镇江口村列为全区生态示范村，沼气入户率达60%。1998年被列为全区能源生态示范县，2003年底全县有能源生态示范点54个。1998年和2000年两次获广西林业局“农村能源工作先进单位”。

（昭平县林业局）

钟山县林业

【概　述】

钟山县位于广西东北部，属江南山地丘陵县，中亚热带气候，自然条件优越，林业开发潜力大。县境内由东、西两面的萌诸岭、都庞岭山脉外延部分环绕，内地纵横交错，形成多个丘陵盆地，东部边界有姑婆山，海拔1731米，西部边界有石榴界，海拔1372米。全县辖16个乡镇，137个村（居）委会，总人口471804人，其中农业人口421414人。据1999年森林资源二类调查，全县土地总面积190642公顷，林业用地104389.3公顷，有林地99130.1公顷，活立木蓄积量277万立方米，森林覆盖率52%。

钟山县的林业机构从50年代至70年代初（1973年）曾多次分合，1954年成立农林水利局，同年10月份设林业科，1959年1月调整机构成立农林局，1963年6月份设林业局，1968年11月农林水合并成农林水服务站革命委员会，1973年11月设立钟山县林业局，随着国家对林业工作的加强，林业部门的内设机构不断增多，1987年林业局除行政领导外，还设有人秘股、计财股、营林股、林业公安股、林业检察室、防火办等，共有干部职工42人。1993年上述机构除撤销林业检察室外还增设了林业开发公司和农村能源办公室，共有干部职工104人。

2003年县林业局除行政领导班子外，设有局党总支部、行政办公室（包括财务股、后勤服务中心、打印室、档案室）、林业技术推广站、防火办、林政股、森林公安分局、林业开发公司、松脂办、农村能源办等内设机构，现有在岗人员85人。

1952年钟山与富川并为富钟县，1961年分为钟山、富川两县。据有关资料介绍，1950年前，钟山县有林面积1.83万公顷，活立木蓄积量74.84万立方米，森林覆盖率9.82%。1950～2003年，五十三年来全县有林面积增加8.4万公顷，年均增加0.16万公顷，年均增长1.55%；活立木蓄积量增加202.16万立方米，年均增加3.81万立方米，年均增长率1.38%；林木覆盖率增加43.85%，年均增加0.83%，年均增长率1.54%。

林业遭受破坏时期。1958年大炼钢铁运动，大量砍伐林木烧炭炼铁，砍伐立木蓄积量7万多立方米，折合砍伐成林面积1320多公顷，很多村前屋后的风景林、防护林、水源林、古木大树都被砍掉。1972～1981年（“文革”后期和林业“三定”前），由于林业政策不够落实，经营管理不善，群众认为“三定”可以把集体山林分光砍光，有“到手为财（材）”思想，导致了乱砍滥伐，使森林资源遭到严重破坏。

1950年以来，钟山历届县委和县人民政府十分重视林业生产的恢复和发展，逐步建立健全各级林业机构，遵循以营林为基础的林业发展方针，广泛发动群众采种育苗进行植树造林、抚育、封山育林等工作。据统计，至1998年累计完成造林面积115578.2公顷，1999年起，通过开展绿色工程以及实施林业分类经营战略，全面推进林业改革，在公益林区大力营造生态林，在商品林区发展速生丰产林，1999～2003年共完成造林7087.2公顷。

【基地造林】

20世纪50、60年代，造林主要以个体为主，从1971年开始以社队集体林场和造林积极的生产队为主，掀起了基地造林的热潮，特别是1973年1月22日钟山县农林局《关于贯彻地区林业会议精神的意见》提出建立杉树、毛竹基地，大力发展社队林场，实行“基地办林场，林场管基地”，大力开展杉木基地造林。至1979年10月检查验收，全县相对集中连片的杉木基地面积达到2840.5公顷。

【飞播造林】

钟山县飞播始于1967年，当年共飞播面积3104公顷。1968年继续飞播，共播面积20651公顷，以后1971～1979年间都有一些少量面积飞播和补播，1967～1979年共飞播35482.3公顷，1987～1989年连续三年飞播面积10440.2公顷，使钟山全县飞播总面积达到45922.5公顷。根据2001年调查，1988至1989年飞播总面积7015.3公顷，播区成效面积达5723.1公顷，占总面积的81.6%。平均树高5.2米，平均胸径7.4厘米。

【贷款造林】

为增加林业投入，加速造林步伐，1985年和1986年开展杉木贷款造林，全县利用林业开发性贷款共营造杉木速生丰产林274.5公顷，每公顷贷款600元，第一年整地造林每公顷300元，第二、三年抚育管护各150元，贷款月息7.2‰。由于贷款利息本县需负担50%，难以承受压力，因此只完成自治区下达杉木贷款造林计划任务666.7公顷的41.18%。1987～1988年，利用自治区林业厅无息贷款发展油桐生产，共完成贷款造林面积295.3公顷。每公顷贷款225元，其中造林当年每公顷105元，第二、三年每公顷各60元。

【消灭宜林荒山，实现绿化达标】

1987年，钟山县县委、县人民政府认真贯彻落实区党委、区人民政府关于十五年基本绿化广西的决定，结合本地实际，做出了《关于加速全县绿化问题的决定》，采取人工造林，飞播造林和封山育林三种造林方式同时并举的办法，在全县范围内开展了“以消灭荒山为目标，实现绿化达标”的全党动员，全民动手的攻坚战。1987～1990年全县飞播造林面积共10866.7公顷，人工造林10800公顷，封山育林总面积近38000公顷。1991年经调查确定全县尚有0.2公顷以上宜林荒山5000公顷，疏残林地1533.3公顷，为此、钟山县县委、县人民政府做出了《力争在1991年消灭全县宜林荒山的决定》，并成立“钟山县101林果生产工程指挥部”，制订了《101林果生产工程实施方案》，计划当年造林10万亩，种果1万亩，大打造林歼灭战。1991年全县共完成人工造林5000公顷，疏林地补植1533.3公顷，其中工程林（绿化点）1486.7公顷，基本上消灭了全县宜林荒山。1992年5月经自治区绿委、林业厅检查组检查验收结果，符合自治区灭荒达标标准，确认为灭荒达标县。为巩固灭荒成果，县人民政府批复了“钟山县1994年全县实现绿化达标方案”，加强了领导，增加了投入，以加强幼林抚育管理、及时更新迹地及疏残林种植、改造为林业工作的重点，大大地加快了绿化达标进程。1994年，经自治区绿化达标核查工作队检查核定，全县林业用地绿化率为95.9%，公路绿化率96.7%。河流绿化率为95.4%，城乡居民点绿化率为97.8%，森林覆盖率为51.6%，各项绿化指标均达到了自治区规定的标准，实现了全海拔绿化达标。

【森林资源保护】

森林病虫害防治。钟山县县森林病虫害以马尾松毛虫为主，20世纪80年代以前，由于人们对马尾松毛虫危害的严重性认识不足，故在此之前没有大面积防治，至1990年以前，县林业局指定3名技术人员兼职管理森林病虫害防治工作，1990年成立县森林植物检疫站和森林病虫害防治站，配站长、副站长各1人，工作人员2人，负责全县森林病虫害防治和植物检疫工作。各乡镇设测报员1～2人，每年定期测报3次，建起了森防测报网络。1996年起钟山县获自治区林业厅批准列入“九五”期间马尾松毛虫综合治理防治。近年来，加强了硬件建设，配置了测报技术所需的计算机、显微镜等基础设备，加强了监测工作，实现了森林病虫害信息网络传输和植物检疫联网签证。2003年，经自治区验收并报国家林业局审批，钟山县森防站被定为全国森林病虫害防治检疫标准站。1999～2003年，全县森林病虫害发生面积累计2619.1公顷，年发生率为1.5％以下，防治面积4165.7公顷，无重大的森林病虫害发生。

【林业科技】

钟山的林业科技经历了从无到有，逐步壮大的过程，特别是1981年成立县林学会以后，积极开展林业科技宣传，组织技术人员参加中央、自治区、地区举办的各种学术讲座、短期培训班等，并开展各种科研生产研究课题，引进国内外优良林木品种进行栽培试验，如桉类、油橄榄、苹果、雪梨、湿地松、八角等树种，各品种研究都取得不同程度的效果，开展了科学采脂试验等，取得了良好的效果。如何振芳、唐潜组织编写的《钟山县林业区划报告》通过对钟山县林业调查研究和分析的基础上，详细的阐明了分区发展的方向和重点，对全县林业发展具有重要的意义，1983年12月经梧州行署科委组织鉴定通过，并评为优秀，获梧州地区1986年底科技成果三等奖，获自治区林业厅1987年优秀成果三等奖；钟山县还是梧州地区《马尾松飞机播种造林试验与推广》协作单位之一，此项成果1985年11月在八步通过国家级鉴定，获1986年度梧州地区科技成果一等奖，自治区科技进步二等奖，国家林业部科技进步二等奖，参与本试验的科技人员何振芳、唐潜等七人分别获得地区林业局、自治区林业厅颁发的证明书和荣誉证书。由唐潜、谢庭广组织编写的《钟山县经济林区划项目》1995年被评为广西林业区划优秀成果二等奖，奖金4000元，有七人分别获奖金和证书。

【绿色工程】

绿色工程是指公路两旁各宽1公里，河流两岸各宽2公里范围内的林业用地和房前屋后100米宜林荒山荒地的绿化达标建设，是自治区党委下达的一项指令性工程，钟山县根据本地实际制订了规划实施方案，1999～2001年连续三年共完成宜林地造林绿化595.9公顷，其中人工造林480.8公顷，在完成人工造林面积中，完成公路两旁各宽1公里范围内宜林地绿化228.0公顷，江河两岸各宽2公里范围内宜林地绿化252.8公顷，造林成活率在90％以上的合格面积475.6公顷，完成石山封山育林面积4786.0公顷。

【森林分类区划界定】

森林分类区划界定是林业分类经营的一项基础性工作，2000年10月，成立了森林分类区划领导小组，制订工作方案，开展森林分类区划界定工作，全部工作于2001年3月底完成，编制的《钟山县森林分类经营区划报告》力求做到定性正确，定量准确，既科学可行，又简明实用。全县共区划界定生态公益林(地)面积48434.3公顷，占林业用地面积的46.3％，其中国家级公益林面积27117.3公顷，区划界定商品林(地)56080.2公顷，占林业用地总面积的53.7％。森林分类区划界定，为实施林业分类经营战略打下了坚实的基础，2001年全县即根据区划界定的国家级公益林进行了森林生态效益补助资金试点工作，有力地推动了全县林业的改革发展步伐。

【退耕还林工程】

2003年，根据自治区下达计划，全县退耕还林总任务2000公顷，其中退耕地造林1333.3公顷，配套宜林荒山荒地造林666.7公顷。为此，县委、县人民政府成立退耕还林工程领导小组，负责组织领导全县退耕还林的实施和管理，协调各部门的相互配合、科技支撑以及工作中的重大决策，领导小组下设办公室负责日常事务工作，在此基础上各乡镇相应成立退耕还林工作队，并配备专业技术人员开展退耕还林工作。通过采取大户承包造林、农民个体联户经营等不同形式，全县共完成退耕还林总面积2000公顷，其中退耕地造林1333.3公顷，宜林荒山荒地造林666.7公顷，其中营造生态林面积 1485 公顷，占总面积 74.3%，营造经济林面积 515 公顷，占总面积的 25.7%。退耕还林的实施，使钟山县从部门办林业向社会办林业转变，增加了全县的森林资源，尤其是今后生态效益成效显著，可使水土流失逐年减轻，生态系统的多样性得到保护，对林业可持续发展具有重要意义。

【珠江防护林工程】

2002 年和 2003 年钟山县连续两年实施珠江防护林工程建设。2002 年上级共下达计划任务人工造林 640 公顷，封山育林 1066.7 公顷；2003 年下达计划任务人工造林 400 公顷，封山育林 666.7 公顷。通过两年的实施，全面完成了上级下达的计划任务，其中 2002 年完成人工造林 640.2 公顷，封山育林 1066.7 公顷，2003 年完成人工造林 402.9 公顷，封山育林 671.5 公顷。

【森林资源调查】

根据上级安排布置，钟山县于 1960 年、1972 年、1981 年、1988 年、1994 年、1999 年共组织了六次全县森林资源调查（普查）工作，通过调查摸清了全县森林资源情况，为发展林业生产和领导决策提供了科学依据。

【森林采伐限额管理】

根据《森林法》和《森林法实施条例》的规定，结合本县实际，对森林采伐实行限额管理，“九五”期间森林限额采伐指标为 32963 立方米，实际批准采伐量：1998 年为 18776 立方米；1999 年为 22073 立方米；2000 年为 24475 立方米。“十五”期间森林限额采伐指标为 31200 立方米，实际批准采伐量 2001 年为 29117 立方米；2002 年为 20431 立方米，2003 年为 14536 立方米，严格控制森林采伐限额指标，没有超砍森林采伐限额指标。

【林地林权管理】

依照《森林法》及《森林法实施条例》的规定，对林地林权加强了保护和管理，强化了林地审核工作，1999～2003 年，为 12 个单位在建设工程中需要占用林地的为其办理了审批手续，依法报批征用林地 126.66 公顷，按规定收取森林植被恢复费 125514 元，林地补偿费 6540170 元，共计 666.57万元。

【森林防火】

钟山县是森林火灾较多的县份之一，特别是三省（湘、粤、桂）交界处的姑婆山一带，由于地处边远，进山人员活动频繁极易引发山火。1954 年广西省人民政府颁发了《广西省护林防火奖惩办法》，钟山县人民政府根据《广西省护林防火奖惩办法》发布了《严禁放火烧山，保护森林资源》布告。1955 年 11 月县成立护林防火指挥部，县长兼任指挥长，下面的区、乡、村分别设立相应的组织机构，1959 年 10 月钟山县人民委员会发布《关于严防山林火灾》的布告，布告规定“五不烧、七严禁”用火制度，全县 112 个乡（村）279 个林区队制定了护林防火公约，印发护林防火的宣传资料 1500 余份，树立防火牌 156 块，大标语 303 条。1983 年冬，组织各级打火队伍，1987 年 10 月钟山县护林防火指挥部设立护林防火办公室，编制 5 人，全县 17 个乡镇也相应成立护林防火指挥小组，全县组建了 160 多人的兼职打火队，配备 120 多名巡山护林员，印发护林防火布告和翻印国务院发布的《森林防火条例》1200 多份，林区电影宣传 106 场次，受教育群众达 20 万人次。1988 年钟山县全面加强森林防火工作，共投入资金159.3 万元（其中：上级补助 18.8 万元，县财政拨款51.5 万元，县林业局投入 75 万元，乡镇自筹 14 万元），用于购置森林消防指挥车 1 辆，扑火运输卡车 3 辆，单边带短波电台 1 部，高频转讯台 2 部，车台座机 5 部，手持对讲机 82 部，全县乡镇、场站、瞭望台与指挥部联成了通信网络。

1992 年在望高、红花、同古 3 个镇组建了专业森林消防队，每队 30 人，共 90 人。1995 年 1 月 2 日 3 个消防队在县红星台广场进行军事化表演，接受林业部国家防火办蔡延松、广呈祥和自治区防火办及兄弟省、市林业厅（局）参加全国专业森林消防队伍建设现场会的领导检阅，给予了高度评价，并获得林业部奖励价值 4 万元的物资（包括灭火机、阻火服、通信设备）。2000～2003 年全县共发生森林火警、火灾 8 起，其中火警 5 起，火灾 3 起，过火面积 219.4 公顷，森林受害面积20.9 公顷，受害率低于上级下达的火控责任目标。

【森林公安工作】

钟山县森林公安分局认真贯彻落实林业的有关政策、法律法规，始终保持对破坏森林资源及野生动植物违法犯罪的高压态势，严厉打击违法犯罪活动，为保护森林资源发挥了巨大作用。

1988 年 3 月钟山县成立了林业公安股，1996 年 8 月钟山县林业公安股更名为钟山县林业警察大队，并设立城厢、红花、同古三个林业警察中队。

2002年5月钟山县成立森林公安分局共有干警17人(不含国有花山林场5名干警),原有的三个林业警察中队更名为林区派出所。1988年公安股成立至2003年共查处森林刑事案件281起,林业治安案件104起,林业行政案件566起,收缴违法木材1100立方米,折款35万元,其他财物折款9万元,罚款114万元。

2001～2003年,分局曾两次被自治区森林公安局授予集体三等功,自治区公安厅公安系统先进集体一次。分局党支部连续三年被县直工委评为先进党支部,有十六人次荣获县公安局、贺州市公安局嘉奖,三人荣立个人三等功。

据统计2001～2003年共查处森林案件181起,其中刑事案件17起,破16起(包括特大案件2起,重大案件2起),林业行政案件受理164起,处理164起,收缴和放生国家二级保护陆生野生动物62只,蛙类110公斤,蛇类120公斤,木材330立方米,林业行政罚款25万元,处理违法人员196人,包括逮捕4人,劳教4人,刑拘17人,为国家挽回经济损失51万余元。

【生态能源建设】

"六五"期间(1981～1985年),为认真贯彻落实"因地制宜,多能互补,综合利用,讲求效益"和"开发与节约能源同时并重"的方针。1982年1月钟山县农业局设立沼气办公室,编制5人。1988年8月1日县政府做出决定,在全县范围内禁止松柴上市,凡以木柴为燃料的工厂、机关、学校、企业单位、城镇居民、饮食行业都要实行以煤、以电、以气代柴,农村"三窑四坊"等一律严禁烧柴,烤烟炉要积极创造条件以煤代柴。1990年1月根据自治区指示精神,把沼气办划归林业局,设立农村能源办公室,编制由原来5人增至8人。

1990～1994年全县投入省柴灶建设经费共671万元,其中:国家11万元,县财政18万元,县烤烟办12万元,群众自筹630万元。据统计1994年全县共完成农村改灶节柴63865户,占总农户92.36%。经上级检查验收被列入全国农村省柴节灶普及达标县。

2003年全县完成沼气池3189座,占自治区下达3000座任务的106.3%,树立沼气示范点19个,生态家园示范点6个,更新改造农用省柴节煤灶3670户,推广使用石油液化气2520户,安装太阳能热水器56平方米,举办沼气施工技术培训班8期,培训人员156人,印发技术资料8000多份,提高了群众思想认识,调动了农民兴建沼气池的积极性,为县委、县政府制定的"生态长廊"和"一池三改"的国债资金项目实施计划,奠定了良好的思想基础。

(钟山县林业局　唐潜　谢庭广)

富川县林业

【概　述】

富川瑶族自治县位于桂东北边缘。现有森林面积4.83万公顷,活立木蓄积157万立方米,森林覆盖率达百分之四十。全县林业土壤深厚、肥沃,有机质含量丰富,属中亚热带季风气候带植被区,植被以常绿阔叶林为主,树种资源颇为丰富。富川气候温和,水源丰富,地势复杂,动物种类繁多,属于国家保护的珍贵动物有十多种,其中属二类保护动物有角鸡、金钱豹等。属三类保护动物的有猕猴、鹿、金鸡、穿山甲、白鹇、苏门羚等。

民国期间,富川瑶族自治县政府第四科(建设科)配备专人管理农林行政、从事林业育苗、造林种苗供应工作。解放后,原富钟县人民政府先后成立县建设科、农林水利科、林业局等机构。富钟分县后,1964年成立富川瑶族自治县林业局,后又几经合并,1974年春林业与农牧业分开,成立林业局至今。现设有绿化委员会、森林防火指挥部办公室、松脂生产管理办公室。林业局设有营林股、林政资源法规股、林政资源管理站、林业技术推广站、种苗站、森林病虫害防治站、西岭山水源林自然保护区管理站、野生动物保护站、林化站、森林公安分局、水源林富阳派出所、水源林朝东派出所、天堂岭林场派出所等。林业局管辖的二层机构有木材公司、白沙、麦岭、朝东三个木材检查站、业务管辖有13个乡(镇)林果站。全县林业系统现有干部职工289人,其中林业局57人,木材检查站16人,木材公司61人,天堂岭林场155人。全系统有专业技术人员109人;中级职称18人;初级职称91人;有大学本科17人;大学专科42人;中专72人。

【人工造林】

20世纪50年代初,富川县森林资源丰富、生态环境优美、山清水秀。自50年代末的"大炼钢铁"运动后,富川境内大部分森林被砍伐用做烧炭炼钢铁，森林资源遭到严重的人为破坏，以致造成水土流失、生态环境恶化，保存率低于百分之二十。直到1961年以来，才逐年恢复造林。到1972年止，全县造林已达3.81万公顷，森林保存面积达到1.72万公顷，保存率上升到百分之四十五。其中10年造杉6808公顷。

【飞播造林】

1967～1972年实行飞播造林4年，飞播面积1.67万公顷，森林面积和保存率逐年上升。

【调查规划、林业经济建设】

1960年富川县进行第一次森林资源普查，至1999年共进行了6次森林资源调查，为林业发展规划和合理利用森林资源提供科学依据。1987年获得自治区林业规划三等奖；1988年获国家林业部林业调查设计优秀成果奖。为落实林业生产政策，于1980年冬起，组成林业“三定”专业工作队，深入林区完成林业“三定”工作。通过精心调查规划设计，完成林业“三定”后，富川根据本地优势，紧紧围绕加快林果业发展，壮大县域经济、增加农民收入的战略，大力发展短、平、快经济林果，着重抓好油茶、油桐、松脂生产和脐橙基地项目建设，1950～1970年富川县的经济林主要是以油茶、油桐、山苍子、柿子等为主。其中油茶是富川林业的一大优势，并被列为自治区28个油茶生产重点县之一。油茶发展面积由1960年的6827公顷发展到1982年的1.27万公顷（含松茶混交改为纯茶3264公顷）增长百分之八十六，即年增266.7公顷，年递增率百分之三点九。按1980年农业人口20.20万人计，平均每人有油茶林面积0.06公顷。油茶籽平均年产量为132.15万公斤。1979年最高产量达到236.07万公斤，油桐籽平均产年产量为3.5万公斤，松脂生产平均年产32万公斤。1979年最高产量达47.61万公斤，山苍子油平均年产4650公斤，最高年产为9600公斤，同时还生产一定数量的乌桕籽、木耳、毛竹、棕皮等林副产品。到2003年止，发展优质脐橙1334公顷，年产量可达15万公斤以上。为确保富川脐橙创优质品牌，在连山建立66.7公顷捕食螨诱虫灯，果实套袋病虫害综合防治的无公害示范样板基地。通过示范基地建设，打造富川脐橙名优品牌，莲山的脐橙生产基地已被国家农业部授予“南亚热带作物名优基地”。

【造林灭荒】

富川县于1991年提前一年实现了全县灭荒达标，获得了地区造林灭荒一等奖。为加强森林保护，巩固造林灭荒的成果，于1994年提前一年达到了全县绿化标准，1990～2000年，累计完成造林1.20万平方公里，封山育林10.06万平方公里。并获得了地区绿化达标先进奖。

【速丰林工程】

2000～2003年止，富川县把速生丰产林基地建设作为造林绿化的重点工作来抓，县四家班子领导亲自搞点抓示范。全县共营造以良种桉和任豆为主的速丰林达2687公顷。是贺州市速丰林建设成绩最为突出的一个县。

【珠江防护林工程】

从2002年起，投资国债资金150万元，地方配套资金75万元，农民投工投劳折资金35万元，合计总投资260万元。已完成珠江防护林建设1600公顷，其中封山育林1000公顷，人工造林600公顷。

【退耕还林工程】

富川县从2002年开始实施退耕还林工程，2002～2003年完成退耕还林3667公顷，其中退耕地造林2334公顷，荒山造林1333公顷，2003年获得自治区退耕还林先进集体奖。

【实施石漠化治理工程】

富川县石山区面积达2.07万公顷之多，这些地区干旱、洪涝时有发生，生态环境十分脆弱。2001年春，富川被列入全区15个石漠化治理试点县之一后，县委、政府领导召开专题会议，研究解决造林资金问题。在资金紧缺、苗木缺供的情况下，想方设法筹集资金，富川瑶族自治县林业局干部职工，仅用2天时间就筹集资金24万元，并组织人员奔赴到南宁、百色等地采购苗木，使该项工程能顺利地进行下去。到2003年止，全县已完成石漠化治理造林267公顷，按时完成工程任务，使富川的生态环境得到了改善，山川更加秀美。

【森林生态效益补助资金试点工程】

富川县于2002年被列为自治区森林生态效益补助资金首批试点单位，并下达了实施森林生态效益补助面积1.94万公顷的工作任务。此项工程占生态公益林3.53万公顷的百分之五十五，补助资金达102万元。根据富川县的实际，突出重点，把重点防护林试点安排在龟石水库边的天堂岭林场范围，总面积为3001公顷，特种用途林主要安排在西岭山自然保护区的柳家、富阳、城北、朝东等4个乡镇的16个村委，面积达1,64万公顷，到目前止，全县1.94万公顷生态效益资金102万元已全部由县财政拨到林权所有者的银行账户上，有效地保护了森林生态的平衡和发展。

【绿色工程】

2002～2003年全县绿色工程建设完成人工造林补植1082公顷，占任务的百分之一百零七点三。林业用地石山封山育林3553公顷，夺取了连续封山育林三年百分之百完成任务的好成绩。

【城镇绿化、园林建设工程】

富川县的城镇绿化是以分类经营改革为重点，有步骤地加快生态林业体系和林业产业体系的建设步伐，加快农田林网建设，积极推进城镇绿化，在全面规划的基础上，重点实施义务植树，以县城区公园、城镇中心区公共绿地、街道、居住区、单位庭院绿化建设体系工程为重点，巩固造林绿化成果，建设高效生态林业体系。到2001年止，富川共创建园林城镇单位25个、建设公共绿化点25个、较大规模的综合性公园5个、园林绿化面积达38.6公顷，公共绿化面积达654公顷。

富川县通过近几年来狠抓城镇绿化建设，现已形成城镇绿化一体化的新格局。1999～2003年，城镇森林覆盖率达百分之六十五以上，平原地区森林覆盖率达百分之十五；城区绿地率达到百分之三十二点五，人均公共绿地面积达7.5平方米，百分之八十以上的村屯绿化覆盖率达百分之三十以上，乡镇所在地绿化覆盖率百分之二十九，人均公共绿地达5.1平方米，单位和新建小区绿化覆盖率达百分二十八点五以上。

【林木良种繁育工程】

2000年2月，在柳家乡原红旗林场破土动工筹建林木良种繁育中心，总面积134公顷，年生产苗木量达900万株。近年来，富川县的林木良种繁育工作，在原有的基础上，狠抓了林业林木良种繁育中心、城东果木苗圃、县水果局苗圃及林区林农的育苗工作，截至2003年，全县共繁育各类苗木3838.3万株，育杉树苗10公顷，保证了全县造林绿化工作的需要。

【森林资源管理】

加强伐区管理，从源头上堵住滥伐林木行为。为达到上级业务主管部门对林木砍伐的各项要求，每年初，在原地区林业部门的组织下，对上年度的伐区进行检查验收。同时，根据富川森林资源的实际，把上级下达的木材计划分解到有关乡镇，按生产任务组织林业站有关人员深入伐区，按《广西壮族自治区伐区调查设计技术规程》进行伐区调查设计，2001～2003年全县共完成伐区调查设计188份，设计采伐蓄积量6.38万立方米，出材量4.56万立方米，伐区设计率(出材)达百分之九十九，达到了上级业务主管部门的要求。1990获地区森林采伐限额工作三等奖。

【退耕还林林权证发放工作】

富川县根据上级林业部门的要求，2003年，富川县认真组织各乡镇林业工作站技术人员。进行业务培训，并在古城镇开展试点工作。目前，试点的边界测界、地类勘测工作已基本完成，退耕还林林权证发放工作已在全县全面铺开。

【林业公安队伍建设】

富川瑶族自治县森林公安机关成立于1988年，现有在职在编民警16人，均为正式授衔的人民警察。森林公安机关已于2003年更名为“富川瑶族自治县公安局森林公安分局”。森林公安成立至今，共查处各类森林案件943起，其中；逮捕18人；劳动教养13人；刑拘转取保候审9人；治安拘留78人；警告76人次；林业行政处罚1668人次。收缴各类木材1918.7立方米；收缴陆生野生动物950公斤又15只；收取罚没款125.87万元。

【森林防火】

近几年来，富川县通过加大森林防火的宣传力度，有效地提高了全民防火意识，森林防火队伍建设已得到了加强。2001年组建了县林业局、天堂岭林场两支森林消防扑火队，全县13个乡镇均组建了森林灭火队伍，并给灭火队配备了服装和灭火用具。从2001年起，全县共拨出防火专款119.9万元，用于添置防火通信设施装备，购置对讲机17部，三台座机，修建了新瞭望台3座，一辆森林消防指挥车，一辆消防运兵车，修建生物防火林带50公里。从1988年起，连获地区(市)森林防火先进集体、先进单位奖。

【森林病虫害防治】

从2001年以来，富川县马尾松毛虫和湿地松萧氏松茎象虫害呈上升趋势。为有效地防治森林病虫害，一是坚决贯彻“预防为主，综合治理”的方针，以监测为重点，准确掌握马尾松、湿地松萧氏松茎象的发生危害情况；二是建立工程治理领导机构，采取有效措施进行防治。全县共投入47.1万元，用于实施富川森林病虫害重点治理工程。全县13个乡镇、林场各设了一个病虫原升报站，设有相对固定测报点108个，建立一个具有森防实验，主要病虫害生物标本、档案柜、药剂、药械储藏、电脑、电话等多功能专用实验室，配备超低容量喷雾机15台，双排座小货车一辆，森林端病虫害监控与防治能力得到了逐年加强，全县森林病虫害监测面积为5.02万公顷，监测率达百分之九十二点九。其中松林监测面积为1.32万公顷，监控率达百分之九十。森林有虫面积逐年下降，1998年受灾面积达1115.9公顷，2002年下降到116公顷。在采取森林病虫害防治措施中，一是采取生物防治的办法，利用白僵菌松剂，结合马尾松毛虫防治的同时，防治了413公顷的萧氏松茎象虫害；二是人工清理与捕捉害虫，组织专业队，通过适当技术培训，进行人工捕捉幼虫。结合抚育间伐，及时清理林地枯死木，防止次生性蛀干害虫危害；三是物理防治，对成虫采用灯光诱杀。在常发区按每500平方米安装一盏灯的比例，设灯光诱捕员，与此同时试用广东林科院森保所最近科研成果——诱药进行防治，有效地减轻和控制虫害危害的蔓延，防治效果极为显著。2001年获得自治区森林病虫害防治检疫先进站称号；2002年获国家林业局森林病虫害防治检疫标准站称号。

【西岭山水源林保护】

富川县西岭山水源林自然保护区是1982年经自治区人民政府(桂政发〔1982〕97号)批准建立的县级自然保护区。总面积2万公顷。主要保护对象是水源涵养林，保护区有四个乡(镇)六个村委会，人口0.5万人。现有森林面积1.76万公顷，其中天然林面积1.13万公顷，森林覆盖率百分之八十七点八。富川县西岭山自然保护区是珠江水系贺江支流的发源地之一，也是贺州市大中型水库龟石水库灌区及贺州市生活用水的主要水源，对贺州的社会、经济发展具有重大作用。为使富川西岭山水源林得到更好地保护，发挥其更大的社会和经济效益。富川县已向自治区人民政府申请，要求由县级保护晋升为自治区级保护。自治区林业厅已派出专家组到富川西岭山进行综合考察，为水源林保护区的晋升提供充分的科学依据。

【木材生产】

全县1990～2000年间，累计生产木材31.64万立方米，年平均生产木材3.2万立方米；林业总产值43259万元，年均产值3933万元。其中木材生产占百分之二十四点二，林副产品占百分之六十六点三，其他收入占百分之九点五。

【松脂、松香生产】

1979年富川的松脂最高产量达47.61万公斤。1990～2002年全县生产松脂20925.5吨，松香产量16723吨，松节油产量2007.9吨，销售收入6932.26万元，创税236.1万元。1986年建成年产2000吨的富川松香厂，产品质量达国家标准，是富川免检出口创汇产品。

【木材加工】

富川县木材加工业，从1961年起仅有富川森工站、县工程队两家木材加工厂。到1974年又发展天堂岭林场木材加工厂。此后，逐年增加，到2003年止，全县已发展木材加工厂49家，年加工能力5000立方米的有县木材公司、富阳镇富生、朝东春保、白沙景辉加工厂。

【能源生态建设】

从20世纪90年代末开始，富川县在农村省柴节能灶验收合格和农村能源综合建设达标的基础上，大力发展生态能源建设(生态家园建设)以树典型，辐射周边，以点带面，点面结合，共同发展，整体推进的方式进行。到2003年止，全县共发展沼气池15000座，入户率百分之十六点一。特别是实施农村沼气国债项目后，富川县沼气建设力度得到了加大。每年以3000座的规模推进，(含扶贫建池)，预计到“十五”期末，全县可达2.05万座，入户率达百分三十六点五。到2003年止，富川已建立葛坡白牛、富阳田厂、朝东小水等46个生态示范村。1990年获自治区烤烟节能新技术开发项目三等奖；1993年获国家农业部全国省柴节煤试验合格县奖；1993年获全国省柴节煤工作先进集体；1999年已通过国家级农村能源综合建设验收。

(富川县林业局办公室)

河池市林业

【概　述】

河池市辖区10个县(市、区),在解放后,河池专员公署成立前均已设有林业局。大化县1988年建县,始设林业局。

行政机构。清代,未设专职林业行政机构。清光绪23年(1906)府、州、县皆设劝业员,负责督办农林业务。民国时期,地方农林事务归县建设科负责。解放后至1957年,河池市的河池(现金城江区)、宜山(现宜州市)、罗城、环江、南丹、天峨等6个县隶属于宜山专员公署。1958年划归柳州专员公署。解放后至1964年河池专员公署成立前,东兰、巴马、凤山3县隶属于百色专员公署。都安县(含大化)隶属于南宁专员公署。此时期,各县(市、区)林业行政事务,分别由属上述各专员公署管理。1965年成立河池专员公署。同年成立河池专员公署林业局。局内设营林科、森工科,陆续调配干部、工人27名。1966年"文化大革命"后,政府机关处于瘫痪状态,林业局名存实亡。1967年,专署实行军事管制,河池军分区设立抓革命促生产指挥部,指挥部下设农林水组,农林水组下设林业小组,保留干部3名。1968年河池专区革命委员成立,仍保留生产指挥部及林业小组。至1971年,林业小组干部配至5名。1972年,恢复林业局建制,称河池地区革命委员会林业局。局内设营林、森工、种苗3个组,配干部6名。1981年撤销河池专区革命委员会,成立河池地区行政公署。河池地区革命委员会林业局更名河池地区行政公署林业局。至2002年,河池撤地建市,河池地区行政公署林业局更名河池市林业局。1981年后,随着林业事业发展,局内设机构亦逐年有所增加。至1996年,设有:秘书科、人事科、财务科、林政科、营林科、林业公安科、国有林场管理站、种苗站、科教站、森林植物检疫站、野生动植物保护站、林产工业站、林业基金站、物资供应站、林业勘察设计队、造林绿化委员会办公室、护林防火办公室、农村能源办公室。1997年机构改革,局内设机构调整后有:秘书科(2002年改为办公室)、计划财务科、林政科、林业公安科(现改为森林公安分局)、营林科、国有林场管理站、林业技术推广站、种苗站、科教站、乡镇林业工作站、林产工业站、森林病虫害防治检疫站、野生动植物保护站、林业资金管理站、森林防火办公室、造林绿化委员会办公室、农村能源办公室。2003年在岗职工总数69人。

林业用地。1973年为1667886.6公顷;1980年为1414666.6公顷;1985年为1414666.6公顷;1990年为1781351.4公顷;1999年为1807943.5公顷。由于林业用地随意调整,所以变化无规律。

有林地面积。1973年为294000公顷;1980年为393300公顷;1985年为398400公顷;1990年为494004.6公顷;1999年为1017600.6公顷。

森林覆盖率(不含石山灌木)。1973年为8.78%;1980年为11.74%;1985年为11.89%;1990年为14.70%;1999年为30.37%。

绿化率。1973年为17.63%;1980年为37.0%;1985年为39.52%;1990年为27.73%;1999年为56.28%。

2003年是河池林业发展取得重大突破的一年,是林业建设成就辉煌的一年,是林业发展史上具有重要意义的一年。一年来各项林业生产项目建设蓬勃向前发展,退耕还林工程、速丰林工程、绿色工程、珠江防护林工程等工程建设继续向前稳步推进,全市林业产业结构调整取得重大突破,先后组织开展了高效农业示范带林业示范片建设和东巴凤林业生态建设大会战;林产加工业建设步伐加快,成功引进区直黄冕林场在环江联营创办30万亩速生桉基地,意向引进高峰集团到河池投资2亿多元建设15万立方米中密度板厂,全市木材加工厂增至833家。2003年全市林业总产值达60500万元,其中一产业26305.7万元;二产业33606.5万元;三产业587.7万元,林业建设快速向前发展。

2003年河池市完成造林面积36127公顷,占年度计划的104%。其中:用材林12522公顷,经济林7944公顷,防护林15661公顷。迹地更新造林2161公顷,其中:用材林1191公顷,经济林937公顷,防护林33公顷;低产林改造559公顷,其中:用材林241公顷,防护林24公顷,经济林294公顷。全市年末封山育林面积1024015公顷,其中:本年新封19877公顷。2003年四旁植树97.05万株。幼林抚育作业46776公顷,幼林抚育实际面积41994公顷;成林抚育面积(包括间伐)26159公顷,其中:中幼龄林抚育面积23914公顷。年内全市实现林业总产值94236万元,比

2002 年增加 6806 万元，增长率为 7.8%，其中：第一产业增加 13638 万元，增长率为 18%，第二产业减少 6400 万元，增长率为 -76.2%，第三产业减少 432 万元，增长率为 -12.6%。

（河池市林业局）

【退耕还林工程】

2001 年自治区人民政府决定在河池市东兰县进行退耕还林工作试点，当年完成试点面积 6000 公顷，其中退耕地造林 2000 公顷，荒山造林 4000 公顷。2002 年退耕还林工程在全市 11 个县（市、区）铺开，至 2004 年止，国家下达退耕还林工程建设任务 96266.7 公顷，其中退耕地造林 42933.3 公顷，荒山造林 53333.3 公顷；涉及退耕农户 19.1 万户，已签订退耕还林责任合同 17.3 万户。经国家退耕办核查，已完成造林点面积 93200 公顷，占计划任务的 96.8%，其中退耕地造林完成 42733.2 公顷，占计划任务的 99.5%，配套荒山造林完成 50466.7 公顷，占计划任务的 94.6%。退耕还林面积中，营造生态林比率为 92%，营造经济林比率为 8%；25°以上坡耕地占 64%，16°～25°坡耕地占 26%，15°以下坡耕地占 10%。主要造林树种为马尾松、桉、八角、板栗、任豆、油茶、香椿、杉、竹等。

到目前止，国家共下拨河池市退耕还林专项经费 26425 万元，其中，造林种苗补助费 7220 万元，现金补助 1670 万元，补助粮食款 17535 万元。全市已兑现补助粮食 7861.2 万公斤，现金补助 667.9 万元。

2003 年度完成造林施工总面积 34666.7 公顷，占年度计划的 100%，其中退耕地造林 16333.3公顷，宜林荒山造林 18333.3 公顷。退耕地造林中，营造生态林比率为 91.46%，营造经济林比率为 8.54%；25°以上坡耕地占 61.63%，16°～25°占 25.71%，15°以下占 12.66%。年内共兑现退耕还林补助粮食 6650 万公斤，占年度计划 7875万公斤的 83.17%，现金补助兑现 665.9 万元，占年度计划 1050 万元的 66.25%，兑现种苗和造林补助 2600 万元，占年度计划 2600 万元的 100%，其余钱粮补助将在 2004 年检查验收后兑现。

（河池市林业局）

【速生丰产林建设】

根据自治区人民政府批转自治区计委、财政厅、林业局关于加快广西速生丰产林发展的意见，河池市计划进一步扩大速生丰产林规模。加快建设步伐，并与林纸、林板相结合，成为新的经济增长点。2003 年实施营造速生丰产林 14000 公顷，占年度计划的 105%；环江县计划营造 20000 公顷速丰桉，并相应建设年产 15 万立方米的中密度纤维板厂，目前已征地营造速生桉 5000 公顷。

（河池市林业局）

【绿色工程建设】

公路、铁路两侧各宽 1 千米，河流两岸各宽 2 千米，以及城镇、乡镇居民点四周 100 米范围内宜林地的植树造林等绿色工程建设项目在 1999 年以来取得了较好的成绩。1999～2002 年全市完成绿色工程造林合格面积 19381.6 公顷。2003 年实际完成 5421 公顷。荒山造林 1256 公顷，退耕地造林 3142 公顷，低产林改造 129.8 公顷，封山育林 893.1 公顷。幼林抚育 4147 公顷，绿化村屯 50 个。

（河池市林业局）

【珠江防护林建设】

河池市 11 个县（市、区）均纳入珠江防护林工程项目区。2000 年，天峨、东兰两县启动珠防林工程，完成人工造林 1853.7 公顷，封山育林 2751 公顷，共投入资金 1237 万元，其中国债投资 300 万元，地方配套 150 万元，林业部门自筹、群众自筹及投工投劳折算合计 787 万元。

2001 年，天峨县继续实施珠防林工程，完成人工造林 900 公顷，封山育林 1700 公顷，其投入资金 406.95 万元，其中国债投资 170 万元，地方配套 85 万元，自筹资金 151.95 万元。

2002 年，宜州市、金城江区实际完成 1214.5 公顷，封山育林 2056.6 公顷，共投入资金 485 万元，其中国债投资 300 万元，地方配套 150 万元，自筹资金 35 万元。

2003 年有都安、大化、环江三县申报珠防林工程项目，计划人工造林 2.4 万公顷，封山育林 9.5 万公顷，总投资 634 万元，其中国债投资 450 万元，待核准后 2004 年实施。

（河池市林业局）

【封山育林工程】

年内各县（市、区）继续实施封山育林工程。特别是结合珠江防护林工程及国家森林生态效益补助的实施，有效地提高了封育质量。据统计，到 2003 年底止，全市现有封山育林面积 1056233 公顷,其中已封育成林面积392893公顷,目前在封面积353153公顷。2003年新封面积16606公顷。待封面积310186公顷。

(河池市林业局)

【种苗工程建设】

经自治区林业局、国家林业局批准,河池市在1999～2003年建设四个林木种苗工程,包括对一个国有苗圃和三个县级采种基地改、扩建项目的基础设施建设。建设规模817.23公顷,总投资467万元(其中,国债投资328万元,地方配套139万元)。2003年是河池市种苗工程建设投资较多的一年,全市安排投资改、扩建种苗工程3处,利用国债投资208万元,地方配套投资52万元,建设规模达799.9公顷。河池市中心苗圃示范基地于2001年12月正式挂牌成立,建设规模17.33公顷,概算投资207万元,实际已投入145万元。引进、培育用材、绿化苗及各种花卉的优良苗木900多万株。2003年全市完成育苗面积313.8公顷,占计划任务的214%,生产苗木约1亿株,其中容器育苗0.36亿株。主要树种有:桉、杉、马尾松、任豆、香椿、喜树、荷木、西南桦、毛竹、八角、板栗、油茶、核桃、油桐、金银花、桃、李等。截至2003年全市累计核发林木种苗生产许可证124份,经营许可证87份,出具退耕还林工程用苗"一签两证"3877份,使河池市种苗建设逐步走向规范化、法制化。

(河池市林业局)

【经济林】

据2003年统计,河池市经济林面积209760公顷,占全市有林地面积的12%。主要经济林树种有油茶、油桐、桑、八角、肉桂、板栗、核桃、柿、柑橘、橙、柚、李、葡萄(山葡萄)、荔枝、龙眼、芒果、桃、梨及木本药材等。2003年全市经济林产品190399吨,总产值52409.60万元。

(河池市林业局)

【农村能源建设】

2003年,河池市有农村能源管理机构12个,工作人员121人。其中地(市)级机构1个,县(市)级11个。地(市)级工作人员6人,县级66人,乡级49人。全年教育培训2569人次。全年投入农村能源建设资金5888.68万元,其中各级财政拨款2792.08万元,群众自筹3024.6万元,全市农村能源设施年节约薪柴83706.3万吨,相当于每年少砍了4923.9公顷有林地面积。有效地保护了森林资源。全市已建成1.32万户生态家园示范户,生态家园建设与旧村改造和新村建设结合起来,在农村全面建设小康社会中发挥着重大的作用。

沼气建设始于1976年,1982年后稳步发展,到1998年全地区推广14377座。1999年,地委、行署高度重视农村沼气建设,把沼气池建设列入各级政府和部门年度目标管理责任制内容之一,当年推广完成建池14122座,2000年完成建池20260座,2001年完成51000座,2002年完成36096座,2003年完成49239座。2003年以来,河池市的沼气池建设以东巴凤三县基础设施建设大会战沼气池项目建设为重点,积极加快建设步伐,2003～2004年三县要完成60000座沼气池建设任务。据2003年12月底的统计,三县共完成沼气池建设38295座,占总任务60000座的63.8%,超额完成自治区人民政府要求当年完成项目建设60%的任务。其中,东兰县完成沼气池建设16237座,占任务25000座的64.9%;巴马县完成沼气池建设12000座,占任务20000座的60%;凤山县完成沼气池建设10058座,占任务15000座的67.05%。

到2003年底止,全市累计完成沼气池建设共185094座。总池容148.1192万立方米,年产气总量7405.96万立方米,解决了18.5094万户74.0392万人的烧饭、照明问题。

省柴节煤灶推广。2003年末全市省柴节煤灶用户64.7万户。

(河池市林业局)

【森林防火】

1952～2003年,全市共发生森林火灾9604起。1952～1979年全市共发生森林火灾6771起,1980～1989年发生2404起。1990～1999年发生295起,2000～2003年发生134起,2003年全市共发生森林火灾46起,其中火警16起,一般火灾30起,没有发生重、特大森林火灾。火场总面积1156.3公顷,受害森林面积366.1公顷,森林受害率0.36‰。因火灾烧毁成林蓄积0.26万立方米,烧毁幼树74万株,造成人员死亡1人,损失折款682万元,支出扑火经费16.8万元。与2002年相比,森林火灾起数减少14起,其中火警减少4起,一般森林火灾减少10起,但过火总面积增加了146公顷,受害森林面积增加了37.7公顷。巴马、凤山、大化三县2003年无森林火灾，巴马县已连续四年无森林火灾。

2003年，河池市森林防火工作主要采取以下措施：一是加强领导，健全机构，狠抓落实。一年来，河池市委、市人民政府多次召开专门会议，研究部署森林防火工作。其中召开市森林防火指挥部成员（扩大）会议2次，县级森林防火会议33次，乡镇级森林防火会议336次。河池市委梁胜利书记、市人民政府杨才寿市长、银景生副市长，对全市的森林防火工作做了多次重要指示和批示。市森林防火指挥部出台下发了《加强森林防火工作紧急通知》、《关于加强清明节期间森林防火督查工作的通知》、《关于组织检查近期森林防火工作的通知》、《关于做好预防山林火灾工作的紧急通知》和紧急明传电报等。在组织上，调整、充实各级森林防火指挥机构，11个县（市、区）所有的乡镇和国有林场都健全了森林防火机构。全市有森林消防队14支356人，半专业森林消防队101支1989人。狠抓行政领导负责制，全面实行风险抵押金制度。其中南丹县森林防火指挥部正、副指挥长，乡、镇、场森林防火指挥部正指挥长，分别缴纳1500元，乡、镇、场指挥部副职及县指挥部成员，每人缴纳1000元的森林防火责任风险抵押金。

二是开展多种形式的森林防火宣传活动。充分利用电影、广播、电视、墙报、板报、标语、传单等广泛宣传森林防火知识，与有线电视台合作，开辟专栏森林防火宣传。一年来，共出动森林防火宣传车1168辆次，森林防火电影宣传175场，有线广播稿宣传296篇次，出墙报650版，书写标语23100份，横幅标语260多条，发宣传资料20多万份。金城江区、宜州市和罗城、环江、南丹、天峨等县，在中小学校开设森林防火专题课。凤山县出资2000元编制森林防火壮语快板光碟发放到各乡镇进行森林防火宣传。在火险期内，对痴呆人员进行登记造册，明确监护人和监护责任。

三是加强基础建设，保证专项资金和配套资金全部到位。桂西北（河池）重点火险区森林防火综合治理工程项目建设总投资1739万元，其中配套经费达871万元。4.搞好联防联治。在扑救罗城仫佬族自治县12月26日发生的森林火灾中，调动了罗城、融水、柳江、柳城、金城江、宜州、环江、南丹、天峨等县（市、区）的9支专业森林消防队，还调用了航空护林飞机勘察火情、参与灭火，在很短时间内把森林火灾扑灭。

（河池市林业局）

【林政管理】

1965年成立河池地区，林政工作亦随着林业发展需要而完善机构设置，1981年设林政科，随后各县（市）相应设林政股、各县（市）在主要路段设29个木材检查站，至2002年底止，河池市县林政木材检查管理人员共210人。1966～1985年期间，木材生产实行计划管理，由上级林业主管部门，按年度下达采伐计划指标，所产材由森工部门，统一调拨和销售，全地区年产材约4万～8万立方米，由于河池地区属边山穷石山区，1966～1975年所产木材多为松杂材，这一时期杉木用材多从柳州地区调入，随着国营林场人工杉木造林的发展，1976～1985年的10年中，杉材生产比例逐年提高，木材产运、销均执行国家的凭证采伐和价格政策。1986年木材年采伐计划10万立方米，实行计划调拨与市场调节的半开放模式，主要内容为国有单位产材70%纳入计划指标，30%为议价销售。据森林资源调查，全市森林资源年增长量以150万立方米的速度增长，净增长（年均）达50万立方米，实现了森林生长量大于消耗量。木材凭证运输早在50年代木材统管时执行，木材加工凭证始于1989年10月，河池地区1986～2002年凭证运输销售木材量共510万立主米，其中：区内销售229.5万立方米，区外销售280.5万立方米。2001年以前河池市共设木材检查站23个，至2001年调为29个木材检查站，这些检查站维护林区木材运输秩序，有效控制非法采运行为起到监护作用。

从建站开始至2003年全地区林业行政查处案件4123起，平均年发生1374起，罚款125.85万元，赔款损失249.25万元，补交林业经费97.66万元，收缴木材35060立方米，交价款701.2万元，行政处罚4123人。

2003年度上级下达51.25万立方米的木材生产任务，已全部完成分解工作，并督促各县（市、区）分解落实。全年累计，发放商品材采伐证50万立方米，木材销售45万立方米。全年审核上报建设项目使用林地30宗，面积375.01公顷，收取森林植被恢复费1365.98万元，杜绝了违法占用林地的行为。完成2001年和2002年领导干部任期森林资源消长目标责任状的考核和自检工作，并配合自治区人民政府检查组做好抽查工作。自治区人民政府将河池市东兰县作为2003年全区林权证发放试点县，河池与东兰县林业局职工共同努力，很好地完成了试点工作任务。2003 年 11 月 20 日，自治区林业局在东兰县召开了全区林权证发放工作会议，肯定了东兰县试点工作的成果，并向全区推广。年内完成木材经营(加工)许可证的年审换证，共发(换)新证 3128 份，受理和督办破坏森林资源的行政案件 10 起，已全部办结。全市在国道、省道、县道上设置木材检查站 29 个。一年来，共到各站检查 35 次，纠正不规范行为 4 次，大力支持东兰、巴马、凤山三县革命老区的基础设施大会战，做到热情服务，特事特办。对涉及占用林地的项目，采取提前介入，及时办理，对涉及采伐林木的项目，尽量给予指标倾斜，共争取了上级追加木材采伐指标 2 万立方米，解决大会战对木材的需要问题。

(河池市林业局)

【森林病虫害防治】

20 世纪 60 年代以前，未有专职人员负责，仅由政府有关部门在发生虫害时发动农民群众手工捕杀。70 年代初，地区林业局开始承担自治区下达的白僵菌粉生产任务，指导辖区内有关林场、林科所生产自用，病虫害防治工作从此纳入轨道。1988 年，河池地区林业局正式设立森林病虫防治检疫站，各县相应设立机构，具体负责辖区内的森防检疫工作，每站配有专职森林植物检疫员 2～4 名。2003 年统计，全市森防检疫站 12 个，检疫员 32 人。国家级中心测报点 2 个(宜州、都安)，自治区级固定点 3 个(金城江、宜州、天峨)，市级点 1 个(环江)。监测森林面积 961911.5 公顷。配备虫情测报员 311 人，其中专职 21 人。

2003 年，全市森林病虫害发生面积 284.33 公顷，发生率为 0.03%，成灾面积 6.67 公顷。防治面积 2929.16 公顷，为发生面积的 10.3 倍。其中马尾松毛虫发生面积 218.4 公顷。防治面积 2886.76 公顷，是发生面积的 13.19 倍。全市森林病虫害监测面积 96.19 万公顷，监测覆盖率为 93%。其中马尾松监测面积 15.51 万公顷，覆盖率为 97%。种苗产地检疫面积 307.72 公顷，检疫率为 97%。木材调运检疫 37.21 万立方米，检疫率为 100%。松材线虫病监测面积 15.51 万公顷，监测率为 100%。

年内松材线虫病经防治后，疫区面积从 15 公顷减少至 10 公顷。砍伐清理镜检枯死木、濒临枯死木、火烧木共 374 株。建立健全了松材线虫病监测网点，全市共设置区级重点监测点 3 个，市级重点监测点 1 个，一般监测点 7 个，固定监测点 290 个。固定监测人员 174 人，监测面积 15.11 万公顷，监测覆盖率为 100%。协助自治区林业局森防站在河池市举办一期电脑学习班，培训检疫人员 15 人，提高了检疫员在运用防治系统软件和检疫系统软件的操作技能水平，实现了信息传输、数据处理，联网签证微机管理，达到了与全国森防网络接轨的目标。2002 年冬至 2003 年春，完成生产白僵菌粉 1 万公斤的任务，经自治区林业局森防站抽查，菌粉质量达优良。积极协助市中心苗圃申报全国无检疫对象苗圃，该苗圃通过验收，并已被国家林业局确认为全国无检疫对象苗圃。积极创建国家级森防检疫标准站。目前，已有金城江区、环江、天峨、都安森防站被国家林业局确认为森防检疫标准站。年内成立河池市林业有害生物普查工作领导小组，制定了《河池市林业有害生物普查实施方案》，对普查工作做了安排。组织以专职检疫员组成的 3 个普查队，于 8 月 22 日至 9 月 24 日，对全市 11 个县(市、区)进行全面外业调查，首次发现有害生物紫茎泽兰，在天峨、南丹、大化、东兰、巴马、凤山等县有分布。天峨、南丹、大化、东兰、巴马等县，还有飞机草分布。同时还调查棕榈科植物，没有发现椰心叶甲、水椰八角铁甲等有害生物分布。重点调查了桉树病虫害，未发现桉树青枯病及其他侵害物。采集制作了重点病虫害和有害植物标本。

2003 年，全市通过了森林病虫害防治目标管理和松材线虫病监测除治工作的检查考核，经评比，达良好等级。

(河池市林业局)

【野生动植物保护管理】

河池市的野生动物资源也非常丰富，种类繁多。据历次调查资料统计，植物资源共有 85 科 250 属 532 种，其中乔木 241 种，常绿树种 143 种，落叶树种 98 种，属于国家重点保护的珍贵稀有树种 60 种，红豆杉、桫椤、金丝李、单性木兰、银杏、榀木、擎天树、小叶红豆、马褂木、南华木、香果树等珍贵树种。陆生脊椎动物就有 35 目 120 科 495 种，其中鸟类 290 种，占 58%。布柳河水源林和穿洞河水源林保护区，有珍稀野生动物 30 多种，其中猕猴资源较丰富，有 20 多群，2000 多只。

属国家保护的珍稀野生动物有 44 种。其中属国家一级保护的有华南虎、云豹、金钱豹、黑叶猴、熊猴、蟒、黑颈长尾雉、金雕等8种;属国家二级保护的有猕猴、短尾猴、苏门羚、林麝、大灵猫、小灵猫、穿山甲、娃娃鱼、虎纹蛙、山瑞、蛤蚧、红腹锦鸡、白腹锦观、苍鹰、雀鹰、松雀鹰、小隼、燕隼、白鹇、褐翅雅鹃、小雅鹃、雕、褐鱼、长尾阔嘴鸟、蓝翅八色鸫、黑熊、水獭、小爪水獭、斑林狸、金猫、斑羚、巨松鼠、豺等36种。

在"爱鸟周"、野生动物保护宣传月期间,全市范围内开展"关爱生灵,保护鸟类"活动,利用电视、标语、板报、传单、报刊、文艺宣传等多种形式,广泛开展野生动植物保护法律、法规宣传活动。2003年4～6月间,配合抗击"非典"战役,对有关单位违犯野生动物保护法进行多次查处活动,全市共出动执法人员2240多次,清理宾馆、饭店、酒楼、餐馆395家,集贸市场62个,查处行政违法案件60余起,查获国家及广西重点保护的野生动物鹰类2只,虎玟蛙6只,蛤蚧34只,果子狸8只,豹猫2只,龟3只,中华竹鼠16只,竹鸡40只,蛇类153.2公斤,田鸡60.5公斤,还有水鱼、鹧鸪等。行政罚款2万元。对野生动物养殖、经营单位的《养殖许可证》和《经营利用许可证》进行了年审。经审核,经营利用野生动物合格的单位有31个,不合格或逾期不参加年审的单位有10个。积极筹建河池市木材交易市场,已完成场地的造点和有关报批材料的前期工作。

(河池市林业局)

【林业宣传】

在2003年开展的宣传工作活动中,河池市林业局领导注重狠抓宣传工作不放松,对全市以退耕还林工程为主的林业生产以及森林防火等工作展开了大张旗鼓地宣传活动。

一年多来,河池市干部职工共在市级以上报纸杂志、电视电台发表文章152篇(条),其中市级124篇(条),省级26篇(条),国家级2篇(条)。此外还邀请、接待各级新闻媒体机构到河池采访报道60多人次,播发了有关林业建设方面的文章20多篇(条),有力地宣传了河池市林业建设中涌现出来的典型人物、先进事迹、新经验、新成就,极大地鼓舞了全体务林人的斗志,有力地推动了河池林业健康向前发展。

在2002～2003年全区林业系统开展的宣传工作先进单位评比活动中,河池市林业局被授予"全区林业系统宣传工作先进集体"光荣称号。而该局职工杨昌立也在此次评比活动中被评为全区林业系统"十佳"通讯员,并被河池日报社、河池电视台评为优秀通讯员。

(河池市林业局)

【国有林场建设】

河池市辖区内17个国有林场(含自治区民政厅属拉浪林场)。其中,金城区境内有大山塘林场,建于1957年。宜州市境内有庆远、流河林场。分别建于1926年和1958年。罗城县境内有青明山林场,建于1955年。环江县境内华山林场,建于1957年。南丹县境内有山口林场,建于1955年。天峨县境内有林朵林场,建于1955年。东兰县境内有东风、绿兰林场,均于1957年建场。巴马县境内有民安、定马林场,分别建于1958年和1959年。凤山县境内有坡桃、凤旁林场,分别建于1958年和1960年。都安县境内有板岭林场,建于1958年。大化县境内有都阳林场,建于1958年。河池市三匹虎林场(在南丹县境内),建于1971年。

2003年河池市国有林场,人口8376人,职工5275人。其中:在职职工3900人,离退休职工1375人,占35%强。职工中,专科、大学文化325人,占6.2%。中专、高中文化1504人,占28.5%。初中、高小文化3385人,占64.2%。文盲64人,占1.1%。房屋面积29.6万平方米,其中:住宅18.5万平方米,人均居住面积22平方米,危房面积2.4万平方米。防火线1082公里,防火林带1142公里。林区公路683公里,公路密度0.6米/亩(河池市公路密度0.24米/亩)。瞭望台36座;林地被占面积2.2万亩,占林地面积1.9%。国家投资6069万元。林木资产9.6亿元;经营面积120.95万亩,其中:有林地107.37万亩,新造林未成林地4.68万亩。人工林保存面积89万亩。采伐人工林面积37.7万亩。各龄组面积结构差值2～4个百分点:幼龄林25.7万亩,占27%,中龄林22.2万亩,占23%。近熟林23.8万亩,占25%。成、过熟林23.7万亩,占25%。活立木蓄积量669.2万立方米,平均每亩林木蓄积量7个立方米。年生产量38万立方米。森林覆盖率88.8%;全年经济收入9985万元,其中木材销售收入6923万元,占69.3%。盈利林场3个,盈利31万元。亏损林场14个,亏损430万元。上交两金610万元,交税846万元。在职职工人均年收入0.79万元,其中工资收入0.59万元,占75%,自营经济收入0.20万元,占25%。

河池市国有林场一览表

单位：亩、立方米、万元、人

单位	建场年月	职工人数	土地总面积	有林地面积	活立木蓄积量	从建场至2003年累计					林木资产
						国家投资	销售木材量	经济收入	交税	计提两	
合计		5275	1209506	1073680	6691936	6069	3376984	129485	17302	20688	96052.3
大山塘林场	1957.12	238	41760	31965	170064	192	134928	5150	710	903	3091.4
庆远林场	1926.10	556	148275	126745	612200	65	398816	10344	1409	1199	7315.9
流河林场	1958.9	175	40785	33465	171020	149	129640	4462	417	674	2217
青明山林场	1955.3	301	105024	99091	481220	203	231336	12400	1648	2071	10587.5
华山林场	1957.11	293	215246	193697	890000	380	140811	3520	408	704	10085
山口林场	1955.2	687	160215	144356	910000	609	513195	20628	3000	3300	12261.4
林朵林场	1955.3	728	128685	117857	1042357	220	49620	31712	3657	3888	14003
凤旁林场	1960.1	745	75480	74000	574255	165	304872	11125	1500	2273	8493.3
坡桃林场	1958.2	268	33705	18135	183532	125	137453	5850	1065	1158	4868.8
绿兰林场	1957.12	240	30930	28405	239124	154	159337	5815	850	1094	2568.5
东风林场	1957.11	83	10080	8647	56035	167	41137	1599	167	229	992.4
定马林场	1959.10	156	46309	38242	160493	285	121765	3141	438	716	1788.9
民安林场	1958.9	77	21179	18635	68912	111	52294	1274	155	174	919.4
都阳林场	1958.9	153	21433	20153	140343	116	130090	3080	460	576	1644.3
板岭林场	1958.9	45	5390	4210	35000	71	40000	800	120	160	337.5
三匹虎林场	1971.1	93	46575	46414	495564	522	51772	836	101	120	3978
拉浪林场（民政厅属）	1958.1	47	78435	69663	461817	2535	293338	7749	1197	1449	10900

【林业产业建设】

2003年河池市林业总产值60500万元，其中一产业26305.7万元，以木、竹、藤及松脂为原料的二产业企业833户，销售收入33606.5万元。三产业产值587.8万元。

木材加工。锯材生产574户，产量142854立方米，销售收入21428.1万元。木片加工生产9户，产量2791吨，销售收入98万元。家具生产150户，产量12787件，销售收入869.4万元。

人造板生产。胶合板生产3户，产量2641立方米，销售收入390万元。细木工板（杉拼板）83户，产量33163立方米，销售收入3652万元。

藤编生产。藤编业主13户，从业人员4万人，销售收入6000万元。产品销日本、澳大利亚、美国、荷兰、英国、法国等20多个国家。藤编业已成为都安县农民新的经济增长点。

松脂、松香生产。全年生产松脂2460吨。生产松香1483吨。生产松节油266吨。销售收入1169万元。

（河池市林业局）

【自治区级保护区和生态旅游建设】

1982年6月自治区人民政府批准在河池建立九万山、布柳河、穿洞河（含玉里沟）、三匹虎水源林保护区，1996年4月自治区批准建立木论自治区级自然保护区，1998年8月经国务院批准晋升为广西木论国家级自然保护区。至此，河池市共有5个保护区，2003年已做好申报《宜州庆远自治区级森林公园》和《木论自治区级森林公园》旅游项目的规划设计和可行性研究报告的编写及上报工作。其中《宜州庆远自治区级森林公园》已经自治区林业局审批立项。

（河池市林业局）

金城江区林业

【概　述】

金城江区地处大石山区，素有“八山一水一分田”之称。解放以来，金城江区各级党政部门重视林业建设，采取了一系列措施，大力开展群众性植树造林和封山育林活动。1950～2003 年，全区人工造林累计面积达 59.5 万亩，飞播造林 44.5 万亩，现有封山育林 83 万亩。到 2000 年，全区森林面积 155.2 万亩，森林覆盖率 44.22%。在全区森林面积中，用材林 54.5 万亩，防护林 14.49 万亩，薪炭林 1.2 万亩，特用林 0.26 万亩，经济林 1.46 万亩，竹林 0.65 万亩，疏林地 2.3 万亩，灌木林 83.36 万亩。此外，还有未成林新造林地 7.8 万亩，全区现有森林蓄积量 1141171 万立方米。

解放后的 54 年中，1957 年前金城江区以每年生产各种木材 2000 多立方米。1957～1990 年 34 年统计，全区共销售商品木材 23.8 万立方米，平均每年销售商品木材 1.98 万立方米，此外的农村建筑用材和其他能源性、社会性消耗木材，难以统计。至 2003 年，全区拥有木材加工厂 60 家，年加工木材达 1.8 万立方米。目前，林业经济收入在全区的经济地位已发生明显变化。1951 年、1956 年、1965 年、1977 年、1985 年、1990 年和 2003 年的林业总产值分别是 12.4 万元、31.1 万元、49.86 万元、36.09 万元、360.4 万元、575 万元和 1932 万元。1990 年全区的“两金一费”(育林基金、更改基金、林政管理费)收入达 80.48 万元，2003 年全区的“两金”(育林基金、更改基金)收入达 212.6 万元。

解放以来，金城江区林业场站建设有了长足进展。1956～1967 年，相继建立了 7 个国营苗圃，经营面积 740 亩，1957 年建立国营大山塘林场，现在拥有 4 个分场 1 个造林站，经营面积 3.88 万亩，有林面积 1.75 万亩，林木蓄积量 17.35 万立方米。1971～1978 年，全区先后建立乡村集体林场 86 个，造林面积达 6.08 万亩，至目前保存较好的有 68 个，有林面积 2.01 万亩。

1997 年 3 月，林业局内设“四室一股”办公室、林政法规林业检察室、绿化市委员会办公室、森林防火指挥部办公室、计划财务股。机关编制 18 人，其中行政编制 16 人，事业编制 2 人。二层机构有林业工作站、大山塘林场、苗圃、林业科学研究所、木材公司。

2002 年 11 月地级河池市成立后，原县级河池市林业局更名为金城江区林业局，内设办公室、计划财务股、林政执法办公室、绿化委员会办公室、防火指挥部办公室、农村能源办公室、六圩木材检查站、保平木材检查站、森林警察大队、林政工作站、营林站、种苗站。机关编制 12 人，其中行政编制 10 人，机关后勤服务事业编制 2 人，2 人为行政待分流人员。事业编制 51 人(其中干部 31 人，工人 20 人)。领导职数：局长 1 人，副局长 2 人，党组专职领导 1 人。事业编制 47 人。二层机构有 14 个乡镇林业站、大山塘林场、苗圃、木材公司、林业科学研究所。

【森林资源】

1990 年、1999 年金城江区进行过两次森林资源调查，1990 年的调查为地面人工调查，1999 年的调查为卫星遥感调查。

根据 1999 年卫星遥感调查，金城江区土地总面积为 23.4 万公顷，其中：林业用地面积 10.68 万公顷，占全市总面积的 45.6%；非林业用地面积 12.72 万公顷，占全市总面积的 54.35%。

全区森林覆盖率为 44.22%，其中有林地覆盖率 20.47%；灌木林地覆盖率为 23.75%，绿化率为 98.30%，林地利用率为 98.8%。在林业用地面积 10.68 万公顷中，有林地面积 4.79 万公顷，占林业用地面积 44.83%；无林地面积 3045.2 公顷，占林业用地面积的 2.85%。全市活立木蓄积量为 114.12 万立方米。用材林面积 3.39 万公顷，蓄积量 98.82 万立方米。已成林人工林面积 3.42 公顷，占有林地面积 4.79 公顷的 71.35%，未成林造林地面积 1686.3 公顷。经济林面积 971.1 公顷，其中：果树林面积 702.3 公顷，占全市经济林总面积的 72.32%；油料林面积 234.5 公顷，占全市经济林总面积的 24.15%。竹林面积 436.3 公顷，立竹株数 414.98 万株，其中：毛竹 94.2 公顷，立竹株数 17.8 万株；杂竹 342.1 公顷，立竹株数 397.18 万株。在林分面积 4.79 公顷中：国有林场面积 2105.4 公顷，占林总面积 4.4%；集体林地面积 45371.1 公顷，占林总面积 94.73%；其他国有林地面积 419.2 公顷，占林分面积 0.87%。在林分蓄积 107.79 万立方米中：国有林场蓄积 16.85 万立方米，占林分蓄积 15.63%；集体蓄积 89.16 立方米，占林分蓄积

82.72%；其他国有蓄积1.78立方米，占林分蓄积1.65%。

用1999年卫星遥感调查成果与1990年的二类调查成果作简单对比，河池市9年来森林变化的总趋势是：森林面积、活立木蓄积增加，森林覆盖率提高。

增加的主要原因是：原牧地经过人工造林而转化为有林地或未成林造林地，使得牧地面积减少，而林业用地面积增加，还有退耕还林等等。

未成林造林地面积从1990年的2412.7公顷，减少到1999年的1686.3公顷，9年减少731.4公顷，净减率为30.31%。主要原因是：造林灭荒、绿化达标后，大面积连片的宜林荒山荒地已不存在，新造林主要以小面积的零星造林、迹地更新、低产林改造和退耕还林为主，所以未成林造林地面积较1990年有所减少。

无林地面积由1990年的5.09万公顷，减少到1999年的3045.2公顷，9年共减少4.79万公顷，净减率为94.02%。主要原因是：大量宜林荒山荒地、采伐迹地、火烧迹地经过人工造林、封山育林等措施而转化为有林地或未成林造林地。

通过对金城江区森林资源现状、分布、特点的调查，可以看出，9年来通过"灭荒"达标和绿化达标建设，全市的造林绿化工作在数量上和质量上都有新的飞跃，森林资源实现森林面积和森林蓄积的双增长，覆盖率提高，无林地面积大幅度减少，同时，也还存在不少的问题，全市目前林地生产力下降，林分质量降低，林种结构不尽合理，用材林可采伐资源不断减少。

金城江区森林资源按行政区域统计表(统计时间为2000年)

序号	统计单位	土地面积(公顷)	有林地面积(公顷)	活立木蓄积(立方米)	森林覆盖率(%)
1	金城江区	234000.00	47895.70	1141171.00	20.47
2	大山塘林场	2784.00	2105.40	168522.00	75.63
3	长老乡	18473.00	4756.00	142521.00	25.75
4	三旺乡	11294.00	992.10	34387.00	8.78
5	保平乡	15790.00	3544.10	97880.00	22.45
6	九圩镇	30473.00	6836.20	169920.00	22.43
7	五圩镇	16960.00	3436.60	45107.00	20.26
8	河池镇	17502.00	4247.40	75558.00	24.27
9	拔贡镇	19729.00	3390.70	53811.00	17.19
10	下考乡	13862.00	8973.30	191411.00	62.57
11	六甲镇	8543.00	13.70	0.00	0.16
12	六圩镇	23172.00	742.20	9649.00	3.20
13	东江镇	18451.00	353.80	7087.00	1.92
14	白土乡	17794.00	4773.50	34581.00	26.83
15	金城江镇	2435.00	41.80	737.00	1.72
16	侧岭乡	16117.00	3569.70	40483.00	22.15
17	铁路林场	457.00	304.80	13725.00	66.70
18	市林科所	164.00	114.40	4092.00	69.76

金城江区森林资源变化趋势表

单位:公顷、立方米

	森林面积	立木蓄积	森林覆盖率%
1990 年	20154.8	870815	8.6
1999 年	47895.7	1141171	20.47
净增量	27740.9	270356	11.87
净增率(%)	137.64	30.05	138.02

各类土地面积变化情况表

单位:公顷

项目	调查时间		前后期之差	净增率%
	1999 年	1990 年		
林业用地	106830.0	102755.0	4075.0	3.97
有林地	47895.7	20154.8	27740.9	137.64
林分合计	46488.3	19041.5	27446.8	144.14
用材林	33963.2	14954.5	19008.7	127.11
防护林	12351.3	3255.9	9095.4	279.35
特用林	173.8	1.7	172.1	10123.53
经济林	971.1	753.5	217.6	21.26
竹林	436.3	359.8	76.5	17.27
疏林地	1546.8	1148.6	398.2	34.67
灌木林地	55572.6	28073.8	27498.8	97.95
未成林造林地	1686.3	2412.7	−731.4	−30.31
苗圃地	2.5	4.5	−2	−44.44
无林地	1358.9	50960.6	−49601.7	−97.33

各类林木蓄积变化情况表

单位:立方米

项目	调查时间		前后期之差	净增率%
	1999 年	1990 年		
活立木蓄积	1141171	870815	270356	31.05
林分蓄积合计	1077867	827700	250167	30.22
用材林蓄积	988249	753801	234448	31.10
防护林蓄积	87594	88884	−1290	−1.45
特用林蓄积	2024	0	2024	0
疏林地蓄积	11604	18325	−6754	−36.91
散生木蓄积	16100	11320	4780	42.23
四旁树蓄积	35600	13470	22130	164.29

【森林动物资源】

生长在森林、低山丘陵杂树林中的属国家二类重点保护动物的主要有：猕猴、穿山甲、小灵猫、林麝、原鸡、红腹角雉、红腹锦鸡、鸢、鹏鸮、草鸮、褐翅鸦鹃、大壁虎、蟒、山瑞鳖、虎纹蛙。此外，尚存大量具有较多经济价值的兽类和鸟类。例如：龟、眼镜蛇、金环蛇、银环蛇、三线蛇、白花蛇、青蛇、鹰蛇（团蛇）、龟、鹰；黄猄、野猪、狐、松鼠、野兔等；鸟类有斑鸠、鹧鸪、鹌鹑、杜鹃、啄木鸟、八哥、喜鹊、画眉、黄莺、鹭、凫（水鸭）、猫头鹰等。肉食动物主要有：野猪、箭猪、野兔、竹鼠、野狗、黄獐、野鸡、斑鸠、鹧鸪、舍鸡、原鸡、龟、鳖、蛇等。

【林木种类及分布】

金城江区1991年森林面积2.02万公顷。其中用材林1.49万公顷，防护林3255.9公顷，薪炭林829.4公顷，特种用材林1.7公顷，经济林753.5公顷，竹林359.8公顷。

现有森林面积中，杉木1.23万公顷，占61.3%，比重最大。其次是阔叶树6085.0公顷，占30.2%，松木602公顷，占3.0%，竹林359.8公顷，占1.8%，针叶树与阔叶树比为63:37，比例失调，针叶树比重偏高。

用材林中，杉、松、阔各树种及面积分别占用材林总面积的82.6%、4%、13.4%。

用材林主要分布在下考、九圩、长老、大山塘林场、保平、河池镇、拔贡等乡（镇），面积占用材林总面积的86.5%。

全区防护林以阔叶树为主，总面积3255.9公顷，主要分布在长老、九圩、下考、河池、保平等乡镇，以下考为最多，占全区防护林面积的28.6%。

全市经济林面积753.5公顷，占有林地面积的3.74%，在经济林树种中，以油茶为最多，面积448.6公顷，占59.5%；柑橘次之，面积114.5公顷，占15.2%；油桐第三，面积107.6公顷，占14%。经济林主要分布在下考、长老、九圩、河池、拔贡、保平等乡镇，面积分别占总面积的33.2%、14%、11.5%、9.4%、10.4%、8.5%。

全区竹林面积359.8公顷，占有林地面积的17.9%，以小径竹最多，面积228.8公顷，占63.6%；大径竹次之，面积97.6公顷，占27.1%；毛竹第三，面积29.5公顷，占8.2%。单位面积平均立竹数：毛竹7770株/公顷，撑支竹4395大株/公顷，大径竹6090株/公顷，小径竹9360株/公顷，粉单竹9330株/公顷。竹林主要分布在河池、拔贡、九圩、下考等乡镇，分别占总面积的52.3%、12.6%、7.5%、7.4%，合计占87.3%。

全区薪炭林面积829.4公顷，占有林地面积的4.12%。主要分布在保平、拔贡、下考等乡。树种以阔叶树为主，主要在海拔800～1000米的大坡度地带。

主要林木种类：全区林木种类主要有27种，即：杉树，各乡均有栽培；马尾松，各乡均有栽培；柳杉，大山塘林场及各社队办林场曾引种栽培；金丝李，别名垒木，长老乡的金洞、保平乡的长洞有零星分布；白花泡桐，别名桐木，各乡均有种植；紫花泡桐，别名桐木；樟树；木荷，别名烟木，刁江流域有连片分布；香椿，别名椿芽树。各乡均有；莱豆树，别名牛尾树，六圩、白土、东江、六甲、六圩等石山地均有分布；酸枣，较多分布在长老；喜树，刁江流域分布较多；马蹄荷，别名白克木。长老、下考、拔贡等乡的局部地区有连片分布；枫香，别名枫树。各乡均有分布；翻白叶树，白土乡德兴等地的石山区有分布；鸭脚木，别名鹅掌柴。各地均有分布。但以刁江两岸丘陵区为较多；秋枫，别名重阳木。下考、九圩、长老均有，尤以下考为较多；黄连木，别名倒鳞木。保平乡长洞石山地带有分布；苦楝，河池、六圩、九圩、东江等公路沿线均有栽培；大叶楝，刁江流域有零星分布；米椎，分布在刁江流域；青岗栎，长老、保平、拔贡、白土、九圩有分布；苦槠，分布在长老金洞、拉谐、保平长洞、岜林的石灰岩山区；钩栗，分布在长老金洞；柠檬桉，分布在东江、六圩、河池、九圩等乡镇的公路沿线；窿缘桉，别名小叶桉。境内的公路沿线有栽培；漆树，分布在下考、长老、九圩、拔贡等乡镇。

经济林：板栗，各乡均有栽培，但以长老、拔贡的局部地方栽培较早，产量较佳；钩粟；青岗栎；米椎；三年桐，别名光桐。各乡均有栽培；千年桐，别名皱桐，各乡均有分布；山苍子，别名木姜子。分布各乡，以刁江流域的丘陵地分布较多；山乌桕，各乡均有分布；樟树；苦楝；漆树；油茶，各乡均有栽培，但以长老、下考、九圩种植较多；八角。大山塘林场、长老乡化板村有栽培；构树，别名砂纸树，各乡均有分布；棕榈，九圩、河池有零星分布。

竹林：金竹，下考、长老、九圩有零星分布；柴竹，别名黑竹，长老金洞村、河池镇的枫木村有少量分布；粉单竹，各乡均有栽培；大头竹，较多分布于刁江流域；簕竹，别名刺竹，各乡均有，主要在河流两岸，山林、村旁，以刁江流域较多；青篱竹，别名苦竹，下考乡分布较多；毛竹，大山塘林场、林科所及部分分社队林场有栽培；撑篙竹，金城江有栽培。

珍稀树种：金城江区列入国家重点保护的珍稀树种有9种：蓖子三类杉，长洞天然林区有零星分布，已濒临灭绝；福建柏。保平长洞天然林区有零星分布，已濒临灭绝；格木。为稀有珍贵硬木树种。大山塘林场江潭分场和市园林管理所有人工单株栽植；金丝李，为珍稀珍贵硬木树种。西部及西南石灰岩山区有零星分布，已濒临灭绝；荔枝，为南方珍果类树种之一，长老、三旺、保平一带有少量分布；黄枝油杉，属国家三级保护树种，保平乡的长洞、元洞一带有零星分布；蝴蝶果，属国家三级保护树种，为较好的城市道路绿化树种。从20世纪70年代起，金城江一带有人工栽培；红椿，属国家三级保护树种，是建筑、家具优质材料，西部和西南部石灰岩山区有少量分布；任豆，属国家三级保护树种，为家具、农具优良用材，是柴胶片寄生树之一，石灰岩地区有少量分布。

属广西稀有珍贵树种还有马蹄荷（白克木）、钩栎、檫木、海南厚壳桂、茶条木、黄枝油杉、青榕槭、樟叶槭、香樟、竹柏、脉叶罗汉松等。

古树名木：古桂花，河池镇小学院内一株460年树龄的桂花树，为明朝嘉靖年间孔庙大殿落成时栽种，树高5.7米，开金（黄）色花朵，迄今开花正常；古榕树，河池镇小学境内尚有古榕树三株，树龄约400年，最大一株高达35米，胸径2.65米，生长旺盛，枝叶茂密，三株并立形成约2000立方米的树冠幅，犹如绿色巨伞，遮天盖地，蔚为壮观。

据金城江区文化局提供资料，目前全市境内还有树龄在100年以上的古榕树37株。

【采种育苗】

1991年，全市育苗33.43公顷，其中杉苗14.18公顷，松苗17.81公顷，其他0.35公顷，市苗圃全年育苗37.35万株。为适应城市绿化、美化需要，扩大花卉盆景的繁殖。花卉品种达28种4649株，调入九里香等各种苗木5960株。

1992年，育苗42.67公顷，其中杉苗17公顷，松苗21.53公顷，香椿0.85公顷，其他32.8公顷。还指定专人在五圩、白土育湿地松营养杯苗150万株。良种桉营养苗30万株。

1993年初，共调进种子5.17万公斤，其中马尾松4.72万公斤，杉木种子1618公斤，任豆种162.5公斤，香椿种115.5公斤，荷木种25公斤，油桐种2573.5公斤。所调进的种子，育苗用种4378公斤，点（撒）播用8846公斤，飞播用种3.84万公斤。

共调运杉树苗97.63万株，马尾松苗911万株，送达各乡镇造林点。

1994年，共育苗木16.2公顷，共生产苗木870.6万株，其中杉苗8.4公顷，465.93万株，营养杯育苗1.6公顷，270万株，苦楝苗2公顷，30万株，荷木苗4.2公顷，100万株。

调进种子5.48万公斤，其中马尾松种子5818公斤，湿地松种子480公斤，油桐种子4.27万公斤，苦楝种子4958公斤，任豆种子831公斤。

从外县调进各种苗木870万株，其中杉木苗800万株，荷木苗70万株。

1995年，共育竹子4公顷，杉树2公顷，马尾松0.2公顷，尾叶桉营养杯苗40万株。调进各种苗木336.31万株，种子500公斤，其中竹苗3.46万株，板栗18.25万株，湿地松营养杯苗160万株，杉树90万株，苍溪雪梨2.5万株，酸梅2000株，荷木6000株，尾叶桉营养杯苗8000株，白菓2万株，马尾松种子500公斤。

1996年，共育杉苗1.43公顷，松0.3公顷，竹苗0.25公顷，板栗0.2公顷，油奈果0.2公顷，其他苗木0.35公顷，调进各种经济果木林苗木50万株。

1997年，育苗2公顷，其中杉木苗1.87公顷，果苗0.13公顷，可提供苗木91.6万株。

1998年，育苗9.3公顷。

1999年，撒播造林666.67公顷，育苗6.5公顷，其中杉树3公顷，松树2.2公顷，其他树种1.33公顷。

2000年，育苗4.93公顷。调运杉木苗400万株，马尾松营养杯苗3.2万株。对河池镇至东江镇国道两旁一公里范围内的第一面坡，九圩至花香交界的国道两旁一公里以内的第一面坡的地头水柜配套造林、石山造林、退耕还林等重点项目的造林，所需的苗木均由市林业局负责调运并享受苗木补助。

2001年春，调运桉树种苗88.4万株，八角苗4万株，布朗李苗3.6万株，竹子苗6万株，共投入8种苗经费35.6万元。

2002年上半年，育苗15.87公顷，占任务的210%。

【植树造林】

1990～2000年，金城江区造林绿化经历三个时段。第一时段为造林灭荒期，第二时段为绿化达标期，第三时段为工程造林期，这三个时段为河池市林业发展的盛兴期。

【造林灭荒】

1987年，广西壮族自治区党委、自治区人民政府做出决定：在本世纪末，基本实现绿化广西。据此，原河池市委、市政府做出在1994年基本消灭宜林荒山的决定，制订详细的规划与实施方案，成立造林灭荒机构，由党政一把手任指挥长，分管林业的副职及林业部门的主要领导任副指挥长，发布《关于1994年全面完成全市造林灭荒的任务的决定》、《河池市1994年造林灭荒实施方案》等一系列文件，推行全党、全民总动员，干部总包干，党政一把手负总责的“三总”措施。1991～1994年人工造林、飞播造林两项工作同时进行，为灭荒达标打下坚实基础。

【人工造林】

1991年1月4日，原河池市政府召开全市林业工作会议，进行绿化责任状签字仪式，原河池地区林业局副局长周德清、原河池市委书记兰振谨、市长覃定球等领导到会作重要讲话。5日，原河池市政府副市长程景頣组织有关领导干部到北香绿化点挖坎造林。7日，原河池市委书记兰振谨亲自到河池凤仪山绿化点参加挖坎造林。9日，原河池市直机关全体干部职工到五圩乡造林绿化。11月18日，原河池市委、市政府组织金城江城区各界干部、职工在地区足球场召开造林灭荒、防火誓师游行大会。

全年完成人工造林2688.86公顷，完成市政府任务的10%。比河池地区下达任务多688.86公顷。其中：用材林2340公顷，包括：杉木15.67公顷；松木369.27公顷；香椿93.13公顷；竹子51.93公顷；其他76.67公顷。经济林348.87公顷，包括：油桐47.67公顷；油茶35.27公顷、水果类265.93公顷。

市乡镇领导带头兴办绿化点17个，造林面积552.6公顷(其中：市级领导绿化点7个，造林面积413.73公顷，乡镇领导绿化点10个，造林面积138.87公顷)；全市连片造林66.67公顷以上的领导绿化点5个，造林面积396.63公顷。

经广西壮族自治区林业厅检查核实面积为334.27公顷，占规划面积的84.3%(其中：湿地松275.63公顷，占检查面积的82.5%；杉木面积55.77公顷，占检查面积16.7%；三华李2.8公顷，占检查面积的0.8%)；成活率85%以上的251.35公顷，成活率为41%～84%的56.25公顷。

1992年，随着广泛深入的宣传活动，干部群众从根本上认识到林业是农业的屏障，是贫困山区脱贫致富的重要途径。造林绿化积极性提高，初步形成全党动员、全民动手，大办林业的气候，当年全市完成人工造林3844.73公顷，为自治区责任状2333.33公顷的164.8%；为河池市政府下达3333.33公顷的115%。被评为广西造林绿化先进县。是年，经自治区审批立项的领导绿化点15个，计总面积1259.2公顷。其中地区级的1个，面积74.6公顷，市级1个面积92.33公顷，乡镇级10个924.4公顷，市乡镇共青团绿化点2个123.2公顷，妇联1个44.67公顷。经自治区造林绿化检查组对15个绿化点的检查核实，实际完成绿化造林870.07公顷，占计划面积69%，其中合格面积554.9公顷，合格率63.8%，在领导绿化点中，河池地委行署、市委市政府、拔贡乡政府、妇联绿化点合格率100%，成为当年领导干部绿化点的示范基地。

1993年，造林灭荒列入原市委、市政府的重要议事日程，出现全党动员、全民动手、干部总包干，第一把手负总责的造林灭荒新格局。10月，在河池镇召开全市造林灭荒现场会。11月，召开市直、部、委、办、局、行、社领导参加的造林灭荒动员大会，调动各方面造林灭荒的积极性。全年完成人工造林6584.13公顷，是自治区责任状3333.33公顷任务的197.5%，是原河池市政府下达5133.33公顷任务的128.3%。11月底，经自治区检查组验收，成活率85%以上的人工造林合格面积为5139公顷，人工造林创历史最高水平，获全区造林绿化二等奖。在白土、保平、九圩、拔贡四个乡镇建立8个领导绿化点(含百公里绿化带)，面积1511.6公顷，完成计划的95.7%，经自治区检查验收合格面积1486.53公顷，合格率为98.3%。全市经广西壮族自治区林业厅审批立项的村办林场12个，规划面积487.8公顷，实际完成582.67公顷，完成119.4%，经自治区检查复核合格面积524.13公顷，合格率90%。

1994年，全区完成人工造林2.02万公顷，其中人工植苗造林9607公顷，人工点播造林2467公顷，创历史最高纪录，经自治区造林灭荒检查组验收的绿化点，村办林场计 82 个，造林面积共 3111.93 公顷，成活率 85%，合格面积 3018 公顷，合格率 96.98%，合格面积占区林业厅下达任务 4582.7 公顷的 65.86%。

1991～1994 年，人工造林共 3.33 万公顷。

【飞播造林】

20 世纪 90 年代，原河池市共进行三次飞播造林，分别于 1992 年、1993 年、1994 年。

1992 年，广西壮族自治区林业厅下达给原河池市飞播造林任务 10 万亩(即为 6666.67 公顷)。为确保任务的完成，原河池市委、市政府于 1991 年 11 月成立市飞播造林指挥部，由市委书记陈能康担任指挥长，并落实有专门人员具体负责飞播造林工作。原河池市林业局组织技术人员深入乡村进行踏查工作，做出设计及导航线测量工作，各乡(镇)积极发动群众投工投劳进行炼山，在九圩、保平、侧岭、长老等 4 乡设立 4 个播区，规划面积 675.45 公顷。

1992 年 2 月 27 日至 3 月 10 日实施飞播作业，实际完成飞播作业面积 6183.4 公顷，占自治区下达 6666.67 公顷任务的 92.8%。其中飞播有效面积 5146.7 公顷，占飞播作业面积 83.9%，共飞行 14 架次，作业时间 21 小时 51 分，飞播用种量 1.17 万公斤，平均每平方米落种 4.4 粒。11 月，自治区造林绿化检查组对当年飞播造林成苗情况进行检查，飞播造林每公顷有苗 3000 株以上的面积 2866.67 公顷，占飞播有效面积的 55.7%。苗木平均高 6 厘米，最高达 35 厘米。综合评定等级为：优秀。飞播后，建立飞播管护林场 3 个，配备专职护林员 9 人，兼职护林员 58 人。

1993 年，自治区下达飞播造林任务面积 1.91 万公顷，实际完成 1.91 万公顷，有效面积 1544.67 公顷，占播区面积的 80.50%，核查成苗面积 1.21 万公顷，占有效面积 79.18%，平均每公顷有苗 6165 株，经广西区造林绿化检查组验收，效果评定为优级。

1994 年，全市完成飞机播种造林 1000.73 公顷，有效面积 7747 公顷，占播区面积的 77.41%，经自治区造林灭荒检查组检查验收，成苗面积 5601.47 公顷，占有效面积的 72.3%，平均每个样点有苗 4 株，苗木高度 2 厘米左右。

1992～1994 年，原河池市飞机播种造林计 3.52万公顷，有效面积 2.82 万公顷，分布在河池、拔贡、侧岭、五圩、六圩、九圩、保平、长老、下考共 9 个乡镇，60 个行政村。经自治区林业检查组检查验收，全市飞播造林总体上达到Ⅰ级和Ⅱ级，被评为 1992 年度河池地区飞播造林二等奖。

3 年来全市共配备护林员 76 人，其中专职 26 人，兼职 50 人。原市人民政府及时颁布《关于加强飞播林区管理的若干规定》，广泛宣传，做到家喻户晓，飞播林场所在的乡(镇)相应成立森林防火机构及防火应急分队。

【灭荒达标】

1994 年，原河池市造林灭荒达到广西壮族自治区人民政府桂政发〔1991〕11 号文件规定县(市)宜林荒山实现造林灭荒的标准。

经广西壮族自治区绿化委员会、林业厅造林灭荒检查组的检查验收，验收结果：

(一)全市抽查海拔 800 米以下的林业用地面积 5777.19 公顷，其中达标栽植面积 5719.21 公顷，达标栽植率为 98.99%，未达标栽植面积 39.94公顷，未达标栽植率为 0.69%，未栽植面积 18.04 公顷，未栽植率为 0.31%，有连片 0.2 公顷以上的宜林荒山 18.04 公顷，荒山率 0.312%。全市海拔 800 米以下林业用地达标栽植面积 8.93 万公顷，未达标栽植面积 624.05 公顷，未栽面积连片 0.2 公顷以上宜林荒山 281.37 公顷。

(二)抽查考级以上管养的公路长度 98.50 公里，其中宜林植路段长 47.5 公里，已栽植路段长 45.2 公里，栽植率为 95.16%。

(三)抽查铁路长度 43 公里，其中宜栽植路段长度 30.50 公里，已栽植路段长度 28.5 公里，栽植率为 93.44%。

(四)抽查市境主要河流长度 71.30 公里，其中宜栽植河段长度 58.52 公里，已栽植河段长度 52.59 公里，栽植率为 89.87%。

(五)抽查城乡居民点面积 331.46 公顷，其中宜栽植面积 67.05 公顷，已栽植面积 60.306 公顷，栽植率为 92.93%。

【绿化达标】

1994 年冬造林灭荒达标后，为了实现 1996 年绿化达标，1995 年，河池市林业局研究制定绿化达标的目标、措施和责任制，先后出台《关于一九九六年实现绿化达标的决定》、《关于加快发展经济果木林的决定》等一系列文件，3 年共拨款 200 多万元，用于绿化工作。

1995 年，原河池市林业局根据绿化达标的要求，认真做好林种结构调整，计划到 1996 年止将经济果林发展到1.87万公顷，占林业用地的20%，并狠抓市万亩、乡千亩、村三百亩经济果林绿化点示范片的规划工作，把各级林果示范片列为重中之重的工作来抓。一是因地制宜，统一规划连片开发，建立名特优水果生产基地。对坡度在25°以下和种植低产值、低效益农作物以及疏伐林地，全部开发为林果种植基地。二是原河池市委、市政府下发有关林果开发文件制定优惠政策，鼓励党政机关、企事业单位干部职工带薪留职兴办果场，支持市内外经济能人招标承包，购买荒山使用权开发林果业。三是采取技术承包的办法，把技术干部分到各示范点，检查指导林果开发工作，严把林果开发的规划设计、整地、苗木和种植质量关，对于承包范围内出现的技术问题要追究技术承包人的责任。

1995年，共造林种果4712.13公顷，占计划数4658.67公顷的101.1%，其中市万亩林果示范片350.4公顷，占年度规划333.33公顷的105%，乡级362.27公顷的村级示范片264.13公顷。面上造林1306.33公顷，补植漏2429公顷。

市万亩林果示范片在河池地区组织的年度交叉检查中总分排在第一名。

1996年，继续做好以各级经济果林示范片为重点的林果开发的技术指导和服务工作。林业技术工作者踏遍全市所有的山山岭岭，深入实地做好调查研究工作，并根据各山头地块土地条件，科学地规划林果开发面积树种、整地方式和定植规定等。并且做好苗木培育、调运和调剂及肥料准备工作，做好苗木植后的管护工作。

全年共造林种果4581公顷，完成计划任务数3666.6公顷的125%，其中市万亩林果示范片620公顷，占规划面积666.67公顷的93%，乡级林果示范片529.4公顷，村级672.67公顷，面上造林种果2758.93公顷，补植补漏844公顷，占任务546.67公顷的154%，共育苗3.1公顷。

当年11月，经自治区造林绿化达标验收组实地核查，结果：

第一，全市抽查14个村委会林业用地8967.02公顷，绿化达标面积8429.95公顷，林业用地绿化达标率94%。在抽查的林业用地中，达标的经济果木林、竹林计1089.25公顷，占抽查林业用地面积的12.10%。

第二，非林业用地石山。经查对，全市有非林业用地石山6.8万公顷，全封山二年以上的面积5.06万公顷，占全市非林业用地石山面积的74.5%，且有规划有村规民约，有护林员，封山措施落实较好，成绩显著，达到桂绿字〔1995〕04号文件的要求。

第三，道路绿化。抽检16条公路长度389.30公里，设39个样段长11.7公里，其中宜绿化长度9.38公里，已绿化的9.23公里，绿化率为98.4%。抽查1条铁路长度79公里，设9个样段，长2.7公里，其中宜绿化长度1.76公里，已绿化长度1.69公里，绿化率为96.02%。

第四，主要河流绿化。抽查流经市境内主要河流龙江、刁江、环红河，长度155.30公里，设18个样段的长度5.4公里，其中宜绿化长度2.81公里，已绿化长度2.69公里，绿化率为95.73%。

第五，城乡居民绿化点。抽查村委会的居民点138个，面积353.40公顷，其中宜绿化面积65.91公顷，已绿化面积63.73公顷，绿化率96.69%。

第六，抽查14个村委会级单位的土地面积为2.53万公顷，其中有林面积5451.51公顷，灌木林面积2968.44公顷，城乡居民点绿化面积63.73公顷，含灌木林的森林覆盖率为33.46%。实现造林绿化达标。

【工程造林期】

1996年冬，经上级林业主管部门核查验收，评定原河池市为绿化达标(县)市。从1997年起，转入绿色工程造林期。

大种经济果木林：1995年，原河池市已做好林种结构调整规划工作，计划将果木林发展到占林用地的20%，狠抓市万亩、乡千亩、村百亩经济果木林绿化点示范片的规划。对坡度在25°以下和种植低产值、低效益农作物以及疏林地全部规划为林果种植基地，原河池市委、市府下发有关林果开发文件，制定优惠政策，以促进整个林果开发工作的顺利开展。当年市、乡、村级共造果木林976.8公顷。1996年冬至1997年春，全市造林种果2192公顷，是市计划任务1466.67公顷的149%。其中，市万亩经济果林完成140公顷，乡级千亩果木林完成309公顷，村级百亩果木林完成3025公顷。1998年，完成种植经济果木林351公顷，其中茶油1公顷，油桐3公顷，八角6公顷，板栗106公顷，沙田柚50公顷，龙眼、荔枝54公顷，白果51公顷，李子43公顷，柿子77公顷，酸梅10公顷。1999年，全市种植经济果木林5229

公顷。经过5年的努力，共造果木林3748.8公顷(含1995年数)，昔日的荒山秃岭已变成一片果园。

绿色通道工程：1998年，河池市实施绿化通道工程，当年主要任务主要抓好金城江城区龙江河两岸和公路沿线两侧宜林地段规划和种植工作，其中城区龙江河两岸的绿化投资5.3万元，种下羊蹄甲、杂交竹、木棉、小叶榕等各种带土绿化大苗2310株，绿化河段3200米。保平乡公路沿线两侧的白砂底土质荒山，多年来人工造林难以成活，在实施绿色通道工程中，市林业局技术人员会同上级林业部门专家多次深入实地调查研究后，采取炸药爆破人工扩坎的办法整地、投资11.1万元，种下塔柏、榕树等带土绿化大苗5376株。此外，六圩至凌肖公路两侧的宜林地段，由河池市林业局苗圃绿化队划片分工，责任到人，实行包种、包管护，目前绿化通道的种植成活率为92%。

【绿色工程造林】

原河池市的绿化工程包含绿色通道造林(上已述)，地头水柜造林，退耕还林，珠江流域体系建设等项。

1998年，原河池市林业局林业技术人员按照绿色工程技术标准，结合河池市具体情况进行，并请上级林业专家对规划方案反复论证和修改。

1999年，是原河池市实施绿色工程的第一年。为搞好此项工程，主要措施：一是早规划，二是早部署，三是抓示范点，以点带面。1月29日，在九圩镇召开全市绿色工程现场会，对全市的绿色工程工作进行动员和安排布置。

原河池市林业局把保平与东江公路沿线绿色工程领导示范点作为工作重点来抓，抽调4名技术人员负责组织实施和技术指导工作，在资金上优先安排，示范片全年共投资45万元，共完成造林89.6公顷，其中松树25.2公顷，塔柏46公顷，榕树2.9公顷，竹子16.1公顷，按计划完成河池地区下达的绿色工程造林任务。全市全年人工造林1340公顷，其中用材林1111公顷，经济林229公顷。

2000年，原河池市营林工作以绿化工程为重点，立足“早”字。春节后上班的第二天，林业局召开各乡镇分管林业工作的领导和林业站长春季造林工作现场会，会议对营林工作进行布置和动员。

将九圩镇至东兰县花香、河池镇的枫木村至东江镇与宜州交界处国道两旁的石山造林，地头水柜造林，退耕还林列为地委、行署、市委、市政府的示范样板点，作为河池市营林工作的重点，样板，安排一名技术干部坐镇九圩，配合九圩镇政府搞好该点的造林规划，宣传发动和组织实施工作。当年，这几个示范点已顺利完成改造林任务，其中六圩凌肖村点种松苗7.1万株，竹苗1.1万株，东江的里仁点种下尾叶按培苗3万株。

同年，完成人工造林1186公顷，完成河池地区下达任务667公顷的178%，其中完成退耕还林426公顷，水柜配套造林122.2公顷，绿色工程造林480公顷。完成封山育林23573公顷。

2001年，大力营造速生按工程林，市林业局出台优惠政策，鼓励干部职工承包荒山造林，仅上半年市林业局共有26位干部职工在东江、五圩、六圩等乡镇承包荒山，荒地种植速生桉，布朗李、八角等树种，为全市今后大面积推广营造速生桉打下良好基础。

当年，全区共完成人工造林2101.7公顷，占地区下达任务1866.67公顷的112.6%。其中：工程造林669公顷，石山造林186.8公顷、退耕还休357.1公顷，封山育林2099.72公顷，占任务的31.2%。

2002年，营林生产工作围绕“分类经营，分区突破”，使生态建设与林业产业协调发展，以抓退耕还林，珠江防护林工程为重点，建设绿色生态经济区。共完成人工造林2372公顷，全年占任务4240公顷的55.9%，其中珠江防护林工程造林605.3公顷，占任务600公顷的101%，退耕还林工程造林1020.7公顷，占任务3000公顷的34%，荒山造林6267公顷，占任务1333.3公顷的47%；完成速生林造林484公顷，占任务1260公顷的38.4%。

1996年冬至2002年工程造林期，全区共造人工林1545.7公顷。其中：经济果木林3748.8公顷(含1995年种植数)；绿色通道工程，在金城江城区龙江河两岸绿色3200米，种下带土大苗2310株；在保平公路沿线种植绿化带土大苗5376株；地头水柜配套造林122.2公顷；退耕还林造林1803.83公顷；绿化工程造林480公顷；珠江防护林造林605.3公顷；荒山造林813.5公顷；造速丰林949.33公顷(其中速生桉465.33公顷)。

【速生丰产林建设】

2003年金城江区速丰林造林完成233.8公顷，占计划任务100%。经年度检查验收，全区各乡均能使用优良种源区的良种及优良组培扦插苗，一级苗使用率达95%，平均造林成活率达95%，其中速生桉生长较快，年最高生长量达到5～7米。

【育　林】

中幼林抚育间伐：1989～2003年，全市对中幼林的抚育间伐面积1.39万公顷，其中2003年为1467公顷。1991～2002年，全市蓄积量为1.85万立方米，出材量1.65万立方米。

1994～1995年，两年抚育间伐面积分别为1544公顷、2418公顷，蓄积1.28万立方米，出材量8201立方米，平均每公顷出材量为13.7立方米。

1996年，抚育间伐面积2600万公顷，为20世纪90年代间伐抚育面积最高的年份。

1995年、1996年度，原河池市获广西壮族自治区林业厅绿化委授予的中幼林抚育间伐先进单位。

2001年，计划抚育间伐面积666.67公顷，实际完成345公顷。

【封山育林】

1991年后，原河池市人民政府和林业局制定具体措施，加强封山育林。1991年，全市有9个乡、41个村公所进行封山育林，完成任务2.46万公顷，占计划数1.33万公顷的186%，其中1333.3公顷相对连片的封山育林区有7个乡镇，面积2.16万公顷，经自治区林业厅对1333.3公顷以上连片封育区检查验收，合格面积2.16万公顷，占规划面积的99.7%。封山育林各项指标均达到要求，合格面积占规划面积的163%。

1992年，自治区林业厅下达原河池市抚育间伐任务1.6万公顷，为完成自治区下达的任务，林业局于1991年11月组织技术员外出调查及规划设计工作，封山育林区主要分布在市东南部的石灰岩地区，确定当年的封山育林在白土、东江、六甲、六圩、拔贡等5个乡(镇)20个村公所，全市按设计规划完成封山育林2.18万公顷，是自治区林业厅下达任务的136.5%。

按封山育林"五有"(即有规划设计说明片，有观测样地，有永久标示牌，有村规民约，有护林员)标准核实，全部达到合格，到2002年，全市设置固定观测样地81块，封山育林固定标语33块，宣传标语290条，大部分村公所制定的封山育林民约已写上墙，广大群众的封山意识明显提高。

根据原河池市1990年森林资源二类调查，全市半土半石山面积为6.94万公顷，1991～2002年封山育林面积为12.94万公顷，占半土半石山面积的56.33%。

【林业生产创新高】

2003年，全区完成植树造林面积44478亩，其中，荒山造林面积完成40587亩，迹地更新2032.5万公顷，低产林改造造林1858.5亩，经济林5382亩，防护林25020亩，幼林抚育作业面积15750亩，幼林龄抚育实际面积14160亩，中幼龄林抚育面积22005亩，全区实现林业产业总产值1932万元，年生产商品材约1.8万立方米，全区有丛生竹7万条丝，年产各类竹材约600吨。

【退耕还林】

退耕还林还草是贯彻落实江泽民总书记"再造秀美山川"伟大号召的具体体现，是减少中国大江大河水土流失，制止洪水泛滥，改善生态环境，保证人民生活长治久安的重要措施，是调整农村产业结构和生产条件，推进农民脱贫致富的有效途径。

一、退耕还林编制依据

原河池市退耕还林工程实施方案主要依据《国务院关于进一步做好退耕还林还草试点工作的若干意见》(国发〔2000〕24号)、《广西壮族自治区人民政府关于切实做好我区退耕还林还草试点工作的意见》(桂政发〔2001〕59号)、《广西壮族自治区县级退耕还林还草工程实施方案编制规划》，广西区计委、西部开发办、财政厅、林业局、粮食局《关于下达广西2002年退耕还林任务计划通知》(桂计农经〔2002〕6号)等文件精神，坚持以江泽民"三个代表"重要思想为指导，贯彻落实中央西部大开发战略和"退耕还林(草)，封山绿化、以粮代赈、个体承包"十六字方针，坚持以生态效益为核心，兼顾经济效益和社会效益治理水土流失，与生态环境建设、农村经济结构调整、扶贫攻坚，发展沼气等"农能"建设有机结合，促进生态环境和经济社会的协调发展。

2002年，自治区下达原河池市的退耕还林总任务为3000公顷，其中退耕还林任务1666.67公顷，配套宜林荒山荒地造林1333.3公顷。计划营造80%生态林，即2400公顷，经济林20%，即600公顷。

粮食补助按每亩退耕地每年粮食补助原粮150公斤，经济林补助5年，生态林补助8年进行测算,工程建设经济林333.33公顷,生态林1333.33公顷,粮食补助为2775万公斤,按每公斤1.4元计。

现金补助按每亩退耕地每年补助20元,经济林补助5年,生态林补助8年进行测算,工程营造经济林333.33公顷,生态林1333.33公顷,现金补助为370万元。其中2002年需补助50万元。

二、保障政策

(一)根据退耕还林政策,根据国发〔2000〕24号文和桂政发〔2001〕59号文规定,每亩退耕地每年补助原粮150公斤,经济林补助5年,生态林补助8年。

到期后可根据农民的实际收入情况,按国家的有关规定需要继续补几年就补几年。

(二)确保生态效益目标政策。

退耕还林和宜林荒山荒地造林的生态林比例占80%以上,经济林比例20%。

(三)实行"谁造林、谁经营、谁管护、谁受益"的政策。

核定退耕面积后,由乡镇人民政府与退耕户签订还林合同,实行权责利挂钩,按国家有关规定,退耕地和宜林荒山荒地造林后,承包期一律延长到50年,由市人民政府逐块登记造册,核发林权证,允许依法继承转让,到期后与按有关法律、法规继续承包。

原河池市林业局根据上级林业部门对于退耕还林的有关要求,行动早,从1999年开始进行退耕还林的试点工作,以求取得经验为下一部的退耕还林工作打下基础。1999年,完成退耕还林382.8公顷。2000年,完成退耕还林426公顷。2001年,完成退耕还林357.1公顷。

2002年,自治区正式下达原河池市的退耕还林总任务3000公顷,其中退耕还林任务1666.67公顷,配套宜林荒山任务1333.33公顷。

同年2月,县级市政府成立退耕还林项目工程指挥部,由原市委书记吴胜梅,市委副书记、市政府市长苏志球任指挥长,市委常委、市人大常委会主任莫现智任副指挥长,成员有市林业局局长吕忠益,市农业局局长韦御敏等相关单位领导9人组成。

原河池市林业局利用电视、广播、宣传标语、黑板报等形式,宣传退耕还林的重大意义和相关政策,做到认识、思想、行动三统一。根据2000年遥感调查坡度大于25°的坡耕地为2200公顷,2001年,有关部门统计水土流失面积为2.25万公顷。根据调查数据,做好退耕还林的计划并组织实施,2002年完成退耕还林1020.73公顷,占自治区下达原河池市总任务3000公顷的34%。

在抓好退耕还林(草)工作中,落实对退耕农民的补偿政策,鼓励结合农业结构调整和特色产业开发,发展有市场、有潜力的后续产业,解决好退耕农民的长远生计问题。

三、退耕还林

2002年金城江区全面启动实施退耕还林工程,2003年国家下达建设任务35000亩,其中退耕地造林20000亩,配套荒山造林15000亩,在全区14个乡镇109个村民委和区直大山塘林场、木材公司实施,涉及退耕农户1.2887万户。2003年已签订退耕还林责任合同2.14万户,占81%。经过自检,工程完成造林施工总面积35000亩,占下达计划任务100%。退耕地造林中营造生态林比率为90.3%,营造经济林比率为9.7%,其中25°以上坡耕地占48.7%,15°～25°以上坡耕地占17.6%,15°以下占33.7%,主要造林树种为杉木、板栗、桉树、香椿、任豆、金银花、松树等。

2003年,国家共下拨金城江区退耕还林专项经费604.9万元,其中:种苗和造林补助费175万元,现金补助90万元,补助粮食款302.4万元。自治区安排前期工作经费6万元,金城江区财政安排配套工作经费31.5万元。2003年,全区共兑现退耕还林补助粮食216万公斤,占年度计划任务675万公斤(含2002年任务的第二年补助375万公斤)的32%,现金补助仅兑现2002年度第一次补助50万元。种苗和造林补助费共兑现380万元,占计划400万元的95%。其余钱粮补助将在2004年5月造林检查验收后兑现完毕。

金城江区1999～2002年退耕还林统计表

年　份	计划(公顷)	实际(公顷)	占任务%
1999	375	382.8	102
2000	200	426	213

续表

年　份	计划(公顷)	实际(公顷)	占任务%
2001	200	357.1	178.5
2002	3000	1020.73	34
合计	3775	2186.45	

【森林防火】

1991～1995年，发生森林火警共9起，过火面积58.93公顷，林木受害面积3.66公顷。1995年的一起山火，烧毁幼林1503株。

1991～2002年上半年，全市共发生山林火灾81起，过火面积2505.54公顷，林木受损面积3388.11公顷，期间有4个年份发生山火10次以上，发生山火最多的一年是2001年，达17起。森林防火工作较好的一年是1994年，除金城江镇桥卜村老虎山因4人玩火柴炮引起一起山火外，其余13个乡镇和林场、站所都没有发生火灾，这起引发的山火，地处封山育林的石山区，没有烧毁林木。

1994年，河池地区森林防火指挥部，授予河池市防火指挥1994年度森林防火特等奖。

火灾是森林的大敌，林业部门长期以来坚持以预防为主，积极消灭的方针，在"防"字上狠下功夫，采取各种有效措施，力争森林火灾受害率在0.01‰以下。

第一，加强护林防火宣传。这10年间，共出动宣传车406辆(次)，印发宣传材料33.19万份，出版简报41期，强贴宣传标语10.2万条，挂大幅横条32幅，设固定宣传牌225块，立村规民约2.8万份，印宣传挂历2.5万份，有线广播宣传450次，放映防火专场电影69场。

第二，增设各种护林防火设施，拥有瞭望台5个，宣传车一辆，专用电话机一部，风力灭火机6台，单边台电话一部，手持对讲机8台。大山塘林场还设置差转台。

第三，加强森林防火队伍建设。1993年，市防火办公室增加一名副主任和3名工作人员。组建30人的专业防火队。各乡镇、场、站、所共拥有320人的防火突击队员。村一级拥有2860人的义务森林消防队员。1996年，组织一支由复退军人组成的20名森林防火专业队。由30名民兵组成防火应急队。1997年，各乡镇成立森林防火半专业队，仅金城江镇的半专业队拥有60人。至1998年，全市防火半专业队共280人。1999年，因金城江山林火灾严重，根据河池地区行署指示，于4月16日成立金城江防火指挥部，由51个单位的一名领导组成，特设城区防火执法队12人，分6组在金城江城区巡山护林。2001年，在九圩、河池、六圩、金城江等5镇成立森林防火半专业队100人。

【森林病虫害防治】

1992年，成立病虫害防治检疫站，配专职检疫员3人，与13个乡镇和两个国有林场单位签订责任状，全年共防治森林病虫害1万公顷，占有林面积的44.7%。

1997年，与河池地区林业局签订森林病虫防治责任状，全区森林病虫防治面积4.87万公顷，核发木林检疫证1.59万立方米，无检疫对象的森林病虫害发生，获地区林业局授予一等奖。

2001年，检验各种规格木材2.23万立方米，发放森林植物产地调运检疫证书1227份。8～10月间，对木材加工厂、家具店等28家进行抽检，检验木材运输车辆83辆。经监测发现，东江、金城江、六圩等3个镇15公顷松林感染松树二号病。立即设指挥部，组建除治专业队，调集人员103人，车辆9部，历时8天，投入经费20万元，做好除灭病工作，遏制疫情蔓延、扩散，保护森林资源。

2002年，在金城江城区开展对松树二号病的监测调查工作，在二号病小班内悬挂引诱箱6个，调查10个林班、15个小班，面积20.5公顷，调查的1.02万株松树，其中有感染小班11个，面积15公顷，7039株。与之相邻的小班4个，面积3208株，蓄积量为225.9立方米，部分病树已整株干枯死去。

【制止乱砍滥伐】

1991年度，河池地区下达给原河池市的木材采伐总指标1.29万立方米。为控制林木消耗量，原河池市实际发放林木采伐许可证9332立方米，实际砍伐林木为1.04万立方米，占采伐限额指标的80.04%。

查处滥伐和无证运输木材等林业行政案件共125起，查获材积713立方米，总收入1.79万元，税务部门随之所得税、特产税、产品税为2万元。

1992年，原河池市林业公安在市公安局、检察院、法院、司法局支持下，全力以赴打击破坏森林资源的违法行为，采取多种形式，有重点地开展专项斗争，全市发生各类森林案件5起，其中特大乱砍滥伐案件1起，收缴木材62.77立方米，折款9848元。

1993年，全区共发放林木采伐证1.5万立方米，实际采伐林木1.55万立方米，占河池地区下达限额采伐计划1.74万立方米的89.1%。

林政站查处无证运输、无证收购、乱砍滥伐等林业行政案件253起，材积1060立方米，补收林业“两金”(指育林基金和更改基金)8.2万元，罚款5.18万元，没收木材变价款17.44万元。

1994年共发放林木采伐证1.4万立方米，实际采伐林木9935立方米，占58.5%，控制在河池地区下达的限额采伐指标以内。

同年，林业政共查处无证运输、收购和乱砍滥伐等林业行政案件299起，收缴林材1163立方米，补收林业“两金”和多种税费罚款，没收木材变价款50.34万元。

1995年，开展5次林业执法大检查，共查处无木材经营加工许可证的单位14个，无证收购、无证运输木材案件43起，共没收无证木材229.78立方米，收取罚没款4.5万元，补收税款3913.08元。

1996年，共查处违章运输、无证经营(加工)木材的林业行政处罚案件1078起，查获违章木材1360立方米，折款85万元。

1997年，建立督查公布制度，从9月起，在各乡(镇)实行采伐证核发情况和木材收购情况公布制度，防止倒卖采伐证和超量采伐及地点不符。

当年1～2月，全区共查处林业行政案251起，木材2080立方米，挽回林业税费损失125.3万元。

1998年，加强森林采伐限额管理，在采伐证发放过程中，做好伐前设计，伐中监督，伐后验收工作，实行逐级上报，层层审批，有效地减少乱砍滥伐现象。4～5月，市林业局对1997年度林木采伐证发放管理情况检查，各项指标均达到规定要求。

1999年，严格实行森林采伐限额管理，杜绝超指标采伐现象，有效地减少乱砍滥伐现象。全年共查处各种林政案件665起，查处无证木材3325立方米，收取木材变价款134万元，查处扣留存在六卡火车站仓库内的无证木材60立方米，为河池市挽回国家税费1万元。查处毁林开垦事件，年内退耕还林382.6公顷。

2000年，加大执法力度，积极查处林政案件，全年共查处林政案716起，查获无证木材2557立方米，收取木材变价款107.4万元。

2001年，强化木材源头管理和执法力度，防止乱砍滥伐，共查处各类林政案件504起，收缴木材2300立方米，野生动物40公斤，为国家挽回经济损失74万元。

2002年，案件发生总数118起，没收木材855立方米，收取木材变价款30万元，补交林业“两金一费”2.27万元。

【森林资源消耗限额管理】

1991年度，河池地区下达给原河池市的林木采伐总指标为1.29万立方米，其中国有林场5030立方米(商品材4130立方米，抚育间伐材100立方米，借指标600立方米，追加指标材200立方米)，集体林区(含市林科所)7900立方米(商品材6400立方米，抚育间伐材1500立方米)。为控制林木消耗量，当年实际发放林木采伐许可证9332立方米(其中国有林场5030立方米，市林科所685立方米，市木材公司纳六林场600立方米，集体林场1409立方米，在上1607.5立方米)，实际砍伐林木为1.04万立方米，占采伐限额指标的80.04%(其中国有林场5030立方米，市林科所685立方米，市木材公司纳六林场600立方米，市木材公司收购3047立方米，林政查处650立方米，检查站查处208立方米，木材清理工作组清理179立方米)。

1992年，河池地区下达限额采伐指标为1.44万立方米，实际采伐1.31万立方米，占限额指标91.1%。

1993年，发放林木采伐证1.5万立方米，实际采伐1.55万立方米，占下达限额采伐计划1.74万立方米的89.1%，控制在限额采伐指标以内。

1994年，发放木材采伐证1.4万立方米，实际采伐9935立方米，占限额1.67万立方米的

58.5%。

1995年，共采伐林木1.96万立方米，到林业局办理销售手续的木材1.88万立方米，尚有3632.22立方米木材未办理销售手续，实际采伐未突破计划指标。

1996年，下达市商品材生产计划为2.07万立方米，实际采伐1.5万立方米，占计划的72.47%。

1997年初，原河池市人民政府与各乡镇人民政府签订领导干部任期森林资源消耗责任状，加强对森林资源消耗的管理工作。年度核发采伐许可证2.34万立方米，占全年下达指标2.37万立方米的98.7%。

1998年，发放林木采伐证1.87万立方米，其中集体林区1.18万立方米，大山塘林场6890立方米，当年回收采伐证1.58万立方米，其中集体林区1.03万立方米，大山塘林场5500立方米。

1999年，下达采伐指标1.63万立方米，全年发放采伐指标1.62万立方米，由于严格限额管理，伐前设计，伐中监督，伐后验收，杜绝超指标采伐现象。

2000年，以保护和管理森林资源为重点，全年发放采伐指标1.73万立方米，没有突破采伐限额指标。

2001年，以严格控制采伐量，强化采伐源头管理为工作重点。全年发放采伐指标2.27万立方米，其中集体林区采伐1.58万立方米，国有林场采伐6850立方米，占地区下达计划的95.13%。

【林政管理工作】

2003年内编制下达了蓄积43372立方米，出材28376立方米的木材生产计划，实际核发的林木采伐许可证蓄积量为35672立方米，出材量为23751立方米，分别占计划的82.2%和83.7%。6月份对林木的采伐和对木材的收购以及木材的运输都作了具体的说明和规定，严格按照林业的有关法律法规规定操作。同时组织林政、公安人员进入林区检查、监督和指导，规范源头木材生产秩序。7月份，完成2001～2002年度森林资源消长县级领导干部目标管理责任的自检工作，并通过了自治区人民政府的检查验收。

年内依法受理征占用林地项目共6宗，其中已办理3宗，征占地面积9.0493公顷，共收取森林植被恢复费369380.24元。征占用林地项目审核率为50%。同时，组织人员积极参加金城江区"三大纠纷"调处工作。

【保护野生动物】

野生动物是国家宝贵的自然资源，是人类的野生动物对人类的生存和发展，对保护农、林、牧业稳定增产，对于维护自然生态平衡都起着重要作用。1989年以来，河池市林业局认真贯彻落实《中华人民共和国野生动物保护法》；最高人民法院、最高人民检察院、林业部、公安部和国家工商行政管理局《关于严厉打击非法捕杀、收购、倒卖野生动物活动的通知》（林安字〔1990〕514号）和国务院明传发电《国务院关于加强野生动物保护严厉打击违法犯罪活动的紧急通知》（国发明电〔1991〕1号），并将其录音、印刷成"布告"到各乡（镇）林场广播和张贴，将上级主管部门发下的有关野生动物保护对象的挂图和保护野生动物文件汇编分发给各乡（镇）和各有关部门张贴。

原河池市林业局派员到广西壮族自治区林业厅办理15本《野生动物检查证》，依法持证开展工作。近几年来对乱捕乱猎、乱收贮野生动物的人员进行教育，并将他们所得的野生动物放回大自然。

1990年12月，六圩木材检查站查获一客车载运北流县大坡外乡三板村连塘组陈无证收贮果子狸6只，直干狸一只，穿山甲9只，全部没收，并交广西林业厅处理。

在1994年8月的林业执法大检查中，清理金城江城区饭馆、餐馆41家，市场2处，依法没收田鸡78.8公斤，蛇类92公斤，蛤蚧3只，娃娃鱼5只以及已杀死的水龟、竹鼠、果子狸、穿山甲、田鸡共18.4公斤，对违法经营、利用和宰杀国家野生动物的单位和个人罚款5.71万元，并依法拘留1人。

1998年，林业局多次组织林政执法人员深入各乡镇，广泛宣传《广西壮族自治区野生动物保护管理规定》，积极查处违法运输、经营加工野生动物案件。4月中旬，林政执法人员对金城江城区酒家、饭店及市场进行一次野生动物大清理，共查获违法案件9起，依法扣留和处理蛇类19.5公斤，蛇酒32瓶，绿孔雀1只和竹鸡、黑斑娃、虎纹娃等一批国家重点保护的野生动物，严厉打击违法经营、加工野生动物行为。

2000年，加大野生动物保护工作力度，林业局组织林政执法人员开展"保护野生动物，珍爱共同家园"系列活动，依法查处破坏野生动物的案件。1月14日及20日，先后两次组织由人大、工商、水产、林业、电视台等有关部门参加的联合检查组，对全市的酒家、饭店、农贸市场等作为重点进行突击检查，参加人员35人，出动车辆32辆次，共检查酒家饭店85家，农贸市场6个，查获赤鹿、老鹰各一只，小鹰2只，万蛇一条，野生动物皮毛3张，以野生动物做菜谱的菜单2张，麻雀0.25公斤、竹鼠3只、野猪肉4公斤，重点保护动物一批，罚款1.3万元。

2001年初和年终，在河池地区林业局的牵头下，原河池市林业局先后两次参加清理非法贩卖经营野生动物的行动，都制定切实可行的行动方案。同时利用电视台等新闻媒体对行动进行追踪报道，教育广大群众，震慑违法犯罪分子，两次行动共查处侵害野生动物资源案6起，处罚8人次。

2002年，在金城江城区开展一场严厉打击破坏野生动物资源违法犯罪活动，破非法收购出售野生动物刑事案1起，林政案2起，逮捕2人，林政处罚2人，收缴国家保护野生动物一批，价值1.53万元，林业行政罚款2.3万元，有效打击收购贩卖国家野生动物行为。

【国家森林生态效益补助试点】

2003年按照森林生态效益补助资金的试点原则和要求，将全区试点面积13360.6公顷落实到山头地块，列为试点的单位有14个乡(镇)64个村383个队。试点范围主要分布在生态区位重要或生态区位脆弱的地带，目前，全区已签管护合同389份，签订管护面积13360.6公顷，占试点任务的100%。通过试点，加强了流域源头、岩溶以及生态脆弱地区的重点防护林和特种用途林的保护和建设，提高森林防护功能，防治水土流失、加快石漠化综合治理力度、保护国土生态安全，改善了林农和林业职工生活状况及缓解就业压力起到积极作用，加大了资金的投入，森林资源管护建设有了保障。

【农村生态能源建设】

为了保护森林资源，河池县(市)于20世纪70年代开始在农村开展能源建设工作。在70年代主要是推广建沼气池，由卫生部门和科委主管，由于技术的问题，全县所建的35座沼气池总容积只有1090立方米。当时所设计建造的池子是“远、大、深”，池型不规则，结构不合理，35座池子能使用上一年的有3座，半年的有10座。由于质量差，大部分的池子的池壁盖出现局部断裂，然后漏水变成一座座废池，不久，沼气池的建设因此而停止发展。

党的三中全会以后，河池县(市)农村能源建设工作得到新的发展，组织上落实办事机构，配备专职人员，在资金上给予一定的扶持。1981年开始重新推广建沼气池，当年以河池公社(今河池镇)为试点，共建沼气池5座，除一座的池子因隔壁有机器振动受影响漏气外，其他池子均能正常使用。由于点上成功的影响，1982年全市建池369座，总容量达480立方米。1983年进入推广阶段，1984年进入巩固提高阶段，至1991年5月，建沼气池发展到70个村，200个屯，建池数1100座，总容积达8000立方米，一次成功率达100%，正常使用率均在85%以上，基本解决用户的燃料及照明问题，增加有机肥，改善环境卫生。因此，发展沼气池受到群众的欢迎。

但进入90年代后，因物价上涨的原因，建池费用提高，建一座7立方米沼气池，需投资400元，农户难以支付，因此建沼气池进度受到影响。

原河池市自1990年7月被列为全国改燃节柴试点县(市)之后，市委、市政府把农村能源建设列入主要议程。当年10月，成立由原市政府副市长程景颐任组长，有市农委、计委、科委、财政局、农业局、林业局等部门领导参加的改燃节能领导小组，在领导小组的具体领导下，至1990年底，河池镇大卢村塘旺屯40户人家，建池20户，改灶节柴33户，全屯基本实现改燃节柴任务。至1991年上半年，全市共举办4期改燃节柴技术培训班，共培训学员152人，并在封山育林的河池、九圩、六圩、东江等乡、镇的12个村公所，40个村小组办了改燃节柴示范。有200户建节柴灶600口。在改燃技术质量上，热效率达30%以上，热能利用率大大超过国家规定的标准，改燃节柴工作受到群众的欢迎。

1991年在河池、五圩、六圩等乡镇举办省柴节煤灶培训班，共培训农民技术员100人，为全市农村普遍推广节柴节煤灶充实技术力量。是年，建沼气池已发展到13个乡(镇)，73个村249个屯，共建沼气池1010个，总容积7070立方米，建池成功率98%，正常使用率85%。建1立方米沼气相当于6公斤柴，按正常使用率计，年可节约柴263.22万公斤。

1992年，先后在白土乡、三旺乡举办两期改燃节柴技术培训班，参加培训人员39人。市能源办公室印发技术资料1000份，办科技黑板报5期，书写大幅标语50条。11月底，全市农村改燃节柴有2879户，占任务数的20.56%。其中建节柴灶1180户，建灶3540口，建沼气池1049户，以煤电代柴有650户。当年改燃节柴发展到全市13个乡(镇)、50个村、120个屯，受益人数达4450人。

1993年，以白土乡为试点后向全市铺开，全年总建省柴灶951户，累计建灶2853口。

1994年，因建灶材料来源不足，价格贵，资金短缺，能源办工作人员发动大家到外地组织运输建灶材料，各方筹集资金，发动群众新建省柴灶966户，建沼气池527户，以煤、电、气代柴4367户，为1995年全市实现改燃节柴达标打下基础。

为确保1995年改燃节能工作达标，原市委、市府组织督查组深入各乡(镇)进行检查，帮助解决工作中遇到的难题，检查资金组织落实情况。经过艰苦工作，在全市总农户4.01万户中已改灶和以电、煤、气代柴的3.76万户，占总农户的93.73%，其中建节柴灶1.36万户，以电代柴3795户，以煤代柴2033户，以气代柴474户。

全市机关干部、职工以电、气、煤代柴的2.75万户，普及率100%。

全市的“三窑四坊”(三窑：砖窑、瓦窑、石灰窑；四坊：酒坊、豆腐坊、米粉坊和副食品加工坊)132处已全部以煤代柴，通过自检，普及率、热效率均达到国家标准。

经全国改燃节柴广西检查验收组检查验收，1995年12月13日，原河池市实现改燃节柴达标。

改燃节柴达标后，年将至少省柴7.8万立方米，可2000公顷的封山育林林免遭砍伐。节省木材折合人民币78万元，全市一年就可以减少打柴70.5万个工日。

1996年起，全市开展生态农业建设，当年农村能源工作除了继续抓好边远山区改燃节柴的普及工作处，还抓好农能生态村前期准备和再生能源示范样板工作，选下河果场、纳合村为样板点，并制定实施办案。

1997年，为贯彻落实桂农能〔1997〕07号文件制定的全区农村能源工作计划和工作目标，经过调查，摸底论证，决定把河池镇的纳合村作为“河池市农村生态建设的示范村”。利用广播电台、电视和召开各种会议，大力宣传猪(粪)—沼(气)—(种)果生态农业模式。3月，河池市人大常委会苏远福副主任组织带领试点村群众代表20人到恭城参观学习生态村的先进经验后，能源办人员分头深入生态村发动群众建池，先后制作4套模具，总价值2400元，共调运水泥15吨，总价5000元，以及其他的物资配套供应，并把好技术关和质量关。能源办工作人员自始至终逐家逐户亲临现场指导施工，按自治区要求，计划建池总任务138户，当年共有62户完成任务，建成使用的有40座，容积320立方米。

1998年，能源办工作人员深入纳合村广泛发动群众建沼气池，平整村屯道路，种植经济果木林，全年共建成沼气池71个，安装太阳能热水器3台，建省柴节煤炉50户，种植经济果木林3.33公顷，平整道路2公里。

1999年，能源办为了完成2000个沼气池的建设任务，采取“五到位”措施。一是责任到位。将沼气池建设任务分解到各乡(镇)，并签订责任状，列入目标管理。二是领导到位。主管领导亲自抓，分管领导具体抓，实行责任分区包干。三是技术到位。能源办5位技术员实行划片包乡(镇)的办法，举办沼气池技术培训班，培训人员296人，聘请56名农民技术员作施工员，编写《沼气综合利用技术》、《沼气安全使用须知》。四是资金到位。全市共投入83.5万元资金，调进沼气配件、水泥、订制模具等，以确保物资供应。五是督促到位。抽调干部下到各乡(镇)督查沼气池建设工作。是年全市建设2009座沼气池，完成任务的100.4%。

纳合村农业生态示范点建沼气池140户，完成任务100%，节柴灶131户，占总任务的49.6%，推广太阳能热水器3台，距总任务还差10台，完成生态村道路的规划设计，修建向阳屯水泥路。

2000年，实施新建沼气池2500座，比上年任务增加500座。为了完成实施项目，成立由苏志球市长、余广知副书记、谭金行副市长组成的原河池市生态农业建设指挥部，并加大宣传力度，通过电视台、报纸宣传生态农业建设的意义。市委、市政府召开全市林业工作会议，对2500座沼气池建设项目进行动员布置。抓好农能服务体系建设，在乡(镇)设有8个农能物资配件供货点。共调拨水泥4000吨，全市动工建池4100座，已完成2500座，占年任务的100%，并进行沼气池的立档工作，逐一编号。

2001年，农村能源建设仍以沼气为重点，主要抓好2000年沼气池迎检工作和实施当年新建2500座沼气池建设项目。3月，2000年沼气池2500座项目以89分通过自治区的检查验收。为完成当年新建沼气池任务，能源办工作人员在科技活动周期间，发放“沼气池使用技术”、“沼肥使用技术”宣传材料800份，引进深圳三农公司与广西玻钢厂联合生产的沼气发生器试用。全年共完成新建沼气池2714座，占任务2000座的135.7%。

2002年，抓好2001年沼气池迎检工作和实施当年新建沼气池建设项目的前期准备工作。农能技术员分组下村下点、检查建设使用情况，认真做好2000年沼气池建设的扫尾工作，并做好配套服务。3月份以91分顺利通过自治区检查验收。

当年科技活动周期间，发放“沼气池使用技术”、“沼肥使用技术”宣传资料600份，并制订好当年沼气建设实施方案。

2003年，金城江区有农村能源管理事业机构1个，在编人数8人。年培训农民技术员120人次，全年新建沼气池1000座，投入农村能源建设资金140万元。其中，各级财政拨款76.1万元，群众自筹63.9万元。全区农村能源设施年节约薪柴7.8万立方米，形成年开发与节约能源能力4.21万吨标准煤，相当于每年少砍了0.2万公顷的有林地面积，有效地保护了森林资源。纳合生态村能源示范工程已基本完成任务，进入最后验收阶段，生态村能源模式已在全区14个乡镇推广，并与养猪、养鱼、种菜、种果结合起来，大力推广“养殖—沼气—种植”三位一体的生态能源模式，沼气用于生活用能，沼液、沼渣下田下地做肥料，起到了省柴、省电、省劳力，增肥、增产、增收、增效，减少生产投资，减少病虫害发生，净化环境的多种作用，实现了农业增产和农民增收，从而加快了生态家园富民计划在金城江区的建设步伐。在农村开展生态家园建设的同时要与旧村改造和新村建设结合起来，与农业和农村经济结构调整结合起来，同时配套进行改厨、改路、改水、改厕、改(猪、牛)圈等工作，从而实现庭院经济高效化、农业生产无害化、家居环境清洁美化、生活用水自来化、生活用能沼气化，户与户之间道路硬化、电视闭路化、电话程控化、村民用语文明化，形成以农户为单元的基本生活生产内部的生态良性循环，为全面建设小康社会发挥着重大的作用。

【木材生产】

原河池市木材生产单位主要是集体林区林场和国有大山塘林场。集体林区生产木材单位主要有九圩、保平、长老、三旺、下考、河池、五圩、拔贡等8个乡镇，1956～1985年平均每年生产木材2300立方米，占全市年平均木材生产量90%以上，尤以下考、九圩、河池三个乡(镇)木材产量较大，约占全市木材总量的70%左右。1956～1985年统计，全市集体和个人销售给国家的木材共5.09万立方米。国有大山塘林场建于1957年9月，自1967年开始进行林木间伐抚育，1978年进入主伐期，1967年开始进行木材生产，至1990年共生产木材37400立方米，木材销售收入1208.3万元。1991～2000年，全市计划生产木材22.72万立方米，实际生产木材19.25万立方米，占计划数的84.73%。未突破限额采伐指标。1991～2001年平均年产木材1.6万立方米。

【林业科技】

解放前，河池县没有林业科技活动。解放初期，开始从事少量的林木引种和育苗试验。

20世纪60年代，虽然开展一些科研活动，如：大山塘林场引进毛竹、柳杉作栽培试验，但对森林面积普查、林木育苗等未十分重视。

70年代，林业科技有较大发展，县人民政府将原尧迈林场改为县林科所，国有大山塘林场成立科研小组。县林业部门开展毛竹种子育苗造林、全县性的森林资源普查、飞机播种造林、杉木良种选育、杉木种源试验、油桐无性系对照试验、白花泡桐与白克木等乡土树种的栽培试验、软枝油茶的引进栽培等10多项林业科学研究。

80年代初期，林业科研活动得到深入，1982年进行全县性的林业土壤普查与森林资源动态抽样调查，1984年完成区划工作，同年利用区划成果开发刁江，为全市的林业生产提供科学依据。林科所还引进圆叶乌桕和新兴的栽培果树——中华猕猴桃并获得成功。

90年代至2002年的林业研究活动更加深入广泛，进行两次全市性的林业资源普查，引种布朗李、速生桉以及病虫害防治等科研项目，取得成功。

1990年6～10月，原河池市林业局组织林业科技人员30人在全市开展森林资源Ⅱ类调查。调查结果：全市土地总面积233913.33公顷，其中林业用地10.28万公顷，占土地面积43.9%，现有森林面积4.94万公顷，森林覆盖率21.1%，其中用材林1.49万公顷，经济林753.33公顷，防护林3253.33公顷，薪炭林826.67公顷，特用林1.73公顷，竹林360公顷，疏林地1146.67公顷，灌木林地2.81万公顷，未成林新造林地2413.33公顷，全市总蓄积量87.08万立方米，尚有宜林荒山5.09万公顷。

1999年，利用遥感计算机技术与部分地面调查有机结合的方法，对原河池市林业资源现状进行调查，参加本次调查人员共24人，全部为市林业局、各乡镇林业站和林场的技术人员，其中工程师8人，助理工程师9人，技术员7人。调查工作从当年9月开始至12月结束。

（金城江区林业局）

宜州市林业

【概　述】

宜州市地处桂西北地区，市域面积3869平方公里，其中山地面积占27.47%，丘陵面积占58.80%，台地面积占3.53%，平原面积占10.20%。2003年，全市土地总面积386413公顷，林业用地面积200241公顷，其中有林地面积62448.3公顷，灌木林地面积135482.1公顷，森林覆盖率51.6%，林业用地绿化率98.94%。树种主要以松树为主，面积达58021.5公顷，占有林地面积92.9%，经济林1793公顷，竹林425.2公顷，活立木蓄积量2184221立方米。1950年，宜山县林业工作由县建设科管理，1955年县人民政府设林业科，1959年改设林业局。2003年，市林业局机关有秘书股、林政站、防火办等11个股、站机构，下属二层企、事业单位有庆远林场、流河林场、林科所、苗圃、木材公司。全市林业系统共有在职职工640人，其中专业技术人员148人。林业总产值12657万元。

【森林面积】

1950年，全县森林面积67166.66公顷。主要树种有杉树4333.33公顷，马尾松7333.33公顷，杂木55500公顷。森林覆盖率19.29%。1960年，全县有森林面积11677.77公顷。主要树种有杉木113.33公顷，马尾松2600公顷，桉树586.66公顷，杂木653.33公顷，油茶5060公顷，油桐426.66公顷，其他187.53公顷。森林覆盖率3.58%。1971年，全县森林面积35806.66公顷。主要树种有杉树1760公顷，马尾松20720公顷，杂木4460公顷，油茶886.66公顷，油桐、板栗566.66公顷。是年全县有人工林36000公顷。森林覆盖率10.15%。1980年，全县森林面积60933.33公顷。主要树种有杉木2793.33公顷，马尾松25013.33公顷，杂木5033.33公顷，油茶1546.66公顷。森林覆盖率17.37%。1990年，全县森林面积82753.33公顷，其中用材林27706.66公顷，灌木林55040公顷。主要树种有杉木6500公顷，马尾松14633.33公顷，杂木4366.33公顷，油茶780公顷。森林覆盖率21.3%。2003年，全市森林面积200241.8公顷，其中用材林62448.3公顷，灌木林135482.1公顷。主要树种以松树为主，面积58021.5公顷，经济林1793公顷，疏林地278公顷，竹林425.2公顷。森林覆盖率51.6%，林业用地绿化率98.94%。

【森林蓄积】

1950年，全县森林蓄积量201.5万立方米，其中杉木13万立方米，松木22万立方米，杂木166.5万立方米。1960年，全县森林蓄积量24.28万立方米，其中杉木0.6528万立方米，松木19.3326万立方米，桉木0.6376万立方米，杂木1.5564万立方米。1970年，全县森林蓄积量31.87万立方米，其中杉木3.79万立方米，松木23.96万立方米，杂木4.12万立方米。1980年，全县森林蓄积量194.37万立方米，其中杉木10.66万立方米，松木176.87万立方米，杂木6.84万立方米。用材林年生长量为18.10万立方米。1990年，全县森林蓄积量172.08万立方米，其中杉木41.20万立方米，松木116.68万立方米，桉木1.23万立方米，杂木12.97万立方米。用材林年生长量为16.7万立方米。2003年，全市森林蓄积量218.4421万立方米，其中杉木35.5724万立方米，松木160.3665万立方米，桉木4.4384万立方米，杂木2.333万立方米。用材林年生长量15.7964万立方米。

【森林分布】

宜州市森林分布于境内的峰丛洼地、峰林谷地、山地丘陵和残峰平原地带，主要区域是北部的祥贝、流河，西北部的安马，西部的怀远、德胜，西南部的同德、拉浪，南部的太平、矮山、石别、福龙，东部的洛西等12个乡镇以及庆远、流河、拉浪三个国有林场的林区。2003年,全市森林林分总面积60230.1公顷,用材林主要分布在三个国有林场和乡镇集体林场,其中国有林场有林面积15785.2公顷,集体林场有林面积45885.7公顷。树种主要是杉木、松木、桉树。经济林总面积1793公顷,主要分布在拉浪、庆远、流河三个林场和龙头、安马、德胜等乡镇;主要品种有柑橘、油茶。竹林面积425.2公顷,主要分布在祥贝、流河两个乡。

【野生动物】

宜州市森林野生动物种类繁多。1950～1960年间,林间野生动物有虎、豹、狐狸、野猪、獾狗、獐、野山羊、猴子、果子狸、穿山甲、獭、黄鼠狼等近40种,有野生禽类竹鸡、斑鸠、鹌鹑、鹞鹰、山雀、野鸭等36种,有爬行野生动物蛇类、蛤蚧等20余种,有蜂、蝶、蜻蜓类数十种。

【能源生态】

1995年8月,中共宜州市委、市人民政府召开全市农村能源工作会议,会议提出5个月内完成5.5万户改燃节柴任务的要求和措施,宜州市林业局负责抓好龙头乡能源生态试点。1997年7月,宜州市人民政府与自治区农村能源综合建设项目领导小组签订龙头乡龙头村“生态村”项目建设合同,要求龙头村50%以上农户建有沼气池,户均有果1亩,2000年实现养猪—沼气—水果的生态建设模式。1999年9月,召开全市沼气池建设动员大会,组织沼气池建设工程大会战。2002年,自治区把以沼气为主的能源生态建设列为农村扶贫工作的重要项目来抓,当年宜州市沼气建设任务是3500座,完成3560座。2003年,以沼气池建设为主的能源生态建设依然是宜州农村扶贫工作的重要项目,全市完成沼气池建设1460座。

【育　苗】

1950年,宜山县人民政府接管原矮山苗圃,并扩大经营。1955年起,县林业科先后在五里桥、洛村、全村、湖长村、庆远等地建立新苗圃。到1990年,共培育各种苗木1.17万亩。1991～2000年期间,全市开展大规模的造林灭荒、造林绿化植树活动,其中1992～1994年造林灭荒大会战完成人工造林26万亩,1995～1996年绿化达标大会战完成人工造林6.31万亩,这总计32.31万亩荒山造林用苗,全部由市林场、苗圃和乡(镇)、村自己育苗解决。2002年,全市完成床圃育苗10公顷,容器育苗100万株。2003年全市完成床圃育苗9.4公顷,容器育苗200万株。

【人工造林】

1950～1957年,全县造林面积19546.6公顷,年均造林2440公顷;1958～1961年,全县造林面积23593.3公顷;1962～1970年,全县造林22633.3公顷;1981～1990年,林场、木材公司与村合作造林1266.6公顷;1991～2000年,全市造林21540公顷;2003年,全市造林面积2266.6公顷,其中退耕还林工程造林686.6公顷,珠江防护林工程造林152公顷,面上造林867.86公顷,改造造林341.3公顷。

【飞播造林】

自1969～1993年,宜州市先后三次采用飞播造林。1969年4月6～10日,在怀远公社的罗山大队、流河公社的龙潭大队设飞播区,飞播造林9020公顷,用树种3.34万公斤;1971年3月至4月10日,在北牙公社、怀远公社、洛东公社设飞播区,飞播造林9833.33公顷;1993年3月,在福龙、龙头、拉利、安马等乡实施飞播造林,设9个飞播作业区,飞播作业7天23架次,造林面积9181.5公顷。

【封山育林】

1958年调查,全市农村对后龙山、水源林等封管较好的有90多个自然屯。1966年,全市封山育林面积18666.6公顷,1971年6540公顷,1988年11286.6公顷,1990年新增1333.3公顷,1994年完成工程封山育林5453.3公顷,2003年完成封山育林8266.6公顷,其中珠江防护林封山育林1053.3公顷,其他封山育林7200公顷。

【退耕还林】

2003年全市退耕还林工程项目任务1333.3公顷,其中退耕造林666.6公顷,荒山造林666.6公顷。全年实际完成退耕还林工程1343.06公顷,其中退耕造林666.6公顷,荒山造林676.46公顷。

【森林保护】

1950～1957年间,大部分自然林和村屯后龙山林茂密,1958年大炼钢铁时伐木烧炭,大量森林遭受毁灭性砍伐,全县林木损失20余万立方米。1963年,县林业局、教育科联合发出《关于开展护林爱林宣传活动的通知》,在全县各公社、林区开展护林爱林宣传活动,制定护林公约。1966

年,县绿化指挥部发出《切实保护好城镇绿化成果》的通知,使城区行道树得到有效保护。1983年8月,全县成立护林组织550个,有护林人员2852人。1985年,县林业局设林政办公室,严格执行核发采伐许可证、木材运输证及有关林木管理规定,控制了采伐量,遏制了破坏森林的违法行为和非法倒卖木材的不法活动。1988年成立林业公安股,加强森林保护工作。1994年,宜州市人民政府发布《关于保护造林灭荒成果,确保实现绿化达标的命令》,通过地方行政手段强化林业生产保护。2000年全市开展以打击滥伐盗伐林木、无证运输木材、无证经营加工木材为重点的"南方三号行动",严肃查处了一批大案要案。

【森林防火】

1954年,县成立护林防火指挥部,县长担任指挥长,公安局、武装部、林业局各一名领导任副指挥长,全县树立防火宣传牌185块,印发宣传资料2000份,县人民政府发出《关于烧荒开垦的暂行办法》文件。1955年,全县成立护林防火指挥所6个,护林防火委员会26个,护林防火小组115个。是年,全县发生森林火灾147起。1957年,全县有护林防火指挥所10个,防火委员会97个,防火小组157个,全县群众自动扑灭山林火灾47次,抢救林木39万株。1960年,县委发出《关于当前大力烧垦应注意保护森林、巩固造林成果的通知》文件,要求管好森林用火,严禁乱砍滥伐。1961年,县人民委员会发布《关于加强护林防火布告》,贯彻"以防为主,积极扑灭"的方针,制定林区用火"五不烧"手册。1987年,县护林防火指挥部更名为森林防火指挥部,配备人员3人,添置了通信、交通、灭火等器材。1988年,实行县长、乡长、场长、村长负责制,将森林防火列为乡镇领导任职目标管理和政绩考核内容之一。当年,全县有乡镇、林场森林防火指挥部24个,防火小组162个。1992年10月29日,宜山县人民政府发布《关于在全县林区实行野外用火戒严命令》,1996年1月,宜州市人民政府发布《关于预防森林火灾的命令》和《关于在全市林区实行野外用火戒严的命令》,对群众林区野外用火实行严格控制和规定时间内实行戒严的办法,实现预防森林火灾。1997年,宜州市人民政府与各乡镇、国有林场签订《1997～1998年森林防火目标管理责任状》,把森林防火提到重要地位。1954～1974年,全县森林火灾受灾面积530.66公顷,损失林木95万株;1981～1990年,全县森林火灾受灾面积56公顷;1996年2月,龙头乡农民覃某违章野外用火引起森林火灾,过火面积8公顷,烧毁幼林5.4公顷,在扑火救林中烧伤3人,烧死1人。2003年,全市发生森林火灾55起,受害森林面积97.64公顷。1950～1990年,全县修建防火道14万米,防火线51.4万米,瞭望台3座,;购置风力灭火机12台,通信对讲机5对,有线电话线3条,县森林防火办公室有防火专用电台1部,照相机1台,森林防火指挥车1辆,摩托车1辆。1988～1990年共投入防火经费61.52万元。2003年,森林防火添置对讲机30台,风力灭火机59台,二号打火工具1070把,投入防火宣传经费10万元。1987～1990年,宜山县连续4年被河池地区评为"森林防火先进县"。

【森林病虫害防治】

1959年,拉浪林场苗圃发生香椿苗锈病4.5亩,杉苗立枯病2.5亩,松苗根腐病1.5亩,松苗赤枯病0.8亩。1963年,庆远林场沙坪分场发现松叶赤枯病,至1967年,该场469.33公顷马尾松全部感染。1990年,石别等4个乡的集体林场和庆远林场的龙桥林区发现松叶赤枯病。宜州市森林虫害主要有松毛虫、松尺蠖、松茸毒蛾以及油桐尺蠖、樟蚕、竹象、枫树蚕、松梢螟等。全县森林虫灾受害面积,1953～1964年2533.33公顷,1973～1977年3800公顷,1988～1990年4000多公顷。2001年,全市森林病虫害发生面积319.13公顷,2003年,全市森林病虫害发生面积88.33公顷。1969年,庆远林场成立白僵菌科研小组和森林病虫害测报小组,开展森林病虫害的测报和生物防治科研活动,1972年,流河林场开展白僵菌生产实验并获得成功。1953～1969年间森林病虫害防治主要是药物防治,庆远林场白僵菌生产成功后开始用生物防治办法与其他药物防治办法。

【林业科研】

1958年9月,广西宜山林业科学试验站下放给宜山县管理,更名为宜山县林业科学试验站。1960年,宜山县林业局在庆远林场创办宜山县林业学校,培养初级林业技术人员。1964年,庆远林场、流河林场分别成立林业技术研究会。1979年,宜山县成立林业科学研究所,正式全面、规范地开展林业科研工作。科研成果——1959年,县林业科学试验站开展马尾松小苗造林试验获得成功，并进行苹果、八角试种试验。1964～1972 年，庆远林场、流河林场以及公社林场，先后获得用真菌接种培育马尾松、紫胶虫放养生产紫胶、白僵菌生产防治森林病虫害等科学试验成功。1980 年，县林业局承担河池地区科委高产油桐无性系栽培试验项目。1984 年 4 月，县林业局承担的《高产油桐无性系栽培试验》项目获得成功，项目负责人获“千年桐桂皱 27 号等 4 个无性系推广成果”二等奖；1986 年，县林业局高级工程师韦天忠参加中国林科院郭秀珍教授主持的《林木菌根及应用技术研究》项目，代表广西承担项目子课题《马尾松菌根化苗木的培育及用菌根苗营造示范林的研究》，完成马尾松菌根化育苗 6 亩，用菌根化苗木营造示范林 1800 亩，1991 年 1 月，该项目通过国家林业部专家鉴定。

【木材购销】

1954 年起，政府实行有计划的利用森林资源，由县计委下达年度采伐任务，森林工业部门按计划统一价格、统一购销、统一流向、统一供应。1961 年，对出售木材的单位实行票证奖励政策。1958～1984 年，全县累计收购木材 22.58 万立方米；1985～1990 年，全县收购木材 3.6386 万立方米万立方米；2003 年，全市完成木材收购 0.76 万立方米。1958～1985 年，县木材公司共销售木材 28.13 万立方米；1986～1990 年，共销售木材 3.659万立方米。

【森工多种经营】

1960 年以后，县森工站先后兴建庆远、德胜贮木场，庆远、流河、拉浪、全村等林场也在宜山火车站至德胜火车站之间设贮木场共 7 处，经营木材贮运业务。1979 年，庆远林场筹建松脂厂，次年投产，产品有庆远林场直接经营。1991 年，县木材公司建立全县第一家股份制液化气供应站。2003 年，市松脂厂共收购松脂 2000 吨，生产松香 1380 吨，生产松节油 220 吨，实现销售收入 584.8 万元；木材公司液化气供应站发展有 10 家零售网点，年销售液化气 560 吨，销售收入 155 万元，成为森工企业经济增长的一大支柱产业。

【大事记】

1949 年 12 月 27 日，宜山县人民政府成立，同时设立建设科，负责农业、林业、水利业务。

1950 年，广西省人民政府接管宜山庆远林场，由省农业厅与宜山专区共同管理。

1954 年，宜山县护林防火指挥部成立，县长张作材担任指挥长。

1956 年，柳州铁路局在宜山全村建立全村铁路林场，负责绿化铁路沿线的宜林荒地造林。

1958 年，庆远林场下放给宜山县管理。

是年，宜山县创办国营小龙林场（今流河林场）。

是年，国营宜山县拉浪林场成立。

是年，由于大办钢铁，县内绝大部分天然杂木遭到毁灭性砍伐，全县损失材积 20 多万立方米。

1959 年，拉浪林场发生锈病和松、杉苗立枯病，受害面积 9.8 万余亩。

1960 年，宜山县林业局在庆远林场创办宜山县林业学校。

是年，宜山开展森林资源普查，全县有林面积 17.51 万亩，森林蓄积量 24.72 万立方米，森林覆盖率 3.58%。

1963 年 3 月 22 日，宜山县境出现 9 级大风和冰雹天气，矮山、洛西一带尤为严重，洛西林场林木被成片刮倒，损失惨重。

是年，庆远林场沙坪分场发生松叶赤枯病，并迅速蔓延。

1964 年，国营宜山拉浪林场划归自治区民政厅管理，作为收容安置性林场。

是年，宜山县境内松毛虫、松毒虫暴发成灾，庆远林场马尾松收灾特别严重。

是年，庆远林场用真菌接种培育马尾松获得成功。

1965 年，国营流河林场开始在祥贝、流河、洛东公社的一些大队进行国社合作造林，由林场投资、出技术，社队出土地、劳动力，收益后扣除投资利益分成。

1966 年，三岔公社良因大队为筹款买发电机，将肯南屯后龙山上的国家珍稀树种黄枝油杉大树砍光卖掉。

是年，筹建宜山栲胶厂，隶属河池地区林业局。

1997 年，庆远林场沙坪分场 7000 亩马尾松全部感染松叶赤枯病。

1969 年 2 月，宜山栲胶厂建成投产，当年生产杨梅栲胶 467 吨。

同年 4 月，宜山县采用飞播造林，设罗山、龙潭两个飞播区，飞播面积 13.5 万亩。

1970 年 8 月，国家农林部在宜山县召开全国栲胶工业现场会。

1971 年冬，宜山县开展森林资源普查，全县有林面积 53.7 万亩，森林蓄积量 31.87 万立方米，森林覆盖率 10.15%。

1972 年 9 月，拉浪林场由河池地区林业局接管。

同年 11 月，朝鲜栲胶考察团到宜山考察栲胶生产。

1974 年 11 月，国家林业部在宜山召开全国栲胶工业现场会，并组织与会代表参观庆远林场的黑荆树栲胶原料基地。

是年，拉浪林场收归广西民政厅管理。

1976 年，庆远林场首次引进美国湿地松连片造林 320 亩。

1979 年，宜山县成立林业科学研究所。

1980 年 8 月，庆远林场洛西林区被周边群众哄抢，5 天时间将 6 个岭 282 亩林木砍光。

同年 11 月，宜山县人民政府组织林业“三定”工作队 40 余人进驻北牙公社，开始为期两个月的林业“三定”试点工作。

1981 年 3 月，林业“三定”工作在全县铺开。

1982 年，持续数年的哄抢盗伐林木，使国有林场林木损失 8 万余立方米，国社合作造林损失 0.8 万立方米，集体林场面积由 13 万多亩减至不足 3 万亩。

1983 年，洛西水库林区被哄砍松树约 310 立方米。

1986 年，广西宜山栲胶厂下放宜山县。

1989 年，自治区人民政府向宜山县人民政府签发“造林绿化责任状”，对宜山 1990～1993 年造林绿化工作提出具体指标。

1990 年 1 月，流河林场樟村林区特大盗伐林木案，被盗立木材积 200 立方米。

是年，开展森林资源二类调查，全县有林面积 124 万亩，森林蓄积量 172 万立方米，森林覆盖率 21.3%。

1991 年 11 月，宜山县党政机关、驻军、学校共 3 万余人参加义务植树劳动，完成撩壕整地 1500 亩，大坎整地 1700 亩。

1993 年，全县完成人工造林 26 万亩，工程封山育林 8.18 万亩。

1994 年 7 月，自治区造林灭荒达标验收组对宜州市造林灭荒情况进行验收，确认达标合格。

1996 年 1 月，全国省柴节煤工作广西验收组对宜州市改燃节能工作进行验收，认为宜州市省柴节煤、改灶节能工作达标。

同年 11 月，自治区绿化检查验收工作队对宜州绿化达标检查验收，认为宜州造林绿化各项指标达到自治区政府的要求，同意呈报区党委、区人民政府审批。

1997 年 9 月，中国林科院常务副院长张久荣率林产工业与经济林专家组到庆远林场松脂厂考察调研。

1999 年 3 月，自治区林业厅副厅长廖培到宜州检查林业工作。

2000 年 4 月，国家林业部桉树中心主任杨胜等专家到宜州市考察桉树种植情况，专家们认为宜州市可以大面积种植桉树。

（宜州市林业局）

环江毛南族自治县林业

【概　述】

环江县属南亚热带向中亚热带过渡的季风气候区，森林群落主要以常绿阔叶为主的针、阔叶混交天然次生林最多，其次是部分落叶阔叶与常绿针、阔混交天然次生林和石山灌木林。

《柳州专区森工企业历年统计资料汇集》（1963 年版）记载，环江县解放前原有森林面积 57.16 万亩，其中天然林 51.0 万亩，人工林 6.16 万亩，森林覆盖率 8.37%，活立木蓄积量 240.62 万立方米，可利用蓄积量 36.60 万立方米。解放以来，先后进行过四次全县森林资源普查。1960 年第一次林业普查，全县有林面积 171.07 万亩，其中天然林 153.85 万亩，人工林 17.22 万亩，森林覆盖率 25.05%，活立木蓄积量 201.50 万立方米。1973 年第二次林业普查，全县有林面积 190.56万亩，其中天然林 143.02 万亩，人工林 47.54万亩，森林覆盖率 27.90%，活立木蓄积量 391.41万立方米（其中用材林蓄积量 369.58 万立方米）。全县尚有宜林荒山荒地 261.17 万亩。1990 全县森林资源二类调查，全县土地总面积 662.73 万亩，其中林业用地面积 496.07 万亩，有林地面积 156.31 万亩，灌木林地面积 139.01 万亩，全县活立木蓄积量 4213315 立方米。宜林荒山荒地面积 165.81 万亩，全县森林覆盖率为 43.25%。1999 年全县森林资源二类调查，全县土地总面积685.8万亩，林业用地面积362.64万亩，森林面积189.31万亩(人工林面积58.67万亩、天然林面积119.78万亩)，灌木林地面积167.72万亩，宜林荒山荒地面积21.64万亩，全县活立木蓄积量4858475立方米，森林覆盖率52.06%。

《思恩县志》和《宜北县志》记载，有木之属32种；竹之属17种；茶之属9种；果之属35种；花之属21种；药之属157种；藤之属4种。1981～1982年及前后多年的非系统调查，已识别到的主要树木有65科，165属，317种。其中，引进的树种有19种，大部分引种成功。县内属国家重点保护的稀有珍贵树种主要有：白豆杉、南方红豆杉、穗花杉、马褂木、马尾树、香果树、小叶红豆、单性木兰；另外，其他珍贵树种还有：南方铁杉、广东五针松、海南五针松、黄枝油杉、铁坚杉、脉叶罗汉松、三尖杉、天目紫茎、檫木、香樟、桫椤。

【采　种】

解放初，群众需要的油桐、油茶种子，由供销社收购供应。1954年，贯彻了自采种、自育苗、自造林的“三自”方针，用材树种由林业部门主管采种供应；油桐、油茶种子分别由土产公司、粮食部门负责收购供应。1956年以后，由于造林增多，县内母树被砍严重，所用的松、杉及油桐、油茶种子，80%以上靠外地调入。1957～1985年用种81.58万公斤，其中调进72.45万公斤。60、70年代中期，全县采椿、荷木、喜树种子1.3万公斤，调出玉林、钦州，以及江西、四川、湖南等地。1987～2001年，全县仅有民间少量油桐、油茶、板栗自用采种，林业部门统计规划造林用种均从外地调进，1992、1993、1994三年飞播造林从外地调进松种26.4公斤，其余年份每年从外地调进松杉种子进行育苗和点撒播造林有300至1000公斤不等。2002年，环江县香椿采种基地项目实施，县内又开始由林业部门组织群众采集香椿、荷木种子，当年采香椿种子250公斤、荷木50公斤，2003年采集香椿及荷木种子与2002年基本持平。

【育　苗】

五六十年代，林木育苗有国营苗圃，国营林场自育自用。在交通不便的边远山区，群众造林，油桐、油茶多为直播，杉木采用萌生苗造林。60年代末至70年代初，开始有社队林场育苗、林业部门委托群众育苗，自采自育苗。80年代以后，有育苗专业户，专业户与林业部门签订合同，实行自产自销或包销等形式。1952～1985年，全县育苗9961亩，每年平均育苗750亩，开始出现育苗商品化，并销到相邻的县、市。1987～2002年全县林业部门及群众自发育杉木、松树苗木计5476.5亩，出苗量为22039.8万株。

【造　林】

解放以来，环江县造林工作大体可分九个阶段：

第一阶段(1950～1957)。1952年春，中共环江县委和县人民政府就开始号召群众造林。1955年提出“社造社有，村造村有，谁种归谁”的造林政策。全县造林面积逐年增多，8年共造人工林157885亩。其中杉木28074亩，松木17656亩，竹子580亩，油茶38222亩，油桐30200亩，其他林43153亩。

第二阶段(1958～1962)。从造林的历史来看，1958～1959年是个“高峰期”，两年共造林471278亩，低潮期是1961～1962年，合计只有706亩。1958年造林成活率很低。

第三阶段(1963～1968)。在贯彻“调整、巩固、充实、提高”八字方针和重提“谁种谁有”的造林政策，这段时间人工造林又开始回升。1963～1966年4年间，共造林98580亩。“文化大革命”初期又下降。

第四阶段(1969～1977)飞机播种造林时期。全县飞机播种造林有11个社镇，3个国营林场(含分场)，飞播松木种总作业面积2415158亩(含1979年补播7万亩)，其中有效面积1453810亩。总投资241.5万元。另外群众造林161854亩，每年平均17983.7亩。

第五阶段(1978～1987)。1978～1979年，全县造林39776亩，主要是社队林场，生产队造林很少。1980～1987年，全县划分山界林权贯彻林业“三定”政策，农村实行家庭联产承包责任制以后，林业生产较为稳步递增，8年共造林425064亩，每年平均造林53133亩。

第六阶段(1988～1991)贷款造林时期。全县投放造林贴息贷款310万元，四年全县共造林303810亩，平均每年造林75953亩。造林形式有部省联营、省县联营的工程林，农户与农户联营的个体林场。这一阶段造林质量明显提高。在东兴镇、华山林场境内各造有一片万亩杉木工程林。

第七阶段(1992～1997)造林灭荒和绿化达标时期。自治区人民政府提出“八五实现造林灭荒，九五实现绿化达标”奋斗目标。环江县具体定为1994年实现造林灭荒，1997年实现绿化达标。1992、1993、1994三年连续进行飞播造林，投资200多万元，作业总面积达240万亩，有效面积173.9万亩。三年人工植苗造林509100亩，1994年通过自治区验收实现造林灭荒。1995年以后每年荒山造林很少，造林活动以低产林改造和迹地更新为主，平均以5万亩的规模进行林种结构调整，发展经济林、竹林。

第八阶段(1998～2001)实施以绿色通道为主的绿色工程建设。荒山造林总量不多，四年共有20235亩，以公路、铁路两、河流两岸造林为主。群众面上为自发造林，林业部门无偿提供苗木。

第九阶段(2002～2003)退耕还林及速生丰产林基地建设期。2002年开始实施退耕还林工程，当年指标5万亩，其中退耕地还林2.5万亩，荒山配套造林2.5万亩，至翌年4月份造林工作全面完成，林业部门与退耕户的退耕还林合同全部签订，每亩原粮300斤、生活补贴20元的补助政策也全面兑现。2003年完成退耕地还林2万亩，荒山配套造林5.5万亩。在退耕还林工程中，全县以速生桉树为主要造林树种，有计划地进行速丰林基地建设。2002年底环江县与区直国有黄冕林场签订联营造桉树林协议，计划引进该场资金到环江营造桉树速丰林，环江林板一体化工程启动。同年11月4日在南宁国际民歌节经贸洽谈会上与广西高峰林浆纸业(集团)有限公司、广西国有黄冕林场签订了总投资2.4亿元的林板一体化项目建设协议。环江桉树速丰林基地建设进入高潮。

【封山育林】

1964年开始提出封山育林，当年封山育林面积6205亩。1965年9月20日，环江县人民委员会制订《关于我县实行封山育林的暂行规定》。1979年11月30日，环江县革命委员会颁发《关于封山育林、保护水源的布告》。1987年，全县共有封山育林1309个点，历年累计面积242372亩。其中，生长成片的有明伦乡吉祥山上的扁柏、竹木100亩，上朝镇背面杂灌木林2100亩，洛阳乡才腊屯背面荷木、香樟林250亩。1991年农村能源办公室归林业局管理，至2002年共推广建设省柴灶48840户，沼气池142944立方米，减少农村薪炭消耗，有力地促进封山育林工作。1990～2002年进行封山育林1251466亩。

【木材生产】

解放初，组织木材生产经营，由环江县民族贸易公司兼营。1955～1984年，由环江县林业科(局)的森工组(后为木材公司)实行独家经营。1984年12月20日，环江县人民政府颁发《关于加强木材生产购销管理布告》，开放木材市场。木材市场开放，主要是怕乱。因此，《布告》中规定：“只准林工商(含木材公司)、供销社、乡镇企业及县经济协作办公室等到单位经营，其他单位或者个人一律不得插手”。

1987年2月10日，环江县人民政府颁发《关于保护森林资源发展林业生产的布告》，关闭木材市场。木材经营改为由县木材公司独家收购，多家营销。1994年林业局成立林工商公司，专门营间伐材，此后，全县木材一直由林业部门一家(两个公司)收购，多家销售。

【竹子生产及林副产品】

1956～1987年楠竹生产每年平均收购2.37万根。除本地竹器加工需用外，可供外销的年有2万根左右。1988～2002年间，由于建筑业用量大增，因而楠竹、篙竹生产量也逐年增加，15年共生产楠笔、篙竹2415.35万根。油竹(慈竹)，是加工精美的“川山凉席”原料。全县有10.4万丛。每年可生产37.5万根。

林副产品主要有竹席、竹帽、竹沙发、油桐、油茶、香菌(菇)、木耳、棕片、栲胶原料、板栗、松脂等。

【护林防火】

县内森林火灾年年都有发生。据不完全统计，50年代725起；60年代53起；70年代359起，其中大火灾13起，特大火灾3起。1976年2月13日洛阳公社才现生产队，因生产用火不慎，失火烧山造成特大火灾，烧毁林地4500亩，抢救火灾牺牲5人，重伤4人，轻伤13人。1980～1987年全县共发生森林火灾215起，其中特大火灾9起。1988～2002年82起，均为森林火警或一般性森林火灾。

1956年10月3日，环江县人民委员会发布《关于开展护林防火工作的通知》，强调护林防火宣传，落实防火机构，及时处理火案，防火汇报制度等措施。1976年1月14日，县革命委员会颁发《关于加强护林防火工作的布告》，提出“六严禁，五不烧”的规定。1993年8月19日环江县第七届人大常委会第二次会议通过了《环江毛南族自治县森林防火管理办法》。

1955年10月27日,环江县成立护林防火指挥部,县以下各区均设立护林防火指挥所,各乡成立护林防火委员会,社、组成立护林防火小组。1993年成立县专业森林消防队和华山林场专业森林消防队,每队30人,各乡镇随后陆续建立15～30人的半专业森林消防队。1980～2003年,先后设立防火瞭望台22座。

自1972年10月起,环江县参加黔桂六县(融水、三江、环江、从江、黎平、榕江)和五县(南丹、环江、荔波、平塘、独山)护林防火联防组织。2000年参加三县(罗城、融水、环江)联防。1999～2002年实施国家森林防火综合治理工程建设项目,共投入资金240万元。

1981年4月,环江县公安局在华山林场设立华山派出所,配干警5人;1988年2月县公安局在县林业局设立林业公安股,下设东兴、龙岩、驯乐三个林业公安组,配干警编制14人,专门处理山林纠纷及侦破森林案件。1995年8月林业公安股改称林业公安科,2000年8月改为森林公安分局。1987年7月久仁水源林保护区派出所成立,配备干警4名,由华山林场代管,专管保护区的治安和森林资源保护工作,2001年4月收归县林业局管理。

【森林病虫害防治】

森林病虫害常见有208种。1976年,城管下庙的松林,首次发生松毛虫、松茸毒蛾混生为害,有30余亩。当年没有采取防治措施。1978年,在水源的和平、洛阳的团结一带松林中松毛虫、松茸毒蛾为害有600多亩,用“六六六粉”喷杀取得一些效果;1979年采用“白僵菌”、“粉炮”点、撒,效果显著,连续多年没有发生。1985年在思恩镇黄烟一带松毛虫成灾,150亩左右,有30%的松林枯死。1986年华山林场赖垌松林中发生松叶蜂危害的60多亩,针叶食光。严重影响林木生长。1987年以后没有大的森林病虫害发生。泡桐的斑螯,在每年的7月间都有发生,整株叶片食光,嫩枝枯死。1983年采用的“六六六粉”高空喷杀,效果良好。

【制止乱砍滥伐】

解放以来,分别于1956年、1958年、1973～1975年和1985～1987年出现四个乱砍滥伐严重时期。1965年3月12日,环江县人民委员会颁发《关于严禁乱砍滥发保护森林的布告》;1973年7月16日,环江县革命委员会颁发《关于加强森林管理的布告》;1981年10月26日,环江县人民政府发出《关于坚决制止乱砍滥伐森林和打击木材投机倒把的紧急通知》(张贴);1987年8月18日,环江县委、县人民政府做出《关于严肃处理破坏森林资源行为的决定》(五条);1997年1月环江毛南族自治县人民政府出台《关于加强林政管理,保护森林资源的通知》;1997年7月环江县人民政府出台《关于收取征占用林地四项补偿费的规定》。90年代以后每年环江县林业局均组织进行次数不等的木材和野生动植物清理集中行动,查处大量非法经营木材和野生动植物行为。

【林业“三定”】

林业“三定”,即划定山界林权、划定自留山,确定林业生产责任制全县林业“三定”,分两个阶段。第一阶段1979年2月至1980年6月,是以生产队、林场为单位划定山界林权。第二阶段1980年10月至1984年冬,是以户、林场为单位进行林业“三定”。林业“三定”环江是广西动手最早的县份之一,自治区党委刘秘书长还专程来环江总结林业“三定”经验,推广全区。

国营苗圃民国22～26年(1933～1937),思恩、宜北2县曾在环江二渡东岸、平原、明伦敏洞、三妹山下、才西等地办过苗圃。解放后办的苗圃有:机场苗圃,1952开办,现已成为环江县林业局年产500万株的良种桉育苗基地;平原苗圃,1955年建立,1962年停办;为才苗圃,1955年开办,1962年停办;八面苗圃,1962年建立,1968年撤销;中涧苗圃,现正常生产;古宾苗圃,现正常生产。

【国有林场】

华山林场——1957年11月筹建,有省(区)第一批下放干部和南海舰队下放干部15名。1958年春开始在下良、洞树2个点育苗、造林。投产时有工人3人,下半年在南宁、博白、都安、环江等地招收工人130人,年末有职工183人。场部设在永权村的下良(即今华山林场总场驻地)。1958年11月划林场轮廓场界,经营22万亩左右,其中有林面积15401亩(主要是杂木),宜林荒岭荒坡20万多亩。1959年5月下放到永安公社管理。1960年元月恢复国营,工人7名,后增到60人。1969年,县“五七”干校撤销恢复林场。1974年接收知青106名,设置赖峒造林站。1977年新建后塘分场。1979年与久仁采育场合并后,设久仁华山分场，并增设城皇、北山、大沙坡3个分场。总场仍设在下良。1987年总场、分场住房及设施建筑累计总面积为10134.14平方米（其中住房5112.15平方米）、固定资产606.17万元；职工221人（其中总场正副场长4人，林业技术干部8人）。1979年“划山界林权”，经营总面积289080亩，其中华山分场94500亩，北山分场53180亩，大沙坡分场39000亩，后塘分场20250亩，城皇分场28500亩，久仁分场53650亩。有林面积103857亩，其中杉木7842亩，马尾松47384亩，杂木46910亩，油茶1515亩，油桐206亩。历年造林总累计122374亩（含飞播91314亩），保存面积55583亩。1999年二类调查，全场经营总面积有218010亩，森林面积180255亩，其中杉木41271亩，蓄积175460立方米；松树14327亩，蓄积288225立方米；杂木林88803亩，蓄积382035立方米；经济林10905亩；竹林4763亩。

爱山林场——1972年4月建立，场部设在长坡。同年6月，以三铁炮山的老林和附近的荒岭荒坡为主划个大轮廓场界，经营面积有1万亩左右。有林地6300亩（含1969年飞播5200亩），主要是松树。建场时有工人13人，场长1人。2003年全场在职职工24人（其中干部5人）。1975年因经费困难，划归华山林场。1978年恢复。

朝阳采育场——1970年建立，场地在上朝的朝阳沟。临时30人，既搞木材砍伐，又搞育苗造林。1971年11月，因资源不足而与久仁采育场合并。

廖洞林业扶贫开发场——成立于1988年3月，当时由华山林场划出林地4万多亩，以异地开发的形式招收下南、木论、明伦等地贫困山区剩余劳动力进场开发。1989年11月转交县林业局管理。1997～1998年，县政府统一规划，把该场土地1.9万亩划给东兰、都安移民进行开发。余下部分归该场，仍由县林业局管理。

【林业管理机构】

民国时期，思恩、宜北林业均由环江县建设科分管。1949～1953年仍由建设科兼管，配1名科员专管林业。1954年设环江县农林科。1955年专设林业科，配备干部职工10人，下辖森工组及为才、驯乐木材收购组。1960年改为县林业局、干部职工20人。1968年10月，与农业、水电、气象合并，成立环江县农林水电革命委员会，1969年2月改为农业服务站。1972年春复称环江县林业局。1987年，环江县林业局下设木材公司、营林站、种苗站、林政办公室、森林防火办公室、林业检查室、林业公安股、林业经营服务公司，干部职工148人，其中林业技术干部40人。2002年，县林业局二层机构有：林政办公室、森林防火指挥部办公室、农村能源办公室、林业检察室、营林站、种苗站、科教站、森林公安分局、久仁水源林保护区派出所、东兴林区派出所、龙岩林业公安组、驯乐林业公安组、木材公司。此外还在林业局设立县退耕还林办公室、县林板一体化办公室等临时机构。15个乡镇林业工作站原属县林业局垂直管理机构，2002年9月下放由各乡镇人民政府管理，2003年9月仍收回林业局管理。2003年底县林业局在职干部职工129人，其中管理和工程技术干部81人。

（环江县林业局办公室）

南丹县林业

【概　述】

解放前，南丹县境内森林总面积32687公顷，遍布原生天然林树种繁多，有52科500多个树种。解放后，全县森林面积及木材蓄积量不断增加。据森林普查统计：1960年面积34693公顷，蓄积量1428560立方米；1973年46820公顷，1367947立方米；1980年59482公顷，1296117立方米，1990年67132公顷，3332438立方米，1999年154505公顷，3948946公顷。1950～2003年历年造林合计面积333595公顷，其中用材林259853公顷，经济林53027公顷，生产木材680971立方米，林业总产值72028万元（不变价）。

【退耕还林】

2002年，南丹县被列为国家退耕还林工程实施县，当年实施面积3000公顷（退耕还林地造林1667公顷，荒山造林1333公顷），2003年实施面积3667公顷（退耕还林造林2000公顷，荒山造林1667公顷），到2003年12月底止，共有13120户农户参与，兑现粮食面积975公顷，兑现现金补助160万元，投入种苗费500万元。

【速生丰产林建设】

1951年全县开展大造经济林和用材林，1951～1954年共造油桐280公顷，松85公顷，杉6

公顷。1955年,国营山口林场和农业生产合作社建立后,当年造林730公顷(多于民国时期造林面积),至1957年共造6686公顷。1973年被自治区列为杉木基地县。1988年山口林场对20～30年生的近、成熟杉木林1870公顷进行调查测定,有1649公顷达到速生高产,林分年平均生长量达到或超过林业部三个"0.7"杉木速丰林标准,总蓄积量63556立方米,价值3.993亿元。平均每667平方米蓄积25.7526立方米,价值16180元。当时,处于国内大面积速生丰产林的领先水平,荣获国家林业部科技进步成果三等奖。

【绿色工程及防护林建设】

1997年7月,经自治区绿化达标检查验收,南丹全县实现了造林绿化达标。1999～2003年完成11972公顷的荒山造林,使林业用地绿化率在93.18%的基础上达100%;完成1332公顷的河流竹林带任务,加快防护林工作的进程;完成公路沿线绿化95公里,铁路沿线绿化72公里,河流绿化158公里,初步建成绿色通道;完成500公里的防火林带的营造工作。划出12个区域作为南丹县天然林、水源林、防护林的"三林"保护区。

【封山育林】

实施封山育林从1980年开始时面积1200公顷,1990～1992年三年中,自治区下达新增封山育林责任目标,1996年完成封山育林面积125847公顷,2003年累计封山育林面积139700公顷(其中石山5711公顷)。历年来,林业工作都强调封山育林,因没有落实专职护林员工资,尽管封育面积较多,效果并不好,从2000年开始,南丹县获得国家级森林生态效益补助试点指标,封山育林19500公顷,已获中央财政补助102.38万元,使全县有六个乡镇18个村及山口林场两个分场先行试点,加快了植被恢复进度,使珍贵的天然林资源得到有效保护。

【种苗工程建设】

解放初期,国营育苗和集体育苗所需种子资金,全部由县林业科免费供应。1955年广西林业厅下文规定,国营苗圃(林场)育苗,每亩由国家投资59元,1962年增至80元,1977年起国营投资增至100～200元,集体补贴100～150元。1955～2003年全县累计育苗面积达到767公顷,基本满足全县各年度造林用苗。

【打击破坏森林和野生动物资源违法行动】

1958年大炼钢铁、搞农业"八大山"(南瓜山、猫豆山……)起至1986年止,全县乱砍滥伐森林面积达39353公顷,木材损失约36.4万立方米。1982年10月20日,中共中央、国务院《关加制止乱砍滥伐森林的紧急指标》下发后,县人民政府一步及时抓好稳定山权、林权、划定自留山,加强了林政管理,共查处盗伐国家集体木材2268立方米,清退1198立方米,赔款3.08万元,逮捕判刑2人,拘留21人,处理山界林权纠纷471起。1984年9月,南方集体林区木材市场开放,乱砍滥伐林木又死灰复燃,全县超计划砍伐木材5万立方米以上,六寨镇拉堡村林场160公顷杉木中龄林,于1984年冬基本砍光;月里乡上稿村、公路两旁的133多公顷栓皮栎林,在1985到1986两年全部砍光。车河、城关、小场、罗富4个乡镇至1986年,被偷砍、哄砍杉木面积287公顷,木材损失1.52万立方米。1987年2月,县成立清理查处破坏森林资源领导小组,抽调有关部门120多人组成木材清查组,共查清259户325人有盗伐、哄抢国家林木行为,逮捕24名罪犯(1989年依法判处死刑1名,成为广西因盗窃木材被判决死刑首案),收缴被盗伐、哄抢木材600多立方米,挽回经济损失18万元,追缴补纳税金和治安罚款29.53万元。1991～1993年木材清查组,查处了46个基建单位,50个木材加工厂(含家具厂),没收木材150立方米,罚款51万元。1998年,林业公安查获一起特大非法收购、贩运二级保护野生动物案,缴获黑熊12只;同年,林政查获违章运输野生动物案,没收一批野生动物,其中有国家二级保护动物小灵猫4只、豹猫18只、猴子20只、猕猴10只,违法者被判有期徒刑10年。

【森林生态效益补助试点】

2002年南丹县被列为自治区森林生态效益补助试点县之一,国家级防护林获补助面积19500公顷,位于河池市第二位,试点范围落实在车河、芒场、吾隘、小场、里湖、八圩六个乡镇18个村,191个自然屯。在试点区成立了由75名护林员组成的管护队伍,建立健全各种档案,试点区域杜绝了毁林开垦、森林火灾等破坏森林资源现象。

【森林防火】

1950～2003年全县共发生山林火灾3975起,受害面积15414公顷,1955～1990年,全县共发生山林火灾3762起,烧毁森林面积共14539公顷,等于1951～1960年10年人工造林的总和,木材损失无考。1990～2003年,全县共发生山林火灾213起,森林受害面积875公顷,烧毁林木826万株,木材损失折款约180多万元。为杜绝山林火灾发生,确保林业生产稳定和发展。县严令各乡镇村屯和国有、集体林场,制定了护林防火村规民约,每个林区都要根据本林区的地形分布开好防火线。至1990年已开好防火线120公里。1990～2003年新开和修复防火线139.5公顷,防火道路50公里,防火林带和隔离带616.5公顷,营造防火林带424公里,投入森林防火经费387.1万元,南丹县森林防火指挥部逐步健全,1955年南丹县护林防火指挥部成立,保持至2003年成员有20人,县长任指挥长,下设办公室编制人员工7人,1992年山口林场成立了南丹县首支专业森林消防队,队员20名,1994年成立南丹县专业森防队,队员25人,各乡镇成立森林防火分指挥部,分指挥部由各乡镇长担任,各乡镇成立有森林防火半专业队和扑火应急队。全县森林防火基础设施建设,瞭望台、通信网络、森防指挥车、扑火专用运输车、永久防火宣传牌,望远镜、灭火机和灭火工具、服装,及办公设备配置等基本完善。

【林政管理】

1973年全县各乡镇交通要道设立木材检查站,继后又设立了林政股,隶属林业局,1987年10月设立林业公安股,1995年2月,2003年8月升格分别更名为南丹县公安局林业分局,南丹县公安局森林分局,1991年设立森林资源管理站,2002年增设立山林纠纷调处办,不断增强全县林政力量,加大了木材市场的管理和林地及野生动物的保护。南丹县政府根据上级精神,结合本县不同时期的情况,及时下发各种政令和法规,加强林政管理工作。1973年规定,木材由森工部门经营,木制品、竹子、木炭等由供销部门按计划收购供应。1982年规定,需要木材的单位购买木材,必须经县政府批准方可到林区直接向林农购买。1984年10月至1987年5月,因按上级南方集体林区木材市场放开的规定,造成南方集体森林砍伐失控,南丹县也不例外,1987年6月自治区及中央国务院分别发出了《关于加强木材管理保护森林资源紧急通知》、《关于加强南方集体林区森林资源管理,坚决制止乱砍滥伐的指示》,恢复木材一家收购的政策。县政府积极宣传贯彻,加强林政管理,使森林的乱砍现象得以制止。1993年调处山界林权纠纷面积422公顷,2001年清查乱征占用林地20公顷,非法使用林地281公顷,违法侵占国有林地119公顷。1998～2003年,排查山林纠纷案件201起,调解176起。

【森林病虫害防治】

1992年南丹县森林病虫害检疫站成立后,加强了县木材病虫害检疫,监控和防治,2003年发现县境内分布有飞机草和紫茎泽兰2种外来生物,危害面积90公顷;有本土病害油茶软腐病,油桐角斑病,板栗晕斑病3种,本土虫害有油茶宽盾蝽、红蜡蚧、蝗虫、板栗瘿蜂、玉兰软盾蚧5种,均呈零星分布。南丹县设有专门的检疫实验室和必备的检疫设备,提供病虫检测依据及防治方法。

【自然保护区建设与管理】

1983年南丹县政府发出《认真保护好水源林》的通知,划定九龙沟、纳色沟、宝家山、甲尧等的连片天然林为水源林保护区。1997年,又发出《关于把丹峨二级公路南丹路段等12个区域划为我县“三林”保护区的通知》,划出12个区域为南丹县“三林”保护区。2000年5月,南丹县公布第一批重点生态自然保护区,将是境内10个旅游风景点列为第一批县级重点生态自然保护区。还对县境珍稀奇特的其他天然林、石山、河流、瀑布、古树名木、文物等资源列为重点保护。

【林业教育和宣传】

“文革”期末,南丹县林业局成立后,长期注重林业教育和宣传,始终围绕全县林业的中心工作,组织专业人员技术培训、深造、函授、深入乡镇村屯指导群众掌握林业知识,维护林业有关法规和条例,县设立了林业技术推广中心,成立了南丹县林学会,积极开展林业科学技术研究和试验,坚持科技活动周宣传活动,2002年县林业局全体干部职工都参加了开展世界贸易组织基础知识继续再教育和考试。

【农村能源建设】

1986年,南丹县农村能源工作站成立,隶属县农业局,1993年划归县林业局管理。1990年列为全国第三批省柴节煤试点县,1996年,又被列为“九五”期间全国100个农村能源综合项目建设县。1995年和2001年经农业部广西验收组进行验收结果;建设项目的规模、技术与经济指标,各项系数,全部达标,一致同意南丹县农村能源综合建设项目通过验收。

1986年,农村沼气池建设开始在本县推广应用,到1990年推广沼气池1300座,从1999年开始全县大规模兴建沼气池。据统计,到2003年底,共建沼气池20826座,占全县总农户54841户的38%,提高了农村生活质量和水平,为农民致富奔小康起到了推动作用。

【林场建设】

国营南丹县山口林场:1955年2月12日经广西壮族自治区人民政府林业厅批准创建,建场时经营面积58853公顷,林业用地54433公顷,其中有林地3033公顷。1973年经营面积为29340公顷,森林蓄积量42万立方米,1988年为23313公顷,森林蓄积量85万立方米,1988~2003年稳权发证发给山口林场经营面积只有9600公顷。1955年2月建场时林场只有3名干部9个工人,2003年有干部691人,其中退休224人,全场分为山口、拉堡,两个单元,接壤8个乡镇,下设6个分场,8个林站,17个职能科、室、所、校。从建场至2003年底,总投资21221万元,其中国家投资609万元,林场自筹20612万元。在自筹投资中,木材生产经营513195立方米,收入20528万元,上交两金2020万元,税费3100万元,营林支出6200万元,事业费支出600万元,固定资产支出2100万元。该场曾在1993年2月全国4168个国有林场中选上500强林场,排序23名。同年8月被定为副县(处)级事业单位。

联营林场纳色沟林场:建于1984年3月,属国家集体联营性质。2003年该场总经营面积2088公顷,木材生产及经济林果纯收入81万元。有职工32人,其中干部9人,农民场员23人。

五个民营林场:鸿达综合选矿厂龙才林场,1991年建场,经营面积1467公顷,现有林面积842公顷,活立木蓄积量151417立方米;龙泉林场,1992年2月建场,经营面积2547公顷,现有活立木蓄积量4200立方米;南丹县农业银行林场,1992年建场,经营面积1135公顷,现有活立木蓄积量94430立方米;华星陈祥生林场,1995年建场,经营面积1333公顷均为杉林;杨再勇林场,1987年建场,经营面积2000公顷,均为杉木林。

三个扶贫开发林场:宜明瑶族新村林场,1991年11月建场,经营面积3570公顷;拉也扶贫林场,1993年10月建场,经营面积1133公顷;弄韧扶贫林场,1993年12月建场,经营面积607公顷。

(南丹县林业局　黄盛乾)

凤山县林业

【概　述】

凤山县是桂西北一个以林为主的山区县,凤山县总面积173800公顷,其中石山面积77666.7公顷,占45%,土山面积96133公顷,占55%;全县林地面积13244.2公顷,总蓄积量1524594立方米,森林面积82125.4公顷,蓄积量1477439立方米,森林覆盖率45.4%。经过几十年的艰苦努力,凤山林业逐步改变了林种单一的状况,杉木商品林、八角、油茶主导产业位置日益突显,形成了林种多样、结构布局合理的林业发展格局,林业生态效益、经济效益、社会效益协调发展,为实现林业跨越式的发展奠定了牢固的基础。林业系统干部职工1687人,各类专业技术人员292人。

【杉木商品材】

到2003年全县杉木商品林面积30474公顷,蓄积量1195343立方米,杉木树种为黄杉、红杉、白杉三种,是广西杉木商品材重点生产县之一。其发展历经四个阶段。一是引进试种阶段:1958~1960年从柳州市引进在凤旁、坡桃、良利三个林场试种,面积不足4000公顷;二是粮林大会战阶段:1972~1974年全县开展粮林大会战,扩种杉木9400公顷;三是贷款造林阶段:1985~1990年,全县一万多农户利用国家林业贷款优惠政策,贷款一千多万元,营造杉木林8000公顷;四是造林灭荒阶段:1993~1995年国家实施造林灭荒工程,林业部门利用有限资金鼓励农民进行造林灭荒,营造杉木林9400公顷。

【八　角】

《辞海》中有凤山从宋代起种植八角茴香的资料记载,1993年以前,全县八角面积不足400公顷。1993年以后,凤山县开始进行林种结构调整,把发展八角产业当做重要产业来抓,采取单位(公司)+农户的形式,大力种植八角,到2001年全县已发展八角面积11000公顷,2002年以后,利用国家西部大开发和广西实施东巴凤革命老区基础设施建设大会战的优惠政策,实施退耕还林工程,发展八角4700公顷,到2003年,全县八角面积达到16000公顷。八角挂果面积已达到5340公顷,以后挂果面积每年增加1334公顷,

2003年产量为5200吨。

【油　茶】

油茶是凤山县的传统产业,解放前已广泛种植油茶,1950年全县油茶的面积为10666.7公顷,在19世纪60~80年代,又扩种4000公顷,到90年代,原有的老林严重蜕化,油茶籽亩产量只有10~15公斤,有的甚至无收。1990~1992年实施区林业局下达的第一期油茶低改林改造工程,面积为1200公顷,项目涵盖2个油茶大乡的10个村,改造后的油茶林恢复到盛产期的亩产30~40公斤/亩的水平,并普遍增产10公斤/亩。在第一期油茶低改的基础上,从1993年起,全县逐步对油林进行更新改造,大量改种植岑溪软枝油茶,到2003年,全县油茶保存面积为14700公顷,茶籽最高年产量6600吨。

【封山育林】

据调查,全县应封山育林面积为35920公顷,从20世纪80年代末开始全面进行封山育林,到2003年,全县已完成封山育林面积34048.32公顷,其中利用实施石漠化治理工程、绿色工程、生态公益林试点工程项目完成封山育林面积8288公顷。

【林政管理】

"十五"期间,下达凤山县年总采伐蓄积为107720立方米,其中商品材年采伐蓄积80532平方米,商品材年生产计划指标53740立方米。2003年度下达商品生产计划(含追加部分)为65110立方米,实际完成木材生产销售65109立方米,实际木材生产未突破下达限额和生产计划的控制指标。

2003年在编林政人员21人,森林公安民警34人;2003年度查处各类林业案件142起,其中林业行政案件104起,林业刑事案件5起,林业治安案件13起。

【野生动物保护】

凤山县境内野生动物有:国家Ⅱ级保护动物猕猴、蛇雕、原鸡、虎纹蛙、穿山甲、猴面鹰、猫头鹰、蛤蚧、田鸡。广西重点保护动物有:果子狸、野猫、山万蛇、万蛇、广蛇、水律蛇、野兔、中华竹鼠、狐狸、鹧鸪、黄鼬、飞虎、啄木鸟、杜鹃鸟、布谷鸟、画眉、相思鸟、乌鸦、白鹭、乌龟。

实施封山育林后,国家Ⅱ级保护野生动物猕猴发展迅速,现已发现有14群710只,分布3个乡6个石山村,林峒乡久隆村巴腊屯已成功实现了人口投食喂养猕猴。2003年查处破坏野生动物案件3起,没收野生动物及制品86只(头),皮8张。

【森林防火】

从1996年开始组建森林消防队伍,现有专业森林消防队一支,人员16人,半专业森林消防队16支,550人;全县已建立的瞭望台有12座,瞭望监测面积69806.6公顷,占森林面积85%,建立防火隔离带320.3公里,其中马蹄荷防火林带184公里;现有对讲机103部,风力灭火机40台,指挥车2辆,运兵车1辆,运输车一辆。2000~2003年中,只有2002年发生火警1起,一般森林火灾1起,连续4年获得河池市森林防火一等奖。

【森林病虫害防治】

由于凤山县所处地理位置气候条件以及林种结构因素,历年来未形成大面积的森林病虫害,19世纪80年代出现少量油桐黑斑病,杉梢小卷蛾等病虫害,较大面积为害是油茶桑寄生。随着大力发展经济林,从外地引进经济林种,一些病害也随引进树种苗木进入,现已发现板栗疫病的一种检疫对象,同时另发现紫茎兰草和飞机草等有害生物。全县森林病虫害成灾率控制在0.1%以内,防治率80%以上,森林病虫害监测覆盖率达到85%以上。

【征占用林地】

2003年东巴凤老区基础设施大会战公路建设征占用林地34.8674公顷,收缴植被恢复费1193916元。其中:凤山—巴马二级路征占用林地面积31.6487公顷;凤山—凌云四级油路征占用林地3.2187公顷。

【农村能源建设】

凤山县燃灶历史沿袭三脚灶,大膛灶,年耗柴量大。1991年开始实施省柴节燃灶推广普及项目,到1995年共建节柴灶29832户,占农户数31258户的95.44%,全县耗柴量有所下降,但户均年耗柴仍为7200公斤,全县年耗柴225100吨,相当于7503公顷薪炭林的产量。

沼气池建设从1980年开始有农户自建1875座,但因设计、技术、管理等原因,绝大部分使用一段时间就报废。1999年开始进行大规模、高质量的沼气池建设,到现在,全县已建23213座高等级的沼气池,入户率为64.52%,其中1999年530

座，2000 年 1040 座，2001 年 4003 座，2002 年 2640 座，2003～2004 年 15000 座。沼气池建设期间，共举办沼气池培训班 45 期，培训人员 2370 人（次），有持证沼气池施工技术共 411 人，其中国家“沼气池生产工”58 人。

【林业项目投资（国家部分）】

退耕还林工程。总投资 2412 万元，2002 年 1140 万元，其中粮食补助 630 万元；2003 年 1272 万元，其中粮食补助 630 万元。

珠防林工程。总投资 70 万元，实施年度为 2003 年。

石漠化治理工程。总投资 36 万元，实施年度为 2001～2003 年。

改燃节柴及沼气池建设项目。总投资 1091 万元，实施年度为 1992～2003 年。

生态公益林试点工程。总投资 152 万元，实施年度为 2001～2003 年。

桂西北防火综治项目。总投资 100 万元，实施年度为 2000～2003 年。

封山育林项目。总投资 58 万元，实施年度为 2001 年。

造林灭荒工程。总投资 99 万元，实施年度为 1994 年。

绿化达标项目。总投资 108 万元，实施年度为 1995～1996 年。

贷款造林项目。总贷款额 1076 万元，实施年度为 1985～1999 年。

油茶低改项目。总投资 37 万元，实施年度为 1991 年。

【国有林场建设】

在凤山县境内国有林场有凤旁林场和坡桃林场，两个林场均有 40 多年的建场历史，凭借丰实的资源优势，为地方经济发展做出了贡献。

凤旁林场创建 1960 年初，现有总面积 5100 公顷，有林面积 4090.5 公顷，树种以杉木、八角、阔叶林为主，杉木 2605 公顷，占 63.7%，八角 1230 公顷，占 30%，林场另与周边村屯农户联营杉木 666 公顷，林场自有杉木活立木蓄积 57.4 万立方米。林场现有职工总数 746 人，其中退休职工 50 人，2003 年底开始进行机构改革，2004 年初实现机构改革平稳过渡，二层机构从原有的 19 个压缩为 9 个，在岗管理人员 269 人精简为 70 人。林场生产成本大幅度下降，木材销售收入普遍提高，木材砍伐成本比原来下降 20%，木材销售平均价格比原来增长 216%。。

坡桃林场创建于 1958 年，现有总面积 2266.7 公顷，有林面积 1933.3 公顷，杉木林面积 1073.3 公顷，蓄积 16 万立方米，公益林面积 2000 公顷，蓄积 10000 立方米，八角林等经济林面积 660 公顷。林场职工总人数 269 人，在职 194 人，退休 75 人。林场在 1996 年实施职工与林地挂钩的改革精简和压缩机构和非生产人员，管理人员从原来占职工人数的 23.8%下降到 13.4%。人事制度以聘任聘用为主，打破干部与工人的界限，公平评聘，公平竞争上岗。

（凤山县林业局）

东兰县林业

【概　述】

1949 年 11 月 29 日，东兰解放。1950 年 1 月正式成立县人民政府，设立建设科，下设林业组。1955 年 12 月，撤销建设科。1956 年 3 月，成立林业科。1958 年，撤销林业科，并入新成立的农林水利局。1959 年 12 月，设立林业局。1961 年 8 月，又并入农林局。1967 年，“文革”混乱，农林局自然消失。1971 年 1 月，成立农林水服务站。1972 年 6 月，恢复设立林业局至今。2003 年设有行政办、财务室、林政办、营林股、森防站、绿委办、绿化队、调处股、检察室、能源站、防火办、森林公安分局、林业工作站等 13 个股室。防火办下辖森林消防队，林政办下辖花香、侧山顶、红水河、板坡等 4 个木材检查站。二层机构有绿兰林场、东风林场、木材公司、乡镇林业站（主要由乡镇政府管理）、县退耕办（直接由县府管理）。全局共有干部职工 75 人，其中在职工作人员共 63 人，退休人员 12 人。

2003 年，全县土地总面积 241500 公顷，林业用地面积 159000 公顷，有林地面积为 73333 公顷，疏林地面积为 267 公顷，灌木林地面积为 84600 公顷，未成林造林地面积 333 公顷，无林地面积 467 公顷。在有林地面积中：林分面积为 41400 公顷，其中一般用材林 20000 公顷（杉类 15667 公顷，松类 1267 公顷，阔叶类 2867 公顷），防护林 21133 公顷，薪炭林 187 公顷，特种用途林 333 公顷；经济林面积 32000 公顷（其中油茶 6000 公顷，油桐 7533 公顷，八角 3867 公顷，板栗 14333

公顷)。全县活立木蓄积量为130万立方米,其中林分蓄积量121.8万立方米,疏林地蓄积9000立方米,散生木蓄积量4.5万立方米;四旁树蓄积量2.8万立方米。一般用材林中,杉类蓄积89万立方米;松类蓄积7.5万立方米;阔叶类蓄积25.3万立方米。全县森林覆盖率为64.7%。

全社会林业总产值5778万元,占全县总产值的10.9%。其中第一产业5426万元,第二产业产值220万元,第三产业132万元。其中木材生产30026立方米,产值1166万元;竹材生产187万公斤,62.5万根,产值78万元;油茶籽产量238.5万公斤,产值382万元;油桐籽产量219万公斤,产值219万元;板栗产量350万,产值1120万元;茶桑果产量1453.9万公斤,产值1320万元。

【种苗生产】

2003年,全县采集种子约5万公斤,其中板栗4万公斤、八角约2500公斤、油茶6000公斤、喜树250公斤、松杉类800公斤。

育苗33公顷,占任务13.3公顷的248%,其中杉木1.3公顷、松木3.3公顷、板栗13.1公顷、油茶3.3公顷、八角6.7公顷、喜树2公顷、桃李3.3公顷,生产各类合格苗900万株。主要供县内退耕还林和面上造林用。

【森林培育】

2003年,全县造林以退耕还林为主,全年完成退耕还林造林2667公顷,占任务的100%,其中退耕地造林1333公顷,配套荒山造林1334公顷。种植香椿380公顷、松木377公顷、杉木43公顷、板栗714公顷、八角692公顷、喜树380公顷、其他81公顷。

【退耕还林工程】

2003年,全县实施退耕还林工程2667公顷,其中退耕地造林1334公顷,配套荒山造林1333公顷。工程以营造生态林为主,营造少量的经济果木林,板栗、八角、油茶、喜树、香椿、杉树、松树为主要造林树种。

【森林生态效益补助试点工程】

2003年,继续实施森林生态效益补助试点工程17360公顷,主要任务是强化护林宣传、制止乱砍滥伐、防病防火、资源监测等,并发放2002年度补助资金911400元。

【珠防林工程、石漠化治理工程、绿色工程】

2003年度,全县没有珠防林工程、石漠化治理工程、绿色工程新任务,主要是搞好历年人工造林2357公顷和封山育林26037公顷的管护工作。

【森林经营】

2003年,中幼林抚育3679公顷,其中主要林种是杉木和松木。2003年,完成杉木、松木林笔低产用材林改造改造1350公顷。

【义务植树】

2003年春季、秋季和冬季,全民义务植树430000株。

【生态能源建设】

2003年,东巴凤三县实施基础设施建设大会战,全县沼气池建设任务2.5万座,分两年实施,其中2003年1.5万座,2004年1万座。计划投资投资3750万元,其中上级补助资金1700万元(含沼气池国债项目资金500万元),主要用于购买水泥、炉具、技术员施工费;群众自筹资金2050万元(含投工投劳)。至2003年底,完成沼气池建设16250座,超年度任务8.3%,占总任务的65%。在工程实施中,共培训农民施工技术员819人,获施工资格证818人;制作沼气池模具630套。

【森林病虫害防治】

2003年,县森防站先后2次组织技术人员深入林场和集体林区进行森林病虫害检查,没有发现森林病虫害比较严重的现象。

【野生动物保护与管理】

2003年,森林公安加大执法力度,严厉打击猎捕和贩卖野生动物违法分子,处罚6人,收缴野生动物猕猴2只、野猫1只、飞虎2只、猫头鹰2只、蛇类4.5公斤、虎纹蛙2.8公斤。

【森林采伐限额管理】

2003年,严格执行森林采伐限额制度,防止乱砍滥伐和过伐。全县商品材采伐指标87680立方米,发放87547立方米,占任务的99.8%,生产木材86276立方米,收购木材85082立方米,销售木材84633立方米。

【木材流通管理】

2003年,除要求木材检查站严格执法外,还组织执法人员检查过往车船,开展木材经营加工检查,打击无证运输、无证采伐林木和无证加工经营木材等违法行为。全年,收缴非法木材1432立方米，为国家挽回经济损失约 350000 元；清理整顿木材加工经营单位 23 个，取缔木材加工点 2 个。

【林地林权管理】

2003 年，列为全区林地林权登记发（换）证工作试点县。对 2001 年至 2002 年退耕还林地进行林权登记发证，总任务是 3890.2 公顷，涉及 14 个乡镇，23793 个农户。4 月，成立了领导小组和办公室，制订实施方案和操作细则，5 月至 7 月在东兰镇纳亨村进行试点，8 月对工作人员进行操作技术培训班，9 月份后工作全面铺开。2003 年主要完成外业补充调查、登记、申请、审核及图件制作等工作。林地林权登记发证，将使林地管理法制化。

2003 年，山林纠纷调处股严格按照调处管辖和程序，以事实为依据，以法律为准绳，积极疏导，遵循有利于安定团结、有利于生产生活、有利于经营管理的原则，及时、公正调解处理山林纠纷案件，保护山权林权所有人和使用人的合法权益。全年受理山林纠纷案件 27 起，立案并调结 27 起。

【森林防火】

2003 年，森林防火工作进一步搞好宣传教育，严格火源管理，对高等级火险季节实行防火戒严以及全天候监控，及时扑救森林火警火灾。由于采取了有效的防范措施，全年仅发生森林火灾 4 起，过火面积 40 公顷，森林受害面积 0.2 公顷。无人员伤亡和重大经济损失。获得全市森林防火目标管理一等奖。

2003 年，县继续设立森林防火指挥部，由县政府县长任第一指挥长，分管林业的副县长任指挥长，林业局长任常务副指挥长，公安局长任副指挥长，成员由县林业、林场、公安、消防、武警、电信、广电、教育、卫生、财政等部门的主要领导组成。指挥部负责全县森林防火的领导和组织协调，解决工作中碰到的重大问题。县指挥部下设办公室，负责全县森林防火日常业务工作。各乡镇也相应设立防火机构，负责本乡镇的防火工作。

【森林公安工作】

认真贯彻落实《中共中央关于进一步加强和改进公安工作的决定》，严厉打击破坏森林资源和野生动物资源违法犯罪分子。2003 年森林公安共受理各类案件 26 起，结案 26 起，其中刑事案件 4 起，林业行政案件 19 起，治安案件 3 起。共打击各类违法人员 29 人，其中提请逮捕 3 人，劳教 1 人，治安罚款 3 人，林业行政罚款 22 人。收缴木材 70 立方米。收缴野生动物猕猴 2 只、野猫 1 只、飞虎 2 只、猫头鹰 2 只、蛇类 4.5 公斤、虎纹蛙 2.8 公斤。收缴罚没款 30629 元。

【国有林场建设】

绿兰林场始建于 1957 年 11 月。2003 年，全场在册职工人数为 239 人，其中在职职工 155 人，退休职工 84 人。在职职工中，管理及后勤人员 51 人，领取工资有 136 人，计件工有 18 人。全场总面积 2094 公顷，经营面积 2062 公顷，林业用地面积 2015.8 公顷，其中有林地面积 1893.7 公顷（全部为人工林），活立木蓄积量为 23.9 万立方米。林场第二、三产业有木材加工厂、汽车修理厂、绿园大酒店。全年总收入近 550 万元，职工人均收入 9000 元。全场累计负债 1210 万元。

绿兰林场 1997 年以来进行林场内部改革，在职职工参加自营经济承包。2003 年，全场自营经济收入 65.28 万元，超目标数（28 万元）133.1%。

【大事记与重要会议】

一、2003 年大事记

2003 年 3 月 26 日国家林业局春季造林督查调研组一行 4 人在国家退耕办柏章良副主任的带队下，实地考察长乐、弄英、公平、纳腊等地退耕还林。

2003 年 3 月 25 日自治区对东兰县 2001 年度和 2002 年度退耕还林工程造林进行区级检查验收，为期 7 天。

2003 年 5 月县委、县人民政府与县林业局签订基础设施建设大会战项目（沼气池建设）实施责任状，县委廖书记、县政府杨县长与林业局牙祖发局长代表双方签字。

2003 年 6 月 4 日自治区林业局印发《东巴凤三县基础设施建设大会战实施方案》（桂林计发〔2003〕104 号），下达东兰大会战退耕还林任务 16 万亩，其中退耕地造林 12 万亩，荒山造林 4 万亩。

2003 年 6 月 19 日自治区人大常委会领导陈光明一行 9 人到东兰，对退耕还林基础设施建设生态环境保护进行调研。

2003 年 7 月 19 日县委办、县府办印发《东兰县基础设施建设大会战农村户用沼气池建设实施方案》（兰办发〔2003〕18 号），明确全县大会战沼气池建设总任务 25000 座，分 2 年实施，其中 2003 年 15000 座，2004 年 10000 座。

2003 年 8 月 29 日县委办、县府办印发《东兰县基础设施建设大会战沼气池建设项目干部职工“人盯池”责任制》(兰办发〔2003〕96 号),明确规定:凡是在东兰工作、领取财政工资的在职干部职工,必须动员其家属或其他农户兴建沼气池,按处级干部 5 座,科级干部 3 座,一般干部 2 座落实盯池任务,凡不完成任务的干部职工,年终考核不得评为称职,不得参加任何项目的评优,实行沼气池建设“人盯池”责任一票否决制。

2003 年 9 月 4 日从各地来的 37 名大中专毕业生志愿者到东兰支援退耕还林工作。

2003 年 9 月 30 日县委办、县政府办《关于调整大会战沼气池建设任务的通知》(兰办发〔2003〕)明确:全县 2003 年度 20000 座,2004 年度 5000 座。

2003 年 12 月 12 日全县新录用 28 名大中专毕业生充实乡镇退耕还林工作队伍。

2003 年 12 月 23 日自治区扶贫办唐汉迪副主任、能源办吴仕荣科长、上林县能源办韦敏荣主任到东兰检查指导大会战沼气池建设工作,为期 2 天。

二、重要会议

2003 年 2 月 26 日河池市退耕还林现场会在三石镇召开,市退耕办成员单位领导、各县(市、区)分管林业领导、林业局长、部分工程乡镇领导共 66 人参加。

2003 年 10 月 8 日全县大会战沼气池建设工作现场会在隘洞镇拉板村板三队、拉电队召开,廖昌军书记、杨斌县长等县四家班子领导、各乡镇党委书记、乡镇长、分管领导、县直副科局长以上领导亲临现场。

2003 年 11 月 20 日全区退耕还林林权登记发证试点工作现场会在东兰召开,自治区林业局局长黎梅松、副局长金大刚到会指导并作重要讲话。全区各市、部分县分管林业的县领导、林业局长、业务骨干等参加了会议。

(东兰县林业局　牙韩培)

巴马瑶族自治县林业

【概　述】

巴马县历年来营林工作情况。2002 年,巴马县完成植树造林面积 2689 公顷,其中荒山造林面积完成 2349 公顷,迹地更新 325 公顷,低产林改造 15 公顷。植树造林按用途分,用材林 528 公顷,经济林 155 公顷,防护林 1983 公顷,特用林 23 公顷。至年末全县封山育林新封面积完成 8925 公顷,幼林抚育作业面积 1167 公顷,幼林龄抚育实际面积 1167 公顷。中幼龄林抚育面积 2620 公顷,全县林业产业总产值 8230 万元。其中第一产业 7623 万元,第二产业 504 万元,第三产业 103 万元。木材产量 39690 立方米,松脂 274 吨。

2003 年,巴马县完成植树造林面积 5040 公顷,其中荒山造林面积完成 4667 公顷,迹地更新 257 公顷,低产林改造 116 公顷。植树造林按用途分,用材林 2775 公顷,经济林 2265 公顷。至年末全县有封山育林总面积 47369 公顷,当年新封育面积完成 7333 公顷,幼林抚育作业面积 2143 公顷,幼林龄抚育实际面积 2143 公顷。中幼龄林抚育面积 2092 公顷,全县林业产业总产值 8019 万元。其中第一产业 8019 万元。木材产量 38670 立方米,松脂 297 吨。

【退耕还林工程】

2002 年全县开始实施退耕还林工程,国家下达年度工程建设任务 3 万亩,其中退耕地造林 1 万亩,宜林荒山荒地造林 2 万亩,全县退耕地造林工程建设涉及 11 个乡(镇)40 个村 130 个村民小组,1974 个退耕农户。全县宜林荒山荒地造林工程建设涉及 9 个乡镇和 2 个国有林场 36 个村。工程于当年较好地完成造林任务,占年度计划任务的 100%。退耕地造林中,营造生态林比率为 98.6%,营造经济林比率为 1.4%。25°以上坡耕地面积占 61.57%,15°～25°坡耕地面积占 24.2,5°～15°占 5.49%,主要树种为马尾松、任豆、八角、油茶、竹子、香椿、其他果等。本年国家下拨退耕还林专项经费 380 万元,其中种苗费 150 万元,现金补助 20 万元,补助粮食款 210 万元,治区安排前期工作经费 3 万元,县级财政安排配套工作经费 l0 万元,年内全县共兑现退耕还林补助粮食 683 吨。占年度计划 45.53%,其余钱粮补助于 2003 年 3 月造林检查验收后兑现完毕。

2003 年国家下达年度工程建设任务 7 万亩,其中退耕地造林 3 万亩,宜林荒山荒地造林 3 万亩;全县退耕地造林工程建设涉及 12 个乡(镇)85 个村 352 个村民小组 6064 个退耕农户;全县宜林荒山荒地造林工程建设涉及 l1 个乡镇和 63 个村。工程于当年较好地完成造林任务,占年度计划任务的100%。退耕地造林中，营造生态林比率为99.76%，营造经济林比率为0.24%。25°以上坡耕地面积占61.57%，5°以下的坡耕面积占0.35，15°占0.16%，15°～25°坡耕地面积占12.89%，25°以上坡耕地面积占83.17%，主要树种为马尾松、桉树、任豆、八角、玉桂、油茶、竹子、香椿、核桃、其他果等。本年国家下拨退耕还林专项经费万元，其中种苗费350万元，现金补助60万元，补助粮食款630万元，当年共兑现退耕还林补助粮食1258吨，兑现现金补助20万；其余钱粮补助于2004年造林检查验收后兑现完毕。

【森林生态效益补助试点】

全县按照生态效益补助资金的试点原则和要求，将试点面积8920公顷落实到山头地块，其中有林地5750公顷，灌木林地3170公顷，试点范围主要分布在生态区位重要和生态区位脆弱的地带，试点区域内二级林种为水土保持林，区域内全为岩溶石山区，是典型的喀斯特地貌。2002年当年全县管护合同已全部签订完毕，签订管护面积8920公顷，占试点任务100%，试点区内需管护林木补偿费已发放到农户手中。通过试点各种自然灾害、水土流失、石漠化、物种数量减少、森林防护功能等得到有效遏制，提高了森林质量和防护功能。对工农、农业的生产提供了绿色屏障的保证，为社会提供更丰富的物质社会财富。

【森林防火】

1950～1987年没有档案材料可查。1993～2003年森林防火情况如下：第一，全县共发生森林火灾21起，其中火警18起，一般火灾3起，没有发生重、特大森林火灾和人员伤亡事故，火场总面积193.25公顷，受害森林面积25.23公顷，因火灾烧毁成林蓄积量23.6立方米，烧毁幼树31010株，支出扑火经费17005元。第二，巴马县森林火灾发生的主要特点。1、时间集中。2、下半年森林火灾明显少于上半年，主要集中在春防期间，共发生森林火警火灾11起，过火面积133.3公顷，受害森林面积17.5公顷。

【林政管理】

1993～2003年，上级编制下达商品材限额蓄积457230立方米，出材量262045立方米，共发放采伐证采伐蓄积430012立方米，出材量250131立方米，共办理运输证外销木材243750立方米。成立了巴马瑶族自治县林业调查规划设计队，并组织所有队员参加自治区林业局举办的伐区调查设计培训班。组织了4位同志参加林木采伐证签发与管理培训班，4位同志参加木材运输证签发与管理培训班，2位同志参加林地管理培训班，43位同志参加林政执法培训班，都取得了上岗证书。做好年度县级领导干部森林资源消长目标责任状自检工作，都通过了验收。11年来，共查处各种破坏森林资源案件665起，没收木材7265立方米，没收野生动物173.6公斤，罚款91602元。共依法审理征占用林地项目3宗，面积91.308公顷，交纳森林植被恢复费274.35万元。组织人员积极参加“三大纠纷”调处工作。

【国有林场建设】

巴马县有2个国有林场，2003年在岗职工178人，离退休职工54人，总计经营面积0.44989万公顷，其中有林地0.38231万公顷，新造林未成林地0.027218万公顷，林分面积0.38231万公顷，活立木蓄积量22.6912万立方米，其中幼龄林0.0828万顷，蓄积量3.62万立方米，中近熟林面积0.1939万公顷，蓄积量13.8万立方米，成过熟林面积0.0487万公顷，蓄积量5.5万立方米。年末固定资产原值712.8万元，净值579.7万元，分别比2002年增长0.65%和0.08%，全年实现工农业总产值433万元，比2002年增加0.53%。其中营林产值34万元，木材生产值320万元，产品销售总收入361万元，比2002年增加7.5%。多种经营收入13.1万元，比2002年增加40%，缴纳税金37.5万元，增加19.3%。上交林业基金36.3万元，增加10.5%，巴马国有林场属亏损企业，2003年定马林场亏损额29.5万，民安林场盈利6.9万元。

巴马县国有林场从1959年建场以来，至2003年末止，累计投资3904万元，其中国家投资362.2万元，占总投资10%。累计提两金870.9万元，累计交税612.4万元，是国家投资的3.5倍。累计销售收入4573.3万元，生产木材17.4万元立方米，累计实现工农业总产值6056.9万元，其中营林产值累计1447万元，木材产值累计4413.7万元，产品销售总收入累计4573.3万元，多种经营收入累计86.5万元。期间1993～2003年末累计实现工农业总产值累计1577万元。年均98万元，木材产值累计3182万元，年均289万元，产品销售总收入累计3173万元，年均288万元，多种经营收入累计49万元，年均4.4万元，缴纳税金累计419万元，年均缴纳38.1万元，上交林业基金累计285万元，年均25.8万元。定马林场1993～2003年末累计亏损379万元，年均亏损34.4万元。

营林生产。2003年无荒山造林。完成迹地更新造林140.2公顷，完成幼林抚育实际面积331.8公顷，作业面积360.8公顷。1993～2003年累计完成荒山造林755公顷，迹地更新933公顷，低产林改造150公顷，其中营造经济林207.3公顷，果木林54公顷，幼林抚育作业面积5339公顷，累计育苗19公顷。

林产品生产。2003年生产木材1.1753万立方米，销售木材11599立方米。生产松脂23811屯。1993～2003年累计生产木材104621立方米，年均9747立方米。累计生产松脂2413吨，年均224.3吨。

巴马县国有林场2003年职工自营经济基地387公顷，在职人均4.8公顷，大部分为新造林地，尚未有收入，2003年收入总计仅为16万元，职工生活目前还是比较困难，特别是林场负债312万元，在职人均负债2.76万元，各项生产难以开展。

【农村能源建设】

巴马县农村能源办公室，现有工作人员7人，根据自治区党委、自治区人民政府关于开展东巴凤基础设施建设大会战的决定精神以及自治区大会战指挥部的工作部署，大会战期间巴马县新建沼气池2万座，其中2003年1.2万座，2004年0.8万座，项目总投资3000万元，其中，补助资金1200万元，群众自筹1800万元。大会战沼气池建设项目经全县广大干部群众的努力奋战，用两年时间现基本上完成2万座沼气池的建池任务，使全县有沼气池农户增加到2.82万户，入户率提高到67.14%，为全县每年节薪柴552公顷，免遭砍伐，有效地保护造林和封山育林成果。巴马县“152”生态能源示范工程项目的实施在燕洞乡交乐村，建设项目已基本完成，待上报验收阶段。“152”项目生态村把沼气技术推广与发展养猪、种果、种菜结合起来，形成养殖—沼气—种植三位一体的生态能源模式，沼气用于煮饭、照明，沼液、沼渣做肥料，起到省柴、省电、省劳、增肥、增产、增收，净化环境的多种作用，充分发挥沼气的经济效益和社会效益。

（巴马县林业局）

都安瑶族自治县林业

【概　述】

都安瑶族自治县位于广西壮族自治区中部偏西，河池市南部，东与宜州交界，南与马山县毗邻，西与大化县相依，北与河池市接壤。全县土地总面积409156公顷，林业用地136516公顷。目前全县总人口为64万人，其中农业人口为59万人，林业系统干部职工103人，各类专业技术人员88人。

20世纪80年代中后期，在都安县委、县人民政府的领导下和支持下，全县人民艰苦奋斗，大力植树造林，终于在1994年和1996年分别实现造林灭荒达标和造林绿化达标。绿化达标后，都安县继续开展了一系列重大林业造林工程：农村生态能源建设、绿色通道工程、地头水柜配套造林工程、“两江一河”（澄江、刁江、红水河）造林绿化带建设、石漠化治理工程、退耕还林工程、水南公路（都安段）竹林绿化带建设等。据统计，1997～2003年，全县封山育林210万亩，人工造林17.9万亩（其中退耕还林8万亩，石漠化治理造林1.08万亩）。目前全县森林面积135765.56公顷，森林覆盖率为35.25%，活立木蓄积量为442832立方米，用材林面积16046.91公顷，其中杉木9450.3公顷，松木8596.61公顷，经济果木林8916.45公顷。

松木、杉木商品材。松木主要分布于百旺、拉烈等乡镇的土岭地区，杉木主要分布于下坳、板岭等乡镇的土岭地区。由于木材加工技术滞后，县内主要生产原木、木条等，木材深加工尚待开发。

竹子。全县竹林主要分布在龙湾、菁盛、高岭、下坳、板岭、东庙、永安、古山等乡镇。县内竹子主要用于搞竹编，如竹帽、竹席、竹筐等农具及各种工艺品，竹笋制作笋干及酸笋，都安酸笋在河池市比较闻名，年收入在10万元以上。

竹、藤、草编织。都安人民历来擅长编织，早在解放前就用竹子编织成各种农具及家居用品，八十年代初，地苏乡韦昌英等人带着几个竹藤编织样品闯荡广州市场，精巧漂亮的编织品吸引了国内外客商，从此订单源源不断而来，都安人民也因此开始走上编织致富之路。竹编、藤编、草编、芒编等等，只要有市场需求，都安人民就能编织出来。目前全县上规模以上的编织工厂(公司)有13个,年产值达6000万元以上,产品销往日本、美国、澳大利亚、荷兰等二十多个国家和地区,全县大约有五分之一的人从事编织业。

2003年,全县完成植树造林面积2725公顷,其中退耕还林2667公顷,绿色工程宜林荒山造林9公顷,退牧还林19.2公顷,未达标补植30公顷,实际完成人工造林2725公顷。按树种用途分,用材林2505公顷(其中杉木10公顷,松木233公顷,其他2262公顷),经济林220公顷,防护林20公顷。至年末全县完成封山育林新封面积177.2公顷,完成幼林抚育面积2666公顷,成林(含中幼林)抚育800公顷,抚育、改造出材量4212立方米。全县实现林业产业总产值2998万元,比上年减少1107万元,其中第一产业产值2974万元,第三产业产值24万元。木材产量9465立方米。

【封山育林】

巴马县从20世纪70年代开始封山育林,到80年代末全面封山育林。据统计1997～2003年,全县完成封山育林面积210万亩,其中人工造林17.9万亩,石漠化治理1.08万亩。2003年上级下达都安县封山育林任务177.2公顷,其中,绿化工程封山育林任务177.2公顷,实际完成177.2公顷,完成率为100%。

【退耕还林】

2002年都安县开始实施退耕还林工程,当年自治区下达任务为4万亩,其中退耕地造林2万亩,配套荒山地造林2万亩,2003年退耕还林4万亩,其中退耕地造林2.5配套荒山地造林1.5万亩,在2003年底成两年任务全部完成。

2003年全县退耕还林4万亩,涉及退耕还林农户1.6万户,年内已签订退耕还林责任合同1.6万户,经县级自检上报,工程完成造林施工总面积4万亩,占年度计划任务的100%,其中退耕地造林完成2.5万亩,占年度计划任务的100%,荒山荒地造林完成1.5万亩,占年度计划任务的100%。退耕地造林中,营造生态林比例为95.5%,营造经济林比例为4.5%;25°坡以上坡耕地占88%,15°～25°占10%,15°以下占2%。主要造林树种为任豆、竹子、松、杉。2003年度国家共下拨给都安县退耕还林专项经费550万元,其中:种苗和造林补助费300万元,现金补助费40万元,补助粮食款210万元。自治区安排工作经费7.5万元,县级财政安排配套工作经费10万元。

2003年内全县共兑现退耕还林补助粮食781万公斤,占年度计划975万公斤(含2002年度退耕还林任务第二年补助300万公斤)的80%;现金补助兑现50万元,占年度计划90万元(含2002年退耕还林任务第二补助20万元)的50%;种苗和造林补助费完成200万元,占计划数200万元的100%。其余钱粮补助在2004年3月造林检查验收后兑现。

【森林资源生态效益补助试点】

2002年,都安县被列入国家级公益林生态效益补助试点是18.9万亩,分布在都安县东部刁江、红水河流域的拉仁、九渡、菁盛、龙湾和安阳等6个乡镇,林种为水土保持林,树种均为石山灌木。签订管护合同5785份,管护人员5788人,管护区均设置标志牌。2003年度补助资金共661500元已到位,全部以存折形式发到农户。

【水南公路(都安段)和"两江一河"竹林绿化带建设】

2003年,都安县全面启动水南公路(都安段)竹林绿化带建设,3月底,已完成水南公路造林3411亩,6月,县委县人民政府把重新规划后的水南路竹林绿化带建设任务5272亩全面落实到县直各个单位和都安县水南路沿线的地苏、澄江、安阳、高岭、大兴、下坳等6个乡镇,实行包干(包挖坎、包种植、包成活、包管护)责任制,经过全县人民的艰苦奋战,至2004年春季,都安县全面完成水南公路(都安段)竹林造林任务。2003年,都安县"两江一河"(澄江、刁江、红水河)竹林绿化带建设任务为1159亩,实际完成造林1180亩(其中竹子6万株,任豆10万株,苦楝2万株)。

【林政资源管理】

2003年度上级下达给都安县商品材限额为蓄积量16432立方米,出材量10238立方米;年度木材生产计划为蓄积量15896立方米,出材量10230立方米。2003年度实际核发林木采伐许可证为:采伐面积273.25公顷,蓄积量15305立方米,出材量9356立方米。2003年度签发的木材运输证:以采伐证为依据有蓄积量11785立方米,出材量7259.8立方米,以处罚决定书县内部分为依据有蓄积量355立方米,出材量233.1立方米,本年度库存蓄积量5059立方米,出材量3088立方米，上年度库存蓄积量1560立方米，出材量1019.8立方米。都安县2003年度商品材消耗量为：蓄积量15639立方米，出材量9561立方米，未超出采伐限额和年度木材生产计划。

组织开展对全县木材经营(加工)单位和木材市场的管理整顿，2003年全县共调查核实木材经营户87户，其中合法经营67户，关闭和取缔非法经营加工20户，没收木材118立方米，罚没款收入3.12万元，严厉打击非法木材经营加工行为，对保护森林资源起很大作用。

加强林区管理，严厉打击乱砍滥伐和违章运输木材的行为，2003年度全县共查处木材滥伐、违章运输木材、无证经营加工、收购无证木材案16起，没收木材3306立方米。

及时公正地调处山林权属纠纷，1999～2003年，都安县共调解山林纠纷案8起。

【征占用林地】

2001年水南公路征占用林地94.67公顷，收缴森林植被恢复费30万元。2003年红水河乐滩电站征占用林地77.6389公顷，收缴森林植被恢复费306万元。

【野生动物保护】

都安县动物保护种类有：猕猴、豹猫、野兔、果子狸、穿山甲、水獭、大壁虎、蟒蛇、野鸭、猴面鹰、眼镜蛇、眼镜王蛇、金环蛇、银环蛇、环颈雉等100多种，但由于森林植被的破坏以及乱捕滥猎和滥用农药造成野生动物数量锐减，有的已濒临灭绝。

2003年查获非法收购及猎捕的野生动物有蛤蚧30只，隼1只，草鹗活体1只，死体1只，竹鼠活体23只，死体46只，果子狸活体4只，死体3只，猪仔狸死体17只，眼镜王蛇活体4只(3.45公斤)，百花蛇184公斤，榕蛇活体14公斤，广蛇活体17公斤，眼镜蛇0.8公斤，金环蛇0.3公斤，泥蛇2.5公斤，沼蛇16公斤，豹猫死体1只，虎纹蛙15公斤。

【森林防火】

都安县森林防火指挥部办公室7人，防火专业队1支23人，每年进行2次防火专业队培训；差转台1座，监测面积2730平方公里。目前县防火指挥部有对讲机22部，风力灭火机44台，指挥车2辆。1999～2003年，全县只发生一般森林火灾共11起，连续5年获得河池市森林防火目标管理奖。

2003年，都安县认真贯彻全国森林防火工作会议，加大森林防火宣传力度，加强野外火源管理，年内全县发生一般森林火灾2起，过火面积6.84公顷，受害森林面积为1.49公顷，森林受害率为0.045‰，损失松、杉成林蓄积90.86立方米，直接经济损失0.5万元，各项森林防火指标未突破上级下达的指标。

【森林病虫害防治】

都安县森林病虫害主要有马尾松赤枯病、油桐角斑病、任豆锈病、荔枝毛毡病、马尾松叶枯病、油茶软病；马尾松毛虫、松茸毒蛾、蚧壳虫等。2003年全县森林病虫害发生面积为45.73公顷，其中马尾松毛虫10公顷，松茸毒蛾6.67公顷，荔枝毛毡病15.73公顷，马尾松赤枯病13.33公顷，危害程度为轻下级，不成灾。全县全年实施森林病虫害监测面积26667公顷，监测覆盖率89.6%，松属植物监测面积8486.9公顷，监测覆盖率100%，松材线虫病监测8486.9公顷，监测率100%，种苗实施产地检疫760万株，检疫率100%，实施木材检疫6200立方米，检疫率99.5%。

2003年度，都安县森林病虫害防治站启用森林病虫害信息传输和植物检疫联网签证，实现办公自动化。

2003年度，都安县组织对全县林业有害生物进行普查，普查面积为23951.1公顷，普查出病害6种，即马尾松赤枯病、油桐角斑病、任豆锈病(苗圃病害)、荔枝毛毡病、马尾松叶枯病(苗圃病害)、油茶软病；虫害有5种，即板栗瘿蜂，马尾松毛虫、松茸毒蛾、蚧壳虫、白蚁；鼠害：松鼠。

【农村能源建设】

都安县沼气池从1980年开始建设，2001年开始进行大规模、高质量的沼气池建设，2001～2002年建设5900座，2002～2003年建设5010座，全县总建有122000座高等级沼气池，入户率达34%。几年来由于人们生活水平已提高，使用薪柴烧火煮饭的已经不多，靠近县城的乡镇和交通便利的乡镇农村也基本实现电气化。

目前全县沼气池建设专业技术人员有398人，2003年培训395人次，全县全年投入农村能源建设资金132万元，其中各级财政拨款51.5万元，群众自筹及投劳投资80.5万元。

2003年，都安县农村能源办工作人员7人，年内举办沼气池建设技术培训395人次，全年投入农村能源建设资金 132 万元，其中县各级财政拨款 51.5 万元，群众自筹及投劳投资 80.5 万元。全县沼气用户数为 21892 户，年总产气量为656.76万立方米，相当于 1.123 万吨标准煤，年保护 2014 公顷森林。年末全县使用省柴灶 10.9249 万户，利用秸秆 25 万吨，薪柴 21.9 万吨，石油液化气用户 2 万户。

【林业宣传】

2001 年以来，都安县主要围绕森林资源保护，生态能源建设及产业结构调整等方面来抓好林业宣传。特别是在退耕还林工作中，都安县采取派工作队下乡下村屯宣传指导、各种媒体宣传等方式大力宣传退耕还林政策，使之宣传到户率达 100%，使退耕还林开展得较好，工作较主动。

2003 年都安县主要围绕退耕还林、竹林绿化带建设、森林防火、森林病虫害防治、生态能源建设等方面抓好宣传。在退耕还林工作中，都安县充分利用各种宣传媒体和工作会议、工作队下乡指导、张贴宣传标语、制作固定标语牌等形式大力宣传退耕还林政策、措施及相关法律法规，项目区宣传到户率达 100%。2003 年 1 月 18 日都安县在地苏右江村召开声势浩大的退耕还林暨水南路(都安段)竹林绿化带建设誓师大会后，各乡镇普遍召开动员大会，使退耕还林政策深入人心，广大群众的积极性得到充分调动。高岭镇复兴村书记亲自到县退耕办争取退耕还林指标，2003 年该村完成退耕还林任务 1000 亩，占镇政府下达任务的 125%。

【低产林改造】

2003 年上级下达都安县低产林改造任务为 137.7 公顷，其中经济林低产林改造 133.3 公顷，绿色工程低产林改造 4.4 公顷，实际完成 137.7 公顷，完成率为 100%。

【义务植树】

2003 年都安县义务植树 50 万株，其中四旁植树 28.8 万株。

【育　苗】

2003 年都安县培育优质良种苗木 437 亩，其中任豆树 330 亩，产苗量 840 万株；竹苗 50 亩，产苗量 5 万株；马尾松容器苗 7 亩，产苗 53 万株；马尾松裸根苗 35 亩，产苗 175 万株；杉木裸根苗 10 亩，产苗 30 万株。

【国家森林资源生态效益补助试点】

2002 年，都安县被列入国家级公益林生态效益补助试点是 18.9 万亩，分布在都安县东部刁江、红水河流域的拉仁、九渡、拉烈、菁盛、龙湾和安阳等 6 个乡镇，林种为水土保持林，树种均为石山灌木。签订管护合同 5785 份，管护人员 5788 人，管护区均设置标志牌。2003 年度上级补助资金共 661500 元，目前已到位，全部以存折形式发到农户。

（都安县林业局）

大化瑶族自治县林业

【概　述】

大化瑶族自治县成立于 1988 年 10 月，由原来的河池地区都安瑶族自治县、巴马瑶族自治县、南宁地区的马山县部分乡镇组成。全县幅员 271600 公顷，辖 19 个乡(镇)、3 个扶贫开发区、1 个国有林场，总人口 41.5 万人。全县现有林业用地面积 96470.9 公顷，有林地面积 42967.8 公顷，灌木林地面积 49185.1 公顷，林业用地绿化率 95.5%，森林覆盖率 33.9%(含灌木林)。分别比 1990 年全县第一次森林资源二类调查结果增加 4938 公顷，30302 公顷，8911 公顷，增长率为 5.4%，239.2%，22.1%，37.7%，14.5%。县境内石山林立，以岩溶性峰丛洼地、峰林山地为主，石山面积 188517 公顷，占全县总面积的 68%，森林资源稀少。

建县以来，大化县林业经历四个阶段，取得四大突破，实现四次质的飞跃。第一个阶段：1994 年实现造林灭荒达标。大化县建县之初，正是自治区党委、自治区人民政府号召全区各族人民开展《保护森林、发展林业、力争十五年内绿化广西的决定》之时，大化县委、县政府审时度势，立足县情，及时制定符合本县实际的林业发展规划，并付于实施。据统计，全县总共用于造林灭荒资金 600 多万元，林业部门自筹 270 万元，群众投工投劳 135 万个工日，完成造林 29679 公顷，基本绿化了荒山，1994 年提前一年顺利实现灭荒达标。造林灭荒达标为大化林业的建设和发展奠定了坚实的基础。第二阶段：1995 年实现改燃节柴达标。继灭荒达标后，1995 年，全县又投入 100 多万元，对全县农村能源进行改燃节柴，共建造各种省柴灶77521座,平均入户率94.51%,顺利通过改燃节柴达标验收。改燃节柴达标大大降低了全县农村柴草消耗,保护了森林资源,巩固了造林灭荒成果。第三个阶段:1996年实现造林绿化达标。在大力推广省柴灶建设的同时,1995年,全县再投入200多万元,对造林灭荒保存率达不到要求的面积进行补植补种。1996年进一步完善各项造林绿化指标,共完成各项造林1095.7公顷,使全县在1996年顺利通过绿化达标。绿化达标的实现,进一步巩固了造林灭荒成果,全县森林面积和森林蓄积出现双增长。第四个阶段:全县2002年全面实施退耕还林工程。工程实施以来,两个年度共完成造林面积5000公顷。退耕还林的实施,为全县每年增加森林覆盖率1个百分点以上,使全县林业进入高速发展和林种结构调整的快车道。

【林业生产建设】

1988～2003年大化县完成植树造林面积51925公顷,其中飞播造林7021公顷,荒山造林32972公顷,迹地更新造林11325公顷,低产林改造607公顷。中幼林抚育面积25656公顷。实现林业产业总产值16027万元,木材产量100935立方米,松脂产量1.2万吨,全县有木材经营加工单位70家,其中年产值在10万元以上的有10家,家具年产量达1万件以上。累计完成封山育林面积125822公顷,占石山总面积的66.8%。完成育苗面积150公顷,出苗量15.8亿株,培育的主要树种有尾叶桉、任豆、马尾松、相思类、八角、肉桂、杉木、香椿、苦楝、毛竹、杂交竹、吊丝竹等。

【林政资源管理】

1988～2003年间共编制“八五”、“九五”、“十五”全县森林资源采伐限额蓄积2983950立方米,出材141748立方米。全县森林采伐严格按编制的限额有计划有步骤地凭证采伐,有效控制森林资源的消长,基本实现长大于消。1996～2002年连续7年通过了自治区林业局对大化县“九五”“十五”期间领导干部任期森林资源消长目标责任状检查。16年来在抓好森林资源源头管理的同时,我们重点查处破坏森林资源的各类案件600起,其中2001年国家林业局重点督办的案件1起,已在当年结案。依法审理征占用林地项目,提高林地审核率和森林植被恢复费收取率。2000年以来共审核征占用林地项目2宗(2000年以前没有征占用林地),面积126.685亩,依法征收森林植被恢复费22910元。跨地(市)调处山界林权纠纷1起,县内调处5起,当年结案率达85%。

【森林防火工作】

建县至今全县仅发生森林火灾8起,其中火警5起,一般火灾3起,没有发生重、特大森林火灾(1994、1995、1996、1997、1999年无森林火警、火灾发生),火场总面积60公顷,受害森林面积50公顷,烧毁幼树15000株,因火灾烧毁成林蓄积400个立方米,直接经济损失3.5万元。火灾之年,森林火灾受害率均能控制在0.02‰以内,森林防火取得显著成绩。其中,1988～1993年获原河池地区森林防火指挥部森林防火目标管理一等奖;1994～1997年获原河池地区森林防火指挥部森林防火目标管理特等奖;1998～2003年获河池市(地区)森林防火指挥部森林防火管理一等奖。

【森林病虫害防治】

建县以来,全县累计发生森林病虫害面积551公顷(全部是松毛虫害),成灾面积41公顷,其中1998年发生面积358公顷,成灾面积41公顷,是建县以来灾害最严重的一年。按照森防工作“四个转变”的要求,从1997年起,全县连续5年使用人工喷洒白僵菌防治松毛虫,防治面积551公顷,防治率100%。全县设立11个病虫害监测点,加强了对森林病虫害防治工作的监督和管理。1997～2003年,连续7年通过了区、市林业局的检查,年度森防目标管理的各项指标全部达标。

【野生动植物保护管理】

加强县境内野生动植物的保护和管理,积极开展各种活动,采取各种行之有效的措施,严厉打击各领域、各环节破坏野生动植物的违法犯罪行为。据不完全统计,全县累计出警4.5万人次,收缴各类野生动植物7.5万只(件),有效地保护了野生动植物资源。

【农村能源建设】

1989年3月,大化县农村能源工作站成立,隶属县农业部门管理。1991年划归县林业部门管理,同时更名为大化县农村能源办公室。县农村能源办公室成立后,认真贯彻落实农村能源的有关政策,积极开展省柴节能推广工作,加强省柴灶、农村“152”生态示范项目和沼气池项目建设,使全县生态能源建设取得很好的成绩。截至

2003年底止，全县累计共建省柴节煤灶77521户，占全县总农户94.51%，沼气池17098座，占全县总农户21.7%。太阳能热水器386.2平方米，微型水力发电121座，装机容量23900千瓦。为全县农村能每年节约薪柴约19万吨，折合10万吨标准煤。相当于每年少砍8356公顷的有林地面积。有效地保护了森林资源。

【林业宣传工作】

以《森林法》和《中共中央关于加快林业发展的决定》以及有关林业法规为主题，紧紧围绕绿色工程、退耕还林、生态公益林、生态环境综合治理等工程建设，充分利用广播、电视、报刊、杂志等各种宣传媒体，大力开展林业宣传工作，不断提高林业的地位和作用。据统计1988～2003年共培训林业宣传干部33期550多人次；编写各种宣传辅导材料50份，共10.5万多字；录制林业专版和专题报道25个，地、县、乡电视宣传1150多次；出版黑板报205期；在林业等报纸杂志上登文章85多篇。

【林业教育、科技工作】

1988至2003年，共有27人参加各类院校学历教育，取得大学本科学历50人，专科学历16人，在读大专2人、大学本科3人；有1620人次参加本级、上级林业主管部门和其他部门的业务学习和培训，不仅提高业务知识，而且全县林业执法单位、重点工作岗位人员基本上实现执证上岗；培训农民技术员2560人次，有286人取得绿色证书，成为全县农村科技致富带头人。在大力开展林业教育的同时，全县认真贯彻科技是第一生产力的战略方针，落实科研经费，出台优惠政策，鼓励广大林业科技人员积极开展林业科技研究和推广，共取得科技研究成果8项，其中“水压式”沼气池液体循环自动破壳装置获自治区林业局科技进步三等奖，原河池地区科技进步一等奖。并在各乡镇建立9个乡镇林业技术推广站，大大加快了林业科技成果的转化和林业科技发展步伐。

【乡镇林业站建设】

1991年1月，大化县共设立流水、共和、贡川、古河、都阳、岩滩、北景、羌圩、乙圩等9个林业工作站，分片管辖全县19个乡镇的林务工作。根据工作和实际需要，1997年10月，将原设的9个林业工作站合并为流水、大化、都阳、乙圩等4个林业中心站。并按林业站达标县建设标准，开展林业站达标县建设活动。1998年经自治区林业主管部门检查验收，取得林业站达标合格县资格。

2001～2002年，大化县人民政府根据县乡机构改革需要，将全县林业工作站的人、财、物全部移交给当地乡(镇)人民政府管理。2003年又下文明确规定乡镇林业站管理为双重管理，以林业部门管理为主，并将全县九个乡镇林业站增加到16个，进一步增强基层林业站力量。

【绿色工程建设】

1996年以来，大化县绿色工程建设在县绿化委员会组织协调下，推行统筹规划、部门分工、分级负责的造林绿化体系。各部门各司其职、各负其责，突出重点，分步实施，绿色工程建设取得显著成效。结合全民义务植树活动，认真开展城乡“四旁”绿化美化工作。几年来，共完成绿色工通道建设里程722.7千米，总面积1811.5公顷，城乡“四旁”绿化造林750万株，折合面积5000公顷。

【生态环境和林业重点工程建设】

第一，抓好红水河竹林带建设。1997年大化县投入126万元，林业部门自筹60万元，群众投工投劳68万个工日，完成营建长达78公里、面积335公顷的红水河竹林带。

第二，抓好生态环境整治工作。2000年、2001年度由原国家计委安排1009万，大化县林业局等部门承建的大化县生态环境建设综合治理第一、二期工程，共完成：一是退耕还林38.43公顷；二是电站库区两岸宜林荒山造林100.87公顷；三是石山造林189.91公顷；四是石山封山育林680公顷；五是沼气池建设595座；六是治理石漠化面积414公顷；七是治理水土流失面积688公顷。

第三，抓好退耕还林工程。2002年、2003年度上级下达给大化县退耕还林工程建设任务为5000公顷，实际完成5000公顷，计划完成率100%。工程在全县19个乡(镇)81个行政村实施，涉及农户1.62万户6.5万人。两个年度国家共安排种苗和造林补助费375万元，现金补助120万元，粮食补助费1260万元，自治区和县级财政分别安排工作经费12万元和49万元。实际共兑现退耕还林补助粮食750万公斤，占计划900万公斤的83.3%，兑现现金补贴80万元，占计划120万元的66.7%，剩下的待2004年检查验收后进一步兑现。

【速生丰产林建设】

建县以来，全县在速生丰产林建设方面起步较晚，速生丰产林建设几乎是零。到90年代末，才开展一些速生丰产林建设试点工作，规模较小。真正形成规模种植的是在2002年度以后，随着国家退耕还林工程的全面开展，才迅速发展起来。特别是2002年自治区计委、财政厅、林业局出台《关于加快广西速生丰产林发展的意见》后，依靠退耕还林和发展速生丰产林的一系列优惠政策，全县各行业、各社会团体和个人或独营、或联营开展速生丰产林建设，纷纷加入到速生丰产林建设行列，形成多点开花、多头并进的建设局面。到2003年止，全县累计营造速生丰产林面积3440公顷，主要树种是巨尾桉和任豆树。

【国家森林生态效益补偿试点建设】

2000年，按照自治区林业局的部署，大化县森林分类经营区划界定工作全面展开，在这次界定工作中，共规划商品林面积28394.7公顷，国家公益林面积58830.2公顷。2001年获国家公益林补偿试点面积13246.7公顷，每年取得补偿资金84.4万元。共签订管护合同108份，落实管护人员108人，签订管护面积13246.7公顷，占试点面积的100%。

【国有林场建设】

都阳林场是大化县唯一的国有林场，总面积1532公顷。现有干部职工156人，其中退休42人。1988～2003年全场完成造林面积543.2公顷，中幼林抚育面积2215.8公顷。育苗面积52.1公顷，开设防火线22.74千米，新建和维修公路14.95千米。累计完成木材生产78747立方米，销售收入2418.4万元，多种经营收入78.05万元，全场总收入2497.09万元，总支出2498.9万元，支出略大于收入。

2003年，全场全面完成了体制改革，有90个职工参与林场自营经济开发，占总职工的88%，发展生产基地90个，全场自营经济迈出了重要的一步。

【林业大事】

1990年10月，完成大化县森林二类调查工作。

1992年12月20日，大化县造林灭荒整地现场会在岩滩镇召开，县委副书记罗永魁同志主持会议，各乡镇领导汇报造林进度，县长李鹏同志做工作报告，全面落实了造林灭荒以党政一把手负总责为核心的“三总”责任制。

1993年1月5日起，自治区林业厅营林处迟志鹏副处长、蒋迎红等技术干部到大化县指导造林灭荒工作。

1993年6月18日，大化县委、县政府召开全县造林灭荒三级干部会议，县委书记兰家智、县长李鹏亲自作动员讲话，全县上下全面掀起了造林灭荒的热潮。

1993年9月19日，大化县委、县政府在县电影院召开全县造林灭荒动员大会，县委书记兰家智作动员讲话，对全县造林灭荒进一步加温加压。

1993年10月17日，大化县造林灭荒现场会在都阳镇召开，县委书记兰家智作重要讲话。

1994年7月12日至8月4日，自治区造林灭荒达标检查验收工作队对大化县造林灭荒进行检查验收。

1994年11月6～14日，国家林业部造林灭荒核查验收组对大化县造林灭荒进行核查验收。

1994年11月30日，大化县委、县政府召开全县造林灭荒总结暨绿化达标动员大会，县长兰华兴作题为《发扬灭荒精神，继续奋战两年，确保全县绿化达标》的动员报告。

1995年3月16日，大化瑶族自治县第三届人民代表大会第三次会议通过《大化瑶族自治县关于造林绿化管理的决定》。

1995年7月3日，大化县委出台了《关于鼓励干部职工开发果木林的决定》(大发〔1995〕22号)。

1996年3月22日，大化县人民政府以大政发〔1996〕13号文《关于征集城区绿化基金的通知》下发到大化镇、流水乡政府、县直机关企事业单位、城郊扶贫开发区。

1996年11月份，自治区绿化达标检查验收工作组对大化县造林绿化进行检查验收。

1997年3月15日，成立大化县森林消防专业队。

1998年8月15日，大化县委召开全县绿色工程动员大会。

1999年2月份，实施大化县红水河竹林带建设。

2000年2月份，实施红水河生态环境综合治理第一期工程。

2001年2月份，实施红水河生态环境综合治理第二期工程。

2002年4月20日，全县退耕还林工作在县民族礼堂召开，县长兰华兴同志作动员讲话。

2002年8月10日，全县退耕还林工作紧急会议在都阳林场召开，县委书记覃现超在会上作重要讲话。

2002年11月19日，全县退耕还林造林备耕工作在县民族礼堂召开，县委书记吴秀永在会上作重要讲话。

2003年3月25日至4月5日，自治区退耕还林复查组到大化县开展复查工作。

（大县化林业局）

罗城仫佬族自治县林业

【林业生产创新高】

2003年，罗城县完成植树造林面积2666.7公顷，其中，迹地更新226.9公顷，低产林改造造林85公顷。植树造林按用途分，用材林1558.1公顷，经济林1108.6公顷，至年末全县封山育林新封面积完成5333公顷，幼林抚育作业面积5449.6顷次，幼林龄抚育实际面积4738.2公顷。中幼龄林抚育面积1279公顷。全县实现林业产业总产值5694万元，木材产量50119立方米。其中，等内加工原木35331立方米，其他原木14788立方米。

【退耕还林工程】

2003年罗城县进入实施退耕还林工程的第二年。国家下达年度工程建设任务2666.7公顷，其中退耕地造林和宜林荒山荒地造林各1333.3公顷，在全县13个乡镇实施，涉及退耕农户6521户，年内已签订退耕还责任合同6521户，占100%。经县级检查验收，工程完成造林施工总面积2666.7公顷，占年度计划任务的100%，其中退耕地造林完成1333.3公顷，占年度计划任务的100%。退耕地造林中，营造生态林比率为88.97%，营造经济林比率为11.03%；25°以上坡耕地占62.5%；15°～25°度占27.7%，15°以下占9.8%。主要造林树种为桉树、松树、八角、板栗、香椿、竹子、毛葡萄等。

2003年度自治区下拨罗城县退耕还林专项经费660万元，其中：种苗和造林补助费200万元，现金补助40万元，补助粮食款420万元。年内，全县共兑现退耕还林补助粮食300万千克，占年度计划的100%；现金补助兑现40万元，占计划100%；种苗和造林补助费完成200万元，占计划的100%。

【速生丰产林建设】

2003年罗城县速丰林造林完成724.13公顷，占计划任务667公顷的108.6%。经年度检查验收，全县各乡镇均能使用优良种源区的良种及优良组培扦插苗，一级苗使用率达93.5%，平均造林成活率达94.3%，平均树高达标率为86%，其中速生桉生长较快，一些地方年最高生长量达到3.2米。

【绿色工程建设】

在工程建设中，罗城县实行社会办林业，全民搞绿化的方针，坚持谁种谁有，谁投资谁受益的原则。多形式、多渠道、多层次地筹集建设资金324.5万元。实行目标管理责任制，各级党政一把手亲自抓，分管领导具体抓，形成层层有人抓，层层有人落实的局面。在具体工作上还实行五包：包发动、包种苗经费、包挖坎定植、包成活管护、包验收达标。经过努力，全县共种下各种路树12.2万株，完成公路绿化158.37公里；完成养护站绿化面积40.2亩；完成县城街道、住宿区及公园绿化种植1.3万株；完成河流绿化长度5.6公里；完成公路、铁路两旁各宽1公里，河流两旁各宽2公里范围内宜林地造林9892.2亩；完成县行政区域范围内的乡镇、村（屯）周围100米范围内的宜林地造林合格面积429.6亩；完成行政区域范围内25°以上的坡耕地退耕还林面积1967.25亩；完成县级示范点造林648.45亩；完成江河两岸各宽2公里，铁路、公路两旁各宽1公里范围内非林业用地石山封山育林209880.3亩。

【珠江防护林建设】

2003年有3个乡镇实施珠防林工程项目，计划人工造林330公顷、封山育林1333.3公顷。经统计，共完成人工造林334.41公顷，占计划任务的100.32%；封山育林1785.3公顷，占计划任务103.39%。共投入资金90万元。

【封山育林】

2003年，罗城县继续实施封山育林工程，实行封造结合加快植被恢复进度，通过制订村规民约、配备护林员、搞好防火等措施，加强对封育区的管护工作。特别是结合珠防林等重点工程来实施,有效地提高了封育质量,确保了封山育林成效。据统计,年内共完成封山育林1000公顷,其中林业重点工程完成1000公顷。

【种苗工程建设】

2003年罗城县培育种苗465亩,其中八角132亩、香椿131亩、任豆22亩、苦楝8亩、油桐3亩、杉木94亩、松木20亩、黄杞子21亩、竹子11亩、柑橙类8亩,其他苗木15亩。

【森防病虫害防治】

2003年,罗城县森林监测覆盖98871.21公顷,监测覆盖率为93%。全县有马尾松毛虫发生面积1500亩,成灾面积1500亩。年内,罗城县森防站在上级领导及主管部门的领导下,积极做好病虫害预防和除治工作。年内全县进行了松材线虫的监测调查,监测率为100%。根据国家林业局的要求,森林病虫害防治工作继续实行目标管理责任制,通过我县森防站努力加强森林病虫害防治工作的管理,经自治区林业局年终考核结果,本年度森防目标管理的各项指标全面达标。

【国家森林生态效益补助试点】

分类经营是林业体制改革的一个重要方面。在完成2001年森林分类区划工作和罗城县2002年开展森林生态效益补助资金试点基础上,编制了《罗城仫佬族自治县森林生态效益补助资金试点实施方案》,规定了补助资金使用范围及森林资源保护和管理费用支出作具体界定,制定了补助资金的管理办法和监督措施。2003年罗城县又将1435.4公顷生态区位于十分重要的林地划入国家级重点公益林范围,从而使我县国家级重点公益林面积增加到10388.7公顷,2003年确定试点面积为10388公顷,分属怀群镇、天河镇、平英保护站、鱼西保护站四个单位,并按照森林生态效益补助资金的试点原则与要求,将试点面积落实到山头地块,其中国有森林面积435.9公顷,集体森林面积9952.8公顷,分别与各试点单位管护人员签订《国家重点防护林和特种用途林认定与管护合同》共计142份,并根据各管护单位的管护情况将2003年管护费共计54.54万元全部发放到管护人员手中。通过试点,加大了石漠化综合治理力度,保护国土安全,提高森林林分质量,改善了林农生活状况,加大资金投入,森林资源管护建设有了保障。

【林政管理】

2003年编制下达了蓄积84108立方米,出材54220立方米。全县共发放采伐证1226份,采伐出材量51554立方米。其中:国有青明山林场采伐量16782立方米,集体林区采伐量34772立方米。没有突破上级下达采伐限额,较好地保护了有限的森林资源。在木材运输过程中做到严把关,防止不法木材进入流通领域,扰乱木材市场秩序,年内,共签发木材运输证1067份,木材运输量43592立方米。

2003年共查处林政案件39起,其中,滥伐林木案件1起,滥伐林木250株,查处无证经营木材案件4起,没收木材38.78立方米。查处无证运输木材案件34起,没收木材162.15立方米。从违法分子无证收购野生动物的手中收缴野生动物各类蛇13公斤、竹鼠30只、竹鸡45只并将这些野生动物全部放归大自然。从而有效地打击和教育那些倒卖、捕杀野生动物的违法犯罪,使我县野生动物得到更好地保护。

2003年罗城县坚决贯彻执行国家林业局第1、2号令,加强对林地的保护管理工作。在建设宝坛水电站及"西电东送"工程的征地工作中,按规定办理林业用地的征用手续,既保护了森林资源,又支持了县重点基础设施的建设。在日常的林地管理工作中,经常深入林间山头地块进行调查,发现问题及时解决,使我县一年来没有发生乱征滥占林地现象。

2003年罗城县对各木材加工点进行严格管理,严格把好办证关,全年共办证、换证55家,并对全县各木材加工点进行定期或不定的检查,分别对黄金4家加工厂进行了清理和停业整顿,并对其4家加工来源不合法木材和自行收购木材30个立方米予以没收,对其他乡镇的加工点在清查中发现问题及时处理,对那些未办证的流动加工者坚决予以取缔

2003年,对林木采伐许可证核发管理,木材运输证签发与管理、林地管理等8人和15名伐区调查设计人员进行岗位培训。

今年来,罗城县对各木材加工点进行严格管理,严格把好办证关,全年共办证、换证55家,并对全县各木材加工点进行定期或不定的检查,县林业主管部门周密部署,组织林政办与森警公安分局密切配合,对黄金4家加工厂进行了清理和停业整顿,并对其4家加工来源不合法木材和自

行收购木材30个立方米予以没收,对其他乡镇的加工点在清查中发现问题及时处理,对那些未办证的流动加工者坚决予以取缔

【自然保护区建设与管理】

2003年度完成平英、鱼西自然保护区加入九万山自然保护区预申报晋升国家级保护区工作。预申报的国家级九万山自然保护区罗城境内森林面积13936.2公顷,有国家一、二级野生植物5种,国家一、二级野生动物11种,保护区内地形地貌复杂,物多样性十分丰富,保护价值极高,目前已通过自治区预审并上报国家林业局,有望于2004年内完成申报工作。

【森林防火】

2003年罗城县共发生森林火警火灾13起,其中一般森林火灾8起,火警3起,石山火2起,总过火面积414.4公顷,烧毁有林面积186.8公顷,森林受害率为1.75‰,因火灾烧毁成林蓄积200立方米,烧毁幼林树0.5万株,其他损失折款104.8万元,支出扑火经费6.5万元。与2002年相比,森林火灾起数增加2.16倍,火场总过火面积增加1.7倍,受害森林面积增加2.08倍,森林火灾受害率上升1.1‰。

2003年全县森林火灾发生特点:一是时间集中,主要集中在春防期间和秋冬防期间,春防期间主要集中在清明节前后,仅3～5月份就发火警火灾5起,过火面积75.1公顷,受害森林面积54.13公顷,分别占全年的38.4%、18.1%和28.9%;二是地域集中,主要集中在我县的马尾松飞播林区,全年共发生火警火灾13起(含石山火),其中发生在马尾松飞播林区内的火警火灾就有7起,过火面积338.18公顷,受害森林面积136.57公顷,分别占全年的53.8%、81.6%73.1%;三是火因集中,在已查清火因的11起火警火灾中,烧荒烧炭占54.5%,上坟烧纸烧香占36.3%。

【农村能源建设】

2003年罗城县农村能源行政管理机构一个(即农村能源办公室),工作人员6人,农村能源技术服务机构一个(即农村能源技术服务站),科技人员6人,实行一套人马两块牌子办公。

2003年全县投入农能建设资金561.8万元,其中,上级拨款128万元,县财政拨款13.8万元,群众自筹420万元(含折劳投资),完成培训农民技术员176人,建沼气池3500座,总容积为2.8万立方米,总产气量达105万立方米,推广省柴节煤炉灶64个,年共节约薪柴9622.8吨,节省3974.4亩面积的森林资源。此外,还大力推广沼气综合利用技术,使全县逐步形成了“养殖—沼气—种植”三位一体的生态能源模式,促进了农业增产和农民增收。

2003年微型水力发电为,年初、年末均510台,装机容量1469.38千瓦。太阳能利用为年初0.020272万平方炉子,本年新增0.004万平方米,年末累计0.24272万平方米。

【森林公安工作】

严厉打击破坏森林和野生动物资源违法犯罪行动。2003年,全县森林公安机关深入开展林业严打整治斗争,适时开展了“严厉打击破坏野生动物资源违法犯罪的‘春雷行动’”、“查处破坏森林和野生动物资源犯罪紧急行动”及一系列专项行动,重点打击盗伐和滥伐林木、非法侵占林地、毁林开荒、非法收购盗伐、滥伐林木及非法猎捕、杀害、收购、运输、出售国家重点保护野生动物等违法犯罪活动,同时将查证属实、尚未解决的人民群众来信反映的重特大案件和有较大影响的案件。全年全县森林公安机关共查处各类森林案件102起,其中查处森林和野生动物刑事案件3起,治安案件9起,林业行政处罚案件90起。打击处理各类违法人员138人,其中逮捕3人。通过查办案件共挽回经济损失14.4万元,其中收缴木材353.3立方米,野生植物干片652公斤,野生动物及其制品分别为866只(条)、皮2张。

【营林生产】

2003年罗城完成迹地更新造林117公顷,其中:低产林改造80公顷,营造经济果木林12公顷。年末经济果木林总面积189公顷,职工人均拥有经济果木林0.76公顷。完成幼林抚育实际面积732公顷,作业面积1464公顷,育苗0.33公顷。

【林产品生产】

2003年罗城县生产木材1.709万立方米,比2002年增加4%,销售木材1.5590万立方米,比2002年减少5505立方米,年内库存木材1363立方米,较2002年增加103%。

【国有青明山林场建设】

2003年国有青明山林场在岗职工247人,离退休职工49人。经营面积7075公顷,其中:有林

地面积 6606 公顷，新造未成林面积 282.9 公顷。森林活立木蓄积量 45 万立方米，年末固定资产原值 843 万元，净值 677.4 万元，分别比 2002 年减少 1%和 2%。全年实现工农业总产值 876 万元(按现行价计)。比 2002 年减少 6%。产品销售总收入 625 万元。减少 22%，缴纳税金 64 万元，减少 42%，上交林业基金 50 万元，减少 25%，亏损 27.8 万元。

2002 年，国有青明山林场从事自营经济的职工参加户数为 139 户，150 人，分别占职工户数和人数的 73%和 51%，种植面积 23.3 公顷，总收入 130 万元，纯收入 68 万元，人均纯收入 2753 元。

经济林有林地面积 189 公顷。占全场有林地面积2%，主要以八角，沙田柚、脐橙为主要品种。

【林业教育】

2003 年，罗城县林业系统共有 56 名干部职工参加了大学本科函授，有 76 人次参加自治区林业局组织的各类林业技术培训班。

【林业宣传】

2003 年，罗城县林业局以“爱鸟周行动”为契机，张贴标语 1200 多份，拉横幅 6 条，出动宣传车 11 架次，进行保护野生动物的宣传。在防火宣传方面，林业局共出动宣传车巡回广播 20 车次，出黑板报、墙报 20 板，年初罗城县新建了 10 块大型标语碑、书写防火标语 344 条，挂大横幅标语 14 幅，发宣传资料 10000 多份，给中小学上防火课 76 节，宣传面达 95%以上。在退耕还林宣传方面：把国家对退耕农户的相关鼓励政策，如：“三补两免两落实”、“三种年限三种比例”、“三到户”和《退耕还林条例》作为宣传重点，下文要求各乡镇在有规划任务的村、屯采取固定板报的形式把退耕还林的鼓励政策抄录上墙，把《退耕还林条例》公布上墙；在县有线电视台开辟专栏宣传退耕还林政策，报道工程建设中的先进典型和先进经验；在各乡镇的集市日，向农民群众发放宣传资料达 11000 份；在重要交通路口制作固定标语牌 28 块；全县累计张贴宣传标语 1528 条。有 1 篇退耕还林文章被自治区退耕还林简报刊登，有 7 篇文章被河池日报刊登。

(罗城县林业局)

百色市林业

【概　述】

百色地处云贵高原的边缘，是西南出海的通道，边境线长达 360 公里。整个地区气候温和，雨量充沛，动植物种类繁多。目前植物已知的有 230 科 955 属 2568 种。其中单子叶植物 32 科 143 属 393 种。双子叶植物 165 科 733 属 1966 种。蕨类植物 26 种 66 属 178 种。其中还有不少名特优珍贵植物和树种，如枧木、桫椤、金丝李、格木、擎天树、四方竹、檫木、任豆树、三尖杉、兰科植物的白玉兰、德保苏铁等，有大型真菌等 400 多种，还有国家一、二级野生保护动物云豹、黑颈长尾雉、蟒蛇等 51 种。

百色市有 12 个县(区)林业局，24 个国有林场，14 个森工企业，2003 年末全市林业在职职工 4293 人，离退休人员 1466 人。1950 年以来，特别是改革开放以来，百色市林业建设得到了持续、快速、健康地发展。2003 年全市土地总面积 363 万公顷，规划林业用地面积 235.95 万公顷，占土地总面积的 65%，现有森林总面积 198 万公顷，活立木蓄积量 6307 万立方米，森林覆盖率54.55%。在现有的森林中，按树种分：杉木面积 15.5 万公顷，蓄积量 1359 万立方米；松木面积 9.4 万公顷，蓄积量 1189 万立方米；桉树面积 0.7 万公顷，蓄积 9 万立方米；天然阔叶林面积 97.6 万公顷，蓄积量 3420 万立方米。其他人工林面积 74.8 万公顷，蓄积 330 万立方米。2003 年全市实现林业总产值 12.2411 亿元，其中第一产业产值 11.5759 亿元，第二产业产值 0.6173 亿元，第三产业产值 0.0479 亿元。

【森林资源培育】

1999～2003 年先后实施了绿色工程、石漠化治理工程、退耕还林工程、珠防林工程、速生丰产林基地建设工程，全市共完成人工造林 18.46 万公顷(其中，退耕还林 12.64 万公顷，珠防林 0.55 万公顷，石漠化治理 0.64 万公顷，其他造林 4.63 万公顷)，实施低产低效林改造面积 1.34 万公顷，撒点播造林 1.04 万公顷，封山育林 38.13 万公顷，封山护林 79.41 万公顷，幼林抚育 24.83 万公顷，成林抚育 16.69 万公顷，低产林改造 4.15 万公顷，育苗面积 0.18 万公顷，可供苗木上山造林

67864.83 万株。

（百色市林业局）

【退耕还林工程】

2001～2003 年，全市累计完成退耕还林造林 12.64 万公顷，占任务的 99.60%，其中，坡耕地造林 6.09 万公顷，配套荒山荒地造林 6.55 万公顷。退耕还林是百色市造林绿化工作的重中之重，国家、自治区从政策、技术、资金等方面予以重点扶持。计划投入补助资金 10239 万元，已拨到林业部门 10173.5 万元。2001～2003 年全市县（区）、乡镇、村相继召开退耕还林动员大会 864 次，参加人数 13.3 万人次，发放宣传手册 64.7 万本（册）。举办退耕还林条例及政策培训班 446 期，培训人数 5.35 万人次。完善了退耕还林信息管理系统，市、县、区退耕办配备了电脑，建立了退耕还林作业小班属性数据库，建立了起传统纸质档案和现代电子档案的两套退耕还林档案。为了达到既能保持水土、防止石漠化，又能增加森林资源、保护珍稀野生动植物资源和旅游资源的目的，在退耕还林规划设计和布局上重点放在 25°坡以上的珠江流域上游、岩溶石山区及公路两侧沿线等生态区位重要、生态脆弱、经济贫困的地方。按照“谁造林、谁管护、谁受益”的原则，大大调动社会各界有识之士投入荒山配套造林积极性，民营林业势头强劲。

（百色市林业局）

【速生丰产林基地建设】

百色市结合实施林业重点工程，发展速生丰产用材林、工业原料林基地建设。为了加快基地建设步伐，百色市积极做好招商引资工作，先后引进金光、高峰、丰林等集团到平果、田东、田阳、右江、田林、德保等县（区），并采用“公司＋基地＋农户”等模式发展纸浆、人造板工业原料林，种植树种包括桉树、马占相思、松树等。全市已完成速丰林建设 6.13 万公顷，非公有制经济和用材大户正成为这项工程的建设主体，社会资金对这项工程建设表现最为活跃，呈现出良好的发展势头，农户、外资、龙头企业正成为速丰林建设的主体。

（百色市林业局）

【绿色工程】

为贯彻自治区党委、区人民政府“三大战略、六大突破”决策和实施“1234610”总体工作思路，百色市于 1999～2003 年实施绿色工程，工程建设任务：1999～2003 年人工造林任务 6.27 万公顷，封山育林任务 5.34 万公顷。实施的内容有“两路一江”、石山造林、退耕还林及封山育林。截至 2003 年底完成人工造林 7.98 万公顷，占任务 127.3%，封山育林 10.69 万公顷，占任务 200.2%。

（百色市林业局）

【珠江防护林工程】

百色市属珠江流域建设范围。珠江防护林工程体系建设任务有右江、田东、平果、凌云、德保、那坡、田林、隆林、西林等 9 县（区），截至 2003 年底，共完成 2.02 万公顷，占任务的 101.5%，其中，人工造林 0.555 万公顷，占任务的 102%，封山育林 1.47 万公顷，占任务的 101.4%。各工程建设县（区）认真按照珠防林工程建设任务的有关要求，普遍采用工程造林，做到了整地标准化、苗木标准化、栽植标准化，积极推行生物措施与工程措施相结合，多林种、多树种相结合。利用报刊、广播、电视、标语等多种方式宣传珠防林工程，发动广大农户参与珠防林工程的规划和实施，同时，组织专业技术人员编制作业设计，按基建程序审批，通过各种方式筹集建设资金，做到按作业施工，确保了建设任务的完成。

（百色市林业局）

【石漠化治理试点】

百色市属于典型的喀斯特岩溶地貌地区，石山面积 120 万公顷，占全市总面积的 33%。2001～2002年国家和自治区把平果、田东、田阳、靖西、那坡等 5 个县列为石漠化治理工程试点县，建设任务 11.14 万公顷，其中人工造林 0.67 万公顷，封山育林 10.47 万公顷，经自治区检查验收，试点县已完成 11.38 万公顷，占任务的 102.1%。其中，人工造林 0.64 万公顷，占任务的 95.5%，封山育林 10.73 万公顷，占任务的 102.5%。

（百色市林业局）

【经济林建设】

近年来，百色市经济林生产向着建立基地、规模开发、强化管理、科学经营、提高效益、增产增收的方向发展。据 2003 年底统计，全市有经济林面积 37.8 万公顷，其中八角 8.52 万公顷、油桐 11.3 万公顷、油茶 8 万公顷、板栗 2.16 万公顷、芒果 2 万公顷、笋用竹 1.93 万公顷，其他 3.89 万公顷。百色市经济林建设呈以下特点：经营管理粗放，名特优新品种少、低产林比重大，经济效益低下等突出问题。全市不少地方针对经济林产品如八角在市场的变化情况，以及生产中一些树种结构性过剩、区域性滞销和价格下跌的现象，及时进行树种、品种结构调配和优化更新，经济林生产的区域特色越来越明显。

（百色市林业局）

【“路、城、点”森林生态群带建设大会战】

为加快百色市森林生态环境建设步伐，把百色市建成山川秀美，人与自然和谐相处的现代化森林山水生态城市，百色市委、市政府决定从2002年12月至2004年12月，用两年时间全面完成从百色城到各县的公路主干道两旁及两侧可视一面坡、百色城区和各县城区、百色城区周围和各县城区周围可视一面坡、百色水利枢纽、澄碧河水库、隆林的天生桥水电站等三大库区，田阳敢壮山，靖西的通灵大峡谷和旧洲街，乐业的大石围和布柳河等八个景点景区和景区周围可视一面坡1.63万公顷造林绿化任务，其中2003年要完成总任务的60%以上，到2004年全部完成规划区范围内的宜林荒山荒地造林绿化、25°以上坡耕地退耕还林和退牧还林任务。规划区范围内无连片0.5亩以上宜林荒山和牧场，25°坡以上的坡耕地要全面退耕还林，坚决制止新的毁林开垦。到2007年规划区内林业用地绿化率达98%以上，郁闭度达0.5以上。使规划区的森林覆盖率（含灌木林）从现在的66.42%提高到75.92%。有林面积从现在的15.94万公顷增加到17.454万公顷。据统计，“路、城、点”森林生态群带建设人工造林任务0.99万公顷，完成1.04万公顷，占任务的105.3%。封山育林计划1.81万公顷，完成1.81万公顷，占任务的100%。

（百色市林业局）

【全民义务植树】

1999～2003年，全市全民义务植树3113.7万株。为推动今后一个时期全民义务植树运动，将全民义务植树与创建森林生态群带建设结合起来，进一步落实责任制，在“路、城、点”兴办绿化点，建立义务植树基地，同时，讲究实效，不断拓宽义务植树的实现形式。

【封山育林】

为了确保封山育林成效，百色市把封山育林与农村能源建设结合起来，推广以系统工程的办法开展封山育林，1999～2003年全市新增封山育林38.13万公顷，封山护林79.41万公顷，全市大部分村屯相继制定了有关封山育林的管理办法，按规划设计实施、技术档案管理和检查验收办法、规定和标准等，进一步强化了封山育林的管理，逐步朝规范化、科学化管理的方向发展。

（百色市林业局）

【生态能源建设】

百色市有农村能源行政管理机构81个，工作人员182人，农村能源教育培训2710人，其中职业技能鉴定培训822人。建沼气池累计22.6784万户，沼气入户率31.55%，沼气池年产气量9071.36万立方米，建池户年产气量400立方米、每建池户年可节约薪柴2吨，相当于保护0.9亩的森林资源，全市每年可节约薪柴46.33万吨，有效地降低了森林资源的消耗，保护了区城的生态平衡。开展沼气综合利用的建池户12.4454万户，利用沼液浸种播种0.18567万公顷，增产粮食7万吨，沼液喂猪191万头、节约饲料84万吨，推广“猪—沼—果（菜）”南方能源生态模式5.2781万户，推广面积1031.4万平方米，年出栏畜22.879万头，年产蔬菜51.6721万吨，年产水果37.91万吨。安装太阳能热水器1.4633万平方米。

（百色市林业局）

【国家森林生态效益补助资金试点】

从2001年开始，列入森林生态效益补助资金试点面积491.03万亩。2003年计划补助资金2166.78万元，当年全部拨到位。实际支出250.76万元，其中：管护费用213.15万元，森林防火费用8.45万元，森林资源监测费10.46万元，森林病虫害防治费1万元，森林公安费用0.5万元，林区道路维护费17.2万元。

（百色市林业局）

【森林资源林政管理】

1999年，百色市开展森林资源二类调查和森林资源连续清查，全市森林资源现状是：林业用地面积208.868万公顷，森林面积194.93万公顷（含灌木林），森林覆盖率为55.02%（含灌木林）；活立木总蓄积量5298.317万立方米，森林蓄积量5264.971万立方米。人工林面积45.90万公顷，人工林蓄积1639.39万立方米。森林面积、蓄积继续保持双增长，两次清查间隔期（1989～1999）

内，森林面积净增 48.68 万公顷，年均增长 4.87 万公顷；森林覆盖率由 80 年代的 41.69%，增加到 21 世纪的 55.02%净增了 13.33 个百分点。全市人工林面积净增 23.60 万公顷，年均增长 2.36 万公顷，全市人工林面积净增量占森林面积净增量的 48.48%。其中人工经济林面积净增量为 19.98 万公顷，占人工林面积净增量的 41.02%。据二类调查显示，1990 年全市森林活立木总蓄积量为 4246 万立方米，到今森林总蓄积量为 5613 万立方米，森林蓄积量净增 1367 万立方米，年均净增森林蓄积 105 万立方米森林保持持续增长。

2003 年，全市共受理 9 个工程项目征占用林地手续审核审批，共征占用林地面积共0.0339306 万公顷；临时征占用林地 4 起，面积0.00173147万公顷，征占用林地初审率达 100%，预交森林植被恢复费 2393.835 万元。全年调处“山林纠纷”案件 6 起，调处面积 0.133333 万公顷。已结案 3 起，结案面积近 0.04 万公顷。全市参加自治区举办的林地林权管理人员培训共 538 人，较好地提高了工作人员的业务水平和工作能力，为全面强化林地保护管理工作奠定了基础。

2003 年，百色市组织开展对全市 743 家木材经营加工单位清理整顿和和年审换证工作，坚持山上管严，山下管住，按照有关法律法规，严格执法，狠抓源头，严查流通。全市 27 个木材检查站，从站房建设到人员、资金配备逐步得到改善，检查人员的素质和办案质量大有提高，坚持文明检查，严格执法，依法查处。2003 年，百色市没有发现违法、违纪和公路“三乱”现象，为保护森林资源，保障木材正常流通，稳定和繁荣市场经济起了很好的作用。由于措施得力，方法对头，群策群力，通力合作，保障木材的正常流通，依法经营，达到依法治林，以林养林，以林护林的目的，更有效发挥林农造林的积极性。

根据上级的部署，并结合百色市实际，坚持开展“严打”整治斗争，据统计，2003 内全市共查处各类森林案件 1308 起（含积案），查处 1297 起，查处率为 99.15%，收缴木材 4919 立方米，补交林业“两金一费”16.2538 万元，收缴木材变价款 147.57 万元，赔偿森林资源损失费 5.1 万元，行政处罚及其他折价款 1.7142 万元，受罚人数 1288 人次。

（百色市林业局）

【自然保护区建设与管理】

百色市现有的自然保护区 17 个，保护面积共 46.8260 万公顷，有林面积 37.4307 万公顷，其中自治区级 5 个（其中一个正在申报国家级保护区），地（市）级两个，县级 10 个（正在申报自治区级两个）。现有的自然保护区类型多种多样，有珍贵的鸟类保护区和植物保护区，也有保护特殊效能的水源林保护区，而这些保护区都具有溶洞、峰林、峰丛、飞瀑等多种奇特景象，有的还与广西旅游胜地连成一片，为开发旅游景点，发展旅游事业增添了丰富的自然景观，是宝贵的自然资源。

随着自然保护区事业的发展，百色的自然保护区工作也在不断的加强。目前全市 17 个自然保护区都建立了保护管理机构，其中有 5 个是林场代管，专职管理护林人员 200 多人，保护区的建设与管理得到了进一步加强。

（百色市林业局）

【野生动植物保护与管理】

百色由于境内的地形地貌复杂多样，山地多、平地少，气候温和，雨量充沛，山多林茂，为动植物的生息繁衍创造了良好的条件。因此，野生动植物种类较多，素有“土特产仓库”和“天然中药库”、“野生动植物王国”之称。多年来，百色在野生动植物保护管理方面做了大量的工作，每年“爱鸟周”和科普活动周等都开展一些群众性喜闻乐见的活动，提高广大群众爱护野生动物意识。全市设立了森林和野生动植物类型自然保护区 17 处，其中金钟山和猫街两个保护区以鸟类保护为主，正在创建的有德保苏铁保护区。

（百色市林业局）

【森林病虫害防治】

百色市森林病虫害防治坚持以“预防为主，综合治理”的方针，重点抓好森防目标管理责任制，认真做好森林病虫害的测报、防治、检疫、科研和宣传等工作，在全区率先实现了市、县（区）检疫电脑联网签证，并实现森林病虫害防治检疫信息管理的制度化、规范化和科学管理。全市设 12 个县（区）森防站，设测报站点 219 个，其中国家级中心测报点 3 个，自治区级中心测报点 2 个，一般测报点 214 个，测报人员 243 人，专职检疫员 33 人，兼职检疫员 11 人。喷雾器 56 台、喷烟机及其他设备 58 台，办公电脑及打印设备 18 台（套），汽车 3 辆，摩托车 9 辆，白僵菌厂 1 个，除害处理厂 1 个。

2003 年，百市森林病虫害发生面积 0.1561

万公顷，其中成灾面积0.0183万公顷，成灾率为0.0094%；防治面积0.14745万公顷，防治率为94.4%；监测覆盖面积186.89837万公顷，监测率为96%；种苗产地检疫率为98%；木材调运检疫率为99%，森林病虫害防治目标管理取得好成绩。

（百色市林业局）

【林业产业】

新中国成立五十多年来，百色市林业生产有了长足发展，1994年全地区实现了造林灭荒达标，1997年又实现了绿化达标。全市12个县（区）都设立了木材公司，另外还有百色贮木场和百色市林业汽车运输公司，共14个企业。主要从事木材经营、运输以及木材的加工利用等方面。林产化工企业15家，木木材加工企业200多个，林产品加工主要八渡笋加工、果品加工、茶叶加工等。

（百色市林业局）

【外来企业】

百色丰林人造板有限公司是百色市目前唯一能利用采伐剩余物、加工剩余物、造材剩余物和薪炭材的企业。以前，由于没有此类企业，这些"三剩物"全被丢弃在采伐场地，十分可惜，而且桉、相思、大叶栎等短轮伐期树种一直未能大规划发展。丰林人造板有限公司在百色建成投产，带动速生丰产林特别是短轮伐期速生树种的发展。百色市对百色丰林人造板有限公司是重视的，市政府领导多次主持召开协调会，解决在建设中遇到的问题，市林业局为解决公司的用材问题专门下达了《关于解决广西百色丰林人造板有限公司用材问题的通知》文件，就原料采购、收费等做了专门规定，今后将继续做好服务，使公司能正常生产。百色中纤板材的原料充足，每年有商品材采伐剩余物有20万～30万立方米，随着今后速丰林的加快发展和国家采伐政策的放宽，中纤板原料将越来越多。

（百色市林业局）

【森林旅游与森林公园建设】

百色市森林旅游资源丰富，但起步比较晚，现在已开发的有靖西通灵大峡谷，百色澄碧湖森林公园，凌云县水源洞、纳灵洞，德保县的吉星岩、老虎洞，田东县的龙须洞森林公园，那坡县的金龙岩等，年收入约200万元。正在开发的有乐业大石围天坑群，布柳河的百郎大峡谷、岑王老山的森林公园等等，都是极好的探险、漂流、度假科学考察的好地方。因历史、交通、资金投人、基础设施薄弱等，目前百色市森林旅游发展还比较滞后。随着西部大开发的加快，国家加大对乐业县大石围天坑群景区的投资和开发。

【森林公安工作】

百色市森林公安机关有12个县（区）林业公安科（股）、12个林场派出所，9个水源林派出所，有民警212名。2003年，全市共查处各类森林案1945起；其中林业刑事案件发161起，破140起，破案率为87%；林业行政案件1784起，查处1740起，查处率为98%；处理违法犯罪人员2144人，其中逮捕76人，拘留57人，林业行政罚款999人，其他处理1012人，收缴木材7193立方米，价值232.95万元，收取罚没款115万元，收缴野生动物4360只，价值29.17万元，收缴违法所得0.98万元，共为国家挽回损失378.10万元。

（百色市林业局）

【森林防火】

2003年内全市共发生森林火灾179起，其中火警118起，一般火灾61起，没有重特大森林火灾，火场总面积0.38546万公顷，受害森林面积0.03368万公顷，森林火灾受害率0.2‰，因火灾烧毁成林蓄积1.3万立方米，烧毁幼树12.3万株，造成人员死亡1人，其他损失折款29.2万元，支出扑火经费41.4万元，与2002年相比，森林火灾起数增加23.5%，火场总面积增加5.8%，受害森林面积减少38%，森林火灾受害率下降0.14‰。

百色市（包括雅长林区）设立森林防火指挥部14个，常设森林防火办公室14个，配备专职人员79人负责森林防火日常工作；183个乡（镇）、24个国有林场设立森林防火分指挥部，负责本行政区域的森林防火工作。各县（区）、国有林场配备专职护林员1335人，兼职护林员1996人。现有防火阻隔系统总长度10624.8公里，其中防火线4800.8公里，生物防火林带1822.4公里，自然阻隔4001.6公里，按森林面积计算，林火阻隔密度5.45米/公顷。现有瞭望台117座，有效瞭望观察面积约110万公顷，瞭望覆盖面60%。每年春季重点防火期配备航空护林飞机巡护观察火情，并有国家林火卫星过境监测火情，形成立体瞭望观察网。建有森林防火专用无线对讲机差转台18座，覆盖率约75%，配有对讲机1200多台，基本满足火情通报和扑救指挥的需要。现有风力灭火机 1073 台,平均每万公顷 5.5 台,运兵车辆 14 辆,指挥车 13 台。专业森林消防队 13 支,专业扑火队员 320 人。

(百色市林业局)

【国有林场】

2003 年百色市有国有林场 24 个,年末在职职工 2398 人,离退休职工 872 人。经营总面积 16.44 万公顷,其中有林地 11.59 万公顷,新造林未成林地 0.80 万公顷。森林活立木总蓄积量 905.31 万立方米。年末固定资产原值 6730.33 万元,净值 5121.59 万元。全市国有林场每年以仅占全市 6%左右的有林面积生产出占全市 30%以上商品木材。有 11 个国有林场生态公益林占 50%以上。

一、三项制度改革

百色市国有林场自 1997 年实行劳动用工、工资分配、人事制度等三项制度改革以来,林场取消了固定用工和自然增长招工制度,实行劳动用工双向选择,推行劳动合同制。工资分配打破了劳动人事部门框定的固定工资制和单一的分配方式,打破了“大锅饭”、“铁饭碗”,推行岗位工资、效益工资、计件工资、承包工资等相结合的多种分配制度。林场管理人员推行竞聘制,打破了干部工人的身份界限,实行“能者上,平者让,庸者下”,非生产性人员得到了压缩,全市 24 个国有林场管理人员从改革前 1996 年的 689 人下降到 2003 年的 478 人,下降 30.6%。

二、职工自营经济

林场职工自营经济已逐步成为国有林场新的经济增长点,成为增加职工收入的主要渠道,不少林场职工通过发展自营经济,走上致富之路。目前百色市国有林场职工自营经济项目已涵盖到一、二、三产业,但主要还是第一产业。到 2003 年底,全市国有林场从事自营经济的职工参加户数为 1541 户、2266 人,分别占职工户数和人数的 82.3%和 94.5%,有的林场职工自营经济参与率达 100%;职工自营经济累计种植面积达 0.39067 万公顷,人均 25.8 亩,但由于受市场和气候的影响,收入比 2002 年有所下降,总收入 797.1 万元,纯收入 416.6 万元,人均纯收入 1838 元。

三、营林生产

2003 年百色市国有林场完成育苗 350 亩;完成造林 0.450093 万公顷,其中迹地更新造林 0.010591万公顷,荒山造林 0.34418 万公顷。与上年相比增加 0.16794 万公顷。在造林中,大部分林场都注重发展速生丰产用材林,全市国有林场营造速丰林面积达 0.295767 万公顷,占全年造林面积的 65.7%。2003 年造林新的亮点是国有林场积极参与面上退耕还林的荒山配套造林工作,如田林县乐里林场、隆林县金钟山林场等,走场外扩张的道路,开展租用荒山独立造林或与群众联营的方式进行造林,仅乐里林场 2003 年场外造林就达 0.1508667 万公顷。各国有林场在努力完成造林更新的同时,还加强中幼林抚育,全市国有林场 2003 年完成中幼林抚育 0.69 万公顷。

四、木材生产

2003 年百色市国有林场生产木材 12.0285 万立方米,与上年相比增加 1.5891 万立方米;木材销售完成 12.0030 万立方米,与上年相比增加 0.3121 万立方米。

五、森林保护

2003 年百色市国有林场除有个别林场发生火警、一般森林火灾外,大部分林场没有发生森林火灾。各林场还加大了打击毁林开垦、侵占林地、乱砍滥伐等破坏森林资源违法犯罪的力度,有效地遏制违法犯罪活动。没有重大的森林病虫害发生。

(百色市林业局)

【乡镇林业站】

百色市乡镇林业站始建于 1986 年,各县(区)基层乡镇林业站始建于 70 年代,基层林业站机构管理权几经变化,1990 年以前属于县林业局管理,1990 年以后归乡镇人民政府管理,1994 年后又划给县林业局管理,至 2001 年又重新划给乡镇人民政府管理。2003 年,百色市 183 个乡镇,其中设有乡镇林业站的有 179 个,在职职工人数 548 人。

基层乡镇林业站自成立以来,充分发挥了“管理、组织、指挥、服务”的职能,在当地政府的领导下,宣传贯彻《森林法》和林业的各项方针政策,协助当地政府制订林业生产规划和年度计划,组织和指导林农开展林业生产活动,配合林业调查、验收,林业统计和森林资源档案管理,掌握本辖区内的森林资源消长变化情况,核定并落实年度采伐指标,协助有关部门调处山林纠纷,查处毁林案件,保护森林资源,开展林业技术培训和技术服务,协助上级主管部门管好用好当地林业项目的各项资金。2002年凌云县被自治区林业局定为“广西林业工作站建设示范县”。

（百色市林业局）

【林业科技教育】

2003年百色市林业系统科技人员1607人，其中初级职称775人，中级职称224人，高级职称11人。百色市重视林业科技教育工作，建有林业培训中心，教室面积200多平方米，学员宿舍40多间。近年来百色市林业局分别与北京林业大学开办林业生态环境管理专业自学考试大专班，毕业学员30人。与西南林业学院开办法律专科、本科函授班，毕业学员40人。各县林业局与广西林学院、中南林学院开办林业大专、本科教育函授学习班，毕业学员300多人。举办木材检验技术培训班，培训学员70多人。派送人员参加全区林业局长、林场院场长培训班，接受培训人员50多人。

2000年，由百色市老山林场利用西南桦野生苗木进行200亩西南桦人工栽培试验，试验成功后，2003年由广西林学会、百色市林业局、老山林场三个单位联合进行大面积连片种植，营造西南桦示范林1300亩。

（百色市林业局）

田阳县林业

【概　述】

田阳县地处广西西部，东接田东县，西毗右江区，南邻德保县，北屏巴马瑶族自治县。全县土地总面积238734公顷，林业用地面积95769.1公顷，占土地总面积的40.1%。林地土壤中红壤占68.8%，石灰土占25.1%。全县属南亚热带季风气候，年均气温18－22℃，极端最高温39.2℃，极端最低温－1.2℃。≥10℃年积温6000～7835℃，持续300～350天。年均降雨量1225毫米，多集中在5～9月份，年均蒸发量1930.2毫米，年均日照时数1912小时，相对湿度78%，平均无霜期352天。适宜多种用材林和经济林生长。

田阳县古属百越地，秦属象郡，汉至东晋属增食、增翊县。民国元年至民国2年，成立奉议、恩阳两县。民国24年，奉议、恩阳合并为田阳县，县治在那坡镇。1949年12月5日田阳解放，1954年县治迁至今田州镇。

据史料记载，清代以前，田阳县境内古树参天，野兽出没。到了民国，由于乱砍滥伐和山林火灾频繁，森林资源遭受严重破坏，1949年全县森林面积仅2.67万公顷，森林覆盖率11%。解放后，田阳林业历经发展与曲折的过程：1957～1958年创建了那么、三雷、右江三个国有林场，60年代大办社队集体林场，1968～1995年实施7次飞播造林，有林面积迅速增加。到1974年，全县森林面积8.18万公顷，森林覆盖率22.58%。但由于山林火灾连年发生，加上1958年“大炼钢铁”，60年代初和80年代初的乱砍滥伐，山林损失巨大。1985年以后，田阳县委、县人民政府把林业放在比较重要的位置，大力发展林业，先后于1992年、1995年实现灭荒达标和绿化达标。并十分注重林业基地建设，全力抓好芒果、油茶、竹子“三大”基地建设，经过10年的努力，至1995年，芒果基地面积达8100公顷，油茶基地面积7067公顷，竹子基地9333公顷，同年，田阳被命名为第一个“中国芒果之乡”。1999年全县森林面积8.507万公顷，森林覆盖率35.6%。

林业管理机构。1950～1955年，由田阳县人民政府设农林水利科，分管林业；1956～1957年设林业科；1958～1959年复并为农林水利科；1960年成立田阳县林业局；1969年改设林业小组，由县革委生产指挥部直接领导；1970～1971年与农业水利部门合并为田阳县农业水利服务站；1972年起，恢复田阳县林业局至今。局内设办公室、计财股、林业技术推广站、森防检疫站、防火办、项目办、林政工作站、农村能源办公室、森林公安分局、百东河水源林保护区派出所等。2003年有干部职工50人。

林业局下属机构有县木材公司、国有右江林场、三雷林场、那么林场、国有凤马苗圃、三雷木材检查站、百东河水源林保护区管理处等。2003年，全县有林业干部职工341人。其中中级以上职称6人，初级职称98人。

【营林生产】

育苗。1952～2003年，田阳县育苗699.7公顷。其中1999～2003年育苗109.8公顷，共育苗木4402万株，年均育苗22公顷880万株，基本满足全县造林的需要。

造林。1952～2003年，田阳县累计造林12.18万公顷，其中分别于1968年、1969年、1971

年、1978年、1988年、1992年实施飞播造林，作业面积5.24万公顷，飞播马尾松种子13.01万公斤，总成效面积2.62万公顷。

封山育林。多年来，田阳县坚持“造封并举”，把封山育林作为森林资源培育的有效途径之一，通过实施封山育林，使石漠化得到逐步治理，石山区生态得到较大改善。2003年，全县封山育林25543.7公顷。

【广西世界银行贷款贫困地区林业发展项目】

（简称：世行项目）1999年开始实施，至2003年12月共完成投资648万元，完成造林1866.1公顷。

【石漠化生态治理工程】

2001年开始实施，项目计划总投资654万元，至2002年7月共完成投资316万元，完成人工造林合格面积1139.3公顷，占计划的77.68%；封山育林面积25543.7公顷，圆满完成计划任务。

【森林生态效益补助资金试点工程】

根据《田阳县森林生态效益补助资金试点实施方案》，田阳县森林分类区划初步确定生态林地总体框架面积为33548.5公顷，占全县林业用地的35%，商品林62304.4公顷，占65%。2001年经自治区人民政府批准开始实施森林生态效益补助资金试点工程，试点面积11646.7公顷，涉及13个乡镇和1个国有林场。全县建管护宣传公示牌14块，落实护林员42人。

【绿色工程】

1999～2001年，全县“绿色工程”造林完成9884.5公顷，其中：1999年完成4698.4公顷，占任务7000公顷的67.1%；2000年完成3472.2公顷，占任务3454公顷的100.5%；2001年完成1713.9公顷，占任务2866.7公顷的59.8%。

【退耕还林工程】

1998年以来，田阳县委、县人民政府加大退耕还林力度，把制止毁林开垦和退耕还林工作列入党委政府的重要议事日程，通过抓好玉凤镇退耕还林示范片的实施，带动全县退耕还林进程。截至2001年，全县完成退耕还林2900公顷。2002年以后，田阳县委、县政府抓住国家实施退耕还林的大好机遇，广泛发动干部群众，积极组织实施退耕还林工程。至2003年底，全县共完成2002～2003年退耕还林工程造林6666.67公顷，占任务的100%。其中生态林面积5843.14公顷，占87.6%，经济林823.53公顷，占12.4%。退耕还林涉及农户4781户20936人。退耕还林工程的实施，不仅加快了田阳林业的发展步伐，改善了生态环境，而且使农户受益，成为农民增产增收的又一有效途径。

【油杉采种基地改扩建工程】

自治区于2002年9月以桂林计发〔2002〕190号文批复同意立项。项目建设总规模333.3公顷，总投资100万元，建设地点在田阳县玉凤镇，生产期内（10年）计划年产油杉优良种子5000公斤。目前，防火林带、林区公路、种子晒场等基础设施正在兴建，林分的改良也正在进行当中。

【“路、城、点”森林生态群带建设】

上级下达2002～2004年“路城点”人工造林任务460公顷，封山育林6633.3公顷。2002年12月以来，田阳县以“邕百二级路”、“田阳—德保”公路沿线可视一面坡、敢壮山森林生态旅游景点为重点，结合退耕还林、城镇绿化和旅游景点建设，积极组织实施“路、城、点”建设。预计至2004年7月，会全部完成上级下达的“路、城、点”建设任务。

【全民义务植树】

田阳县的义务植树活动蓬勃开展，仅1999～2003年5年间，共有66.2万人次参加义务植树活动，共造林238万株，有效地推动了全县林业的发展。

【生态能源建设】

田阳县于1980年开始推广节柴灶和沼气池建设。经过多年努力，于1995年实现省柴节煤推广普及县达标，至2003年底，全县累计新建、改建省柴灶5.7579万户，占总农户数的85%。沼气池建设于1999年以后得到较快发展，仅1999～2003年共新建沼气池10653座，年均2130座。至2003年，全县累计建沼气池11763座，入户率17.54%。节柴灶和沼气池的推广应用，不仅解放大量的农村劳动力，而且有效地减少森林资源消耗，美化、净化生产生活环境。随着沼液浸种技术的推广，农户普遍走上“养殖—沼气—种植”三位一体的生态农业之路，加快了脱贫致富的步伐。

【生态农业“152示范工程”】

1998年开始实施，至2003年底，那满生态镇共建省柴灶3010户，占计划4905户的61.4%；建沼气池1688座，占计划2065户的81.7%。那满镇新立生态村共建省柴灶80户，占计划190户的42.1%；建沼气池107座，占计划102座的104.9%。

【森林病虫害防治】

田阳县的森林病虫害防治工作正常开展，每年森林病虫害监测覆盖率均达85%以上，木材调运和种苗检疫率达100%以上。林木主要病虫害有松毛虫、杉稍螟、油茶毒蛾、油茶疸疽病、刺蛾等，以松毛虫的危害较重。1980、1989、2001年分别用飞机喷洒白僵菌进行防治，其他年份采取人工地面喷洒白僵菌防治，有效地防止松毛虫的蔓延和大发生。2002年开展松树枯死木调查并进行清除，共清除松枯死木820立方米，切实做好松材线虫病的防治工作；2003年开展林业有害生物普查。2000年，经国家林业局批准设立国家级森林病虫害中心测报点，全县设置松毛虫固定观察点38个，有测报人员8人。

【野生动植物保护和管理】

田阳县境内有蟒蛇、白鹇、原鸡、鹰类、小灵猫、穿山甲、蛤蚧、果子狸、豹猫、眼镜蛇、眼镜王蛇、尖尾苏铁、望天树、枧木、红椿、红豆树、广西火桐等国家级、自治区级保护野生动植物分布。多年来，田阳县不断加强野生动植物的保护和管理，特别是1999年以来，全县多次开展打击乱捕滥猎、违法收购、运输、经营、加工野生动植物案件行动，如“候鸟行动”等，共破获野生动植物案件50起，收缴野生动物655.2公斤，处罚违法犯罪分子56人。加强野生动物驯养繁殖和经营利用管理，全县共有野生动物驯养繁殖场5个，每年驯养繁殖野生动物1.1万只(条)。

【自然保护区建设】

1982年经自治区人民政府批准成立田阳县百东河水源林保护区，设保护区管理处及保护区派出所。保护区地跨右江区百兰乡和田阳县玉凤、坤平、头塘等4个乡镇8个行政村，规划面积50226.7公顷，实际管理面积45208.5公顷，是森林生态系统及野生动物保护类型，主要保护对象是水源涵养林，重点涵养百东河水库。百东河水库流域有23条支流，全长84公里，整个水库集雨面积760平方公里，水库有效库容量3838万立方米，担负田阳县那坡、头塘、田州、百育等4个乡镇和田东县祥周镇等10万人口的生活用水和5330公顷商品粮基地及6666公顷商品蔬菜基地的生产灌溉用水。

【森林防火】

坚持“预防为主，积极消灭”的方针，森林防火工作扎实有效地开展，森林火灾逐年下降。1967～2003年，田阳县共发生山林火灾291起，受害森林面积4164.5公顷。其中1967～1990年共212起，受害森林面积4000公顷；1991～1998年共50起，受害森林面积120.6公顷；1999～2003年共29起，受害森林面积43.9公顷。在扑火过程中无重特大人员伤亡事故发生。

田阳县专业森林消防队于1997年7月成立，现有队员30人，全县有半专业森林消防队18个(15个乡镇及3个国有林场)共360人，配备风力灭火机26台，2号工具132把，对讲机32台，瞭望台8座，差转台1座。全县有防火线217公里。

【林地林权管理】

土地改革中，除屋旁村边零星果树保留私有外，所有的天然林和人工林收归国家或集体所有。1963年田阳县贯彻农村人民公社《六十条》规定，重新确认四旁植树归社员个人所有，随后又贯彻谁种谁有的政策。1980年12月进行林业“三定”试点，1982年全县铺开，1983年底基本结束。全县有147个大队、1977个生产队落实了山界林权，分别占大队和生产队总数的97.4%和85.9%，落实面积16.53万公顷；有1051个生产队32919户划定了自留山，面积3.11万公顷。由于林业“三定”工作中不过细，造成林权证的发放工作不完善，大部分面积没有发放山界林权证，为以后的山林纠纷埋下了隐患。

林地管理方面，严格执行征占用林地初审制度，杜绝未批先用(占)等违法征占用林地现象。1999～2003年共审核上报征占用林地3个，面积30.7公顷，收取森林植被恢复费158万元。

【森林采伐、加工、利用及流通管理】

严格采伐限额管理，不超指标采伐。1999～2003年，共发放林木采伐证1710张14.19万立方米，完成木材生产12.76万立方米。严格执行“一家收购，多家销售”的政策，木材由县林业开发服务总公司和县木材公司收购。为便于对木材流通的管理，2000年起在田州镇设“里仁木材加工市场”，有加工点9家，带锯15台，从业人员40人，年加工木材1.5万立方米。

【林业执法】

田阳县林业执法队伍主要由森林公安、林政、检疫、防火执法人员组成。至2003年，全县有林业执法人员61人，其中森林公安民警22人，林政、检疫、防火执法人员39人。森林公安设森林公安分局、百东河水源林保护区派出所和三雷、右江、那么林场派出所。

1986～2003年，全县破获各类森林资源案件2023起，处罚3554人次，其中逮捕73人，劳教8人，拘留202人，收缴木材4643立方米，挽回经济损失200多万元，有力地打击了违法犯罪分子的嚣张气焰，有效地保护了森林和野生动植物安全，切实维护了林区社会治安稳定。

【国有林场】

主要有三个国有林场。右江林场位于右江北岸百育镇境内，其前身为田阳县农林学校，始建于1958年，1960年5月改称百育农场，1965年5月改为百色地区右江林场，1971年下放县管，改称国营田阳县右江林场。2003年林场有职工122人，其中退休职工45人，在职职工77人。林场经营面积3741.1公顷，现有森林面积652公顷，活立木蓄积量28827立方米。在职职工中有67人参加自营经济，人均种植经济林0.47公顷。2003年，林场资产总额1302.6万元，其中林木资产总额1053.6万元，负债总额为330万元。

三雷林场位于县城东北之右江北岸，1958年建场，为百色地区林业局直属场，1965年改为三雷造林站，隶属百色地区右江林场管辖，1971年下放县管，同时改站为场至今。林场总面积3809公顷，经营面积3394.8公顷，现有森林面积1734.5公顷，活立木蓄积量84765立方米。林场分为宝美林区、绢纺厂林区、三雷林区等几大林区。2003年，全场职工总数145人，其中在职职工94人，退休51人。在职职工有90人参加自营经济，自营地种植果树面积达122.6公顷。2003年，职工自营经济收入15万元，人均720元。林场流动资产33.2万元，负债153.7万元。

那么林场位于县境北部玉凤镇，其前身为国营华彰农林牧园艺场，1957年12月建场，1960年改为华彰农林牧园艺场，1961年复称那么林场至今。2003年，林场有职工53人，其中退休职工12人，在职职工41人。林场经营面积1012.8公顷，现有森林面积637.3公顷，活立木蓄积量38193立方米。

【凤马苗圃】

民国31年(1942年)建场，归县农林推广站领导，1975年改为田阳县林业科学研究所，1978年称田阳县凤马苗圃至今。现有编制5人，实有4人。苗圃现有经营面积10公顷。

【林业工作站建设】

全县有15个乡镇林业站，1997年实现建站达标。2002年6月起林业站归乡镇人民政府管理。2003年，林业站有干部33人，其中中级职称1人，初级职称31人，大专以上文化29人，中专文化4人。

【招商引资与林业基地建设】

为弥补林业建设投入的不足，促进田阳林业的发展，近年来，田阳县努力优化投资软环境，强化、优化服务，采取“走出去，引进来，稳得住”的办法，多方引进资金、项目，1999～2003年，全县共引进金光集团、南宁泽润林业有限责任公司、金城林业有限责任公司、三闽木业等企业，引进资金953万元，营造林纸基地5个1600公顷，其中马尾松1300公顷，速生桉300公顷。引进三闽木业有限公司建胶合板厂，年加工木材0.6万立方米，生产胶合板22.4万张，产值1120万元。

【敢壮山森林生态旅游】

敢壮山是壮民族始祖布洛陀的遗址，是壮族文化的发祥地和精神家园。壮族的根就在敢壮山。2003年，市委、市人民政府把敢壮山森林生态旅游列为百色市3大旅游品牌之一。敢壮山山上树木葱茏，山下芒果飘香，有祖公庙、将军岩、封洞岩、布洛陀天宫、望子台、圣水池等古迹，是当地壮民族心目中的圣山。每年农历三月初三到初九，周边右江区、田东、德保、巴马、凤山、隆安等10多个县(区)的群众络绎不绝地汇集在敢壮山，朝拜布洛陀祖公庙，形成广西最大的歌圩——敢壮山歌圩。

【田阳香芒】

田阳种植芒果已有100多年历史，早在清同治年间就开始有零星种植，是广西种植芒果最早的县份之一。由本地选育的田阳香芒在1992年、1995年分别获第一届、第二届中国农业博览会同类产品评比银质奖(最高奖)和金质奖。田阳香芒以其果形美观、肉质细滑、纤维少、皮薄核小多汁、味香甜、口感好而被誉为“芒果之王”，是芒果族中之极品。1983年，田阳创办桂西第一个芒果示范场，面积4.67公顷；1985年开始，田阳县委、县政府把芒果作为振兴田阳经济和群众脱贫致富的支柱产业之一来抓，至1995年，全县芒果种植农户达2万多户，种植芒果8053.3公顷，成为全国最大芒果生产基地县。同年4月，田阳县被国家农业部命名为第一个“中国芒果之乡”。据统计，至2003年，全县芒果面积达9000公顷，产量3.5万吨，产值6000万元。

【玉凤茶油】

田阳县种植油茶已有100多年的历史。玉凤是田阳最早引种油茶的乡镇，经多年培植，形成特有的速生、丰产、优质、适应性和抗逆性较强的优良品种——玉凤中果油茶，以其茶籽精榨制成的茶油颜色清黄、味香纯正、耐贮存，是绿色食用油，畅销于区内外市场。1975年，田阳县被列为自治区油茶生产重点县。1979年，玉凤油茶平均亩产油水10.4公斤，达到全国平均亩产10公斤油水的高产水平，同年，被自治区林科部门命名为“玉凤中果油茶”。至2003年，全县油茶面积为7067公顷，年产油茶籽2497吨，产油水674吨。

（田阳县林业局）

田东县林业

【机构人员】

2003年，林业局内设办公室、林政股和财务室，局长、党组书记各1人，副局长2人。编制9人，在职10人，其中干部9人，大专以上学历的5人，中专（含高中）4人；具有中级专业技术职称的2人。下属机构19个：县林业技术推广中心、县森林防火指挥部办公室、县公安局森林公安分局、祥周等四个国有林场、县公安局祥周、思林、紫胶、百笔等林场派出所、县紫胶林场子弟学校、县小龙苗圃场、县木材公司、仑圩等3个木材检查站。下属机构编制477人，在职数387人，其中干部104人：大专以上学历31人（大学本科5人），中专（含高中）72人，初中以下（含初中）2人；具有中级专业技术职称13人，初级43人，未定的54人。

【森林采伐】

根据用材林的消耗量低于生长量的原则，严格控制森林年采伐量。2003年地区下达商品材采伐指标23200立方米。审核发放商品材林木采伐许可证300份，采伐面积827.7公顷，凭证采伐林木22966立方米。审核发放农民自用材林木采伐许可证154份，采伐林木2677立方米（出材量3212立方米）。对各采伐类型、消耗结构材实行全额控制，分类管理，全年的林木采伐量均控制在上级下达的限额内。

【林地管理】

全年受理山界林权纠纷案件10起（含历年遗留的积案），已调解5起，调解率50%，依法审核征占用林地1宗，征地四项补偿费为49.1242万元，其中收取森林植被恢复17.4341万元。

【木材经营加工管理】

田东县有木材经营加工单位和个人30个，从业人员96人，年经营加工木材2万立方米。年内查处非法经营（加工）木材的案件2起，收缴木材15立方米。

【能源建设】

田东县完成修建沼气池共605座，占任务的100.1%，节柴技改完成1500灶，占任务1500灶的100%。

【退耕还林工程】

2003年自治区下达田东县退耕还林工程任务7万亩，其中退耕地造林3万亩，配套荒山荒地造林4万亩。在县委、县政府的正确领导下，通过田东县各族人民的共同努力，年内完成造林7亩，其中退耕还林3万亩，占任务100%，宜林荒山荒地完成4万亩，占任务100%。

【“路、城、点”森林生态群带建设】

为了扭转年年造林不见林的局面，让群众看见，有成效，局领导一改往年造林撒胡椒面的做法，结合各乡（镇）实际情况，抓好市委，市政府下达田东县2003年“路、城、点”森林生态建设示范点，全县任务5400亩，工程建设分布在南百二级公路两旁的平马、祥周、林逢、思林、思林林场。规划种植树种有速生桉、木棉树、吊丝竹、小叶榕。截至11月20日，全县完成造林6359亩，已超额完成市委、市政府下达任务。占县计划任务的94%。其中退耕还林完成3013亩，荒山荒地造林完成3346亩，公路两旁完成种植4.5公里2400株，占任务96%。

【森林防火】

时时抓好护林防火，尽量把火灾降到最低限

度。2003 年田东县发生山林火灾 7 起，其中一般森林火灾 4 起，森林火警 3 起，过火总面积 120.6 公顷，受害森林面积 8.94 公顷，森林受害率 0.07‰，烧死成龄林木 345.6 立方米，烧死幼龄林木 7600 株，受灾林木直接经济损失 2.5 万元，耗费打火经费 1.6 万元，防火工作各项指标均控制在上级下达田东县的各项指标以内。

【森林检疫及病虫害防治】

田东县有林面积 1307297 亩，其中马尾松林 133302 亩。2003 年发生森林病虫害(主要有马尾松松毛虫和线虫)面积 50 亩，发生率为 0.37‰；没有发生严重成灾，严重率为 0；防治面积 50 亩，防治率 100%。全县十三个乡(镇)和四个国有林场都设有防治监测点，监测面积达 1204128 亩，监测覆盖率为 92.1%，达到责任状指标 85% 以上。种苗检疫 100 亩，主要是马尾松营养杯、板栗、油茶、八角等，进行苗木产地检疫，检疫率达 94%；调运检疫，全县共调运木材 22806 立方米，经过检疫 22400 立方米，种苗调运 3994 株，全部进行检疫，综合调运检疫率为 98.2%，达到责任状指标 90% 以上。

【森林与野生动物保护】

坚决打击破坏野生动植物的活动，维护林区社会安全。2003 年主管局森林公安、林政、木检等部门密切配合，积极开展森林保护专项斗争，在稳定林区治安、打击破坏森林资源违法犯罪活动和森林资源保护安全等方面做了大量工作，取得了一定的成绩。全年共查处各类森林案件 102 起，其中刑事案件 9 起，逮捕 9 人；林业行政案件 74 起，处理违法人员 69 人，收缴无证木材 628 立方米，放生野生动物 532 头(只)，林政、木检共查获违章运输木材 210 立方米，柴火 9.1 吨，木炭 3.5吨，罚款 4 人，罚款金额 325 元，为国家挽回经济损失 27 万元。

【经济林】

2003 年，全县经济林种植合格面积为 16515 亩，其中：油茶 315 亩(义圩 120 亩、朔良 135 亩、祷午 60 亩)；板栗 2160 亩(祷午 45 亩、朔良 1965 亩、那拔 15 亩、祥周 135 亩)。产量与产值：油茶籽 1193 吨(义圩 885 吨、朔良 175 吨、那拔 131 吨、祷午 2 吨)，产值按 1990 年不变价和现行价计，分别为 167 万元和 179 万元；油桐籽 663 吨(祥周 22 吨、布兵 3 吨、祷午 23 吨、思林 393 吨、印茶 26 吨、江城 26 吨、朔良 4 吨、那拔 46 吨、坡塘 120 吨)，产值按 1990 年不变价和现行价均为 66 万元；板栗 935 吨(平马 10 吨、祥周 3 吨、布兵 4 吨、祷午 97 吨、思林 14 吨、作登 9 吨、朔良 456 吨、义圩 186 吨、那拔 156 吨)，产值按 1990 年不变价和现行价分别为 159 万元和 187 万元；八角 10 吨(作登 4 吨、朔良 6 吨)，产值按 1990 年不变价和现行价计均为 5 万元；茴油 12 吨(祷午 4 吨、作登 4 吨、江城 1 吨、朔良 3 吨)，产值按 1990 年不变价和现行价计分别为 42 万元和 36 万元。以上产值合计，按 1990 年不变价为 439 万元，分别占林业总产值 2165 万元和林产品产值 648 万元的 20.28% 和 67.75%；按现行价为 473 万元，分别占林业总产值 2002 万元和林产品产值 668 万元的 23.63% 和 70.81%。

【国有林场】

2003 年，国有林场编制 386 人(含派出所 14 人)，在职人数 301 人，其中干部 66 人：大专以上学历 16 人(本科 4 人)，中专(含高中)48 人，初中以下(含初中)2 人；其中中级专业技术职称的 6 人，初级 27 人。国有林地总面积为 214641 亩，经营面积 198745.5 亩。有林面积 92587.5 亩，其中用材林 60382.5 亩(马尾松 43731 亩，湿地松 337.5亩、杉木 14544 亩、桉树 2136 亩、杂木 1093.5 亩)；防护林 2026.5 亩；薪炭林 9831 亩；特种用途林 5397 亩；经济林 14438 亩(油茶 346.5 亩、八角 2862 亩、板栗 391.5 亩、其他 10824 亩)；竹林 511.5 亩。森林覆盖率 57.75%。活立蓄积量为 37.56 万立方米，生产松脂 208 吨(祥周林场 68 吨、思林林场 50 吨、紫胶林场 44 吨、百笔林场 46 吨)，木材生产完成 12500 立方米，销售 12500 立方米，全年总收入 576 万元，其中木材销售收入 254.32 万元，利润总额 67.63 万元，职工人年均收入 4225 元。上缴林业“两金一费”19.57 万元。全年完成迹地更新造林 1807.5 亩。

【集体林场】

2003 年，田东县有 37 个集体林场，场员 98 人。按经营形式分：乡镇办的 5 个，村办的 32 个；按经营状况分：自给有余的 14 个，基本自给的 23 个；经营面积有 40668.5 亩，其中有林地面积 22942.5 亩。活立木蓄积量为 10 万立方米，全年收入 9.6 万元。

(田东县林业局)

平果县林业

【林业生产】

1999年,按照自治区党委、政府"1234610"工作思路,平果县委、县政府精心组织县林业局实施绿色工程建设,完成造林面积121798亩,合格面积107762亩,合格面积占县计划面积108886亩的98.9%。平果县从1999年开始实施世行贷款"贫困地区林业发展项目",项目涉及四塘、坡造、旧城、海城四个镇,16个村,受益户803户,受益人数4027人。1999～2003年项目总任务2684.7公顷。五年完成项目总造林2684.7公顷,占任务的100%。经自治区项目办验收达标。

2000年,地区下达平果县造林任务5.54万亩,育苗任务200亩,封山育林10万亩。全县总完成造林任务11.63万亩,占地区下达任务的210.1%;育苗完成220亩,占任务110%;封山育林完成11.2万亩,占任务的112%。

2001年,自治区石漠化治理工程项目开始实施,平果县人工造林任务1.9万亩(竹子1.2万亩,任豆树0.7万亩),封山育林45万亩。经自治区检查验收合格,实际完成人工造林18552亩(竹子7251亩,任豆树11091亩),占任务96.5%;完成封山育林45.6万亩,占任务101.3%。被国家林业局、自治区林业局列为石漠化治理工程示范点。

2002年是平果县全面实施退耕还林的第一年,退耕还林工程造林任务6万亩,其中退耕还林3万亩,配套荒山造林3万亩。全县完成退耕还林工程造林6.44万亩,占任务的107.3%。其中退耕还林3.04万亩,占任务的101.3%;配套荒山造林3.4万亩,占任务的113.3%。兑现补助粮食450万公斤,兑现造林补助现金60万元。合格面积按林种分:生态林5.806万亩,占96.77%;经济林0.194万亩,占3.2%。国家下拨退耕还林种苗补助费300万元,粮食补助450万公斤,现金补助费60万元。自治区下拨前期工作经费6万元,平果县财政安排退耕还林前期工作经费15万元。

2003年退耕还林工程造林任务11万亩,其中退耕还林7万亩,配套荒山造林4万亩。全县完成退耕还林工程造林10.16万亩,占任务的92.2%。其中退耕还林7.54万亩,占任务的107.6%;配套荒山造林2.62万亩,占任务的65.6%。完成作业设计面积11万亩,签订退耕还林合同7万亩,涉及农户10061户,兑现补助粮食432万公斤,兑现面积5.8万亩。国家下拨种苗补助费550万元,粮食补助1500万公斤,现金补助费200万元。自治区下拨前期工作经费21万元,县配套前期工作经费43万元。

【石漠化治理工程】

平果县通过采取异地开发,人口搬迁;大办沼气,改燃节能;退耕还林、植树造林、封山育林等措施,进行石漠化治理。通过十多年来不懈努力,使平果县石山区生态环境有了较大改观,至今,全县累计任豆树种植面积20.8万亩,竹子种植面积11.2万亩,封山育林45.6万亩,新建沼气4.2万座。有效地改良了石山区6.8万亩耕地,全县森林覆盖率由1990年的22.8%提高到现在的33.4%。2001～2003年,平果县共完成石漠化综合治理工程59.33万亩,其中封山育林56.21万亩,人工造林3.12万亩,完成沼气池建设2.06万座。

【国家林业局石漠化治理工程平果县示范项目建设】

国家林业局石漠化治理工程平果县示范项目建设总规模24315亩,其中人工造林8955亩,封山育林15360亩。项目总投资889.81万元,建设期2001～2005年。截至2003年,平果县共完成国家林业局石漠化治理工程示范项目22760亩,其中封山育林15360亩,占规划任务的100%;人工造林7400亩,占规划任务8955亩的83%。在项目规划区内新建沼气池1600座。

【珠防林工程】

2002年度广西壮族自治区林业局下达平果县珠防林工程任务为:封山育林45万亩,人工造林1.9万亩。最终全县超额完成了该项任务,共完成封山育林面积3.04万公顷(45.6万亩),占任务的101.3%,人工造林0.15万公顷(2.25万亩),占任务的118.4%。投入资金131万元,其中自治区林业局下拨补助经费120万元,县林业局自筹11万元。

【招商引资】

2000～2003年,平果县吸引了广西三元公司、绿洋公司、金光集团等在平果县的四塘、凤梧、榜圩、黎明、同老、那沙等几个乡(镇)投资1240多万元,利用荒山营造速丰林基地4.6万亩;引进广西森泰公司到平果利用荒山发展构树项目3000多亩,利用世界银行项目贷款360万元,营造速生丰产林9000亩,桐棉松1.4万亩,任豆树1.3万亩,竹子1.2万亩;争取珠防林项目资金60万元,爱德项目资金136万元,用于发展任豆树造林3.5万亩,竹子0.5万亩;争取区林业局15万元木棉林带造林资金投入荒山造林800多亩。吸引福建老板到平果县建立速生桉苗圃基地,2003年培育速生桉树苗400万株,营造速生丰产桉树林1万多亩。同时,通过项目开发,促进先进技术的推广与应用。

【速丰林项目建设】

多年来,在各级党委、政府的领导和有关部门的支持、帮助下,平果县速丰林项目建设取得了可喜的成就。全县目前速丰林面积有22万亩,速丰林项目所生产的木材,除满足本县社会生产、生活所需的木材外,还销往区内外,增加了山区农民的收益。平果县速丰林项目包括:杉木、马尾松、任豆速生丰产用材林和巨尾桉、尾叶桉、马占相思短轮伐期工业原料林两大项。杉木速生丰产用材林面积为10万亩,主要分布在海城、榜圩、黎明、同老四个乡镇的土山地区以及国有海明林场和集体所有的海同林场;马尾松速生丰产用材林面积为3万亩,主要分布在海明、濑江、太平三个国有林场、海同林场及城关、四塘、海城、黎明、同老等乡镇,任豆速丰生产用材林面积为1万亩,主要分布在新安、果化、太平、海城等乡镇的石山区;巨尾桉、尾叶桉、马占相思等短轮伐期工业原料林面积为7万亩,主要分布在四塘、旧城、海城等乡镇。

【群众性义务植树活动】

1999年以来,平果县每年参加义务植树的群众达25万人以上,占应参加义务植树人数的90%以上,累计义务植树210万株,绿化荒坡1.1万亩,绿化街道、公路58公里,种植草坪3万多平方米。

【森林资源保护】

林业公安与林政密切配合,提高了办案效率和质量。林业局组织全县林业公安干警和林政人员在全县林区范围内开展声势浩大的各种森林案件"严打"专项斗争。

取缔柴火市场,促进沼气建设,增大封山育林效果。为了增大封山育林的效果,促进全县的沼气建设,以林业执法手段严禁柴火下山、严禁柴火上路,杜绝柴火上市,清理取缔了全县柴火交易市场,不仅天然林林区不准砍柴,就是伐区的柴火也不准下山,不准上路。我们对于全县厂矿、学校、砖瓦窑等烧柴大户,一律发出改燃节柴书面通知书,限期半年完成整改。通过抓好柴火管理,全县封山育林和沼气池建设工作年年超额完成上级下达的任务,森林资源的保护进一步得到了加强。

抓好木材经营加工管理。对县城的木材加工厂实行统一定点加工,严格木材进出厂登记制度。县城外每个乡(镇)只审批一家木材加工厂,对违法经营(加工)的加工厂,一次性吊销经营(加工)许可证。从而规范了木材市场经营秩序,堵住了黑市交易黑洞。

加强林木采伐管理,从源头上杜绝乱砍滥伐现象。形成三个制度:一是提高办证透明度,依法限时办证,实行办证回复制度。二是公开和简化办证程序,接受林农监督。三是明确落实责任、强化伐前、伐中、伐后管理。

林地管理逐步规范。根据上级林业主管部门的布置,先后组织退耕还林还草和林地执法大检查行动,制定了全县林地执法大检查实施方案,落实林地管理专职责任人员,还成立了山林权属纠纷调处办公室,使全县林地管理进一步走向规范化。

【林业基地建设情况】

1999年以来平果县林业局结合各项林业工程建设,多渠道筹集项目资金,建立造林示范基地7个,总面积10200亩,其中海城乡荣方基地2000亩、拥齐基地1400亩,四塘镇朝的基地1200亩、印山基地600亩,旧城镇兴宁基地1200亩、局马基地2600亩,太平镇局平基地1200亩。营造速生桉6600亩,马占相思3600亩。通过林业基地的示范作用,带动了全县林业生产的全面发展,1999～2003年,平果县完成各项人工造林26.415万亩,其中速生丰产林10.64万亩,速生丰产林建设取得了历史性的突破。

【机构设置】

平果县林业局设有局长室、办公室、计财股、森林公安分局、林政股、林业技术推广站、防火办、服务部、质量管理股、检疫站等。二层机构有:木材公司、海明、太平、濑江等三个国有林场,派出机构有17个乡镇林业站。

【国有林场】

平果县有3个国有林场——海明林场、瀨江林场和太平林场，在职职工364人，经营面积6014.5公顷，其中有林地3974.7公顷，新造林未成林地4023公顷。森林活立木蓄积量22.6万立方米。2002～2003年完成荒山造林372.07公顷，迹地更新造林179.87公顷，营造速生丰产林434公顷(其中对外租地营造速丰林272.07公顷)。经济果木林320.2公顷。幼林抚育作业面积238.2公顷，实际面积154.47公顷。

国有林场从事自营经济的职工有212户、293人，主要从事种养殖业，其他自营经济还包括汽车营运、建筑材料及建筑工程承包、劳务输出、餐饮、小商品零售等行业。种植面积352.05公顷，总收入175.05万元。自营经济成为增加职工收入的主要渠道和林场经济的重要组成部分。

(平果县林业局)

德保县林业

【概　述】

德保县位于广西西南部，百色市东南部，县境西北部为云贵高原余脉，喀斯特地形，地势呈西北向东南倾斜；全县海拔大多在600～1000米之间，最高海拔黄连山主峰1616米，最低海拔荣华乡鉴河出口处200米；气候属亚热带季风气候，冬无严寒，夏无酷暑，春秋温凉，日照充足，热量丰富，雨量充沛，冬春干旱，夏季多雨；年平均气温19.5℃，年均降雨量1462.5毫米；植物以亚热带植物占优势，也有少数温带植物，珍稀树种有国家一级保护植物德保苏铁，二级保护植物有榀木、金丝李、观光木等；森林野生动物资源有国家一级保护动物黑叶猴、蟒蛇、云豹，国家二级保护动物有猕猴、短尾猴、穿山甲、大灵猫、小灵猫、蛤蚧等26种；经济林木主要是八角树，所产茴油具有凝固点高(15°以上)、折光性好(折光指数1.5530～1.5600)，重量容量比例合适(比重0.0738～0.0880)，香味纯正而饮誉中外，素有“法国香水没有天保茴油不香”之美誉。全县土地总面积257748公顷，林地面积112034.9公顷。在林地面积中，森林54760.6公顷，疏林地97.2公顷，灌木林地49235.9公顷，无立木林地7934.5公顷，苗圃地6.7公顷；全县石山面积占全县土地总面积的69.2%，森林覆盖率42.58%。

经过53年的艰苦努力，全县的林业生产建设取得很大成绩，特别是党的十一届三中全会以来，根据新时期党的路线、方针政策以及德保县的实际情况，坚持以营林为基础，制定了一系列林业发展规划和措施，实行“造、封、管、节”并举，全党动员，全民动手，大搞植树造林，使林业生产得到较快发展。

一、建立健全林业组织机构

1955年，德保县政府成立了最初的林业工作机构林业科，1974年正式恢复成立县林业局。历年来承担全县的各项林业生产工作，现林业局内设机构有办公室、财务室、林业技术推广站、农村能源办公室、森防检疫站、林政资源管理股、森林公安分局，政府议事协调机构下设森林防火办公室；下属机构有木材检查站、多奎水源林保护区派出所、木材公司，红垠坡、黄连山2个国营林场、18个乡(镇)林业站，全林业系统现有林业干部职工303人。组织机构建立健全对加强全县林业生产的指导和管理起了重要的作用。

二、扩大森林资源

植树造林是培育森林资源最重要的途径，1950～2000年全县累计完成造林12.85万公顷，其中人工造林11.11万公顷，飞播造林1.74万公顷(1980年在荣华乡飞播造林1.33万公顷，1993年在足荣、荣华、大旺3个乡共飞播造林0.41万公顷)，1994年实现造林灭荒达标，1997年实现绿化达标。目前，全县已建成杉木速生丰产林934.2公顷，马尾松2235公顷，八角22867公顷等三大商品林基地，1997年以来，通过实施绿色工程，珠江流域防护林体系建设工程，石漠化生态综合治理工程，广州市对口帮扶工程，营造了任豆树生态林4334公顷，马尾松生态林1667公顷，八角经济林4907公顷，封山育林40772公顷。2002年启动退耕还林工程，2002～2003共完成退耕还林工程任务7000公顷，其中退耕地造林3666.7公顷，配套荒山造林3333.3公顷，任务完成率100%，面积核实率，造林合格率均达到95%以上，顺利通过区级、国家级的造林实绩核查验收。

三、积极办好国有林场和集体林场

德保县现有国有红垠坡林场和国有黄连山林场，国有林场的稳定和发展是德保县森林资源稳定增长的重要因素之一，也是县内工程建筑用材主要供应基地，它对集体林场和群众造林起着积极的示范作用。60～70 年代德保县曾兴办各类集体林场 217 个，从业人员 2335 人，造林 1780 公顷，由于体制变更大部分已下马。进入 20 世纪 90 年代初全县有各种林场 182 个，其中国有林场 2 个，乡办林场 4 个，村办林场 18 个，独资或联办林场 158 个，经营面积达 10400 公顷，占全县商品材总面积的 23.3%，使全县商品木材生产逐年增加，从“八五”期间的年产木材 5000 多立方米发展到现在的近 10000 立方米。

四、开展科学试验，注重科技推广

50 年代，德保县率先在全区引进紫胶虫放养，填补了自治区生产紫胶的空白；接着又进行狗骨木石山造林的科研试验。60 年代，第一次采用白僵菌粉，防止了松毛虫在德保的蔓延；同时对八角进行了成林施肥试验和八角金花虫综合防治试验，也取得较大成果。70 年代，在种子园建设、母树林建立、八角嫁接、杉木高山造林等方面做了大量的科研工作，推广了实用新技术。80 年代，重点推广了茴油蒸馏新技术，改进蒸馏设备，以煤、电代柴，从而提高茴油出油率。90 年代至 21 世纪初，重点推广了工程造林和容器育苗技术，积极对珍稀野生植物的调查研究，1999 年，在德保县境内发现珍稀野植物—德保苏铁，该项调查研究荣获自治区人民政府授予科技进步三等奖，这些林业科技的调查研究，对提高林业经营水平，科学经营森林和发展商品生产起了较大的作用。

五、突出名特优产品，狠抓八角茴油主导产业

德保县经济林主要有八角、油茶、油桐，但规模及产量以八角为最多，“天保茴油”饮誉中外，是德保县的名优产品和支柱产业。解放初期，八角林只有 3333.3 公顷，茴油林 6000 公顷，最高年产八角 400 吨，茴油 235 吨。德保县狠抓以八角茴油为龙头的经济建设，迅速调整农村经济发展方向，取得了显著的成绩，1981～1984 年，年均造八角林 466.6 公顷，“七五”计划期内造八角林 7333.3公顷，现在全县经济林总面积 27133.3 公顷，八角林就有 22866.7 公顷，占经济林总面积的 84.28%，年产八角 2000 吨和茴油 350～400 吨，取得良好的经济效益。

【农村能源建设】

德保县农村能源建设有了历史性的突破，1994 和 1995 年扫除历史上耗柴惊人的“老虎灶和三脚猫”，普及热效率高、使用方便的省柴节煤灶，并研制生产“德 A”、“德 B”型多功能活动节柴灶，在全县推广使用，深受用户好评，两年间全县农村普及省柴节煤灶 59161 户，占当时农户总数 64864 户的 91.2%。省柴灶的推广普及，改善了德保县恶劣的自然环境，光秃的石山逐年绿了起来。沼气池建设早在 20 世纪 70 年代末就有了建设的历史，据资料记载，到 1990 年全县有沼气池 925 座，但是多为底层出料沼气池，其池深而窄，使用率不高，1999 年引入先进的水压式自动排渣和顶返式人工抽渣沼气池池型，经试建推广，颇受用户信赖，近两年来建设达到最高峰，年新建沼气池 5000 多座，截至 2003 年底止，全县累计已发展到 17242 座，占农户总数的 24.98%，是 1990 年底前的 18 倍多，年生产沼气 690 万立方米，年节约柴草 3.5 万吨，减少 2.8 万亩的山林不遭砍伐，节省上山砍柴工日 86 万个，每年还提供优质高效有机肥料 43 万吨，相当于 4.5 万吨的复合肥，年增收节支 9000 多万元。德保县石油液化气的推广和太阳能热水器的安装利用，从无到有，从少到多，其分别在 1992 和 1999 年引进使用，至 2003 年底，德保县推广石油液化气 29782 户，占总户数的 38.23%，由县城扩大到农村发展；安装太阳能热水器 93 台 372 平方米。县、乡(镇)直的单位食堂和旅社，酒家、米粉店以及砖瓦窑、石灰窑等“三窑四坊”基本上改烧柴为烧煤或用电、石油液化气等，县城和乡(镇)已没有柴火上市出售，成车的柴火从林区拉出的现象已经不见。农村能源建设的发展，特别是沼气池的普及推广，不仅给建池农户带来的炊事方便、节省劳力、提供优质的有机肥料、提高单产、农民增收的经济效益，而且是居室干净卫生，防止环境污染，减少疾病流行，最重要的是节约柴草，减少山林砍伐，保护森林资源，改善生态环境，巩固人工造林和封山育林成果，带来了良好的社会和生态效益。

【森防检疫】

1998 年设立德保森林植物检疫站，全面负责全县森林病虫害防治和森林植物及其产品的检疫工作。历年来完成年均监测覆盖率 86.8%，年均森林病虫害发生率 0.16%，年均成灾率 0.03%，防治率 100%。森林植物及其产品调运检疫率 92.8%，带疫数为 0。确保全县森林资源安全。全县主要森林病虫害有：八角叶甲(金花虫)、八角象甲、八角煤烟病。经过多年的探索和综合防治，八角叶甲已得到有效控制。

【森林防火】

1958年成立县级森林防火指挥部和乡(镇)级护林防火指挥所,县级设立森林防火办公室,在森林防火期间,负责进行森林防火宣传教育,组织森林防火安全检查,掌握火情动态,统一组织和指挥扑救森林火灾,召开森林防火联防会议,举办森林防火技术培训班,发放森林防火通知书,规定森林防火戒严期,发布森林防火戒严令,搞好野外火源管理。1992～2003年加强了交通、通信、瞭望台等基础设施建设,现有森林防火运兵车和森林防火指挥车各1辆,无线电对讲机28台(含差转机),风力灭火机20台,瞭望台3座。1995年成立了县级专业森林消防队,队员30名,各乡(镇)、两个国有林场也分别成立一支25人的半专业森林消防队,同时组织培训森林防火专业人员。据统计,1991～2000年全县共发生火灾次数15起,过火面积436.2公顷,其中受害森林面积91.4公顷,2001～2003年,全县共发生火灾次数17起,过火面积262.7公顷,其中受害森林面积45.2公顷。1992～2003年每年荣获百色市森林防火目标管理责任状奖励。

【森林资源管理】

20世纪80年代,各林业管理机构得以健全,森林资源管理与保护工作正在严格按照相关林业法律、法规、方针、政策的规定下正常运行,为实施林业重点工程,促进德保县林业跨越式发展发挥了有力的保障作用。20世纪70年代开始组织县级森林资源清查,1974年、1999顷年、1999年分别在自治区的组织下进行二类调查,20世纪70、80年代按照森林消耗量小于生长量的原则,木材生产实行定点定量采伐的管理方式。从1989年开始进行木材限额采伐管理,按照上级林业主管部门下达的木材生产计划指标进行限量分配和调查设计,林木实行凭证采伐,林业部门做好伐前设计,伐中监督、伐后验收,同时监督做好伐后更新工作。全县"十五"期间年采伐限额4.8万立方米,年商品材生产指标为1.8万立方米。到2003年止,每年完成的采伐量都控制在年采伐限额4.8万立方米之内,没有出现突破采伐限额指标现象。通过严格执行限额采伐管理,全县森林资源蓄积量持续增长。同时,为充分挖掘市场、发挥木材社会、经济效益,逐步建立健全木材经营(加工)体系,促进木材经营(加工)企业的较快增长,加强木材深加工管理,坚决实行凭证经营(加工),严厉打击非法经营(加工)木材的行为,使木材经营(加工)企业有序、健康地发展。到2003年止,全县有木材加工企业27家,年生产加工木材9000立方米,年销售总额360万元,创收175万元,上交各种税费135万元,今后还将进一步优化投资环境,增强服务意识,完善管理措施,加大招商引资力度,为加快德保经济发展创建良好的投资环境。

【森林公安工作】

德保县森林公安成立于1987年,设有德保县公安局林业公安科、多奎水源林保护区派出所、红垠坡林场派出所、黄连山林场派出所,编制19人。十多年来,针对林业案件的特点,持续不断地开展打击盗砍滥伐林木、毁林开垦、"猎鹰行动"、"春雷行动"等林业严打专项斗争,在打击各种破坏森林和野生动植物资源违法犯罪活动,维护林区治安秩序稳定,保护生态环境和保障林业生产建设等方面发挥了不可替代的作用,取得了显著的成绩。特别是在2003年4月份开展的"春雷行动"中,森林公安快速出击,成功破获了德保县有史以来的一起危害国家珍贵、濒危野生动物的特大刑事案件,收缴国家二级保护野生动物大壁虎(俗称蛤蚧)61只,有力地打击了破坏野生动物违法犯罪分子,受到自治区森林公安局的奖励。16年来,全县森林公安共查处各类森林案件863起(其中刑事案件54起、治安案件541起、林业行政案件268起),打击处理违法犯罪人员951人,罚款171078元,收缴木材1480立方米(价值194262元),收缴野生动物135只(价值57605元),赔偿损失113594元,共为国家、集体和个人挽回经济损失536539元。

(德保县林业局)

靖西县林业

【概　述】

靖西县位于桂西南部,北部、东北部分别与云南富宁、百色、德保相连,东南部靠天等、大新两县,南部与越南接壤,西部与那坡县毗邻。地处云贵高原边缘,属石灰岩高原地貌。全境共有332426平方公里,全县辖有24个乡镇,总面积498.64万亩,其中林业用地166.05万亩,占土地总面积33.3%,现有林面积为45.88万亩,活立木总蓄积量75.01万立方米,森林覆盖率为32.21%,林业用地绿化率为98.1%。

靖西县民国初以前林木甚为茂密。清《归顺直隶州志》载:"自下雷土州至云南开化府凡与文趾连界凡八百里皆大管,望之如海"。清乾隆年间镇安知府赵翼《耘松檐记》有"余行归顺途中,有紫柿木七十余株,皆大五六抱,莫有过而顾者……。皆崇山密箐,老藤古树有洪荒所生至今尚葱郁,吾尝名之曰:林海"。民国24年(1935)县政府设立农林推广所和农林示范场,民国36年后抗日军火,大军驻县,县城附近的山林被毁作薪柴和用来搭建营舍,原茂密山林变成光秃山。后来随着人口的增长和公路的开通,木材用量日增,乱砍滥伐,焚烧毁林垦殖,山火不断,到抗日战争时期,大军驻扎靖西,大量砍伐,致使林木锐减。1958年大炼钢铁时,大批树木用来烧炭,森林资源受到严重破坏。1966年开始办社队林场,由于历年山火不断,林权不清,政策的失误,破坏山林的现象时有发生。1980年农村经济体制改革后,由于没有根据林业生的特点,建立同农业生产责任制相适应的社队林场生产责任制,结果出现较为严重的乱伐和盗伐现象,森林面积日益减少。到1982年落实山界林权,延长山林承包期,鼓励开发性的人工造林,破坏山林的现象基本得到制止,造林进度有所加快,但多为杂木林,杉木林较少。90年代以后,大力实施封山育林和生态工程林建设。

【森林资源培育】

新中国成立以来,在党和人民政府的领导下,广大人民群众和林业职工的艰苦努力,认真贯彻"以营林为基础"的林业方针,狠抓育苗造林、抚育间伐、封山育林等工作,使林业生产取得了一定的成绩。截至2003年累计完成人工造林103.1万亩,其中点播造林5.1万亩,植苗造林98.1万亩,封山育林100万亩,义务植树1500万株。

一、杉木基地造林(杉木贷款造林)

1984~1989年,进行杉木贷款造林,共分三批进行,第一批任务5000亩,第二批10000亩,第三批5000亩,第一批造林补助每亩40元,第二、第三批每亩补助50元。主要分布在湖润、岳圩、龙邦、安宁、地州、南坡等乡镇,共完成造林面积20000亩。

二、点播造林

1983~1998年,全县在石山地区先后进行任豆树种、油桐种、松种人工点播造林十次,总完成人工点播造林面积5万亩,其中任豆树种点播3万亩,油桐种点播1万亩,松种点播1万亩。

三、爱德造林项目

2000~2001年,在安德、三合、龙临、新圩、大道、岜蒙、渠洋等七个乡镇实施爱德造林项目,总设计面积为5万亩,实际完成5.005万亩。经爱德基金会南京总部委托百色市林业局检查验收,合格面积为4.75万亩,占完成任务的94.9%。

四、经济果木林项目建设

靖西县人民政府领导始终坚持以市场为导向,以效益为中心,及时进行树种、林种的林业产业结构调整,狠抓拳头产品,大力发展名、特、稀、优经济果木林,特别是八角和大果山楂,做好统一规划、连片开发、集约经营。截至2003年全县共造有八角6.7万亩,大果山楂3.3万亩,油桐1.2万亩,各种水果0.6万亩,茶叶0.65万亩。

【退耕还林工程建设】

2002年开始实施退耕还林工程建设,为加强对退耕还林工作的领导,落实目标和责任,靖西县成立退耕还林工作领导小组,由县政府主要领导亲自担任组长,各乡镇也相应成立领导小组,从县到乡到村到农户层层签订责任状。在实施退耕还林工程中,各项工作都是按照国家和自治区退耕还林有关政策、文件的精神和要求进行,建立健全举报和公示制度,广泛接受社会的监督。2002年度和2003年度退耕还林总任务为7.5万亩。其中2002年度退耕还林2万亩,配套荒山造林2万亩;2003年度退耕还林2万亩,配套荒山荒地造林1.5万亩。两个年度造林面积合格率、保存率都达到95%以上,政策兑现率达到100%。

【"路、城、点"森林生态群带建设】

2002年,百色市第一届党代会、人代会提出了"把百色市建设成为森林山水生态城市"的号召,靖西县根据《中共百色市委、市人民政府关于开展"路、城、点"森林生态群带建设大会战的决定》和《百色市关于开展"路、城、点"森林生态建设大会战的实施方案》要求,在县委、县人民政府领导的高度重视下,制定了切实可行的实施方案,在头龙线的大道、岜蒙、新圩三乡镇和新富线的新圩、龙临、三合、安德等四乡镇的公路沿线可视一面坡的荒山、牧地、25°以上的退耕地和县城四周、旧州景点和通灵景区可视一面坡范围内的荒山、牧地、25°以上的退耕地实施建设"路、城、点"森林生态群带,工程任务为人工造林3585亩,封山育林 66452 亩。

【石漠化治理工程建设】

2001 年度自治区林业局下达靖西县的石漠化治理任务是完成 15 个乡镇乡级以上公路两边及居民点四周能见第一面坡封山育林 35 万亩，人工造林 1.5 万亩。项目分布在头龙线即“20312”线、古靖线即古潭至靖西、新富线即新圩乡至云南富宁段等 3 条省道，化岳线即化峒镇至岳圩镇、塘魁线即岜蒙乡塘麻村至魁圩乡等 2 条县道以及在这五条交通干道周围的城镇居民点，项目涉及 15 个乡镇 151 个村(街)民委 190 个自然屯。全县共完成人工造林作业面积 1.52 万亩，占任务量 101.3%。完成封山育林面积 23333.4 公顷，占封山面积的 100%。全县共设立固定标准地 193 个，并建立了档案记录，有护林员 184 人，有标志牌 74 个，各项目乡镇都落实了管护措施和订立有护林公约。

【绿色工程建设】

1999 年，市林业局下达靖西县绿色工程建设任务，重点主要放在 16 条公路干线两侧各宽一公里范围内宜林地和非林业用地可造林石山地种植竹子、任豆树以及其他树种造林、补植。经过全县广大干部群众的共同奋战，全县共完成人工造林 85431 亩，占地区下达 42800 亩任务的 199.6%。其中在公路两侧各宽一公里范围内造林 14803.5 亩，占地区下达造林任务(2744 亩)的 539.5%；公路两侧各宽一公里范围之外的石山造林 62370 亩，占地区下达任务(37000 亩)的 168.6%；面上退耕还林 727.5 亩，占地区下达任务(500 亩)的 145.5%；城镇村屯周围 100 米范围内造林 7530 亩，占地区下达任务(2556 亩)的 294.6%。

【生态能源建设】

农村能源工作得到了靖西县委、县人民政府的高度重视，采取了沼气池建设大会战等有效措施，以沼气池建设为重点的农村生态能源建设实现了跨越式的发展。据统计，1999～2003 年，靖西县发展农村户用沼气池共 20610 座，超过了前 10 年发展的总和。截至 2003 年底止，全县累计建有农村户用沼气池 26810 座，农村沼气池入户率达 24.17%，计划至 2010 年全县农村沼气池入户率可达到 50%以上。实施农村沼气生态家园建设，发展“养殖—沼气—种植”三位一体生态农业，不仅有效地减少森林资源消耗量，缓解靖西县农村能源紧张状况，改善农村生态环境，直接巩固退耕还林成果，而且还有力地促进农村经济结构的调整，加快无公害农产品生产步伐，促进农业增效和农民增收，对加快靖西县农村经济可持续发展都具有重要意义。

【森林生态旅游资源】

通灵大峡谷距靖西县城 30 公里，属于综合类型的大型风景区，景观资源齐全，是广西中越边陲旅游黄金带一颗最璀璨的明珠。景区绝壁千仞，深邃幽幽，巨型钟乳石高崖倒悬，古树老藤遮天蔽日，神秘莫测的洞穴、深潭星罗棋布，水帘洞、地下河瀑布气象万千，河涧迂回，流水潺潺，满谷青翠欲滴。隐藏在大峡谷深处的通灵瀑布，落差达 180 多米，丰水时节，排山倒海，雷霆万钧；枯水季节，涓涓细流，白练倒垂，婀娜多姿。在这人烟罕至的天地，生长着 100 科 1000 多种植物，数十种飞禽走兽。远古遗留下来的藏金洞、古石垒营盘、神掌断石等遗址，整个景区堪称“雄、险、幽、奇、绝”。通灵大峡谷景区目前开放的分为七大景区：峡谷春深，宋朝壮族义军遗址，通灵宝洞，通灵峡，天然植物王国，通灵瀑布，鸳鸯潭三洞三瀑绝景，四十多个风景点，新景点有通灵大瀑布瀑底探奇、通灵峡谷念八峡洞穴漂流。

古龙山峡谷群漂流位于靖西县城 30 公里，是靖西县喀斯特峰林的最高点，峡谷长约 6.8 公里，宽 100 米，峡谷自然植被丰富，溪流常年不断，景色幽雅，是生态和水上漂流好地方。古龙山峡谷群有众多的独特景观。在峡谷的尽头，从天而降的是气势磅礴而又秀美如画的古龙山大瀑布。瀑布高 98 米，瀑布的三面被陡峭的绝壁环抱，绿树古藤伴随左右，狂野中伴着清秀，充满诗情画意。一漂穿三洞，漂中游三峡，三个小时漂流三天三夜，令人流连忘返。古龙山峡谷群的水系是立体的多层分布，洞穴中是四季不断的水世界，在新桥峡 800 米长的暗河中，上层水流从各种奇特的钟乳石上喷出，经过数万年化学和物理作用之后，形成了举世绝景钟乳石景观，这种奇特的钟乳石喷水功能，中国岩溶专家曾称之为“中国最大的原生态洞穴峡谷群，是喀斯特地形地貌的典范，是国内原生态峡谷的代表”。有靖西古八景之一的三叠岭瀑布，瀑布高 100 米，宽 30 米，常年倾泻，犹如悬练。清人蔡遵有诗云：“劈开青芙蓉，非落如贯珠。飞泉泻百道，匹练横江铺。我来访胜境，胜境如画图。”又有七言诗绘其妙境：“瀑布飞空练一条，明珠溅水满山腰，悬崖直向青溪浣，喷石频惊白雨跳，丝引云痕穿九曲，帛凝雪色挂三霄，新诗最喜探骊颔，黄绢题诗彩笔描。”

虎寨腾烟森林公园位于靖西县城南8公里，东西长约1.5公里，南北宽1.3公里，为一座小型的岩溶峰丛，主峰海拔1023米，西端一峰远望似猴。古时森林茂密，多有虎豹藏伏，山中有一空谷，内有泉，乱世时附近村民避居成寨，不易被破，称“虎寨”。此山高耸，四时雨霁烟雾不消，尤为傍晚，烟云连绵，山顶不见，是一美景，为靖西八景之一，曰“虎寨腾烟四野绵”。游人既可林间寻幽探奇、野营、露宿，也可到水库岸边林荫下垂钓，优哉游哉，还可以在森林里闭目养神，忘掉一切烦恼，享受着大自然的无私奉献。

【森林病虫害防治】

1997年以前，靖西县林业局只指一名技术人员兼职森林病虫害防治。1997年靖西县编制办核实编制4名。至2001年才明确落实具体负责全县森林病虫害防治和植物检疫工作。各乡镇都设有测报员一名，初步建起了森防测报网络。近年来，加强了硬件建设，配置了测报技术所需的显微镜、恒温箱等基础设备，加强了监测工作。2003年实现了电脑签证，长期以来，坚持先检疫后开证的原则，确保外调的木材、药材、果品、种子等应施检疫的产品都能进行调运检疫，积极开展产地检疫。2001～2003年，靖西县森林病虫害发生面积累计9.23公顷，无重大的森林病虫害发生。从2002年起开始强化检疫执法，有3名检疫执法人员，在木检站和林政等的支持下，在2002年和2003年共查处违反森检法规累计40起，罚款20508.61元。

【森林采伐限额管理】

自上世纪80年代起，森林采伐由计划管理转变为限额管理。为了科学地编制采伐限额，认真按照上级的部署，抽调精干人员，依据《森林法》、《森林法实施条例》的规定，结合本地实际，按期完成了“八五”、“九五”、“十五”期间年森林采伐限额的编制和成果上报工作，并严格按照上级下达的采伐限额指标严格批准采伐，没有超限额采伐。

【森林资源调查】

森林资源调查按照上级的部署，靖西县于1972年、1990年和1999年共三次组织进行了全县森林资源调查规划（林业普查）工作，摸清森林资源情况，为林业生产发展的科学决策提供依据。

【自然保护区建设】

1982年靖西县有3处定为自治区水源林管护区，总面积33.4万亩，其中有林面积27.58万亩。古龙山水源林保护区主要分布在向德乡、湖润镇和岳圩镇四明村等地，面积19.9万亩，有林15万亩；地州水源林保护区分布在地州乡的古文，录峒乡的农贡、小瑞、大院等村，面积9.89万亩，有林9.75万亩；岳圩水源林区分布在真意、敏马、邦亮等村，面积3.52万亩，有林2.83万亩。

【林地林权管理】

1955年农林合作化，各户除有小量自留山外，其余收归集体所有。1958年“大跃进”、“人民公社化”，生产队分分并并，私人零星树木也入社，林权混乱，林木遭到破坏。1961年底农村实行三级所有，以生产队为核算单位进行管理，零星果树退回社员。1966年起的“文化大革命”时期又将社员的零星树木收回集体所有。1980年农村经济体制改革后，自治区颁布《稳定山界林权，完善林业生产责任制暂行条例》，将原集体所有的荒山划给各农户管理。1980年10月，开展稳定山权林权，划定社员自留山、确定林业生产责任制的林业“三定”工作，1981年5月全县铺开，到1984年基本完成。有7个公社183个大队3946个生产队开展林业“三定”，划界定权3451559亩。

由于林业“三定”工作的落实，调动了广大社员造林护林的积极性，1981年后，靖西县每年的林业生产都能完成或超额完成上级下达的任务，重大毁林案件得到处理，制止了乱砍滥伐，各小队建立护林组织，订立乡规民约，制定林林业生产计划。林业“三定”工作鼓励开发性的人工造林，延长山林承包期，原定3年延长到15年，开发性山林延长至20～30年，至此林权才逐渐趋于稳定。但因历史遗留问题错综复杂，1984年靖西县尚有213个生产队几万亩面积的山林尚未彻底落实发证，山林纠纷仍时有发生；包括县、乡镇、村屯之间，其中以村屯之间和家庭之间纠纷居多。

【林政管理工作】

解放后，随着公路的开通，人口不断的增长，用材量不断增加，为了保护国家森林资源免遭破坏，做到合理采伐，1954年起，大的森林如红山、底定等都设立护林机构专人管护，明文禁止乱砍滥伐，1958年“大跃进”、“大炼钢铁”进行破坏性的砍伐后，政府曾一度提倡封山育林和封闭木材市场的政策。1981年农村实行生产责任制后，将山林承包给个人管理，在实行生产责任制以后，各村屯所订的村规民约，也包括严禁乱砍滥伐，破坏森林的面积比以前大为减少。1984年开放木材市场，准许自由交易和贩运，按规定必须持有批伐手续。但一些人趁开放之机，大搞木材生意，甚至无证砍伐或违章贩运。1981年10月，政府在三合、湖润和渠洋镇的油茶坡等处分别设立木材检查站。1984年县林业局设置林政股，1993年，经政府同意，木材检查站改建在新圩乡和湖润镇，另外成立了木材市场管理组，加强了执法队伍的建设，有效地打击了各类破坏森林资源的违法行为。

【森林防火】

靖西县成立森林防火指挥部，县长担任第一指挥长，分管副县长担任指挥长，县政府办、县公安局、县武装部主要领导担任副指挥长，县林业局局长担任常务副指挥长。成员由法院、检察院、电信、卫生、交通、粮食、气象、消防武警、团县委等单位领导组成，下设办公室，2003年有工作人员4人。各乡镇也相应成立森林防火分指挥部。靖西县林业局成立由年龄45岁以下的职工组成的林业系统扑火应急分队，应急分队分为三个梯队；乡镇政府成立义务扑火队；村成立以基干民兵为主的扑火应急党小组。靖西县于1995年组建了专业森林消防队，招聘复退军人和青年民兵为队员，实行半军事化管理，工资由县林业局支付，县财政补助一部分，专业队配备有消防指挥车、运输车、风力灭火机、对讲机、二号工具等扑火设备，现有专业森林消防队员15人，风力灭火机12台。全县有4支半专业森林消防队，有队员86人，二号工具65把。

加强领导，层层签订责任状，加大森林防火宣传力度，每年由财政拨一定的经费作为森林防火宣传经费，通过出动宣传车、广播电视、安装固定的水泥宣传牌、书写宣传标语等多种形式宣传，使“森林防火，人人有责”等防火知识，家喻户晓。在“五一”和“十一”旅游黄金周、清明节派人重点把守森林旅游风景区和入山路口，有效地防止了森林火灾的发生。1999～2003年，靖西县发生森林火灾4次，森林火警5次，总过火面积126.1公顷，受害森林面积13.5公顷，森林火灾受害率低于上级下达的火灾控责任指标。

由云南省富宁县、百色市右江区、靖西县、德保县、田林县和那坡县组成滇桂两省（区）六县（区）护林防火联防指挥部，靖西县属联防区的有魁圩乡的7个村（扶赖、那些、那多、驮林、德周、布林、坛马）。

【森林公安工作】

靖西县公安局森林公安分局1987年成立，原称靖西县公安局林业公安股，1996年改为林业公安科，2003年更名并组建为森林公安分局。靖西县森林公安机关对打击破坏森林资源违法犯罪活动，保护森林资源和生态安全，维护林区社会治安秩序的稳定发挥了巨大的作用。1999～2003年，共查破各类森林案件201起，其中森林刑事案件15起，森林治安案件96起，林政案件90起。共处罚各类违法人员249人，其中逮捕11人，治安拘留14人，林政处罚62人，其他处罚162人。共收缴木材299.6526立方米、野生动物269只（头）。共为国家挽回经济损失24.4788万元。

【国有林场】

五岭林场位于广西百色市靖西县境内，总场部位于县城城西路五里桥头，林地面积分散，有五岭、红山、油茶坡、甘荷、乐村、吞盘六个分场，总面积为24810亩。森林分类区划界定为：一是公益林（地）总面积14677亩，占全场界定林地面积（24402亩）的60.1%；二是商品林地面积10133亩，占全场界定林地面积的39.9%。其中甘荷、乐村、吞盘分场列为国家级生态公益林，面积共3796.5亩；红山分场百怀、弄庇、弄怀、弄老林区在古龙山水源林保护区内，划为省级生态公益林，雪山林区的灌木林地划为县级公益林。五岭、油茶坡分场划为商品林地。近年来，以上级林业主管部门下达的采伐任务指标进行林木采伐，兼以管护中幼龄林、培育和营造八角、西楠桦等树种，营造速生丰产林的基地。

五岭林场在坚持改革开放，大胆探索，谋求发展、创造业绩等方面迈出了可喜的一步，赢得国有林场的稳定与发展。在市场疲软，木材价格下跌，产业结构调整等因素影响，林场曾一度走下坡路，国有林场的生存与发展正处在十字路口。正是此时，场领导班子大刀阔斧，坚持改革，锐意开拓，谋求发展。在靖西县委、县政府及上级主管部门的大力支持下，对林场实行全面改革，出台了《五岭林场体制改革方案》、《职工自营经济承包办法》、《职工护林承包合同》、《从事生产人员管理及工资计酬的实施方案》等，并加以落实和实施。实行精简机构、提高工作效率，压缩管理人员，增加生产一线工人。按照改革方案，对场二层机构人员和护林员实行竞聘上岗，实施岗位责任制，体现了人尽其才，各尽其能。完善各种承包办法和方案，尽可能地充分发挥广大干部职工的劳动积极性和创造性。

实行场务公开，职工参与的管理机制，健全职工代表大会制度，实行民主参与，民主决策，体现了职工是林场的主人，是事业的主心骨，倡导职工民主管理，为巩固、发展和壮大国有林场发挥应有作用。

林场出台《职工自营经济承包办法》后，参加承包的职工达90%以上，承包种类有五岭分场的八角林，油茶坡的自营地等。根据承包年限，职工自主经营，自行开发。林场制定出相应完善的管理制度的同时，还给予启动资金的扶持和组织职工进行技术指导和培训。经过职工的精心投入和艰辛耕耘，一部分职工自营地已获得较好的经济效益。为发展自营经济，林场采用鼓励职工参与市场竞争，开展多种经营和多种产业并举方式，增加职工收入，以逐年提高全场干部职工的生活水平。

五岭林场按森林资源分类区划界定为生态公益型林场，其主要任务是森林资源的培育和保护。区划界定的商品林地只有油茶坡和五岭分场的部分林地(共占总面积30%)，其产业的发展规定是五岭林场设有育苗基地，西南桦速丰林基地。油茶坡分场蓄藏有丰富稀土金属——铝土矿，现已引进外商兴建了宏宇红星、靖丰三个红砖厂，规模年产1000万块红砖，将成为一块新兴的工业基地。

底定自然保护区。底定自然保护区位于桂西南部靖西与那坡两县交界处，距靖西县城70公里。南与东北面属靖西县南坡乡境内，西南和西北系那坡县平孟镇、百合乡、德隆乡管辖，正南靠近越南。东西宽7公里，南北长22.5公里，总面积8917公顷。其中有855公顷属国有原始森林，集体石山林地3763公顷。底定自然保护区于1958年建场，原属县五岭林场的一个分场，财政全额拨款。1965～1986年改为底定采育场，经费自收自支。1986～2000年改为水源林管护场，经费自收自支。2001年成为县级自然保护区，财政差额拨款。2002年被自治区人民政府评为省级自然保护区，财政差额拨款。保护区设有管理处和林区公安派出所等管理机构，编制人数24名，实有人数13名，其中管理干部2名(合工程技术人员)，公安干警2名，专职护林防火员7名。退休人员10名。

保护区地质起源古老，地形地貌复杂，气候水文独特，地方特色明显，林木茂密苍翠，自然景观绝妙，民族风情浓郁。历年来吸引众多的中外专家学者、学术团体慕名前往登山考察。经考察确认植物种类多达1800多种，生长有属国家一、二级重点保护野生动植物有：云豹、蟒、猕猴、桫椤、大叶木莲等60余种。珍稀品种中草药有金莲、灵芝、黄精、杜仲、黄柏、七叶一枝花，常见中草药材有上百余种。其中，被誉为恐龙时代“活化石”植物美称——桫椤树，创国内五个之最，即生长密度最高(296株/亩)，单株最高(10.9米)，株植最奇特(开有4叉)，数量最多(6万株以上)，分布海拔最高(1300米)，为世界罕见名副其实的中国“桫椤王国”。昆虫品种丰富，沟谷丛林随处可见色彩斑斓的蝴蝶：二尾褐凤蝶(国二级)、三尾褐凤蝶(国二级)，珍稀品种还有虎斑蝶、燕尾蝶、双株蝶：云豹等。

【林业种苗试验站】

靖西县林业种苗试验站建于1963年，原属林业科学研究所，1982年改为林业种苗试验站，管辖德爱、那耀、龙潭、龙临、麒麟五个苗圃，面积共1588亩，2003年有科技干部及工作21人，主要以石山造林树种枧木、大果山楂、任豆树、酸枣、香椿、李类、桉类等高产栽培及试验，树种的采集，绿化苗、林木、果木苗的生产。

【森工企业】

靖西县森工站是为适应木材实行统购统销而建立的，1958年10月木材实行统购统销后，任务由县计委下达，按计划收购和供应，虽然木材生产任务不多，但以经营木材为主，开展多种经营，每年都超额完成国家下达的利润计划。1984年9月取消木材统购统销，实行木材市场开放，自此森工业务转向议购议销。

森工站址在县城南坡珠郊巷和靖岳公路干线岔路处，建于1985年，占地7亩，开办时只有干部2人，建站初期，成立木材采检组。负责全县木材购销业务。1965年设立木材加工厂，1980年以后增设家具加工车间、家具门市部，并从柳州市购进胶合板、纤维板等服务性业务。此外兼搞汽车运输、汽车修理业务和钢材销售门市部。1984年增加到45人，行政上直属县林业局，财政属自治区管理，为独立核算单位，以经营国家计划内木材统购统销为主，兼搞多种经营，开办以来，该站经营灵活，1981年各个车间实行经济承包责任制，调动了职工的积极性，经济效益有所提高，1982年上级下达利润指标1.5万元，实现9万元，超额完成年度利润计划4倍。1983年被评为自治区森工系统经营管理先进单位。1993年改为木材公司。

【乡村集体林场】

1965年靖西县始建社队林场，当年7月吞盘田七场首先建立。该场除种植田七外还营造500亩的松杉林。1967年魁圩林场建立：面积3000亩，营造杉、油茶、桐、八角等500亩。1975年全县社队林场发展到138个，场员1240人，造林面积近2万亩，这些场到1980年陆续出材。但是，随着农村生产责任制的落实，林业工作没有建立同农业生产责任制相适应的社队林场生产责任制，场员报酬等具体问题得不到妥善解决，引起场员思想波动，出现大幅度减员，林场相继散伙，到1980年底社队林场只剩20个，场员106人，林场和场员分别比1975年减少85%和91%，多年经营的大片林木无人管理，有的遭到严重破坏。到2003年，乡村集体林场基本全部解散。

【乡镇林业工作站建设】

靖西县共24个乡镇，每个乡镇都建立乡镇林业工作站，自有站房10个。全县林业工作站共有工作人员61人，其中初级职称47人，中级职称2人，工人17人。各乡镇站做好制度上墙，建立各种规章制度、档案归档齐全。各乡镇林业站充分发挥职能作用，建立以来，先后实施了造林灭荒工程、造林绿化工程、绿色通道工程、石漠化治理工程、爱德基金项目工程、退耕还林工程、森林生态群带"路、城、点"等林业重点工程，林业站的主要任务是作业设计和技术指导工作。与此同时，各乡镇站加强森林资源管理和森林防火工作，协助司法部门查处毁林案件和调解山林纠纷案件，制止乱砍滥伐违法行为。使靖西县林业生产有了较大的发展，全县森林覆盖率由1990年的20.86%增加到现在32.21%。由于机构改革，现在各乡镇林业站的"人、财、物"归乡镇政府管理。

（靖西县林业局）

那坡县林业

【概　述】

那坡县地处桂西边陲，西邻云南省富宁县，南面与越南的高平、河江两省接壤，边界线长206.5公里。全县土地总面积223111公顷，总人口19.5万人。林业生产经营在那坡县有着悠久的历史，木材、油茶、茴油、八角、油桐等是林业传统的大宗产品。

那坡县林业工作在1950～1954年间由县人民政府建设科管理。1955年县人民政府成立林业科。1958年成立农林水利局，下设林业股。1961年成立林业局。1968～1974年农林水利局和林业局合并为农林水服务站，内设林业组。1975年恢复林业局。1984年各乡（镇）设立林业站。

1950～1954年那坡县有林面积10多万公顷，森林覆盖率45%。1955年后森林面积逐年下降，特别是1958年，由于大办钢铁和1958年以后毁林开荒，森林遭到严重破坏。据1974年森林资源调查，森林面积减至33400公顷，覆盖率只有15%，活立木蓄积仅11.96万立方米。1980年后，全县开展林业"三定"工作（即稳定山界林权、划定自留山、确定林业生产责任制），完成了141200公顷（含非林业用地）山界林权的定权发证任务。山界林权的确定，调动了全县广大人民群众植树造林、封山育林的积极性。1981～1990年，全县共植树造林35790公顷，封山育林35820公顷，1997年被评为全国造林绿化先进单位。据1991年森林资源二类调查统计，森林总面积89167公顷，覆盖率39.9%，活立木蓄积量228.81万立方米。1991年后，那坡林业生产实行"造、封、管、节"并举，积极开展人工造林、封山育林、改燃节柴、林政管理、森林防火等工作，1992年实现造林灭荒达标，1995年实现了绿化达标。1999年后，按照自治区党委提出的"1234610"总体工作思路，那坡县委、县人民政府提出了"八角玉桂立县，通贸兴边富民"的经济发展思路，积极开展林种结构调整，加大经济果木林的营造步伐，认真实施退耕还林、野生动植物保护及自然保护区建设等工程。至2003年底止，全县森林覆盖率达57.3%。

【森林分布】

那坡县属亚热带季风气候，南热北凉，雨量南少北多，干湿季节分明。森林植被类型属南亚热带常绿阔叶林、热带季雨林。亚热带常绿阔叶林以壳斗科、樟科、山茶、木兰、金丝缕梅科为主，常见树种有椎粟、尖尾栲、大叶栎、罗浮栲、红椎、多穗稠、栲栎、饭甑青岗、麻栎、青岗栎、包果石栎、滇琼楠、毛桂、樟树、檫树、楠树、大头茶、荷木、大叶木莲、一束火、广西木莲、枫香、阿丁枫、米老排、桦木、蒙自柏桤木、白克木、酸枣、格郎央、海南蒲桃等，针叶树种有柏树、罗汉松、黄杉等。

南部的平孟、百合、百南等乡镇植被属热带季雨林种类，主要有龙脑香科、无患子科、橄榄科、肉豆蔻科、山竹子科、椴树科、桑科等。主要树种有擎天树、广西青梅、乌榄、三角榄、海南霍名飞、海南山竹子、金丝李、枧木、大叶榕、小叶榕、假桄榔等。

灌木林有余甘子、野牡丹、桃金娘、番石榴、杨梅、牛奶果、火柴木、岗栲、乌甲子、圆叶乌桕、杜鹃、毛柃木、木恙子等。

人工林植被有杉木、马尾松、云南松、桉树、油桐、油茶、八角、板栗、荔枝、龙眼、木菠萝、柑果、橙果、黄皮果等。竹类有大头竹、马蹄竹、苦竹、楠竹、慈竹、吊丝竹、撑蒿竹、粉单竹等。

中部、南部和西部多为土质山地，占全县总面积的76%，自然植被和人工植被较为丰富。东部和北部多为喀斯特石灰岩地区，占全县总面积的24%，森林植被稀少，森林资源分布不均。森林覆盖率最高的是百省乡，达84.4%，最低的是城厢镇为39.4%。

用材林。据1999年森林资源二类调查数据显示，那坡县用材林面积为59627.1公顷，蓄积量为422.9万立方米，其中杉木面积15009.3公顷，杉木蓄积量为128.0万立方米；松木面积1390.4公顷，蓄积量20.2万立方米；阔叶林面积43011.4公顷，蓄积量274.8万立方米；竹子面积216公顷。

【经济林】

那坡县经济林面积为34333公顷，主要树种有油茶、油桐、八角、玉桂等。

一、油茶林

主要分布于坡荷、城厢、德隆、百都、下华、那隆等乡镇，1990年有油茶面积6986.7公顷。1999年油茶面积为7262.6公顷。

二、油桐林

主要品种有小米桐，据1999年森林资源调查统计，面积有2549.2公顷。

三、八角林

那坡八角种植历史悠久，全县现有八角面积19652.2公顷，占经济林总面积34333.3公顷的57.2%，全县12个乡镇除龙合乡没有八角分布外，其余各乡镇均有分布，德隆乡八角面积最多，达2597公顷，占全县八角面积的17.4%，人均八角林面积的是百省乡，人均八角林面积0.19公顷。全县农业人口人均八角林面积为0.11公顷。八角产品随着面积的不断增加，产量也在不断增加，特别是茴油产量从1980年的16吨增加到2003年的343吨。八角干果虽然也有增加，但增幅不大，产量从1980年的8.22吨增加到2003年的51吨。八角产业的发展，为群众脱贫致富打下了基础，为财政增收提供了财源。

【自然保护区】

德孚自然保护区位于那坡县中部，面积12200公顷。保护区内曾两度建立采伐场砍伐林木，对水源林破坏较大。1982年经自治区人民政府批准，在原采育场的基础上建立保护区，主要保护对象是水源涵养林。保护区设有管理站，有职工30人，其中干部3人，工人27人。还设有林业公安派出所，有干警2人。该保护区地势较高，海拔1300米以上，林木多为常绿阔叶林，主要树种有栲类、广西木莲、枫荷桂、马蹄荷、米老排、大头茶、枫香等。栖息的珍贵动物有蟒、原鸡、金猫、白鹇、小灵猫、穿山甲、果子狸、豹猫、赤鹿等。

弄化自然保护区位于那坡县西部，包括百都乡的弄化、弄陇、坡金和百省乡的那布、面良5个行政村，面积4800公顷。1982年经广西壮族自治区人民政府批准建立，保护对象以水源林为主，有边防公路环绕林区，交通比较方便。主要树种有枧木、罗汉松、厚壳桂、润南、海南新樟、栲树、朴树、红椿、金丝李、短叶黄杉等。栖息珍贵动物有印支虎、蟒、熊猴、水鹿、原鸡、黑熊、短尾猴、穿山甲、蛤蚧等。

农信自然保护区位于那坡县南部，包括平孟镇的农信、念井、那珍、孟达4个行政村，总面积10500公顷。1982年经自治区人民政府批准建立，主要保护对象是水源涵养林。该保护区是那坡县枧木的主要产地，那坡“枧木王”即分布于此。主要树种有黄牙果、朴树、石山樟、栲类、红荷木、枫香、麻栎、青岗栎等,森林覆盖率43%,栖息的珍贵动物有印支虎、蟒、猕猴、穿山甲、林麝、水鹿、大灵猫、小灵猫。

2002年经组织专家对农信、弄化两个自然保护区进行资源考察,将两个自然保护区整合建立为区级老虎跳自然保护区,并已2004年5月通过自治区级评审。

【植树造林】

1950～2003年,那坡县植树造林有起有落,大致分为六个阶段。

第一阶段:1950～1957年。解放初期,林业生产处于酝酿阶段。1951～1953年仅造林55.7公顷,1954～1957年全县造林2193.3公顷。

第二阶段:1958～1965年。这阶段林业行政多变,"一大二公"、"一平二调"阻碍了那坡林业发展。1958～1960年造林统计有6666.7公顷,实际上是浮夸风形成的"卫星"数字。1963～1965年全县造林3060.0公顷。

第三阶段:1966～1982年。国有林场、社队集体林场相继建办,那坡县掀起了群众性的植树造林高潮,这一阶段年均造林666.7公顷。1978年首次进行飞播造林,飞播面积23333.3公顷,成效面积6666.7公顷。

第四阶段:1983～1990年。实行退耕还林、贷款造林扶持专业户、重点户、家庭林场发展林业生产,共造林31046.7公顷。1987年年造林突破6666.7公顷。

第五阶段:1991～2001年。这阶段实行工程造林、机关企事业单位投资进行农业综合开发办造林基地,带动面上群众造林,主要开发种植杉木、八角、玉桂等树种,共完成造林35677.8公顷。

第六阶段:2002～2003年。大力开展生态林业建设,积极开展退耕还林等工程建设。2002年、2003年两年共完成退耕还林及配套荒山造林6333.3公顷。

【森林采伐】

1956年以前,因交通不便,境内林木多是自砍自用,偶有私人为换取生产、生活资料而零星出售木材,以杉木、香椿为主。1957年,成立睦边县森工组(1964年改称森工站,1981年改为木材公司),经营商品木材生产。1957～1990年,那坡县共生产商品木材15.91万立方米,其中1957～1960年0.7780万立方米,1961～1970年1.4387万立方米,1971～1980年5.6492万立方米,1981～1990年8.0730万立方米。1970年以前,商品木材以收购小规格材占多数,累计1.3062万立方米,占商品材总量58.93%。1971～1980年,商品材以杂木居首位,累计2.4935万立方米,占商品材总量43.28%;杉木次之,累计1.5479万立方米,占26.87%。小规格材仅占3.52%。1981～1990年,商品材以杉木为主。1990年以后,木材生产以杉木商品材为主,年均生产商品材1.5万立方米左右。

【森林防火】

县级设有森林防火指挥部,指挥部下设办公室。在森林防火期间,负责进行森林防火宣传教育,组织森林防火安全检查,统一组织和指挥扑救森林火灾,召开森林防火联防会议,规定森林防火戒严期,发布森林防火戒严令,搞好野外火源管理。1992年以来,加强了交通、通信、瞭望台等基础设施建设。1997年成立了由20名队员组成的县级专业森林消防队,各乡(镇)、国有林场也分别成立一支20人的半专业森林消防队。据统计,1991～2000年那坡县年均发生火灾次数3起,森林火灾受害率控制在0.4‰以下,受害森林面积控制48.8公顷以下,受到百色市森林防火指挥部及两省(区)六县市森林防火联防指挥部表彰。

【林政管理】

1985年,那坡县林业局成立了林政办公室,负责森林资源管理与保护工作。于1974年、1991年、1999年分别在自治区的组织下进行森林资源调查。20世纪70、80年代按照森林消耗量小于生长量的原则,木材生产实行定点定量采伐的管理方式。从1989年开始生产计划指标进行限额管理,林业部门在做好伐前设计、伐中监督、伐后验收的同时,监督做好伐后更新工作。全县"十五"期间年森林资源消耗量低于生长量。通过严格执行限额采伐管理,全县森林资源蓄积量持续增长。

【森林公安工作】

那坡县森林公安成立于1987年,设有林业公安股、百合水源林派出所、国有那马林场派出所、德孚水源林保护区派出所,编制19人。十多年来,全县森林公安干警积极开展打击乱砍盗伐滥伐林木、毁林开垦、"猎鹰行动"、"春雷行动"等严打专项斗争,为维护林区治安秩序稳定,保护生态环境和保障林业生产建设等方面发挥了不可替代的作用，取得了显著的成绩。

【森防检疫】

1989年设立那坡县森林植物病虫害防治检疫站，全面负责全县森林病虫害防治和森林植物及其产品的检疫工作。全县森林植物病虫害监测覆盖率达100%，历年来年均森林病虫害发生率为0.08%，防治率达100%。

【农村能源建设】

那坡县农村能源建设主要抓城乡生活和生产领域的改燃节柴。1995年以前农村能源工作主要以推广省柴灶（炉）为主，完成省柴节煤灶（炉）15200个；1996年以后，农村能源工作主要以沼气池建设为主，至2003年底止，共完成沼气池建设9819座，沼气池入户率达27.5%。

【国有那马林场】

地处那坡县西北部，创建于1955年，现有职工人数149人。1998年以来，林场积极开展营联辐射造林，使经营面积由1056.7公顷增加到现在的3060.5公顷，主要经营杉木、八角、玉桂等树种，森林活立木总蓄积量21.3440万立方米。总场设在县城，下辖六个分场三个护林站。1998年深化改革以来，林场“三项制度”发生了根本性变化，坚持推行和完善生产经营承包制，管理人员实行“一年一评一聘”制，大力发展自营经济的同时，突破市场瓶颈，自营经济不断向第二、三产业扩展和延伸，职工收入不断增加，林场经济实力得到增强。

（那坡县林业局）

凌云县林业

【概　述】

凌云县是著名的“白毫茶之乡”，地处广西西北部，为云贵高原东南余脉，是珠江水系红水河支流——布柳河及澄碧河的发源地。凌云县属南亚热带季风气候区，冬暖夏凉，年平均气温20.5℃，年降雨量1603.5毫米，干湿季节明显。最高海拔是广西第四高峰岑王老山，主峰2062米，最低海拔为伶站袍均河谷230米。优越的自然气候条件及几代凌云人的艰苦创业，造就了具有自身特色的凌云林业。

凌云县总面积20.16万公顷，土山面积占59.8%，石山面积占40.2%。林业用地面积15.03万公顷，占全县总面积的74.5%。有林地面积14.21万公顷，其中：用材林面积4.28万公顷，经济林面积2.77万公顷，防护林面积6.63万公顷，薪炭林面积0.53万公顷。全县森林覆盖率70.5%。

20世纪60、70年代兴起社队办林场，80年代的贷款造林，90年代的“造林灭荒”及“绿化达标”铸就了凌云林业不凡的过去。新世纪初的几年来根据“大项目带动大发展”的林业工作思路，大力实施了退耕还林、珠防林、薪炭林、国家生态公益林、国债项目沼气池建设、林业站示范县建设、森林防火综合治理等林业工程，更是促进凌云林业的快速发展。

大宗林产品有杉木、茶叶、大红八角，其他有茴油、茶油、山苍子油、木耳、香菇、松脂、竹笋纸材等。木制品有装潢条、木衣架、及中高档家具、办公桌椅等。

野生植物有榉木、短叶黄杉、叉孢苏铁、任豆树等珍贵树种。野生动物有野猪、娃娃鱼、穿山甲、果子狸、中华猕猴、林麝、蛤蚧、猴面鹰、野猫、各种蛇类、鸟类等保护动物。

【机构组织】

解放初期，凌云县政府成立了最初的林业工作机构林业科。1964年成立县林业局，历年来承担全县的各项林业生产工作。现林业局内设机构有办公室、财务室、森林公安分局、林政资源管理站、森防检疫站、营林站；政府议事协调机构下设办公室有森林防火办公室、农村能源办公室、绿化委员会办公室；二层机构：泗水河自然保护区管理站、泗水河自然保护区派出所、绿化工程队、木材公司、国营伶站林场及3个木材检查站、10个乡（镇）林业站。全系统现有林业干部职工342人。

【主导产业】

凌云县根据自身的自然条件，多年来因地制宜地培植杉木、茶叶、八角、油茶等主导产业，现已成为实现凌云县财政增长、农民增收的重要途径。2003年全县林业总产值达10735万元。林业的发展强有力地推动凌云县社会、经济快速、健康、持续地发展。

一、杉木

解放初期，凌云县就有小面积杉木分布，1980年有泗城、加尤、玉洪三个乡镇列为自治区杉木商品材基地。1981～1999年的18年间，掀起种植杉木高潮，三个乡镇就营造杉木 0.4 万公顷。1999 年二类调查结果显示，全县杉木林面积为1.60万公顷，活立木蓄积量 123.9 万立方米，可年产 4 万立方米的优质商品材。20 世纪 80、90 年代凌云县的杉木大量远销江苏、浙江、河南、海南等省、市，至今凌云的杉原木及其成品、半成品仍大量销往广东、安徽、浙江、重庆等地，历年来创造产值累计达 12200 万元。有力支援外地建设的同时，也促进了自身经济的发展。

二、白毫茶

凌云县白毫茶是广西唯一的原生名茶，至今已有一百多年的栽培历史。解放初期茶叶生产尚未得到重视，1963 年后开始得以发展。1992 年县委县政府把白毫茶作为凌云县的一个支柱产业予以重点扶持，并在以后历届领导中得以坚持，继续从税收、资金、技术等方面给予政策倾斜，对加工工艺进行不断改进，引进先进设备，参照外地先进技术，不断完善加工技术。现已开发出绿茶、红茶、白茶等六大系列产品，银针、白毫王等高档次产品在国内外享有较高知名度。由于全部按照无公害栽培的技术规程进行栽培管理，2001 年被国家农业部评为全国无公害农产品(种植业)生产示范基地县先进单位，沙里浪伏茶场 2002 年通过了欧盟国际生态认证中心的基地认证，2003 年通过欧美国际生态认证中心的产品认证。凌云白毫茶在 2000 年以来共获得国际金奖五项，国际银获四项，国际优秀奖三项，国际名牌产品奖一项，其他国内外奖三项。至 2003 年，凌云县茶叶面积已发展到 0.55 万公顷，干茶产量达 1820 吨，产值达4368 万元，茶区群众全部靠茶叶生产实现脱贫致富，茶叶已成为全县初具规模的特色和主导产业，为凌云县的经济发展做出了重要贡献。

三、八角

凌云县有二百多年的八角栽培历史，解放后，凌云县党委和县政府开始扶持凌云县发展八角生产。党的十一届三中全会以后，八角的经济价值被凌云县人民政府重新注重，更加快了八角生产发展的步伐。1977 年被自治区人民政府定为八角、茴香生产基地县，玉洪乡被定为自治区八角、茴香生产基地乡。2002 年实施退耕还林工程及珠防林工程以来，大力营造八角林，并不断提高科技含量，进行科学种植，精心管护，使凌云县八角产品的数量与质量取得了空前的提高：2003 年全县共有八角林面积 1.03 万公顷，总产量 1506 吨，总产值达 1446 万元。产品以干果、茴油为主，干果以果形饱满，颜色光泽、香味持久而出名。历年来，外省客商直赴凌云县收购再转销或出口，使凌云县成为桂西北有名的八角商品集散地。

四、油茶

凌云县种植油茶与食用茶油已有悠久的历史。20 世纪 60、70 年代，油茶生产得到政府重视，茶油开始形成商品。1980 年有逻楼、沙里两个乡镇被列为百色地区油茶生产基地乡镇。1993～1995 年连续 3 年实施油茶低改工程，2002 年、2003 年实施退耕还林工程，使全县的油茶面积及产量得到进一步提高。2003 年全县油茶面积已达 1.43 万公顷，油茶籽产量 3593 吨，实现产值 1150 万元。现已引进外资进行油茶籽系列深加工，通过油茶籽的深加工和产业化建设，提高茶油质量档次和产品附加值，充分体现茶油的营养和经济价值，从而带动油茶种植基地建设的发展，推动油茶种植和山茶籽产品进入良性循环发展轨道。

【植树造林】

植树造林是培育森林资源最重要的途径。1950～2001 年共进行人工造林 8.26 万公顷，2002～2003 年在退耕还林、珠防林、薪炭林等工程项目的带动下，严格遵循“严管林，慎用钱，质为先”的原则，造林数量与质量稳步提升。其中退耕还林造林 0.73 万公顷，珠防林造林 0.06 万公顷，薪炭林造林 0.05 万公顷，义务植树 114.6 万株，其他造林 0.12 万公顷。

凌云县传统造林树种为杉木、八角、油茶等，2002 年后所实施的各项重点林业工程中，大力发展以南酸枣、任豆树为主的乡土树种，因地制宜地引进尾叶桉、马占相思等速生用材林树种和花椒、苦丁茶、白凤桃等经济林树种，这些引种工程均取得了成功，部分树种已产生经济效益。

多年来都把森林生态效益放在首位，2002～2003 年造林 0.85 万公顷，其中生态林 0.82 万公顷，占 96%，在退耕还林工程中坚持生态效益优先，兼顾经济效益的原则，造林 0.73 万公顷，生态林有 0.70 万公顷，生态林与经济林比率为 96∶4，造林灵活运用乔灌结合、林下种药、林下种草等模式，从而形成了凌云退耕还林工作的一大特色。

【封山育林】

1987 年开始实施封山育林以来，凌云县已完成封山育林总面积 7.08 万公顷，同时实施国家级森林生态效益补助试点工程4.10万公顷，全县原始森林、天然次生林、水源林等防护林得到有效保护，逐渐恶化的石漠化得到有效遏制。

1987年成立青龙山水源林管理站，2001年改名泗水河自然保护区管理站，兼挂凌云县封山育林管理站牌子，负责保护青龙山水源林区及泗水河沿河两岸水源林，兼管全县封山育林规划设计、管理、保护工作。1987年成立青龙山水源林派出所，后更名为泗水河自然保护区派出所，负责对青龙山水源林区及全县水源林的保护工作。1986年成立县城绿化工程队，具体负责县城周围的封山育林与绿化工作。

1987年组建专职护林员队伍，负责全县森林的巡山护林工作。2001年从退伍军人中招收22名财政负担护林员，2002年、2003年先后招聘89名生态公益林护林员，全县现有护林员人数108名，实行县、乡、村三级监控和管理体系，定期进行文化知识与业务知识培训，不断增强综合素质，充分发挥职能作用，使林业部门随时掌握全县林区治安动态，有效防止各种大的破坏森林资源行为发生。

【限额采伐】

1972年开始组织县级森林资源清查，1974年、1992年、1999年分别在自治区的组织下进行二类调查。20世纪70、80年代按照消耗量小于生长量的原则，木材生产实行定点定量采伐的管理方式。1989年开始进行木材限额采伐管理，按照上级部门下达的木材生产指标进行分配与调查设计，木材实行凭证采伐，林业部门做好伐前设计、伐中监督、伐后验收，同时监督做好伐后更新工作。“十五”期间年采伐限额10.3万立方米，年商品材生产指标在5.8万立方米。至2003年止，共完成限额采伐木材10.3万立方米，没出现过突破限额的现象。通过严格执行限额采伐管理，全县森林资源蓄积量持续增长，1997年获得自治区人民政府“执行县级领导干部任期森林资源消长目标责任状优秀奖”。

【依法治林】

加大执法力度，对全县范围内的乱砍滥伐、盗伐、毁林开垦等非法侵占用林地、无证运输木材、无证经营加工木材、乱捕乱猎非法经营野生动物等一切危害森林资源的违法犯罪活动进行打击，历年来查处林业行政案件6558起，其中刑案175起，处理违法人员7514人次，收缴罚没款260.82万元，挽回经济损失460.15万元，查处率达97.8%，维持了全县林区治安秩序，有效保护全县森林资源。1993年被自治区人民政府授予“行政执法先进单位”荣誉称号。

【森林防火】

1955年成立县级护林防火指挥部和乡级护林防火指挥所，全县林区火情得到全面监控。1966年开始，每逢火灾多发季节组织由县林业局具体领导的护林防火宣传队，深入林区进行有关护林防火知识宣传，与群众制定护林防火公约，落实县、乡、村三级森林防火责任状的签订，这些防火机构及其工作制度一直沿革至今，从没间断。1995年成立县级专业扑火队，各乡成立半专业扑火队。现有专业扑火队员30名，半专业扑火队员470名，由县森林防火办公室组织进行体能训练与业务培训。2000～2003年实施重点火险区综合治理工程，加强交通、通信工具等专业设备及瞭望台、林区公路、防火林带等相关基础设施的建设，森林防火网络体系更为完善。至2003年，已实现连续十三年无森林火灾。1990～1992年被国家林业部、人事部授予“无森林火灾先进单位”；在完成市森林防火目标管理责任状中，2001年获二等奖，2002年获一等奖；2003年被区防火指挥部、区人事厅、区林业局授予1998～2000年森林防火先进单位。

【森林病虫害防治】

1997年设立县森防检疫站，专门负责全县的森林病虫害防治工作，加强基础设施建设和规范制度化管理。2003年在百色市率先实现标准站建设县，被自治区林业局确认为省级中心测报点。历年来完成年均监测覆盖率96.1%，年均森林病虫害发生率0.23%，年均成灾率0.048%，防治率95.7%，林产品检疫带疫率与除害处理率为0，确保全县森林生态安全。

【农村能源建设】

1981年建立沼气池建设示范点，1995年推广省柴灶，1999年以后组织数次沼气池建设大会战，2003年进行国债项目沼气池建设，共完成省柴灶39348座，入户率94.5%；沼气池11168座，入户率26.8%。1999～2003年为建池高峰期，共建10829座，为前18年建设池数的32倍。农村能源建设已成为凌云县减少森林资源消耗的重要途径，沼气池建设成为改善生态环境的切入点，调整产业结构的纽带。

在沼气池建设中不断总结经验，广纳众采，推陈出新，在技术创新方面逐渐走到同行的前列：1999年在排渣进料管使用上，采用水泥管代替塑料管，提高了沼气池的整体使用寿命；根据自治区推荐的顶返水压式沼气池工作原理，研究出适应山区农村建造的立体双层分离贮气水压式沼气池，成倍地增大贮气量；在破壳方面历经破壳管、破壳柱、沼液循环喷淋破壳翻桶三个阶段，最终达到自动破壳的满意效果；2003年底与四川泓奇实业股份有限公司进行技术试点合作，引进玻璃钢顶返式水压沼气池工艺。

【木材采伐】

解放以来，凌云县木材就成为商品，并且按照定点、定量的计划采伐，每年商品材采伐量保持在4万立方米左右。为充分挖掘、发挥木材社会、经济效益，从20世纪80年代就加强木材的深加工。21世纪，木材加工企业增长较快，到2003年止，全县有木材加工企业43家，年生产加工木材35000立方米，年销售总额1400万元，创收700万元，上交各种税费525万元。还将进一步优化投资环境，增强服务意识，完善管理措施，加大招商引资力度，争取创建全区一流木材市场。

（凌云县林业局）

乐业县林业

【概　述】

乐业县位于广西西北部，全县行政区划10个乡(镇)、二个国有林场(县直同乐林场和区直雅长林场)。全县总体规划以林业为重点。据1996年绿化资料统计，林业用地134348公顷(不含雅长林场及雅长乡，以下同雅长乡在雅长林区内)。乐业县属中亚热带，全年气候温暖，雨量充沛，土壤肥力较高，资源丰富，这些均为发展乐业县林业提供了得天独厚的条件。

【森林资源培育与生态环境建设】

1999～2003年，乐业县共完成造林更新总面积2.0533万公顷。其中：荒山造林1.5679万公顷，迹地更新0.0116万公顷。封山育林总面积2.5738万公顷，完成幼林抚育实际面积3.0206万公顷。全县森林抚育林、竹林垦复和低产林改造面积共计0.04万公顷，约占森林面积的0.3%。

乐业县完成重点工程(退耕还林、绿色通道、生态群带)建设造林面积1.10万公顷。其中：退耕还林1.0万公顷，绿色通道、生态群带工程0.1万公顷。

乐业县参加义务植树人数28万人，植树337万棵，完成工日28万个，占法定任务的79%。全县城镇绿化覆盖率达11.8%。绿色通道全面启动后，完成江河绿化0.1万公顷，公路绿化192公里。

在造林的5年间，经国家、区、市的检查、抽查，乐业县造林面积核实率、造林成活率均达到95%以上。

到2003年底，乐业县共培训农村能源技术人员达0.0577万人(次)。全县投入建设资金共1410.6578万元，其中：各级拨款347.3478万元，群众自筹1063.31万元，全县累计建省柴灶达2.1314万户，占农户总和的71.3%，建沼气池0.8665万座。以上农村能源设施已形成年节约标煤1.747万吨；有效地保护森林资源0.0546万公顷。

【林业产业】

乐业县坚持结合本县的实际，以市场为导向，以科技为手段，以效益为中心，着力调整和优化林业结构，培育了以板栗、八角、核桃为龙头的商品林基地并已进入初产期。同时，以马庄乡木材加工厂、兰乐木材加工厂为代表木材深加工产品已初步形成。林业企业整体效益有所好转。全县共生产商品材13.1618万立方米，人造单板0.5679万立方米，锯材7.3974立方米。

【森林资源保护与林政管理】

乐业县各级政府把保护森林资源、制止毁林开垦和乱占林地列入重要议事日程。根据县人民政府的部署，对乱占林地和毁林开垦的情况进行了认真的清理和专项整治行动。全县共清理征占用林地项目(含龙滩电站征用林地)8宗，面积0.094万公顷，追缴森林植被恢复费0.10994万元。清理毁林开垦林地56宗，面积0.000206万公顷，按照国务院的要求，对查出来的林地必须逐步还林。全县应退耕还林的林地有0.000206万公顷，已完成退耕0.000206万公顷。认真做好森林防火工作，狠抓森林防火行政首长负责制的落实。同时借助桂西北重点火险区综合治理工程，加强了森林防火基础设施建设，加强野外火源管理力度，配足专业、半专业森林消防队伍，并以开设防火隔离带(线)为主体的设施，较好地遏制了山火的发生，没有发生重大森林火灾。全县共发生森林火警火灾127次，受害森林面积0.05208万公顷，森林受害率为0.37‰。加强了森林病害的监测和预防工作。全县没有发生大面积的森林病虫灾害。1999～2003年，全县森林病害发生面积0.00025万公顷，森林虫害发生面积0.00008万公顷，分别占森林面积的0.02‰和0.0064‰。坚持以打击破坏森林资源违法犯罪的专项斗争。全县共发生各类森林和野生动物案件625宗，查处了572宗，查破率为91.5%。其中刑事案件87宗，重、特大案件4宗；依法处理各类违法分子627人。依法收缴木材0.0713万立方米，野生动物活体20只，蛇类活体754.5公斤、死体191公斤，挽回直接经济损失55.8568万元。

【森林公安工作】

乐业县委、县人民政府对森林公安工作极为重视，把加强队伍建设和落实干警的政治待遇等列入议事日程，将原由“两金一费”供养改为财政预算，同时将原来的林业公安股更名为森林公安分局。森林公安加强了自身的建设，加强了在保护森林资源中的力度，查处各类森林案件998宗，依法处理各类违法犯罪分子1238人(次)，为国家、集体及个人挽回直接经济损失102.9156万元。先后有2人荣立三等功，1人被公安部授予“全国林业公安系统优秀人民警察”称号，公安分局(原公安股)荣立集体三等功一次。

【森林分类经营及生态效益补助试点工作】

乐业县林业用地划分为：重点生态保护区18909.6公顷，一般生态保护区74768.9公顷，商品林经营区92110公顷，其中速生丰产林29350.7公顷，一般用材林39975.7公顷，兼用林396.2公顷。2001年乐业县被国家列为森林生态效益补助资金试点县之一，界定面积13313.4公顷。涉及7个乡(镇)38个村224个屯999户共885个小班。设管理机构8个，落实管理(管护)人员58名。国家每年补助的资金为84.87万元。

【国有林场】

自1999年始，在内部实施一系列的“三项制度”改革举措，在人事制度上建立择优聘用的用人机制，实行中层领导聘期2年，一般人员聘期1年。原机构设置的7个股室变为5个，管理人员由原37人裁至23人；妥善安置富余职工，先后让41人承包55亩杉木幼林(或油茶)，25人承包50亩杉木幼林，承包期10年，职工承包期间场方发放基本生活费至合同期满，期满的杉木林主伐收入缴纳有关税费后全部归职工所有；在劳动用工制度上，实行职工与社会工同工同酬，允许并鼓励职工停薪留职或退职；在分配制度上，实行岗位工资制，取消档案工资的发放制度，在岗人员工薪随岗变。各人的工薪收入按各竞聘职务档次套发，按工取酬，彻底打破了“铁工资，铁饭碗，铁交椅”，有力地促进了林场各项事业的发展。为增强林场的发展后劲，以及解决职工的后顾之忧，场根据上级的关于自营经济发展的政策规定，制定并出台了一系列自营经济发展措施，让职工人人参与建设林场、发展林场，目前全场职工共有89户118人参与了职工自营经济发展，种植面积4.8万亩。通过几年来全体职工的共同努力，林场已拥有杉木人工用材林3.2万亩，茶叶0.036万亩，八角等经济林0.86万亩，甜竹0.48万亩。

【乡镇林业工作站建设】

按照林业站工作建设合格县的标准要求，乐业县设立了县、乡(镇)林业工作站机构，加强了对乡(镇)工作站的管理，同时先后自筹资金近300万元投入到站房的重建和维修以及基地建设的启动资金等，乡(镇)站达标通过了自治区的验收。在机构改革中，乡(镇)林业工作站与水保站合并，更名为“乡(镇)林业水土保持站”。林业工作站的技术干部比原单设站减少了50%。

(乐业县林业局)

田林县林业

【营林生产】

田林县完成造林面积9063.7公顷，是计划的90.6%。按树种类分，用材林8804.6公顷，经济林1545公顷，麻竹林183公顷。至年末完成封山育林面积97707公顷，完成育苗28.7公顷，是计划的100%；城乡居民点四旁植树46万株，是计划的98%；完成采种17.22吨，幼林抚育作业面积14291公顷，迹地更新746公顷，成林抚育8293公顷，低产林改造面积1340公顷。国有林场工农业总产值660万元。木材生产2.84万立方米，其中原木2.84万立方米，木材销售3.0380万立方米。主要林产品：油桐籽8137吨，油茶籽2979吨，八角1885吨，松脂296吨，竹笋干937吨，板栗542吨，云木耳110吨。

【重点工程建设】

2003年是田林县实施"路、城、点"森林生态群带工程第一年。经自治区检查验收，完成公路、铁路两旁各宽1千米，江河两岸各宽2千米范围内宜林（含竹子等经济果木林）面积12967.7公顷，其中合格面积10100.2公顷，占该年计划任务量的82.1%。完成石山封山育林面积97707公顷，占计划任务量100%。完成公路、铁路绿化里程27660千米。完成退耕还林面积5800公顷，占年计划任务6000公顷的97%。完成林纸基地面积9066.7公顷，占年计划任务6666.7公顷的136%。完成全县城镇、村屯周围100m范围内的宜林地造林200公顷。各乡镇和有关部门办路、城、点工程示范点8个，完成造林面积566公顷，完成公路、铁路绿色示范段里程333.3千米。全年全县投入路、城、点林纸基地工程建设资金942万元，其中各级财政投入资金774万元，部门投入资金77万元，社会集团资金55万元，其他投入资金36万元，各项工程建设取得了较大的进展。

【五大生态林建设】

2003年田林县继续实施珠江流域防护林、防治荒漠化、石山封山育林、生物防火林带、城镇环境绿化等五大林业生态工程，共完成造林、封山育林和低产林改造面积109359.5公顷，多渠道投入资金774万元，其中国家投资549万元。其中：珠江防护林工程利用国债资金180万元，完成造林、封育面积108019.5公顷；石山封山育林工程完成97707公顷。主要措施是：其一是加大宣传力度。年内全县采取经常性宣传和突击宣传相结合的办法，充分利用电视、广播等多种形式对林纸基地和退耕还林工程进行多层次、全方位的宣传报道，提高工程知名度，调动全社会参与工程建设的积极性，为工程实施创造良好的社会氛围。其二是广泛筹集资金，增加投入。各工程单位坚持以自筹为主，国家补助为辅的原则，把林纸工程建设与林业开发、扶贫开发、山区综合开发、农业综合开发等项目以及其他生态治理工程结合起来，多渠道、多层次筹措工程建设资金。其三是办好示范点，以点带面。各乡镇以及各工程单位都建立林纸基地工程示范点，有力地带动面上造林工程建设。其四是注重科技，提高质量。坚持良种壮苗造林，尽量采用营养杯苗造林，造林质量大大提高。其五是严格检查，强化管理。各单位严格按照项目管理办法加强对林纸基地和退耕还林工程的管理，特别是对国家和自治区补助的工程项目，严格按规划设计—审批实施—检查验收的程序进行管理，努力提高专项资金的使用效率。同时，政府对工程项目实施进行全过程跟踪检查督促，严把各环节的质量关。

【林政管理】

2003年田林县强化了林木采伐"源头"管理，根据《广西壮族自治区林木采伐许可证发放与管理办法》，进一步加强林木采伐计划管理，规定从2003年开始县分解市林业局下达的森林总采伐量指标和商品林生产限额计划时，必须报县政府审核后才能下达到各生产单位，全县没有出现超采伐限额下达木材生产计划的现象。其次根据《关于进一步加强天然林水源林防护林保护和管理的通知》和《关于加强对农村居民自留地和房前屋后个人所有的零星树木采伐管理的通知》，在全县进一步完善国家级和省级生态公益林的重点保护区和经营区范围，共144.86万亩，落实到山头地块，同时落实天然林次生林采伐管理制度，明确了审批权限，刹住了一些地方乱砍滥伐天然杂木林的歪风。为了防止非法砍伐的林木进入流通领域，全县除加强河口、旧州者念两个木检站外，还增设乐里和板桃两个流动性木检督查组，按照《广西壮族自治区木材运输证管理与签发的规定》，实现全员持证上岗的基础上，加强了督促检查，使全县木材运输证管理工作逐步走上法制化、规范化和制度化的轨道。

2003年全县发生林业行政案件105起，查处105起，查处率100%。行政处罚105人，没收木材1414.98立方米，挽回损失47.1540万元。

2003年，继续贯彻落实国家林业局林资字〔1998〕38号文件精神，深入进行查处毁林开垦和乱占林地案件，有效地遏制了毁林开垦和乱占林地的歪风，进一步提高了全社会保护森林资源的意识，林地使用未发现有越权审批和乱征滥占林地行为。据统计，全县对在集体林地上直接为林业生产服务的工程设施补办了使用林地手续6起，面积1.87公顷，收取植被恢复费11.2万元；对自治区和百色市3个重点工程使用林地情况进行清理补办理使用地手续693.74公顷，收取森林植被恢复费468万元。

2003年,田林县发生森林火灾38起,其中一般火灾17起,火警21起,火场总面积1857.8公顷,受害森林面积102公顷,森林火灾受害率0.27‰。因火灾烧毁成林蓄积2011.9立方米,烧毁幼林1.08万株,其他折款0.4万元,扑火经费开支1万元。与2002年相比林火次数下降13.2%,火场总面积下降3%,森林受害率下降22.9%,火灾烧毁成林蓄积量减少36.8%,烧毁幼林增加0.43万株。其他损失折款0.40万元,扑火经费开支1万元,比2002年减少5.3万元。

年内,田林县人民政府调整了县森林防火指挥部领导成员,各级人民政府加强了对森林防火工作的领导,加大了森林防火工作力度。组织各级政府换届后新上任领导进行森林防火业务培训,对各项具体工作提出了量化要求。国家和县增加了防火经费的补助,全县维修和新建瞭望站14座,更新、购置消防车2辆,更新无线电通信设备100部,购置、更新扑火器械140台,新开设防火隔离带1503公里,新造防火林带190公里。旧州、乐里、八桂成立了120人森林消防扑火应急分队,田林县被列为国家级重点森林防火综合治理县,综合治理各项工作已全面启动。2003年度,森林火灾受害率控制在0.4‰以内。

2003年,田林县森林公安机关共受理各类森林和野生动物案件355起,查处347起,综合查处率为97.75%。其中,森林刑事案件29起,查破29起,查破率为100%;行政8起,查处8起;林业行政案件310起,查处310起,查处率为100%。打击各类违法犯罪人员414人。其中,逮捕35人,治安拘留4人,林业行政罚款369人。通过查处案件共挽回经济损失884056元,其中,收缴木材1829.1006立方米,木炭105.5吨,收缴野生动物89只,收缴违法所得1.6万元,为国家和集体挽回经济损失89万元。

2003年,田林县病虫害防治工作按照目标管理进一步加强责任制的落实。年内,县森林病虫害防治站继续对森林病虫害进行重点监测,监测网络覆盖面积370538公顷,占全县有林面积的94%。同时向全县发出森林病虫趋势预报,对抓好防治工作起到指导作用。2003年,田林县发生森林病虫害1540公顷,其中马尾松毛虫253.3公顷,是多年来最严重的一年。松木林区首次发生松褐天牛虫灾,1359公顷松木受害严重枯死。对以马尾松毛虫为主的森林病虫害采取各种措施积极防治,用白僵菌粉防治越冬代马尾松毛虫面积520公顷,对松褐天牛虫害采取清除枯死木(虫源),灾情得到有效控制。县森林植物检疫站全年实施产地检疫苗木4400万株,调运检疫药材229吨,木材87266.6立方米,苗木168.5万株,其他林产品783吨。通过各种形式对森林病虫害防治及森林植物检疫,有效地保护了森林资源的安全。

存在问题:一是部分乡镇领导对退耕还林、林纸基地没有高度重视,牛马践踏相当严重;二是林纸基地资金紧缺,种苗经费不足;三是林业部门债务重,尚有欠贷款350万元,每季度光利息就有6万元之多。其次是林业部门经费均由林业局本身自己解决,而自收自支人员多,收上的“两金一费”无法用于造林补助;四是借调人员17位同志到林业局各股、站、办工作至今尚未得到解决,无法实行竞聘上岗;五是林政工作难度大,毁林开垦、乱砍滥伐林木在一些乡镇仍然相当严重。

【经济林生产】

2003年,田林县营造经济林1635公顷,比2002年减少5.5%,占全县人工造林面积19.1%。年末,全县经济林保存面积63416.2公顷。主要经济林产品产量油桐籽8137吨,与2002年持平;油茶籽2979吨,比2002年减少11.2%;八角2080吨,比2002年增长9.4%;板栗542吨,比2002年增长33.2%;八渡笋干937吨,比2002年增长34.7%。年内经济林种植发展速度加快,主要依托国家西部大开发实施退耕还林政策和农业综合开发项目的实施,调整林种结构,注重本地名优品种的发展和加大低产林的改造,推进农业开发名特优经济林项目向高标准示范基地发展。

2003年,田林县完成油桐种植75公顷,比2002年减少62%,其中荒山造林3公顷,迹地更新5公顷,低产林改造67公顷,全县年末油桐林保存面积41742公顷,油桐籽产量8137万吨,与2002年持平。产量位于全区前十位县(市)之一。2003年完成油茶种植100公顷,比2002年增加10%。其中,荒山造林67公顷,迹地更新5公顷,低产林改造28公顷,主要以低产油茶林改造为主。全县年末油茶林保存面积14103公顷,油茶籽产量2979万吨,比2002年减少11.2%,油茶产量位于全区前十位县(市)之一,计划到2010年全县油茶林保存面积可达20万公顷。

2003年田林县完成八角种植991公顷,比

2002年增加17%。其中荒山造林479公顷，迹地更新88公顷，低产林改造424公顷。年末全县八角林保存面积5877.1公顷，八角产量1885吨，比2002年减少9.4%。2003年田林县完成板栗种植面积268公顷，其中荒山造林207公顷，迹地更新21公顷，低产林改造40公顷，年产量542吨，年末全县板栗林保存面积已达1694.1公顷，板栗已逐步成为田林又一主要木本粮油经济林之一。2003年田林县完成八渡笋种植183公顷，比2002年减少46.2%。其中荒山造林33公顷。全县八渡笋干产量937吨，比2002年增长4.7%，年末全县八渡笋林保存面积已达17768.2公顷，是山区农村脱贫致富奔小康短、平、快项目之一。

【扶贫异地安置六隆20万亩八渡笋基地】

六隆扶贫异地安置基地位于田林县东南部，基地始建于1996年8月，在自治区党委、自治区政府、地委、行署的正确领导，在广东省广州市的大力帮扶下，田林县委、县政府采取大会战的办法，先后三次组织2000多名干部、民兵、群众安营扎寨投入基地建设，经过全县广大干部群众的共同努力，分别于1997年完成连片种植八渡笋6.8万亩，1998年完成连片种植8.5万亩，1999年完成连片种植4.8万亩，合计20万亩。基地总投资1.2093亿元，其中农行贷款6143万元，广州帮扶资金4850万元，其他资金1100万元。基地以种植麻竹即八渡笋为主导产业，采取公司＋基地＋农户的开发形式，实行产业化经营，规范化管理。现已安置百色市的田林、那坡、田阳、田东、德保、隆林、凌云大石山区贫困户3947户19824人，修通笋区公路32条502公里，各移民点水、电、路全部开通，移民基本住上砖瓦新房，实现了当年进点、当年开发、当年解决温饱、当年搬进新居的目标。主导产业八渡笋管护、加工引用了台湾先进技术，产品销售主要通过台湾地区山弘驻田林农产品公司收购、加工后销往日本等国家和我国台湾地区。目前基地移民生产生活秩序正常，收入来源稳定，户均收入达1万元以上，最高收入户达4万元。

【退耕还林工作】

2003年是田林县实施退耕还林工程的第二年。在上级党委政府的正确领导下，认真贯彻落实国务院《退耕还林条例》及有关政策，勇于探索，大胆创新和领导，强化责任，狠抓落实，确保退耕还林工程建设顺利实施取得良好的效果。据统计，全县共完成退耕还林面积9万亩，其中退耕地造林完成4万亩，荒山配套造林完成5万亩。全县共培育各类苗木4250万株，其中容器苗3690万株，容器苗使用率87%。田林县实施退耕还林工程主要采取以下措施：

一、实行退耕还林技术承包制度

2003年退耕还林工程实行技术承包制，由县林业局具体组织实施，所需项目技术承包费全部纳入县财政预算。具体做法：县林业局与乡镇林业站签订工程项目技术承包合同，林业站负责作业设计、指导造林和抚育、年度工程自检验收；林业局负责技术培训和检查作业设计、施工质量。实行“谁设计、谁负责，谁验收、谁负责”的责任追究制度，年底根据县自检验收结果，对照合同规定的各项质量指标实行奖惩。通过实行项目技术承包制度，明确“责、权、利”关系，提高工作积极性和主动性。

二、加强工程监理，强化质量监督

主要采取以下措施：一是建立健全项目监理机制。退耕办参照自治区工程项目监理办法，组建田林县退耕还林工程项目监理机构，监理经费纳入县财政预算。监理机构设有总监室7人，项目监察室3人（由县纪委、检察院和林业局人员组成），聘任监理工程师、助理工程师共17人，应聘监理员均是来自林业局、国有林场下属的股站技术骨干，以合同的形式明确监理内容、责任和赋予临理员相关的权利，确保人员到位。二是明确责任，增强服务意识和竞争意识。三是加强协调规范项目建设管理，实行退耕还林工程项目监理，其宗旨在于搞好基层技术与行政之间的协调关系，规范项目建设管理措施，严防违法乱纪行为发生，确保执行退耕还林政策无偏差。

【森林公安工作】

2003年是田林县森林公安分局正式更名挂牌的头一年，也是森林公安各项工作步入正规化和快速发展的一年。田林县森林公安分局针对田林县实际情况对全县范围严加整治，有效地遏制各类森林案件的发生。据统计：2003年共发生各类森林案件355起，查破347起，查破率为98%，其中：破获森林刑事案件29起，查破治安案件8起，破林业行政案件310起；共处理违法人员414人，其中：逮捕35人，治安拘留4人，林业行政处罚369人；依法收缴木材1829.1006立方米，木炭105.5吨，收缴野生动物89只，收缴违法所得1.5974万元；为国家和集体挽回损失约89.4万元。

为全县退耕还林工程、林纸基地建设和“路、城、点”建设营造了良好的外部环境。

在2003年11～12月，为认真贯彻执行《中共中央国务院关于加快林业发展的决定》，响应国家林业局在全国范围内开展代号为“绿剑行动”的批示精神，同时也针对田林县毁林开垦严重，群众法制观念淡薄的现象，田林县森林公安分局又开展了一次以宣传教育为主、查处案件为辅的专项行动。据统计，在这次“绿剑行动”中，工作组人员亲自下到公路沿线村屯召开群众会议125场次，受教育群众共5268人次；共向群众发放《涉及毁林开垦和盗伐滥伐林木等相关法律法规》、《毁林开垦、失火烧山、滥伐林木等案例宣传》等宣传资料3082份；街日广播5次；挂横额宣传标语3幅；张贴宣传资料318份；共查处森林案件97起，其中非法改变林地性质案件62起，占查处总案的64%；共处理违法人员98人，其中逮捕1人，林业行政处罚97人；依法收缴木材223.1322立方米，木炭50.55吨，并依法处罚款总额3.03万元。为国家和集体挽回损失约17.38万元。这次行动不仅让林业法规深入人心，也打击了违法分子的嚣张气焰，同时也为来年更好的工作打下良好的基础。

（田林县林业局　戴庆杰　莫桂云）

隆林各族自治县林业

【概　述】

隆林各族自治县地处滇、黔、桂三省（区）结合部，全县行政区域面积530.6万亩，辖17个乡4个镇和1个国有林场，总人口35.75万。是一个典型的贫困山区县，境内沟壑纵横，山高谷深，地表侵蚀强烈，自然灾害频繁，水土流失严重。

改革开放以来，特别是近几年来，在隆林县委、县政府的领导下，在上级业务部门的关心支持下，35万各族人民同心同德，艰苦创业，大力开展绿化造林、封山育林，在造林绿化、森林资源保护等方面先后多次荣获区、市林业局的表彰，各项工作取得了较好成绩。全县林业用地总面积308万亩，有林地233万亩，森林蓄积544万立方米，森林覆盖率53.76%。现有杉木34.9万亩，马尾松5.5万亩，油茶13.3万亩，油桐39.2万亩。全县林业生产总值由1993年的2150万元增加到2003年为5548万元。隆林正紧紧围绕退耕还林工程、天保工程、珠防林工程等项目建设，重点抓好“一江两河三线两地”的造林绿化和森林资源保护。按照分类区划原则，在北部地区建设以桉树、松树为主的速生丰产林基地，适时发展板栗等乡土树种；在南部地区建设以杉木、桦木、椿树、酸枣为主的速生丰产林基地，结合发展金银花、花椒等适合石山地区生长的生态经济林木。初步形成了以区域绿化为主体，以路、城、点绿化为框架，区、点相结合，生态、经济、社会三大效益相配套的比较完备的林业生态体系和比较发达的林业产业体系。

隆林林业局内设办公室、计财股、技术推广站、林政资源管理股、森林公安分局、防火办、农村能源办、大哄豹保护区管理站、退耕办、森林病虫害防治检疫站、种苗站、调查设计队，下设21个林业工作站、3个木材检查站、林业开发有限责任公司、木材公司、后龙山林场，全县林业干部职工351人，有科技人员73人，其中工程师10人，助理工程师36人，技术员27人。

【造林绿化】

1999～2003年，隆林县完成人工造林24.3万亩。其中退耕还林地完成10万亩，占上级下达计划任务的100%，完成荒山荒地造林14.3万亩；封山育林和封山管护完成39.8万亩，占计划任务的103%；参加义务植树42万人次，植树240多万株；累计培育各种苗木3500亩，产合格苗7100万株。先后有克长乡烂滩村、岩茶乡平班村、隆或乡滴岩村被全国绿化委员会评为“全国造林绿化千佳村”，林业技术推广站2001年荣获自治区绿化先进集体称号。经过多年努力，如今在“一江两河三线两地”等生态脆弱地区坡耕地已在实施退耕还林，荒山荒地大部分已经植树造林，水土保持能力不断增强，水土流失逐步得到控制，全县生态环境明显改善。

【退耕还林工程】

隆林县自2002年开始获得退耕还林工程项目，2002～2003年16万亩建设任务已全面完成，并通过了自治区的复查和国家核查，其中完成退耕还林10万亩，占计划的100%，完成荒山荒地配套造林6万亩，占计划100%。项目涉及全县21个乡镇、1个国有林场、1.53万农户、5.35万人受益。

【珠防林工程】

共完成珠防林工程建设任务5.1万亩,其中完成人工造林2.1万亩,完成封山育林3.0万亩,分别占上级下达任务的100%,并通过了上级的检查验收。在所完成的建设任务中,完成2000年建设任务3.5万亩(人工造林1.5万亩,封山育林2.0万亩),完成2002年建设任务1.6万亩(人工造林0.6万亩,封山育林1.0万亩)。

【森林生态效益补助试点工程】

隆林县界定生态公益林155.5万亩,2001年以来获国家生态补助试点面积68.1万亩,涉及15个乡(镇)和国有金钟山林场,8354个小班。试点面积占全县林业用地面积的22.1%,占有林地面积的24%。

【野生动植物保护和自然保护区建设工程】

充分利用广播电视、报刊、文艺演出等群众喜闻乐见的形式,广泛开展野生动植物宣传教育,通过"爱鸟周"、野生动植物保护宣传月活动进行广泛深入的宣传。收缴并放生国家一、二类和省级重点保护野生动物金雕、鹰、穿山甲、锦鸡、蛇类等一大批;自然保护区管理措施不断完善,金钟山自治区级自然保护区现正在申报晋升国家级自然保护区,大哄豹自然保护区正在进行申报晋升自治区级保护区工作。

【国有林场建设】

国有金钟山林场共完成人工造林5.12万亩,占计划的103.1%;培育各种苗木266.6亩,占计划的103.1%;完成中幼林抚育3.56万亩,占计划的71.1%;新建和维修防火林带31000米,占计划的62%;新建和维修林区公路(林道)35300米,占计划的117.7%;生产木材3.39万立方米,实现经济收入534.5万元。

【森林采伐限额管理】

1999年实际消耗商品材蓄积27280立方米;2000年实际消耗商品材蓄积30810立方米;2001年上级下达商品材限额蓄积为79781立方米(含追加指标),实际消耗商品材70313立方米;2002年上级下达商品材限额总蓄积为85381立方米(含追加指标),实际消耗商品材蓄积66639立方米;2003年上级下达商品材限额蓄积为118801立方米(含追加指标),实际消耗商品材蓄积80873立方米。采伐量均控制在上级下达的商品材限额和计划指标内。

【林地管理】

1999年以来隆林县依法办理征占用林地审核审批手续的建设项目共6起,共使用林地86.9047公顷,收取植被恢复费124.3万元,林地审批率达95%以上。

【木材流通领域管理】

对木材经营加工单位和木材市场秩序进行全面清理整顿,依法取缔15家无证经营、加工木材单位;严格按照申办、年审加工证条件和程序办理加工许可证,年审换证及新办理加工许可证35份。

【林业工作站和木材检查站建设】

隆林县21个乡镇全部设立林业工作站,实行乡镇政府与林业局双重管理,各站配置有电脑、照相机、广播等日常办公设备,有站房17间,平均每个站1~2名干部、护林员4名以上;经自治区人民政府批准设立木材检查站3个。木材检查站严格实行目标管理责任制,认真开展木材检查站创建文明执法示范窗口活动,切实加强木材检查站站容站貌建设和管理制度公开上墙建设,基本实现"无公路三乱"目标。

【林权登记】

制定并下发了《隆林各族自治县林权登发(换)证工作实施的方案》,组织人员到先进县参观学习林权登发(换)证工作的方法和先进经验。举办了培训班23期,培训人员1200人次,全县退耕还林林权登发(换)证工作已全面启动。

【林业法制建设】

制定并实行了《隆林各族自治县林业局干部职工管理制度》、《财务管理制度》、《内部管理办法》、《林业局党风廉政建设和领导干部责任追究的有关规定》、《林业工作站管理考评办法》等;林业行政执法人员执法证件的换发证工作如期完成;组织开展林业系统普法考试,参加率和考试合格率均达到100%;加大依法治林力度,组织开展"南方二号行动"、"三号行动"、"春季行动"、"秋季严打"、"猎鹰行动"等各种以保护森林资源和野生动物为主的专项整治行动。依法办理各种林业案件385起,其中刑事案件14起,逮捕21人,治安案件10起,治安拘留12人,行政案件361起,为国家挽回经济损失300多万元。

【森林公安队伍建设】

2003年"隆林各族自治县森林公安科"更名

为"隆林各族自治县森林公安分局",公安分局下设办公室、刑事侦察大队、政工科、治安管理大队、法制科5个科室,编制12人,属财政全额拨款单位。隆林森林公安认真贯彻落实"先培训,后上岗,先培训,后授衔"的规定,先后组织新入警人员岗前培训、森林公安领导干部培训、晋升培训、干警基本技能战术训练和各种业务培训。有9人次先后参加函授大专、本科学习。通过培训和学习干警整体素质有了明显提高,依法办案能力不断增强。

【森林防火】

森林防火戒严期间切实禁止一切野外用火,采取巡护、设防、堵卡及野外生产用火审批等措施,在重点林区与附近群众签订防火责任状,做到家长包小孩,教师包学生,社队长包片区,使火源管理得到了比较有效的控制。建立防火瞭望台5座,配置对讲机80台,风力灭火机70台,运兵车1台,指挥车1台,组建县级专业打火队,办公室人员实行24小时值班等,做到一旦发现问题,及时上报,迅速处理。1999～2003年隆林县发生森林火灾91起,过火面积9881.7亩,受害森林面积2892.6亩,年森林受害率控制在0.2‰以下,多次获得上级部门的表彰和奖励。

【森林病虫害防治】

隆林县森病虫害发生率由1999年的0.2%下降0.1%;防治率由80%提高到90%;监测覆盖率由85%提高到94%;种苗产地检疫率85%提高到95%。全县21个乡镇1个国有林场全部设立有监测点,为病虫害防治提供了有力保障。松毒蛾等常见病虫害发生面积呈现下降趋势,危险性病虫害得到有效控制。

【林业资金】

1999～2003年,隆林县资金投入大幅度增加,国家和自治区对隆林林业的投入达5603万元,其中引进外资营造桉树225万元,引进外资办厂128万元,珠防林工程250万元,生态公益林资金补助835万元,退耕还林工程补助4020万元。

【林业科教】

1999年组织本系统职工30人参加广西大学林学专业专科函授学习,2002年大专毕业后,又组织本系统职工37人参加东北林业大学法学本科函授学习,目前大部分职工已获准毕业。同时。认真组织干部职工参加国家、自治区和市林业局举办的各种技术业务培训,队伍整体素质不断提高。

【林业宣传、信息和档案管理】

2002起创办《隆林退耕还林简报》,已出版8期,刊载各类文章60篇;2004年7月1日开办《隆林林业简报》,到目前为止,共出版《隆林林业简报》5期,刊登文章50多篇。在《隆林报》、《右江日报》、《广西林业》、《今日广西》、《中国林业》、广西林业信息网以及隆林电视台、百色电视台、广西电视台等各种媒体上发表林业新闻(文章或电视报道)30多篇(条);各股办室的电脑全部上因特网,同时安装了局域网,并实现与自治区林业网链接;各种档案材料实行专人负责管理。

【自治区林业局黎梅松局长到隆林县视察林业工作】

2003年7月25日,自治区林业局局长黎梅松在市林业局局长李通林、隆林县委卢素理副书记、县政协黄森智副主席及县林业局农文学代理局长的陪同下,到扁牙乡那窝松树育苗示范点、扁牙乡那他桉树造林基地和天生桥镇详播花椒造林示范基地实地指导。自治区林业局局长黎梅松在视察结束后对隆林退耕还林工作所取得的成绩给予高度的评价和肯定。同时强调指出,退耕还林是调整产业结构、增加农民收入、发展林业的大好机遇,县四大班子特别是林业部门一定要继续抓紧抓好此项工作,确保退耕还林见实效。

【全区营造林提质保效现场会在隆林县隆重召开】

2004年9月10～11日,全区营造林提质保效现场会在隆林县隆重召开,自治区林业局有关处室,各市林业局副局长、营林科长,各县局副局长、营林站长等共170多人参加了会议。会上自治区林业局廖培来副局长作重要讲话,百色市委副书记周炳群也在会上作了发言。蒋桂雄处长就百色地区造林质量存在问题及对策作了发言,陆志星副处长就营造林统计存在问题及改进意见作了发言,隆林、凤山、马山县分别各县作了典型发言。会议期间,与会人员到委乐、德峨和常么三个乡的造林现场进行参观指导,会议圆满完成了各项议事日程。

【百色地区退耕还林启动现场会在隆林县召开】

2002年元月23～24日,百色地区退耕还林启动现场会在隆林县召开,出席这次会议的有地区林业局局长李通林、副局长丁允辉、副主任陈太平、站长蒋桂红以及12个县(市)林业局长、营林站长。会上隆林、乐业分别作了典型发言，丁允辉副局长对隆林如何实施退耕还林作了具体的部署，李局长对隆林县超前启动退耕还林工程给予充分肯定，他说:“隆林县的主要经验是领导重视、超前准备、措施到位、作风扎实、行动早、效果好”。会议期间，与会人员分别参观了者浪乡么窝村、新州镇弄桑村和委乐乡委乐村的退耕还林整地备耕现场。

(隆林县林业局)

西林县林业

西林县位于广西最西端，地处滇、黔、桂3省(区)结合部。县城驻地八达镇，距百色市261公里，距自治区首府南宁市530公里。全县辖9个乡、2个镇、4个国有林场，有93个行政村，753个村民小组，截至2002年底，全县有29806户，总人口13.03万人，其中农业人口11.69万人，非农业人口1.34万人，农村劳动力6.5万人。民族以壮族为主，人口85799人，占总人口的66.7%，另外还有汉、苗、瑶等12个民族。县林业局主管全县林业工作，下设办公室、防火办、财务室、林业技术推广站、林政股、森林公安分局、农村能源办、森林病虫害防治检疫站、项目办和林业开发公司等10个单位，此外，还设有11个乡(镇)林业站、3个木材检查站、1个木材公司、4个国有林场。全县林业系统有干部职工139人，其中:技术员118人，工人21人，技术干部中，中级职称28人，初级职称90人。

西林县土地总面积453.66万亩，其中:陆地面积448.5万亩，占98.86%;内陆水域面积5.16万亩，占1.1%。在陆地面积中，林业用地面积363.41万亩，占81.16%;荒山面积2.47万亩，占0.55%;农业用地面积70.64万亩，占15.88%;难利用地面积5.22万亩，占1.17%，其他土地面积6.76万亩，占1.24%。在林地面积中，森林面积285.99万亩，占林地面积的82.19%;疏林地面积1.01万亩，占0.3%;灌木林面积27.57万亩，占7.58%;无立木林地面积36.14万亩，占9.93%;苗圃地0.03万亩。森林覆盖率72.2%。据2001年森林分类区划界定结果，公益林区界定面积141.67万亩，占37.1%;商品林区界定面积239.98万亩，占62.9%。全县耕地面积34万亩，其中:水田6.69万亩，旱地27.31万亩。

西林县森林和灌木林总面积217830公顷，其中用材林面积109884.4公顷，占50.4%;经济林面积34184.2公顷，占15.7%;防护林面积56331.7公顷，占25.9%;特种用途林面积8896.6公顷，占4.1%;薪炭林面积85331.7公顷，占3.9%。全县活立木总蓄积量为8286375立方米，其中森林蓄积量8264960立方米，占99.7%;疏林地蓄积量7116立方米，占0.1%;散生木和四旁树蓄积量14299立方米，占0.2%。

西林县属亚热带季风气候类型。冬无严寒，夏无酷暑，半年雨水半年干旱，西部多雨易洪涝，东部少雨常干旱。年平均气温19.1℃，年均降雨量1100毫米，年均蒸发量1371毫米，蒸发量大于降雨量，年均相对湿度79%，年日照时数1608.5小时。西林地形地貌呈西北高东南低的地势，境内最高海拔王子山1883米，最低海拔为那佐乡达下390米，全县地貌以中山为主，占全县总面积的98.3%，相对高差一般为100～450米。西林县境内土壤母岩主要有页岩、砂岩、砾质砂岩和板岩。土壤特点是:深厚、疏松、湿润、肥力较高。红壤分布于海拔800米以下的中山下部，黄红壤分布在海拔800～1200米，黄壤分布在海拔1200米以上。在石灰岩地区分布有棕色石灰土和少量黑色石灰土。

西林县原生植被属南亚热带西部落叶栎类、细叶云南松林区系，以亚热带干性类型阔叶林为主。人工林主要有杉木、马尾松、油桐、油茶、水果等。常见灌木以余甘子、红花紫、短翅小黄杞为主。主要草木有老须草、黄茅草、扭黄茅、五节芒等。珍贵植物有桫椤、马尾树、榉木、红椿、毛红椿、蒜头果等。野生动物主要有黑颈长尾雉、黑叶猴、猕猴、熊猴、穿山甲、果子狸、娃娃鱼、大小灵猫、云豹、大鲵、蟒、原鸡、白颈长尾雉、白鹇、红腹角雉等30多种国家重点保护动物。

经国务院批准西林县于1963年恢复行政区。据统计，1963～2000年底，全县累计完成造林更新面积148.3万亩，其中荒山造林123.9万亩，迹地更新2.2万亩，低改22.2万亩。1987～2000年全县累计完成林业各项投资额29253.3万元。其中国家投资1112.5万元;县林业系统自筹资金投入12088.2万元，林农投资16052.8万元。全县1987年以来共生产:木材385238立方米，松香

579吨，茶油4102.2吨，桐油12161.7吨，各种水果28250.9吨。据2002年统计，全县国民生产总值为38629万元，人均2971元；国民生产总值中，第一产业19672万元；第二产业5792万元；第三产业13765万元，林业总产值2917万元。

改革开放以来，西林县党委、政府对林业经济发展十分重视，提出了林业经济发展的总体思路。第一次在80年代至90年代提出了"林、果、茶"发展思路，"林"主要是杉木用材林，"果"主要是油茶、油桐经济林，"茶"主要是古障白毫茶。经两届党委、政府的努力，全县共发展杉木造林约40万亩，目前该项目已成为西林县一项主要支柱产业，每年杉木商品材采伐量达6万立方米，而且呈逐年上升趋势。第二次在90代末至2000年以后，县委、政府紧紧依托国家实施西部大开发的各项优惠政策，提出了山上第二次创业发展思路，在"十五"发展中提出25万亩松木、15万亩毛竹、10万亩八角、10万亩茶叶造林规划。依托西部大开发的政策有：退耕还林、生态公益林、珠江防护林工程以及防火综合治理工程、农村小型公益事业(沼气建设)工程。各项目的建设情况是：退耕还林2002～2003年共实施13万亩，其中2002年7万亩，2003年6万亩。2002年7万亩中，退耕还林坡耕地造林3万亩，荒山配套造林4万亩；2003年退耕还林坡耕地造林4.5万亩，荒山配套造林1.5万亩。西林县退耕还林主要以大户承包为主，树种以马尾松为主。2004年经国家、自治区检查验收、造林成活率、保存率均达到验收合格标准，各种钱粮补助也达到政策要求。生态公益林试点工程于2001年开始实施，面积26.8万亩。珠江防护林工程造林任务4000亩，封山育林1万亩。防火综合治理工程2000年开始实施，目前工程建设有：新增瞭望台4座，塔道27公里，建防火隔离带20公里，增加对讲机40部，计算机1台，望远镜8架，建防火综合指挥训营房一栋等。农村小型公益事业(沼气池建设)工程，2002年实施任务800座，在该项目的推动下，全县沼气池累计完成10866座、入户率达43.2%，沼气池建设使10866户43464人受益。形成全县沼气增收节支1108.332万元/年，节约薪柴21732吨/年，相当保护7606.2亩森林/年的能力。

在做好面上群众造林的基础上，西林县林业局注重自身经济建设，据统计，共投入造林经费1450万元，其中林业贷款1020万元，自筹430万元。90年代共建东山、渭瑶、太平王子山3个万亩杉木基地，目前，该造林基地林木已进入采伐期。正在建设的基地有：六公里2000亩松木基地，弄华3500亩麻竹基地，足别央龙2000亩毛竹基地，八达镇岩怀3000亩桉树基地，西平八桥2000亩第二代杉木基地等等。这些基地的建设为林业自身的经济发展奠定了坚实的基础，同时为整个县的林业经济发展树立了榜样。在榜样的推动下，木材公司、国有林场纷纷兴建造林基地，如县木材公司在2000年以后，共营造林18000亩，其中松木14500亩，八角1500亩，桦木2000亩，由一个单靠调拨销售木材且干部职工已陷入全体下岗困境的国有企业，跃升为具有强劲经济后盾的企业。同时，林业局还注重第三产业建设，投资450万元兴建西林县林业大厦，该大厦拥有住宿、餐饮服务，具备较大型接待的功能和条件。

(西林县林业局)

来宾市林业

【概　述】

来宾市是2002年12月28日撤销柳州地区后成立的新兴地级市，位于广西壮族自治区中部，有"桂中"之称。地理位置在北纬23°16′～24°29′，东经108°28′～110°28′之间，市域东西横距202.1公里，南北纵距134.3公里。全市辖兴宾区、合山市、忻城县、武宣县、象州县、金秀瑶族自治县，全市设45个乡、30个镇，768个村(居)委会，人口244万人，人中密度为182人/平方公里。居住着壮、汉、瑶等十多个民族，少数民族人口占74.8%。来宾市野生动植物种类繁多，是生物多样性最丰富的区域之一，拥有国家一级保护的动物瑶山鳄蜥、金斑喙凤蝶和国家一级保护的植物银杉、桫椤等。盛产八角、灵香草、绞股蓝、金银花、茶叶等名优土特产品。金秀瑶族自治县被誉为"中国八角之乡"。全市土地总面积134.11万公顷，其中林业用地61.01万公顷，占45.5%；其他用地75.10万公顷，占54.5%；森林覆盖率33.16%。活立木总蓄积量1401万立方米。其中，桉树面积2.66万公顷，蓄积量为120万立方米；松树面积12.55万公顷，蓄积量为390万立方米；竹林面积3582公顷。林业机构：来宾市林业局设办公室、财务科、科计科、森林防火指挥部办公室、林政资源管理科、森林公安分局、营林科、森林利用科、调处办等科室，人员编制21人。下属设有基金站、工业办、稽查队、培训中心、营林管理站、森林病虫害防治站、林业勘测设计院、大瑶山自然保护区管理局等事业及二层单位，人员编制117人。

据统计，柳州地区1950～1995年完成林木种子采购5700吨，育苗9224公顷，造林174.1万公顷，其中1990～1995年工程造林8.8万公顷，速生丰产林4.2万公顷。1994年经过自治区验收和国家林业部核查，全地区10个县(市)实现造林灭荒达标，1997年实现造林绿化达标。1996～2003年，来宾市(含原柳州地区)累计完成植树造林88713公顷。其中，荒山造林面积56884公顷，迹地更新28078公顷，低产林改造3751公顷。完成退耕还林造林21000公顷，其中退耕地造林10333.3公顷，荒山荒地造林10666.67公顷；完成珠防林造林7760公顷；在所造的人工林当中，可列为绿色工程的造林面积11766公顷。累计完成飞播(点播)9990公顷。完成封山育林147442公顷。其中结合林业重点工程实施的封山育林50738公顷。

(来宾市林业局)

【退耕还林工程】

2002年，来宾市在全区退耕还林试点工作取得成功的基础上，开始全面实施退耕还林工程。2002、2003两年，自治区分别下达给来宾市退耕还林任务18.5万亩、13万亩，其中退耕地造林分别为9.5万亩、6万亩，荒山荒地造林分别为9万亩、7万亩，在全市五个县(区)实施，涉及农户2.95万户。主要造林树种为桉树、松树、八角、任豆、香椿、竹子、金银花等。

两年来，国家累计下拨退耕还林专项资金7325万元。其中：种苗和造林补助费1575万元，现金补助500万元，补助粮食款5250万元。自治区安排前期工作经费46.5万元，各县(区)财政配套安排前期工作经费45万元，2002年的钱粮补助已经兑现完毕，2003年的各项补助已经兑现80%。

(来宾市林业局)

【速生丰产林工程】

20世纪90年代初，来宾市(原柳州地区林业局)在武宣县金鸡乡开始引种速生桉树并获得成功后，逐步向全市推广，到目前为止，来宾市桉树速丰林面积已经发展到40万亩，活立木蓄积量已达120万立方米。来宾市象州县茶花山林场栽种的一年生桉树最高生长量达到5～7米。

2003年，来宾市委、市政府提出要用三年的时间，将来宾市的桉树速丰林发展到100万亩。并先后召开了全市100万亩速生丰产林动员大会，同时还出台了一系列优惠政策。目前来宾市的个体户营造桉树速丰林的势头迅猛，区直国有林场在来宾市辐射造林面积也不断扩大，并且已经形成选优—育苗—栽植—管理一条龙服务，为来宾市的林、浆、纸、板一体化发展奠定了坚实的基础。

(来宾市林业局)

【珠江防护林工程】

1996～2003年，来宾市的四县一区一市先后实施了珠防林工程项目，计划人工造林7760公顷，封山育林43300公顷。经过上级检查验收，共完成人工造林8082.8公顷，占计划任务的103.5%；封山育林50738公顷，占计划任务的117.2%。共投入资金6061万元，其中国家投资4142万元，地方配套资金1378万元，单位自筹资金541万元。

(来宾市林业局)

【封山育林工程】

多年来，来宾市积极实施封山育林工程，实行造、封、管结合加快植被恢复进度，通过制定村规民约、配备护林员、搞好防火措施，加强对封山育林区的管护工作。特别是结合珠防林等林业重点工程来实施，有效提高了封育质量，确保了封山育林成效。据统计，1996～2003年全市累计封山育林面积147442公顷，其中林业重点工程完成50738公顷。

(来宾市林业局)

【国家森林生态效益补助试点工作】

2001年来宾市开始实施森林分类经营，即把森林划分为生态公益林区和商品林区。2002年，自治区林业局印发的《广西壮族自治区关于开展森林生态效益补助资金试点工作的意见》的通知和《广西壮族自治区森林生态效益补助资金管理办法(暂行)》的通知，明确了试点工作的必要性，试点工作的指导思想、原则、资金的补助对象范围及标准，安排了试点单位的试点任务，强调了试点工作的采取的有关措施。同时明确规定了补助资金的使用范围，森林资源保护和管理费用支出的具体界定，补助资金的管理与监督措施。按照试点的工作的要求，来宾市及时将自治区安排给来宾市的试点面积186235.2公顷落实到山头地块，其中国有林面积51250.7公顷；集体面积129059.6公顷；农户个体5924.9公顷。每年试点补助资金为977.75万元。通过试点，加强来宾市珠江流域一级支流红水河畔、大瑶山水源林区、岩溶以及生态脆弱地区的重点防护林和特种用途林的保护和建设。提高了森林质量和防护功能，防止水土流失、加快石漠化治理力度、保护国土安全，改善林农和林业职工生活状况及就业压力起到了积极的作用，加大了资金的投入，森林资源管护建设有了保障。

（来宾市林业局）

【农村能源与生态家园建设】

1990年以来，来宾市委、市政府（原柳州地委、行署）确定推广普及省柴节煤为主要任务，配合进行可再生能源的开发利用，把农村能源建设列入各级领导任期目标责任制考核的内容之一。在宣传工作上，各地利用橱窗、墙报、黑板报、电视、广播、宣传车、标语等多种形式，做到家喻户晓。在技术培训上，至2003年全市共举办各类技术培训班667期，培训农民技术员41205人次，颁发农民技术员合格证书10737份，其中获得国家级农村沼气生产工资质证书的技术员有493人。在投资上，坚持以群众自筹资金为主，国家补助为辅的多渠道集资的办法，据统计，从1985年以来，全市六个县（市、区）总共投入资金11381.971万元，平均年投资632.33万元；其中中央、自治区投入1553.93万元，市、县投入568.072万元，乡镇投入115.02万元，用户自筹9162.95万元。近二十年来，全市推广省柴节煤灶38.0858万户，建沼气池8.4922万座，安装微型水电3082台，装机容量5917千瓦；并大力推广太阳能的利用，开发象州县地热能利用，带动当地经济的发展。

目前，来宾市农村能源的使用量中，农村生活用能：秸秆71.835万吨，薪柴40.1422万吨，原煤6.1348万吨，煤油0.4895万吨，总共折标煤55.1484万吨；其中秸秆折标煤30.983万吨，薪柴折标煤14.8258万吨，煤油折标煤0.7155万吨。在生产用能：耗薪柴3.452万吨，折标煤2.4811万吨，2003年度全市农村生活、生产共耗薪柴43.5942万吨。

沼气池：来宾市现有市、县、乡推广机构67个，人员114人；其中大专以上27人。2003年，全市下达农村沼气池建设任务3万座。

推广省柴节煤灶：来宾市（原柳州地区）推广省柴节煤灶起步较晚，90年代初开始省柴节煤灶的推广，重点放在消耗薪柴量较多的农村和传统烧材大户—楼堂馆所。推广的灶型有合浦四型灶、豫农能Ⅰ型和横峰节能灶。2003年，全市在广大农村推广省柴节煤灶近39万户。

微型水电：来宾市山区农户建立微型小水电站共3082处，装机容量5917千瓦，年发电量1889.73千瓦/小时，解决了29992户的用电。截至2003年末，来宾市共推广太阳能热水器2073平方米；其中兴宾区320平方米，象州县396平方米，武宣县19平方米，金秀县830平方米，忻城县390平方米，合山市118平方米。

（来宾市林业局）

【林政资源管理】

1996～2003年，来宾市编制下达了蓄积4531970万立方米，出材3172380万立方米的木材生产计划。原柳州地区行署、来宾市人民政府分别与各县（市、区）人民政府签订了《县级领导干部任期森林资源消长目标责任状》，每年组织检查组对各县（市、区）《责任状》的执行情况进行检查，落实保护和发展森林资源的目标责任。2002年3月27日成立柳州地区林业行政执法稽查队（现为来宾市林业行政执法稽查队），加大力度查处林业违法案件。1996～2003年，全市依法查处林业行政处罚案件6171起，依法处理违法人员10775人（次）。其中，2000年“保护森林资源三号行动”共立案查处各类林政案件691起，抓获并处理违法人员1069人，取缔非法经营加工木材摊点113家，处理非法揽食野生动物餐馆47家，收缴非法木材2723立方米和一批野生动物，为国家挽回经济损失108.2万元。另外，建立健全木材运输证签发与管理制度、签发木材运输证人员做到持证上岗，并大力查处违反木材流通管理规定的各种违法行为。

2001～2003年，来宾市办理征占用林地项目18宗，面积95.0447公顷，依法收取森林植被恢复费2928909元。并开展了清理整顿毁林开垦和乱占林地大行动，共查出毁林开垦面积1995.2公顷（种蔗1588.6公顷、种粮241.47公顷、种果165.13公顷），乱占林地面积539.4公顷（修路414.73公顷、采矿32.1公顷、建房92.73公顷），两项合计2534.67公顷。组织人员积极参加市委市政府"三大纠纷"调处大会战工作组，调查处理了一批大案和积案，调解28件，调解面积1181.4公顷。另外，积极开展林木林地权属登记和发证工程，制定了《来宾市林权登记发证试点工作方案》和《来宾市林地林权登记换发证工作要求》，确定象州县石龙镇迷赖村为来宾市林权登记发换证工作试点村，按照申请、审核、公示、登记、发证等工作程序开展工作。

来宾市2002年完成了各县及市级林业调查规划设计队伍的组建工作，全市目前总共建有8家林业调查规划设计单位，并按《广西壮族自治区伐区调查设计技术规程》的要求，在2002年进行了大规模的伐区调查设计人员上岗培训，参加培训的人员有林业调查规划设计人员、林政资源管理人员、营林技术推广站全体工作人员、林业工作站技术人员、国有林场的主要技术骨干等。全柳州地区共举办了11期培训班，经考试考核，共有526人获上岗资格，其中属现在来宾市的为7期培训班233人。

（来宾市林业局）

【野生动植物保护管理】

来宾市坚持抓好保护野生动物法律法规的宣传工作。每年通过举办3月份的"爱鸟周"活动及10月份的"爱护野生动物宣传月"活动，采取挂横幅、贴标语、发放宣传单、出墙报、图片展览、电视播放公益性广告等多种形式，向社会宣传野生动物知识和法律法规，增强人们保护野生动物意识。

来宾市定期开展野生动物驯养繁殖和经营利用清理整顿和年审工作。每年4月份开展对野生动物驯养繁殖和经营利用单位进行清理整顿和年审工作，清理一些不符合养殖和经营条件甚至有违反野生动物法律法规行为的养殖单位和经营利用单位，其中1998年，注销了3家野生动物养殖场，1999年注销了10家野生动物养殖场，2000年注销了5家，2001年注销了16家养殖场和酒店经营户，2002年注销了6家野生动物养殖场和6家酒店经营野生动物及其产品的资格，2003年注销了6家野生动物养殖场。

来宾市加大保护野生动物资源的执法力度，严厉打击违法猎捕、贩运、经营利用陆生野生动物行为。在强化野生动物资源日常管理的同时，在上级有关部门的统一部署下，多次成立以林业公安为主，林业公安、林政、稽查等部门联合开展了打击破坏野生动物资源的专项行动：如2000年底开展的打击破坏野生动物资源"冬季行动"、2003年开展的"春雷行动"等。

（来宾市林业局）

【森林防火】

据统计，1996～2003个期间，来宾市（含原柳州地区）共发生森林火灾383起。其中，重大火灾6起，死亡2人，重伤1人，支出扑火经费156.054万元。2003年，来宾市森林火灾发生37起，毁林面积3347.56公顷，损失成林面积58551.13立方米，烧毁幼林916万株，平均年毁林面积418.45公顷，损失成林材积7318.89立方米，烧毁幼林114.5万株。和1952～1995年44年共毁林234882公顷，年均5338公顷相比，面积大幅度减少。2003年来宾市六个县（市、区）森林火灾毁林面积81.9公顷，损失成林蓄积1249.6立方米，烧毁幼林6.55万株。森林火灾受害率控制在0.2‰内。

一、森林火灾的起因

据1996～2003年已查明火源的279起火灾中，生产性火源193次（其中烧荒烧灰101次，炼山造林44次，烧牧场8次，烧窑11次，烧甘蔗叶12次，其他17次）占已查明火源次数的69%，其中烧甘蔗叶在已查明火源中所占的比重逐年上升。非生产性火源86次（其中野外吸烟26次、上坟烧纸17次、取暖做饭2次、小孩玩火5次、烧山驱兽12次、痴呆弄火12次、电线引起2次、其他10次）占31%；故意放火35次，占12%；外省人烧2次，占1%。

二、主要措施

（一）加强野外火源管理。

一是实行野外生产用火审批制度，其中，2003年来宾市审批野外生产性用火107起；二是实施防火戒严：在每年防火高火险季节，各县（市、区）均颁布森林防火戒严令，严禁林区内一切野外用火，其中，2003年来宾市共印制森林防火令1万多份，张贴到各重点林区和村屯；三是设立森林防火检查站：在防火期间，在重点林区路口、重点林区地段设立临时防火检查站，对进入林区人员携带火种进行统一管理。2003年，来宾市共设立森林防火检查站11个，专职护林员837人。

（二）加强森林防火宣传。

50年代起，柳州地区即通过电台、电视台、报纸、宣传车、墙报、文娱活动等多种形式，广泛宣传防火政策,法规。1996年后,地、县两级电视台在天气预报中还增加了森林火险等级预报,同时还在电视中播放森林防火公益广告、森林防火标语,极大地扩大了森林防火宣传面。1999年秋季后,柳州地区各县(市、区)还通过航空护林直升机进行空中撒森林防火资料宣传单,每年100万份以上,取得很好的宣传效果。2003年,来宾市六个县(市、区)共放电影进行森林防火宣传231场次,出动宣传车367架次,印发宣传资料47万份,出宣传墙报130期,森林防火标语78478条,(其中2003年永久性标语43645条,2004年新增24833条,固定永久性防火牌716块)开设森林防火课的中小学校812所,接受森林防火教育的人数208万人次。把森林防火订入"村规民约"的村屯达4280个(注:以上数据未包括柳州市融安、融水、三江、鹿寨等四县)。

(三)扑火队伍专业化。

至2003年,来宾市共有指挥部9个,成员164人,其中市级1个21人;办公室9个49人,其中市级1个6人。专业森林消防队:从1991年在鹿寨建立第一支30人的专业队开始,至2003年各县(市、区)相继成立了专业队,共有9支295人。1996~2003年共举办各种培训班107次,军事训练累计达325天4500多人次。专业森林消防队的工资待遇从150元/月提高到2003年350~400元/月不等。每队配有对讲机、运输车、风力灭火机,队员配有阻燃服等个人安全装备。专业队员经过系统地森林火灾扑救知识专业培训,成为训练有素、快速反应的扑救森林火灾专业森林消防队,在历次扑救森林火灾中起到主力军的作用。半专业森林消防队:2003年来,来宾市各乡(镇)、林场共成立半专业森林消防队117支2676人。

(四)加强森林防火基础设施建设。

1996~2003年,来宾市森林防火基础设施建设总投资8688.4万元,其中国家专项补助203.7万元,"两金一费"列支95.76万元,县财政、林业部门拨款4285.92万元,乡(镇)、林场自筹3843.64万元。全市现有防火林带1010公里,防火线1782公里,瞭望台42座,对讲机662部,电话线296公里,防火专用车30辆,风力灭火机420台,二号工具1805把。

(来宾市林业局)

【森林病虫害防治】

一、发生情况

1996~2003年,来宾市森林病虫害发生面积28.55万亩,年均发生面积3.57万亩,年均发生率为0.21%。其中马尾松毛虫累计发生面积24.40万亩,黛袋蛾累计发生面积0.86万亩,白蚁累计发生面积0.33万亩,竹织叶野螟累计发生面积0.09万亩,油桐尺蠖累计发生面积0.09万亩,其他病虫害累计发生面积2.78万亩。

二、防治情况

1996~2003年的八年间,来宾市森林病虫害防治面积21.37万亩,预防面积10.39万亩,年均防治率74.84%;马尾松毛虫累计防治面积17.87万亩,年均防治率为73.23%,黛袋蛾防治面积0.7万亩,防治率81.40%。共施放农药9.51万公斤,基中白僵菌粉等生物农药5.25万公斤,有机磷、溴氰菊酯、烟剂等化学药物4.26万公斤。投入防治经费137.86万元。

"九五"以来,来宾市较好地完成了区林业局下达的森防目标管理指标任务,森林病虫害年均发生率仅为0.21%,严重成灾率为0.03%,年均防治率达74.84%,监测覆盖率为89.22%,种苗产地、木材调运检疫率高达96.47%;马尾松毛虫年均发生率为0.66%,防治率为73.23%,监测覆盖率为90.88%,严重成灾率为0.07%。与"八五"期相比,"九五"期以来全市森林病虫害年均发生面积、严重成灾面积分别下降了43.29%和35.48%,防治率提高了0.9个百分点。扩充了测报队伍,测报员由1996年的208人增至2003年337人。全市共设立森林病虫害固定监测点474个,其中松材线虫病监测点298个。八年里,不定期举办测报员培训班8期,参加培训313人;共发布预报123次,收集、发放测报资料4300多份。同时,来宾市还以森防标准站建设为契机,加强市县级森防站软硬件的建设。2003年,除合山站外,来宾市有6个市县级森防站荣获了国家级森防检疫标准站称号。

(来宾市林业局)

【林业产业】

来宾市的木材经营加工企业有国有企业、集体企业和私有企业,以私有小型企业为主,年加工能力只有几十至一百多立方米,从业人员只有几人的私人小企业居多,占企业总数的90%以上。全市目前有木材经营加工企业530家,主要有以下几类企业：木材经营企业 42 家，产值 13167 万元；锯材加工企业 420 家，年产量 13560 立方米，产值 771 万元；单板加工企业 16 家，年产量 1910 立方米，产值 60 万元；木片加工企业 5 家，年产量 6130 吨，产值 260 万元；人造板企业 4 家，年产量 7900 立方米，产值 660 万元；家具经营生产企业 32 家，年产量 4700 立方米，产值 86 万元。

一、松脂加工

全市有松脂加工企业 5 家，2003 年松香生产 196 吨，松节油 36 吨，产值 95 万元。而来宾市现有松林面 255.8 万亩，可采脂的松林面积 180 万亩，年可生产松脂 9 万吨，发展松脂加工潜力巨大。

二、花卉

全市目前现有花卉生产经营企业 31 户，从业人员 200 多人，经营面积 680 多亩，年产值 100 多万元。

（来宾市林业局）

【林业科技】

来宾市（含原柳州地区）林业部门十分重视基础教育和职工的技能培训，坚持举办中小学校、职业学校林业班、林业职工技能培训班。地区及林区县设立林业技术培训中心。地区培训中心与广西林业学校、中南林学院联合办学，至 1995 年全地区培训各类人才 6548 人，其中中专 1519 人，大专函授 135 人。1952 年全市仅有 3 名林业科技人员，随着林业建设事业的发展，至 1995 年，来宾市共有林业工程技术人员 920 人，各类专业技术职称 1769 人，其中高级职称 155 人。来宾市累计完成林业科研、推广成果 110 多项，其中荣获地、市、厅级以上科技进步奖的有 53 个项目，专项业务优秀成果奖 8 项。1994 年被国家林业部列为全国地（市）级林业技术开发试验示范区。2002 年撤地设市后，来宾市加强林业科技横向协作，分别与广西林科院、国家林业局中南调是规划设计院、国家林业局桉树研究开发中心签订了科技合作协议。来宾市成为国家林业局桉树研究开发中心在广西范围内首个设立的桉树研究开发示范基地。2003 年 10 月，来宾市与国家林业局中南调查规划设计院合作编制完成了《来宾市创建绿色生态市总体规划》，获来宾市“双百工程”一等奖，成为广西第一个提出绿色生态市理念的地级市，引起巨大反响。

（来宾市林业局）

【国有林场建设】

来宾市共有国有林场 12 个。分布在六个县（市、区），均属于县（市）级管辖，行政级别分别为正科副科级单位。12 个场名称为：金秀县金秀林场、金秀县老山林场、兴宾区铁帽山林场、兴宾区老虎弄林场、兴宾区青峰林场、武宣县六峰山林场、象州县茶花山林场、象州县笔架山林场、象州县中虎岭林场、忻城县欧洞林场、忻城县桃源林场、合山市柳花岭林场。

来宾市国有林场总面积 65989 公顷，经营面积 64174 公顷；职工总人数 4818 人，其中在职 2236 人。林场现有森林经营面积 64171 公顷。其中，铁帽山林场 2720 公顷，老虎弄林场 436 公顷，青峰林场 1728 公顷，茶花山林场 1273 公顷，中虎岭林场 2425 公顷，笔架山林场 7023 公顷，六峰山林场 10124 公顷，金秀林场 24738 公顷，老山林场 3035 公顷，欧洞林场 2217 公顷，桃源林场 2231 公顷，柳花岭林场 4224 公顷。总活立木蓄积 352.09 万立方米，以杉木、马尾松、湿地松、良种桉、荷木、竹子、其他阔叶林、经济林为主。发展职工自营经济是来宾市国有林场主要的经营方式，统计至 2003 年底，参加自营经济人数占在职人数的 89.5%，经营面积仅占总经营面积的 4.2%，搞得比较好的主要有茶花山林场和金秀林场，部分职工收入已与林场脱钩。

（来宾市林业局）

【森林旅游资源】

来宾市森林风景资源，主要有大瑶山、白崖槽等处。大瑶山森林风景区位于著名旅游城桂林市以南 165 公里，柳州市以东 152 公里的大瑶山主脉上，风景点主要分布于金秀瑶族自治县。

一、万亩杜鹃花

主要分布于圣堂山海拔 1500 米以上顶坡，连片万亩。每年 5 月，杜鹃花竞放，树树繁花，红、黄、白花相间，花香浓郁，是广西最大面积的杜鹃林。

二、老山原始森林

金秀县城东南面 2 公里，分布着一片面积约 100 平方公里的天然常绿阔叶林和常绿针阔混交林，组成树种有水锥栲、功枝栲、硬叶栲、铁锥栲、荷木、光叶玉兰、绿樟、红苞木、银杉、华南五针松、长苞铁杉、红豆杉、三尖杉等。这片森林古木参天，林相齐整、笼罩着丛山众岭，浩似茫茫林海，是广西现存最大的一片原始森林。

三、银杉林

位于老山景区的北部，海拔 950～1250 米。主要是以银杉为特征的原始林，大瑶山分布的银杉总数为 140 株，分布比较集中的样地有 129 株。银杉是世界植物的活化石，是华夏珍宝，已列入国家一级保护珍稀植物，大瑶山最大的 1 株银杉，高 27.3 米，胸径 86.6 厘米，为中国最高大的银杉之一。

四、自然景观

大瑶山山体庞大，峡谷深削，气势磅礴；地层起源古老，经过漫长的地质发育年代，形成如今由紫红色砂岩、页岩构成的峰丛峰林丹霞式地貌，朱红色的巨大石柱、石塔、石峰，其高度多在百米以上，甚至几百米，呈现出群峰插云，紫崖千刃，石壁嵯峨，嶙峋怪峭，百态千姿，形象逼真。境内河溪众多，水资源丰富，造就山清水秀，空气格外清纯新鲜，确实是一处极佳的避暑胜地。大瑶山的名山主要有圣堂山、五指山、天堂山、莲花山、罗汉山、老山等。

圣堂山位于县城西南长垌乡南 10 公里处，山体庞大，最高海拔 1979 米，是广西第五高峰，其中海拔 1500 米以上的山峰有 9 座。圣堂山主要景点有：出云腾雾、双龙吐玉、闻溪捧日、石河奇观、神秘石墙、杜鹃林海等。

五指山在圣堂山东南面，最高峰海拔 1969 米，因山上有 5 座高峰竞插云天，形如五指，故名。

天堂山位于金秀县城东北，忠良乡西北。主峰海拔 1579 米，常为云雾缭绕，神秘莫测，自古人迹罕至。

莲花山位于县城西部 12 公里处，丹霞式刚棱柱塔地形最为典型。主峰海拔 1350 米，因群山耸峙，形如莲花，故名。莲花山集黄山、庐山、张家界于一身，雄奇灵秀，令人赏心悦目，流连忘返。

罗汉山与莲花山隔金秀河遥遥相望，海拔 1335 米，山上云雾缭绕，山崖突兀，绝壁高矗，石笋刺天，植被繁茂，奇松苍劲，形成青松迎客，绝壁惊人的景观特色。

百崖槽森林风景区位于武宣县河马乡境内，距县城 38 公里，是大瑶山南麓的一个天然山槽，长 10 多公里。全槽共 37 道弯，大小瀑布 5 处，深潭 7 处。槽内峰峦险峻、峡谷逼空；清溪百折，飞瀑壮观；林木苍翠，花香袭人，山、水、石、林构成了一个奇妙的世界。槽内生长着红椎、白椎、香花木、观光木等名贵树种以及猿猴、娃娃鱼等名贵珍奇动物。槽中有天槽飞瀑、霞映珠帘、别有洞天、月光池、画屏凌空、奇石隐溪、双龙戏珠、五彩瀑等景点。

【自然保护区建设与管理】

来宾市的自然保护区有广西大瑶山国家级自然保护区、象州县大乐水源林保护区、武宣县百崖峡谷生态村保护区。其中广西大瑶山国家级自然保护区是 2000 年经国务院批准的由省级升为国家级的保护区，武宣县百崖峡谷生态村保护区是 2000 年武宣县人民政府批准设立的新保护区。

一、广西大瑶山国家级自然保护区

广西大瑶山国家级自然保护区前身是广西大瑶山自然保护区，是根据国务院国办发〔2000〕30 号《国务院办公厅关于发布新建国家级自然保护区的通知》（2000 年 4 月 4 日），在省级保护区基础上批准新建的国家级自然保护区。该保护区位于来宾市金秀瑶族自治县和桂林市荔浦县、梧州市蒙山县境内，坐落于蒙山、荔浦、鹿寨、象州、武宣、桂平、平南 7 个县市之间，地理坐标为东经 109°50′～110°27′，北纬 23°40′～24°28′，靠近北回归线。保护区总面积 25594.7 公顷，其中核心区面积 7707.9 公顷，缓冲区面积 4817.4 公顷，实验区面积 13069.4 公顷。保护区按地域范围分为七大片，即位于金秀县东北部的长滩河—猴子山片，西部的金秀河口片、西南部的圣堂山—五指山片、大顶山片、德梅山片，东南部的平竹老山片和龙军山片。保护区境内山高、坡陡、谷深，最高峰为圣堂山，海拔 1979 米。保护区位于中亚热带和南亚热带过渡地带，气候温和，雨量充沛，年均气温 17℃，年均降雨量 1825 毫米，是广西最大的水源林保护区之一。保护区境内地形地貌复杂多样，生境差异大，动植物种类丰富，植被类型多样，主要植被为典型的南亚热带季风常绿阔叶林。已知的维管束植物有 213 科 870 属 2335 种，其中国家重点保护植物有银杉、南方红豆杉、伯乐树、瑶山苣苔、异形玉叶金花、金毛狗脊等 10 多种，有较为完整的银杉、长苞铁杉、金毛石砾针阔叶混交林和中亚热带向南亚热带常绿阔叶林过渡的地带性植被。已发现的陆栖脊椎动物有 273 种，其中金斑喙凤蝶和瑶山鳄蜥、蟒、熊猴等属国家Ⅰ级保护动物，是世界性的濒危珍稀物种，短尾猴、猕猴、穿山甲、林麝、林斑狸等 22 种属国家Ⅱ级保护动物。

保护区于 2001 年设立了管理局，负责整个大瑶山自然保护区的管理工作。管理局现有编制

45人，实有干部职工41人。其中高级职称1人，中级职称4人，初级职称10人。保护区聘请了护林员42人，负责维护林区的治安管理工作。

二、武宣县百崖峡谷生态村保护区

武宣县百崖峡谷生态村保护区是武宣县人民政府2002年1月21日以武政发〔2002〕3号文件下发设立的县级保护区。该保护区位于武宣县河马乡合群村三旗岭、尾地福山。百崖峡谷生态村保护区是武宣县境内面积最大的天然水源林区，总面积有64218亩，其中核心区面积有11016亩。保护区内森林资源比较丰富，野生动植物种类繁多，国家重点保护的植物有桫椤、观光木、白椎、香花木、深山含笑等，国家重点保护的野生动物有鳄蜥、猕猴、穿山甲、娃娃鱼等。保护区的森林蓄水能力相当于一座中型水库，是武宣县河马乡、东乡镇、三里镇近十万人民生活用水及十多万农田灌溉之源。保护区设立工作站，该工作站为财政全额拨款的事业单位，编制为8人。

（来宾市林业局）

【林区治安】

1987年11月24日，柳州地区批准设立柳州地区公安处林业公安科，定编7人。各县（市）随之成立林业公安股（组）、林场、水源林保护区派出所。仅在1988年，柳州地区共组建林业公安机构51个，编制196人，其中地区林业公安科1个7人；县（市）林业公安股10个56人；林场、水源林保护区派出所18个68人；林业公安组22个65人。

2001年12月11日，柳州地区行署批准设立柳州地区森林公安局。2002年2月7日，柳州地区森林公安局挂牌成立。柳州地区森林公安局是全区地市级首个森林公安局。

2002年，柳州地区共建立了森林公安机构40个，其中10个县（市）建立森林公安分局，19个国有林场有17个建立了林场派出所，还有金秀、象州、融水3县的水源林乡镇，共建立了12个水源林保护区派出所。全地区森林公安编制396人。有在册森林公安民警257人。

2002年12月28日柳州地区撤地建市，融安、三江、融水和鹿寨县划归柳州市管辖，金秀、武宣、象州、兴宾、忻城和合山市划归来宾市管辖。相应地原柳州地区森林公安局更名为来宾市公安局森林公安分局。全市共28个森林公安机构。其中县（市、区）森林公安分局6个，林场、水源林林区派出所21个，共有编制164人，在岗130人。已授警衔113人。

1996～2003年，全市有162名民警参加各种业务培训班学习，期间，涌现出一批先进单位和个人，立集体三等功单位17个次，评为红旗单位、达标单位83个次；先进集体（单位）42个次；获部局评选的先进单位7个；先进个人5人，荣立个人二、三等功42人次；全国优秀人民警察1人，林业公安系统优秀人民警察1人，嘉奖256人次。其中，来宾县铁帽山林场派出所所长黄德俩获全国公安系统优秀人民警察称号，融水县贝江河林场派出所指导员潘启珍获全国林业公安系统优秀人民警察称号。

1996～2003年，森林公安侦破森林刑事案件373起，其中重大案件99起，特别重大案件28起，破案率分别为83.3%、83.9%、93.3%。治安案件查处1729起，查处率92.9%，受权处理的林业行政处罚案件处理6066起，处结率98.3%。受处罚10775人（次），其中逮捕356人，劳教107人，治安拘留1602人，林业行政罚款3615人，其他处罚3760人。收缴财物：木材28728立方米，价值1287.38万元，其中木材折款864.95万元，治安罚款17.76万元，林业行政罚款301.26万元，赔偿损失66.8万元，其他财物折款36.6万元。

（来宾市林业局）

兴宾区林业

【概　述】

兴宾区原称来宾县。1950年初，来宾县设建设科，内设有管理林业机构。1954年8月14日成立林业科。1958年县林业科、农业科、水利科合并成立来宾县农林水利局。1960年撤销县农林水利局，成立来宾县林业局。2002年12月撤来宾县设立兴宾区，来宾县林业局改称兴宾区林业局，主管全区的林业工作。兴宾区林业局内设机构有：秘书股、计财股、综合股。二层机构有：森林公安分局、营林站、森防站、林政办、山林纠纷调处股、防火办、能源办，下辖铁帽山、青峰、老虎弄三个国有林场和林业技术推广站、木材公司及全区24个乡（镇）林业工作站。林业局现有行政人员16人，事业人员39人，离退休人员13人。

兴宾区属于少林地区，区境内土地总面积43.64万公顷，林业用地面积14.03万亩（含石山灌木林），占土地总面积的32.1％。

据资料记载，解放前有森林面积0.14万公顷（含合山市），森林覆盖率0.3％；1960年森林面积2.79万公顷（含合山市），森林覆盖率6.1％；1973年森林面积2.65万公顷（含合山市），森林覆盖率5.6％；1989年森林面积2.14万公顷（含灌木林，下同），森林覆盖率4.9％；1995年森林面积6.66万公顷，森林覆盖率15.25％；2000年森林面积13.41万公顷，森林覆盖率30.73％。

改革开放以来，兴宾林业不断发展壮大。在各级党、政府的正确领导下，实行造、封、管、节并举的营林措施，于1994年实现造林灭荒达标，1997年实现造林绿化达标，1998年实现平原绿化达标。1995年以来，相继实施绿色工程、珠防林工程、退耕还林工程、生态家园工程等林业重点项目，取得了明显的成效，兴宾林业取得了可喜的变化。据1999年森林资源调查结果，全区现有林业用地面积14万公顷，占全县土地总面积31.8％。现有森林6.2万公顷，灌木林7.2万公顷，森林覆盖率30.73％，活立木蓄积量124.5万立方米。同时加强森林资源管理，坚持依法治林，严厉打击林业违法犯罪，坚决制止毁林开垦，乱砍滥伐。积极做好森林病虫害防治，切实抓好森林火灾的预防和扑救工作。

1990年以来，兴宾区注重科技兴林，真抓实干，成绩显著，多次获得国家、自治区、地区的表彰。1993年度自治区政府授予造林绿化目标责任状二等奖；1994年获区林业厅党组、区林业厅授予“广西行业思想政治工作”先进单位，1994年度获柳州地区林业系统先进单位；1997年自治区林业厅授予全区森林病虫害防治先进单位，同年获柳州地区“八五”期间森防目标管理二等奖。2003年度全区实现林业产业总产值11053.8万元。

【林木种苗生产建设】

1996年以来，为了完成每一年度造林绿化用苗，兴宾区党、政、群、团和人民群众都投入了大量的人力、物力和财力，积极为造林绿化工程培育出优质健壮的合格苗木上山造林，保证造林用苗的质量，提高造林成活率。全区1996～2003年累计育苗63.98公顷，生产苗木3932.38万株。一是严格执行林木种苗质量管理责任制，认真执行《国家林业局关于加强林木种苗质量监督管理规定》的通知（林监发〔2002〕291号）文件，按规定要求做好区内林木种苗生产、流通和使用环节监督管理，确保林业重点工程和国土绿化使用苗木的质量；二是实行林木种苗生产经营许可和标签制度。要求凡是从事林木种苗生产、经营的单位和个人，必须持有县级以上林业行政主管部门核发的《林木种子生产许可证》和《林木种子经营许可证》才能从事林木种苗的培育、经营，目前，兴宾区已核发林木种子生产许可证给从事林木种苗培育的单位和个人7家；三是认真实行林木种苗质量检验和检疫制度。凡区内外调运种苗都要严格检疫，防止检疫对象蔓延。加强对林木种苗质量的检验和监督，杜绝质量不合格苗木调拨和出圃，保证用苗质量。

【营造林】

20世纪90年代以前，兴宾区的造林绿化进程缓慢，森林覆盖率很低，如1989年的森林覆盖率仅4.9％。进入90年代后，兴宾区的造林绿化实现了新的飞跃。“八五”期是兴宾区造林面积最多的时期，主要是以造林灭荒为主，5年累计完成人工造林4.12万公顷。其中，1994年人工造林2.26万公顷，是有史以来人工造林最多的一年，当年实现造林灭荒达标，这个时期造林的主要树种是湿地松和尾叶桉。“九五”期主要是抓巩固造林成果和林种结构调整。5年累计完成人工造林1.5万公顷，全区于1997年实现造林绿化达标，1998年实现平原绿化达标。进入21世纪，主要抓重点工程造林，2000年实施绿色工程建设0.15万公顷；2000年和2002年完成珠江防护林人工造林0.10万公顷；2002年启动实施退耕还林工程建设，2003年扩大实施，两年完成退耕还林工程建设0.5万公顷。进入新世纪，改变了传统的林业观念和发展模式，变粗放造林为集约经营，变集体造林为非公有制造林，加快造林绿化建设步伐。

【速生丰产林基地建设】

来宾市兴宾区速生丰产林基地建设始于1986年，当年全区规划建设以桉树为主的速生丰产林基地1.33万公顷，规划树种为柠檬桉和柳桉。1986～1988年，全区种下柠檬桉、柳桉速丰林366.7万公顷，由于资金、技术等问题不能形成大的发展规模，而且种下的桉树生长不好，单位产量低，平均每亩蓄积量仅为4.0立方米左右。

1990年组织引进尾叶桉、巨尾桉等新品种种植后，取得了当年造林当年成林的良好效果，通过总结经验和示范推广，从1991年起，全区掀起营造桉树速生丰产林的造林热潮，并得以迅速发展，种植面遍及全区24个乡(镇)和国有林场。到2003年，全区累计营造有良种桉速丰林1.23万公顷，占全区森林面积17.8%，蓄积总量35.5万立方米，占全区森林总蓄积量28.8%。据测定，年平均生长量1.1立方米/亩，采伐平均每亩生产商品材4.5立方米，实现了较好的生态、经济和社会效益，对促进地方经济增长、农民增收起了重要带动作用。

【封山育林】

封山育林是兴宾区培育森林，扩大森林面积的一种有效方法，主要是根据不同的封育对象，采取“死封”、“轮封”两种方式。封山育林的措施主要有：一是依靠村规民约来维护封山育林；二是制定封山育林政策法规，由政府发布封山育林公告，严禁放火烧山和采挖树根、放牧、割草、砍柴等破坏植被行为。1996～2003年间，兴宾区增加新的封山育林面积1.23万公顷，全区现有封山育林面积7.34万公顷。通过封山育林，改变了石山地区的生态环境，遏制了石山荒漠化，减少了自然灾害的发生，保障人民群众安居乐业和促进农业稳产高产。

【退耕还林工程】

2002年开始实施退耕还林工程，至2003年，两年累计完成退耕还林造林0.5万公顷，其中退耕地造林0.23万公顷，配套荒山造林0.27万公顷，在完成面积中，生态林0.46万公顷(经济林0.04万公顷)，超额完成了退耕还林建设任务。2002年任务0.27万公顷，完成0.27万公顷，其中退耕地造林0.133万公顷，配套荒山造林0.133万公顷。在完成面积中，生态林0.22万公顷，经济林0.05万公顷；2003年任务0.23万公顷，完成0.23万公顷，其中退耕地0.1万公顷，配套荒山0.13万公顷。在完成面积中，生态林0.21万公顷，经济林0.02万公顷。

【珠防林工程】

2000年开始实施珠防林建设工程，至2002年结束。2000年完成珠防林工程2477公顷，其中人工造林1167公顷，封山育林1310公顷，占任务2300公顷(人工造林1000公顷，封山育林1300公顷)的107%；2002年完成珠防林工程1598.8公顷，其中人工造林577.9公顷，封山育林1020.9公顷，占任务1500公顷(人工造林500公顷，封山育林1000公顷)的106%。

【石漠化治理工程】

根据自治区林业局桂林营发〔2000〕51号《开展石漠化生态治理工程建设规划设计及2001年度造林项目作业设计的紧急通知》精神和《广西石漠化生态治理工程项目年度造林封山育林作业设计书》的要求，及时组织项目规划设计队伍，按区、乡、村、林班、小班的规划系统对区域内公路、铁路、乡道、村道两侧及农村居民点四周能见第一面坡石山造林绿化情况进行调查规划设计，于2001年2月完成项目设计工作。全区石漠化治理一期工程共完成规划设计面积2.29万公顷，其中人工造林0.29万公顷，封山育林2.00万公顷。

为加强石山区石漠化治理，加快石山区绿化步伐，2001年，兴宾区在溯社、蒙村、寺山等乡镇开展石漠化生态治理造林试点工作，共计完成石山区造林面积64公顷，其中任豆50公顷，竹子14公顷，造林成活率平均在90%以上。通过试点，为石漠化治理工作积累经验，为今后实施提供经验依据。

【绿色工程】

根据(桂绿字〔1998〕5号)《关于在全区范围内大力开展绿色通道工程建设的通知》和(桂绿字〔1998〕8号)《关于做好绿色工程建设规划设计方案的通知》要求，结合兴宾区(原来宾县)的实际情况，1999年完成了兴宾区(原来宾县)绿色工程建设总体规划设计，规划设计建设任务为：通道沿线两侧设计造林总面积3128.6公顷，沿线两侧范围内城镇(乡)、村(屯)设计造林面积66.4公顷，公路、铁路、江河两侧(岸)设计造林绿化长度197.7公里。自1999年开始实施以来，绿色工程建设取得了较大成就，至2003年，按规划全部完成了建设任务，绿色工程建设范围内的林业用地绿化率达96%以上，公路、铁路、河流新增绿化带长度228.8公里(含改造)，绿化率达96%；沿线城(镇)、村(屯)、车站(养护站)、港口、码头增加有林地74.2公顷，绿化率为37%以上。全区的铁路、公路、江河沿线形成了绿色的通道，沿线基本实现林木连线成网，花果飘香，空气清新的优美环境。

【抚育间伐】

抚育间伐是砍育结合的重要育林措施。通过进行抚育间伐，改变了林木空间、光照，促进林木健康生长。多年来，兴宾区按照“三砍三留”的间伐原则进行间伐，伐前做好间伐作业设计，伐中进行检查，伐后进行检验，以防因抚育间伐造成乱砍滥伐现象发生，确保按作业设计进行间伐，达到间伐的目的、要求。1996 年以来，完成抚育间伐面积 1744.6 公顷，间伐出材量 18686 立方米。

【全民义务植树】

开展全民义务植树活动能增加公民参加义务植树的法定意识和自觉意识。自 1981 年全国开展全民义务植树运动以来，兴宾区广泛宣传教育，提高全民的义务植树和绿化意识，扎实、深入推进全民义务植树运动。据统计，1996 年以来，累计完成全民义务植树 1146.1 万株，平均每年参加义务植树 47 万人，占应参加人数的 95%，平均每人每年植树 2 株以上。

【生态能源建设】

兴宾区(原来宾县)能源机构于 1980 年成立，原名为农业局沼气工作站，划归农业局管理。1991 年 3 月自治区下文将能源机构划归林业局管理，设立县级农村能源办公室，属事业单位，经费由财政全额拨款。在兴宾区委、政府的领导和上级部门支持下，兴宾区认真贯彻落实农村能源建设政策，制定本区城内农村能源长期规划和年度工作计划并组织实施。积极宣传农村改燃节能的好处，做好物质能、太阳能、新型燃料等新能源的调试和推广。深入乡村进行能源科普宣传、技术培训、质量检查、安全监督等工作。发动群众参与生态家园建设，组织实施能源建设。坚持以沼气为纽带，带动种养业发展，开展了沼气池、卫生厕所、厨房改造、村道建设等为主要内容的生态文明村建设，改善人居环境。1991～2000 年，重点进行建设省柴灶、节煤灶 128689 户(座)，以后重点转入沼气建设。当前，兴宾区现有沼气池 26018 座，其中示范村及面上建池 23618 座，贫困村建池 2400 座。1998 年以前，经普查，全区仅有沼气池 3796 座，1999 年以后，沼气建设有了较快发展，1999～2003 年累计完成沼气池新建 22222 座。历年来，举办能源培训班 228 期，共 8917 人受训，能源技术得到普及和推广。同时，积极推进农村生态文明村建设，至 2003 年底，全区创建生态文明村 45 个，使文明村建设迈上新的台阶。主要措施是：一是领导重视；二是责任落实；三是坚持典型引路，选定石陵镇陆平村委新陆村等 6 个村作为示范村，以点带面促进全区沼气池建设全面发展；四是按科学规律统一规划，有计划、有组织、有步骤地实施；五是加强技术培训和建立完善的管理机制。通过组织实施农村能源建设，农村群众的居住环境明显改善，走出了一条“原地原屋搞改造，不拆旧房建新村”的改变村容村貌的新路子，得到了广大人民群众的支持和拥护，能源建设步入了快速健康发展的轨道。

【森林资源加工利用】

兴宾区森林资源的加工利用，主要是对单一的木材加工利用，经历了计划经济到市场经济的发展过程。在计划经济时代，实行木材由林业部门一家收购，多家经营(加工)的政策。1998 年以前，兴宾区只有十多家企业经营(加工)木材。改革开放后，从过去的计划经济逐步转为主场经济，木材由一家收购的垄断格局也逐步被打破，兴宾区的木材经营(加工)业也从此迅速发展起来，1999～2003 年底，全区有 151 家木材经营(加工)企业，其中带锯加工厂有 129 家，家具加工厂有 14 家，木片加工厂有 5 家，单板加工厂有 4 家，从业人数有 700 多人，年产值约 600 万元。

【森林病虫害防治】

坚持贯彻“预防为主，综合治理”的方针，认真做好病虫害的监测调查和防治工作，采取有效措施控制灾情发生，年度发生、防治均控制在目标管理指标内，保护了森林资源。各年度病虫害发生防治面积见下表。

各年度兴宾区病虫害发生防治面积

单位:公顷

年度	发生	防治	防治率(%)	年度	发生	防治	防治率(%)
合计	3728.3	3616.2	97	1998年	209	209	100
1993年	203	169	83	1999年	211	211	100
1994年	300.1	222	74	200年	333	333	100
1995年	133	133	100	2001年	185	185	100
1996年	1388	1388	100	2002年	0	0	0
1997年	725	725	100	2003年	61.2	61.2	100

【野生植物保护与管理】

《野生动物保护法》、《野生植物保护条例》、《广西区陆生野生动物保护管理规定》等法律、法规颁布施行后,兴宾区走上了依法保护管理野生动植物的轨道。1999～2003年底,全区有陆生野生动物驯养繁殖场4家,他们都能够做到依法驯养繁殖和经营利用陆生野生动物。为了打击滥捕乱猎、非法经营贩卖陆生野生动物的行为,1999～2003年,根据上级统一部署,兴宾区先后开展保护陆生野生动物的专项行动"冬季行动"、"猎鹰行动"、"春蕾行动"等。通过这几次专项治理,收缴和放生了一批受自治区重点保护的陆生野生动物,既打击了违法行为,也增强了全区人民保护陆生野生动物的意识。

【森林资源调查及监测】

1950～2003年,兴宾区进行了六次森林资源调查,包括1989年的二类调查、1990年的一类调查、1995年的遥感和一类调查、1999年的二类和一类调查,摸清了森林资源的家底。每次调查之后都编制了森林经营方案,为上级制定林业政策提供了依据。同时,加强森林资源消长的监测,确保区域内森林生长量大于消耗量,达到永续利用的目的。

【林地林权管理】

林权证是确认森林、林木和林地所有权和使用权的唯一法律凭证。1982年,兴宾区曾开展过一次大规模的林权登记发证工作,林权证由原来宾县人民政府颁发。根据国务院国发明电〔1998〕8号文件的规定和《森林法》及其实施条例颁布施行后,兴宾区的林地管理才逐步走上依法管理的轨道。1998年以来,依法办理征、占用林地80.5公顷,主要用于柳南高速公路、西南成品油管道等工程建设,依法收取森林植被恢复费450万元。多年来,兴宾区无违法审批征、占用林地的行为。在依法管理林地当中,注重林地林权纠纷的调处,从1996年成立山界林权纠纷调处股以来,调处山界林权纠纷案149起,其中通过协商调解结案85起,上报政府下文确权处理结案49起。

【森林采伐与采伐限额管理】

《森林法》及其实施细则(条例)规定,森林采伐实行年森林采伐限额管理制度,从"九五"到"十五"期间,兴宾区年森林采伐限额分别为:94939立方米(出材50913立方米),74900立方米(出材量42800立方米)。从"九五"以来,兴宾区每年实际发放的林木采伐许可证都没有突破上级下达的年森林采伐限额,并且实行严格的森林采伐限额管理制度。一是坚持林木采伐的伐前设计、伐中监督检查、伐后验收制度;二是实行林木采伐申请办理许可证制度;三是实行专人负责林木采伐许可证管理和签发制度;四是实行一支笔审批林木采伐许可证制度。五是对申请采伐的林木,依法足额收取、上缴木材育林基金和更改资金。

【木材流通管理】

一、木材运输证的管理

严格按照《广西区木材运输证管理与签发的规定》进行管理木材运输证,指定专人领取、管理和签发木材运输证。多年来,没有发生过木材运输证丢失现象,没有超年度木材生产计划指标等违法签发木材运输证的行为。

二、木材运输管理

兴宾区从1997年撤销城厢木材检查站之后,至今全区没有一个固定木材检查站,执法人员主要从事木材采伐源头管理和经销场所进行检查。多年来无公路"三乱"行为发生。

三、木材经营加工管理

认真实行《森林法实施条例》和《广西区森林管理办法》有关木材经营(加工)实行许可证制度的管理规定。目前,兴宾区办理木材经营加工许可证经销木材的单位或个人有151家。为了加强木材经营(加工)管理,平时定期或不定期地深入场地监督检查,打击和取缔违法经营加工木材的行为,促使业主依法经销木材,全区木材经营加工逐步走上依法经营管理的轨道。

【林业行政案件查处】

林业行政案件查处的法律依据主要是《森林法》及相关的林业法规。《森林法》实施以来,兴宾区共查处各类林业行政案件560起,处理违法人员605人,没收木材1360立方米及竹材、薪炭材等一批。

【森林防火体系建设】

1950年以来,兴宾区共发生了685起火灾,森林受害面积34756.34公顷。其中1999年到2003年全区累计发生火警火灾40起,过火面积544.08公顷,其中森林受害面积107.85公顷,火警火灾发生的直接原因80%以上是生产性失火(如农民烧蔗叶、炭等)。

随着林业的不断发展,对森林防火扑火的要求也越来越高,兴宾区政府对森林防火工作非常重视,于1992年成立县级专业森林消防队,现有消防队员50名,做到及时、快速、有效地扑救森林火灾,减少林火损失。同时不断加强森林防火基础设施建设,增设通信设备,深入村屯宣传,散发护林防火标语、传单等进行森林防火宣传工作,经常利用会议、广播、电视等媒体进行宣传,使之家喻户晓,妇孺皆知。1996年以来,每年平均发放防火宣传单5万多份,大大地提高了广大人民群众的防火意识。兴宾区共设有林区瞭望台18座,竖立永久性防火标志牌210块,森林防火林带811公顷。为进一步加强森林护林防火工作,2003年8月在已成立森林防火专业队的基础上又成立了一支22名的森林防火高速公路快速反应队,加强了高速公路沿线森林防火工作。现全区24个乡(镇)、三个国有林场都设有专业(半专业)森林防火消防队,现有队员944人,护林员253人,全区配备风力灭火机92台,通信设备118部,区内森林防火已形成网络,为今后的防火工作打下良好基础。

【森林公安工作】

来宾市兴宾区于2003年4月28日撤销来宾县林业局林业公安股,成立"来宾市公安局兴宾区森林公安分局"。森林公安分局属事业性质,实行来宾市公安局和兴宾区林业局双重领导,以兴宾区林业局为主的管理体制,核定事业编制6名,所需经费由兴宾区财政全额拨付。主要职责是依法查处林业行政案件和治安案件。兴宾区森林公安分局成立后,充实了林业公安的力量,加强了林区的治安管理,加大了森林案件的查处力度,为林业生产建设保驾护航。同年11月理顺了林场派出所事权隶属关系,全区三个国有林场公安派出所的事权从林场剥离,划归兴宾区公安分局森林公安分局管理,人员经费纳入兴宾区财政预算。划归后,派出所工作职能主要是维护林场治安,其必要的办公条件和办案经费由国有林场负责提供。森林公安分局下辖驻三个国有林场森林公安派出所,负责兴宾区区域内林区的治安稳定。在林业、公安两局的领导与支持下,认真抓好管好队伍,克服困难,依法严厉打击破坏森林资源的各种违法犯罪活动,为兴宾区林业事业可持续发展起到了保驾护航的作用。

1996年以来,积极配合开展"春雷1号行动"、"绿剑行动",经常性地开展木材流通领域的清理整顿,认真查处破坏森林资源案件,共查处林政案件214起,审查违法人员238人,侦破森林刑事案件69起,依法逮捕犯罪嫌疑人59人,震慑了破坏森林的违法犯罪行为,教育了群众,促进了林区治安好转,有效地保护森林资源。

【林业执法】

兴宾区林业执法机构主要由林政和森林公安这两支队伍负责,前者主要负责林业行政案件的查处和管理林业行政处罚工作,目前有林业行政执法人员9人。后者主要负责林业治安案件和林业刑事案件的查处,现有在编人员18人,经费来源是财政全额拨款。1999年以来,共查处林政案件214起,共审查违法人员238人,侦破刑事案件69起,依法逮捕犯罪嫌疑人59人。依法查处和打击了破坏森林的违法犯罪行为,教育了群众,有力地开展林业执法工作。

【林业分类经营】

来宾市兴宾区于2001年完成森林分类区划界定工作,将全区林地区划界定为生态公益林和商品林两大类。用于培育公益林的林地面积为

9.66万公顷，用于发展商品林的林地面积为6.41万公顷。通过实施分类经营，加快了兴宾区商品林的发展步伐，加强了公益林的保护和林业的“三防”体系建设，促进了林业的健康快速发展。但由于生态效益补偿机制不完善，公益林所有者、经营者得不到合理的补偿，一定程度上影响了公益林事业的健康发展。

【森林生态效益补助试点】

根据国家批复的《广西森林生态效益补助资金试点方案》，2002年来宾市兴宾区列入国家重点防护林和特种用途林保护和管护试点县（区）。全区试点面积1.52万公顷，其中重点防护林面积1.51万公顷，重点特种用途林面积0.01万公顷（国防林）。试点范围分布在24个乡（镇）1个林场71个村，具体布局在红水河及其一级支流沿岸，大、中型水库周围南柳高速公路和湘桂铁路沿线，生态脆弱地区。通过森林生态效益补助试点工作，各级党委政府对生态建设引起了高度重视，全社会环境保护意识得到进一步提高，对促进兴宾区的生态建设与保护发展起到了积极作用。

【非公有制林业发展】

随着市经济的发展和林业产权制度改革的不断深入，近几年来，在兴宾区以承包山林为标志，民营林业在兴宾区显示出旺盛的生命力，特别是近年来，民营资本进入林业的势头越来越强劲。承包经营、租赁经营、股份经营、合作经营等多种造林方式，已经渗透到兴宾林业发展的各个方面。据统计，仅2002年、2003年非公有制造林达0.33万公顷，占两年来造林总面积2/3以上。当前，非公有制造林已成为兴宾植树造林的主力军，正推动着兴宾区林业的蓬勃发展。

【林业世界银行贷款项目】

兴宾区于1991年开始利用林业世行贷款造林，至1994年结束。四年间共计完成世行贷款造林面积7764.4公顷，其中1991年完成427.9公顷，1992年完成975.1公顷，1993年完成2696公顷，1994年完成3399.4公顷。

【林业科技成果推广】

一是承担完成良种桉无性系20个家系的造林对比试验，引进和推广良种桉种植，取得了良好的生态、社会、经济效益。目前，全区已发展良种桉造林9000公顷；二是推广和普及农村沼气池建设，利用沼液浸种促进农业稳产高产，促进农民增收；三是加强技术培训和执法培训，提高工作人员的综合素质和执法能力，每年都举办2～3期100～200人（次）的林业站工作人员或林农技术培训班，把科学技术推广到基层、农户，培养了一大批林业管理人员和农民技术员。

【林业质量技术监督】

一是抓好造林质量监督和管理，在造林施工过程中，组织技术力量经常性地深入村屯、造林地块检查造林整地、种植、成活率检查等，做好技术服务、质量检查监督工作，确保造林质量；二是坚持做好种苗质量监督，认真审查和核发《林木种苗生产许可证》，凭证生产苗木，坚持培育合格苗上山造林。在调运过程中，加强苗木质量检验和种苗检疫，预防和减少检疫对象的蔓延；三是抓好林木采伐设计、伐中检查、伐后验收等工作，严格按采伐按作业设计施工，不异地、不超指标砍伐；四是做好林业生产安全监督工作，多年来，全区没有因为安全因素引发林业生产事故，有力地促进了社会稳定。

【职业技术教育】

目前，兴宾区林业系统现有职工775人，其中专业技术人员150人，具有高级技术职称4人，中级职称29人；按学历分，大学以上学历13人，大专学历48人，中专以下学历293人，林业科技力量薄弱，影响了兴宾林业的发展。为了改变这种局面，兴宾区林业局决定从职工职业技术教育入手，加强在职职工岗位培训，分期分批聘请林院教授、讲师给职工充电，不断更新知识，进一步掌握林业技术，更好地为林业事业服务。同时，鼓励和支持职工参加成人培训，提高个人的综合素质和工作能力。

【国有林场】

1955年建立国有来宾县铁帽山林场，2002年12月改称国有来宾市兴宾区铁帽山林场。全场土地总面积0.28万公顷，有林地面积0.24万公顷，活立木蓄积量9.05万立方米，森林覆盖率为76%。现有在职职工347人，离退休69人。1992年因机构改革，原来宾县中心苗圃划归铁帽山林场管理，至今不再设立苗圃这一机构。1958年建立国有来宾县青峰林场，1992年1月建立1.8万亩的青峰林场富尧分场。2002年12月改称国有来宾市兴宾区青峰林场。全场土地总面积0.26

万公顷，有林地面积 0.22 万公顷，活立木蓄积量 5.7 万立方米，森林覆盖率 70%。现有在职职工 165 人，离退休 27 人。1965 年建立来宾县国有老虎弄林场，2002 年 12 月改称来宾市兴宾区国有老虎弄林场。全场土地总面积 0.048 万公顷，有林地面积 0.07 万公顷，活立木蓄积量 1.89 万立方米，森林覆盖率 90.8%。现有在职职工 61 人，离退休 16 人。

职工自营经济。多年来，林场经济处于低迷不前状态，为了发展林场经济，兴宾区境内的国有林场改变了过去单一的木材生产格局，大力发展多种经济，提高经济效益，抓住机遇，实施“短、平、快”的林业项目。在政策指引下，把部分土地转包给职工自营，有力促进了林业经济发展。结合林场实际，发展优质龙眼 156.7 公顷，笋材两用竹 133 公顷，茶叶 233 公顷。职工自营经济为林场脱贫致富打下了良好的基础。

兴宾区国有林场总经营面积 6013.8 公顷，现有林面积 4970.4 公顷，活立木蓄积量 16.3 万立方米，兴宾区林场产业化企业这方面铁帽山林场做得比较好。为适应改革开放和市场经济的需要，铁帽山林场注重上项目、促发展。该场拥有年生产 30 万合的精炭厂，年产 8000 吨的木片加工厂和年产 3.5 万公斤干茶的茶叶厂。1991～1995 年，全场年均总收入达 800 万元，创税利 200 万元，多次得到自治区人民政府、自治区林业局党组、自治区林业局、柳州地区林业局的表彰。

【乡镇林业工作站】

1989 年成立乡(镇)林业工作站，隶属来宾县林业局管理。1997 年因机构改革划归当地人民政府管理，2002 年因机构改革，乡(镇)林业工作站改称乡(镇)林业水果工作站。由于兴宾区林业工作实际需要，兴宾区人民政府于 2003 年 8 月将乡(镇)林业工作站划归林业局主管，同年乡(镇)林业水果工作站改称为乡(镇)林业工作站。现有在职职工 101 人，退休 13 人。

(兴宾区林业局)

象州县林业

【概　述】

象州县位于广西壮族自治区来宾市中部，西傍柳江河，南接武宣县，北连鹿寨县，是来宾市主要林区县。209 国道、20134 省道贯穿境内，水陆交通便利。地形主要有低山、丘陵、平原三种，山地多、平地少，“八山半水分半田”。地势自东向西倾斜，东及东南高，西北低。境内最高峰为县东南的笔架山，海拔 932.9 米。属南亚热带向中亚热带过渡的季风性湿润农业气候，气候特点是光、热、雨基本同季，降雨比较集中，夏长冬短，冬少严寒，霜雪可见。年平均气温 20.7℃。自然条件极其适合亚热带林木和野生动物的生长、繁育。森林植被属亚热带常绿阔叶林带，原生植物普遍受到破坏，仅有少量原生植物残存于低山沟谷中，广大地区均演变为次生林和人工林。境内现有木本植物共 64 科 258 种，主要树种有：白椎、麻栎、大叶栎、荷木、火力楠、酸枣、檫树、松类、桉类、杉类、香椿、苦楝、台湾相思、油茶、油桐、竹类、桃金娘、岗松、余甘子、野漆、柃木、黄荆、山桐等；主要草本植物有：白茅、野古草、铁芒萁、五节芒、禾杂竹、鹧鸪草、野香茅、龙须草、纤毛鸭、咀草、狗尾草、断头草、草针、一包针等。野生动物有：黄猄、獐子、野猪、狐狸、穿山甲、野猫、野兔、黄鼠狼、乌龟、山瑞、鳖、蛇类(金包铁、银包铁、竹叶青、吹风蛇、鹧鸪蛇、过山风等)、鸟类(鹧鸪、斑鸠、山鸡、野鸭、麻雀、乌鸦、毛鸡等)等。

新中国成立初期，全县到处是光山秃岭，1956 年森林资源踏查结果，全县有林面积 2067.1 公顷(其中疏林地 535 公顷)，总蓄积量 104820 立方米，其中马尾松 2064 公顷(含疏林)，蓄积量 103793 立方米，占全县有林面积的 99.85%，占总蓄积量的 99.02%，杉木 2.53 公顷，蓄积量 161 立方米。至 1981 年“三社一镇”林业普查结果推测，全县森林面积已达 48000 公顷，森林蓄积量 160 万立方米以上，森林覆盖率达 25.28%。全县现有总人口 34.6 万人，土地总面积 192016 公顷，林业用地面积 86075.5 公顷，占全县总面积的 44.8%，林地面积 70718.8 公顷，森林覆盖率 39.14%，森林活立木蓄积量 180 万立方米，年产木材 4.4 万立方米，上缴税费 200 万元。

全县林业机构：一是权力机构：林业局；二是业务机构：营林工作站、林政办公室、农村能源办公室、森林防火办公室、森林公安分局、大乐水源林派出所、绿委办、退耕办、处纠办、马坪木材检查站、大蒙木材检查站〔原设有各镇(乡)林业站，2001 年镇(乡)机构改革时已与水保站合并，设立水保林业站，改由镇（乡）政府直接管理〕；三是生产机构：茶花山林场、笔架山林场、中虎岭林场；四是科研机构：林科所；五是企业机构：木材公司、林业综合开发服务公司；六是学术机构：林学会。2003 年末全县林业系统干部职工总数 766 人（含退休），其中在职干部 132 人，专业技术人员 125 人。

【林业生产】

新中国成立初期、经济恢复时期，林业工作主要是宣传政策、教育群众爱林护林、依靠和发动群众造林。着重进行林业知识的教育，将林业的重要性、林业与其他行业的关系、如何造林和管理、怎样保护森林等向群众宣传，特别是贯彻“谁种谁有”的政策，国家无偿发种子给农民造林。在这阶段，象州县共造林 793.3 公顷。1953～1960 年的 8 年间，象州县造林 30613.3 公顷，采集种子 233825 公斤，育苗 156.8 公顷。1961～1965 年的 5 年间，全县造林 3153.3 公顷，采集种子 8804 公斤，育苗 42.6 公顷。1966～1979 年的 14 年间，采取飞播造林与人工造林相结合，同时各公社从 1974 年起共配备林业辅导员 17 名，全县共造林 69340 公顷，林木种子采集 115360 公斤，育苗 201.1 公顷。1980～1988 年的 9 年间，全县共造林 5353.3 公顷，采集种子 87705.5 公斤，育苗 69.2 公顷。1975 年以前全县国营林场、林科所无木材生产，1976～1988 年，国有林场、林科所共完成木材生产 64602 立方米；集体部分 1974～1988 年共采伐木材 74197 立方米。进入 90 年代以后，由于林业的生态效益和社会效益越来越备受人类关注和重视，国家对林业的投入也空前增长，全县对林业工作不断加强，先后组织开展和实施了造林灭荒达标、造林绿化达标、“3730 项目林业工程”、“珠江流域防护林工程”、“绿色工程”、“生态能源工程”、“退耕还林工程”、“生态补助试点工程”、“速丰林工程”等一系列林业重点工程，林业生产得到了长足的发展。经自治区组织检查验收，全县 1994 年实现了造林灭荒达标；1997 年实现了造林绿化达标，其中林业用地绿化率 89.51％、公路绿化率 98.3％、主要河流绿化率 96.02％、城乡居民点绿化率 96.25％、森林覆盖率 39.45％。1996～2003 年 8 年间，全县共完成造林 23375.1 公顷，占市（地区）下达造林任务 22386.6 公顷的 104.4％，其中人工造林 20321.2 公顷，点播、撒播造林 2065.4 公顷。完成的造林中，珠防林工程 5726.4 公顷，绿色工程 2373.83 公顷，世行贷款造林 1037.3 公顷，退耕还林工程 4763.4 公顷，速丰林工程1440.9公顷。造林的主要品种有：松、杉、竹子、龙眼、良种桉、八角、相思树等。1994 年造林灭荒达标后，全县根据上级的部署，将林业工作的重心转移到调整林种结构、发展“高产、高效、优质”（简称“两高一优”）林业上来，1996～1999 年，主要发展的品种是竹子，共完成竹子造林 4489.5 公顷。从 2000 年开始，随着国家速丰林工程的启动实施，以及良种桉木材价格的不断上扬，主攻的品种由竹子改为良种桉，全县营造桉树速丰林的热情空前高涨，速丰林建设呈现出“规模大、质量高、生长快”三大特点。至 2003 年年底，全县拥有良种桉面积已近 10 万亩，成为来宾市乃至广西重要的速丰林基地县。1996～2003 年，全县共育苗 16.54 公顷，完成中幼林抚育 3386.7 公顷，全民义务植树 534.67 万株。全县 1996～2003 年共完成木材生产销售 314496 立方米。

【3730 项目林业工程】

象州县 3730 项目是联合国世界粮食计划署于 1991 年以无偿的形式向象州县提供粮食援助的一个农业综合开发项目。广西受援助的有上林、马山、象州三个贫困县。项目包括农田水利、土壤改良、果园开发、植树造林、道路建设以及技术培训六大工程。林业是项目中的一个工程，在全县有 4 个造林点，分别为运江镇乌岭、思劳岭、大乐镇铜盆岭和中平镇营盘岭，总设计面积 1120 公顷。在国家农业部、自治区人民政府、象州县人民政府和各有关部门的共同努力下，经过五年实施，1996 年底顺利通过世界粮食计划署验收。五年来，在工程量方面，共计完成造林 1120 公顷，铲修防火线 30 公里，开挖排水沟 10 公里，完成设计工程量 100％。在工程质量方面，经过认真培育和科学管理，已种植林木成活率高，保存率好，平均成活率为 92.6％，保存率为 87.5％；各造林点林木生长良好，六年生湿地松平均高 7 米，平均胸径 8 厘米，其他树种林木生长量也达到速生丰产标准，超过设计要求。在工程投入方面，共计得到世界粮食计划署无偿提供小麦 1100 多吨，项目累计投入（包括粮食折款）163.83 万元。工程效益：一是经济效益。桉林木生长状况预计，四个造林点间、主伐可获得木材 14.6 万立方米，总产值达 8000 多万元。二是社会效益。在工程实施过程中，有 1338 户农民参加了以组为单位的联户承包，1610 名农村剩余劳动力参加了项目建设，175

名村民骨干参加了技术培训(其中妇女 59 人)。工程建成所生产的木材既可缓和当地木材紧缺、供需紧张的局面,又可增加农民收入,同时还带动了非项目区的林业开发,促进了全县农业的可持续发展。三是生态效益。项目区森林覆盖率将由实施前的 30.7%提高至 40.5%,土壤侵蚀模数由实施前 277.8 吨/平方公里降至 13.9 吨/平方公里,下降 95%,水土流失得到有效控制,由中度流失降至基本不流失,生态逐渐趋于平衡。该工程在实施科技兴林中贡献突出,1997 年被柳州地区评为科技进步一等奖。

【珠江流域防护林工程】

珠江流域防护林工程是当时国家在建的“十大”重点林业生态工程之一。1996 年 6 月,广西珠防林第一期工程会议在桂林召开,会上正式确定象州县为“珠防林”建设首批重点县。一期工程于 2000 年底告一段落。后来国家启动二期工程,象州县再次被列入工程实施范围内。二期工程分两个阶段共 10 年完成:2001～2005 年为第一阶段,2006～2010 年为第二阶段。工程自 1996 年实施以来,共计完成实施面积 8152.69 公顷,其中 1996 年 1320 公顷、1997 年 1020 公顷、1998 年 826.6 公顷、1999 年 867.66 公顷、2000 年2515.43 公顷、2001 年 1029 公顷、2002 年 574 公顷、2003 年上级未下达建设任务。珠江防护林工程建设资金以自有资金为主,上级补助为辅,坚持“谁经营,谁受益”、“谁造谁有,共造共有”的原则,制订相应的优惠政策,从县乡财政、部门、集体、能人等多渠道筹集资金,确保工程建设的实施。其中 1996～1999 年度共投入 801.1 万元,2000 年度投入 952.9 万元,2001 年以后未统计。1999 年,国家林业局、自治区林业局分别以(林计发〔1999〕480 号)、(桂林计发〔2000〕10 号)文下达珠防林工程建设第二批资金 3450 万元,其中象州县 225 万元(中央债券投资 150 万元,县人民政府配套投资 75 万元);2002 年又获中央债券投资 140 万元,地方配套资金 70 万元。珠防林工程建设坚持因地制宜、宜林则林、宜果则果、宜竹则竹的原则,合理配置林(树)种,同时注重与其他项目相结合,具体体现“六结合”:一是与农业综合开发和区域经济发展相结合;二是与农民脱贫致富相结合;三是与退耕还林相结合;四是与绿色工程建设相结合;五是与四旁绿化相结合;六是与开展全民义务植树相结合。珠江流域防护林工程实施以来,通过人工造林、封山育林等多种营林方式以及其他综合管护措施,增加了森林植被,改善了生态环境,提高了农民收入,森林三大效益逐步显现出来。

【绿色工程】

绿色工程是 1999 年自治区党委制定的“1234610”工作思路中 6 大工程的首项工程,1999 年开始实施。其主要内容是抓好公路两旁各宽 1 公里、江河两岸各宽 2 公里、城镇、村屯、宅居地周围 100 米宜林地及区域内退耕地的造林绿化工作。为抓好工程的实施,象州县成立了组织领导机构,制定了具体的实施方案,坚持“谁经营,谁受益”、“谁造谁有,共造共有”的原则,采取能人投资为主,财政、部门、集体多渠道投资的办法,从抓好各级领导造林绿化示范点为突破口和切入点,全力推进工程的实施。具体业务工作由象州县绿化委员会办公室负责。1999～2003 年共完成绿色工程建设面积 2265.1 公顷,占总计划 2170 公顷的 104.4%。主要造林树种有:龙眼、枇杷、李子、板栗、竹子、马尾松、尾叶桉等。

【生态能源工程】

生态能源工程是以沼气建设为核心,通过大力实施沼气池建设,促进养殖、种植业的发展,增加农民收入,保护生态环境,以实现农村家居环境清洁优美化、庭院经济高效化、农业生产无害化的一项工程。工程建设资金采取区、市、县财政补助一点,部门投资一点,建池户出资一点,同时向上争取项目建设资金。象州县 1996 年以前共有沼气池 492 座;1996 年全县新建沼气池 25 座;1997 年新建沼气池 61 座,占任务 40 座的 152.5%,安装太阳能 6 户,面积 7.8 平方米,占任务 2 户的 300%。尤其是全区“生态村”——象州镇石里村民委石贵村的建设进度由原柳州地区倒数第一名一跃变为全地区第三名,全村 42 户户户建沼气池,家家搞综合利用,全县太阳能利用也实现了零的突破;1998 年新建沼气池 317 座,占任务 300 座的 105.6%,安装太阳能 6 户,面积 14.7 平方米,积极向自治区争取“生态镇”建设项目,1998 年 8 月,项目获准立项,象州镇被列为自治区生态农业“152”示范工程中 50 个生态乡(镇)之一,是继 1996 年自治区 100 个生态村——石里村后,全县又一个获自治区批准立项的生态农业项目;1999 年全县在着重抓好自治区能源生态农业“152”示范工程项目建设的同时,注意抓好面上的建池工作,全县新沼气池 2496 座,占任务 1500 座的

166.4%，其中区级生态村（石里村）完成建池82座，占5年任务120座的68.3%，区级生态镇完成建池334座，占5年任务1200座的27.8%；2000年新建沼气池1809座，占任务1500座的120.6%，其中区级生态村完成建池136座，占任务的113.3%，区级生态镇完成建池273座，占任务的145.2%，全县创办县、乡镇沼气建设领导示范点23个，完成建池512座，占新建池1809座的28.3%；2001年新建沼气池2066座，占任务1700座的121.5%，其中完成区级生态镇沼气池266座，占任务250座的106.4%，推广太阳能热水器86平方米，完成区、县领导和地区妇联能源生态建设示范点4个，新建沼气池126座；2002年新建沼气池1135座，占任务3420座的33.2%（其中扶贫沼气池项目任务1420座，小型公益沼气池项目任务2000座），占阶段性任务1100座的103.2%，其中扶贫沼气池项目完成720座，占阶段性任务700座的102.9%，小型公益沼气池项目完成415座，占阶段性任务400座的103.8%，完成起点较高的寺村镇上山新村生态能源建设示范点沼气池工作，新建池13座，沼气入户率86.7%；2003年上半年全部完成了2002年度贫困村和小型公益沼气池项目建池任务，并分别于6月和10月通过了国家和自治区专家组验收，建设质量优良。2003年当年任务完成2535座，占任务4800座的52.8%，占阶段性任务2500座的101.4%，其中贫困村完成建池503座，占任务1300座的38.7%，占阶段性任务500座的100.6%，非贫困村完成建池2032座，占任务3500座的58.1%，占阶段性任务2000座的101.6%，在建的18个生态家园建设示范点完成建池358座，占任务300户的119.3%，其中寺村镇石件村和象州镇石磨村已完成生态家园建设核心内容，沼气入户率分别为100%和93.3%。全县统计至2003年底止，共建有沼气池13021座，沼气入户率18.1%，年可向农民提供53.7万立方米的优质燃料，相当于保护森林面积590多公顷。

【退耕还林工程】

退耕还林还草工程是国家实施西部大开发战略的重点工程。上级下达象州县2002年退耕还林工程任务2333.3公顷，其中退耕地造林1333.3公顷，配套荒山荒地造林1000公顷。经检查验收，全县实际完成退耕还林工程面积2333.3公顷，占任务的100%，合格面积2323.8公顷，合格率99.6%，其中生态林面积2038.4公顷，占87.4%，经济林面积295.0公顷，占12.6%。2003年上级下达全县退耕还林工程任务2000公顷，其中退耕地造林1000公顷，配套荒山荒地造林1000公顷。经检查验收，全县实际完成退耕还林工程面积2000公顷，占任务100%，合格面积1916.4公顷，合格率95.8%，其中生态林面积1788.8公顷，占89.4%，经济林面积211.2公顷，占10.6%。退耕还林的主要树种：良种桉、松木、果类、竹子、桑树等。

【生态公益林补助试点工程】

象州县森林生态效益补助资金试点工作是在2001年完成森林分类经营区划界定基础上开展的。按照分类经营区划界定结果，区划为生态公益林的面积有29533.3公顷，占全县林业用地面积86733.3公顷的34.1%。按事权级分，国家公益林面积20533.3公顷，占全部公益林面积的69.5%，其中列入国家重点防护林试点范围面积14193.3公顷，占国家公益林（含林地）面积的69.1%。根据广西壮族自治区《关于开展森林生态效益补助资金试点工作的意见》（桂财农函〔2002〕9号）和《广西森林生态效益补助资金试点实施方案》的要求，2002年3月，象州县编制完成了《象州县森林生态效益补助资金试点实施方案》，将原划为国家公益林集中连片的两大区域（靠近大瑶山自然保护区水源涵养林和县内柳江河段沿岸水土保持林）划为国家重点防护林试点区。试点区涉及乡（镇）数7个、国有林场2个，合计42个村民委一级实施单位。象州县14193.3公顷试点面积中，国有林场3533.3公顷，占试点面积的24.9%，已签管护合同117份，占应签份数的100%；集体8053.3公顷，占试点面积的56.7%，已签管护合同351份，占应签份数的100%；个人2606.7公顷，占试点面积的18.4%，已签管护合同71份，占应签份数的100%。象州县共设立公示牌52块。生态公益林补助试点资金投入范围分为重点防护林管护费和重点防护林建设费两大项，资金来源为国家财政拨款。2001、2002年中央财政下拨森林生态效益补助资金165万元。2001年安排资金90.48万元，截至2002年12月底止，全县共发放资金81.36万元，占应发放资金的89.9%，其中管护费73.57万元，占应发管护费74.7万元的98.5%，建设费7.79万元，占全部建设费15.8万元的49.3%；2002年安排资金

74.52万元，截至2003年5月底止，共发放资金75.58万元，其中管护费74.52万元，建设费1.06万元。

【封山育林】

1999年完成封山育林新封面积1333.3公顷，占任务1333.3公顷的100%；2000年完成封山育林新封面积1367.2公顷，占任务1333.3公顷的102.5%；2001年完成封山育林新封面积1213.3公顷，占任务1133.3公顷的107.1%；2002年完成封山育林新封面积1202公顷，占任务1133.3公顷的106.1%；2003年完成封山育林新封面积2043.6公顷，占任务2000公顷的102.2%。2003年末全县有封山育林面积20058.9公顷。

【森林病虫害防治和检疫】

新中国成立以来，苗圃方面的病虫害主要有：蛴螬、白蚂蚁、土狗(土名)等，危害最大为立枯病。每年4～8月雨季每隔15天喷洒波尔多液一次预防，暴发后，一般也用此药物喷洒，但浓度要适当加大。森林方面的病虫害，病害较少，主要是虫害，而虫害最主要是马尾松毛虫。全县首次发生马尾松毛虫危害是1957年的中平、大乐区，仅中平的大架乡廷岭村和架村受害面积就达13.3多公顷。1964年第一次发现马尾松毛虫"天敌"——白僵菌，此药物能使马尾松毛虫致病而大量死亡。1983年3月在上级的支援下，首次用飞机喷洒白僵菌防治马尾松毛虫，防治面积达4220公顷。1996年全县森林病虫害防治"九大"目标中有6项达标，分别为森林病虫害发生率1.1%、严重成灾率0.4%、监测覆盖率78%、种苗产地及苗木调运检疫率92%和91%、马尾松毛虫发生率2.4%、马尾松毛虫监测覆盖率94.3%，有3项未达标，分别为森林病虫害防治率1.1%、马尾松毛虫防治率1.2%、马尾松毛虫严重成灾率0.8%。1997年"九大"防治目标全部达标，分别为森林病虫害发生率0.6%、严重成灾率0.08%、防治率97%、监测率75%、检疫率88.5%、马尾松毛虫发生率1.6%、严重成灾率0、防治率96.5%、监测率85%。1998年"七大"防治目标全部达标，分别为森林病虫害发生率0、严重成灾率0、监测率75%、种苗及木材检疫率95%和91%、马尾松毛虫发生率0、严重成灾率0、监测率80%。1999年"九大"防治目标全部达标，分别为森林病虫害发生率0.05%、严重成灾率0.02%、防治率83.7%、监测率75%、种苗及木材检疫率90.1%和95.9%、马尾松毛虫发生率0.16%、严重成灾率0.07%、防治率83.7%、监测率80%。2000年"九大"防治目标全部达标，分别为森林病虫害发生率0.06%、防治率89%、严重成灾率0、监测率96%、种苗及木材检疫率100%、马尾松毛虫发生率0.08%、防治率89%、监测率96%、严重成灾率0。2001年"七大"防治目标全部达标，分别为森林病虫害成灾率0.03%、防治率71.5%、监测率90%、检疫率100%、马尾松毛虫成灾率0.04%、防治率71.5%、监测率96%。2002年"七大"防治目标全部达标，分别为森林病虫害成灾率0、防治率100%、监测率90%、检疫率100%、马尾松毛虫成灾率0、防治率100%、监测率90%。2003年"七大"防治目标全部达标，分别为森林病虫害成灾率0.002%、防治率76%、监测率90%、检疫率98.6%、马尾松毛虫成灾率0、防治率100%、监测率90%。

【森林防火】

象州县1955年就成立了护林防火指挥部；区、公社、乡(镇)的护林防火组织机构，名称叫护林防火指挥所；乡(小乡)、大队、公社(小公社)、村民委的护林防火组织，一律叫护林防火委员会；生产队的护林防火组织为领导小组。近几年来，乡(镇)及国有林场护林防火组织机构已全部改为森林防火指挥部，村民委一级以下护林防火组织机构不够健全。护林防火指挥部以动员全县党、政、军、民保护森林，贯彻"预防为主、积极消灭"的方针为主要任务。各级护林防火组织根据各个不同时期和人员变动情况进行调整充实。1974年由象州县发起建立了武宣、金秀、鹿寨、象州四县边界护林防火联防指挥部，协调四县边界之间山林火灾工作，火险季节，每县当班一年，周而复始，互通情报，互相支援。1980年后中断，1999年恢复。自新中国成立以来至1988年底止的不完全统计，全县共发生大小山林火灾774起，共烧毁面积60646.3公顷，其中有林面积10342.5公顷，损失金额1516万元。全县现在森林消防队12支，177人，其中县专业森林消防队1支，42人，组建于1993年7月，工资由县财政和林业局各承担一半，其他费用由林业局负责；半专业森林消防队13支，308人。森林防火设施设备主要有：灭火机156台、消防专用车辆(含指挥车)17台、瞭望台6座、对讲机92台、割灌机2台、电脑1台、差转台1座、座机15台、望远镜3台、全县森林分布立体模型1个、照相机1台、二号工具火把若干。全县1996～2003年森林防火经费投入1131.69万元。1996年全县共发生各类森林火灾20起,其中火警3起、一般火灾16起、重大火灾1起,过火面积709.17公顷,森林受害面积439.52公顷,烧毁活立木蓄积量53立方米,森林受害率12.66‰,超过了地区下达森林受害率1‰的控制指标。其中1月6日雷山重大森林火灾过火面积309.4公顷,森林受害面积233.1公顷。1997年共发生森林火警6起,过火面积50.6公顷,无森林受害面积,森林受害率为0。注重抓好专业森林消防队建设,8月份经自治区检查组检查验收,象州县专业森林消防队获"一级消防队"称号,并获得奖励。1998年上半年全县无森林火警、火灾发生,下半年共发生各类森林火灾4起,其中火警1起、一般火灾2起,重大火灾1起,过火面积533.18公顷,森林受害面积428.45公顷,烧毁活立木蓄积量13373立方米,森林受害率8.47‰,超过了地区下达森林火灾受害率1‰的控制指标。其中10月25日龙公山重大森林火灾过火面积251.2公顷,森林受害面积228.7公顷。1999年共发生一般森林火灾3起,过火面积344.6公顷,森林受害面积43.6公顷,烧毁活立木蓄积量524立方米,森林受害率0.86‰。2000年共发生各类森林火灾7起,其中火警2起、一般火灾5起,过火面积136.1公顷,森林受害面积38.5公顷,烧毁活立木蓄积量1495.94立方米,森林受害率0.76‰。2001年仅发生森林火警1起,过火面积6公顷,森林受害面积0.5公顷,烧毁活立木蓄积量15.48立方米,森林受害率0.01‰。2002年共发生各类森林火灾2起,其中荒火1起、一般火灾1起,过火面积261.8公顷,森林受害面积33.9公顷,森林受害率0.67‰。完成生物防火林带种植及补植10.9公里。2003年共发生各类森林火灾6起,其中火警4起、一般火灾2起,过火面积87.1公顷,森林受害面积6.14公顷,森林受害率0.086‰。1996～2003年全县因森林火灾造成直接经济损失89.13万元。

【林政管理】

1984年11月24日,象州县人民政府决定成立"象州县林业局林政办公室",作为林业局的二层机构,属事业单位,管理全县林政方面的工作。1985年2月16日,经自治区人民政府批准,成立"象州县马坪木材检查站"及马坪木材检查站的"大蒙分站",担负过往的木材及木制成品、半成品的检查工作。具体业务归属林政办公室领导。后曾撤销,2001年经自治区人民政府批准,转恢复成立马坪、大蒙两个木材检查站。新中国成立后,每年采伐木材先由县计划部门按上级下达年度木材生产计划,而后按照本县实际情况再下达计划。对于林区产材的生产队自用材,年自用数量不超过10立方米的,由生产队具文上报公社批准,数量超过10立方米的,需报县林业主管部门批准后方可采伐。自1980年国务院关于坚决制止乱砍滥伐森林紧急通知下达后,按照森林法(试行)采伐量不超过生长量的原则,按上级下达的木材生产计划,将国家统配材、地方用材、社队自用材统一纳入计划,实行上下一本账,合理确定各社、队的木材采伐量,计划落实后,统一由林业局办理采伐证,凡无证采伐者,均按乱砍滥伐论处。目前全县商品材采伐一律由县林业局审批办证;农民自用材1立方米以下(含1立方米)由镇(乡)水保林业站审批办证,1立方米以上、10立方米以下由县林业局林政办审批办证。新中国成立初期,木材属私商经营,国家无收购、调拨可言。自1954年国家设立木材购销站以后至1984年上半年,木材购销均有条不紊地由木材购销站独家经营,小农具由供销社经营。自1984年下半年起全方位开放木材市场,木材购销业务就不是木材购销站一家经营了,而是多家经营。据不完全统计,全县经营木材达100家以上。1987年下半年以后,根据中共中央、国务院和自治区人民政府有关文件通知,木材实行一家(林业部门)收购、多家销售的办法,其他经营木材者,一律经林业部门批准,从此,除林业部门外,其他经营木材者,不能再直接向农民收购木材。自2003年6月25日《中共中央国务院关于加快林业发展的决定》(中发〔2003〕9号)文下发后,全县木材市场又逐步开放,变为森工企业收购销售,其他个体老板也收购销售。

近年来,象州县每年林政管理主要抓如下几个方面的工作:一是森林资源管理,严格执行森林采伐限额制度,全县无超上级计划核发林木采伐证和国有、集体不同类别采伐指标相互挪用挤占的现象发生;二是林地管理;三是陆生野生动植物保护;四是木材流通领域管理;五是林政案件查处等。为加强全县资源林政管理工作,象州县人民政府下发了一系列文件,其中主要有:《象州县人民政府关于加强林地保护管理的通知》(象政发

〔1997〕64号)、《象州县人民政府批转县林业局关于加强林政和森林资源管理工作意见的通知》(象政发〔1997〕65号)、《象州县人民政府关于切实加强森林资源保护管理工作的通知》(象政发〔1998〕22号)。

【森林公安工作】

根据广西壮族自治区林业厅、公安厅、财政厅、自治区编制委员会、自治区人事局1987年7月4日《关于增设林业公安机构和人员编制的通知》(林劳字〔1987〕67号)决定,1988年2月象州县成立了"象州县公安局林业公安股"(在林业局办公)。象州县公安局大乐水源林保护区派出所、象州县公安局象州派出所林业公安组、象州县公安局妙皇派出所林业公安组、象州县公安局中虎岭林场派出所,是在林业公安股成立以后建立起来的;在林业公安股成立之前,象州县还成立了"象州县公安局茶花山林场派出所"、"象州县公安局笔架山林场派出所"。当时共有林业公安机构7个,属自收自支的事业单位。主要任务是:查处辖区范围内的各类森林案件,保护森林资源安全,维护林区社会治安秩序,保障林业生产建设的顺利进行。在管理体制上受林业部门和公安机关的双重领导,在经费上,除林场派出所由林场负责外,其余单位由林业局从"两金一费"中解决。2003年5月26日,根据县编委(象编字〔2003〕2号文)批复,象州县撤销了林业公安股、象州林业公安组、妙皇林业公安组,成立"象州县森林公安分局",单位性质及级别不变,林业公安股及2个林业公安组的编制、人员收归森林公安分局。森林公安分局及水源林派出所干警的工资全部纳入县财政预算。2003年9月7日,根据县编委(象编字〔2003〕20号文)批复,象州县森林公安分局更名为"象州县公安局森林公安分局"。2003年12月23日,根据象州县人民政府(象政函〔2003〕562号文)批复,国有林场派出所干警工资全部纳入县级财政预算。2003年年底,全县共有森林公安机构5个,编制28人,实有人数28人。根据来宾市人民政府文件规定,国有林场派出所的事权划归县森林公安分局管理。

2002年森林公安部门共立各类森林案件170起,查处160起,综合查处率94.1%,达到了90%的要求。其中刑事案件16起,破13起,破案率81.3%;治安案件25起,破24起,破案率96%;林业行政案件129起,查处123起,查处率95.3%。共抓获各类违法犯罪嫌疑人员279人(次),其中逮捕16人、行政拘留21人、治安警告9人,处罚款和其他处罚233人(次),依法收缴木材203立方米,折款6.5万元,处罚款和赔偿损失11.5万元,共为国家和群众挽回直接经济损失18万元。收缴放生野生保护动物200公斤。2003年共立各类森林案件316起,查处309起,综合查处率97.8%,达到了90%的要求。其中刑事案件32起,破28起,破案率87.5%;治安案件17起,破17起,破案率100%;林业行政案件264起,查处261起,查处率98.9%。共抓获各类违法犯罪嫌疑人员369人(次),其中刑事拘留34人(执行逮捕21人)、行政拘留17人、处罚款和其他处罚318人(次)。依法收缴木材460立方米,折款14.4万元,处罚款和赔偿损失19.6万元,共为国家和群众挽回直接经济损失34万元。收缴放生野生保护动物蛙类、鸟类等共3120只。全年按照上级森林公安机关部署,先后组织开展了打击破坏森林资源违法犯罪"一号行动"、"春蕾行动"和"绿剑行动",取得了较好的战果,获自治区森林公安机关记集体三等功1次,有3位民警获得了通报嘉奖。

(象州县林业局)

武宣县林业

【概　述】

至2003年底,武宣县林业系统有行政、企事业单位13个,其中:行政单位1个,事业单位10个,企业单位2个。有在职职工536人,其中:行政人员16人,林业技术人员46人,经济类人员3人,财会类人员13人,其他管理人员22人。在林业技术人员中,具有高级职称1人,中级职称18人,初级职称27人。

武宣县林业局内设行政秘书股、营林股、计划财会股3个股室,下辖森林公安分局、林政办、森防站、能源办、防火办、林业技术推广中心站、草厂苗圃、铜鼓苗圃、六峰山林场、县林业科学研究所、县木材公司、县林果服务部。1998年11月前13个乡(镇)林业工作站归当地乡(镇)人民政府管理,1998年11月县人民政府以武政办〔1998〕77号文,将各乡(镇)林业工作站划归县林业管理。2001年12月全县进行乡(镇)事业机构改革时,县委、县政府以武发〔2001〕50号文,又将各乡(镇)林业工作站划归乡(镇)人民政府管理。

2003年底,武宣县有林业用地78687.5公顷,其中:有林地78687.5公顷,疏林地206.2公顷,灌木林地9201.3公顷,未成林林地1179.1公顷,其他1734.1公顷。有森林面积66366.8公顷,其中:用材林面积55763.5公顷,经济林面积8911.4公顷。竹林1691.9公顷。有森林蓄积151.06万立方米,其中:松122.79万立方米,杉21.54万立方米,桉类3.13万立方米。全县森林覆盖率为43.44%。全县有苗圃地面积52公顷。

【森林资源培育】

1996～2003年,武宣县累计完成造林10675公顷,其中:人工造林10675公顷(含低产林改造、迹地更新的造林面积);累计完成封山育林27882公顷;累计育苗105.52公顷,共培育苗木2124.64万株;累计全县完成"四旁"(路旁、水旁、村旁、宅房旁)义务植树440.2万株。

1996年实现造林绿化达标。当年全县林业用地72343.02公顷,其中达标面积68933.05公顷,绿化率95.3%;县内主要公路总长177.31公里,宜林绿化长度为138.2公里,实现绿化137.572公里,绿化率99.5%,县内主要河流总长138.45公里,宜绿化长度74.23公里,实现绿化71.3公里,绿化率96%;全县城乡居民点782个,宜绿化面积906.7公顷,实现绿化891.25公顷,绿化率98.3%;当年全县森林覆盖率为39.9%。(含灌木),不含灌木为32.9%。

【绿色工程】

1999～2001年实施绿色工程。绿色工程主要是对国道、省道重点县道以及主要江河沿线可视面坡的绿化。武宣县共完成:1、江河两岸各宽2公里、公路两旁各宽1公里范围宜林地总造林562.2公顷(合格面积为463.1公顷)。2、行政范围内城镇、村屯周围100米范围宜林地植树2490株,合格2250株,折合面积5公顷。种草4.72公顷。3、公路地范围和江河两岸绿化10.5公里。4、沿河、沿路两旁范围内封山育林公路面积213.8公顷。

【区划界定公益林(2001～2002)】

将武宣县森林区划界定为公益林和商品林两大类,公益林是指生态区位极为重要或生态状况极为脆弱,对国土生态安全、生物多样性保护和经济社会可持续发展具有重要作用,以提供森林生态和社会服务产品为主要经营目的的重点防护和特种用途林。根据武宣县的实际情况,全县共区划界定公益林面积为23102.2公顷,其中:属重点公益林面积为20779.9公顷。按权属性质分:属国有的重点公益林面积为1175.2公顷,属集体所有的重点公益林面积为18159.8公顷,其他所有的重点公益林面积为1444.9公顷。按地类构成分:有林地面积6789.7公顷,疏林地面积15.5公顷,灌木林面积13974.2公顷。按界定林种分:水源涵养林8223.7公顷,水土保持林12556.2公顷。

【退耕还林工程】

退耕还林就是从保护和改善生态环境出发,将容易造成水土流失的耕地,有计划、有步骤地停止耕种,本着因地制宜、适地适树,乔、灌、滕、本相结合的原则,在退耕地上植树种草,恢复林草植被。2002～2003年,全县共完成退耕还林4333.33公顷(合格面积3219公顷),其中退耕地造林2000公顷(合格面积1708公顷),荒山造林2333.33公顷(合格面积1511公顷)。

【森林病虫害防治】

坚持贯彻"预防为主,综合治理"的方针,认真做好森林病虫害的监测调查和防治工作,采取积极有效的措施控制灾情发生。各年度的发生、防治率均控制在自治区规定的目标管理指标内。武宣县各年度森林病虫害发生、防治面积见下表。

武宣县各年度森林病虫害发生、防治面积表

单位:公顷

年　度	发　生	防　治	防治率(%)	备　注
1996年	823	790	96	马尾松毛虫
1997年	1908.3	1438	75.38	马尾松毛虫
1998年	489.4	488.2	99.7	马尾松毛虫

续表

年 度	发 生	防 治	防治率(%)	备 注
1999 年	60.2	540	89.8	马尾松毛虫
2000 年	130.7	62.0	47.4%	马尾松毛虫
2001 年	341.7	278.0	81.6	马尾松毛虫
2002 年	66.5	65.4	98.3	马尾松毛虫
2003 年	80.0	80.0	100	马尾松毛虫

【野生动植物保护与管理】

《野生动物保护法》、《野生植物保护条例》、《广西区陆生野生动物保护管理规定》等法律、法规分布实实后武宣县走上了依法保护管理野生动植物的轨道,1996～2003 年底,武宣县陆生野生动物驯养繁殖场 3 家,均能依法驯养繁殖和经营利用陆生野生动物。为有效打击非法滥捕乱猎、经营贩卖陆生野生动物的行为,1999～2003 年底,根据上级的统一布置,武宣县先后开展了保护陆生野生动物的专项行动,如"冬季行动"、"猎鹰行动"、"春雷行动"等。通过这几次专项治理,依法收缴和放生一批受国家、自治区重点保护的陆生野生动物。

【林地林权管理】

林权证是确认森林、林木、林地所有权和使用权的唯一法律凭证。《森林法》及其实施条例的颁布实施和国务院国发明电〔1998〕8 号文件下发后,武宣县的林地权管理逐步走上了依法管理的轨道。1996～2003 年,武宣县依法办理征、占用林地 0.5637 公顷。同时注重林地林权纠纷的调处,1996～2003 年,共调处山界林权纠纷 43 起,结案 37 起,其中:通过协商调解结案 24 起,政府下文确权处理结案 13 起。

【森林采伐及采伐限额管理】

《森林法》及其实施条例规定:森林采伐实行年森林采伐限额制度;在严格执行采伐限额制度的同时严格管理森林采伐,一是坚持林木采伐的伐前设计、伐中监督检查、伐后验收制度;二是实行专人负责林木采伐许可证管理和签发制度;三是实行一支笔审批林木采伐许可证制度。由于严格按制度执行,武宣县每年实际发放的林木采伐许可证都没有突破上级下达的年森林采伐限额。

武宣县 1996～2003 年林木采伐情况表

单位:立方米

年 度	年采伐限额		上级下达指标		实际发放数量	
	国有	集体	国有	集体	国有	集体
1996 年			46005	12524	46064	7924
1997 年			25490	5900	25543	3518
1998 年			19203	3470	19198	3463
1999 年			18852	4400	18852	4400
2000 年	17985	11940	17985	11940	17985	11940
2001 年	23025	68132	18400	16300	18400	16300
2002 年	26100	48980	16700	12500	16644	11940
2003 年	26100	21200	19500	16450	19499	16083

【木材流通管理】

《森林法》及其实施条例规定:木材及木制品必须凭证运输。经自治区人民政府批准,武宣县建立了通挽木材检查站和陈家岭水面木材检查站，并从1997年开始逐步得以完善，这两个检查站主要负责对武宣县自产或流通过武宣县境内的木材、木制品及林产品进行依法检查。实行"木材由林业部门一家收购，多家经营"的政策，1998年以来，在市场经济引导下，武宣县木材经营(加工)业迅速发展，1998～2003年底，全县共有71家木材经营(加工)企业，其中带锯加工厂3家，家具加工厂11家，木片加工厂10家。从业人数356人。年产值约300万元。全县的木材经营(加工)业发展较为迅速。

【林业行政案件的查处】

林业行政案件查处的法律依据主要是《森林法》及相关的林业法律法规。据统计，1996～2003年底，武宣县共查处各类林业行政案件1000余起，处理违法、违规人员1500多人次，依法没收木材6000立方米及竹、薪炭材、其他木材制品、林产品等一批。

【森林防火体系】

认真贯彻"预防为主，积极消灭"的方针，积极开展森林防火各项工作。于1996年底1997年初建立了县级专业森林消防队，现有森林消防队员65名。六峰山林场、各乡镇也相继建立了森林防火专业(半专业)队，共有队员498人。同时不断加强森林防火宣传力度，加强森林防火基础设施建设和增加森林防火通信设备。1996年以来，平均每年发放森林防火宣传单5万份以上，竖立永久性森林防火标志牌36块。全县共有林区瞭望台7座，风力灭火机75台，对讲机72台，对及时、快速有效地扑救森林火灾减少损失起到了积极的作用。1996～2003年底全县共发生森林火警火灾19起，森林受害面积222.87公顷，所发生的火警火灾中80%以的直接原因是生产性用火(如烧蔗叶、烧炭等)。

【森林公安工作】

武宣县于2002年8月撤销武宣县林业局林业公安股，成立"武宣县公安局森林公安分局"。森林公安分局属事业性质，实行武宣县公安局和武宣县林业局双重领导，核定编制为11名，经费来源由县财政全额拨款。主要职责是依法查处林业刑事、治安案件和林业行政案件。森林公安分局成立后，充实了林业公安的力量，加强了林区的治安管理，加大了森林案件的查处力度，对武宣县林业建设的保驾护航赶到了积极的作用。1996年以来，先后开展了"冬季行动"、"猎鹰行动"、"春雷行动"、"绿剑行动"等保护森林的专项斗争，同时认真查处各类破坏森林资源的违法案件，1996～2003年底共查处各类森林案件821起，其中：林业行政案件708起，治安案件80起，刑事案件33起。依法处罚、教育、打击违法犯罪人员1016人次，其中：刑事拘留51人次，治安拘留159人员，治安处罚43人次；其他行政处罚763人次。

【农村生态能源建设】

农村生态能源建设的主要任务是：以农村沼气池建设为纽带，带动种养业发展，开展沼气、厨房、卫生厕所改造、农村道路建设等为主要内容的生态家园文明村的建设。近几年来，武宣县的农村生态能源建设有了长足的发展，1996～2003年底，共完成创建生态家园文明村5个，武宣县新增使用农村沼气池8391座。通过实施农村生态能源建设，农村群众的居位环境有了明显的改善，村容村貌得到了明显改变。

(武宣县林业局)

金秀瑶族自治县林业

【概　述】

金秀瑶族自治县位于广西盆地中部弧形山脉的东翼，介于柳江、桂江两大河流之间，地处北纬23°40′～24°28′，东经109°50′～110°27′之间，东与梧州市蒙山县相邻，北与桂林市荔浦县和柳州市鹿寨县接壤，西邻来宾市象州县，南接桂平市和来宾市武宣县，东南与玉林市平南县相接，东西宽约62.4公里，南北长约93公里。全县土地总面积2518.27平方公里，辖3镇8乡，2个国有林场，80个村(街)民委，678个自然屯；全县总人口14.9万人。金秀县典型的山区林业县，山区面积2080平方公里，占土地总面积的82.6%；林业用地337.3万亩，占土地总面积的89.3%；县境森林面积319.35万亩，其中水源林面积158.59万亩；县境森林覆盖率为87.34%。

金秀县地跨中亚热带和南亚热带，气候温和，雨量充沛，年平均气温17℃，年无霜期283天；年平均降雨量1824毫米，良好的气候和完好的自然生态，使金秀成为理想的避暑圣地和广西重要的物种基因库、天然植物园，在物种多样性和保护的完好性方面都具有独特的地位，是广西乃至全国不可多得的生物地理区。据国家林业专家组的考察，县境有维管束植物 213 科 870 属 2335 种，分别占广西植物区系科、属、种总数的 76%、52%、39%，其中银杉、杪椤等 24 种是国家重点保护的珍稀植物；拥有陆栖脊椎动物 373 种；昆虫有 21 科 570 属 853 种，属国家重点保护的有 12 种，其中世界动物活化石——瑶山鳄蜥、金斑喙凤蝶均属国家重点保护的珍稀濒危野生动物。

金秀县是广西最大的天然林和水源林保护区，也是珠江水系重要的发源地之一。县境有集雨面积 10 平方公里以上的河流 25 条，总长度 1683.8 公里，呈放射状流向周边柳州、梧州、桂林、玉林和贵港 5 地市 8 个县、41 个乡镇，河网密度达 0.74 公里/平方公里，年容水量 25.7 亿立方米，蕴藏的发电量达 26.46 万千瓦，为流域内 570 多处引水工程、1620 多座山塘、水库和 500 多处山区水电站提供水源，灌溉着 200 多万亩水田和 1500 万亩耕地，为 200 多万人直接提供生产和生活用水，为桂中、桂东地区社会经济的持续发展和促进区域生态平衡发挥举足轻重的作用。为了保护好这座“天然的绿色水库”，维护区域生态平衡，多年来，全县人民做出了巨大的牺牲和艰苦的努力，使金秀县的生态建设有了长足的发展。

大瑶山国家级自然保护区为了保护好金秀大瑶山这座“天然绿色水库”，金秀县人民经过多年的艰苦努力，在自然资源的保护和开发利用方面取得良好的成绩，1993 年全县实现造林灭荒达标，1996 年实现绿化达标；1997 年经原国家林业部批准成立“大瑶山国家森林公园”，2000 年 4 月经国务院批准成立“大瑶山国家级自然保护区”。

【造　林】

据统计 1977～2003 年，金秀县人工造林完成 161.5 万亩，造林合格面积 153.2 万亩，合格率为 94.86%。1991 年获全国绿化委员会、林业部、人事部授予“全国造林绿化先进单位”称号，1998 年获全国绿化委员会授予“全国造林绿化百佳县”称号。

【森林资源保护】

通过人大立法，将森林资源保护纳入法制轨道。2000 年 3 月 31 日，经自治区九届人大常委会第十六次会议审议通过《金秀瑶族自治县森林资源管理条例》，于 2000 年 6 月 1 日起施行，标志着金秀县森林资源管理步入了法制化、规范化的轨道。

积极开展金秀县森林分类区划界定工作，实施森林生态效益补助资金试点、珠防林工程和退耕还林工程。为了进一步完善生态公益林补偿机制，确保全县公益林建设和管护，2000 年 5 月完成了全县森林分类区划界定工作，通过对“两类林”采取不同的经营管理体制和运行机制，促进了全县经济建设和生态建设，实现生态、经济协调发展。鼓励林农保护森林的积极性，提高保护效率，增加林农收入。在全县全面实施森林生态公益林补助资金试点和退耕还林工程，到 2000 年止，全县调整后的生态公益林试点面积为 103134.3 公顷。完成 3 万亩退耕还林造林任务。

完善机构、构建较为完整的保护网络。林业局及 11 个乡镇林业站、5 个木材检查站，大瑶山自然保护区管理局及 15 个保护站、森林公安分局及下设的 9 个林业公安派出所担负着全县森林资源管护的重任，保护的组织网络已形成，同时加大保护森林资源的宣传力度，提高全民保护意识，严格依法治林，严厉打击一切破坏森林资源的违法犯罪行为，为县境森林资源的有效保护奠定了基础。

抓好森林病虫害监控、防治工作。县森防站技术力量和较为完好的设备确保对全县 319.35 万亩森林疫情的有效监控和病虫害的防治，各乡(镇)林业站均有技术人员专职负责森防工作。全县森林病虫害监控网络已基本形成。

加大森林防火工作力度，确保森林资源安全。县境因地形复杂，林种结构多样性使全县的防火工作形势严峻。针对现状，每年非防火期以多种形式在全县开展森林防火的宣传工作，抓好用火源头的管理，对重点区域重点防范；同时加强自身队伍的建设，完善通信、器具等设施，使全县森林防火的网络化管理已步入规范化轨道。到 2003 年止，全县保持了连续 13 年无重大森林火灾、无重大人员伤亡事故的好成绩。

加强农村生态能源建设，减少森林消耗量。从 80 年代中期起，在金秀县农村积极推广省柴灶，鼓励发展小水电，取得了很好的成效。1997 年全县开展沼气池的建设工作，到 2003 年，全县累计建沼气池 8858 座，沼气入户率达 26.52%，共建生态文明村 48 个。农村生态能源建设工作的开展，在很大程度上减少了森林消耗量。

保护取得的成绩。金秀县“造、封、管”力度的加大，铸就了大瑶山这座天然的绿色水库，维护了区域生态平衡，为区域社会经济的持续发展提供了良好的生态条件。据调查统计，1973 年全县活立木总蓄积量 333.6 万立方米。1987 年全县活立木总量达 549.55 万立方米，2003 年该指标增至 836.79 万立方米，30 年间全县总活立木蓄积量净增 503.19 万立方米。1960 年全县森林覆盖率仅 18%，1973 年为 31.6%，1987 年达 52.6%，2003 年高达 87.34%。43 年间全县森林覆盖率净增 69.34%。

【经济林建设】

历届金秀县委、县政府针对长期管护资金严重不足而造成对全县社会经济全面影响的问题，在积极争取上级支持的同时，着眼于对现有森林资源的综合开发利用，在生态经济林的发展上大做文章，以解决水源林区群众的生存问题。经过第七、八、九个五年计划的发展，全县的经济林已形成较大规模。2003 年全县经济林面积达 46.25 万亩，以八角、水果、茶叶、药材和油茶为主。

以实施林业项目为重点，全面推动"四条林带"的建设。为实现金秀县经济林发展目标，从 2000 年起，实施了世行贷款造林项目，以林业项目的发展为契机，建设高质量、高标准的经济林示范点，全面开展八角林带、毛竹林带、水果林带和茶叶林带"四条林带"的建设。据统计，"四条林带"完成人工造林 23.6 万亩，其中八角林 13.05 万亩，水果 7.15 万亩、毛竹林 2.77 万亩、茶叶 0.63万亩；"四条林带"的建设，推动了全县经济林的全面发展。

加强经济林的科技含量，对现有低产经济林进行全面改造。在耕地和经济林有限的情况下，金秀县委、县政府对提高经济林科技含量的工作十分重视，造管环节技术到位，使全县经济林得以健康发展。为了进一步提高经济林的效益，在全县范围内推广实施低产林改造项目。到 2003 年止，全县已累计完成 17.5 万亩低产经济林的改造工作。

金秀县经济林年产值达 6872 万元，占全县农业总产值的 27.5%，占林业总产值的 63.2%；经济林收入占农村人口年收入的 38.6%。八角是全县经济林的主要树种，一些山区乡镇农户八角单项年收入高达 2000 元以上，有的甚至超过万元。经济林建设的快速发展，使山区群众的"造血"功能不断增强，为林农摆脱贫困走出了可喜的一步，也开创了全县经济林发展的崭新局面。2001 年金秀县获国家林业局授予"中国八角之乡"和"全国经济林建设先进县"的称号。

（金秀县林业局）

忻城县林业

【概　述】

忻城县属于典型喀斯特地貌发育地区。2003 年底，全县林业用地面积 80018.3 公顷，其中森林面积 24878.6 公顷，疏林面积 978.5 公顷，灌木林面积 52850.2 公顷，无立木林地面积 1304.9 公顷，荒地面积 4256.1 公顷，森林覆盖率为 30.6%，现有活立木总蓄积 728540 立方米，其中，生态公益林区 109687 立方米，商品林区 616248 立方米，四旁蓄积 2605 立方米。

忻城县林业局是忻城县人民政府的行政职能部门，主要职能是全县的森林资源管理、营林规划设计、农村能源建设、护林防火、森林病虫害防治及行使林政执法工作。县林业局内设办公室、财务股、防火办、森林公安分局，局下设营林管理站、农村能源办公、林科所、森林病虫害防治站、林政站、欧洞林场、桃源林场、城关苗圃、思练苗圃、古蓬林种站、六冲造林站 11 个职能单位。2003 年底，全县林业系统在职职工 255 人，其中，行政人员 18 人，专业技术人员 78 人，具有高级职称 1 人，中级职称 12 人，初级职称 55 人。

现有沼气池 22639 座，森林消防队 20 人，半专业消防队 221 人，对讲机 40 部，灭火机 45 台，二号灭火工具 720 把。

【森林资源培育】

1996～2003 年，忻城县累计完成造林 12447.2公顷，其中：人工造林 12447.2 公顷（含低产林改造、迹地更新的造林面积）；累计完成封山育林 91645.93 公顷；累计育苗 136 公顷，共培育苗木 2124.64 万株；累计全县完成"四旁"（路旁、水旁、村旁、宅房旁）义务植树 364.8 万株。

1997 年实现造林绿化达标。当年忻城县林业用地 72343.02 公顷，其中达标面积 56641.09 公顷，绿化率 91.78%；县内主要公路总长 27.82 公里，宜林绿化长度为 10.94 公里，实现绿化 10.59公里，绿化率 96.76%；县内主要河流总长 5.27

公里，宜绿化长度 3.17 公里，实现绿化 3.04 公里，绿化率 96.11％；全县城乡居民宜绿化面积 675.86 公顷，实现绿化 654.97 公顷，绿化率 96.91％；当年全县森林覆盖率为 22.36％(含灌木)。

1999～2001 年实施绿色工程绿色工程主要是对国道、省道、重点县道以及主要江河沿线可视面坡的绿化。全县共完成：(1)江河两大岸各宽 2 公里、公路两旁各宽 1 公里范围宜林地总造林 1562.27 公顷(合格面积为 539.83 公顷)。(2)行政范围内城镇、村屯周围 100 米范围宜林地植树 153410 株，合格 131745 株，折合面积 293.33 公顷，种草 0.76 公顷。(3)公路地范围和江河两岸绿化 38.58 公里。(4)沿河、沿路两旁范围内封山育林公路面积 12733.35 公顷。

2001～2002 年将忻城县森林区划界定为公益林和商品林两大类。公益林是指生态区位极为重要或生态状况极为脆弱，对国土生态安全，生物多样性保护和经济社会可持续发展具有重要作用，以提供森林生态和社会服务产品为主要经营目的的重点防护和特种用途林。根据忻城县的实际情况，全县共区划界定公益林面积为 61755.5 公顷，其中：属重点公益林面积为 45219.1 公顷。按权属性质分：属国有的重点公益林面积为266.7 公顷，属集体所有的重点公益林面积为 44558.3 公顷，其他所有的重点公益林面积为 394.1 公顷。按地类构成分：有林地面积 10027.4 公顷，疏林地面积 49.6 公顷，灌木林面积 35142.1 公顷。按界定林种分：水源涵养林 430.2 公顷，水土保持林 44682.0 公顷，护岸林 8.7 公顷，护路林 55.8 公顷，防火林带 0.9 公顷，母树林 41.5 公顷。

2002～2003 年实施退耕还林工程退耕还林就是从保护和改善生态环境出发，将容易造成水土流失的耕地，有计划、有步骤地停止耕种，遵循着因地制宜、适地适树，乔、灌、藤、本相结合的原则，在退耕地上植树种草，恢复林草植被。2002～2003 年，忻城县共完成退耕还林 5333.33 公顷(合格面积 4765.46 公顷)，其中退耕地造林 2666.67公顷(合格面积 2650.63 公顷)，荒山造林 2666.67 公顷(合格面积 2114.83 公顷)。

【森林病虫害防治】

坚持贯彻“预防为主，综合治理”的方针，认真做好森林病虫害的监测调查和防治工作，采取积极有效的措施控制灾情发生。各年度的发生，防治率均控制在自治区规定的目标管理指标内。

【野生动植物保护与管理】

《野生动物保护法》、《野生植物保护条例》、《广西区陆生野生动物保护管理规定》等法律、法规颁布实施后，忻城县走上了依法保护管理野生动植物的轨道，1996～2003年底，忻城县陆生野生动物驯养繁殖场 2 家，均能依法驯养繁殖和经营利用陆生野生动物。为有效打击非法滥捕乱猎、经营贩卖陆生野生动物的行为，1999～2003 年底，根据上级的统一布置，忻城县先后开展了保护陆生动物的专项行动，如“冬季行动”、“猎鹰行动”、“春雷行动”等。通过这几次专项治理，依法收缴和放生一批受国家、自治区重点保护的陆生野生动物。同时加大对各种捕杀、摆卖野生动物等案件的查处力度，1996～2003 年度共查处有关野生动物案件 12 起，收缴野生动物 2750 只(条)。

【林地林权管理】

林权证是确认森林、林木、林地所有权和使用权的唯一法律凭证。《森林法》及其实施条例的颁布实施和国务院国发明电〔1998〕8 号文件下发后，忻城县的林地权管理逐步走上了依法管理的轨道。1996～2003 年，忻城县共调处山界林权纠纷 31 起，结案 24 起，其中：通过协商调解结案 8 起，政府下文确权处理结案 16 起。

【森林采伐及采伐限额管理】

《森林法》及其实施条例规定：森林采伐实行年森林采伐限额制度，在严格执行采伐限额制度的同时严格管理森林采伐，一是坚持林木采伐的伐前设计、伐中监督检查、伐后验收制度；二是实行专人负责林木采伐许可证管理和签发制度；三是实行一支笔审批林木采伐许可证制度。由于严格按制度执行，忻城县每年实际发放的林木采伐许可证都没有突破上级下达的年森林采伐限额。

【木材流通管理】

《森林法》及其实施条例规定：木材及木制品必须凭证运输。经自治区人民政府批准，忻城县 1985 年建立了欧洞木材检查站，并从 1999 年开始逐步得以完善，木材检查站主要负责对忻城县自产或流通过忻城县境内的木材、木制品及林产品进行依法检查。实行“木材由林业部门一家收购，多家经营”的政策，1998 年以来，在市场经济引导下，忻城县木材经营(加工)业迅速发展，1996～2003年底，全县共有 63 家木材经营(加工)

企业，其中带锯加工厂10家，木片加工厂3家，其他木材加工50家，从业人数290人，年产值约240万元。

【林业行政案件的查处】

林业行政案件查处的法律依据主要是《森林法》及相关的林业法律法规。据统计，1996～2003年底，忻城县共查处各类林业行政案件424起，处理违法、违规人员1500多人次，依法没收木材2180立方米。

【森林防火体系】

森林防火坚持“预防为主，积极消灭”的方针。1996年以来，按照忻城县委、县人民政府1996年印发的《关于加强森林防火工作的若干规定》，森林防火工作实行行政领导负责和风险抵押制度，忻城县财政每年安排6万元作专用经费，强化火源管理，严格依法治火，并进一步明确奖惩措施。2000年2月，忻城县政府印发《森林防火管理办法的通知》。当年县、乡、村层层签订森林责任状，重视防火基层设施建设，森林林区设有火警瞭望台，国有林场成立森林防火专业消防队。在对消防队的管理上，制定了严格的规章制度，每年均进行集训、演练，确保队伍素质、灭火技能、灭火工具符合扑灭森林火灾的要求。1996～2003年，全县森林火灾火警32起，过火面积633.65公顷，受害面积163.24公顷，所发生的火警火灾中80%以上的直接原因是生产性用火（如烧蔗叶、烧炭等）。

【森林公安工作】

森林公安分局属行政和事业性质，实行忻城县公安局和忻城县林业局双重领导，现有在职职工11名，经费来源由县财政全额拨款。主要职责是依法查处林业刑事、治安案件和林业行政案件。森林公安分局成立后，充实了林业公安的力量，加强了林区的治安管理，加大了森林案件的查处力度，对忻城县林业建设的保驾护航赶到了积极的作用。1996年以来，先后开展了“猎鹰行动”、“春雷行动”、“绿剑行动”等保护森林的专项斗争，同时认真查处各类破坏森林资源的违法案件，1996～2003年底共查处各类森林案件424起，其中：林业行政案件369起，治安案件33起，刑事案件22起。依法打击违法犯罪人员443人次，其中：刑事拘留17人次，治安拘留8人员，治安处罚18人次；其他行政处罚399人次。

【农村生态能源建设】

农村生态能源建设的主要任务是：以农村沼气池建设为纽带，带动种养业发展，开展沼气、厨房、卫生厕所改造、农村道路建设等为主要内容的生态家园文明村的建设。近几年来，忻城县的农村生态能源建设有了长足的发展，以户用沼气为纽带，促使农业资源合理开发，高效利用，保护森林资源和改善生态环境从根本改变农民落后的生活生产方式以及农业环境污染、生态恶化为出发。由此，在人力、物力、财力给农村农民予以大力支持和扶助，使农村沼气池建设有着举足轻重发展。据统计，1996～2003年，建设沼气池22639座，总建池溶为181112立方米。自1996～2003年，根据农村能源结构不同现状，忻城县采取“因地制宜，多能互补”的节能方针，开展综合性节能，积极推广省柴节煤、灶与商品型炉以及煤气化灶结合，共宣传推广使用省柴节煤灶（炉）和商品型炉等12640台，其中省柴节煤灶1250台，商品型炉、煤气化灶11390台，促进了忻城的节柴节能工作。通过实施农村生态能源建设，农村群众的居住环境有了明显的改善，村容村貌得到了明显改变。

【国有桃源林场】

成立于1958年，原属国营欧洞林场桃源分场，1987年成立国有桃源林场。全场总面积2328公顷，经营面积2230.6公顷，有林面积699.5公顷，其中速生桉30公顷。全场活立木蓄积量6.8万立方米，森林覆盖率35%。全场林区主要分布在安东桃源村，思练里伴村，思练皆洞村，总场下设里伴、桃源、皆洞三个分场，场部设在里伴分场柳邕公路边，交通方便。场总设有办公室、生产股、财务股、防火办等组织机构。林场党政领导由5人组成，其中正、副支部书记2人，正、副场长3人。全场在职职工48人，退（离）休职工9人。在职职工中大学文化1人，大专1人，中专25人，初中16人，余下为初中以下文化程度。多年来，营林生产贯彻“以营林为基础，集约经营，强化护林，多种经营，永续利用”为经营方针，建立了以古蓬松、巨尾桉为主的用材基地。近年来，造林方式主要以职工为主，雇用社会劳力为辅，场部采取随机抽样的方法进行检查验收，根据验收结果进行奖罚。1996～2003年共造林98公顷，其中古蓬松68公顷，巨尾桉30公顷。幼林每年抚育两次，10月结束，成林抚育一般在单位株数过密的林分中进行，一般采用透光间伐或卫生间伐。为充分利用林地和提高林地生产能力，每年还对那些不适地生长不良的“老头林”及低产林进行改造。1996～2003年共完成改造53公顷。

【国有欧洞林场】

1958年9月创办，场址在欧洞乡达好屯。林场经营宜林荒山总面积为61875亩，初以发展核桃为主，1963年起改建为用材林林场。1967年3月，在思练公社桃桃源大队设分场，经营宜林荒山13029亩。1970年5月，在欧洞公社永合大队板毛村办板毛分场，经营宜林荒山25365亩。1981年在思练公社皆洞大队办皆洞分场，经营面积8777亩(1986年该场业务停止)。至此，总场和三个分场共营林面积11万亩。1987年底桃源分场从欧洞林场分出，成立国有桃源林场。2003年底，经营面积2428公顷，有林面积1827公顷，活立木蓄积量145457立方米，森林覆盖率82.4%。2003年底，欧洞林场现有在职职工125人，专业技术人员37人，其中，中级职称8人，初级职称29人。

多年来，营林生产贯彻“以营林为基础，集约经营，强化护林，多种经营，永续利用”为经营方针，建立了以古蓬松、杉木为主的用材基地。近年来，造林方式主要以职工为主，雇用社会劳力为辅，场部采取随机抽样的方法进行检查验收，根据验收结果进行奖罚。1996～2003年共造林614.9公顷，其中古蓬松547.7公顷，经济林43.7公顷，竹子22.2公顷，桉树1.33公顷，共完成育古蓬公苗180亩，产苗量1900多万株，所产古蓬松苗除本县用于造林外，剩余向周边县、市推广销售，产生良好的经济效益。2003年底，保存古蓬松母树林84公顷。

(忻城县林业局)

合山市林业

【概　述】

合山市地处桂中腹地，红水河之滨，是一个以生产煤、电为主的新兴能源小城市，北面接忻城县，东、西、南面交兴宾区，国土总面积350平方公里。市辖两乡一镇30个村民委，内驻广西最大的煤炭生产基地——合山矿务局和广西最大的火力发电厂——合山电厂，总人口14.02万。

合山市共有林地13240.2公顷(不包括石头山)，占总面积的36.52%。森林面积7340.4公顷，占林地面积的55.44%；疏林面积427.2公顷，占林地面积的3.23%；灌木林面积3891.8公顷，占林地面积的29.39%；森林覆盖率31.0%。

合山市林业系统有干部职工231人，其中干部63人，技术干部50人；按技术职称分：工程师4人，助理工程师17人，技术员29人；林业系统按部门划分有市林业局、市森工站、国有柳花岭林场、北泗乡林业站、河里乡林业站、岭南镇林业站。

【森林资源】

森林面积中，针叶林面积5765.9公顷，占森林面积78.55%；阔叶林面积1004.8公顷，占森林面积13.69%；针阔混交林面积33.8公顷，占森林面积0.46%；经济林面积468.8公顷，占森林面积6.39%；竹林面积67.1公顷，占森林面积0.91%。

合山市活立木总蓄积量220459立方米，其中森林蓄积量219156立方米，占99.41%；疏林蓄积量994立方米，占0.45%；散生木蓄积量294立方米，占0.13%；四旁树蓄积量18立方米，占0.01%。

野生植物资源。本市属南亚热带常绿阔叶林区。常见乔木树种有：香椿、任豆、枫杨、枫香、朴树、黄檀、喜树、杨树、石山樟、麻栎、青岗栎、重阳木、黄连木、山乌桕等。常见灌木有：桃金娘、番石榴、白背算盘子、黄荆、山芝麻、盐肤木、柃木、野杨梅等。常见地被物有：在立地条件好的地方有五节芒、狗尾草、黄丝茅等；在立地条件较差的地方有铁芒箕、龙须草和其他蕨类。人工造林主要用材林树种有：松、杉、桉、苦楝、泡桐、台湾相思。主要经济林树种有：龙眼、李子、柑橘、板栗、油茶、枇杷。主要竹类有：刺竹、大头竹、杂交竹、吊丝竹、黄竹。

野生动物资源。市内常见野生动物资源主要有鸟类、野禽、蛇类以及水产、昆虫类。如穿山甲、野猪、果子狸、蛤蚧、鹧鸪、乌鸦、画眉、禾雀、杜鹃、白头翁、啄木鸟、猫头鹰、眼镜蛇、竹叶青、水律蛇、草花蛇、鱼、虾、蛙、蝴蝶、蜂类等。

【造林绿化】

坚持实施工程造林，每年做到早规划、早备耕、早种植，将造林绿化任务分解落实到乡镇、村屯和山头地块，并狠抓落实。1996～2003年间，合山市累计完成造林面积2614公顷；营养杯育苗

357.6万株;完成全民义务植树任务79.1万株;全市完成封山育林面积2677公顷;造林绿化工作成效显著。

【绿色工程建设】

认真贯彻落实《国务院关于进一步推进全国绿色通道建设的通知》精神,在道路、主要河流的两侧开展植树造林,1996~2003年间,合山市完成绿色工程建设面积894.29公顷。

【速生丰产林工程】

1996~2003年间,合山市营造速生尾叶桉面积932.1公顷。

【公益林补助试点工作】

积极实施森林生态效益补偿政策,将重点防护林和特种用途林管护补助资金纳入国家公共财政预算。合山市公益林补助试点面积22645.5亩,其中2001年安排试点面积12204亩,2003年新增面积10441.5亩。

【调整林种结构】

因地制宜发展优质品种,改造低产品种,从传统发展杉木、松木品种为主的低效经营模式逐步转向以速生桉和经济林为主的高效经营模式,并不断提高经营管理水平。合山市现有林木品种为:杉木、松木、速生桉、经济果木林,结构比例为2.4∶10∶2.2∶1。特别是近两年,速丰林和经济林发展迅速,结构比例不断提高。

【农村能源建设】

主要工作是积极开发利用沼气、太阳能等新能源;推广省柴节煤等能源设施,减少森林、煤炭等资源的消耗;在农村大力发展以沼气为纽带的生态家园,加快发展了农村经济,有效改善生态环境。1996年初,合山市累计推广普及省柴节煤灶15000多户,占总农户数的90%,实施完成省柴节煤试点县(市)工作,并通过自治区检查验收组的验收;截至2003年底,合山市累计推广户用沼气池5100多户,占总农户数的30%,先后实施完成广西生态农业"152示范工程"羊樟生态农业示范村、农业部小型公益设施沼气建设项目;另外,推广使用太阳能热水器120平方米。这些能源设施年可节约薪柴17120吨,折合8560吨标煤,相当于保护15580亩森林免遭砍伐,有效地保护了森林资源。多年以来,合山市委、市政府非常重视生态能源工作。2003年初,合山市领导集体确保定了"调整结构,增加收入;建设沼气,改变面貌"的农村和农业工作思路,把沼气建设作为为民办实事和培育农村新的经济增长点的重要举措来抓。通过发展"养殖—沼气—种植"三位一体生态农业,并以沼气建设为核心,配套进行"改厨、改厕、改圈、改路和改水",逐步实现农业经济高效化,农业生产无害化,家居环境清洁美化的目标。

【森林防火】

建立了森林防火领导责任制;加强森林消防队伍建设,有效提高了综合防火能力;加大森林防火有关法规的宣传力度,提高广大干部群众的防火意识;强化野外火源管理,有效地减少了山火隐患。1996~2003年间,合山市共发生森林火警5起,一般森林火灾4起,过火总面积260.6公顷,森林受害面积135.96公顷;全市设立1支专业森林消防队共30人,各乡(镇)及国有柳花岭林场各设立1支半专业森林消防队共200人;全市有风力灭火机50台,对讲机80台,座机4台,专职运兵车2部。

【森林病虫害防治】

实施森林病虫害防治目标管理责任制,贯彻新的"四率"目标考核指标体系和考核办法;强化灾情监测工作,全面掌握主要病虫害的发生发展动态;重点抓好松材线虫病、松毛虫、蓑蛾等主要森林病虫害的防治工作,有效地控制住重大病虫害的发生。1996~2003年间,合山市实施森林病虫害监测面积9045公顷,监测覆盖率为89.6%;种苗产地检疫率为98%;防治率94.3%;调运检疫率97.3%。

【森林采伐限额管理】

抓好木材采伐限额源头管理,使采伐量不突破采伐限额指标。1996~2003年间,上级共下达给合山木材采伐指标77665立方米,实际发放采伐证65790立方米,不突破采伐限额指标。

【林地管理】

报经上级林业主管部门审核审批征占用林地自治区重点项目6个,森林植被恢复费全部征收到位。

【木材流通管理】

对合山市木材加工企业开展了清理整顿,取缔不合法和不具备加工资质的单位和个体经营户40多家;积极开展林业系统治理公路"三乱"活动,防止"三乱"的反弹和回潮。

【森林公安队伍】

积极开展"三项教育"、"三项教育"回头看活动，加强队伍建设，努力建立和健全队伍管理长效机制，提高队伍的执法水平和整体素质。进一步加大依法治林力度，组织开展"林业严打斗争"等专项执法行动，依法查处各类森林案件270余起，处理违法犯罪人员210人，收缴木材855立方米，收缴和放生国家保护的二级野生动物13748余只(条)，共为国家挽回经济损失30余万元；重特大森林刑事案件破案率为95%，一般刑事案件破案率为92%，治安案件破案率为97%，林业行政案件的结案率为98%。

【国有林场建设】

国有柳花岭林场位于合山市的东北面，总面积4246公顷，其中经营面积4224公顷，林地面积3669公顷，有林地3086公顷，森林覆盖率79%，活立木总蓄积量23万立方米。全场总人口510人，其中在职干部职工285人，退休职工97人。1996～2003年全场造林桉类7500多亩，松3800亩，两用竹600亩，黄榄420亩(霜害)，榕树防护林120亩。1998年为推动林业改革力度，国有柳花岭林场鼓励职工发展自营经济，至今已有118人承包林地，承包林地总面积2214.4亩。主要种植尾叶桉、坚果、龙眼、枇杷等果木林。

(合山市林业局)

崇左市林业

【概　述】

崇左市于2003年8月挂牌成立，辖原南宁地区的扶绥县、大新县、天等县、宁明县、龙州县、凭祥市、江州区(原崇左县)。本次统计是崇左市管辖的县(区、市)的数据，划出的横县、宾阳、上林、马山、隆安五县不参与统计。

崇左市位于广西南部，大新、宁明、龙州、凭祥四县(市)与越南民主共和国交界。崇左市总人口226万人，土地总面积17345平方公里。其中林地面积79.13万公顷，喀斯特面积45.73万公顷。2003年有森林面积79.73万公顷，活立木蓄积量1746万立方米，森林覆盖率45.91%，绿化率63.09%。

新中国成立以来，特别是改革开放以来，初步建立起以木材加工、人造板、木浆造纸、林产化工、林副产品加工为主体的林产工业体系。木材工业由原木生产发展到生产锯材、木片、胶合板、中密度纤维板、家具等多种产品；林产化工生产从过去单一品种发展到多品种(松香、松节油、茴油、柠檬桉油等)，从初级加工到深加工；所有制从过去单一的国有发展为国有、股份、集体、私营、中外合资等多种经济成分，改变了长期以来卖原料、品种单一、效益低的落后状况，人造板、松香加工等产量和技术水平也较大提高。据统计，2003年全市林业产业总产值为8.95亿元。其中第一产业5.70亿元占63.7%，第二产业3.16亿元占35.3%，第三产业846万元占1.0%。从产业结构上看，比例不合理，第二、第三产业还有很大的发展潜力。

(崇左市林业局)

【营造林】

新中国成立以来，推广应用先进技术和优良树种，坚持造管结合、封育结合，实行国家、集体、个人一起上的方针，使造林、营林事业取得了巨大成就。其中有两个阶段最为显著，一是1988～1996年的消灭荒山和绿化达标，八年共造林36.88万公顷，其中人工植树造林25.08万公顷，飞播造林11.80万公顷。二是2002年开始实施退耕还林工程，2002～2003年两年共造林2.27万公顷，其中2002年造林1.33万公顷，2003年造林0.94万公顷。

(崇左市林业局)

【速生丰产林基地造林】

速生丰产用材林基地始建设于1960年，当时主要种植小叶桉、马尾松，1980～1990年主要种植湿地松、桐棉松、杉木，1990年后以良种桉为主，石山区则以任豆、香椿为主，均取得良好效益。2002年、2003年利用国家实施退耕还林工程的优惠政策，良种桉、任豆的种植面积大幅增加，三年营造速丰林1.47万公顷。全市现有速丰林面积2.67万公顷。

(崇左市林业局)

【飞机播种造林】

新中国成立以后，崇左市先后进行飞机播种造林面积36.33万公顷，有效面积28.64万公顷，主要树种为马尾松，均取得较好的成效。

经济林地处南亚热带，经济林种类繁多，主要有八角、玉桂、龙眼、荔枝、柑、橙、李、梨、山黄皮、苦丁茶等，其中八角、龙眼、苦丁茶闻名全国。1980年以前经济林面积1.68万公顷，至2003年经济林面积达到9.48万公顷。其中八角面积从0.79万公顷增至4.05万公顷；龙眼面积从0.07万公顷增至2.22万公顷；其他水果面积也有不同程度的增加。苦丁茶原产地在大新县万承，1999年全市扩种面积476.5公顷，至2003年面积达3884公顷。

（崇左市林业局）

【全民义务植树】

解放后，党和政府都很重视林业绿化，制定了一系列行之有效的政策，取得了显著的成绩。至2003年底，全市参加全民义务植树人数达7165.7万人，累计完成义务植树3.01亿株。建立有乡（镇）以上的领导绿化示范点1235个，造林面积达16.67万公顷，崇左市评上自治区造林绿化先进集体11个，造林劳动模范26名，先进工作者69名；全国造林绿化“百佳”县1个，“百佳乡”1个，“千佳村”19个，有14人获得“全国绿化奖章”。

【封山育林】

崇左市有石山面积45.72万公顷，经过长期以来的封山育林，郁闭度在0.3以上的石山灌木林1980年有15.5万公顷，2003年增加到31.84万公顷。

（崇左市林业局）

【退耕还林工程】

2002年起崇左市6个县（区）列入广西退耕还林工程，当年下达的造林任务是1.33万公顷，2003年继续下达给6县（区）退耕还林造林任务0.94万公顷。两年造林任务共完成退耕还林造林2.27万公顷，均已通过检查验收。

（崇左市林业局）

【珠江流域防护林工程】

中央预算内资金投资实施的珠江防护林二期工程安排崇左市人工造林0.05万公顷，封山育林0.23万公顷。

（崇左市林业局）

【石漠化治理工程】

崇左市有石山面积45.73万公顷，其中有林面积2.05万公顷，灌木石山面积29.79万公顷，可造林石山面积1.27万公顷，已演替为石漠化的裸化的裸岩面积12.62万公顷。2001年广西启动实施石漠化治理试点工程，龙州、大新列入自治区的试点工程，天等县列入自治区林业局试点工程。全市人工造林任务0.35万公顷，封山育林4.9万公顷，已完成并通过了自治区林业局的检查验收。试点项目的实施，起到了石山地区造林绿化示范带动作用。

（崇左市林业局）

【绿色工程】

崇左市各级党委政府把绿色工程列入重要议事日程，作为领导干部任期目标责任制，签订责任状，采取一系列有效措施，广泛发动群众参与植树造林活动。1999年完成绿色工程造林面积4754.5公顷，到2003年6月止，共完成绿色工程造林面积15300.8公顷（含公路、铁路两旁各宽1公里、江河两岸各宽2公里范围内宜林和石山封山育林等），比1999年增长68.9%。1999年绿色工程建设里程402.1公里，到2003年底共完成建设里程2292.5公里，五年间增加5.7倍。

（崇左市林业局）

【抚育间伐】

崇左市每年新造林0.3万～0.8万公顷，均按相关技术要求进行中、幼龄林抚育，年抚育中、幼龄林约0.1～0.3万公顷，抚育率30%～40%。

（崇左市林业局）

【低产林改造】

崇左市低产林主要是马尾松林。现有马尾松林面积19.4万公顷，其中低产林约6万公顷。每年低产用材林改造面积800公顷左右。

【生态能源建设】

截至2003年，市、县、区均设有具有法人资格的农村能源机构，在职员工80人，其中市级4人，乡镇一级也相应配有专人。经过短期培训农技工有6909人次，其中经过国家职业技能培训310人，农村能源技术服务网络已初步形成。

一、沼气池建设

沼气池建设始于20世纪60年代初，在天等、大新等县试验1972年开始推广。至2003年底，全市共建6立方米以上水压式圆柱池型沼气池20324座，8立方米以上水压式圆柱池型沼气池156845座，沼气入户率占农户总数的38.85%（约占可建池农户的45%）。

二、改灶改燃节柴

从1970年起，由科技部门试验推广，至1983年仅推广2184户，1992年以后承担国家推广任务，1995 年全部通过国家验收，以后逐年更新推广。至 2003 年底，崇左市累计推广省柴灶 519042 户(次)，现有 39.02 万户(其中达到省柴灶标准约占 80%)，占农户总数的 90%。

三、微型小水电

80 年代后期起推广 10 千瓦以下农村微型小水电，主要集中在宁明县、天等县、江州区，至 2003 年底，累计推广 2152 台/2285 千瓦，曾为缺电山村农户提供照明用电，但由于农村电网逐步扩大，用电普及率的提高，微型小水电基本上废弃不用。

四、太阳能热水器(灶)

1980 年开始试验推广，但成效不大，至 1998 年逐步在城镇居民中推广，至 2003 年底约有 3000 平方米。

（崇左市林业局）

【森林资源加工利用】

20 世纪 50～80 年代，崇左市木材工业主要是以原木生产为主，锯材生产为辅，产品单一，附加值低，直到 90 年代，刨花板、胶合板厂以及木片加工厂各有一家。2001～2003 年，随着产业结构调整步伐加快，木材加工业不仅在生产规模和产量方面有相当大的发展，产品品种增多，技术装备水平也有很大提高。人造板加工发展迅猛，三年中相继新建了 10 家胶合板厂，年生产能力从原来的 5000 立方米增加到 94000 立方米，2003 年胶合板产量 2.16 万立方米，产值 2289 万元。2003 年新建两家中密度纤维板生产企业，年生产能力达 15 万立方米。2003 年全市共有木材加工单位 500 家，年消耗木材 25 万立方米，木材加工率为 55.5%，主要产品有锯材、胶合板、中密度纤维板、木片、家具等，年产值 9440 万元。

（崇左市林业局）

【林产化工业】

崇左市现有林产化工生产企业 11 家，其中松香厂 10 家，香料厂(茴油深加工)1 家，主要产品是松香、松节油。20 世纪 60 年代崇左市只有宁明县松香厂一家，到 90 年代增加到 5 家，2001～2003 年新增 5 家，松香年产量在 3.5 万吨左右，年产值 1.4 亿元。全市已形成商品的林副产品主要有茴油、柠檬桉油等，2003 年全市的茴油产量为 358 吨，产值 1961 万元。

（崇左市林业局）

【木浆造纸业】

木浆造纸业崇左市有扶绥县渠黎华侨林场造纸厂 1 家，年产木浆约 4000 吨，产值 960 万元，技术设备比较落后。

（崇左市林业局）

【森林旅游】

崇左市森林旅游资源十分丰富，有奇特的地貌、优美的水体、丰富的森林景观和浓郁的少数民族风情，具有很好的开发前景。花山国家重点名胜区、中国九大名关之一的友谊关、世界第二大跨国德天瀑布、中法战争遗址大连城等，贯穿宁明、龙州、大新、江州区及凭祥市，这些景区景点四周森林茂密，风景独特，适宜开展爱国主义、名胜古迹、边关风情游。崇左市 8 个自然保护区，具有典型的喀斯特地貌及河流、瀑布、溪涧等水体，植被类型完整，动植物资源丰富，有国家一、二级保护动物白头叶猴、白叶猴、黑叶猴等等以及国家一、二级保护植物叉叶苏铁、石山苏铁、枧木、桫椤等，丰富多彩的森林景观具有很高的观赏性和科研价值，为开展森林科普和野生动植物观赏等专项旅游活动提供极好的资源条件，具有很高的开发价值。但是，由于缺乏资金、地处边境以及交通条件差等原因，尚未得到开发利用。

（崇左市林业局）

【森林病虫害防治】

崇左市现有森林病虫害防治检疫站 8 个，国家级中心测报点 1 个、自治区级中心测报点 2 个，有专职森防人员 23 人，专职检疫人员 23 人，有基层固定测报点 128 个，有固定虫情调查员 167 人。崇左市的森林害虫主要是松毛虫、松毒蛾，每年发生 3～4 代。20 世纪 70 年代发生面积 15.42 万公顷，80 年代发生 29.52 万公顷，90 年代发生 10.72 万公顷，最高发生年份是 1988 年，受灾面积 8.73 万公顷，主要发生在宁明县。1981～2003 年，每年组织飞机喷洒白僵菌防治森林害虫，共组织防治面积 19 万公顷。于 2000～2002 年在扶绥、崇左、宁明县开展国家级松毛虫工程治理，实施三年来，松毛虫种群数量受到控制，松毛虫发生总面积为 0.2 万公顷，比 2000 年春实施前下降了 89.9%，成灾率 0.01%，各项指标均达到《广西国家级松毛虫工程治理项目实施方案》要求。

2003 年全市森林病虫害实际发生面积 0.63 万公顷，实际防治 0.61 万公顷，其中飞防 0.51 万公顷。经自治区林业局检查组进行检查考核，森林病虫害防治目标管理各项指标完成比较好，森林病虫害防治成灾率0.20%、防治率96.8%、监测覆盖率97.6%、种苗产地检疫率96.8%。马尾松毛虫防治指标：成灾率0.39%、防治率96.7%、监测覆盖率99.2%、调运检疫率96.6%、松材线虫监测覆盖率100%。

（崇左市林业局）

【自然保护区建设】

崇左市有自然保护区8个，总面积135901公顷。按级别分，国家级自然保护区1个，自治区级自然保护区5个，县级自然保护区2个。按类型分，森林生态系统类型自然保护区5个，野生动物类型自然保护区3个。

开展自然保护区的科学研究工作。1996年以来，北京大学、西南林业大学、广西师范大学的教授在广西板利和岜盆自然保护区开展白头叶猴研究工作，成效显著。2002年，亚洲发展银行援助10万美元开展弄岗、板利和岜盆三个自然保护区白头叶猴种群数量调查，确定白头叶猴种群数量为621只，其中弄岗保护区56只，板利保护区246只，岜盆保护区319只。

广西板利和岜盆自然保护区开展勘界工作。2003年，广西板利和岜盆自然保护区开展勘界工作，确定了自然保护区的范围和面积，同群众签订共管协议，出台了具体的管理规定。

广西弄岗国家级自然保护区位于广西西南部，地跨崇左市龙州县的5个乡镇和明宁县2个乡镇。总面积10409公顷，有林面积10278公顷。主要保护北热带石灰岩山地常绿季节雨林生态系统及珍稀动物白头叶猴、黑叶猴，是中国热带北缘岩溶森林生态系统的典型代表，是中国具有国际意义的陆地生物多样性14个关键地区之一，也是国家林业局与世界自然基金会共同选定的40处A级保护点之一。

保护区成立于1979年5月，1980年9月经国务院批准为国家重点自然保护区，1999年加入“中国生物圈保护区网络”。保护区下设6个保护站、2个林业公安派出所、办公室和生产技术科。在职干部职工32人。

弄岗保护区生物资源丰富，有蕨类植物和种子植物172科709属1454种，属国家一级保护的有叉叶苏铁、石山苏铁、望天树3种；二级保护有榀木、桫椤、任豆、东京桐等10种。有野生动物22目57科135种，属国家一级保护动物有白头叶猴、黑叶猴、熊猴、林麝、大蟒蛇5种；二级保护动物有猕猴、黑熊、冠斑犀鸟等21种。保护区有丰富的昆虫资源，据综考统计，数目达14目101科565种之多，其中以蝶类最为丰富，达到201种。

保护区于1979年成立后，建立了管理机构，配备了管护人员，制定了保护区管理办法以及各项管理制度。坚持资源保护第一的原则，层层签订管护责任状，有效地开展巡护。紧紧依靠当地政府和社区群众，加强社区共管，1990年成立弄岗自然保护区管理委员会，1997年在保护区周边成立了11支共145人的护林防火联防队。在宣传教育方面，采取多种形式向周边群众宣传有关法律法规，提高群众的保护意识和法律意识。火警、火灾、盗伐盗猎行为得到有效控制，动植物资源得到较好的保护和发展，森林蓄积量不断增加，1979年综合考察时为147854立方米，1990年二类调查时为406708立方米，2003年增至592534立方米。

（崇左市林业局）

【野生植物保护】

崇左市地处北回归线附近以南，植物种类繁多，据调查，有维管束植物3043种，占广西植物种数的42.2%。其中属国家一级重点保护的有望天树、叉叶苏铁、石山苏铁等，属国家二级重点保护的有榀木、格木、海南风吹楠、任豆、董棕、紫荆木、东京桐、桫椤等。长期以来，实行封山育林等一系列护林举措，国家重点保护植物得以较好保护。在石灰岩山区，人工种植任豆已获得成功，保存面积不断扩大，仅天等县保存面积达到4133.3公顷。

（崇左市林业局）

【野生动物保护】

据调查，崇左市有陆栖脊椎动物473种，属国家一类保护的珍贵动物有白头叶猴、懒猴等，属国家二类保护的有猕猴、短尾猴、黑叶猴、穿山甲、蟒等。其中白头叶猴属世界珍稀动物。1979年以来加强了对野生动物的保护，先后成立了弄岗自然保护区、扶绥岜盆珍稀动物保护区、崇左罗白珍贵动物保护区，对白头叶猴进行保护。1977年调查有白头叶猴600只，至2002年有900只，保护珍贵动物取得较好效果。

（崇左市林业局）

【林业行政案件查处】

2003年共查处各类破坏森林资源案件1655起，其中刑事案件55起，行政案件1600起，案件涉及盗伐滥伐、违法收购、运输、加工木材、野生动物等。共抓获违法犯罪人员67人，其中逮捕40人，刑拘27人，行政处罚1874人次，收缴木材8440立方米、柴火2952吨、野生动物467只，罚款140万元，赔偿损失7.8万元，补征林业育林费76.6万元。通过查处各类案件，结合宣传林业法律、法规、政策规定，林区治安明显好转。

（崇左市林业局）

【林地管理】

新的崇左市百业待兴，征占用林地管理面临新形势、新困难。为加强林地管理，积极宣传《森林法》、《森林法实施条例》、《占用征用林地审核审批管理加法》等有关征占用林地管理的规定，主动介入服务、监督、管理，使建设工程项目征占用林地审核审批工作逐步走上正轨。2003年审核审批工程建设项目10个，征占用林地面积19.0公顷，收取森林植被恢复费123万元。

（崇左市林业局）

【限额采伐】

“十五”期间崇左市商品材采伐限额蓄积量329066立方米，出材量203480立方米；其中天然林采伐限额蓄积量25762立方米，出材量15457立方米。2003年实际签发采伐许可证蓄积量222372立方米，出材量146248立方米。实际生产蓄积量216957立方米，出材量144184立方米。商品材生产计划的分解下达、采伐许可证的签发、木材的实际生产都严格控制在限额内。

（崇左市林业局）

【采伐源头管理和木材流通监督】

2003年崇左市共计600个商品材采伐伐区，坚持伐前规划设计、伐中检查监督、伐后验收，努力消除采伐源头出现的乱砍滥伐现象，全市商品材采伐规划设计率100%。加强各木材检查站值班检查制度，坚决杜绝公路“三乱”，注重举报案件的跟踪查处和站点值班检查相结合，依法查处违法运输木材案件。2003年共查处违法运输木材案1295起，查处率100%。查处非法收购、经营、加工木材案145起，查处率100%。没收违法运输、收购、加工木材6088.9立方米，罚款126.7万元。此外，毁林案件的现场勘验和技术鉴定、工程建设项目使用林地可行性报告等都由林业设计院参与或直接负责，加大林政资源管理的技术含量，使林政资源管理从单一的执法监督逐步转向技术管理监督、指导方向发展。

（崇左市林业局）

【森林防火】

1988～2002年南宁地区12个县(市)共发生森林火灾730起，其中森林火警359起，一般火灾368起，重大森林火灾3起，过火面积15561.7公顷，受害森林面积3800.7公顷，因森林火灾死亡7人，重伤2人，轻伤1人。

一、森林防火体系建设

1956年桂西壮族自治区成立护林防火指挥部，管辖原南宁地区14个县。1973年成立大青山林区(宁明、龙州、凭祥)护林防火联防指挥部。1987年始成立各级森林防火指挥部，设立森林防火办公室。1991～1996年各县先后成立县级专业森林消防队，各县建立20人以上的专业消防队，国有林场也相继成立专业或半专业森林消防队。至1979年，共开设防火线9865公里，林道2159公里，建瞭望台25座。1988年开始配备森林消防指挥车，1989年开始建立护林防火无线电通信网，1994年县级专业森林消防队配备森林消防运兵车。至2002年，有防火阻隔带3452公里。其中防火林带1172.4公里，有森林防火车辆76辆，扑火机具8968台(把)，其中风力灭火机301台。

二、航空护林

1997年开始开展航空护林，航空护林区有扶绥、天等、大新、崇左4个县。1999年开始实施中越边境线生物防火林带项目建设，宁明县完成林带造林12公里。1999～2002年，上级共下拨边境防火林带建设资金133.0万元，至2003年底，四县(市)共实施林带造林133.5公里，宽15～25米。2001年向国家林业局申报《广西南宁地区重点火险区建设项目》，2002年5月国家林业局正式批准实施(国家林业局林计发〔2002〕122号)。建设项目主要有森林防火通信系统、瞭望监测系统、指挥扑救系统、预测预报系统、扑火队伍建设等。1990～2003年森林防火年平均受害率0.36‰，共获自治区森林防火目标管理一等奖5次，二等奖2次，三等奖3次。

（崇左市林业局）

【森林公安工作】

1988年成立森林公安机关以来，林业公安各项工作走向成熟，队伍建设逐步加强，各项制度日臻完善。崇左市有市、县森林公安分局7个、森林公安警察大队1个，林场（保护区）派出所14个。全市共有民警79名。坚持严打方针，结合崇左市实际情况适时开展专项治理斗争。崇左市相继开展了“候鸟二号行动”、“火案攻坚战”、“绿剑行动”、“春雷行动”、“南方二号行动”、“猎鹰行动”、“冬季行动”等专项行动，严厉打击了破坏森林和野生动植物资源违法犯罪活动。

1988年成立林业公安科至今，共有荣立个人二等功1人，个人三等功9人（次），嘉奖24人（次）。1990年被评为广西林业公安内勤统计工作二等奖；1994年获广西林业公安岗位练兵竞赛团体第三名；1997年受到广西林业公安处授予集体嘉奖一次；2000年被广西林业公安处记集体三等功一次；2000年被广西林业厅授予“南方二号行动先进集体”称号；2002年被评为广西森林公安“三项教育”先进集体；2003年获全国打击破坏野生动物资源违法犯罪“春雷行动”先进集体。

（崇左市林业局）

【林业分类经营】

2000年起，在中央和自治区的统一布置下，各县积极开展林业分类经营工作，将森林资源划分为公益林51.59万公顷，划为商业林31.3万公顷，二者比例为0.62∶0.38。公益林面积中属国家公益林46.13万公顷，地方公益林5.46万公顷。

（崇左市林业局）

【森林生态效益补助试点】

生态公益林中，划入中央财政补助资金试点的国家公益林10.06万公顷，2001～2003年共得到补助资金2278.74万元，其中：2001年743.06万元，2002年816.02万元，2003年719.62万元，有效地保证各项工作开展。

【非公有制林业发展】

党的十一届三中全会以来，在农村全面推行土地承包责任制，农村土地使用权绝大部分转移到农民手中，非公有制林业快速发展。据统计，1988～1996年间人工造林25.08万公顷，其中非公有制造林23.48万公顷，占93.62%。

（崇左市林业局）

【林业技术推广】

崇左市建有市级林业技术推广站一个，县级林业技术推广站五个。现有人员53人，其中专职人员1人，兼职人员52人。学历结构为：本科学历8人，大专学历8人，中专学历30人，其他学历的7人。市、县林业技术推广站根据本地情况实际，面向农村，采取各种方式传播、普及林业科学知识。在“十月科普大行动”、“智慧之光耀八桂”、“送科技下乡”等的各项科技活动中，制作板报宣传林业科普知识共9期，上街开展科技咨询活动9次，分发各种林业科技资料1.1万份。

一、南宁地区林科所

地区林科所的前身是1957年在凭祥夏石成立的林业试验站，1958年扩大为南宁地区林科所。为国家承担热带珍贵林木引种驯化20多个品种，并推广应用于生产。1979年地区林科所迁至武鸣县锣圩镇后，开展一系列林业科研活动，营造园营造、湿地松种源试验研究、石山树种栽培试验、薪炭林营造技术研究、加勒比松、洪都拉斯等多种松类种源试验。共引种裸子植物75种，被子植物190种，单子叶植物23种。多项试验获得科研成果奖。

二、南宁地区油桐试验站

1965年成立。自1965年开始营造150多公顷油桐试验林，并进行科学研究。1967年开始对“桂皱27号”、“桂皱1号”、“桂皱2号”、“桂皱6号”的油桐苗木进行定植，面积200公顷，于1972年油桐果获得空前大丰收，产油桐果16万公斤。国家农业部获知这一消息，派出摄制组到油桐林拍摄科技纪录片。此后，油桐站栽培的优良油桐苗木销往全国各省油桐种植基地。1984年又获自治区科学技术委员会优秀科技成果二等奖，1987年被自治区科学技术委员会授予“全国科学大会奖”、“广西科学大会奖”、“广西优秀科技成果单位”称号，1989年获自治区科学技术委员会“油桐高产无性系采穗圃经营技术的研究”三等奖。

三、南宁地区林业学校

1985年经自治区人民政府批准，由自治区教委、自治区林业厅联合下文成立，校址设在南宁市衡阳路，校舍800平方米，属南宁地区林业局领导，经费由自治区林业厅、南宁地区林业局和学校三方面筹集解决。当年招收高中毕业生50人，设林业专业，学制两年，于1987年50人毕业，由自治区教育厅发给毕业证书，学生毕业后均分到各县工作，大多数已成为各县(市)林业骨干。由于专职教师、教育经费等得不到解决，1987年停止招生。

四、林业技术培训

解放以来先后培训采种、育苗、造林技术骨干460人，树木分类、拉丁语学名拼读、语法80人，森林资源调查设计技术培训495人，林业局长、林场场长、林业站长培训195人，果树栽培技术培训78人，集体林区经营方案编制、木材检尺、营林技术培训等2343人，各项培训合计3651人。

(崇左市林业局)

【国有林场】

崇左市有11个国有林场，大都建于二十世纪五、六十年代(其中国有华侨林场2个)，分布在宁明、龙州、天等、大新、扶绥县和江州区内，经营总面积7.12万公顷，有林面积4.00万公顷，活立木蓄积量208.8万立方米，共有职工3002人(其中离退休1000人)。

通过几年的努力，国有林场已经初步完成了人事，用工和分配“三项制度”改革，全部实行用工合同制，以岗定薪制，计件效益工资制，形成管理有章，流动有序，分配合理，人尽其才的新局面，在此基础上总结经验，逐步完善。

1996年自营经济开始在全市11个国有林场中相继开展，自营经济总面积达3342公顷，人均经营面积达1.1公顷，主要经济作物有龙眼、柑橙、八角、苦丁茶、甘蔗等，自营经济收入已超过林场公管经济收入，实践证明自营经济是国有林场职工脱贫致富的必经之路，已形成了国有林场新的经济增长点。

(崇左市林业局)

【林业工作站建设】

崇左市乡(镇)林业站自1988年建立以来，全市79个乡(镇)全部建有林业工作站，林业站定编人员220人，实有人员224人。具有中专以上学历有160人，高中以下的有64人;已取得初级以上职称有96人。

1988～2003年，累计完成投资414.5万元，其中国家投资78.4万元，自治区财政、自治区林业局投资143.8万元，地方配套资金192.3万元。建有站房的38个林业站，有4个站配有交通工具，有27个站配有通信设备。

林业站岗位培训步入正常轨道，累计到2003年底，通过岗位培训的有133人，其中站长培训78人，站员培训58人，实现“八五”期末站长和主要岗位培训的目标。

基层林业站协助林业主管部门加强森林资源的保护与管理，按照“山上管严，山下放活”的管理思路，认真执行森林限额管理制度和木材生产计划，做好伐区管理、监督工作，从源头上切实抓好森林资源的管理。1989～2003年基层林业站参与查处林政案件1842件，其中野生动物案件372件，参与调处山林纠纷1470件。在森林防火和农村生态能源建设方面，广泛开展森林防火的法律法规宣传，提高群众的防火意识和用火观念，发现火灾及时报告，及时组织扑救，森林火灾受害率从20世纪80年代年均1.46‰下降到90年代年均0.356‰，为保护森林资源发挥了重要的作用。

林业工作站建立至2003年，有3个县级站获全国先进乡(镇)林业工作站称号，9人获全国乡(镇)林业站先进工作者，有22人获全国优秀乡村护林员称号;2001年市级乡镇林业工作站荣获全区林业站建设先进单位。

(崇左市林业局)

江州区林业

【概　述】

南宁地区于2003年8月撤地建市后，崇左县更名为江州区。江州区位于广西的西南部。湘桂铁路、322国道和左江过境。辖9个乡(镇)、2个国有林场，土地总面积293171公顷，其中林业用地125971公顷，有林地47647.6公顷，灌木林面积64723.4公顷，森林覆盖率40.5%。林业系统在职人员524人，其中工程技术人员68人。

江州区自古有“左江泛绿，四季常青”的美誉，然而自乾隆以来，人口日增，乱砍滥伐，山火蔓延，森林面积日趋下降。解放以后，政府重视林业建设与发展，从1953年起，年年人工造林，1954年起兴办集体林场，1958年和1967年先后建立那达、群力两个国营林场，1964～1980年进行过三次飞播造林。“大跃进”、“文革”及1981年农村经济体制改革初三次乱砍滥伐，造成了森林的严重破坏，气候异常，春、秋、冬季干旱，夏季洪涝，水源减少。1980年小溪干枯、断流者竟占54%，水库、山塘有效库容下降，给江州区经济的发展、人民的生活与健康带来了不利的影响。据1985年调查，江州区有林面积 17283.9 公顷，森林覆盖率为 5.96％，绿化率为 12.6％。1987 年，区委、区政府提出十五年基本绿化江州区的雄伟目标，先后经历了 1990～1994 年的造林灭荒，1995～1996 年的绿化达标造林，两次大规模的造林累计共投入资金 1556.9 万元，共实施营造林 48600 公顷，其中人工造林 24800 公顷，飞播造林 23800 公顷，封山育林 65000 公顷，于 1994 年和 1996 年顺利实现了造林灭荒和绿化达标。1998 年，自治区人民政府提出实施绿色工程造林，江州区积极响应自治区人民政府的号召，共实施绿色工程造林 875.9 公顷。

【营造林概况】

新中国成立后，江州区林业遵循“以营林为基础”的方针，狠抓造林、封山育林和抚育间伐工作。1953～1999 年累计封山育林面积 73806.7 公顷。2000 年以后，转向以分类经营为基础的现代林业，营造商品林和公益林面积 6264 公顷，其中绿色通道 1951.1 公顷，封山育林面积 8612.3 公顷。

【人工造林】

历年人工造林 119717.9 公顷，其中 1953～1985 年造林 63417.1 公顷。

【飞播造林】

江州区 1964～1998 年共进行 8 次飞播造林。设计飞播造林面积 10.2 万公顷，有效面积 8.3 万公顷。其中 1964～1983 年共飞播种 2 次，设计飞播造林面积 3.8 万公顷，有效面积 3.1 万公顷；1984～1998 年共飞播种 6 次设计飞播造林面积 6.4 万公顷，有效面积 5.2 万公顷，成效面积 1.3 万公顷。

【速生丰产林基地建设】

至 2003 年，共营造速丰林面积 4041.3 公顷，其中 2000 年营造 331 公顷，2001 年营造 455 公顷，2002 年营造 644 公顷，2003 年营造 1099 公顷。

【经济林建设】

至 2003 年，经济林面积 7304.7 公顷。其中 2000 年造林 1414 公顷，2001 年造林 817 公顷，2002 年造林 190 公顷，2003 年造林 3188 公顷。

【封山育林】

历年实施封山育林面积 82491 公顷，其中 2000 年封山育林 1730.5 公顷，2001 年封山育林 3335 公顷，2003 年封山育林 3333.3 公顷。

【退耕还林工程】

2002～2003 年完成退耕还林任务 3000 公顷，占上级下达任务 100％，其中退耕地 1666.67 公顷，配套荒山造 1333.33 公顷，涉及退耕农户 2579 户。主要种植尾叶桉、八角、苦丁茶、龙眼等。

【绿色工程】

1999～2003 年，共完成江河两岸各宽 2 公里，公路、铁路两侧各 1 公里以及城镇、村屯周围 100 米范围内的宜林地植树造林 1457.6 公顷，退耕还林 433.3 公顷，非林业用地石山封山育林 7308.4 公顷，退牧还林 60.2 公顷，未达标补植 1.2公顷。造林合格面积 1004.1 公顷，占总任务量的 93.6％。

【幼中林抚育】

贯彻“全面规划，因地制宜，以抚为主，抚育与利用相结合”的原则，1999～2003 年共抚育中幼林 10950.6 公顷，其中 1999 年 1658.6 公顷，2000 年 1940 公顷，2001 年 1791 公顷，2002 年 2560 公顷，2003 年 3001 公顷。

【低产林改造】

为调整林种结构，发展高效林业，江州区注重对低产林的改造。据统计，1999～2003 年共改造低产林 1964.2 公顷，其中 1999 年 410.2 公顷，2000 年 1084 公顷，2001 年 253 公顷，2002 年 217 公顷。

【全民义务植树】

1981 年 12 月 13 日五届全国人大四次会议做出了《关于开展全民义务植树运动的决议》，江州区坚决贯彻《决议》的规定，年年组织开展全民义务植树活动。通过开会、广播、报纸、电视等不同渠道，大力宣传开展全民义务植树的重要意义，利用办领导绿化点、召开植树造林现场会等形式，树立领导带头参加全民义务植树运动的榜样；采取建立义务植树登记卡、以资代劳等形式，增强应尽植树义务公民的责任感，提高义务植树公民的尽责率。据统计，1982～2003 年，共设义务植树点 95 个，面积 21733 公顷，参加义务植树达 295.8 万人次，义务植树 1461.21 万株，义务植树尽责率由 1982 年的 45％提高到 2003 年的 91.5％

【生态能源建设】

1995 年 7 月，全县农户有 51778 户完成改灶节柴，占农户数的 92%以上，获得国家农业部颁发的合格证书。1998～2003 年建沼气池 18367 座，沼气入户率占农户 64019 户的 28.69%。江州区沼气池建设财政总投资 593.04 万元。1999 年荣获南宁地区沼气建设“达标奖”，2000 年荣获南宁地区沼气建设一等奖。

【森林病虫害防治】

据统计，1990～1999 年平均每年病虫害发生面积约 266.67 公顷，防治率 100%。1999 年以后，每年发生森林病虫害约 400 公顷(其中马尾松毛虫占 98%)，防治率 100%。1999 年以前以化学防治为主，1999 以后，主要用白僵菌等生物制剂进行防治，仿生和化学药物防治占 2%以下，重点用于扑杀小面积的虫源地。1999～2003 年每年飞防 1066.67 公顷。

【森林资源调查】

自 1960～2003 年，分别于 1960 年、1974 年、1990 年和 1999 年共四次组织进行了全区森林资源调查规划工作。1974 年江州区有森林面积 37221.1 公顷，灌木林 24182.7 公顷，用材林面积 34719.3 公顷，活立木蓄积 52.7 万立方米；1999 年有森林面积 45759.1 公顷，灌木林 71273.8 公顷，用材林面积 29546.3 公顷，活立木蓄积 99.9 万立方米。

【林地林权管理】

解放后大部分的山权、林权归集体所有，1961 年山界林权落实到公社、大队和生产队三级管理。1978 年，农村经济管理体制改革，调整山界林权，1980～1984 年，林业“三定”期间，落实山界林权和划分自留山工作，至 1984 年，已落实稳定山界林权共 8 个公社，101 个大队，1862 个生产队，占应划定数的 94%，占应划定面积的 88%；已落实承包山共 91 个大队、1415 个生产队、2627 户，总面积 48364 公顷，占应划定数的 78%；共划出牧场 26519.6 公顷；1985 年原崇左县人民政府发放山界林权证。2001～2004 年依法为建设单位审核申报征占用林地 15 起，面积 145.55 公顷，缴纳森林植被恢复费 96.40 万元。

【森林采伐与限额管理】

自 1986 年起，森林采伐由计划管理转变为限额管理，先后完成“八五”、“九五”、“十五”期年森林采伐限额的编制工作，严格按上级下达的采伐限额指标控制审批采伐。“十五”期森林采伐限额总量为 97505 立方米，森林采伐控制在限额指标范围内。

【木材流通管理】

为加强木材流通的管理监督，1991 年 4 月，经广西壮族自治区人民政府批准建立板利木材检查站，在编人员 16 人，工资及编制纳入财政预算。主要负责检查来自凭祥市宁明县、江州区、龙州县等木材、野生动物流通等情况，依法履行木材运输监督检查职能。据不完全统计，年检查木材流通量约 14600 车，木材约 62800 立方米，查处违法运输木材案件 1070 起，收缴各类木材 1400 立方米，处罚 138 人次，为国家挽回经济损失约 120 万元，查处违法运输陆生野生动物案件 150 起。

【森林防火】

江州区于 1990 年 1 月正式成立森林防火指挥部，1992 年 3 月，江州区成立专业森林消防队。建立 4 座瞭望台，配备 1 辆森林消防指挥车、1 辆森林消防运输车和 15 台风力灭火机，2000 年完成生物防火林带建设编制工作。1950～1989 年，森林火灾比较严重，平均每年发生森林火灾 95 起，受害森林面积约 150 公顷，森林火灾受害率 4.1‰。1990～2000 年 11 年间，共发生森林火灾 45 起，其中受害森林面积 1 公顷以下的森林火警 28 起，占火灾总次数的 62.2%；受害森林面积 1 公顷以上不足 100 公顷的一般森林火灾 17 起，占火灾总次数的 37.8%。受害森林面积平均每年 9.2 公顷，森林火灾受害率 0.2‰。

【林业公安工作】

1981 年 9 月率先在群力林场成立林场派出所，1986 年 8 月成立那达林场派出所，1987 年 8 月成立广西板利自然保护区派出所，1988 年 1 月成立崇左县林业公安科。江州区的林业公安干警以警为荣、以林为业、全心全意为人民服务，在政治上、思想上、纪律上、作风上、工作能力上，加强教育和训练，严格按照“依法治警、从严治警”的方针，加强自身建设，提高综合素质，始终以执政为民为宗旨。积极防范各类违法行为，努力把犯罪活动制止在萌芽阶段，先后参加了“南方二号行动”、“保护森林资源三号行动”、“冬季行动”、“猎鹰行动”、“春雷行动”、“绿剑行动”、“候鸟行动”等保护森林资源及野生动植物资源的行动，有力的保护森林资源和野生动植资源，保护了林区的生产秩序。

【林业执法】

林业行政机关依照法定职权和法定程序，将法律、法规和规章直接应用于具体的人或组织，使国家林业行政管理职能得以实现的活动，在执法过程中内部监督及层级监督。建立健全了林业行政执法的相关制度，实行重大行政处罚案件备案制度。林业行政执法公示制度增强了林业行政执法的透明度，完善林业行政执法的各项职能。截至2003年行政执法人员已达到30人。

【林业分类经营】

2001年7月江州区完成了森林分类区划界定工作，区划界定总面积133850.5公顷，其中生态公益林面积88350.3公顷，占界定总面积的66%，商品林面积45500.2公顷，占界定面积的34%。

【森林生态效益补助试点】

2001年江州区被列为国家和自治区森林生态效益补助试点区，试点面积12814.2公顷，2002年3月完成了《江州区森林生态效益补助资金试点实施方案》的编制。其中国有林247.8公顷，占1.9%，集体林11881.4公顷，占92.7%，个人所有林685.0公顷，占5.4%。共签订管护合同466份，聘用管护人员466人，设立宣传碑牌17块。2001～2003年，共发放森林生态效益补助资金管护费201.81万元，支出建设费用53.19万元。

【林业项目贷款】

1990年以来，江州区大力开发林业项目，在国家贴息贷款优惠政策的大力扶持下，分期分批向中国农业银行贷款造林。共计贷款249.54万元，造林600公顷。

【林业科技成果】

加强林业科技队伍建设和林业科技成果推广，并结合林业生产开展课题研究，取得较好成绩。1975年完成的《桂皱27号等4个千年桐高产无性系的选育》项目，在1978年荣获全国和广西科学大会优秀科技成果奖；1991年完成的《崇左县森林资源连续清查》项目，荣获1992年崇左县科技进步二等奖；1991年参与“良种桉短期工业用材林综合技术开发”项目，完成良种桉造林4971.7公顷，占计划的102%；1991～1995年推广应用营养截根菌根化育苗和造林技术，共培育湿地松、马尾松苗木540万株，造林1800公顷；1992年完成的《崇左县森林资源二类调查》项目荣获1994年崇左县科技进步一等奖；1995年完成的《崇左县经济林区划》项目被广西区林业厅授予优秀成果三等奖；1997年完成的《崇左县八角、肉桂造林总体设计》项目被广西林业厅授予设计优秀成果三等奖；同年完成的《左江石灰岩山地台湾相思造林技术研究与应用》项目荣获1998年广西科学技术进步三等奖。

【苗圃建设】

1953年建立白沙、卜青、凉亭三个苗圃，共计面积4.67公顷；1957年苗圃面积增到24.53公顷，1978年又减少到11公顷；1981年农村实行家庭联产承包责任制，社队苗圃解散，苗圃面积又减至4.47公顷。至1990年，原崇左县林业局管辖的苗圃有那隆、江北、卜利、凉亭4个，后来江北苗圃改作建设用地，卜利苗圃、那隆苗圃则种植了经济林、花生、甘蔗，逐渐丧失了育苗的功能，仅剩下凉亭苗圃。1999～2003年，凉亭苗圃除种植扁桃、木棉、大王椰等城镇绿化树种外，为城区绿化培育台湾相思苗木70多万株，为退耕还林培育苗木150多万株。

（江州区林业局）

扶绥县林业

【概　述】

扶绥县位于广西西南部，县城距首府南宁市45公里，距崇左市60公里。全县辖11个乡镇，11个国有农林场，总人口41.3万人。全县土地总面积28.58万公顷，其中林业用地面积11.23万公顷，占总面积的39.2%；农业用地面积14.08万公顷，牧业用地0.856万公顷，其他用地2.404万公顷；在林业用地中，森林面积6.25万公顷，活立木蓄积量为328.0万立方米，灌木林地面积4.22万公顷，森林覆盖率为36.7%。在分类经营中区划生态公益林为3.75万公顷，商品林为6.73万公顷。

【林木种苗生产建设】

新中国成立后，先后在东门、中东、塘岸、马场建立苗圃，共2公顷。1960年，扶绥县苗圃撤销，1963年又在扶南、渠旧、东门、中东等建立4个苗圃（县办），面积10.3公顷；同期，其他社队也建立育苗场，全县年育苗达13.3公顷。1965年，仅保留扶南苗圃0.5公顷。1981年后，每年育苗面积达14.0公顷以上。1984年，全县共有66个苗圃，其中国有4个、乡村集体3个、个体58个，总面积200多公顷。1953～2003年，累计育苗42680万株。

【人工造林】

1953～2003年，人工造林面积达14.2万公顷，保存面积5.2万公顷，其中1953～1985年造林面积达1.45万公顷，1986～1999年造林面积达3.21万公顷，2000～2003年造林面积达0.54万公顷。

【飞播造林】

1961年扶绥县试行飞播造林成功后，分别于1964、1967、1972、1980、1986、1990、1991、1994年共进行过8次飞播造林，设计造林总面积5.14万公顷，至2003年保存面积0.53万公顷。据调查，31年生马尾松林每公顷蓄积达525立方米。

【消灭荒山、绿化达标】

根据自治区党委、政府1986年做出的《力争十五年基本绿化广西的决定》，1986～1996年，扶绥县共造林6.26万公顷，经自治区检查核定，林业用地绿化率92.75%，道路绿化率97.5%，河流绿化率96.41%，城乡绿化率97.84%，森林覆盖率33.64%，1994年消灭荒山、1997年实现绿化达标。

【速丰林基地建设】

1987年，扶绥县林业局在岜盆乡那坡村建立隆缘桉速生丰产林示范点，造林面积10公顷；1990年初，在东门镇琴准村推广种植尾叶桉速生丰产林20多公顷；1999年，县委、县政府在东门镇渠荣村种植尾叶桉速生丰产林面积80公顷，至2003年全县营造速丰桉面积达1.29万公顷。计划到2010年，速丰桉发展到2万公顷。

【经济林建设】

1985年，扶绥县经济果木林总面积1600公顷，主要有龙眼、荔枝、柑、橙等，80年代后期至90年代，经济果木林生产发展迅速，至2003年，全县有经济果木林1.12万公顷。

【封山育林】

1990年，扶绥县划定封山育林区面积达2万公顷。此后，每年封山育林3333.33公顷，至2003年，累计封山育林面积达3.73万公顷。

【退耕还林】

2002～2003年，共实施退耕还林3334公顷，其中2002年实施2667公顷，2003年实施667公顷，其中生态林面积0.31万公顷。

【绿色工程】

绿色工程是自治区党委“1234610”农业和农村工作思路中的重点基础工程。1999～2001年人工造林合格面积为1911.2公顷。石山封山育面积为3.73公顷。

【抚育管理】

1997年，扶绥县把森林经营管理从粗放型转向集约化，当年，中龄林抚育间伐40公顷，幼林抚育3333万公顷。1998年起，每年抚育1300公顷以上。

【低产林改造】

据1990年统计，扶绥县尚有1.4万公顷低产林，主要是马尾松、杉木、隆缘桉等用材林。至2003年，已进行低产林改造0.72万公顷，

【生态能源建设】

1993～2003年，扶绥县共完成沼气池25016座，95%的农户用上了节柴灶或沼气能源。

【林业产业】

至1989年，扶绥县有个体木材经营10户、加工销售木器60户。2002年，广西东正木业有限公司在山圩镇建立10万立方米中密度纤维板厂，使崇左市有了第一家木材深加工企业。此后，又建立3家胶合板厂，推进扶绥县林业产业迅速发展。

【森林旅游】

扶绥县森林旅游主要是以岜盆自然保护区九层山和东门镇那江水库为主。1996年，扶绥县林业局开发九层山，在可麦四（地名）对狞猴进行驯化，但由于资金短缺，进展缓慢。

【森林病虫害防治】

1991年，扶绥县成立森林病虫害防治检疫站，建起了森防测报网络，设43个森林虫情测报点，对全县4.5万公顷的森林进行监测。1999～2003年，森林病虫害发生面积累计464公顷，年发生率1‰以下。年防治面积1066公顷，主要是马尾松毛虫，有效控制森林病虫害发生。

【野生动植物保护和自然保护区建设】

广西岜盆自然保护区位于扶绥县西南部，1981年成立扶绥县珍贵动物保护站，2001年更名为“广西岜盆自然保护区管理处”，现有管理人员9人，主要保护国家一级动物白头叶猴、黑头叶猴、国家二级保护动物猕猴、蛤蚧以及广西重点保护动物鸟类、蛇类、猫类、鹰类和珍贵植物金花茶、苏铁等。保护区分布在岜盆、山圩、东门、渠黎、昌平5个乡镇，总面积5108.7公顷。2003年2月进行调查，有白头叶猴42群，主要居住在九重山保护区。众多国内外动物专家、学者及各界人士前来参观考察、研究白头叶猴。保护区动植物资源极为丰富，植被生长良好，自然景观也十分奇特，具有极高的科研考察、观光旅游价值。

【森林资源调查】

按照上级的部署，自1960～1999年，扶绥县集体林区于1960年、1973年、1990年、1999年共四次组织进行了森林资源调查规划(一类、二类调查)；国有林场于1977年、1983年、1990年、1999年进行四次森林资源二类调查，摸清了森林资源情况，为林业生产发展的科学决策提供依据。

【林地管理】

解放初，大部分山权林权属集体所有，1961年，山林权落实到公社、大队、生产队三级管理。1980～1985年林业“三定”期间，发放昌平、岜盆、山圩、渠旧四个乡镇35个自然屯山界林权证，划分社员自留山900公顷，责任山0.26万公顷，共发放山权林权证面积0.35万公顷。1999～2003年进一步加强林地管理工作，严格执行建设工程尽量不占和少占林地的原则，为需征占用林地的建设项目办理审核申报手续，依法申报征用林地4.14公顷，缴纳森林植被恢复费24.84万元。

【森林采伐限额管理】

1953～1985年，森林采伐为计划管理，1953～1985年采伐量总33.0万立方米(其中集体18.4立方米)。1986年，森林采伐由计划管理转向限额管理，先后编制“八五”、“九五”、“十五”期年森林采伐限额，严格执行限额采伐，2000～2003年，上级下达采伐指标为17.72万立方米，实际采伐15.34万立方米。

【木材流通管理】

依照《森林法》及其实施条例和广西壮族自治区木材运输管理条例，20世纪80年代成立扶南木材检查站，负责检查过往的木材运输，1997年，经自治区人民政府批准成立山圩木材检查站、中东木材检查站，有效地打击扰乱木材生产秩序的违法行为。

【森林防火】

自1950～2003年，扶绥县共发生、扑灭森林火灾550多起。其中重大火灾1起，过火面积469.6公顷，森林受害面积218.7公顷，经济损失61.5万元。1960年，扶绥县成立护林防火指挥部，各社、区相应成立护林防火指挥所。1989年，“扶绥县护林防火指挥部”改名为“扶绥县森林防火指挥部”。1996年9月建立森林消防专业队，队员30人，由县财政拨款，配备扑火设施，实行军事化管理。1997年荣获广西壮族自治区森林消防队一类队称号，1999～2001年度荣获崇左市(原南宁地区)森林火灾扑救先进单位，1997～1998年，全国政协副主席何鲁丽、国家林业部副部长祝光耀先后到扶绥县考察、检阅森林消防专业队。到2003年，扶绥县共有防火指挥台机9台，车载台机12台，手持对讲机200台，境内共设有9座防火瞭望台，配有专职瞭望员及手持对讲机、望远镜，重点火险林区瞭望覆盖面达90%以上；全县共有森林消防专业队员90人，半专业森林消防队员60人，乡镇、林场义务森林消防队26支463人，配有风力灭火机72台，二号工具1350把。

【森林公安工作】

1988年，扶绥县成立林业公安股(后改为林业公安科、森林公安警察大队)，林业公安打击破坏森林资源的违法犯罪活动、保护国家森林资源发挥了巨大的作用。荣获1995年度南宁地区林业局公安处“创优达标”先进单位，1996年荣获集体三等功，1997年荣获全区优秀林业公安。据统计1999～2003年破获各种森林案件300起，其中刑事案件16起，森林治安案件25起，林政案件264起，逮捕16人，刑事拘留5人，治安拘留25人，林业行政处罚254人次，收缴国家保护动物穿山甲57条，收缴木材1200立方米，为国家挽回经济损失60多万元。

【林业分类经营】

根据上级主管部门的工作部署，2000年进行森林分类区划界定工作，区划为生态公益林区面积4.376万公顷，商品林区面积3.62万公顷，二者比例为0.55∶0.45。

【森林生态效益补助试点】

2001年,扶绥县被列入国家级森林生态补助试点,总面积为5766.8公顷,国家补助36.76万元,至2003年,已到位资金61.5万元。

【非公有制林业发展】

1980年前,扶绥县林业发展以公有制为主体。1986年大力发展速生丰产林,发放林业种植贴息贷款,出现了个体贷款造林高潮,1997年,县委、县政府出台《关于加快营造速生丰产林的决定》,造林面积达200公顷的个体经营户有2户。2002年,经过招商引资,广西东正木业有限公司到扶绥县建立10万立方米中密度纤维板厂,同期,南方木业有限公司、永富胶合板厂、长江胶合板厂先后到扶绥县办厂,致使非公有制林业产业迅速发展。

【林业科学技术】

1977年,扶绥县在大塘成立林业科学研究所,曾引进榇木、金丝李、蝴蝶果、火老排、格木、红荷木、岑溪软枝油茶等10多个优质品种进行速生丰产试验,由于缺乏技术、经验、资金等原因,没有成功,研究所停办,目前该林地已种植速生丰产的良种桉。

1990年后,扶绥县大力推广运用ABT生根粉造林,使造林成活率提高20%,获国家林业局科技成果推广一等奖。同期,大力推广种植尾叶桉速生丰产林,至2003年,全县有尾叶桉速生丰产林面积1.29万公顷。

【林业教育】

在扶绥县林业职工中,有783人参加林业专业技术培训。2003年底止,全县有高级职称2人,中级职称23人,初级职称101人。1990～2003年,全县林业职工有102人参加成人教育,获得本科学历12人、专科学历36人、中专学历54人。

【乡镇林业工作站建设】

20世纪70年代,各人民公社设立林业站。1978年,撤销林业站,1989年,扶绥县成立乡镇林业工作站,主要负责本乡镇林业工作,由县林业局、乡镇政府双重管理。1997年,经自治区林业局验收,授予乡镇林业工作站“合格达标”县。2002年后归各乡镇管理。

【扶绥县光西林场】

光西林场位于柳桥镇南部光西屯附近,1959年曾下放到东门、柳桥两公社管理,1960年复归县管辖。1963年,场部搬到那畔林站。1964年划归南宁地区管辖,1996年后归县管辖。全场土地总面积4.68万公顷,其中林业用地4.1万公顷,有林地面积2.46万公顷,森林蓄积量19.0万立方米。2003年,全场总人口312人,其中在职的203人,退休退职63人。1997年林场进行三项制度改革,发展自营经济150公顷,人均面积0.74公顷,经营树种以橙、龙眼、荔枝、芒果、李果为主。

【广西渠黎华侨林场】

1965年9月成立,属桂南林业局,1978年接纳越南归侨后,于1979年更名为广西壮族自治区国有渠黎华侨林场,属广西华侨企业管理局管辖,1998年2月下放给扶绥县人民政府管理。林场下设4个分场,总面积1.07万公顷,其中有林地面积0.49万公顷,主要经营用材林和经济果木林。全场总人口1908人,在职职工716人,离退休人员332人。1965～1982年17年间基本以营造林为主,主要发展松桉用林材;1983年后,林场开始调整产业结构,大力发展经济果树林。1997年,林场进行三项制度改革,发展自营经济686.3公顷,人均面积0.96公顷,经营树种以龙眼、柑橙为主,仅柑橙面积就有335公顷,年产柑橙鲜果900万公斤。1992年,林场建成年产7000吨水泥袋包装纸厂,总投资850万元,年产值1800万元。正在筹建的扶绥华侨投资区规划占地面积3201公顷,位于林场境内的面积为770.5公顷,投资区指挥部设在林场场部,主要项目有:农产品加工园区、工业园区、侨居工程区、水库旅游休闲度假区。

【广西西长华侨林场】

1981年12月,将原光西林场的西长、上屯、南引三个林站合并成立广西西长华侨林场,1998年移交地方人民政府管理。全场总人口1848人,其中归侨、侨眷1586人,占总人口数的85.8%。全场职工767人,其中在职446人,退休退职321人。全场土地面积0.49万公顷,其中有林面积0.17万公顷,森林活立木蓄积量10多万立方米,被占地0.23万公顷。1997年,林场进行三项制度改革,发展自营经济161公顷,人均面积0.36公顷,经营树种以龙眼、柑橙、荔枝为主。2003年6月申报设立西长经济开发区。同年,扶绥县委、县政府批准增设广西扶绥华侨经济管理区,规划建设林产品加工、侨居工程、人畜饮水工程等项目，向社会招商引资搞开发。

（扶绥县林业局）

大新县林业

【概　述】

大新县位于广西西南部，西南面与越南民主共和国接壤，国境线长 40 多公里，县城距南宁市 145 公里，距崇左市 72 公里。土地总面积 27.52 万公顷，其中：林业用地面积 13.53 万公顷，占总面积 49.9%。在林业用地中，有林地 4.27 万公顷，占林业用地 31.1%。全县活立木总蓄积量 177.23 万立方米，森林覆盖率 47.66%。

新中国成立后，1951 年 9 月养利县、万承县和雷平县合并为大新县，1954 年大新县人民政府成立林业科，1971 年成立县林业局，到 2003 年底止，全县林业系统共有职工 730 人，其中工程技术人员 60 人。

【林木种苗生产建设】

大新县林业局种苗站成立于 1986 年 12 月。1980～1985 年，从外地采购各类树种 2.88 万公斤(其中松种 8511 公斤，杉种 3142 公斤，八角 386 公斤，其他树种 1.68 万公斤)，培育各种树苗65.2 公顷，1985 年林业“三定”落实后，当年育苗14.5 公顷。大新县现有育苗圃 22 个，其中速丰桉 2 个，苦丁茶及龙眼等 20 个，育苗面积约 44.1 公顷，年育苦丁茶苗 4 百万株，龙眼苗 1150 万株。

【营林建设】

新中国成立后，大新县林业实施以“造、封、管”并举的方针，1953～2003 年，共造林 12.6934 万公顷，其中人工造林 8.693 万公顷，飞播造林 4 万公顷，封山育林 9.147 万公顷，义务植树造林 0.462 万公顷。

【人工造林】

1953～2003 年，人工造林面积达 8.6934 万公顷，其中 1953～1999 年造林面积达 8.28 万公顷。据不完全统计，1999～2003 年，全县共上山种植各种树苗 2462.17 万株，其中：马尾松 1068.4 万株、八角 150 万株、任豆 615.77 万株、板栗 30 万株、苦丁茶 573 万株、速丰桉 25 万株。2000～2003 年造林面积达 4096 公顷。

【飞播造林】

1961～1973 年共设计飞播造林 1 万公顷，有效面积 0.5925 万公顷，成效面积 0.13 万公顷。1990 年度设计飞播造林 1.3493 万公顷，有效面积 0.7994 万公顷，成效面积 0.1754 万公顷。

【消灭荒山、绿化达标】

1987 年以后，大新县展开“消灭荒山、绿化达标”攻坚战，1987～1991 年，大新县人工造林面积 6336 公顷，封山育林 16456 公顷，1992～1995 年人工造林面积 2718 公顷，封山育林 32288 公顷，经自治区检查核定符合绿化达标目标标准。

【速丰林基地建设】

1956～1986 年大新县在三个国有林场和社队林场建立了以杉木林为主的速丰林基地，面积 2693.3 公顷，1991 年开始，在中军种苗站引种速丰桉取得成功，至 2003 年全县种植速丰桉面积 7333.3 公顷。

【经济林建设】

龙眼、苦丁茶和八角是大新县的三大经济林树种。2003 年，大新县龙眼种植面积 5553.3 公顷，为全国六大龙眼基地之一；据旧版《辞海》记载：“苦丁茶者广西特产名茶也，产于万承县苦丁乡”。“万承县苦丁乡”即现在的大新县龙门乡苦丁村，现仍保存 2 株高 30 多米、树龄 200 多年“苦丁茶王”。2003 年底，全县累计种植苦丁茶 2226.7公顷，年产干茶 500 多吨，产品畅销国内外。2003 年被中国优质农产品开发服务协会授予大新县“中国苦丁茶之乡”称号。全县八角种植面积 4333.3 公顷，是山区农民经济收入的重要组成部分。

【封山育林】

1954～1956 年，有 54 个自然村山前村后的山林严格封管。1958 年大办钢铁时，全县共砍伐山林 5000 公顷，封山育林工作严重受阻，原始森林大量被采伐。1981 年，随着农村集体荒山林地实行“三定”后，全县对 13.3 万公顷石山有计划地进行全封或轮封。

【退耕还林工程】

2002～2003 年完成退耕还林工程任务 3666.8公顷，其中：退耕地造林 2333.4 公顷，荒山配套造林 1333.4 公顷。主要种植速丰桉、马尾松、任豆树、板栗、八角、苦丁茶、山黄皮等。

【珠江防护林体系生态建设工程】

2003 年完成工程建设造林 200 公顷，封山育林 1666.7 公顷。

【石漠化治理工程】

完成 2001 年石漠化治理工程造林 466.7 公顷，封山育林 16000 公顷。

【森林生态效益补助工程】

从 2001 年试点实施面积 1.59 万公顷，补助资金 83.27 万元。2003 年增加试点面积 1450 公顷，补助资金 7.615 万元. 从 2003 年开始，大新县累计每年获国家森林生态效益补助面积 1.73 万公顷，资金 90.885 万元。

【全民义务植树】

1999～2003 年累计参加全民义务植树活动 82.45 万人，义务植树 252.9 万株，县、乡镇领导绿化示范点 16 个，造林面积 261 公顷。

【农村能源生态建设】

1980 年大新县成立沼气办公室，归县农村工作领导小组办公室领导；1985 年更名为农村能源站，归农业局领导；1991 年 7 月，变更为农村能源办，归县林业局领导。

省柴灶。1991～1995 年，大新县农村改灶累计 5.85 万户，占当年总农户 6.36 万户的 92%，经自治区能源办检查验收，各项指标均达到部颁标准。2003 年底，共完善更新农村省柴灶 6.3 万户，占当年总农户的 94.3%。

沼气池。1980～1996 年，大新县建设沼气池 5178 座，占总农户数的 8.2%。1998～2003 年上级下达建沼气池 34730 座，实际完成 34752 座，占 100.01%。截至 2003 年底，全县累计有沼气池 40683 座，入户率达 60.9%。同时，推广使用液化石油气 2.1 万户。

【森林资源与林政管理】

大新县林政资源管理从过去单纯性森林资源利用转向森林资源保护、发展、合理开发利用的轨道，强化了管理措施。

【森林采伐限额管理】

1953～1985 年森林采伐实行计划管理，1986 年以后转为限额管理。先后编制了“八五”、“九五”、“十五”期年森林采伐限额，严格执行采伐限额，2000～2003 年上级下达年采伐计划指标为 6.1374万立方米，实际采伐 5.793 万立方米，林木采伐严格控制在限额指标之内。

【森林资源调查】

根据上级部署，集体林区于 1960 年、1973 年、1990 年、1999 年共四次组织森林资源二类调查，国有林区（林场）于 1977 年、1983 年、1989 年、1999 年共四次组织森林资源二类调查。1974 年大新县林业用地面积 15.55 万公顷，有林地面积 1.79 万公顷，其中用材林面积 1.63 万公顷，活立木蓄积量 79.58 万立方米；1990 年全县林业用地面积 9.37 万公顷，有林地面积 2.47 万公顷，其中用材林面积 1.33 万公顷，活立木蓄积量 113.18 万立方米；1999 年全县林业用地面积 13.53 万公顷，有林地面积 4.27 万公顷，其中用材林面积 1.46万公顷，活立木蓄积量 177.23 万立方米；

【林地林政管理】

解放初期，山权林权大部分属集体所有。1961 年山权林权落实到公社、大队、生产队三级管理。1980～1985 年，发放山权林证和划分自留山。1999～2003 年，依照《森林法》及其实施条例的规定，加大林地保护和管理力度，强化征用林地审核工作，严格执行建设用地尽量不占或少占林地的原则，依法办理项目建设征占用林地审核申报手续 3 项，面积 2.7039 公顷，缴纳森林植被恢复费共 1.02 万元。

【林业行业执法】

大新县根据《森林法》及《森林法实施条例》，加强木材经营加工户年审换证和监督，联合公安、工商等部门开展了林政执法大检查工作，加大了林政执法和森林资源管理力度，林政管理规范化，林政案件发逐年下降。

【森林防火】

1981 年成立大新县森林防火指挥部，各乡镇相应成立森林防火组织机构，负责森林防火信息和指挥扑救工作。1982 年以后，小明山、上湖、隘江林场与周边乡镇成立山区护林防火组织机构，开展联防工作。每个乡镇组织 30～50 人的义务扑火队，配备扑火设施。1997 年县森林防火指挥部在小明山成立县级森林消防专业队，实行军事化管理。1999～2003 年上级拨款 35 万元，县财政拨款 20 万元，用于森林防火基础设施建设。全县现有防火隔离带 8 公里，防火林带 60 公里，林道 40 公里，林区道路 45 公里，瞭望台 2 座，电台 4 部，对讲机 20 台，交通指挥车、运输车 3 辆，风力灭火机35台，森林防火基础设施得到加强和改善，对控制森林发生起到积极作用。同时，层层签订责任状，加强领导，每年财政拨一定的经费作森林防火宣传经费，加大森林防火宣传力度。

1999～2003年大新县共发生一般森林火灾8起，受害面积18.6公顷，森林火灾受害率低于上级下达的火控责任目标，连年得到市森林防火目标管理一、二等奖。

【森林公安工作】

1986年12月成立大新县公安局小明山林场派出所，1987年12月分别成立大新县公安局林业公安股、上湖林场派出所、硕龙水源林保护区派出所、恩城珍贵动物保护区派出所。县林业公安股分别于1991年、2003年1月和2003年7月更名为县公安局林业公安科、森林公安警察大队、森林公安分局。林业公安对于打击破坏森林资源的违法犯罪活动、保护森林资源发挥了巨大作用。1999～2003年，破获各种森林案件211起，其中刑事案件25起，林政案件186起，逮捕17人，刑事拘留16人，治安拘留14人，林业行政处罚250人次。收缴国家一级保护野生动物63条(只)，二级保护野生动物770条(只)，鹰1只，龟10只，为国家挽回经济损失210万元。

【森林病虫害防治】

大新县设19个森林病虫害监测点，从事兼职预测预报员21人，监测覆盖率达90%，马尾松监测覆盖率达90%。多年来，积极开展森林植物检疫工作，1999～2003年林木调运检疫5.17万立方米，实施苗木产地检疫面积20.18公顷，产地检疫率91.5%。全县森林病虫害发生较为严重的是1999年上半年，受马尾松毛虫危害面积290公顷，有虫林率达100%，受害部被害率为85%～96%。为控制虫情继续蔓延，对虫灾区进行了飞机撒药防治，防治率达92%，防治效果达80%以上，有效地控制了虫灾的蔓延。

【小明山林场】

国有小明山林场建于1957年，场部距县城19公里，全场土地总面积6746.7公顷，其中经营面积6413.3公顷，经营面积中有林地面积5686.7公顷。全场水源林面积3706.7公顷，占有林地面积65.2%，用材林面积1153.3公顷，占有林地面积20.3%；经济林面积826.7公顷，占有林地面积的14.5%，森林活立木蓄积量48.16万立方米。现有职工248人，其中在职职工186人，退休职工62人。小明山水源可灌溉周边6666.7公顷农田和为40多万人提供生产生活用水。1982年天然林部分划为西大明山水源林保护区，2001年与礼智林场、凤凰山林场合并成立西大明山自然保护区，小明山林场是一个生态公益林和商品林兼营的国有林场。1997年林场进行管理体制改革，精简机构，推行职工家庭自营经济，林场保留行政、管理人员45人，家庭自营经济104户，总面积826.7公顷。

【中军种苗站】

该站始建于1955年10月，是国营上湖林场中军分场，先后更名为中军苗圃、中军林科所，中军种苗站，直属于县林业局管理。全站有职工17人，离、退休干部职工9人。全站林地总面积263.5公顷，其中经营面积184.1公顷，牧场25.3公顷，苗圃地3.3公顷。2000年进行体制改革，实施精简人员，推行家庭自营经济，自营经济面积16.7公顷。

（大新县林业局）

天等县林业

【概　述】

天等县地处广西西南部，崇左市西北部，全县辖10个乡、4个镇，118个村委会6个居委会，1310个自然屯，1879个村民小组，总人口40.4万人。全县属低山丘陵，境内多为岩溶地貌，平均海拔500米。最高峰为四城岭，海拔1073米。2003年底统计，全县土地面积21.95万公顷，其中，林业用地89847.6公顷，有林地面积73217.2公顷，用材林面积26699.2公顷，经济林面积9243.7公顷，森林覆盖率33.9%。

【林业种苗生产建设】

1953～1985年，年均育苗20公顷。20世纪90年代年均育苗10公顷。2000～2003年，天等县共育苗112公顷，树种有竹子、任豆树、苦丁茶、八角、良种桉、肥牛树，累计出圃苗木7670万株。林木采种主要有马尾松、任豆、八角、杉、黄檀、香椿、红椎等，其中任豆树年采种能力5000公斤。

【宜林荒山绿化造林达标】

1993～1994年春开展“灭荒绿化达标”攻坚

战，进行大规模造林，共完成造林 4026.3 公顷，经验收，天等县栽植率为 97.57%。1997 年全县绿化达标面积 3588.4 公顷，林业用地绿化率 95.8%，森林覆盖率为 25.3%。

【飞播造林】

1973～1991 年天等县共进行 4 次飞播造林，飞播马尾松面积 7.93 万公顷，有效面积 5.49 万公顷（其中重播面积 3.0 万公顷），成效面积 1.9 万公顷。

【经济林建设】

1953～1987 年，天等县共种植油桐 7813.8 公顷，油茶 3305.9 公顷，黄檀树 508 公顷。1990～2003年，全县共有八角林 6400 公顷，苦丁茶 1612 公顷。

【封山育林】

解放初期，县内森林得到较好保护。1958～1980 年，天等县森林资源遭受严重破坏。1987～2003 年，全县共实施封山面积 4.4 万公顷，石山造林 3000 公顷。

【退耕还林工程】

2002～2003 年度完成退耕还林工程面积 5000 公顷，其中：退耕地造林 3000 公顷，配套宜林荒山荒地造林 2000 公顷。两个年度的退耕还林工程经上级复查合格，被自治区授予 2003 年度自治区退耕还林工作先进单位。

【石漠化治理工程】

2001 年爱德基金扶贫项目造林 2000 公顷，投资种苗费 60 万元。2001 年实施石漠化治理试点工程 400 公顷，实际完成工程人工造林合格面积 404 公顷，占任务的 101%，造林树种为任豆树；封山育林面积 866.7 公顷。2001 年经自治区林业局检查验收合格，2002 年 7 月自治区林业局复查验收达标。至 2003 年，石山区种植任豆树 5066.7 公顷。

2002 年 3 月地委、行署在驮堪乡建设天等县石山区综合治理试验区，面积 1233.2 公顷，生态林业建设总规模为 1057.8 公顷，生态能源规划建设沼气池 802 座，使沼气入户率达 95%以上。通过 2 年的实施运作，完成了生态林业及生态能源建设，综合治理已初见成效。

【绿色工程】

1999 年 6 月实施绿色工程，1999～2001 年，天等县公路两旁各宽 1 公里范围内宜林地造林 461.7 公顷，城镇村（屯）周围 100 米范围内宜林地造林 14.8 公顷，公路用地范围内造林 4 公顷，公路两旁各宽 1 千米范围内坡度 25°以上坡耕地退耕还林 376.2 公顷。1999 年，全县公路两旁各 1 公里范围内石山封山育林 610.9 公顷。

【全民义务植树】

开展义务植树 20 多年来，义务植树累计 800 多万株，造林面积 3.3 万公顷，义务投工投劳 200 万个工日，投资 300 多万元。县乡领导示范点共有 12 个，造林面积 16.1 公顷。平均造林成活率和保存率 90%。

【推广省柴灶】

1988～1995 年，天等县共完成改燃改灶节柴技术推广 7.18 万户，占农户总数的 92.28%；完成城镇居民改燃改灶 1706 户，占总户数的 100%；完成“三窑四坊”改燃节柴 586 处，占总数的 97%，并通过国家农业部的达标验收。

【沼气池建设】

1958 年，天等县建了第一座沼气池，容量为 80 立方米。1980 年 6 月，成立县沼气办公室。天等县建沼气池分三个阶段，1972～1979 年建池 721 座，为石砌浆制的水压式池型；1980～1997 年建池 1.70 万座，为混凝土浇灌的双管道池型；1998～2003 年建池 2.50 万座，均为自动排渣水压池型。截至 2003 年底，全县累计建沼气池4.20 万座，入户率 51.3%。

【林业产业】

主要有木材经营、木器加工、锯材生产、林产品加工等。天等县有木材加工厂 55 家，其中锯材 20 家，家具厂 34 家，胶合制板厂 1 家。1958～1985 年，按计划统销统购。1978～1985 年林业总产值 1459 万元。1985 年中央 1 号文件开放了木材市场，林业产业有新的进展。2003 年林业总产值 5255.9 万元，主要有生八角果 3688 吨，产值 1106 万元；锯材生产 3200 立方米，产值 166 万元；家具生产产值 452 万元；生产胶合板 2028 立方米，产值 354.9 万元；茴油 322 吨，产值 1803 万元；茶叶 4039 吨，产值 1211 万元。

【森林病虫害防治】

1984 年成立森林病虫害防治检疫站，1990 年以后各乡（镇）设测报员 1 人，每年定期测报。1977～2003 年，天等县森林病虫害发生面积

7922.3公顷，其中1977年、1998年松毛虫危害，受害面积4773公顷，采用白僵菌防治；2000年，福新乡八角林发生虫害，受害面积2333.3公顷，以施肥恢复树势，并结合农地乐52.25%乳油化学防治及人工捕杀等进行综合治理，防治效果良好；2001～2003年，森林病虫害发生面积816公顷，年发生率在0.78%以下，防治率100%，无重大的森林病虫害发生。

【野生动物保护】

1980年以前，天等县森林资源受到人为的破坏，野生动物被滥捕乱杀较严重，野生动物数量减少。1985年后，相继设立林政和林业公安机构。加强对野生动物的保护，同时狠抓封山育林和造林工作以及划定福新、天等、进结等乡镇为野生动物保护区，野生动物物种、数量逐年增多。截至2003年底，天等县出现了9个猴群，主要分布在福新、天等、都康、宁干、进远等乡镇。

【森林资源调查】

1974年、1990年、1999年天等县共进行三次森林资源规划设计调查工作。1974年森林面积24553.7公顷，其中用材林28242.3公顷，活立木蓄积402340立方米，覆盖率11.25%；1999年森林面积68327.4公顷，其中用材林3425.8公顷，活立木蓄积987364立方米，覆盖率31.3%；

【林地林权管理】

解放初期，天等县大部分山权林权属集体所有。1961年实行“四固定”后，把山林权落实到公社、大队、生产队三级管理。1980～1986年全县实行林业“三定”，即确定山界林权、划定自留山、确定林业生产责任制。全县确定山林权属的有1597个生产队，面积9.5万公顷；已划定自留山的有1281个生产队47949户，面积4.5万公顷；已划定责任山的有707个生产队，面积1.3万公顷。同时处理了山林纠纷311处，面积21.7万公顷。1990年以来，依照《森林法》及其实施条例的规定，采取有力措施，加大了林地保护和管理的力度，强化征占用林地的审核审批工作。1997年，依法审核办理了天等县锰矿征用东平乡林地21.1公顷，按规定收取森林植被恢复费5.1万元。

【森林采伐及限额管理】

1958年，建立森工站，森林两次受到严重破坏，木材实行统购统销，1958～1985年木材收购量共45721立方米。1958年大炼钢铁，砍伐山林1134公顷，木材12万立方米；1980年，全县乱砍山林3330多公顷。自1986年起，森林采伐由计划管理转变为限额管理，先后编制了“八五”、“九五”、“十五”期间年森林采伐限额，严格执行上级批准的年采伐限额指标。“八五”期间采伐指标7550立方米，实际采伐3575立方米；“九五”期间采伐指标9980立方米，实际采伐8641.5立方米；2001～2003年间采伐指标15575.96立方米，实际采伐12471立方米。均控制在采伐限额指标内。

【木材流通管理】

1985年自治区政府批准建立木材检查站，对过境的木材进行检查，1985年中央1号文件开放了木材市场，木材流通逐步增加，林政加强了木材市场和流通的管理工作，1986～2003年全县共核发运输证26984立方米。

【林业行政案件查处】

1985年天等县林业局设林政股，1987年成立林业公安股，加强林业行政执法的建设，并共同开展各类林业案件和山林纠纷的调处工作。截至2003年底，共调处各类山林纠纷300多起，立案各类森林案件406起，其中刑事案件29起，治安案件26起，林政案件351起，处理违法人员648人，收缴木材695.948立方米，收缴及放生野生动物1869只(条)，为国家挽回经济损失55.1万元。

【森林防火】

1956年，县设护林防火指挥部，1989年改称县森林防火指挥部。1955～2003年间，共发生森林火灾790起，过火面积1.34万公顷，受害面积74.2公顷。截至2003年底，共建瞭望台2座，配备2号工具1000多把，风力灭火机13台，对讲机20部，森林消防车1辆，建立一支30人的半专业森林消防队。1989年自治区护林防火指挥部授予天等县“护林防火指挥部先进二等奖”。2000年和2001年度连续两年荣获原南宁地区森林防火目标管理一等奖。

【林业公安工作】

1987年12月成立林业公安股，配备干警5人；1989～2002年5月有干警8人，1999年11月更名为森林警察大队，2003年12月更名为森林公安分局。截至2003年底，天等县林业公安机关共立案各类森林案件406起，其中刑事案件29起，治安案件26起，林政案件351起，处理违法人员640人(其中逮捕26人,治安拘留21人,治安罚款13人,林政处罚530人,其他处罚48人,警告10人),收缴木材695.948立方米,收缴及放生野生动物1869只(条),挽回经济损失55.13万元。1994年和1995年度天等县林业公安为原南宁地区公安处、林业局创建达标单位,1999年度获原南宁地区林业系统先进单位,1999年获原南宁地区林业系统先进个人1人。

【非公有制林业发展】

90年代以后,天等县林业逐步从政府办林业、部门办林业向全社会办林业转变,经营形式也从单一向多样化转变,主要有股份经营、合作经营、租赁经营等形式。截至2003年底,全县非公有制造林共1730公顷,投资520万元。其中个体户莫宣扬在县境内承包造林达1200公顷,带动当地林业的发展。

【森林分类经营】

2000年11月至2001年5月,天等县开展了全县森林分类经营区划工作,共区划面积12.3万公顷,其中公益林9.0万公顷,商品林3.1万公顷。

【森林生态效益补助试点】

天等县于2002年3月开始实施2001年森林生态效益补助资金试点工作,全县2001年森林生态效益补助试点面积5564.1公顷。至2003年底,共兑现试点补助资金58.4万元。

【八角低产林改造】

1980年,天等县林业局对八角叶用林垦复生产试验成功并推广1000公顷,效果显著,该项目获县级1982年度科技推广成果三等奖。

【肥牛树育苗】

2002年,天等县林业技术人员采用无性系繁殖育苗的试验方法获得成功,解决了多年来肥牛树大规模育苗难的问题。该项目获天等县2003年度工作创新奖。

【科技推广】

1985年成立天等县林业技术推广站,科技推广项目主要有:紫胶、八角叶用林垦复生产技术等。沼气池技术推广于1982年荣获自治区能源办授予年度科技成果三等奖。

【石山区综合治理试验】

2002年,原南宁地区行署(现为崇左市人民政府)在天等县建立石山区生态综合治理试验区,总面积1233.2公顷。至2003年底,完成以退耕还林为主的造林266.6公顷,封山育林529.2公顷,管护有林地256.4公顷。并以生态林业带动畜牧、农业、中草药等产业以及基础设施的建设。项目实施后,石山区的植被得到快速恢复,治理效果显著。

【国有林场】

国有枧木林场位于龙茗镇,建于1975年4月。建场以培育珍贵枧木特种用途林为目的。总面积5817.1公顷,经营面积5704.5公顷,林业用地5013.5公顷,其中有林地1674.4公顷,主要经营树种有:马尾松、杉木、枧木、八角等,森林活立木总蓄积量2.80万立方米,森林覆盖率为28%。产业收入以八角产品、松脂、木材为主。全场现有干部职工31人,其中干部1人,工人27人,退休3人。近年来深化三项制度改革,一是做好分类经营工作,实施森林生态效益补助资金试点;二是调整林种结构和经营方式,实行职工承包制度,将八角经济林承包到个人;三是引进老板承包荒山荒地营造速丰林。至2003年底,已发包林地面积1000公顷。

【苗圃建设】

解放后,天等县先后建立三北、弄模、亮钦、进结、东平5个国营苗圃。1985年以后只有国有三北苗圃和国有弄模苗圃2个苗圃。三北苗圃1937年创办,经营面积85.7公顷,主要培育杉、松、苦丁茶、八角等林木种苗,同时开展紫胶生产,场内种有各种珍贵及引进树种52种,其中有柚木、湿地松、火炬松、马占相思、斯里兰卡油橄榄、八宝树、黄梁木等。2003年在职职工8人,其中干部4人,退休职工5人。1990年后年均育苗120万株。弄模苗圃1958年创办,总面积91.3公顷,主要培育黄檀、任豆树、肥牛树、小叶榕、桉等林木种苗,70年代开展紫胶生产。2000年以后,苗圃平均每年育苗面积65.7公顷以上。2003年有职工10人,退休职工5人。

(天等县林业局)

龙州县林业

【概　述】

龙州县位于广西西南部，东邻江州区，南部与宁明县、凭祥市毗邻，东北部与大新县相连，西、西北与越南交界。区域总面积23.10万公顷，县直辖面积20.43万公顷。全县13个乡镇、2个国有林场、4个区直农场以及国家级弄岗自然保护区、大青山实验中心部分林区。全县总人口26.7万人。从新中国成立初期起，就实行了"封、造、管、节"的护林方针，把封山育林、造林、护林列为林业的三大任务来抓。但后来由于体制多变，特别是经过1958年大办钢铁、"文革"期间的毁林开荒以及边境战事，森林资源受到严重破坏。1974年林业普查，全县林业用地面积12.70万公顷，森林面积4.20万公顷，森林覆盖率17%。2003年底，森林面积4.06万公顷，灌木林面积7.33万公顷，森林蓄积量129.44万立方米，森林覆盖率(含灌木林)49.3%，林地绿化率达94.3%，实现"灭荒"、"绿化"达标，水土流失，土地石漠化得到有效治理。

【林木种苗生产建设】

1999～2003年，全县共采收林木种子1.14万公斤，其中用材林种子1740公斤，经济林种子9629.5公斤；1999～2003年，全县共育苗76.4公顷，其中国有苗圃育苗30.6公顷，个人育苗45.8公顷，总产苗量2465.6万株，可供造林绿化苗木1956.2万株，满足各年度造林的需求。至2003年底，已建立8个苗圃，总面积50.2公顷，其中国有苗圃2个，面积24.8公顷，个体苗圃6个，面积25.4公顷，主要培育造林、绿化、经济林苗木及花卉等。

【绿色工程】

1998～2001年，投资62万元，完成公路、河流两侧可视第一面坡荒山荒地造林167.2公顷，封山育林8.55万公顷，公路两旁植树3000株，经自治区检查验收，人工造林成活率和封山育林成活率均达到合格要求。

【石漠化治理】

龙州县石山地面积占全县总面积的70%以上。于2001年实施石漠化治理工程，投资121万元，治理面积1.67万公顷，完成人工造林240.2公顷，封山育林16441公顷。

【退耕还林工程】

2002～2003年，共投资220万元，完成退耕还林工程2666公顷，其中退耕地造林1333公顷，配套荒山造林1333公顷。经国家林业局核查，两年度退耕还林工程人工造林成活率达到国家规定要求。

【低产林改造】

1953～1990年龙州县对森林经营比较粗放，重抓造林，疏于管理，致使林木生长不良，林分质量差，林木单产低。从1994年起龙州县加强对八角低产林改造。2001年完成低产林改造68公顷，据调查，年增收18.45万公斤，直接经济收入达220万元。

【森林分类经营】

2001年龙州县森林分类经营区划为生态公益林和商品林区两大类。区划界定生态公益林(地)3.58万公顷，占林地面积36%，全部为国家级公益林。商品林(地)6.34万公顷，占64%。

【森林生态效益补助试点】

在2001年森林生态效益补助试点中，全县试点面积1.44万公顷。生态公益林试点各年度资金补助分别为：2001年91.97万元，2002年75.74万元；2003年20.73万元。

【全民义务植树】

解放以后，每年春季都发动干部、职工积极参加义务植树。据统计，至2003年全县参加义务植树达138万人次，植树432万株。

【推广省柴灶】

1991年龙州县被列为全区推广省柴灶县。1991～1995年，全县共推广省柴灶40760户，占总农户数的91.9%。省柴灶经测试，升温段热效率最高为31.9%，最低22.3%，平均热效率26.4%，比原来平均提高14.8个百分点，节柴效果和综合效益显著。

【沼气池】

龙州县从1998年起大力推广沼气建设，1998～2003年，新建沼气池依次为：2100座、2094座、2635座、4568座、3700座、5020座，其中2000年获南宁地区沼气池建设一等奖。沼气池入户率42%。省柴灶、沼气池的建设使用，每年节柴达6.5万吨，大大减少了对森林资源的压力，巩固了封山育林成果。

【森林病虫害防治】

龙州县已设森林病虫害监测点50个，并健全和完善预报测报制度，监测面积2.30万公顷，覆盖率为89%，随时掌握森林病虫害动态，及时组织防治，控制森林病虫害蔓延。2003年全县森林病虫害面积为200公顷，发生率为0.8%，实施喷药防治面积超过200公顷，防治率达100%，成灾率为零；木材检疫率、种苗产地检疫率分别为93%和98.7%，各项指标均达到自治区下达的目标管理要求。

【野生动植物保护】

龙州县地处亚热带，野生动植物资源丰富，种类繁多，主要有国家重点保护的白头叶猴、黑叶猴、蟒蛇、山瑞、蛤蚧等野生动物。据统计，全县境内野生植物种类有199科，709属，1454种，野生动物种类有22目57科139种。20世纪50年代至80年代初期，境内的野生动植物资源遭到不同程度的破坏。为了拯救和保护野生动植物资源，1982年成立春秀自然保护区和青龙山自然保护区，重点保护野生动植物。同时加强宣传和执法力度，使境内的野生动植物资源得到较好的保护。

【资源调查】

自1977～1999年，龙州县共进行了四次森林资源连续清查和两次森林资源规划设计调查。通过调查，掌握森林资源本底，为林业生产发展决策及编制森林采伐限额提供科学依据。

【林地管理】

龙州县林业主管部门依照国家的法律、法规和政策规定，对林地的权属进行登记和消长变化进行监测，加大对林地保护、管理的力度，强化征用林地审核工作。1999～2003年在严格执行建设工程尽量不占或少占林地的原则下，依法申报征用林地73.7683公顷，按规定缴纳森林植被恢复费53.36万元。山林权属纠纷调处，1999～2003年成功调处了山林权属纠纷71起。

【森林采伐管理】

自20世纪80年代起，森林采伐由计划管理转变为限额管理。先后编制了“八五”、“九五”、“十五”期森林采伐限额，严格按照上级下达的指标执行。龙州县“十五”期森林年采伐限额指标2950立方米，年采伐量控制在限额以内。

【木材流通管理】

20世纪80年代龙州建立北门和响水两个木材检查站。后因北门检查站无固定场所被撤并，保留响水站。木检站的建立，有效地检查、监督木材在流通领域中的管理和打击扰乱木材生产秩序的违法行为。

【林业行政案件查处】

1999～2003年，查处林政案件132起，逮捕21人，行政处罚186人次，收缴各类野生保护动物1652只，没收木材366.64立方米，薪材29.1吨，木炭27.6吨，材木树蔸664棵，为国家挽回经济损失70万元。

【森林防火】

1956年成立护林防火指挥部，区、乡成立相应机构88个，护林防火小组520个。1975年龙州、宁明、凭祥、大青山林场联合组成护林防火联防指挥部，统一指挥森林防火。1985年全县有护林防火小组20个，专职护林员44人。1996年，组建县专业森林消防队。仅2003年，张贴防火宣传标语420条，发宣传资料2500份，树立新制铁皮宣传牌100块。投入森林防火经费123.02万元，建瞭望台1座，购置望远镜2台、有线电话1部、计算机1台、无线电通信设备11台、指挥车2辆、运输车1辆、灭火机6台、二号工具506把、开设防火林带10公里。在崇左市森林防火目标管理中，1999年获三等奖，2000年获一等奖，2001年获二等奖，2002年获一等奖。

【林业公安工作】

1987年龙州县成立林业公安股，1999年5月更名为龙州县公安局森林公安警察大队。1999～2003年，全县查处林业行政案件264起，处罚264人次。其中刑事案件18起，治安案件12起，逮捕21人，刑事拘留8人，治安拘留8人。1999年荣立集体三等功一次。

【林业科技】

科学技术是第一生产力，是生产发展和振兴经济的动力。龙州县林业局重视科技队伍建设及科学研究。2001年完成森林分类经营区划界定，获全区森林分类经营区划界定成果三等奖，“枧木人工引种栽培研究”1989年荣获南宁地区科技进步二等奖，“国家森林资源连续清查报告”1985年获自治区优质奖和地区一等奖。针对龙州县八角林面积大，低产林多的情况，1991年开始对八角低产林改造的研究和试验，使每公顷年增产八角果400公斤以上，增收近3000元。“八角低产林改造丰产技术研究”1994年获龙州县科技进步一等奖。1993～1997年5人次被自治区科委、农委、教委、人事厅评为全区农业第一线科技推广先进工作者，1994年4人获自治区绿化委授予“全区造林灭荒先进工作者”称号。

【国有林场】

龙州县有两个国有林场。八角林场于1963年创建，土地面积为240.6公顷，现在职工人47人，退休职工18人，该场主要种植和培育特优名贵的八角、玉桂林和杉木林；枧木林场创建于1976年，土地面积为3556.2公顷，现有干部4名、职工45人，主要经营有枧木61公顷，马尾松440公顷、经济林13.3公顷、速丰林47公顷。

龙州县两家国有林场均进行了经营体制改革，实施家庭自营经济和实行承包责任制，即将林地、宜林荒山、砍伐迹地承包给职工经营管理，工人工资与林场脱钩，自负盈亏。

（龙州县林业局）

宁明县林业

【概　述】

宁明县位于广西的西南部，南部与越南交界，边境线长212公里。2003年总人口39.56万人，总面积3698平方公里，其中林业用地20.17万公顷，有林面积14.33万公顷，蓄积量675.92万立方米，森林覆盖率58.32%。宁明林业以经营马尾松用材林为主，其次是八角经济林。

【种苗生产建设】

1971～2003年宁明县采收各种林木种子128.64万公斤，其中1999～2003年采收2.69万公斤。1991～2003年，全县育苗面积累计884.82公顷，生产各种苗木25272.57万株。建立优良桐棉松采种母树林基地1400公顷，其中1984年40公顷，1992年1000公顷。1992～1999年，生产桐棉松种子6.40万公斤。2000年扩建桐棉松采种基地，由1992年的1040公顷扩大至1368.8公顷。

【人工造林】

1950～2003年人工造林17.11万公顷，其中：1950～1985年人工造林11.23万公顷，1986～1998年造林5.2万公顷。1999～2003年人工造林0.68万公顷。

【飞播造林】

1973～1999年飞播造林作业面积25.14万公顷、有效面积19.06万公顷，成效面积9.72万公顷。其中1973～1976年飞播作业面积16.95万公顷、有效面积13.56万公顷、成效面积5.26万公顷，1983～1999年飞播作业面积8.19万公顷，有效面积5.5万公顷，成效面积4.46万公顷。

【速生丰产林基地建设】

1978年开始营建桐棉松速生丰产林基地，至2003年，营造速生丰产林0.92万公顷，其中国有林场0.51万公顷，乡镇集体0.41万公顷。

【经济林基地建设】

2003年有经济林2.19万公顷，以八角为主。宁明是八角原产地，自古就有栽培的习惯，八角林保存面积1.85万公顷，占经济林的84.47%，其中投产面积1.38万公顷。1992～2003年，营造经济林0.96万公顷，其中八角林0.75万公顷，水果类经济林0.21万公顷。

【封山育林】

从1971年开始封山育林，至2003年累计封山育林111.22万公顷，蓄积94.61万立方米。

【珠防林工程】

1996年，宁明县被列为首批珠江防护林体系工程重点建设县。1997年进行总体设计和作业设计，分为水库防护林和江河护岸林两大骨干工程，共1万公顷，至2003年已实施完成0.55万公顷。

【绿色工程】

1999年启动绿色工程，已完成造林977.44公顷。

【退耕还林工程】

1999年计划部门划给50万元实施退耕还林，计划造林面积647.7公顷，完成造林193公顷。2002～2003年完成退耕还林5000公顷。其中，退耕地造林2333.3公顷、荒山造林2666.7公顷。

【森林抚育】

1990～2003年，幼林抚育9.62万公顷，中龄林抚育面积2.4万公顷。

【低产林改造】

1990～2003年，实施低产林改造面积9377.5公顷，其中八角林低改228公顷。

【全民义务植树】

据资料记载，宁明县全民义务植树从1990年开始，至2003年共植树造林1848.3万株。

【生态能源建设】

宁明农村能源机构1977年成立以来，开展技术培训人数2800人，1998～2003年，建设沼气池18865座，投入资金2639.2万元，其中财政拨款575.5万元，群众自筹965.3万元，投劳折款1098.4万元；建节柴灶6443座，累计节柴114663.45吨。

【林业产业】

1950～2003年，林业总产值264742.94万元，其中1994年林业总产值16245.7万元，这是历史上首次超亿元，1999～2003年总产值135662万元，平均每年总产值27132.4万元。林业收入占县财政收入的1/3。

1950～2003年木材产量135.3万立方米，其中1999～2003年产量27.34万立方米，杂竹792.36万根；1952～2003年八角产量67551.2吨，其中1999～2003年产量13553.4吨，产值24179.9万元；1964～2003年，松脂产量328845.3吨，其中1999～2003年产量97588吨，平均年产19517.6吨。

木材加工厂从1990开始，至2003年发展到109家。2000～2003年，木材加工采伐指标22.02万立方米，加工锯材4.22万立方米，家具1.75万件，木片1.71万吨，单板1178立方米，胶合板1893立方米。

2002～2003年，松香产量3.48万吨、产值16791万元；松节油234吨、产值187万元。

【森林病虫害防治】

宁明县于1995年5月成立森林病虫害防治站，2000年批准为国家级森林病虫害中心测报站，全县共设立32个测报点。宁明森林病虫害主要有松毛虫、松毒蛾、八角尺蠖、八角叶甲、八角炭疽病等。1980～1982年马尾松虫害面积达1万～1.3万公顷，危害森林面积1400公顷，损失木材2万多立方米。1983年7月用飞机喷洒白僵菌，防治病虫害面积2666.7公顷。1990～2003年，累计全县发生松毛虫危害森林面积达6.4万公顷，其中2000年，虫害面积达1.8万公顷。1996～2003年，人工防治面积8457.13公顷，出动飞机74架次，飞防面积1.71万公顷，年均防治率占应防治面积的89.63%。2000年、2001年八角炭疽病危害面积较严重，其中1500公顷八角林因病害失收。通过采用人工防治，防治率达100%。2000～2003年，木材检疫31.06万立方米，种子检疫3000公斤，苗木检疫60亩。

【野生动植物保护和自然保护区建设】

宁明县陆生野生动植物保护站于1999年7月成立，2003年归林政站管理。2002～2003年查处违章运输国家二级保护鹦鹉等野生动物7起。全县具有《驯养繁殖许可证》的野生陆生动物养殖场6个。宁明县1980年设陇瑞自然保护区，森林面积2291公顷，是宁明县保存较完整的成片的天然森林。1996年划入广西弄岗自然保护区。

【森林资源调查】

1960年、1974年、1990年、1999年共进行四次全县森林资源规划设计调查工作。1960年全县森林面积9.09万公顷，其中用材林7.56万公顷，森林蓄积量83万立方米；1974年全县森林面积8.54万公顷，其中用材林6.06万公顷，森林蓄积量127.24万立方米；1990年全县森林面积24.48万公顷，其中用材林9.02万公顷，森林蓄积量533.97万立方米；1999年全县森林面积14.34万公顷，其中用材林10.51万公顷，森林蓄积量675.92万立方米；

【林地林权管理】

解放初期，大部分山权林权属集体所有，1961年以后，宁明县把山权林权落实到公社、大队和生产队三级管理。1980～1985年，落实林业“三定”的有13个乡镇、113个村委会、1446个村民小组，划定社员自留山8990.6公顷，确定责任山1.76万公顷，同时发放山权林权证。1990年7月界定国有山林权属面积1.02万公顷，其中百合林场山林面积3620.67公顷，陇瑞自然保护区2291公顷，农场、园艺场、苗圃面积4302.47公顷。

1980～2003年处理山林纠纷220起，面积7473.57公顷。处理乱砍滥伐山林案件163起，280人，没收木材2.71万条和56.46立方米，罚款29.02万元。

2002年以来，共审核征用占用林地项目5宗，面积116.67公顷，依法收取森林植被恢复费

40.55万元。

【采伐限额】

1950～1989年森林采伐为计划管理，把上级下达木材生产计划任务，分解至各乡镇。1986年，森林采伐由计划管理转向限额采伐管理，先后编制“八五”、“九五”、“十五”期年采伐限额，年木材生产按上级下达指标严格控制。1999～2003年，上级下达木材生产指标270561立方米，实际采伐254162立方米。

【木材流通管理】

1976年设立巴里木材检查站，1978年设立派洲、城中两个木材检查站，并配武器。全县现设木材检查站4个，还设有2个木材检查流动组。1984年在林业局设立林政站，1986年在乡镇成立林业工作站，加强木材砍伐和木材运输的管理。1986～2003年，查处违反木材流通管理规定的各种林业行政案件954起，其中违法运输木材904起，违法经营加工木材50起。

【林业行政案件查处】

1986年以来，处理林业行政案件980起，1126人次，没收木材10050.61立方米，野生动物448只，补种树木992株，罚款22.66万元。其中，2001～2003年处理林业行政案件296起，341人次，没收木材2245.33立方米，野生动物448只，补种树木632株，罚款3.55万元。

【森林防火】

1956年后，宁明县成立护林防火指挥部，公社成立护林防火指挥所，大队成立护林防火领导小组，生产队成立扑火队。1962年，宁明、上思、防城三县成立护林防火联防委员会。1963年，寨安、明江、板棍、那楠、桐棉公社及派阳山林场成立派阳山林区护林防火联防委员会。1975年，龙州、宁明、凭祥三县(市)及大青山林场组建南宁地区护林防火指挥部。1986年10月县护林防火指挥部恢复护林防火相关的管理活动。1991年3月，宁明县护林防火指挥部更名为宁明县森林防火指挥部，乡镇为森林防火指挥分部。1995年、1997年分别组建宁明县专业森林消防队第一、第二队，每队35人。专业森林消防队组建后已出动扑火80多次，是宁明扑救森林火灾的主体力量。

至2003年，建有瞭望台15座，控制面积26.67万公顷；开辟防火线300多公里；营建生物防火林带539.1公里(其中中越边境防火林带63公里)；配备相应的扑火设备。

由于林区面积广，农民野外生产用火多，中越边境线长达212公里，时有境外火蔓延。1969～2003年，发生山林火灾746起，烧毁森林10.68万公顷，因森林火灾死亡4人。

【森林公安工作】

1987年底成立宁明县公安局林业公安股，1996年3月改为宁明县公安局林业警察大队，1998年再次改为宁明县公安局森林公安警察大队，2002年3月更名为宁明县公安局森林公安分局，下设桐棉、那楠中队及辖区内的百合林场派出所。1989年以来查处各类森林案件1015起，其中查处森林和野生动物刑事案件80起，治安案件152起，林业行政处罚案件783起。打击处理各类违法人员1509人，其中逮捕21人。通过查办案件挽回经济损失1000.16万元，其中收缴木材4855.55立方米、野生动物9640只(头)及1214公斤、珍稀野生植物50株。

【林业行政执法】

由于历史原因，宁明县在“大炼钢铁”和林业“三定”期间出现过二次乱砍滥伐。宁明县委、县政府认真贯彻中央和自治区的林业政策，采取了强有力的措施，迅速制止了乱砍监伐之风。一是建立和健全林业执法机构。宁明县1976成立木材检查站，1984年在林业局设林政站，1986年成立乡镇林业工作站，1987年成立林业公安股，2003年成立宁明县公安局森林公安分局，2001年山林纠纷调处职能划到林业局。二是加大力度整顿木材市场，对木材经营户进行重新登记审批。三是对森林资源实行限额采伐，采伐必须经规划设计，凭证采伐。

【林业分类经营】

宁明县在2000～2001年完成县级森林分类经营区划工作，区划界定总面积21.27万公顷，其中公益林7.33万公顷，占界定面积34.5%；商品林面积13.94万公顷，占65.5%。在公益林中，国家级公益林5.85万公顷、占公益林界定面积79.8%，地方公益林4810公顷、占20.2%。

【森林生态效益补助试点】

宁明县2001年获国家重点公益林森林生态效益补助试点面积27929.3公顷，其中防护林13820.0公顷、特种用途林14106.7公顷。于2002年3月完成了森林生态效益补助资金试点实施方案，区划管护小区面积27929.3公顷，划分为66个管护小区，县政府与林权所有者签订340份管护合同，管护人员2180人。按照上级有关文件，中央财政每年补助资金每公顷63.75元。2001～2003年已到位资金541.88万元。

【非公有制林业发展】

1982年林业“三定”后宁明县政府发布谁种谁有的政策，林业逐步由公有制向非公有制发展，首先由个人在自留山造林，到个人承包造林，合作造林，1990年后个人造林6359公顷。宁明县现有非公有制木材加工厂86家，其中锯材厂45家、单板厂4家、木片厂6家、胶合板厂2家、家具厂29家，固定资产1600万元，年加工原木4万立方米、产值1600万元。

【林业对外开放】

1985年中央1号文件开放了木材市场，外县、外省商人到宁明县经营木材和兴办木材加工企业已达89家，2003年有香港商人来宁明县洽谈投资兴办一个年产5万立方米的中密度纤维板厂，已经批建，计划2004年投产；该商家还计划在宁明县营造6666.7公顷良种桉树作原料林，已与农户落实了2800公顷承包种植任务。

【科技成果】

1982～1985年，宁明县参加全区八角品种资源普查科学研究，荣获林业部三等奖；1984年，派出2位科技人员参加1984年广西马尾松桐棉、古蓬两个优良种源调查研究，荣获自治区林业厅三等奖；1973～1994年，推广应用飞播造林科技成果，获得大面积成功，荣获林业部三等奖(铜牌)。

【国有林场】

宁明县县直国有百合林场，于1979年从国有派阳山林场划出成立县直林场，下设四个分场，总面积4000公顷，有林面积1533公顷，蓄积4.5万立方米；2001～2003年，开展三项制度改革，发展家庭自营经济，与国有单位、企业联营1633.36公顷，发展自营经济344.03公顷，全场已有39户78人参加发展家庭自营经济，占职工人数的67%，已种下荔枝、龙眼、马尾松等总收入8.2万元，占全场总收入的5%，户年收入500～5000元。

【苗圃建设】

宁明有国有苗圃3个，总面积73.8公顷，其中有林地30.7公顷，苗圃地15.3公顷，其他用地27.8公顷，年生产各类苗木900万株。城中苗圃始建于1955年，总面积8.5公顷，1996年后，种龙眼2.7公顷，苗圃地3.3公顷、水塘0.2公顷、木材加工厂用地1.3公顷、生活区1公顷，年产营养袋苗400万株。海渊苗圃始建于1956年，总面积7公顷，其中苗圃地6.7公顷，年产苗300万株。左头苗圃始建于1962年，总面积58.3公顷，其中有林地28公顷，苗圃地5.3公顷，无立木林地25公顷。年生产苗木200万株。

(宁明县林业局)

凭祥市林业

【概　述】

凭祥市位于广西西南边陲，东连宁明县，西北邻龙州县，西南与越南交界。全市辖4个镇，33个村委。总面积47684.9公顷，林地面积30149.1公顷，其中森林13530.6公顷，占44.9%；疏林125.0公顷，占0.4%；灌木林14377.9公顷，占47.7%；无立木林地2113.2公顷，占7%；苗圃2.4公顷。活立木蓄积量280595立方米。全市森林覆盖率58.5%，绿化率92.6%。

【林木种苗生产情况】

1957年凭祥市有9个乡办苗圃，面积1公顷，育苗36.5万株；1961年市成立绿化队，划出2公顷作苗圃地，主要培育市区绿化用苗和面上造林用苗；1982年国有苗圃和育苗专业户育苗面积达6公顷；1985年全市有集体苗圃4个，联营及个体苗圃33个，育苗面积达9.1公顷，育苗品种主要有松、杉、八角、酸梅、柑果、李果等数十种，为造林绿化打下良好基础。

【营造林概况】

解放以来，凭祥市以人工造林为主，种植的树种主要有松树、杉木、桉树。至2003年，累计完成人工造林16975.9公顷，造林成活率达85.6%。飞播造林面积3114公顷，有效面积2251.3公顷，成效面积588.7公顷。

【速生丰产林基地建设】

凭祥市速生丰产工业原料林基地2个，面积共2200公顷，2000至2003年已种植良种桉2066.7公顷。

【经济林建设】

凭祥市种植经济果树林是从1957年开始，经济林主要有八角、油茶等，果树林主要有龙眼、沙梨、柚子、三华李、柑果等。至2003年底，全市有经济林面积4260.9公顷，占林业用地的10.35%。其中八角面积3623.7公顷，龙眼面积256.8公顷，其他经济林面积380.4公顷。

【封山育林】

凭祥市喀斯特山地3633.5公顷。群众一贯自觉对村前屋后的石山进行封山育林，所以，村庄周围的石山森林茂密，郁郁葱葱。2000～2003年，全市新封山育林面积1334.0公顷。截至2003年年底，全市封山育林面积5418.0公顷，其中石山封山育林3633.5公顷，土山封山育林面积1784.5公顷。

【全民义务植树】

2000～2003年的植树节，凭祥市委、政府组织全市机关、学校、社会团体70多个单位共7000多人次参加义务植树造林，营造速生丰产桉树林50公顷，并在狮子山种植绿化美化树种15公顷。

【生态能源建设】

2001～2003年，凭祥市林业局坚持“造、封、管、节”并举的方针，实行强封严管，改燃节柴，三年全市共新建沼气池2737座，建池成功率100%；建省柴灶2380个，太阳能568个，完成沼气池建设占地区下达任务量的103%，节能折标准煤约8.1万吨，为巩固封山育林成果发挥重要作用。

【野生动物管护】

1992年5月，国务院批准凭祥市为沿边对外开放城市，在通贸兴边的政策驱动下，边境贸易迅速发展。随着边贸的发展，大量的野生动物从越南方面涌入凭祥市各个边贸点，给野生动物的管护工作带来很大难度。为进一步落实野生动物的管护措施，凭祥市人民政府于1989年6月出台了《关于保护珍稀、有益野生动物的布告》，1994年3月，凭祥市政府又发布了《关于加强对重点保护野生动物管理的通告》，在政策法规方面进一步加强对野生动物的管理力度。

加强野生动物管护，严厉打击乱捕滥猎和非法走私野生动物的行为。凭祥市林业局经常组织森林公安、林政执法队伍对边境口岸、各养殖场、宾馆、饭店全面检查，对无证经营利用野生动物和乱捕滥猎、非法走私行为予以坚决查处。1999～2003年，森林公安、林政执法人员查处没收无证运输销售蟒蛇等国家一级保护动物351条（只），大壁虎、穿山甲等国家二级保护动物494条（只）以及冻体穿山甲、黑熊掌、穿山甲片等，为国家挽回经济损失40多万元。并于1999年3月25日，将收缴的猫头鹰、画眉、珊瑚鸟共165只，在市交易场广场当众放归大自然；2000年5月17日，把经市边防检查站收缴移交处理的穿山甲20只死体和黑熊掌一付，请示自治区林业局保护站后当众焚烧，邀请市电视台拍下全过程并在黄金时间播出，野生动物保护宣传取得良好效果。

【森林资源调查及监测】

凭祥市分别于1990、1999年两次进行县级森林资源二类调查，通过调查，摸清了森林资源家底，为市里林业生产发展决策和森林采伐限额提供科学依据。

【林地林权管理】

1956年以前，山权林权属农民所有。1956年完成农业社会主义改造后，山林所有权归国有和集体所有。1958年大办钢铁原始森林资源遭受严重破坏，“文化大革命”期间，林地林权管理失控，乱砍滥伐林木现象再度出现。1980～1985年，全市落实山界林权，并发放林权证，强化了林地林权管理。严格执行《森林法》中关于“各项建设工程应当不占和少占林地”的条款，2000～2003年为边境公路和南宁至友谊关高等级公路凭祥段征用林地60.35公顷，征收森林植被恢复费31万元。

【森林采伐与采伐限额】

1985年以后，森林采伐由计划管理转向限额管理，先后编制了“八五”、“九五”、“十五”期森林年采伐限额。“九五”期间上级下达商品材指标6100立方米，森林采伐严格控制在采伐限额指标内。办理边境贸易原木12238立方米，锯材2609立方米，红木家具、工艺品68710件，枧木砧板396.26万块，竹子5.26万根。

“十五”期间上级下达商品材指标7462立方米，森林采伐严格执行采伐限额指标内，办理边境贸易原木22265立方米，锯材1562立方米，红木家具、工艺品153852件，枧木砧板333.69万块，竹子7.52万根。

2000～2003年，凭祥市共处理林政案件33

起，其中无证运输木材案件23起，无证加工木材案件6起，其他林政案件4起，没收木材89立方米、木制半成品159件、枧木砧板412块，罚款2927元。

【森林防火】

凭祥市于1961年成立森林防火指挥部，各乡镇相应成立了护林防火领导小组，每年召开1～2次护林防火工作会议，总结和部署护林防火工作，采用各种形式宣传森林防火有关法规政策。于1985年组建专业森林消防队1支、半专业队4支、镇级应急扑火队5支，共227人；市专业森林消防队20人，实施军事化管理，经费列入市财政预算。1996～2003年，共投入资金750万元，建瞭望台10处，购置森林消防指挥车2辆，运输车2辆，摩托车6辆，其他车辆4辆；扑火工具200套，其中风力灭火机25台；望远镜10台，有线电话6部，传真机2部，无线电台2座，无线对讲机68部；建设边境生物防火林带30公里、防火隔离带221公里、防火公路180公里，有效地阻隔外火入侵及火灾曼延。全市森林火灾受害率控制在0.46‰以内，1996～2003年连续八年荣获南宁地区森林防火目标管理一等奖。

【森林公安工作】

凭祥市森林公安机构于1988年成立，原名为凭祥市林业公安股；1998年10月更名为凭祥市森林公安警察大队；2000年3月更名为凭祥市公安局森林公安分局。2000～2003年受理森林案件41起，野生动物案件42起，林业行政案件29起、刑事案件9起、治安案件5起，结案率100％。共处理违法犯罪人员55人次，其中刑事拘留14人，经市检察院批捕10人，治安拘留3人，林政罚款17人，其他处罚30人，使犯罪分子伏法。

【林业分类经营】

2000～2001年进行森林分类区划界定工作，在32681.6公顷林地中，界定生态公益林面积13661.4公顷占41.8％，商品林面积19020.2公顷，占58.2％。生态公益林面积中，水源涵养林4319.3公顷，水土保持林8445.7公顷，国防林888.1公顷，护路林8.3公顷。商品林面积中，一般用材林9326.8公顷，经济林3197.5公顷，薪炭林6495.8公顷。

【森林生态效益补助试点】

2002年开展生态公益林的补助试点工作，凭祥市已完成森林生态补助试点面积4875.3公顷，应签订合同31份，已签订合同31份，已完成签订合同面积4875.3公顷，签订合同的乙方（管护方）主要是村委员。试点补助资金从上级转到市财政局再划拨到市林业局账户，并设立了专户。根据管护任务，已向全市各镇共29个村委会划拨经费74.88万元；用于森林资源监测费用1.6万元；在管护小区建公示牌12块，支出1.02万元。

【非公有制林业发展】

雄鹏贸易有限公司是凭祥市个体营造林户，2000～2003年投资900万元，营造速生丰产桉树林2000公顷。

【林业工作站建设】

凭祥市乡镇林业工作站成立于1990年，全市设立5个林业工作站，其中市林业工作站1个，镇级林业工作站4个，共有编制19名。1995年被评为全国林业工作站建设合格县。镇林业站成立以来，林业站工作人员为绿化造林、保护森林资源等方面做出了突出贡献。

（凭祥市林业局）

右江区林业

右江区位于广西壮族自治区西部，珠江水系干流西江上游右江河畔，云贵高原与南岭丘陵过度地带，东南接田阳县、西南连德保、靖西两县，西与云南省富宁县毗邻，西北与田林县接壤，东北与巴马县相邻，北与凌云县交接。东西宽52.6公里，南北长70.4公里。百色市距自治区首府南宁市266公里，是百色地委、行署所在地。

右江区属云贵高原南麓，以中低山为主要地形，西南和东北高，东南低，自西北向东南倾斜，形成了形似马蹄的地形特点。境内山岭绵延、丘陵起伏，西北多高山峻岭，东南多丘陵，平原地带与右江河流方向一致，自西向东南，像个缺口的盆地。全市地貌类型呈多样性，有山地、丘陵、平原、台地及少量岩溶地貌。山地是全市主要的地貌类型，占总面积的92.14％（含中丘、高丘）。

右江区地处北回归线北缘，属南亚热带季风气候区。由于受到云贵高原“焚风效应”的影响，常年处在高温少雨的气候，是广西“火炉城”之一。年平均气温22.1℃；气温最低月份是元月，平均气温13.3℃;最高为7月,平均气温28.6℃;极端最高气温42.5℃,极端最低气温-2.0℃。平均年降水量1114.9毫米,但年降水量分布不均匀,雨旱季明显;大部分地区降水量多集中于5~9月份,春旱严重。"夏长无冬季,春秋季相连"是右江区的气候特点。

右江区地形较为复杂,形成了河谷与山区因地形不同,气候差异明显,自然植被也因此而异,植物种类丰富。右江河谷为北热带和南亚热带过渡性季雨林的次生林,有马尾松、荷木、栓皮栎、竹林等;北部主要为中生性—旱生性植被类型,优势树种有栓皮栎、麻栎、白栎、短翅黄杞、红花柴等,人工林有马尾松、油茶、杉木等;西北部是大王岭水源林区,多见阔叶纯林及针阔混交林植被,优势树种有西南桦、粗皮栓、栓皮栎、银木橡、火炭木、木棉、单果栎等,人工林主要有八角、玉桂、马尾松、杉木等。

右江区土地总面积354562.8公顷。其中:林地面积252048.9公顷,占71.09%。右江区森林覆盖率为66.04%,活立木总蓄积量为8409610立方米。

钦州市钦北区林业

钦北区北面与邕宁区毗邻,东面与灵山县接壤,西倚十万大山与上思县交界,南面与钦州市钦南区相接,总面积215488.6hm²。钦北区增内地形复杂,地貌多样,十万大山的余脉自西北向西南走向,北部和西部有少量山地,其余大部分为丘陵区,地势呈西北向东南倾斜。全区丘陵台地地貌面积114018.9hm²,占林地面积的94.30%,低山地貌面积6169.2hm²,占林地面积的5.10%,喀斯特地貌面积728.6hm²,点0.6%。该区属北热带季风气候。年辐射总量达104.24千卡/cm²;年平均气温为21.9℃,年降水量1200~1500mm。

钦北区林地面积120916.7hm²,占土地总面积有57.13%。在林地中,森林面积77591.3hm²,占林地面积的64.17%;灌木林地面积29074.1hm²,占24.04%;疏林地面积907.6hm²,占0.75%;无立木林地面积13343.7hm²,占11.04%。林地利用率为85.20%,森林覆盖率为49.50%。钦北区活立木总蓄积量2778407m³。

蒙山县林业

蒙山县位于广西东部山区,东西宽约42公里,南北长约80公里。北面与荔浦相邻,东面与昭平相接,南连藤县,西接平南、金秀。

蒙山县属金秀县大瑶山东侧延伸的余脉部分,西北边界鸾山海拔1104米,为全县最高峰,北面和东北面的三妹岭和倮倮顶,海拔分别为1065米和1100米,东面雷壁岭海拔956米,西南边界的石崖顶海拔1055米.整个地形为东北西三面为山地环抱,逐渐向中间倾斜,形成新圩、西河、文圩三个小盆地及北高南低的低山丘陵地形。

蒙山县属亚热带季风气候,气候温和,雨量充沛,无霜期长。年平均气温19.7℃,极端最低温-4℃,最冷月(1月)平均气温9.7℃,极端最高温38.5℃,最热月(7月)平均气温27.8℃,≥10℃的全年活动积温为6899.5℃;年平均空气相对湿度80%,年平均日照时数1581小时,年太阳总辐射量为120.3千卡/平方厘米;多年平均降雨量1738.7毫米,集中于5~8月,占全年降雨量的72.6%,具有雨热同季的特点,十分有利于林木的生长。

全县山地植被丰富,亚热带针叶森林植被占森林植被的39.8%。亚热带常绿阔叶林占森林植被的40.5%。在边远山区人烟稀少,交通不便的地方还保存有数千亩原始型的常绿阔叶林,其余的多为次生阔叶林。据调查,已知全县有乔木40多个科,72个属,400余种。常见乔木树种有:马尾松、杉木、樟、楠、柏、桉、乌桕、泡桐、栎类等。经济林树种有八角、油茶、玉桂、沙田柚、柑橘、桃、李等。树种繁多,加上气候、土壤等自然条件优越,发展林业大有可为。全县主要珍稀野生动物有:吹风蛇、眼镜蛇、山龟、穿山甲、蛤蚧等爬行类动物;果子狸、黄猄等兽类,猫头鹰、鹧鸪、锦鸡、白鹤、原鸡、啄木鸟等多种鸟类。

全县土地总面积127528.5公顷,林业用地面积101059.1公顷,占全县土地总面积的79.2%,非林业用地面积26469.4公顷,占全县土地总面积的20.8%。全县森林覆盖率为75.8%。全县活立木总蓄积为283.7万立方米。

全县每年约生产木材2万立方米,竹4万多根,松脂5000吨,八角800吨,此外还有油茶、玉桂、香菇、木耳等产品一大批。但目前林副产品的加工以及深加工基础设施仍比较落后,规模较小,科技含量低。

全县共有林业各级专业技术人员100多人。主要树种马尾松、栎类、相思类、油茶、玉桂等的良种率达60.3%以上。全县现有林业工作站9个,林业科技推广总站1个,林业种苗总站1个,森防总站1个,森林防火办1个,县林科所1个,林业苗圃1个,县级国有林场1个,自治区级自然保护区1个。

防城港市港口区林业

港口区位于广西南部,防城港市东南部,除北部与防城区接壤外,其余三面临海。行政区域总面积为42688.0公顷。

港口区地貌以沿海平原台地为主,地势由南向北倾斜,东南部为滨海平原台地,海拔5～20m之间。港口区地处北热带季风气候区。受海洋性气候的影响,其境内光照充足,全年平均日照时数1561小时;水量充沛,长夏无冬,干旱季节较明显,时有台风侵袭,年均降雨量2219.6mm,年平均气温23.4℃。

港口区属砖红壤地带,成土母岩以砂岩和砂页岩为主,紫色岩、泥岩和砾岩呈少量分布。此外,由滨海沉积物和河流冲积物发育而成的滨海沙土、冲积土、沼泽土和水稻土呈少量分布。港口区植被为北热带常绿季雨林。由于长期人为活动的影响,原生植被反复遭到破坏并已殆尽,目前仅存植被多为灌草丛和人工林。灌草丛主要树种有:桃金娘、细叶谷木、小叶厚皮香、岗松、太沙叶、酒饼勒、野牡丹、了哥王、铁芒箕、野香茅、石珍芒、白茅和假俭草等;人工林有马尾松、湿地松,南亚松、桉类、木麻黄、黄槿以及竹类和经济果木林类等。此外,在沿海滩涂上分布有少量的红树林群落。

港口区林地面积13455.4公顷,其中:森林面积10734.6公顷,占林地面积的79.78%;疏林地面积134.8公顷,占1.00%;灌木林地面积1797.7公顷,占13.36%;无立木林地(包含未成林造林地)788.3公顷,占5.86%。全区活立木总蓄积241979m^3。

东兴市林业

东兴市位于广西西南部,北面、东面与防城区接壤,南面与越南相邻。东兴市地势呈西北高,东南低,主要地貌类型有低山、丘陵、滨海台地,以丘陵地貌为主。东兴市属热带北缘季风气候区,具有光照充足、雨量充沛,夏长冬短,干湿季明显的特点。年平均气温22.1℃,一月平均气温13.8℃,七月平均气温29.1℃;年均降雨量2822.9mm;年辐射总量达96.48千卡/cm^2,年均日照时数1561.3小时,无霜期350天以上。主要灾害天气有台风和暴雨,每年的5～10月,都会受台风的侵袭,严重时给林木造成危害。东兴市境内地形复杂,成土母岩多样,但主要为砂岩、砂页岩和花岗岩等几种。主要土壤种类为砖红壤、少量赤红壤。全市范围除马路镇有少量赤红壤分布外,其余均为砖红壤。

全市林地面积27059.4hm^2。其中森林面积19612.3hm^3,占林地面积的72.48%;疏林地面积357.7hm^2,占1.32%;灌木林地面积3956.5hm^2,占14.61%;无立木林地面积3136.9hm^2,占11.59%。全市林地利用率为87.1%,森林覆盖率为44.9%。林地绿化率87.09%。

北流市林业

北流市地处广西壮族自治区东南部,东北与容县毗邻,东接广东省信宜市,南与广东高州市、化州市相连,西与玉林市玉州区、陆川县接壤,北与桂平市相邻。北流市境内山地丘陵连绵,属桂东南丘陵地区。市内主要河流有16条,大多流入西江支流的北流河,属于珠江水系,少数属南流江水系。北流市属于南亚热带季雨林赤红壤地带(按中国土壤区划),成土母岩主要有花岗岩、混合岩、砂岩、砂页岩等,另外还有第四纪红土母质。

北流市位于北回归线以南,植被分区上属上北热带季雨林地带,原生的季雨林已被破坏,目前主要是次生植被和人工植被,主要的树种有杉木、马尾松、红椎、苦楝、火力楠、樟树、荷木、格木、油茶、八角、玉桂、荔枝、龙眼、柑橘、榄类等,引种的湿地松、按类、木麻黄、橡胶也很常见。市内主要森林类型有马尾松林、杉木林、红椎林、桉树林、竹林等。主要的经济林有荔枝、龙眼、橡胶、八角、玉桂、柑橙、三华李等。由桃金娘、岗松、铁芒箕及鹧鸪草等组成的群落是市内常见的灌草丛类型。

北流市土地总面积238080.4公顷，其中林地面积148756.9公顷，占63.37%。全市的森林覆盖为53.38%。

兴安县林业

兴安县地处广西壮族自治区北部，桂林市东北部，全县土地总面积225476.0公顷，县境东南部与灌阳县相邻，西南面与灵川县接壤，西北面与资源县、龙胜各族自治县毗邻，东北面与全州县交界。县境内另设有县属江头、摩天岭等2个国有个林场。

兴安县地形地貌复杂，丘陵、平原、低山、中山与岩溶地貌相互并存，地形特点是东南和西北高，中间低，成为有名的湘桂走廊，形成四周中低山包围，中部呈低谷平原盆地地形，与喀斯特岩溶石山交错分布。全县林地土壤以山地黄壤和红壤为主，石山土和冲积土次之。山地黄壤多分布在海拔600米以上的山地，具有终年湿润、多云雾、植被良好、腐殖质多、肥力较高的特点，适于培植杉木、毛竹、阔叶树等。红壤多分布于低山丘陵台地区，有机质较少，矿物质稍多，人为活动频繁，适宜培植水果、银杏、油茶等。石山土以分布在严关、白石、漠川等乡(镇)的石山弄地带居多。冲积土分布在湘江、漓江沿岸。

兴安县属于岭南亚热带季风区，气候温和，四季分明，雨量充沛。年平均温度17.8℃，日极端最高温为38.5℃，日极端最低温为－5.8℃。年平均降雨量1814毫米，年均无霜期长293天，最长329天，最短233天，年均日照1460小时，山区为1200小时。

县境内森林植被类型主要有马尾松天然林，杉木、湿地松人工林，毛竹林，由樟科、壳斗科、木兰科等树种为主构成的季风常绿阔叶混交林等。境内有银杏、香花木、马尾树、观光木、闽楠、红豆树、青檀、半枫荷、红椿、任豆、三尖杉、萝芙木、红豆杉、厚朴、杜仲、深山含笑、桂南木莲、广东白花木、檫木等国家重点保护的珍稀濒危植物。

全县土地总面积225476.0公顷。其中：林业用地面积177133.2公顷，占78.6%；农用地面积38577.6公顷，占17.1%；难利用地面积250.3公顷，占0.1%；其他土地面积6225.9公顷，占2.8%；内陆水域面积3289.0公顷，占1.4%。在林业用地面积中：森林面积146140.7公顷，占82.5%；灌木林地面积30145.2公顷，占17.0%；无立木林地面积846.3公顷，占0.5%；苗圃地1.0公顷。全县森林覆盖率(含灌木林)为78.2%。

天峨县林业

天峨县位于广西西北部，红水河中游，全县境内总面积319200公顷，南北长95公里，东西宽77公里。在地缘上，东连南丹县，西接乐业县，南邻东兰、凤山两县，西北隔红水河与贵州省罗甸县相望。县境内还设有县属国有林朵林场，县属大山林场、当阳飞播林场、三匹虎扶贫林场、高楼山扶贫林场和平矿扶贫林场等5个集体林场，2个自然保护区——穿洞河和布柳河自然保护区。

天峨县地处云贵高原边缘，是广西丘陵与云贵高原的过渡地带，一般海拔在400～1000米之间，最高峰位于县境西南部的高楼山，海拔1419.1米，境内最低点位于县东南部的岜暮乡劳拉河口，海拔209.8米。地貌以中低山为主，间有丘陵、台地；其中属中山地貌的面积21.07万公顷，占总面积的66.0%；属低山山地的面积10.85万公顷，点总面积的34.0%。境内山峦叠峰，沟谷纵横，地形复杂，是个九山半水半分田的山区县。全县林地土壤以砂页岩、页岩发育而成的红壤、山地红壤、黄红壤等，以及由石灰岩发育而成的石灰土为主；此外，还有少量河谷冲积土。

天峨县气候属中亚热带季风气候区，既受岭南温带的影响，又受云贵高原气候的控制，加上地形的影响，气候复杂多样。根据县气象部门资料，全县年均气温15.9℃～20℃，极端高温38.9℃，极端低温－2.9℃，≥10℃年活动积温4767℃～6771℃，全年无霜期280天，年均降雨量1370.6毫米，相对湿度80%，年均日照时数1281.9小时，气候特点是夏长冬短，雨热同季，温暖湿润，有利于各种林木的生长。

天峨县原生植被属中亚热带常绿阔叶林和针阔混交林地带，植物种类繁多，有维管束植物

1500多种，分属180多科，500多个属。主要代表科有：壳斗科、樟科、大戟科、金缕梅科、楝科、木兰科、蝶形花科、茶科、桦木科、杨柳科、苏木科等。其中有属国家保护的珍贵树种及一、二级保护植物，如柄翅果、任豆、香果树、榉木、格木、南方铁杉、小叶红豆，华南锥、桫椤、金花茶，金丝李、杜仲，观光木等。主要天然树种有：青冈、栓皮栎、白栎、麻栎、朴树、光皮桦、拟赤杨等。人工栽培树种主要有：用材林的杉木、马尾松、毛竹等；经济林的油桐、油茶、板栗、八角、山楂、沙田柚等，灌木林主要有红背山麻杆、盐肤木，黄荆等；草本植物主要有五节芒、蕨类、铁芒箕、黄茅草等。

全县土地总面积319200公顷。其中：林业用地面积272911.6公顷，占85.6%；荒山面积4541.1公顷，占1.4%；农用地面积30162.8公顷，占9.4%；难利用地面积7982.2公顷，占2.5%；其他土地面积1784.6公顷，占0.6%；内陆水域面积1817.4公顷，占0.5%。全县森林覆盖率（含灌木林）为83.84%，不含灌木林森林覆盖率68.2%。全县活立木总蓄积量为5627739立方米。

在县境内有穿洞河自然保护区和布柳河自然保护区。两自然保护区均属自治区级自然保护区，主要保护对象均是水源涵养林和珍贵稀有动物，其中穿洞河自然保护区面积11600公顷，布柳河自然保护区面积45300公顷。

全县喀斯特山地分布在西南部6个乡镇，岩溶石山基岩裸露率在35%以上的石漠化山地面积达5万多公顷，占全县土地面积的16%以上。喀斯特石山基岩裸露率大、坡度陡峭，植物生存环境差、植被生长发育极为缓慢，生态环境极度脆弱，是县境内水土流失严重的地区。

钦州市钦南区林业

钦南区位于广西南面，东南与合浦县相接，东北与灵山县交界，北面属本市钦北区，西与防城区相接，西南和南面分别为钦州港区和钦州湾。钦南区全境以丘陵为主，其次为平原和台地，地势西北高东南低。钦南区位于热带北缘，地处低纬，属海洋性季风气候区。具有光照充足，雨量充沛，雨热同季，气候湿热，夏长冬短，无霜期长，台风多，且常年有春旱夏涝等气候特点。年平均气温23.4℃。钦南区林地主要土壤种类有：砖红壤、赤红壤、红壤、滨海盐土、紫色土、冲积土等。该区气候条件优越，地形地貌复杂，土壤种类多样，植被资源仍相当丰富，据资源统计，钦南区共有植物158科534属876种。

根据2003年统计资料，钦南区林地面积91095.2公顷，在林地面积中，森林面积67547.1公顷，占林地面积的74.15%；疏林地面积1673.3公顷，占1.84%；灌木林地面积3974.3公顷，占4.36%；苗圃地4.9公顷，占0.01%；未成林造林地74.2公顷，占0.08%；无立木林地17821.4公顷，占19.56%。全区活立木总蓄积1299340m^3。

阳朔林业概况

阳朔县位于广西东北部，桂林市的南面。全县总土地面积214.2万亩，辖9个乡（镇），全县总人口30.3万人。林业用地面积为104.6万亩，占全县总土地面积的47.6%，其中有林地面积81.7万亩；林业活立木蓄积量为160.8万立方米，森林覆盖率为44.4%，林业用地绿化率为98%；多年来在县委、县人民政府的高度重视下，在上级业务部门的大力支持及扶助下，生态建设取得了明显成效。生态的发展，林业有着不可磨灭的贡献，继1992年实现造林灭荒达标、1993年实现全海拔绿化达标后，2004年获全国封山育林先进单位。

退耕还林工程。2002年度阳朔县开始实施退耕还林工程，2002年实施退耕还林2.0万亩，其中退耕地还林1.0万亩，配套荒山造林1.0万亩；2003年实施退耕还林1.5万亩，全部为退耕地还林。我们按照退耕还林政策及时将钱粮兑现到退耕农户。退耕还林政策深入民心，造林质量通过了广西、市及国家林业局的检查验收，坡耕地得到了有效治理，减少了水土流失。

封山育林及石漠化治理。通过封山育林、禁止放养山羊工作，把植被覆盖率由原来的24.6%增加到现在的67%。全县沼气用户达2.9万户，沼气入户率达45%以上。43.4万亩的生态公益林得到了严格管护，对封山育林、生态环境的保护起到了极大的促进作用。至2003年，全县累计实行封山育林面积123万亩，特别是桂阳、漓江两岸公路沿线的石山封育，通过人工造林补植，禁止放养山羊，严禁砍柴割草和加强坡地植被保护等措施，给阳朔县的生态建设取得了可喜成效，水源林区的生态公益林也得到了严格的保护，并禁止任何商品性采伐等活动，林分质量普遍提高。同时封山育林与石漠化治理相结合取得了初步成效，取得了生态效益、经济效益双赢的治理经验。

森林生态效益补助试点。2001 年阳朔县开始实施 43.4 万亩森林生态效益补助资金试点，按照国家政策，每亩补助 3.5 元。2001～2003 年三年共兑现生态补助资金 456.1 万元。在三年试点的基础上，按国家和自治区林业局的要求，阳朔县的原森林生态效益补助资金试点面积 43.4 万亩已纳入国家重点公益林补偿资金范围。森林生态效益补助的实施，为阳朔县的森林资源保护，提高林木的林分质量，生态环境的建设做出了巨大贡献。

森林资源保护。林业执法人员有林业公安干警 12 人、林政人员 7 人、护林员 47 人、漓江绿化专职管理员 21 人。林业执法人员和护林员的主要职责是保护海洋山、架桥岭两个自然保护区内水源林及漓江两岸生态环境不受破坏，维护全县林区内的社会治安，依法查处破坏森林资源的案件，经常开展保护自然资源、森林法规和党的林业方针、政策的宣传工作，经常巡逻，制止乱砍滥伐、乱捕滥猎国家和地方保护的野生动物，同时利用荒山、荒地开展植树造林，扩大森林面积，积极引导自然保护区内的村民，遵守保护区的有关规定，在不破坏森林资源的前提下，从事种植、养殖业，发展经济，使他们尽快脱贫致富，又能尽自己的义务协助做好水源林和保护区自然资源的保护工作。经多年管护，保护区内水源林及自然环境保护完整，物种增加、植被茂盛，河流水量增大，给阳朔人民的生产、生活及旅游业带来明显效益。

经自治区人民政府批准，划定了架桥岭水源林自然保护区、海洋山水源林自然保护区。现在架桥岭、海洋山保护区内有丰富的森林植物资源和珍稀保护动物，森林植物资源主要有壳斗、茶科、樟科、木兰科、金缕梅科等常绿阔叶林。属国家二、三类保护树种的有三类杉、猪血木、福建柏、三角枫、五角枫、华南五针松、黄枝油杉、红豆树、竹柏等。珍稀动物有短属雉、穿山甲、扇香、红腹角雉、猴面鹰、娃娃鱼、果子狸、野猎、箭猎等。两个自然保护区有林面积大，林分质量及郁闭度高，对涵养水源、保持水土、改善生态环境起到重要作用。

野生动物管理。严格按照《中华人民共和国陆生野生动植物保护实施条例》和《中华人民共和国野生植物保护条例》的规定，对阳朔县的陆生野生动物资源实现严格保护，一些珍稀的植物进行重点保护，并对古树名木重新核查挂牌；通过收缴枪支、禁止乱捕乱猎等措施，各种野生动物成倍增长，人与自然和谐相处，动物与人类和平相处。阳朔县的野生动植物保护工作多次受到上级领导肯定和赞赏。

护林防火及森林病虫害防治。全县的护林防火工作实行任期行政首长责任制，切实加强防火工作的领导，县、乡行政首长的第一责任人，防火队伍、防火制度健全，防火经费纳入县财政预算，同时林业部门积极做好森林生物防火林带建设和护林防火宣传，由于措施得力，发现火警扑救及时，“十五”期间的前 3 年，每年森林火灾受害面积及森林火灾受害率都控制在自治区人民政府下达的控制指标以内，没有发生大的火灾。同时，森林病虫害防治工作也取得可喜的成绩。在阳朔县主要发生的森林病虫害为马尾松毛虫，每年发生的面积在 0.1 万亩左右，由于强化了预测预报，实施生物及药物防治，每年防治面积达到 100%，森林病虫害防治率也相应地达到 100%。防治效果很好，几年来都没有发生大规模的马尾松松毛虫危害，森林病虫害防治工作得到区、市两级林业主管部门的表彰。

（阳朔县林业局）

雁山区林业

雁山区位于广西东北部，北和东北与灵川接壤，西和西北与临桂县相邻，东南与阳朔县相连。

雁山区地貌主要为喀斯特地貌，其次为低丘、台地。喀斯特地貌主要分布在市区的中部和东南部；低丘、台地则分布在雁山至大埠一带以西，海拔一般在 200 米以下，低矮开阔，坡度平缓。

雁山区地处中亚热带季风气候，光照充足，热量丰富，雨量充沛。年均气温 19℃，一月均温 8.2℃，七月均温 28.3℃；极端最高温度达 39.8℃，极端最低温度－6.0℃，年日照时数 1610.4 小时，≥10℃的年活动积温 5940℃。年平均降雨量 1838mm，年平均蒸发量 1560mm，降雨量蒸大于发量；年平均相对湿度 75%～76%，无霜期长达

309天。气候特点是:冬短夏长,四季分明,雨热同季,温暖湿润,气候条件有利于林木生长。

雁山区土壤主要以砂页岩、石灰岩发育而成的红壤和石灰土为主,漓江两岸为河流冲积土。雁山区植被为中亚热带季雨林植被区,原生植被为常绿阔叶林,因人为长期活动或其他活动,逐步演替成现在的次生林。树种以马尾松为主,其次是柑橙、柿子、竹类、板栗、枫杨、樟树等;灌木有桃金娘、柃木、野牡丹、了哥王等;草本类有五节芒、铁芒萁、黄茅草等;石山植被则以继木、黄荆、红背桐、悬钩子等藤灌植物为主;漓江沿岸则以枫杨、夹竹桃、苦楝、乌桕、竹子、樟树、天竹桂、桂花等为主。

雁山区林业局是全区主管林业工作的专门机构。林业局下设林业技术推广站、森林病虫害防治站、营林办、林政办、农村能源办、防火办、林业派出所。此外,管理一个漓江绿化站、4个乡(镇)林业工作站。雁山区设有森林防火指挥部以及半专业森林消防队一个。防火设施有:对讲机8台,森林消防车2辆,风力灭火机10台。

雁山区现有森林覆盖率达36.3%。林地利用率99.9%,林地绿化率99.5%。雁山区活立木总蓄积量58932m^3,其中森林蓄积55415m^3,散生木蓄积349m^3,四旁树蓄积3168m^3。

永福县林业

永福县地处广西东北部,全县总面积277667.2公顷。全县主要地貌为低山丘陵,西南和东北部属岩溶地貌,以低山为主,台地、石山兼而有之。地势自西北向东南倾斜。

永福县属中亚热带气候区,四季分明,冬短夏长,热量充足,雨量充沛。年平均日照时数1547.3小时,年平均气温18.8℃,全年无霜期313天。年平均降雨量2001.1毫米,是全区降雨中心区之一。气候条件对林业生产十分有利。全县林业土壤类型有砂页岩、砂岩、页岩、石灰岩和第四纪红土母质发育成的红壤、黄壤、石灰土、紫色土等4个土类,17个土种。全县属中亚热带常绿阔叶林带、南岭山地丘陵常绿栎类、松、杉林区。主要植被类型为常绿阔叶林和常绿针叶林。永福县植被类型多样,种类繁多,生长良好,开发前景广阔。

全县林地面积205329.5公顷,林地面积中:森林面积182761.1公顷,占89.0%;疏林面积787.5公顷,占0.4%;灌木林面积19373.1公顷(其中石山灌木18361.4公顷),占9.4%;无立木林地面积2401.8公顷,占1.2%。全县森林覆盖率为74.1%。全县活立木总蓄积6365174立方米。

苍梧县林业

苍梧县位于广西的东部,东与广东的封开、郁南两县相接,南与岑溪市相邻,西与藤县相连,北与贺州地区的贺州市、昭平县交界。

苍梧县属于南亚热带季风气候,北回归线横贯境内,气候温和,雨量充沛,夏长冬短,无霜期长,太阳辐射较强,雨热同季。年均温21.2℃,年均降雨量1506.9mm,年均日照时数为1815.2小时,初霜期最早出现在11月中旬,终霜期在次年3月上旬,年均无霜期为331天。气候的综合条件对造林和林木生长十分有利。

全县总面积347526.8hm^2,其中林地面积281886.2hm^2,在林地中,有林地面积为263867hm^2,占林地面积的93.61%;疏林地面积1200.2hm^2,占林地面积的0.43%;灌木林面积2257hm^2,占林地面积的0.80%;未成林地8272.2hm^2,占林地面积的2.93%;宜林地面积6278.5hm^2,占林地面积的2.23%;苗圃地10.9hm^2。全县活立木总蓄积量799.8万立方米。

全县属南亚热带常绿阔叶林区。常见乔木树种有:香椿、任豆、枫杨、枫香、朴树、黄檀、喜树、杨树、石山樟、麻栎、青岗栎、重阳木、黄连木、山乌桕等。常见灌木有:桃金娘、白背算盘子、黄荆、山芝麻、盐肤木、柃木、野杨梅等。常见地被物有:在立地条件好的地方有五节芒、狗尾草、黄茅等;在立地条件较差的地方有铁芒萁、龙须草和其他蕨类。人工造林主要用材林树种有:松、杉、桉、大叶栎、台湾相思。主要经济林树种有:八角、荔枝、肉桂、龙眼、李子、柑橘、板栗、油茶、枇杷。主要竹类有:麻竹、粉单竹、大头竹、杂交竹、吊丝竹、黄竹。野生动物常见的兽类有:野猪、水獭、黄鼠狼、芒鼠、田鼠、蝙蝠等。常见的鸟类有:鹞鹰、猫头鹰、翡翠(丁鱼鸟)、杜鹃(布谷鸟)、鹩哥(八哥)、喜鹊、乌鸦、画眉、白鹇、锦鸡、啄木鸟、燕子、斑鸠、鹧鸪、鹌鹁、毛鸡、麻雀、黄莺、白鹭(白鹤)等。主要昆虫类有:蚯蚓、蚂蟥(水蛭)、蜈蚣、蜻蜓、蝴蝶、蜂、螳螂、蟋蟀、蝼蛄、蚁、蜣螂(牛屎虫)、地龟虫、金龟虫、浮尘子、蝉(知了)等。两栖类有:蟾蜍、青蛙、石蛤等。爬行类有:龟、鳖、蟹、山瑞(山龟)、蛤蚧、壁虎、马鬃蛇、金环蛇、银环蛇、眼镜蛇、青竹蛇、三索线蛇、五寸锦蛇、南蛇、黄梢蛇、乌梢蛇、坭蛇等。

后 记

经过两年多时间的努力,《广西林业年鉴》(1950～2003)今天终于定稿出版了。为了加强对《广西林业年鉴》(1950～2003)编辑出版工作的领导,我们成立了由广西壮族自治区林业局党组书记、局长黎梅松任编委会主任和主编,其他局领导任副主任,局机关各处室主要负责人和各地级市林业局局长任委员的编辑委员会,并同时成立了由李敦祥教授主持的《广西林业年鉴》项目研究小组。

由于《广西林业年鉴》(1950～2003)是新中国成立以来第一部综合反映广西社会主义林业建设重要活动、发展水平、成就与经验的大型工具书,是新中国成立以来第一部向广西区内外林业战线、政府部门、相关企业、投资者以及广大社会读者系统推介广西生态、森林资源、森林培育、林政保护、林业产业、林业经济、林业科技、林业体制改革的大型工具书,是新中国成立以来第一部向国外的政府、组织、投资者系统推介广西生态、森林资源、森林培育、林政保护、林业产业、林业经济、林业科技、林业体制改革的大型工具书,是新中国成立以来第一部为广西壮族自治区党委、人民政府制定广西"十一五计划"、规划广西林业持续发展提供系统参考的大型工具书,是第一部在中国—东盟自由贸易区建设和"南博会"中集中展示广西各地市县林业与林业企业风采、发展前景、巨大投资潜力和无限商机,促进林业经济招商引资的大型工具书;由于本年鉴史料涵盖的时间跨度长达50多年,史料收集工作难度大,以至我们虽然尽了自己的努力和能力,并得到有关单位的大力配合与支持,但本年鉴仍难免存在这样那样的不足。为此,敬请专家、读者批语指正。

《广西林业年鉴》编委会

2006年10月28日

后 记

2006年11月28日